中华传世药典

本草綱目

[明]李时珍 著

线装書局

本草綱目

本草纲目木部第三十七卷

本草纲目木部第三十七卷

茯苓(《本经》上品)

【释名】伏灵(《纲目》)、伏菟(《本经》)、松腴、不死面(《记事珠》),抱根者名伏神(《别录》)。

茯苓

宗奭曰:多年樵斫之松根之气味,抑郁未绝,精英未沦。其精气盛者,发泄于外,结为茯苓,故不抱根,离其本体,有零之义也。津气不盛,只能附结本根,既不离本,故曰伏神。

时珍曰:茯苓,《史记·龟策传》作伏灵。盖松之神灵之气,伏结而成,故谓之伏灵、伏神也。《仙经》言:伏灵大如拳者,佩之令百鬼消灭,则神灵之气,亦可征矣。俗作苓者,传写之讹尔。下有伏灵,上有菟丝,故又名伏兔。或云"其形如兔,故名",亦通。

【主治】胸胁逆气,忧恚惊邪恐悸,心下结痛,寒热烦满咳逆,口焦舌干,利小便。久服,安魂养神,不饥延年(《本经》)。止消渴好睡,大腹淋沥,膈中痰水,水肿淋结,开胸腑,调脏气,伐肾邪,长阴,益气力,保神守中(《别录》)。开胃止呕逆,善安心神,主肺痿痰壅,心腹胀满,小儿惊痫,女人热淋(甄权)。补五劳七伤,开心益志,止健忘,暖腰膝,安胎(大明)。止渴,利小便,除湿益燥,和中益气,利腰脐间血(元素)。逐水缓脾,生津导气,平火止泄,除虚热,开腠理(李杲)。泻膀胱,益脾胃,治肾积奔豚(好古)。

赤茯苓

【主治】破结气(甄权)。泻心、小肠、膀胱湿热,利窍行水(时珍)。

茯苓皮

【主治】水肿肤胀,开水道,开腠理(时珍)。

茯神

【气味】甘,平,无毒。

【主治】辟不祥,疗风眩风虚,五劳口干,止惊悸、多恚怒、善忘,开心益智,安魂魄,养精神(《别录》)。补劳乏,主心下急痛坚满。人虚而小肠不利者,加而用之(甄权)。

神木(即伏神心内木也。又名黄松节)

【主治】偏风,口面㖞斜,毒风,筋挛不语,心神惊掣,虚而健忘(甄权)。治脚气痹痛,诸筋牵缩(时珍)。

【附方】旧六,新二十。服茯苓法:颂曰:《集仙方》多单饵茯苓。其法:取白茯苓五斤,去黑皮,捣筛,以熟绢囊盛,于二斗米下蒸之,米熟即止,曝干又蒸,如此三遍。乃取牛乳二斗和合,着铜器中,微火煮如膏,收之。每食,以竹刀割,随性饱食,辟谷不饥也。如欲食谷,先煮葵汁饮之。又茯苓酥法:白茯苓三十斤(山之阳者甘美,山之阴者味苦),去皮薄切,曝干蒸之。以汤淋去苦味,淋之不止,其汁当甜。乃曝干筛末,用酒三石、蜜三升相和,置大瓮中,搅之百匝,密封勿泄气。冬五十日,夏二十五日,酥自浮出酒上。掠取,其味极甘美。作掌大块,空室中阴干,色赤如枣。饥时食一枚,酒送之,终日不食,名神仙度世之法。又服食法:以茯苓合白菊花(或合桂心,或合术)为散、丸自任。皆可常服,补益殊胜。《儒门事亲》方:用茯苓四两,头白面二两,水调作饼,以黄蜡三两煎熟。饱食一顿,便绝食辟谷。至三日觉难受,以后气力渐生也。

琥珀(《别录》上品)

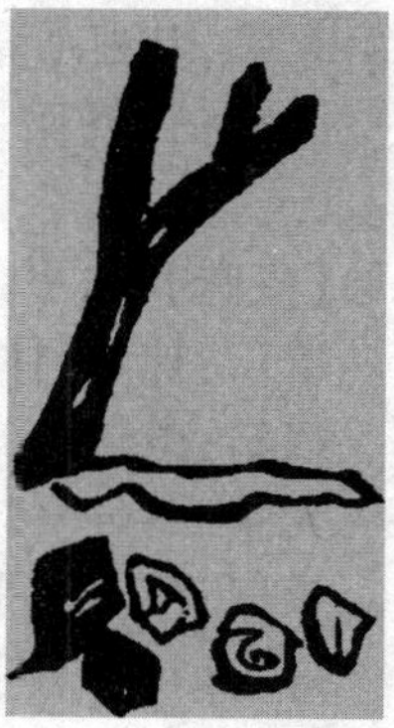

【释名】珠江。

时珍曰:虎死则精魄入地化为石,此物状似之,故谓之虎魄。俗文从玉,以其类玉也。梵书谓之阿湿摩揭婆。

【修治】敩曰:入药,用水调侧柏子末,安瓷锅巾,置琥珀于内煮之,从巳至申,当有异光,捣粉筛用。

【气味】甘,平,无毒。

【主治】安五脏,定魂魄,杀精魅邪鬼,消瘀血,通五淋(《别录》)。壮心,明目磨翳,止心痛癫邪,疗蛊毒,破结瘕,治产后血枕痛(大明)。止血生肌,合金疮(藏器)。清肺,利小肠(元素)。

【发明】震亨曰:古方用为利小便,以燥脾土有功,脾能运化,肺气下降,故小便可通。若血少不利者,反致其燥急之苦。

弘景曰:俗中多带之辟恶。刮屑服,疗瘀血至验。《仙经》无正用。

藏器曰:和大黄、鳖甲作散,酒下方寸匕,下恶血、妇人腹内血,尽即止。宋高祖时,宁州贡琥珀枕,碎以赐军士,敷金疮。

【附方】旧四,新五。琥珀散:止血生肌,镇心明目,破癥瘕气块,产后血晕闷绝,儿枕痛,并宜饵此方。琥珀一两,鳖甲一两,京三棱一两,延胡索半两,没药半两,大黄六铢,熬捣为散。空心酒服三钱匕,日再服。神验莫及。产后即减大黄。(《海药本草》)小儿胎惊:琥珀、防风各一钱,朱砂半钱,为末。猪乳调一字,入口中,最妙。(《直指方》)小儿胎痫:琥珀、朱砂各少许,全蝎一枚。为末。麦门冬汤调一字服。(《直指方》)小便转胞:真琥珀一两,为末。用水四升,葱白十茎,煮汁三升,入珀末二钱,温服。沙石诸淋,三服皆效。(《圣惠方》)小便淋沥:琥珀为末二钱,麝香少许。白汤服之,或萱草煎汤服。老人、虚人,以人参汤下。亦可蜜丸,以赤茯苓汤下。(《普济方》)小便尿血:琥珀为末。每服二钱,灯心汤下。(《直指方》)从高坠下,有瘀血在内:刮琥珀屑,酒服方寸匕。或入蒲黄三二匕,日服四五次。(《外台秘要》)金疮闷绝不识人:琥珀研粉,童子小便调一钱。三服瘥。(《鬼遗方》)鱼骨哽咽,六七日不出:用琥珀珠一串,推入哽所,牵引之即出。(《外台秘要》)

瑿(音黟。宋嘉祐)

【释名】瑿珀

【敩曰】瑿是众珀之长,故号瑿珀。

【时珍曰】亦作瑿。其色黳黑,故名。

【气味】甘,平,无毒。

【气味】补心安神,破血生肌,治妇人癥瘕。(唐本)小儿带辟恶,磨滴目翳亦障。(藏器)

猪苓(《本经》中品)

【释名】豭猪屎(《本经》)、豕橐(《庄子》)、地乌桃(《图经》)。

弘景曰:其块黑似猪屎,故以名之。司马彪注《庄子》云:豕橐一名苓,其根似猪矢。是也。

猪苓

时珍曰:马屎曰通,猪屎曰零(即苓字),其块零落而下故也。

【气味】甘,平,无毒。

普曰:神农:甘。雷公:苦,无毒。

权曰:微热。

元素曰:气平味甘,气味俱薄,升而微降,与茯苓同。

杲曰:淡、甘,平,降也,阳中阴也。

好古曰:甘重于苦,阳也。入足太阳、足少阴经。

【主治】痃疟,解毒蛊疰不祥,利水道。久服,轻身耐老(《本经》)。解伤寒温疫大热,发汗,主肿胀满腹急痛(甄权)。治渴除湿,去心中懊憹(元素)。泻膀胱(好古)。开腠理,治淋肿脚气,白浊带下,妊娠子淋胎肿,小便不利(时珍)。

【附方】旧五。伤寒口渴:邪在脏也,猪苓汤主之。猪苓、茯苓、泽泻、滑石、阿胶各一两。以水四升,煮取二升。每服七合,日三服。呕而思水者,亦主之。(张仲景方)小儿秘结:猪苓一两,以水少许,煮鸡屎白一钱,调服,立通。(《外台秘要》)通身肿满,小便不利:猪苓五两,为末。熟水服方寸匕,日三服。(杨氏《产乳》)妊娠肿渴:从脚至腹,小便不利,微渴引饮。方同上法。(《子母秘录》)妊娠子淋:方同上法，日三夜二，以通为度。（《小品方》）壮年梦遗：方见草部半夏下。

雷丸（《本经》下品）

【释名】雷实（《别录》）、雷矢（同上）、竹苓。

时珍曰：雷斧、雷楔，皆霹雳击物精气所化。此物生土中，无苗叶而杀虫逐邪，犹雷之丸也。竹之余气所结，故曰竹苓。苓亦屎也，古者屎、苓字通用。

雷丸

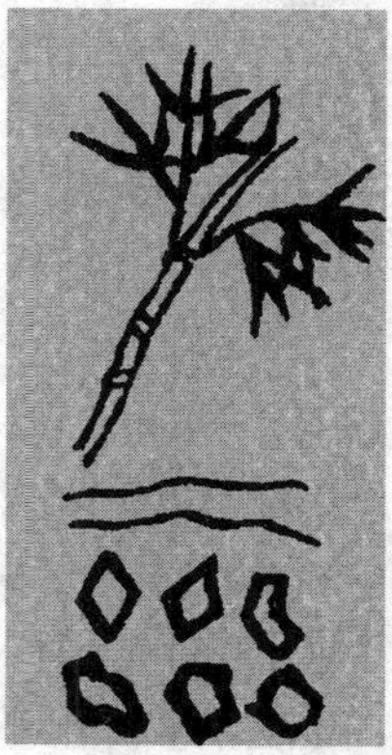

【气味】苦，寒，有小毒。

《别录》曰：咸，微寒，有小毒。赤者杀人，白者善。

普曰：神农：苦；黄帝、岐伯、桐君：甘，有毒；扁鹊：甘，无毒。

李当之：大寒。

权曰：苦，有小毒。

时珍曰：甘、微苦，平。

之才曰：荔实、厚朴、芫花为之使，恶蓄根、葛根。

【主治】杀三虫，逐毒气胃中热。利丈夫，不利女子（《本经》）。作摩膏，除小儿百病，逐邪气恶风汗出，除皮中热结积蛊毒，白虫寸白自出不止。久服，令人阴痿（《别录》）。逐风，主癫痫狂走（甄权）。

【附方】旧一，新一。小儿出汗有热：雷丸四两，粉半斤，为末扑之。（《千金方》）下寸白虫：雷丸，水浸去皮，切焙为末。五更初，食炙肉少许，以稀粥饮服一钱匕。须上半月服，虫乃下。（《经验前方》）筋肉化虫：方见石部雄黄下。

桑上寄生（《本经》上品）

【释名】寄屑（《本经》）、寓木（《本经》）、宛童（《本经》）、茑（鸟、吊二音）。

时珍曰：此物寄寓他木而生，如鸟立于上，故曰寄生、寓木、茑木。俗呼为寄生草。《东方朔传》云：在树为寄生，在地为窭薮。

桑寄生

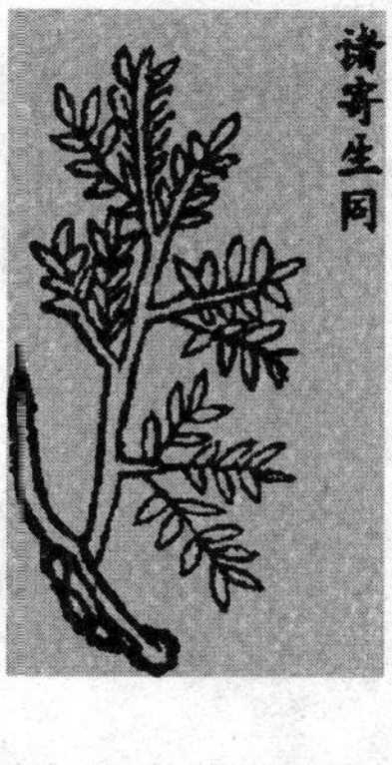

【修治】敩曰：采得，铜刀和根、枝、茎叶细剉，阴干用。勿见火。

【气味】苦，平，无毒。

《别录》曰：甘，无毒。

【主治】腰痛，小儿背强，痈肿，充肌肤，坚发齿，长须眉，安胎（《本经》）。去女子崩中内伤不足，产后余疾，下乳汁，主金疮，去痹（《别录》）。助筋骨，益血脉（大明）。主怀妊漏血不止，令胎牢固（甄权）。

【附方】新四。膈气：生桑寄生捣汁一盏，服之。（《集简方》）胎动腹痛：桑寄生一两半,阿胶(炒)半两,艾叶半两,水一盏半,煎一盏,去滓温服。或去艾叶。(《圣惠方》)毒痢脓血:六脉微小,并无寒热。宜以桑寄生二两,防风、大芎二钱半,炙甘草三铢。为末。每服二钱,水一盏,煎八分,和滓服。(杨子建《护命方》)下血后虚:下血止后,但觉丹田元气虚乏,腰膝沉重少力。桑寄生为末。每服一钱,非时白汤点服。(杨子建《护命方》)

实

【气味】甘,平,无毒。

【主治】明目,轻身,通神(《本经》)。

松萝(《本经》中品)

【释名】女萝(《别录》)、松上寄生。

时珍曰:名义未详。

【气味】苦、甘,平,无毒。

【主治】嗔怒邪气,止虚汗头风,女子阴寒肿痛(《本经》)。疗痰热温疟,可为吐汤,利水道(《别录》)。治寒热,吐胸中客痰涎,去头疮、项上瘤瘿,令人得眠(甄权)。

【发明】时珍曰:松萝能平肝邪,去寒热。同瓜蒂诸药则能吐痰,非松萝能吐人也。葛洪《肘后方》:治胸中有痰,头痛不欲食,气壮者。用松萝、杜蘅各三两,瓜蒂三十枚,酒一升二合渍再宿。旦饮一合,取吐。不吐,晚再服一合。孙思邈《千金方》:治胸膈痰游积热,断膈汤:用松萝、甘草各一两,恒山三两,瓜蒂二十一枚,水、酒各一升半,煮取一升半。分三服,取吐。

枫柳(《唐本草》)

【集解】恭曰:枫柳出原州。叶似槐,茎赤根黄。子六月熟,绿色而细。剥取茎皮用。

时珍曰:苏恭言枫柳有毒,出原州。陈藏器驳之,以为枫柳皮即今枫树皮,性涩能止水痢。按《斗门方》言即今枫树上寄生,其叶亦可制粉霜,此说是也。若是枫树,则处处甚多,何必专出原州耶?陈说误矣。枫皮见前枫香脂下。

皮

【气味】辛,大热,有毒。

【主治】风,龋齿痛(《唐本》)。积年痛风不可忍,久治无效者。细剉焙,不限多少,入脑、麝浸酒常服,以醉为度(《斗门方》)。

桃寄生(《纲目》)

【气味】苦,辛,无毒。

【主治】小儿中蛊毒,腹内坚痛,面目青黄,淋露骨立。取二两为末,如茶点服,日四五服(时珍。《圣惠方》)。

柳寄生(《纲目》)

【集解】时珍曰:此即寄生之生柳上者。

【气味】苦,平,无毒。

【主治】膈气刺痛,捣汁服一杯(时珍)。

占斯(《别录》下品)

【释名】炭皮(《别录》)、良无极(《纲目》)。

时珍曰:占斯,《范汪方》谓之良无极,《刘涓子鬼遗方》谓之木占斯,盛称其功,而《别录》一名炭皮,殊不可晓。

【集解】《别录》曰:占斯生太山山谷。采无时。

弘景曰:李当之云:是樟树上寄生,树大衔枝在肌肉。今人皆以胡桃皮为之,非是真也。按《桐君采药录》云:生上洛。是木皮,状如厚朴,色似桂白,其理一纵一横。今市人皆削,乃似厚朴,而无正纵横理。不知此复是何物,莫测真假也。

【气味】苦,温,无毒。

权曰:辛,平,无毒。茱萸为之使。

【主治】邪气湿痹,寒热疽疮,除水坚积血癥,月闭无子,小儿躄不能行,诸恶疮痈肿,止腹痛,令女人有子(《别录》)。主脾热,洗手足水烂伤(甄权)。解狼毒毒(藏器)。

【附方】新一。木占斯散:治发背肠痈疽痔,妇人乳痈,诸产癥瘕,无有不疗。服之肿去痛止脓消,已溃者便早愈也。木占斯、甘草(炙)、厚朴(炙)、细辛、栝蒌、防风、干姜、人参、桔梗、败酱各一两。为散。酒服方寸匕,昼七、夜四,以多为善。此药入咽,当觉流入疮中,令化为水也。痈疽灸不发败坏者,尤可服之。内痈在上者,当吐脓血;在下者,当下脓血。其疮未坏及长服者,去败酱。一方加桂心。(《刘涓子鬼遗方》)

石刺木(《拾遗》)

【集解】藏器曰:石刺木乃木上寄生也。生南方林筤间。其树江西人呼为靳刺,亦种为篱院,树似棘而大,枝上有逆钩。

根皮

【气味】苦，平，无毒。

【主治】破血，产后余血结瘕。煮汁服，神验不可言（藏器）。

竹（《本经》中品）

【释名】时珍曰：竹字象形。许慎《说文》云："竹，冬生草也"。故字从倒草。戴凯之《竹谱》云：植物之中，有名曰竹。不刚不柔，非草非木。小异实虚，大同节目。

竹

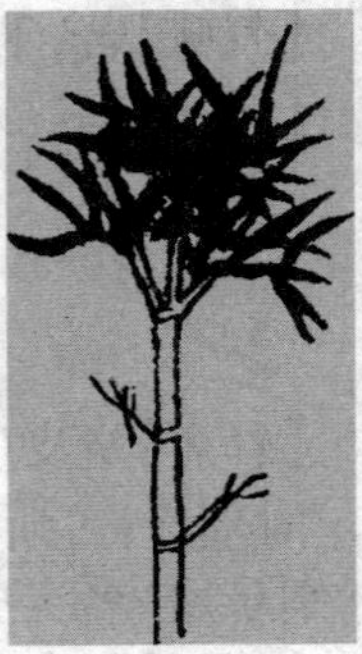

箽竹叶

【气味】苦，平，无毒。

《别录》曰：大寒。

【主治】咳逆上气，溢筋，急恶疡，杀小虫（《本经》）。除烦热风痉，喉痹呕吐（《别录》）。煎汤，熨霍乱转筋（时珍）。

淡竹叶

【气味】辛，平、大寒，无毒。

权曰：甘，寒。

【主治】胸中痰热，咳逆上气（《别录》）。吐血，热毒风，止消渴，压丹石毒（甄权）。消痰，治热狂烦闷，中风失音不语，壮热头痛头风，止惊悸，温疫迷闷，妊妇头旋倒地，小儿惊痫天吊（大明）。喉痹，鬼疰恶气，烦热，杀小虫（孟诜）。凉心经，益元气，除热缓脾（元素）。煎浓汁，漱齿中出血，洗脱肛不收（时珍）。

苦竹叶

【气味】苦，冷，无毒。

【主治】口疮目痛，明目利九窍（《别录》）。治不睡，止消渴，解酒毒，除烦热，发汗，疗中风喑哑（大明）。杀虫。烧末，和猪胆，涂小儿头疮耳疮疥癣；和鸡子白，涂一切恶疮，频用取效（时珍）。

【发明】弘景曰：甘竹叶最胜。

诜曰：竹叶：箽、苦、淡、甘之外，余皆不堪入药，不宜人。淡竹为上，甘竹次之。

宗奭：诸竹笋性皆微寒，故知其叶一致也。张仲景竹叶汤，惟用淡竹。

元素曰：竹叶苦平，阴中微阳。

杲曰：竹叶辛苦寒，可升可降，阳中阴也。其用有二：除新久风邪之烦热，止喘促气胜之上冲。

【附方】新二。上气发热，因奔趁走马后，饮冷水所致者：竹叶三斤，橘皮三两，水一斗，煮五升，细服。三日一剂。（《肘后方》）时行发黄：竹叶五升（切），小麦七

升，石膏三两，水一斗半，煮取七升，细服，尽剂愈。（《肘后方》）

笙竹根

【主治】作汤，益气止渴，补虚下气（《本经》）。消毒（《别录》）。

淡竹根

【主治】除烦热，解丹石发热渴，煮汁服（藏器）。消痰去风热，惊悸迷闷，小儿惊痫（大明）。同叶煎汤，洗妇人子宫下脱（时珍）。

苦竹根

【主治】下心肺五脏热毒气。剉一斤，水五升，煮汁一升，分三服（孟诜）。

甘竹根

【主治】煮汁服，安胎，止产后烦热（时珍）。

【附方】新一。产后烦热逆气：用甘竹根（切）一斗五升，煮取七升，去滓，入小麦二升，大枣二十枚，复煮麦熟三四沸，入甘草一两，麦门冬一升，再煎至二升。每服五合。（《妇人良方》）

淡竹茹

【气味】甘，微寒，无毒。

【主治】呕啘，温气寒热，吐血崩中，溢筋（《别录》）。止肺痿唾血鼻衄，治五痔（甄权）。噎膈（孟诜）。伤寒劳复，小儿热痫，妇人胎动（时珍）。

苦竹茹

【主治】下热壅（孟诜）。水煎服，止尿血（时珍）。

笙竹茹

【主治】劳热（大明）。

【附方】旧五，新五。伤寒劳复：伤寒后交接劳复，卵肿腹痛。竹皮一升，水三升，煮五沸，服汁。（朱肱《南阳活人书》）妇人劳复，病初愈，有所劳动，致热气冲胸，手足搐搦拘急，如中风状：淡竹青茹半斤，栝蒌三两，水二升，煎一升，分二服。（《活人书》）产后烦热，内虚短气：甘竹茹汤：用甘竹茹一升，人参、茯苓、甘草各二两，黄芩二两。水六升，煎二升，分服，日三服。（《妇人良方》）妇人损胎：孕八、九月，或坠伤，牛马惊伤，心痛。用青竹茹五两，酒一升，煎五合服。（《子母秘录》）月水不断：青竹茹微炙，为末。每服三钱，水一盏，煎服。（《普济方》）小儿热痛，口噤体热。竹青茹二两，醋三升，煎一升，服一合。（《子母秘录》）齿血不止：生竹皮，醋浸，令人含之，噀其背上三过。以茗汁漱之。（《千金方》）牙齿宣露：黄竹叶、当归尾，研末，煎汤，入盐含漱。（《永类方》）饮酒头痛：竹茹二两，水五升，煮三升，纳鸡子三枚，煮三沸，食之。（《千金方》）伤损内痛：兵杖所加，木石所连，血在胸、背、胁中刺痛。用青竹茹、乱发各一团，炭火炙焦为末。酒一升，煮三沸，服之。三服愈。（《千金方》）

淡竹沥

【修治】机曰：将竹截作二尺长，劈开。以砖两片对立，架竹于上。以火炙出其沥，以盘承取。

时珍曰：一法：以竹截长五、六寸，以瓶盛，倒悬，下用一器承之，周围以炭火逼之，其油沥于器下也。

【气味】甘，大寒，无毒。

时珍曰：姜汁为之使。

【主治】暴中风风痹，胸中大热，止烦闷，消渴，劳复（《别录》）。中风失音不语，养血清痰，风痰虚痰在胸膈，使人癫狂，痰在经络四肢及皮里膜外，非此不达不行（震亨）。治子冒风痉，解射罔毒（时珍）。

篁竹沥

【主治】风痉（《别录》）。

苦竹沥

【主治】口疮目痛，明目，利九窍（《别录》）。功同淡竹（大明）。治牙疼（时珍）。

慈竹沥

【主治】疗热风，和粥饮服（孟诜）。

【附方】旧十四，新七。中风口噤：竹沥、姜汁等分，日日饮之。（《千金方》）小儿口噤体热；用竹沥二合。暖饮，分三四服。（《兵部手集》）产后中风，口噤，身直面青，手足反张：竹沥饮一二升，即苏。（《梅师方》）破伤中风：凡闪脱折骨诸疮，慎不可当风用扇，中风则发痉，口噤项急，杀人。急饮竹沥二三升。忌冷饮食及酒。竹沥卒难得，可合十许束并烧取之。（《外台秘要》）金疮中风，口噤欲死：竹沥半升，微做暖服。（《广利方》）大人喉风：篁竹油，频饮之。（《集简方》）小儿重舌：竹沥渍黄柏，时时点之。（《简便方》）小儿伤寒：淡竹沥、葛根汁各六合。细细与服。（《千金方》）小儿狂语，夜后便发：竹沥夜服二合。（姚和众《至宝方》）妇人胎动：妊娠因夫所动，困绝。以竹沥饮一升，立愈。（《产宝》）孕妇子烦：杨氏产乳：竹沥，频频饮之。《梅师方》：茯苓二两，竹沥一升，水四升，煎二升，分三服。不瘥，更作之。时气烦躁，五六日不解：青竹沥半盏，新水半盏，相和令匀，非时服。（《千金方》）消渴尿多：竹沥恣饮，数日愈。（《肘后方》）咳嗽肺痿：大人、小儿咳逆短气，胸中吸吸，咳出涕唾，嗽出臭脓。用淡竹沥一合，服之，日三五次，以愈为度。（李绛《兵部手集》）产后虚汗：淡竹沥三合，暖服，须臾再服。（昝殷《产宝》）小儿吻疮：竹沥和黄连、黄柏、黄丹敷之。（《全幼心鉴》）小儿赤目：淡竹沥点之。或入人乳。

(《古今录验》)赤目眦痛不得开者,肝经实热所致,或生障翳:用苦竹沥五合,黄连二分。绵裹浸一宿,频点之,令热泪出。(《梅师方》)猝牙齿痛:苦竹烧一头,其一头汁出,热揩之。(姚僧垣《集验方》)丹石毒发:头眩耳鸣,恐惧不安。淡竹沥,频服二三升。(《古今录验》)

竹笋

见菜部。

慈竹箨

【主治】小儿头身恶疮,烧散和油涂之。或入轻粉少许(时珍)。

竹实

【主治】通神明,轻身益气(《本经》)。

【发明】《别录》曰:竹实出益州。

弘景曰:竹实出蓝田。江东乃有花而无实,顷来斑斑有实,状如小麦,可为饭食。

承曰:旧有竹实,鸾风所食。今近道竹间,时见开花小白如枣花,亦结实如小麦子,无气味而涩。江浙人号为竹米,以为荒年之兆,其竹即死,必非鸾风所食者。近有余干人言:竹实大如鸡子,竹叶层层包裹,味甘胜蜜,食之令人心膈清凉,生深竹林茂盛蒙密处。顷因得之,但日久汁枯干而味尚存尔。乃知鸾凤所食,非常物也。

时珍曰:按陈藏器《本草》云:竹肉,一名竹实,生苦竹枝上,大如鸡子,似肉脔,有大毒。须以灰汁煮二度,炼讫,乃依常菜茹食。炼不熟,则戟人喉出血,手爪尽脱也。此说与陈承所说竹实相似,恐即一物,但苦竹上者有毒尔。与竹米之竹实不同。

山白竹(即山间小白竹也)

【主治】烧灰,入腐烂痈疽药(时珍)。

爆竹

【主治】辟妖气山魈。

慎微曰:李畋《该闻集》云:仲叟者,家为山魈所祟,掷石开户。畋令旦夜于庭中爆竹数十竿,若除夕然,其祟遂止。

竹黄(宋《开宝》)

【释名】竹膏。

志曰:天竺黄生天竺国。今诸竹内往往得之。人多烧诸骨及葛粉等杂之。

大明曰:此是南海边竹内尘沙结成者。

宗奭曰:此是竹内所生,如黄土着竹成片者。

时珍曰:按吴僧赞宁云:竹黄生南海镛竹中。此竹极大,又名天竹。其内有黄,可以疗疾。本草作天竺者,非矣。镛竹亦有黄。此说得之。

黄竹天

【气味】甘,寒,无毒。

大明曰:平。伏粉霜。

【主治】小儿惊风天吊,去诸风热,镇心明目,疗金疮止血,滋养五脏(《开宝》)。治中风痰壅,猝失音不语,小儿客忤痫疾(大明)。制石药毒发热(保升)。

【发明】宗奭曰:天竹黄凉心经,去风热。作小儿药尤宜,和缓故也。

时珍曰:竹黄出于大竹之津气结成,其气味功用与竹沥同,而无寒滑之害。

【附方】新一。小儿惊热:天竹黄二钱,雄黄、牵牛末各一钱,研匀,面糊丸粟米大。每服三五丸,薄荷汤下。(钱乙方)

仙人杖(宋《嘉祐》)

杖人仙

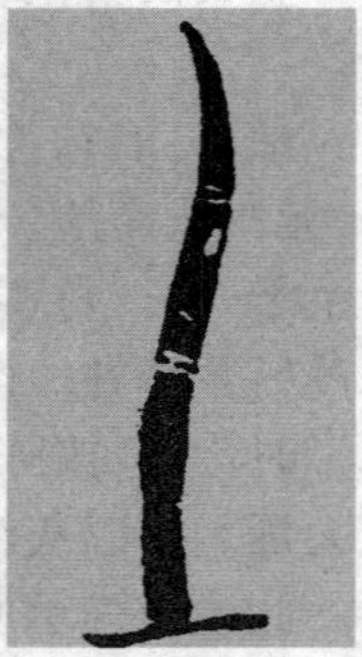

【集解】藏器曰:此是笋欲成竹时立死者,色黑如漆,五、六月收之。苦竹、桂竹多生此。别有仙人杖草,见草部。又枸杞亦名仙人杖,与此同名。

【气味】咸,平,无毒。

大明曰:冷。

【主治】哕气呕逆,小儿吐乳,大人吐食反胃,辟痁,并水煮服之(藏器)。小儿惊痫及夜啼,置身伴睡良。又烧为末,水服方寸匕,主痔病。忌牛肉(大明)。煮汁服,下鱼骨鲠(时珍)。

鬼齿(《拾遗》)

【释名】鬼针。

藏器曰:此腐竹根先入地者。为其,贼恶,故隐其名。草部亦有鬼针。

【气味】苦,平,无毒。

【主治】中恶注忤,心腹痛,煮汁服之(藏器)。煮汁服,下骨鲠。烧存性,入轻粉少许,油调,涂小儿头疮(时珍)。

【附方】新二。鱼骨鲠咽:篱脚朽竹,去泥研末,蜜丸芡子大。绵裹含之,其骨自消也。(王璆《百一选方》)小便尿血:篱下竹根,入土多年者,不拘多少,洗净煎汤,并服数碗,立止。(《救急良方》)

河边木(《拾遗》)

【主治】令人饮酒不醉。五月五日,取七寸投酒中二遍,饮之,必能饮也(藏器)。

本草纲目器部第三十八卷

本草纲目器部第三十八卷

锦(《拾遗》)

【释名】时珍曰:锦以五色丝织成文章,故字从帛,从金,谐声,且贵之也。禹贡·兖州"厥篚织文"是也。

【主治】故锦:煮汁服,疗蛊毒。烧灰,敷小儿口中热疮(藏器)。烧灰,主失血、下血、血崩,金疮出血,小儿脐疮湿肿(时珍)。

【附方】新二。吐血不止:红锦三寸烧灰,水服。(《圣惠方》)上气喘急:故锦一寸烧灰,茶服神效。(《普济方》)

绢(《纲目》)

【释名】时珍曰:绢,疏帛也。生曰绢,熟曰练。入药用黄丝绢,乃蚕叶黄丝所织,非染色也。

【主治】黄丝绢:煮汁服,止消渴,产妇脬损,洗痘疮溃烂。烧灰,止血痢、下血、吐血、血崩。(时珍)

绯绢:烧灰,入疟药。(时珍)

【附方】新三。妇人血崩:黄绢灰五分,棕榈灰一钱,贯众灰、京墨灰、荷叶灰各五分,水、酒调服,即止。(《集简方》)产妇脬损:小便淋沥不断。黄丝绢三尺,以炭灰淋汁,煮至极烂,清水洗净。入黄蜡半两,蜜一两,茅根二钱,马勃末二钱。水一升,煎一盏,空心顿服。服时勿作声,作声即不效,名固脬散。又方:产时伤脬,终日不小便,只淋湿不断。用生丝黄绢一尺,白牡丹根皮末、白芨末各一钱,水二碗,煮至绢烂如饧,服之。不宜作声。(《妇人良方》)。

帛(《拾遗》)

【释名】时珍曰:素丝所织,长狭如巾,故字从白巾。厚者曰缯,双丝者曰缣。后人以染丝造之,有五色帛。

【主治】绯帛:烧研,敷初生儿脐未落时肿痛,又疗恶疮疔肿,诸疮有根者,入膏用为上。仍以掌大一片,同露蜂房、棘刺钩、烂草节、乱发等分烧研,空腹服,饮下方寸匕(藏器)。主坠马及一切筋骨损(好古)。烧研,疗血崩,金疮出血,白驳风(时珍)。

五色帛:主盗汗,拭干讫,弃道头(藏器)。

【附方】新一。肥脉瘾疹:曹姓帛拭之愈。(《千金方》)

布(《拾遗》)

【释名】时珍曰:布有麻布、丝布、木绵布。字从手,从巾,会意也。

【主治】新麻布:能逐瘀血,妇人血闭腹痛、产后血痛。以数重包白盐一合,煅研,温洒服之。旧麻布:同旱莲草等分,瓶内泥固煅研。日用揩齿,能固牙乌须(时珍)。

白布:治口唇紧小,不能开合饮食。不治杀人。作大炷安刀斧上,烧令汗出。拭涂之,日三五度。仍以青布烧灰。酒服(时珍)。

青布:解诸物毒,天行烦毒,小儿寒热丹毒,并水渍取汁饮之。浸汁和生姜汁服,止霍乱。烧灰,敷恶疮经年不瘥者,及灸疮止血,令不伤风、水。烧烟,熏嗽,杀虫,熏虎狼咬疮,能出水毒。入诸膏药,疗疔肿、狐尿等恶疮(藏器)。烧灰酒服,主唇裂生疮口臭。仍和脂涂之,与蓝靛同功(时珍)。

【附方】旧二,新六。恶疮防水:青布和蜡烧烟筒中熏之,入水不烂。(陈藏器《本草》)疮伤风水:青布烧烟于器中,以器口熏疮,得恶汁出,知痛痒,瘥。(陈藏器《本草》)臁疮溃烂:陈艾五钱,雄黄二钱,青布卷作大炷,点火熏之。热水流数次愈。(邓笔峰《杂兴方》)交接违礼,女人血出不止:青布同发烧灰,纳之。(僧坦《集验方》)霍乱转筋:入腹,无可奈何者。以酢煮青布,拓之。冷则易。(《千金方》)伤寒阳毒狂乱甚者:青布一尺,浸冷水,贴其胸前。(《活人书》)目痛碜涩不得瞑:用青布炙热,以时熨之,仍蒸大豆作枕。(《千金方》)病后目赤有方同上:《千金方》:用冷水渍青布掩之,数易。

绵(《拾遗》)

【集解】时珍曰:古之绵絮,乃茧丝缠延,不可纺织者。今之绵絮,则多木绵也。入药仍用丝绵。

【主治】新绵:烧灰,治五野鸡病,每服酒二钱。衣中故绵絮:主下血,及金疮出血不止,以一握煮汁服(藏器)。绵灰:主吐血衄血,下血崩中,赤白带下,疳疮脐疮,聤耳(时珍)。

【附方】新十。霍乱转筋腹痛:以苦酒煮絮裹之。(《圣惠方》)吐血咯血:新绵一两(烧灰),白胶(切片,炙黄)一两。每服一钱,米饮下。(《普济方》)吐血衄血:好绵烧灰,打面糊,入清酒调服之。(《普济方》)肠风泻血:破絮(烧灰)、枳壳(麸炒)等分,麝香少许,为末。每服一钱,米饮下。(《圣惠方》)血崩不止:好绵及妇人头发共烧存性,百草霜等分,为末。每服三钱,温酒下。或加棕灰。东垣方:用白绵子、莲花心、当归、茅花、红花各一两,以白纸裹定,黄泥固济,烧存性,为末。每服一钱,入麝香少许,食前好酒服。《乾坤秘韫》:用旧绵絮(去灰土)一斤,新蚕丝一斤,陈莲房十个，旧炊箅一枚，各烧存性。各取一钱，空心热酒下。日三服。不过五日愈。气结淋病不通：用好绵四两（烧灰），麝香半分。每服二钱，温葱酒连进三服。（《圣惠方》）脐疮不干：绵子烧灰，敷之。（傅氏《活婴方》）聤耳出汁：故绵烧灰，绵裹塞之。（《圣惠方》）

裈裆（《拾遗》）

【释名】裤（《纲目》）、犊鼻（《纲目》）触衣（《纲目》）、小衣。

时珍曰：裈亦作裩，亵衣也。以浑复为之，故曰裈。其当隐处者为裆，缝合者为裤，短者为犊鼻。犊鼻，穴名也，在膝下。

【主治】洗裈汁：解毒箭并女劳复（《别录》）。阴阳易病，烧灰服之。并取所交女人衣裳覆之（藏器）。主女劳疸，及中恶鬼忤（时珍）。

【发明】时珍曰：按张仲景云：阴阳易病，身体重，少气，少腹里急，或引阴中拘急，热上冲胸，头重不欲举，眼中生花，膝胫拘急者，烧裩散主之。取中裩近隐处烧灰，水服方寸匕，日三服。小便即利，阴头微肿则愈。男用女，女用男。成无己解云：此以导阴气也。童女者尤良。

【附方】新四。金疮伤重被惊者：以女人中衣旧者，炙裆熨之。（李筌《太白阴经》）胞衣不下：以本妇裩覆井上。或以所着衣笼灶上。（《千金方》）房劳黄病：体重不眠，眼赤如朱，心下块起若瘕，十死一生。宜先烙上脘及心俞，次烙舌下，灸关元，下廉百壮。以妇人内衣烧灰，酒服二钱。（《三十六黄方》）中鬼昏厥，四肢拳冷，口鼻出血：用久污溺衣烧灰。每服二钱，沸汤下。男用女，女用男。（赵原阳《真人济急方》）

【附录】月经衣

见人部天癸下。

汗衫（《纲目》）

【释名】中单（《纲目》）、裲裆、羞袒。

时珍曰：古者短襦为衫，今谓长衣亦曰衫矣。王睿《炙毂子》云：汉王与项羽战，汗透中单，改名汗衫。刘熙《释名》云：汗衣《诗》渭之泽，受汗泽也。或曰鄙袒，或曰羞袒。用六尺裁，足覆胸背。言羞鄙于袒，故衣此尔。又前当胸，后当背，故曰裲裆。

【主治】卒中忤恶鬼气，卒倒不知人，逆冷，口鼻出清血，或胸胁腹内绞急切痛，如鬼击之状，不可按摩，或吐血衄血。用久垢汗衫烧灰，百沸汤或酒服二钱。男用女，女用男。中衬衣亦可（时珍）。

【附方】新一。小儿夜啼：用本儿初穿毛衫儿，放瓶内，自不哭也。（《生生编》）

孝子衫(《拾遗》)

【释名】时珍曰:枲麻布所为者。

【主治】面皯,烧灰敷之(藏器)。

帽:主鼻上生疮,私窃拭之,勿令人知(时珍)。

病人衣(《纲目》)

【主治】天行疫瘟。取初病人衣服,于甑上蒸过,则一家不染(时珍)。

衣带(《拾遗》)

【主治】妇人难产及日月未至而产。临时取夫衣带五寸,烧为末,酒服之。裩带最佳(藏器)。疗小儿下痢客忤,妊妇下痢难产(时珍)。

【附方】新五。小儿客忤卒中者:烧母衣带三寸,并发灰少许,乳汁灌之。(《外台秘要》)小儿下痢,腹大且坚:用多垢故衣带切一升,水五升,煮一升,分三服。(《千金方》)妊娠下痢:中衣带三寸烧研,水服。(《千金方》)金疮犯内,血出不止:取所交妇人中衣带三寸烧末,水服。(《千金方》)令病不复:取女中下裳带一尺烧研,米饮服,即免劳复。(《肘后方》)

头巾(《纲目》)

【释名】时珍曰:古以尺布裹头为巾。后世以纱、罗、布、葛缝合,方者曰巾,圆者曰帽,加以漆制曰冠。又束发之帛曰帮。覆发之巾曰帻,罩发之络曰网巾,近制也。

【主治】故头巾:治天行劳复后渴。取多腻者浸汁,暖服一升(时珍。《千金方》)。

【附方】新四。霍乱吐利:偷本人头缯,以百沸汤泡汁,服一呷,勿令知之。(《集玄方》)猝忽心痛:三年头帮,沸汤淋汁饮之。以碗覆帮于闲地。周时即愈。(《圣惠方》)恶气心痛:破网巾烧灰一钱,猫屎烧灰五分,温酒服。(《马氏方》)下蚀疳疮:破丝网(烧存性)、孩儿茶各等分。研末。以浓茶洗净,搽之,三五次效。忌生冷、房事、发物。(《集简方》)

幞头(《纲目》)

【释名】时珍曰:幞头,朝服也。北周武帝始用漆纱制之,至唐又有纱帽之制,逮今用之。

【主治】烧烟,熏产后血晕。烧灰水服,治血崩及妇人交肠病(时珍)。

【发明】时珍曰：按《陈总领方》，治暴崩下血，琥珀散用漆纱帽灰，云取阳气冲上之义。又夏子益《奇疾方》云：妇人因生产，阴阳易位，前阴出粪，名曰交肠病。取旧扑头烧灰，酒服。仍间服五苓散分利之。如无扑头，凡旧漆纱帽皆可代之。此皆取漆能行败血之义耳。

皮巾子(《纲目》)

【主治】下血及大风疠疮。烧灰入药(时珍)。

【附方】新一。积年肠风泻血，百药不瘥：败皮巾子(烧灰)、白矾(烧)各一两，人指甲(烧焦)、麝香各一分，干姜(炮)三两，为末。每服一钱，米饮下。(《圣惠方》)

皮腰袋(《纲目》)

【主治】大风疠疮。烧灰入药(时珍)。

缴脚布(《拾遗》)

【释名】时珍曰：即裹脚布也。李斯书云"天下之士裹足不入秦"是矣。古名行縢。

【气味】无毒。主天行劳复，马骏风黑汗出者，洗汁服之。多垢者佳(藏器)。妇人欲回乳，用男子裹足布勒住，经宿即止(时珍)。

败天公(《别录》下品)

【释名】笠。

弘景曰：此乃人所戴竹笠之败者。取竹烧灰用。

时珍曰：笠乃贱者御雨之具。以竹为胎，以箬叶夹之。《穹天论》云：天形如笠，而冒地之表。则天公之名，盖取于此。近代又以牛马尾、棕毛、皂罗漆制以蔽日者，亦名笠子，乃古所谓褦襶子者也。

【主治】平。主鬼疰精魅，烧灰酒服(《别录》)。

故蓑衣(《拾遗》)

【释名】袯襫(音泼适)。

时珍曰：蓑草结衣，御雨之具。《管子》云：农夫首戴茅蒲，身服袯襫。即此也。

【主治】蠼螋溺疮，取故蓑衣结烧灰，油和敷之(藏器)。

毡屉(《别录》下品)

【释名】屟(音替)、屧(音燮)。

时珍曰:凡履中荐,袜下毡,皆曰屉,可以代替也。

【主治】瘰疬。烧灰五匕,酒一升和,平旦向日服,取吐良(思邈)。

【附方】新三。痔疮初起,痒痛不止:用毡袜烘热熨之。冷又易。(《集玄方》)一切心痛:毡袜后跟一对,烧灰酒服。男用女,女用男。(《寿域方》)断酒不饮:以酒渍毡屉一宿,平旦饮,得吐即止也。(《千金方》)

皮靴(《纲目》)

【释名】鞾。

时珍曰:靴,皮履也,所以华足,故字从革、华。刘熙《释名》云:靴,跨也。便于跨马也。本胡服。赵武灵王好着短靿靴,后世乃作长靿靴。入药当用牛皮者。

【主治】癣疮,取旧靴底烧灰,同皂矾末掺之。先以葱椒汤洗净(时珍)。

【附方】新六。牛皮癣疮:旧皮鞋底烧灰,入轻粉少许,麻油调抹。(《直指方》)小儿头疮:《圣惠方》:用皮鞋底洗净煮烂,洗讫敷之。又方:旧皮鞋面烧灰,入轻粉少许,生油调敷。瘰疬已溃:牛皮油靴底烧灰,麻油调敷之。(《集玄方》)身项粉瘤:旧皮鞋底洗净,煮烂成冻子,常食之。瘤自破如豆腐,极臭。(《直指方》)肠风下血:皮鞋底、蚕茧蜕、核桃壳、红鸡冠花等分,烧灰。每酒服一钱。(《圣惠方》)

麻鞋(《别录》下品)

【释名】履(《纲目》)、屝(音费)、靸(音先立切)。

时珍曰:鞋,古作鞵,即履也。古者以草为屦,以帛为履。周人以麻为鞋。刘熙《释名》云:鞋者解也,缩其上,易舒解也。履者礼也,饰足为礼也。靸者袭也,履头深袭覆足也。皮底曰屝,屝者皮也。木底曰舄,干腊不畏湿也。入药当用黄麻、苎麻结者。

【主治】旧底洗净煮汁服,止霍乱吐下不止,及食牛马肉毒,腹胀吐利不止,又解紫石英发毒(苏恭)。煮汁服,止消渴(藏器)。

【附方】旧六,新六。霍乱转筋:故麻鞋底烧赤,投酒中,煮取汁服。(陈藏器《本草》)疟疾不止:故鞋底去两头烧灰,井华水服之。(《千金方》)鼻塞不通:麻鞋烧灰吹之,立通。(《经验方》)鼻中衄血:鞋鞴烧灰吹之,立效。(《贞元广利方》)小便遗床:麻鞋尖头二七枚,烧灰,岁朝井华水服之。(《近效方》)大肠脱肛:炙麻鞋底,频按入。仍以故麻鞋底、鳖头各一枚,烧鳖头,研敷之,将履底按入,即不出也。(《千金方》)子死腹中:取本妇鞋底炙热,熨腹上下,二七次即下。(《集玄方》)胎衣不下:方同上。夜卧禁魇:凡卧时,以鞋一仰一覆,则无魇及恶梦。(《起居杂忌》)折伤接骨:市上乞儿破鞋底一只(烧灰)、白面等分,好醋调成糊,敷患处,以绢束之,杉片夹定。须臾痛止,骨节有声,为效。(杨诚《经验方》)白驳癜风:麻鞋底烧灰,擦之。(《圣惠》)蜈蚣伤螫:麻履底炙热揩之,即安。(《外台秘要》)

草鞋(《拾遗》)

【释名】草屦(《纲目》)、屩(音跷)、不借(《纲目》)、千里马。

时珍曰:世本言黄帝之臣始作屦,即今草鞋也。刘熙《释名》云:屦者拘也,所以拘足也。屩者跷也,着之跷跷轻便也。不借者,贱而易得,不假借人也。

【主治】破草鞋,和人乱发烧灰,醋调,敷小儿热毒游肿(藏器)。催生,治霍乱(时珍)。

【附方】新五。产妇催生:路旁破草鞋一只,洗净烧灰,酒服二钱。如得左足生男,右足生女,覆者儿死,侧者有惊,自然之理也。(《胎产方》)霍乱吐泻:出路在家应急方:用路旁破草鞋,去两头,洗三四次,水煎汤一碗,滚服之,即愈。(《事海文山》)浑身骨痛:破草鞋烧灰,香油和,贴痛处,即止。(《救急方》)行路足肿,被石垫伤者:草鞋浸尿缸内半日,以砖一块烧红,置鞋于上,将足踏之,令热气入皮里即消。(《救急方》)臁疮溃烂:《海上方》诗云:左脚草鞋将棒挑,水中洗净火中烧。细研为末加轻粉,洗以盐汤敷即消。

屐屉鼻绳(《别录》下品)

【释名】木屐。

时珍曰:屐乃木履之下有齿者,其施铁者曰檋(音局)。刘熙《释名》云:屐者支也,支以踏泥也。

志曰:别本注云:屐屉,江南以桐木为底,用蒲为鞋,麻穿其鼻,江北不识也。久着断烂者,乃堪入药。

【主治】哽咽,心痛,胸满,烧灰水服(《唐本》)。

【附方】旧一,新五。妇人难产:路旁破草鞋鼻子,烧灰,酒服。(《集玄方》)睡中尿床:麻鞋纲带及鼻根等(惟不用底)七两,以水七升,煮二升,分再服。(《外台秘要》)尸咽痛痒,声音不出:履鼻绳烧灰,水服之。(葛洪《肘后方》)燕口吻疮:木履尾,塘火中煨热,取拄两吻,各二七遍。(《千金方》)小儿头疮:草鞋鼻子烧灰,香油凋,敷之。(《圣济录》)手足瘑疮:故履系烧灰,敷之。(《千金方》)狐尿刺疮:麻鞋纲绳如枣大,妇人内衣(有血者)手大一片,钩头棘针二七枚,并烧研。以猪脂调敷,当有虫出。(陈藏器《本草》)

自经死绳(《拾遗》)

【主治】卒发颠狂,烧末,水服三指撮。陈蒲煮汁服亦佳(藏器)。

【发明】时珍曰：按张耒《明道杂志》云：蕲水一富家子，游倡宅，惊走仆于刑人尸上，大骇发狂。明医庞安常取绞死囚绳烧灰，和药与服，遂愈。观此则古书所载冷僻之物，无不可用者，在遇圆机之士耳。

灵床下鞋(《拾遗》)

【主治】脚气(藏器)。

死人枕席(《拾遗》)

【主治】尸疰、石蛔。又治疣目，以枕及席拭之二七遍令烂，去疣(藏器)。疗自汗盗汗，死人席缘烧灰，煮汁浴身，自愈(时珍。《圣惠方》)。

【发明】藏器曰：有妪人患冷滞，积年不瘥。宋·徐嗣伯诊之，曰：此尸疰也。当以死人枕煮服之，乃愈。于是往古冢中取枕，枕已一边腐缺。妪服之，即瘥。张景声十五岁，患腹胀面黄，众药不能治，以问嗣伯。嗣伯曰：此石蛔尔，极难疗，当取死人枕煮服之。得大蛔虫，头坚如石者五六升，病即瘥。沈僧翼患眼痛，又多见鬼物。嗣伯曰：邪气入肝，可觅死人枕煮服之，竟可竟枕于故处。如其言，又愈。王晏问曰：三病不同，皆用死人枕而俱瘥，何也？答曰：尸疰者，鬼气也，伏而未起，故令人沉滞。得死人枕治之，魂气飞越，不复附体，故尸疰自瘥。石蛔者，医疗既僻，蛔虫转坚，世间药不能遣，须以鬼物驱之，然后乃散，故用死人枕煮服之。邪气入肝，则使人眼痛而见魍魉，须邪物以钩之，故用死人枕之气。因不去之，故令埋于故处也。

时珍曰：按谢士泰《删繁方》：治尸疰，或见尸，或闻哭声者。取死人席(斩棺内余，弃路上者)一虎口(长三寸)，水三升，煮一升服，立效。此即用死人枕之意也，故附之。

纸(《纲目》)

【释名】时珍曰：古者编竹炙青书字，谓之汗青，故简策字皆从竹。至秦汉间以缯帛书事，谓之幡纸，故纸字从糸，或从巾也。从氏，谐声也。刘熙《释名》云：纸者砥也，其平如砥也。东汉和帝时，耒阳蔡伦始采树皮、故帛、鱼网、麻缯，煮烂造纸，天下乃通用之。苏易简《纸谱》云：蜀人以麻，闽人以嫩竹，北人以桑皮，剡溪以藤，海人以苔，浙人以麦麹、稻秆，吴人以茧，楚人以楮，为纸。又云：凡烧药，以墨涂纸裹药，最能拒火。药品中有闪刀纸，乃折纸之际，一角叠在纸中，匠人不知漏裁者，医人取入药用。今方中未见用此，何欤？

【气味】诸纸：甘，平，无毒。

【主治】楮纸：烧灰，止吐血、衄血、血崩、金疮出血(时珍)。

竹纸：包犬毛烧末，酒服，止疟(《圣惠》)。

藤纸：烧灰。敷破伤出血，及大人小儿内热，衄血不止。用故藤纸(瓶中烧存性）二钱。入麝香少许，酒服。仍以纸捻包麝香，烧烟熏鼻（时珍）。

草纸：作捻，纴痈疽，最拔脓。蘸油燃灯，照诸恶疮浸淫湿烂者，出黄水，数次取效（时珍）。

麻纸：止诸失血，烧灰用（时珍）。

纸钱：主痈疽将溃，以筒烧之，乘热吸患处。其灰止血。其烟久嗅，损人肺气（时珍）。

【附方】旧二，新六。吐血不止：白薄纸五张烧灰，水服。效不可言。（《普济方》）衄血不止：屏风上故纸烧灰，酒服一钱，即止。（《普济方》）皮肤血溅出者：以煮酒坛上纸，扯碎如杨花，摊在出血处，按之即止。（王璆《百一选方》）血痢不止：白纸三张，裹盐一匙，烧赤研末。分三服，米饮下。（《圣惠方》）月经不绝来无时者：案纸三十张烧灰，清酒半升和服，顿定。冬月用暖酒服之。（刘禹锡《传信方》）产后血晕：上方服之立验。已毙经一日者，去板齿灌之，亦活。诸虫入耳：以纸塞耳鼻，留虫入之耳不塞，闭口勿言，少顷虫当出也。（《集玄方》）老小尿床：白纸一张铺席下，待遗于上，取纸晒烧，酒服。（《集简方》）

青纸（《纲目》）

【主治】妒精疮，以唾粘贴，数日即愈，且护痛也。弥久者良。上有青黛，杀虫解毒（时珍）。

印纸（《拾遗》）

【主治】令妇人断产无子，剪有印处烧灰，水服一钱匕效（藏器）。

桐油伞纸（《纲目》）

【主治】蛀干阴疮。烧灰，出火毒一夜，敷之，便结痂（时珍）。

【附方】新一。疔疮发汗：千年石灰（炒）十分，旧黑伞纸烧灰一分。每用一小匙，先以齑水些少，次倾香油些少，入末搅匀。沸汤一盏，调下。厚被盖之，一时大汗出也。（《医方捷径》）

历日（《纲目》）

【集解】时珍曰：太昊始作历日，是有书。《礼记》：十二月天子颁朔于诸侯。

【主治】邪疟。用隔年全历，端午午时烧灰，糊丸梧子大。发日早用无根水，下五十丸（《卫生易简方》）。

钟馗(《纲目》)

【集解】时珍曰:《逸史》云:唐高祖时,钟馗应举不第,触阶而死。后明皇梦有小鬼盗玉笛,一大鬼(破帽蓝袍)捉鬼啖之。上问之。对曰:臣终南山进士钟馗也。蒙赐袍带之葬,誓除天下虚耗之鬼。乃命吴道子图象,传之天下。时珍谨按《尔雅》云:钟馗,菌名也。《考工记注》云:终葵,椎名也。菌似椎形,椎似菌形,故得同称。俗画神执一椎击鬼,故亦名钟馗。好事者因作《钟馗传》,言是未第进士,能啖鬼。遂成故事,不知其讹矣。

【主治】辟邪止疟。(时珍)。

【附方】新二。妇人难产:钟馗左脚烧灰,水服。(杨起《简便方》)鬼疟来去:画钟馗纸烧灰二钱,阿魏、砒霜、丹砂各一皂子大,为末。寒食面和,丸小豆大。每服一丸,发时冷水下。正月十五日、五月初五日修合。(《圣济录》)

桃符(《药性》)

【集解】时珍曰:《汉旧仪》云:东海度朔山有大桃,蟠屈千里。其北有鬼门,二神守之,曰神荼、郁垒,主领众鬼。黄帝因立桃板于门,画二神以御凶鬼。《典术》云:桃乃西方之木,五木之精,仙木也。味辛气恶,故能厌伏邪气,制百鬼。今人门上用桃符辟邪,以此也。

【主治】中恶,精魅邪气,煮汁服(甄权)。

【发明】时珍曰:钱乙《小儿方》有桃符丸,疏取积热及结胸。用巴豆霜、黄柏、大黄各一钱一字,轻粉、硇砂各半钱,为末,面糊丸粟米大。量大小,用桃符汤下。无则以桃枝代之。盖桃性快利大肠,兼取厌伏邪恶之义耳。

桃橛(《拾遗》)

【释名】桃杙。

时珍曰:橛音厥,即杙也。人多削桃木钉于地上,以镇家宅。三载者尤良。许慎云:羿死于桃棓。棓,杖也。故鬼畏桃,而今人以桃梗作杙橛,以辟鬼也。《礼记》云:王吊则巫祝以桃茢前引,以辟不祥。茢者,桃枝作帚也。《博物志》云:桃根为印,可以召鬼。《甄异传》云:鬼但畏东南桃枝尔。观诸说,则桃之辟鬼祟疰忤,其来有由矣。

【主治】卒心腹痛,鬼疰,破血,辟邪恶气,腹满,煮汁服之,与桃符同功(藏器)。风虫牙痛,烧取汁,少少纳孔中。以蜡锢之(时珍)。

救月杖(《拾遗》)

【集解】藏器曰:即月食时,救月,击物木也。

【主治】月蚀疮及月割耳，烧为灰，油和敷之(藏器)。乃治匶之神药(思邈)。

拨火杖(《拾遗》)

【释名】火槽头(《拾遗》)、火柴头。

时珍曰：拨火之杖，烧残之柴，同一理。

【主治】蝎螫，以横井上立愈。其上立炭，刮敷金疮，止血生肉。带之，辟邪恶鬼。带火纳水底，取得水银着出(藏器)。止小儿惊忤夜啼(时珍)。

【附方】新一。客忤夜啼：用本家厨下烧残火柴头一个，削平焦处。向上朱砂书云：拨火杖！拨火杖！天上五雷公，差来作神将。捉住夜啼鬼，打杀不要放。急急如律令。书毕，勿令人知，安立床前脚下，男左女右。(《岣嵝神书》)

吹火筒(《纲目》)

【主治】小儿阴，被蚯蚓呵肿，令妇人以筒吹其肿处，即消(时珍)。

凿柄木(《拾遗》)

【释名】千椎草《纲目》。

【主治】难产。取入铁孔中木，烧末酒服(藏器)。刺在肉中，烧末，酒服二方寸匕(思邈)。

【发明】时珍曰：女科有千椎草散：用凿柄承斧处打卷者，烧灰，淋汁饮。李魁甫言其有验，此亦取下往之义耳。

【附方】新一。反胃吐食：千槌花一枚烧研，酒服。(《卫生易简方》)

铁椎柄(《拾遗》)

【主治】鬼打，及强鬼排突人中恶者，和桃奴、鬼箭等，作丸服之(藏器。时珍曰：务成子治瘟疾鬼病，萤火丸中亦用之)。

铳楔(《纲目》)

【主治】难产，烧灰酒服。又辟忤恶邪气(时珍)。

刀鞘(《拾遗》)

【主治】鬼打卒得，取二三寸烧末，水服。腰刀者弥佳(藏器)。

马鞭(《纲目》)

【释名】马策。

时珍曰:竹柄编革为之。故鞭从革便,策从竹朿,会意。

【主治】马汗气入疮或马毛入疮,肿痛烦热,入腹杀人,烧鞭皮末,和膏敷之。又治狐尿刺疮肿痛,取鞭稍二寸,鼠屎二七枚,烧研,和膏敷之(时珍)。

箭苛及镞(《拾遗》)

【释名】时珍曰:扬雄《方言》云:自关而东谓之矢,自关而西谓之箭,江淮之间渭之鏃。刘熙《释名》云:矢又谓之镝。本曰足,末曰栝,体曰干,旁曰羽。

【主治】妇人产后腹中痒,密安所卧席下,勿令妇知(藏器)。刺伤风水,刮箭下漆涂之。又主疔疮恶肿,刮箭笴茹作炷,灸二七壮(时珍)。

【附方】新一。妇人难产:《外台秘要》:用箭干三寸,弓弦三寸,烧末,酒服。方出崔氏。《小品方》治难产,飞生丸用故箭羽。方见禽部鼯鼠下。

弓弩弦(《别录》下品)

【释名】时珍曰:黄帝时始作弓(有臂者曰弩),以木为干,以丝为弦。

【气味】平,无毒。

权曰:微寒。

【主治】难产,胞衣不出(《别录》)。鼻衄及口鼻大衄不止,取折弓弦烧灰,同枯矾等分吹之。即止(时珍)。

【发明】弘景曰:产难,取弓弩弦以缚腰,及烧弩牙纳酒中饮之,皆取发放快速之义。

时珍曰:弓弩弦催生,取其速离也。折弓弦止血,取其断绝也。《礼》云:男子生,以桑弧、蓬矢射天地四方。示男子之事也。《巢元方论胎教》云:妊娠三月,欲生男,宜操弓矢,乘牡马。孙思邈《千金方》云:妇人始觉有孕,取弓弩弦一枚,缝袋盛,带左臂上,则转女为男。《房室经》云:凡觉有娠,取弓弩弦缚妇人腰下,满百日解却。此乃紫宫玉女秘传方也。

【附方】新四。胎动上逼:弩弦系带之立下。(《医林集要》)胎滑易产:弓弩弦烧末,酒服二钱。(《续十全方》)胞衣不出:水煮弓弩弦,饮汁五合。或烧灰酒服。(《千金方》)耳中有物:不出用弓弩弦长三寸,打散一头,涂好胶,拄着耳中,徐徐粘引出。(《圣惠方》)

纺车弦(《纲目》)

【主治】坐马痈,烧灰敷之(时珍)。凡人逃走,取其发于纬车上逆转之,则迷乱不知所适(藏器)。

梭头(《拾遗》)

【主治】失音不语,病吃者,刺手心令痛即语。男左女右(藏器)。

连枷关(《纲目》)

【主治】转胞,小便不通,烧灰水服。(时珍。《千金方》)。

楤担尖(《纲目》)

【主治】肠痈已成,取少许烧灰。酒服,当作孔出脓血愈(思邈)。

梳篦(《拾遗》)

【释名】栉。

时珍曰:刘熙《释名》云:梳,其齿疏通也。篦,其齿细密相比也。栉,其齿连节也。赫连氏始作之。

【主治】虱病,煮汁服之。虱病是活虱入腹为病如癥瘕者(藏器)。主小便淋沥,乳汁不通,霍乱转筋,噎塞(时珍)。

【附方】新八。啮虱成症:山野人好啮虱,在腹生长为虱症。用败梳、败篦各一枚,各破作两分。以一分烧研,以一分用水五升,煮取一升,调服,即下出。(《千金方》)霍乱转筋:入腹痛。用败木梳一枚烧灰,酒服,永瘥。(《千金方》)噎塞不通:寡妇木梳一枚烧灰,煎锁匙汤调下二钱。(《生生编》)小便淋痛:多年木梳烧存性,空心冷水服。男用女,女用男。(《救急方》)发哽咽中:旧木梳烧灰,酒服之。(《集玄方》)乳汁不行:内服通乳药。外用木梳梳乳,周回百余遍,即通。(《儒门事亲方》)猘犬咬伤:故梳一枚(剉),韭根一两(切),水二升,煮一升,顿服。(《外台秘要》)蜂虿叮螫:油木梳炙热,熨之。(《救急方》)

针线袋(《拾遗》)

【主治】痔疮,用二十年者,取袋口烧灰,水服。又妇人产后肠中痒不可忍,密安所卧褥下,勿令知之。凡人在牢狱日,经赦得出,就于囚枷上,取线为囚缝衣,令人犯罪经恩也(藏器)。

蒲扇(《拾遗》)

【释名】箑。

时珍曰:上古以羽为扇,故字从羽。后人以竹及纸为箑,故字从竹。扬雄《方言》云:自关而东谓之箑,自关而西谓之扇。东人多以蒲为之,岭南以蒲葵为之。

【主治】败蒲扇灰和粉,粉身止汗,弥败者佳。新造屋柱下四隅埋之,蚊永不入。(藏器)。烧灰酒服一钱,止盗汗,及妇人血崩,月水不断(时珍)。

蒲席(《别录》下品)

【释名】荐。

弘景曰:蒲席惟船家用之,状如蒲帆。人家所用席,皆是菅草,而荐多是蒲也。方家烧用。

恭曰:席、荐皆人所卧,以得人气为佳,不论荐、席也。青齐间人谓蒲荐为蒲席,亦曰蒲盒(音合),谓藁作者为荐。山南、江左机上织者为席,席下重厚者为荐。

时珍曰:席、荐皆以蒲及稻藁为之,有精粗之异。吴人以龙须草为席。

【主治】败蒲席:平。主筋溢恶疮(《别录》)。单用破血。从高坠下,损瘀在腹刺痛,取久卧者烧灰,酒服二钱。或以蒲黄、当归、大黄、赤芍药、朴硝,煎汤调服。血当下(甄权)。

编荐索:烧研,酒服二指撮,治霍乱转筋入腹(藏器)。

寡妇荐:治小儿吐利霍乱,取二七茎煮汁服(藏器)。

【附方】旧三,新三。霍乱转筋:垂死者。败蒲席一握切,浆水一盏煮汁,温服。(《圣惠方》)小便不利:蒲席灰七分,滑石三分,为散。饮服方寸匕,日三。(《金匮要略》)妇人血奔:旧败蒲席烧灰,酒服二钱。(《胜金方》)五色丹游,多致杀人:蒲席烧灰,和鸡子白,涂之良。(《千金翼》)痈疽不合:破蒲席烧灰,腊月猪脂和,纳孔中。(《千金方》)夜卧尿床:本人荐草烧灰,水服,立瘥。(《千金方》)

簟(《纲目》)

【释名】籧篨、笭篂、笋席。

时珍曰:簟可延展,故字从竹、覃。覃,延长也。

【主治】蜘蛛尿、蠼螋尿疮,取旧者烧灰敷之(时珍)。

【附方】新一。小儿初生吐不止者:用籧篨少许,同人乳二合,盐二粟许,煎沸,入牛黄粟许,与服。此刘五娘方也。(《外台秘要》)

帘箔(宋《嘉祐》)

【释名】时珍曰:其形方廉而薄,故曰帘、曰簿,以竹及苇芒编成,其帛幕曰帟。

藏器曰：今东人多以芒草为箔，入药用弥久着烟者佳。

败芒箔

【主治】无毒。主产妇血满腹胀痛，血渴，恶露不尽，月闭，下恶血，止好血，去鬼气疰痛癥结，酒煮服之。亦烧末，酒服（藏器）。

箔经绳

【主治】痈疽有脓不溃，烧研，和腊猪脂敷下畔，即溃。不须针灸（时珍。《千金方》）。

厕屋户帘

【主治】小儿霍乱，烧灰，饮服一钱（时珍。《外台秘要》）。

漆器（《纲目》）

【主治】产后血晕，烧烟熏之即苏。又杀诸虫（时珍）。

【附方】新三。血崩不止：漆器灰、棕灰各一钱，柏叶煎汤下。（《集简方》）白秃头疮：破朱红漆器，剥取漆朱烧灰，油调敷之。（《救急方》）蝎虿螫伤：漆木碗合螫处，神验不传。（《古今录验方》）

研朱石槌（《拾遗》）

【主治】妒乳，煮热熨乳上，以二槌更互用之，数十遍，热彻取瘥（藏器）。

灯盏（《纲目》）

【释名】缸。

【主治】上元盗取富家灯盏，置床下，令人有子（时珍。《韵府》）。

灯盏油（《纲目》）

【释名】灯窝油。

【气味】辛，苦，有毒。

【主治】一切急病，中风、喉痹、痰厥。用鹅翎扫入喉内，取吐即效。又涂一切恶疮疥癣（时珍）。

【附方】新二。乳上生痈：脂麻炒焦捣烂，以灯盏内油脚调敷，即散。（《集玄方》）走马喉痹：诗云：急喉肿痹最堪忧，急取盛灯盏内油。其者不过三五呷，此方原是至人留。

车脂(宋《开宝》)

【校正】并入釭中膏。

【释名】车毂脂(《纲目》)、轴脂(《纲目》)、辖脂(《纲目》)、釭膏(音公)。

时珍曰:毂即轴也。辖即釭也。乃裹轴头之铁,频涂以油,则滑而不涩。《史记》"齐人嘲淳于髡为炙毂輠"即此,今云油滑是矣。

【气味】辛,无毒。

【主治】卒心痛,中恶气,以热酒服之。中风发狂,取膏如鸡子大,热醋搅消服。又主妇人妒乳、乳痈,取熬热涂之。并和热酒服(《开宝》)。去鬼气,温酒烊热服(藏器)。治霍乱、中蛊、妊娠诸腹痛,催生,定惊,除疟,消肿毒诸疮(时珍)。

【附方】旧八,新九。中恶蛊毒:车釭脂如鸡子大,酒化服。(《千金方》)蛤蟆蛊病及蝌蚪蛊:心腹胀满痛,口干思水,不能食,闷乱大喘。用车辖脂半斤,渐渐服之,其蛊即出。(《圣惠方》)霍乱转筋:入腹痛。车毂中脂涂足心。(《千金方》)少小腹胀:车毂中脂和轮下土,如弹丸,吞之立愈。(《千金方》)妊妇腹痛:烧车釭脂末,纳酒中,随意饮。(《千金方》)妊妇热病;车辖脂随意酒服,大良。(《千金方》)妇人难产:三日不出。车轴脂吞大豆许二丸。(《千金方》)妇人逆产;车釭膏画儿脚底,即正。(《开宝本草》)产后阴脱:烧车釭头脂,纳酒中服。(《子母秘录》)小儿惊啼:车轴脂小豆许,纳口中及脐中良。(《千金方》)儿脐不合:车辖脂烧灰,傅之。(《外台秘要》)疟疾不止:不拘久近。车轴垢,水洗,下面和,丸弹子大,作烧饼。未发时食一枚,发时又食一枚。(《圣惠方》)瘰疬已溃:车釭脂和梁上尘,傅之。(《外台秘要》)灸疮不瘥;车釭脂涂之,良。(《千金方》)聤耳脓血;绵裹车辖脂塞之。(《外台秘要》)诸虫入耳;车釭脂涂孔中,自出。(《梅师方》)针刺入肉;车脂摊纸上如钱大,贴上。二日一易,三五次即出。(《集玄方》)

败船茹(音如。《别录》下品)

【集解】弘景曰:此是大艑艄刮竹茹以补漏处者。

时珍曰:古人以竹茹。今人只以麻筋和油石灰为之。

【主治】平。疗妇人崩中,吐血、痢血不止(《别录》)。治金疮,刮败船茹灰敷之,功同牛胆石灰(苏颂)。

【附方】旧一,新二。妇人遗尿:船故茹为末,酒服三钱。(《千金方》)月水不断:船茹一斤净洗,河水四升半,煮二升半,分二服。(《千金方》)妇人尿血:方同上。

故木砧(《拾遗》)

【释名】百味(《拾遗》)、栅几。

几上屑

【主治】吻上馋疮,烧末敷之(藏器)。

砧上垢

【主治】卒心腹痛。又凡人病后食、劳复。取当时来参病人行止脚下土一钱许(男左女右),和垢及鼠头一(或鼠屎三七)枚煮服,神效(藏器)。干霍乱,不吐不利,烦胀欲死,或转筋入腹,取屠儿几垢一鸡子大,温酒调服,得吐即愈。又主唇疮、耳疮、虫牙(时珍)。

【附方】新二。唇紧疮裂:屠几垢烧存性,敷之。(《千金方》)小儿耳疮:屠几上垢,敷之。(《千金方》)

杓(音妁。《拾遗》)

【释名】时珍曰:木曰杓,瓠曰瓢。杓者,勺也;瓢者,漂也。

【主治】人身上结筋,打之三下,自散(藏器)。

瓠瓢

见菜部。

箸(《拾遗》)

【释名】箸。

时珍曰:古箸以竹,故字从竹。近人兼用诸木及象牙为之矣。

【主治】吻上咽口疮,取箸头烧灰敷之。又狂狗咬者,乞取百家箸,煎汁饮(藏器)。咽喉痹塞,取漆箸烧烟。含咽烟气入腹,发咳即破(时珍)。

甑(《别录》下品)

【校正】并入《拾遗》瓦甑、故甑蔽。

【集解】时珍曰:黄帝始作甑、釜。北人用瓦甑,南人用木甑,夷人用竹甑。术家云:凡甑鸣、釜鸣者,不得惊怖。但男作女拜,女作男拜,即止,亦尤殃咎。《感应类从志》云:瓦甑之契,投枭自止。注云:取故甑书"契"字,置墙上,有枭鸣时投之,自止也。

瓦甑

【主治】魇寐不寤,取覆人面,疾打破之(藏器)。

甑垢(一名阴胶)

【主治】口舌生疮,刮敷之(时珍)。

【发明】时珍曰:雷氏《炮炙论》序云:知疮所在,口点阴胶。注云:取甑中气垢少许于口中,即知脏腑所起,直彻至患处,知痛所在,可医也。

甑带

【气味】辛,温,无毒。

【主治】煮汁服,除腹胀痛,脱肛,胃反,小便失禁、不通及淋,中恶尸注。烧灰,封金疮,止血,止痛,出刃(苏恭)。主大小便不通,痁疾,妇人带下,小儿脐疮,重舌夜啼,癜风白驳(时珍)。

【发明】志曰:江南以蒲为甑带,取久用败烂者用之。取其久被蒸气,故能散气也。

【附方】旧五,新六。小便不通;以水四升,洗甑带取汁,煮葵子二升半,分三服。(《圣惠方》)大小便闭;甑带煮汁,和蒲黄方寸匕服,日三次。(《千金方》)五色带下:甑带煮汁,温服一盏,日二服。(《千金方》)小儿下血;甑带灰涂乳上,饮之。(《外台秘要》)小儿夜啼;甑带悬户上,即止。(《子母秘录》)小儿重舌;甑带烧灰,敷舌下。(《圣惠方》)小儿鹅口;方同上。小儿脐疮:甑带烧灰敷之。(《子母秘录》)五色丹毒:甑带烧灰,鸡子白和,涂之。(《卫生易简方》)沙芒眯目:甑带灰,水服一钱。(《外台秘要》)草石在咽:不出。方同上。

故甑蔽(《拾遗》。或作闭)

【主治】主石淋,烧研,水服三指撮。又主盗汗(藏器)。烧灰,水服三撮,治喉闭咽痛及食复,下死胎(时珍)。

【发明】时珍曰:甑蔽通气,理似优于甑带。雷氏《炮炙论》序云:弊箄淡卤。注云:常使旧甑中箄,能淡盐味。此物理之相感也。

【附方】新二。胎死腹中及衣不下者:取炊蔽,户前烧末,水服即下。(《千金方》)骨疽出骨,愈而复发,骨从孔中出,宜疮上灸之:以乌雌鸡一只,去肉取骨,烧成炭,以三家甑蔽、三家砧木(刮屑)各一两,皆烧存性,和导疮中,碎骨当出尽而愈。(《千金方》)

锅盖(《纲目》)

【主治】牙疳、阴疳,取黑垢,同鸡肶胵黄皮灰,蚕茧灰、枯矾等分为末,米泔洗后频敷之(时珍)。

饭箩(《拾遗》)

【释名】筐。

藏器曰：以竹为之，南方人谓之筐。

【主治】时行病后食、劳复，烧取方寸匕，水服（藏器）。

蒸笼（《纲目》）

【主治】取年久竹片，同弊帚扎缚草、旧麻鞋底系及蛇蜕皮，烧灰，擦白癜风（时珍。《圣惠方》）。

炊单布（《纲目》）

【主治】坠马，及一切筋骨伤损，张仲景方中用之（时珍）。

【发明】时珍曰：按王谬《百一选方》云：一人因开甑，热气蒸面，即浮肿眼闭。一医以意取久用炊布烧灰存性为末，随敷随消。盖此物受汤上之气多，故用此引出汤毒。亦犹盐水取咸味，以类相感也。

故炊帚（《拾遗》）

【主治】人面生白驳，以月食夜。和诸药烧灰，苦酒调敷之（藏器）。

弊帚（《纲目》）

【释名】彗。

时珍曰：许慎《说文》云：帚从手持巾，以扫除也。竹帚曰彗。凡竹枝、荆茗、黍秫、茭蒲、芒草、落帚之类，皆可为帚也。

【主治】白驳癞风，烧灰入药（时珍）。

【附方】新二。白驳风：弊帚、弊帛、履底、甑带、脯腊、蝉颈、蛇皮等分，以月食时合烧为末。酒服方寸匕，日三服。仍以醇醋和涂之。忌食发风物。此乃徐王方也。（《古今录验》）身面疣目：每月望子时，以秃帚扫疣目上，三七遍。（《圣惠方》）

簸箕舌（《纲目》）

【释名】时珍曰：簸扬之箕也。南人用竹，北人用杞柳为之。

【主治】重舌出涎，烧研，酒服一钱。又主月水不断（时珍。《千金方》《圣惠方》）。

【附方】新一。催生：簸箕淋水一盏，饮数口。（《集玄方》）

竹篮(《拾遗》)

【释名】藏器曰:竹器也。

【主治】取耳烧灰,敷狗咬疮(藏器)。

鱼笱(《纲目》)

【释名】时珍曰:徐坚《初学记》云:取鱼之器曰笱(音苟),曰罶(音留),曰罛(音孤),曰罺(音罩),日罺(音抄)。

【主治】旧笱须:疗鱼骨哽,烧灰,粥饮服方寸匕(时珍。《肘后方》)。

鱼网(《拾遗》)

【释名】罟。

时珍曰:《易》云:庖牺氏结绳而为网罟,以畋以渔,盖取诸离。

【主治】鱼骨哽者,以网覆颈,或煮汁饮之,当自下(藏器)。亦可烧灰,水服,或乳香汤服。甚者并进三服(时珍)。

草麻绳索(《纲目》)

【释名】时珍曰:小曰索,大曰绳。

【主治】大腹水病,取三十枚去皮,研水三合,旦服,日中当吐下水汁。结囊若不尽,三日后再作。未尽更作。瘥后,禁水饮、咸物(时珍)。

【附方】新二。断瘟不染:以绳度所住户中壁,屈绳结之,即不染也。(《肘后方》)消渴烦躁:取七家井索,近瓶口结处,烧灰。新汲水服二钱,不过三五服效。(《圣惠方》)

马绊绳(《纲目》)

【主治】煎水,洗小儿痫(苏恭)。烧灰,掺鼻中疮(时珍)。

缚猪绳(《纲目》)

【主治】小儿惊啼,发歇不定,用腊月者烧灰,水服少许(藏器)。

牛鼻桊(音卷。《纲目》)

【释名】时珍曰:穿牛鼻绳木也。

【主治】木桊:主小儿痫。草桊:烧研,敷小儿鼻下疮(《别录》)。草桊灰:吹喉风有效。木桊:煮汁或烧灰酒服,治消渴(时珍)。

【附方】新二。消渴饮水:牛鼻木二个(男用牝牛,女用牡牛者,洗剉),人参、甘草各半两,大白梅十个,水四碗,煎三碗,热服甚妙。(《普济方》)冬月皲裂:牛鼻绳末,和五倍子末,填入薄纸,贴之。(《救急方》)

厕筹(《拾遗》)

【主治】难产,及霍乱身冷转筋,于床下烧取热气彻上。亦主中恶鬼气。此物最微。其功可录(藏器)。

【附方】新二。小儿惊窜,两眼看地不上者;皂角烧灰,以童尿浸刮屎柴竹用火烘干为末,贴其囟门,即苏。(《王氏小儿方》)小儿齿迟:正旦。取尿坑中竹木刮涂之,即生。(《圣惠方》)

尿桶(《纲目》)

旧板

【主治】霍乱吐利,煎水服。山村宜之(时珍。《如宜方》)。

旧箍

【主治】脚缝搔痒,或疮有窍,出血不止,烧灰敷之。年久者佳(时珍)。

本草纲目虫部第三十九卷

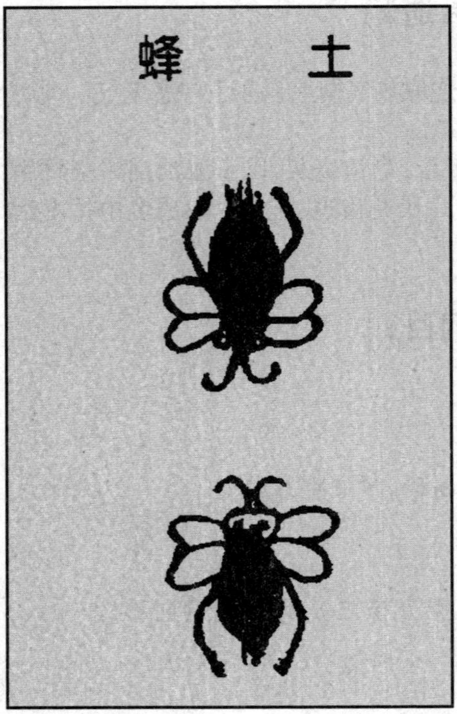

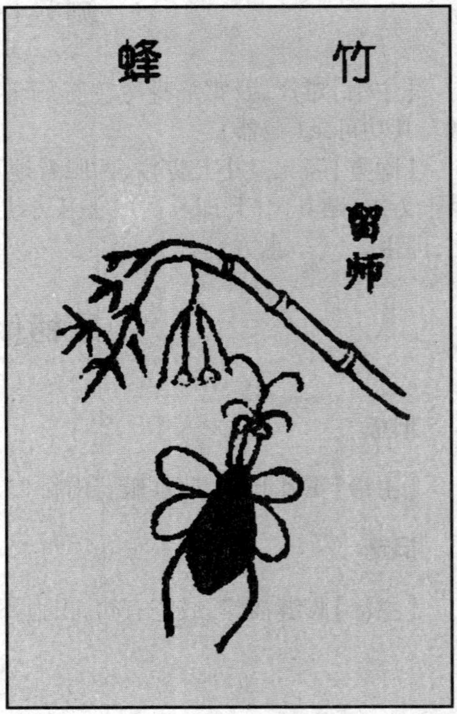

本草纲目虫部第三十九卷

蜂蜜(《本经》上品)

【释名】蜂糖(俗名)生岩石者名石蜜(《本经》)、石饴(同上)、岩蜜。

时珍曰:蜜以密成,故谓之蜜。《本经》原作石蜜,盖以生岩石者为良耳,而诸家反致疑辩。今直题曰蜂蜜,正名也。

【气味】甘,平,无毒。

《别录》曰:微温。

颖曰:诸蜜气味,当以花为主。冬、夏为上,秋次之,春则易变而酸。闽、广蜜极热,以南方少霜雪,诸花多热也。川蜜温,西蜜则凉矣。

刘完素曰:蜜成于蜂,蜂寒而蜜温,同质异性也。

时珍曰:蜂蜜生凉熟温,不冷不燥,得中和之气,故十二脏腑之病,罔不宜之。但多食亦生湿热虫䘌,小儿尤当戒之。王充《论衡》云:蜂虿禀太阳火气而生,故毒在尾。蜜为蜂液,食多则令人毒,不可不知。炼过则无毒矣。

宗奭曰:蜜虽无毒,多食亦生诸风也。

朱震亨曰:蜜喜入脾。西北高燥,故人食之有益。东南卑湿,多食则害生于脾也。

思邈曰:七月勿食生蜜,令人暴下霍乱。青赤酸喚者,食之心烦。不可与生葱、莴苣同食,令人利下。食蜜饱后,不可食鲊,令人暴亡。

【主治】心腹邪气,诸惊痫痓,安五脏诸不足,益气补中,止痛解毒,除众病,和百药。久服,强志轻身,不饥不老,延年神仙(《本经》)。养脾气,除心烦,饮食不下,止肠澼,肌中疼痛,口疮,明耳目(《别录》)。牙齿疳䘌,唇口疮,目肤赤障,杀虫(藏器)。治卒心痛及赤白痢,水作蜜浆,顿服一碗止;或以姜汁同蜜各一合,水和顿服。常服,面如花红(甄权)。治心腹血刺痛,及赤白痢,同生地黄汁各一匙服,即下(孟诜)。同薤白捣,涂汤火伤,即时痛止(宗奭。《时后》:用白蜜涂上,竹膜贴之,日三)。和营卫,润脏腑,通三焦,调脾胃(时珍)。

【发明】弘景曰:石蜜道家丸饵,莫不须之。仙方亦单炼服食,云致长生不老也。

时珍曰:蜂采无毒之花,酿以小便而成蜜,所谓臭腐生神奇也。其入药之功有五:清热也,补中也,解毒也,润燥也,止痛也。生则性凉,故能清热;熟则性温,故能补中。甘而和平,故能解毒;柔而濡泽,故能润燥。缓可以去急,故能止心腹、肌肉、疮疡之痛;和可以致中,故能调和百药,而与甘草同功。张仲景治阳明结燥,大便不通，蜜煎导法，诚千古神方也。

诜曰：但凡觉有热，四肢不和，即服蜜浆一碗，甚良。又点目中热膜，以家养白蜜为上，木蜜次之，崖蜜更次之也。与姜汁熬炼，治癞甚效。

【附方】旧十四，新六。大便不通：张仲景《伤寒诊》云：阳明病，自汗，小便反利，大便硬者，津液内竭也，蜜煎导之。用蜜二合，铜器中微火煎之，候凝如饴状，至可丸，乘热捻作挺，令头锐，大如指，长寸半许。候冷即硬，纳便道中，少顷即通也。一法：加皂角、细辛（为末）少许，尤速。噎不下食：取崖蜜含，微微咽下。（《广利方》）产后口渴：用炼过蜜，不计多少，熟水调服，即止。（《产书》）难产横生：蜂蜜、真麻油各半碗，煎减半服，立下。（《海上方》）天行虏疮：比岁有病天行斑疮，头面及身，须臾周匝，状如火疮，皆戴白浆，随决随生。不即疗，数日必死。瘥后疮瘢黯色，一岁方灭，此恶毒之气。世人云：建武中，南阳击虏所得，仍呼为虏疮。诸医参详疗之，取好蜜通摩疮上，以蜜煎升麻，数数拭之。（《肘后》）痘疹作痒：难忍，抓成疮及疱，欲落不落。百花膏：用上等石蜜，不拘多少，汤和，时时以翎刷之。其疮易落，自无瘢痕。（《全幼心鉴》）瘾疹瘙痒：白蜜不以多少，好酒调下，有效。（《圣惠方》）五色丹毒：蜜和干姜末敷之。

蜜蜡（《本经》上品）

【释名】弘景曰：生于蜜中，故谓蜜蜡。

时珍曰：蜡，犹鬣也。蜂造蜜蜡而皆成鬣也。

【集解】《别录》曰：蜡生武都山谷蜜房木石间。

弘景曰：蜂先以此为蜜跖，煎蜜亦得之。初时极香软。人更煮炼，或少加醋酒，便黄赤，以作烛色为好。今医家皆用白蜡，但取削之，于夏月暴百日许，自然白也。卒用之，烊内水中十余遍，亦白。

宗奭曰：新蜡色白，随久则黄。白蜡乃蜡之精英者也。

时珍曰：蜡乃蜜脾底也。取蜜后炼过，滤入水中，候凝取之，色黄者俗名黄蜡，煎炼极净色白者为白蜡，非新则白而久则黄也。与今时所用虫造白蜡不同。

【气味】甘，微温，无毒。

之才曰：恶芫花、齐蛤。

【主治】蜜蜡：主下痢脓血，补中，续绝伤金疮，益气，不饥，耐老（《本经》。权曰：和松脂、杏仁、枣肉、茯苓等分合成，食后服五十丸，便不饥。颂曰：古人荒岁多食蜡以度饥，但合大枣咀嚼，即易烂也）。白蜡：疗久泄澼后重见白脓，补绝伤，利小儿。久服轻身不饥（《别录》）。孕妇胎动，下血不绝，欲死。以鸡子大，煎三五沸，投美酒半升服，立瘥。又主白发，镊去，消蜡点孔中，即生黑者（甄权）。

【发明】时珍曰：蜜成于蜡，而万物之至味，莫甘于蜜，莫淡于蜡，得非厚于此必薄于彼耶？蜜之气味俱厚，属乎阴也，故养脾；蜡之气味俱薄，属乎阳也，故养胃。厚者味甘，而性缓质柔，故润脏腑；薄者味淡，而性啬质坚，故止泄痢。张仲景治痢有调气饮，《千金方》治痢有胶蜡汤，其效甚捷，盖有见于此欤？又华佗治老少下痢，食入即吐。用白蜡方寸匕，鸡子黄一个，石蜜、苦酒、发灰、黄连末，各半鸡子壳。先煎蜜、蜡、苦酒、鸡子四味令匀，乃纳连、发，熬至可丸乃止。二日服尽，神效无比也。此方用之，屡经效验，乃知《本经》主下痢脓血之言，深当膺服也。

【附方】旧十一，新十。仲景调气饮：治赤白痢，少腹疗痛小可忍，下重，或面青手足俱变者。用黄蜡三钱，阿胶三钱，同熔化，入黄连末五钱，搅匀，分三次热服，神妙。（《续传信方》）《千金》胶蜡汤：治热痢，及妇人产后下痢。用蜡二棋子大，阿胶二钱，当归二钱半，黄连三钱，黄柏一钱，陈廪米半升，水三升，煮米至一升，去米入药，煎至一钟，温服神效。（《千金方》）急心疼痛：用黄蜡灯上烧化，丸芡子大，百草霜为衣。井水下三丸。肺虚咳嗽：立效丸，治肺虚膈热，咳嗽气急烦满，咽干燥渴，欲饮冷水，体倦肌瘦，发热减食，喉音嘶不出。黄蜡（熔滤令净，浆水煮过）八两，再化作一百二十丸，以蛤粉四两为衣养药。每服一丸，胡桃半个，细嚼温水下，即卧，闭口不语，日二。

蜜蜂（《本经》上品）

【释名】蜡蜂（《纲目》）、蠭。

时珍曰：蜂尾垂锋，故谓之蜂。蜂有礼范，故谓之蠭。《礼记》云：范则冠而蝉有緌。《化》云：蜂有君臣之礼。是矣。

蜜蜂

蜂子

【气味】甘，平、微寒，无毒。

大明曰：凉，有毒。食之者须以冬瓜、苦荬、生姜、紫苏制其毒。

之才曰：畏黄芩、芍药、牡蛎、白前。

【主治】风头，除蛊毒，补虚羸伤中。久服令人光泽，好颜色，不老（《本经》）。（弘景曰：酒渍敷面，令人悦白）。轻身益气，治心腹痛，面目黄，大人小儿腹中五虫从口吐出者（《别录》）。主丹毒风疹，腹内留热，利大小便涩，去浮血，下乳汁，妇人带下病（藏器）。大风疠疾（时珍）。

【发明】时珍曰：蜂子古人以充馔品，故《本经》《别录》著其功效，而《圣济总录》治大风疾，兼用诸蜂子，盖亦足阳明、太阴之药也。

【附方】新一。大风疠疾，须眉堕落，皮肉已烂成疮者：用蜜蜂子、胡蜂子、黄蜂子（并炒）各一分，白花蛇、乌蛇（并酒浸，去皮、骨，炙干）、全蝎（去土，炒）、白僵蚕（炒）各一两，地龙（去土，炒）半两，蝎虎（全者，炒）、赤足蜈蚣（全者，炒）各十五枚，丹砂一两，雄黄（醋熬）一分，龙脑半钱，上为末。每服一钱匕，温蜜汤调下，日三五服。（《总录》）

土蜂（《别录》）

【校正】旧与蜜蜂子同条，今分出。

【释名】蜚零(《本经》)、蟺蜂(音惮。)、马蜂。

土蜂

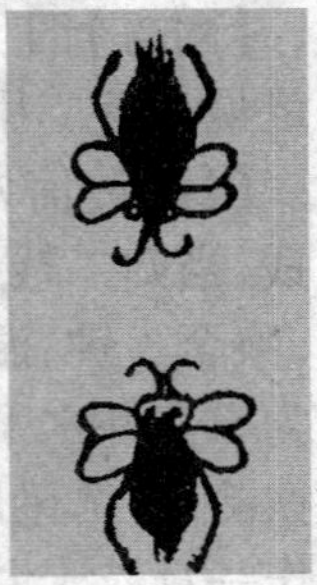

颂曰:郭璞注《尔雅》云:今江东呼大蜂在地中作房者为土蜂,即马蜂也。荆、巴间呼为蟺蜂。

【集解】《别录》曰:土蜂生武都山谷。

藏器曰:土蜂穴居作房,赤黑色,最大,螫人至死,亦能酿蜜,其子亦大而白。

颂曰:土蜂子,江东人亦啖之。又有木蜂似土蜂,人亦食其子。然则蜜蜂、上蜂、木蜂、黄蜂子俱可食。大抵蜂类同科,其性效不相远矣。

蜂

【主治】烧末,油和,敷蜘蛛咬疮。

藏器曰:此物能食蜘蛛,取其相伏也。

蜂子

【气味】甘,平,有毒。

大明曰:同蜜蜂。畏亦同也。

【主治】痈肿(《本经》)。嗌痛(《别录》)。利大小便,治妇人带下(《日华》)。功同蜜蜂子(藏器)。酒浸敷面,令人悦白(时珍)。

【附方】新一。面黑令白:土蜂子未成头翅者,炒食,并以酒浸敷面。(《圣惠方》)

房

【主治】痈肿不消。为末,醋调涂之,干更易之。不入服食(《药性》)。疗疔肿疮毒(时珍)。

【附方】新一。疔肿疮毒已笃者:二服即愈,轻者一服立效。用土蜂房一个,蛇蜕一条,黄泥固济,煅存性,为末。每服一钱,空心好酒下。少顷腹中大痛,痛止,其疮已化为黄水矣。(《普济方》)

大黄蜂(《别录》)

【校正】旧与蜜蜂同条,今分出。

【释名】黑色者名胡蜂(《广雅》),壶蜂(《方言》)、𤬪𤓰蜂(音钩娄)、玄瓠蜂。

时珍曰:凡物黑色者,谓之胡。其壶、瓠、𤬪𤓰,皆象形命名也。𤬪𤓰,苦瓠之名。《楚辞》云:"玄蜂若壶",是矣。大黄蜂色黄,𤬪𤓰蜂色黑,乃一类二种也。陶说为是。苏颂以为一种,非矣。然蜂蛹、蜂房,功用则一。故不必分条。

蜂子

【气味】甘,凉。有小毒。

大明曰(见蜜蜂下。)

【主治】心腹胀满痛,干呕,轻身益气(《别录》),治雀卵斑,面疱。余功同蜜蜂子(时珍)。

【附方】新一。雀斑面疱:七月七日取露蜂子,于漆碗中水酒浸过,滤汁,调胡粉敷之,(《普济方》)

露蜂房(《本经》中品)

【释名】蜂肠(《本经》)、蜂勅(勅与窠同)。百穿(并《别录》)、紫金沙。

房蜂蜂黄

【气味】苦,平,有毒。

《别录》曰:咸。

之才曰:恶干姜、丹参、黄芩、芍药、牡蛎。

【主治】惊痫瘛疭,寒热邪气,癫疾,鬼精蛊毒,肠痔。火熬之良(《本经》)。疗蜂毒、毒肿。合乱发、蛇皮烧灰,以酒日服方寸匕,治恶疽、附骨痈,根在脏腑,历节肿出,疗肿恶脉诸毒皆瘥(《别录》)。疗上气赤白痢,遗尿失禁。烧灰酒服,主阴痿。水煮,洗狐尿刺疮。服汁,下乳石毒(苏恭)。煎水,洗热病后毒气冲目。炙研,和猪脂,涂瘰疬成瘘(苏颂)。煎水漱牙齿,止风虫疼痛。又洗乳痈、蜂叮、恶疮(大明)。

【发明】时珍曰:露蜂房,阳明药也。外科、齿科及他病用之者,亦皆取其以毒攻毒,兼杀虫之功耳。

【附方】旧十五,新二十。小儿卒痫:大蜂房一枚,水三升,煮浓汁浴之,日三四次佳。(《千金方》)脐风湿肿:久不瘥者。蜂房烧末,敷之,效。(《子母秘录》)手足风痹:黄蜂窠大者一个(小者三、四个)烧灰,独头蒜一碗,百草霜一钱半,同捣敷上。一时取下,埋在阴处。忌生冷、荤腥。(《乾坤秘韫》)风气瘙痒及瘾疹:集验方,蜂房(炙)、蝉蜕等分,为末。酒服一钱,日三服。《梅师方》:用露蜂房煎汁二升,入芒硝敷之,日五次。风热牙肿连及头面:用露蜂房,烧存性,研末,以酒少许调,噙漱之。(《十便良方》)风虫牙痛:露蜂房煎醋,热漱之。《袖珍方》:用草蜂房一枚,盐实孔内烧过,研末擦之,盐汤漱去。或取一块咬之。秘方也。《普济方》:用露蜂房一个,乳香三块,煎水漱之。又同细辛煎水漱之。又露蜂房、全蝎同研,擦之。《圣惠方》:用蜂房蒂,绵包咬之效。喉痹肿痛:《普济方》露蜂房灰、白僵蚕等分,为末。每乳香汤服半钱。《食医心镜》:用蜂房烧灰。每以一钱吹入喉内。不拘大人、小儿。重舌肿痛:蜂房炙研,酒和敷之,日三四次。(《圣惠方》)舌上出血窍如针孔:用紫金沙(即露蜂房顶上实处)一两,贝母四钱,芦荟三钱,为末,蜜和丸雷丸大。每用一丸,水一小盏,煎至五分,温服。吐血,温酒调服。(《云台方》)

竹蜂(《拾遗》)

竹蜂

【释名】留师(郭璞作笛师)。

【集解】藏器曰:《方言》云:竹蜂,留师也。蜂如小指大,正黑色,啮竹为窠,蜜如稠糖,酸甜好食。

时珍曰:《六帖》云:竹蜜蜂出蜀中。于野竹上结窠,绀色,大如鸡子,长寸许,有蒂。窠有蜜,甘倍常蜜。即此也。按今人家一种黑蜂,大如指头,能穴竹木而居。腹中有蜜,小儿扑杀取食,亦此类也。又《杜阳编》言:外国鸾蜂大十余斤,其蜜碧色,服之成仙。此亦不经之言,未足深信。又有刺蜜、木蜜,生草木上,俱见果部本条。木蜜即枳椇。

留师蜜

【气味】甘、酸,寒,无毒。

【主治】牙齿蠹痛及口疮,并含之良(藏器)。

赤翅蜂(《拾遗》)

赤翅蜂

【集解】藏器曰:出岭南。状如土蜂,翅赤头黑,大如螃蟹,穿土为窠,食蜘蛛。蜘蛛遥知蜂来,皆狼狈藏隐。蜂以预知其处,食之无遗。

时珍曰:此毒蜂穿土作窠者。一种独蜂作窠于木,亦此类也。其窠大如鹅卵,皮厚苍黄色。只有一个蜂,大如小石燕子,人马被螫立亡也。又一种蛒蜂,出巴中,在褰鼻蛇穴内。其毒倍常,中人手足辄断,中心胸即圮裂,非方药可疗,惟禁术可制。故元稹诗云:巴蛇蟠窟穴,穴下有巢蜂。近树禽垂翅,依原兽绝踪。微遭断手足,厚毒破心胸。昔甚招魂句,那知眼自逢。此蜂之毒如此,附见于此。养生远害者,不可不知。

【主治】有毒。疔蜘蛛咬,及疔肿疽病。烧黑和油涂之。或取蜂窠土,以酢和涂之,蜘蛛咬处,当得丝出(藏器)。

独脚蜂

独脚蜂(《拾遗》)

【集解】藏器曰:出岭南。似小蜂黑色,一足连树根不得去,不能动摇,五月采之。又有独脚蚁,亦连树根下,能动摇,功用与蜂同。

时珍曰:岭南有树小儿、树蛱蝶。及此蜂、蚁,皆生于树,是亦气化,乃无情而生有情也。《酉阳杂俎》云:岭南毒菌,夜有光,经雨则腐化为巨蜂,黑色,其喙若锯,长三分余,啮人甚毒。物类之变化不一有如此。

【主治】疔肿痈疽,烧研和油涂之。(藏器)。

蠮螉(音噎翁。《本经》下品)

【释名】土蜂(《别录》)、细腰蜂(《庄子》)、果臝(《诗经》)、蒲芦(《尔雅》)。

弘景曰:此类甚多。虽名土蜂,不就土中作窟,谓坻土作房尔。

蠮螉

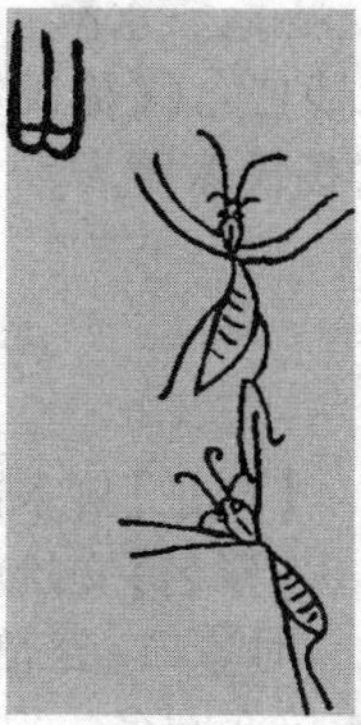

时珍曰:蠮螉,象其声也。

【气味】辛,平,无毒。

大明曰:有毒。入药炒用。

【主治】久聋,咳逆毒气,出刺出汗(《本经》)。疗鼻窒(《别录》)。治呕逆。生研,能罯竹木刺(大明。《岣嵝书》云:五月五日,取蠮螉阴干为末,用兵死人血丸,置衣领中,云令人畏伏)。

土蜂窠

见土部。

【附录】雄黄虫。

《别录》有名未用曰:明目,辟兵不祥,益气力。状如蠮螉。

虫白蜡

虫白蜡(《会编》)

【气味】甘,温,无毒。

【主治】生肌止血定痛,补虚续筋接骨(震亨)。入丸散服,杀瘵虫(时珍)。

【发明】震亨曰:白蜡属金,禀受收敛坚强之气,为外科要药。与合欢皮同入长肌肉膏中,用之神效,但未试其可服否也。

时珍曰:蜡树叶亦治疮肿,故白蜡为外科要药,正如桑螵蛸与桑木之气相通也。

【附方】新一。头上秃疮:蜡烛频涂,勿令日晒,久则自然生发。(《集玄方》)

紫铆(音矿。《唐本草》)

【校正】原与骐驎竭同条,今自木部分入 此。

【释名】赤胶(苏恭)、紫梗。

时珍曰:铆与矿同。此物色紫,状如矿石,破开乃红。故名。今南番连枝折取,谓之紫梗是矣。

铆 紫

【气味】甘、咸,平,有小毒。

大明曰:无毒。

【主治】五脏邪气,金疮带下,破积血,生肌止痛,与骐驎竭大同小异(苏恭)。湿痒疮疥,宜入膏用(李珣)。益阳精,去阴滞气(《太清伏炼法》)。

【附方】新三。齿缝出血:紫矿、乳香、麝香、白矾等分,为末,掺之。水漱。(《卫生易简方》)产后血晕,狂言失志:用紫矿一两。为末。酒服二钱匕。(《徐氏家传方》)经水不止,日渐黄瘦:紫矿末,每服二钱,空心白汤下。(《杨氏家藏方》)

五倍子(《开宝》)

【校正】自木部移入此。

【释名】文蛤(《开宝》)、百虫仓(《拾遗》),法酿过名百药煎。

时珍曰:五倍当作五構,见《山海经》。其形似海中文蛤,故亦同名。百虫仓,会意也。百药煎,隐名也。

子 倍 五

【集解】志曰:五倍子在处有之。其子色青,大者如拳,而内多虫。

颂曰:以蜀中者为胜。生于肤木叶上,七月结实,无花。其木青黄色。其实青,至熟而黄。九月采子,曝干,染家用之。

时珍曰:五倍子,宋《开宝本草》收入草部,《嘉祐本草》移入木部。虽知生于肤木之上,而不知其乃虫所造也。肤木,即盐肤子木也(详见果部盐麸子下)。此木生丛林处者,五六月有小虫如蚁,食其汁,老则遗种,结小球于叶间,正如蛄蟖之作雀瓮,蜡虫之作蜡子也。初起甚小,渐渐长坚,其大如拳。或小如菱,形状圆长不等。初时青绿,久则细黄,缀于枝叶,宛若结成。其壳坚脆,其中空虚,有细虫如蠛蠓。山人霜降前采取,蒸杀货之。否则虫必穿坏,而壳薄且腐矣。皮工造为百药煎,以染皂色,大为时用。他树亦有此虫球,不入药用,木性殊也。

【气味】酸,平,无毒。

【主治】齿宣疳䘌,肺脏风毒流溢皮肤,作风湿癣疮,瘙痒脓水,五痔下血不止,小儿面鼻疳疮(《开宝》)。肠虚泄痢,为末,熟汤服之(藏器)。生津液,消酒毒,治中蛊毒、毒药(《日华》)。口疮掺之,便可饮食(宗奭)。敛肺降火,化痰饮,止咳嗽、消渴、盗汗、呕吐、失血、久痢、黄病、心腹痛、小儿夜啼,乌须发,治眼赤湿烂,消肿毒、喉痹,敛溃疮、金疮,收脱肛、子肠坠下(时珍)。

【发明】震亨曰:五倍子属金与水,噙之善收顽痰,解热毒,佐他药尤良。黄昏咳嗽，乃火气浮入肺中，不宜用凉药，宜五倍、五味敛而降之。

时珍曰：盐麸子及木叶，皆酸咸寒凉，能除痰饮咳嗽，生津止渴，解热毒酒毒，治喉痹下血血痢诸病。五倍子乃虫食其津液结成者，故所主治与之同功。其味酸咸，能敛肺止血化痰，止渴收汗，其气寒，能散热毒疮肿；其性收，能除泄痢湿烂。

【附方】旧二，新七十二。虚劳遗浊：玉锁丹：治肾经虚损，心气不足，思虑太过，真阳不固，漩有余沥，小便白浊如膏，梦中频遗，骨节拘痛，面黧肌瘦，盗汗虚烦，食减乏力。此方性温不热，极有神效。用五倍子一斤，白茯苓四两，龙骨二两，为末，水糊丸梧子大。每服七十丸，食前用盐汤送下，日三服。(《和剂方》)寐中盗汗：五倍子末、荞麦面等分，水和作饼，煨熟。夜卧待饥时，干吃二三个，勿饮茶水，甚妙。(《集灵》)自汗盗汗：常出为自汗，睡中出为盗汗。用五倍子研末，津调填脐中，缚定，一夜即止也。(同上)心疼腹痛：五倍子生研末。每服一钱，铁杓内炒，起烟黑色者为度。以好酒一钟，倾入杓内，服之立止。(邵真人《经验方》)消渴饮水：五倍子为末，水服方寸匕，日三服。(危氏《得效》)小儿呕吐不定：用五倍子二个(一生一熟)，甘草一握(湿纸裹，煨过)，同研为末。每服半钱，米泔调下，立瘥。(《经验后方》)小儿夜啼：五倍子末，津调，填于脐内。(杨起《简便方》)暑月水泄：五倍子末，饭丸黄豆大。每服二十丸，荷叶煎水下，即时见效。

百药煎

【修治】时珍曰：用五倍子为粗末。每一斤，以真茶一两煎浓汁，入酵糟四两，擂烂拌和，器盛置糠缸中罯之，待发起如发面状即成矣。捏作饼丸，晒干用。

嘉谟曰：入药者，五倍子(鲜者)十斤舂细，用瓷缸盛，稻草盖，盦七日夜。取出再捣，入桔梗、甘草末各二两，又盦一七。仍捣仍盦，满七次，取出捏饼，晒干用。如无鲜者，用干者水渍为之。又方：五倍子一斤，生糯米一两(滚水浸过)，细茶一两，上共研末，入罐内封固，六月要一七，取开配合用。又方：五倍子一斤(研末)，酒曲半斤，细茶一把(研末)。上用小蓼汁调匀，入钵中按紧，上以长稻草封固。另用箩一个，多着稻草，将药钵坐草中，上以稻草盖，置净处。过一七后，看药上长起长霜，药则已成矣。或捏作丸，或作饼，晒干才可收用。

【气味】酸、咸、微甘，无毒。

【主治】清肺化痰定嗽，解热生津止渴，收湿消酒，乌须发，止下血，久痢脱肛，牙齿宣䘌，面鼻疳蚀，口舌糜烂，风湿诸疮(时珍)。

【发明】时珍曰：百药煎，功与五倍子不异。但经酿造，其体轻虚，其性浮收，且味带余甘，治上焦心肺、咳嗽痰饮、热渴诸病，含噙尤为相宜。

【附方】新二十一。敛肺劫嗽：百药煎、诃黎勒、荆芥穗等分为末，姜汁入蜜和，丸芡子大。时时噙之。(《丹溪心法》)定嗽化痰：百药煎、片黄芩、橘红、甘草各等分，共为细末，蒸饼丸绿豆大。时时干咽数丸，佳。(《濒湖医案》)清气化痰：百药煎、细茶各一两，荆芥穗五钱，海螵蛸一钱，蜜丸芡子大。每服噙一丸，妙。(《笔峰杂兴》)染乌须发：川百药煎一两，针砂(醋炒)、荞麦面各半两。先洗须发，以荷叶熬醋调刷，荷叶包一夜，洗去即黑，妙。(《普济方》)沐发除脂：百药煎末，干搽发上，一夜篦之。

五倍子内虫

【主治】赤眼烂弦，同炉甘石末乳细，点之（时珍）。

螳螂、桑螵蛸（《本经》上品）

【释名】蚂螂（音当郎），刀螂（《纲目》）、拒斧（《说文》）、不过（《尔雅》）、蚀疣（音尤），（《本经》）其子房名螵蛸（音飘绡）、蜱蛸（音皮）、蟳蟭（音爆焦）、致神（《别录》）、野狐鼻涕。

颂曰：《尔雅》云：莫貈、蚂蠰、不过，蚂螂也。其子蜱蛸。郭璞云：江东呼为石螂。

时珍曰：蚂螂，两臂如斧，当辙不避，故得当郎之名。俗呼为刀螂，兖人谓之拒斧，又呼不过也。代人谓之天马，因其首如骧马也。燕赵之间谓之蚀疣。疣即疣子，小肉赘也。今人病疣者，往往捕此食之，其来有自矣。其子房名螵蛸者，其状轻飘如绡也。村人每炙焦饲小儿，云止夜尿，则蟳蟭、致神之名，盖取诸此。《酉阳杂俎》谓之野狐鼻涕，象形也。又扬雄《方言》云：螳螂或谓之髦，或谓之蝆蝆。齐兖以东谓之敷常，螵蛸亦名夷冒。

蛸螵桑螂螳

螳 螂

【主治】小儿急惊风搐搦，又出箭镞。生者能食疣目（时珍）。

【发明】时珍曰：螳螂，古方不见用者，惟《普济方》治惊风，吹鼻定搐法中用之，盖亦蚕、蝎定搐之义。古方风药多用螵蛸，则螳螂治风，同一理也。又《医林集要》：出箭镞亦用之。

【附方】新二。惊风定搐：中分散：用螳螂一个，蜥蜴一条，赤足蜈蚣一条，各中分之，随左右研末。记定男用左，女用右。每以一字吹鼻内，搐之。吹左即左定，吹右即右定也。（《普济》）箭镞入肉不可拔者：用螳螂一个，巴豆半个，同研，敷伤处。微痒且忍，极痒乃撼拔之。以黄连、贯众汤洗拭，石灰敷之。

桑螵蛸

【气味】咸、甘，平，无毒。

之才曰：得龙骨，疗泄精。畏旋复花（戴椹）。

【主治】伤中疝瘕阴痿，益精生子，女子血闭腰痛，通五淋，利小便水道（《本经》）疗男子虚损，五脏气微，梦寐失精遗溺。久服益气养神（《别录》）。炮熟空心食之，止小便利（甄权）。

【附方】旧三，新七。遗精白浊，盗汗虚劳：桑螵蛸（炙）、白龙骨等分，为细末。

每服二钱，空心用盐汤送下。(《外台》)小便不通：桑螵蛸(炙黄)三十枚，黄芩二两，水煎。分二服。(《圣惠》)妇人胞转，小便不通：用桑螵蛸炙为末，饮服方寸匕，日三。(《产书》)妇人遗尿：桑螵蛸酒炒为末，姜汤服二钱。(《千金翼》)妊娠遗尿不禁：桑螵蛸十二枚，为末。分二服，米饮下。(《产乳书》)产后遗尿或尿数：桑螵蛸(炙)半两，龙骨一两，为末。每米饮服二钱。(徐氏《胎产方》)咽喉肿塞：桑上螳螂窠一两(烧灰)，马屁勃半两，研匀，蜜丸梧子大。煎犀角汤，每服三五丸。(《总病论》)咽喉骨哽：桑螵蛸醋煎，呷之。(《经验良方》)底耳疼痛：桑螵蛸一个(烧存性)，麝香一字。研末。每用半字，掺入神效。有脓先缴净。(《经验方》)小儿软疖：桑螵蛸烧存性，研末，油调敷之。(《危氏方》)

雀瓮(《本经》下品)

【释名】雀儿饭瓮(《蜀本》)、蛅蟖房(《别录》。音髯斯)、蚝虫窠(音刺)。躁舍(《本经》)、天浆子(《图经》)、棘刚子(《衍义》)、红姑娘(《纲目》)、毛虫。

藏器曰：毛虫作茧，形如瓮，故名雀瓮。俗呼雀痈，声相近也。

雀瓮

保升曰：雀好食其瓮中子，故俗呼雀儿饭瓮。

弘景曰：蛅蟖背毛螫人，故名蚝(音刺)，与蛓同。

时珍曰：俗呼毛虫，又名杨瘌子，因有螫毒也。此虫多生石榴树上，故名天浆。天浆乃甜榴之名也。

宗奭曰：多在棘枝上，故曰棘刚子。

【集解】《别录》曰：雀瓮出汉中。生树枝间，蛅蟖房也。八月采，蒸之。

弘景曰：蛅蟖，蚝虫也。在石榴树上。其背毛螫人。生卵形如鸡子，大如巴豆。

藏器曰：蚝虫好在果树上，大小如蚕。面背上有五色斑毛，有毒能刺螫人。欲老者，口中吐白汁，凝聚渐硬，正如雀卵。其虫以瓮为茧，在中成蛹，如蚕之在茧也。夏月羽化而出作蛾，放子于叶间如蚕子。陶言其生卵如鸡子，误矣。

恭曰：雀瓮在树间，似螵蛸虫。此物紫白裥斑，状似砗磲文可爱也。

时珍曰：蛅蟖处处树上有之，牡丹上尤多。入药惟取榴棘上、房内有蛹者，正如螵蛸取桑上者。

【气味】甘，平，无毒。

日华曰：有毒。

【主治】寒热结气，蛊毒鬼疰，小儿惊痫(《本经》)。

颂曰：今医家治小儿慢惊。用天浆子(有虫者)、白僵蚕、干蝎三物各三枚，微炒捣末。煎麻黄汤，调服一字，日三服。随儿大小加减，大有效也。

藏器曰：雀瓮打破取汁，与小儿饮，令无疾。小儿病撮口者，渐渐口撮不得饮乳。但先剺口傍见血，以瓮研汁涂之。或同鼠妇生捣涂之。今人产子时，凡诸物皆令开口不令闭者，盖厌禳之也。

【附方】新六。撮口噤风：用棘科上雀儿饭瓮子未开口者，取内物和乳汁研，灌之。又方：棘刚子五枚，赤足蜈蚣一条，烧存性，研匀，饭丸麻子大。每服三、五丸，乳汁下。亦可末服一字。（并《圣惠》）小儿脐风：白龙散：用天浆子（有虫者）一枚，真僵蚕（炒）一枚，腻粉少许，研匀。以薄荷自然汁调，灌之。取下毒物神效。（《普济方》）急慢惊风，口眼㖞斜，搐搦痰盛：用天浆子房（去皮，生用）三枚，干蝎（生用）七枚，朱砂一钱，研匀，饭丸粟大。每服二丸，荆芥汤送下。（《圣惠方》）乳蛾喉痹：用天浆子（即红姑娘），徐徐嚼咽。小儿痫疾：棘枝上雀瓮，研，其间虫出，取汁灌之。（《圣惠方》）

蚕（《本经》中品）

【校正】《拾遗》乌烂蚕及茧卤汁，《嘉祐》蚕蜕，今并为一。

【释名】自死者名白僵蚕。

时珍曰：蠶，从朁，象其头身之形，从䖵，以其繁也。俗作蚕字者，非矣。蚕音腆，蚯蚓之名也。蚕病风死，其色自白，故曰白僵（死而不朽曰僵）。再养者曰原蚕。蚕之屎曰砂，皮曰蜕，瓮曰茧，蛹曰螝（音龟），蛾曰罗，卵曰（音允），蚕初出曰妙（音苗），蚕纸曰连也。

【集解】时珍曰：蚕，孕丝虫也。种类甚多，有大、小、白、乌、斑色之异。其虫属阳，喜燥恶湿。食而不饮，三眠三起，二十七日而老。自卵出而为蚲，自妙蜕而为蚕，蚕而茧，茧而蛹，蛹而蛾，蛾而卵，卵而复妙，亦有胎生者，与母同老，盖神虫也。南粤有三眠、四眠、两生、七出、八出者。其茧有黄、白二色。《尔雅》云：蟓，桑茧也。雔由，樗茧、棘茧、栾茧也。蚢，萧茧也。皆各因所食之叶命名，而蟓即今桑上野蚕也。今之柘蚕与桑蚕并育，即棘茧是也。南海横州有风茧，丝作钓缗。凡诸草木皆有蚅蠋之类，食叶吐丝，不如蚕丝可以衣被天下，故莫得并称。凡蚕类入药，俱用食桑者。

蚕

白僵蚕

【修治】《别录》曰：生颍川平泽。四月取自死者。勿令中湿，有毒不可用。

弘景曰：人家养蚕时，有合箔皆僵者，即暴燥都不坏。今见小白似有盐度者为好。

恭曰：蚕自僵死，其色自白。陶云似有盐度，误矣。

颂曰：所在养蚕处有之。不拘早晚，但用白色而条直、食桑叶者佳。用时去丝绵及子，炒过。

宗奭曰：蚕有两三番，惟头番僵蚕最佳，大而无蛆。

敩曰：凡使，先以糯米泔浸一日，待蚕桑涎出，如蜗涎浮水上，然后漉出，微火焙干。以布拭净黄肉、毛，并黑口甲了，捣筛如粉，入药。

【气味】咸、辛,平,无毒。

甄权曰:微温,有小毒。恶桑螵蛸、桔梗、茯苓、茯神、萆薢。

【主治】小儿惊痫夜啼,去三虫,灭黑䵴,令人面色好,男子阴痒病(《本经》)。女子崩中赤白,产后余痛,灭诸疮瘢痕。为末,封疔肿,拔根极效(《别录》)。治口噤发汗。同中白鱼、鹰屎白等分玻治疮灭痕(《药性》)。以七枚为末,酒服,治中风失音,并一切风疾。小儿客忤,男子阴痒痛,女子带下(《日华》)。焙研姜汁调灌,治中风、急喉痹欲绝,下喉立愈(苏颂)。散风痰结核瘰疬,头风,风虫齿痛,皮肤风疮,丹毒作痒,痰疟癥结,妇人乳汁不通,崩中下血,小儿疳蚀鳞体,一切金疮,疔肿风痔(时珍)。

【附方】旧十五,新十九。一切风痰:白僵蚕七个(直者),细研,姜汁一茶脚,温水调灌之。(《胜金方》)小儿惊风:白僵蚕、蝎梢等分,天雄尖、附子尖共一钱。微炮为末。每服一字,或半钱,以姜汤调灌之,甚效。(寇氏《衍义》)风痰喘嗽,夜不能卧:白僵蚕(炒研)、好茶末各一两,为末。每用五钱,卧时泡沸汤服。(《瑞竹堂方》)酒后咳嗽:白僵蚕焙研末,每茶服一钱。(《怪证奇方》)喉风喉痹:《仁存》:开关散:用白僵蚕(炒)、白矾(半生半烧)等分,为末。每以一钱,用自然姜汁调灌,得吐顽痰,立效。小儿加薄荷、生姜少许,同调。一方用白梅肉和丸,绵裹含之,咽汁也。《朱氏集验》:用白僵蚕(炒)半两,生甘草一钱,为末。姜汁调服,涎出立愈。《圣惠》:用白僵蚕三七枚,乳香一分,为末。每以一钱烧烟,熏入喉中,涎出即愈。急喉风痹:王氏《博济》如圣散:用白僵蚕、天南星(刮皮)等分,生研为末。每服一字,姜汁调灌,涎出即愈。后以生姜炙过,含之。(《百一选方》无南星)撮口噤风:面黄赤,气喘,啼声不出。由胎气挟热,流毒心脾,故令舌强唇青,聚口发噤。用直僵蚕二枚去嘴,略炒为末。蜜调敷唇中,甚效。(《小儿宫气方》)大头风、小儿惊风:并用大蒜七个,先烧红地,以蒜逐个于地上磨成膏。却以僵蚕一两(去头、足)安蒜上,碗覆一夜,勿令泄气,只取蚕研末。每用嗃鼻,口内含水,有效。(《普济方》)偏正头风并夹脑风,连两太阳穴痛:《圣惠方》:用白僵蚕为末,葱茶调服方寸匕。叶椿治头风:用白僵蚕、高良姜等分,为末。每服一钱,临卧时茶服,日二服。猝然头痛:白僵蚕为末去丝。每用熟水下二钱,立瘥。

乌烂死蚕(《拾遗》)

【气味】有小毒。

藏器曰:此在簇上乌臭者。

【主治】蚀疮有根者,及外野鸡病,并敷之。白死者主白游疹,赤死者主赤游疹(藏器)。

蚕蛹

瑞曰:缲丝后蛹子。今人食之,呼小蜂儿。

思邈曰:猘犬啮者,终身禁食,发则难免。

【主治】炒食,治风及劳瘦。研敷瘑疮恶疮(大明)。为末饮服,治小儿疳瘦,长肌退热,除蛔虫。煎汁饮,止消渴。(时珍)。

【附方】新一。消渴烦乱：蚕蛹二两，以无灰酒一中盏，水一大盏，同煮取一中盏，澄清，去蚕蛹，温服。(《圣惠方》)

茧卤汁

藏器曰：此是茧中蛹汁，非碱卤也。于盐茧瓮下收之。

【主治】百虫入肉，䘌蚀瘙疥，及牛马虫疮。为汤浴小儿，去疮疥，杀虫。以竹筒盛之，浸山蜍、山蛭入肉，蚊子诸虫咬毒。亦可预带一筒，取一蛭入中，并持干海苔一片，亦辟诸蛭(藏器)。

【发明】藏器曰：苏恭注蛭云：山人自有疗法，盖此法也。

时珍曰：山蛭见蛭条。山蜍(音余)，蜘蛛也。啮人甚毒。

蚕茧(已出蛾者)

【气味】甘，温，无毒。

【主治】烧灰酒服，治痈肿无头，次日即破。又疗诸疳疮，及下血、血淋、血崩。煮汁饮，止消渴反胃，除蛔虫(时珍。弘景曰：茧瓮入术用)。

【发明】时珍曰：蚕茧方书多用，而诸家本草并不言及，诚缺文也。近世用治痈疽代针，用一枚即出一头，二枚即出二头，神效无比。煮汤治消渴，古方甚称之。丹溪朱氏言此物属火，有阴之用，能泻膀胱中相火，引清气上朝于口，故能止渴也。缫丝汤及丝绵煮汁，功并相同。又黄丝绢能补脬，锦灰止血，并见服器部。

【附方】新五。痘疮疳蚀脓水不绝：用出了蚕蛾茧，以生白矾末填满。煅枯为末，擦之甚效。(陈文中《小儿方》)口舌生疮：蚕茧五个，包硼砂，瓦上焙焦为末，抹之。大小便血：茧黄散：治肠风，大小便血，淋沥疼痛。用茧黄、蚕蜕纸(并烧存性)、晚蚕砂、白僵蚕(并炒)等分为末，入麝香少许。每服二钱，用米饮送下，日三服，甚效。(《圣惠方》)妇人血崩：方法同上。反胃吐食：蚕茧十个煮汁，烹鸡子三枚食之，以无灰酒下，日二服，神效。或以缫丝汤煮粟米粥食之。(《普济方》)

蚕蜕

【释名】马明退(《嘉祐》)、佛退。

【气味】甘，平，无毒。

【主治】血风病，益妇人(《嘉祐》)。妇人血风(宗奭)。治目中翳障及疳疮(时珍)。

蚕连

【主治】吐血鼻洪，肠风泻血，崩中带下，赤白痢。敷疔肿疮(《日华》)。治妇人血露(宗奭)。牙宣牙痛，牙痈牙疳，头疮喉痹，风癫狂祟。蛊毒药毒，沙证腹痛，小便淋閟，妇人难产及吹乳疼痛(时珍)。

【发明】禹锡曰：蚕蜕，今医家多用初出蚕子(退在纸上者)，东方诸医用老蚕眠起所蜕皮，功用相近，当以蜕皮为正。人药微炒用。

宗奭曰：蚕蜕，当用眠起时所蜕皮。蚕连烧灰亦可用。

时珍曰：马明蜕、蚕连纸，功用相同，亦如蝉蜕、蛇蜕之义。但古方多用蚕纸者，因其易得耳。

【附方】旧四，新十五。吐血不止：蚕蜕纸烧存性，蜜和，丸如芡实大。含化咽津。（《集验》）牙宣牙痛及口疮：并用蚕蜕纸烧灰，干敷之。（《集验》）风虫牙痛：蚕纸烧灰擦之。良久，盐汤漱口。（《直指方》）走马牙疳：《集验》：用蚕蜕纸灰，入麝香少许，贴之。《直指》：加白僵蚕等分。一切疳疮：马明蜕（烧灰）三钱，轻粉、乳香少许。先以温浆水洗净，敷之。（《儒门事亲》）小儿头疮：蚕蜕纸烧存性，入轻粉少许，麻油调敷。（《圣惠》）缠喉风疾：用蚕蜕纸烧存性，炼蜜和，丸如芡实大。含化咽津。（《集验》）熏耳治聋：蚕蜕纸作捻，入麝香二钱，入笔筒烧烟熏之。三次即开。癫狂邪祟：凡狂发欲走，或自高贵称神，或悲泣呻吟，此为邪祟。以蚕纸烧灰，酒、水任下方寸匕。亦治风癫。（《肘后方》）沙证壮热：江南有沙证，状如伤寒，头痛壮热呕恶，手足指末微厥。或腹痛闷乱，须臾杀人。先用蚕蜕纸剪碎，安于瓶中，以碟盖之，滚汤沃之，封固良久。乘热服，暖卧取汗。（《活人书》）中蛊药毒：虽面青脉绝，腹胀吐血者，服之即活。用蚕蜕纸烧存性，为末。新汲水服一钱。（《岭南卫生方》）中诸药毒：用蚕纸数张，烧灰，冷水服。（《卫生易简方》）小便涩痛不通：用蚕蜕纸，烧存性，入麝香少许，米饮每服二钱。（王氏《博济方》）热淋如血：蚕种烧灰，入麝香少许，水服二钱，极效方也。（《卫生家宝》）崩中不止：蚕故纸一张（剪碎炒焦）、槐子（炒黄）各等分，为末。酒服立愈。（《卫生易简方》）吹奶疼痛：马明蜕（烧灰）一钱五分，轻粉五分，麝香少许。酒服。（《儒门事亲》）妇人难产：蚕布袋一张，蛇蜕一条。入新瓦中，以盐泥固，煅为末，以榆白皮汤调服。（《集成》）妇人断产：蚕子故纸一尺，烧为末，酒服。终身不产。（《千金》）痔漏下血：蚕纸半张，碗内烧灰，酒服自除。（《奚囊备急方》）

缫丝汤

【主治】止消渴，大验。（时珍）。

原蚕（《别录》中品）

【释名】晚蚕（《日华》）、魏蚕（《方言》）、夏蚕（《广志》）、热蚕。

弘景曰：原蚕是重养者，俗呼为魏蚕。

宗奭曰：原者有原复敏速之义，此是第二番蚕也。

时珍曰：按郑玄注《周礼》云：原，再也。谓再养者。郭璞注《方言》云：魏，细也。秦晋人所呼。今转为二蚕是矣。《永嘉记》云：郡蚕自三月至十月有八辈。谓蚕种为蚢，再养为珍，珍子为爱。

【集解】颂曰：原蚕东南州郡多养之。此是重养者，俗呼为晚蚕。北人不甚养之。《周礼》禁原蚕。郑康成注云：蚕生于火而藏于秋，与马同气。物莫能两大，禁原蚕为其害马也.然害马亦一事耳。《淮南子》云：原蚕一岁再收，非不利也。而王法禁之者，为其残桑是也。人既稀养，货者多是早蛾，不可用也。

弘景曰：僵蚕为末涂马齿，即不能食草。以桑叶拭去，乃还食。此见蚕即马类也。

时珍曰：马与龙同气，故有龙马。而蚕又与马同气，故蚕有龙头、马头者。蜀人谓蚕之先为马头娘者以此。好事者因附会其说，以为马皮卷女，入桑化蚕，谬矣。北人重马，故禁之。南方无马，则有一岁至再、至三，及七出、八出者矣。然先王仁爱及物，盖不忍其一岁再致汤镬，且妨农事，亦不独专为害马、残桑而已！

雄原蚕蛾

【气味】咸，温，有小毒。

时珍曰：按徐之才《药对》云：热，无毒。入药炒，去翅、足用。

【主治】益精气，强阴道，交接不倦，亦止精(《别录》)。壮阳事，止泄精、尿血，暖水脏，治暴风、金疮、冻疮、汤火疮，灭瘢痕(时珍)。

【发明】宗奭曰：蚕蛾用第二番，取其敏于生育也。

时珍曰：蚕蛾性淫，出茧即媾，至于枯槁乃已，故强阴益精用之。

【正误】颂曰：今治小儿撮口及发噤者。用晚蚕蛾二枚，炙黄研末，蜜和涂唇内，便瘥。

时珍曰：此方出《圣惠》，乃是白僵蚕。苏氏引作蚕蛾，误矣。蚕蛾原无治惊之文，今正之。

【附方】旧二，新八。丈夫阴痿：未连蚕蛾二升，去头、翅、足，炒为末，蜜丸梧子大。每夜服一丸，可御十室。以菖蒲酒止之。(《千金方》)遗精白浊：晚蚕蛾焙干，去翅、足，为末，饭丸绿豆大。每服四十九，淡盐汤下。此丸常以火烘，否则易糜湿也。(唐氏方)血淋疼痛：晚蚕蛾为末，热酒服二钱。(《圣惠方》)小儿口疮及风疳疮：《宫气方》：用晚蚕蛾，为末，贴之，妙。《普济方》：治小儿口疮，及百日内口疮。入麝香少许，掺之。止血生肌：蚕蛾散：治刀斧伤创，血出如箭。用晚蚕蛾炒为末，敷之即止，甚效。(《胜金方》)刀斧金疮：端午午时，取晚蚕蛾、石灰、茅花，捣成团，草盖令发热过，收贮。每用，刮下末掺之。竹刺入肉：五月五日，取晚蚕蛾生投竹筒中，令自干死，为末。取少许，津和涂之。(《便民图纂》)蛇虺咬伤：生蚕蛾研，敷之。(《必效方》)玉枕生疮：生枕骨上如痈，破后如箸头。用原蚕蛾(炒)、石苇等分，为末。干贴取瘥。(《圣济总录》)

原蚕砂

颂曰：蚕砂、蚕蛾，皆用晚出者良。

时珍曰：蚕砂用晒干，淘净再晒，可久收不坏。

【气味】甘、辛，温，无毒。

时珍曰：伏硇砂、焰硝、粉霜。

【主治】肠鸣，热中消渴，风痹瘾疹(《别录》)。炒黄，袋盛浸酒，去风缓，诸节不随，皮肤顽痹，腹内宿冷，冷血瘀血，腰脚冷疼。炒热袋盛，熨偏风，筋骨瘫缓，手足不随，腰脚软，皮肤顽痹(藏器)。治消渴癥结，及妇人血崩，头风、风赤眼，去风除湿(时珍)。

【发明】弘景曰：蚕砂多入诸方，不但熨风而已。

宗奭曰：蚕屎饲牛，可以代谷。用三升醇酒，拌蚕砂五斗，甑蒸，于暖室中，铺油单上。令患风冷气痹及近感瘫风人，就以患处一边卧沙上，厚盖取汗。若虚人须防大热昏闷，令露头面。若未全愈，间日再作。

时珍曰：蚕属火，其性燥，燥能胜风去湿，故蚕砂主疗风湿之病。有人病风痹，用此熨法得效。按《陈氏经验方》：一抹膏：治烂弦风眼。以真麻油浸蚕沙二三宿，研细，以篦子涂患处。不问新旧，隔宿即愈。表兄卢少樊患此，用之而愈，亲笔于册也。时珍家一婢，病此十余年，试用之，二三次顿瘳，其功亦在去风收湿也。又同桑柴灰淋汁，煮鳖肉作丸，治腹中癥结，见鳖条。李九华云：蚕砂煮酒，色味清美，又能疗疾。

【附方】旧四，新六。半身不遂：蚕砂二硕，以二袋盛之，蒸熟，更互熨患处。仍以羊肚，粳米煮粥，日食一枚，十日即止。（《千金方》）风瘙瘾疹作痒成疮：用蚕砂一升，水二斗，煮取一斗二升，去滓，洗浴。避风。（《圣惠方》）头风白屑作痒：蚕砂烧灰淋汁，洗之。（《圣惠方》）眯目不出：蚕砂拣净，空心以新汲水吞下十枚。勿嚼破。（《圣惠》）消渴饮水：晚蚕砂焙干为末。每用冷水下二钱，不过数服。（《斗门方》）妇人血崩：蚕砂为末，酒服三五钱。（《儒门事亲》）月经久闭：蚕砂四两，砂锅炒半黄色，入无灰酒一壶，煮沸，澄去沙。每温服一盏，即通。转女为男：妇人始觉有孕，用原蚕屎一枚，井华水服之，日三。（《千金》）跌扑伤损，扭闪出骨窍等证：蚕砂四两（炒黄），绿豆粉四两（炒黄），枯矾二两四钱，为末。醋调敷之，绢包缚定。换三四次即愈。忌产妇近之。（邵真人《经验良方》）男妇心痛不可忍者：晚蚕砂一两，滚汤泡过，滤净，取清水服，即止。（《瑞竹堂方》）

石蚕（《本经》下品）

【校正】并入有名未用石蠹虫。

【释名】沙虱（《本经》）、石蠹虫（《别录》）、石下新妇（《拾遗》）。

弘景曰：沙虱乃东间水中细虫。人入水浴，着身略不可见，痛如针刺，挑亦得之。今此或名同而物异耳。

时珍曰：按《吴普本草》沙虱作沙蚌。

【集解】别录曰：石蚕生江汉池泽。

宗奭曰：石蚕在处山河中多有之。附生水中石上，作丝茧如钗股，长寸许，以蔽其身。其色如泥，蚕在其中，故谓之石蚕，亦水中虫耳。方家用者绝稀。

蚕　石

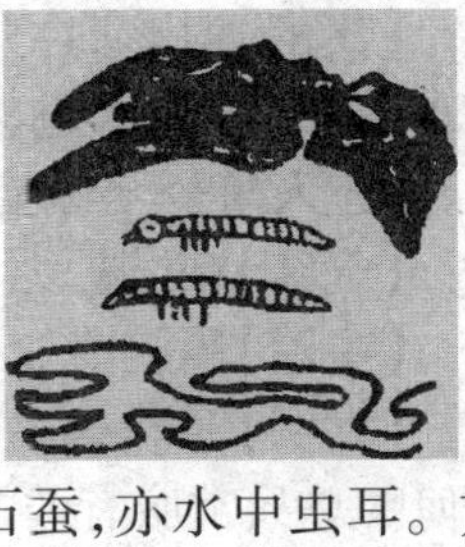

《别录》曰：石囊虫生石中。

藏器曰：石蠹虫一名石下新妇，今伊洛间水底石下有之。状如蚕，解放丝连缀小石如茧。春夏羽化作小蛾，水上飞。

时珍曰：《本经》石蚕，《别录》石蠹，今观陈、寇二说及主治功用，盖是一物无疑矣。又石类亦有石蚕，与此不同。

【正误】弘景曰：李当之云：石蚕江左不识，谓为草根。其实类虫，形如老蚕，生附石上。伧人得而食之，味咸微辛。所言有理，但江汉非伧地。大都是生气物，如海中蛤、蛎辈，附石生不动，皆活物也。今俗用草根，黑色，多角节，亦似蚕。恐未是实，方家不用。

恭曰：石蚕形似蚕，细小有角节，青黑色，生江汉侧石穴中。岐、陇间亦有，北人多不用，采者遂绝耳。

韩保升曰：李谓是草根，陶谓是生气物。苏恭之说，半似草，半似虫，皆妄矣。此虫所在水石间有之，取为钩饵。马湖石间最多，彼人啖之，云咸、微辛。

颂曰：石蚕，陶、苏都无定论，《蜀本》之说为是。今川、广中多有之。其草根之似蚕者，亦名石蚕，出福州。今信州山石上，四时常有之，亦采入药。详见菜部草石蚕下。

【气味】咸，寒，有毒。

保升曰：咸、微辛。

吴普曰：雷公：咸，无毒。

【主治】五癃，破石淋堕胎。其肉：解结气，利水道，除热(《本经》)。石蠹虫：主石癃，小便不利(《别录》)。

【发明】宗奭曰：石蚕谓之草者，谬也。《经》言肉解结气，注中更不辨定，何耶？

时珍曰：石蚕连皮壳用也，肉则去皮壳也。

【附录】云师、雨虎

时珍曰：按《遁甲开山图》云：霍山有云师、雨虎。荣氏注云：云师如蚕，长六寸，有毛似兔。雨虎如蚕，长七八寸，似蛭。云雨则出在石上。肉甘，可炙食之。此亦石蚕之类也。

九香虫(《纲目》)

【释名】黑兜虫。

【集解】时珍曰：九香虫，产于贵州永宁卫赤水河中。大如小指头，状如水黾，身青黑色。至冬伏于石下，土人多取之，以充人事。至惊蛰后即飞出，不可用矣。

虫香九

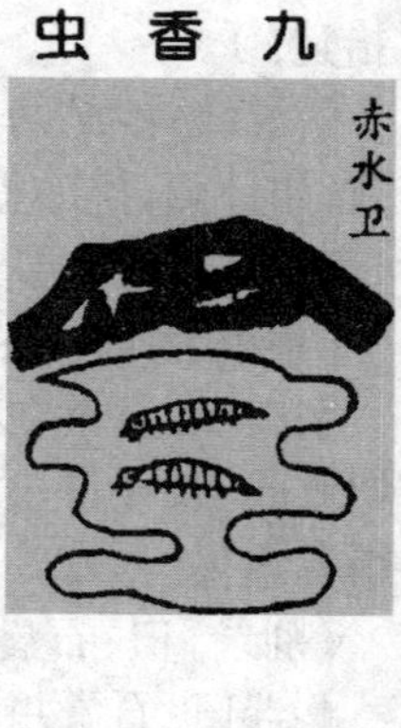

【气味】咸，温，无毒。

【主治】膈脘滞气，脾肾亏损，壮元阳(时珍)。

【发明】时珍曰：《摄生方》：乌龙丸：治上证，久服益人，四川何卿总兵常服有效。其方：用九香虫一两(半生、焙)，车前子(微炒)、陈橘皮各四钱，白术(焙)五钱，杜仲(酥炙)八钱。上为末，炼蜜丸梧桐子大。每服一钱五分，以盐白汤或盐酒服，早晚各一服，此方妙在此虫。

海蚕(《海药》)

【集解】李珣曰:按《南州记》云:海蚕生南海山石间。状如蚕,大如拇指。其沙甚白,如玉粉状。每有节,难得真者,彼人以水搜葛粉、石灰,以梳齿印成伪充之。纵服无益,反能损人,宜慎之。

沙

【气味】咸,大温,无毒。

【主治】虚劳冷气,诸风不遂。久服补虚羸,令人光泽,轻身延年不老(李珣)。

雪蚕(《纲目》)

【释名】雪蛆。

【集解】时珍曰:按叶子奇《草木子》云:雪蚕生阴山以北,及峨嵋山北,人谓之雪蛆。二山积雪,历世不消。其中生此,大如瓠,味极甘美。又王子年《拾遗记》云:员峤之山有冰蚕,长六七寸,黑色有鳞角。以霜雪覆之,则作茧,长一尺。抽五色丝,织为文锦。入水不濡,投火不燎。尧时海人献之,其质轻暖柔滑。按此亦雪蚕之类也。

【气味】甘,寒,无毒。

【主治】解内热渴疾(时珍)。

枸杞虫(《拾遗》)

【释名】蠋(《尔雅》)。

【集解】藏器曰:此虫生枸杞上,食枸杞叶,状如蚕,作茧。为蛹时取之,曝干收用。

时珍曰:此《尔雅》所谓"蚅,乌蠋"也。其状如蚕,亦有五色者。老则作茧,化蛾孚子。诸草木上皆有之,亦各随所食草木之性。故《广志》云:藿蠋香,槐蠋臭。

【气味】咸,温,无毒。

【主治】益阳道,令人悦泽有子。炙黄和地黄末为丸,服之,大起阳益精(藏器)。治肾家风虚(时珍。《普济方》)。

虫杞枸

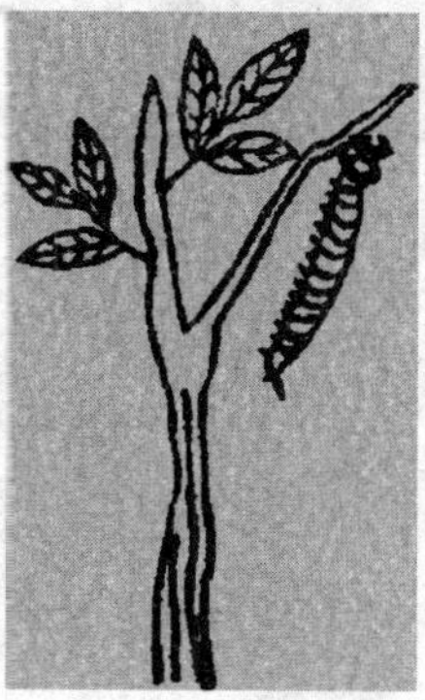

莯香虫(《纲目》)

【集解】时珍曰:生莯香枝叶中。状如尺蠖,青色。

【主治】小肠疝气(时珍)。

本草纲目虫部第四十卷

蛱蝶

斑蝥

本草纲目虫部第四十卷

青蚨(《拾遗》)

【释名】蚨蝉、蚨蜗(音谋瓜)。螺蜗(音敦隅)、蒲虻(音萌)、鱼父、鱼伯。

青蚨

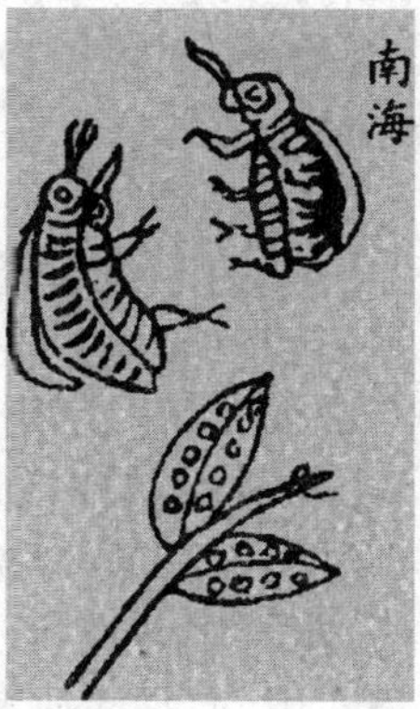

【气味】辛,温,无毒。

【主治】补中,益阳道,去冷气,令人悦泽(藏器)。秘精,缩小便(《海药》)。

【附录】庞降

时珍曰:按刘恂《岭表录异》云:庞降生于岭南,多在橄榄树上。形如蜩蝉,腹青而薄。其名自呼,但闻其声而鲜能得之。人以善价求为媚药。按此形状似蝉,可为媚药,与李珣《海药》青蚨雌雄不舍,秘精之说相符。恐亦青蚨之类,在木上者也。

蛱蝶(《纲目》)

【释名】蜨蝶(蜨,音叶)、蝴蝶。

时珍曰:蛱蝶轻薄,夹翅而飞,葉葉然也。蝶美于须,蛾美于眉,故又名蝴蝶,俗谓须为胡也。

蛱蝶

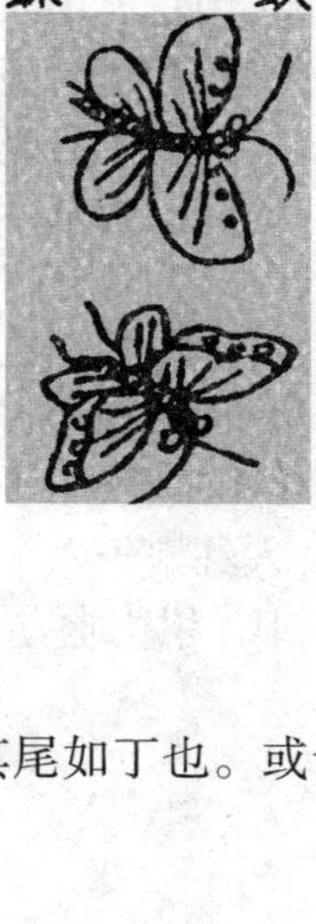

【气味】缺。

【主治】小儿脱肛。阴干为末,唾调半钱涂手心,以瘥为度(时珍)。

【发明】时珍曰:蝴蝶古方无用者,惟《普济方》载此方治脱肛,亦不知用何等蝶也。

蜻蛉(《别录》下品)

【释名】蜻虰(音丁)、蜻蝏(亦作蜓)、虰蛵(音馨)、负劳(《尔雅》)、蟌(首匆)、诸乘(弘景)、纱羊(《纲目》),赤者名赤卒。

时珍曰:蜻、蟌,言其色青葱也。蛉、虰,言其状伶仃也,或云其尾如丁也。或云其尾好亭而挺，故曰蜻，曰蜓。俗名纱羊，言其翅如纱也。按崔豹《古今注》云：大而色青者曰蜻蜓；小而黄者，江东名胡黎，淮南名蝶蛜，鄱阳名江鸡，小而赤者，名曰赤卒，曰绛驺，曰赤衣使者，曰赤弁丈人；大而玄绀者，辽海名绀蠜，亦曰天鸡。陶氏谓胡黎为蜻蛉，未考此耳。

【气味】微寒，无毒。

蜻蛉

【主治】强阴，止精（《别录》）。壮阳，暖水脏（《日华》）。

樗鸡（《本经》中品）

【释名】红娘子（《纲目》）、灰花蛾。

时珍曰：其鸣以时，故得鸡名。《广雅》作樗鸠，《广志》作犨鸡，皆讹矣。其羽文彩，故俗呼红娘子、灰花蛾云。

【修治】时珍曰：凡使去翅、足，以糯米或用面炒黄色，去米、面用。

【气味】苦，平，有小毒，不可近目（《别录》）。

【主治】心腹邪气，阴痿，益精强志，生子好色，补中轻身（《本经》）。腰痛下气，强阴多精（《别录》）。通血闭，行瘀血（宗奭）。主瘰疬，散目中结翳，辟邪气，疗猘犬伤（时珍）。

樗鸡

【发明】弘景曰：方药稀用，为大麝香丸用之。

时珍曰：古方辟瘟杀鬼丸中用之，近世方中多用，盖厥阴经药，能行血活血也。《普济方》治目翳拨云膏中，与芫青、斑蝥同用，亦是活血散结之义也。

【附方】新四。子宫虚寒：《杏林摘要》云：妇人无子，由子宫虚寒，下元虚，月水不调，或闭或漏，或崩中带下，或产后败血未尽，内结不散。用红娘子六十枚，大黄、皂荚、葶苈各一两，巴豆一百二十枚，为末。枣肉为丸，如弹子大。以绵裹留系，用竹筒送入阴户。一时许发热渴，用熟汤一二盏解之。后发寒，静睡要安，三日方取出。每日空心以鸡子三枚，胡椒末二分，炒食，酒下以补之，久则子宫暖矣。瘰疬结核：用红娘子十四枚，乳香、砒霜各一钱，硇砂一钱半，黄丹五分，为末，糯米粥和作饼，贴之。不过一月，其核自然脱下矣。（《卫生易简方》）疯狗咬伤，不治即死：用红娘子二个、斑蝥五个（并去翅、足，若四十岁各加一个，五十岁各加二个），青娘子三个（去翅，足，四十岁加一个，五六十岁加二个），海马半个，续随子一分，乳香、沉香、桔梗各半分，酥油少许，为末。十岁者作四服，十五岁作三服，二十岁作二服，三十岁作一服。（《谈野翁方》）横痃便毒：鸡子一个开孔，入红娘子六个，纸包煨熟。去红娘子，食鸡子，以酒下。小便淋沥出浓血即愈。（陆氏《积德堂方》）

枣猫(《纲目》)

【集解】时珍曰：枣猫，古方无考，近世方广《丹溪心法附余》，治小儿方用之。注云：生枣树上飞虫也。大如枣子，青灰色，两角。采得，阴干用之。

【气味】缺。

【主治】小儿脐风。

时珍曰：按方广云：小儿初生，以绵裹脐带，离脐五六寸扎定，咬断。以鹅翎筒送药一二分，入脐大孔，轻轻揉散。以艾炷灸脐头三壮。结住勿打动，候其自落，永无脐风之患，万不失一。脐硬者用之，软者无病，不必用也。其法用阴干枣猫儿(研末)三个，真珠(槌研)四十九粒，炒黄丹、白枯矾、蛤粉、血竭各五分，研匀，如上法用。脐有三孔，一大二小也。

斑蝥(《本经》下品)

【校正】陈藏器：盘蝥虫系重出，今并为一。

斑蝥

【释名】斑蝥(《本经》)、龙尾(同上)、盘蝥虫(《拾遗》)、龙蚝(音刺)。斑蚝。

时珍曰：斑言其色，蝥刺言其毒，如矛刺也。亦作盘蝥，俗讹为斑蝥，又讹斑蚝为斑尾也。《吴普本草》又名斑菌，曰腃发，曰晏青。

【气味】辛，寒，有毒。

普曰：神农：辛。岐伯：咸。扁鹊：甘，有大毒。马刀为之使，畏巴豆、丹参、空青。恶肤青、甘草、豆花。

时珍曰：斑蝥、芫青、亭长、地胆之毒，靛汁、黄连、黑豆、葱、茶，皆能解之。

【主治】寒热，鬼疰蛊毒，鼠瘘，恶疮疽，蚀死肌，破石癃(《本经》)。血积，伤人肌。治疥癣，堕胎(《别录》)。治瘰疬，通利水道(甄权)。疗淋疾，敷恶疮瘘烂(《日华》)。治疝瘕，解疔毒、猘犬毒、沙虱毒、蛊毒、轻粉毒(时珍)。

【附方】旧六，新九。内消瘰疬，不拘大人小儿：《经验方》：用斑蝥一两(去翅、足)，以粟一升同炒，米焦去米不用，入干薄荷四两为末，乌鸡子清丸如绿豆大。空心腊茶下一丸，加至五丸，却每日减一丸，减至一丸后，每日五丸，以消为度。《广利》：治瘰疬经久不瘥。用斑蝥一枚，去翅、足，微炙，以浆水一盏，空腹吞之。用蜜水亦可。重者不过七枚瘥也。瘘疮有虫：八月中多取斑蝥，以苦酒浸半日，晒干。每用五个，(铜器炒熟为末)，巴豆一粒，黄犬背上毛二七根(炒研)，朱砂五分。同和苦酒顿服，其虫当尽出也。痈疽拔脓，痈疽不破，或破而肿硬无脓：斑蝥为末，以蒜捣膏，和水一豆许，贴之。少顷脓出，即去药。(《直指》)疔肿拔根：斑蝥一枚捻破，以针划疮上，作米字形样，封之，即出根也。(《外台》)血疝便毒：不拘已成、未成，随即消散。斑蝥三个（去翅、足，炒），滑石三钱，同研，分作三服。空心白汤下，日一服，毒从小便出。如痛，以车前、木通、泽泻、猪苓煎饮，名破毒饮，甚效。（东垣方）积年癣疮：《外台》：用斑蝥半两，微炒为末，蜜调敷之。《永类》：用斑蝥七个，醋浸，露一夜，搽之。面上瘖瘟大风，面上有紫瘖瘟未消：用干斑蝥末，以生油调敷。约半日，瘖瘟胀起。以软帛拭去药，以棘针挑破，近下令水出干。不得剥其疮皮，及不可以药近口、眼。若是尖瘖瘟子，即勿用此，别用胆矾末合药以治之。（《圣济总录》）疣痣黑子：斑蝥三个，人言少许。以糯米五钱，炒黄，去米，入蒜一个，捣烂点之。疯狗咬伤：《卫生易简方》云：此乃九死一生之病。急用斑蝥七枚，以糯米炒黄，去米为末。酒一盏，煎半盏。空心温服，取下小肉狗三四十枚为尽。如数少，数日再服。七次无狗形，永不再发也，累试累验。《医方大成》：用大斑蝥三七枚，去头、翅、足，用糯米一勺，略炒过，去斑蝥。别以七枚如前炒，色变，复去之。别以七枚如前，至青烟为度，去蝥，只以米为粉。用冷水入清油少许，空心调服。须臾再进一服，以小便利下毒物为度。如不利，再进。利后肚疼，急用冷水调青靛服之，以解其毒，否则有伤。黄连水亦可解之。但不宜服一切热物也。中沙虱毒：斑蝥二枚：一枚末服；一枚烧至烟尽，研末，敷疮中，立瘥。（《肘后》）

芫青（《别录》下品）

【释名】青娘子。

时珍曰：居芫花上而色青，故名芫青。世俗讳之，呼为青娘子，以配红娘子也。

青　芫

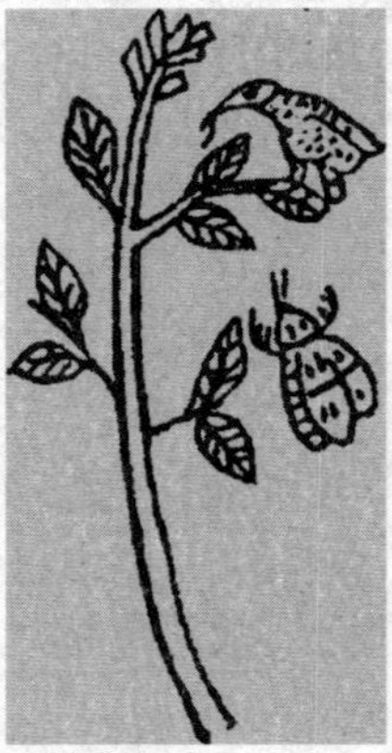

【集解】《别录》曰：三月取，曝干。

弘景曰：二月、三月在芫花上，花时取之，青黑色。

恭曰：出宁州。

颂曰：处处有之。形似斑蝥，但色纯青绿，背上一道黄纹，尖喙。三、四月芫花发时乃生，多就芫花上采之，曝干。

时珍曰：但连芫花茎叶采置地上，一夕尽自出也。余见斑蝥。

【修治】见斑蝥。

【气味】辛，微温，有毒。

时珍曰：芫青之功同斑蝥，而毒尤猛，盖芫花有毒故也。畏、恶同斑蝥。

【主治】蛊毒、风疰、鬼疰，堕胎（《别录》）。治鼠瘘（弘景）。主疝气，利小水，消瘰疬，下痰结，治耳聋目翳，猘犬伤毒。余功同斑蝥（时珍）。

【附方】新三。偏坠疼痛：青娘子、红娘子各十枚，白面拌炒黄色，去前二物，熟汤调服，立效也。（《谈野翁方》）目中顽翳：发背膏：用青娘子、红娘子、斑蝥各二个（去头、足，面炒黄色），硼砂一钱，蕤仁（去油）五个，为末。每点少许，日五、六次。仍同春雪膏点之（膏见黄连下）。（《普济方》）塞耳治聋：芫青、巴豆仁、蓖麻仁各一枚研，丸枣核大。绵包塞之。（《圣惠方》）

葛上亭长(《别录》下品)

【释名】弘景曰:此虫黑身赤头,如亭长之着玄衣赤帻,故名也。

【集解】《别录》曰:七月取,曝干。

葛上亭长

弘景曰:葛花开时取之。身黑头赤,腹中有卵,白如米粒。

恭曰:出雍州。

保升曰:处处有之。五、六月葛叶上采之。形似芫青而苍黑色。

数曰:亭长形黑黄,在葛上食蔓胶汁。又有赤头,身黑色,额上有大红一点,各有用处。

时珍曰:陶言黑身赤头,故名亭长。而雷氏别出赤头,不言出处,似谬。

【修治】同斑蝥。

【气味】辛,微温,有毒。恶、畏同斑蝥。

【主治】蛊毒鬼疰,破淋结积聚,堕胎(《别录》)。通血闭症块鬼胎。余功同斑蝥(时珍)。

【附方】新二。经脉不通:妇人经脉不通,症块胀满,腹有鬼胎。用葛上亭长五枚,以糙米和炒,去翅、足,研末。分三服,空心甘草汤下。须臾觉脐腹急痛,以黑豆煎汤服之,当通。(《圣惠方》)肺风白癞:葛上亭长四七枚(去翅、足,与糯米同炒,米熟为度,不用米),干蝮蛇一枚(头尾全者,炙黄,去鳞及腹中物),共捣罗,生绢袋贮。以酒五升,瓷瓶中慢火煨煮。酒及一升以下,将绵囊蘸药汁,摩涂癞上,日二夜一。如不急痛,日夜可五七次涂之。(《圣济总录》)

地胆(《本经》下品)

【释名】蚖青(《本经》)、青蠵(携)。

地胆

弘景曰:地胆是芫青所化,故亦名蚖青。用蚖字者,亦承误尔。

时珍曰:地胆者,居地中,其色如胆也。按《太平御览》引《尔雅》云:地胆、地要,青蠵也。又引《吴普本草》云:地胆一名杜龙,一名青虹。陶弘景以蠵字为蛙字,音乌娲切者,误矣。宋本因之,今俱厘政也。

【修治】同斑蝥。

【气味】辛,寒,有毒。

【主治】鬼疰寒热,鼠瘘恶疮死肌,破癥瘕,堕胎(《本经》)。蚀疮中恶肉,鼻中息肉，散结气石淋。去子，服一刀圭即下（《别录》）。宣拔瘰疬根，从小便中出，上亦吐出。又治鼻齆（《药性》）。治疝积疼痛。余功同斑蝥（时珍）。

【附方】新三。小肠气痛：地胆（去翅、足、头，微炒）、朱砂各半两，滑石一两，为末。每苦杖酒食前调服二钱，即愈。（《宣明》）鼻中息肉：地胆，生研汁，灌之。干者，酒煮取汁。又方：细辛、白芷等分。为末，以生地胆汁和成膏。每用少许点之，取消为度。（并《圣惠方》）

蜘蛛（《别录》下品）

【释名】次蟗（音秋。《尔雅》）、蠾蝓（属俞。《方言》）、䖬蚝（亦作蝃蝥。音拙谋）。

时珍曰：按王安石《字说》云：设一面之网，物触而后诛之。知乎诛义者，故曰蜘蛛。《尔雅》作鼅鼄，从黾，黾者大腹也。扬雄《方言》云：自关而东呼为蠾蝓，侏儒语转也。北燕朝鲜之间，谓之蝳蜍。齐人又呼为社公。䖬蚝见下。

蜘蛛

【气味】微寒，有小毒。

大明曰：无毒。畏蔓青、雄黄。

时珍曰：蛛入饮食不可食。

【主治】大人、小儿㿗，及小儿大腹丁奚，三年不能行者（《别录》）。蜈蚣、蜂、虿螫人，取置咬处，吸其毒（弘景）。主蛇毒温疟，止呕逆霍乱（苏恭）。取汁，涂蛇伤。烧啖，治小儿腹疳（苏颂）。主口㖞、脱肛、疮肿、胡臭、齿䘌（时珍）。斑者，治疟疾疔肿（《日华》）。

【附方】旧七，新十五。中风口㖞：向火取蜘蛛摩偏急颊车上，候正即止。（《千金方》）小儿口噤：《直指》立圣散：用干蜘蛛一枚（去足，竹沥浸一宿，炙焦），蝎梢七个，腻粉少许。为末。每用一字，乳汁调，时时灌入口中。《圣惠方》：治小儿十日内，口噤不能吮乳。蜘蛛一枚，去足，炙焦研末。入猪乳一合，和匀。分作三服，徐徐灌之，神效无比。止截疟疾：葛洪方：用蜘蛛一枚，同饭捣丸，吞之。《杨氏家藏》：用蜘蛛一枚，着芦管中，密塞，绾项上。勿令患人知之。《海上》：用蜘蛛三五枚，绵包，系寸口上。《宣明方》：用大蜘蛛三枚，信砒一钱，雄黑豆四十九粒，为末，滴水为丸豌豆大。先夜以一九献于北斗下，次早纸裹插耳内，立见神圣。一丸可医二人。泄痢脱肛：疼痛已久者，黑圣散主之。大蜘蛛一个，瓠叶两重包扎定，合子内烧存性，入黄丹少许，为末。先以白矾、葱、椒煎汤洗，拭干，以前药末置软帛上，托入收之，甚是有效也。（《乘闲方》）走马牙疳，出血作臭：用蜘蛛一枚、铜绿半钱，麝香少许，杵匀擦之。无蛛用壳。（《直指》）齿䘌断烂：用大蜘蛛一个，以湿纸重裹，荷叶包之，灰火煨焦为末，入麝香少许，研敷。（《永类钤方》）聤耳出脓：蜘蛛一个，胭脂坯子半钱，麝香一字，为末。用鹅翎吹之。吹奶疼痛：蜘蛛一枚，面裹烧存性，为末。酒服即止，神效。颏下结核：大蜘蛛不计多少，好酒浸过，同研烂，澄去滓。临卧时服之，最效。（《医林集要》）瘰疬结核，无问有头、无头。用大蜘蛛五枚，日干，去足细研，酥调涂之，日再上。（《圣惠方》)鼠瘘肿核已破出脓水者：蜘蛛二七枚，烧研，敷之。(《千金方》)便毒初起：大黑蜘蛛一枚，研烂，热酒一碗，搅服，随左右侧卧取利。不退再服，必效。(《寿域》)疔肿拔根：取户边蜘蛛，杵烂，醋和，先挑四畔血出，根稍露，敷之，干即易。一日夜根拔出，大有神效。(《千金方》)腋下狐臭：大蜘蛛一枚，以黄泥入少赤石脂末，及盐少许，和匀裹蛛，煅之为末，入轻粉一字，醋调成膏。临卧敷腋下，明早登厕，必泄下黑汁也。(《三因方》)蜂蝎螫伤：蜘蛛研汁涂之，并以生者安咬处吸其毒。(《广利方》)蜈蚣咬伤：同上。(《孙真人》)蛇虺咬伤：蜘蛛捣烂敷之，甚效。一切恶疮：蜘蛛晒，研末，入轻粉，麻油涂之。(《直指方》)

蜕壳

【主治】虫牙、牙疳(时珍)。

【附方】旧一，新一。虫牙有孔：蜘蛛壳一枚，绵裹塞之。(《备急》)牙疳出血：蜘蛛壳，为末，入胭脂、麝香少许，敷之。(《直指方》)

网

【主治】喜忘，七月七日取置衣领中，勿令人知(《别录》)。以缠疣赘，七日消落，有验(苏恭)。疗疮毒，止金疮血出。炒黄研末，酒服，治吐血(时珍。出《圣惠方》)。

【发明】时珍曰：按侯延庆《退斋雅闻录》云：凡人卒暴吐血者，用大蜘蛛网，搓成小团，米饮吞之，一服立止。此乃孙绍先所传方也。又《酉阳杂俎》云：裴曼山行，见山蜘蛛垂丝如匹布。引弓射杀，断其丝数尺收之。部下有金疮者，剪方寸贴之，血立止也。观此，则蛛网盖止血之物也。

【附方】新四。积年诸疮：蜘蛛膜贴之，数易。(《千金方》)反花疮疾：同上。肛门鼠痔：蜘蛛丝，缠之，即落。疣瘤初起：柳树上花蜘蛛丝缠之，久则自消。(《简便方》)

草蜘蛛(《拾遗》)

【正误】旧标作蚰蚢蚜，今据《尔雅》改作草蜘蛛。见下。

【气味】缺。

【主治】出疔肿根，捣膏涂之(藏器)。

丝

【主治】去瘤赘疣子，禳疟疾(时珍)。

【附方】新二。瘤疣：用稻上花蜘蛛十余，安桃枝上，待丝垂下，取东边者捻为线系之，七日一换，自消落也。(《总微论》)截疟：五月五日取花蜘蛛，晒干，绛囊盛之，临期，男左女右系臂上，勿令知之。(《普济方》)

蛛蜘草

壁钱(《拾遗》)

【释名】壁镜。

时珍曰：皆以窠形命名也。

钱 壁

【集解】藏器曰：壁钱虫似蜘蛛，作白幕如钱，贴墙壁间，北人呼为壁茧。

时珍曰：大如蜘蛛，而形扁斑色，八足而长。亦时蜕壳，其膜色光白如茧。或云：其虫有毒，咬人至死。惟以桑柴灰煎取汁，调白矾末敷之。妙。

【气味】无毒。

【主治】鼻衄，及金疮出血不止，捺取虫汁，注鼻中及点疮上。亦疗外野鸡病下血(藏器)。治大人、小儿急疳，牙蚀腐臭，以壁虫同人中白等分，烧研，贴之。又主喉痹(时珍。出《圣惠》等方)。

【附方】新一。喉痹乳蛾：已死者复活。用墙上壁钱七个，内要活蛛二枚，捻作一处，以白矾七分一块，化开，以壁钱惹矾，烧存性，出火毒，为末。竹管吹入，立时就好，忌热肉、硬物。

窠幕

【主治】小儿呕逆，取二七枚煮汁饮之(藏器)。产后咳逆，三五日不止欲死者，取三、五个煎汁，呷之，良。又止金疮、诸疮出血不止，及治疮口不敛，取茧频贴之。止虫牙痛(时珍)。

【附方】新二。虫牙疼痛：普济方：以壁上白蟢窠四、五个(剥去黑者)，以铁刀烧出汗，将窠惹汗丸之，纳入牙中甚效。又以乳香入窠内烧存性，纳之亦效。一方：用墙上白蛛窠，包胡椒末塞耳，左痛塞右，右痛塞左，手掩住，侧卧，待额上有微汗，即愈。

螲蛸(《拾遗》)

【释名】蛈蝪(《尔雅》)、颠当虫(《拾遗》)、蛈母(《纲目》)、土蜘蛛。

蛸 螲

藏器曰：螲蛸(音窒当)，《尔雅》作蛈蝪(音迭汤)，今转为颠当虫，河北人呼为蛈蛸(音侄唐)，鬼谷子谓之蛈母。

【集解】藏器曰：螲蛸是处有之。形似蜘蛛，穴土为窠，穴上有盖覆穴口.

时珍曰：蛈蝪，即《尔雅》土蜘蛛也，土中布网。按段成式《酉阳杂俎》云：斋前雨后多颠当窠，深如蚓穴，网丝其中，土盖与地平，大如榆荚。常仰捍其盖，伺蝇、蠖过，辄翻盖捕之。才入复闭，与地一色，无隙可寻，而蜂复食之。秦中儿谣云：颠当颠当牢守门，蠮螉寇汝无处奔。

【气味】有毒。

【主治】一切疔肿、附骨疽蚀等疮。宿肉赘瘤,烧为末,和腊月猪脂敷之。亦可同诸药敷疔肿,出根为上(藏器)。

蝎(《开宝》)

【释名】蛜蝌(音伊祁。《蜀本》)主簿虫(《开宝》)、杜柏(《广雅》)、虿尾虫。

志曰:段成式《酉阳杂俎》云:江南旧无蝎。开元初有主簿,以竹筒盛过江,至今往往有之,故俗称为主簿虫。

时珍曰:按《唐史》云:剑南本无蝎,有主簿将至,遂呼为主簿虫。又张揖《广雅》云:杜伯,蝎也。陆玑《诗疏》云:虿一名杜伯,幽州人谓之蝎。观此,则主簿乃杜伯之讹,而后人遂附会其说。许慎云:蝎,虿尾虫也。长尾为虿。短尾为蝎。葛洪云:蝎前为螫,后为虿。古语云:蜂、虿垂芒,其毒在尾。今入药有全用者,谓之全蝎;有用尾者,谓之蝎梢,其力尤紧。

蝎

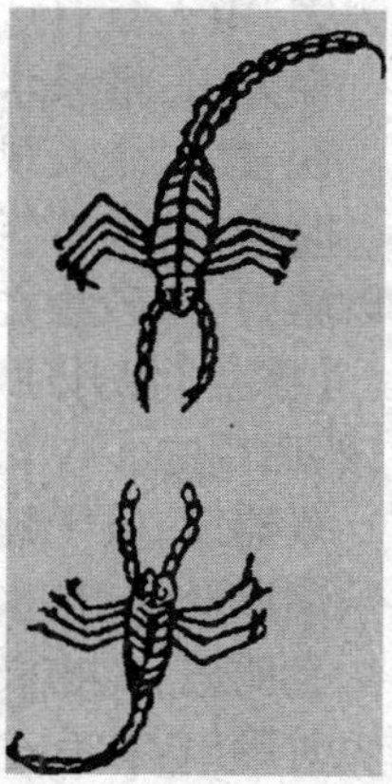

【气味】甘,辛,平,有毒。

【主治】诸风瘾疹,及中风半身不遂,口眼㖞斜,语涩,手足抽掣(《开宝》)。小儿惊痫风搐,大人痎疟,耳聋疝气,诸风疮,女人带下阴脱(时珍)。

【发明】宗奭曰:大人、小儿通用,惊风尤不可阙。

颂曰:古今治中风抽掣,及小儿惊搐方多用之。《箧中方》,治小儿风痫有方。

时珍曰:蝎产于东方,色青属木,足厥阴经药也,故治厥阴诸病。诸风掉眩搐掣,疟疾寒热,耳聋无闻,皆属厥阴风木。故东垣李杲云;凡疝气、带下,皆属于风。蝎乃治风要药,俱宜加而用之。

【附方】旧四,新十九。小儿脐风:宣风散;治初生断脐后伤风湿,唇青口撮,出白沫,不乳。用全蝎二十一个,无灰酒涂炙为末,入麝香少许。每用金、银煎汤,调半字服之。(《全幼心鉴》)小儿风痫:取蝎五枚,以一大石榴割头剜空,纳蝎子中,以头盖之。纸筋和黄泥封裹,微火炙干,渐加火煅赤。候冷去泥,取中焦黑者细研。乳汁调半钱,灌之便定。儿稍大,以防风汤调服。(《箧中方》)慢脾惊风:小儿久病后,或吐泻后生惊,转成慢脾。用蝎梢一两为末,以石榴一枚剜空,用无灰酒调末,填入盖定。坐文武火上,时时搅动,熬膏,取出放冷。每服一字,金、银、薄荷汤调下。《本事方》:治吐利后虚困昏睡,欲生风痫,慢脾风症。全蝎、白术、麻黄(去节)等分为末。二岁以下一字,三岁以上半钱。薄荷汤下。天钓惊风,翻眼向上:用干蝎(全者)一个(瓦炒好),朱砂三绿豆大,为末,饭丸绿豆大。外以朱砂少许,同酒化下一丸,顿愈。(《圣惠》)小儿胎惊:蝎一枚,薄荷叶包,炙为末,入朱砂、麝香少许。麦门冬煎汤,调下一字,效(《汤氏宝书》)小儿惊风:用蝎一个(头尾全者),以薄荷四叶裹定,火上炙焦,同研为末。分四服,白汤下。(《经验方》)大人风涎:即上方,作一服。风淫湿痹:手足不举,筋节挛疼。光与通关,次以全蝎七个瓦炒,入麝香一字研匀,酒三盏,空心调服。如觉已透则止,未透再服。如病未尽除,自后专以婆蒿根洗净，酒煎，日二服。

水蛭(《本经》下品)

【释名】蚑(与蜞同。《尔雅》作虮)。至掌(《别录》)，大者名马蜞(《唐本》)、马蛭(《唐本》)、马蟥(《衍义》)、马鳖(《衍义》)、

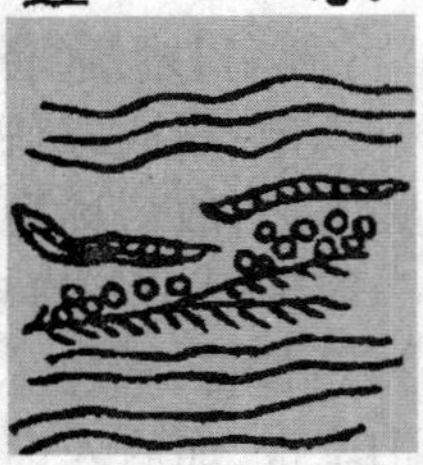

时珍曰：方音讹蛭为痴，故俗有水痴、草痴之称。

宗奭曰：汴人谓大者为马鳖，腹黄者为马蟥。

【集解】《别录》曰：水蛭生雷泽池泽。五月、六月采，曝干。

弘景曰：处处河池有之，蚑有数种，以水中马蜞得啮人、腹中有血者，干之为佳。山蚑及诸小者，皆不堪用。

恭曰：有水蛭、草蛭，大者长尺许，并能咂牛、马、人血。今俗多取水中小者，用之大效，不必食人血满腹者。其草蛭在深山草上，人行即着胫股，不觉入于肉中，产育为害，山人自有疗法。

保升曰：惟采水中小者用之。别有石蛭生石上，泥蛭生泥中，二蛭头尖腰粗色赤。误食之，令人眼中如生烟，渐致枯损。

时珍曰：李石《续博物志》云：南方水痴似鼻涕，闻人气闪闪而动，就人体成疮，惟以麝香、朱砂涂之即愈。此即草蛭也。

【修治】保升曰：采得，以䈽竹筒盛；待干，用米泔浸一夜，曝干，以冬猪脂煎令焦黄，然后用之。

藏器曰：收干蛭，当展其身令长，腹中有子者去之。性最难死，虽以火炙，亦如鱼子烟熏经年，得水犹活也。

大明曰：此物极难修治，须细剉，以微火炒，色黄乃熟。不尔，入腹生子为害。

时珍曰：昔有途行饮水，及食水菜，误吞水蛭入腹，生子为害，啖咂脏血，肠痛黄瘦者。惟以田泥或擂黄土水饮数升，则必尽下出也。盖蛭在人腹，忽得土气而下尔。或以牛、羊热血一二升，同猪脂饮之，亦下也。

【气味】咸、苦，平，有毒。

《别录》曰：微寒。畏石灰、食盐。

【主治】逐恶血瘀血月闭，破血癥积聚，无子，利水道(《本经》)。堕胎(《别录》)。治女子月闭，欲成血劳(《药性》)。咂赤白游疹，及痈肿毒肿(藏器)。治折伤坠扑蓄血有功(寇宗奭)。

【附方】旧四，新八。漏血不止：水蛭，炒为末，酒服一钱，日二服，恶血消即愈。(《千金》)产后血晕：血结聚于胸中，或偏于少腹，或连于胁肋。用水蛭(炒)、虻虫(去翅、足，炒)、没药、麝香各一钱，为末，以四物汤调下。血下痛止，仍服四物汤。(《保命集》)折伤疼痛：水蛭，新瓦焙为细末。酒服一钱。食顷作痛，可更一服。痛止，便将折骨药封，以物夹定，调理。(《经验方》)跌扑损伤，瘀血凝滞，心腹胀痛，大小便不通，气绝欲死：用红蛭(石灰炒黄)半两，大黄、牵牛头末各二两，为末。每服二钱，热酒调下。当下恶血，以尽为度。名夺命散。(《济生》)坠跌打击：内伤神效方：水蛭、麝香各一两剉碎，烧令烟出，为末。酒服一钱，当下蓄血。未止再服，其

效如神。(《古今录验方》)杖疮肿痛:水蛭,炒研,同朴硝等分。研末,水调敷之。(周密《志雅堂杂抄》)赤白丹肿:藏器曰:以水蛭十余枚,令咂病处,取皮皱肉白为效。冬月无蛭,地中掘取,暖水养之令动。先净人皮肤,以竹筒盛蛭合之,须臾咬咂,血满自脱,更用饥者。痈肿初起:同上方法。纫染白须:谈野翁方:用水蛭为极细末,以龟尿调,捻须梢,自行入根也。一用白乌骨鸡一只,杀血入瓶中,纳活水蛭数十于内,待化成水,以猪胆皮包指,蘸捻须梢,自黑人根也。《普济》:用大水蛭七枚为末,汞一两,以银三两作小盒盛之。用蚯蚓泥固济半指厚,深埋马粪中。四十九日取出,化为黑油。以鱼脬笼指,每蘸少许捻须上,其油自然倒行至根,变为黑色也。又黑须倒卷帘方:用大马蜞二三十条,竹筒装之,夜置露处受气。饿过七日,以鸡冠血磨京墨与食,过四五次,复阴干。将猪胫骨打断,放蜞入内,仍合定,铁线缠住,盐泥涂之。干时放地上,火煅五寸香;二次,退开三寸火,又五寸香;三次,再退远火,又五寸香,取出为末。将猪胆皮包指,承末搽须梢,即倒上也。

蚁(《纲目》)

【释名】玄驹(亦作蚼)、蚍蜉。

时珍曰:蚁有君臣之义,故字从义。亦作螘。大者为蚍蜉,亦曰马蚁。赤者名䗥),飞者名螱。扬雄《方言》云:齐鲁之间谓之蚼蟓,梁益之间谓之玄蚼,幽燕谓之蛾蝆。《夏小正》云:十二月,玄蚼奔。谓蚁入蛰也。大蚁喜酣战,故有马驹之称;而崔豹《古今注》遂以蚁妖附会其况,谬矣。今不取。

独脚蚁

【主治】疔肿疽毒,捣涂之(藏器)。

【附录】白蚁

时珍曰:白蚁,即蚁之白者,一名螱,一名飞蚁。穴地而居,蠹木而食,因湿营土,大为物害。初生为蚁蝝,至夏遗卵,生翼而飞,则变黑色,寻亦陨死。性畏烰炭、桐油、竹鸡云。蝝,音铅。

蚁垤土、白蚁泥

并见土部。

青腰虫(《拾遗》)

【集解】藏器曰:虫大如中蚁,赤色,腰中青黑,似狗猲,一尾而尖,有短翅能飞,春夏有之也。

【主治】有大毒。着人皮肉,肿起。剥人面皮,除印字至骨者亦尽。食恶疮息肉,杀癣虫(藏器)。

牛虱(《纲目》)

【释名】牛螕(音卑)。

时珍曰：螕亦作蜱。按吕忱《字林》云：螕，啮牛虱也。

【集解】时珍曰：牛虱生牛身上，状如蓖麻子，有白、黑二色。啮血满腹时，自坠落也。入药用白色者。

【气味】缺。

【主治】预解小儿痘疹毒，焙研服之（时珍）。

【发明】时珍曰：牛虱古方未见用者，近世预解痘毒方时或用之。按高仲武《痘疹管见》云：世俗用牛虱治痘，考之本草不载。窃恐牛虱啖血，例比虻虫。终非痘家所宜，而毒亦未必能解也。

【附方】新二。预解痘毒：谈野翁方：用白水牛虱一岁一枚，和米粉作饼，与儿空腹食之，取下恶粪，终身可免痘疮之患。一方：用白牛虱四十九枚（焙），绿豆四十九粒，朱砂四分九厘，研末，炼蜜丸小豆大，以绿豆汤下。

人虱（《拾遗》）

【释名】虱。

时珍曰：蝨从卂，从䖵。卂音迅，䖵，音昆，蝨行迅疾而昆繁故也。俗作虱。

【气味】咸，平，微毒。

畏水银、银朱、百部、菖蒲、虱建草、水中竹叶、赤龙水、大空。

【主治】人大发头热者，令脑缝裂开，取黑虱三五百捣敷之。又治疔肿，以十枚置疮上，用荻箔绳作炷，灸虱上，即根出也。又治脚指间肉刺疮，以黑虱敷之。根亦出也（藏器）。眼毛倒睫者（拔去毛，以虱血点上，数次即愈。时珍）。

【附方】新一。脚指鸡眼：先挑破。取黑、白虱各一枚置于上缚之，数用自愈也。（《便民图纂》）

本草纲目虫部第四十一卷

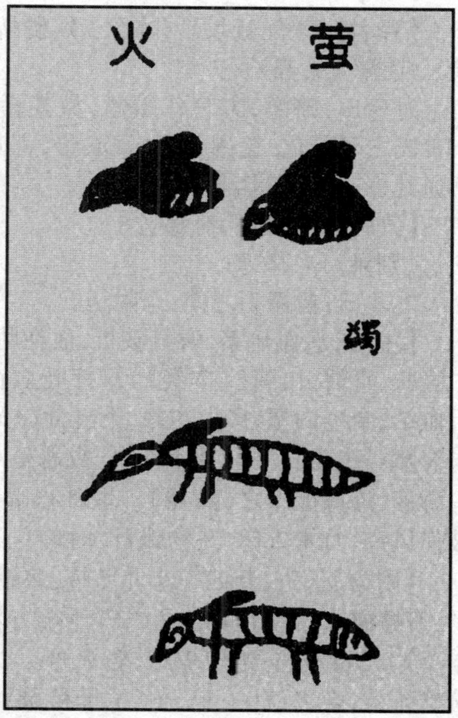

本草纲目虫部第四十二卷

蛴螬(《本经》中品)

【释名】蟦蛴(音坟。《本经》)、蜰蛴(音肥。《别录》)、乳齐(弘景)、地蚕(郭璞)、应条(《吴普》)。

时珍曰:蛴螬,方言作蟦螬,象其蠹物之声。或谓是齐人曹氏之子所化,盖谬说也。蟦、蜰,言其状肥也。乳齐,言其通乳也;《别录》作勃齐,误矣。

螬　蛴

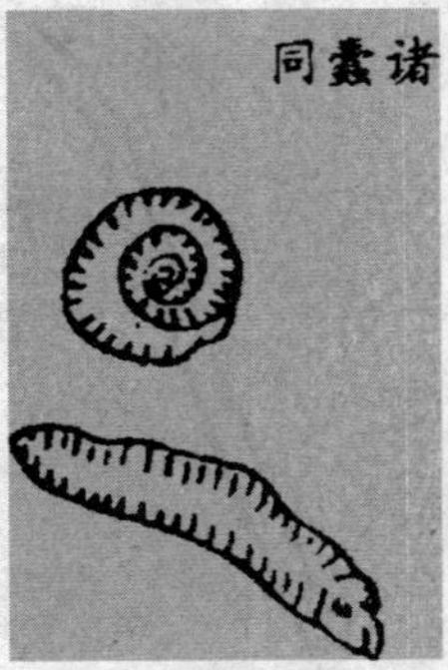

【气味】咸,微温,有毒。

《别录》曰:微寒。

之才曰:蜚蠊为之使,恶附子。

【主治】恶血血瘀,痹气破折,血在胁下坚满痛,月闭,目中淫肤、青翳、白膜(《本经》)。疗吐血在胸腹不去,破骨踒折血结,金疮内塞,产后中寒,下乳汁(《别录》)。取汁滴目,去翳障。主血止痛(《药性》)。敷恶疮(《日华》)。汁主赤白游疹,疹擦破涂之(藏器)。取汁点喉痹,得下即开(苏颂)。主唇紧口疮、丹疹、破伤风疮、竹木入肉、芒物眯目(时珍)。

【附方】旧五,新四。小儿脐疮:蛴螬研末敷之,不过数次。(《千金方》)小儿唇紧:蛴螬研末,猪脂和,敷之。(《千金方》)赤白口疮:蛴螬研汁,频搽取效。(《政和本草》)丹毒浸淫:走串皮中,名火丹。以蛴螬捣烂,涂之。(《删繁方》)痈疽痔漏:蛴螬研末,敷之,日一上。(《子母秘录》)虎伤人疮:蛴螬捣烂,涂之,日上。(唐瑶《经验方》)竹木入肉:蛴螬捣涂之,立出。(《肘后》)麦芒入眼:以新布覆目上,持生蛴螬从布上摩之,芒着布上出也。(《千金方》)断酒不饮:蛴螬研末,酒服,永不饮。(《千金方》)

乳虫(《纲目》)

【释名】土蛹。

【集解】时珍曰:按《白獭髓》云:广中韶阳属邑乡中,有乳田。其法:掘地成窖,以粳米粉铺入 窖中,盖之以草,壅之以粪。候雨过气蒸则发开,而米粉皆化成蛹,如蛴螬状。取蛹作汁,和粳粉蒸成乳食,味甚甘美也。此亦蛴螬之类,出自人为者。

《淮南万毕术》所谓"置黍沟中,即生蛴螬",《广雅》所谓"土蛴,蚃虫"者,皆此物也。服食用此代蛴螬,更觉有功无毒。

【气味】甘,温,无毒。

【主治】补虚羸,益胃气,温中明目(时珍)。

木蠹虫(《拾遗》)

【释名】蝎(音曷)。蝤蛴(音囚齐)。蛣蝠(音乞屈)。蛀虫。

时珍曰:蠹,古又作螙,食木虫也,会意。《尔雅》云:蝤蛴,蝎也。蝎,蛣蝠也。郭璞云:凡木中螙虫,通名为蝎。但所居各异耳。

【集解】藏器曰:木蠹一如蛴螬,节长足短,生腐木中,穿木如锥刀,至春雨化为天牛。苏恭以为蛴螬,深误矣。详蛴螬下。

时珍曰:似蚕而在木中食木者,为蝎;似蚕而在树上食叶者,为蠋;似蠋而小,行则首尾相就,屈而后伸者,为尺蠖;似尺蠖而青小者,为螟蛉。三虫皆不能穴木,至夏俱羽化为蛾。惟穴木之蠹,宜入药用。

【气味】辛,平,有小毒。

【主治】血瘀劳损,月闭不调,腰脊痛,有损血,及心腹间疾(藏器)。

【发明】时珍曰:各木性味,良毒不同。而蠹亦随所居、所食而异,未可一概用也,古方用蠹,多取桑、柳、构木者,亦各有义焉。

桑蠹虫(《别录》)

【校正】自有名未用移入此。

【释名】桑蝎(音曷)。

【气味】甘,温,无毒。

【主治】心暴痛,金疮肉生不足(《别录》)。胸下坚满,障翳瘀肿,治风疹(《日华》)。治眼得效(《蜀本》)。去气,补不足,治小儿乳霍(藏器)。小儿惊风,口疮风疳,妇人崩中,漏下赤白,堕胎下血,产后下痢(时珍)。

【附方】新二。崩中漏下赤白:用桑蝎烧灰,温酒服方寸匕,日二。(《千金》)堕胎下血不止:桑木中蝎虫,烧末。酒服方寸匕,日二。虫屎亦可。(《普济方》)

粪

【主治】肠风下血,妇人崩中产痢,小儿惊风胎癣,咽喉骨鲠(时珍)。

【附方】新四。肠风下血:枯桑树下虫矢,烧存性,酒服一钱。(《圣惠》)产后下痢,日五十行:用桑木里蠹虫粪,炒黄,急以水沃之,稀稠得所,服之,以瘥为度。此独孤讷祭酒方也。(《必效方》)小儿胎癣:小儿头生疮,手爬处即延生,谓之胎癣。先以葱盐汤洗净,用桑木蛀屑,烧存性,入轻粉等分,油和敷之。(《圣惠》)咽喉骨鲠:桑木上虫粪,米醋煎呷。(《永类钤方》)

柳蠹虫(《纲目》)

【集解】时珍曰:柳蠹生柳木中甚多,内外洁白,至春夏化为天牛。诸家注蛴螬多取之,亦误矣。

【气味】甘、辛,平,有小毒。

【主治】瘀血,腰脊沥血痛,心腹血痛,风疹风毒,目中肤翳,功同桑蠹(时珍)。

粪

【主治】肠风下血,产后下痢,口疮耳肿,齿龈风毒(时珍)。

【附方】新三。口疮风疳:小儿病此,用柳木蛀虫矢,烧存性为末,入麝香少许,搽之。杂木亦可。(《幼幼新书》)齿龈风肿:用柳蠹末半合,赤小豆(炒)、黑豆(炒)各一合,柳枝一握,地骨皮一两。每用三钱,煎水热漱。(《御药院方》)耳肿风毒,肿起出血:取柳虫粪化水,取清汁,调白矾末少许,滴之。(《肘后》)

桃蠹虫(《日华》)

【校正】《本经》原附桃核仁下,今分入此。

【集解】《别录》曰:食桃树虫也。

藏器曰:桑蠹去气,桃蠹辟鬼,皆随所出而各有功也。

【气味】辛,温,无毒。

【主治】杀鬼,邪恶不祥(《本经》)。食之肥人,悦颜色(《日华》)。

粪

【主治】辟温疫,令不相染。为末,水服方寸匕(《伤寒类要》)。

桂蠹虫(《纲目》)

【集解】藏器曰:此桂树中虫,辛美可啖。

时珍曰:按《汉书·南奥王传》:南越尉佗献桂蠹一器。又《大业拾遗录》云:隋时始安献桂蠹四瓶,以蜜渍之,紫色,辛香有味,啖之去痰饮之疾。则此物自汉、隋以来,用充珍味矣。

【气味】辛,温,无毒。

【主治】去冷气(藏器)。除寒痰澼饮冷痛(时珍)。

粪

【主治】兽骨哽,煎醋漱咽(时珍)。

柘蠹虫(《拾遗》)

【集解】藏器曰:陶注詹糖云:伪者以柘虫屎为之。此即柘蠹在木间食木之屎也。詹糖烧之香,而此屎不香。既不相似,亦难为之。

屎

【主治】破血(藏器)。

枣蠹虫(《纲目》)

【集解】时珍曰:此即蝤蛴之在枣树中者。

屎

【主治】聤耳出脓水。研末,同麝香少许吹之(时珍,出《普济》)。

竹蠹虫(《纲目》)

【集解】时珍曰:竹蠹生诸竹中,状如小蚕。老则羽化为硬翅之蛾。
【气味】缺。
【主治】小儿蜡梨头疮。取慈竹内者,捣和牛溺涂之(时珍)。
【发明】时珍曰:竹蠹虫,古方未见用者,惟《袖珍方》治小儿蜡梨用之。按《淮南万毕术》云:竹虫饮人,自言其诚。高诱注云:以竹虫三枚,竹黄十枚,和匀。每用一大豆许,烧入酒中,令人饮之,勿至大醉。叩问其事,必得其诚也。此法传自古典,未试其果验否,姑载之。

蛀末

【主治】聤耳出脓水,汤火伤疮(时珍)。
【附方】新六。聍耳出水:苦竹蛀屑、狼牙、白蔹等分,为末和匀,频掺之。(《圣惠》)耳出臭脓:用竹蛀虫末、胭脂坯子等分,麝香少许,为末吹之。(《朱氏集验》)耳脓作痛:因水入耳内者:如圣散:用箭杆内蛀末一钱,腻粉一钱,麝香半钱,为末。以绵杖缴尽,送药入耳,以绵塞定,有恶物放令流出,甚者三度必愈。(《普济》)汤火伤疮:竹蠹蛀末,敷之。(《外台秘要》)湿毒臁疮:枯竹蛀屑、黄柏末等分。先以葱、椒、茶汤洗净,搽之,日一上。牙齿疼痛:蛀竹屑、陈皮各一两,为末,乌梅肉同研如泥,敷之。(《救急方》)

芦蠹虫(《拾遗》)

【集解】藏器曰:出芦节中,状如小蚕。

【气味】甘,寒,无毒。

【主治】小儿饮乳后,吐逆不入腹,取虫二枚煮汁饮之。呕逆与哯乳不同,乳饱后哯出者,为哯乳也(藏器)。

苍耳蠹虫(《纲目》)

【释名】麻虫。

【集解】时珍曰:苍耳蠹虫,生苍耳梗中,状如小蚕。取之但看梗有大蛀眼者,以刀截去两头不蛀梗,多收。线缚挂檐下,其虫在内经年不死。用时取出,细者以三条当一用之。

【气味】缺。

【主治】疔肿恶毒,烧存性研末,油调涂之,即效。或以麻油浸死收贮,每用一二枚捣敷,即时毒散,大有神效(时珍)。

【发明】时珍曰:苍耳治疔肿肿毒,故虫亦与之同功。古方不见用,近时方法每用之。

【附方】新三。一切疔肿及无名肿毒恶疮:刘松石《经验方》:用苍耳草梗中虫一条,白梅肉三四分,同捣如泥,贴之立愈。《圣济总录》:用麻虫(即苍耳草内虫,炒黄色)、白僵蚕、江茶,各等分为末,蜜调涂之。又用苍耳节内虫四十九条捶碎,入人言少许,捶成块。刺疮令破,敷之。少顷以手撮出根,即愈。

青蒿蠹虫(《纲目》)

【集解】时珍曰:此青蒿节间虫也。状如小蚕,久亦成蛾。

【气味】缺。

【主治】急慢惊风。用虫捣,和朱砂、汞粉各五分,丸粟粒大。一岁一丸,乳汁服(时珍)。

【发明】时珍曰:古方不见用者。《保婴集》用治惊风,云十不失一。其诗云:一半朱砂一半雪,其功只在青蒿节。任教死去也还魂,服时须用生人血。

皂荚蠹虫(《纲目》)

【气味】辛。

【主治】蝇入人耳害人。研烂,同鳝鱼血点之(危氏)。

茶蛀虫(《纲目》)

【集解】时珍曰:此装茶笼内蛀虫也。取其屎用。

蛀屑

【主治】聤耳出汁。研末,日日缴净掺之(时珍。出《圣惠》)。

蚱蝉(《本经》中品)

【释名】蜩(音调)。齐女。

蚱蝉

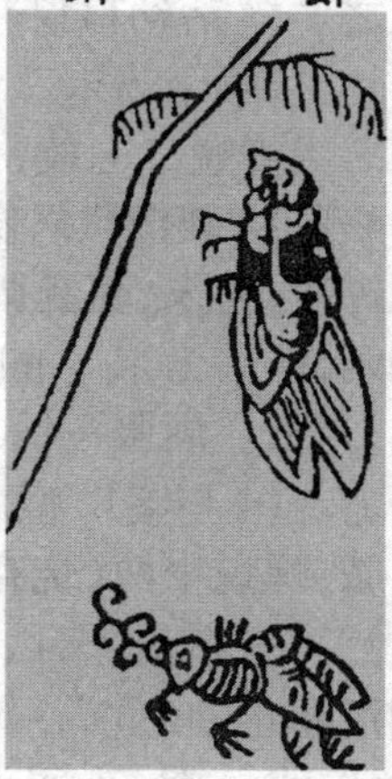

时珍曰:按王充《论衡》云:蛴螬化腹蜟,腹蜟拆背出而为蝉。则是腹蜟者,育于腹也。蝉者,变化相禅也。蚱音窄,蝉声也。蜩,其音调也。崔豹《古今注》言:齐王后怨王而死,化为蝉,故蝉名齐女。此谬说也。按诗人美庄姜为齐侯之子,螓首蛾眉。螓亦蝉名,人隐其名,呼为齐女,义盖取此。其品甚多,详辨见下。

蚱蝉

【气味】咸、甘,寒,无毒。

甄权曰:酸。

【主治】小儿惊痫夜啼,癫病寒热(《本经》)。惊悸,妇人乳难。胞衣不出,能堕胎(《别录》)。小儿痫绝不能言(苏恭)。小儿惊哭不止,杀疳虫,去壮热,治肠中幽幽作声(《药性》)。

【发明】藏器曰:本功外、其脑煮汁服之,主产后胞衣不下,自有正传。

时珍曰:蝉主产难、下胞衣,亦取其能退蜕之义。《圣惠》治小儿发痫,有蚱蝉汤、蚱蝉散、蚱蝉丸等方。今人只知用蜕,而不知用蝉也。

【附方】新三。百日发惊:蚱蝉(去翅、足,炙)三分,赤芍药三分,黄芩二分,水二盏,煎一盏,温服。(《圣惠方》)破伤风病无问表里,角弓反张:秋蝉一个,地肤子(炒)八分,麝香少许,为末。酒服二钱。(同上)头风疼痛:蚱蝉二枚生研,入乳香、朱砂各半分,丸小豆大。每用一丸,随左右纳鼻中,出黄水为效。(《圣济总录》)

蝉蜕

【释名】蝉壳、枯蝉、腹蜟(并《别录》)、金牛儿。

【修治】时珍曰:凡用蜕壳,沸汤洗去泥土、翅、足,浆水煮过,晒干用。

【气味】咸、甘,寒,无毒。

【主治】小儿惊痫,妇人生子不下。烧灰水服,治久痢(《别录》)。小儿壮热惊痫,止渴(《药性》)。研末一钱,井华水服,治哑病(藏器)。除目昏障翳。以水煎汁服，治小儿疮疹出不快，甚良（宗奭）。治头风眩晕，皮肤风热，痘疹作痒，破伤风及疔肿毒疮，大人失音，小儿噤风天吊，惊哭夜啼，阴肿（时珍）。

【发明】好古曰：蝉蜕去翳膜，取其蜕义也，蝉性蜕而退翳，蛇性窜而祛风，因其性而为用也。

时珍曰：蝉乃土木余气所化，饮风吸露，其气清虚。故其主疗，皆一切风热之证。古人用身，后人用蜕。大抵治脏腑经络，当用蝉身。治皮肤疮疡风热，当用蝉蜕，各从其类也。又主哑病、夜啼者，取其昼鸣而夜息也。

【附方】旧二，新十四。小儿夜啼：《心鉴》：治小儿一百二十日内夜啼。用蝉蜕四十九个，去前截，用后截，为末，分四服。钓藤汤调灌之。《普济方》蝉花散：治小儿夜啼不止，状若鬼祟。用蝉蜕下半截，为末。一字，薄荷汤入酒少许调下。或者不信，将上半截为末，煎汤调下，即复啼也。古人立方，莫知其妙。小儿惊啼：啼而不哭，烦也；哭而不啼，躁也。用蝉蜕二七枚，去翅、足为末，入朱砂末一字，蜜调与吮之。（《活幼口议》）小儿天吊：头目仰视，痰塞内热。用金牛儿（即蝉蜕）以浆水煮一日，晒干为末。每服一字，冷水调下。（《卫生易简方》）小儿噤风：初生口噤不乳。用蝉蜕二七枚，全蝎（去毒）二七枚。为末。入轻粉末少许，乳汁调灌。（《全幼心鉴》）破伤风病发热：《医学正传》：用蝉蜕，炒研，酒服一钱，神效。《普济方》：用蝉蜕，为末，葱涎调，涂破处。即时取去恶水，立效。名追风散。头风旋晕：蝉壳一两，微炒为末。非时酒下一钱，白汤亦可。（《圣惠》）皮肤风痒：蝉蜕、薄荷叶等分，为末。酒服一钱，日三。（《集验》）痘疮作痒：蝉蜕三七枚，甘草（炙）一钱，水煎服之。（《心鉴》）痘后目翳：蝉蜕为末。每服一钱，羊肝煎汤下，日二。（钱氏）聤耳出脓：蝉蜕半两（烧存性），麝香半钱（炒），上为末，绵裹塞之。追出恶物，效。（《海上》）小儿阴肿：多因坐地风袭，及虫蚁所吹。用蝉蜕半两，煎水洗。仍服五苓散，即肿消痛止。（危氏）胃热吐食：清膈散：用蝉蜕五十个，去泥，滑石一两，为末。每服二钱，水一盏，入蜜调服。（《卫生家宝方》）疔疮毒肿：不破则毒人腹。《青囊杂纂》：用蝉蜕，炒为末。蜜水调服一钱，外以津和，涂之。《医方大成》：用蝉蜕、僵蚕等分。为末。醋调，涂疮四围。候根出，拔去再涂。

蝉花（《证类》）

【释名】冠蝉（《礼注》）、胡蝉（《毛诗》）、螗蜩（同上）、蝘。

时珍曰：花、冠，以象名也。胡，其状如胡也。唐，黑色也。古俗谓之胡蝉，江南谓之螗，蜀人谓之蝉花。

【集解】慎微曰：蝉花所在有之，生苦竹林者良。花出头上，七月采。

颂曰：出蜀中。其蝉头上有一角，如花冠状，谓之蝉花。彼人赍蜕至都下。医工云：入药最奇。

宗奭曰：乃是蝉在壳中不出而化为花，自顶中出也。

时珍曰：蝉花，即冠蝉也，《礼记》所谓"范则冠而蝉有緌"者是矣。緌音蕤，冠缨也。陆云《寒蝉赋》云：蝉有五德：头上有帻，文也；含气饮露，清也；黍稷不享，廉也；处不巢居，俭也；应候守常，信也。陆佃《埤雅》云：螗首方广有冠，似蝉而小，鸣声清亮。宋祁《方物赞》云：蝉之不蜕者，至秋则花。其头长一二寸，黄碧色。并指此也。

【气味】甘，寒，无毒。

【主治】小儿天吊，惊痫瘛疭，夜啼心悸（慎微）。功同蝉蜕，又止疟（时珍）。

蜣螂（《本经》下品）

【释名】蛣蜣（音诘羌）、推丸（弘景）、推车客（《纲目》）、黑牛儿（同上）、铁甲将军（同上）、夜游将军。

弘景曰：庄子云：蛣蜣之智，在于转丸。喜入粪土中取屎丸而推却之，故俗名推丸。

时珍曰：崔豹《古今注》谓之转丸、弄丸，俗呼推车客，皆取此义也。其虫深目高鼻，状如羌胡，背负黑甲，状如武士，故有蜣螂、将军之称。

蜣螂

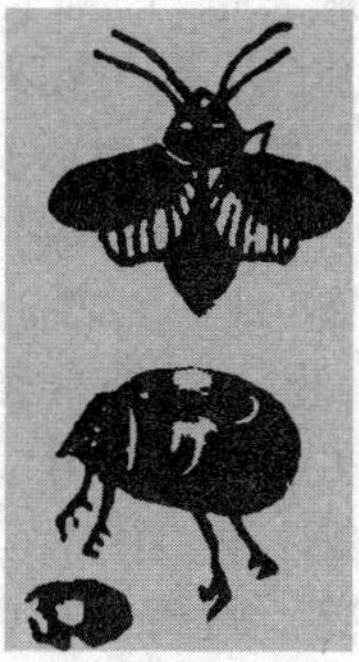

【集解】《别录》曰：蜣螂生长沙池泽。

弘景曰：其类有三四种，以大而鼻头扁者为真。

韩保升曰：此类多种，所在有之。以鼻高目深者入药，名胡蜣螂。

宗奭曰：蜣螂有大、小二种，大者名胡蜣螂，身黑而光，腹翼下有小黄，子附母而飞，昼伏夜出，见灯光则来，宜入药用。小者身黑而暗，昼飞夜伏。狐并喜食之。小者不堪用，惟牛马胀结，以三十枚研水灌之，绝佳。

时珍曰：蜣螂以土包粪，转而成丸，雄曳雌推，置于坎中，覆之而去。数日有小蜣螂出，盖孚乳于中也。

【修治】《别录》曰：五月五日采取，蒸藏之，临用，去足，火炙。勿置水中，令人吐。

【气味】咸，寒，有毒。

好古曰：酸。

之才曰：畏羊角、羊肉、石膏。

【主治】小儿惊痫瘛疭，腹胀寒热，大人癫疾狂易（《本经》）。手足端寒，肢满贲豚。捣丸塞下部，引痔虫出尽。永瘥（《别录》）。治小儿疳蚀（《药性》）。能堕胎，治疰忤。和干姜敷恶疮，出箭头（《日华》）。烧末，和醋敷蜂瘘（藏器）。去大肠风热（《权度》）。治大小便不通，下痢赤白，脱肛，一切痔瘘疔肿，附骨疽疮，疬疡风，灸疮，出血不止，鼻中息肉，小儿重舌（时珍）。

【附方】旧七，新十七。小儿惊风：不拘急慢。用蜣螂一枚杵烂，以水一小盏，于百沸汤中荡热，去滓饮之。小儿疳疾：土裹蜣螂，煨熟，与食之。（《韩氏医通》）小儿重舌：蜣螂，烧末，唾和，敷舌上。（《子母秘录》）膈气吐食：用地牛儿二个，推屎虫一公一母，同入罐中，待虫食尽牛儿，以泥裹煨存性；用去白陈皮二钱，以巴豆同炒过，去豆，将陈皮及虫为末。每用一二分，吹入咽中。吐痰三四次，即愈。（《孙氏集效方》）赤白下痢：黑牛散：治赤白痢、噤口痢及泄泻。用黑牛儿（即蜣螂，一名铁甲将军），烧研。每服半钱，或一钱，烧酒调服（小儿以黄酒服），立效。（李延寿方）

大肠脱肛:蜣螂,烧存性,为末,入冰片研匀。掺肛上。托之即入。(《医学集成》)大小便闭,经月欲死者:《本事》推车散:用推车客七个(男用头,女用身),土狗七个(男用身,女用头),新瓦焙,研末。用虎目树南向皮,煎汁调服。只一服即通。《杨氏经验方》:治大小便不通。六、七月寻牛粪中大蜣螂十余枚,线穿阴干,收之。临时取一个全者,放净砖上,四面以灰火烘干,当腰切断(如大便不通,用上截;小便不通,用下截),各为细末,取井华水服之(二便不通,全用),即解。大肠秘塞:蜣螂(炒,去翅、足)为末,热酒服一钱。(《圣惠》)小便转胞不通:用死蜣螂二枚,烧末,井华水一盏调服。(《千金》)小便血淋:蜣螂研水服。(鲍氏)痔漏出水:唐氏方:用蜣螂一枚阴干,入冰片少许,为细末,纸捻蘸末入孔内。渐渐生肉,药自退出,即愈。《袖珍方》:用蜣螂,焙干,研末。先以矾汤洗过,贴之。一切漏疮不拘蜂瘘、鼠瘘:蜣螂烧末,醋和敷。(《千金》)附骨疽漏:蜣螂七枚,同大麦捣敷。(《刘涓子方》)一切恶疮及沙虱、水弩、恶疽:五月五日取蜣螂蒸过,阴干为末,油和敷之。(《圣惠》)疔肿恶疮:杨柳上大乌壳硬虫(或地上新粪内及泥堆中者),生取,以蜜汤浸死,新瓦焙焦,为末。先以烧过针拨开,好醋调,敷之。(《普济方》)无名恶疮:忽得不识者。用死蜣螂杵汁涂之。(《子母秘录》)灸疮血出不止:用死蜣螂,烧研,猪脂和涂。(《千金方》)大赫疮疾,急防毒气入心:先灸,后用干蜣螂为末,和盐水敷四围,如韭叶阔、日一上之。(《肘后》)疬疡风病:取涂中死蜣螂杵烂,揩疮令热,封之。一宿瘥,止。(《外台秘要》)鼻中息肉:蜣螂十枚,纳青竹筒中,油纸密封,置厕坑内,四十九日取出晒干,入麝香少许,为末涂之。当化为水也。(《圣惠》)沙尘入目:取生蜣螂一枚,手持其背,于眼上影之,自出。(《图经本草》)下部䘌虫:痛痒脓血,旁生孔窍。蜣螂七枚(五月五日收者),新牛粪半两,肥羊肉一两(炒黄),同捣成膏,丸莲子大,炙热,绵裹纳肛中。半日即大便中虫出,三度永瘥。(董炳《集验方》)

心

【主治】疔疮(颂曰:按刘禹锡纂柳州救三死方云:元和十一年得疔疮,凡十四日益笃,善药敷之莫效。长乐贾方伯教用蜣螂心,一夕百苦皆已。明年正月食羊肉,又大作,再用亦如神验。其法:用蜣螂心,在腹下度取之,其肉稍白是也。贴疮半日许,再易,血尽根出即愈。蜣螂畏羊肉,故食之即发。其法盖出葛洪《肘后方》)。

转丸

见土部。

【附录】蜉蝣

时珍曰:蜉蝣一名渠略,似蛣蜣而小,大如指头,身狭而长,有角,黄黑色,甲下有翅,能飞。夏月雨后丛生粪土中,朝生暮死。猪好啖之。人取炙食,云美于蝉也。盖蜣螂、蜉蝣、腹蛸、天牛,皆蛴螬、蠹、蝎所化。此亦蜣螂之一种,不可不知也。或曰:蜉蝣,水虫也。状似蚕蛾,朝生暮死。

天社虫

《别录》有名未用,曰:味甘,无毒。主绝孕,益气。虫状如蜂,大腰,食草木叶,三月采。

时珍曰:按张揖《广雅》云:天社,蜣螂也。与此不知是一类否?

天牛(《纲目》)

【释名】天水牛(《纲目》)、八角儿(同上),一角者名独角仙。

时珍曰:此虫有黑角如八字,似水牛角,故名。亦有一角者。

【气味】有毒。

【主治】疟疾寒热,小儿急惊风,及疔肿箭镞入肉,去痣靥(时珍)。

天牛

【发明】时珍曰:天牛、独角仙,本草不载。宋、金以来,方家时用之。《圣惠》治小儿急惊风吹鼻定命丹,《宣明方》点身面痣靥芙蓉膏中。俱用独角仙,盖亦毒物也。药多不录。蝎化天牛有毒,蛴螬化蝉无毒,又可见蛴螬与蝎之性味良恶也。

【附方】新三。疔肿恶毒:透骨膏:用八角儿(杨柳上者,阴干去壳)四个(如冬月无此,用其窠代之),蟾酥半钱,巴豆仁一个,粉霜、雄黄、麝香少许。先以八角儿研如泥,入熔化黄蜡少许。同众药末和作膏子,密收。每以针刺疮头破出血,用榆条送膏子(麦粒大)入疮中,以雀粪二个放疮口。疮回即止,不必再用也。忌冷水。如针破无血,系是着骨疔。即男左女右中指甲末,刺出血糊药。又无血,即刺足大拇血,糊药。如都无血,必难医也。箭镞入肉:用天水牛(取一角者),小瓶盛之,入硇砂一钱,同水数滴在内。待自然化水,取滴伤处,即出也。寒热疟疾:猪膏丸:治疟疾发渴,往来不定。腊猪膏二两,独角仙一枚,独头蒜一个,楼葱一握,五月五日三家粽尖。于五月五日五更时,净处露头赤脚,舌拄上腭,回面向北,捣一千杵,丸皂子大。每以新绵裹一丸,系臂上,男左女右。(《圣惠》)

【附录】飞生虫(《拾遗》)

藏器曰:状如啮发,头上有角。其角无毒,主难产,烧末水服少许,亦可执之。

时珍曰:此亦天牛别类也。与鼺鼠同功,故亦名飞生。

蝼蛄(《本经》下品)

【释名】蟪蛄(《本经》)、天蝼(《本经》)、螜(音斛。《本经》)、蝼蝈(《月令》)、仙姑(《古今注》)、石鼠(《古今注》)、梧鼠(《荀子》)、土狗(俗名)。

时珍曰:《周礼注》云:蝼,臭也。此虫气臭,故得蝼名。曰姑,曰婆,曰娘子,皆称虫之名。蟪蛄同蝉名，蝼蝈同蛙名，石鼠同硕鼠名，梧鼠同飞生名，皆名同物异也。

蛄　蝼

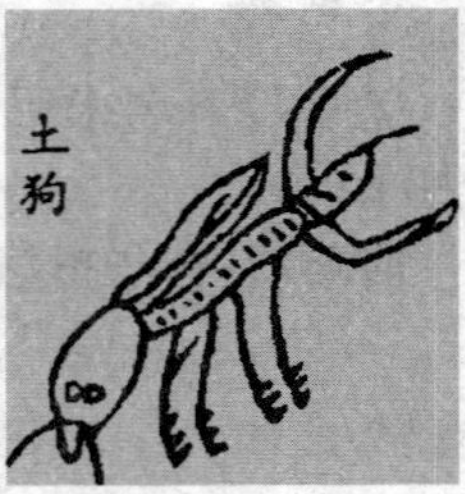

【气味】咸，寒，无毒。

《日华》曰：凉，有毒。去翅、足，炒用。

【主治】产难，出肉中刺，溃痈肿，下哽噎，解毒，除恶疮（《本经》）。水肿，头面肿（《日华》）。利大小便，通石淋，治瘰疬骨哽（时珍）。治口疮甚效（震亨）。

【发明】弘景曰：自腰以前甚涩，能止大小便；自腰以后甚利，能下大小便。

朱震亨曰：蝼蛄治水甚效，但其性急，虚人戒之。

颂曰：今方家治石淋导水，用蝼蛄七枚，盐二两，新瓦上铺盖焙干，研末。每温酒服一钱匕，即愈也。

【附方】旧四，新二十。十种水病：肿满喘促不得卧。《圣惠方》：以蝼蛄五枚，焙干为末。食前白汤服一钱，小便利为效。杨氏：加甘遂末一钱，商陆汁一匙，取下水为效。忌盐一百日。小便秘者。《圣惠》：用蝼蛄下截焙研，水服半钱，立通。《保命集》：用蝼蛄一个，葡萄心七个，同研，露一夜，日干研末，酒服。《乾坤秘韫》：用端午日取蝼蛄，阴干，分头、尾焙收。治上身用头末七个，治中用腹末七个，洽下用尾末七个，食前酒服。大腹水病：《肘后》：用蝼蛄，炙熟，日食十个。《普济》半边散，治水病。用大戟、芫花、甘遂、大黄各三钱，为末。以土狗七枚（五月能飞者），捣葱铺新瓦上焙之，待干去翅、足。每个剪作两半边，分左右记收。欲退左即以左边七片焙研，入前末二钱，以淡竹叶、天门冬煎汤，五更调服。候左退三日后，服右边如前法。嗃鼻消水，面浮甚者：用土狗一个，轻粉二分半，为末。每嗃少许入鼻内，黄水出尽为妙。（《杨氏家藏方》）石淋作痛：方见发明下。小便不通：葛洪方：用大蝼蛄二枚，取下体，以水一升渍饮，须臾即通。《寿域方》：用土狗下截焙研，调服半钱。生研亦可。谈野翁方：加车前草，同捣汁服。《唐氏经验方》：用土狗后截，和麝捣，纳脐中，缚定，即通。《医方摘要》：用土狗一个炙研，入冰片、麝香少许，翎管吹入茎内。大小便闭，经月欲死：《普济方》：用土狗、推车客各七枚，并男用头，女用身，瓦焙焦为末。以向南樗皮煎汁饮，一服神效。胞衣不下，困极腹胀则杀人；蝼蛄一枚，水一升，煮三沸，灌入，下喉即出也。（《延年方》）脐风出汁：蝼蛄、甘草等分，并炙为末。敷之。（《总录》）牙齿疼痛：土狗一个，旧糟裹定，湿纸包，煨焦，去糟研末，敷之立止。（《本事》）紧唇裂痛：蝼蛄烧灰，敷之。（《千金方》）塞耳治聋；蝼蛄五钱，穿山甲（炮）五钱，麝香少许，为末，葱汁和丸，塞之。外用嗃鼻药，即通。（《普济》）颈项瘰疬：用带壳蝼蛄七枚，生取肉，入丁香七粒于壳内，烧过，与肉同研，用纸花贴之。（《救急方》）箭镞入肉：以蝼蛄杵汁滴上，三五度，自出。（《千金方》）针刺不出：同上。误吞钩线：蝼蛄，去身，吞其头数枚。勿令本人知。（《圣惠方》）

萤火(《本经》下品)

【释名】夜光(《本经》)、熠耀(音煜跃)、即炤(音照)、夜照、景天、救火、据火、挟火(并《吴普》)、宵烛(《古今注》)、丹鸟。

宗奭曰:萤常在大暑前后飞出,是得大火之气而化,故明照如此。

萤火

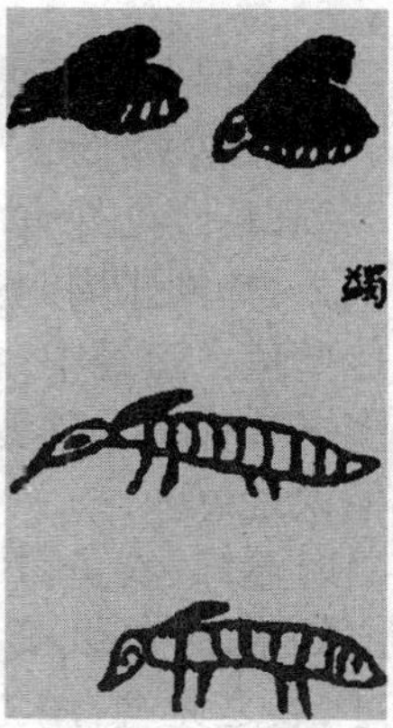

时珍曰:萤从荧省,荧,小火也,会意。《豳风》:熠耀宵行。宵行乃虫名,熠耀其光也。《诗》注及本草,皆误以熠耀为萤名矣。

【集解】《别录》曰:萤火生阶地池泽。七月七日取,阴干。

弘景曰:此是腐草及烂竹根所化,初时如蛹,腹下已有光,数日变而能飞。方术家捕置酒中令死,乃干之。俗用亦稀。

时珍曰:萤有三种:一种小而宵飞,腹下光明,乃茅根所化也,吕氏《月令》所谓"腐草化为萤"者是也;一种长如蛆蠋,尾后有光,无翼不飞,乃竹根所化也,一名蠲,俗名萤蛆,《明堂月令》所谓"腐草化为蠲"者是也,其名宵行,茅竹之根,夜视有光,复感湿热之气,遂变化成形尔。一种水萤,居水中,唐·李子卿《水萤赋》所谓"彼何为而化草,此何为而居泉"是也。入药用飞萤。

【气味】辛,微温,无毒。

【主治】明目(《本经》)。疗青盲(甄权)。小儿火疮伤,热气蛊毒鬼疰,通神精(《本经》)。

【发明】时珍曰:萤火能辟邪明目,盖取其照幽夜明之义耳。《神仙感应篇》载务成萤火丸事迹甚详;而庞安常《总病论》,亦极言其效验。云:曾试用之,一家五十余口俱染疫病,惟四人带此者不病也。许叔微《伤寒歌》亦称之。予亦恒欲试之,因循未暇耳。庞翁为苏、黄器重友,想不虚言。《神仙感应篇》云:务成子萤火丸,主辟疾病,恶气百鬼,虎狼蛇虺,蜂虿诸毒,五兵白刃,盗贼凶害。昔汉冠军将军武威太守刘子南,从道士尹公受得此方。永平十二年,于北界与虏战败绩,士卒略尽。子南被围,矢下如雨,未至子南马数尺,矢辄坠地。虏以为神,乃解去。子南以方教子弟,为将皆未尝被伤也。汉末青牛道士得之,以传安定皇甫隆,隆以传魏武帝,乃稍有人得之。故一名冠军丸,又名武威丸。用萤火、鬼箭(削去皮羽)、蒺藜各一两,雄黄、雌黄各二两,羧羊角、锻灶灰各一两半,矾石(火烧)二两,铁锤柄(入铁处烧焦)一两半,俱为末。以鸡子黄、丹雄鸡冠一具和捣千下,丸如杏仁。作三角绛囊盛五丸,带于左臂上(从军系腰中,居家挂户上),甚辟盗贼也。

【附方】新二。黑发:七月七日夜,取萤火虫二七枚,捻发自黑也。(《便民图纂》方)明目:劳伤肝气目暗方:用萤火二七枚,纳大鲤鱼胆中,阴干百日,为末。每点少许,极妙。一方用白犬胆。(《圣惠方》)

衣鱼(《本经》下品)

【释名】白鱼(《本经》)、蟫鱼(覃、淫、寻三音)、蛃鱼(郭璞)、壁鱼(《图经》)、蠹鱼。

宗奭曰:衣鱼生久藏衣帛中,及书纸中。其形稍似鱼,其尾又分二岐,故得鱼名。

时珍曰:白,其色也;壁,其居也;蟫,其状态也;丙,其尾形也。

【集解】《别录》曰:衣鱼生咸阳平泽。

颂曰:今处处有之,衣中乃少,而书卷中甚多。身白有厚粉,以手触之则落。段成式云:补阙张周封见壁上瓜子化为壁鱼,因知《列子》"朽瓜化鱼"之言不虚也。俗传壁鱼入道经中,食神仙字,则身有五色。人得吞之,可致神仙。唐张裼之少子,乃多书神仙字。碎剪置瓶中,取壁鱼投之,冀其蠹食而不能得,遂致心疾。书此以解俗说之惑。

时珍曰:衣鱼,其蠹衣帛书画,始则黄色,老则有白粉,碎之如银,可打纸笺。按段成式言:何讽于书中得一发长四寸,卷之无端,用力绝之,两端滴水。一方士云:此名脉望,乃衣鱼三食神仙字,则化为此。夜持向天,可以坠星,求丹。又异于吞鱼致仙之说。大抵谬妄,宜辩正之。

鱼 衣

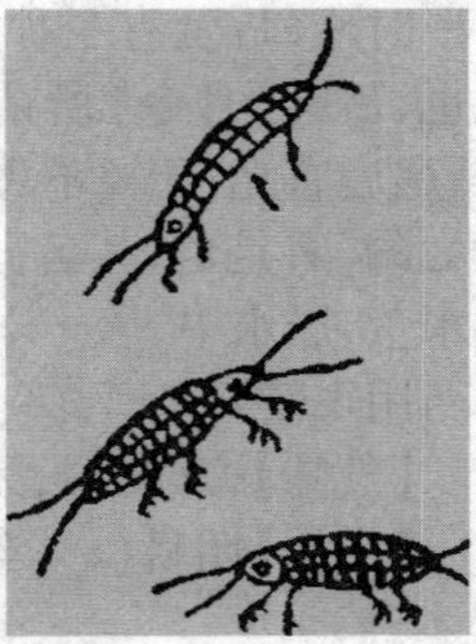

【气味】咸。温,无毒。

甄权曰:有毒。

大明曰:畏芸草、莽草、莴苣。

【主治】妇人疝瘕,小便不利,小儿中风项强,背起,摩之(《本经》)。疗淋涂疮,灭瘢堕胎(《别录》)。小儿淋闭,以摩脐及小腹即通(陶弘景)。合鹰屎、僵蚕,同敷疮瘢即灭(苏颂)。主小儿脐风撮口,客忤天吊,风痫口喎,重舌,目翳目眯,尿血转胞,小便不通(时珍)。

【发明】时珍曰:衣鱼乃太阳经药,故所主中风项强,惊痫天吊,目翳口喎,淋闭,皆手、足太阳经病也。《范汪方》治小便不利,取二七枚捣,分作数丸,顿服即通。《齐书》云:明帝病笃,敕台省求白鱼为药。此乃神农药,古方盛用,而今人罕知也。

【附方】旧五,新七。小儿胎寒,腹痛汗出:用衣中白鱼二七枚,绢包,于儿腹上回转摩之,以愈为度。(《圣惠方》)小儿撮口:壁鱼儿研末。每以少许涂乳,令儿吮之。(《圣惠》)小儿客忤,项强欲死:衣鱼十枚,研敷乳上,吮之入咽,立愈。或以二枚涂母手中,掩儿脐,得吐下愈,外仍以摩儿顶及项强处。《食医心镜》。小儿天吊,目睛上视:并口手掣动用壁鱼儿干者十个,湿者五个,用乳汁和研,灌之。(《圣惠方》)小儿痫疾:白鱼酒:用衣中白鱼七枚,竹茹一握,酒一升,煎二合,温服之。(《外台》)偏风口喎:取白鱼摩耳下,左喎摩右,右埚摩左,正乃已。(《孙真人》)小儿重舌:衣鱼烧灰,敷舌上。(《千金翼》)目中浮翳:书中白鱼末,注少许于翳上,日二。(《外台》)沙尘入目不出者:杵白鱼,以乳汁和,滴目中,即出。或为末,点之。(《千金》)小便不通:滑石白鱼散:用白鱼、滑石、乱发(烧)等分,为散。饮服半钱七，日三。(《金匮要略》)小便转胞不出：纳衣鱼一枚于茎中。(《千金方》)妇人尿血：衣中白鱼三十枚，纳入阴中。(《子母秘录》)

鼠妇(《本经》下品)

【释名】鼠负(弘景)、负蟠(音烦。《尔雅》)、鼠姑(弘景)、鼠粘(《蜀本》)、蛜蝛(《别录》)、蛜蝛(伊威。《本经》)，湿生虫(《图经》)、地鸡(《纲目》)、地虱。

弘景曰：鼠妇，《尔雅》作鼠负，言鼠多在坎中，背粘负之，故曰鼠负。今作妇字，殊似乖理。

韩保升曰：多在瓮器底及土坎中，常惹着鼠背，故名。俗亦谓之鼠粘，犹枲耳名羊负来也。

时珍曰：按陆佃《埤雅》云：鼠负，食之令人善淫，故有妇名。又名鼠姑，犹鼠妇也。鼠粘，犹鼠负也。然则妇、负二义俱通矣。因湿化生，故俗名湿生虫。曰地鸡、地虱者，象形。

【集解】《别录》曰：鼠妇生魏郡平谷，及人家地上。五月五日采。

颂曰：今处处有之，多在下湿处、瓮器底及土坎中。《诗》云：蛜蝛在室。郑玄言家无人则生故也。

鼠妇

宗奭曰：湿生虫多足，大者长三四分，其色如蚓，背有横纹蹙起，用处绝少。

时珍曰：形似衣鱼稍大，灰色。

【气味】酸，温，无毒。

大明曰：有毒。

【主治】气瘾不得小便，妇人月闭血瘕，痫痓寒热，利水道(《本经》)。堕胎(《日华》)。治久疟寒热，风虫牙齿疼痛，小儿撮口惊风，鹅口疮，痘疮倒靥，解射工毒、蜘蛛毒，蚰蜒入耳(时珍)。

【发明】颂曰：张仲景治久疟，大鳖甲丸中用之，以其主寒热也。

时珍曰：古方治惊、疟、血病多用之，盖厥阴经药也。《太平御览》载葛洪治疟方：用鼠负虫十四枚，各以糟酿之，丸十四丸，临发时水吞下七丸便愈。而葛洪《肘后方》治疟疾寒热，用鼠妇四枚，糖裹为丸，水下便断。又用鼠负、豆豉各十四枚，捣丸芡子大，未发前日汤服二丸，将发时再服二丸便止。又蜘蛛毒人成疮，取此虫食其丝即愈。详蜘蛛下。

【附方】旧一，新八。产妇尿秘：鼠妇七枚熬，研末，酒服。(《千金翼》)撮口脐风：《圣惠》：用鼠妇虫杵，绞汁少许，灌之。《陈氏》：生杵鼠妇及雀瓮汁服之。鹅口白疮：地鸡研水涂之，即愈。(《寿域方》)风虫牙痛：湿生虫一枚，绵裹咬之，勿令人知。(《圣惠》)风牙疼痛：湿生虫、巴豆仁、胡椒各一枚，研匀，饭丸绿豆大。绵裹一丸咬之。良久涎出吐去，效不可言。(《经效济世方》)痘疮倒靥：湿生虫为末，酒服一字，即起。(《痘疹论》)蚰蜒入耳：湿生虫，研烂，涂耳边自出。或摊纸上作捻，安入耳中亦出。(《卫生宝鉴》)射工溪毒：鼠妇、豆豉各七合、巴豆(去心)三枚，脂和，涂之。(《肘后》)

【附录】丹戬

(《别录》有名未用)曰:味辛,有毒。主心腹积血。生蜀郡。状如鼠负,青股赤头。七月七日采。一名飞龙。

䗪虫(音蔗。《本经》中品)

【释名】地鳖(《本经》)、土鳖(《别录》)、地蜱虫(《纲目》)、簸箕虫(《衍义》)、蚵蚾虫(《纲目》)、过街。

弘景曰:形扁扁如鳖,故名土鳖。

宗奭曰:今人呼为簸箕虫,亦象形也。

时珍曰:按陆农师云:逢申日则过街,故名过街。《袖珍方》名蚵蚾虫。《鲍氏方》名地蜱虫。

【集解】《别录》曰:生河东川泽及沙中,人家墙壁下土中湿处。十月采,曝干。

弘景曰:形扁如鳖,有甲不能飞,小有臭气。

恭曰:此物好生鼠壤土中,及屋壁下。状似鼠妇,而大者寸余,形小似鳖,无甲而有鳞。小儿多捕以负物为戏。

时珍曰:处处有之,与灯蛾相牝牡。

䗪虫

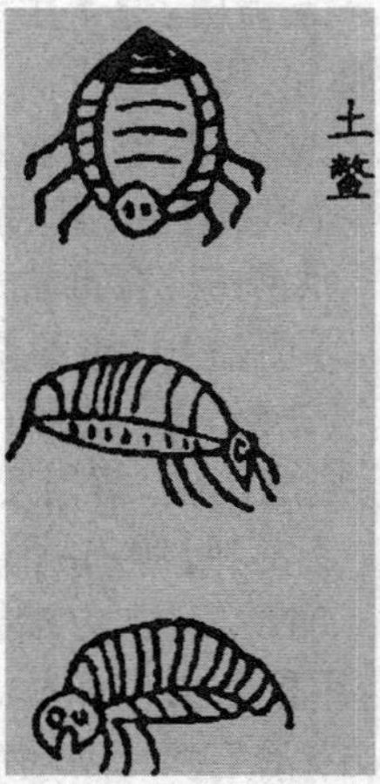

【气味】咸,寒,有毒。

甄权曰:咸、苦。

之才曰:畏皂荚、菖蒲、屋游。

【主治】心腹寒热洗洗(音洒),血积癥瘕,破坚,下血闭,生子大良(《本经》)。月水不通,破留血积聚(《药性》)。通乳脉,用一枚,擂水半合,滤服。勿令知之(宗奭)。行产后血积,折伤瘀血,治重舌木舌口疮,小儿腹痛夜啼(时珍)。

【发明】颂曰:张仲景治杂病方及久瘕积结,有大黄虫丸,又有大鳖甲丸,及妇人药并用之,以其有破坚下血之功也。

【附方】新七。下瘀血汤:治产妇腹痛有干血。用虫二十枚(熬,去足),桃仁二十枚,大黄二两,为末,炼蜜杵和,分为四丸。每以一丸,酒一升,煮取八合,温服,当下血也。(张仲景方)木舌肿强:塞口,不治杀人。虫(炙)五枚,食盐半两,为末。水二盏,煎十沸,时时热含吐涎。瘥乃止。(《圣惠方》)重舌塞痛:地鳖虫和生薄荷研汁,帛包捻舌下肿处。一名地蜱虫也。(鲍氏方)腹痛夜啼:䗪虫(炙)、芍药、芎䓖各二钱。为末。每用一字,乳汁调下。(《圣惠方》)折伤接骨:杨拱《摘要方》:用土鳖焙存性,为末。每服二三钱,接骨神效。一方:生者擂汁酒服。《袖珍方》:用蚵蚾(即土鳖)六钱(隔纸砂锅内焙干),自然铜二两(用火煅,醋淬七次),为末。每服二钱,温酒调下。病在上食后,病在下食前,神效。董炳《集验方》:用土鳖(阴干)一个,(临时旋研入药),乳香、没药、龙骨、自然铜(火煅,醋淬)各等分,麝香少许为末。每服三分,入土鳖末,以酒调下。须先整定骨,乃服药。否则接挫也。此乃家传秘方,慎之。又可代杖。

蜚蠊（费廉。《本经》中品）

【释名】石姜（《唐本》）、卢蜰（音肥）、负盘（《唐本》）、滑虫（《唐本》）、茶婆虫（《纲目》）、香娘子。

弘景曰：此有两三种，以作廉姜气者为真，南人啖之，故名。

恭曰：此虫辛臭，汉中人食之，名石姜。亦名卢蜰，一名负盘。南人谓之滑虫。

时珍曰：蜚蠊、行夜、蝗螽三种，西南夷皆食之，混呼为负盘。俗又讹盘为婆，而讳称为香娘子也。

【集解】《别录》曰：生晋阳川泽，及人家屋间。形似蚕蛾，腹下赤。二月、八月及立秋采。

弘景曰：形似虫，而轻小能飞。本生草中，八、九月知寒，多入人家屋里逃尔。

保升曰：金州、房州等处有之。多在林树间，百十为聚。山人啖之，谓之石姜。郭璞注《尔雅》所谓"蜰即负盘、臭虫"也。

蠊　蜚

藏器曰：状如蝗，蜀人食之。《左传》"蜚不为灾"者，即此。

时珍曰：今人家壁间、灶下极多，甚者聚至千百。身似蚕蛾，腹背俱赤，两翅能飞，喜灯火光，其气甚臭，其屎尤甚。罗愿云：此物好以清旦食稻花，日出则散也。水中一种酷似之。

【气味】咸，寒，有毒。

恭曰：辛辣而臭。

【主治】瘀血症坚寒热，破积聚、喉咽闭，内寒无子（《本经》）。通利血脉（《别录》）。食之下气（苏恭）。

【发明】时珍曰：徐之才《药对》云：立夏之日，蜚蠊先生，为人参、茯苓使，主腹中七节，保神守中。则西南夷食之亦有谓也。又《吴普本草》载神农云：主妇人癥坚寒热，尤为有理。此物乃血药，故宜于妇人。

行夜（《别录》）

【校正】并入《拾遗》负盘。

【释名】负盘（《别录》）、屁盘虫（弘景）、屁蟹。

弘景曰：行夜，今小儿呼屁盘虫，或曰屁蟹，即此也。

藏器曰：屁盘有短翅，飞不远，好夜中行，人触之即气出。虽与蜚蠊同名相似，终非一物，戎人食之，味极辛辣。苏恭所谓"巴人重负蠜"是也。

时珍曰：负盘有三：行夜、蜚蠊、蝗螽。皆同名而异类。夷人俱食之，故致混称也。行夜与蜚蠊形状相类，但以有廉姜气味者为蜚蠊，触之气出者为屁盘，作分别尔。张杲《医说》载：鲜于叔明好食负盘臭虫。每散，令人采取三五升，浮温水上，泄尽臭气，用酥及五味熬作饼食，云味甚佳。即此物也。

【气味】辛，温，有小毒。

【主治】腹痛寒热，利血（《别录》）。

灶马（《纲目》）

【释名】灶鸡（俗）。

【集解】时珍曰：灶马处处有之，穴灶而居。按《酉阳杂俎》云：灶马状如促织，稍大脚长，好穴灶旁。俗言灶有马，足食之兆。

灶马

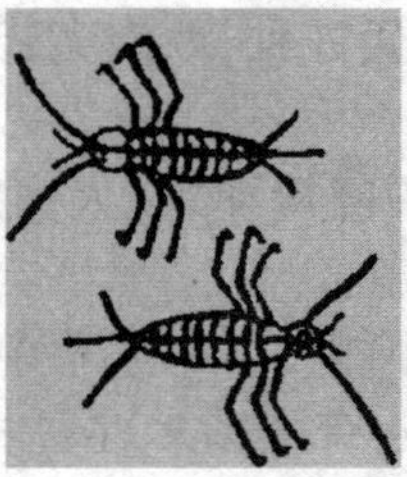

促织

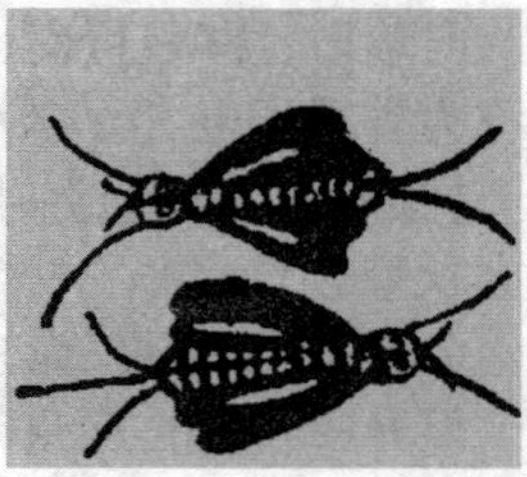

【气味】缺。

【主治】竹刺入肉，取一枚捣敷（时珍）。

【附录】促织。

时珍曰：促织，蟋蟀也。一名蛬，一名蜻蛚。陆玑《诗义疏》云：似蝗而小，正黑有光泽如漆，有翅及角，善跳好斗，立秋后则夜鸣。《豳风》云"七月在野，八月在宇，九月在户，十月蟋蟀入我床下"是矣。古方未用，附此以俟。

皇螽（音负终。《拾遗》）

【校正】并入《拾遗》蚱蜢。

【释名】负蠜（音烦）、蚱蜢。

时珍曰：此有数种，皇螽总名也。江东呼为蚱蜢，谓其瘦长善跳，窄而猛也。螽亦作蝶。

皇螽

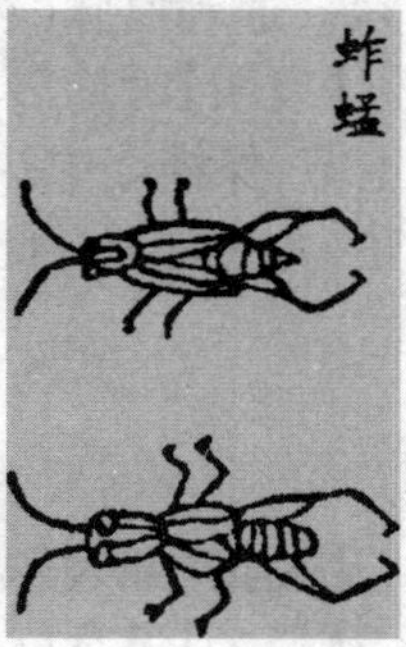

【集解】藏器曰：皇螽状如蝗虫。有黑斑者，与蚯蚓异类同穴为雌雄，得之可入媚药。

时珍曰：皇螽，在草上者曰草螽，在土中者曰土螽，似草螽而大者，曰螽斯；似螽斯而细长者，曰蟿螽曰皇螽。《尔雅》云蜀，蠜也；草螽，负蠜也，斯螽，蜙蝑也；蟿螽，螇蚸也；土螽，蠰螇也。数种皆类蝗，而大小不一。长角、修股，善跳，有青、黑、斑数色，亦能害稼。五月动股作声，至冬入土穴中。芒部夷人食之。蔡邕《月令》云：其类乳于土中，深埋其卵，至夏始出。陆佃云：草虫鸣于上风，蚯蚓鸣于下风，因风而化。性不忌而一母百子。故《诗》云：喓喓草虫，趯趯皇螽。蝗亦螽类，大而方首，首有王字，沴气所生，蔽天而飞，性畏金声。北人炒食之。一生八十一子。冬有大雪，则入土而死。

【气味】辛，有毒。

【主治】五月五日候交时收取，夫妇佩之，令相爱媚（藏器）。

【附录】吉丁虫（《拾遗》）

藏器曰：甲虫也。背正绿，有翅在甲下。出岭南。宾、澄诸州。人取带之，令人喜好相爱，媚药也。

金龟子

时珍曰：此亦吉丁之类，媚药也。大如刀豆，头面似鬼，其甲黑硬如龟状，四足二角，身首皆如泥金装成，盖亦蠹虫所化者。段公路《北户录》云：金龟子，甲虫也。出岭南。五、六月生草蔓上，大如榆荚，背如金贴，行则成双，死则金色随灭，故以养粉，令人有媚也。竺法真《登罗浮山疏》云：山有金花虫，大如斑蝥，文采如金，形似龟，可养玩数日。宋祁《益部记》云：利州山中有金虫，其体如蜂，绿色，光若泥金，俚人取作妇女钗钚之饰。郑樵《通志》云：《尔雅》：蛂，蟥蛢也。甲虫，大如虎豆，绿色似金。四书所载皆一物也。南土诸山中亦时有之。

腆颗虫(《拾遗》)

藏器曰：出岭南。状似屁盘，褐色身扁。带之令人相爱也，彼人重之。

叩头虫

时珍曰：虫大如斑蝥而黑色，按其后则叩头有声。能入人耳，灌以生油则出。刘敬叔《异苑》云：叩头虫，形色如大豆，咒令叩头，又令吐血，皆从所教。杀之不祥，佩之令人媚爱。晋傅咸有赋。

媚蝶

时珍曰：《北户录》云：岭表有鹤子草，蔓花也。当夏开，形如飞鹤，翅、羽、觜、距皆全。云是媚草，采曝以代面靥。蔓上春生双虫，食叶。收入粉奁，以叶饲之，老则蜕而为蝶，赤黄色。女子收而佩之，如细鸟皮，令人媚悦，号为媚蝶。《洞冥记》云：汉武时勒毕国献细鸟，大如蝇，状如鹦鹉，可候日晷，后皆自死。宫人佩其皮者，辄蒙爱幸也。

木虻(音萌。《本经》中品)

【释名】魂常(《本经》)。

时珍曰：虻以翼鸣，其声虻虻，故名。陆佃云：蚊害民，故曰蚊；虻害甿，故曰虻。亦通。

木虻

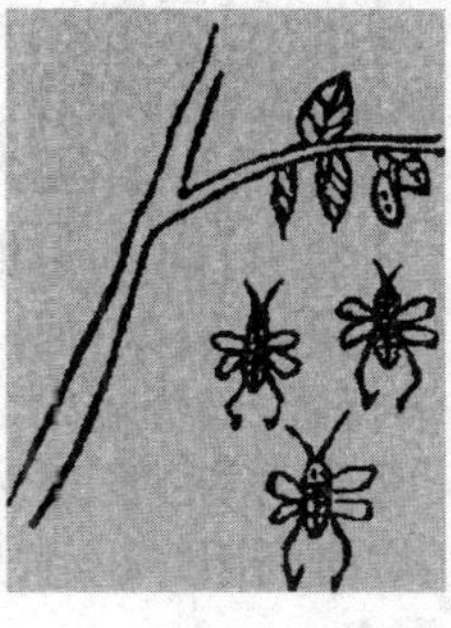

【集解】《别录》曰：木虻生汉中川泽，五月取之。

颂曰：今处处有之，而襄、汉近地尤多。

弘景曰：此虻状似虻而小，不啖血。近道草中不见有之，市人亦少卖者，方家惟用蜚虻耳。

恭曰：虻有数种，并能啖血，商淅以南江岭间大有。木虻，长大绿色，殆如蜩蝉，咂牛马或至颠仆。蜚虻，状如蜜蜂，黄黑色，今俗多用之。又一种小者名鹿虻，亦名牛虻，大如蝇，啮牛马亦猛。市人采卖之，三种同体，以疗血为本；虽小有异同，用之不为嫌。木虻倍大，而陶云似虻而小，不啖血，盖未之识耳。

藏器曰：木虻从木叶中出，卷叶如子，形圆，着叶上。破之初出如白蛆，渐大羽化，拆破便飞，即能啮物。塞北亦有，岭南极多，如古度化蚊耳。木虻是叶内者，蜚虻是已飞者，正如蚕蛹与蛾，总是一物，不合重出。应功用不同，后人异注耳。

时珍曰：金幼孜《北征录》云：北虏长乐镇草间有虻，大者如蜻蜓，拂人面嘬嚼。元稹《长庆集》云：巴蜀山谷间，春秋常雨，五、六月至八、九月则多虻，道路群飞，咂牛马血流，啮人毒剧，而毒不留肌，故无治术。据此，则藏器之说似亦近是。又段成式云：南方溪涧中多水蛆，长寸余，色黑。夏末变为虻，螫人甚毒。观此，则虻之变化，有木有水，非一端也。

【气味】苦，平，有毒。

【主治】目赤痛，眦伤泪出，瘀血血闭，寒热酸嘶，无子（《本经》）。

蜚虻（《本经》中品）

【释名】虻虫（蜚与飞同）。

【集解】《别录》曰：蜚虻生江夏川谷。五月取。腹有血者良。

蜚虻

弘景曰：此即方家所用虻虫，啖牛马血者。伺其腹满，掩取干之。

恭曰：水虻、蜚虻、鹿虻，俱食牛马血，非独此也。但得即堪用之，何假血充，应如养鹰，饥即为用。若伺其饱，何能除疾？

宗奭曰：蜚虻今人多用之。大如蜜蜂，腹凹褊，微黄绿色。雄、霸州、顺安军、沿塘泺界河甚多。以其惟食牛马等血，故治瘀血血闭也。

时珍曰：采用须从陶说。苏恭以饥鹰为喻，比拟殊乖。

【修治】大明曰：入丸、散。去翅、足，炒熟用。

【气味】苦，微寒，有毒。

之才曰：恶麻黄。

【主治】逐瘀血，破血积，坚痞症瘕，寒热，通利血脉及九窍（《本经》）。女子月水不通，积聚，除贼血在胸腹五脏者，及喉痹结塞（《别录》）。破癥结，消积脓，堕胎（《日华》）。

【发明】颂曰：《淮南子》云：虻散积血，斫木愈龋。此以类推也。

时珍曰：按刘河间云：虻食血而治血，因其性而为用也。成无己云：苦走血。血结不行者，以苦攻之。故治蓄血用虻虫，乃肝经血分药也。古方多用，今人稀使。

【附方】旧二，新一。蛇螫血出，九窍皆有者：取虻虫（初食牛马血腹满者）三七枚，烧研汤服。（《肘后》）病笃去胎：虻虫十枚，炙，捣为末。酒服，胎即下。（《产

乳》)扑坠瘀血:虻虫二十枚,牡丹皮一两,为末。酒服方寸匕,血化为水也。若久宿血在骨节中者,二味等分。(《备急方》)

【附录】扁前

《别录》有名未用曰:味甘,有毒。主鼠瘘、癃闭,利水道。生山陵中。状如牛虻,赤翼。五月、八月采之。

蚊子

时珍曰:蚊处处有之。冬蛰夏出,昼伏夜飞,细身利喙,咂人肤血,大为人害。一名白鸟,一名暑蚊。或作黍民,谬矣。化生于木叶及烂灰中。产子于水中,为孑孓虫,仍变为蚊也。龟、鳖畏之,荧火、蝙蝠食之。故煮鳖入数枚,即易烂也。

藏器曰:岭南有蚊子木,叶如冬青,实如枇杷,熟则蚊出。塞北有蚊母草,叶中有血虫,化而为蚊。江东有蚊母鸟,一名䴋,每吐蚊一二升也。

蚋子

时珍曰:按元稹《长庆集》云:蜀中小蚊名蚋子,又小而黑者为蟆子。微不可见与尘相浮上下者为浮尘子,皆巢于巴蛇鳞中,能透衣入人肌肤,啮成疮毒,人极苦之。惟捣楸叶敷之则瘥。又祝穆《方舆胜览》云:云南乌蒙峡中多毒蛇,鳞中有虫名黄蝇,有毒,啮人成疮。但勿搔,以冷水沃之,擦盐少许,即愈。此亦蚋、蟆之类也。

竹虱(《纲目》)

【释名】竹佛子(《纲目》)、天厌子。

【集解】时珍曰:竹虱生诸竹,及草木上皆有之。初生如粉点,久便能动,百十成簇。形大如虱,苍灰色。或云湿热气化,或云虫卵所化。古方未有用者。惟南宫从《岣嵝神书》云:江南、巴邛、吴越、荆楚之间,春秋竹内有虫似虱而苍,取之阴干,可治中风。即此也。

竹虱

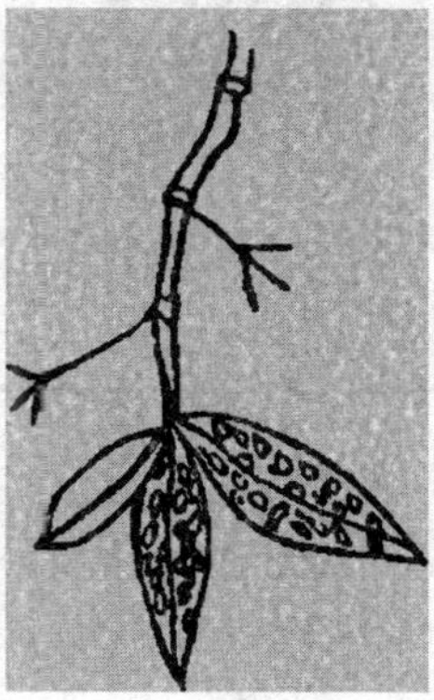

【气味】有毒。

【主治】中风,半身不遂,能透经络,追涎(时珍)。

【附方】新一。中风偏痹,半身不遂者:用麻黄以汤熬成糊,摊纸上,贴不病一边,上下令遍,但除七孔,其病处不糊。以竹虱(焙为末)三钱(老人加麝香一钱,研匀),热酒调服,就卧。须臾药行如风声,口吐出恶水,身出臭汗如胶。乃急去糊纸,别温麻黄汤浴之。暖卧将息,淡食十日,手足如故也。(《岣嵝神书》)

本草纲目虫部第四十二卷

本草纲目虫部第四十二卷

蟾蜍(《别录》下品)

【释名】𪓰䵹(音蹙秋)、䵹鼀(音施)、蜘蟗(踘蹴)、苦蠪(音笼)、蚵蚾(何皮)、癞蛤蟆。

时珍曰:蟾蜍,《说文》作詹诸。云:其声詹诸,其皮鼀鼀,其行黿黿。《诗》云:得此䵹戚鼀。《韩诗》注云:戚施,蟾蜍也。戚音蹴。后世名苦蠪,其声也。蚵蚾,其皮礧砢也。

蜍 蟾

【气味】辛,凉,微毒。

【主治】阴蚀,疽疠恶疮,猘犬伤疮,能合玉石(《别录》)。烧灰敷疮,立验。又治温病发斑困笃者。去肠,生捣食一二枚,无不瘥者(弘景。藏器曰:捣烂绞汁饮,或烧末服)。杀疳虫,治鼠漏恶疮。烧灰,敷一切有虫恶痒滋胤疮(《药性》)。治疳气,小儿面黄癖气,破癥结。烧灰油调,敷恶疮(《日华》)。主小儿劳瘦疳疾。最良(苏颂)。治一切五疳八痢,肿毒,破伤风病,脱肛(时珍)。

【发明】时珍曰:蟾蜍,土之精也。上应月魄而性灵异,穴土食虫,又伏山精,制蜈蚣;故能入阳明经,退虚热,行湿气,杀虫𧏾,而为疳病痈疽诸疮要药也。《别录》云"治猘犬伤",《肘后》亦有方法。按沈约《宋书》云:张牧为荆犬所伤,人云宜啖蛤蟆脍,食之遂愈。此亦治痈疽疔肿之意,大抵是物能攻毒拔毒耳。古今诸方所用蛤蟆,不甚分别,多是蟾蜍。读者当审用之,不可因名迷实也。

【附方】旧八,新十七。腹中冷癖:水谷痫结,心下停痰,两胁痞满,按之鸣转,逆害饮食。大蟾蜍一枚,去皮、肠,支解之。芒硝强人一升,中人七合,弱人五合,水七升,煮四升,顿服,得下为度。(《肘后方》)小儿疳积:治小儿疳积腹大,黄瘦骨立,头生疮结如麦穗。用立秋后大蛤蟆去首、足、肠,以清油涂之,阴阳瓦炙熟食之,积秽自下。连服五六枚,一月之后,形容改变,妙不可言。五疳八痢:面黄肌瘦,好食泥土,不思乳食。用大干蟾蜍一枚(烧存性),皂角(去皮、弦)一钱(烧存性),蛤粉(水飞)三钱,麝香一钱,为末,糊丸粟米大。每空心米饮下三四十丸,日二服。名五疳保童丸。(《全婴方》)小儿疳泄下痢:用蛤蟆烧存性研,饮服方寸匕。(《子母秘录》)走马牙疳,侵蚀口鼻:干蚵蚾(黄泥裹固,煅过)、黄连各二钱半,青黛一钱,为末,入麝香少许和研,敷之。(《郑氏小儿方》)疳蚀腮穿:金鞭散:治疳疮,腮穿牙落。以抱退鸡子软白皮,包活土狗一个,放入大蛤蟆口内,草缚泥固煅过,取出研末,贴之,以愈为度。(《普济方》)小儿口疮:五月五日蛤蟆炙研末,敷之即瘥。(《秘录》)一切疳䘌:无问去处,皆能治之。蛤蟆,烧灰,醋和敷,一日三五度。(《梅师方》)阴蚀欲尽:蛤蟆灰、兔屎等分为末,敷之.(《肘后》)月蚀耳疮:五月五日蛤蟆,烧末,猪膏和敷。(《外台方》)小儿蓐疮:五月五日取蟾蜍炙研末,敷之即瘥。(《秘录》)小儿脐疮出汁,久不瘥:蛤蟆,烧末,敷之,日三,甚验。一加牡蛎等分。(《外台》)一切湿疮:蟾蜍烧灰,猪脂和敷。(《千金方》)小儿癣疮:蟾蜍烧灰,猪脂和敷。(《外台方》)癞风虫疮:干蛤蟆一两(炙),长肥皂一条(炙,去皮、子,蘸酒再炙)为末,以竹管引入羊肠内,系定,以麸铺甑内,置药麸上蒸熟,入麝香半钱,去麸同捣,为丸如梧子大。每温酒服二十一丸。(《直指》)附骨坏疮:久不瘥,脓汁不已,或骨从疮孔中出。用大蛤蟆一个,乱头发一鸡子大,猪油四两,煎枯去滓,待凝如膏。先以桑根皮、乌头煎汤洗,拭干,煅龙骨末糁四边,以前膏贴之。(《锦囊秘览》)

头

【主治】功同蟾蜍。

蟾酥

【主治】宗奭曰:眉间白汁,谓之蟾酥。以油单纸裹眉裂之,酥出纸上,阴干用。

时珍曰:取蟾酥不一:或以手捏眉棱,取白汁于油纸上及桑叶上,插背阴处,一宿即自干白,安置竹筒内盛之,真者轻浮,入口味甜也。或以蒜及胡椒等辣物纳口中,则蟾身白汁出,以竹篦刮下,面和成块,干之。其汁不可入人目,令人赤、肿、盲。或以紫草汁洗点,即消。

【气味】甘、辛,温,有毒。

【主治】小儿疳疾、脑疳(甄权曰:端午日取眉脂,以朱砂、麝香为丸,如麻子大,治小孩子疳瘦,空心服一丸。如脑疳,以奶汁调,滴鼻中,甚妙)。酥同牛酥,或吴茱萸苗汁调,摩腰眼、阴囊,治腰肾冷,并助阳气。又疗虫牙(《日华》)。治齿缝出血及牙疼,以纸纴少许按之,立止(宗奭)。发背、疔疮,一切恶肿(时珍)。

【附方】新十一。拔取疗黄:蟾蜍,以面丸梧子大。每用一丸安舌下,即黄出也。(《青囊杂纂》)拔取疔毒:蟾酥,以白面、黄丹搜作剂,每丸麦粒大。以指爬动疮上插入。重者挑破纳之。仍以水澄膏贴之。(危氏方)疔疮恶肿:蟾酥一钱,巴豆四个捣烂,饭丸锭子如绿豆大。每服一丸,姜汤下。良久,以篇蓄根、黄荆子研酒半碗服,取行四五次,以粥补之。(《乾坤秘韫》)诸疮肿硬:针头散:用蟾酥、麝香各一钱研匀,乳汁调和,入罐中待干。每用少许,津调敷之。外以膏药护住,毒气自出,不能为害也。(《保命集》)一切疮毒:蟾酥一钱,白面二钱,朱砂少许,井华水调成小锭子如麦大。每用一锭,井华水服。如疮势紧急,五七锭。葱汤亦可,汗出即愈。喉痹乳蛾:等证:用癞蛤蟆眉酥,和草乌尖末、猪牙皂角末等分。丸小豆大。每研一丸,点患处,神效。(《活人心统》)一切齿痛疳蚀、龋齿、瘀肿:用蚵蚾一枚,鞭其头背,以竹篦刮眉间,即有汁出。取少许点之,即止也。(《类编》)风虫牙痛不可忍:

《圣惠》:用蟾酥一片,水浸软,入麝香少许,研匀。以粟米大,绵裹咬定,吐涎愈。一方:用胡椒代麝香。一方:用蟾酥染丝绵上,剪一分,纴入齿缝根里。忌热物,半日效。干者,以热汤化开。破伤风病:蟾酥二钱,汤化为糊;干蝎(酒炒)、天麻各半两,为末,合擣,丸绿豆大。每服一丸至二丸,豆淋酒下。(《普济方》)

蛤蟆(《本经》下品)

【释名】鳖蟆(鳖音凉,又音加)。

时珍曰:按王荆公《字说》云:俗言:虾蟆怀土,取置远处,一夕复还其所。虽或遐之,常慕而返,故名虾蟆。或作蛤蟆,蛤言其声,蟆言其斑也。《尔雅》作鳖蟆。

蛤蟆

【气味】辛,寒,有毒。

大明曰:冷,无毒。

【主治】邪气,破癥坚血,痈肿阴疮。服之不患热病(《本经》)。主辟百邪鬼魅,涂痈肿及热结肿(《药性》)。治热狂,贴恶疮,解烦热,治犬咬(《日华》)。

【发明】颂曰:蛤蟆、蟾蜍,二物虽同一类,而功用小别,亦当分而用之。

时珍曰:古方多用蛤蟆,近方多用蟾蜍,盖古人通称蟾为蛤蟆耳。今考二物功用亦不甚远,则古人所用多是蟾蜍,且今人亦只用蟾蜍有效,而蛤蟆不复入药矣。按张杲《医说》载《摭青杂说》云:有人患脚疮,冬月顿然无事,夏月臭烂,痛不可言。遇一道人云:尔因行草上,惹蛇交遗沥,疮中有蛇儿,冬伏夏出故也。以生蛤蟆擣敷之,日三四换。凡三日,一小蛇自疮中出,以铁钳取之。其病遂愈。

朱震亨曰:蛤蟆属土与水,味甘性寒,南人喜食之。本草言服之不患热病,由是病人亦煮食之。本草之意,或炙、或干、或烧,入药用之。非若世人煮羹入椒盐而啜其汤也。此物本湿化,大能发湿,久则湿化热。此乃土气厚,自然生火也。

【附方】旧三,新三。风邪为病:蛤蟆(烧灰)、朱砂等分,为末。每服一钱,水调下,日三四服,甚有神验。(《圣惠方》)狂言鬼语猝死:用蛤蟆烧末,酒服方寸匕,日三。(《外台秘要》)噎膈吐食:用蛇含蛤蟆,泥包,煅存性,研末。每服一钱,酒下。(《寿域方》)瘰疬溃烂:用黑色蛤蟆一枚,去肠焙研,油调敷之。忌铁器。头上软疖:蛤蟆,剥皮,贴之,收毒即愈。(《活幼全书》)蝮蛇螫伤:生蛤蟆一枚,擣烂敷之。(《圣惠方》)

肝

【主治】蛇螫人,牙入肉中,痛不可堪。擣敷之,立出(时珍。出《肘后》)。

胆

【主治】小儿失音不语,取汁点舌上,立愈(时珍。出《孙氏集效方》)。

脑

【主治】青盲。明日(《别录》)。

蛙(《别录》下品)

【释名】长股(《别录》)、田鸡(《纲目》)、青鸡(同上)、坐鱼(同上)、蛤鱼。

蛙

宗奭曰:蛙后脚长,故善跃。大其声则曰蛙,小其声则曰蛤。

时珍曰:蛙好鸣,其声自呼。南人食之,呼为田鸡,云肉味如鸡也。又曰坐鱼,其性好坐也。按《尔雅》蟾、蛙俱列鱼类,而《东方朔传》云:长安水多蛙鱼,得以家给人足。则古昔关中已常食之如鱼,不独南人也。蛙亦作鼃字。

【气味】甘,寒,无毒。

宗奭曰:平。

时珍曰:按《延寿书》云:蛙骨热,食之小便苦淋。妊娠食蛙,令子寿夭。小蛙食多,令人尿闭。脐下酸痛,有至死者。擂车前水饮可解。

吴瑞曰:正月出者名黄蛤,不可食。

【主治】小儿赤气,肌疮脐伤,止痛。气不足(《别录》)。小儿热疮,杀尸疰病虫,去劳劣,解热毒(《日华》)。食之解劳热(宗奭)。利水消肿。烧灰,涂月蚀疮(时珍)。馔食,调疳瘦,补虚损,尤宜产妇。捣汁服。治蛤蟆瘟病(嘉谟)。

【发明】颂曰:南人食蛙蛤,云补虚损,尤宜产妇。

时珍曰:蛙产于水,与螺、蚌同性,故能解热毒,利水气。但系湿化之物,其骨性复热,而今人食者,每同辛辣及脂油煎炸,是抱薪救火矣,安能求其益哉?按戴原礼《证治要诀》云:凡浑身水肿,或单腹胀者,以青蛙一二枚,去皮炙食之,则自消也。

嘉谟曰:时行面赤项肿,名蛤蟆瘟。以金线蛙捣汁,水调,空腹顿饮,极效,曾活数人。

【附方】新六。蛤馔:治水肿。用活蛙三个,每个口内安铜钱一个,上着胡黄连末少许。以雄猪肚一个,茶油洗净,包蛙扎定,煮一宿,取出,去皮、肠,食肉并猪肚,以酒送下。忌酸、咸、鱼、面、鸡、鹅、羊肉,宜食猪、鸭。(《寿域神方》)水蛊腹大:动摇有水声,皮肤黑色。用干青蛙二枚(以酥炒),干蝼蛄七枚(炒),苦壶芦半两(炒)。上为末。每空心温酒服二钱,不过三服。(《圣惠方》)毒痢噤口:水蛙一个,并肠肚捣碎,瓦烘热,入麝香五分,作饼,贴脐上,气通即能进食也。诸痔疼痛:青蛙丸:用青色蛙长脚者一个,烧存性,为末,雪糕和,丸如梧子大。每空心先吃饭二匙,次以枳壳汤下十五丸。(《直指方》)虫蚀肛门,虫蚀肾腑,肛尽肠穿:用青蛙一枚,鸡骨一分,烧灰吹入,数用大效。(《外台》)癌疮如眼:上高下深,颗颗累垂,裂如瞽眼,其中带青,头上各露一舌,毒孔透里者,是也。用生井蛙皮,烧存性为末掺,或蜜水调敷之。(《直指方》)

蝌斗(《拾遗》)

【释名】活师(《山海经》)、活东(《尔雅》)、玄鱼(《古今注》),悬针(同上),水仙子(俗名)、蛤蟆台。

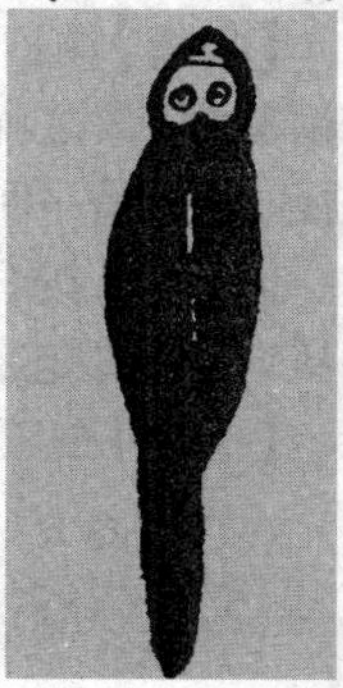
蝌斗

时珍曰:蝌斗,一作蛞斗(音阔)。按罗愿《尔雅翼》云:其状如鱼,其尾如针,又并其头、尾观之,有似斗形,故有诸名。玄鱼言其色,悬针状其尾也。

【集解】藏器曰:活师即蛤蟆儿,生水中,有尾如鮧鱼,渐大则脚生尾脱。

时珍曰:蝌斗生水中,蛤蟆、青蛙之子也。二三月蛙、蟆曳肠于水际草上,缠缴如索,日见黑点渐深,至春水时,鸣以聒之,则蝌斗皆出,谓之聒子,所谓"蛤蟆声抱"是矣。蝌斗状如河豚,头圆,身上青黑色,始出有尾无足,稍大则足生尾脱。崔豹云闻雷尾脱,亦未必然。陆农师云:月大尽则先生前两足,小尽则先生后两足。

【主治】火飙热疮及疥疮,并捣碎敷之。又染髭发,取青胡桃子上皮,和捣为泥染之,一染不变也(藏器)。

【发明】时珍曰:俚俗三月三日,皆取小蝌斗以水吞之,云不生疮,亦解毒治疮之意也。按危氏《得效》方:染髭发,用蝌斗、黑桑椹各半斤,瓶密封,悬屋东百日化泥,取涂须发,永黑如漆也。又《岣嵝神书》云:三月三日,取蝌斗一合阴干,候椹熟时取汁一升浸,埋东壁下,百日取出,其色如漆。以涂髭发,永不白也。

卵

【主治】明目(藏器)。

溪狗(《拾遗》)

【集解】藏器曰:溪狗生南方溪涧中。状似蛤蟆,尾长三、四寸。

【气味】有小毒。

【主治】溪毒及游蛊,烧末,水服一、二钱匕(藏器)。

山蛤

山蛤(宋《图经》)

【校正】原附蛤蟆下,今分出。

【集解】颂曰:山蛤在山石中藏蛰,似蛤蟆而大,黄色。能吞气,饮风露,不食杂虫。山人亦食之。

【主治】小儿劳瘦,及疳疾,最良(苏颂)。

田父(宋《图经》)

【校正】原附蛤蟆下,今分出。

【释名】蛇(音论)。

【集解】颂曰:按《洽闻记》云:蛤蟆大者名田父,能食蛇。蛇行被逐,殆不能去。因衔其尾,久之蛇死,尾后数寸皮不损,肉已尽矣。世传蛇啖蛙,今此乃食蛇。其说颇怪,当别是一种也。

时珍曰:按《文字集略》云:蝓,蛤蟆也,大如屦,能食蛇。此即田父也。窃谓蛇吞鼠,而有食蛇之鼠;蛇制豹,而有啖蛇之貘。则田父伏蛇,亦此类耳,非怪也。

【主治】蚕咬,取脊背上白汁,和蚁子灰,涂之(苏颂。出韦宙《独行方》)。

蜈蚣(《本经》下品)

【释名】蒺藜(《尔雅》)、蝍蛆(《尔雅》),天龙。

弘景曰:《庄子》:蝍蛆甘带。《淮南子》云:螣蛇游雾而殆于蝍蛆。蝍蛆,蜈蚣也,性能制蛇。见大蛇,便缘上啖其脑。

蜈蚣

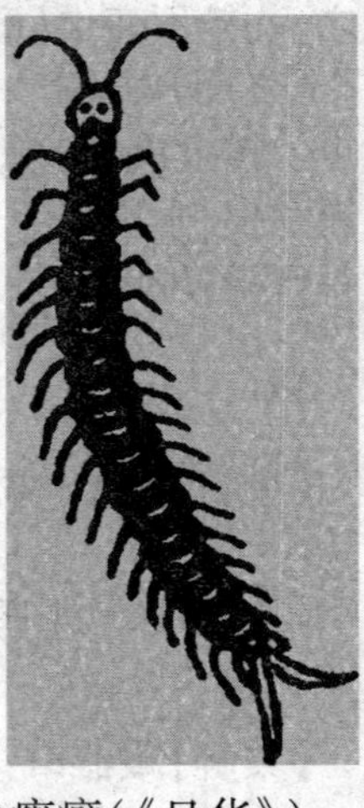

恭曰:山东人呼蜘蛛一名蝍蛆,亦能制蛇,而蜘蛛条无制蛇之说。《庄子》《淮南》并谓蜈蚣也。

颂曰:按《尔雅》:蒺藜,蝍蛆也。郭注云:似蝗而大腹长角,能食蛇脑。乃别似一物。

时珍曰:按张揖《广雅》及《淮南子注》,皆谓蝍蛆为蜈蚣,与郭说异。许慎以蝍蛆为蟋蟀,能制蛇。又以蝍蛆为马蚿,因马蚿有蛆蝶之名,并误矣。

【气味】辛,温,有毒。

时珍曰:畏蛞蝓、蜘蛛、鸡屎、桑皮、白盐。

【主治】鬼疰蛊毒,啖诸蛇、虫、鱼毒,杀鬼物老精温疟,去三虫(《本经》)。疗心腹寒热积聚,堕胎,去恶血(《别录》)。治癥癖(《日华》)。小儿惊痫风搐,脐风口噤,丹毒秃疮瘰疬,便毒痔漏,蛇瘕、蛇瘴、蛇伤(时珍)。

【发明】颂曰:《本经》云"疗鬼疰",故《胡洽方》治尸疰、恶气、痰嗽诸方多用之。今医家治小儿口噤不开、不能乳者,以赤足蜈蚣,去足,炙研,用猪乳二合调半钱,分三四服,温灌之,有效。

时珍曰:盖行而疾者,惟风与蛇。蜈蚣能制蛇,故亦能截风,盖厥阴经药也。故所主诸证,多属厥阴。按杨士瀛《直指方》云:蜈蚣有毒,惟风气暴烈者可以当之。风气暴烈,非蜈蚣能截能擒亦不易止,但贵药病相当耳。设或过剂,以蚯蚓、桑皮解之。又云:瘰疮一名蛇瘴,蛮烟瘴雨之乡,多毒蛇气。人有不伏水土风气而感触之者，数月以还，必发蛇瘴。惟赤足蜈蚣最能伏蛇为上药，白芷次之。又《圣济总录》云：岭南朴蛇瘴，一名锁喉瘴。项大肿痛连喉。用赤足蜈蚣一二节研细，水下即愈。据此，则蜈蚣之治蛇虫、蛇毒、蛇瘕、蛇伤诸病，皆此意也。然蜈蚣又治痔漏、便毒、丹毒等病，并陆羽《茶经》载《枕中方》治瘰疬一法，则蜈蚣自能除风攻毒，不独治蛇毒而已也。

【附方】旧四，新十六。小儿撮口：但看舌上及上下腭有疮如粟米大是也。指甲刮破，以蜈蚣研汁，敷两头肉，即愈。如无生者，干者亦可。（《子母秘录》）小儿急惊：万金散：蜈蚣一条（全者，去足，炙为束），丹砂，轻粉等分研匀，阴阳乳汁和，丸绿豆大。每岁一丸，乳汁下。（《圣惠》）天吊惊风：目久不下，眼见白睛，及角弓反张，声不出者，双金散主之。用大蜈蚣一条去头足，酥炙，用竹刀批开，记定左右。又以麝香一钱，亦分左右各记明，研末包定。每用左边者吹左鼻，右边者吹右鼻，各少许，不可过多。若眼未下，再吹些须，眼下乃止。（《直指》）破伤中风欲死：《圣惠》：用蜈蚣，研末，擦牙，追去涎沫，立瘥。《儒门事亲》：用蜈蚣头、乌头尖、附子底、蝎梢等分为末。每用一字或半字，热酒灌之，仍贴疮上，取汗愈。口眼㖞斜，口内麻木者：用蜈蚣三条（一蜜炙，一酒浸，一纸裹煨，并去头足）；天南星一个（切作四片，一蜜炙，一酒浸，一纸裹煨，一生用），半夏、白芷各五钱，通为末，入麝少许。每服一钱，热调下，日一服。（《通变要法》）腹内蛇癥：误食菜中蛇精，成蛇瘕，或食蛇肉成瘕，腹内常饥，食物即吐。以赤足蜈蚣一条炙，研末，酒服。（《卫生易简方》）蝮蛇螫伤：蜈蚣，研末，敷之。抱朴子。射工毒疮：大蜈蚣一枚，炙研，和酢敷之。（《千金方》）天蛇头疮：生手指头上。用蜈蚣一条，烧烟熏一、二次即愈。或为末，猪胆汁调，涂之。（《奇效》）丹毒瘤肿：用蜈蚣一条干者，白矾一皂子大，雷丸一个，百部二钱，研末，醋调敷之。（《本草衍义》）瘰疬溃疮：茶、蜈蚣二味，炙至香熟，等分捣筛为末。先以甘草汤洗净，敷之。（《枕中方》）聤耳出脓：蜈蚣末，吹之。（鲍氏）小儿秃疮：大蜈蚣一条，盐一分，入油内浸七日。取油搽之，极效。（《海上方》）便毒初起：黄脚蜈蚣一条，瓦焙存性，为末。酒调服，取汗即散。（《济生秘览》）痔疮疼痛：《直指》：用赤足蜈蚣，焙为末，入片脑少许，唾调敷之。孙氏《集效》：用蜈蚣三四条，香油煮一二沸，浸之。再入五倍子末二、三钱，瓶收密封。如遇痛不可忍，点上油，即时痛止，大效。腹大如箕：用蜈蚣三五条，酒炙研末。每服一钱，以鸡子二个，打开入末在内，搅匀纸糊，沸汤煮熟食之。日一服，连进三服，瘳。（《活人心统》）脚肚转筋：蜈蚣，烧，猪脂和敷。（《肘后》）女人趾疮：甲内恶肉突出不愈。蜈蚣一条，焙研敷之。外以南星末，醋和敷四围。（《医方摘要》）

马陆（《本经》下品）

【释名】百足（《本经》）、百节（《衍义》），千足（《炮炙论》）、马蚿（音弦）、马蠸（音拳）、马䗃（郭璞）、马轴（《别录》）、马蠸（《尔雅》）、飞蚿虫（李当之）、刀环虫（苏恭），蛩。

弘景曰：此虫足甚多，寸寸断之，亦便寸行。故鲁连子云："百足之虫，死而不僵"，庄子"蚿怜蛇"是矣。

【气味】辛，温，有毒。

【主治】腹中大坚症，破积聚息肉，恶疮白秃(《本经》)。疗寒热痞结，胁下满(《别录》)。辟邪疟(时珍)。

【发明】时珍曰：马陆系神农药，雷氏备载炮炙之法，而古方鲜见用者，惟《圣惠》逐邪丸用之。其方：治久疟发歇无时。用百节虫四十九枚，湿生虫四十九枚，砒霜三钱，粽子角七枚。五月五日日未出时，于东南上寻取两般虫，至午时向南研匀，丸小豆大。每发日早，男左女右，手把一丸，嗅之七遍，立效。修时忌孝子、妇人、师、尼、鸡、犬见之。亦合《别录》疗寒热之说。大抵毒物只可外用，不敢轻入丸、散中。

山蛩虫(《拾遗》)

【集解】藏器曰：生山林间。状如百足而大，乌斑色，长二三寸。更有大如指者，名马陆，能登木群吟，已见《本经》。

时珍曰：按《本经》，马陆一名百足，状如大蛩，而此云状如百足而大，更大者为马陆，则似又指百足为一物矣。盖此即马陆之在山而大者耳，故曰山蛩。鸡、犬皆不敢食之。

螋蠼蜒蚰

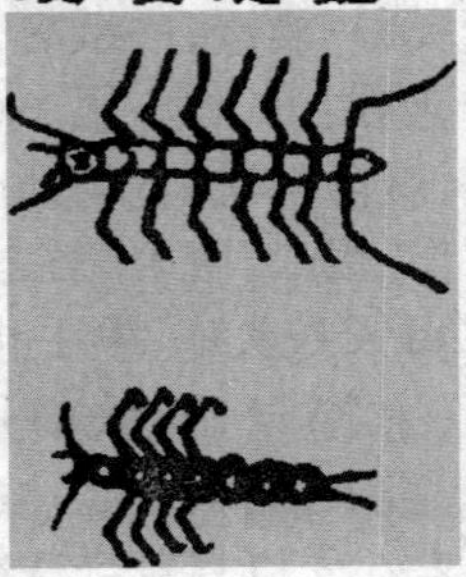

【气味】有大毒。

【主治】人嗜酒不已，取一节烧灰，水服，便不喜闻酒气。过一节则毒人至死。又烧黑敷恶疮，亦治蚕病白僵，烧灰粉之(藏器)。

【附录】蚰蜒(《拾遗》)

藏器曰：状如蜈蚣而甚长，色正黄不斑，大者如钗股，其足无数，好脂油香，故入人耳及诸窍中。以驴乳灌之，即化为水。

时珍曰：处处有之，墙屋烂草中尤多。状如小蜈蚣，而身圆不扁，尾后秃而无歧，多足，大者长寸余，死亦蜷屈如环，故陶弘景误以为马陆也。其入人耳，用龙脑、地龙、硇砂，单吹之皆效。或以香物引之。《淮南子》云“菖蒲去蚤虱而来蛉蛩”，即此虫也。扬雄《方言》云：一名入耳，一名蚨虷，一名蛆蚭，一名蛸蚔。又一种草鞋虫，形亦相似而身扁，亦能入人耳中。

蠼螋(《拾遗》。音瞿搜)

藏器曰：状如小蜈蚣，色青黑，长足。能溺人影，令人发疮，如热痱而大，若绕腰匝不可疗，山中者溺毒更猛。惟扁豆叶敷之即瘥，诸方大有治法。

时珍曰：蠼螋喜伏氍氀之下，故得此名。或作蛷螋。按《周礼·赤茇氏》：凡隙屋，除其貍蛷螋之属，乃求而搜之也。其虫隐居墙壁及器物下，长不及寸，状如小蜈蚣，青黑色。二须六足，足在腹前，尾有叉歧，能夹人物，俗名搜夹子。其溺射人影，令人生疮，身作寒热。古方用犀角汁、鸡肠草汁、马鞭草汁、梨叶汁、茶叶末、紫草末、羊髭灰、鹿角末、燕窠土，但得一品涂之皆效。孙真人《千金方》云：予曾六月中得此疮，经五六日治不愈。有人教画地作蠼螋形，以刀细取腹中土，以唾和涂之，再涂即愈。方知万物相感,莫晓其由。

蚯蚓(《本经》下品)

【释名】螼螾(音顷引)、朐腮(音蠢闰)、坚蚕(音遣忝)、𧍜蟺(音阮善)、曲蟺、土蟺(《纲目》)、土龙(《别录》)、地龙子(《药性》)、寒蠄、寒蚓、附蚓(《吴普》)、歌女。

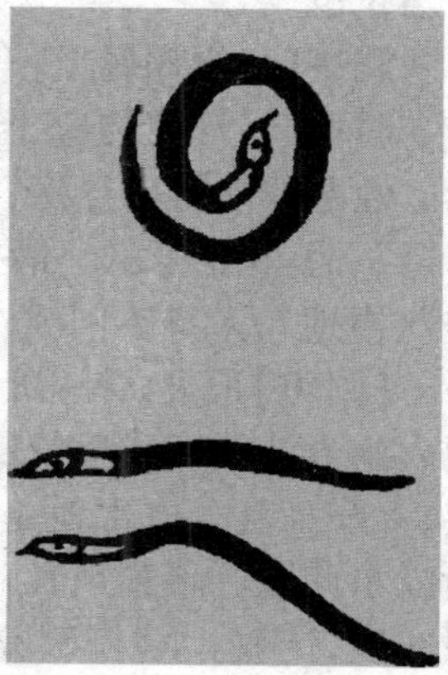

时珍曰:蚓之行也,引而后申,其塿如丘,故名蚯蚓。《尔雅》谓之螼螾,巴人谓之朐腮,皆方音之转也。𧍜蟺、曲蟺,象其状也。《东方虬赋》云:乍逶迤而鳝曲,或宛转而蛇行。任性行止,物击便曲,是矣。术家言蚓可兴云,又知阴晴,故有土龙、龙子之名。其鸣长吟,故曰歌女。

大明曰:路上踏杀者,名千人踏,入药更良。

【集解】《别录》曰:白颈蚯蚓,生平土。三月取,曝干。

弘景曰:入药用白颈,是其老者。取得去土盐之,日曝须臾成水,道术多用。其屎呼为蚓塿(亦曰六一泥),以其食细泥。无沙石,入合丹泥釜用。

时珍曰:今处处平泽膏壤地中有之。孟夏始出,仲冬蛰结。雨则先出,晴则夜鸣。或云结时能化为百合也。与𧉥螽同穴为雌雄。故郭璞赞云:虹蚓土精,无心之虫。交不以分,淫于𧉥螽。是矣。今小儿阴肿,多以为此物所吹。《经验方》云:蚯蚓咬人,形如大风,眉须皆落,惟以石灰水浸之良。昔浙江将军张韶病此,每夕蚯蚓鸣于体中。有僧教以盐汤浸之,数遍遂瘥。

宗奭曰:此物有毒。崇宁末年,陇州兵士暑月跣足,为蚯蚓所中,遂不救。后数日,又有人被其毒。或教以盐汤浸之,并饮一杯,乃愈也。

【修治】弘景曰:若服干蚓,须熬作屑。

敩曰:凡收得,用糯米泔浸一夜,漉出,以无灰酒浸一日,焙干切。每一两,以蜀椒、糯米各二钱半同熬,至米熟,拣出用。

时珍曰:入药有为末,或化水,或烧灰者,各随方法。

白颈蚯蚓

【气味】咸,寒,无毒。

权曰:有小毒。

之才曰:畏葱、盐。

【主治】蛇瘕,去三虫伏尸,鬼疰蛊毒,杀长虫(《本经》)。化为水,疗伤寒,伏热狂谬,大腹黄疸(《别录》)。温病,大热狂言,饮汁皆瘥。炒作屑,去蛔虫。去泥,盐化为水,主天行诸热,小儿热病癫痫,涂丹毒,敷漆疮(藏器)。葱化为汁,疗耳聋(苏恭)。治中风、痫疾、喉痹(《日华》)。解射罔毒(《蜀本》)。干者炒为末,主蛇伤毒(《药性》)。治脚风(苏颂)。主伤寒疟疾,大热狂烦,及大人、小儿小便不通。

急慢惊风、历节风痛，肾脏风注，头风齿痛，风热赤眼，木舌喉痹，鼻息聤耳，秃疮瘰疬，卵肿脱肛，解蜘蛛毒，疗蚰蜒入耳(时珍)。

【发明】弘景曰：干蚓熬作屑，去蛔虫甚有效。

宗奭曰：肾脏风下注病，不可阙也。

颂曰：脚风药必须此物为使，然亦有毒。有人因脚病药中用此，果得奇效，病愈服之不辍，至二十余日，觉躁愦，但欲饮水不已，遂致委顿。大抵攻病用毒药，中病即当止也。

震亨曰：蚯蚓属土，有水与木，性寒，大解热毒，行湿病。

时珍曰：蚓在物应土德，在星禽为轸水。上食槁壤，下饮黄泉，故其性寒而下行。性寒故能解诸热疾，下行故能利小便、治足疾而通经络也。术家云："蚓血能柔弓弩"，恐亦诳言尔。诸家言服之多毒，而郭义恭《广志》云"闽越山蛮啖蚯蚓为馐"，岂地与人有不同欤？

【附方】旧九，新三十四。伤寒热结：六七日狂乱，见鬼欲走。以大蚓半斤去泥，用人溺煮汁饮。或生绞汁亦可。(《肘后方》)阳毒结胸：按之极痛，或通而复结，喘促，大躁狂乱。取生地龙四条，洗净，研如泥，入生姜汁少许，蜜一匙，薄荷汁少许，新汲水调服。若热炽者，加片脑少许。即与揉心下，片时自然汗出而解。不应，再服一次，神效。(《伤寒蕴要》)诸疟烦热太躁：用上方服之，甚效。亦治瘴疟。(《直指》)小便不通：蚯蚓，捣烂，浸水。滤取浓汁半碗服，立通。(《斗门》)老人尿闭：白颈蚯蚓、茴香等分，杵汁，饮之即愈。(《朱氏集验方》)小儿尿闭：乃热结也。用大地龙数条去泥，入蜜少许，研敷茎卵。仍烧蚕蜕纸、朱砂、龙脑、麝香同研少许，以麦门冬、灯心煎汤调服。(《全幼》)小儿急惊：五福丸：用生蚯蚓一条，研烂，入五福化毒丹一丸，同研，以薄荷汤少许化下。《普济方》云：梁国材言：扬州进士李彦直家，专货此药，一服千金，以糊十口。梁传其方，亲试屡验，不可不笔于册，以救婴儿。惊风闷乱：乳香丸：治小儿慢惊风，心神闷乱，烦懊不安，筋脉拘急，胃虚虫动，反折啼叫。用乳香半钱，胡粉一钱，研匀，以白颈蚯蚓(生，捏去土)，捣烂和，丸麻子大。每服七丸至十五丸，葱白煎汤下。(《普济方》)慢惊虚风：用平正附子去皮脐，生研为末，以白颈蚯蚓于末内滚之，候定，刮蚓上附末，丸黄米大。每服十丸，米饮下。(《百一方》)急慢惊风：五月五日取蚯蚓，竹刀截作两段，急跳者作一处，慢跳者作一处，各研烂，入朱砂末和作丸，记明急惊用急跳者，慢惊用慢跳者。每服五七丸，薄荷汤下。(《应验方》)小儿卵肿：用地龙，连土为末，津调敷之。(钱氏方)劳复卵肿或缩入腹：腹中绞痛，身体重，头不能举。小腹里急，热上冲胸四支拘急欲死。用蚯蚓二十四枚，水一斗，煮取三升，顿服取汗。或以蚯蚓数升绞汁服之，并良。(《肘后方》)手足肿痛欲断：取蚓三升，以水五升，绞汁二升半，服之。(《肘后》)

蚯蚓泥

见土部。

蜗牛(瓜、娲、涡三音。《别录》中品)

【释名】蠡牛(蠡音螺。《药性》)、蚹蠃(《尔雅》。音附螺)、螔蝓(《尔雅》。音移俞)、山蜗(弘景)、蜗螺(《山海经》作倮累)、蜒蚰螺(俗名)、土牛儿。

弘景曰:蜗牛,山蜗也。形似瓜字,有角如牛,故名。《庄子》所谓"战于蜗角"是矣。

蝓蛞牛蜗

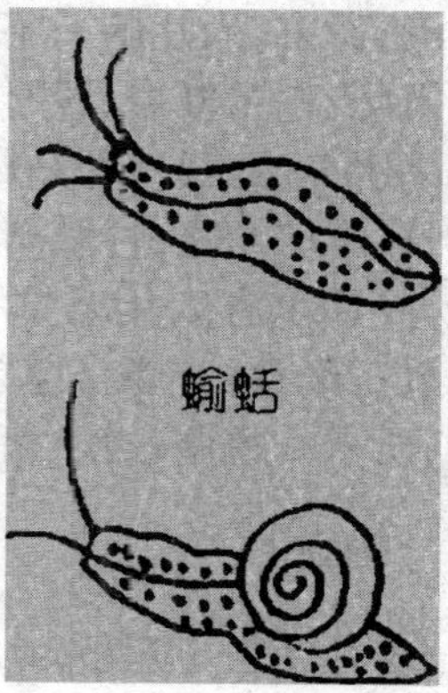

时珍曰:其头偏戾如㖞,其形盘旋如涡。故有娲、涡二者,不独如瓜字而已。其行延引,故曰蜒蚰。《尔雅》谓之蚹蠃。孙炎注云:以其负蠃壳而行,故名蚹蠃。

【集解】弘景曰:蜗牛生山中及人家。头形如蛞蝓,但背负壳耳。

大明曰:此即负壳蜒蚰也。

保升曰:蜗牛生池泽草树间。形似小螺,白色。头有四黑角,行则头出,惊则首尾俱缩入壳中。

颂曰:凡用蜗牛,以形圆而大者为胜。久雨乍晴,竹林池沼间多有之。其城墙阴处,一种扁而小者,无力,不堪用。

时珍曰:蜗身有涎,能制蜈、蝎。夏热则自悬叶下,往往升高,涎枯则自死也。

蜗牛

【气味】咸,寒,有小毒。畏盐。

【主治】贼风㖞僻,踠跌,大肠下脱肛,筋急及惊痫(《别录》)。生研汁饮,止消渴(甄权)。治小儿脐风撮口,利小便,消喉痹,止鼻衄,通耳聋,治诸肿毒痔漏,制蜈蚣、蝎虿毒,研烂涂之(时珍)。

【发明】颂曰:入婴孩药最胜。

时珍曰:蜗牛所主诸病,大抵取其解热消毒之功耳。

【附方】旧三,新二十。小便不通:蜗牛,捣贴脐下,以手摩之。加麝香少许更妙。(《简易》)大肠脱肛:《圣惠》:治大肠久积虚冷,每因大便脱肛。用蜗牛一两,烧灰,猪脂和敷,立缩。又治上证及痢后脱肛。用干蜗牛一百枚,炒研。每用一钱,以飞过赤汁磁石末五钱,水一盏,煎半盏调服。日三。痔疮肿痛:丹溪:用蜗牛浸油涂之,或烧研敷之。《济生》:用蜗牛一枚,入麝香少许在内,碗盛,次日取水涂之。发背初起:活蜗牛二百个,以新汲水一盏,汤瓶中封一夜,取涎水,入真蛤粉旋调,扫敷疮上。日十余度,热痛止则疮便愈。(《集验方》)瘰疬未溃:连壳蜗牛七个,丁香七粒,同烧研,纸花贴之。(危氏)瘰疬已溃:蜗牛烧研,轻粉少许,用猪脊髓调,敷之。(危氏方)喉痹肿塞:用蜗牛绵裹,水浸含咽,须臾立通。又用蜗牛七枚,白梅肉三枚,研烂。绵裹含咽,立效。(《圣惠方》)喉风肿痛:端午日午时,取蜒蚰十余条,同盐三、四个,小瓶内封固,俟化成水,收水点之。(唐氏)喉塞口噤:蜒蚰(炙)二七枚,白梅肉(炒)二七枚,白矾(半生半烧)二钱。研为末。每水调半钱服,得吐立通。(《圣济总录》)耳腮痄肿及喉下诸肿:用蜗牛同面研,敷之。面上毒疮初起者:急寻水蜒蚰一二条,用酱少许共捣,涂纸上贴之,即退。纸上留一小孔出气。此乃凌汉章秘传极效方也。(谈野翁《试验方》)赤白翳膜:生蜗牛一枚,捣丹砂末于内,火上炙沸,以绵染汁敷眦中,日二。(《圣惠方》)鼻血不止:蜗牛(爆干)一枚,乌贼骨半钱,研末吹之。(《圣济总录》)撮口脐风:乃胎热也。用蜗牛五枚去壳,研汁涂口,取效乃止。又方:用蜗牛十枚,(去壳,研烂),入莳萝末半分,研匀,涂之,取效,甚良。滴耳聋闭:蜗牛膏:用蜗牛一两,石胆、钟乳粉各二钱半。为末,瓷盒盛之,火煅赤,研末,入片脑一字。每以油调一字,滴入耳中。无不愈者。(并《圣惠方》)蚰蜒入耳:蜗牛椎烂,置于耳边,即出也。(《瑞竹堂方》)染须方:用蜒蚰四十九条,以京墨水养之三日,埋马屎中一月,取出,以白丝头试之,如即黑到尾,再入马屎中埋七日,再取试之,性缓乃以捻须,庶不致黑皮肤也。(《普济方》)消渴引饮不止:崔元亮《海上方》:用蜗牛十四枚(形圆而大者),以水三合,密器浸一宿。取水饮之,不过三剂愈。《圣济总录》:用蜗牛(焙)半两,蛤粉、龙胆草、桑根白皮(炒)各二钱半,研末。每服一钱,楮叶汤下。

蜗壳

【主治】一切疳疾(颂)。牙䘌,面上赤疮,鼻上酒齇,久痢下脱肛(时珍)。

【附方】旧二,新一。一切疳疾:用自死蜗壳七枚(皮薄,色黄白者)洗净,不得少有尘滓,日干,内酥蜜于壳中。以瓷盏盛之,纸糊盏面,置炊饭上蒸之。下饋时,即坐甑中,仍装饭又蒸,饭熟取出,研如水淀。渐渐与吃,一日令尽,取效止。(韦丹方)牙䘌作痛:蜗牛壳三十枚,烧研。日日揩之,良。(《圣惠》)大肠脱肛:蜗牛壳去土研末,羊脂熔化调涂,送入即愈。(李延寿方)

缘桑螺(《证类》)

【释名】桑牛,天螺(《纲目》)。

【集解】慎微曰:此螺全似蜗牛,黄色而小,雨后好援桑叶。

时珍曰:此螺诸木上皆有,独取桑上者,正如桑螵蛸之意。

【气味】缺。

【主治】大肠脱肛,烧研和猪脂涂之,立缩(慎微。出《范汪方》)。治小儿惊风,用七枚焙研,米饮服(时珍。出《宫气方》)。

【发明】震亨曰:小儿惊风,以蜜丸通圣散服之,间以桑树上牛儿阴干,焙研为末服之,以平其风。

时珍曰:桑牛、蜗牛、蛞蝓三物,皆一类而形略殊,故其性味功用皆相仿佛。而桑牛治惊,又与僵蚕、螵蛸同功。皆食桑者,其气能入肝平风也。

溪鬼虫(《拾遗》)

【释名】射工(《拾遗》)、射影(《诗疏》)、水弩(同)、抱枪(《杂俎》)、含沙(《诗注》)、短狐(《广雅》)、水狐(《玄中记》)、蜮(音或)。

时珍曰:此虫足角如弩,以气为矢,因水势含沙以射人影成病,故有射弩诸名。《酉阳杂俎》谓之抱枪。云:形如蛣蜣,稍大,腹下有刺似枪,螫人有毒也。《玄中记》云:水狐者,视其形,虫也。见其气,鬼也。其头、喙,如狐也。《五行传》云:南方淫惑之气所生,故谓之蜮。《诗》云:为鬼为蜮,则不可得。即此物也。

射工

【集解】藏器曰:射工出南方有溪毒处山林间。大如鸡子,形似蛣蜣,头有一角长寸余,角上有四岐,黑甲下有翅能飞。六、七月取之。沙气多,短狐则生。鸀、䴔、鹨、鹈之属治之。

慎微曰:《玄中记》云:水狐虫长三四寸,其色黑,广寸许,背上有甲,厚三分。其口有角,向前如弩,以气射人,去二三步即中人,十死六七也。《博物志》云:射工,江南山溪水中甲虫也。长一二寸,口中有弩形,以气射人影,令人发疮,不治杀人。《周礼》:壶涿氏掌除水虫,以炮土之鼓驱之,以焚石投之。即此物也。

时珍曰:射工长二三寸,广寸许,形扁,前阔后狭,颇似蝉状,故《抱朴子》言其状如鸣蜩也。腹软背硬,如鳖负甲,黑色,故陆玑言其形如鳖也。六、七月甲下有翅能飞,作铋铋声。阔头尖喙,有二骨眼。其头目丑黑如狐如鬼,喙头有尖角如爪,长一二分。有六足如蟹足:二足在喙下,大而一爪。四足在腹下,小而歧爪。或时双屈前足,抱拱其喙,正如横弩上矢之状。冬则蛰于谷间,所居之处,大雪不积,气起如蒸。掘下一尺可得,阴干留用。蟾蜍、鸳鸯能食之,鹅、鸭能辟之。故《禽经》云:鹅飞则蜮沉。又有水虎,亦水狐之类;有鬼弹,乃溪毒之类。葛洪所谓"溪毒似射工而无物"者,皆此属也。并附之。

【附录】水虎

时珍曰:《襄沔记》云:中庐县有涑水,注沔。中有物,如三、四岁小儿,甲如鲮鲤,射不能入。秋曝沙上,膝头似虎,掌爪常没水,出膝示人。小儿弄之,便咬人。人生得者,摘其鼻,可小小使之。名曰水虎。

鬼弹

又按《南中志》云:永昌郡有禁水,惟十一二月可渡,余月则杀人。其气有恶物作声,不见其形,中人则青烂,名曰鬼弹。

角

【主治】带之辟溪毒(藏器)。阴干为末佩之,亦辟射工毒(时珍。出《抱朴子》)。

【发明】时珍曰:按葛洪《肘后方》云:溪毒中人,一名中水,一名中溪,一名水病,似射工而无物。春月多病之,头痛恶寒,状如伤寒。二三日则腹中生虫,食人下部,渐蚀五脏,注下不禁,虽良医不能疗也。初得则下部若有疮,正赤如截肉,为阳毒，最急；若疮如虫啮，为阴毒，小缓。皆杀人，不过二十日。方家用药，与伤寒、温病相似。或以小蒜煮汤浴之，及诸药方。又云：江南射工毒虫，在山涧水中。人行或浴，则此虫含沙射人形影则病。有四种，初得皆如伤寒，或似中恶：一种遍身有黑黡子，四边悉赤，犯之如刺；一种作疮，久即穿陷；一种突起如石；一种如火灼熛疮也。疗之并有方法。王充《论衡》云：短狐含太阳毒气而生，故有弓矢射人，中人如火灼也。

沙虱(《纲目》)

【释名】蝘蜓(音梗旋。《广雅》)、蓬活(《万毕术》)、地脾。同上。

【集解】时珍曰：按郭义恭《广志》云：沙虱在水中，色赤，大不过虮，入人皮中杀人。葛洪《抱朴子》云：沙虱，水陆皆有之。雨后及晨暮践沙，必着人，如毛发刺人，便入皮里，可以针挑取之，正赤如丹。不挑，入肉能杀人。凡遇有此虫处，行还，以火炙身，则虫随火去也。又《肘后方》云：山水间多沙虱，甚细，略不可见。人入水中，及阴雨日行草中，此虫多着人，钻入皮里，令人皮上如芒针刺，赤如黍豆。刺三日之后，寒热发疮。虫渐入骨，则杀人。岭南人初有此，以茅叶或竹叶挑刮去之，仍涂苦苣汁。已深者，针挑取虫子，正如疥虫也。愚按溪毒、射工毒、沙虱毒，三者相近，俱似伤寒，故有挑沙、刮沙之法。今俗病风寒者，皆以麻及桃柳枝刮其遍身，亦曰刮沙，盖始于刮沙病也。沙病亦曰水沙、水伤寒，初起如伤寒，头痛、壮热、呕恶，手足指末微厥。或腹痛闷乱，须臾杀人者，谓之搅肠沙也。

【附录】沙虫

时珍曰：按《录异记》云：潭、袁、处、吉等州有沙虫，即毒蛇鳞甲中虫。蛇被苦，每人急水中碾出。人中其毒，三日即死。此亦沙虱之类也。

水黾(《拾遗》)

水黾

【释名】水马(《拾遗》)。

【集解】藏器曰：水黾群游水上，水涸即飞。长寸许，四脚。亦名水马，非海中主产难(海马)之水马也。

时珍曰：水虫甚多，此类亦有数种。今有一种水爬虫，扁身大腹而背硬者，即此也。水爬，水马之讹耳。一种水虿，长身如蝎，能变蜻蜓。

【气味】有毒。

【主治】令人不渴，杀鸡犬(藏器)。

豉虫(《拾遗》)

【释名】豉母虫。

【集解】时珍曰：陈藏器《拾遗》有豉虫，而不言出处形状。按葛洪《肘后方》云：江南有射工虫，在溪涧中射人影成病，或如伤寒，或似中恶，或口不能语，或恶寒热，四肢拘急，身体有疮。取水上浮走豉母虫一枚，口中含之便瘥，已死亦活。此虫正黑，如大豆，浮游水上也。今有水虫，大如豆而光黑，即此矣。名豉母者，亦象豆形也。

【气味】有毒。

【主治】杀禽兽，蚀息肉，敷恶疮（藏器）。白梅裹含之，除射工毒（时珍）。

砂挼子（《拾遗》）

【释名】倒行狗子（《拾遗》）、睡虫（同上）。

【集解】藏器曰：是处有之。生砂石中，作旋孔。大如大豆，背有刺，能倒行。性好睡，亦呼为睡虫。

【气味】有毒。

【主治】生取置枕中，令夫妇相好。合射罔用，能杀飞禽走兽。（藏器）。

蛔虫（《拾遗》）

【释名】蛕（音回。俗作蛔。并与蚘同）、人龙（《纲目》）。

【集解】时珍曰：蛔，人腹中长虫也。按巢元方《病源》云：人腹有九虫：伏虫长四分，群虫之主也；蛔虫长五六寸至一尺，发则心腹作痛，去来上下，口喜吐涎及清水，贯伤心则死。白虫长一寸，色白头小，生育转多，令人精气损弱，腰脚疼，长一尺，亦能杀人；肉虫状如烂杏，令人烦闷；肺虫状如蚕，令人咳嗽，成劳杀人；胃虫状如蛤蟆，令人呕逆喜哕；弱虫又名鬲虫，状如瓜瓣，令人多唾；赤虫状如生肉，令人肠鸣；蛲虫至微，形如菜虫，居胴肠中，令人生痈疽、疥癣，病疠、痔瘘、疳䘌、龋齿诸病。诸虫皆依肠胃之间，若入脏腑气实，则不为害；虚则侵蚀，变生诸疾也。又有尸虫，与人俱生，为人大害。其状如犬、马尾，或如薄筋，依脾而居，三寸许，有头尾。凡服补药，必须先去此虫，否则不得药力。凡一切癥瘕，久皆成虫。紫庭真人云：九虫之中，六虫传变为劳瘵，而胃、蛔、寸白三虫不传。其虫传变，或如婴儿，如鬼形，如蛤蟆，如守宫，如蜈蚣，如蝼蚁，如蛇，如鳖，如猬，如鼠，如蝠，如虾，如猪肝，如血汁，如乱发、乱丝等状。凡虫在腹，上旬头向上，中旬向中，下旬向下。服药须于月初四、五日五更时，则易效也。张子和云：巢氏之衍九虫详矣，然虫之变不可胜穷，要之皆以湿热为主。虫得木气乃生，得雨气乃化。岂非风木主热，雨泽主湿耶？故五行之中皆有虫。诸木有蠹，诸果有螬，诸菽有蚄，五谷有螟、螣、蝥、蠈，麦朽蛾飞，栗破虫出，草腐萤化，皆木之虫也。烈火有鼠，烂灰生蝇，皆火之虫也。穴蚁、墙蝎、田蝼、石蜴，皆土之虫也。蝌蚪、马蛭、鱼、鳖、蛟、龙，皆水之虫也。昔有冶工破一釜，见其断处臼中，有一虫如米虫，色正赤，此则金中亦有虫也。

【气味】大寒。

【主治】目中肤赤热痛，取大者洗净断之，令汁滴目中。三十年肤赤亦瘥（藏器)。治一切眼疾,及生肤翳赤白膜,小儿胎赤,风赤眼,烧末敷之。或以小儿吐出者阴干为末,入汞粉少许,唾津调涂之。又治一切冷瘘(时珍)。

【附方】新三。玉箸煎:治小儿胎赤眼、风赤眼。用小儿吐出蛔虫二条,瓷盒盛之,纸封埋湿地,五日取出,化为水,瓷瓶收。每日以铜箸点之。(《普济方》)远年风眼赤暗:用蛔虫五条(日干为末),腻粉一钱,石胆半钱,为末。点之,日二三度。(《普济方》)一切冷瘘:人吐蛔虫,烧灰。先以甘草汤洗净,涂之,无不瘥者。慎口味。(《千金方》)

风驴肚内虫(《纲目》)

【集解】时珍曰:凡人、畜有风病、疮病,肠肚内必有虫。《圣惠方》治目翳用此物,云以乌驴者为良也。

【主治】目中肤翳。取三七枚曝干,入石胆半钱同研,瓷盒收盛,勿令见风。每日点三五次,其翳自消(《圣惠》)。

蛊虫(《拾遗》)

【释名】时珍曰:造蛊者,以百虫置皿中,俾相啖食,取其存者为蛊。故字从虫,从皿。皿,器也。

【集解】藏器曰:古人愚质,造蛊图富,皆取百虫入瓮中,经年开之,必有一虫尽食诸虫,即此名为蛊,能隐形似鬼神,与人作祸,然终是虫鬼。咬人至死者,或从人诸窍中出,信候取之,曝干。有患蛊人,烧灰服之,亦是其类自相伏耳。又云:凡蛊虫疗蛊,是知蛊名即可治之。如蛇蛊用蜈蚣蛊虫,蜈蚣蛊用蛤蟆蛊虫,蛤蟆蛊用蛇蛊虫之类,是相伏者,乃可治之。

时珍曰:按蛊毒不一,皆是变乱元气,多因饮食行之。与人为患。则蛊主吉利,所以小人因而造之。南方又有蜥蜴蛊、蜣螂蛊、马蝗蛊、金蚕蛊、草蛊、挑生蛊等毒,诸方大有主治之法,不能悉纪。

【主治】蛊毒,烧灰眼少许,立愈(藏器)。

金蚕(《纲目》)

【释名】食锦虫。

【集解】时珍曰:按陈藏器云:故锦灰疗食锦虫蛊毒。注云:虫屈如指环,食故绯帛锦,如蚕之食叶也。今考之,此虫即金蚕也。蔡绦《丛谈》云:金蚕始于蜀中,近及湖、广,闽、粤浸多。状如蚕,金色,日食蜀锦四寸。南人畜之,取其粪置饮食中以毒人,人即死也。蚕得所欲,日置他财,使人暴富。然遣之极难,水火兵刃所不能害。必倍其所致金银锦物,置蚕于中,投之路旁。人偶收之,蚕随以往,谓之嫁金蚕。不然能入人腹,残啮肠胃,完然而出,如尸虫也。有人守福清,民讼金蚕毒,治求不得。

或令取两刺猬，人其家捕之必获，猬果于榻下墙隙擒出。夫金蚕甚毒，若有鬼神，而猬能制之，何耶？又《幕府燕闲录》云：池州进士邹阆家贫，一日启户，获一小笼，内有银器，持归。觉股上有物，蠕蠕如蚕，金色烂然，遂拨去之，仍复在旧处。践之斫之，投之水火，皆即如故。阆以问友人。友人曰：此金蚕也。备告其故。阆归告妻云：吾事之不可，送之家贫，何以生为？遂吞之。家人谓其必死。寂无所苦，竟以寿终。岂至诚之盛，妖不胜正耶？时珍窃谓：金蚕之蛊，为害甚大。故备书二事，一见此蛊畏猬，一见至诚胜邪也。《夷坚志》言：中此蛊者，吮白矾味甘。嚼黑豆不腥，以石榴根皮煎汁吐之。《医学正传》用樟木屑煎汁吐之，亦一法也。愚意不若以猬皮治之，为胜其天。

附录诸虫(《纲目》一种，《拾遗》一种，《别录》五种)

唼腊虫

时珍曰：按裴渊《广州记》云：林任县有甲虫，嗜臭肉。人死，食之都尽，纷纷满屋，不可驱杀。张华《博物志》云：广州西南数郡，人将死，便有飞虫，状如麦，集入舍中，人死便食，不可断遣，惟残骨在乃去。惟以梓板作器，则不来。《林邑国记》云：广西南界有唼腊虫，食死人。唯豹皮覆尸，则不来。此三说皆一物也。其虫虽不入药，而为人害，不可不知。

灰药(《拾遗》)

藏器云：出岭南陶家。状如青灰，以竹筒盛之，云是蛔所作。凡以拭物，令人喜好相爱。置家中，损小儿、鸡、犬也。

黄虫

《别录》有名未用曰：味苦。主寒热。生地上，赤头长足，有角，群居。七月七日采之。

地防

又曰：令人不饥不渴。生黄陵。状如蠕，居土中。

梗鸡

又曰：味甘，无毒。主治痹。

益符

又曰：主闭。一名无舌。

蜚厉

又曰：主妇人寒热。

本草纲目鳞部第四十三卷

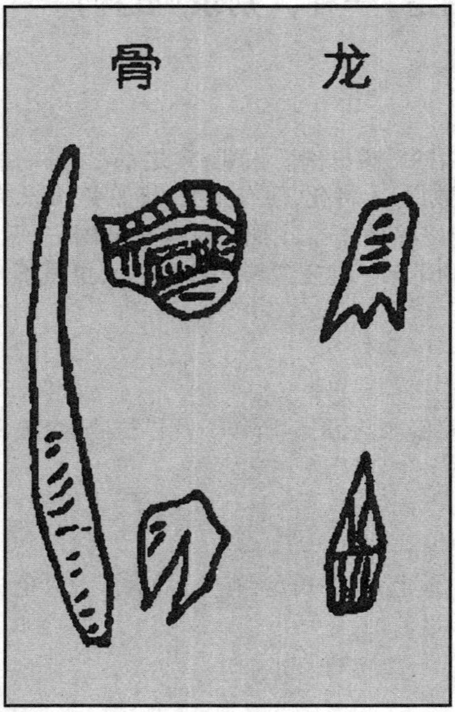

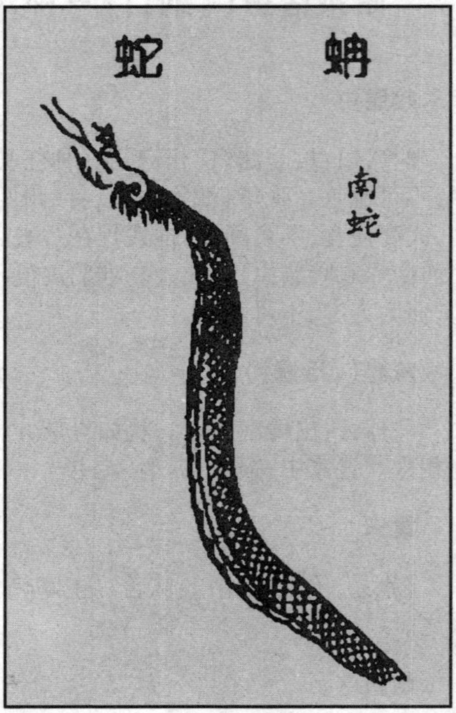

本草纲目鳞部第四十三卷

龙(《本经》上品)

【释名】时珍曰:按许慎《说文》:龙字篆文象形。《生肖论》云:龙耳亏聪,故谓之龙。《梵书》名那伽。

龙

【集解】时珍曰:按罗愿《尔雅翼》云:龙者鳞虫之长。王符言其形有九似:头似驼,角似鹿,眼似兔,耳似牛,项似蛇,腹似蜃,鳞似鲤,爪似鹰,掌似虎,是也。其背有八十一鳞,具九九阳数。其声如戛铜盘。口旁有须髯,颔下有明珠,喉下有逆鳞。头上有博山,又名尺木,龙无尺木不能升天。呵气成云,既能变水,又能变火。陆佃《埤雅》云:龙火得湿则焰,得水则燔,以人火逐之即息。故人之相火似之。龙,卵生思抱,雄鸣上风,雌鸣下风,因风而化。《释典》云:龙交则变为二小蛇。又小说载龙性粗猛,而爱美玉、空青,喜嗜燕肉,畏铁及茵草、蜈蚣、楝叶、五色丝。故食燕者忌渡水,祈雨者用燕,镇水患者用铁,激龙者用茵草,祭屈原者用楝叶、色丝裹粽投江。医家用龙骨者,亦当知其性之爱恶如此。

龙骨

【气味】甘,平,无毒.

《别录》曰:微寒。

权曰:有小毒。忌鱼及铁器。

之才曰:得人参、牛黄良,畏石膏。

时珍曰:许洪云:牛黄恶龙骨,而龙骨得牛黄更良,有以制伏也。其气收阳中之阴,入手、足少阴、厥阴经。

【主治】心腹鬼疰,精物老魅,咳逆,泄痢脓血,女子漏下,癥瘕坚结,小儿热气惊痫(《本经》)。心腹烦满,恚怒气伏在心下,不得喘息,肠痈内疽阴蚀,四肢痿枯,夜卧自惊,汗出止汗,缩小便溺血,养精神,定魂魄,安五脏。白龙骨:主多寐泄精,小便泄精(《别录》)。逐邪气,安心神,止夜梦鬼交,虚而多梦纷纭。止冷痢,下脓血,女子崩中带下(甄权)。怀孕漏胎,止肠风下血,鼻洪吐血,止泻痢渴疾。健脾,涩肠胃(《日华》)。益肾镇惊,止阴疟,收湿气脱肛,生肌敛疮(时珍)。

【发明】敩曰：气入丈夫肾脏中，故益肾药宜用之。

时珍曰：涩可去脱。故成氏云：龙骨能收敛浮越之正气，固大肠而镇惊。又主带脉为病。

【附方】旧十一，新七。健忘：久服聪明，益智慧。用白龙骨、虎骨、远志等分，为末。食后酒服方寸匕，日三。（《千金》）劳心梦泄：龙骨、远志等分，为末，炼蜜丸如梧子大，朱砂为衣。每服三十丸，莲子汤下。（《心统》）暖精益阳：前方去朱砂。每冷水空心下三十丸。（《经验》）睡即泄精：白龙骨四分，韭子五合。为散。空心酒服方寸匕。（《梅师方》）遗尿淋沥：白龙骨、桑螵蛸等分，为末。每盐汤服二钱。（《梅师方》）老疟不止：龙骨末方寸匕，先发一时，酒一升半，煮三沸，及热服尽。温覆取汗，即效。（《肘后》）泄泻不止：白龙骨、白石脂等分，为末，水丸梧子大。紫苏、木瓜汤下，量大人、小儿用。（《心鉴》）伤寒毒痢：伤寒八、九日至十余日，大烦渴作热，三焦有疮䘌，下痢，或张口吐舌，目烂，口鼻生疮，不识人，用此除热毒止痢。龙骨半斤，水一斗，煮四升，沉之井底。冷服五合，渐渐进之。（《外台方》）热病下痢欲死者：龙骨半斤研，水一斗，煮取五升，候极冷，稍饮，得汗即愈，效。（《肘后方》）久痢休息不止者：龙骨四两打碎，水五升，煮取二升半。分五服，冷饮。仍以米饮和丸，每服十丸。（《肘后方》）久痢脱肛：白龙骨粉，扑之。（姚和众方）鼻衄眩冒欲死者：龙骨末吹之。（《梅师方》）吐血衄血、九窍出血：并用龙骨末，吹入鼻中。昔有人衄血一斛，众方不止，用此即断。（《三因方》）耳中出血：龙骨末吹入之。（《三因方》）男妇溺血：龙骨末，水服方寸匕，日三。（《千金方》）小儿脐疮：龙骨煅研，敷之。（《圣惠方》）阴囊汗痒：龙骨、牡蛎粉，扑之。（《医宗三法》）

龙齿

【修治】同龙骨。或云以酥炙。

【气味】涩，凉，无毒。

当之曰：大寒。

之才曰：平。得人参、牛黄良。畏石膏、铁器。

【主治】杀精物。大人惊痫诸痉。癫疾狂走，心下结气，不能喘息。小儿五惊、十二痫（《本经》）。小儿身热不可近，大人骨间寒热，杀蛊毒（《别录》）。镇心，安魂魄（甄权）。治烦闷、热狂、鬼魅（《日华》）。

【发明】时珍曰：龙者东方之神，故其骨与角、齿皆主肝病。许叔微云：肝藏魂，能变化，故魂游不定者，治之以龙齿。即此义也。

龙角

【修治】同骨。

【气味】甘，平，无毒。

之才曰：畏干漆、蜀椒、理石。

【主治】惊痫瘛疭，身热如火，腹中坚及热泄。久服轻身，通神明。延年（《别录》）。小儿大热（甄权）。心热风痫，以烂角磨浓汁二合，食上服，日二次（苏颂。出韦丹方）。

【发明】颂曰：骨、齿医家常用，角则稀使，惟《深师》五邪丸用之，云无角用齿，而《千金》治心病有角、齿同用者。

龙脑

【主治】其形肥软，能断痢（陶弘景）。

龙胎

【主治】产后余疾，女人经闭。

弘景曰：比来巴中数得龙胞，形体具存。云治产后余疾，正当末服。

颂曰：许孝宗《箧中方》言：龙胎出蜀中山涧，大类干鱼鳞，煎时甚腥臊。治女经积年不通。同瓦松、景天各少许，以水两盏，煎一盏，去滓。分温二服。少顷，腹中转动便下。按此物方家罕知，而昔人曾用，世当有识者。

时珍曰：胞胎俱出巴蜀，皆主血疾，盖一物也。

龙涎

机曰：龙吐涎沫，可制香。

时珍曰：龙涎，方药鲜用，惟入诸香，云能收脑、麝数十年不散。又言焚之则翠烟浮空。出西南海洋中。云是春间群龙所吐涎沫浮出。番人采得货之，每两千钱。亦有大鱼腹中剖得者。其状初若脂胶，黄白色；干则成块，黄黑色，如百药煎而腻理；久则紫黑，如五灵脂而光泽。其体轻飘，似浮石而腥臊。

吊（《拾遗》）

【释名】吉吊。时珍曰：吊，旧无正条。惟苏颂《图经》载吉吊脂，云龙所生也。陈藏器《拾遗》有予脂一条，引《广州记》云：予，蛇头鳖身，膏主蛭刺云云。今考《广州记》及《太平御览》止云：吊，蛇头鼍身，膏至轻利等语。并无所谓蛇头鳖身、予膏主蛭刺之说。盖吊字似予，鼍字似鳖。至轻利三字似主蛭刺，传写讹误，陈氏遂承其误耳。吊既龙种，岂有鳖身？病中亦无蛭刺之证，其误可知，今改正之。精名紫梢花。

吊脂（一名吊膏）

【气味】有毒。

【主治】风肿痈毒，瘾疹赤瘙，病疥痔瘘，皮肤顽痹，踠跌折伤，内损瘀血。以脂涂上，炙手热摩之，即透（藏器）。治聋耳，不问年月。每日点入半杏仁许，便瘥（苏颂。出《延龄方》）。

紫梢花

【气味】甘，温，无毒。

【主治】益阳秘精，疗真元虚惫，阴痿遗精，余沥白浊如脂，小便不禁，囊下湿痒，女人阴寒冷带，入丸散及坐汤用（时珍。又《和剂》玉霜丸注云：如无紫梢花，以木贼代之）。

【附方】新二。阳事痿弱：紫梢花、生龙骨各二钱，麝香少许，为末。蜜丸梧子大。每服二十丸，烧酒下。欲解，饮生姜甘草汤。（《集简方》）阴痒生疮：紫梢花一两，胡椒半两，煎汤温洗，数次即愈。（《总微论》）

蛟龙（《纲目》）

【释名】时珍曰：按任昉《述异记》云：蛟乃龙属，其眉交生，故谓之蛟。有鳞曰蛟龙；有翼，曰应龙；有角，曰虬龙；无角，曰螭龙也。《梵书》名宫毗罗。

【集解】时珍曰：按裴渊《广州记》云：蛟长丈余，似蛇而四足，形广如楯。小头细颈，颈有白婴。胸前赭色，背上青斑，胁边若锦，尾有肉环。大者数围，其卵亦大。能率鱼飞，得鳖可免。王子年《拾遗录》云：汉昭帝钓于渭水，得白蛟若蛇，无鳞甲，头有软角，牙出唇外。命大官作鲊食甚美，骨青而肉紫。据此，则蛟亦可食也。

精

【气味】缺。有毒。

时珍曰：按张仲景《金匮要略》云：春夏二时，蛟龙带精入芹菜中。人食之，则病蛟龙症，痛不可忍。治以硬糖，日服二三升，当吐出如蜥蜴状也。唐医周顾治此，用雄黄、朴硝煮服下之。

髓

【主治】敷面，令人好颜色。又主易产（时珍。出《东方朔别传》）。

【附录】蜃（之刃切）。

时珍曰：蛟之属有蜃，其状亦似蛇而大，有角如龙状。红鬣，腰以下鳞尽逆。食燕子。能吁气成楼台城郭之状，将雨即见，名蜃楼，亦曰海市。其脂和蜡作烛，香凡百步，烟中亦有楼阁之形。《月令》云：雉入大水为蜃。陆佃云：蛇交龟则生龟，交雉则生蜃，物异而感同也。《类书》云：蛇与雉交而生子曰蟂，似蛇四足，能害人。陆禋云：蟂（音）即蛟也，或曰蜃也。又鲁至刚云：正月蛇与雉交生卵，遇雷即入土数丈为蛇形，经二三百年，乃能升腾。卵不入土，但为雉尔。观此数说，则蛟、蜃皆是一类，有生有化也。一种海蛤与此同名，罗愿以为雉化之蜃。未知然否？详介部车螯下。

鼍龙（《本经》中品）

【释名】鮀鱼（《本经》）、土龙。

藏器曰：《本经》鮀鱼，合改作鼍。鼍形如龙，声甚可畏。长一丈者，能吐气成云致雨。既是龙类，宜去其鱼。

时珍曰：鼍字象其头、腹、足、尾之形，故名。《博物志》谓之土龙。鮀乃鱼名，非此物也。今依陈氏改正之。

龙　鼍

【集解】《别录》曰：鮀鱼甲生南海池泽，取无时。

弘景曰：即鼍甲也，皮可冒鼓。性至难死，沸汤沃口，入腹良久乃剥之。

藏器曰：鼍性嗜睡，恒闭目。力至猛，能攻江岸。人于穴中掘之，百人掘，须百人牵之；一人掘，亦一人牵之。不然，终不可出。

颂曰：今江湖极多。形似守宫、鲮鲤辈，而长一二丈，背尾俱有鳞甲。夜则鸣吼，舟人畏之。

时珍曰：鼍穴极深，渔人以篾缆系饵探之，候其吞钩，徐徐引出。性能横飞，不能上腾。其声如鼓，夜鸣应更。谓之鼍鼓，亦曰鼍更，俚人听之以占雨。其枕莹净，胜于鱼枕。生卵甚多至百，亦自食之。南人珍其肉，以为嫁娶之敬。陆佃云：鼍身具十二生肖肉，惟蛇肉在尾最毒也。

鼍甲

【修治】酥炙，或酒炙用。

【气味】酸，微温，有毒。

权曰：甘，平，有小毒。

《日华》曰：无毒。蜀漆为之使。畏芫花、甘遂、狗胆。

【主治】心腹症瘕，伏坚积聚，寒热，女子小腹阴中相引痛，崩中下血五色，及疮疥死肌（《本经》）。五邪涕泣时惊，腰中重痛，小儿气癃眦溃（《别录》）。小腹气疼及惊恐（孟诜）。除腹内血积，妇人带下，百邪魍魉（甄权）。疗牙齿疳䘌宣露（《日华》）。杀虫，治瘰疬瘘疮，风顽瘙疥恶疮。炙烧，浸酒服之，功同鳖甲（藏器）。治阴疟（时珍）。

【发明】时珍曰：鼍甲所主诸证，多属厥阴，其功只在平肝木，治血杀虫也。《千金方》治风癫，有鼍甲汤。今药肆多悬之，云能辟蠹，亦杀虫之意。

【附方】旧一。肠风痔疾：颂曰：用皮及骨烧灰，米饮空心服二钱。甚者，入红鸡冠花、白矾为末和之。

肉

【气味】甘，有小毒。

颂曰：肉色似鸡，而发冷气痼疾。

藏器曰：梁·周兴嗣嗜此肉，后为鼍所喷，便生恶疮。此物有灵，不食更佳，其涎最毒。

陶曰：肉至补益，亦不必食。

【主治】少气吸吸，足不立地（《别录》）。湿气邪气，诸蛊，腹内症瘕，恶疮（藏器）。

脂

【主治】摩风及恶疮(张鼎)。

肝

【主治】五尸病。用一具炙熟。同蒜齑食(《肘后》)。

鲮鲤(《别录》下品)

【释名】龙鲤(郭璞)、穿山甲(《图经》)、石鲮鱼。

时珍曰:其形肖鲤,穴陵而居,故曰鲮鲤,而俗称为穿山甲,郭璞赋谓之龙鲤。《临海水土记》云:尾刺如三角菱。故谓石鲮。

鲮鲤

【集解】颂曰:鲮鲤即今穿山甲也。生湖广、岭南,及金、商、均、房诸州,深山大谷中皆有之。

弘景曰:形似鼍而短小,又似鲤而有四足,黑色,能陆能水。日中出岸,张开鳞甲如死状,诱蚁入甲,即闭而入水,开甲蚁皆浮出,因接而食之。

时珍曰:鲮鲤状如鼍而小,背如鲤而阔,首如鼠而无牙,腹无鳞而有毛,长舌尖喙,尾与身等。尾鳞尖厚,有三角,腹内脏腑俱全。而胃独大,常吐舌诱蚁食之。曾剖其胃,约蚁升许也。

甲

【修治】时珍曰:方用或炮、或烧,或酥炙、醋炙、童便炙,或油煎、土炒、蛤粉炒,当各随本方,未有生用者。仍以尾甲乃力胜。

【气味】咸,微寒,有毒。

【主治】五邪,惊啼悲伤,烧灰,酒服方寸匕。疗蚁瘘(《别录》)。小儿惊邪,妇人鬼魅悲泣,及疥癣痔漏(大明)。疗疮癞,及诸疰疾(弘景)。烧灰敷恶疮。又治山岚瘴疟(甄权)。除痎疟寒热,风痹强直疼痛,通经脉,下乳汁,消痈肿,排脓血,通窍杀虫(时珍)。

【发明】弘景曰:此物食蚁,故治蚁瘘。

时珍曰:穿山甲入厥阴、阳明经。古方鲜用,近世风疟、疮科、通经、下乳,用为要药。盖此物穴山而居,寓水而食。出阴入阳,能窜经络,达于病所故也。按刘伯温《多能鄙事》云:凡油笼渗漏,剥穿山甲里面肉靥投入,自至漏处补住。又《永州记》云:此物不可于堤岸上杀之,恐血入土,则堤岸渗漏。观此二说,是山可使穿,堤可使漏,而又能至渗处,其性之走窜可知矣。谚曰:穿山甲,王不留,妇人食了乳长流。亦言其迅速也。李仲南言:其性专行散,中病即止,不可过服。又按《德生堂经验方》云:凡风湿冷痹之证,因水湿所致,浑身上下,强直不能屈伸,痛不可忍者。于五积散加穿山甲七片，看病在左右手足，或臂胁疼痛处，即于鲮鲤身上取甲炮熟，同全蝎（炒）十一个，葱、姜同水煎，入无灰酒一匙，热服，取汗（避风）甚良。

【附方】旧四，新十九。中风瘫痪，手足不举：用穿山甲（左瘫用右甲，右痪用左甲，炮熟）、大川乌头（炮熟）、红海蛤（如棋子大者）各二两，为末。每用半两，捣葱白汁和成厚饼，径寸半，随左右贴脚心，缚定。密室安坐，以贴药脚浸热汤盆中，待身麻汗出，急去药。宜谨避风，自然手足可举。半月再行一次，除根。忌口，远色，调养。亦治诸风疾。（《卫生宝鉴》）热疟不寒：穿山甲一两，干枣十个，同烧存性，为末。每服二钱，发日，五更井花水服。（《杨氏家藏》）下痢里急：穿山甲、蛤粉等分，同炒研末。每服一钱，空心温酒下。（《普济方》）肠痔气痔出脓血：用穿山甲（烧存性）一两，肉豆蔻三枚，为末。每米饮服二钱。甚者加猬皮灰一两，中病即止。（《衍义》）鼠痔成疮肿痛：用穿山甲尾尖处一两（炙存性），鳖甲（酒炙酥）一两，麝香半钱，为末。每服一钱半，真茶汤服，取效。（《直指方》）蚁瘘不愈：鲮鲤甲二七枚烧灰，猪脂调敷。（《千金方》）妇人阴癞，硬如卵状：随病之左右，取穿山甲之左右边五钱，以沙炒焦黄，为末。每服二钱，酒下。（《摘玄方》）乳汁不通：涌泉散：用穿山甲炮研末，酒服方寸匕，日二服。外以油梳梳乳，即通。（《单骧方》）乳癌乳痈：方同上。吹奶疼痛：穿山甲（炙焦）、木通各一两，自然铜（生用）半两，为末。每服二钱，酒下取效。（《图经》）痘疮变黑：穿山甲、蛤粉炒为末。每服五分，入麝香少许，温酒服。即发红色，如神。（《直指方》）肿毒初起：穿山甲（插入谷芒热灰中，炮焦为末）二两，入麝香少许。每服二钱半，温酒下。（《仁斋直指方》）马疔肿毒：穿山甲（烧存性）、贝母等分为末。酒调服，三、四次。乃用下药，利去恶物即愈。（鲍氏方）便毒便痈：穿山甲半两，猪苓三钱，并以醋炙研末，酒服二钱。外穿山甲末和麻油、轻粉涂之。或只以末涂之。（《直指》）瘰疬溃坏：《集验方》：用鲮鲤甲二十一片烧研，敷之。《寿域方》：用穿山甲（土炒）、斑蝥、熟艾等分，为末，敷之。外以乌桕叶贴上，灸四壮，效。眉炼癣疮生眉中者：穿山甲前膊鳞，炙焦为末，清油和轻粉调敷。（《直指方》）蚁入耳内：鲮鲤甲烧研，水调，灌入即出。（《肘后》）聤耳出脓：穿山甲烧存性，入麝香少许，吹之。三日水干即愈。（《鲍氏小儿方》）耳内疼痛：穿山甲二个，夹土狗二个，同炒焦黄，为末。每吹一字入耳内。亦治耳聋。（《普济方》）耳鸣耳聋：卒聋，及肾虚，耳内如风、水、钟、鼓声。用穿山甲一大片（以蛤粉炒赤），去粉，蝎梢七个，麝香少许，为末，以麻油一滴化蜡，和作梃子，绵裹塞之。（《摄生众妙方》）火眼赤痛：穿山甲一片为末，铺白纸上，卷作绳，烧烟熏之。（《寿域方》）倒睫拳毛：穿山甲，竹刀刮去肉，将羊肾脂抹甲亡，炙黄。如此七次，为末。随左右眼，用一字嗃鼻内，口中噙水。日用三次，二月取效。（《儒门事亲》）

肉

【气味】甘，涩，温，有毒。

时珍曰：按张杲《医说》云：鲮鲤肉最动风。风疾人才食数脔，其疾一发，四肢顿废。时珍窃谓此物性窜而行血，风人多血虚故也。然其气味俱恶，亦不中用。

石龙子(《本经》中品)

【释名】山龙子(《别录》)、泉龙(《繁露注》),石蜴(音易)、蜥蜴(《别录》)、猪婆蛇(《纲目》)、守宫。

子龙石

时珍曰:此物生山石间,能吐雹,可祈雨,故得龙子之名。蜥蜴本作析易。许慎云:易字篆文象形。陆佃云:蜴善变易吐雹,有阴阳析易之义。周易之名,盖取乎此。今俗呼为猪婆蛇是矣。

弘景曰:守宫,蝘蜓也。而此亦名守宫,殊难分别。详见守宫条。

【气味】咸,寒,有小毒。

之才曰:恶硫黄、芜荑、斑蝥。

【主治】五癃邪结气,利小便水道,破石淋下血(《本经》)。消水饮阴㿉,滑窍破血。娠妇忌用(时珍)。

【发明】宗奭曰:蜥蜴能吐雹祈雨,故能治癃淋,利水道。

时珍曰:其功长于利水,故《千金》治癥结水肿,尸疰留饮,有蜥蜴丸。《外台》治小儿阴溃用之,皆取其利水也。刘涓子用同斑蝥、地胆治瘘疾,取其利小便,解二物之毒也。

【附方】新二。小儿阴㿉:用蜥蜴一枚烧灰,酒服。(《外台秘要》)诸瘘不愈:用蜥蜴(炙)三枚,地胆(炒)三十枚,斑蝥(炒)四十枚,为末,蜜丸小豆大。每服二丸,白汤下。治诸法不效者。(《刘涓子鬼遗方》)

肝

【主治】缺。

【附方】新一。去生胎:蜥蜴肝、蛇蜕皮等分,以苦酒和匀,摩妊妇脐上及左右令温,胎即下也。(《圣惠》)

守宫(《纲目》)

【释名】壁宫(苏恭)、壁虎(时珍)、蝎虎(苏恭),蝘蜓(音偃殄)。

弘景曰:蝘蜓喜缘篱壁间。以朱饲之,满三斤杀,干末以涂女人身,有交接事便脱,不尔如赤志,故名守宫。而蜥蜴亦名守宫,殊难分别。按东方朔云:若非守宫则蜥蜴,是矣。

恭曰:蝘蜓又名蝎虎,以其常在屋壁,故名守宫,亦名壁宫。饲朱点妇人,谬说也。

时珍曰:守宫,善捕蝎、蝇,故得虎名。《春秋考异邮》云:守宫食虿,土胜水也。点臂之说,《淮南万毕术》、张华《博物志》、彭乘《墨客挥犀》,皆有其法,大抵不真。

恐别有术，今不传矣。扬雄《方言》云：秦、晋、西夏谓之守宫，亦曰蠦蝘，南阳人呼为蝘蜓，在泽中者谓之蜥蜴，楚人谓之蝾螈。

守宫

【集解】时珍曰：守宫，处处人家墙壁有之。状如蛇医，而灰黑色，扁首长颈，细鳞四足，长者六、七寸，亦不闻噬人。南人有十二时虫，即守宫之五色者，附见于下：

【附录】十二时虫

时珍曰：十二时虫，一名避役，出容州、交州诸处，生人家篱壁、树木间，守宫之类也。大小如指，状同守宫，而脑上连背有肉鬣如冠帻，长颈长足，身青色，大者长尺许，尾与身等，啮人不可疗。《岭南异物志》言：其首随十二时变色，见者主有喜庆。《博物志》言：在阴多缃绿，日中变易。或青或绿，或丹或黄，或红或赤。《北户录》言不能变十二色，但黄、褐、青、赤四色而已。窃按陶弘景言：石龙五色者为蜥蜴。陆佃言：蜥蜴能十二时变易，故得易名。若然，则此虫亦蜥蜴矣，而生篱壁间，盖五色守宫尔。陶氏所谓守宫螫人必死，及点臂成志者，恐是此物。若寻常守宫，既不堪点臂，亦未有螫人至死者也。

【气味】咸、寒，有小毒。

【主治】中风瘫痪，手足不举，或历节风痛，及风痓惊痫，小儿疳痢，血积成痞，疠风瘰疬，疗蝎螫（时珍）。

【发明】时珍曰：守宫，旧附见于石龙下，云不入药用。近时方术多用之。杨仁斋言：惊痫皆心血不足，其血与心血相类，故治惊痫。取其血以补心。其说近似，而实不然。盖守宫食蝎虿，蝎虿乃治风要药。故守宫所治风痓惊痫诸病，亦犹蜈、蝎之性能透经络也。且入血分，故又治血病疮疡。守宫祛风，石龙利水，功用自别，不可不知。

【附方】新十四。小儿脐风：用壁虎后半截焙为末，男用女乳，女用男乳，调匀，入稀鸡矢少许，掺舌根及牙关。仍以手蘸摩儿，取汗出，甚妙。（笔峰《杂兴方》）久年惊痫：守宫膏：用守宫一个（剪去四足，连血研烂），入珍珠、麝香、龙脑香各一字，研匀，以薄荷汤调服。仍先或吐或下去痰涎，而后用此，大有神效。（《奇效方》）小儿撮口：用朱砂末安小瓶内，捕活蝎虎一个入瓶中，食砂末月余，待体赤，阴干为末。每薄荷汤服三四分。（方广《附余》）心虚惊痫：用褐色壁虎一枚，连血研烂，入朱砂、麝香末少许，薄荷汤调服。继服二陈汤，神效，（《仁斋直指》）瘫痪走痛：用蝎虎（即蝘蜓）一枚（炙黄），陈皮五分，罂粟壳（蜜炒）一钱，甘草、乳香、没药各二钱半，为末。每服三钱，水煎服。（《医学正传》）历节风痛不可忍者：壁虎丸：用壁虎三枚（生研），蛴螬三枚（湿纸包，煨研），地龙五条（生研），草乌头三枚（生研），木香五钱，乳香末二钱半，麝香一钱，龙脑五分，合研成膏。入酒糊捣，丸如梧桐子大。每日空心乳香酒服三十丸，取效。（《总录》）破伤中风：身如角弓反张，筋急口噤者，用守宫丸治之。守宫（炙干去足）七枚，天南星（酒浸三日晒干）一两，腻粉半钱，为末，以薄面糊丸绿豆大。每以七丸，酒灌下，少顷汗出得解，更与一服，再汗即瘥。或加白附子一两，以蜜丸。（《圣惠方》）疠风成癞：祛风散：用东行蝎虎一条（焙干)，大蚕砂五升(水淘炒)。各为末，以小麦面四升，拌作络索，曝干研末。每服一二合，煎柏叶汤下，日三服，取效。(《卫生宝鉴》)瘰疬初起：用壁虎一枚，焙研。每日服半分，酒服。(《青囊》)血积成块：用壁虎一枚，白面和一鸭子大，包裹研烂，作饼烙熟食之，当下血块，不过三五次即愈，甚验。《青囊》小儿疳疾：蝎虎丹：治一切疳瘦、下痢，证候全备，及无辜疳毒，如邪病者。用干雄蝎虎一个(微炙)，蜗牛壳、兰香根、靛花、雄黄、麝香各一分，龙脑半分，各研为末，米醋煮糊丸黍米大。每脂麻汤下十丸，日二服，取效。(《奇效良方》)虿蝎螫伤：端午日午时收壁虎一枚，以鸡胆开一窍盛之，阴干。每以一星敷上即止，神效。(《青囊》)反胃膈气：地塘虫(即壁虎也)七个(砂锅炒焦)，木香、人参、朱砂各一钱半，乳香一钱。为末，蜜丸梧子大。每服七丸，木香汤下，早晚各一服。《丹溪摘玄》)痈疮大痛：壁虎焙干研末，油调敷之。即止。(《医方摘要》)

粪

【主治】烂赤眼(时珍)。

【附方】新一。胎赤烂眼昏暗：用蝎虎数枚，以罐盛黄土按实，入蝎虎在内，勿令损伤。以纸封口，穿数孔出气。候有粪数粒，去粪上一点黑者，只取一头白者，唾津研成膏，涂眼睫周回，不得揩拭。来早以温浆水洗三次，甚效。(《圣济总录》)

蛤蚧(宋《开宝》)

【释名】蛤蟹(《日华》)、仙蟾。

志曰：一雌一雄，常自呼其名。

时珍曰：蛤蚧，因声而名，仙蟾，因形而名；岭南人呼蛙为蛤，又因其首如蛙、蟾也。雷敩以雄为蛤，以雌为蚧，亦通。

蛤蚧

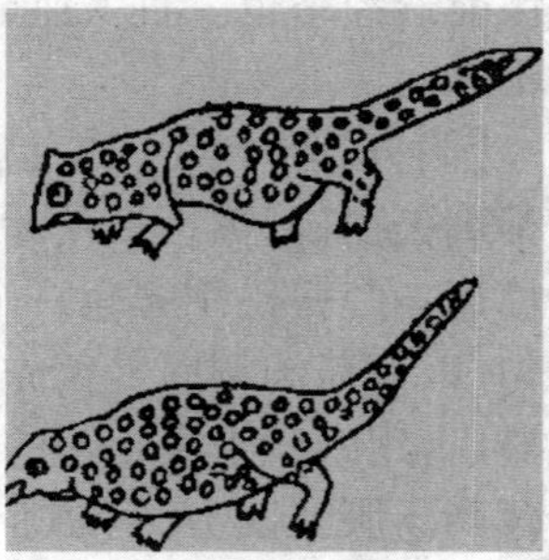

【集解】志曰：蛤蚧生岭南山谷，及城墙或大树间。形如大守宫，身长四五寸，尾与身等。最惜其尾，见人取之，多自啮断其尾而去。药力在尾，尾不全者不效。扬雄《方言》云：桂林之中，守宫能鸣者，俗谓之蛤蚧。盖相似也。

禹锡曰：按《岭表录异》云：蛤蚧首如蛤蟆，背有细鳞，如蚕子，土黄色，身短尾长。多巢于榕木及城楼间，雌雄相随，旦暮则鸣。或云鸣一声是一年者。俚人采鬻，云治肺疾。

珣曰：生广南水中，夜即居于榕树上。雌雄相随，投一获二。近日西路亦有之，其状虽小，滋力一般。俚人采之割腹，以竹张开，曝干鬻之。

颂曰：人欲得首尾全者，以两股长柄铁叉，如粘黐竿状，伺于榕木间，以叉刺之，一股中脑，一股着尾，故不能啮也。入药须雌雄两用。或云阳人用雌，阴人用雄。

敩曰：雄为蛤，皮粗口大，身小尾粗；雌为蚧，皮细口尖，身大尾小。

时珍曰：按段公路《北户录》云：其首如蟾蜍，背浅绿色，上有土黄斑点，如古锦纹,长尺许,尾短,其声最大,多居古木窍间,亦守宫、蜥蜴之类也。又顾玠《海槎录》云:广西横州甚多蛤蚧,牝牡上下相呼。累日,情洽乃交,两相抱负,自堕于地。人往捕之,亦不知觉,以手分劈,虽死不开。乃用熟稿草细缠,蒸过曝干售之,炼为房中之药甚效。寻常捕者,不论牝牡,但可为杂药及兽医方中之用耳。

【修治】敩曰:其毒在眼。须去眼及甲上、尾上、腹上肉毛,以酒浸透,隔两重纸缓焙令干,以瓷器盛,悬屋东角上一夜用之,力可十倍,勿伤尾也。

《日华》曰:凡用去头、足,洗去鳞鬣内不净,以酥炙用(或用蜜炙)。

李珣曰:凡用须炙令黄色,熟捣。口含少许,奔走不喘息者,为真也。宜丸散中用。

【气味】咸,平,有小毒。

《日华》曰:无毒。

【主治】久咳嗽,肺劳传尸,杀鬼物邪气,下淋沥,通水道(《开宝》)。下石淋,通月经。治肺气,疗咳血(《日华》)。肺痿咯血,咳嗽上气,治折伤(《海药》)。补肺气,益精血,定喘止嗽。疗肺痈消渴,助阳道(时珍)。

【发明】宗奭曰:补肺虚劳嗽有功。

时珍曰:昔人言补可去弱,人参羊肉之属。蛤蚧补肺气,定喘止渴,功同人参。益阴血,助精扶羸,功同羊肉。近世治劳损痿弱,许叔微治消渴,皆用之,俱取其滋补也。刘纯云:气液衰、阴血竭者,宜用之。何大英云:定喘止嗽,莫佳于此。

【附方】旧二。久嗽肺痈:宗奭曰:久嗽不愈,肺积虚热成痈,咳出脓血,晓夕不止,喉中气塞,胸膈噎痛。用蛤蚧、阿胶、鹿角胶、生犀角、羚羊角各二钱半,用河水三升,银石器内文火熬至半升,滤汁。时时仰卧细呷。日一服。张刑部子皋病此,田枢密况授方,服之遂愈。喘嗽面浮并四肢浮者:蛤蚧(一雌一雄,头尾全者,法酒和蜜涂之,炙熟),紫团人参(似人形者)半两为末,化蜡四两,和作六饼。每煮糯米薄粥一盏,投入一饼搅化,细细热呷之。(《普济》)

盐龙(《纲目》)

【集解】时珍曰:按《何薳春渚纪闻》云:宋徽宗时,将军萧注破南蛮,得其所养盐龙,长尺余,籍以银盘,中置玉盂,以玉箸摭海盐饲之。每鳞中出盐则收取,云能兴阳事,每以温酒服一钱匕。后龙为蔡京所得,及死,以盐封,数日取用亦有力。愚按此物生于殊方,古所不载,而有此功,亦稀物也。因附于此以俟。

鳞之二

蛇类一十七种

蛇蜕(《本经》下品)

【释名】蛇皮(甄权)、蛇壳(俗名)、龙蜕(《纲目》)、龙子衣(《本经》)、龙子皮

(《别录》)、弓皮(《本经》)、蛇符(《同上》)、蛇筋(《吴普》)。

时珍曰:蛇字,古文象其宛转有盘曲之形。蜕音脱,又音退,退脱之义也。龙、弓、符、筋,并后世廋隐之名耳。

【集解】《别录》曰:生荆州川谷及田野。五月五日、十五日取之,良。

弘景曰:草中少见虺蝮蜕,惟有长者,多是赤鲢、黄颔辈,其皮不可辨,但取石上完全者为佳。

颂曰:南中木石上,及人家墙屋间多有之。蛇蜕无时,但着不净即脱,或大饱亦脱。

【修治】敩曰:凡使,勿用青、黄、苍色者,只用白色如银者。先于地下掘坑,深一尺二寸,安蜕于中,一宿取出,醋浸炙干用。

时珍曰:今人用蛇蜕,先以皂荚水洗净缠竹上,或酒、或醋、或蜜浸,炙黄用。或烧存性,或盐泥固煅,各随方法。

【气味】咸、甘,平,无毒.火熬之良。

权曰:有毒。畏磁石及酒。孕妇忌用。

【主治】小儿百二十种惊痫蛇痫,癫疾瘛疭,弄舌摇头,寒热肠痔,蛊毒(《本经》)。大人五邪。言语僻越,止呕逆。明目。烧之疗诸恶疮(《别录》)。喉痹,百鬼魅(甄权)。炙用辟恶,止小儿惊悸客忤。煎汁敷疬疡,白癜风。催生(《日华》)。安胎(孟诜)。止疟(藏器曰:正发日取塞两耳,又以手持少许,并服盐醋汁令吐。)辟恶去风杀虫。烧末服,治妇人吹奶,大人喉风,退目翳,消木舌。敷小儿重舌重腭,唇紧解颅,面疮月蚀,天泡疮。大人疔肿,漏疮肿毒。煮汤,洗诸恶虫伤(时珍)。

【发明】宗奭曰:蛇蜕,从口退出,眼睛亦退。今眼药及去翳膜用之,取此义也。

时珍曰:入药有四义:一能辟恶,取其变化性灵也,故治邪僻、鬼魅、蛊疟诸疾;二能去风,取其属巽性窜也,故治惊痫、癜驳、喉舌诸疾;三能杀虫,故治恶疮、痔漏、疥癣诸疾,用其毒也;四有蜕义,故治翳膜、胎产、皮肤诸疾,会意从类也。

【附方】旧十六,新二十。喉痹:《心镜》:治小儿喉痹肿痛。烧末,以乳汁服一钱。缠喉风疾气闭者:《杜壬方》:用蛇蜕(炙)、当归等分,为末。温酒服一钱,取吐。一方:用蛇皮揉碎烧烟,竹筒吸入即破。一方:蛇皮裹白梅一枚,噙咽。大小口疮:蛇蜕皮水浸软,拭口内,一二遍,即愈。仍以药贴足心。(《婴孩宝鉴》)小儿木舌:蛇蜕烧灰,乳和服少许。(《千金方》)小儿重舌:(《千金》)小儿重腭:并用蛇蜕灰,醋调敷之。(《圣惠方》)小儿口紧不能开合饮食,不语即死:蛇蜕烧灰,拭净敷之。(《千金方》)小儿解颅:蛇蜕熬末,以猪颊车髓和,涂之。日三四易。(《千金方》)小儿头疮:(《子母秘录》)。小儿面疮:同上。小儿月蚀:并用蛇蜕烧灰,腊猪脂和,敷之。(《肘后方》)小儿吐血:蛇蜕灰,乳汁调,服半钱。(《子母秘录》)痘后目翳:周密《齐东野语》云:小儿痘后障翳。用蛇蜕一条(洗焙),天花粉五分,为末。以羊肝破开,夹药缚定,米泔水煮食。予女及甥,皆用此得效,真奇方也。卒生翳膜:蛇蜕皮一条,洗晒细剪,以白面和作饼,炙焦黑色,为末。食后温水服一钱,日二次。(《圣惠方》)小便不通:全蛇蜕一条,烧存性研,温酒服之。胎痛欲产日月未足者:以全蜕一条,绢袋盛,绕腰系之。(《千金方》)横生逆生、胞衣不下:《千金》:用蛇蜕炒焦为末,向东酒服一刀圭,即顺。《十全博救方》:用蛇皮一条,瓶子内盐泥固,煅研二钱,榆白皮汤服。《济生秘览》:治逆生须臾不救。用蛇蜕一具,蝉蜕十四个,头发一握,并烧存性。分二服,酒下。仍以小针刺儿足心三七下,擦盐少许,即生。妇人产难:蛇蜕泡水浴产门,自易。(《宝鉴》)妇人吹乳:蛇皮一尺七寸,烧末,温酒一盏服。(《产乳》)肿毒无头:蛇蜕灰,猪脂和涂。(《肘后》)石痈无脓,坚硬如石:用蛇蜕皮贴之,经宿即愈。(《千金》)诸肿有脓:蛇蜕灰,水和,敷上,即孔出。(《千金翼》)疔肿鱼脐:《外台》:用蛇蜕鸡子大,水四升,煮三、四沸,服汁立瘥。《直指》:治鱼脐疮出水,四畔浮浆。用蛇蜕烧存性研,鸡子清和敷。恶疮似癞十年不瘥者:全蜕一条烧灰,猪脂和敷。仍烧一条,温酒服。(《千金方》)癜风白驳:《圣惠》:用蛇皮烧灰,醋调涂。《外台》:用蛇蜕摩数百遍,令热,弃草中勿回顾。陷甲入肉,常有血痛苦:用蛇皮一具烧灰,雄黄一弹丸,同研末。先以温浆洗疮,针破贴之。(初虞世方)耳忽大痛,如有虫在内奔走,或血水流出,或干痛不可忍者:蛇蜕皮烧存性研,鹅翎吹之立愈。经验秘方也。(杨拱《医方摘要》)

蚺蛇(蚺音髯。《别录》下品)

【释名】南蛇(《纲目》),埋头蛇。

时珍曰:蛇属纤行,此蛇身大而行更纤徐。冉冉然也,故名蚺蛇。或云鳞中有毛如髯也。产于岭南,以不举首者为真,故世称为南蛇、埋头蛇。

【集解】颂曰:蚺蛇,陶弘景言出晋安,苏恭言出桂、广以南高、贺等州,今岭南诸郡皆有之。

弘景曰:大者二三围。在地行不举头者是真,举头者非真。其膏、胆能相乱。

韩保升曰:大者径尺,长丈许,若蛇而粗短。

恭曰:其形似鳢,头似鼍,尾圆无鳞,性难死。土人截其肉作脍,谓为珍味。

藏器曰:其脍着醋,能卷人箸,终不可脱,惟以芒草作箸乃可。段成式《酉阳杂俎》云:蚺蛇长十丈。尝吞鹿,鹿消尽,乃绕树,则腹中之骨穿鳞而出,养创时肪腴甚美。或以妇人衣投之,则蟠而不起。

时珍曰:按刘恂《岭表录异》云:蚺蛇,大者五、六丈,围四五尺;小者不下三四丈,围亦称是。身有斑纹,如故锦缬。春夏于山林中伺鹿吞之,蛇遂羸瘦,待鹿消乃肥壮也。或言一年食一鹿也。又顾玠《海槎录》云:蚺蛇吞鹿及山马,从后脚入,毒气呵及,角自解脱。其胆以小者为佳。《王济手记》云:横州山中多蚺蛇,大者十余丈,食獐鹿,骨角随腐。土人采葛藤塞入穴中,蛇嗅之即靡。乃发穴取之,肉极腴美,皮可冒鼓,及饰刀剑乐器。范成大《虞衡志》云:寨兵捕蚺蛇,满头插花,蛇即注视不动,乃逼而断其首,待其腾掷力竭乃毙,舁归食之。又按《山海经》云:巴蛇食象,三年而出其骨。君子服之,无心腹之疾。郭璞注云:今蚺蛇即其类也。《南裔志·蚺蛇赞》曰:蚺惟大蛇,既洪且长。采色驳映,其文锦章。食豕吞鹿,腴成养创。

宾飨嘉食，是豆是觞。

胆

段成式曰：其胆上旬近头，中旬近心，下旬近尾。

颂曰：《岭表录异》云：雷州有养蛇户，每岁五月五日即舁蛇入官，取胆曝干，以充土贡。每蛇以软草借于篮中，盘屈之。将取，则出于地上，用杈拐十数，翻转蛇腹，按定，约分寸，于腹间剖出肝胆。胆状若鸭子大，取讫，内肝于腹，以线缝合，舁归放之。或言蛇被取胆者，他日捕之，则远远露腹疮，以明无胆。又言取后能活三年，未知的否？

时珍曰：南人嗜蛇，至于发穴搜取，能容蚺之再活露腹乎？

弘景曰：真胆狭长通黑，皮膜极薄，舐之甜苦，摩以注水，即沉而不散。

恭曰：试法：剔取粟许着净水中，浮游水上回旋行走者为真；其径沉者，诸胆血也。勿多着，亦沉散也。陶未得法耳。

诜曰：人多以猪胆、虎胆伪之，虽水中走，但迟耳。

【气味】甘、苦，寒，有小毒。

【主治】目肿痛，心腹䘌痛，下部䘌疮（《别录》）。小儿八痫（李珣）。杀五疳。水化灌鼻中，除小儿脑热，疳疮䘌漏。灌下部，治小儿疳痢。同麝香，敷齿疳宣露（孟诜）。破血，止血痢，虫蛊下血（藏器）。明目，去翳膜，疗大风（时珍）。

【发明】时珍曰：蚺禀己土之气，其胆受甲乙风木，故其味苦中有甘。所主皆厥阴、太阴之病，能明目凉血，除疳杀虫。

慎微曰：顾含养嫂失明，须用蚺蛇胆，含求不得。有一童子以一合投含。含视之，蚺蛇胆也。童子化为青鸟而去。含用之，嫂目遂明。

【附方】旧二，新二。小儿急疳疮：水调蚺蛇胆，敷之。（《圣惠》）小儿疳痢：羸瘦多睡，坐则闭目，食不下。用蚺蛇胆豆许二枚，煮通草汁研化，随意饮之。并涂五心、下部。（杨氏《产乳》）齿䘌宣露，出脓血：用蚺蛇胆三钱，枯白矾一钱，杏仁四十七枚，研匀。以布揩龈，嗍令血尽。日三掺之，愈乃止。（《圣惠》）痔疮肿痛：蚺蛇胆研，香油调涂，立效。（《医方摘要》）

肉

【气味】甘，温，有小毒。四月勿食。

【主治】飞尸游蛊。喉中有物，吞吐不出（藏器）。除疳疮，辟瘟疫瘴气（孟诜）。除手足风痛，杀三虫，去死肌，皮肤风毒疠风，疥癣恶疮（时珍）。

【发明】权曰：度岭南，食蚺蛇，瘴毒不侵。

时珍曰：按柳子厚《捕蛇者说》云：永州之野产异蛇，黑质白章，触草木尽死，以啮人无御之者。然得而腊之以为饵，可已大风挛腕瘘疠，去死肌，杀三虫。又张鷟《朝野佥载》云：泉州卢元钦患疠风，惟鼻根未倒。五月五日，官取蚺蛇胆进贡。或言肉可治风，遂取食之。三五日顿可，百日平复。

【附方】新三。蚺蛇酒：治诸风瘫痪，筋挛骨痛，痹木瘙痒，杀虫辟瘴，及疠风疥癣恶疮。用蚺蛇肉一斤，羌活一两，绢袋盛之，用糯米二斗蒸熟，安曲于缸底，置蛇于曲上，乃下饭密盖，待熟取酒。以蛇焙研和药。其酒每随量温饮数杯。忌风及欲事。亦可袋盛浸酒饮。(《集简方》)急痔蚀烂：蚺蛇肉作脍食之。(《圣惠方》)狂犬啮人：蛇脯为末，水服五分，日三服。无蚺蛇，他蛇亦可。(《外台秘要》)

膏

弘景曰：真膏累累如梨豆子相着，他蛇膏皆大如梅、李子也。

【气味】甘，平，有小毒。

【主治】皮肤风毒，妇人产后腹痛余疾(《别录》)。多入药用，亦疗伯牛疾(弘景。癞也)。绵裹塞耳聋(时珍。出《外台》)。

牙(长六、七寸)

【主治】佩之，辟不祥，利远行(时珍。《异物志》)。

蛇鳞

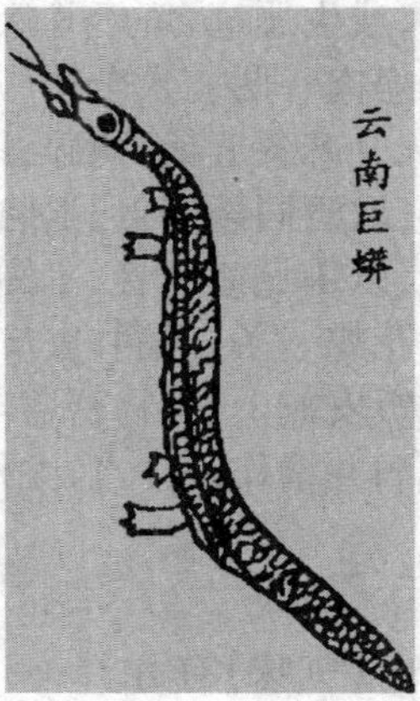

鳞蛇(《纲目》)

【集解】时珍曰：按《方舆胜览》云：鳞蛇出安南、云南·镇康州、临安、沅江、孟养诸处，巨蟒也。长丈余，有四足，有黄鳞、黑鳞二色，能食麋鹿。春冬居山，夏秋居水，能伤人。土人杀而食之，取胆治疾，以黄鳞者为上，甚贵重之。珍按此亦蚺蛇之类，但多足耳。陶氏注蚺蛇分真假，其亦此类欤？

胆

【气味】苦，寒，有小毒。

【主治】解药毒，治恶疮及牙疼(时珍。出《胜览》及《一统志》)。

白花蛇(宋《开宝》)

【释名】蕲蛇(《纲目》)、褰鼻蛇。

宗奭曰：诸蛇鼻向下，独此鼻向上，背有方胜花纹，以此得名。

肉

【气味】甘，咸，温，有毒。

时珍曰：得酒良。

【主治】中风湿痹不仁。筋脉拘急。口面㖞斜，半身不遂。骨节疼痛，脚弱不能久立，暴风瘙痒。大风疥癞(《开宝》。颂曰：花蛇治风，速于诸蛇。黔人治疥癞遍体，诸药不效者。生取此蛇中剂，以砖烧红，沃醋令气蒸，置蛇于上，以盆覆一夜。如此三次，去骨取肉，芼以五味令烂，顿食之。瞑眩一昼夜乃醒，疮疕随皮便退，其疾便愈)。治肺风鼻塞,浮风瘾疹,身生白癜风,疬疡斑点(甄权)。通治诸风,破伤风,小儿风热,急慢惊风搐搦,瘰疬漏疾,杨梅疮,痘疮倒陷(时珍)。

【发明】敩曰:蛇性窜,能引药至于有风疾处,故能治风。

时珍曰:风善行数变,蛇亦善行数蜕,而花蛇又食石南,所以能透骨搜风,截惊定搐,为风痹惊搐、癞癣恶疮要药。取其内走脏腑,外彻皮肤,无处不到也。凡服蛇酒、药,切忌见风。

【附方】新十三。驱风膏:治风瘫疠风,遍身疥癣。用白花蛇肉四两(酒炙),天麻七钱半,薄荷、荆芥各二钱半,为末。好酒二升,蜜四两,石器熬成膏。每服一盏,温汤服,日三服。急于暖处出汗,十日效。(《医垒元戎》)世传百花蛇酒:治诸风无新久,手足缓弱,口眼㖞斜,语言謇涩。或筋脉挛急,肌肉顽痹,皮肤燥痒,骨节疼痛,或生恶疮、疥癞等疾。用白花蛇一条,温水洗净,头尾各去三寸,酒浸,去骨刺,取净肉一两。入全蝎(炒)、当归、防风、羌活各一钱,独活、白芷、天麻、赤芍药、甘草、升麻各五钱,判碎,以绢袋盛贮。用糯米二斗蒸熟。如常造酒,以袋置缸中,待成,取酒同袋密封,煮熟,置阴地七日出毒。每温饮数杯,常令相续。此方乃蕲人板印,以侑蛇馈送者,不知所始也。(《濒湖集简方》)瑞竹白花蛇酒:治诸风疠癣。用白花蛇一条,酒润,去皮骨,取肉绢袋盛之。蒸糯米一斗,安曲于缸底,置蛇于曲上,以饭安蛇上,用物密盖。三七日取酒,以蛇晒干为末。每服三五分,温酒下。仍以浊酒并糟作饼食之,尤佳。(《瑞竹堂经验方》)

头

【气味】有毒。

【主治】癜风毒癞(时珍)。

【附方】新一。紫癜风:除风散:以白花蛇头二枚(酒浸,炙),蝎梢一两(炒),防风一两,上为末。每服一钱,温酒下,日一服。(《圣济总录》)

目睛

【主治】小儿夜啼。以一只为末,竹沥调少许灌之(《普济》)。

乌蛇(宋《开宝》附)

【释名】乌梢蛇(《纲目》)、黑花蛇(《纲目》)。

【集解】志曰:乌蛇生商洛山。背有三棱,色黑如漆。性善,不噬物。江东有黑梢蛇,能缠物至死,亦此类也。

颂曰:蕲州、黄州山中有之。《乾宁记》云:此蛇不食生命,亦不害人,多在芦丛中吸南风及其花气。最难采捕,多于芦枝上得之。其身乌而光,头圆尾尖,眼有赤光。至枯死眼不陷如活者,称之重七钱至一两者为上,十两至一镒者为中,粗大者力弥减也。作伪者用他蛇熏黑,亦能乱真,但眼不光耳。

宗奭曰:乌蛇脊高,世称剑脊乌梢。尾细长,能穿小铜钱一百文者佳。有身长丈余者。其性畏鼠狼。蛇类中惟此入药最多。

数曰：凡一切蛇，须辨雌雄、州土。蕲州乌蛇，头上有逆毛二寸一路，可长半分以来，头尾相对，使之入药如神。只重一两以下，彼处得此多留进供。蛇腹下有白带子一条，长一寸者，雄也，宜入药用。采得，去头及皮鳞、带子，剉断，苦酒浸一宿，漉出，柳木炭火炙干，再以酥炙。于屋下巳地上掘坑，埋一夜，再炙干用。或以酒煮干用亦可。

乌蛇

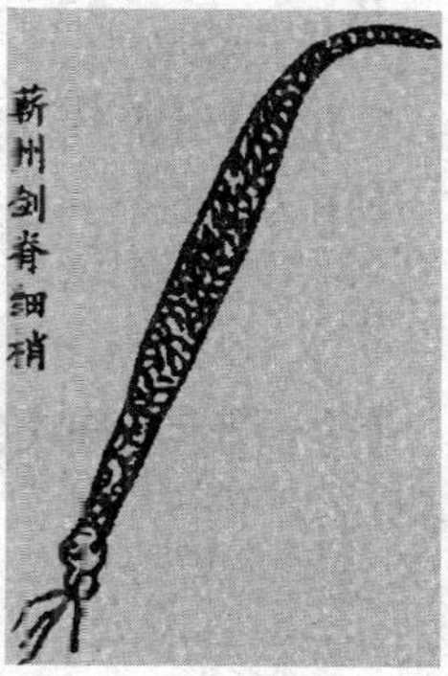

时珍曰：乌蛇有二种：一种剑脊细尾者为上。一种长大无剑脊而尾稍粗者，名风梢蛇，亦可治风，而力不及。

肉

【气味】甘，平，无毒。

《药性论》曰：有小毒。

【主治】诸风顽痹，皮肤不仁，风瘙瘾疹，疥癣（《开宝》）。热毒风，皮肌生癞，眉髭脱落，㾦疥等疮（甄权）。功与白花蛇同，而性善无毒（时珍）。

【附方】旧二，新五。大风：《朝野佥载》云：商州有人患大风。家人恶之，山中为起茅屋。有乌蛇堕酒罂中，病人不知，饮酒渐瘥。罂底见有蛇骨，始知其由。《治例》：治大风。用乌蛇三条蒸熟，取肉焙研末，蒸饼丸米粒大，以喂乌鸡。待尽杀鸡烹熟，取肉焙研末，酒服一钱。或蒸饼丸服。不过三五鸡即愈。《秘韫》：用大乌蛇一条，打死盛之。待烂，以水二碗浸七日，去皮骨，入糙米一升，浸一日晒干。用白鸡一只，饿一日，以米饲之。待毛羽脱去，杀鸡煮熟食，以酒下之。吃尽，以热汤一盆，浸洗大半日，其病自愈。紫白癜风：乌蛇肉（酒炙）六两，枳壳（麸炒）、羌活、牛膝、天麻各三两，熟地黄四两，白蒺藜（炒）、五加皮、防风、桂心各二两，判片。以绢袋盛，于无灰酒二斗中浸之，密封七日。每日三度，温服一小盏。忌鸡、鹅、鱼肉、发物。（《圣惠》）面疮鼾疱：乌蛇肉二两，烧灰，腊猪脂调敷。（《圣惠》）婴儿撮口不能乳者：乌蛇（酒浸，去皮骨，炙）半两，麝香一分，为末。每用半分，荆芥煎汤调灌之。（《圣惠》）破伤中风：项强身直，定命散主之。用白花蛇、乌蛇（并取项后二寸，酒洗润取肉）、蜈蚣一条（全者，并酒炙）。上为末。每服三钱，温酒调服。（《普济方》）

膏

【主治】耳聋。绵裹豆许塞之，神效（时珍。出《普济方》）。

胆

【主治】大风疠疾，木舌胀塞（时珍）。

【附方】新二。大风龙胆膏：治大风疾神效。用冬瓜一个，截去五寸长，去瓤，掘地坑深三尺，令净，安瓜于内。以乌蛇胆一个，消梨一个，置于瓜上，以土隔盖之。至三七日，看一度，瓜未甚坏。候七七日，三物俱化为水，在瓜皮内，取出。每用一茶脚，以酒和服之，三两次立愈。小可风疾，每服一匙头。（王氏《博济方》）木舌塞胀，不治杀人：用蛇胆一枚，焙干为末，敷舌上，有涎吐去。（《圣济总录》）

皮

【主治】风毒气。眼生翳,唇紧唇疮(时珍)。

【附方】新一。小儿紧唇。脾热唇疮:并用乌蛇皮烧灰,酥和敷之。(《圣惠》)

卵

【主治】大风癞疾(时珍曰:《圣济总录》治癞风,用乌蛇卵和诸药为丸服,云与蛇肉同功)。

金蛇(宋《开宝》附。附银蛇)

【释名】金星地鳝(《图经》)、银蛇(亦名锡蛇)。

时珍曰:金、银、锡,以色与功命名也。金星地鳝,以形命名也。

金蛇

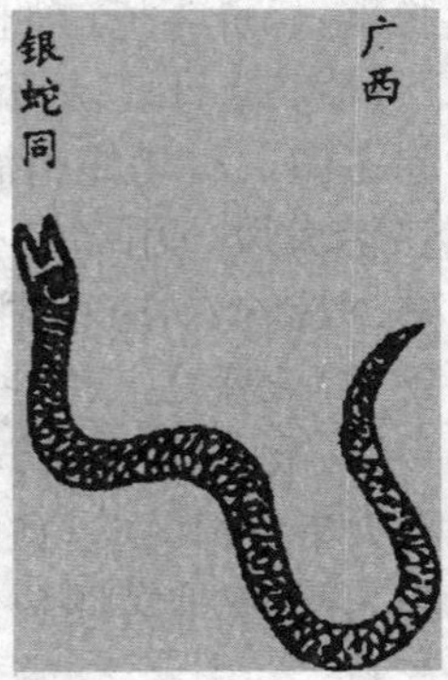

【集解】颂曰:金蛇生宾州、澄州。大如中指,长尺许,常登木饮露,体作金色,照日有光。白者名银蛇,近皆少捕。信州上饶县灵山乡,出一种金星地鳝,酷似此蛇。冬月收捕,亦能解毒。

时珍曰:按刘恂《岭表录异》云:金蛇一名地鳝,白者名锡蛇,出黔州。出桂州者次之。大如拇指,长尺许,鳞甲上分金银,解毒之功,不下吉利也。据此,则地鳝即金蛇,非二种矣。

肉

【气味】咸,平,无毒。

【主治】解中金药毒,令人肉作鸡脚裂,夜含银,至晓变为金色者,是也。取蛇四寸炙黄,煮汁频饮,以瘥为度。银蛇解银药毒(《开宝》)。解众毒,止泄泻,除邪热(苏颂)。疗久痢(时珍)。

【发明】藏器曰:岭南多毒,足解毒之药,金蛇、白药是矣。

时珍曰:《圣济总录》治久痢不止,有金星地鳝散:用金星地鳝(醋炙)、铅丹、白矾(烧)各五钱,为末。每服二钱,米饮下,日二。

水蛇(《纲目》)

【释名】公蛎蛇。

【集解】时珍曰:水蛇所在有之,生水中。大如鳝,黄黑色,有缬纹,啮人不甚毒。陶弘景言公蛎蛇能化鳢者,即此也。水中又有一种泥蛇,黑色,穴居成群。啮人有毒,与水蛇不同。张文仲《备急方》言山中一种蛇,与公蛎相似,亦不啮人也。

水蛇

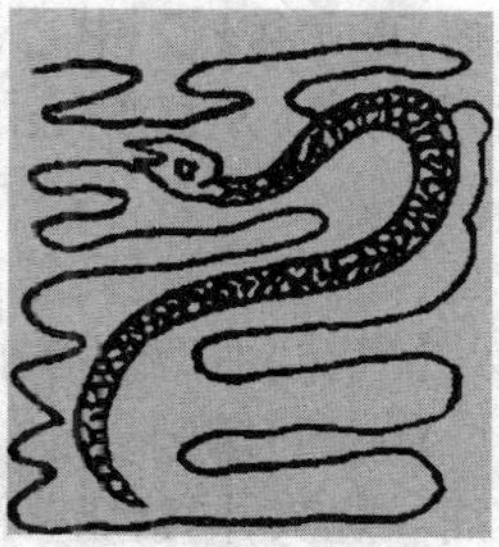

肉

【气味】甘、咸，寒，无毒。

【主治】消渴，烦热，毒痢（时珍）。

【附方】新一。《圣惠》水蛇丸：治消渴，四肢烦热，口干心躁。水蛇一条（活者，剥皮炙黄为末），蜗牛五十个（水浸五日取涎），入天花粉末煎稠，入麝香一分，粟饭和，丸绿豆大。每服十丸，姜汤下。

皮

【主治】烧灰油调，敷小儿骨疽脓血不止。又治手指天蛇毒疮（时珍）。

【附方】新二。小儿骨疮：《海上方》诗云：小儿骨痛不堪言，出血流脓实可怜。寻取水蛇皮一个，烧灰油抹敷疼边。天蛇毒：《刘松篁经验方》云：会水湾陈玉田妻，病天蛇毒疮。一老翁用水蛇一条，去头尾，取中截如手指长，剖云骨肉。勿令病者见，以蛇皮包手指，自然束紧，以纸外裹之。顿觉遍身皆凉，其病即愈。数日后解视，手指有一沟如小绳，蛇皮内宛然有一小蛇，头目俱全也。

蛇婆（《拾遗》）

【集解】藏器曰：蛇婆生东海水中。一如蛇，常自浮游。采取无时。

时珍曰：按此所言形状功用，似是水蛇；然无考证，姑各列条。

【气味】咸，平，无毒。

【主治】赤白毒痢，蛊毒下血，五野鸡病，恶疮。炙食，或烧末，米饮服二钱（藏器）。

黄颔蛇（《纲目》。附赤楝蛇）

【释名】黄喉蛇（俗名）、赤楝蛇（一名桑根蛇）。

时珍曰：颔，喉下也。以色名赤楝，桑根象形，陶氏作赤蜼。

黄颔蛇

赤楝蛇

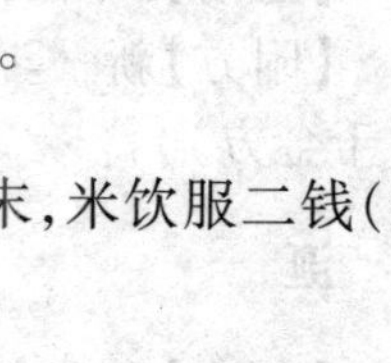

【集解】时珍曰：按《肘后》《千金》、（外台）诸方，多用自死蛇，及蛇吞蛙、鼠，并不云是某蛇。惟本草有蝮蛇腹中鼠。陶氏注云：术家所用赤蜼、黄颔，多在人家屋间，吞鼠子、雀雏。见腹中大者，破取干之。又蛇蜕注云：草间不甚见虺、蝮蜕，多是赤蜼、黄颔辈。据此，则古方所用自死蛇，及蛇吞蛙、鼠，当是二蛇，虽蛇蜕亦多用之。赤楝红黑，节节相间，俨如赤楝、桑根之状。黄颔黄黑相间，喉下色黄，大者近丈。皆不甚毒、丐儿多养为戏弄，死即食之。又有竹根蛇，《肘后》谓之青蝰蛇，不入药用，最毒。喜缘竹木，与竹同色。大者长四五尺，其尾三四寸有异点者，名熇尾蛇，毒尤猛烈。中之者，急灸三五壮。毒即不行，仍以药敷之。又有菜花蛇，亦长大，黄绿色，方家亦有用之者。

肉

【气味】甘，温，有小毒。

【主治】酿酒，或入丸散，主风癞顽癣恶疮。自死蛇渍汁，涂大疥。煮汁，浸臂腕作痛。烧灰，同猪脂，涂风癣漏疮，妇人妒乳，猘犬咬伤（时珍。出《肘后》《梅师》《千金》诸方）。

【附方】新三。猘犬啮伤：自死蛇一枚，烧焦为末，纳入疮孔中。（《千金方》）猫鬼野道，歌哭不自由：五月五日自死赤蛇，烧灰。井华水服方寸匕，日一服。（《千金方》）恶疮似癞及马疥大如钱者：自死蛇一条，水渍至烂。去骨取汁涂之，随手瘥。（《千金》）

蛇头

【主治】烧灰，主久疟及小肠痈，入丸散用（时珍）。

【附方】新二。发背肿毒：蛇头烧灰，醋和敷之，日三易。（《千金》）蛤蟆瘘疮：五月五日蛇头，及野猪脂同水衣封之，佳。（《千金方》）

骨

【主治】久疟劳疟，炙。入丸散用（时珍）。

【附方】新一。一切冷漏：自死蛇，取骨为末封之。大痛，以杏仁膏摩之，即止。（《千金方》）

涎

【气味】有大毒。

思邈曰：江南山间人有一种蛊毒，以蛇涎合药着饮食中，使人病瘕，积年乃死。但以雄黄、蜈蚣之药治之乃佳。

蛇吞鼠

【主治】鼠瘘、蚁瘘有细孔如针者。以腊月猪脂煎焦，去滓涂之（时珍。出《千金》）。

蛇吞蛙

【主治】噎膈，劳嗽，蛇瘘（时珍）。

【附方】新三。噎膈：用蛇含蛤蟆，泥包烧存性，研末。米饮服。久劳咳嗽吐臭痰者：寻水边蛇吞青蛙未咽者，连蛇打死，黄泥固济，煅研。空心酒服一二钱，至效。忌生冷五七日，永不发也。（《秘韫》方）蛙瘘不愈：蛇腹蛙，烧灰封之。（《千金》）

蝮蛇(《别录》下品)

【释名】反鼻蛇。

时珍曰:按王介甫《字说》云:蝮,触之则复。其害人也,人亦复之,故谓之蝮。

蛇　蝮

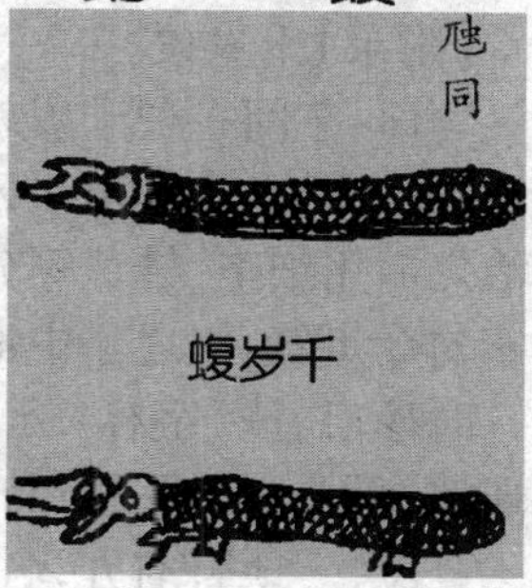

胆

【气味】苦,微寒,有毒。

【主治】䘌疮(《别录》)。杀下部虫(甄权)。疗诸漏,研敷之。若作痛,杵杏仁摩之(时珍。出《外台》)。

肉

【气味】甘,温,有毒。

【主治】酿作酒,疗癞疾诸瘘,心腹痛,下结气,除蛊毒(《别录》)。五痔,肠风泻血(甄权)。大风,诸恶风,恶疮瘰疬,皮肤顽痹,半身枯死。手足脏腑间重疾(藏器曰:取活蛇一枚着器中,投以醇酒一斗,封定,埋马溺处。周年取开,蛇已消化,酒味犹存。有患诸证者,不过服一升以来,当觉举身习习而愈。然有小毒,不可顿服。若服他药,不复得力。又曰:生癞者,取一枚(或他蛇亦可),烧热坐上,当有赤虫如马尾出。仍取蛇肉塞鼻中)。

【发明】时珍曰:癞疾感天地肃杀之气而成,恶疾也,蝮蛇禀天地阴阳毒烈之气而生,恶物也。以毒物而攻毒病,盖从其类也。

【附方】旧一。白癞:大蝮蛇一条,勿令伤,以酒一斗渍之,糠火温令稍热。取蛇一寸,和腊月猪脂捣敷。(《肘后方》)

脂

藏器曰:摩着物皆透也。

【主治】绵裹,塞耳聋。亦敷肿毒(时珍)。

皮

【主治】烧灰,疗疔肿、恶疮、骨疽(苏恭)。

蜕

【主治】身痒、疥癣、瘑疮(苏恭)。

骨

【主治】赤痢。烧灰,饮服三钱。杂蛇亦可(藏器)。

屎(器中养取之)

【主治】痔瘘(苏恭)。

腹中死鼠有小毒。

【主治】鼠瘘(《别录》。《千金》云:烧末,酒服方寸匕,日二,不过三日大验。)

【附录】千岁蝮。

颂曰:东间一种千岁蝮,状如蝮而短,有四脚,能跳来啮人。人或中之,必死。其啮已,即跳上木作声。云"斫木、斫木"者,不可救也。若云"博叔、博叔"者,犹可急治之。用细辛、雄黄等分为末,纳疮中,日三、四易之。又以栝蒌根、桂末着管中,密塞勿令走气,佩之。中毒急敷之,缓即不救。

时珍曰:按《字林》云:睩听,形如蜥蜴,出魏兴。居树上,见人则跳来啮之。啮已还树,垂头听,闻哭声乃去。即此也。其状头尾一般,大如捣衣杵,俗名合木蛇,长一、二尺。谈野翁方,名斫木蛇,又名望板归。救之,用嫩黄荆叶捣烂敷之。

蚖(《别录》)

【集解】《别录》曰:蚖类,一名蚖,短身土色而无纹。

时珍曰:蚖与蝮同类,即虺也。长尺余,蝮大而虺小,其毒则一。《食经)所谓"虺色如土,小如蝮蛇"者是也。详见蝮下。旧本作"蚖类,一名蚖",误矣。当作蚖,蝮类,一名虮。虮,即虺字。蚖、虮字象相近,传写脱误尔。陶氏注蝮即蚖,亦误矣。蚖既是蝮,《别录》不应两出。今并改正。

【气味】缺。

【主治】疗痹内漏(《别录》)。治破伤中风。大风恶疾(时珍)。

【附方】新一。破伤风:牙关紧急,口噤不开,口面㖞斜,肢体弛缓。用土虺蛇一条(去头、尾、肠、皮、骨,醋炙),地龙五条(去泥,醋炙),天南星(八钱重)一枚(炮),上为末,醋煮面糊丸如绿豆大。每服三丸至五丸,生姜酒下,仍食稀葱白粥,取汗即瘥。昔宫使明光祖,向任统制官,被重伤,服此得效。(《普济方》)

蓝蛇(《拾遗》)

【集解】藏器曰:出苍梧诸县。状如蝮有约,从约断之,头毒尾良。岭南人呼为蓝药。

【主治】用头合毒药,毒人至死。以尾作脯,食之即解(藏器)。

两头蛇(《拾遗》)

【释名】枳首蛇(《尔雅》)、越王蛇。

时珍曰:枳,两也。郭璞云:会稽人言是越王弩弦所化,故名越王蛇。江东人名越王约发。《续博物志》云：马鳖食牛血所化。然亦自有种类，非尽化生也。

两头蛇

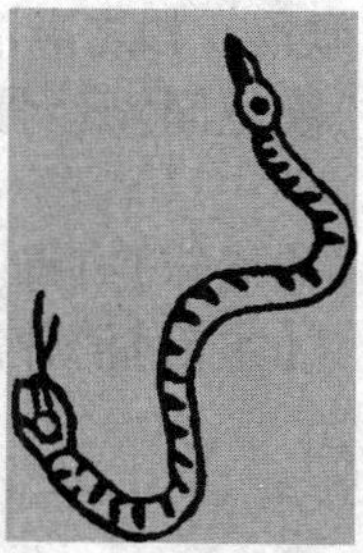

【集解】藏器曰：两头蛇大如指，一头无口目，两头俱能行。云见之不吉，故孙叔敖埋之，恐后人见之必死也。

时珍曰：按《尔雅》中央有枳首蛇，中国之异气也。刘恂《岭表录异》云：岭外极多。长尺余，大如小指，背有锦纹，腹下鳞红。人视为常，不以为异。罗愿《尔雅翼》云：宁国甚多，数十同穴，黑鳞白章。又一种夏月雨后出，如蚯蚓大，有鳞，其尾如首，亦名两头蛇。又张耒《杂志》云：黄州两头蛇，一名山蚓。云是老蚓所化，行不类蛇，宛转甚钝。此即罗氏所云者也。

肉

【气味】时珍曰：按《南越志》云：无毒。夷人饵之。

【主治】疟疾。山人收取干之。佩于项上（时珍）。

天蛇（《纲目》）

【集解】时珍曰：按沈存中《笔谈》云：天蛇生幽阴之地，遇雨后则出，越人深畏之。其大如箸而扁，长三、四尺，色黄赤。浇之以醋则消，或以石灰糁之亦死。又云：天蛇不知何物？人遭其螫，仍为露水所濡，则遍身溃烂。或云草间黄花蜘蛛者，非矣。广西一吏为虫所毒，举身溃烂。一医视云：天蛇所螫，不可为矣。仍以药敷其一有肿处，以钳拔出如蛇十余。而疾终不起。又钱塘一田夫忽病癞，通身溃烂，号呼欲绝。西溪寺僧视之，曰：此天蛇毒，非癞也。以秦皮煮汁一斗，令其恣饮。初日减半，三日顿愈。又水蛇治天蛇毒，见前。

苟印（《拾遗》）

【集解】藏器曰：苟印，一名苟斗，出潮州。如蛇有四足。

膏

【主治】滴耳中。治聋，令左右耳彻（藏器）。

蛇角（《纲目》）

【释名】骨咄犀（亦作骨笃）、碧犀。

时珍曰：按陶九成《辍耕录》云：骨咄犀，大蛇之角也。当作蛊毒，谓其解蛊毒如犀角也。《唐书》有古都国亦产此，则骨咄又似古都之讹也。

【集解】时珍曰：按《大明会典》云：蛇角出哈密卫。刘郁《西使记》云：骨笃犀即大蛇角，出西番。曹昭《格古论》云：骨笃犀，碧犀也。色如淡碧玉，稍有黄色，其文理似角。扣之声清越如玉，磨刮嗅之有香，烧之不臭。最贵重，能消肿解毒。洪迈《松漠纪闻》云：骨咄犀，犀不甚大。纹如象牙，带黄色。作刀靶者，以为无价之宝也。

【气味】有毒。

【主治】消肿毒，解诸毒蛊毒，以毒攻毒也（时珍）。

诸蛇（《纲目》）

【释名】时珍曰：蛇字古作它，俗作虵，有佘、移、佗三音。篆文象其宛转屈曲之形。其行委佗，故名。岭南人食之，或呼为讹，或呼为茅鳝。按《山海经》云：海外西南人以虫为蛇，号蛇为鱼。则自古已然矣。

【集解】时珍曰：蛇类琐语，不可类从者，萃族于下，以便考阅。蛇在禽为翼火，（天文象形，居南方）。在卦为巽风，（巳为蛇）。在神为玄武，（北方之神，玄龟、缠蛇相合也）。在物为毒虫（出《说文》）。有水、火、草、木、土五种（出《北户录》）。青、黄、赤、白、黑、金、翠、斑、花诸色（见各条）。毒虫也，而有无毒者（金蛇、水蛇无毒）。鳞虫也，而有生毛者（蝮蛇纹间有毛。《山海经》云：长蛇毛如彘毫也）。卵生也，而有胎产者（蝮蛇胎生）。腹行也，而有四足者。（鳞蛇、千岁蝮、苟印、蜥蜴皆有足）。又有冠者，（鸡冠蛇，头上有冠，最毒）、角者（三角蛇有角）、翼者（《西山经》云：太华山有蛇，六足四翼，名曰肥螘）、飞者（《山海经》云：柴桑多飞蛇。《荀子》云：螣蛇无足而飞）、兽首者（《大荒经》云：肃慎国有琴蛇，兽首蛇身）、人面者（《江湖纪闻》云：岭表有人面蛇，能呼人姓名，害人。惟畏蜈蚣）、两首者（枳首蛇）、两身者（《北山经》云：浑夕之山，有蛇曰肥遗，一首两身，见则大旱。《管子》曰：涸水之精，名曰蚋，状如蛇，一首两身，长八尺。呼其名可取鱼鳖），歧尾者（《广志》云：出云南）、钩尾者（张文仲云：钩蛇，尾如钩，能钩人兽入水后而食之）。熇尾者；（葛洪云：熇尾蛇似青蝰，其尾三、四寸有异色，最毒）、舵形者（张文仲云：舵蛇，形似舵，长七八尺，中人必死。削船舵，煮汁浸之）、杵形者（即合木蛇）。又有青蝰（即竹根蛇）、白蝰、苍虺、文蝮、白颈、黑甲、赤目、黄口之类（张文仲云：恶蛇甚多，四、五月青蝰、苍虺、白颈、大蜴，六、七月竹狩，白蝰、文蝮、黑甲、赤目、黄口、反钩、三角之类，皆毒之猛烈者。又南方有呴蛇，人若伤之不死，终身伺其主。虽百众人中，亦来取之。惟百里外乃免耳）。蛇出以春，出则食物（蛇以春夏为昼，秋冬为夜）。其蛰以冬，蛰则含土。（至春吐出，即蛇黄石）。其舌双，（《物理论》云：舌者心苗，火旺于巳，巳为蛇，故蛇双舌）。其耳聋（《埤雅》云：蛇聋虎䑕）。其听以目（《埤雅》）。其蟠向壬（《淮南子》）。其毒在涎（弄蛇洗净涎，则无毒也。蛇涎着人，生蛇漠疮。吐涎成丝，能害人目。段成式云：蛇怒时，毒在头尾）。其珠在口（陆佃云：龙珠在颔，蛇珠在口。怀珠之蛇，多喜投暗。见人张口，吐气如烬）。其行也纡，（《淮南子》云：蛇属纡行）。其食也吞（有牙无齿）。皮数解蜕（《变化论》云：龙易骨，蛇易皮）。性晓方药（出《稽圣赋》。又《异苑》云：田父见蛇被伤，一蛇衔草敷之，遂去。其人采草治疮，名曰蛇衔）。蛇交蛇，则雄入雌腹；（交巳即退出也。段成式云：人见蛇交，三年死。李鹏飞云：人见蛇交，主有喜）；蛇交雉，则生蜃及蟟(详见蛟龙。鲁至刚云:蛇交雉生卵,遇雷入土,久则成蛟。不入土,但为雉耳。《述异记》云:江淮中有兽名能,乃蛇精所化也。冬则为雉,春复为蛇)。蛇以龟、鳖为雌(《埤雅》云:大腰纯雌,以蛇为雄。蛇求于龟鳖,则生龟鳖。蛇求于雉、则生蜃蛟。物异而感同也)。又与鳢、鳝通气(见本条)。入水,交石斑鱼(见本条)。入山,与孔雀匹(《禽经》云:鹊见蛇则噪而奔,孔见蛇则喜而跃)。竹化蛇,蛇化雉(《异苑》云:大元中,汝南人伐木,见一竹,中央已成蛇形,而枝叶如故。又桐庐民伐竹,见蛇化雉,头项已就,身犹蛇也。乃知竹化蛇,蛇化雉)。蚿怜蛇,蛇怜风(出《庄子》)。水蛇化鳝(名蛇鳝,有毒)。螣蛇化龙(神蛇能乘云雾,而飞游千里)。螣蛇听孕。(出《变化论》。又《抱朴子》云:螣蛇交),蟒蛇目圆(出《述异记》。大蛇曰蟒)。巴蛇吞象(《山海经》云:巴蛇食象,三年而出其骨)。蚺蛇吞鹿(详本条),玄蛇吞麈(大鹿也。出《山海经》)。活褥蛇,能捕鼠(《唐书》云:贞观中,波斯国献之。状同鼠,色正青,能捕鼠)。食蛇鼠,能捕蛇(《唐书》云:厨宾国有食蛇鼠,尖喙赤尾,能食蛇。被蛇螫者,以鼠嗅而尿之,立愈)。蛇吞鼠,而有啮蛇之鼠狼;(寇曰:尝见一乌蛇,长丈余。有鼠狼啮蛇头,曳之而去,亦相畏伏耳)。蛇吞蛙,而有制蛇之田父(《洽闻记》云:蛤蟆大者名田父,见蛇则衔其尾。良久蛇死,尾后数寸,皮不损而肉已尽矣)。蛇令豹止,而有食蛇之貘(《淮南子》云:蛇令豹止,物相制也,貘乃白豹,食蛇及铁)。龟蛇同气,而有呷蛇之龟(见摄龟)。玄龟食蟒,(王起云:以小制大,禽之制在气也),蝍蛆甘带(出《庄子》。蝍蛆,蜈蚣也。带,蛇也。陆佃云:蜈蚣见大蛇,能以气禁之,啖其脑、眼。蟾蜍食蝍蛆,蝍蛆食蛇,蛇食蟾蜍,物畏其天也。《墨客挥犀》云:蜈蚣逐蛇,蛇即张口,乃人其腹食之)。鸩步则蛇出,鵙鸣则蛇结(出《禽经》。鸩鸟能禹步禁咒,使大石自转,取蛇食之,蛇人口即糜也。鹳亦然。鵙,伯劳也)。鹳、鹤、鹰、鹘、鹫,皆鸟之食蛇者也(蛇鹰、蛇鹘。余见本条);虎、猴、麂、麝、牛,皆兽之食蛇者也(玃猴食蛇。牛食蛇,则独肝有毒)。蛇所食之虫,则蛙、鼠、燕、雀、蝙蝠、鸟雏。所食之草,则芹、茄、石南、茱萸、蛇粟(疃子也)。所憎之物,则蘘荷、菴蕳、蛇网草、鹅粪;所畏之药,则雄黄、羖黄,羧羊角,蜈蚣(《千金》云:入山佩武都雄黄、雌黄,或烧羖羊角烟,或筒盛蜈蚣,则蛇不敢近)。误触莴菜,则目不见物(出《续墨客挥犀》);炙以桑薪,则足可立出(藏器曰:蛇有足,见之不佳。以桑薪火炙之则见,不足怪也。陶弘景曰:五月五日烧地令热,以酒沃之,置蛇于上则足见)。蛇蟠人足,淋以热尿,或沃以热汤,则自解;蛇入人窍,灸以艾炷,或辣以椒末,则自出(以艾炷灸蛇尾,或割破蛇尾,塞以椒末,即出)。内解蛇毒之药,则雄黄、贝母、大蒜、薤白、苍耳;外治蛇蠚之药,则大青、鹤虱、苦苣、堇菜、射罔、姜黄、干姜、白矾,黑豆叶、黄荆叶、蛇含草、犬粪、鹅粪、蔡苴机粪。

本草纲目鳞部第四十四卷

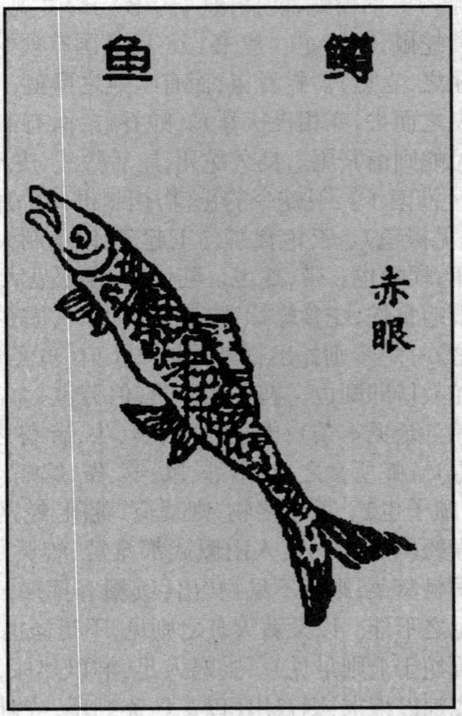

本草纲目鳞部第四十四卷

鲤鱼(《本经》上品)

【释名】时珍曰:鲤鳞有十字纹理,故名鲤。虽困死,鳞不反白。

颂曰:崔豹云:兖州人呼赤鲤为玄驹,白鲤为黄骥,黄鲤为黄骓。

鱼　　鲤

【集解】《别录》曰:生九江池泽。取无时。

颂曰:处处有之。其脊中鳞一道,从头至尾,无大小,皆三十六鳞,每鳞有小黑点。诸鱼惟此最佳,故为食品上味。

弘景曰:鲤为诸鱼之长,形既可爱,又能神变,乃至飞越江湖,所以仙人琴高乘之也。山上水中有此,不可食。

肉

【气味】甘,平,无毒。

《日华》曰:凉,有小毒。

宗奭曰:鲤,至阴之物,其鳞故三十六。阴极则阳复,故《素问》言鱼热中。王叔和言热则生风,食之多能发风热。《日华》言凉,非也。风家食之,贻祸无穷。

时珍曰:按丹溪朱氏言:诸鱼在水,无一息之停,皆能动风动火,不独鲤也。

诜曰:鲤脊上两筋及黑血有毒,溪涧中者毒在脑,俱不可食。凡炙鲤鱼不可使烟入目,损目光,三日内必验也。天行病后、下痢及宿症,俱不可食。服天门冬、朱砂人不可食。不可合犬肉及葵菜食。

【主治】煮食,治咳逆上气,黄疸,止渴。生者,治水肿脚满,下气(《别录》)。治怀妊身肿,及胎气不安(《日华》)。煮食,下水气,利小便(时珍)。作鲙,温补,去冷气,痃癖气块,横关伏梁,结在心腹(藏器)。治上气,咳嗽喘促(《心镜》)。烧末,能发汗,定气喘咳嗽,下乳汁,消肿。米饮调服,治大人小儿暴痢。用童便浸煨,止反胃及恶风入腹(时珍)。

【发明】时珍曰:鲤乃阴中之阳,其功长于利小便。故能消肿胀黄疸,脚气喘嗽,湿热之病。作鲙则性温,故能去痃结冷气之病。烧之则从火化,故能发散风寒,平肺通乳,解肠胃及肿毒之邪。按刘河间云:鲤之治水,鹜之利水,所谓因其气相感也。

【附方】旧五,新九。水肿:《范汪》:用大鲤鱼一头,醋三升,煮干食。一日一作。《外台》:用大鲤一尾,赤小豆一升,水二斗,煮食饮汁,一顿服尽,当下痢尽即瘥。妊娠水肿:方同上。水肿胀满:赤尾鲤鱼(一斤)破开,不见水及盐,以生矾五钱研末,入腹内,火纸包裹,外以黄土泥包,放灶内煨熟取出,去纸、泥,送粥。食头者上消,食身、尾者下消,一日用尽。屡试经验。(杨拱《医方摘要》)妊娠感寒:用鲤鱼一头烧末,酒服方寸匕,令汗出。(《子母秘录》)胎气不长:用鲤鱼肉同盐、枣煮汁,饮之。(《集验》)胎动不安及妇人数伤胎,下血不止:鲤鱼一斤(治净),阿胶(炒)一两,糯米二合,水二升,入葱、姜、橘皮、盐各少许,煮臛食。五七日效。(《圣惠方》)乳汁不通:用鲤鱼一头烧末。每服一钱,酒调下。(《产宝》)咳嗽气喘:用鲤鱼一头,去鳞,纸裹炮熟,去刺研末,同糯米煮粥,空心食。(《心镜》)恶风入腹:久肿恶风入腹,及女人新产,风人产户内。如马鞭,嘘吸短气咳嗽者。用鲤鱼长一尺五寸,以尿浸一宿,平旦以木篦从头贯至尾,文火炙熟,去皮,空心顿食。勿用盐、醋。(《外台》)反胃吐食:用鲤鱼一头,童便浸一夜,炮焦研末,同米煮粥食之。(《寿域》)一切肿毒已溃未溃者:用鲤鱼烧灰,醋和涂之,以愈为度。(《外台》)积年骨疽一捏一汁出者:熬饴糖勃疮上,仍破生鲤鱼揄之。顷时刮视,虫出。更洗敷药,虫尽则愈。(《肘后》)小儿木舌长大满口:鲤鱼肉切片贴之,以帛系定。(《圣惠》)

鲊

【气味】咸,平,无毒。

弘景曰:不可合豆藿食,乃成消渴。

【主治】杀虫(藏器)。

【附方】新一。聤耳有虫,脓血日夜不止:用鲤鱼鲊三斤,鲤鱼脑一枚,鲤鱼肠一具(洗切),乌麻子(炒研)一升,同捣,入器中,微火炙暖,布裹贴耳。两食顷,有白虫出,尽则愈。慎风寒。(《千金》)

胆

【气味】苦,寒,无毒。

甄权曰:蜀漆为使。

【主治】目热赤痛,青盲,明目。久服强悍,益志气(《本经》)。点眼,治赤肿翳痛。涂小儿热肿(甄权)。点雀目,燥痛即明。(《肘后》)。滴耳,治聋(藏器)。

【附方】旧一,新四。小儿咽肿喉痹者:用鲤鱼胆二七枚,和灶底土,以涂咽外,立效。(《千金方》)大人阴痿:鲤鱼胆、雄鸡肝各一枚为末,雀卵和,丸小豆大。每吞一丸。(《千金方》)睛上生晕,不问久新:鲤鱼长一尺二寸者,取胆滴铜镜上,阴干。竹刀刮下,每点少许。(《总录》)赤眼肿痛:《圣济总录》:用鲤鱼胆十枚,腻粉一钱,和匀瓶收,日点。《十便良方》:用鲤胆五枚,黄连末半两,和匀,入蜂蜜少许,瓶盛,安饭上蒸熟。每用贴目眦,日五七度。亦治飞血赤脉。

脂

【主治】食之,治小儿惊忤诸痫(大明)。

脑髓

【主治】诸痫(苏恭)。煮粥食,治暴聋(大明)。和胆等分.频点目眦,治青盲(时珍)。

【附方】新二。耳卒聋:竹筒盛鲤鱼脑,于饭上蒸过,注入耳中。(《千金》)耳脓有虫:鲤鱼脑和桂末捣匀,绵裹塞之。(《千金方》)

血

【主治】小儿火疮,丹肿疮毒,涂之立瘥(苏恭)。

肠

【主治】小儿肌疮(苏恭)。聤耳有虫,同酢捣烂,帛裹塞之。痔瘘有虫,切断炙熟,帛裹坐之。俱以虫尽为度(时珍)。

子

弘景曰:合猪肝食,害人。

目

【主治】刺疮伤风、伤水作肿。烧灰敷之,汁出即愈(藏器)。

齿

【主治】石淋(《别录》)。

颂曰:《古今录验》:治石淋。用齿一升研末,以三岁醋和。分三服,一日服尽。(《外台》):治卒淋,用酒服。

时珍曰:古方治石淋多用之,未详其义。

骨

【主治】女子赤白带下(《别录》)。阴疮,鱼鲠不出(苏恭)。

皮

【主治】瘾疹(苏恭)。烧灰水服,治鱼鲠六七日不出者。日二服(《录验》)。

鳞

【主治】产妇滞血腹痛,烧灰酒服。亦治血气(苏颂)。烧灰,治吐血,崩中漏下,带下痔瘘,鱼鲠(时珍)。

【发明】时珍曰:古方多以皮、鳞烧灰,入崩漏、痔瘘药中,盖取其行滞血耳。治鱼鲠者,从其类也。

【附方】新三。痔漏疼痛:鲤鱼鳞二三片,绵裹如枣形,纳入坐之,其痛即止。

(《儒门事亲》)诸鱼骨鲠:鲤脊三十六鳞,焙研,凉水服之。其刺自跳出,神妙。(笔峰《杂兴》)鼻衄不止:鲤鱼鳞炒成灰。每冷水服二钱。(《普济方》)

鱮鱼(音序。《纲目》)

【释名】鲢鱼。

时珍曰:酒之美者曰酤,鱼之美者曰鱮;陆佃云:鱮好群行相与也,故曰鱮;相连也,故曰鲢。《传》云鱼属连行是矣。

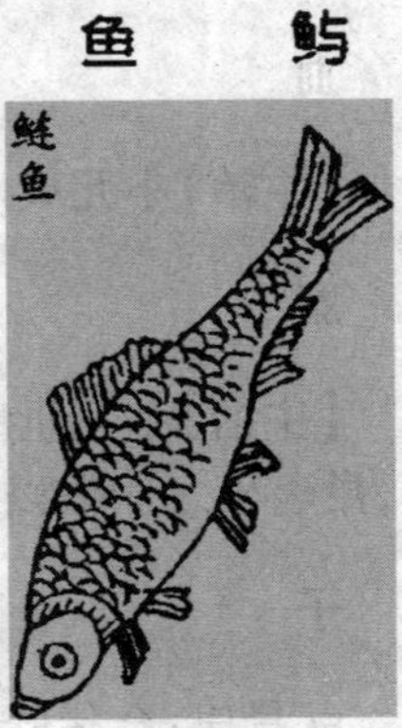

【集解】时珍曰:鱮鱼,处处有之。状如鳙,而头小形扁,细鳞肥腹。其色最白,故《西征赋》云:华鲂跃鳞,素鱮扬鬐。失水易死,盖弱鱼也。

肉

【气味】甘,温,无毒。

【主治】温中益气。多食,令人热中发渴,又发疮疥(时珍)。

鳙鱼(音庸。《拾遗》)

【释名】鱃鱼(音秋。《山海经》)。

时珍曰:此负中之下品,盖色之庸常以供饈食者,故曰鳙、曰鱃。郑玄作鰫鱼。

【集解】藏器曰:陶注鲍鱼云:今以鳙鱼长尺许者,完作淡干鱼,都无臭气。其鱼目旁,有骨名乙,《礼记》云食鱼去乙是矣。然刘元绍言:海上鳙鱼,其臭如尸,海人食之,当别一种也。

时珍曰:处处江湖有之,状似鲢而色黑。其头最大,有至四五十斤者。味亚于鲢。鲢之美在腹,鳙之美在头。或以鲢、鳙为一物,误矣。首之大小,色之黑白,大不相侔。《山海经》云:"鱃鱼似鲤,大首,食之已疣",是也。

肉

【气味】甘,温,无毒。

藏器曰:只可供食,别无功用。

【主治】暖胃益人(汪颖)。食之已疣。多食,动风热,发疮疥(时珍)。

鳟鱼(《纲目》)

【释名】鮅鱼(必)、赤眼鱼。

时珍曰:《说文》云:鳟(鮅),赤目鱼也。孙炎云:鳟好独行。尊而必者,故字从尊,从必。

【集解】时珍曰:处处有之。状似鲜而小,赤脉贯瞳,身圆而长,鳞细于鲜,青质赤章。好食螺、蚌,善于遁网。

鱼 鳟

肉

【气味】甘,温,无毒。

【主治】暖胃和中。多食。动风热,发疥癣(时珍)。

鲩鱼(音患。《拾遗》)

【释名】鰀鱼(音缓)。草鱼。

时珍曰:鲩又音混,郭璞作鲜。其性舒缓,故曰鲩,曰鰀。俗名草鱼,因其食草也。江、闽畜鱼者,以草饲之焉。

【集解】藏器曰:鲩生江湖中,似鲤。

时珍曰:郭璞云:今鲜子,似鳟而大,是矣。其形长身圆,肉厚而松,状类青鱼。有青鲩、白鲩二色。白者味胜,商人多鲃之。

鱼 鲩

肉

【气味】甘,温,无毒。

时珍曰:李鹏飞云:能发诸疮。

【主治】暖胃和中(时珍)。

胆(腊月收取阴干)。

【气味】苦,寒,无毒。

【主治】喉痹飞尸,暖水和搅服(藏器)。一切骨鲠、竹木刺在喉中,以酒化二枚,温呷取吐(时珍)。

青鱼(宋《开宝》)

【释名】时珍曰:青亦作鲭,以色名也。大者名鲹鱼。

【集解】颂曰:青鱼生江湖间,南方多有。北地时或有之,取无时。似鲤、鲩而背正青色。南方多以作鲊,古人所谓五侯鲭鲊即此。其头中枕骨蒸令气通,曝干状如琥珀。荆楚人煮拍作酒器、梳、篦,甚佳。旧注言可代琥珀者,非也。

肉

【气味】甘,平,无毒。

《日华》曰:微毒。服术人忌之。

【主治】脚气湿痹(《开宝》)。同韭白煮食,治脚气脚弱烦闷。益气力(张鼎)。

青鱼

鲊

【气味】与服石人相反(《开宝》)。

弘景曰:不可合生胡荽、生葵菜、豆藿、麦酱同食。

头中枕

【主治】水磨服,主心腹卒气痛(《开宝》)。治血气心痛,平水气(《日华》)。作饮器,解蛊毒(时珍)。

眼睛汁

【主治】注目,能夜视(《开宝》)。

胆(腊月收取阴干。)

【气味】苦,寒,无毒。

【主治】点暗目,涂热疮(《开宝》)。消赤目肿痛,吐喉痹痰涎及鱼骨鲠,疗恶疮(时珍)。

【发明】时珍曰:东方青色,入通肝胆,开窍于目。用青鱼胆以治目疾,盖取此义。其治喉痹骨鲠,则取漏泄系乎酸苦之义也。

【附方】新八。乳蛾喉痹:青鱼胆含咽。一方:用汁灌鼻中,取吐。万氏:用胆矾盛青鱼胆中,阴干。每用少许,吹喉取吐。一方:用朴硝代胆矾。赤目障翳:青鱼胆频频点之。一方:加黄连、海螵蛸末等分。龚氏《易简》:用黄连切片,井水熬浓,去滓待成膏。入大青鱼胆汁和就,入片脑少许,瓶收密封。每日点之,甚妙。一切障翳:鱼胆丸:用青鱼胆、鲤鱼胆、青羊胆各七个、牛胆半两,熊胆二钱半,麝香少许,石决明一两。为末,糊丸梧子大。每空心茶下十丸。(《龙木论》)

竹鱼(《纲目》)

【集解】时珍曰:出桂林·湘、漓诸江中。状如青鱼,大而少骨刺。色如竹色,青翠可爱,鳞下间以朱点。味如鳜鱼肉,为广南珍品。

肉

【气味】甘,平,无毒。

【主治】和中益气,除湿气(时珍)。

鲻鱼(宋《开宝》)

【释名】子鱼。

时珍曰：鲻，色缁黑，故名。粤人讹为子鱼。

【集解】志曰：鲻鱼生江河浅水中。似鲤，身圆头扁，骨软，性喜食泥。

时珍曰：生东海。状如青鱼，长者尺余。其子满腹，有黄脂味美，獭喜食之。吴越人以为佳品，腌为鲞腊。

鲻鱼

肉

【气味】甘，平，无毒。

【主治】开胃，通利五脏。久食，令人肥健。与百药无忌（《开宝》）。

白鱼（宋《开宝》）

【释名】鱎鱼（音乔，去声）。

白鱼

时珍曰：白亦作鲌。白者，色也。鱎者，头尾向上也。

【集解】刘翰曰：生江湖中。色白头昂，大者长六七尺。

时珍曰：鲌形窄，腹扁，鳞细。头尾俱向上，肉中有细刺。武王白鱼人舟即此。

肉

【气味】甘，平，无毒。

诜曰：鲜者宜和豉作羹，虽不发病，多食亦泥人。经宿者勿食，令人腹冷。炙食，亦少动气。或腌，或糟藏，皆可食。

瑞曰：多食生痰。与枣同食，患腰痛。

【主治】开胃下食，去水气，令人肥健（《开宝》）。助脾气，调五脏，理十二经络，舒展不相及气（《食疗》）。治肝气不足，补肝明目，助血脉。灸疮不发者，作鲙食之，良。患疮疖人食之，发脓（《日华》）。

【发明】时珍曰：白鱼比他鱼似可食，亦能热中发疮。所谓补肝明目，调五脏，理十二经络者，恐亦溢美之词，未足多信。当以《开宝》注为正。

鯼鱼

鯼鱼（《食疗》）

【释名】时珍曰：鯼性啖鱼，其目睃视，故谓之鯼。《异物志》以为石首鱼，非也。《食疗》作鯮，古无此字。

【集解】时珍曰：鯼生江湖中。体圆厚而长，似鳡鱼而腹稍起，扁额长喙，口在颔下，细鳞腹白，背微黄色。亦能啖鱼。大者二三十斤。

肉

【气味】甘，平，无毒。

【主治】补五脏，益筋骨，和脾胃。多食宜人，作鲊尤宜，曝干香美，亦不发病（孟诜）。

鳡鱼（音感。《纲目》）

【释名】鲌鱼（音绀）。鳏鱼、黄颊鱼。

时珍曰：鳡，敢也。鲌，焰也。焰（音陷），食而无厌也。健而难取，吞啖同类，力敢而焰物者也。其性独行，故曰鳏。《诗》云“其鱼鲂、鳏”是矣。

鳡鱼

【集解】时珍曰：鳡生江湖中。体似鲮而腹平，头似鲩而口大，颊似鲇而色黄，鳞似鳟而稍细。大者三四十斤，啖鱼最毒，池中有此，不能畜鱼。《东山经》云：“姑儿之水多鳡鱼”，是也。《异苑》云：诸鱼欲产，鲌辄以头冲其腹，世谓之众鱼生母。然诸鱼生子，必雄鱼冲其腹。仍尿白以盖其子，不必尽是鲌鱼也。

肉

【气味】甘，平，无毒。

【主治】食之已呕，暖中益胃（时珍）。

石首鱼（宋《开宝》）

【释名】石头鱼（《岭表录异》）、鮸鱼（音免。《拾遗》录）、江鱼（《浙志》）、黄花鱼（《临海志》），干者名鲞鱼（音想。亦作鱶）。

时珍曰：鲞能养人，人恒想之，故字从养。罗愿云：诸鱼薨干皆为鲞，其美不及石首，故独得专称。以白者为佳，故呼白鲞。若露风则变红色，失味也。

石首鱼

【集解】志曰：石首鱼，初出水能鸣，夜视有光，头中有石如棋子。一种野鸭，头中有石，云是此鱼所化。

时珍曰：生东南海中。其形如白鱼，扁身弱骨，细鳞黄色如金。首有白石二枚，莹洁如玉。至秋化为冠凫，即野鸭有冠者也。腹中白鳔可作胶。《临海异物志》云：小者名䠇水，其次名春来。田九成《游览志》云：每岁四月，来自海洋，绵亘数里，其声如雷。海人以竹筒探水底，闻其声乃下网，截流取之。泼以淡水，皆圉圉无力。初水来者甚佳，二水、三水来者，鱼渐小而味渐减矣。

肉

【气味】甘，平，无毒。
【主治】合莼菜作羹，开胃益气（《开宝》）。

鲞

【主治】炙食，能消瓜成水，治暴下痢，及卒腹胀，食不消（《开宝》）。消宿食，主中恶。鲜者不及（张鼎）。
【发明】时珍曰：陆文量《菽园杂记》云：痢疾最忌油腻、生冷，惟白鲞宜食。此说与本草主下痢相合。盖鲞饮咸水而性不热，且无脂不腻。故无热中之患，而消食理肠胃也。
【附方】新一。蜈蚣咬伤：白鲞皮贴之。（《集成》）

头中石鱿

【主治】下石淋，水磨服，亦烧灰饮服，日三（《开宝》）。研末或烧研水服。主淋沥，小便不通。煮汁服，解砒霜毒、野菌毒、蛊毒（时珍）。
【附方】新二。石淋诸淋：石首鱼头石十四个，当归等分，为末。水二升，煮一升，顿服立愈。（《外台秘要》方）聤耳出脓：石首鱼鱿研末，或烧存性研，掺耳。（《集简方》）
【附录】墨头鱼
时珍曰：四川嘉州出之。状类鲟子，长者及尺。其头黑如墨，头上有白子二枚。又名北斗鱼。常以二三月出，渔人以火夜照叉之。

勒鱼（《纲目》）

【释名】时珍曰：鱼腹有硬刺勒人，故名。
【集解】时珍曰：勒鱼出东南海中，以四月至。渔人设网候之，听水中有声，则鱼至矣。有一次、二次、三次乃止。状如鲥鱼，小首细鳞。腹下有硬刺，如鲥腹之刺，头上有骨，合之如鹤喙形。干者谓之勒鲞，吴人嗜之。甜瓜生者，用勒鲞骨插蒂上，一夜便熟。石首鲞骨亦然。

勒鱼

肉

【气味】甘，平，无毒。
【主治】开胃暖中。作鲞尤良（时珍）。

鳃

【主治】疟疾。以一寸入七宝饮,酒、水各半煎,露一夜服(时珍。《摘玄方》)。

鲚鱼(音剂。《食疗》)

【释名】鮆鱼(音剂)、鮤鱼(音列)、鱴刀(音篾)、魛鱼(音刀)、鳟鱼(《广韵》音遒,亦作鮂)、望鱼。

时珍曰:鱼形如剂物裂篾之刀,故有诸名。《魏武食制》谓之望鱼。

鱼　鲚

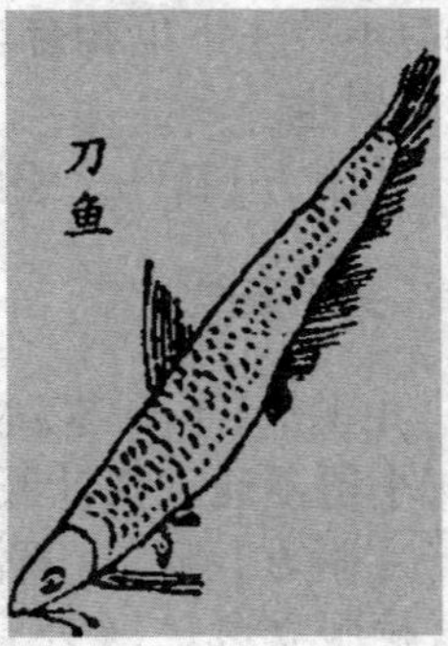

【集解】时珍曰:鲚生江湖中,常以三月始出。状狭而长薄,如削木片,亦如长薄尖刀形。细鳞白色。吻上有二硬须,腮下有长鬣如麦芒。腹下有硬角刺,快利若刀。腹后近尾有短鬣,肉中多细刺。煎、炙或作鲊、鳙食皆美,烹煮不如。《淮南子》云:鮆鱼饮而不食,鳣鲔食而不饮。又《异物志》云:鳟鱼仲夏从海中泝流而上。长尺余,腹下如刀,肉中细骨如鸟毛。云是鳟鸟所化,故腹内尚有鸟肾二枚。其鸟白色,如鹥群飞。至仲夏,鸟藏鱼出,变化无疑。然今鲚鱼亦自生子,未必尽鸟化也。

肉

【气味】甘,温,无毒。

诜曰:发疥,不可多食。

源曰:助火,动痰,发疾。

鲊

【主治】贴痔瘘(时珍)。

【附方】新一。瘘有数孔:用耕垡土烧赤,以苦酒浸之,合壁土令热,以大鮆鲊展转染土贴之。每日一次。(《千金方》)

鲥鱼(《食疗》)

【释名】宁源曰:初夏时有,余月则无,故名。

【出产】时珍曰:按孙恤云:鲥出江东。今江中皆有,而江东独盛。故应天府以充御贡。每四月鲚鱼出后即出,云从海中泝上,人甚珍之。惟蜀人呼为瘟鱼,畏而不食。

【集解】时珍曰:鲥,形秀而扁,微似鲂而长,白色如银,肉中多细刺如毛,其子甚细腻。故何景明称其银鳞细骨，彭渊材恨其美而多刺也。大者不过三尺，腹下有三角硬鳞如甲，其肪亦在鳞甲中，自甚惜之。其性浮游，渔人以丝网沉水数寸取之，一丝挂鳞，即不复动。才出水即死，最易馁败。故袁达《禽虫述》云：鲥鱼挂网而不动，护其鳞也。不宜烹煮，惟以笋、苋、芹、荻之属，连鳞蒸食乃佳。亦可糟藏之。其鳞与他鱼不同，石灰水浸过，晒干层层起之，以作女人花钿甚良。

鲥鱼

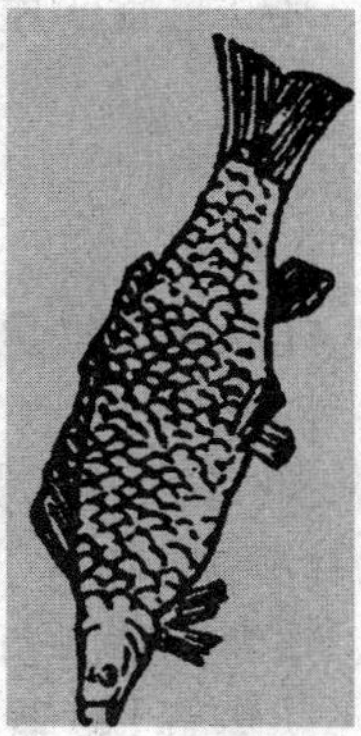

肉

【气味】甘，平，无毒。

诜曰：稍发疳痼。

【主治】补虚劳（孟诜）。蒸下油，以瓶盛埋土中，取涂汤火伤，甚效（宁源）。

嘉鱼（宋《开宝》）

【释名】鮇鱼（音味）。拙鱼（《纲目》）、丙穴鱼。

藏器曰：左思《蜀都赋》云：嘉鱼出于丙穴。李善注云：鱼以丙日出穴。或云：穴向丙耳，鱼岂能择日出入耶？按《抱朴子》云：燕避戊己，鹤知夜半。鱼岂不知丙日乎？

嘉鱼

时珍曰：嘉，美也。杜甫诗云："鱼知丙穴由来美"，是矣。河阳呼为鮇鱼，言味美也。蜀人呼为拙鱼，言性钝也。丙穴之说不一。按《文选》注云：丙穴在汉中沔县北，有二所，常以三（八）月取之。丙，地名也。《水经》云：丙水出丙穴。穴口向丙，故名。嘉鱼常以三月出穴，十月入穴。黄鹤云：蜀中丙穴甚多，不独汉中也。嘉州、雅州、梁山、大邑、顺政诸县，皆有丙穴。嘉鱼常以春末出游，冬月入穴。

【集解】志曰：嘉鱼，乃乳穴中小鱼也。常食乳水，所以益人。

时珍曰：按任豫《益州记》云：嘉鱼，蜀郡处处有之。状似鲤，而鳞细如鳟，肉肥而美，大者五六斤。食乳泉，出丙穴。二三月随水出穴，八九月逆水入穴。《夔州志》云：嘉鱼，春社前出，秋社后归。首有黑点，长身细鳞，肉白如玉。味颇咸，食盐泉故也。范成大《虞衡志》云：嘉鱼，状如鲥而多脂，味极美，梧州人以为鲊饷远。刘恂《岭表录异》云：苍梧戎城县江水口出嘉鱼，似鳟而肥美，众鱼莫及。每炙食以芭蕉叶隔火，恐脂滴火灭也。又可为脡。

肉

【气味】甘，温，无毒。

诜曰：微有毒，而味多珍美。

【主治】食之，令人肥健悦泽（《开宝》）。煮食，治肾虚消渴，劳瘦虚损（藏器）。

【发明】志曰：此鱼食乳水，功用同乳。能久食之，力强于乳，有似英鸡。

诜曰：常于崖石下孔中，食乳石沫，故补益也。

鲳鱼（《拾遗》）

鲳鱼

【释名】鲳鱼（《录异》）、鲳鯸鱼（《拾遗》）、昌鼠（藏器）。

时珍曰：昌，美也，以味名。或云：鱼游于水，群鱼随之，食其涎沫，有类于娼，故名。闽人讹为鲶鱼。广人连骨煮食，呼为狗瞌睡鱼。

【集解】藏器曰：鲳鱼生南海。状如鲫，身正圆，无硬骨，作炙食至美。

时珍曰：闽、浙、广南海中，四五月出之。《岭表录异》云：鲶鱼形似鳊鱼，而腔上突起，连背而圆，身肉甚厚，百如凝脂，只有一脊骨。治之以葱、姜，炰之以粳米，其骨亦软而可食。

肉

【气味】甘，平，无毒。

【主治】令人肥健，益气力（藏器）。

腹中子

【气味】有毒。令人痢下（藏器）。

鲫鱼（《别录》下品）

【释名】鲋鱼（音附）。

时珍按陆佃《埤雅》云：鲫鱼旅行，以相即也，故谓之鲫。以相附也，故谓之鲋。

【集解】保升曰：鲫，所在池泽有之。形似小鲤，色黑而体促，肚大而脊隆。大者至三四斤。

时珍曰：鲫喜偎泥，不食杂物，故能补胃。冬月肉厚子多，其味尤美。郦道元《水经注》云：蕲州·广济·青林湖有鲫鱼，大二尺，食之肥美，辟寒暑。东方朔《神异经》云：南方湖中多鲫鱼，长数尺，食之宜暑而辟风寒。《吕氏春秋》云：鱼之美者，有洞庭之鲋。观此，则鲫为佳品，自古尚矣。

肉

【气味】甘，温，无毒。

鲫鱼

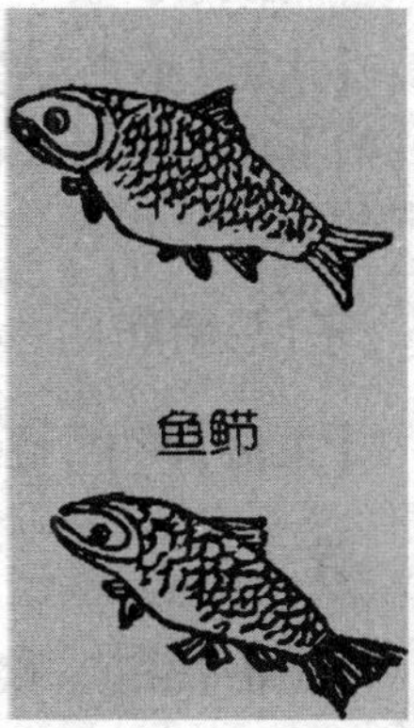

鼎曰：和蒜食，少热；同沙糖食，生疳虫；同芥菜食，成肿疾；同猪肝、鸡肉、雉肉、鹿肉、猴肉食，生痈疽；同麦门冬食，害人。

【主治】合五味煮食，主虚羸(藏器)。温中下气(大明)。止下痢肠痔(保升。夏月热痢有益，冬月不宜)。合莼作羹，主胃弱不下食，调中益五脏。合茭首作羹，主丹石发热(孟诜)。生捣，涂恶核肿毒不散及瘑疮。同小豆捣，涂丹毒。烧灰，和酱汁，涂诸疮十年不瘥者。以猪脂煎灰服，治肠痈(苏恭)。合小豆煮汁服，消水肿，炙油，涂妇人阴疳诸疮，杀虫止痛。酿白矾烧研饮服，治肠风血痢。酿硫黄煅研，酿五倍子煅研，酒服，并治下血。酿茗叶煨服，治消渴。酿胡蒜煨研饮服，治膈气。酿绿矾煅研饮服，治反胃。酿盐花烧研，掺齿疼。酿当归烧研，揩牙乌髭止血。酿砒烧研，治急疳疮。酿白盐煨研，搽骨疽。酿附子炙焦，同油涂头疮白秃(时珍)。

【发明】震亨曰：诸鱼属火，独鲫属土，有调胃实肠之功。若多食，亦能动火。

【附方】旧五，新三十一。鹘突羹：治脾胃虚冷不下食。以鲫鱼半斤切碎，用沸豉汁投之，入胡椒、莳萝、干姜、橘皮等末，空心食之。(《心镜》)卒病水肿：用鲫鱼三尾，去肠留鳞，以商陆、赤小豆等分，填满扎定，水三升，煮糜去鱼，食豆饮汁。二日一作，不过三次，小便利，愈。(《肘后方》)消渴饮水：用鲫鱼一枚，去肠留鳞，以茶叶填满，纸包煨熟食之。不过数枚即愈。(吴氏《心统》)肠风下血：《百一方》：用活鲫一大尾，去肠留鳞。入五倍子末填满，泥固煅存性，为末。酒服一钱(或饭丸)，日三服。又用硫黄一两，如上法煅服，亦效。酒积下血：酒煮鲫鱼，常食最效。(《便民食疗方》)肠痔滴血：常以鲫鱼作羹食。(《外台》)肠风血痔：用活鲫鱼，翅侧穿孔，去肠留鳞，入白矾末二钱，以棕包纸裹煨存性，研末。每服二钱，米饮下，每日二服。(《直指方》)血痢噤口：方同上。反胃吐食：用大鲫鱼一尾，去肠留鳞，入绿矾末令满，泥固煅存性，研末。每米饮服一钱，日二。(《本事》)膈气吐食：用大鲫鱼去肠留鳞，切大蒜片填满，纸包十重，泥封，晒半干，炭火煨熟，取肉和平胃散末一两杵，丸梧子大，密收。每服三十丸，米饮下。(《经验》)

鲙

【主治】久痢赤白，肠澼痔疾，大人小儿丹毒风眩(藏器)。治脚风及上气(思邈)。温脾胃，去寒结气(时珍)。

鲊

【主治】瘑疮。批片贴之，或同桃叶捣敷，杀其虫(时珍)。

【附方】新一。赤痢不止：鲫鱼鲊二脔(切)，秫米一把，薤白一虎口(切)。合煮粥，食之。(《圣惠方》)

头

【主治】小儿头疮口疮，重舌目翳(苏恭)。烧研饮服，疗咳嗽(藏器)。烧研饮服，治下痢。酒服，治脱肛及女人阴脱，仍以油调搽之。酱汁和，涂小儿面上黄水疮(时珍)。

子(忌猪肝)

【主治】调中，益肝气(张鼎)。

骨

【主治】䘌疮。烧灰敷，数次即愈(张鼎)。

胆

【主治】取汁，涂疳疮、阴蚀疮，杀虫止痛。点喉中，治骨鲠竹刺不出(时珍)。

【附方】旧一，新二。小儿脑疳：鼻痒，毛发作穗，黄瘦。用鲫鱼胆滴鼻中，三五日甚效。(《圣惠》)消渴饮水：用浮石、蛤蚧、蝉蜕等分，为末。以鲫鱼胆七枚，调服三钱，神效。(《本事》)滴耳治聋：鲫鱼胆一枚，乌驴脂少许，生麻油半两，和匀。纳入楼葱管中，七日取滴耳中，日二次。(《圣惠方》)

脑

【主治】耳聋。以竹筒蒸过，滴之(《圣惠》)。

【附录】鲫鱼

诜曰：一种鲫鱼，与鲫颇同而味不同，功亦不及。云鲫是栉化；鲫是稷米所化，故腹尚有米色。宽大者是鲫，背高腹狭小者是也。

时珍曰：孟氏言鲫、鲫皆栉、稷化成者，殊为谬说。惟鼢鼠化鲫，鲫化鼢鼠，刘绩《霏雪录》中尝书之，时珍亦尝见之，此亦生生化化之理。鲫、鲫多子，不尽然尔。鲫鱼即《尔雅》所谓鳜鳎，郭璞所谓妾鱼、婢鱼，崔豹所谓青衣鱼，世俗所谓鳑鲏鲫也。似鲫而小，且薄黑而扬赤。其行以三为率，一前二后，若婢妾然，故名。

颂曰：黔中一种重唇石鲫鱼，味美，亦鲫之类也。

鲂鱼(音房。《食疗》)

【释名】鳊鱼(音编)。

时珍曰：鲂，方也。鳊，扁也。其状方，其身扁也。

【集解】时珍：鲂鱼处处有之，汉沔尤多。小头缩项，穹脊阔腹，扁身细鳞，其色青白。腹内有肪，味最腴美。其性宜活水。故《诗》云：岂其食鱼，必河之鲂。俚语云：伊洛鲤鲂，美

鲂鱼

如牛羊。又有一种火烧鳊，头尾俱似魴，而脊骨更隆。上有赤鬣连尾，如蝙蝠之翼，黑质赤章，色如烟熏，故名。其大有至二三十斤者。

肉

【气味】甘，温，无毒。

【主治】调胃气，利五脏。和芥食之，能助肺气，去胃风，消谷。作鲙食之，助脾气，令人能食。作羹臛食，宜人，功与鲫同。患疳痢人勿食（孟诜）。

鲈鱼（宋《嘉祐》）

【释名】四鳃鱼。

时珍曰：黑色曰卢。此鱼白质黑章，故名。淞人名四鳃鱼。

鲈鱼

【集解】时珍曰：鲈出吴中，淞江尤盛，四五月方出。长仅数寸，状微似鳜而色白，有黑点，巨口细鳞，有四鳃。杨诚斋诗颇尽其状，云：鲈出鲈乡芦叶前，垂虹亭下不论钱。买来玉尺如何短，铸出银梭直是圆。白质黑章三四点，细鳞巨口一双鲜。春风已有真风味，想得秋风更迥然。《南郡记》云：吴人献淞江鲈鲙于隋炀帝。帝曰：余斋玉鲙，东南佳味也。

肉

【气味】甘，平，有小毒。

宗奭曰：虽有小毒，不甚发病。

禹锡曰：多食，发痃癖疮肿，不可同乳酪食。李鹏飞云：肝不可食，剥人面皮。

诜曰：中鲈鱼毒者，芦根汁解之。

【主治】补五脏，益筋骨，和肠胃，治水气。多食宜人，作鲊尤良。曝干甚香美（嘉祐）。益肝肾（宗奭）。安胎补中。作鲙尤佳（孟诜）。

鳜鱼（居卫切。《开宝》）

【释名】罽鱼（音蓟）、石桂鱼（《开宝》）、水豚。

时珍曰：鳜，蹶也，其体不能屈曲如僵蹶也。罽，𦈡也，其纹斑如织𦈡也。

大明曰：其味如豚，故名水豚，又名鳜豚。

志曰：昔有仙人刘凭，常食石桂鱼。桂、鳜同音，当即是此。

【集解】时珍曰：鳜生江湖中。扁形阔腹，大口细鳞。有黑斑，其斑纹尤鲜明者为雄，稍晦者为雌，皆有鬐鬣刺人。厚皮紧肉，肉中无细刺。有肚能嚼，亦啖小鱼。夏月居石穴，冬月偎泥𣲘，鱼之沉下者也。小者味佳，至三五斤者不美。李鹏飞《延寿书》云：鳜，鬐刺凡十二，以应十二月。误鲠害人，惟橄榄核磨水可解，盖鱼畏橄榄故也。

鳜鱼

肉

【气味】甘，平，无毒。

《日华》曰：微毒。

【主治】腹内恶血，去腹内小虫，益气力，令人肥健(《开宝》)。补虚劳，益脾胃(孟诜)，治肠风泻血(《日华》)。

【发明】时珍曰：按张杲《医说》云：越州邵氏女年十八，病劳瘵累年，偶食鳜鱼羹遂愈。观此，正与补劳、益胃、杀虫之说相符，则仙人刘凭、隐士张志和之嗜此鱼，非无谓也。

尾

【主治】小儿软疖，贴之良(时珍)。

胆

【气味】苦，寒，无毒。

【主治】骨鲠，不拘久近(时珍)。

【附方】旧一。骨鲠竹木刺入咽喉：不拘大人小儿，日久或入脏腑，痛刺黄瘦甚者，服之皆出。腊月收鳜鱼胆，悬北檐下令干。每用一皂子许，煎酒温呷。得吐，则鲠随涎出。未吐再服，以吐为度。酒随量饮，无不出者。蠡、鲩、鲫胆皆可。(《胜金方》)

【附录】䲢鱼

时珍曰：按《山海经》云：合水多䲢鱼。状如鳜，居于逵，苍纹赤尾。食之不痈，可以治瘘。郭注云：䲢，音滕。逵乃水中穴道交通者。愚按䲢之形状、居止、功用，俱与鳜同，亦鳜之类也。日华子谓鳜为水豚者，岂此䲢欤？

鲨鱼

鲨鱼(《纲目》)

【释名】鮀鱼(《尔雅》)、吹沙(郭璞)、沙沟鱼(俗名)、沙鰛(音问)。

时珍曰：此非海中沙鱼，乃南方溪涧中小鱼也。居沙沟中，吹沙而游，咂沙而食。鮀者，肉多形圆，陀陀然也。

【集解】时珍曰：鲨鱼，大者长四五寸，其头尾一般大。头状似鳟，体圆似鳝，厚肉重唇。细鳞，黄白色，有黑斑点文。背有鬐刺甚硬。其尾不歧。小时即有子。味颇美。俗呼为呵浪鱼。

肉

【气味】甘，平，无毒。

【主治】暖中益气（时珍）。

杜父鱼（《拾遗》）

鱼父杜

【释名】渡父鱼（《纲目》）、黄鲂鱼（音幺）、船碇鱼（《纲目》）、伏念鱼（《临海志》）。

时珍曰：杜父当作渡父。溪涧小鱼，渡父所食也。见人则以喙插入泥中，如船碇也。

【集解】藏器曰：杜父鱼生溪涧中。长二三寸，状如吹沙而短。其尾岐，大头阔口，其色黄黑有斑。脊背上有鬐刺，螫人。

【气味】甘，温，无毒。

【主治】小儿差颓。用此鱼擘开，口咬之，七下即消（藏器：差颓，阴核大小也）。

石斑鱼（《纲目》）

【释名】石矾鱼（《延寿书》）、高鱼。

鱼斑石

【集解】时珍曰：石斑生南方溪涧水石处。长数寸，白鳞黑斑。浮游水面，闻人声则划然深入。《临海水土记》云：长者尺余，其斑如虎文，而性淫，春月与蛇医交牝，故其子有毒。《南方异物志》云：高鱼似鳟，有雌无雄，二、三月与蜥蜴合于水上，其胎毒人。《酉阳杂俎》云：石斑与蛇交。南方有土蜂，土人杀此鱼标树上，引鸟食之，蜂窠皆尽也。

子及肠

【气味】有毒，令人吐泻。

《医说》云：用鱼尾草研汁，服少许解之。

石鲍鱼（《拾遗》）

【集解】藏器曰：生南方溪涧中。长一寸，背黑腹下赤。南人以作鲊，云甚美。

【气味】甘，平，有小毒。

【主治】疮疥癣（藏器）。

黄鲴鱼(音固。《纲目》)

黄鲴鱼

【释名】黄骨鱼。

时珍曰:鱼肠肥曰鲴。此鱼肠腹多脂,渔人炼取黄油燃灯,甚腥也。南人讹为黄姑,北人讹为黄骨鱼。

【集解】时珍曰:生江湖中小鱼也。状似白鱼,而头尾不昂,扁身细鳞,白色。阔不逾寸,长不近尺。可作鲊菹,煎炙甚美。

肉

【气味】甘,温,无毒。

【主治】白煮汁饮,止胃寒泄泻(时珍)。

油

【主治】疮癣有虫,燃灯,昏人目(时珍)。

鲦鱼(《纲目》)

鲦鱼

【释名】白鲦(音条)、鳘鱼(音餐),鮂鱼(音囚)。

时珍曰:鲦,条也。鳘,粲也。鮂,囚也。条,其状也。粲,其色也。囚,其性也。

【集解】时珍曰:鲦,生江湖中小鱼也。长仅数寸,形狭而扁,状如柳叶,鳞细而整。洁白可爱,性好群游。

《荀子》曰:鲦,浮阳之鱼也。最宜鲊菹。

【气味】甘,温,无毒。

【主治】煮食,已忧暖胃,止冷泻(时珍)。

鲙残鱼(《食鉴》)

鲙残鱼

【释名】王余鱼(《纲目》)、银鱼。

时珍曰:按《博物志》云:吴王阖闾江行,食鱼鲙,弃其残余于水,化为此鱼,故名。或又作越王及僧宝志者,益出傅会,不足致辩。

【集解】时珍曰:鲙残出苏、淞、浙江。大者长四五寸,身圆如箸,洁白如银,无鳞。若已鲙之鱼,但目有两黑点尔。彼人尤重小者,曝干以货四方。清明前有子,食之甚美。清明后子出而瘦,但可作鲊腊耳。

【气味】甘,平,无毒。

【主治】作羹食，宽中健胃（宁源）。

鱵鱼（音针。《纲目》）

【释名】姜公鱼（俗名）、铜哾鱼（音税。《临海志》）。

鱵鱼

时珍曰：此鱼喙有一针，故有诸名。俗云姜太公钓针，亦傅会也。

【集解】时珍曰：生江湖中。大小形状，并同鲙残，但喙尖有一细黑骨如针为异耳。《东山经》云：识水北注于湖，中多箴鱼，状如鲦，其喙如针。即此。

【气味】甘，平，无毒。

【主治】食之无疫（时珍）。

鱊鱼（音聿。《纲目》）

【释名】春鱼（俗名）。作腊，名鹅毛脡。

时珍曰：《尔雅》云：鱊鲚，小鱼也。名义未详。春，以时名也。脡，以干腊名也。

鱊鱼

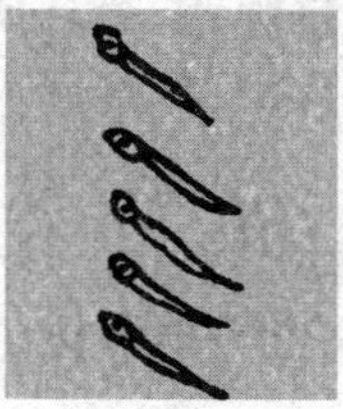

【集解】时珍曰：按段公路《北户录》云：广之恩州出鹅毛脡，用盐藏之，其细如毛，其味绝美。郭义恭所谓武阳小鱼大如针，一斤千头，蜀人以为酱者也。又《一统志》云：广东阳江县出之，即鱊鱼儿也。然今兴国州诸处亦有之，彼人呼为春鱼。云春月自岩穴中随水流出，状似初化鱼苗。土人取收，曝干为脡，以充苞苴。食以姜、醋，味同虾米。或云即鳢鱼苗也。

【气味】甘，平，无毒。

【主治】和中益气，令人喜悦（时珍）。

金鱼（《纲目》）

【集解】时珍曰：金鱼有鲤、鲫、鳅、鳘数种，鳅、鳘尤难得，独金鲫耐久，前古罕知。惟《北户录》云：出邛婆塞江，脑中有金，盖亦讹传。《述异记》载：晋桓冲游庐山，见湖中有赤鳞鱼。即此也。自宋始有畜者，今则处处人家养玩矣。春末生子于草上，好自吞啖，亦易化生。初出黑色，久乃变红。又或变白者，名银鱼。亦有红、白、黑、斑相间无常者。其肉味短而韧。《物类相感志》云：金鱼食橄榄渣、肥皂水即死。得白杨皮不生虱。又有丹鱼，不审即此类否？今附于下。

肉

【气味】甘、咸，平，无毒。

【主治】久痢（时珍）。

【附方】新一。久痢噤口，病势欲死：用金丝鲤鱼一尾，重一二斤者，如常治净，用盐、酱、葱，必入胡椒末三四钱，煮熟，置病人前嗅之，欲吃随意。连汤食一饱，病即除根，屡治有效。（杨拱《医方摘要》）

【附录】丹鱼

按《抱朴子》云：丹水出京兆上洛县西北冢岭山，入于均水。中出丹鱼。先夏至十日，夜伺之。鱼浮水侧，必有赤光上照，赫然若火。割血涂足，可以履冰。

鳢鱼(《本经》上品)

【释名】蠡鱼（《本经》）、黑鳢（《图经》）、玄鳢（《埤雅》）、乌鳢（《纲目》），鲖鱼（音同。《本经》）、文鱼。

时珍曰：鳢首有七星，夜朝北斗，有自然之礼，故谓之鳢。又与蛇通气，色黑，北方之鱼也，故有玄、黑诸名。俗呼火柴头鱼，即此也。其小者名鲖鱼。苏颂《图经》引《毛诗》诸注，谓鳢即鲩鱼者，误矣。今直削去，不烦辩正。

【集解】《别录》曰：生九江池泽。取无时。

鳢鱼

弘景曰：处处有之。言是公蛎蛇所化，然亦有相生者。性至难死，犹有蛇性也。

时珍曰：形长体圆，头尾相等，细鳞玄色，有斑点花纹，颇类蝮蛇，有舌有齿有肚，背腹有鬣连尾，尾无歧。形状可憎，气息腥恶，食品所卑。南人有珍之者，北人尤绝之。道家指为水厌，斋箓所忌。

肉

【气味】甘，寒，无毒。有疮者不可食，令人瘢白（《别录》）。

源曰：有小毒，无益，不宜食之。

宗奭曰：能发痼疾。疗病亦取其一端耳。

【主治】疗五痔，治湿痹，面目浮肿，下大水（《本经》。弘景曰：合小豆白煮，疗肿满甚效）。下大小便，壅塞气。作鲙，与脚气、风气人食，良。（孟诜）。主妊娠有水气（苏颂）。

【附方】旧三，新二。十种水气垂死：鳢鱼（一斤重者）煮汁，和冬瓜、葱白作羹食。（《心镜》）下一切气：诜曰：用大鳢一头开肚，入胡椒末半两，大蒜三两颗，缝合，同小豆一升煮熟，下萝卜三五颗，葱一握，俱切碎，煮熟，空腹食之至饱，并饮汁。至夜，泄恶气无限也。三五日更一作。肠痔下血：鳢鱼作鲙，以蒜齑食之。忌冷、毒物。（《外台》）一切风疮顽癣疥癞：年久不愈者，不过二三服必愈。用黑火柴头鱼一个（即乌鳢也），去肠肚，以苍耳叶填满。外以苍耳安锅底，置鱼于上，少少着水，慢火煨熟，去皮骨淡食。勿入盐酱，功效甚大。（《医林集要》）浴儿免痘：除夕黄昏时，用大乌鱼一尾，小者二三尾，煮汤浴儿，遍身七窍俱到。不可嫌腥，以清水洗去也。若不信，但留一手或一足不洗，遇出痘时，则未洗处偏多也。此乃异人所传，不

可轻易。(杨拱《医方摘要》)

肠及肝

【主治】冷败疮中生虫(别录)。肠以五味炙香,贴痔瘘及蛀骭疮,引虫尽为度(《日华》)。

胆

【气味】甘,平。

《日华》曰:诸鱼胆苦,惟此胆甘可食为异也。腊月收取,阴干。

【主治】喉痹将死者,点入少许即瘥,病深者水调灌之(《灵苑方》)。

鳗鲡鱼(《别录》中品)

【释名】白鳝(《纲目》)、蛇鱼(《纲目》),干者名风鳗。

时珍曰:鳗鲡旧注音漫黎。按许慎《说文》,鲡与鳢同。赵辟公《杂录》亦云:此鱼有雄无雌,以影漫于鳢鱼,则其子皆附于鳢鬐而生,故谓之鳗鲡。与许说合,当以鳢音为正。曰蛇,曰鳝,象形也。

【集解】颂曰:所在有之。似鳝而腹大,青黄色。云是蛟蜃之属,善攻江岸,人酷畏之。

诜曰:歙州溪潭中出一种背有五色纹者,头似蝮蛇。入药最胜。江河中难得五色者。

时珍曰:鳗鲡,其状如蛇,背有肉鬣连尾,无鳞有舌,腹白。大者长数尺,脂膏最多。背有黄脉者,名金丝鳗鲡。此鱼善穿深穴,非若蛟蜃之攻岸也。或云鲇亦产鳗,或云鳗与蛇通。

鳗鲡鱼

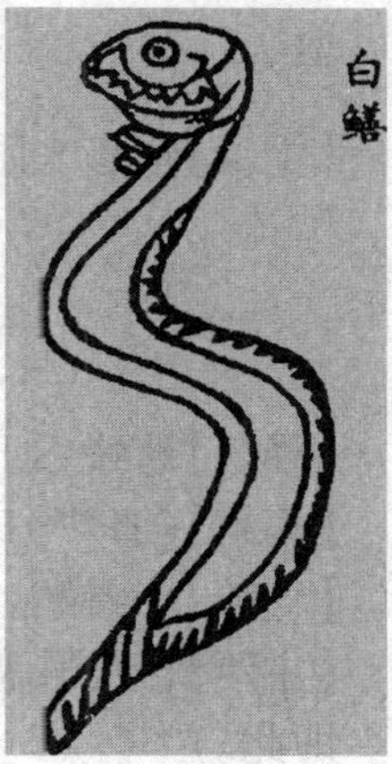

【正误】弘景曰:鳗鲡能缘树食藤花。

恭曰:鲵鱼能上树。鳗无足,安能上树耶?谬说也。

肉

【气味】甘,平,有毒。

思邈曰:大温。

士良曰:寒。

宗奭曰:动风。

吴瑞曰:腹下有黑斑者,毒甚。与银杏同食,患软风。

机曰:小者可食。重四、五斤及水行昂头者,不可食。尝见舟人食之,七口皆死。

时珍曰:按《夷坚续志》云:四目者杀人。背有白点无鳃者,不可食。妊娠食之,令胎有疾。

【主治】五痔疮瘘,杀诸虫(《别录》。诜曰:痔瘘熏之虫即死。杀诸虫,烧炙为末,空腹食,三、五度即瘥)。治恶疮,女人阴疮虫痒,治传尸疰气劳损,暖腰膝,起阳(《日华》)。疗湿脚气,腰肾间湿风痹,常如水洗。以五味煮食,甚补益。患诸疮瘘疬疡风人,宜长食之(孟诜)。治小儿疳劳,及虫心痛(时珍)。妇人带下,疗一切风瘙如虫行,又压诸草石药毒,不能为害(张鼎)。

【发明】颂曰:鱼虽有毒,以五味煮羹,能补虚损,及久病劳瘵。

时珍曰:鳗鲡所主诸病,其功专在杀虫去风耳。与蛇同类,故主治近之。《稽神录》云:有人病瘵,相传染死者数人。取病者置棺中,弃于江以绝害。流至金山,渔人引起开视,乃一女子,犹活。取置渔舍,每以鳗鲡食之,遂愈。因为渔人之妻。张鼎云:烧烟熏蚊,令化为水。熏毡及屋舍竹木,断蛀虫。置骨于衣箱,断诸蠹。观此,则《别录》所谓能杀诸虫之说,益可证矣。

【附方】旧三。诸虫心痛,多吐清水:鳗鲡淡煮,饱食三、五度,即瘥。(《外台》)骨蒸劳瘦:用鳗鲡二斤治净,酒二盏煮熟,入盐、醋食之。(《圣惠》)肠风下虫:同上。

膏

【主治】诸瘘疮(陶弘景)。耳中虫痛(苏恭)。曝干微炙取油,涂白驳风,即时色转,五、七度便瘥(宗奭。《集验方》云:白驳生头面上,浸淫渐长似癣者。刮令燥痛,炙热脂搽之,不过三度即瘥)。

骨及头

【主治】炙研入药,治疳痢肠风崩带。烧灰敷恶疮。烧熏痔瘘,杀诸虫(时珍)。

【附方】旧一。一切恶疮:用蛇鱼骨炙为末,入诸色膏药中贴之,外以纸护之。(《经验》)

血

【主治】疮疹入眼生翳,以少许点之(时珍)。

海鳗鲡(《日华》)

【释名】慈鳗(《日华》)、猧、狗鱼(《日华》)。

【集解】《日华》曰:生东海中。类鳗鲡而大,功用相同。

【气味】同鳗鲡。

【主治】治皮肤恶疮疥、疳䘌、痔瘘(《日华》。时珍曰:按李九华云:狗鱼暖而不补。即此。)

鳝(善)鱼(《别录》上品)

【释名】黄䱇(音旦)。

鱼　鳝

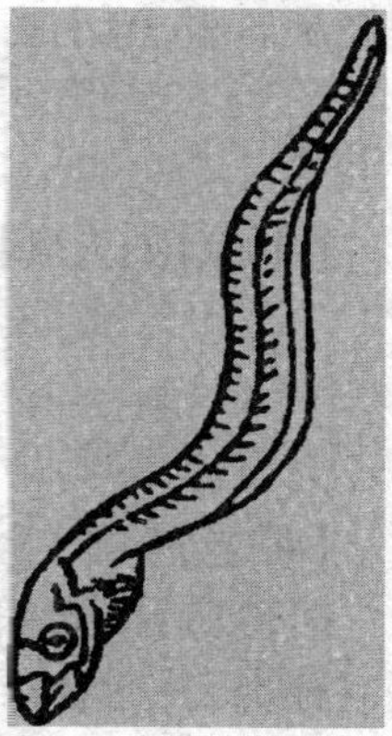

宗奭曰：鳝腹黄鉭，故世称黄鳝。

时珍曰：《异苑》作黄，云黄疸之名，取乎此也。藏器言：当作鱣鱼，误矣。鱣字平声，黄鱼也。

【集解】韩保升曰：鳝鱼生水岸泥窟中。似鳗鲡而细长，亦似蛇而无鳞，有青、黄二色。

时珍曰：黄质黑章，体多涎沫，大者长二三尺，夏出冬蛰。一种蛇变者名蛇鳝，有毒害人。南人鬻鳝肆中，以缸贮水，畜数百头。夜以灯照之，其蛇化者，必项下有白点。通身浮水上，即弃之。或以蒜瓣投于缸中，则群鳝跳掷不已，亦物性相制也。

藏器曰：作臛，当重煮之，不可用桑柴，亦蛇类也。

弘景曰：鳝是苻苓根所化，又云死人发所化。今其腹中自有子，不必尽是变化也。

肉

【气味】甘，大温，无毒。

思邈曰：黑者有毒。

弘景曰：性热能补。时行病后食之，多复。

宗奭曰：动风气。多食，令人霍乱。曾见一郎官食此，吐利几死也。

时珍曰：按《延寿书》云：多食，发诸疮，亦损人寿。大者，有毒杀人。不可合犬肉、犬血食之。

【主治】补中益血，疗沛唇（《别录》）。补虚损，妇人产后恶露淋沥，血气不调，羸瘦，止血，除腹中冷气肠鸣，及湿痹气（藏器）。善补气，妇人产后宜食（震亨）。补五脏，逐十二风邪。患湿风、恶气人，作臛空腹饱食，暖卧取汗出如胶，从腰脚中出，候汗干，暖五枝汤浴之，避风。三五日一作，甚妙（孟诜）。专贴一切冷漏、痔瘘、臁疮引虫（时珍）。

【附方】新二。臁疮蛀烂：用黄鳝鱼数条打死，香油抹腹，蟠疮上系定，顷则痛不可忍，然后取下看，腹有针眼皆虫也。未尽更作，后以人胫骨灰，油调搽之。（《奇效》）肉痔出血：鳝鱼煮食，其性凉也。（《便民食疗》）

血（尾上取之）

【主治】涂癣及瘘（藏器）。疗口眼㖞斜，同麝香少许。左㖞涂右，右㖞涂左，正即洗去。治耳痛，滴数点入耳。治鼻衄，滴数点入鼻。治疹后生翳，点少许入目。治赤疵，同蒜汁、墨汁频涂之。又涂赤游风（时珍）。

【发明】时珍曰：鳝善穿穴，无足而窜，与蛇同性，故能走经脉疗十二风邪，及口㖞、耳目诸窍之病。风中血脉，则口眼㖞斜，用血主之，从其类也。

头（五月五日收）

【气味】甘，平，无毒。

【主治】烧服，止痢，主消渴，去冷气，除痞症，食不消（《别录》）。同蛇头、地龙头烧灰酒服，治小肠痈有效（《集成》）。百虫入耳，烧研，绵裹塞之，立出（时珍）。

皮

【主治】妇人乳核硬疼，烧灰空心温酒服（《圣惠》）。

鳅鱼（音酋。《纲目》）

【释名】泥鳅（俗名）、鳛鱼（《尔雅》）。

时珍曰：按陆佃云：鳅性酋健，好动善扰，故名。小者名鳠鱼。孙炎云：鳛者，寻习其泥也。

鱼鳝

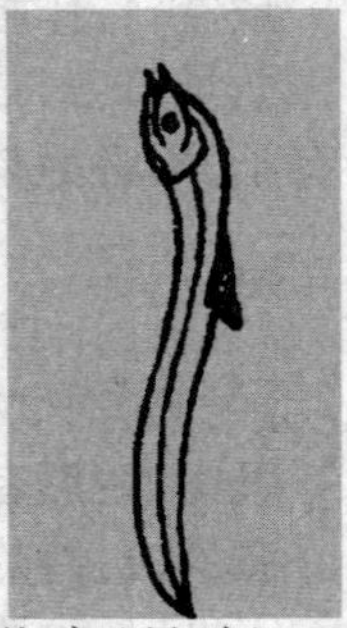

【集解】时珍曰：海鳅生海中，极大。江鳅生江中，长七八寸。泥鳅生湖池，最小，长三四寸，沉于泥中。状微似鳝而小，锐首圆身，青黑色，无鳞。以涎自染，滑疾难握。与他鱼牝牡，故《庄子》云"鳅与鱼游"。生沙中者微有文采。闽、广人劙去脊骨，作臛食甚美。《相感志》云：灯心煮鳅甚妙。

【气味】甘，平，无毒。

弘景曰：不可合白犬血食。一云凉。

【主治】暖中益气，醒酒，解消渴（时珍）。同米粉煮羹食，调中收痔（吴球）。

【附方】新五。消渴饮水：用泥鳅鱼（十头阴干，去头尾，烧灰）、干荷叶等分。为末。每服二钱，新汲水调下，日三。名沃焦散。（《普济方》）喉中物哽：用生鳅鱼，线牢缚其头，以尾先人喉中，牵拽出之。（《普济方》）揩牙乌髭：泥鳅鱼一枚、槐蕊、狼把草各一两，雄燕子一个，酸石榴皮半两，捣成团。入瓦罐内，盐泥固济，先文后武，烧炭十斤，取研，日用。一月以来，白者皆黑。（《普济》）阳事不起：泥鳅煮食之。（《集简方》）牛狗羸瘦：取鳅鱼一二枚，从口鼻送入，立肥也。（陈藏器）

鳣鱼（音邅。《拾遗》）

【校正】时珍曰：《食疗》黄鱼系重出，今并为一。

【释名】黄鱼（《食疗》）、蜡鱼（《御览》）、玉版鱼。

时珍曰：鳣肥而不善游，有邅如之象。曰黄曰蜡，言其脂色也。玉版，言其肉色也。《异物志》名含光，言其脂肉夜有光也。《饮膳正要》云：辽人名阿八儿忽鱼。

【集解】藏器曰：鳣长二三丈，纯灰色，体有三行甲。逆上龙门，能化为龙也。

时珍目：鳣出江淮、黄河、辽海深水处，无鳞大鱼也。其状似鲟，其色灰白，其背有骨甲三行，其鼻长有须，其口近颔下，其尾歧。其出也，以三月逆水而生。其居也，在矶石湍流之间。其食也，张口接物听其自入，食而不饮，蟹鱼多误人之。昔人所谓"鳣鲔岫居"，世俗所谓"鲟鳇鱼吃自来食"，是矣。其行也，在水底，去地数寸。渔人以小钩近千沉而取之，一钩着身，动而护痛，诸钩皆着。船游数日，待其困惫，方敢掣取。其小者近百斤。其大者长二三丈,至一二千斤。其气甚腥。其脂与肉层层相间,肉色白,脂色黄如蜡。其脊骨及鼻,并鬐与鳃,皆脆软可食。其肚及子盐藏亦佳,其鳔亦可作胶.其肉骨煮炙及作鲊皆美。《翰墨大全》云:江淮人以鲟鳇鱼作鲊名片酱,亦名玉版鲊也。

鱼 鳣

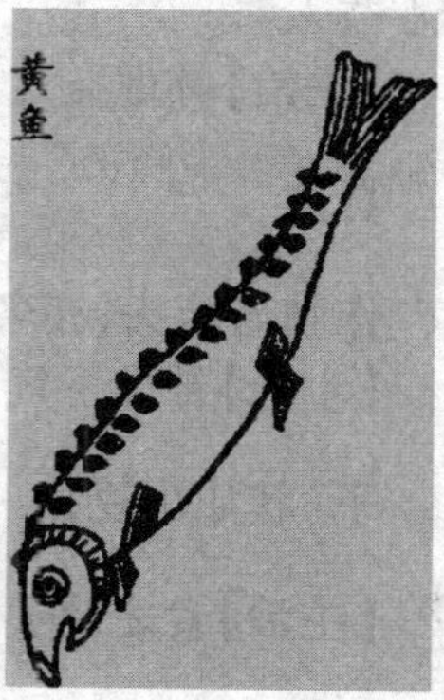

肉

【气味】甘,平,有小毒。

诜曰:发气动风,发疮疥。和荞麦食,令人失音。

宁源曰:味极肥美,楚人尤重之。多食,生热痰。作鲊奇绝,亦不益人。

时珍曰:服荆芥药,不可食。

【主治】利五脏,肥美人。多食,难克化(时珍)。

肝

【气味】无毒。

【主治】恶疮疥癣。勿以盐炙食(藏器)。

鲟鱼(《拾遗》)

【释名】鱏鱼(寻、淫二音)、鮪鱼(音洧)、王鮪(《尔雅》)、碧鱼。

时珍曰:此鱼延长,故从寻从覃,皆延长之义。《月令》云:季春,天子荐鮪于寝庙。故有王鮪之称。郭璞云:大者名王鮪,小者名叔鮪,更小者名鮥子(音洛)。李奇《汉书注》云:周洛曰鮪,蜀曰䱋(音亘懵)。《毛诗义疏》云:辽东、登、莱人名尉鱼,言乐浪尉仲明溺海死,化为此鱼。盖尉亦鮪字之讹耳。《饮膳正要》云:今辽人名乞里麻鱼。

鱼 鲟

【集解】藏器曰:鲟生江中。背如龙,长一二丈。

时珍曰:出江淮、黄河、辽海深水处,亦鳣属也。岫居,长者丈余。至春始出而浮阳,见日则目眩。其状如鳣,而背上无甲。其色青碧,腹下色白。其鼻长与身等,口在颔下,食而不饮。颊下有青斑纹,如梅花状。尾岐如丙。肉色纯白,味亚于鳣,鬐骨不脆。罗愿云:鲟状如鬵鼎,上大下小,大头哆口,似铁兜鍪。其鳔亦可作胶,如鳋鮧也。亦能化龙。

肉

【气味】甘,平,无毒。

诜曰:有毒。味虽美而发诸药毒,动风气,发一切疮疥。久食,令人心痛腰痛。

服丹石人忌之。勿与干笋同食,发瘫痪风。小儿食之,成咳嗽及癥瘕。作鲊虽珍,亦不益人。

【主治】补虚益气,令人肥健(藏器)。煮汁饮,治血淋(孟诜)。

鼻肉

作脯名鹿头,亦名鹿肉,言美也。

【主治】补虚下气(藏器)。

子(状如小豆)

【主治】食之肥美,杀腹内小虫(藏器)。

牛鱼(《拾遗》)

【集解】藏器曰:生东海。其头似牛。

时珍曰:按《一统志》云:牛鱼出女直混同江。大者长丈余,重三百斤。无鳞骨,其肉脂相间,食之味长。又《异物志》云:南海有牛鱼,一名引鱼,重三四百斤,状如鳢,无鳞骨,背有斑纹,腹下青色。知海潮,肉味颇长。观二说,则此亦鱏属也。鱏、引声亦相近。

肉:无毒。

【主治】六畜疫疾。作干脯为末,以水和灌鼻,即出黄涕。亦可置病牛处,令气相熏(藏器)。

鮠鱼(音桅。《拾遗》)

【释名】鮰鱼(音回)、鳠鱼(化、获二音)、鳂鱼(化上声)、鳜鱼(癞)。

时珍曰:北人呼鳠,南人呼鮠,并与鮰音相近。迩来通称鮰鱼,而鳠、鮠之名不彰矣。鳂,又鳠音之转也。秦人谓其发癞,呼为鮠鱼。余见鲇鱼。

鮠鱼

【集解】时珍曰:鮠,生江淮间无鳞鱼,亦鲟属也。头尾身鬐俱似鲟状,惟鼻短尔。口亦在颔下,骨不柔脆,腹似鲇鱼,背有肉鬐。郭璞云"鳠鱼似鲇而大,白色"者,是矣。

【正误】藏器曰:鮠生海中,大如石首。不腥,作鲙如雪。隋朝吴都进鮠鱼鲙,取快日曝干瓶盛。临食以布裹水浸用,与初鲙无异。

时珍曰:藏器所说,出《杜宝拾遗录》。其说云:隋大业六年,吴郡献海鮸干鲙。其法:五、六月取大鮸四五尺者,鳞细而紫,无细骨,不腥。取肉切晒极干,以新瓶盛之,泥封固。用时以布裹水浸,少顷去水,则皎白如新也。珍按此乃海鮸,即石首之大者,有鳞不腥。若江河鮠鱼,则无鳞极腥矣。陈氏盖因鳃、鲍二字相类,不加考究,遂致谬误耳。今正之。

肉

【气味】甘,平,无毒。

颂曰:能动痼疾。不可合野猪、野鸡肉食,令人生癞。

【主治】开胃,下膀胱水(藏器)。

鮧鱼(音夷。《别录》上品)

鮧鱼

【释名】鳀鱼(音题)、鰋鱼(音偃)、鲇鱼。

时珍曰:鱼额平夷低偃,其涎粘滑。鮧,夷也。鰋,偃也。鲇,粘也。古曰鰋,今曰鲇;北人曰鰋,南人曰鲇。

【集解】弘景曰:鳀,即鲇也。又有鳠,似鳀而大。鮠,似鳀而色黄。人鱼,似鲇而有四足。

保升曰:口腹俱大者,名鳠;背青口小者,名鲇;口小背黄腹白者,名鮠。

时珍曰:二说俱欠详核。鲇乃无鳞之鱼,大首偃额,大口大腹,鮠身鳢尾,有齿有胃有须。生流水者,色青白。生止水者,色青黄。大者亦至三四十斤,俱是大口大腹,并无口小者。鳠即今之鮰鱼,似鲇而口在颔下,尾有歧,南人方音转为鮠也。今厘正之。凡食鲇、鮠,先割翅下悬之,则涎自流尽,不粘滑也。

肉

【气味】甘,温,无毒。

诜曰:无鳞,有毒,勿多食。

颂曰:寒而有毒,非佳品也。赤目、赤须、无腮者,并杀人。不可合牛肝食,令人患风多噎。不可合野猪肉食,令人吐泻。

弘景曰:不可合鹿肉食,令人筋甲缩。

时珍曰:反荆芥。

【主治】百病(《别录》)。作臛,补人(弘景)。疗水肿,利小便(苏恭)。治口眼㖞斜,活鲇切尾尖,朝吻贴之即正。又五痔下血肛痛,同葱煮食之(时珍)。

【附方】新一。身面白驳:鲇鱼(半斤)一夹,去肠,以粳饭、盐、椒如常作鲊,以荷叶作三包系之。更以荷叶重包,令臭烂。先以布拭赤,乃炙鲊包,乘热熨,令汗出。以绵衣包之,勿令见风,以瘥为度。(《总录》)

涎

【主治】三消渴疾,和黄连末为丸,乌梅汤每服五七丸,日三服,效(苏颂)。

目

【主治】刺伤中水作痛，烧灰涂之（思邈）。

肝

【主治】骨鲠（时珍）。

【附方】新一。骨鲠在喉：栗子肉上皮半两（研末），乳香、鲇鱼肝各一分，同捣，丸梧子大。以绵裹一丸，水润，外留绵线吞下，钓出。（《总录》）

鳑鱼（音啼。《纲目》）

鳑鱼

【校正】时珍曰：旧注见鳑鱼，今分出。

【释名】人鱼（《弘景》）、孩儿鱼。

时珍曰：鳑声如孩儿，故有诸名。作鳀、鳑者，并非。

【集解】弘景曰：人鱼，荆州、临沮、青溪多有之。似鳃而有四足，声如小儿。其膏然之不消耗，秦始皇骊山冢中所用人鱼膏是也。

宗奭曰：鳑鱼形微似獭，四足，腹重坠如囊，身微紫色，无鳞，与鲇、鮠相类。尝剖视之，中有小蟹、小鱼、小石数枚也。

时珍曰：孩儿鱼有二种：生江湖中，形色皆如鲇、鮠，腹下翅形似足，其腮颊轧轧，音如儿啼，即鳑鱼也。一种生溪涧中，形声皆同。但能上树，乃鲵鱼也。《北山经》云：决水多人鱼。状如鳑，四足，音如婴儿。食之无痴疾。又云：休水北注于洛，中多鳑鱼。状如盩蜼而长距，足白而对，食之无益疾，可以御兵。按此二说，前与陶合，后与寇合，盖一物也。今渔人网得，以为不利，即惊异而弃之，盖不知其可食如此也。徐铉《稽神录》云：谢仲玉者，曾见妇人出没水中，腰以下皆鱼。乃人鱼也。又《徂异记》云：查奉道使高丽，见海沙中一妇人，肘后有红鬣。问之。曰：人鱼也。此二者，乃名同物异，非鳑、鲵也。

【气味】甘，有毒。

【主治】食之，疗瘕疾（弘景）。无蛊疾（时珍）。

鲵鱼（音倪。《拾遗》）

【释名】人鱼（《山海经》）、鲵鱼（音纳）、鳎鱼（音塔）。大者名鰕（音霞）。

时珍曰：鲵，声如小儿，故名。即鳑鱼之能上树者。俗云鲇鱼上竿，乃此也。与海中鲸，同名异物。蜀人名鲵，秦人名鳎。《尔雅》云：大者曰鰕。《异物志》云：有鱼之体，以足行如虾，故名鰕。陈藏器以此为鳠鱼，欠考矣。又云一名王鲔，误矣，王鲔乃鲟鱼也。

【集解】藏器曰：鲵生山溪中。似鲇有四足，长尾，能上树。大旱则含水上山，以草叶覆身，张口，鸟来饮水，因吸食之。声如小儿啼。

时珍曰：按郭璞云：鲵鱼似鲇，四脚，前脚似猴，后脚似狗，声如儿啼，大者长八、九尺。《山海经》云：决水有人鱼，状如鳑，食之无痴疾。《蜀志》云：雅州西山溪谷出魶鱼。似鲇有足，能缘木，声如婴儿，可食。《酉阳杂俎》云：峡中人食鲵鱼，缚树上，鞭至白汁出如构汁，方可治食。不尔，有毒也。

【气味】甘，有毒。

【主治】食之无痴疾（《山海经》）。

黄颡鱼（《食疗》）

【释名】黄鲿鱼（古名）、黄颊鱼（《诗疏》），䱀𩵚（央轧）、黄𩵚。

时珍曰：颡、颊以形，鲿以味，䱀𩵚以声也。今人析而呼为黄䱀、黄𩵚。陆玑作黄扬，讹矣。

鱼颡黄

【集解】时珍曰：黄颡，无鳞鱼也。身尾俱似小鲇，腹下黄，背上青黄，腮下有二横骨，两须，有胃。群游作声如轧轧。性最难死。陆玑云：鱼身燕头，颊骨正黄。鱼之有力能飞跃者。陆佃云：其胆春夏近下，秋冬近上。亦一异也。

【气味】甘，平，微毒。

诜曰：无鳞之鱼不益人，发疮疥。

时珍曰：反荆芥，害人。

【主治】肉，至能醒酒（弘景）。祛风（吴瑞）。煮食，消水肿，利小便。烧灰，治瘰疬久溃不收敛，及诸恶疮（时珍）。

【附方】新三。水气浮肿：用黄颡三尾，绿豆一合，大蒜三瓣，水煮烂，去鱼食豆，以汁调商陆末一钱服。其水化为清气而消。诗云：一头黄颡八须鱼，绿豆同煎一合余。白煮作羹成顿服，管教水肿自消除。（《集要》）瘰疬溃坏：用黄𩵚鱼破开，入蓖麻子二十粒，扎定，安厕坑中，冬三日，春秋一日，夏半日，取出洗净，黄泥固济，煅存性研，香油调敷。臁疮浸淫：方同上。（并《普济》）

涎（翅下取之）

【主治】消渴（吴瑞）。

【附方】新一。生津丸：治消渴饮水无度。以黄颡鱼涎和青蛤粉、滑石末等分，丸梧子大。每陈粟米汤下三十丸。

颊骨

【主治】喉痹肿痛，烧研，茶服三钱（时珍。并出《普济》）。

河豚(宋《开宝》)

【校正】并入《食疗》鯸鮧、《拾遗》鯢鱼。

【释名】鯸鮧(一作鯸鲐)、蝴鮧(《日华》)、鯢鱼(一作鲑)、嗔鱼(《拾遗》)、吹肚鱼(俗)、气包鱼。

时珍曰:豚,言其味美也。侯夷,状其形丑也。鯢,谓其体圆也。吹肚、气包,象其嗔胀也。《北山经》名鯢鱼(音沛)。

河豚

【集解】志曰:河豚,江、淮、河皆有之。

藏器曰:腹白,背有赤道如印,目能开阖。触物即嗔怒,腹胀如气球浮起,故人以物撩而取之。

时珍曰:今吴越最多。状如蝌蚪,大者尺余,背色青黑。有黄缕纹,无鳞无腮无胆,腹下白而不光。率以三头相从为一部。彼人春月甚珍贵之,尤重其腹腴,呼为西施乳。严有翼《艺苑雌黄》云:河豚,水族之奇味,世传其杀人。余守丹阳·宣城,见土人户户食之。但用菘菜蒌蒿、荻芽三物煮之,亦未见死者。南人言鱼之无鳞无腮,无胆有声,目能眨者,皆有毒。河豚备此数者,故人畏之。然有二种,其色炎黑有纹点者,名斑鱼,毒最甚。或云三月后则为斑鱼,不可食也。又案《雷公炮炙论》云:鲑鱼插树,立便干枯。狗胆涂之,复当荣盛。《御览》云:河豚鱼虽小,而獭及大鱼不敢啖之。则不惟毒人,又能毒物也。王充《论衡》云:万物含太阳火气而生者,皆有毒。在鱼则鲑与鲹。故鲑肝死人,鯸鳌人。

【气味】甘,温,无毒。

宗奭曰:河豚有大毒,而云无毒何也?味虽珍美,修治失法。食之杀人,厚生者宜远之。

藏器曰:海中者大毒,江中者次之。煮之不可近铛,当以物悬之。

时珍曰:煮忌煤炲落中。与荆芥、菊花、桔梗、甘草、附子、乌头相反。宜荻笋、蒌蒿、秃菜。畏橄榄、甘蔗、芦根、粪汁。案陶九成《辍耕录》:凡食河豚,一日内不可服汤药,恐犯荆芥,二物大相反。亦恶乌头、附子之属。余在江阴,亲见一儒者,因此丧命。河豚子必不可食,曾以水浸之,一夜大如芡实也。世传中其毒者,以至宝丹或橄榄及龙脑浸水皆可解。复得一方,惟以槐花微炒,与干胭脂等分同捣粉,水调灌之,大妙。又案《物类相感志》言:凡煮河豚,用荆芥同煮五七沸,换水则无毒。二说似相反,得非河豚之毒人于荆芥耶?宁从陶说,庶不致悔也。

【主治】补虚,去湿气,理腰脚,去痔疾,杀虫(《开宝》)。伏硇砂(《上宿本草》)。

肝及子

【气味】有大毒。

《藏器》曰:入口烂舌,入腹烂肠,无药可解。惟橄榄木、鱼茗木、芦根、乌蓲草根煮汁可解。

时珍曰：吴人言其血有毒，脂令舌麻，子令腹胀，眼令目花，有“油麻子胀眼睛花”之语。而江阴人盐其子，糟其白，埋过治食，此俚言所谓“舍命吃河豚”者耶？

【主治】疥癣虫疮。用子同蜈蚣烧研，香油调，搽之（时珍）。

海豚鱼（《拾遗》）

【释名】海狶（《文选》），生江中者名江豚（《拾遗》）、江猪（《纲目》）、水猪（《异物志》）、䱐鱼（音志）、馋鱼（音谗）、鲟鲱（音敷沛）。

海豚

时珍曰：海豚、江豚，皆因形命名。《郭璞》赋“海狶、江豚”是也。《魏武食制》谓之鲟鲱。《南方异物志》谓之水猪。又名馋鱼，谓其多涎也。

【集解】藏器曰：海豚生海中，候风潮出没。形如豚，鼻在脑上作声，喷水直上，百数为群。其子如蠡鱼子，数万随母而行。人取子系水中，其母自来就而取之。江豚生江中，状如海豚而小，出没水上，舟人候之占风。其中有油脂，点灯照樗蒲即明，照读书工作即暗，俗言懒妇所化也。

时珍曰：其状大如数百斤猪，形色青黑如鲇鱼，有两乳，有雌雄，类人。数枚同行，一浮一没，谓之拜风。其骨硬，其肉肥，不中食。其膏最多，和石灰舱船良。

肉

【气味】咸，腥，味如水牛肉，无毒。

【主治】飞尸、蛊毒、瘴疟，作脯食之（藏器）。

肪

【主治】摩恶疮、疥癣、痔瘘，犬马瘑疥，杀虫（藏器）。

比目鱼（《食疗》）

【释名】鲽（音蝶）、鞋底鱼。

比目鱼

时珍曰：比，并也。鱼各一目，相并而行也。《尔雅》所谓“东方有比目鱼，不比不行，其名曰鲽”，是也。段氏《北户录》谓之鳒（音兼），《吴都赋》谓之魪（音介），《上林赋》谓之魼（音墟）。鲽，犹屧也；鳒，兼也；魪，相介也；魼，相胠也。俗名鞋底鱼，《临海志》名婢屣鱼，《临海水土记》名奴屩鱼，《南越志》名版鱼，《南方异物志》名箬叶鱼，皆因形也。

【集解】时珍曰：案郭璞云：今所在水中有之。状如牛脾及女人鞋底，细鳞紫黑色，两片相合乃得行。其合处半边平而无鳞，口近腹下。刘渊林以为王余鱼，盖不然。

【气味】甘，平，无毒。

【主治】补虚益气力。多食动气（孟诜）。

鮹鱼（音梢。《拾遗》）

【集解】藏器曰：出江湖。形似马鞭，尾有两歧，如鞭鞘，故名。

【气味】甘，平，无毒。

【主治】五痔下血，瘀血在腹（藏器）。

鲛鱼（《别录》下品）

【释名】沙鱼（《拾遗》）、䱜鱼（鹊、错二音）、鳆鱼（音剥）、溜鱼。

时珍曰：鲛皮有沙，其纹交错鹊驳，故有诸名。古曰鲛，今曰沙，其实一也。或曰：本名鲛，讹为鲛。段成式曰：其力健强，称为河伯健儿。

鲛鱼

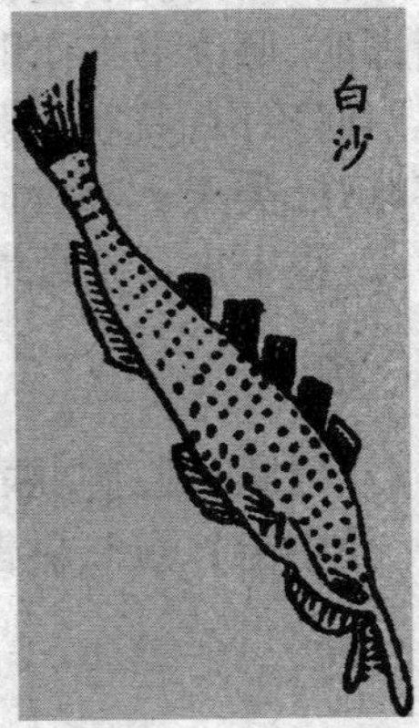

藏器曰：鲛与石决明，同名而异类也。

【集解】恭曰：鲛出南海。形似鳖，无脚有尾。

保升曰：圆广尺余，尾亦长尺许，背皮粗错。

颂曰：有二种，皆不类鳖，南人通谓之沙鱼。大而长喙如锯者曰胡沙，性善而肉美。小而皮粗者曰白沙，肉强而有小毒。彼人皆盐作修脯。其皮刮治去沙，剪作鲙，为食品美味，食之益人。其皮可饰刀靶。

宗奭曰：鲛鱼、沙鱼形稍异，而皮一等。

时珍曰：古曰鲛，今曰沙，是一类而有数种也，东南近海诸郡皆有之。形并似鱼，青目赤颊，背上有鬣，腹下有翅，味并肥美，南人珍之。大者尾长数尺，能伤人。皮皆有沙，如真珠斑。其背有珠纹如鹿而坚强者，曰鹿沙，亦曰白沙，云能变鹿也。背有斑纹如虎而坚强者，曰虎沙，亦曰胡沙，云虎鱼所化也。鼻前有骨如斧斤，能击物坏舟者，曰锯沙，又曰挺额鱼，亦曰鐇䱜，谓鼻骨如鐇（斧）也（音蕃）。沈怀远《南越志》云：环雷鱼，䱜鱼也。长丈许。腹内有两洞，腹贮水养子。一腹容二子。子朝从口中出，暮还入腹。鳞皮有珠，可饰刀剑，治骨角。

藏器曰：其鱼状貌非一，皆皮上有沙，堪揩木，如木贼也。小者子随母行，惊即从口入母腹中。

肉

【气味】甘，平，无毒。

【主治】作鲙，补五脏，功亚于鲫，亦可作鳙、鲊（诜）。甚益人（颂）。

沙鱼

皮

【气味】甘、咸，平，无毒。

【主治】心气鬼疰，蛊毒吐血（《别录》）。蛊气蛊疰（恭）。烧灰水服，主食鱼中毒（藏器）。烧研水服，解鯸鮧鱼毒。治食鱼鲙成积不消（时珍）。

【附方】旧一，新一。治疰鲛鱼皮散：颂曰：胡洽治五尸鬼疰，百毒恶气。鲛鱼皮（炙）、朱砂、雄黄、金牙、蜀椒、细辛、鬼臼、干姜、莽草、天雄、麝香、鸡舌香、桂心各一两，贝母半两，蜈蚣、蜥蜴各（炙）二枚，为末。每服半钱，温酒服，日二。亦可佩之。时珍曰：《千金》鲛鱼皮散：治鬼疰。用鲛鱼皮（炙）、龙骨、鹿角、犀角、麝香、蜈蚣、雄黄、朱砂、干姜、蜀椒、蘘荷根、丁香等各一分，贝子十枚。为末。酒服方寸匕，加至二匕，日三服。亦可佩。

胆（腊月收之）

【主治】喉痹，和白矾灰为丸，绵裹纳喉中，吐去恶涎即愈（诜）。

乌贼鱼（《本经》中品）

【释名】乌鲗（《素问》）、墨鱼（《纲目》）、缆鱼（《日华》），干者名鲞（《日华》），骨名海螵蛸。

颂曰：陶隐居言此鹲乌所化。今其口脚具存，犹颇相似。腹中有墨可用，故名乌鲗。能吸波噀墨，令水溷黑，自卫以防人害。又《南越志》云：其性嗜乌，每自浮水上，飞乌见之，以为死而啄之，乃卷取入水而食之，因名乌贼，言为乌之贼害也。

时珍曰：案罗愿《尔雅翼》云：九月寒乌入水，化为此鱼。有文墨可为法则，故名乌鲗。鲗者，则也。骨名海螵蛸，象形也。

乌贼鱼

大明曰：鱼有两须，遇风波即以须下碇，或粘石如缆，故名缆鱼。

瑞曰：盐干者名明鲞，淡干者名脯鲞。

【集解】《别录》曰：乌贼鱼生东海池泽。取无时。

颂曰：近海州郡皆有之。形若革囊，口在腹下，八足聚生于口旁。其背上只有一骨，厚三四分，状如小舟，形轻虚而白。又有两须如带，甚长。腹中血及胆正如墨，可以书字。但逾年则迹灭，惟存空纸尔。世言乌贼怀墨而知礼，故俗谓是海若白事小吏也。

时珍曰：乌鲗无鳞有须，黑皮白肉，大者如蒲扇。炸熟以姜、醋食之，脆美。背骨名海螵蛸，形似樗蒲子而长，两头尖，色白，脆如通草，重重有纹，以指甲可刮为末，人亦镂之为钿饰。又《相感志》云：乌鲗过小满则形小也。

藏器曰：海人云：昔秦王东游，弃算袋于海，化为此鱼。故形犹似之，墨尚在腹也。

禹锡曰：陶弘景及《蜀本图经》皆言是鸔乌所化。鸔乃水鸟，似鹀短项，腹翅紫白，背上绿色。唐·苏恭乃言无鸔乌，误矣。

肉

【气味】酸，平，无毒。

瑞曰：味珍美。动风气。

【主治】益气强志（《别录》）。益人。通月经（大明）。

骨（一名海螵蛸）

【修治】弘景曰：炙黄用。

敩曰：凡使勿用沙鱼骨，其形真似。但以上文顺者是真，横者是假。以血卤作水浸，并煮一伏时漉出。掘一坑烧红，入鱼骨在内，经宿取出入药，其效加倍也。

【气味】咸，微温，无毒。

普曰：冷。

权曰：有小毒。

之才曰：恶白芨、白蔹、附子。能淡盐，伏硇，缩银。

【主治】女子赤白漏下，经汁血闭，阴蚀肿痛，寒热癥瘕，无子（《本经》）。惊气入腹，腹痛环脐，丈夫阴中寒肿，令人有子，又止疮多脓汁不燥（《别录》）。疗血崩，杀虫（《日华》）。炙研饮服，治妇人血瘕，大人小儿下痢，杀小虫（藏器。又曰：投骨于井，水虫皆死）。治眼中热泪，及一切浮翳，研末和蜜点之。久服益精（孟诜。恭曰：亦治牛马障翳）。主女子血枯病，伤肝唾血下血，治疟消瘿。研末，敷小儿疳疮，痘疮臭烂，丈夫阴疮，汤火伤，跌伤出血。烧存性，酒服，治妇人小户嫁痛。同鸡子黄，涂小儿重舌鹅口。同蒲黄末，敷舌肿，血出如泉。同槐花末吹鼻，止衄血。同银朱吹鼻，治喉痹。同白矾末吹鼻，治蝎螫疼痛。同麝香吹耳，治聤耳有脓及耳聋（时珍）。

【发明】时珍曰：乌鲗骨，厥阴血分药也，其味咸而走血也。故血枯血瘕，经闭崩带，下痢疳疾，厥阴本病也。寒热疟疾，聋、瘿，少腹痛，阴痛，厥阴经病也。目翳流泪，厥阴窍病也。厥阴属肝，肝主血，故诸血病皆治之。按《素问》云：有病胸胁支满者，妨于食，病至，则先闻腥臊臭，出清液，先唾血，四肢清，目眩，时时前后血，病名曰血枯。得之年少时，有所大脱血。或醉入房，中气竭肝伤，故月事衰少不来。治之以四乌鲗骨。一藘茹为末，丸以雀卵，大如小豆。每服五丸，饮以鲍鱼汁，所以利肠中及伤肝也。观此，则其入厥阴血分无疑矣。

【正误】鼎曰：久服，绝嗣无子。

时珍曰：按《本经》云：主症瘕，无子。《别录》云：令人有子。孟诜亦云久服益精，而张鼎此说独相背戾，亦误矣。若云血病无多食咸，乌鲗亦主血闭，故有此说。

然经闭有"有余""不足"二证。有余者血滞，不足者肝伤。乌鲗所主者，肝伤血闭不足之病，正与《素问》相合，岂有令人绝嗣之理？当以《本经》《别录》为正。恐人承误，故辨正之。

【附方】旧三。新二十一。女子血枯：见上。赤白目翳：《圣惠》：治伤寒热毒攻眼，生赤白翳。用乌鲗鱼骨一两，去皮为末，入龙脑少许点之，日三。治诸目翳：用乌鲗骨、五灵脂等分，为细末，熟猪肝切片，蘸食，日二。赤翳攀睛：照水丹：治眼翳（惟厚者尤效）及赤翳攀睛贯瞳人。用海螵蛸一钱，辰砂半钱，乳细水飞澄取，以黄蜡少许，化和成剂收之。临卧时，火上旋丸黍米大，揉入眦中。睡至天明，温水洗下。未退，更用一次，即效。（《海上方》）雀目夜眼：乌贼骨半斤为末，化黄蜡三两和，捏作钱大饼子。每服一饼，以猪肝二两，竹刀批开，掺药扎定，米泔水半碗，煮熟食之，以汁送下。（《杨氏家藏》）血风赤眼：女人多之。用乌贼鱼骨二钱，铜青一钱，为末。每用一钱，热汤泡洗。（《杨氏家藏》）疳眼流泪：乌贼鱼骨、牡蛎等分。为末，糊丸皂子大。每用一丸，同猪子肝一具，米泔煮熟食。（《经验》）底耳出脓：海螵蛸半钱，麝香一字，为末。以绵杖缴净，吹入耳中。（《澹寮方》）鼻疮疳䘌：乌贼鱼骨、白芨各一钱，轻粉二字，为末，搽之。（钱乙《小儿方》）小儿脐疮出血及脓：海螵蛸、胭脂为末，油调搽之。（《圣惠方》）头上生疮：海螵蛸、白胶香各二钱，轻粉五分，为末。先以油润净乃搽末，二三次即愈。（《卫生易简方》）疬疡白驳：先以布拭赤，用乌贼骨磨三年酢，涂之。（《外台秘要》）疔疮恶肿：先刺出血，以海螵蛸末掺之，其疔即出。（《普济方》）蝎螫痛楚：乌贼骨一钱，白矾二分，为末嗃鼻。在左壁者嗃左鼻；在右壁者嗃右鼻。（《卫生宝鉴》）灸疮不瘥：乌贼骨、白矾等分为末。日日涂之。（《千金》）小儿痰齁多年：海螵蛸末，米饮服一钱。（叶氏《摘玄方》）小便血淋：海螵蛸末一钱，生地黄汁调服。又方：海螵蛸、生地黄、赤茯苓等分。为末。每服一钱，柏叶、车前汤下。（《经验方》）大肠下血：不拘大人小儿，脏毒肠风及内痔，下血日久，多食易饥。先用海螵蛸炙黄，去皮研末。每服一钱，木贼汤下。三日后，服猪脏黄连丸。（《直指方》）猝然吐血：乌贼骨末，米饮服二钱。（《圣惠》）骨鲠在喉：象牙屑、乌贼鱼骨、陈橘红（焙）等分为末，寒食面和饧，丸芡子大。每用一丸，含化咽汁。（《圣济总录》）舌肿出血如泉：乌贼骨、蒲黄各等分，炒为细末。每用涂之。（《简便单方》）跌破出血：乌贼鱼骨末，敷之。（《直指方》）阴囊湿痒：乌贼骨、蒲黄，扑之。（《医宗三法》）

血

【主治】耳聋（甄权）。

腹中墨

【主治】血刺心痛，醋磨服之（藏器。炒、研，醋服亦可）。

【附录】柔鱼

颂曰：一种柔鱼，与乌贼相似，但无骨尔。越人重之。

章鱼(《纲目》)

【释名】章举(韩文)、䲝鱼(音佶。《临海志》)。

【集解】颂曰:章鱼、石距二物,似乌贼而差大,味更珍好。食品所重,不入药用。

时珍曰:章鱼生南海。形如乌贼而大,八足,身上有肉。闽、粤人多采鲜者,姜、醋食之,味如水母。韩退之所谓"章举马甲柱,斗以怪自呈"者也。石距亦其类,身小而足长,入盐烧食极美。

【气味】甘、咸,寒,无毒。

时珍曰:按李九华云:章鱼冷而不泄。

【主治】养血益气(时珍)。

海鹞鱼(《拾遗》)

【释名】邵阳鱼(《食鉴》作少阳)、荷鱼(广韵作鲄)、鲼鱼(音忿)、鯆魮鱼(音铺毗)、蕃踏鱼(番沓)、石蛎。

时珍曰:海鹞,象形。少阳、荷,并言形色也。余义莫详。

【集解】藏器曰:生东海。形似鹞,有肉翅,能飞上石头。齿如石版。尾有大毒,逢物以尾拨而食之。其尾刺人,甚者至死。候人尿处钉之,令人阴肿痛,拔去乃愈。海人被刺毒者,以鱼簄竹及海獭皮解之。又有鼠尾鱼、地青鱼,并生南海,总有肉翅,刺在尾中。食肉去刺。

时珍曰:海中颇多,江湖亦时有之。状如盘及荷叶,大者围七八尺。无足无鳞,背青腹白。口在腹下,目在额上。尾长有节,螫人甚毒。皮色肉味,俱同鲇鱼。肉内皆骨,节节联比,脆软可食,吴人腊之。《魏武食制》云:蕃踏鱼,大者如箕,尾长数尺。是矣。《岭表录异》云:鸡子鱼,嘴形如鹞,肉翅无鳞,色类鲇鱼,尾尖而长,有风涛即乘风飞于海上。此亦海鹞之类也。

海鹞鱼

肉

【气味】甘、咸,平,无毒。

时珍曰:有小毒。

【主治】不益人(弘景)。男子白浊膏淋,玉茎涩痛(宁源)。

齿:无毒。

【主治】瘴疟,烧黑研末,酒服二钱匕(藏器)。

尾:有毒。

【主治】齿痛(陶弘景)。

文鳐鱼(《拾遗》)

【释名】飞鱼。

【集解】藏器曰:生海南。大者长尺许,有翅与尾齐。群飞海上。海人候之,当有大风。《吴都赋》云"文鳐夜飞而触纶",是矣。

时珍曰:按《西山经》云:观水西注于流沙,多文鳐鱼。状如鲤,鸟翼鱼身,苍文白首赤喙。常以夜飞,从西海游于东海。其音如鸾鸡。其味酸甘,食之已狂。见则大穰。《林邑记》云:飞鱼身圆,大者丈余,翅如胡蝉。出入群飞,游翔翳荟,沉则泳于海底。又《一统志》云:陕西鄠县涝水出飞鱼,状如鲋,食之已痔疾也。

虎　鱼

肉

【气味】甘,酸,无毒。

【主治】妇人难产,烧黑研末,酒服一钱,临月带之,令人易产(藏器)。已狂已痔(时珍)。

鱼虎(《拾遗》)

【释名】土奴鱼(《临海记》)。

【集解】藏器曰:生南海。头如虎,背皮如猬有刺,着人如蛇咬。亦有变为虎者。

时玲曰:按《倦游录》云:海中泡鱼大如斗,身有刺如猬,能化为豪猪。此即鱼虎也。《述异记》云:老则变为鲛鱼。

【气味】有毒。

鱼师(《纲目》)

【集解】时珍曰:陈藏器诸鱼注云:鱼师大者有毒杀人。今无识者。但《唐韵》云:鰤,老鱼也。《山海经》云:历虢之水,有师鱼,食之杀人。其即此欤?

海蛇(《拾遗》)

【释名】水母(《拾遗》)、樗蒲鱼(《拾遗》)、石镜。

时珍曰:蛇,作、宅二音。南人讹为海折,或作蜡、鲊者,并非。刘恂云:闽人曰蛇,广人曰水母。《异苑》名石镜也。

海蛇

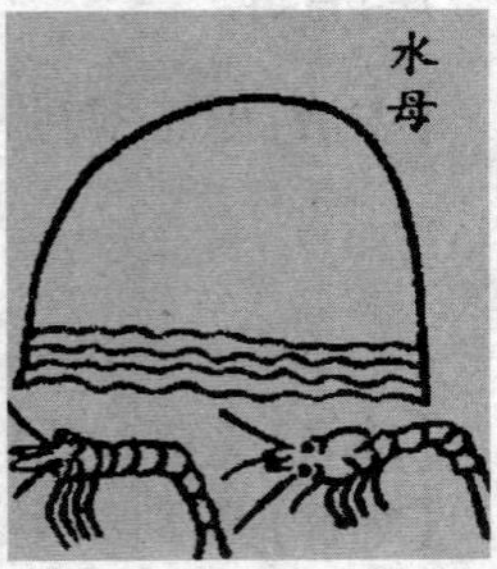

【集解】藏器曰：蛇生东海。状如血蜭，大者如床，小者如斗。无眼目腹胃，以虾为目，虾动蛇沉，故曰水母目虾。亦犹蛩蛩之与蛇驉也。炸出以姜、醋进之，海人以为常味。

时珍曰：水母形浑然凝结，其色红紫，无口眼腹。下有物如悬絮，群虾附之，咂其涎沫，浮泛如飞。为潮所拥，则虾去而蛇不得归。人因割取之，浸以石灰、矾水，去其血汁，其色遂白。其最厚者，谓之蛇头，味更胜。生、熟皆可食。茄柴灰和盐水淹之良。

【气味】咸，温，无毒。

【主治】妇人劳损，积血带下，小儿风疾丹毒，汤火伤（藏器）。疗河鱼之疾（时珍。出《异苑》）。

虾

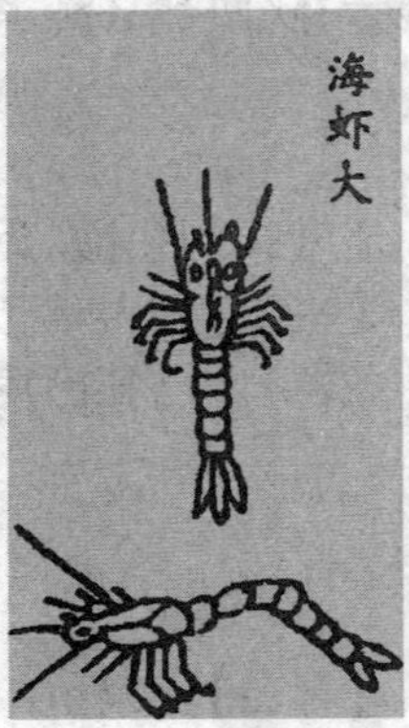

虾（《别录》下品）

【释名】时珍曰：鰕，音霞（俗作虾），入汤则红色如霞也。

【集解】时珍曰：江湖出者大而色白，溪池出者小而色青。皆磔须钺鼻，背有断节，尾有硬鳞，多足而好跃，其肠属脑，其子在腹外。凡有数种：米虾、糠虾，以精粗名也，青虾、白虾，以色名也。梅虾，以梅雨时有也。泥虾、海虾，以出产名也。岭南有天虾，其虫大如蚁，秋社后，群堕水中化为虾，人以作鲊食。凡虾之大者，蒸曝去壳，谓之虾米，食以姜、醋，馔品所珍。

【气味】甘，温，有小毒。

诜曰：生水田及沟渠者有毒，鲊内者尤有毒。

藏器曰：以热饭盛密器中作鲊食，毒人至死。

弘景曰：无须及腹下通黑，并煮之色白者，并不可食。小儿及鸡、狗食之，脚屈弱。

鼎曰：动风，发疮疥冷积。

源曰：动风热，有病人勿食。

【主治】五野鸡病，小儿赤白游肿，捣碎敷之（孟诜）。作羹，试鳖癥，托痘疮，下乳汁。法制，壮阳道；煮汁，吐风痰；捣膏，敷虫疽（时珍）。

【附方】新五。鳖症疼痛：《类编》云：景陈弟长子拱病鳖症，隐隐见皮内，痛不可忍。外医洪氏曰：可以鲜虾作羹食之。下腹未久痛即止。喜曰：此真鳖症也。吾求其所好，以尝试之尔。乃合一药如疗脾胃者，而碾附子末二钱投之，数服而消。明年又作，再如前治而愈，遂绝根本。补肾兴阳：用虾米一斤，蛤蚧二枚，茴香、蜀椒各四两。并以青盐化酒炙炒，以木香粗末一两和匀，乘热收新瓶中密封。每服一匙，空心盐酒嚼下，甚妙。宣吐风痰：用连壳虾半斤，入葱、姜、酱煮汁。先吃虾，后吃汁，紧束肚腹，以翎探引取吐。臁疮生虫：用小虾三十尾，去头、足、壳，同糯米饭研烂，隔纱贴疮上，别以纱罩之。一夜解下，挂看皆是小赤虫。即以葱、椒汤洗净，用旧茶笼内白竹叶，随大小剪贴，一日二换。待汁出尽，逐日煎苦楝根汤洗之，以好膏贴之。将生肉，勿换膏药。忌发物。（《直指方》）血风臁疮：生虾、黄丹捣和贴之，日一换。（《集简方》）

海虾（《拾遗》）

【释名】红虾（藏器）、鰝（浩。《尔雅》）。

【集解】藏器曰：海中红虾长一尺，须可为簪。崔豹《古今注》云：辽海间有飞虫如蜻蛉，名绀緌。七月群飞暗天。夷人食之，云虾所化也。

时珍曰：按段公路《北户录》云：海中大红虾长二尺余，头可作杯，须可作簪、杖。其肉可为鲙，甚美。又刘恂《岭表录异》云；海虾皮壳嫩红色，就中脑壳与前双足有钳者，其色如朱，最大者长七八尺至一丈也。闽中有五色虾，亦长尺余。彼人两两干之，谓之对虾，以充上馔。

【气味】甘，平，有小毒。

时珍曰：同猪肉食，令人多唾。

鲊

【主治】飞尸蛔虫，口中疳䘌，龋齿头疮，去疥癣风瘙身痒，治山蚊子入人肉，初食疮发则愈（藏器）。

海马（《拾遗》）

【释名】水马。

弘景曰：是鱼虾类也。状如马形，故名。

【集解】藏器曰：海马出南海。形如马，长五六寸，虾类也。《南州异物志》云：大小如守宫，其色黄褐。妇人难产割裂而出者，手持此虫，即如羊之易产也。

宗奭曰：其首如马，其身如虾，其背伛偻，有竹节纹，长二三寸。

颂曰：《异鱼图》云：渔人布网罟，此鱼多挂网上，收取曝干，以雌雄为对。

时珍曰：按《圣济总录》云：海马，雌者黄色，雄者青色。又徐表《南方异物志》云：海中有鱼，状如马头，其喙垂下，或黄或黑。海人捕得，不以啖食，曝干熇之，以备产患。即此也。又《抱朴子》云；水马合赤斑蜘蛛，同冯夷水仙丸服之，可居水中。今水仙丸无所考矣。

马海

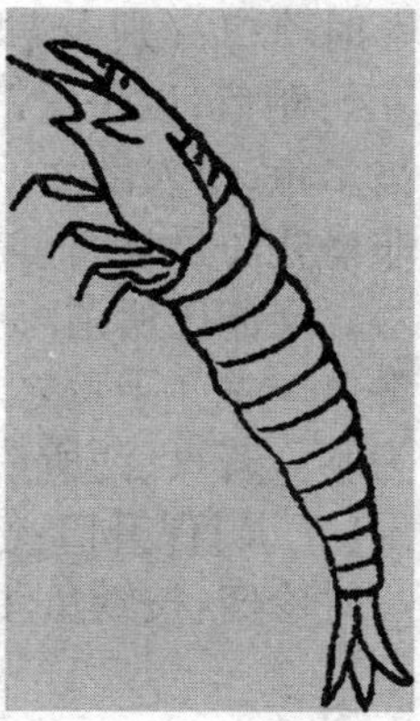

【气味】甘，温、平，无毒。

【主治】妇人难产，带之于身，甚验。临时烧末饮服，并手握之，即易产（藏器）。主难产及血气痛（苏颂）。暖水脏，壮阳道，消瘕块，治疔疮肿毒（时珍）。

【发明】时珍曰：海马雌雄成对，其性温暖，有交感之义，故难产及阳虚房中方术多用之，如蛤蚧、郎君子之功也。虾亦壮阳，性应同之。

【附方】新二。海马汤：治远年虚实积聚症块。用海马雌雄各一枚，木香一两，大黄（炒）、白牵牛（炒）各二两，巴豆四十九粒，青皮二两（童子小便浸软，包巴豆扎定，入小便内再浸七日，取出麸炒黄色，去豆不用），取皮同众药为末。每服二钱，水一盏，煎三五沸，临卧温服。（《圣济录》）海马拔毒散：治疔疮发背恶疮有奇效。用海马（炙黄）一对，穿山甲（黄土炒）、朱砂、水银各一钱，雄黄三钱，龙脑、麝香各少许为末，入水银研不见星。每以少许点之，一日一点，毒自出也。（《秘传外科》）

鲍鱼（《别录》上品）

【释名】薧鱼（《礼记》。音考）、萧折鱼（《魏武食制》）、干鱼。

时珍曰：鲍，即今之干鱼也。鱼之可包者，故字从包。《礼记》谓之薧，《魏武食制》谓之萧折，皆以萧蒿承曝而成故也。其淡压为腊者，曰淡鱼，曰鲰鱼（音搜）。以物穿风干者，曰法鱼，曰鲅鱼（音怯）。其以盐渍成者，曰腌鱼，曰咸鱼，曰鲍鱼（音叶），曰鳠鱼（音蹇）。今俗通呼曰干鱼。旧注混淆不明，令并削正于下。

【集解】《别录》曰：鲍鱼辛臭，勿令中咸。

弘景曰：俗人以盐鲍成，名鲍鱼，鲍字似鲍也。今鲍乃鳙鱼淡干者，都无臭气。不知入药者，正何种鱼也？方家亦少用之。

恭曰：李当之言：以绳穿贯而胸中湿者良。盖以鱼去肠绳穿，淡曝使干，则味辛不咸。鱼肥则中湿而弥臭似尸气，无盐故也。若鳠鱼则沔州、复州作之，以盐鲍成，味咸不辛，臭亦与鲍不同，湿亦非独胸中，以有盐故也。二者，杂鱼皆可为之。

颂曰：今汉、沔所作淡干鱼，味辛而臭者是也。或言海中自有一种鲍鱼，形似小鳙，气最臭，秦始皇车中乱臭者是此。然无的据。

时珍曰：《别录》既云勿令中咸，即是淡鱼无疑矣。诸注反自多事。按《周礼注》云：鲍鱼，以鱼置楅室中用糗干之而成。楅室，土室也。张耒《明道志》云：汉阳、武昌多鱼，土人剖之，不用盐，曝干作淡鱼，载至江西卖之。饶、信人饮食祭享，无此则非盛礼。虽臭腐可恶，而更以为奇。据此则鲍即淡鱼，益可证矣。但古今治法不同耳。又苏氏所谓海中一种鲍鱼，岂顾野王所载海中鲏鱼似鲍者耶？不然，即今之白鲞也。鲞亦干鱼之总称也。又今淮人以鲫作淡法鱼颇佳。入药亦当以石首鲫鱼者为胜。若汉、沔所造者，鱼性不一，恐非所宜。其咸鱼近时亦有用者，因附之。

【正误】保升曰：鲛鱼口小背黄者，名鲍鱼。

时珍曰：按鲖鱼注所引，是鲍鱼，非鲍鱼也，盖鲍、鲍字误耳。

肉

【气味】辛，臭，温，无毒。

时珍曰:李九华云:妊妇食之,令子多疾。

【主治】坠堕骽(与腿同)。蹶(厥)踠折,瘀血、血痹在四肢不散者,女子崩中血不止(《别录》)。煮汁,治女子血枯病伤肝,利肠中。同麻仁、葱、豉煮羹,通乳汁(时珍)。

【附方】旧一。妊娠感寒腹痛:干鱼一枚烧灰,酒服方寸匕,取汗瘥。(《子母秘录》)

头

【主治】煮汁,治眯目。烧灰,疗疔肿瘟气(时珍)。

【附方】新三。杂物眯目:鲍鱼头二枚,地肤子半合,水煮烂。取汁注目中,即出。(《圣惠》)鱼脐疔疮:似新火针疮,四边赤,中央黑。可针刺之,若不大痛,即杀人也。用腊月鱼头灰、发灰等分,以鸡溏屎和,涂之。(《千金方》)预辟瘟疫:鲍鱼头烧灰方寸匕,合小豆七枚末,米饮服之,令瘟疫气不相染也。(《肘后方》)

鲍鱼

【气味】咸,温,无毒。

【主治】小儿头疮出脓水。以麻油煎熟,取油频涂(时珍)。

穿鲍绳

【主治】眯目去刺,煮汁洗之,大良(苏恭)。

鱁鮧(《拾遗》)

【释名】鳔(匹少切)。作胶名鳔胶。

藏器曰:鱁鮧(音逐题),乃鱼白也。

时珍曰:鱁鮧音逐夷。其音题者,鲇鱼也。按贾思勰《齐民要术》云:汉武逐夷至海上,见渔人造鱼肠于坑中,取而食之。遂命此名,言因逐夷而得是矣。沈括《笔谈》云:鱁鮧,乌贼鱼肠也。孙愐《唐韵》云:盐藏鱼肠也。《南史》云:齐明帝嗜鱁鮧,以蜜渍之,一食数升。观此则鳔与肠皆得称鱁鮧矣。今人以鳔煮冻作膏,切片以姜、醋食之,呼为鱼膏者是也。故宋齐丘《化书》云:鱁鮧,与足垢无殊。鳔即诸鱼之白脬,其中空如泡,故曰鳔。可治为胶,亦名鱁胶。诸鳔皆可为胶,而海渔多以石首鳔作之,名江鳔,谓江鱼之鳔也。粘物甚固。此乃工匠日用之物,而记籍多略之。

鳔

【气味】甘,平,无毒。

【主治】竹木入肉,经久不出者。取白敷疮上四边,肉烂即出(藏器)。止折伤血出不止(时珍)。烧灰,敷阴疮、瘘疮、月蚀疮(李珣)。

【附方】新一。折伤出血但不透膜者:以海味中咸白鳔,大片色白有红丝者,成

片铺在伤处，以帛缚之，即止。(《普济方》)

鳔胶

【气味】甘，咸，平，无毒。

【主治】烧存性，治妇人产难，产后风搐，破伤风痉，止呕血，散瘀血，消肿毒。伏硇砂(时珍)。

【附方】新十一。产难：鱼胶五寸，烧存性为末。温酒服。(《皆效方》)产后搐搦强直者：不可便作风中，乃风入子脏，与破伤风同。用鳔胶一两，以螺粉炒焦，去粉为末。分三服，煎蝉蜕汤下。(《产宝》)产后血晕：鳔胶烧存性，酒和童子小便调服三、五钱良。(《事林广记》)经血逆行：鱼胶切炒，新绵烧灰。每服二钱，米饮调下，即愈。(《多能鄙事》)破伤风搐口噤强直者：危氏香胶散：用鱼胶(烧存性)一两，麝香少许，为末。每服二钱，苏木煎酒调下。仍煮一钱封疮口。《保命集》：治破伤风，有表证未解者。用江鳔半两(炒焦)，蜈蚣一对(炙研)，为末。以防风、羌活、独活、川芎等分煎汤，调服一钱。呕血不止：鳔胶长八寸，广二寸，炙黄，刮二钱，以甘蔗节三十五个，取汁调下。(《经验》)便毒肿痛已大而软者：《直指方》：用鱼鳔胶，热汤或醋煮软，乘热研烂贴之。戴氏：治露痹(即羊核)。用石首胶一两，烧存性，研末酒服。外以石菖蒲生研盒之，效。八般头风：鱼鳔烧存性为末。临卧以葱酒服二钱。赤白崩中：鱼漩胶三尺，焙黄研末，同鸡子煎饼，好酒食之。

鱼鲙(音桧。《拾遗》)

【释名】鱼生。

时珍曰：刽切而成，故谓之鲙。凡诸鱼之鲜活者，薄切洗净血腥，沃以蒜齑、姜醋、五味食之。

【气味】甘，温，无毒。

藏器曰：近夜勿食，不消成积。勿饮冷水，生虫。时行病后食之，胃弱。勿同乳酪食，令人霍乱。不可同瓜食。

时珍曰：按《食治》云：凡杀物命，既亏仁爱，且肉未停冷，动性犹存，旋烹不熟，食犹害人。况鱼鲙肉生，损人尤甚，为癥瘕，为痼疾，为奇病，不可不知。昔有食鱼生而生病者，用药下出，已变虫形，鲙缕尚存。有食鳖肉而成积者，用药下出，已成动物而能行，皆可验也。

【主治】温补，去冷气湿痹，除膀胱水，腹内伏梁气块，冷痃结癖疝气，喉中气结，心下酸水，开胃口，利大小肠，补腰脚，起阳道(藏器)。宜脚气风气人，治上气喘咳(思邈)。鲫鲙：主久痢肠澼痔疾，大人小儿丹毒风眩(孟诜)。

【发明】汪颖曰：鱼鲙辛辣，有劫病之功。予在苍梧见一妇人病吞酸，诸药不效。偶食鱼鲙，其疾遂愈。盖此意也。

鱼鲊(《拾遗》)

【释名】时珍曰:按刘熙《释名》云:鲊,酝也。以盐糁酝酿而成也。诸鱼皆可为之。大者,曰鲊。小者,曰鲝。一云:南人曰鲝。北人曰鲊。

【气味】甘、咸,平,无毒。

藏器曰:凡鲊皆发疮疥。鲊内有发,害人。

瑞曰:鲊不熟者,损人脾胃,反致疾也。

时珍曰:诸鲊皆不可合生胡荽、葵、菜、豆、藿、麦、酱、蜂蜜食,令人消渴及霍乱。凡诸无鳞鱼鲊,食之尤不益人。

【主治】癣疮,和柳叶捣碎炙热敷之。取酸臭者,连糁和屋上尘,敷虫疮及马病疮(藏器)。治聤耳痔瘘,诸疮有虫,疗白驳、代指病,主下痢脓血(时珍)。

【附方】新二。白驳风:以荷叶裹鲊令臭,拭热,频频擦之,取效及止。(《千金方》)代指痛:先刺去脓血,炙鲊皮裹之。(《千金方》)

鱼脂(《拾遗》)

【释名】鱼油。

时珍曰:脂,旨也。其味甘旨也。

【气味】甘,温,有小毒。

时珍曰;鱼脂点灯,盲人目。

【主治】症疾,用和石灰泥船鱼脂(腥臭者)二斤,安铜器内,燃火炷令暖。隔纸熨症上,昼夜勿息火。又涂牛狗疥,立愈(藏器。时珍曰:南番用鱼油和石灰舱船。亦用江豚油)。

鱼魫(枕。《纲目》)

【释名】时珍曰:诸鱼脑骨曰魫,曰丁。鱼尾曰魩(音抹),曰丙。鱼肠曰鲴,曰乙。鱼骨曰鲠,曰刺。鱼脬,曰鳔,曰白。鱼翅,曰鳍,曰鬣。鱼子,曰鲜,曰魵。

【主治】能消毒(藏器)。解蛊毒。作器盛饮食,遇蛊辄裂破也(时珍。《延寿书》)。

鱼鳞(《纲目》)

【释名】时珍曰:鳞者,粼也。鱼产于水,故鳞似粼。鸟产于林,故羽似叶。兽产于山,故毛似草。鱼行上水,鸟飞上风,恐乱鳞、羽也。

【主治】食鱼中毒,烦乱或成癥积,烧灰水服二钱(时珍)。诸鱼鳞烧灰,主鱼骨鲠(《别录》)。

鱼子(《纲目》)

【释名】鮇(音米),鲵(音蚁)。

【集解】孟诜曰:凡鱼生子,皆粘在草上及土中。冬月寒水过后,亦不腐坏。到五月三伏日,雨中,便化为鱼。

时珍曰:凡鱼皆冬月孕子,至春末夏初则于湍水草际生子。有牡鱼随之,洒白盖其子。数日即化出,谓之鱼苗,最易长大。孟氏之说,盖出谬传也。

【气味】缺。

【主治】目中障翳(时珍)。

【发明】时珍曰:鱼子古方未见用。惟《圣济总录》治目决明散中用之,亦不言是何鱼之子。大抵当取青鱼、鲤、鲫之属尔。

【附方】新一。决明散:治一切远年障翳,眦生胬肉,赤肿疼痛。用鱼子(活水中生下者)半两(以硫黄水温温洗净),石决明、草决明、青葙子、谷精草、枸杞子、黄连、炙甘草、枳实(麸炒)、牡蛎粉、蛇蜕(烧灰)、白芷、龙骨、黄柏各一两,白附子(炮)、白蒺藜(炒)、蝉蜕、黄芩(炒)、羌活各半两,虎睛一只(切作七片,文武火炙干,每一料用一片),上通为末。每服三钱,五更时茶服,午、夜再服。赤白翳膜,七日减去。胬肉赤肿痛不可忍者,三五日见效。忌猪、鱼、酒、面、辛辣、色欲。凡遇恼怒酒色风热即疼者,是活眼,尚可医治;如不疼,是死眼,不必医也。(《总录》)

诸鱼有毒(《拾遗》)

鱼目有睫,杀人。目得开合,杀人。逆腮,杀人。脑中白连珠,杀人。无鳃,杀人。二目不同,杀人。连鳞者,杀人。白鬐,杀人。腹中丹字,杀人。鱼师大者有毒,食之杀人。

本草纲目介部第四十五卷

本草纲目介部第四十五卷

水龟(《本经》上品)

龟

【释名】玄衣督邮。

时珍曰:按许慎《说文》云:龟头与蛇头同。故字上从它,其下象甲、足、尾之形。它即古蛇字也。又《尔雅》龟有十种,郭璞随文傅会,殊欠分明。盖山、泽、水、火四种,乃因常龟所生之地而名也。其大至一尺以上者,在水曰宝龟,亦曰蔡龟。在山曰灵龟,皆国之守宝而未能变化者也。年至百千,则具五色,而或大或小,变化无常。在水,曰神龟。在山,曰筮龟,皆龟之圣者也。火龟则生炎地,如火鼠也。摄龟则呷蛇龟也。文龟则蟕蠵、玳瑁也。后世不分山、泽、水、火之异,通以小者为神龟,年久者为灵龟,误矣。《本经》龟甲止言水中者,而诸注始用神龟。然神龟难得,今人惟取水中常龟入药。故今总标水龟,而诸龟可该矣。

龟甲

【释名】神屋(《本经》)、败龟版(《日华》)、败将(《日华》),漏天机(《图经》)。

时珍曰:并隐名也。

【气味】甘,平,有毒。

甄权曰:无毒。

时珍曰:按《经》云:中湿者有毒,则不中湿者无毒矣。

之才曰:恶沙参、蜚蠊,畏狗胆、瘦银。

【主治】甲:治漏下赤白,破癥瘕痎疟。五痔阴蚀,湿痹、四肢重弱,小儿囟不合。久服,轻身不饥(《本经》)。惊恚气,心腹痛,不可久立,骨中寒热,伤寒劳复,或饥体寒热欲死,以作汤,良。久服,益气资智,使人能食。烧灰,治小儿头疮难燥,女子阴疮(《别录》)。溺:主久嗽,断疟(弘景)。壳:炙末酒服,主风脚弱(萧炳)。版:治血麻痹(《日华》)。烧灰,治脱肛(甄权)。下甲:补阴,主阴血不足,去瘀血,止血痢,续筋骨,治劳倦,四肢无力(震亨)。治腰脚酸痛,补心肾,益大肠,止久痢久泄,主难产,消痈肿。烧灰,敷臁疮(时珍)。

【发明】震亨曰:败龟版属金、水,大有补阴之功,而本草不言,惜哉!盖龟乃阴中至阴之物,禀北方之气而生,故能补阴、治血、治劳也。

时珍曰：龟、鹿皆灵而有寿。龟首常藏向腹，能通任脉。故取其甲以补心、补肾、补血，皆以养阴也。鹿鼻常反向尾，能通督脉，故取其角以补命、补精、补气，皆以养阳也。乃物理之玄微，神工之能事。观龟甲所主诸病，皆属阴虚血弱，自可心解矣。又见鳖甲。

【附方】旧二，新十二。补阴丸：丹溪方：用龟下甲（酒炙）、熟地黄（九蒸九晒）各六两，黄柏（盐水浸炒）、知母（酒炒）各四两，石器为末，以猪脊髓和，丸梧子大。每服百丸，空心温酒下。一方：去地黄，加五味子（炒）一两。疟疾不止：龟版烧存性，研末。酒服方寸匕。（《海上名方》）抑结不散：用龟下甲（酒炙）五两，侧柏叶（炒）一两半，香附（童便浸，炒）三两，为末，酒糊丸梧子大。每空心温酒服一百丸。胎产下痢：用龟甲一枚，醋炙为末。米饮服一钱，日二。（《经验方》）难产催生：《秘录》：用龟甲烧末，酒服方寸匕。《摘玄》：治产三五日不下，垂死，及矮小女子交骨不开者。用干龟壳一个（酥炙），妇人头发一握（烧灰），川芎、当归各一两。每服秤七钱，水煎服。如人行五里许，再一服。生胎、死胎俱下。肿毒初起：败龟版一枚，烧研，酒服四钱。（《小山》）妇人乳毒：同上方。小儿头疮：龟甲烧灰敷之。（《圣惠方》）月蚀耳疮：同上。口吻生疮：同上。臁疮朽臭：生龟一枚取壳，醋炙黄，更煅存性，出火气，入轻粉、麝香。葱汤洗净，搽敷之。（《急救方》）人咬伤疮：龟版骨、鳖肚骨各一片，烧研，油调搽之。（叶氏《摘玄》）猪咬成疮：龟版烧研，香油调搽之。（叶氏《摘玄》）

肉

【气味】甘、酸，温，无毒。

弘景曰：作羹臛大补，而多神灵，不可轻杀。书家所载甚多，此不具说。

思邈曰：六甲日、十二月俱不可食，损人神气。不可合猪肉、菰米、瓜、苋食，害人。

【主治】酿酒，治大风缓急，四肢拘挛。或久瘫缓不收，皆瘥（苏颂）。煮食，除湿痹风痹，身肿踒折（孟诜）。治筋骨疼痛及一二十年寒嗽，止泻血、血痢（时珍）。

【发明】时珍曰：按《周处风土记》云：江南五月五日煮肥龟，入盐、豉、蒜、蓼食之，名曰葅龟。取阴内阳外之义也。

【附方】旧一，新六。热气湿痹，腹内激热：用龟肉同五味煮食之。微泄为效。（《普济方》）筋骨疼痛：用乌龟一个，分作四脚。每用一脚，入天花粉、枸杞子各一钱二分，雄黄五分，麝香五分，槐花三钱，水一碗煎服。（《纂要奇方》）十年咳嗽或二十年医不效者：生龟三枚，治如食法，去肠，以水五升，煮取三升浸曲，酿秫米四升如常法熟，饮之令尽，永不发。又方：用生龟一枚着坎中，令人溺之，浸至三日，烧研。以醇酒一升，和屑如干饭，顿服。须臾大吐，嗽囊出则愈。小儿减半。（《肘后方》）痢及泻血：乌龟肉，以沙糖水拌。椒和，炙煮食之。多度即愈。（《普济方》）劳瘵失血：田龟煮取肉，和葱、椒、酱、油煮食。补阴降火，治虚劳失血咯血，咳嗽寒，累用经验。（吴球《便民食疗》）年久痔漏：田龟二三个，煮取肉，入茴香、葱、酱，常常食，累验。此疾大忌糟、醋等热物。（《便民食疗》）

血

【气味】咸,寒,无毒。

【主治】涂脱肛(甄权)。治打扑伤损,和酒饮之,仍捣生龟肉涂之(时珍)。

胆汁

【气味】苦,寒,无毒。

【主治】痘后目肿,经月不开,取点之,良(时珍)。

溺

【采取】颂曰:按孙光宪《北梦琐言》云:龟性妒而与蛇交。惟取龟置瓦盆中,以鉴照之。龟见其影,则淫发失尿。急以物收取之。又法:以纸炷火上焠热,以点其尻,亦致失尿,但差缓耳。

时珍曰:今人惟以猪鬃或松叶刺其鼻,即尿出。似更简捷也。

【主治】滴耳,治聋(藏器)。点舌下,治大人中风舌喑,小儿惊风不语。摩胸、背,治龟胸、龟背(时珍)。

【发明】时珍曰:龟尿走窍透骨,故能治喑、聋及龟背,染髭发也。按《岣嵝神书》言:龟尿磨瓷器,能令软。磨墨书石,能入数分。即此可推矣。

【附方】旧一,新二。小儿龟背:以龟尿摩其胸背,久久即瘥。(孙真人)中风不语:乌龟尿点少许于舌下,神妙。(《寿域》)须发早白:以龟尿调水蛭细末,日日捻之,自黑。末忌粗。(谈野翁方)

秦龟(《别录》上品)

【释名】山龟。

宗奭曰:龟则四方皆有。但秦地山中多老龟,极大而寿,故取为用,以地别名。

甲

【修治】李珣曰:经卜者更妙。以酥或酒炙黄用。

【气味】苦,温,无毒。

【主治】除湿痹气。身重,四肢关节不可动摇(《别录》)。顽风冷痹,关节气壅,妇人赤白带下,破积癥(李珣)。补心(宗奭)。治鼠瘘(时珍)。

【发明】宗奭曰:大龟灵于物,故方家用以补心,然甚有验。

时珍曰:见龟甲。

【附方】新一。鼠瘘:刘涓子用山龟壳(炙)、狸骨(炙)、甘草(炙)、雄黄、桂心、干姜等分为末,饮服方寸匕,日三。仍以艾灸疮上,用蜜和少许,入疮中,良。

头

【主治】阴干炙研服,令人长远入山不迷(孟诜。弘景曰:前臑骨佩之亦然耳)。

蠵龟(《纲目》)

【释名】蠵蠵(音兹夷)、灵蠵(《汉书》)、灵龟(郭璞注)、鼅鼊(音拘璧,一作蚼蟒)、赑屃(音备戏。《杂俎》作系臂者非)。皮名龟筒。

蠵龟

时珍曰:蠵蠵,鸣声如兹夷,故名。鼅鼊者,南人呼龟皮之音也。赑屃者,有力貌,今碑趺象之。或云大者为蠵蠵、赑屃,小者为鼅鼊。甚通。

肉

【气味】甘,平,无毒。

【主治】去风热,利肠胃(时珍)。

血

【气味】咸,平,微毒。

【主治】疗俚人毒箭伤(弘景)。中刀箭闷绝者,刺饮便安(《日华》。藏器曰:南人用燋铜及蛇汁毒,亦多养此用)。

龟筒

【释名】鼊皮。

【气味】甘、咸,平,无毒。

【主治】血疾,及中刀箭毒,煎汁饮(大明)。解药毒、蛊毒(时珍)。

【附录】鼅鼊(音迷麻)、鼌(音朝)。

时珍曰:按《临海水土记》云:鼅鼊,状似鼅鼊,而甲薄,形大如龟,味极美,一枚有膏三斛。又有鼌,亦如鼅鼊,腹如羊胃可啖。并生海边沙中。

玳瑁(宋《开宝》)

【释名】玳瑁(音代昧,又音毒目)。

时珍曰:其功解毒,毒物之所娼嫉者,故名。

瑇瑁

甲

【气味】甘,寒,无毒。

宗奭曰:入药用生者,性味全也。既经汤火,即不堪用,与生、熟犀义同。

【主治】解岭南百药毒(藏器)。破症结,消痈毒,止惊痫(《日华》)。疗心风,解烦热,行气血,利大小肠,功与肉同(士良)。磨汁服,解蛊毒,生佩之,辟蛊毒(苏颂)。解痘毒,镇心神,急惊客忤,伤寒热结狂言（时珍）。

【发明】时珍曰：玳瑁解毒清热之功，同于犀角。古方不用，至宋时至宝丹始用之也。又见鳖甲。

【附方】旧一，新三。解蛊毒：生玳瑁磨浓汁，水服一盏即消。（杨氏《产乳》）预解痘毒：遇行时服此，未发内消，已发稀少。用生玳瑁、生犀角各磨汁一合，和匀。温服半合，日三服，最良。（《灵苑方》）痘疮黑陷：乃心热血凝也。用生玳瑁、生犀角同磨汁一合，入猪心血少许，紫草汤五匙，和匀，温服。（闻人规《痘疹论》）迎风目泪：乃心肾虚热也。用生玳瑁、羚羊角各一两，石燕子一双，为末。每服一钱，薄荷汤下，日一服。（《鸿飞集》）

肉

【气味】甘，平，无毒。

【主治】诸风毒，逐邪热。去胸膈风痰，行气血，镇心神，利大小肠，通妇人经脉（士良）。

血

【主治】解诸药毒，刺血饮之（《开宝》）。

【附录】撒八儿

时珍曰：按刘郁《西使记》云：出西海中。乃玳瑁遗精，蛟鱼吞食吐出，年深结成者，其价如金。伪作者，乃犀牛粪也。窃谓此物贵重如此，必有功用。亦不知果是玳瑁遗精否？亦无所询证。姑附于此，以俟博识。

绿毛龟（《蒙筌》）

【释名】绿衣使者（《纲目》）。

龟 毛 绿

【集解】时珍曰：绿毛龟出南阳之内乡及唐县，今惟蕲州以充方物。养鬻者取自溪涧，畜水缸中，饲以鱼虾，冬则除水。久久生毛，长四五寸。毛中有金线，脊骨有三棱，底甲如象牙色，其大如五铢钱者，为真。他龟久养亦生毛，但大而无金线，底色黄黑为异尔。《南齐书》载永明中有献青毛神龟者，即此也。又《录异记》云：唐玄宗时，方士献径寸小龟，金色可爱。云置碗中，能辟蛇虺之毒。此亦龟之异也。

【修治】时珍曰：此龟古方无用者。近世滋补方往往用之，大抵与龟甲同功。刘氏先天丸用之，其法用龟九枚，以活鲤二尾安釜中，入水，覆以米筛，安龟在筛上蒸熟，取肉晒干。其甲仍以酥炙黄，入药用。又有连甲、肉、头、颈俱用者。

【气味】甘，酸，平，无毒。

【主治】通任脉，助阳道，补阴血，益精气，治痿弱（时珍）。缚置额端，能禁邪疟。收藏书笥，可辟蠹虫（嘉谟）。

疟龟（《拾遗》）

【集解】藏器曰：生高山石下。身偏头大。

【气味】无毒。

【主治】老疟发作无时，名痎疟，俚人呼为妖疟。用此烧灰，顿服二钱，当微利。用头弥佳。或发时煮汤坐于中，或悬于病人卧处（藏器）。

鹗龟（《拾遗》）

【集解】藏器曰：生南海。状如龟，长二三尺，两目在侧如鹗。亦呼水龟，非前水龟也。

【气味】无毒。

【主治】妇人难产，临月佩之，临时烧末酒服（藏器）。

【附录】旋龟

时珍曰：按《山海经》云：杻阳之山，怪水出焉。中多旋龟，鸟首虺尾，声如破木，佩之已聋。亦此类也。

摄龟（《蜀本草》）

【释名】呷蛇龟（《日华》作夹蛇）、陵龟（郭璞）、鸯龟（陶弘景）、蠳龟（《抱朴子》）。

恭曰：鸯龟腹折，见蛇则呷而食之，故楚人呼呷蛇龟。江东呼陵龟，居丘陵也。

摄龟

时珍曰：既以呷蛇得名，则摄亦蛇音之转，而蠳亦鸯音之转也。

【集解】弘景曰：鸯，小龟也，处处有之。狭小而长尾。用卜吉凶，正与龟相反。

保升曰：摄龟腹小，中心横折，能自开阖，好食蛇也。

肉

【气味】甘、寒，有毒。

诜曰：此物啖蛇，肉不可食，壳亦不堪用。

【主治】生研，涂扑损筋脉伤（士良）。生捣，罯蛇伤，以其食蛇也（陶弘景）。

尾

【主治】佩之辟蛇。蛇咬，则刮末敷之，便愈（《抱朴子》）。

甲

【主治】人咬疮溃烂，烧灰敷之(时珍。出《摘玄》)。

贲龟(音奔。《纲目》)

【释名】三足龟(《尔雅》)。

【集解】时珍曰：按《山海经》云：狂水西南注伊水，中多三足龟。食之无大疾，可以已肿。《唐书》云：江州献六眼龟。《大明会典》云：暹逻国献六足龟。《宋史》云：赵霆献两头龟。此又前人所未知者也。

肉

【气味】

【主治】食之，辟时疾，消肿(《山海经》)。

鳖(《本经》中品)

【释名】团鱼(俗名)、神守。

时珍曰：鳖行蹩躄，故谓之鳖。《淮南子》曰：鳖无耳而守神。神守之名以此。陆佃云：鱼满三千六百，则蛟龙引之而飞，纳鳖守之则免。故鳖名神守。河伯从事(《古今注》)。

鳖

【集解】时珍曰：鳖，甲虫也。水居陆生，穹脊连胁，与龟同类。四缘有肉裙，故曰龟，甲里肉。鳖，肉里甲。无耳，以目为听。纯雌无雄，以蛇及鼋为匹。故《万毕术》云：烧鼋脂可以致鳖也。夏日孚乳，其抱以影。《埤雅》云：卵生思抱。其状随日影而转。在水中，上必有浮沫，名鳖津。人以此取之。今有呼鳖者，作声抚掌，望津而取，百十不失。《管子》云：涸水之精名曰蚋。以名呼之，可取鱼鳖。正此类也。《类从》云：鼍一鸣而鳖伏。性相制也。又畏蚊。生鳖遇蚊叮则死，死鳖得蚊煮则烂，而熏蚊者复用鳖甲。物相报复如此，异哉！《淮南子》曰：膏之杀鳖，类之不可推也。

鳖甲

【修治】《别录》曰：鳖甲生丹阳池泽。采无时。

颂曰：今处处有之，以岳州·沅江所出甲有九肋者为胜。入药以醋炙黄用。

弘景曰：采得，生取甲，剔去肉者，为好。凡有连厌及干岩者便真。若肋骨出者是煮熟，不可用。

敩曰：凡使，要绿色、九肋、多裙、重七两者为上。用六一泥固瓶子底，待干，安甲于中，以物支起。若治症块定心药，用头醋入瓶内，大火煎，尽三升，乃去裙、肋骨，炙于入用。若治劳去热药，不用醋，用童子小便煎，尽一斗二升，乃去裙留骨，石臼捣粉，以鸡胜皮裹之，取东流水三斗盆盛，阁于盆上，一宿取用，力有万倍也。

时珍曰：按《卫生宝鉴》云：凡鳖甲，以煅灶灰一斗，酒五升，浸一夜，煮令烂如胶漆用，更佳。桑柴灰尤妙。

【气味】咸，平，无毒。

之才曰：恶矾石、理石。

【主治】心腹癥瘕，坚积寒热，去痞疾息肉，阴蚀痔核恶肉（《本经》）。疗温疟，血瘕腰痛，小儿胁下坚（《别录》）。宿食，症块痃癖，冷瘕劳瘦，除骨热，骨节间劳热，结实壅塞，下气，妇人漏下五色，下瘀血（甄权）。去血气，破癥结恶血，堕胎，消疮肿肠痈，并扑损瘀血（《日华》）。补阴补气（震亨）。除老疟疟母，阴毒腹痛，劳复食复，斑痘烦喘，小儿惊痫。妇人经脉不通，难产，产后阴脱，丈夫阴疮石淋，敛溃痈（时珍）。

【发明】宗奭曰：《经》中不言治劳，惟《药性论》言治劳瘦骨热，故虚劳多用之。然甚有据，但不可过剂耳。

时珍曰：鳖甲乃厥阴肝经血分之药，肝主血也。试常思之，龟鳖之属，功各有所主。鳖色青入肝，故所主者，疟劳寒热，痃瘕惊痫，经水痈肿阴疮，皆厥阴血分之病也。玳瑁色赤入心，故所主者，心风惊热，伤寒狂乱，痘毒肿毒，皆少阴血分之病也。秦龟色黄入脾，故所主者，顽风湿痹，身重蛊毒，皆太阴血分之病也。水龟色黑入肾，故所主者，阴虚精弱，腰脚酸痿，阴疟泄痢，皆少阴血分之病也。介虫阴类，故并主阴经血分之病，从其类也。

【附方】旧十二，新七。老疟劳疟：用鳖甲醋炙研末，酒服方寸匕。隔夜一服，清早一服，临时一服，无不断者。入雄黄少许，更佳。（《肘后》）奔豚气痛，上冲心腹：鳖甲（醋炙）三两，京三棱（煨）二两，捣二味为末。桃仁（去皮尖）四两，汤浸研汁三升，煎二升，入末不住手搅，煎良久，下醋一升，煎如饧，以瓶收之。每空心温酒服半匙。（《圣济录》）血瘕癥癖：甄权曰：用鳖甲、琥珀、大黄等分作散，酒服二钱，少时恶血即下。若妇人小肠中血下尽，即休服也。痃癖癥积：甄权曰：用鳖甲醋炙黄研末，牛乳一合，每调一匙，朝朝服之。妇人漏下：甄权曰：鳖甲醋炙研末，清酒服方寸匕，日二。又用干姜、鳖甲、诃黎勒皮等分为末，糊丸。空心下三十丸，日再。妇人难产：鳖甲烧存性，研末。酒服方寸匕，立出。（《梅师》）劳复食复：笃病初起，受劳伤食，致复欲死者。鳖甲烧研，水服方寸匕。（《肘后方》）小儿痫疾：用鳖甲炙研，乳服一钱，日二。亦可蜜丸服。（《子母录》）卒得腰痛不可俯仰：用鳖甲炙研末，酒服方寸匕，日二。（《肘后方》）沙石淋痛：用九肋鳖甲醋炙研末，酒服方寸匕，日三服。石出瘥。（《肘后方》）阴虚梦泄：九肋鳖甲烧研。每用一字，以酒半盏，童尿半盏，葱白七寸同煎。去葱，日晡时服之，出臭汗为度。（《医垒元戎》）吐血不止：鳖甲、蛤粉各一两（同炒色黄），熟地黄一两半（晒干）。为末。每服二钱，食后茶下。（《圣济录》）痲痘烦喘，小便不利者：用鳖甲二两，灯心一把，水一升半，煎六合，分二服。凡患此小便有血者，中坏也。黑厌无脓者，十死不治。（庞安时《伤寒论》）痈疽不敛：不拘发背一切疮。用鳖甲烧存性，研掺甚妙。（李楼《怪症奇方》）肠痈内痛：鳖甲烧存性研，水服一钱，日三。（《传信方》）阴头生疮，人不能治者：鳖甲一枚烧研，鸡子白和敷。（《千金翼》）沛唇紧裂：用鳖甲及头，烧研敷之。（《类要》）人咬指烂，久欲脱者：鳖甲烧灰敷之。（叶氏《摘玄方》）

肉

【气味】甘，平，无毒。

颂曰：久食，性冷损人。

藏器曰：《礼记》食鳖去丑，谓颈下有软骨如龟形者也。食之令人患水病。凡鳖之三足者，赤足者，独目者，头足不缩者，其目四陷者，腹下有王字、卜字文者，腹有蛇文者（是蛇化也），在山上者（名旱鳖）。并有毒杀人，不可食。

弘景曰：不可合鸡子食，苋菜食。昔有人剉鳖，以赤苋同包置湿地，经旬皆成生鳖。又有裹鳖甲屑，经五月皆成鳖者。

思邈曰：不可合猪、兔、鸭肉食，损人。不可合芥子食，生恶疮。妊妇食之，令子短项。

时珍曰：案《三元参赞书》言：鳖性冷，发水病。有冷劳气、症瘕人不宜食之。《生生编》言：鳖性热。戴原礼言：鳖之阳聚于上甲，久食令人生发背。似与性冷之说相反。盖鳖性本不热，食之者和以椒、姜热物太多，失其本性耳。鳖性畏葱及桑灰。凡食鳖者，宜取沙河小鳖斩头去血，以桑灰汤煮熟，去骨甲换水再煮。入葱、酱作羹膳食乃良。其胆味辣，破入汤中，可代椒而辟腥气。李九华云：鳖肉主聚，鳖甲主散。食鳖，剉甲少许入之，庶几稍平。又言：薄荷煮鳖能害人。此皆人之所不知者也。

【主治】伤中益气，补不足（《别录》）。热气湿痹，腹中激热，五味煮食，当微泄（藏器）。妇人漏下五色，羸瘦，宜常食之（孟诜）。妇人带下，血瘕腰痛（《日华》）。去血热，补虚。久食，性冷（苏颂）。补阴（震亨）。作臛食，治久痢，长髭须。作丸服，治虚劳痃癖脚气（时珍）。

【附方】新三。痃癖气块：用大鳖一枚，以蚕砂一斗，桑柴灰一斗，淋汁五度，同煮如泥，去骨再煮成膏，捣丸梧子大。每服十丸，日三。（《圣惠方》）寒湿脚气，疼不可忍：用团鱼二个，水二斗，煮一斗，去鱼取汁，加苍耳、苍术、寻风藤各半斤，煎至七升，去渣。以盆盛熏蒸，待温浸洗，神效。（《乾坤生意》）骨蒸咳嗽潮热：团鱼丸：用团鱼一个，柴胡、前胡、贝母、知母、杏仁各五钱，同煮，待熟去骨、甲、裙，再煮。食肉饮汁，将药焙研为末，仍以骨、甲、裙煮汁和，丸梧子大。每空心黄芪汤下三十丸，日二服。服尽，仍治参、芪药调之。（《奇效方》）

脂

【主治】除日拔白发，取脂涂孔中，即不生。欲再生者，白犬乳汁涂之（藏器）。

头（阴干）

【主治】烧灰，疗小儿诸疾，妇人产后阴脱下坠，尸疰心腹痛（恭）。敷历年脱肛不愈（《日华》）。

【附方】旧一，新二。小儿尸疰劳瘦，或时寒热：用鳖头一枚烧灰，新汲水服半钱，日一服。（《圣惠方》）产后阴脱：《千金》：用鳖头五枚烧研，井华水服方寸匕，日三。《录验》加葛根二两，酒服。大肠脱肛，久积虚冷：以鳖头炙研，米饮服方寸匕，日二服。仍以末涂肠头上。（《千金》）

头血

【主治】涂脱肛（出甄权）。风中血脉，口眼㖞僻，小儿疳劳潮热（时珍）。

【发明】时珍曰：按《千金方》云：目瞤唇动口㖞，皆风入血脉，急以小续命汤服之。外用鳖血或鸡冠血，调伏龙肝散涂之，干则再上，甚妙。盖鳖血之性，急缩走血，故治口㖞、脱肛之病。

【附方】新二。中风口㖞：鳖血调乌头末涂之。待正，则即揭去。（《肘后方》）小儿疳劳：治潮热往来，五心烦躁，盗汗咳嗽，用鳖血丸主之。以黄连、胡黄连各称二两（以鳖血一盏，吴茱萸一两，同入内浸过一夜，炒干，去茱、血研末）。入柴胡、川芎、芜荑各一两，人参半两，使君子仁二十一个，为末，煮粟米粉糊和，为丸如黍米大。每用熟水，量大小，日服三。（《全幼心鉴》）

卵

【主治】盐藏煨食，止小儿下痢（《时珍》）。

爪

【主治】五月五日收藏衣领中，令人不忘（《肘后》）。

纳鳖（宋《图经》）

【集解】颂曰：鳖之无裙，而头足不缩者，名曰纳。亦作魶。

肉

【气味】有毒。

颂曰：食之令人昏塞。以黄芪、吴蓝煎汤服之，立解。

甲

【气味】有小毒。

【主治】传尸劳，及女子经闭（苏颂）。

能（奴来切）鳖（《纲目》）

【释名】三足鳖。

【集解】时珍曰：《尔雅》云：鳖三足为能。郭璞云：今吴兴阳羡县君山池中出之。或以"鲧化黄熊"即此者，非也。

肉

【气味】大寒，有毒。

颂曰：食之杀人。

时珍曰：按姚福《庚已编》云：太仓民家得三足鳖，命妇烹，食毕人卧，少顷形化为血水，只存发耳。邻人疑其妇谋害，讼之官。时知县黄廷宣鞫问不决，乃别取三足鳖，令妇如前烹治，取死囚食之，入狱亦化如前人。遂辨其狱。窃谓能之有毒，不应如此。然理外之事，亦未可以臆断也。而《山海经》云：从水多三足鳖，食之无蛊疫。近亦有人误食而无恙者，何哉？盖有毒害人，亦未必至于骨肉顿化也。

【主治】折伤，止痛化血，生捣涂之。道家辟诸厌秽死气，或画像止之（苏颂）。

朱鳖（《拾遗》）

【集解】藏器曰：生南海。大如钱，腹赤如血。云在水中着水马脚，皆令仆倒也。

时珍曰：按《淮南子》云：朱鳖浮波，必有大雨。

【主治】丈夫佩之，刀剑不能伤。妇女佩之，有媚色（藏器）。

珠鳖（《纲目》）

【集解】时珍曰：按《山海经》云：葛山澧水有珠鳖。状如肺而有目，六足有珠。《一统志》云：生高州海中。状如肺，四目六足而吐珠。《吕氏春秋》云：澧水鱼之美者，名曰珠鳖，六足有珠。《淮南子》云：蛤、蟹、珠鳖，与月盛衰。《埤雅》云：鳖珠在足，蚌珠在腹。皆指此也。

【气味】甘，酸，无毒。

【主治】食之，辟疫疠（时珍）。

鼋（《拾遗》）

【释名】时珍曰：按《说文》云：鼋，大鳖也。甲虫惟鼋最大，故字从元。元者，大也。

【集解】颂曰：鼋生南方，江湖中。大者围一二丈。南人捕食之，肉有五色而白者多。其卵圆大如鸡、鸭子，一产一二百枚。人亦掘取以盐淹食，煮之白不凝。

藏器曰：性至难死，剔其肉尽，口犹咬物。可张鸟鸢。

弘景曰：此物老者，能变为魅，非急弗食之。

时珍曰：鼋如鳖而大，背有胆乳䵃䵋，青黄色，大头黄颈，肠属于首。以鳖为雌，卵生思化，故曰鼋鸣鳖应。淮南万毕术云：烧鼋脂以致鳖。皆气类相感也。张鼎云：其脂摩铁则明。或云：此物在水食鱼，与人共体，具十二生肖肉，裂而悬之，一夜便觉垂长也。

甲

【气味】甘,平,无毒。

【主治】炙黄酒浸,治瘰疬,杀虫逐风,恶疮痔瘘,风顽疥瘙,功同鳖甲(藏器)。五脏邪气,杀百虫毒、百药毒,续筋骨(《日华》)。妇人血热(苏颂)。

肉

【气味】甘,平,微毒。

【主治】湿气、邪气,诸虫(藏器)。食之补益(陶弘景)。

脂

【主治】摩风及恶疮(孟诜)。

胆

【气味】苦,寒,有毒。

【主治】喉痹,以生姜、薄荷汁化少许服,取吐(时珍)。

蟹(《本经》中品)

【释名】螃蟹(《蟹谱》)、郭索(扬雄《方言》)、横行介士(《蟹谱》)、无肠公子(《抱朴子》),雄曰蜋蚁,雌曰博带(《广雅》)。

宗奭曰:此物每至夏末秋初,如蝉蜕解。名蟹之意,必取此义。

时珍曰:按傅肱《蟹谱》云:蟹,水虫也,故字从虫。亦鱼属也,故古文从鱼。以其横行,则曰螃蟹。以其行声,则曰郭索。以其外骨,则曰介士。以其内空,则曰无肠。

蟹

蟹

【气味】咸,寒,有小毒。

弘景曰:未被霜,甚有毒,云食水莨所致。人中之,不疗多死也。独螯独目,两目相向,六足四足,腹下有毛,腹中有骨,头背有星点,足斑目赤者,并不可食,有毒害人。冬瓜汁、紫苏汁、蒜汁、豉汁、芦根汁,皆可解之。

杨归厚曰:娠妇食之,令子横生。

宗奭曰:此物极动风,风疾人不可食,屡见其事。

时珍曰:不可同柿及荆芥食,发霍乱动风,木香汁可解。详柿下。

【主治】胸中邪气,热结痛,㖞僻面肿。能败漆。烧之致鼠(《本经》。弘景曰:仙方用之,化漆为水,服之长生。以黑犬血灌之,三日烧之,诸鼠毕至。颂曰:其黄能化漆为水,故涂漆疮用之。其螯烧烟,可集鼠于庭也)。解结散血,愈漆疮,养筋益气(《别录》)。散诸热,治胃气,理经脉,消食。以醋食之,利肢节,去五脏中烦闷气,益人(孟诜)。产后肚痛血不下者,以酒食之。筋骨折伤者,生捣炒罯之(《日华》)。能续断绝筋骨。去壳同黄捣烂,微炒,纳入疮中,筋即连也(藏器)。小儿解颅不合,以螯同白芨末捣涂,以合为度(宗奭)。杀莨菪毒,解鳝鱼毒、漆毒,治疟及黄疸。捣膏涂疥疮、癣疮。捣汁,滴耳聋(时珍)。

蝤蛑

【气味】咸,寒,无毒。

【主治】解热气,治小儿痞气,煮食(《日华》)。

蟛蜞

【气味】咸,冷,有毒。

【主治】取膏,涂湿癣、疽疮(藏器)。

石蟹

【主治】捣敷久疽疮,无不瘥者(藏器)。

【发明】慎微曰:蟹非蛇鳝之穴无所寄。故食鳝中毒者,食蟹即解,性相畏也。沈括《笔谈》云:关中无蟹,土人怪其形状,收干者悬门上辟疟。不但人不识,鬼亦不识也。

蝤蛑

时珍曰:诸蟹性皆冷,亦无甚毒,为蝑最良。鲜蟹和以姜、醋,侑以醇酒,咀黄持螯,略赏风味,何毒之有?饕嗜者乃顿食十许枚,兼以荤膻杂进,饮食自倍,肠胃乃伤,腹痛吐利,亦所必致,而归咎于蟹,蟹亦何咎哉?洪迈《夷坚志》云:襄阳一盗,被生漆涂两目,发配不能睹物。有村叟令寻石蟹,捣碎滤汁点之,则漆随汁出而疮愈也。用之果明如初。漆之畏蟹,莫究其义。

【附方】新三。湿热黄疸:蟹烧存性研末,酒糊丸如梧桐子大。每服五十丸,白汤下,日服二次。(《集简方》)骨节离脱:生蟹捣烂,以热酒倾入,连饮数碗,其渣涂之。半日内,骨内谷谷有声即好。干蟹烧灰,酒服亦好。(唐瑶《经验方》)中鳝鱼毒:食蟹即解。(董炳验方)

蟹爪

【主治】破胞堕胎(《别录》)。破宿血,止产后血闭,酒及醋汤煎服良(《日华》)。能安胎(鼎。颂曰:《胡洽方》,治孕妇僵仆,胎上抢心,有蟹爪汤)。堕生胎,下死胎,辟邪魅(时珍)。

【附方】新二。《千金》神造汤:治子死腹中,并双胎一死一生,服之令死者出,生者安,神验方也。用蟹爪一升,甘草二尺,东流水一斗,以苇薪煮至二升,滤去滓,入真阿胶三两令烊,顿服或分二服。若人困不能服者,灌人即活。下胎蟹爪散:治妊妇有病欲去胎。用蟹爪二合,桂心、瞿麦各一两,牛膝二两,为末。空心温酒服一钱。(《千金》)

壳

【主治】烧存性，蜜调，涂冻疮及蜂虿伤。酒服，治妇人儿枕痛及血崩腹痛，消积（时珍）。

【附方】新三。崩中腹痛：毛蟹壳烧存性，米饮服一钱。（《证治要诀》）蜂虿螫伤：蟹壳烧存性，研末，蜜调涂之。（同上）熏辟壁虱：蟹壳烧烟熏之。（《摘玄》）

盐蟹汁

【主治】喉风肿痛，满含细咽即消（时珍）。

鲎鱼（音后。宋《嘉祐》）

【释名】时珍曰：按罗愿《尔雅翼》云：鲎者，候也。鲎善候风，故谓之鲎。

【集解】藏器曰：鲎生南海。大小皆牝牡相随。牝无目，得牡始行。牡去则牝死。

鲎

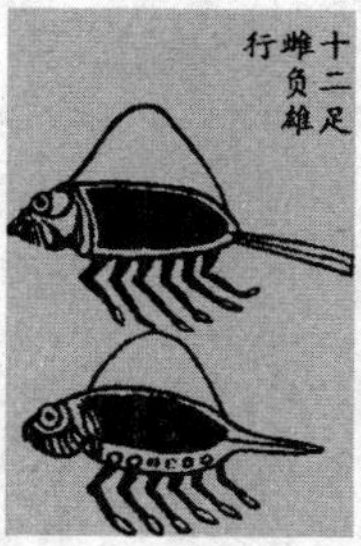

时珍曰：鲎状如惠文冠及熨斗之形，广尺余。其甲莹滑青黑色。鏊背骨眼，眼在背上，口在腹下，头如蜣螂。十二足，似蟹，在腹两旁，尺长五六寸。尾长一二尺，有三棱如棕茎。背上有骨如角，高七八寸，如石珊瑚状。每过海，相负于背，乘风而游，俗呼鲎帆，亦曰鲎簰。其血碧色。腹有子如黍米，可为醯酱。尾有珠如粟。其行也雌常负雄，失其雌则雄即不动。渔人取之，必得其双。雄小雌大，置之水中，雄浮雌沉，故闽人婚礼用之。其藏伏沙上，亦自飞跃。皮壳甚坚，可为冠，亦屈为杓，入香中能发香气。尾可为小如意。脂烧之可集鼠。其性畏蚊，螫之即死。又畏隙光，射之亦死，而日中曝之，往往无恙也。南人以其肉作鲊酱。小者名鬼鲎，食之害人。

肉

【气味】辛、咸，平，微毒。

藏器曰：无毒。

诜曰：多食发嗽及疮癣。

【主治】治痔杀虫（孟诜）。

尾

【主治】烧焦，治肠风泻血，崩中带下，及产后痢（《日华》）。

【发明】藏器曰：骨及尾烧灰，米饮服，大主产后痢。但须先服生地黄、蜜煎等讫，然后服此，无不断。

胆

【主治】大风癞疾,杀虫(时珍)。

【附方】新一。鲨胆散:治大风癞疾。用鲨鱼胆、生白矾、生绿矾、赋粉、水银、麝香各半两,研不见星。每服一钱,井华水下。取下五色涎为妙。(《圣济总录》)

壳

【主治】积年呷嗽(时珍)。

【附方】新一。积年咳嗽,呀呷作声:用鲨鱼壳半两,贝母(煨)一两,桔梗一分,牙皂一分(去皮酥炙),为末,炼蜜丸弹子大。每含一丸,咽汁。服三丸,即吐出恶涎而瘥。(《圣惠》)

本草纲目介部第四十六卷

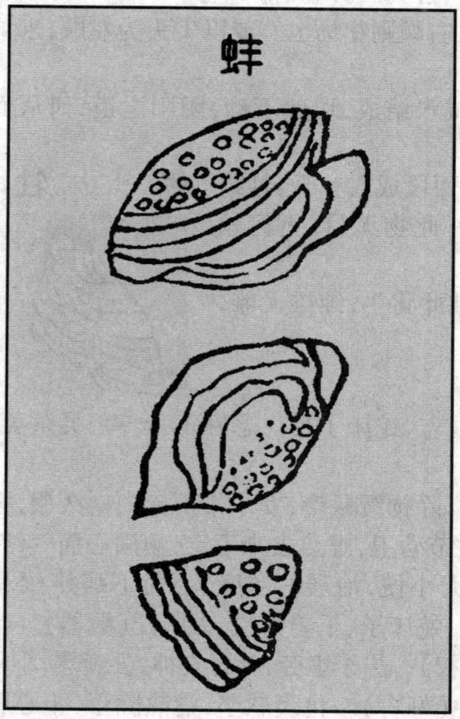

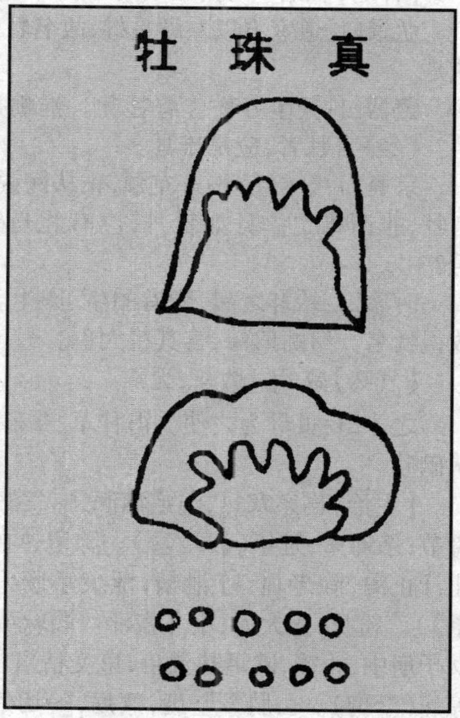

本草纲目介部第四十六卷

牡蛎(《本经》上品)

【释名】牡蛤(《别录》)、蛎蛤(《本经》)、古贲(《异物志》)、蠔。

弘景曰:道家方以左顾是雄,故名牡蛎,右顾则牝蛎也。或以尖头为左顾,未详孰是。

藏器曰:天生万物皆有牡牝。惟蛎是咸水结成,块然不动,阴阳之道,何从而生?《经》言牡者,应是雄耳。

宗奭曰:《本经》不言左顾,止从陶说。而段成式亦云:牡蛎言牡,非谓雄也。且如牡丹,岂有牝丹乎?此物无目,更何顾盼?

牡蛎

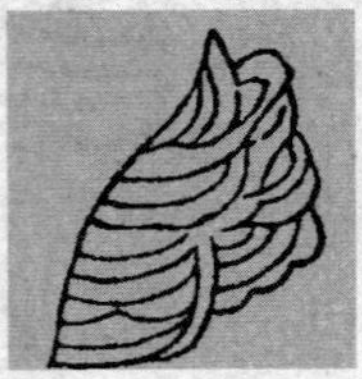

时珍曰:蛤蚌之属,皆有胎生、卵生。独此化生,纯雄无雌,故得牡名。曰蛎曰蠔,言其粗大也。

【气味】咸,平,微寒,无毒。

之才曰:贝母为之使。得甘草、牛膝、远志、蛇床子良。恶麻黄、辛夷、吴茱萸。伏硇砂。

【主治】伤寒寒热,温疟洒洒,惊恚怒气,除拘缓鼠瘘,女子带下赤白。久服,强骨节,杀邪鬼,延年(《本经》)。除留热在关节营卫,虚热去来不定,烦满心痛气结,止汗止渴,除老血,疗泄精,涩大小肠,止大小便,治喉痹咳嗽,心胁下痞热(《别录》)。粉身,止大人、小儿盗汗。同麻黄根、蛇床子、干姜为粉,去阴汗(藏器)。治女子崩中,止痛,除风热温疟,鬼交精出(甄权)。男子虚劳,补肾安神,去烦热,小儿惊痫(李珣)。去胁下坚满,瘰疬,一切疮肿(好古)。化痰软坚,清热除湿,止心脾气痛,痢下赤白浊,消疝瘕积块。瘿疾结核(时珍)。

【发明】权曰:病虚而多热者,宜同地黄、小草用之。

好古曰:牡蛎入足少阴,为软坚之剂。以柴胡引之,能去胁下硬。以茶引之,能消项上结核。以大黄引之,能消股间肿。以地黄为使,能益精收涩,止小便,本肾经血分之药也。

成无己曰:牡蛎之咸,以消胸膈之满,以泄水气,使痞者消,硬者软也。

元素曰:壮水之主,以制阳光,则渴饮不思。故蛤蛎之类,能止渴也。

【附方】旧七,新十四。心脾气痛,气实有痰者:牡蛎煅粉,酒服二钱。(《丹溪心法》)疟疾寒热:牡蛎粉、杜仲等分为末,蜜丸梧子大。每服五十丸,温水下。

（《普济方》）气虚盗汗：上方为末。每酒服方寸匕。（《千金方》）虚劳盗汗：牡蛎粉、麻黄根、黄芪等分。为末。每服二钱，水一盏，煎七分，温服，日一。（《本事方》）产后盗汗：牡蛎粉、麦麸（炒黄）等分。每服一钱，用猪肉汁调下。（《经验》）消渴饮水：腊日或端午日，用黄泥固济牡蛎，煅赤研末。每服一钱，用活鲫鱼煎汤调下。只二三服愈。（《经验方》）百合变渴：伤寒传成百合病，如寒无寒，如热无热，欲卧不卧，欲行不行，欲食不食，口苦，小便赤色，得药则吐利，变成渴疾，久不瘥者。用牡蛎（熬）二两，栝蒌根二两，为细末。每服方寸匕，用米饮调下，日三服取效。（张仲景《金匮玉函方》）病后常衄，小劳即作：牡蛎十分，石膏五分，为末。酒服方寸匕（亦可蜜丸），日三服。（《肘后方》）小便淋闷，服血药不效者：用牡蛎粉、黄柏（炒）等分为末。每服一钱，小茴香汤下，取效。（《医学集成》）小便数多：牡蛎五两。烧灰，小便三升，煎二升，分三服。神效。（《乾坤生意》）梦遗便溏：牡蛎粉，醋糊丸梧子大。每服三十丸，米饮下，日二服。（丹溪方）水病囊肿：牡蛎（煅）粉二两，干姜（炮）一两。研末，冷水调糊扫上。须臾囊热如火，干则再上。小便利即愈。一方，用葱汁、白面同调。小儿不用干姜。（初虞世《古今录验方》）月水不止：牡蛎煅研，米醋搜成团，再煅研末。以米醋调艾叶末熬膏，丸梧子大。每醋艾汤下四五十丸。（《普济方》）金疮出血：牡蛎粉敷之。（《肘后》）破伤湿气，口噤强直：用牡蛎粉，酒服二钱，仍外敷之，取效。（《三因方》）发背初起：古贲粉灰，以鸡子白和，涂四围，频上取效。（《千金方》）痈肿未成，用此拔毒：水调牡蛎粉末涂之。干更上。（姚僧垣《集验方》论）男女瘰疬：《经验》：用牡蛎（煅，研）末四两，玄参末三两，面糊丸梧子大。每服三十丸，酒下，日三服。服尽除根。初虞世云：瘰疬不拘已破未破。用牡蛎四两，甘草一两，为末。每食后，用腊茶汤调服一钱。其效如神。甲疽溃痛：胬肉裹趾甲，脓血不瘥者。用牡蛎头厚处，生研为末。每服二钱，红花煎酒调下，日三服。仍用敷之，取效。（《胜金方》）面色黧黑：牡蛎粉研末，蜜丸梧子大。每服三十丸，白汤下，日一服。并炙其肉食之。（《普济方》）

肉

【气味】甘，温，无毒。

【主治】煮食，治虚损，调中，解丹毒，妇人血气。以姜、醋生食，治丹毒，酒后烦热，止渴（藏器）。炙食甚美，令人细肌肤，美颜色（苏颂）。

蚌（宋《嘉祐》）

【释名】时珍曰：蚌与蛤同类而异形。长者通曰蚌，圆者通曰蛤。故蚌从丰，蛤从合，皆象形也。后世混称蛤蚌者，非也。

【集解】弘景曰：雉入大水为蜃。蜃即蚌也。

藏器曰：生江汉渠渎间，老蚌含珠，壳堪为粉。非大蛤也。

时珍曰：蚌类甚繁，今处处江湖中有之，惟洞庭、汉沔独多。大者长七寸，状如牡蛎辈；小者长三四寸，状如石决明辈。其肉可食，其壳可为粉。湖沔人皆印成锭市之，谓之蚌粉，亦曰蛤粉。古人谓之蜃灰，以饰墙壁，闽墓圹，如今用石灰也。

肉

【气味】甘、咸,冷,无毒。

宗奭曰:性微冷。多食,发风动冷气。

震亨曰:马刀、蚌、蛤、蛳、蚬,大同小异。寇氏止言冷,而不言湿。湿生热,热久则气上升而生痰生风,何冷之有?

【主治】止渴除热,解酒毒,去眼赤(孟诜)。明目除湿,主妇人劳损下血(藏器)。除烦,解热毒,血崩带下,痔瘘,压丹石药毒。以黄连末纳入取汁,点赤眼、眼暗(《日华》)。

蚌粉

【气味】咸,寒,无毒

《日华》曰:能制石亭脂。

《镜源》曰:能制硫黄。

蚌

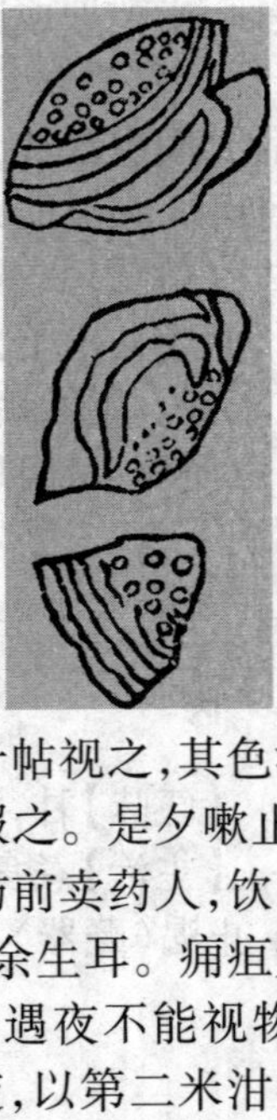

【主治】诸疳,止痢并呕逆。醋调,涂痈肿(《日华》)。烂壳粉:治反胃,心胸痰饮,用米饮服(藏器)。解热燥湿。化痰消积,止白浊带下痢疾,除湿肿水嗽,明目,搽阴疮湿疮痱痒(时珍)。

【发明】时珍曰:蚌粉与海蛤粉同功,皆水产也。治病之要,只在清热行湿而已。《日华》言其治疳。近有一儿病疳,专食此粉,不复他食,亦一异也。

【附方】新六。反胃吐食:用真正蚌粉,每服称过二钱,捣生姜汁一盏,再入米醋同调送下。(《急救良方》)痰饮咳嗽:用真蚌粉新瓦炒红,入青黛少许,用淡齑水滴麻油数点,调服二钱。《类编》云:徽宗时,李防御为入内医官时,有宠妃病痰嗽,终夕不寐,面浮如盘。徽宗呼李治之,诏令供状,三日不效当诛。李忧惶技穷,与妻泣别。忽闻外叫卖:咳嗽药一文一帖,吃了即得睡。李市十帖视之,其色浅碧。恐药性犷悍,并三服自试之,无他。乃取三帖为一,入内授妃服之。是夕嗽止,比晓面消。内侍走报,天颜大喜,赐金帛值万缗。李恐索方,乃寻访前卖药人,饮以酒,厚价求之,则此方也。云自少时从军,见主帅有此方,剽得以度余生耳。痈疽赤肿:用米醋和蚌蛤灰涂之,待其干,即易之。(《千金》)雀目夜盲:遇夜不能视物。用建昌军螺儿蚌粉三钱,为末,水飞过,雄猪肝一叶,披开纳粉扎定,以第二米泔煮七分熟,仍别以蚌粉蘸食,以汁送下。一日一作。与夜明砂同功。(《直指方》)脚指湿烂:用蚌蛤粉干搽之。(《寿域》)积聚痰涎:结于胸膈之间,心腹疼痛,日夜不止,或干呕哕食者,炒粉丸主之。用蚌粉一两,以巴豆七粒同炒赤,去豆不用,醋和粉丸梧子大。每服二十丸,姜酒下。丈夫脐腹痛,茴香汤下。女人血气痛,童便和酒下。(孙氏《仁存方》)

马刀(《本经》下品)

【校正】并入《拾遗》齐蛤。

【释名】马蛤(《别录》)、齐蛤(《吴普》)、蝗(《尔雅》。音呰),蠯(品、脾、排三音。出《周礼》),蜌螆(音亭蠯)、单姥(音善母)、㯋岸(㯋音掣)。

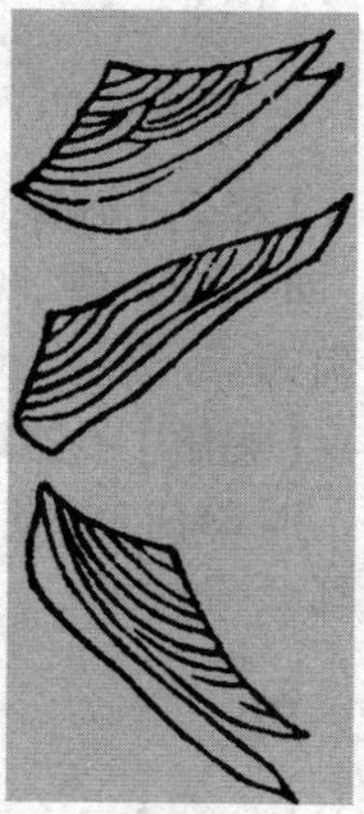

时珍曰:俗称大为马,其形象刀,故名。曰蛤、曰蠯,皆蚌字之音转也,古今方言不同也。《说文》云:圆者曰蛎,长者曰蠯。江汉人呼为单姥,汴人呼为㯋岸。《吴普本草》言马刀即齐蛤,而唐、宋本草失收,陈藏器重出齐蛤,今并为一。

【集解】《别录》曰:马刀生江湖池泽及东海。取无时。

弘景曰:李当之言:生江汉,长六七寸,食其肉似蚌。今人多不识,大抵似今蜌螆而未见方用。

韩保升曰:生江湖中细长小蚌也。长三四寸,阔五六分。

颂曰:今处处有之,多在沙泥中。头小锐。人亦谓之蚌。

藏器曰:齐蛤生海中。状如蛤,两头尖小。海人食之,别无功用。

时珍曰:马刀似蚌而小,形狭而长。其类甚多,长短大小,厚薄斜正,虽有不同,而性味功用,大抵则一。

壳(炼粉用)

【气味】辛,微寒,有毒。得水,烂人肠。又云:得水良。

恭曰:得火良。

时珍曰:按吴普云:神农、岐伯、桐君:咸,有毒。扁鹊:小寒,大毒。

藏器曰:远志、蜡,皆畏齐蛤。

【主治】妇人漏下赤白,寒热,破石淋。杀禽兽,贼鼠(《本经》)。能除五脏间热,肌中鼠鼷,止烦满,补中.去厥痹,利机关(《别录》)。消水瘿、气瘿、痰饮(时珍)。

肉

同蚌。

蝛蜐(音咸进。宋嘉祐)

【释名】生蜐生(嘉祐)蝛蛤(水土记)。

【集解】藏器曰:蝛蜐生东海。似蛤而扁,有毛。

颂曰:似蛤而长,身扁。

宗奭曰:顺安军界河中亦有之。与马刀相似。肉颇冷,人以作鲊食,不堪致远。

蜌蝛

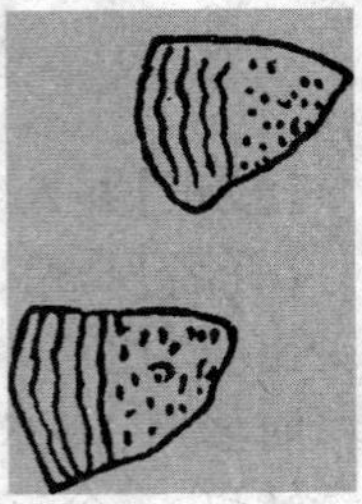

壳

【主治】烧木服，治痔病。（藏器）。

肉

宗奭曰：多食发风。

蚬（宋《嘉祐》）

【释名】扁螺。

时珍曰：蚬，岘也。壳内光耀，如初出日采也。《隋书》云：刘臻父显嗜蚬，呼蚬为扁螺。

【集解】藏器曰：处处有之。小如蚌，黑色。能候风雨，以壳飞。

蚬

时珍曰：溪湖中多有之。其类亦多，大小厚薄不一。渔家多食之耳。

肉

【气味】甘、咸，冷，无毒。

藏器曰：微毒。多食发嗽，及冷气消肾。

【主治】治时气，开胃，压丹石药毒及疔疮，下湿气，通乳，糟煮食良。生浸取汁，洗疔疮（苏恭）。去暴热，明目，利小便。下热气脚气湿毒，解酒毒目黄。浸汁服，治消渴（《日华》）。生蚬浸水，洗痘痈，无瘢痕（时珍）。

烂壳

【气味】咸，温，无毒。

【主治】止痢（弘景），治阴疮（苏恭）。疗失精反胃（《日华》）。烧灰饮服，治反胃吐食，除心胸痰水（藏器）。化痰止呕，治吞酸心痛及暴嗽。烧灰，涂一切湿疮，与蚌粉同功（时珍）。

【附方】旧一，新二。卒嗽不止：用白蚬壳捣为细末。以熟米饮调，每服一钱，日三服，甚效。（出《圣惠方》）痰喘咳嗽：用白蚬壳（多年陈者）烧过存性，为极细末。以米饮调服一钱，日三服。（《急救方》）反胃吐食：用黄蚬壳并田螺壳（并取久在泥中者）各炒成白灰。每田螺壳灰二两，黄蚬壳灰一两，入白梅肉四个，同搜拌令匀作团。再入砂盒子内，盖定泥固。煅存性，研细末。每服二钱，用人参、缩砂汤调下。不然，用陈米饮调服亦可。凡觉心腹胀痛，将发反胃，即以此药治之。（《是斋百一选方》）

真珠(宋《开宝》)

【释名】珍珠(《开宝》)、蚌珠(《南方志》)、蠙珠(《禹贡》)。

【气味】咸、甘,寒,无毒。

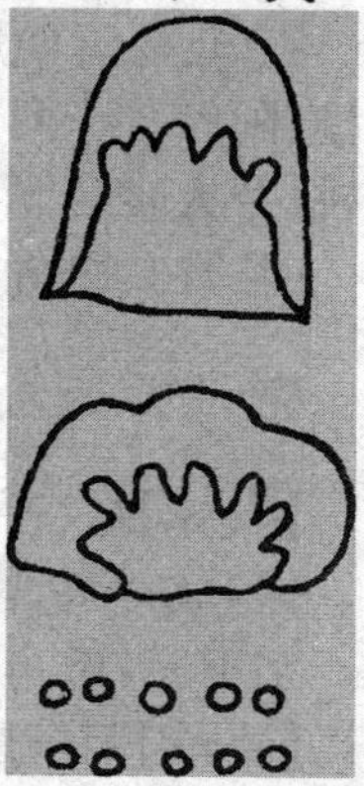

【主治】镇心。点目,去肤翳障膜。涂面,令人润泽好颜色。涂手足,去皮肤逆胪。绵裹塞耳,主聋(《开宝》)。磨翳坠痰(甄权)。除面䵟,止泄。合知母,疗烦热消渴。合左缠根,治小儿麸豆疮入眼(李珣)。除小儿惊热(宗奭)。安魂魄,止遗精白浊,解痘疔毒,主难产,下死胎胞衣(时珍)。

【发明】时珍曰:真珠入厥阴肝经,故能安魂定魄,明目治聋。

【附方】旧五,新六。安魂定魄:真珠末豆大一粒,蜜一蚬壳,和服,日三。尤宜小儿。(《肘后》)卒忤不言:真珠末,用鸡冠血和,丸小豆大。以三四粒纳口中。(《肘后》)灰尘迷目:用大珠拭之则明也。(《格古论》)妇人难产:真珠末一两,酒服,立出。(《千金》)胞衣不下:真珠一两研末,苦酒服。(《千金》)子死腹中:真珠末二两,酒服,立出。(《外台》)癍痘不发:珠子七枚为末,新汲水调服。(《儒门事亲》)痘疮疔毒:方见谷部豌豆下。肝虚目暗,茫茫不见:真珠末一两,白蜜二合,鲤鱼胆二枚,和合,铜器煎至一半,新绵滤过瓶盛。频点取瘥。(《圣惠方》)青盲不见:方同上。小儿中风,手足拘急:真珠末(水飞)一两,石膏末一钱。每服一钱,水七分,煎四分,温服,日三。(《圣惠方》)目生顽翳:真珠一两,地榆二两,水二大碗煮干,取真珠以醋浸五日,热水淘去醋气,研细末用。每点少许,以愈为度。

石决明(《别录》上品)

【释名】九孔螺(《日华》),壳名千里光。

时珍曰:决明、千里光,以功名也。九孔螺,以形名也。

【集解】弘景曰:俗云是紫贝。人皆水渍,熨眼颇明。又云是鳆鱼甲。附石生,大者如手,明耀五色,内亦含珠。

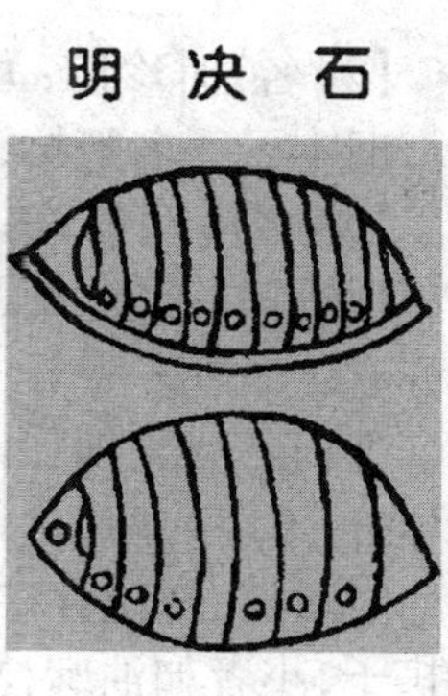

恭曰:此是鳆鱼甲也。附石生,状如蛤,惟一片无对,七孔者良。今俗用紫贝,全非。

颂曰:今岭南州郡及莱州海边皆有之,采无时,旧注或以为紫贝,或以为鳆鱼甲。按紫贝即今砑螺,殊非此类。鳆鱼乃王莽所嗜者,一边着石,光明可爱,自是一种,与决明相近也。决明壳大如手,小者如三两指大,可以浸水洗眼,七孔、九孔者良,十孔者不佳。海人亦啖其肉。

宗奭曰:登、莱海边甚多。人采肉供馔,及干充苞苴。肉与壳两可用。

时珍曰：石决明形长如小蚌而扁，外皮甚粗，细孔杂杂，内则光耀，背侧一行有孔如穿成者。生于石崖之上，海人泅水，乘其不意，即易得之。否则紧粘难脱也。陶氏以为紫贝，雷氏以为真珠母，杨倞注《荀子》以为龟脚，皆非矣。惟鳆鱼是一种二类，故功用相同。吴越人以糟决明、酒蛤蜊为美品者，即此。

【修治】珣曰：凡用以面裹煨熟，磨去粗皮，烂捣，再乳细如面，方堪入药。

敩曰：每五两用盐半分，同东流水入瓷器内煮一伏时，捣末研粉。再用五花皮、地榆、阿胶各十两，以东流水淘三度，日干，再研一万下，入药。服至十两，永不得食山桃，令人丧目。

时珍曰：今方家只以盐同东流水煮一伏时，研末水飞用。

壳

【气味】咸，平，无毒。

保升曰：寒。

宗奭曰：肉与壳功同。

【主治】目障翳痛，青盲。久服，益精轻身（《别录》）。明目磨障（《日华》）。肝肺风热，青盲内障，骨蒸劳极（李珣）。水飞，点外障翳（寇宗奭）。通五淋（时珍）。

【附方】旧一，新五。羞明怕日：用千里光、黄菊花、甘草各一钱，水煎。冷服。（《明目集验方》）痘后目翳：用石决明（火煅，研）、谷精草各等分，共为细末。以猪肝蘸食。（《鸿飞集》）小便五淋：用石决明去粗皮，研为末，飞过。熟水服二钱，每日二服。如淋中有软硬物，即加朽木末五分。（《胜金方》）肝虚目翳：凡气虚、血虚、肝虚，眼白俱赤，夜如鸡啄，生浮翳者。用海蚌壳（烧过成灰）、木贼（焙）各等分为末。每服三钱，用姜、枣同水煎，和渣通口服。每日服二次。（《经验方》）青盲雀目：用石决明一两（烧过存性），外用苍术三两（去皮）。为末。每服三钱，以猪肝批开，入药末在内扎定，砂罐煮熟，以气熏目。待冷，食肝饮汁。（《龙木论》）解白酒酸：用石决明（不拘多少）数个，以火炼过，研为细末。将酒荡热，以决明末搅入酒内，盖住。一时取饮之，其味即不酸。

海蛤（《本经》上品）

【释名】时珍曰：海蛤者，海中诸蛤烂壳之总称，不专指一蛤也。旧本云一名魁蛤，则又指是一物矣。系是误书，今削之。

【集解】《别录》曰：海蛤生东海。

保升曰：今登、莱、沧州海沙湍处皆有，四五月淘沙取之。南海亦有之。

恭曰：海蛤，细如巨胜子，光净莹滑者好。其粗如半杏仁者为𤜶耳蛤，不堪入药。

时珍曰：按沈存中《笔谈》云：海蛤即海边沙泥中得之。大者如棋子，小者如油麻粒，黄白色，或黄赤相杂。盖非一类，乃诸蛤之壳，为海水礲砺，日久光莹，都非旧质。蛤类至多，不能分别其为何蛤，故通谓之海蛤也。余见下条。

【气味】苦、咸，平，无毒。

吴普曰：神农：苦。

岐伯：甘。

扁鹊：咸。

权曰：有小毒。

之才曰：蜀漆为之使。畏狗胆、甘遂、芫花。

【主治】咳逆上气，喘息烦满，胸痛寒热（《本经》）。疗阴痿（《别录》）。主十二水满急痛，利膀胱大小肠（《唐注》）。治水气浮肿，下小便，治嗽逆上气，项下瘤瘿（甄权）。疗呕逆，胸胁胀急，腰痛五痔，妇人崩中带下（《日华》）。止消渴，润五脏，治服丹石人有疮（萧炳）。清热利湿，化痰饮，消积聚，除血痢，妇人血结胸，伤寒反汗搐搦，中风瘫痪（时珍）。

【附方】旧二，新六。水瘸肿满：藏器曰：用海蛤、杏仁、汉防己、枣肉各二两，葶苈六两，为末研，丸梧子大。一服十丸，服至利下水为妙。水肿发热小便不通者：海蛤汤主之。海蛤、木通、猪苓、泽泻、滑石、黄葵子、桑白皮各一钱，灯心三分，水煎服，日二。（《圣惠方》）石水肢瘦，其腹独大者：海蛤丸主之。海蛤（煅粉）、防己各七钱半，葶苈、赤茯苓、桑白皮各一两，陈橘皮、郁李仁各半两，为末，蜜丸如梧子大。每米饮下五十丸，日二次。（《圣济总录》）气肿湿肿：用海蛤、海带、海藻、海螵蛸、海昆布、凫茨、荔枝壳等分，流水煎服，日二次。（何氏）血痢内热：海蛤末，蜜水调服二钱，日二。（《传信》）伤寒血结，胸膈痛不可近：仲景无方，宜海蛤散主之，并刺期门穴。用海蛤、滑石、甘草各一两，芒硝半两，为末。每服二钱，鸡子清调服。更服桂枝红花汤，发其汗则愈。盖膻中血聚则小肠壅，小肠壅则血不行。服此则小肠通，血流行而胸膈利矣。（朱肱《活人书》）伤寒搐搦：寇宗奭曰：伤寒出汗不彻，手脚搐者。用海蛤、川乌头各一两，穿山甲二两，为末，酒丸如弹子大，捏扁，置所患足心下。别擘葱白盖药，以帛缠定。于暖室中热水浸脚至膝上，水冷又添，候遍身汗出为度。凡一二日一作，以知为度。中风瘫痪：方同上。又具鲮鲤甲下。衄血不止：蛤粉一两（罗七遍），槐花半两（炒焦），研匀。每服一钱，新汲水调下。（《杨氏家藏方》）

文蛤（《本经》上品）

【释名】花蛤。

时珍曰：皆以形名也。

【集解】《别录》曰：文蛤生东海。表有文。取无时。

弘景曰：小大皆有紫斑。

保升曰：今出莱州海中。三月中旬采。背上有斑纹。

恭曰：大者圆三寸，小者圆五六分。

时珍曰：按沈存中《笔谈》云：文蛤即今吴人所食花蛤也。其形一头小，一头大，壳有花斑的便是。

【修治】同海蛤。

【气味】咸,平,无毒。

【主治】恶疮,蚀五痔(《本经》)。咳逆胸痹,腰痛胁急,鼠瘘大孔出血,女人崩中漏下。(《别录》)。能止烦渴,利小便,化痰软坚,治口鼻中蚀疳。(时珍)。

【发明】时珍曰:按成无己云:文蛤之咸走肾,可以胜水气。

【附方】旧一,新一。伤寒文蛤散:张仲景云:病在阳,当以汗解,反以冷水噀之,或灌之,更益烦热,意欲饮水,反不渴者,此散主之。文蛤五两为末,每服方寸匕,沸汤下,甚效。疳蚀口鼻,数日欲尽:文蛤烧灰,以腊猪脂和,涂之。(《千金翼》)

文蛤

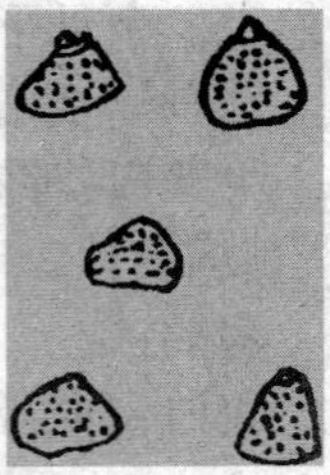

蛤蜊(梨。宋《嘉祐》)

【释名】时珍曰:蛤类之利于人者,故名。

【集解】机曰:蛤蜊,生东南海中,白壳紫唇,大二三寸者。闽、浙人以其肉充海错,亦作为酱醯。其壳火煅作粉,名曰蛤蜊粉也。

蛤蜊

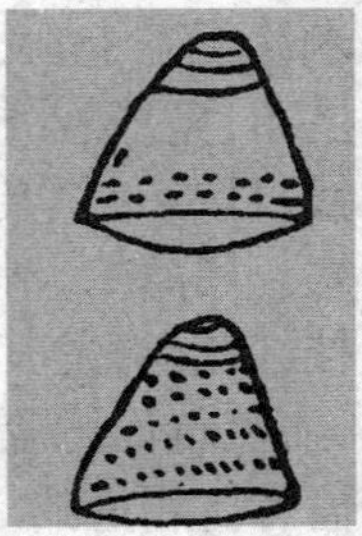

肉

【气味】咸,冷,无毒。

藏器曰:此物性虽冷,乃与丹石相反,服丹石人食之,令腹结痛。

【主治】润五脏,止消渴,开胃,治老癖为寒热,妇人血块,宜煮食之(禹锡)。煮食醒酒(弘景)。

【发明】时珍曰:按高武《痘疹正宗》云:俗言蛤蜊海错能发疹,多致伤损脾胃,生痰作呕作泻,此皆嘻笑作罪也。又言痘毒入目者,以蛤蜊汁点之可代空青。夫空青得铜之精气而生,性寒可治赤目。若痘毒是脏腑毒气上冲,非空青可治。蛤蜊虽寒,而湿中有火,亦不可不知矣。

蛤蜊粉

【释名】海蛤粉。

时珍曰:海蛤粉者,海中诸蛤之粉,以别江湖之蛤粉、蚌粉也。今人指称,但曰海粉、蛤粉,寇氏所谓"众蛤之灰"是矣。近世独取蛤蜊粉入药,然货者亦多众蛤也。大抵海中蚌、蛤、蚶、蛎,性味咸寒,不甚相远,功能软散,小异大同。非若江湖蚌蛤,无咸水浸渍,但能清热利湿而已。今药肆有一种状如线粉者,谓之海粉,得水则易烂,盖后人因名售物也。然出海中沙石间,故功亦能化痰软坚。

【修治】震亨曰:蛤粉,用蛤蜊烧煅成粉,不入煎剂。

时珍曰:按吴球云:凡用蛤粉,取紫口蛤蜊壳,炭火煅成,以熟栝蒌连子同捣,和成团，风干用，最妙。

【正误】机曰：丹溪有言：蛤粉即是海石，寇氏以海石注蛤粉，则二物可通用矣。海石即海蛤，蛤粉即蛤蜊壳烧成也。

时珍曰：海石乃海中浮石也，详见石部。汪氏诬引朱、寇之说为证，陈嘉谟《本草》又引为据。今考二公本书，并无前说，今正其误。

【气味】咸，寒，无毒。

【主治】热痰湿痰，老痰顽痰，疝气白浊带下。同香附末、姜汁调服，主心痛（震亨）。清热利湿，化痰饮，定喘嗽，止呕逆.消浮肿，利小便。止遗精白浊，心脾疼痛，化积块，解结气，消瘿核，散肿毒，治妇人血病。油调，涂汤火伤（时珍）。

【发明】震亨曰：蛤粉能降能消，能软能燥。

时珍曰：寒制火而咸润下，故能降焉。寒散热而咸走血，敁能消焉。坚者软之以咸，取其属水而性润也。湿者燥之以渗，取其经火化而利小便也。

好古曰：蛤粉乃肾经血分之药，故主湿嗽肾滑之疾。

【附方】新四。气虚水肿：昔滁州酒库攒司陈通，患水肿垂死，诸医不治。一妪令以大蒜十个捣如泥，入蛤粉，丸梧子大。每食前，白汤下二十丸。服尽，小便下数桶而愈。（《普济方》）心气疼痛：真蛤粉沙过白，佐以香附末等分，白汤淬服。（《圣惠方》）白浊遗精：洁古云：阳盛阴虚，故精泄也，真珠粉丸主之。用蛤粉（煅）一斤，黄柏（新瓦炒过）一斤，为细末，白水丸如梧子大。每服一百丸，空心用温酒下，日二次。蛤粉味咸而且能补肾阴，黄柏苦而降心火也。雀目夜盲：真蛤粉炒黄为末，以油蜡化和，丸皂子大，内于猪腰子中，麻扎定，蒸食之。一日一服。（《儒门事亲》）

蛏（丑真切。宋《嘉祐》）

【释名】蛏

【集解】藏器曰：蛏生海泥中。长二三寸，大如指，两头开。

蛏

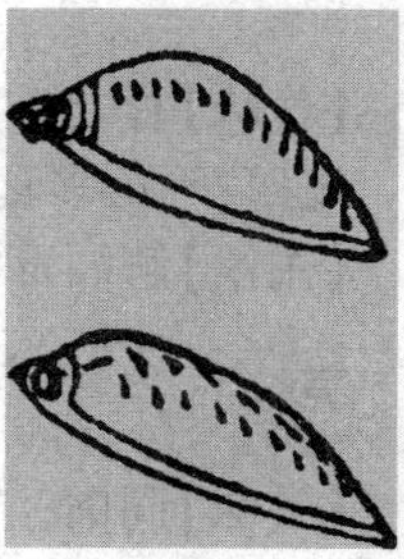

时珍曰：蛏乃海中小蚌也。其形长短大小不一，与江湖中马刀、蝛、蚬相似，其类甚多。闽、粤人以田种之，候潮泥壅沃，谓之蛏田。呼其肉为蛏肠。

肉

【气味】甘，温，无毒。

诜曰：天行病后不可食。

【主治】补虚，主冷痢，煮食之。去胸中邪热烦闷，饭后食之，与服丹石人相宜。治妇人产后虚损（嘉祐）。

担罗(《拾遗》)

【集解】藏器曰:蛤类也。生新罗国,彼人食之。

【气味】甘,平,无毒。

【主治】热气消食。杂昆布作羹,主结气(藏器)。

车螯(宋《嘉祐》)

【释名】蜃(音肾)。

时珍曰:车螯俗讹为昌娥。蜃与蛟蜃之蜃,同名异物。《周礼》:鳖人掌互物,春献鳖蜃,秋献龟鱼。则蜃似为大蛤之通称,亦不专指车螯也。

螯　车

【集解】藏器曰:车螯生海中,是大蛤,即蜃也。能吐气为楼台。春夏依约岛溆,常有此气。

颂曰:南海、北海皆有之,采无时。其肉,食之似蛤蜊,而坚硬不及。近世痈疽多用其壳,北中者不堪用。背紫色者,海人亦名紫贝,非矣。

时珍曰:其壳色紫,璀粲如玉,斑点如花。海人以火炙之则壳开,取肉食之。钟岏云:车螯、蚶、蛎,眉目内缺,犷壳外缄。无香无臭,瓦砾何殊?宜充庖厨,永为口食。罗愿云:雀入淮为蛤,雉入海为蜃。比雀所化为大,故称大蛤也。肉可以食,壳可饰器物,灰可闉塞墙壁。又可为粉饰面,俗呼蛤粉,亦或生珠,其为用多矣。又《临海水土记》云:似车螯而角移不正者曰移角。似车螯而壳薄者曰姑劳。似车螯而小者曰羊蹄,出罗江。昔人皆谓雉化者,乃蛟蜃之蜃,而陈氏、罗氏以为蛤蜃之蜃,似误。详鳞部蛟龙下。

肉

【气味】甘、咸,冷,无毒。

诜曰:不可多食。

【主治】解酒毒消渴,并痈肿(藏器)。

壳

【气味】同肉。

【主治】疮疖肿毒。烧赤,醋淬二度为末,同甘草等分酒服。并以醋调敷之(《日华》)。消积块,解酒毒,治痈疽发背焮痛(时珍)。

【发明】时珍曰:车螯味咸,气寒而降,阴中之阴也。入血分,故宋人用治痈疽,取恶物下,云有奇功。亦须审其气血虚实老少如何可也。今外科鲜知用者。

【附方】新二。车螯转毒散:治发背痈疽,不问浅深大小,利去病根,则免传变。用车螯(即昌娥,紫背光厚者,以盐泥固济,煅赤出火毒)一两,生甘草(末)一钱半,轻粉五分，为末。每服四钱，用栝蒌一个，酒一碗，煎一盏，调服。五更转下恶物为度，未下再服。甚者不过二服。（《外科精要》）六味车螯散：治症同上。用车螯四个（黄泥固济，煅赤出毒，研末）。灯心三十茎，栝蒌一个（取仁炒香），甘草节（炒）二钱，通作一服。将三味入酒二碗，煎半碗，去滓，入蜂蜜一匙，调车螯末二钱，腻粉少许，空心温服。下恶涎毒为度。（《本事》）

魁蛤（《别录》上品）

【校正】时珍曰：宋《嘉祐》别出蚶条，今据郭璞说合并为一。

【释名】魁陆（《别录》）、蚶（一作魽）、瓦屋子（《岭表录》）、瓦垄子

时珍曰：魁者羹斗之名，蛤形肖之故也。蚶味甘，故从甘。案《岭表录异》云：南人名空慈子。尚书卢钧以其壳似瓦屋之垄，改为瓦屋、瓦垄也。广人重其肉，炙以荐酒，呼为天脔。广人谓之蜜丁。《名医别录》云：一名活东，误矣。活东，蝌蚪也。见《尔雅》。

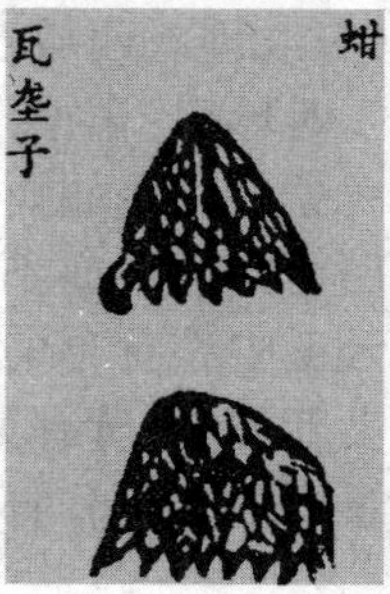

伏老颂曰：《说文》云：老伏翼化为魁蛤，故名伏老。

【集解】《别录》曰：魁蛤生东海。正圆，两头空，表有文。采无时。

弘景曰：形似纺軠小狭长，外有纵横纹理，云是老蝠所化，方用至少。

保升曰：今出莱州。形圆长，似大腹槟榔，两头有孔。

藏器曰：蚶生海中。壳如瓦屋。

时珍曰：按郭璞《尔雅注》云：魁陆即今之蚶也。状如小蛤而圆厚。《临海异物志》云：蚶之大者径四寸。背上沟纹似瓦屋之垄，肉味极佳。今浙东以近海田种之，谓之蚶田。

肉

【气味】甘，平，无毒。

鼎曰：寒。

炳曰：温。凡食讫，以饭压之。否则令人口干。

时珍曰：按刘恂曰：炙食益人。过多即壅气。

【主治】痿痹，泄痢便脓血（《别录》）。润五脏，止消渴，利关节。服丹石人宜食之。免生疮肿热毒（鼎）。心腹冷气，腰脊冷风。利五脏，健胃，令人能食（藏器）。温中消食起阳（萧炳）。益血色（《日华》）。

壳

【修治】《日华》曰：凡用，取陈久者炭火煅赤，米醋淬三度，出火毒，研粉。

【气味】甘、咸，平，无毒。

【主治】烧过，醋淬，醋丸服，治一切血气、冷气、癥癖（《日华》）。消血块，化痰

积(震亨)。连肉烧存性研,敷小儿走马牙疳有效(时珍)。

【发明】时珍曰:咸走血而软坚,故瓦垄子能消血块,散痰积。

车 渠(《海药》)

【校正】自玉石部移入此。

【释名】海扇。

时珍:按《韵会》云:车渠,海中大贝也。背上垄纹如车轮之渠,故名。车沟曰渠。刘绩《霏雪录》云:海扇,海中甲物也。其形如扇,背纹如瓦屋。三月三日潮尽乃出。《梵书》谓之牟婆洛揭拉婆。

车渠

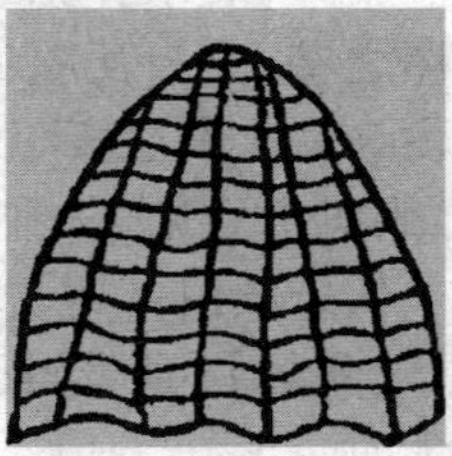

【集解】李珣曰:车渠,云是玉石之类。生西国,形如蚌蛤,有纹理。西域七宝,此其一也。

时珍曰:车渠,大蛤也。大者长二三尺,阔尺许,厚二三寸。壳外沟垄如蚶壳而深大,皆纵纹如瓦沟,无横纹也。壳内白皙如玉。亦不甚贵,番人以饰器物,谬言为玉石之类。或云玉中亦有车渠,而此蛤似之故也。沈存中《笔谈》云:车渠大者如箕,背有渠垄如蚶壳,以作器,致如白玉。杨慎《丹铅录》云:车渠作杯,注酒满过一分不溢。试之果然。

壳

【气味】甘、咸,大寒,无毒。

【主治】安神镇宅,解诸毒药及虫螫。同玳瑁等分,磨人乳服之,极验(珣)。

【发明】时珍曰:车渠,盖瓦垄之大者,故其功用亦相仿佛。

贝子(《本经》下品)

【释名】贝齿(《别录》),白贝(《日华》)、海肥(俗作贝八,音巴)。

时珍曰:贝字象形。其中二点,象其齿刻。其下二点,象其垂尾。古者借贝而宝龟,用为交易,以二为朋。今独云南用之,呼为海肥。以一为庄,四庄为手,四手为苗,五苗为索。

贝子

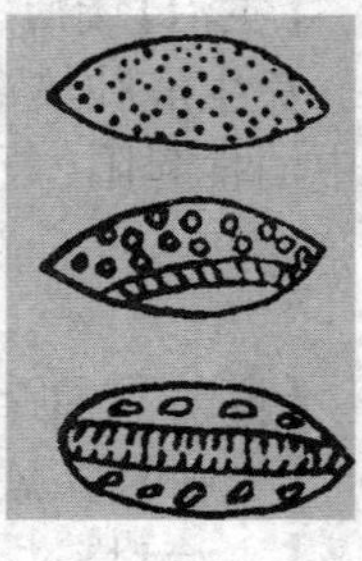

颂曰:贝腹下洁白,有刻如鱼齿,故曰贝齿。

【气味】咸,平,有毒。

【主治】目翳,五癃,利水道,鬼疰蛊毒,腹痛下血(《本经》)。温疰寒热,解肌,散结热(《别录》)。烧研,点目去翳(弘景),伤寒狂热(甄权)。下水气浮肿,小儿疳蚀吐乳(李珣)。治鼻渊出脓血,下痢,男子阴疮,解漏脯、面臛诸毒,射罔毒,药箭毒(时珍)。

【附方】旧三,新六。目花翳痛:贝子一两,烧研如面,入龙脑少许点之。若有息肉，加真珠末等分。（《千金》）鼻渊脓血：贝子烧研。每生酒服二钱，日三服。二便关格：不通闷胀，二三日则杀人。以贝齿三枚，甘遂二铢，为末，浆水和服，须臾即通也。（《肘后方》）小便不通：白海肥一对，生一个，烧一个，为末。温酒服。（田氏方）下疳阴疮：白海肥三个，煅红研末，搽之。（《简便单方》）食物中毒：孙真人：贝子一枚，含之自吐。《圣惠方》：治漏脯毒，面臛毒，及射罔在诸肉中有毒。并用贝子烧研，水调半钱服。中射罔毒：方同上。药箭镞毒：贝齿烧研，水服三钱，日三服。（《千金方》）

紫贝（《别录》下品）

【释名】文贝（《纲目》）、砑螺。

时珍曰：《南州异物志》云：文贝甚大，质白纹紫，天姿自然。不假外饰而光彩焕烂。故名。

颂曰：画家用以砑物。故名曰砑螺也。

贝 紫

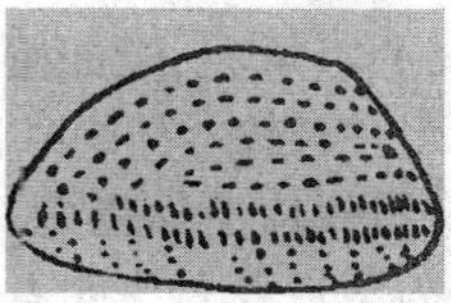

【集解】恭曰：紫贝出东、南海中。形似贝子而大二三寸，背有紫斑而骨白。南夷采以为货市。

宗奭曰：紫贝背上深紫有黑点。

颂曰：贝类极多，古人以为宝货，而紫贝尤贵。后世以多见贱，而药中亦希使之。

时珍曰：按陆玑《诗疏》云：紫贝，质白如玉，紫点为纹，皆行列相当。大者径一尺七八寸。交趾、九真以为杯盘。

【修治】同贝子。

【气味】咸，平，无毒。

【主治】明目，去热毒（《唐本》）。小儿斑疹目翳（时珍）。

【附方】新一。斑疹入目：紫贝一个（即砑螺也），生研细末，用羊肝切片，掺上扎定，米泔煮熟，瓶盛露一夜，空心嚼食之。（《婴童百问》）

珂（《别录》下品）

【释名】马轲螺（《纲目》）、珬（恤）。

时珍曰：珂，马勒饰也。此贝似之，故名。

徐表作马轲。《通典》云：老雕入海为珬。即珂也。

珂

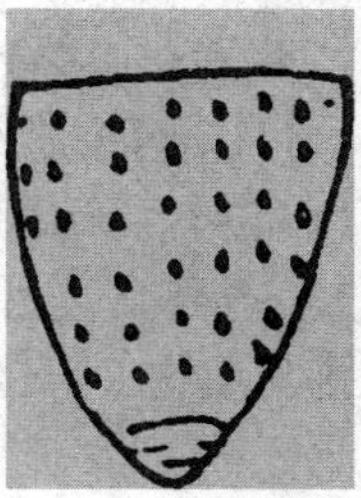

【集解】《别录》曰：珂生南海。采无时。白如蚌。

恭曰：珂，贝类也。大如鳆，皮黄黑而骨白，堪以为饰。

时珍曰：按徐表《异物志》云：马轲螺，大者围九寸，细者围十八寸，长三四寸。

【修治】敩曰：珂，要冬采得色白腻者，并有白旋水文。勿令见火，即无用也。凡用以铜刀刮末研细，重罗再研千下，不入妇人药也。

【气味】咸,平,无毒。

【主治】目翳,断血生肌(《唐本》)。消翳膜,及筋胬肉,刮点之(李珣)。去面黑(时珍)。

【附方】新二。目生浮翳:马珂三分,白龙脑半钱,枯过白矾一分,研匀点之。(《圣惠方》)面黑令白:马珂、白附子、珊瑚、鹰矢白等分,为末。每夜人乳调敷,旦以温浆水洗之。(同上)

石蜐(音劫。《纲目》)

【释名】紫蛙(音劫,与蜐同)、紫藒(音枵)、龟脚(俗名)。

【集解】时珍曰:石蜐生东南海中石上,蚌蛤之属。形如龟脚,亦有爪状,壳如蟹螯,其色紫,可食。《真腊记》云:有长八九寸者。江淹《石蜐赋》云:亦有足翼,得春雨则生花。故郭璞赋云:石蜐应节而扬葩。《荀子》云东海有紫虫去、鱼、盐,是矣。或指为紫贝及石决明者,皆非矣。

【气味】甘、咸,平,无毒。

【主治】利小便(时珍)。

石蜐

淡菜(宋《嘉祐》)

【释名】壳菜(浙人所呼),海蜌(音陛)。东海夫人。

时珍曰:淡以味,壳以形,夫人以似名也。

【集解】藏器曰:东海夫人,生东南海中。似珠母,一头尖,中衔少毛。味甘美,南人好食之。

诜曰:常时烧食即苦,不宜人。与少米先煮熟,后除去毛。再入萝卜,或紫苏,或冬瓜同煮,即更妙。

《日华》曰:虽形状不典:而甚益人。

时珍曰:按阮氏云:淡菜生海藻上,故治瘿与海藻同功。

【气味】甘,温,无毒。

《日华》曰:不宜多食。多食令人头闷目暗,得微利即止。

藏器曰:多食发丹石,令人肠结。久食脱人发。

淡菜

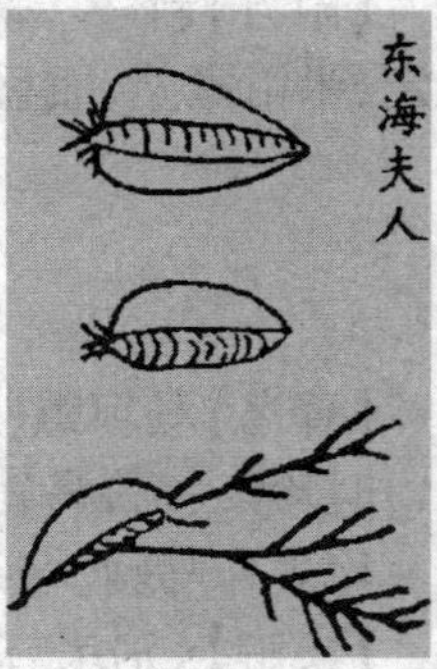

【主治】虚劳伤惫,精血衰少,及吐血。久痢肠鸣,腰痛疝瘕,妇人带下,产后瘦瘠(藏器)。产后血结,腹内冷痛,治癥瘕,润毛发,治崩中带下,烧食一顿令饱(孟诜)。煮熟食之,能补五脏,益阳事,理腰脚气,能消宿食,除腹中冷气痃癖。亦可烧汁沸出食之(《日华》)。消瘿气(时珍)。

海螺(《拾遗》)

【校正】时珍曰:《唐本》甲香,今并为一。

【释名】流螺(《图经》)、假猪螺(《交州记》),厣名甲香。

时珍曰:蠃与螺同,亦作蠡。蠃从虫,蠃省文,盖虫之蠃形者也。厣音掩,闭藏之貌。

【集解】颂曰:海螺即流螺,厣曰甲香,生南海。今岭外、闽中近海州郡及明州皆有之,或只以台州小者为佳。其螺大如小拳,青黄色,长四五寸。诸螺之中,此肉味最厚,南人食之。《南州异物志》云:甲香大者如瓯,面前一边直搀长数寸,围壳岨峿有刺。其厣,杂众香烧之益芳,独烧则臭。今医家稀用,惟合香者用之。又有小甲香,状若螺子,取其蒂修合成也。海中螺类绝有大者。珠螺莹洁如珠,鹦鹉螺形如鹦鹉头,并可作杯。梭尾螺形如梭,今释子所吹者。皆不入药。

海螺

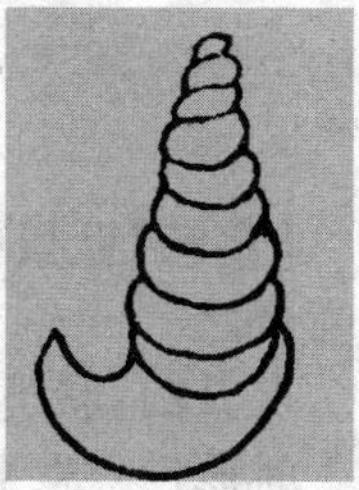

时珍曰:螺,蚌属也。大者如斗,出日南涨海中。香螺厣可杂甲香,老钿螺光彩可饰镜背者,红螺色微红,青螺色如翡翠,蓼螺味辛如蓼,紫贝螺即紫贝也。鹦鹉螺质白而紫,头如鸟形,其肉常离壳出食,出则寄居虫入居,螺还则虫出也。肉为鱼所食,则壳浮出,人因取之作杯。

肉

【气味】甘,冷,无毒。

【主治】目痛累年,或三四十年。生螺,取汁洗之。或入黄连末在内,取汁点之(藏器)。合莱煮食,治心痛(孙思邈)。

甲香

【修治】敩曰:凡使,用生茅香、皂角同煮半日,石臼捣筛用之。

《经验方》曰:凡使,用黄泥同水煮一日,温水浴过。再以米泔或灰汁煮一日,再浴过。以蜜、酒煮一日,浴过爆干用。

颂曰:《传信方》载其法,云:每甲香一斤,以泔斗半,微火煮一复时,换泔再煮。凡三换漉出,众手刮去香上涎物。以白蜜三合,水一斗,微火煮干。又以蜜三合,水一斗,再煮。都三复时,以香烂止。乃以炭火烧地令热,洒酒令润,铺香于上,以新瓦盖上一复时。待冷硬,石臼木杵捣烂。入沉香末三两,麝一分,和捣印成,以瓶贮之,埋过经久方烧。凡烧此香,须用大火炉,多着热灰、刚炭猛烧令尽,去之。炉旁着火暖水,即香不散。此法出于刘兖奉礼也。

宗奭曰:甲香善能管香烟,与沉、檀、龙、麝香用之,尤佳。

【气味】咸,平,无毒。

【主治】心腹满痛,气急,止痢下淋(《唐本》)。和气清神,主肠风痔瘘(李珣)。瘘疮疥癣,头疮馋疮甲疽,蛇、蝎、蜂螫(藏器)。

甲香

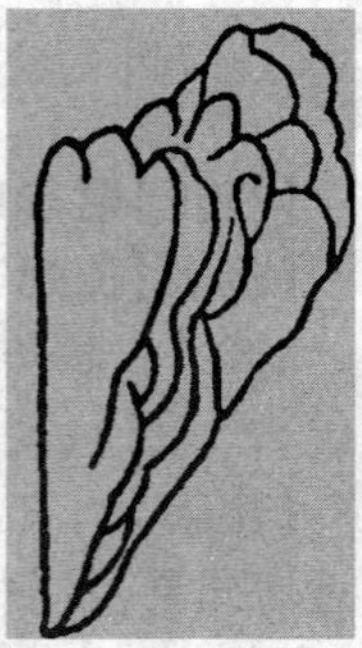

甲煎(《拾遗》)

【集解】藏器曰:甲煎,以诸药及美果、花烧灰和蜡成口脂。所主与甲香略同,三年者良。

时珍曰:甲煎,以甲香同沉麝诸药花物治成,可作口脂及焚偞也。唐·李义山诗所谓"沉香甲煎为廷燎"者,即此。

【气味】辛,温,无毒。

【主治】甲疽,小儿头疮吻疮,口旁馋疮,耳后月蚀疮,虫蜂蛇蝎所螫之疮,并敷之(藏器)。

田螺(《别录》下品)

【集解】弘景曰:田螺生水田中,及湖渎岸侧。形圆,大如梨、橘,小者如桃、李,人煮食之。

田螺

保升曰:状类蜗牛而尖长,青黄色,春夏采之。

时珍曰:螺,蚌属也。其壳旋文。其肉视月盈亏,故王充云:月毁于天,螺消于渊。《说卦》云:离为螺,为蚌,为龟,为鳖,为蟹。皆以其外刚而内柔也。

肉

【气味】甘,大寒,无毒。

【主治】目热赤痛,止渴(《别录》)。煮汁,疗热醒酒。用真珠、黄连末内入,良久,取汁注目中,止目痛(弘景)。煮食,利大小便,去腹中结热,目下黄,脚气冲上,小腹急硬,小便赤涩,手足浮肿。生浸取汁饮之,止消渴。捣肉,敷热疮(藏器)。压丹石毒(孟诜)。利湿热,治黄疸。捣烂贴脐,引热下行,止噤口痢,下水气淋闭。取水,搽痔疮狐臭。烧研,治瘰疬癣疮(时珍)。

【附方】旧三,新二十一。消渴饮水日夜不止,小便数者:《心镜》:用田螺五升,水一斗,浸一夜,渴即饮之。每日一换水及螺。或煮食饮汁亦妙。《圣惠》:用糯米二升,煮稀粥一斗,冷定。入田中活螺三升在内,待螺食粥尽,吐沫出。乃收任性饮之,立效。肝热目赤:《药性论》:用大田螺七枚洗净,新汲水养去泥秽,换水一升浸洗取起。于净器中,着少盐花于甲内,承取自然汁点目。逐个用了,放去之。烂弦风眼:方法同上,但以铜绿代盐花。饮酒口糜:螺、蚌煮汁饮。(《圣惠》)酒醉不醒:用水中螺、蚌,葱、豉煮食饮汁,即解。(《肘后》)小便不通,腹胀如鼓:用田螺一枚,盐半匕,生捣,敷脐下一寸三分,即通。熊彦诚曾得此疾,异人授此方果愈。(《类编》)噤口痢疾:用大田螺二枚捣烂,入麝香三分作饼,烘热贴脐间。半日,热气下行,即思食矣。甚效。(丹溪)肠风下血因酒毒者:大田螺五个,烧至壳白肉干,研末,作一服,热酒下。(《是斋百一选方》)大肠脱肛:脱下三五寸者。用大田螺二三枚，将井水养三四日，去泥。用鸡爪黄连研细末，入厣内，待化成水。以浓茶洗净肛门，将鸡翎蘸扫之。以软帛托上，自然不再复发也。(《德生堂经验方》)反胃呕噎：田螺洗净水养，待吐出泥，澄取晒半干，丸梧子大。每服三十丸，藿香汤下。烂壳研服亦可。(《经验方》)水气浮肿：用大田螺、大蒜、车前子等分，捣膏摊贴脐上，水从便旋而下。象山县民病此，得是方而愈。(仇远《稗史》)酒疸诸疸：用田螺将水养数日，去泥，取出生捣烂，入好酒内，用布帛滤过，将汁饮之，日三服，自效。(《寿域》)脚气攻注：用生大田螺捣烂，敷两股上，便觉冷趋至足而安。又可敷丹田，利小便。董守约曾用有效。(《稗史》)痔漏疼痛：《乾坤生意》：用田螺一个，入片脑一分在内，取水搽之。仍先以冬瓜汤洗净。孙氏：用田螺一枚，用针刺破，入白矾末同埋一夜，取螺内水扫疮上，又善能止痛也，甚妙。《袖珍》：用马齿苋汤洗净，捣活螺蛳敷上，其病即愈。腋气狐臭：《乾坤生意》：用田螺一个，水养，俟厣开，挑巴豆仁一个在内，取置杯内，夏一夜，冬七夜，自然成水。常取搽之，久久绝根。又方：大田螺一个，入麝香三分在内，埋露地七七日，取出。看患洗拭，以墨涂上，再洗。看有墨处是患窍，以螺汁点之，三五次即瘥。瘰疬溃破：用田螺连肉烧存性，香油调搽。(《集要方》)疔疮恶肿：用田螺入冰片，化水点疮上。(《普济》)风虫癣疮：用螺蛳十个，槿树皮末一两，同入碗内蒸熟，捣烂，入矾红三钱，以盐水调搽。(孙氏)绕指毒疮：生手足指上。以活田螺一枚，生用捣碎缚之，即瘥。(《多能鄙事》)妒精阴疮：大田螺二个，和壳烧存性，入轻粉同研，敷之，效。(《医林集要》)

壳

【气味】甘，平，无毒。

【主治】烧研，主尸疰心腹痛，失精。水渍饮汁，止泻(《别录》)。烂者烧研水服，止反胃，去卒心痛(藏器)。烂壳研细末服之，止下血。小儿惊风有痰，疮疡脓水(时珍)。

【附方】新三。心脾痛不止者：水甲散主之。用田螺壳(溪间者亦可)，以松柴片层层叠上，烧过火，吹去松灰，取壳研末。以乌沉汤、宽中散之类，调服二钱，不传之妙。(《集要》)小儿头疮：田螺壳烧存性，清油调，掺之。(《圣惠》)小儿急惊：远年白田螺壳烧灰，入麝香少许，水调灌之。(《普济》)

蜗螺(《别录》)

【释名】螺蛳。时珍曰：师，众多也。其形似蜗牛，其类众多，故有二名。烂壳名鬼眼睛。

【集解】《别录》曰：蜗螺生江夏溪水中。小于田螺，上有棱。

时珍曰：处处湖溪有之，江夏、汉沔尤多。大如指头，而壳厚于田螺，惟食泥水。春月，人采置锅中蒸之，其肉自出，酒烹糟煮食之。清明后其中有虫，不堪用矣。

藏器曰：此物难死，误泥入壁中，数年犹活也。

肉

【气味】甘,寒,无毒。

【主治】烛馆,明目下水(《别录》)。止渴(藏器)。醒酒解热,利大小便,消黄疸水肿,治反胃痢疾,脱肛痔漏(时珍。又曰:烛馆二字疑讹误)。

【附方】新六。黄疸酒疸:小螺蛳养去泥土,日日煮食饮汁,有效。(《永类》)黄疸吐血:病后身面俱黄,吐血成盆,诸药不效。用螺十个,水漂去泥,捣烂露一夜,五更取清服。二三次,血止即愈。一人病此,用之经验。(《小山怪症方》)五淋白浊:螺蛳一碗,连壳炒热,入白酒三碗,煮至一碗,挑肉食之。以此酒下,数次即效。(《扶寿精方》)小儿脱肛:螺蛳二三升,铺在桶内坐之,少顷即愈。(《简便》)痘疹目翳:水煮螺蛳,常食佳。(《济急仙方》)白游风肿:螺蛳肉,入盐少许,捣泥贴之,神效。(叶氏《摘玄方》)

烂壳

时珍曰:泥中及墙壁上年久者良。火煅过用。

【气味】同。

【主治】痰饮积及胃脘痛(震亨)。反胃膈气,痰嗽鼻渊,脱肛痔疾,疮疖下疳,汤火伤(时珍)。

【发明】时珍曰:螺乃蚌蛤之属,其壳大抵与蚌粉、蛤粉、蚶、蚬之类同功。合而观之,自可神悟。

【附方】新十。卒得咳嗽:屋上白螺(或白蚬)壳,捣为末。酒服方寸匕。(《肘后方》)湿痰心痛:白螺蛳壳洗净,烧存性,研末。酒服方寸匕,立止。(《正传》)膈气疼痛:白玉散:用壁上陈白螺蛳烧研。每服一钱,酒下,甚效。(孙氏)小儿软疖:用鬼眼睛(即墙上白螺蛳壳)烧灰,入倒挂尘等分,油调涂之。(《寿域》)阴头生疮:用溪港年久螺蛳烧灰,敷之。(《奇效》)汤火伤疮:用多年干白螺蛳壳煅研,油调敷。(《澹寮》)杨梅疮烂:古墙上螺蛳壳、辰砂等分,片脑少许,为末,搽之。小儿哮疾:向南墙上年久螺蛳为末,日晡时以水调成,日落时举手合掌皈依,吞之即效。叶氏(《摘玄方》)瘰疬已破:土墙上白螺蛳壳为末,日日敷之。(谈野翁方)痘疮不收:墙上白螺蛳壳,洗净煅研,掺之。(《医方摘要》)

蓼螺(《拾遗》)

【集解】藏器曰:蓼螺生永嘉海中。味辛辣如蓼。

时珍曰:按《韵会》云:蓼螺,紫色有斑文。今宁波出泥螺,状如蚕豆,可代充海错。

肉

【气味】辛,平,无毒。

【主治】飞尸游蛊。生食之。浸以姜、醋，弥佳(藏器)。

寄居虫(《拾遗》)

【释名】寄生虫。

虫居寄

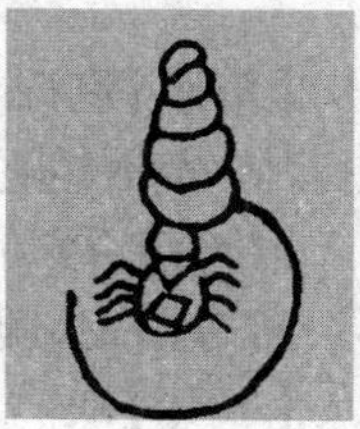

【集解】藏器曰:陶注蜗牛云:海边大有，似蜗牛，火炙壳便走出，食之益人。按寄居在螺壳间，非螺也。候螺蛤开，即自出食。螺蛤欲合，已还壳中。海族多被其寄。又南海一种似蜘蛛，入螺壳中，负壳而走。触之即缩如螺，火炙乃出。一名哼。无别功用。

时珍曰:按孙愐云:寄居在龟壳中者名曰蝞。则寄居亦非一种也。

【气味】缺。

【主治】益颜色，美心志(弘景)。

海月(《拾遗》)

【释名】玉珧(音姚)、江珧、马颊、马甲。

藏器曰:海月，蛤类也。似半月，故名。水沫所化，煮时犹变为水。

时珍曰:马甲、玉珧皆以形色名。万震赞云"厥甲美如珧玉"，是矣。

【集解】时珍曰:刘恂《岭表录异》云:海月大如镜，白色正圆，常死海旁。其柱如搔头尖，其甲美如玉。段成式《杂俎》云:玉珧形似蚌，长二三寸，广五寸，上大下小。壳中柱炙食，味如牛头肱项。王氏《宛委录》云:奉化县四月南风起，江珧一上，可得数百。如蚌稍大，肉腥韧不堪。惟四肉柱长寸许，白如珂雪，以鸡汁瀹食肥美。过火则味尽也。

【气味】甘、辛，平，无毒。

【主治】消渴下气，调中利五脏，止小便。消腹中宿物，令人易饥能食。生姜、酱同食之(藏器)。

【附录】海镜

时珍曰:一名镜鱼，一名琐蛣，一名膏药盘，生南海。两片相合成形，壳圆如镜，中甚莹滑，映日光如云母。内有少肉如蚌胎。腹有寄居虫，大如豆，状如蟹。海镜饥则出食，入则镜亦饱矣。郭璞赋云"琐蛣腹蟹，水母目虾"，即此。

海燕(《纲目》)

【集解】时珍曰:海燕出东海。大一寸，状扁面圆，背上青黑，腹下白脆，似海螵蛸，有纹如蕈茵。口在腹下，食细沙。口旁有五路正勾，即其足也。《临海水土记》云:阳遂足，生海中。背青黑，腹白，有五足，长短大小皆等，不知头尾所在。生时体软，死即干脆。即此物也。《临海异物志》载："燕鱼长五寸，阴雨则飞起丈余"，此或同名者也。

【气味】咸，温，无毒。

【主治】阴雨发损痛，煮汁服，取汗即解。亦入滋阴药（时珍）。

郎君子（《海药》）

【集解】珣曰：郎君子生南海。有雌雄，状似杏仁，青碧色。欲验真假，口内含热放醋中，雌雄相逐，逡巡便合，即下卵如粟状者，真也。亦难得之物。

时珍曰：顾岕《海槎录》云：相思子状如螺，中实如石，大如豆。藏箧笥积岁不坏。若置醋中，即盘旋不已。按此即郎君子也。

【气味】缺。

【主治】妇人难产，手把之便生，极验。

本草纲目禽部第四十七卷

本草纲目禽部第四十七卷

鹤（宋《嘉祐》）

【释名】仙禽（《纲目》）、胎禽。

时珍曰：鹤字，篆文象翘首短尾之形。一云白色㿥㿥，故名。八公《相鹤经》云：鹤乃羽族之宗，仙人之骥，千六百年乃胎产。则胎、仙之称以此。世谓鹤不卵生者，误矣。

【集解】禹锡曰：鹤有玄有黄，有白有苍。入药用白者，他色次之。

时珍曰：鹤大于鹄，长三尺，高三尺余，喙长四寸。丹顶赤目，赤颊青脚、修颈凋尾，粗膝纤指。白羽黑翎，亦有灰色、苍色者。尝以夜半鸣，声唳云霄。雄鸣上风，雌鸣下风，声交而孕。亦啖蛇虺，闻降真香烟则降，其粪能化石，皆物类相感也。按《相鹤经》云：鹤，阳鸟也，而游于阴。行必依洲渚，止不集林木。二年落子毛，易黑点。三年产伏。又七年羽翮具又七年飞薄云汉，又七年舞应节，又七年鸣中律，又七年大毛落，氄毛生，或白如雪，或黑如漆；百六十年雌雄相视而孕；千六百年形始定，饮而不食，乃胎化也。又按俞琰云：龟鹤能运任脉，故多寿。无死气于中也。鹤骨为笛，甚清越。

鹤

白鹤血

【气味】咸，平，无毒。

【主治】益气力，补虚乏，去风益肺（《嘉祐》）。

【发明】禹锡曰：按《穆天子传》云：天子至巨蒐氏，巨蒐之人献白鹤之血饮之。云益人气力也。

脑

【主治】和天雄、葱实服之。令人目明，夜能书字（《抱朴》）。

卵

【气味】甘、咸，平，无毒。

【主治】预解痘毒，多者令少，少者令不出。每用一枚煮，与小儿食之（时珍。

出《活幼全书》)。

骨

【主治】酥炙,入滋补药(时珍)。

肫中砂石子

【主治】磨水服,解蛊毒邪(《嘉祐》)。

鹳(《别录》下品)

【释名】皂君(《诗疏》)、负釜(同)、黑尻(同)。

时珍曰:鹳字,篆文象形。其背、尾色黑,故陆玑《诗疏》有皂君诸名。

【集解】弘景曰:鹳有两种:似鹄而巢树者为白鹳,黑色曲颈者为乌鹳。今宜用白者。

宗奭曰:鹳身如鹤,但头无丹,项无乌带。兼不善唳,止以喙相击而鸣。多在楼殿吻上作窠。尝日夕观之,并无作池养鱼之说。

时珍曰:鹳似鹤而顶不丹,长颈赤喙,色灰白,翅尾俱黑。多巢于高木。其飞也,奋于层霄,旋绕如阵,仰天号鸣,必主有雨。其抱卵以影,或云以声聒之。《禽经》云:鹳生三子,一为鹤。巽极成震,极阴变阳也。震为鹤,巽为鹳也。

鹳

【正误】藏器曰:人探巢取鹳子,六十里旱,能群飞激散雨也。其巢中以泥为池,含水满中,养鱼、蛇以哺子。鹳之伏卵恐冷,取礜石围之,以助暖气。

时珍曰:寥郭之大,阴阳升降,油然作云,沛然下雨。区区微鸟,岂能以私忿使天壤赤旱耶?况鹳乃水鸟,可以候雨乎?作池、取石之说,俱出自陆玑《诗疏》、张华《博物志》,可谓愚矣!

骨

【气味】甘,大寒,无毒。

藏器曰:有小毒。入沐汤浴头,令发尽脱,更不生也。又杀树木。

【主治】鬼蛊诸疰毒,五尸心腹痛(《别录》)。

甄权曰:亦可单炙黄研,空心暖酒服方寸匕。

时珍曰:《千金》治尸疰,有鹳骨丸。

脚骨及嘴

【主治】喉痹飞尸,蛇虺咬,及小儿闪癖,大腹痞满,并煮汁服之,亦烧灰饮服(藏器)。

卵

【主治】预解痘毒，水煮一枚，与小儿啖之。令不出痘，或出亦稀（时珍。出《活幼全书》）。

屎

【主治】小儿天钓惊风，发歇不定。炒研半钱，入牛黄、麝香各半钱，炒蝎五枚，为末。每服半钱，新汲水服（时珍）。

鸧鸡（《食物》）

【释名】鸧鸹（《尔雅》）、麋鸹（《尔雅》）、鸹鹿（《尔雅翼》）、麦鸡。

时珍曰：按罗愿云：鸧麋，其色苍，如麋也。鸹鹿，其声也。关西呼曰鸹鹿，山东呼曰鸧鸹（讹为错落），南人呼为鸧鸡，江人呼为麦鸡。

鸧鸡

【集解】颖曰：鸧鸡状如鹤大，而顶无丹，两颊红。

时珍曰：鸧，水鸟也，食于田泽洲渚之间。大如鹤，青苍色，亦有灰色者。长颈高脚，群飞，可以候霜。或以为即古之鹔鹴，其皮可为裘，与凤同名者也。

肉

【气味】甘，温，无毒。

【主治】杀虫，解蛊毒（汪颖）。

【发明】时珍曰：鸧，古人多食之。故宋玉《小招》云：鹄酸臇凫煎鸿鸧。景差《大招》云：炙鸹蒸凫煔鹑陈。今惟俚人捕食，不复充馔品矣。

【附录】鹔鹴

时珍曰：按罗愿《尔雅翼》云：鹔鹴水鸟，雁属也。似雁而长颈，绿色，皮可为裘，霜时乃来就暖。故《禽经》云：鹴飞则霜，鹏飞则雨。鹏即商羊也。又西方之凤，亦名鹔鹴。

阳乌（《拾遗》）

【释名】阳鸦（《拾遗》）。

【集解】藏器曰：阳乌出建州。似鹳而殊小，身黑，颈长而白。

嘴

【主治】烧灰酒服，治恶虫咬成疮（藏器）。

鸧鹙(《食物》)

【释名】扶老(《古今注》)、鸴鸢(俗作鹚鸢)。

时珍曰:凡鸟至秋毛脱秃。此鸟头秃如秋毨,又如老人头童及扶杖之状,故得诸名。说文作秃鸡。

鹙鸧

【集解】时珍曰:秃鹙,水鸟之大者也。出南方有大湖泊处。其状如鹤而大,青苍色,张翼广五六尺,举头高六七尺,长颈赤目,头项皆无毛。其顶皮方二寸许,红色如鹤顶。其喙深黄色而扁直,长尺余。其嗉下亦有胡袋,如鹈鹕状。其足爪如鸡,黑色。性极贪恶,能与人斗,好啖鱼、蛇及鸟雏。《诗》云"有鹙在梁",即此。自元入我朝,常赋犹有鸴鸢之供献。按《饮膳正要》云:鸴鸢有三种:有白者,黑者,花者。名为胡鸴鸢。其肉色亦不同也。又案景焕《闲谈》云:海鸟鶢鶋,即今之秃鹙。其说与环氏吴纪所谓"鸟之大者秃鹙,小者鶵鹈",相合。今潦年鹙或飞来近市,人或怪骇,此又同鲁人怪鶢鶋之意,皆由不常见耳。

肉

【气味】咸,微寒,无毒。

《正要》曰:甘,温。

【主治】中虫、鱼毒(汪颖)。补中益气,甚益人,炙食尤美。作脯馐食,强气力,令人走及奔马(时珍。出《饮膳正要》,及《古今注》《禽经》)。

髓

【气味】甘,温,无毒。

【主治】补精髓(《正要》)。

喙

【主治】鱼骨哽(汪颖)。

毛

【主治】解水虫毒(时珍。出《埤雅》)。

鹲鹼(音蒙童。《纲目》)

【释名】越王鸟(《纲目》)、鹤顶(同)、鹲雕(同)。

鹤顶

【集解】时珍曰：案刘欣期《交州志》云：鹲䴀即越王鸟，水鸟也。出九真、交趾。大如孔雀，喙长尺余，黄白黑色，光莹如漆，南人以为饮器。罗山《疏》云：越王鸟状如乌鸢，而足长口勾，末如冠，可受二升许，以为酒器，极坚致。不践地，不饮江湖，不唼百草，不食虫鱼，惟啖木叶。粪似薰陆香，山人得之以为香，可入药用。杨慎《丹铅录》云：鹲䴀，即今鹤顶也。

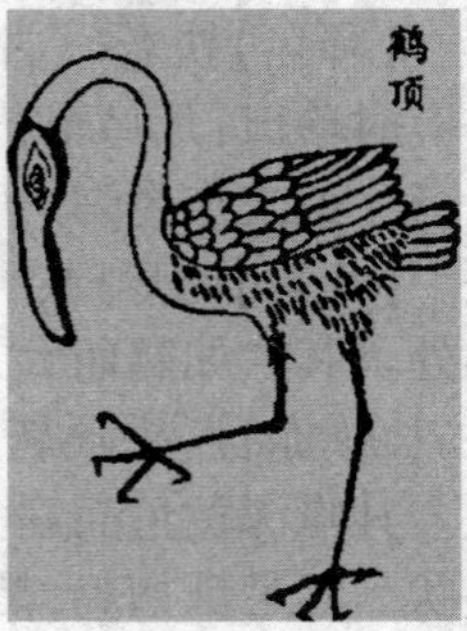

粪

【主治】水和，涂杂疮（竺法真登《罗山疏》）。

鹈鹕（宋《嘉祐》）

【释名】犁鹕、鹗鹕（音户泽）、逃河（一作淘）、淘鹅。

禹锡曰：昔有人窃肉入河，化为此鸟，今犹有肉，因名逃河。

时珍曰：此俚言也。案《山海经》云：沙水多犁鹕，其名自呼。后人转为鹈鹕耳。又吴谚云：夏至前来，谓之犁鹕，言主水也。夏至后来，谓之犁涂，言主旱也。陆玑云：遇小泽即以胡盛水，戽涸取鱼食，故曰鹗鹕，曰淘河。俗名淘鹅，因形也。又讹而为驼鹤。

【集解】禹锡曰：鹈鹕，大如苍鹅。颐下有皮袋，容二升物，展缩由之，袋中盛水以养鱼。云身是水沫，惟胸前有两块肉，列如拳。《诗》云：惟鹈在梁，不濡其咮。咮，喙也，言爱其嘴也。

鹈鹕

时珍曰：鹈鹕处处有之，水鸟也。似鹗而甚大，灰色如苍鹅。喙长尺余，直而且广，口中正赤，颔下胡大如数升囊。好群飞，沉水食鱼，亦能竭小水取鱼。俚人食其肉，取其脂入药。用翅骨、骺骨作筒，吹喉、鼻药甚妙。其盛水养鱼、身是水沫之说，盖妄谈也。又案晁以道云：鹈之属有曰漫画者，以嘴画水求鱼，无一息之停。有曰信天缘者，终日凝立，不易其处，俟鱼过乃取之。所谓信天缘者，即俗名青翰者也，又名青庄。此可喻人之贪廉。

脂油

时珍曰：剥取其脂，熬化掠取，就以其嗉盛之，则不渗漏。他物即透走也。

【气味】咸，温，滑，无毒。

【主治】涂痈肿，治风痹，透经络，通耳聋（时珍）。

【发明】时珍曰：淘鹅油性走，能引诸药透入病所拔毒，故能治聋、痹、肿毒诸病。

【附方】新一。耳聋：用淘鹅油半匙，磁石一小豆，麝香少许，和匀，以绵裹成挺子，塞耳中，口含生铁少许。用三五次即有效。（《青囊》）

嘴

【气味】咸，平，无毒。

【主治】赤白久痢成痔，烧存性研末。水服一方寸匕（《嘉祐》）。

舌

【主治】疔疮（时珍）。

毛皮

【主治】反胃吐食，烧存性，每酒服二钱（时珍。出《普济》）。

鹅（《别录》上品）

【释名】家雁（《纲目》）、舒雁。

时珍曰：鹅鸣自呼。江东谓之舒雁，似雁而舒迟也。

【集解】时珍曰：江淮以南多畜之。有苍、白二色，及大而垂胡者。并绿眼黄喙红掌，善斗，其夜鸣应更。师旷《禽经》云："脚近臎者能步"，鹅、鹜是也。又云：鹅伏卵则逆月，谓向月取气助卵也。性能啖蛇及蚓，制射工。故养之能辟虫虺，或言鹅性不食生虫者，不然。

鹅

白鹅膏（腊月炼收）

【气味】甘，微寒，无毒。

【主治】灌耳，治卒聋（《别录》）。润皮肤，可合面脂（《日华》）。涂面急，令人悦白。唇沈，手足皴裂，消痈肿，解礜石毒（时珍）。

肉

【气味】甘，平，无毒。

《日华》曰：白鹅：辛，凉，无毒。苍鹅：冷，有毒，发疮肿。

诜曰：鹅肉性冷，多食令人易霍乱，发痼疾。

李鹏飞曰：嫩鹅毒，老鹅良。

【主治】利五脏（《别录》）。解五脏热，服丹石人宜之（孟诜）。煮汁，止消渴（藏器）。

【发明】藏器曰：苍鹅食虫，主射工毒为良。白鹅不食虫，止渴为胜。时珍曰：鹅气味俱厚，发风发疮，莫此为甚，火熏者尤毒。曾目击其害，而本草谓其性凉利五脏，韩丞《医通》谓其疏风，岂其然哉？又葛洪《肘后方》云：人家养白鹅、白鸭，可辟、食射工。则谓白鹅不食虫、不发病之说，亦非矣！但比苍鹅薄乎云耳。若夫止渴，凡发胃气者皆能生津，岂独止渴者便曰性凉乎？参苓白术散乃治渴要药，何尝寒凉耶？

臎（一名尾罂，尾肉也）

时珍曰：内则“舒雁臎不可食”，为气臊可厌耳，而俗夫嗜之。

【主治】涂手足皴裂。纳耳中，治聋及聤耳（《日华》）。

血

【气味】咸，平，微毒。

【主治】中射工毒者，饮之，并涂其身（陶弘景）。解药毒（时珍曰：祈祷家多用之）。

胆

【气味】苦，寒，无毒。

【主治】解热毒及痔疮初起。频涂抹之，自消（时珍）。

【附方】新一。痔疮有核：白鹅胆二三枚，取汁，入熊胆二分，片脑半分，研匀，瓷器密封，勿令泄气。用则手指涂之，立效。（刘氏《保寿堂方》）

卵

【气味】甘，温，无毒。

【主治】补中益气。多食发痼疾（孟诜）。

涎

【主治】咽喉谷贼（时珍）。

【发明】时珍曰：按洪迈《夷坚志》云：小儿误吞稻芒，着咽喉中不能出者，名曰谷贼。惟以鹅涎灌之即愈。盖鹅涎化谷相制耳。

毛

【主治】射工水毒（《别录》）。小儿惊痫。又烧灰酒服，治噎疾（苏恭）。

【发明】弘景曰：东川多溪毒，养鹅以辟之。毛羽亦佳，并饮其血。鹅未必食射工，盖以威相制耳。

时珍曰：《禽经》云：鹅飞则蜮沉。蜮即射工也。又《岭南异物志》云：邕州蛮人选鹅腹毳毛为衣、被絮，柔暖而性冷。婴儿尤宜之，能辟惊痫。柳子厚诗云：鹅毛御腊缝山罽，即此。盖毛与肉性不同也。

【附方】新二。通气散：治误吞铜钱及钩绳。鹅毛一钱（烧灰），磁石皂子大（煅），象牙一钱（烧存性），为末。每服半钱，新汲水下。（《医方妙选》）噎食病：白鹅尾毛烧灰，米汤每服一钱。

掌上黄皮

【主治】烧研，搽脚趾缝湿烂。焙研。油调，涂冻疮良（时珍。出谈野翁诸方）

屎

【主治】绞汁服，治小儿鹅口疮（时珍。出《秘录》）。苍鹅屎：敷虫、蛇咬毒（《日华》）。

【附方】新一。鹅口疮：自内生出可治，自外生人不可治。用食草白鹅下清粪滤汁，入沙糖少许搽之。或用雄鹅粪眠倒者烧灰，入麝香少许搽之，并效。（《永类钤方》）

雁（《本经》上品）

【释名】鸿。

时珍曰：按《禽经》云：鳱以水言，自北而南。鴈以山言，自南而北。张华注云：鳱鴈并音雁。冬则适南，集于水干，故字从干；春则向北，集于山岸，故字从厈。小者曰雁，大者曰鸿。鸿，大也。多集江渚，故从江。梵书谓之僧娑。

【集解】《别录》曰：雁生江南池泽，取无时。

弘景曰：《诗疏》云：大曰鸿，小曰雁。今雁类亦有大小，皆同一形。又有野鹅大于雁，似人家苍鹅，谓之驾鹅。雁在江湖，夏当产伏，故皆往北，恐雁门北人不食之也。虽采无时，以冬月为好。

雁

恭曰：雁为阳鸟，与燕往来相反，冬南翔，夏北徂，孳育于北也，岂因北人不食之乎？

宗奭曰：雁热则即北，寒则即南，以就和气。所以为礼币者，一取其信，二取其和也。

时珍曰：雁状似鹅，亦有苍、白二色。今人以白而小者为雁，大者为鸿，苍者为野鹅，亦曰鴚鹅，《尔雅》谓之鵱鷜也。雁有四德：寒则自北而南，止于衡阳，热则自南而北，归于雁门，其信也；飞则有序而前鸣后和，其礼也；失偶不再配，其节也；夜则群宿而一奴巡警，昼则衔芦以避缯缴，其智也。而捕者豢之为媒，以诱其类，是则一愚矣。南来时瘠瘦不可食，北向时乃肥，故宜取之。又汉、唐书，并载有五色雁云。

雁肪

【正误】一名鹜肪。

弘景曰：鹜是野鸭，《本经》雁肪亦名鹜肪，是雁鹜相类而误耳。

【气味】甘，平，无毒。

【主治】风挛拘急偏枯，血气不通利。久服益气不饥，轻身耐老（《本经》。《心镜》云：上证，用肪四两炼净。每日空心暖酒一杯服一匙。长毛发须眉（《别录》。诜曰：合生发膏用之）。杀诸石药毒（吴普）。治耳聋。和豆黄作丸，补劳瘦，肥白人（《日华》）。涂痈肿耳疳，又治结热胸痞呕吐（时珍曰：《外台》治此证有雁肪汤）。

【附方】新一。生发：雁肪日日涂之。(《千金方》)

肉

【气味】甘，平，无毒。

思邈曰：七月勿食雁，伤人神。《礼》云"食雁去肾"，不利人也。

【主治】风麻痹。久食助气，壮筋骨(《日华》)。利脏腑，解丹石毒(时珍)。

【发明】弘景曰：雁肪人不多食，其肉亦应好。

宗奭曰：人不食雁，谓其知阴阳之升降，分少长之行序也。道家谓之天厌，亦一说耳。食之则治诸风。

骨

【主治】烧灰和米泔沐头，长发(孟诜)。

毛

【主治】喉下白毛，疗小儿痫有效(苏恭)。自落翎毛，小儿佩之，剧惊痫(《日华》)。

【发明】时珍曰：案《酉阳杂俎》云：临邑人，春夏罗取鸿雁毛以御暑。又《淮南万毕术》云：鸿毛作囊，可以渡江。此亦中流一壶之意，水行者不可不知。

屎白

【主治】灸疮肿痛，和人精涂之(《梅师》)。

鹄(《食物》)

【释名】天鹅。

时珍曰：案师旷《禽经》云："鹄鸣哠哠"，故谓之鹄。吴僧赞宁云：凡物大者，皆以天名。天者，大也。则天鹅名义，盖亦同此。罗氏谓鹄即鹤，亦不然。

【集解】时珍曰：鹄大于雁，羽毛白泽，其翔极高而善步，所谓鹄不浴而白，一举千里，是也。亦有黄鹄、丹鹄，湖、海、江、汉之间皆有之，出辽东者尤甚，而畏海青鹘。其皮毛可为服饰，谓之天鹅绒。案《饮膳正要》云：天鹅有四等：大金头鹅，似雁而长项，入食为上，美于雁。小金头鹅，形差小；花鹅，色花；一种不能鸣鹅，飞则翔响，其肉微腥。并不及大金头鹅，各有所产之地。

鹄

肉

【气味】甘，平，无毒。

颖曰：冷。

忽氏曰:热。
【主治】腌炙食之,益人气力,利脏腑(时珍)。

油(冬月取肪炼收)。

【气味】缺。
【主治】涂痈肿,治小儿痔耳(时珍)。
【附方】新一。痔耳出脓:用天鹅油调草乌末,入龙脑少许,和敷立效。无则以雁油代之。(《通玄论》)

绒毛

【主治】刀杖金疮,贴之立愈(汪颖)。

鸨(音保。《纲目》)

【释名】独豹。
时珍曰:案罗愿云:鸨有豹文,故名独豹,而讹为鸨也。陆佃云:鸨性群居,如雁有行列,故字从𠂤(音保),相次也。《诗》云"鸨行",是矣。
【集解】时珍曰:鸨,水鸟也。似雁而斑纹,无后趾。性不木止,其飞也肃肃,其食也齝。肥腯多脂,肉粗味美。闽语曰:鸨无舌,兔无脾。或云:纯雌无雄,与他鸟合。或云:鸨见鸷鸟,激粪射之,其毛自脱也。

鸨

肉

【气味】甘,平,无毒。
时珍曰:《礼记》:不食鸨奥。奥者,膍胵也,深奥之处也。
【主治】补益虚人,去风痹气(《正要》)。

肪

【主治】长毛发,泽肌肤,涂痈肿(时珍)。

鹜(音木。《别录》上品)

【释名】鸭(《说文》)、舒凫(《尔雅》)、

家凫(《纲目》)、𪄠䳕(音末匹)。

时珍曰:鹜通作木。鹜性质木,而无他心,故庶人以为贽。《曲礼》云:庶人执

匹。匹,双鹜也。匹夫卑末,故《广雅》谓鸭为鴂鸥。《禽经》云:"鸭鸣呷呷",其名自呼。凫能高飞,而鸭舒缓不能飞,故曰舒凫。

鹜

【正误】弘景曰:鹜即鸭。有家鸭、野鸭。

藏器曰:《尸子》云:野鸭为凫,家鸭为鹜。不能飞翔,如庶人守耕稼而已。

保升曰:《尔雅》云:野凫,鹜。而本草鹜肪,乃家鸭也。

宗奭曰:据数说,则凫、鹜皆鸭也。王勃《滕王阁序》云"落霞与孤鹜齐飞",则鹜为野鸭明矣。勃乃名儒,必有所据。

时珍曰:四家惟藏器为是。陶以凫、鹜混称,寇以鹜为野鸭,韩引《尔雅》错舒凫为野凫,并误矣,今正之。盖鹜有舒凫之名,而凫有野鹜之称,故王勃可以通用,而其义自明。案《周礼》"庶人执鹜",岂野鸭乎?《国风》弋凫与雁,岂家鸭乎?屈原《离骚》云:宁与骐骥抗轭乎?将与鸡鹜争食乎?宁昂昂若千里驹乎?将泛泛若水中之凫乎?此以凫、鹜对言,则家也、野也,益自明矣。

【集解】时珍曰:案《格物论》云:鸭,雄者绿头文翅,雌者黄斑色。但有纯黑、纯白者。又有白而乌骨者,药食更佳。鸭皆雄喑雌鸣。重阳后乃肥腯味美。清明后生卵,则内陷不满。伏卵闻砻磨之声,则鹎而不成。无雌抱伏,则以牛屎妪而出之,此皆物理之不可晓者也。

鹜肪(白鸭者良,炼过用)

【气味】甘,大寒,无毒。

思邈曰:甘,平。

【主治】气虚寒热,水肿(《别录》)。

【附方】新一。瘰疬汁出不止:用鸭脂调半夏末敷之。(《永类方》)

肉

【气味】甘,冷,微毒。

弘景曰:黄雌鸭为补最胜。

诜曰:白鸭肉最良。黑鸭肉有毒,滑中,发冷利、脚气,不可食。目白者,杀人。

瑞曰:肠风下血人不可食。

时珍曰:嫩者毒,老者良。尾臎不可食,见《礼记》。昔有人食鸭肉成症,用秫米治之而愈。见秫米下。

【主治】补虚除客热。利脏腑,利水道,疗小儿惊痫(《别录》)。解丹毒,止热痢(《日华》)。头生疮肿。和葱、豉煮汁饮之,去卒然烦热(孟诜。并用白鸭)。

【发明】刘完素曰:鹜之利水,因其气相感而为使也。

时珍曰:鸭,水禽也。治水利小便,宜用青头雄鸭,取水木生发之象。治虚劳热毒,宜用乌骨白鸭,取金水寒肃之象也。

【附方】旧三,新一。白凤膏:葛可久云:治久虚发热,咳嗽吐痰,咳血,火乘金位者。用黑嘴白鸭一只,取血入温酒量饮,使直入肺经以酒补之。将鸭干挦去毛,胁下开窍去肠拭净,入大枣肉二升,参苓平胃散末一升,缚定。用沙瓮一个,置鸭在内,以炭火慢煨。将陈酒一瓶,作三次入之。酒干为度,取起,食鸭及枣。频作取愈。(《十药神书》)大腹水病,小便短少:《百一方》:用青头雄鸭煮汁饮,厚盖取汗。《心镜》:治十种水病垂死。用青头鸭一只,如常治切,和米并五味煮作粥食。又方:用白鸭一只治净,以馔饭半升,同姜、椒入鸭腹中缝定,蒸熟食之。

头(雄鸭者良)

【主治】煮服,治水肿,通利小便(恭曰:古方有鸭头丸)。

【附方】新一。鸭头丸:治阳水暴肿,面赤,烦躁喘急,小便涩。其效如神,此裴河东方也。用甜葶苈(炒)二两(熬膏),汉防已末二两,以绿头鸭血同头全捣三千杵,丸梧子大。每木通汤下七十丸,日三服。一加猪苓一两。(《外台秘要》)

脑

【主治】冻疮,取涂之良(时珍)。

血(白鸭者良)

【气味】咸,冷,无毒。

【主治】解诸毒(《别录》)。热饮,解野葛毒。已死者,入咽即活(孟诜)。热血,解中生金、生银、丹石、砒霜诸毒,射工毒。又治中恶及溺水死者,灌之即活。蚯蚓咬疮,涂之即愈(时珍)。

【附方】新三。卒中恶死或先病痛,或卧而忽绝:并取雄鸭,向死人口断其头,沥血入口。外以竹筒吹其下部,极则易人,气通即活也。(《肘后》)解百蛊毒:白鸭血热饮之。(《广记》)小儿白痢似鱼冻者:白鸭杀取血,滚酒泡服,即止也。(《摘玄方》)

舌

【主治】痔疮杀虫,取相制也(时珍)。

涎

【主治】小儿痓风,头及四肢皆往后,以鸭涎滴之。又治蚯蚓吹小儿阴肿,取雄鸭抹之即消(时珍。出《海上》)。

胆

【气味】苦、辛,寒,无毒。

【主治】涂痔核,良。又点赤目初起,亦效(时珍)。

肫衣(即膍胵内皮也)

【主治】诸骨哽,炙研,水服一钱即愈,取其消导也(时珍)。

卵

【气味】甘、咸，微寒，无毒。

诜曰：多食发冷气，令人气短背闷。小儿多食，脚软。盐藏食之，即宜人。

士良曰：生疮毒者食之，令恶肉突出。

弘景曰：不可合鳖肉、李子食，害人。合椹食，令人生子不顺。

【主治】心腹胸膈热（《日华》）。

【发明】时珍曰：今人盐藏鸭子，其法多端。俗传小儿泄痢，炙咸卵食之，亦间有愈者。盖鸭肉能治痢，而炒盐亦治血痢故耳。

白鸭通（即鸭屎也。与马通同义）

【气味】冷，无毒。

【主治】杀石药毒，解结缚，散畜热（《别录》）。主热毒，毒痢。又和鸡子白，涂热疮肿毒，即消。涂蚯蚓咬，亦效（孟诜）。绞汁服，解金、银、铜、铁毒（时珍）。

【附方】旧一，新二。石药过剂：白鸭屎为末，水服二钱，效。（《百一方》）乳石发动烦热：用白鸭通一合，汤一盏渍之，澄清冷饮。（《圣惠方》）热疮肿痛不可忍：用家鸭粪同鸡子清调敷，即消。（《圣惠》）

凫（《食疗》）

【释名】野鸭（《诗疏》）、野鹜（同上）、䲠（音施）、沉凫。

时珍曰：凫从几（音殊），短羽高飞貌，凫义取此。《尔雅》云：鸍，沉凫也。凫性好没故也。俗作晨凫，云凫常以晨飞，亦通。

【集解】时珍曰：凫，东南江海湖泊中皆有之。数百为群，晨夜蔽天，而飞声如风雨，所至稻粱一空。陆玑《诗疏》云：状似鸭而小，杂青白色，背上有纹，短喙长尾，卑脚红掌，水鸟之谨愿者，肥而耐寒。或云食用绿头者为上，尾尖者次之。海中一种冠凫，头上有冠，乃石首鱼所化也。并宜冬月取之。

肉

【气味】甘，凉，无毒。

诜曰：九月以后，立春以前，即中食，大益病人，全胜家者，虽寒不动气。

《日华》曰：不可合胡桃、木耳、豆豉同食。

【主治】补中益气。平胃消食，除十二种虫。身上有诸小热疮，年久不愈者，但多食之，即瘥（孟诜）。治热毒风及恶疮疖，杀腹脏一切虫，治水肿（《日华》）。

血

【主治】解挑生蛊毒，热饮探吐（时珍。出《摘玄》）。

鸊鷉（音甓梯。《拾遗》）

【释名】䴙（《尔雅》）、水鸷（音札。《正要》）、零鸡（《日用》）、刁鸭（《蜀本注》）、油鸭（俗）。

时珍曰：鸊鷉、须䴙，并未详。鸷、刁、零丁，皆状其小也。油，言其肥也。

鸊鷉

【集解】藏器曰：鸊鷉，水鸟也。大如鸠，鸭脚连尾，不能陆行，常在水中。人至即沉，或击之便起。其膏涂刀剑不锈。《续英华诗》云：马衔苜蓿叶，剑莹鸊鷉膏，是也。

韩保升曰：野鸭有与家鸭相似者，有全别者。其甚小者名刁鸭，味最佳。

时珍曰：鸊鷉，南方湖溪多有之。似野鸭而小，苍白文，多脂味美。冬月取之，其类甚多。扬雄《方言》所谓"野凫，甚小而好没水中者，南楚之外谓之鸊鷉，大者谓之鹘鷉"，是也。

肉

【气味】甘，平，无毒。

【主治】补中益气。五味炙食，甚美（时珍。出《正要》）。

膏

【主治】滴耳，治聋（藏器）。

鸳鸯（宋《嘉祐》）

【释名】黄鸭（《纲目》）、匹鸟。

时珍曰：鸳鸯终日并游，有宛在水中央之意也。或曰：雄鸣曰鸳，雌鸣曰鸯。崔豹《古今注》云：鸳鸯雄雌不相离，人获其一，则一相思而死，故谓之匹鸟。《涅槃经》谓之婆罗迦邻提。

鸳鸯

【集解】时珍曰：鸳鸯，凫类也，南方湖溪中有之。栖于土穴中，大如小鸭。其质杏黄色，有文采，红头翠鬣，黑翅黑尾，红掌，头有白长毛垂之至尾。交颈而卧，其交不再。

肉

【气味】咸，平，有小毒。

孙曰：苦，微温，无毒。

瑞曰：酸，无毒。

禹锡曰：多食，令人患大风。

【主治】诸瘘疥癣，以酒浸。炙令热，敷贴疮上，冷即易（《嘉祐》）。清酒炙食，治瘘疮。作羹臛食之，令人肥丽。夫妇不和者，私与食之，即相爱怜（孟诜）。炙食，治梦寐思慕者（孙思邈）。

【附方】旧一，新一。五痔瘘疮：鸳鸯一只，治如常法。炙熟细切，以五味、醋食之。作羹亦妙。（《食医心镜》）血痔不止：鸳鸯一只，治净切片，以五味、椒、盐腌炙，空心食之。（《奉亲养老》方）

鸂鶒（音溪敕。宋《嘉祐》）

鸂鶒

【释名】溪鸭（《异物志》）、紫鸳鸯。

时珍曰：按《杜台卿淮赋》云：鸂鶒寻邪而逐害。此鸟专食短狐，乃溪中敕逐害物者。其游于溪也，左雄右雌，群伍不乱，似有式度者，故《说文》又作溪鹉。其形大于鸳鸯，而色多紫，亦好并游，故谓之紫鸳鸯也。

【集解】禹锡曰：鸂鶒，南方有短狐处多有之。性食短狐也，所居处无复毒气，人家宜畜之。形小如鸭，毛有五采，首有缨，尾有毛如船柁形。

肉

【气味】甘，平，无毒。冬月用之。

【主治】食之，去惊邪及短狐毒（《嘉祐》）。

䴔䴖（音交睛。《拾遗》）

䴔䴖

【释名】交矑（《说文》）、茭鸡（俗）、鳽（音坚。出《尔雅》）。

时珍曰：按《禽经》云：白鹢相睨而孕，䴔䴖睛交而孕。又曰：旋目其名䴉，方目其名鴋，交目其名鳽。观其眸子，而命名之义备矣。《说文》谓之交矑，矑亦目瞳子也。俗呼茭鸡，云多居茭菰中，而脚高似鸡。其说亦通。

【集解】藏器曰：䴔䴖，水鸟也，出南方池泽。似鸭绿衣。人家养之，驯扰不去。可厌火灾。《异物志》云：䴔䴖巢于高树颠，生子穴中，衔其母翼，飞下饮食。

时珍曰：䴔䴖大如凫、鹜，而高似鸡，长喙好啄，其顶有红毛如冠，翠鬣碧斑，丹嘴青胫。养之可玩。

肉

【气味】甘、咸，平，无毒。
【主治】炙食，解诸鱼、虾毒（时珍）。
【附录】旋目
水鸟也，生荆郢间。大如鹭而短尾，红白色，深目，目旁毛皆长而旋。《上林赋》云“交睛旋目”，是矣。

方目

一名鴋（音纺），一名泽虞，俗名护田鸟。西人谓之蛤蟆护，水鸟也。常在田泽中，形似鸥、鹭，苍黑色，头有白肉冠，赤足。见人辄鸣唤不去。渔人呼为乌鸡，闽人讹为姑鸡。

鹭（《食物》）

【释名】鹭鸶（《禽经》）、丝禽（陆龟蒙）、雪客（李昉所命）、舂锄（《尔雅》）、白鸟。

时珍曰：《禽经》云：鹴飞则霜，鹭飞则露。其名以此。步于浅水，好自低昂，如舂如锄之状，故曰舂锄。陆玑《诗疏》云：青齐之间谓之舂锄，辽东、吴扬皆云白鹭。

鹭鸶

【集解】时珍曰：鹭，水鸟也。林栖水食，群飞成序。洁白如雪，颈细而长，脚青善翘，高尺余，解指短尾，喙长三寸。顶有长毛十数茎，毵毵然如丝，欲取鱼则弭之。郭景纯云：其毛可为睫䍦。《变化论》云：鹭以目盼而受胎。

颖曰：似鹭而头无丝、脚黄色者，俗名白鹤子。又有红鹤，相类色红，《禽经》所谓“朱鹭”是也。

肉

【气味】咸，平，无毒。
【主治】虚瘦，益脾补气，炙熟食之（汪颖）。

头

【主治】破伤风，肢强口紧，连尾烧研，以腊猪脂调敷疮口（《救急方》）。

鸥

鸥(《食物》)

【释名】鷖(音医)、水鸮。

时珍曰:鸥者浮水上,轻漾如沤也。鷖者,鸣声也。鷖者,形似也。在海者名海鸥,在江者名江鸥,江夏人讹为江鹅也。海中一种随潮往来,谓之信凫。

【集解】时珍曰:鸥生南方江海湖溪间。形色如白鸽及小白鸡,长喙长脚,群飞耀日,三月生卵。罗氏谓青黑色,误矣。

肉

【气味】缺。

鸀鳿(音烛玉。《拾遗》)

【释名】鸑鷟。

时珍曰:鸀鳿名义未详。案许慎《说文》云:鸑鷟,凤属也。又江中有鸑鷟,似凫而大,赤目。据此则鸀鳿,乃鸑鷟声转。盖此鸟有纹彩如凤毛,故得同名耳。

【集解】藏器曰:鸀鳿,山溪有水毒处即有之,因为食毒虫所致也。其状如鸭而大,长项,赤目斑嘴,毛紫绀色,如䴔䴖色也。

鸀鳿

时珍曰:案《三辅黄图》及《事类合璧》,并以今人所呼白鹤子者为鸀鳿,谓其鸟洁白如玉也。与陈氏似鸭紫绀之说不同。白鹤子状白如鹭,长喙高脚,但头无丝耳。姿标如鹤,故得鹤名。林栖水食,近水处极多。人捕食之,味不甚佳。

毛及屎

【主治】烧灰水服,治溪毒、砂虱、水弩、射工、蜮、短狐、虾须等病。亦可将鸟近病人。即能唼人身,讫,以物承之,当有沙出,其沙即含沙射人之箭也。又可笼鸟近人。令鸟气相吸(藏器)。

【发明】藏器曰:以上数病大略相似,俱是山水间虫含沙射影所致。亦有无水处患者。或如疟,或如天行寒热,或有疮无疮。但夜卧时以手摩身体,有辣痛处,熟视当有赤点如针头,急捻之。以芋叶入内,刮出细沙,以蒜封之则愈,否则寒热渐深也。惟虾须疮最毒,十活一二,桂岭独多。但早觉时,以芋及甘蔗叶,屈角入肉,勾出其根如虾须状则愈。迟则根入至骨,有如疔肿,最恶,好着人隐处。

时珍曰:水弩、短狐、射工、蜮,一物也。陈氏分为四,非矣。溪毒,有气无形。砂虱,沙中细虫也。

鸬鹚(《别录》下品)

【释名】鹳(音意。《尔雅》)、水老鸦(《衍义》)。

时珍曰:案《韵书》,卢与兹并黑也。此鸟色深黑,故名。鹳者,其声自呼也。

【集解】时珍曰:鸬鹚,处处水乡有之。似鹳而小,色黑。亦如鸦,而长喙微曲,善没水取鱼。日集洲渚,夜巢林木,久则粪毒多令木枯也。南方渔舟往往縻畜数十,令其捕鱼。杜甫诗:家家养乌鬼,顿顿食黄鱼。或谓即此。又一种似鸬鹚,而蛇头长项,冬月羽毛落尽,栖息溪岸,见人不能行,即没入水者,此即《尔雅》所谓鹕头、鱼䴔者,不入药用。鹕音拗。

鹚 鸬

藏器曰:一种头细身长项上白者,名鱼䴔。不入药用。

【正误】弘景曰:此鸟不卵生,口吐其雏,亦一异也。

藏器曰:此鸟胎生,从口出,如兔吐儿,故产妇执之易生。

宗奭曰:人言孕妇忌食鸬鹚,为其口吐雏。尝官于澧州,公廨后有一大木,上有三四十窠。日夕视之,既能交合,又有碧色卵壳布地。则陶、陈之说,误听人言也。

时珍曰:一种䴔鸟(或作鹢)似鸬鹚而色白,人误以为白鸬鹚是也。雌雄相视,雄鸣上风,雌鸣下风而孕,口吐其子。庄周所谓白䴔相视,眸子不运而风化者也。昔人误以吐雏为鸬鹚,盖䴔、鹳音相近耳。䴔善高飞,能风能水,故舟首画之。又有似䴔而短项,背上绿色,腹背紫白色者,名青䴔。一名乌鸔。陶氏谓乌贼鱼乃此鸟所化。或云即鸭,非也。

肉

【气味】酸、咸,冷,微毒。

【主治】大腹鼓胀,利水道(时珍)。

【发明】时珍曰:鸬鹚,《别录》不见功用。惟雷氏《炮炙论》序云:体寒腹大,全赖鸬鹚。注云:治腹大如鼓体寒者,以鸬鹚烧存性为末,米饮服之立愈。窃谓诸腹鼓大,皆属于热,卫气并循于血脉则体寒。此乃水鸟,其气寒冷而利水。寒能胜热,利水能去湿故也。又《外台》云:凡鱼骨哽者,但密念鸬鹚不已即下。此乃厌伏之意耳。

头

【气味】微寒。

【主治】哽及噎,烧研,酒服(《别录》)。

骨

【主治】烧灰水服,下鱼骨哽(弘景)。

【附方】新一。雀卵面斑:鸬鹚骨烧研,入白芷末,猪脂和,夜涂旦洗。(《摘玄方》)

喙

【主治】噎病,发即衔之。便安(《范汪》)。

嗉

【主治】鱼哽,吞之最效(时珍)。

翅羽

【主治】烧灰,水服半钱,治鱼哽噎即愈(时珍。出《太平御览》)。

蜀水花

《别录》曰:鸬鹚屎也。

弘景曰:溪谷间甚多,当自取之,择用白处。市卖者不可信。

颂曰:屎多在山石上,色紫如花,就石刮取。《别录》谓屎即蜀水花,而唐面膏方中,二物并用,未知其的。

时珍曰:当以《别录》为正。唐方盖传写之讹误也。

【气味】冷,微毒。

【主治】去面上黑皯黡痣(《别录》)。疗面瘢疵,及汤火疮痕。和脂油,敷疔疮(大明)。南人治小儿疳蛔,干研为末,炙猪肉蘸食,云有奇效(苏颂)。杀虫(时珍)。

【附方】旧二,新一。鼻面酒皶:鸬鹚屎一合研末,以腊月猪脂和之。每夜涂旦洗。(《千金》)鱼骨哽咽:鸬鹚屎研,水服方寸匕,并以水和涂喉外。(《范汪方》)断酒:鸬鹚屎烧研,水服方寸匕,日一服。(《外台》)

鱼狗(《拾遗》)

【释名】鴗(《尔雅》)、天狗(同),水狗(同)、鱼虎(《禽经》)、鱼师(同)、翠碧鸟(《尔雅翼》)。

时珍曰:狗、虎、师,皆兽之噬物者。此鸟害鱼,故得此类命名。

【集解】藏器曰:此即翠鸟也。穴土为窠。大者名翠鸟,小者名鱼狗。青色似翠,其尾可为饰。亦有斑白者,俱能水上取鱼。

时珍曰:鱼狗,处处水涯有之。大如燕,喙尖而长,足红而短,背毛翠色带碧,翅毛黑色扬青,可饰女人首物,亦翡翠之类。

肉

【气味】咸,平,无毒。

【主治】鱼哽，及鱼骨入肉不出，痛甚者，烧研饮服。或煮汁饮，亦佳(藏器)。

【发明】时珍曰：今人治鱼骨哽，取得去肠，用阴阳瓦泥固煅存性，入药用。盖亦取其相制之意。

【附录】翡翠

时珍曰：《尔雅》谓之鷸，出交广南越诸地。饮啄水侧，穴居生子，亦巢于木，似鱼狗稍大。或云：前身翡，后身翠，如鹅翠、雁翠之义。或云：雄为翡，其色多赤。雌为翠，其色多青。彼人亦以肉作腊食之。方书不见用，功应与鱼狗相同。

狗 鱼

蚊母鸟(《拾遗》)

【释名】吐蚊鸟、鷏(《尔雅》。音田)。

【集解】藏器曰：此鸟大如鸡，黑色。生南方池泽茹蘆中，江东亦多。其声如人呕吐，每吐出蚊一二升。夫蚊乃恶水中虫，羽化所生。而江东有蚊母鸟，塞北有蚊母草，岭南有虻母木，此三物异类而同功也。

时珍曰：郭璞云：蚊母似乌鸔而大，黄白杂纹，鸣如鸽声。《岭南异物志》言：吐蚊鸟，大如青鹞，大嘴食鱼。岂各地之产差异耶？

翅羽

【主治】作扇辟蚊(藏器)。

本草纲目禽部第四十八卷

本草纲目禽部第四十八卷

鸡(《本经》上品)

【释名】烛夜。

时珍曰:按徐铉云:鸡者稽也,能稽时也。《广志》云:大者,曰蜀;小者,曰荆。其雏曰鷇。《梵书》曰:曰鸠七咤。

诸鸡肉

鸡

【气味】食忌

诜曰:鸡有五色者,玄鸡白首者,六指者,四距者,鸡死足不伸者,并不可食,害人。

时珍曰:《延寿书》云:阉鸡能啼者有毒。四月勿食抱鸡肉,令人作痈成漏,男女虚乏。

弘景曰:小儿五岁以下食鸡生蛔虫。鸡肉不可合葫蒜、芥、李食,不可合犬肝、犬肾食,并令人泄痢。同兔食成痢,同鱼汁食成心瘕,同鲤鱼食成痈疖,同獭肉食成遁尸,同生葱食成虫痔,同糯米食生蛔虫。

【发明】宗奭曰:巽为风为鸡。鸡鸣于五更者,日将至巽位,感动其气而然也。今有风病人食之,无不发作。巽为鸡,信可验矣。

震亨曰:鸡属土而有金、木、火,又属巽,能助肝火。寇言动风者,习俗所移也。鸡性补,能助湿中之火。病邪得之,为有助也。若鱼肉之类皆然。且西北多寒,中风者诚有之。东南气温多湿,有风病者非风也,皆湿生痰,痰生热,热生风耳。

时珍曰:《礼记》云:天产作阳,地产作阴.鸡卵生而地产,羽不能飞,虽为阳精,实属风木,是阳中之阴也。故能生热动风,风火相扇,乃成中风。朱驳寇说为非,亦非矣。

颂曰:鸡肉虽有小毒,而补虚羸是要,故食治方多用之。

丹雄鸡肉

【气味】甘,微温,无毒。

扁鹊曰:辛。

【主治】女人崩中漏下,赤白沃。通神,杀恶毒,辟不祥。补虚温中止血。(本经)能愈久伤乏疮不瘥者。(《别录》)补肺(孙思邈)。

【发明】普曰:丹雄鸡一名载丹。

宗奭曰:即赤鸡也。

时珍曰:鸡虽属木,分而配之,则丹雄鸡得离火阳明之象,白雄鸡得庚金太白之象,故辟邪恶者宜之;乌雄鸡属木,乌雌鸡属水,故胎产宜之;黄雌鸡属土,故脾胃宜之;而乌骨者,又得水木之精气,故虚热者宜之,各从其类也。吴球云:三年鶂鸡,常食治虚损,养血补气。

【附方】新二。辟禳瘟疫:冬至日取赤雄鸡作腊,至立春日煮食至尽,勿分他人。(《肘后方》)百虫入耳:鸡肉炙香,塞耳中引出。(《总录》)

白雄鸡肉

【气味】酸,微温,无毒。

藏器曰:甘,寒。

【主治】下气,疗狂邪。安五脏,伤中消渴(《别录》)。调中除邪,利小便,去丹毒(《日华》)。

【发明】藏器曰:白雄鸡养三年,能为鬼神所使。

时珍曰:按陶弘景《真诰》石:学道山中,宜养白鸡、白犬,可以辟邪。今术家祈禳皆用白鸡,其原本此。是乃异端一说耳,鸡亦何神何妖哉?

【附方】旧三,新四。癫邪狂妄:自贤自圣,行走不休。白雄鸡一只煮,以五味和作羹粥食。(《心镜》)惊愤邪僻:治因惊忧怖迫,或激愤惆怅,致志气错越,心行违僻者。白雄鸡一头(治如食法),真珠四两,薤白四两,水三升,煮二升,尽食之,饮汁令尽。(《肘后》)卒然心痛:白鸡一头,治如食法,水三升,煮二升,去鸡,煎取六合,入苦酒六合,真珠一钱,复煎取六合,纳麝香二豆许,顿服之。(《肘后》)赤白痢下:白雄鸡一只,如常作臛及馄饨,空心食。(《心镜》)猝得咳嗽:白鸡一只。苦酒一斗,煮取三升,分三服,并淡食鸡。(《肘后》)水气浮肿:小豆一升,白雄鸡一只,治如食法,以水三斗煮熟食之,饮汁令尽。(《肘后方》)肉坏怪病:凡口鼻出腥臭水,以碗盛之,状如铁色虾鱼走跃,捉之即化为水,此肉坏也。但多食鸡馔即愈。(夏子益《奇疾方》)

乌雄鸡肉

【气味】甘,微温,无毒。

【主治】补中止痛(《别录》)。止肚痛,心腹恶气,除风湿麻痹,补虚羸,安胎,治折伤并痈疽。生捣,涂竹木刺入肉(《日华》)。

【发明】时珍曰:按李鹏飞云:黄鸡宜老人。乌鸡宜产妇,暖血。马益卿云:妊妇宜食牡鸡肉,取阳精之全于天产者。此亦胎教宜见虎豹之意耳。又唐崔行功《纂要》云:妇人产死,多是富贵家,旁人扰攘,致妇惊悸气乱故耳。惟宜屏除一切人,令其独产,更烂煮牡鸡取汁,作粳米粥与食,自然无恙,乃和气之效也。盖牡鸡汁性滑而濡。不食其肉,恐难消也。今俗产家,每产后即食鸡啖卵,气壮者幸而无恙,气弱者因而成疾,皆由不解此意也。

【附方】旧四,新六。补益虚弱:诜曰:虚弱人用乌雄鸡一只治净,五味煮极烂,空腹饱食之。食生即反损人。或五味淹炙食,亦良。反胃吐食:用乌雄鸡一只,治如食法,入胡荽子半斤在腹内,烹食二只愈。老人中风,烦热语涩:每用乌雄鸡一只(切),葱白一握,煮臛,下麻子汁、五味,空心食之。(《养老书》)脚气烦懑:用乌雄鸡一只,治如食法,入米作羹食。(《养老书》)寒疝绞痛:用乌雄鸡一头(治如食法),生地黄七斤,同剉,着甑中蒸之,以器盛取汁。清旦温服,至晚令尽,当下诸寒癖,讫,以白粥食之。久疝不过三服。(《肘后》)猝得咳嗽:乌雄鸡一只,治如食法,酒渍半日饮之。(《肘后》)肾虚耳聋:乌雄鸡一只治净,以无灰酒三升煮熟,乘热食三五只,效。狐尿刺疮棘人,肿痛欲死。破乌鸡拓之,良。(《肘后方》)猫眼睛疮:身面上疮,似猫儿眼,有光采,无脓血,但痛痒不常,饮食减少,名曰寒疮。多吃鸡、鱼、葱、韭自愈。(夏子益《奇疾方》)打伤颠扑及牛马触动,胸腹破陷,四肢摧折:以乌鸡一只,连毛杵一千二百下,苦酒一升和匀。以新布拓病处,将膏涂布上。觉寒振欲吐,徐徐取下,须臾再上。一鸡少,则再作,以愈为度。(《肘后方》)

黑雌鸡肉

【气味】甘、酸,温、平,无毒。

【主治】作羹食,治风寒湿痹,五缓六急,安胎。(《别录》)。安心定志,除邪辟恶气,治血邪,破心中宿血,治痈疽,排脓补新血。及产后虚羸,益色助气。(《日华》)治反胃及腹痛,踒折骨痛,乳痈。又新产妇以一只治净,和五味炒香,投二升酒中,封一宿取饮,令人肥白。又和乌油麻二升熬香末之,入酒中极效。(孟诜)。

【发明】时珍曰:乌色属水,牝象属阴,故乌雌所治皆血分之病,各从其类也。

【附方】新三。中风舌强不语,目睛不转,烦热:乌雌鸡一只治净,以酒五升,煮取二升去滓,分作三次,连服之。食葱姜粥,暖卧,取小汗。(《饮膳正要))死胎不下:乌鸡一只去毛,以水三升,煮二升去鸡。用帛蘸汁摩脐下,自出。(《妇人良方》)虚损积劳:治男女因积虚或大病后,虚损沉困,酸疼盗汗,少气喘惙,或小腹拘急,心悸胃弱,多卧少起,渐至瘦削。若年深,五脏气竭,则难治也。用乌雌鸡一头,治如食法,以生地黄一斤(切),饴糖一升,纳腹内缚定,铜器贮,于瓶中蒸五升米熟,取出,食肉饮汁,勿用盐。一月一作,神效。(姚僧垣方)

黄雌鸡肉

【气味】甘、酸、咸,平,无毒。

《日华》曰:性温。患骨热人勿食。

【主治】伤中消渴,小便数而不禁,肠澼泄痢,补益五脏,续绝伤,疗五劳,益气力(《别录》)。治劳劣,添髓补精,助阳气,暖小肠,止泄精,补水气(《日华》)。补丈夫阳气,治冷气瘦着床者,渐渐食之,良。以光粉、诸石末和饭饲鸡,煮食甚补益。(孟诜)治产后虚羸,煮汁煎药服,佳(时珍)。

【发明】时珍曰:黄者土色,雌者坤象,味甘归脾,气温益胃.故所治皆脾胃之病也。丹溪朱氏谓鸡属土者,当指此鸡而发,他鸡不得侔此。

【附方】旧四,新五。水癖水肿:诜曰:腹中水癖水肿。以黄雌鸡一只,如常治净，和赤小豆一升同煮，候豆烂，即出食之。其汁饮，日二夜一，每服四合。时行黄疾，时行发黄：用金色脚黄雌鸡治如食法，煮熟食之，并饮汁令尽，不过再作。亦可少下盐豉。（《肘后方》）消渴饮水小便数：以黄雌鸡煮汁冷饮，并作羹食肉。（《心镜》）下痢噤口：黄肥雌鸡一只，如常为臛，作湿馄饨，空心食之。（《心镜》）脾虚滑痢：用黄雌鸡一只炙，以盐、醋涂，煮熟干燥，空心食之。（《心镜》）脾胃弱乏人痿黄瘦：黄雌鸡肉五两，白面七两，切肉作馄饨，下五味煮熟，空心食之。日一作，益颜色，补脏腑。（《寿亲》）产后虚羸：黄雌鸡一只，去毛及肠肚，背上开破，入生百合三枚，白粳米半升，缝合，入五味汁中煮熟，开腹取百合并饭，和汁作羹食之，并食肉。（《圣济》）病后虚汗：伤寒后虚弱，日夜汗出不止，口干心躁。用黄雌鸡一只（去肠胃，治净），麻黄根一两，水七大盏，煮汁三大盏，去滓及鸡，入肉苁蓉（酒浸一宿，刮净）一两，牡蛎（煅）粉二两，煎取一盏半，分为三服一日服尽。（《圣惠》）老人噎食不通：黄雌鸡肉四两（切），茯苓末二两，白面六两，作馄饨，入豉汁煮食，三五服效。（《养老书》）

乌骨鸡

【气味】甘，平，无毒。

【主治】补虚劳羸弱，治消渴，中恶鬼击心腹痛，益产妇，治女人崩中带下，一切虚损诸病，大人小儿下痢噤口，并煮食饮汁，亦可捣和丸药（时珍）。

【发明】时珍曰：乌骨鸡，有白毛乌骨者、黑毛乌骨者，斑毛乌骨者，有骨肉俱乌者；肉白骨乌者。但观鸡舌黑者，则肉骨俱乌，入药更良。鸡属木，而骨反乌者，巽变坎也，受水木之精气，故肝肾血分之病宜用之。男用雌，女用雄。妇人方科有乌鸡丸，治妇人百病，煮鸡至烂和药，或并骨研用之。按《太平御览》云：夏侯弘行江陵，逢一大鬼引小鬼数百行。弘潜捉末后一小鬼问之。曰：此广州大杀也，持弓戟往荆、扬二州杀人。若中心腹者死，余处犹可救。弘曰：治之有方乎？曰：但杀白乌骨鸡薄心即瘥。时荆、扬病心腹者甚众，弘用此治之，十愈八九。中恶用乌鸡，自弘始也。此说虽涉迂怪，然其方则神妙，谓非神传不可也。鬼击猝死，用其血涂心下，亦效。

【附方】新三。赤白带下：白果、莲肉、江米各五钱，胡椒一钱，为末。乌骨鸡一只，如常治净，装末入腹煮熟，空心食之。遗精白浊下元虚惫者：用前方食之良。脾虚滑泄：乌骨母鸡一只治净，用豆蔻一两，草果二枚，烧存性，掺入鸡腹内，扎定煮熟，空心食之。

反毛鸡

【主治】反胃。以一只煮烂，去骨，入人参、当归、食盐各半两，再同煮烂，食之至尽（时珍。出《乾坤生意》）。

【发明】时珍曰：反毛鸡，即翻翅鸡也。毛翮皆反生向前。治反胃者，述类之义耳。

泰和老鸡

【气味】甘、辛,热,无毒。
【主治】内托小儿痘疮(时珍)。
【发明】时珍曰:江西泰和、吉水诸县,俗传老鸡能发痘疮,家家畜之,近则五六年,远则一二十年。待痘疮发时,以五味煮烂,与儿食之,甚则加胡椒及桂、附之属。此亦陈文中治痘用木香、异功散之意,取其能助湿热发脓也。风土有宜不宜,不可以为法。

鸡头(丹、白雄鸡者良)

【主治】杀鬼,东门上者尤良(《本经》)。治蛊,禳恶,辟瘟(时珍)。
【发明】时珍曰:古者正旦,磔雄鸡,祭门户,以辟邪鬼。盖鸡乃阳精,雄者阳之体,头者阳之会,东门者阳之方,以纯阳胜纯阴之义也。《千金》转女成男方中用之,亦取此义也。按应劭《风俗通》云:俗以鸡祀祭门户。鸡乃东方之牲,东方既作,万物触户而出也。《山海经》祠鬼神皆用雄鸡,而今治贼风有鸡头散,治蛊用东门鸡头,治鬼痱用雄鸡血,皆以御死辟恶也。又崔实《月令》云:十二月,东门磔白鸡头,可以合药。《周礼·鸡人》:凡祭祀禳衅,供其鸡牲。注云:禳郊及疆,却灾变也。作宫室器物,取血涂衅隙。《淮南子》曰:鸡头已瘘,此类之推也。
【附方】新一。猝魇死昏:东门上鸡头为末,酒服之。(《千金方》)

鸡冠血(三年雄鸡者良)。

【气味】咸,平,无毒。
【主治】乌鸡者,主乳难(《别录》)。治目泪不止,日点三次,良(孟诜)。亦点暴赤目(时珍)。丹鸡者,治白癜风(《日华》)。并疗经络间风热。涂颊,治口㖞不正;涂面,治中恶;卒饮之,治缢死欲绝,及小儿猝惊客忤。涂诸疮癣,蜈蚣、蜘蛛毒,马啮疮,百虫入耳(时珍)。
【发明】时珍曰:鸡冠血,用三年老雄者,取其阳气充溢也。风中血脉则口僻㖞,冠血咸而走血透肌,鸡之精华所聚,本乎天者亲上也。丹者阳中之阳,能辟邪,故治中恶、惊忤诸病。乌者阳形阴色,阳中之阴,故治产乳、目泪诸病。其治蜈蚣、蜘蛛诸毒者,鸡食百虫,制之以所畏也。高武《痘疹正宗》云:鸡冠血和酒服,发痘最佳。鸡属巽属风、顶血至清至高,故也。
【附方】旧九,新十。益助阳气:诜曰:丹雄鸡冠血,和天雄、太阳粉各四分,桂心二分,丸服之。鬼击猝死:乌鸡冠血,沥口中令咽;仍破此鸡拓心下,冷乃弃之道边,妙。(《肘后》)猝死寝死:治猝死,或寝卧奄忽而绝,皆是中恶。用雄鸡冠血涂面上,干则再上,仍吹入鼻中,并以灰营死人一周。(《肘后》)猝然忤死不能言:用鸡冠血,和真珠,丸小豆大。纳三、四丸入口中,效。(《肘后方》)猝缢垂死心下犹温者:勿断绳。刺鸡冠血滴口中,以安心神。或云:男用雌,女用雄。(《肘后》)小儿猝惊:似有痛处,不知疾状。用雄鸡冠血少许,滴口中,妙。(《谭氏小儿》)小儿解颅:丹雄鸡冠上血滴之,以赤芍药末粉之,甚良。(《普济》)阴毒猝痛:用雄鸡冠血,入热酒中饮之，暖卧取汗。（《伤寒蕴要》）女人阴血：女人交接违理，血出。用雄鸡冠血涂之。（《集验》）烂弦风眼：鸡冠血点之，日三五度。（《圣惠》）对口毒疮：热鸡血频涂之，取散。（《皆效方》）发背痈疽：用雄鸡冠血滴疽上，血尽再换，不过五六鸡，痛止毒散，数日自愈。（《保寿堂方》）浸淫疮毒：不早治，周身杀人。以鸡冠血涂之，日四五度。（《肘后》）燥癣作痒：雄鸡冠血，频频涂之。（《范汪方》）马咬成疮肿痛：用鸡冠血涂之。驳马用雌鸡，牝马用雄鸡。（《肘后方》）蜈蚣咬疮：鸡冠血涂之。（钱相公《箧中方》）蜘蛛咬疮：同上。中蜈蚣毒：舌胀出口是也。雄鸡冠血浸舌，并咽之。（《青囊杂纂》）诸虫入耳：鸡冠血滴入即出。（《胜金》）

鸡血（乌鸡、白鸡者良）

【气味】咸，平，无毒。

【主治】踒折骨痛及痿痹，中恶腹痛，乳难（《别录》）。治剥驴马被伤，及马咬人，以热血浸之。白癜风，疬疡风。以雄鸡翅下血涂之（藏器）。热血服之，主小儿下血及惊风，解丹毒蛊毒，鬼排阴毒，安神定志。（时珍曰：《肘后》治惊邪恍惚大方中亦用之）。

【附方】新十。阴毒：鸡血冲热酒饮。鬼疰猝死：用乌雄鸡血涂心下，即苏。（《风俗通》）解百蛊毒：白鸡血，热饮之。（《广记》）惊风不醒：白乌骨雄鸡血，抹唇上即醒。（《集成》）缢死未绝：鸡血涂喉下。（《千金》）黄疸困笃：用半斤大雄鸡，背上破开，不去毛，带热血合患人胸前，冷则换之。日换数鸡，拔去积毒即愈。此鸡有毒，人不可食，犬亦不食也。（唐瑶《经验方》）筋骨折伤：急取雄鸡一只刺血，量患人酒量，或一碗，或半碗，和饮，痛立止，神验。（《青囊》）杂物眯目不出：以鸡肝血滴少许，即出。（《圣惠》）蚰蜒入耳：生油调鸡心血，滴入即出。（《总录》）金疮肠出：以干人屎末抹入，桑皮线缝合，热鸡血涂之。（《生生编》）

肪（乌雄鸡者良）

【气味】甘，寒，无毒。

【主治】耳聋（《别录》）。头秃发落（时珍）。

【附方】新一。年久耳聋：用炼成鸡肪五两，桂心十八铢，野葛六铢，同以文火煎三沸，去滓。每用枣许，以苇筒炙熔，倾入耳中。如此十日，耵聍自出，长寸许也。（《千金翼》）

脑（白雄鸡者良）

【主治】小儿惊痫。烧灰酒服，治难产（苏恭）。

心（乌雄鸡者良）

【主治】五邪（《别录》）。

肝（雄鸡者良）

【气味】甘、苦，温，无毒。

时珍曰：微毒。《内则》云：食鸡去肝，为不利人也。

【主治】起阴（《别录》）。补肾。治心腹痛，安漏胎下血，以一具切，和酒五合服之（孟诜）。疗风虚目暗。治女人阴蚀疮，切片纳入，引虫出尽，良（时珍）。

【附方】新三。阴痿不起：用雄鸡肝三具，菟丝子一升，为末，雀卵和，丸小豆大。每服一百丸，酒下，日二。（《千金》）肝虚目暗：老人肝虚目暗。乌雄鸡肝一具（切），以豉和米作羹成粥食之。（《养老书》）睡中遗尿：雄鸡肝、桂心等分，捣丸小豆大。每服一丸，米饮下，日三服。遗精，加白龙骨。

胆（乌雄鸡者良）

【气味】苦，微寒，无毒。

【主治】目不明，肌疮（《别录》）。月蚀疮，绕耳根，日三涂之（孟诜）。灯心蘸点胎赤眼，甚良。水化搽痔疮，亦效（时珍）。

【附方】新四。沙石淋沥：用雄鸡胆（干者）半两，鸡屎白（炒）一两，研匀。温酒服一钱，以利为度。（《十便良方》）耳病疣目：黑雌鸡胆汁涂之，日三。（《圣惠》）眼热流泪：五倍子、蔓荆子煎汤洗，后用雄鸡胆点之。（《摘玄方》）尘沙眯目：鸡胆汁点之。（《医说》）

肾（雄鸡者良）

【主治】齆鼻作臭，用一对与脖前肉等分，入豉七粒，新瓦焙研，以鸡子清和作饼，安鼻前，引虫出。忌阴人、鸡、犬见（《十便良方》）。

嗉

【主治】小便不禁，及气噎食不消（时珍）。

【附方】新三。气噎不通：鸡嗉两枚连食，以湿纸包，黄泥固，煅存性为末，入木香、沉香、丁香末各一钱，枣肉和，丸梧桐子大。每汁下三丸。小便不禁：雄鸡喉咙，及膍胵，并屎白，等分为末。麦粥清服之。（《卫生易简方》）发背肿毒：鸡嗉及肫内黄皮，焙研。湿则干掺，干则油调搽之。（《医林正宗》）

膍胵里黄皮（一名鸡内金）

膍胵（音脾鸱），鸡肫也。近人讳之，呼肫内黄皮为鸡内金。男用雌，女用雄。

【气味】甘，平，无毒。

【主治】泄痢。（《本经》）小便频遗，除热止烦（《别录》）。止泄精并尿血，崩中带下，肠风泻血（《日华》）。治小儿食疟，疗大人淋漓反胃，消酒积，主喉闭乳蛾，一切口疮，牙疳诸疮（时珍）。

【附方】旧三，新十七。小便遗失：用鸡膍胵一具，并肠烧存性，酒服。男用雌，女用雄。（《集验》）小便淋沥痛不可忍：鸡肫内黄皮五钱，阴干烧存性，作一服，白汤下，立愈。（《医林集要》）膈消饮水：鸡内金（洗，晒干）、栝蒌根（炒）各五两，为末，糊丸梧桐子大。每服三十丸，温水下，日三。（《总录》）反胃吐食：鸡膍胵一具，烧存性，酒调服。男用雌，女用雄。（《千金》）消导酒积：鸡膍胵、干葛为末，等分，面糊丸梧桐子大。每服五十丸，酒下。(《袖珍方》)噤口痢疾：鸡内金焙研，乳汁服之。小儿疟疾：用鸡膍胵黄皮烧存性，乳服。男用雌，女用雄。(《千金》)喉闭乳蛾：鸡肫黄皮勿洗，阴干烧末，用竹管吹之即破，愈。(《青囊》方)一切口疮：鸡内金烧灰敷之，立效。(《活幼新书》)鹅口白疮：烧鸡肫黄皮为末，乳服半钱。(《子母秘录》)走马牙疳：《经验》：用鸡肫黄皮(不落水者)五枚，枯矾五钱，研搽立愈。《心鉴》：用鸡肫黄皮，灯上烧存性，入枯矾、黄柏末等分，麝香少许。先以米泔洗漱后，贴之。阴头疳蚀：鸡内金(不落水)拭净，新瓦焙脆，出火毒，为细末。先以米泔水洗疮，乃搽之。亦治口疳。(《经验方》)谷道生疮久不愈：用鸡膍胵烧存性为末，干贴之，如神。(《总录》)脚胫生疮：雄鸡肫内皮，洗净贴之。一日一易，十日愈。(《小山奇方》)疮口不合：鸡膍胵皮，日贴之。发背初起：用鸡肫黄皮(不落水者)阴干，临时温水润开贴之，随干随润，不过三五个，即消。(杨氏《经验方》)发背已溃：用鸡肫黄皮，同绵絮焙末搽之，即愈。金腮疮蚀：初生如米豆，久则穿蚀。用鸡内金(焙)、郁金等分，为末。盐浆漱了贴之。忌米食。(《总录》)小儿疣目：鸡肫黄皮擦之，自落。(《集要》方)鸡骨哽咽：活鸡一只打死，取出鸡内金洗净，灯草裹，于火上烧存性。竹筒吹入咽内，即消，不可见肉。(《摄生方》)

肠(男用雌，女用雄)

【主治】遗溺，小便数不禁。烧存性，每服三指，酒下(《别录》)。止遗精、白浊、消渴(时珍)。

【附方】旧一，新一。小便频遗：《心镜》：用雄鸡肠一具作臛，和酒服。《普济》：用雄鸡肠，水煎汁服，日三次。

肋骨(乌骨鸡者良)

【主治】小儿羸瘦，食不生肌(《别录》)。

【附方】新二。小儿囟陷：因脏腑壅热，气血不荣。用乌鸡骨一两(酥炙黄)，生干地黄(焙)二两，为末。每服半钱，粥饮调下。(《圣惠方》)疮中朽骨：久疽久漏，中有朽骨。以乌骨鸡胫骨，实以砒石，盐泥固济，煅红出毒，以骨研末，饭丸粟米大。每以白纸捻送一粒入窍中，外以拔毒膏药封之，其骨自出。(《医学正传》)

距(白雄鸡者良)

【主治】产难，烧研酒服(苏恭)。下骨鲠，以鸡足一双，烧灰水服(时珍。出《外台》)。

翮 翎(白雄鸡者良)

【主治】下血闭。左翅毛，能起阴(《别录》)。治妇人小便不禁，消阴㿉，疗骨哽，蚀痈疽。止小儿夜啼，安席下，勿令母知(时珍)。

【发明】时珍曰：翅翮形锐而飞扬，乃其致力之处。故能破血消肿，溃痈下鲠。按葛洪云：凡古井及五月井中有毒，不可辄入，即杀人。宜先以鸡毛试之，毛直下者无毒，回旋者有毒也。又《感应志》云：五酉日，以白鸡左翅烧灰扬之，风立至；以黑犬皮毛烧灰扬之,风立止也。巽为风,鸡属巽,于此可见。

【附方】旧二,新七。阴肿如斗:取鸡翅毛(一孔生两茎者)烧灰饮服。左肿取左翅,右肿取右翅,双肿并取。(《古今录验》)阴猝肿痛:鸡翮六枝烧存性,蛇床子末等分,随左右敷之。(《肘后方》)妇人遗尿:雄鸡翎烧灰,酒服方寸匕,日三。(《普济方》)咽喉骨鲠:白雄鸡左右翮大毛各一枚,烧灰水服。(《外台》)肠内生痈:雄鸡顶上毛并屎烧末,空心酒服。(《千金》)决痈代针:白鸡翅下两边第一毛,各一茎烧灰水服,即破。(《经验后方》)解蜀椒毒:鸡毛烧烟吸之,并水调一钱服之。(《千金方》)马汗入疮:鸡毛烧灰,酒服方寸匕。(《集验方》)蠼螋尿疮:乌鸡翅毛烧灰,油调敷之,虫畏鸡故也。(《琐碎录》)

尾毛

【主治】刺入肉中,以二七枚烧作灰,和男子乳汁封之,当出(孟诜)。解蜀椒毒,烧烟吸之,并以水调灰服。又治小儿痘疮后生痈,烧灰和水敷之(时珍)。

【附方】新一。小便不禁:雄鸡尾烧研,酒服方寸匕。(《外台秘要》)

屎白

雄鸡屎乃有白,腊月收之,白鸡乌骨者更良。《素问》作鸡矢。

【气味】微寒,无毒。

【主治】消渴,伤寒寒热(《本经》)。破石淋及转筋,利小便,止遗尿,灭瘢痕(《别录》)。治中风失音痰迷。炒服,治小儿客忤蛊毒。治白虎风,贴风痛(《日华》)。治贼风、风痹,破血,和黑豆炒,浸酒服之。炒服之,亦治虫咬毒(藏器)。下气,通利大小便,治心腹鼓胀,消癥瘕,疗破伤中风,小儿惊啼。以水淋汁服,解金银毒。以醋和,涂蜈蚣、蚯蚓咬毒(时珍)。

【发明】颂曰:按《素问》云:心腹满,旦食不能暮食,名为鼓胀。治之以鸡屎醴,一剂知,二剂已。王冰注云:本草鸡屎利小便,并不治鼓胀。今方法当用汤渍服之耳。

时珍曰:鼓胀生于湿热,亦有积滞成者。鸡屎能下气消积,通利大小便,故治鼓胀有殊功,此岐伯神方也。醴者,一宿初来之酒醅也。又按《范汪方》云:宋青龙中,司徒吏颜奋女苦风疾,一髀偏痛。一人令穿地作坑,取鸡屎、荆叶然之,安胫入坑中熏之,有长虫出,遂愈也。

【附方】旧十四,新三十一。鸡屎醴:《普济方》云:治鼓胀,旦食不能暮食。由脾虚不能制水,水反胜土,水谷不运,气不宣流,故令中满。其脉沉实而滑。宜鸡屎醴主之。何大英云诸腹胀大,皆属于热。精气不得渗入膀胱,别走于腑,溢于皮里膜外,故成胀满,小便短涩。鸡屎性寒利小便,诚万金不传之宝也。用腊月干鸡屎白半斤,袋盛,以酒醅一斗,渍七日。温服三杯,日三。或为末服二钱亦可。《宣明》:用鸡屎(干者)、桃仁、大黄各等分为末,每服一钱,水一盏,生姜三片,煎汤调下,食后,临卧服。《正传》:用鸡屎炒研,沸汤淋汁,调木香、槟榔末二钱服。一方:用鸡矢、川芎䓖等分为末,酒糊丸服。牵牛酒:治一切肚腹、四肢肿胀,不拘鼓胀、气胀、湿胀、水胀等。有峨嵋一僧,用此治人得效,其人牵牛来谢,故名。用干鸡矢一升炒黄，以好酒三碗，煮一碗，滤汁饮之。少顷，腹中气大转动，利下，即自脚下皮皱消也。未尽，隔日再作。仍以田螺二枚，滚酒瀹食，后用白粥调理。（《积善堂经验方》）小儿腹胀黄瘦：用干鸡矢一两，丁香一钱，为末，蒸饼丸小豆大。每米汤下十丸，日三服。（《活幼全书》）心腹鳖症及宿症，并卒得症：以饭饲白雄鸡取粪，同小便于瓦器中熬黄为末。每服方寸匕，温酒服之，日四五服，以消为度。或以膏熬饭饲之，弥佳。（《集验方》）食米成瘕：好食生米，缺之则口中出清水。以鸡矢同白米各半合，炒为末，以水一钟调服。良久，吐出如米形，即瘥。昔慎道恭病此，饥瘦如劳，蜀僧道广处此方而愈。（《医说》）反胃吐食：以乌骨鸡一只，与水饮四五日，勿与食。将五蒲蛇二条，竹刀切与食。待鸡下粪，取阴干为末，水丸粟米大。每服一分，桃仁汤下。五七服即愈。（《证治发明》）中诸菜毒发狂，吐下欲死：用鸡矢烧末，水服方寸匕。（葛氏方）石淋疼痛：鸡矢白，日中半干，炒香为末。以酸浆饮服方寸匕，日二，当下石出。（《古今录验》）

鸡子（即鸡卵也）

黄雌者为上，乌雌者次之。

【气味】甘，平，无毒。

思邈曰：微寒。畏醇醋。

鼎曰：不宜多食，令人腹中有声，动风气。和葱、蒜食之，气短；同韭子食，成风痛；共鳖肉食，损人；共獭肉食，成遁尸注，药不能治；同兔肉食，成泄痢。

归厚曰：妊妇以鸡子、鲤鱼同食，令儿生疮；同糯米食，令儿生虫。

时珍曰：小儿患痘疹，忌食鸡子，及闻煎食之气，令生翳膜。

【主治】除热火灼烂疮、痫痉。可作虎魄神物（《本经》。弘景曰：用欲毈子（黄白混杂者）煮作之，极相似，惟不拾芥尔。又煮白，合银口含，须臾色如金也）。镇心，安五脏，止惊安胎，治妊娠天行热疾狂走，男子阴囊湿痒，及开喉声失音。醋煮食之，治赤白久痢，及产后虚痢。光粉同炒干，止疳痢，及妇人阴疮。和豆淋酒服，治贼风麻痹。醋浸令坏，敷疵皯。作酒，止产后血晕，暖水脏，缩小便，止耳鸣。和蜡炒，治耳鸣、聋，及疳痢（《日华》）。益气。以浊水煮一枚，连水服之，主产后痢。和蜡煎，止小儿痢（藏器）。大人及小儿发热，以白蜜一合，和三颗搅服，立瘥（孟诜。《太平御览》云：正旦吞乌鸡子一枚，可以练形。《岣嵝神书》云：八月晦日夜半，面北吞乌鸡子一枚，有事可隐形）。

【发明】时珍曰：卵白象天，其气清，其性微寒；卵黄象地，其气浑，其性温；卵则兼黄白而用之，其性平。精不足者补之以气，故卵白能清气，治伏热、目赤、咽痛诸疾；形不足者补之以味，故卵黄能补血，治下痢、胎产诸疾；卵则兼理气血，故治上列诸疾也。

【附方】旧九，新二十二。天行不解已汗者：用新生鸡子五枚，倾盏中，入水（一鸡子）搅浑，别以水一升煮沸，投入鸡子微搅，才似熟则泻置碗中，纳少酱清，似变腥气，带热啜之，覆令汗出愈。（许仁则方）天行呕逆，食入即吐：鸡子一枚，水煮三五沸，冷水浸少顷，吞之。（《外台》）伤寒发狂，烦躁热极：吞生鸡子一枚，效。（《食鉴》）三十六黄救急方：用鸡子一颗，连壳烧灰，研酢一合温之，顿服，鼻中虫出为效。

身体极黄者，不过三枚，神效。(《外台秘要》)白虎风疾：藏器曰：取鸡子揩病处，咒愿，送粪堆头上，不过三次瘥。白虎是粪神，爱吃鸡子也。身面肿满：鸡子黄白相和，涂肿处。干再上。(《肘后方》)年深哮喘：鸡子略敲损，浸尿缸中三、四日，煮食，能去风痰。(《集成》)心气作痛：鸡子一枚打破，醋二合调匀，暖过顿服。(《肘后》)小儿疳痢肚胀：用鸡子一个开孔，入巴豆一粒(去皮)，轻粉一钱，用纸五十重裹，于饭甑上蒸三度，放冷去壳研，入麝香少许，糊和丸米粒大。食后温汤下二丸至三丸。(《经验方》)预解痘毒：保和方：用鸡卵一枚，活地龙一条入卵内，饭上蒸熟，去地龙，与儿食。每岁立春日食一枚，终身不出痘也。李氏：用鸡卵一枚，童便浸七日，水煮食之，永不出痘。李捷：用头生鸡子三五枚，浸厕坑内五七日，取出煮熟与食，数日再食一枚，永不出痘。(徐都司得于浙人之方)痘疮赤瘢：鸡子一个(酒醅浸七日)，白僵蚕二七枚捣末，和匀，揩赤涂之，甚效。(《圣惠》)雀卵面疱：鸡卵醋浸令坏，取出敷之。(《普济》)妊娠时疾令胎不伤：以鸡子七枚，纳井中令冷，取出打破吞之。(《子母秘录》)病欲去胎：鸡子一枚，入盐三指撮，服。(张文仲方)胎动下血：藏器曰：鸡子二枚打破，以白粉和如稀粥，顿食之。子死腹中：用三家鸡卵各一枚，三家盐各一撮，三家水各一升，同煮。令妇东向饮之，立出。(《千金方》)产后血多不止：乌鸡子三枚，醋半升，酒二升，和搅，煮取二升，分四服。(《拾遗》)产后心痛：鸡子煮酒，食即安。(《备急方》)产后口干舌缩：用鸡子一枚打破，水一盏搅服。(《经验后方》)妇人白带：用酒及艾叶煮鸡卵，日日食之。(《袖珍方》)头风白屑：新下乌鸡子三枚，沸汤五升搅，作三度沐之，甚良。(《集验》)腋下狐臭：鸡子两枚，煮熟去壳，热夹，待冷，弃之三叉路口，勿回顾。如此三次效。(《肘后方》)乳石发渴：水浸鸡子，取清生服，甚良。(《普济》)解野葛毒已死者：以物开口后，灌鸡子三枚，须臾吐出野葛，乃苏。(《肘后方》)胡蔓草毒：即断肠草。一叶入口，百窍流血。惟急取凤凰胎(即鸡卵抱未成雏者，已成者不用)研烂，和麻油灌之。吐出毒物乃生，少迟即死。(《岭南卫生方》)痈疽发背：初作，及经十日以上，肿赤焮热，日夜疼痛，百药不效者。用毈鸡子一枚，新狗屎如鸡子大，搅匀，微火熬令稀稠得所，捻作饼子，于肿头上贴之，以帛包抹。时时看视，觉饼热即易，勿令转动及歇气，经一宿定。如日多者，三日贴之，一日一易，至瘥乃止。此方秽恶，不可施之贵人。一切诸方皆不能及，但可备择而已。(《千金方》)蛛蝎蛇伤：鸡子一个，轻敲小孔合之，立瘥。(《兵部手集》)蠼螋尿疮：同上法。身体发热不拘大人、小儿：用鸡卵三枚，白蜜一合和服，立瘥。(《普济方》)

卵白

【气味】甘，微寒，无毒。

【主治】目热赤痛，除心下伏热，止烦满咳逆，小儿下泄，妇人产难，胞衣不出，并生吞之。醋浸一宿，疗黄疸，破大烦热(《别录》)。产后血闭不下，取白一枚，入醋一半搅服(藏器)。和赤小豆末，涂一切热毒、丹肿、腮痛神效。冬月以新生者酒渍之，密封七日取出，每夜涂面，去皯黯䵟疱，令人悦色(时珍)。

【发明】宗奭曰：产后血晕，身痉直，口、目向上牵急，不知人。取鸡子一枚，去壳分清，以荆芥末二钱调服即安，甚敏捷。乌鸡子尤善。

【附方】旧四，新六。时行发黄：醋酒浸鸡子一宿，吞其白数枚。(《肘后方》)下痢赤白：生鸡子一个，取白摊连纸上日干，折作四重，包肥乌梅十个，安熨斗中，以白炭烧存性，取出碗覆，冷定研末，入水银粉少许和匀。大人分二服，小儿三服，空心井华水调下。如觉微利，不须再服。(《类证》)蛔虫攻心，口吐清水：以鸡子一枚去黄，纳好漆入鸡子壳中和合。仰头吞之，虫即出也。(《古今录验》)五种遁尸：其状腹胀，气急冲心，或磥磈踊起，或牵腰脊。以鸡卵白一枚，顿吞之良。(《千金》)咽塞鼻疮及干呕头痛，食不下：用鸡子一枚，开一窍，去黄留白，着米酢，塘火顿沸，取下更顿，如此三次。乘热饮之，不过一二度即愈。(《广济方》)面生疱疮：鸡子，以三岁苦酒浸之三宿，待软，取白涂之。(《肘后》)汤火烧灼：鸡子清和酒调洗，勤洗即易生肌。忌发物。或生敷之亦可。(《经验秘方》)头发垢脂：鸡子白涂之，少顷洗去，光泽不燥。(《濒湖》)面黑令白：鸡子三枚，酒浸，密封四七日。每夜以白敷面，如雪白也。(《普济》)涂面驻颜：鸡子一枚，开孔去黄留白，入金华胭脂及硇砂少许，纸封。与鸡抱之，俟别卵抱出，干以涂面。洗之不落，半年尚红也。(《普济》)

卵黄

【气味】甘，温，无毒。

【主治】醋煮，治产后虚及痢，小儿发热。煎食，除烦热。炼过，治呕逆。和常山末为丸，竹叶汤服，治久疟(《药性》)。炒取油，和粉，敷头疮(《日华》)。猝干呕者，生吞数枚，良。小便不通者，亦生吞之，数次效。补阴血，解热毒，治下痢，甚验(时珍)。

【发明】时珍曰：鸡子黄，气味俱厚，阴中之阴，故能补形。昔人谓其与阿胶同功，正此意也。其治呕逆诸疮，则取其除热引虫而已。

颂曰：鸡子入药最多，而发煎方特奇。刘禹锡《传信方》云：乱发鸡子膏，治孩子热疮。用鸡子五枚，去白取黄，乱发如鸡子大，相和，于铁铫中炭火熬之。初甚干，少顷即发焦，乃有液出。旋取置碗中，以液尽为度。取涂疮上，即以苦参末粉之。顷在武陵生子，蓐内便有热疮，涂诸药无益，而日益剧，蔓延半身，昼夜号啼，不乳不睡。因阅本草发髲条云：合鸡子黄煎之，消为水，疗小儿惊热、下痢。注云：俗中妪母为小儿作鸡子煎，用发杂熬之，良久得汁，与小儿服，去痰热，主百病。又鸡子条云：疗火疮。因是用之，果如神效也。

【附方】旧三，新十一。赤白下痢：鸡卵一枚，取黄去白，入胡粉满壳，烧存性。以酒服一钱匕。(葛氏方)妊娠下痢绞痛：用乌鸡子一枚，开孔去白留黄，入黄丹一钱在内，厚纸裹定，泥固煨干为末。每服三钱，米饮下。一服愈者是男，两服愈者是女。(《三因方》)子死腹中：鸡子黄一枚，姜汁一合，和匀顿服，当下。(《普济》)小肠疝气：鸡子黄搅，温水服之。三服效。小儿痫疾：鸡子黄和乳汁搅服。不过三两枚，自定。(《普济》)小儿头疮：煮熟鸡子黄，炒令油出，以麻油、腻粉搽之。(《事林广记》)鼠瘘已溃：鸡卵一枚，米下蒸半日，取黄熬令黑。先拭疮令干，以药纳孔中，三度即愈。(《千金方》)脚上臭疮：熟鸡子黄一个，黄蜡一钱，煎油涂之。汤火伤疮：熟鸡子十个，取黄炒取油，入腻粉十文搅匀，用鸡翎扫上，三五日永除瘢痕。

(《集验方》)杖疮已破：鸡子黄熬油搽之，甚效。(唐瑶《经验方》)天泡水疮：方同上。消灭瘢痕：鸡子五七枚煮熟，取黄炒黑，拭涂，日三，久久自灭。(《圣惠方》)妊娠胎漏：血下不止，血尽则子死。用鸡子黄十四枚，以好酒二升，煮如饧服之。未瘥再作，以瘥为度。(《普济方》)耳疳出汁：鸡子黄炒油涂之，甚妙。(谈野翁方)

抱出卵壳

时珍曰：俗名混沌池、凤凰蜕。用抱出者，取其蜕脱之义也。李石《续博物志》云：踏鸡子壳，令人生白癜风。

【主治】研末，磨障翳(《日华》)。伤寒劳复，熬令黄黑为末，热汤和一合服，取汗出即愈(苏颂。出《深师方》)。烧灰油调，涂癣及小儿头身诸疮。酒服二钱，治反胃(时珍)。

【附方】旧二，新七。小便不通：鸡子壳、海蛤、滑石，等分为末。每服半钱，米饮下，日三。(《普济方》)小儿烦满欲死：鸡子壳烧末，酒服方寸匕。(《子母秘录》)瘫痘入目：鸡子壳烧研，入片脑少许，点之。(《鸿飞集》)头疮白秃：鸡子壳七个，炒研油和，敷之。(《秘录》)头上软疖：用抱出鸡卵壳，烧存性研末，入轻粉少许，清油调敷。(危氏方)耳疳出脓：用抱出鸡卵壳，炒黄为末，油调灌之，疼即止。(《杏林摘要》)玉茎下疳：鸡卵壳炒研，油调敷之。(同上)外肾痈疮：抱出鸡卵壳、黄连、轻粉等分，为细末。用炼过香油调涂。(《医林正宗》)痘疮恶证：瘫痘倒陷，毒气壅遏于里，则为便血、昏睡不醒，其证甚恶。用抱出鸡子壳(去膜)，新瓦焙研。每服半钱，热汤调下。婴儿以酒调，抹唇、舌上，并涂风池、胸、背，神效。

卵壳中白皮

【主治】久咳气结，得麻黄，紫菀服，立效(《别录》)。

【发明】时珍曰：按《仙传外科》云：有人偶含刀在口，割舌，已垂未断。一人用鸡子白皮袋之，掺止血药于舌根。血止，以蜡化蜜调冲和膏，敷鸡子皮上。三日接住，乃去皮，只用蜜蜡勤敷，七日全安。若无速效，以金枪药参治之。此用鸡子白皮无他，但取其柔软而薄，护舌而透药也。

【附方】新二。咳嗽日久：鸡子白皮(炒)十四枚，麻黄三两(焙)，为末。每服方寸匕，食后饮下，日二。(《必效方》)风眼肿痛：鸡子白皮、枸杞白皮，等分为末。吹鼻中，一日三次。(《圣济总录》)

鸡白蠹肥脂(《本经》)

弘景曰：不知是何物？恐别一种耳。

藏器曰：今鸡亦有白台，如卵而硬，有白无黄，云是牡鸡所生，名父公台。台字似橐字，疑传误也。

机曰：此《本经》文，列于黑雌鸡条下，似指雌鸡之肥脂，如蠹虫之肥白，因其似而名之也。

时珍曰：蠹音妒，而藏器以为橐何耶？今牡鸡生子，亦时或有之，然不当有肥脂字，当以机说为近。否则，必雌鸡之生肠也。《本经》有其名，不具其功，盖脱简之文。

窠中草

【主治】头疮白秃，和白头翁草烧灰，猪脂调敷(《日华》)。天丝入眼，烧灰淋清汁洗之，良(时珍。出不自秘方)。

【附方】新一。产后遗尿：鸡窠草烧末，酒服一钱匕。(《普济方》)

焊鸡汤

【主治】消渴，饮水无度，用焊雄鸡水，滤澄服之。不过二鸡之水愈，神效(《杨氏经验方》)。

【附方】新一。鸡眼作痛：剥去皮，以焊鸡汤洗之。(《简便方》)

雉(《别录》中品)

【释名】野鸡。

宗奭曰：雉飞若矢，一往而堕，故字从矢。今人取其尾置舟车上，欲其快速也。汉吕太后名雉，高祖改雉为野鸡。其实鸡类也。

时珍曰：黄氏《韵会》云：雉，理也。雉有纹理也。故《尚书》谓之华虫，《曲礼》谓之疏趾。雉类甚多，亦各以形色为辨耳。《禽经》云：雉，介鸟也。素质五采备曰翚雉，青质五采备曰鹞雉，朱黄曰鷩雉，白曰鹎雉(音罩)，玄曰海雉。(尔雅)云：鹞雉，青质五采。鸠雉，黄色自呼。翟雉，山雉也，长尾。鹬雉，长尾，走且鸣。秩秩，海雉也。《梵书》谓雉曰迦频阇罗。

雉

【集解】时珍曰：雉，南北皆有之。形大知鸡，而斑色绣翼。雄者纹采而尾长，雌者纹暗而尾短。其性好斗，其鸣曰鷕(鷕音杳)，其交不再，其卵褐色。将卵时，雌避其雄而潜伏之，否则雄食其卵也。《月令》季冬雉始雊，谓阳动则雉鸣而勾其颈也。孟冬，雉入大水为蜃。蜃，大蛤也。陆佃《埤雅》云：蛇交雉则生蜃。蜃，蛟类也。《类书》云：蛇与雉交而生子，曰蟂，蟂，水虫也。陆禋《续水经》云；蛇雉遗卵于地，千年而为蛟龙之属，似蛇四足，能害人。鲁至刚《俊灵机要》云：正月蛇与雉交生卵，遇雷入土数丈为蛇形，经二三百年成蛟飞腾。若卵不入土，仍为雉耳。又任昉《述异记》云：江淮中有兽名能(音耐)，乃蛇精所化也。冬则为雉，春复为蛇。晋时武库有雉。张华曰：必蛇化也。视之果得蛇蜕。此皆异类同情，造化之变易，不可臆测者也。

肉

【气味】酸，微寒，无毒。

恭曰:温。

《日华》曰:平,微毒。秋冬益,春夏毒。有痢人不可食。

颂曰:《周礼·庖人》供六禽,雉是其一,亦食品之贵。然有小毒,不可常食,损多益少。

诜曰:久食令人瘦。九月至十二月稍有补,他月则发五痔、诸疮疥。不与胡桃同食,发头风眩晕及心痛。与菌蕈、木耳同食,发五痔,立下血。同荞麦面食,生肥虫。卵,同葱食,生寸白虫。自死爪甲不伸者,杀人。

【正误】思邈曰:黄帝书云:丙午日勿食鸡、雉肉,丈夫烧死目盲,女人血死妄见。野鸡肉同家鸡子食,成遁尸,尸鬼缠身。

弘景曰:雉非辰属,正是离禽。丙午不可食,明王于火也。

时珍曰:雉属离火,鸡属巽木。故鸡煮则冠变,雉煮则冠红,明其属火也。春夏不可食者,为其食虫蚁,及与蛇交,变化有毒也。能发痔及疮疥,令人瘦病者,为其能生虫,与鸡肉同也。有鄙人者,假黄帝为书,谓丙午日不可食,及成遁尸之说,乃不经谬谈;而陶氏和之,孙氏取之,皆误矣。今正其误。

【主治】补中,益气力,止泄痢,除蚁瘘(《别录》)。

【发明】时珍曰:雉肉,诸家言其发痔、下痢人不可食,而《别录》用治痢、瘘何邪?盖雉在禽上应胃土,故能补中;而又食虫蚁,故能治蚁瘘,取其制伏耳。若久食及食非其时,则生虫有毒,故不宜也。

【附方】旧三,新一。脾虚下痢,日夜不止:野鸡一只,如食法,入橘皮、葱、椒、五味,和作馄饨熟煮,空心食之。(《食医心镜》)产后下痢:用野鸡一只,作馄饨食之。(同上)消渴饮水小便数:用野鸡一只,五味煮取(三升以来)汁饮之。肉亦可食,甚效。(同上)心腹胀满:野鸡一只(不拘雄雌),茴香(炒)、马芹子(炒)、川椒(炒)、陈皮、生姜等分,用醋以一夜蒸饼和雉肉作馅料,外以面皮包作馄饨,煮熟食。仍早服嘉禾散,辰服此,午服导气枳壳丸。(《朱氏集验方》)

脑

【主治】涂冻疮(时珍)。

嘴

【主治】蚁瘘(孙思邈)。

尾

【主治】烧灰和麻油,敷天火丹毒(时珍)。

屎

【主治】久疟(时珍)。

【附方】新一。久疟不止:雄野鸡屎、熊胆、五灵脂、恒山,等分为末,醋糊丸黑豆大。正发时,冷水下一丸。(《圣惠》)

鹳雉(音狄。《食疗》)

鹳雉

【释名】鹳(《禽经》)、山鸡(同上)、山雉。

时珍曰:翟,美羽貌。雉居原野,鹳居山林,故得山名。大者为鷮。

【集解】颂曰:伊洛、江淮间一种雉,小而尾长者,为山鸡,人多畜之樊中,即《尔雅》所谓"鹳,山雉也"。

时珍曰:山鸡有四种,名同物异。似雉而尾长三、四尺者,鷮雉也。似鹳而尾长五、六尺,能走且鸣者,鷮雉也,俗通呼为鹳矣。其二则鷩雉、锦鸡也。鷮、鹳皆勇健自爱其尾,不入丛林。雨雪则岩伏木栖,不敢下食,往往饿死。故师旷云:雪封枯原,文禽多死。南方隶人,多插其尾于冠。其肉皆美于雉。《传》云:四足之美有麃,两足之美有鷮。

肉

【气味】甘,平,有小毒。

诜曰:发五痔,久食瘦人。和荞麦面食,生肥虫。同豉食,害人。卵同葱食,生寸白虫。余并同雉。

【主治】五脏气喘不得息者,作羹臛食(孟诜)。炙食,补中益气(时珍)。

鷩雉(敝、鳖二音。《拾遗》)

【释名】山鸡(《禽经》)、锦鸡(同上)、金鸡(《纲目》)、采鸡(《周书》)、鵔鸃(音峻仪)。

鷩雉

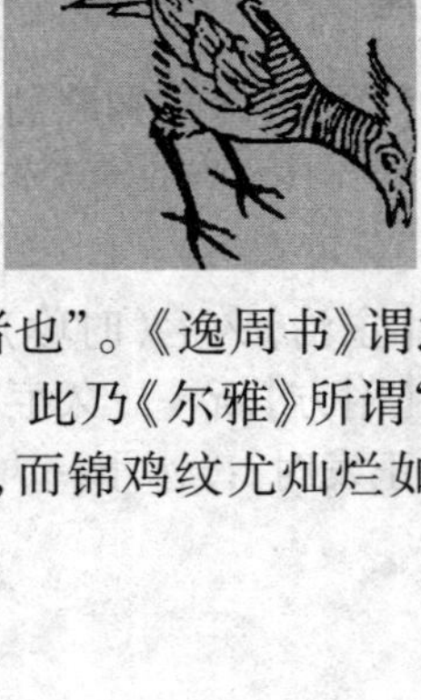

时珍曰:鷩性憋急耿介,故名。鵔鸃,仪容俊秀也。周有鷩冕,汉有鵔鸃冠,皆取其文明俊秀之义。鷩与鹳同名山鸡,鹳大而鷩小;鷩与鹔同名锦鸡,鹔纹在绶而鷩纹在身,以此为异,大抵皆雉属也。按《禽经》云:首有采毛曰山鸡,腹有采色曰锦鸡,项有采囊曰避株。是山鸡、锦鸡又稍有分别,而俗通呼为一矣。盖是一类,不甚相远也。

【集解】藏器曰:鷩似雉五色。《山海经》云"小华之山多赤鷩,养之禳火灾",是也。

时珍曰:山鸡出南越诸山中,湖南、湖北亦有之。状如小鸡,其冠亦小,背有黄赤纹,绿项红腹红嘴。利距善斗,以家鸡斗之,即可获。此乃《尔雅》所谓"鷩,山鸡者也"。《逸周书》谓之采鸡。锦鸡则小于鷩,而背纹扬赤,膺前五色炫耀如孔雀羽。此乃《尔雅》所谓"鶾,天鸡"者也。《逸周书》谓之文鶾(音汗)。二种大抵同类,而锦鸡纹尤灿烂如锦。

或云锦鸡乃其雄者，亦通。刘敬叔《异苑》云：山鸡爱其羽毛，照水即舞，目眩多死，照镜亦然。与鸐鸡爱尾饿死。皆以纹累其身者也。

肉

【气味】甘，温，微毒。

【主治】食之令人聪慧（汪颖）。养之禳火灾（藏器）。

【附录】吐绶鸡

时珍曰：出巴峡及闽广山中，人多畜玩。大者如家鸡，小者如鸲鹆。头颊似雉，羽色多黑，杂以黄白圆点，如真珠斑。项有嗉囊，内藏肉绶，常时不见，每春夏晴明，则向日摆之。顶上先出两翠角，二寸许，乃徐舒其颔下之绶，长阔近尺，红碧相间，采色焕烂，逾时悉敛不见。或剖而视之，一无所睹。此鸟生亦反哺。行则避草木，故《禽经》谓之避株。《食物本草》谓之吐锦鸡，《古今注》谓之锦囊，蔡氏《诗话》谓之真珠鸡，《倦游录》谓之孝鸟。《诗经》谓之鹝（音厄），"邛有旨鹝"是矣。

鹖鸡（曷、渴二音。《拾遗》）

【释名】时珍曰：其羽色黑黄而褐，故曰鹖。青黑色者名曰鸻（音介），性耿介也。青凤亦名鹖，取象于此也。

【集解】藏器曰：鹖鸡出上党。魏武帝赋云：鹖鸡猛气，其斗期于必死。今人以鹖为冠。象此也。

鸡　鹖

时珍曰：鹖状类雉而大，黄黑色，首有毛角如冠。性爱其党，有被侵者，直往赴斗，虽死犹不置。故古者虎贲戴鹖冠。《禽经》云：鹖，毅鸟也，毅不知死，是矣。性复粗暴，每有所攫，应手摧碎。上党即今潞州。

肉

【气味】甘，平，无毒。

【主治】炙食，令人勇健（藏器）。炙食，令人肥润（汪颖）。

白鹇（《图经》）

【校正】原附雉条，今分出。

【释名】白翰（音寒）、闲客。

时珍曰：按张华云：行止闲暇，故曰鹇。李昉命为闲客，薛氏以为雉类，汪氏以为白雉。按《尔雅》白雉名翰，南人呼闲字如寒，则鹇即翰音之转也。当作白翰，如锦鸡谓之文翰也。翰者，羽美之貌。又《西京杂记》云：南粤王献白鹇、黑鹇各一。盖雉亦有黑色者，名鸬雉，彼通呼为翰矣。

【集解】颂曰：白鹇出江南，雉类也。白色，而背有细黑纹，可畜，彼人亦食之。

颖曰：即白雉也。

白鹇

时珍曰：鹇似山鸡而色白，有黑纹如涟漪，尾长三四尺，体备冠距，红颊赤嘴丹爪，其性耿介。李太白言其卵可以鸡伏。亦有黑鹇。

肉

【气味】甘，平，无毒。

【主治】补中解毒（汪颖）。

鹧鸪（《唐本草》）

【释名】越雉。

时珍曰：按《禽经》云：随阳，越雉也。飞必南翥。晋安曰：怀南，江左曰逐影。张华注云：鹧鸪其名自呼，飞必南向。虽东西回翔，开翅之始，必先南翥。其志怀南，不徂北也。

鹧鸪

【集解】孔志约曰：鹧鸪生江南。行似母鸡，鸣云“钩辀格磔”者是。有鸟相似，不作此鸣者，则非矣。

颂曰：今江西、闽广、蜀夔州郡皆有之。形似母鸡，头如鹑，臆前有白圆点如真珠，背毛有紫赤浪纹。

时珍曰：鹧鸪性畏霜露，早晚稀出，夜栖以木叶蔽身。多对啼，今俗谓其鸣曰“行不得哥也”。其性好洁，猎人因以䊍竿粘之，或用媒诱取。南人专以炙食充庖，云肉白而脆，味胜鸡、雉。

肉

【气味】甘，温，无毒。

《日华》曰：微毒。

诜曰：不可与竹笋同食，令人小腹胀。自死者不可食。或言此鸟，天地之神每月取一只飨至尊，所以自死者不可食。

【主治】岭南野葛、菌子毒，生金毒，及温瘴久，欲死不可瘥者，合毛熬酒渍服之。或生捣取汁服，最良（《唐本》）。酒服，主蛊气欲死（《日华》）。能补五脏，益心力聪明（孟诜）。

【发明】时珍曰：按《南唐书》云：丞相冯延巳，苦脑痛不已。太医吴廷绍曰：公多食山鸡、鹧鸪，其毒发也。投以甘豆汤而愈。此物多食乌头、半夏苗，故以此解其毒尔。又《类说》云：杨立之通判广州，归楚州。因多食鹧鸪，遂病咽喉间生痈，溃而脓血不止，寝食俱废。医者束手。适杨吉老赴郡，邀诊之，曰：但先啖生姜片一斤，乃可投药。初食觉甘香，至半斤觉稍宽，尽一斤始觉辛辣，粥食入口，了无滞碍。此鸟好啖半夏，久而毒发耳，故以姜制之也。观此二说，则鹧鸪多食，亦有微毒矣；而其功用又能解毒解蛊，功过不相掩也。凡鸟兽自死者，皆有毒，不可食，为其受厉气也，何独鹧鸪即神取飧帝乎？鄙哉其言也！

脂膏

【主治】涂手皲瘃，令不龟裂（苏颂）。

竹鸡（《拾遗》）

【释名】山菌子（藏器）、鸡头鹘（《苏东坡集》）、泥滑滑。

颖曰：山菌子即竹鸡也。

时珍曰：菌子，言味美如菌也。蜀人呼为鸡头鹘，南人呼为泥滑滑，因其声也。

【集解】藏器曰：山菌子生江东山林间。状如小鸡，无尾。

时珍曰：竹鸡今江南、川、广处处有之，多居竹林。形比鹧鸪差小，褐色多斑，赤纹。其性好啼，见其侪必斗。捕者以媒诱其斗，因而网之。谚云：家有竹鸡啼，白蚁化为泥。盖好食蚁也。亦辟壁虱。

竹鸡

肉

【气味】甘，平，无毒。

时珍曰：按《唐小说》云：崔魏公暴亡。太医梁新诊之，曰：中食毒也。仆曰：好食竹鸡。新曰：竹鸡多食半夏苗，盖其毒也。命捣生姜汁折齿灌之遂苏。则吴廷绍、杨吉老之治鹧毒，盖祖乎此。

【主治】野鸡病，杀虫，煮炙食之（藏器）。

【附录】杉鸡

时珍曰：按《临海异物志》云：闽越有杉鸡，常居杉树下。头上有长黄毛，冠颊正青色，如垂绥。亦可食，如竹鸡。

英鸡（《拾遗》）

【集解】藏器曰：英鸡出泽州有石英处，常食碎石英。状如雉，而短尾，体热无毛，腹下毛赤，飞翔不远，肠中常有石英。人食之，取英之功也。今人以石英末饲鸡，取卵食，终不及此。

肉

【气味】甘，温，无毒。

【主治】益阳道，补虚损，令人肥健悦泽，能食，不患冷，常有实气而不发也（藏器）。

秧鸡(《食物》)

【集解】时珍曰：秧鸡大如小鸡，白颊，长嘴短尾，背有白斑。多居田泽畔，夏至后夜鸣达旦，秋后即止。一种鸱(音邓)鸡，亦秧鸡之类也。大如鸡而长脚红冠。雄者大而色褐，雌者稍小而色斑。秋月即无，其声甚大，人并食之。

秧鸡

肉

【气味】甘，温，无毒。

【主治】蚁瘘(汪颖)。

鹑(《嘉祐》)

【释名】时珍曰：鹑性淳，窜伏浅草，无常居而有常匹，随地而安，庄子所谓“圣人鹑居”是矣。其行遇小草即旋避之，亦可谓淳矣。其子曰鸡。

鹑

宗奭曰：其卵初生谓之罗鹑，至秋初谓之早秋，中秋已后谓之白唐，一物四名也。

【集解】禹锡曰：鹑，蛤蟆所化也。

慎微曰：杨亿《谈苑》云：至道二年夏秋间，汴人鬻鹑者，车载积市，皆蛙所化，犹有未全变者，《列子》所谓“蛙变为鹑”也。

宗奭曰：鹑有雌雄，常于田野屡得其卵，何得言化也？

时珍曰：鹑大如鸡雏，头细而无尾，毛有斑点，甚肥。雄者足高，雌者足卑。其性畏寒，其在田野，夜则群飞，昼则草伏。人能以声呼取之，畜令斗抟。《万毕术》云：蛤蟆得瓜化为鹑。《交州记》云：南海有黄鱼，九月变为鹑。以盐炙食甚肥美。盖鹑始化成，终以卵生，故四时常有之。鴽则始由鼠化，终复为鼠，故夏有冬无。

肉

【气味】甘，平，无毒。

禹锡曰：四月以前未堪食。不可合猪肝食，令人生黑子；合菌子食，令人发痔。

【主治】补五脏，益中续气，实筋骨，耐寒暑，消结热。和小豆、生姜煮食，止泄痢。酥煎食，令人下焦肥(《嘉祐》)。小儿患疳，及下痢五色，旦旦食之，有效(寇宗奭)。

【发明】时珍曰：按董炳《集验方》云：魏秀才妻，病腹大如鼓，四肢骨立，不能贴席，惟衣被悬卧，谷食不下者数日矣。忽思鹑食，如法进之，遂运剧。少顷雨汗，莫能言，但有更衣状。扶而圊，小便突出白液，凝如鹅脂。如此数次，下尽遂起。此盖中焦湿热积久所致也。详本草鹑解热结,疗小儿疳,亦理固然也。董氏所说如此。时珍谨按鹑乃蛙化,气性相同。蛙与蛤蟆皆解热治疳,利水消肿;则鹑之消鼓胀,盖亦同功云。

鷃(《拾遗》)

【释名】鹌(一作鶛)。鴳(音宁)、鴽(音如)、鳸。

鷃

时珍曰:鷃不木处,可谓安宁自如矣。庄子所谓腾跃不过数仞,下翔蓬蒿之间者也。张华注《禽经》谓之篱鷃,即此。鹌则鷃音之转也。青州谓之鴾母,亦曰鷃雀。又鳸有九种,此其一也。

【集解】藏器曰:鷃是小鸟,鹑类也。一名鴽。郑玄注《礼记》雉、兔、鹑、鷃,以鷃为鴽。人多食之。

时珍曰:鷃,候鸟也。常晨鸣如鸡,趋民收麦,行者以为候。《易通卦验》云立春、雨水鹑鹌鸣是矣。鹌与鹑两物也,形状相似,俱黑色,但无斑者为鹌也。今人总以鹌鹑名之。按《夏小正》云:三月田鼠化为鴽,八月鴽化为田鼠。注云:鹌也。《尔雅》云:鹑子,鳼;鴽子,鷚。注云:鹌,鹑属也。鴽,鹌也。《礼记》云:鹑羹,鴽酿之以蓼。注云:鴽小,不可为羹,以酒蓼酿之,蒸煮食也。据数说,则鹑与鹌为两物明矣。因其俱在田野,而形状仿佛,故不知别之。则夫鹑也,始由蛤蟆、海鱼所化,终即自卵生,故有斑而四时常有焉;鷃也。始由鼠化,终复为鼠,故无斑,而夏有冬无焉。本原既殊,性疗当别,何可混邪?

肉

【气味】甘,平,无毒。

【主治】诸疮阴䘌。煮食去热(时珍)。

鹬(音述。《拾遗》)

【集解】藏器曰:鹬如鹑,色苍嘴长,在泥涂间作鹬鹬声,村民云田鸡所化,亦鹌鹑类也。苏秦所谓"鹬蚌相持"者,即此。

时珍曰:《说文》云:鹬知天将雨则鸣,故知天文者冠鹬。今田野间有小鸟,未雨则啼者是矣。与翡翠同名而物异。

肉

【气味】甘,温,无毒。

【主治】补虚,甚暖人(藏器)。

鸽(宋《嘉祐》)

【释名】鹁鸽(《食疗》)、飞奴。

时珍曰:鸽性淫而易合,故名。鹁者,其声也。张九龄以鸽传书,目为飞奴。《梵书》名迦布德迦。

鸽

【集解】宗奭曰:鸽之毛色,于禽中品第最多,惟白鸽入药。凡鸟皆雄乘雌,此独雌乘雄,故其性最淫。

时珍曰:处处人家畜之,亦有野鸽。名品虽多,大要毛羽不过青、白、皂、绿、鹊斑数色。眼目有大小,黄、赤、绿色而已。亦与鸠为匹偶。

白鸽肉

【气味】咸,平,无毒。

诜曰:暖。

【主治】解诸药毒,及人、马久患疥,食之立愈(《嘉祐》)。调精益气,治恶疮疥癣,风瘙白癜,疬疡风,炒熟酒服。虽益人,食多恐减药力(孟诜)。

【附方】旧一,新一。消渴饮水不知足:用白花鸽一只,切作小片,以土苏煎,含咽。(《心镜》)预解痘毒:每至除夜,以白鸽煮炙饲儿,仍以毛煎汤浴之,则出痘稀少。

血

【主治】解诸药、百蛊毒(时珍。出《事林广记》)。

卵

【主治】解疮毒、痘毒(时珍)。

【附方】新一。预解痘毒:小儿食之,永不出痘,或出亦稀。用白鸽卵一对,入竹筒封,置厕中,半月取出,以卵白和辰砂三钱,丸绿豆大。每服三十丸,三豆饮下,毒从大小便出也。(《潜江方》)

屎名左盘龙

时珍曰:野鸽者尤良。其屎皆左盘,故《宣明方》谓之左盘龙也。

【气味】辛,温,微毒。

【主治】人、马疥疮,炒研敷之。驴、马,和草饲之(《嘉祐》)。消肿及腹中痞块(汪颖)。消瘰疬诸疮,疗破伤风及阴毒垂死者,杀虫(时珍)。

【附方】旧四,新六。带下排脓:宗奭曰:野鸽粪一两(炒微焦),白术、麝香各一分,赤芍药、青木香各半两,延胡索(炒赤)一两,柴胡三分,为末。温无灰酒空心调服一钱。候脓尽即止,后服补子脏药。破伤中风,病传入里:用左蟠龙(即野鸽粪)、江鳔、白僵蚕各(炒)半钱,雄黄一钱,为末,蒸饼丸梧桐子大。每服十五丸,温酒下,取效。(《保命集》)阴症腹痛,面青甚者:鸽子粪一大炒研末,极热酒一钟,和匀澄清,顿服,即愈。(刘氏)蛊毒腹痛:白鸽屎烧研,饮和服之。(《外台》)冷气心痛:鸽屎烧存性,酒服一钱,即止。项上瘰疬:左盘龙,炒研末,陈米饭和,丸梧桐子大。每服三、五十丸,陈米饮下。(张子和方)头痒生疮:白鸽屎五合,醋煮三沸,杵敷之,日三上。(《圣惠》)头疮白秃:鸽屎研末敷之,先以醋、米泔洗净。亦可烧研掺之。(同上)反花疮毒:初生恶肉如米粒,破之血出,肉随生,反出于外。用鹁鸽屎三两,炒黄为末。先以温浆水洗,后敷之。(《圣惠方》)鹅掌风:鸽屎白、雄鸡屎,炒研,煎水日洗。

突厥雀(《拾遗》)

【释名】鵽鸠(音夺)、寇雉。

藏器曰:雀从北来,当有贼下,边人候之,故名。

时珍曰:案《唐书》云:高宗时,突厥犯塞。始虏未叛,有鸣鵽群飞入塞。边人惊曰:此鸟一名突厥雀,南飞则突厥必入寇。已而果然。案此即《尔雅》"鵽鸠,寇雉"也。然则夺寇之义,亦由此矣。

【集解】藏器曰:突厥雀,生塞北,状如雀而身赤。

时珍曰:案郭璞云:鵽鸠生北方沙漠地。大如鸽,形似雌雉,鼠脚无后趾,歧尾。为鸟憨急群飞。张华云:鵽生关西。飞则雌前雄后,随其行止。庄周云:青鵽,爱其子而忘其母。

肉

【气味】甘,热,无毒。

【主治】补虚暖中(藏器)。

雀(《别录》中品)

【释名】瓦雀、宾雀。

时珍曰:雀,短尾小鸟也。故字从小,从隹。隹(音锥),鸟之短尾也。栖宿檐瓦之间,驯近阶除之际,如宾客然,故曰瓦雀、宾雀,又谓之嘉宾也。俗呼老而斑者为麻雀,小而黄口者为苗雀。

【集解】时珍曰:雀,处处有之。羽毛斑褐,颔嘴皆黑。头如颗蒜,目如擘椒。尾长二寸许,爪距黄白色,跃而不步。其视惊瞿,其目夜盲,其卵有斑,其性最淫。小者名黄雀。八九月群飞田间。体绝肥,背有脂如披绵。性味皆同,可以炙食,作鲊甚美。案《逸周书》云:季秋雀入大水为蛤。雀不入水,国多淫泆。又《临海异物志》云:南海有黄雀鱼。常以六月化为黄雀,十月入海为鱼。则所谓雀化蛤者盖此类。若家雀则未常变化也。又有白雀，纬书以为瑞应所感。

雀

肉

【气味】甘，温，无毒。

弘景曰：雀肉不可合李食，不可合酱食。妊妇食雀肉、饮酒，令子多淫；食雀肉、豆酱，令子面皯。凡服白术人忌之。

【主治】冬三月食之，起阳道，令人有子（藏器）。壮阳益气，暖腰膝，缩小便，治血崩带下（《日华》）。益精髓，续五脏不足气。宜常食之，不可停辍（孟诜）。

【发明】宗奭曰：正月以前、十月以后，宜食之，取其阴阳静定未泄也。故卵亦取第一番者。

颂曰：今人取雀肉和蛇床子熬膏，和药丸服，补下有效，谓之驿马丸。此法起于唐世，云明皇服之有验。

时珍曰：《圣济总录》治虚寒雀附丸，用肥雀肉三、四十枚，同附子熬膏丸药，亦祖此意也。

【附方】新六。补益老人：治老人脏腑虚损羸瘦，阳气乏弱。雀儿五只（如常治），粟米一合，葱白三茎，先炒雀熟，入酒一合，煮少时，入水二盏半，下葱、米作粥食。（《食治方》）心气劳伤：朱雀汤：治心气劳伤，因变诸疾。用雄雀一只（取肉炙），赤小豆一合，人参、赤茯苓、大枣肉、紫石英、小麦各一两，紫菀、远志肉、丹参各半两，甘草（炙）二钱半，细剉拌匀。每服三钱，用水一盏，煎六分，去滓，食远温服。（《奇效方》）肾冷偏坠疝气：用生雀三枚，燎毛去肠，勿洗，以舶上茴香三钱，胡椒一钱，缩砂、桂肉各二钱，入肚内，湿纸裹，煨熟，空心食之，酒下，良。（《直指方》）小肠疝气：用带毛雀儿一枚去肠，入金丝矾末五钱缝合，以桑柴火煨成炭，为末。空心无灰酒服。年深者，二服愈。（《瑞竹堂方》）赤白痢下：腊月取雀儿，去肠肚皮毛，以巴豆仁一枚入肚内，瓶固济，煅存性，研末。以好酒煮黄蜡百沸，取蜡和，丸梧桐子大。每服一二十丸。红痢，甘草汤下；白痢，干姜汤下。（《普济方》）内外目障：治目昏生翳，远视似有黑花，及内障不见物。用雀儿十个（去毛翅足嘴，连肠胃骨肉研烂），磁石（煅，醋淬七次，水飞）、神曲（炒）、青盐、肉苁蓉（酒浸炙）各一两，菟丝子（酒浸三日，晒）三两，为末。以酒二升，少入炼蜜，同雀、盐研膏和，丸梧桐子大。每温酒下二十丸，日二服。（《圣惠方》）

雀卵

【气味】酸，温，无毒。五月取之。

【主治】下气，男子阴痿不起，强之令热，多精有子（《别录》）。和天雄、菟丝子末为丸，空心酒下五丸，治男子阴痿不起，女子带下，便溺不利，除疝瘕（孟诜）。

【发明】弘景曰：雀利阴阳，故卵亦然。术云：雀卵和天雄服之，令茎不衰。

颂曰：按《素问》云：胸胁支满者，妨于食，病至则先闻臊臭，出清液，先唾血，四肢清，目眩，时时前后血。病名血枯，得之年少时，有所大脱血，若醉入房，中气竭肝伤，故月事衰少不来。治之以乌鲗鱼骨、藘茹，二物并合之，丸以雀卵，大如小豆，以五丸为后饭，饮鲍鱼汁，以利肠中及伤肝也。饮后药先为后饭。本草三药并不治血枯，而经法用之，是攻其所生所起耳。

时珍曰：今人知雀卵能益男子阳虚，不知能治女子血枯，盖雀卵益精血耳。

肝

【主治】肾虚阳弱(《圣惠》四雄丸用之)。

头血

【主治】雀盲(《别录》。弘景曰：雀盲，乃人患黄昏时无所见，如雀目夜盲也。日二，取血点之。)

脑

【气味】平。

【主治】绵裹塞耳，治聋。又涂冻疮(孟诜。时珍曰：按张子和方：腊月雀脑烧灰，油调涂之亦可)。

喙及脚胫骨

【主治】小儿乳癖，每用一具煮汁服。或烧灰，米饮调服(时珍)。

雄雀屎

一名白丁香(俗名)、青丹(《拾遗》)、雀苏(《炮炙论》)。

【修治】《日华》曰：凡鸟右翼掩左者是雄。其屎头尖挺直。

敩曰：凡使，勿用雀儿粪。雀儿口黄，未经淫者也。其雀苏底坐尖在上是雄，两头圆者是雌。阴人使雄，阳人使雌。腊月采得，去两畔附着者，钵中研细，以甘草水浸一夜，去水焙干用。

时珍曰：《别录》只用雄雀屎。雌雄分用，则出自雷氏也。

【气味】苦，温，微毒。

【主治】疗目痛，决痈疖，女子带下，溺不利，除疝瘕(《别录》)。疗龋齿(陶弘景)。和首生男子乳点目中，胬肉、赤脉贯瞳子者即消，神效。和蜜丸服，治症瘕久痼冷病。和少干姜服之，大肥悦人(苏恭)。痈苦不溃者，点涂即溃。急黄欲死者，汤化服之立苏。腹中痃癖、诸块、伏梁者，和干姜、桂心、艾叶为丸服之，能令消烂(藏器)。和天雄、干姜丸服，能强阴(孟诜)。消积除胀，通咽塞口噤，女人乳肿，疮疡中风，风虫牙痛。(时珍)。

【发明】时珍曰：雀食诸谷，易致消化。故所治疝瘕积胀痃癖，及目翳胬肉，痈疽疮疖，咽噤齿龋诸症，皆取其能消烂之义也。

【附方】旧六，新八。霍乱不通，胀闷欲死，因伤饱取凉者：用雄雀粪二十一粒，炒研末，温酒半盏调服。未效，再服。(《总录》)目中翳膜：治目热生赤白膜。以雄雀屎和人乳点上，自烂。(《肘后方》)风虫牙痛：雄雀屎，绵裹塞孔中，日二易之，效。(《外台》)咽喉噤塞:雄雀屎末,温水灌半钱。(《外台》)小儿口噤中风:用雀屎,水丸麻子大。饮下二丸,即愈。(《千金方》)小儿不乳:用雀屎四枚末之,着乳上与吮。(《总微》)小儿痘靥:白丁香末,入麝少许,米饮服一钱。(《保幼大全》)妇人吹乳:独胜散:白丁香半两,为末。以温酒服一钱。(《简要济众》)破伤风疮作白痂无血者:杀人最急。以雄雀粪(直者)研末,热酒服半钱。(《普济》)破决痈疖:诸痈已成脓,惧针者。取雀屎涂疮头,即易决。(《梅师方》)瘭疮作痛:用雀屎、燕窠土研,敷之。(《直指》)浸淫疮癣:洗净,以雀屎、酱瓣和研,日涂之。(《千金翼》)喉痹乳蛾:白丁香二十个,以沙糖和作三丸。每以一丸绵裹含咽,即时遂愈。甚者不过两丸,极有奇效。(《普济方》)面疮酒刺:白丁香十粒,蜜一两浸,早夜点,久久自去。(《普济方》)

蒿雀(《拾遗》)

【集解】藏器曰:蒿雀似雀,青黑色,在蒿间,塞外弥多。食之,美于诸雀。

肉

【气味】甘,温,无毒。

【主治】食之,益阳道,补精髓(藏器)。

脑

【主治】涂冻疮,手足不皲(藏器)。

巧妇鸟(《拾遗》)

【释名】鹪鹩(《诗疏》)、桃虫(《诗经》)、蒙鸠(《荀子》)、女匠(《方言》)、黄脰雀(俗)。

时珍曰:按《尔雅》云:桃虫,鹪。其雌曰鴱。扬雄《方言》云:桑飞自关而东谓之巧雀,或谓之女匠。自关而西谓之袜雀,或谓之巧女。燕人谓之巧妇。江东谓之桃雀,亦曰布母。鸠性拙,鹪性巧,故得诸名。

巧妇鸟

【集解】藏器曰:巧妇小于雀,在林薮间为窠。窠如小袋。

时珍曰:鹪鹩处处有之。生蒿木之间,居藩篱之上。状似黄雀而小,灰色有斑,声如吹嘘,喙如利锥。取茅苇毛毳而窠,大如鸡卵,而系之以麻发,至为精密。悬于树上,或一房、二房。故曰巢林不过一枝,每食不过数粒。小人畜驯,教其作戏也。又一种鴷鹩,《尔雅》谓之剖苇。似雀而青灰斑色,长尾,好食苇蠹,亦鹪类也。

肉

【气味】甘,温,无毒。
【主治】炙食甚美。令人聪明(汪颖)。

窠

【主治】烧烟熏手。令妇人巧蚕(藏器)。治膈气噎疾。以一枚烧灰酒服,或一服三钱,神验(时珍。出《卫生易简方》)。

燕(《别录》中品)

【释名】乙鸟(《说文》)、玄鸟(《礼记》、鸷鸟(《古今注》)、鷾鸸(《庄子》)、游波(《炮炙论》)、天女(《易占》)。

时珍曰:燕字篆文象形。乙者,其鸣自呼也。玄,其色也。鹰鹞食之则死,能制海东青鹘,故有鸷鸟之称。能兴波祈雨,故有游波之号。雷敩云"海竭江枯,投游波而立泛",是矣。京房云:人见白燕,主生贵女,故燕名天女。

【集解】《别录》曰:燕生高山平谷。

弘景曰:燕有两种:紫胸轻小者是越燕,不入药用;胸斑黑而声大者,是胡燕,可入药用。胡燕作窠喜长,能容一匹绢者,令人家富也。若窠户北向而尾屈色白者,是数百岁燕,《仙经》谓之肉芝,食之延年。

时珍曰:燕大如雀而身长,衔口丰颔,布翅歧尾。背飞向宿,营巢避戊己日。春社来,秋社去。其来也,衔泥巢于屋宇之下;其去也,伏气蛰于窟穴之中。或谓其渡海者,谬谈也。玄鸟至时祈高禖,可以求嗣。或以为吞燕卵而生子者,怪说也。或云燕蛰于井底,燕不入屋,井虚也。燕巢有艾则不居。凡狐貉皮毛,见燕则毛脱。物理使然。

燕

肉

【气味】酸,平,有毒。

弘景曰:燕肉不可食,损人神气,入水为蛟龙所吞。亦不宜杀之。

时珍曰:《淮南子》言:燕入水为蜃蛤,故高诱注谓蛟龙嗜燕,人食燕者不可入水,而祈祷家用燕召龙。窃谓燕乃蛰而不化者,化蛤之说未审然否?但燕肉既有毒,自不必食之。

【主治】出痔虫、疮虫(《别录》)。

胡燕卵黄

【主治】卒水浮肿,每吞十枚(《别录》)。

秦燕毛

【主治】解诸药毒。取二七枚烧灰，水服(时珍)。

屎

【气味】辛，平，有毒。

【主治】蛊毒鬼疰，逐不祥邪气，破五癃，利小便。本经熬香用之(思邈。颂曰：胡洽治疰病，青羊脂丸中用之。)疗痔，杀虫，去目翳(苏恭)。治口疮，疟疾(孙思邈)。作汤。浴小儿惊痫(弘景)。

【附方】旧三，新三。解蛊毒：藏器曰：取燕屎三合(炒)，独蒜(去皮)十枚和捣，丸梧桐子大。每服三丸，蛊当随利而出。厌疟疾：藏器曰：燕屎方寸匕，发日平旦和酒一升，令病人两手捧住吸气。慎勿入口，害人。下石淋：用燕屎末，以冷水服五钱。旦服，至食时，当尿石水下(葛氏方)通小便：用燕屎、豆豉各一合，糊丸梧桐子大。每白汤下三丸，日三服。(《千金》)止牙痛：用燕子屎，丸梧桐子大。于疼处咬之，丸化即疼止。(《袖珍》)小儿猝惊：似有痛处而不知。用燕窠中粪，煎汤洗浴之。(《救急方》)

窠中土

见土部。

燕蓐草

即窠草。见草部之九。

石燕(《日华》)

【释名】土燕(《纲目》)。

【集解】诜曰：石燕在乳穴石洞中者。冬月采之，堪食。余月，只可治病。

炳曰：石燕似蝙蝠，口方，食石乳汁。

时珍曰：此非石部之石燕也。《广志》云：燕有三种，此则土燕乳于岩穴者是矣。

肉

【气味】甘，暖，无毒。

【主治】壮阳，暖腰膝，添精补髓，益气，润皮肤，缩小便，御风寒、岚瘴、温疫气。(《日华》)。

诜曰：治法：取石燕二七枚，和五味炒熟，以酒一斗浸三日。每夜卧时饮一二盏，甚能补益，令人健力能食。

鼺鼠(累、垒二音。《本经》下品)

【校正】鼺鼠原在兽部,今据《尔雅》《说文》移入禽部。

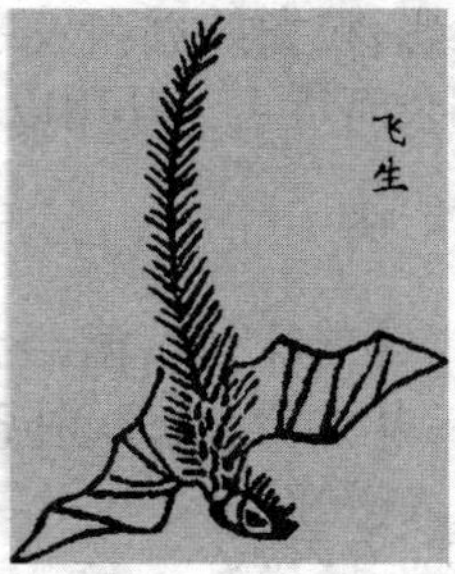

【释名】鼺鼠(《本经》)、鼯鼠(《尔雅》)、耳鼠(《山海经》)、夷由(《尔雅》)、鸓(《禽经》)、飞生鸟(弘景)。

时珍曰:案许慎《说文》云:鸓,鼠形、飞走且乳之鸟也。故字从鸟,又名飞生。《本经》从鼠,以形似也。此物肉翅连尾,飞不能上,易至礧坠,故谓之鸓。俗谓痴物为鸓,义取乎此。亦名鼯鼠,与蝼蛄同名。

【集解】《别录》曰:鼺鼠出山都平谷。弘景曰:此鼠即鼯鼠(飞生鸟)也。状如蝙蝠,大如鸱鸢,毛紫色暗,夜行飞生。人取其皮毛与产妇持之,令儿易生。

颂曰:今湖岭山中多有之。南人见之,多以为怪。

宗奭曰:关西山中甚有。毛极密,但向下飞,不能致远。人捕取皮为暖帽。

时珍曰:案郭氏注《尔雅》云:鼯鼠状如小狐,似蝙蝠肉翅四足。翅、尾、项、胁毛皆紫赤色,背上苍艾色,腹下黄色,喙、颔杂白色。脚短爪长,尾长三尺许。飞而乳子,子即随母后。声如人呼,食火烟。能从高赴下,不能从下上高。性喜夜鸣。《山海经》云:耳鼠状如鼠,兔首麋身,以其尾飞。食之不眯,可御百毒。即此也。其形,翅联四足及尾,与蝠同,故曰以尾飞。生岭南者,好食龙眼。

【气味】微温,有毒。

【主治】堕胎,令易产(《本经》)。

【发明】颂曰:人取其皮毛与产妇,临蓐时持之,令儿易生。而《小品方》乃人服药,用飞生一枚,槐子、故弩箭羽各十四枚合捣,丸梧桐子大.以酒服二丸,即易产也。

时珍曰:鸓能飞而且产,故寝其皮,怀其爪,皆能催生,其性相感也。《济生方》治难产,金液丸,用其腹下毛为丸服之。

寒号虫(宋《开宝》)

【校正】自虫部移入此。

【释名】鹖鴠、独春。屎名五灵脂。

时珍曰:杨氏《丹铅录》谓号虫即鹖鴠,今从之。鹖鴠,《诗》作盍旦,《礼》作曷旦,《说文》作鳱鴠,《广志》作侃旦,《唐诗》作渴旦,皆随义借名耳。扬雄《方言》云:鳱鴠,自关而西谓之鹖鹖鴠;自关而东谓之城旦,亦曰倒悬。周、魏、宋、楚谓之独春。郭璞云:鹖鴠,夜鸣求旦之鸟。夏月毛盛,冬月裸体,昼夜鸣叫,故曰寒号,曰鹖旦。古刑有城旦舂,谓昼夜舂米也。故又有城旦、独春之名。《月令》云:仲冬,曷旦不鸣。盖冬至阳生渐暖故也。其屎名五灵脂者,谓状如凝脂而受五行之灵气也。

【集解】《志》曰:五灵脂出北地,寒号虫粪也。

禹锡曰：寒号虫四足，有肉翅不能远飞。

颂曰：今惟河东州郡有之。五灵脂色黑如铁，采无时。

时珍曰：曷旦乃候时之鸟也，五台诸山甚多。其状如小鸡，四足有肉翅。夏月毛采五色，自鸣若曰：凤凰不如我。至冬毛落如鸟雏，忍寒而号曰：得过且过。其屎恒集一处，气甚臊恶，粒大如豆。采之有如糊者，有粘块如糖者。人亦以沙石杂而货之。凡用以糖心润泽者为真。

肉

【气味】甘，温，无毒。

【主治】食之，补益人（汪颖）。

五灵脂

【修治】颂曰：此物多夹沙石，绝难修治。凡用研为细末，以酒飞去沙石，晒干收用。

【气味】甘，温，无毒。恶人参，损人。

【主治】心腹冷气，小儿五疳，辟疫，治肠风，通利气脉。女子血闭（《开宝》）。疗伤冷积聚（苏颂）。凡血崩过多者，半炒半生为末，酒服，能行血止血。治血气刺痛甚效（震亨）。止妇人经水过多，赤带不绝，胎前产后血气诸痛，男女一切心腹、胁肋、少腹诸痛，疝痛，血痢肠风腹痛，身体血痹刺痛，肝疟发寒热，反胃消渴，及痰涎挟血成窠，血贯瞳子，血凝齿痛，重舌，小儿惊风，五痫癫疾，杀虫，解药毒，及蛇、蝎、蜈蚣伤（时珍）。

【发明】宗奭曰：五灵脂引经有功，不能生血，此物入肝最速也。尝有人病目中翳。往来不定，此乃血所病也。肝受血则能视，目病不治血，为背理也。用五灵脂之药而愈。又有人被毒蛇所伤，良久昏愦。一老僧以酒调药二钱灌之，遂苏。仍以滓敷咬处，少顷复灌二钱，其苦皆去。问之，乃五灵脂一两，雄黄半两，同为末耳。其后有中蛇毒者，用之咸效。

时珍曰：五灵脂，足厥阴肝经药也。气味俱厚，阴中之阴，故入血分。肝主血，诸痛皆属于木，诸虫皆生于风；故此药能治血病，散血和血而止诸痛。治惊痫，除疟痢，消积化痰，疗疳杀虫，治血痹、血眼诸症，皆属肝经也。失笑散，不独治妇人心痛血痛；凡男女老幼，一切心腹、胁肋、少腹痛，疝气，并胎前产后，血气作痛，及血崩经溢，百药不效者，俱能奏功。屡用屡验，真近世神方也。又案李仲南云：五灵脂治崩中，非只治血之药，乃去风之剂。风，动物也，冲任经虚，被风伤袭营血，以致崩中暴下，与荆芥、防风治崩义同。方悟古人识见，深奥如此。此亦一说，但未及肝血虚滞，亦自生风之意。

【附方】旧六，新三十一。失笑散：治男女老少，心痛腹痛，少腹痛，小肠疝气，诸药不效者，能行能止；妇人妊娠心痛，及产后心痛、少腹痛、血气痛尤妙。用五灵脂、蒲黄等分，研末。先以醋二杯调末熬成膏，入水一盏，煎至七分，连药热服。未止再服。一方以酒代醋。一方以醋糊和丸，童尿、酒服。（《和剂局方》）紫金丸：治产后恶露不快，腰痛，小腹如刺，时作寒热，头痛不思饮食；又治久有瘀血，月水不调，黄瘦不食；亦疗心痛，功与失笑散同。以五灵脂水淘净炒末一两，以好米醋调稀，慢火熬膏，入真蒲黄末和，丸龙眼大。每服一丸，以水与童子小便各半盏，煎至七分，温服，少顷再服，恶露即下。血块经闭者，酒磨服之。（《杨氏产乳》）五灵脂散：治丈夫脾积气痛，妇人血崩诸痛。飞过五灵脂炒烟尽，研末。每服一钱，温酒调下。此药气恶难吃，烧存性乃妙也。或以酒、水、童尿煎服，名抽刀散，治产后心腹、胁肋、腰胯痛。能散恶血。如心烦口渴者，加炒蒲黄减半，霹雳酒下。肠风下血者，煎乌梅、柏叶汤下。中风麻痹痛者，加草乌半钱，同童尿、水、酒煎服。（《永类钤方》）产后血晕：治产妇血晕，不知人事。用五灵脂二两（半生半炒）为末。每服一钱，白水调下。如口噤者，斡开灌之，入喉即愈。（《图经》）产后腹痛：五灵脂、香附、桃仁等分研末，醋糊丸，服一百丸。或用五灵脂末，神曲糊丸，白术、陈皮汤下。（丹溪方）儿枕作痛：五灵脂慢火炒，研末。酒服二钱。（《危氏》）血气刺痛：五灵脂（生研）三钱，酒一盏煎沸，热服。（《灵苑方》）卒暴心痛：五灵脂（炒）一钱半，干姜（炮）三分，为末。热酒服，立愈。（《事林广记》）心脾虫痛不拘男女：用五灵脂、槟榔等分为末，水煎石菖蒲调服三钱。先嚼猪肉一二片。（《海上仙方》）小儿蛔痛：五灵脂（末）二钱，白矾（火飞）半钱。每服一钱，水一盏，煎五分，温服。当吐虫出，愈。（阎孝忠《集效方》）经血不止：五灵脂炒烟尽，研。每服二钱，当归两片，酒一盏，煎六分，热服，三五度取效。（《经效方》）

本草纲目禽部第四十九卷

本草纲目禽部第四十九卷

斑鸠(宋《嘉祐》)

【释名】斑隹(音锥)、锦鸠(《范汪方》)、鹁鸠(《左传》注)、祝鸠。

时珍曰:鸠也,鹁也,其声也。斑也,锦也,其色也。隹者,尾短之名也。古者庖人以尸祝登尊俎,谓之祝鸠。此皆鸠之大而有斑者。其小而无斑者,曰隹,曰花鹁(音葵),曰荆鸠,曰楚鸠也。鸠之子曰鹁鸠,曰役鸠,曰糠鸠,曰郎皋,曰辟皋。扬雄《方言》混列诸鸠,不足据。

【集解】禹锡曰:斑鸠是处有之。春分化为黄褐侯,秋分化为斑鹪。黄褐侯,青鹪也。

宗奭曰:斑鸠有有斑者,有无斑者,有灰色者,有大者,有小者。虽有此数色,其用则一也。尝养之数年,并不见春秋分变化。

时珍曰:鸣鸠能化鹰,而斑鸠化黄褐侯之说,不知所出处。今鸠小而灰色,及大而斑如梨花点者,并不善鸣。惟项下斑如真珠者,声大能鸣,可以作媒引鸠,入药尤良。鸠性悫孝,而拙于为巢,才架数茎,往往堕卵。天将雨即逐其雌,霁则呼而反之。故曰鷦巧而危,鸠拙而安。或云雄呼晴,雌呼雨。

鸠肉

【气味】甘,平,无毒。

【主治】明目。多食,益气,助阴阳(《嘉祐》)。久病虚损人食之,补气(宗奭)。食之,令人不噎(时珍)。

【发明】时珍曰:《范汪方》治目有斑鹪丸,《总录》治目有锦鸠丸,倪惟德氏谓斑鸠补肾,故能明目。窃谓鸠能益气,则能明目矣,不独补肾已尔。古者仲春罗氏献鸠以养国老,仲秋授年老者以鸠杖,云鸠性不噎,食之且复助气也。

血

【主治】热饮,解蛊毒,良(时珍)。

屎

【主治】治聤耳出脓疼痛，及耳中生耵聍，同夜明沙末等分，吹之（时珍）。

青鹤（音锥。《拾遗》）

【释名】黄褐侯（《拾遗》）。

【集解】藏器曰：黄褐侯，状如鸠而绿褐色，声如小儿吹竽。

时珍曰：鸠有白鸠、绿鸠。今夏月出一种糠鸠，微带红色，小而成群，掌禹锡所谓黄褐侯秋化斑隹，恐即此也。好食桑椹及半夏苗。昔有人食之过多，患喉痹，医用生姜解之愈。

肉

【气味】甘，平，无毒。

【主治】蚁瘘恶疮。五味淹炙食之，极美（藏器）。安五脏，助气补虚损，排脓活血，并一切疮疖痈瘘（《嘉祐》）。

鸤鸠（《拾遗》）

【释名】布谷（《列子》），鴶鵴（音戛菊）、获谷（《尔雅注》）、郭公。

藏器曰：布谷，鸤鸠也。江东呼为获谷，亦曰郭公。北人名拨谷。

鸠　鸤

时珍曰：布谷名多，皆各因其声似而呼之。如俗呼阿公阿婆、割麦插禾、脱却破裤之类，皆因其鸣时可为农候故耳。或云：鸤鸠即《月令》鸣鸠也，鸤乃鸣字之讹，亦通。《禽经》及《方言》，并谓鸤鸠即戴胜，郭璞云非也。

【集解】藏器曰：布谷似鹞长尾，牝牡飞鸣，以翼相拂击。

时珍曰：案《毛诗义疏》云：鸣鸠大如鸠而带黄色，啼鸣相呼而不相集。不能为巢，多居树穴及空鹊巢中。哺子朝自上下，暮自下上也。二月谷雨后始鸣，夏至后乃止。张华《禽经注》云：仲春鹰化为鸠，仲秋鸠复化为鹰。故鸠之目，犹如鹰之目。《列子》云：鹞之为鹯，鹯之为布谷，布谷久复为鹞，是矣。《禽经》又云：鸠生三子，一为鹗。

肉

【气味】甘，温，无毒。

【主治】安神定志，令人少睡（汪颖）。

脚胫骨

【主治】令人夫妻相爱。五月五日收带之，各一，男左女右。云置水中，自能相随也（藏器）。

桑鳸（《食物》）

【释名】窃脂（《尔雅》）、青雀（郭璞）、蜡觜（雀）。

时珍曰：鳸意同扈，止也。《左传》少皞氏以鸟名官，九鳸为九农正，所以止民无淫也。桑鳸乃之在桑间者，其嘴或淡白如脂，或凝黄如蜡，故古名窃脂，俗名蜡觜。浅色曰窃。陆玑谓其好盗食脂肉，殆不然也。

桑鳸

【集解】时珍曰：鳸鸟处处山林有之。大如鸲鹆，苍褐色，有黄斑点，好食粟稻。《诗》云"交交桑鳸，有莺其羽"，是矣。其觜喙微曲，而厚壮光莹，或浅黄浅白，或浅青浅黑，或浅玄浅丹。鳸类有九种，皆以喙色及声音别之，非谓毛色也。《尔雅》云春鳸鳻鶞，夏鳸窃玄，秋鳸窃蓝，冬鳸窃黄，桑鳸窃脂，棘鳸窃丹，行鳸唶唶，宵鳸啧啧，老鳸鷃鷃，是矣。今俗多畜其雏，教作戏舞。

肉

【气味】甘，温，无毒。

【主治】肌肉虚羸，益皮肤（汪颖）。

伯劳（宋《嘉祐》）

【释名】伯鹩（《夏小正注》）、博劳（《诗疏》）、伯赵（《左传》）、䴗（《豳诗》。音臭）、鴂（《孟子》。音决）。

时珍曰：案曹植《恶鸟论》云：䴗声嗅嗅，故以名之。感阴气而动，残害之鸟也。谓其为恶声者，愚人信之，通士略之。世传尹吉甫信后妻之谗，杀子伯奇，后化为此鸟。故所鸣之家以为凶者，好事傅会之言也。伯劳，象其声也。伯赵，其色皂也，赵乃皂讹。

伯劳

【集解】时珍曰：伯劳即䴗也。夏鸣冬止，乃月令候时之鸟。本草不著形状，而后人无识之者。郭璞注《尔雅》云：䴗似鶷鶡而大。服虔云：鶷鶡（音辖轧），白项鸦也。张华注《禽经》云：伯劳形似鸲鹆。鸲鹆喙黄，伯劳喙黑。许慎《说文》云：鸲鹆似䴗而有帻。颜师古注《汉书》，谓鴂为子规。王逸注《楚词》，谓鴂为巧妇。扬雄《方言》，谓䴗为鹖鸣。陈正敏《遁斋闲览》，谓䴗为枭。李肇国《史补》，谓鴂为布谷。杨慎《丹铅录》，谓䴗为驾犁。九说各异。窃谓䴗既可以候时，必非稀见之鸟。今通考其得失，王说已谬，不必致辩。据郭说，则似今苦鸟。据张、许二说，则似今之百舌，似鸲鹆而有帻者。然䴗好单栖，鸣则蛇结；而百舌不能制蛇，为不同也。据颜说则子规名䴘鴂（音弟桂），伯劳名鴂（音决）。且月令起于北方，子规非北鸟也。据扬说䴗鸣乃寒号虫，惟晋地有之。据陈说则谓其目击，断然以为枭矣，而不具其形似，与陈藏器鸮即枭之说不合。而《尔雅》鵅鸮一名口鵵，与此不同。据李说则布谷一名䴗鵴，字音相近，又与《月令》鸣鸠拂其羽相犯。据杨说则驾犁乃鵖鴔，小如鸲鹆，三月即鸣，与《礼记》五月䴗始鸣、《豳风》七月鸣䴗之义不合。八说不同如此，要之当以郭说为准。案《尔雅》谓鹊、䴗之丑，其飞也翪，敛足竦翅也。既以鹊、䴗并称，而今之苦鸟，大如鸠，黑色，以四月鸣，其鸣曰苦苦，又名姑恶，人多恶之。俗以为妇被其姑苦死所化，颇与伯奇之说相近，但不知其能制蛇否？《淮南万》毕术云：伯劳之血涂金人不敢取。

毛

【气味】平，有毒。

【主治】小儿继病，取毛带之。继病者，母有娠乳儿，儿病如疟痢，他日相继腹大，或瘥或发。他人有娠，相近亦能相继也。北人未识此病（《嘉祐》）。

【发明】时珍曰：案《淮南子》云："男子种兰，美而不芳，继子得食，肥而不泽，情不相与往来也。"盖情在腹中之子故也。继病亦作魃病，魃乃小鬼之名，谓儿羸瘦如魃鬼也，大抵亦丁奚疳病。

踏枝

【主治】小儿语迟，鞭之即速语（《嘉祐》）。

【发明】时珍曰：案罗氏《尔雅翼》云：本草言伯劳所踏树枝鞭小儿令速语者，以其当万物不能鸣时而独能鸣之故，以类求之也。

【附录】鵖鴔

时珍曰：鵖鴔，《尔雅》名鵧鷑（音批及）。又曰：鵧鷑（音匹汲），戴胜也。一曰鵯鵊，讹作批鵊鸟。罗愿曰：即祝鸠也。江东谓之乌臼（音匊），又曰鸦鸱。小于乌，能逐乌。三月即鸣，今俗谓之驾犁，农人以为候。五更辄鸣，曰架架格格，至曙乃止。故滇人呼为榨油郎，亦曰铁鹦鹉。能啄鹰鹘乌鹊，乃隼属也。南人呼为凤凰皂隶，汴人呼为夏鸡。古有催明之鸟，名唤起者，盖即此也。其鸟大如燕，黑色，长尾有歧，头上戴胜。所巢之处，其类不得再巢，必相斗不已。杨氏指此为伯劳，乃谓批颊为鵙鸡，俱误矣。《月令》：三月戴胜降于桑。

鸜鹆（音劬欲。《唐本草》）

【释名】鸲鹆（《周礼》）、哵哵鸟（《广韵》）、八哥（俗名）、寒皋（《万毕术》）。

时珍曰：此鸟好浴水，其睛瞿瞿然，故名。王氏《字说》以为（其行欲也），尾而足勾，故曰鸲鹆，从勾、从欲省，亦通。哵哵其声也。天寒欲雪，则群飞如告，故曰寒皋。皋者，告也。

【集解】恭曰：鸜鹆，似鵙而有帻者是也。

藏器曰：五月五日取雏，剪去舌端，即能效人言，又可使取火也。

鹆鸜

时珍曰：鸜鹆巢于鹊巢、树穴，及人家屋脊中。身首俱黑，两翼下各有白点。其舌如人舌，剪剔能作人言。嫩则口黄，老则口白。头上有帻者，亦有无帻者。《周礼》鸲鹆不逾济，地气使然也。

肉

【气味】甘，平，无毒。

诜曰：寒。

【主治】五痔止血。炙食，或为散饮服(《唐本》)。炙食一枚，治吃噫下气，通灵(《日华》)。治老嗽。腊月腊日取得，五味腌炙食，或作羹食，或捣散蜜丸服之。非腊日者不可用(孟诜)。

【附方】(原缺)

目睛

【主治】和乳汁研，滴目中，令人目明，能见霄外之物(藏器)。

百舌(《拾遗》)

【释名】反舌、鹖鹖(音辖轧)。

时珍曰：按《易通》卦验云：能反复其舌如百鸟之音，故名。鹖鹖，亦象声。今俗呼为牛屎哵哥，为其形似鸲鹆而气臭也。《梵书》名舍罗。

舌百

【集解】藏器：肖百舌，今之莺也。

时珍曰：百舌处处有之，居树孔、窟穴中。状如鸲鹆而小，身略长，灰黑色，微有斑点，喙亦尖黑，行则头俯，好食蚯蚓。立春后则鸣啭不已，夏至后则无声，十月后则藏蛰。人或畜之，冬月则死。《月令》"仲夏反舌无声"，即此。蔡邕以为蛤蟆者，非矣。陈氏谓即莺，服虔《通俗文》以鹖鹖为白脰乌者，亦非矣。音虽相似，而毛色不同。

肉

【气味】缺。

【主治】炙食，治小儿久不语，及杀虫(藏器)。

窠及粪

【主治】诸虫咬，研末涂之（藏器）。

练鹊（宋《嘉祐》）

【集解】禹锡曰：练鹊似鸲鹆而小，黑褐色。食槐子者佳。冬春间采之。

时珍曰：其尾有长白毛如练带者是也。《禽经》石：冠鸟性勇，缨鸟性乐，带鸟性仁。

张华云：带鸟，练鹊之类是也。今俗呼为拖白练。

【气味】甘，温、平，无毒。

【主治】益气，治风疾。细剉炒香，袋盛浸酒中，每日取酒温服之（《嘉祐》）。

莺（《食物》）

【释名】黄鸟（《诗经》）、离黄（《说文》）、黧黄（《尔雅》）、仓庚（《月令》。《尔雅》作商庚）、青鸟（《左传》）、黄伯劳。

莺

时珍曰：《禽经》云鸎鸣嘤嘤，故名。或云鸎项有文，故从 賏。賏，项饰也。或作莺，鸟羽有文也。《诗》云"有莺其羽"，是矣。其色黄而带黧，故有黧黄诸名。陆玑云：齐人谓之抟黍，周人谓之楚雀，幽州谓之黄莺，秦人谓之黄鹂鹠，淮人谓之黄伯劳，唐玄宗呼为金衣公子，或谓之黄袍。

【集解】时珍曰：莺处处有之。大于鸜鹆，雌雄双飞，体毛黄色，羽及尾有黑色相间，黑眉尖觜，青脚。立春后即鸣，麦黄椹熟时尤甚，其音圆滑，如织机声，乃应节趋时之鸟也。《月令》云：仲春仓庚鸣。《说文》云：仓庚鸣则蚕生。冬月则藏蛰。入田塘中，以泥自裹如卵，至春始出。

肉

【气味】甘，温，无毒。

【主治】补益阳气，助脾（汪颖）。食之不妒（时珍）。

【发明】颖曰：此鸟感春阳先鸣，所以补人。

时珍曰：按《山海经》云：黄鸟食之不妒。杨夔《止妒论》云：梁武帝郗后性妒。或言仓庚为膳疗忌。遂令茹之，妒果减半。

啄木鸟（宋《嘉祐》）

【释名】斫木（《尔雅》）、䴕。

时珍曰：此鸟斫裂树木取蠹食，故名。《禽经》云：䴕志在木，鹈志在水。

鸟木啄

【集解】禹锡曰:《异物志》云:啄木有大有小,有褐有斑,褐者是雌,斑者是雄,穿木食蠹,俗云雷公采药吏所化也。山中一种大如鹊,青黑色,头上有红毛者,土人呼为山啄木。

时珍曰:啄木小者如雀,大者如鸦,面如桃花,喙、足皆青色,刚爪利嘴。嘴如锥,长数寸。舌长于咮,其端有针刺,啄得蠹,以舌钩出食之。《博物志》云:此鸟能以嘴画字,令虫自出。鲁至刚云:今闽、广、蜀人、巫家收其符字,以收惊、疗疮毒也。其山啄木头上有赤毛,野人呼为火老鸦,能食火炭。王元之诗云:淮南啄木大如鸦,顶似仙鹤堆丹砂。即此也。亦入药用,其功相同。

肉

【气味】甘、酸,平,无毒。

【主治】痔瘘,及牙齿疳䘌虫牙。烧存性,研末,纳孔子中,不过三次(《嘉祐》)。追劳虫,治风痫(时珍)。

【发明】禹锡曰:《淮南子》云:啄木愈龋,以类相摄也。《荆楚岁时记》云:野人以五月五日取啄木,主齿痛。

时珍曰:追劳、治痫、治瘘,皆取制虫之义也。

【附方】旧一,新二。瘘疮脓水不止,不合:用啄木一只(或火老鸦亦可),盐泥固济,煅存性研末,酒下二钱匕。(姚大夫方)追劳取虫:用啄木禽一只,朱砂四两,精猪肉四两。饿令一昼夜,将二味和匀,喂之至尽。以盐泥固济,煅一夜。五更取出,勿打破,连泥埋入土中二尺。次日取出破开,入银、石器内研末。以无灰酒入麝香少许,作一服。须谨候安排,待虫出,速钳入油锅煎之。后服《局方》嘉禾散一剂。(胡云翱《劳瘵方》)多年痫病:取腊月啄木鸟一个,无灰酒三升。先以瓦罐铺荆芥穗一寸厚,安鸟于上,再以穗盖一寸,倾酒入内,盐泥固济,炭火煅之,酒干为度。放冷取出为末,入石膏二两,铁粉一两,炮附子一两,朱砂、麝香各一分,龙脑一钱,共研匀。每服一钱,先服温水三两口,以温酒一盏调服即卧。发时又一服,间日再服,不过十服即愈。(《保幼大全》)

舌

【主治】龋齿作痛,以绵裹尖,咬之(《梅师》)。

【附方】新一。啄木散:治虫牙。啄木舌一枚,巴豆一枚,研匀。每以猪鬃一茎,点少许于牙根上,立瘥。(《圣惠》)

血

【主治】庚日向西热饮,令人面色如朱,光彩射人(时珍。出《岣嵝神书》)

脑

【主治】鲁至刚(俊灵机要》云:三月三日取啄木,以丹砂、大青拌肉饵之,一年取脑，和雄黄半钱，作十丸。每日向东水服一丸。久能变形，怒则如神鬼，喜则常人也。

慈乌(宋《嘉祐》)

【释名】慈鸦(《嘉祐》)、孝乌(《说文》)、寒鸦。

时珍曰：乌字篆文，象形。鸦亦作鸹，《禽经》鸹鸣哑哑，故谓之鸹。此鸟初生，母哺六十日；长则反哺六十日，可谓慈孝矣。北人谓之寒鸦，冬月尤甚也。

【集解】禹锡曰：慈乌北土极多，似乌鸦而小，多群飞作鸦鸦声，不膻臭可食。

时珍曰：乌有四种：小而纯黑，小嘴反哺者，慈乌也；似慈乌而大嘴，腹下白，不反哺者，雅乌也；似鸦乌而大，白项者，燕乌也；似鸦乌而小，赤嘴穴居者，山乌也。山乌一名鹗，出西方。燕乌一名白脰，一名鬼雀，一名鹊鹞(音辖轧)。《禽经》云：慈乌反哺，白脰不祥，大嘴善警，玄乌吟夜。又云：乌鸟背飞而向啼也。又蜀徼有火鸦，能衔火。

慈乌

肉

【气味】酸、咸，平，无毒。

【主治】补劳治瘦，助气止咳嗽。骨蒸羸弱者，和五味淹炙食之，良(《嘉祐》。诜曰：《北帝摄鬼录》中亦用慈鸦卵)。

乌鸦(宋《嘉祐》)

【释名】鸦乌(《小尔雅》)、老雅(雅与鸦同)、鸒(音预)、鹎鹍(音匹居)、楚乌(《诗义问》)、大觜乌(《禽经》)。

【集解】时珍曰：乌鸦大嘴而性贪鸷，好鸣，善避缯缴，古有鸦经以占吉凶。然北人喜鸦恶鹊，南人喜鹊恶鸦，惟师旷以白项者为不祥，近之。

乌鸦

肉

【气味】酸、涩，平，无毒；

诜曰：肉涩臭不可食，只可治病。

藏器曰：肉及卵食之，令人昏忘，把其毛亦然。盖未必昏，为其膻臭耳。

【主治】瘦病咳嗽，骨蒸劳疾。腊月以瓦瓶泥固烧存性，为末，每饮服一钱。又治小儿痫疾及鬼魅(《嘉祐》)。治暗风痫疾，及五劳七伤，吐血咳嗽，杀虫(时珍)。

【发明】颂曰：乌鸦今人多用治急风，而《本经》不著。宜于腊月捕取翅羽、觜、足全者，泥固煅过，入药治诸风，乌犀丸中用之(见《和剂局方》)。

时珍曰：《圣济总录》治破伤风，牙关紧急，四肢强直，有金乌散，煅过入药，品多不录。

【附方】新六。五劳七伤，吐血咳嗽：乌鸦一枚，栝蒌瓤一枚，白矾少许，入鸦肚中，缝扎煮熟，作四服。（《寿域神方》）暗风痫疾：用腊月乌鸦一个，盐泥固济，于瓶中煅过，放冷取出为末，入朱砂末半两。每服一钱，酒下，日三服，不过十日愈。又方：用浑乌鸦一个（瓶固煅研），胡桃七枚，苍耳心子七枚，为末。每服一钱，空心热酒下。（并《保幼大全》）疝气偏坠：即前胡桃、苍耳方，加入新生儿胎衣一副，煅研入之。（同上）经脉不通，积血不散：用乌鸦散主之。乌鸦（去皮毛，炙）三分，当归（焙）、好墨各三分，延胡索（炒）、蒲黄（炒）、水蛭（以糯米炒过）各半两，芫青（糯米炒过）一分，为末。每服一钱，酒下。（《总录》）虚劳瘵疾：乌鸦一只，绞死去毛肠，入人参片、花椒各五钱，缝合。水煮熟食，以汤下。鸦骨、参、椒焙研，枣肉丸服。（吴球《便民食疗》）

乌目

【气味】无毒。

【主治】吞之，令人见诸魅。或研汁注目中，夜能见鬼（藏器）。

头

【主治】土蜂瘘，烧灰敷之（《圣惠》）。

心

【主治】猝得咳嗽，炙熟食之（《肘后》）。

胆

【主治】点风眼红烂（时珍）。

翅羽

【主治】从高坠下，瘀血抢心，面青气短者，取右翅七枚，烧研酒服，当吐血便愈（苏颂。出《肘后》）。治针刺入肉，以三五枚，炙焦研末，醋调敷之，数次即出，甚效。又治小儿痘疮不出复入（时珍）。

【附方】新一。痘疮复陷：十二月取老鸦左翅，辰日烧灰，用猹猪血和，丸芡子大。每服一丸，以猹猪尾血同温水化服，当出也。（闻人规《痘疹论》）

鹊（《别录》下品）

【释名】飞驳乌（陶弘景）、喜鹊（《禽经》）、干鹊（《新语》）。

时珍曰：鹊古文作舄，象形。鹊鸣唶唶，故谓之鹊。鹊色驳杂，故谓之驳。灵能报喜，故谓之喜。性最恶湿，故谓之干。《佛经》谓之刍尼，《小说》谓之神女。

【集解】时珍曰：鹊，乌属也。大如鸦而长尾，尖嘴黑爪，绿背白腹，尾翮黑白驳

鹊

杂。上下飞鸣，以音感而孕，以视而抱。季冬始巢，开户背太岁向太乙。知来岁风多，巢必卑下。故曰干鹊知来，猩猩知往。段成式云：鹊有隐巢木如梁，令鸷鸟不见。人若见之，主富贵也。鹊至秋则毛㲪头秃。《淮南子》云："鹊矢中猬"，猬即反而受啄，火胜金也。

雄鹊肉

【气味】甘，寒，无毒。

《日华》曰：凉。

【主治】石淋，消结热。可烧作灰，以石投中解散者，是雄也（《别录》。藏器曰：烧灰淋汁饮之，令淋石自下）。治消渴疾、去风及大小肠涩，并四肢烦热，胸膈痰结。妇人不可食（苏颂）。冬至埋鹊于圊前，辟时疾温气（时珍。出《肘后》）。

【发明】弘景曰：凡鸟之雌雄难别者，其翼左覆右者是雄，右覆左者是雌。又烧毛作屑纳水中，沉者是雌，浮者是雄。今云投石，恐只是鹊，余鸟未必尔。

脑

【主治】弘景曰：五月五日取鹊脑，入术家用。

时珍曰：按淮南《万毕术》云：丙寅鹊脑令人相思。高诱注云：取鹊脑雌雄各一，道中烧之，丙寅日入酒中饮，令人相思。又媚药方中亦有用之者。则陶氏所谓术家者，亦此类耳。

巢

【主治】多年者，烧之水服，疗颠狂鬼魅及蛊毒，仍呼祟物名号。亦敷瘘疮，良（《日华》）。正旦烧灰撒门内，辟盗。其重巢柴烧研，饮服方寸匕，一日三服，治积年漏下不断困笃者，一月取效（时珍。出《洞天录》及《千金方》。重巢者，连年重产之巢也）。

【附方】新一。小便不禁：重鹊巢中草一个，烧灰。每服二钱匕，以蔷薇根皮二钱，煎汤服之，日二。（《圣惠》）

山鹊（《食物》）

山鹊

【释名】鸴（渥、学二音。《尔雅》）、鵫（音汗。说文）、山鷓（俗名）、赤嘴乌（《酉阳杂俎》）。

【集解】时珍曰：山鹊，处处山林有之。状如鹊而乌色，有文采，赤嘴赤足，尾长不能远飞，亦能食鸡、雀。谚云：朝鸴叫晴，暮鸴叫雨。《说文》以此为知来事之鸟。《字说》云"能效鹰鹯鹯声而性恶，其类相值则搏"者，皆指此也。郑樵以为喜鹊，误矣。有文采如戴花胜，人名戴鵀、戴鸤。

【气味】甘,温,无毒。

【主治】食之解诸果毒(汪颖)。

鹘嘲(宋《嘉祐》。鹘,骨、猾二音)

【释名】鹘鸼(《尔雅》)、鹘鸠(《左传》)、鶌鸠(《尔雅》)、鷽鸠(渥、学二音),阿鵴(《杂俎》)、鸗鸅(音蓝吕)。

时珍曰:其目似鹘其形似鷽(鷽,山鹊也),其声啁嘲,其尾屈促,其羽如缢缕,故有诸名。阿鵴乃鷽鸠之讹也。陆佃云:凡鸟朝鸣曰嘲,夜鸣曰啵。此鸟喜朝鸣故也。《禽经》云:林鸟朝嘲,水鸟夜啵。是矣。

【集解】禹锡曰:鹘嘲,南北总有。似山鹊而小,短尾,有青毛冠,多声,青黑色,在深林间,飞翔不远。北人呼为鸗鸅鸟。《东都赋》云"鹘嘲春鸣"是也。

鹘嘲

时珍曰:此鸟春来秋去,好食桑椹,易醉而性淫。或云鹘嘲即戴胜,未审是否？郑樵以为鸊鹈,非矣。

肉

【气味】咸,平,无毒。

【主治】助气益脾胃,主头风目眩。煮炙食之,顿尽一枚,至验(《嘉祐》。今江东俚人呼头风为肿头。先从两项边筋起,直上入头,头闷目眩者是也)。

杜鹃(《拾遗》)

【释名】杜宇(《禽经》)、子巂(音携)、子规(亦作秭归)、鶗鴂(音弟桂。亦作鹈鴂)、催归(亦作思归)、怨鸟、周燕(《说文》)、阳雀。

时珍曰:蜀人见鹃而思杜宇,故呼杜鹃。说者遂谓杜宇化鹃,讹矣。鹃与子巂、子规、鶗鴂、催归诸名,皆因其声似,各随方音呼之而已。其鸣若曰"不如归去"。谚云"阳雀叫,鶗鴂央"是矣。《禽经》云:江左日子规,蜀右曰杜宇,瓯越曰怨鸟。服虔注《汉书》,以鹈鴂为伯劳,误矣,名同物异也。伯劳一名鴂,音决,不音桂。

杜鹃

【集解】藏器曰:杜鹃小如鹞,鸣呼不已。《蜀王本纪》云:杜宇为望帝,淫其臣鳖灵妻,乃禅位亡去。时子规鸟鸣,故蜀人见鹃鸣而悲望帝。《荆楚岁时记》云:杜鹃初鸣,先闻者主别离,学其声令人吐血,登厕闻之不祥。厌法,但作狗声应之。《异苑》云:有人山行,见一群,聊学之,呕血便殒。人言此鸟啼至血出乃止,故有呕血之事。

时珍曰:杜鹃出蜀中,今南方亦有之。状如雀、鹞而色惨黑,赤口有小冠。春暮即鸣,夜啼达旦,鸣必向北,至夏尤甚,昼夜不止,其声哀切。田家候之,以兴农事。

惟食虫蠹,不能为巢,居他巢生子。冬月则藏蛰。

肉

【气味】甘,平,无毒。

【主治】疮瘘有虫,薄切炙热贴之,虫尽乃已(时珍)。

【发明】时珍曰:按《吕氏春秋》云:肉之美者雋燕之翠。则昔人亦尝食之矣。

鹦鹉(《食物》)

【释名】鹦哥(俗名)、干皋。

时珍曰:按《字说》云:"鹦䳇如婴儿之学母语",故字从婴母。亦作鹦䳇。熊太古云:大者为鹦鹉,小者为鹦哥。则䳇义又取乎此。师旷谓之干皋,李昉呼为陇客,《梵书》谓之臊陀。

【集解】时珍曰:鹦鹉有数种:绿鹦鹉出陇蜀,而滇南、交广近海诸地尤多,大如乌鹊,数百群飞,南人以为鲊食;红鹦鹉紫赤色,大亦如之;白鹦鹉出西洋、南番,大如母鸡;五色鹦鹉出海外诸国,大于绿而小于白者,性尤慧利。俱丹咮钩吻,长尾赤足,金睛深目,上下目睑皆能眨动,舌如婴儿。其趾前后各二,异于众鸟。其性畏寒,即发颤如瘴而死,饲以余甘子可解。或云:摩其背则喑。或云:雄者喙变丹,雌者喙黑不变。张思正《倦游录》云"海中有黄鱼能化鹦鹉",此必又一种也。有秦吉了、鸟凤,皆能人言,并附于下:

【附录】秦吉了

时珍曰:即了哥也,《唐书》作结辽鸟,番音也。出岭南容、管、廉、邕诸州峒中。大如鹳鹆,绀黑色。夹脑有黄肉冠,如人耳。丹咮黄距,人舌人目,目下连颈有深黄纹,顶尾有分缝。能效人言,音颇雄重。用熟鸡子和饭饲之。亦有白色者。

鸟凤

按范成大《虞衡志》云:鸟凤出桂海左右两江峒中。大如喜鹊,绀碧色。项毛似雄鸡,头上有冠。尾垂二弱骨,长一尺四五寸,至杪始有毛。其形略似凤。音声清越如笙箫,能度小曲合宫商,又能为百鸟之音。彼处亦自难得。

鹦鹉肉

【气味】甘、咸,温,无毒。

【主治】食之,已虚嗽(汪颖)。

禽之四山禽类一十三种附一种。

凤凰(拾遗)

【释名】瑞鹖

时珍曰:《禽经》云:雄凤雌凰,亦曰瑞鹖。鹖者,百鸟偃伏也。羽虫三百六十,凤为之长,故从鸟从凡。凡,总也。古作朋字,象形。凰,美也,大也。

【集解】时珍曰凤,南方朱鸟也。按《韩诗外传》云:凤之象,鸿前麟后,燕颔鸡喙,蛇颈鱼尾,鹳颡鸳颙,龙文龟背。羽备五采,高四五尺。翱翔四海,天下有道则见。其翼若干,其声若箫,不啄生虫,不折生草。不群居,不侣行。非梧桐不栖,非竹实不食,非醴泉不饮。《山海经》云:丹穴之山有鸟,状如鸡,五采而文,饮食自然,自歌自舞,见则天下安宁。蔡衡云:象凤有四:赤多者凤,青多者鸾,黄多者鹓,紫多者鸑鷟,白多者鹔鹴。又群书立名知异,文繁不录。按罗存斋《尔雅翼》云:南恩州北甘山,壁立千仞,猿狖不能至。凤凰巢其上,惟食虫鱼,遇大风雨飘堕其雏,小者犹如鹤,而足差短。

凰　凤

凤凰台

【气味】辛,平,无毒。

【主治】劳损积血,利血脉,安神。治惊邪,癫痫鸡痫,发热狂走,水磨服之。(藏器。)

【发明】藏器曰:凤凰脚下白物如石者,名凤凰台。凤虽灵鸟,时或来仪。候其栖止处,掘土二三尺取之,状如圆石、白似卵者,是也。然凤非梧桐不栖,非竹实不食,那复近地而有台入土乎。正物有自然之理,不可晓也。今有凤处未必有竹,有竹处未必有凤,恐是麟凤洲有之。如汉时所贡续弦胶,煎凤髓造成者,曷足怪哉?

时珍曰:按《吕氏春秋》云:流沙之西,丹山之南,有凤鸟之卵,沃民所食。则所产之地不以为异也。续絃胶,《洞冥记》以为鸾血作成。故《雷公炮炙论》云:断弦折剑,遇鸾血而如初。陈氏以为凤髓所作,要皆诳言,不必深辩。

孔雀(《别录》下品)

【释名】越鸟

时珍曰:孔,大也。李昉呼为南客。梵书谓之摩由逻。

【集解】弘景曰:出广、益诸州。方家罕用。

恭曰:交广多有,剑南元无。

时珍曰:按(南方异物志》云:孔雀,交趾、雷、罗诸州甚多,生高山乔木之上。大如雁,高三四尺,不减于鹤。细颈隆背,头戴三毛长寸许。数十群飞,栖游冈陵。晨

则鸣声相和,其声曰都护。雌者尾短无金翠。雄者三年尾尚小,五年乃长二三尺。夏则脱毛,至春复生。自背至尾有圆文,五色金翠,相绕如钱。自爱其尾,山栖必先择置尾之地。雨则尾重不能高飞,南人因往捕之。或暗伺其过,生断其尾,以为方物。若回顾,则金翠顿减矣。山人养其雏为媒,或探其卵,鸡伏出之。饲以猪肠、生菜之属。闻人拍手歌舞,则舞。其性妒,见采服者必啄之。《北户录》云:孔雀不匹,以音影相接而孕。或雌鸣下风,雄鸣上风,亦孕。《翼越集》云:孔雀虽有雌雄,将乳时登木哀鸣,蛇至即交,故其血、胆犹伤人。《禽经》云:"孔见蛇则宛而跃者"是矣。

肉

【气味】咸,凉,微毒。

藏器曰:无毒。

【主治】解药毒、蛊毒。(《日华》。)

【发明】时珍曰:按《纪闻》云:山谷夷人多食之,或以为脯腊,味如鸡、鹜,能解百毒。人食其肉者,自后服药必不效,为其解毒也。又《续博物志》云:李卫公言,鹅惊鬼,孔雀辟恶,鸡鹋厌火。

血

【主治】生饮,解蛊毒,良。(《日华》)

【发明】时珍曰:熊太古言,孔雀与蛇交,故血、胆皆伤人;而《日华》及《异物志》言,其血与首,能解大毒,似不相合。按孔雀之肉既能解毒,何血独伤人耶?盖亦犹雉与蛇交时即有毒,而蛇伏蛰时即无毒之意耳。

屎

【气味】微寒。

【主治】女子带下,小便不利。(《别录》)。治崩中带下,可傅恶疮。(《日华》。)

尾

【气味】有毒。

宗奭曰:不可入目,令人昏翳。

驼鸟(《拾遗》)

【释名】驼蹄鸡《纲目》食火鸡同上骨托禽

时珍曰:驼,象形。象形。托亦驼字之讹。

【集解】藏器曰：驼鸟如驼，生西戎。高宗永徽中，吐火罗献之。高七尺，足如橐驼，鼓翅而行，日三百里，食铜铁也。

鸟　驼

时珍曰：此亦是鸟也，能食物所不能食者。按李延寿《后魏书》云：波斯国有鸟，形如驼，能飞不高，食草与肉，亦啖火，日行七百里。郭义恭《广志》云：安息国贡大雀，雁身驼蹄，苍色，举头高七八尺，张翅丈余，食大麦，其卵如瓮，其名驼鸟。刘郁《西使记》云：富浪有大鸟，驼蹄，高丈余，食火炭，卵大如升。费信《星槎录》云：竹步国、阿丹国俱出驼蹄鸡，高者六七尺，其蹄如驼。彭乘《墨客挥犀》云：骨托禽出河州，状如鹖，高三尺余，其名自呼，能食铁石。宋祁《唐书》云：开元初，康国贡驼鸟卵。郑晓《吾学编》云：洪武初，三佛齐国贡火鸡，大于鹤，长三四尺，颈、足亦似鹤，锐嘴软红冠，毛色如青羊，足二指，利爪，能伤人腹致死，食火炭。诸书所记稍有不同，实皆一物也。

屎

【气味】无毒。

【主治】人误吞铁石入腹，食之立消。（藏器。）

鹰（《别录》中品）

【释名】角鹰（《纲目》）鷞鸠

时珍曰：鹰以膺击，故谓之鹰。其顶有毛角，故角鹰。其性爽猛，故曰鷞鸠。昔少皞氏以鸟名官，有祝鸠、鸤鸠、鹘鸠、雎鸠、鷞鸠五氏。盖鹰与鸠司气禅化，故得称鸠也。《禽经》云：小而鸷者皆曰隼，大而鸷者皆曰鸠，是矣。《尔雅翼》云：在北为鹰，在南为鹞。一云大为鹰，小为鹞。梵书谓之嘶那夜。

【集解】时珍曰：鹰出辽海者上，北地及东北胡者次之。北人多取雏养之，南人八九月以媒取之。乃鸟之疏暴者。有雉鹰、兔鹰，其类以季夏之月习击，孟秋之月祭鸟。隋魏彦深《鹰赋》颇详，其略云：资金方之猛气，擅火德之炎精。指重十字，尾贵合卢。觜同钩利，脚等荆枯。或白如散花，或黑如点漆。大文若锦，细斑似缬。身重若金，爪刚如铁。毛衣屡改，厥色无常。寅生酉就，总号为黄。二周作鹞，三岁成苍。雌则体大，雄则形小。察之为易，调之实难。姜以取热，酒以排寒。生于窟者好眠，巢于木者常立。双骹长者起迟，六翮短者飞急。

鹰

肉

【气味】缺。

【主治】食之治野狐邪魅。藏器。

头

【主治】五痔，烧灰饮服。(《药性》。)治痔瘘，烧灰，入麝香少许，酥酒服之。治头风眩运，一枚烧灰，酒服。

时珍：出王右军法帖，及温隐居《海上方》。

【附方】新一。头目虚运：车风一个，(即鹰头也，去毛焙)，川芎一两，为末。酒服三钱。《选奇方》。

觜及爪

【主治】五痔狐魅，烧灰水服。(藏器。)

睛

【主治】和乳汁研之，日三注眼中，三日见碧霄中物，忌烟熏。(《药性》。)

骨

【主治】伤损接骨。烧灰，每服二钱，酒服。随病上下，食前、食后。(时珍。)

毛

【主治】断酒。水煮汁饮，即止酒也。(《千金》。)

屎白

【气味】微寒，有小毒。

【主治】伤挞灭痕。(《别录》。)烧灰酒服。治中恶。(《药性》。)烧灰，酒服方寸匕。主邪恶，勿令本人知。(苏恭。)消虚积，杀劳虫，去面疱鼾黯。(时珍。)

【发明】弘景曰：单用不能灭瘢。须合僵蚕、衣鱼之属为膏，乃效。

【附方】旧二，新四。奶癖：寇曰：凡小儿膈下硬如有物，乃俗名奶癖者也。只服温脾化积丸药，不可转泻。用黄鹰屎一钱，密陀僧一两，舶上硫黄一分，丁香二十一个，为末。每服一字，三岁已上半钱，用乳汁或白面汤调下。并不转泄，一复时取下青黑物。后服补药：以醋石榴皮炙黑半两，蛜蝌一分，木香一分，麝香半钱，为末。每服一字，薄酒调下，连吃二服。面疱：鹰屎白二分，胡粉一分，蜜和傅之。(《外台》)灭痕：《千金》：用鹰屎白和人精傅，日三。《圣惠》：用鹰屎二两，僵蚕一两半，为末，蜜和傅。《总录》用鹰屎白、白附子各一两，为末，醋和傅，日三五次，痕灭止。食哽：鹰粪烧灰，水服方寸匕。(《外台》)

鹏(音凋。《纲目》)

【释名】鹫音就。《山海经》。鷻《说文》。音团。

时珍曰:《禽经》云:鹰以膺之,鹘以猾之,隼以尹之,鹏以周之,鹫以就之,鷻以搏之。皆言其击搏之异也。梵书谓之揭罗阇。

雕

【集解】时珍曰:鹏似鹰而大,尾长翅短,土黄色,鸷悍多力,盘旋空中,无细不睹。皂鹏即鹫也,出北地,色皂。青鹏出辽东,最俊者谓之海东青。羌鹫出西南夷,黄头赤目,五色皆备。鹏类能搏鸿鹄、獐鹿、犬豕。又有虎鹰,翼广丈余,能搏虎也。鹰、鹏虽鸷而畏燕子,物无大小也。其翮可为箭羽。刘郁《西使记》云:皂鹏一产三卵者,内有一卵化犬。短毛灰色,与犬无异,但尾背有羽毛数茎耳。随母影而走,所逐无不获者,谓之鹰背狗。

骨

【气味】缺。

【主治】折伤断骨。烧灰,每服二钱,酒下,在上食后,在下食前,骨即接如初。(时珍。出《接骨方》。)

【发明】时珍曰:鹰、鹗、鹏骨,皆能接骨。盖鸷鸟之力在骨,故以骨治骨,从其类也。

屎

【主治】诸鸟兽骨哽。烧灰,酒服方寸匕。(时珍。出《外台秘要》。)

鹗(《纲目》)

【释名】鱼鹰(《禽经》)、鹏鸡(《诗疏》)、雎鸠(周南)、王雎(音疽)、沸波(《淮南子》)、下窟乌。

时珍曰:鹗状可愕,故谓之鹗。其视雎健,故谓之雎。能入穴取食,故谓之下窟乌。翱翔水上,扇鱼令出,故曰沸波。《禽经》云:王雎,鱼鹰也。尾上白者名白鹰。

鹗

【集解】时珍曰:鹗,鹏类也。似鹰而土黄色,深目好峙。雄雌相得,鸷而有别,交则双翔,别则异处。能翱翔水上捕鱼食,江表人呼为食鱼鹰。亦啖蛇。《诗》云:关关雎鸠,在河之洲。即此。其肉腥恶,不可食。陆玑以为鹫,扬雄以为白鹰,黄氏以为杜鹃,皆误矣。《禽经》云:鸠生三子,一为鹗鸠,尸鸠也。杜预以王雎为尸鸠,或以此也。

骨

【主治】接骨。(时珍)

【附方】新一。接骨:用下窟乌即鹗也,取骨烧存性,以古铜钱一个,煅红醋淬七次,为末等分。酒服一钱,不可过多。病在下空心,在上食后服,极有效验。须先夹缚定,乃服此。唐《蔺道人方》。

觜

【主治】蛇咬。烧存性研末,一半酒服,一半涂之。(时珍)

鸱(《别录》下品)

【释名】雀鹰(《诗疏》)、鸢(《诗经》)、鷣(音淫)、隼(本作鹎,音笋)、鹞。

时珍曰:鸱、鸢二字,篆文象形。一云:鸱,其声也。茑,攫物如射也。隼,击物准也。鹞,目击遥也。《诗疏》云:隼有数种,通称为鹞。雀鹰,春化布谷。《尔雅》谓之茅鸱,齐人谓之击正,或谓之题肩。《尔雅》云:鷣,负雀也。梵书谓之阿黎耶。

【集解】弘景曰:鸱,即俗呼老鸱者。又有鹛、鹗,并相似而大。

鸱

时珍曰:鸱似鹰而稍小,其尾如舵,极善高翔,专捉鸡、雀。鸱类有数种。按《禽经》云:善抟者曰鹗,窍玄者曰鹛,骨曰鹘,了曰鹞,展曰鹯,夺曰鵽。又云:鹘生三子,一为鸱。鹘,小于鸱而最猛捷,能击鸠、鸽,亦名鹬子,一名笼脱。鹯,色青,向风展翅迅摇,搏捕鸟雀,鸣则大风,一名晨风。鵽,小于鹯,其盘上下,亦取鸟雀如攘掇也,一名鹬子。又《月令》:二月鹰化为鸠,七月鸠化为鹰。《列子》云:鹞为鹯,鹯为布谷,布谷复为鹞。皆指此属也。隼鹘虽鸷而有义,故曰鹰不击伏,隼不击胎。鹘握鸠而自暖,乃至旦而见释,此皆杀中有仁也。

鸱头

【修治】弘景曰:虽不限雌雄,雄者当胜。用须微炙,不用蠹者。古方治头面方有鸱头酒。

【气味】咸,平,无毒。

时珍曰:按段成式云:唐肃宗张后专权,每进酒置鸱脑于内,云令人久醉健忘。则鸱头亦有微毒矣。

【主治】头风目眩颠倒,痫疾(《别录》)。

【附方】旧二。癫痫瘛疭:飞鸱头三枚,铅丹一斤,为末,蜜丸梧子大。每酒服三丸,日三次。(《千金方》)旋风眩冒鸱头丸:用鸱头一枚炒黄,真蘑茹、白术各一两,川椒半两，炒去汗，为末，蜜和丸梧子大。每服酒下二十丸。《圣惠》。

肉

【气味】缺。

【主治】食之，治癫痫（孟诜）。食之，消鸡肉、鹌鹑成积（时珍）。

骨

【主治】鼻衄不止。取老鸱翅关大骨，微炙研末，吹之（时珍。出《圣济总录》。）。

鸱鸺（《拾遗》）

【释名】角鸱（《说文》）、怪鸱（《尔雅》）、雚（音丸）、老兔（《尔雅》）、钩鵅（音格）、鵋䳢（音忌欺）、毂辘鹰（蜀人所呼）、呼哼鹰（楚人所呼）、夜食鹰（吴人所呼）。

时珍曰：其状似鸱而有毛角，故曰鸱，曰角。曰雚，雚字象鸟头目有角形也。老兔，象头目形。鸺、怪，皆不祥也。钩鵅、毂辘、呼哼，皆其声似也。蜀人又讹钩格为鬼各哥。

鸺　鸱

【集解】藏器曰：钩鵅，即《尔雅》鵋䳢也。江东呼为䳢钩。其状似鸱有角，怪鸟也。夜飞昼伏，入城城空，入室室空。常在一处则无害。若闻其声如笑者，宜速去之。北土有训狐，二物相似，各有其类。训狐声呼其名，两目如猫儿，大如鸲鹆，作笑声，当有人死。又有鸺鹠，亦是其类，微小而黄，夜能入人家，拾人手爪，知人吉凶。有人获之，嗉中犹有爪。故除爪甲者，埋之户内，为此也。

时珍曰：此物有二种：鸱鸺大如鸱鹰，黄黑斑色，头目如猫，有毛角两耳。昼伏夜出，鸣则雌雄相唤，其声如老人，初若呼，后若笑，所至多不祥。《庄子》云：鸱鸺夜拾蚤，察毫末，昼出瞋目而不见丘山。何承天《纂文》云：鸱鸺白日不见人，夜能拾蚤虱。俗讹蚤为人爪，妄矣。一种鸺，大如鸲鹆，毛色如鹞，头目亦如猫，鸣则后窍应之，其声连转，如云休留休留，故名曰鸺鹠。江东呼为车载板，楚人呼为快扛鸟，蜀人呼为春哥儿，皆言其鸣主有人死也。试之亦验。《说文》谓之鸮，音爵，言其小也。藏器所谓训狐者，乃鸮也；所谓鸺鹠者，乃鸱鸺之小者也。并误矣。《周礼》硩蔟氏掌覆夭鸟之巢，以方书十日之号，十二月之号，十二辰之号，十二岁之号，二十有八宿之号，悬其巢则去。《续博物志》云：鸺鹠、鸛、鹊，其抱以聒。

肉

【气味】缺。

【主治】疟疾。用一只，去毛肠，油炸食之。（时珍。出《阴宪副方》。）

【附方】新一。风虚眩运：大头鹰闭杀去毛，煮食；以烧骨存性，酒服。（《便民食疗》。）

肝

【主治】入法术家用。（时珍。）

鸮（《拾遗》）

【释名】枭鸱（音娇）、土枭（《尔雅》）、山鸮（晋灼）、鸡鸮（《十六国史》）、鵩（《汉书》）、训狐（《拾遗》）、流离（《诗经》）、魖魂。

时珍曰：鸮、枭、训狐，其声也。鵩，其色如服色也。俚人讹训狐为幸胡者，是也，鸱与鸮，二物也。周公合而咏之，后人遂以鸱鸮为一鸟，误矣。魖字韵书无考，当作匈拥切。魖魂、流离，言其不祥也。吴球方作逐魂。枭长则食母，故古人夏至磔之，而其字从鸟首在木上。

鸮

肉

【气味】甘，温，无毒。

【主治】鼠瘘，炙食之（藏器）。风痫，噎食病（时珍）。

【附方】新二。风痫：风痫，考《宝鉴》第九卷名神应丹。惺神散，《医方大成》下册。噎食：取鵩鸟未生毛者一对，用黄泥固济，煅存性为末。每服一匙，以温酒服。（《寿域神方》）

头

【主治】痘疮黑陷。用腊月者一二枚，烧灰，酒服之，当起。（时珍。出《云岐子保命集》。）

目

【主治】吞之，令人夜见鬼物（藏器。）

鸩

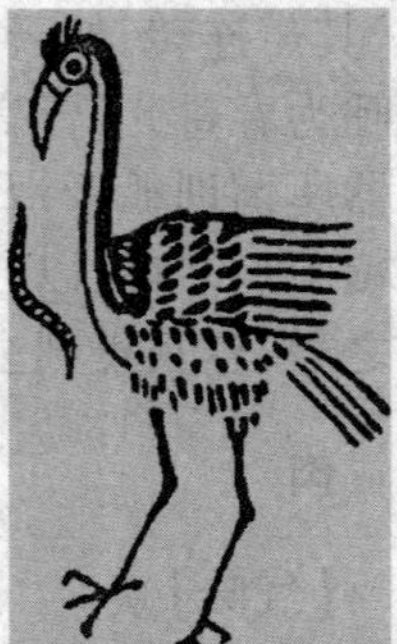

鸩（音沉去声。《别录》下品）

【校正】：自外类移入此。

【释名】鸡日与运日同。（《别录》同力鸟陶弘景。）

毛

【气味】有大毒。入五脏，烂杀人。（《别录》）

喙

【主治】带之,杀蝮蛇毒。(《别录》)

时珍曰:蛇中人,刮末涂之,登时愈也。

姑获鸟(《拾遗》)

【释名】乳母鸟(《玄中记》)、夜行游女(同)、天帝少女(同)、无辜鸟(同)、隐飞(《玄中记》)、鬼鸟(《拾遗》)、谴谑杜预(《左传》)、注钩星(《岁时记》)。

时珍曰:昔人言此鸟产妇所化,阴慝为妖,故有诸名。

【集解】藏器曰:姑获能收人魂魄。《玄中记》云:姑获鸟,鬼神类也。衣毛为飞鸟,脱毛为女人。云是产妇死后化作,故胸前有两乳,喜取人子养为己子。凡有小儿家,不可夜露衣物。此鸟夜飞,以血点之为志。儿辄病惊痫及疳疾,谓之无辜疳也。荆州多有之。亦谓之鬼鸟。《周礼》庭氏以救日之弓,救月之矢,射夭鸟,即此也。

时珍曰:此鸟纯雌无雄,七八月夜飞,害人尤毒也。

治鸟(《纲目》)

【集解】时珍曰:按干宝《搜神记》云:越地深山有治鸟,大如鸠,青色。穿树作窠,大如五六升器,口径数寸,饰以土垩,赤白相间,状如射侯。伐木者见此树即避之,犯之则能役虎害人,烧人庐舍。白日见之,鸟形也;夜闻其鸣,鸟声也;时或作人形,长三尺,入涧中取蟹,就人间火炙食,山人谓之越祝之祖。又段成式《酉阳杂俎》云:俗说昔有人遇洪水,食都树皮,饿死化为此物。居树根者为猪都,居树中者为人都,居树尾者为鸟都。鸟都左胁下有镜印,阔二寸一分。南人食其窠,味如木芝也。窃谓兽有山都、山㺐、木客,而鸟亦有治鸟、山萧、木客鸟。此皆戾气所赋,同受而异形者欤?今附于下。

【附录】木客鸟

时珍曰:按《异物志》云:木客鸟,大如鹊,千百为群,飞集有度。俗呼黄白色,有翼有绥,飞独高者为君长,居前正赤者为五伯,正黑者为铃下,缃色杂赤者为功曹,左胁有白带者为主簿,各有章色。庐陵郡东有之。

独足鸟(一名山萧鸟。)

《广州志》云:独足鸟,闽广有之。大如鹄,其色苍,其声自呼。《临海志》云:独足,文身赤口,昼伏夜飞,或时昼出,群鸟噪之,惟食虫豸,不食稻粱,声如人啸,将雨转鸣。即孔子所谓一足之鸟,商羊者也。《山海经》云:羭次之山,有鸟状如枭,人面而一足,名曰橐𩇯,音肥,冬则蛰,服之不畏雷。孙愐《唐韵》云:𪀦,土精也,似雁,一足黄色，毁之杀人。

窠表

【主治】作履屉，治脚气。（时珍。出《杂俎》。）

鬼车鸟（《拾遗》）

【释名】鬼鸟（《拾遗》）、九头鸟（同）、上苍鸕（《白泽图》）、奇鸧。

时珍曰：鬼车，妖鸟也，取《周易》载鬼一车之义。似鸧而异，故曰奇鸧。

【集解】藏器曰：鬼车，晦暝则飞鸣，能入人家，收人魂气。相传此鸟昔有十首，犬啮其一，犹余九首。其一常滴血，血着人家则凶。荆楚人夜闻其飞鸣，但灭灯、打门、捩狗耳以厌之，言其畏狗也。《白泽图》苍鸕有九首，及孔子与子夏见奇鸧九首，皆此物也。《荆楚岁时记》以为姑获者，非矣。二鸟相似，故同名鬼鸟。

时珍曰：鬼车状如鸺鹠，而大者翼广丈许，昼盲夜了，见火光辄堕。按刘恂《岭表录异》云：鬼车出秦中，而岭外尤多。春夏之交，稍遇阴晦，则飞鸣而过，声如刀车鸣。爱入人家，铄人魂气。血滴之家，必有凶咎。《便民图纂》云：冬月鬼车夜飞，鸣声自北而南，谓之出巢，主雨；自南而北，谓之归巢，主晴。周密《齐东野语》云：宋·李寿翁守长沙，曾捕得此鸟。状类野凫，赤色，身圆如箕。十颈环簇，有九头，其一独无而滴鲜血。每颈两翼，飞则霍霍并进。又周汉公主病，此鸟飞至砧石即薨。呜呼！怪气所钟，妖异如此，不可不知。

诸鸟有毒（《拾遗》）

凡鸟自死目不闭，自死足不伸，白鸟玄首，玄鸟白首，三足，四距，六指，四翼，异形异色，并不可食，食之杀人。

本草纲目兽部第五十卷

本草纲目兽部第五十卷

豕(《本经》下品)

【释名】猪(《本经》)、豚(同上)、豭(音加)、彘(音滞)、豮(音坟)。

时珍曰:按许氏《说文》云:豕字象毛足而后有尾形。林氏《小说》云:豕食不洁,故谓之豕。坎为豕,水畜而性趋下喜秽也。牡曰豭,曰牙;牝曰彘,曰豝(音巴),曰豵(音娄)。牡去势曰豮。四蹄白曰豥。猪高五尺曰豟(音厄)。豕之子,曰猪,曰豚,曰縠(音斛)。一子曰特,二子曰师,三子曰豵,末子曰么。生三月曰豨,六月曰䝐。何承天纂文云:梁州曰䝅(音摄),河南曰彘,吴楚曰豨(音喜)。渔阳以大猪为豝,齐徐以小猪为䝚(音锄)。

颂曰:按扬雄《方言》曰:燕朝鲜之间谓猪为豭,关东西谓之彘,或曰豕,南楚曰豨,吴扬之间曰猪子,其实一种也。《礼记》谓之刚鬣,崔豹《古今注》谓之参军。

豕

【集解】颂曰:凡猪骨细,少筋多膏,大者有重百余斤。食物至寡,故人畜养之,甚易生息。

时珍曰:猪天下畜之,而各有不同。生青兖徐淮者耳大,生燕冀者皮厚,生梁雍者足短,生辽东者头白,生豫州者味短,生江南者耳小(谓之江猪),生岭南者白而极肥。猪孕四月而生,在畜属水,在卦属坎,在禽应室星。

豭猪肉

【气味】酸,冷,无毒。

凡猪肉:苦,微寒,有小毒。

江猪肉:酸,平,有小毒。

豚肉:辛,平,有小毒。

《别录》曰:豭猪肉治狂病。凡猪肉能闭血脉,弱筋骨,虚人肌,不可久食,病人金疮者尤甚。

思邈曰:凡猪肉久食,令人少子精,发宿病。豚肉久食,令人遍体筋肉碎痛乏气。

鼎曰:江猪多食,令人体重;作脯,少有腥气。

诜曰:久食杀药,动风发疾。伤寒疟痢痰痼痔漏诸疾,食之必再发。

时珍曰:北猪味薄,煮之汁清;南猪味厚,煮之汁浓,毒尤甚。入药用纯黑豭猪。

凡白猪、花猪、豥猪、牝猪、病猪；黄膘猪、米猪，并不可食。黄膘煮之汁黄，米猪肉中有米。《说文》“豕食于星下则生息米”，《周礼》“豕盲视而交睫者星”，皆指此也。反乌梅、桔梗、黄连、胡黄连（犯之令人泻利）及苍耳（令人动风）。合生姜食，生面䵟发风；合荞麦食，落毛发，患风病；合葵菜食，少气；合百花菜、吴茱萸食，发痔疾；合胡荽食，烂人脐；合牛肉食，生虫；合羊肝、鸡子、鲫鱼、豆黄食，滞气；合龟、鳖肉食，伤人。凡煮猪肉，得皂荚子、桑白皮、高良姜、黄蜡，不发风气；得旧篱篾，易熟也。

【主治】疗狂病久不愈（《别录》）。压丹石，解热毒，宜肥热人食之（《拾遗》）。补肾气虚竭（《千金》）。疗水银风，并中土坑恶气（《日华》）。

【发明】时珍曰：按钱乙治小儿疳病麝香丸，以猪胆和丸，猪肝汤服。疳渴者，以猪肉汤或焊猪汤服。其意盖以猪属水而气寒，能去火热耶。

弘景曰：猪为用最多，惟肉不宜多食，令人暴肥，盖虚肌所致也。

震亨曰：猪肉补气，世俗以为补阴误矣，惟补阳尔。今之虚损者，不在阳而在阴。以肉补阴，是以火济水。盖肉性入胃便作湿热，热生痰，痰生则气不降而诸证作矣。谚云：猪不姜，食之发大风，中年气血衰，面发黑䵟也。

韩悉曰：凡肉有补，惟猪肉无补，人习之化也。

【附方】旧五，新十五。噤口痢疾：腊肉脯，煨熟食之，妙。（李楼《奇方》）小儿刮肠痢疾，噤口闭目至重者：精猪肉一两，薄切炙香，以腻粉末半钱，铺上令食，或置鼻头闻香，自然要食也。（《活幼口议》）上气咳嗽烦满气喘：用猪肉切作鎚子，猪脂煎熟食之。（《心镜》）浮肿胀满不食心闷：用猪脊肉一双，切作生以蒜、薤食之。（《心镜》）身肿攻心：用生猪肉以浆水洗，压干切脍，蒜、薤啖之，一日二次，下气去风，乃外国方也。（张文仲方）破伤风肿：新杀猪肉，乘热割片，贴患处。连换三片，其肿立消。（《简便》）白虎风病：用猪肉三串，以大麻子一合，酒半盏相和，口含噀上。将肉擘向病处，咒曰：相州张如意、张得兴，是汝白虎本师，急出。乃安肉于床下，瘥则送于路，神验。（《近效》）风狂歌笑，行走不休：用豭猪肉一斤，煮熟切脍，和酱、醋食。或羹粥炒，任服之。（《食医心镜》）解丹石毒，发热困笃：用肥猪肉五斤，葱、薤各半斤，煮食或作臛食。必腹鸣毒下，以水淘之得石，沙石尽则愈。（《千金方》）解钟乳毒，下利不止：食猪肉则愈。（《千金翼》）服石英法：白石英一大两，袋盛，水三斗，煎四升，去石，以猪肉一斤细切，椒葱盐豉煮食。十日一作。（《外台》）伤损不食：凡打扑伤损，三五日水食不入口。用生猪肉二大钱，打烂，温水洗去血水，再擂烂，以阴阳汤打和。以半钱用鸡毛送入咽内，却以阴阳汤灌下之。其食虫闻香拱开瘀血而上，胸中自然开解。此乃损血凝聚心间，虫食血饱，他物虫不来探故也。谓之骗通之法。（邵氏）打伤青肿：炙猪肉热拓之。（《千金》）小儿重舌：取三家屠肉，切指大，摩舌上，儿立啼。（《千金方》）小儿痘疮：猪肉煮汁洗之。（谭氏方）小儿火丹：猪肉切片贴之。漆疮作痒：宜啖猪肉，嚼穄谷涂之。（《千金》）男女阴蚀：肥猪肉煮汁洗，不过二十斤瘥。（《千金方》）山行辟蛭：山水中，草木上，有石蛭，着人足，则穿肌入肉中，害人。但以腊猪膏和盐涂足胫趾，即不着人也。（《千金方》）竹刺入肉：多年熏肉，切片包裹之，即出。（《救急方》）

豭猪头肉（以下并用豭猪者良，豮猪亦可）。

【气味】有毒。

时珍曰:按《生生编》云:猪肉毒惟在首,故有病者食之,生风发疾。

【主治】寒热五癃鬼毒(《千金》)。同五味煮食,补虚乏气力,去惊痫五痔,下丹石,亦发风气(《食疗》)。

腊猪头:烧灰,治鱼脐疮。

【发明】时珍曰:按《名医录》云:学究任道病体疮肿黑,状狭而长。北医王通曰:此鱼脐疮也。一因风毒蕴结,二因气血凝滞,三因误食人汗而然。乃以一异散敷之,日数易而愈。恳求其方。曰:但雪玄一味耳。任遍访四方无知之者。有名医郝允曰:《圣惠方》治此,用腊猪头烧灰,鸡卵白调敷,即此也。又《图纂》云:五月戊辰日,以猪头祀灶,所求如意;以腊猪耳悬梁上,令人丰足,此亦厌禳之物也。

项肉

俗名槽头肉,肥脆,能动风。

【主治】酒积,面黄腹胀。以一两切如泥,合甘遂末一钱作丸,纸裹煨香食之,酒下。当利出酒布袋也(时珍。出《普济》)。

脂膏

【修治】时珍曰:凡凝者为肪为脂,释者为膏为油,腊月炼净收用。

恭曰:十二月上亥日,取入新瓶,埋亥地百日用之,名腽脂。每升入鸡子白十四枚,更良。弘景曰:勿令中水。腊月者历年不坏。项下膏谓之负革肪,入道家炼五金用。

【气味】甘,微寒,无毒。

反乌梅、梅子。

【主治】煎膏药,解斑蝥、芫青毒(《别录》)。解地胆、亭长、野葛、硫黄毒、诸肝毒,利肠胃,通小便,除五疸水肿,生毛发(时珍)。破冷结,散宿血(孙思邈)。利血脉,散风热,润肺。入膏药,主诸疮(苏颂)。杀虫,治皮肤风,涂恶疮(《日华》)。治痈疽(苏恭)。悦皮肤。作手膏,不皲裂(陶弘景)。胎产衣不下,以酒多服,佳(徐之才)。鬐膏:生发悦面(《别录》)。

【附方】旧八,新二十五。伤寒时气:猪膏如弹丸,温水化服,日三次。(《肘后方》)五种疸疾:黄疸、谷疸、酒疸、黑疸、女劳疸,黄汗如黄柏汁。用猪脂一斤,温热服,日三,当利乃愈。(《肘后方》)赤白带下:炼猪脂三合,酒五合,煎沸顿服。(《千金方》)小便不通:猪脂一斤,水二升,煎三沸,饮之立通。(《千金方》)关格闭塞:猪脂、姜汁各二升,微火煎至二升,下酒五合,和煎分服。(《千金》)痘疮便秘四五日:用肥猪膘一块,水煮熟,切如豆大,与食。自然脏腑滋润,痂疕易落,无损于儿。(陈文中方)卒中五尸:仲景用猪脂一鸡子,苦酒一升,煮沸灌之。(《肘后方》)中诸肝毒:猪膏顿服一升。(《千金方》)食发成症:心腹作痛,咽间如有虫上下,嗜食与油者是也。用猪脂二升,酒三升,煮三沸服,日三次。同上。上气咳嗽:猪肪四两,煮百沸以来,切,和酱、醋食之。(《心镜》)肺热暴喑:猪脂油一斤炼过,入白蜜一斤,再炼少顷,滤净冷定。不时挑服一匙,即愈。无疾常服,亦润肺。(万氏方)小儿噤风:小儿百日内风噤,口中有物如蜗牛,或如黄头白虫者。薄猪肪擦之即消。(《圣惠方》)小儿蛔病羸瘦:猪膏服之。(《千金方》)产后虚汗:猪膏、姜汁、白蜜各一升,酒五合,煎五上五下。每服方寸匕。(《千金翼》)胞衣不下:猪脂一两,水一盏,煎五七沸,服之当下。(《圣惠方》)吹奶寒热:用猪肪冷水浸拓,热即易之,立效。(《子母秘录》)发落不生:以酢泔洗净,布揩令热。以腊猪脂,入细研铁上生衣,煮三沸,涂之,遍生。(《千金翼》)冬月唇裂:炼过猪脂,日日涂之。(《十便良方》)热毒攻手,肿痛欲脱:猪膏和羊屎涂之。(《外台》)手足皴破:猪脂着热酒中洗之。(《千金方》)代指疼痛:猪膏和白墡土敷之。(《肘后方》)口疮塞咽:用猪膏、白蜜各一斤,黄连末一两,合煎取汁熬稠。每含如半枣许,日四五。夜二(《千金》)疥疮有虫:猪膏煎芫花,涂之。(《肘后》)鼠瘘瘰疬:用猪膏淹生地黄,煎六七沸,涂之。(《千金》)漏疮不合:以纸纴粘腊猪脂纳疮中,日五夜三。(《千金翼》)漆疮作痒:猪膏频涂之。(《千金》)咽喉骨鲠:吞脂膏一团。不瘥更吞之。(《千金方》)身面疣目:以猪脂揩之,令血出少许,神验不可加。(《千金》)误吞针钉:猪脂多食令饱,自然裹出。(《普济方》)杂物入目:猪脂煮取水面如油者,仰卧去枕点鼻中。不过数度,与物俱出。(《圣惠方》)蜈蚣入耳:炙猪肪肉令香,掩耳自出。(《梅师》)虫蚁入耳:(方法同上)。发背发乳:猪脂切片,冷水浸贴。日易四五十片,甚妙。(《急救方》)

脑

【气味】甘,寒,有毒。

时珍曰:《礼记》云:食豚去脑。《孙真人食忌》云:猪脑损男子阳道,临房不能行事。酒后尤不可食。《延寿书》云:今人以盐酒食猪脑,是自引贼也。

【主治】风眩脑鸣,冻疮(《别录》)。主痈肿,涂纸上贴之,干则易。治手足皲裂出血,以酒化洗,并涂之(时珍)。

【附方】新一。喉痹已破疮口痛者:猪脑髓蒸熟,入姜、醋吃之,即愈。(《普济方》)

髓

【气味】甘,寒,无毒。

【主治】扑损恶疮(颂)。涂小儿解颅、头疮,及脐肿、眉疮、瘑疥。服之,补骨髓,益虚劳(时珍)。

【发明】时珍曰:按丹溪治虚损补阴丸,多用猪脊髓和丸。取其通肾命,以骨入骨,以髓补髓也。

【附方】新七。骨蒸劳伤:猪脊髓一条,猪胆汁一枚,童便一盏,柴胡、前胡、胡黄连、乌梅各一钱,韭白七根,同煎七分,温服。不过三服,其效如神。(《瑞竹堂方》)小儿解颅:猪牙车骨煎取髓敷,日三。(《千金方》)小儿脐肿:猪颊车髓十八铢,杏仁半两,研敷。(《千金》)小儿眉疮:猪颈骨髓六、七枚,白胶香二钱。同入铜器熬稠,待冷为末,麻油调涂。小儿瘑疮:猪牙车骨年久者捶碎,炙令髓出,热取涂之。(《小品》)小儿头疮:猪筒骨中髓,和腻粉成剂,复纳骨中,火中煨香,取出研末。先温盐水洗净，敷之。亦治肥疮出汁。(《普济方》)小儿痱疮：方同上。

血

【气味】咸，平，无毒。

思邈曰：涩，平。

时珍曰：服地黄、何首乌诸补药者忌之，云能损阳也。同黄豆食，滞气。

【主治】生血：疗贲豚暴气，及海外瘴气(《日华》)。中风绝伤，头风眩晕，及淋沥(苏恭)。猝下血不止，清酒和炒食之(思邈)。清油炒食，治嘈杂有虫(时珍)。压丹石，解诸毒(吴瑞)。

【发明】时珍曰：按陈自明云：妇人嘈杂，皆血液泪汗变而为痰，或言是血嘈，多以猪血炒食而愈，盖以血导血归原之意尔。此固一说，然亦有蛔虫作嘈杂者，虫得血腥则饱而伏也。

【附方】新五。交接阴毒，腹痛欲死：豭猪血乘热和酒饮之。(《肘后》)中满腹胀：旦食不能暮食。用不着盐水猪血，漉去水，晒干为末。酒服取泄，甚效。(李楼《奇方》)杖疮血出：猪血一升，石灰七升，和剂烧灰，再以水和丸，又烧，凡三次，为末敷之，效。(《外台》)中射罔毒：猪血饮之即解。(《肘后》)蜈蚣入腹：猪血灌之。或饱食，少顷饮桐油，当吐出。

心血

【主治】调朱砂末服，治惊痫癫疾(吴瑞)。治猝恶死，及痘疮倒靥(时珍)。

【发明】时珍曰：古方治惊风癫痫痘疾，多用猪心血，盖以心归心，以血导血之意。用尾血者，取其动而不息也。猪为水畜，其血性寒而能解毒制阳故也。韩飞霞云：猪心血能引药入本经，实非其补。沈存中云："猪血得龙脑直入心经"，是矣。

【附方】新三。心病邪热：蕊珠丸：用猪心一个取血，靛花末一匙，朱砂末一两，同研，丸梧桐子大。每酒服二十丸。(《奇效》)痘疮黑陷：腊月收豮猪心血，瓶盛挂风处干之。每用一钱，入龙脑少许，研匀，温酒调服。须臾红活，神效。无干血，用生血。(沈存中方)妇人催生：开骨膏：用猪心血和乳香末，丸梧桐子大，朱砂为衣。面东酒吞一丸。未下再服。(《妇人良方》)

尾血

【主治】痘疮倒靥，用一匙，调龙脑少许，新汲水服。又治猝中恶死(时珍)。

【附方】旧一，新一。猝中恶死：断猪尾取血饮，并缚豚枕之，即活。此乃长桑君授扁鹊法也。出《魏夫人传》。(《肘后方》)蛇入七孔：割母猪尾血，滴入即出也。(《千金方》)

心

【气味】甘、咸，平，无毒。

颂曰：多食，耗心气。不可合吴茱萸食。

【主治】惊邪忧恚(《别录》)。虚悸气逆，妇人产后中风，血气惊恐(思邈)。补血不足，虚劣（苏颂）。五脏，主小儿惊痫，出汗（苏恭）。

【发明】刘完素曰：猪，水畜也，故心可以镇恍惚。

【附方】旧一，新三。心虚自汗不睡者：用豮猪心一个，带血破开，入人参、当归各二两，煮熟去药食之。不过数服，即愈。（《证治要诀》）心虚嗽血：沉香末一钱，半夏七枚，入猪心中，以小便湿纸包煨熟，去半夏食之。（《证治要诀》）产后风邪，心虚惊悸：用猪心一枚，五味，豉汁煮食之。（《心镜》）急心疼痛：猪心一枚，每岁入胡椒一粒，同盐、酒煮食。

肝（入药用子肝）

【气味】苦，温，无毒。

时珍曰：饵药人，不可食之。合鱼鲙食，生痈疽；合鲤鱼肠、鱼子食，伤人神；合鹌鹑食，生面皯。《延寿书》云：猪临杀，惊气入心，绝气归肝，俱不可多食，必伤人。

【主治】小儿惊痫（苏恭）。切作生，以姜、醋食，主脚气，当微泄。若先利，即勿服（藏器）。治冷劳脏虚，冷泄久滑赤白，乳妇赤白带下，以一叶薄批，揾着诃子末炙之，再揾再炙，尽末半两，空腹细嚼，陈米饮送下（苏颂）。补肝明目，疗肝虚浮肿（时珍）。

【发明】时珍曰：肝主藏血，故诸血病用为向导入肝。《千金翼》治痢疾有猪肝丸，治脱肛有猪肝散，诸眼目方多有猪肝散，皆此意也。

【附方】旧七，新七。休息痢疾：豮猪肝一具（切片），杏仁（炒）一两，于净锅内，一重肝，一重杏仁，入童子小便二升，文火煎干。取食，日一次。（《千金》）浮肿胀满不下食，心闷：猪肝一具（洗，切），着葱、豉、姜、椒炙食之。或单煮羹亦可。（《心镜》）身面猝肿：生猪肝一具细切，醋洗，入蒜、醋食之。勿用盐。（《肘后方》）肿自足起：方法同上。（《心镜》）风毒脚气：猪肝作生脍，食之取利。（《千金翼》）水肿溲涩：猪肝尖三块，绿豆四撮，陈仓米一合，同水煮粥食，毒从小便出也。中蛊腹痛：支太医秘方：以猪肝一具，蜜一升，共煎，分二十服。或为丸服。（《肘后》）食即汗出：乃脾胃气虚也。猪肝一斤薄切，瓦上曝干为末，煮白粥，布绞汁和，众手丸梧桐子大。空心饮下五十丸，日五。（《心镜》）目难远视，肝虚也：猪肝一具（细切去皮膜），葱白一握，用豉汁作羹，待熟下鸡子三个，食之。（《普济方》）肝热目赤碜痛：用猪肝一具薄切，水洗净，以五味食之。（《食医心镜》）牙疳危急：猪肝一具煮熟，蘸赤芍药末，任意食之。后服平胃散二三贴，即效。（《节要》）女人阴痒：炙猪肝纳入，当有虫出。（《肘后》）打击青肿：炙猪肝贴之。（《千金》）急劳瘦悴：日晚即寒热，惊悸烦渴。用豮猪肝一具（切丝），生甘草（末）十五两，于铛中布肝一重，掺甘草末一重，以尽为度，取童便五升，文武火煮干，捣烂，众手丸梧桐子大。每空心米饮下二十丸，渐加至三十丸。（《圣济总录》）

脾（俗名联贴）

【气味】涩，平，无毒。

时珍曰：诸兽脾味如泥，其属土也可验。

思邈曰：凡六畜脾，人一生莫食之。

【主治】脾胃虚热，同陈橘红、人参、生姜、葱白、陈米煮羹食之(苏颂)。

【附方】新二。脾积痞块：猪脾七个，每个用新针一个刺烂，以皮硝一钱擦之，七个并同。以瓷器盛七日，铁器焙干。又用水红花子七钱，同捣为末。以无灰酒空心调下。一年以下者，一服可愈，五年以下者，二服；十年以下者，三服。(《保寿堂方》)疟发无时：胡椒、吴茱萸、高良姜各二钱，为末。以猪脾一条，作脍炒熟，一半滚药，一半不滚，以墨记定，并作馄饨煮熟。有药者吞之，无药者嚼下。一服效。(《卫生家宝方》)

肺

【气味】甘，微寒，无毒。

颂曰：得大麻仁良。不与白花菜合食，令人气滞发霍乱。

思邈曰：八月和饴食，至冬发疽。

【主治】补肺(苏颂)。疗肺虚咳嗽，以一具，竹刀切片，麻油炒熟，同粥食。又治肺虚嗽血，煮蘸薏苡仁末食之(时珍。出《要诀》诸方)

肾(俗名腰子)

【气味】咸，冷，无毒。

思邈曰：平。

《日华》曰：虽补肾，而久食令人少子。

诜曰：久食，令人伤肾。

颂曰：冬月不可食，损人真气，兼发虚壅。

【主治】理肾气，通膀胱(《别录》)。补膀胱水脏，暖腰膝，治耳聋(《日华》)。补虚壮气，消积滞(苏颂)。除冷利(孙思邈)。止消渴，治产劳虚汗，下痢崩中(时珍)。

【发明】时珍曰：猪肾，《别录》谓其理肾气，通膀胱。《日华》亦曰补水脏膀胱，暖腰膝；而又曰，虽补肾，久食令人少子。孟诜亦曰：久食令人肾虚。两相矛盾如此，何哉？盖猪肾性寒，不能补命门精气。方药所用，借其引导而已。《别录》理字、通字，最为有理；《日华》暖腰膝、补膀胱水脏之说为非矣。肾有虚热者，宜食之；若肾气虚寒者，非所宜矣。今人不达此意，往往食猪肾为补，不可不审。又《千金》治消渴有猪肾荠苨汤，补肾虚劳损诸病有肾沥汤，方甚多，皆用猪、羊肾煮汤煎药，俱是引导之意。

【附方】旧四，新十九。肾虚遗精盗汗，夜梦鬼交：用猪肾一枚，切开去膜，入附子末一钱，湿纸裹煨熟，空心食之，饮酒一杯。不过三五服，效。(《经验方》)肾虚阴痿羸瘦，精衰少力：用獖猪肾一对(去脂膜切片)，枸杞叶半斤，以豉汁二盏半相和，同椒、盐、葱煮羹，空腹食。(《经验后方》)肾虚腰痛：用猪腰子一枚切片，以椒、盐淹去腥水，入杜仲末三钱在内，荷叶包煨食之，酒下。(《本草权度》)闪肭腰痛：用獖猪肾一枚批片，盐、椒淹过，入甘遂末三钱，荷叶包煨熟食，酒送下。(《儒门事亲》)老人耳聋：猪肾一对去膜切，以粳米二合，葱白二根，薤白七根，人参二分，防风一分，为末，同煮粥食。(《奉亲养老》方)老人脚气呕逆者：用猪肾一对，以酣、蒜、五味治食之，日作一服。或以葱白、粳米同煮粥食亦可。（《奉亲养老》方）卒然肿满：用猪肾批开，入甘遂末一钱，纸裹煨熟食。以小便利为效，否则再服。（《肘后方》）肘伤冷痛：猪肾一对，桂心二两，水八升，煮三升，分三服。（《肘后》）猝得咳嗽：猪肾二枚（细切），干姜三两（末）。水七升，煮二升，稍服取汗。（《肘后方》）久嗽不瘥：猪肾二枚（去脂膜），入椒四七粒开口者，水煮啖之。（张文仲方）心气虚损：猪腰子一枚，水二碗，煮至一碗半，切碎，入人参、当归各半两，煮至八分。吃腰子，以汁送下。未尽者，同滓作丸服。（《百一选方》）酒积面黄，腹胀不消：猪腰子一个，批开七刀，葛根粉一钱，掺上合定，每边炙三遍半，手扯作六块，空心吃之，米汤送下。（《普济方》）久泄不止：猪肾一个批开，掺骨碎补末，煨熟食之，神效。（《濒湖集简方》）赤白下痢腰痛：用猪肾二枚研烂，入陈皮、椒、酱，作馄饨，空心食之。（《食医心镜》）赤白带下：常炙猪肾食之。（张文仲方）崩中漏下：（方同上。）产后蓐劳寒热：用猪肾一对，切细片，以盐、酒拌之。先用粳米一合，葱、椒煮粥，盐、醋调和。将腰子铺于盆底，以热粥倾于上盖之，如作盦生粥食之。（《济生》）产后虚汗，发热，肢体疼痛，亦名蓐劳：《永类钤方》：用猪肾一对切，水三升，粳米半合，椒、盐、葱白煮粥食。《梅师》：（用猪肾同葱、豉、米和成，作稀臛食之。）小儿躯啼：小儿五十日以来，胎寒腹痛，躯啼上视，聚唾弄舌，微热而惊，此痫候也。猪肾一具，当归一两（焙），以清酒一升，煮七合。每以杏仁大与咽之，日三夜一。（《圣惠方》）小儿头疮：猪腰子一个，批开去心、膜，入五倍子、轻粉末等分在内，以沙糖和面固济，炭火炙焦为末。清油调涂。（《经验良方》）传尸劳瘵：猪腰子一对，童子小便二盏，无灰酒一盏，新瓷瓶盛之，泥封，炭火温养，自戌至子时止。待五更初温熟，取开饮酒，食腰子。病笃者，只一月效。平日瘦怯者，亦可用之。盖以血养血，绝胜金石草木之药也。（邵真人《经验方》）痈疽发背初起者：用猳猪腰子一双，同飞面捣如泥，涂之即愈。

脏（音夷。亦作胰）。

时珍曰：一名肾脂。生两肾中间，似脂非脂，似肉非肉，乃人物之命门，三焦发原处也。肥则多，瘦则少。盖颐养赖之，故谓之脏。

【气味】甘，平，微毒。

颂曰：男子多食损阳。

【主治】肺痿咳嗽，和枣肉浸酒服。亦治痃癖羸瘦（藏器。又合膏，练缯帛）。疗肺气干胀喘急，润五脏，去皴疱䵟黯，杀斑蝥、地胆、亭长等毒，治冷痢成虚（苏颂）。一切肺病咳嗽，脓血不止。以薄竹筒盛，于煻火中煨熟，食上啖之，良（《心镜》）。通乳汁（之才）。

【附方】旧二，新九。猪胰酒：治冷痢久不瘥。此是脾气不足，暴冷入脾，舌上生疮，饮食无味，或食下还吐，小腹雷鸣，时时心闷，干皮细起，膝胫酸痛，羸瘦，渐成鬼气，及妇人血气不通，逆饭忧烦，四肢无力，丈夫痃癖，两肋虚胀，变为水气，服之皆效。此法出于传尸方。取猪胰一具细切，与青蒿叶相和。以无灰酒一大升，微火温之，乘热纳胰中，暖使消尽。又取桂心末一小两，纳酒中。每旦温服一小盏，午、夜各再一服，甚验。忌热面、油腻等食。（崔元亮《海上方》）膜内气块：猪脏一具炙，蘸玄胡索末食之。(《卫生易简方》)肺气咳嗽:猪胰一具薄切,苦酒煮食,不过二服。(《肘后方》)二十年嗽:猪胰三具,大枣百枚。酒五升渍之,秋冬七日,春夏五日,绞去滓。七日服尽,忌盐。(同上)远年肺气:猪胰一具去脂细切,腻粉一两,瓷瓶固济,上留小窍,煅烟尽为末。每服二钱,空心浆水下。(《圣济总录》)服石发热:猪肾脂一具,勿中水,以火炙取汁,每服三合,日夜五六服,石随大便下。(《总录》)拨云去翳:用猪胰子一枚(五钱),蕤仁五分,青盐一钱。共捣千下,令如泥。每点少许,取下膜翳为效。(孙氏《集效方》)赤白癜风:猪胰一具,酒浸一时,饭上蒸熟食。不过十具。(《寿域方》)面粗丑黑,皮厚鼾黯者:猪胰五具,芜青子二两,杏仁一两,土瓜根一两,淳酒浸之。夜涂旦洗,老者少,黑者白,神验。(《肘后》)手足皴裂:以酒挼猪胰,洗并敷之。(《肘后》)唇燥紧裂:猪胰浸酒搽之。(叶氏《摘玄方》)

肚

【气味】甘,微温,无毒。

【主治】补中益气止渴,断暴痢虚弱(《别录》)。补虚损,杀劳虫。酿黄糯米蒸捣为丸,治劳气,并小儿疳蛔黄瘦病(《日华》)。主骨蒸热劳,血脉不行,补羸助气,四季宜食(苏颂)。消积聚癥瘕,治恶疮(《吴普》)。

【发明】时珍曰:猪水畜而胃属土,故方药用之补虚,以胃治胃也。

【附方】旧二,新九。补益虚羸:用猪肚一具,入人参五两,蜀椒一两,干姜一两半,葱白七个,粳米半升在内,密缝,煮熟食。(《千金翼》)水泻不止:用獖猪肚一枚,入蒜煮烂捣膏,丸梧桐子大。每盐汤或米饮服三十丸。丁必卿云:予每日五更必水泻一次,百药不效。用此方,入平胃散末三两,丸服,遂安。(《普济》)消渴饮水:日夜饮水数斗者。《心镜》:用雄猪肚一枚,煮取汁,入少豉,渴即饮之,肚亦可食。煮粥亦可。仲景猪肚黄连丸:治消渴。用雄猪肚一枚,入黄连末五两,栝蒌根、白粱米各四两,知母三两,麦门冬二两,缝定蒸熟,捣丸如梧桐子大。每服三十丸,米饮下。老人脚气:猪肚一枚,洗净切作生,以水洗,布绞干,和蒜、椒、酱、醋五味,常食。亦治热劳。(《养老》方)温养胎气:胎至九月消息。用猪肚一枚,如常着葱五味,煮食至尽。(《千金髓》)赤白癜风:白煮猪肚一枚,食之顿尽。忌房事。(《外台》)疥疮痒痛:猪肚一枚,同皂荚煮熟,去荚食之。(《救急》)头疮白秃:《普济》:用新破猪肚勿洗。及热拓之。须臾虫出。不尽再作。孙氏方:用猪肚一个,入砒一两,扎定,以黄泥固济,煅存性为末,油和敷。以椒汤洗。虫牙疼痛:用新杀猪肚尖上涎,绢包咬之。数次虫尽即愈。唐氏用枳壳末拌之。

肠

【气味】甘,微寒,无毒。

【主治】虚渴,小便数,补下焦虚竭(孟诜)。止小便(《日华》)。去大小肠风热,宜食之(苏颂)。润肠治燥,调血痢脏毒(时珍)。洞肠:治人洞肠挺出,血多(孙思邈。洞肠,广肠也)。

【附方】新五。肠风脏毒:《救急》:用猪大肠一条,入芫荽在内,煮食。《奇效》:

用猪脏，入黄连末在内，煮烂，捣丸梧桐子大。每米饮服三十丸。又方：猪脏入槐花末令满，缚定，以醋煮烂，捣为丸如梧桐子大。每服五十丸，温酒下。胁热血痢：方法同上。脏寒泄泻，体倦食减：用猪大脏一条，去脂膜洗净，以吴茱萸末填满，缚定蒸熟，捣丸梧桐子大。每服五十丸，食前米饮下。（《奇效良方》）

脬(亦作胞)

【气味】甘、咸，寒。无毒。

【主治】梦中遗溺，疝气坠痛，阴囊湿痒，玉茎生疮。

【发明】时珍曰：猪胞所主，皆下焦病，亦以类从尔。蕲有一妓，病转脬，小便不通，腹胀如鼓，数月垂死。一医用猪脬吹胀，以翎管安上，插入廷孔，捻脬气吹入，即大尿而愈。此法载在罗天益《卫生宝鉴》中，知者颇少，亦机巧妙术也。

【附方】新八。梦中遗溺：用猪脬洗炙食之。（《千金》）产后遗尿：猪胞、猪肚各一个，糯米半升，入脬内，更以脬入肚内，同五味煮食。（《医林集要》）产后尿床：方法同上。疝气坠痛：用猪脬一枚洗，入小茴香、大茴香、破故纸、川楝子等分填满，入青盐一块缚定，酒煮熟食之，酒下。其药焙捣为丸，服之。消渴无度：干猪胞十个，剪破去蒂，烧存性为末。每温酒服一钱。（《圣济总录》）肾风囊痒：用猪尿胞火炙，以盐酒吃之。（《救急》）玉茎生疮臭腐：用猪胞一枚（连尿，去一半，留一半），以煅红新砖焙干为末，入黄丹一钱。掺之，三五次瘥。先须以葱、椒汤洗。（《奇效方》）白秃癞疮：洗刮令净，以猪胞乘热裹之，当引虫出。

胆

【气味】苦，寒，无毒。

【主治】伤寒热渴（《别录》）。骨热劳极，消渴，小儿五疳，杀虫（苏颂）。敷小儿头疮。治大便不通，以苇筒纳入下部三寸灌之，立下（藏器）。通小便，敷恶疮，杀疳䘌，治目赤目翳，明目，清心脏，凉肝脾。入汤沐发，去腻光泽（时珍）。

【附方】旧六，新十四。少阴下利不止：厥逆无脉，干呕烦者，以白通汤加猪胆汁主之。葱白四茎，干姜一两，生附子一枚，水三升，煮一升，入人尿五合，猪胆汁一合，分温再服。（仲景《伤寒论》）或泻或止久而不愈：二圣丸：月黄连、黄柏末各一两，以猪胆煮熟和，丸如绿豆大。量儿大小，每米饮服之。（《总微论》）赤白下痢：十二月猪胆百枚，俱盛雄黑豆入内，着麝香少许，阴干。每用五七粒为末，如红痢，甘草汤下；如白痢，生姜汤调服。（《奇效方》）湿䘌下痢不止：干呕羸瘦，多睡面黄。以胆汁和姜汁、酽醋同灌下部，手急捻令醋气上至咽喉乃止，当下五色恶物及虫而愈也。（《拾遗》）热病有䘌，上下蚀人：用猪胆一枚，醋一合，煎沸服，虫立死也。（《梅师》）瘦病咳嗽：猪胆和人溺、姜汁、橘皮、诃黎勒、桃支同煮汁，饮之。（《拾遗》方）小便不通：《肘后》：猪胆一枚，热酒和服。又用猪胆连汁，笼住阴头。一二时汁入自通。消渴无度：雄猪胆五个，定粉一两，同煎成，丸芡子大。每含化二丸咽下，日二。（《圣济总录》）伤寒癍出：猪胆鸡子汤：用猪胆汁、苦酒各三合，鸡子一个，合煎三沸，分服，汗出即愈。（张文仲方）疔疮恶肿：十二月猪胆风干，和生葱捣敷。（《普济方》）目翳目盲：猪胆一枚，文火煎稠，丸黍米大。每纳一粒目中，良。（《外台》)目赤肿痛:猪胆汁一枚,和盐绿五分,点之。(《普济方》)火眼赤痛:猪胆一个,铜钱三文,同置盏内蒸干,取胆丸粟米大,安眼中。(《圣惠方》)拔白换黑:猪胆涂孔中,即生黑者。(《圣惠方》)小儿初生:猪胆入汤浴之,不生疮疥。(姚和众)产妇风疮因出风早:用猪胆一枚,柏子油一两,和敷。(《杏林摘要》)汤火伤疮:猪胆调黄柏末,涂之。(《外台》)瘭疽出汁:生手足肩背,累累如赤豆。剥净,以猪胆涂之。(《千金》)喉风闭塞:腊月初一日,取猪胆(不拘大小)五六枚,用黄连、青黛、薄荷、僵蚕、白矾、朴硝各五钱,装入胆内,青纸包了。将地掘一孔,方深各一尺。以竹横悬此胆在内,以物盖定。候至立春日取出,待风吹,去胆皮、青纸,研末密收。每吹少许神验,乃万金不传之方。(邵真人《经验方》)

胆皮

【主治】目翳如重者,取皮曝干,作两股绳如箸大,烧灰出火毒,点之,不过三五度瘥。(时珍。出《外台秘要》)

肤

汪机曰:猪肤。王好古以为猪皮,吴绶以为焊猪时刮下黑肤,二说不同。今考《礼运疏》云:革,肤内厚皮也;肤,革外厚皮也。则吴说为是浅肤之义。

【气味】甘,寒,无毒。

【主治】少阴下痢,咽痛(时珍)。

【发明】张仲景曰:少阴病下利,咽痛,胸满心烦者,猪肤汤主之。用猪肤一斤,水一斗,煮五升,取汁,入白蜜一升,白粉五合,熬香,分六服。

成无己曰:猪,水畜也。其气先入肾,解少阴客热。加白蜜以润燥除烦,白粉以益气断利也。

耳垢

【主治】蛇伤狗咬。涂之(《别录》)。

鼻唇

【气味】甘、咸,微寒,无毒。多食动风。

【主治】上唇:治冻疮痛痒(思邈)。煎汤,调蜀椒目末半钱,夜服治盗汗(宗奭)。鼻:治目中风翳,烧灰水服方寸匕,日二服(时珍。出《千金》)。

舌

【主治】健脾补不足,令人能食,和五味煮汁食(孟诜)。

靥(音掩)

俗名咽舌是矣。又名猪气子。王玺曰:在猪喉系下,肉团一枚,大如枣,微扁色红。

【主治】项下瘿气，瓦焙研末，每夜酒服一钱(时珍)。

【发明】见羊靥下。

【附方】新二。瘿气:《杏林摘要》:用猪靥七枚，酒熬三钱，入水瓶中露一夜，取出炙食。二服效。《医林集要》:开结散:猪靥(焙)四十九枚，沉香二钱，真珠(砂罐煅)四十九粒，沉香二钱，橘红四钱，为末。临卧冷酒徐徐服二钱。五服见效，重者一料愈。以除日合之。忌酸、咸、油腻、涩气之物。

齿

【气味】甘，平。

【主治】小儿惊痫，五月五日取，烧灰服(《别录》)。又治蛇咬(《日华》)。中牛肉毒者，烧灰水服一钱。又治痘疮倒陷(时珍)。

骨

【主治】中马肝、漏脯、果、菜诸毒，烧灰，水服方寸匕，日三服。颊骨:烧灰，治痘陷;煎汁服，解丹药毒(时珍)。

【附方】新三。三消渴疾:猪脊汤:用猪脊骨一尺二寸，大枣四十九枚，新莲肉四十九粒，炙甘草二两，西木香一钱半，水五碗，同煎取汁一碗，渴则饮之。(《三因方》)浸淫诸疮:猪牙车骨(年久者)椎破，烧令脂出，乘热涂之。(《普济方》)下痢红白:腊猪骨烧存性，研末，温酒调服三钱。

豚卵

【释名】豚颠(《本经》)、猪石子。

《别录》曰:阴干藏之，勿令败。

颂曰:豚卵，当是猪子也。

时珍曰:豚卵，即牡猪外肾也。牡猪小者多犗去卵，故曰豚卵，《济生方》谓之猪石子者是也。《三因》治消渴方中有石子荠苨汤，治产后蓐劳有石子汤，并用猪肾为石子，误矣。

【气味】甘，温，无毒。

【主治】惊痫癫疾，鬼疰蛊毒，除寒热，贲豚五癃，邪气挛缩(《本经》)。除阴茎中痛(孙思邈)。治阴阳易病，少腹急痛，用热酒吞二枚，即瘥(时珍。又《古今录验》治五痫，莨菪子散中用之)。

【附方】新一。惊痫中风，壮热掣疭，吐舌出沫:用豚卵一双(细切)，当归二分，以醇酒三升，煮一升，分服。(《普济》)

母猪乳

时珍曰:取法:须驯猪，待儿饮乳时提后脚，急以手捋而承之。非此法不得也。

【气味】甘、咸，寒，无毒。

【主治】小儿惊痫，及鬼毒去来，寒热五癃，绵蘸吮之(苏恭)。小儿天吊，大人猪、鸡痫病(《日华》)。

【发明】时珍曰：小儿体属纯阳，其惊痫亦生于风热。猪乳气寒，以寒治热，谓之正治。故钱乙云：初生小儿至满月，以猪乳频滴之，最佳。张焕云：小儿初生无乳，以猪乳代之，出月可免惊痫痘疹之患。杨士瀛云：小儿口噤不开，猪乳饮之甚良。月内胎惊，同朱砂、牛乳少许，抹口中甚妙。此法诸家方书未知用，予传之。东宫吴观察子病此，用之有效。

【附方】旧一。断酒：白猪乳一升饮之。（《千金》）

蹄（以下并用母猪者。）

【气味】甘、咸，小寒，无毒。

【主治】煮汁服，下乳汁，解百药毒，洗伤挞诸败疮（《别录》）。滑肌肤，去寒热（苏颂）。煮羹，通乳脉，托痈疽，压丹石。煮清汁，洗痈疽，渍热毒，消毒气，去恶肉，有效（时珍。《外科精要》洗痈疽有猪蹄汤数方，用猪蹄煮汁去油，煎众药蘸洗也）。

【附方】旧五，新二。妇人无乳：《外台》：用母猪蹄一具，水二斗，煮五六升，饮之。或加通草六分。《广济》：用母猪蹄四枚，水二斗，煮一斗，去蹄入土瓜根、通草、漏芦各三两，再煮六升，去滓，纳葱、豉作粥或羹食之。或身体微热，有少汗出佳。未通再作。痈疽发背：母猪蹄一双，通草六分，绵裹煮羹食之。（《梅师》）乳发初起：方同上。天行热毒，攻手足肿痛欲断：用母猪蹄一具去毛，以水一斗，葱白一握，煮汁去滓，入少盐渍之。（《肘后》）老人面药，令面光泽：用母猪蹄一具，煮浆如胶。夜以涂面，晓则洗去。（《千金翼》）硇砂损阴：猪蹄一具，浮萍三两，水三升，煮汁半升，渍之。冷即出，以粉敷之。（《外台》）

悬蹄甲（一名猪退）

思邈曰：酒浸半日，炙焦用。

时珍曰：按古方有用左蹄甲者，又有用后蹄甲者，未详其义也。

【气味】咸，平，无毒。

【主治】五痔，伏热在腹中，肠痈内蚀（《本经》）。同赤木烧烟熏，辟一切恶疮（仲景）。

【附方】旧二，新五。肺气齁喘：猪爪甲二枚烧灰研，入麝香当门子一枚同研，茶服。（《普济》）定喘化痰：用猪蹄甲四十九个，洗净控干，每甲纳半夏、白矾各一字，罐盛固济，煅赤为末，入麝香一钱匕。每用糯米饮下半钱。（《经验后方》）久咳喘急：猪蹄甲四十九枚，以瓶子盛之。上以天南星（一枚大者）剉匀盖之，盐泥固济，煅烟出为度。取出，入款冬花末半两，麝香一分、龙脑少许，研匀。每服一钱，食后煎桑根白皮汤下。名黑金散。（《总录》）小儿寒热及热气中人：用猪后蹄甲烧灰末，乳汁调服一撮，日二服。（《伤寒类要》）痘疮入目：猪蹄爪甲烧灰，浸汤滤净，洗之甚妙。（《普济方》）瘢痘生翳：半年以上者，一月取效，一年者不治。用猪悬蹄甲二两（瓦瓶固济，煅），蝉蜕一两，羚羊角一分，为末。每服一字，三岁以上三钱，温水调服，一日三服。（《钱氏小儿方》）小儿白秃：猪蹄甲七个，每个人白矾一块，枣儿一个，烧存性，研末。入轻粉，麻油调搽，不过五上愈。

尾

【主治】腊月者，烧灰水服，治喉痹。和猪脂，涂赤秃发落（时珍。出《千金》）。

毛

【主治】烧灰，麻油调，涂汤火伤，留窍出毒则无痕（时珍。出《袖珍》）。

【附方】新一。赤白崩中：猪毛烧灰三钱，以黑豆一碗，好酒一碗半，煮一碗，调服。

屎（一名猪零）

《日华》曰：取东行牡猪者为良。

颂曰：今人又取南行猪零，合太乙丹。

时珍曰：古方亦有用豭猪屎者，各随本方。猪零者，其形累累零落而下也。

【气味】寒，无毒。

【主治】寒热黄疸湿痹（《别录》）。主蛊毒，天行热病。并取一升浸汁，顿服（《日华》）。烧灰，发痘疮，治惊痫，除热解毒，治疮（时珍）。血溜出血不止，取新屎压之（吴瑞）。

【发明】时珍曰：《御药院方》治痘疮黑陷无价散、钱仲阳治急惊风痫惺惺丸皆用之，取其除热解毒也。

【附方】旧一，新十六。小儿客忤，偃啼面青：豭猪屎二升，水绞汁，温浴之。小儿夜啼：猪屎烧灰，淋汁浴儿，并以少许服之。（《圣惠方》）小儿阴肿：猪屎五升，煮热袋盛，安肿上。（《千金方》）雾露瘴毒：心烦少气，头痛，项强，颤掉欲吐。用新猪屎二升半，酒一升，绞汁暖服，取汗瘥。（《千金》）中猪肉毒：猪屎烧灰，水服方寸匕。（《千金》）妇人血崩：老母猪粪烧灰，酒服三钱。（李楼方）解一切毒：母猪屎，水和服之。（《千金》）搅肠沙痛：用母猪生儿时抛下粪，日干为末，以白汤调服。口唇生核：猪屎绞汁温服。（《千金方》）白秃发落：腊月猎屎烧灰敷。（《肘后》）疔疮入腹：牝猪屎和水绞汁，服三合，立瘥。（《圣惠方》）十年恶疮：母猪粪烧存性，敷之。（《外台》方）消蚀恶肉：腊月豮猪粪（烧存性）一两，雄黄、槟榔各一钱，为末。湿者渗，干者麻油、轻粉调抹。（《直指方》）胻疽青烂：生于腨胫间，恶水淋漓，经年疮冷，败为深疽，深烂青黑，好肉虚肿，百药不瘥，或瘥而复发。先以药蚀去恶肉，后用豭猪屎散，甚效。以猪屎烧研为末，纳疮孔令满，白汁出，吮去更敷。有恶肉，再蚀去乃敷，以平为期，有验。（《千金方》）男女下疳：母猪粪，黄泥包，煅存性为末。以米泔洗净，搽立效。（《简便单方》）雀瘘有虫：母猪粪烧灰，以腊月猪膏和敷，当有虫出。（《千金方》）赤游火丹：母猪屎，水绞汁，服并敷之。（《外台》）

燖猪汤

【主治】解诸毒虫魇（苏颂）。产后血刺，心痛欲死，温饮一盏（汪机）。治消渴，滤净饮一碗，勿令病人知。又洗诸疮，良（时珍）。

猪窠中草

【主治】小儿夜啼,密安席下,勿令母知(《日华》)。

缚猪绳

【主治】小儿惊啼,发歇不定,用腊月者烧灰,水服少许(藏器)。

狗(《本经》中品)

【释名】犬(《说文》)、地羊。

时珍曰:狗,叩也。吠声有节,如叩物也。或云为物苟且,故谓之狗,韩非云"蝇营狗苟"是矣。卷尾有悬蹄者为犬,犬字象形,故孔子曰:视犬字如画狗。齐人名地羊。俗又讳之以龙,称狗有乌龙、白龙之号。许氏《说文》云:多毛曰尨,长喙曰猃(音敛),短喙曰猲(音歇),去势曰猗,高四尺曰獒,狂犬曰猘(音折)。生一子曰獴曰獑(音其),二子曰狮,三子曰狱。

肉(黄犬为上,黑犬、白犬次之)

狗

【气味】咸、酸,温,无毒。

反商陆,畏杏仁。同蒜食,损人。同菱食,生癫。

思邈曰:白犬合海鲉食,必得恶病。

时珍曰:鲉,小鱼也。道家以犬为地厌,不食之。凡犬不可炙食,令人消渴。妊妇食之,令子无声。热病后食之,杀人。服食人忌食。九月勿食犬,伤神。瘦犬有病,猘犬发狂,自死犬有毒,悬蹄犬伤人,赤股而躁者气臊,犬目赤者,并不可食。

【主治】安五脏,补绝伤,轻身益气(《别录》)。宜肾(思邈)。补胃气,壮阳道,暖腰膝,益气力(《日华》)。补五劳七伤,益阳事,补血脉,厚肠胃,实下焦,填精髓,和五味煮,空心食之。凡食犬若去血,则力少不益人(孟诜)。

【附方】旧三,新六。戊戌酒:大补元气。用黄犬肉一只,煮一伏时,捣如泥,和汁拌炊糯米三斗,入曲如常酿酒。候熟,每旦空心饮之。(《养老》方)戊戌丸:治男子、妇人一应诸虚不足,骨蒸潮热等证。用黄童子狗一只,去皮毛肠肚同外肾,于砂锅内用酒醋八分,水二升,入地骨皮一斤,前胡、黄芪、肉苁蓉各四两,同煮一日。去药,再煮一夜。去骨,再煮肉如泥,擂滤。入当归末四两,莲肉、苍术末各一斤,厚朴、橘皮末十两,甘草末八两,和杵千下,丸梧桐子大。每空心盐酒下五七十丸。(《乾坤秘韫》)脾胃虚冷,腹满刺痛:肥狗肉半斤。以米同盐、豉煮粥,频食一两顿。(《心镜》)虚寒疟疾:黄狗肉煮臛。入五味,食之。气水鼓胀:狗肉一斤切,和米煮粥,空腹食之。(《心镜》)浮肿屎涩:肥狗肉五斤熟蒸,空腹食之。(《心镜》)猝中恶死:破白狗拓心上,即活。(《肘后方》)痔漏有虫:《钤方》:用狗肉煮汁,空腹服,能引虫也。危氏:用熟犬肉蘸浓蓝汁,空心食,七日效。

蹄肉

【气味】酸,平。

【主治】煮汁饮之,能下乳汁(《别录》)。

血(白狗者良。)

【气味】咸,温,无毒。

弘景曰:白狗血和白鸡肉、乌鸡肉、白鹅肝、白羊肉、蒲子羹等食,皆病人。

时珍曰:黑犬血灌蟹烧之,集鼠。

【主治】白狗血:治癫疾发作。乌狗血:治产难横生,血上抢心,和酒服之(《别录》)。补安五脏(《日华》)。热饮,治虚劳吐血,又解射罔毒。点眼,治痘疮入目。又治伤寒热病发狂见鬼及鬼击病,辟诸邪魅(时珍)。

【附方】旧三,新三。热病发狂:伤寒、时气、温病六七日,热极发狂,见鬼欲走。取白狗从背破取血,乘热摊胸上,冷乃去之。此治垂死者亦活。无白犬,但纯色者亦可。(《肘后方》)鬼击之病:胁腹绞痛,或即吐血、衄血、下血,一名鬼排。白犬头取热血一升,饮之。(《百一方》)小儿猝痫:刺白犬血一升,含之。并涂身上。(葛氏方)猝得病疮:常时生两脚间。用白犬血涂之,立愈。(《肘后方》)两脚癣疮:白犬血涂之,立瘥。(《奇效》)疔疮恶肿:取白犬血频涂之,有效。(《肘后》)

心血

【主治】心痹心痛。取和蜀椒末,丸梧桐子大。每服五丸,日五服(时珍。出《肘后》)。

乳汁(白犬者良)

【主治】十年青盲。取白犬生子目未开时乳,频点之。狗子目开即瘥(藏器)。赤秃发落,频涂甚妙(时珍)。

【附方】新二。拔白:白犬乳涂之。(《千金》)断酒:白犬乳,酒服。(《千金》)

脂并肶(白犬者良)

【主治】手足皴皱。入面脂,去皯黯。柔五金(时珍)。

脑

【主治】头风痹,鼻中息肉,下部䘌疮。(《别录》)。猘犬咬伤,取本犬脑敷之,后不复发(时珍。出《肘后》)。

【附方】新一。眉发火瘢不生者:蒲灰,以正月狗脑和敷,日三,则生。(《圣惠方》)

涎

【主治】诸骨哽、脱肛,及误吞水蛭(时珍)。

【附方】新三。诸骨鲠咽:狗涎频滴骨上,自下。(仇远《稗史》)大肠脱肛:狗涎抹之,自上也。(《扶寿精方》)误吞水蛭:以蒸饼半个,绞出狗涎,吃之。连食二三,其物自散。(《德生堂方》)

心

【主治】忧恚气,除邪(《别录》)。治风痹鼻衄,及下部疮,狂犬咬(《日华》)。

肾

【气味】平,微毒。

时珍曰:《内则》"食犬去肾",为不利人也。

【主治】妇人产后肾劳如疟者。妇人体热用猪肾,体冷用犬肾(藏器)。

肝

时珍曰:按沈周《杂记》云:狗肝色如泥土,臭味亦然。故人夜行土上则肝气动,盖相感也。又张华《物类志》云:以狗肝和土泥灶,令妇妾孝顺。则狗肝应土之说相符矣。

【主治】肝同心捣,涂狂犬咬。又治脚气攻心,作生,以姜、醋进之,取泄。先泄者勿用(藏器)。

【附方】旧一,新一。下痢腹痛:狗肝一具切,入米一升煮粥,合五味食。(《心镜》)心风发狂:黄石散:用狗肝一具批开,以黄丹、硝石各一钱半,研匀擦在肝内,用麻缚定,水一升煮熟。细嚼,以本汁送下。(《杨氏家藏》)

胆(青犬、白犬者良)

【气味】苦,平,有小毒。

敩曰:鲑鱼插树,立便干枯;狗胆涂之,却还荣盛。

【主治】明目(《本经》。鼎曰:上伏日采胆,酒服之)。敷痂疡恶疮(《别录》)。疗鼻齆,鼻中息肉(甄权)。主鼻衄聤耳,止消渴,杀虫除积,能破血。凡血气痛及伤损者,热酒服半个,瘀血尽下(时珍)。治刀箭疮(《日华》)。去肠中脓水。又和通草、桂为丸服,令人隐形(孟诜)。

【发明】慎微曰:按《魏志》云:河内太守刘勋女病左膝疮痒。华佗视之,用绳系犬后足不得行,断犬腹取胆向疮口,须臾有虫若蛇从疮上出,长三尺,病愈也。

【附方】旧二,新七。眼赤涩痒:犬胆汁注目中,效。(《圣惠》)肝虚目暗:白犬胆一枚,萤火虫二七枚,阴干为末,点之。(《圣惠》)目中脓水:上伏日采犬胆,酒服之。(《圣济总录》)聤耳出脓:用狗胆一枚,枯矾一钱,调匀。绵裹塞耳内,三四次即瘥。(《奇效良方》)拔白换黑:狗胆汁涂之。(《千金》)血气撮痛不可忍者:用黑狗胆一个(半干半湿)剜开,以篦子排丸绿豆大,蛤粉滚过。每服五丸,以烧生铁淬酒送下,痛立止。(《经验方》)反胃吐食:不拘丈夫妇人老少,远年近日。用五灵脂末,黄狗胆汁和,丸龙眼大。每服一丸,好酒半盏磨化服。不过三服,即效。(《本事》)痞块疳积:五灵脂(炒烟尽)、真阿魏(去砂研)等分,用黄雄狗胆汁和,丸黍米大。空心津咽三十丸。忌羊肉、醋、面。(《简便》)赤白下痢:腊月狗胆一百枚,每枚入黑豆充满,麝香少许。每服一枚,赤以甘草、白以干姜汤送下。(《奇效良方》)

牡狗阴茎

【释名】狗精。六月上伏日取,阴干百日(《别录》)。

【气味】咸,平,无毒。

思邈曰:酸。

【主治】伤中,阴痿不起,令强热大,生子,除女子带下十二疾(《本经》)。治绝阳及妇人阴痿(《日华》)。补精髓(孟诜)。

阴卵

【主治】妇人十二疾,烧灰服(苏恭)。

皮

【主治】腰痛,炙热黄狗皮裹之,频用取瘥。烧灰,治诸风(时珍)。

【发明】时珍曰:《淮南万毕术》云:黑犬皮毛烧灰扬之,止天风。则治风之义,有取乎此也。

毛

【主治】产难(苏恭)。颈下毛:主小儿夜啼,绛囊盛,系儿两手(藏器)。烧灰汤服一钱,治邪疟。尾:烧灰,敷犬伤(时珍)。

【附方】旧一。汤火伤疮:狗毛细翦,以烊胶和毛敷之。痂落即瘥。(《梅师》)

齿

【气味】平,微毒。

【主治】癫痫寒热,猝风痱,伏日取之(《别录》)。磨汁,治犬痫。烧研醋和,敷发背及马鞍疮。同人齿烧灰汤服,治痘疮倒陷,有效(时珍)。

头骨(黄狗者良)。

【气味】甘、酸,平,无毒。

【主治】金疮止血(《别录》)。烧灰,治久痢、劳痢。和干姜、莨菪炒见烟,为丸,空心白饮服十丸,极效(甄权)。烧灰,壮阳止疟(《日华》)。治痈疽恶疮,解颅,女人崩中带下(时珍)。颔骨:主小儿诸痫、诸瘘,烧灰酒服(苏恭)。

【附方】旧三,新十。小儿久痢:狗头烧灰,白汤服。(《千金》)小儿解颅:黄狗头骨炙为末,鸡子白和,涂之。(《直指》)赤白久痢:腊月狗头骨一两半(烧灰),紫笋茶(末)一两,为末。每服二钱,米饮下。(《圣惠方》)赤白带下不止者:狗头烧灰,为末。每酒服一钱,日三服。(《圣惠》)产后血乱:奔入四肢,并违堕。以狗头骨灰,酒服二钱,甚效。(《经验后方》)打损接骨:狗头一个,烧存性为末。热醋调涂，暖卧。（《卫生易简》）附骨疽疮：狗头骨烧烟，日熏之。（《圣惠》）痈疽疖毒：狗头骨灰、芸苔子等分，为末，醋和敷之。（《千金》）恶疮不愈：狗头骨灰同黄丹末等分，敷之。（《寿域方》）长肉生肌：老狗头脑骨（瓦炒）二两，桑白皮一两，当归二钱半。为末。麻油调敷。（《直指》）鼻中息肉：狗头灰方寸匕，苦丁香半钱，研末吹之，即化为水。或同硇砂少许，尤妙。（《朱氏集验》）梦中泄精：狗头鼻梁骨烧研，卧时酒服一钱。头风白屑作痒：狗头骨烧灰，淋汁沐之。（《圣惠方》）

骨（白狗者良）

【气味】甘，平，无毒。

【主治】烧灰，疗下痢生肌，敷马疮（《别录》）。烧灰，疗诸疮瘘，及妒乳痈肿（弘景）。烧灰，补虚，理小儿惊痫客忤（《蜀本》）。煎汁，同米煮粥，补妇人，令有子（藏器）。烧灰，米饮日服，治休息久痢。猪脂调，敷鼻中疮（时珍）。

【附方】旧二。产后烦懑不食者：白犬骨烧研，水服方寸匕。（《千金翼》）桃李哽咽：狗骨煮汤，摩头上。（《子母秘录》）

屎（白狗者良）

【气味】热，有小毒。

《丹房镜源》云：白狗粪煮铜。

【主治】疔疮。水绞汁服，治诸毒不可入口者（苏恭）。瘭疽彻骨痒者，烧灰涂疮，勿令病者知。又和腊猪脂，敷瘘疮肿毒，疗肿出根（藏器）。烧灰服，发痘疮倒靥，治霍乱症积，止心腹痛，解一切毒（时珍）。

【发明】时珍曰：狗屎所治诸病，皆取其解毒之功耳。

【附方】旧三，新五。小儿霍乱猝起者：用白狗屎一丸，绞汁服之。心痛欲死：狗屎炒研，酒服二钱，神效。劳疟瘴疟久不愈：用白狗粪烧灰，发前冷水服二钱。（《圣惠方》）月水不调：妇人产后，月水往来，乍多乍少。白狗粪烧末，酒服方寸匕，日三服。（《千金》）鱼肉成症，并治诸毒：用狗粪五升烧末，绵裹，于五升酒中浸二宿，取清分十服，日三服，三日使尽，症即便出也。（《外台》）漏脯中毒：犬屎烧末，酒服方寸匕。（《梅师》）发背痈肿：用白犬屎半升，水绞取汁服，以滓敷之，日再。（《外台》）疔疮恶肿：牡狗屎（五月五日取）烧灰涂敷，数易之。又治马鞍疮，神验。（《圣惠》）

屎中粟（白狗者良。一名白龙沙）。

【主治】噎膈风病，痘疮倒陷，能解毒也（时珍）。

【附方】新二。噎膈不食：黄犬干饿数日，用生粟或米干饲之。俟其下粪，淘洗米粟令净，煮粥，入薤白一握，泡熟去薤，入沉香末二钱食之。（《永类钤方》）痘疮倒靥：用白狗或黑狗一只，喂以生粟米。候下屎，取未化米为末，入麝香少许，新汲水服二钱。（《保幼大全》）

屎中骨

【主治】寒热，小儿惊痫（《别录》）。

羊(《本经》中品)

【校正】《别录》另出羊乳,今并为一。

【释名】羖(亦作𦍩)、羝(音低)、羯。

时珍曰:《说文》云:羊字象头角足尾之形。孔子曰:牛羊之字,以形似也。董子云:羊,祥也。故吉礼用之。牡羊曰羖,曰羝;牝羊曰羘,曰牂(音臧)。白曰羒,黑曰羭。多毛曰羖䍽,胡羊曰䍧䍮,无角曰羫,曰羫。去势曰羯。羊子曰羔,羔五月曰羜(音宁),六月曰𦍩(音务),七月曰羍(音达),未卒岁曰𦏁(音兆)。《内则》谓之柔毛,又曰少牢。《古今注》谓之长髯主簿云。

羊

羊肉

【气味】苦、甘,大热,无毒。

诜曰:温。

颂曰:《本经》云甘,《素问》云苦。盖《经》以味言,《素问》以理言。羊性热属火,故配于苦。羊之齿、骨、五脏皆温平,惟肉性大热也。

时珍曰:热病及天行病、疟疾病后食之,必发热致危。妊妇食之,令子多热。白羊黑头、黑羊白头、独角者,并有毒,食之生痈。《礼》曰:羊泠毛而毳者膻。又云:煮羊以杏仁或瓦片则易糜,以胡桃则不臊,以竹鼺则助味。中羊毒者,饮甘草汤则解。铜器煮之,男子损阳,女子绝阴。物性之异如此,不可不知。

汪机曰:反半夏、菖蒲。同荞面、豆酱食,发痼疾。同醋食,伤人心。

【主治】缓中,字乳余疾,及头脑大风汗出,虚劳寒冷,补中益气,安心止惊(《别录》)。止痛,利产妇(思邈)。治风眩瘦病,丈夫五劳七伤,小儿惊痫(孟诜)。开胃健力(《日华》)。

【附方】旧八,新十六。羊肉汤:张仲景治寒劳虚羸,及产后心腹疝痛。用肥羊肉一斤,水一斗,煮汁八升,入当归五两,黄芪八两,生姜六两,煮取二升,分四服。胡洽方无黄芪,《千金方》有芍药。(《金匮要略》)产后厥痛:胡洽大羊肉汤,治妇人产后大虚,心腹绞痛,厥逆。用羊肉一斤,当归、芍药、甘草各七钱半,用水一斗煮肉,取七升,入诸药,煮二升服。产后虚羸腹痛,冷气不调,及脑中风汗自出:白羊肉一斤,切治如常,调和食之。(《心镜》)产后带下产后中风,绝孕,带下赤白:用羊肉二斤,香豉、大蒜各三升,水一斗三升,煮五升,纳酥一升,更煮三升,分温三服。(《千金方》)崩中垂死:肥羊肉三斤,水二斗,煮一斗三升,入生地黄汁二升,干姜、当归各三两,煮三升,分四服。(《千金》)补益虚寒:用精羊肉一斤,碎白石英三两,以肉包之,外用荷叶裹定,于一石米下蒸熟,取出去石英,和葱、姜作小馄饨子。每日空腹,以冷浆水吞一百枚,甚补益。(《外台》)壮阳益肾:用白羊肉半斤切生,以蒜、薤食之。三日一度,甚妙。(《心镜》)五劳七伤虚冷:用肥羊肉一腿,密盖煮烂,绞取汁服,并食肉。骨蒸久冷:羊肉一斤,山药一斤,各烂煮研如泥,下米煮粥食之。

(《饮膳正要》)骨蒸传尸:用羊肉一拳大(煮熟),皂荚一尺(炙),以无灰酒一升,铜铛内煮三五沸,去滓,入黑饧一两。令病人先啜肉汁,乃服一合,当吐虫如马尾为效。(《外台》)虚寒疟疾:羊肉作臛饼,饱食之,更饮酒暖卧取汗。燕国公常见有验。(《集验方》)脾虚吐食:羊肉半斤作生,以蒜、薤、酱、豉、五味和拌,空腹食之。(《心镜》)虚冷反胃:羊肉去脂作生,以蒜薤空腹食之,立效。(《外台》)壮胃健脾:羊肉三斤切,粱米二升同煮,下五味作粥食。(《饮膳正要》)老人膈痞,不下饮食:用羊肉四两(切),白面六两,橘皮末一分,姜汁搜如常法,入五味作臛食,每日一次,大效。(《多能鄙事》)胃寒下痢:羊肉一片,莨菪子末一两和,以绵裹纳下部。二度瘥。(《外台》方)身面浮肿:商陆一升,水二斗,煮取一斗,去滓;羊肉一斤(切)入内煮熟,下葱、豉、五味调和如臛法,食之。(《肘后方》)腰痛脚气:木瓜汤:治腰膝疼痛,脚气不仁。羊肉一脚,草果五枚,粳米二升,回回豆(即胡豆)半升,木瓜二斤,取汁,入砂糖四两,盐少许,煮肉食之。(《正要》)消渴利水:羊肉一脚,瓠子六枚,姜汁半合,白面二两,同盐、葱炒食。(《正要》)损伤青肿:用新羊肉贴之。(《千金方》)妇人无乳:用羊肉六两,獐肉八两,鼠肉五两,作臛啖之。(崔氏)伤目青肿:羊肉煮熟,熨之。(《圣济总录》)小儿嗜土:买市中羊肉一斤,令人以绳系,于地上拽至家,洗净,炒炙食。或煮汁亦可。(姚和众)头上白秃:羊肉如作脯法,炙香,热拓上,不过数次瘥。(《肘后方》)

头蹄(白羊者良)

【气味】甘,平,无毒。

大明曰:凉。

震亨曰:羊头、蹄肉,性极补水。水肿人食之,百不一愈。

【主治】风眩瘦疾,小儿惊痫(苏恭)。脑热头眩(《日华》)。安心止惊,缓中止汗补胃,治丈夫五劳骨热。热病后宜食之,冷病人勿多食(孟诜。《心镜》云:以上诸证,并宜白羊头,或蒸或煮,或作脍食。)疗肾虚精竭。

【附方】新三。老人风眩:用白羊头一具,如常治,食之。五劳七伤:白羊头、蹄一具净治,更以稻草烧烟,熏令黄色,水煮半熟,纳胡椒、荜茇、干姜各一两,葱、豉各一升,再煮去药食。日一具,七日即愈。(《千金》)虚寒腰痛:用羊头、蹄一具,草果四枚,桂一两,生姜半斤,哈昔泥一豆许,胡椒煮食。(《正要》)

皮

【主治】一切风,及脚中虚风,补虚劳,去毛作羹、臛食(孟诜)。湿皮卧之,散打伤青肿;干皮烧服,治蛊毒下血(时珍)。

脂(青羊者良)

【气味】甘,热,无毒。

《丹房镜源》云:柔银软铜。

【主治】生脂:止下痢脱肛,去风毒,妇人产后腹中绞痛(思邈)。治鬼疰(苏颂。《胡洽方》有青羊脂丸)。去游风及黑皯(《日华》)。熟脂:主贼风痿痹飞尸,辟瘟气,止劳痢,润肌肤,杀虫治疮癣。入膏药,透肌肉经络,彻风热毒气(时珍)。

【附方】旧一，新十三。下痢腹痛：羊脂、阿胶、蜡各二两，黍米二升，煮粥食之。(《千金》)妊娠下痢：羊脂如棋子大十枚，温酒一升，投中顿服，日三。(《千金》)虚劳口干：《千金》：用羊脂一鸡子大，淳酒半升，枣七枚，渍七日食，立愈。《外台》：用羊脂鸡子大，纳半斤酢中一宿，绞汁含之。猝汗不止：牛、羊脂，温酒频化，服之。(《外台》)脾横爪赤：煎羊脂摩之。(《外台》)产后虚羸：令人肥白健壮。羊脂二斤，生地黄汁一斗，姜汁五升，白蜜三升，煎如饴。温酒服一杯，日三。(《古今录验》)妇人阴脱：煎羊脂频涂之。(《广利方》)发背初起：羊脂、猪脂切片，冷水浸贴，热则易之。数日瘥。(《外台》)牙齿疳䘌：黑羖羊脂、莨菪子等分，入杯中烧烟，张口熏之。(《千金方》)小儿口疮：羊脂煎薏苡根涂之。(《活幼心书》)豌豆如疥，赤黑色者：煎青羊脂摩之。(《千金方》)赤丹如疥，不治杀人：煎青羊脂摩之，数次愈。(《集验》)误吞钉针：多食肥羊脂，久则自出。(《肘后》)

血(白羊者良)

【气味】咸，平，无毒。

时珍曰：按夏子益《奇疾方》云：凡猪、羊血久食，则鼻中毛出，昼夜长五寸，渐如绳，痛不可忍，摘去复生。惟用乳石、硇砂等分为丸。空心，临卧各一服，水下十丸，自落也。

【主治】女人中风血虚闷，及产后血晕，闷欲绝者，热饮一升即活(苏恭)。热饮一升，治产后血攻，下胎衣，治猝惊九窍出血，解莽草毒、胡蔓草毒，又解一切丹石毒发(时珍。出《延寿》诸方)。

【发明】时珍曰：《外台》云：凡服丹石人，忌食羊血十年，一食前功尽亡。此物能制丹砂、水银、轻粉、生银、硇砂、砒霜、硫黄乳、石钟乳、空青、曾青、云母石、阳起石、孔公蘖等毒。凡觉毒发，刺饮一升即解。又服地黄、何首乌诸补药者，亦忌之。《岭表录》异言其能解胡蔓草毒。羊血解毒之功用如此，而本草并不言及，诚缺文也。

【附方】旧二，新五。衄血一月不止：刺羊血热饮即瘥。(《圣惠》)产后血攻或下血不止，心闷面青，身冷欲绝者：新羊血一盏饮之，三两服妙。(《梅师》)大便下血：羊血煮熟，拌醋食，最效。(吴球《便民食疗》)硫黄毒发气闷：用羊血热服一合效。(《圣惠方》)食菹吞蛭：蛭啖脏血，肠痛黄瘦。饮热羊血一二升，次早化猪脂一升饮之，蛭即下也。(《肘后方》)误吞蜈蚣：刺猪、羊血灌之，即吐出。昔有店妇吹火筒中有蜈蚣入腹，店妇仆地，号叫可畏。道人刘复真用此法而愈。(《三元延寿书》)妊娠胎死不出，及胞衣不下，产后诸疾狼狈者：刺羊血热饮一小盏，极效。(《圣惠方》)

乳(白羚者佳)

【气味】甘，温，无毒。

【主治】补寒冷虚乏(《别录》)。润心肺，治消渴(甄权)。疗虚劳，益精气，补肺、肾气，和小肠气。合脂作羹食，补肾虚，及男女中风(张鼎)。利大肠，治小儿惊痫。含之，治口疮(《日华》)。主心猝痛，可温服之。又蚰蜒入耳，灌之即化成水

（孟诜）。治大人干呕及反胃，小儿哕啘及舌肿，并时时温饮之（时珍）。解蜘蛛咬毒（颂曰：刘禹锡《传信方》云：贞元十一年，崔员外言，有人为蜘蛛咬，腹大如妊，遍身生丝，其家弃之，乞食于道。有僧教啖羊乳，未几疾平也）。

【发明】弘景曰：牛羊乳实为补润，故北人食之多肥健。

恭曰：北人肥健，由不啖咸腥，方土使然，何关饮乳？陶以未达，故屡有此言。

时珍曰：方土饮食，两相资之。陶说固偏，苏说亦过。丹溪言反胃人宜时时饮之，取其开胃脘、大肠之燥也。

【附方】旧一，新二。小儿口疮：羊乳细滤入含之，数次愈。（《小品方》）漆疮作痒：羊乳敷之。（《千金翼》）面黑令白：白羊乳三斤，羊胰三副，和捣。每夜洗净涂之，旦洗去。（《总录》）

脑

【气味】有毒。

诜曰：发风病。和酒服，迷人心，成风疾。男子食之，损精气，少子。白羊黑头，食其脑，作肠痈。

【主治】入面脂手膏，润皮肤，去鼾黯，涂损伤、丹瘤、肉刺（时珍）。

【附方】新二。发丹如瘤：生绵羊脑，同朴硝研，涂之。（《瑞竹堂方》）足指肉刺：刺破，以新酒酢和羊脑涂之，一合愈。（《古今录验》）

髓

【气味】甘，温，无毒。

【主治】男子女人伤中，阴阳气不足，利血脉，益经气。以酒服之（《别录》）。却风热，止毒。久服不损人（孙思邈）。和酒服，补血。主女人血虚风闷（孟诜）。润肺气，泽皮毛，灭瘢痕（时珍。《删繁》治肺虚毛悴，酥髓汤中用之）。

【附方】新五。肺痿骨蒸：炼羊脂、炼羊髓各五两煎沸，下炼蜜及生地黄汁各五合，生姜汁一合，不住手搅，微火熬成膏。每日空心温酒调服一匙，或入粥食。（《饮膳正要》）目中赤翳：白羊髓敷之。（《千金》）舌上生疮：羊胫骨中髓，和胡粉涂之，妙。（《圣惠》）白秃头疮：生羊骨髓，调轻粉搽之。先以泔水洗净。一日二次，数日愈。（《经验方》）痘痂不落，痘疮痂疕不落，灭瘢方：用羊胴骨髓（炼）一两，轻粉一钱，和成膏，涂之。（陈文中方）

心（下并也用白羝羊者良）

【气味】甘，温，无毒。

《日华》曰：有孔者杀人。

【主治】止忧恚膈气（《别录》）。补心（藏器）。

【附方】新一。心气郁结：羊心一枚，咱夫兰（即回回红花）三钱，浸玫瑰水一盏，入盐少许，徐徐涂心上，炙熟食之，令人心安多喜。（《正要》）

肺

【气味】同心。

诜曰:自三月至五月,其中有虫,状如马尾,长二三寸。须去之,不去令人痢下。

【主治】补肺,止咳嗽(《别录》)。伤中,补不足,去风邪(思邈)。治渴,止小便数,同小豆叶煮食之(苏恭)。通肺气,利小便,行水解蛊(时珍)。

【附方】旧一,新六。久嗽肺痿作燥:羊肺汤:用羊肺一具洗净,以杏仁、柿霜、真豆粉、真酥各一两,白蜜二两,和匀,灌肺中,白水煮食之。(葛可久方)咳嗽上气,积年垂死:用莨菪子(炒)、熟羊肺(切曝)等分为末,以七月七日醋拌。每夜不食,空腹服二方寸匕,粥饮下。隔日一服。(《千金》)水肿尿短:青羖羊肺一具,微炸切曝为末,莨菪子一升,以三年醋渍一晬时出,熬令变色,捣烂,蜜丸梧桐子大。食后麦门冬饮服四丸,日三。小便大利,佳。(《千金》)小便频数:下焦虚冷也。羊肺一具(切)作羹,入少羊肉,和盐、豉食。不过三具效。(《集验方》)渴利不止:羊肺一具,入少肉和盐、豉作羹食。不过三具愈。(《普济方》)解中蛊毒:生羊肺一具割开,入雄黄、麝香等分,吞之。(《济生方》)鼻中息肉:羊肺散:用干羊肺一具,白术四两,肉苁蓉、通草、干姜、芎劳各二两,为末。食后米饮服五分匕,加至方寸匕。(《千金方》)

肾

【气味】同心。

【主治】补肾气虚弱,益精髓(《别录》)。补肾虚耳聋阴弱,壮阳益胃,止小便,治虚损盗汗(《日华》)。合脂作羹,疗劳痢甚效。蒜、薤食之一升,疗癥瘕(苏恭)。治肾虚消渴(时珍)。

【发明】时珍曰:《千金》《外台》《深师》诸方,治肾虚劳损,消渴脚气,有肾沥汤方甚多,皆用羊肾煮汤煎药。盖用为引向,各从其类也。

【附方】旧三,新六。下焦虚冷:脚膝无力,阳事不行。用羊肾一枚煮熟,和米粉半大两,炼成乳粉,空腹食之,妙。(《心镜》)肾虚精竭:炮羊肾一双切,于豉汁中,以五味、米糅作羹、粥食。(《心镜》)五劳七伤,阳虚无力:《经验后方》:用羊肾一对(去脂,切),肉苁蓉一两(酒浸一夕去皮),和作羹,下葱、盐、五味食。《正要》:治阳气衰败,腰脚疼痛,五劳七伤。用羊肾三对,羊肉半斤,葱白一茎,枸杞叶一斤,同五味煮成汁,下米作粥食之。虚损劳伤:羊肾一枚,术一升,水一斗,煮九升,服一升,日三。(《肘后方》)肾虚腰痛:《千金》:用羊肾去膜,阴干为末。酒服二方寸匕,日三。《正要》:治猝腰痛。羊肾一对,咱夫兰一钱,玫瑰水一盏浸汁,入盐少许,涂抹肾上,徐徐炙熟,空腹食之。老人肾硬:治老人肾脏虚寒,内肾结硬,虽服补药不入。用羊肾子一对,杜仲(长二寸,阔一寸)一片,同煮熟,空心食之。令人内肾柔软,然后服补药。(《鸡峰备急方》)胁破肠出:以香油抹手送入,煎人参、枸杞子汁温淋之。吃羊肾粥十日,即愈。(危氏)

羊石子(即羊外肾也)

【主治】肾虚精滑(时珍。《本事》金锁丹用之)。

肝(青羖羊者良)

【气味】苦,寒,无毒。

颂曰:温。

弘景曰:合猪肉及梅子、小豆食,伤人心。

思邈曰:合生椒食,伤人五脏,最损小儿。合苦笋食,病青盲。妊妇食之,令子多厄。

【主治】补肝,治肝风虚热,目赤暗痛,热病后失明,并用子肝七枚,作生食,神效。亦切片水浸贴之(苏恭)。解蛊毒(吴瑞)。

【发明】时珍曰:按倪维德《原机启微》集云:羊肝,肝与肝合,引入肝经。故专治肝经受邪之病。今羊肝丸治目有效,可征。

汪机曰:按《三元征寿书》云:凡治目疾,以青羊肝为佳。有人年八十余,瞳子瞭然,夜读细字。云别无服药,但自小不食畜兽肝耳。或以本草羊肝明目而疑之。盖羊肝明目性也,他肝则否。凡畜兽临杀之时,忿气聚于肝。肝之血不利于目,宜矣。

【附方】旧四,新十一。目热赤痛,看物如隔纱:宜补肝益睛。用青羊肝一具切洗,和五味食之。(《心镜》)肝虚目赤:青羊肝,薄切水浸,吞之极效。(《龙木论》)病后失明:方同上。小儿赤眼:羊肝切薄片,井水浸贴。(《普济》)翳膜羞明有泪:肝经有热也。用青羊子肝一具(竹刀切),和黄连四两,为丸梧桐子大。食远茶清下七十丸,日三服。忌铁器、猪肉、冷水。(《医镜》)目病𥆨𥆨:以铜器煮青羊肝,用面饼覆器上,钻两孔如人眼大,以目向上熏之。不过两度。(《千金方》)目病失明:青羖羊肝一斤,去脂膜切片,入新瓦盆内炕干,同决明子半升,蓼子一合,炒为末。以白蜜浆服方寸匕,日三。不过三剂,目明。至一年,能夜见文字。(《食疗》)不能远视:羊肝一具,去膜细切,以葱子一勺,炒为末,以水煮熟,去滓,入米煮粥食。(《多能鄙事》)青盲内障:白羊子肝一具,黄连一两,熟地黄二两,同捣,丸梧桐子大。食远茶服七十丸,日三服。崔承元病内障丧明,有人惠此方报德,服之遂明。(《传信方》)牙疳肿痛:羯羊肝一具煮熟,蘸赤石脂末,任意食之,(《医林集要》)虚损劳瘦:用新猪脂煎取一升,入葱白一握煎黄,平旦服。至三日,以枸杞一斤,水三斗煮汁,入羊肝一具,羊脊膂肉一条,曲末半斤,着葱、豉作羹食。(《千金方》)病后呕逆:天行病后呕逆,食即反出。用青羊肝作生淡食,不过三度,食不出矣。(《外台》)休息痢疾五十日以上,或一二年不瘥,变成疳,所下如泔淀者:用生羊肝一具切丝,入三年醋中吞之。心闷则止,不闷更服。一日勿食物。或以姜、薤同食亦可。不过二三具。(《外台》)小儿痢疾:青羊肝一具,薄切水洗,和五味、酱食之。妇人阴䘌作痒:羊肝纳入引虫。(《集简方》)

胆(青羯羊者良)

【气味】苦,寒,无毒。

【主治】青盲，明目（《别录》）。点赤障、白翳、风泪眼，解蛊毒（甄权）。疗疳湿时行热熛疮，和醋服之，良（苏恭）。治诸疮，能生人身血脉（思邈）。同蜜蒸九次，点赤风眼，有效（朱震亨）。

【发明】时珍曰：肝开窍于目，胆汁减则目暗。目者，肝之外候，胆之精华也。故诸胆皆治目病。《夷坚志》载：二百味草花膏：治烂弦风赤眼，流泪不可近光，及一切暴赤目疾。用羯羊胆一枚，入蜂蜜于内蒸之，候干研为膏。每含少许，并点之。一日泪止，二日肿消，三日痛定。盖羊食百草，蜂采百花，故有二百花草之名。又张三丰真人碧云膏：腊月取羯羊胆十余枚，以蜜装满，纸套笼住，悬檐下，待霜出扫下，点之神效也。

【附方】旧三，新四。病后失明：羊胆点之，日二次。（《肘后》）大便秘塞：羊胆汁灌入即通。（《千金》）目为物伤：羊胆一枚，鸡胆三枚，鲤鱼胆二枚，和匀，日日点之。（《圣惠方》）面黑皯疱：羖羊胆、牛胆各一个，淳酒三升，煮三沸，夜夜涂之。（《肘后》）产妇面皯：产妇面如雀卵色。以羊胆、猪胰、细辛等分，煎三沸。夜涂，旦以浆水洗之。（《录验》）代指作痛：崔氏云：代指乃五脏热注而然。刺热汤中七度，刺冷水中。又复如此三度，即以羊胆涂之，立愈甚效。（《外台方》）小儿疳疮：羊胆二枚，和酱汁灌下部。（《外台》）

胃（一名羊膍胵）

【气味】甘，温，无毒。

思邈曰：羊肚和饭饮久食，令人多唾，喜吐清水，成反胃，作噎病。

【主治】胃反，止虚汗，治虚羸，小便数，作羹食，三五瘥（思邈）。

【附方】旧一，新六。久病虚：不生肌肉，水气在胁下，不能饮食，四肢烦热者。用羊胃一枚（切），白术一升（切），水二斗，煮九升，分九服，日三。不过三剂瘥。（张文仲方）补中益气：羊肚一枚，羊。肾四枚，地黄三两，干姜、昆布、地骨皮各二两，白术、桂心、人参、厚朴、海藻各一两五钱，甘草、秦椒各六钱，为末，同肾入肚中，缝合蒸熟，捣烂晒为末。酒服方寸匕，日二。（《千金》）中风虚弱：羊肚一具，粳米二合，和椒、姜、豉、葱作羹食之。（《正要》）胃虚消渴：羊肚烂煮，空腹食之。（《古今录验》）下虚尿床：羊肚盛水令满，线缚两头，煮熟，即开取中水顿服之，立瘥。（《千金》）项下瘰疬：用羊膍胵烧灰，香油调敷。蛇伤手肿：新剥羊肚一个（带粪），割一口，将手入浸，即时痛止肿消。（《集要》）

脬

【主治】下虚遗溺。以水盛入，炙熟，空腹食之，四五次愈（孙思邈）。

胰（白羊者良）

【主治】润肺燥，诸疮疡。入面脂，去皯黯，泽肌肤，灭瘢痕（时珍）。

【附方】新三。远年咳嗽：羊胰三具，大枣百枚，酒五升，渍七日，饮之。（《肘后方》）妇人带下：羊胰一具，以酢洗净，空心食之，不过三次。忌鱼肉滑物，犯之即死。（《外台》）痘疮瘢痕：羊胰二具，羊乳一升，甘草末二两，和匀涂之。明旦，以猪蹄汤

洗去。(《千金》)

舌

【主治】补中益气(《正要》。用羊舌二枚(熟),羊皮二具(挦洗净煮软),羊肾四枚(熟),蘑菰一斤(洗净)、糟姜(四两),各切如甲叶,肉汁食之)。

靥(即会咽也)

【气味】甘、淡,温,无毒。

【主治】气瘿(时珍)。

【发明】时珍曰:按古方治瘿多用猪、羊靥,亦述类之义,故王荆公《瘿诗》有“内疗烦羊靥”之句。然瘿有五:气、血、肉、筋、石也。夫靥属肺,肺司气。故气瘿之证,服之或效。他瘿恐亦少力。

【附方】旧一,新二。项下气瘿:《外台》:用羊靥一具,去脂(酒浸,炙熟),含之咽汁。日一具,七日瘥。《千金》:用羊靥七枚(阴干),海藻、干姜各二两,桂心、昆布、逆流水边柳须各一两,为末,蜜丸芡子大。每含一丸,咽津。《杂病治例》:用羊靥、猪靥各二枚,昆布、海藻、海带各二钱(洗,焙),牛蒡子(炒)四钱。上为末,捣二靥和,丸弹子大。每服一丸,含化咽汁。

睛

【主治】目赤及翳膜。曝干为末,点之(时珍。出《千金》)。熟羊眼中白珠二枚,于细石上和枣核磨汁,点目翳羞明,频用三四日瘥(孟诜)。

【发明】时珍曰:羊眼无瞳,其睛不应治目,岂以其神藏于内耶?

筋

【主治】尘物入目,熟嚼纳眦中,仰卧即出(《千金翼》)。

羖羊角(青色者良)

【气味】咸,温,无毒。

《别录》曰:苦,微寒。取之无时。勿使中湿,湿即有毒。

甄权曰:大寒。菟丝为之使。《镜源》云:羖羊角灰缩贺。贺,锡也。出贺州。

【主治】青盲,明目,止惊悸寒泄。久服,安心益气轻身。杀疥虫。入山烧之,辟恶鬼虎狼(《本经》)。疗百节中结气,风头痛。及蛊毒吐血,妇人产后余痛(《别录》)。烧之,辟蛇。灰治漏下,退热,主山障溪毒(《日华》)。

【附方】旧三,新七。风疾恍惚:心烦腹痛,或时闷绝复苏。以青羖羊角屑,微炒为末,无时温酒服一钱(《圣惠》)气逆烦满:水羊角烧研,水服方寸匕。(《普济方》)吐血喘咳:青羖羊角(炙焦)二枚,桂末二两,为末。每服一匕,糯米饮下,日三服。产后寒热,心闷极胀百病:羖羊角烧末,酒服方寸匕。(《子母秘录》)水泄多时:羖羊角一枚,白矾末填满,烧存性为末。每新汲水服二钱。(《圣惠方》)小儿痫疾:羖羊角烧存性,以酒服少许。(《普济》)赤秃发落:羖羊角、牛角烧灰等分,猪脂调敷。(《普济》)赤瘢瘭子:身面猝得赤瘢,或瘭子肿起,不治杀人。羖羊角烧灰,鸡子清和涂,甚妙。(《肘后》)打扑伤痛:羊角灰,以沙糖水拌,瓦焙焦为末。每热酒下二钱,仍揉痛处。(《简便》)脚气疼痛:羊角一副,烧过为末,热酒调涂,以帛裹之,取汗,永不发也。

齿(三月三日取之)

【气味】温。

【主治】小儿羊痫寒热(《别录》)。

头骨(以下并用羖羊者良)

【气味】甘,平,无毒。

时珍曰:按张景阳《七命》云:耶溪之铤,赤山之精。销以羊头,镤以锻成。注云:羊头骨能销铁也。

【主治】风眩瘦疾,小儿惊痫(苏恭)。

脊骨

【气味】甘,热,无毒。

【主治】虚劳寒中羸瘦(《别录》)。补肾虚,通督脉,治腰痛下痢(时珍)。

【附方】旧一,新八。老人胃弱:羊脊骨一具捶碎,水五升,煎取汁二升,入青粱米四合,煮粥常食。(《食治方》)老人虚弱:白羊脊骨一具剉碎,水煮取汁;枸杞根(剉)一斗,水五斗,煮汁一斗五升,合汁同骨煮至五升,去骨,瓷盒盛之。每以一合,和温酒一盏调服。(《多能鄙事》)肾虚腰痛:《心镜》:用羊脊骨一具,捶碎煮,和蒜、齑食,饮少酒妙。《正要》:用羊脊骨一具捶碎,肉苁蓉一两,草果三枚,荜茇二钱,水煮汁,下葱、酱作面羹食。肾虚耳聋:羖羊脊骨一具(炙研),磁石(煅,醋淬七次)、白术、黄芪、干姜(炮)、白茯苓各一两,桂三分。为末。每服五钱,水煎服。(《普济》)虚劳白浊:羊骨为末,酒服方寸匕,日三。(《千金》)小便膏淋:羊骨烧研,榆白皮煎汤,服二钱。(《圣惠方》)洞注下痢:羊骨灰,水服方寸匕。(《千金方》)瘑疮成漏脓水不止:用羊羔儿骨不拘多少,入藏瓶内,盐泥固济,煅过研末,每用末五钱,入麝香、雄黄末各一钱,填疮口。三日外必合。(《总微论》)

尾骨

【主治】益肾明目,补下焦虚冷(《正要》)。

【附方】新一。虚损昏聋:大羊尾骨一条,水五碗,煮减半,入葱白五茎,荆芥一握,陈皮一两,面三两,煮熟,取汁搜面作索饼,同羊肉四两煮熟,和五味食。(《多能鄙事》)

胫骨(音行。亦作骱,又名䯒骨,胡人名颇儿必。入药煅存性用)

【气味】甘,温,无毒。

诜曰：性热，有宿热人勿食。

《镜源》云：羊胴骨伏硇。

【主治】虚冷劳（孟诜）。脾弱，肾虚不能摄精，白浊，除湿热，健腰脚，固牙齿，去皯䵟，治误吞铜钱（时珍）。

【发明】杲曰：齿者，骨之余，肾之标，故牙疼用羊胫骨以补之。

时珍曰：羊胫骨灰可以磨镜，羊头骨可以消铁，故误吞铜钱者用之，取其相制也。按张景阳《七命》云：耶溪之铤，赤山之精。销以羊头，镤以锻成。注云：羊头骨能销铁也。又《名医录》云：汉上张成忠女七八岁，误吞金口子一只，胸膈痛不可忍，忧惶无措。一银匠炒末药三钱，米饮服之，次早大便取下。叩求其方，乃羊胫灰一物耳。谈野翁亦有此方，皆巧哲格物究理之妙也。

【附方】新十一。擦牙固齿：《食鉴》：用火煅羊胫骨为末，入飞盐二钱，同研匀，日用。又方：烧白羊胫骨灰一两，升麻一两，黄连五钱，为末，日用。濒湖方：用羊胫骨（烧过）、香附子（烧黑）各一两，青盐（煅过）、生地黄（烧黑）各五钱。研用。湿热牙疼：用羊胫骨灰二钱，白芷、当归、牙皂、青盐各一钱。为末，擦之。（东垣方）脾虚白浊：过虑伤脾，脾不能摄精，遂成此疾。以羊胫骨灰一两，姜制厚朴末二两，面糊丸梧桐子大。米饮下百丸，日二服。一加茯苓一两半。（《济生方》）虚劳瘦弱：用颇儿必四十枚，以水一升，熬减大半，去滓及油，待凝任食。（《正要》）筋骨挛痛：用羊胫骨，酒浸服之。月水不断：羊前左脚胫骨一条，纸裹泥封令干，煅赤，入棕榈灰等分。每服一钱，温酒服之。皯䵟丑陋：治人面体黧黑，皮厚状丑。用羖羊胫骨为末，鸡子白和敷，旦以白粱米泔洗之。三日如素，神效。（《肘后》）误吞铜钱：羊胫骨烧灰，以煮稀粥食，神效。（《谈野翁方》）咽喉骨鲠：羊胫骨灰，米饮服一钱。（《普济》）

悬蹄

毛

【主治】转筋，醋煮裹脚（孟诜。又见毡）。

须（羖羊者良）

【主治】小儿口疮，蠼螋尿疮，烧灰和油敷（时珍。出《广济》）。

【附方】新二。香瓣疮：生面上耳边，浸淫水出，久不愈。用羖羊须、荆芥、干枣肉各二钱，烧存性，入轻粉半钱。每洗拭，清油调搽。二三次必愈。（《圣惠方》）口吻疮：方同上。

溺

【主治】伤寒热毒攻手足，肿痛欲断。以一升，和盐、豉捣，渍之（李时珍《出肘后方》）。

屎(青羖羊者良)

【气味】苦,平,无毒。

时珍曰:制粉霜。

【主治】燔之,主小儿泄痢,肠鸣惊痫(《别录》)。烧灰,理聤耳,并罯竹刺入肉,治箭镞不出(《日华》)。烧灰淋汁沐头,不过十度,即生发长黑。和雁肪涂头亦良(藏器。颂曰:屎纳鲫鱼腹中,瓦缶固济,烧灰涂发,易生而黑,甚效)。煮汤灌下部,治大人小儿腹中诸疾。疳湿,大小便不通。烧烟熏鼻,治中恶心腹刺痛,亦熏诸疮中毒、痔瘘等。治骨蒸弥良(苏恭)。

【附方】旧五,新十六。疳痢欲死:新羊屎一升,水一升,渍一夜,绞汁顿服,日午乃食。极重者,不过三服瘥。(《总录》)呕逆酸水:羊屎十枚,酒二合,煎一合,顿服。未定,更服之。(《兵部手集》)反胃呕食:羊粪五钱,童子小便一大盏,煎六分,去滓,分三服。(《圣惠》)小儿流涎:白羊屎频纳口中。(《千金》)心气疼痛不问远近:以山羊粪七枚,油头发一团,烧灰酒服。永断根。(孙氏《集效方》)妊娠热病:青羊屎研烂涂脐,以安胎气。(《外台秘要》)伤寒肢痛手足疼欲脱:取羊屎煮汁渍之,瘥乃止。或和猪膏涂之,亦佳。(《外台》)时疾阴肿囊及茎皆热肿:以羊屎、黄柏煮汁洗之。(《外台》)疔疮恶肿:青羊屎一升,水二升,渍少时,煮两沸,绞汁一升,顿服。(《广济方》)里外臁疮:羊屎烧存性,研末,入轻粉涂之。(《集要》)痘风疮证:羊屎烧灰,清油调,敷之。(《全幼心鉴》)小儿头疮:羊粪煎汤洗净,仍以雄羊粪烧灰,同屋上悬煤炒为末,清油调涂。(《普济》)头风白屑:乌羊粪煎汁洗之。(《圣惠》)发毛黄赤:羊屎烧灰,和腊猪脂涂之,日三夜一,取黑乃止。(《圣惠方》)木刺入肉:干羊屎烧灰,猪脂和涂,不觉自出。(《千金》)箭镞入肉:方同上。反花恶疮:鲫鱼一个去肠,以羯羊屎填满,烧存性。先以米泔洗过,搽之。瘰疬已破:羊屎(烧)五钱,杏仁(烧)五钱,研末,猪骨髓调搽。(《海上》)湿病浸淫:新羊屎绞汁涂之。干者烧烟熏之。(《圣济总录》)雷头风病:羊屎焙研,酒服二钱。(《普济方》)慢脾惊风:活脾散:用羊屎二十一个(炮),丁香一百粒,胡椒五十粒,为末。每服半钱,用六年东日照处壁土煎汤调下。(《普济方》)

羊胲子(乃羊腹内草积块也)

【主治】翻胃。煅存性,每一斤入枣肉、平胃散末一半,和匀。每服一钱,空心沸汤调下(叶氏《摘玄》)。

【附录】大尾羊

时珍曰:羊尾皆短,而哈密及大食诸番有大尾羊。细毛薄皮,尾上旁广,重一二十斤,行则以车载之。《唐书》谓之灵羊,云可疗毒。

胡羊

《方国志》云:大食国出胡羊。高三尺余,其尾如扇。每岁春月割取脂,再缝合之,不取则胀死。叶盛《水东日记》云:庄浪卫近雪山,有饕羊。土人岁取其脂,不久复满。

洮羊

出临洮诸地，大者重百斤。郭义恭《广志》云：西域驴羊，大如驴。即此类也。

羷羊（此思切）

出西北地，其皮蹄可以割漆。

封羊

其背有肉，封如驼，出凉州郡县，亦呼为驼羊。

地生羊

出西域。刘郁《出使西域记》：以羊脐种于土中，溉以水，闻雷而生，脐与地连。及长，惊以木声，脐乃断，便能行啮草。至秋可食，脐内复有种，名垄种羊。段公路《北户录》云：大秦国有地生羊，其羔生土中，国人筑墙围之。脐与地连，割之则死。但走马击鼓以骇之，惊鸣脐绝，便逐水草。吴策《渊颖集》云：西域地生羊，以胫骨种土中，闻雷声，则羊子从骨中生。走马惊之，则脐脱也。其皮可为褥。一云：漠北人种羊角而生，大如兔而肥美。三说稍异，未知果种何物也？当以刘说为是，然亦神矣。造化之妙，微哉！

羵羊

土之精也，其肝土也，有雌雄，不食，季桓子曾掘土得之。又千岁树精，亦为青羊。

黄羊（《纲目》）

【释名】䍤羊（音烦）、茧耳羊。

时珍曰：羊腹带黄，故名。或云幼稚曰黄，此羊肥小故也。《尔雅》谓之䍤，出西番也。其耳甚小，西人谓之茧耳。

黄羊

【集解】时珍曰：黄羊出关西、西番及桂林诸处。有四种，状与羊同，但低小细肋，腹下带黄色，角似羖羊，喜卧沙地。生沙漠，能走善卧，独居而尾黑者，名黑尾黄羊。生野草内，或群至数十者，名曰黄羊。生临洮诸处，甚大而尾似獐、鹿者，名洮羊。其皮皆可为衾褥。出南方桂林者，则深褐色，黑脊白斑，与鹿相近也。

肉

【气味】甘，温，无毒。

《正要》云:煮汤少味。脑不可食。

【主治】补中益气,治劳伤虚寒(时珍。出《正要》)

髓

【主治】补益功同羊髓(《正要》)。

牛(《本经》中品)

【校正】《别录》上品牛乳,《拾遗》犊脐屎,今并为一。

【释名】时珍曰:按许慎云:牛,件也。牛为大牲,可以件事分理也。其文象角头三、封及尾之形。《周礼》谓之大牢,牢乃豢畜之室,牛牢大,羊牢小,故皆得牢名。《内则》谓之一元大武。元,头也。武,足迹也。牛肥则迹大。犹《史记》称牛为四蹄,今人称牛为一头之义。《梵书》谓之瞿摩帝。牛之牡者曰牯,曰特,曰犅,曰犒;牝者曰牸,曰㹀。南牛曰牳,北牛曰榛。纯色曰牺,黑曰犏,白曰㸒,赤曰犉,驳曰犁。去势曰犍,又曰犗。无角曰牝。子曰犊,生二岁曰犋,三岁曰犙,四岁曰牭,五岁曰㸲,六岁曰犕。

【集解】藏器曰:牛有数种,《本经》不言黄牛、乌牛、水牛,但言牛尔。南人以水牛为牛,北人以黄牛、乌牛为牛。牛种既殊,入用当别。

牛

时珍曰:牛有榛牛、水牛二种。榛牛小而水牛大。榛牛有黄、黑、赤、白、驳杂数色。水牛色青苍,大腹锐头,其状类猪,角若担矛,卫护其犊,能与虎斗,亦有白色者,郁林人谓之周留牛。又广南有稷牛,即果下牛,形最卑小,《尔雅》谓之犤牛,《王会篇》谓之纨牛是也。牛齿有下无上,察其齿而知其年,三岁二齿,四岁四齿,五岁六齿,六岁以后,每年接脊骨一节也。牛耳聋,其听以鼻。牛瞳竖而不横。其声曰牟,项垂曰胡,蹄肉曰衛,百叶曰膍,角胎曰鰓,鼻木曰桊,嚼草复出曰齝,腹草未化日圣齑。牛在畜属土,在卦属坤,土缓而和,其性顺也。《造化权舆》云:乾阳为马,坤阴为牛,故马蹄圆,牛蹄坼。马病则卧,阴胜也;牛病则立.阳胜也。马起先前足,卧先后足,从阳也;牛起先后足,卧先前足,从阴也。独以乾健坤顺为说,盖知其一而已。

黄牛肉

【气味】甘,温,无毒。

弘景曰:榛牛惟胜,青牛为良,水牛惟可充食。

《日华》曰:黄牛肉微毒,食之发药毒动病,不如水牛。

诜曰:黄牛动病,黑牛尤不可食。牛者稼穑之资,不可多杀。若自死者,血脉已绝,骨髓已竭,不可食之。

藏器曰:牛病死者,发痼疾痃癖,令人洞下疰病。黑牛白头者不可食。独肝者有大毒，令人痢血至死。北人牛瘦，多以蛇从鼻灌之，故肝独也。水牛则无之。

时珍曰：张仲景云：啖蛇牛，毛发向后顺者是也。人乳可解其毒。《内则》云：牛夜鸣则痼（臭不可食）。病死者有大毒，令人生疔暴亡。《食经》云：牛自死、白首者食之杀人。疥牛食之发痒。黄牛、水牛肉，合猪肉及黍米酒食，并生寸白虫；合韭、薤食，令人热病；合生姜食，损齿。煮牛肉，入杏仁、芦叶易烂，相宜。

诜曰：恶马食牛肉即驯，亦物性也。

【主治】安中益气，养脾胃（《别录》）。补益腰脚，止消渴及唾涎（孙思邈）。

【附方】新四。小刀圭：韩飞霞曰：凡一切虚病，皆可服之。用小牛犊儿（未交感者）一只，腊月初八日或戊己日杀之，去血燖毛洗净，同脏腑不遗分寸，大铜锅煮之。每十斤，入黄芪十两，人参四两，茯苓六两，官桂、良姜各五钱，陈皮三两，甘草、蜀椒各二两，食盐二两，淳酒二斗同煮，水以八分为率，文火煮至如泥，其骨皆捶碎，并滤取稠汁。待冷以瓮盛之，埋于土内，露出瓮面。凡饮食中，皆任意食之，或以酒调服更妙。肥犬及鹿，皆可依此法作之。返本丸：补诸虚百损。用黄犍牛肉（去筋、膜）切片，河水洗数遍，仍浸一夜，次日再洗三遍，水清为度。用无灰好酒同入坛内，重泥封固，桑柴文武火煮一昼夜，取出（如黄沙为佳，焦黑无用）焙干为末听用。山药（盐炒过）、莲肉（去心，盐炒过，并去盐）、白茯苓、小茴香（炒）各四两，为末。每牛肉半斤，入药末一斤，以红枣蒸熟去皮和捣，丸梧桐子大。每空心酒下五十丸，日三服。（《乾坤生意》）腹中痞积：牛肉四两切片，以风化石灰一钱擦上，蒸熟食。常食痞积自下。（《经验秘方》）腹中癖积：黄牛肉一斤，恒山三钱，同煮熟。食肉饮汁，癖必自消，甚效。（笔峰《杂兴》）牛皮风癣：每五更炙牛肉一片食，以酒调轻粉敷之。（《直指方》）

水牛肉

【气味】甘，平，无毒。

《日华》曰：冷，微毒。宜忌同黄牛。

【主治】消渴，止啘泄，安中益气，养脾胃（《别录》）。补虚壮健，强筋骨，消水肿，除湿气（藏器）。

【附方】旧二，新一。水肿尿涩：牛肉一斤熟蒸，以姜、醋空心食之。（《心镜》）手足肿痛：伤寒时气，毒攻手足，肿痛欲断。生牛肉裹之，肿消痛止。（《范汪方》）白虎风痛：寒热发歇，骨节微肿。用水牛肉脯一两（炙黄），燕窠土、伏龙肝、飞罗面各二两，砒黄一钱，为末。每以少许，新汲水和，作弹丸大，于痛处摩之。痛止，即取药抛于热油铛中。（《圣惠》）

头蹄（水牛者良）

【气味】凉。

《食经》云：患冷人勿食蹄中巨筋。多食令人生肉刺。

【主治】下热风（孟诜）。

【附方】旧一。水肿胀满，小便涩者：用水牛蹄一具去毛，煮汁作羹，蹄切食之。或以水牛尾一条，细切，作腤臜食，或煮食亦佳。（《食医心镜》）

鼻(水牛者良)

【主治】消渴,同石燕煮汁服(藏器)。治妇人无乳,作羹食之,不过两日,乳下无限,气壮人尤效(孟诜)。疗口眼㖞斜。不拘干湿者,以火炙热,于不患处一边熨之,即渐止(宗奭)。

皮(水牛者良)

【主治】水气浮肿,小便涩少。以皮蒸熟,切入豉汁食之(《心镜》)。熬胶最良(详阿胶)。

乳

【气味】甘,微寒,无毒。

弘景曰:榛牛乳佳。

恭曰:榛牛乳性平,生饮令人利,热饮令人口干,微似温也。水牛乳作酪,浓厚胜榛牛,造石蜜须之。

藏器曰:黑牛乳胜黄牛。凡服乳,必煮一二沸,停冷啜之,热食即壅。不欲顿服,欲得渐消。与酸物相反,令人腹中结癥。患冷气人忌之。合生鱼食,作瘕。

时珍曰:凡取,以物撞之则易得。余详乳酪下。制秦艽、不灰木。

【主治】补虚羸,止渴(《别录》)。养心肺,解热毒,润皮肤(《日华》)。冷补,下热气。和酥煎沸食,去冷气痃癖(藏器)。患热风人宜食之(孟诜)。老人煮食有益。入姜、葱,止小儿吐乳,补劳(思邈)。治反胃热哕,补益劳损,润大肠,治气痢,除疸黄,老人煮粥甚宜(时珍)。

【附方】旧二,新九。风热毒气:煎过牛乳一升,生牛乳一升,和匀。空腹服之,日三服。(《千金方》)小儿热哕:牛乳二合,姜汁一合,银器文火煎五六沸。一岁儿饮半合,量儿大小,加减与服之。(《圣惠方》)下虚消渴,心脾中热,下焦虚冷,小便多:渐羸瘦者。牛羊乳,渴即饮之,每饮三、四合。(《广利方》)病后虚弱:取七岁以下、五岁以上黄牛乳一升,水四升,煎取一升,稍稍饮,至十日止。(《外台方》)补益劳损:《千金翼》:崔尚书方:钟乳粉三两,袋盛,以牛乳一升,煎减三分之一,去袋饮乳,日三。又方:白石英末三斤,与十岁以上生犊牸牛食,每日与一两,和黑豆,七日取牛乳,或热服一升,或作粥食。其粪以种菜食。百无所忌,能润脏腑,泽肌肉,令人壮健。脚气痹弱:牛乳五升,硫黄三两(末之)。煎取三升,每服三合。羊乳亦可。或以牛乳五合,煎调硫黄末一两服,取汗尤良。(《肘后》)肉人怪病:人顶生疮五色,如樱桃状,破则自顶分裂,连皮剥脱至足,名曰肉人。常饮牛乳自消。(夏子益《奇疾方》)重舌出涎:特牛乳饮之。(《圣惠》)蚰蜒入耳:牛乳少少滴入即出。若入腹者,饮一二升即化为水。(《圣惠方》)蜘蛛疮毒:牛乳饮之良。(《生生编》)

血

【气味】咸,平,无毒。

【主治】解毒利肠,治金疮折伤垂死,又下水蛭。煮拌醋食,治血痢便血(时珍)。

【发明】时珍曰:按《元史》云:布智儿从太祖征回回,身中数矢,血流满体,闷仆几绝。太祖命取一牛剖其腹,纳之牛腹中,浸热血中,移时遂苏。又云:李庭从伯颜攻郢州,炮伤左胁,矢贯于胸,几绝。伯颜命剖水牛腹纳其中,良久而苏。何孟春云:予在职方时,问各边将无知此术者,非读《元史》弗知也。故书于此,以备缓急。

【附方】新一。误吞水蛭,肠痛黄瘦:牛血热饮一二升,次早化猪脂一升饮之,即下出也。(《肘后》)

脂(黄牛者良,炼过用)

【气味】甘,温,微毒。多食发痼疾、疮疡。

《镜源》云:牛脂软铜。

【主治】诸疮疥癣白秃,亦入面脂(时珍)。

【附方】新四。消渴不止:栝蒌根煎:用生栝蒌根(切)十斤,以水三斗,煮至一斗,滤净,入炼净黄牛脂一合,慢火熬成膏,瓶收。每酒服一杯,日三。(《总录》)腋下狐臭:牛脂和胡粉涂之,三度永瘥。(姚氏)食物入鼻,介介作痛不出:用牛脂一枣大,纳鼻中吸入,脂消则物随出也。(《千金方》)走精黄病:面目俱黄,多睡,舌紫,甚则舌面坼裂,及加黑色,若爪甲黑者死。用豉半两,牛脂一两,煎过油脂,绵裹烙舌,去黑皮一重,浓煎豉汤一盏饮之。(《三十六黄方》)

髓(黑牛、黄牛、犛牛者良,炼过用)

【气味】甘,温,无毒。

【主治】补中,填骨髓。久服增年(《本经》)。安五脏,平三焦,续绝伤,益气力,止泄利,去消渴,皆以清酒暖服之(《别录》)。平胃气,通十二经脉(思邈)。治瘦病,以黑牛髓、地黄汁、白蜜等分,煎服(孟诜)。润肺补肾,泽肌悦面,理折伤,擦损痛,甚妙(时珍)。

【附方】新三。补精润肺,壮阳助胃:用炼牛髓四两,胡桃肉四两,杏仁泥四两,山药末半斤,炼蜜一斤,同捣成膏,以瓶盛汤煮一日。每服一匙,空心服之。(《瑞竹方》)劳损风湿:陆抗膏:用牛髓、羊脂各二升,白蜜、姜汁、酥各三升,煎三上三下,令成膏。随意以温酒和服之。(《经心录》)手足皴裂:牛髓敷之。

脑(水牛、黄牛者良)

【气味】甘,温,微毒。

《心镜》曰:牛热病死者,勿食其脑,令生肠痈。

【主治】风眩消渴(苏恭)。脾积痞气。润皴裂,入面脂用(时珍)。

【附方】新四。吐血咯血五劳七伤:用水牛脑一枚(涂纸上阴干),杏仁(煮去皮)、胡桃仁、白蜜各一斤,香油四两,同熬干为末。每空心烧酒服二钱匕。(《乾坤秘韫》)偏正头风:不拘远近,诸药不效者,如神。用白芷、芎䓖各三钱,为细末。以黄牛脑子搽末在上,瓷器内加酒顿熟,乘热食之,尽量一醉。醒则其病如失,甚验。(《保寿堂方》)脾积痞气:牛脑丸:治男妇脾积痞病,大有神效。黄犛牛脑子一个

（去皮、筋，擂烂），皮硝末一斤，蒸饼六个（晒研）。和匀，糊丸梧桐子大。每服三十丸，空心好酒下，日三服。百日有验。（《普济方》）气积成块：牛脑散：用牛脑子一个（去筋、膜），雄鸡肫一个（连皮、黄），并以好酒浸一宿，捣烂.入木香、沉香、砂仁各三两，皮硝一碗，杵千下，入生铜锅内，文武火焙干为末，入轻粉三钱，令匀。每服二钱，空心烧酒服，日三服。（同上）

心（以下黄牛者良）

【主治】虚忘，补心（《别录》）。

脾

【主治】补脾（藏器）。腊月淡煮，日食一度，治痔瘘。和朴硝作脯食，消痞块（时珍。出《千金》《医通》）。

肺（以下水牛者良）

【主治】补肺（藏器）。

肝

【主治】补肝，明目（《别录》）。治疟及痢，醋煮食之（孟诜）。妇人阴䘌，纳之引虫（时珍）。

肾

【主治】补肾气，益精（《别录》）。治湿痹（孙思邈）。

胃（黄牛、水牛俱良）

【气味】甘，温，无毒。

弘景曰：青牛肠胃，合犬肉、犬血食，病人。

【主治】消渴风眩，补五脏，醋煮食之（诜）。补中益气，解毒，养脾胃（时珍）。

【附方】新一。啖蛇牛毒：牛肚细切，水一斗，煮一升，服，取汗即瘥。（《金匮要略》）

膍（一名百叶）

时珍曰：膍音毗，言其有比列也。牛羊食百草，与他兽异；故其胃有膍，有胘，有蜂窠，亦与他兽异也。胘即胃之厚处。

【主治】热气水气，治痢，解酒毒、药毒、丹石毒发热，同肝作生，以姜、醋食之（藏器）。

胆（腊月黄牛、青牛者良）

弘景曰：胆原附黄条中，今拔出于此，以类相从耳。

【气味】苦,大寒,无毒。

【主治】可丸药(《本经》)。除心腹热渴,止下痢及口焦燥,益目精(《别录》)。腊月酿槐子服,明目,治疳湿弥佳(苏恭)。酿黑豆,百日后取出,每夜吞二七枚,镇肝明目(《药性》)。酿南星末,阴干,治惊风有奇功(苏颂)。除黄杀虫,治痈肿(时珍)。

【发明】时珍曰:《淮南子万毕术》云:牛胆涂热釜,釜即鸣。牛胆涂桂,莫知其谁。注云能变乱人形。详见本书。《岣嵝》云:蛙得牛胆则不鸣。此皆有所制也。

【附方】旧一,新二。谷疸食黄:用牛胆(汁)一枚,苦参三两,龙胆草一两,为末,和少蜜丸梧桐子大。每姜汤下五十丸。(《千金》)男子阴冷:以食茱萸纳牛胆中,百日令干。每取二七枚,嚼纳阴中,良久如火。(《千金》)痔瘘出水:用牛胆、猬胆各一枚,腻粉五十文,麝香二十文,以三味和匀,入牛胆中,悬四十九日取出,为丸如大麦大。以纸捻送入疮内,有恶物流出为验也。(《经验》)

胞衣

【附方】新一。臁疮不敛:牛胞衣一具,烧存性,研搽。(《海上方》)

喉(白水牛者良)

【主治】小儿呷气(思邈)。疗反胃吐食,取一具去膜及两头,逐节以醋浸炙燥,烧存性,每服一钱,米饮下,神效(时珍。出《法天生意》)。

【发明】时珍曰:牛喉咙治呷气、反胃,皆以类相从也。按《普济方》云:反胃吐食,药、食俱不下,结肠三五日至七八日,大便不通,如此者必死。昔全州周禅师得正胃散方于异人,十痊八九,君子收之,可济人命。用白水牛喉一条,去两头节并筋、膜、脂、肉,节节取下如阿胶片,收之。临时旋炙,用米醋一盏浸之,微火炙干淬之,再炙再淬,醋尽为度。研末,厚纸包收。或遇阴湿时,微火烘之再收。遇此疾,每服一钱,食前陈米饮调下。轻者一服立效。

靥(水牛者良)

【主治】喉痹气瘿,古方多用之(时珍)。

齿

【主治】小儿牛痫(《别录》)。

【发明】时珍曰:六畜齿治六痫,皆比类之义也。耳珠先生有固牙法:用牛齿三十枚,瓶盛固济,煅赤为末。每以水一盏,末二钱,煎热含漱,冷则吐去。有损动者,以末揩之。此亦以类从也。

牛角䚡

【释名】角胎。

时珍曰:此即角尖中坚骨也。牛之有䚡,如鱼之有鳃,故名。胎者,言在角内也。

藏器曰：水牛、黄牸牛者可用，余皆不及。久在粪土烂白者，亦佳。

【气味】苦，温，无毒。

甄权曰：苦、甘。

【主治】下闭血瘀血疼痛，女人带下血。燔之，酒服(《本经》)。烧灰，主赤白痢(藏器)。黄牛者烧之，主妇人血崩，大便下血，冷痢(宗奭)。黄牛者烧之，止妇人血崩，赤白带下，冷痢泻血，水泄(《药性》)。治水肿(时珍。《千金》徐王煮散月之)。

【发明】时珍曰：牛角䚡，筋之粹，骨之余，而䚡又角之精也。乃厥阴、少阴血分之药，烧之则性涩，故止血痢、崩中诸病。

【附方】旧三，新三。大肠冷痢：牸牛角䚡烧灰，粥饮服二钱，日二次。(《经验后方》)小儿滞下：牸牛角胎烧灰，水服三方寸匕。(《千金》)大便下血：黄牛角䚡一具，煅末，食前浓煮豉汁服二钱，日三，神效。(《近效方》)赤白带下：牛角䚡(烧令烟断)、附子(以盐水浸七度去皮)等分为末。每空心酒服二钱匕。(孙用和方)鼠乳痔疾：牛角䚡烧灰，酒服方寸匕。(《塞上方》)蜂虿螫疮：牛角䚡烧灰，醋和敷之。(《肘后方》)

角

【气味】苦，寒，无毒。

之才曰：平。

【主治】水牛者燔之，治时气寒热头痛(《别录》)。煎汁，治热毒风及壮热(《日华》)。牸牛者治喉痹肿塞欲死，烧灰，酒服一钱。小儿饮乳不快似喉痹者，取灰涂乳上，咽下即瘥(苏颂。出崔元亮方)。治淋破血(时珍)。

【附方】旧一，新二。石淋破血：牛角烧灰，酒服方寸匕，日五服。(《普济》)血上逆心，烦闷刺痛：水牛角烧末，酒服方寸匕。(《子母秘录》)赤秃发落：牛角、羊角烧灰等分，猪脂调涂。(《普济方》)

骨

【气味】甘，温，无毒。

【主治】烧灰，治吐血鼻洪，崩中带下，肠风泻血，水泻(《日华》)。治邪疟。烧灰同猪脂，涂疳疮蚀人口鼻，有效(时珍。出《十便》)。

【发明】时珍曰：东夷以牛骨占卜吉凶，无往不中。牛非含智之物，骨有先事之灵，宜其可入药治病也。

【附方】新二。鼻中生疮：牛骨、狗骨烧灰，腊猪脂和敷。(《千金》)水谷痢疾：牛骨灰同六月六日曲(炒)等分为末，饮服方寸匕，乃御传方也。(张文仲方)

蹄甲(青牛者良)

【主治】妇人崩中，漏下赤白(苏恭)。烧灰水服，治牛痫。和油，涂臁疮。研末贴脐，止小儿夜啼(时珍。出《集要》诸方)。

【附方】新五。猝魇不寤:以青牛蹄或马蹄临人头上,即活。(《肘后》)损伤接骨:牛蹄甲一个,乳香、没药各一钱为末,入甲内烧灰,以黄米粉糊和成膏,敷之。(《秘韫》)牛皮风癣:牛蹄甲、驴粪各一两,烧存性研末,油调,抓破敷之。五七日即愈。(《蔺氏经验方》)臁胫烂疮:牛蹄甲烧灰,桐油和敷。(《海上方》)玉茎生疮:牛蹄甲烧灰,油调敷之。(奚囊)

阴茎(黄牛、乌牛、水牛并良)

【主治】妇人漏下赤白,无子(苏恭)。

牯牛卵囊

【主治】疝气。一具煮烂,入小茴香,盐少许拌食(吴球)。

毛

【主治】脐中毛,治小儿久不行(苏恭)。耳毛、尾毛、阴毛,并主通淋闭(时珍)。

【发明】时珍曰:古方牛耳毛、阴毛、尾毛,治淋多用之,岂以牛性顺而毛性下行耶?又治疟病,盖禳之之义耳。

【附方】旧一,新三。猝患淋疾:牛耳中毛烧取半钱,水服。尾毛亦可。(《集验方》)小儿石淋:特牛阴毛烧灰,浆水服一刀圭,日再。(张文仲方)邪气疟疾:《外台》:用黑牛尾烧末,酒服方寸匕,日三服。一用牯牛阴毛七根,黄荆叶七片,缚内关上,亦效。

口涎

《日华》曰:以水洗老牛口,用盐涂之,少顷即出。或以荷叶包牛口使耕,力乏涎出,取之。

【主治】反胃呕吐(《日华》)。水服二匙,终身不噎(思邈)。吮小儿,治客忤。灌一合,治小儿霍乱。入盐少许,顿服一盏,治喉闭口噤(时珍。出《外台》胡居士方)。

【附方】新七。噎膈反胃:《集成》:用糯米末,以牛涎拌作小丸,煮熟食。危氏《得效》香牛饮:用牛涎一盏,入麝香少许,银盏顿热。先以帛紧束胃脘,令气喘,解开,乘热饮之。仍以丁香汁入粥与食。《晋济》千转丹:用牛涎、好蜜各半斤,木鳖仁三十个研末,入铜器熬稠。每以两匙和粥与食,日三服。小儿流涎:取东行牛口中涎沫,涂口中及颐上,自愈。(《外台》方)小儿口噤:身热吐沫不能乳。方同上。(《圣惠方》)损目破睛:牛口涎日点二次,避风。黑睛破者亦瘥。(《肘后》)身面疣目:牛口涎频涂之,自落。(《千金》)

鼻津

【主治】小儿中客忤,水和少许灌之。又涂小儿鼻疮及湿癣(时珍。出《外台》诸方)。

耳垢(乌牛者良)

时珍曰:以盐少许入牛耳中,痒即易取。

【主治】蛇伤,恶蛓毒(恭。蛓,毛虫也)。治痈肿未成脓,封之即散。疳虫蚀鼻生疮,及毒蛇螫人,并敷之(时珍)。

【附方】新三。疔疮恶肿:黑牛耳垢敷之。(《圣惠方》)胁漏出水不止:用乌牛耳垢敷之,即瘥。(《普济方》)鼻衄不止:牛耳中垢、车前子末等分和匀,塞之良。(《总录》)

溺(黄犍、牸牛、黑牯牛者良)

【气味】苦、辛,微温,无毒。

之才曰:寒。

【主治】水肿,腹胀脚满,利小便(《别录》)。

【附方】旧六,新三。水肿尿涩:《心镜》:用乌犍牛尿半升,空腹饮。小便利,良。《集验》:用黄犍牛尿,每饮三升。老、幼减半。水气喘促小便涩:用牸牛尿一斗,诃黎勒皮(末)半斤。先以铜器熬尿至三升,入末熬至可丸,丸楮桐于大。每服茶下二十丸,日二服。当下水及恶物为效。(《普济方》)风毒脚气:以铜器,取乌犊牛尿三升,勤饮之。小便利则消。(《肘后》)脚气胀满尿涩:取乌犊牛尿一升,一日分服,消乃止。(《杨炎南行方》)久患气胀:乌牛尿一升,空心温服,气散止。(《广济方》)癥癖鼓胀:乌牛尿一升,微火煎如稠饴,空心服枣许,当鸣转病出。隔日更服之。(《千金翼》)霍乱厥逆:服乌牛尿二升。(《千金方》)刺伤中水:服乌牛尿二升,三服止。(《梅师》)

屎(稀者名牛洞。乌牯、黄牯牛者良)

【气味】苦,寒,无毒。

《镜源》云:牛屎抽铜晕。烧火,能养一切药力。

【主治】水肿恶气。干者燔之,敷鼠瘘恶疮(《别录》)。烧灰,敷灸疮不瘥(藏器)。敷小儿烂疮烂痘,及痈肿不合,能灭瘢痕(时珍)。绞汁,治消渴黄瘅,脚气霍乱,小便不通(苏恭)。

【发明】时珍曰:牛屎散热解毒利溲,故能治肿、疸、霍乱、疳痢、伤损诸疾。烧灰则收湿生肌拔毒,故能治痈疽、疮瘘、烂痘诸疾也。《宋书》:孙法宗苦头创。夜有女人至,曰:我天使也。事本不关善人,使者误及尔。但取牛粪煮敷之,即验。如其言果瘥。此亦一异也。

【附方】旧七,新二十二。水肿溲涩:黄牛屎一升,绞汁饮,溲利瘥,勿食盐。(《梅师》)湿热黄病:黄牛粪日干为末,面糊丸梧桐子大。每食前,白汤下七十丸。(《简便方》)霍乱吐下不止,四肢逆冷:《外台》:用黄牛屎半升,水二升,煮三沸,服半升止。《圣惠》:用乌牛粪绞汁一合,以百日儿乳汁一合和,温服。疳痢垂死:新牛屎一升,水一升,搅澄汁服。不过三服。(《必效方》)猝死不省,四肢不收:取牛屎一升,和温酒灌之。或以湿者绞汁亦可。此扁鹊法也。(《肘后》)猝阴肾痛:牛屎烧灰，酒和敷之，良。（《梅师》）脚跟肿痛不能着地：用黄牛屎，入盐炒热，罨之。（王永辅《惠济方》）妊娠腰痛：牛屎烧末，水服方寸匕，日三。（《外台》）妊娠毒肿：犊牛屎烧灰，水服方寸匕，日三。并以酢和封。（《千金方》）子死腹中：湿牛粪涂腹上，良。（《千金》）小儿口噤：白牛粪涂口中取瘥。（《总录》）小儿夜啼：牛屎一块安席下，勿令母知。（《食疗》）小儿头疮：野外久干牛屎（不坏者）烧灰，入轻粉、麻油调搽。（《普济》）小儿白秃：牛屎厚封之。（《秘录》）小儿烂疮：牛屎烧灰封之。灭瘢痕。（《千金》）痘疮溃烂：王兑白龙散：以腊月黄牛屎烧取白灰敷之，或卧之。即易痂疕，而无瘢痕。痈肿不合：牛屎烧末，用鸡子白和封，干即易之，神验也。（《千金月令》）鼠瘘瘰疬：《千金》五白膏：白牛屎、白马屎、白羊屎、白鸡屎、白猪屎各一升，于石上烧灰，漏芦末二两，以猪膏一升三合，煎乱发一两半，同熬五、六沸涂之，神验。《肘后》：治鼠瘘有核脓血。用热牛屎封之，日三。蜣螂瘘疾：热牛屎封之，日数易，当有蜣螂出。（《千金》）乳痈初起：牛屎和酒敷之，即消。（姚僧垣方）燥病疮痒：热牛屎涂之。（《千金》）疮伤风水痛剧欲死者：牛屎烧灰，熏令汗出即愈。（《外台秘要》）跌磕伤损：黄牛屎炒热封之，裹定即效。（《简便》）汤火烧灼：湿牛屎捣涂之。（姚和众）恶犬咬伤：洗净毒，以热牛屎封之，即时痛止。（《千金》）蜂虿螫痛：牛屎烧灰，苦酒和敷。（《千金方》）背疮溃烂：黄黑牛粪多年者，晒干为末，入百草霜匀细，糁之。（谈野翁方）

黄犊子脐屎（新生未食草者，收干之）

【主治】九窍四肢指歧间血出，乃暴怒所为。烧此末，水服方寸匕，日四五服。良（藏器。出姚僧垣方）。主中恶霍乱，及鬼击吐血。以一升，和酒三升，煮汁服（时珍。出《肘后》）。

屎中大豆（洗晒收用）

【主治】小儿惊痫，妇人难产（苏恭）。

【附方】旧一，新二。小儿牛痫：白牛屎中豆，日日服之，良。（《总微论》）妇人难产：牛屎中大豆一枚，擘作两片：一书父，一书子。仍合住，水吞之，立产。（《产书》）齿落不生：牛屎中大豆十四枚，小开豆头，以注齿根，数度即生。（《千金方》）

圣齑

时珍曰：按刘恂《岭表录异》云：广之容南好食水牛肉，或炮或炙，食讫即啜圣齑消之，调以姜、桂、盐、醋，腹遂不胀。圣齑如青苔状，乃牛肠胃中未化草也。

【主治】食牛肉作胀，解牛肉毒（时珍）。

齝草（音痴）

一名牛转草（即牛食而复出者，俗曰回噍）

【主治】绞汁服，止哕（藏器）。疗反胃霍乱，小儿口噤风（时珍）。

【发明】时珍曰：牛齝治反胃噎膈，虽取象回噍之义，而沾濡口涎为多，故主疗与涎之功同。

【附方】新四。反胃噎膈：大力夺命丸：牛转草、杵头糠各半斤，糯米一升，为末，取黄母牛涎和，丸龙眼大，煮熟食之。入砂糖二两，尤妙。(《医学正传》)霍乱吐利不止：用乌牛齝草一团，人参、生姜各三两，甜浆水一升半，煮汁五合服。(《刘涓子鬼遗方》)小儿流涎：用牛噍草绞汁，少少与服。(《普济方》)初生口噤十日内者：用牛口齝草绞汁灌之。(《圣惠》)

鼻桊(音卷。穿鼻绳木也)

【主治】木桊：主小儿痫(《别录》)。治消渴，煎汁服；或烧灰，酒服(时珍)。草桊：烧研，敷小儿鼻下疮(《别录》)。烧灰，吹缠喉风，甚效(时珍)。

【附方】新一。消渴：牛鼻木二个(洗判，男用牝牛，女用牡牛)，人参、甘草各半两，大白梅十个。水四碗，煎三碗，热服甚妙。(《普济方》)

马(《本经》中品)

【校正】《别录》上品出马乳，今并为一。

马

【释名】时珍曰：按许慎云：马，武也。其字象头、髦、尾、足之形。牡马曰骘(音质)，曰儿；牝马曰骆，曰騍，曰草。去势曰骟。一岁曰𫘝(音弦)，二岁曰驹，三岁曰骁(音桃)，八岁曰馴。(音八)名色甚多，详见《尔雅》及《说文》。《梵书》谓马为阿湿婆。

【集解】《别录》曰：马出云中平泽。

弘景曰：马色类甚多，入药以纯白者为良。其口、眼、蹄皆白者，俗中时有两三尔。小小用则不必拘也。

时珍曰：《别录》以云中马为良。云中，今大同府也。大抵马以西北方者为胜，东南者劣弱不及。马应月，故十二月而生。其年以齿别之。在畜属火，在辰属午。或云：在卦属乾，属金。马之眼光照人全身者，其齿最少；光愈近，齿愈大。马食杜衡善走，食稻则足重，食鼠屎则腹胀，食鸡粪则生骨眼。似僵蚕、乌梅拭牙则不食，得桑叶乃解。挂鼠狼皮于槽亦不食。遇海马骨则不行。以猪槽饲马，石灰泥马槽，马汗着门，并令马落驹。系猕猴于厩，辟马病。皆物理当然耳。

肉(以纯白牡马者为良)

【气味】辛、苦，冷，有毒。

诜曰：有小毒。

士良曰：有大毒。

思邈曰：无毒。

《日华》曰：只堪煮食，余食难消。渍以清水，搦洗血尽乃煮。不然则毒不出，患疔肿。或曰以冷水煮之，不可盖釜。

鼎曰：马生角，马无夜眼，白马青蹄，白马黑头者，并不可食，令人癫。马鞍下肉色黑及马自死者,并不可食,杀人。马黑脊而斑臂者漏,不可食。

萧炳曰:患痢、生疥人勿食,必加剧。妊妇食之,令子过月;乳母食之,令子疳瘦。

诜曰:同仓米、苍耳食,必得恶病,十有九死。同姜食,生气嗽。同猪肉食,成霍乱。食马肉毒发心闷者,饮清酒则解,饮浊酒则加。

弘景曰:秦穆公云:食骏马肉不饮酒,必杀人。

时珍曰:食马中毒者,饮芦根汁、食杏仁可解。

【主治】伤中,除热下气,长筋骨,强腰脊,壮健,强志轻身,不饥。作脯,治寒热痿痹(《别录》)。煮汁,洗头疮白秃(时珍。出《圣惠》)。

【附方】旧一。豌豆疮毒:马肉煮清汁,洗之。(《兵部手集》)

鬐膏(鬐,马项上鬐也。白马者良)

【气味】甘,平,有小毒。

《镜源》云:马脂柔五金。

【主治】生发(《别录》)。治面皯,手足皴粗。入脂泽,用疗偏风口㖞僻(时珍)。

【发明】时珍曰:按《灵枢经》云:猝口僻急者,颊筋有寒,则急引颊移;颊筋有热,则纵缓不收。以桑钩钩之,以生桑灰置坎中坐之,以马膏熨其急颊,以白酒和桂末涂其缓颊,且饮美酒,啖炙肉,为之三拊而已。《灵枢》无注本,世多不知此方之妙。窃谓口颊㖞僻,乃风中血脉也。手足阳明之筋络于口,会太阳之筋络于目。寒则筋急而僻,热则筋缓而纵。故左中寒则逼热于右,右中寒则逼热于左,寒者急而热者缓也。急者皮肤顽痹,荣卫凝滞。治法急者缓之,缓者急之。故用马膏之甘平柔缓,以摩其急,以润其痹,以通其血脉。用桂酒之辛热急束,以涂其缓,以和其荣卫,以通其经络。桑能治风痹,通节窍也。病在上者,酒以行之,甘以助之;故饮美酒,啖炙肉云。

乳

时珍曰:汉时以马乳造为酒,置挏马之官,谓挏撞而成也。挏音同。

【气味】甘,冷,无毒。

思邈曰:性冷利。同鱼鲙食,作瘕。

【主治】止渴,(《别录》)治热。作酪,性温,饮之消肉(苏恭)。

心(以下并用白马者良)

【主治】喜忘(《别录》。《肘后方》:治心昏多忘。牛、马、猪、鸡心,干之为末。酒服方寸匕,日三,则闻一知十。诜曰:患痢人食马心,则痞闷加甚)。

肺

【主治】寒热,小儿茎萎(掌禹锡曰:小儿无茎萎之疾,疑误。时珍曰:按《千金方》无小儿二字)。

肝

【气味】有大毒。

弘景曰:马肝及鞍下肉,杀人。

时珍曰:按汉景帝云:食肉毋食马肝。又汉武帝云:文成食马肝而死。韦庄云:食马留肝。则其毒可知矣。方家以豉汁、鼠矢解之。

【附方】新一。月水不通,心腹滞闷,四肢疼痛:用赤马肝一片炙研,每食前热酒调服一钱。通乃止。(《圣惠》)

肾

时珍曰:按熊太古《冀越集》云:马有墨在肾,牛有黄在胆,造物之所钟也。此亦牛黄、狗宝之类,当有功用。惜乎前人不知,漫记于此以俟。

白马阴茎

【修治】藏器曰:凡收,当取银色无病白马,春月游牝时,力势正强者,生取阴干,百日用。

敩曰:用时以铜刀破作七片,将生羊血拌蒸半日,晒干,以粗布拭去皮及干血,挫碎用。

【气味】甘、咸,平,无毒。

【主治】伤中,脉绝阴不起,强志益气,长肌肉肥健,生子(《本经》)。小儿惊痫(《别录》)。益丈夫阴气(诜曰:阴干,同肉苁蓉等分为末,蜜丸梧桐子大。每空心酒下四十丸,日再。百日见效。甄权曰:主男子阴痿,房中术偏用之)。

驹胞衣

【主治】妇人天癸不通。煅存性为末,每服三钱,入麝香少许,空腹新汲水下,不过三服,良(《孙氏集效》)。

眼(白马者,生杀取之)

【气味】平,无毒。

【主治】惊痫腹满疟疾(《本经》)。小儿魃病,与母带之(苏恭)。

夜眼(在足膝上。马有此能夜行,故名)

【主治】猝死尸厥,龋齿痛(时珍)。

【附方】旧一,新二。猝死尸厥:用白马前脚夜目二枚,白马尾十四茎,合烧,以苦酒丸如小豆大。白汤灌下二丸,须臾再服,即苏。(《肘后》)虫牙龋痛:《肘后》:用马夜眼如米大,绵裹纳孔中,有涎吐去,永断根源。或加生附子少许。《玉机微义》:用马夜眼烧存性敷之,立愈。

牙齿（以下并用白马者良）

【气味】甘，平，有小毒。

【主治】小儿马痫。水磨服（《别录》）。烧灰唾和，涂痈疽疔肿，出根效（藏器）。

【附方】旧一，新三。肠痈未成：马牙烧灰，鸡子白和，涂之。（《千金方》）疔肿未破：白马齿烧灰，先以针刺破乃封之，用湿面围肿处，醋洗去之，根出大验。（《肘后》）赤根疔疮：马牙齿捣末，腊猪脂和敷，根即出也。烧灰亦可。（《千金方》）虫牙作痛：马牙一枚，煅热投醋中，七次，待冷含之，即止。（唐瑶《经验方》）

骨

【气味】有毒。

【主治】烧灰和醋，敷小儿头疮及身上疮（孟诜）。止邪疟。烧灰和油，敷小儿耳疮、头疮、阴疮、瘭疽有浆如火灼。敷乳头饮儿，止夜啼（时珍。出《小品》《外台》诸方）。

头骨

【气味】甘，微寒，有小毒。

藏器曰：头骨埋于午地，宜蚕；浸于上流，绝水蜞虫。

【主治】喜眠，令人不睡。烧灰，水服方寸匕，日三夜一。作枕亦良（《别录》）。治齿痛。烧灰，敷头、耳疮（《日华》）。疗马汗气入疮痛肿，烧灰敷之，白汁出，良（时珍）。

【附方】新三。胆虚不眠：用马头骨灰、乳香各一两，酸枣仁（炒）二两，为末。每服二钱，温酒服。（《圣济》）胆热多眠：马头骨灰、铁粉各一两，朱砂半两，龙脑半分，为末。炼蜜丸梧桐子大。每服三十丸，竹叶汤下。（《圣惠方》）臁疮溃烂三四年：马牙匡骨烧研，先以土窖过，小便洗数次，搽之。

胫骨

【气味】甘，寒，无毒。

【主治】煅存性，降阴火，中气不足者用之，可代黄芩、黄连（朱震亨）。

悬蹄（赤、白马俱入用）

【气味】甘，平，无毒。

甄权曰：热。

【主治】惊邪瘛疭乳难，辟恶气鬼毒，蛊疰不祥（《本经》）。止衄血内漏，龋齿。赤马者治妇人赤崩，白马者治漏下白崩（《别录》）。主癫痫、齿痛（《蜀本》）。疗肠痈，下瘀血，带下，杀虫。又烧灰入盐少许，掺走马疳蚀，甚良（时珍。出《钩玄》诸方）。赤马者辟温疟（孟诜）。

【附方】旧四,新四。损伤瘀血在腹:用白马蹄烧烟尽,研末。酒服方寸匕,日三夜一,血化为水也。(《刘涓子鬼遗方》)妇人血病:方同上。五色带下:白马左蹄烧灰。酒服方寸匕,日三。(《外台》)肠痈腹痛:其状两耳轮甲错,腹痛,或绕脐有疮如粟,皮热下脓血。用马蹄灰和鸡子白涂,即拔毒气出。(《千金》)虫蚀肛烂见五脏则死:以猪脂和马蹄灰,绵裹导入下部,日数度瘥。(《肘后方》)龋齿疼痛:削白马蹄塞之,不过三度。(《千金方》)小儿头疮出脓,昼开夜合:马蹄烧灰,生油调涂。(《圣惠方》)小儿夜啼:马蹄末,敷乳上饮之。(《普济》)辟禳瘟疫:以绛囊盛马蹄屑二两佩之,男左女右。(《肘后》)

皮

【主治】妇人临产,赤马皮催生,良(孟诜)。治小儿赤秃,以赤马皮、白马蹄烧灰,和腊猪脂敷之,良(时珍。出《圣惠》)。

鬐毛(即鬃也。一名鬣)

【气味】有毒。
【主治】小儿惊痫,女子崩中赤白(《别录》。思邈曰:赤用赤马,白用白马)。烧灰,服止血,涂恶疮(《日华》)。

尾

【主治】女人崩中,小儿客忤(时珍)。
【发明】时珍曰:马尾,《济生方》治崩中,十灰散中用之。又《延寿书》云:刷牙用马尾,令齿疏损。近人多用烧灰揩拭,最腐齿龈。不可不知。
【附方】旧一,新一。小儿客忤:小儿中马毒客忤。烧马尾烟于前,每日熏之,瘥乃止。(《圣惠方》)腹内蛇癥:白马尾切,酒服。初服长五分一匕,大者自出;次服三分者一匕,中者亦出;更服二分者一匕,小者复出。不可顿服,杀人。(《千金方》)

脑

【气味】有毒。
诜曰:食之令人癫。
【主治】断酒,腊月者温酒服之(孙思邈)。

血

【气味】有大毒。
诜曰:凡生马血入人肉中,一二日便肿起,连心即死。有人剥马伤手,血入肉,一夜致死。

汗

【气味】有大毒。

弘景曰：患疮人，触马汗、马气、马毛、马尿、马屎者，并令加剧。

诜曰：马汗入疮，毒攻心欲死者，烧粟秆灰淋汁浸洗，出白沫，乃毒气也。岭南有人用此得力。

【附方】新二。黥刺雕青：以白马汗搽上，再以汗调水蛭末涂之。（子和）饮酒欲断：刮马汗，和酒服之。（《千金》）

白马溺

【气味】辛，微寒，有毒。

【主治】消渴，破症坚积聚，男子伏梁积疝，妇人瘕积，铜器承饮之（《别录》）。洗头疮白秃，渍恶刺疮，日十次，愈乃止（孟诜）。热饮，治反胃杀虫（时珍）。

【发明】时珍曰：马尿治症瘕有验。按祖台之《志怪》云：昔有人与其奴皆患心腹痛病。奴死剖之，得一白鳖，赤眼仍活。以诸药纳口中，终不死。有人乘白马观之，马尿堕鳖而鳖缩。遂以灌之，即化成水。其人乃服白马尿而疾愈。此其征效也。反胃亦有虫积者，故亦能治之。

【附方】旧二，新七。肉症思肉：用白马尿三升，空腹饮之，当吐肉出，不出者死。（《千金》）食发成瘕：咽中如有虫上下是也。白马尿饮之，佳。（《千金》）伏梁心积：铜器盛白马尿一升，旦旦服之，妙。（《小品》）妇人乳肿：马尿涂之，立愈。（《产宝》）小儿赤疵生身上者：马尿频洗之。（《千金》）虫牙疼痛：随左右含马溺，不过三五度瘥。（《千金方》）利骨取牙：白马尿浸茄科三日，炒为末，点牙即落。或煎巴豆点牙亦落。勿近好牙。（鲍氏）狐尿刺疮痛甚者：热白马尿渍之。（《千金》）痞块心痛：僵蚕末二钱，白马尿调服，并敷块上。（《摘玄方》）

白马通

时珍曰：马屎曰通，牛屎曰洞，猪屎曰零，皆讳其名也。凡屎必达胴肠乃出，故曰通，曰洞。胴，即广肠也。

【气味】微温，无毒。

《镜源》云：马屎煴火，养一切药力。

【主治】止渴，止吐血、下血、鼻衄、金疮止血、妇人崩中（《别录》）。敷顶，止衄（徐之才）。绞汁服，治产后诸血气，伤寒时疾当吐下者（藏器）。治时行病起合阴阳垂死者，绞汁三合，日夜各二服。又治杖疮、打损伤疮中风作痛者，炒热，包熨五十遍，极效（孟诜）。绞汁灌之，治猝中恶死。酒服，治产后寒热闷胀。烧灰水服，治久痢赤白。和猪脂，涂马咬人疮，及马汗入疮，剥死马骨刺伤人，毒攻欲死者（时珍。出《小品》诸方）。

【附方】旧四，新十六。吐血不止：烧白马通，以水研，绞汁一升服。（《梅师方》）衄血不止：《录验》：用绵裹白马屎塞之。《千金》：用赤马粪绞汁，饮一二升，并滴鼻内。干者浸水亦可。口鼻出血：用赤马粪烧灰，温酒服一钱。（《钤方》）久痢赤白：马粪一丸烧灰，水服。（《肘后方》）猝中恶死吐利不止，不知是何病，不拘大人小儿：马粪一丸，绞汁灌之，干者水煮汁亦可。此扁鹊法也。（《肘后》）搅肠沙痛欲死者：用马粪研汁饮之，立愈。（《经验方》）小儿猝忤：马屎三升烧末，以酒三斗，煮三沸，取汁浴儿。避风。（《千金》）小儿躽啼：面青腹强，是忤客气。新马粪一团，绞汁灌之。（《千金》）伤寒劳复：马屎烧末，冷酒服方寸匕，便验。（《外台》）热毒攻肢，手足肿痛欲脱：以水煮马屎汁渍之。（《外台》）风虫牙痛：白马屎汁，随左右含之，不过三口愈。（《圣惠》）鼻齆不闻：新马屎汁，仰头含满口，灌入鼻中即通。（《普济》）筋骨伤破：以热白马屎敷之，无瘢。（《千金》）疔肿伤风作肿：以马屎炒，熨疮上五十遍，极效。（《普济方》）多年恶疮或痛痒生衅：用马粪并齿同研烂，敷上，不过数次。武丞相在蜀时，胫有疮，痒不可忍，用此而瘥。（《兵部手集》）诸疮伤水或伤风寒痛剧：用马屎烧烟熏，令汁出愈。（《千金方》）冻指欲堕：马粪煮水，渍半日即愈。（《千金》）积聚胀满：白马粪同蒜捣膏，敷患处，效。（《活人心统》）一切漏疾：白马通汁，每服一升，良。（《千金》）

屎中粟

【主治】金创，小儿客忤，寒热不能食（苏恭）。治小儿胁痛（时珍。《千金》有马通粟丸）。

【附方】旧一。剥马中毒，被骨刺破欲死：以马肠中粟屎捣敷，以尿洗之，大效。绞汁饮之亦可。（《外台》）

白马头蛆

见虫部。

马绊绳

【主治】煎水，洗小儿痫（苏恭）。烧灰，掺鼻中生疮（时珍）。

东行马蹄下土

弘景曰：作方术，可知女人外情。

时珍曰：《淮南万毕术》云：东行白马蹄下土，合三家井中泥，置人脐下，即卧不能起也。

驴（《唐本草》）

【释名】时珍曰：驴，胪也。胪，腹前也。马力在膊，驴力在胪也。

【集解】时珍曰：驴，长颊广额，磔耳修尾，夜鸣应更，性善驮负。有褐、黑、白三色，入药以黑者为良。女直、辽东出野驴，似驴而色驳，鬃尾长，骨骼大，食之功与驴同。西土出山驴，有角如羚羊，详羚羊下。东海岛中出海驴，能入水不濡。又有海马、海牛、海猪、海獾等物，其皮皆供用。

藏器曰：海驴、海马、海牛皮毛在陆地，皆候风潮则毛起。物性如此。

肉（以下通用乌驴者良）。

【气味】甘，凉，无毒。

驴

思邈曰：酸，平。

吴瑞曰：食驴肉，饮荆芥茶，杀人。妊妇食之，难产。同凫茈食，令人筋急。病死者有毒。

【主治】解心烦，止风狂。酿酒，治一切风（《日华》）。主风狂，忧愁不乐，能安心气。同五味煮食，或以汁作粥食（孟诜）。补血益气，治远年劳损，煮汁空心饮。疗痔引虫（时珍）。野驴肉功同（《正要》）。

【发明】宗奭曰：驴肉食之动风，脂肥尤甚，屡试屡验。《日华子》以为止一切风狂，未可凭也。

头肉

【主治】煮汁，服二三升，治多年消渴，无不瘥者。又以渍曲酝酒服，去大风动摇不休者（孟诜）。亦洗头风风屑（《日华》）。同姜齑煮汁日服，治黄疸百药不治者（时珍。出张文仲方）。

【附方】旧一。中风头眩，心肺浮热，肢软骨疼，语蹇身颤：用乌驴头一枚，如食法，豉汁煮食。（《心镜》）

脂

【主治】敷恶疮疥癣及风肿（《日华》）。和酒服三升，治狂癫，不能语，不识人。和乌梅为丸，治多年疟，未发时服三十丸。又生脂和生椒捣熟，绵裹塞耳，治积年聋疾（孟诜）。和酒等分服，治猝咳嗽。和盐、涂身体手足风肿（时珍。出《千金》）。

【附方】旧一。滴耳治聋：乌驴脂少许，鲫鱼胆一个，生油半两。和匀，纳楼葱管中，七日取滴耳中，日二。（《圣惠》）（重出）眼中息肉：驴脂、白盐等分。和匀，注两目眦头，日三夜一瘥。（《千金方》）

髓

【气味】甘，温，无毒。

【主治】耳聋（时珍）。

【附方】新二。多年耳聋：重者用三、两度，初起者一上便效。用驴前脚胫骨打破，向日中沥出髓，以瓷盒盛收。每用绵点少许入耳内，侧卧候药行。其髓不可多用，以白色者为上，黄色者不堪。又方：驴髓以针砂一合，水二合，浸十日。取清水少许，和髓搅匀，滴少许入耳中。外以方新砖半个烧赤，泼醋，铺磁石末一两在砖上，枕之至晚。如此三度，即通。（并《普济方》）

血

时珍曰：热血，以麻油一盏，和搅去沫，煮熟即成白色。此亦可异，昔无言及者。

【气味】咸，凉，无毒。

【主治】利大小肠，润燥结，下热气（时珍）。

乳

【气味】甘,冷利,无毒。

思邈曰:酸,寒。

【主治】小儿热急黄等。多服使利(《唐本》)。疗大热,止消渴(孙思邈)。小儿热,急惊邪赤痢(萧炳)。小儿痫疾,客忤天吊风疾(《日华》)。猝心痛绞结连腰脐者,热服三升(孟诜)。蜘蛛咬疮,器盛浸之。蚰蜒及飞虫入耳,滴之当化成水(藏器)。频热饮之,治气郁,解小儿热毒,不生痘疹。浸黄连取汁,点风热赤眼(时珍。出《千金》诸方)。

【附方】旧一,新三。心热风痫:黑驴乳,暖服三合,日再服。(《广利方》)小儿口噤:驴乳、猪乳各一升,煎一升五合,服如杏仁许,三四服瘥。(《千金》)重舌出涎:方同上。(《圣惠》)撮口胎风:先灸两乳中三壮,后用此方大验。用乌驴乳一合,以东引槐枝(三寸长)十根,火煨,一头出津,拭净,浸乳中。取乳滴口中甚妙。(《圣惠方》)

阴茎

【气味】甘,温,无毒。

【主治】强阴壮筋(时珍)。

驹衣

【主治】断酒。煅研,酒服方寸匕(《外台》)。

皮

【主治】煎胶食之,治一切风毒,骨节痛,呻吟不止。和酒服更良其生皮,覆疟疾人,良(孟诜)。煎胶食,主鼻洪吐血,肠风血痢,崩中带下。(《日华》)。详见阿胶。

【附方】旧一,新一。中风㖞僻,骨疼烦躁者:用乌驴皮焊毛,如常治净蒸熟,入豉汁中,和五味煮食。(《心镜》)牛皮风癣:生驴皮一块,以朴硝腌过,烧灰,油调搽之。名一扫光。(《李楼奇方》)

毛

【主治】头中一切风病,用一斤炒黄,投一斗酒中,渍三日。空心细饮令醉,暖卧取汗。明日更饮如前。忌陈仓米、麦面(孟诜)。

【附方】新二。小儿客忤:剪驴膊上旋毛一弹子大,以乳汁煎饮。(《外台》)襁褓中风:取驴背前交脊中毛一拇指大,入麝香豆许,以乳汁和,铜器中慢炒为末。乳汁和,灌之。(《千金》)

骨

【主治】煮汤,浴历节风(孟诜)。牝驴骨煮汁服,治多年消渴,极效(时珍)。

头骨

【主治】烧灰和油，涂小儿颅解(时珍)。

悬蹄

【主治】烧灰，敷痈疽，散脓水。和油，敷小儿解颅，以瘥为度(时珍)。

【附方】旧一，新三。肾风下注生疮：用驴蹄二十片(烧灰)，密陀僧、轻粉各一钱，麝香半钱，为末，敷之。(《奇效方》)天柱毒疮：生脊大椎上，大如钱，赤色，出水。驴蹄二片，胡粉(熬)一分，麝香少许为末。醋和涂之。干则掺之。(《圣惠》)饮酒穿肠：饮酒过度，欲至穿肠者。用驴蹄硬处削下，水煮浓汁，冷饮之。襄州散将乐小蛮，得此方有效。(《经验方》)鬼疟不止：用白驴蹄(剉炒)、砒霜各二分，大黄四分。绿豆三分，雄黄一分，朱砂半分。研，蜜丸梧桐子大。未发平旦冷水服二丸，即止。七日忌油。(《肘后》)

溺

【气味】辛，寒，有小毒。

【主治】癥癖，反胃不止，牙齿痛。治水肿，每服五合良。画体成字者为燥水，用牝驴尿，不成字者为湿水，用驳驴尿。(《唐本》)。浸蜘蛛咬疮，良(藏器)。治反胃噎病，狂犬咬伤，癣疠恶疮，并多饮取瘥。风虫牙痛，频含漱之，良(时珍。出《千金》诸方)。

【发明】震亨曰：一妇病噎，用四物加驴尿与服，以防其生虫，数十帖而愈。

时珍曰：张文仲《备急方》言：幼年患反胃，每食羹粥诸物，须臾吐出。贞观中，许奉御兄弟及柴、蒋诸名医奉敕调治，竟不能疗。渐疲困，候绝旦夕。忽一卫士云：服驴小便极验。遂服二合，后食止吐一半。晡时再服二合，食粥便定。次日奏知，则宫中五六人患反胃者同服，一时俱瘥。此物稍有毒，服时不可过多。须热饮之。病深者七日当效。后用屡验。

【附方】新三。狐尿刺疮：乌驴尿顿热渍之。(《千金》)白癜风：驴尿、姜汁等分，和匀频洗。(《圣惠方》)耳聋：人中白一分，干地龙一条。为末，以乌驴驹尿一合和匀，瓷器盛之。每滴少许入耳。立瘥(《圣惠》)

屎

【主治】熬之，熨风肿漏疮。绞汁，主心腹疼痛，诸疰忤。烧灰吹鼻，止衄甚效。和油，涂恶疮湿癣(时珍)。

【附方】新四。猝心气痛：驴屎绞汁五合，热服即止。(《肘后方》)经水不止及血崩：用黑驴屎烧存性研末，面糊丸梧桐子大。每空心黄酒下五、七十丸，神妙。(龚云林《医鉴》)疔疮中风肿痛：用驴屎炒，熨疮上五十遍，极效。(《普济方》)小儿眉疮：黑驴屎烧研，油调涂，立效。(《圣惠方》)

耳垢

【主治】刮取涂蝎螫(崔氏)。

尾轴垢

【主治】新久疟无定期者。以水洗汁,和面如弹丸二枚,作烧饼。未发前食一枚,发时食一枚,效(苏恭)。

溺下泥

【主治】敷蜘蛛伤(藏器)。

驴槽

【主治】小儿拗哭不止,令三姓妇人抱儿卧之,移时即止,勿令人知(藏器)。

【发明】时珍曰:锦囊诗云:系蟹悬门除鬼疾,画驴挂壁止儿啼。言关西人以蟹壳悬之,辟邪疟;江左人画驴倒挂之,止夜啼。与驴槽止哭之义同,皆厌禳法耳。

骡(《食鉴》)

【释名】时珍曰:骡古文作驘。从马,从赢,谐声。

【集解】时珍曰:骡大于驴而健于马,其力在腰。其后有锁骨不能开,故不孳乳。其类有五,牡驴交马而生者,骡也;牡马交驴而生者,为駃騠(音决题);牡驴交牛而生者,为馲駋(音宅陌);牡牛交驴而生者,为騚𩧱(音谪家);牡牛交马而生者,为駏驉。今俗通呼为骡矣。

肉

【气味】辛、苦,温,有小毒。

宁源曰:骡性顽劣,肉不益人,孕妇食之难产。

时珍曰:古方未见用骡者,近时小籍时有其方云。按《吕氏春秋》云:赵简子有白骡甚爱之。其臣阳城胥渠有疾。医云:得白骡肝则生,不得则死。简子闻之,曰:杀畜活人,不亦仁乎?乃杀骡取肝与之。胥渠病愈。此亦剪须以救功臣之意,书之于此,以备医案。

蹄

【主治】难产。烧灰,入麝香少许,酒服一钱(《普济方》)。

屎

【主治】打损,诸疮,破伤中风,肿痛。炒焦裹熨之,冷即易(时珍)。

驼(宋《开宝》)

【释名】橐驼(《汉书》)、骆驼。

时珍曰:驼能负囊橐,故名。方音讹为骆驼也。

【集解】马志曰:野驼、家驼生塞北、河西。其脂在两峰内,入药俱可。

颂曰:野驼,今惟西北番界有之。家驼,则北中人家蓄养生息者,入药不及野驼。

时珍曰:驼状如马,其头似羊,长项垂耳,脚有三节,背有两肉峰如鞍形,有苍、褐、黄、紫数色,其声曰圔,其食亦龄。其性耐寒恶热,故夏至退毛至尽,毛可为毼。其粪烟亦直上如狼烟。其力能负重,可至千斤,日行二三百里。又能知泉源水脉风候。凡伏流人所不知,驼以足踏处即得之。流沙夏多热风,行旅遇之即死,风将至驼必聚鸣,埋口鼻于沙中,人以为验也。其卧而腹不着地,屈足露明者名明驼,最能行远。于阗有风脚驼,其疾如风,日行千里。土番有独峰驼。《西域传》云:大月氏出一封驼,脊上有一峰隆起若封土,故俗呼为封牛,亦曰看犏牛。《穆天子传》谓之牥牛,《尔雅》谓之犦牛,岭南徐闻县及海康皆出之。《南史》云滑国有两脚驼,诸家所未闻也。

驼

驼脂

即驼峰。脂在峰内,谓之峰子油。入药以野驼者为良。

宗奭曰:家驼峰、蹄最精,人多煮熟糟食。

【气味】甘,温,无毒。

《镜源》曰:能柔五金。

【主治】顽痹风瘙,恶疮毒肿死肌,筋皮挛缩,踠损筋骨。火炙摩之,取热气透肉。亦和米粉作煎饼食之,疗痔(《开宝》)。治一切风疾,皮肤痹急,及恶疮肿毒漏烂,并和药敷之(大明)。主虚劳风,有冷积者,以烧酒调服之(《正要》)。

【附方】新一。周痹:野驼脂炼净一斤,入好酥四两,同炼和匀。每服半匙,以热酒半盏和化服之,加至一匙,日三服。(《圣济总录》)

肉

【气味】甘,温,无毒。

【主治】诸风下气,壮筋骨,润肌肤,主恶疮(大明)。

乳

【气味】甘,温,无毒。

【主治】补中益气，壮筋骨，令人不饥（《正要》）。

黄

【气味】苦，平，微毒。

【主治】风热惊疾（时珍）。

【发明】时珍曰：骆驼黄，似牛黄而不香。戎人以乱牛黄，而功不及之。

毛

【主治】妇人赤白带下，最良（苏恭）。颔毛：疗痔，烧灰，酒服方寸匕（时珍。出崔行功《纂要》）。

【附方】新一。阴上疳疮：驼绒烧灰，水澄过，入炒黄丹等分为末，搽之即效。（龚氏《经验方》）

屎

【主治】干研搐鼻，止衄（寇宗奭）。烧烟，杀蚊虱（《博物志》）。

酪（音洛。《唐本草》）

【释名】湩（音栋）。

【气味】甘、酸，寒，无毒。

时珍曰：水牛、马、驼之酪冷，犊牛、羊乳酪温。

诜曰：患冷、患痢人，勿食羊乳酪。甜酪合酢食，成血瘕及尿血。

【主治】热毒，止渴，解散发利，除胸中虚热，身面上热疮、肌疮（《唐本》）。止烦渴热闷，心膈热痛（《日华》）。润燥利肠，摩肿，生精血，补虚损，壮颜色（时珍）。

【发明】时珍曰：按戴原礼云：乳酪，血液之属。血燥所宜也。

【附方】旧三。火丹瘾疹：以酪和盐煮热，摩之即消。（《千金翼》）蚰蜒入耳：华佗方：用牛酪灌入即出。若入腹，则饮二升，即化为黄水。（《广利方》）马出黑汗：水化干酪灌之。（藏器）

酥（《别录》上品）

【释名】酥油（北虏名马思哥油）。

【气味】甘，微寒，无毒。

【主治】补五脏，利大小肠，治口疮（《别录》）。除胸中客热，益心肺（思邈）。除心热肺痿，止渴止嗽，止吐血，润毛发（《日华》）。益虚劳，润脏腑，泽肌肤，和血脉，止急痛。治诸疮。温酒化服，良（时珍）。

牦牛酥

【气味】甘，平，无毒。

【主治】去诸风湿痹,除热,利大便,去宿食(思邈)。合诸膏,摩风肿、踠跌血瘀(藏器)。

【发明】时珍曰:酥本乳液,润燥调营,与血同功。按《生生编》云:酥能除腹内尘垢,又追毒气发出毛孔间也。

【附方】旧二,新一。蜂螫:用酥涂之,妙。(《圣惠》)虫咬:以酥和盐涂之。(《圣惠方》)眯目:以酥少许,随左右纳鼻中。垂头卧少顷,令流入目中,物与泪同出也。(《圣济总录》)

醍醐(《唐本草》)

【气味】甘,冷利,无毒。

【主治】风邪痹气,通润骨髓,可为摩药,功优于酥(《唐本》)。添精补髓,益中填骨。久服延年,百炼弥佳(孙思邈)。主惊悸,心热头疼,明目,敷脑顶心(《日华》)。治月蚀疮,润养疮痂最宜(宗奭)。

【发明】机曰:酥、酪、醍醐,大抵性皆润滑,宜于血热枯燥之人,其功亦不甚相远也。

【附方】旧三,新二。风虚湿痹:醍醐二两,温酒一杯,每服和醍醐一匙,效。(《心镜》)中风烦热皮肤瘙痒:醍醐四两,每服半匙,温酒一中盏和服,日一。(《圣惠方》)一切肺病咳嗽脓血不止:用好酥五十斤,炼三遍,停凝当出醍醐。每服一合,日三服,以瘥为度,神效。(《外台方》)鼻中涕血:以三炼酥中精液灌鼻中。日三夜一,良。(《外台》)小儿鼻塞不通,不能食乳:刘氏:用醍醐二合,木香、零陵香各四分,汤煎成膏。涂头上,并塞鼻中。(《外台》)

乳腐(宋《嘉祐》)

【释名】乳饼。

【集解】时珍曰:诸乳皆可造,今惟以牛乳者为胜尔。《臞仙神隐书》云:造乳饼法:以牛乳一斗,绢滤入釜,煎三五沸,水解之。用醋点入,如豆腐法,渐渐结成,漉出以帛裹之,用石压成,入盐,瓮底收之。又造乳团法:用酪五升煎滚,入冷浆水半升,必自成块。未成,更入浆一盏。至成,以帛包搦,如乳饼样,收之。又造乳线法:以牛乳盆盛,晒至四边清水出,煎热,以酸奶浆点成。漉出揉擦数次,扯成块,又入釜荡之。取出,捻成薄皮,竹签卷扯数次,掤定晒干,以油炸熟食。

【气味】甘,微寒,无毒。

诜曰:水牛乳凉,犊牛乳温。

【主治】润五脏,利大小便,益十二经脉。微动气(孟诜)。治赤白痢,切如豆大,面拌,酸浆水煮二十余沸,顿服。小儿服之,弥良(萧炳)。

【附方】新一。血痢不止:乳腐一两,浆水一钟,煎服。(《普济方》)

阿胶(《本经》上品)

【释名】傅致胶(《本经》)。

弘景曰:出东阿,故名阿胶。

时珍曰:阿井,在今山东兖州府阳谷县东北六十里,即古之东阿县也有官舍禁之。郦道元《水经注》云:东阿有井大如轮,深六七丈,岁常煮胶以贡天府者,即此也。其井乃济水所注,取井水煮胶,用搅浊水则清。故人服之,下膈疏痰止吐。盖济水清而重,其性趋下,故治淤浊及逆上之痰也。

【气味】甘,平,无毒。

《别录》曰:微温。

张元素曰:性平味淡,气味俱薄,浮而升,阳也。入手太阴、足少阴、厥阴经。得火良。薯蓣为之使。畏大黄。

【主治】心腹内崩,劳极洒洒(音藓)。如疟状,腰腹痛,四肢酸痛,女子下血,安胎。久服,轻身益气(《本经》)。丈夫小腹痛,虚劳羸瘦,阴气不足,脚酸不能久立,养肝气(《别录》)。坚筋骨,益气止痢(《药性》。颂曰:止泄痢,得黄连、蜡尤佳)。疗吐血衄血,血淋尿血,肠风下痢。女人血痛血枯,经水不调,无子,崩中带下,胎前产后诸疾。男女一切风病,骨节疼痛,水气浮肿,虚劳咳嗽喘急,肺痿唾脓血,及痈疽肿毒。和血滋阴,除风润燥,化痰清肺,利小便,调大肠,圣药也(时珍)。

胶阿

【附方】旧五,新十四。瘫缓偏风:治瘫缓风及诸风,手脚不遂,腰脚无力者。驴皮胶微炙熟。先煮葱豉粥一升,别贮。又以水一升,煮香豉二合,去滓入胶,更煮七沸,胶烊如饧,顿服之。及暖,吃葱豉粥。如此三四剂即止。若冷吃粥,令人呕逆。(《广济方》)肺风喘促:涎潮眼窜。用透明阿胶切炒,以紫苏、乌梅肉(焙研)等分,水煎服之。(《直指》)老人虚秘:阿胶(炒)二钱,葱白三根。水煎化,入蜜二匙,温服。胞转淋闷:阿胶三两,水二升,煮七合,温服。(《千金方》)赤白痢疾:黄连阿胶丸:治肠胃气虚,冷热不调,下痢赤白,里急后重,腹痛口渴,小便不利。用阿胶(炒过,水化成膏)一两,黄连三两,茯苓二两。为末,捣丸梧桐子大。每服五十丸,粟米汤下,日三。(《和剂局方》)吐血不止:《千金翼》:用阿胶(炒)二两,蒲黄六合,生地黄三升,水五升,煮三升,分三服。《经验》:治大人、小儿吐血。用阿胶(炒)、蛤粉各一两,辰砂少许。为末。藕节捣汁,入蜜调服。肺损呕血并开胃:用阿胶(炒)三钱,木香一钱,糯米一合半,为末。每服一钱,百沸汤点服,日一。(《普济》)大衄不止:口耳俱出。用阿胶(炙)半两,蒲黄一两。每服二钱,水一盏,入生地黄汁一合,煎至六分,温服。急以帛系两乳。(《圣惠》)月水不调:阿胶一钱,蛤粉炒成珠,研末,热酒服即安。一方入辰砂末半钱。月水不止:阿胶炒焦为末,酒服二钱。(《秘韫》)妊娠尿血:阿胶炒黄为末,食前粥饮下二钱。(《圣惠》)妊娠血痢:阿胶二两,酒一升半,煮一升,顿服。(《杨氏产乳》）妊娠下血不止：阿胶三两炙为末，酒一升半煎化，一服即愈。又方：用阿胶末二两，生地黄半斤捣汁，入清酒三升，绞汁分三服。（《梅师方》）妊娠胎动：《删繁》：用阿胶（炙研）二两，香豉一升，葱一升，水三升，煮二物取一升，入胶化服。《产宝》胶艾汤：用阿胶（炒）二两，熟艾叶二两，葱白一升。水四升，煮一升半，分温两服。产后虚闷：阿胶（炒）、枳壳（炒）各一两，滑石二钱半。为末，蜜丸梧桐子大。每服五十丸，温水下。未通，再服。（《和剂局方》）久嗽经年：阿胶（炒）、人参各二两，为末。每用三钱，豉汤一盏，葱白少许，煎服，日三次。（《圣济总录》）

黄明胶（《纲目》）

【释名】牛皮胶（《食疗》）、水胶（《外台》）、海犀膏。

【正误】权曰：白胶，一名黄明胶。

颂曰：今方家所用黄明胶，多是牛皮。《本经》阿胶亦用牛皮。是二胶亦通用。但今牛皮胶制作不精，故不堪用，只以胶物耳。而鹿角胶《本经》谓之白胶，处处能作，但功倍于牛胶，故鲜有真者。

时珍曰：案《本经》，白胶一名鹿角胶，煮鹿角作之；阿胶一名傅致胶，煮牛皮作之。其说甚明。黄明胶即今水胶，乃牛皮所作，其色黄明，非白胶也，但非阿井水所作耳。甄权以黄明为鹿角白胶，唐慎微又采黄明诸方附之，并误矣。今正其误，析附阿胶之后。但其功用，亦与阿胶仿佛。苟阿胶难得，则真牛皮胶亦可权用。其性味皆平补，宜于虚热。若鹿角胶则性味热补，非虚热者所宜，不可不致辩也。

【气味】甘，平，无毒。

【主治】吐血、衄血、下血、血淋下痢，妊妇胎动血下，风湿走注疼痛，打扑伤损，汤火灼疮，一切痈疽肿毒，活血止痛，润燥，利大小肠（时珍）。

【附方】新二十四。肺痿吐血：黄明胶（炙干）、花桑叶（阴干）各二两，研末。每服三钱，生地黄汁调下。（《普济方》）肺破出血或嗽血不止：用海犀膏（即水胶）一大片炙黄，涂酥再炙，研末。用白汤化三钱放冷服之，即止。（《斗门方》）吐血咯血：黄明胶一两切片炙黄，新绵一两烧研。每服一钱，食后米饮服，日再。（《食疗》）衄血不止：黄明胶荡软，贴山根至发际。（《三因》）妊娠下血：黄明胶二两，酒煮化，顿服之。（《肘后方》）咳嗽不瘥：黄明胶炙研。每服一钱，人参末二钱，薄豉汤二盏，葱白少许，煎沸。嗽时温呷三五口，即止。（《食疗》）肾虚失精：水胶三两，研末。以酒二碗化服，日三服。（《千金》）面上木痹：牛皮胶化，和桂末，厚涂一二分，良。（叶氏《摘玄方》）寒湿脚气：牛皮胶一块细切，面炒成珠，研末。每服一钱，酒下，其痛立止。（万氏）风湿走痛：牛皮胶一两，姜汁半杯，同化成膏，摊纸上，热贴之，冷即易，甚效。一加乳香、没药一钱。（邓笔峰方）脚底木硬：牛皮胶，生姜汁化开，调南星末涂上，烘物熨之。尸脚坼裂：烊胶着布上，烘贴之。（《千金方》）破伤中风：黄明胶烧存性，研末。酒服二钱，取汗。（《普济方》）跌扑伤损：真牛皮胶一两，干冬瓜皮一两（剉），同炒存性，研末。每服五钱，热酒一钟调服。仍饮酒二三钟，暖卧，微汗痛止，一宿接元如故。（蔺氏）汤火伤灼：水煎胶如糊，冷扫涂之。（《斗门》）一切肿毒已溃未溃：用水胶一片，水渍软，当头开孔贴之。未有脓者自消,已溃还合者令脓自出。(王焘《外台秘要》)诸般痈肿:黄明胶一两,水半升化开,入黄丹一两煮匀,又放温冷,以翎扫上疮口。如未成者,涂其四围自消。(《本事方》)便毒初起:水胶熔化,涂之即散。(《直指方》)乳疖初发:黄明水胶,以浓醋化,涂之立消。(杨起《简便方》)背疽初发:《阮氏经验方》:用黄明牛皮胶四两,酒一碗,重汤顿化,随意饮尽。不能饮者,滚白汤饮之。服此毒不内攻,不传恶症。谈野翁《试效方》,以新瓦上烧存性研末,酒二碗服之。唐氏《经验方》:又加穿山甲四片,同烧存性。云极妙无比。瘰疬结核:黑牛皮胶熔化,摊膏贴之。已溃者,将膏搓作线,长寸许,纴入孔中,频换拭之,取效。(《杨氏经验》)

牛黄(《本经》上品)

【释名】丑宝。

时珍曰:牛属丑,故隐其名。《金光明经》谓之瞿卢折娜。

【气味】苦,平,有小毒。

《日华》曰:甘,凉。

普曰:无毒。

之才曰:人参为之使。得牡丹、菖蒲,利耳目。恶龙骨、龙胆、地黄、常山、蜚蠊,畏牛膝、干漆。

牛黄

时珍曰:《别录》言牛黄恶龙胆,而钱乙治小儿急惊疳病,凉惊丸、麝香丸皆两用之,何哉?龙胆治惊痫解热杀虫,与牛黄主治相近,亦肝经药也,不应相恶如此。

【主治】惊痫寒热,热盛狂痓。除邪逐鬼(《本经》)。疗小儿百病,诸痫热,口不开。大人狂癫,又堕胎。久服,轻身增年,令人不忘(《别录》)。主中风失音口噤,妇人血噤惊悸,天行时疾,健忘虚乏(《日华》)。安魂定魄,辟邪魅,猝中恶,小儿夜啼(甄权)。益肝胆,定精神,除热,止惊痢,辟恶气,除百病(思邈)。清心化热,利痰凉惊(宁源)。痘疮紫色,发狂谵语者可用(时珍。出王氏方)。

【附方】旧四,新四。初生三日去惊邪,辟恶气:以牛黄一豆许,以赤蜜如酸枣许,研匀,绵蘸令儿吮之,一日令尽。(姚和众方)七日口噤:牛黄为末,以淡竹沥化一字,灌之。更以猪乳滴之。(《圣惠方》)初生胎热或身体黄者:以真牛黄一豆大,入蜜调膏,乳汁化开,时时滴儿口中。形色不实者,勿多服。(《钱氏小儿方》)小儿热惊:牛黄一杏仁大,竹沥、葛汁各一合,和匀与服。(《总微论》)惊痫嚼舌,迷闷仰目:牛黄一豆许研,和蜜水灌之。(《广利方》)小儿惊候:小儿积热毛焦,睡中狂语,欲发惊者。牛黄六分,朱砂五钱,同研。以犀角磨汁,调服一钱。(《总微论》)腹痛夜啼:牛黄一小豆许,乳汁化服。仍书田字于脐下。(《圣惠方》)痘疮黑陷:牛黄二粒,朱砂一分,研末。蜜浸胭脂,取汁调搽,一日一上。(王氏《痘疹方》)

鲊答

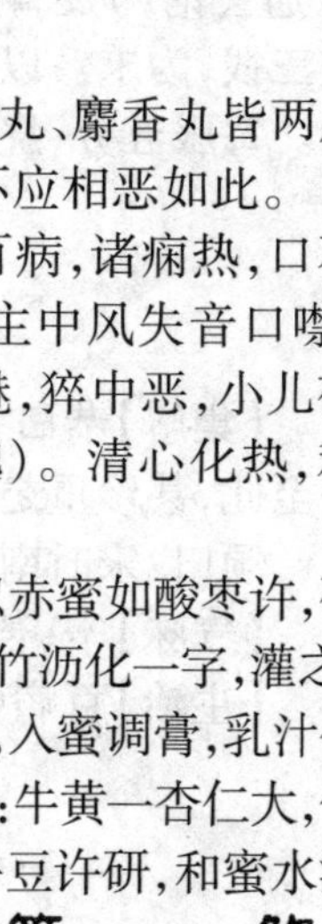

鲊答(《纲目》)

【气味】甘、咸,平,无毒。

【主治】惊痫毒疮(时珍)。

狗宝(《纲目》)

【气味】甘、咸,平,有小毒。

【主治】噎食及痈疽疮疡(时珍)。

宝　狗

【附方】新四。噎食病数月不愈者:用狗宝为末。每服一分,以威灵仙二两,盐二钱,捣如泥,将水一钟搅匀,去滓调服,日二。不过三日愈,后服补剂。(《杏林摘要》)狗宝丸:治痈疽发背诸毒,初觉壮热烦渴者。用癞狗宝一两,腊月黑狗胆、腊月鲤鱼胆各一枚,蟾酥二钱,蜈蚣(炙)七条,硇砂、乳香、没药、轻粉、雄黄、乌金石各一钱,粉霜三钱,麝香一分,同为末。用首生男儿乳一合,黄蜡三钱,熬膏和,丸绿豆大。每服一丸或三丸,以白丁香七枚,(研)调新汲水送下。暖卧,汗出为度。不过三服立效,后食白粥补之。(《济生方》)赤疔疮狗宝丸:用狗宝八分,蟾酥二钱,龙脑二钱,麝香一钱,为末,好酒和,丸麻子大。每服三丸,以生葱三寸同嚼细,用热葱酒送下,暖卧,汗出为度。后服流气追毒药,贴拔毒膏,取愈。(《通玄论》)反胃膈气:丁丹崖祖传狗宝丸:用硫黄、水银各一钱,同炒成金色,入狗宝三钱,为末。以鸡卵一枚,去白留黄,和药搅匀,纸封泥固,煻火煨半日,取出研细。每服五分,烧酒调服,不过三服见效。(《杨氏颐真堂方》)

底野迦(《唐本草》)

【集解】恭曰:出西戎。彼人云:用诸胆作之。状似久坏丸药,赤黑色。胡人时将至此,甚珍重之。试用有效。

颂曰:宋时南海亦或有之。

【气味】辛,苦,寒,无毒。

【主治】百病中恶,客忤邪气,心腹积聚(《唐本草》)。

诸血(《拾遗》)

【集解】时珍曰:兽畜有水陆之产,方土之殊,寒热温凉之不同,有毒无毒之各异。陈氏概以诸血立条,主病似欠分明,姑存其旧而已。其各血主治,俱见本条。

【气味】甘,平。

【主治】补人身血不足,或患血枯,皮上肤起,面无颜色者,皆不足也,并宜生饮。又解诸药毒、菌毒,止渴,除丹毒,去烦热(藏器)。

诸朽骨(《拾遗》)

【集解】时珍曰：朽骨不分何骨，然亦当取所知无毒之骨可也。

【主治】骨蒸。东墙腐骨：磨醋，涂痕令灭。又涂疬疡风疮癣白烂者，东墙向阳也(藏器)。治风牙痛，止水痢(时珍)。

【附方】旧一，新三。骨蒸发热：多取诸朽骨，洗净土气，釜煮；入桃柳枝各五斗，煮枯；再入棘针三斗，煮减半；去滓，以酢浆水和之，煮三五沸。令患者正坐散发，以汤从顶淋之，唯热为佳。若心闷，可少进冷粥，当得大汗，出恶气。汗干乃粉身，食豉粥。(《拾遗》)水痢不止：朽骨灰、六月六日曲(炒)等分为末，饮服方寸匕。乃御传方也。(张文仲方)风牙作痛：东墙下朽骨，削之如疼牙齿许大，煻灰中煨热，病处咬之，冷即易。(《外台秘要》)

震肉(《拾遗》)

【集解】藏器曰：此六畜为天雷所霹雳者，因其事而用之也。

时珍曰：按《雷书》云：雷震六畜肉，不可食，令人成大风疾。

【主治】小儿夜惊，大人因惊失心，作脯食之(藏器)。

败鼓皮(《别录》下品)

【校正】原在草部，宋本移入兽部。

【集解】宗奭曰：此是穿败者，不言是何皮，马、驴皮皆可为之，当以黄牛皮者为胜。唐韩退之所谓"牛溲马勃，败鼓之皮，医师收畜，待用无遗"者也。今用处绝少，尤好煎胶。

【气味】平，无毒。

【主治】中蛊毒(《别录》。弘景曰：烧作屑，水和服之。病人即唤蛊主姓名，往呼本主取蛊即瘥，与白蘘荷同功)。治小便淋沥，涂月蚀耳疮，并烧灰用(时珍。出《药对》)。

【附方】旧二，新一。中蛊毒：《梅师方》云：凡中蛊毒，或下血如鹅肝，或吐血，或心腹切痛，如有物咬。不即治之，食人五脏即死。欲知是蛊，但令病人吐水，沉者是，浮者非也。用败鼓皮烧灰，酒服方寸匕。须臾，自呼蛊主姓名。《外台秘要》云：治蛊，取败鼓皮广五寸，长一尺，蔷薇根五寸，如拇指大，水一升，酒三升，煮二升，服之。当下蛊虫即愈。月蚀疮：《集验》：用救月蚀鼓皮，掌大一片，以苦酒三升渍一宿，涂之。或烧灰，猪脂调涂。(《外台》)。

毡(《拾遗》)

【集解】时珍曰：毡属甚多，出西北方，皆畜毛所作。其白、其黑者，本色也。其青、乌、黄、赤者，染色也。其毡毯、褐𦈏、氍毹、氆氇等称者，因物命名也。大抵入药不甚相远。

乌毡

【气味】无毒。

【主治】火烧生疮，令不着风水，止血，除贼风。烧灰，酒服二钱匕，治产后血下不止。久卧，吸人脂血，损颜色，上气（藏器）。

【附方】新四。坠损疼痛：故马毡两段，酒五升，盐一抄，煮热裹之，冷即易，三五度瘥。（《广济方》）牙疳鼻疳：毯褐（不拘红黑，烧存性）、白矾（烧枯）各一钱，尿桶白碱一钱半（烧过），同研搽，神效。（《简便》）夜梦魇寐：以赤𦈏一尺，枕之即安。（《肘后》）赤白崩漏：毡烧灰，酒服二钱。白崩用白毡，红崩用红毡。（《海上》）

六畜毛蹄甲（《本经》下品）

【集解】弘景曰：六畜，谓牛、羊、猪、马、鸡、狗也。驴、骡亦其类，各条已有主疗，亦不必出此矣。

时珍曰：此系《本经》一品，姑存以见古迹。

【气味】咸，平，有毒。

【主治】鬼疰蛊毒，寒热惊痫，癫痓狂走。骆驼毛尤良（《本经》）。

六畜心（《纲目》）

【集解】时珍曰：古方多用六畜心治心病，从其类也。而又有杀时惊气入心、怒气入肝，诸心损心、诸肝损肝之说，与之相反。

【主治】心昏多忘，心虚作痛，惊悸恐惑（时珍）。

【附方】新二。健忘：心孔昏塞，多忘喜误。取牛、马、猪、鸡、羊、犬心，干之为末。向日酒服方寸匕，日三服，闻一知十。（《外台》）蛔虫心痛：用六畜心，生切作四脔，纵横割路，纳朱砂（或雄黄、麝香）于中，平旦吞之，虫死即愈。（《集验》）

诸肉有毒（《拾遗》）

牛独肝、黑牛白头、牛马生疔死、羊独角、黑羊白头、白羊黑头、猪羊心肝有孔、马生角、马鞍下黑肉、马肝、白马黑头、六畜自死首北向、马无夜眼、白马青蹄、猘犬肉、犬有悬蹄、六畜自死口不闭、六畜疫病疮疥死、诸畜带龙形、鹿白臆、鹿文如豹、兽歧尾、兽并头、诸兽赤足、诸畜肉中有米星、禽兽肝青、诸兽中毒箭死、脯沾屋漏、脯曝不燥、米瓮中肉脯、六畜肉热血不断、祭肉自动、诸肉经宿未煮、六畜五脏着草自动、生肉不敛水、（六畜肉得咸、酢不变色）、肉煮不熟、肉煮熟不敛水、六畜肉堕地不沾尘、肉落水浮、肉汁器盛闭气、（六畜肉与犬，犬不食者）、乳酪煎脍（以上并不可食，杀人病人，令人生痈肿疔毒。）诸心损心、诸肝损肝、六畜脾一生不可食、诸脑损阳滑精、诸血损血败阳、诸脂燃灯损目、（经夏臭脯，痿人阴，成水病）、鱼馁肉败、（本生命肉，令人神魂不安）、春不食肝、夏不食心、秋不食肺、冬不食肾、四季不食脾

解诸肉毒(《纲目》)

中六畜肉毒

六畜干屎末，伏龙肝末，黄柏末，赤小豆烧末，东壁土末，白扁豆，并水服。饮人乳汁；头垢一钱，水服，起死人豆豉汁服。

马肉毒

芦根汁，甘草汁，嚼杏仁，饮美酒。

马肝毒

猪骨灰，狗屎灰，牡鼠屎，人头垢，豆豉，并水服。

牛马生疔

泽兰根擂水，生菖蒲擂酒，甘菊根擂水，猪牙灰水服，甘草煎汤服，取汗。

牛肉毒

猪脂化汤饮，猪牙灰水服，甘草汤。

独肝牛毒

人乳服之。

狗肉毒

杏仁研水服。

羊肉毒

甘草煎水服。

猪肉毒

杏仁研汁，朴硝煎汁，猪屎绞汁，猪骨灰调水，韭菜汁，大黄汤。

药箭肉毒

大豆煎汁，盐汤。

诸肉过伤

本畜骨灰水服，芫荽煎汁，生韭汁。

食肉不消

还饮本汁即消，食本兽脑亦消。

本草纲目兽部第五十一卷

本草纲目兽部第五十一卷

狮(《纲目》)

【释名】狻猊(音酸倪。《尔雅》作狻麑)、虓(许交切)。

时珍曰:狮为百兽长,故谓之狮。虓,象其声也。《梵书》谓之僧伽彼。《说文》云:一名白泽。今考《瑞应图》,白泽能言语,非狮也。

狮

【集解】时珍曰:狮子出西域诸国。状如虎而小,黄色。亦如金色猱狗,而头大尾长。亦有青色者。铜头铁额,钩爪锯牙,弭耳昂鼻,目光如电,声吼如雷。有耏髯,牡者尾上茸毛大如斗,日走五百里,为毛虫之长。怒则威在齿,喜则威在尾。每一吼则百兽辟易,马皆溺血。《尔雅》言其食虎豹。虞世南言其拉虎吞貔,裂犀分象。陶九成言其食诸禽兽,以气吹之,羽毛纷落。熊太古言其乳入牛羊马乳中,皆化成水。虽死后虎豹不敢食其肉,蝇不敢集其尾。物理相畏如此。然《博物志》载:魏武帝至白狼山,见物如狸,跳至狮子头杀之。《唐史》载:高宗时,伽毗耶国献天铁兽,能擒狮象。则狮虽猛悍,又有制之者也。西域畜之,七日内取其未开目者调习之,若稍长则难驯矣。

屎

时珍曰:陶氏注苏合香,误以为狮屎。陈氏正其误,言狮屎极臭,赤黑色。今考补于此。

【主治】服之,破宿血,杀百虫。烧之,去鬼气(藏器)。

虎(《别录》中品)

【释名】乌𪊽(音徒。《左传》作于菟,《汉书》作乌檡)、大虫(《肘后》)、李耳。

时珍曰:虎,象其声也。魏子才云:其文从虍从几,象其蹲踞之形。从人者非也。扬雄《方言》云:陈魏宋楚之间,或谓之李父。江淮南楚之间,谓之李耳,或谓之䵵𪊽。自关东西或谓之伯都。珍按李耳当作狸儿。盖方音转狸为李,儿为耳也。今南人犹呼虎为猫,即此意也。郭璞谓虎食物,值耳则止,故呼李耳,触其讳;应邵谓南郡李翁化为虎,故呼李耳,皆穿凿不经之言也。《尔雅》云:虎,浅毛曰虦猫(音栈），白虎曰虦（音含），黑虎曰虪（音育），似虎而五指曰貙（音伛），似虎而非真曰彪，似虎而有角曰虒（音嘶）。

【集解】颂曰：虎，《本经》不载所出，今多山林处皆有之。

虎

时珍曰：按《格物论》云：虎，山兽之君也。状如猫而大如牛，黄质黑章，锯牙钩爪，须健而尖，舌大如掌（生倒刺），项短鼻齆。夜视，一目放光，一目看物。声吼如雷，风从而生，百兽震恐。《易通卦验》云：立秋虎始啸。仲冬虎始交。或云：月晕时乃交。又云：虎不再交，孕七月而生。又云：虎知冲破，能画地观奇偶以卜食。今人效之，谓之虎卜。虎噬物，随月旬上下而啮其首尾。其搏物，三跃不中则舍之。人死于虎，则为伥鬼，导虎而行。虎食狗则醉，狗乃虎之酒也。闻羊角烟则走，恶其臭也。虎害人、兽，而猬、鼠能制之，智无大小也。狮、驳、酋耳、黄腰、渠搜能食虎，势无强弱也。《抱朴子》云：虎五百岁则变白。又海中有虎鲨能变虎，古有貙虎变人、貙人变虎之说，亦自有是理也。

【附录】酋耳

《瑞应图》云：酋耳似虎绝大，不食生物，见虎豹即杀之，太平则至。郭璞云：即驺虞也。白虎黑纹，尾长于身。

驳

《山海经》云：驳状如马，白身黑尾，一角锯牙，能食虎豹。《周书》谓之兹白。《说苑》云：师旷言鹊食猬，猬食骏驭，骏驭食豹，豹食驳，驳食虎。

渠搜

《逸周书》云：渠搜，西戎露犬也。能食虎豹。一云犴，胡犬也。能逐虎。

黄腰

《蜀志》名黄腰兽。鼬身狸首，长则食母，形虽小而能食虎及牛、鹿也。又孙愐云：觳（音斛），似豹而小，腰以上黄，以下黑，形类犬，食猕猴，又名黄腰。

鼩鼠

见猬下。

虎骨

【修治】颂曰：虎骨用头及胫骨，色黄者佳。凡虎身数物，俱用雄虎者胜。药箭射杀者，不可入药，其毒浸渍骨血间，能伤人也。

时珍曰：凡用虎之诸骨，并捶碎去髓，涂酥或酒或醋，各随方法，炭火炙黄入药。

【气味】辛，微热，无毒。

之才曰：平。

【主治】除邪恶气，杀鬼疰毒，止惊悸，治恶疮鼠瘘。头骨尤良(《别录》)。治筋骨毒风挛急，屈伸不得，走注疼痛，治尸疰腹痛，伤寒温气，温疟，杀犬咬毒(甄权)。杂朱画符，疗邪。头骨作枕，辟恶梦魇。置户上，辟鬼(陶弘景)。煮汁浴之，去骨节风毒肿。和醋浸膝，止脚痛肿，胫骨尤良。初生小儿煎汤浴之，辟恶气，去疮疥，惊痫鬼疰，长大无病(孟诜)。追风定痛健骨，止久痢脱肛，兽骨鲠咽(时珍)。

【发明】颂曰：李绛《兵部手集》有虎骨酒，治臂胫痛。崔元亮《海上方》，治腰脚不随，并有虎胫骨酒方。

宗奭曰：风从虎者，风，木也；虎，金也。木受金制，焉得不从？故虎啸而风生，自然之道也。所以治风病挛急，屈伸不得，走疰，骨节风毒，癫疾惊痫诸病，皆此义也。

汪机曰：虎之强悍，皆赖于胫，虽死而胫犹矻立不仆，故治脚胫无力用之。

时珍曰：虎骨通可用。凡辟邪疰，治惊痫温疟，疮疽头风，当用头骨；治手足诸风，当用胫骨；腰背诸风，当用脊骨，各从其类也。按吴球《诸证辨疑》云；虎，阴也；风，阳也。虎啸风生，阳出阴藏之义，故其骨能追风定痛。虎之一身筋节气力，皆出前足，故以胫骨为胜。

【附方】旧十一，新七。健忘惊悸：预知散：用虎骨(酥炙)、白龙骨、远志肉等分为末。生姜汤服，日三服。久则令人聪慧。(《永类钤方》)臂胫疼痛：虎骨酒治之，不计深浅皆效。用虎胫骨二大两(捣碎炙黄)，羚羊角(屑)一大两，新芍药二大两(切)。三物以无灰酒浸之，养至七日，秋冬倍之。每日空腹饮一杯。若要速服，即以银器物盛，于火炉中暖养三二日，即可服也。(《兵部手集》)腰脚不随，挛急冷痛：取虎胫骨五六寸，刮去肉膜，涂酥炙黄捣细，绢袋盛之，以瓶盛酒一斗浸之，糠火微温。七日后，任情饮之，当微利便效也。又方：虎腰脊骨一具，前两脚全骨一具，并于石上以斧捶碎，安铁床上，文炭火炙，待脂出则投无灰浓酒中密封，春夏七日，秋冬三七日。任性日饮三度。患十年以上者，不过三剂；七年以下者，一剂必瘥。(崔元亮《海上方》)白虎风痛走注，两膝热肿：用虎胫骨(涂酥炙黄)、黑附子(炮裂去皮)各一两，为末。每服二钱，酒下，日再服。(《经验后方》)历节痛风：虎胫骨(酒炙)三两，没药半两。为末。每服二钱，温酒下，日三服。(《圣济总录》)历节走痛：百节皆痛不可忍。用虎头骨一具，涂酥炙黄捶碎，绢袋盛，置二斗清酒中，浸五宿。随性饮之，妙。(《圣惠方》)筋骨急痛：虎骨和通草煮汁，空肚服半升。覆卧，少时汗出为效。切忌热食，损齿。小儿齿生未足，不可与食，恐齿不生。(《食疗》)休息痢疾经时不愈：取大虫骨炙黄焦，捣末。饮服方寸匕，日三，取效。(张文仲方)痔漏脱肛：虎胫骨两节，以蜜二两炙赤，捣末，蒸饼丸梧桐子大。每凌晨温酒下二十丸，取效。(《胜金》)肛门凸出：虎骨烧末，水服方寸匕，日三。(《外台》)兽骨鲠咽：虎骨为末，水服方寸匕。(《外台》)狂犬咬伤：虎骨刮末，水服方寸匕，并敷之。(《小品方》)汤火伤灼：虎骨炙焦研敷，神效。(龚氏《易简方》)月蚀疳疮：虎头骨二两捣碎，猪脂一斤，熬膏涂之。(《集验方》)小儿白秃：虎骨末，油调涂之。(《普济》)足疮嵌甲：以橘皮汤浸洗，轻剪去甲。以虎骨末敷之，痛即止。(《便民图纂》)臁胫烂疮：以齑汁洗拭，刮虎骨末敷之。(《便民图纂》)

威骨

藏器曰:虎有威骨如乙字,长一寸,在胁两旁,破肉取之。尾端亦有,不及胁骨。令人有威,带之临官佳。无官则为人所憎。

肉

【气味】酸,平,无毒。

宗奭曰:微咸。

弘景曰:俗方言:热食虎肉,坏人齿。

诜曰:正月勿食虎,伤神。

时珍曰:虎肉作土气,味不甚佳。盐食稍可。

【主治】恶心欲呕,益气力,止多唾(《别录》)。食之治疟,辟三十六种精魅。入山,虎见畏之(孟诜)。

【附方】新一。脾胃虚弱:恶心不欲饮食。虎肉半斤切,以葱、椒、酱调,炙熟,空心冷食。(《寿亲养老》方)

膏

【主治】狗啮疮(《别录》)。纳下部,治五痔下血(孟诜)。服之,治反胃。煎消,涂小儿头疮白秃(时珍)。

【附方】新一。一切反胃:虎脂半斤切,清油一斤,瓦瓶浸一月,密封勿令泄气。每以油一两,入无灰酒一盏,温服,以瘥为度。油尽再添。(《寿域神方》)

血

【主治】壮神强志(时珍曰:猎人李次口云:热刺虎之心血饮之,能壮神志。又《抱朴子》云:三月三日,杀取虎血、生驼血、白虎头皮、紫绶、履组、流萍合种之。初生草似胡麻子,即取此实种之。一生辄一异,凡七种之。取其实合用,可以移形易貌)。

肚

【主治】反胃吐食。取生者勿洗存滓秽,新瓦固煅存性,入平胃散末一两和匀。每白汤服三钱,神效(时珍。出《保寿堂方》)。

肾

【主治】瘰疬(时珍曰:《千金》治瘰疬,雌黄芍药丸中用之。袁达《禽虫述》云:虎肾悬于腹,象口隐于颐)。

胆

【主治】小儿惊痫(藏器)。小儿疳痢,神惊不安,研水服之(孟诜)。

睛

【修治】颂曰：虎睛多伪，须自获者乃真。

敩曰：凡使虎睛，须问猎人，有雌有雄，有老有嫩，有杀得者。惟中毒自死者勿用之，能伤人。虎睛，以生羊血浸一宿漉出，微火焙干，捣粉用。

时珍曰：《千金》治狂邪，有虎睛汤、虎睛丸，并用酒浸炙干用。

【主治】癫疾（《别录》）。疟病，小儿热疾惊悸（孟诜）。惊啼，客忤，疳气，镇心安神（《日华》）。明目去翳（时珍）。

【附方】旧二，新二。虎睛丸：治痫疾发作，涎潮搐搦，时作谵语。虎睛一对（微炒），犀角屑、大黄、远志（去心）各一两，栀子仁半两，为末，炼蜜丸绿豆大。每温酒服二十丸。小儿惊痫掣疭：用虎睛细研，水调灌之，良。（《经验后方》）小儿夜啼：用大虫眼睛一只，为散。以竹沥调少许与吃。（姚和众方）邪疟时作：生虎睛一枚，腊月猪血少许，朱砂、阿魏各一分，为末。端午日取粽尖七枚和，丸黍米大。每绵包一丸，塞耳中，男左女右。（《圣惠方》）

虎魄

藏器曰：凡虎夜视，一目放光，一目看物。猎人候而射之，弩箭才及，目光即堕入地，得之如白石者是也。

宗奭曰：陈氏所谓乙骨及目光堕地之说，终不免于诬也。

时珍曰：乙骨之说不为怪。目光之说，亦犹人缢死则魄入于地，随即掘之，状如麸炭之义。按《茅亭客话》云：猎人杀虎，记其头项之处，月黑掘下尺余方得，状如石子、琥珀。此是虎之精魄沦入地下，故主小儿惊痫之疾。其说甚详。寇氏未达此理耳。

【主治】惊邪，辟恶镇心（藏器）。

鼻

【主治】癫疾，小儿惊痫（《别录》）。悬户上，令生男（弘景。时珍曰：按《龙鱼河图》云：虎鼻悬门中一年，取烧作屑，与妇饮，便生贵子。勿令人及妇知，知则不验。又云：悬于门上，宜官，子孙带印绶。此与古者胎教欲见虎豹，皆取其勇壮之义同也。）

牙

【主治】丈夫阴疮及疽瘘（孙思邈）。杀劳虫，治猘犬伤，发狂。刮末，酒服方寸匕（时珍）。

【附方】新一。白虎风痛：大虎牙一副（四个），赤足蜈蚣十条（酒浸三日，晒干），天麻二两，乳香、没药各一两，麝香半两，为末。每服二钱，温酒下，一日三服。（《圣济总录》）

爪

颂曰：爪并指、骨、毛俱可用，以雄虎为胜。

【主治】系小儿臂，辟恶魅（《别录》。时珍曰：《外台》辟恶魅，用虎爪、蟹爪、赤朱、雄黄为末，松脂和丸。每正旦焚之）。

皮（一名皋毗。见《庄子》）

【主治】疟疾（藏器）。辟邪魅（时珍）。

【发明】时珍曰：按应劭《风俗通》云：虎者阳物，百兽之长，能辟鬼魅。今人猝中恶病，烧皮饮之，或系衣服，亦甚验也。《起居杂记》云：虎豹皮上睡，令人神惊。其毛入疮，有大毒。

须

【主治】齿痛（弘景。《酉阳杂俎》云：许隐齿痛，仙人郑思远拔虎须令插之，痛即愈）。

屎

【主治】恶疮（《别录》）。鬼气（藏器）。疗瘭疽痔漏。烧研酒服，治兽骨鲠（时珍）。

【附方】旧一。瘭疽：着手、足、肩、背，累累如米起，色白，刮之汁出，愈而复发：虎屎白者，以马尿和之，晒干烧灰粉之。（《千金》）

屎中骨

【主治】为屑，治火疮（《别录》）。破伤风（时珍）。

【附方】新一。断酒：虎屎中骨烧灰，酒服方寸匕，即不饮。（《千金方》）

豹（《别录》中品）

【释名】程（《列子》）、失刺孙。

时珍曰：豹性暴，故曰豹。按许氏《说文》云：豹之脊长，行则脊隆豸豸然，具司杀之形，故字从豸、从勺。王氏《字说》云：豹性勺物而取，程度而食，故字从勺，又名曰程。《列子》云：青宁生程，程生马。沈氏《笔谈》云：秦人谓豹为程，至今延州犹然。东胡谓之失刺孙。

肉

【气味】酸，平，无毒。

思邈曰：温，微毒。正月勿食，伤神损寿。

【主治】安五脏，补绝伤，轻身益气，久服利人（《别录》）。壮筋骨，强志气，耐寒暑，令人猛健(《日华》)。辟鬼魅神邪，宜肾(孙思邈)。

【发明】诜曰：豹肉令人志性粗豪，食之便觉，少顷消化乃定。久食亦然。

宗奭曰：此兽猛捷过虎，故能安五脏，补绝伤，轻身，壮筋骨也。

豹

脂

【主治】合生发膏，朝涂暮生(孟诜)。亦入面脂(时珍)。

鼻

【主治】狐魅。同狐鼻，水煮服(藏器。时珍曰：按《外台》治梦与鬼交及狐狸精魅，载崔氏方中用之。)

头骨

【主治】烧灰淋汁，去头风白屑(孟诜)。作枕辟邪(时珍。出《五行志》)

皮

藏器曰：不可藉睡，令人神惊。其毛入人疮中，有毒。

时珍曰：按《林邑记》云：广西南界有唼腊虫，食死人尸，不可驱逐。惟以豹皮覆之，则畏而不来。

貘(音陌。亦作貊。宋《图经》)

【校正】原附豹下，今分出。

【释名】时珍曰：按陆佃云：皮为坐毯卧褥，能消膜外之气，故字从膜省文。

【集解】颂曰：郭璞云：似熊而头小脚卑，黑白驳纹，毛浅有光泽。能舐食铜铁，及竹骨蛇虺。其骨节强直，中实少髓。或云与《尔雅》貘、白豹同名。唐世多画貘作屏，白乐天有赞序之。今黔、蜀及峨眉山中时有。貘，象鼻犀目，牛尾虎足。土人鼎釜，多为所食，颇为山居之患，亦捕以为药。其齿骨极坚，以刀斧椎锻，铁皆碎，落火亦不能烧。人得之诈充佛牙、佛骨，以诳俚俗。

时珍曰：世传羚羊角能碎金刚石者即此，物相畏耳。按《说文》云：貘似熊，黄白色，出蜀中。《南中志》云：貘大如驴，状似熊，苍白色，多力，舐铁消千斤，其皮温暖。《埤雅》云：貘似熊，狮首豺髮，锐鬐卑脚，粪可为兵切玉，尿能消铁为水。又有啮铁、犴、昆吾兔，皆能食铜铁，亦貘类也。并附之。

【附录】啮铁

时珍曰：按《神异经》云：南方有兽，角足大小状如水牛，毛黑如漆，食铁而饮水，粪可为兵，其利如钢，名曰啮铁。《唐史》云：吐火罗献大兽，高七尺，食铜铁，日行三百里。

犴

《禽书》云:犴应井星,胡狗也。状似狐而黑,身长七尺,头生一角,老则有鳞,能食虎、豹、蛟、龙、铜、铁。猎人亦畏之。

狡兔

《拾遗记》云:狡兔生昆吾山,形如兔,雄黄雌白,食丹、石、铜、铁。昔吴王武库兵器皆尽,掘得二兔,一白一黄,腹中肾、胆皆铁,取铸为剑,切玉如泥。

皮

【主治】寝之,可驱温疠,辟湿气、邪气(苏颂)。

膏

【主治】痈肿,能透肌骨(时珍曰:段成式云:貘膏性利,铜、铁、瓦器盛之悉透,惟以骨盛则不漏)。

尿

【主治】吞铜、铁入腹者,水和服之,即化为水。

象(宋《开宝》)

【释名】时珍曰:许慎《说文》云:象(字篆文),象耳、牙、鼻、足之形。王安石《字说》云:象牙感雷而文生,天象感气而文生。故天象亦用此字。《南越志》云:象闻雷声则牙花暴出,逡巡复没。《古语》云:犀因望月纹生角,象为闻雷花发牙。伽耶(出《北户录》)。

象

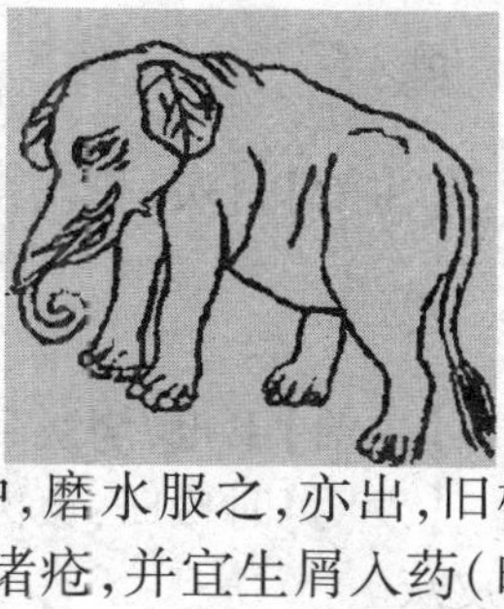

牙

《真腊风土记》云:象牙,杀取者上也,自死者次之,蜕于山中多年者下矣。或谓一岁一换牙者,非也。

【气味】甘,寒,无毒。

【主治】诸铁及杂物入肉,刮牙屑和水敷之,立出。治痫病,刮齿屑,炒黄研末,饮服(《开宝》)。生煮汁服,治小便不通。烧灰饮服,治小便多。(《日华》)诸物刺咽中,磨水服之,亦出,旧梳屑尤佳(苏颂)。主风痫惊悸,一切邪魅精物,热疾骨蒸及诸疮,并宜生屑入药(时珍)。

【发明】时珍曰:世人知然犀可见水怪,而不知沉象可驱水怪。按周礼·壶涿氏掌水虫。欲杀其神者,以椁木贯象齿而沉之,则其神死而渊为陵。注云:椁木,山榆也。以象齿作十字，贯于木而沉之，则龙、罔象之类死也。又按陶贞白云：凡夏月合药，宜置象牙于旁；合丹灶，以象牙夹灶，得雷声乃能发光。观此，则象之辟邪，又不只于驱怪而已，宜乎其能治心肝惊痫、迷惑邪魅之疾也；而昔人罕解用之，何哉？

【附方】旧二，新四。小便不通胀急者：象牙生煎服之。（《救急》）小便过多：象牙烧灰，饮服之。（《总录》）痘疹不收：象牙屑，铜铫炒黄红色为末。每服七八分或一钱，白水下。（《王氏痘疹方》）诸兽骨鲠：象牙磨水吞之。（《永类方》）骨刺入肉：象牙刮末，以水煮白梅肉调涂，自软。（《简要济众》）铁箭入肉：象牙刮末，水和敷之，即出也。

肉

【气味】甘、淡，平，无毒。

【主治】烧灰，和油涂秃疮。多食，令人体重（《开宝》）。

【发明】时珍曰：按《吕氏春秋》云：肉之美者，旄象之约。又《尔雅翼》云：象肉肥脆，少类猪肉，味淡而含滑。则其通小便者，亦淡渗滑窍之义。烧之则从火化，故又能缩小便也。

胆

【修治】敩曰：凡使勿用杂胆。其象胆干了，上有青竹纹斑光腻，其味微带甘。入药勿便和众药，须先捣成粉，乃和众药。

【气味】苦，寒，微毒。

【主治】明目治疳（《日华》）。治疮肿，以水化涂之。治口臭，以绵裹少许贴齿根，平旦漱去，数度即瘥（《南海药谱》）。

【发明】时珍曰：象胆明目，能去尘膜也，与熊胆同功。雷敩《炮炙论序》云“象胆挥粘”是矣。

【附方】新一。内障目翳：如偃月，或如枣花。用象胆半两，鲤鱼胆七枚，熊胆一分，牛胆半两，麝香一钱，石决明末一两，为末，糊丸绿豆大。每茶下十丸，日二。（《总录》）

睛

【主治】目疾，和人乳滴目中（藏器）。

皮

【主治】下疳，烧灰和油敷之。又治金疮不合（时珍）。

【发明】时珍曰：象肉臃肿，人以斧刃刺之，半日即合。故近时治金疮不合者，用其皮灰。

骨

【主治】解毒（时珍）。胸前小横骨，烧灰酒服，令人能浮（《开宝》）。

【附方】新一。象骨散：治脾胃虚弱，水谷不消，噫气吞酸，吐食霍乱，泄泻脓血，脐腹疼痛，里急频并，不思饮食诸证。用象骨四两（炒），肉豆寇（炮）、枳壳（炒）各一两，诃子肉（炮）、甘草各二两，干姜半两（炮），为末。每服三钱，水一盏半，煎至八分，和滓热服，食前，日三次。（《宣明方》）

犀（《本经》中品）

【释名】兕。

时珍曰：犀字，篆文象形。其牸名兕，亦曰沙犀。《尔雅翼》云：兕与牸字音相近，犹羖之为牯也。大抵犀、兕是一物，古人多言兕，后人多言犀，北音多言兕，南音多言犀，为不同耳。详下文。《梵书》谓犀曰朅伽。

犀

犀角（番名低密）

【修治】弘景曰：入药惟雄犀生者为佳。若犀片及见成器物皆被蒸煮，不堪用。

颂曰：凡犀入药有黑白二种，以黑者为胜，角尖又胜。生犀不独未经水火者，盖犀有捕得杀取者为上，蜕角者次之。

宗奭曰：鹿取茸，犀取尖，其精锐之力尽在是也。以西番生犀磨服为佳，入汤、散则屑之。

敩曰：凡使，勿用奴犀、牸犀、病水犀、挛子犀、无润犀。惟取乌黑肌皱、坼裂光润者，剉屑，入臼杵，细研万匝乃用。

李珣曰：凡犀角锯成，当以薄纸裹于怀中蒸燥，乘热捣之，应手如粉。故《归田录》云：翡翠屑金，人气粉犀。

【气味】苦、酸、咸，寒，无毒。

《别录》曰：微寒。

李珣曰：大寒，无毒。

甄权曰：牯犀角，甘、辛，有小毒。

张元素曰：苦、酸，寒，阳中之阴也。入阳明经。

之才曰：松脂为之使。恶雷丸、雚菌。

时珍曰：升麻为之使。恶乌头、乌喙。

敩曰：忌盐，及妊妇勿服，能消胎气。

【主治】百毒蛊疰，邪鬼瘴气，杀钩吻、鸩羽、蛇毒，除邪，不迷惑魇寐。久服轻身（《本经》）。伤寒温疫，头痛寒热，诸毒气。令人骏健（《别录》）。辟中恶毒气，镇心神，解大热，散风毒，治发背痈疽疮肿，化脓作水，疗时疾，热如火，烦闷，毒入心中，狂言妄语（《药性》）。治心烦，止惊，镇肝明目，安五脏，补虚劳，退热消痰，解山瘴溪毒（《日华》）。主风毒攻心，毷氉热闷，拥毒赤痢，小儿麸豆，风热惊痫（《海药》）。烧灰水服，治猝中恶心痛，饮食中毒，药毒热毒，筋骨中风，心风烦闷，中风失音，皆瘥。以水磨服，治小儿惊热。山犀、水犀，功用相同（孟诜）。磨汁，治吐血、衄血、下血，及伤寒畜血，发狂谵语，发黄发斑，痘疮稠密，内热黑陷，或不结痂，泻肝凉心，清胃解毒（时珍）。

【发明】时珍曰：犀角，犀之精灵所聚，足阳明药也。胃为水谷之海，饮食药物必先受之，故犀角能解一切诸毒。五脏六腑，皆禀气于胃，风邪热毒，必先干之。故犀角能疗诸血，及惊狂斑痘之证。《抱朴子》云：犀食百草之毒，及众木之棘，所以能解毒。凡蛊毒之乡，有饮食，以此角搅之，有毒则生白沫涌起，无毒则否。以之煮毒药，则无复毒势也。《北户录》云：凡中毒箭，以犀角刺疮中，立愈。由犀食百毒棘刺也。昔温峤过武昌牛渚矶，下多怪物。峤然犀角照之，而水族见形。《淮南万毕术》云：犀角置穴，狐不敢归。则犀之精灵辟邪不惑，于此益可见矣。

【附方】旧六，新七。吐血不止，似鹅鸭肝：用生犀角、生桔梗各二两为末。每酒服二钱。（《总录》）中忤中恶鬼气：其证或暮夜登厕，或出郊外，蓦然倒地，厥冷握拳，口鼻出清血，须臾不救，似乎尸厥，但腹不鸣，心腹暖尔。勿移动，令人围绕，烧火打鼓，或烧苏合香、安息香、麝香之类，候醒乃移动。用犀角五钱，麝香、朱砂各二钱五分，为末。每水调二钱服，即效。（华佗方）卧忽不寤：若以火照之则杀人。但唾其面，痛啮其踵及大趾甲际，即活。以犀角为枕，即令不魇。（《肘后》）小儿惊痫不知人，嚼舌仰目者：犀角浓磨水服之，立效。为末亦可。（《广利方》）痘疮稠密：不拘大人小儿。生犀，于涩器中，新汲水磨浓汁，冷饮服之。（《钱氏小儿方》）消毒解热：生犀角尖，磨浓汁，频饮之。（同上）服药过剂：犀角烧末，水服方寸匕。（《外台》）中毒烦困：方同上。食雉中毒：吐下不止。用生犀角末方寸匕，新汲水调服，即瘥。（《圣惠方》）蠼螋尿疮：状如茱萸，中央白脓，恶寒壮热。磨犀角汁涂之。（《千金方》）瘭疽毒疮：喜着十指，状如代指，根深至肌，能坏筋骨，毒气入脏杀人。宜烧铁烙之，或灸百壮，日饮犀角汁取瘥。（《千金方》）山岚瘴气：犀角磨水服之，良。（《集简方》）下痢鲜血：犀角、地榆、生地黄各一两，为末，炼蜜丸弹子大。每服一丸，水一升，煎五合，去滓温服。（《圣惠方》）

犛牛（毛、俚、来三音。《纲目》）

【释名】毛犀（《广志》）、猫牛（《汉书注》）、犘牛（音麻）、犏牛（音作）、竹牛（《昨梦录》）犨牛（音抽）。

时珍曰：犛者髦也，其髦可为旌旄也。其体多长毛，而身角如犀，故曰毛犀。《汲冢周书》作犛牛，颜师古作猫牛，《尔雅》作犘牛，音皆相近也。《山海经》作㸲牛，西人呼为竹牛，因角理如竹也。或云竹即㸲音之转，而犨又竹音之转也。杨慎《丹铅录》云：毛犀即象也。状如犀而角小，善知吉凶。古人呼为猫猪，交、广人谓之猪神是矣。

犛牛

【集解】时珍曰：犛牛出西南徼外，居深山中野牛也。状及毛、尾俱同牦牛，牦小而犛大，有重千斤者。其尾名曰牦，亦可为旌旄缨帽之用。唐、宋西徼诸州贡之。《中山经》云：

荆山多犛牛。郭璞注云：犛牛之属也，其色黑。又《昨梦录》云：西夏竹牛，重数百斤。角甚长而黄黑相间，制弓极劲。彼人以伪犀角，卒莫能辨。曹昭《格古论》云：毛犀即犛牛也。角之花斑，皆类山犀，而无粟纹。其理似竹，不甚为奇，故谓毛犀。观此，则犛之角胜于牦，而牦之毛尾胜于犛也。又有野牛与此相类者，并附于下：

【附录】犩牛（音危）

又名夔牛。如牛而大，肉重数千斤，出蜀山中。

犤牛

《广志》云：出日南及浔州大宾县。色青黄，与蛇同穴。性嗜盐，人裹手涂盐取之。其角如玉，可为器。

海牛

《齐地志》云：出登州海岛中。形似牛，鼍脚鲇毛。其皮甚软，可供百用。脂可燃灯。《寰宇志》名潜牛，《广志》名犺牛。

月支牛

《玄中记》云：出西胡及大月氏国。今日割取肉，明日其创即复合也。

山牛

状如牛，而角有枝，如鹿茸。

角

【气味】酸、咸，凉，无毒。

【主治】惊痫热毒，诸血病（时珍）。

黄

【气味】原缺。

【主治】惊痫癫狂。

【发明】时珍曰：犛牛亦有黄，彼人以乱牛黄，但坚而不香，云功用亦相近也。其角亦可乱犀，但无粟纹，苏颂《图经》误以为牯犀角者是也。亦可用，而功不及犀，《昨梦录》《格古论》说之详矣。

牦牛（音毛。《纲目》）

【释名】犣牛（音鬣。《尔雅》）、犏牛（音偏）。

时珍曰：牦与旄同。或作毛。《后汉书》云：冉駹夷出毙牛，一名犣牛，重千斤，毛可为旄。观此则旄牛之名，盖取诸此。颜师古云：牦牛即犏牛也。而叶盛《水东日记》云：毛牛与封牛合，则生犏牛。亦类毛牛，偏气使然，故谓之犏。然则犏又毛之遗种耶？

【集解】时珍曰：牦牛出甘肃临洮，及西南徼外，野牛也，人多畜养之。状如水牛，体长多力，能载重，迅行如飞，性至粗梗。髀、膝、尾、背、胡下皆有黑毛，长尺许。其尾最长，大如斗，亦自爱护，草木钩之，则止而不动。古人取为旌旄，今人以为缨帽。毛杂白色者，以茜染红色。《山海经》云：潘侯之山有旄牛，状如牛而四足节生毛。即此也。其肉味美，故《吕氏春秋》云：肉之美者，牦、象之肉也。

喉靥

【主治】项下瘿气（时珍）。

【发明】时珍曰：牦牛，古方未见用者。近世臞仙《寿域方》载治瘿气方，用其喉靥，亦因类之义也。其方用犏牛喉脆骨二寸许一节，连两边扇动脆骨取之，或煮或烧，仰卧顿服。仍取巧舌（即靥子也），嚼烂噙之，食顷乃咽。病人容貌必瘦减，而瘿自内消矣。不过二服即愈，云神妙无比也。

野马（《纲目》）

【集解】时珍曰：按郭璞云：野马似马而小，出塞外。今西夏、甘肃及辽东山中亦有之。取其皮为裘。食其肉，云如家马肉，但落地不沾沙耳。《尔雅》云：䮵如马，一角（似鹿茸）。不角者，骐也。《山海经》云：北海有兽，状如马，色青，名曰騊駼。此皆野马类也。

马　野

肉

【气味】甘，平，有小毒。

【主治】人病马痫，筋脉不能自收，周痹肌肉不仁（思邈。《心镜》治上证，用肉一斤，豉汁煮熟，入五味、葱白，作腌腊及羹粥，频食之。白煮亦可）。

阴茎

【气味】酸、咸，温，无毒。

【主治】男子阴痿缩，少精（思邈）。

【发明】时珍曰：野马，孙思邈《千金方》载有功用，而本草不收，今采补之。

野猪（《唐本草》）

【集解】宗奭曰：野猪，陕、洛间甚多。形如家猪，但腹小脚长，毛色褐。作群行，猎人惟敢射最后者；若射中前者，则散走伤人。其肉赤色如马肉，食之胜家猪，牝者肉更美。

诜曰：冬月在林中食橡子。其黄在胆中，三岁乃有，亦不常得。

野猪

时珍曰：野猪处处深山中有之，惟关西者时或有黄。其形似猪而大。牙出口外，如象牙。其肉有至二三百斤者。能与虎斗。或云：能掠松脂、曳沙泥涂身，以御矢也。最害田稼，亦啖蛇虺。《淮南子》曰：野彘有艽莦槎栉，窟虚连比，以象宫室，阴以防雨，景以蔽日。亦其知也。范致能《虞衡志》云：岭南一种懒妇，似山猪而小，善害田禾。惟以机轴纺织之器置田所，则不复近也。

肉

【气味】甘，平，无毒。

宗奭曰：微动风。

诜曰：不发病，减药力，与家猪不同。但青蹄者不可食，微动风。

时珍曰：服巴豆药者忌之。

【主治】癫痫，补肌肤，益五脏，令人虚肥，不发风虚气（孟诜）。炙食，治肠风泻血，不过十顿（《日华》）。

【附方】旧一。久痔下血：野猪肉二斤，着五味炙，空腹食之。作羹亦得。（《食医心镜》）

脂（腊月炼过取之）

【主治】炼净和酒日三服，令妇人多乳，十日后，可供三四儿。素无乳者亦下（孟诜）。悦色，除风肿毒疮疥癣（《日华》）。

黄

【气味】辛、甘，平，无毒。

【主治】金疮，止血生肉。疗癫痫，水研如枣核许服之，日二服，效（《唐本》）。研水服，治血痢疰病（藏器）。治恶毒风，小儿疳气，客忤天吊（《日华》）。

胆

【主治】恶热毒气（孟诜）。鬼疰癫痫，小儿诸疳，水研枣许服，日二（时珍。出《卫生方》）。

齿

【主治】烧灰水服，治蛇咬毒（藏器）。

头骨

【主治】邪疟（《圣惠方》中用之）。

【附方】新一。积年下血：野猪头一枚，桑西枝一握，附子一枚，同入瓶内煅过为末。每服二钱，粥饮空心服。（《圣惠方》）

外肾

【主治】连皮烧存性研，米饮服，治崩中带下，及肠风泻血，血痢(《日华》)。

皮

【主治】烧灰，涂鼠瘘恶疮(时珍。《外台》方中用)。

豪猪(《纲目》)

【释名】蒿猪(《唐本》)、山猪(《通志》)、貆貐(音原俞)、貆猪(音丸)、鸾猪。

时珍曰：《说文》云：豪，豕鬣如笔管者。能激毫射人故也。郭璞曰：吴楚呼为鸾猪。《星禽》云：壁水貐，豪猪也。

【集解】颂曰：豪猪，陕、洛、江东诸山中并有之。髦间有豪如箭，能射人。

猪豪

时珍曰：豪猪处处深山中有之，多者成群害稼。状如猪，而项脊有棘鬣，长近尺许，粗如箸。其状似笄及帽刺，白本而黑端。怒则激去，如矢射人。羌人以其皮为靴。郭璞云：貆猪自为牝牡而孕也。张师正《倦游录》云：南海有泡鱼，大如斗，身有棘刺，能化为豪猪。巽为鱼，坎为豕，岂巽变坎乎？

肉

【气味】甘，大寒，有毒。

颂曰：不可多食。发风，令人虚羸。

【主治】多膏，利大肠(苏颂)。

肚及屎

【气味】寒，无毒。

【主治】水病，热风，鼓胀。同烧存性，空心温酒服二钱匕。用一具即消(孟诜)。干烧服之，治黄疸(苏恭)。连屎烧研，酒服，治水肿，脚气，奔豚(时珍)。

【发明】诜曰：此猪多食苦参，故能治热风水胀，而不治冷胀也。

时珍曰：豪猪本草不载，惟孟氏《食疗本草》猬条说之。

熊(《本经》上品)

【释名】时珍曰：熊者雄也。熊字篆文象形。俗呼熊为猪熊，罴为人熊、马熊，各因形似以为别也。《述异记》云：在陆曰熊，在水曰能(即鲧所化者)。故熊字从能。《续搜神记》云：熊居树孔中，东土人击树，呼为"子路"则起，不呼则不动也。又狒狒亦名人熊，见本条。

【集解】《别录》曰：熊生雍州山谷。十一月取之。

弘景曰：今东西诸山县皆有之，自非易得。

颂曰：今雍、洛、河东及怀庆、卫山中皆有之。形类大豕，而性轻捷，好攀缘，上高木，见人则颠倒自投于地。冬蛰入穴，春月乃出。其足名蹯，为八珍之一，古人重之，然胹之难熟。熊性恶盐，食之即死（出《淮南子》）。

熊

时珍曰：能如大豕而竖目，人足黑色。春夏膘肥时，皮厚筋驽，每升木引气，或堕地自快，俗呼跌膘，即《庄子》所谓熊经鸟申也。冬月蛰时不食，饥则舐其掌，故其美在掌，谓之熊蹯。其行山中，虽数十里，必有跧伏之所，在石岩枯木，山中人谓之熊馆。刘敬叔《异苑》云：熊恠恶秽物及伤残，捕者置此物于穴，则合穴自死。或为棘刺所伤，出穴爪之，至骨即毙也。陆佃《埤雅》云：其胆春近首，夏在腹，秋在左足，冬在右足。熊、羆皆壮毅之物，属阳，故书以喻不二心之臣，而诗以为男子之祥也。

脂

【释名】熊白。

弘景曰：脂即熊白，乃背上肪，色白如玉，味甚美，寒月则有，夏月则无。其腹中肪及身中脂，煎炼过亦可作药，而不中啖。

【修治】敩曰：凡取得，每一斤入生椒十四个，同炼过，器盛收之。

【气味】甘，微寒，无毒。

《别录》曰：微温。

《日华》曰：凉。其脂燃灯，烟损人眼，令失光明。

【主治】风痹不仁筋急，五脏腹中积聚，寒热羸瘦，头疡白秃，面上皯疱。久服强志不饥，轻身长年（《本经》）。饮食呕吐（《别录》）。治风，补虚损，杀劳虫，酒炼服之（《日华》）。长发令黑，悦泽人面（苏恭）。治面上鼾黯及疮（《药性》）。

【附方】旧二，新一。令发长黑：熊脂、蔓荆子（末）等分和匀，醋调涂之。（《圣惠方》）发毛黄色：以熊脂涂发梳散，入床底，伏地一食顷，即出，便尽黑。不过用脂一升效。（《千金翼》）白秃头癣：熊白敷之。（《杨氏产乳》）

肉

【气味】甘，平，无毒。

《别录》曰：微温。

弘景曰：有痼疾不可食熊肉，令终身不除。

鼎曰：若腹中有积聚寒热者食之，永不除也。十月勿食之，伤神。

【主治】风痹，筋骨不仁，功与脂同（孙思邈）。补虚羸（孟诜）。

【发明】时珍曰：按刘河间云：熊肉振羸，兔目明视。因其气有余，以补不足也。

【附方】旧二。中风痹疾：中风，心肺风热，手足风痹不随，筋脉五缓，恍惚烦躁。熊肉一斤切入豉汁中，和葱、姜、椒、盐作腌腊，空腹食之。脚气风痹，五缓筋急：用

熊肉半斤，如上法食之。（并《食医心镜》）

掌

【修治】《圣惠方》云：熊掌难胹，得酒、醋、水三件同煮，熟即大如皮球也。

【主治】食之可御风寒，益气力（《日华》）。

胆

颂曰：熊胆阴干用。然多伪者，但取一粟许滴水中，一道若线不散者为真。

时珍曰：按钱乙云：熊胆佳者通明。每以米粒点水中，运转如飞者良。余胆亦转，但缓尔。

周密《齐东野语》云：熊胆善辟尘。试之以净水一器，尘幕其上，投胆米许，则凝尘豁然而开也。

【气味】苦，寒，无毒。

权曰：恶防己、地黄。

【主治】时气热盛，变为黄疸，暑月久痢，疳䘌心痛疰忤（苏恭）。治诸疳、耳鼻疮、恶疮，杀虫（《日华》）。小儿惊痫瘛疭，以竹沥化两豆许服之，去心中涎，甚良（孟诜）。退热清心，平肝明目去翳，杀蛔、蛲虫（时珍）。

【发明】时珍曰：熊胆，苦入心，寒胜热，手少阴、厥阴、足阳明经药也。故能凉心平肝杀虫，为惊痫疰忤、翳障疳痔、虫牙蛔痛之剂焉。

【附方】旧五，新五。赤目障翳：熊胆丸，每以胆少许化开，入冰片一二片，铜器点之，绝奇。或泪痒，加生姜粉些须。（《齐东野语》）初生目闭，由胎中受热也：以熊胆少许蒸水洗之，一日七八次。如三日不开，服四物加甘草、天花粉。（《全幼心鉴》）小儿鼻蚀：熊胆半分，汤化抹之。（《圣惠方》）十年痔疮：熊胆涂之神效，一切方不及也。（《外台》）肠风痔瘘：熊胆半两，入片脑少许研，和猪胆汁涂之。（《寿域方》）蛔虫心痛：熊胆一大豆，和水服之，大效。（《外台》）小儿惊痫：方见主治。风虫牙痛：熊胆三钱，片脑四分，每以猪胆汁调少许搽之。（《摄生方》）水弩射人：熊胆涂之。更以雄黄同用酒磨服，即愈。（《斗门方》）诸疳羸瘦：熊胆、使君子末等分研匀，瓷器蒸溶，蒸饼丸麻子大。每米饮下二十丸。（《保幼大全》）

脑髓

【主治】诸聋（苏恭）。疗头旋。摩顶，去白秃风屑，生发（《日华》）。

血

【主治】小儿客忤（苏恭）。

骨

【主治】作汤，浴历节风，及小儿客忤（孟诜）。

【附录】罴、魋（音颓）

时珍曰:熊、罴、魋,三种一类也。如豕色黑者,熊也;大而色黄白者,罴也;小而色黄赤者,魋也。建平人呼魋为赤熊,陆玑谓罴为黄熊,是矣。罴,头长脚高,猛憨多力,能拔树木,虎亦畏之。遇人则人立而攫之,故俗呼为人熊。关西呼貑熊。罗愿《尔雅翼》云:熊有猪熊,形如豕;有马熊,形如马。即罴也。或云罴即熊之雄者。其白如熊白,而理粗味减,功用亦同。

麢羊(《本经》中品)

【释名】羚羊(俗)、麙羊(音铃)、九尾羊。

时珍曰:按王安石《字说》云:鹿则比类,而环角外向以自防;麢则独栖,悬角木上以远害,可谓灵也。故字从鹿,从灵省文。后人作羚。许慎《说文》云:麙,山羊也,大而细角。《山海经》作羬,云:状如羊而马尾。费信《星槎胜览》云:阿丹国羚羊,自胸中至尾,垂九块,名九尾羊。

羊　麢

羚羊角

【修治】敩曰:凡用,有神羊角甚长,有二十四节,内有天生木胎。此角有神力,可抵千牛。凡使不可单用,须要不拆元对,绳缚,铁锉锉细,重重密裹,避风,以旋旋取用,捣筛极细,更研万匝入药,免刮人肠。

【气味】咸,寒,无毒。

《别录》曰:苦,微寒。

甄权曰:甘,温。能缩银。

【主治】明目,益气起阴,去恶血注下,辟蛊毒恶鬼不祥,常不魇寐(《本经》)。除邪气惊梦,狂越僻谬,疗伤寒时气寒热,热在肌肤,温风注毒伏在骨间,及食噎不通。久服,强筋骨轻身,起阴益气,利丈夫(《别录》)。治中风筋挛,附骨疼痛。作末蜜服,治猝热闷,及热毒痢血,疝气。摩水涂肿毒(孟诜)。治一切热毒风攻注,中恶毒风,猝死昏乱不识人,散产后恶血冲心烦闷,烧末酒服之。治小儿惊痫,治山瘴及噎塞(《药性》)。治惊悸烦闷,心胸恶气,瘰疬恶疮溪毒(藏器)。平肝舒筋,定风安魂,散血下气,辟恶解毒,治子痫痉疾(时珍)。

【发明】时珍曰:羊,火畜也,而羚羊则属木,故其角入厥阴肝经甚捷,同气相求也。肝主木,开窍于目;其发病也,目暗障翳,而羚羊角能平之。肝主风,在合为筋;其发病也,小儿惊痫,妇人子痫,大人中风搐搦,及筋脉挛急,历节掣痛,而羚角能舒之。魂者,肝之神也;发病则惊骇不宁,狂越僻谬,魇寐卒死,而羚角能安之。血者,肝之藏也;发病则瘀滞下注,疝痛毒痢,疮肿瘘疬,产后血气,而羚角能散之。相火寄于肝胆,在气为怒;病则烦懑气逆,噎塞不通,寒热及伤寒伏热,而羚角能降之。羚之性灵,而筋骨之精在角;故又能辟邪恶而解诸毒,碎佛牙而烧烟走蛇虺也。《本经》《别录》甚著其功,而近俗罕能发扬,惜哉!

【附方】旧七,新四。噎塞不通:羚羊角屑为末,饮服方寸匕,并以角摩噎上。

(《外台》)胸胁痛满:羚羊角烧末,水服方寸匕。(《子母秘录》)腹痛热满:方同上。堕胎腹痛,血不出:羚羊角烧灰三钱,豆淋酒下。(《普济》)产后烦闷汗出,不识人:《千金》:用羚羊角烧末,东流水服方寸匕。未愈再服。又方:加芍药、枳实等分(炒),研末,汤服。血气逆烦:羚羊角烧末,水服方寸匕。(《肘后方》)临产催生:羚羊角一枚,刮尖为末,酒服方寸匕。(《产宝》)小儿下痢:羚羊角中骨烧末,饮服方寸匕。(《秘录》)遍身赤丹:羚羊角烧灰,鸡子清和,涂之,神效。(《外台》)赤瘢如疮,瘙痒,甚则杀人:羚羊角磨水,摩之数百遍为妙。(《肘后方》)山岚瘴气:羚羊角末,水服一钱。(《集简方》)

肉

【气味】甘,平,无毒。

【主治】恶疮(藏器)。和五味炒熟,投酒中,经宿饮之,治筋骨急强,中风。北人恒食,南人食之,免蛇、虫伤(孟诜)。

肺

【气味】同肉。

【主治】水肿鼓胀,小便不利(时珍)。

【发明】时珍曰:羚羊肺本草不收。《千金翼》载太医山连治韦司业水肿莨菪丸用之,盖取其引药入肺,以通小便之上源也。其方用羚羊肺一具,沸汤微炸过,曝干为末。莨菪子一升,用三年醋浸一伏时,蒸熟捣烂和,丸梧桐子大。每用四丸,麦门冬汤食后服,候口中干、妄语为验。数日小便大利,即瘥。无羚羊,以青羊肺代之亦可。

胆

【气味】苦,寒,无毒。

【主治】面上皯黯,如雀卵色,以酒二升,同煮三沸,涂四五次良(时珍)。

【附方】新一。面黫:羚羊胆、牛胆各一枚,醋二升,同煮三沸,频涂之。(《外台》)

鼻

【主治】炙研,治五尸遁尸邪气(时珍。《外台》方中用之)。

【附录】山驴

恭曰:见上文。

时珍曰:《南史》云:滑国出野驴,有角。《广志》云:驴羊似驴。《山海经》云:晋阳悬瓮之山、女几之山、荆山、纶山,并多闾。郭璞注云:闾即羭也,似驴而歧蹄,马尾,角如羚羊,一名山驴。俗人亦用其角以代羚羊。又《北山经》云:太行之山,有兽名䮝,状如羚羊,而四角马尾,有距善旋,其鸣自叫。此亦山驴之类也。

山羊(《日用》)

【释名】野羊(《图经》)、羱羊。

时珍曰:羊之在原野者,故名。

【集解】弘景曰:山羊即《尔雅》羱羊,出西夏,似吴羊而大角、角椭者。能陟峻坂,羌夷以为羚羊,角极长,惟一边有节,节亦疏大,不入药用。

恭曰:山羊大如牛,或名野羊,善斗至死,角堪为鞍桥。

颂曰:闽、广山中一种野羊,彼人谓之羚羊。其皮厚硬,不堪炙食,其肉颇肥软益人。

吴瑞曰:山羊似羚羊,色青。其角有挂痕者为羚羊,无者为山羊。

时珍曰:山羊有二种:一种大角盘环,肉至百斤者;一种角细者,《说文》谓之苋羊(音桓)。

陆氏云:羱羊状如驴而群行,其角甚大,以时堕角,暑天尘露在上,生草戴行。故《代都赋》云:羱羊养草以盘桓。

肉

【气味】甘,热,无毒。

颂曰:南方野羊,多啖石香薷,故肠藏颇热,不宜多食之。

【主治】南人食之,肥软益人,治冷劳山岚疟痢,妇人赤白带下(苏颂)。疗筋骨急强、虚劳,益气,利产妇,不利时疾人(吴瑞)。

鹿(《本经》中品)

【校正】《本经》上品白胶,中品鹿茸,今并为一条。

【释名】斑龙。

时珍曰:鹿字篆文,象其头、角、身、足之形。《尔雅》云:鹿,牡曰麚(音加),牝曰麀(音攸),其子曰麛(音迷),绝有力曰麉(音坚)。斑龙名出《澹寮方》。按《乾宁记》云:鹿与游龙相戏,必生异角。则鹿得称龙,或以此欤?《梵书》谓之密利迦罗。

鹿茸

【气味】甘,温,无毒。

《别录》曰:酸,微温。

甄权曰:苦,辛。麻勃为之使。

诜曰：鹿茸不可以鼻嗅之，中有小白虫，视之不见，入人鼻必为虫颡，药不及也。

【主治】漏下恶血，寒热惊痫，益气强志，生齿不老(《本经》)。疗虚劳，洒洒如疟，羸瘦，四肢酸疼，腰脊痛，小便数利，泄精溺血，破瘀血在腹，散石淋痈肿，骨中热疽，养骨安胎下气，杀鬼精物，久服耐老。不可近丈夫阴，令痿(《别录》)。补男子腰肾虚冷，脚膝无力，夜梦鬼交，精溢自出，女人崩中漏血，赤白带下，炙末，空心酒服方寸匕(甄权)。壮筋骨(《日华》)。生精补髓，养血益阳，强筋健骨，治一切虚损，耳聋目暗，眩晕虚痢(时珍)。

【发明】时珍曰：按《澹寮方》云：昔西蜀药市中，尝有一道人货斑龙丸，一名茸珠丹。每大醉高歌曰：尾闾不禁沧海竭，九转灵丹都漫说。惟有斑龙顶上珠，能补玉堂关下穴。朝野遍传之。其方盖用鹿茸、鹿角胶、鹿角霜也。又戴原礼·证治要诀：治头眩晕，甚则屋转眼黑，或如物飞，或见一为二，用茸珠丹甚效。或用鹿茸半两，无灰酒三盏，煎一盏，入麝香少许，温服亦效。云茸生于头，类之相从也。

【附方】旧一，新八。斑龙丸：治诸虚。用鹿茸(酥炙，或酒炙亦可)、鹿角胶(炒成珠)、鹿角霜、阳起石(煅红，酒淬)、肉苁蓉(酒浸)、酸枣仁、柏子仁、黄芪(蜜炙)各一两，当归、黑附子(炮)、地黄(九蒸九焙)各八钱，辰朱砂半钱，各为末，酒糊丸梧桐子大。每空心温酒下五十丸。(《澹寮》)鹿茸酒：治阳事虚痿，小便频数，面色无光。用嫩鹿茸一两(去毛切片)，山药(末)一两，绢袋裹，置酒瓶中，七日开瓶，日饮三盏。将茸焙作丸服。(《普济方》)肾虚腰痛，不能反侧：鹿茸(炙)、菟丝子各一两，舶茴香半两，为末，以羊肾二对，法酒煮烂，捣泥和，丸梧桐子大，阴干。每服三五十丸，温酒下，日三服。(《本事方》)精血耗涸：面色黧黑，耳聋，目昏口渴，腰痛，脚弱白浊，上燥下寒，不受峻补者。鹿茸(酒蒸)、当归(酒浸)各一两。焙为末，乌梅肉煮膏捣，丸梧桐子大。每米饮服五十丸。(《济生方》)腰膝疼痛伤败者：鹿茸涂酥炙紫为末，每温酒服一钱。(《续十全方》)小便频数：鹿茸一对，酥炙为末。每服二钱，温酒下，日三服。(《郑氏家传方》)虚痢危困，因血气衰弱者：鹿茸(酥炙)一两为末，入麝香五分，以灯心煮枣肉和，丸梧桐子大。每空心米饮下三五十丸。(《济生方》)饮酒成泄，骨立不能食，但饮酒即泄：用嫩鹿茸(酥炙)、肉豆蔻(煨)一两，生麝香五分。为末，陈白米饭丸梧桐子大。每米饮下五十丸。名香茸丸。(《普济方》)室女白带，因冲任虚寒者：鹿茸(酒蒸焙)二两，金毛狗脊、白蔹各一两。为末，用艾煎醋，打糯米糊，丸梧桐子大。每温酒下五十丸，日二。(《济生》)

角

颂曰：七月采角。以鹿年久者，其角更好。煮以为胶，入药弥佳。

敩曰：鹿角要黄色紧重尖好者。此鹿食灵草，所以异众鹿也。

【修治】诜曰：凡用鹿角、麋角，并截段剉屑，以蜜浸过，微火焙，令小变色，曝干，捣筛为末。或烧飞为丹，服之至妙。以角寸截，泥裹，于器中大火烧一日，如玉粉也。

时珍曰：按崔行功《纂要方》·鹿角粉法：以鹿角寸截，炭火烧过，捣末，水和成团，以绢袋三五重盛之，再煅再和，如此五度，以牛乳和，再烧过研用。

【气味】咸，温，无毒。杜仲为之使。

【主治】恶疮痈肿，逐邪恶气，留血在阴中（《本经》）。除少腹血急痛，腰脊痛，折伤恶血，益气（《别录》）。猫鬼中恶，心腹疰痛（苏恭）。水磨汁服，治脱精尿血，夜梦鬼交。醋磨汁，涂疮疡痈肿热毒。火炙热，熨小儿重舌、鹅口疮（《日华》）。蜜炙研末酒服，轻身强骨髓，补阳道绝伤。又治妇人梦与鬼交者，清酒服一撮，即出鬼精。烧灰，治女子胞中余血不尽欲死，以酒服方寸匕，日三夜一，甚妙（孟诜）。

【发明】时珍曰：鹿角，生用则散热行血，消肿辟邪；熟用则益肾补虚，强精活血；炼霜熬膏，则专于滋补矣。

【附方】旧十六，新十九。服鹿角法：鹿角屑十两，生附子三两（去皮脐），为末。每服二钱，空心温酒下。令人少睡，益气力，通神明。（彭祖方）肾消尿数：鹿角一具，炙捣筛。温酒每服方寸匕，日二。（《外台》）骨虚劳极：面肿垢黑，脊痛不能久立。血气衰惫，发落齿枯，甚则喜唾。用鹿角二两，牛膝（酒浸焙）一两半，为末，炼蜜丸梧桐子大。每服五十丸，空心盐酒下。（《济生》）肾虚腰痛，如锥刺不能动摇：鹿角屑三两，炒黄研末。空心温酒服方寸匕，日三。（《肘后方》）猝腰脊痛不能转侧：鹿角五寸烧赤，投二升酒中，浸一宿饮。（《梅师》）妇人腰痛：鹿角屑熬黄研，酒服方寸匕，日五六服。（杨氏《产乳》）妊娠腰痛：鹿角截五寸长，烧赤，投一升酒中。又烧又浸，如此数次，细研。空心酒服方寸匕。（《产宝》）产后腹痛，血不尽者：鹿角烧研，豉汁服方寸匕，日二。（《子母秘录》）妊娠下血不止：鹿角屑、当归各半两，水三盏，煎减半，顿服。不过二服。（《普济方》）胎死腹中：鹿角屑三寸匕，煮葱豉汤和服，立出。（《百一方》）堕胎血瘀不下，狂闷寒热：用鹿角屑一两为末，豉汤服一钱，日三。须臾血下。（《圣惠方》）胞衣不下：鹿角屑三分为末，姜汤调下。（《产乳》）产后血晕：鹿角一段，烧存性，出火毒，为末。酒调，灌下即醒。（杨拱《医方摘要》）妇人白浊，滑数虚冷者：鹿角屑炒黄为末，酒服二钱。（《妇人良方》）筋骨疼痛：鹿角烧存性，为末。酒服一钱，日二。食后喜呕：鹿角（烧末）二两，人参一两，为末。姜汤服方寸匕，日三。（《肘后方》）小儿哕疾：鹿角粉、大豆末等分，相和乳调，涂乳上饮之。（《古今录验》）小儿疟疾：鹿角生研为末，先发时以乳调一字服。（《千金》）小儿滞下赤白者：用鹿角灰、发灰等分，水服三钱，日二。《千金方》小儿重舌：鹿角末涂舌下，日三。（姚和众方）小儿流涎：脾热也。鹿角屑末，米饮服一字。（《普济方》）面上皯疱：鹿角尖磨浓汁，厚涂之，神效。面上风疮：鹿角尖磨酒涂之。（《圣惠》）咽喉骨鲠：鹿角为末，含之咽津。（《斗门方》）蹉跌损伤，血瘀骨痛：鹿角末，酒服方寸匕，日三。（《千金方》）竹木入肉不出者：鹿角烧末，水和涂上，立出。久者不过一夕。（《千金方》）蠼螋尿疮：鹿角烧末，苦酒调敷。（《外台》）五色丹毒：鹿角烧末，猪脂和敷。（《肘后方》）发背初起：鹿角烧灰，醋和涂之，日五六易。（《千金方》）乳发初起，不治杀人：鹿角磨浓汁涂之，并令人嗍去黄水，随手即散。（《梅师方》）吹奶掀痛：鹿角屑炒黄为末，酒服二钱。仍以梳梳之。（唐氏《经验方》）下注脚疮：鹿角烧存性，入轻粉同研，油调涂之。（《集要》）疖毒肿毒：鹿角尖磨浓汁涂之，甚妙。（濒湖方）痈疽有虫：鹿角烧末，苦酒和涂。磨汁亦可。妖魅猫鬼，病人不肯言鬼：以鹿角屑捣末，水服方寸匕，即言实也。（《古今录验》）

白胶

一名鹿角胶(《本经》)、粉名鹿角霜。

甄权曰:白胶一名黄明胶。

时珍:正误见黄明胶。

【修治】《别录》曰:白胶生云中,煮鹿角作之。

弘景曰:今人少复煮作,惟合角弓用之。其法:先以米渖汁渍七日令软,煮煎如作阿胶法耳。又一法:剉角令细,入干牛皮一片,即易消烂。不尔,虽百年无一熟也。

恭曰:鹿角、麋角,但煮浓汁重煎,即为胶矣,何必使烂?欲求烂亦不难,陶未见耳。

诜曰:作胶法:细破寸截,以馈水浸七日令软,方煮之。

敩曰:采全角锯开,并长三寸,以物盛,于急水中浸一百日取出,刀刮去黄皮,拭净。以醶醋煮七日,旋旋添醋,勿令少歇。戌时不用着火,只从子至戌也。日足,角白色,软如粉。捣烂,每十两入无灰酒一镒,煮成胶,阴干研筛用。

时珍曰:今人呼煮烂成粉者,为鹿角霜;取粉熬成胶,或只以浓汁熬成膏者,为鹿角胶。按胡荧《卫生方》云:以米泔浸鹿角七日令软,入急流水中浸七日,去粗皮,以东流水、桑柴火煮七日,旋旋添水,入醋少许,捣成霜用。其汁,加无灰酒,熬成胶用。又邵以正《济急方》云:用新角三对,寸截,盛于长流水浸三日,刮净,入楮实子、桑白皮、黄蜡各二两,铁锅中水煮三日夜,不可少停,水少即添汤。日足,取出刮净,晒研为霜。韩懋《医通》云:以新鹿角寸截,囊盛,于流水中浸七日,以瓦缶入水,桑柴火煮。每一斤,入黄蜡半斤,以壶掩住,水少旋添。其角软,以竹刀刮净,捣为霜用。

【气味】甘,平,无毒。

《别录》曰:温。得火良,畏大黄。

【主治】伤中劳绝,腰痛羸瘦,补中益气。妇人血闭无子,止痛安胎。久服,轻身延年(《本经》)。疗吐血下血,崩中不止,四肢酸疼,多汗淋露,折跌伤损(《别录》)。男子肾脏气,气弱劳损,吐血。妇人服之,令有子,安胎去冷,治漏下赤白(《药性》)。炙捣酒服,补虚劳,长肌益髓,令人肥健,悦颜色;又治劳嗽,尿精尿血,疮疡肿毒(时珍)。

【发明】敩曰:凡使,鹿角胜于麋角。

颂曰:今医家多用麋茸、麋角,云力紧于鹿也。

时珍曰:苏东坡《良方》云:鹿阳兽,见阴而角解;麋阴兽,见阳而角解。故补阳以鹿角为胜,补阴以麋角为胜。其不同如此,但云鹿胜麋,麋胜鹿,疏矣。按此说与沈存中"鹿茸利补阴,麋茸利补阳"之说相反。以理与功推之,苏说为是。详见茸下。

【附方】旧三,新五。异类有情丸:《韩氏医通》云:此方自制者。凡丈夫中年觉衰,便可服饵。盖鹿乃纯阳,龟、虎属阴,血气有情,各从其类,非金石草木比也。其方用鹿角霜(治法见上)、龟板(酒浸七日,酥炙研)各三两六钱,鹿茸(熏干,酒洗净，酥涂炙，研）、虎胫骨（长流水浸七日，蜜涂酥炙）各二两四钱，水火炼蜜，豮猿猪脊髓九条捣，丸梧桐子大。每空心盐汤下五、七、九十丸。如厚味善饮者，加猪胆汁一二合，以寓降火之义。盗汗遗精：鹿角霜二两，生龙骨（炒）、牡蛎（煅）各一两，为末，酒糊丸梧桐子大。每盐汤下四十丸。（《普济》）虚劳尿精：白胶二两炙为末，酒二升和，温服。（《外台》）虚损尿血：白胶三两炙，水二升，煮一升四合，分再服。（《外台》）小便不禁，上热下寒者：鹿角霜为末，酒糊和，丸梧桐子大。每服三四十丸，空心温酒下。（《普济》）小便频数：鹿角霜、白茯苓等分为末，酒糊丸梧桐子大。每服三十丸，盐汤下。（梁氏《总要》）男子阳虚，甚有补益：方同上。汤火灼疮：白胶水煎，令稀稠得所，待冷涂之。（《斗门方》）

齿

【主治】鼠瘘，留血，心腹痛。不可近丈夫阴（苏恭）。

骨

【气味】甘，微热，无毒。

【主治】安胎下气，杀鬼精物，久服耐老，可酒浸服之（孟诜）。作酒，主内虚，续绝伤，补骨除风（思邈）。烧灰水服，治小儿洞注下痢（时珍）。

【附方】新一。补益虚羸：鹿骨煎：用鹿骨一具，枸杞根二升，各以水一斗，煎汁五升，和匀，共煎五升，日二服。（《千金》）

肉

【气味】甘，温，无毒。

诜曰：九月以后，正月以前，堪食。他月不可食，发冷痛。白臆者、豹文者，并不可食。鹿肉脯，炙之不动，及见水而动，或曝之不燥者，并杀人。不可同雉肉、蒲白、鮠鱼、虾食，发恶疮。《礼记》云：食鹿去胃。

【主治】补中，益气力，强五脏。生者疗中风口僻，割片薄之（《别录》。华佗云：中风口偏者，以生肉同生椒捣贴，正即除之）。补虚羸瘦弱，调血脉（孟诜）。养血生容，治产后风虚邪僻（时珍。《外台》有鹿肉汤）。

【发明】思邈曰：壶居士言鹿性多警烈，能别良草，止食葛花、葛叶、鹿葱、鹿药、白蒿、水芹、甘草、荠苨、齐头蒿、山苍耳，他草不食，处必山冈，故产则归下泽。飨神用其肉者，以其性烈清净也。凡药饵之人，久食鹿肉，服药必不得力，为其食解毒之草制诸药也。

弘景曰：野兽之中，獐、鹿可食生，则不膻腥。又非十二辰属，八卦无主，且温补，于人生死无尤，道家许听为脯。过其余，虽鸡、犬、牛、羊补益，于亡魂有愆责，并不足食。

宗奭曰：三祀皆以鹿腊，亦取此义，且味亦胜他肉。

时珍曰：邵氏言：鹿之一身皆益人，或煮，或蒸，或脯，同酒食之良。大抵鹿乃仙兽，纯阳多寿之物，能通督脉，又食良草，故其肉、角有益无损，陶说亦妄耳。

头肉

【气味】平。

【主治】消渴，夜梦鬼物，煎汁服，作胶弥善（苏恭。宗奭曰：头可酿酒，须于作浆时，稍益葱、椒）。

【附方】新一。老人消渴：鹿头一个，去毛煮烂，和五味。空心食，以汁咽之。（《鄙事》）

蹄肉

【气味】平。

【主治】诸风，脚膝骨中疼痛，不能践地，同豉汁、五味煮食（孙思邈）。

脂

【主治】痈肿死肌，温中，四肢不随，头风，通腠理。不可近阴（苏恭。时珍曰：此乃《本经》麋脂正文，而苏氏以注鹿脂，二脂功或同耶）。

【附方】新一。面上皯疱：鹿脂涂之，日再。（《圣惠方》）

髓（炼净入药）

【气味】甘，温，无毒。

【主治】丈夫女子伤中绝脉，筋急痛，咳逆，以酒和，服之良（《别录》）。同蜜煮服，壮阳道，令有子。同地黄汁煎膏服，填骨髓，壮筋骨，治呕吐（《日华》）。补阴强阳，生精益髓，润燥泽肌（时珍）。

【发明】颂曰：髓可作酒，唐方多有其法。

时珍曰：鹿髓，近方稀用者。《删繁方》治肺虚毛悴，酥髓汤用之。《御药院方》滋补药，用其脊髓和酒熬膏丸药，甚为有理。白飞霞《医通》云：取鹿脑及诸骨髓炼成膏，每一两，加炼蜜二两炼匀，瓷器密收，用和滋补丸药剂甚妙。凡腰痛属肾虚寒者，以和古方摩腰膏，姜汁化一粒擦肾俞，则暖气透入丹田如火，大补元阳。此法甚佳，人鲜知之。

【附方】新一。鹿髓煎：治肺痿咳嗽，伤中脉绝。用鹿髓、生地黄汁各七合，酥、蜜各一两，杏仁、桃仁各三两（去皮炒，酒一升，同捣取汁），先煎杏仁、桃仁、地黄汁减半，入三味煎如稀饧。每含一匙，徐徐咽下，日三。（《圣济》）

脑

【主治】入面脂，令人悦泽（苏颂）。刺入肉内不出，以脑厚敷之，燥即易，半日当出（《深师》）。

精

【主治】补虚羸劳损（时珍）。

【发明】韩悉曰：王师授予鹿峻丸方云：鹿禀纯阳，而峻者，天地初分之气，牝牡相感之精也。医书称鹿茸、角、血、髓大有补益，而此峻则入神矣。其法：用初生牡鹿三五只，苑囿驯养。每日以人参煎汤，同一切草药，任其饮食。久之，以硫黄细末和入，从少至多，燥则渐减，周而复始。大约三年之内，一旦毛脱筋露，气盛阳极。却以牝鹿隔苑诱之，欲交不得，则精泄于外；或令其一交，即设法取其精，瓦器收之，香粘如饧，是为峻也。用和鹿角霜一味为丸，空心盐酒下，大起胎峻、虚瘵危疾。凡服滋补丸药，用此入炼蜜和剂绝妙。

时珍曰：按《老子》云：骨弱筋柔而握固，未知牝牡之合而峻作者，精之至也。峻音子催切，赤子阴也。今作鹿精之名，亦未为稳。

血

【主治】阴痿，补虚，止腰痛、鼻衄，折伤，狂犬伤（苏恭）。和酒服，治肺痿吐血，及崩中带下（《日华》）。诸气痛欲危者，饮之立愈（汪颖）。大补虚损，益精血，解痘毒、药毒（时珍）。

【发明】颂曰：近世有服鹿血酒者。云得于射生者，因采捕入山失道，数日饥渴将委顿。惟获一生鹿，刺血数升饮之，饥渴顿除。及归，遂觉血气充盛异人。有效而服之者，刺鹿头角间血，酒和饮之更佳。

时珍曰：近世韩飞霞补益方有斑龙宴法，孙氏解痘毒有阴阳二血丸，皆古所未知者。而沈存中又以刺血代茸为非，亦一说也。

【附方】新三。斑龙宴：用驯养牡鹿一二只，每日以人参一两煎水与饮，将滓拌土产草料米豆，以时喂之，勿杂他水草。百日之外，露筋可用矣。宴法：夜前减食，次早空心。将布缚鹿于床，首低尾昂。令有力者抱定前足，有角者执定角，无角者以木囊头拘之，使头不动。用三棱针刺其眼之大眦前毛孔，名天池穴。以银管长三寸许插向鼻梁，坐定，咂其血，饮药酒数杯。再咂再饮，以醉为度。鼻中流出者，亦可接和酒饮。饮毕避风，行升降工夫，为一宴也。用生肌药敷鹿穴，养之。月可一度，一鹿可用六七年。不拘男女老少，服之终身无疾而寿，乃仙家服食丹方二十四品之一也。药酒以八珍散加沉香、木香煮之。阴阳二血丸：治小儿痘疮，未出者稀，已出者减。用鹿血、兔血（各以青纸盛，置灰上，晒干）、乳香、没药各一两，雄黄、黄连各五钱，朱砂、麝香各一钱。为末，炼蜜丸绿豆大。每服十丸，空心酒下。儿小者减之。（孙氏《集效方》）鼻血时作：干鹿血炒枯，将酒浮熏二三次，仍用酒浮半杯和服之。

肾

【气味】甘，平，无毒。

【主治】补肾气（《别录》）。补中，安五脏，壮阳气，作酒及煮粥食之（《日华》）。

【附方】旧一。肾虚耳聋：用鹿肾一对，去脂膜切，以豉汁入粳米二合煮粥食。亦可作羹。（《圣惠方》）

胆

【气味】苦,寒,无毒。
【主治】消肿散毒(时珍)。

筋

【主治】劳损续绝(苏恭)。尘沙眯目者,嚼烂挼入目中,则粘出(时珍)。
【附方】旧一。骨鲠:鹿筋渍软,搓索令紧,大如弹丸。持筋端吞至鲠处,徐徐引之,鲠着筋出。(《外台》)

靥

【主治】气瘿,以酒渍,炙干,再浸酒中,含咽汁,味尽更易,十具乃愈(《深师》)。

皮

【主治】一切漏疮,烧灰和猪脂纳之,日五六易,愈乃止(时珍)。

粪

【主治】经日不产,干、湿各三钱,研末,姜汤服,立效(《经验》)。

胎粪

【主治】解诸毒(时珍曰:按范晔《后汉书》云:冉駹夷出鹿,食药草,其胎中麑粪,可疗毒也)。

麋(《本经》下品)

【释名】时珍曰:陆佃云:麋喜音声。班固云:麋性淫迷。则麋之名义取乎此。《尔雅》云:牡曰麔(音咎),牝曰麎(音辰),其子曰麇(音夭)。
【集解】《别录》曰:麋生南山山谷及淮海边。十月取之。
弘景曰:今海陵间最多。千百为群,多牝少牡。
时珍曰:麋,鹿属也。牡者有角。鹿喜山而属阳,故夏至解角;麋喜泽而属阴,故冬至解角。麋似鹿而色青黑,大如小牛,肉蹄,目下有二窍为夜目。故《淮南子》云:孕女见麋而子四目也。《博物志》云:南方麋千百为群,食泽草,践处成泥,名曰麋畯,人因耕获之。其鹿所息处,谓之鹿场也。今猎人多不分别,往往以麋为鹿,牡者犹可以角退为辨,牝者通目为麀鹿矣。

麋脂

一名宫脂(《本经》)
时珍曰:《别录》言十月取脂,炼过收用;而《周礼》冬献狼,夏献麋。注云:狼膏聚，麋膏散。聚则温，散则凉，以顺时也。

【气味】辛，温，无毒。忌桃李，畏大黄。

【主治】痈肿，恶疮，死肌，寒风湿痹，四肢拘挛不收，风头肿气，通腠理（《本经》）。柔皮肤。不可近阴，令痿（《别录》）。治少年气盛，面生疮疱，化脂涂之（时珍）。

【正误】弘景曰：人言麋一牡辄交十余牝，交毕即死。其脂堕地，经年，人得之名曰遁脂，酒服至良。夫麋性乃尔淫快，不应痿人阴。一方言不可近阴，令阴不痿，此乃有理。

恭曰：游牝毕即死者，虚传也。遍问山泽人，无此说。

肉

【气味】甘，温，无毒。

诜曰：多食令人弱房，发脚气。妊妇食之，令子目病。

弘景曰：不可合猪肉，雉肉食，发痼疾。合虾及生菜、梅、李食，损男子精气。

【主治】益气补中，治腰脚（孟诜）。补五脏不足气（禹锡）。

【发明】时珍曰：按陆农师云：鹿以阳为体，其肉食之燠；麋以阴为体，其肉食之寒。观此，则《别录》麋脂令人阴痿，孟诜言多食肉令人弱房，及角、肉不同功之说，亦此意也。

茸

【修治】与鹿茸同。

【气味】甘，温，无毒。

【主治】阴虚劳损，一切血病，筋骨腰膝酸痛，滋阴益肾（时珍）。

麋角

【修治】敩曰：麋角，顶根上有黄毛若金线，兼旁生小尖也、色苍白者为上。

诜曰：凡用麋角，可五寸截之，中破，炙黄为末，入药。

时珍曰：麋鹿茸角，今人罕能分别。陈自明以小者为鹿茸，大者为麋茸，亦臆见也。不若亲视其采取时为有准也。造麋角胶、麋角霜，并与鹿角胶、鹿角霜同法。又《集灵方》云：用麋角一双，水浸七日，刮去皮，剉屑。以银瓶盛牛乳浸一日，乳耗再加，至不耗乃止。用油纸密封瓶口。别用大麦铺锅中三寸，上安瓶，再以麦四周填满。入水浸一伏时，水耗旋加，待屑软如面取出，焙研成霜用。

【气味】甘，热，无毒。

【主治】风痹，止血，益气力（《别录》）。刮屑熬香，酒服，大益人（弘景。出《彭祖传》中）。酒服，补虚劳，添精益髓，益血脉，暖腰膝，壮阳悦色，疗风气，偏治丈夫（《日华》）。作粉常服，治丈夫冷气及风，筋骨疼痛。若猝心痛，一服立瘥。浆水磨泥涂面，令人光华，赤白如玉可爱（孟诜）。滋阴养血，功与茸同（时珍）。

【发明】诜曰：麋角常服，大益阳道，不知何因与肉功不同也。煎胶与鹿角胶同功，茸亦胜鹿茸，仙方甚重之。

恭曰:麋茸功力胜鹿茸,角煮胶亦胜白胶。详见鹿茸、鹿角下。

《日华》曰:麋角属阴,故治腰膝不仁,补一切血病也。

时珍曰:鹿之茸角补阳,右肾精气不足者宜之;麋之茸角补阴,左肾血液不足者宜之。此乃千古之微秘,前人方法虽具,而理未发出,故论者纷纭。又《杨氏家藏方》,治虚损有二至丸,两角并用。但其药性过温,止宜于阳虚寒湿血痹者耳,于左肾无与焉。孙思邈《千金方》言:麋角丸凡一百一十方,惟容成子羔所服者,特出众方之外,子羔服之羽化。今观其方,比二至丸似可常服,并集于下。

【附方】新五。麋角丸:补心神,安脏腑,填骨髓,理腰脚,能久立,聪耳明目,发白更黑,貌老还少。凡麋角,取当年新角连脑顶者为上,看角根有斫痕处,亦堪用。蜕角根下平者,不堪。取角五具,或四具、三具、二具、一具为一剂。去尖一大寸,即角长七八寸,取势截断,量把镑得。即于长流水处,即于净盆中满着水浸,每夜易换。软即将出,削去皱皮,以利镑镑取白处,至心即止。以清粟米泔浸两宿,初经一宿即干,握沥去旧水,置新绢上曝干,择去恶物粗骨皮及镑不匀者。以无灰美酒于大瓷器中浸,经两宿,其药及酒俱入净釜中。初用武火煮一食久,后以文火微煎,如蟹目沸。以柳木篦徐徐搅,不得住手,时时添酒,以成煎为度。煎时皆须平旦下手,不得经宿。仍看屑消如稀胶,即以牛乳五升,酥一斤,以次渐下后项药。仍以麋角一条,炙令黄为末,与诸药同制之。槟榔、通草、秦艽、肉苁蓉、人参、菟丝子(酒浸两宿,晒干别捣)、甘草各一两,上捣为末。将胶再煎一食顷,似稀稠粥即止火。少时投诸药末相和,稠粘堪作丸,即以新器盛贮,以众手一时丸如梧桐子大。如粘手,着少酥涂手。其服饵之法:空腹以酒下之,初服三十丸,日加一丸,加至五十丸为度,日二服。初服一百日内,忌房室。服经一月,腹内诸疾自相驱逐,有微利勿怪。渐后多泄气能食。患气者,加枳实、青木香各一两。服至二百日,面皱光泽。一年,齿落更生,强记,身轻若风,日行数百里。二年,令人肥饱少食;七十以上服之,却成后生。三年,肠作筋髓,预见未明。四年,常饱不食,自见仙人。三十下服之不辍,颜一定而不变。修合时须在净室中,勿令阴人、鸡、犬、孝子等见。妇人服之尤佳。如饮酒食面,口干眼涩内热者,即服三黄丸微利之。如此一度发动以后,方始调畅也。(《千金》)二至丸:补虚损,生精血,去风湿,壮筋骨。用鹿角(镑细,以真酥一两,无灰酒一升,慢火炒干,取)四两,麋角(镑细,以真酥二两,米醋一升煮干,慢火炒干,取)半两,苍耳子(酒浸一宿,焙)半斤,山药、白茯苓、黄芪(蜜炙)各四两,当归(酒浸,焙)五两,肉苁蓉(酒浸,焙)、远志(去心)、人参、沉香各二两,熟附子一两,通为末,酒煮糯米糊丸梧桐子大。每服五十丸,温酒、盐汤任下,日二服。(《杨氏家藏方》)麋角丸:《三因方》:治五痿,皮缓毛瘁,血脉枯槁,肌肤薄着,筋骨羸弱,饮食不美,四肢无力,爪枯发落,眼昏唇燥。用麋角屑一斤(酒浸一宿),大附子(生,去皮脐)一两半,熟地黄四两,用大麦米二升,以一半藉底,以一半在上,以二布巾隔覆,炊一日,取出药、麦,各焙为末。以浸药酒,添清酒煮麦粉为糊和,杵三千下,丸如梧桐子大。每服五十丸,食前用温酒或米汤送下,日三服。一方只用麋角(镑屑,酥炒黄色)五两,熟附子(末)半两,酒糊丸服。麋角霜丸:补元脏,驻颜色。用麋角一副(水浸七日,刮去皱皮,镑为屑,盛在一银瓶内,以牛乳汁浸一日,常令乳高二寸,如乳耗更添,直候不耗,用油单数重密封瓶口,别用大麦一斗,安在甑内,约厚三寸,上安麋角瓶，更用大麦周围填实，露瓶口，不住火蒸一复时，如锅内水耗，即旋添热汤，须频看角屑粉烂如面，即住火取出，用细筛子漉去乳，焙干，每料八两），附子（炮裂去皮）、干山药各三两，上为末，蒸枣肉和，丸如梧桐子大。每服十五丸至二十丸，空心用温盐酒送下。炼蜜丸亦可。（《总录》）麋角丸：彭祖云：使人丁壮不老，房室不劳损，气力颜色不衰者，莫过麋角。其法：刮为末十两，用生附子一枚合之，雀卵和丸，日服二十丸，温酒下，二十日大效。亦可单熬为末酒服，亦令人不老，但性缓不及附子者。（《彭祖服食经》）

骨

【主治】虚劳，至良。煮汁酿酒饮，令人肥白，美颜色（禹锡）。

皮

【主治】作靴、袜，除脚气（孟诜）。

双头鹿（《拾遗》）

【释名】荼苜机。

时珍曰：荼苜机，音蔡茂机，番言也，出《博物志》。旧本讹作蔡苴机，又作余义，亦荼苜之讹也。

【集解】藏器曰：按张华《博物志》云：荼苜机出永昌郡，是两头鹿名也，似鹿两头。其胎中屎，以四月取之。范晔《后汉书》云：云南县有神鹿，两头，能食毒草。《华阳国志》云：此鹿出云南郡熊仓山。即余义也。

时珍曰：按盛弘之《荆州记》云：武陵郡西有阳山，产两头兽，似鹿，前后有头，一头食，一头行，山人时或见之。段成式《杂俎》云：双头鹿胎矢名耶希。夷人谓鹿为耶，谓屎为希。按《唐韵》屎字又音希，即此义也。

胎中屎

【主治】敷恶疮，蛇虺毒（藏器）。

麂（宋《开宝》附）

【释名】麠（即古麂字）。

时珍曰：麂味甘旨，故从旨。又《字说》云：山中有虎，麂必鸣以告，其声几几然，故曰麂。大者曰麖。

【集解】马志曰：麂生东南山谷。

麂

颂曰：今有山林处皆有之，而均、房、湘、汉间尤多，乃獐类也。按《尔雅》云：麂，大麠，旄毛狗足。谓毛长也。南人往往食其肉，然坚韧不及獐味美。其皮作履舃，胜于诸皮。又有一种类麂而大者名麖，不堪药用。《山海经》云：女几之山多麖麂。

即此。

宗奭曰：麂，獐属而小于獐。其口两边有长牙，好斗。其皮为第一，无出其右者，但皮多牙伤痕。其声如击破钹。四方皆有，山深处颇多。

时珍曰：麂居大山中，似獐而小，牡者有短角，黧色豹脚，脚矮而力劲，善跳越。其行草莽，但循一径。皮极细腻，靴、袜珍之。或云亦好食蛇。宋书《符瑞志》有银麂，白色；今施州山中出一种红麂，红色。

肉

【气味】甘，平，无毒。

【主治】五痔病。炸熟，以姜、醋进之，大有效（藏器）。

头骨

【气味】辛，平，无毒。

【主治】烧灰饮服，治飞尸（藏器）。

皮

【主治】作靴、袜，除湿气脚痹（时珍）。

獐（《别录》中品）

【释名】麕（音君，亦作麏）。

时珍曰：猎人舞采，则獐、麋注视。獐喜文章，故字从章。陆氏曰：獐性惊慞，故谓之獐。又善聚散，故又名麕。囷，圆仓也。《尔雅》云：麕，牡曰麌（音语），牝曰麜（音栗），其子曰麆（音助）。大者曰麃（音庖），古语云“四足之美有麃”，是矣。

【集解】颂曰：獐，今陂泽浅草中多有之。其类甚多，麃乃总名也。有有牙者，有无牙者，其牙不能噬啮。

獐

时珍曰：獐，秋冬居山，春夏居泽。似鹿而小，无角，黄黑色，大者不过二三十斤。雄者有牙出口外，俗称牙獐。其皮细软，胜于鹿皮，夏月毛毨而皮厚，冬月毛多而皮薄也。宋·《符瑞志》有银獐白色，云王者刑罚中理则出。春秋《运斗枢》云：枢星散为獐。

【正误】诜曰：獐中往往得香，如栗子大，不能全香，亦治恶病。

时珍曰：獐无香，有香者麝也，俗称土麝呼为香獐是矣。今正之。

肉

【气味】甘，温，无毒。

诜曰：八月至十一月食之，胜羊；十二月至七月食之，动气。多食，令人消渴。若瘦恶者，食之发痼疾。不可合鹄肉食，成症痼。又不可合梅、李、虾食，病人。

【主治】补益五脏(《别录》)。

【发明】弘景曰:俗云白肉是獐。其胆白,易惊怖也。

诜曰:肉同麋肉酿酒,良。道家以其肉供养星辰,名为白脯,云不属十二辰,不是腥腻,无禁忌也。

时珍曰:獐胆白性怯,饮水见影辄奔,《道书》谓獐鹿无魂也。

藏器曰:人心粗豪者,以其心肝曝干为末,酒服一具,便即小胆;若怯者食之,则转怯不知所为。

【附方】旧二。通乳:獐肉煮食,勿令妇知。(《子母秘录》)消瘤:用獐肉或鹿肉剖如厚脯,炙热拓之。可四炙四易,出脓便愈。不除,再以新肉用之。(《外台秘要》)

髓脑

【主治】益气力,悦泽人面(《别录》)。治虚风(时珍曰:《千金》治暗风,薯蓣煎,治虚损,天门冬煎,并用之。颂曰:唐方有獐髓煎及獐骨酒,并补下)。

骨

【气味】甘,微温,无毒。

【主治】虚损泄精(《别录》)。益精髓,悦颜色(《日华》。时珍曰:《千金》治产后虚损,有獐骨汤,煮汁煎药。)酿酒,有补下之功(宁源)。

麝(《本经》上品)

【释名】射父(《尔雅》)、香獐。

时珍曰:麝之香气远射,故谓之麝。或云麝父之香来射,故名,亦通。其形似獐,故俗呼香獐。《梵书》谓麝香曰莫诃婆伽。

麝脐香

【修治】敩曰:凡使麝香,用当门子尤妙。以子日开之,微研用,不必苦细也。

【气味】辛,温,无毒。

甄权曰:苦、辛。忌大蒜。

李鹏飞曰:麝香不可近鼻,有白虫入脑,患癞。久带其香透关,令人成异疾。

【主治】辟恶气,杀鬼精物,去三虫蛊毒,温疟痫痓。久服,除邪,不梦寤魇寐(《本经》)。疗诸凶邪鬼气,中恶,心腹暴痛,胀急痞满,风毒,去面䵟、目中肤翳,妇人产难堕胎。通神仙(《别录》)。佩服及置枕间,辟恶梦,及尸疰鬼气。又疗蛇毒(弘景。《抱朴子》云:入山辟蛇,以麝香丸着足爪中有效。因麝啖蛇,故以厌之也)。治蛇、蚕咬,沙虱溪瘴毒,辟蛊气,杀脏腑虫,治疟疾,吐风痰,疗一切虚损恶病。纳子宫,暖水脏,止冷带下(《日华》)。熟水研服一粒,治小儿惊痫客忤,镇心安神,止小便利。又能蚀一切痈疮脓水(《药性》。又云:入十香丸服,令人百毛九窍皆香)。除百病,治一切恶气及惊怖恍惚(孟诜)。疗鼻窒,不闻香臭(好古)。通诸窍,开经络,透肌骨,解酒毒,消瓜果食积,治中风、中气、中恶,痰厥,积聚癥瘕(时珍)。

【附方】旧七,新十三。中风不省:麝香二钱研末,入清油二两和匀,灌之,其人自苏也。(《济生方》)中恶客忤,项强欲死:麝香少许,乳汁调,涂儿口中取效。醋调亦可。(《广利方》)小儿惊啼,发歇不定:真麝香一字,清水调服,日三。(《广利》)小儿中水:单以麝香如大豆三枚,奶汁调,分三四服。(《杨氏产乳》)破伤风水,毒肿痛不可忍:麝香末一字纳疮中,出尽脓水,便效。(《普济方》)中恶霍乱:麝香一钱,醋半盏,调服。(《圣惠方》)小儿邪疟:以麝香研墨,书"去邪辟魔"四字于额上。(《经验后方》)诸果成积,伤脾作胀,气急:用麝香一钱,生桂末一两。饭和,丸绿豆大。大人十五丸,小儿七丸,白汤下。盖"果得麝则落、木得桂即枯"故也。(《济生》)消渴饮水,因饮酒或食果实过度,虽能食而口渴饮水,数尿:以麝香当门子,酒相和作十余丸,枳椇子煎汤送下。盖麝香败酒坏果,枳椇亦败酒也。(《济生》)偏正头痛久不除者:晴明时,将发分开,用麝香五分,皂角末一钱,薄纸裹置患处。以布包炒盐于上熨之,冷则易。如此数次,永不再发。(《简便单方》)五种蛊毒:麝香、雄黄等分为末,以生羊肝如指大,以刀割开,裹药吞之。(《卫生》)口内肉球有根如线五寸余,如钗股,吐出乃能食物,捻之则痛彻心者。麝香一钱研水服之,日三,自消。(夏子益《奇疾方》)催生易产:《续十全方》:麝香一钱,水研服,立下。《济生》:胜金散:治人弱难产。麝香一钱,盐豉一两,以旧青布裹之,烧红为末。以秤锤淬酒,服二钱即下。郭稽中云:妇人产难及横逆生者,乃儿枕破而败血裹子,服胜金散逐其败血,自生也。死胎不下:麝香(当门子)一枚,桂心末二钱,温酒服,即下。(《本事方》)痔疮肿毒:麝香(当门子)、印城盐等分涂之。不过三次。(《外台》)鼠咬成疮:麝香封之,妙。(《经验后方》)蚕咬成疮:蜜调麝香敷之。(《广利方》)山岚瘴气:水服麝香三分解之。(《集简方》)虫牙作痛:香油抹箸头,蘸麝香末。绵裹炙热咬之。换二三次,其虫即死,断根甚妙。(《医方摘要》)

肉

【气味】甘,温,无毒。

诜曰:蛮人常食之,似獐肉而腥气,云食之不畏蛇毒也。

【主治】腹中癥病(时珍)。

【附方】新一。小儿症病:麝肉二两,切焙,蜀椒三百枚,炒捣末,以鸡子白和,丸小豆大。每服二三丸,汤下,以知为度。(《范汪方》)

灵猫(《拾遗》)

【释名】灵狸(作蛉者非)、香狸(《杂俎》)、神狸(《离骚注》)、类。

时珍曰:自为牝牡,又有香气,可谓灵而神矣。

【集解】藏器曰:灵猫生南海山谷。状如狸,自为牝牡。其阴如麝,功亦相似。按《异物志》云:灵狸一体自为阴阳。刳其水道连囊,以酒洒阴干,其气如麝。若杂入麝香中，罕能分别，用之亦如麝焉。

灵猫

颂曰：香狸出南方，人以作脍生，如北地狐生法，其气甚香，微有麝气。

时珍曰：按段成式言，香狸有四外肾，则自能牝牡者，或由此也。刘郁《西使记》云：黑契丹出香狸，文似土豹，其肉可食，粪溺皆香如麝气。杨慎《丹铅录》云：予在大理府见香猫如狸，其文如金钱豹。此即《楚辞》所谓乘赤豹兮载文狸，王逸注为神狸者也。《南山经》所谓：亶爰之山有兽焉，状如狸而有髦，其名曰类，自为牝牡，食者不妒。《列子》亦云：亶爰之兽，自孕而生，曰类。疑即此物也。又《星禽真形图》，心月狐有牝牡两体，其神狸乎？珍按刘、杨二说与《异物志》所说相合，则类即灵狸无疑矣，类、狸字音亦相近也。

肉

【气味】甘，温，无毒。

阴

【气味】辛，温，无毒。

【主治】中恶鬼气，飞尸蛊疰，心腹猝痛，狂邪鬼神，鬼疟疫气，梦寐邪魇，镇心安神（藏器）。

猫（《蜀本草》）

【释名】家狸。

时珍曰：猫，苗、茅二音，其名自呼。陆佃云：鼠害苗而猫捕之，故字从苗。《礼记》所谓迎猫，为其食田鼠也，亦通。《格古论》云：一名乌圆。或谓蒙贵即猫，非矣。

肉

猫

【气味】甘、酸，温，无毒。

【主治】劳疰、鼠瘘、蛊毒。

【发明】时珍曰：本草以猫、狸为一类注解。然狸肉入食，猫肉不佳，亦不入食品，故用之者稀。胡濙《易简方》云：凡预防蛊毒，自少食猫肉，则蛊不能害。此亦《隋书》所谓猫鬼野道之蛊乎？《肘后》治瘰瘘核肿，或已溃出脓血者，取猫肉如常作羹，空心食之，云不传之法也。昔人皆以疬子为鼠涎毒所致。此乃《淮南子》所谓狸头治鼠及鼠啮人疮。又云狐目狸脑，鼠去其穴。皆取其相制之义耳。

头骨

【气味】甘，温，无毒。

【主治】鬼疰蛊毒，心腹痛，杀虫治疳，及痘疮变黑，瘰疬、瘰瘘、恶疮（时珍）。

【发明】时珍曰：古方多用狸，今人多用猫，虽是二种，性气相同，故可通用。孙氏治痘疮倒靥，用人、猫、猪、犬四头骨，方见人类。

【附方】新九。心下鳖瘕：用黑猫头一枚烧灰，酒服方寸匕，日三。（《寿域》）痰齁发喘：猫头骨烧灰，酒服三钱，便止。（《医学正传》）猫鬼野道病，歌哭不自由：腊月死猫头烧灰，水服一钱匕，日二。（《千金方》）多年瘰疬不愈：用猫头、蝙蝠各一个，俱撒上黑豆，同烧存性，为末掺之。干则油调。内服五香连翘汤，取效。（《集要》）走马牙疳：黑猫头烧灰，酒服方寸匕。（《寿域方》）小儿阴疮：猫头骨烧灰，敷之即愈。鼠咬疮痛：猫头烧灰，油调敷之，以瘥为度。（赵氏方）收敛痈疽：猫头一个煅研，鸡子十个煮熟去白，以黄煎出油，入白蜡少许，调灰敷之，外以膏护住，神妙。（《医方摘要》）对口毒疮：猫头骨烧存性，研。每服三五钱，酒服。（吴球《便民食疗方》）

脑（纸上阴干）

【主治】瘰疬鼠瘘溃烂，同莽草等分为末，纳孔中（时珍。出《千金》）。

眼睛

【主治】瘰疬鼠瘘，烧灰，井华水服方寸匕，日三（出《千金》）。

牙

【主治】小儿痘疮倒靥欲死，同人牙、猪牙、犬牙烧炭，等分研末，蜜水服一字，即便发起（时珍）。

【发明】时珍曰：痘疮归肾则变黑。凡牙皆肾之标，能入肾发毒也。内有猫牙，又能解毒，而热证亦可用云。

舌

【主治】瘰疬鼠瘘，生晒研敷（《千金》）。

涎

【主治】瘰疬，刺破涂之（时珍）。

肝

【主治】劳瘵杀虫，取黑猫肝一具，生晒研末，每朔、望五更酒调服之（时珍。出《直指》）。

胞衣

【主治】反胃吐食，烧灰，入朱砂末少许，压舌下，甚效（时珍。出杨氏《经验》）。

皮毛

【主治】瘰疬诸瘘，痈疽溃烂（时珍）。

【附方】新六。乳痈溃烂见内者：猫儿腹下毛，坩锅内煅存性，入轻粉少许，油调封之。（《济生秘览》）瘰疬鼠瘘：以石菖蒲生研盦之，微破，以猫儿皮连毛烧灰，用香油调敷。内服白蔹末，酒下，多多为上。仍以生白蔹捣烂，入酒少许，敷之，效。（《证治要诀》）鬓边生疖：猫颈上毛、猪颈上毛各一把，鼠屎一粒，烧研，油调敷之。（《寿域》）鬼舐头疮：猫儿毛烧灰，膏和敷之。（《千金》）鼻擦破伤：猫儿头上毛剪碎，唾粘敷之。（《卫生易简》）鼠咬成疮：猫毛烧灰，入麝香少许，唾和封之。猫须亦可。（《救急易方》）

尿

以姜或蒜擦牙、鼻，或生葱纴鼻中，即遗出。

【主治】蜒蚰诸虫入耳，滴入即出（时珍。出《儒门事亲》）。

屎

【修治】腊月采干者，泥固，烧存性，收用。

【主治】痘疮倒陷不发，瘰疬溃烂，恶疮蛊疰，蝎螫鼠咬（时珍。痘靥有无价散，见人类）。烧灰水服，治寒热鬼疟，发无期度者，极验（《唐本注》）。

【附方】旧一，新七。小儿疟疾：乌猫屎一钱，桃仁七枚，同煎，服一盏立瘥（《温居士方》）腰脚锥痛支腿者：猫儿屎烧灰，唾津调，涂之。（《永类钤方》）蛊疰腹痛：雄猫屎烧灰，水服。（《外台》）瘰疬溃烂：腊月猫屎，以阴阳瓦合，盐泥固济，煅过研末，油调搽之。（《儒门事亲》）鬼舐头秃：猫儿屎烧灰，腊猪脂和，敷之。（《千金》）鼠咬成疮：猫屎揉之，即愈。（《寿域方》）蝎螫作痛：猫儿屎涂之，三五次即瘥。（《心镜》）齁哮痰咳：猫粪烧灰，砂糖汤服一钱。（叶氏《摘玄》）

狸（《别录》中品）

【释名】野猫。

时珍曰：按《埤雅》云：豸之在里者，故从里，穴居狸伏之兽也。《尔雅》云：狸子曰隶（音曳）。其足蹯，其迹内（音钮，指头处也）。

肉

【气味】甘，平，无毒。

诜曰：温。正月勿食，伤神。

时珍曰:《内则》:食狸去正脊,为不利人也。反藜芦。

【主治】诸疰(《别录》)。治风湿鬼毒气,皮中如针刺(时珍。出《太平御览》)。作羹臛,治痔及鼠瘘,不过三顿,甚妙。(苏颂。出《外台》)。补中益气,去游风(孙思邈)。

狸

【附方】新二。肠风痔瘘,下血年深日近者:如圣散:用腊月野狸一枚,蟠在罐内;炒大枣半升,枳壳半斤,甘草四两,猪牙皂荚二两,同入罐内盖定,瓦上穿一孔,盐泥固济,煅令干。作一地坑,以十字瓦支住罐子,用炭五秤,煅至黑烟尽、青烟出取起,湿土罨一宿,为末。每服二钱,盐汤下。一方:以狸作羹,其骨烧灰酒服。(《杨氏家藏方》)风冷下血,脱肛疼痛:野狸一枚,大瓶盛之,泥固,火煅存性,取研,入麝香二钱。每食前,米饮服二钱。(《圣惠方》)

膏

【主治】鼷鼠咬人成疮,用此摩之,并食狸肉(时珍)。

肝

【主治】鬼疟(时珍)。

【附方】新一。鬼疟经久,或发或止:野猫肝一具,(瓶盛,热猪血浸之,封口,悬干去血,取肝研末),猢狲头骨、虎头骨、狗头骨各一两,麝香一分,为末,醋糊丸芡子大。发时手把一丸嗅之,仍以绯帛包一丸系中指上。(《圣惠方》)

阴茎

【主治】女人月水不通,男子阴癞,烧灰,东流水服(《别录》)。

骨(头骨尤良)

【气味】甘,温,无毒。

【主治】风疰、尸疰、鬼疰、毒气,在皮中淫跃如针刺者,心腹痛,走无常处,及鼠瘘恶疮(《别录》)。烧灰酒服,治一切游风(《日华》)。炒末,治噎病,不通饮食(《药性》)。烧灰水服,治食野鸟肉中毒。头骨炙研或烧灰,酒服二钱,治尸疰、邪气腹痛及痔瘘,十服后见验(孟诜。宗奭曰:炙骨,和雄黄、麝香为丸服,治痔及瘘甚效)。杀虫,治疳痢、瘰疬(时珍)。

【发明】颂曰:华佗治尸疰有狸骨散,用其头。

时珍曰:狸骨、猫骨性相近,可通用之。《卫生宝鉴》治诸风心痫神应丹,用狸全身烧过入药。

【附方】旧一,新一。瘰疬肿痛:久不瘥。用狸头、蹄骨,并涂酥炙黄为散。每日空心米饮下一钱匕。(《圣惠》)瘰疬已溃:狸头烧灰,频敷之。(《千金》)

屎(五月收干)

【主治】烧灰,水服,主鬼疟寒热(孟诜)。烧灰,和腊猪脂,敷小儿鬼舐头疮(《千金》)。

风狸(《拾遗》)

【校正】原附狸下,今分出。

【释名】风母(《纲目》)、风生兽(同)、平猴(同)、狤猸(音吉屈)。

风狸

时珍曰:风狸能因风腾越,死则得风复生,而又治风疾,故得风名。狤猸言其诘崛也。

【集解】藏器曰:风狸生邕州以南。似兔而短,栖息高树上,候风而吹至他树,食果子。其尿如乳,甚难得,人取养之乃可得。

时珍曰:今考《十洲记》之风生兽,《南州异物志》之平猴,《岭南异物志》之风猩,《酉阳杂俎》之狤猸,《虞衡志》之风狸,皆一物也,但纹有大同小异尔。其兽生岭南及蜀西徼外山林中。其大如狸如獭,其状如猿猴而小,其目赤,其尾短如无,其色青黄而黑,其文如豹。或云一身无毛,惟自鼻至尾一道有青毛,广寸许,长三四分。其尿如乳汁。其性食蜘蛛,亦啖薰陆香。昼则蜷伏不动如猬,夜则因风腾跃甚捷,越岩过树,如鸟飞空中。人网得之,见人则如羞而叩头乞怜之态。人挝击之,倏然死矣,以口向风,须臾复活。惟碎其骨、破其脑乃死。一云刀斫不入,火焚不焦,打之如皮囊,虽铁击其头破,得风复起;惟石菖蒲塞其鼻,即死也。一云此兽常持一小杖,遇物则指,飞走悉不能去,见人则弃之。人获得击打至极,乃指示人。人取以指物,令所欲如意也。二说见《十洲记》及《岭南志》,未审然否?

脑

【主治】酒浸服,愈风疾(时珍。出《岭南志》)。和菊花服至十斤,可长生(《十洲记》)。

尿

【主治】诸风(藏器)。大风疾(《虞衡志》)。

狐(《别录》下品)

【释名】时珍曰:《埤雅》云:狐,孤也。狐性疑,疑则不可以合类,故其字从孤省。或云狐知虚实,以虚击实,实即孤也,故从孤,亦通。

【集解】弘景曰:江东无狐,狐出北方及益州。形似狸而黄,善为魅。

恭曰:形似小黄狗,而鼻尖尾大,全不似狸。

颂曰:今江南亦时有之,汴、洛尤多。北土作脍生食之。

狐

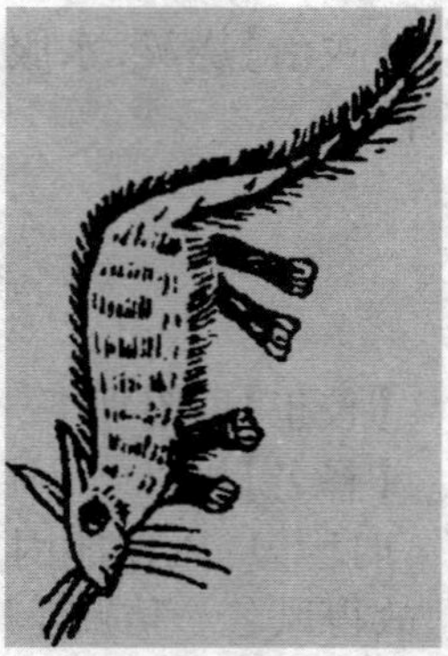

宗奭曰:其性多疑审听,故捕者多用置。

时珍曰:狐南北皆有之,北方最多。有黄、黑、白三种,白色者尤稀。尾有白钱纹者亦佳。日伏于穴,夜出窃食。声如婴儿,气极臊烈。毛皮可为裘,其腋毛纯白,谓之狐白。许慎云:妖兽,鬼所乘也。有三德:其色中和,小前大后,死则首丘。或云狐知上伏,不度阡陌。或云狐善听冰。或云狐有媚珠。或云狐至百岁,礼北斗而变化为男、女、淫妇以惑人。又能击尾出火。或云狐魅畏狗。千年老狐,惟以千年枯木燃照,则见真形。或云犀角置穴,狐不敢归。《山海经》云:青丘之山,有狐九尾,能食人。食之不蛊。

鼎曰:狐魅之状,见人或叉手有礼,或祇揖无度,或静处独语,或裸形见人也。

肉

【气味】甘,温,无毒。

诜曰:有小毒。《礼记》云"食狐去首",为害人也。

【主治】同肠作臛食,治疮疥久不瘥(苏恭)。煮炙食,补虚损;又主五脏邪气,患蛊毒寒热者,宜多服之(孟诜)。作脍生食,暖中去风,补虚劳(苏颂)。

【附方】旧一。狐肉羹:治惊痫恍惚,语言错谬,歌笑无度,及五脏积冷,蛊毒寒热诸病。用狐肉一片及五脏治净,入豉汁煮熟,入五味作羹,或作粥食。京中以羊骨汁、鲫鱼代豉汁,亦妙。(《食医心镜》)

五脏及肠肚

【气味】苦,微寒,有毒。

【主治】蛊毒寒热,小儿惊痫(《别录》)。补虚劳,随脏而补,治恶疮疥。生食,治狐魅(《日华》)。作羹臛,治大人见鬼(孟诜)。肝烧灰,治风痫及破伤风,口紧搐强(时珍。古方治诸风惊痫,有狐肝散及《卫生宝鉴》神应散、《普济方》治破伤中风金乌散中并用之)。

【附方】新四。劳疟瘴疟:野狐肝一具阴干,重五日更初,北斗下受气为末,粳米饭作丸绿豆大。每以一丸绯帛裹,系手中指,男左女右。(《圣惠》)鬼疟寒热:野狐肝胆一具(新瓶内阴干),阿魏一分,为末,醋煮面糊丸芡子大。发时男左女右把一丸嗅之。仍以绯帛包一丸,系手中指。(《圣惠》)中恶蛊毒:腊月狐肠烧末,水服方寸匕。(《千金》)牛病疫疾:恭曰:狐肠烧灰,和水灌之,胜獭也。

胆(腊月收之)

【主治】人猝暴亡,即取雄狐胆温水研灌,入喉即活。移时者无及矣(苏颂。出《续传信方》)。辟邪疟,解酒毒(时珍。《万毕术》云:狐血渍黍,令人不醉。高诱注云：以狐血渍黍米、麦门冬，阴干为丸。饮时以一丸置舌下含之，令人不醉也）。

【附方】新一。狐胆丸：治邪疟发作无时。狐胆一个，朱砂、砒霜各半两，阿魏、麝香、黄丹、绿豆粉各一分，为末，五月五日午时，粽子尖和，丸梧桐子大。空心及发前，冷醋汤服二丸。忌热物。（《圣惠方》）

阴茎

【气味】甘，微寒，有毒。

思邈曰：平，有小毒。

【主治】女子绝产，阴中痒，小儿阴㿗卵肿（《别录》）。妇人阴脱（时珍）。

【附方】新一。小儿阴肿：狐阴茎炙为末，空心酒服。（《千金方》）

头

【主治】烧之辟邪。同狸头烧灰，敷瘰疬（时珍。《千金》）。

目

【主治】破伤中风（时珍）。

【发明】时珍曰：狐目治破伤风，方见刘氏《保寿堂方》，云神效无比。腊月收取狐目阴干，临时用二目一副，炭火微烧存性，研末，无灰酒服之。又《淮南万毕术》云：狐目狸脑，鼠去其穴。谓涂穴辟鼠也。

鼻

【主治】狐魅病，同豹鼻煮食（时珍）。

唇

【主治】恶刺入肉，杵烂，和盐封之（《圣惠》）。

口中涎液

【主治】入媚药（嘉谟曰：取法：小口瓶盛肉，置狐常行处。狐爪不得，徘徊于上，涎入瓶中，乃收之也）。

四足

【主治】痔漏下血（时珍）。

【附方】新一。痔漏反花泻血者：用狐手足一副（阴干），穿山甲、猬皮各三两，黄明胶、白附子、五灵脂、蜀乌头、川芎䓖、乳香各二两，剉细，入砂锅内，固济候干，炭火煅红为末。入木香末一两，以芫荽煎酒调下二钱，日三服，屡效。（《永类钤方》）

皮

【主治】辟邪魅（时珍）。

尾

【主治】烧灰辟恶(《日华》。头尾烧灰,治牛疫,和水灌之)。

雄狐屎

恭曰:在竹、木、及石上,尖头者是也。

【主治】烧之辟恶(《别录》)。去瘟疫气(苏恭)。治肝气心痛,颜色苍苍如死灰状而喘息大者,以二升烧灰,和姜黄三两捣末,空腹酒下方寸匕,日再,甚效(苏颂。出崔元亮《海上方》)。疗恶刺入肉,烧灰,和腊月猪脂封之(《千金》)。

【附方】旧一,新一。鬼疟寒热:雄狐屎、蝙蝠屎各一分为末,醋糊丸芡子大。发时男左女右,手把一丸嗅之。(《圣惠》)一切恶瘘,中有冷息肉者:用正月狐粪干末,食前新汲水下一钱匕,日二。(《千金》)

貉(音鹤。《衍义》)

【校正】原系貒下,今分出。

【释名】时珍曰:按俗云:貉与獾同穴各处,故字从各。《说文》作貈。亦作狢。《尔雅》:貈子曰貆(音陌),其雌曰貀(音恼)。原本以貆作貊者,讹矣。

【集解】宗奭曰:貉形如小狐,毛黄褐色。

貉

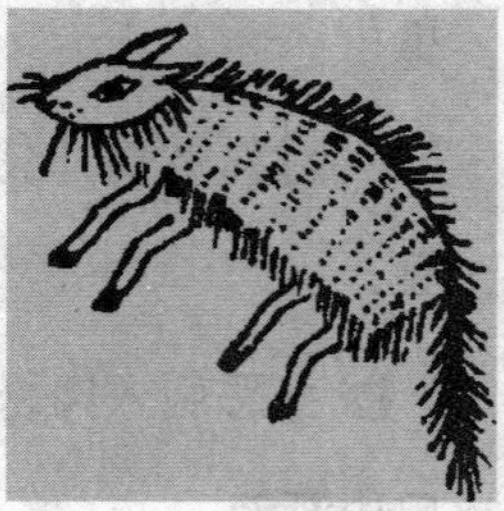

时珍曰:貉生山野间。状如狸,头锐鼻尖,斑色。其毛深厚温滑,可为裘服。与獾同穴而异处,日伏夜出,捕食虫物,出则獾随之。其性好睡,人或蓄之,以竹叩醒,已而复寐,故人好睡者谓之貉睡。俗作渴睡,谬矣。俚人又言其非好睡,乃耳聋也,故见人乃知趋走。《考工记》云:貉逾汶则死,地气使然也。王浚川言北曰狐,南曰貉;《星禽书》言氐土貉是千岁独狐化成者,并非也。

肉

【气味】甘,温,无毒。

【主治】元脏虚劳及女子虚惫(苏颂)。

貒(音湍。《唐本草》)

【释名】獾豘(藏器)、猪獾。

时珍曰:貒,团也,其状团肥也。《尔雅》云:貒子曰貗。其足蹯,其迹内。蹯,足掌也。内,指头迹也。

【集解】颂曰:貒,似犬而矮,尖喙黑足,褐色。与獾、貉三种而大抵相类,而头、足小别。郭璞注《尔雅》云:貒,一名獾,以为一物,然方书说其形状差别也。

貒

宗奭曰：貒肥矮，毛微灰色，头连脊毛一道黑，短尾，尖嘴而黑。蒸食极美。

时珍曰：貒，即今猪獾也。处处山野间有之，穴居。状似小猪豘，形体肥而行钝。其耳聋，见人乃走。短足短尾，尖喙褐毛，能孔地食虫蚁瓜果。其肉带土气，皮毛不如狗獾。苏颂所注乃狗獾，非貒也。郭璞谓獾即貒，亦误也。

肉

【气味】甘、酸，平，无毒。

【主治】水胀久不瘥、垂死者，作羹食之，下水大效（苏恭。《圣惠》用粳米、葱、豉作粥食）。服丹石动热，下痢赤白久不瘥，煮肉露一宿，空腹和酱食，一顿即瘥。瘦人煮和五味食，长肌肉（孟诜。宗奭曰：野兽中惟貒肉最甘美，益瘦人）。治上气虚乏，咳逆劳热，和五味煮食（吴瑞）。

膏

【主治】蜣螂蛊毒，胸中哽噎怵怵如虫行，咳血，以酒和服，或下或吐或自消也（崔行功）。

胞

【主治】蛊毒，以腊月者，汤摩如鸡子许，空腹服之（《唐本草》）。

骨

【主治】上气咳嗽，炙研，酒服三合，日二，取瘥（孟诜）。

獾（《食物》）

【释名】狗獾（音欢）、天狗。

时珍曰：獾又作貆，亦状其肥钝之貌。蜀人呼为天狗。

獾

【集解】汪颖曰：狗獾，处处山野有之，穴土而居。形如家狗，而脚短，食果实。有数种相似。其肉味甚甘美，皮可为裘。

时珍曰：貒，猪獾也；獾，狗獾也，二种相似而略殊。狗獾似小狗而肥，尖喙矮足，短尾深毛，褐色。皮可为裘领。亦食虫蚁瓜果。又辽东女直地面有海獾皮，可供衣裘，亦此类也。

肉

【气味】甘、酸，平，无毒。

【主治】补中益气，宜人（汪颖）。小儿疳瘦，杀蛔虫，宜啖之（苏颂）。功与貓同（时珍）。

木狗(《纲目》)

狗 木

【集解】时珍曰：按熊太古《冀越集》云：木狗生广东左右江山中。形如黑狗，能登木。其皮为衣褥，能运动血气。元世祖有足疾，取以为裤，人遂贵重之，此前所未闻也。珍尝闻蜀人言：川西有玄豹，大如狗，黑色，尾亦如狗。其皮作裘、褥，甚暖。冬月远行，用其皮包肉食，数日犹温，彼土亦珍贵之。此亦木狗之属也，故附见于此云。

皮

【主治】除脚痹风湿气，活血脉，暖腰膝（时珍）。

豺(音侪。《唐本草》)

豺

【释名】豺狗。

时珍曰：按《字说》云：豺能胜其类，又知祭兽，可谓才矣。故字从才。《埤雅》云：豺，柴也。俗名体瘦如豺是矣。

【集解】时珍曰：豺，处处山中有之，狼属也。俗名豺狗，其形似狗而颇白，前矮后高而长尾，其体细瘦而健猛，其毛黄褐色而鬖鬖其牙如锥而噬物，群行虎亦畏之，又喜食羊。其声如犬，人恶之，以为引魅不祥。其气臊臭可恶。罗愿云：世传狗为豺之舅，见狗辄跪，亦相制耳。

肉

【气味】酸，热，有毒。

诜曰：豺肉食之，损人精神，消人脂肉，令人瘦。

皮

【气味】热。

【主治】冷痹软脚气，熟之以缠裹病上，即瘥（苏恭）。疗诸疳痢，腹中诸疮，煮汁饮，或烧灰酒服之。其灰亦可敷䘌齿疮（孟诜。又曰：头骨烧灰和酒灌解槽，牛马便驯良附人）。治小儿夜啼，百法不效，同狼屎中骨烧灰等分，水服少许，即定（时珍。出《普济方》）。

狼(《拾遗》)

【释名】毛狗。

时珍曰:《禽书》云:狼逐食,能倒立,先卜所向,兽之良者也。故字从良。《尔雅》云:牡曰獾,牝曰狼,其子曰獥(音叫)。

【集解】藏器曰:狼大如狗,苍色,鸣声则诸孔皆沸。

狼

时珍曰:狼,豺属也,处处有之,北方尤多,喜食之,南人呼为毛狗是矣。其居有穴。其形大如犬,而锐头尖喙,白颊骈胁,高前广后,脚不甚高。能食鸡鸭鼠物。其色杂黄黑,亦有苍灰色者。其声能大能小,能作儿啼以魅人,野俚尤恶其冬鸣。其肠直,故鸣则后窍皆沸,而粪为烽烟,直上不斜。其性善顾而食戾践藉。老则其胡如袋,所以跋胡疐尾,进退两患。其象上应奎星。

颖曰:狈足前短,知食所在;狼足后短,负之而行,故曰狼狈。

狼筋

藏器曰:狼筋如织络袋子,又若筋胶所作,大小如鸭卵。人有犯盗者,熏之即脚挛缩,因之获贼也。或言是狼胜下筋,又言是虫所作,未知孰是?

时珍曰:按李石《续博物志》云:唐时有狼巾,一作狼筋,状如大蜗,两头光,带黄色。有段祐失金帛,集奴婢于庭焚之,一婢脸眴,乃窃器者。此即陈氏所谓狼筋也。愚谓其事盖术者所为,未必实有是理,而罗氏《尔雅翼》解为狼胜中筋,大于鸡卵,谬矣。

肉

【气味】咸,热,无毒。

味胜狐、犬。

【主治】补益五脏,厚肠胃,填精髓,腹有冷积者宜食之(时珍。出《饮膳正要》)。

膏

【主治】补中益气,润燥泽皱,涂诸恶疮(时珍)。

【发明】时珍曰:腊月炼净收之。《礼记》云:小切狼臅膏,与稻米为酏。谓以狼胸臆中膏,和米作粥糜也。古人多食狼肉,以膏煎和饮食。故《内则》食狼去肠,《周礼》兽人冬献狼,取其膏聚也。诸方亦时用狼之靥、牙、皮、粪,而本草并不著其功用,止有陈藏器述狼筋疑似一说,可谓缺矣。今通据《饮膳正要》诸书补之云。

牙

【主治】佩之,辟邪恶气。刮末水服,治猘犬伤。烧灰水服方寸匕,治食牛中毒

(时珍。出《小品》诸方)。

喉靨

【主治】噎病,晒干为末,每以半钱入饭内食之,妙(《圣惠》)。

皮

【主治】暖人,辟邪恶气。嗉下皮,搓作条,勒头,能去风止痛(《正要》。淮南子《万毕术》云:狼皮当户,羊不敢出)。

尾

【主治】系马胸前,辟邪气,令马不惊(《正要》)。

屎

【主治】瘰疬,烧灰,油调封之。又治骨哽不下,烧灰,水服之(时珍。出(《外台》《千金方》)。

屎中骨

【主治】小儿夜啼,烧灰,水服二黍米大,即定。又能断酒(《千金》)。

【附方】新一。破伤风:狼、虎穿肠骨四钱(炙黄),桑花、蝉蜕各二钱,为末。每服一钱,米汤调下。若口干者,不治。(《经验方》)

兔(《别录》中品)

【释名】明视。

时珍曰:按魏子才《六书精蕴》云:兔字篆文象形。一云:吐而生子,故曰兔。《礼记》谓之明视,言其目不瞬而瞭然也。《说文》兔子曰娩(音万)。狡兔曰㕙(音俊),曰毚(音谗)。《梵书》谓兔为舍舍迦。

肉

兔

【气味】辛,平,无毒。

诜曰:酸,冷。

时珍曰:甘,寒。按《内则》云:食兔去尻,不利人也。《风俗通》云:食兔髌多,令人面生髌骨。

弘景曰:兔肉为羹,益人。妊娠不可食,令子缺唇。不可合白鸡肉及肝、心食,令人面黄。合獭肉食,令人病遁尸。与姜、橘同食,令人心痛、霍乱。又不可同芥食。

藏器曰:兔尻有孔,子从口出,故妊妇忌之,非独为缺唇也。大抵久食绝人血脉,损元气、阳事,令人痿黄。八月至十月可食,余月伤人神气。兔死而眼合者杀人。

【主治】补中益气(《别录》)。热气湿痹,止渴健脾。生食,压丹石毒(《日华》)。腊月作酱食,去小儿豌豆疮(《药性》)。凉血,解热毒,利大肠(时珍)。

【附方】旧一。消渴羸瘦:用兔一只,去皮、爪、五脏,以水一斗半煎稠,去滓澄冷,渴即饮之。极重者不过二兔。(崔元亮《海上方》)

血

【气味】咸,寒,无毒。

【主治】凉血活血,解胎中热毒,催生易产(时珍)。

【附方】新六。蟾宫丸:《乾坤秘韫》:治小儿胎毒,遇风寒即发痘疹,服此可免,虽出亦稀。用兔二只,腊月八日刺血于漆盘内,以细面炒熟和,丸绿豆大。每服三十丸,绿豆汤下。每一儿食一剂,永安甚效。《杨氏经验方》:加朱砂三钱,酒下。名兔砂丸。兔血丸:小儿服之,终身不出痘疮,或出亦稀少。腊月八日,取生兔一只刺血,和荞麦面,少加雄黄四五分,候干,丸如绿豆大。初生小儿,以乳汁送下二三丸。遍身发出红点,是其征验也。但儿长成,常以兔肉啖之,尤妙。(刘氏《保寿堂方》)催生丹:治产难:腊月兔血,以蒸饼染之,纸裹阴干为末。每服二钱,乳香汤下。(《指迷方》)心气痛:《瑞竹堂方》:用腊月兔血和茶末四两,乳香末二两,捣丸芡子大。每温醋化服一丸。谈野翁方:腊月八日,取活兔血和面,丸梧桐子大。每白汤下二十一丸。

脑

【主治】涂冻疮(《别录》)。催生滑胎(时珍)。同膏,治耳聋(苏恭)。

【附方】旧四。催生散:用腊月兔脑髓一个,摊纸上令匀,阴干剪作符子,于面上书"生"字一个。候母痛极时,用钗股夹定,灯上烧灰,煎丁香酒调下。(《博济方》)催生丹:腊月取兔脑髓二个,涂纸上吹干,入通明乳香末二两,同研令匀。于腊日前夜,安桌子上,露星月下。设茶果,斋戒焚香,望北拜告曰:大道弟子某,修合救世上难生妇人药,愿降威灵,佑助此药,速令生产。祷毕,以纸包药,露一夜,天未明时,以猪肉捣和,丸芡子大,纸袋盛,悬透风处。每服一丸,温醋汤下。良久未下,更用冷酒下一丸,即产。乃神仙方也。(《经验方》)手足皲裂:用兔脑髓生涂之。(《圣惠》)发脑发背及痈疽热疖恶疮:用腊月兔头捣烂,入瓶内密封,惟久愈佳。每用涂帛上厚封之,热痛即如冰也。频换取瘥乃止。(《胜金》)

骨

【主治】热中,消渴,煮汁服(《别录》。颂曰:崔元亮《海上方》:治消渴羸瘦,小便不禁。兔骨和大麦苗煮汁服,极效)。煮汁服,止霍乱吐利(时珍。《外台》用之)。治鬼疰,疮疥刺风(《日华》。藏器曰:醋磨涂久疥,妙)。

头骨(腊月收之)

【气味】甘、酸,平,无毒。

【主治】头眩痛，癫疾(《别录》)。连皮毛烧存性，米饮服方寸匕，治天行呕吐不止，以瘥为度(苏颂。出《必效方》)。连毛、髓烧灰酒服，治产难下胎，及产后余血不下(《日华》。陆氏用葱汤下)。烧末，敷妇人产后阴脱，痈疽恶疮。水服，治小儿疳痢。煮汁服，治消渴不止(时珍)。

【附方】新二。预解痘毒：十二月取兔头煎汤浴小儿，除热去毒，令出痘稀。(《饮膳正要》)产后腹痛：兔头炙热摩之，即定。(《必效》)

肝

【主治】目暗(《别录》)。明目补劳，治头旋眼眩(《日华》)。和决明子作丸服，甚明目。切洗生食如羊肝法，治丹石毒发上冲，目暗不见物(孟诜)。

【发明】时珍曰：按刘守真云：兔肝明目，因其气有余，以补不足也。眼科书云：兔肝能泻肝热。盖兔目瞭而性冷故也。

【附方】新一。风热目暗：肝肾气虚，风热上攻，目肿暗。用兔肝一具，米三合，和豉汁，如常煮粥食。(《普济》)

皮毛(腊月收之)

【主治】烧灰，酒服方寸匕，治产难后胞衣不出，及余血抢心，胀刺欲死者，极验(苏恭)。煎汤，洗豌豆疮(《药性》)。头皮灰：主鼠瘘，及鬼疰毒气在皮中如针刺者。毛灰：主灸疮不瘥(藏器)。皮灰：治妇人带下。毛灰：治小便不利。余见败笔下(时珍)。

【附方】旧二妇人带下：兔皮烧烟尽，为末。酒服方寸匕，以瘥为度。(《外台》)火烧成疮：兔腹下白毛贴之。候毛落即瘥。(《百一方》)

屎(腊月收之)

【释名】明月砂(《圣惠》)、玩月砂(《集验》)、兔蕈(《炮炙论》)。

【主治】目中浮翳，劳瘵五疳，疳疮痔瘘，杀虫解毒(时珍)。

【发明】时珍曰：兔屎能解毒杀虫，故治目疾、疳劳、疮痔方中往往用之。诸家本草并不言及，亦缺漏也。按沈存中《良方》云：江阴万融病劳，四体如焚，寒热烦躁。一夜梦一人腹拥一月，光明使人心骨皆寒。及寤而孙元规使人遗药，服之遂平。扣之，则明月丹也，乃悟所梦。

【附方】旧二，新五。明月丹：治劳瘵，追虫。用兔屎四十九粒，硇砂(如兔屎大)四十九粒，为末，生蜜丸梧桐子大。月望前，以水浸甘草一夜，五更初取汁送下七丸。有虫下，急钳入油锅内煎杀。三日不下，再服。(《苏沈良方》)五痔下痢：兔屎(炒)半两，干蛤蟆一枚，烧灰为末，绵裹如莲子大，纳下部，日三易之。(《圣惠方》)大小便秘：明月砂一匙安脐中，冷水滴之令透，自通也。(《圣惠》)痔疮下血疼痛不止者：用玩月砂，慢火炒黄为末。每服二钱，入乳香五分，空心温酒下，日三服。即兔粪也。(《集验方》)月蚀耳疮：望夜，取兔屎纳蛤蟆腹中，同烧末，敷之。(《肘后》)痘疮入目生翳：用兔屎日干，为末。每服一钱，茶下即安。(《普济方》)痘后目翳：直往山中东西地上，不许回顾，寻兔屎二七粒，以雌、雄槟榔各一个同磨，不落地,井水调服。百无一失,其效如神。

败笔(《唐本草》)

【集解】时珍曰:上古杀青书竹帛,至蒙恬以兔毫作笔,后世复以羊、鼠诸毛为之,惟兔毫入药用。

笔头灰

【气味】微寒,无毒。

【主治】水服,治小便不通,小便数难淋沥,阴肿脱肛,中恶(《唐本》)。酒服二钱,治男子交婚之夕茎萎(《药性》)。酒服二钱,治难产。浆饮服二钱,治咽喉痛,不下饮食(时珍。出《范汪方》)。

【发明】时珍曰:笔不用新而用败者,取其沾濡胶墨也。胶墨能利小便、胎产故耳。

【附方】旧二,新二。小便不通:数而微肿:用陈久笔头一枚烧灰,水服。(《外台》)心痛不止:败笔头三个烧灰,无根水服,立效。(《经验方》)难产催生:《胜金方》圣妙寸金散:用败笔头一枚烧灰研,生藕汁一盏调下,立产。若母虚弱及素有冷疾者,温汁服之。陆氏治难产第一方:用兔毫笔头三个烧灰,金箔三片,以蜡和丸,酒服。

山獭(《纲目》)

【集解】时珍曰:山獭出广之宜州嵠峒及南丹州,土人号为插翘。其性淫毒,山中有此物,凡牝兽皆避去,獭无偶则抱木而枯。瑶女春时成群入山,以采物为事。獭闻妇人气,必跃来抱之,次骨而入,牢不可脱,因扼杀之。负归,取其阴一枚,直金一两,若得抱木死者尤奇贵。峒獠甚珍重之,私货出界者罪至死。然本地亦不常有,方士多以鼠璞、猴胎伪之。试之之法,但令妇人摩手极热,取置掌心,以气呵之,即趯然而动,盖为阴气所感故也。此说出范石湖《虞衡志》、周草窗《齐东野语》中,而不载其形状,亦缺文也。

阴茎

【气味】甘,热,无毒。

【主治】阳虚阴痿,精寒而清者,酒磨少许服之。獠人以为补助要药(时珍)。

骨

【主治】解药箭毒,研少许敷之,立消(时珍)。

水獭(《别录》下品)

【释名】水狗。

时珍曰：王氏《字说》云：正月、十月獭两祭鱼，知报本反始，兽之多赖者。其形似狗，故字从犬，从赖。大者曰獱(音宾)，曰猵(音编)。又桓宽《盐铁论》以独为猵，群为獭，如猿之与独也。

【集解】弘景曰：獭多出溪岸边。有两种：入药惟取以鱼祭天者；一种獱獭，形大而头如马，身似蝙蝠，不入药用。

颂曰：江湖多有之。

宗奭曰：獭，四足俱短，头与身尾皆褊，毛色若故紫帛。大者身与尾长三尺余。食鱼，居水中，亦休木上。尝縻置大水瓮中，在内旋转如风，水皆成旋涡。西戎以其皮饰毳服领袖，云垢不着染。如风霾翳目，但就拭之即去也。

时珍曰：獭状似狐而小，毛色青黑，似狗，肤如伏翼，长尾四足，水居食鱼。能知水信为穴，乡人以占潦旱，如鹊巢知风也。古有"熊食盐而死，獭饮酒而毙"之语，物之性也。今川、沔渔舟，往往驯畜，使之捕鱼甚捷。亦有白色者。或云獱獭无雌，以猿为雌，故云猿鸣而獭候。

肉

【气味】甘、寒，无毒。

思邈曰：甘，温。

弘景曰：不可杂兔肉食。

【主治】煮汁服。疗疫气温病，及牛马时行病(《别录》)。水气胀满，热毒风(《日华》)。骨蒸热劳，血脉不行，荣卫虚满，及女子经络不通，血热，大小肠秘。消男子阳气，不宜多食(苏颂)。

【发明】诜曰：患热毒风水虚胀者。取水獭一头，去皮，连五脏及骨、头，尾等炙干为末。水服方寸匕，日二服，十日瘥。若冷气虚胀者服之，益虚肿甚也。只治热，不治冷，为其性寒耳。

【附方】旧一。折伤：水獭一个支解，入罐内固济，待干煅存性为末。以黄米煮粥摊患处，糁獭末于粥上，布裹之。立止疼痛。(《经验后方》)

肝

颂曰：诸畜肝叶，皆有定数。惟獭肝一月一叶，十二月十二叶，其间又有退叶。用之须见形乃可验，不尔多伪也。

【气味】甘，温，有毒。

甄权曰：咸，微热，无毒。

颂曰：肉及五脏皆寒，惟肝温也。

【主治】鬼疰蛊毒，止久嗽，除鱼鲠。并烧灰酒服之（《别录》）。治上气咳嗽，虚劳瘦病（《药性》）。传尸劳极，虚汗客热，四肢寒疟及产劳（苏颂）。杀虫（时珍）。

【附方】旧二，新一。鬼魅：獭肝末，水服方寸匕，日三。（《千金翼》）肠痔有血：獭肝烧末，水服一钱。（《肘后方》）久痔下血不止：用獭肝一副煮熟，入五味空腹食之妙。（《饮膳正要》）

肾

【气味】同肉。

【主治】益男子（苏颂）。

胆

【气味】苦，寒，无毒。

【主治】眼翳黑花，飞蝇上下，视物不明。亦入点药中（苏颂）。

【正误】宗奭曰：古语云：蟾肪软玉，獭胆分杯。谓以胆涂竹刀或犀角篦上，画酒中即分也。尝试之不验，盖妄传耳。但涂杯唇，使酒稍高于盏面耳。不可不正之。

【附方】新一。月水不通：獭胆丸：用于獭胆一枚，干狗胆、硇砂、川椒（炒去汗、目）各一分，水蛭（炒黄）十枚，为末，醋糊丸绿豆大。每于食前服五丸，当归酒下，日三服。（《圣惠方》）。

髓

【主治】去瘢痕（时珍）。

【发明】时珍曰：按《集异记》云：吴主邓夫人为如意伤颊，血流啼叫。太医云：得白獭髓，杂玉与琥珀敷之，当灭此痕。遂以百金购得白獭合膏而痊。但琥珀太多，犹有赤点如痣。

骨

【主治】含之，下鱼骨鲠（陶弘景）。煮汁服，治呕哕不止（《药性》）。

足

【主治】手足皴裂（苏恭）。煮汁服，治鱼骨鲠，并以爪爬喉下（《藏器》）。为末酒服，杀劳瘵虫（时珍）。

皮毛

【主治】煮汁服，治水癞病。亦作褥及履屧着之（藏器）。产母带之，易产（张杰）。

屎

【主治】鱼脐疮，研末水和敷之，即脓出痛止（藏器曰：亦主驴马虫颡，及牛疫疾,研水灌之)。治下痢,烧末,清旦饮服一小盏,三服愈。赤用赤粪,白用白粪(时珍。出《古今录验》)。

海獭(《拾遗》)

【集解】藏器曰:海獭生海中。似獭而大如犬,脚下有皮如人胼拇,毛着水不濡。人亦食其肉。海中又有海牛、海马、海驴等,皮毛在陆地,皆候风潮,犹能毛起。说出《博物志》。

时珍曰:大猿小獭,此亦獭也。今人以其皮为风领,云亚于貂焉。如淳注《博物志》云:海猿头如马,自腰以下似蝙蝠,其毛似獭,大者五六十斤,亦可烹食。

鼹鼠(音偃。《别录》下品)

【释名】田鼠(《礼记》)、鼢鼠(音愤)、隐鼠。

时珍曰:田鼠偃行地中,能壅土成坌,故得诸名。

【集解】《别录》曰:鼹鼠在土中行。五月取令干,燔之。

弘景曰:此即鼢鼠也,一名隐鼠。形如鼠大,而无尾黑色,尖鼻甚强,常穿地中行,讨掘即得。今山林中别有大如水牛者,一名隐鼠。

藏器曰:隐鼠,阴穿地中而行,见日月光则死,于深山林木下土中有之。其大如牛者,名同物异耳。

颂曰:处处田垄间多有之。《月令》田鼠化为鴽者即此。其形类鼠而肥,多膏。旱岁为田害。

宗奭曰:鼹,脚绝短,但能行。尾长寸许,目极小,项尤短。最易取,或安竹弓射取饲鹰。陶引如水牛者释之,误矣。

时珍曰:许慎言鼢乃伯劳所化。《月令》季春田鼠化为鴽,《夏小正》八月鴽为鼠,是二物交化,如鹰、鸠然也。鴽乃鹑类。隆庆辛未夏秋大水,蕲、黄濒江之地,鼢鼠遍野,皆栉鱼所化。芦稼之根,啮食殆尽,则鼢之化,不独一种也。

肉

【气味】咸,寒,无毒。

【主治】燔之,疗痈疽、诸瘘蚀恶疮、阴𪷑烂疮(《别录》)。久食去风,主疮疥痔瘘(藏器)。治风热久积,血脉不行,结成痈疽,食之可消。又小儿食之,杀蛔虫(苏颂)。

膏

【主治】摩诸恶疮(藏器)。

粪

【主治】蛇虺螫伤肿痛，研末，猪脂调涂（时珍）。

壤土见土部。

隐鼠（《拾遗》）

【释名】鼹鼠（音偃）、偃鼠（《纲目》）、鼠母（同）鼳（古役反）。（《尔雅》）

【集解】弘景注鼹鼠曰：诸山林中，有兽大如水牛，形似猪，灰赤色，下脚似象，胸前尾上皆白，有力而钝，亦名隐鼠。人取食之，肉亦似牛，多以作脯。乃云是鼠王，其精溺一滴落地，辄成一鼠，灾年则多出也。

藏器曰：此是兽类，非鼠之俦。大如牛而前脚短，皮入鞯辔用。《庄子》所谓鼹鼠饮河，不过满腹者。陶言是鼠王，精滴成鼠。遍访山人无其说，亦不能土中行。此乃妄说，陶误信尔。

颂曰：鼹鼠出沧州及胡中。似牛而鼠首黑足，大者千斤。多伏于水，又能堰水放沫。彼人食其肉。

时珍曰：按《异物志》云：鼠母头脚似鼠，口锐毛苍，大如水牛而畏狗。见则主水灾。《晋书》云：宣城郡出隐鼠，大如牛，形似鼠，脚类象而驴蹄。毛灰赤色，胸前尾上白色。有力而钝。《金楼子》云：晋宁县境出大鼠，状如牛，土人谓之偃鼠。时出山游，毛落田间，悉成小鼠，苗稼尽耗。《梁书》云：倭国有山鼠如牛，又有大蛇能吞之。据此则隐鼠非无，而陶说有本；诸家辟之太甚者，未深考耳。又《尔雅》云：鼳身似鼠而马蹄，长须而贼，一岁千斤，秦人谓之“小驴”者，即此物也。

膏

【主治】痔瘘恶疮（陶弘景）。

鼫鼠（音石。《纲目》）

【释名】硕鼠（与鼫同。出《周易》）、鼩鼠（音酌。出《广雅》）、雀鼠（出《埤雅》）、鼨鼠（音俊。出《唐韵》）。

时珍曰：硕，大也，似鼠而大也。关西方音转鼫为鼩，讹鼩为雀。蜀人谓之鼨鼠，取其毛作笔。俊亦大也。

鼫鼠

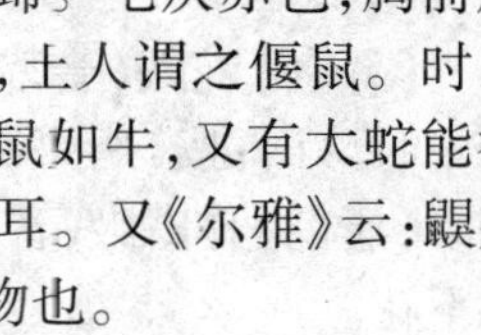

【集解】时珍曰：鼫鼠处处有之，居土穴、树孔中。形大于鼠，头似兔，尾有毛，青黄色。善鸣，能人立，交前两足而舞。好食粟、豆，与鼢鼠俱为田害。鼢小居田，而鼫大居山也。范成大云：宾州鼫鼠专食山豆根，土人取其腹干之入药，名鼫鼠肚。陆玑谓此亦有五技，与蝼蛄同名者，误矣。

肚

【气味】甘，寒，无毒。

【主治】咽喉痹痛，一切热气，研末含咽，神效（时珍。出《虞衡志》）。

竹䶉（留、柳二音。《纲目》）

竹䶉

【释名】竹㹠。

时珍曰：䶉状其肥，㹠言其美也。

【集解】时珍曰：竹䶉，食竹根之鼠也。出南方，居土穴中。大如兔，人多食之，味如鸭肉。《燕山录》云：煮羊以䶉，煮鳖以蚊。物性相感也。

肉

【气味】甘，平，无毒。

【主治】补中益气，解毒（时珍）。

土拨鼠（《拾遗》）

土拨鼠

【释名】鼧鼥（音驼拨）、答刺不花（出《正要》）。

时珍曰：按《唐书》有鼧鼥鼠，即此也。鼧鼥，言其肥也。《唐韵》作鼶鼥，音仆朴，俗讹为土拨耳。蒙古人名答刺不花。

【集解】藏器曰：土拨鼠，生西番山泽间，穴土为窠。形如獭。夷人掘取食之。《魏略》云："大秦国出辟毒鼠"，近似此也。

时珍曰：皮可为裘，甚暖，湿不能透。

肉

【气味】甘，平，无毒。

时珍曰：按《饮膳正要》云：虽肥而煮之无油，味短，多食难克化，微动风。

【主治】野鸡瘘疮，煮食肥美宜人（藏器）。

头骨

【主治】小儿夜卧不宁，悬之枕边，即安（时珍）。

貂鼠(《纲目》)

【释名】栗鼠(《尔雅翼》)、松狗。

时珍曰:貂亦作鼦。罗愿云:此鼠好食栗及松皮,夷人呼为栗鼠、松狗。

【集解】时珍曰:按许慎《说文》云:貂,鼠属,大而黄黑色,出丁零国。今辽东、高丽及女真、鞑靼诸胡皆有之。其鼠大如獭而尾粗。其毛深寸许,紫黑色,蔚而不耀。用皮为裘、帽、风领,寒月服之,得风更暖,着水不濡,得雪即消,拂面如焰,拭眯即出,亦奇物也。惟近火则毛易脱。汉制侍中冠,金珰饰首,前插貂尾,加以附蝉,取其内劲而外温。毛带黄色者,为黄貂;白色者,为银貂。

貂鼠

肉

【气味】甘,平,无毒。

毛皮

【主治】尘沙眯目,以裘袖抆之,即去(时珍)。

黄鼠(《纲目》)

【释名】礼鼠(《韩文》)、拱鼠(同上)、鼧鼠(音浑)、貔狸。

时珍曰:黄鼠,晴暖则出坐穴口,见人则交其前足,拱而如揖,乃窜入穴。即诗所谓相鼠有体,人而无礼;《韩文》所谓礼鼠拱而立者也。古文谓之鼧鼠。辽人呼为貔狸,或以貔狸为竹鼲、狸、獾者非。胡人亦名令邦。

黄鼠

【集解】时珍曰:黄鼠出太原、大同,延、绥及沙漠诸地皆有之,辽人尤为珍贵。状类大鼠,黄色,而足短善走,极肥。穴居有土窖如床榻之状者,则牝牡所居之处。秋时畜豆、粟、草木之实以御冬,各为小窖,别而贮之。村民以水灌穴而捕之。味极肥美,如豚子而脆。皮可为裘领。辽、金、元时以羊乳饲之,用供上膳,以为珍馔,千里赠遗。今亦不甚重之矣。最畏鼠狼,能入穴衔出也。北胡又有青鼠,皮亦可用。银鼠,白色如银,古名鼸鼠(音吸)。《抱朴子》言:南海白鼠重数斤,毛可为布也。《百感录》云:西北有兽类黄鼠,短喙无目,性狡善听,闻人足音辄逃匿,不可卒得。土人呼为瞎撞。亦黄鼠类也。

肉

【气味】甘，平，无毒。

《正要》云：多食发疮。

【主治】润肺生津。煎膏贴疮肿，解毒止痛（时珍）。

【发明】时珍曰：黄鼠，北方所食之物，而方书无载。按《经验良方》有灵鼠膏，云治诸疮肿毒，去痛退热。用大黄鼠一个，清油一斤，慢火煎焦，水上试油不散，乃滤滓澄清再煎。次入炒紫黄丹五两，柳枝不住搅匀，滴水成珠，下黄蜡一两，熬黑乃成。去火毒三日，如常摊贴。

鼬鼠（音佑。《纲目》）

【释名】黄鼠狼（《纲目》）、鼪鼠（音生去声）、鼧鼠（音谷）、地猴。

时珍曰：按《广雅》，鼠狼即鼬也。江东呼为鼪。其色黄赤如柚，故名。此物健于捕鼠及禽畜，又能制蛇虺。《庄子》所谓骐骥捕鼠，不如狸鼪者，即此。

鼬鼠

【集解】时珍曰：鼬，处处有之。状似鼠而身长尾大，黄色带赤，其气极臊臭。许慎所谓似貂而大，色黄而赤者，是也。其毫与尾可作笔，严冬用之不折，世所谓鼠须、栗尾者，是也。

肉

【气味】甘，臭，温，有小毒。

【主治】煎油，涂疮疥，杀虫（时珍）。

心、肝

【气味】臭，微毒。

【主治】心腹痛，杀虫（时珍）。

【附方】新一。心腹痛：用黄鼠心、肝、肺一具，阴干，瓦焙为末，入乳香、没药、孩儿茶、血竭末各三分。每服一钱，烧酒调下，立止。（《海上仙方》）

鼷鼠（《拾遗》）

【释名】甘口鼠。

时珍曰：鼷乃鼠之最小者，啮人不痛，故曰甘口。今处处有之。

【集解】藏器曰：鼷鼠极细，卒不可见。食人及牛、马等皮肤成疮，至死不觉。《尔雅》云有螫毒，《左传》云“食郊牛角”者，皆此物也。《博物志》云：“食人死肤，令人患恶疮”；《医书》云：“正月食鼠残，多为鼠瘘，小孔下血”者，皆此病也。治之之法，以狸膏摩之，及食狸肉为妙。鼷无功用，而为人害，故著之。

鼠　鼷

食蛇鼠（《纲目》）

【集解】时珍曰：按《唐书》云：罽宾国贡食蛇鼠，喙尖尾赤，能食蛇。有被蛇螫者，以鼠嗅而尿之即愈。今虽不闻说此，恐时有贡者，存此以备考证。

尿

【主治】蛇虺伤螫（时珍）。

猬（《本经》中品）

【校正】旧在虫鱼部，今据《尔雅》移入兽部。

【释名】彙（古猬字，或作蝟）、毛刺（《尔雅》）、蝟鼠。

猬

时珍曰：按《说文》彙字篆文象形，头足似鼠，故有鼠名。

宗奭曰：猬皮治胃逆，开胃气有功。其字从虫从胃，深有理焉。

【集解】《别录》曰：猬生楚山川谷田野。取无时，勿使中湿。

弘景曰：处处野中时有此兽。人犯之，便藏头足，毛刺人，不可得捉。能跳入虎耳中，而见鹊便自仰腹受啄，物相制如此。其脂烊铁，中入少水银则柔如铅锡。

《蜀图经》曰：猬状如貒、豚。大者如豚，小者如瓜。脚短多刺，尾长寸余，惟苍白色。脚似猪蹄者佳；鼠脚者次之。去肉，取皮火干。又有山枳鼠，皮正相似，但尾端有两歧为别；又有虎鼠，皮亦相类，但以味酸为别；又有山豚，颇相似，而皮类兔皮，其色褐，味甚苦，俱不堪用。

时珍曰：猬之头、嘴似鼠，刺毛似豪猪，蜷缩则形如芡房及栗房，攒毛外刺，尿之即开。《炙毂子》云：刺端分两头者为猬，如棘针者为虾。与蜀说不同。《广韵》云：似猬而赤尾者，名暨居。

宗奭曰：干猬皮并刺作刷，治纰帛绝佳。世有养者，去而复来。

【正误】恭曰：猬极狞钝。大如豚，小如瓜。恶鹊声，故反腹受啄，欲掩取之，犹鹬、蚌也。虎耳不受鸡卵，且去地三尺，猬何能跳之而入。野俗鄙言，遂为雅记，深可怪也。

宗奭曰：《唐本》注摈陶，理亦当然。

时珍曰：按《淮南子》云：猬使虎申，蛇令豹止。又云：鹊屎中猬。《纬书》云：火烁金，故鹊啄猬。观此则陶说非妄也，而苏氏斥之，寇氏和之，非矣。蜈蚣制龙、蛇，蜒蚰、蛞蝓制蜈蚣，岂在大小利钝耶？物畏其天耳。《蜀图经》所谓虎鼠即鼩鼠，亦猬中一种也。孙愐云：鼩，鼠属，能飞，食虎豹。《谈薮》云：虎不敢入山林，而居草薄者，畏木上有趯鼠也。鼠见虎过，则咆噪拔毛投之，虎必生虫疮溃烂至死。鼩、趯音相近耳。猬能制虎，观此益可征矣。今正其误。

皮

【修治】细剉，炒黑入药。

【气味】苦，平，无毒。

甄权曰：甘，有小毒。得酒良。畏桔梗、麦门冬。

【主治】五痔阴蚀，下血赤白，五色血汁不止，阴肿，痛引腰背，酒煮杀之（《本经》）。疗腹痛疝积，烧灰酒服（《别录》）。治肠风泻血，痔病有头，多年不瘥，炙末，白饮服方寸匕。烧灰吹鼻，止衄血。甚解一切药力（《药性》）。

【附方】旧五，新八。五痔下血：《衍义》云：用猬皮合穿山甲等分烧存性，入肉豆蔻一半，末之。空腹热米饮服二钱，妙。《外台》：用猬皮方三指大，熏黄如枣大，熟艾一钱，穿地作坑，调和取便熏之，取口中有烟气为佳。火气稍尽即停，三日将息，更熏之，三度永瘥。勿犯风冷，羹臛将养，切忌鸡、鱼、猪、生冷，二十日后补之。肠痔有虫：猬皮烧末，生油和涂。（《简要济众》）肠风下血：白刺猬皮一枚（铫内煿焦，去皮留刺），木贼半两（炒黑），为末。每服二钱，热酒调下。（《杨氏家藏方》）蛊毒下血：猬皮烧末，水服方寸匕，当吐出毒。（《千金翼》）五色痢疾：猬皮烧灰，酒服二钱。（《寿域方》）大肠脱肛：猬皮一斤（烧），磁石（煅）五钱，桂心五钱，为末。每服二钱，米饮下。（叶氏《摘玄》）塞鼻止衄：猬皮一枚，烧末。每用半钱，绵裹塞之，数易之瘥。（《圣惠方》）鼻中息肉：猬皮炙为末，绵裹塞之三日。（《千金》）眼睫倒刺：猬刺、枣针、白芷、青黛等分为末。随左右目搐鼻中，口含冷水。（《瑞竹堂方》）反胃吐食：猬皮烧灰，酒服。或煮汁，或五味淹炙食。（《普济》）小儿惊啼，状如物刺：用猬皮三寸烧末，敷乳头饮儿。（《子母秘录》）猘犬咬伤：猬皮、头发等分烧灰，水服。（《外台方》）

肉

【气味】甘，平，无毒。

藏器曰：食之去骨。误食令人瘦劣，诸节渐小也。

【主治】反胃，炙黄食之。亦煮汁饮。又主瘘（藏器）。炙食，肥下焦，理胃气，令人能食（孟诜）。

脂

【气味】同肉。

诜曰：可煮五金八石，伏雄黄，柔铁。

【主治】肠风泻血（《日华》）。溶滴耳中，治聋（藏器）。涂秃疮疥癣，杀虫（时珍）。

【附方】新一。虎爪伤人：刺猬脂，日日敷之。内服香油。

脑

【主治】狼瘘（时珍）。

心、肝

【主治】蚁瘘蜂瘘，瘰疬恶疮，烧灰，酒服一钱(时珍)。

胆

【主治】点目，止泪。化水，涂痔疮(时珍)。治鹰食病(寇宗奭)。

【附方】新一。痘后风眼：发则两睑红烂眵泪。用刺猬胆汁，用簪点入，痒不可当，二三次即愈。尤胜乌鸦胆也。(董炳《集验方》)

猕猴(《证类》)

【释名】沐猴(《史记》)、为猴(《说文》)、胡孙(《格古论》)、王孙(《柳文》)、马留(《倦游录》)、狙。

时珍曰：按班固《白虎通》云：猴，候也。见人设食伏机，则凭高四望，善于候者也。猴好拭面如沐，故谓之沐，而后人讹沐为母，又讹母为猕，愈讹愈失矣。《说文》云：为字象母猴之形。即沐猴也，非牝也。猴形似胡人，故曰胡孙。《庄子》谓之狙。养马者厩中畜之，能辟马病，胡俗称马留云。《梵书》谓之摩斯咤。

猕猴

【集解】慎微曰：猕猴有数种，总名禺属。取色黄、面赤、尾长者。用人家养者不主病，为其食杂物、违本性也。按《抱朴子》云：猴八百岁变为猿，猿五百岁变为玃，玃千岁变为蟾蜍。

时珍曰：猴，处处深山有之。状似人，眼如愁胡，而颎陷有嗛。嗛音歉，藏食处也。腹无脾以行消食，尻无毛而尾短。手足如人，亦能竖行。戸嗝嗝若咳。孕五月而生子，生子多浴于涧。其性躁动害物，畜之者使坐杙上，鞭掊旬月乃驯也。其类有数种：小而尾短者，猴也；似猴而多髯者，豦也；似猴而大者，玃也；大而尾长赤目者，禺也；小而尾长仰鼻者，狖也；似狖而大者，果然也；似狖而小者，蒙颂也；似狖而善跃越者，獑猢也；似猴而长臂者，猿也；似猿而金尾者，狨也；似猿而大，能食猿、猴者，独也。不主病者，并各以类附之：

【附录】玃(音却)

时珍曰：玃，老猴也。生蜀西徼外山中。似猴而大，色苍黑，能人行。善攫持人物，又善顾盼，故谓之玃。纯牡无牝，故又名玃父，亦曰猳玃。善摄人妇女为偶，生子。又《神异经》云：西方有兽名綢，大如驴，状如猴，善缘木。纯牝无牡，群居要路，执男子合之而孕。此亦玃类，而牝牡相反者。

豦(音据)

按郭璞云：建平山中有之。大如狗，状如猴，黄黑色，多髯鬣。好奋头举石掷人。《西山经》云：崇吾之山有兽焉，状如禺而长臂善投，名曰举父。即此也。

肉

【气味】酸,平,无毒。

【主治】诸风劳,酿酒弥佳。作脯食,治久疟(慎微)。食之,辟瘴疫(时珍)。

【发明】时珍曰:《异物志》言:南方以猕猴头为鲊。《临海志》言:粤民喜啖猴头羹。又巴徼人捕猴,盐藏,火熏食,云甚美。

头骨

【主治】瘴疟。作汤,浴小儿惊痫,鬼魅寒热(慎微)。

【附方】旧一。鬼疟进退不定:用胡孙头骨一枚,烧研。空心温酒服一钱,临发再服。(《圣惠方》)

手

【主治】小儿惊痫口噤(慎微)。

屎

【主治】涂蜘蛛咬(慎微)。小儿脐风撮口,及急惊风,烧末,和生蜜少许灌之(时珍。出《心鉴》及《卫生方》)。

皮

慎微曰:治马疫气。

时珍曰:《马经》言:马厩畜母猴,辟马瘟疫。逐月有天癸流草上,马食之,永无疾病矣。

狨(戎、松二音。《拾遗》)

【释名】猱(难逃切)。

时珍曰:狨毛柔长如绒,可以藉,可以缉,故谓之狨,而猱字亦从柔也。或云生于西戎,故从戎也。猱古文作夒,象形。今呼长毛狗为猱,取此象。

【集解】藏器曰:狨生山南山谷中。似猴而大,毛长,黄赤色。人将其皮作鞍褥。

狨

时珍曰:杨亿《谈苑》云:狨出川峡深山中。其状大小类猿,长尾作金色,俗名金线狨。轻捷善缘木,甚爱其尾。人以药矢射之,中毒即自啮其尾也。宋时文武三品以上许用狨座,以其皮为褥也。

【附录】猿

时珍曰:猨善援引,故谓之猨,俗作猿。产川、广深山中。似猴而长大,其臂甚长,能引气,故多寿。或言其通臂者,误矣。臂骨作笛，甚清亮。其色有青、白、玄、黄、绯数种。其性静而仁慈，好食果实。其居多在林木，能越数丈，着地即泄泻死，惟附子汁饮之可免。其行多群。其雄善啼，一鸣三声，凄切入人肝脾。范氏《桂海志》云：猿有三种：金丝者，黄色；玉面者，黑色；及身面俱黑者。或云纯黑是牡，金丝是牝；牡能啸，牝不能也。王济《日询记》云：广人言猿初生毛黑而雄，老则变黄，溃去势囊，转雄为雌，与黑者交而孕。数百岁，黄又变白也。时珍按此说与《列子》貐变化为猿，《庄子》獱狙以猿为雌之言相合，必不妄也。

猿

独

时珍曰：独，似猿而大，其性独，一鸣即止，能食猿猴。故谚曰：独一鸣而猿散。独夫盖取诸此。或云即黄腰也。又见虎下。

肉及血

【气味】缺。

【主治】食之，调五痔病，久坐其皮亦良（藏器）。

脂

【主治】疮、疥，涂之妙（同上）。

果然（《拾遗》）

【释名】禺（音遇）、狖（音又。或作貁獵）、蜼（狖、垒二音。或作猶）、仙猴。

时珍曰：郭璞云：果然，自呼其名。罗愿云：人捕其一，则举群啼而相赴，虽杀之不去也；谓之果然，以来之可必也。大者为然，为禺；小者为狖，为蜼。南人名仙猴，俗作猓貀。

然 果

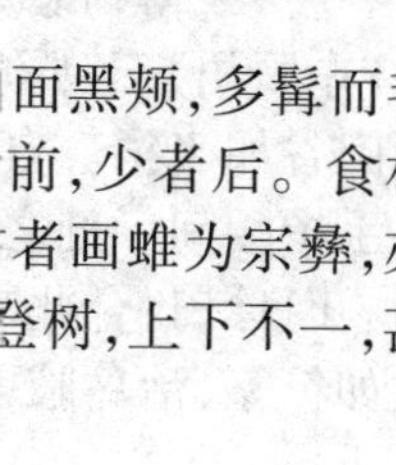

【集解】藏器曰：案《南州异物志》云：交州有果然兽，其名自呼。状大于猿，其体不过三尺，而尾长过头。鼻孔向天，雨则挂木上，以尾塞鼻孔。其毛长柔细滑，白质黑文，如苍鸭胁边斑毛之状，集之为裘褥，甚温暖。《尔雅》蜼，仰鼻而长尾，即此也。

时珍曰：果然，仁兽也。出西南诸山中。居树上，状如猿，白面黑颊，多髯而毛采斑斓。尾长于身，其末有歧，雨则以歧塞鼻也。喜群行，老者前，少者后。食相让，居相爱，生相聚，死相赴。《柳子》所谓仁让孝慈者，是也。古者画蜼为宗彝，亦取其孝让而有智也。或云犹豫之犹，即狖也。其性多疑，见人则登树，上下不一，甚至奔触，破头折胫。故人以比心疑不决者，而俗呼骙愚为痴猶也。

肉

【气味】咸，平，无毒。
【主治】疟瘴寒热，同五味煮臛食之，并坐其皮，取效（藏器）。
【发明】时珍曰：案钟毓《果然赋》云：似猴象猿，黑颊青身。肉非佳品。惟皮可珍。而《吕氏春秋》云：肉之美者，玃猱之炙。亦性各有不同耶？
【附录】蒙颂
时珍曰：蒙颂一名蒙贵，乃蜼之又小者也。紫黑色，出交趾。畜以捕鼠，胜于猫、狸。

獑猢

音惭胡。许氏《说文》作斩蝴，乃蝯蜼之属。黑身，白腰如带，手有长毛，白色，似握版之状。《蜀地志》云：獑猢似猴而甚捷。常在树上，欻然腾跃，如飞鸟也。

猩猩（本作狌。音生。《纲目》）

【释名】时珍曰：猩猩能言而知来，犹惺惺也。

【集解】时珍曰：猩猩自《尔雅》《逸周书》以下数十说，今参集之云：出哀牢夷及交趾封溪县山谷中。状如狗及猕猴，黄毛如猿，白耳如豕，人面人足，长发，头颜端正。声如儿啼，亦如犬吠。成群伏行。阮汧云：封溪俚人以酒及草屐置道侧，猩猩见即呼人祖先姓名，骂之而去。顷复相与尝酒着屐，因而被擒，槛而养之。将烹则推其肥者，泣而遣之。西胡取其血染毛罽不黯，刺血必箠而问其数，至一斗乃已。又按《礼记》亦云猩猩能言，而郭义恭《广志》云猩猩不能言，《山海经》云猩猩能知人言，三说不同。大抵猩猩略似人形，如猿猴类耳。纵使能言，当若鹦鹉之属，亦不必尽如阮氏所说也。又罗愿《尔雅翼》云：古之说猩猩者，如豕、如狗、如猴。今之说猩猩者，与狒狒不相远。云如妇人被发袒足，无膝群行，遇人则手掩其形，谓之野人。据罗说则似乎后世所谓野女、野婆者也，岂即一物耶？
【附录】野女
唐蒙《博物志》云：日南出野女，群行不见夫。其状皛且白，裸袒无衣襦。周密《齐东野语》云：野婆出南丹州，黄发椎髻，裸形跣足，俨然若一媪也。群雌无牡。上下山谷如飞猱。自腰以下有皮盖膝。每遇男子必负去求合。尝为健夫所杀，至死以手护腰间。剖之得印方寸，莹若苍玉，有文类符篆也。
时珍曰：合此二说与前阮氏、罗氏之说观之，则野女似即猩猩矣。又雄鼠卵有文如符篆，治鸟腋下有镜印，则野婆之印篆非异也。亦当有功用，但人未知耳。

肉

【气味】甘、咸，温，无毒。

【主治】食之不昧不饥，令人善走，穷年无厌，可以辟谷（时珍。出《逸书》《山海经》《水经》）。

【发明】时珍曰：《逸书》言猩猩肉食之令人不昧，其惺惺可知矣。古人以为珍味。故《荀子》言猩猩能言笑，二足无毛，而人啜其羹，食其肉；《吕氏春秋》云肉之美者，猩猩之唇，獾獾之炙，是矣。

狒狒（音费。《拾遗》）

【释名】𥴛𥴛（与狒同。亦作𩶟）、枭羊（《山海经》）、野人（《方舆志》）、人熊。

时珍曰：《尔雅》作狒。《说文》作𥴛，从冐，从囟，从内，象形。许慎云：北人呼为土蝼。今人呼为人熊。按郭璞谓山都即狒狒，稍似差别，抑名同物异欤？

【集解】藏器曰：狒狒出西南夷。《尔雅》云：狒狒，如人被发，迅走食人。《山海经》云：枭羊，人面，长唇黑身，有毛反踵。见人则笑，笑则上唇掩目。郭璞云：交广及南康郡山中，亦有此物。大者长丈余，俗呼为山都。宋孝建中，獠人进雌雄二头。帝问土人丁銮。銮曰：其面似人，红赤色，毛似猕猴，有尾。能人言，如鸟声。善知生死，力负千钧。反踵无膝，睡则倚物。获人则先笑而后食之。猎人因以竹筒贯臂诱之，俟其笑时，抽手以锥钉其唇着额，任其奔驰，候死而取之。发极长，可为头髲。血堪染靴及绯，饮之使人见鬼也。帝乃命工图之。

狒狒

时珍曰：按《方舆志》云：狒狒，西蜀及处州山中亦有之，呼为人熊。人亦食其掌，剥其皮。闽中沙县幼山有之，长丈余，逢人则笑，呼为山大人，或曰野人及山魈也。又邓德明《南康记》云：山都，形如昆仑人，通身生毛。见人辄闭目，开口如笑。好在深涧中翻石，觅蟹食之。珍按邓氏所说，与《北山经》之山浑，《述异记》之山都，《永嘉记》之山鬼，《神异经》之山㺐，《玄中记》之山精，《海录碎事》之山丈，《文字指归》之旱魃，《搜神记》之治鸟，俱相类，乃山怪也。今并附之，以备考证。

【附录】山都

时珍曰：任昉《述异记》云：南康有神曰山都。形如人，长二尺余，黑色，赤目黄发。深山树中作窠，状如鸟卵，高三尺余，内甚光彩，体质轻虚，以鸟毛为褥，二枚相连，上雄下雌。能变化隐形，罕睹其状，若木客、山㺐之类也。

山浑

时珍曰：《北山经》云：山浑状如犬而人面，善投，见人则笑。其行如风，见则天下大风。

木客

又曰：《南康记》云：生南方山中。头面语言不全异人，但手脚爪如钩利。居绝岩间，死亦殡殓。能与人交易，而不见其形也。今南方有鬼市，亦类此。又有木客鸟，见禽部。

山㺐

又曰：东方朔《神异经》云：西方深山有人，长尺余，袒身，捕虾、蟹，就人火炙食之，名曰山㺐，其名自呼。人犯之则发寒热。盖鬼魅耳，所在亦有之，惟畏爆竹煏爆声。刘义庆《幽明录》云：东昌县山岩间有物如人，长四五尺，裸身被发，发长五六寸，能作呼啸声，不见其形。每从涧中发石取虾、蟹，就火炙食。《永嘉记》云：安国县有山鬼，形如人而一脚，仅长一尺许。好盗伐木人盐，炙石蟹食。人不敢犯之，能令人病及焚居也。《玄中记》云：山精如人，一足，长三四尺。食山蟹，夜出昼伏。千岁蟾蜍能食之。《抱朴子》云：山精形如小儿，独足向后。夜喜犯人，其名曰魃，呼其名则不能犯人。《白泽图》云：山之精，状如鼓，色赤，一足而行，名曰夔，呼之可使取虎豹。《海录杂事》云：岭南有物，一足反踵，手足皆三指。雄曰山丈，雌曰山姑，能夜叩人门求物也。《神异经》云：南方有魃，一名旱母。长二三尺，裸形，目在顶上，行走如风。见则大旱。遇者得之投溷中，则旱除。《文字指归》云：旱魃，山鬼也。所居之处天不雨。女魃入人家，能窃物以出；男魃入人家，能窃物以归。时珍谨按诸说虽少有参差，大抵俱是怪类，今俗所谓独脚鬼者是也。迩来处处有之，能隐形入人家淫乱，致人成疾；放火窃物，大为家害。法术不能驱，医药不能治，呼为五通、七郎诸神而祀之，盖未知其原如此。故备载之，非但博闻而已。其曰呼其名则无害，千岁蟾蜍能食之者，非治法欤？引申触类，必有能制之者。又有治鸟，亦此类，见禽部。精怪之属甚伙，皆为人害。惟《白泽图》《玄中记》《抱朴子》《酉阳杂俎》诸书载之颇悉，起居者亦不可不知。然正人君子，则德可胜妖，自不敢近也。

肉

【气味】无毒。

【主治】作脯，连脂薄割炙热，贴人癣疥，能引虫出，频易取瘥（藏器）。

罔两（《纲目》）

【集解】时珍曰：罔两一作魍魉。又作方良，《周礼》方相氏执戈入圹，以驱方良，是矣。罔两好食亡者肝，故驱之。其性畏虎、柏，故墓上树石虎，植柏。《国语》云：木石之怪，夔、罔两；水石之怪，龙、罔象。即此。《述异记》云：秦时陈仓人猎得兽，若彘若羊。逢二童子曰：此名弗述，又名蝹，在地下食死人脑。但以柏插其首则死。此即罔两也。虽于药石无与，而于死人有关，故录之。其方相有四目，若二目者为魌，皆鬼物也，古人设人像之。昔费长房识李娥药丸用方相脑，则其物亦入辟邪方药，而法失传矣。

彭侯（《纲目》）

【集解】时珍曰：按《白泽图》云：木之精名曰彭侯，状如黑狗，无尾，可烹食。千岁之木有精曰贾朏，状如豚，食之味如狗。《搜神记》云：吴时敬叔伐大樟树血出，中有物，人面狗身。敬叔云：此名彭侯。乃烹而食之，味如狗也。

肉

【气味】甘、酸，温，无毒。

【主治】食之辟邪，令人志壮（《白泽》）。

封（《纲目》）

【集解】时珍曰：按江邻几《杂志》云：徐积于庐州河次得一小儿，手无指无血，惧而埋之。此《白泽图》所谓封，食之多力者也。田汝成《西湖志》云：董表仪撤屋掘土，得一肉块。术士云：太岁也。弃之，亦无害。又《山海经》务隅之山，及开明南、北，东南海外并有视肉。郭璞注云：聚肉形如牛肝，有两目。食之无尽，寻复更生如旧也。此皆封类可食者，但人不知耳。又海中一种土肉，正黑，长五寸，大如小儿臂，有腹无口目，有三十足，可炙食。此又虫、鱼之属，类乎封者也。

本草纲目人部第五十二卷

葛洪

陶弘景

本草纲目人部第五十二卷

发髲(音被。《本经》)

【释名】鬈(音总。甄立言)、髲髢(音剃。亦作鬄)。

李当之曰:发髲是童男发。

弘景曰:不知发髲审是何物?髲字书记所无。或作蒜音,今人呼斑发为蒜发,书家亦呼乱发为鬈,恐即鬈也。童男之理,或未全明。

恭曰:此发髲,根也,年久者用之神效。字书无髲字,即发字误矣。既有乱发,则发髲去病。用陈久者,如船茹、败天公、蒲席,皆此例也。甄立言本草作鬈。鬈,亦发也。鬈乃发美貌,有声无质,陶说非矣。

宗奭曰:发髲、乱发,自是两等。发髲味苦,即陈旧经年岁者,如橘皮、半夏取陈者入药更良之义。今人谓之头髲。其乱发条中自无用髲之义,二义甚明,不必过搜索也。

时珍曰:发髲,乃剪髢下发也;乱发,乃梳栉下发也。按许慎《说文》云:大人曰髡,小儿曰剃。顾野王《玉篇》云:髲,鬄也。鬄,发髲也。二说甚明。古者刑人鬄发,妇人以之被髻,故谓之发髲。《周礼》云:王后夫人之服,有以发髢为首饰者是矣。又诗云:鬒发如云,不屑髢也。甄权所谓发鬈,雷敩所谓二十男子顶心剪下发者,得之矣。李当之以为童男发,陶弘景以为鬈发,苏恭以为发根,宗奭以为陈发者,并误矣。且顾野王在苏恭之前,恭不知《玉篇》有髲字,亦欠考矣。《毛苌诗传》云:被之僮僮。被,首饰也。编发为之,即此髲也。

【修治】敩曰:发髲,是男子年二十以来,无疾患,颜貌红白,于顶心剪下者。入丸药膏中用,先以苦参水浸一宿,漉出入瓶子,以火煅赤,放冷研用。

时珍曰:今人以皂荚水洗净,晒干,入罐固济,煅存性用,亦良。

【气味】苦,温,无毒。

《别录》:小寒。

【主治】五癃关格不通,利小便水道,疗小儿痫,大人痓。仍自还神化(《本经》)。合鸡子黄煎之,消为水,疗小儿惊热百病(《别录》)。止血闷血晕,金疮伤风,血痢,入药烧存性。用煎膏,长肉消瘀血(大明)。

【发明】韩保升曰:《本经》云:自还神化。李当之云:神化之事,未见别方。按《异苑》云:人发变为鳝鱼。神化之异,应此者也。

又藏器曰:生人发挂果树上,乌鸟不敢来食其实。又人逃走,取其发于纬车上却转之，则迷乱不知所适。此皆神化。

时珍曰：发者血之余。埋之土中，千年不朽，煎之至枯，复有液出。误食入腹，变为症虫；煅治服饵，令发不白。此正神化之应验也。

【附方】旧三，新三。石淋痛涩：发髮烧存性，研末。每服用一钱，井水服之。（《肘后方》）伤寒黄病：发髮烧研，水服一寸匕，日三。（《伤寒类要》）胎衣不下：乱发、头髮结，撩喉、口中。（孙真人方）小儿客忤，因见生人所致：取来人囟上发十茎、断儿衣带少许，合烧研末。和乳饮儿，即愈。（《千金方》）急肚疼病：用本人头发三十根，烧过酒服。即以水调芥子末，封在脐内，大汗如雨，即安。（谈野翁方）瘰瘑恶疮：生发灰，米汤服二钱。外以生发灰三分，皂荚刺灰二分，白芨一分，为末。干掺，或以猪胆汁调。（《直指方》）

乱发（《别录》）

【释名】血余（《纲目》）、人退。

时珍曰：头上曰发，属足少阴、阳明；耳前曰鬓，属手、足少阳；目上曰眉，属手、足阳明；唇上曰髭，属手阳明；颏下曰须，属足少阴、阳明；两颊曰髯，属足少阳。其经气血盛，则美而长；气多血少，则美而短；气少血多，则少而恶；气血俱少，则其处不生。气血俱热，则黄而赤；气血俱衰，则白而落。《素问》云：肾之华在发。王冰注云：肾主髓，脑者髓之海，发者脑之华，脑减则发素。滑寿注云：水出高原，故肾华在发。发者血之余，血者水之类也。今方家呼发为血余，盖本此义也。《龙木论》谓之人退焉。叶世杰《草木子》云：精之荣以须，气之荣以眉，血之荣以发。《类苑》云：发属心，禀火气而上生；须属肾，禀水气而下生；眉属肝，禀木气而侧生。故男子肾气外行而有须，女子、宦人则无须，而眉、发不异也。说虽不同，亦各有理，终不若分经者为的。刘君安云：欲发不落，梳头满千遍。又云：发宜多梳，齿宜数叩。皆摄精益脑之理尔。又昆斋吴玉有白发辨，言发之白，虽有迟早老少，皆不系寿之修短，由祖传及随事感应而已。援引古今为证，亦自有理。文多不录。

【气味】苦，微温，无毒。

【主治】咳嗽，五淋，大小便不通，小儿惊痫，止血。鼻衄，烧灰吹之立已（《别录》）。烧灰，疗转胞，小便不通，赤白痢，哽噎，痈肿，狐尿刺，尸疰，疔肿骨疽杂疮（苏恭）。消瘀血，补阴甚捷（震亨）。

【发明】时珍曰：发乃血余，故能治血病，补阴，疗惊痫，去心窍之血。刘君安以已发合头垢等分烧存性，每服豆许三丸，名曰还精丹，令头不白。又老唐方，亦用自己乱发洗净，每一两入川椒五十粒，泥固，入瓶煅黑研末，每空心酒服一钱，令髭发长黑。此皆补阴之验也。用椒者，取其下达尔。

弘景曰：俗中妪母为小儿作鸡子煎，用其父梳头乱发，杂鸡子黄熬，良久得汁，与儿服，去痰热，疗百病。

【附方】旧十六，新二十五。孩子热疮：乱发一团如梨子大，鸡子黄十个煮熟，同于铫子内熬，至甚干始有液出，旋置盏中，液尽为度。用敷疮上，即以苦参粉粉之，神妙。详见鸡子黄下。（刘禹锡《传信方》）小儿斑疹：发灰，饮服三钱。（《子母秘录》）小儿断脐：即用清油调发灰敷之，不可伤水。脐湿不干，亦敷之。小儿重舌欲死者：以乱发灰半钱，调敷舌下。不住用之。（《简要济众》）小儿燕口，两角生疮：烧乱发，和猪脂涂之。（《子母秘录》）小儿吻疮：发灰，和猪脂涂之。（《圣惠方》）小儿惊啼：乱发烧研，乳汁或酒服少许，良。（《千金》）鼻血眩冒欲死者：乱发烧研，水服方寸匕，仍吹之。（《梅师方》）鼻血不止：血余，烧灰吹之，立止，永不发。男用母发，女用父发。《圣惠》：用乱发灰一钱，人中白五分，麝香少许，为末，搐鼻。名三奇散。肺疽吐血：发灰一钱，米醋二合，白汤一盏，调服。（《三因方》）咳嗽有血：小儿胎发灰，入麝香少许，酒下。每个作一服，男用女，女月男。（《朱氏集验》）齿缝出血：头发切，入铫内炒存性，研，掺之。（华佗《中藏经》）肌肤出血：胎发烧灰，敷之即止。或吹入鼻中。（《证治要诀》）诸窍出血：头发、败棕、陈莲蓬，并烧灰等分。每服三钱，木香汤下。（《仁斋直指》）上下诸血，或吐血，或心衄，或内崩，或舌上出血如簪孔，或鼻衄，或小便出血。并用乱发灰，水服方寸匕，一日三服。（《圣济》）

头垢（《别录》）

【释名】梳上者名百齿霜。

弘景曰：《术》云，头垢浮针，以肥腻故耳。今当用悦泽人者，其垢可丸也。

【气味】咸、苦，温，有毒。

【主治】淋闭不通（《别录》）。疗噎疾，酸浆煎膏用之，立愈。又治劳复（弘景）。中蛊毒、蕈毒，米饮或酒化下，并取吐为度（大明）。

【附方】旧八，新十六。天行劳复：含头垢枣核大一枚，良。（《类要》）预防劳复：伤寒初愈，欲令不劳复者。头垢烧研，水丸梧桐子大，饮服一丸。（《外台秘要》）头身俱痛烦闷者：头垢豆许，水服。囊盛蒸豆，熨之。（《肘后》）小儿霍乱：梳垢，水服少许。小儿哭疰：方同上。百邪鬼魅：方同上。（并《千金》）妇人吹乳：百齿霜，以无根水丸梧桐子大。每服三丸，食后屋上倒流水下，随左右暖卧，取汗甚效。或以胡椒七粒，同百齿霜和丸，热酒下，得汗立愈。（《卫生宝鉴》）妇人乳疖：酒下梳垢五丸，即退消。妇人足疮，经年不愈，名裙风疮。用男子头垢，桐油调作隔纸膏，贴之。（并《简便》）臁胫生疮：头垢、枯矾研匀，猪胆调敷。（《寿域方》）下疳湿疮：蚕茧盛头垢，再以一茧合定，煅红，出火毒研，搽。（杨氏）小儿紧唇：头垢涂之。（《肘后方》）菜毒脯毒：凡野菜、诸脯肉、马肝、马肉毒。以头垢枣核大，含之咽汁，能起死人。或白汤下亦可。（《千金方》）自死肉毒：故头巾中垢一钱，热水服，取吐。猘犬毒人：头垢、猬皮等分，烧灰，水服一杯。口噤者灌之。犬咬人疮重发者。以头垢少许纳疮中，用热牛屎封之。诸蛇毒人：梳垢一团，尿和敷上。仍炙梳出汗，熨之。（并《千金方》）蜈蚣螫人：头垢、苦参末，酒调敷之。（《箧中》）蜂虿螫人：头垢封之。虫蚁螫人：同上。（并《集简》）竹木刺肉不出：头垢涂之，即出。（刘涓子）飞丝入目：头上白屑少许，揩之即出。（《物类相感志》）赤目肿痛：头垢一芥子，纳入取泪。（《摘玄方》）噎吐酸浆：浆水煎头垢豆许，服一杯效。（《普济方》）

耳塞(《日华》)

【释名】耳垢(《纲目》)、脑膏(《日华》)、泥丸脂。

时珍曰:《修真指南》云:肾气从脾右畔上入于耳,化为耳塞。耳者,肾之窍也。肾气通则无塞,塞则气不通,故谓之塞。

【气味】咸、苦,温,有毒。

【主治】癫狂、鬼神及嗜酒(大明)。蛇、虫、蜈蚣螫者,涂之良(时珍)。

【附方】新六。蛇虫螫伤:人耳垢、蚯蚓屎,和涂,出尽黄水,立愈。(《寿域方》)破伤中风:用病人耳中膜,并刮爪甲上末,唾调,涂疮口,立效。(《儒门事亲》方)抓疮伤水,肿痛难忍者:以耳垢封之,一夕水尽出而愈。郑师甫云:余常病此,一丐传此方。(《医说》)疔疽恶疮:生人脑(即耳塞也)、盐泥等分,研匀,以蒲公英汁和作小饼封之,大有效。(《圣惠》)一切目疾:耳塞晒干。每以粟许,夜夜点之。(《圣惠方》)小儿夜啼惊热:用人耳塞五分,石莲心、人参各五钱,乳香二分,灯花一字,丹砂一分,为末。每薄荷汤下五分。(《普济》)

膝头垢(《纲目》)

【主治】紧唇疮,以绵裹烧研敷之(《外台》)。

爪甲(《纲目》)

【释名】筋退。

时珍曰:爪甲者,筋之余,胆之外候也。《灵枢经》云:肝应爪,爪厚色黄者胆厚,爪薄色红者胆薄;爪坚色青者胆急,爪软色赤者胆缓;爪直色白无纹者胆直,爪恶色黑多纹者胆结。

【气味】甘、咸、平,无毒。

【主治】鼻衄,细刮搐之,立愈。独不可备,则众人甲亦可(宗奭)。催生,下胞衣,利小便,治尿血,及阴阳易病,破伤中风,去目翳(时珍)。怀妊妇人爪甲,取末点目,去翳障(藏器)。

【附方】旧二,新十八。斩三尸法:《太上玄科》云:常以庚辰日去手爪,甲午日去足爪。每年七月十六日将爪甲烧灰,和水服之。三尸九虫皆灭,名曰斩三尸。一云:甲寅日三尸游两手,剪去手爪甲,甲午日三尸游两足,剪去足爪甲。消除脚气:每寅日割手足甲,少侵肉,去脚气。(《外台秘要》)破伤中风:手足十指甲,香油炒研,热酒调,呷服之,汗出便好。《普济》:治破伤风,手足颤掉,搐摇不已。用人手足指甲(烧存性)六钱,姜制南星、独活、丹砂各二钱,为末。分作二服,酒下,立效。阴阳易病:用手足爪甲二十片,中衣裆一片,烧灰。分三服,温酒下。男用女,女用男。小儿腹胀:父母指爪甲烧灰,敷乳上饮之。(《千金》)小便转胞:自取爪甲,烧灰水服。男女淋疾：同上。（并《肘后》）小便尿血：人指甲半钱，头发二钱半，烧研末。每服一钱，空心温酒下。（《圣济录》）妊娠尿血：取夫爪甲烧灰，酒服。（《千金方》）胞衣不下：取本妇手足爪甲，烧灰酒服。即令有力妇人抱起，将竹筒于胸前赶下。（《圣惠》）诸痔肿痛：蚕茧内入男子指甲令满，外月童子顶发缠裹，烧存性，研末，蜜调敷之。仍日日吞牛胆制过槐子，甚效。（万表《积善堂方》）针刺入肉：凡针折入肉，及竹木刺者。刮人指甲末，同酸枣仁捣烂，唾调涂之。次日定出。（《普济方》）

牙齿(《日华》)

【释名】时珍曰：两旁曰牙，当中曰齿。肾主骨，齿者骨之余也。女子七月齿生，七岁齿龀，三七肾气平而真牙生，七七肾气衰，齿槁发素。男子八月齿生，八岁齿龆，三八肾气平而真牙生，五八肾气衰，齿槁发堕。钱乙云：小儿变蒸蜕齿，如花之易苗。不及三十二齿者，由蒸之不及其数也。

【气味】甘、咸，热，有毒。

【主治】除劳治疟，蛊毒气。入药烧用（大明）。治乳痈未溃，痘疮倒靥（时珍）。

【发明】时珍曰：近世用人牙治痘疮陷伏，称为神品。然一概用之，贻害不浅。夫齿者，肾之标，骨之余也。痘疮则毒自肾出，方长之际，外为风寒秽气所冒，腠理闭塞，血涩不行，毒不能出，或变黑倒靥。宜用此物，以酒、麝达之，窜入肾经，发出毒气，使热令复行，而疮自红活，盖劫剂也。若伏毒在心，昏冒不省人事，及气虚色白，痒塌不能作脓，热痱紫泡之症，只宜解毒补虚。苟误用此，则郁闷声哑，反成不救，可不慎哉？高武《痘疹管见》云：左仲恕言变黑归肾者，宜用人牙散。夫既归肾矣，人牙岂能复治之乎？

【附方】旧一，新七。痘疮倒靥：钱氏小儿方：用人牙烧存性，入麝香少许，温酒服半钱。闻人规《痘疹论》云：人牙散：治痘疮方出，风寒外袭，或变黑，或青紫，此到靥也。宜温肌发散，使热气复行而斑自出。用人齿脱落者，不拘多少，瓦罐固济，煅过出火毒，研末。出不快而黑陷者，豮猪血调下一钱；因服凉药，血涩倒陷者，入麝香，温酒服之，其效如神。无价散：用人牙、猫牙、猪牙、犬牙等分，火煅研末，蜜水调服一字。乳痈未溃：人牙齿烧研，酥调贴之。（《肘后方》）五般聤耳出脓血水：人牙（烧存性），麝香少许，为末吹之。名佛牙散。（《普济方》）漏疮恶疮，干水生肌：用人牙灰、油发灰、雄鸡内金灰，各等分为末。入麝香、轻粉少许，油调敷之。（《直指方》）阴疽不发，头凹沉黯，不疼无热，服内补散不起：必用人牙（煅过）、穿山甲（炙）各一分，为末。分作两服，用当归、麻黄煎酒下。外以姜汁和面敷之。又方：川乌头、硫黄、人牙（煅过）为末，酒服亦妙。（杨仁斋《直指方》）

人屎(《别录》。附人中黄)

【释名】人粪（《别录》）、大便。

时珍曰：屎粪乃糟粕所化，故字从米，会意也。

【气味】苦,寒,无毒。

【主治】时行大热狂走,解诸毒,捣末,沸汤沃服之(《别录》)。伤寒热毒,水渍饮之,弥善。新者,封疔肿,一日根烂(苏颂)。骨蒸劳复,痈肿发背疮漏,痘疮不起(时珍)。

粪清

【释名】黄龙汤(弘景)、还元水(《菽园记》)、人中黄。

弘景曰:近城市人以空罂塞口,纳粪中,积年得汁,甚黑而苦,名为黄龙汤,疗瘟病垂死者皆瘥。

大明曰:腊月截淡竹去青皮,浸渗取汁,治天行热疾中毒,名粪清。浸皂荚、甘蔗,治天行热疾,名人中黄。

震亨曰:人中黄,以竹筒入甘草末于内,竹木塞两头,冬月浸粪缸中,立春取出,悬风处阴干,破竹取草,晒干用。

汪机曰:用棕皮绵纸上铺黄土,浇粪汁淋土上,滤取清汁,入新瓮内,碗覆定,埋土中一年取出,清若泉水,全无秽气,年久者弥佳,比竹筒渗法更妙。

【主治】天行热狂热疾,中毒,蕈毒,恶疮(大明)。热毒湿毒,大解五脏实热。饭和作丸,清痰,消食积,降阴火(震亨)。

【附方】旧十三,新二十。劳复食复:人屎烧灰,酒服方寸匕。(《千金方》)热病发狂,奔走似癫,如见鬼神,久不得汗,及不知人事者:以人中黄人大罐内,以泥固济,煅半日,去火毒,研末。新汲水服三钱。未退再服。(《斗门方》)大热狂渴:干陈人屎为末,于阴地净黄土中作五六寸小坑,将末三两匙于坑中,以新汲水调匀,良久澄清,细细与饮即解。世俗谓之地清。(寇宗奭《衍义》)劳极骨蒸,亦名伏连传尸,此方甚验:用人屎(湿者)五升,小便一升,新粟米饭五升,六月六日曲半饼,以瓷瓶盛,封密室中,二七日并消,亦无恶气。每旦服一合,午再服之,神效。(张文仲《备急方》)骨蒸热劳:取人屎干者,烧令外黑,纳水中澄清。每旦服一小升,薄晚服童便一小升,以瘥为度。既常服,可就作坑,烧屎二升,夜以水三升渍之,稍稍减服。此方神妙,非其人莫浪传之。(《外台秘要》)呕血吐痰:心烦骨蒸者。人中黄为末,每服三钱,茜根汁、竹沥、姜汁和匀,服之。(《丹溪心法》)鼻衄不止:人屎尖烧灰,水服一二钱,并吹鼻中。(《千金方》)噎膈反胃,诸药不效:真阿魏一钱,野外干人屎三钱,为末。五更以姜片蘸食,能起死人。乃赵玉渊方也。(《永类钤方》)

小儿胎屎(《纲目》)

【主治】恶疮,食息肉,除面印字,一月即瘥(藏器)。治小儿鬼舐头,烧灰和腊猪脂涂之(时珍)。

人尿(奴吊切,亦作溺。《别录》)

【释名】溲(《素问》)、小便(《素问》)、轮回酒(《纲目》)、还元汤。

时珍曰：尿，从尸从水，会意也。方家谓之轮回酒、还元汤，隐语也。饮入于胃，游溢精气，上输于脾；脾气散精，上归于肺；通调水道，下输膀胱。水道者，阑门也。主分泌水谷，糟粕入于大肠，水汁渗入膀胱。膀胱者，州都之官，津液之府，气化则能出矣。《阴阳应象论》云：清阳为天，浊阴为地；地气上为云，天气下为雨。故清阳出上窍，浊阴出下窍。

【气味】咸，寒，无毒。

【主治】寒热头痛，温气。童男者尤良（《别录》）。主久嗽上气失声，及癥积满腹（苏恭）。明目益声，润肌肤，利大肠，推陈致新，去咳嗽肺痿，鬼气痓病。停久者，服之佳。恐冷，则和热汤服（藏器）。止劳渴，润心肺，疗血闷热狂，扑损，瘀血在内运绝，止吐血鼻衄，皮肤皴裂，难产，胎衣不下。蛇犬咬（大明）。滋阴降火甚速（震亨）。杀虫解毒，疗疟中暍（时珍）。

【附方】旧七，新三十八。头痛至极：童便一盏，豉心半合，同煎至五分，温服。（《圣济总录》）热病咽痛：童便三合，含之即止。（《圣惠方》）骨蒸发热：三岁童便五升，煎取一升，以蜜三匙和之。每服二碗，半日更服。此后常取自己小便服之，轻者二十日，重者五十日瘥。二十日后，当有虫如蚰蜒，在身常出。十步内闻病人小便臭者，瘥也。台州丹仙观道士张病此，自服神验。（孟诜《必效方》）男妇怯症：男用童女便，女用童男便，斩头去尾，日进二次，干烧饼压之，月余全愈。（《圣惠》）久嗽涕唾，肺痿时时寒热，颊赤气急：用童便（去头尾少许）五合，取大粉甘草一寸，炙令热四破浸之，露一夜，去甘草，平旦顿服，或入甘草末一钱同服亦可，一日一剂。童子忌食五辛热物。（姚僧垣《集验》）肺痿咳嗽、鬼气疰病：停久臭溺，日日温服之。（《集验方》）吐血鼻洪：人溺姜汁和匀，服一升。（日华子）齿缝衄血：童便温热含之，立止。（《圣惠方》）消渴重者：众人溺坑中水，取一盏服之。勿令病人知，三度瘥。（《圣惠方》）瘕积满腹，诸药不瘥者：人溺一服一升，下血片块，二十日即出也。（苏恭《本草》）绞肠沙痛：童子小便服之，即止。（《圣惠方》）猝然腹痛：令人骑其腹，溺脐中。（《肘后方》）下痢休息：杏仁（去皮，麸炒，研）二两，以豮猪肝一具，切片，水洗血净，置净锅中，一重肝，一重杏仁，铺尽，以童便二升同煎干，放冷，任意食之。（《圣惠方》）疟疾渴甚：童便和蜜，煎沸，顿服。（《简便方》）瘴疠诸疟，无问新久：童便一升，入白蜜二匙，搅去白沫，顿服，取吐碧绿痰出为妙。若不然，终不除也。（《圣惠》）中暍昏闷：夏月人在途中热死，急移阴处，就掬道上热土拥脐上作窝，令人溺满，暖气透脐即苏，乃服地浆、蒜水等药。林亿云：此法出自张仲景，其意殊绝，非常情所能及，本草所能关，实救急之大术也。盖脐乃命蒂，暑暍伤气，温脐所以接其元气之意。中恶不醒：令人尿其面上即苏。此扁鹊法也。（《肘后方》）三十年痫、一切气块、宿冷恶病：苦参二斤，童子小便一斗二升，煎取六升，和糯米及曲，如常法作酒服。但腹中诸疾皆治。酒放二三年不坏，多作救人神效。（《圣惠》）金疮中风：自己小便，日洗二三次，不妨入水。（《圣惠》）金疮血出不止：饮人尿五升。（《千金方》）

溺白垽(音鱼觐切。《唐本草》)

【释名】人中白。

时珍曰:滓淀为垽,此乃人溺澄下白垽也。以风日久干者为良。入药并以瓦煅过用。

【气味】咸,平,无毒。

大明曰:凉。

【主治】鼻衄,汤火灼疮(《唐本》)。烧研,主紧唇疮(苏恭)。治传尸热劳,肺痿,心膈热,羸瘦渴疾(大明)。降火,消瘀血,治咽喉口齿生疮疳䘌,诸窍出血,肌肤汗血(时珍)。

【发明】震亨曰:人中白,能泻肝火、三焦火并膀胱火,从小便中出,盖膀胱乃此物之故道也。

时珍曰:人中白,降相火,消瘀血,盖咸能润下走血故也。今人病口舌诸疮用之有效,降火之验也。张杲《医说》云:李七,常苦鼻衄,仅存喘息。张思顺用人中白散,即时血止。又延陵镇官曾棠鼻血如倾,白衣变红,头空空然。张用人中白药治之即止,并不再作。此皆散血之验也。

【附方】旧二,新十三。大衄久衄:人中白一团鸡子大,绵五两,烧研。每服二钱,温水服。(《圣济总录》)诸窍出血:方同上。鼻衄不止.五七日不住者:人中白,新瓦焙干,入麝香少许,温酒调服,立效。(《经验方》)肤出汗血:方同上。偏正头痛:人中白、地龙(炒)等分为末,羊胆汁丸芥子大。每新汲水化一丸,注鼻中嗃之。名一滴金。(《普济方》)水气肿满:人尿,煎令可丸。每服一小豆大,日三服。(《千金方》)脚气成漏:跟有一孔,深半寸许,其痛异常。用人中白煅,有水出,滴入疮口。(戴原礼《证治要诀》)小儿霍乱:尿滓末,乳上服之良。(《千金方》)鼻中息肉:人中白瓦焙,每温汤服一钱。(《朱氏集验方》)痘疮倒陷:腊月收人中白,火煅为末。温水服三钱,陷者自出。(《儒门事亲》)口舌生疮:溺桶垽七分,枯矾三分,研匀。有涎拭去,数次即愈。(《集简方》)小儿口疳:人中白(煅)、黄柏(蜜炙焦)为末等分,入冰片少许,以青布拭净,掺之,累效。(陆氏《经验方》)走马牙疳:以小便盆内白屑,取下入瓷瓶内,盐泥固济,煅红研末,入麝香少许贴之。此汴梁李提领方也。又方:用妇人尿桶中白垢(火煅)一钱,铜绿三分,麝香一分,和匀贴之,尤有神效。痘疹烦热:人中白或老粪缸白垢,洗净研末。每白汤或酒服二钱。(《痘疹便览》方)

秋石(《蒙筌》)

【释名】秋冰。

时珍曰:《淮南子》丹成,号曰秋石,言其色白质坚也。近人以人中白炼成白质,亦名秋石,言其亦出于精气之余也。再加升打,其精致者,谓之秋冰,此盖仿海水煎盐之义。方士亦以盐入炉火煅成伪者,宜辨之。

嘉谟曰：秋石须秋月取童子溺，每缸入石膏末七钱，桑条搅，澄定倾去清液。如此二三次，乃入秋露水一桶，搅澄。如此数次，滓秽涤净，咸味减除。以重纸铺灰上晒干，完全取起，轻清在上者为秋石，重浊在下者刮去。古人立名，实本此义。男用童女溺，女用童男弱，亦一阴一阳之道也。世医不取秋时，杂收人溺，但以皂荚水澄，晒为阴炼，煅为阳炼。尽失于道，何合于名？媒利败人，安能应病？况经火炼，性却变温耶？

【气味】咸，温，无毒。

【主治】虚劳冷疾，小便遗数，漏精白浊（时珍）。滋肾水，养丹田，返本还元，归根复命，安五脏，润三焦，消痰咳，退骨蒸，软坚块，明目清心，延年益寿（嘉谟）。

【发明】时珍曰：古人惟取人中白、人尿治病，取其散血、滋阴降火、杀虫解毒之功也。王公贵人恶其不洁，方士遂以人中白设法煅炼，治为秋石。叶梦得《水云录》，极称阴阳二炼之妙；而《琐碎录》乃云秋石味咸走血，使水不制火，久服令人成渴疾。盖此物既经煅炼，其气近温。服者多是淫欲之人，借此放肆，虚阳妄作，真水愈涸，安得不渴耶？况甚则加以阳药，助其邪火乎？惟丹田虚冷者，服之可耳。观病淋者水虚火极，则煎熬成沙成石；小便之炼成秋石，与此一理也。

【附方】旧一，新十一。秋石还元丹：久服去百病，强骨髓，补精血，开心益志，补暖下元，悦色进食。久则脐下常如火暖，诸般冷疾皆愈。久年冷劳虚惫甚者，服之亦壮盛。其法：以男子小便十石，更多尤妙。先支大锅一口于空室内，上用深瓦甑接锅口，以纸筋杵石灰泥甑缝并锅口，勿令通风。候干，下小便约锅中七八分以来，灶下用焰火煮之。若涌出，即少少添冷小便。候煎干，即人中白也。入好罐子内，如法固济，入炭炉中煅之。旋取二三两，再研如粉，煮枣瓤和，丸如绿豆大。每服五七丸，渐加至十五丸，空心温酒或盐汤下。其药末常要近火收，或时复养火三五日，则功效更大也。（《经验方》）阴阳二炼丹：世之炼秋石者，但得火炼一法。此药须兼阴阳二炼，方为至药。火炼乃阳中之阴，得火而凝，入水则释，归于无体，盖质去味存，此离中之虚也。水炼乃阴中之阳，得水而凝，遇曝而润，千岁不变，味去质留，此坎中之实也。二物皆出于心肾二脏，而流于小肠，水火塍蛇玄武正气，外假天地之水火，凝而为体。服之还补太阳、相火二脏，实为养命之本。空心服阳炼，日午服阴炼。此法极省力，与常法功用不侔，久疾服之皆愈。有人得瘦疾且嗽，诸方不效，服此即瘳。有人病颠腹鼓，日久加喘满，垂困，亦服此而安也。阳炼法：用人尿十余石，各用桶盛。每石入皂荚汁一碗，竹杖急搅百千下，候澄去清留垽。并作一桶，如前搅澄，取浓汁一二斗滤净，入锅熬干，刮下捣细。再以清汤煮化，筲箕铺纸淋过，再熬。如此数次，直待色白如雪方止。用沙盒固济，火煅成质，倾出。如药未成，更煅一二次，候色如莹玉，细研。入砂盒内固济，顶火养七昼夜，取出摊土上，去火毒，为末，枣膏丸梧桐子大。每空心温酒下三十丸。阴炼法：用人尿四五石，以大缸盛。入新水一半，搅千回，澄定，去清留垽。又入新水搅澄，直候无臭气。澄下如腻粉，方以曝干。刮下再研，以男儿乳和如膏，烈日晒干，盖假太阳真气也。如此九度，为末，枣膏和，丸梧桐子大。每午后温酒下三十丸。（叶石林《水云录》）秋冰乳粉丸：固元阳，壮筋骨，延年不老，却百病。用秋冰五钱，头生男乳晒粉五钱，头生女乳晒粉五钱，乳香二钱五分，麝香一分，为末，炼蜜丸芡子大，金箔为衣，乌金纸包，黄蜡匮收，勿令泄气。每月用乳汁化服一丸，仍日饮乳汁助之。秋冰法：用童男、童女尿坙各一桶，入大锅内，桑柴火熬干。刮下，入河水一桶搅化，隔纸淋过。复熬刮下，再以水淋炼之。如此七次，其色如霜，或有一斤。入罐内，上用铁灯盏盖定，盐泥固济，升打三炷香。看秋石色白如玉，再研，再如前升打。灯盏上用水徐徐擦之，不可多，多则不结；不可少，少则不升。自辰至未，退火冷定。其盏上升起者，为秋冰，味淡而香，乃秋石之精英也，服之滋肾水，固元阳，降痰火。其不升者，即寻常秋石也，味咸苦，蘸肉食之，亦有小补。（《杨氏颐真堂经验方》）《直指》秋石丸：治浊气干清，精散而成膏淋，黄白赤黯，如肥膏、蜜、油之状。用秋石、鹿角胶（炒）、桑螵蛸（炙）各半两，白茯苓一两，为末，糕糊丸梧桐子大。每服五十丸，人参汤下。（《仁斋直指方》）

淋石（宋《嘉祐》）

【校正】自玉石部移入此。

【集解】藏器曰：此是患石淋人溺中出者，正如小石，收之为用。

时珍曰：此是淫欲之人，精气郁结，阴火煎熬，遂成坚质。正如滚水结硷，卤水煎盐，小便炼成秋石，同一义理也。

【气味】咸，温，无毒。

【主治】石淋，水磨服之，当得碎石随溺出（大明）。噎病吐食，俗名涩饭病（藏器）。

癖石（《纲目》）

【集解】时珍曰：有人专心成癖，及病症块，凝结成石。如牛黄、狗宝、鲊答之类，皆诸兽之病也。观夫星陨为石，沙淋石淋，及释氏颇囟结成舍利子，皆精气凝结而然。故《格物论》云：石者，气之核也。群书所载，如宝圭化石，老树化石，皆无情之变异也。鱼、蛇、虾、蟹，皆能化石，乃有情之变异也。世说载贞妇登山望夫，化而为石，此盖志一不分，遂入于无情也。《宋史》载石工采石，陷入石穴，三年掘出犹活，见风遂化为石，此盖吞纳石气，久而与之俱化也。夫生形尚全化石，则顽心症癖之化石，亦其理也。《程子遗书》云：波斯人发古墓，见肌肤都尽，惟心坚如石。锯开，中有山水如画，旁有一女，凭阑凝睇。盖此女有爱山水癖，遂致融结如此。宋濂云：一浮屠行大般舟三昧法，示寂后，焚之，惟心不化，状如佛像，非金非石。又一人行禅观法，及死火葬，心内包观音像悉具。医书云：一人病症死，火化有块如石。此皆症癖顽凝成石之迹，故并录之。

【主治】消坚癖，治噎膈（时珍）。

乳汁（《别录》）

【释名】奶汁（《纲目》）、仙人酒。

时珍曰：乳者化之信，故字从孚、化（省文）也。方家隐其名，谓之仙人酒、生人血、白朱砂，种种名色。盖乳乃阴血所化，生于脾胃，摄于冲任。未受孕则下为月水，既受孕则留而养胎，已产则赤变为白，上为乳汁，此造化玄微，自然之妙也。邪术家乃以童女娇揉取乳，及造“反经为乳”诸说，巧立名谓，以弄贪愚。此皆妖人所为，王法所诛，君子当斥之可也。凡入药并取首生男儿，无病妇人之乳，白而稠者佳。若色黄赤清而腥秽如涎者，并不可用。有孕之乳，谓之忌奶，小儿饮之吐泻，成疳魃之病，最为有毒也。

【气味】甘、咸，平，无毒。

大明曰：凉。

【主治】补五脏，令人肥白悦泽。疗目赤痛多泪，解独肝牛肉毒，合浓豉汁服之，神效（《别录》）。和雀屎，去目赤胬肉（苏恭）。益气，治瘦悴，悦皮肤，润毛发，点眼止泪（大明）。

【附方】旧三，新十一。服乳歌：仙家酒，仙家酒，两个壶卢盛一斗。五行酿出真醍醐，不离人间处处有。丹田若是干涸时，咽下重楼润枯朽。清晨能饮一升余，返老还童天地久。虚损劳瘵：德生丹：用无病妇人乳三酒杯，将瓷碟晒极热，置乳于中，次入麝香末少许，木香末二分，调匀服；后饮浓茶一酒盏，即阳败。次日服接命丹（接命丹：用乳三酒杯，如前晒碟盛人乳，并人胞末一具调服），服毕面、膝俱赤，如醉思睡，只以白粥少少养之。（《集简方》）虚损风疾：接命丹：治男妇气血衰弱，痰火上升，虚损之症；又治中风不语，左瘫右缓，手足疼痛，动履不便，饮食少进诸症。用人乳二杯，香甜白者为佳，以好梨汁一杯和匀，银石器内顿滚滚。每日五更一服，能消痰补虚，生血延寿。此乃以人补人，其妙无加。（《摄生众妙方》）中风不语，舌根强硬：三年陈酱五合，人乳汁五合，相和研，以生布绞汁。随时少少与服，良久当语。（《圣惠方》）猝不得语：人乳半合，美酒半升，和服。（《范汪方》）失音不语：人乳、竹沥各二合，温服。（《摘玄》）月经不通：日饮人乳三合。（《千金方》）眼热赤肿：人乳半合，古铜钱十文，铜器中磨令变色，稀稠成煎，瓶收，日点数次。或以乳浸黄连，蒸热洗之。（《圣惠方》）初生不尿：人乳四合，葱白一寸，煎滚，分作四服，即利。（《外台》）初生吐乳：人乳二合，籧篨篾少许，盐二粟大，同煎沸，入牛黄粟许，与服。（《外台》）痈脓不出：人乳汁和面敷之，比晓脓尽出。不可近手。（《千金方》）

妇人月水（宋《嘉祐》。附月经衣）

【释名】月经（《素问》）、天癸（《素问》）、红铅。

时珍曰：女子，阴类也，以血为主。其血上应太阴，下应海潮。月有盈亏，潮有朝夕，月事一月一行，与之相符，故谓之月水、月信、月经。经者常也，有常轨也。天癸者，天一生水也。邪术家谓之红铅，谬名也。女人之经，一月一行，其常也；或先或后，或通或塞，其病也。复有变常而古人并未言及者，不可不知。有行期只吐血衄血，或眼耳出血者，是谓逆行。有三月一行者，是谓居经，俗名按季。有一年一行，是谓避年。有一生不行而受胎者，是谓暗经。有受胎之后，月月行经而产子者，是谓盛胎，俗名垢胎。有受胎数月，血忽大下而胎不陨者，是谓漏胎。此虽以气血有余不足言，而亦异于常矣。女子二七天癸至，七七天癸绝，其常也。有女年十二、十三而产子，如《褚记室》所载，平江苏达卿女，十二受孕者；有妇年五十、六十而产子，如《辽史》所载，亟普妻六十余，生二男一女者，此又异常之尤者也。学医者之于此类，恐亦宜留心焉。

【气味】咸，平，无毒。

【主治】解毒箭并女劳复（弘景）。

月经衣

【主治】金疮血涌出，炙热熨之。又主虎狼伤及箭镞入腹（藏器）。

【发明】时珍曰：女人入月，恶液腥秽，故君子远之，为其不洁，能损阳生病也。煎膏治药，出痘持戒，修炼性命者，皆避忌之，以此也。《博物志》云：扶南国有奇术，能令刀斫不入，惟以月水涂刀便死。此是秽液坏人神气，故合药忌触之。此说甚为有据。今有方士邪术，鼓弄愚人，以法取童女初行经水服食，谓之先天红铅，巧立名色，多方配合，谓《参同契》之金华，《悟真篇》之首经，皆此物也。愚人信之，吞咽秽滓，以为秘方，往往发出丹疹，殊可叹恶。按萧了真《金丹诗》云：一等旁门性好淫，强阳复去采他阴。口含天癸称为药，似恁洳沮枉用心。呜呼！愚人观此，可自悟矣。凡红铅方，今并不录。

【附方】旧七，新五。热病劳复：丈夫热病瘥后，交接复发，忽卵缩入肠，肠痛欲死。烧女人月经赤衣为末，熟水服方寸匕，即定。（《梅师方》）女劳黄疸，气短声沉：用女人月经布和血衣烧灰，酒服方寸匕，一日再服，三日瘥。（孟诜《必效方》）霍乱困笃：童女月经衣和血烧灰，酒服方寸匕。百方不瘥者用之。（《千金方》）小儿惊痫发热：取月候血和青黛，新汲水调服一钱，入口即瘥。量儿加减。（《普济方》）令妇不妒：取妇人月水布裹蛤蟆，于厕前一尺，入地五寸埋之。（张华《博物志》）痈疽发背，一切肿毒：用胡燕窠土、鼠坌土、榆白皮、栝蒌根，等分为末，以女人月经衣，水洗取汁和，敷肿上，干即易之。溃者封其四围。五日瘥。（《千金方》）男子阴疮：因不忌月事行房，阴物溃烂。用室女血衲，瓦上烧存性，研末，麻油调，敷之。解药箭毒：交州夷人，以焦铜为镝，涂毒药于镞锋上，中人即沸烂，须臾骨坏。但服月水、屎汁解之。（《博物志》）

人血（《拾遗》）

【集解】时珍曰：血犹水也。水谷入于中焦，泌别熏蒸，化其精微，上注于肺。流溢于中，布散于外。中焦受汁，变化而赤，行于隧道，以奉生身，是之谓血，命曰营气。血之与气，异名同类；清者为营，浊者为卫，营行于阴，卫行于阳；气主煦之，血主濡之。血体属水，以火为用，故曰气者血之帅也。气升则升，气降则降；气热则行，气寒则凝；火活则红，火死则黑。邪犯阳经则上逆，邪犯阴经则下流。盖人身之血，皆生于脾，摄于心，藏于肝，布于肺，而施化于肾也。仙家炼之，化为白汁，阴尽阳纯也。苌弘死忠，血化为碧，人血入土，年久为磷，皆精灵之极也。

【气味】咸,平,有毒。

【主治】羸病人皮肉干枯,身上麸片起,又狂犬咬,寒热欲发者,并刺血热饮之(藏器)。

【发明】时珍曰:肉干麸起,燥病也,不可卒润也。饮人血以润之,人之血可胜刺乎?夫润燥、治狂犬之药亦伙矣,奚俟于此耶?始作方者,不仁甚矣,其无后乎?虐兵、残贼,亦有以酒饮人血者,此乃天戮之民,必有其报,不必责也。诸方用血,惟不悖于理者,收附于下。

【附方】新七。吐血不止:就用吐出血块,炒黑为末。每服三分,以麦门冬汤调服。盖血不归元,则积而上逆;以血导血归元,则止矣。(吴球《诸证辨疑》)衄血不止:《圣济总录》:用白纸一张,接衄血令满,于灯上烧灰,作一服,新汲水下。勿用病人知。《儒门事亲》:就用本衄血,纸捻蘸点眼内,左点右,右点左。此法大妙。金疮内漏:取疮内所出血,以水和,服之。(《千金》)产乳血晕:取酽醋,和产妇血如枣大,服之。(《普济方》)小儿赤疵:针父脚中,取血贴之,即落。(《千金方》)小儿疣目:以针决其四边,取患疮脓汁敷之。忌水三日,即溃落也。(《千金》)

人精(宋《嘉祐》)

【集解】时珍曰:营气之粹,化而为精,聚于命门。命门者,精血之府也。男子二八而精满一升六合。养而充之,可得三升;损而丧之,不及一升。谓精为峻者,精非血不化也;谓精为宝者,精非气不养也。故血盛则精长,气聚则精盈。邪术家蛊惑愚人,取童女交媾,饮女精液;或以己精和其天癸,吞咽服食。呼为铅汞,以为秘方,放恣贪淫,甘食秽滓,促其天年。吁!愚之甚矣,又将谁尤?按鲍景翔云:神为气主,神动则气随;气为水母,气聚则水生。故人之一身,贪心动则津生,哀心动则泪生,愧心动则汗生,欲心动则精生。

【气味】甘,温。

【主治】和鹰屎,灭瘢(弘景)。涂金疮血出,汤火疮(时珍)。

【附方】旧三,新二。面上黡子:人精和鹰屎白涂之,数日愈。(《千金方》)身面粉瘤:人精一合,青竹筒盛,于火上烧,以器承取汁,密封器中。数数涂之,取效止。(《肘后方》)瘰疬肿毒:女人精汁,频频涂之。汤火伤灼:令不痛,易愈无痕。《肘后》:用人精、鹰屎白,日日涂之。《千金》:用女人精汁,频频涂之。

口津唾(《纲目》)

【释名】灵液(《纲目》)、神水(《纲目》)、金浆(《纲目》)、醴泉。

时珍曰:人舌下有四窍,两窍通心气,两窍通肾液。心气流入舌下为神水,肾液流入舌下为灵液。道家谓之金浆玉醴。溢为醴泉,聚为华池,散为津液,降为甘露,所以灌溉脏腑,润泽肢体。故修养家咽津纳气,谓之清水灌灵根。人能终日不唾,则精气常留,颜色不槁;若久唾,则损精气,成肺病,皮肤枯涸。故曰远唾不如近唾,近唾不如不唾。人有病,则心肾不交,肾水不上,故津液干而真气耗也。秦越人《难经》云：肾主五液。入肝为泪，入肺为涕，入脾为涎，入心为汗，自入为唾也。

【气味】甘、咸，平，无毒。

【主治】疮肿、疥癣、皶疱，五更未语者，频涂擦之。又明目退翳，消肿解毒，辟邪，粉水银（时珍）。

【发明】时珍曰：唾津，乃人之精气所化。人能每旦漱口擦齿，以津洗目，及常时以舌舐拇指甲，揩目，久久令人光明不昏。又能退翳，凡人有云翳，但每日令人以舌舐数次，久则真气熏及，自然毒散翳退也。《范东阳方》云：凡人魇死，不得叫呼，但痛咬脚跟及拇指甲际，多唾其面，徐徐唤之，自省也。按《黄震日抄》云：晋时南阳宋定伯夜遇鬼，问之。答曰：我新死鬼也。问其所恶。曰：不喜唾耳。急持之，化为羊。恐其变化，因大唾之，卖得千钱。乃知鬼真畏唾也。

【附方】新四。代指肿痛：以唾和白硇砂，搜面作碗子，盛唾令满，着硇末少许，以指浸之，一日即瘥。（《千金方》）手足发疣：以白粱米粉，铁铛炒赤，研末，以众人唾和，敷厚一寸，即消。（《肘后方》）腋下狐气：用自己唾擦腋下数过，以指甲去其垢，用热水洗手数遍，如此十余日则愈。毒蛇螫伤：急以小便洗去血，随取口中唾，频频涂之。（杨拱《医方摘要》）

齿垽（音居近切。宋《嘉祐》）

【释名】齿垢。

【气味】咸，温，无毒。

【主治】和黑虱研涂，出箭头及恶刺，破痈肿（李世绩）。涂蜂螫（时珍）。

【附方】新二。竹木入肉，针拨不尽者：以人齿垢封之，即不烂也。（叶氏《通变要法》）毒蛇螫伤：先以小便洗去血，次以牙垽封而护之，甚妙，且不痛肿。（《医方摘要》）

人汗（《纲目》）

【集解】时珍曰：汗出于心，在内则为血，在外则为汗。故曰夺汗者无血，夺血者无汗。

【气味】咸，有毒。饮食食之，令人生疔毒（时珍）。

眼泪（《纲目》）

【集解】时珍曰：泪者肝之液。五脏六腑津液皆上渗于目。凡悲哀笑咳，则火激于中，心系急而脏腑皆摇；摇则宗脉感而液道开，津上溢，故涕泣出焉。正如甑上水滴之意也。

【气味】咸，有毒。凡母哭泣堕子目，令子伤睛生翳（时珍）。

人气(《纲目》)

【主治】下元虚冷,日令童男女,以时隔衣进气脐中,甚良。凡人身体骨节痹痱,令人更互呵熨,久久经络通透。又鼻衄金疮,嘘之能令血断(时珍)。

人魄(《纲目》)

【集解】时珍曰:此是缢死人,其下有物如麸炭,即时掘取便得,稍迟则深入矣。不掘则必有再缢之祸。盖人受阴阳二气,合成形体。魂魄聚则生,散则死。死则魂升于天,魄降于地。魄属阴,其精沉沦入地,化为此物;亦犹星陨为石,虎死目光坠地化为白石,人血入地为磷为碧之意也。

【主治】镇心,安神魄,定惊怖颠狂,磨水服之(时珍)。

髭须(《证类》)

【集解】时珍曰:嘴上曰髭,颐下曰须,两颊曰髯。详见乱发下。

【主治】烧研,敷痈疮(慎微)。

【发明】慎微曰:唐·李勣病。医云:得须灰服之,方止。太宗闻之,遂自剪髭烧灰赐服,复令敷痈立愈。故白乐天诗云:剪须烧药赐功臣。又宋·吕夷简疾。仁宗曰:古人言髭可治疾。今朕剪髭与之合药,表朕意也。

阴毛(《拾遗》)

【主治】男子阴毛:主蛇咬,以口含二十条咽汁,令毒不入腹(藏器)。横生逆产,用夫阴毛二七茎烧研,猪膏和,丸大豆大,吞之(《千金方》)。妇人阴毛:主五淋及阴阳易病(时珍)。

【附方】新二。阴阳易病,病后交接,卵肿或缩入腹,绞痛欲死:取妇人阴毛烧灰饮服,仍以洗阴水饮之。(《普济方》)牛胀欲死:妇人阴毛,草裹与食,即愈。(《外台秘要》)

人骨(《拾遗》)

【释名】时珍曰:许慎云:骨者,肉之核也。《灵枢经》云:肾主骨。有《骨度篇》,论骨之大小、长短、广狭甚详,见本书。

【主治】骨病,接骨,臁疮,并取焚弃者(藏器)。

【发明】时珍曰:古人以掩暴骨为仁德,每获阴报;而方伎之流,心乎利欲,乃收人骨为药饵,仁术固如此乎?且犬不食犬骨,而人食人骨可乎?父之白骨,惟亲生子刺血沥之即渗入。又《酉阳杂俎》云：荆州一军人损胫。张七政饮以药酒，破肉去碎骨一片，涂膏而愈。二年余复痛。张曰：所取骨寒也。寻之尚在床下，以汤洗绵裹收之，其痛遂止。气之相应如此，孰谓枯骨无知乎？仁者当悟矣。

【附方】新四。代杖：烧过人骨为末，空心酒服三钱，受杖不肿不作疮，久服皮亦厚也。（《医林集要》）接骨：烧过童子骨一两，乳香二钱，喜红绢一方，烧灰为末，热酒调服。先以桐木片扎定，立效。（《医林集要》）臁疮：烧过人骨（碎者）为末，掺之。（《寿域神方》）折伤：死童子骨煅过，香瓜子仁炒干，为末。好酒下，止痛极速。（《扶寿精方》）

天灵盖（宋《开宝》）

【释名】脑盖骨（《纲目》）、仙人盖（《纲目》）、头颅骨。

《志》曰：此乃死人顶骨十字解者，方家婉其名耳。

藏器曰：此是天生天赐，盖押一身之骨，囟门未合，即未有也。

时珍曰：人之头圆如盖，穹窿象天，泥丸之宫，神灵所集。修炼家取坎补离，复其纯乾，圣胎圆成，乃开颅囟而出入之，故有天灵盖诸名也。

【修治】藏器曰：凡用弥腐烂者乃佳。有一片如三指阔者，取得，用塘灰火罨一夜。待腥秽气尽，却用童男溺，于瓷锅子中煮一伏时，漉出。于屋下掘一坑，深一尺，置骨于中一伏时，其药魂归神妙。阳人使阴，阴人使阳。

好古曰：方家有用檀香汤洗过，酥炙用，或烧存性者。男骨色不赤，女骨色赤，以此别之也。

【气味】咸，平，无毒。

时珍曰：有毒。

【主治】传尸尸疰，鬼气伏连，久瘴劳疟，寒热无时者，烧令黑，研细，白饮和服，亦合丸散用（《开宝》）。治肺痿，乏力羸瘦，骨蒸盗汗等，酥炙用（大明）。退心经蕴寒之气（《本草权度》）。

【发明】杨士瀛曰：天灵盖治尸疰。尸疰者，鬼气也。伏而未起，故令淹缠。得枯骸枕骨治之，则魂气飞越，不复附人，故得瘥也。

陈承曰：《神农本经》人部，惟发髲一物。其余皆出后世医家，或禁术之流，奇怪之论耳。近见医家用天灵盖治传尸病，未有一效。残忍伤神，殊非仁人之用心。苟有可易，仁者宜尽心焉。必不得已，则宜以年深渍朽、绝尸气者，可也。

【附方】新十一。天灵盖散：追取劳虫。天灵二指大（以檀香煎汤洗过，酥炙，一气咒七遍云：雷公神，电母圣；逢传尸，便须定；急急如律令），尖槟榔五枚，阿魏二分，麝香三分，辰砂一分，安息香三分，甘遂三分，为末，每服三钱。用童便四升，入银石器内，以葱白、薤白各二七茎，青蒿二握，甘草二茎（五寸长者），桃枝、柳枝、桑枝、酸榴枝各二握（七寸长），同煎至一升。分作三盏，五更初，调服前药一服；虫不下，约人行十里，又进一服；天明再进。取下虫物，名状不一，急擒入油铛煎之。其虫觜青赤黄色可治，黑白色难治，然亦可断传染之患。凡修合，先须斋戒，于远处净室，勿令病人闻药气，及鸡犬猫畜、孝子妇人、一切触秽之物见之。虫下后，以白粥补之。数日之后,梦人哭泣相别,是其验也。(《上清紫庭仙方》)虚损骨蒸:《千金方》:用天灵盖如梳大,炙黄,以水五升,煮取二升,分三服,起死神方也。张文仲《备急方》:用人头骨(炙)三两,麝香十两,为末,和蜜捣千杵,丸梧桐子大。每服七丸,粥饮下,日再服。若胸前有青脉出者,以针刺看血色;未黑者,七日瘥。小儿骨蒸,体瘦心烦:天灵盖(酥炙)、黄连等分,研末。每服半钱,米饮下,日二服。(《圣惠方》)诸疟寒热:天灵盖煅研末,水服一字,取效。(《普济方》)膈气不食:天灵盖七个,每个用黑豆四十九粒,层层隔封,水火升降,杨梅色,冷定取出,去豆不用,研末。每服一钱,温酒下。(孙氏《集效方》)青盲不见:天灵盖(酥炙)、龙胆各二两,白龙脑一钱,为末。取黑豆五升净淘,以水煮烂滤汁,却炼成煎拌药,丸梧桐子大。每服温水下二十丸,日三。频用新汲水洗头面。先令患人沐浴,及剃却顶心发。静一室,令安止,昼夜不得见明,令满百日。切忌羊血杂肉及动风壅滞热物、喜怒房室等。(《圣惠方》)痘疮陷伏:灰平不长,烦躁气急。用天灵盖烧研,酒服三分(一方入雄黄二分),其疮自然起发。(《痘疹经验方》)

人胞(《拾遗》)

【释名】胞衣(《梅师》)、胎衣(《纲目》)、紫河车(《纲目》)、混沌衣(《纲目》)、混元母(《蒙筌》)、佛袈裟(《纲目》)、仙人衣。

时珍曰:人胞,包人如衣,故曰胞衣。方家讳之,别立诸名焉。《丹书》云:天地之先,阴阳之祖,乾坤之橐籥,铅汞之匡廓,胚胎将兆,九九数足,我则乘而载之,故谓之河车。其色有红、有绿、有紫,以紫者为良。

【修治】吴球曰:紫河车,古方不分男女。近世男用男,女用女;一云男病用女,女病用男。初生者为佳,次则健壮无病妇人者亦可。取得,以清米泔摆净,竹器盛,于长流水中洗去筋膜,再以乳香酒洗过,篾笼盛之,烘干研末。亦有瓦焙研者,酒煮捣烂者,甑蒸捣晒者,以蒸者为佳。董炳云:今人皆酒煮火焙及去筋膜,大误矣。火焙水煮,其子多不育,惟蒸捣和药最良。筋膜乃初结真气,不可剔去也。

【气味】甘、咸,温,无毒。

【主治】血气羸瘦,妇人劳损,面䵟皮黑,腹内诸病渐瘦者,治净,以五味和之,如䭔饵法与食之,勿令妇知(藏器。饵,音甲,饼也)。治男女一切虚损劳极,癫痫失志恍惚,安心养血,益气补精(吴球)。

【发明】震亨曰:紫河车治虚劳,当以骨蒸药佐之。气虚加补气药,血虚加补血药。以侧柏叶、乌药叶俱酒洒,九蒸九曝,同之为丸,大能补益,名补肾丸。

时珍曰:人胞虽载于陈氏本草,昔人用者犹少。近因丹溪朱氏言其功,遂为时用。而括苍吴球始创大造丸一方,尤为世行。其方药味平补,虽无人胞,亦可服饵。其说详见本方下。按《隋书》云:琉球国妇人产乳,必食子衣。张师正《倦游录》云:八桂獠人产男,以五味煎调胞衣,会亲啖之。此则诸兽生子、自食其衣之意,非人类也。崔行功《小儿方》云:凡胎衣宜藏于天德、月空吉方。深埋紧筑,令男长寿。若为猪狗食,令儿颠狂;虫蚁食,令儿疮癣;鸟鹊食,令儿恶死;弃于火中,令儿疮烂;近于社庙污水井灶街巷,皆有所禁。按此亦铜山西崩,洛钟东应,自然之理也。今复以之蒸煮炮炙，和药捣饵，虽曰以人补人，取其同类；然以人食人，独不犯崔氏之禁乎？其异于琉球、獠人者，亦几希矣。

【附方】旧一，新六。河车丸：治妇人瘵疾劳嗽，虚损骨蒸等症。用紫河车（初生男子者）一具（以长流水中洗净，熟煮擘细，焙干研），山药二两，人参一两，白茯苓半两，为末，酒糊丸梧桐子大，麝香养七日。每服三五十丸，温服，盐汤下。（《永类钤方》）

胞衣水（《拾遗》）

【修治】藏器曰：此乃衣埋地下，七八年化为水，澄彻如冰。南方人以甘草、升麻和诸药，瓶盛埋之，三五年后掘出，取为药也。

【气味】辛，凉，无毒。

【主治】小儿丹毒，诸热毒，发寒热不歇，狂言妄语，头上无辜发竖，虚痞等症，天行热病，饮之立效（藏器）。反胃久病。饮一钟当有虫出（时珍）。

初生脐带（《拾遗》）

【释名】命蒂。

时珍曰：胎在母腹，脐连于胞，胎息随母。胎出母腹，脐带既剪，一点真元，属之命门丹田。脐干自落，如瓜脱蒂。故脐者，人之命蒂也。以其当心肾之中，前直神阙，后直命门，故谓之脐。脐之为言齐也。

【主治】烧末饮服，止疟（藏器）。解胎毒，敷脐疮（时珍）。

【附方】新三。脐汁不干：绵裹落下脐带，烧研一钱，入当归头末一钱，麝香一字，掺之。（《全幼心鉴》）预解胎毒：初生小儿十三日，以本身剪下脐带烧灰，以乳汁调服，可免痘患。或入朱砂少许。（《保幼大全》）痘风赤眼：初生小儿脐带血，乘热点之，妙。（《海上方》）

人势（《纲目》）

【释名】阴茎。

时珍曰：人阴茎，非药物也。陶九成《辍耕录》载：杭州沈生犯奸事露，引刀自割其势，流血经月不合。或令寻所割势，捣粉酒服，不数日而愈。观此则下蚕室者，不可不知此法也。故附于此云。

【主治】下蚕室，创口不合（时珍）。

人胆（《拾遗》）

【气味】苦，凉，有毒。

【主治】鬼气，尸疰，伏连(藏器)。久疟，噎食，金疮(时珍)。

【发明】时珍曰：北虏战场中，多取人胆汁敷金疮，云极效；但不可再用他药，必伤烂也。若先敷他药，即不可用此。此乃杀场救急之法，收胆干之亦可用，无害于理也。有等残忍武夫，杀人即取其胆和酒饮之，云令人勇；是虽军中谬术，君子不为也。

【附方】新三。久疟连年、噎食不下：用生人胆一个，盛糯米令满，入麝香少许，突上阴干。一半青者治疟，一半黑者治噎，并为末。每服十五粒，疟用陈皮汤下，噎用通草汤下。(俱出《普济方》)鬼疟进退不定者：用人胆、朱砂、雄黄、麝香等分，为末，醋糊丸绿豆大。每绵裹一丸，纳鼻中即瘥，男左女右。一丸可治二人。(《圣惠方》)

人肉(《拾遗》)

【主治】瘵疾(藏器)。

【发明】时珍曰：张杲《医说》言：唐开元中，明州人陈藏器著《本草拾遗》，载人肉疗羸瘵。自此闾阎有病此者，多相效割股。按陈氏之先，已有割股割肝者矣；而归咎陈氏，所以罪其笔之于书，而不立言以破惑也，本草可轻言哉？呜呼！身体发肤，受之父母，不敢毁伤。父母虽病笃，岂肯欲子孙残伤其支体，而自食其骨肉乎？此愚民之见也。按何孟春《余冬序录》云：江伯儿母病，割胁肉以进。不愈，祷于神，欲杀子以谢神。母愈，遂杀其三岁子。事闻太祖皇帝，怒其绝伦灭理，杖而配之。下礼部议曰：子之事亲，有病则拜托良医。至于呼天祷神，此恳切至情不容已者。若卧冰割股，事属后世。乃愚昧之徒，一时激发，务为诡异，以惊世骇俗，希求旌表，规避徭役。割股不已，至于割肝，割肝不已，至于杀子，违道伤生，莫此为甚。自今遇此，不在旌表之例。呜呼！圣人立教，高出千古，韪哉如此。又陶九成《辍耕录》载：古今乱兵食人肉，谓之想肉，或谓之两脚羊。此乃盗贼之无人性者，不足诛矣。

木乃伊(《纲目》)

【集解】时珍曰：按陶九成《辍耕录》云：天方国有人年七八十岁，愿舍身济众者，绝不饮食，惟澡身啖蜜，经月便溺皆蜜。既死，国人殓以石棺，仍满用蜜浸之，镌年月于棺，瘗之。俟百年后起封，则成蜜剂。遇人折伤肢体，服少许立愈。虽彼中亦不多得，亦谓之蜜人。陶氏所载如此，不知果有否？姑附卷末，以俟博识。

方民(《纲目》)

李时珍曰：人禀性于乾坤，而囿形于一气。横目二足，虽则皆同；而风土气习，自然不一。是故虱处头而黑，豕居辽而白。水食者腥，草食者膻。膏粱藜苋，肠胃天渊；葛褐罗纨，肌肤玉石。居养所移，其不能齐者，亦自然之势也。故五方九州，水土各异，其民生长，气息亦殊。乃集方民，附于部末，以备医诊云。

东方：海滨傍水，鱼盐之地。其民食鱼而嗜咸，黑色疏理。其病多疮疡，其治宜砭石。西方：陵居多风，水土刚强。其民不衣而褐荐，华食而肥脂。其病生于内，其治宜毒药。北方：地高陵居，风寒冰冽。其民野处而乳食。其病脏寒生满，其治宜灸焫。南方：地下，水土弱，雾露所聚。其民嗜酸而食胕，致理而赤色。其病多挛痹，其治宜微针。中央：地平湿。其民食杂而不劳。其病多痿蹷，其治宜导引按跷。(《素问》)

九州殊题，水泉各异；风声气习，刚柔不同。青州：其音角羽，其泉咸以酸。其气舒迟，其人声缓。荆扬：其音角徵，其泉酸以苦，其气剽轻，其人声急。梁州：其音商徵，其泉苦以辛，其气刚勇，其人声塞。兖豫：其音宫徵，其泉甘以苦，其气平静，其人声端。雍冀：其音商羽，其泉辛以咸，其气快烈，其人声捷。徐州：其音角宫，其泉酸以甘，其气悍劲，其人声雄。(出《河图括地象》)

坚土之人刚，弱土之人柔，墟土之人大，沙土之人细，息土之人美，耗土之人丑。(出《孔子家语》)

山林之民毛而瘦，得木气多也。川泽之民黑而津，得水气多也。丘陵之民团而长，得火气多也。坟衍之民皙而方，得金气多也。原隰之民丰而痹，得土气多也。(出《宋太史集》)

荆州一男二女，扬州二男五女，青州二男二女，兖州二男三女，幽州一男三女，并州二男三女，豫州二男三女，雍州三男二女，冀州五男三女。(出《周礼》)

土地生人，各以类应。故山气多男，泽气多女，水气多喑，风气多聋，林气多癃，木气多伛，石气多力，岸下气多尰，险阻气多瘿，谷气多痹，丘气多狂，广气多仁，陵气多贪，暑气多夭，寒气多寿，轻土多利，重土多迟，清水音小，浊水音大，湍水人轻，迟水人重，中土多圣贤。(出《淮南子鸿烈解》)

人傀(公回切。怪异也。《纲目》)

李时珍曰：太初之时，天地絪缊。一气生人，乃有男女。男女媾精，乃自化生。如草木之始生子，一气而后有根及子，为种相继也。人之变化，有出常理之外者。亦司命之师所当知，博雅之士所当识。故撰为人傀，附之部末，以备多闻眚咎之征。

易曰：一阴一阳之谓道。男女构精，万物化生。乾道成男，坤道成女。此盖言男女生生之机，亦惟阴阳造化之良能焉耳。齐司徒褚澄言：血先至裹精则生男，精先至裹血则生女。阴阳均至，非男非女之身；精血散分，骈胎品胎之兆。《道藏经》言：月水止后一、三五日成男，二、四、六日成女。东垣李杲言：血海始净一、二日成男，三、四、五日成女。《圣济经》言：因气而左动，阳资之则成男；因气而右动，阴资之则成女。丹溪朱震亨乃非褚氏而是东垣，主《圣济》左右之说而立论，归于子宫左右之系。诸说可谓悉矣。时珍窃谓褚氏未可非也，东垣未尽是也。盖褚氏以精血之先后言，《道藏》以日数之奇偶言，东垣以女血之盈亏言，《圣济》、丹溪以子宫之左右言，各执一见；会而观之，理自得矣。夫独男独女之胎，则可以日数论；而骈胎品胎之感，亦可以日数论乎？稽之诸史，载一产三子、四子者甚多。其子有半男半女，或男多女少，男少女多。《西樵野记》载国朝天顺时，扬州民家一产五男，皆育成。观此，则一、三五日为男，二、四、六日为女之说，岂其然哉？焉有一日受男而二日复受女之理乎？此则褚氏、《圣济》、丹溪主精血子宫左右之论为有见，而《道藏》、东垣日数之论为可疑矣。王叔和《脉经》。以脉之左右浮沉，辨猥生之男女；高阳生《脉诀》，以脉之纵横逆顺，别骈品之胎形。恐亦臆度，非确见也。王冰《玄珠密语》言：人生三子，主太平；人生三女，国淫失政；人生十子，诸侯竞位；人生肉块，天下饥荒。此乃就人事而论，则气化所感，又别有所关也。夫乾为父，坤为母，常理也。而有五种非男，不可为父；五种非女，不可为母，何也？岂非男得阳气之亏，而女得阴气之塞耶？五不女：螺、纹、鼓、角、脉也（螺者，牝窍内旋，有物如螺也。纹者，窍小，即实女也。鼓者，无窍如鼓。角者，有物如角，古名阴挺是也。脉者，一生经水不调，及崩带之类是也）。五不男：天、犍、漏、怯、变也（天者，阳痿不用，古云天宦是也。犍者，阳势阉去，寺人是也。漏者，精寒不固，常自遗泄也。怯者，举而不强，或见敌不兴也。变者，体兼男女，俗名二形，《晋书》以为乱气所生，谓之人痾。其类有三：有值男即女、值女即男者，有半月阴、半月阳者，有可妻不可夫者。此皆具体而无用者也）。胎足十月而生，常理也；而有七月、八月生者，十二三月生者，十四五月生者。或云：气虚也。虞抟《医学正传》言，有十七八月至二十四五月而生；刘敬叔《异苑》言，太原温磐石母，孕三年乃生，岂亦气虚至于许久耶？（今有孕七月而生子者，多可育；八月而生者，多难育。七变而八不变也。《魏略》云：黄牛羌人，孕六月而生。《博物志》云：獠人孕七月而生。《晋书》云：苻坚母，孕十二月生。刘搠母，孕十三月生。《汉书》云：尧及昭帝，皆以十四月生。《三十国春秋》云：刘聪母，孕十五月乃生。《搜神记》云：黄帝母名附宝，孕二十五月而生帝。）胞门子脏为奇恒之府，所以为生人之户，常理也；而有自胁产、自额产、自背产、自髀产者，何也？岂子脏受气驳杂，而其系有不同，如《宋史》所记男阴生于脊，女阴生于头之类耶？（《史记》云：陆终氏娶鬼方之女，孕而左胁出三人，右胁出三人。六人子孙，传国千年。天将兴之，必有尤物。如修巳背折而生禹，简狄胸折而生契也。《魏志》云：黄初六年，魏郡太守孔羡表言：汝南屈雍妻王氏，以云年十月十二日生男儿，从右腋下、小腹上而出。其母自若，无他畏痛。今疮已愈，母子全安。《异苑》云：晋时，魏兴李宣妻樊氏，义熙中怀孕不生，而额上有疮。儿从疮出，长为军将，名胡儿。又云：晋时，常山赵宣母，妊身如常，而髀上作痒，搔之成疮。儿从疮出，母子平安。《野史》云：莆田尉舍之左，有市人妻生男，从股髀间出。疮合，母子无恙。可证屈雍之事。浮屠氏言释迦生于摩耶之右胁，亦此理也。《嵩山记》云：阳翟有妇人，妊三十月乃生子。从母背上出，五岁便入山学道。《琅琊漫钞》云：我朝成化中，宿州一妇孕，胁肿如痈。及期儿从痈出，疮痏随合。其子名佛记儿。时珍曰：我明隆庆五年二月，唐山县民妇有孕，左胁肿起。儿从胁生，俱无恙。）。阳生阴长，孤阳不生，独阴不长，常理也；而有思士不妻而感，思女不夫而孕，妇女生须，丈夫出湩，男子产儿者，何也？岂其气脉时有变易，如女国自孕，雄鸡生卵之类耶？（《史记》云：姜源见巨人迹履之而生弃，有娀氏吞玄鸟卵而生契。皆不夫而孕也。《宣政录》云：宋宣和初，朱节妻年四十一，夕颔痒，至明须长尺余。《草木子》云：元至正间，京师一达妇，髭须长尺余也。谢承后《汉书》云：济阳李元，全家疫死，只一孙初生数旬。苍头南阳李善自哺乳之，乳为生湩。《唐书》云：元德秀兄子襁褓丧亲，德秀自乳之，数日乳中湩流，能食乃止。《宋史》云：宣和六年，都城有卖青果男子，孕而生子，蓐母不能收，易七人，始免而逃去。《西樵野记》云：明嘉靖乙酉，横泾佣农孔方，忽患膨胀，愦愦几数月，自胁产一肉块。剖视之，一儿肢体毛发悉具也）。男生而覆，女生而仰，溺水亦然，阴阳秉赋，一定不移，常理也；而有男化女、女化男者，何也？岂乖气致妖，而变乱反常耶？《京房易占》云：男化为女，宫刑滥也。女化为男，妇政行也。《春秋潜潭巴》云：男化女，贤人去位。女化男，贱人为王。此虽以人事言，而其脏腑经络变易之微，不可测也。（《汉书》云：哀帝建平中，豫章男子化为女子，嫁人生一子。《续汉书》云：献帝建安二十年，越嶲男子化为女子。李时珍曰：我朝隆庆二年，山西御史宋纁疏言：静乐县民李良雨，娶妻张氏已四载矣，后因贫出其妻，自佣于人。隆庆元年正月，偶得腹痛，时作时止。二年二月初九日，大痛不止。至四月内，肾囊不觉退缩入腹，变为女人阴户。次月经水亦行，始换女妆，时年二十八矣。洪范《五行传》云：魏襄王十三年，有女子化为丈夫。《晋书》云：惠帝元康中，安丰女子周世宁，以渐化为男子，至十七八而性气成。又孝武皇帝宁康初，南郡女子唐氏，渐化为丈夫。《南史》云：刘宋文帝元嘉二年，燕有女子化为男。《唐书》云：僖宗光启二年春，凤翔郿县女子朱龀，化为丈夫，旬日而死）。人异于物，常理也；而有人化物、物化人者，何也？岂人亦太虚中一物，并囿于气交，得其灵则物化人，失其灵则人化物耶？抑谭子所谓至淫者化为妇人，至暴者化为猛虎，心之所变，不得不变；孔子所谓物老则群精附之，为五酉之怪者邪？（《谭子化书》云：老枫化为羽人，自无情而之有情也。贤妇化为贞石，自有情而之无情也。世说：武昌贞妇，望夫化而为石。《宋史》云：昆山石工采石，陷入石穴，三年掘出犹活，见风遂化为石。《幽冥录》云：阳羡小吏吴龛，于溪中拾一五色浮石，归置床头，至夜化为女子。《左传》云：尧殛鲧于羽山，其神化为黄熊，入于渊。黄熊，龙类也。《续汉书》云：灵帝时，江夏黄氏母，浴水化为鼋，入于渊。《搜神记》云：魏文帝黄初中，清河宋士宗母，浴于室，化为鳖，入于水，时复还家。《异苑》云：宋文帝元嘉中，高平黄秀，入山经日，遂化为熊。《淮南子》云：牛哀病七日，化而为虎，搏杀其兄。《郡国志》云：藤州夷人，往往化貙。貙，小虎也，有五指。《博物志》云：江汉有貙人，能化为虎。《唐书》云：武后时，郴州左史，因病化虎，擒之乃止，而虎毛生矣。又宪宗元和二年，商州役夫，将化为虎，众以水沃之，乃不果。顾微《广州记》云：浈阳县俚民，一儿年十五六，牧牛。牛忽舐儿甚快，舐处悉白。俄而儿死，杀牛以供客。食此牛者，男女二十余人，悉化为虎。《隋书》云：文帝七年，相州一桑门，化为蛇，绕树自抽，长二丈许。《抱朴子》云：狐、狼、猴、玃，满三百岁，皆能变人。）《参同契》云，燕雀不生凤，狐兔不字马，常理也；而有人产虫兽神鬼、怪形异物者，何也？岂其视听言动，触于邪思，随形感应而然耶？又有人生于卵、生于马者，何也？岂有神异凭之，或因有感遘而然耶？（《博物志》云：徐偃王之母，产卵弃之。孤独老母取覆之，出一儿，后继徐国。《异说》云：汉末有马生人，名曰马异。及长，亡入胡地。）人具四肢七窍，常理也；而荒裔之外，有三首、比肩、飞头、垂尾之民。此虽边徼余气所生，同于鸟兽，不可与吾同胞之民例论，然亦异矣。（《山海经》云：三首国，一身三首，在昆仑东。《尔雅》云：北方有比肩民，半体相合，迭食而迭望。《南方异物志》云：岭南溪峒中，有飞头蛮，项有赤痕。至夜以耳为翼，飞去食虫物，将晓复还如故也。《搜神记》载吴将军朱桓一婢，头能夜飞，即此种也。《永昌志》云：西南徼外有濮人，生尾如龟，长三四寸，欲坐则先穿地作孔。若误折之，便死也）。是故天地之造化无穷，人物之变化亦无穷。《贾谊赋》所谓天地为炉兮造化为工，阴阳为炭兮万物为铜。合散消息兮安有常则，千变万化兮未始有极。忽然为人兮何足控抟，化为异物兮又何足患。此亦言变化皆由于一气也。肤学之士，岂可恃一隅之见，而概指古今六合无穷变化之事物为迂怪耶？

特别提示：

本书在编写过程中，借鉴和参考了大量文献和作品，谨向诸位专家、学者致以崇高的敬意。但由于部分作者的地址或姓名不详等原因，截至发稿之前，仍有部分作者没有联系上，但出版时间在即，只好贸然使用.不到之处，敬祈谅解，在此也敬启作者，见书后，将您的信息反馈与我，我们将按国家规定，第一时间对相关事宜做出妥善处理。

联系电话：010-80776121　　　联系人：马老师

中华传世药典

本草綱目

[明]李时珍 著

线装書局

本草纲目草部第二十一卷

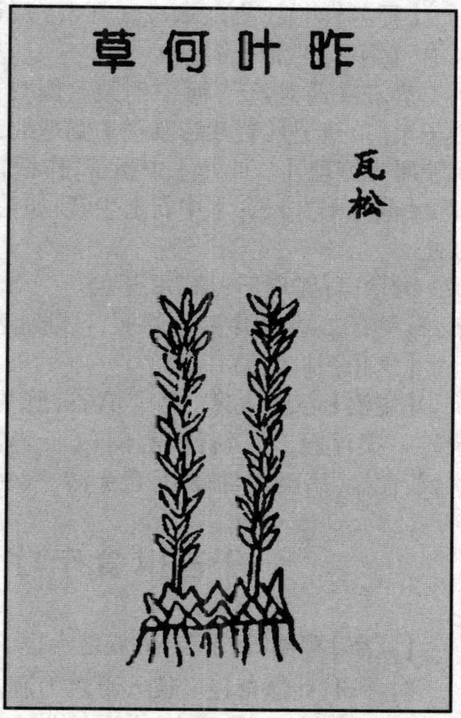

本草纲目草部第二十一卷

陟厘(《别录》中品)

【释名】侧梨(恭)、水苔(《开宝》)、石发(同)、石衣(《广雅》)、水衣(《说文》)、水绵(《纲目》)、藫(音覃)。

恭曰:《药对》云:河中侧梨。侧梨、陟厘,声相近也。王子年《拾遗记》:晋武帝赐张华侧理纸,乃水苔为之,后人讹陟厘为侧理耳。此乃水中粗苔,作纸青黄色,名苔纸,体涩。《范东阳方》云:水中石上生者,如毛,绿色。石发之名以此。

陟厘

时珍曰:郭璞曰:藫,水苔也。一名石发。江东食之。案:石发有二:生水中者为陟厘,生陆地者为乌韭。

【气味】甘,大温,无毒。

【主治】心腹大寒,温中消谷,强胃气,止泄痢(《别录》)。捣汁服,治天行病心闷(《日华》)。作脯食,止渴疾,禁食盐(宗奭)。捣涂丹毒赤游。(时珍)

干苔(《食疗》)

【集解】藏器曰:干苔,海族之流也。

时珍曰:此海苔也。彼人干之为脯。海水咸,故与陟厘不同。张华《博物志》云:石发生海中者,长尺余,大小如韭叶,以肉杂蒸食极美。张勃《吴录》云:江蓠生海水中,正青似乱发,乃海苔之类也。苏恭以此为水苔者,不同。水苔不甚咸。

【气味】咸,寒,无毒。

大明曰:温。

弘景曰:柔苔寒,干苔热。

诜曰:苔脯食多,发疮疥,令人痿黄少血色。

瑞曰:有饮嗽人不可食。

【主治】瘿瘤结气(弘景)。治痔杀虫,及霍乱呕吐不止,煮汁服(孟诜)。心腹烦闷者,冷水研如泥,饮之即止(藏器)。下一切丹石,杀诸药毒。纳木孔中,杀蠹(《日华》)。消茶积(瑞)。烧末吹鼻,止衄血。汤浸捣,敷手背肿痛(时珍)。

井中苔及萍蓝(《别录》中品)

【集解】弘景曰:废井中多生苔萍,及砖土间多生杂草莱。蓝既解毒,在井中者尤佳,非别一物也。

【气味】甘,大寒,无毒。

【主治】漆疮热疮水肿。井中蓝:杀野葛、巴豆诸毒(《别录》)。疗汤火灼疮(弘景)。

船底苔(《食疗》)

【气味】甘,冷,无毒。

【主治】鼻洪吐血淋疾,同炙甘草、豉汁,浓煎汤呷之(孟诜)。解天行热病伏热,头目不清,神志昏塞,及诸大毒。以五两,和酥饼末一两半,面糊丸梧子大。每温酒下五十丸(时珍)。【附方】旧二。小便五淋:船底苔一团,鸡子大,水煮饮。(陈藏器)乳石发动,小便淋沥,心神闷乱:船底青苔半鸡子大,煎汁温服,日三、四次。(《圣惠方》)

石蕊

石蕊(《拾遗》)

【校正】并入有名未用《别录》石濡。

【释名】石濡(《别录》)、石芥(同)、云茶(《纲目》)、蒙顶茶。

时珍曰:其状如花蕊,其味如茶,故名。石芥乃茶字之误。

【集解】时珍曰:《别录》石濡,具其功用,不言形状。陈藏器言是屋游之类,复出石蕊一条,功同石濡。盖不知其即一物也。此物惟诸高山石上者为良。今人谓之蒙顶茶,生兖州蒙山石上,乃烟雾熏染,日久结成,盖苔衣类也,彼人春初刮取曝干馈人,谓之云茶。其状白色轻薄如花蕊,其气香如蕈,其味甘涩如茗。不可煎饮,止宜咀嚼及浸汤啜,清凉有味。庾褒入山饵此,以代茗而已。长年之道,未必尽缘此物也。

【气味】甘,温,无毒。

时珍曰:甘、涩,凉。

【主治】石濡:明目益精气。令人不饥渴,轻身延年(《别录》)。石蕊:主长年不饥(藏器)。生津润咽,解热化痰(时珍)。

地衣草(《日华》)

【校正】并人《拾遗》土部仰天皮。

【释名】仰天皮(《拾遗》)、掬天皮(《拾遗》)。

【集解】大明曰:此乃阴湿地被日晒起苔藓也。

藏器曰:即湿地上苔衣如草状者耳。

【气味】苦,冷,微毒。

藏器曰:平,无毒。

【主治】卒心痛中恶,以人垢腻为丸,服七粒。又主马反花疮,生油调敷(大明)。明目(藏器)。研末,新汲水服之,治中暑(时珍)。

【附方】新三。身面丹肿,如蛇状者:以雨滴阶上苔痕水花,涂蛇头上,即愈。(危氏《得效方》)雀目夜昏:七月七日、九月九日取地衣草,阴干为末。酒服方寸匕,日三服,一月愈。(崔知悌方)阴上粟疮:取停水湿处干卷皮,为末。敷之,神效。(《外台秘要》)

垣衣(《别录》中品)

【释名】垣嬴(《别录》)、天韭(《别录》)、鼠韭(《别录》)、昔邪(《别录》)。

【集解】《别录》曰:垣衣生古垣墙阴或屋上。三月三日采,阴干。

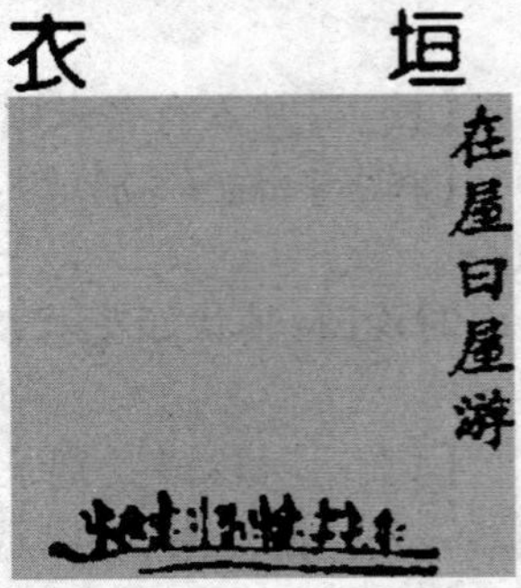

时珍曰:此乃砖墙城垣上苔衣也。生屋瓦上者,即为屋游。

【气味】酸,冷。无毒。

【主治】黄疸心烦,咳逆血气,暴热在肠胃,暴风口噤,金疮内塞,酒渍服之。久服补中益气,长肌肉。好颜色(《别录》)。捣汁服,止衄血。烧灰油和,敷汤火伤(时珍)。

屋游(《别录》下品)

【释名】瓦衣(《纲目》)、瓦苔(《嘉祐》)、瓦藓(《纲目》)、博邪。

【集解】《别录》曰:屋游生屋上阴处。八月、九月采。

时珍曰:其长数寸者,即为瓦松也。

【气味】甘,寒,无毒。

【主治】浮热在皮肤,往来寒热,利小肠膀胱气(《别录》)。止消渴(之才)。小儿痫热,时气烦闷(《开宝》)。煎水入盐漱口,治热毒牙龈宣露。研末,新汲水调服二钱,止鼻衄(时珍)。

【发明】时珍曰:《别录》主治之症,与《本经》乌韭文相同,盖一类,性气不甚辽远也。

【附方】新一。犬咬:旧屋瓦上刮下青苔屑,按之即止。(《经验方》)

昨叶何草(《唐本草》)

【释名】瓦松(《唐本》)、瓦花(《纲目》)、向天草(《纲目》),赤者名铁脚婆罗门草(《纲目》)、天王铁塔草。

时珍曰:其名殊不可解。

草何叶昨

颂曰:瓦松,如松子作层,故名。

【集解】恭曰:昨叶何草生上党屋上,如蓬。初生高尺余,远望如松栽。

志曰:处处有之。生年久瓦屋上。六月、七月采苣,晒干。

【气味】酸,平,无毒。

时珍曰:按《庚辛玉册》云:向天草即瓦松,阴草也。生屋瓦上及深山石缝中。茎如漆圆锐,叶背有白毛。有大毒。烧灰淋汁沐发,发即落。误人目,令人瞽。捣汁能结草砂,伏雌、雄、砂、汞、白矾。其说与本草无毒及生眉发之说相反。不可不知。

【主治】口中干痛,水谷血痢,止血(《唐本》)。生眉发膏为要药(马志)。行女子经络(苏颂)。大肠下血,烧灰,水服一钱。又涂诸疮不敛(时珍)。

【附方】旧一,新九。小便沙淋:瓦松(即屋上无根草),煎浓汤乘热熏洗小腹,约两时即通。(《经验良方》)通经破血:旧屋阴处瓦花(活者)五两(熬膏),当归须、干漆一两(烧烟尽),当门子二钱。为末,枣肉和丸梧子大。每服七十丸,红花汤下。(《摘玄方》)染乌髭发:干瓦松一斤半,生麻油二斤,同煎令焦,为末。另以生麻油浸涂,甚妙。(《圣济录》)头风白屑:瓦松曝干,烧灰淋汁热洗,不过六七次。(《圣惠方》)牙龈肿痛:瓦花、白矾等分,水煎。漱之立效。(《摘玄方》)唇裂生疮:瓦花、生姜,入盐少许,捣涂。(《摘玄方》)汤火灼伤:瓦松、生柏叶,同捣敷。干者为末。(《医方摘要》)灸疮不敛:瓦松,阴干为末。先以槐枝、葱白汤洗,后掺之。立效。(《济生秘览》)恶疮不敛:方同上。疯狗咬伤:瓦松、雄黄,研贴,即不发。(《生生编》)

【附录】紫衣(《拾遗》)

藏器曰:味苦,无毒。主黄疸暴热,目黄沉重,下水瘷,亦止热痢,煮服之。作灰淋汁,沐头长发。此古木锦花也,石、瓦皆有之,堪染褐。

乌韭(《本经》下品)

【校正】移入有名未用《别录》鬼䍦。

乌韭

【释名】石发(《唐本》)、石衣(《日华》)、石苔(《唐本》)、石花(《纲目》)、石马鬃(《纲目》)、鬼𩰪与丽同。

弘景曰:垣衣,亦名乌韭,而为疗异,非此种类也。

时珍曰:《别录》主疗之症,与垣衣相同,则其为一类,通名乌韭,亦无害也。但石发与陟厘同名,则有水、陆之性,稍有不同耳。

【集解】《别录》曰:乌韭生山谷石上。又曰:鬼𩰪,生石上。挼之日柔,为沐。

恭曰:石苔也。又名石发。生岩石之阴,不见日处,与卷柏相类。

【气味】甘,寒,无毒。

大明曰:冷,有毒。垣衣为之使。

【主治】皮肤往来寒热,利小肠膀胱气(《本经》)。疗黄疸,金疮内塞,补中益气(《别录》)。烧灰沐头,长发令黑(大明)。

【附方】新三。腰脚风冷:石花,浸酒饮之。(《圣惠方》)妇人血崩:石花、细茶(焙为末)、旧漆碟(烧存性)各一匙。以碗盛酒,放锅内煮一滚。乃入药末,露一宿,侵晨,连药再煮一滚。温服。(董炳《避水方》)汤火伤灼:石苔焙研,敷之。(《海上方》)

【附录】百蕊草(宋《图经》)

时珍曰:乌韭,是瓦松之生于石上者;百蕊草,是瓦松之生于地下者也。

土马鬃(宋《嘉祐》)

【集解】禹锡曰:所在背阴古墙垣上有之。岁多雨则茂盛。或以为垣衣,非也。垣衣生垣墙之侧。此生垣墙之上,比垣衣更长,故谓之马鬃,苔之类也。

时珍曰:垣衣乃砖墙上苔衣,此乃土墙上乌韭也。

土马鬃

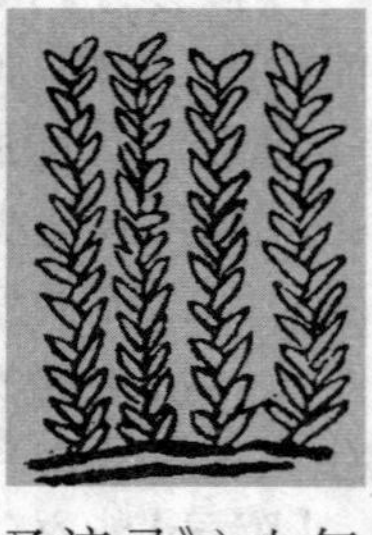

【气味】甘、酸,寒,无毒。

【主治】骨热败烦,热毒壅衄鼻(《嘉祐》)。沐发令长黑,通大小便(时珍)。

【附方】新五。九窍出血:墙头苔,挼塞之。(《海上方》)鼻衄不止:寸金散:用墙上土马鬃二钱半,石州黄药子五钱。为末。新水服二钱,再服立止。(《卫生宝鉴》)二便不通:土马鬃,水淘净,瓦爆过,切。每服二钱,水一盏,煎服。(《普济》)耳上湿疮:土马鬃、井中苔等分。为末。灯盏内油和,涂之。(《圣济录》)少年发白:土马鬃、石马鬃、五倍子、半夏各一两,生姜二两,胡桃十个,胆矾半两为末,捣作一块。每以绢袋盛一弹子,用热酒入少许,浸汁洗发。一月神效。(《圣济录》)

卷柏(《本经》上品)

卷柏

【释名】万岁(《本经》)、长生不死草(《纲目》)、豹足(《吴普》)、求股(《别录》)、交时(《别录》)。

时珍曰:卷柏、豹足,象形也。万岁、长生,言其耐久也。

【集解】《别录》曰:卷柏生常山山谷石间。五月、七月采,阴干。

弘景曰:今出近道。丛生石土上,细叶似柏,屈藏如鸡足,青黄色。用之,去下近沙石处。

【修治】时珍曰:凡用,以盐水煮半日,再以井水煮半日,晒干焙用。

【气味】辛,温,无毒。

《别录》曰:甘,平。

普曰:神农:辛,平;桐君、雷公:甘,微寒。

【主治】五脏邪气,女子阴中寒热痛,癥瘕血闭绝子。久服轻身和颜色(《本经》)。止咳逆。治脱肛,散淋结,头中风眩,痿蹶,强阴益精,令人好容颜(《别录》)。通月经,治尸疰鬼疰腹痛,百邪鬼魅啼泣(甄权)。镇心,除面皯于头风,暖水脏。生用破血,炙用止血(大明)。

【附方】新二。大肠下血:卷柏、侧柏、棕榈等分。烧存性为末。每服三钱,酒下。亦可饭丸服。(《仁存方》)远年下血:卷柏、地榆(焙)等分。每用一两,水一碗,煎数十沸,通口服。(《百一选方》)

【附录】地柏(宋《图经》)

颂曰:主脏毒下血。与黄芪等分为末,米饮每服二钱。蜀人甚神此方。其草生蜀中山谷,河中府亦有之。根黄,状如丝,茎细,上有黄点子,无花、叶。三月生,长四五寸许,四月采,曝干用。蜀中九月采,市多货之。

时珍曰:此亦卷柏之生于地上者耳。

含生草(《拾遗》)

藏器曰:生鞣鞨国。叶如卷柏而大。性平,无毒。主妇人难产,含之咽汁,即生。

玉柏(《别录》有名未用)

玉柏

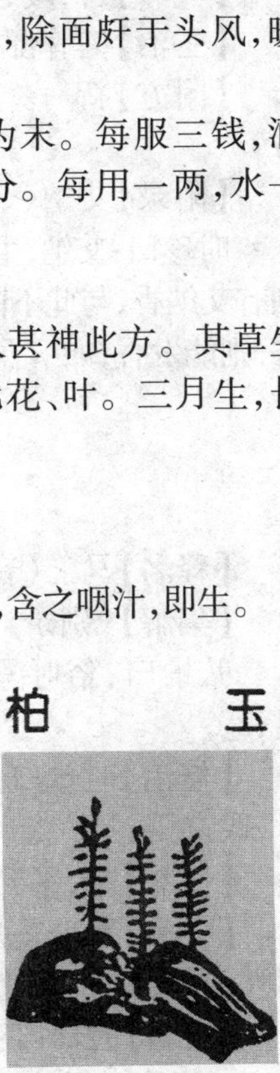

【释名】玉遂(《别录》)。

藏器曰:旧作玉伯,乃传写之误。

【集解】《别录》曰:生石上,如松。高五、六寸,紫花。用茎叶。

时珍曰:此即石松之小者也。人皆采置盆中养,数年不死,呼为千年柏、万年松。

【气味】酸,温,无毒。

【主治】轻身,益气,止渴(《别录》)。

石松(《拾遗》)

石松

【集解】藏器曰:生天台山石上。似松,高一二尺。山人取根茎用。

时珍曰:此即玉柏之长者也。名山皆有之。

【气味】苦、辛,温,无毒。

【主治】久患风痹,脚膝疼冷,皮肤不仁,气力衰弱。久服去风血风瘙,好颜色,变白不老。浸酒饮,良(藏器)。

桑花(《日华》)

【释名】桑藓(《纲目》)、桑钱。

【集解】大明曰:生桑树上白藓,如地钱花样。刀刮取炒用。不是桑椹花也。

【气味】苦,暖,无毒。

【主治】健脾涩肠,止鼻洪吐血,肠风,崩中带下(大明)。治热咳(时珍)。

【附方】新一。大便后血:桑树上白藓花,水煎服,或末服。亦止吐血。(《圣惠方》)

【附录】艾纳

时珍曰:艾纳,生老松树上绿苔衣也。一名松衣。和合诸香烧之,烟清而聚不散。别有艾纳香,与此不同。又岭南海岛中,槟榔木上有苔,如松之艾纳。单爇极臭,用合泥香,则能发香,如甲香也。《霏雪录》云:金华山中多树衣,僧家以为蔬,味极美。

马勃(《别录》下品)

【释名】马疕(音屁)、马𤺥(𤺥,音庀)、灰菰(《纲目》)、牛屎菰。

马勃

【集解】《别录》曰:马勃,生园中久腐处。

弘景曰:俗呼马𤺥勃是也。紫色虚软,状如狗肺,弹之粉出,

【修治】时珍曰:凡用以生布张开,将马勃于上摩擦,下以盘承,取末用。

【气味】辛,平,无毒。

【主治】恶疮马疥(《别录》)。敷诸疮,甚良(弘景)。去膜,以蜜拌揉,少以水调呷,治喉痹咽疼(宗奭)。清肺,散血,解热毒(时珍)。

【发明】时珍曰:马勃轻虚,上焦肺经药也。故能清肺热、咳嗽、喉痹、衄血、失音诸病。李东垣治大头病,咽喉不利,普济消毒饮亦用之。

【附方】新九。咽喉肿痛，咽物不得：马勃一分，蛇蜕皮一条烧，细研为末。绵裹一钱，含咽立瘥。（《圣惠方》）走马喉痹：马屁勃（即灰菰）、焰硝一两。为末。每吹一字，吐涎血即愈。（《经验良方》）声失不出：马窝勃、马牙硝等分，研末，沙糖和丸芡子大。噙之。（《摘玄方》）久嗽不止：马勃为末，蜜丸梧子大。每服二十丸，白汤下，即愈。（《普济方》）鱼骨哽咽：马勃末，蜜丸弹子大。噙咽。（《圣济录》）积热吐血：马屁勃为末，沙糖丸如弹子大。每服半丸，冷水化下。（《袖珍方》）妊娠吐衄不止：马勃末，浓米饮服半钱。（《圣惠方》）斑疮人眼：马屁勃、蛇皮各五钱，皂角子十四个，为末，入罐内，盐泥固济，烧存性，研。每温酒服一钱。（阎孝忠《集效方》）臁疮不敛：葱盐汤洗净拭干，以马屁勃末敷之，即愈。（仇远《稗史》）

杂草九种，有名未用一百五十三种。

时珍曰：诸草尾琐，或无从考证，不可附属，并《本经》及《别录》有名未用诸草难遗者，通汇于此以备考。

杂草（九种）

百草（《拾遗》）

藏器曰：五月五日采一百种草，阴干烧灰，和石灰为团，煅研，敷金疮止血，亦敷犬咬。又主腋臭，烧灰和井华水作团，煅白，以酽醋和作饼，腋下夹之，干即易，当抽一身尽痛闷，疮出即止，以小便洗之，不过三度愈。

时珍曰：按《千金方》治洞注下痢，以五月五日百草灰吹入下部。又治瘰疬已破，五月五日采一切杂草，煮汁洗之。

百草花（《拾遗》）

藏器曰：主治百病，长生神仙，亦煮汁酿酒服。按《异类》云：凤刚者，渔阳人。常采百花水渍，泥封埋百日，煎为丸。卒死者，纳口中即活也。刚服药百余岁，入地肺山。

井口边草（《拾遗》）

藏器曰：小儿夜啼，私着席下，勿令母知。

思邈曰：五月五日，取井中倒生草，烧研水服，勿令知，即恶酒不饮，或饮，亦不醉也。

树孔中草（《纲目》）

时珍曰：主小儿腹痛夜啼，暗着户上即止。（出《圣惠方》）

产死妇人冢上草（《拾遗》）

藏器曰：小儿醋疮。取之勿回顾，作汤浴之，不过三度瘥。

燕蓐草(宋《嘉祐》)

藏器曰:即燕窠中草也。无毒。主眠中遗尿。烧黑研末,水进方寸匕。亦止哕啘。

时珍曰:《千金方》:治丈夫妇人无故尿血。用胡燕窠中草,烧末,酒服半钱匕。《圣惠方》:消渴饮水。燕窠中草(烧灰)一两,牡蛎(煅)二两,白羊肺一具。切晒研末。每于食后,新汲水调下三钱。又一切疮痕不灭。用燕蓐草(烧灰)、鹰屎白等分。人乳和涂,日三、五次。又浸淫疮出黄水,烧灰敷之。

鸡窠草(宋《嘉祐》)

大明曰:小儿夜啼。安席下,勿令母知。

藏器曰:小儿白秃疮。和白头翁花烧灰,腊月猪脂和敷之。疮先以酸泔洗净。

时珍曰:《千金方》:治产后遗尿。烧末,酒服一钱。又《不自秘方》:治天丝入目。烧灰淋汁,洗之。

猪窠草

大明曰:小儿夜啼。密安席下,勿令母知。

牛龄草

见兽部牛下。

《神农本经》(已下有名未用)

屈草

《本经》曰:味苦,微寒,无毒。主胸胁下痛,邪气,肠间寒热,阴痹。久服轻身益气耐老。

《别录》曰:生汉中川泽。五月采。

别羁

《本经》曰:味苦,微温,无毒。主风寒湿痹身重,四肢疼酸,寒邪历节痛。

《别录》曰:一名别枝。生蓝田川谷。二月、八月采。

弘景曰:方家时有用处,今亦绝矣。

唐《海药本草》(一种)

宜南草

珣曰:生广南山谷。有荚长二尺许,内有薄片似纸,大小如蝉翼。主邪。小男女以绯绢袋盛，佩之臂上，辟恶止惊。此草生南方，故名。与萱草之宜男不同。

宋《开宝本草》(一种)

陀得花

志曰：味甘，温，无毒。主一切风血，浸酒服。生西域，胡人将来，胡人采此花以酿酒，呼为三勒浆。

宋《图经》外类(二十种)

建水草

颂曰：生福州。枝叶似桑，四时常有。土人取叶焙干研末，温酒服，治走注风痛。

百药祖

颂曰：生天台山中，冬夏常青。土人冬采叶，治风有效。

催风使

颂曰：生天台山中，冬夏常青。土人秋采叶，治风有效。

时珍曰：五加皮，亦名催风使。

草 水 建

祖 药 百

使 风 催

刺虎

颂曰：生睦州，凌冬不凋。采根、叶、枝入药。味甘。主一切肿痛风疾，剉焙为末，酒服一钱。

时珍曰：《寿域方》：治丹瘤，用虎刺(即寿星草)，捣汁涂之。又伏牛花，一名隔虎刺。

石逍遥草

颂曰:生常州,冬夏常有,无花实。味苦,微寒,无毒。主瘫痪诸风,手足不遂。为末,炼蜜丸梧子大。酒服二十丸,日二服,百日瘥。久服,益气轻身。初服时微有头痛,无害。

黄寮郎

颂曰:生天台山中,冬夏常青。土人采根,治风有效。

时珍曰:按《医学正传》云:黄寮郎,俗名倒摘刺。治喉痛,用根擂汁,入少酒,滴之即愈。又《医学集成》云:牙痛者,取倒摘刺刀上烧之,取烟煤,绵蘸塞痛处,即止。

虎刺

草遥逍石

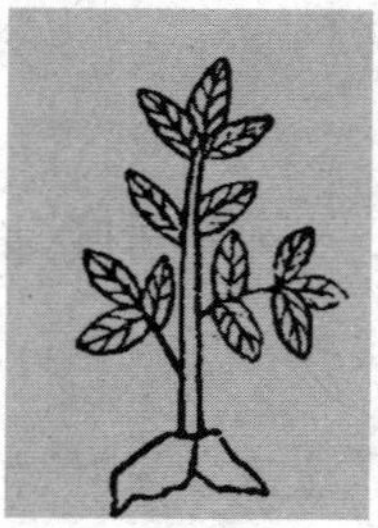

郎寮黄

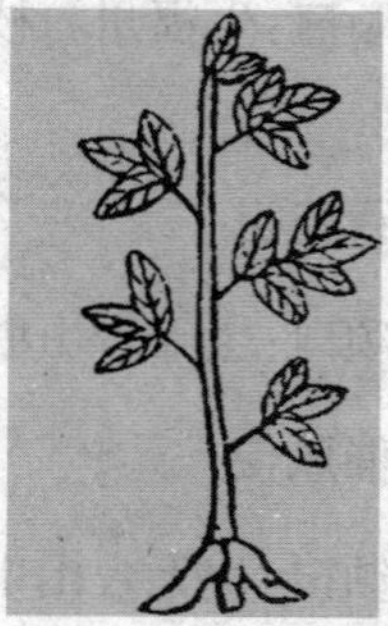

黄花了

颂曰:生信州,春生青叶,三月开花,似辣菜花,黄色,秋中结实。采无时,治咽喉口齿病,效。

百两金

颂曰:生戎州、河中府、云安军。苗高二三尺,有干如木,凌冬不凋,叶似荔枝,初生背面俱青,秋后背紫面青;初秋开花青碧色。结实如豆大,生青、熟赤。无时采根,去心用。味苦,性平,无毒。治壅热,咽喉肿痛,含一寸咽汁。其河中出者,根赤如蔓菁,茎细青色,四月开碎黄花,似星宿花。五月采根,长及一寸,晒干用。治风涎。

黄花了

百两金

地茄子

颂曰：生商州，三月开花结子。五、六月采，阴干。味微辛，温，有小毒。主中风痰涎麻痹，下热毒气，破坚积，利膈，消痈肿疮疖，散血堕胎。

田母草

田麻

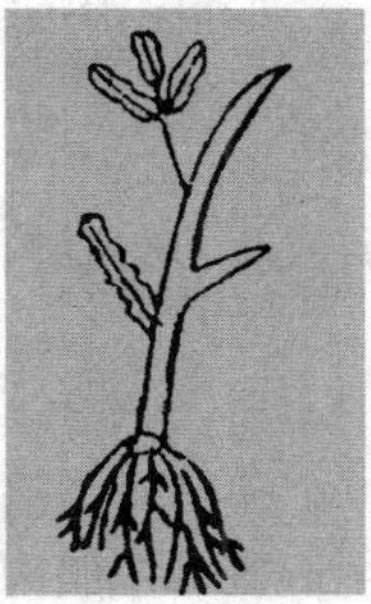

芥心草

田母草

颂曰：生临江军，无花实。三月采根。性凉。主烦热，及小儿风热，尤效。

田麻

颂曰：生信州田野及沟涧旁。春夏生青叶，七八月中生小荚。冬三月采叶。治痈疖肿毒。

芥心草

颂曰：生淄州，引蔓白色，根黄色。四月采苗叶。捣末，治疮疥，甚效。

苦芥子

颂曰：生秦州，苗长一尺余，茎青，叶如柳，开白花似榆荚，其子黑色。味苦，大寒，无毒。明目，治血风烦躁。

子 芥 苦

草 里 布

汗 质 茆

布里草

颂曰：生南恩州原野中，茎高三四尺，叶似李而大，至夏不花而实，食之泻人。采根皮，焙为末。味苦，寒，有小毒。油和涂治疮疥、杀虫。

茆质汗

颂曰：生信州，叶青花白。七月采根：治风肿行血，有效。

胡堇草

颂曰：生密州东武山田中，科叶似小堇菜，花紫色，似翘轺花，一科七叶，花出两三茎。春采苗。味辛，滑，无毒。主五脏营卫肌肉皮肤中瘀血，止痛散血，捣汁涂金疮。凡打扑损伤筋骨，恶痈疖肿破。用同松枝、乳香、乱发灰、花桑柴炭同捣，丸弹子大。每酒服一丸，其痛立止。

小儿群

颂曰：生施州，丛高一尺以来，春夏生苗叶，无花，冬枯。其根味辛，性凉，无毒。同左缠草（即旋花根）焙干，等分为末。每酒服一钱。治淋疾，无忌。

独脚仙

颂曰：生福州，山林旁阴泉处多有之。春生苗，叶圆，上青下紫，脚长三四寸，秋冬叶落。夏连根叶采，焙为末。酒煎半钱服。治妇人血块。

草堇胡　　　群儿小　　　仙脚独

撮石合草

颂曰：生眉州平田中，茎高二尺以来，叶似谷叶，十二月萌芽，二月有花，不结实。其苗味甘，无毒。二月采，疗金疮。

露筋草

颂曰：生施州，株高三尺以来，春生苗，随即开花，结子碧绿色，四时不凋。其根味辛、涩，性凉，无毒。主蜘蛛、蜈蚣伤。焙研，以白矾水调贴之。

草合石撮　　　草筋露

《本草纲目》(三十八种)

九龙草

时珍曰：生平泽，生红子，状如杨梅。其苗解诸毒，治喉痛，捣汁灌之。折伤骨筋者，捣罨患处。蛇虺伤者，捣汁，入雄黄二钱服，其痛立止。又杨清叟《外科》云：喉风重舌，牙关紧闭者，取九龙草，一名金钗草，单枝上者为妙，只用根不甩皮，打碎，绵裹箸上，擦牙关，即开。乃插深喉中，取出痰涎。乃以火炙热，带盐点之，即愈。

荔枝草

时珍曰:《卫生易简方》:治蛇咬犬伤及破伤风。取草一握,约三两,以酒二碗,煎一碗服,取汗出效。

荔枝

水银草

时珍曰:《卫生易简方》:治眼昏。每服三钱,入木贼少许,水一盏,煎八分服。

透骨草

时珍曰:治筋骨一切风湿,疼痛挛缩,寒湿脚风。孙氏《集效方》:治疠风,遍身疮癣。用透骨草、苦参、大黄、雄黄各五钱。研末煎汤,于密室中席围,先熏至汗出如雨,淋洗之。《普济方》:治反胃吐食。透骨草、独科苍耳、生牡蛎各一钱,姜三片。水煎服。杨诚《经验方》:治一切肿毒初起。用透骨草、漏卢、防风、地榆等分。煎汤,绵蘸乘热不住荡之,二三日即消。

蛇眼草

时珍曰:生古井及年久阴下处,形如淡竹叶,背后皆是红圈,如蛇眼状。唐瑶《经验方》:治蛇咬,捣烂敷患处。

蛇眼草

鹅项草

时珍曰:臞仙《寿域方》:治咽喉生疮。取花,同白芷、椒根皮研末,吹疮口,即效。

蛇鱼草

时珍曰:戴原礼《证治要诀》云:治金疮血出不止。捣敷之。

九里香草

时珍曰:傅滋《医学集成》:治肚痈。捣碎,浸酒服。

白筵草

时珍曰:香草也,虫最畏之。孙真人《千金方》:治诸虫疮疥癞。取根叶煎水,隔日一洗。

环肠草

时珍曰:张子和《儒门事亲》方:治蛊胀。晒干煎水,日服,以小便利为度。

扎耳草

时珍曰：王执中《资生经》：治气聋方中用之。

铜鼓草

时珍曰：范成大《虞衡志》云：出广西，其实如瓜，治疡毒。

蚕茧草

时珍曰：《摘玄方》：治肿胀。用半斤，同冬瓜皮半斤，紫苏根叶半斤，生姜皮三两。煎汤熏洗，暖卧取汗。洗三次，小便清长，自然胀退。

野芗草

时珍曰：《摘玄方》：治痞满。用五斤，以一半安乌盆内，置鸡子十个在草上，以草一半盖之，米醋浸二宿，鸡子壳软，乃取于饭上蒸熟顿食之，块渐消也。(《经验》)。

纤霞草

时珍曰：陈巽《经验方》：元脏虚冷，气攻脐腹痛。用硇砂一两，生乌头(去皮)二两，纤霞草二两。为末，以小沙罐固济，慢火烧赤，以比草拌硇入内，不盖口，顶火一秤煅之。炉冷取出，同乌头末，蒸饼丸梧子大，每服三丸，醋汤下。

牛脂芳

时珍曰：《经验良方》：治七孔出血。为粗末，每服一勺，瓦器煎服。以纱盖头项，并扎小指根。

鸭脚青

时珍曰：《普济方》：治疔疮如连珠者，同鱼苏研烂，糖水拌，刷之。

天仙莲

时珍曰：《卫生易简方》：治恶毒、疮疖，捣叶，敷之。

双头莲

时珍曰：一名催生草。主妇人产难.左手把之，即生。又主肿胀，利小便。《卫生易简方》：治大人小儿牙疳，捣烂，贴之。

天芥菜

猪蓝子

时珍曰：《卫生易简方》：治耳内有脓，名通耳。用子为末，筒吹入，不过二、三次愈。

天芥菜

时珍曰:生平野。小叶如芥状。味苦。一名鸡痾粘。主蛇伤,同金沸草,入盐捣,敷之。王玺《医林集要》:治腋下生肿毒,以盐、醋同捣、敷之。散肿止痛,脓已成者亦安。亦治一切肿毒。

佛掌花

时珍曰:《普济方》:治疔疮如樱桃者。用根,同生姜、蜜,研汁服之。外以天茄叶贴之。

郭公刺

时珍曰:一名光骨刺,取叶捣细,油调敷天泡疮。虞抟《医学正传》:治哮喘,取根剉,水煎服,即止。

笾箕柴

时珍曰:生山中。王永辅《惠济方》:治痨疮,取皮煎汤服,须臾痒不可忍,以手爬破,出毒气即愈。

碎米柴

时珍曰:主痈疽发背,取叶,入敷药用。

柴屎羊

羊屎柴

时珍曰:一名牛屎柴,生山野,叶类鹤虱,四月开白花,亦有红花者,结子如羊屎状,名铁草子。根可毒鱼。夏用苗叶,冬用根。主痈疽发背,捣烂敷之,能合疮口,散脓血。干者为末,浆水调敷。又治下血如倾水。取生根一斤,生白酒二斗,煮一斗,空心随量饮。

山枇杷柴

时珍曰:危亦林《得效方》:治汤火伤。取皮焙研末,蜜调敷之。

三角风

时珍曰:一名三角尖。取石上者尤良。主风湿流注疼痛,及痈疽肿毒。

叶下红

时珍曰:主飞丝入目,肿痛。同盐少许,绢包滴汁入目,仍以塞鼻,左,塞右;右,塞左。

满江红

时珍曰:主痈疽,入膏用。

隔山消

时珍曰:出太和山,白色。主腹胀积滞。孙天仁《集效方》:治气膈噎食转食。用隔山消二两,鸡肫皮一两,牛胆南星、朱砂各一两,急性子二钱。为末,炼蜜丸小豆大。每服一钱,淡姜汤下。

石见穿

时珍曰:主骨痛,大风痈肿。

醒醉草

时珍曰:《天宝遗事》:玄宗于兴庆池边植之。丛生,叶紫而心殷,醉客摘草嗅之,立醒。故名。

墓头回

回头墓

时珍曰:董炳《集验方》:治崩中,赤白带下。用一把,酒水各半盏,童尿半盏,新红花一捻,煎七分,卧时温服。日近者一服,久则三服愈,其效如神。一僧用此治蔡大尹内人,有效。

羊茅

时珍曰:羊喜食之,故名。《普济方》:治喉痹肿痛,捣汁,咽之。

阿只儿

时珍曰:刘郁《西使记》云:出西域,状如苦参。主打扑伤损,妇人损胎。用豆许咽之,自消。又治马鼠疮。

阿息儿

时珍曰:《西使记》云:出西域,状如地骨皮。治妇人产后衣不下,又治金疮脓不出。嚼烂涂之,即出。

奴哥撒儿

时珍曰:《西使记》云:出西域,状如桔梗。治金疮,及肠与筋断者。嚼烂敷之,自续也。

本草纲目谷部第二十二卷

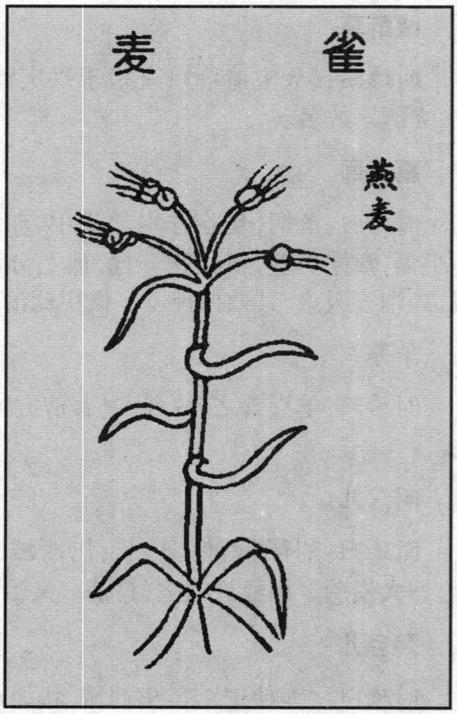

本草纲目谷部第二十二卷

胡麻(《别录》上品)

【校正】今据沈存中、寇宗奭二说,并入《本经》青蘘及《嘉祐》新立白油麻、胡麻油为一条。

【释名】巨胜(《本经》)、方茎(《吴普》)、狗虱(《别录》)、油麻(《食疗》)、脂麻(《衍义》。俗作芝麻,非)。叶名青蘘(音箱)。茎名麻䕸(音皆,亦作秸)。

胡麻

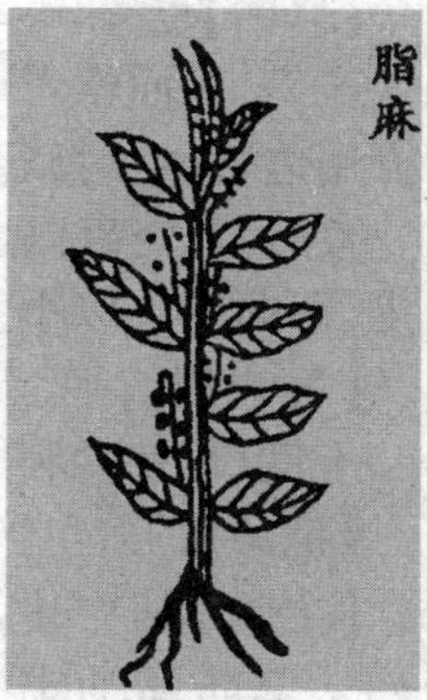

时珍曰:按沈存中《笔谈》云:胡麻即今油麻,更无他说。古者中国止有大麻,其实为蕡。汉使张骞始自大宛得油麻种来,故名胡麻,以别中国大麻也。寇宗奭《衍义》,亦据此释胡麻,故今并入油麻焉。巨胜即胡麻之角巨如方胜者,非二物也。方茎以茎名,狗虱以形名,油麻、脂麻谓其多脂油也。按张揖《广雅》:胡麻一名藤弘,弘亦巨也。《别录》一名鸿藏者,乃藤弘之误也。又杜宝《拾遗记》云:隋大业四年,改胡麻曰交麻。

【集解】《别录》曰:胡麻一名巨胜,生上党川泽,秋采之。青蘘,巨胜苗也,生中原川谷。

巨胜

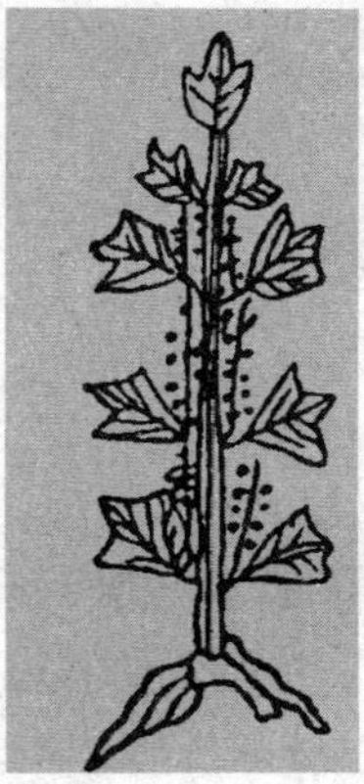

宗奭曰:胡麻诸说参差不一,止是今人脂麻,更无他义。以其种来自大宛,故名胡麻。今胡地所出者皆肥大,其纹鹊,其色紫黑,取油亦多。《嘉祐本草》白油麻与此乃一物,但以色言之,比胡地之麻差淡,不全白尔。今人通呼脂麻,故二条治疗大同。如川大黄、上党人参之类,特以其地所宜立名,岂可与他土者为二物乎?

时珍曰:胡麻即脂麻也。有迟、早二种,黑、白、赤三色,其茎皆方。秋开白花,亦有带紫艳者。节节结角,长者寸许。有四棱、六棱者,房小而子少;七棱、八棱者,房大而子多,皆随土地肥瘠而然。苏恭以四棱为胡麻,八棱为巨胜,正谓其房胜巨大也。其茎高者三、四尺,有一茎独上者,角缠而子少;有开枝四散者,角繁而子多,皆因苗之稀稠而然也。其叶有本团而末锐者。有本团而末分三丫如鸭掌形者,葛洪谓一叶两尖为巨胜者指此。盖不知乌麻、白麻，皆有二种叶也。按《本经》胡麻一名巨胜，《吴普本草》一名方茎，《抱朴子》及《五符经》并云巨胜一名胡麻，其说甚明。至陶弘景始分茎之方圆。雷敩又以赤麻为巨胜，谓乌麻非胡麻。《嘉祐本草》复出白油麻，以别胡麻。并不知巨胜即胡麻中丫叶巨胜而子肥者，故承误启疑如此。惟孟诜谓四棱、八棱为土地肥瘠。寇宗奭据沈存中之说，断然以脂麻为胡麻，足以证诸家之误矣。又贾思勰《齐民要术》种收胡麻法，即今种收脂麻之法，则其为一物尤为可据。今市肆间，因茎分方圆之说，遂以茺蔚子伪为巨胜，以黄麻子及大藜子伪为胡麻，误而又误矣。茺蔚子长一分许，有三棱。黄麻子黑如细韭子，味苦。大藜子状如壁虱及酸枣核仁，味辛甘，并无脂油，不可不辨。梁简文帝《劝医文》有云：世误以灰涤菜子为胡麻。则胡麻之讹，其来久矣。

慎微曰：俗传胡麻须夫妇同种则茂盛。故《本事诗》云：胡麻好种无人种，正是归时又不归。

胡麻

【修治】弘景曰：服食胡麻，取乌色者，当九蒸九曝，熬捣饵之。断谷，长生，充饥。虽易得，而学者未能常服，况余药耶？蒸不熟，令人发落。其性与茯苓相宜。俗方用之甚少，时以合汤丸尔。

敩曰：凡修事以水淘去浮者，晒干，以酒拌蒸，从巳至亥，出摊晒干。臼中舂去粗皮，留薄皮。以小豆对拌，同炒，豆熟，去豆用之。

【气味】甘，平，无毒。

士良曰：初食利大小肠，久食即否，去陈留新。

《镜源》曰：巨胜可煮丹砂。

【主治】伤中虚羸，补五内，益气力，长肌肉，填髓脑。久服，轻身不老（《本经》）。坚筋骨，明耳目，耐饥渴，延年。疗金疮止痛，及伤寒温疟大吐后，虚热羸困（《别录》）。补中益气，润养五脏，补肺气，止心惊，利大小肠，耐寒暑，逐风湿气、游风、头风，治劳气，产后羸困，催生落胞。细研涂发令长。白蜜蒸饵，治百病（《日华》）。炒食，不生风。病风人久食，则步履端正，语言不謇（李廷飞）。生嚼涂小儿头疮，煎汤浴恶疮、妇人阴疮，大效（苏恭）。

白油麻（《嘉祐》）

【气味】甘，大寒，无毒。

宗奭曰：白脂麻，世用不可一日阙者，亦不至于大寒也。

原曰：生者性寒而治疾，炒者性热而发病，蒸者性温而补人。

诜曰：久食抽人肌肉。其汁停久者，饮之发霍乱。

【主治】治虚劳，滑肠胃，行风气，通血脉，去头上浮风，润肌肉。食后生啖一合，终身勿辍。又与乳母服之，孩子永不生病。客热，可作饮汁服之。生嚼，敷小儿头上诸疮，良（孟诜）。仙方蒸以辟谷（苏颂）。

【发明】甄权曰：巨胜乃《仙经》所重。以白蜜等分合服，名静神丸。治肺气，润五脏，其功甚多。亦能休粮，填人精髓，有益于男子。患人虚而吸吸者，加而用之。

时珍曰：胡麻取油以白者为胜。服食以黑者为良，胡地者尤妙。取其黑色入通于肾，而能润燥也。赤者状如老茄子，壳厚油少，但可食尔，不堪服食。唯钱乙治小儿痘疹变黑归肾，百祥丸，用赤脂麻煎汤送下，盖亦取其解毒耳。《五符经》有巨胜丸，云：即胡麻，本生大宛，五谷之长也。服之不息，可以知万物，通神明，与世常存。《参同契》亦云：巨胜可延年，还丹入口中。古以胡麻为仙药，而近世罕用，或者未必有此神验，但久服有益而已耶？刘、阮入天台，遇仙女，食胡麻饭。亦以胡麻同米作饭，为仙家食品焉尔。又按苏东坡与程正辅书云：凡痔疾，宜断酒肉与盐酪、酱菜、厚味及粳米饭，唯宜食淡面一味。及以九蒸胡麻（即黑脂麻），同去皮茯苓，入少白蜜为麨食之。日久气力不衰而百病自去，而痔渐退。此乃长生要诀，但易知而难行尔。据此说，则胡麻为脂麻尤可凭矣。其用茯苓，本陶氏注胡麻之说也。近人以脂麻擂烂去滓，入绿豆粉作腐食。其性平润，最益老人。

【附方】旧十六，新十五。服食胡麻：《抱朴子》云：用上党胡麻三斗，淘净甑蒸，令气遍，日干，以水淘去沫再蒸，如此九度，以汤脱去皮，簸净，炒香为末，白蜜或枣膏丸弹子大。每温酒化下一丸，日三服。忌毒鱼、狗肉、生菜。服至百日，能除一切痼疾；一年，身面光泽不饥；二年，白发返黑；三年，齿落更生；四年，水火不能害；五年，行及奔马；久服，长生。若欲下之，饮葵菜汁。孙真人云：用胡麻三升，去黄褐者，蒸三十遍，微炒香为末。入白蜜三升，杵三百下，丸梧桐子大。每旦服五十丸。人过四十以上，久服明目洞视，肠柔如筋也。《神仙传》云：鲁女生服胡麻饵术，绝谷八十余年，甚少壮，日行三百里，走及獐鹿。服食巨胜，治五脏虚损，益气力，坚筋骨：用巨胜，九蒸九曝，收贮。每服二合，汤浸布裹，挼云皮再研，水滤汁煎饮，和粳米煮粥食之。时珍曰：古有服食胡麻、巨胜二法。方不出于一人，故有二法，其实一物也。白发返黑：乌麻，九蒸九晒，研末，枣膏丸，服之。（《千金方》）腰脚疼痛：新胡麻一升，熬香杵末。日服一小升，服至一斗永瘥。温酒、蜜汤、姜汁皆可下。（《千金》）手脚酸痛微肿：用脂麻五升熬研，酒一升，浸一宿。随意饮。（《外台》）入水肢肿作痛：生胡麻捣涂之。（《千金》）偶感风寒：脂麻炒焦，乘热擂酒饮之，暖卧取微汗出良。中暑毒死：救生散：用新胡麻一升，微炒令黑，摊冷为末，新汲水调服三钱。或丸弹子大，水下。（《经验后方》）呕啘不止：白油麻一大合，清酒半升，煎取三合，去麻顿服。（《近效方》）牙齿痛肿：胡麻五升，水一斗，煮汁五升。含漱吐之，不过二剂，神良。（《肘后》）热淋茎痛：乌麻子、蔓荆子各五合，炒黄，绯袋盛，以井华水三升浸之。每食前服一钱。（《圣惠方》）小儿下痢赤白：用油麻一合捣，和蜜汤服之。（《外台》）解下胎毒：小儿初生，嚼生脂麻，绵包，与儿咂之，其毒自下。小儿急疳：油麻嚼敷之。（《外台》）小儿软疖：油麻炒焦，乘热嚼烂敷之。（谭氏《小儿方》）。头面诸疮：脂麻生嚼敷之。（《普济》）小儿瘰疬：脂麻、连翘等分。为末。频频食之。

胡麻油（即香油）

【气味】甘，微寒，无毒。

【主治】利大肠，产妇胞衣不落。生油摩疮肿，生秃发（《别录》）。去头面游风（孙思邈）。主天行热閟，肠内结热。服一合，取利为度（藏器）。主喑哑，杀五黄，下三焦热毒气，通大小肠，治蛔心痛。敷一切恶疮疥癣，杀一切虫。取一合，和鸡子两颗，芒硝一两，搅服。少时，即泻下热毒，甚良（孟诜）。陈油：煎膏，生肌长肉止痛，消痈肿，补皮裂（《日华》）。治痈疽热病（苏颂）。解热毒、食毒、虫毒，杀诸虫蝼蚁（时珍）。

【附方】旧十，新二十七。发症饮油：《外台》云：病发症者，欲得饮油。用油一升，入香泽煎之。盛置病人头边，令气入口鼻，勿与饮之。疲极眠睡，虫当从口出。急以石灰粉手捉取抽尽，即是发也。初出，如不流水中浓菜形。又云：治胸喉间觉有症虫上下，尝闻葱、豉食香，此乃发症虫也。二日不食，开口而卧。以油煎葱、豉令香，置口边。虫当出，以物引去之，必愈。发症腰痛：《南史》云：宋明帝宫人腰痛牵心，发则气绝。徐文伯诊曰：发癥也。以油灌之。吐物如发，引之长三尺，头已成蛇，能动摇，悬之滴尽，唯一发尔。吐解蛊毒：以清油多饮，取吐。（《岭南方》）解河豚毒：一时仓卒无药。急以清麻油多灌，取吐出毒物，即愈。（《卫生易简方》）解砒石毒：麻油一碗，灌之。（《卫生方》）大风热疾：《近效方》云：婆罗门僧疗大风疾，并热风手足不遂，压丹石热毒。用硝石一两，生乌麻油二大升，同纳铛中。以土墼盖口，纸泥固济，细火煎之。初煎气腥，药熟则香气发。更以生脂麻油二大升和合，微煎之。以意斟量得所，即内不津器中。凡大风人，用纸屋子坐病人，外面烧火发汗，日服一大合，壮者日二服。三七日，头面疱疮皆灭也。（《图经》）伤寒发黄：生乌麻油一盏，水半盏，鸡子白一枚，和搅服尽。（《外台》）小儿发热：不拘风寒饮食时行痘疹，并宜用之：以葱涎入香油内，手指蘸油摩擦小儿五心、头面、项背诸处，最能解毒凉肌。（《直指》）预解痘毒：《外台》云：时行暄暖，恐发痘疮。用生麻油一小盏，水一盏，旋旋倾下油内，柳枝搅稠如蜜。每服二三蚬壳，大人二合，卧时服之。三、五服，大便快利，疮自不生矣。此扁鹊油剂法也。《直指》：用麻油、童便各半盏，如上法服。小儿初生大小便不通：用真香油一两，皮硝少许，同煎滚。冷定，徐徐灌入口中，咽下即通。（《蔺氏经验方》）卒热心痛：生麻油一合，服之良。（《肘后方》）鼻衄不止：纸条蘸真麻油入鼻取嚏，即愈。有人一夕衄血盈盆，用此而效。（《普济方》）

灯盏残油

【主治】能吐风痰食毒，涂痈肿热毒。又治猘犬咬伤，以灌疮口，甚良（时珍）。

麻枯饼

时珍曰：此乃榨去油麻滓也。亦名麻籸（音辛）。荒岁人亦食之。可以养鱼肥田，亦《周礼》草人强坚用蕡之义。

【附方】新二。揩牙乌须：麻枯八两，盐花三两，用生地黄十斤取汁，同入铛中熬干。以铁盖覆之，盐泥泥之，煅赤，取研末。日用三次，揩毕，饮姜茶。先从眉起，一月皆黑也。（《养老书》）疽疮有虫：生麻油滓贴之，绵裹，当有虫出。（《千金方》）

青蘘（音穰。《本经》上品）

恭曰：自草部移附此。

【释名】梦神,巨胜苗也。生中原山谷。(《别录》)。

【气味】甘,寒,无毒。

【主治】五脏邪气,风寒湿痹,益气,补脑髓,坚筋骨。久服,耳目聪明。不饥不老增寿(《本经》)。主伤暑热(思邈)。作汤沐头,去风润发,滑皮肤,益血色(《日华》)。治崩中血凝注者,生捣一升。热汤绞汁半升服,立愈(甄权)。祛风解毒润肠。又治飞丝入咽喉者,嚼之即愈(时珍)。

【发明】宗奭曰:青蘘即油麻叶也。以汤浸,良久涎出,稠黄色,妇人用之梳发,与《日华》作汤沐发之说相符,则胡麻之为脂麻无疑。

弘景曰:胡麻叶甚肥滑,可沐头。但不知云何服之?《仙方》并无用此,亦当阴干为丸散尔。

时珍曰:按服食家有种青蘘作菜食法,云:秋间取巨胜子种畦中,如生菜之法。候苗出采食,滑美不减于葵。则本草所著者,亦茹蔬之功,非入丸散也。

胡麻花

思邈曰:七月采最上标头者,阴干用之。

藏器曰:阴干渍汁,溲面食,至韧滑。

【主治】生秃发(思邈)。润大肠。人身上生肉疔者,擦之即愈(时珍)。

【附方】新一。眉毛不生:乌麻花阴干为末,以乌麻油渍之,日涂。(《外台秘要》)

麻秸

【主治】烧灰,人点痣去恶肉方中用(时珍)。

【附方】新二。小儿盐哮:脂麻秸,瓦内烧存性,出火毒,研末。以淡豆腐蘸食之。(《摘玄方》)聤耳出脓:白麻秸刮取一合,花胭脂一枚,为末。绵裹塞耳中。(《圣济总录》)

亚麻(宋《图经》)

【释名】鸦麻(《图经》)、壁虱胡麻(《纲目》)。

亚麻子

【集解】时珍曰:今陕西人亦种之,即壁虱胡麻也。其实亦可榨油点灯,气恶不堪食。其茎穗颇似茺蔚,子不同。

子

【气味】甘,微温,无毒。

【主治】大风疮癣(苏颂)。

大麻(《本经》上品)

【释名】火麻(《日用》)、黄麻(俗名)、汉麻(《尔雅翼》),雄者名枲麻(《诗疏》)、牡麻(同上),雌者名苴麻(同上)、荸麻(音字)。花名麻蕡(《本经》)、麻勃。

时珍曰:麻从两𣏟在广下,象屋下派麻之形也。𣏟音派,广音俨。余见下注。云汉麻者,以别胡麻也。

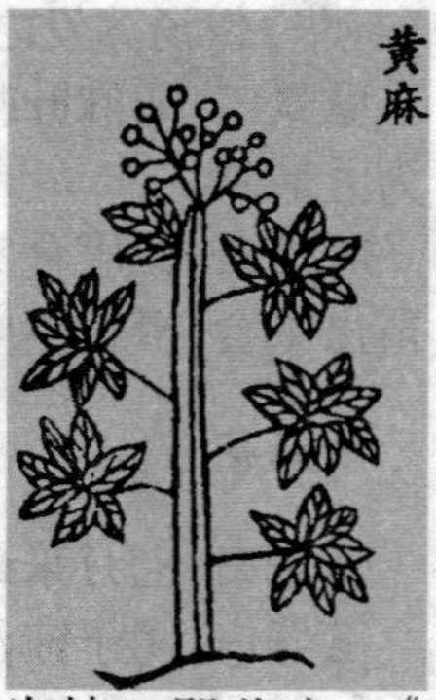

【正误】《本经》曰:麻蕡一名麻勃,麻花上勃勃者。七月七日采之良。麻子九月采。入土者损人。生太山川谷。

弘景曰:麻蕡即牡麻,牡麻则无实。今人作布及履用之。

时珍曰:大麻即今火麻,亦曰黄麻。处处种之,剥麻收子。有雌有雄:雄者为枲,雌者为苴。大科如油麻。叶狭而长,状如益母草叶,一枝七叶或九叶。五、六月开细黄花成穗,随即结实,大如胡荽子,可取油。剥其皮作麻。其秸白而有棱,轻虚可为烛心。《齐民要术》云:麻子放勃时,拔去雄者。若未放勃,先拔之,则不成子也。其子黑而重,可捣治为烛。即此也。《本经》有麻蕡、麻子二条,谓蕡即麻勃,谓麻子入土者杀人。苏恭谓蕡是麻子,非花也。苏颂谓蕡、子、花为三物。疑而不决。谨按《吴普本草》云:麻勃一名麻花,味辛无毒。麻蓝一名麻蕡,一名青葛,味辛甘有毒。麻叶有毒,食之杀人。麻子中仁无毒,先藏地中者,食之杀人。据此说则麻勃是花,麻蕡是实,麻仁是实中仁也。普三国时人,去古未远,说甚分明。《神农本经》以花为蕡,以藏土入土杀人,其文皆传写脱误尔。陶氏及唐宋诸家,皆不考究而臆度疑似,可谓疏矣。今依吴氏改正于下。

麻勃

普曰:一名麻花。

时珍曰:观《齐民要术》有放勃时拔去雄者之文,则勃为花明矣。

【气味】辛,温,无毒。

甄权曰:苦,微热,无毒。畏牡蛎。入行血药,以䗪虫为之使。

【主治】一百二十种恶风,黑色遍身苦痒,逐诸风恶血,治女人经候不通(《药性》)。治健忘及金疮内漏(时珍)。

【发明】弘景曰:麻勃方药少用。术家合人参服之,逆知未来事。

时珍曰:按《范汪方》有治健忘方:七月七日收麻勃一升,人参二两,为末,蒸令气遍。每临卧服一刀圭,能尽知四方之事。此乃治健忘,服之能记四方事也。陶云逆知未来事,过言矣。又《外台》言生疔肿人,忌见麻勃,见之即死者,用胡麻、针砂、烛烬为末,醋和敷之。不知麻勃与疔何故相忌?亦如人有见漆即生疮者,此理皆不可晓。

【附方】旧一,新二。瘰疬初起:七月七日麻花、五月五日艾叶,等分,作炷,灸之百壮。(《外台秘要》)金疮内漏:麻勃一两,蒲黄二两,为末。酒服一钱匕,日三,夜一。(同上)风病麻木:麻花四两,草乌一两,炒存性为末,炼蜜调成膏。每服三分,白汤调下。

麻蕡

普曰:一名麻蓝,一名青葛。

时珍曰:此当是麻子连壳者,故《周礼》朝事之笾供蕡、《月令》食麻,与大麻可食、蕡可供稍有分别,壳有毒而仁无毒也。

【气味】辛,平,有毒。

普曰:神农:辛。雷公:甘。岐伯:有毒。畏牡蛎、白薇。

【主治】五劳七伤。多服,令人见鬼狂走(《本经》。诜曰:要见鬼者,取生麻子、菖蒲、鬼臼等分,杵丸弹子大。每朝向日服一丸。满百日即见鬼也)。利五脏。下血,寒气,破积止痹散脓。久服。通神明,轻身(《别录》)。

【附方】旧一。风癞百病:麻子四升,水六升,猛火煮令芽生,去滓煎取二升,空心服之。或发或不发,或多言语,勿怪之。但令人摩手足,顷定。进三剂愈。(《千金》)

麻仁

【修治】宗奭曰:麻仁极难去壳。取帛包置沸汤中,浸至冷出之。垂井中一夜,勿令着水。次日日中曝干,就新瓦上挼去壳,簸扬取仁,粒粒皆完。张仲景麻仁丸,即此大麻子中仁也。

【气味】甘,平,无毒。

诜曰:微寒。

普曰:先藏地中者,食之杀人。

士良曰:多食损血脉,滑精气,痿阳气。妇人多食即发带疾。畏牡蛎、白薇,恶茯苓。

【主治】补中益气。久服,肥健不老。神仙(《本经》)。治中风汗出,逐水气,利小便,破积血,复血脉,乳妇产后余疾。沐发,长润(《别录》)。下气,去风痹皮顽,令人心欢,炒香,浸小便,绞汁服之。妇人倒产,吞二七枚即正(藏器)。润五脏,利大肠风热结燥及热淋(士良)。补虚劳,逐一切风气,长肌肉,益毛发,通乳汁,止消渴,催生难产(《日华》)。取汁煮粥,去五脏风,润肺,治关节不通,发落(孟诜)。利女人经脉,调大肠下痢。涂诸疮癞,杀虫。取汁煮粥食,止呕逆(时珍)。

【发明】弘景曰:麻子中仁,合丸药并酿酒,大善。但性滑利。

刘完素曰:麻,木谷也而治风,同气相求也。

好古曰:麻仁,手阳明、足太阴药也。阳明病汗多、胃热、便难,三者皆燥也。故用之以通润也。

成无己曰:脾欲缓,急食甘以缓之。麻仁之甘,以缓脾润燥。

【附方】旧十九,新十九。服食法:麻子仁一升,白羊脂七两,蜜蜡五两,白蜜一合,和杵蒸食之,不饥耐老。(《食疗》)耐老益气,久服不饥:麻子仁二升,大豆一升,熬香为末,蜜丸。日二服。(《药性论》)大麻仁酒,治骨髓风毒疼痛,不可运动:

用大麻仁水浸,取沉者一大升曝干,于银器中旋旋慢炒香熟,入木臼中捣至万杵,待细如白粉即止,平分为十帖。每用一帖,取家酿无灰酒一大碗,同麻粉,用柳槌蘸入砂盆中擂之,滤去壳,煎至减半。空腹温服一帖。轻者四五帖见效,甚者不出十帖,必失所苦,效不可言。(《箧中方》)麻子仁粥,治风水腹大,腰脐重痛,不可转动:用冬麻子半斤,研碎,水滤取汁,入粳米二合,煮稀粥,下葱、椒、盐豉。空心食。(《食医心镜》)老人风痹:麻子煮粥,上法食之。五淋涩痛:麻子煮粥,如上法食之。(同上)大便不通:麻子煮粥,如上法服之。(《肘后方》)麻子仁丸治脾约,大便秘而小便数:麻子仁二升,芍药半斤,厚朴一尺,大黄、枳实各一斤,杏仁一升,熬研,炼蜜丸梧桐子大。每以浆水下十丸,日三服。不知再加。(张仲景方)产后秘塞:许学士云:产后汗多则大便秘,难于用药,惟麻子苏子粥最稳。不惟产后可服,凡老人诸虚风秘,皆得力也。用大麻子仁、紫苏子各二合,洗净研细,再以水研,滤取汁一盏,分二次煮粥啜之。(《本事方》)产后瘀血不尽:麻子仁五升,酒一升渍一夜,明旦去滓温服一升,先食服不瘥,夜再服一升,不吐不下。不得与男子通一月,将养如初产法。(《千金方》)胎损腹痛:冬麻子一升,杵碎熬香,水二升煮汁,分服。(《心镜》)妊娠心痛烦闷:麻子仁一合(研),水二盏,煎六分,去滓服。(《圣惠》)月经不通:或两三月,或半年、一年者用麻子仁二升,桃仁二两,研匀,熟酒一升,浸一夜。日服一升。(《普济》)呕逆不止:麻仁三合杵熬,水研取汁,着少盐,吃立效。李谏议常用,极妙。

油

【主治】熬黑压油,敷头,治发落不生。煎熟,时时啜之,治硫黄毒发身热(时珍。出《千金方》《外台秘要》)。

【附方】新一。尸咽痛痒:麻子烧取脂,酒调一钱服之。(《圣济总录》)

叶

【气味】辛,有毒。

【主治】捣汁服五合,下蛔虫;捣烂敷蝎毒,俱效(苏恭)。浸汤沐发长润,令白发不生。

甄权曰:以叶一握,同子五升捣和,浸三日,去滓沐发。

【发明】时珍曰:按郭文《疮科心要》:乌金散治痈疽疔肿,时毒恶疮。方中用火麻头,同麻黄诸药发汗,则叶之有毒攻毒可知矣。《普济方》用之截疟,尤可推焉。

【附方】新二。治疟不止:火麻叶,不问荣枯,锅内文武火慢炒香,连锅取下,以纸盖之,令出汗尽,为末。临发前用茶或酒下。移病人原睡处,其状如醉,醒即愈。又方:火麻叶(如上法为末)一两,加缩砂、丁香、陈皮、木香各半两,酒糊丸梧子大。每酒、茶任下五七丸。能治诸疟,壮元气。(《普济方》)

黄麻

【主治】破血,通小便(时珍)。

【附方】新二。热淋胀痛:麻皮一两,炙甘草三分,水二盏,煎一盏服,日二,取效。(《圣惠方》)跌扑折伤疼痛:接骨方:黄麻(烧灰)、头发灰各一两,乳香五钱,为末。每服三钱,温酒下,立效。(王仲勉《经验方》)

麻根

【主治】捣汁或煮汁服,主瘀血石淋(陶弘景)。治产难衣不出,破血壅胀,带下崩中不止者,以水煮服之,效(苏恭)。治热淋下血不止,取三九枚,洗净,水五升,煮三升,分服,血止神验(《药性》)。根及叶捣汁服,治挞打瘀血,心腹满气短,及踠折骨痛不可忍者,皆效。无则以麻煮汁代之(苏颂。出韦宙《独行方》)。

沤麻汁

【主治】止消渴,治瘀血(苏恭)。

小麦(《别录》中品)

小麦

【校正】《拾遗》麦、苗并归为一。

【释名】来。

时珍曰:来亦作秾。许氏《说文》云:天降瑞麦,一来二辫,象芒刺之形,天所来也。如足行来,故麦字从来从夂。夂音绥,足行也。《诗》云:"贻我来牟"是矣。又云:来象其实,夂象其根。《梵书》名麦曰迦师错。

【集解】颂曰:大、小麦秋种冬长,春秀夏实,具四时中和之气,故为五谷之贵。地暖处亦可春种,至夏便收。然比秋种者,四气不足,故有毒。

时珍曰:北人种麦漫撒,南人种麦撮撒。北麦皮薄面多,南麦反此。或云:收麦以蚕沙和之,辟蠹。或云:立秋前以苍耳剉碎同晒收,亦不蛀。秋后则虫已生矣。盖麦性恶湿,故久雨水潦,即多不熟也。

小麦

【气味】甘,微寒,无毒。入少阴、太阳之经。

甄权曰:平,有小毒。

恭曰:小麦作汤,不许皮坼。坼则性温,不能消热止烦也。

藏器曰:小麦秋种夏熟,受四时气足,兼有寒热温凉。故麦凉、曲温、麸冷、面热,宜其然也。河渭之西,白麦面亦凉,以其春种,阙二气也。

时珍曰:新麦性热,陈麦平和。

【主治】除客热,止烦渴咽燥,利小便,养肝气,止漏血唾血。令女人易孕(《别录》)。养心气,心病宜食之(思邈)。煎汤饮,治暴淋(宗奭)。熬末服,杀肠中蛔虫(《药性》)。陈者煎汤饮,止虚汗。烧存性,油调,涂诸疮汤火伤灼(时珍)。

【发明】时珍曰:按《素问》云:麦属火,心之谷也。郑玄云:麦有孚甲,属木。许慎云：麦属金，金王而生，火王而死。三说各异。而《别录》云：麦养肝气，与郑说合。孙思邈云：麦养心气，与《素问》合。夷考其功，除烦、止渴、收汗、利溲、止血，皆心之病也，当以《素问》为准。盖许以时，郑以形，而《素问》以功性，故立论不同尔。

震亨曰：饥年用小麦代谷，须晒燥，以少水润，舂去皮，煮为饭食，可免面热之患。

【附方】旧二，新五。消渴心烦：用小麦作饭及粥食。（《心镜》）老人五淋，身热腹满：小麦一升，通草二两，水三升，煮一升，饮之即愈。（《奉亲书》）项下瘿气：用小麦一升，醋一升，渍之，晒干为末。以海藻洗，研末三两，和匀。每以酒服方寸匕，日三。（《小品》）眉炼头疮：用小麦烧存性，为末。油调敷。（《儒门事亲》）白癜风癣：用小麦摊石上，烧铁物压出油，搽之甚效。（《医学正传》）汤火伤灼，未成疮者：用小麦炒黑，研入腻粉，油调涂之。勿犯冷水，必致烂。（《袖珍方》）金疮肠出：用小麦五升，水九升，煮取四升，绵滤取汁，待极冷。令病人卧席上，含汁噀之，肠渐入。噀其背。并勿令病人知，及多人见，傍人语，即肠不入也。乃抬席四角轻摇，使肠自入。十日中，但略食羹物。慎勿惊动，即杀人。（《刘涓子鬼遗方》）

浮麦（即水淘浮起者，焙用）。

【气味】甘、咸，寒，无毒。

【主治】益气除热，止自汗盗汗，骨蒸虚热，妇人劳热（时珍）。

麦麸

【主治】时疾热疮，汤火疮烂，扑损伤折瘀血，醋炒署贴之（《日华》）。和面作饼，止泄痢，调中去热健人。以醋拌蒸热，袋盛，包熨人马冷失腰脚伤折处，止痛散血（藏器）。醋蒸，熨手足风湿痹痛，寒湿脚气，互易至汗出，并良。末服，止虚汗（时珍）。

【发明】时珍曰：麸乃麦皮也。与浮麦同性，而止汗之功次于浮麦，盖浮麦无肉也。凡人身体疼痛及疮疡肿烂沾渍，或小儿暑月出痘疮，溃烂不能着席睡卧者，并用夹褥盛麸缝合藉卧，性凉而软，诚妙法也。

【附方】新七。虚汗盗汗：《卫生宝鉴》：用浮小麦（文武火炒），为末。每服二钱半，米饮下，日三服。或煎汤代茶饮。一方：以猪觜唇煮熟切片，蘸食亦良。产后虚汗：小麦麸、牡蛎等分，为末。以猪肉汁调服二钱，日二服。（胡氏《妇人方》）走气作痛：用酽醋拌麸皮炒热，袋盛熨之。（《生生编》）灭诸瘢痕：春夏用大麦麸，秋冬用小麦麸，筛粉和酥敷之。（《总录》）小儿眉疮：小麦麸炒黑，研末，酒调敷之。小便尿血：面麸炒香，以肥猪肉蘸食之。《集玄》。

面

【气味】甘，温，有微毒。不能消热止烦（《别录》）。

大明曰：性壅热，小动风气，发丹石毒。

思邈曰：多食，长宿游，加客气。畏汉椒、萝卜。

【主治】补虚。久食，实人肤体，厚肠胃，强气力（藏器）。养气，补不足，助五脏

(《日华》)。水调服,治人中暑,马病肺热(宗奭)。敷痈肿损伤,散血止痛。生食,利大肠。水调服,止鼻衄吐血(时珍)。

【附方】旧六,新二十三。热渴心闷:温水一盏,调面一两,饮之。(《圣济总录》)中暍卒死:井水和面一大抄,服之。(《千金》)夜出盗汗:麦面作弹丸,空心、卧时煮食之。次早服妙香散一帖取效。内损吐血:飞罗面略炒,以京墨汁或藕节汁,调服二钱。(《医学集成》)大衄血出:口耳皆出者。用白面入盐少许,冷水调服三钱。(《普济方》)中蛊吐血:小麦面二合,水调服。半日当下出。(《广记》)呕哕不止:醋和面,作弹丸二三十枚,以沸汤煮熟,漉出投浆水中,待温吞三、两枚。哕定,即不用再吞。未定,至晚再吞。(《兵部手集》)寒痢白色:炒面,每以方寸匕入粥中食之。能疗日泻百行,师不救者。(《外台》)泄痢不固:白面一斤,炒焦黄。每日空心温水服一二匙。(《正要》)诸疟久疟:用三姓人家寒食面各一合,五月五日午时采青蒿,擂自然汁,和丸绿豆大。临发日早,无根水一丸。一方:加炒黄丹少许。(《德生堂》)头皮虚肿,薄如蒸饼,状如裹水:以口嚼面敷之良。(《梅师方》)咽喉肿痛,卒不下食:白面和醋,涂喉外肿处。

麦粉

【气味】甘,凉,无毒。

【主治】补中,益气脉,和五脏,调经络。又炒一合,汤服,断下痢(孟诜)。醋熬成膏,消一切痈肿、汤火伤(时珍)。

【发明】时珍曰:麦粉乃是麸面,面洗筋澄出浆粉。今人浆衣多用之,古方鲜用。按万表《积善堂方》云:乌龙膏:治一切痈肿发背,无名肿毒,初发掀热未破者,取效如神。用隔年小粉,愈久者愈佳,以锅炒之。初炒如饧,久炒则干,成黄黑色,冷定研末。陈米醋调成糊,熬如黑漆,瓷罐收之。用时摊纸上,剪孔贴之,即如冰冷,疼痛即止。少顷觉痒,干亦不能动。久则肿毒自消,药力亦尽而脱落,甚妙。此方苏州杜水庵所传,屡用有验。药易而功大,济生者宜收藏之。

面筋

【气味】甘,凉,无毒。

【主治】解热和中,劳热人宜煮食之(时珍)。宽中益气(宁原)。

【发明】时珍曰:面筋,以麸与面水中揉洗而成者。古人罕知,今为素食要物,煮食甚良。今人多以油炒,则性热矣。

宗奭曰:生嚼白面成筋,可粘禽、虫。

麦麨(即糗也。以麦蒸,磨成屑)

【气味】甘,微寒,无毒。

【主治】消渴,止烦(《蜀本》)。

麦苗(《拾遗》)

【气味】辛,寒,无毒。

【主治】消酒毒暴热，酒疸目黄，并捣烂绞汁日饮之。又解蛊毒，煮汁滤服（藏器）。除烦闷，解时疾狂热，退胸膈热，利小肠。作齑食，甚益颜色（《日华》）。

麦奴

藏器曰：麦穗将熟时，上有黑霉者也。

【主治】热烦，天行热毒。解丹石毒（藏器）。治阳毒温毒，热极发狂大渴，及温疟（时珍）。

【发明】时珍曰：朱肱《南阳活人书》：治阳毒温毒热极发狂发斑大渴倍常者，用黑奴丸，水化服一丸，汗出或微利即愈。其方用小麦奴、梁上尘、釜底煤、灶突墨，同黄芩、麻黄、硝、黄等分为末，蜜丸弹子大。盖取火化者从治之义也。麦乃心之谷，属火，而奴则麦实将成，为湿热所蒸，上黑霉者，与釜煤、灶墨同一理也。其方出陈延之《小品方》，名麦奴丸，初虞世《古今录验》名高堂丸、水解丸，诚救急良药也。

秆

【主治】烧灰，人去疣痣、蚀恶肉膏中用（时珍）。

大麦（《别录》中品）

【释名】牟麦。

时珍曰：麦之苗粒皆大于来，故得大名。牟亦大也。通作䴵。

大麦

【集解】弘景曰：今稞麦一名牟麦，似𪎊麦，惟皮薄尔。

【气味】咸，温、微寒，无毒。为五谷长，令人多热。

诜曰：暴食似脚弱，为下气故也。久服宜人。熟则有益，带生则冷而损人。石蜜为之使。

【主治】消渴除热，益气调中（《别录》）。补虚劣，壮血脉，益颜色，实五脏，化谷食，止泄，不动风气。久食，令人肥白，滑肌肤。为面，胜于小麦，无躁热（士良）。面：平胃止渴，消食疗胀满（苏恭）。久食，头发不白。和针砂、没石子等，染发黑色（孟诜）。宽胸下气，凉血，消积进食（时珍）。

【发明】宗奭曰：大麦性平凉滑腻。有人患缠喉风，食不能下。用此面作稀糊，令咽以助胃气而平。三伏中，朝廷作麨，以赐臣下。

震亨曰：大麦初熟，人多炒食。此物有火，能生热病，人不知也。

时珍曰：大麦作饭食，响而有益。煮粥甚滑。磨面作酱甚甘美。

【附方】旧三，新六。食饱烦胀，但欲卧者：大麦面熬微香，每白汤服方寸匕，佳。（《肘后方》）膜外水气：大麦面、甘遂末各半两，水和作饼，炙熟食，取利。（《总录》）小儿伤乳，腹胀烦闷欲睡：大麦面生用，水调一钱服。白面微炒亦可。（《保幼大全》）蠼螋尿疮：大麦嚼敷之，日三上。（《伤寒类要》）肿毒已破：青大麦（去须，炒),暴花为末,敷之。成靥,揭去又敷。数次即愈。麦芒入目:大麦煮汁洗之,即出。(孙真人方)汤火伤灼:大麦炒黑,研末,油调搽之。被伤肠出:以大麦粥汁洗肠推入,但饮米糜,百日乃可。

麦蘖(见蘖米下)。

苗

【主治】诸黄,利小便,杵汁日日服(《类要》)。冬月面目手足皴瘃,煮汁洗之(《时珍》)。

【附方】新一。小便不通:陈大麦秸,煎浓汁,频服。(《简便方》)

大麦奴

【主治】解热疾,消药毒(藏器)。

穬麦(音矿。《别录》中品)

【释名】时珍曰:穬之壳厚而粗矿也。

【集解】弘景曰:穬麦是马所食者。服食家并食大、穬二麦,令人轻健。

时珍曰:穬麦有二种:一类小麦而大,一类大麦而大。

颂曰:穬麦,即大麦一种皮厚者。陈藏器谓即大麦之连壳者,非也。按《别录》自有穬麦功用,其皮岂可食乎?详大麦下。

【气味】甘,微寒,无毒。

弘景曰:此麦性热而云微寒,恐是作屑与合壳异也。

恭曰:穬麦性寒,陶云性热,非矣。江东少有故也。

大明曰:暴食似动冷气,久即益人。

【主治】轻身除热。久服,令人多力健行。作蘖,温中消食(《别录》)。补中,不动风气。作饼食,良(萧炳)。

【发明】时珍曰:《别录》麦蘖附见穬麦下,而大麦下无之,则作蘖当以穬为良也。今人通用,不复分别矣。

雀麦(《唐本草》)

【校正】自草部移入此。

【释名】燕麦(《唐本》)、篧(音药)、杜姥草(《外台》)、牛星草。

时珍曰:此野麦也。燕雀所食,故名。《日华本草》谓此为瞿麦者,非矣。

【集解】恭曰:雀麦在处有之,生故墟野林下。苗叶似小麦而弱,其实似穬麦而细。

【附方】旧三。胎死腹中,胞衣不下上抢心:用雀麦一把,水五升,煮二升,温服。(《子母秘录》)齿䘌并虫,积年不瘥,从少至老者:用雀麦,一名杜姥草,俗名牛星草。用苦瓠叶三十枚,洗净。取草剪长二寸,以瓠叶作五包包之,广一寸,厚五分。以三年酢渍之。至日中,以两包火中炮令热,纳口中,熨齿外边,冷更易之。取包置水中解视,即有虫长三分。老者黄色,少者白色。多即二三十枚,少即一二十枚。此方甚妙。(《外台秘要》)

雀麦

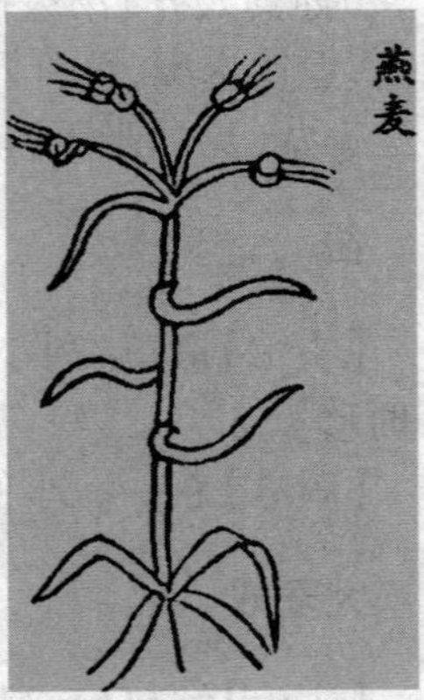

米

【气味】甘,平,无毒。

【主治】充饥滑肠(时珍)。

苗

【气味】甘,平,无毒。

【主治】女人产不出,煮汁饮之(苏恭)。

荞麦(宋《嘉祐》)

【释名】荍麦(音翘)、乌麦(吴瑞)、花荞。

时珍曰:荞麦之茎弱而翘然,易长易收,磨面如麦,故曰荞曰荍,而与麦同名也。俗亦呼为甜荞,以别苦荞。杨慎《丹铅录》,指乌麦为燕麦,盖未读《日用本草》也。

荞麦

【集解】炳曰:荞麦作饭,须蒸使气馏,烈日曝令开口,舂取米仁作之。

时珍曰:荞麦南北皆有。立秋前后下种,八、九月收刈,性最畏霜。苗高一二尺,赤茎绿叶,如乌桕树叶。开小白花,繁密粲粲然。结实累累如羊蹄,实有三棱,老则乌黑色。王祯《农书》云:北方多种。磨而为面,作煎饼,配蒜食。或作汤饼,谓之河漏,以供常食,滑细如粉,亚于麦面。南方亦种,但作粉饵食,乃农家居冬谷也。

【气味】甘,平,寒,无毒。

思邈曰:酸,微寒。食之难消。久食动风,令人头眩。作面和猪、羊肉热食,不过八、九顿,即患热风,须眉脱落,还生亦希。泾、邠以北,多此疾。又不可合黄鱼食。

【主治】实肠胃,益气力,续精神,能炼五脏滓秽(孟诜)。作饭食,压丹石毒,甚良(萧炳)。以醋调粉。涂小儿丹毒赤肿热疮(吴瑞)。降气宽肠,磨积滞,消热肿风痛,除白浊白带,脾积泄泻。以沙糖水调炒面二钱服,治痢疾。炒焦,热水冲服,治绞肠沙痛(时珍)。

【附方】新十六。咳嗽上气:荞麦粉四两,茶末二钱,生蜜二两,水一碗,顺手搅千下。饮之,良久下气不止,即愈。(《儒门事亲》)十水肿喘:生大戟一钱,荞麦面二钱,水和作饼,炙熟为末。空心茶服,以大小便利为度。(《圣惠》)男子白浊:魏元君济生丹：用莜麦炒焦为末，鸡子白和，丸梧子大。每服五十丸，盐汤下，日三服。赤白带下：方同上。禁口痢疾：荞寿面每服二钱，沙糖水调下。（坦仙方）痈疽发背，一切肿毒：莜麦面、硫黄各二两，为末，井华水和作饼，晒收。每用一饼，磨水敷之。痛则令不痛，不痛则令痛，即愈。（《直指》）疮头黑凹：荞麦面煮食之，即发起。（《直指》）痘疮溃烂：用荞麦粉频频敷之。（《痘疹方》）汤火伤灼：用荞麦面，炒黄研末，水和敷之，如神。（《奇效方》）蛇盘瘰疬，围接项上：用荞麦（炒去壳）、海藻、白僵蚕（炒去丝）等分，为末。白梅浸汤，取肉减半，和丸绿豆大。每服六七十丸，食后、临卧米饮下，日五服。其毒当从大便泄去。若与淡菜连服尤好。淡菜生于海藻上，亦治此也。忌豆腐、鸡、羊、酒、面。（阮氏方）积聚败血：通仙散：治男子败积，女人败血，不动真气。用莜麦面三钱，大黄二钱半，为末。卧时酒调服之。（《多能鄙事》）头风畏冷：李楼云：一人头风，首裹重绵，三十年不愈。予以荞麦粉二升，水调作二饼，更互合头上，微汗即愈。

叶

【主治】作茹食，下气，利耳目。多食即微泄（士良。孙思邈曰：生食，动刺风，令人身痒）。

秸

【主治】烧灰淋汁取硷熬干，同石灰等分，蜜收。能烂痈疽，蚀恶肉，去靥痣，最良。穰作荐，辟壁虱（时珍。《日华》曰：烧灰淋汁，洗六畜疮，并驴、马躁蹄）。

【附方】新二。噎食：荞麦秸（烧灰淋汁，入锅内煎取白霜）一钱，入蓬砂一钱。研末。每酒服半钱。（《海上方》）壁虱蜈蚣：荞麦秸作荐，并烧烟熏之。

苦荞麦（《纲目》）

【集解】时珍曰：苦荞出南方，春社前后种之。茎青多枝，叶似荞麦而尖，开花带绿色，结实亦似荞麦，稍尖而棱角不峭。其味苦恶，农家磨捣为粉，蒸使气馏，滴去黄汁，乃可作为糕饵食之，色如猪肝。谷之下者，聊济荒尔。

苦荞

【气味】甘、苦，温，有小毒。

时珍曰：多食伤胃，发风动气，能发诸病，黄疾人尤当禁之。

【附方】新一。明目枕：苦荞皮、黑豆皮、绿豆皮、决明子、菊花，同作枕，至老明目。（邓才《杂兴》）

稻（《别录》下品）

【释名】稌（音杜）、糯（亦作稬）。

时珍曰：稻稌者，粳、糯之通称。《物理论》所谓“稻者溉种之总称”是矣。本草则专指糯以为稻也。稻从舀(音函),象人在臼上治稻之义。稌则方言稻音之转尔。其性粘软,故谓之糯。

颖曰:糯米缓筋,令人多睡,其性懦也。

【集解】弘景曰:道家方药有稻米、粳米俱用者,此则两物也。稻米自如霜,江东无此,故通呼粳为稻耳,不知色类复云何也?

时珍曰:糯稻,南方水田多种之。其性粘,可以酿酒,可以为粢,可以蒸糕,可以熬饧,可以炒食。其类亦多,其谷壳有红、白二色,或有毛,或无毛。其米亦有赤、白二色,赤者酒多糟少,一种粒白如霜,长三四分者。《齐民要术》糯有九格、雉木、大黄、马首、虎皮、火色等名是矣。古人酿酒多用秫,故诸说论糯稻,往往费辩也。秫乃糯粟,见本条。

稻米

【气味】苦,温,无毒。

思邈曰:味甘。宗奭曰:性温。

颂曰:糯米性寒,作酒则热,糟乃温平,亦如大豆与豉、酱之性不同也。

诜曰:凉。发风动气,使人多睡,不可多食。

藏器曰:久食令人身软,缓人筋也。小猫、犬食之,亦脚屈不能行。马食之,足重。妊妇杂肉食之,令子不利。

萧炳曰:拥诸经络气,使四肢不收,发风昏昏。

士良曰:久食发心悸,及痈疽疮疖中痛。合酒食之,醉难醒。

时珍曰:糯性粘滞难化,小儿、病人最宜忌之。

【主治】作饭温中,令人多热,大便坚(《别录》)。能行营卫中血积,解芫青、斑蝥毒(士良)。益气止泄(思邈)。补中益气。止霍乱后吐逆不止,以一合研水服之(大明)。以骆驼脂作煎饼食,主痔疾(萧炳)。作糜一斗食,主消渴(藏器)。暖脾胃,止虚寒泄痢,缩小便,收自汗,发痘疮(时珍)。

【发明】思邈曰:糯米味甘,脾之谷也,脾病宜食之。

杨士瀛曰:痘疹用稬米,取其解毒,能酿而发之也。

时珍曰:糯米性温,酿酒则热,熬饧尤甚,故脾肺虚寒者宜之。若素有痰热风病,及脾病不能转输,食之最能发病成积。孟诜、苏颂或言其性凉、性寒者,谬说也。《别录》已谓其温中坚大便,令人多热,是岂寒凉者乎?今人冷泄者,炒食即止。老人小便数者,作粢糕或丸子,夜食亦止。其温肺暖脾可验矣。痘证用之,亦取此义。

【附方】旧五,新十六。霍乱烦渴不止:糯米三合,水五升,蜜一合,研汁分服,或煮汁服。(杨氏《产乳》)消渴饮水:方同上。三消渴病:梅花汤:用糯谷(炒出白花)、桑根白皮等分。每用一两,水二碗,煎汁饮之。(《三因方》)下痢禁口:糯谷一升(炒出白花去壳,用姜汁拌湿再炒),为末。每服一匙,汤下,三服即止。(《经验良方》)久泄食减:糯米一升。水浸一宿沥干,慢炒熟,磨筛,人怀庆山药一两。每日清晨用半盏,入砂糖二匙,胡椒末少许,以极滚汤调食。其味极佳,大有滋补。久服令人精暖有子,秘方也。(《松篁经验方》)鼻衄不止,服药不应:独圣散:用糯米微炒黄,为末。每服二钱,新汲水调下。仍吹少许入鼻中。(《简要济众方》)劳心吐血：糯米半两，莲子心七枚，为末，酒服。孙仲盈云：曾用多效。或以墨汁作丸服之。(《澹寮》)自汗不止：糯米、小麦麸同炒，为末。每服三钱，米饮下。或煮猪肉点食。小便白浊：白糯丸：治人夜小便脚停白浊，老人、虚人多此证，令人卒死，大能耗人精液，主头昏重。用糯米五升（炒赤黑），白芷一两，为末，糯粉糊丸梧子大。每服五十丸，木馒头煎汤下。无此，用《局方》补肾汤下。若后生禀赋怯弱，房室太过，小便太多，水管蹇涩，小便如膏脂，入石菖蒲、牡蛎粉甚效。

米泔

【气味】甘，凉，无毒。

【主治】益气，止烦渴霍乱，解毒。食鸭肉不消者，顿饮一盏，即消（时珍）。

【附方】旧一。烦渴不止：糯米泔任意饮之，即定。研汁亦可。(《外台》)

糯稻花

【主治】阴干，入揩牙、乌须方用（时珍）。

稻穰（即稻秆）

【气味】辛、甘，热，无毒。

【主治】黄病如金色，煮汁浸之；仍以谷芒炒黄为末，酒服（藏器）。烧灰，治坠扑伤损（苏颂）。烧灰浸水饮，止消渴。淋汁，浸肠痔。㚒穰藉靴鞋，暖足，去寒湿气（时珍）。

【发明】颂曰：稻秆灰方，出刘禹锡《传信方》。云：湖南李从事坠马扑伤损，用稻秆烧灰，以新熟酒连糟入盐和，淋取汁，淋痛处，立瘥也。

时珍曰：稻穰煮治作纸，嫩心取以为鞻，皆大为民利。其纸不可贴疮，能烂肉。按《江湖纪闻》云：有人壁虱入耳，头痛不可忍，百药不效。用稻秆灰煎汁灌入，即死而出也。

【附方】旧一，新八。消渴饮水：取稻穰中心烧灰。每以汤浸一合，澄清饮之。(危氏)喉痹肿痛：稻草烧取墨烟，醋调吹鼻中，或灌入喉中，滚出痰，立愈。(《普济》)热病余毒，攻手足疼痛欲脱：用稻穰灰，煮汁渍之。(《肘后方》)下血成痔：稻藁烧灰淋汁，热渍三五度，瘥。(崔氏《纂要》)汤火伤疮：用稻草灰，冷水淘七遍，带湿摊上，干即易。若疮湿者，焙干油敷，二三次可愈。(《卫生易简方》)恶虫入耳：香油合稻秆灰汁，滴入之。(《圣济总录》)噎食不下：赤稻细梢，烧灰，滚汤一碗，隔绢淋汁三次，取汁，入丁香一枚，白豆蔻半枚，米一盏，煮粥食，神效。(《摘玄妙方》)小便白浊：糯稻草，煎浓汁，露一夜，服之。(同上)解砒石毒：稻草烧灰，淋汁，调青黛三钱服。(《医方摘要》)

谷颖（谷芒也。作稳，非。）

【主治】黄病，为末酒服。(藏器)又解蛊毒，煎汁饮(《日华》)。

糯糠

【主治】齿黄，烧取白灰，旦旦擦之（时珍）。

粳(音庚。《别录》中品)

【释名】秔(与粳同)。

时珍曰:粳乃谷稻之总名也,有早、中、晚三收。诸本草独以晚稻为粳者,非矣。粘者为糯不粘者为粳。糯者懦也,粳者硬也。但入解热药,以晚粳为良尔。

【集解】弘景曰:粳米,即今人常食之米,但有白、赤、小、大异族四、五种,犹同一类也。可作廪米。

时珍曰:粳有水、旱二稻。南方土下涂泥,多宜水稻。北方地平,惟泽土宜旱稻。西南夷亦有烧山地为畬田种旱稻者,谓之火米。古者惟下种成畦,故祭祀谓稻为嘉蔬,今人皆拔秧栽插矣。其种近百,名各不同,俱随土地所宜也。其谷之光、芒、长、短、大、细,百不同也。其米之赤、白、紫、乌、坚、松、香、否,不同也。其性之温、凉、寒、热,亦因土产形色而异也。真腊有水稻,高丈许,随水而长。南方有一岁再熟之稻。苏颂之香粳,长白如玉,可充御贡。皆粳之稍异者也。

粳米

【气味】甘、苦,平,无毒。

思邈曰:生者寒,燔者热。

时珍曰:北粳凉,南粳温。赤粳热,白粳凉,晚白粳寒。新粳热,陈粳凉。凡人嗜生米,久成米瘕,治之以鸡屎白。

颖曰:新米乍食,动风气。陈者下气,病人尤宜。

诜曰:常食干粳饭,令人热中,唇口干。不可同马肉食,发痼疾。不可和苍耳食,令人卒心痛,急烧仓米灰和蜜浆服之,不尔即死。

【主治】益气,止烦止渴止泄(《别录》)。温中,和胃气,长肌肉(《蜀本》)。补中,壮筋骨,益肠胃(《日华》)。煮汁,主心痛,止渴,断热毒下痢(孟诜)。合芡实作粥食,益精强志,聪耳明目(好古)。通血脉,和五脏,好颜色(时珍。出《养生集要》)。常食干粳饭,令人不噎(孙思邈)。

【附方】旧二,新十。霍乱吐泻,烦渴欲绝:用粳米二合研粉,入水二盏研汁,和淡竹沥一合,顿服。(《普济》)赤痢热躁:粳米半升,水研取汁,入油瓷瓶中,蜡纸封口,沉井底一夜,平旦服之。吴内翰家乳母病此,服之有效。(《普济方》)自汗不止:粳米粉绢包,频频扑之。五种尸病:粳米二升,水六升,煮一沸服,日三。(《肘后》)卒心气痛:粳米二升。水六升,煮六七沸,服。(《肘后方》)米癥嗜米,有人好哑米,久则成癥,不得米则吐出清水,得米即止,米不消化,久亦毙人:用白米五合,鸡屎一升,同炒焦为末。水一升,顿服。少时吐出症,如研米汁,或白沫淡水,乃愈也。(《千金方》)小儿初生三日,应开肠胃、助谷神者:碎米浓作汁饮,如乳酪,频以豆许与儿饮之。二七日可与哺,慎不得与杂药也。(《肘后方》)初生无皮色赤,但有红肉,乃受胎未足也:用早白米粉扑之,肌肤自生。(《普济方》)小儿甜疮,生于面耳:令母频嚼白米,卧时涂之。不过三五次,即愈。荒年辟谷:粳米一斗,酒三升渍之,曝干又渍,酒尽止。取出稍食之,可辟三十日。足一斛三升,辟谷一年。(《肘后方》)胎动腹痛,急下黄汁:用粳米五升,黄芪六两,水七升,煎二升,分四服。

(《圣惠》)赤根疔肿:白粉熬黑,和蜜敷之。(《千金方》)

淅二泔

【释名】米渖。

时珍曰:淅,音锡,洗米也。渖,汁也。泔,甘汁也。第二次者,清而可用,故曰淅二泔。

【气味】甘,寒,无毒。

【主治】清热,止烦渴,利小便,凉血(时珍)。

【发明】戴原礼曰:风热赤眼,以淅二泔睡时冷调洗肝散、菊花散之类,服之。

【附方】新四。吐血不止:陈红米泔水,温服一钟,日三次。(《普济方》)鼻出衄血:频饮淅二泔,仍以真麻油或萝卜汁滴入之。(《证治要诀》)鼻上酒齄:以淅二泔食后冷饮。外以硫黄入大菜头内,煨碾涂之。(《证治要诀》)服药过剂,闷乱者:粳米渖饮之。(《外台》)

炒米汤

【主治】益胃除湿。不去火毒,令人作渴(时珍)。

粳谷奴(谷穗煤黑者)

【主治】走马喉痹,烧研,酒服方寸匕,立效(时珍。出《千金》)。

禾秆

【主治】解砒毒,烧灰,新汲水淋汁滤清,冷服一碗,毒当下出(时珍。出《卫生易简方》)。

籼(音仙。《纲目》)

【释名】占稻(《纲目》)、早稻。

时珍曰:籼,亦粳属之先熟而鲜明之者,故谓之籼。种自占城国,故谓之占。俗作粘者,非矣。

【集解】时珍曰:籼似粳而粒小,始自闽人,得种于占城国。宋真宗遣使就闽取三万斛,分给诸道为种,故今各处皆有之。高仰处俱可种,其熟最早,六、七月可收。品类亦多,有赤、白二色,与粳大同小异。

籼米

【气味】甘,温,无毒。

【主治】温中益气,养胃和脾,除湿止泄(时珍)。

秆

【主治】反胃,烧灰淋汁温服,令吐。盖胃中有虫,能杀之也(《普济》)。

本草纲目谷部第二十三卷

本草纲目谷部第二十三卷

稷(《别录》下品)

【释名】穄(音祭)、粢(音咨)。

时珍曰:稷,从禾从畟,畟音即,谐声也。又进力治稼也。《诗》云畟畟良耜是矣。种稷者必畟畟进力也。南人承北音,呼稷为穄,谓其米可供祭也。《礼记》:祭宗庙稷曰明粢。《尔雅》云:粢,稷也。罗愿云:稷、穄、粢皆一物,语音之轻重耳。赤者名穈,白者名芑,黑者名秬。注见黍下。

【正误】吴瑞曰:稷苗似芦,粒亦大,南人呼为芦穄。孙炎《正义》云:稷即粟也。

时珍曰:稷黍之苗虽颇似粟,而结子不同。粟穗丛聚攒簇,稷黍之粒疏散成枝。孙氏谓稷为粟,误矣。芦穄即蜀黍也,其茎苗高大如芦。而今之祭祀者,不知稷即黍之不粘者,往往以芦穄为稷,故吴氏亦袭其误也。今并正之。

稷米

【气味】甘,寒,无毒。

诜曰:多食,发三十六种冷病气。不与瓠子同食,发冷病,但饮黍穰汁即瘥。又不可与附子同服。

【主治】益气,补不足(《别录》)。治热,压丹石毒发热,解苦瓠毒(《日华》)。作饭食,安中利胃宜脾(《心镜》)。凉血解暑(时珍。《生生编》)。

【发明】时珍曰:按孙真人云:稷,脾之谷也。脾病宜食之。氾胜之云:烧黍稷则瓠死,此物性相制也。稷米、黍穰,能解苦瓠之毒。《淮南万毕术》云:祠冢之黍,啖儿令不思母。此亦有所厌耶?

【附方】新四。补中益气:羊肉一脚,熬汤,入河西稷米、葱、盐,煮粥食之。(《饮膳正要》)卒啘不止:粢米粉,井华水服之良。(《肘后》)痈疽发背:粢米粉熬黑,以鸡子白和涂练上,剪孔贴之,干则易,神效。(葛氏方)辟除瘟疫,令不相染:以穄米为末,顿服之。(《肘后方》)

根

【主治】心气痛,产难(时珍)。

【附方】新二。心气疼痛:高粱根煎汤温服,甚效。横生难产:重阳日取高粱根(名瓜龙)阴干,烧存性,研末。酒服二钱,即下。

黍(《别录》中品)

【校正】《别录》中品丹黍米,今并为一。

【释名】赤黍曰虋(音门)、曰穈(音糜)。白黍曰芑(音起)。黑黍曰秬(音距)。一稃二米曰秠(音疕。并《尔雅》)。

时珍曰:按许慎《说文》云:黍可为酒,从禾入水为意也。魏子才《六书精蕴》云:禾下从氽,象细粒散垂之形。氾胜之云:黍者暑也。待暑而生,暑后乃成也。《诗》云:诞降嘉种,维秬维秠,维穈维芑。虋即莓,音转也。郭璞以虋芑为粱粟,以秠即黑黍之二米者,罗愿以秠为来牟,皆非矣。

黍　稷

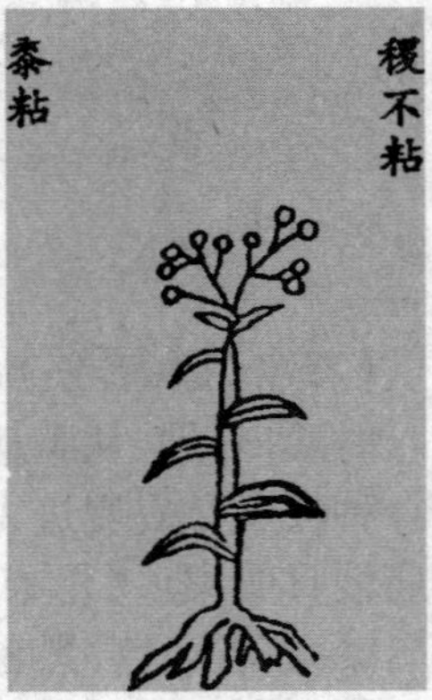

黍米(此通指诸黍米也)

【气味】甘,温,无毒。久食令人多热烦(《别录》)。

诜曰:性寒,有小毒,发故疾。久食昏五脏,令人好睡,缓人筋骨,绝血脉。小儿多食,令久不能行。小猫、犬食之,其脚跼屈。合葵菜食,成痼疾。合牛肉、白酒食,生寸白虫。

李鹏飞曰:五种黍米,多食闭气。

【主治】益气,补中(《别录》)。烧灰和油,涂杖疮,止痛,不作瘢(孟诜)。嚼浓汁,涂小儿鹅口疮,有效(时珍)。

【发明】思邈曰:黍米,肺之谷也。肺病宜食之。主益气。

时珍曰:按罗愿云:黍者,暑也。以其象火,为南方之谷。盖黍最粘滞,与糯米同性,其气温暖,故功能补肺,而多食作烦热,缓筋骨也。孟氏谓其性寒,非矣。

【附方】旧二,新二。男子阴易:黍米二两,煮薄粥,和酒饮,发汗即愈。(《圣济总录》)心痛不瘥,四十年者:黍米淘汁,温服随意。(《经验方》)汤火灼伤,未成疮者:黍米、女曲等分,各炒焦研末,鸡子白调涂之。煮粥亦可。(《肘后方》)闪肭脱臼,赤黑肿痛:用黍米粉、铁浆粉各半斤,葱一斤,同炒存性,研末。以醋调服三次后,水调入少醋贴之。(《集成》)

丹黍米(《别录》中品)

即赤黍也。《尔雅》谓之虋。

瑞曰:浙人呼为红莲米。江南多白黍,间有红者,呼为赤虾米。

原曰:穗熟色赤,故属火。北人以之酿酒作糕。

【气味】甘,微寒,无毒。

思邈曰:微温。

宗奭曰:动风性热,多食难消。余同黍米。

【主治】咳逆上气,霍乱,止泄利,除热,止烦渴(《别录》)。下气,止咳嗽,退热

(大明)。治鳖瘕,以新熟者淘泔汁,生服一升,不过三二度愈(孟诜)。

【附方】旧二,新二。男子阴易:用丹黍米三两,煮薄饮,酒和饮之,令发汗即愈。(《伤寒类要》)小儿鹅口,不乳者:丹黍米嚼汁涂之。(《子母秘录》)饮酒不醉:取赤黍渍以狐血,阴干。酒饮时,取一丸置舌下含之,令人不醉。(《万毕术》方)令妇不妒:取虋(即赤黍也),同薏苡等分,为丸。常服之。(同上)

穰茎并根

【气味】辛,热,有小毒。

诜曰:醉卧黍穰,令人生厉。人家取其茎穗作提拂扫地,用以煮汁入药,更佳。

【主治】煮汁饮之,解苦瓠毒。浴身,去浮肿。和小豆煮汁服,下小便(孟诜)。烧灰酒服方寸匕,治妊娠尿血。丹黍根茎:煮汁服,利小便,止上喘(时珍)。

【附方】旧一,新三。通身水肿:以黍茎扫帚煮汤浴之。脚气冲心:黍穰一石,煮汁,入椒目一升,更煎十沸,渍脚,三四度愈。(《外台秘要》)天行豌疮,不拘人畜:用黍穰浓煮汁洗之。一茎者是穄穰,不可用。(《千金》)疮肿伤风,中水痛剧者:黍穰烧烟,熏令汗出,愈。(《千金方》)

蜀黍(《食物》)

【释名】蜀秫(俗名)、芦穄(《食物》)、芦粟(并俗)、木稷(《广雅》)、荻粱(同上)、高粱。

时珍曰:蜀黍不甚经见,而今北方最多。按《广雅》:荻粱,木稷也。盖此亦黍稷之类,而高大如芦荻者,故俗有诸名。种始自蜀,故谓之蜀黍。

蜀黍

【集解】时珍曰:蜀黍宜下地。春月布种,秋月收之。茎高丈许,状似芦荻而内实。叶亦似芦。穗大如帚。粒大如椒,红黑色。米性坚实,黄赤色。有二种:粘者可和糯秫酿酒作饵;不粘者可以作糕煮粥。可以济荒,可以养畜,梢可作帚,茎可织箔席、编篱、供爨,最有利于民者。今人祭祀用以代稷者,误矣。其谷壳浸水色红,可以红酒。《博物志》云:地种蜀黍,年久多蛇。

米

【气味】甘,涩,温,无毒。

【主治】温中,涩肠胃,止霍乱。粘者与黍米功同(时珍)。

根

【主治】煮汁服,利小便,止喘满。烧灰酒服,治产难有效(时珍)。

【附方】新一。小便不通,止喘:红秫散:用红秫黍根二两,扁蓄一两半,灯心百茎,上捣罗。每服半两,流水煎服。(张文叔方)

玉蜀黍(《纲目》)

【释名】玉高粱。

【集解】时珍曰:玉蜀黍种出西土,种者亦罕。其苗叶俱似蜀黍而肥矮,亦似薏苡。苗高三四尺。六、七月开花成穗如秕麦状。苗心别出一苞,如棕鱼形,苞上出白须垂垂。久则苞拆子出,颗颗攒簇。子亦大如棕子,黄白色。可炸炒食之。炒拆白花,如炒拆糯谷之状。

玉蜀黍

米

【气味】甘,平,无毒。

【主治】调中开胃(时珍)。

根叶

【气味】原缺

【主治】小便淋沥沙石,痛不可忍,煎汤频饮(时珍)。

粱(《别录》中品)

【校正】《别录》中品有青粱米、黄粱米、白粱米,今并为一。

【释名】时珍曰:粱者,良也,谷之良者也。或云种出自梁州,或云粱米性凉,故得粱名,皆各执己见也。粱即粟也。考之《周礼》,九谷、六谷之名,有粱无粟可知矣。自汉以后,始以大而毛长者为粱,细而毛短者为粟。今则通呼为粟,而粱之名反隐矣。今世俗称粟中之大穗长芒,粗粒而有红毛、白毛、黄毛之品者,即粱也。黄、白、青、赤,亦随色命名耳。郭义恭《广志》有解粱、贝粱、辽东赤粱之名,乃因地命名也。

【集解】弘景曰:凡云粱米,皆是粟类,惟其牙头色异为分别耳。氾胜之云:粱是秫粟,则不尔也。黄粱出青、冀州,东不见有。白粱处处有之,襄阳竹根者为佳。青粱江东少有。又汉中一种枲粱,粒如粟而皮黑可食,酿酒甚消玉。

颂曰:粱者,粟类也。粟虽粒细而功用则无别也。今汴、洛、河、陕间多种白粱,而青、黄稀有,因其损地力而收获少也。

黄粱米(《别录》中品)

【气味】甘,平,无毒。

【主治】益气,和中,止泄(《别录》)。去客风顽痹(《日华》)。止霍乱下痢,利小便,除烦热(时珍)。

【发明】宗奭曰:青粱、白粱,性皆微凉。独黄粱性味甘平,岂非得土之中和气多耶？

颂曰：诸粱比之他谷，最益脾胃。

【附方】旧四，新一。霍乱烦躁：黄粱米粉半升，水升半，和绞如白饮，顿服。（《外台》）霍乱大渴不止，多饮则杀人：黄粱米五升。水一斗，煮清三升，稍稍饮之。（《肘后》）小儿鼻干无涕，脑热也：用黄米粉、生矾末各一两。每以一钱，水调贴囟上，日二次。（《普济》）小儿赤丹：用土番黄米粉，和鸡子白涂之。（《兵部手集》）小儿生疮，满身面如火烧：以黄粱米一升研粉，和蜜水调之，以瘥为度。（《外台》）

白粱米（《别录》中品）

【气味】甘，微寒，无毒。

【主治】除热，益气（《别录》）。除胸膈中客热，移五脏气，缓筋骨。凡患胃虚并呕吐食及水者，以米汁二合，生姜汁一合，和服之，佳（孟诜）。炊饭食之，和中，止烦渴（时珍）。

【附方】旧二。霍乱不止：白粱米粉五合。水一升，和煮粥食。（《千金翼》）手足生疣：取白粱米粉，铁铫炒赤研末。以众人唾和涂之，厚一寸，即消。（《肘后》）

青粱米（《别录》中品）

【气味】咸，微寒，无毒。

【主治】胃痹，热中消渴，止泄痢，利小便，益气补中，轻身长年。煮粥食之（《别录》）。健脾，治泄精（大明）。

【发明】时珍曰：今粟中有大而青黑色者是也。其谷芒多米少，禀受金水之气，其性最凉，而宜病人。

诜曰：青粱米可辟谷。以纯苦酒浸三日，百蒸百晒，藏之。远行，日一餐之，可度十日；若重餐之，四百九十日不饥也。又方：以米一斗，赤石脂三斤，水渍置暖处，一二日，上青白衣，捣为丸如李大。日服三丸，亦不饥也。

掌禹锡曰：按《灵宝五符经》中，白鲜米，九蒸九曝，作辟谷粮，而此用青粱米，未见出处。

【附方】新七。补脾益胃：羊肉汤入青粱米、葱、盐，煮粥食。（《正要》）脾虚泄痢：青粱米半升，神曲炙捣罗为末一合，日日煮粥食，即愈。（《养老书》）冷气心痛：桃仁二两去皮尖，水研绞汁，入青粱米四合，煮粥常食。（《养老书》）五淋涩痛：青粱米四合，入浆水二升煮粥，下土苏末三两，每日空心食之。（同上）老人血淋：车前五合，绵裹煮汁，入青粱米四合，煮粥饮汁。亦能明目，引热下行。（同上）乳石发渴：青粱米，煮汁饮之。（《外台》）一切毒药及鸩毒，烦懑不止：用甘草三两（水五升，煮取二升，去滓），入黍米粉一两，白蜜三两。煎如薄粥食之。（《外台》）

粟（《别录》中品）

【释名】籼粟。

时珍曰：粟，古文作𠦒𣎵，象穗在禾上之形。而《春秋说》题辞云：西乃金所立，米为阳之精,故西字合米为粟。此凿说也。许慎云:粟之为言续也。续于谷也。古者以粟为黍、稷、粱、秫之总称,而今之粟,在古但呼为粱。后人乃专以粱之细者名粟,故唐孟诜《本草》言人不识粟,而近世皆不识粟也。大抵粘者为秫,不粘者为粟。故呼此为籼粟,以别秫而配籼。北人谓之小米也。

【集解】恭曰:粟类多种,而并细于诸粱。北土常食,与粱有别。粢乃稷米,陶注非矣。

时珍曰:粟,即粱也。穗大而毛长粒粗者为粱,穗小而毛短粒细者为粟。苗俱似茅。种类凡数十,有青、赤、黄、白、黑诸色,或因姓氏地名,或因形似时令,随义赋名。故早则有赶麦黄、百日粮之类,中则有八月黄、老军头之类,晚则有雁头青、寒露粟之类。按贾思勰《齐民要术》云:粟之成熟有早、晚,苗秆有高、下,收实有息耗,质性有强弱,米味有美恶,山泽有异宜。顺天时,量地利,则用力少而成功多;任性返道,劳而无获。大抵早粟皮薄米实,晚粟皮厚米少。

粟米(即小米)

【气味】成,微寒,无毒。

时珍曰:咸、淡。

宗奭曰:生者难化。熟者滞气,隔食,生虫。

藏器曰:胃冷者不宜多食。粟浸水至败者,损人。

瑞曰:与杏仁同食,令人吐泻。雁食粟,翼重不能飞。

【主治】养肾气,去脾胃中热,益气。陈者:苦,寒。治胃热消渴,利小便(《别录》)。止痢,压丹石热(孟诜)。水煮服,治热腹痛及鼻衄。为粉,和水滤汁,解诸毒,治霍乱及转筋入腹,又治卒得鬼打(藏器)。解小麦毒,发热(士良)。治反胃热痢。煮粥食,益丹田,补虚损,开肠胃(时珍。《生生编》)。

【发明】弘景曰:陈粟乃三五年者,尤解烦闷,服食家亦将食之。

时珍曰:粟之味咸淡,气寒下渗,肾之谷也,肾病宜食之。虚热消渴泄痢,皆肾病也。渗利小便,所以泄肾邪也。降胃火,故脾胃之病宜食之。

【附方】旧五,新五。胃热消渴:以陈粟米炊饭,食之,良。(《食医心镜》)反胃吐食,脾胃气弱,食不消化,汤饮不下:用粟米半升杵粉,水丸梧子大。七枚煮熟,入少盐,空心和汁吞下。或云:纳醋中吞之,得下便已。(《心镜》)鼻衄不止:粟米粉,水煮服之。(《普济》)婴孩初生七日,助谷神以导达肠胃:研粟米煮粥如饴。每日哺少许。(姚和众方)孩子赤丹:嚼粟米敷之。(《兵部手集》)小儿重舌:嚼粟米哺之。(《秘录》)杂物眯目不出:用生粟米七粒,嚼烂取汁,洗之即出。(《总录》)汤火灼伤:粟米炒焦投水,澄取汁,煎稠如糖。频敷之,能止痛,灭瘢痕。一方:半生半炒,研末,酒调敷之。(崔行功《纂要》)熊虎爪伤:嚼粟涂之。(葛氏方)

粟泔汁

【主治】霍乱卒热,心烦渴,饮数升立瘥。臭泔:止消渴,尤良(苏恭)。酸泔及淀:洗皮肤瘙疥,杀虫。饮之,主五痔。和臭樗皮煎服,治小儿疳痢(藏器)。

【附方】新二。眼热赤肿:粟米泔淀(极酸者)、生地黄等分,研匀摊绢上,方圆

二寸，贴目上熨之。干即(《总录》)疳疮月蚀：寒食泔淀，敷之良。(《千金》)

粟糖

【主治】痔漏脱肛，和诸药薰之(时珍)。

粟奴

【主治】利小肠，除烦懑(时珍)。

【发明】时珍曰：粟奴，即粟苗成穗时生黑煤者。古方不用。《圣惠》治小肠结涩不通，心烦闷乱，有粟奴汤：用粟奴、苦竹须、小豆叶、炙甘草各一两，灯心十寸，葱白五寸，铜钱七文，水煎分服。取效乃止。

粟廪米

见后陈廪米下。

粟蘗米

见后蘗米下。

粟糗

见后麨下。

秫(音术。《别录》中品)

【释名】众(音终。《尔雅》)、糯秫(《唐本》)、糯粟(《唐本》)、黄糯。

时珍曰：秫字篆文，象其禾体柔弱之形，俗呼糯粟是矣。北人呼为黄糯，亦曰黄米。酿酒劣于糯也。

【集解】恭曰：秫是稻秫也。今人呼粟糯为秫。北土多以酿酒，而汁少于黍米。凡黍、稷、粟、秫、粳、糯，三谷皆有籼、糯也。

时珍曰：秫即粱米、粟米之粘者。有赤、白、黄三色，皆可酿酒、熬糖、作餈糕食之。苏颂《图经》谓秫为黍之粘者，许慎《说文》谓秫为稷之粘者，崔豹《古今注》谓秫为稻之粘者，皆误也。惟苏恭以粟、秫分籼、糯，孙炎注《尔雅》谓秫为粘粟者，得之。

秫米(即黄米)

【气味】甘，微寒，无毒。

诜曰：性平。不可常食，拥五脏气，动风，迷闷人。

时珍曰：按《养生集》云：味酸性热，粘滞，易成黄积病，小儿不宜多食。

【主治】寒热，利大肠，疗漆疮(《别录》)。治筋骨挛急，杀疮疥毒热。生捣，和鸡子白，敷毒肿，良(孟诜)。主犬咬，冻疮，嚼敷之(《日华》)。治肺疟，及阳盛阴虚,夜不得眠,及食鹅鸭成癥,妊娠下黄汁(时珍)。

【附方】旧三,新三。赤痢不止:秫米一把,鲫鱼鲊二脔,薤白一虎口,煮粥食之。(《普济方》)筋骨挛急:诜曰:用秫米一石,曲三斗,地黄一斤,茵陈蒿(炙黄)半斤。一依酿酒法服之,良。肺疟寒热,痰聚胸中,病至令人心寒,寒甚乃热,善惊如有所见:恒山三钱,甘草半钱,秫米三十五粒,水煎。未发时,分作三次服。(《千金》)妊娠下水,黄色如胶,或如小豆汁:秫米、黄芪各一两,水七升,煎三升,分三服。(《梅师》)浸淫恶疮有汁,多发于心。不早治,周身则杀人:熬秫米令黄黑,杵末敷之。(《肘后方》)久泄胃弱:黄米炒为粉。每用数匙,沙糖拌食。(《简便》)

根

【主治】煮汤,洗风(孟诜)。

䅟子(衫、惨二音。《救荒》)

【释名】龙爪粟、鸭爪稗。

时珍曰:穇乃不粘之称也。又不实之貌也。龙爪、鸭爪,象其穗歧之形。

【气味】甘,涩,无毒。

【主治】补中益气,厚肠胃,济饥。

稗(音败。《纲目》)

稗

【释名】时珍曰:稗乃禾之卑贱者也,故字从卑。

【集解】时珍曰:稗处处野生,最能乱苗。其茎叶穗粒并如黍稷。一斗可得米三升。故曰:五谷不熟,不如稊稗。稊苗似稗而穗如粟,有紫毛,即乌禾也。《尔雅》谓之荑(音迭)。

周定王曰:稗有水稗、旱稗。水稗生田中。旱稗苗叶似穇子,色深绿,根下叶带紫色。梢头出扁穗,结子如黍粒,茶褐色,味微苦,性温。以煮粥、炊饭、磨面食之皆宜。

稗米

【气味】辛、甘、苦,微寒,无毒。

颖曰:辛、脆。

【主治】作饭食,益气宜脾,故曹植有芳菰精稗之称(时珍)。

苗根

【主治】金疮及伤损,血出不已。捣敷或研末掺之即止,甚验(时珍)。

狼尾草(《拾遗》)

【释名】稂(音郎)、董蓈(《尔雅》作童粱)、狼茅(《尔雅》)、孟(《尔雅》)、宿田翁(《诗疏》)、守田(《诗疏》)。

草尾狼

时珍曰:狼尾,其穗象形也。秀而不成,嶷然在田,故有宿田、守田之称。

【集解】藏器曰:狼尾生泽地,似茅作穗。《广志》云:子可作黍食。《尔雅》云:孟,狼尾。似茅,可以覆屋,是也。

时珍曰:狼尾茎、叶、穗、粒并如粟,而穗色紫黄,有毛。荒年亦可采食。许慎《说文》云:禾粟之穗,生而不成者,谓之董蓈,其秀而不实者,名狗尾草,见草部。

米

【气味】甘,平,无毒。

【主治】作饭食之。令人不饥(藏器)。

【附录】蒯草

藏器曰:蒯草苗似茅,可织席为索,子亦堪食,如粳米。

东廧(音墙。《拾遗》)

【集解】时珍曰:相如赋"东蘠子雕胡",即此。《魏书》云:乌丸地宜东廧子,似穄,可作白酒。又《广志》云:粱禾,蔓生,其子如葵子,其米粉白如面,可作饘粥。六月种,九月收。牛食之尤肥。此亦一谷似东蘠子者也。

子

【气味】甘,平,无毒。

【主治】益气轻身。久服,不饥,坚筋骨,能步行(藏器)。

菰米(《纲目》)

【释名】茭米(《文选》)、雕蓬(《尔雅》)、雕苽(《说文》。《唐韵》作蔰胡)、雕胡。

时珍曰:菰本作苽,茭草也。其中生菌如瓜形,可食,故谓之苽。其米须霜雕时采之,故谓之凋苽。或讹为雕胡。枚乘《七发》谓之安胡。《尔雅》:啮,雕蓬;荐,黍蓬。孙炎注云:雕蓬即茭米。古人以为五饭之一者。郑樵《通志》云:雕蓬即米茭,可作饭食,故谓之啮。其黍蓬即茭之不结实者,惟堪作荐,故谓之荐。杨慎《卮言》云:蓬有水、陆二种:雕蓬乃水蓬,雕苽是也。黍蓬乃旱蓬,青科是也。青科结实如黍,羌人食之,今松州有焉。珍按郑、杨二说不同,然皆有理,盖蓬类非一种故也。

【气味】甘,冷,无毒。

【主治】止渴(藏器)。解烦热,调肠胃(时珍)。

蓬草子(《拾遗》)

【集解】时珍曰:陈藏器《本草》载蓬草子,不具形状。珍按蓬类不一:有雕蓬,即菰草也,见菰米下;有黍蓬,即青科也;又有黄蓬草、飞蓬草。不识陈氏所指果何蓬也?以理推之,非黄蓬即青科尔。黄蓬草生湖泽中,叶如菰蒲,秋月结实成穗,子细如雕胡米。饥年人采食之,须浸洗曝舂,乃不苦涩。青科西南夷人种之,叶如茭黍,秋月结实成穗,有子如赤黍而细,其稃甚薄,曝舂炊食。又粟类有七棱青科、八棱青科,麦类有青稞、黄稞,皆非此类,乃物异名同也。其飞蓬乃藜蒿之类,末大本小,风易拔之,故号飞蓬。子如灰藋菜子,亦可济荒。又《魏略》云:鲍出遇饥岁,采蓬实,日得数斗,为母作食。《西京杂记》云:宫中正月上辰,出池边盥濯,食蓬饵,以祓邪气。此皆不知所采乃何蓬也?大抵三种蓬子,亦不甚相远。

子

【气味】酸、涩,平,无毒。

【主治】作饭食之。益饥,无异粳米(藏器)。

莔草(音网。《拾遗》)

【释名】皇(《尔雅》)、守田(同上)、守气(同)。

时珍曰:皇、莔,音相近也。

【集解】藏器曰:莔草生水田中,苗似小麦而小。四月熟,可作饭。

时珍曰:(尔雅》:皇,守田。郭璞云:一名守气,生废田中,似燕麦,子如雕胡,可食。

米

【气味】甘,寒,无毒。

【主治】作饭,去热,利肠胃,益气力。久食,不饥(藏器)。

蒒草《海药》)

【释名】自然谷(《海药》)、禹余粮。

【集解】藏器曰:《博物志》云:东海洲上有草名曰蒒。有实,食之如大麦。七月熟,民敛获至冬乃讫。呼为自然谷,亦曰禹余粮。此非石之禹余粮也。

时珍曰：按《方孝孺集》有海米行，盖亦篩草之类也。其诗云：海边有草名海米，大非蓬蒿小非荠。妇女携篮昼作群，采摘仍于海中洗。归来涤釜烧松枝，煮米为饭充朝饥。莫辞苦涩咽不下，性命聊假须臾时。

子

【气味】甘，平，无毒。

【主治】不饥，轻身（藏器）。补虚羸损乏。温肠胃，止呕逆。久食健人（李珣）。

薏苡（《本经》上品）

【校正】据《千金方》，自草部移入此。

【释名】解蠡（音礼。《本经》）、芑实（音起。《别录》）、赣米（《别录》。音感。陶氏作簳珠，雷氏作䅬米）、回回米（《救荒本草》），薏珠子（《图经》）。

薏苡

时珍曰：薏苡名义未详。其叶似蠡实叶而解散，又似芑黍之苗，故有解蠡、芑实之名。赣米乃其坚硬者，有赣强之意。苗名屋菼。《救荒本草》云：回回米又呼西番蜀秫。俗名草珠儿。

【集解】《别录》曰：薏苡仁生真定平泽及田野。八月采实，采根无时。

时珍曰：薏苡，人多种之。二、三月宿根自生。叶如初生芭茅。五、六月抽茎开花结实。有二种：一种粘牙者，尖而壳薄，即薏苡也。其米白色如糯米，可作粥饭及磨面食，亦可同米酿酒。一种圆而壳厚坚硬者，即菩提子也。其米少，即粳䅬也。但可穿作念经数珠，故人亦呼为念珠云。其根并白色，大如匙柄，糺结而味甘也。

薏苡仁

【修治】𩇕曰：凡使，每一两，以糯米一两同炒熟，去糯米用。亦有更以盐汤煮过者。

【气味】甘，微寒．无毒。

诜曰：平。

【主治】筋急拘挛，不可屈伸，久风湿痹，下气。久服，轻身益气（《本经》）。除筋骨中邪气不仁，利肠胃，消水肿，令人能食（《别录》）。炊饭作面食，主不饥，温气。煮饮，止消渴，杀蛔虫（藏器）。治肺痿肺气，积脓血，咳嗽涕唾，上气。煎服，破毒肿（甄权）。去干湿脚气，大验（孟诜）。健脾益胃。补肺清热．去风胜湿。炊饭食。治冷气。煎饮，利小便热淋（时珍）。

【附方】旧七，新七。薏苡仁饭，治冷气：用薏苡仁舂熟，炊为饭食。气味欲如麦饭乃佳。或煮粥亦好。（《广济方》）薏苡仁粥，治久风湿痹．补正气，利肠胃，消水肿，除胸中邪气，治筋脉拘挛：薏苡仁为末，同粳米煮粥，日日食之，良。（《食医心镜》）风湿身疼，日晡剧者．张仲景麻黄杏仁薏苡仁汤主之：麻黄三两，杏仁二十枚，甘草、薏苡仁各一两，以水四升，煮取二升，分再服。(《金匮要略》)水肿喘急：用郁李仁三两(研)。以水滤汁，煮薏苡仁饭，日二食之。(《独行方》)沙石热淋，痛不可忍：用玉秫，即薏苡仁也，子、叶、根皆可用，水煎热饮。夏月冷饮。以通为度。

根

【气味】甘，微寒，无毒。

【主治】下三虫(《本经》)。煮汁糜食甚香，去蛔虫，大效(弘景)。煮服，堕胎(藏器)。治卒心腹烦满及胸肋痛者，剉煮浓汁，服三升乃定(苏颂。出《肘后方》)。捣汁和酒服，治黄疸有效(时珍)。

【附方】旧二，新二。黄疸如金：薏苡根煎汤频服。蛔虫心痛：薏苡根一斤(切)，水七升，煮三升服之，虫死尽出也。(《梅师》)经水不通：薏苡根一两，水煎服之。不过数服，效。(《海上方》)牙齿风痛：薏苡根四两，水煮含漱.冷即易之。(《延年秘录》)

叶

【主治】作饮气香，益中空膈(苏颂)。暑月煎饮，暖胃益气血。初生小儿浴之，无病(时珍。出《琐碎录》)。

罂子粟(宋《开宝》)

【释名】米囊子(《开宝》)、御米(同上)、象谷。

时珍曰：其实状如罂子，其米如粟，乃象乎谷，而可以供御，故有诸名。

罂子粟

米

【气味】甘，平，无毒。

颂曰：性寒。多食利二便，动膀胱气。

【主治】丹石发动，不下饮食.和竹沥煮作粥食。极美((开宝》)。寇曰：服石人研此水煮，加蜜作汤饮，甚宜。行风气，逐邪热，治反胃胸中痰滞(颂)。治泻痢，润燥(时珍)。

【附方】旧一，新一。反胃吐食：罂粟粥：用白罂粟米三合，人参末三大钱，生山芋五寸(细切，研)。三物以水一升二合，煮取六合，入生姜汁及盐花少许，和匀分服。不计早晚，亦不妨别服汤丸。(《图经》)泄痢赤白：罂粟子(炒)、罂粟壳(炙)等分为末，炼蜜丸梧子大。每服三十丸，米饮下。有人经验。(《百一选方》)

壳

【修治】时珍曰：凡用以水洗润，去蒂及筋膜，取外薄皮，阴干细切，以米醋拌炒入药。亦有蜜炒、蜜炙者。

【气味】酸、涩.微寒,无毒。

时珍曰:得醋、乌梅、橘皮良。

【主治】止泻痢,固脱肛,治遗精久咳,敛肺涩肠,止心腹筋骨诸痛(时珍)。

【附方】新八。热痢便血:粟壳(醋炙)一两,陈皮半两,为末。每服三钱,乌梅汤下。(《普济方》)久痢不止:罂粟壳(醋炙)为末,密丸弹子大。每服一丸,水一盏,姜三片,煎八分,温服。又方:粟壳十两(去膜),分作三分,一分醋炒,一分蜜炒,一分生用。并为末,蜜丸芡子大。每服三十丸,米汤下。《集要》百中散:用粟壳(蜜炙)、厚朴(姜制),各四两,为细末。每服一钱,米饮下。忌生冷。小儿下痢:神仙救苦散:治小儿赤白痢下,日夜百行不止。用罂粟壳半两(醋沙为末,再以铜器炒过),槟榔半两(炒赤,研末),各收。每用等分,赤痢蜜汤服,白痢沙糖汤下。忌口味。(《全幼心鉴》)水泄不止:罂粟壳一枚(去蒂膜),乌梅肉、大枣肉各十枚,水一盏,煎七分,温服。(《经验》)久嗽不止,谷气素壮人用之即效:粟壳去筋,蜜炙为末。每服五分,蜜汤下。(危氏方)久咳虚嗽:贾同知百劳散:治咳嗽多年,自汗。用罂粟壳二两半(去蒂膜,醋炒取一两),乌梅半两,焙为末.每服二钱,卧时白汤下。(《宣明方》)

嫩苗

【气味】甘,平,无毒。

【主治】作蔬食,除热润燥,开胃厚肠(时珍)。

阿芙蓉(《纲目》)

【释名】阿片。

时珍曰:俗作鸦片,名义未详。或云:阿,方音称我也。以其花色似芙蓉而得此名。

【集解】时珍曰:阿芙蓉前代罕闻,近方有用者,云是罂粟花之津液也。罂粟结青苞时,午后以大针刺其外面青皮,勿损里面硬皮,或三五处,次早津出,以竹刀刮,收入瓷器,阴干用之。故今市者犹有苞片在内。王氏《医林集要》言是天方国种红罂粟花,不令水淹头,七、八月花谢后,刺青皮取之者。案:此花五月实枯,安得七、八月后尚有青皮?或方土不同乎?

【气味】酸,涩,温,微毒。

【主治】泻痢脱肛不止。能涩丈夫精气(时珍)。

【发明】时珍曰:俗人房中术用之。京师售一粒金丹,云通治百病,皆方伎家之术耳。

【附方】新四。久痢:阿芙蓉小豆许,空心温水化下,日一服。忌葱、蒜、浆水。若渴,饮蜜水解之。(《集要》)赤白痢下:鸦片、木香、黄连、白术各一分,研末,饭丸小豆大。壮者一分,老幼半分,空心米饮下。忌酸物、生冷、油腻、茶、酒、面,无不止者。口渴,略饮米汤。一方:罂粟花未开时,外有两片青叶包之,花开即落,收取为末。每米饮服一钱,神效。赤痢用红花者;白痢用白花者。一粒金丹:真阿芙蓉一分,粳米饭捣作三丸。每服一丸,未效再进一丸,不可多服。忌醋,令人肠断。风瘫,热酒下;口目㖞邪,羌活汤下;百节痛,独活汤下。正头风,羌活汤下。偏头风,川芎汤下。眩晕,防风汤下。阴毒,豆淋酒下。疟疾,桃、柳枝汤下。痰喘,葶苈汤下。久嗽,干姜、阿胶汤下;劳嗽,款冬花汤下。吐泄,藿香汤下。赤痢,黄连汤下。白痢,干姜汤下。禁口痢,白术汤下。诸气痛,木香酒下。热痛,栀子汤下。脐下痛,灯心汤下。小肠气,川楝子汤下。膀胱气,小茴香汤下。血气痛,乳香汤下。胁痛,热酒下。噎食,生姜、丁香汤下。女人血崩,续断汤下。血不止,五灵脂汤下。小儿慢脾风,砂仁汤下。(龚云林《医鉴》)

本草纲目谷部第二十四卷

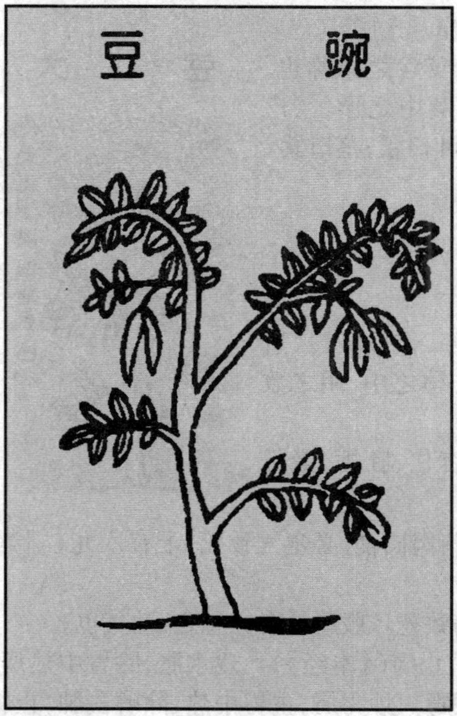

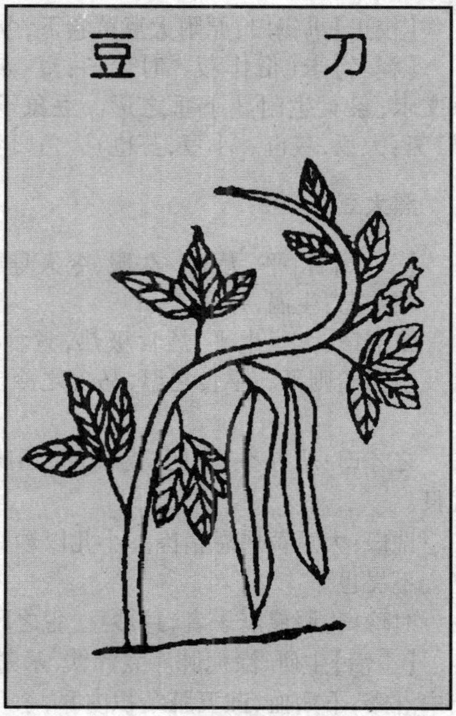

本草纲目谷部第二十四卷

大豆(《本经》中品)

【校正】禹锡曰:原附大豆黄卷下,今分出。

【释名】尗(俗作菽。时珍曰:豆、尗皆荚谷之总称也。篆文尗,象荚生附茎下垂之形。豆象子在荚中之形。《广雅》云:大豆,菽也。小豆,荅也)。角曰荚,叶曰藿,茎曰萁。

大豆

黑大豆

【气味】甘,平,无毒。久服,令人身重。

岐伯曰:生温,熟寒。

藏器曰:大豆生平,炒食极热,煮食甚寒,作豉极冷,造酱及生黄卷则平。牛食之温,马食之冷。一体之中,用之数变。

之才曰:恶五参、龙胆,得前胡、乌喙、杏仁、牡蛎、诸胆汁良。

诜曰:大豆黄屑忌猪肉。小儿以炒豆、猪肉同食,必壅气致死,十有八九。十岁已上不畏也。

时珍曰:服蓖麻子者,忌炒豆,犯之胀满致死。服厚朴者亦忌之,动气也。

【主治】生研,涂痈肿。煮汁饮,杀鬼毒,止痛(《本经》)。逐水胀,除胃中热痹,伤中淋露,下瘀血,散五脏结积内寒,杀乌头毒。炒为屑,主胃中热,除痹去肿,止腹胀消谷(《别录》)。煮食,治温毒水肿(《蜀本》)。调中下气.通关脉,制金石药毒、治牛马温毒(《日华》)。煮汁,解礜石,砒石、甘遂、天雄、附子、射罔、巴豆、芫青、斑蝥、百药之毒及蛊毒。入药,治下痢脐痛。冲酒。治风痉及阴毒腹痛。牛胆贮之,止消渴(时珍)。炒黑,热投酒中饮之,治风痹瘫缓口噤,产后头风。食罢生吞半两,去心胸烦热,热风恍惚,明目镇心,温补。久服,好颜色,变白不老。煮食性寒,下热气肿,压丹石烦热,汁消肿(藏器)。主中风脚弱,产后诸疾。同甘草煮汤饮,去一切热毒气,治风毒脚气。煮食,治心痛筋挛膝痛胀满。同桑柴灰汁煮食,下水鼓腹胀。和饭捣,涂一切毒肿。疗男女阴肿,以绵裹纳之(孟诜)。治肾病,利水下气,制诸风热,活血,解诸毒(时珍)。

【附方】旧三十一,新三十六。服食大豆,令人长肌肤,益颜色,填骨髓,加气力,补虚能食,不过两剂:大豆五升,如作酱法,取黄捣末,以猪肪炼膏和丸梧子大。每服五十九至百丸,温酒下。神验秘方也。肥人不可服之。(《延年秘录》)救荒济饥:《博物志》云:左慈荒年法:用大豆粗细调匀者,生熟挼令光,暖徹豆内。先日不食,以冷水顿服讫。一切鱼肉菜果,不得复经口。渴即饮冷水。初小困,十数日后,体力壮健,不复思食也。黄山谷救荒法:黑豆、贯众各一升,煮熟去众,晒干。每日空心啖五、七粒。食百木枝叶皆有味,可饱也。王氏《农书》云:辟谷之方,见于石刻。水旱虫荒,国有代有,甚则怀金立鹄,易子炊骸,为民父母者,不可不知此法也。昔晋惠帝永宁二年,黄门侍郎刘景先表奏:臣遇太白山隐士,传济饥辟谷仙方。臣家大小七十余口,更不食别物。若不如斯,臣一家甘受刑戮。其方:用大豆五斗淘净,蒸三遍,去皮。用大麻子三斗浸一宿,亦蒸三遍,令口开取仁。各捣为末,和捣作团如拳大。入甑内蒸,从戌至子时止,寅时出甑,午时晒干为末。干服之,以饱为度。不得食一切物。第一顿得七日不饥,第二顿得四十九日不饥,第三顿三百日不饥,第四顿得二千四百日不饥,更不必服,永不饥也。不问老少,但依法服食,令人强壮,容貌红白,永不憔悴。口渴,即研大麻子汤饮之,转更滋润脏腑。若要重吃物,用葵子三合研末,煎汤冷服,取下药如金色,任吃诸物,并无所损。前知随州朱颂教民用之有验,序其首尾,勒石于汉阳大别山太平兴国寺。又方:用黑豆五斗淘净,蒸三遍,晒干,去皮为末。秋麻子三升,浸去皮,晒研。糯米三斗作粥,和捣为剂如拳大,人甑中蒸一宿,取晒为末。用红小枣五斗,煮去支核,和为剂如拳大,再蒸一夜。服之,至饱为度。如渴,饮麻子水,便滋润脏腑也。脂麻亦可。但不得食一切之物。炒豆紫汤:颂曰:古方有紫汤,破血去风,除气防热,产后两日尤宜服之。用乌豆五升,清酒一斗,炒豆令烟绝,投酒中,待酒紫赤色,去豆。量性服之,可日夜三盏,神验。中风口噤,加鸡屎白二升,和炒,投之。豆淋酒法:宗奭曰:治产后百病,或血热,觉有余血水气,或中风困笃,或背强口噤,或但烦热瘛疭口渴,或身头皆肿,或身痒呕逆直视,或手足顽痹,头旋眼眩,此皆虚热中风也。用大豆三升熬熟,至微烟出,入瓶中,以酒五升沃之,经一日以上。服酒一升,温覆令少汗出,身润即愈。口噤者,加独活半斤,微微捶破,同沃之。产后宜常服,以防风气,又消结血。中风口㖞:即上方,日服一升。(《千金》)

大豆皮

【主治】生用,疗痘疮目翳。嚼烂,敷小儿尿灰疮(时珍)。

豆叶

【主治】捣敷蛇咬,频易即瘥(时珍。出《广利方》)。

【发明】时珍曰:按《抱朴子.内篇》云:相国张文蔚庄内有鼠狼穴,养四子为蛇所吞。鼠狼雌雄情切,乃于穴外坋土壅穴。俟蛇出头,度其回转不便,当腰咬断而劈腹,衔出四子,尚有气。置于穴外,衔豆叶嚼而敷之,皆活。后人以豆叶治蛇咬,盖本于此。

【附方】新二。止渴急方:大豆苗(嫩者)三五十茎,涂酥炙黄为末。每服二钱,人参汤下。(《圣济总录》)小便血淋:大豆叶一把,水四升,煮二升,顿服。(《千金

方》)

花

【主治】主目盲,翳膜(时珍)。

大豆黄卷(《本经》中品)

【释名】豆糵。

弘景曰:黑大豆为糵牙,生五寸长,便干之,名为黄卷,用之熬过,服食所须。

时珍曰:一法:壬癸日以井华水浸大豆,候生芽,取皮,阴干用。

【气味】甘,平,无毒。

普曰:得前胡、杏子、牡蛎、乌喙、天雄、鼠屎,共蜜和良。恶海藻、龙胆。

【主治】湿痹,筋挛膝痛(《本经》)。五脏不足,胃气结积,益气止痛,去黑皯,润肌肤皮毛(《别录》)。破妇人恶血(孟诜。颂曰:古方蓐妇药中多用之)。宜肾(思邈)。除胃中积热,消水病胀满(时珍)。

【附方】新四。大豆糵散:治周痹在血脉之中,随脉上下,本痹不痛,今能上下周身,故名。治周痹注,五脏留滞,胃中结聚,益气出毒,润皮毛,补肾气。用大豆糵一斤(炒香),为末。每服半钱,温酒调下,空心,加至一钱,日三服。(《宣明方》)诸风湿痹,筋挛膝痛,胃中积热口疮烦闷,大便秘涩:黄卷散:用大豆黄卷(炒熟捣末)一升,酥半两,研匀。食前温水服一匙,日二服。(《普济方》)水病肿满喘急,大小便涩:大豆黄卷(醋炒)、大黄(炒)等分.为细末。葱、橘皮汤服二钱,平明以利为度。(《圣济总录》)小儿撮口:初生豆芽研烂,绞汁和乳,灌少许,良。(《普济方》)

黄大豆(《食鉴》)

【集解】时珍曰:大豆有黑、青、黄、白、斑数色,惟黑者。入药,而黄、白豆炒食作腐,造酱笮油,盛为时用,不可不知别其性味也。周定王曰:黄豆苗高一二尺,叶似黑大豆叶而大,结角比黑豆角稍肥大,其荚、叶嫩时可食,甘美。

【气味】甘,温,无毒。

时珍曰:生温,炒热微毒。多食,壅气生痰动嗽,令人身重,发面黄疮疥。

【主治】宽中下气,利大肠,消水胀肿毒(宁原)。研:末,熟水和,涂痘后痈(时珍)。

【附方】新一。痘后生疮:黄豆烧黑研末,香油调涂。

豆油

【气味】辛、甘,热,微毒。

【主治】涂疮疥,解发脜(时珍)。

秸

【主治】烧灰，入点痣、去恶肉药(时珍)。

赤小豆(《本经》)中品

【校正】自大豆分出。

【释名】赤豆(恭)、红豆(俗)、荅(《广雅》)，叶名藿。

时珍曰：案:《诗》云：黍稷稻粱，禾麻菽麦。此即八谷也。董仲舒注云：菽是大豆，有两种。小豆名荅，有三四种。王祯云：今之赤豆、白豆、绿豆、萱豆，皆小豆也。此则入药用赤小者也。

【集解】颂曰：赤小豆，今江淮间多种之。

时珍曰：此豆以紧小而赤黯色者入药，其稍大而鲜红、淡红色者，并不治病。俱于夏至后下种，苗科高尺许，枝叶似豇豆，叶微圆峭而小。至秋开花，似豇豆花而小淡，银褐色，有腐气。结荚长二三寸，比绿豆荚稍大，皮色微白带红。三青二黄时即收之，可煮可炒，可作粥、饭、馄饨馅并良也。

【气味】甘，酸，平，无毒。

思邈曰：甘、咸，冷。合鱼鲊食成消渴，作酱同饭食成口疮。

藏器曰：驴食足轻，人食身重。

【主治】下水肿，排痈肿脓血(《本经》)。疗寒热热中消渴，止泄痢，利小便，下腹胀满，吐逆卒澼(《别录》)。消热毒，散恶血，除烦满，通气，健脾胃，令人美食。捣末同鸡子白，涂一切热毒痈肿。煮汁，洗小儿黄烂疮，不过三度(权)。缩气行风，坚筋骨，抽肌肉。久食瘦人(士良)。散气，去关节烦热，令人心孔开。暴痢后，气满不能食者，煮食一顿即愈。和鲤鱼煮食，甚治脚气(汽)解小麦热毒。煮汁，解酒病。解油衣粘缀(《日华》)。辟瘟疫，治产难，下胞衣，通乳汁。和鲤鱼、蠡鱼、鲫鱼、黄雌鸡煮食，并能利水消肿(时珍)。

【附方】日十五，新十九。水气肿胀：颂曰：用赤小豆五合，大蒜一颗，生姜五钱，商陆根一条，并碎破，同水煮烂，去药，空心食豆，旋旋啜汁令尽，肿立消也。韦宙《独行方》：治水肿从脚起，入腹则杀人。赤小豆一斗，煮极烂，取汁五升，温渍足膝。若已入腹，但食小豆，勿杂食，亦愈。《梅师》：治水肿。以东行花桑枝烧灰一升，淋汁，煮赤小豆一升，以代饭，良。水蛊腹大，动摇有声，皮肤黑者：用赤小豆三升，白茅根一握，水煮食豆，以消为度。(《肘后》)辟禳瘟疫：《五行书》云：正月朔旦及十五日，以赤小豆二七枚，麻子七枚，投井中，辟瘟疫甚效。又正月七日，新布囊盛赤小豆置井中，三日取出，男吞七枚，女吞二七枚，竟年无病也。(《肘后方》)辟厌疾病：正月元旦，面东，以齑水吞赤小豆三七枚，一年无诸疾。又七月立秋日，面西，以井华水吞赤小豆七枚，一秋不犯痢疾。伤寒狐惑：张仲景曰：狐惑病，脉数，无热微烦，默默但欲卧，汗出。初得三四日，目赤如鸠眼；七八日，目四眦黄黑。若能食者，脓已成也。赤豆当归散主之。赤小豆三升(水浸令芽出)，当归三两，为末。浆水服方寸匕，日三服。(《金匮要略》)下部卒痛，如鸟啄之状：用小豆、大豆各一升，蒸熟，作二囊，更互坐之，即[illegible]肘后方》）水谷痢疾：小豆一合，熔蜡三两，顿服取效。（《必效方》）热毒下[illegible]因食热物发动：赤小豆末，水服方寸匕。（《梅师方》）肠痔下血：小豆二升，苦[illegible]五升，煮熟日干，再浸至酒尽乃止，为末。酒服一钱，日三服。（《肘后方》）舌上出血，如簪孔：小豆一升，杵碎，水三升和，绞汁服。（《肘后方》）热淋血淋，不拘男女：用赤小豆三合，慢火炒为末，煨葱一茎，擂酒热调二钱服。（《修真秘旨》）重舌鹅口：赤小豆末，醋和涂之。（《普济方》）小儿不语，四五岁不语者：赤小豆末，酒和，敷舌下。（《千金》）牙齿疼痛：红豆末，擦牙吐涎，及吹鼻中。一方入铜青少许。一方入花硷少许。（《家宝方》）中酒呕逆：赤小豆煮汁，徐徐饮之。（《食鉴本草》）频致堕胎：赤小豆末，酒服方寸匕，日二服。（《千金》）妊娠行经：方同上。妇人难产：《产宝》：用赤小豆生吞七枚，佳。《集验》：治难产日久气乏。用赤小豆一升，以水九升，煮取汁，人炙过黄明胶一两，同煎少时。一服五合，不过三、四服，即产。胞衣不下：用赤小豆，男七枚，女二七枚，东流水吞服之.（《救急方》）产后目闭心闷：赤小豆生研，东流水服方寸匕。不瘥更服。（《肘后方》）产后闷满，不能食：用小豆三七枚，烧研，冷水顿服，佳。（《千金方》）乳汁不通：赤小豆煮汁饮之。（《产书》）妇人吹奶：赤小豆，酒研，温服，以滓敷之。（熊氏）妇人乳肿：小豆、莽草等分。为末。苦酒和敷，佳。（《梅师》）痈疽初作：赤小豆末，水和涂之，毒即消散，频用有效。（《小品方》）石痈诸痈：赤小豆五合，纳苦酒中五宿，炒研，以苦酒和涂即消。加栝蒌根等分。（《范汪方》）痘后痈毒：赤小豆末，鸡子白调涂敷之。腮颊热肿：赤小豆末，和蜜涂之，一夜即消。或加芙蓉叶末尤妙。丹毒如火赤小豆末，和鸡子白，时时涂之不已，逐手即消。（《小品方》）风瘙瘾疹：赤小豆、荆芥穗等分，为末，鸡子清调涂之。金疮烦满：赤小豆一升，苦酒浸一日，熬燥再浸，满三日，令黑色，为末。每服方寸匕，日三服。（《千金》）六畜肉毒：小豆一升，烧研。水服三方寸匕，神良。（《千金方》）

叶

【主治】去烦热，止小便数（《别录》）。煮食，明目（《日华》）。

【发明】时珍曰：小豆利小便，而藿止小便，与麻黄发汗而根止汗同意，物理之异如此。

【附方】旧一，新一。小便频数：小豆叶一斤，入豉汁中煮，调和作羹食之。（《心镜》）小儿遗尿：小豆叶捣汁服之。（《千金》）

芽

【主治】妊娠数月，经水时来，名曰漏胎；或因房室。名曰伤胎。用此为末，温酒服方寸匕，日三，得效乃止（时珍。出《普济》）。

腐婢（《本经》下品）

【集解】《别录》曰：腐婢生汉中，小豆花也。七月采之，阴干四十日。

时珍曰：葛花已见本条。小豆能利小便，治热中，下气止渴，与腐婢主疗相同，其为豆花无疑。但小豆有数种，甄氏《药性论》独指为赤小豆，今姑从之。

【气味】辛,平,无毒。

【主治】痎疟。寒热邪气,泄痢,阴不起。止消渴。病酒头痛(《本经》。《心镜》云:上证,用花同豉汁五味,煮羹食之)。消酒毒,明目,下水气,治小儿丹毒热肿,散气满不能食,煮一顿食之(《药性》)。治热中积热,疗痿下血(时珍。《宣明》葛花丸中用之)。

【附方】新二。饮酒不醉:小豆花、叶,阴干百日为末,水服方寸匕。或加葛花等分。(《千金》)疗疮恶肿:小豆花末,敷之。(《普济方》)

绿豆(宋《开宝》)

【释名】时珍曰:绿以色名也。旧本作菉者,非矣。

【集解】志曰:绿豆圆小者佳。粉作饵炙食之良。大者名稙豆,苗、子相似,亦能下气治霍乱也。

时珍曰:绿豆,处处种之。三、四月下种,苗高尺许,叶小而有毛,至秋开小花,荚如赤豆荚。粒粗而色鲜者为官绿;皮薄而粉多、粒小而色深者为油绿;皮厚而粉少早种者,呼为摘绿,可频摘也;迟种呼为拔绿,一拔而已。北人用之甚广,可作豆粥、豆饭、豆酒,炒食、麨食,磨而为面,澄滤取粉,可以作饵顿糕,荡皮搓索,为食中要物。以水浸湿生白芽,又为菜中佳品。牛马之食亦多赖之。真济世之良谷也。

【气味】甘,寒,无毒。

藏器曰:用之宜连皮,去皮则令人小壅气.盖皮寒而肉平也。反榧子壳,害人。合鲤鱼鲊食,久则令人肝黄成渴病。

【主治】煮食,消肿下气,压热解毒。生研绞汁服.治丹毒烦热风疹。药石发动,热气奔豚(《开宝》)。治寒热热中。止泄痢卒澼,利小便胀满(思邈)。厚肠胃。作枕,明目,治头风头痛。除吐逆(《日华》)。补益元气,和调五脏,安精神,行十二经脉,去浮风,润皮肤,宜常食之。煮汁。止消渴(孟诜)。解一切药草、牛马、金石诸毒(宁原)。治痘毒,利肿胀(时珍)。

【发明】时珍曰:绿豆肉平皮寒,解金石、砒霜、草木一切诸毒,宜连皮生研水服。按《夷坚志》云:有人服附子酒多,头肿如斗,唇裂血流。急求绿豆、黑豆各数合嚼食,并煎汤饮之,乃解也。

【附方】新十一。扁鹊三豆饮,治天行痘疮。预服此饮,疏解热毒。纵出亦少:用绿豆、赤小豆、黑大豆各一升,甘草节二两,以水八升,煮极熟。任意食豆饮汁,七日乃止。一方:加黄大豆、白大豆,名五豆饮。痘后痈毒初起,以三豆膏治之。神效:绿豆、赤小豆、黑大豆等分,为末。醋调时时扫涂,即消。(《医学正传》)防痘人眼:用绿豆七粒,令儿自投井中,频视七遍,乃还。小儿丹肿:绿豆五钱,大黄二钱。为末。用生薄荷汁入蜜调涂。(《全幼心鉴》)赤痢不止:以大麻子,水研滤汁,煮绿豆食之,极效。粥食亦可。(《必效方》)老人淋痛:青豆二升,橘皮二两,煮豆粥,下麻子汁一升。空心渐食之,并饮其汁,甚验。(《养老书》)消渴饮水:绿豆煮汁,并作粥食。

绿豆粉

【气味】甘,凉、平,无毒。

原曰:其胶粘者,脾胃虚人不可多食。

瑞曰:勿近杏仁,则烂不能作索。

【主治】解诸热,益气,解酒食诸毒,治发背痈疽疮肿,及汤火伤灼(吴瑞),痘疮湿烂不结痂疕者,干扑之良(宁原)。新水调服,治霍乱转筋,解诸药毒死,心头尚温者(时珍)。解菰菌、砒毒(汪颖)。

【附方】新十二。护心散又名内托散、乳香万全散:凡有疽疾,一日至三日之内,宜连进十余服,方免变证,使毒气出外。服之稍迟,毒气内攻,渐生呕吐,或鼻生疮菌,不食即危矣。四、五日后,亦宜间服之:用真绿豆粉一两,乳香半两,灯心同研和匀,以生甘草浓煎汤调下一钱,时时呷之。若毒气冲心,有呕逆之证,大宜服此。盖绿豆压热下气,消肿解毒。乳香消诸痈肿毒。服至一两,则香彻疮孔中,真圣药也。(李嗣立《外科方》)疮气呕吐:绿豆粉三钱,干胭脂半钱,研匀。新汲水调下,一服立止。(《普济》)霍乱吐利:绿豆粉、白糖各二两,新汲水调服,即愈。(《生生编》)解烧酒毒:绿豆粉荡皮,多食之即解。解鸩酒毒:绿豆粉三合。水调服。解砒石毒:绿豆粉、寒水石等分,以蓝根汁调服三、五钱。(《卫生易简》)解诸药毒已死,但心头温者:用绿豆粉调水服。(《卫生易简方》)打扑损伤:用绿豆粉新铫炒紫,新汲井水调敷,以杉木皮缚定,其效如神。此汀人陈氏梦传之方。(《澹寮方》)杖疮疼痛:绿豆粉,炒研,以鸡子白和涂之,妙。(《生生编》)外肾生疮:绿豆粉、蚯蚓粪等分。研涂之。暑月痱疮:绿豆粉二两,滑石一两。和匀扑之。一加蛤粉二两。(《简易方》)一切肿毒初起:用绿豆粉(炒黄黑色),猪牙皂荚一两,为末,用米醋调敷之。皮破者油调之。(邵真人《经验方》)

豆皮

【气味】甘,寒.无毒。

【主治】解热毒,退目翳(时珍)。

【附方】新一。通神散:治瘫痘目生翳:绿豆皮、白菊花、谷精草等分,为末。每用一钱,以干柿饼一枚,粟米泔一盏,同煮干。食柿,日三服。浅者五七日见效,远者半月见效。(《直指方》)

豆荚

【主治】赤痢经年不愈,蒸熟,随意食之良(时珍。出《普济》)。

豆花

【主治】解酒毒(时珍)。

豆芽

【气味】甘,平,无毒。

【主治】解酒毒热毒，利三焦（时珍）。

【发明】时珍曰：诸豆生芽皆腥韧不堪，惟此豆之芽白美独异。今人视为寻常，而古人未知者也。但受湿热郁浥之气，故颇发疮动气，与绿豆之性稍有不同。

豆叶

【主治】霍乱吐下，绞汁和醋少许，温服（《开宝》）。

白豆（宋《嘉祐》）

【释名】饭豆。

【集解】诜曰：白豆苗，嫩者可作菜食，生食亦妙。

时珍曰：饭豆，小豆之白者也，亦有土黄色者。豆大如绿豆而长。四、五月种之。苗叶似赤小豆而略大，可食，荚亦似小豆。一种蓘豆，叶如大豆，可作饭、作腐，亦其类也。

【气味】甘，平，无毒。

原曰：咸，平。

【主治】补五脏，调中，助十二经脉（孟诜）。暖肠胃（《日华》）。杀鬼气。肾之谷，肾病宜食之（思邈）。

叶

【主治】煮食，利五脏，下气（《日华》）。

稆豆（《拾遗》，音吕）

【释名】时珍曰：稆乃自生稻名也。此豆原是野生，故名。今人亦种之于下地矣。

【集解】瑞曰：稆豆，即黑豆中最细者。

时珍曰：此即黑小豆也。小科细粒，霜后乃熟。陈氏指为戎菽，误矣，《尔雅》亦无此文。戎菽乃胡豆。萱豆乃鹿豆，见菜部。并四月熟。

【气味】甘，温，无毒。

【主治】去贼风风痹，妇人产后冷血，炒令焦黑，及热投酒中，渐渐饮之（藏器）。

豌豆（《拾遗》）

【释名】胡豆（《拾遗》），戎菽（《尔雅》）、回鹘豆（《辽志》。《饮膳正要》作回回豆。回回，即回鹘也）、毕豆（《唐史》。崔寔《月令》作跸豆）、青小豆（《千金》）、青斑豆（《别录》）、麻累。

时珍曰：胡豆，豌豆也。其苗柔弱宛宛，故得豌名。种出胡戎，嫩时青色，老则斑麻，故有胡、戎、青斑、麻累诸名。陈藏器《拾遗》虽有胡豆，但云苗似豆，生田野间，米中往往有之。然豌豆、蚕豆皆有胡豆之名。陈氏所云，盖豌豆也。豌豆之粒小，故米中有之。《尔雅》：戎菽谓之荏菽。《管子》：山戎出荏菽，布之天下。并注云：即胡豆也。《唐史》：毕豆出自西戎回鹘地面。

豆豌

张揖《广雅》：毕豆、豌豆，留豆也。《别录》序例云：丸药如胡豆大者，即青斑豆也。孙思邈《千金方》云：青小豆一名胡豆，一名麻累。《邺中记》云：石虎讳胡，改胡豆为国豆。此数说，皆指豌豆也。盖古昔呼豌豆为胡豆，今则蜀人专呼蚕豆为胡豆，而豌豆名胡豆，人不知矣。又乡人亦呼豌豆大者为淮豆，盖回鹘音相近也。

【集解】时珍曰：豌豆种出西胡，今北土甚多。八、九月下种，苗生柔弱如蔓，有须。叶似蒺藜叶，两两对生，嫩时可食。三、四月开小花如蛾形，淡紫色。结荚长寸许，子圆如药丸，亦似甘草子。出胡地者大如杏仁。煮、炒皆佳，磨粉面甚白细腻。百谷之中，最为先登。又有野豌豆，粒小不堪，惟苗可茹，名翘摇，见菜部。

【气味】甘，平，无毒。

思邈曰：甘、咸，温、平，涩。

瑞曰：多食发气病。

【主治】消渴，淡煮食之，良(藏器)。治寒热热中，除吐逆，止泄痢澼下。利小便、腹胀满(思邈)。调营卫，益中平气。煮食，下乳汁。可作酱用(瑞)。煮饮，杀鬼毒心病，解乳石毒发。研末，涂痈肿痘疮。作澡豆，去䵟黯，令人面光泽(时珍)。

【发明】时珍曰：豌豆属土，故其所主病多系脾胃。元时饮膳，每用此豆捣去皮，同羊肉治食，云补中益气。今为日用之物，而唐、宋本草见遗，可谓缺典矣。《千金》《外台》洗面澡豆方，盛用毕豆面，亦取其白腻耳。

【附方】新三。四圣丹：治小儿痘中有疔，或紫黑而大，或黑坏而臭，或中有黑线，此症十死八九，惟牛都御史得秘传此方点之最妙。用豌豆四十九粒(烧存性)，头发灰三分，真珠十四粒炒研为末，以油燕脂同杵成膏。先以簪挑疔破，咂去恶血，以少许点之，即时变红活色。服石毒发：胡豆半升捣研，以水八合绞汁饮之，即愈。(《外台》)霍乱吐利：豌豆三合，香葇三两，为末，水三盏，煎一盏，分二服。(《圣惠》)

蚕豆(《食物》)

【释名】胡豆。

时珍曰：豆荚状如老蚕，故名。王祯《农书》谓其蚕时始熟故名，亦通。吴瑞《本草》以此为豌豆，误矣。此豆种亦自西胡来，虽与豌豆同名、同时种，而形性迥别。《太平御览》云：张骞使外国，得胡豆种归。指此也。今蜀人呼此为胡豆，而豌豆不复名胡豆矣。

【集解】时珍曰：蚕豆南土种之，蜀中尤多。八月下种，冬生嫩苗可茹。方茎中空。叶状如匙头，本圆末尖，面绿背白，柔厚，一枝三叶。二月开花如蛾状，紫白色，又如豇豆花。结角连缀如大豆，颇似蚕形。蜀人收其子以备荒歉。

豆　蚕

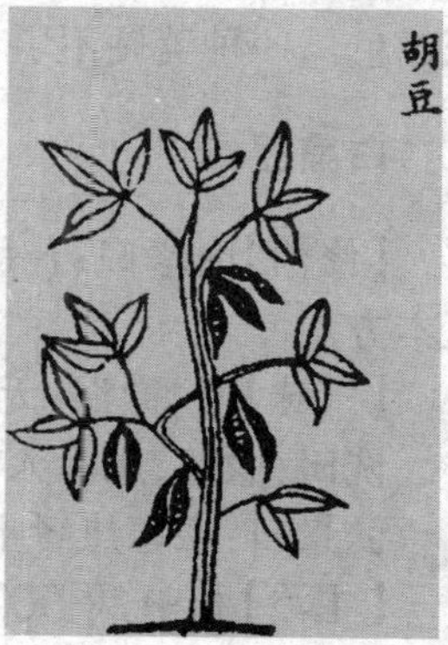

【气味】甘、微辛，平，无毒。

【主治】快胃，和脏腑（汪颖）。

【发明】时珍曰：蚕豆本草失载。万表《积善堂方》言：一女子误吞针人腹，诸医不能治。一人教令煮蚕豆同韭菜食之，针自大便同出。此亦可验其性之利脏腑也。

苗

【气味】苦、微甘，温。

【主治】酒醉不省，油盐炒熟，煮汤灌之，效（颖）。

豇豆（《纲目》，江、绛二音）

【释名】跭䝗（音绛双）。

时珍曰：此豆红色居多，荚必双生，故有豇、跭䝗之名。《广雅》指为胡豆，误矣。

豆　豇

【集解】时珍曰：豇豆处处三、四月种之。一种蔓长丈余，一种蔓短。其叶俱本大末尖，嫩时可茹。其花有红、白二色。荚有白、红、紫、赤、斑驳数色，长者至二尺，嫩时充菜，老则收子。此豆可菜、可果、可谷，备用最多，乃豆中之上品，而本草失收，何哉？

【气味】甘、咸，平，无毒。

【主治】理中益气，补肾健胃，和五脏，调营卫，生精髓，止消渴、吐逆泄痢，小便数，解鼠莽毒（时珍）。

【发明】时珍曰：豇豆开花结荚，必两两并垂，有习坎之义。豆子微曲，如人肾形，所谓豆为肾谷者，宜以此当之。昔卢廉夫教人补肾气，每日空心煮豇豆，入少盐食之，盖得此理。与诸疾无禁，但水肿忌补肾，不宜多食耳。又《袖珍方》云：中鼠莽毒者，以豇豆煮汁饮即解。欲试者，先刈鼠莽苗，以汁泼之，便根烂不生。此则物理然也。

藊豆（音扁，《别录》中品）

【释名】沿篱豆（俗）、蛾眉豆。

时珍曰：藊，本作扁，荚形扁也。沿篱，蔓延也。蛾眉，象豆脊白路少形也。

【集解】弘景曰：藊豆人家种之于篱垣，其荚蒸食甚美。

时珍曰：扁豆，二月下种，蔓生延缠。叶大如杯，团而有尖。其花状如小蛾，有翅尾形。其荚凡十余样,或长或团,或如龙爪、虎爪,或如猪耳、刀镰,种种不同,皆累累成枝。白露后实更繁衍,嫩时可充蔬食茶料,老则收子煮食。子有黑、白、赤、斑四色。一种荚硬不堪食。惟豆子粗圆而色白者可入药,本草不分别,亦缺文也。

白扁豆

【修治】时珍曰:凡用取硬壳扁豆子,连皮炒熟,入药。亦有水浸去皮及生用者,从本方。

【气味】甘,微温,无毒。

诜曰:微寒,患冷人勿食。

弘景曰:患寒热者不可食。

【主治】和中,下气(《别录》)。补五脏,主呕逆。久服头不白(孟诜)。疗霍乱吐利不止,研末和醋服之(同上)。行风气,治女子带下,解酒毒、河豚鱼毒(苏颂)。解一切草木毒,生嚼及煮汁饮,取效(甄权)。止泄痢,消暑,暖脾胃,除湿热,止消渴(时珍)。

【发明】时珍曰:硬壳白扁豆,其子充实,白而微黄,其气腥香,其性温平,得乎中和,脾之谷也。入太阴气分,通利三焦,能化清降浊,故专治中宫之病,消暑除湿而解毒也。其软壳及黑鹊色者,其性微凉,但可供食,亦调脾胃。

【附方】新九。霍乱吐利:扁豆、香薷各一升,水六升,煮二升,分服。(《千金》)霍乱转筋:白扁豆为末,醋和服。(《普济方》)消渴饮水:金豆丸:用白扁豆浸去皮,为末,以天花粉汁同蜜和丸梧子大,金箔为衣。每服二三十丸,天花粉汁下,日二服。忌炙爆酒色。次服滋肾药。(《仁存堂方》)赤白带下:白扁豆炒为末,用米饮,每服二钱。毒药堕胎:女人服草药堕胎腹痛者。生白扁豆去皮,为末,米饮服方寸匕,浓煎汁饮,亦可丸服。若胎气已伤未堕者,或口噤手强,自汗头低,似乎中风,九死一生。医多不识,作风治,必死无疑。中砒霜毒:白扁豆生研,水绞汁饮。(并《永类方》)六畜肉毒:白扁豆烧存性研,冷水服之,良。(《事林广记》)诸鸟肉毒:生扁豆末,冷水服之。(同上)恶疮痂痒作痛:以扁豆捣封,痂落即愈。(《肘后》)

花

【主治】女子赤白带下,干末,米饮服之(苏颂)。焙研服,治崩带。作馄饨食,治泄痢。擂水饮,解中一切药毒垂死。功同扁豆(时珍)。

【附方】新二。血崩不止:白扁豆花焙干,为末。每服二钱,空心炒米煮饮,入盐少许,调下即效。(《奇效良方》)一切泄痢:白扁豆花正开者,择净勿洗,以滚汤瀹过,和小猪脊胆肉一条,葱一根,胡椒七粒,酱汁拌匀,就以瀹豆花汁和面,包作小馄饨,炙熟食之。(《必用食治方》)

叶

【主治】霍乱吐下不止(《别录》)。吐利后转筋,生捣一把,人少酢绞汁服,立瘥。醋炙研服,治瘕疾(孟诜)。杵敷蛇咬(大明)。

藤

【主治】霍乱，同芦萚、人参、仓米等分，煎服（时珍）。

刀豆（《纲目》）

刀豆

【释名】挟剑豆。

时珍曰：以荚形命名也。案：段成式《酉阳杂俎》云：乐浪有挟剑豆，荚生横斜，如人挟剑。即此豆也。

【集解】颖曰：刀豆长尺许，可入酱用。

时珍曰：刀豆，人多种之。三月下种，蔓生引一二丈，叶如豇豆叶而稍长大，五、六、七月开紫花如蛾形。结荚，长者近尺，微似皂荚，扁而剑脊，三棱宛然。嫩时煮食、酱食、蜜煎皆佳。老则收子，子大如拇指头，淡红色。同猪肉、鸡肉煮食，尤美。

【气味】甘，平，无毒。

【主治】温中下气，利肠胃，止呃逆，益肾补元（时珍）。

【发明】时珍曰：刀豆本草失载，惟近时小书载其暖而补元阳也。又有人病后呃逆不止，声闻邻家。或令取刀豆子烧存性，白汤调服二钱即止。此亦取其下气归元，而逆自止也。

黎豆（《拾遗》）

黎豆

【校正】自草部移入此。

【释名】狸豆（《纲目》）、虎豆。

藏器曰：豆子作狸首文，故名。

时珍曰：黎亦黑色也。此豆荚老则黑色，有毛露筋，如虎、狸指爪。其子亦有点，如虎、狸之斑，煮之汁黑，故有诸名。

【集解】藏器曰：黎豆生江南，蔓如葛，子如皂荚子，作狸首文。人炒食之，别无功用。陶氏注蚺蛇胆云如黎豆者，即此也。《尔雅》云：诸虑一名虎櫐。又注櫐根云：苗如豆。《尔雅》：摄，虎櫐。郭璞注云：江东呼櫐为藤，似葛而粗大。缠蔓林树，荚有毛刺。一名豆搜，今虎豆也，千岁櫐是矣。

时珍曰：《尔雅》虎櫐，即狸豆也。古人谓藤为櫐，后人讹櫐为狸矣。《尔雅》山櫐、虎櫐，原是二种。陈氏合而为一，谓诸虑一名虎涉，又以为千岁櫐，并误矣。千岁櫐见草部。狸豆野生，山人亦有种之者。三月下种生蔓。其叶如豇豆叶，但文理偏斜。六、七月开花成簇，紫色，状如扁豆花。一枝结荚十余，长三四寸，大如拇指，有白茸毛。老则黑而露筋，宛如干熊指爪之状。其子大如刀豆子，淡紫色，有斑点如狸文。煮去黑汁，同猪、鸡肉再煮食，味乃佳。

【气味】甘、微苦，温。有小毒。

多食令人闷。

【主治】温中，益气（时珍）。

本草纲目谷部第二十五卷

鼓豆大

饭

本草纲目谷部第二十五卷

大豆豉(《别录》中品)

【释名】时珍曰:按刘熙《释名》云:豉,嗜也。调和五味,可甘嗜也。许慎《说文》谓豉为配盐幽菽者,乃咸豉也.

【集解】弘景曰:豉出襄阳、钱塘者香美而浓,入药取中心者佳。

大豆豉

时珍曰:豉,诸大豆皆可为之,以黑豆者人药。有淡豉、咸豉,治病多用淡豉汁及咸者,当随方法。其豉心乃合豉时取其中心者,非剥皮取心也。此说见《外台秘要》。造淡豉法:用黑大豆二三斗,六月内淘净,水浸一宿沥干,蒸熟取出摊席上,候微温蒿覆。每三日一看,候黄衣上遍,不可太过.取晒簸净,以水拌干湿得所,以汁出指间为准。安瓮中,筑实,桑叶盖厚三寸,密封泥,于日中晒七日,取出,曝一时,又以水拌入瓮。如此七次,再蒸过,摊去火气,瓮收筑封即成矣。造咸豉法:用大豆一斗,水浸三日,淘蒸摊罯,候上黄取出簸净,水淘晒干。每四斤,入盐一斤,姜丝半斤,椒、橘、苏、茴、杏仁拌匀,入瓮。上面水浸过一寸,以叶盖封口,晒一月乃成也。造豉汁法:十月至正月,用好豉三斗,清麻油熬令烟断,以一升拌豉蒸过,摊冷晒干,拌再蒸,凡三遍以白盐一斗捣和,以汤淋汁三、四斗,入净釜。下椒、姜、葱、橘丝同煎,三分减一,贮于不津器中,香美绝胜也。有麸豉、瓜豉、酱豉诸品皆可为之,但充食品,不入药用也。

淡豉

【气味】苦,寒,无毒。

思邈曰:苦、甘,寒,涩。得醯良。

杲曰:阴中之阴也。

【主治】伤寒头痛寒热,瘴气恶毒,烦躁满闷,虚劳喘吸,两脚疼冷。杀六畜胎子诸毒(《别录》)。治时疾热病发汗。熬末,能止盗汗,除烦躁。生捣为丸服,治寒热风,胸中生疮。煮服,治血痢腹痛。研涂阴茎生疮(《药性》)。治疟疾骨蒸,中毒药蛊气,犬咬(大明)。下气调中。治伤寒温毒发癍呕逆(时珍。《千金》治温毒黑膏用之）。

蒲州豉

【气味】咸，寒，无毒。

【主治】解烦热热毒，寒热虚劳，调中发汗，通关节，杀腥气，伤寒鼻塞。陕州豉汁：亦除烦热（藏器）。

【发明】弘景曰：豉，食中常用。春夏天气不和，蒸炒以酒渍服之至佳。依康伯法，先以醋、酒溲蒸曝燥.麻油和，再蒸曝之，凡三过，末椒、姜治和进食，大胜今时油豉也。患脚人，常将渍酒饮之，以滓敷脚，皆瘥。

时珍曰：陶说康伯豉法，见《博物志》，云原出外国，中国谓之康伯，乃传此法之姓名耳。其豉调中下气最妙。黑豆性平，作豉则温。既经蒸罯，故能升能散。得葱则发汗，得盐则能吐，得酒则治风，得薤则治痢，得蒜则止血，炒熟则又能止汗，亦麻黄根节之义也。

【附方】旧三十一，新一十九。伤寒发汗：颂曰：葛洪《肘后方》云：伤寒有数种，庸人卒不能分别者，今取一药兼疗之。凡初觉头痛身热，脉洪，一二日，便以葱豉汤治之。用葱白一虎口，豉一升，绵裹，水三升，煮一升，顿服。不汗更作，加葛根三两；再不汗，加麻黄三两。《肘后》又法：用葱汤煮米粥，入盐豉食之，取汗。又法：用豉一升，小男溺三升，煎一升，分服取汗。伤寒不解，伤寒汗出不解，已三四日，胸中闷恶者：用豉一升，盐一合，水四升，煮一升半，分服取吐，此秘法也。（《梅师方》）辟除温疫：豉和白术浸酒，常服之。（《梅师》）伤寒懊憹，吐下后心中懊憹，大下后身热不去，心中痛者，并用栀子豉汤吐之：肥栀子十四枚，水二盏，煮一盏，入豉半两，同煮至七分，去滓服。得吐，止后服。（《伤寒论》）伤寒余毒，伤寒后毒气攻手足，及身体虚肿：用豉五合微炒，以酒一升半，同煎五七沸，任性饮之。（《简要济众》）伤寒目翳：烧豉二七枚，研末吹之。（《肘后》）伤寒暴痢：《药性论》曰：以豉一升，薤白一握，水三升，煮薤熟，纳豉更煮，色黑去豉，分为二服。

豆黄（《食疗》）

【校正】原附大豆下，今分出。

【释名】时珍曰：造法：用黑豆一斗蒸熟，铺席上，以蒿覆之，如盦酱法，待上黄，取出晒干，捣末收用。

【气味】甘，温，无毒。

诜曰：忌猪肉。

【主治】湿痹膝痛，五脏不足气，胃气结积，壮气力，润肌肤，益颜色，填骨髓，补虚损，能食，肥健人。以炼猪脂和丸，每服百丸，神验秘方也。肥人勿服（诜。出《延年秘录》方）。生嚼涂阴痒汗出（时珍）。

【附方】新二。脾弱不食，饵此当食：大豆黄二升.大麻子三升。熬香，为末。每服一合，饮下，日四五服，任意。（《千金方》）打击青肿：大豆黄为末，水和涂之。（《外台秘要》）

豆腐(《日用》)

【集解】时珍曰:豆腐之法,始于汉淮南王刘安。凡黑豆、黄豆及白豆、泥豆、豌豆、绿豆之类,皆可为之。造法:水浸硙碎,滤去滓,煎成,以盐卤汁或山矾叶或酸浆、醋淀就釜收之。又有入缸内,以石膏末收者。大抵得咸、苦、酸、辛之物,皆可收敛尔。其面上凝结者,揭取晾干,名豆腐皮,入馔甚佳也。

豆　腐

【气味】甘、咸,寒,有小毒。

原曰:性平。

颂曰:寒而动气。

瑞曰:发肾气、疮疥、头风,杏仁可解。

时珍曰:按《延寿书》云:有人好食豆腐中毒,医不能治。作腐家言:莱菔入汤中则腐不成。遂以莱菔汤下药而愈。大抵暑月恐有人汗,尤宜慎之。

【主治】宽中益气,和脾胃,消胀满,下大肠浊气(宁原)。清热散血(时珍)。

【附方】新五。休息久痢:白豆腐,醋煎食之,即愈。(《普济方》)赤眼肿痛有数种,皆肝热血凝也:用消风热药服之。夜用盐收豆腐片贴之,酸浆者勿用。(《证治要诀》)杖疮青肿:豆腐切片贴之,频易。一法:以烧酒煮贴之,色红即易,不红乃已。(《拔萃方》)烧酒醉死.心头热者:用热豆腐细切片,遍身贴之,贴冷即换之,苏省乃止。

陈廪米(《别录》下品)

【释名】陈仓米(古名)、老米(俗名)、火米。

时珍:有屋曰廪,无屋曰仓,皆官积也。方曰仓,圆曰困,皆私积也。老亦陈也。火米有三:有火蒸治成者,有火烧治成者,又有畬田火米,与此不同。

【主治】下气,除烦渴,调胃止泄(《别录》)。补五脏,涩肠胃(《日华》)。暖脾,去惫气,宜作汤食(士良)。炊饭食,止痢,补中益气,坚筋骨,通血脉,起阳道。以饭和酢捣封毒肿恶疮,立瘥。北人以饭置瓮中,水浸令酸,食之,暖五脏六腑之气。研取汁服,去卒心痛(孟诜)。宽中消食。多食易饥(宁原)。调肠胃,利小便,止渴除热(时珍)。

【发明】时珍曰:陈仓米煮汁不浑,初时气味俱尽,故冲淡可以养胃。古人多以煮汁煎药,亦取其调肠胃、利小便、去湿热之功也。《千金方》治洞注下利,炒此米研末饮服者,亦取此义。《日华子》谓其涩肠胃,寇氏谓其冷利,皆非中论。

【附方】新五。霍乱大渴,能杀人:以黄仓米三升,水一斗,煮汁澄清饮,良。(《永类钤方》)反胃膈气,不下食者:太仓散:用仓米或白米,日西时以水微拌湿,自想日气如在米中。次日晒干,袋盛挂风处。每以一撮,水煎,和汁饮之,即时便下。又方:陈仓米炊饭焙研。每五两入沉香末半两,和匀。每米饮服二三钱。(《普济方》)诸般积聚:太仓丸:治脾胃饥饱不时生病,及诸般积聚,百物所伤。陈仓米四两,以巴豆二十一粒去皮同炒,至米香豆黑,勿令米焦,择去豆不用,入去白橘皮四两,为末,糊丸梧子大。每姜汤服五丸,日二服。(《百一选方》)暑月吐泻:陈仓米二升,麦芽四两,黄连四两(切),同蒸熟焙研为末,水丸梧子大。每服百丸,白汤送下。

饭(《拾遗》)

【集解】时珍曰:饭食,诸谷皆可为之,各随米性,详见本条。然有入药诸饭,不可类从者,应当别出。大抵皆取粳、籼、粟米者尔。

饭

新炊饭

【主治】人尿床,以热饭一盏,倾尿床处,拌与食之,勿令病者知。又乘热敷肿毒,良(时珍)。

寒食饭饙饭也。

【主治】灭瘢痕及杂疮,研末敷之(藏器)。烧灰酒服,治食本米饮成积,黄瘦腹痛者,甚效(孙思邈)。伤寒食复,用此饭烧研,米饮服二三钱,效(时珍)。

祀灶饭

【主治】卒噎,取一粒食之,即下。烧研,搽鼻中疮(时珍)。

盆边零饭

【主治】鼻中生疮,烧研敷之(时珍)。

齿中残饭

【主治】蝎咬毒痛,敷之即止(时珍)。

飧饭飧音孙,即水饭也。

【主治】热食,解渴除烦(时珍)。

荷叶烧饭

【主治】厚脾胃,通三焦,资助生发之气(时珍)。

【发明】李杲曰:易水张洁古枳术丸,用荷叶裹烧饭为丸。盖荷之为物,色青中空,象乎震卦风木。在人为足少阳胆同手少阳三焦,为生化万物之根蒂。用此物以成其化,胃气何由不上升乎?更以烧饭和药,与白术协力,滋养谷气,令胃厚不致再伤,其利广矣大矣。

时珍曰:按韩悉《医通》云:东南人不识北方炊饭无甑,类呼为烧,如烧菜之意,遂讹以荷叶包饭入灰火烧煨,虽丹溪亦未之辩。但以新荷叶煮汤,入粳米造饭,气味亦全也。凡粳米造饭,用荷叶汤者宽中,芥叶汤者豁痰,紫苏汤者行气解肌,薄荷汤者去热,淡竹叶汤者辟暑,皆可类推也。

青精干石䭀饭(宋《图经》)

【释名】乌饭。

颂曰:按陶隐居《登真隐诀》载:太极真人青精乾石䭀饭法。䃉音信。䭀之为言飡也,谓以酒、蜜、药草辈溲而曝之也。亦作䭀。凡内外诸书并无此字,惟施于此饭之名耳。陈藏器《本草》名乌饭。

【集解】藏器曰:乌饭法:取南烛茎叶捣碎,渍汁浸粳米,九浸九蒸九曝,米粒紧小,黑如瑿珠,袋盛,可以适远方也。

时珍曰:此饭乃仙家服食之法,而今之释家多于四月八日造之,以供佛耳。造者又入柿叶、白杨叶数十枝以助色,或又加生铁一块者,止知取其上色,不知乃服食家所忌也。

【气味】甘。平,无毒。

【主治】日进一合,不饥,益颜色,坚筋骨,能行(藏器)。益肠胃,补髓,灭三虫,久服变白却老(苏颂。出《太极真人法》)。

粥(《拾遗》)

【释名】糜。

时珍曰:粥字象米在釜中相属之形。《释名》云:煮米为糜,使糜烂也。粥浊于糜,育育然也。厚曰饘,薄曰酏。

粥

小麦粥

【主治】止消渴烦热(时珍)。

寒食粥(用杏仁和诸花作之)

【主治】咳嗽,下热气,调中(藏器)

糯米、秫米、黍米粥

【气味】甘,温,无毒。

【主治】益气,治脾胃虚寒,泄痢吐逆,小儿痘疮白色(时珍)。

粳米、籼米、粟米、粱米粥

【气味】甘，温、平，无毒。

【主治】利小便，止烦渴，养脾胃（时珍）。

【发明】时珍曰：按罗天益《宝鉴》云：粳、粟米粥，气薄味淡，阳中之阴也。所以淡渗下行，能利小便。韩悉《医通》云：一人病淋，素不服药。予令专啖粟米粥，绝去他味。旬余减，月余痊。此五谷治病之理也。又张耒《粥记》云：每晨起，食粥一大碗。空腹胃虚，谷气便作，所补不细。又极柔腻，与肠胃相得，最为饮食之良。妙齐和尚说：山中僧，每将旦一粥，甚系利害。如不食，则终日觉脏腑燥涸。盖粥能畅胃气，生津液也。大抵养生求安乐，亦无深远难知之事，不过寝食之间尔。故作此劝人每日食粥，勿大笑也。又《苏轼帖》云：夜饥甚。吴子野劝食白粥，云能推陈致新，利膈益胃。粥既快美，粥后一觉，妙不可言也。此皆著粥之有益如此。诸谷作粥，详见本条。古方有用药物、粳、粟、粱米作粥，治病甚多。

麨（尺沼切《拾遗》）

【校正】原附粟下，今分出。

【释名】糗（去九切）。

时珍曰：麨以炒成，其臭香。故糗从臭，麨从炒省也。刘熙《释名》云：糗，龋也。饭而磨之，使龋碎也。

【集解】恭曰：麨，蒸米、麦，熬过，磨作之。

藏器曰：河东人以麦为之，北人以粟为之，东人以粳米为之，炒干饭磨成也。粗者为干糗粮。

米麦麨

【气味】甘、苦，微寒，无毒。

藏器曰：酸，寒。

【主治】寒中，除热渴，消石气（苏恭）。和水服，解烦热。止泄，实大肠（藏器）。炒米汤，止烦渴（时珍）。

糕（《纲目》）

【释名】粢。

时珍曰：糕以黍、糯合粳米粉蒸成，状如凝膏也。单糯粉作者，曰粢.米粉合豆末、糖、蜜蒸成者曰饵。《释名》云：粢，慈软也。饵.而也，相粘而也。扬雄《方言》云：饵谓之糕，或谓之粢，或谓之铃（音令），或谓之䬴（音浥）。然亦微有分别，不可不知之也。

【气味】甘，温，无毒。

时珍曰:粳米糕易消导。粢糕最难克化,损脾成积,小儿尤宜禁之。

【主治】粳糕:养脾胃,厚肠,益气和中。粢糕:益气暖中,缩小便,坚大便,效(时珍)。

【发明】时珍曰:晚粳米糕,可代蒸饼,丸脾胃药,取其易化也。糯米粢,可代糯糊,丸丹药,取其相粘也。九日登高米糕,亦可入药。按《圣惠方》治山瘴疟有糕角饮:九月九日取米糕角(阴干)半两,寒食饭二百粒,豉一百粒,独蒜一枚,恒山一两,以水二盏,浸一夜,五更煎至一盏,顿服,当下利为度。

【附方】新一。老人泄泻:干糕一两,姜汤泡化,代饭。(《简便方》)

粽(《纲目》)

【释名】角黍。

时珍曰:糉俗作粽。古人以菰芦叶裹黍米煮成,尖角,如棕榈叶心之形,故曰粽,曰角黍。近世多用糯米矣。今俗五月五日以为节物相馈送。或言为祭屈原,作此投江,以饲蛟龙也。

【气味】甘,温,无毒。

【主治】五月五日取粽尖,和截疟药,良(时珍)。

寒具(《纲目》)

【释名】捻头(钱乙)、环饼(《要术》)、馓。

时珍曰:寒具,冬春可留数月,及寒食禁烟用之,故名寒具。捻头,捻其头也。环饼,象环钏形也。馓,易消散也。服虔《通俗文》谓之餲,张揖《广雅》谓之粰䊀,《楚辞》谓之粔籹,《杂字解诂》谓之膏环。

【集解】时珍曰:钱乙方中有捻头散,葛洪《肘后》有捻头汤,医书不载。按郑玄注《周礼》云:寒具,米食也。贾思勰《要术》云:环饼一名寒具,以水搜,入牛羊脂和作之,入口即碎。林洪《清供》云:寒具,捻头也。以糯粉和面,麻油煎成,以糖食之。可留月余,宜禁烟用。观此,则寒具即今馓子也。以糯粉和面,入少盐,牵索纽捻成环钏之形,油煎食之。苏东坡《寒具诗》云:纤手搓成玉数寻,碧油煎出嫩黄深。夜来春睡无轻重,压扁佳人缠臂金。

【气味】甘、咸,温,无毒。

【主治】利大小便,润肠,温中益气(时珍)。

【附方】新二。钱氏捻头散,治小儿小便不通:用延胡索、苦楝子等分,为末。每服半钱或一钱,以捻头汤食前调下。如无捻头,滴油数点代之。(钱氏小儿方)血痢不止:地榆晒研为末。每服二钱,掺在羊血上,炙热食之,以捻头煎汤送下。或以地榆煮汁,熬如饴状,一服三合,捻头汤化下。

蒸饼(《纲目》)

【释名】时珍曰:按刘熙(释名)云:饼者,并也,溲面使合并也。有蒸饼、汤饼、胡饼、索饼、酥饼之属,皆随形命名也。

【集解】时珍曰:小麦面修治食品甚多,惟蒸饼其来最古,是酵糟发成单面所造,丸药所须,且能治疾,而本草不载,亦一缺也。惟腊月及寒食日蒸之,至皮裂,去皮悬之风干。临时以水浸胀,擂烂滤过,和脾胃及三焦药,甚易消化。且面已过性,不助湿热。其以果菜、油腻诸物为馅者,不堪入药。

【气味】甘,平,无毒。

【主治】消食,养脾胃,温中化滞,益气和血,止汗,利三焦,通水道(时珍)。

【发明】时珍曰:按《爱竹谈薮》云:宋宁宗为郡王时,病淋,日夜凡三百起。国医罔措,或举孙琳治之。琳用蒸饼、大蒜、淡豆豉三物捣丸,令以温水下三十丸。曰:今日进三服,病当减三之一,明日亦然,三日病除。已而果然。赐以千缗。或问其说。琳曰:小儿何缘有淋,只是水道不利。三物皆能通利故尔。若琳者,其可与语医矣。

【附方】新六。积年下血:寒食蒸饼、乌龙尾各一两,皂角七挺(去皮酥炙),为末,蜜丸。米饮每服二十丸。(《圣惠方》)下痢赤白,治营卫气虚,风邪袭入肠胃之间,便痢赤白,脐腹疞痛,里急后重。烦渴胀满,不进饮食:用于蒸饼(蜜拌,炒)二两,御米壳(蜜炒)四两,为末,炼蜜丸芡子大。每服一丸,水一盏,煎化热服。(《传信适用妙方》)崩中下血:陈年蒸饼,烧存性,米饮服二钱。盗汗自汗:每夜卧时,带饥吃蒸饼一枚,不过数日即止。(《医林集要》)一切折伤:寒食蒸饼为末。每服二钱,酒下,甚验。(《肘后方》)汤火伤灼:馒头饼烧存性,研末,油调涂敷之。(《肘后方》)

女曲(《唐本》)

【校正】原附小麦下,今分出。

【释名】麲子(音桓)、黄子。

时珍曰:此乃女人以完麦罨成黄子,故有诸名。

【集解】恭曰:女曲,完小麦为饭,和成罨之,待上黄衣,取晒。

【气味】甘,温,无毒。

【主治】消食下气,止泄痢,下胎,破冷血(苏恭)。

黄蒸(《唐本》)

【校正】原附小麦下,今分出。

【释名】黄衣(苏恭)、麦黄。

时珍曰:此乃以米、麦粉和罨,待其熏蒸成黄,故有诸名。

【集解】恭曰:黄蒸,磨小麦粉拌水和成饼,麻叶裹,待上黄衣,取晒。

时珍曰:女曲蒸麦饭罨成,黄蒸磨米、麦粉罨成,稍有不同也。

【气味】

【主治】并同女曲(苏恭)。温补,能消诸生物(藏器)。温中下气,消食除烦(《日华》)。治食黄、黄汗(时珍)。

【附方】新一。痫黄疸疾,或黄汗染衣,涕唾皆黄:用好黄蒸二升,每夜以水二升,浸微暖,于铜器中,平旦绞汁半升饮之,极效。(《必效方》)

曲(宋《嘉祐》)

【释名】酒母。

时珍曰:曲以米、麦包罨而成,故字从麦、从米、从包省文,会意也。酒非曲不生,故曰酒母。《书》云:若作酒醴,尔惟曲蘖。是矣。刘熙《释名》云:曲,朽也,郁使生衣败朽也。

【集解】藏器曰:曲,六月作者良。入药须陈久者,炒香用。

时珍曰:曲有麦、面、米造者不一,皆酒醋所须,俱能消导,功不甚远。造大小麦曲法:用大麦米或小麦连皮,井水淘净,晒干。六月六日磨碎,以淘麦水和作块,楮叶包扎,悬风处,七十日可用矣。造面曲法:三伏时,用白面五斤,绿豆五升,以蓼汁煮烂。辣蓼末五两,杏仁泥十两,和踏成饼,楮叶裹悬风处,候生黄收之。造白曲法:用面五斤,糯米粉一斗,水拌微湿,筛过踏饼,楮叶包挂风处,五十日成矣。又米曲法:用糯米粉一斗,自然蓼汁和作圆丸,楮叶包挂风处,七七日晒收。此数种曲皆可入药。其各地有人诸药草及毒药者,皆有毒,惟可造酒,不可入药也。

小麦曲

【气味】甘,温,无毒。

震亨曰:麸皮曲:凉,入大肠经。

【主治】消谷止痢《别录》)。平胃气,消食痔,治小儿食痫(苏恭)。调中下气,开胃,疗脏腑中风寒(藏器)。主霍乱、心膈气、痰逆,除烦,破癥结(孟诜)。补虚,去冷气,除肠胃中塞,不下食,令人有颜色(吴瑞)。落胎,并下鬼胎(《日华》)。止河鱼之腹疾(梁简文帝《劝医文》)。

大麦曲

【气味】同前。

【主治】消食和中,下生胎,破血。取五升,以水一斗煮三沸,分五服,其子如糜,令母肥盛(时珍)。

面曲、米曲

【气味】同前。

【主治】消食积、酒积、糯米积。研末酒服立愈。余功同小麦曲(时珍。出《千金》)。

【附方】旧五,新四。米谷食积:炒曲末,白汤调服二钱,日三服。三焦滞气:陈曲(炒)、莱菔子(炒)等分。每用三钱,水煎,人麝香少许服。(《普济》)小腹坚大如盘,胸满,食不能消化:用曲末,汤服方寸匕,日三。(《千金》)水痢百起:六月六日曲(炒黄)、马蔺子等分,为末,米饮服方寸匕。无马蔺子,用牛骨灰代之。(《普济方》)赤白痢下,水谷不消:以曲熬粟米粥,服方寸匕,日四、五服。(《肘后方》)酒毒便血:曲一块,湿纸包煨,为末。空心米饮服二钱,神效。伤寒食复:曲一饼,煮汁饮之,良。(《类要方》)胎动不安,或上抢心,下血者:生曲饼研末,水和绞汁,服三升。(《肘后》)狐刺尿疮:曲末和独头蒜,杵如麦粒,纳疮孔中,虫出愈。(《古今录验》)

神曲(《药性论》)

【释名】

【集解】时珍曰:昔人用曲,多是造酒之曲。后医乃造神曲,专以供药,力更胜之。盖取诸神聚会之日造之,故得神名。贾思勰《齐民要术》虽有造神曲古法,繁琐不便。近时造法,更简易也。叶氏(水云录)云:五月五日,或六月六日,或三伏日,用白面百斤,青蒿自然汁三升,赤小豆末、杏仁泥各三升,苍耳自然汁、野蓼自然汁各三升,以配白虎、青龙、朱雀、玄武、勾陈、螣蛇六神,用汁和面、豆、杏仁作饼,麻叶或楮叶包罯,如造酱黄法,待生黄衣,晒收之。

【气味】甘、辛,温,无毒。

元素曰:阳中之阳也,入足阳明经。凡用须火炒黄,以助土气。陈久者良。

【主治】化水谷宿食,癥结积滞,健脾暖胃(《药性》)。养胃气,治赤白痢(元素)。消食下气,除痰逆霍乱,泄痢胀满诸疾,其功与曲同。闪挫腰痛者,煅过淬酒温服有效。妇人产后欲回乳者,炒研,酒服二钱,日二即止,甚验(时珍)。

【发明】时珍曰:按倪维德《启微集》云:神曲治目病,生用能发其生气,熟用能敛其暴气也。

【附方】旧一,新六。胃虚不克:神曲半斤,麦芽五升,杏仁一升,各炒为末,炼蜜丸弹子大。每食后嚼化一丸。(《普济方》)壮脾进食。疗痞满暑泄:曲术丸:用神曲(炒)、苍术(泔制炒)等分为末,糊丸梧子大。海米饮服五十丸。冷者加干姜或吴茱萸。(《肘后百一方》)健胃思食:消食丸:治脾胃俱虚,不能消化水谷,胸膈痞闷,腹胁膨胀,连年累月,食减嗜卧,口苦无味。神曲六两,麦蘖(炒)三两,干姜(炮)四两,乌梅肉(焙)四两,为末,蜜丸梧子大。每米饮服五十丸,日三服。(《和剂局方》)虚寒反胃:方同上。暴泄不止:神曲(炒)二两,茱萸(汤泡,炒)半两,为末,醋糊丸梧子大。每服五十丸。米饮下。(《百一选方》)产后运绝:神曲(炒)为末,水服方寸匕。(《千金方》)食积心痛:陈神曲一块烧红,淬酒二大碗服之。(《摘玄方》)

红曲(丹溪《补遗》)

【气味】甘,温,无毒。

瑞曰:酿酒则辛热,有小毒,发肠风痔瘘、脚气、哮喘痰嗽诸疾。

【主治】消食活血,健脾燥胃,治赤白痢下水谷(震亨)。酿酒,破血行药势,杀山岚瘴气,治打扑伤损(吴瑞)。治女人血气痛,及产后恶血不尽,擂酒饮之,良(时珍)。

【发明】时珍曰:人之水谷入于胃,受中焦湿热熏蒸,游溢精气,日化为红,散布脏腑经络,是为营血,此造化自然之微妙也。造红曲者,以白米饭受湿热郁蒸变而为红,即成真色,久亦不渝,此乃人窥造化之巧者也。故红曲有治脾胃营血之功,得同气相求之理。

【附方】新四。湿热泄痢:丹溪青六丸:用六一散,加炒红曲五钱,为末,蒸饼和丸梧子大。每服五七十丸,白汤下,日三服。(《丹溪心法》)小儿吐逆频并,不进乳食.手足心热:用红曲(年久者)三钱半,白术(麸炒)一钱半,甘草(炙)一钱,为末。每服半钱,煎枣子、米汤下。(《经验》)小儿头疮:因伤湿入水成毒,浓汁不止:用红曲嚼罨之。甚效。(《百一选方》)心腹作痛:赤曲、香附、乳香等分为末,酒服。(《摘玄方》)

蘖米(《别录》中品)

【释名】弘景曰:此是以米作蘖,非别米名也。

恭曰:蘖犹孽也,生不以理之名也。皆当以可生之物生之,取其蘖中之米入药。按《食经》用稻蘖,稻即穬谷之总名。陶谓以米作蘖,非矣。米岂能更生乎?

【集解】宗奭曰:蘖米,粟蘖也。

时珍曰:《别录》止云蘖米,不云粟作也。苏恭言凡谷皆可生者,是矣。有粟、黍、谷、麦、豆诸蘖,皆水浸胀,候生芽曝干去须,取其中米,炒研面用。其功皆主消导。今并集于左方。《日华子》谓蘖米为作醋黄子者,亦误矣。

粟蘖(一名粟芽)

【气味】苦,温,无毒。

宗奭曰:今谷神散中用之,性温于麦蘖。

【主治】寒中,下气,除热(《别录》)。除烦.消宿食,开胃(《日华》)。为末和脂敷面,令皮肤悦泽(陶弘景)。

稻蘖(一名谷芽)

【气味】甘,温,无毒。

【主治】快脾开胃,下气和中,消食化积(时珍)。

【附方】新一。启脾进食:谷神丸:用谷蘖四两为末,入姜汁、盐少许,和作饼,焙干,入炙甘草、砂仁、白术(麸炒)各一两,为末。白汤点服之,或丸服。(《澹寮方》)

穬麦蘖(一名麦芽)

【气味】咸,温,无毒。

【主治】消食和中(《别录》)。破冷气。去心腹胀满(《药性》)。开胃,止霍乱,除烦闷。消痰饮,破癥结,能催生落胎(《日华》)。补脾胃虚,宽肠下气,腹鸣者用之(元素)。消化一切米、面、诸果食积(时珍)。

【附方】旧二,新六。快膈进食:麦蘖四两,神曲二两,白术、橘皮各一两,为末,蒸饼丸梧子大。每人参汤下三五十丸,效。谷劳嗜卧,饱食便卧,得谷劳病,令人四肢烦重,嘿嘿欲卧,食毕辄甚:用大麦蘖一升,椒一两(并炒),干姜三两,捣末。每服方寸匕,白汤下,日三。(《肘后》)腹中虚冷,食辄不消,羸瘦弱乏,因生百疾:大麦蘖五升,小麦面半斤,豉五合,杏仁二升,皆熬黄香,捣筛糊丸弹子大。每服一丸,白汤下。(《肘后方》)产后腹胀不通,转气急,坐卧不安:以麦蘖一合,为末。和酒服,良久通转,神验。此乃供奉辅太初传与崔郎中方也。(李绛《兵部手集》方)产后青肿,乃血水积也:干漆、大麦蘖等分,为末。新瓦中铺漆一层,蘖一层,重重令满,盐泥固济,煅赤研末。热酒调服二钱。产后诸疾并宜。(《妇人经验方》)产后秘塞五七日不通,不宜妄服药丸:宜用大麦芽炒黄为末,每服三钱,沸汤调下,与粥间服。(《妇人良方》)

饴糖(《别录》上品)

【释名】饧(音徐盈切)。

时珍曰:按刘熙《释名》云:糖之清者曰饴,形怡怡然也。稠者曰饧,强硬如饧也。如饧而浊者曰餔。《方言》谓之餦餭(音长皇)。

《楚辞》云:粔籹蜜饵有餦餭,是也。

嘉谟曰:因色紫类琥珀,方中谓之胶饴,干枯者名饧。

【气味】甘,大温,无毒。入太阴经。

宗奭曰:多食动脾风。

震亨曰:饴糖属土而成于火,大发湿中之热。寇氏谓其动脾风,言末而遗本矣。

时珍曰:凡中满吐逆、秘结牙䘌、赤目疳病者,切宜忌之,生痰动火最甚。甘属土,肾病毋多食甘,甘伤肾,骨痛而齿落,皆指此类也。

【主治】补虚乏,止渴去血(《别录》)。补虚冷,益气力,止肠鸣咽痛,治唾血,消痰润肺止嗽(思邈)。健脾胃,补中,治吐血。打损瘀血者,熬焦酒服,能下恶血。又伤寒大毒嗽,于蔓菁、薤汁中煮一沸,顿服之,良(孟诜)。脾弱不思食人少用,能和胃气。亦用和药(寇宗奭)。解附子、草乌头毒(时珍)。

【附方】旧二,新十。老人烦渴:寒食大麦一升,水七升,煎五升,入赤饧二合,渴即饮之。(《奉亲书》)蛟龙癥病,凡人正二月食芹菜,误食蛟龙精者,为蛟龙病,发则似痫,面色青黄:每服寒食饧五合,日三服。吐出蛟龙,有两头可验。吐蛔者勿用。(《金匮要略》)鱼脐疔疮:寒食饧涂之,良。干者烧灰。(《千金方》)瘭疽毒疮:腊月饴糖,昼夜涂之,数日则愈。(《千金方》)误吞稻芒:白饧频食。(《简便方》)鱼骨骾咽,不能出:用饴糖丸鸡子黄大吞之。不下再吞。(《肘后》)误吞钱钗及竹木:取饴糖一斤,渐渐食尽,便出。(《外台》)箭镞不出:见发明。服药过剂,闷乱者:饴糖食之。(《千金方》)草乌头毒及天雄,附子毒:并食饴糖即解。(《总录》)手足瘑疮:炒腊月糖,敷之。(《千金方》)火烧成疮:白糖烧灰,粉之即燥,易瘥。(《小品方》)

酱(《别录》下品)

【释名】时珍曰:按刘熙《释名》云:酱者,将也。能制食物之毒,如将之平暴恶也。

【气味】咸,冷利,无毒。

时珍曰:面酱:咸。豆酱、甜酱、豆油、大麦酱、麸酱:皆咸、甘。

诜曰:多食发小儿无辜,生痰动气。妊娠合雀肉食之,令儿面黑。

颂曰:麦酱和鲤鱼食,生口疮。

【主治】除热,止烦满,杀百药及热汤火毒(《别录》)。杀一切鱼、肉、菜蔬、蕈毒,并治蛇、虫、蜂、虿等毒(《日华》)。酱汁灌入下部,治大便不通。灌耳中,治飞蛾、虫,蚁入耳。涂猘犬咬及汤、火伤灼未成疮者,有效。又中砒毒,调水服即解(出时珍方)。

【发明】弘景曰:酱多以豆作,纯麦者少。入药当以豆酱,陈久者弥好也。又有鱼酱、肉酱,皆呼为醢,不入药用。

诜曰:小麦酱杀药力,不如豆酱。又有獐、鹿、兔、雉及鳢鱼酱,皆不可久食也。

宗奭曰:圣人不得酱不食,意欲五味和,五脏悦而受之,此亦安乐之一端也。

时珍曰:不得酱不食,亦兼取其杀饮食百药之毒也。

【附方】旧一,新五。手指掣痛:酱清和蜜,温热浸之,愈乃止。(《千金》)疬疡风驳:酱清和石硫黄细末,日日揩之。(《外台秘要》)妊娠下血:豆酱二升,去汁取豆,炒研。酒服方寸匕,日三。(《古今录验》)妊娠尿血:豆酱一大盏(熬干),生地黄二两,为末。每服一钱,米饮下。(《普济方》)浸淫疮癣:酱瓣和人尿,涂之。(《千金翼》)解轻粉毒。服轻粉口破者:以三年陈酱化水,频漱之。(《濒湖集简方》)

榆仁酱(《食疗》)

【校正】原附酱下,今分出。

【集解】时珍曰:造法:取榆仁水浸一伏时,袋盛,揉洗去涎,以蓼汁拌晒,如此七次,同发过面曲,如造酱法下盐晒之。每一升,曲四斤,盐一斤,水五斤。崔富《月令》谓之醔,是也。音牟偷。

【气味】辛美,温,无毒。

【主治】利大小便，心腹恶气，杀诸虫。不宜多食（孟诜）。

芜荑酱（《食疗》）

【校正】原附酱下，今分出。

【集解】时珍曰：造法与榆仁酱同。

【气味】辛美微臭，温，无毒。多食落发。

【主治】杀三虫，功力强于榆仁酱（孟诜）。

【发明】张从正曰：北人亦多食乳酪酥脯甘美之物，皆生虫之萌也。而不生虫者，盖食中多胡荽、芜荑、卤汁，杀九虫之物也。

醋（《别录》下品）

【释名】酢（音醋）、醯（音兮）、苦酒。

弘景曰：醋酒为用，无所不入，愈久愈良，亦谓之醯。以有苦味，俗呼苦酒。丹家又加余物，谓为华池左味。

醋

时珍曰：刘熙《释名》云：醋，措也。能措置食毒也。古方多用酢字也。

【集解】藏器曰：苏言葡萄、大枣诸果堪作醋，缘渠是荆楚人，土地俭啬，果败则以酿酒也。糟醋犹不入药，况于果乎？

时珍曰：米醋：三伏时用仓米一斗，淘净蒸饭，摊冷盦黄，晒簸，水淋净。别以仓米二斗蒸饭，和匀人瓮，以水淹过，密封暖处，三七日成矣。糯米醋：秋社日，用糯米一斗淘蒸，用六月六日造成小麦大曲和匀，用水二斗，入瓮封酿，三七日成矣。粟米醋：用陈粟米一斗，淘浸七日。再蒸淘熟，入瓮密封，日夕搅之，七日成矣。小麦醋：用小麦水浸三日，蒸熟盦黄，入瓮水淹，七七日成矣。大麦醋：用大麦米一斗，水浸蒸饭，盦黄晒干，水淋过，再以麦饭二斗和匀，入水封闭，三七日成矣。饧醋：用饧一斤，水三升煎化，入白曲末二两，瓶封晒成。其余糟、糠等醋，皆不入药，不能尽纪也。

米醋

【气味】酸、苦，温，无毒。

诜曰：大麦醋：微寒。余醋并同。

弘景曰：多食损人肌脏。

藏器曰：多食损筋骨，亦损胃。不益男子，损人颜色。醋发诸药，不可同食。

时珍曰：酸属木，脾病毋多食酸。酸伤脾，肉胎而唇揭。服茯苓、丹参人，不可食醋。《镜源》曰：米醋煮制四黄、丹砂、胆矾、常山诸药也。

【主治】消痈肿，散水气，杀邪毒（《别录》）。理诸药。消毒（扁鹊）。治产后血运，除症块坚积，消食，杀恶毒，破结气、心中酸水痰饮（藏器）。下气除烦，治妇人心痛血气，并产后及伤损金疮出血昏运，杀一切鱼、肉、菜毒（《日华》）。醋磨青木香，止卒心痛、血气痛。浸黄柏含之，治口疮。调大黄末，涂肿毒。煎生大黄服，治痃癖甚良（孟诜）。散瘀血，治黄疸、黄汗（好古曰：张仲景治黄汗，有黄芪芍药桂枝苦酒汤；治黄疸，有麻黄醇酒汤，用苦酒清酒。方见《金匮要略》）。

【附方】旧二十一，新十二。身体卒肿：醋和蚯蚓屎敷之。（《千金》）白虎风毒：以三年酽醋五升，煎五沸，切葱白三升，煎一沸漉出，以布染乘热裹之，痛止乃已。（《外台秘要》）霍乱吐利：盐、醋，煎服甚良。（《如宜方》）霍乱烦胀。未得吐下：以好苦酒三升饮之。（《千金方》）足上转筋：以故绵浸醋中，甑蒸热裹之，冷即易，勿停，取瘥止。（《外台》）出汗不滴，瘦却腰脚，并耳聋者：米醋浸荆三棱，夏四日，冬六日，为末。醋汤调下二钱，即瘥。（《经验后方》）腋下胡臭：三年酽酢，和石灰敷之。（《外台》）疬疡风病：酢和硫黄末敷之。（《外台秘要》）痈疽不溃：苦酒和雀屎如小豆大，敷疮头上，即穿也。（《肘后方》）舌肿不消：以酢和釜底墨，厚敷舌之上下，脱则更敷，须臾即消。（《千金方》）木舌肿强：糖醋，时时含漱。（《普济方》）牙齿疼痛：米醋一升，煮枸杞白皮一升，取半升，含漱即瘥。（《肘后方》）鼻中出血：酢和胡粉半枣许服。又法：用醋和土，涂阴囊，干即易之。（《千金方》）塞耳治聋：以醇酢微火炙附子，削尖塞之。（《千金方》）面黷雀卵：苦酒渍术，常常拭之。（《肘后方》）中砒石毒：饮酽醋，得吐即愈。不可饮水。（《广记》）服硫发痈：酢和豉，研膏敷之，燥则易。（《千金方》）食鸡子毒：饮醋少许即消。（《广记》）浑身虱出：方见石部食盐。毒蜂伤螫：清醋急饮一二碗，令毒气不散，然后用药。（《济急方》）蝎刺螫人：酢磨附子汁敷之。（《食医心镜》）蜈蚣咬毒：醋磨生铁敷之。（《箧中方》）蜘蛛咬毒：同上方。蠼螋尿疮：以醋和胡粉敷之。（《千金方》）诸虫入耳：凡百节、蚰蜒、蚁入耳，以苦酒注入，起行即出。（钱相公《箧中方》）汤火伤灼：即以酸醋淋洗，并以醋泥涂之甚妙，亦无瘢痕也。狼烟人口：以醋少许饮之。（《秘方》）足上冻疮：以醋洗足，研藕敷之。胎死不下，月未足者：大豆煮醋服三升，立便分解。未下再服。（《子母秘录》）胞衣不下，腹满则杀人：以水入醋少许，噀面，神效。（《圣惠方》）鬼击卒死：吹醋少许入鼻中。（《千金》）乳痈坚硬：以罐盛醋，烧热石投之二次，温渍之。冷则更烧石投之，不过三次即愈。（《千金》）疔肿初起：用面围住，以针乱刺疮上，铜器煎醋沸，倾入围中，令容一盏。冷即易，三度。根即出也。

酒（《别录》中品）

【校正】《拾遗》糟笋酒、社酒，今并为一。

【释名】时珍曰：按许氏《说文》云：酒，就也。所以就人之善恶也。一说：酒字篆文，象酒在卣中之状。《饮膳》标题云：酒之清者曰酿，浊者曰盎；厚曰醇，薄曰醨；重酿曰酎，一宿曰醴；美曰醑，未榨曰醅；红曰醍，绿曰醽，白曰醝。

【集解】藏器曰：凡好酒欲熟时，皆能候风潮而转，此是合阴阳也。

时珍曰：东阳酒即金华酒，古兰陵也，李太白诗所谓兰陵美酒郁金香即此，常饮入药俱良。山西襄陵酒、蓟州薏苡酒皆清烈，但曲中亦有药物。黄酒有灰。秦、蜀有咂嘛酒，用稻、麦、黍、秫、药曲，小罂封酿而成，以筒吸饮。谷气既杂，酒不清美，并不可入药。

酒

米酒

【气味】苦，甘，辛，大热，有毒。

诜曰：久饮伤神损寿，软筋骨，动气痢。醉卧当风，则成癜风。醉浴冷水成痛痹。服丹砂人饮之，头痛吐热。

士良曰：凡服丹砂、北庭、石亭脂、钟乳、诸礜石、生姜，并不可长用酒下，能引石药气入四肢，滞血化为痈疽。

藏器曰：凡酒，忌诸甜物。酒浆照人无影，不可饮。祭酒自耗，不可饮。酒合乳饮，令人气结。同牛肉食，令人生虫。酒后卧黍穰，食猪肉，患大风。

时珍曰：酒后食芥及辣物，缓人筋骨。酒后饮茶，伤肾脏，腰脚重坠，膀胱冷痛，兼患痰饮水肿、消渴挛痛之疾。一切毒药，因酒得者难治。又酒得咸而解者，水制火也，酒性上而咸润下也。又畏枳椇、葛花、赤豆花、绿豆粉者，寒胜热也。

【主治】行药势，杀百邪恶毒气（《别录》）。通血脉，厚肠胃，润皮肤，散湿气，消忧发怒，宣言畅意（藏器）。养脾气，扶肝，除风下气（孟诜）。解马肉、桐油毒，丹石发动诸病，热饮之甚良（时珍）。

糟底酒（三年腊糟下取之。）开胃下食，暖水脏，温肠胃，消宿食，御风寒。杀一切蔬菜毒（《日华》）。止呕哕，摩风瘙、腰膝疼痛（孙思邈）。

老酒（腊月酿造者，可经数十年不坏。）和血养气，暖胃辟寒，发痰动火（时珍）。

春酒（清明酿造者亦可经久。）常服令人肥白（孟诜）。蠼螋尿疮，饮之至醉，须臾虫出如米也（李绛《兵部手集》）。

社坛余胙酒（《拾遗》）治小儿语迟，纳口中佳。又以喷屋四角，辟蚊子（藏器）。饮之治聋。

时珍曰：按《海录碎事》云：俗传社酒治聋，故李涛有"社翁今日没心情，为寄治聋酒一瓶"之句。

糟笋节中酒

【气味】咸，平，无毒。

【主治】饮之，主哕气呕逆，或加小儿乳及牛乳同服。又摩疬疡风（藏器）。

东阳酒

【气味】甘，辛，无毒。

【主治】用制诸药良。

【附方】旧十，新七。惊怖卒死：温酒灌之即醒。鬼击诸病，卒然着人，如刀刺状，胸胁腹内切痛，不可抑按，或吐血、鼻血、下血，一名鬼排：以醇酒吹两鼻内，良。

(《肘后》)马气入疮或马汗、马毛入疮,皆致肿痛烦热,入腹则杀人:多饮醇酒,至醉即愈,妙。(《肘后方》)虎伤人疮:但饮酒,常令大醉,当吐毛出。(《梅师》)蛇咬成疮:暖酒淋洗疮上,日三次。(《广利方》)蜘蛛疮毒:同上方。毒蜂螫人:方同上。咽伤声破:酒一合,酥一匕,干姜末二匕,和服,日二次。(《十便良方》)三十年耳聋:酒三升,渍牡荆子一升,七日去滓,任性饮之。(《千金方》)天行余毒,手足肿痛欲断:作坑深三尺,烧热灌酒,着屐踞坑上,以衣壅之,勿令泄气。(《类要方》)下部痔疮:掘地作小坑。烧赤,以酒沃之,纳吴茱萸在内坐之。不过三度良。(《外台》)产后血闷:清酒一升,和生地黄汁煎服。(《梅师》)身面疣目,盗酸酒浮。洗而咒之曰:疣疣。不知羞。酸酒浮,洗你头。急急如律令。咒七遍,自愈。(《外台》)断酒不饮:酒七升,朱砂半两,瓶浸紧封,安猪圈内,任猪摇动,七日取出,顿饮。又方:正月一日酒五升,淋碓头杵下,取饮之。千止。(《千金方》)丈夫脚冷不随,不能行者:用淳酒三斗,水三斗,入瓮中,灰火温之,渍脚至膝。常着灰火,勿令冷,三日止。(《千金方》)海水伤裂,凡人为海水咸物所伤,及风吹裂,痛不可忍:用蜜半斤,水酒三十斤,防风、当归、羌活、荆芥各二两。为末。煎汤浴之。一夕即愈。(《使琉球录》)

【附诸药酒方】时珍曰:《本草》及诸书,并有治病酿酒诸方。今辑其简要者,以备参考。药品多者,不能尽录。

愈疟酒

治诸疟疾,频频温饮之。四月八日,水一石,曲一斤为末,俱酘水中。待酢煎之,一石取七斗。待冷,入曲四斤。一宿,上生白沫起。炊秫一石,冷酘三日,酒成。(贾思勰《齐民要术》)

屠苏酒

陈延之《小品方》云:此华佗方也。元旦饮之,辟疫疠一切不正之气。造法:用赤木桂心七钱五分,防风一两,菝葜五钱,蜀椒、桔梗、大黄五钱七分,乌头二钱五分,赤小豆十四枚,以三角绛囊盛之,除夜悬井底,元旦取出置酒中,煎数沸。举家东向,从少至长,次第饮之。药滓还投井中,岁饮此水,一世无病。

时珍曰:苏魁,鬼名。此药屠割鬼爽,故名。或云:草庵名也。

逡巡酒

补虚益气,去一切风痹湿气。久服益寿耐老,好颜色。造法:三月三日收桃花三两三钱,五月五日收马蔺花五两五钱,六月六日收脂麻花六两六钱,九月九日收黄甘菊花九两九钱,阴干。十二月八日取腊水三斗。待春分,取桃仁四十九枚好者(去皮尖),白面十斤正,同前花和作曲,纸包四十九日。用时白水一瓶,曲一丸,面一块,封良久成矣。如淡,再加一丸。

五加皮酒

去一切风湿痿痹,壮筋骨,填精髓。用五加皮洗刮去骨煎汁,和曲、米酿成,饮之。或切碎袋盛,浸酒煮饮。或加当归、牛膝、地榆诸药。

白杨皮酒

治风毒脚气,腹中痰癖如石。以白杨皮切片,浸酒起饮。

女贞皮酒

治风虚,补腰膝。女贞皮切片,浸酒煮饮之。

仙灵脾酒

治偏风不遂,强筋坚骨。仙灵脾一斤,袋盛,浸无灰酒二斗,密封三日,饮之。(《圣惠方》)。

薏苡仁酒

去风湿,强筋骨,健脾胃。用绝好薏苡仁粉,同曲、米酿酒,或袋盛煮酒饮。

天门冬酒

润五脏,和血脉。久服除五劳七伤,癫痫恶疾。常令酒气相接,勿令大醉,忌生冷。十日当出风疹毒气,三十日乃已,五十日不知风吹也。冬月用天门冬去心煮汁,同曲、米酿成。初熟微酸,久乃味佳。(《千金》)。

百灵藤酒

治诸风。百灵藤十斤,水一石,煎汁三斗,入糯米三斗,神曲九两,如常酿成。三五日,更炊一斗糯饭候冷投之,即熟。澄清日饮,以汗出为效。(《圣惠方》)。

白石英酒

治风湿周痹,肢节中痛,及肾虚耳聋。用白石英、磁石(煅醋淬七次)各五两,绢袋盛,浸酒一升中,五六日,温饮。酒少更添之。(《圣济总录》)。

地黄酒

补虚弱,壮筋骨,通血脉,治腹痛,变白发。用生肥地黄绞汁,同曲、米封密器中。春夏三七日,秋冬五七日启之,中有绿汁,真精英也,宜先饮之,乃滤汁藏贮。加牛膝汁效更速,亦有加群药者。

牛膝酒

壮筋骨,治痿痹,补虚损,除久疟。用牛膝煎汁,和曲、米酿酒。或切碎,袋盛浸酒,煮饮。

当归酒

和血脉,坚筋骨,止诸痛,调经水。当归煎汁,或酿或浸,并如上法。

菖蒲酒

治三十六风，一十二痹，通血脉，治骨痿，久服耳目聪明。石菖蒲煎汁，或酿或浸，并如上法。

枸杞酒

补虚弱，益精气，去冷风，壮阳道，止目泪，健腰脚。用甘州枸杞子煮烂捣汁，和曲、米酿酒。或以子同生地黄袋盛，浸酒煮饮。

人参酒

补中益气，通治诸虚。用人参末，同曲、米酿酒。或袋盛浸酒，煮饮。

薯蓣酒

治诸风眩运，益精髓，壮脾胃。用薯蓣粉，同曲、米酿酒。或同山茱萸、五味子、人参诸药。浸酒煮饮。

茯苓酒

治头风虚眩，暖腰膝，主五劳七伤。用茯苓粉同曲、米酿酒，饮之。

菊花酒

治头风，明耳目，去痿痹，消百病。用甘菊花煎汁，同曲、米酿酒。或加地黄、当归、枸杞诸药亦佳。

黄精酒

壮筋骨，益精髓，变白发，治百病。用黄精、苍术各四斤，枸杞根、柏叶各五斤，天门冬三斤，煮汁一石，同曲十斤，糯米一石，如常酿酒饮。

桑椹酒

补五脏，明耳目。治水肿，不下则满，下之则虚，入腹则十无一活。用桑椹捣汁煎过，同曲、米如常酿酒饮。

术酒

治一切风湿筋骨诸病，驻颜色，耐寒暑。用术三十斤，去皮捣，以东流水三石，渍三十日，取汁，露一夜。浸曲、米酿成饮。

蜜酒

孙真人曰：治风疹风癣。用沙蜜一斤，糯饭一升，面曲五两，热水五升，同入瓶内，封七日成酒。寻常以蜜入酒代之，亦良。

蓼酒

久服聪明耳目,脾胃健壮。以蓼煎汁,和曲、米酿酒饮。

姜酒

诜曰:治偏风,中恶疰忤,心腹冷痛。以姜浸酒,暖服一碗即止。一法:用姜汁和曲,造酒如常,服之佳。

葱豉酒

诜曰:解烦热,补虚劳,治伤寒头痛寒热,及冷痢肠痛,解肌发汗。并以葱根、豆豉浸酒煮饮。

茴香酒

治卒肾气痛,偏坠牵引,及心腹痛。茴香浸酒煮饮之。舶茴尤妙。

缩砂酒

消食和中,下气,止心腹痛。砂仁炒研,袋盛浸酒,煮饮。

莎根酒

治心中客热,膀胱胁下气郁,常忧不乐。以莎根一斤切,熬香,袋盛浸酒。日夜服之,常令酒气相续。

茵陈酒

治风疾,筋骨挛急。用茵陈蒿(炙黄)一斤,秫米一石,曲三斤,如常酿酒饮。

青蒿酒

治虚劳久疟。青蒿捣汁,煎过,如常酿酒饮。

百部酒

治一切久近咳嗽。百部根切炒,袋盛浸酒,频频饮之。

海藻酒

治瘿气。海藻一斤,洗净浸酒,日夜细饮。

黄药酒

治诸瘿气。万州黄药切片,袋盛浸酒,煮饮。

仙茆酒

治精气虚寒,阳痿膝弱,腰痛痹缓,诸虚之病。用仙茆九蒸九晒,浸酒饮。

通草酒

续五脏气,通十二经脉,利三焦。通草子煎汁,同曲、米酿酒饮。

南藤酒

治风虚,逐冷气,除痹痛,强腰脚。石南藤煎汁,同曲、米酿酒饮。

松液酒

治一切风痹脚气。于大松下掘坑,置瓮承取其津液,一斤酿糯米五斗,取酒饮之。

松节酒

治冷风虚弱,筋骨挛痛,脚气缓痹。松节煮汁,同曲、米酿酒饮。松叶煎汁亦可。

柏叶酒

治风痹历节作痛。东向侧柏叶煮汁,同曲、米酿酒饮。

椒柏酒

元旦饮之,辟一切疫疠不正之气。除夕以椒三七粒,东向侧柏叶七枝,浸酒一瓶饮。

竹叶酒

治诸风热病,清心畅意。淡竹叶煎汁,如常酿酒饮。

槐枝酒

治大麻痿痹。槐枝煮汁。如常酿酒饮。

枳茹酒

治中风身直,口僻眼急。用枳壳刮茹,浸酒饮之。

牛蒡酒

治诸风毒,利腰脚。用牛蒡根切片,浸酒饮之。

巨胜酒

治风虚痹弱,腰膝疼痛。用巨胜子二升(炒香),薏苡仁二升,生地黄半斤,袋盛浸酒饮。

麻仁酒

治骨髓风毒痛，不能动者。取大麻子中仁炒香，袋盛浸酒饮之。

桃皮酒

治水肿，利小便。桃皮煎汁，同秫米酿酒饮。

红曲酒

治腹中及产后瘀血。红曲浸酒煮饮。

神曲酒

治闪肭腰痛。神曲烧赤，淬酒饮之。

烧酒(《纲目》)

【释名】火酒(｛纲目》)，阿剌吉酒(《饮膳正要》)。

【集解】时珍曰：烧酒非古法也。自元时始创其法，用浓酒和糟入甑，蒸令气上，用器承取滴露。凡酸坏之酒，皆可蒸烧。近时惟以糯米或粳米或黍或秫或大麦蒸熟，和曲酿瓮中七日，以甑蒸取。其清如水，味极浓烈，盖酒露也。

颖曰：暹逻酒以烧酒复烧二次，入珍宝异香。其坛每个以檀香十数斤烧烟熏令如漆，然后入酒蜡封，埋土中二三年，绝去烧气，取出用之。曾有人携至舶，能饮三四杯即醉，价值数倍也。有积病，饮一二杯即愈，且杀蛊。予亲见二人饮此，打下活虫长二寸许，谓之鱼蛊云。

【气味】辛、甘，大热，有大毒。

时珍曰：过饮败胃伤胆，丧心损寿，甚则黑肠腐胃而死。与姜、蒜同食，令人生痔。盐、冷水、绿豆粉解其毒。

【主治】消冷积寒气，燥湿痰，开郁结，止水泄，治霍乱疟疾噎膈，心腹冷痛，阴毒欲死，杀虫辟瘴，利小便，坚大便，洗赤目肿痛，有效(时珍)。

【附方】新七。冷气心痛：烧酒入飞盐饮，即止。阴毒腹痛：烧酒温饮，汗出即止。呕逆不止：真火酒一杯，新汲井水一杯，和服甚妙。(濒湖)寒湿泄泻，小便清者：以头烧酒饮之，即止。耳中有核，如枣核大，痛不可动者：以火酒滴入，仰之半时，即可钳出。(李楼《奇方》)风虫牙痛：烧酒浸花椒，频频漱之。寒痰咳嗽：烧酒四两，猪脂、蜜、香油、茶末各四两，同浸酒内，煮成一处。每日挑食，以茶下之，取效。

葡萄酒(《纲目》)

【集解】诜曰：葡萄可酿酒，藤汁亦佳。

酒萄葡

时珍曰：葡萄酒有二样：酿成者味佳，有如烧酒法者有大毒。酿者，取汁同曲，如常酿糯米饭法。无汁，用干葡萄末亦可。魏文帝所谓葡萄酿酒，甘于曲米，醉而易醒者也。烧者，取葡萄数十斤，同大曲酿酢，取人甑蒸之，以器承其滴露，红色可爱。古者西域造之，唐时破高昌，始得其法。按梁《四公子记》云：高昌献葡萄干冻酒。杰公曰：葡萄皮薄者味美，皮厚者味苦。八风谷冻成之酒，终年不坏。叶子奇《草木子》云：元朝于冀宁等路造葡萄酒，八月至太行山辨其真伪。真者下水即流，伪者得水即冰冻矣。久藏者，中有一块，虽极寒，其余皆冰，独此不冰，乃酒之精液也，饮之令人透腋而死。酒至二三年，亦有大毒。《饮膳正要》云：酒有数等，出哈喇火者最烈，西番者次之，平阳、太原者又次之。或云：葡萄久贮，亦自成酒，芳甘酷烈，此真葡萄酒也。

酿酒

【气味】甘、辛，热，微毒。

时珍曰：有热疾、齿疾、疮疹人，不可饮之。

【主治】暖腰肾，驻颜色，耐寒（时珍）。

烧酒

【气味】辛、甘，大热，有大毒。

时珍曰：大热大毒，甚于烧酒。北人习而不觉，南人切不可轻生饮之。

【主治】益气调中，耐饥强志（《正要》）。消痰破癖（汪颖）。

糟（《纲目》）

【释名】粕（《纲目》）。

【集解】时珍曰：糯、秫、黍、麦，皆可蒸酿酒、醋，熬煎饧、饴，化成糟粕。酒糟须用腊月及清明、重阳造者，沥干，入少盐收之。藏物不败，揉物能软。若榨干者，无味矣。醋糟用三伏造者良。

酒糟

【气味】甘、辛，无毒。

【主治】温中消食，除冷气，杀腥，去草、菜毒，润皮肤，调脏腑（藏器）。署扑损瘀血，浸水洗冻疮，捣敷蛇咬、蜂叮毒（《日华》）。

【发明】时珍曰：酒糟有曲蘖之性，能活血行经止痛，故治伤损有功。按许叔微《本事方》云：治踠折，伤筋骨，痛不可忍者。用生地黄一斤，藏瓜姜糟一斤，生姜四两，都炒热，布裹罨伤处，冷即易之。曾有人伤折，医令捕一生龟，将杀用之。夜梦龟传此方，用之而愈也。又《类编》所载，只用藏瓜姜糟一物，入赤小豆末和匀，罨于断伤处，以杉片或白桐片夹之，云不过三日即痊可也。

【附方】新四。手足皲裂：红糟、腊猪脂、姜汁、盐等分，研烂，炒热擦之，裂内甚痛，少顷即合，再擦数次即安。（《袖珍方》）鹤膝风病：酒醅糟四两，肥皂一个（去子），芒硝一两，五味子一两，砂糖一两，姜汁半瓯。研匀，日日涂之。加入烧酒尤妙也。暴发红肿，痛不可忍者：腊糟糟之。（谈野翁《试验方》）杖疮青肿：用湿绵纸铺伤处，以烧过酒糟捣烂，厚铺纸上。良久，痛处如蚁行，热气上升即散。（《简便方》）

大麦醋糟

【气味】酸，微寒，无毒。

【主治】气滞风壅，手臂脚膝痛，炒热布裹熨之，三两换当愈（孟诜）。

干饧糟

【气味】甘，温，无毒。

【主治】反胃吐食，暖脾胃，化饮食，益气缓中（时珍）。

【发明】时珍曰：饧以蘖成，暖而消导，故其糟能化滞缓中，养脾止吐也。按继洪《澹寮方》云：甘露汤：治反胃呕吐不止，服此利胸膈，养脾胃，进饮食。用于饧糟六两，生姜四两，二味同捣作饼，或焙或晒，入炙甘草末二两，盐少许，点汤服之。常熟一富人病反胃，往京口甘露寺设水陆，泊舟岸下。梦一僧持汤一杯与之，饮罢，便觉胸快。次早入寺，供汤者乃梦中所见僧，常以此汤待宾，故易名曰甘露汤。予在临汀疗一小吏旋愈，切勿忽之。

【附方】新一。脾胃虚弱：平胃散（等分）末一斤，入干糖糟（炒）二斤半，生姜一斤半，红枣三百个（煮取肉焙干），通为末。逐日点汤服。（《摘玄》）

米秕（《食物》）

【释名】米皮糠。

时珍曰：秕，亦纰薄之义也。

【集解】颖曰：米秕，即精米上细糠也。昔陈平食糠核而肥也。

时珍曰：糠，诸粟谷之壳也。其近米之细者为米秕，味极甜。俭年人多以豆屑或草木花实可食者，和剂蒸煮，以救饥云。

【气味】甘，平，无毒。

【主治】通肠开胃，下气，磨积块，作糗食不饥，充滑肤体，可以颐养（汪颖）。

舂杵头细糠（《别录》中品）

【校正】禹锡曰：自草部移入此。

【集解】时珍曰：凡谷皆有糠，此当用粳、稻、粟、秫之糠也。北方多用杵，南方多用碓，入药并同。丹家言糠火炼物，力倍于常也。

【气味】辛、甘，热。

震亨曰：谷壳属金，糠之性则热也。

【主治】卒噎，刮取含之（《别录》。亦可煎汤呷之）。烧研，水服方寸匕，令妇人易产（时珍。出《子母秘录》）。

【发明】弘景曰：治噎用此，亦是舂捣义尔。天下事理，多相影响如此。

【附方】旧一，新一。膈气噎塞，饮食不下：用碓觜上细糠，蜜丸弹子大，时时含咽津液。（《圣惠》）咽喉妨碍，如有物吞吐不利：杵头糠、人参各一钱，石莲肉（炒）一钱，水煎服，日三次。（《圣济总录》）

本草纲目菜部第二十六卷

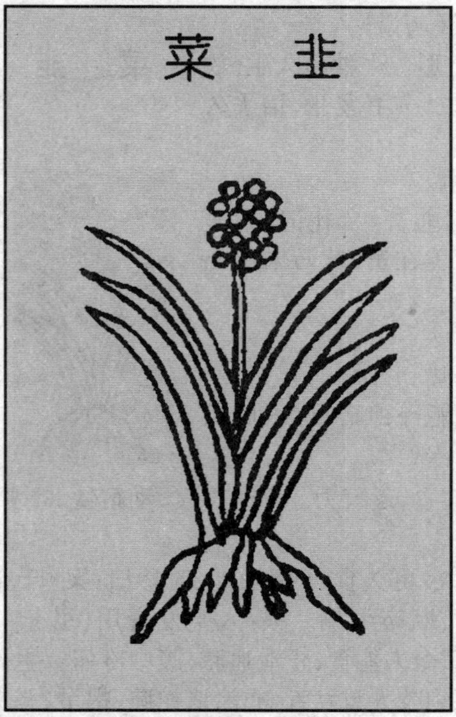

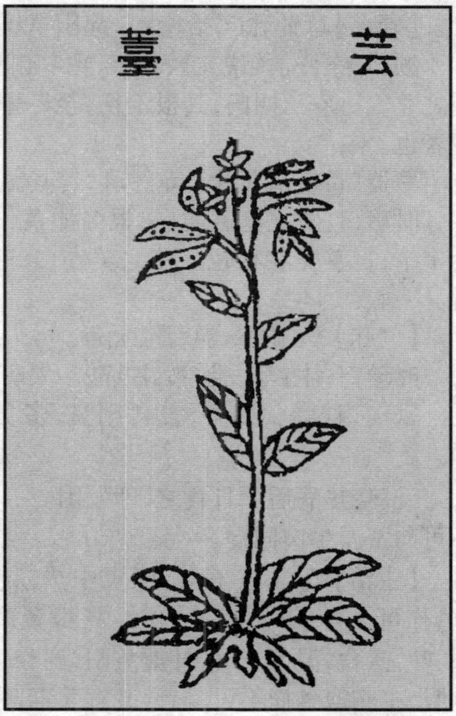

本草纲目菜部第二十六卷

韭(《别录》中品)

菜　韭

【释名】草钟乳(《拾遗》)、起阳草(侯氏《药谱》)。

颂曰:案许慎《说文》:韭字,象叶出地上形。一种而久生,故谓之韭。一岁三四割,其根不伤,至冬壅培之,先春复生,信乎久生者也。

藏器曰:俗谓韭叶是草钟乳,言其温补也。

时珍曰:韭之茎名韭白,根名韭黄,花名韭菁。《礼记》谓韭为丰本,言其美在根也。薤之美在白,韭之美在黄,黄乃未出土者。

【气味】辛、微酸,温,涩,无毒。

时珍曰:生:辛、涩;熟:甘、酸。大明曰:热。

宗奭曰:春食则香,夏食则臭,多食则能昏神暗目,酒后尤忌。

诜曰:热病后十日食之,即发困。五月多食,乏气力。冬月多食,动宿饮,吐水。不可与蜜及牛肉同食。

【主治】归心,安五脏,除胃中热,利病人,可久食(《别录》。时珍曰:案《千金方》作可久食,不利病人。)叶:煮鲫鱼酢食,断卒下痢。根:入生发膏用(弘景)。根、叶:煮食,温中下气,补虚益阳,调和脏腑,令人能食,止泄血脓,腹中冷痛。生捣汁服,主胸痹骨痛不可触者,又解药毒,疗狂狗咬人数发者,亦涂诸蛇虺、蝎虿、恶虫毒(藏器)。煮食,充肺气,除心腹痼冷痃癖。捣汁服,治肥白人中风失音(《日华》)。煮食,归肾壮阳,止泄精,暖腰膝(宁原)。炸熟,以盐、醋空心吃十顿,治胸膈噎气。捣汁服,治胸痹刺痛如锥,即吐出胸中恶血甚验。又灌初生小儿,吐去恶水、恶血,永无诸病(诜)。主吐血唾血,衄血尿血,妇人经脉逆行,打扑伤损及膈噎病。捣汁澄清,和童尿饮之,能消散胃脘瘀血,甚效(震亨)。饮生汁,主上气喘息欲绝,解肉脯毒。煮汁饮,止消渴盗汗。熏产妇血运,洗肠痔脱肛(时珍)。

【附方】旧十二,新二十。胸痹急痛:诜曰:胸痹痛如锥刺,不得俯仰,自汗出,或痛彻背上,不治或至死。可取生韭或根五斤,洗捣汁,服之。(《食疗本草》)阴阳易病,男子阴肿,小腹绞痛,头重眼花,宜豭鼠屎汤煮之:用豭鼠屎十四枚,韭根一大把,水二盏,煮七分,去滓再煎二沸,温服,得汗愈。未汗再服。(《南阳活人书》)伤寒劳复:方同上。卒然中恶:捣韭汁,灌鼻中,便苏。(《食医心镜》)卧忽不寤,勿以火照之,但痛啮拇指甲际而唾其面则活:取韭捣汁吹入鼻中。冬月则用韭根。(《肘后方》)风忤邪恶:韭根一把,乌梅十四个,吴茱萸(炒)兰升.水一斗煮之。仍以病人栉内入,煮三沸。栉浮者生,沉者死。煮至三升,分三服。(《金匮要略》)喘息欲绝:韭汁饮一升,效。(《肘后》)夜出盗汗:韭根四十九根。水二升,煮一升,顿服。(《千金方》)消渴引饮:韭苗日用三、五两,或炒或作羹,勿入盐,入酱无妨。吃至十斤即住,极效。过清明勿吃。有人病此,引饮无度,得此方而愈。(秦宪副方)喉肿难食:韭一把,捣熬敷之。冷即易。(《千金方》)水谷痢疾:韭叶作羹、粥、炸、炒,任食之,良。(《食医心镜》)脱肛不收:生韭一斤(切),以酥拌炒熟,绵裹作二包,更互熨之,以入为度。(《圣惠》)痔疮作痛:用盆盛沸汤,以器盖之,留一孔。用洗净韭菜一把,泡汤中。乘热坐孔上,先熏后洗,数次自然脱体也。(《袖珍方》)小儿胎毒:初生时,以韭汁少许灌之,即吐出恶水恶血,永无诸疾。((四声本草))小儿腹胀:韭根捣汁,和猪脂煎服一合。间日一服,取愈。

韭子

【修治】大明曰:入药拣净,蒸熟曝干,簸去黑皮,炒黄用。

【气味】辛、甘,温,无毒。

时珍曰:阳也。伏石钟乳、乳香。

【主治】梦中泄精,溺白(《别录》)。暖腰膝。治鬼交,甚效(《日华》)。补肝及命门,治小便频数、遗尿,女人白淫、白带(时珍)。

【附方】旧四,新三。梦遗溺白:藏器曰:韭子,每日空心生吞一二十粒,盐汤下。(圣惠)治虚劳伤肾,梦中泄精。用韭子二两,微炒为末。食前温酒服二钱匕。虚劳溺精:用新韭子二升(十月霜后采之),好酒八合渍一宿。以晴明日,童子向南捣一万杵。平旦温酒服方寸匕,日再服之。(《外台秘要》)梦泄遗尿:韭子二升,稻米三升,水一斗七升,煮粥取汁六升,分三服。(《千金方》)玉茎弨中:玉茎强硬不痿,精流不住,时时如针刺,捏之则痛,其病名强中,乃肾滞漏疾也。用韭子、破故纸各一两,为末。每服三钱,水一盏,煎服。日三即住。(《夏子益奇方》)腰脚无力:韭子一升(拣净,蒸两炊久,曝干,簸去黑皮,炒黄捣粉)。安息香二大两,水煮一二百沸,慢火炒赤色,和捣为丸梧子大。如干,入少蜜。每日空腹酒下三十丸。以饭三,五匙压之,大佳。(崔元亮《海上方》)女人带下.及男子肾虚冷,梦遗:用韭子七升,醋煮千沸,焙研末,炼蜜丸梧子大。每服三十丸,空心温酒下。(《千金方》)烟熏虫牙:用瓦片煅红,安韭子数粒,清油数点,待烟起,以筒吸引至痛处。良久以温水漱,吐有小虫出为效。未尽再熏。(《救急易方》)

山韭(《千金》)

【释名】藿(音育)、韱(音纤,并未详)。

【气味】咸,寒,涩,无毒。

【主治】宜肾,主大小便数,去烦热,治毛发(《千金》)。

【发明】时珍曰:萑,肾之菜也,肾病宜食之。诸家本草不载,而孙思邈《千金方》收之。他书“萑”字多讹作“藿”字,藿乃豆叶也。陈直《奉亲养老书》有藿菜羹,即此也。其方治老人脾胃气弱,饮食不强。用藿菜四两,鲫鱼肉五两,煮羹,下五味并少面食。每三五日一作之。云极补益。

【附录】孝文韭(《拾遗》)

藏器曰:辛,温,无毒。主腹内冷胀满,泄痢肠澼,温中补虚,令人能行。生塞北山谷,状如韭,人多食之,云是后魏孝文帝所种。又有诸葛韭,孔明所种,此韭更长,彼人食之。时珍曰:此亦山韭也,但因人命名耳。

葱(《别录》中品)

【释名】芤(《纲目》)、菜伯(同)、和事草(同)、鹿胎。

时珍曰:葱从囱。外直中空,有囱通之象也。芤者,草中有孔也,故字从孔,芤脉象之。葱初生曰葱针,叶曰葱青,衣曰葱袍,茎曰葱白,叶中涕曰葱苒。诸物皆宜,故云菜伯、和事。

葱

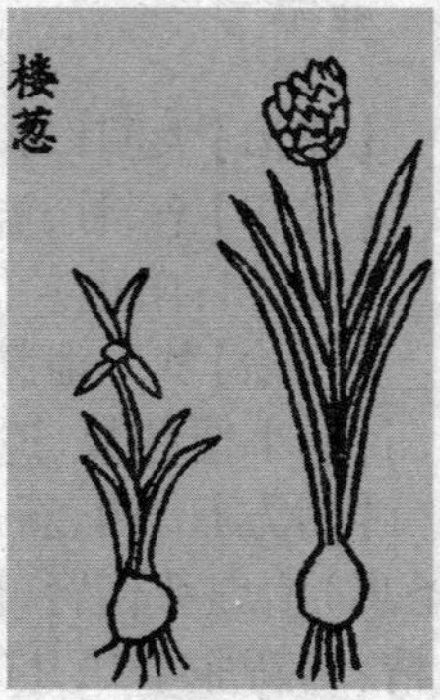

葱茎白

【气味】辛。平。叶:温。根须:平。并无毒。

弘景曰:葱有寒热,白冷青热,伤寒汤中不得用青也。

宗奭曰:葱主发散,多食昏人神。

诜曰:葱宜冬月食。不可过多,损须发,发人虚气上冲,五脏闭绝,为其开骨节出汗之故也。

思邈曰:正月食生葱,令人面上起游风。生葱同蜜食,作下利。烧葱同蜜食,壅气杀人。

张仲景曰:生葱合枣食,令人病;合犬、雉肉食,多令人病血。

时珍曰:服地黄、常山人,忌食葱。

【主治】作汤,治伤寒寒热,中风面目浮肿,能出汗(《本经》)。伤寒骨肉碎痛,喉痹不通,安胎,归目益目睛,除肝中邪气,安中利五脏,杀百药毒。根:治伤寒头痛(《别录》)。主天行时疾,头痛热狂.霍乱转筋,及奔豚气、脚气,心腹痛,目眩,止心迷闷(大明)。通关节,止衄血,利大小便(孟诜)。治阳明下痢、下血(李杲)。达表和里,止血(宁原)。除风湿,身痛麻痹,虫积心痛,止大人阳脱,阴毒腹痛,小儿盘肠内钓,妇人妊娠溺血,通乳汁,散乳痈,利耳鸣,涂猘犬伤,制蚯蚓毒(时珍)。杀一切鱼、肉毒(士良)。

【发明】元素曰:葱茎白,味辛而甘平,气厚味薄,升也,阳也。入手太阴、足阳明经,专主发散,以通上下阳气。故《活人书》治伤寒头痛如破,用连须葱白汤主之。张仲景治少阴病,下利清谷,里寒外热,厥逆脉微者,白通汤主之,内用葱白。若面色赤者,四逆汤加葱白。腹中痛者,去葱白。成无己解之云:肾恶燥,急食辛以润之。葱白辛温以通阳气也。

时珍曰:葱乃释家五荤之一。生辛散,熟甘温,外实中空,肺之菜也,肺病宜食之。肺主气,外应皮毛,其合阳明。故所治之症多属太阴、阳明,皆取其发散通气之功,通气故能解毒及理血病。气者血之帅也,气通则血活矣。金疮磕损,折伤血出,疼痛不止者,王璆《百一选方》用葱白、砂糖等分研封之。云痛立止,更无痕瘢也。葱叶亦可用。又葱管吹盐人玉茎内,治小便不通及转脬危急者,极有捷效。余常用治数人得验。

【附方】旧十二,新三十六。感冒风寒初起:即用葱白一握,淡豆豉半合,泡汤服之,取汗。(《濒湖集简方》)伤寒头痛如破者:连须葱白半斤,生姜二两,水煮温服。(《活人书》)时疾头痛,发热者:以连根葱白二十根,和米煮粥,入醋少许,热食取汗即解。(《济生秘览》)数种伤寒,初起一二日,不能分别者:用上法取汗。伤寒劳复,因交接者,腹痛卵肿:用葱白捣烂,苦酒一盏,和服之。(《千金方》)风湿身痛:生葱擂烂,入香油数点,水煎,调用芎劳、郁金末一钱服,取吐。(《丹溪心法》)妊娠伤寒,赤斑变为黑斑,尿血者:以葱白一把,水三升,煮热服汁,食葱令尽,取汗。(《伤寒类要》)六月孕动,困笃难救者:葱白一大握,水三升,煎一升,去滓顿服。(杨氏《产乳》)胎动下血,腰痛抢心:杨氏产乳方:用葱白煮浓汁饮之。未死即安,已死即出。未效再服。一方:加川芎。一方:用银器同米煮粥及羹食。

叶

【主治】煨研,敷金疮水入皲肿。盐研,敷蛇、虫伤及中射工,溪毒(《日华》)。主水病足肿(苏颂)。利五脏,益目精,发黄疸(思邈)。

【发明】颂曰:煨葱治打扑损,见刘禹锡《传信方》,云得于崔给事。取葱新折者,煻火煨热剥皮,其间有涕,便将罨损处。仍多煨,续续易热者。崔云:顷在泽潞,与李抱真作判官。李相方以球杖按球子。其军将以杖相格,因伤李相拇指并爪甲擗裂。遽索金创药裹之,强索酒饮,而面色愈青,忍痛不止。有军吏言此方,遂用之。三易面色却赤,斯须云已不痛。凡十数度,用热葱并涕缠裹其指,遂毕席笑语。

时珍曰:按张氏《经验方》云:金创折伤血出,用葱白连叶煨热,或锅烙炒热,捣烂敷之,冷即再易。石城尉戴尧臣,试马损大指,血出淋漓。余用此方,再易而痛止。翌日洗面,不见痕迹。宋推官、鲍县尹皆得此方,每有杀伤气未绝者,亟令用此,活人甚众。又凡人头目重闷疼痛,时珍每用葱叶插入鼻内二三寸,并耳内,气通即便清爽也。

【附方】旧三,新二。水病足肿:葱茎叶煮汤渍之,日三五次妙。(韦宙《独行方》)小便不通:葱白连叶捣烂,入蜜,合外肾上,即通。(《永类钤方》)疮伤风水肿疼。取葱青叶和干姜、黄柏等分,煮汤浸洗,立愈。(《食疗》)蜘蛛咬疮,遍身生疮:青葱叶一茎去尖,入蚯蚓一条在内,待化成水,取点咬处即愈。(李绛《兵部手集》)代指毒痛:取萎黄葱叶煮汁,热渍之。(《千金方》)

汁

【气味】辛,温,滑,无毒

【主治】溺血,饮之。解藜芦及桂毒(《别录》)。散瘀血,止衄止痛,治头痛耳聋，消痔漏，解众药毒（时珍）。能消桂为水，化五石，仙方所用（弘景）。

【发明】时珍曰：葱汁即葱涕，功同葱白。古方多用葱涎丸药，亦取其通散上焦风气也。《胜金方》取汁入酒少许滴鼻中，治衄血不止，云即觉血从脑散下也。又唐瑶《经验方》以葱汁和蜜少许服之，亦佳。云邻媪用此甚效，老仆试之亦验。二物同食害人，何以能治此疾？恐人脾胃不同，非甚急不可轻试也。

慎微曰：《三洞要录》云：葱者，菜之伯也，能消金、锡、玉、石。神仙消金玉浆法：于冬至日，以壶芦盛葱汁及根茎，埋庭中。次年夏至发出，尽化为水。以法渍金、玉、银青石各三分，自消矣。曝干如饴，食之可休粮，亦曰金浆也.

【附方】旧二，新三。衄血不止：方见上。金疮出血不止：取葱炙热，挼汁涂之即止。（《梅师方》）火焰丹毒，从头起者：生葱汁涂之。痔瘘作痛：葱涎、白蜜和涂之，先以木鳖子煎汤熏洗，其冷如冰即效。一人苦此，早间用之，午刻即安也。（《唐仲举方》）解钩吻毒，面青口噤欲死：以葱涕啖之，即解。（《千金》）

须

【主治】通气（孟诜）。疗饱食房劳，血渗入大肠，便血肠澼成痔，晒干，研末，每服二钱，温酒下（时珍）。

【附方】旧一。喉中肿塞，气不通者：葱须阴干为末，每用二钱，入蒲州胆矾末一钱，和匀。每用一字，吹之。（杜壬方）

花

【主治】心脾痛如锥刀刺，腹胀。用一升，同吴茱萸一升，水一大升八合，煎七合，去滓，分三服，立效（颂，出崔元亮方）。

实

【气味】辛，大温，无毒。

【主治】明目，补中气不足（《本经》）。温中益精（《日华》）。宜肺，归头（思邈）。

【附方】旧一。眼暗补中：葱子半斤、为末，每取一匙，水二升，煎汤一升半，去滓，入米煮粥食之。亦可为末，蜜丸梧子大，食后米汤服一二十丸，日三服。（《食医心镜》）

茖葱（音格。《千金》）

【释名】山葱。

【集解】保升曰：茖葱生山谷，不入药用。

时珍曰：茖葱，野葱也，山原平地皆有之。生沙地者名沙葱，生水泽者名水葱，野人皆食之。开白花，结子如小葱头。世俗不察胡葱即蒜葱，误指此为胡葱（详见胡葱下）。保升言不入药用，苏颂言入药宜用山葱、胡葱。今考思邈《千金食性》，自有茖葱功用，而诸本失收，今采补之。

【气味】辛，微温，无毒。

时珍曰：佛家以茖葱为五荤之一（见蒜下）。

【主治】除瘴气恶毒。久食，强志益胆气（思邈）。主诸恶載、狐尿刺毒，山溪中沙虱、射工等毒。煮汁浸，或捣敷，大效。亦兼小蒜、茱萸辈，不独用也（苏恭）。

子

【气味】同葱。

【主治】泄精（思邈）。

胡葱（宋《开宝》）

【释名】蒜葱（《纲目》）、回回葱。

时珍曰：按《孙真人食忌》作葫葱，因其根似葫蒜故也。俗称蒜葱，正合此义。元人《饮膳正要》作回回葱，似言其来自胡地，故曰胡葱耳。

胡葱

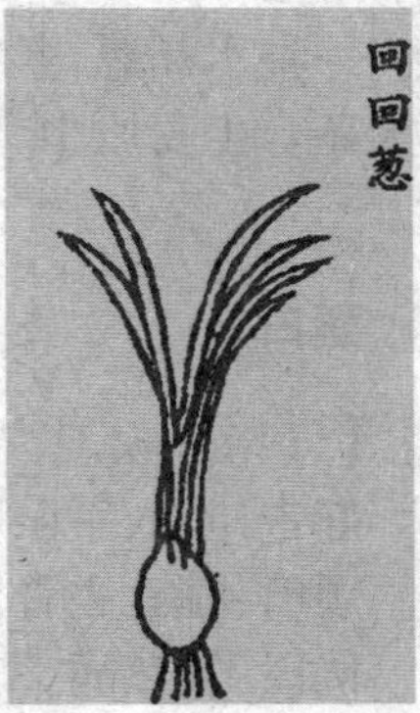

【修治】敩曰：凡采得依纹擘碎，用绿梅子相对拌蒸一伏时，去梅子，砂盆中研如膏，瓦器晒干用。

【气味】辛，温，无毒。

时珍曰：生则辛平，熟则甘温。

诜曰：亦是薰物。久食，伤神损性，令人多忘，损目明，绝血脉，发痼疾。患胡臭、䘌齿人，食之转甚。

思邈曰：四月勿食胡葱，令人气喘多惊。

【主治】温中下气，消谷能食，杀虫，利五脏不足气（孟诜）。疗肿毒（保升）。

【发明】时珍曰：方术煮溪涧白石为粮，及煮牛、马、驴骨令软，皆用胡葱，则亦软坚之物也。陶弘景言葱能化五石，消桂为水，则是诸葱皆能软石。故今人采茖葱煮石，谓之胡葱也。

【附方】新一。身面浮肿，小便不利，喘急：用胡葱十茎，赤小豆三合，硝石一两，以水五升，煮葱、豆至熟，候水干，入硝石，同擂成膏。每空心温酒服半匙。（《圣惠方》）

子

【主治】中诸肉毒，吐血不止，萎黄悴者，以一升，水煮，冷服半升，日一夜一，血定乃止（孟诜）。

薤(音械《别录》中品)

薤

【释名】藠子(音叫,或作荞者非)、莜子(音钓)、火葱(《纲目》)、菜芝(《别录》),鸿荟(音会)。

时珍曰:薤本文作䪥,韭类也。故字从韭,从㲋(音概),谐声也。今人因其根白,呼为藠子,江南人讹为莜子。其叶类葱而根如蒜,收种宜火熏,故俗人称为火葱。罗愿云:物莫美于芝,故薤为菜芝。苏颂复附莜子于蒜条,误矣。

【集解】《别录》曰:薤生鲁山平泽。

时珍曰:薤八月栽根,正月分莳,宜肥壤。数枝一本,则茂而根大。叶状似韭。韭叶中实而扁,有剑脊。薤叶中空,似细葱叶而有棱,气亦如葱。二月开细花,紫白色。根如小蒜,一本数颗,相依而生。五月叶青则掘之,否则肉不满也。其根煮食、芼酒、糟藏、醋浸皆宜。故《内则》云:切葱、薤实诸醯以柔之。白乐天诗云酥暖薤白酒,谓以酥炒薤白投酒中也。一种水晶葱,葱叶蒜根,与薤相似,不臭,亦其类也。按王祯《农书》云:野薤俗名天薤。生麦原中,叶似薤而小,味益辛,亦可供食,但不多有。即《尔雅》山薤是也。

薤白

【气味】辛、苦,温,滑,无毒。

好古曰:入手阳明经。

颂曰:薤宜去青留白,白冷而青热也。

诜曰:发热病,不宜多食。三、四月勿食生者。

大明曰:生食引涕唾。不可与牛肉同食,令人作癥瘕。

【主治】金疮疮败。轻身,不饥耐老(《本经》)。归骨,除寒热,去水气,温中散结气。作羹食,利病人。诸疮中风寒水气肿痛,捣涂之(《别录》)。煮食,耐寒,调中补不足,止久痢冷泻,肥健人(《日华》)。治泄痢下重,能泄下焦阳明气滞(李杲。好古曰:下重者,气滞也。四逆散加此以泄气滞)。治少阴病厥逆泄痢,及胸痹刺痛,下气散血,安胎(时珍)。心病宜食之。利产妇(思邈)。治女人带下赤白,作羹食之。骨哽在咽不去者,食之即下(孟诜)。补虚解毒(苏颂)。白者补益,赤者疗金疮及风,生肌肉(苏恭)。与蜜同捣,涂汤火伤,效甚速(宗奭)。温补,助阳道(时珍)。

【附方】旧十五,新八。胸痹刺痛:张仲景栝蒌薤白汤:治胸痹,痛彻心背,喘息咳唾短气,喉中燥痒,寸脉沉迟,关脉弦数,不治杀人。用栝蒌实一枚,薤白半升,白酒七升,煮二升,分二服。《千金》治胸痹,半夏薤白汤:用薤白四两,半夏一合,枳实半两,生姜一两,栝蒌实半枚,㕮咀,以白截浆三升,煮一升,温服,日三。《肘后》治胸痹,瘥而复发。薤根五升,捣汁饮之,立瘥。截音在,酢浆也。卒中恶死卒死,或先病,或平居寝卧奄忽而死,皆是中恶:以薤汁灌入鼻中,便省。(《肘后》)霍乱干呕不止者：以薤一虎口，以水三升，煮取一半，顿服。不过三作即已。（韦宙《独行方》）奔豚气痛：薤白捣汁饮之。（《肘后方》）赤痢不止：薤同黄柏煮汁服之。（陈藏器）赤白痢下：薤白一握，同米煮粥，日食之。（《食医心镜》）小儿疳痢：薤白生捣如泥，以粳米粉和蜜作饼，炙熟与食。不过三两服。（杨氏《产乳》）产后诸痢：多煮薤白食，仍以羊肾脂同炒食之。（《范汪方》）妊娠胎动，腹内冷痛：薤白一升，当归四两。水五升，煮二升，分三服。（《古今录验》）郁肉脯毒：杵薤汁，服二、三升良。（葛洪方）疮犯恶露，甚者杀人：薤白捣烂，以帛裹煨极热，去帛敷之，冷即易换。亦可捣作饼，以艾灸之，热气入疮，水出即瘥也。（《梅师方》）手指赤色，随月生死：以生薤一把，苦酒煮熟，捣烂涂之，愈乃止。（《肘后方》）疥疮痛痒：煮薤叶，捣烂涂之。（同上）灸疮肿痛：薤白一升，猪脂一斤。切，以苦酒浸一宿，微火煎三上三下，去滓涂之。（《梅师方》）手足瘑疮：生薤一把，以热醋投入，以封疮上取效。（《千金》）毒蛇螫伤：薤白捣敷。（徐王方）虎犬咬伤：薤白捣汁一升饮之，并涂之。日三服，瘥乃止。（葛洪方）诸鱼骨哽：薤白嚼柔，以绳系中，吞到哽处，引之即出。（同上）误吞钗镮：取薤白曝萎，煮熟勿切，食一大束，钗即随出。（葛洪方）目中风肿作痛：取薤白截断，安膜上令遍。痛作复为之。（《范汪方》）咽喉肿痛：薤根醋捣敷肿处。冷即易少。（《圣济》）

【附录】蓼荞（《拾遗》）

藏器曰：味辛，温，无毒。主霍乱腹冷胀满，冷气攻击，腹满不调，产后血攻胸膈刺痛，服之。生平泽，其苗如葱、韭。

时珍曰：此亦山薤之类，方名不同耳。

蒜（《别录》下品）

【释名】小蒜（《别录》）、茆蒜（音卯）、荤菜。

时珍曰：蒜字从祘（音蒜），谐声也。又象蒜根之形。中国初惟有此，后因汉人得胡蒜于西域，遂呼此为小蒜以别之。故崔豹《古今注》云：蒜，茆蒜也，俗谓之小蒜。胡国有蒜，十子一株，名曰胡蒜，俗谓之大蒜是矣。蒜乃五荤之一，故许氏《说文》谓之荤菜。五荤即五辛，谓其辛臭昏神伐性也。练形家以小蒜、大蒜、韭、芸苔、胡荽为五荤，道家以韭、薤、蒜、芸苔、胡荽为五荤，佛家以大蒜、小蒜、兴渠、慈葱、茖葱为五荤。兴渠，即阿魏也。虽各不同，然皆辛熏之物，生食增恚，熟食发淫，有损性灵，故绝之也。

蒜（小蒜根也）

【气味】辛，温，有小毒。

弘景曰：味辛性热。损人，不可长食。

思邈曰：无毒。三月勿久食，伤人志性。黄帝书云：同生鱼食，令人夺气，阴核疼。

瑞曰：脚气风病人，及时病后，忌食之。

【主治】归脾肾，主霍乱，腹中不安，消谷，理胃温中，除邪痹毒气（《别录》）。主溪毒(弘景)。下气,治蛊毒,敷蛇、虫、沙虱疮(《日华》。恭曰:此蒜与胡葱相得。主恶蛓毒、山溪中沙虱、水毒,大效。山人、俚獠时用之)。涂疔肿甚良(孟诜)。

叶

【主治】心烦痛,解诸毒。小儿丹疹(思邈)。

【发明】颂曰:古方多用小蒜治中冷霍乱,煮汁饮之。南齐褚澄治李道念鸡瘕,便瘥。

宗奭曰:华佗用蒜齑,即此蒜也。

时珍曰:按李延寿《南史》云:李道念病已五年。吴郡太守褚澄诊之。曰:非冷非热,当是食白瀹鸡子过多也。取蒜一升煮食,吐出一物涎裹,视之乃鸡雏,翅足俱全。澄曰:未尽也。更吐之,凡十二枚而愈。或以"蒜"字作"苏"字者,误矣。范哗《后汉书》云:华佗见一人病噎,食不得下,令取饼店家蒜齑大酢二升饮之,立吐一蛇。病者悬蛇于车,造佗家,见壁北悬蛇数十,乃知其奇。又夏子益《奇疾方》云:人头面上有光,他人手近之如火炽者,此中蛊也。用蒜汁半两,和酒服之,当吐出如蛇状。观三书所载,则蒜乃吐蛊要药,而后人鲜有知者。

【附方】旧七,新七。时气温病,初得头痛,壮热脉大:即以小蒜一升,杵汁三合,顿服。不过再作便愈。(《肘后方》)霍乱胀满,不得吐下,名干霍乱:小蒜一升,水三升,煮一升,顿服。(《肘后方》)霍乱转筋,入腹杀人:以小蒜、盐各一两,捣敷脐中,灸七壮,立止。(《圣济录》)积年心痛不可忍,不拘十年、五年者,随手见效:浓醋煮小蒜食饱,勿着盐。曾用之有效,再不发也。(《兵部手集》)水毒中人:一名中溪,一名中湿,一名水病,似射工而无物。初得恶寒,头目微疼,旦醒暮剧,手足逆冷。三日则生虫,食人下部,肛中有疮,不痒不痛。过六七日虫食五脏,注下不禁:以小蒜三升,煮微热(大热即无力)以浴身。若身发赤斑纹者,毋以他病治之也.(《肘后方》)射工中人成疮者:取蒜切片,贴疮上,灸七壮。(《千金》)止截疟疾:小蒜不拘多少,研泥,入黄丹少许,丸如芡子大。每服一丸,面东新汲水下,至妙。(唐慎微)阴肿如刺汗出者:小蒜一升,韭根一升,杨柳根二斤,酒三升,煎沸乘热熏之。(《永类方》)恶核肿结:小蒜、吴茱萸等分,捣敷即散。(《肘后》)丹毒五色无常,及发足踝者:杵蒜厚敷,频易。(葛氏)小儿白秃。头上团团白色:以蒜(切)口揩之。(《子母秘录》)蛇蝎螫人:小蒜捣汁服,以滓敷之。(《肘后》)蜈蚣咬疮:嚼小蒜涂之,良。(《肘后方》)蚰蜒入耳:小蒜洗净,捣汁滴之。未出再滴。(李绛《兵部手集》)

山蒜(《拾遗》)

【释名】蒚(音历)、泽蒜。

【集解】颂曰:江南一种山蒜,似大蒜而臭。

时珍曰:山蒜、泽蒜、石蒜,同一物也,但分生于山、泽、石间不同耳。人间栽莳小蒜,始自三种移成,故犹有泽蒜之称。《尔雅》云:蒚,山蒜也。今京口有蒜山,产蒜是也。处处有之,不独江南。又吕忱《字林》云:荶,水中蒜也。则蒜不但产于山,而又产于水也。别有山慈菇、水仙花、老鸦蒜、石蒜之类.根叶皆似蒜而不可食,其花亦异。并见草部下。

【气味】辛,温,无毒。

【主治】山蒜:治积块,及妇人血瘕,用苦醋磨服多效(苏颂)。泽蒜、石蒜:并温补下气,滑水源(藏器)。

葫(《别录》下品)

【释名】大蒜(弘景)、荤菜。

弘景曰:今人谓葫为大蒜,蒜为小蒜,以其气类相似也。

时珍曰:按孙愐《唐韵》云:张骞使西域,始得大蒜、胡荽。则小蒜乃中土旧有,而大蒜出胡地,故有胡名。二蒜皆属五荤,故通可称荤。详见蒜下。

【主治】归五脏,散痈肿䘌疮,除风邪,杀毒气(《别录》)。下气,消谷.化肉(苏恭)。去水恶瘴气,除风湿,破冷气,烂痃癖,伏邪恶,宣通温补,疗疮癣,杀鬼去痛(藏器)。健脾胃,治肾气,止霍乱转筋腹痛,除邪祟,解温疫,去蛊毒,疗劳疟冷风.敷风损冷痛,恶疮、蛇虫、溪毒、沙虱。并捣贴之。熟醋浸,经年者良(《日华》)。温水捣烂服,治中暑不醒。捣贴足心,止鼻衄不止。和豆豉丸服,治暴下血,通水道(宗奭)。捣汁饮,治吐血心痛。煮汁饮,治角弓反张。同鲫鱼丸,治膈气。同蛤粉丸,治水肿。同黄丹丸,治痢疟、孕痢。同乳香丸,治腹痛。捣膏敷脐,能达下焦,消水,利大小便。贴足心,能引热下行,治泄泻暴痢及干湿霍乱,止衄血。纳肛中,能通幽门,治关格不通(时珍)。

【附方】旧十五,新三十二。背疮灸法:凡觉背上肿硬疼痛,用湿纸贴寻疮头。用大蒜十颗,淡豉半合,乳香一钱,细研。随疮头大小,用竹片作圈围定,填药于内,二分厚,着艾灸之。痛灸至痒,痒灸至痛,以百壮为率。与蒜钱灸法同功。(《外科精要》)疔肿恶毒:用门臼灰一撮罗细,以独蒜或新蒜苔染灰擦疮口,候疮自然出少汁,再擦,少顷即消散也。虽发背痈肿,亦可擦之。五色丹毒无常色。及发足踝者:捣蒜厚敷,干即易之。(《肘后方》)关格胀满,大小便不通:独头蒜烧熟去皮,绵裹纳下部,气立通也。(《外台秘要》)干湿霍乱转筋:用大蒜捣涂足心,立愈。(《永类钤方》)水气肿满:大蒜、田螺、车前子等分。熬膏。摊贴脐中,水从便漩而下,数日即愈。象山民人患水肿,一卜者传此,用之有效。(仇远《稗史》)山岚瘴气:生、熟大蒜各七片,共食之。少顷腹鸣,或吐血,或大便泄,即愈。(《摄生众妙方》)疟疾寒热:《肘后》:用独头蒜炭上烧之,酒服方寸匕。《简便》:用桃仁半片,放内关穴上,将独蒜捣烂罨之,缚住(男左女右),即止。邻妪用此治人屡效。《普济方》:端午日,取独头蒜煨熟,入矾红等分,捣丸芡子大,每白汤嚼下一丸。寒疟冷痢:端午日,以独头蒜十个,黄丹二钱,捣丸梧子大。每服九丸,长流水下,甚妙。(《普济方》)泄泻暴痢:大蒜捣贴两足心。亦可贴脐中。(《千金方》)下痢禁口及小儿泄痢方:并同上。肠毒下血:蒜连丸:用独蒜煨捣,和黄连末为丸,日日米汤服之。(《济生方》)暴下血病:用葫五、七枚,去皮研膏,入豆豉捣,丸梧子大。每米饮下五六十丸,无不愈者。(寇宗奭《本草衍义》)鼻血不止,服药不应:用蒜一枚,去皮,研如

泥,作钱大饼子,厚一豆许。左鼻血出,贴左足心;右鼻血出,贴右足心;两鼻俱出,俱贴之,立瘥。(《简要济众方》)

五辛菜(《拾遗》)

【集解】时珍曰:五辛菜,乃元旦立春,以葱、蒜、韭、蓼、蒿、芥辛嫩之菜,杂和食之,取迎新之义,谓之五辛盘,杜甫诗所谓:"春日春盘细生菜"是矣。

【气味】辛,温,无毒。

藏器曰:热病后食,多损目。

【主治】岁朝食之,助发五脏气。常食,温中去恶气,消食下气(藏器)。

芸苔(《唐本草》)

芸薹

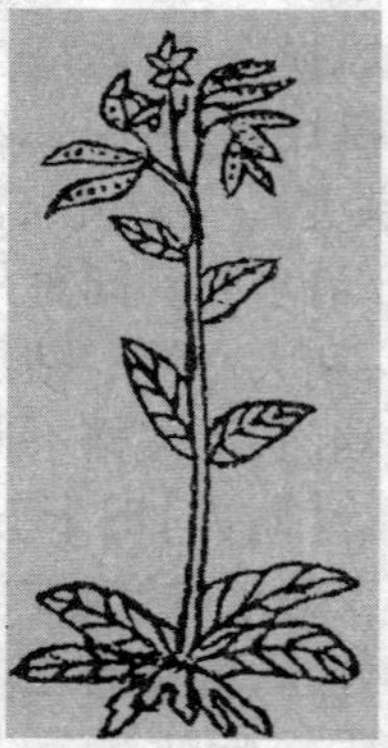

【释名】寒菜(胡居士方)、胡菜(同上)、苔菜(《埤雅》)、苔芥(《沛志》)、油菜(《纲目》)。

时珍曰:此菜易起苔,须采其苔食,则分枝必多,故名芸苔,而淮人谓之苔芥,即今油菜,为其子可榨油也。羌陇氐胡,其地苦寒,冬月多种此菜,能历霜雪,种自胡来,故服虔《通俗文》谓之胡菜,而胡洽居士《百病方》谓之寒菜,皆取此义也。或云塞外有地名云台戍,始种此菜,故名,亦通。

【集解】恭曰:《别录》云:芸苔乃人间所啖菜也。

时珍曰:芸苔方药多用,诸家注亦不明,今人不识为何菜?珍访考之,乃今油菜也。九月、十月下种,生叶形色微似白菜。冬、春采苔心为茹,三月则老不可食。开小黄花,四瓣,如芥花。结荚收子,亦如芥子,灰赤色。炒过榨油黄色,燃灯甚明,食之不及麻油。近人因有油利,种者亦广云。

菘(《别录》上品)

【释名】白菜

时珍曰:按陆佃《埤雅》云:菘性凌冬晚凋,四时常见,有松之操,故曰菘。今俗谓之白菜,其色青白也。

【集解】弘景曰:菘有数种,犹是一类,只论其美与不美,菜中最为常食。

时珍曰:菘(即今人呼为白菜者)有二种:一种茎圆厚微青,一种茎扁薄而白。其叶皆淡青白色。燕、赵、辽阳、扬州所种者,最肥大而厚,一本有重十余斤者。南方之菘畦内过冬,北方者多入窖内。燕京圃人又以马粪入窖壅培,不见风日,长出苗叶皆嫩黄色,脆美无滓,谓之黄芽菜,豪贵以为嘉品,盖亦仿韭黄之法也,菘子如芸苔子而色灰黑,八月以后种之。二月开黄花,如芥花,四瓣。三月结角,亦如芥。

其菜作菹食尤良，不宜蒸晒。

【正误】恭曰：菘有三种：牛肚菘叶最大厚，味甘；紫菘叶薄细，味少苦；白菘似蔓荆也。菘菜不生北土。有人将子北种，初一年即半为芜菁，二年菘种都绝；将芜菁子南种，亦二年都变。土地所宜如此。

颂曰：菘，今南北皆有之。与蔓荆相类，梗长叶不光者为芜菁，梗短叶阔厚而肥腴者为菘。旧说北土无菘，今京洛种菘都类南种，但肥厚差不及尔。

机曰：蔓荆、菘菜恐是一种。但在南土，叶高而大者为菘，秋冬有之；在北土，叶短而小者为蔓荆，春夏有之。

时珍曰：白菘，即白菜也。牛肚菘，即最肥大者。紫菘即芦菔也，开紫花，故曰紫菘。苏恭谓白菘似蔓荆者，误矣。根叶俱不同，而白菘根坚小，不可食。又言南北变种者，盖指蔓荆、紫菘而言。紫菘根似蔓荆而叶不同，种类亦别。又言北土无菘者，自唐以前或然，近则白菘、紫菘南北通有。惟南土不种蔓荆，种之亦易生也。苏颂漫为两可之言，汪机妄起臆断之辨，俱属谬误，今悉正之。

茎叶

【气味】甘，温，无毒。

大明曰：凉，微毒。多食发皮肤风瘙痒。

诜曰：发风冷内虚人不可食，有热人食亦不发病，性冷可知。《本草》言性温，未解其意。

弘景曰：性和利人，多食似小冷。张仲景言药中有甘草，食菘即令病不除也。

颂曰：有小毒不可食多，多则以生姜解之。

瑞曰：夏至前食，发气动疾。有足疾者忌之。

时珍曰：气虚胃冷人多食，恶心吐沫，气壮人则相宜。

【主治】通利肠胃，除胸中烦，解酒渴（《别录》）。消食下气，治瘴气，止热气嗽。冬汁尤佳（萧炳）。和中，利大小便（宁原）。

【附方】旧一，新二。小儿赤游，行于上下，至心即死：菘菜捣敷之，即止。（张杰《子母秘录》）漆毒生疮：白菘菜捣烂涂之。飞丝入目：白菜揉烂帕包，滴汁三二点入目，即出。（《普济方》）

子

【气味】甘，平，无毒。

【主治】作油，涂头长发，涂刀剑不鏥（音秀。弘景）。

【附方】旧一。酒醉不醒：菘菜子二合细研，井华水一盏调，为二服。（《圣惠方》）

芥（《别录》上品）

【释名】时珍曰：按王安石《字说》云：芥者，界也。发汗散气，界我者也。王祯《农书》云：其气味辛烈，菜中之介然者，食之有刚介之象，故字从介。

【集解】弘景曰：芥似菘而有毛，味辣，可生食及作菹。其子可以藏冬瓜。又有莨（音郎），作菹甚辣。

时珍曰：芥有数种：青芥，又名刺芥，似白菘，有柔毛。有大芥，亦名皱叶芥，大叶皱纹，色尤深绿，味更辛辣。二芥宜入药用。有马芥，叶如青芥。有花芥，叶多缺刻，如萝卜英。有紫芥，茎叶皆紫如苏。有石芥，低小。皆以八九月下种。冬月食者，俗呼腊菜；春月食者，俗呼春菜；四月食者，谓之夏芥。芥心嫩苔，谓之芥蓝，瀹食脆美。其花三月开，黄色四出。结荚一二寸。子大如苏子，而色紫味辛，研末泡过为芥酱，以侑肉食，辛香可爱。《岭南异物志》云：南土芥高五六尺，子大如鸡子。此又芥之异者也。

茎叶

【气味】辛，温，无毒。

诜曰：煮食动气与风，生食发丹石，不可多食。大叶者良，细叶有毛者害人。

宁原曰：有疮疡、痔疾、便血者忌之。

思邈曰：同兔肉食，成恶邪病。同鲫鱼食，发水肿。

【主治】归鼻，除肾经邪气，利九窍，明耳目，安中。久食温中（《别录》）。止咳嗽上气，除冷气（《日华》）。主咳逆下气，去头面风（孟诜）。通肺豁痰，利膈开胃（时珍）。

【发明】时珍曰：芥性辛热而散，故能通肺开胃，利气豁痰。久食则积温成热，辛散太盛，耗人真元，肝木受病，昏人眼目，发人疮痔，而《别录》谓其能明耳目者，盖知暂时之快，而不知积久之害也。《素问》云：辛走气，气病无多食辛。多食辛则筋急而爪枯。此类是矣。陆佃云：望梅生津，食芥堕泪，五液之自外至也。慕而涎垂，愧而汗出，五液之自内生也。

【附方】新四。牙龈肿烂，出臭水者：芥菜秆烧存性，研末，频敷之，即愈。飞丝入目：青菜汁点之如神。（《摘玄方》）漆疮搔痒：芥菜煎汤，洗之。（《千金方》）痔疮肿痛：芥叶捣饼，频坐之。（谈野翁《经效方》）

子

【气味】辛，热，无毒。

时珍曰：多食昏目动火，泄气伤精。

【主治】归鼻，去一切邪恶疰气，喉痹（弘景）。疰气发无常处，及射工毒，丸服之，或捣末醋和涂之，随手有验（苏恭）。治风毒肿及麻痹，醋研敷之。扑损瘀血，腰痛肾冷，和生姜研涂贴之。又治心痛，酒调服之（《日华》）。研末作酱食，香美，通利五脏（孟诜）。研末水调，涂顶囟，止衄血（吴瑞）。温中散寒，豁痰利窍，治胃寒吐食，肺寒咳嗽，风冷气痛，口噤唇紧，消散痈肿瘀血（时珍）。

【发明】时珍曰：芥子，功与菜同。其味辛，其气散，故能利九窍，通经络，治口噤、耳聋、鼻衄之证，消瘀血、痈肿、痛痹之邪。其性热而温中，故又能利气豁痰，治嗽止吐，主心腹诸痛。白芥子辛烈更甚，治病尤良。见后本条。

【附方】旧八，新十六。感寒无汗：水调芥子末填脐内，以热物隔衣熨之，取汗出妙。(杨起《简便单方》)身体麻木:芥菜子末,醋调涂之。(《济生秘览》)中风口噤,舌本缩者:用芥菜子一升研,入醋二升,煎一升,敷颔颊下,效。(《圣惠方》)小儿唇紧:用马芥子捣汁曝浓,揩破,频涂之。(崔氏《纂要方》)喉痹肿痛:芥子末,水和敷喉下,干即易之。又用辣芥子研末,醋调取汁,点入喉内。待喉内鸣,却用陈麻骨烧烟吸入,立愈。(并《圣惠方》)耳卒聋闭:芥子末,人乳汁和,以绵裹塞之。(《外台秘要》)雀目不见:真紫芥菜子,炒黑为末,用羊肝一具,分作八服。每用芥末三钱,捻肝上,笋箨裹定,煮熟冷食,以汁送下。(《圣济总录》)目中翳膜:芥子一粒,轻手按入眼中。少顷,以井华水、鸡子清洗之。(《总录》)眉毛不生:芥菜子、半夏等分,为末,生姜自然汁调搽,数次即生。(孙氏《集效方》)鬼疰劳气:芥子三升,研末,绢袋盛,入三斗酒中七日,温服,一日三次。(《广济方》)热痰烦运:方见白芥。霍乱吐泻:芥子捣细,水和敷脐上。(《圣济总录》)反胃吐食:芥子末,酒服方寸匕,日三服。(《千金方》)上气呕吐:芥子末,蜜丸梧子大,井华水寅时下七丸,申时再服。(《千金方》)脐下绞痛:方同上。腰脊胀痛:芥子末调酒,贴之立效。(《摘玄方》)走注风毒作痛:用小芥子末,和鸡子白涂之。(《圣惠》)一切痈肿:猪胆汁和芥子末贴之,日三上。猪脂亦可。(《千金翼》)痈肿热毒:家芥子末同柏叶捣涂,无不愈者,大验。得山芥更妙。(《千金翼》)热毒瘰疬:小芥子末,醋和贴之。看消即止,恐损肉。(《肘后》)五种瘘疾:芥子末,以水、蜜和敷,干即易之。(《广济方》)射工中人有疮:用芥子末和苦酒厚涂之。半日痛即止。(《千金方》)妇人经闭不行,至一年者,脐腹痛。腰腿沉重,寒热往来:用芥子二两,为末。每服二钱,热酒食前服。(《仁存方》)阴证伤寒,腹痛厥逆:芥菜子研末,水调贴脐上。(《生生编》)

白芥(宋《开宝》附)

【释名】胡芥(《蜀本草》)、蜀芥。

时珍曰:其种来自胡戎而感于蜀,故名。

【集解】恭曰:白芥子粗大白色,如白粱米,甚辛美,从戎中来。

时珍曰:白芥处处可种,但人知莳之者少尔。以八、九月下种,冬生可食。至春深茎高二三尺,其叶花而有丫,如花芥叶,青白色。茎易起而中空,性脆,最畏狂风大雪,须谨护之,乃免折损。三月开黄花,香郁。结角如芥角,其子大如粱米,黄白色。又有一种茎大而中实者尤高,其子亦大。此菜虽是芥类,迥然别种也,然入药胜于芥子。

白芥

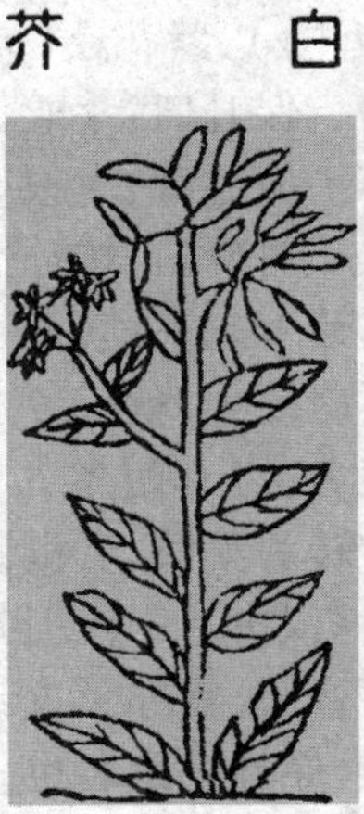

茎叶

【气味】辛,温,无毒。

时珍曰:《肘后方》言热病人不可食胡芥,为其性暖也。

【主治】冷气(藏器)。安五脏,功与芥同(《日华》)。

子

【气味】辛，温，无毒。

【主治】发汗，主胸膈痰冷，上气，面目黄赤。又醋研，敷射工毒(《别录》)。御恶气遁尸飞尸，及暴风毒肿流四肢疼痛(弘景)。烧烟及服，辟邪魅(《日华》。藏器曰：入镇宅方用。)咳嗽，胸胁支满，上气多唾者，每用温酒吞下七粒(思邈)。利气豁痰，除寒暖中，散肿止痛，治喘嗽反胃，痹木脚气，筋骨腰节诸痛(时珍)。

【发明】震亨曰：痰在胁下及皮里膜外，非白芥子莫能达。古方控涎丹用白芥子，正此义也。

时珍曰：白芥子辛能入肺，温能发散，故有利气豁痰、温中开胃、散痛消肿辟恶之功。

【附方】新八。反胃上气：白芥子末，酒服一二钱。(《普济方》)热痰烦运：白芥子、黑芥子、大戟、甘遂、芒硝、朱砂等分为末，糊丸梧子大。每服二十丸，姜汤下。名白芥丸。(《普济》)冷痰痞满：黑芥子、白芥子、大戟、甘遂、胡椒、桂心等分，为末，糊丸梧子大。每服十丸，姜汤下。名黑芥丸。(《普济方》)腹冷气起：白芥子一升。微炒研末，汤浸蒸饼丸小豆大。每姜汤吞十丸，甚妙。(《续传信方》)脚气作痛：方见白芷。小儿乳癖：白芥子研末，水调摊膏贴之，以平为期。(《本草权度》)防痘入目：白芥子末，水调涂足心，引毒归下，令疮疹不入目。(《全幼心鉴》)肿毒初起：白芥子末，醋调涂之。(《濒湖集简方》)，胸胁痰饮：白芥子五钱，白术一两。为末，枣肉和捣，丸梧子大，每白汤服五十丸。(《摘玄方》)

莱菔(音来北。《唐本草》)

【释名】芦葩(郭璞云：芦音罗。葩，音北，与菔同。)萝卜(音罗北)、雹突(《尔雅注》)、紫花菘(同上)、温菘(同上)、土酥。

保升曰：莱菔俗名萝卜。按《尔雅》云：突，芦葩。孙炎注云：紫花菘也，俗呼温菘。似芜菁，大根。俗名雹突，一名芦菔是矣。

时珍曰：按孙愐《广韵》言：鲁人名菈遝(音拉答)。秦人名萝卜。王祯《农书》言：北人萝卜，一种四名：春曰破地锥，夏曰夏生，秋曰萝卜，冬曰土酥，谓其洁白如酥也。珍按菘乃菜名，因其耐冬如松、柏也。莱菔乃根名，上古谓之芦葩，中古转为莱菔，后世讹为萝卜，南人呼为萝瓝瓝，与雹同，见晋灼《汉书注》中。陆佃乃言莱菔能制面毒，是来麰之所服，以菔音服，盖亦就文起义耳。王氏《博济方》称干萝卜为仙人骨，亦方土谬名也。

莱菔

【气味】根辛、甘，叶辛、苦，温，无毒。

诜曰：性冷。

思邈曰：平。不可与地黄同食，令人发白，为其涩营卫也。

时珍曰：多食莱菔动气，惟生姜能制其毒。又伏硇砂。

【主治】散服及炮煮服食，大下气，消谷和中，去痰癖，肥健人；生捣汁服，止消渴，试大有验（《唐本》）。利关节，理颜色，练五脏恶气，制面毒，行风气.去邪热气（萧炳）。利五脏，轻身，令人白净肌细（孟诜）。消痰止咳，治肺痿吐血，温中补不足。同羊肉、银鱼煮食，治劳瘦咳嗽（《日华》）。同猪肉食，益人。生捣服，治禁口痢（汪颖）。捣汁服，治吐血衄血（吴瑞）。宽胸膈，利大小便。生食，止渴宽中；煮食，化痰消导（宁原）。杀鱼腥气，治豆腐积（汪机）。主吞酸，化积滞，解酒毒，散瘀血，甚效。末服，治五淋。丸服，治白浊。煎汤，洗脚气。饮汁，治下痢及失音，并烟熏欲死。生捣，涂打扑、汤火伤（时珍）。

【附方】旧二，新二十四。食物作酸：萝卜，生嚼数片，或生菜嚼之亦佳，绝妙。干者、熟者、盐腌者，及人胃冷者，皆不效。（《濒湖集简方》）反胃噎疾：萝卜，蜜煎浸，细细嚼咽良。（《普济方》）消渴饮水：独胜散：用出了子萝卜三枚，净洗切片，晒干为末。每服二钱，煎猪肉汤澄清调下，日三服，渐增至三钱。生者捣汁亦可，或以汁煮粥食之。（《图经本草》）肺痿咳血：萝卜，和羊肉或鲫鱼，煮熟频食。（《普济方》）鼻衄不止：萝卜，捣汁半盏，入酒少许热服，并以汁注鼻中皆良。或以酒煎沸，入萝卜再煎，饮之。（《卫生易简方》）下痢禁口：萝卜（捣汁）一小盏，蜜一盏。水一盏，同煎。早一服，午一服。日晡米饮吞阿胶丸百粒。如无萝卜，以子擂汁亦可。一方：加枯矾七分，同煎。一方：只用萝卜菜煎汤，日日饮之。《普济方》：用萝卜片，不拘新旧，染蜜噙之，咽汁。味淡再换。觉思食，以肉煮粥与食，不可过多。痢后肠痛：方同上。大肠便血：大萝卜皮（烧存性）、荷叶（烧存性）、蒲黄（生用）等分为末。每服一钱，米饮下。（《普济》）肠风下血：蜜炙萝卜，任意食之。昔一妇人服此有效。（《百一选方》）酒疾下血，连旬不止：用大萝卜二十枚，留青叶寸余，以井水入罐中，煮十分烂，入淡醋，空心任食。（《寿亲养老方》）大肠脱肛：生莱菔捣，实脐中束之。觉有疮，即除。（《摘玄方》）小便白浊：生萝卜剜空留盖，入吴茱萸填满，盖定签住，糯米饭上蒸熟，取去茱萸，以萝卜焙研末，糊丸梧子大。每服五十丸，盐汤下，日三服。（《普济》）沙石诸淋，疼不可忍：用萝卜切片，蜜浸少时，炙干数次，不可过焦。细嚼盐汤下，日三服。名瞑眩膏。（《普济》）遍身浮肿：出了子萝卜、浮麦等分。浸汤饮之。（《圣济总录》）脚气走痛：萝卜煎汤洗之。仍以萝卜晒干为末，铺袜内。（《圣济总录》）偏正头痛：生萝卜汁一蚬壳，仰卧，随左右注鼻中，神效。王荆公病头痛，有道人传此方，移时遂愈也。以此治人，不可胜数。（《如宜方》）失音不语：萝卜生捣汁，入姜汁同服。（《普济方》）喉痹肿痛：萝卜汁和皂荚浆服，取吐。（同上）满口烂疮：萝卜自然汁，频漱去涎，妙。（《濒湖集简方》）烟熏欲死：方见发明下。汤火伤灼：生萝卜捣涂之。子亦可。（《圣济总录》）花火伤肌：方同上。打扑血聚，皮不破者：用萝卜或叶捣封之。（邵氏方）

子

【气味】辛、甘，平，无毒。

【主治】研汁服，吐风痰。同醋研，消肿毒（《日华》）。下气定喘治痰，消食除胀,利大小便,止气痛,下痢后重,发疮疹(时珍)。

【发明】震亨曰:莱菔子治痰,有推墙倒壁之功。

时珍曰:莱菔子之功,长于利气。生能升,熟能降。升则吐风痰,散风寒,发疮疹;降则定痰喘咳嗽,调下痢后重,止内痛,皆是利气之效。予曾用,果有殊绩。

【附方】旧三,新十三。上气痰嗽,喘促唾脓血:以莱菔子一合,研细煎汤,食上服之。(《食医心镜》)肺痰咳嗽:莱菔子半升淘净焙干,炒黄为末,以糖和,丸芡子大。绵裹含之,咽汁甚妙。(《胜金方》)齁喘痰促,遇厚味即发者:萝卜子淘净,蒸熟晒研,姜汁浸蒸饼丸绿豆大。每服三十丸,以口津咽下,日三服。名清金丸。(《医学集成》)痰气喘息:萝卜子(炒)、皂荚(烧存性)等分为末,姜汁和,炼蜜丸梧子大。每服五七十丸,白汤下。(《简便单方》)久嗽痰喘:萝卜子(炒)、杏仁(去皮尖炒)等分。蒸饼丸麻子大。每服三五丸,时时津咽。(《医学集成》)高年气喘:萝卜子炒,研末,蜜丸梧子大。每服五十丸,白汤下。(《济生秘览》)宣吐风痰:《胜金方》:用萝卜子末,温水调服三钱。良久吐出涎沫.如是摊痪风者,以此吐后用紧疏药,疏后服和气散取瘥。丹溪吐法:用萝卜子半升擂细,浆水一碗滤取汁,入香油及蜜些须,温服。后以桐油浸过晒干鹅翎探吐。中风口禁:萝卜子、牙皂荚各二钱,以水煎服,取吐。(丹溪方)小儿风寒:萝卜子(生研末)一钱,温葱酒服之,取微汗大效。(《卫生易简方》)风秘气秘:萝卜子(炒)一合擂水,和皂荚末二钱服,立通。(《寿域神方》)气胀气蛊:莱菔子研,以水滤汁,浸缩砂一两一夜,炒干又浸又炒,凡七次,为末。每米饮服一钱,如神。(《朱氏集验方》)小儿盘肠气痛:用萝卜子炒黄研末,乳香汤服半钱。(杨仁斋《直指方》)年久头风:莱菔子、生姜等分,捣取汁,入麝香少许,搐入鼻中,立止。(《普济方》)牙齿疼痛:萝卜子十四粒生研,以人乳和之。左疼点右鼻,右疼点左鼻。疮疹不出:萝卜子生研末,米饮服二钱,良。(《卫生易简方》)

花

【主治】用糟下酒藏,食之甚美,明目(士良)。

生姜(《别录》中品)

【校正】原附干姜下,今分出。今自草部移入此。

【释名】时珍曰:按许慎《说文》:姜作蘁,云御湿之菜也。王安石《字说》云:姜能强御百邪,故谓之姜。初生嫩者,其尖微紫,名紫姜,或作子姜;宿根谓之母姜也。

【集解】《别录》曰:生姜,干姜生犍为川谷及荆州、扬州。九月采之。

时珍曰:姜宜原隰沙地。四月取母姜种之。五月生苗如初生嫩芦,而叶稍阔似竹叶,对生,叶亦辛香。秋社前后新芽顿长,如列指状,采食无筋,谓之子姜。秋分后者次之,霜后则老矣。性恶湿洳而畏日,故秋热则无姜。《吕氏春秋》云:和之美者,有杨朴之姜。杨朴地名,在西蜀。《春秋运斗枢》云:璇星散而为姜。

【气味】辛,微温,无毒。

藏器曰:生姜温,要热则去皮,要冷则留皮。

元素曰：辛而甘温，气味俱厚，浮而升，阳也。

时珍曰：食姜久，积热患目，珍屡试有准。凡病痔人多食兼酒，立发甚速。痈疮人多食，则生恶肉。此皆昔人所未言者也。《相感志》云：糟姜瓶内入蝉蜕，虽老姜无筋，亦物性有所伏耶？

生姜

【主治】久服去臭气，通神明（《本经》）。归五脏，除风邪寒热，伤寒头痛鼻塞，咳逆上气，止呕吐，去痰下气（《别录》）。去水气满，疗咳嗽时疾。和半夏，主心下急痛。又汁和杏仁作煎，下一切结气实，心胸拥隔冷热气，神效。捣汁和蜜服。治中热呕逆不能下食（甄权）。散烦闷，开胃气。汁作煎服，下一切结实，冲胸膈恶气，神验（孟诜）。破血调中，去冷气。汁，解药毒（藏器）。除壮热，治痰喘胀满，冷痢腹痛，转筋心满，去胸中臭气、狐臭，杀腹内长虫（张鼎）。益脾胃，散风寒（元素）。解菌蕈诸物毒（吴瑞）。生用发散，熟用和中。解食野禽中毒成喉痹。浸汁，点赤眼。捣汁和黄明胶熬。贴风湿痛甚妙（时珍）。

干生姜

【主治】治嗽温中，治胀满，霍乱不止。腹痛，冷痢，血闭。病人虚而冷，宜加之（甄权）。姜屑，和酒服，治偏风（孟诜）。肺经气分之药。能益肺（好古）。

【发明】成无己曰：姜、枣味辛、甘，专行脾之津液而和营卫。药中用之，不独专于发散也。

时珍曰：姜，辛而不荤，去邪辟恶，生啖熟食，醋、酱、糟、盐、蜜煎调和，无不宜之。可蔬可和，可果可药，其利博矣。凡早行山行，宜含一块，不犯雾露清湿之气，及山岚不正之邪。案：方广《心法附余》云：凡中风、中暑、中气、中毒、中恶、干霍乱、一切卒暴之病，用姜汁与童尿服，立可解散。盖姜能开痰下气，童尿降火也。

【附方】旧二十，新三十。痰澼卒风：生姜二两，附子（生用）一两，水五升，煮取二升，分再服。忌猪肉、冷水。（《千金》）胃虚风热不能食：用姜汁半杯，生地黄汁少许，蜜一匙，水二合，和服之。（《食疗本草》）疟疾寒热，脾胃聚痰，发为寒热：生姜四两，捣自然汁一酒杯，露一夜。于发日五更面北立，饮即止。未止再服。（《易简》）寒热痰嗽初起者：烧姜一块，含咽之。（《本草衍义》）咳嗽不止：生姜五两，饧半升。微火煎熟，食尽愈。段侍御用之有效。（孟诜《必效方》）久患咳噫：生姜汁半合，蜜一匙，煎熟，温呷三服愈。（《外台秘要方》）小儿咳嗽：生姜四两，煎汤浴之。（《千金方》）暴逆气上：嚼姜两、三片，屡效。（寇氏《衍义》）干呕厥逆：频嚼生姜，呕家圣药也。（《千金》）呕吐不止：生姜一两，醋浆七合。银器中煎取四合，连滓呷之。又杀腹内长虫。（《食医心镜》）心痞呕哕，心下痞坚：生姜八两（水三升，煮一升）。半夏五合（洗）（水五升，煮一升）。二味同煮一升半，分再服。（《千金》）反胃羸弱：《兵部手集》用母姜二斤。捣汁作粥食。《传信适用方》：用生姜切片，麻油煎过为末，软柿蘸末嚼咽。霍乱欲死：生姜五两，牛儿屎一升。水四升，煎二升，分再服，即止。（《梅师方》）霍乱转筋，入腹欲死：生姜三两捣，酒一升，煮三、两沸服。仍以姜捣贴痛处。(《外台秘要》)霍乱腹胀,不得吐下:用生姜一斤,水七升,煮二升,分三服。(《肘后方》)腹中胀满,不能服药:绵裹煨姜,纳下部。冷即易之。(《梅师》)胸胁满痛,凡心胸胁下有邪气结实,硬痛胀满者:生姜一斤,捣渣留汁,慢炒待润,以绢包于患处,款款熨之。冷再以汁炒再熨,良久豁然宽快也。(陶华《伤寒槌法》)大便不通:生姜,削如小脂,长二寸,涂盐纳下部,立通。(《外台》)冷痢不止:生姜煨研为末,共干姜末等分,以醋和面作馄饨,先以水煮,又以清饮煮过,停冷,吞二七枚,以粥送下,日一度。(《食疗》)消渴饮水:干生姜末一两,以鲫鱼胆汁和,丸梧子大。每服七丸,米饮下。(《圣惠》)湿热发黄:生姜,时时周身擦之,其黄自退也。一方:加茵陈蒿,尤妙。(《伤寒槌法》)

姜皮

【气味】辛,凉,无毒。

【主治】消浮肿腹胀痞满,和脾胃,去翳(时珍)。

【附方】旧一。拔白换黑:刮老生姜皮一大升,于久用油腻锅内,不须洗刷,固济勿令通气。令精细人守之,文武火煎之,不得火急,自旦至夕即成矣,研为末。拔白后,先以小物点麻子大入孔中。或先点须下,然后拔之,以指捻入。三日后当生黑者,神效。李卿用之有验。(苏颂《图经本草》)

叶

【气味】辛,温,无毒。

【主治】食鲙成癥,捣汁饮,即消(张机)。

【附方】新一。打伤瘀血:姜叶一升,当归三两,为末。温酒服方寸匕,日三。(《范汪东阳方》)

干姜(《本经》中品)

【校正】自草部移附此。

【释名】白姜(见下)。

【集解】弘景曰:干姜今惟出临海、章安,数村解作之。蜀汉姜旧美,荆州有好姜,而并不能作干者。凡作干姜法:水淹三日,去皮置流水中六日,更刮去皮,然后晒干,置瓷缸中酿三日,乃成。

时珍曰:干姜,以母姜造之。今江西、襄、均皆造,以白净结实者为良,故人呼为白姜,又曰均姜。凡入药并宜炮用。

【气味】辛,温,无毒。

褚曰:苦、辛。

好古曰:大热。

时珍曰:《太清外术》言:孕妇不可食干姜,令胎内消。盖其性热而辛散故也。

【主治】胸满咳逆上气,温中止血,出汗,逐风湿痹,肠澼下痢。生者尤良(《本经》)。寒冷腹痛,中恶霍乱胀满,风邪诸毒,皮肤间结气,止唾血(《别录》)。治腰肾中疼冷、冷气，破血去风。通四肢关节，开五脏六腑，宣诸络脉.去风毒冷痹，夜多小便(甄权)。消痰下气，治转筋吐泻，腹脏冷，反胃干呕，瘀血扑损，止鼻洪，解冷热毒，开胃，消宿食(大明)。主心下寒痞.目睛久赤(好古)。

【发明】元素曰:干姜气薄味厚，半沉半浮，可升可降，阳中之阴也。又曰:大辛大热，阳中之阳。其用有四:通心助阳，一也;去脏腑沉寒痼冷，二也;发诸经之寒气，三也;治感寒腹痛，四也。肾中无阳，脉气欲绝，黑附子为引，水煎服之，名姜附汤。亦治中焦寒邪，寒淫所胜。以辛散之也。又能补下焦，故四逆汤用之。干姜本辛，炮之稍苦，故止而不移，所以能治里寒，非若附子行而不止也。理中汤用之者，以其回阳也。

时珍曰:干姜，能引血药入血分，气药入气分，又能去恶养新，有阳生阴长之意，故血虚者用之;而人吐血、衄血、下血，有阴无阳者，亦宜用之。乃热因热用，从治之法也。

【附方】旧十三，新十五。脾胃虚冷，不下食，积久羸弱成瘵者:用温州白干姜，浆水煮透，取出焙干捣末，陈廪米煮粥饮丸梧子大。每服三五十丸，白汤下。其效如神。(苏颂《图经》)脾胃虚弱，饮食减少，易伤难化。无力肌瘦:用干姜频研四两，以白饧切块，水浴过，入铁铫溶化，和丸梧子大。每空心米饮下三十丸。(《十便方》)头晕吐逆，胃冷生痰也:用川干姜(炮)二钱半，甘草(炒)一钱二分。水一钟半，煎减半服。累用有效。(《传信适用方》)心脾冷痛，暖胃消痰:二姜丸:用干姜、高良姜等分。炮研末，糊丸梧子大。每食后，猪皮汤下三十丸。(《和剂局方》)心气卒痛:干姜末，米饮服一钱。(《外台秘要》)阴阳易病伤寒后，妇人得病虽瘥，未满百日，不可与男合:为病拘急，手足拳，腹痛欲死，丈夫名阴易，妇人名阳易，速宜汗之即愈。满四日，不可治也:用干姜四两，为末。每用半两，白汤调服。覆衣被出汗后，手足伸即愈。(《伤寒类要》方)中寒水泻:干姜炮研末，粥饮服二钱，即效。(《千金方》)寒痢青色:干姜切大豆大。每米饮服六七枚，日三夜一。累用得效。(《肘后方》)血痢不止:干姜烧黑存性，放冷为末。每服一钱，米饮下，神妙。(姚氏《集验》)脾寒疟疾《外台》:用干姜、高良姜等分，为末。每服一钱，水一盏，煎至七分服。又:干姜炒黑为末，临发时以温酒服三钱匕。(王氏《博济方》)冷气咳嗽结胀者:干姜末，热酒调服半钱。或饧糖丸噙。(姚僧垣方)咳嗽上气:用合州干姜(炮)、皂荚(炮，去皮、子及蛀者)、桂心(紫色者，去皮，并捣筛)等分。炼白蜜和捣一二千杵，丸梧子大。每饮服三丸，嗽发即服，日三五服。禁食葱、面、油腻。其效如神。禹锡在淮南与李亚同幕府，李每治人而不出方，或诮其吝。李曰:凡人患嗽，多进冷药。若见此方用药热燥，必不肯服，故但出药即多效也。试之信然。(刘禹锡《传信方》)虚劳不眠:干姜为末，汤服三钱，取微汗出。(《千金方》)吐血不止:干姜为末，童子小便调服一钱，良。鼻衄不止:干姜削尖，煨，塞鼻中即止。(《广利方》)齆鼻不通:干姜末，蜜调塞鼻中。(《千金方》)

茼蒿(宋《嘉祐》)

【释名】蓬蒿。

时珍曰:形气同乎蓬蒿，故名。

【集解】机曰：本草不著形状，后人莫识。

时珍曰：茼蒿，八、九月下种，冬春采食肥茎。花、叶微似白蒿，其味辛甘，作蒿气。四月起苔，高二尺余。开深黄色花，状如单瓣菊花。一花结子近百成球，如地菘及苦荬子，最易繁茂。此菜自古已有，孙思邈载在《千金方》菜类，至宋嘉祐中始补入本草，今人常食者。而汪机乃不能识，辄敢擅自修纂，诚可笑慨。

【气味】甘、辛，平，无毒。

禹锡曰：多食动风气，熏人心，令人气满。

【主治】安心气，养脾胃，消痰饮。利肠胃（思邈）。

邪蒿（宋《嘉祐》）

【释名】时珍曰：此蒿叶纹皆邪，故名。

【集解】藏器曰：邪蒿根、茎似青蒿而细软。

邪蒿

时珍曰：三、四月生苗，叶似青蒿，色浅不臭。根、叶皆可茹。

【气味】辛，温、平，无毒。

诜曰：生食微动风，作羹食良。不与胡荽同食，令人汗臭气。

【主治】胸膈中臭烂恶邪气，利肠胃，通血脉，续不足气（孟诜）。煮熟，和酱、醋食，治五脏恶邪气厌谷者，治脾胃肠澼，大渴热中，暴疾恶疮（《食医心镜》）。

胡荽（宋《嘉祐》）

【释名】香荽（《拾遗》）、胡菜（《外台》）、藤荽。

胡荽

时珍曰：荽，许氏《说文》作葰，云姜属，可以香口也。其茎柔叶细而根多须，绥绥然也。张骞使西域始得种归，故名胡荽。今俗呼为蒝荽，蒝乃茎叶布散之貌。俗作芫花之芫，非矣。

藏器曰：石勒讳胡，故并、汾人呼胡荽为香荽。

【集解】时珍曰：胡荽处处种之。八月下种，晦日尤良。初生柔茎圆叶，叶有花歧，根软而白。冬春采之，香美可食，亦可作菹。道家五荤之一。立夏后开细花成簇，如芹菜花，淡紫色。五月收子，子如大麻子，亦辛香。按贾思勰《齐民要术》云：六七月布种者，可竟冬食。春月挼子沃水生芽种者，小小供食而已。王祯《农书》云：胡荽于蔬菜中，子、叶皆可用，生、熟俱可食，甚有益于世者。宜肥地种之。

【正误】李鹏飞曰：胡荽，荠子也。吴瑞曰：胡荽，俗呼藠子，根、苗如蒜。时珍曰：荠子即藠子，乃薤也。李、吴二氏并作胡荽，误矣。

胡萝卜(《纲目》)

【释名】时珍曰:元时始自胡地来,气味微似萝卜,故名。

胡萝卜

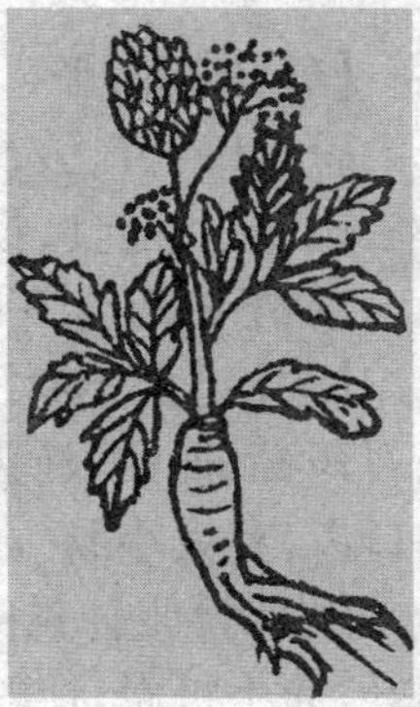

【集解】时珍曰:胡萝卜今北土、山东多莳之,淮、楚亦有种者。八月下种,生苗如邪蒿,肥茎有白毛,辛臭如蒿,不可食。冬月掘根,生、熟皆可啖,兼果、蔬之用。根有黄、赤二种,微带蒿气,长五六寸,大者盈握,状似鲜掘地黄及羊蹄根。三、四月茎高二三尺,开碎白花,攒簇如伞状,似蛇床花。子亦如蛇床子,稍长而有毛,褐色,又如莳萝子,亦可调和食料。按周定王《救荒本草》云:野胡萝卜苗、叶、花、实,皆同家胡萝卜,但根细小,味甘,生食、蒸食皆宜。花、子皆大于蛇床。又金幼孜《北征录》云:交河北有沙萝卜,根长二尺许,大者径寸,下支生小者如箸。其色黄白,气味辛而微苦,亦似萝卜气。此皆胡萝卜之类也。

根

【气味】甘、辛,微温,无毒。

【主治】下气补中,利胸膈肠胃,安五脏,令人健食,有益无损(时珍)。

子

【主治】久痢(时珍)。

水蘄(音芹。《本经》下品)

【释名】芹菜(《别录》),水英(《本经》)、楚葵。

水蘄

弘景曰:蘄字,俗作芹字。论其主治,合在上品,未解何意乃在下品?二月、三月作英时,可作菹及熟瀹食。故名水英。

时珍曰:蘄当作蘄从草、斯,谐声也。后省作芹,从斤,亦谐声也。其性冷滑如葵,故《尔雅》谓之楚葵。《吕氏春秋》:菜之美者,有云梦之芹。云梦,楚地也。楚有蕲州、蕲县,俱音淇。罗愿《尔雅翼》云:地多产芹,故字从芹。蕲亦音芹。徐锴注《说文》蕲字,从草,靳声,诸书无靳字,惟《说文》别出菦字(音银),疑相承误出也。据此,则蕲字亦当从蘄,作蘄字也。

【集解】别录曰:水蘄生南海池泽。

恭曰:水蘄即芹菜也。有两种:荻芹白色取根,赤芹取茎、叶。并堪作菹及生菜。

时珍曰:芹有水芹、旱芹。水芹,生江湖陂泽之涯;旱芹生乎地,有赤、白二种。

二月生苗,其叶对节而生,似芎䓖。其茎有节棱而中空,其气芬芳。五月开细白花,如蛇床花。楚人采以济饥,其利不小。《诗》云:觱沸槛泉,言采其芹。杜甫诗云:饭煮青泥坊底芹。又云:香芹碧涧羹。皆美芹之功。而列子言乡豪尝芹,蜇口惨腹,盖未得食芹之法耳。

茎

【气味】甘,平,无毒。

思邈曰:苦、酸,冷,涩,无毒。

诜曰:和醋食,损齿。鳖瘕不可食。

李鹏飞曰:赤芹害人,不可食。

【主治】女子赤沃,止血养精,保血脉,益气,令人肥健嗜食(《本经》)。去伏热,杀石药毒,捣汁服(孟诜)。饮汁,去小儿暴热,大人酒后热,鼻塞身热,去头中风热,利口齿,利大小肠(藏器)。治烦渴,崩中带下,五种黄病(大明)。

【发明】张仲景曰:春秋二时,龙带精入芹菜中。人误食之为病,面青手青,腹满如妊,痛不可忍,作蛟龙病。宜服硬饧三二升,日三度。吐出如蜥蜴便瘥。

时珍曰:芹菜生水涯。蛟龙虽云变化莫测,其精那得入此?大抵是蜥蜴、虺蛇之类,春夏之交,遗精于此故尔。且蛇喜嗜芹,尤为可证。别有马芹见后。

【附方】旧一,新二。小儿吐泻:芹菜切细,煮汁饮之,不拘多少。(《子母秘录》)小便淋痛:水芹菜白根者,去叶捣汁,井水和服。(《圣惠方》)小便出血:水芹捣汁,日服六七合。(《圣惠方》)

花

【气味】苦,寒,无毒。

【主治】脉溢(苏恭)。

堇(音勤。《唐本草》)

【释名】苦堇(《尔雅》)、堇葵(《唐本》)、旱芹(《纲目》)。

禹锡曰:《尔雅》云:啮,苦堇也。郭璞云:即堇葵。本草言味甘,而此云苦堇,古人语倒,犹甘草谓之大苦也。

时珍曰:其性滑如葵,故得葵名。

【集解】恭曰:堇菜野生,非人所种。叶似蕺菜,花紫色。

时珍曰:此旱芹也。其性滑利。故洪舜俞赋云:烈有椒、桂,滑有堇、榆。一种黄花者,有毒杀人,即毛芹也。见草部毛茛。又乌头苗亦名堇,有毒。各见本条下。

菜

【气味】甘,寒,无毒。

【主治】捣汁,洗马毒疮,并服之。又涂蛇蝎毒及痈肿(《唐本》)。久食,除心下烦热,主寒热鼠瘘,瘰疬生疮,结核聚气,下瘀血,止霍乱。又生捣汁半升服,能杀鬼毒，即吐出（孟诜）。

【发明】诜曰：堇叶止霍乱，与香茙同功。香茙，即香薷也。

【附方】旧二，新一。结核气：堇菜，晒干为末，油煎成膏。摩之，日三、五度，便瘥。（孟诜《食疗》）湿热气：旱芹菜晒干为末，糊丸梧子大。每服四十丸，空心温酒下。大杀百虫毒。（《寿域神方》）蛇咬疮：生杵堇汁涂之。（《万毕术》）

紫

堇（音芹。宋《图经》）

【释名】赤芹（《纲目》）、蜀芹（《图经》）、楚葵（同上）、苔菜（同上）、水卜菜。

时珍曰：堇、蕲、芹、菦，四字一义也。详下。

【集解】颂曰：紫堇，生江南吴兴郡。淮南名楚葵，宜春郡名蜀芹，豫章郡名苔菜，晋陵郡名水卜菜也。

时珍曰：苏颂之说，出于唐玄宗《天宝单方》中，不具紫堇形状。今按轩辕述《宝藏论》云：赤芹即紫芹也，生水滨。叶形如赤芍药，青色，长三寸许，叶上黄斑，味苦涩。其汁可以煮雌、制汞、伏朱砂、擒三黄，号为起贫草。又土宿真君本草云：赤芹生阴崖陂泽近水石间，状类赤芍药。其叶深绿而背甚赤，茎叶似荞麦，花红可爱，结实亦如㹠荞麦。其根似蜘蛛，嚼之极酸苦涩。江淮人三、四月采苗，当蔬食之。南方颇少，太行、王屋诸山最多也。

苗

【气味】酸，平，微毒。

花

【气味】酸，微温，无毒。

【主治】大人、小儿脱肛（苏颂）。

【附方】旧一。脱肛，凡大人、小儿脱肛，每天冷及吃冷食，即暴痢不止，肛则下脱，久疗不瘥者：春间收紫堇花二斤，曝干为散，加磁毛末七两，相和研细。涂肛上纳入，即使人噀冷水于面上，即吸入肠中。每日一涂药噀面，不过六七度即瘥矣。又以热酒半升，和散一方寸匕，空腹服之，日再服。渐加至二方寸匕，以瘥为度。若五岁以下小儿，即以半杏子许，和酒服之。忌生冷、陈仓米等物。（《天宝单方》）

马蕲（音芹。《唐本草》）

【释名】牛蕲（《尔雅》）、胡芹（《通志》）、野茴香（《纲目》）。

时珍曰：凡物大者多以马名，此草似芹而大故也。俗称野茴香，以其气味子形微似也。《金光明经》三十二品香药，谓之叶婆你。

【集解】保升曰：花若芹花，子如防风子而扁大。

时珍曰：马蕲与芹同类而异种，处处卑湿地有之。三、四月生苗，一本丛生如蒿，白毛蒙茸，嫩时可茹。叶似水芹而微小，似芎䓖叶而色深。五、六月开碎花，攒簇如蛇床及莳萝花，青白色。结实亦似莳萝子，但色黑而重尔。其根白色，长者尺许，气亦香而坚硬，不可食。苏恭所谓鬼针，即鬼钗草也。方茎丫叶，子似钗脚，着人衣如针。与此稍异。

苗

【气味】甘、辛，温，无毒。

【主治】益脾胃，利胸膈，去冷气，作茹食（时珍）。

子

【气味】甘、辛，温，无毒。

【主治】心腹胀满，开胃下气消食，调味用之（《唐本》）。炒研醋服，治卒心痛，令人得睡（孟诜）。温中暖脾，治反胃（时珍）。

【附方】新一。慢脾惊风：马芹子、丁香、白僵蚕等分，为末。每服一钱，炙橘皮煎汤下。名醒脾散。（《普济方》）

蘹香（《唐本草》）

【校正】自草部移入此。

【释名】茴香，八角珠。

颂曰：蘹香，北人呼为茴香，声相近也。

时珍曰：俚俗多怀之衿衽咀嚼，恐蘹香之名，或以此也。

蘹香

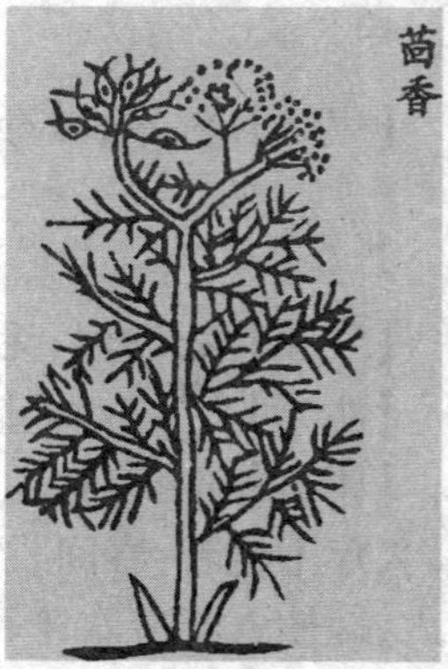

子

【气味】辛。平，无毒。

思邈曰：苦、辛，微寒，涩。

权曰：苦、辛。得酒良。炒黄用。

好古曰：阳也，浮也。入手、足少阴、太阳经。

【主治】诸瘘、霍乱及蛇伤（《唐本》）。膀胱胃间冷气及育肠气，调中，止痛、呕吐（马志）。治干湿脚气，肾劳癞疝阴疼，开胃下食（大明）。补命门不足（李杲）。暖丹田（吴绶）。

【发明】诜曰：茴香，国人重之，云有助阳道，未得其方法也。

时珍曰：小茴香性平，理气开胃，夏月祛蝇辟臭，食料宜之。大茴香性热，多食伤目发疮，食料不宜过用。古方有去铃丸：用茴香二两，连皮生姜四两，同入坩器内腌一伏时，慢火炒之，入盐一两，为末，糊丸梧子大。每服三五十丸，空心盐酒下。此方本治脾胃虚弱病。茴香得盐则引入肾经，发出邪气。肾不受邪，病自不生也。亦治小肠疝气有效。

【附方】旧三，新十八。开胃进食：茴香二两，生姜四两，同捣匀，入净器内，湿纸盖一宿。次以银石器中，文武火炒黄焦为末，酒糊丸梧子大。每服十丸至二十五丸,温酒下。(《经验后方》)瘴疟发热,连背项者:茴香子,捣汁服之。(孙真人方)大小便闭,鼓胀气促:八角茴香七个,大麻仁半两。为末。生葱白三七根,同研煎汤,调五苓散末服之,日一服。(《普济》)小便频数:茴香不以多少,淘净,入盐少许,炒研为末,炙糯米糕蘸食之。伤寒脱阳,小便不通:用茴香末,以生姜自然汁调敷腹上。外用茴香末,入益元散服之。(《摘玄方》)肾消饮水,小便如膏油:用茴香(炒)、苦楝子(炒)等分为末。每食前酒服二钱。(《保命集》)肾邪冷气,力弱者:用大茴香六两,分作三分;用生附子一个去皮,分作三分。第一度:用附子一分,茴香一分,同炒黄,出火毒一夜,去附子,研茴香为末,空心盐酒下一钱。第二度:用二味各一分,同炒存性,出火毒,以附子去一半,留一半,同茴香为末,如前服。第三度:各一分,同炒存性,出火毒,全研为末,如前服之。(《朱氏集验方》)

茎叶

【气味】与子同。

【主治】煮食,治卒恶心,腹中不安(甄权)。治小肠气,卒肾气冲胁,如刀刺痛,喘息不得。生捣汁一合,投热酒一合,和服(孟诜)。

【发明】颂曰:《范汪方》:疗恶毒痈肿,或连阴卵髀间疼痛挛急,牵入小腹不可忍,一一宿即杀人者。用茴香苗叶,捣汁一升服之,日三四服。其滓以帖肿上。冬月用根。此是外国神方,永嘉以来用之,起死回生神验。

莳萝(宋《开宝》)

【校正】自草部移入此。

【释名】慈谋勒(《开宝》)、小茴香。

时珍曰:莳萝、慈谋勒,皆番言也。

【集解】藏器曰:莳萝生佛誓国,实如马芹子,辛香。

时珍曰:其子簇生,状如蛇床子而短,微黑,气辛臭,不及茴香。

莳萝

苗

【气味】辛,温,无毒。

【主治】下气利膈(时珍)。

子

【气味】辛,温,无毒。

【主治】小儿气胀,霍乱呕逆,腹冷不下食,两胁痞满(藏器)。健脾,开胃气,温肠,杀鱼、肉毒,补水脏,治肾气,壮筋骨(《日华》)。主膈气,消食,滋食味(李珣)。

【附方】新二。闪挫腰痛:莳萝作末,酒服二钱匕。(《永类钤方》)牙齿疼痛:舶上莳萝、芸苔子、白芥子等分。研末。口中含水,随左右嗜鼻,神效。(《圣惠方》)

【附录】蜀胡烂(《拾遗》)

藏器曰:子:味辛,平,无毒。主冷气心腹胀满,补肾,除妇人血气,下痢,杀牙齿虫。生安南,似秣香子,可和食。

数低(《拾遗》)

藏器曰:子:味甘,温,无毒。主冷风冷气,下宿食不消胀满。生西番、北土,兼似秣香,胡人以作羹食之。

池德勒(《拾遗》)

藏器曰:根:辛,温,无毒。破冷气,消食。生西国,草根也,胡人食之。

马思荅吉

时珍曰:味苦,温,无毒。去邪恶气,温中利膈,顺气止痛,生津解渴,令人口香。元时饮膳用之,云极香料也,不知何状?故附之。

罗勒(宋《嘉祐》附)

【释名】兰香(《嘉祐》)、香菜(《纲目》)、翳子草。

禹锡曰:北人避石勒讳,呼罗勒为兰香。

时珍曰:按《邺中记》云:石虎讳言勒,改罗勒为香菜。今俗人呼为翳子草,以其子治翳也。

罗勒

【集解】禹锡曰:罗勒处处有之。有三种:一种似紫苏叶;一种叶大,二十步内即闻香;一种堪作生菜。冬月用干者。子可安入目中去翳,少顷湿胀,与物俱出也。

时珍曰:香菜,须三月枣叶生时种之乃生,否则不生。常以鱼腥水、米泔水、泥沟水浇之,则香而茂。不宜粪水。臞仙《神隐书》言:园旁水侧宜广种之,饥年亦可济用。其子大如蚤,褐色而不光,七月收之。

弘景曰:术家取羊角、马蹄烧作灰,撒湿地遍踏之。即生罗勒。俗呼为西王母菜,食之益人。

【气味】辛,温,微毒。

禹锡曰:不可多食,壅关节,涩营卫,令人血脉不行,又动风,发脚气。

【主治】调中消食,去恶气,消水气,宜生食。疗齿根烂疮,为灰用之甚良。患啘呕者,取汁服半合,冬月用干者煮汁。其根烧灰,敷小儿黄烂疮(禹锡)。主辟飞尸、鬼疰、蛊毒(吴瑞)。

【发明】时珍曰:按罗天益云:兰香味辛气温,能和血润燥,而掌禹锡言:多食涩营卫,血脉不行,何耶?又东垣李氏治牙疼口臭,神功丸中用兰香,云无则以藿香代之,此但取其去恶气而已。故《饮膳正要》云:与诸菜同食,味辛香能辟腥气,皆此意也。

【附方】新二。鼻疳赤烂:兰香叶(烧灰)二钱,铜青五分,轻粉二字,为末,日敷三次。(钱乙《小儿方》)反胃咳噫:生姜四两(捣烂),入兰香叶一两,椒末一钱,盐

和面四两，裹作烧饼，煨熟，空心吃，不过两三度效。反胃，入甘蔗汁和之。(《普济方》)

子

【主治】目翳及尘物入目，以三、五颗安目中，少顷当湿胀，与物俱出。又主风赤眵泪(《嘉祐》)。

【发明】时珍曰：按《普济方》云：昔庐州知录彭大辨在临安，暴得赤眼后生翳。一医用兰香子洗晒，每纳一粒入眦内，闭目少顷，连膜而出也。一方：为末点之。时珍常取子试之水中，亦胀大。盖此子得湿即胀，故能染惹眵泪浮膜尔。然目中不可着一尘，而此子可纳三、五颗亦不妨碍，盖一异也。

【附方】新二。目昏浮翳：兰香子每用七个，睡时水煎服之，久久有效也。(《海上名方》)走马牙疳：小儿食肥甘，肾受虚热，口作臭息，次第齿黑，名曰崩砂；渐至龈烂，名曰溃槽；又或血出，名曰宣露；重则齿落，名曰腐根。用兰香子末、轻粉各一钱，密陀僧(醋淬，研末)半两，和匀。每以少许敷齿及龈上，立效。内服甘露饮。(《活幼口议》)

白花菜(《食物》)

【释名】羊角菜。

【集解】时珍曰：白花菜三月种之。柔茎延蔓，一枝五叶，叶大如拇指。秋间开小白花，长蕊。结小角，长二三寸。其子黑色而细，状如初眠蚕砂，不光泽。菜气膻臭，惟宜盐菹食之。

颖曰：一种黄花者，名黄花菜，形状相同，但花黄也。

【气味】苦，辛，微毒。

颖曰：多食，动风气，滞脏腑，令人胃中闷满，伤脾。

【主治】下气(汪颖)。煎水洗痔，捣烂敷风湿痹痛，擂酒饮止疟(时珍)。

䓍菜(音罕。《纲目》)

【校正】并入草部《拾遗》䓍菜。

【释名】䓍菜(音罩)、辣米菜。

时珍曰：䓍味辛辣，如火焊人，故名。亦作蔊。陈藏器《本草》有䓍菜，云辛菜也，南人食之。不著形状。今考《唐韵》《玉篇》并无䓍字，只有䓍字，云辛菜也。则䓍乃䓍字之讹尔。

【集解】时珍曰：䓍菜生南地，田园间小草也。冬月布地丛生，长二三寸，柔梗细叶。三月开细花，黄色。结细角长一二分，角内有细子。野人连根、叶拔而食之，味极辛辣，呼为辣米菜。沙地生者尤伶行。故洪舜俞《老圃赋》云：荤有拂士之风。林洪《山家清供》云：朱文公饮后，辄以荤茎供蔬品。盖盱江、建阳、严陵人皆喜食之也。

【气味】辛，温，无毒。

李鹏飞曰：荤菜细切，以生蜜洗伴或略汋食之，爽口消食。多食，发痼疾，生热。

【主治】去冷气，腹内久寒，饮食不消，令人能食（藏器）。利胸膈，豁冷痰，心腹痛（时珍）。

草豉（《拾遗》）

【校正】自草部移入此。

【集解】藏器曰：生巴西诸国。草似韭状，豉出花中，彼人食之。

【气味】辛，平，无毒。

【主治】恶气，调中，益五脏，开胃，令人能食（藏器）。

本草纲目菜部第二十七卷

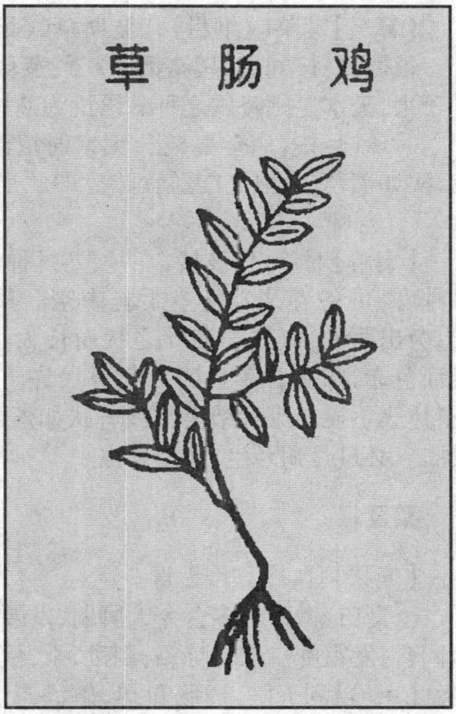

本草纲目菜部第二十七卷

菠薐（宋《嘉祐》）

【释名】菠菜（《纲目》）、波斯草（《纲目》）、赤根菜。

慎微曰：按刘禹锡《嘉话录》云：菠薐种出自西国。有僧将其子来，云本是颇陵国之种。语讹为波棱耳。

时珍曰：按《唐会要》云：太宗时尼波罗国献波棱菜，类红蓝，实如蒺藜，火熟之能益食味。即此也。方士隐名为波斯草云。

菠薐

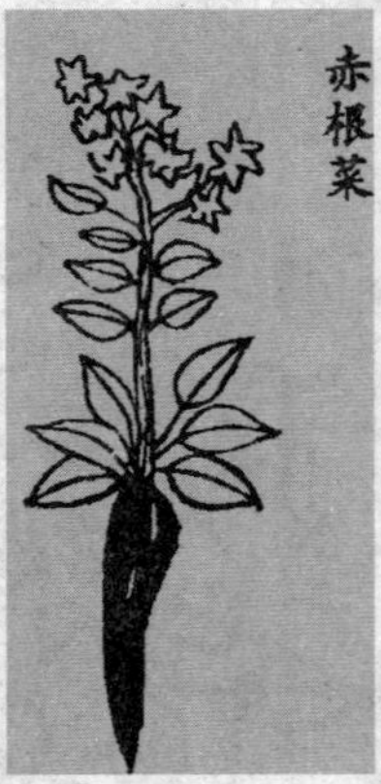

【集解】时珍曰：波棱，八月、九月种者，可备冬食；正月、二月种者，可备春蔬。其茎柔脆中空。其叶绿腻柔厚，直出一尖，旁出两尖，似鼓子花叶之状而长大。其根长数寸，大如桔梗而色赤，味更甘美。四月起苔尺许。有雄雌。就茎开碎红花，丛簇不显。雌者结实，有刺，状如蒺藜子。种时须研开，易浸胀。必过月朔乃生，亦一异也。

菜及根

【气味】甘，冷，滑，无毒。

士良曰：微毒。多食令人脚弱，发腰痛，动冷气。先患腹冷者，必破腹。不与鳝鱼同食，发霍乱。取汁炼霜，制砒、汞，伏雌黄、硫黄。

【主治】利五脏，通肠胃热，解酒毒。服丹石人食之佳（孟诜）。通血脉，开胸膈，下气调中，止渴润燥。根尤良（时珍）。

【发明】诜曰：北人食肉、面，食之即平；南人食鱼、鳖、水米，食之即冷。故多食冷大小肠也。

时珍曰：按张从正《儒门事亲》云：凡人久病，大便涩滞不通，及痔漏之人，宜常食菠薐、葵菜之类，滑以养窍，自然通利。

【附方】新一。消渴引饮，日至一石者：菠薐根、鸡内金等分，为末。米饮服一钱，日三。（《经验方》）

蕹菜(蕹,去声。宋《嘉祐》)

【释名】时珍曰:蕹与壅同。此菜惟以壅成,故谓之壅。

【集解】藏器曰:蕹菜岭南种之。蔓生,开白花,堪茹。

时珍曰:蕹菜,今金陵及江夏人多莳之。性宜湿地,畏霜雪。九月藏入土窖中,三、四月取出,壅以粪土,即节节生芽,一本可成一畦也。干柔如蔓而中空,叶似菠薐及錾头形。味短,须同猪肉煮,令肉色紫乃佳。段公路《北户录》言其叶如柳者,误矣。按嵇含《草木状》云:蕹菜叶如落葵而小。南人编苇为筏,作小孔,浮水上。种子于水中,则如萍根浮水面。及长成茎叶,皆出于苇筏孔中,随水上下,南方之奇蔬也。则此菜,水、陆皆可生之也。

蕹菜

【气味】甘,平,无毒。

【主治】解胡蔓草毒(即野葛毒),煮食之。亦生捣服(藏器)。捣汁和酒服,治产难(时珍。出唐瑶方)。

【发明】藏器曰:南人先食蕹菜,后食野葛,二物相伏,自然无苦。取汁滴野葛苗,当时萎死,相杀如此。张华《博物志》云:魏武帝啖野葛至一尺。应是先食此菜也。

菾菜(菾,音甜。《别录》中品)

【校正】并入《嘉祐》莙荙菜。

【释名】莙荙菜。

时珍曰:菾菜,即莙荙也。菾与甜通,因其味也。莙荙之义未详。

【集解】弘景曰:菾菜,即今以作鲊蒸者。

时珍曰:菾菜正二月下种,宿根亦自生。其叶青白色,似白菘菜叶而短,茎亦相类,但差小耳。生、熟皆可食,微作土气。四月开细白花。结实状如茱萸梂而轻虚,土黄色,内有细子。根白色。

菾菜

【气味】甘、苦,大寒,滑,无毒。

禹锡曰:平,微毒。冷气人不可多食,动气。先患腹冷人食之,必破腹。

【主治】时行壮热,解风热毒,捣汁饮之便瘥(《别录》)。夏月以菜作粥食,解热,止热毒痢。捣烂,敷灸疮,止痛易瘥(苏恭)。捣汁服,主冷热痢。又止血生肌,及诸禽兽伤,敷之立愈(藏器)。煎汤饮,开胃,通心膈,宜妇人(大明)。补中下气,理脾气,去头风,利五脏(《嘉祐》)。

根

【气味】甘,平,无毒。

【主治】通经脉,下气,开胸膈(《正要》)。

子

【主治】煮半生,捣汁服,治小儿热(孟诜)。醋浸揩面,去粉滓,润泽有光(藏器)。

【附方】新一。痔瘘下血:莙荙子、芸苔子、荆芥子、芫荽子、莴苣子、蔓荆子、萝卜子、葱子等分,以大鲫鱼一个去鳞、肠,装药在内,缝合,入银、石器内,上下用火炼熟,放冷为末。每服二钱,米饮下,日二服。

东风菜(宋《开宝》)

【释名】冬风。

志曰:此菜先春而生,故有东风之号。一作冬风,言得冬气也。

【集解】志曰:东风菜生岭南平泽。茎高二三尺,叶似杏叶而长,极厚软,上有细毛,煮食甚美。

时珍曰:按裴渊《广州记》云:东风菜,花、叶似落妊娠,茎紫。宜肥肉作羹食,香气似马兰.味如酪。

【气味】甘,寒,无毒。

【主治】风毒壅热,头痛目眩,肝热眼赤,堪人羹臛食(《开宝》)。

荠(《别录》上品)

【释名】护生草。

时珍曰:荠生济泽,故谓之荠。释家取其茎作挑灯杖,可辟蚁、蛾,谓之护生草,云能护众生也。

【气味】甘,温,无毒。

【主治】利肝和中(《别录》)。利五脏。根:治目痛(大明)。明目益胃(时珍)。根、叶:烧灰,治赤白痢极效(甄权)。

【附方】旧一,新二。暴赤眼,痛胀碜涩:荠菜根杵汁滴之。(《圣惠》)眼生翳膜:荠菜和根、茎、叶洗净,焙干为细末。每夜卧时先洗眼,挑末米许,安两大眦头。涩痛忍之,久久膜自落也。(《圣济总录》)肿满腹大,四肢枯瘦,尿涩:用甜葶苈(炒)、荠菜根等分,为末,炼蜜丸弹子大。每服一丸,陈皮汤下。只二三丸,小便清;十余丸,腹如故。(《三因》)

蒫实

普曰:五月五日采,阴干。

士良曰：亦名菥蓂子。四月八日收之，良。

周王曰：饥岁采子，水调成块，煮粥、作饼甚粘滑。

【气味】甘，平，无毒。

权曰：患气人食之，动冷疾。

诜曰：不与面同食，令人背闷。服丹石人不可食。

【主治】明目，目痛（《别录》）。青盲不见物，补五脏不足（甄权）。治腹胀（吴普）。去风毒邪气，治瘴去翳，解热毒。久服，视物鲜明（士良）。

花

【主治】布席下，辟虫。又辟蚊、蛾（士良）。阴干研末，枣汤日服二钱，治久痢（大明）。

菥蓂（音锡觅。《本经》上品）

【校正】自草部移入此。

【释名】大荠（《别录》）、大蕺（《本经》）、马辛。时珍曰：诸名不可解。《吴普本草》又云：一名析目，一名荣目，一名马驹。

苗

【气味】甘，平，无毒。

【主治】和中益气，利肝明目（时珍）。

菥蓂子

【气味】辛，微温，无毒。

恭曰：甘而不辛。

普曰：神农、雷公：辛；李当之：小温。

之才曰：得蔓荆实、细辛良。恶干姜、苦参。一云：苦参为之使。

【主治】明目目痛泪出，除痹，补五脏，益精光。久服轻身不老（《本经》）。疗心腹腰痛（《别录》）。治肝家积聚，眼目赤肿（甄权）。

【附方】旧一，新一。眼目热痛，泪出不止：菥萁子，捣筛为末。卧时铜簪点少许入目，当有热泪及恶物出，甚佳。眼中胬肉：方同上，夜夜点之。（崔元亮《海上方》）

繁缕（《别录》下品）

【释名】蕿缕（《尔雅》）、蔜（音敖）、薂蔜缕（郭璞）、滋草（《千金》）、鹅肠菜。

时珍曰：此草茎蔓甚繁，中有一缕，故名。俗呼鹅儿肠菜，象形也。易于滋长，故曰滋草。《古乐府》云：为乐当及时，何能待来滋。滋乃草名，即此也。

繁缕

【气味】酸，平，无毒。

权曰：苦。

时珍曰：甘，微咸。

诜曰：温。

思邈曰：黄帝云：合鳝鲊食，发消渴，令人多忘。

【主治】积年恶疮、痔不愈(《别录》)。破血，下乳汁，产妇宜食之。产后腹有块痛，以酒炒绞汁温服。又曝干为末，醋糊和丸。空腹服五十丸，取下恶血(藏器)。

【发明】弘景曰：此菜五月五日采，曝干，烧作屑，疗杂疮有效。亦杂百草服之，不止此一种也。

诜曰：治恶疮有神效之功，捣汁涂之。作菜食，益人。须五月五日者乃验。

又曰：能去恶血。不可久食，恐血尽。

【附方】旧二，新二。食治乌髭：繁缕为齑，久久食之，能乌髭发。(《圣惠方》)小便卒淋：繁缕草满两手，水煮，常常饮之。(《范汪东阳方》)产妇有块作痛：繁缕方见上。丈夫阴疮，茎及头溃烂，痛不可忍，久不瘥者：以五月五日繁缕烧焦五分，入新出蚯蚓屎二分，入少水，和研作饼，贴之。干即易。禁酒、面、五辛及热食等物。甚效。(《扁鹊方》)

鸡肠草(《别录》下品)

【校正】原在草部，《唐本》移入此。

鸡肠草

【集解】弘景曰：人家园庭亦有此草。小儿取，挼汁以捋蜘蛛网，至粘，可掇蝉。

时珍曰：鸡肠生下湿地。二月生苗，叶似鹅肠而色微深。茎带紫，中不空，无缕。四月有小茎开五出小紫花。结小实，中有细子。其苗作蔬，不如鹅肠。故《别录》列繁缕于菜部，而列此于草部，以此故也。苏恭不识，疑为一物，误矣。生嚼涎滑，故可掇蝉。鹅肠生嚼无涎，亦自可辨。郑樵《通志》谓鸡肠似蓼而小，其味小辛，非繁缕者，得之。又石胡荽亦名鸡肠草，与此不同。

【气味】微辛、苦，平，无毒。

权曰：苦。

之才曰：微寒。

【主治】毒肿，止小便利(《别录》)。疗蠼螋溺疮(弘景)。主遗溺，洗手足伤水烂(甄权)。五月五日作灰和盐，疗一切疮及风丹遍身痒痛；亦可捣封，日五六易之。作菜食，益人，去脂膏毒气。又烧敷疳䘌。取汁和蜜服，疗小儿赤白痢，甚良(孟诜)。研末或烧灰，揩齿，去宣露(苏颂)。

【附方】旧四，新五。止小便利：鸡肠草一斤，于豆豉汁中煮，和米作羹及粥，频食之。(《食医心镜》)小儿下痢赤白:鸡肠草捣汁一合,和蜜服,甚良。(孟诜《食疗》)气淋胀痛:鸡肠草三两,石苇(去毛)一两。每用三钱,水一盏,煎服。(《圣济总录》)风热牙痛,浮肿发歇,元脏气虚,小儿疳蚀:鸡肠草、旱莲草、细辛等分,为末。每日擦三次。名祛痛散。(《普济方》)发背欲死:鸡肠草捣敷之。(《肘后方》)反花恶疮:鸡肠草研汁拂之。或为末,猪脂调搽,极效。(《医林正宗》)一切头疮:鸡肠草烧灰,和盐敷之。(孟诜《食疗》)漆疮瘙痒:鸡肠草捣涂之。(《肘后方》)射工中人成疮者:以鸡肠草捣涂之。经日即愈。(卢氏方)

苜蓿(《别录》上品)

【释名】木粟(《纲目》)、光风草。

时珍曰:苜蓿,郭璞作牧宿。谓其宿根自生,可饲牧牛马也。又罗愿《尔雅翼》作木粟,言其米可炊饭也。葛洪《西京杂记》云:乐游苑多苜蓿。风在其间,常萧萧然。日照其花有光采。故名怀风,又名光风。茂陵人谓之连枝草。《金光明经》谓之塞鼻力迦。

苜蓿

【气味】苦,平,涩,无毒。

宗奭曰:微甘、淡。

诜曰:凉。少食好。多食令冷气入筋中,即瘦人。

李鹏飞曰:同蜜食,令人下利。

【主治】安中利人,可久食(《别录》)。利五脏,轻身健人,洗去脾胃间邪热气,通小肠诸恶热毒,煮和酱食,亦可作羹(孟诜)。利大小肠(宗奭)。干食益人(苏颂)。

根

【气味】寒,无毒。

【主治】热病烦满,目黄赤,小便黄,酒疸,捣取汁服一升,令人吐利即愈(苏恭)。捣汁煎饮,治沙石淋痛(时珍)。

苋(《本经》上品)

【释名】时珍曰:按陆佃《埤雅》云:苋之茎叶,皆高大而易见,故其字从见,指事也。

【集解】《别录》曰:苋实,一名莫实,细苋亦同。生淮阳川泽及田中。叶如蓝。十一月采。

颂曰:人苋、白苋俱大寒,亦谓之糠苋,又谓之胡苋,或谓之细苋,其实一也。但大者为白苋,小者为人苋耳。其子霜后方熟,细而色黑。紫苋茎叶通紫,吴人用染爪者,诸苋中惟此无毒,不寒。赤苋亦谓之花苋,茎叶深赤,根茎亦可糟藏,食之甚美，味辛。五色苋今亦稀有。细苋俗谓之野苋，猪好食之，又名猪苋。

时珍曰：苋并三月撒种。六月以后不堪食。老则抽茎如人长，开细花成穗。穗中细子，扁而光黑，与青葙子、鸡冠子无别，九月收之。细苋即野苋也，北人呼为糠苋，柔茎细叶，生即结子，味比家苋更胜。俗呼青葙苗为鸡冠苋，亦可食。见草部。

苋

菜

【气味】甘，冷利，无毒。

恭曰：赤苋：辛，寒。

鼎曰：苋动气，令人烦闷，冷中损腹。不可与鳖同食，生鳖症。又取鳖肉如豆大，以苋菜封裹置土坑内，以土盖之，一宿尽变成小鳖也。

机曰：此说屡试不验。

【主治】白苋：补气除热，通九窍（孟诜）。赤苋：主赤痢，射工、沙虱（苏恭）。紫苋：杀虫毒，治气痢（藏器）。六苋：并利大小肠，治初痢，滑胎（时珍）。

【发明】弘景曰：人苋、细苋并冷利。赤苋疗赤下而不堪食。方用苋菜甚稀，断谷方中时用之。

颂曰：赤苋微寒，故主血痢；紫苋不寒，比诸苋无毒，故主气痢。

诜曰：五月五日收苋菜，和马齿苋为细末，等分，与妊娠人常服，令易产也。

震亨曰：红苋入血分善走，故与马苋同服，能下胎。或煮食之，令人易产。

【附方】旧二，新五。产后下痢，赤白者：用紫苋菜一握切煮汁，入粳米三合，煮粥，食之立瘥也。（《寿亲养老书》）小儿紧唇：赤苋，捣汁洗之，良。（《圣惠》）漆疮搔痒：苋菜，煎汤洗之。蜈蚣螫伤：取灰苋叶擦之，即止。（谈野翁方）蜂虿螫伤：野苋挼擦之。诸蛇螫人：紫苋，捣汁饮一升，以滓涂之。（《集验方》）射工中人，状如伤寒，寒热，发疮偏在一处，有异于常者：取赤苋合茎、叶捣汁饮一升，日再服之。（《集验方》）

苋实

【气味】甘，寒，无毒。

【主治】青盲，明目除邪，利大小便，去寒热。久服益气力，不饥轻身（《本经》）。治白翳，杀蛔虫（《别录》）。益精（大明）。肝风客热，翳目黑花（时珍）。

【发明】时珍曰：苋实与青葙子同类异种，故其治目之功亦仿佛也。

【附方】新一。利大小便：苋实为末半两，分二服，新汲水下。（《圣惠》）

根

【主治】阴下冷痛，入腹则肿满杀人，捣烂敷之（时珍）。

【附方】新一。牙痛：苋根晒干，烧存性为末，揩之。再以红灯笼草根煎汤漱之。（孙氏《集效方》）

马齿苋(《蜀本草》)

【释名】马苋(《别录》)、五行草(《图经》)、五方草(《纲目》)、长命菜(同上)、九头狮子草。

时珍曰:其叶比并如马齿,而性滑利似苋,故名。俗呼大叶者为㹠耳草,小叶者为鼠齿苋,又名九头狮子草。其性耐久难燥,故有长命之称。《宝藏论》及《八草灵变篇》并名马齿龙芽,又名五方草,亦五行之义。

颂曰:马齿苋虽名苋类,而苗、叶与苋都不相似。一名五行草,以其叶青、梗赤、花黄、根白、子黑也。

藏器曰:《别录》以马齿与苋同类。二物既殊,今从别品。

马齿苋

菜

【气味】酸,寒,无毒。

恭曰:辛,温。

宗奭曰:人多食之,然性寒滑。

【主治】诸肿瘘疣目,捣揩之。破痃癖,止消渴(藏器)。能肥肠,令人不思食。治女人赤白下(苏颂)。饮汁,治反胃诸淋,金疮流血,破血癖癥瘕,小儿尤良。用汁治紧唇面疱,解马汗、射工毒,涂之瘥(苏恭)。治自尸脚阴肿(保升)。作膏,涂湿癣、白秃、杖疮。又主三十六种风。煮粥,止痢及疳痢,治腹痛(孟诜)。服之长年不白。治痈疮,杀诸虫。生捣汁服,当利下恶物,去白虫。和梳垢,封疔肿。又烧灰和陈醋滓,先灸后封之,即根出(《开宝》)。散血消肿,利肠滑胎,解毒通淋,治产后虚汗(时珍)。

【发明】时珍曰:马齿苋所主诸病,皆只取其散血消肿之功也。

颂曰:多年恶疮,百方不瘥,或痛焮不已者。并捣烂马齿敷上,不过三、两遍。此方出于武元衡相国。武在西川,自苦胫疮焮痒不可堪,百医无效。及到京,有厅吏上此方,用之便瘥也。李绛记其事于《兵部手集》。

【附方】旧十六,新二十三。三十六风结疮:马齿苋一石。水二石,煮取汁,入蜜蜡三两,重煎成膏。涂之。(《食疗》)诸气不调:马齿苋煮粥,食之。(《食医心镜》)禳解疫气:六月六日,采马齿苋晒干。元旦煮熟,同盐、醋食之,可解疫疠气。(唐瑶《经验方》)筋骨疼痛,不拘风湿气、杨梅疮及女人月家病,先用此药止疼,然后调理:干马齿苋一斤(湿马齿苋二斤),五加皮半斤,苍术四两,舂碎,以水煎汤洗澡。急用葱、姜擂烂,冲热汤三碗,服之。暖处取汗,立时痛止也。(《海上名方》)脚气浮肿:心腹胀满,小便涩少。马齿草和少粳米,酱汁煮食之。(《食医心镜》)男女疟疾:马齿苋捣,扎手寸口,男左女右。产后虚汗:马齿苋(研汁)三合,服。如无,以干者煮汁。(《妇人良方》)产后血痢,小便不通,脐腹痛:生马齿苋菜(杵汁)三合,煎沸入蜜一合,和服。(《产宝》)小儿血痢:方同上。(《心镜》)肛门肿痛:马齿苋叶、三叶酸草等分,煎汤熏洗,一日二次,有效。(《濒湖方》)痔疮初起:马齿苋不拘鲜干，煮熟急食之。以汤熏洗。一月内外，其孔闭，即愈矣。（《杨氏经验方》）赤白带下，不问老、稚、孕妇悉可服：取马齿苋（捣绞汁）三大合，和鸡子白二枚。先温令热，乃下苋汁，微温顿饮之。不过再作即愈。（崔云亮《海上方》）小便热淋：马齿苋汁服之。（《圣惠方》）阴肿痛极：马齿苋，捣敷之，良。（《永类钤方》）中蛊欲死：马齿苋，捣汁一升饮，并敷之。日四五次。（《寿域》）腹中白虫：马齿苋水煮一碗，和盐、醋空腹食之。少顷白虫尽出也。（孟诜《食疗》）紧唇面疱：马齿苋煎汤日洗之。（《圣惠方》）

子

【主治】明目，《仙经》用之（《开宝》）。延年益寿（孟诜）。青盲白翳，除邪气，利大小肠，去寒热。以一升捣末，每以一匙用葱、豉煮粥食。或着米糁、五味作羹食（《心镜》）。

【附方】新一。目中出泪，或出脓：用马齿苋子、人苋子各半两为末，绵裹铜器中蒸熟，熨大眦头脓水出处。每熨以五十度为率，久久自绝。（《圣惠》）

苦菜（《本经》上品）

【校正】并入《嘉祐》苦苣、苦荬。

【释名】荼（音茶。《本经》）、苦苣（《嘉祐》）、苦荬（《纲目》）、游冬（《别录》）、褊苣（《日用》）、老鹳菜（《救荒》）、天香菜。

时珍曰：苦荼以味名也。经历冬春，故曰游冬。许氏《说文》：苣作蒙。吴人呼为苦荬，其义未详。《嘉祐本草》言：岭南、吴人植苣供馔名苦苣，而又重出苦苣及苦荬条。今并并之。

菜

【气味】苦，寒，无毒。

张机曰：野苣不可共蜜食，令人作内痔。

时珍曰：脾胃虚寒人，不可食。

【主治】五脏邪气，厌（延叶反，伏也）谷胃痹。久服安心益气，聪察少卧，轻身耐老（《本经》）。肠游渴热，中疾恶疮。久服耐饥寒，高气不老（《别录》）。调十二经脉，霍乱后胃气烦逆。久服强力，虽冷甚益人（《嘉祐》）。捣汁饮，除面目及舌下黄。其白汁，涂疔肿，拔根。滴痈上，立溃（藏器）。点瘊于，自落（《衍义》）。敷蛇咬（大明）。明目，主诸痢（汪机）。血淋痔瘘（时珍）。

【发明】宗奭曰：苦苣捣汁敷疔疮，殊验。青苗阴干，以备冬月为末，水调敷之。

时珍曰：按《洞天保生录》云：夏三月宜食苦荬，能益心和血通气也。又陆文量《菽园杂记》云：凡病痔者，宜用苦苣菜，或鲜或干，煮至熟烂，连汤置器中，横安一板坐之，先熏后洗，冷即止。日洗数次，屡用有效。

【附方】新六。血淋尿血：苦荬菜一把，酒、水各半，煎服。（《资生经》）血脉不调：苦荬菜晒干，为末。每服二钱，温酒下。（《卫生易简方》）喉痹肿痛：野苦荬捣汁半盏，灯心以汤浸，捻汁半盏，和匀服。（《普济方》）对口恶疮：野苦荬擂汁一钟，入姜汁一匙，和酒服，以渣敷，一二次即愈。（唐瑶《经验方》）中沙虱毒，沙虱在水中，人澡浴则着人身，钻入皮里：初得皮上正赤，如小豆、黍、粟，摩之痛如刺，三日后寒热发疮毒，若入骨杀人，岭南多此：即以茅叶刮去，以苦荬汁涂之，佳。（《肘后方》）壶蜂叮螫：苦荬汁涂之，良。（《摘玄方》）

根

【主治】赤白痢及骨蒸，并煮服之（《嘉祐》）。治血淋，利小便（时珍）。

花、子

【气味】甘，平，无毒。

【主治】去中热，安心神（宗奭）。黄疸疾，连花、子研细二钱，水煎服，日二次，良（汪颖）。

白苣（宋《嘉祐》）

【释名】石苣（《纲目》）、生菜。

时珍云：白苣、苦苣、莴苣俱不可煮烹，皆宜生挼去汁，盐、醋拌食，通可曰生菜，而白苣稍美，故独得专称也。王氏《农书》谓之石苣。陆玑《诗疏》云：青州谓之芑。可生食，亦可蒸为茹。

【集解】藏器云：白苣似莴苣，叶有白毛。

时珍曰：处处有之。似莴苣而叶色白，折之有白汁。正二月下种。四月开黄花如苦荬，结子亦同。八月、十月可再种。故谚云：生菜不离园。按《事类合璧》云：苣有数种：色白者为白苣，色紫者为紫苣，味苦者为苦苣。

菜

【气味】苦，寒，无毒。

炳曰：平。患冷气人食之即腹冷，亦不至苦损人。产后不可食，令人寒中，小肠痛。

思邈曰：不可共酪食，生虫䘌。

【主治】补筋骨，利五脏，开胸膈壅气，通经脉，止脾气，令人齿白，聪明少睡，可煮食之（孟诜）。解热毒，酒毒，止消渴，利大小肠（宁原）。

【附方】旧一。鱼脐疮，其头白似肿，痛不可忍：先以针刺破头及四畔，以白苣取汁滴孔中，良。（《外台秘要》）

莴苣（《食疗》）

【释名】莴菜、千金菜。

时珍曰：按彭乘《墨客挥犀》云：莴菜自呙国来，故名。

【集解】藏器曰：莴苣有白者、紫者。紫者入烧炼药用。

时珍曰：莴苣，正二月下种，最宜肥地。叶似白苣而尖，色稍青，折之有白汁粘手。四月抽苔，高三四尺。剥皮生食，味如胡瓜。糟食亦良。江东人盐晒压实，以备方物，谓之莴笋也。花、子并与白苣同。

菜

【气味】苦，冷，微毒。

李鹏飞曰：久食昏人目。患冷人不宜食。

时珍曰：按彭乘云：莴苣有毒，百虫不敢近。蛇虺触之，则目瞑不见物。人中其毒，以姜汁解之。

藏器曰：紫莴苣有毒，入烧炼药用。

《丹房镜源》曰：莴苣用硫黄种，结砂子，制朱砂。又曰：紫色莴苣和土作器，火煅如铜也。

【主治】利五脏，通经脉，开胸膈，功同白苣（藏器）。利气，坚筋骨，去口气，白齿牙，明眼目（宁原）。通乳汁，利小便，杀虫、蛇毒（时珍）。

【附方】旧一，新五。乳汁不通：莴苣菜煎酒服。（《海上方》）小便不通：莴苣菜，捣敷脐上即通。（《卫生易简方》）小便尿血：同上方，甚效。（杨氏方）沙虱水毒：莴苣菜捣汁涂之，良。（《肘后方》）蚰蜒入耳：莴苣叶（干者）一分，雄黄一分，为末，糊丸枣核大。蘸生油塞耳中，引出。（《圣惠方》）百虫入耳：莴苣捣汁滴入，自出也。（《圣济总录》）

子入药炒用

【主治】下乳汁，通小便，治阴肿，痔漏下血、伤损作痛（时珍）。

【附方】旧一，新六。乳汁不行：莴苣子三十枚，研细酒服。又方：莴苣子一合，生甘草三钱，糯米、粳米各半合，煮粥频食之。小便不通：莴苣子捣饼，贴脐中，即通。（《海上仙方》）肾黄如金：莴苣子一合。细研。水一盏，煎五分服。（《外台秘要》）阴囊㿗肿：莴苣子一合捣末，水一盏，煎五沸，温服。闪损腰痛，趁痛丸：用白莴苣子（炒）三两，白粟米（炒）一撮，乳香、没药、乌梅肉各半两，为末，炼蜜丸弹子大。每嚼一丸，热酒下。（《玉机微义》）髭发不生，疖疮疤上不生髭发：先以竹刀刮损，以莴苣子拗猢狲姜末，频擦之。（《摘玄方》）

水苦荬

水苦荬（宋《图经》）

【校正】自外类移入此。

【释名】谢婆菜（《图经》）、半边山。

【集解】颂曰：水苦荬生宜州溪涧侧。叶似苦荬，厚而光泽。

根似白术而软。二、八、九月采其根食之。

根

【气味】微苦、辛，寒，无毒。

【主治】风热上壅，咽喉肿痛，及项上风疬，以酒磨服（苏颂）。

翻白草（《救荒》）

【释名】鸡腿根（《救荒》）、天藕（《野菜谱》）。

翻白草

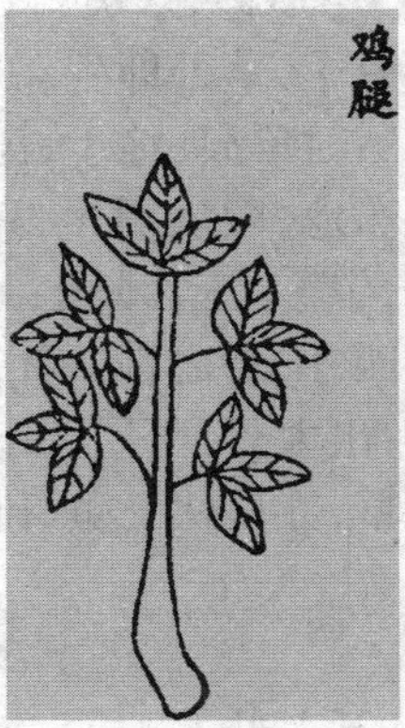

时珍曰：翻白，以叶之形名；鸡腿、天藕，以根之味名也。楚人谓之湖鸡腿，淮人谓之天藕。

【集解】周定王曰：翻白草高七八寸。叶硬而厚，有锯齿，背白，似地榆而细长。开黄花。根如指大，长三寸许，皮赤肉白，两头尖峭。生食、煮熟皆宜。

时珍曰：鸡腿儿生近泽田地，高不盈尺。春生弱茎，一茎三叶，尖长而厚，有皱纹锯齿，面青背白。四月开小黄花。结子如胡荽子，中有细子。其根状如小白术头，剥去赤皮，其内白色如鸡肉，食之有粉。小儿生食之，荒年人掘以和饭食。

根

【气味】甘、微苦，平，无毒。

【主治】吐血下血崩中，疟疾痈疮（时珍）。

【附方】新七。崩中下血：用湖鸡腿根一两捣碎，酒二盏，煎一盏服。（《濒湖集简方》）吐血不止：翻白草，每用五七科㕮咀，水二钟，煎一钟，空心服。疟疾寒热：翻白草根五七个，煎酒服之。无名肿毒：方同上。疔毒初起，不拘已成、未成：用翻白草十科，酒煎服，出汗即愈。浑身疥癞：端午日午时采翻白草，每用一握，煎水洗之。臁疮溃烂：端午日午时采翻白草，洗收。每用一握，煎汤盆盛，围住熏洗，效。（刘松石《保寿堂方》）

仙人杖草（《拾遗》）

【校正】自草部移入此。

【集解】时珍曰：别有仙人草，生阶除间，高二三寸。又有仙人掌草，生于石壁上。皆与此名同物异，不可不审。并见石草类。

【气味】甘，小温，无毒。

【主治】作茹食，去痰癖，除风冷（大明）。久服长生，坚筋骨，令人不老（藏器）。

蒲公英(《唐本草》)

【校正】自草部移入此。

【释名】耩耨草(音构糯)、金簪草(《纲目》)、黄花地丁。

蒲公英

时珍曰:名义未详。孙思邈《千金方》作凫公英,苏颂《图经》作仆公罂,《庚辛玉册》作鹁鸪英。俗呼蒲公丁,又呼黄花地丁。淮人谓之白鼓钉,蜀人谓之耳瘢草,关中谓之狗乳草。按《土宿本草》云:金簪草一名地丁,花如金簪头,独脚如丁,故以名之。

【集解】宗奭曰:即今地丁也。四时常有花,花罢飞絮,絮中有子,落处即生。所以庭院间皆有者,因风而来。

时珍曰:地丁,江之南北颇多,他处亦有之,岭南绝无。小科布地,四散而生,茎、叶、花、絮并似苦苣,但小耳。嫩苗可食,《庚辛玉册》云:地丁叶似小莴苣,花似大旋葍,一茎耸上三四寸,断之有白汁。二月采花,三月采根。可制汞,伏三黄。有紫花者,名大丁草,出太行、王屋诸山。陈州亦有,名烧金草。能煅朱砂。一种相类而无花者,名地胆草,亦可伏三黄、砒霜。

苗

【气味】甘,平,无毒。

【主治】妇人乳痈肿,水煮汁饮及封之,立消(恭)。解食毒,散滞气,化热毒,消恶肿、结核、疔肿(震亨)。掺牙,乌须发,壮筋骨(时珍)。白汁:涂恶刺、狐尿刺疮,即愈(颂)。

【附方】新五。还少丹,昔日越王曾遇异人得此方,极能固齿牙,壮筋骨,生肾水:凡年未及八十者,服之须发返黑,齿落更生。年少服之,至老不衰。得遇此者,宿有仙缘,当珍重之,不可轻泄:用蒲公英一斤(一名耩耨草,又名蒲公罂,生平泽中,三、四月甚有之,秋后亦有放花者,连根带叶取一斤洗净,勿令见天日),晾干,入斗子。解盐一两,香附子五钱,二味为细末,入蒲公草内淹一宿,分为二十团,用皮纸三四层裹扎定,用六一泥(即蚯蚓粪)如法固济,入灶内焙干,乃以武火煅通红为度,冷定取出,去泥为末。早晚擦牙漱之,吐、咽任便,久久方效。(《瑞竹堂方》)乳痈红肿:蒲公英一两,忍冬藤二两。捣烂,水二钟,煎一钟,食前服。睡觉病即去矣。(《积德堂方》)痟疮疔毒:蒲公英捣烂覆之,即黄花地丁也。别更捣汁,和酒煎服,取汗。(唐氏方)多年恶疮:蒲公英捣烂贴。(《救急方》)蛇螫肿痛:方同上。

黄瓜菜(《食物》)

黄瓜菜

【释名】黄花菜。

时珍曰:其花黄,其气如瓜,故名。

【集解】颖曰:黄瓜菜野生田泽。形似油菜,但味少苦。取为羹茹,甚香美。

时珍曰:此菜二月生苗,田野遍有,小科如荠。三、四、五月开黄花,花与茎、叶并同地丁,但差小耳。一科数花,结细子,不似地丁之花成絮也。野人茹之,亦采以饲鹅儿。

【气味】甘、微苦,微寒,无毒。

【主治】通结气,利肠胃(汪颖)。

生瓜菜(宋《图经》)

生瓜菜

【释名】其味作生瓜气,故以为名。

【集解】颂曰:生瓜菜生资州平田阴畦间。春生苗,长三四寸,作丛生。叶青而圆,似白苋菜。夏开紫白花,结细实,黑色。

【气味】甘,微寒,无毒。

【主治】走注攻头面四肢,及阳毒伤寒,壮热头痛,心神烦躁,利胸膈,捣汁饮之。又生捣贴肿(苏颂)。

落葵(《别录》下品)

【释名】终葵(《尔雅》)、藤葵(《食鉴》)、藤菜(《纲目》)、天葵(《别录》)、繁露(同)、御菜(俗)、胭脂菜。

志曰:落葵,一名藤葵,俗呼为胡胭脂。

落葵

时珍曰:落葵叶冷滑如葵,故得葵名。释家呼为御菜,亦日藤儿菜。《尔雅》云:蔠葵,繁露也。一名承露。其叶最能承露,其子垂垂亦如缀露,故得露名。而终、落二字相似,疑落字乃蔠字之讹也。案《考工记》云:大圭,终葵首也。注云:齐人谓椎日终葵。圭首六寸为椎。然则此菜亦以其叶似椎头而名之乎?

【集解】弘景曰:落葵又名承露。人家多种之。叶惟可饪鲊食,冷滑。其子紫色,女人以渍粉敷面为假色,少入药用。

保升曰:蔓生,叶圆,厚如杏叶。子似五味子,生青熟黑。所在有之。

时珍曰:落葵三月种之,嫩苗可食。五月蔓延,其叶似杏叶而肥厚软滑,作蔬、和肉皆宜。八、九月开细紫花，累累结实，大如五味子，熟则紫黑色。揉取汁，红如胭脂，女人饰面、点唇及染布物，谓之胡胭脂，亦日染绛子，但久则色易变耳。

叶

【气味】酸，寒，滑，无毒。

时珍曰：甘、微酸，冷滑。脾冷人不可食。

弘景曰：曾为狗啮者，食之终身不瘥。

【主治】滑中，散热（《别录》）。利大小肠（时珍）。

子

【主治】悦泽人面（《别录》）。可作面脂（苏颂）。

诜曰：取子蒸过，烈日中曝干，挼去皮，取仁细研，和白蜜涂面，鲜华立见。

蕺（音戢。《别录》下品）

【释名】菹菜（恭）、鱼腥草。

时珍曰：蕺字，段公路《北户录》作蕊，音戢。秦人谓之菹子。菹、蕺音相近也。其叶腥气，故俗呼为鱼腥草。

蕺菜

【集解】恭曰：蕺菜生湿地山谷阴处，亦能蔓生。叶似荞麦而肥，茎紫赤色。山南、江左人好生食之。关中谓之菹菜。

保升曰：茎、叶俱紫，赤英，有臭气。

时珍曰：案赵叔文《医方》云：鱼腥草即紫蕺。叶似荇，其状三角，一边红，一边青。可以养猪。又有五蕺（即五毒草），花、叶相似，但根似狗脊。见草部。

叶

【气味】辛，微温，有小毒。

《别录》曰：多食，令人气喘。

弘景曰：俗传食蕺不利人脚，恐由闭气故也。今小儿食之，便觉脚痛。

诜曰：小儿食之，三岁不行。久食，发虚弱，损阳气，消精髓。

思邈曰：素有脚气人食之，一世不愈。

【主治】蠼螋尿疮（《别录》）。淡竹筒内煨熟，捣敷恶疮、白秃（大明）。散热毒痈肿，疮痔脱肛，断痁疾，解硇毒（时珍）。

【附方】旧一，新七。背疮热肿：蕺菜捣汁涂之，留孔以泄热毒，冷即易之。（《经验方》）痔疮肿痛：鱼腥草一握，煎汤熏洗，仍以草挹痔即愈。一方：洗后以枯矾入片脑少许，敷之。（《救急方》）疔疮作痛：鱼腥草捣烂敷之。痛一二时，不可去草，痛后一二日即愈。徽人所传方也。（陆氏《积德堂方》）小儿脱肛：鱼腥草擂如泥，先以朴硝水洗过，用芭蕉叶托住药坐之，自入也。（《永类方》）虫牙作痛：鱼腥草、花椒、菜子油等分，捣匀，入泥少许，和作小丸如豆大。随牙左右塞耳内，两边轮换，不可一齐用，恐闭耳气。塞一日夜，取看有细虫为效。(《简便方》)断截疟疾：紫蕺一握。捣烂绢包，周身摩擦，得睡有汗即愈。临发前一时作之。(《救急易方》)恶蛇虫伤：鱼腥草、皱面草、槐树叶、草决明，一处杵烂，敷之甚效。(同上)

蕨(《拾遗》)

【释名】鳖。

时珍曰：《尔雅》云：蕨，鳖也。菜名。陆佃《埤雅》云：蕨初生无叶，状如雀足之拳，又如人足之蹶，故谓之蕨。周秦曰蕨，齐鲁曰鳖，初生亦类鳖脚故也。其苗谓之蕨萁。

蕨

【集解】藏器曰：蕨生山间。根如紫草。人采茹食之。

时珍曰：蕨，处处山中有之。二、三月生芽，拳曲状如小儿拳。长则展开如凤尾，高三四尺。其茎嫩时采取，以灰汤煮去涎滑，晒干作蔬，味甘滑，亦可醋食。其根紫色，皮内有白粉，捣烂，再三洗澄。取粉作粔籹，荡皮作线食之，色淡紫，而甚滑美也。野人饥年掘取，治造不精，聊以救荒，味即不佳耳。《诗》云：陟彼南山，言采其蕨。陆玑谓其可以供祭，故采之。然则蕨之为用，不独救荒而已。一种紫萁，似蕨有花而味苦，谓之迷蕨，初生亦可食，《尔雅》谓之月尔，《三苍》谓之紫蕨。郭璞云：花繁曰尔。紫蕨拳曲繁盛，故有月尔之名。

萁及根

【气味】甘，寒，滑，无毒。

诜曰：久食，令人目暗、鼻塞、发落。又冷气人食之，多腹胀。小儿食之，脚弱不能行。

思邈曰：久食成瘕。

【主治】去暴热，利水道，令人睡(藏器)。补五脏不足，气壅经络筋骨间，毒气(孟诜)。根烧灰油调，敷蛇、螪伤(时珍。螪音萧，虫名)。

【发明】藏器曰：多食消阳气，故令人睡、弱人脚。四皓食芝而寿，夷齐食蕨而夭，固非良物。干宝《搜神记》云：郗鉴镇丹徒，二月出猎。有甲士折蕨一枝，食之，觉心中淡淡成疾。后吐一小蛇，悬屋前，渐干成蕨。遂明此物不可生食也。

时珍曰：蕨之无益，为其性冷而滑，能利水道，泄阳气，降而不升，耗人真元也。四皓采芝而心逸，夷齐采蕨而心忧，其寿其夭，于蕨何与焉？陈公之言，可谓迂哉。然饥人濒死，赖蕨延活，又不无济世之功。

【附方】新一。肠风热毒：蕨菜花焙，为末。每服二钱，米饮下。(《圣惠》)

水蕨(《纲目》)

【集解】时珍曰：水蕨似蕨，生水中。《吕氏春秋》云：菜之美者，有云梦之苣。即此菜也。苣音岂。

【气味】甘、苦，寒，无毒。

【主治】腹中痞积，淡煮食，一二日即下恶物。忌杂食一月余乃佳（时珍。《卫生方》）。

薇(《拾遗》)

【校正】自草部移入此。

【释名】垂水（《尔雅》）、野豌豆（《纲目》）、大巢菜。

薇

时珍曰：案许慎《说文》云：薇，似藿。乃菜之微者也。王安石《字说》云：微贱所食，因谓之薇。故《诗》以"采薇赋戍役"。孙炎注《尔雅》云：薇草生水旁而枝叶垂于水，故名垂水也。巢菜见翘摇下。

【集解】藏器曰：薇生水旁，叶似萍，蒸食利人。《三秦记》云：夷齐食之三年，颜多不异。武王诫之，不食而死。

李珣曰：薇生海、池、泽中，水菜也。

时珍曰：薇生麦田中，原泽亦有，故《诗》云："山有蕨、薇"，非水草也。即今野豌豆，蜀人谓之巢菜。蔓生，茎叶气味皆似豌豆，其藿作蔬、入羹皆宜。《诗》云：采薇采薇，薇亦柔止。《礼记》云：芼豕以薇。皆此物也。《诗疏》以为迷蕨，郑氏《通志》以为金樱芽，皆谬矣。项氏云：巢菜有大、小二种：大者即薇，乃野豌豆之不实者，小者即苏东坡所谓元修菜也。此说得之。

【气味】甘，寒，无毒。

【主治】久食不饥，调中，利大小肠（藏器）。利水道，下浮肿，润大肠（珣）。

翘摇(《拾遗》)

【释名】摇车（《尔雅》）、野蚕豆（《纲目》），小巢菜。

藏器曰：翘摇，幽州人谓之翘饶。《尔雅》云：柱夫，摇车（俗呼翘摇车）是矣。蔓生细叶，紫花可食。

时珍曰：翘摇，言其茎叶柔婉，有翘然飘摇之状，故名。苏东坡云：菜之美者，蜀乡之巢。故人巢元修嗜之，因谓之元修菜。陆放翁诗序云：蜀蔬有两巢：大巢即豌豆之不实者；小巢生稻田中，吴地亦多，一名漂摇草，一名野蚕豆。以油炸之，缀以米糁，名草花，食之佳，作羹尤美。

翘摇

【集解】藏器曰:翘摇生平泽。蔓生如萱豆,紫花。

时珍曰:处处皆有。蜀人秋种春采,老时耕转壅田。故薛田诗云:剩种豌巢沃晚田。蔓似萱豆而细,叶似初生槐芽及蒺藜,而色青黄。欲花未萼之际,采而蒸食,点酒下盐,芼羹作馅,味如小豆藿。至三月开小花,紫白色。结角,子似豌豆而小。

【气味】辛,平,无毒。

诜曰:煮食佳,生食令人吐水。

【主治】破血,止血生肌。捣汁服之,疗五种黄病,以瘥为度(藏器)。利五脏,明耳目,去热风,令人轻健,长食不厌,甚益人(孟诜)。止热疟,活血平胃(时珍)。

【附方】新二。活血明目:漂摇豆为末,甘草汤服二钱,日二钱。(《卫生易简方》)热疟不止:翘摇杵汁服之。(《广利方》)

鹿藿(《本经》下品)

鹿藿

【校正】自草部移入此。

【释名】鹿豆(郭璞)、萱豆(音劳。亦作蹽)、野绿豆。

时珍曰:豆叶曰藿,鹿喜食之,故名。俗呼萱豆,萱、鹿音相近也。王磐《野菜谱》作野绿豆。《尔雅》云:蔨(音卷),鹿藿也。其实莥(音纽)。即此。

【集解】《别录》曰:鹿藿生汶山山谷。

弘景曰:方药不用,人亦无识者。但葛苗一名鹿藿。

恭曰:此草所在有之。苗似豌豆,而引蔓长粗。人采为菜,亦微有豆气,山人名为鹿豆也。

保升曰:鹿豆可生啖。五月、六月采苗,晒干之。郭璞注《尔雅》云:鹿豆叶似大豆,蔓延生,根黄而香。是矣。

时珍曰:鹿豆即野绿豆,又名萱豆,多生麦地田野中。苗叶似绿豆而小,引蔓生,生、熟皆可食。三月开淡粉紫花,结小荚。其子大如椒子,黑色。可煮食,或磨面作饼蒸食。

【气味】苦,平,无毒。

【主治】蛊毒,女子腰腹痛不乐,肠痈瘰疬,疬疡气(《本经》)。止头痛(梁简文《劝医文》)。

灰藋(音狄。宋《嘉祐》)

【校正】原自草部移入谷部,今复移入此。

【释名】灰涤菜(《纲目》)、金锁夭。

时珍曰:此茎茎叶上有细灰如沙,而枝叶翘趯,故名。梁简文帝《劝医文》作灰涤菜,俗讹为灰条菜。《雷公炮炙论》谓之金锁夭。

灰藋

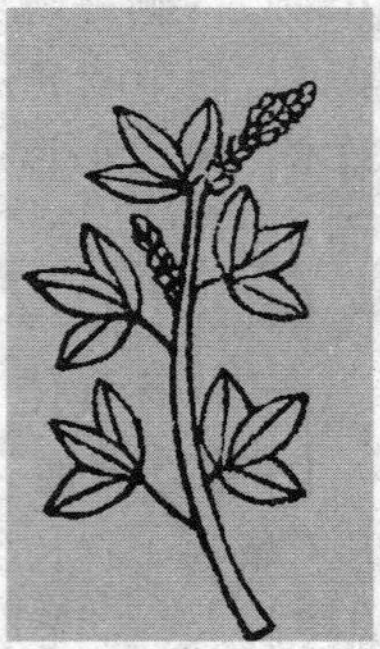

【修治】敩曰:灰藋即金锁夭,叶扑蔓翠上,往往有金星,堪用。若白青色者,是忌女茎,不中用也。若使金锁夭,茎高二尺五六寸为妙。若长若短,皆不中使。凡用勿令犯水,去根晒干,以布拭去肉毛令尽,细坐剉,焙干用之。

时珍曰:妓女茎即地肤子苗,与灰藋茎相似而叶不同,亦可为蔬。详见本条。

茎叶

【气味】甘,平。无毒。

【主治】恶疮,虫、蚕、蜘蛛等咬,捣烂和油敷之。亦可煮食。作汤,浴疥癣风瘙。烧灰纳齿孔中,杀虫䘌。含漱,去甘疮。以灰淋汁,蚀息肉,除白癜风、黑子、面皯,着肉作疮(藏器)。

【附方】新一。疔疮恶肿:野灰藋菜叶烧灰,拨破疮皮,唾调少许点之,血出为度。(《普济》)

子仁

【气味】甘,平,无毒。

【主治】炊饭磨面食,杀三虫(藏器)。

藜(《纲目》)

【释名】莱(《诗疏》)、红心灰藋(《玉册》)、鹤顶草(《土宿本草》)、胭脂菜(详下文)。

【集解】时珍曰:藜处处有之。即灰藋之红心者,茎、叶稍大。河朔人名落藜,南人名胭脂菜,亦曰鹤顶草,皆因形色名也。嫩时亦可食,故昔人谓藜藿与膏粱不同。老则茎可为杖。《诗》云:南山有台,北山有莱。陆玑注云:莱即藜也。初生可食。谯、沛人以鸡苏为莱,《三苍》以茱萸为莱,皆名同物异也。《韵府》谓藜为落帚,亦误矣。《宝藏论》云:鹤顶龙芽,其顶如鹤,八九月和子收之,入外丹用。

叶

【气味】甘,平,微毒。

时珍曰:按《庚辛玉册》云:鹤顶,阴草也。捣汁煮粉霜,烧灰淋汁煎粉霜,伏矾石,结草砂,制硫,伏汞及雌黄、砒石。

【主治】杀虫(藏器)。煎汤,洗虫疮,漱齿䘌。捣烂,涂诸虫伤,去癜风(时珍)。

【附方】新一。白癜风:红灰藋五斤,茄子根、茎三斤,苍耳根、茎五斤,并晒干烧灰,以水一斗煎汤淋汁熬成膏,别以好乳香半两,铅霜一分,腻粉一分,炼成牛脂二两,和匀,每日涂三次。(《圣惠》)

茎

【主治】烧灰，和荻灰、蒿灰等分，水和蒸，取汁煎膏。点疣赘、黑子，蚀恶肉（时珍）。

秦荻藜（《唐本草》附）

【释名】时珍曰：按《山海经》云：秦山有草，名曰藜，如荻，可以为菹。此即秦荻藜也。盖亦藜类，其名亦由此得之。

【集解】恭曰：秦荻藜生下湿地，所在有之。入所啖者。

诜曰：此物于生菜中最香美。

【气味】辛，温，无毒。

【主治】心腹冷胀，下气消食，和酱、醋食之（《唐本》）。破气甚良。又末之和酒服，疗卒心痛，悒悒，塞满气（孟诜）。

子

【主治】肿毒，捣末和醋封之，日三易（孟诜）。

醍醐菜（《证类》）

【集解】时珍曰：唐慎微《证类本草》收此，而形状莫考。惟雷敩《炮炙论》云：形似牛皮蔓，掐之有乳汁出，香甜入顶。采得以苦竹刀细切，入砂盆中研如膏，用生绢挼汁出，暖饮。然亦不云治何病也。

【气味】甘，温，无毒。

【主治】月水不利，捣叶绞汁，和酒煎服一盏（《千金》）。

【附方】旧一。伤中崩赤：醍醐杵汁，拌酒煎沸，空心服一盏。（《千金方》）

【附录】茅膏菜（《拾遗》）

藏器曰：味甘，平，无毒。煮服，主赤白久痢。生茅中，高一尺，有毛如油腻，粘人手，子作角生。

鸡侯菜

又曰：味辛，温，无毒。久食，温中益气。顾微《广州记》云：生岭南，似艾，二月生苗，宜鸡羹食之，故名。

孟娘菜

又曰：味苦，小温，无毒。主妇人腹中血结羸瘦，男子阴囊湿痒，强阳道，令人健行不睡，补虚，去痔瘘、瘰疬、瘿瘤。生四明诸山，冬夏常有叶.似升麻，方茎。山人采茹之。

优殿

又曰:味辛,温,无毒。温中,去恶气,消食。生安南,人种为茹。《南方草木状》云:合浦有优殿,人种之,以豆酱食之,芳香好味。

芋(《别录》中品)

芋

【校正】白果部移入此。

【释名】土芝(《别录》)、蹲鸱。

时珍曰:按徐铉注《说文》云:芋犹吁也。大叶实根,骇吁人也。吁音芋,疑怪貌。又《史记》:卓氏云:岷山之下,沃野,下有蹲鸱,至死不饥。注云:芋也。盖芋魁之状,若鸱之蹲坐故也。芋魁,《东汉书》作芋渠。渠、魁义同。

【集解】弘景曰:芋,钱塘最多。生则有毒,味莶不可食。种芋三年,不采则成梠芋。又别有野芋,名老芋,形叶相似如一,根并杀人。

时珍曰:芋属虽多,有水、旱二种:旱芋山地可种,水芋水田莳之。叶皆相似,但水芋味胜。茎亦可食。芋不开花,时或七、八月间有开者,抽茎生花黄色,旁有一长萼护之,如半边莲花之状也。按郭义恭《广志》云:芋凡十四种:君子芋,魁大如斗;赤鹯芋,即连禅芋,魁大子少;白果芋,魁大子繁,亩收百斛;青边芋、旁巨芋、车毂芋三种,并魁大子少,叶长丈余;长味芋,味美,茎亦可食;鸡子芋,色黄;九面芋,大而不美;青芋、曹芋、象芋,皆不可食,惟茎可作菹;旱芋,九月熟;蔓芋,缘枝生,大者如二三升也。

芋子

【气味】辛,平,滑,有小毒。

大明曰:冷。

弘景曰:生则有毒,味莶不可食。性滑下石,服饵家所忌。

【主治】宽肠胃,充肌肤,滑中(《别录》)。冷啖,疗烦热,止渴(苏恭)。令人肥白,开胃通肠闭。产妇食之,破血;饮汁,止血渴(藏器)。破宿血,去死肌。和鱼煮食,甚下气,调中补虚(大明)。

【发明】诜曰:芋,白色者无味,紫色者破气。煮汁啖之,止渴。十月后晒干收之,冬月食不发病,他时月不可食。又和鲫鱼、鳢鱼作臛良。久食,令人虚劳无力。又煮汁洗腻衣,白如玉也。

大明曰:芋以姜同煮过,换水再煮,方可食之。

【附方】旧二,新二。腹中癖气:生芋子一斤压破,酒五斤渍二七日。空腹每饮一升,神良。(韦宙《独行方》)身上浮风:芋煮汁浴之。慎风半日。(孟诜《食疗》)疮冒风邪肿痛:用白芋烧灰敷之。干即易。(《千金方》)头上软疖:用大芋捣敷之,即干。(《简便方》)

叶、茎

【气味】辛，冷，滑，无毒。

【主治】除烦止泻，疗妊妇心烦迷闷，胎动不安。又盐研，敷蛇虫咬，并痈肿毒痛，及罯毒箭（大明）。梗：擦蜂螫尤良（宗奭）。汁：涂蜘蛛伤（时珍）。

【发明】慎微曰：沈括《笔谈》云：处士刘易隐居王屋山，见一蜘蛛为蜂所螫，坠地，腹鼓欲裂，徐行入草，啮破芋梗，以疮就啮处磨之，良久腹消如故。自后用治蜂螫有验，由此。

【附方】新一。黄水疮：芋苗晒干，烧存性研搽。（邵真人《经验方》）

【附录】野芋

弘景曰：野芋形叶与芋相似，芋种三年不采成相芋（音吕），并能杀人。误食之烦闷垂死者，惟以土浆及粪汁、大豆汁饮之，则活矣。

藏器曰：野芋生溪涧侧，非人所种者，根、叶相似。又有天荷，亦相似而大。

时珍曰：小者为野芋，大者为天荷，俗名海芋。详见草部毒草类。野芋根辛冷，有大毒。醋摩敷虫疮恶癣。其叶捣涂毒肿。初起无名者即消，亦治蜂、虿螫，涂之良。

土芋（《拾遗》）

【校正】自草部移入此。

【释名】土卵（《拾遗》）、黄独（《纲目》）、土豆。

【集解】藏器曰：土芋蔓生，叶如豆，其根圆如卵。鹍鸠食后弥吐，人不可食。又云：土卵蔓生，如芋，人以灰汁煮食之。

恭曰：土卵似小芋，肉白皮黄。梁、汉人名为黄独。可蒸食之。

根

【气味】甘、辛，寒，有小毒。

【主治】解诸药毒，生研水服，当吐出恶物便止。煮熟食之，甘美不饥，厚人肠胃，去热嗽（藏器）。

薯蓣（《本经》上品）

【校正】自草部移入此。

【释名】藷䒞（音诸预）、土藷（音除）、山藷（《图经》）、山芋（《吴普》）、山药（《衍义》）、玉延。

吴普曰：薯蓣，一名藷，一名儿草，一名修脆。齐、鲁名山芋，郑、越名土藷，秦、楚名玉延。

宗奭曰：薯蓣，因唐代宗名预，避讳改为薯药；又因宋英宗讳署，改为山药。尽失当日本名。恐岁久以山药为别物,故详著之。

薯蓣

【集解】《别录》曰:薯蓣生嵩高山谷。二月、八月采根曝干。

普曰:亦生临朐钟山。始生赤茎细蔓。五月开白花。七月结实青黄,八月熟落。其根内白外黄,举芋。

时珍曰:薯蓣入药,野生者为胜;若供馔,则家种者为良。四月生苗延蔓,紫茎绿叶。叶有三尖,似白牵牛叶而更光润。五、六月开花成穗,淡红色。结荚成簇,荚凡三棱合成,坚而无仁。其子别结于一旁,状似雷丸,大小不一,皮色土黄而肉白,煮食甘滑,与其根同。王旻《山居录》云:曾得山芋子如荆棘子者,食之更愈于根。即此也。霜后收子留种,或春月采根截种,皆生。

【修治】颂曰:采白根刮去黄皮,以水浸之,糁白矾末少许入水中,经宿净洗去涎,焙干用。

宗奭曰:入药贵生干之,故古方皆用干山药。盖生则性滑,不可入药;熟则滞气,只堪啖耳。其法:冬月以布裹手,用竹刀剐去皮,竹筛盛,置檐风处,不得见日,一夕干五分,候全干收之。或置焙笼中,微火烘干亦佳。

斅曰:凡使,勿用平田生二三纪者,须要山中生经十纪者。皮赤,四面有须者妙。采得以铜刀刮去赤皮,洗去涎,蒸过曝干用。

根

【气味】甘,温、平,无毒。

普曰:神农:甘,小温;桐君、雷公:甘,凉,无毒。

之才曰:紫芝为之使。恶甘遂。

【主治】伤中,补虚羸,除寒热邪气,补中,益气力,长肌肉,强阴。久服,耳目聪明,轻身不饥延年(《本经》)。主头面游风,头风眼眩,下气,止腰痛,治虚劳羸瘦,充五脏,除烦热(《别录》)。补五劳七伤,去冷风,镇心神,安魂魄,补心气不足,开达心孔,多记事(甄权)。强筋骨,主泄精健忘(大明)。益肾气,健脾胃,止泄痢,化痰涎,润皮毛(时珍)。生捣贴肿硬毒,能消散(震亨)。

【发明】权曰:凡患人体虚羸者,宜加而用之。

时珍曰:按吴绶云:山药人手、足太阴二经,补其不足,清其虚热。又按王履《溯洄集》云:山药虽入手太阴,然肺为肾之上源,源既有滋,流岂无益,此八味丸所以用其强阴也。又按曹毗《杜兰香传》云:食薯蓣可以辟雾露。

【附方】旧一,新十。补益虚损,益颜色,补下焦虚冷,小便频数,瘦损无力:用薯蓣于沙盆中研细,入铫中,以酥一大匙熬令香,旋添酒一盏煎搅令匀,空心饮之。每旦一服。(《圣惠方》)心腹虚胀,手足厥逆,或饮苦寒之剂多,未食先呕,不思饮食:山药半生半炒,为末。米饮服二钱,一日二服,大有功效。忌铁器、生冷。(《普济方》)小便数多:山药(以矾水煮过)、白茯苓等分,为末。每水饮服二钱。(《儒门事亲》)下痢禁口:山药半生半炒,为末。每服二钱,米饮下。(《卫生易简方》)痰风喘急：生山药捣烂半碗，入甘蔗汁半碗，和匀。顿热饮之，立止。(《简便单方》)脾胃虚弱，不思饮食：山芋、白术各一两，人参七钱半，为末，水糊丸小豆大，每米饮下四五十丸。(《普济方》)湿热虚泄：山药、苍术等分。饭丸。米饮服。大人、小儿皆宜。(《濒湖经验方》)肿毒初起：带泥山药、蓖麻子、糯米等分，水浸研，敷之即散也。(《普济方》)胯眼脊疡：山药、沙糖同捣，涂上即消。先以面涂四围，乃上此。(《简便单方》)项后结核，或赤肿硬痛：以生山药一挺(去皮)，蓖麻子二个同研，贴之如神。(《救急易方》)手足冻疮：山药一截，磨泥，敷之。(《儒门事亲》)

零余子(《拾遗》)

【校正】自草部移入此。

【集解】藏器曰：零余子，大者如鸡子，小者如弹丸，在叶下生。晒干，功用强于薯蓣。薯蓣有数种，此其一也。

时珍曰：此即山药藤上所结子也。长圆不一，皮黄肉白。煮熟去皮食之，胜于山药，美于芋子。霜后收之。坠落在地者，亦易生根。

【气味】甘，温，无毒。

【主治】补虚损，强腰脚，益肾，食之不饥(藏器)。

甘薯(《纲目》)

【集解】时珍曰：按陈祈畅《异物志》云：甘薯出交广南方。民家以二月种，十月收之。其根似芋，亦有巨魁。大者如鹅卵，小者如鸡、鸭卵。剥去紫皮，肌肉正自如脂肪。南人用当米谷、果食，蒸炙皆香美。初时甚甜，经久得风稍淡也。又按嵇含《草木状》云：甘薯，薯蓣之类，或云芋类也。根、叶亦如芋。根大如拳、瓯，蒸煮食之，味同薯蓣，性不甚冷。珠崖之不业耕者惟种此，蒸切晒收，以充粮糗，名薯粮。海中之人多寿，亦由不食五谷，而食甘薯故也。

【气味】甘，平，无毒。

【主治】补虚乏，益气力，健脾胃，强肾阴，功同薯蓣(时珍)。

百合(《本经》中品)

【校正】自草部移入此。

【释名】䪥(音藩)、强瞿(《别录》)、蒜脑薯。

《别录》曰：一名摩罗，一名重箱，一名中逢花。

吴普曰：一名重迈，一名中庭。

弘景曰：百合，俗人呼为强仇，仇即瞿也，声之讹耳。

时珍曰：百合之根，以众瓣合成也。或云专治百合病故名，亦通。其根如大蒜，其味如山薯，故俗称蒜脑薯。顾野王《玉篇》亦云：䪥乃百合蒜也。此物花、叶、根皆四向,故曰强瞿。凡物旁生谓之瞿,义出《韩诗外传》。

百合

根

【气味】甘,平,无毒。

权曰:有小毒。

【主治】邪气腹胀心痛,利大小便,补中益气(《本经》)。除浮肿胪胀,痞满寒热,通身疼痛,及乳难喉痹,止涕泪(《别录》)。百邪鬼魅,涕泣不止,除心下急满痛,治脚气热咳(甄权)。安心定胆益志,养五脏,治颠邪狂叫惊悸,产后血狂运,杀蛊毒气,胁痈乳痈发背诸疮肿(大明)。心急黄,宜蜜蒸食之(孟诜)。治百合病(宗奭)。温肺止嗽(元素)。

【发明】颖曰:百合新者,可蒸可煮、和肉更佳;干者作粉食,最益人。

时珍曰:按《王维诗》云:冥搜到百合,真使当重肉。果堪止泪无,欲纵望江目。盖取《本草》百合止涕泪之说。

【附方】旧三,新十三。百合病:百合知母汤:治伤寒后百合病,行住坐卧不定,如有鬼神状,已发汗者。用百合七枚,以泉水浸一宿,明旦更以泉水二升,煮取一升,却以知母三两,用泉水二升煮一升,同百合汁再煮取一升半,分服。百合鸡子汤:治百合病已经吐后者。用百合七枚,泉水浸一宿,明旦更以泉水二升,煮取一升,入鸡子黄一个,分再服。百合代赭汤:治百合病已经下后者。用百合七枚,泉水浸一宿,明旦更以泉水二升,煮取一升,却以代赭石一两,滑石三两,水二升,煮取一升,同百合汁再煮取一升半,分再服。百合地黄汤:治百合病未经汗吐下者。用百合七枚,泉水浸一宿,明旦更以泉水二升,煮取一升,人生地黄汁一升,同煎取一升半,分再服。(并仲景《金匮要略方》)百合变渴:病已经月,变成消渴者。百合一升,水一斗,渍一宿,取汁温浴病人。浴毕食白汤饼。(陈延之《小品方》)百合变热者:用百合一两,滑石三两。为末。饮服方寸匕。微利乃良。(《小品方》)百合腹满,作痛者:用百合炒为末,每饮服方寸匕,日二。(《小品》)阴毒伤寒:百合煮浓汁,服一升良。(《孙真人食忌》)肺脏壅热,烦闷咳嗽者:新百合四两,蜜和蒸软,时时含一片。吞津。(《圣惠方》)肺病吐血:新百合捣汁,和水饮之。亦可煮食。(《卫生易简》)耳聋耳痛:干百合为末,温水服二钱,日二服。(《胜金方》)拔白换黑:七月七日,取百合熟捣,用新瓷瓶盛之,密封挂门上,阴干百日。每拔去白者掺之,即生黑者也。(《便民图纂》)游风隐疹:以楮叶掺动,用盐泥二两,百合半两,黄丹二钱,醋一分,唾四分,捣和贴之。(《摘玄方》)疮肿不穿:野百合,同盐捣泥,敷之良。(《应验方》)天泡湿疮:生百合捣涂,一二日即安。(《濒湖集简方》)鱼骨哽咽:百合五两。研末。蜜水调围颈项包住,不过三五次即下。(《圣济》)

花

【主治】小儿天泡湿疮,曝干研末,菜子油涂,良(时珍)。

子

【主治】酒炒微赤，研末汤服，治肠风下血（思邈）。

山丹（《日华》）

【释名】红百合（《日华》）、连珠（同）、川强瞿（《通志》）、红花菜。

【集解】诜曰：百合红花者，名山丹。其根食之不甚良，不及白花者。

时珍曰：山丹根似百合，小而瓣少，茎亦短小。其叶狭长而尖，颇似柳叶，与百合迥别。四月开红花，六瓣不四垂，亦结小子。燕、齐人采其花跗未开者，干而货之，名红花菜。卷丹茎叶虽同而稍长大。其花六瓣四垂，大于山丹。四月结子在枝叶间，入秋开花在颠顶，诚一异也。其根有瓣似百合，不堪食，别一种也。

根

【气味】甘，凉，无毒。

《正要》云：平。

【主治】疮肿、惊邪（大明）。女人崩中（时珍）。

花

【气味】同根。

【主治】活血。其蕊，敷疔疮恶肿（时珍）。

草石蚕（《拾遗》）

【校正】自草部移入此。

【释名】地蚕（《日用》）、土蛹（《余冬录》）、甘露子（《食物》）、滴露（《纲目》）、地瓜儿。

草石蚕

时珍曰：蚕蛹皆以根形而名，甘露以根味而名。或言叶上滴露则生，珍常莳之，无此说也。其根长大者，《救荒本草》谓之地瓜儿。

【集解】藏器曰：陶氏注虫部石蚕云：今俗用草根黑色。按草石蚕生高山石上，根如簪，上有毛，节如蚕，叶似卷柏。山人取食之。

时珍曰：草石蚕，即今甘露子也。荆湘、江淮以南野中有之，人亦栽莳。二月生苗，长者近尺，方茎对节，狭叶有齿，并如鸡苏，但叶皱有毛耳。四月开小花成穗，一如紫苏花穗。结子如荆芥子。其根连珠，状如老蚕。五月掘根蒸煮食之，味如百合。或以萝卜卤及盐菹水收之，则不黑。亦可酱渍、蜜藏。既可为菜，又可充果。陈藏器言石蚕叶似卷柏者，若与此不同也。

根

【气味】甘，平，无毒。

时珍曰：不宜生食及多食，生寸白虫。与诸鱼同食，令人吐。

【主治】浸酒，除风破血。煮食，治溪毒（藏器）。焙干，主走注风，散血止痛。其节，亦可捣末酒服（苏颂）。和五脏，下气清神（《正要》）。

竹笋（《蜀本草》）

【校正】并入木部《拾遗》桃竹笋。

【释名】竹萌（《尔雅》）、竹芽（《笋谱》）、竹胎（《说文》）、竹子（《神异经》）。

时珍曰：笋，从竹、旬，谐声也。陆佃云：旬内为笋，旬外为竹，故字从旬。今谓竹为妒母草，谓笋生旬有六日而齐母也。僧赞宁《笋谱》云：笋一名萌，一名篛，一名䈽，一名茁，一名初篁。皆会意也。俗作笋者，非。

【集解】弘景曰：竹类甚多。笋以实中竹、篁竹者为佳。于药无用。

时珍曰：晋·武昌戴凯之、宋·僧赞宁皆著《竹谱》，凡六十余种。其所产之地，发笋之时，各各不同。详见木部竹下。其笋亦有可食、不可食者。大抵北土鲜竹，惟秦、蜀、吴、楚以南则多有之。竹有雌雄，但看根上第一枝双生者，必雌也，乃有笋。土人于竹根行鞭时掘取嫩者，谓之鞭笋。江南、湖南人冬月掘大竹根下未出土者为冬笋，《东观汉记》谓之苞笋，并可鲜食，为珍品。其他则南人淡干者为玉版笋、明笋、火笋，盐曝者为盐笋，并可为蔬食也。按赞宁云：凡食笋者譬如治药，得法则益人，反是则有损。采之宜避风日，见风则本坚，入水则肉硬，脱壳煮则失味，生着刃则失柔。煮之宜久，生必损人。苦笋宜久煮，干笋宜取汁为羹茹。蒸之最美，煨之亦佳。味莶者戟人咽，先以灰汤煮过，再煮乃良。或以薄荷数片同煮，亦去莶味。

诸竹笋

【气味】甘，微寒，无毒。

藏器曰：诸笋皆发冷血及气。

瑞曰：笋同羊肝食，令人目盲。

【主治】消渴，利水道，益气，可久食（《别录》）。利膈下气，化热消痰爽胃（宁原）。

苦竹笋

【气味】苦、甘，寒。

【主治】不睡，去面目并舌上热黄，消渴，明目，解酒毒，除热气，健人（藏器）。理心烦闷，益气力，利水道，下气化痰，理风热脚气，并蒸煮食之（《心镜》）。治出汗中风失音（汪颖）。干者烧研入盐，擦牙疳（时珍）。

【发明】时珍曰：四川、叙州、宜宾、长宁所出苦笋，彼人重之。宋·黄山谷有《苦笋赋》云：僰道苦笋，冠冕两川。甘脆惬当，小苦而成味；温润缜密，多啖而不痟。

食肴以之启迪，酒客为之流涎。其许之也如此。

篁竹笋

【主治】消渴风热，益气力，消腹胀。蒸、煮、炒食皆宜（宁原）。

淡竹笋

【气味】甘，寒。

【主治】消痰，除热狂壮热，头痛头风，并妊妇头旋，颠仆惊悸，温疫迷闷，小儿惊痫天吊（汪颖）。

冬笋、笙笋

【气味】甘，寒。

【主治】小儿痘疹不出，煮粥食之，解毒，有发生之义（汪颖）。

【发明】诜曰：淡竹笋及中母笋，虽美，然发背闷脚气。箭竹笋新者可食，陈者不宜。诸竹笋多食皆动气发冷症，惟苦竹笋主逆气，不发疾。

时珍曰：赞宁《笋谱》云：笋虽甘美，而滑利大肠，无益于脾，俗谓之刮肠篦。惟生姜及麻油能杀其毒。人以麻滓沃竹丛，则次年凋疏，可验矣。其蕲州丛竹、毛斑竹、匡庐扁竹、沣州方竹、岭南生生篪竹、筹竹、月竹诸笋，皆苦韧不堪食也。时珍常见俗医治痘，往往劝饮笋汤，云能发痘。盖不知痘疮不宜大肠滑利，而笋有刮肠之名，则暗受其害者，不知若干人也。戒之哉，戒之哉。

桃竹笋（《拾遗》）

藏器曰：南人谓之黄笋。灰汁煮之可食，不尔戟人喉。其竹丛生，丑类非一。

时珍曰：桃枝竹出川、广中。皮滑而广，犀纹瘦骨，四寸有节，可以为席。

【气味】苦，有小毒。

【主治】六畜疮中蛆，捣碎纳之，蛆尽出（藏器）。

刺竹笋

时珍曰：生交广中。丛生，大者围二尺，枝节皆有刺。夷人种以为城，伐竹为弓。根大如车辐。一名芭竹。

【气味】甘、苦，有小毒。食之落人发（《竹谱》）。

酸笋（《纲目》）

【集解】时珍曰：酸笋出粤南。顾玠《海槎录》云：笋大如臂。摘至用沸汤泡去苦水，投冷井水中，浸二三日取出，缕如丝绳，醋煮可食。好事者携入中州，成罕物云。

【气味】酸，凉，无毒。

【主治】作汤食，止渴解醒，利膈（时珍）。

本草纲目菜部第二十八卷

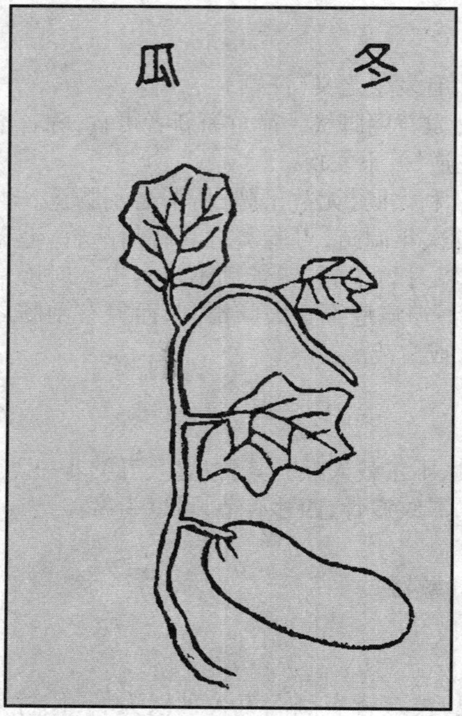

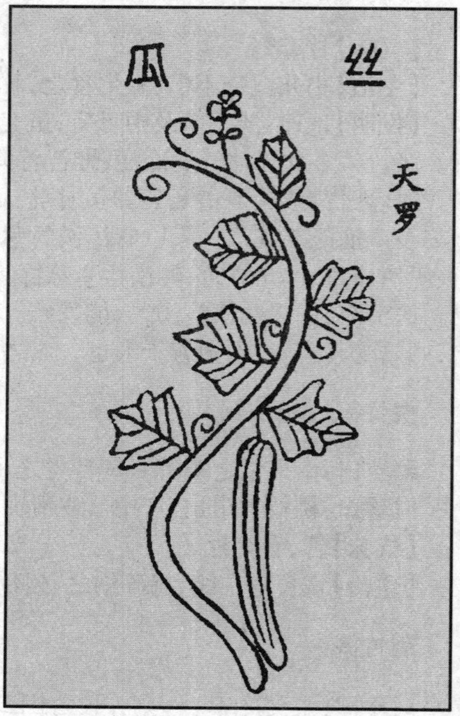

本草纲目菜部第二十八卷

茄（音伽。宋《开宝》）

茄

【释名】落苏（《拾遗》）、昆仑瓜（《御览》）、草鳖甲。

颂曰：按段成式云：茄（音加）乃莲茎之名。今呼茄菜，其音若伽，未知所自也。

时珍曰：陈藏器《本草》云：茄，一名落苏。名义未详。按《五代贻子录》作酪酥，盖以其味如酥酪也，于义似通。杜宝《拾遗录》云：隋炀帝改茄曰昆仑紫瓜。又王隐君《养生主论》治疟方用干茄，讳名草鳖甲。盖以鳖甲能治寒热，茄亦能治寒热故尔。

【集解】颂曰：茄子处处有之。其类有数种：紫茄、黄茄，南北通有；白茄、青水茄，惟北土有之。入药多用黄茄，其余惟可作菜茹尔。江南一种藤茄，作蔓生，皮薄似壶卢，亦不闻中药。

时珍曰：茄种宜于九月黄熟时收取，洗净曝干，至二月下种移栽。株高二三尺，叶大如掌。自夏至秋，开紫花，五瓣相连，五棱如缕，黄蕊绿蒂，蒂包其茄。茄中有瓤，瓤中有子，子如脂麻。其茄有团如栝蒌者，长四五寸者。有青茄、紫茄、白茄。白茄亦名银茄，更胜青者。诸茄至老皆黄，苏颂以黄茄为一种，似未深究也。王祯《农书》云：一种渤海茄，白色而坚实。一种番茄，白而扁，甘脆不涩，生熟可食。一种紫茄，色紫，蒂长味甘。一种水茄，形长味甘，可以止渴。《洪容斋随笔》云：浙西常茄皆皮紫，其白者为水茄；江西常茄皆皮白，其紫者为水茄。亦一异也。刘恂《岭表录》异云：交岭茄树，经冬不凋，有二三年渐成大树者，其实如瓜也。茄叶摘布路上，以灰围之，则子必繁，谓之嫁茄。

茄子

【气味】甘，寒，无毒。

志曰：凡久冷人不可多食，损人动气，发疮及痼疾。

时珍曰：按《生生编》云：茄性寒利，多食必腹痛下利，女人能伤子宫也。

【主治】寒热，五脏劳（孟诜）。治温疾传尸劳气。醋摩，敷肿毒（大明）。老裂者烧灰，治乳裂（震亨）。散血止痛，消肿宽肠（时珍）。

【发明】宗奭曰：蔬圃中惟此无益。《开宝本草》并无主治，只说损人。后人虽有处治之法，终与正文相失。圃人又下于暖处，厚加粪壤，遂于小满前后求贵价以售。既不以时，损人益多。不时不食，乌可忽也。

时珍曰：段成式《酉阳杂俎》言茄厚肠胃，动气发疾。盖不知茄之性滑，不厚肠胃也。

【附方】旧六，新十。妇人血黄：黄茄子竹刀切。阴干为末。每服二钱，温酒调下。（《摘玄方》）肠风下血：经霜茄连蒂，烧存性，为末。每日空心温酒服二钱匕。（《灵苑方》）久患下血：大茄种三枚，每用一枚，湿纸包煨熟，安瓶内，以无灰酒一升半沃之，蜡纸封闭三日，去茄暖饮。（《普济方》）腹内鳖症：陈酱茄儿烧存性，入麝香、轻粉少许，脂调贴之。（《寿域方》）卵癀偏坠：用双蒂茄子悬于房门上，出入用眼视之。茄蔫所患亦蔫，茄干亦干矣。又法：用双茄悬门上，每日抱儿视之，二三次钉针于上，十余日消矣。（刘松石《保寿堂方》）大风热痰：用黄老茄子大者不计多少，以新瓶盛，埋土中，经一年尽化为水，取出入苦参末，同丸梧子大。食已及卧时酒下三十丸，甚效。此方出江南人传。（苏颂《图经本草》）腰脚拘挛，腰脚风血积冷，筋急拘挛疼痛者：取茄子五十斤切洗，以水五斗煮取浓汁，滤去滓，更入小铛中，煎至一斗以来，即入生粟粉同煎，令稀稠得所，取出搜和，更入麝香、朱砂末，同丸如梧子大。每旦用秫米酒送下三十丸，近暮再服，一月乃瘥。男子、女人通用皆验。（《图经本草》）磕扑青肿：老黄茄极大者，切片如一指厚，新瓦焙研为末。欲卧时温酒调服二钱匕，一夜消尽，无痕迹也。（《胜金》）坠损跌扑，散血止痛：重阳日收老茄子百枚（去蒂四破切之），硝石十二两（捣碎）。以不津器先铺茄子一重，乃下硝石一重，如此间铺令尽，以纸数层密封，安置净处，上下以新砖承覆，勿犯地气。至正月后取出，去纸两重，日中曝之。逐日如此，至二、三月，度茄已烂，开瓶倾出，滤去滓，别入新器中，以薄绵盖头，又曝，至成膏乃可用。每以酒调半匙，空腹饮之，日再，恶血散则痛止而愈矣。若膏久干硬，即以饭饮化动用之。（《图经本草》）发背恶疮：用上方以酒服半匙，更以膏涂疮口四围，觉冷如冰雪，疮干便瘥。其有根本在肤腠者，亦可内消。（同上）热毒疮肿：生茄子一枚，割去二分，去瓤二分，似罐子形，合于疮上即消也。如已出脓，再用取瘥。（《圣济总录》）牙齿肿痛：隔年糟茄，烧灰频频干擦，立效。（《海上名方》）虫牙疼痛：黄茄种烧灰擦之，效。（《摘玄方》）喉痹肿痛：糟茄或酱茄，细嚼咽汁。（《德生堂方》）妇人乳裂：秋月冷茄子裂开者，阴干烧存性研末，水调涂。（《补遗》方）

蒂

【主治】烧灰，米饮服二钱，治肠风下血不止及血痔（吴瑞）。烧灰，治口齿疮䘌。生切，擦癜风（时珍）。

【发明】时珍曰：治癜风，用茄蒂蘸硫、附末掺之，取其散血也。白癜用白茄蒂，紫癜用紫茄蒂，亦各从其类耳。

【附方】新一。风蛀牙痛：茄蒂烧灰掺之。或加细辛末等分，日用之。（《仁存方》）

花

【主治】金疮牙痛(时珍)。

【附方】新一。牙痛:秋茄花干之,旋烧研涂痛处,立止。(《海上名方》)

根及枯茎叶

【主治】冻疮皴裂,煮汤渍之,良(《开宝》)。散血消肿,治血淋下血,血痢阴挺,齿𧏾口蕈(时珍)。

【附方】新九。血淋疼痛:茄叶熏干为末,每服二钱,温酒或盐汤下。隔年者尤佳。(《经验良方》)肠风下血:方同上,米饮下。久痢不止:茄根烧灰、石榴皮等分。为末。以沙糖水服之。(《简便单方》)女阴挺出:茄根烧存性,为末。油调在纸上,卷筒安入内,一日一上。(《乾坤生意》)口中生蕈:用醋漱口,以茄母烧灰、飞盐等分,米醋调稀,时时擦之。(《摘玄方》)牙齿𧏾痛:茄根捣汁,频涂之。陈茄树烧灰敷之。先以露蜂房煎汤漱过。(《海上名方》)牙痛取牙:茄科以马尿浸三日,晒炒为末。每用点牙即落,真妙。(鲍氏方)夏月趾肿,不能行走者:九月收茄根悬檐下,逐日煎汤洗之。(《简便》)

苦茄(《拾遗》)

【集解】藏器曰:苦茄野生岭南。树小有刺。

子

【主治】醋摩,涂痈肿。根,亦可作汤浴。又主瘴气(藏器)。

壶卢(《日华》)

【释名】瓠瓜(《说文》)、匏瓜(《论语》)。

壶卢

时珍曰:壶,酒器也。卢,饮器也。此物各象其形,又可为酒饭之器,因以名之。俗作葫芦者,非矣。葫乃蒜名,芦乃苇属也。其圆者日匏,亦日瓢,因其可以浮水如泡、如漂也。凡蓏属皆得称瓜,故曰瓠瓜、匏瓜。古人壶、瓠、匏三名皆可通称,初无分别。故孙愐《唐韵》云:瓠音壶,又音护。瓠𤬋,瓢也。陶隐居《本草》作瓠𤓰,云是瓠类也。许慎《说文》云:瓠,匏也。又云:瓢,瓠也。匏,大腹瓠也。陆玑《诗疏》云:壶,瓠也。又云:匏,瓠也。《庄子》云:有五石之瓠。诸书所言,其字皆当与壶同音。而后世以长如越瓜首尾如一者为瓠(音护),瓠之一头有腹长柄者为悬瓠,无柄而圆大形扁者为匏,匏之有短柄大腹者为壶,壶之细腰者为蒲芦,各分名色,迥异于古。以今参详，其形状虽各不同，而苗、叶、皮、子性味则一，故兹不复分条焉。悬瓠，今人所谓茶酒瓢者是也。蒲芦，今之药壶卢是也。郭义恭《广志》谓之约腹壶，以其腹有约束也。亦有大、小二种也。

壶瓠

【气味】甘，平，滑，无毒。

恭曰：甘冷。多食令人吐利。

扁鹊曰：患脚气虚胀冷气者食之，永不除也。

【主治】消渴恶疮，鼻口中肉烂痛（思邈）。利水道（弘景）。消热，服丹石人宜之（孟诜）。除烦，治心热，利小肠，润心肺，治石淋（大明）。

【发明】时珍曰：按《名医录》云：浙人食匏瓜，多吐泻，谓之发暴。盖此物以暑月壅成故也。惟与香菜同食则可免。

【附方】新一。腹胀黄肿：用亚腰壶卢连子烧存性，每服一个，食前温酒下。不饮酒者，白汤下。十余日见效。（《简便方》）

叶

【气味】甘，平，无毒。

【主治】为茹耐饥（思邈）。

蔓、须、花

【主治】解毒（时珍）。

【附方】新一。预解胎毒：七、八月，或三伏日，或中秋日，剪壶卢须如环子脚者，阴干，于除夜煎汤浴小儿，则可免出痘。（唐瑶《经验方》）

子

【主治】齿龂或肿或露，齿摇疼痛，用八两同牛膝四两，每服五钱，煎水含漱，日三四次（《御药院方》）。

苦瓠（《本经》下品）

【释名】苦匏（《国语》）、苦壶卢。

【集解】《别录》曰：苦瓠生晋地。

时珍曰：《诗》云：匏有苦叶。《国语》云：苦匏不材，于人共济而已。皆指苦壶而言，即苦瓠也。瓠、壶同音，陶氏以瓠作护音释之，所以不稳也。应劭《风俗通》云：烧穰可以杀瓠。或云畜瓠之家不烧穰，种瓜之家不焚漆。物性相畏也。苏恭言：服苦瓠过分，吐利不止者，以黍穰灰汁解之。盖取乎此。凡用苦瓠，须细理莹净无黡翳者乃佳，不尔有毒。

瓤及子

【气味】苦，寒，有毒。

【主治】大水，面目四肢浮肿，下水，令人吐(《本经》)利石淋，吐呀嗽囊结，疰蛊痰饮。又煮汁渍阴，疗小便不通(苏恭)。煎汁滴鼻中，出黄水，去伤冷鼻塞，黄疸(藏器)。吐蛔虫(大明)。治痈疽恶疮，疥癣龋齿有虫𧏾者。又可制汞(时珍)。

【附方】旧八，新十七。急黄病：苦瓠一枚，开孔，以水煮之，搅取什，滴入鼻中。去黄水。(陈藏器)黄疸肿满：苦壶卢瓤如大枣许，以童子小便二合，浸之一时，取两酸枣大，纳两鼻中，深吸气，待黄水出良。又方：用瓠瓤熬黄为末，每服半钱，日一服，十日愈。然有吐者当详之。(《伤寒类要》)大水胀满，头面洪大：用莹净好苦瓠白瓤，捻如豆粒，以面裹煮一沸，空心服七枚。至午当出水一斗。二日水自出不止，大瘦乃瘥。二年内忌咸物。(《外台》)《圣惠》：用苦壶卢瓤一两，微炒为末，每日粥饮服一钱。通身水肿：苦瓠膜(炒)二两，苦葶苈五分，捣合丸小豆大。每服五丸，日三，水下止。又用苦瓠膜五分，大枣七枚。捣丸。一服三丸，如人行十里许，又服三丸，水出更服一丸，即止。(并《千金方》)石水腹肿：四肢皆瘦削。用苦瓠膜(炒)一两，杏仁半两(炒去皮尖)，为末，糊丸小豆大。每饮下十丸，日三，水下止。(《圣济总录》)水蛊洪肿：苦瓠瓤一枚，水二升，煮至一升，煎至可丸，如小豆大，每米饮下十丸。待小便利，作小豆羹食。勿饮水。小便不通，胀急者：用苦瓠子三十枚(炒)，蝼蛄三个(焙)，为末，每冷水服一钱。(并《圣济总录》)

花

【主治】一切瘘疮，霜后收曝，研末敷之(时珍)。

蔓

【主治】麻疮，煎汤浴之即愈(时珍。出仇远《稗史》)。

【附方】新一。小儿白秃：瓠藤同裹盐，荷叶煎浓汁洗，三五次愈。(《总录》)

败瓢(《纲目》)

【集解】时珍曰：瓢乃匏壶破开为之者，近世方药亦时用之，当以苦瓠者为佳，年久者尤妙。

【气味】苦，平，无毒。

【主治】消胀杀虫，治痔漏下血，崩中带下赤白(时珍)。

【附方】新六。中满鼓胀：用三五年陈壶卢瓢一个，以糯米一斗作酒，待熟，以瓢于炭火上炙热，入酒浸之，如此三五次，将瓢烧存性，研末。每服三钱，酒下，神效。(余居士《选奇方》)大便下血：败瓢(烧存性)、黄连等分。研末。每空心温酒服二钱。(《简便方》)赤白崩中：旧壶卢瓢(炒存性)、莲房(煅存性)等分。研末。每服二钱，热水调服。三服，有汗为度，即止。甚者五服止，最妙。忌房事、发物、生冷。

(《海上方》)脑漏流脓:破瓢、白鸡冠花、白螺蛳壳(各烧存性)等分,血竭、麝香各五分,为末。以好酒洒湿熟艾,连药揉成饼,贴在顶门上,以熨斗熨之,以愈为度。(孙氏《集效方》)腋下瘤瘿:用长柄茶壶卢烧存性,研末搽之,以消为度。一府校老妪右腋生一瘤,渐长至尺许,其状如长瓠子,久而溃烂。一方士教以此法用之,遂出水,消尽而愈。(《濒湖集简方》)汤火伤灼:旧壶卢瓢,烧灰敷之。(同上)

冬瓜(《本经》上品)

【校正】今并入白瓜子。

【释名】白瓜(《本经》)、水芝(同上)、地芝(《广雅》)。

冬瓜

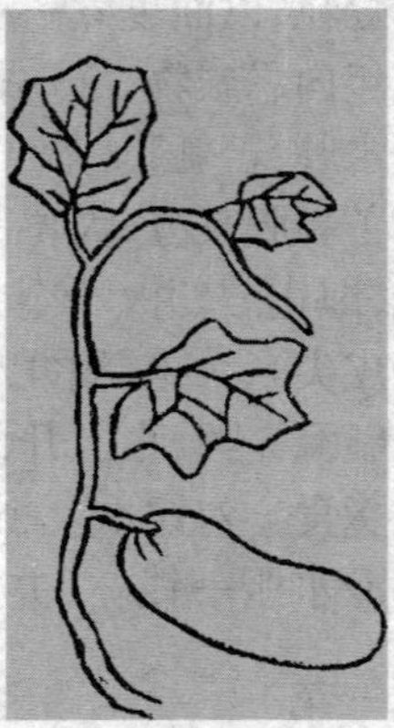

志曰:冬瓜经霜后,皮上自如粉涂,其子亦白,故名白冬瓜,而子云白瓜子也。

时珍曰:冬瓜,以其冬熟也。又贾思勰云:冬瓜正二、三月种之。若十月种者,结瓜肥好,乃胜春种。则冬瓜之名或又以此也。

《别录》曰:冬瓜,原附于《本经》瓜子之下。宋《开宝本草》加作白瓜子,复分白冬瓜为《别录》一种。遂致诸注辩说纷纷,今并为一。

【集解】《别录》曰:白瓜子生嵩高平泽,冬瓜仁也。八月采之。

时珍曰:冬瓜三月生苗引蔓,大叶团而有尖,茎叶皆有刺毛。六、七月开黄花,结实大者径尺余,长三四尺,嫩时绿色有毛,老则苍色有粉,其皮坚厚,其肉肥白。其瓤谓之瓜练,白虚如絮,可以浣练衣服。其子谓之瓜犀,在瓤中成列。霜后取之,其肉可煮为茹,可蜜为果。其子仁亦可食。盖兼蔬、果之用。凡收瓜忌酒、漆、麝香及糯米,触之必烂。

白冬瓜

【气味】甘,微寒,无毒。

弘景曰:冷利。

【主治】小腹水胀,利小便,止渴(《别录》)。捣汁服,止消渴烦闷,解毒(弘景)。益气耐老,除心胸满,去头面热(孟诜)。消热毒痈肿。切片摩痱子,甚良(大明)。利大小肠,压丹石毒(苏颂)。

【发明】诜曰:热者食之佳,冷者食之瘦人。煮食练五脏,为其下气故也。欲得体瘦轻健者,则可长食之;若要肥,则勿食也。

诜曰:取瓜一颗,和桐叶与猪食之,一冬更不要与诸物食,自然不饥,长三、四倍也。

【附方】旧七,新七。积热消渴:白瓜去皮,每食后吃三二两,五七度良。(孟诜《食疗》)消渴不止:冬瓜一枚削皮,埋湿地中,一月取出,破开取清水日饮之。或烧熟绞汁饮之。(《圣济总录》)消渴骨蒸:大冬瓜一枚去瓤,入黄连末填满,安瓮内,待瓜消尽,同研,丸梧子大。每服三四十丸,煎冬瓜汤下。(《经验》)产后痢渴:久病津液枯竭,四肢浮肿,口舌干燥。用冬瓜一枚,黄土泥厚五寸,煨熟绞汁饮。亦治伤寒痢渴。(《古今录验》)小儿渴利:冬瓜汁饮之。(《千金》)小儿魃病,寒热如疳:用冬瓜、萹蓄各四两,水二升,煎汤浴之。(《千金方》)婴孩寒热:冬瓜炮熟,绞汁饮。(《子母秘录》)水病危急:冬瓜不拘多少,任意吃之,神效无比。(《兵部手集》)十种水气,浮肿喘满:用大冬瓜一枚,切盖去瓤,以赤小豆填满,盖合签定,以纸筋泥固济,晒干,用糯糠两大箩,入瓜在内,煨至火尽,取出切片,同豆焙干为末,水糊丸梧子大。每服七十丸,煎冬瓜子汤下,日三服,小便利为度。(《杨氏家藏方》)发背欲死:冬瓜,截去头,合疮上。瓜烂,截去更合之。瓜未尽,疮已小敛矣。乃用膏贴之。(《肘后方》)痔疮肿痛:冬瓜煎汤洗之。(《袖珍方》)马汗入疮:干冬瓜烧研,洗净敷之。食鱼中毒:冬瓜汁饮之,良。(《小品方》)面黑令白:冬瓜一个,竹刀去皮切片,酒一升半,水一升,煮烂滤去滓,熬成膏,瓶收。每夜涂之。(《圣济总录》)

瓜练(瓤也)

【气味】甘,平,无毒。

【主治】绞汁服,止烦躁热渴。利小肠,治五淋,压丹石毒(甄权)。洗面澡身,去鼾黯,令人悦泽白皙(时珍)。

【附方】新二。消渴烦乱:冬瓜瓤(干者)一两,水煎饮。(《圣惠方》)水肿烦渴:小便少者。冬瓜白瓤,水煎汁,淡饮之。(《圣济总录》)

白瓜子

《别录》曰:冬瓜仁也。八月采之。

【正误】恭曰:此甘瓜也。甘字似白字,后人误写耳。当改从甘字。

志曰:《本草》注:白瓜子,冬瓜仁也。苏氏所言,殊为孟浪。且甘瓜即甜瓜,亦有青、白二种。其子色黄,主疗与冬瓜全异。但冬瓜经霜有白衣,其子亦白,白瓜之号因斯而得。况诸方惟用冬瓜子,不见用甘瓜子者。苏说不可凭也。

【气味】甘,平,无毒。

《别录》曰:寒。久服寒中。

【主治】令人悦泽好颜色,益气不饥。久服,轻身耐老(《本经》)。除烦满不乐。可作面脂(《别录》)。去皮肤风及黑鼾,润肌肤(大明)。治肠痈(时珍)。

【发明】颂曰:冬瓜仁,亦堪单作服饵。又研末作汤饮,及作面脂药,并令人颜色光泽。宗懔《荆楚岁时记》云:七月,采瓜犀以为面脂。即瓜瓣也。亦堪作澡豆。

宗奭曰:服食方亦稀用之。

【附方】旧四,新四。服食法:取冬瓜仁七升,以绢袋盛,投三沸汤中,须臾取曝干,如此三度,又与清苦酒渍之一宿,曝干为末,日服方寸匕。令人肥悦明目,延年不老。又法:取子三五升,去皮为丸,空心日服三十丸。令人白净如玉。(孟诜《食疗》)补肝明目,治男子五劳七伤,明目:用冬瓜仁,方同上。(《外台秘要》)悦泽面容:白瓜仁五两,桃花四两,白杨皮二两,为末。食后饮服方寸匕,日三服。欲白加瓜仁,欲红加桃花。三十日面白,五十日手足俱白。一方有橘皮,无杨皮。(《肘后方》)多年损伤,不瘥者:瓜子末,温酒服之。(孙真人方)消渴不止,小便多:用干冬瓜子、麦门冬、黄连各二两,水煎饮之。冬瓜苗叶俱治消渴,不拘新干。(《摘玄方》)

瓜皮

【主治】可作丸服,亦入面脂(苏颂)。主驴马汗入疮肿痛,阴干为末涂之。又主折伤损痛(时珍)。

【附方】新二。跌扑伤损:用干冬瓜皮一两,真牛皮胶一两,剉入锅内炒存性,研末。每服五钱,好酒热服。仍饮酒一瓯,厚盖取微汗。其痛即止,一宿如初,极效。(《摘玄方》)损伤腰痛:冬瓜皮烧研,酒服一钱。(《生生编》)

叶

【主治】治肿毒,杀蜂,疗蜂叮(大明)。主消渴,疟疾寒热。又焙研。敷多年恶疮(时珍)。

【附方】新一。积热泻痢:冬瓜叶嫩心,拖面煎饼食之。(《海上名方》)

藤

【主治】烧灰,可出绣黥。煎汤,洗黑皯并疮疥(大明)。捣汁服,解木耳毒。煎水,洗脱肛。烧灰,可淬铜、铁,伏砒石(时珍)。

南瓜(《纲目》)

【集解】时珍曰:南瓜种出南番,转入闽、浙,今燕京诸处亦有之矣。三月下种,宜沙沃地。四月生苗,引蔓甚繁,一蔓可延十余丈,节节有根,近地即着。其茎中空。其叶状如蜀葵而大如荷叶。八、九月开黄花,如西瓜花。结瓜正圆,大如西瓜,皮上有棱如甜瓜。一本可结数十颗,其色或绿或黄或红。经霜收置暖处,可留至春。其子如冬瓜子。其肉厚色黄,不可生食,惟去皮瓤瀹食,味如山药。同猪肉煮食更良,亦可蜜煎。按王祯《农书》云:浙中一种阴瓜,宜阴地种之。秋熟色黄如金,皮肤稍厚,可藏至春,食之如新。疑此即南瓜也。

【气味】甘,温,无毒。

时珍曰:多食发脚气、黄疸。不可同羊肉食,令人气壅。

【主治】补中益气(时珍)。

越瓜(宋《开宝》)

【释名】梢瓜(《食物》)、菜瓜。

时珍曰:越瓜以地名也,俗名梢瓜,南人呼为菜瓜。

越瓜

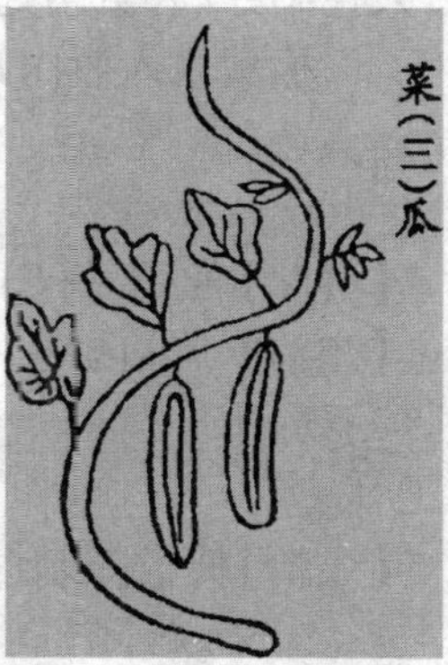

【集解】藏器曰:越瓜生越中。大者色正白。越人当果食之,亦可糟藏。

时珍曰:越瓜南北皆有。二、三月下种生苗,就地引蔓,青叶黄花,并如冬瓜花叶而小。夏秋之间结瓜,有青、白二色,大如瓠子。一种长者至二尺许,俗呼羊角瓜。其子状如胡瓜子,大如麦粒。其瓜生食,可充果、蔬、酱、豉、糖、醋藏浸皆宜,亦可作菹。

【气味】甘,寒,无毒。

诜曰:生食多冷中动气,令人心痛,脐下症结,发诸疮。又令人虚弱不能行,不益小儿。天行病后不可食。又不得与牛乳酪及鲊同食。

时珍曰:按萧子真云:菜瓜能暗人耳目。观驴马食之即眼烂,可知矣。

【主治】利肠胃,止烦渴(《开宝》)。利小便,去烦热,解酒毒,宣泄热气。烧灰,敷口吻疮及阴茎热疮(藏器)。和饭作鲊,久食益肠胃(《心镜》)。

胡瓜(宋《嘉祐》)

【释名】黄瓜。

藏器曰:北人避石勒讳,改呼黄瓜,至今因之。

胡瓜

时珍曰:张骞使西域得种,故名胡瓜。按杜宝《拾遗录》云:隋大业四年避讳,改胡瓜为黄瓜。与陈氏之说微异。今俗以《月令》王瓜生即此,误矣。王瓜,土瓜也。见草部。

【集解】时珍曰:胡瓜处处有之。正、二月下种,三月生苗引蔓。叶如冬瓜叶,亦有毛。四五月开黄花,结瓜围二三寸,长者至尺许,青色,皮上有痦瘟如疣子,至老则黄赤色。其子与菜瓜子同。一种五月种者,霜时结瓜,白色而短,并生熟可食,兼蔬蓏之用,糟酱不及菜瓜也。

【气味】甘,寒,有小毒。

诜曰:不可多食,动寒热,多疟病,积瘀热,发疰气,令人虚热上逆少气,损阴血,发疮疥脚气,虚肿百病。天行病后,不可食之。小儿切忌,滑中生疳虫。不可多用醋。

【主治】清热解渴,利水道(宁原)。

【附方】旧一,新六。小儿热痢:嫩黄瓜同蜜食十余枚,良。(《海上名方》)水病肚胀,四肢浮肿:用胡瓜一个破开,连子以醋煮一半,水煮一半至烂,空心俱食之,须臾下水也。(《千金髓》)小儿出汗:香瓜丸:用黄连、胡黄连、黄柏、川大黄(煨熟)、鳖甲(醋炙)、柴胡、芦荟、青皮等分为末。用大黄瓜黄色者一个,割下头,填药至满,盖定签住,慢火煨熟,同捣烂,人面糊丸绿豆大。每服二三丸,大者五七丸至十丸,食后新水下。(钱乙《小儿方》)咽喉肿痛:老黄瓜一枚去子,人消填满,阴于为末。每以少许吹之。(《医林集要》)杖疮焮肿:六月六日,取黄瓜入瓷瓶中,水浸之。每以水扫于疮上，立效。（《医林集要》）火眼赤痛：五月取老黄瓜一条，上开小孔，去瓤，人芒硝令满，悬阴处，待消透出刮下，留点眼甚效。（《寿域神方》）汤火伤灼：五月五日，掐黄瓜入瓶内封，挂檐下，取水刷之，良。（《医方摘要》）

叶

【气味】苦，平，有小毒。

【主治】小儿闪癖，一岁用一叶，生援搅汁服，得吐，下良（藏器）。

根

【主治】捣敷狐刺毒肿（大明）。

丝瓜（《纲目》）

【释名】天丝瓜（《本事》）、天罗（《事类合璧》）、布瓜（同上）、蛮瓜（《本事》）、鱼鰦。

时珍曰：此瓜老则筋丝罗织，故有丝罗之名。昔人谓之鱼鰦，或云虞刺。始自南方来，故曰蛮瓜。

【集解】时珍曰：丝瓜，唐宋以前无闻，今南北皆有之，以为常蔬。二月下种，生苗引蔓，延树竹，或作棚架。其叶大于蜀葵而多丫尖，有细毛刺，取汁可染绿。其茎有棱。六、七月开黄花，五出，微似胡瓜花，蕊瓣俱黄。其瓜大寸许，长一二尺，甚则三四尺，深绿色，有皱点，瓜头如鳖首。嫩时去皮，可烹可曝，点茶充蔬。老则大如杵，筋络缠纽如织成，经霜乃枯，惟可藉靴履，涤釜器，故村人呼为洗锅罗瓜。内有隔，子在隔中，状如栝蒌子，黑色而扁。其花苞及嫩叶、卷须，皆可食也。

丝瓜

瓜

【气味】甘，平，无毒。

入药用老者。

【主治】痘疮不快，枯者烧存性，入朱砂研末，蜜水调服，甚妙（震亨）。煮食，除热利肠。老者烧存性服，去风化痰，凉血解毒，杀虫，通经络，行血脉，下乳汁，治大小便下血，痔漏崩中，黄积，疝痛卵肿，血气作痛，痈疽疮肿，齿䘌，痘疹胎毒（时珍）。暖胃补阳，固气和胎（《生生编》）。

【发明】颖曰：丝瓜本草诸书无考，惟痘疮及脚痛方中烧灰用之，亦取其性冷解毒耳。

时珍曰：丝瓜老者，筋络贯串，房隔联属。故能通人脉络脏腑，而去风解毒，消肿化痰，祛痛杀虫，及治诸血病也。

【附方】新二十八。痘疮不快，初出或未出，多者令少，少者令稀：老丝瓜（近蒂三寸)连皮烧存性,研末,砂糖水服。(《直指》)痈疽不敛,疮口太深:用丝瓜捣汁频抹之。(《直指方》)风热腮肿:丝瓜烧存性,研末,水调搽之。(《严月轩方》)肺热面疮:苦丝瓜、牙皂荚并烧灰,等分.油调搽。(《摘玄方》)玉茎疮溃:丝瓜连子捣汁,和五倍子末,频搽之。(丹溪方)坐板疮疥:丝瓜皮焙干为末,烧酒调搽之。(《摄生众妙方》)天泡湿疮:丝瓜汁调辰粉,频搽之。手足冻疮:老丝瓜烧存性,和腊猪脂涂之。(《海上方》)肛门酒痔:丝瓜烧存性,研末,酒服二钱。(《严月轩方》)痔漏脱肛:丝瓜烧灰、多年石灰、雄黄各五钱为末,以猪胆、鸡子清及香油和调,贴之,收上乃止。(孙氏《集效方》)肠风下血:霜后干丝瓜烧存性,为末,空心酒服二钱。一名蛮瓜,一名天罗,一名天丝瓜是矣。(许叔微《本事方》)

叶

【主治】癣疮,频按掺之。疗痈疽疔肿卵㿗(时珍)。

【附方】新六。虫癣:清晨采露水丝瓜叶七片,逐片擦七下,如神。忌鸡、鱼、发物。(《摄生众妙方》)阴子偏坠:丝瓜叶(烧存性)三钱,鸡子壳(烧灰)二钱,温酒调服。(余居士《选奇方》)头疮生蛆,头皮内时有蛆出:以刀切破,挤丝瓜叶汁搽之。蛆出尽,绝根。(小山《怪证方》)汤火伤灼:丝瓜叶焙研,入辰粉一钱,蜜调搽之。生者捣敷。一日即好也。(《海上名方》)鱼脐疔疮:丝瓜叶(即虞刺叶也)、连须葱白、韭菜等分,同入石钵内,研烂取汁,以热酒和服。以渣贴腋下,病在左手贴左腋,右手贴右腋;病在左脚贴左胯,右脚,贴右胯;在中贴心、脐。用帛缚住,候肉下红线处皆白则散矣。如有潮热,亦用此法。却令人抱住,恐其颤倒则难救矣。(危氏《得效方》)

藤根

【气味】同叶。

【主治】齿䘌脑漏,杀虫解毒(时珍)。

【附方】新八。预解痘毒:五六月取丝瓜蔓上卷须阴干,至正月初一日子时,用二两半煎汤(父母只令一人知),温浴小儿身面上下,以去胎毒,永不出痘,纵出亦少也。(《体仁汇编》)诸疮久溃:丝瓜老根熬水扫之,大凉即愈。(《应验方》)喉风肿痛:丝瓜根,以瓦瓶盛水浸,饮之。(《海上名方》)脑崩流汁,鼻中时时流臭黄水,脑痛,名控脑砂,有虫食脑中也:用丝瓜藤近根三五尺,烧存性。每服一钱,温酒下,以愈为度。(《医学正传》)牙宣露痛:《海上妙方》:用丝瓜藤阴干,临时火煅存性,研搽即止,最妙。《惠生堂方》:用丝瓜藤一握,川椒一撮,灯心一把,水煎浓汁,漱吐,其痛立住如神。咽喉骨鲠:七月七日,取丝瓜根阴干,烧存性。每服二钱,以原鲠物煮汤服之。(笔峰《杂兴》)

【附录】天罗勒(《拾遗》)。

藏器曰:生江南平地。主溪毒,挼碎敷之。

时珍曰:陈氏注此不详。又江南呼丝瓜为天罗,疑即此物,然无的据,姑附之。

苦瓜(《救荒》)

【释名】锦荔枝(《救荒》)、癞葡萄。

时珍曰:苦以味名。瓜及荔枝、葡萄,皆以实及茎、叶相似得名。

【集解】周定王曰:锦荔枝即癞葡萄,蔓延草木。茎长七八尺,茎有毛涩。叶似野葡萄,而花又开黄花。实大如鸡子,有皱纹,似荔枝。

时珍曰:苦瓜原出南番,今闽、广皆种之。五月下子,生苗引蔓,茎叶卷须,并如葡萄而小。七、八月开小黄花,五瓣如碗形。结瓜长者四、五寸,短者二三寸,青色,皮上痱瘟如癞及荔枝壳状,熟则黄色自裂,内有红瓤裹子。瓤味甘可食。其子形扁如瓜子,亦有痱瘟。南人以青皮煮肉及盐酱充蔬,苦涩有青气。按费信《星槎胜览》云:苏门答腊国一等瓜,皮若荔枝,未剖时甚臭如烂蒜,剖开如囊,味如酥,香甜可口。疑此即苦瓜也。

瓜

【气味】苦,寒,无毒。

【主治】除邪热,解劳乏,清心明目(时珍《生生编》)。

子

【气味】苦、甘,无毒。

【主治】益气壮阳(时珍)。

紫菜(《食疗》)

【释名】紫萸(音软)。

【集解】诜曰:紫菜生南海中,附石。正青色,取而干之则紫色。

时珍曰:闽、越海边悉有之。大叶而薄。彼人挼成饼状,晒干货之,其色正紫,亦石衣之属也。

【气味】甘,寒,无毒。

藏器曰:多食令人腹痛发气,吐白沫。饮热醋少许,即消。

【主治】热气烦塞咽喉,煮汁饮之(孟诜)。病瘿瘤脚气者,宜食之(时珍)。

【发明】震亨曰:凡瘿结积块之疾,宜常食紫菜,乃成能软坚之义。

石莼

石莼(《拾遗》)

【校正】自草部移入此。

【集解】藏器曰:石莼生南海,附石而生。似紫菜,色青。

【气味】甘,平,无毒。

【主治】下水,利小便(藏器)。主风秘不通,五膈气,并脐下结气,煮汁饮之。胡人用治疳疾(李珣)。

石花菜(《食鉴》)

【释名】琼枝。

时珍曰:并以形名也。

【集解】时珍曰:石花菜生南海沙石间。高二三寸,状如珊瑚,有红、白二色,枝上有细齿。以沸汤泡去砂屑,沃以姜、醋,食之甚脆。其根埋沙中,可再生枝也。一种稍粗而似鸡爪者,谓之鸡脚菜,味更佳。二物久浸皆化成胶冻也。郭璞《海赋》所谓水物则玉珧海月,土肉石华,即此物也。

【气味】甘、咸,大寒,滑,无毒。

【主治】去上焦浮热,发下部虚寒(宁原)。

鹿角菜(《食性》)

【释名】猴葵。

时珍曰:按沈怀远《南越志》云:猴葵一名鹿角。盖鹿角以形名,猴葵因其性滑也。

鹿角菜

【集解】士良曰:鹿角菜生海州、登、莱、沂、密诸处海中。

时珍曰:鹿角菜,生东南海中石崖间。长三四寸,大如铁线,分丫如鹿角状,紫黄色。土人采曝,货为海错。以水洗醋拌,则胀起如新,味极滑美。若久浸则化如胶状,女人用以梳发,粘而不乱。

【气味】甘,大寒,滑,无毒。

诜曰:微毒。丈夫不可久食,发痼疾,损腰肾、经络、血气,令人脚冷痹,少颜色。

【主治】下热风气,疗小儿骨蒸热劳。服丹石人食之,能下石力(士良)。解面热(大明)。

菜须龙

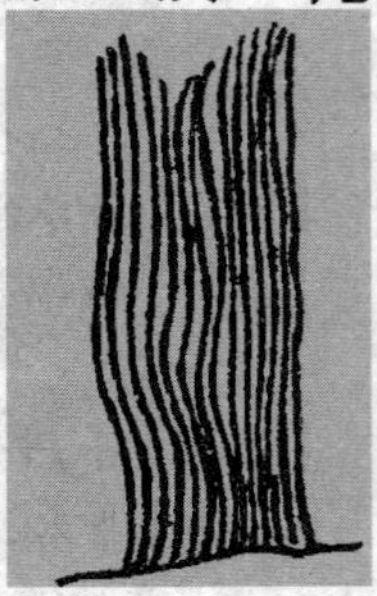

龙须菜(《纲目》)

【集解】时珍曰:龙须菜生东南海边石上。丛生无枝,叶状如柳,根须长者尺余,白色。以醋浸食之,和肉蒸食亦佳。《博物志》一种石发似指此物,与石衣之石发同名也。

【气味】甘,寒,无毒。

【主治】瘿结热气,利小便(时珍)。

睡菜(《纲目》)

【释名】瞑菜(瞑音眠)绰菜、醉草、懒妇箴(《记事珠》。未详)。

【集解】时珍曰:按稽含《南方草木状》云:绰菜夏生池沼间。叶类慈菇,根如藕条。南海人食之,令人思睡,呼为瞑菜。段公路《北户录》云:睡菜五、六月生田塘中。土人采根为盐菹,食之好睡。郭宪《洞冥记》有却睡草,食之令人不睡,与此相反也。珍按苦菜、龙葵皆能使人不睡。却睡之草,其此类乎?

【气味】甘、微苦,寒,无毒。

【主治】心膈邪热不得眠(时珍)。

芝(《本经》上品)

【校正】并入《本经》青、赤、黄、白、黑、紫六芝。

【释名】茵(音囙)。

时珍曰:芝本作之,篆文象草生地上之形。后人借之字为语辞,遂加草以别之也。《尔雅》云:茵,芝也。注云:一岁三华瑞草。或日生于刚处日菌,生于柔处日芝。昔四皓采芝,群仙服食,则芝亦菌属可食者,故移入菜部。

青芝一名龙芝(《本经》)

【气味】酸,平,无毒。

时珍曰:五色之芝,配以五行之味,盖亦据理而已,未必其味便随五色也。即如五畜以羊属火,五果以杏配心,皆云味苦之义。

之才曰:青、赤、黄、白、黑、紫六芝,并以薯蓣为之使,得发良,得麻子仁、白瓜子、牡桂甚益人,恶常山,畏扁青、茵陈蒿。

【主治】明目,补肝气,安精魂。仁恕。久食,轻身不老,延年神仙。(《本经》)。不忘强志(《唐本》)。

赤芝一名丹芝(《本经》)

【气味】苦,平,无毒。

【主治】胸中结，益心气，补中，增智慧，不忘。久食，轻身不老，延年神仙(《本经》)。

黄芝一名金芝(《本经》)

【气味】甘，平，无毒。

【主治】心腹五邪，益脾气，安神，忠信和乐。久食，轻身不老，延年神仙(《本经》)。

白芝一名玉芝(《本经》)、素芝

【气味】辛，平，无毒。

【主治】咳逆上气，益肺气，通利口鼻，强志意，勇悍，安魄。久食，轻身不老，延年神仙(《本经》)。

黑芝一名玄芝(《本经》)

【气味】咸，平，无毒。

【主治】癃，利水道，益肾气，通九窍，聪察。久服，轻身不老，延年神仙(《本经》)。

紫芝一名木芝(《本经》)

【气味】甘，温，无毒。

甄权曰：平。

【主治】耳聋，利关节，保神，益精气，坚筋骨，好颜色。久服，轻身不老延年(《本经》)。疗虚劳，治痔(时珍)。

【附方】新一。紫芝丸：治虚劳短气，胸胁苦伤，手足逆冷，或时烦躁口干，目视䀮䀮，腹内时痛，不思饮食，此药安神保精也：紫芝一两半，山芋(焙)、天雄(炮去皮)、柏子仁(炒)、巴戟天(去心)、白茯苓(去皮)、枳实(去瓤麸炒)各三钱五分，生地黄(焙)、麦门冬(去心焙)、五味子(炒)、半夏(制炒)、附子(炒去皮)、牡丹皮、人参各七钱五分，远志(去心)、蓼实各二钱五分，瓜子仁(炒)、泽泻各五钱，为末，炼蜜丸梧子大。每服十五丸，渐至三十丸，温酒下，日三服。(《圣济总录》)

木耳(《本经》中品)

【校正】自桑根白皮条分出。

【释名】木檽(而、软二音)。木菌(窘、卷二音)。木纵(音纵)。树鸡(韩文)、木蛾。

时珍曰：木耳生于朽木之上，无枝叶，乃湿热余气所生。曰耳曰蛾，象形也。曰纵，以软湿者佳也。曰鸡曰纵，因味似也。南楚人谓鸡为纵。曰菌，犹蜠也，亦象形也。蜠乃贝子之名。或曰：地生为菌，木生为蛾。北人曰蛾，南人曰蕈。

木耳

【集解】《别录》曰：五木耳生犍为山谷。六月多雨时采，即曝干。

时珍曰：木耳各木皆生，其良毒亦必随木性，不可不审。然今货者，亦多杂木，惟桑、柳、楮、榆之耳为多云。

【气味】甘，平，有小毒。

权曰：蕈耳，古槐、桑树上者良，柘木者次之。其余树上，多动风气，发痼疾，令人肋下急，损经络背膊，闷人。

藏器曰：木耳，恶蛇、虫从下过者，有毒。枫木上生者，令人笑不止。采归色变者有毒，夜视有光者、欲烂不生虫者并有毒，并生捣冬瓜蔓汁解之。

时珍曰：按张仲景云：木耳赤色及仰生者，并不可食。

【主治】益气不饥，轻身强志（《本经》）。断谷治痔（时珍）。

【发明】颖曰：一人患痔，诸药不效，用木耳煮羹食之而愈，极验。

时珍曰：按《生生编》云：柳蛾补胃，木耳衰精。言老柳之蛾能补胃理气。木耳乃朽木所生，得一阴之气，故有衰精冷肾之害也。

【附方】新六。眼流冷泪：木耳一两（烧存性），木贼一两，为末。每服二钱，以清米泔煎服。（《惠济方》）血注脚疮：桑耳、楮耳、牛屎菰各五钱，胎发灰（男用女，女用男）三钱，研末，油和涂之，或干涂之。（《奇效良方》）崩中漏下：木耳半斤，炒见烟，为末，每服二钱一分，头发灰三分，共二钱四分，以应二十四气。好酒调服，出汗。（孙氏《集效方》）新久泄痢：干木耳一两（炒），鹿角胶二钱半（炒），为末。每服三钱，温酒调下，日二。（《御药院方》）血痢下血：木耳（炒研）五钱，酒服即可。亦用井花水服。或以水煮盐、醋食之，以汁送下。（《普济方》）一切牙痛：木耳、荆芥等分，煎汤频漱。（《普济方》）

桑耳

【释名】桑檽（《唐本》）、桑蛾（《宋本》）、桑鸡（《纲目》）、桑黄（《药性》）、桑臣（《药性》）、桑上寄生。

弘景曰：断谷方：桑檽又呼为桑上寄生。名同物异也。

时珍曰：桑檽以下皆软耳之名，桑黄以下皆硬菰之名，其功性则一也。

【气味】甘，平，有毒。

诜曰：寒，无毒。

权曰：桑、槐耳：甘、辛，平，无毒。

【主治】黑者，主女人漏下赤白汁，血病癥瘕积聚，阴痛，阴阳寒热，无子（《本经》）。疗月水不调。其黄熟陈白者，止久泄，益气不饥。其金色者，治癖饮积聚，腹痛金疮（《别录》）。治女子崩中带下，月闭血凝，产后血凝，男子痃癖（甄权）。止血衄，肠风泻血，妇人心腹痛（大明）。利五脏，宣肠胃气，排毒气。压丹石人发热，和葱、豉作羹食（孟诜）。

【附方】旧三，新十一。少小鼻衄，小劳辄出：桑耳熬焦捣末，每发时，以杏仁大塞鼻中，数度即可断。（《肘后方》）五痔下血：桑耳作羹，空心饱食，三日一作。待孔卒痛如鸟啄状，取大、小豆各一升合捣，作两囊蒸之，及热，更互坐之，即瘥。（《外台》）脱肛泻血不止：用桑黄一两，熟附子一两，为末，炼蜜丸梧子大，每米饮下二十丸。（《圣惠》）血淋疼痛：桑黄、槲白皮各二钱，水煎服，日一次。（《圣惠方》）月水不断，肉色黄瘦，血竭暂止，数日复发，小劳辄剧，久疾失治者，皆可服之：桑黄焙研，每服二钱，食前热酒下，日二服。（《普济方》）崩中漏下：桑耳炒黑为末，酒服方寸匕，日三服取效。（《千金方》）赤白带下：桑耳切碎，酒煎服。（苏颂《图经》）遗尿且涩：桑耳为末，每酒下方寸匕，日三服。（《圣济总录》）留饮宿食：桑耳二两，巴豆一两（去皮），五升米下蒸过，和枣膏捣丸麻子大。每服一二丸，取利止。（《范汪方》）心下急痛：桑耳烧存性，热酒服二钱。（《集简方》）瘰疬溃烂：桑黄菰五钱，水红豆一两，百草霜三钱，青苔二钱，片脑一分，为末，鸡子白调敷，以车前、艾叶、桑皮煎汤洗之。（《纂要奇方》）咽喉痹痛：五月五日，收桑上木耳，白如鱼鳞者，临时捣碎，绵包弹子大，蜜汤浸，含之立效。（《便民方》）面上黑斑：桑耳焙研，每食后热汤服一钱，一月愈。（《摘玄方》）足趾肉刺：先以汤浸，刮去一层，用黑木耳贴之，自消烂不痛。（《近效方》）

槐耳

【释名】槐檽（《唐本》）、槐菌（《唐本》）、槐鸡（《蜀本》）、赤鸡（《纲目》）、槐蛾。

恭曰：此槐树上菌也。当取坚如桑耳者。

权曰：煮浆粥安槐木上，草覆之，即生蕈耳。

【气味】苦、辛，平，无毒。

【主治】五痔脱肛，下血心痛，妇人阴中疮痛（苏恭）。治风破血，益力（甄权）。

【附方】旧三，新三。肠痔下血：槐树上木耳，为末。饮服方寸匕，日三服。（《肘后方》）崩中下血，不问年月远近：用槐耳烧存性，为末。每服方寸匕，温酒下。（《产宝》方）产后血疼，欲死者：槐鸡半两为末，酒浓煎饮服，立愈。（《妇人良方》）蛔虫心痛：槐木耳烧存性，为末，水服枣许。若不止，饮热水一升，蛔虫立出。（张文仲《备急方》）月水不断，劳损黄瘦，暂止复发，小劳辄剧者：槐蛾（炒黄）、赤石脂各一两，为末，食前热酒服二钱。桑黄亦可。（《圣惠方》）脏毒下血：槐耳（烧）二两，干漆（烧）一两，为末。每服一钱，温酒下。（《圣济总录》）

榆耳八月采之。

【主治】令人不饥（时珍）。

【附方】新一。服食方：《淮南万毕术》云：八月榆檽，以美酒渍曝，同青粱米、紫苋实蒸熟为末。每服三指撮，酒下，令人辟谷不饥。

柳耳

【主治】补胃理气（时珍）。

【附方】新一。反胃吐痰：柳树蕈五、七个，煎汤服即愈。（《活人心统》）

柘耳

【释名】柘黄。

【主治】肺痈咳唾脓血腥臭,不问脓成未成。用一两研末,同百齿霜二钱,糊丸梧子大。米饮下三十丸,效甚捷(时珍)。

杨栌耳

藏器曰:出南山。

【气味】平,无毒。

【主治】老血结块,破血止血,煮服之(藏器)。

杉菌(宋《图经》)

【集解】颂曰:杉菌出宜州。生积年杉木上,状若菌。采无时。

【气味】甘、辛,微温,无毒。

【主治】心脾气疼,及暴心痛(苏颂)。

皂荚蕈(《纲目》)

【集解】时珍曰:生皂荚树上木耳也。不可食。采得焙干备用。

【气味】辛,有毒。

【主治】积垢作痛,泡汤饮之,微泄效。未已再服。又治肿毒初起,磨醋涂之,良(时珍)。

【附方】新一。肠风泻血:皂角树上蕈,瓦焙为末。每服一钱,温酒下。(许学士《本事方》)

香蕈(《日用》)

【释名】时珍曰:蕈从覃。覃,延也。蕈味隽永,有覃延之意。

【集解】瑞曰:蕈生桐、柳、枳椇木上。紫色者名香蕈,白色者名肉蕈,皆因湿气熏蒸而成。生山僻处者,有毒杀人。

颖曰:香蕈生深山烂枫木上。小于菌而薄,黄黑色,味甚香美,最为佳品。

时珍曰:蕈品不一。宋人陈仁玉著《菌谱》甚详。今录其略于此云:芝、菌,皆气茁也。自商山茹芝,而五台天花,亦甲群汇。仙居介乎天台、括苍之间,丛山入天,仙灵所宫,爰产异菌。林居岩栖者,左右芼之,乃藜苋之至腴。近或以羞王公、登玉食矣。一曰合蕈,又名台蕈,生台之韦羌山。寒极雪收,春气欲动,土松芽活,此菌候也。其质外褐色,肌理玉洁,芳香韵味,一发釜鬲,闻于百步。山人曝干以售,香味减于生者。他山虽产,其柄高而香劣,不及矣。二曰稠膏蕈,生孟溪诸山。秋中

蕈　香

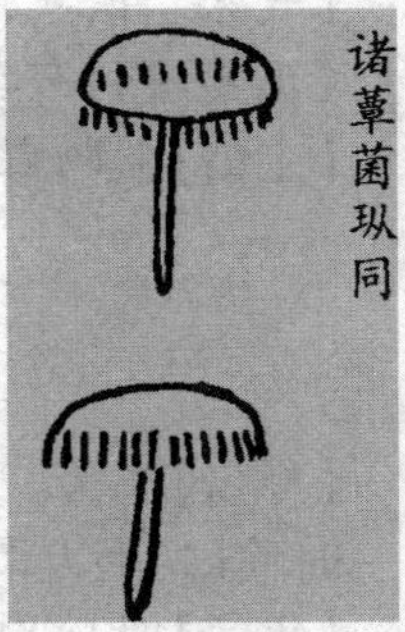

雨零露浸，酿山膏木腴，发为菌花。生绝顶树杪，初如蕊珠，圆莹类轻酥滴乳，浅黄白色，味尤甘。已乃张伞大若掌，味顿渝矣。春时亦生而膏液少。食之之法，下鼎似沸，漉起参和众味，而特全于酒。切勿搅动，则涎腥不可食矣。亦可蒸熟致远。三曰松蕈，生松阴，采无时。凡物松出，无不可爱者。四曰麦蕈，生溪边沙壤中。味殊美，绝类蘑菰。五曰玉蕈，初寒时生，洁皙可爱。作羹微韧。俗名寒蒲蕈。六曰黄蕈，丛生山中。黄色，俗名黄缵蕈，又名黄纯。七曰紫蕈，赭紫色，产山中，为下品。八曰四季蕈，生林木中，味甘而肌理粗峭。九曰鹅膏蕈，生高山中，状类鹅子，久而伞开。味殊甘滑，不减稠膏。然与杜蕈相乱，不可不慎。杜蕈，土菌也。

【气味】甘，平，无毒。

【主治】益气不饥，治风破血(吴瑞)。松蕈：治溲浊不禁，食之有效(《菌谱》)。

葛花菜(《纲目》)

【释名】葛乳。

时珍曰：诸名山皆有之，惟太和山采取，云乃葛之精华也。秋霜浮空，如芝、菌涌生地上，其色赤脆，盖蕈类也。

【气味】苦、甘，无毒。

【主治】醒神，治酒积(时珍。《太和山志》)。

天花蕈(《日用》)

【释名】天花菜。

【集解】瑞曰：天花菜出山西五台山。形如松花而大，香气如蕈，白色，食之甚美。

时珍曰：五台多蛇蕈，感其气而生，故味美而无益，其价颇珍。段成式《酉阳杂俎》云：代北有树鸡，如杯棬，俗呼胡孙眼。其此类欤?

【气味】甘，平，无毒。

时珍曰：按《正要》云：有毒。

【主治】益气，杀虫(吴瑞)。

蘑菰蕈(《纲目》)

【释名】肉蕈。

【集解】时珍曰：蘑菰出山东、淮北诸处。埋桑、楮诸木于土中，浇以米泔，待菰生采之。长二三寸，本小末大，白色柔软，其中空虚，状如未开玉簪花。俗名鸡腿蘑菰，谓其味如鸡也。一种状如羊肚，有蜂窠眼者，名羊肚菜。

【气味】甘，寒，无毒。

《正要》曰：有毒。动气发病，不可多食。

【主治】益肠胃，化痰理气（时珍。出《生生编》）。

蕈菰蘑

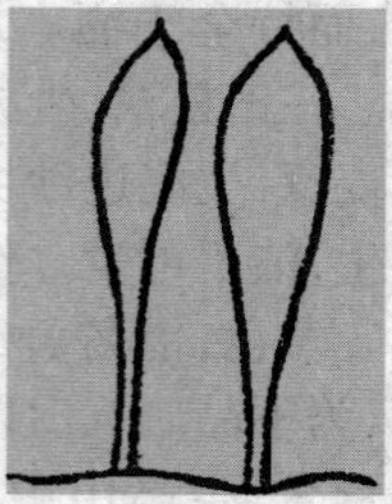

鸡坳(《纲目》)

【释名】鸡菌。

时珍曰：南人谓为鸡坳，皆言其味似之也。

【集解】时珍曰：鸡坳出云南，生沙地间丁蕈也。高脚伞头。土人采烘寄远，以充方物。点茶、烹肉皆宜。气味皆似香蕈，而不及其风韵也。又广西横州出雷菌，遇雷过即生，须疾采之，稍迟则腐或老，故名。作羹甚美，亦如鸡纵之属。此数种其价并珍。

【气味】甘，平，无毒。

【主治】益胃清神，治痔（时珍）。

舵菜(《纲目》)

【集解】时珍曰：此即海船舵上所生菌也。亦不多得。

【气味】咸、甘，寒，无毒。

【主治】瘿结气，痰饮（时珍）。

土菌(《拾遗》)

【校正】自草部移入此。

【释名】杜蕈（《菌谱》）、地蕈（《拾遗》）、菰子（《食物》）、地鸡（《尔雅》）、獐头。

藏器曰：地生者为菌，木生者为檽。江东人呼为蕈。《尔雅》云：中馗，菌也。孙炎注云：地蕈子也。或云地鸡，亦云獐头。郭璞注云：地蕈似钉盖，江东名为土菌，可啖。凡菌从地中出者，皆主疮疥，牛粪上黑菌尤佳。若烧灰地上经秋雨，生菌重台者，名仙人帽，大主血病。

时珍曰：中馗神名，又槌名也。此菌钉上若伞，其状如槌及中馗之帽，故以名之。

【气味】甘，寒，有毒。

诜曰：菌子有数般，槐树上者良。野田中者有毒杀人，又多发冷气，令人腹中微微痛，发五脏风，拥经脉，动痔病，令人昏昏多睡，背膊四肢无力。

藏器曰：菌，冬春无毒，夏秋有毒，有蛇、虫从下过也。夜中有光者，欲烂无虫者，煮之不熟者，煮讫照人无影者，上有毛下无纹者，仰卷赤色者，并有毒杀人。中其毒者，地浆及粪汁解之。

颖曰：凡煮菌，投以姜屑、饭粒，若色黑者杀人，否则无毒。

时珍曰：按《菌谱》云：杜蕈生土中，与山中鹅膏蕈相乱。俗言毒蠚之气所成，食之杀人。甚美有恶，食肉不食马肝，未为不知味也。凡中其毒者，必笑不止。解之以苦茗、白矾，酌新水并咽之，无不立愈。又按杨士瀛《直指方》云：广南人杀毒蛇，覆之以草，以水洒之，数日菌生。采干为末，入酒毒人。遇再饮酒，毒发立死。又陈氏《拾遗》云：南夷以胡蔓草毒人至死，悬尸于树，汁滴地上，生菌子收之，名菌药，毒人至烈。此皆不可不知，故并记之。马勃亦菌类，见草部。

【主治】烧灰，敷疮疥（藏器）。

【附方】新一。疔肿：黑牯牛撒粪石上，待生菌子，焙干，豨莶草等分为末。以竹筒去两头，紧缚，合住疔上。用水和末一钱，入筒内。少顷沸起，则根拔出。未出，再作二三次。（《医学正传》）

地芩

《别录》曰：味苦，无毒。主小儿痫，除邪养胎，风痹洗洗寒热，目中青翳，女子带下。生腐木积草处。天雨生盖，如朝生，黄白色。四月采之。

时珍曰：此即鬼盖之色黄白者，其功亦相近。

鬼笔(《拾遗》)

藏器曰：鬼笔生粪秽处。头如笔，紫色。朝生暮死，名朝生暮落花。小儿呼为狗溺苔。主治疮疽𧏾疥痈瘘。并晒干研末，和油涂之。凡菌从地出者，皆主疮疥，牛粪上黑菌尤佳。

时珍曰：此亦鬼盖之类而无伞者。红紫松虚，如花之状，故得花名。研末，敷下疳疮。

竹蓐(《食疗》)

【校正】并入《拾遗》竹肉。

【释名】竹肉（《拾遗》）、竹菰（《纲目》）、竹蕈。

时珍曰：草更生曰蓐，得溽湿之气而成也。陈藏器《本草》作竹肉，因其味也。

【集解】诜曰：慈竹林夏月逢雨，滴汁着地生蓐。似鹿角，白色，可食。

蓐竹

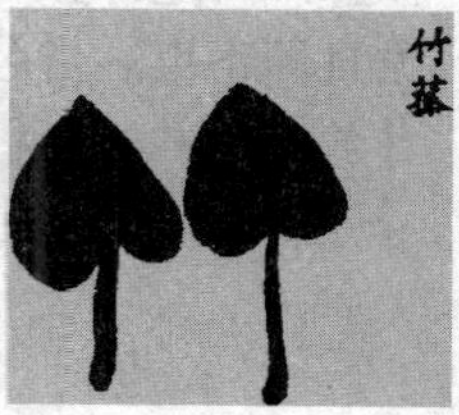

时珍曰：此即竹菰也。生朽竹根节上。状如木耳，红色。段成式《酉阳杂俎》云：江淮有竹肉，大如弹丸，味如白树鸡。即此物也。惟苦竹生者有毒耳。

【气味】甘、咸，寒，无毒。

藏器曰：苦竹肉：有大毒。

【主治】一切赤白痢，和姜、酱食之（孟诜）。苦竹肉：灰汁炼过食，杀三虫毒邪气，破老血（藏器）。

雚菌（音桓郡。《本经》下品）

【校正】自草部移入此。

【释名】雚芦（《本经》）。

时珍曰：雚当作萑，乃芦苇之属，此菌生于其下，故名也。若雚音观，乃鸟名，与萑芦无关。

【集解】《别录》曰：雚菌生东海池泽及渤海章武。八月采，阴干。

弘景曰：出北来，此亦无有。形状似菌，云鹳屎所化生，一名鹳菌。单末之，猪肉臛和食，可以遣蛔虫。

保升曰：今出沧州。秋雨以时即有，天旱久霖即稀。晒干者良。

【气味】咸，平，有小毒。

《别录》曰：甘，微温。

权曰：苦。得酒良，畏鸡子。

【主治】心痛，温中，去长虫白癣蛲虫，蛇螫毒，癥瘕诸虫（《本经》）。疽蜗，去蛔虫、寸白，恶疮（《别录》）。除腹内冷痛，治白秃（甄权）。

【附方】旧一。蛔虫攻心如刺，吐清汁者：萑菌一两杵末，羊肉臛和食之，日一顿，大效。（《外台秘要》）

【附录】蜀格

《别录》曰：味苦，平，无毒。主寒热瘘痹，女子带下痈肿。生山阳，如萑菌而有刺。

地耳（《别录》）

【校正】自有名未用移入此。

【释名】地踏菰（《纲目》）。

【集解】《别录》曰：地耳生丘陵，如碧石青也。

时珍曰：地耳亦石耳之属，生于地者也。状如木耳。春夏生雨中，雨后即早采之，见日即不堪。俗名地踏菰是也。

【气味】甘，寒，无毒。

【主治】明目益气，令人有子（《别录》）。

石耳（《日用》）

【释名】灵芝（《灵苑方》）。

【集解】瑞曰：石耳生天台、四明、河南、宣州、黄山、巴西、边徼诸山石崖上，远望如烟。

时珍曰：庐山亦多，状如地耳。山僧采曝馈远。洗去沙土，作茹胜于木耳，佳品也。

石耳

【气味】甘,平,无毒。

颖曰:冷。

段成式曰:热。

【主治】久食益色,至老不改,令人不饥,大小便少(吴瑞)。明目益精(时珍)。

【附方】新一。泻血脱肛:石耳五两(炒),白枯矾一两,密陀僧半两,为末,蒸饼丸梧子大,每米饮下二十丸。(《普济方》)

本草纲目果部第二十九卷

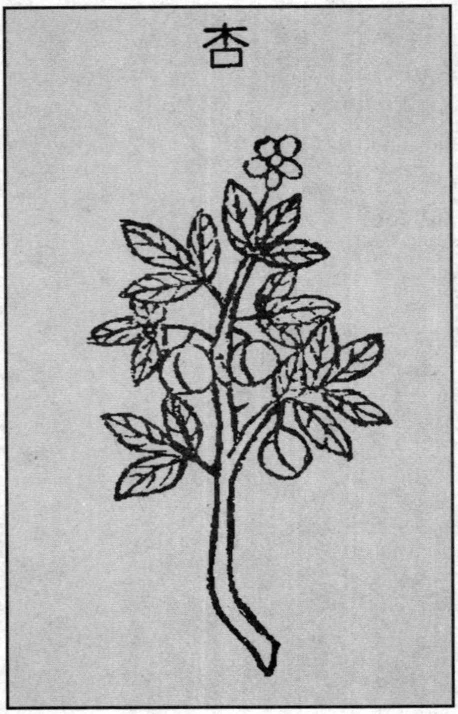

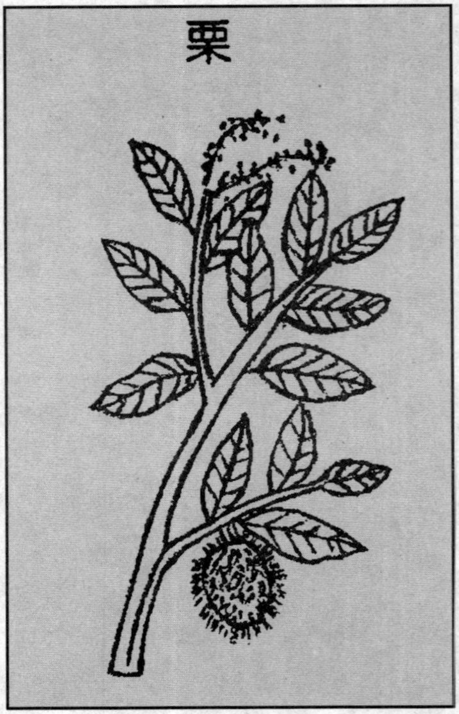

本草纲目果部第二十九卷

李(《别录》下品)

【释名】嘉庆子。

时珍曰:按罗愿《尔雅翼》云:李乃木之多子者,故字从木、子。窃谓木之多子者多矣,何独李称木子耶?按《素问》言:李味酸属肝,东方之果也。则李于五果属木,故得专称尔。今人呼干李为嘉庆子。按韦述《两京记》云:东都嘉庆坊有美李,人称为嘉庆子。久之称谓既熟,不复知其所自矣。梵书名李曰居陵迦。

李

【集解】弘景曰:李类甚多。京口有麦李,麦秀时熟,小而肥甜,核不入药。姑熟有南居李,解核如杏子形者,入药为佳。

时珍曰:李,绿叶白花,树能耐久,其种近百。其子大者如杯如卵,小者如弹如樱。其味有甘、酸、苦、涩数种。其色有青、绿、紫、朱、黄、赤、缥绮、胭脂、青皮、紫灰之殊。其形有牛心、马肝、柰李、杏李、水李、离核、合核、无核、匾缝之异。其产有武陵、房陵诸李。早则麦李、御李,四月熟。迟则晚李、冬李,十月、十一月熟。又有季春李,冬花春实也。按王祯《农书》云:北方一种御黄李,形大而肉厚核小,甘香而美。江南建宁一种均亭李,紫而肥大,味甘如蜜。有擘李,熟则自裂。有糕李,肥粘如糕。皆李之嘉美者也。今人用盐曝、糖藏、蜜煎为果,惟曝干白李有益。其法:夏李色黄时摘之,以盐挼去汁,合盐晒萎,去核复晒干,荐酒、作飣皆佳。

实

【气味】苦、酸,微温,无毒。

时珍曰:李味甘酸,其苦涩者不可食。不沉水者有毒,不可食。

宗奭曰:不可合浆水食,发霍乱,涩气而然。服术人忌之。

【主治】暴食,去痼热,调中(《别录》)。去骨节间劳热(孟诜)。肝病宜食之(思邈)。

核仁

【气味】苦,平,无毒。

本草綱目

【主治】僵仆跻折，瘀血骨痛（《别录》）。令人好颜色（吴普）。治女子少腹肿满。利小肠，下水气，除浮肿（甄权）。治面皯黑子（苏颂）。

【附方】旧一，新一。女人面皯：用李核仁去皮细研，以鸡子白和如稀饧涂之。至旦以浆水洗去，后涂胡粉。不过五六日效。忌见风。（崔元亮《海上方》）蝎虿螫痛：苦李仁嚼涂之，良。（《古今录验》）

根白皮

【修治】时珍曰：李根皮取东行者，刮去皱皮，炙黄入药用。《别录》不言用何等李根，亦不言其味。但《药性论》云：入药用苦李根皮，味咸。而张仲景治奔豚气，奔豚汤中用甘李根白皮。则甘、苦二种皆可用欤？

【气味】大寒，无毒。

大明曰：凉，无毒。

【主治】消渴，止心烦逆奔豚气（《别录》）。治疮（吴普）。煎水含漱，治齿痛（弘景）。煎汁饮，主赤白痢（大明）。炙黄煎汤，日再饮之，治女人卒赤白下，有验（孟诜）。治小儿暴热，解丹毒（时珍）。苦李根皮：味咸，治脚下气，主热毒烦躁。煮汁服，止消渴（甄权）。

【附方】新二。小儿丹毒，从两股走及阴头：用李根烧为末，以田中流水和涂之。（《千金》）咽喉卒塞，无药处，以皂角末吹鼻取嚏：仍以李树近根皮，磨水涂喉外，良验。（《菽园杂记》）

花

【气味】苦，香，无毒。

【主治】令人面泽，去粉滓皯黯（时珍）。

【附方】新一。面黑粉滓：用李花、梨花、樱桃花、白蜀葵花、白莲花、红莲花、旋复花、秦椒各六两，桃花、木瓜花、丁香、沉香、青木香、钟乳粉各三两，珍珠、玉屑各二两，蜀水花一两，大豆末七合，为细末瓶收。每日盥靧，用洗手面，百日光洁如玉也。（《普济方》）

叶

【气味】甘、酸，平，无毒。

【主治】小儿壮热，痁疾惊痫，煎汤浴之，良（大明）。

【附方】新一。恶刺疮痛：李叶、枣叶捣汁点之，效。（《千金》）

树　胶

【气味】苦，寒，无毒。

【主治】目翳，定痛消肿（时珍）。

【附录】徐李

《别录》有名未用曰：生太山之阴。树如李而小。其实青色，无核。熟则采食之，轻身益气延年。

时珍曰：此即无核李也。唐崔奉国家有之，乃异种也。谬言龙耳血堕地所生。

杏(《别录》下品)

【释名】甜梅。

时珍曰：杏字篆文象子在木枝之形。或云从口及从可者，并非也。《江南录》云：杨行密改杏名甜梅。

杏

【集解】《别录》曰：杏生晋山川谷。五月采之。

颂曰：今处处有之。有数种：黄而圆者名金杏，相传种出自济南郡之分流山，彼人谓之汉帝杏，言汉武帝上苑之种也。今近汴洛皆种之，熟最早。其扁而青黄者名木杏，味酢不及之。山杏不堪入药。杏仁今以从东来人家种者为胜。

宗奭曰：金杏深赭色，核大而扁，乃接成者，其味最胜。又有白杏，熟时色青白或微黄，味甘淡而不酢。生杏可晒脯作干果食之。山杏辈只可收仁用耳。

时珍曰：诸杏，叶皆圆而有尖，二月开红花，亦有千叶者，不结实。甘而有沙者为沙杏，黄而带酢者为梅杏，青而带黄者为柰杏。其金杏大如梨，黄如橘。《西京杂记》载蓬莱杏花五色，盖异种也。按王祯《农书》云：北方肉杏甚佳，赤大而扁，谓之金刚拳。凡杏熟时，榨浓汁，涂盘中晒干，以手摩刮收之，可和水调麨食，亦五果为助之义也。

实

【气味】酸，热，有小毒。生食多，伤筋骨(《别录》)。

扁鹊曰：多食动宿疾，令人目盲、须眉落。

源曰：多食，生痰热，昏精神。产妇尤忌之。

【主治】曝脯食，止渴，去冷热毒。心之果，心病宜食之(思邈)。

核仁

【修治】《别录》曰：五月采之。

时珍曰：治风寒肺病药中，亦有连皮尖用者，取其发散也。

【气味】甘(苦)，温(冷利)，有小毒。两仁者杀人，可以毒狗。

时珍曰：凡杏、桃诸花皆五出。若六出必双仁，为其反常，故有毒也。

徐之才曰：得火良。恶黄芩、黄芪、葛根，畏蘘草。

【主治】咳逆上气雷鸣，喉痹，下气，产乳金疮，寒心奔豚(《本经》)。惊痫，心下烦热，风气往来，时行头痛，解肌，消心下急满痛，杀狗毒(《别录》)。解锡毒(之才)。治腹痹不通，发汗，主温病脚气，咳嗽上气喘促。入天门冬煎，润心肺。和酪作汤，润声气(甄权)。除肺热，治上焦风燥，利胸膈气逆，润大肠气秘(元素)。杀虫，治诸疮疥，消肿，去头面诸风气痘疱(时珍)。

【附方】旧三十七，新二十二。杏金丹：《左慈秘诀》云：亦名草金丹。方出浑皇子，服之长年不死。夏姬服之，寿年七百，乃仙去也。世人不信，皆由不肯精心修治故也。其法：须人罕到处。寅月鐝斸杏树地下，通阳气。二月除树下草。三月离树五步作畦垄，以通水。亢旱则引泉灌溉。有霜雪则烧火树下，以救花苞。至五月杏熟自落，收仁六斗，以汤浸去皮及双仁者，用南流水三石和研，取汁两石八斗，去滓。以新铁釜用酥三斤，以糠火及炭然釜，少少磨酥至尽，乃内汁入釜。釜上安盆，盆上钻孔，用弦悬车辖至釜底，以纸塞孔，勿令泄气。初着糠火，一日三动车辖，以衮其汁。五日有露液生，十日白霜起，又二日白霜尽，即金花出，丹乃成也。开盆炙干，以翎扫下，枣肉和，丸梧子大。每服三丸，空心暖酒下。至七日宿疾皆除，喑盲挛跛、疝痔瘿痫疮肿，万病皆愈。久服通灵不死云云。衍文不录。颂曰：古方用杏仁修治如法，自朝蒸至午，便以慢火微烘，至七日乃收之。每旦空腹啖之，久久不止，驻颜延年，云是夏姬之法。然杏仁能使人血溢，少误必出血不已，或至委顿，故近人少有服者。或云服至二三年，往往或泻，或脐中出物，皆不可治也。杏酥法：颂曰：去风虚，除百病。捣烂杏仁一石，以好酒二石，研滤取汁一石五斗，入白蜜一斗五升搅匀，封于新瓮中，勿泄气。三十日看酒上酥出，即掠取纳瓷器中贮之。取其酒滓团如梨大，置空屋中，作格安之。候成饴脯状，旦服一枚，以前酒下。藏器曰：杏酪服之，润五脏，去痰嗽。生、熟吃俱可，若半生半熟服之杀人。又法：宗奭曰：治肺燥喘热，大肠秘，润五脏。用杏仁去皮研细，每一升，入水一升半，捣稠汁。入生蜜四两，甘草一寸，银、石器中慢火熬成稀膏，入酥二两同收。每夜沸汤，点服一匙。（《衍义》）万病丸：治男妇五劳七伤，一切诸疾。杏仁一斗二升，童子小便煮七次，以蜜四两拌匀，再以童便五升于碗内重蒸，取出日晒夜露数日。任意嚼食，即愈。补肺丸，治咳嗽：用杏仁二大升（山中者不用，去双仁者），以童子小便二斗浸之，春夏七日，秋冬二七日，连皮尖于砂盆中研滤取汁，煮令鱼眼沸，候软如面糊即成。以粗布摊曝之，可丸即丸服之。食前后总须服三、五十丸，茶、酒任下。忌白水粥。（刘禹锡《传信方》）咳嗽寒热，旦夕加重，少喜多嗔，面色不润，忽进忽退，积渐少食，脉弦紧者：杏仁半斤去皮尖，童子小便二斗浸七日，漉出温水淘洗，砂盆内研如泥，以小便三升煎如膏。每服一钱，熟水下。妇人室女服之，尤妙。（《千金方》）

花

【气味】苦，温，无毒。

【主治】补不足，女子伤中，寒热痹厥逆（《别录》）。

【附方】新二。妇人无子：二月丁亥日，取杏花、桃花阴干为末。戊子日和井华水服方寸匕，日三服。（《卫生易简方》）粉滓面䵟：杏花、桃花各一升，东流水浸七日。洗面三七遍，极妙。（《圣济总录》）

叶

【主治】人卒肿满，身面洪大，煮浓汁热渍，亦少少服之（《肘后》）。

枝

【主治】堕伤，取一握，水一升煮减半，入酒三合和匀，分再服，大效（苏颂）。

【附方】旧一。坠扑瘀血在内,烦闷者:用东引杏树枝三两,细剉微熬,好酒二升煎十余沸,分二服。(《塞上方》)

根

【主治】食杏仁多,致迷乱将死,切碎煎汤服,即解(时珍)。

巴旦杏(《纲目》)

【释名】八担杏(《正要》)、忽鹿麻。

【集解】时珍曰:巴旦杏,出回回旧地,今关西诸土亦有。树如杏而叶差小,实亦尖小而肉薄。其核如梅核,壳薄而仁甘美。点茶食之,味如榛子。西人以充方物。

【气味】甘,平,温,无毒。

【主治】止咳下气,消心腹逆闷(时珍。出《饮膳正要》)。

梅(《本经》中品)

【释名】时珍曰:梅古文作呆,象子在木上之形。梅乃杏类,故反杏为呆。书家讹为甘木。后作梅,从每,谐声也。或云:梅者媒也,媒合众味。故书云:若作和羹,尔惟盐梅。而梅字亦从某也。陆佃《埤雅》言梅入北方变为杏,郭璞注《尔雅》以柟为梅,皆误矣。柟即柟木,荆人呼为梅,见陆玑《草木疏》。

【集解】《别录》曰:梅实生汉中山谷。五月采实,火干。

颂曰:今襄汉、川蜀、江湖、淮岭皆有之。

梅

时珍曰:按陆玑《诗疏》云:梅,杏类也。树、叶皆略似杏,叶有长尖,先众木而花。其实酢,曝干为脯,人羹臛齑中,又含之可以香口。子赤者材坚,子白者材脆。范成大《梅谱》云:江梅,野生者,不经栽接,花小而香,子小而硬。消梅,实圆松脆,多液无滓,惟可生啖,不入煎造。绿萼梅,枝跗皆绿。重叶梅,花叶重叠,结实多双。红梅,花色如杏。杏梅,色淡红,实扁而斑,味全似杏。鸳鸯梅,即多叶红梅也,一蒂双实。一云:苦楝接梅,则花带黑色。谭子化书云:李接桃而本强者其实毛,梅接杏而本强者其实甘。梅实采半黄者,以烟熏之为乌梅;青者盐腌曝干为白梅。亦可蜜煎、糖藏,以充果饤。熟者笮汁晒收为梅酱惟乌梅、自梅可入药。梅酱,夏月可调渴水饮之。

实

【气味】酸,平,无毒。

大明曰:多食损齿伤筋,蚀脾胃,令人发膈上痰热。服黄精人忌食之。食梅齿𪘨者,嚼胡桃肉解之。《物类相感志》云:梅子同韶粉食,则不酸,不软牙。

【发明】宗奭曰：食梅则津液泄者，水生木也。津液泄则伤肾，肾属水，外为齿故也。

时珍曰：梅，花开于冬而实熟于夏，得木之全气，故其味最酸，所谓曲直作酸也。肝为乙木，胆为甲木。人之舌下有四窍，两窍通胆液，故食梅则津生者，类相感应也。故《素问》云：味过于酸，肝气以津。又云：酸走筋，筋病无多食酸。不然，物之味酸者多矣，何独梅能生津耶？

乌梅

【修治】弘景曰：用须去核，微炒之。

时珍曰：造法：取青梅篮盛，于突上熏黑。若以稻灰淋汁润湿蒸过，则肥泽不蠹。

【气味】酸，温、平，涩，无毒。

杲曰：寒。忌猪肉。

【主治】下气，除热烦满，安心，止肢体痛，偏枯不仁，死肌，去青黑痣，蚀恶肉（《本经》）。去痹，利筋脉，止下痢，好唾口干（《别录》）。水渍汁饮，治伤寒烦热（弘景）。止渴调中，去痰治疟瘴，止吐逆霍乱，除冷热痢（藏器）。治虚劳骨蒸，消酒毒，令人得睡。和建茶、干姜为丸服，止休息痢，大验（大明）。敛肺涩肠，止久嗽泻痢，反胃噎膈，蛔厥吐利，消肿涌痰，杀虫，解鱼毒、马汗毒、硫黄毒（时珍）。

白梅

【释名】盐梅、霜梅。

【修治】取大青梅以盐汁渍之，日晒夜渍，十日成矣。久乃上霜。

【气味】酸、咸，平，无毒。

【主治】和药点痣，蚀恶肉（弘景）。刺在肉中者，嚼敷之即出（孟诜）。治刀箭伤，止血，研烂敷之（大明）。乳痈肿毒，杵烂贴之，佳（汪颖）。除痰。（苏颂）。治中风惊痫，喉痹痰厥僵仆，牙关紧闭者，取梅肉揩擦牙龈，涎出即开。又治泻痢烦渴，霍乱吐下，下血血崩，功同乌梅（时珍）。

【附方】旧十一，新二十二。诸疮胬肉：方见上。痈疽疮肿，已溃未溃皆可用：盐白梅烧存性为末，入轻粉少许，香油调，涂四围。（王氏《易简方》）喉痹乳蛾：冰梅丸：用青梅二十枚（盐十二两，腌五日，取梅汁），入明矾三两，桔梗、白芷、防风各二两，猪牙皂角三十条，俱为细末，拌汁和梅入瓶收之。每用一枚，噙咽津液。凡中风痰厥，牙关不开，用此擦之尤佳。《总录》：用白梅包生矾末作丸含咽，或纳吞之。消渴烦闷：乌梅肉二两，微炒为末。每服二钱，水二盏，煎一盏，去滓，入豉二百粒，煎至半盏，温服。（《简要济众方》）泄痢口渴：乌梅煎汤，日饮代茶。（《扶寿精方》）产后痢渴：乌梅肉二十个，麦门冬十二分，以水一升，煮七合，细呷之。（《必效方》）赤痢腹痛：《直指》：用陈白梅同真茶、蜜水各半，煎饮之。《圣惠》：用乌梅肉（炒）、黄连各四两，为末，炼蜜丸梧子大。每米饮服二十丸，日三服。便痢脓血：乌梅一两去核，烧过为末。每服二钱，米饮下，立止。（《圣济总录》）久痢不止，肠垢已出：《肘后》：用乌梅肉二十个，水一盏，煎六分，食前分二服。《袖珍》：用乌梅肉、白梅肉各七个捣烂，入乳香末少许，杵丸梧桐子大。每服二三十丸，茶汤下，日三。大便下血，及酒痢、久痢不止：用乌梅三两，烧存性为末，醋煮米糊和，丸梧子大。每空心米饮服二十丸，日三。（《济生方》）小便尿血：乌梅，烧存性研末，醋糊丸梧子大。每服四十丸，酒下。血崩不止：乌梅肉七枚，烧存性研末。米饮服之，日二。大便不通，气奔欲死者：乌梅十颗，汤浸去核，丸枣大。纳入下部，少时即通。（《食疗本草》）

核仁

【气味】酸，平，无毒。

【主治】明目，益气，不饥（吴普）。除烦热（甄权）。治代指忽然肿痛，捣烂，和醋浸之（时珍。《肘后方》）。

花

【气味】微酸，涩，无毒。

【发明】时珍曰：白梅花古方未见用者。近时有梅花汤：用半开花，溶蜡封花口，投蜜罐中，过时以一两朵同蜜一匙点沸汤服。又有蜜渍梅花法：用白梅肉少许，浸雪水，润花，露一宿，蜜浸荐酒。又梅花粥法：用落英入熟米粥再煮食之。故杨诚斋有"蜜点梅花带露餐"及"脱蕊收将熬粥吃"之句，皆取其助雅致、清神思而已。

叶

【气味】酸，平，无毒。

【主治】休息痢及霍乱，煮浓汁饮之（大明）。

藏器曰：嵩阳子言：清水揉梅叶，洗蕉葛衣，经夏不脆。有验。

时珍曰：夏衣生霉点，梅叶煎汤洗之即去，甚妙。

【附方】旧一，新二。中水毒病，初起头痛恶寒，心烦拘急，旦醒暮剧：梅叶捣汁三升饮之良。（《肘后》）下部虫䘌：梅叶、桃叶一斛，杵烂蒸极热，纳小器中，隔布坐蒸之，虫尽死也。（《外台秘要》）月水不止：梅叶（焙）、棕榈皮灰各等分为末。每服二钱，酒调下。（《圣济总录》）

根

【主治】风痹（《别录》。出土者杀人）。初生小儿，取根同桃、李根煮汤浴之，无疮热之患（崔氏《纂要》）。煎汤饮，治霍乱，止休息痢（大明）。

榔梅（《纲目》）

【集解】时珍曰：榔梅出均州太和山。相传真武折梅枝插于榔树。誓曰：吾道若成，开花结果。后果如其言。今树尚在五龙宫北，榔木梅实，杏形桃核。道士每岁采而蜜渍，以充贡献焉。榔乃榆树也。

实

【气味】甘、酸，平，无毒。

【主治】生津止渴，清神下气，消酒(时珍)。

桃(《本经》下品)

【校正】木部有《拾遗》桃橛，今并入此。

桃

【释名】时珍曰：桃性早花，易植而子繁，故字从木、兆。十亿曰兆，言其多也。或云从兆谐声也。

【集解】《别录》曰：桃生太山川谷。

弘景曰：今处处有之。核仁入药，当取解核者种之为佳，山桃仁不堪用。

颂曰：汴东、陕西者尤大而美。大抵佳果肥美者，皆圃人以他木接成，殊失本性。入药当用本生者为佳。今市肆卖者，多杂接核之仁，为不堪也。

宗奭曰：山中一种桃，正合《月令》桃始华者，花多子少，不堪啖，惟堪取仁入药。汴中有油桃，小于众桃，光如涂油，不益脾胃。太原有金桃，色深黄。洛中有昆仑桃，肉深红紫色。又有饼子桃，状如香饼子。其味皆甘。

时珍曰：桃品甚多，易于栽种，且早结实。五年宜以刀劙其皮，出其脂液，则多延数年。其花有红、紫、白、千叶、二色之殊，其实有红桃、绯桃、碧桃、缃桃、白桃、乌桃、金桃、银桃、胭脂桃，皆以色名者也。有绵桃、油桃、御桃、方桃、匾桃、偏核桃，皆以形名者也。有五月早桃、十月冬桃、秋桃、霜桃，皆以时名者也。并可供食。惟山中毛桃，即《尔雅》所谓褫桃者，小而多毛，核粘味恶。其仁充满多脂，可入药用，盖外不足者内有余也。冬桃一名西王母桃，一名仙人桃，即昆仑桃，形如栝蒌，表里微赤，得霜始熟。方桃形微方。匾桃出南番，形匾肉涩，核状如盒，其仁甘美。番人珍之，名波淡树，树甚高大。偏核桃出波斯，形薄而尖，头偏，状如半月，其仁酷似新罗松子，可食，性热。又杨维桢、宋濂集中并载元朝御库蟠桃，核大如碗，以为神异。按王子年《拾遗记》载：汉明帝时，常山献巨核桃，霜下始花，隆暑方熟。《玄中记》载：积石之桃，大如斗斛器。《酉阳杂俎》载：九疑有桃核，半扇可容米一升；及蜀后主有桃核杯，半扇容水五升，良久如酒味可饮。此皆桃之极大者。昔人谓桃为仙果，殆此类欤？生桃切片瀹过，曝干为脯，可充果食。又桃酢法：取烂熟桃纳瓮中，盖口七日，漉去皮核，密封二七日酢成，香美可食。《种树书》云：柿接桃则为金桃，李接桃则为李桃，梅接桃则脆。桃树生虫，煮猪头汁浇之即止。皆物性之微妙也。

实

【气味】辛、酸、甘，热，微毒。多食令人有热。

时珍曰：生桃多食，令人膨胀及生痈疖，有损无益。五果列桃为下以此。

瑞曰:桃与鳖同食,患心痛。服术人忌食之。

【主治】作脯食,益颜色(大明)。肺之果,肺病宜食之(思邈)。

冬桃,食之解劳热(时珍。出《尔雅注》)。

核仁

【修治】《别录》曰:七月采,取仁阴干。

敩曰:凡使须去皮,用白术、乌豆二味,同于坩锅中煮二伏时,漉出劈开,心黄如金色乃用。

时珍曰:桃仁行血,宜连皮、尖生用。润燥活血,宜汤浸去皮、尖炒黄用。或麦麸同炒,或烧存性,各随本方。双仁者有毒,不可食,说见杏仁下。

【气味】苦、甘,平,无毒。

思邈曰:苦、甘、辛,平。

诜曰:温。

弘景曰:桃仁作酪,性冷。香附为之使。

【主治】瘀血血闭,癥瘕邪气,杀小虫(《本经》)。止咳逆上气,消心下坚硬,除卒暴击血,通月水,止心腹痛(《别录》)。治血结、血秘、血燥,通润大便,破畜血(元素)。杀三虫。又每夜嚼一枚和蜜涂手、面良(孟诜)。主血滞风痹骨蒸,肝疟寒热,鬼注疼痛,产后血病(时珍)。

【附方】旧十九,新十一。延年去风,令人光润:用桃仁五合去皮,用粳米饭浆同研,绞汁令尽,温温洗面极妙。(《千金翼》)偏风不遂,及癖疾:用桃仁二千七百枚,去皮、尖、双仁,以好酒一斗三升,浸二十一日,取出晒干杵细,作丸如梧子大。每服二十丸,以原酒吞之。(《外台秘要》)风劳毒肿挛痛,或牵引小腹及腰痛:桃仁一升去皮尖,熬令黑烟出,热研如脂膏,以酒三升搅和服,暖卧取汗。不过三度瘥。(《食医心镜》)疟疾寒热:桃仁一百枚去皮尖,乳钵内研成膏,不得犯生水,入黄丹三钱,丸梧子大。每服三丸,当发日面北温酒吞下。五月五日午时合之,忌鸡、犬、妇人。(见唐慎微《本草》)骨蒸作热:桃仁一百二十枚,留尖去皮及双仁,杵为丸,平旦井花水顿服之。令尽量饮酒至醉,仍须任意吃水。隔日一剂。百日不得食肉。(《外台秘要》)上气喘急:方见杏仁。上气咳嗽,胸满气喘:桃仁三两去皮尖,以水一大升研汁,和粳米二合煮粥食之。(《心镜》)卒得咳嗽:桃仁三升去皮杵,着器中密封,蒸熟晒干,绢袋盛,浸二斗酒中,七日可饮,日饮四五合。尸疰鬼疰,乃五尸之一,又挟鬼邪为祟。其病变动,有三十六种至九十九种。大略使人寒热淋沥,沉沉默默,不知所苦而无处不恶。累年积月,以至于死,死后复传旁人:急以桃仁五十枚研泥,水煮取四升,服之取吐。吐不尽,三四日再吐。(《肘后方》)

桃毛

毛桃实上毛也。刮取用之。

【气味】辛,平,微毒。

【主治】破血闭,下血瘕,寒热积聚,无子。带下诸疾(《别录》)。疗崩中,破癖气(大明)。治恶鬼邪气(孟诜)。

桃枭

【释名】桃奴(《别录》),枭景(同上)、神桃。

《别录》曰:此是桃实着树经冬不落者,正月采之,中实者良。

时珍曰:桃子干悬如枭首磔木之状,故名。奴者,言其不能成实也。《家宝方》谓之神桃,言其辟恶也。千叶桃花结子在树不落者,名鬼髑髅。雷敩《炮炙论》有修治之法,而方书未见用者。

敩曰:鬼髑髅,十一月采得,以酒拌蒸之,从巳至未,焙干,以铜刀切,焙取肉用。

【气味】苦,微温,有小毒。

【主治】杀百鬼精物(《本经》)。杀精魅五毒不祥,疗中恶腹痛(《别录》。颂曰:胡洽治中恶毒气蛊疰有桃枭汤。)治肺气腰痛,破血,疗心痛,酒磨暖服之(大明)。主吐血诸药不效,烧存性,研末,米汤调服,有验(汪颖)。治小儿虚汗,妇人妊娠下血,破伏梁结气,止邪疟。烧烟熏痔疮。烧黑油调,敷小儿头上肥疮软疖(时珍)。

【附方】旧三,新五。伏梁结气,在心下不散:桃奴三两为末,空心温酒,每服二钱。(《圣惠》)鬼疟寒热:树上自干桃子二、七枚为末,滴水丸梧子大,朱砂为衣。每服一丸,侵晨面东井华水下,食。(《圣济总录》)五种疟疾:《家宝》通神丸:用神桃(即桃奴)十四枚,巴豆七粒,黑豆一两。研匀,以冷水和丸梧子大,朱砂为衣。发日五更念药王菩萨七遍,井华水下一丸,立瘥。不过二次,妙不可言。(王隐君《养生主论》)妊娠下血不止:用桃枭,烧存性,研,水服取瘥。(葛洪方)盗汗不止:树上干桃子一个,霜梅二个,葱根七个,灯心二茎,陈皮一钱,稻根、大麦芽各一撮。水二钟,煎服。(《经验方》)白秃头疮:干桃一两,黑豆一合,为末,腊猪脂调搽。(《圣惠》)小儿头疮:树上干桃烧研,入腻粉、麻油调搽。(《圣惠》)食桃成病:桃枭烧灰二钱,水服取吐即愈。陆光禄说有人食桃不消化作病时,于林间得槁桃烧服,登时吐出即愈,此以类相攻也。(张文仲《备急方》)

花

【修治】《别录》曰:三月三日采,阴干之。

敩曰:桃花勿用千叶者,令人鼻衄不止,目黄。收花拣净,以绢袋盛,悬檐下令干用。

【气味】苦,平,无毒。

【主治】杀疰恶鬼,令人好颜色(《本经》)。悦泽人面,除水气,破石淋,利大小便,下三虫(《别录》)。消肿满,下恶气(苏恭)。治心腹痛及秃疮(孟诜)。利宿水痰饮积滞,治风狂。研末,敷头上肥疮,手足㾦疮(时珍)。

【附方】旧三,新十三。大便艰难:桃花为末,水服方寸匕,即通。(《千金》)产后秘塞,大、小便不通:用桃花、葵子、滑石、槟榔等分,为末。每空心葱白汤服二钱,即利。(《集验方》)心腹积痛:三月三日采桃花晒干杵末,以水服二钱匕,良。(孟诜《食疗本草》)疟疾不已:桃花为末,酒服方寸匕良。(《梅师方》)痰饮宿水:桃花散:收桃花阴干为末,温酒服一合,取利。觉虚,食少粥。不似转下药也。(崔行功

《纂要方》)脚气肿痛:桃花一升,阴干为末。每温酒细呷之,一宿即消。(《外台秘要》)腰脊作痛:三月三日取桃花一斗一升,井华水三斗,曲六升,米六斗,炊熟,如常酿酒。每服一升,日三服,神良。(《千金》)脓瘘不止:桃花为末,猪脂和敷之,日二。(《千金》)头上秃疮:三月三日收未开桃花阴干,与桑椹(赤者)等分作末,以猪脂和。先取灰汁洗去痂,即涂之。(《食疗》)头上肥疮:一百五日寒食节,收桃花为末。食后以水半盏调服方寸匕,日三,甚良。(崔元亮《海上方》)黄水面疮:方同上。足上瘑疮:桃花、食盐等分杵匀,醋和敷之。(《肘后方》)雀卵面疱:桃花、冬瓜仁研末等分,蜜调敷之。(《圣惠》)干粪塞肠,胀痛不通:用毛桃花湿者一两,和面三两,作馄饨煮熟,空心食之。日午腹鸣如雷,当下恶物也。(《圣惠方》)面上粉刺,癗子如米粉:用桃花、丹砂各三两,为末。每服一钱,空心井水下,日三服。十日知,二十日小便当出黑汁,面色莹白也。(《圣惠方》)令面光华:三月三日收桃花,七月七日收鸡血,和涂面上。三二日后脱下,则光华颜色也。(《圣济总录》)

叶

颂曰:采嫩者名桃心,入药尤胜。

【气味】苦,平,无毒。

【主治】除尸虫,出疮中小虫(《别录》)。治恶气,小儿寒热客忤(大明)。疗伤寒、时气、风痹无汗,治头风,通大小便,止霍乱腹痛(时珍)。

【附方】旧九,新二。风袭项强,不得顾视:穿地作坑,煅赤,以水洒之令冷,铺生桃叶于内。卧席上,以项着坑上,蒸至汗出,良久即瘥。(《千金方》)小儿伤寒时气:用桃叶三两,水五升,煮十沸取汁,日五、六遍淋之。后烧雄鼠粪二枚服之,妙。(《伤寒类要》)二便不通:桃叶杵汁半升服。冬用桃皮。(孙真人方)霍乱腹痛吐利:桃叶三升切,水五升,煮一升三合,分二服。(《外台》)除三尸虫:桃叶杵汁,服一升。(《外台秘要》)肠痔出血:桃叶一斛杵,蒸之,纳小口器中坐,有虫自出。(《肘后方》)女人阴疮,如虫咬痒痛者:生捣桃叶,绵裹纳之,日三四易。(《食疗本草》)足上瘑疮:桃叶捣,和苦酒敷之。(《肘后方》)鼻内生疮:桃叶嫩心,杵烂塞之。无叶用枝。(《简便方》)身面癣疮:日午捣桃叶,取汁搽之。(《千金》)诸虫入耳:桃叶挼熟塞之。或捣汁滴之。或作枕,枕一夕自出。(《梅师方》)

茎及白皮

【修治】时珍曰:树皮、根皮皆可,用根皮尤良。并取东行者,刮去粗皮,取白皮入药。

【气味】苦,平,无毒。

【主治】除邪鬼中恶腹痛,去胃中热(《别录》)。治疰忤心腹痛,解蛊毒,辟疫疠,疗黄疸身目如金,杀诸疮虫(时珍)。

【附方】旧十五,新五。天行疫疠:常以东行桃枝煎熬汤浴之,佳。(《类要》)黄疸如金:晴明时,清晨勿令鸡、犬、妇人见,取东引桃根细如箸、若钗股者一握,切细,以水一大升,煎一小升,空腹顿服。后三五日,其黄离离如薄云散开,百日方平复也。黄散后,可时时饮清酒一杯,则眼中易散,否则散迟。忌食热面、猪、鱼等物。

此是徐之才家秘方也。《类要》。肺热喘急:《集验》:治肺热闷喘急,客热往来,欲死,不堪服药者。用桃皮、芫花各一升,以水四升,煮取一升五合。以故布纳汁中,取薄胸口,温四肢,不盈数刻即止。(《图经》)喉痹塞痛:桃皮煮汁三升服。(《千金方》)心虚健忘:《圣惠》,令耳目聪明:用戊子日,取东引桃枝二七寸枕之。又方:五月五日日未出时,取东引桃枝刻作三寸木人,着衣领带中佩之。(《千金方》)卒得心痛:东引桃枝一把切,以酒一升,煎半升,顿服大效。(《肘后方》)鬼疰心痛:东引桃枝一握,去粗皮切,水二升,煎半升,频服。(崔氏)解中蛊毒:用东引桃白皮(烘干)、大戟、斑蝥(去足翅熬),三物等分,为末。以冷水服半方寸匕,即出。不出更服。或因酒得以酒服,因食得以食服。必效方云:此乃李饶州法也。亦可以米泔丸服。(苏颂《图经》)卒得恶疮,人不识者:取桃皮作屑纳之。(孙真人方)卒患瘰疬,不痛者:取桃树白皮贴疮上,灸二、七壮良。(孙真人方)热病口疮成䘌:桃枝煎浓汁含之。下部有疮,纳入之。(《类要》)下部䘌疮:桃白皮煮取浓汁如稀饧,入熊胆少许,以绵蘸药纳入下部疮上。(《梅师》)五痔作痛:桃根,水煎汁浸洗之,当有虫出。小儿湿癣:桃树青皮为末和醋频敷之。(《子母秘录》)狂狗咬伤:桃白皮一握,水三升,煎一升服。(《梅师方》)水肿尿短:桃皮三斤(去内外皮),秫米一斗,女曲一升,以水二斗煮桃皮,取汁一斗,以一半渍曲,一半渍秫饭,如常酿成酒。每服一合,日三次,以体中有热为候。小便多是病去。忌生冷、一切毒物。(《圣济总录》)妇人经闭,数年不通,面色萎黄,唇口青白,腹内成块,肚上筋起,腿胫或肿,桃根煎主之:用桃树根、牛蒡根、马鞭草根、牛膝、蓬蘽各一斤剉,以水三斗,煎一斗去滓,更以慢火煎如饧状收之。每以热酒调服一匙。(《圣惠》)牙疼颊肿:桃白皮、柳白皮、槐白皮等分,煎酒热漱。冷则吐之。(《圣惠方》)小儿白秃:桃皮五两煎汁,入白面沐之,并服。(同上)

桃胶

【修治】时珍曰:桃茂盛时,以刀割树皮,久则胶溢出,采收,以桑灰汤浸过,曝干用。如服食,当依本方修炼。

【气味】苦,平,无毒。

【主治】炼服,保中不饥,忍风寒(《别录》)。下石淋,破血,治中恶疰忤(苏恭)。主恶鬼邪气(孟诜)。和血益气,治下痢,止痛(时珍)。

【发明】颂曰:《本草》言桃胶炼服,保中不饥。按仙方服胶法:取胶二十斤,绢袋盛,于栎木灰汁一石中,煮三五沸,取挂高处,候干再煮,如此三度,曝干研筛,蜜和丸梧子大,每空腹酒服二十丸。久服身轻不老。

时珍曰:按《抱朴子》云:桃胶以桑灰汁渍过服之,除百病,数月断谷,久则晦夜有光如月。又《列仙传》云:高丘公服桃胶得仙。古方以桃胶为仙药,而后人不复用之,岂其功亦未必如是之殊耶?

【附方】旧二,新三。虚热作渴:桃胶如弹丸大,含之佳。(《外台》)石淋作痛:桃木胶如枣大,夏以冷水三合,冬以汤三合,和服,日三服。当下石,石尽即止。(《古今录验》)血淋作痛:桃胶(炒)、木通、石膏各一钱,水一盏,煎七分,食后服。(《杨氏家藏方》)产后下痢赤白,里急后重,㽲痛:用桃胶(焙干)、沉香、蒲黄(炒)各等分,为末。每服

二钱，食前米饮下。（《妇人良方》）痘靥发搐黑陷者：用桃胶煎汤饮之。或水熬成膏，酒化服之，大效。（《总微论》）

桃符

【主治】中恶，精魅邪气，水煮汁服之（孟诜）。

【发明】时珍曰：《典术》云：桃乃西方之木，五木之精，仙木也。味辛气恶，故能厌伏邪气，制百鬼。今人门上用桃符以此。《玉烛宝典》云：户上着桃板辟邪，取《山海经》神荼、郁垒居东海蟠桃树下，主领众鬼之义。许慎云：羿死于桃棓。棓，仗也。故鬼畏桃，而今人用桃梗作杙橛以辟鬼也。《礼记》云：王吊则巫祝以桃茢前引，以辟不祥。茢者，桃枝作帚也。《博物志》云：桃根为印，可以召鬼。《甄异传》云：鬼但畏东南枝尔。据此诸说，则本草桃之枝、叶、根、核、桃枭、桃橛，皆辟鬼祟产忤，盖有由来矣。钱乙小儿方：疏取积热及结胸，用巴豆、硇、汞之药，以桃符煎汤下，亦是厌之之义也。

桃橛（《拾遗》）

时珍曰：橛音掘，即杙也。人多钉于地上，以镇家宅，三载者良。

【主治】卒心腹痛，鬼疰，破血，辟邪恶气胀满，煮汁服之，与桃符同功（藏器）。

【附方】新一。风虫牙痛：门下桃橛烧取汁，少少纳孔中，以蜡固之。（《圣惠方》）

桃寄生

见木部。

桃蠹虫

移入虫部。

栗（《别录》上品）

【释名】时珍曰：栗，《说文》作㮚，从鹵（音条），象花实下垂之状也。梵书名笃迦。

【集解】《别录》曰：栗生山阴，九月采。

时珍曰：栗但可种成，不可移栽。按《事类合璧》云：栗木高二、三丈，苞生多刺如猬毛，每枝不下四、五个苞，有青、黄、赤三色。中子或单或双，或三或四。其壳生黄熟紫，壳内有膜裹仁，九月霜降乃熟。其苞自裂而子坠者，乃可久藏，苞未裂者易腐也。其花作条，大如箸头，长四、五寸，可以点灯。栗之大者为板栗，中心扁子为栗楔。稍小者为山栗。山栗之圆而末尖者为锥栗。圆小如橡子者为莘栗。小如指顶者为茅栗，即《尔雅》所谓栭栗也，一名栵栗，可炒食之。刘恂《岭表录》异云：广中无栗。惟勤州山中有石栗，一年方熟，圆如弹子，皮厚而味如胡桃。得非栗乃水果,不宜于炎方耶?

栗

实

【气味】咸,温,无毒。

诜曰:吴栗虽大味短,不如北栗。凡栗日中曝干食,即下气补益;不尔犹有木气,不补益也。火煨去汗,亦杀水气。生食则发气,蒸炒熟食则壅气。凡患风水人不宜食,味咸生水也。

恭曰:栗作粉食,胜于菱、芡;但以饲孩儿,令齿不生。

宗奭曰:小儿不可多食。生则难化,熟则滞气,膈食生虫,往往致病。

【主治】益气,厚肠胃,补肾气,令人耐饥(《别录》)。生食,治腰脚不遂(思邈)。疗筋骨断碎,肿痛瘀血,生嚼涂之,有效(苏恭)。

栗楔(音屑)

时珍曰:一球三颗,其中扁者栗楔也。

【主治】筋骨风痛(士良)。活血尤效(颂曰:今衡山合活血丹用之)。每日生食七枚,破冷痃癖。又生嚼,署恶刺,出箭头。敷瘰疬肿毒痛(大明)。

【附方】旧三,新五。小儿疳疮:生嚼栗子敷之。(《外台》)苇刺入肉:方同上。马汗入肉成疮者。方同上。(《胜金方》)马咬成疮:独颗栗子烧研敷之。(《医说》)熊虎爪伤:嚼栗敷之。(《肘后》)小儿口疮:大栗煮熟,日日与食之,甚效。(《普济》)衄血不止:宣州大栗七枚刺破,连皮烧存性,出火毒,入麝香少许研匀。每服二钱,温水下。(《圣济总录》)金刃斧伤:用独壳大栗研傅,或仓卒嚼敷亦可。(《集简方》)。

栗荴(音孚)

恭曰:栗内薄皮也。

【气味】甘,平,涩,无毒。

【主治】捣散,和蜜涂面,令光急去皱纹(苏恭)。

【附方】新二。骨鲠在咽:栗子内薄皮烧存性,研末,吹入咽中即下。《圣济总录》:用栗子肉上皮半两(为末),鲇鱼肝一个,乳香二钱半,同捣,丸梧子大。看鲠远近,以线系绵裹一丸,水润吞之,提线钓出也。

栗壳(栗之黑壳也)

【气味】同荴。

【主治】反胃消渴,煮汁饮之(孟诜)。煮汁饮,止泻血(大明)。

【附方】新一。鼻衄不止,累医不效:栗壳烧存性,研末,粥饮服二钱。(《圣惠方》)

毛球(栗外刺包也)

【主治】煮汁,洗火丹毒肿(苏恭)。

花

【主治】瘰疬(吴瑞)。

树皮

【主治】煮汁,洗沙虱、溪毒(苏恭)。疗疮毒(苏颂)。治丹毒五色无常。剥皮有刺者,煎水洗之(孟诜。出《肘后方》)。

根

【主治】偏肾气,酒煎服之(汪颖)。

栗师天

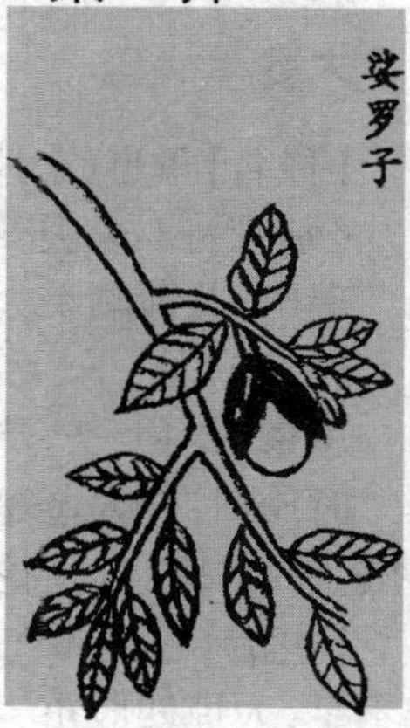

天师栗(《纲目》)

【集解】时珍曰:按宋祁《益州方物记》云:天师栗,惟西蜀青城山中有之.他处无有也。云张天师学道于此所遗,故名。似栗而味美,惟独房若橡为异耳。今武当山所卖娑罗子,恐即此物也。

【气味】甘,温,无毒。

【主治】久食,已风挛(时珍。出《益州记》)。

枣(《本经》上品)

【释名】时珍曰:按陆佃《埤雅》云:大曰枣,小曰棘。棘,酸枣也。枣性高,故重朿;棘性低,故并朿。朿音次。枣、棘皆有刺针,会意也。

【集解】《别录》曰:枣生河东平泽。

弘景曰:世传河东猗氏县枣特异。今青州出者形大而核细,多膏甚甜。郁州互市者亦好,小不及耳。江东临沂、金城枣形大而虚,少脂,好者亦可用之。南枣大恶,不堪啖。

时珍曰:枣木赤心有刺。四月生小叶,尖觥光泽。五月开小花,白色微青。南北皆有,惟青、晋所出者肥大甘美,入药为良。其类甚繁,《尔雅》所载之外,郭义恭《广志》有狗牙、鸡心、牛头、羊矢、猕猴、细腰、赤心、三星、骈白之名,又有木枣、氐枣、桂枣、夕枣、灌枣、墟枣、蒸枣、白枣、丹枣、棠枣,及安邑、信都诸枣。谷城紫枣长二寸，羊角枣长三寸。密云所出小枣，脆润核细，味亦甘美，皆可充果食，不堪入药。入药须用青州及晋地晒干大枣为良。按贾思勰《齐民要术》云：凡枣全赤时，日日撼而收曝，则红皱。若半赤收者，肉未充满，干即色黄而皮皱，将赤收者，味亦不佳。《食经》作干枣法：须治净地，铺菰箔之类承枣，日晒夜露，择去胖烂，曝干收之。切而晒干者为枣脯。煮熟榨出者为枣膏，亦曰枣瓤。蒸熟者为胶枣，加以糖、蜜拌蒸则更甜；以麻油叶同蒸，则色更润泽。捣胶枣晒干者为枣油，其法取红软干枣入釜，以水仅淹平，煮沸漉出，砂盆研细，生布绞取汁，涂盘上晒干，其形如油，以手摩刮为末收之。每以一匙，投汤碗中，酸甜味足，即成美浆，用和米麨，最止饥渴、益脾胃也。卢谌《祭法》云：春祀用枣油。即此。

枣

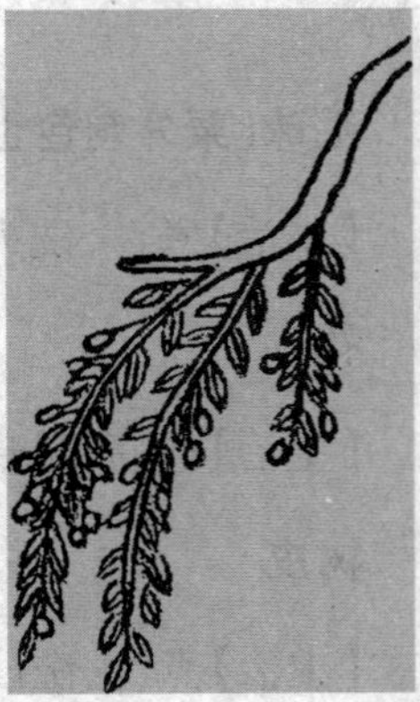

生枣

【气味】甘、辛，热，无毒。多食令人寒热。凡羸瘦者不可食。

思邈曰：多食令人热渴膨胀，动脏腑，损脾元，助湿热。

大枣

【释名】干枣（《别录》）、美枣（《别录》）、良枣。

《别录》曰：八月采，曝干。

瑞曰：此即晒干大枣也。味最良美，故宜入药。今人亦有用胶枣之肥大者。

【气味】甘，平，无毒。

思邈曰：甘、辛，热，滑，无毒。

时珍曰：今人蒸枣多用糖、蜜拌过，久食最损脾、助湿热也。啖枣多，令人齿黄生䘌。故嵇康《养生论》云：齿处晋而黄，虱处头而黑。

【主治】心腹邪气，安中，养脾气，平胃气，通九窍，助十二经，补少气、少津液、身中不足，大惊四肢重，和百药。久服轻身延年（《本经》。宗奭曰：煮取肉，和脾胃药甚佳）。补中益气，坚志强力，除烦闷，疗心下悬，除肠澼。久服不饥神仙（《别录》）。润心肺，止嗽，补五脏，治虚损，除肠胃癖气。和光粉烧，治疳痢（大明）。小儿患秋痢，与蛀枣食之良（孟诜）。杀乌头、附子、天雄毒（之才）。和阴阳，调营卫，生津液（李杲）。

【附方】旧七，新十二。调和胃气：以干枣去核，缓火逼燥为末。量多少入少生姜末，白汤点服。调和胃气甚良。（《衍义》）反胃吐食：大枣一枚去核，用斑蝥一枚去头翅，入在内，煨熟去蝥，空心食之，白汤下良。小肠气痛：大枣一枚去核，用斑蝥一枚去头、足、翅，入枣内，纸包煨熟，去蝥食枣，以桂心、荜澄茄汤下。（《直指》）伤寒热病后，口干咽痛，喜唾：大枣二十枚，乌梅十枚，捣入蜜丸。含如杏核大，咽汁甚效。（《千金方》）妇人脏躁，悲伤欲哭，象若神灵，数欠者，大枣汤主之：大枣十枚，小麦一升，甘草二两，每服一两，水煎服之。亦补脾气。（《金匮》）妊娠腹痛：大红枣十四枚，烧焦为末，以小便服之。（《梅师》）大便燥塞：大枣一枚去核，入轻粉半钱缚定，煨熟食之，仍以枣汤送下。(《直指》)咒枣治疟：执枣一枚，咒曰：吾有枣一枚，一心归大道。优他或优降，或劈火烧之。念七遍，吹枣上，与病人食之，即愈。(《岣嵝神书》)烦闷不眠：大枣十四枚，葱白七茎，水三升，煮一升，顿服。(《千金》)上气咳嗽，治伤中筋脉急，上气咳嗽者：用枣二十枚去核，以酥四两微火煎，入枣肉中泣尽酥，取收之。常含一枚，微微咽之取瘥。(《圣惠方》)肺疽吐血，因啖辛辣，热物致伤者：用红枣(连核烧存性)、百药煎(煅过)等分为末。每服二钱，米饮下。(《三因》)耳聋鼻塞，不闻音声、香臭者：取大枣十五枚(去皮核)，蓖麻子三百枚(去皮)，和捣。绵裹塞耳、鼻，日一度。三十余日，闻声及香臭也。先治耳，后治鼻，不可并塞。(孟诜《食疗》)久服香身：用大枣肉和桂心、白瓜仁、松树皮为丸，久服之。(《食疗本草》)走马牙疳：新枣肉一枚，同黄柏烧焦为末。油和敷之。若加砒少许更妙。(王氏《博济》)诸疮久坏不愈者：枣膏三升，煎水频洗，取愈。(《千金》)痔疮疼痛：大肥枣一枚剥去皮，取水银掌中，以唾研令极熟，敷枣瓤上，纳入下部良。(《外台》)下部虫痒：蒸大枣取膏，以水银和捻，长三寸，以绵裹，夜纳下部中，明日虫皆出也。(《肘后》)卒急心疼：《海上方》诀云：一个乌梅二个枣，七枚杏仁一处捣。男酒女醋送下之，不害心疼直到老。食椒闭气：京枣食之即解也。(《百一选方》)

三岁陈枣核中仁

【气味】燔之，苦，平，无毒。

【主治】腹痛邪气(《别录》)。恶气卒疰忤(孟诜)。核烧研，掺胫疮良(时珍)。

【发明】时珍曰：按《刘根别传》云：道士陈孜如痴人，江夏袁仲阳敬事之。孜曰：今春当有疾，可服枣核中仁二十七枚。后果大病，服之而愈。又云：常服枣仁，百邪不复干也。仲阳服之有效，则枣果有治邪之说矣。又《道书》云：常含枣核治气，令口行津液，咽之佳。谢承《后汉书》亦云：孟节能含枣核，不食可至十年也。此皆藉枣以生津受气，而咽之又能达黄宫，以交离坎之义耳。

叶

【气味】甘，温，微毒。

《别录》曰：散服使人瘦，久则呕吐。

【主治】覆麻黄，能令出汗(《本经》)。和葛粉，揩热痱疮，良(《别录》)。治小儿壮热，煎汤浴之(大明)。

【附方】新二。小儿伤寒：五日以后热不退。用枣叶半握，麻黄半两，葱白、豆豉各一合，童子小便二钟，煎一钟，分二服，取汗。(《总录》)反胃呕哕：干枣叶一两，藿香半两，丁香二钱半，每服二钱，姜三片，水一盏煎服。(《圣惠方》)

木心

【气味】甘，涩，温，有小毒。

【主治】中蛊腹痛，面目青黄，淋露骨立。剉取一斛，水淹三寸，煮至二斗澄清，煎五升。旦服五合，取吐即愈。又煎红水服之，能通经脉。(时珍，出《小品方》)。

根

【主治】小儿赤丹从脚趺起，煎汤频浴之。(时珍，出《千金》)。

【附方】旧一。令发易长：取东行枣根三尺，横安甑上蒸之，两头汗出，收取敷发，即易长。(《圣惠方》)

皮

【主治】同老桑树皮，并取北向者，等分，烧研。每用一合，井水煎，澄取清，洗目。一月三洗，昏者复明。忌荤、酒、房事(时珍)。

仲思枣(宋《开宝》)

【释名】仙枣。

志曰：北齐时有仙人仲思得此枣种之，因以为名。

【集解】志曰：仲思枣形如大枣，长一二寸，正紫色，细纹小核，味甘。今亦少有。

时珍曰：按杜宝《大业拾遗记》云：隋时信都郡献仲思枣，长四寸，围五寸，肉肥核小有味，胜于青州枣，亦名仙枣。观此，则《广志》之西王母枣、谷城紫枣，皆此类也。

【气味】甘，温，无毒。

【主治】补虚益气，润五脏，去痰嗽冷气。久服令人肥健，好颜色，神仙不饥(《开宝》)。

苦枣(《食性》)

【释名】蹶泄(《尔雅》。名义未详)。

【集解】士良曰：苦枣处处有之。色青而小，味苦不堪，人多不食。

实

【气味】苦，大寒，无毒。

【主治】伤寒热伏在脏腑，狂荡烦满，大小便闭涩。取肉煮研，和蜜丸服(士良)。

本草纲目果部第三十卷

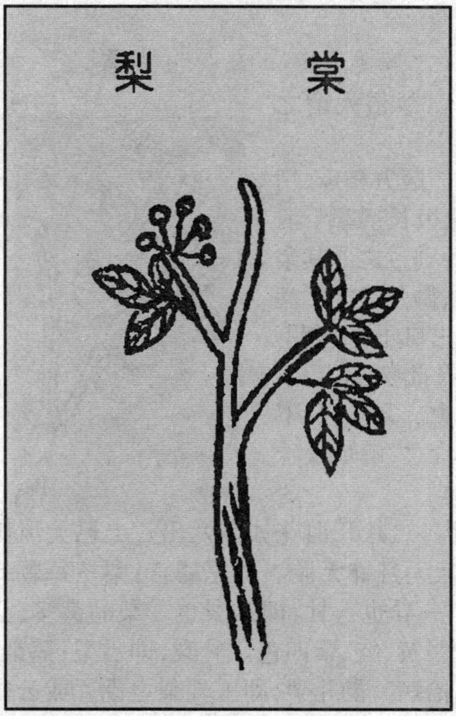

本草纲目果部第三十卷

梨(《别录》下品)

梨

【释名】快果、果宗、玉乳、蜜父。

震亨曰:梨者,利也。其性下行流利也。

弘景曰:梨种殊多,并皆冷利,多食损人,故俗人谓之快果,不入药用。

【集解】颂曰:梨,处处皆有,而种类殊别。医方相承,用乳梨、鹅梨。乳梨,出宣城,皮厚而肉实,其味极长;鹅梨,河之南北州郡皆有之,皮薄而浆多,味差短,其香则过之。其余水梨、消梨、紫糜梨、赤梨、青梨、茅梨、甘棠梨、御儿梨之类甚多,俱不入药也。一种桑梨,惟堪蜜煮食之,止口干,生食不益人,冷中。又有紫花梨,疗心热。唐武宗有此疾,百药不效。青城山邢道人以此梨绞汁进之,帝疾遂愈。复求之,不可得。常山郡忽有一株,因缄封以进。帝多食之,解烦燥殊效。岁久木枯,不复有种,今人不得而用之矣。

时珍曰:梨树高二三丈,尖叶光腻有细齿,二月开白花如雪六出。上巳无风则结实必佳。故古语云:上巳有风梨有蠹,中秋无月蚌无胎。贾思勰言:梨核每颗有十余子,种之惟一二子生梨,余皆生杜,此亦一异也。杜,即棠梨也。梨品甚多,必须棠梨、桑树接过者,则结子早而佳。梨有青、黄、红、紫四色。乳梨,即雪梨;鹅梨,即绵梨;消梨,即香水梨也。俱为上品,可以治病。御儿梨,即玉乳梨之讹。或云御儿一作语儿,地名也,在苏州嘉兴县,见《汉书注》。其他青皮、早谷、半斤、沙糜诸梨,皆粗涩不堪,只可蒸煮及切烘为脯尔。一种醋梨,易水煮熟,则甜美不损人也。昔人言梨,皆以常山真定、山阳钜野、梁国睢阳、齐国临淄、巨鹿、弘农、京兆、邺都、洛阳为称。盖好梨多产于北土,南方惟宣城者为胜。故司马迁《史记》云:淮北、荥南、河济之间,千株梨其人与千户侯等也。又魏文帝诏云:真定御梨大如拳,甘如蜜,脆如菱,可以解烦释悁。辛氏《三秦记》云:含消梨大如五升器,坠地则破,须以囊承取之。汉武帝尝种于上苑。此又梨之奇品也。《物类相感志》言:梨与萝卜相间收藏,或削梨蒂插于萝卜上藏之,皆可经年不烂,今北人每于树上包裹,过冬乃摘,亦妙。

实

【气味】甘、微酸,寒,无毒。多食令人寒中萎困。金疮、乳妇、血虚者,尤不可食。

志曰:《别本》云:梨,甘寒,多食成冷痢。桑梨:生食冷中,不益人。

【主治】热嗽,止渴。切片贴烫火伤,止痛不烂(苏恭)。治客热,中风不语,治伤寒热发,解丹石热气、惊邪,利大小便(《开宝》)。除贼风,止心烦气喘热狂。作浆,吐风痰(大明)。猝喑风不语者,生捣汁频服。胸中痞塞热结者,宜多食之(孟诜)。润肺凉心,消痰降火,解疮毒、酒毒(时珍)。

【附方】旧八,新四。消渴饮水:用香水梨、或鹅梨、或江南雪梨皆可,取汁以蜜汤熬成瓶收。无时以热水或冷水调服,愈乃止。(《普济方》)猝得咳嗽:颂曰:崔元亮《海上方》:用好梨去核,捣汁一碗,入椒四十粒,煎一沸去滓,纳黑饧一大两,消讫,细细含咽立定。诜曰:用梨一颗,刺五十孔,每孔纳椒一粒,面裹灰火煨熟,停冷去椒食之。又方:去核纳酥、蜜,面裹烧熟,冷食。又方:切片,酥煎食之。又方:捣汁一升,入酥、蜜各一两,地黄汁一升,煎成含咽。凡治嗽,须喘急定时冷食之。若热食反伤肺,令嗽更剧,不可救也。若反,可作羊肉汤饼饱食之,便卧少时,即佳。痰喘气急:梨剜空,纳小黑豆令满,留盖合住系定,糠火煨熟,捣作饼。每日食之,至效。(《摘玄》)暗风失音:生梨,捣汁一盏饮之,日再服。(《食疗本草》)小儿风热,昏懵躁闷,不能食:用消梨三枚切破,以水二升,煮取汁一升,入粳米一合,煮粥食之。(《圣惠方》)赤目弩肉,日夜痛者:取好梨一颗捣绞汁,以绵裹黄连片一钱浸汁。仰卧点之。(《图经》)赤眼肿痛:鹅梨一枚捣汁,黄连末半两,腻粉一字,和匀绵裹浸梨汁中,日日点之。(《圣惠》)反胃转食,药物不下:用大雪梨一个,以丁香十五粒刺入梨内,湿纸包四、五重,煨熟食之。(《总录》)

花

【主治】去面黑粉滓(时珍。方见李花下)。

叶

【主治】霍乱吐利不止,煮汁服。作煎,治风(苏恭)。治小儿寒疝(苏颂)。捣汁服,解中菌毒(吴瑞)。

【附方】旧三,新一。小儿寒疝腹痛,大汗出:用梨叶,浓煎七合,分作数服,饮之大良。此徐玉经验方也。(《图经本草》)中水毒病初起,头痛恶寒,拘急心烦:用梨叶一把捣烂,以酒一盏搅饮。(《箧中方》)蠼螋尿疮出黄水:用梨叶汁涂之,干即易。(《箧中方》)食梨过伤:梨叶煎汁,解之。(黄记)

木皮

【主治】解伤寒时气(时珍)。

【附方】新四。伤寒温疫已发未发:用梨木皮、大甘草各一两,黄秫谷一合(为末),锅底煤一钱。每服三钱,白汤下,日二服,取愈。此蔡医博方也。(黎居士《简易方》)霍乱吐利:梨枝,煮汁饮。(《圣惠》)气积郁冒,人有气从脐左右起上冲,胸满气促,郁冒厥者:用梨木灰、伏出鸡卵壳中白皮、紫菀、麻黄(去节),等分为末,糊丸梧桐子大。每服十丸,酒下。亦可为末服方寸匕,或煮汤服。(《总录》)结气咳逆三十年者,服之亦瘥:方同上。

鹿梨(《图经》)

【校正】原附梨下,今分出。

【释名】鼠梨(《诗疏》)、山梨(《毛诗》)、杨檖(《尔雅》)、罗。

时珍曰:《尔雅》云:檖,罗也。其木有纹如罗,故名。《诗》云:隰有树檖。毛苌注云:檖,一名赤罗,一名山梨,一名树梨。今人谓之杨檖。陆机《诗疏》云:檖,即鹿梨也,一名鼠梨。

【集解】颂曰:江宁府信州一种小梨,名鹿梨,叶如茶,根如小拇指。彼人取皮治疮,八月采之。近处亦有,但采实作干,不知入药也。

时珍曰:山梨,野梨也,处处有之。梨大如杏,可食。其木纹细密,赤者纹急,白者纹缓。按陆机云:鹿梨,齐郡尧山、鲁国、河内皆有,人亦种之。实似梨而酢,亦有美脆者。

实

【气味】酸,涩,寒,无毒。

【主治】煨食治痢(苏颂)。

根皮

【气味】同实。

【主治】疮疥,煎汁洗之(苏颂)。

【附方】新二。一切疮:鹿梨散:用鹿梨根、蛇床子各半斤,真剪草四两,硫黄三钱,轻粉一钱。为末。麻油调敷之。小儿涂于绢衣上着之,七日不解,自愈。(《仁存方》)一切癣:鹿梨根,刮皮捣烂,醋和麻布包擦之。干者为末,以水和捣。(唐瑶《经验方》)

棠梨(《纲目》)

【释名】甘棠。

时珍曰:《尔雅》云:杜,甘棠也。赤者杜,白者棠。或云:牝曰杜,牡曰棠。或云:涩者杜,甘者棠。杜者涩也,棠者糖也。三说俱通,末说近是。

【集解】时珍曰:棠梨,野梨也。处处山林有之。树似梨而小。叶似苍术叶,亦有团者,三叉者,叶边皆有锯齿,色颇黪白。二月开白花,结实如小楝子大,霜后可食。其树接梨甚嘉。有甘酢、赤白二种。按陆机《诗疏》云:白棠,甘棠也,子多酸美而滑。赤棠子涩而酢，木理亦赤，可作弓材。《救荒本草》云：其叶味微苦，嫩时炸熟，水浸淘净，油、盐调食，或蒸晒代茶。其花亦可炸食，或晒干磨面，作烧饼食，以济饥。又杨慎《丹铅录》言：尹伯奇采楟花以济饥。注者言：楟，即山梨，乃今棠梨也。未知是否？

棠梨

实

【气味】酸、甘，涩，寒，无毒。

【主治】烧食，止滑痢（时珍）。

枝叶

【气味】同实。

【主治】霍乱吐泻不止，转筋腹痛，取一握，同木瓜二两煎汁，细呷之（时珍。《圣惠方》）。

【附方】新一。反胃吐食：棠梨叶，油炒，去刺，为末。每旦酒服一钱。（《山居四要》）

海红（《纲目》）

【释名】海棠梨。

时珍曰：按李德裕《草木记》云：凡花木名海者，皆从海外来，如海棠之类是也。又李白诗注云：海红乃花名，出新罗国甚多。则海棠之自海外有据矣。

子

【气味】酸、甘，平，无毒。

【主治】泄痢（时珍。出《正要》）。

木瓜（《别录》中品）

【释名】楙（音茂）。

时珍曰：按《尔雅》云：楙，木瓜。郭璞注云：木实如小瓜，酢而可食。则木瓜之名取此义也。或云：木瓜味酸，得木之正气故名。亦通。楙从林、矛，谐声也。

木瓜

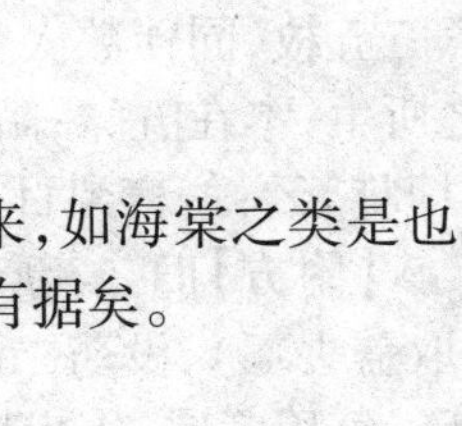

实

【修治】敩曰：凡使木瓜，勿犯铁器，以铜刀削去硬皮并子，切片晒干，以黄牛乳汁拌蒸，从巳至未，待如膏煎，乃晒用也。

时珍曰:今人但切片晒干入药尔。按《大明会典》:宣州岁贡乌烂虫蛀木瓜入御药局。亦取其陈久无木气,如栗子去木气之义尔。

【气味】酸,温,无毒。

思邈曰:酸、咸,温,涩。

诜曰:不可多食,损齿及骨。

【主治】湿痹邪气,霍乱大吐下,转筋不止(《别录》)。治脚气冲心,取嫩者一颗,去子,煎服,佳。强筋骨,下冷气,止呕逆,心膈痰唾,消食,止水利后渴不止,作饮服之(《藏器》)。止吐泻奔豚,及水肿冷热痢,心腹痛(大明)。调营卫,助谷气(雷敩)。去湿和胃,滋脾益肺,治腹胀善噫,心下烦痞(好古)。

【发明】杲曰:木瓜,入手、足太阴血分,气脱能收,气滞能和。

时珍曰:木瓜所主霍乱、吐利、转筋、脚气,皆脾胃病,非肝病也。肝虽主筋,而转筋则由湿热、寒湿之邪袭伤脾胃所致,故筋转必起于足腓。腓及宗筋皆属阳明。木瓜治转筋,非益筋也,理脾而伐肝也。土病则金衰而木盛,故用酸温以收脾肺之耗散,而借其走筋以平肝邪,乃土中泻木以助金也。木平则土得令而金受荫矣。《素问》云:酸走筋。筋病无多食酸。孟诜云:多食木瓜,损齿及骨。皆伐肝之明验,而木瓜入手、足太阴,为脾、肺药,非肝药,益可征矣。又《针经》云:多食酸,令人癃。酸入于胃,其气涩以收,上之两焦不能出入,流入胃中,下去膀胱,胞薄以软,得酸则缩卷,约而不通,故水道不利而癃涩也。罗天益《宝鉴》云:太保刘仲海日食蜜煎木瓜三五枚,同伴数人皆病淋疾,以问天益。天益曰:此食酸所致也,但夺食则已。阴之所生,本在五味;阴之所营,伤在五味。五味太过,皆能伤人,不独酸也。又陆佃《埤雅》云:俗言梨百损一益,楙百益一损。故《诗》云:投我以木瓜。取其有益也。

【附方】旧二,新十。项强筋急不可转侧,肝、肾二脏受风也:用宣州木瓜二个(取盖去瓤),没药二两,乳香二钱半。二味入木瓜内缚定,饭上蒸三、四次,烂研成膏。每用三钱,入生地黄汁半盏,无灰酒二盏,暖化温服。许叔微云:有人患此,自午后发,黄昏时定。予谓此必先从足起。足少阴之筋自足至项。筋者肝之合。今日中至黄昏,阳中之阴,肺也。自离至兑,阴旺阳弱之时。故《灵宝毕法》云:离至乾,肾气绝而肝气弱。肝、肾二脏受邪,故发于此时。予授此及都梁丸,服之而愈。(《本事方》)脚气肿急:用木瓜切片,囊盛踏之。广德顾安中,患脚气筋急腿肿。因附舟,以足阁一袋上,渐觉不痛。乃问舟子:袋中何物?曰:宣州木瓜也。及归,制木瓜袋用之,顿愈。(《名医录》)脚筋挛痛:用木瓜数枚,以酒、水各半,煮烂捣膏,乘热贴于痛处,以帛裹之。冷即换,日三、五度。(《食疗本草》)脐下绞痛:木瓜三片。桑叶七片,大枣三枚。水三升,煮半升,顿服即愈。(《食疗》)小儿洞痢:木瓜捣汁,服之。(《千金方》)霍乱转筋:木瓜一两,酒一升,煎服。不饮酒者,煎汤服。仍煎汤,浸青布裹其足。(《圣惠》)霍乱腹痛:木瓜五钱,桑叶三片,枣肉一枚。水煎服。(《圣惠方》)四蒸木瓜圆治肝、肾、脾三经气虚,为风寒暑湿相搏,流注经络。凡遇六气更变,七情不和,必至发动,或肿满,或顽痹,憎寒壮热,呕吐自汗,霍乱吐利:用宣州大木瓜四个,切盖剜空听用:一个入黄芪、续断末各半两于内;一个入苍术、橘皮末各半两于内;一个入乌药、黄松节末各半两于内(黄松节即茯神中心木也);一个入威灵仙、苦葶苈末各半两于内。以原盖簪定,用酒浸透,入甑内蒸熟、晒,三浸、三蒸、三晒,捣末,以榆皮末、水和,糊丸如梧桐子大。每服五十丸,温酒、盐汤任下。(《御药院方》)肾脏虚冷,气攻腹胁,胀满疼痛:用大木瓜三十枚,去皮、核,剜空,以甘菊花末、青盐末各一斤填满,置笼内蒸熟,捣成膏,入新艾茸二斤搜和,丸如梧桐子大。每米饮下三十丸,日二。(《圣济总录》)发槁不泽:木瓜浸油梳头。(圣惠方)反花痔疮:木瓜为末,以鳝鱼身上涎调,贴之,以纸护住。医林集要。辟除壁虱:以木瓜切片,铺于席下。(臞仙神隐)

木瓜核

【主治】霍乱烦躁气急,每嚼七粒。温水咽之。(时珍　出圣惠。)

枝、叶、皮、根

【气味】并酸,涩,温,无毒。

【主治】煮汁饮,并止霍乱吐下转筋,疗脚气(别录)。枝作杖,利筋脉。根、叶煮汤淋足胫,可以已蹶。木材作桶濯足,甚益人(苏颂)。枝、叶者煮汁饮,治热痢(时珍　出千金)。

花

【主治】面黑粉滓(方见李花)。

楂子(音渣。《食疗》)

【校正】原附木瓜下,今分出。

【释名】木桃(《埤雅》)、和圆子。

时珍曰:木瓜酸香而性脆。木桃酢涩而多渣,故谓之楂,《雷公炮炙论》和圆子即此也。

【集解】《藏器》曰:楂子生中都,似榅桲而小,江外常为果食,北土无之。

时珍曰:楂子乃木瓜之酢涩者,小于木瓜,色微黄,蒂、核皆粗,核中之子小圆也。按王祯《农书》云:楂似小梨,西川、唐、邓间多种之。味劣于梨与木瓜,而入蜜煮汤,则香美过之。《庄子》云:楂、梨、橘、柚皆可于口。《淮南子》云:树楂、梨、橘,食之则美,嗅之则香。皆指此也。

【气味】酸,涩,平,无毒。

诜曰:多食伤气,损齿及筋。

【主治】断痢(弘景)。去恶心咽酸,止酒痰黄水(藏器)。煮汁饮,治霍乱转筋,功与木瓜相近(孟诜)。

榠楂(音冥渣。宋《图经》)

【校正】原附木瓜下,今分出。

榠樝

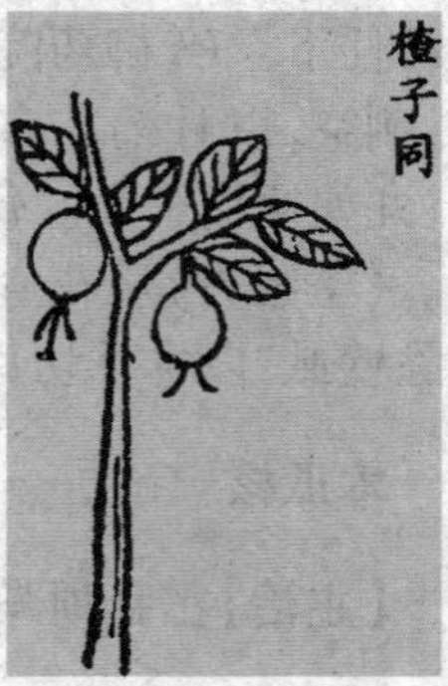

【释名】蛮楂(《通志》),瘙楂(《拾遗》)、木李(《诗经》)、木梨(《埤雅》)。

时珍曰:木李生于吴越,故郑樵《通志》谓之蛮楂。云俗呼为木梨,则榠楂盖蛮楂之讹也。

【集解】颂曰:榠楂木、叶、花、实酷类木瓜,但比木瓜大而黄色。辨之惟看蒂间别有重蒂如乳者为木瓜,无此则榠楂也。可以进酒去痰。道家生压取汁,和甘松、玄参末作湿香,云甚爽神也。

诜曰:榠楂气辛香,置衣箱中杀蠹虫。

时珍曰:模楂,乃木瓜之大而黄色无重蒂者也;楂子,乃木瓜之短小而味酢涩者也;榅桲,则楂类之生于北土者也。三物与木瓜皆是一类各种,故其形状功用不甚相远,但木瓜得木之正气,为可贵耳。

【气味】酸,平,无毒。

【主治】解酒去痰(弘景)。食之去恶心。止心中酸水(藏器)。煨食,止痢。浸油梳头,治发白、发赤(大明)。煮汁服,治霍乱转筋(吴瑞)。

榅桲(音温孛。宋《开宝》)

【释名】时珍曰:榅桲,性温而气馞,故名。馞(音孛),香气也。

榅桲

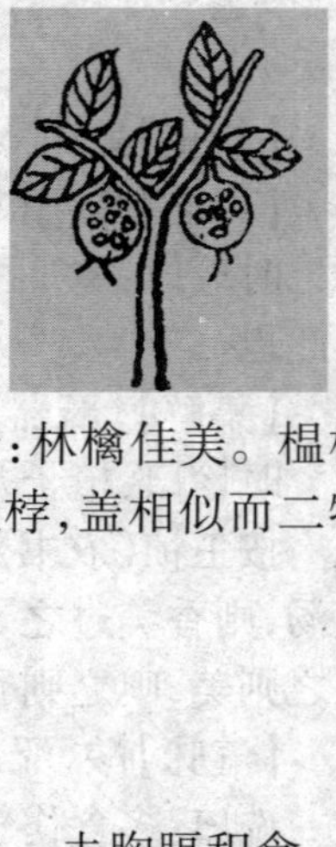

【集解】志曰:榅桲生北土,似楂子而小。

颂曰:今关陕有之,沙苑出者更佳。其实大抵类楂,但肤慢而多毛,味尤甘。其气芬馥,置衣笥中亦香。

藏器曰:树如林檎,花白绿色。

宗奭曰:食之须净去浮毛,不尔损人肺。花白色,亦香。最多生虫,少有不蛀者。

时珍曰:榅桲,盖榠楂之类生于北土者,故其形状功用皆相仿佛。李珣《南海药录》言:关中谓林檎为榅桲。按《述征记》云:林檎佳美。榅桲微大而状丑有毛,其味香,关辅乃有,江南甚希。观此则林檎、榅桲,盖相似而二物也。李氏误矣。

【气味】酸、甘,微温,无毒。

士良曰:发毒热,秘大小肠,聚胸中痰,壅涩血脉,不宜多食。

瑞曰:同车螯食,发疝气。

【主治】温中,下气消食,除心间酸水,去臭,辟衣鱼(《开宝》)。去胸膈积食,止渴除烦。将卧时,啖一两枚,生、熟皆宜(苏颂。宗奭曰:卧时啖此太多,亦痞塞胃脘也)。主水泻肠虚烦热,散酒气,并宜生食(李珣)。

木皮

【主治】捣末,敷疮(苏颂)。

山楂(音渣。《唐本草》)

【校正】《唐本草》木部赤爪木,宋《图经》外类棠梂子,丹溪《补遗》山楂,皆一物也。今并于一,但以山楂标题。

【释名】赤爪子(侧巧切,《唐本》)、鼠楂(《唐本》)、猴楂(危氏)、茅楂(《日用》)、朹子(音求)、檕梅(音计。并《尔雅》)、羊梂(《唐本》)、棠梂子(《图经》)、山里果(《食鉴》)。

山楂

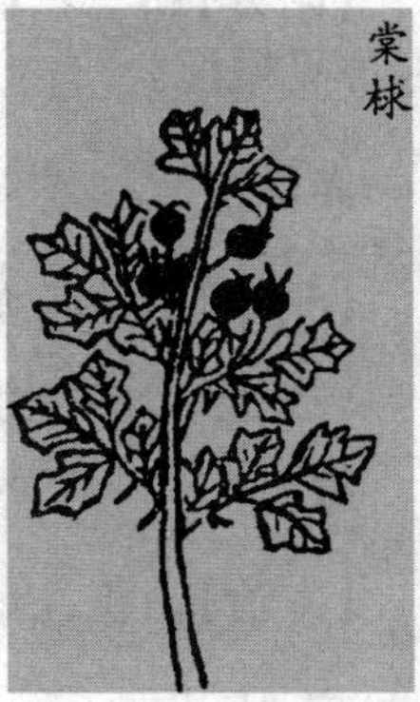

时珍曰:山楂,味似楂子,故亦名楂。世俗皆作查字,误矣。查(音槎)乃水中浮木,与楂何关?郭璞注《尔雅》云:朹(音求)树如梅。其子大如指头,赤色似小柰,可食,此即山楂也。世俗作梂字,亦误矣。梂乃栎实,于朹何关?楂、朹之名,见于《尔雅》。自晋、宋以来,不知其原,但用查、梂耳。此物生于山原茅林中,猴、鼠喜食之,故又有诸名也。《唐本草》赤爪木当作赤枣,盖枣、爪音讹也,楂状似赤枣故尔。范成大《虞衡志》有赤枣子。王璆《百一选方》云:山里红果,俗名酸枣,又名鼻涕团。正合此义矣。

实

【修治】时珍曰:九月霜后取带熟者,去核曝干,或蒸熟去皮核,捣作饼子,日干用。

【气味】酸,冷,无毒。

时珍曰:酸、甘,微温。生食多,令人嘈烦易饥,损齿,齿龋人尤不宜也。

【主治】煮汁服,止水痢。沐头洗身,治疮痒(《唐本》)。煮汁洗漆疮,多瘥(弘景)。治腰痛有效(苏颂)。消食积,补脾,治小肠疝气,发小儿疮疹(吴瑞)。健胃,行结气。治妇人产后儿枕痛,恶露不尽煎汁入沙糖服之,立效(震亨)。化饮食,消肉积癥瘕,痰饮痞满吞酸,滞血痛胀(时珍)。化血块气块,活血(宁原)。

【发明】震亨曰:山楂大能克化饮食。若胃中无食积,脾虚不能运化,不思食者,多服之,则反克伐脾胃生发之气也。

时珍曰:凡脾弱食物不克化,胸腹酸刺胀闷者,于每食后嚼二三枚,绝佳。但不可多用,恐反克伐也。按《物类相感志》言:煮老鸡、硬肉,入山楂数颗即易烂。则其消肉积之功,盖可推矣。珍邻家一小儿,因食积黄肿,腹胀如鼓。偶往羊朹树下,取食之至饱。归而大吐痰水,其病遂愈。羊朹乃山楂同类,医家不用而有此效,则其功应相同矣。

【附方】新七。偏坠疝气:山棠梂肉、茴香(炒)各一两,为末,糊丸梧桐子大。每服一百丸,空心白汤下。(《卫生易简方》)老人腰痛及腿痛:用棠梂子、鹿茸(炙)等分,为末,蜜丸梧桐子大。每服百丸,日二服。肠风下血,用寒药、热药及脾弱药俱不效者:独用山里果(俗名酸枣,又名鼻涕团)干者,为末,艾汤调下,应手即愈。(《百一选方》)痘疹不快:干山楂为末,汤点服之,立出红活。又法:猴楂五个,酒煎入水，温服即出。（危氏《得效方》）痘疮干黑危困者：用棠梂子为末，紫草煎酒，调服一钱。（《全幼心鉴》）食肉不消：山楂肉四两，水煮食之，并饮其汁。（《简便方》）

核

【主治】吞之，化食磨积，治㿗疝（时珍）。

【附方】新一。难产：山楂核七七粒，百草霜为衣，酒吞下。（《海上方》）阴肾㿗肿：方见橄榄。

赤爪木

【气味】苦，寒，无毒。

【主治】水痢，头风身痒（《唐本》）。

根

【主治】消积，治反胃（时珍）。

茎、叶

【主治】煮汁，洗漆疮（时珍。出《肘后》）。

庵罗果（宋《开宝》）

【释名】庵摩罗迦果（出佛书）、香盖。

时珍曰：庵罗，梵音二合者也。庵摩罗，梵音三合者也。华言清净是也。

庵罗果

【集解】志曰：庵罗果，树生，若林檎而极大。

宗奭曰：西洛甚多，梨之类也。其状似梨，先诸梨熟，七夕前后已堪啖。色黄如鹅梨，才熟便松软，入药亦希。

时珍曰：按《一统志》云：庵罗果俗名香盖，乃果中极品。种出西域，亦柰类也。叶似茶叶，实似北梨，五、六月熟，多食亦无害。今安南诸地亦有之。

【气味】甘，温，无毒。

士良曰：酸，微寒。

志曰：动风疾。凡天行病及食饱后，俱不可食。同大蒜、辛物食，令人患黄病。

【主治】食之止渴（《开宝》）。主妇人经脉不通，丈夫营卫中血脉不行。久食，令人不饥（士良）。

叶

【主治】渴疾，煎汤饮（士良）。

柰(《别录》下品)

【释名】频婆(音波)。

时珍曰:篆文柰字,象子缀于木之形。梵言谓之频婆,今北人亦呼之,犹云端好也。

实

【气味】苦,寒,有小毒。多食令人肺壅、胪胀,有病人尤甚。(《别录》)

思邈曰:酸、苦,寒,涩,无毒。

时珍曰:案《正要》云:频婆:甘,无毒。

【主治】补中焦诸不足气,和脾。治猝食饱气壅不通者,捣汁服(孟诜)。益心气,耐饥(《千金》)。生津止渴(《正要》)。

林檎(宋《开宝》)

【校正】并入《拾遗》文林郎果。

【释名】来禽(《法帖》)、文林郎果。

檎林柰

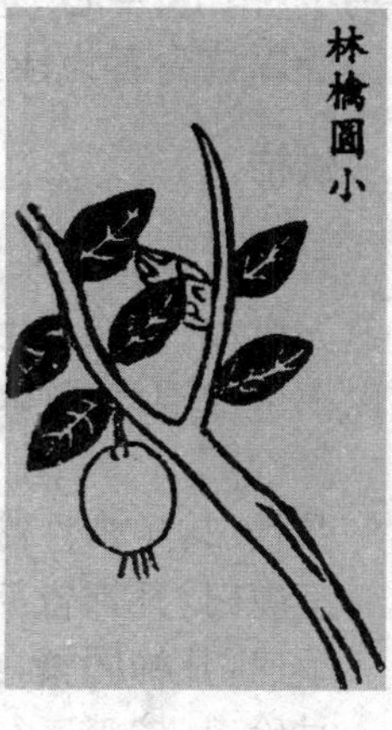

藏器曰:文林郎生渤海间。云其树从河中浮来,有文林郎拾得种之,因以为名。

珣曰:文林郎,南人呼为榅桲是矣。

时珍曰:案洪玉父云:此果味甘,能来众禽于林,故有林禽、来禽之名。又唐高宗时,纪王李谨得五色林檎似朱柰以贡。帝大悦,赐谨为文林郎。人因呼林檎为文林郎果。又《述征记》云:林檎实佳美。其榅桲微大而状丑,有毛而香,关辅乃有,江南甚希。据此,则林檎是文林郎,非榅桲也。

【集解】志曰:林檎,在处有之。树似柰,皆二月开粉红花。子亦如柰而差圆,六月、七月熟。

颂曰:亦有甘、酢二种:甘者,早熟而味脆美;酢者,差晚,须烂熟乃堪啖。今医家干之入治伤寒药,谓之林檎散。

时珍曰:林檎,即柰之小而圆者。其味酢者,即楸子也。其类有金林檎、红林檎、水林檎、蜜林檎、黑林檎,皆以色味立名。黑者色似紫柰。有冬月再实者。林檎熟时,晒干研末点汤服甚美,谓之林檎麨。僧赞宁《物类相感志》云:林檎树生毛虫,埋蚕蛾于下,或以洗鱼水浇之即止。皆物性之妙也。

【气味】酸、甘,温,无毒。

思邈曰:酸、苦,平,涩,无毒。多食令人百脉弱。

志曰:多食发热及冷痰涩气,令人好唾,或生疮疖,闭百脉。其子食之,令人烦心。

【主治】下气消痰，治霍乱肚痛(大明)。消渴者，宜食之(苏颂)。疗水谷痢、泄精(孟诜)。小儿闪癖(时珍)。

【附方】旧三。水痢不止：林檎(半熟者)十枚。水二升，煎一升，并林檎食之。(《食医心镜》)小儿下痢：林檎、构子同杵汁，任意服之。(《子母秘录》)小儿闪癖，头发竖黄，瘰疬瘦弱者：干林檎脯研末，和醋敷之。(同上)

东行根

【主治】白虫、蛔虫，消渴好唾(孟诜)。

柿(音士。《别录》中品)

【释名】时珍曰：柿从𠂔，音滓，谐声也。俗作柹，非矣。柹(音肺)，削木片也。胡名镇头迦。

【集解】时珍曰：柿高树大叶，圆而光泽。四月开小花，黄白色。结实青绿色，八、九月乃熟。生柿置器中自红者谓之烘柿，晒干者谓之白柿，火干者谓之乌柿，水浸藏者谓之醂柿。其核形扁，状如木鳖子仁而硬坚。其根甚固，谓之柿盘。案《事类合璧》云：柿，朱果也。大者如碟，八棱稍扁；其次如拳；小或如鸡子、鸭子、牛心、鹿心之状。一种小而如拆二钱者，谓之猴枣。皆以核少者为佳。

柿

烘柿

时珍曰：烘柿，非谓火烘也。即青绿之柿，收置器中，自然红熟如烘成，涩味尽去，其甘如蜜。欧阳修《归田录》言：襄、邓人以榠楂或榅桲或橘叶于中则熟，亦不必。

【气味】甘，寒，涩，无毒。

弘景曰：生柿性冷，鹿心柿尤不可食，令人腹痛。

宗奭曰：凡柿皆凉，不至大寒。食之引痰，为其味甘也。晒干者，食多动风。

颂曰：凡柿同蟹食，令人腹痛作泻，二物俱寒也。

时珍曰：按王璆《百一选方》云：一人食蟹，多食红柿，至夜大吐，继之以血，昏不省人。一道者云：惟木香可解。乃磨汁灌之，即渐苏醒而愈也。

【主治】通耳鼻气，治肠澼不足。解酒毒，压胃间热，止口干(《别录》)。续经脉气(诜)。

【发明】藏器曰：饮酒食红柿，令人易醉或心痛欲死。《别录》言解酒毒，失之矣。

白柿、柿霜

【修治】时珍曰：白柿即干柿生霜者。其法用大柿去皮捻扁，日晒夜露至干，内瓮中,待生白霜乃取出。今人谓之柿饼,亦曰柿花。其霜谓之柿霜。

【气味】甘,平,涩,无毒。

弘景曰:晒干者性冷,生柿弥冷。火熏者性热。

【主治】补虚劳不足,消腹中宿血,涩中厚肠,健脾胃气(诜)。开胃涩肠,消痰止渴,治吐血,润心肺,疗肺痿心热咳嗽,润声喉,杀虫(大明)。温补。多食,去面皯(藏器)。治反胃咯血,血淋肠澼,痔漏下血(时珍)。霜:清上焦心肺热,生津止渴,化痰宁嗽,治咽喉口舌疮痛(时珍)。

【发明】震亨曰:干柿属金而有土,属阴而有收意。故止血治咳,亦可为助也。

时珍曰:柿乃脾、肺血分之果也。其味甘而气平,性涩而能收,故有健脾涩肠、治嗽止血之功。盖大肠者,肺之合而胃之子也。真正柿霜,乃其精液,入肺病上焦药尤佳。按方勺《泊宅编》云:外兄刘掾云:病脏毒下血,凡半月,自分必死。得一方,只以干柿烧灰,饮服二钱,遂愈。又王璆《百一方》云:曾通判子病下血十年,亦用此方一服而愈。为散、为丸皆可,与本草治肠澼、消宿血、解热毒之义相合。则柿为太阴血分之药,益可证矣。又《经验方》云:有人三世死于反胃病,至孙得一方:用干柿饼同干饭日日食之,绝不用水饮,如法食之,其病遂愈。此又一证也。

【附方】旧四,新十二。肠风脏毒:方说见上。小便血淋:叶氏:用干柿三枚(烧存性),研末。陈米饮服。《经验方》:用白柿、乌豆、盐花煎汤,入墨汁服之。热淋涩痛:干柿、灯心等分。水煎日饮(《朱氏方》)小儿秋痢:以粳米煮粥,熟时入干柿末,再煮三、两沸食之,奶母亦食之。(《食疗》)反胃吐食:干柿三枚,连蒂捣烂,酒服甚效。切勿以他药杂之。腹薄食减,凡男女脾虚腹薄,食不消化,面上黑点者:用干柿三斤,酥一斤,蜜半斤。以酥、蜜煎匀,下柿煮十余沸,用不津器贮之。每日空腹食三五枚,甚良。(孟诜《食疗》)痰嗽带血:青州大柿饼,饭上蒸熟批开。每用一枚,掺真青黛一钱,卧时食之,薄荷汤下。(《丹溪纂要》)产后咳逆,气乱心烦:用干柿切碎,水煮汁呷。(《产宝》)妇人蒜发:干柿五枚,以茅香(煮熟)、枸杞子(酒浸,焙研)各等分。捣丸梧桐子大。每服五十丸,茅香汤下,日三。(《普济》)面生皯黯:干柿,日日食之。(《普济方》)鼻窒不通:干柿同粳米煮粥,日食。(《圣济》)耳聋鼻塞:干柿三枚细切,以粳米三合,豆豉少许煮粥,日日空心食之。(《圣惠》)痘疮入目:白柿,日日食之,良。臁胫烂疮:用柿霜、柿蒂等分烧研,敷之甚效。(笔峰《杂兴》)解桐油毒:干柿饼食之。(《普济》)

乌柿(火熏干者)

【气味】甘,温,无毒。

【主治】杀虫,疗金疮、火疮,生肉止痛(《别录》)。治狗啮疮,断下痢(弘景)。服药口苦及呕逆者,食少许即止(藏器)。

醂柿(音览)

【修治】瑞曰:水藏者性冷,盐藏者有毒。

时珍曰:醂,藏柿也。水收、盐浸之外,又有以熟柿用灰汁澡三四度,令汁尽着器中，经十余日即可食，治病非宜。

【主治】涩下焦，健脾胃，消宿血（诜）。

柿糕

【修治】时珍曰：案李氏《食经》云：用糯米（洗净）一斗，大干柿五十个，同捣粉蒸食，如干，入煮枣泥和拌之。

【主治】作饼及糕与小儿食，治秋痢（诜）。黄柿和米粉作糗蒸，与小儿食，止下痢、下血有效（《藏器》）。

柿蒂

【气味】涩，平，无毒。

【主治】咳逆哕气，煮汁服（诜）。

【发明】震亨曰：人之阴气，依胃为养。土伤则木挟相火，直冲清道而上作咳逆。古人以为胃寒，既用丁香、柿蒂，不知其孰为补虚，孰为降火？不能清气利痰，惟有助火而已。

时珍曰：咳逆者，气自脐下冲脉直上至咽膈，作呃忒蹇逆之声也。朱肱《南阳书》以哕为咳逆，王履《溯洄集》以咳嗽为咳逆，皆误矣。哕者，干呕有声也。咳逆有伤寒吐下后，及久病产后，老人虚人，阴气大亏，阳气暴逆，自下焦逆至上焦而不能出者；有伤寒失下，及平人痰气抑遏而然者。当视其虚实阴阳，或温或补，或泄热，或降气，或吐或下可也。古方单用柿蒂煮汁饮之，取其苦温能降逆气也。《济生》柿蒂散，加以丁香、生姜之辛热，以开痰散郁，盖从治之法，而昔人亦常用之收效矣。至易水张氏又益以人参，治病后虚人咳逆，亦有功绩。丹溪朱氏但执以寒治热之理，而不及从治之法，矫枉之过矣。若陈氏《三因》又加以良姜之类，是真以为胃寒而助其邪火者也。

【附方】新一。咳逆不止：《济生》柿蒂散：治咳逆胸满。用柿蒂、丁香各二钱，生姜五片。水煎服。或为末，白汤点服。洁古加人参一钱，治虚人咳逆。《三因》加良姜、甘草等分。《卫生宝鉴》加青皮、陈皮。王氏《易简》加半夏、生姜。

木皮

【主治】下血。晒焙研末，米饮服二钱，两服可止（颂）。汤火疮，烧灰，油调敷（时珍）。

根

【主治】血崩，血痢，下血（时珍）。

椑柿(音卑士。宋《开宝》)

柿椑

【释名】漆柿(《日华》),绿柿(《日用》)、青椑(《广志》)、乌椑(《开宝》)、花椑(《日用》)、赤棠椑。

时珍曰:椑乃柿之小而卑者,故谓之椑。他柿至熟则黄赤,惟此虽熟亦青黑色。捣碎浸汁谓之柿漆,可以染罾、扇诸物,故有漆柿之名。

【集解】志曰:椑柿生江淮以南,似柿而青黑。潘岳《闲居赋》所谓"梁侯乌椑之柿"是也。

颂曰:椑柿出宣歙、荆襄、闽广诸州。柿大如杏,惟堪生啖,不可为干也。

【气味】甘,寒,涩,无毒。

弘景曰:椑生啖性冷,服石家宜之,不入药用。不可与蟹同食。

【主治】压丹石药发热,利水,解酒毒,去胃中热。久食,令人寒中(《开宝》)。止烦渴,润心肺,除腹脏冷热(《日华》)。

君迁子(《拾遗》)

【释名】梬枣(《千金》作软枣)、棉枣(《广志》。音逞)、牛奶柿(《名苑》)、丁香柿(《日用》)、红蓝枣(《齐民要术》)。

时珍曰:君迁之名,始见于左思《吴都赋》,而著其状于刘欣期《交州记》,名义莫详。梬枣,其形似枣而软也。司马光《名苑》云;君迁子似马奶,即今牛奶柿也,以形得名。崔豹《古今注》云:牛奶柿即梬枣,叶如柿,子亦如柿而小。唐宋诸家,不知君迁、梬枣、牛奶柿皆一物,故详证之。

【集解】藏器曰:君迁子生海南,树高丈余,子中有汁,如乳汁甜美。《吴都赋》"平仲君迁"是也。

时珍曰:君迁即梬枣,其木类柿而叶长。但结实小而长,状如牛奶,干熟则紫黑色。一种小圆如指顶大者,名丁香柿,味尤美。《救荒本草》以为羊矢枣,误矣。其树接大柿最佳。《广志》云:梬枣,小柿也。肌细而厚,少核,可以供御。即此。

【气味】甘、涩,平,无毒。

【主治】止消渴,去烦热,令人润泽(《藏器》)。镇心。久服,悦人颜色,令人轻健(珣)。

安石榴(《别录》下品)

【释名】若榴(《广雅》)、丹若(《古今注》)、金罂。

安石榴

时珍曰:榴者,瘤也,丹实垂垂如赘瘤也。《博物志》云:汉张骞出使西域,得涂林安石国榴种以归,故名安石榴。又按《齐民要术》云:凡植榴者须安僵石枯骨于根下,即花实繁茂。则安石之名义或取此也。若木乃扶桑之名,榴花丹赪似之,故亦有丹若之称。傅玄《榴赋》所谓"灼若旭日栖扶桑"者是矣。《笔衡》云:五代吴越王钱镠改榴为金罂。《酉阳杂俎》言:榴甜者名天浆。道家书谓榴为三尸酒,言三尸虫得此果则醉也。故范成大诗云:玉池咽清肥,三彭迹如扫。

【集解】弘景曰:石榴花赤可爱,故人多植之,尤为外国所重。有甜、酢二种,医家惟用酢者之根、壳。榴子乃服食者所忌。

时珍曰:榴五月开花,有红、黄、白三色。单叶者结实。千叶者不结实,或结亦无子也。实有甜、酸、苦三种。《抱朴子》言:苦者出积石山。或云即山石榴也。《酉阳杂俎》言:南诏石榴皮薄如纸。《琐碎录》言:河阴石榴名三十八者,其中只有三十八子也。又南中有四季榴,四时开花,秋月结实,实方绽,随复开花。有火石榴赤色如火。海石榴高一二尺即结实。皆异种也。案《事类合璧》云:榴大如杯,赤色有黑斑点,皮中如蜂窠,有黄膜隔之,子形如人齿,淡红色,亦有洁白如雪者。潘岳赋云:榴者,天下之奇树,九州之名果。千房同膜,千子如一。御饥疗渴,解酲止醉。

甘石榴

【气味】甘、酸,温,涩,无毒。多食损人肺(《别录》)。

诜曰:多食损齿令黑。凡服食药物人忌食之。

震亨曰:榴者,留也。其汁酸性滞,粘膈成痰。

【主治】咽喉燥渴(《别录》)。能理乳石毒(段成式)。制三尸虫(时珍)。

酸石榴

【气味】酸,温,涩,无毒。

【主治】赤白痢腹痛,连子捣汁,顿服一枚(孟诜)。止泻痢崩中带下(时珍)。

【发明】时珍曰:榴受少阳之气,而荣于四月。盛于五月,实于盛夏,熟于深秋。丹花赤实,其味甘酸,其气温涩,具木火之象。故多食损肺、齿而生痰涎。酸者则兼收敛之气,故入断下、崩中之药。或云:白榴皮治白痢,红榴皮治红痢,亦通。

【附方】新五。肠滑久痢:黑神散:用酸石榴一个。煅烟尽,出火毒一夜,研末。仍以酸榴一块,煎汤服,神效无比。久泻不止:方同上。(并《普济方》)痢血五色或脓或水,冷热不调:酸石榴五枚(连子)。捣汁二升,每服五合,神妙。(《圣济》)小便不禁：酸石榴烧存性（无则用枝烧灰代之）。每服二钱，用柏白皮（切，焙）四钱，煎汤一盏，入榴灰，再煎至八分，空心温服，晚再服。（《圣惠》）捻须令黑：酸石榴结成时，就东南枝上拣大者一个，顶上开一孔，内水银半两于中，原皮封之，麻扎定，牛屎封护，待经霜摘下，倾出壳内水，以鱼鳔笼指蘸水捻须，久久自黑也。（《普济》）

酸榴皮

【修治】敩曰：凡使榴皮、叶、根，勿犯铁，并不计干湿，皆以浆水浸一夜，取出用，其水如墨汁也。

【气味】同实。

【主治】止下痢漏精（《别录》）。治筋骨风，腰脚不遂，行步挛急疼痛，涩肠。取汁点目，止泪下（权）。煎服，下蛔虫（《藏器》）。止泻痢，下血脱肛，崩中带下（时珍）。

【附方】旧六，新四。赤白痢下腹痛，食不消化者：《食疗本草》：用醋榴皮，炙黄为末，枣肉或粟米饭和丸梧桐子大。每空腹米饮服三十丸，日三服，以知为度。如寒滑，加附子、赤石脂各一倍。《肘后方》：用皮烧存性，为末。每米饮服方寸匕，日三服，效乃止。粪前有血，令人面黄：用酢石榴皮（炙），研末。每服二钱，用茄子枝煎汤服。（孙真人方）肠滑久痢，神妙无比方也：用石榴一个劈破，炭火簇烧存性，出火毒，为末。每服一钱，别以酸石榴一瓣，水一盏，煎汤调服。（《经验方》）久痢久泻：陈石榴皮酢者，焙研细末。每服二钱，米饮下。患二三年或二三月，百方不效者，服之便止，不可轻忽之也。（《普济方》）小儿风痫：大生石榴一枚，割去顶，剜空，入全蝎五枚，黄泥固济，煅存性，为末。每服半钱，乳汁调下。或防风汤下，亦可。（《圣济录》）猝病耳聋：八、九月间，取石榴一个，上作孔如球子大，内米醋令满，以原皮盖之，水和面裹煨熟，取起去盖，入少黑李子、仙沼子末，取水滴耳中，勿动。脑中若痛，勿惊。如此三夜，再作必通。案唐慎微《本草》收采此方，云出孙真人。而黑李子不知为何物也，其仙沼子即预知子。食榴损齿：石榴黑皮，炙黄，研末，枣肉和丸梧桐子大。每日空腹三丸，白汤下，日二服。（《普济》）疔肿恶毒：以针刺四畔，用榴皮着疮上，以面围四畔，灸之，以痛为度。仍纳榴末敷上急裹，经宿连根自出也。（《肘后百一方》）脚肚生疮初起如粟，搔之渐开，黄水浸淫，痒痛溃烂，遂致绕胫而成痼疾：用酸榴皮煎汤，冷定，日日扫之，取愈乃止。（《医学正宗》）

酸榴东行根

【气味】同皮。

【主治】蛔虫、寸白（《别录》）。青者，入染须用（权）。治口齿病（颂）。止涩泻痢、带下，功与皮同（时珍）。

【附方】旧三，新二。金蚕蛊毒，吮白矾味甘，嚼黑豆不腥者，即是中蛊也：石榴根皮，煎浓汁服，即吐出活蛊，无不愈者。（丹溪《摘玄方》）寸白蛔虫：酢石榴东引根一握。洗剉，用水三升，煎取半碗，五更温服尽，至明取下虫一大团，永绝根本，食粥补之。崔元亮《海上方》：用榴皮煎水，煮米作粥食之，亦良。女子经闭不通：用酢榴根（东生者）一握（炙干）。水二大盏，浓煎一盏，空心服之。未通再服。（《斗门》)赤白下痢:方同上。

榴花

【主治】阴干为末,和铁丹服,一年变白发如漆(藏器。铁丹,飞铁为丹也,亦铁粉之属)。千叶者,治心热吐血。又研末吹鼻,止衄血,立效。亦敷金疮出血(苏颂)。

【附方】旧一,新二。金疮出血:榴花半斤,石灰一升。捣和阴干。每用少许敷之,立止。(崔元亮方)鼻出衄血:酢榴花二钱半,黄蜀葵花一钱。为末。每服一钱,水一盏,煎服,效乃止。(《圣济录》)九窍出血:石榴花(揉)塞之取效。叶亦可。

橘(《本经》上品)

【校正】志曰:自木部移入此。

【释名】时珍曰:橘,从矞音鹬,谐声也。又云五色为庆,二色为矞。矞云外赤内黄、非烟非雾、郁郁纷纷之象。橘实外赤内黄,剖之香雾纷郁,有似乎矞云。橘之从矞,又取此意也。

橘

橘实

【气味】甘、酸,温,无毒

弘景曰:食之多痰,恐非益也。

原曰:多食粘膈生痰,滞肺气。

瑞曰:同螃蟹食,令人患软痈。

【主治】甘者润肺,酸者聚痰(藏器)。止消渴,开胃,除胸中膈气(大明)。

【发明】时珍曰:橘皮,下气消痰,其肉生痰聚饮,表里之异如此,凡物皆然。今人以蜜煎橘充果食甚佳,亦可酱菹也。

黄橘皮

【释名】红皮(《汤液》)、陈皮(《食疗》)。

弘景曰:橘皮疗气大胜。以东橘为好,西江者不如。须陈久者为良。

好古曰:橘皮以色红日久者为佳,故曰红皮、陈皮。去白者曰橘红也。

【修治】敩曰:凡使勿用柚皮、皱子皮,二件用不得。凡修事,须去白膜一重,剉细,以鲤鱼皮裹一宿,至明取用。

时珍曰:橘皮,纹细色红而薄,内多筋脉,其味苦辛;柑皮,纹粗色黄而厚,内多白膜,其味辛甘;柚皮,最厚而虚,纹更粗,色黄,内多膜无筋,其味甘多辛少。但以此别之,即不差矣。橘皮性温,柑、柚皮性冷,不可不知。今天下多以广中来者为胜,江西者次之。然亦多以柑皮杂之。柑皮犹可用,柚皮则悬绝矣。凡橘皮,入和中理胃药则留白,入下气消痰药则去白,其说出于《圣济经》。去白者,以白汤入盐洗润透，刮去筋膜，晒干用。亦有煮焙者，各随本方。

【气味】苦、辛，温，无毒。

【主治】胸中瘕热逆气，利水谷。久服去臭，下气通神（《本经》）。下气，止呕咳，治气冲胸中，吐逆霍乱，疗脾不能消谷，止泄，除膀胱留热停水，五淋，利小便，去寸白虫（《别录》）。清痰涎，治上气咳嗽，开胃，主气痢，破癥瘕痃癖（甄权）。疗呕哕反胃嘈杂，时吐清水，痰痞痎疟，大肠秘塞，妇人乳痈。入食料，解鱼腥毒（时珍）。

【附方】旧八，新二十。润下丸：治湿痰，因火泛上，停滞胸膈，咳唾稠粘。陈橘皮半斤（入砂锅内，下盐五钱，化水淹过，煮干），粉甘草二两（去皮，蜜炙）。各取净末，蒸饼和丸梧桐子大。每服百丸，白汤下。（丹溪方）宽中丸：治脾气不和，冷气客于中，壅遏不通，是为胀满。用橘皮四两，白术二两。为末，酒糊丸梧桐子大。每食前木香汤下三十丸，日三服。（是斋《指迷方》）橘皮汤：治男女伤寒并一切杂病呕哕，手足逆冷者。用橘皮四两，生姜一两。水二升，煎一升，徐徐呷之即止。（仲景方）嘈杂吐水：真橘皮去白为末，五更安五分于掌心舐之，即睡，三日必效。皮不真则不验。（《怪证奇方》）霍乱吐泻：不拘男女，但有一点胃气存者，服之再生。广陈皮（去白）五钱，真藿香五钱。水二盏，煎一盏，时时温服。出《百一选方》。《圣惠》：用陈橘皮末二钱，汤点服（不省者灌之）；仍烧砖沃醋，布裹砖，安心下熨之，便活。反胃吐食：真橘皮，以日照西壁土炒香，为末。每服二钱，生姜三片，枣肉一枚，水二钟，煎一钟，温服。（《直指方》）猝然食噎：橘皮一两。汤浸去瓤，焙为末。以水一大盏，煎半盏，热服。（《食医心镜》）诸气呃噫：橘皮二两。去瓤，水一升，煎五合，顿服。或加枳壳尤良。（孙尚药方）痰膈气胀：陈皮三钱。水煎热服。（杨氏《简便方》）猝然失声：橘皮半两，水煎，徐呷。（《肘后方》）

青橘皮

【修治】时珍曰：青橘皮乃橘之未黄而青色者，薄而光，其气芳烈。今人多以小柑、小柚、小橙伪为之，不可不慎辨之。入药以汤浸去瓤，切片醋拌，瓦炒过用。

【气味】苦、辛，温，无毒。

【主治】气滞，下食，破积结及膈气（颂）。破坚癖，散滞气，去下焦诸湿，治左胁肝经积气（元素）。治胸膈气逆，胁痛，小腹疝痛，消乳肿，疏肝胆，泻肺气（时珍）。

【发明】好古曰：陈皮治高，青皮治低，与枳壳治胸膈、枳实治心下同意。

时珍曰：青橘皮，古无用者，至宋时医家始用之。其色青气烈，味苦而辛，治之以醋，所谓肝欲散，急食辛以散之，以酸泄之，以苦降之也。陈皮浮而升，入脾、肺气分。青皮沉而降，入肝、胆气分。一体二用，物理自然也。小儿消积多用青皮，最能发汗，有汗者不可用。说出杨仁斋《直指方》，人罕知之。

【附方】旧二，新七。快膈汤治冷膈气及酒食后饱满：用青橘皮一斤，作四分：四两用盐汤浸，四两用百沸汤浸，四两用醋浸，四两用酒浸。各三日取出，去白切丝，以盐一两炒微焦，研末。每用二钱，以茶末五分，水煎温服。亦可点服。《经验后方》理脾快气：青橘皮一斤（晒干焙研末），甘草末一两，檀香末半两。和匀收之。每用一二钱，入盐少许，白汤点服。法制青皮：常服安神调气，消食解酒益胃，不拘老人小儿。宋仁宗每食后咀数片，乃邢和璞真人所献，名万年草，刘跂改名延年草，仁宗以赐吕丞相。用青皮一斤(浸去苦味,去瓤,炼净),白盐花五两,炙甘草六两,舶茴香四两。甜水一斗,煮之,不住搅,勿令著底,候水尽,慢火焙干,勿令焦,去甘草、茴香,只取青皮,密收用。(王氏《易简方》)疟疾寒热:青皮一两。烧存性,研末。发前,温酒服一钱,临时再服。(《圣惠方》)伤寒呃逆,声闻四邻:四花青皮全者,研末。每服二钱,白汤下。(《医林集要》)产后气逆:青橘皮为末。葱白、童子小便煎二钱,服。(《经验后方》)妇人乳癌:因久积忧郁,乳房内有核如指头,不痛不痒,五七年成痈,名乳癌,不可治也。用青皮四钱。水一盏半,煎一盏,徐徐服之,日一服。或用酒服。(丹溪方)聤耳出汁:青皮烧研末,绵包塞之。唇燥生疮:青皮,烧研,猪脂调涂。

橘瓤上筋膜

【主治】口渴、吐酒。炒熟,煎汤饮,甚效(大明)。

橘核

【修治】时珍曰:凡用,须以新瓦焙香,去壳取仁,研碎入药。

【气味】苦,平,无毒。

【主治】肾疰腰痛,膀胱气痛,肾冷。炒研,每温酒服一钱,或酒煎服之(大明)。治酒皶风、鼻赤。炒研,每服一钱,胡桃肉一个,擂酒服,以知为度(宗奭)。小肠疝气及阴核肿痛,炒研五钱,老酒煎服,或酒糊丸服,甚效(时珍)。

【发明】时珍曰:橘核入足厥阴,与青皮同功,故治腰痛㿗疝在下之病,不独取象于核也。《和剂局方》治诸疝痛及内㿗,卵肿偏坠,或硬如石,或肿至溃,有橘核丸,用之有效。品味颇多,详见本方。

【附方】新一。腰痛:橘核、杜仲各二两(炒)。研末。每服二钱,盐酒下。(《简便方》)

叶

【气味】苦,平,无毒。

【主治】导胸膈逆气,入厥阴,行肝气,消肿散毒,乳痈胁痛,用之行经(震亨)。

【附方】新一。肺痈:绿橘叶,洗,捣绞汁一盏,服之。吐出脓血即愈。(《经验良方》)

柑(宋《开宝》)

【释名】木奴。

志曰:柑,未经霜时犹酸,霜后甚甜,故名柑子。

时珍曰:汉李衡种柑于武陵洲上,号为木奴焉。

【气味】甘,大寒,无毒。

颂曰:冷。

志曰：多食令人肺冷生痰，脾冷发痼癖，大肠泻利，发阴汗。

柑

【主治】利肠胃中热毒，解丹石，止暴渴，利小便（《开宝》）。

【附方】新一。难产：柑橘瓤，阴干，烧存性，研末。温酒服二钱。（《集效》）

皮

【气味】辛、甘，寒，无毒。

时珍曰：橘皮苦辛温，柑皮辛甘寒。外形虽似，而气味不同。

诜曰：多食令肺燥。

【主治】下气调中（藏器）。解酒毒及酒渴，去白，焙研末，点汤入盐饮之（大明）。治产后肌浮，为末酒服（藏器）。伤寒饮食劳复者，浓煎汁服（时珍）。山柑皮：治咽喉痛，效（《开宝》）。

核

【主治】作涂面药（《苏颂》）。

叶

【主治】聤耳流水或脓血。取嫩头七个，入水数滴，杵取汁滴之，即愈（蔺氏）。

橙（宋《开宝》）

【释名】金球、鹄壳。

时珍曰：案陆佃《埤雅》云：橙，柚属也。可登而成之，故字从登。又谐声也。

橙

【集解】时珍曰：橙产南土，其实似柚而香，叶有两刻，缺如两段，亦有一种气臭者。柚乃柑属之大者，早黄难留；橙乃橘属之大者，晚熟耐久，皆有大小二种。案《事类合璧》云：橙树高枝，叶不甚类橘，亦有刺。其实大者如碗，颇似朱栾，经霜早熟，色黄皮厚，蹙衄如沸，香气馥郁。其皮可以熏衣，可以芼鲜，可以和菹醢，可以为酱齑，可以蜜煎，可以糖制为橙丁，可以蜜制为橙膏。嗅之则香，食之则美，诚佳果也。

宗奭曰：橙皮，今只以为果，或合汤待宾，未见入药。宿酒未解者，食之速醒。

【气味】酸，寒，无毒。

士良曰：暖。多食伤肝气，发虚热。与獱肉同食，发头旋恶心。

时珍曰：獱乃水獭之属也。诸家本草皆作槟榔，误矣。

【主治】洗去酸汁，切和盐、蜜，煎成贮食，止恶心，能去胃中浮风恶气（《开宝》）。行风气，疗瘿气，发瘰疬，杀鱼、蟹毒（士良）。

皮

【气味】苦、辛，温，无毒。

【主治】作酱、醋香美，散肠胃恶气，消食下气，去胃中浮风气（《开宝》）。和盐贮食，止恶心，解酒病（孟诜）。糖作橙丁，甘美，消痰下气，利膈宽中，解酒（时珍）。

【附方】新二。香橙汤：宽中快气，消酒。用橙皮二斤（切片），生姜五两（切，焙，擂烂），入炙甘草末一两，檀香末半两。和作小饼。每嚼一饼，沸汤入盐送下。（《奇效良方》）痔疮肿痛：隔年风干橙子，桶内烧烟熏之，神效。（《医方摘要》）

核

【主治】面皯粉刺，湿研，夜夜涂之（时珍）。

【附方】新一。闪挫腰痛：橙子核，炒研，酒服三钱，即愈。（《摄生方》）

柚（音又。《日华》）

【释名】櫾（与柚同）、条（《尔雅》）、壶柑（《唐本》）、臭橙（《食性》）、朱栾。

时珍曰：柚，色油然，其状如卣，故名。壶亦象形。今人呼其黄而小者为蜜筒，正此意也。其大者谓之朱栾，亦取团栾之象。最大者谓之香栾。《尔雅》谓之櫠（音废），又曰椵（音贾）。《广雅》谓之镭柚，镭亦壶也。《桂海志》谓之臭柚，皆一物。但以大小、古今方言称呼不同耳。

柚

【气味】酸，寒，无毒。

【主治】消食，解酒毒，治饮酒人口气，去肠胃中恶气，疗妊妇不思食、口淡（大明）。

皮

【气味】甘，辛，平，无毒。

【正误】时珍曰：案沈括《笔谈》云：《本草》言橘皮苦，柚皮甘，误矣。柚皮极苦，不可入口，甘者乃橙也。此说似与今柚不同，乃沈氏自误也。不可为据。

【主治】下气。宜食，不入药（弘景）。消食快膈，散愤懑之气，化痰（时珍）。

【附方】新一。痰气咳嗽：用香栾，去核，切，砂瓶内浸酒，封固一夜，煮烂，蜜拌匀，时时含咽。

叶

【主治】头风痛，同葱白捣，贴太阳穴（时珍）。

花

【主治】蒸麻油作香泽面脂，长发润燥（时珍）。

枸橼（音矩员。宋《图经》）

【校正】原附豆蔻下，今分出。

【释名】香橼（俗作圆）、佛手柑。

时珍曰：义未详。佛手，取象也。

【集解】藏器曰：枸橼生岭南，柑、橘之属也。其叶大，其实大如盏，味辛酸。

时珍曰：枸橼产闽广间。木似朱栾而叶尖长，枝间有刺。植之近水乃生。其实状如人手，有指，俗呼为佛手柑。有长一尺四五寸者。皮如橙柚而厚，皱而光泽。其色如瓜，生绿熟黄。其核细。其味不甚佳而清香袭人。南人雕镂花鸟，作蜜煎果食。置之几案，可供玩赏。若安芋片于蒂而以湿纸围护，经久不瘪。或捣蒜罨其蒂上，则香更充溢。《异物志》云：浸汁浣葛纻，胜似酸浆也！

枸橼

皮瓤

【气味】辛、酸，无毒。

弘景曰：性温。

恭曰：性冷。陶说误矣。

藏器曰：性温，不冷。

【主治】下气，除心头痰水（藏器）。煮酒饮，治痰气咳嗽。煎汤，治心下气痛（时珍）。

根、叶

【主治】同皮（《橘谱》）。

金橘

金橘（《纲目》）

【释名】金柑（《橘谱》）、卢橘（《汉书》）、夏橘（《广州记》）、山橘（《北户录》）、给客橙（《魏王花木志》）。

时珍曰：此橘生时青卢色，黄熟则如金，故有金橘、卢橘之名。卢，黑色也。或云卢，酒器之名，其形肖之故也。注《文选》者以枇杷为卢橘，误矣。案司马相如《上林赋》云：卢橘夏熟，枇杷橪柿。以二物并列，则非一物明矣。此橘夏冬相继，故云夏熟，而裴渊《广州记》谓之夏橘。给客橙者，其芳香如橙，可供给客也。

【气味】酸、甘，温，无毒。

【主治】下气快膈，止渴解酲，辟臭。皮尤佳（时珍）。

枇杷（《别录》中品）

【释名】宗奭曰：其叶形似琵琶，故名。

【集解】颂曰：枇杷，旧不著所出州土，今襄、汉、吴、蜀、闽、岭、江西南、湖南北皆有之。木高丈余，肥枝长叶，大如驴耳，背有黄毛，阴密婆娑可爱，四时不凋。盛冬开白花，至三、四月成实作梂，生大如弹丸，熟时色如黄杏，微有毛，皮肉甚薄，核大如茅栗，黄褐色。四月采叶，曝干用。

枇杷

时珍曰：案郭义恭《广志》云：枇杷易种，叶微似栗，冬花春实。其子簇结有毛，四月熟，大者如鸡子，小者如龙眼，白者为上，黄者次之。无核者名焦子，出广州。又杨万里诗云：大叶耸长耳，一枝堪满盘。荔枝分与核，金橘却无酸。颇尽其状。注《文选》者以枇杷为卢橘，误矣。详金橘。

实

【气味】甘、酸，平，无毒。

志曰：寒。

诜曰：温。多食发痰热，伤脾。同炙肉及热面食，令人患热毒黄疾。

【主治】止渴下气，利肺气，止吐逆，主上焦热，润五脏（大明）。

叶

【修治】恭曰：凡用须火炙，以布拭去毛。不尔射人肺，令咳不已。或以粟秆作刷刷之，尤易洁净。

敩曰：凡采得，秤湿叶重一两，干者三叶重一两，乃为气足，堪用。粗布拭去毛，以甘草汤洗一遍，用绵再拭干。每一两，以酥二钱半涂上，炙过用。

时珍曰：治胃病，以姜汁涂炙；治肺病，以蜜水涂炙，乃良。

【气味】苦，平，无毒。

权曰：甘、微辛。

弘景曰：煮汁饮之，则小冷。

【主治】猝啘不止，下气，煮汁服（《别录》。弘景曰：若不暇煮，但嚼汁咽，亦瘥）。治呕哕不止，妇人产后口干（大明）。煮汁饮，主渴疾，治肺气热嗽，及肺风疮，胸面上疮（诜）。和胃降气，清热解暑毒，疗脚气（时珍）。

【发明】时珍曰：枇杷叶，气薄味厚，阳中之阴。治肺胃之病，大都取其下气之功耳。气下则火降痰顺，而逆者不逆，呕者不呕，渴者不渴，咳者不咳矣。

宗奭曰：治肺热嗽甚有功。一妇人患肺热久嗽，身如火炙，肌瘦将成痨。以枇杷叶、木通、款冬花、紫菀、杏仁、桑白皮各等分,大黄减半。如常治讫,为末,蜜丸樱桃大。食后、夜卧各含化一丸,未终剂而愈矣。

【附方】新七。温病发哕因饮水多者:枇杷叶(去毛,炙香)、茅根各半斤。水四升,煎二升,稍稍饮之。(庞安常方)反胃呕哕:枇杷叶(去毛,炙)、丁香各一两,人参二两。为末,每服三钱,水一盏,姜三片,煎服。(《圣惠》)衄血不止:枇杷叶(去毛),焙研末。茶服一二钱,日二。(同上)酒齄赤鼻:枇杷叶、栀子仁等分。为末。每服二钱,温酒调下。日三服。(《本事》)面上风疮:方同上。痔疮肿痛:枇杷叶(蜜炙)、乌梅肉(焙)。为末。先以乌梅汤洗,贴之。(《集要》)痘疮溃烂:枇杷叶,煎汤洗之。(《摘玄》)

花

【主治】头风,鼻流清涕。辛夷等分,研末,酒服二钱,日二服(时珍)。

木白皮

【主治】生嚼咽汁,止吐逆不下食,煮汁冷服,尤佳(思邈)。

杨梅(宋《开宝》)

【释名】杭子(音求)。

时珍曰:其形如水杨子而味似梅,故名。段氏《北户录》名杭子。扬州人呼白杨梅为圣僧。

【集解】时珍曰:杨梅树叶如龙眼及紫瑞香,冬月不凋。二月开花结实,形如楮实子,五月熟,有红、白、紫三种,红胜于白,紫胜于红,颗大而核细,盐藏、蜜渍、糖收皆佳。东方朔《林邑记》云:邑有杨梅,其大如杯碗,青时极酸,熟则如蜜。用以酿酒,号为梅香酎,甚珍重之。赞宁《物类相感志》云:桑上接杨梅则不酸。杨梅树生癞,以甘草钉钉之则无。皆物理之妙也。

梅　杨

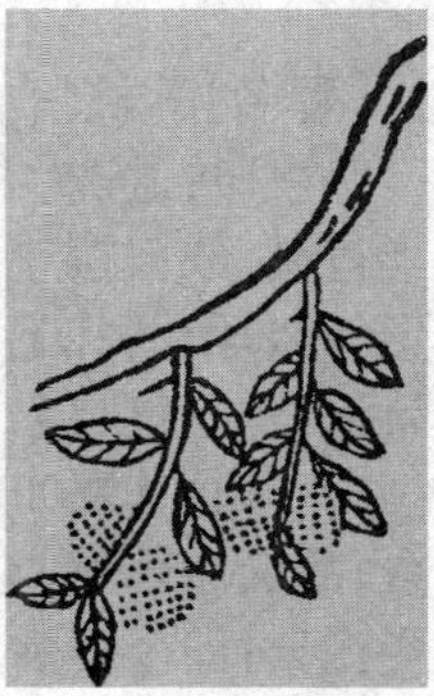

藏器曰:张华《博物志》言地瘴处多生杨梅,验之信然。

实

【气味】酸、甘,温,无毒。

诜曰:热,微毒。久食令人发热,损齿及筋。忌生葱同食。

瑞曰:发疮致痰。

【主治】盐藏食,去痰止呕哕,消食下酒。干作屑,临饮酒时服方寸匕,止吐酒(《开宝》)。止渴,和五脏,能涤肠胃,除烦愦恶气。烧灰服,断下痢,甚验。盐者常含一枚,咽汁,利五脏下气(诜)。

【附方】旧一,新三。下痢不止:杨梅烧研,每米饮服二钱,日二服。(《普济》)

头痛不止:杨梅为末,以少许嗃鼻取嚏,妙。头风作痛:杨梅为末,每食后薄荷茶服二钱。或以消风散同煎服。或同捣末,以白梅肉和丸弹子大,每食后葱茶嚼下一丸。(《朱氏集验》)一切损伤,止血生肌,令无瘢痕:用盐藏杨梅和核捣如泥,做成挺子,以竹筒收之。凡遇破伤,研末敷之,神圣绝妙。(《经验后方》)

核仁

【主治】脚气。

时珍曰:案王明清《挥尘录》云:会稽杨梅为天下冠。童贯苦脚气,或云杨梅仁可治之。郡守王嶷馈五十石,贯用之而愈。取仁法:以柿漆拌核曝之,则自裂出也。

树皮及根

【主治】煎汤,洗恶疮疥癣(大明)。煎水,漱牙痛。服之,解砒毒。烧灰油调,涂烫火伤(时珍)。

【附方】新三。中砒毒:心腹绞痛,欲吐不吐,面青肢冷。用杨梅树皮,煎汤二三碗,服之即愈。(王硕《易简方》)风虫牙痛:《普济方》:用杨梅根(皮厚者),焙一两,川芎䓖五钱,麝香少许。研末。每用半钱,鼻内嗃之,口中含水,涎出痛止。《摘要方》:用杨梅根皮、韭菜根、厨案上油泥等分。捣匀,贴于两腮上半时辰,其虫从眼角出也。屡用有效之方。

樱桃(《别录》上品)

【释名】莺桃(《礼注》)、含桃(《月令》)、荆桃。

樱 桃

宗奭曰:孟诜《本草》言:此乃樱,非桃也。虽非桃类,以其形肖桃,故曰樱桃,又何疑焉?如沐猴梨、胡桃之类,皆取其形相似耳。《礼记》:仲春,天子以含桃荐宗庙,即此。故王维诗云:才是寝园春荐后,非干御苑鸟衔残。药中不甚用。

时珍曰:其颗如璎珠,故谓之樱。而许慎作莺桃,云莺所含食,故又曰含桃,亦通。案《尔雅》云:楔(音戛),荆桃也。孙炎注云:即今樱桃。最大而甘者,谓之崖蜜。

【集解】颂曰:樱桃,处处有之,而洛中者最胜。其木多阴,先百果熟,故古人多贵之。其实熟时深红色者,谓之朱樱。紫色,皮里有细黄点者,谓之紫樱,味最珍重。又有正黄明者,谓之蜡樱。小而红者,谓之樱珠,味皆不及。极大者,有若弹丸,核细而肉厚,尤难得。

时珍曰:樱桃树不甚高。春初开白花,繁英如雪。叶团,有尖及细齿。结子一枝数十颗,三月熟时须守护,否则鸟食无遗也。盐藏、蜜煎皆可,或同蜜捣作糕食,唐人以酪荐食之。林洪《山家清供》云:樱桃经雨则虫自内生,人莫之见。用水浸良久,则虫皆出,乃可食也。试之果然。

【气味】甘，热，涩，无毒。

大明曰：平，微毒。多食令人吐。

李鹏飞曰：伤筋骨，败血气。有寒热病人不可食。

【主治】调中，益脾气，令人好颜色，美志(《别录》)。止泄精，水谷痢(孟诜)。

【发明】宗奭曰：小儿食之过多，无不作热。此果三月末、四月初熟，得正阳之气，先诸果熟，故性热也。

震亨曰：樱桃属火而有土，性大热而发湿。旧有热病及喘嗽者，得之立病，且有死者也。

时珍曰：案张子和《儒门事亲》云：舞水一富家有二子，好食紫樱，每日啖一二升。半月后，长者发肺痿，幼者发肺痈，相继而死。呜呼！百果之生，所以养人，非欲害人。富贵之家，纵其嗜欲取死，是何？天耶？命耶？邵尧夫诗云："爽口物多终作疾"，真格言哉！观此，则寇、朱二氏之言，益可证矣。王维诗云：饱食不须愁内热，大官还有蔗浆寒。盖谓寒物同食，犹可解其热也。

叶

【气味】甘，平，无毒。煮老鹅，易软熟。

【主治】蛇咬，捣汁饮，并敷之(颂)。

东行根

【主治】煮汁服，立下寸白、蛔虫(颂)。

枝

【主治】雀卵斑鼾，同紫萍、牙皂、白梅肉研和，日用洗面(时珍)。

花

【主治】面黑粉滓(方见李花)。

山樱桃(《别录》上品)

【校正】《唐本》退入有名未用，今移入此。

【释名】朱桃(《别录》)、麦樱(《吴普》)、英豆(《别录》)、李桃。

诜曰：此婴桃俗名李桃，又名柰桃。前樱桃名樱，非桃也。

【集解】《别录》曰：婴桃实大如麦，多毛。四月采，阴干。

弘景曰：樱桃即今朱樱，可煮食者。婴桃形相似而实乖异，山间时有之，方药不用。

时珍曰：树如朱婴，但叶长尖不团。子小而尖，生青熟黄赤，亦不光泽，而味恶不堪食。

实

【气味】辛，平，无毒。

【主治】止泄、肠澼，除热，调中益脾气，令人好颜色，美志（《别录》）。止泄精（孟诜）。

银杏(《日用》)

【释名】白果（《日用》）、鸭脚子。

时珍曰：原生江南，叶似鸭掌，因名鸭脚。宋初始入贡，改呼银杏，因其形似小杏而核色白也。今名白果。梅尧臣诗：鸭脚类绿李，其名因叶高。欧阳修诗：绛囊初入贡，银杏贵中州。是矣。

【集解】时珍曰：银杏生江南，以宣城者为胜。树高二三丈。叶薄纵理，俨如鸭掌形，有刻缺，面绿背淡。二月开花成簇，青白色，二更开花，随即卸落，人罕见之。一枝结子百十，状如楝子，经霜乃熟烂。去肉取核为果，其核两头尖，三棱为雄，二棱为雌。其仁嫩时绿色，久则黄。须雌雄同种，其树相望，乃结实；或雌树临水亦可；或凿一孔，内雄木一块，泥之，亦结。阴阳相感之妙如此。其树耐久，肌理白腻。术家取刻符印，云能召使也。《文选·吴都赋》注：平仲果，其实如银。未知即此果否？

核仁

【气味】甘、苦，平，涩，无毒。

时珍曰：熟食，小苦微甘，性温有小毒。多食令人胪胀。

瑞曰：多食壅气动风。小儿食多昏霍，发惊引疳。同鳗鲡鱼食，患软风。

【主治】生食，引疳解酒，熟食益人（李鹏飞）。熟食，温肺益气，定喘嗽，缩小便，止白浊。生食，降痰，消毒杀虫。嚼浆，涂鼻面手足，去皶疱皯黯皴皱，及疥癣疳䘌阴虱（时珍）。

【发明】时珍曰：银杏，宋初始著名，而修本草者不收。近时方药亦时用之。其气薄味厚，性涩而收，色白属金。故能入肺经，益肺气，定喘嗽，缩小便。生捣能浣油腻，则其去痰浊之功，可类推矣。其花夜开，人不得见，盖阴毒之物，故又能杀虫消毒。然食多则收令太过，令人气壅胪胀昏顿。故《物类相感志》言：银杏能醉人。而《三元延寿书》言：白果食满千个者死。又云：昔有饥者，同以白果代饭食饱，次日皆死也。

【附方】新十八。寒嗽痰喘：白果七个。煨熟，以熟艾作七丸，每果入艾一丸，纸包再煨香，去艾吃。（《秘韫》方）哮喘痰嗽：鸭掌散：用银杏五个，麻黄二钱半，甘草（炙）二钱。水一钟半，煎八分，卧时服。又金陵一铺治哮喘，白果定喘汤，服之无不效者,其人以此起家。其方:用白果二十一个(炒黄),麻黄三钱,苏子二钱,款冬花、法制半夏、桑白皮(蜜炙)各二钱,杏仁(去皮尖)、黄芩(微炒)各一钱半,甘草一钱。水三钟,煎二钟,随时分作二服。不用姜。(并《摄生方》)咳嗽失声:白果仁四两,白茯苓、桑白皮二两,乌豆半升(炒),蜜半斤。煮熟晒干为末,以乳汁半碗拌湿,九蒸九晒,丸如绿豆大。每服三五十丸,白汤下,神效。(余居士方)小便频数:白果十四枚,七生七煨,食之,取效,止。小便白浊:生白果仁十枚,擂水饮,日一服,取效,止。赤白带下,下元虚惫:白果、莲肉、江米各五钱,胡椒一钱半。为末。用乌骨鸡一只,去肠盛药,瓦器煮烂,空心食之。(《集简方》)肠风下血:银杏煨熟,出火气,食之,米饮下。肠风脏毒:银杏四十九枚,去壳生研,入百药煎末和丸弹子大。每服二三丸,空心细嚼,米饮送下。(戴原礼《证治要诀》)牙齿虫䘌:生银杏,每食后嚼一二个,良。(《永类钤方》)手足皴裂:生白果嚼烂,夜夜涂之。鼻面酒齄:银杏、酒浮糟,同嚼烂,夜涂旦洗。(《医林集要》)头面癣疮:生白果仁切断,频擦取效。(邵氏《经验方》)下部疳疮:生白果杵,涂之。(赵原阳)阴虱作痒:阴毛际肉中生虫如虱,或红或白,痒不可忍者。白果仁,嚼细,频擦之,取效。(刘长春方)狗咬成疮:白果仁,嚼细涂之。乳痈溃烂:银杏半斤,以四两研酒服之,以四两研敷之。(《救急易方》)水疔暗疔:水疔色黄,麻木不痛;暗疔疮凸色红,使人昏狂。并先刺四畔,后用银杏去壳,浸油中年久者,捣敷之。(《普济方》)

胡桃(宋《开宝》)

【释名】羌桃(《名物志》)、核桃。

颂曰:此果本出羌胡,汉时张骞使西域始得种还,植之秦中,渐及东土,故名之。

时珍曰:此果外有青皮肉包之,其形如桃,胡桃乃其核也。羌音呼核如胡,名或以此。或作核桃。《梵书》名播罗师。

胡桃

【集解】时珍曰:胡桃树高丈许,春初生叶,长四五寸,微似大青叶,两两相对,颇作恶气。三月开花如栗花,穗苍黄色。结实至秋如青桃状,熟时沤烂皮肉,取核为果。人多以榉柳接之。案刘恂《岭表录异》云:南方有山胡桃,底平如槟榔,皮厚而大坚,多肉少穰。其壳甚厚,须椎之方破。然则南方亦有,但不佳耳。

核仁

【气味】甘,平、温,无毒。

颂曰:性热,不可多食。

颖曰:多食生痰、动肾火。

【发明】震亨曰:胡桃属土而有火,性热。本草云甘平,是无热矣。然又云动风、脱人眉，非热何以伤肺耶？

时珍曰：胡桃仁味甘气热，皮涩肉润。孙真人言其冷滑，误矣。近世医方用治痰气喘嗽、醋心及疠风诸病，而酒家往往醉后嗜之。则食多吐水、吐食、脱眉，及酒同食咯血之说，亦未必尽然也。但胡桃性热，能入肾肺，惟虚寒者宜之。而痰火积热者，不宜多食耳。

【主治】食之令人肥健、润肌、黑须发。多食利小便、去五痔。捣和胡粉，拔白须发，内孔中，则生黑毛。烧存性，和松脂研，敷瘰疬疮（《开宝》）。食之令人能食，通润血脉，骨肉细腻（诜，方见下）。治损伤、石淋。同破故纸蜜丸服，补下焦（颂）。补气养血，润燥化痰，益命门，利三焦，温肺润肠，治虚寒喘嗽，腰脚重痛。心腹疝痛，血痢肠风，散肿毒，发痘疮，制铜毒（时珍）。

油胡桃

【气味】辛，热，有毒。

【主治】杀虫攻毒，治痈肿、疠风、疥癣、杨梅、白秃诸疮，润须发（时珍）。

【附方】旧五，新二十七。服胡桃法：诜曰：凡服胡桃不得并食，须渐渐食之。初日服一颗，每五日加一颗，至二十颗止，周而复始。常服令人能食，骨肉细腻光润，须发黑泽，血脉通润，养一切老痔。青娥丸：方见草部补骨脂。胡桃丸：益血补髓，强筋壮骨，延年明目，悦心润肌，能除百病。用胡桃仁四两，捣膏，入破故纸、杜仲、萆薢末各四两。杵匀，丸梧桐子大。每空心温酒、盐汤任下五十丸。（《御药院方》）消肾溢精：胡桃丸：治消肾病，因房欲无节及服丹石，或失志伤肾，遂致水弱火强，口舌干，精自溢出，或小便赤黄，大便燥实，或小便大利而不甚渴。用胡桃肉、白茯苓各四两，附子一枚（去皮，切片）。姜汁、蛤粉同焙为末，蜜丸梧桐子大。每服三十丸，米饮下。（《普济方》）小便频数：胡桃煨熟，卧时嚼之，温酒下。石淋痛楚，便中有石子者：湖桃肉一升，细米煮浆粥一升，相和顿服，即瘥。（崔元亮《海上方》）风寒无汗，发热头痛：核桃肉、葱白、细茶、生姜等分。捣烂，水一钟，煎七分，热服。覆衣取汗。（谈野翁方）痰喘咳嗽：方见发明。老人喘嗽气促，睡卧不得，服此立定：胡桃肉（去皮）、杏仁（去皮尖）、生姜各一两。研膏，入炼蜜少许，和丸弹子大。每卧时嚼一丸，姜汤下。（《普济方》）产后气喘：胡桃肉、人参各二钱。水一盏，煎七分，顿服。久嗽不止：核桃仁五十个（煮熟，去皮），人参五两，杏仁三百五十个（麸炒，汤浸，去皮）。研匀，入炼蜜，丸梧桐子大。每空心细嚼一丸，人参汤下。临卧再服。（萧大尹方）食物醋心：胡桃烂嚼，以生姜汤下，立止。（《传信适用方》）

胡桃青皮

【气味】苦，涩，无毒。

【主治】染髭及帛，皆黑。

志曰：仙方取青皮压油，和詹糖香，涂毛发，色如漆也。

【附方】新五。乌髭发：胡桃皮、蝌蚪等分。捣泥涂之，一染即黑。《总录》：用青胡桃三枚，和皮捣细，入乳汁三盏，于银石器内调匀，搽须发三五次，每日用胡桃油润之，良。疬疡风：青胡桃皮捣泥，入酱清少许、硇砂少许合匀。先以泔洗，后敷之。(《外台》)白癜风:青胡桃皮一个,硫黄一皂子大,研匀。日日掺之,取效。嵌甲:胡桃皮,烧灰贴。

树皮

【主治】止水痢。春月斫皮汁,沐头至黑。煎水,可染褐(《开宝》)。

【附方】新一。染须发:胡桃根皮一秤,莲子草十斤。切,以瓮盛之,入水五斗,浸一月去滓,熬至五升,入芸苔子油一斗,慢火煎取五升收之。凡用,先以炭灰汁洗,用油涂之,外以牛蒡叶包住,绢裹一夜,洗去用,七日即黑也。(《圣惠方》)

壳

【主治】烧存性,入下血、崩中药(时珍)。

榛(宋《开宝》)

【释名】亲斗(古榛字)。

时珍曰:案罗氏《尔雅翼》云:《礼记》郑玄注云:关中甚多此果。关中,秦地也。榛之从秦,盖取此意。《左传》云:女贽不过榛、栗、枣、脩,以告虔也。则榛有臻至之义,以其名告己之虔也。古作亲,从辛,从木。俗作莘,误矣。莘,音诜。

榛子

【集解】大明曰:新罗榛子肥白,最良。

时珍曰:榛树低小如荆,丛生。冬末开花如栎花,成条下垂,长二三寸。二月生叶如初生樱桃,叶多皱纹而有细齿及尖。其实作苞,三五相粘,一苞一实。实如栎实,下壮上锐,生青熟褐,其壳厚而坚,其仁白而圆,大如杏仁,亦有皮尖,然多空者,故谚云十榛九空。按陆机《诗疏》云:榛有两种:一种大小、枝叶、皮树皆如栗,而子小,形如橡子,味亦如栗,枝茎可以为烛,《诗》所谓树之榛栗者也;一种高丈余,枝叶如木蓼,子作胡桃味,辽、代、上党甚多,久留亦易油坏者也。

仁

【气味】甘,平,无毒。

【主治】益气力,实肠胃,令人不饥、健行(《开宝》)。止饥,调中开胃,甚验(大明)。

阿月浑子(《拾遗》)

【校正】自木部移入此,并入《海药》无名木皮。

【释名】胡榛子(《拾遗》)、无名子(《海药》)。

【集解】藏器曰:阿月浑子生西国诸番,与胡榛子同树,一岁胡榛子,二岁阿月浑子也。

珣曰：按徐表《南州记》云：无名木生岭南山谷，其实状若榛子，号无名子，波斯家呼为阿月浑子也。

仁

【气味】辛，温，涩，无毒。

【主治】诸痢，去冷气，令人肥健（藏器）。治腰冷，阴肾虚弱，房中术多用之，得木香，山茱萸良（李珣）。

无名木皮（《海药》）

【气味】辛，大温，无毒。

【主治】阴肾萎弱，囊下湿痒，并煎汁小浴，极妙（珣）。

槠子（《拾遗》）

【校正】原附钩栗，今析出。

【集解】藏器曰：槠子生江南。皮、树如栗，冬月不凋.子小于橡子。

槠子

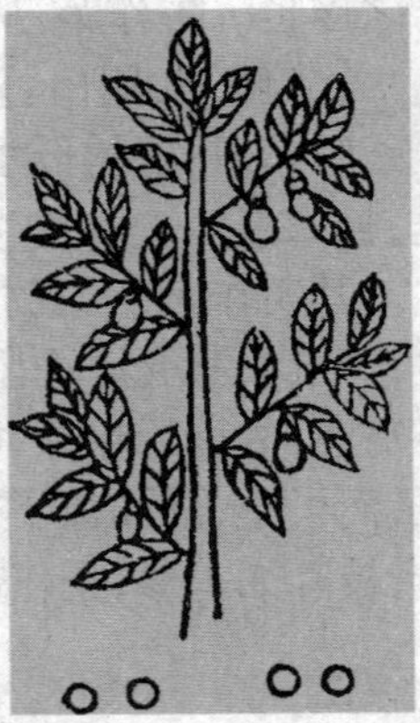

颖曰：槠子有苦、甜二种，治作粉食、糕食，褐色甚佳。

时珍曰：槠子，处处山谷有之。其木大者数抱，高二三丈。叶长大如栗，叶稍尖而厚坚光泽，锯齿峭利，凌冬不凋。三、四月开白花成穗，如栗花。结实大如槲子，外有小苞，霜后苞裂子坠。子圆褐而有尖，大如菩提子。内仁如杏仁，生食苦涩，煮、炒乃带甘，亦可磨粉。甜槠子粒小，木纹细白，俗名面槠。苦槠子粒大，木纹粗赤，俗名血槠。其色黑者名铁槠。按《山海经》云：前山有木，其名曰槠。郭璞注曰：槠子似柞子，可食，冬月采之。木作屋柱、棺材，难腐也。

仁

【气味】苦、涩，平，无毒。

时珍曰：案《正要》云：酸、甘，微寒。不可多食。

【主治】食之不饥，令人健行，止泄痢，破恶血，止渴（藏器）。

皮、叶

【主治】煮汁饮，止产妇血（藏器）。嫩叶：贴臁疮，一日三换，良（吴瑞）。

钩栗(《拾遗》)

钩栗

【释名】巢钩子(《拾遗》)、甜槠子。

瑞曰:钩栗即甜槠子。

时珍曰:钩、槠二字,方音相近。其状如栎,当作钩栎。

【集解】藏器曰:钩栗生江南山谷。木大数围,冬月不凋,其子似栗而圆小。又有雀子,相似而圆黑,久食不饥。详槠子下。

仁

【气味】甘,平,无毒。

【主治】食之不饥,厚肠胃,令人肥健(藏器)。

橡实(音象。《唐本草》)

【校正】自木部移入。

【释名】橡斗(《说文》)、皂斗(同)、栎梂(音历求)、柞子(音作)、芧(杼同。序、暑二音)、栩(音许)。

橡实

禹锡曰:案《尔雅》云:栩,杼也。又曰:栎,其实梂。孙炎注云:栩,一名杼也。栎,似樗之木也。梂,盛实之房也。其实名橡,有梂猬自裹之。《诗·唐风》云:集于苞栩。《秦风》云:山有苞栎。陆机注云:即柞栎也。秦人谓之栎,徐人谓之杼,或谓之栩。其子谓之皂,亦曰皂斗。其壳煮汁可染皂也。今京洛、河内亦谓之杼。盖五方通语,皆一物也。

时珍曰:栎,柞木也。实名橡斗、皂斗,谓其斗刓剜象斗,可以染皂也。南人呼皂如柞,音相近也。

【集解】颂曰:橡实,栎木子也。所在山谷皆有。木高二三丈。三、四月开花黄色,八、九月结实。其实为皂斗,槲、栎皆有斗,而以栎为胜。

时珍曰:栎有二种:一种不结实者,其名曰棫,其木心赤,《诗》云"瑟彼柞棫"是也;一种结实者,其名曰栩,其实为橡。二者树小则耸枝,大则偃蹇。其叶如槠叶,而纹理皆斜勾。四、五月开花如栗花,黄色。结实如荔枝核而有尖。其蒂有斗,包其半截。其仁如老莲肉,山人俭岁采以为饭,或捣浸取粉食,丰年可以肥猪。北人亦种之。其木高二三丈,坚实而重,有斑纹点点。大者可作柱栋,小者可为薪炭。《周礼·职方氏》"山林宜皂物,柞、栗之属"即此也。其嫩叶可煎饮代茶。

实

【修治】雷曰:霜后收采,去壳蒸之,从巳至未,剉作五片,晒干用。

周定王曰:取子换水,浸十五次,淘去涩味,蒸极熟食之,可以济饥。

【气味】苦,微温,无毒。

【主治】下痢,厚肠胃,肥健人(苏恭)。涩肠止泻。煮食,止饥,御歉岁(大明)。

【发明】思邈曰:橡子,非果非谷而最益人,服食未能断谷,啖之尤佳。无气而受气,无味而受味,消食止痢,令人强健不极。

时珍曰:木实为果,橡盖果也。俭岁,人皆取以御饥。昔挚虞入南山,饥甚,拾橡实而食;唐杜甫客秦州,采橡、栗自给,是矣。

【附方】新五。水谷下痢,日夜百余行者:橡实二两,楮叶(炙)一两。为末。每服一钱,食前乌梅汤调下。(《圣惠方》)血痢不止:上方加缩砂仁半两。下痢脱肛:橡斗子,烧存性。研末。猪脂和敷。(《直指方》)痔疮出血:橡子粉、糯米粉各一升。炒黄,滚水调作果子,饭上蒸熟食之,不过四五次,效。(李楼《奇方》)石痈坚硬如石,不作脓:用橡子一枚,以醋于青石上磨汁涂之。干则易,不过十度即平。(《千金方》)

斗壳

【修治】大明曰:入药并宜捣细,炒焦或烧存性,研用。

【气味】涩,温,无毒。

【主治】为散及煮汁服,止下痢。并可染皂(恭)。止肠风、崩中、带下、冷热泻痢。并染须发(大明)。

【附方】新五。下痢脱肛:橡斗壳烧存性,研末。猪脂和搽,并煎汁洗之。(《直指方》)肠风下血:橡斗子壳,用白梅肉填满,两个合定,铁线札住,煅存性,研末。每服二钱,米饮下。一方:用硫黄填满,煅研酒服。(余居士《选奇方》)走马牙疳:橡斗壳,入盐填满,合定烧透,出火毒,研末,入麝香少许。先以米泔漱过,搽之。(《全幼心鉴》)风虫牙痛:橡斗五个(入盐在内),皂荚一条(入盐在内)。同煅过,研末。日擦三五次,荆芥汤漱之,良。(《经验良方》)

木皮、根皮(《拾遗》)

【气味】苦,平,无毒。

【主治】恶疮,因风犯露致肿者,煎汁日洗,令脓血尽乃止,亦治痢(藏器)。止水痢,消瘰疬(大明)。

【附方】新一。蚀烂痈肿及疣赘瘤痣:柞栎木灰四斗,桑柴灰四斗,石灰一斗五升。以沸汤调湿,甑中蒸一日,取釜中沸汤七斗,合甑灰淋之取汁,再熬至一升,投乱头发一鸡子大消尽,又剪五色彩投入消尽,瓶盛密收。每以少许,挑破点之。煎时勿令鸡、犬、妇人、小儿见。(《普济方》)

槲实(音斛。《唐本草》)

【校正】自木部移附此。

【释名】槲樕(音速),朴樕(并《尔雅》)、大叶栎(俗)、栎橿子。

时珍曰:槲樕,犹觳觫也。栗子绽悬,有颤栗之象,故谓之栗;槲叶摇动,有觳觫之态。故曰槲樕也。朴樕者,婆娑、蓬然之貌。其树偃蹇,其叶芃芃故也。俗称衣物不整者为朴樕,本此。其实木强,故俗谓之栎橿子。《史》言:武后挂赦书于槲树,人遂呼为金鸡树云。

【集解】颂曰:槲,处处山林有之。木高丈余,与栎相类。亦有斗,但小不中用耳。不拘时采。其皮、叶入药。

宗奭曰:槲亦有斗,木虽坚而不堪充材,只宜作柴,为炭不及栎木。

时珍曰:槲有二种:一种丛生小者名枹(音孚,见《尔雅》)。一种高者名大叶栎。树、叶俱似栗,长大粗厚,冬月凋落,三、四月开花亦如栗,八、九月结实似橡子而稍短小,其蒂亦有斗。其实僵涩味恶,荒岁人亦食之。其木理粗不及橡木,所谓樗栎之材者指此。

仁

【气味】苦,涩,平,无毒。

【主治】蒸煮作粉,涩肠止痢,功同橡子(时珍)。

槲若

【修治】颂曰:若即叶之名也。入药须微炙令焦。

【气味】甘、苦,平,无毒。

【主治】疗痔,止血及血痢,止渴(恭)。活血,利小便,除面上皶赤(时珍)。

【附方】旧五,新三。猝然吐血:槲叶为末。每服二钱,水一盏,煎七分,和滓服。(《简要济众》)鼻衄不止:槲叶。捣汁一小盏,顿服即止。(《圣惠方》)肠风血痔热多者尤佳:槲叶(微炙,研末)一钱,槐花(炒,研末)一钱。米饮调服。未止再服。(寇氏《衍义》)冷淋茎痛:槲叶,研末。每服三钱,水一盏,葱白七寸,煎六分,去滓,食前温服,日二。《圣惠方》孩子淋疾:槲叶三片。煎汤服一鸡子壳,小便即时下也。(孙真人方)蝼蛄漏疾:槲叶,烧存性,研。以米泔别浸槲叶,取汁洗疮后,乃纳灰少许于疮中。(《圣惠方》)鼻上皶疱出脓血者:以泔水煮槲叶,取汁洗之,拭干,纳槲叶灰少许于中,良。(《圣惠》)腋下胡臭:槲若三升。切,水煮浓汁,洗毕,即以甘苦瓠壳烟熏之。后用辛夷、细辛、杜衡末,醋浸一夜,敷之。(《千金方》)

木皮(俗名赤龙皮)

【气味】苦,涩,无毒。

【主治】煎服,除蛊及漏,甚效(恭)。煎汤,洗恶疮,良(权)。能吐瘰疬,涩五脏(大明)。止赤白痢,肠风下血(时珍)。

【附方】旧四,新六。赤龙皮汤:治诸败烂疮、乳疮。用槲皮(切)三升。水一斗,煮五升,春夏冷用,秋冬温用,洗之。洗毕乃敷诸膏。(《肘后》)附骨疽疮:槲皮烧研,米饮每服方寸匕。(《千金方》)下部生疮:槲皮、榉皮煮汁,熬如饴糖,以导下部。(《肘后方》)一切瘘疾:《千金》:用槲树北阴白皮三十斤(剉)。以水一石,煮一斗,去滓,煎如饴;又取通都厕上雄鼠屎、雌鼠屎各十四枚,烧汁尽研和之,纳温酒一升和匀。瘦人食五合,当有虫出也。崔氏《纂要》:用槲白皮(切)五升。水八升,煮令泣泣,去滓,再煎成膏。日服枣许,并涂疮上。宜食苜蓿、盐、饭以助之。以瘥为度。小儿瘰疬:槲树皮,去粗皮,切,煎汤频洗之。(《圣惠方》)蛊毒下血:槲木北阴白皮一大握(长五寸)。以水三升,煮取一升,空腹分服,即吐毒出也。《千金及翼》赤白久痢:不拘大人、小儿。用新槲皮一斤。去黑皮切,以水一斗,煎取五升,去滓,煎膏,和酒服。(《子母秘录》)久痢不止:槲白皮(姜汁炙五度)一两,干姜(炮)半两。为末。每服二钱,米饮调下。(《圣济总录》)久疮不已:槲木皮一尺,阔六寸,切,以水一斗,煮取五升,入白沙糖十挺,煎取一升,分三服,即吐而愈。(《肘后方》)

本草纲目果部第三十一卷

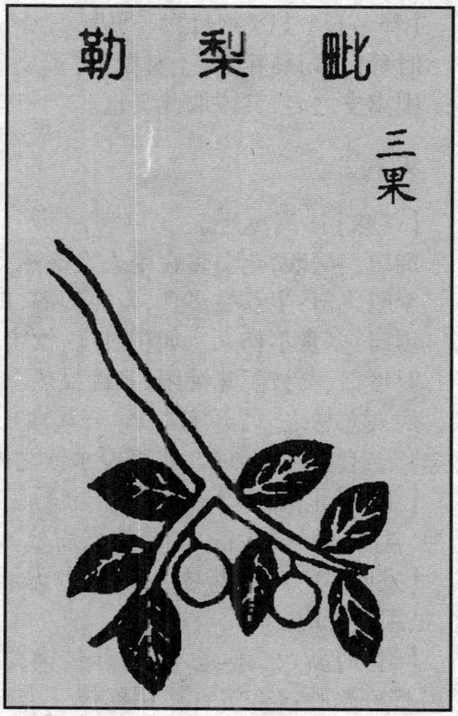

本草纲目果部第三十一卷

荔枝(宋《开宝》)

【释名】离枝(《纲目》)、丹荔。

时珍曰:司马相如《上林赋》作离支。按白居易云:若离本枝,一日色变,三日味变。则离支之名,又或取此义也。

实

【气味】甘,平,无毒。

珣曰:甘、酸,热。多食令人发虚热。

李鹏飞曰:生荔枝多食,发热烦渴,口干衄血。

颂曰:多食不伤人。如稍过度,饮蜜浆一杯便解也。

时珍曰:荔枝气味纯阳,其性畏热。鲜者食多,即龈肿口痛,或衄血也。病齿䘌及火病人尤忌之。《开宝本草》言其性平,苏氏谓多食无伤,皆谬说也。按《物类相感志》云:食荔枝多则醉,以壳浸水饮之即解。此即食物不消,还以本物消之之意。

【主治】止渴,益人颜色(《开宝》)。食之止烦渴,头重心躁,背膊劳闷(李珣)。通神,益智,健气(孟诜)。治瘰疬瘤赘,赤肿疔肿,发小儿痘疮(时珍)。

【发明】震亨曰:荔枝属阳,主散无形质之滞气,故消瘤赘赤肿者用之。苟不明此,虽用之无应。

【附方】新六。痘疮不发:荔枝肉,浸酒饮,并食之。忌生冷。(闻人规《痘疹论》)疔疮恶肿:《普济方》:用荔枝五个或三个,不用双数,以狗粪中米淘净为末,与糯米粥同研成膏,摊纸上贴之。留一孔出毒气。《济生秘览》:用荔枝肉、白梅各三个。捣作饼子。贴于疮上,根即出也。风牙疼痛:《普济》:用荔枝连壳(烧存性),研末,擦牙即止。乃治诸药不效仙方也。孙氏《集效方》:用大荔枝一个,剔开填盐满壳,煅研,搽之即愈。呃逆不止:荔枝七个,连皮核烧存性,为末。白汤调下,立止。(杨拱《医方摘要》)

核

【气味】甘,温,涩,无毒。

【主治】心痛、小肠气痛,以一枚煨存性,研末,新酒调服(宗奭)。治癞疝气痛,妇人血气刺痛(时珍)。

【发明】时珍曰：荔枝核入厥阴，行散滞气，其实双结而核肖睾丸，故其治㿉疝卵肿，有述类象形之义。

【附方】新六。脾痛不止：荔枝核为末，醋服二钱。数服即愈。（《卫生易简方》）妇人血气刺痛：用荔枝核（烧存性）半两，香附子（炒）一两，为末。每服二钱，盐汤、米饮任下。名蠲痛散。（《妇人良方》）疝气㿗肿：孙氏：用荔枝核（炒黑色）、大茴香（炒）等分，为末。每服一钱，温酒下。《皆效方》：玉环来笑丹：用荔枝核四十九个，陈皮（连白）九钱，硫黄四钱。为末，盐水打面糊丸绿豆大。遇痛时，空心酒服九丸，良久再服。不过三服，甚效如神。亦治诸气痛。阴肾肿痛：荔枝核，烧研，酒服二钱。肾肿如斗：荔枝核、青橘皮、茴香等分，各炒研。酒服二钱，日三。

壳

【主治】痘疮出不爽快，煎汤饮之。又解荔枝热，浸水饮（时珍）。

【附方】新一。赤白痢：荔枝壳、橡斗壳（炒）、石榴皮（炒）、甘草（炙）各等分。每以半两，水一盏半，煎七分，温服，日二服。（《普济方》）

花及皮根

【主治】喉痹肿痛，用水煮汁，细细含咽，取瘥止（苏颂。出崔元亮《海上方》）。

龙眼（《本经》中品）

【校正】自木部移入此。

宗奭曰：龙眼专为果，未见入药。本草编入木部，非矣。

龙眼

【释名】龙目（《吴普》）、圆眼（俗名）、益智（《本经》）、亚荔枝（《开宝》），荔枝奴、骊珠、燕卵、蜜脾、鲛泪、川弹子（《南方草木状》）。

时珍曰：龙眼、龙目，象形也。《吴普本草》谓之龙目，又曰比目。曹宪《博雅》谓之益智。

弘景曰：广州有龙眼，非益智也，恐彼人别名耳。

志曰：甘味归脾，能益人智，故名益智，非今之益智子也。

颂曰：荔枝才过，龙眼即熟，故南人目为荔枝奴。又名木弹。晒干寄远，北人以为佳果，目为亚荔枝。

【集解】《别录》曰：龙眼生南海山谷。一名益智。其大者似槟榔。

时珍曰：龙眼正圆，《别录》、苏恭比之槟榔，殊不类也。其木性畏寒，白露后方可采摘，晒焙令干，成朵干者名龙眼锦。按范成大《桂海志》有山龙眼，出广中，色青，肉如龙眼，夏月实熟可啖，此亦龙眼之野生者欤？

实

【气味】甘,平,无毒。

恭曰:甘、酸,温。

李鹏飞曰:生者沸汤瀹过食,不动脾。

【主治】五脏邪气,安志厌食。除蛊毒,去三虫。久服强魂聪明,轻身不老.通神明(《本经》)。开胃益脾,补虚长智(时珍)。

【发明】时珍曰:食品以荔枝为贵,而资益则龙眼为良。盖荔枝性热,而龙眼性和平也。严用和《济生方》,治思虑劳伤心脾有归脾汤,取甘味归脾、能益人智之义。

【附方】新一。归脾汤:治思虑过度,劳伤心脾,健忘怔忡,虚烦不眠,自汗惊悸。用龙眼肉、酸枣仁(炒)、黄芪(炙)、白术(焙)、茯神各一两,木香、人参各半两,炙甘草二钱半,㕮咀。每服五钱,姜三片,枣一枚,水二钟,煎一钟,温服。(《济生方》)

核

【主治】胡臭。六枚,同胡椒二、七枚研,遇汗出即擦之(时珍)。

龙荔(《纲目》)

【释名】见下。

【集解】时珍曰:按范成大《桂海志》云:龙荔出岭南。状如小荔枝,而肉味如龙眼,其木之身、叶亦似二果,故名曰龙荔。三月开小白花,与荔枝同时熟,不可生啖,但可蒸食。

龙荔

实

【主治】甘,热,有小毒。生食令人发痫,或见鬼物(时珍。出《桂海志》)。

橄榄(宋《开宝》)

【释名】青果(《梅圣俞集》)、忠果(《记事珠》)、谏果(出《农书》)。

时珍曰:橄榄名义未详。此果虽熟,其色亦青,故俗呼青果。其有色黄者不堪,病物也。王祯云:其味苦涩,久之方回甘味。王元之作诗,比之忠言逆耳,世乱乃思之,故人名为谏果。

【集解】志曰:橄榄生岭南。树似木梡子树而高,端直可爱。结子形如生诃子,元棱瓣,八月、九月采之。又有一种波斯橄榄,生邕州。色类相似,但核作两瓣,蜜渍食之。

时珍曰:橄榄树高,将熟时以木钉钉之,或纳盐少许予皮内,其实一夕自落,亦物理之妙也。其子生食甚佳,蜜渍、盐藏皆可致远。其木脂状如黑胶者,土人采取,

榄 橄

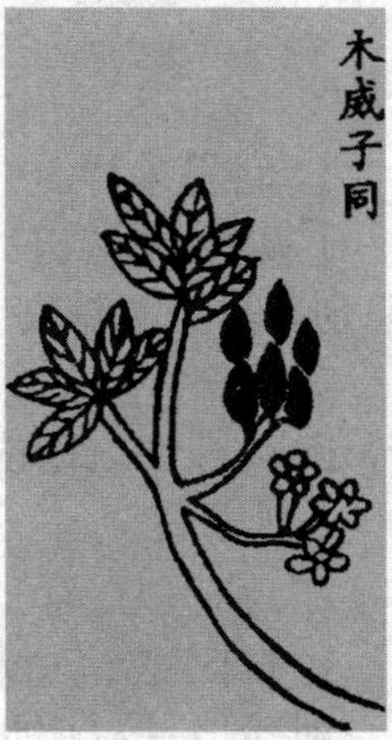

係之清烈，谓之榄香。杂以牛皮胶者，即不佳矣。又有绿榄，色绿。乌榄，色青黑，肉烂而甘。取肉捶碎干放，自有霜如白盐，谓之榄酱。青榄核内仁干小。惟乌榄仁最肥大，有文层叠如海螵蛸状而味甘美，谓之榄仁。又有一种方榄，出广西两江峒中，似橄榄而有三角或四角，即是波斯橄榄之类也。

实

【气味】酸、甘，温，无毒。

宗奭曰：味涩，良久乃甘。

时珍曰：橄榄盐过则不苦涩，同栗子食甚香。按《延寿书》云：凡食橄榄必去两头，其性热也。过白露摘食，庶不病痁。

【主治】生食、煮饮，并消酒毒，解鯸鲐鱼毒（《开宝》）。嚼汁咽之，治鱼鲠（宗奭）。生啖、煮汁，能解诸毒（苏颂）。开胃下气，止泻（大明）。生津液，止烦渴，治咽喉痛。咀嚼咽汁，能解一切鱼、鳖毒（时珍）。

【发明】志曰：鯸鲐鱼，即河豚也。人误食其肝及子，必迷闷至死，惟橄榄及木煮汁能解之。其木作舟楫，拨着鱼皆浮出，故知物有相畏如此者。

时珍曰：按《名医录》云：吴江一富人，食鳜鱼被鲠，横在胸中，不上不下，痛声动邻里，半月余几死。忽遇渔人张九，令取橄榄与食。时无此果，以核研末，急流水调服，骨遂下而愈。张九云：我父老相传，橄榄木作取鱼棹篦，鱼触着即浮出，所以知鱼畏橄榄也。今人煮河豚、团鱼，皆用橄榄，乃知橄榄能治一切鱼、鳖之毒也。

【附方】新四。初生胎毒：小儿落地时，用橄榄一个（烧研），朱砂末五分和匀，嚼生脂麻一口，吐唾和药，绢包如枣核大，安儿口中，待咂一个时顷，方可与乳。此药取下肠胃秽毒，令儿少疾，及出痘稀少也。（孙氏《集效方》）唇裂生疮：橄榄炒研，猪脂和涂之。牙齿风疳脓血有虫：用橄榄烧研，入麝香少许，贴之。（《圣惠方》）下部疳疮：橄榄烧存性，研末，油调敷之。或加孩儿茶等分。（《乾坤生意》）

榄仁

【气味】甘，平，无毒。

【主治】唇吻燥痛，研烂敷之（《开宝》）。

核

【气味】甘，涩，温，无毒。

【主治】磨汁服，治诸鱼骨鲠，及食鲙成积，又治小儿痘疮倒黡。烧研服之，治下血（时珍）。

【附方】新三。肠风下血：橄榄核，灯上烧存性，研末。每服二钱，陈米饮调下。（《仁斋直指方》）阴肾癞肿：橄榄核、荔枝核：山楂核等分，（烧存性，）研末。每服二钱，空心茴香汤调下。耳足冻疮：橄榄核烧研，油调涂之。（《乾坤生意》）

木威子(《拾遗》)

【释名】未详。

【集解】藏器曰:木威生岭南山谷。树高丈余,叶似楝叶。子如橄榄而坚,亦似枣,削去皮可为粽食。

时珍曰:木威子,橄榄之类也。陈氏说出顾微《广州记》中。而梁元帝《金楼子》云:橄榄树之南向者为橄榄,东向者为木威。此亦传闻谬说也。

实

【气味】酸、辛,无毒。

时珍曰:按《广州记》云:苦,涩。

【主治】心中恶水,水气(藏器)。

庵摩勒(《唐本》)

【校正】自木部移入此。

【释名】余甘子(《唐本》)、庵摩落迦果。

庵摩勒

藏器曰:《梵书》名庵摩勒,又名摩勒落迦果。其味初食苦涩,良久更甘,故曰余甘。

【集解】珣曰:生西国者,大小如枳橘子状。

时珍曰:余甘,泉州山中亦有之。状如川楝子,味类橄榄,亦可蜜渍、盐藏。其木可制器物。按陈祈畅《异物志》云:余甘树叶如夜合及槐叶,其枝如柘,其花黄。其子圆,大如弹丸,色微黄,有纹理如定陶瓜,核有五、六棱,初入口苦涩,良久饮水更甘,盐而蒸之尤美。其说与两苏所言相合。而《临海异物志》云:余甘子如梭形,大如梅子,其核两头锐,与橄榄一物异名也。然橄榄形长尖,余甘形圆,稍有不同,叶形亦异,盖二物也。又苏恭言其仁可入药,而未见主治何病,岂亦与果同功耶?

实

【气味】甘,寒,无毒。

珣曰:苦、酸、甘,微寒,涩。

【主治】风虚热气(《唐本》)。补益强气。合铁粉一斤用,变白不老。取子压汁,和油涂头,生发去风痒,令发生如漆黑也(藏器)。主丹石伤肺,上气咳嗽。久服,轻身延年长生。服乳石人,宜常食之(李珣)。为末点汤服,解金石毒(宗奭)。解硫黄毒(时珍。出《益部方物图》)。

【发明】宗奭曰:黄金得余甘则体柔,亦物类相感相伏也,故能解金石之毒云。

毗梨勒(《唐本草》)

【校正】自木部移入此。

【释名】三果。

毗梨勒

珣曰:木似诃梨勒,而子亦相似,但圆而毗,故以名之。毗,即脐也。

【集解】恭曰:毗梨勒出西域及南海诸国,岭南交、爱等州,戎人谓之三果。树似胡桃,子形亦似胡桃。核似诃梨勒,而圆短无棱,用亦同法。番人以此作浆甚热。

实

【气味】苦,寒,无毒。

珣曰:味苦带涩,微温无毒。作浆性热。

【主治】风虚热气,功同庵摩勒(《唐本》)。暖肠腹,去一切冷气。作浆染须发,变黑色(甄权)。下气,止泻痢。(大明)烧灰,干血有效(李珣)。

【发明】时珍曰:毗梨勒古方罕用,惟《千金方》补肾鹿角丸月三果浆吞之,云无则以酒代之。则此果亦余甘之类,而性稍温涩也。

【附方】新一。大风发脱:毗梨勒烧灰,频擦有效。(《圣惠方》)

没离梨(《拾遗》)

【集解】藏器曰:没离梨生西南诸国。似毗梨勒,上有毛少许也。

实

【气味】辛,平,无毒。

询曰:微温。

【主治】上气,下食(藏器)。主消食涩肠下气,及上气咳嗽。并宜人面药(李珣)。

五敛子(《纲目》)

【释名】五棱子(《桂海志》)、阳桃。

【时珍日】按稽含《草木状》云:南人呼棱为敛,故以为名。

【集解】时珍曰:五敛子出岭南及闽中,闽人呼为阳桃。其大如拳,其色青黄润绿,形甚诡异,状如田家碌碡,上有五棱如刻起,作剑脊形。皮肉脆软,其味初酸久甘,其核如柰。五月熟,一树可得数石,十月再熟。以蜜渍之,甘酢而美,俗亦晒干以充果食。又有三廉子，盖亦此类也。陈祈畅《异物志》云：三廉出熙安诸郡。南人呼棱为廉，虽名三廉，或有五、六棱者。食之多汁，味甘且酸，尤宜与众果参食。

五敛子

实

【气味】酸、甘、涩，平，无毒。

【主治】风热，生津止渴(时珍)。

五子实(《纲目》)

【集解】时珍曰：五子树今潮州有之。按裴渊《广州记》云：五子实，大如梨而内有五核，故名。

实

【气味】甘，温，无毒。

【主治】霍乱金疮，宜食之(时珍。《潮州志》)。

榧实(《别录》下品)

【校正】时珍曰：《别录》木部有榧实，又有棑华。《神农本草》鱼虫部有柀子，宋《开宝本草》退柀子入有名未用。今据苏恭之说，合并于下。

【释名】柀子(音彼。《神农》)、赤果(《日用》)、玉榧(《日用》)、玉山果。

榧实

时珍曰：榧亦作棑，其木名文木，斐然章采，故谓之榧。信州玉山县者为佳。故苏东坡诗云：彼美玉山果，粲为金盘实。柀子见下。

瑞曰：土人呼为赤果，亦曰玉榧。

【集解】《别录》曰：榧实生永昌。彼子生永昌山谷。

时珍曰：榧生深山中，人呼为野杉。按罗愿《尔雅翼》云：柀似杉而异于杉。彼有美实而木有文采，其木似桐而叶似杉，绝难长。木有牝牡，牡者华而牝者实。冬月开黄圆花，结实大小如枣。其核长如橄榄核，有尖者、不尖者，无棱而壳薄，黄白色。其仁可生啖，亦可焙收。以小而心实者为佳，一树不下数十斛。陶氏不识柀子，惟苏恭能辨为一物也。

榧实(《别录》)

【气味】甘，平，涩，无毒。

瑞曰：性热，同鹅肉食，生断节风，又上壅人，忌火气。

时珍曰：按《物类相感志》云：榧煮素羹，味更甜美。猪脂炒榧，黑皮自脱。榧子同甘蔗食，其渣自软。又云：榧子皮反绿豆，能杀人也。

【主治】常食，治五痔，去三虫蛊毒，鬼疰恶毒（《别录》）。食之，疗寸白虫（弘景）。消谷，助筋骨，行营卫，明目轻身，令人能食。多食一、二升，亦不发病（孟诜）。多食滑肠，五痔人宜之（宗奭）。治咳嗽白浊，助阳道（《生生编》）。

柀子（《本经》。旧作彼）

【气味】甘，温，有毒。

【主治】腹中邪气，去三虫，蛇螫蛊毒，鬼疰伏尸（《本经》）。

【发明】震亨曰：榧子，肺家果也。火炒食之，香酥甘美。但多食则引火入肺，大肠受伤尔。

时珍曰：榧实、柀子治疗相同，当为一物无疑。但《本经》柀子有毒，似有不同，亦因其能杀虫蛊尔。汪颖以粗柀为被子，终是一类，不甚相远也。

【附方】旧一，新五。寸白虫：诜曰：日食榧子七颗，满七日，虫皆化为水也。《外台秘要》：用榧子一百枚，去皮火燃，啖之，经宿虫消下也。胃弱者啖五十枚。好食茶叶面黄者：每日食榧子七枚，以愈为度。（杨起《简便方》）令发不落：榧子三个，胡桃二个，侧柏叶一两。捣浸雪水梳头，发永不落且润也。（《圣惠方》）猝吐血出：先食蒸饼两三个，以榧子为末，自汤服三钱，日三服。（《圣济总录》）尸咽痛痒、语言不出：榧实半两，芜荑一两，杏仁、桂各半两，为末，蜜丸弹子大，含咽。（《圣济总录》）

棑华（《别录》）

春月生采之。

藏器曰：即榧子华也。

【气味】苦。

【主治】水气，去赤虫，令人好色，不可久服（《别录》）。

海松子（宋《开宝》）

【释名】新罗松子。

【集解】志曰：海松子，状如小栗，三角。其中仁香美。东夷当果食之，亦代麻腐食之，与中国松子不同

炳曰：五粒松一丛五叶如钗，道家服食绝粒，子如巴豆，新罗往往进之。

颂曰：五粒字当作五鬣，音传讹也。五鬣为一丛，或有两鬣、七鬣者。松岁久则实繁。中原虽有，小而不及塞上者佳好也。

瑞曰：松子有南松、北松。华阴松形小壳薄，有斑极香；新罗者肉甚香美。

时珍曰：海松子出辽东及云南，其树与中国松树同，惟五叶一丛者，球内结子，大如巴豆而有三棱，一头尖尔，久收亦油。马志谓似小栗，殊失本体。中国松子大如柏子，亦可入药，不堪果食，详见木部松下。按段成式《酉阳杂俎》云：予种五鬣松

二株，根大如碗，结实与新罗、南诏者无别。其三鬣者，俗呼孔雀松。亦有七鬣者。或云：三针者为栝子松，五针者为松子松。

海松子

仁

【气味】甘，小温，无毒。

珣曰：新罗松子甘美大温，去皮食之甚香，与云南松子不同（云南松子似巴豆，其味不及），与卑占国偏桃仁相似。多食发热毒。

时珍曰：按《医说》云：食胡羊肉不可食松子；而《物类相感志》云：凡杂色羊肉入松子则无毒。其说不同，何哉？

【主治】骨节风，头眩，去死肌，变白，散水气，润五脏，不饥（《开宝》）。逐风痹寒气，虚羸少气，补不足，润皮肤，肥五脏（《大明》）。主诸风，温肠胃。久服，轻身延年不老（李珣）。润肺，治燥结咳嗽（时珍）。同柏子仁，治虚秘（宗奭）。

【发明】时珍曰：服食家用松子皆海松子。曰：中国松子，肌细力薄，只可人药耳。按《列仙传》云：偓佺好食松实，体毛数寸，走及奔马。又犊子少在黑山食松子、茯苓，寿数百岁。又赤松子好食松实、天门冬、石脂，齿落更生，发落更出，莫知所终。皆指此松子也。

【附方】旧一，新三。服松子法：七月取松实（过时即落难收也），去木皮，捣如膏收之。每服鸡子大，酒调下，日三服。百日身轻，三百日行五百里，绝谷，久服神仙。渴即饮水。亦可以炼过松脂同服之。（《圣惠方》）肺燥咳嗽：苏游凤髓汤：用松子仁一两，胡桃仁二两，研膏，和熟蜜半两收之。每服二钱，食后沸汤点服。（《外台秘要》）小儿寒嗽或作壅喘：用松子仁五个，百部（炒）、麻黄各三分，杏仁四十个（去皮尖，以少水略煮三、五沸，化白砂糖丸芡子大。每食后含化十丸，大妙。（钱乙《小儿方》）大便虚秘：松子仁、柏子仁、麻子仁等分，研泥，溶白蜡和，丸梧桐子大。每服五十丸，黄芪汤下。（寇宗奭）

槟榔（《别录》中品）

【校正】自木部移入此。

【释名】宾门（李当之《药对》）、仁频（音宾）、洗瘴丹。

时珍曰：宾与郎皆贵客之称。稽含《南方草木状》言：交广人凡贵胜族客，必先呈此果。若邂逅不设，用相嫌恨。则槟榔名义，盖取于此。雷敩《炮炙论》谓尖者为槟，圆者为榔，亦似强说。又颜师古注《上林赋》云：仁频即槟榔也。

诜曰：闽中呼为橄榄子。

【集解】《别录》曰：槟榔生南海。

弘景曰：此有三四种：出交州者，形小味甘。广州以南者，形大味涩；又有大者名猪槟榔。皆可作药。小者名蒳子，俗呼为槟榔孙，亦可食。

恭曰：生交州、爱州及昆仑。

时珍曰：槟榔树初生若笋竿积硬，引茎直上。茎干颇似桄榔、椰子而有节，旁无枝柯，条从心生。端顶有叶如甘蕉，条派开破，风至则如羽扇扫天之状。三月叶中肿起一房，因自拆裂，出穗凡数百颗，大如桃李。又生刺重累于下，以护卫其实。五月成熟，剥去其皮，煮其肉而干之。皮皆筋丝，与大腹皮同也。按汉喻益期与韩康伯笺云：槟榔，子既非常，木亦特异。大者三围，高者九丈。叶聚树端，房构叶下。华秀房中，子结房外。其擢穗似禾，其缀实似谷。其皮似桐而厚，其节似竹而概。其内空，其外劲。其屈如伏虹，其申如縋绳；本不大，末不小；上不倾，下不斜。调直亭亭，千百如一。步其林则寥朗，庇其阴则萧条。信可长吟远想。但性不耐霜，不得北植。必当遐树海南，辽然万里。弗遇长者之目，令人恨深也。又《竺法真罗山疏》云：山槟榔一名蒳子，生日南，树似栟榈而小，与槟榔同状。一丛十余干，一干十余房，一房数百子。子长寸余，五月采之，味近苦甘。观此，则山槟榔即蒳子，猪槟榔即大腹子也。苏颂以味甘者为山槟榔，涩者为猪槟榔，似欠分明。

槟榔

槟榔子

【修治】敩曰：头圆矮毗者为榔，形尖紫纹者为槟。槟力小，榔力大。凡使用白槟及存坐稳正、心坚有锦纹者为妙。半白半黑并心虚者，不入药用。以刀刮去底，细切之。勿令经火，恐无力。若熟使，不如不用。

时珍曰：近时方药亦有以火煨焙用者。然初生白槟榔，须本境可得。若他处者，必经煮熏，安得生者耶？又槟榔生食，必以扶留藤、古贲灰为使，相合嚼之，吐去红水一口，乃滑美不涩，下气消食。此三物相去甚远，为物各异，而相成相合如此，亦为异矣。俗谓"槟榔为命赖扶留"以此。古贲灰即蛎蚌灰也。贲乃蚌字之讹。瓦屋子灰亦可用。

【气味】苦、辛，温，涩，无毒。

甄权曰：味甘，大寒。

诜曰：多食亦发热。

【主治】消谷逐水，除痰澼，杀三虫，伏尸，疗寸白（《别录》）。治腹胀，生捣末服，利水谷道；敷疮，生肌肉止痛；烧灰，敷口吻白疮（苏恭）。宣利五脏六腑壅滞，破胸中气，下水肿，治心痛积聚（甄权）。除一切风，下一切气，通关节，利九窍，补五劳七伤，健脾调中，除烦，破癥结（大明）。主贲豚膀胱诸气，五膈气，风冷气，脚气，宿食不消（李珣）。治冲脉为病，气逆里急（好古）。治泻痢后重，心腹诸痛，大小便气秘，痰气喘急，疗诸疟，御瘴疠（时珍）。

【附方】旧十一，新十五。痰涎为害：槟榔为末，白汤每服一钱。（《御药院方》）呕吐痰水：白槟榔一颗（煨热），橘皮二钱半（炙）。为末。水一盏，煎半盏，温服。（《千金》）醋心吐水：槟榔四两，橘皮一两，为末。每服方寸匕，空心生蜜汤调下。（《梅师方》）伤寒痞满阴病下早成痞，按之虚软而不痛：槟榔、枳实等分。为末。每服二钱，黄连煎汤下。（《宣明方》）伤寒结胸已经汗、下后者：槟榔二两，酒二盏，煎一盏,分二服。(庞安时《伤寒论》)蛔厥腹痛:方同上。心脾作痛:鸡心槟榔、高良姜各一钱半,陈米百粒,同以水煎,服之。(《直指》)膀胱诸气:槟榔二枚,一生一熟,为木。酒煎服之,良。此太医秦鸣鹤方也。(《海药本草》)本脏气痛:鸡心槟榔,以小便磨半个服。或用热酒调末一钱服之。(《斗门方》)腰重作痛:槟榔为末,酒服一钱。(《斗门方》)脚气壅痛:以沙牛尿一盏,磨槟榔一枚。空心暖服。(《梅师脚气论》)胸气冲心闷乱不识人:用白槟榔十二分,为末,分二服,空心,暖小便五合调下,日二服。或入姜汁、温酒同服。(《广利》)脚气胀满非冷非热,或老人、弱人病此:用槟榔仁为末,以槟榔壳煎汁或茶饮、苏汤或豉汁调服二钱,甚利。(《外台秘要》)干霍乱病,心腹胀痛,不吐不利,烦闷欲死:用槟榔末五钱,童子小便半盏,水一盏,煎服。(《圣济总录》)大肠湿闷肠胃有湿,大便秘塞:大槟榔一枚。麦门冬煎汤磨汁温服。或以蜜汤调末二钱服,亦可。(《普济》)大小便闷:槟榔为末。蜜汤调服二钱。或以童子小便、葱白,同煎服之,亦良。(《普济方》)小便淋痛:面煨槟榔、赤芍药各半两,为末。每服三钱,入灯心,水煎,空心服,日二服。(《十便良方》)血淋作痛:槟榔一枚。以麦门冬煎汤,细磨浓汁一盏,顿热空心服,日二服。虫痔里急:槟榔为末,每日空心以白汤调服二钱。寸白虫病:槟榔二七枚,为末。先以水二升半,煮槟榔皮,取一升,空心,调末方寸匕服之,经日虫尽出。未尽再服,以尽为度。(《千金方》)诸虫在脏久不瘥者:槟榔半两炮,为末。每服一钱至二钱,空心以葱、蜜煎汤调服。(《简要济众》)金疮恶心:白槟榔四两,橘皮一两,为末。每空心生蜜汤服二钱。(《圣惠方》)丹从脐起:槟榔末,醋调敷之。(《本事方》)小儿头疮:水磨槟榔,晒取粉,和生油涂之。(《圣惠方》)

大腹子(宋《开宝》)

【校正】自木部移入此。

【释名】大腹槟榔(《图经》)、猪槟榔。

时珍曰:大腹以形名,所以别鸡心槟榔也。

【集解】志曰:大腹生南海诸国,所出与槟榔相似,茎、叶、根、干小异耳。

大腹子

【气味】辛,涩,温,无毒。

【主治】与槟榔同功(时珍)。

大腹皮

【修治】思邈曰:鸩鸟多集槟榔树上。凡用槟榔皮,宜先以酒洗,后以大豆汁再洗过,晒干入灰火烧煨,切用。

【气味】辛,微温,无毒。

【主治】冷热气攻心腹、大肠壅毒,痰膈醋心。并以姜、盐同煎,入疏气药用之,良(《开宝》)。下一切气,止霍乱,通大小肠,健脾开胃调中(大明)。降逆气,消肌肤中水气浮肿,脚气壅逆,瘴疟痞满,胎气恶阻胀闷(时珍)。

【附方】新二。漏疮恶秽:大腹皮煎汤洗之。(《直指》)乌癞风疮:大腹子,生者或干者,连全皮勿伤动,以酒一升浸之,慢火熬干为末,腊猪脂和敷。(《圣济总录》)

椰子(宋《开宝》)

【校正】自木部移入此。

【释名】越王头(《纲目》)、胥余。

时珍曰:按稽含《南方草木状》云:相传林邑王与越王有怨,使刺客乘其醉,取其首,悬于树,化为椰子,其核犹有两眼,故俗谓之越王头,而其浆犹如酒也。此说虽谬,而俗传以为口实。南人称其君长为爷,则椰名盖取于爷义也。相如《上林赋》作胥余,或作胥耶。

树头酒

《一统志》云:缅甸在滇南,有树类棕,高五六丈,结实如椰子。土人以罐盛曲,悬于实下,划其实,汁流于罐中以成酒,名树头酒。或不用曲,惟取汁熬为白糖。其树即贝树也,缅人取其叶写书。

严树酒

《一统志》云:琼州有严树,捣其皮叶,浸以清水,和以粳酿,或入石榴花叶,数日成酒,能醉人。又《梁书》云:顿逊国有酒树,似安石榴,取花汁贮杯中,数日成酒。盖此类也。又有文章草,可以成酒。

椰子瓤

【气味】甘,平,无毒。

【主治】益气(《开宝》)。治风(汪颖)。食之不饥,令人面泽(时珍。出《异物志》)。

椰子

椰子浆

【气味】甘,温,无毒。

珣曰:多食,冷而动气。

时珍曰:其性热,故饮之者多昏如醉状。《异物志》云:食其肉则不饥,饮其浆则增渴。

【主治】止消渴。涂头,益发令黑(《开宝》)。治吐血水肿,去风热(李珣)。

【发明】震亨曰:椰子生海南极热之地,土人赖此解夏月毒渴,天之生物,各因其材也。

椰子皮

【修治】颂曰：不拘时月采其根皮，入药炙用。一云：其实皮亦可用。

【气味】苦，平，无毒。

【主治】止血，疗鼻衄，吐逆霍乱，煮汁饮之（《开宝》）。治猝心痛，烧存性，研，以新汲水服一钱，极验（时珍。出龚氏方）。

壳

【主治】杨梅疮筋骨痛。烧存性，临时炒热，以滚酒泡服二三钱，暖覆取汗，其痛即止，神验（时珍）。

无漏子（《拾遗》）

【释名】千年枣（《开宝》）、万年枣（《一统志》）、海枣（《草木状》）、波斯枣（《拾遗》）、番枣（《岭表录异》）、金果（《辍耕录》），木名海棕（《岭表录异》）、凤尾蕉。

无漏子

时珍曰：无漏名义未详。千年、万岁，言其树性耐久也。曰海，曰波斯，曰番，言其种自外国来也。金果，贵之也。曰棕、曰蕉，象其干、叶之形也。番人名其木曰窟莽，名其实曰苦鲁麻枣。苦麻、窟莽，皆番音相近也。

实

【气味】甘，温，无毒。

【主治】补中益气，除痰嗽，补虚损，好颜色，令人肥健（藏器）。消食止咳，治虚羸，悦人。久服无损（李珣）。

桄榔子（宋《开宝》）

【校正】自木部移入此。

【释名】木名姑榔木（《临海异物志》）、面木（《伽蓝记》）、董棕（杨慎《卮言》）、铁木。

桄榔子

时珍曰：其木似槟榔而光利，故名桄榔。姑榔，其音讹也。面，言其粉也，铁言其坚也。

【集解】颂曰：桄榔木，岭南二广州郡皆有之，人家亦植之庭院间。其木似栟榈而坚硬，斫其内取面，大者至数石，食之不饥。其皮至柔，坚韧可以作绠。其子作穗生木端，不拘时月采之。按刘恂《岭表录异》云：桄榔木枝叶并蕃茂，与槟榔小异。然叶下有须如粗马尾，广人采之以织巾子；得咸水浸，即粗胀而韧，彼人以缚海舶,不用钉线。木性如竹,紫黑色,有纹理而坚,工人解之,以制博弈局。其树皮中有屑如面,可作饼食。

时珍曰:桄榔,二广、交、蜀皆有之。按郭义恭《广志》云:木大者四五围,高五六丈,拱直无旁枝。巅顶生叶数十,破似棕叶,其木肌坚,斫入数寸,得粉赤黄色,可食。又顾玠《海槎录》云:桄榔木身直如杉,又如棕榈、椰子、槟榔、波斯枣、古散诸树而稍异,有节似大竹。树杪挺出数枝,开花成穗,绿色。结子如青珠,每条不下百颗,一树近百余条,团团悬挂若伞,极可爱。其木最重,色类花梨而多纹,番舶用代铁枪,锋铓甚利。古散亦木名,可为杖,又名虎散。

子

【气味】苦,平,无毒。

【主治】破宿血(《开宝》)。

面

【气味】甘,平,无毒。

【主治】作饼炙食腴美,令人不饥,补益虚羸损乏,腰脚无力。久服轻身辟谷(李珣)。

莎木面(莎音梭,《海药》)

【校正】自木部移入此。

【释名】樓木(音襄)。

时珍曰:莎字韵书不载,惟孙愐《唐韵》莎字注云:树似桄榔。则莎字当作莎衣之莎。其叶离披如莎衣之状,故谓之莎也。张勃《吴录·地理志》言,交趾樓木,皮中有白粉如米屑,干之捣末,以水淋过似面,可作饼食者,即此木也。后人讹樓为莎,音相近尔。杨慎《卮言》乃谓樓木即桄榔,误矣。按左思《吴都赋》云:面有桄榔。又曰:文、樓、桢、橿,既是一物,不应两用矣。

【集解】藏器曰:莎木生岭南山谷。大者木皮内出面数斛,色黄白。

时珍曰:按刘欣期《交州记》云:都勾树似棕榈,木中出屑如桄榔面,可作饼饵。恐此即樓木也。

莎面

【气味】甘,平、温,无毒。

【主治】补益虚冷,消食(李珣)。温补。久食不饥,长生(藏器)。

波罗蜜(《纲目》)

波罗蜜

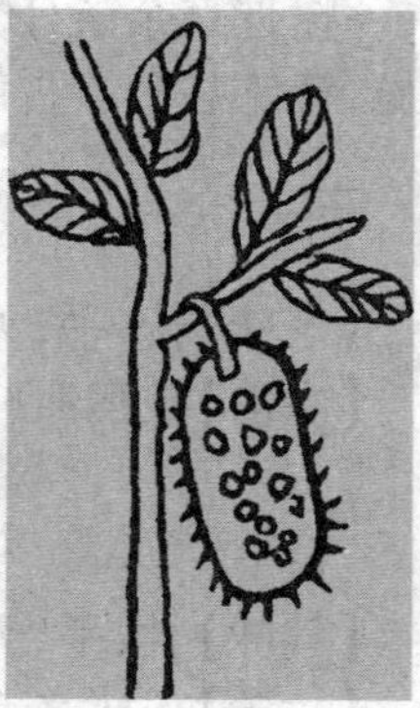

【释名】曩伽结。

时珍曰：波罗蜜，梵语也。因此果味甘，故借名之。安南人名曩伽结，波斯人名婆那娑，拂林人名阿萨獐，皆一物也。

【集解】时珍曰：波罗蜜生交趾、南邦诸国，今岭南、滇南亦有之。树高五六丈，树类冬青而黑润倍之。叶极光净，冬夏不凋。树至斗大方结实，不花而实，出于枝间，多者十数枚，少者五六枚，大如冬瓜，外有厚皮裹之，若栗球，上有软刺礌砢。五、六月熟时，颗重五六斤，剥去外皮壳，内肉层叠如橘囊，食之味至甜美如蜜，香气满室。一实凡数百核，核大如枣。其中仁如栗黄，煮炒食之甚佳。果中之大者，惟此与椰子而已。

瓤

【气味】甘、香、微酸，平，无毒。

【主治】止渴解烦，醒酒益气，令人悦泽（时珍）。

核中仁

【气味】同瓤。

【主治】补中益气，令人不饥轻健（时珍）。

无花果(《食物》)

无花果

【释名】映日果（《便民图纂》）、优昙钵（《广州志》）、阿驵（音楚）。

时珍曰：无花果凡数种，此乃映日果也。即广中所谓优昙钵，及波斯所谓阿驵也。

【集解】时珍曰：无花果出扬州及云南，今吴、楚、闽、越人家，亦或折枝插成。枝柯如枇杷树，三月发叶如花构叶。五月内不花而实，实出枝间，状如木馒头，其内虚软。采以盐渍，压实令扁，晒干充果食。熟则紫色，软烂甘味如柿而无核也。按《方舆志》云：广西优昙钵不花而实，状如枇杷。又段成式《酉阳杂俎》云：阿驵出波斯、拂林人呼为底珍树。长丈余，枝叶繁茂，叶有五丫如蓖麻，无花而实，色赤类椑柿，一月而熟，味亦如柿。二书所说，皆即此果也。又有文光果、天仙果、古度子，皆无花之果，并附于下：

【附录】文光果

出景州。形如无花果，肉味如栗，五月成熟。

天仙果

出四川。树高八、九尺，叶似荔枝而小，无花而实，子如樱桃，累累缀枝间，六、七月熟，其味至甘。宋祁《方物赞》云：有子孙枝，不花而实。薄言采之，味埒蜂蜜。

古度子

出交、广诸州。树叶如栗，不花而实，枝柯间生子，大如石榴及楂子而色赤，味醋，煮以为粽食之。若数日不煮，则化作飞蚁，穿皮飞去也。

实

【气味】甘，平，无毒。
【主治】开胃，止泄痢（汪颖）。治五痔，咽喉痛（时珍）。

叶

【气味】甘、微辛，平，有小毒。
【主治】五痔肿痛，煎汤频熏洗之，取效（震亨）。

阿勒勃（拾遗）

【校正】自木部移入此。
【释名】婆罗门皂荚（拾遗）波斯皂荚
时珍曰：婆罗门，西域国名；波斯，西南国名也。
【集解】藏器曰：阿勒勃生拂林国。状似皂荚而圆长，味甘好吃。
时珍曰：此即波斯皂荚也。按段成式酉阳杂俎云：波斯皂荚，彼人呼为忽野檐，拂林人呼为阿梨去伐。树长三四丈，围四五尺。叶似枸橼而短小，经寒不凋。不花而宝，荚长二尺，中有隔。隔内各有一子，大如指头，赤色至坚硬，中黑如墨，味甘如始可食，亦入药也。

子

【气味】苦，大寒，无毒。
【主治】心膈间热风，心黄，骨蒸寒热，杀三虫（藏器）。炙黄入药，治热病，下痰，通经络，疗小儿疳气（李珣）。
【附录】罗望子
时珍曰：按桂海志云：出广西。壳长数寸，如肥皂及刀豆，色正丹，内有二三子，煨食甘美。

果 棠 沙

沙棠果(《纲目》)

【集解】时珍曰:按《吕氏春秋》云:果之美者,沙棠之实。今岭外宁乡、泷水、罗浮山中皆有之。木状如棠,黄花赤实,其味如李而无核。

实

【气味】甘,平,无毒。

【主治】食之,却水病(时珍。《山海经》)。

梌子(音蟾。《拾遗》)

【集解】藏器曰:梌子似梨,生江南,左思《吴都赋》"梌、留御霜"是也。

时珍曰:梌、留,二果名。按薛莹《荆阳以南异物志》云:梌子树,南越、丹阳诸郡山中皆有之。其实如梨,冬熟味酢。刘子树生交广、武平、兴古诸郡山中。三月着花,结实如梨,七八月熟,色黄,味甘、酢,而核甚坚。

实

【气味】甘,涩,平,无毒。

【主治】生食之,止水痢。熟和蜜食之,去嗽(藏器)。

麂目(《拾遗》)

【校正】自木部移入此。

【释名】鬼目。

藏器曰:此出岭南,状如麂目,故名。陶氏注豆蔻引麂目小冷,即此也。后人讹为鬼目。

【集解】时珍曰:鬼目有草木三种:此乃木生者,其草鬼目别见草部白英下,又羊蹄菜亦名鬼目,并物异名同。按刘欣期《交州记》云:鬼目出交趾、九真、武平、兴古诸处。树高大似棠梨,叶似楮而皮白,二月生花,仍连着子,大者如木瓜,小者如梅李,而小斜不周正。七八月熟,色黄味酸,以蜜浸食之佳。

【气味】酸、甘,小冷,无毒。多食,发冷痰(藏器)。

都桷子(《拾遗》)

【释名】构子。

时珍曰:桷音角。《太平御览》作桶子(音同上声),盖传写之讹也。亦与楮构之构，名同实异。陈祈畅《异物志赞》云：构子之树，枝叶四布。名同种异，实味甜酢。果而无核，里面如素。析酒止酲，更为遗赂。

【解集】珣曰：按徐表《南州记》云：都桷子生广南山谷。树高丈余，二月开花，连着实，大如鸡卵，七月熟。

时珍曰：按魏王《花木志》云：都桷树出九真、交趾，野生。二、三月开花，赤色。子似木瓜，八、九月熟，俚民取食之，味酢，以盐、酸沤食，或蜜藏皆可。一云状如青梅。

实

【气味】酸、涩，平，无毒。

【主治】久食，益气止泄(藏器)。安神温肠，治痔。久服无损(李珣)。解酒，止烦渴(时珍)。

都念子(《拾遗》)

【释名】倒捻子(详下文)。

【集解】藏器曰：杜宝《拾遗录》云：都念子生岭南。隋炀帝时进百株，植于西苑。树高丈余，叶如白杨，枝柯长细。花心金色，花赤如蜀葵而大。子如小枣，蜜渍食之，甘美益人。

子念都

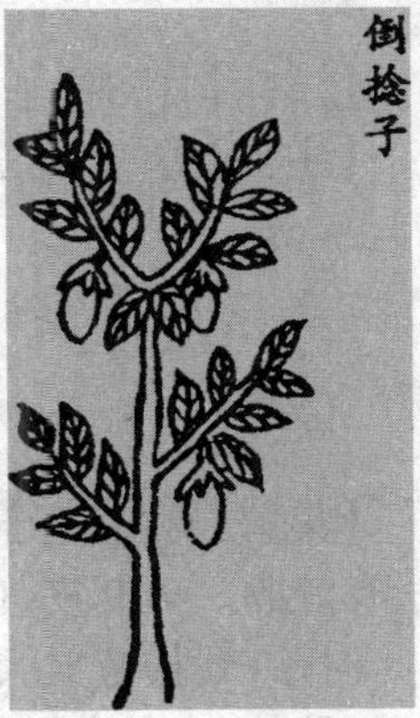

时珍曰：按刘恂《岭表录异》云：倒捻子窠丛不大，叶如苦李。花似蜀葵，小而深紫，南中妇女多用染色。子如软柿，外紫内赤，无核，头上有四叶如柿蒂。食之必捻其蒂。故谓之倒捻子，讹而为都念子也。味甚甘软。

实

【气味】甘、酸，小温，无毒。

【主治】痰嗽哕气(藏器)。暖腹脏，益肌肉(时珍。《岭表录异》)。

都咸子(《拾遗》)

【校正】自木部移入此。

【集解】藏器曰：都咸子生广南山谷。按徐表《南州记》云：其树如李，子大如指。取子及皮、叶曝干，作饮极香美也。

时珍曰：按嵇含《南方草木状》云：都咸树出日南。三月生花，仍连着实，大如指，长三寸，七八月熟，其色正黑。

子及皮、叶

【气味】甘，平，无毒。

【主治】火干作饮，止渴润肺，去烦除痰（藏器）。去伤寒清涕，咳逆上气，宜煎服之（李珣）。

摩厨子（《拾遗》）

【集解】珣曰：摩厨二月开花，四五月结实，如瓜状。

时珍曰：又有齐墩果、德庆果，亦其类也。今附于下：

【附录】齐墩果

《酉阳杂俎》云：齐墩树生波斯及拂林国。高二三丈，皮青白，花似柚极香。子似杨桃，五月熟，西域人压为油以煎饼果，如中国之用巨胜也。

德庆果

《一统志》云：广之德庆州出之。其树冬荣，子大如杯，炙而食之，味如猪肉也。

实

【气味】甘，香，平，无毒。

【主治】益气，润五脏。久服令人肥健（藏器）。安神养血生肌，久报轻健（李珣）。

韶子（《拾遗》）

【集解】藏器曰：韶子生岭南。按裴渊《广州记》云：韶叶如栗，赤色。子大如栗，有棘刺。破其皮，内有肉如猪肪，着核不离，味甘酢，核如荔枝。

时珍曰：按范成大《虞衡志》云：广南有山韶子，夏熟，色红，肉如荔枝。又有藤韶子，秋熟，大如凫卵柿也。

实

【气味】甘，温，无毒。

【主治】暴痢，心腹冷气（藏器）。

马槟榔（《会编》）

【释名】马金囊（《云南志》）、马金南（《记事珠》）、紫槟榔（《纲目》）。

【集解】时珍曰：马槟榔生滇南金齿、沅江诸夷地，蔓生。结实大如葡萄，紫色味甘。内有核，颇似大风子而壳稍薄，团长斜扁不等。核内有仁，亦甜。

马槟榔

实

【气味】甘，寒，无毒。

核仁

【气味】苦、甘，寒，无毒

机曰：凡嚼之者，以冷水一口送下，其甜如蜜，亦不伤人也。

【主治】产难，临时细嚼数枚，井华水送下，须臾立产。再以四枚去壳，两手各握二枚，恶水自下也。欲断产者，常嚼二枚，水下。久则子宫冷，自不孕矣（汪机）。伤寒热病，食数枚，冷水下。又治恶疮肿毒，内食一枚，冷水下；外嚼涂之，即无所伤（时珍）。

枳椇（音止矩。《唐本草》）

【校正】自木部移入此，并入《拾遗》木蜜。

【释名】蜜枳椇（音止矩）、蜜屈律（《广记》）、木蜜（《拾遗》）、木饧（同上）、木珊瑚（《广志》）、鸡距子（苏文）、鸡爪子（俗名），木名白石木（《唐注》）、金钩木（《地志》）、枅栱（音鸡拱）、交加枝

枳椇

时珍曰：枳椇徐锴注《说文》作枳椒，又作枳枸，皆屈曲不伸之意。此树多枝而曲，其子亦券曲，故以名之。曰蜜、曰饧，因其味也。曰珊瑚、曰鸡距、曰鸡爪，象其形也。曰交加、曰枅栱棋，言其实之纽屈也。枅栱，枋梁之名。按《雷公炮炙》序云：弊箅淡卤，如酒沾交。注云：交加枝，即蜜枳椒也。又《诗话》云：子生枝端，横折歧出，状若枅栱，故土人谓之枅栱也。珍谓：枅栱及俗称鸡矩，蜀人之称桔枸、棘枸，滇人之称鸡橘子，巴人之称金钩，广人之称结留子，散见书记者，皆枳栱、鸡距之字，方音转异尔。俗又讹鸡爪为曹公爪，或谓之梨枣树，或谓之癞汉指头，崔豹《古今注》一名树蜜，一名木石，皆一物也。

实

【气味】甘，平，无毒。

诜曰：多食发蛔虫。

【主治】头风，小腹拘急（《唐本》）。止渴除烦，去膈上热，润五脏，利大小便，功用同蜂蜜。枝、叶煎膏亦同（藏器）。止呕逆，解酒毒，辟虫毒（时珍）。

木汁

【气味】同枳椇。

【附方】新一。腋下狐气:用桔枸树凿孔,取汁一二碗,用青木香、东桃、西柳、七姓妇人乳,一处煎一二沸。就热,于五月五日鸡叫时洗了,将水放在十字路口,速回勿顾,即愈。只是他人先遇者,必带去也。桔枸树即梨枣树也。(胡濙《卫生易简方》)

木皮

【气味】甘,温,无毒。

【主治】五痔,和五脏(《唐本》)。

本草纲目果部第三十二卷

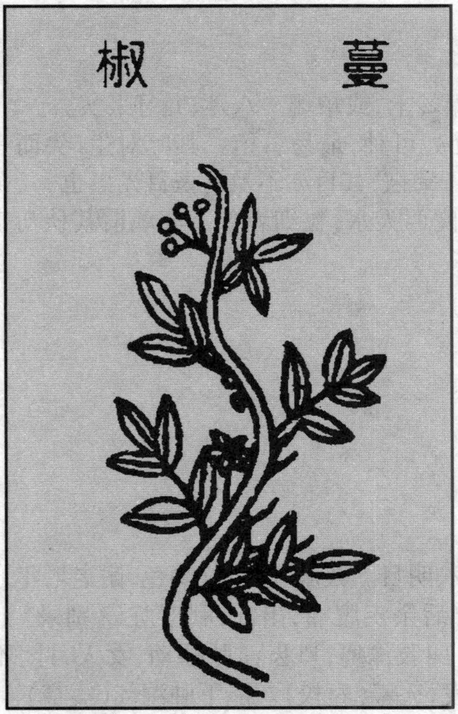

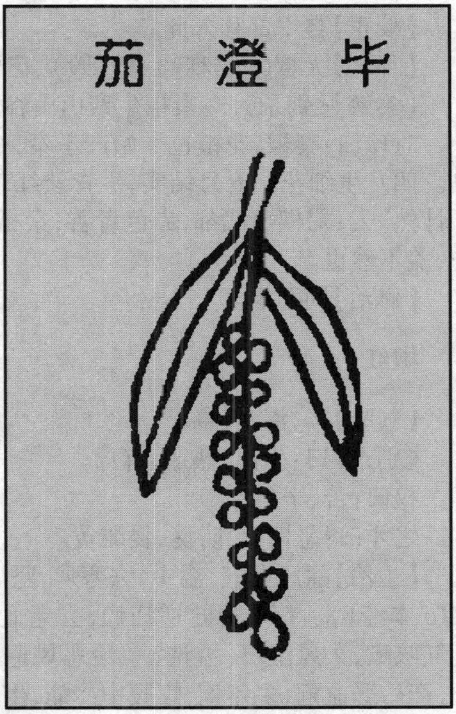

本草纲目果部第三十二卷

秦椒(《本经》中品)

【校正】自木部移入此。

【释名】大椒(《尔雅》)、椴(毁)、花椒。

【集解】《别录》曰:秦椒生泰山山谷及秦岭上,或琅琊。八月、九月采实。

时珍曰:秦椒,花椒也。始产于秦,今处处可种,最易蕃衍。其叶对生,尖而有刺。四月生细花。五月结实,生青熟红,大于蜀椒,其目亦不及蜀椒目光黑也。《范子计然》云:蜀椒出武都,赤色者善;秦椒出陇西天水,粒细者善。苏颂谓其秋初生花,盖不然也。

【修治】同蜀椒。

椒红

【气味】辛,温,有毒。

《别录》曰:生温、熟寒,有毒。

权曰:苦、辛。

之才曰:恶栝蒌、防葵,畏雌黄。

【主治】除风邪气,温中,去寒痹,坚齿发,明目。久服,轻身好颜色,耐老增年通神(《本经》)。疗喉痹吐逆疝瘕,去老血,产后余疾腹痛,出汗,利五脏(《别录》)。上气咳嗽,久风湿痹(孟诜)。治恶风遍身,四肢瘰痹,口齿浮肿摇动,女人月闭不通,产后恶血痢,多年痢,疗腹中冷痛,生毛发,灭瘢(甄权)。能下肿湿气(震亨)。

【附方】旧六。膏瘅尿多,其人饮少:用秦椒一分(出汗),瓜蒂二分,为末。水服方寸匕,日三服。(《伤寒类要》)手足心肿,乃风也:椒、盐末等分,醋和敷之,良。(《肘后方》)损疮中风:以面作馄饨,包秦椒,于灰中烧之令热,断使开口,封于疮上,冷即易之。(孟诜《食疗》)久患口疮:大椒,去闭口者,水洗面拌,煮作粥,空腹吞之,以饭压下。重者可再服,以瘥为度。(《食疗本草》)牙齿风痛:秦椒煎醋含漱。(孟诜《食疗》)百虫入耳:椒末一钱,醋半盏,浸良久,稍稍滴入,自出。(《续十全方》)

蜀椒(《本经》下品)

【校正】自木部移入此。

【释名】巴椒(《别录》)、汉椒(《日华》)、川椒(《纲目》)、南椒(《炮炙论》)、蓎藙(唐毅)、点椒。

时珍曰:蜀,古国名。汉,水名。今川西成都、广汉、潼川诸处是矣。巴亦国名,又水名。今川东重庆、夔州、顺庆、阆中诸处是矣。川则巴蜀之总称,因岷、沱、黑、白四大水,分东、西、南、北为四川也。

【集解】《别录》曰:蜀椒生武都山谷及巴郡。八月采实,阳干。

时珍曰:蜀椒肉厚皮皱,其子光黑,如人之瞳仁,故谓之椒目。他椒子虽光黑,亦不似之。若土椒,则子无光彩矣。

【修治】敩曰:凡使南椒须去目及闭口者,以酒拌湿蒸,从巳至午,放冷密盖,无气后取出,便入瓷器中,勿令伤风也。

宗奭曰:凡用秦椒、蜀椒,并微炒使出汗,乘热入竹筒中,以梗捣去里面黄壳,取红用,未尽再捣。或只炒热,隔纸铺地上,以碗覆,待冷碾取红用。

椒红

【气味】辛,温,有毒。

《别录》曰:大热。多食,令人乏气喘促。口闭者杀人。

之才曰:杏仁为之使,得盐味佳,畏款冬花、防风、附子、雄黄。可收水银。中其毒者,凉水、麻仁浆解之。

【主治】邪气咳逆,温中,逐骨节皮肤死肌,寒湿痹痛,下气。久服头不白,轻身增年(《本经》)。除六腑寒冷,伤寒温疟大风汗不出,心腹留饮宿食,肠澼下痢,泄精,女子字乳余疾,散风邪瘕结,水肿黄疸,鬼疰蛊毒,杀虫、鱼毒。久服开腠理,通血脉,坚齿发,明目,调关节,耐寒暑,可作膏药(《别录》)。治头风下泪,腰脚不遂,虚损留结,破血,下诸石水,治咳嗽,腹内冷痛,除齿痛(甄权)。破癥结开胸,治天行时气,产后宿血,壮阳,疗阴汗,暖腰膝,缩小便,止呕逆(大明)。通神去老,益血,利五脏,下乳汁,灭瘢,生毛发(孟诜)。散寒除湿,解郁结,消宿食,通三焦,温脾胃,补右肾命门,杀蛔虫,止泄泻(时珍)。

【附方】旧十二,新二十三。椒红丸:治元脏伤惫,目暗耳聋。服此百日,觉身轻少睡,足有力,是其效也。服及三年,心智爽悟,目明倍常,面色红悦,髭发光黑。用蜀椒去目及合口者,炒出汗,曝干,捣取红一斤。以生地黄捣自然汁,入铜器中煎至一升,候稀稠得所,和椒末丸梧桐子大。每空心暖酒下三十丸。合药时勿令妇人、鸡、犬见。诗云:其椒应五行,其仁通六义。欲知先有功,夜间无梦寐。四时去烦劳,五脏调元气。明目腰不痛,身轻心健记。别更有异能,三年精自秘。回老返婴童,康强不思睡。九虫顿消亡,三尸自逃避。若能久饵之,神仙应可冀。补益心肾:《仙方》椒苓丸:补益心肾,明目驻颜,顺气祛风延年。真川椒一斤(炒去汗),白茯苓十两(去皮)。为末,炼蜜丸梧桐子大。每服五十丸,空心盐汤下。忌铁器。(邵真人《经验方》）虚冷短气：川椒三两，去目并合口者，以生绢袋盛，浸无灰酒五升中三日，随性饮之。腹内虚冷：用生椒择去不拆者，用四十粒，以浆水浸一宿，令合口，空心新汲水吞下。久服暖脏腑，驻颜黑发、明目，令人思饮食。（《斗门方》）心腹冷痛：以布裹椒安痛处，用熨斗熨令椒出汗，即止。（孙真人方）冷虫心痛：川椒四两，炒出汗，酒一碗淋之，服酒。（《寿域神方》）阴冷入腹：有人阴冷，渐渐冷气入阴囊肿满，日夜疼闷欲死。以布裹椒包囊下，热气大通，日再易之，以消为度。（《千金》）呃噫不止：川椒四两，炒研，面糊丸梧桐子大。每服十丸，醋汤下，神效。（邵以正《经验方》）传尸劳疰：最杀劳虫。用真川椒红色者，去子及合口，以黄草纸二重隔之，炒出汗，取放地上，以砂盆盖定，以火灰密遮四旁，约一时许，为细末，去壳，以老酒浸白糕和，丸梧子大。每服四十丸，食前盐汤下。服至二斤，其疾自愈。此药兼治诸痹，用肉桂煎汤下；腰痛，用茴香汤下；肾冷，用盐汤下。昔有一人病此，遇异人授是方，服至二斤，吐出一虫如蛇而安，遂名神授丸。（陈言《三因方》）历节风痛：白虎历节风，痛甚，肉理枯虚，生虫游走痒痛，兼治痹疾，半身不遂。即上治劳疰神授丸方。（《世医得效方》）

椒目

【气味】苦，寒，无毒。

权曰：苦、辛，有小毒。

【主治】水腹胀满，利小便（苏恭）。治十二种水气，及肾虚耳猝鸣聋，膀胱急（甄权）。止气喘（震亨）。

【发明】权曰：椒气下达，故椒目能治肾虚耳鸣。用巴豆、菖蒲同碾细，以松脂、黄蜡溶和为挺，纳耳中抽之。治肾气虚，耳中如风水鸣，或如打钟磬之声，猝暴聋者。一日一易，神验。

时珍曰：椒目下达，能行渗道，不行谷道，所以能下水燥湿、定喘消蛊也

【附方】新六。水气肿满：椒目炒，捣如膏，每酒服方寸匕。（《千金方》）留饮腹痛：椒目二两，巴豆一两（去皮心）。熬捣，以枣膏和丸麻子大。每服二丸，吞下其痛即止。又方：椒目十四枚，巴豆一枚，豉十六枚，合捣为二丸。服之，取吐利。（《肘后方》）痔漏肿痛：椒目一撮，碾细。空心水服三钱，如神。（《海上方》）崩中带下：椒目炒碾细，每温酒服一勺。（《金匮钩玄》）眼生黑花：年久不可治者。椒目（炒）一两，苍术（炒）一两。为末，醋糊丸梧桐子大。每服二十丸，醋汤下。（《本事方》）

叶

【气味】辛，热，无毒。

【主治】奔豚、伏梁气，及内外肾钓，并霍乱转筋，和艾及葱碾，以醋拌罨之（大明）。杀虫，洗脚气及漆疮（时珍）。

根

【气味】辛，热，微毒。

【主治】肾与膀胱虚冷，血淋色瘀者，煎汤细饮。色鲜者勿服（时珍。出《证治

要诀》)。

崖椒(宋《图经》)

崖椒

【释名】野椒。

【集解】颂曰:施州一种崖椒,叶大于蜀椒,彼土人四季采皮入药。

时珍曰:此即俗名野椒也。不甚香,而子灰色不黑,无光。野人用炒鸡、鸭食。

椒红

【气味】辛,热,无毒。

忌盐。

时珍曰:有毒。

【主治】肺气上喘,兼咳嗽。并野姜为末,酒服一钱匕(苏颂)。

蔓椒(《本经》下品)

蔓椒

【校正】自木部移入此。

【释名】猪椒(《别录》)、豕椒(《本经》)、彘椒(《别录》)、豨椒(弘景)、狗椒(《别录》)、金椒(《图经》)。

时珍曰:此椒蔓生,气臭如狗、彘,故得诸名。

【集解】《别录》曰;蔓椒生云中川谷及丘冢间。采茎根,煮酿酒。

弘景曰:山野处处有之,俗呼为樛子。似椒、榄而小,不香,一名豨椒。可以蒸病出汗。

时珍曰:蔓椒野生林箐间,枝软如蔓,子、叶皆似椒,山人亦食之。《尔雅》云:椒椴丑梂,谓其子丛生也。陶氏所谓樛子,当作梂子,诸椒之通称,非独蔓椒也。

实、根、茎

【气味】苦,温,无毒。

【主治】风寒湿痹,历节疼,除四肢厥气,膝痛,煎汤蒸浴,取汗(《本经》)。根主痔,烧末服,并煮汁浸之(藏器)。贼风挛急(孟诜)。通身水肿,用枝叶煎汁,熬如饧状,每空心服一匙,日三服(时珍。出《千金》)。

地椒(宋《嘉祐》)

【校正】自草部移入此。

地椒

【集解】禹锡曰:地椒出上党郡。其苗覆地蔓生,茎、叶甚细,花作小朵,色紫白,因旧茎而生。

时珍曰:地椒出北地,即蔓椒之小者。贴地生叶,形小,味微辛。土人以煮羊肉食,香美。

实

【气味】辛,温,有小毒。

【主治】淋渫肿痛。可作杀蛀虫药(《嘉祐》)。

【附方】新一。牙痛:地花椒、川芎劳尖等分。为末,擦之。(《海上名方》)

胡椒(《唐本草》)

【校正】自木部移入此。

【释名】昧履支。

胡椒

时珍曰:胡椒,因其辛辣似椒,故得椒名,实非椒也。

【集解】恭曰:胡椒生西戎。形如鼠李子,调食用之,味甚辛辣。

慎微曰:按段成式《酉阳杂俎》云:胡椒出摩伽陀国,呼为昧履支。其苗蔓生,茎极柔弱,叶长寸半。有细条与叶齐,条条结子,两两相对。其叶晨开暮合,合则裹其子于叶中。形似汉椒,至辛辣,六月采,今食料用之。

时珍曰:胡椒,今南番诸国及交趾、滇南、海南诸地皆有之。蔓生附树及作棚引之。叶如扁豆、山药辈。正月开黄白花,结椒累累,缠藤而生,状如梧桐子,亦无核,生青熟红,青者更辣。四月熟,五月采收,曝干乃皱。今遍中国食品,为日用之物也。

实

【气味】辛,大温,无毒。

时珍曰:辛热纯阳,走气助火,昏目发疮。

珣曰:多食损肺,令人吐血。

【主治】下气温中去痰,除脏腑中风冷(《唐本》)。去胃口虚冷气,宿食不消.霍乱气逆,心腹猝痛,冷气上冲(李珣)。调五脏,壮肾气,治冷痢,杀一切鱼、肉、鳖、蕈毒(大明)。去胃寒吐水,大肠寒滑(宗奭)。暖肠胃,除寒湿,反胃虚胀,冷积阴毒,牙齿浮热作痛(时珍)。

【发明】宗奭曰:胡椒去胃中寒痰,食已则吐水甚验。大肠寒滑亦可用,须以他药佐之,过剂则走气也。

时珍曰:胡椒大辛热,纯阳之物,肠胃寒湿者宜之。热病人食之,动火伤气,阴受其害。时珍自少嗜之,岁岁病目,而不疑及也。后渐知其弊,遂痛绝之,目病亦止。才食一二粒,即便昏涩。此乃昔人所未试者。盖辛走气,热助火,此物气味俱厚故也。病咽喉口齿者,亦宜忌之。近医每以绿豆同用,治病有效。盖豆寒椒热,阴阳配合得宜,且以豆制椒毒也。按张从正《儒门事亲》云:噎膈之病,或因酒得,或因气得,或因胃火。医氏不察,火里烧姜,汤中煮桂;丁香未已,豆蔻继之;荜茇未已,胡椒继之。虽曰和胃,胃本不寒;虽曰补胃,胃本不虚。况三阳既结,食必上潮,只宜汤丸小小润之可也。时珍窃谓此说虽是,然亦有食入反出、无火之证,又有痰气郁结、得辛热暂开之证,不可执一也。

【附方】旧二,新二十二。心腹冷痛:胡椒三七枚,清酒吞之。或云一岁一粒。(孟诜《食疗》)心下大痛:《寿域方》:用椒四十九粒,乳香一钱,研匀。男用生姜、女用当归酒下。又方:用椒五分,没药三钱,研细。分二服,温酒下。又方:胡椒、绿豆各四十九粒研烂,酒下神效。霍乱吐泻:孙真人:用胡椒三十粒,以饮吞之。《直指方》:用胡椒四十九粒,绿豆一百四十九粒。研匀,木瓜汤服一钱。反胃吐食:戴原礼方:用胡椒醋浸,晒干,如此七次,为末,酒糊丸梧桐子大。每服三、四十丸,醋汤下。《圣惠方》:用胡椒七钱半,煨姜一两,水煎,分二服。《是斋百一方》:用胡椒、半夏(汤泡)等分,为末,姜汁糊丸梧桐子大。每姜汤下三十丸。夏月冷泻及霍乱:用胡椒碾末,饭丸梧桐子大。每米饮下四十丸。(《卫生易简方》)赤白下痢:胡椒、绿豆各一岁一粒,为末,糊丸梧桐子大。红用生姜、白用米汤下。(《集简方》)大小便闭,关格不通,胀闷二三日则杀人:胡椒二十一粒,打碎,水一盏,煎六分,去滓,入芒硝半两,煎化服。(《总录》)小儿虚胀:塌气丸:用胡椒一两,蝎尾半两。为末,面糊丸粟米大。每服五七丸,陈米饮下。一加莱菔子半两。(钱乙方)虚寒积癖在背膜之外,流于两胁,气逆喘急,久则营卫凝滞,溃为痈疽,多致不救:用胡椒二百五十粒,蝎尾四个,生木香二钱半,为末,粟米饭丸绿豆大。每服二十丸,橘皮汤下。名磨积丸。(《济生方》)房劳阴毒:胡椒七粒,葱心二寸半,麝香一分,捣烂,以黄蜡溶和,做成条子,插入阴内,少顷汗出即愈。(孙氏《集效方》)惊风内钓:胡椒、木鳖子仁等分。为末,醋调黑豆末,和杵,丸绿豆大。每服三四十丸,荆芥汤下。(《圣惠》)发散寒邪:胡椒、丁香各七粒。碾碎,以葱白捣膏,和涂两手心,合掌握定,夹于大腿内侧,温覆取汗则愈。(《伤寒蕴要》)伤寒咳逆,日夜不止,寒气攻胃也:胡椒三十粒(打碎),麝香半钱,酒一钟,煎半钟,热服。(《圣惠方》)风虫牙痛:《卫生易简方》:用胡椒、荜茇等分,为末,蜡丸麻子大。每用一丸,塞蛀孔中。《韩氏医通》:治风、虫、客寒,三般牙痛,呻吟不止。用胡椒九粒,绿豆十一粒,布裹捶碎,以丝绵包作一粒,患处咬定,涎出吐去,立愈。《普济方》:用胡椒一钱半,以羊脂拌打四十丸,擦之追涎。阿伽陀丸:治妇人血崩。用胡椒、紫檀香、郁金、茜根、小柏皮等分。为末,水丸梧桐子大。每服二十丸,阿胶汤下。时珍曰:按《酉阳杂俎》:胡椒出摩伽陀国。此方之名,因此而讹者也。沙石淋痛:胡椒、朴硝等分。为末。每服用二钱,白汤下,日二。名二拗散。(《普济方》)蜈蚣咬伤:胡椒,嚼封之,即不痛。(《多能

鄙事》)

毕澄茄(宋《开宝》)

【校正】自草部移入此。

【释名】毗陵茄子。

时珍曰:皆番语也。

【集解】藏器曰:毕澄茄生佛誓国。状似梧桐子及蔓荆子而微大。

茄澄毕

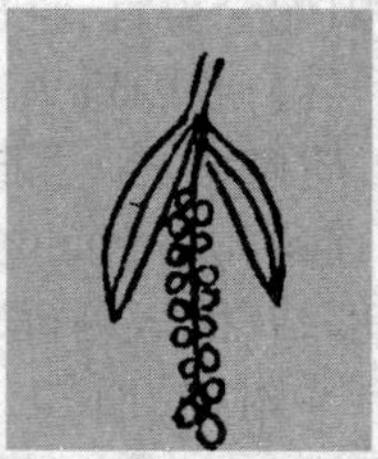

珣曰:胡椒生南海诸国。向阴者为澄茄,向阳者为胡椒。按顾微《广州志》云:澄茄生诸海国,乃嫩胡椒也。青时就树采摘,柄粗而蒂圆。

颂曰:今广州亦有之。春夏生叶,青滑可爱。结实似梧桐子,微大。八月、九月采之。

时珍曰:海南诸番皆有之。蔓生,春开白花,夏结黑实,与胡椒一类二种,正如大腹之与槟榔相近耳。

【修治】敩曰:凡采得,去柄及皱皮了,用酒浸蒸之,从巳至酉,杵细晒干,入药用。

实

【气味】辛,温,无毒。

珣曰:辛、苦,微温。

【主治】下气消食,去皮肤风,心腹间气胀,令人能食,疗鬼气。能染发及香身(藏器)。治一切冷气痰澼,并霍乱吐泻,肚腹痛,肾气膀胱冷(大明)。暖脾胃,止呕吐哕逆(时珍)。

【附方】旧一,新五。脾胃虚弱,胸膈不快,不进饮食:用荜澄茄为末,姜汁打神曲糊,丸梧桐子大。每姜汤下七十丸,日二服。(《济生方》)噎食不纳:荜澄茄、白豆蔻等分。为末。干舐之。(《寿域神方》)反胃吐食,吐出黑汁,治不愈者:用荜澄茄为末,米糊丸梧桐子大。每姜汤下三、四十丸,日一服。愈后服平胃散三百帖。(《永类钤方》)伤寒咳逆呃噫,日夜不定者:用荜澄茄、高良姜各等分,为末。每服二钱,水六分,煎十沸,入酢少许,服之。(苏颂《图经》)痘疮入目,羞明生翳:荜澄茄末,吹少许入鼻中,三五次效。(《飞鸿集》)鼻塞不通,肺气上攻而致者:荜澄茄丸:用荜澄茄半两,薄荷叶三钱,荆芥穗一钱半,为末,蜜丸芡子大。时时含咽。(《御药院方》)

【附录】山胡椒(《唐本草》)

恭曰:所在有之。似胡椒,色黑,颗粒大如黑豆。味辛,大热,无毒。主心腹冷痛,破滞气,俗用有效。

吴茱萸(《本经》中品)

吴茱萸

【校正】自木部移入此。

【释名】藏器曰:茱萸南北总有,入药以吴地者为好,所以有吴之名也。

时珍曰:茱萸二字义未详。萸有俞、由二音。

【集解】《别录》曰:吴茱萸生上谷川谷及冤句。九月九日采,阴干。陈久者良。

时珍曰:茱萸枝柔而肥,叶长而皱,其实结于梢头,累累成簇而无核,与椒不同。一种粒大,一种粒小,小者入药为胜。《淮南万毕术》云:井上宜种茱萸,叶落井中,人饮其水,无瘟疫。悬其子于屋,辟鬼魅。《五行志》云:舍东种白杨、茱萸,增年除害。

【修治】敩曰:凡使去叶梗,每十两以盐二两投东流水四斗中,分作一百度洗之,自然无涎,晒干入丸散用之。若用醋煮者,每十两用醋一镒,煮三十沸后,入茱萸熬干用。

宗奭曰:凡用吴茱萸,须深汤中浸去苦烈汁七次,始可焙用。

【气味】辛,温,有小毒。

权曰:辛、苦,大热,有毒。

时珍曰:辛热,走气动火,昏目发疮。

之才曰:蓼实为之使。恶丹参、硝石、白垩,畏紫石英。

【主治】温中下气,止痛,除湿血痹,逐风邪,开腠理,咳逆寒热(《本经》)。利五脏,去痰冷逆气,饮食不消,心腹诸冷绞痛,中恶,心腹痛(《别录》)。霍乱转筋,胃冷吐泻腹痛,产后心痛,治遍身瘰痹刺痛,腰脚软弱,利大肠壅气,肠风痔疾,杀三虫(甄权)。杀恶虫毒,牙齿虫䘌,鬼魅疰气(藏器)。下产后余血,治肾气、脚气水肿,通关节,起阳健脾(大明)。主痢,止泻,厚肠胃,肥健人(孟诜)。治痞满塞胸,咽膈不通,润肝燥脾(好古)。开郁化滞,治吞酸,厥阴痰涎头痛,阴毒腹痛,疝气血痢,喉舌口疮(时珍)。

【发明】宗奭曰:此物下气最速,肠虚人服之愈甚。

时珍曰:茱萸辛热,能散能温;苦热,能燥能坚。故其所治之症,皆取其散寒温中、燥湿解郁之功而已。案《朱氏集验方》云:中丞常子正苦痰饮,每食饱或阴晴节变率同,十日一发,头疼背寒,呕吐酸汁,即数日伏枕不食,服药罔效。宣和初为顺昌司禄,于太守蔡达道席上,得吴仙丹方服之,遂不再作。每遇饮食过多腹满,服五七十丸便已。少顷小便作茱萸气,酒饮皆随小水而去。前后痰药甚众,无及此者。用吴茱萸(汤泡七次)、茯苓等分,为末,炼蜜丸梧桐子大。每熟水下五十丸。梅杨卿方:只用茱萸酒浸三宿,以茯苓末拌之,晒干。每吞百粒,温酒下。又咽喉口舌生疮者,以茱萸末醋调贴两足心,移夜便愈。其性虽热,而能引热下行,盖亦从治之义;而谓茱萸之性上行不下者,似不然也。有人治小儿痘疮口噤者,啮茱萸一二粒,抹之即开，亦取其辛散耳。

【附方】旧二十四，新二十二。风瘙痒痹：茱萸一升，酒五升，煮取一升半，温洗之，立止。（孟诜《食疗》）贼风口偏，不能语者：茱萸一升，姜豉三升，清酒五升，和煎五沸，待冷服半升，一日三服，得少汗即瘥。（同上）冬月感寒：吴茱萸五钱。煎汤服之，取汗。头风作痛：茱萸煎浓汤，以绵染，频拭发根良。（《千金翼方》）呕涎头痛：吴茱萸汤：用茱萸一升，枣二十枚，生姜一大两，人参一两，以水五升，煎取三升，每服七合，日三服。（仲景方）呕而胸满：方同上。脚气冲心：吴茱萸、生姜擂汁饮，甚良。（孟诜方）肾气上哕：肾气自腹中起，上筑于咽喉，逆气连属而不能出，或至数十声，上下不得喘息。此由寒伤胃脘，肾虚气逆，上乘于胃，与气相并。《难经》谓之哕。《素问》云：病深者，其声哕。宜服此方。如不止，灸期门、关元、肾俞穴。用吴茱萸（醋炒热）、橘皮、附子（去皮）各一两，为末，面糊丸梧桐子大。每姜汤下七十丸。（孙氏《仁存方》）阴毒伤寒，四肢逆冷：用茱萸一升，酒拌湿，绢袋二个，包蒸极热，更互熨足心。候气透，痛亦即止，累有效。（《至惠方》）中恶心痛：吴莱萸五合。酒三升，煮沸，分三服。（杨氏《产乳》）心腹冷痛：方同上。（《千金》）冷气腹痛：吴茱萸二钱擂烂，以酒一钟调之。用香油一杯，入锅煎热，倾茱萸酒入锅，煎一滚，取服立止。（唐瑶《经验方》）脾元气痛，发歇不可忍：用茱萸一两，桃仁一两。和炒茱萸焦，去茱萸，取桃仁去皮尖，研细，葱白三茎，煨熟，酒浸温服。（《经验方》）寒疝往来：吴茱萸一两，生姜半两，清酒一升，煎温分服。（《肘后方》）小肠疝气：夺命丹：治远年近日，小肠疝气，偏坠搫疼，脐下撮痛，以致闷乱，及外肾肿硬，日渐滋长，及阴间湿痒成疮。用吴茱萸（去梗）一斤，分作四分：四两酒浸，四两醋浸，四两汤浸，四两童子小便浸一宿，同焙干，泽泻二两，为末，酒糊丸梧桐子大。每服五十丸，空心盐汤或酒吞下。《如宜方》名星斗丸。（《和剂局方》）小儿肾缩乃初生受寒所致：用吴茱萸、硫黄各半两。同大蒜研，涂其腹；仍以蛇床子烟熏之。（《圣惠方》）妇人阴寒十年无子者：用吴茱萸、川椒各一升。为末，炼蜜丸弹子大。绵裹纳阴中，日再易之。但子宫开，即有子也。（《经心录》）子肠脱出：茱萸三升，酒五升，煎二升，分三服。（《兵部手集》）醋心上攻如浓醋：用茱萸一合，水三盏，煎七分，顿服。近有人心如蜇破，服此，二十年不发也。累用有效。（同上）食已吞酸，胃气虚冷者：吴茱萸（汤泡七次焙）、干姜（炮）等分。为末，汤服一钱。（《圣惠方》）转筋入腹：茱萸（炒）二两，酒二盏，煎一盏，分二服。得下即安。（《圣济录》）霍乱干呕不止：吴茱萸（泡，炒）、干姜（炮）等分，水煎服之。（同上）多年脾泄：老人多此，谓之水土同化。吴茱萸三钱泡过，入水煎汁，入盐少许，通口服。盖茱萸能暖膀胱，水道既清，大肠自固。他药虽热，不能分解清浊也。（孙氏《仁存方》）脏寒泄泻，倦怠减食：吴茱萸（汤泡过，炒），猪脏半条，去脂洗净，装满扎定，文火煮熟，捣丸梧桐子大。每服五十丸，米饮下，日二服。（《普济》）

叶

【气味】辛、苦，热，无毒。

【主治】霍乱下气，止心腹痛冷气。内外肾钓痛，盐碾罨之，神验，干即易。转筋者同艾捣，以醋和罨之（大明）。治大寒犯脑，头痛，以酒拌叶，袋盛蒸熟，更互枕熨之，痛止为度（时珍）。

枝

【主治】大小便卒关格不通，取南行枝，如手第二指中节，含之立下（苏颂。出姚僧垣《集验方》）。

根及白皮

【气味】同叶。

【主治】杀三虫（《本经》）。蛲虫。治喉痹咳逆，止泄注，食不消，女子经产余血，疗白癣（《别录》）。杀牙齿虫。止痛（藏器）。治中恶腹中刺痛。下痢不禁，疗漆疮（甄权）。

【附方】旧二，新二。寸白虫：茱萸东北阴细根（大如指者勿用，洗去土）四两，切，以水、酒各一升渍一宿，平旦分再服，当取虫下。（《千金方》）肝劳生虫，眼中赤脉：吴茱萸根（为末）一两半，粳米半合，鸡子白三个，化蜡一两半。和丸小豆大。每米汤下三十丸，当取虫下。脾劳发热，有虫在脾中为病，令人好呕者：取东行茱萸根（大者）一尺。大麻子八升，橘皮二两，三物㕮咀，以酒一斗，浸一宿，微火薄暖之，绞去滓，平旦空腹服一升，取虫下，或死或半烂，或下黄汁。凡作药时，切忌言语。（《删繁方》）肾热肢肿拘急：茱萸根一合半，桑白皮三合，酒二升，煮一升，日二服。（《普济方》）

食茱萸（《唐本草》）

【校正】自木部移入此，并入《拾遗》榄子。

【释名】榄（音杀）、藙（音毅），艾子（《图经》）、越椒（《博雅》）、榄子（《拾遗》）、辣子。

食茱萸

弘景曰：《礼记》名藙，而俗中呼为榇子，当是不识藙字也。

时珍曰：此即榇子也。蜀人呼为艾子，楚人呼为辣子，古人谓之藙及榇子。因其辛辣，蜇口惨腹，使人有杀毅党然之状，故有诸名。苏恭谓茱萸之开口者为食茱萸。孟诜谓茱萸之闭口者为榄子。马志谓粒大、色黄黑者为食茱萸，粒紧小、色青绿者为吴茱萸。陈藏器谓吴、食二茱萸是一物，入药以吴地者为良，不当重出此条，只可言汉与吴，不可言食与不食。时珍窃谓数说皆因茱萸二字相混致误耳。不知吴茱、食茱乃一类二种。茱萸取吴地者入药，故名吴茱萸。榄子则形味似茱萸，惟可食用，故名食茱萸也。陈藏器不知食茱萸即榄子，重出榄子一条，正自误矣。按曹宪《博雅》云：榄子、越椒，茱萸也。郑樵《通志》云：榄子，一名食茱萸，以别吴茱萸。《礼记·三牲》用藙，是食茱萸也。二说足证诸人之谬。

【集解】颂曰：榄子出闽中、江东。其木高大似樗，茎间有刺。其子辛辣如椒，南人淹藏作果品，或以寄远。《吴越春秋》云：越以甘蜜丸榄报吴增封之礼，则榄之相赠尚矣。

时珍曰：食茱萸、榄子、辣子，一物也。高木长叶，黄花绿子，丛簇枝上。味辛而苦，土人八月采，捣滤取汁，入石灰搅成，名曰艾油，亦曰辣米油，始辛辣蜇口，入食物中用。《周处风土记》以椒、榄、姜为三香，则自古尚之矣，而今贵人罕用之。

实

【气味】辛、苦，大热，无毒。

时珍曰：有小毒，动脾火，病目者忌之。

颖曰：发疮痔、浮肿、虚恚。

之才曰：畏紫石英。

【主治】功同吴茱萸，力稍劣尔。疗水气用之佳（苏恭）。心腹冷气痛，中恶，除咳逆，去脏腑冷，温中，甚良（孟诜）。疗蛊毒飞尸着喉口者，刺破，以子揩之，令血出，当下涎沫。煮汁服之，去暴冷腹痛，食不消，杀腥物（藏器）。治冷痢带下，暖胃燥湿（时珍）。

【附方】新二。赤白带下：榄子、石菖蒲等分，为末。每旦盐、酒温服二钱。（《经验方》）久泻虚痢腹痛者：榄子丸治之。榄子、肉豆蔻各一两，陈米一两半。以米一分同二味炒黄为末；一分生碾为末，粟米粥丸梧桐子大。每陈米饮下五十丸，日三服。（《普济方》）

盐麸子(《开宝》)

【校正】自木部移入此。

【释名】五㯼桪（音倍）、盐肤子（《纲目》）、盐梂子（同）、盐梂子（同）、木盐（《通志》）、天盐（《灵草篇》）、叛奴盐（《拾遗》）、酸桶（《拾遗》）

藏器曰：蜀人谓之酸桶，亦曰酢桶。吴人谓之盐麸。戎人谓之木盐。

时珍曰：其味酸、咸，故有诸名。《山海经》云：橐山多㯼木。郭璞注云：㯼木出蜀中，七、八月吐穗，成时如有盐粉，可以酢羹。即此也。后人讹为五倍矣。

【集解】藏器曰：盐麸子生吴、蜀山谷。树状如椿。七月子成穗，粒如小豆。上有盐似雪，可为羹用。岭南人取子为末食之，酸成止渴，将以防瘴。

时珍曰：肤木即㯼木，东南山原甚多。木状如椿。其叶两两对生，长而有齿，面青背白，有细毛，味酸。正叶之下，节节两边，有直叶贴茎，如箭羽状。五六月开花，青黄色成穗，一枝累累。七月结子，大如细豆而扁，生青，熟微紫色。其核淡绿，状如肾形。核外薄皮上有薄盐，小儿食之，滇、蜀人采为木盐。叶上有虫，结成五倍子，八月取之。详见虫部。《后魏书》云：勿吉国，水气咸凝，盐生树上。即此物也。别有咸平树、咸草、酸角，皆其类也。附见于下：

【附录】咸平树

真腊国人，不能为酸，但用咸平树叶及荚与子为之。

酸角

云南、临安诸处有之。状如猪牙皂荚，浸水和羹，酸美如醋。

咸草

扶桑东有女国，产咸草。叶似邪蒿，而气香味咸，彼人食之。

子

【气味】酸、咸，微寒，无毒。盐霜制汞、硫。

【主治】除痰饮瘴疟，喉中热结喉痹，止渴，解酒毒黄疸，飞尸蛊毒，天行寒热，痰嗽，变白，生毛发，去头上白屑，捣末服之（藏器）。生津，降火化痰，润肺滋肾，消毒止痢收汗，治风湿眼病（时珍）。

【发明】时珍曰：盐麸于气寒味酸而咸，阴中之阴也。咸能软而润，故降火化痰消毒；酸能收而涩，故生津润肺止痢。肾主五液：入肺为痰，入脾为涎，入心为汗，入肝为泪，自入为唾，其本皆水也。盐麸、五倍先走肾、肝，有救水之功。所以痰涎、盗汗、风湿、下泪、涕唾之证，皆宜用之。

树白皮

【主治】破血止血，蛊毒血痢，杀蛔虫，并煎服之（《开宝》）。

根白皮

【主治】酒疸，捣碎，米泔浸一宿，平旦空腹温服一二升（《开宝》）。诸骨鲠，以醋煎浓汁，时呷之（时珍）。

【发明】时珍曰：按《本草集议》云：盐麸子根能软鸡骨。岑公云：有人被鸡骨鲠，项肿可畏。用此根煎醋，啜至三碗，便吐出也。又彭医官治骨鲠，以此根捣烂，入盐少许，绵裹，以线系定吞之，牵引上下，亦钓出骨也。

醋林子（《图经》）

【校正】自外类移入此。

【释名】时珍曰：以味得名。

【集解】颂曰：醋林子，生四川邛州山野林箐中。木高丈余，枝叶繁茂。三月开白花，四出。九月、十月子熟，累累数十枚成朵，生青熟赤，略类樱桃而蒂短。熟时采之阴干，连核用。土人以盐、醋收藏，充果食。其叶味酸，夷獠人采得，入盐和鱼脍食,云胜用醋也。

实

【气味】酸,温,无毒。

【主治】久痢不瘥,及痔漏下血,蛔咬心痛,小儿疳蛔,心腹胀满黄瘦,下寸白虫,单捣为末,酒调一钱匕服之甚效。盐、醋藏者,食之生津液,醒酒止渴。多食,令人口舌粗拆也(苏颂)。

皋芦(《拾遗》)

【校正】自木部移入此。

【释名】瓜芦(弘景)、苦薆。

藏器曰:《南越志》云:龙川县有皋芦,一名瓜芦,叶似茗。土人谓之过罗,或曰物罗,皆夷语也。

芦　皋

【集解】弘景《苦菜注》曰:南方有瓜芦,亦似茗。若摘取其叶,作屑煮饮,即通夜不睡。煮盐人惟资此饮,而交、广最所重,客来先设,乃加以香芼之物。

时珍曰:皋芦叶状如茗,而大如手掌。挼碎泡饮,最苦而色浊,风味比茶不及远矣。今广人用之,名曰苦薆。

叶

【气味】苦,平,无毒。

时珍曰:寒。胃冷者不可用。

【主治】煮饮,止渴明目除烦,令人不睡,消痰利水(藏器)。通小肠,治淋,止头痛烦热(李珣)。噙咽,清上膈,利咽喉(时珍)。

本草纲目果部第三十三卷

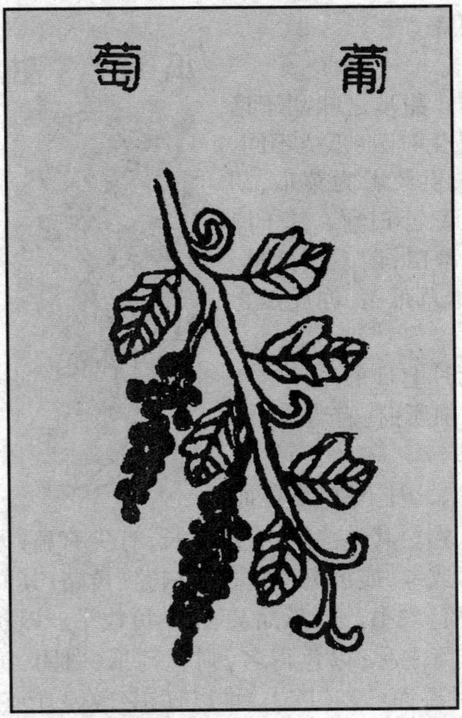

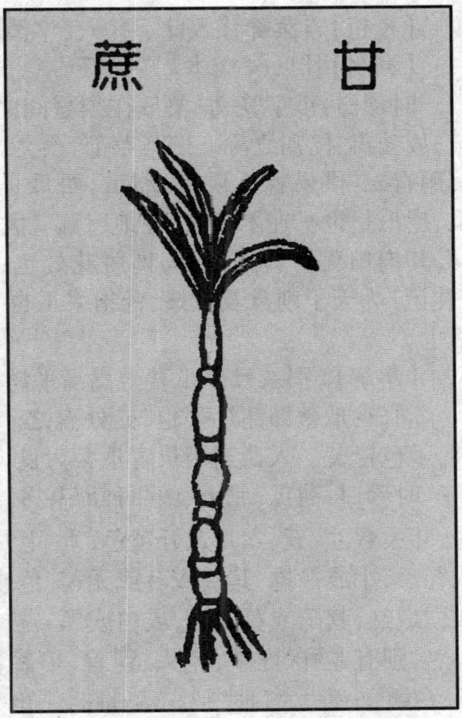

本草纲目果部第三十三卷

甜瓜(宋《嘉祐》)

【校正】自菜部移入此。并入《本经》瓜蒂。

【释名】甘瓜(《唐本》)、果瓜。

时珍曰:瓜字篆文,象瓜在须蔓间之形。甜瓜之味甜于诸瓜,故独得甘、甜之称。旧列菜部,误矣。按王祯云:瓜类不同,其用有二:供果者为果瓜,甜瓜、西瓜是也;供菜者为菜瓜,胡瓜、越瓜是也。在木曰果,在地曰蓏。大曰瓜,小曰瓞。其子曰𤬏,其肉曰瓤。其跗曰环,谓脱花处也;其蒂曰,谓系蔓处也。《礼记》为天子削瓜及瓜祭,皆指果瓜也。本草瓜蒂,亦此瓜之蒂也。

【集解】《别录》曰:瓜蒂生嵩高平泽,七月七日采,阴干。

颂曰:瓜蒂即甜瓜蒂也,处处有之。园圃所莳,有青、白二种,子色皆黄。入药当用早青瓜蒂为良。

时珍曰:甜瓜,北土、中州种莳甚多。二、三月下种,延蔓而生,叶大数寸,五、六月花开黄色,六、七月瓜熟。其类甚繁:有团有长,有尖有扁;大或径尺,小或一捻;其棱或有或无;其色或青或绿,或黄斑、糁斑,或白路、黄路;其瓤或白或红,其子或黄或赤,或白或黑。按王祯《农书》云:瓜品甚多,不可枚举。以状得名,则有龙肝、虎掌、兔头、狸首、羊髓、蜜筒之称;以色得名,则有乌瓜、白团、黄𤬏、白𤬏、小青、大斑之别。然其味,不出乎甘香而已。《广志》惟以辽东、敦煌、庐江之瓜为胜。然瓜州之大瓜,阳城之御瓜,西蜀之温瓜,永嘉之寒瓜,未可以优劣论也。甘肃甜瓜,皮、瓤皆甘胜糖蜜,其皮曝干犹美。浙中一种阴瓜,种于阴处,熟则色黄如金,肤皮稍厚,藏之至春,食之如新。此皆种蓺之功,不必拘于土地也。甜瓜子曝裂取仁,可充果食。凡瓜最畏麝气,触之甚至一蒂不收。

瓜瓤

【气味】甘,寒,滑,有小毒。

大明曰:无毒。

思邈曰:多食,发黄疸,令人虚羸多忘,解药力。病后食多,或反胃。脚气人食之,患永不除也。

诜曰：多食，令人阴下湿痒生疮，动宿冷癥癖病，破䐜，发虚热，令人惙惙气弱，脚手无力。少食则可。《龙鱼河图》云：凡瓜有两鼻、两蒂者，杀人。五月瓜沉水者，食之得冷病，终身不瘥。九月被霜者，食之冬病寒热。与油饼同食，发病。多食瓜作胀者，食盐花即化。

弘景曰：食瓜多，即入水自渍，便消。

时珍曰：张华《博物志》言：人以冷水渍至膝，可顿啖瓜至数十枚；渍至项，其啖转多，水皆作瓜气也。则水浸消瓜，亦物性也。瓜最忌麝与酒，凡食瓜过多，但饮酒及水服麝香，尤胜于食盐、渍水也。

【主治】止渴，除烦热，利小便，通三焦间壅塞气，治口鼻疮（《嘉祐》）。暑月食之，永不中暑（宗奭）。

【发明】宗奭曰：甜瓜虽解暑气，而性冷，消损阳气，多食未有不下利者。贫下多食，深秋作痢，最为难治。惟以皮蜜浸收之良，皮亦可作羹食。

弘景曰：凡瓜皆冷利，早青者尤甚。熟瓜除瓤食之，不害人。

时珍曰：瓜性最寒，曝而食之尤冷。故《稽圣赋》云：瓜寒于曝，油冷于煎，此物性之异也。王冀《洛都赋》云：瓜则消暑荡悁，解渴疗饥。又《奇效良方》云：昔有男子病脓血恶痢，痛不可忍。以水浸甜瓜食数枚，即愈。此亦消暑之验也。

瓜子仁

【修治】敩曰：凡收得曝干杵细，马尾筛筛过成粉，以纸三重裹压去油用。不去油，其力短也。西瓜子仁同。

【气味】甘，寒，无毒。

【主治】腹内结聚，破溃脓血，最为肠胃脾内壅要药（《别录》）。止月经太过，研末去油，水调服（藏器。《炮炙论序》曰：血泛经过，饮调瓜子）。炒食，补中宜人（孟诜）。清肺润肠，和中止渴（时珍）。

【附方】旧一，新二。口臭：用甜瓜子杵末，蜜和为丸。每旦漱口后含一丸。亦可贴齿。（《千金》）腰腿疼痛：甜瓜子三两，酒浸十日，为末。每服三钱，空心酒下，日三。（《寿域神方》）肠痈已成：小腹肿痛，小便似淋，或大便难涩下脓。用甜瓜子一合，当归（炒）一两，蛇蜕皮一条，㕮咀。每服四钱，水一盏半，煎一盏，食前服，利下恶物为妙。（《圣惠》）

瓜蒂（《本经》上品）

【释名】瓜丁（《千金》）、苦丁香（象形）。

【修治】敩曰：凡使勿用白瓜蒂，要取青绿色瓜，气足时，其蒂自然落在蔓上。采得，系屋东有风处，吹干用。

宗奭曰：此甜瓜蒂也。去瓜皮用蒂，约半寸许，曝极干，临时研用。

时珍曰：按唐瑶云：甜瓜蒂以团而短瓜、团瓜者良。若香甜瓜及长如瓠子者，皆供菜之瓜，其蒂不可用也。

【气味】苦，寒，有毒。

大明曰：无毒。

【主治】大水，身面四肢浮肿，下水杀蛊毒，咳逆上气，及食诸果，病在胸腹中，皆吐下之(《本经》)。去鼻中息肉，疗黄疸(《别录》)。治脑塞热齇，眼昏吐痰(《大明》)。吐风热痰涎，治风眩头痛，癫痫喉痹，头目有湿气(时珍)。得麝香、细辛，治鼻不闻香臭(好古)。

【附方】旧七，新十五。瓜蒂散：治证见上。其方用瓜蒂二钱半(熬黄)，赤小豆二钱半，为末。每用一钱，以香豉一合，热汤七合，煮糜去滓，和服。稍稍加之，快吐乃止。(仲景《伤寒论》)太阳中暍：身热头痛而脉微弱，此夏月伤冷水，水行皮中所致。瓜蒂二七个，水一升，煮五合，顿服取吐。(《金匮要略》)风涎暴作，气塞倒仆：用瓜蒂为末。每用一二钱，腻粉一钱匕，以水半合调灌，良久涎自出。不出，含沙糖一块，下咽即涎出也。(寇氏《衍义》)诸风诸痫：诸风膈痰，诸痫涎涌。用瓜蒂炒黄为末，量人以酸齑水一盏，调下取吐。风痫，加蝎梢半钱。湿气肿满，加赤小豆末一钱；有虫，加狗油五、七点，雄黄一钱，甚则加芫花半钱，立吐虫出。(东垣《活法机要》)风痫喉风：咳嗽，及遍身风疹，急中涎潮等症，不拘大人、小儿。此药不大吐逆，只出涎水。瓜蒂为末，壮年服一字，老少半字，早晨井华水下。一食顷，含沙糖一块。良久涎如水出，年深者出墨涎，有块布水上也。涎尽食粥一两日。如吐多，人困甚，即以麝香泡汤一盏饮之，即止。(《经验后方》)急黄喘息，心上坚硬，欲得水吃者：瓜蒂二小合，赤小豆一合，研末。暖浆水五合，服方寸匕。一炊久当吐，不吐再服。吹鼻取水亦可。(《伤寒类要》)遍身如金：瓜蒂四十九枚，丁香四十九枚，甘锅内烧存性，为末。每用一字，吹鼻取出黄水。亦可揩牙追涎。(《经验方》)热病发黄：瓜蒂为末，以大豆许吹鼻中。轻则半日，重则一日，流取黄水乃愈。(《千金翼》)黄疸瘸黄：并取瓜蒂、丁香、赤小豆各七枚，为末。吹豆许入鼻，少时黄水流出。隔日一用，瘥乃止。(孟诜《食疗》)身面浮肿：方同上。十种蛊气：苦丁香为末，枣肉和，丸梧桐子大。每服三十丸，枣汤下，甚效。(《瑞竹堂方》)湿家头痛：瓜蒂末一字，嗃入鼻中，口含冷水，取出黄水愈。(《活人书》)疟疾寒热：瓜蒂二枚，水半盏，浸一宿，顿服，取吐愈。(《千金》)发狂欲走：瓜蒂末，井水服一钱，取吐即愈。(《圣惠方》)大便不通：瓜蒂七枚，研末，绵裹，塞入下部即通。(《必效方》)鼻中息肉：《圣惠》：用陈瓜蒂末，吹之，日三次，瘥乃已。又方：瓜蒂末、白矾末各半钱，绵裹塞之，或以猪脂和挺子塞之。日一换。又方：青甜瓜蒂二枚，雄黄、麝香半分，为末。先抓破，后贴之，日三次。《汤液》：用瓜蒂十四个，丁香一个，黍米四十九粒，研末。口中含水，嗃鼻，取下乃止。风热牙痛：瓜蒂七枚(炒研)，麝香少许和之，绵裹咬定，流涎。(《圣济总录》)鸡屎白秃：甜瓜蔓连蒂不拘多少，以水浸一夜，砂锅熬取苦汁，去滓再熬如饧盛收。每剃去痂疕，洗净，以膏一盏，加半夏末二钱，姜汁一匙，狗胆汁一枚，和匀涂之，不过三上。忌食动风之物。(《儒门事亲》)齁喘痰气：苦丁香三个，为末。水调服，吐痰即止。(《朱氏集验方》)

蔓(阴干)

【主治】女人月经断绝，同使君子各半两，甘草六钱，为末，每酒服二钱。

花

【主治】心痛咳逆(《别录》)。

叶

【主治】人无发,捣汁涂之即生(《嘉祐》)。补中,治小儿疳,及打伤损折,为末酒服,去瘀血(孟诜)。

【附方】新一。面上靥子:七月七日午时,取生瓜叶七枚,直入北堂中,向南立,逐枚拭靥,即灭去也。(《淮南万毕术》)

西瓜(《日用》)

【释名】寒瓜(见下)。

【集解】瑞曰:契丹破回纥,始得此种,以牛粪覆而种之。结实如斗大,而圆如匏,色如青玉,子如金色,或黑麻色。北地多有之。

西瓜

时珍曰:按胡峤《陷虏记》言:峤征回纥,得此种归,名曰西瓜。则西瓜自五代时始入中国,今则南北皆有,而南方者味稍不及,亦甜瓜之类也。二月下种,蔓生,花、叶皆如甜瓜。七、八月实熟,有围及径尺者,长至二尺者。其棱或有或无,其色或青或绿,其瓤或白或红,红者味尤胜。其子或黄或红,或黑或白,白者味更劣。其味有甘、有淡、有酸,酸者为下。陶弘景注瓜蒂言,永嘉有寒瓜甚大,可藏至春者,即此也。盖五代之先,瓜种已入浙东,但无西瓜之名,未遍中国尔。其瓜子曝裂取仁,生食、炒熟俱佳。皮不堪啖,亦可蜜煎、酱藏。

颂曰:一种杨溪瓜,秋生冬熟,形略长扁而大,瓤色如胭脂,味胜。可留至次年,云是异人所遗之种也。

瓜瓤

【气味】甘、淡,寒,无毒。

瑞曰:有小毒。多食作吐利,胃弱者不可食。同油饼食,损脾。

时珍曰:按《延寿书》云:北人禀厚,食之犹惯;南人禀薄,多食易至霍乱,冷病终身也。又按《相感志》云:食西瓜后食其子,即不噫瓜气。以瓜划破,曝日中,少顷食,即冷如水也。得酒气、近糯米,即易烂。猫踏之,即易沙。

【主治】消烦止渴,解暑热(吴瑞)。疗喉痹(汪颖)。宽中下气,利小水,治血痢,解酒毒(宁原)。含汁,治口疮(震亨)。

【发明】颖曰:西瓜性寒解热,有天生白虎汤之号。然亦不宜多食。

时珍曰:西瓜、甜瓜皆属生冷。世俗以为醍醐灌顶,甘露洒心,取其一时之快,不知其伤脾助湿之害也。《真西山卫生歌》云："瓜桃生冷宜少飧，免致秋来成疟痢。"是矣。又李鹏飞《延寿书》云：防州太守陈逄原，避暑食瓜过多，至秋忽腰腿痛，不能举动。遇商助教疗之，乃愈。此皆食瓜之患也，故集书于此，以为鉴戒云。又洪忠宣《松漠纪闻》言：有人苦目病。或令以西瓜切片曝干，日日服之，遂愈。由其性冷降火故也。

皮

【气味】甘，凉，无毒。

【主治】口、舌，唇内生疮，烧研噙之（震亨）。

【附方】新二。闲挫腰痛：西瓜青皮，阴干为末，盐酒调服三钱。（《摄生众妙方》）食瓜过伤：瓜皮煎汤解之。诸瓜皆同。（《事林广记》）

瓜子仁

【气味】甘，寒，无毒。

【主治】与甜瓜仁同（时珍）。

葡萄（《本经》上品）

【释名】蒲桃（古字）、草龙珠。

时珍曰：葡萄，《汉书》作蒲桃，可以造酒，人酺饮之，则醄然而醉，故有是名。其圆者名草龙珠，长者名马乳葡萄，白者名水晶葡萄，黑者名紫葡萄。《汉书》言：张骞使西域还，始得此种，而《神农本草》已有葡萄，则汉前陇西旧有，但未入关耳。

葡萄

【集解】《别录》曰：葡萄生陇西、五原、敦煌山谷。

弘景曰：魏国使人多赍来南方。状如五味子而甘美，可作酒，云用藤汁殊美。北人多肥健耐寒，盖食斯乎？不植淮南，亦如橘之变于河北也。人说即是此间蘡薁，恐亦如枳之与橘耶？

恭曰：蘡薁即山葡萄，苗、叶相似，亦堪作酒。葡萄取子汁酿酒，陶云用藤汁，谬矣。

时珍曰：葡萄，折藤压之最易生。春月萌苞生叶，颇似栝蒌叶而有五尖。生须延蔓，引数十丈。三月开小花成穗，黄白色。仍连着实，星编珠聚，七、八月熟，有紫、白二色。西人及太原、平阳皆作葡萄干，货之四方。蜀中有绿葡萄，熟时色绿。云南所出者，大如枣，味尤长。西边有琐琐葡萄，大如五味子而无核。按《物类相感志》云：甘草作钉，针葡萄，立死。以麝香入葡萄皮内，则葡萄尽作香气。其爱憎异于他草如此。又言：其藤穿过枣树，则实味更美也。《三元延寿书》言：葡萄架下不可饮酒，恐虫屎伤人。

实

【气味】甘，平，涩，无毒。

诜曰：甘、酸，温。多食，令人猝烦闷、眼暗。

【主治】筋骨湿痹，益气倍力强志，令人肥健，耐饥忍风寒。久食，轻身不老延年。可作酒（《本经》）。逐水，利小便（《别录》）。除肠间水，调𠃊治淋（甄权）。时气痘疮不出，食之，或研酒饮，甚效（苏颂）。

【发明】颂曰：按魏文帝诏群臣曰：蒲桃当夏末涉秋，尚有余暑，醉酒宿酲，掩露而食。甘而不饴，酸而不酢，冷而不寒，味长汁多，除烦解渴。又酿为酒，甘于曲蘖，善醉而易醒。他方之果，宁有匹之者乎？

震亨曰：葡萄属土，有水与木火。东南人食之多病热，西北人食之无恙。盖能下走渗道，西北人禀气厚故耳。

【附方】新三。除烦止渴：生葡萄捣滤取汁，以瓦器熬稠，入熟蜜少许同收。点汤饮甚良。（《居家必用》）热淋涩痛：葡萄（捣取自然汁）、生藕（捣取自然汁）、生地黄（捣取自然汁）、白沙蜜各五合。每服一盏，石器温服。（《圣惠方》）胎上冲心：葡萄，煎汤饮之，即下。（《圣惠方》）

根及藤、叶

【气味】同实。

【主治】煮浓汁细饮，止呕哕及霍乱后恶心，孕妇子上冲心，饮之即下，胎安（孟诜）。治腰脚肢腿痛，煎汤淋洗之良。又饮其汁，利小便，通小肠，消肿满（时珍）。

【附方】新一。水肿：葡萄嫩心十四个，蝼蛄七个（去头尾），同研，露七日，曝干为末。每服半钱，淡酒调下。暑月尤佳。（洁古《保命集》）

蘡薁（音婴郁。《纲目》）

【校正】原附葡萄下，今分出。

【释名】燕薁（《毛诗》）、婴舌（《广雅》）、山葡萄（《唐注》）、野葡萄（俗名），藤名木龙。

时珍曰：名义未详。

蘡薁

【集解】恭曰：蘡薁蔓生。苗、叶与葡萄相似而小，亦有茎大如碗者。冬月惟叶凋而藤不死。藤汁味甘，子味甘酸，即千岁蘽也。

颂曰：蘡薁子生江东，实似葡萄，细而味酸，亦堪为酒。

时珍曰：蘡薁野生林墅间，亦可插植。蔓、叶、花、实，与葡萄无异。其实小而圆，色不甚紫也。《诗》云"六月食薁"即此。其茎吹之，气出有汁，如通草也。

【正误】藏器曰：苏恭注千岁蘽即是蘡薁，妄言也。千岁蘡藤如葛，而叶背白，子赤可食。蘡薁藤斫断通气，更无甘汁。详见草部千岁蘡下。

时珍曰：苏恭所说蘡薁，形状甚是，但以为千岁蘡则非矣。

实

【气味】甘、酸，平、无毒。

【主治】止渴，悦色益气（苏恭）。

藤

【气味】甘，平，无毒。

【主治】哕逆，伤寒后呕哕，捣汁饮之良（苏恭）。止渴，利小便（时珍）。

【附方】新三。呕哕厥逆：蘡薁藤煎汁，呷之。（《肘后方》）目中障翳：蘡薁藤，以水浸过，吹气取汁，滴入目中，去热翳，赤、白障。（《拾遗本草》）五淋血淋：木龙汤：用木龙（即野葡萄藤也）、竹园荽、淡竹叶、麦门冬（连根苗）、红枣肉、灯心草、乌梅、当归各等分，煎汤代茶饮。（《百一选方》）

根

【气味】同藤。

【主治】下焦热痛淋秘，消肿毒（时珍）。

【附方】新四。男妇热淋：野葡萄根七钱，葛根三钱，水一钟，煎七分，入童子小便三分，空心温服。（《乾坤秘韫》）女人腹痛：方同上。一切肿毒：赤龙散：用野葡萄根，晒研为末，水调涂之，即消也。（《儒门事亲》方）赤游风肿：忽然肿痒，不治则杀人。用野葡萄根捣如泥，涂之即消。（《通变要法》）

猕猴桃（宋《开宝》）

【释名】猕猴梨（《开宝》）、藤梨（同上）、阳桃（《日用》）、木子。

时珍曰：其形如梨，其色如桃，而猕猴喜食，故有诸名。闽人呼为阳桃。

猕猴桃

【集解】志曰：生山谷中。藤着树生，叶圆有毛。其实形似鸡卵大，其皮褐色，经霜始甘美可食。皮堪作纸。

宗奭曰：今陕西永兴军南山甚多。枝条柔弱，高二三丈，多附木而生。其子十月烂熟，色淡绿，生则极酸。子繁细，其色如芥子。浅山傍道则有存者，深山则多为猴所食矣。

实

【气味】酸、甘，寒，无毒。

藏器曰：咸、酸，无毒。多食冷脾胃，动泄澼。

宗奭曰：有实热者宜食之。太过，则令人脏寒作泄。

【主治】止暴渴，解烦热，压丹石，下石淋(《开宝》。诜曰：并宜取瓤和蜜作煎食)。调中下气，主骨节风，瘫缓不随，长年白发，野鸡内痔病(藏器)。

藤中汁

【气味】甘，滑，寒，无毒。
【主治】热蘧反胃，和生姜汁服之。又下石淋(藏器)。

枝、叶

【主治】杀虫。煮汁饲狗，疗瘑疥(《开宝》)。

甘蔗(音柘，《别录》中品)

【释名】竿蔗(《草木状》)、䗪(音遮)。

时珍曰：按《野史》云：吕惠卿言：凡草皆正生嫡出，惟蔗侧种，根上庶出，故字从庶也。嵇含作竿蔗，谓其茎如竹竿也。《离骚》《汉书》皆作柘字，通用也。䗪字出许慎《说文》，盖蔗音之转也。

甘蔗

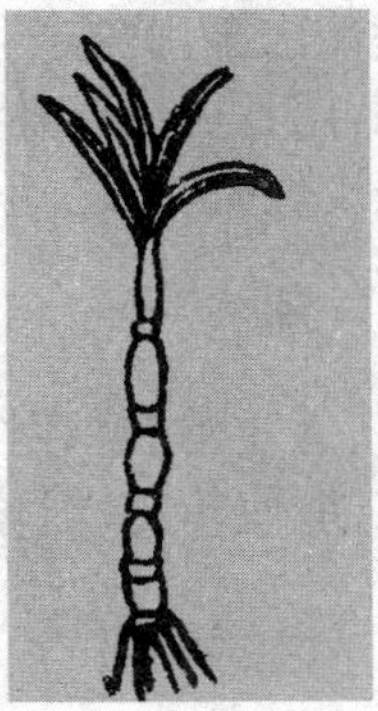

【集解】弘景曰：蔗出江东为胜，庐陵亦有好者。广州一种，数年生皆大如竹，长丈余，取汁为沙糖，甚益人。又有荻蔗，节疏而细，亦可啖也。

颂曰：今江浙、闽广、湖南、蜀川所生，大者亦高丈许。有二种：荻蔗其叶似荻，茎细短而节疏，但堪生啖，亦可煎稀糖；竹蔗茎粗而长，可榨汁为沙糖，泉、福、吉、广诸州多作之。炼沙糖和牛乳为乳糖，惟蜀川作之。南人贩至北地者，荻蔗多而竹蔗少也。

诜曰：蔗有赤色者名昆仑蔗；白色者名荻蔗。竹蔗以蜀及岭南者为胜，江东虽有而劣于蜀产。会稽所作乳糖，殆胜于蜀。

时珍曰：蔗皆畦种，丛生，最困地力。茎似竹而内实，大者围数寸，长六七尺，根下节密，以渐而疏。抽叶如芦叶而大，长三四尺，扶疏四垂。八、九月收茎，可留过春充果食。按王灼《糖霜谱》云：蔗有四色：曰杜蔗，即竹蔗也，绿嫩薄皮，味极醇厚，专用作霜；曰西蔗，作霜色浅；曰芳蔗，亦名蜡蔗，即荻蔗也，亦可作沙糖；曰红蔗，亦名紫蔗，即昆仑蔗也，止可生啖，不堪作糖。凡蔗榨浆饮固佳，又不若咀嚼之，味隽永也。

蔗

【气味】甘，平，涩，无毒。
大明曰：冷。
诜曰：共酒食，发痰。

瑞曰：多食，发虚热，动衄血。《相感志》云：同榧子食，则渣软。

【主治】下气和中，助脾气，利大肠（《别录》）。利大小肠，消痰止渴，除心胸烦热，解酒毒（《大明》）。止呕哕反胃，宽胸膈（时珍）。

【发明】时珍曰：蔗，脾之果也。其浆甘寒，能泻火热，《素问》所谓甘温除大热之意。煎炼成糖，则甘温而助湿热，所谓积温成热也。蔗浆消渴解酒，自古称之。故《汉书·郊祀歌》云：百末旨酒布兰生，泰尊柘浆析朝酲。唐王维《樱桃诗》云：饱食不须愁内热，大官还有蔗浆寒。是矣。而孟诜乃谓共酒食发痰者，岂不知其有解酒除热之功耶？日华子大明又谓沙糖能解酒毒，则不知既经煎炼，便能助酒为热，与生浆之性异矣。按晁氏《客话》云：甘草遇火则热，麻油遇火则冷，甘蔗煎饴则热，水成汤则冷。此物性之异，医者可不知乎？又《野史》云：卢绛中病痁疾疲瘵，忽梦白衣妇人云：食蔗可愈。及旦买蔗数挺食之，翌日疾愈。此亦助脾和中之验欤？

【附方】旧三，新四。发热口干，小便赤涩：取甘蔗去皮，嚼汁咽之。饮浆亦可。（《外台秘要》）痰喘气急：方见山药。反胃吐食，朝食暮吐，暮食朝吐，旋旋吐者：用甘蔗汁七升，生姜汁一升，和匀，日日细呷之。（《梅师方》）干呕不息：蔗汁，温服半升，日三次。入姜汁更佳。（《肘后方》）痁疟疲瘵：见前。眼暴赤肿，碜涩疼痛：甘蔗汁二合，黄连半两，入铜器内慢火养浓，去滓，点之。（《普济》）虚热咳嗽，口干涕唾：用甘蔗汁一升半，青粱米四合，煮粥，日食二次，极润心肺。（董氏方）小儿口疳：蔗皮烧研，掺之。（《简便方》）

滓

【主治】烧存性，研末，乌桕油调，涂小儿头疮白秃，频涂取瘥。烧烟勿令入人目，能使暗明（时珍）。

沙糖（《唐本草》）

【集解】恭曰：沙糖，蜀地、西戎、江东并有之。榨甘蔗汁煎成，紫色。

瑞曰：稀者为蔗糖，干者为沙糖，球者为球糖，饼者为糖饼。沙糖中凝结如石，破之如沙，透明白者，为糖霜。

时珍曰：此紫沙糖也。法出西域，唐太宗始遣人传其法入中国。以蔗汁过樟木槽，取而煎成。清者为蔗糖，凝结有沙者为沙糖。漆瓮造成，如石、如霜、如冰者，为石蜜、为糖霜、为冰糖也。紫糖亦可煎化，印成鸟兽果物之状，以充席献。今之货者，又多杂以米饧诸物，不可不知。

【气味】甘，寒，无毒。

诜曰：性温不冷。多食令人心痛，生长虫，消肌肉，损齿，发疳䘌。与鲫鱼同食，成疳虫；与葵同食，生流澼；与笋同食，不消成症，身重不能行。

【主治】心腹热胀，口干渴（《唐本》）。润心肺大小肠热，解酒毒。腊月瓶封窖粪坑中，患天行热狂者，绞汁服，甚良（大明）。和中助脾，缓肝气（时珍）。

【发明】宗奭曰：蔗汁清，故费煎炼致紫黑色。今医家治暴热，多用为先导；兼啖驼、马，解热。小儿多食则损齿生虫者，土制水，倮虫属土，得甘即生也。

震亨曰：糖生胃火，乃湿土生热，故能损齿生虫，与食枣病龋同意，非土制水也。

时珍曰：沙糖性温，殊于蔗浆，故不宜多食。与鱼、笋之类同食，皆不益人。今人每用为调和，徒取其适口，而不知阴受其害也。但其性能和脾缓肝，故治脾胃及泻肝药用为先导。本草言其性寒，苏恭谓其冷利，皆昧此理。

【附方】旧一，新五。下痢禁口：沙糖半斤，乌梅一个，水二碗，煎一碗，时时饮之。（《摘玄方》）腹中紧胀：白糖以酒三升，煮服之。不过再服。（《子母秘录》）痘不落痂：沙糖，调新汲水一杯服之（白汤调亦可），日二服。（刘提点方）虎伤人疮：水化沙糖一碗服，并涂之。（《摘玄方》）上气喘嗽，烦热，食即吐逆：用沙糖、姜汁等分，相和，慢煎二十沸，每咽半匙，取效。食韭口臭：沙糖解之。（《摘要方》）

石蜜（《唐本草》）

【释名】白沙糖。

恭曰：石蜜即乳糖也，与虫部石蜜同名。

时珍曰：按万震《凉州异物志》云：石蜜非石类，假石之名也。实乃甘蔗汁煎而曝之，则凝如石而体甚轻，故谓之石蜜也。

【气味】甘，寒，冷利，无毒。

【主治】心腹热胀，口干渴（《唐本》）。治目中热膜，明目。和枣肉、巨胜末为丸噙之，润肺气，助五脏，生津（孟诜）。润心肺燥热，治嗽消痰，解酒和中，助脾气，缓肝气（时珍）。

【发明】震亨曰：石蜜甘喜入脾，食多则害必生于脾。西北地高多燥，得之有益；东北地下多湿，得之未有不病者，亦兼气之厚薄不同耳。

时珍曰：石蜜、糖霜、冰糖，比之紫沙糖性稍平，功用相同，入药胜之。然不冷利，若久食则助热、损齿、生虫之害同也。

刺蜜（《拾遗》）

【校正】自草部移入此。

【释名】草蜜（《拾遗》）、给教罗。

【气味】甘，平，无毒。

【主治】骨蒸发热痰嗽，暴痢下血，开胃止渴除烦（藏器）。

莲藕（《本经》上品）

【释名】其根藕（《尔雅》），其实莲（同上），其茎叶荷。

韩保升曰：藕生水中，其叶名荷。按《尔雅》云：荷，芙蕖。其茎茄，其叶蕸，其本蔤，其华菡萏，其实莲，其根藕，其中菂，菂中薏。邢昺注云：芙蕖，总名也，别名芙蓉，江东人呼为荷。菡萏，莲花也。菂，莲实也。薏，菂中青心也。郭璞注云：蔤，乃茎下白蒻在泥中者。莲，乃房也；菂，乃子也；薏，乃中心苦薏也。江东人呼荷花为芙蓉，北人以藕为荷，亦以莲为荷，蜀人以藕为茄，此皆习俗传误也。陆机《诗疏》云：其茎为荷。其花未发为菡萏，已发为芙蕖。其实莲，莲之皮青里白。其子菂，菂之壳青肉白。菂内青心二三分，为苦薏也。

荷藕莲

时珍曰：《尔雅》以荷为根名，韩氏以荷为叶名，陆机以荷为茎名。按茎乃负叶者也，有负荷之义，当从陆说。蔤乃嫩蒻，如竹之行鞭者。节生二茎，一为叶，一为花，尽处乃生藕，为花、叶、根、实之本。显仁藏用，功成不居，可谓退藏于密矣，故谓之蔤。花叶常偶生，不偶不生，故根曰藕。或云藕善耕泥，故字从耦，耦者耕也。茄音加，加于蔤上也。蕸音遐，远于密也。菡萏，函合未发之意。芙蓉，敷布容艳之意。莲者连也，花实相连而出也。菂者的也，子在房中点点如的也。的乃凡物点注之名。薏，犹意也，含苦在内也。古诗云：食子心无弃，苦心生意存。是矣。

莲实

【释名】藕实（《本经》）、菂（《尔雅》）、薂（音吸，同上）、石莲子（《别录》）、水芝（《本经》）、泽芝（《古今注》）。

【修治】弘景曰：藕实即莲子，八、九月采黑坚如石者，干捣破之。

颂曰：其菂至秋黑而沉水，为石莲子，可磨为饭食。

时珍曰：石莲剁去黑壳，谓之莲肉。以水浸去赤皮、青心，生食甚佳。入药须蒸熟去心，或晒或焙干用。亦有每一斤，用獖猪肚一个盛贮，煮熟捣焙用者。今药肆一种石莲子，状如土石而味苦，不知何物也？

【气味】甘，平，涩，无毒。

《别录》曰：寒。

大明曰：莲子、石莲，性俱温。

时珍曰：嫩菂性平，石莲性温。得茯苓、山药、白术、枸杞子良。

诜曰：生食过多，微动冷气胀人。蒸食甚良。大便燥涩者，不可食。

【主治】补中养神，益气力，除百疾。久服，轻身耐老，不饥延年（《本经》）。主五脏不足，伤中气绝，益十二经脉血气（孟诜）。止渴去热，安心止痢，治腰痛及泄精。多食令人欢喜（大明）。交心肾，厚肠胃，固精气，强筋骨，补虚损，利耳目，除寒湿，止脾泄久痢，赤白浊，女人带下崩中诸血病（时珍）。捣碎和米作粥饭食，轻身益气，令人强健（苏颂。出《诗疏》）。安靖上下君相火邪（《嘉谟》）。

【发明】时珍曰：莲产于淤泥而不为泥染；居于水中而不为水没。根茎花实，凡品难同；清净济用，群美兼得。自蒻蔤而节节生茎，生叶，生花，生藕；由菡萏而生蕊，生莲，生菂，生薏。其莲菂则始而黄，黄而青，青而绿，绿而黑，中含白肉，内隐青心。石莲坚刚，可历永久。薏藏生意，藕复萌芽，展转生生，造化不息。故释氏用为引譬，妙理具存；医家取为服食，百病可却。盖莲之味甘气温而性啬，禀清芳之气，得稼穑之味，乃脾之果也。脾者，黄宫，所以交媾水、火，会合木、金者也。土为元气之母，母气既和，津液相成，神乃自生，久视耐老，此其权舆也。昔人治心肾不交，劳伤白浊，有清心莲子饮；补心肾，益精血，有瑞莲丸，皆得此理。

藏器曰：经秋正黑，名石莲子，入水必沉，惟煎盐卤能浮之。此物居山海间，经百年不坏，人得食之，令发黑不老。

诜曰：诸鸟、猿猴取得不食，藏之石室内，人得三百年者，食之永不老也。又雁食之，粪于田野山岩之中，不逢阴雨，经久不坏。人得之，每旦空腹食十枚，身轻能登高涉远也。

【附方】旧四，新十。服食不饥：诜曰：石莲肉蒸熟去心，为末，炼蜜丸梧桐子大。日服三十丸。此仙家方也。清心宁神：宗奭曰：用莲蓬中干石莲子肉，于砂盆中擦去赤皮，留心。同为末，入龙脑，点汤服之。补中强志，益耳目聪明：用莲实半两去皮心，研末，水煮熟，以粳米三合作粥，入末搅匀食。（《圣惠方》）补虚益损：水芝丹：用莲实半升。酒浸二宿，以牙猪肚一个洗净，入莲在内，缝定煮熟，取出晒干为末，酒煮米糊丸梧桐子大。每服五十丸，食前温酒送下。（《医学发明》）小便频数，下焦真气虚弱者：用上方，醋糊丸，服。白浊遗精：石莲肉、龙骨、益智仁等分。为末。每服二钱，空心米饮下。《普济》：用莲肉、白茯苓等分，为末。白汤调服。心虚赤浊：莲子六一汤：用石莲肉六两，炙甘草一两，为末。每服一钱，灯心汤下。（《直指方》）久痢禁口：石莲肉炒为末。每服二钱，陈仓米汤调下，便觉思食，甚妙。加入香连丸，尤妙。（《丹溪心法》）脾泄肠滑：方同上。哕逆不止：石莲肉六枚，炒赤黄色，研末。冷熟水半盏和服，便止。（苏颂《图经》）产后咳逆、呕吐，心忡目晕：用石莲子两半，白茯苓一两，丁香五钱。为末。每米饮服二钱。（《良方补遗》）眼赤作痛：莲实（去皮研末）一盏，粳米半升，以水煮粥，常食。（《普济方》）小儿热渴：莲实二十枚（炒），浮萍二钱半，生姜少许，水煎，分三服。（《圣济总录》）反胃吐食：石莲肉为末，入少肉豆寇末，米汤调服之。（《直指方》）

藕

【气味】甘，平，无毒。

大明曰：温。

时珍曰：《相感志》云：藕以盐水共食，则不损口；同油炸面米果食，则无渣。煮忌铁器。

【主治】热渴，散留血，生肌。久服令人心欢（《别录》）。止怒止泄，消食解酒毒，及病后干渴（藏器）。捣汁服，止闷除烦开胃，治霍乱，破产后血闷，捣膏，署金疮并伤折，止暴痛。蒸煮食之，大能开胃（大明）。生食，治霍乱后虚渴。蒸食，甚补五脏，实下焦。同蜜食，令人腹脏肥，不生诸虫，亦可休粮（孟诜）。汁：解射罔毒、蟹毒（徐之才）。捣浸澄粉服食，轻身益年（臞仙）。

【发明】弘景曰：根入神仙家。宋时太官作血蜭（音勘），庖人削藕皮误落血中，遂散涣不凝。故医家用以破血多效也。蜭者，血羹也。

诜曰：产后忌生冷物，独藕不同生冷者，为能破血也。

时珍曰：白花藕大而孔扁者，生食味甘，煮食不美；红花及野藕，生食味涩，煮蒸则佳。夫藕生于卑污，而洁白自若。质柔而穿坚，居下而有节。孔窍玲珑，丝纶内隐。生于嫩蒻,而发为茎、叶、花、实,又复生芽,以续生生之脉。四时可食,令人心欢,可谓灵根矣。故其所主者,皆心脾血分之疾,与莲之功稍不同云。

【附方】旧四,新八。时气烦渴:生藕汁一盏,生蜜一合,和匀,细服。(《圣惠》)伤寒口干:生藕汁、生地黄汁、童子小便各半盏。煎温,服之。(庞安时《伤寒论》)霍乱烦渴:藕汁一钟,姜汁半钟。和匀饮。(《圣济总录》)霍乱吐利:生藕,捣汁服。(《圣惠》)上焦痰热:藕汁、梨汁各半盏。和服。(《简便》)产后闷乱,血气上冲,口干腹痛:《梅师方》:用生藕汁三升,饮之。庞安时:用藕汁、生地黄汁、童子小便等分,煎服。小便热淋:生藕汁、生地黄汁、葡萄汁各等分。每服口盏,入蜜温服。坠马血瘀,积在胸腹,唾血无数者:干藕根为末。酒服方寸匕,日二次。(《千金方》)食蟹中毒:生藕汁饮之。(《圣惠》)冻脚裂坼:蒸熟藕,捣烂涂之。尘芒入目:大藕洗捣,绵裹,滴汁入目中,即出也。(《普济方》)

藕蔤

【释名】藕丝菜(五、六月嫩时,采为蔬茹,老则为藕梢,味不堪矣)。

【气味】甘,平,无毒。

【主治】生食,主霍乱后虚渴烦闷不能食,解酒食毒(苏颂)。功与藕同(时珍)。解烦毒,下瘀血(汪颖)。

藕节

【气味】涩,平,无毒。

大明曰:冷。伏硫黄。

【主治】捣汁饮,主吐血不止,及口鼻出血(甄权)。消瘀血,解热毒。产后血闷,和地黄研汁,入热酒、小便饮(大明)。能止咳血唾血,血淋溺血,下血血痢血崩(时珍)。

【发明】时珍曰:一男子病血淋,痛胀祈死。予以藕汁调发灰,每服二钱,服三日而血止痛除。按赵溍《养疴漫笔》云:宋孝宗患痢,众医不效。高宗偶见一小药肆,召而问之。其人问得病之由,乃食湖蟹所致。遂诊脉,曰:此冷痢也。乃用新采藕节捣烂,热酒调下,数服即愈。高宗大喜,就以捣药金杵臼赐之,人遂称为金杵臼严防御家,可谓不世之遇也。大抵藕能消瘀血,解热开胃,而又解蟹毒故也。

【附方】新五。鼻衄不止:藕节捣汁饮,并滴鼻中。猝暴吐血:双荷散:用藕节、荷蒂各七个,以蜜少许擂烂,用水二钟,煎八分,去滓,温服。或为末丸服亦可。(《圣惠》)大便下血:藕节晒干研末,人参、白蜜煎汤,调服二钱,日二服。(《全幼心鉴》)遗精白浊,心虚不宁:金锁玉关丸:用藕节、莲花须、莲子肉、芡实肉、山药、白茯苓、白茯神各二两,为末。用金樱子二斤捶碎,以水一斗,熬八分,去滓,再熬成膏,入少面和药,丸梧桐子大。每服七十丸,米饮下。鼻渊脑泻:藕节、芎䓖,焙研为末。每服二钱,米饮下。(《普济》)

莲薏(即莲子中青心也)

【释名】苦薏。

【气味】苦，寒，无毒。

藏器曰：食莲子不去心，令人作吐。

【主治】血渴，产后渴，生研末，米饮服二钱，立愈（士良）。止霍乱（大明）。清心去热（时珍。出《统旨》）。

【附方】新二。劳心吐血：莲子心七个，糯米二十一粒，为末，酒服。此临安张上舍方也。（《是斋百一方》）小便遗精：莲子心一撮。为末，入辰砂一分。每服一钱，白汤下，日二。（《医林集要》）

莲蕊须

【释名】佛座须（花开时采取，阴干，亦可充果食）。

【气味】甘，涩，温，无毒。

大明曰：忌地黄、葱、蒜。

【主治】清心通肾，固精气，乌须发，悦颜色，益血，止血崩、吐血（时珍）。

【发明】时珍曰：莲须本草不收，而《三因》诸方、固真丸、巨胜子丸各补益方中，往往用之。其功大抵与莲子同也。

【附方】新一。久近痔漏三十年者：三服除根。用莲花蕊、黑牵牛头末各一两半，当归五钱，为末。每空心酒服二钱。忌热物。五日见效。（孙氏《集效方》）

莲花

【释名】芙蓉（《古今注》）、芙蕖（同上）、水华。

【气味】苦、甘，温，无毒。

忌地黄、葱、蒜。

【主治】镇心益色。驻颜轻身（大明）。

弘景曰：花入神仙家用，入香尤妙。

【附方】旧二，新二。服食驻颜：七月七日采莲花七分，八月八日采根八分，九月九日采实九分，阴干捣筛。每服方寸匕，温酒调服。（《太清草木方》）天疱湿疮：荷花贴之。（《简便方》）难产催生：莲花一瓣，书人字，吞之，即易产。（《肘后方》）坠损呕血：坠跌积血心胃，呕血不止。用干荷花为末.每酒服方寸匕，其效如神。（杨拱《医方摘要》）

莲房

【释名】莲蓬壳（陈久者良）。

【气味】苦，涩，温，无毒。

【主治】破血（孟诜）。治血胀腹痛，及产后胎衣不下，酒煮服之。水煮服之，解野菌毒（藏器）。止血崩、下血、溺血（时珍）。

【发明】时珍曰：莲房入厥阴血分，消瘀散血，与荷叶同功，亦急则治标之意也。

【附方】新六。经血不止：瑞莲散：用陈莲蓬壳烧存性，研末。每服二钱，热酒下。（《妇人经验方》）血崩不止，不拘冷热：用莲蓬壳、荆芥穗各（烧存性）等分为末。每服二钱，米饮下。（《圣惠方》）产后血崩：莲蓬壳五个，香附二两，各烧存性，为末。每服二钱,米饮下,日二。(《妇人良方》)漏胎下血:莲房烧研,面糊丸梧桐子大。每服百丸,汤、酒任下,日二。(《朱氏集验方》)小便血淋:莲房烧存性,为末,入麝香少许。每服二钱半,米饮调下,日二。(《经验方》)天疱湿疮:莲蓬壳烧存性,研末,井泥调涂,神效。(《海上方》)

荷叶

【释名】嫩者荷钱(象形)。贴水者藕荷(生藕者)。出水者芰荷(生花者)。蒂名荷鼻。

【修治】大明曰:入药并炙用。

【气味】苦,平,无毒。

时珍曰:畏桐油。伏白银,伏硫黄。

【主治】止渴,落胞破血,治产后口干,心肺躁烦(大明)。治血胀腹痛,产后胎衣不下,酒煮服之。荷鼻:安胎,去恶血,留好血,止血痢,杀菌蕈毒,并煮水服(藏器)。生发元气,裨助脾胃,涩精滑,散瘀血,消水肿痈肿,发痘疮,治吐血咯血衄血,下血溺血血淋,崩中产后恶血,损伤败血(时珍)。

【发明】杲曰:洁古张先生口授枳术丸方,用荷叶烧饭为丸。当时未悟其理,老年味之始得。夫震者动也,人感之生足少阳甲胆,是属风木,为生化万物之根蒂。人之饮食入胃,营气上行,即少阳甲胆之气,与手少阳三焦元气,同为生发之气。《素问》云:履端于始,序则不愆。荷叶生于水土之下,污秽之中,挺然独立。其色青,其形仰,其中空,象震卦之体。食药感此气之化,胃气何由不升乎?用此为引,可谓远识合道矣。更以烧饭和药,与白术协力滋养,补令胃厚,不致内伤,其利广矣大矣。世之用巴豆、牵牛者,岂足语此?

时珍曰:烧饭见谷部饭下。按《东垣试效方》云:雷头风症,头面疙瘩肿痛,憎寒发热,状如伤寒,病在三阳,不可过用寒药重剂,诛伐无过。一人病此,诸药不效,余处清震汤治之而愈。用荷叶一枚,升麻五钱,苍术五钱,水煎温服。盖震为雷,而荷叶之形象震体,其色又青,乃涉类象形之义也。又案闻人规《痘疹八十一论》云:痘疮已出,复为风寒外袭,则窍闭血凝,其点不长,或变黑色,此为倒靥,必身痛,四肢微厥。但温肌散邪,则热气复行,而斑自出也。宜紫背荷叶散治之。盖荷叶能升发阳气,散瘀血,留好血,僵蚕能解结滞之气故也。此药易得,而活人甚多,胜于人牙、龙脑也。又戴原礼《证治要诀》云:荷叶服之,令人瘦劣,故单服可以消阳水浮肿之气。

【附方】旧四,新二十三。阳水浮肿:败荷叶,烧存性,研末。每服二钱,米饮调下,日三服。(《证治要诀》)脚膝浮肿:荷叶心、藁本等分,煎汤,淋洗之。(《永类方》)痘疮倒靥:紫背荷叶散,又名南金散:治风寒外袭倒靥势危者,万无一失。用霜后荷叶(贴水紫背者,炙干)、白僵蚕直者炒去丝等分为末。每服半钱,用胡荽汤或温酒调下。(闻人规《痘疹论》)诸般痈肿,拔毒止痛:荷叶中心蒂如钱者,不拘多少,煎汤淋洗,拭干,以飞过寒水石,同腊猪脂涂之。又治痈肿,柞木饮方中亦用之。(《本事方》)打扑损伤,恶血攻心,闷乱疼痛者:以干荷叶五片,烧存性,为末。每服三钱,童子热尿一盏,食前调下,日三服,利下恶物为度。(《圣惠方》)产后心痛,恶血不尽也：荷叶炒香为末。每服方寸匕，沸汤或童子小便调下。或烧灰、或煎汁皆可。(《救急方》)胎衣不下：方同上。伤寒产后，血晕欲死：用荷叶、红花、姜黄等分，炒研末。童子小便调服二钱。(庞安常《伤寒论》)孕妇伤寒：大热烦渴，恐伤胎气。用嫩卷荷叶(焙)半两，蚌粉二钱半。为末。每服三钱，新汲水入蜜调服，并涂腹上。名罩胎散。(郑氏方)妊娠胎动，已见黄水者：干荷蒂一枚炙，研为末。糯米淘汁一钟，调服即安。(唐氏《经验方》)吐血不止：嫩荷叶七个，擂水服之，甚佳。又方：干荷叶、生蒲黄等分，为末。每服三钱，桑白皮煎汤调下。《肘后方》：用经霜败荷烧存性，研末。新水服二钱。吐血咯血：《经验后方》：荷叶焙干，为末。米汤调服二钱，一日二服，以知为度。《圣济总录》：用败荷叶、蒲黄各一两，为末。每服二钱，麦门冬汤下。吐血衄血：阳乘于阴，血热妄行，宜服四生丸。陈日华云：屡用得效。用生荷叶、生艾叶、生柏叶、生地黄等分，捣烂，丸鸡子大。每服一丸，水三盏，煎一盏，去滓服。(《济生方》)崩中下血：荷叶(烧研)半两，蒲黄、黄芩各一两，为末。每空心酒服三钱。血痢不止：荷叶蒂，水煮汁，服之。(《普济方》)下痢赤白：荷叶烧研。每服二钱，红痢蜜；白痢沙糖汤下。脱肛不收：贴水荷叶焙研，酒服二钱，仍以荷叶盛末坐之。(《经验良方》)牙齿疼痛：青荷叶剪取钱蒂七个，以浓米醋一盏，煎半盏，去滓，熬成膏，时时抹之妙。(唐氏《经验方》)赤游火丹：新生荷叶，捣烂，入盐涂之。(《摘玄方》)漆疮作痒：干荷叶，煎汤，洗之，良。(《集验方》)遍身风疠：荷叶三十枚，石灰一斗。淋汁合煮，渍之，半日乃出。数日一作，良。(《圣惠方》)偏头风痛：升麻、苍术各一两，荷叶一个，水二钟，煎一钟，食后温服。或烧荷叶一个，为末，以煎汁调服。(《简便方》)刀斧伤疮：荷叶烧研，搽之。(《集简方》)阴肿痛痒：荷叶、浮萍、蛇床等分。煎水，日洗之。(《医垒元戎》)

红白莲花(《拾遗》)

【校正】自草部移入此。

【集解】藏器曰：红莲花、白莲花，生西国，胡人将来也。

时珍曰：此不知即莲花否？而功与莲同，以类相从，姑移入此。

【气味】甘，平，无毒。

【主治】久服，令人好颜色，变白却老(藏器)。

芰实(音妓。《别录》上品)

【释名】菱(《别录》)、水栗(风俗通)、沙角。

时珍曰：其叶支散，故字从支。其角棱峭，故谓之菱，而俗呼为菱角也。昔人多不分别，惟伍安贫《武陵记》以三角、四角者为芰，两角者为菱。《左传》屈到嗜芰，即此物也。《尔雅》谓之厥攈(音眉)又许慎《说文》云：菱，楚谓之芰，秦谓之薢茩。杨氏《丹铅录》以芰为鸡头，引《离骚》缉芰荷以为衣，言菱叶不可缉衣，皆误矣。案《尔雅》薢茩乃决明之名，非厥攈也。又《埤雅》芰荷乃藕上出水生花之茎，非鸡头也。与菱同名异物。许、杨二氏失于详考，故正之。

【气味】甘,平,无毒。

诜曰:生食,性冷利。多食,伤人脏腑,损阳气,痿茎,生蛲虫。水族中此物最不治病。若过食腹胀者,可暖姜酒服之即消,亦可含吴茱萸咽津。

芰

时珍曰:《仇池笔记》言:菱花开背日,芡花开向日,故菱寒而芡暖。《别录》言芰实性平,岂生者性冷,而干者则性平欤?

【主治】安中补五脏,不饥轻身(《别录》)。蒸曝,和蜜饵之,断谷长生(弘景)。解丹石毒(苏颂)。鲜者,解伤寒积热,止消渴,解酒毒,射罔毒(时珍)。捣烂澄粉食,补中延年(臞仙)。

芰花

【气味】涩。

【主治】入染须发方(时珍)。

乌菱壳

【主治】入染须发方,亦止泄痢(时珍)。

芡实(音俭。《本经》上品)

【释名】鸡头(《本经》)、雁喙(同)、雁头(《古今注》)、鸿头(韩退之)、鸡雍(《庄子》)、卯菱(《管子》)、芀子(音唯)、水流黄。

弘景曰:此即今芀子也。茎上花似鸡冠,故名鸡头。

芡

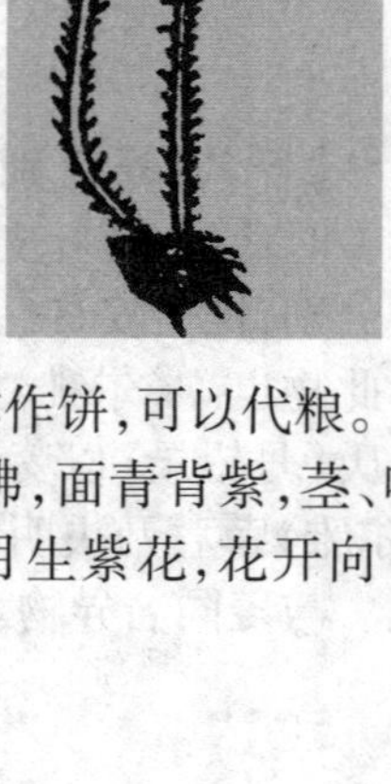

颂曰:其苞形类鸡、雁头,故有诸名。

时珍曰:芡可济俭歉,故谓之芡。鸡雍见《庄子·徐无鬼篇》。卯菱见《管子·五行篇》。扬雄《方言》云:南楚谓之鸡头,幽燕谓之雁头,徐、青、淮、泗谓之芡子。其茎谓之芀,亦曰莈。郑樵《通志》以钩芙为芡,误矣。钩芙,陆生草也,其茎可食。水流黄见下。

【集解】《别录》曰:鸡头实生雷泽池泽。八月采之。

保升曰:苗生水中,叶大如荷,皱而有刺。花子若拳大,形似鸡头。实若石榴,其皮青黑,肉白如菱米也。

颂曰:处处有之,生水泽中。其叶俗名鸡头盘,花下结实。其茎嫩者名芀菽,亦名莈菜,人采为蔬茹。

宗奭曰:天下皆有之。临水居人,采子去皮,捣仁为粉,蒸炸作饼,可以代粮。

时珍曰:芡茎三月生叶贴水,大于荷叶,皱纹如縠,蹙衄如沸,面青背紫,茎、叶皆有刺。其茎长至丈余,中亦有孔有丝,嫩者剥皮可食。五六月生紫花,花开向日结苞，外有青刺，如猬刺及栗球之形。花在苞顶，亦如鸡喙及猬喙。剥开内有斑驳软肉裹子，累累如珠玑。壳内白米，状如鱼目。深秋老时，泽农广收，烂取芡子，藏至囷石，以备歉荒。其根状如三棱，煮食如芋。

【修治】诜曰：凡用蒸熟，烈日晒裂取仁，亦可舂取粉用。

时珍曰：新者煮食良。入涩精药，连壳用亦可。案：刘跂《暇日记》云：芡实一斗，以防风四两煎汤浸过用，且经久不坏。

【气味】甘，平，涩，无毒。

弘景曰：小儿多食，令不长。

诜曰：生食多，动风冷气。

宗奭曰：食多，不益脾胃，兼难消化。

【主治】湿痹，腰脊膝痛，补中，除暴疾，益精气，强志，令耳目聪明。久服，轻身不饥，耐老神仙（《本经》）。开胃助气（《日华》）。止渴益肾，治小便不禁，遗精白浊带下（时珍）。

【发明】弘景曰：《仙方》取此合莲实饵之，甚益人。

恭曰：作粉食，益人胜于菱也。

颂曰：取其实及中子，捣烂曝干，再捣筛末，熬金樱子煎和丸服之，云补下益人，谓之水陆丹。

时珍曰：案孙升《谈圃》云：芡本不益人，而俗谓之水流黄何也？盖人之食芡，必咀嚼之，终日嗫嗫。而芡味甘平，腴而不腻。食之者能使华液流通，转相灌溉，其功胜于乳石也。《淮南子》云：狸头愈瘘，鸡头已瘘。注者云：即芡实也。

【附方】旧一，新三。鸡头粥：益精气，强志意，利耳目。鸡头实三合（煮熟去壳），粳米一合煮粥，日日空心食。（《经验后方》）玉锁丹：治精气虚滑。用芡实、莲茎（方见藕节下）四精丸：治思虑、色欲过度，损伤心气，小便数，遗精。用秋石、白茯苓、芡实、莲肉各二两，为末，蒸枣和丸梧桐子大。每服三十丸，空心盐汤送下。（《永类方》）分清丸：治浊病。用芡实粉、白茯苓粉，黄蜡化蜜和．丸梧桐子大。每服百丸，盐汤下。（《摘玄方》）

鸡头菜即葰菜（芡茎也）

【气味】咸、甘，平，无毒。

【主治】止烦渴，除虚热，生熟皆宜（时珍）。

根

【气味】同茎。

【主治】小腹结气痛，煮食之（士良）。

【附方】新一。偏坠气块：鸡头根切片煮熟，盐、醋食之。（《法天生意》）

乌芋（《别录》中品）

【释名】凫茈（音疵）、凫茨（音瓷）、荸荠（《衍义》）、黑三棱（《博济方》）、芍（音晓）。地栗（郑樵《通志》）。

时珍曰：乌芋，其根如芋而色乌也。凫喜食之，故《尔雅》名凫茈，后遂讹为凫茨,又讹为荸荠。盖切韵凫、荸同一字母,音相近也。三棱、地栗,皆形似也。

乌芋

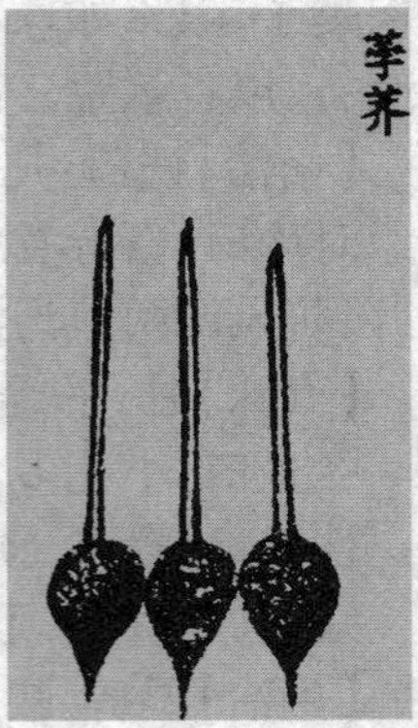

瑞曰:小者名凫茈,大者名地栗。

根

【气味】甘,微寒,滑,无毒。

诜曰:性冷。先有冷气人不可食,令人腹胀气满。小儿秋月食多,脐下结痛也。

【主治】消渴痹热,温中益气(《别录》)。下丹石,消风毒,除胸中实热气。可作粉食,明耳目,消黄疸(孟诜)。开胃下食(大明)。作粉食,厚人肠胃,不饥,能解毒,服金石人宜之(苏颂)。疗五种膈气,消宿食,饭后宜食之。治误吞铜物(汪机)。主血痢下血血崩,辟蛊毒(时珍)。

【发明】机曰:乌芋善毁铜,合铜钱嚼之,则钱化,可见其为消坚削积之物。故能化五种膈疾,而消宿食,治误吞铜也。

时珍曰:按王氏《博济方》:治五积、冷气攻心、变为五膈诸病,金锁丸中用黑三棱。注云:即凫茈干者。则汪氏所谓消坚之说,盖本于此。又董炳《集验方》云:地栗晒干为末,白汤每服二钱,能辟蛊毒。传闻下蛊之家,知有此物,便不敢下。此亦前人所未知者。

【附方】新五。大便下血:荸荠捣汁大半钟,好酒半钟,空心温服。三日见效。(《神秘方》)下痢赤白:午日午时取完好荸荠,洗净拭干,勿令损破,于瓶内入好烧酒浸之,黄泥密封收贮。遇有患者,取二枚细嚼,空心用原酒送下。(唐瑶《经验方》)妇人血崩:凫茈一岁一个,烧存性,研末,酒服之。(李氏方)小儿口疮:用荸荠烧存性,研末,掺之。(杨起《简便方》)误吞铜钱:生凫茈,研汁,细细呷之,自然消化成水。(王璆《百一选方》)

慈菇(《日华》)

【校正】原混乌芋下,今分出。仍并入《图经》外类剪刀草。

【释名】借姑(《别录》)、水萍(《别录》)、河凫茈(《图经》)、白地栗(同上),苗名剪刀草(《图经》)、箭搭草(《救荒》)、槎丫草(苏恭)、燕尾草(大明)。

慈姑

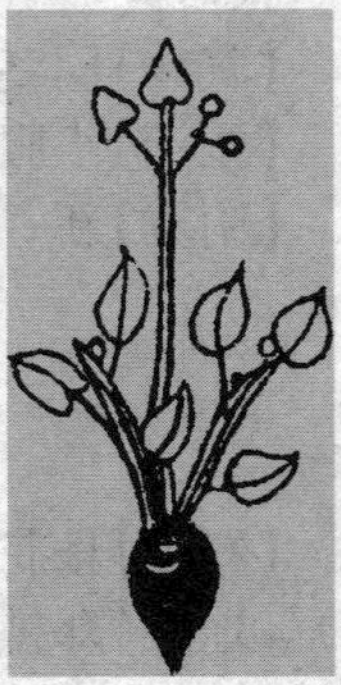

时珍曰:慈菇,一根岁生十二子,如慈菇之乳诸子,故以名之。作茨菰者非矣。河凫茈、白地栗,所以别乌芋之凫茈、地栗也。剪刀、箭搭、槎丫、燕尾,并象叶形也。

【集解】《别录》曰:借姑,三月三日采根,曝干。

弘景曰:借姑生水田中。叶有丫,状如泽泻。其根黄,似芋子而小,煮之可啖。

恭曰:慈菇生水中。叶似錍箭之镞,泽泻之类也。

时珍曰：慈姑生浅水中，人亦种之。三月生苗，青茎中空，其外有棱。叶如燕尾，前尖后歧。霜后叶枯，根乃练结，冬及春初，掘以为果，须灰汤煮熟，去皮食，乃不麻涩戟人咽也。嫩茎亦可炸食。又取汁，可制粉霜、雌黄。又有山慈菇，名同实异，见草部。

根

【气味】苦、甘，微寒，无毒。

大明曰：冷，有毒。多食，发虚热，及肠风痔漏，崩中带下，疮疖。以生姜同煮佳。怀孕人不可食。

诜曰：吴人常食之，令人发脚气瘫缓风，损齿失颜色，皮肉干燥。猝食之，使人干呕也。

【主治】百毒，产后血闷，攻心欲死，产难胞衣不出，捣汁服一升。又下石淋（苏恭）。

叶

【主治】诸恶疮肿，小儿游瘤丹毒，捣烂涂之，即便消退，甚佳（苏颂）。治蛇、虫咬，捣烂封之（大明）。调蚌粉，涂瘙痱（时珍）。

附录诸果（《纲目》二十一种，《拾遗》一种）

时珍曰：方册所记诸果，名品甚多，不能详其性、味、状。既列于果，则养生者不可不知，因略采附以俟。

津符子

时珍曰：孙真人《千金方》云：味苦，平，滑。多食令人口爽，不知五味。

必思答

又曰：忽思慧《饮膳正要》云：味甘，无毒。调中顺气。出回回田地。

甘剑子

又曰：范成大《桂海志》云：状似巴榄子，仁附肉，有白靥，不可食，发人病。北人呼为海胡桃是也。

杨摇子

又曰：沈莹《临海异物志》云：生闽越。其子生树皮中，其体有脊，形甚异而味甘无奇，色青黄，长四、五寸。

海梧子

又曰：嵇含《南方草木状》云：出林邑。树似梧桐，色白。叶似青桐。其子如大栗，肥甘可食。

木竹子

又曰：《桂海志》云：皮色形状全似大枇杷，肉味甘美，秋冬实熟。出广西。

橹罟子

又曰：《桂海志》云：大如半升碗，数十房攒聚成球，每房有缝。冬生青，至夏红。破其瓣食之，微甘。出广西。

罗晃子

又曰：《桂海志》云：状如橄榄，其皮七重。出广西。顾玠《海槎录》云：横州出九层皮果，至九层方见肉也。夏熟，味如栗。

杧子

又曰：徐表《南州记》云：出九真、交趾。树生子如桃实，长寸余。二月开花，连着子，五月熟，色黄。盐藏食之，味酸似梅。

夫编子

又曰：《南州记》云：树生交趾山谷。三月开花，仍连着子，五、六月熟。入鸡、鱼、猪、鸭羹中，味美，亦可盐藏。

白缘子

又曰：刘欣期《交州记》云：出交趾。树高丈余，实味甘美如胡桃。

系弥子

又曰：郭义恭《广志》云；状圆而细，赤如软枣。其味初苦后甘，可食。

人面子

又曰：《草木状》云：出南海。树似含桃。子如桃实，无味，以蜜渍可食。其核正如人面，可玩。祝穆《方舆胜览》云：出广中。大如梅李。春花、夏实、秋熟，蜜煎甘酸可食。其核两边似人面，口、目、鼻皆具。

黄皮果

又曰：《海槎录》云：出广西横州。状如楝子及小枣而味酸。

四味果

又曰：段成式《酉阳杂俎》云：出祁连山。木生如枣。剖以竹刀则甘，铁刀则苦，木刀则酸，芦刀则辛。行旅得之，能止饥渴。

千岁子

又曰:《草木状》云:出交趾。蔓生。子在根下,须绿色,交加如织。一苞恒二百余颗,皮壳青黄色。壳中有肉如栗,味亦如之。干则壳肉相离,撼之有声。《桂海志》云:状似青黄李,味甘。

侯骚子

又曰:《酉阳杂俎》云:蔓生,子大如鸡卵,既甘且冷,消酒轻身。王太仆曾献之。

酒杯藤子

又曰:崔豹《古今注》云:出西域。藤大如臂。花坚硬,可以酌酒,文章映澈。实大如指,味如豆蔻,食之消酒。张骞得其种于大宛。

蕳(音间)子

又曰:贾思勰《齐民要术》云:藤,生交趾、合浦。缘树木,正二、月花,四、五月熟,实如梨,赤如鸡冠,核如鱼鳞。生食,味淡泊。

山枣

又曰:《寰宇志》云:出广西肇庆府。叶似梅,果似荔枝,九月熟,可食。

隈支

又曰:宋祁《益州方物图》云:生邛州山谷中。树高丈余,枝修而弱。开白花。实大若雀卵,状似荔枝,肉黄肤甘。

灵床上果子(《拾遗》)

藏器云:人夜谵语,食之即止。

诸果有毒(《拾遗》)

凡果未成核者,食之令人发痈疖及寒热。
凡果落地有恶虫缘过者,食之令人患九漏。
凡果双仁者,有毒杀人。
凡瓜双蒂者,有毒杀人;沉水者,杀人。
凡果忽有异常者,根下必有毒蛇,食之杀人。

本草纲目木部第三十四卷

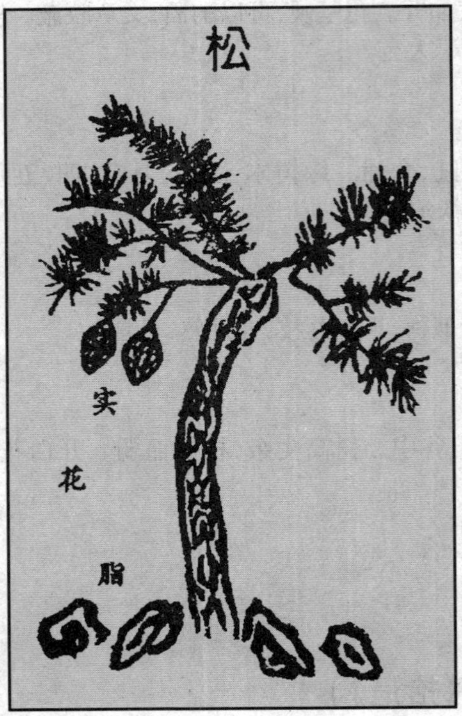

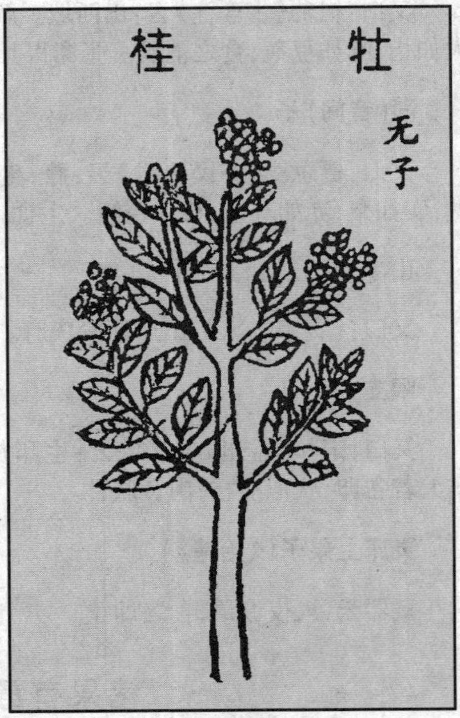

本草纲目木部第三十四卷

柏(《本经》上品)

柏

【释名】椈(音菊)、侧柏。

李时珍曰:按魏子才《六书精蕴》云:万木皆向阳,而柏独西指,盖阴木而有贞德者,故字从白。白者,西方也。陆佃《埤雅》云:柏之指西,犹针之指南也。柏有数种,入药惟取叶扁而侧生者,故曰侧柏。

寇宗奭曰:予官陕西,登高望柏,千万株皆一一西指。盖此木至坚,不畏霜雪,得木之正气,他木不及。所以受金之正气所制,一一西指也。

【集解】《别录》曰:柏实生太山山谷,柏叶尤良。四时各依方面采,阴干。

陈承曰:陶隐居说柏忌冢墓上者,而今乾州者皆是乾陵所出,他处皆无大者,但取其州土所宜,子实气味丰美可也。其柏异于他处,木之纹理,大者多为菩萨云气、人物鸟兽,状极分明可观。有盗得一株径尺者,值万钱,宜其子实为贵也。

时珍曰:《史记》言:松柏为百木之长。其树耸直,其皮薄,其肌腻。其花细琐,其实成梂,简状如小铃,霜后四裂,中有数子,大如麦粒,芬香可爱。柏叶松身者,桧也。其叶尖硬,亦谓之栝。今人名圆柏,以别侧柏。松叶柏身者,枞也。松桧相半者,桧柏也。峨眉山中一种竹叶柏身者,谓之竹柏。

柏实

【修治】敩曰:凡使先以酒浸一宿,至明漉出,晒干,用黄精自然汁于日中煎之,缓火煮成煎为度。每煎柏子仁三两,用酒五两浸。

时珍曰:此法是服食家用者。寻常用,只蒸熟曝烈,舂簸取仁,炒研入药。

【气味】甘,平,无毒。

甄权曰:甘、辛。畏菊花、羊蹄草。

徐之才曰:见叶下。

【主治】惊悸益气,除风湿,安五脏。久服,令人润泽美色,耳目聪明,不饥不老,轻身延年(《本经》)。疗恍惚,虚损吸吸,历节腰中重痛,益血止汗(《别录》)。治头风，腰肾中冷，膀胱冷脓宿水，兴阳道，益寿，去百邪鬼魅，小儿惊痫（甄权）。润肝（好古）。养心气，润肾燥，安魂定魄。益智宁神。烧沥，泽头发，治疥癣（时珍）。

【发明】王好古曰：柏子仁，肝经气分药也。又润肾，古方十精丸用之。

时珍曰：柏子仁性平而不寒不燥，味甘而补，辛而能润，其气清香，能透心肾，益脾胃，盖仙家上品药也，宜乎滋养之剂用之。《列仙传》云：赤松子食柏实，齿落更生，行及奔马。谅非虚语也。

【附方】旧二，新六。服柏实法：八月连房取实曝收，去壳研末。每服二钱，温酒下，一日三服。渴即饮水，令人悦泽。一方：加松子仁等分，以松脂和丸。一方：加菊花等分，蜜丸服。《奇效方》：用柏子仁二斤（为末，酒浸为膏），枣肉三斤，白蜜、白术末、地黄末各一斤，捣匀，丸弹子大。每嚼一丸，一日三服。百日，百病愈；久服，延年壮神。老人虚秘：柏子仁、松子仁、大麻仁等分。同研，溶蜜蜡丸梧桐子大。以少黄丹汤，食前调服二三十丸，日二服。（寇宗奭）肠风下血：柏子十四个。捶碎，囊贮浸好酒三盏，煎八分服，立止。（《普济方》）小儿躯啼，惊痫腹满，大便青白色：用柏子仁末，温水调服一钱。（《圣惠方》）黄水湿疮：真柏油二两，香油二两。熬稠搽之，如神。（陆氏《积德堂方》）

柏叶

【修治】敩曰：凡用挼去两畔并心枝丫，用糯泔浸七日，以酒拌蒸一伏时。每一斤，用黄精自然汁十二两浸焙（又浸又焙），待汁干用之。

时珍曰：此服食治法也。常用或生或炒，各从本方。

【气味】苦，微温，无毒。

权曰：苦、辛，性涩。与酒相宜。

颂曰：性寒。

之才曰：瓜子、牡蛎、桂为之使。畏菊花、羊蹄、诸石及面曲。伏砒、硝。

弘景曰：柏之叶、实，服饵所重。此云恶曲，而人以酿酒无妨。恐酒米相和，异单用也。

【主治】吐血、衄血，痢血、崩中、赤白，轻身益气，令人耐寒暑，去湿痹，止饥（《别录》）。治冷风历节疼痛。止尿血（甄权）。炙，罯冻疮。烧取汁涂头，黑润鬓发（大明）。敷汤火伤。止痛灭瘢。服之，疗蛊痢。作汤常服，杀五脏虫，益人（苏颂）。

【发明】震亨曰：柏属阴与金，善守。故采其叶，随月建方，取其多得月令之气。此补阴之要药，其性多燥，久得之大益脾土，以滋其肺。

时珍曰：柏性后凋而耐久，禀坚凝之质，乃多寿之木，所以可入服食。道家以之点汤常饮，元旦以之浸酒辟邪，皆有取于此。麝食之而体香，毛女食之而体轻，亦其证验矣。毛女者，秦王宫人。关东贼至，惊走入山，饥无所食。有一老公教吃松柏叶，初时苦涩，久乃相宜，遂不复饥，冬不寒，夏不热。至汉成帝时，猎者于终南山见一人，无衣服，身生黑毛，跳坑越涧如飞，乃密围获之，去秦时二百余载矣。事出葛洪《抱朴子》书中。

【附方】旧十，新十一。服松柏法：孙真人《枕中记》云：尝以三月、四月采新生松叶，长三四寸许，并花蕊阴干；又于深山岩谷中，采当年新生柏叶，长二三寸者，阴干，为末，白蜜丸如小豆大。常以日未出时，烧香东向，手持八十一丸，以酒下。服一年，延十年命；服二年，延二十年命。欲得长肌肉，加大麻、巨胜；欲心力壮健者，加茯苓、人参。此药除百病，益元气，滋五脏六腑，清明耳目，强壮不衰老，延年益寿，神验。用七月七日露水丸之，更佳。服时仍祝曰：神仙真药，体合自然。服药入腹，天地同年。祝毕服药。断诸杂肉、五辛。神仙服饵：五月五日，采五方侧柏叶三斤，远志（去心）二斤，白茯苓（去皮）一斤，为末，炼蜜和丸梧桐子大。每以仙灵脾酒下三十丸，日再服。并无所忌。勿示非人。中风不省，涎潮口禁，语言不出，手足亸曳：得病之日，便进此药，可使风退气和，不成废人。柏叶一握（去枝），葱白一握（连根研如泥），无灰酒一升，煎一二十沸，温服。如不饮酒，分作四、五服，方进他药。（《杨氏家藏方》）时气瘴疫：社中西南柏树东南枝，取曝干研末。每服一钱，新水调下，日三、四服。（《圣惠方》）霍乱转筋：柏叶捣烂，裹脚上，及煎汁淋之。（《圣惠方》）吐血不止：张仲景柏叶汤：用青柏叶一把，干姜二片，阿胶一挺（炙），三味，以水二升，煮一升，去滓，别绞马通汁一升，合煎取一升，绵滤，一服尽之。《圣惠方》：用柏叶，米饮服二钱。或蜜丸、或水煎服，并良。忧恚呕血，烦满少气，胸中疼痛：柏叶为散，米饮调服二方寸匕。（《圣惠方》）衄血不止：柏叶、榴花研末，吹之。（《普济方》）小便尿血：柏叶、黄连焙研，酒服三钱。（《济急方》）大肠下血：随四时方向，采侧柏叶，烧研。每米饮服二钱。王涣之舒州病比，陈宜父大夫传方，二服愈。（《百一选方》）酒毒下血或下痢：嫩柏叶（九蒸九晒）二两，陈槐花（炒焦）一两，为末，蜜丸梧桐子大。每空心温酒下四十丸。（《普济方》）蛊痢下血：男子、妇人、小儿大腹，下黑血茶脚色，或脓血如淀色。柏叶焙干为末，与黄连同煎为汁，服之。（《本草图经》）小儿洞痢：柏叶煮汁，代茶饮之。（《经验后方》）月水不断：侧柏叶（炙）、芍药等分。每用三钱，水、酒各半，煎服。室女用侧柏叶、木贼（炒微焦）等分，为末。每服二钱，米饮下。（《圣济总录》）汤火烧灼：柏叶生捣涂之，系定二三日，止痛灭瘢。（《本草图经》）鼠瘘核痛：未成脓，以柏叶捣涂，熬盐熨之，令热气下即消。（姚僧垣《集验方》）大风疠疾，眉发不生：侧柏叶九蒸九晒，为末，炼蜜丸梧桐子大。每服五丸至十丸，日三、夜一服。百日即生。（《圣惠方》）头发不生：侧柏叶阴干，作末。和麻油涂之。（孙真人《食忌》）头发黄赤：生柏叶末一升，猪膏一斤。和丸弹子大。每以布裹一丸，纳泔汁中化开，沐之。一月，色黑而润矣。（《圣惠方》）

枝节

【主治】煮汁酿酒，去风痹、历节风。烧取湁油，疗㾓疥及虫癞良（苏恭）。

【附方】旧二，新一。霍乱转筋：以暖物裹脚，后以柏木片煮汤淋之。（《经验后方》）齿䘌肿痛：柏枝烧热，拄孔中。须臾虫缘枝出。（《圣惠》）恶疮有虫：久不愈者，以柏枝节烧沥取油，敷之。三五次无不愈。亦治牛马疥。（陈承《本草别说》）

脂

【主治】身面疣目，同松脂研匀涂之，数夕自失（《圣惠》）。

根白皮

【气味】苦,平,无毒。
【主治】火灼烂疮,长毛发(《别录》)。
【附方】旧一。热油灼伤:柏白皮,以腊猪脂煎油,涂疮上。(《肘后方》)

松(《别录》上品)

【释名】时珍曰:按王安石《字说》云:松柏为百木之长。松犹公也,柏犹伯也。故松从公,柏从白。

【集解】《别录》曰:松脂生太山山谷。六月采。

松

时珍曰:松树磥砢修耸多节,其皮粗厚有鳞形,其叶后凋。二、三月抽蕤生花,长四五寸,采其花蕊为松黄。结实状如猪心,叠成鳞砌,秋老则子长鳞裂。然叶有二针、三针、五针之别。三针者为栝子松,五针者为松子松。其子大如柏子,惟辽海及云南者,子大如巴豆可食,谓之海松子,详见果部。孙思邈云:松脂以衡山者为良。衡山东五百里,满谷所出者,与天下不同。苏轼云:镇定松脂亦良。《抱朴子》云:凡老松皮内自然聚脂为第一,胜于凿取及煮成者。其根下有伤处,不见日月者为阴脂,尤佳。老松余气结为茯苓。千年松脂化为琥珀。《玉策记》云:千年松树四边枝起,上杪不长如偃盖。其精化为青牛、青羊、青犬、青人、伏龟,其寿皆千岁。

松脂

【别名】松膏(《本经》)、松肪(同)、松胶(《纲目》),松香(同)、沥青。
【修治】弘景曰:采炼松脂法,并在服食方中。以桑灰汁或酒煮软,挼纳寒水中数十过,白滑则可用。

颂曰:凡用松脂,先须炼治。用大釜加水置甑,用白茅借甑底,又加黄砂于茅上,厚寸许,然后布松脂于上,炊以桑薪,汤减频添热水。候松脂尽入釜中,乃出之,投于冷水,既凝又蒸,如此三过,其白如玉,然后入用。

【气味】苦、甘,温,无毒。

权曰:甘,平。

震亨曰:松脂属阳金,伏汞。

【主治】痈疽恶疮,头疡白秃,疥瘙风气,安五脏,除热。久服,轻身不老延年(《本经》)。除胃中伏热,咽干消渴,风痹死肌。炼之令白。其赤者,主恶痹(《别录》)。煎膏,生肌止痛,排脓抽风。贴诸疮脓血瘘烂。塞牙孔,杀虫(甄权)。除邪下气,润心肺,治耳聋。古方多用辟谷(大明)。强筋骨,利耳目,治崩带(时珍)。

【发明】弘景曰:松、柏皆有脂润,凌冬不凋,理为佳物,服食多用,但人多轻忽之尔。

颂曰：道人服饵，或合茯苓、松柏实、菊花作丸，亦可单服。

时珍曰：松叶、松实，服饵所须；松节、松心，耐久不朽。松脂则又树之津液精华也。在土不朽；流脂日久，变为琥珀，宜其可以辟谷延龄。葛洪《抱朴子》云：上党赵瞿病癞历年，垂死，其家弃之，送置山穴中。瞿怨泣经月，有仙人见而哀之，以一囊药与之。瞿服百余日，其疮都愈，颜色丰悦，肌肤玉泽。仙人再过之，瞿谢活命之恩，乞求其方。仙人曰：此是松脂，山中便多。此物汝炼服之，可以长生不死。瞿乃归家长服，身体转轻，气力百倍，登危涉险，终日不困。年百余岁，齿不坠，发不白。夜卧忽见屋间有光，大如镜，久而一室尽明如昼。又见面上有采女一人，戏于口鼻之间。后入抱犊山成地仙。于时人闻瞿服此脂，皆竞服之，车运驴负，积之盈室。不过一月，未觉大益，皆辄止焉。志之不坚如此。张杲《医说》有服松丹之法。

【附方】旧七，新十七。服食辟谷：《千金方》：用松脂十斤，以桑薪灰汁一石，煮五七沸，漉出，冷水中凝，复煮之，凡十遍乃白，细研为散。每服一二钱，粥饮调下，日三服。服至十两以上，不饥，饥再服之。一年以后，夜视目明。久服，延年益寿。又法：百炼松脂治下筛，蜜和纳筒中，勿见风日。每服一团，一日三服。服至百日，耐寒暑；二百日，五脏补益；五年，即见西王母。伏虎禅师服法：用松脂十斤，炼之五度，令苦味尽。每一斤，入茯苓末四两。每旦水服一刀圭，能令不食，而复延龄，身轻清爽。强筋补益：四圣不老丹：用明松脂一斤，以无灰酒沙锅内桑柴火煮数沸，竹枝搅稠，乃住火，倾入水内结块，复以酒煮九遍，其脂如玉，不苦不涩乃止，为细末。用十二两，入白茯苓末半斤，黄菊花末半斤，柏子仁（去油取霜）半斤，炼蜜丸如梧桐子大。每空心好酒送下七十二丸。须择吉日修合，勿令妇人、鸡、犬见之。松梅丸：用松脂以长流水桑柴煮拔三次，再以桑灰滴汁煮七次扯拔，更以好酒煮二次，仍以长流水煮二次，色白不苦为度。每一斤，入九蒸地黄末十两，乌梅末六两，炼蜜丸梧桐子大。每服七十丸，空心盐、米汤下。健阳补中，强筋润肌，大能益人。（白飞霞《方外奇方》）揩齿固牙：松脂（出镇定者佳），稀布盛，入沸汤煮，取浮水面者投冷水中（不出者不用），研末，入白茯苓末和匀。日用揩齿漱口，亦可咽之，固牙驻颜。（苏东坡《仇池笔记》）历节诸风，百节酸痛不可忍：松脂三十斤，炼五十遍。以炼酥三升，和松脂三升，搅令极稠。每旦空心酒服方寸匕，日三服。数食面粥为佳，慎血腥、生冷、酢物、果子，一百日瘥。（《外台秘要》）肝虚目泪：炼成松脂一斤，酿米二斗。水七斗，曲二斗，造酒。频饮之。妇人白带：松香五两，酒二升，煮干，木臼杵细，酒糊丸如梧桐子大。每服百丸，温酒下。（《摘玄方》）小儿秃疮：《简便方》：用松香五钱，猪油一两熬，搽，一日数次，数日即愈。《卫生宝鉴》：用沥青二两，黄蜡一两半，铜绿一钱半，麻油一两半，文武熬收。每摊贴之，神效。小儿紧唇：松脂炙化，贴之。（《圣惠方》）风虫牙痛：刮松上脂，滚水泡化，一漱即上，已试验。（《集简方》）龋齿有孔：松脂纴塞，须臾虫从脂出也。（《梅师方》）久聋不听：炼松脂三两，巴豆一两。和捣成丸。薄绵裹塞，一日二度。（《梅师方》）一切瘘疮：炼成松脂末，填令满，日三、四度。（《圣惠方》）一切肿毒：松香八两，铜青二钱，蓖麻仁五钱。同捣作膏，摊贴甚妙。（李楼《奇方》）软疖频发：翠玉膏：用通明沥青八两，铜绿二两，麻油三钱，雄猪胆汁三个。先溶沥青，乃下油、胆，倾入水中扯拔，器盛。每用，绯帛摊贴，不须再换。小金丝膏：治一切疮疖肿毒。沥青、白胶香各二两，乳香二钱，没药一两，黄蜡三钱，又以香油三钱，同熬至滴下不散，倾入水中，扯千遍收贮。每捻作饼，贴之。疥癣湿疮：松胶香研细，稍入轻粉。先以油涂疮，糁末在上，一日便干。顽者三二度愈。(《刘涓子鬼遗方》)阴囊湿痒欲溃者：用板儿松香为末，纸卷作筒。每根入花椒三粒，浸灯盏内三宿，取出点烧，淋下油搽之。先以米泔洗过。(《简便方》)金疮出血：沥青末，稍加生铜屑末，糁之，立愈。(唐瑶《经验方》)猪啮成疮：松脂炼作饼，贴之。(《千金》)刺入肉中，百理不瘥：松脂流出如乳头香者，敷上以帛裹。三五日当有根出，不痛不痒，不觉自安。(《兵部手集》)

松节

【气味】苦，温，无毒。

【主治】百节久风，风虚脚痹疼痛(《别录》)。酿酒，主脚弱，骨节风(弘景)。炒焦，治筋骨间病，能燥血中之湿(震亨)。治风蛀牙痛，煎水含漱，或烧灰日揩，有效(时珍)。

【发明】时珍曰：松节，松之骨也。质坚气劲，久亦不朽，故筋骨间风湿诸病宜之。

【附方】旧二，新五。历节风痛，四肢如解脱：松节酒：用二十斤，酒五斗，浸三七日。每服一合，日五六服。(《外台》)转筋挛急：松节一两(剉如米大)，乳香一钱，银石器慢火炒焦，存一二分性，出火毒，研末。每服一二钱，热木瓜酒调下。一应筋病皆治之。(孙用和《秘宝方》)风热牙痛：《圣惠方》：用油松节如枣大一块(碎切)，胡椒七颗，入烧酒，须二三盏，乘热入飞过白矾少许，噙漱三五口，立瘥。又用松节二两，槐白皮、地骨皮各一两，浆水煎汤。热漱冷吐，瘥乃止。反胃吐食：松节煎酒，细饮之。(《百一方》)阴毒腹痛：油松木七块炒焦，冲酒二钟，热服。(《集简方》)颠扑伤损：松节煎酒服。(谈野翁方)

松脂(音诣。火烧松枝取液也)

【主治】疮疥及马牛疮(苏恭)。

松叶

【别名】松毛。

【气味】苦，温，无毒。

【主治】风湿疮，生毛发，安五脏，守中，不饥延年(《别录》)。细切，以水及面饮服之，或捣屑丸服，可断谷及治恶疾(弘景)。炙，罯冻疮风湿疮，佳(大明)。去风痛脚痹，杀米虫(时珍)。

【附方】旧六，新三。服食松叶：松叶细切更研，每日食前以酒调下二钱，亦可煮汁作粥食。初服稍难，久则自便矣。令人不老，身生绿毛，轻身益气。久服不已，绝谷不饥不渴。(《圣惠方》)天行温疫：松叶，细切，酒服方寸匕，日三服。能辟五年瘟。(《伤寒类要》)中风口㖞：青松叶一斤捣汁，清酒一斗，浸二宿，近火一宿。初服半升，渐至一升，头面汗出即止。(《千金方》)三年中风：松叶一斤。细切，以酒一斗,煮取三升。顿服,汗出立瘥。(《千金方》)历节风痛:松叶(捣汁)一升。以酒三升,浸七日。服一合,日三服。(《千金方》)脚气风痹:松叶酒:治十二风痹不能行,服更生散数剂,及众疗不得力,服此一剂,便能行远,不过两剂。松叶六十斤细剉,以水四石,煮取四斗九升,以米五斗,酿如常法。别煮松叶汁以渍米并饙饭,泥酿封头,七日发,澄饮之取醉。得此酒力者甚众。(《千金方》)风牙肿痛:松叶一握,盐一合,酒二升煎漱。(《圣惠方》)大风恶疮:猪鬃松叶二斤,麻黄(去节)五两。剉,以生绢袋盛,清酒二斗浸之,春夏五日,秋冬七日。每温服一小盏,常令醺醺,以效为度。(《圣惠方》)阴囊湿痒:松毛煎汤,频洗。(《简便方》)

松花

【别名】松黄。

【气味】甘,温,无毒。

震亨曰:多食,发上焦热病。

【主治】润心肺,益气,除风止血。亦可酿酒(时珍)。

【发明】颂曰:花上黄粉,山人及时拂取,作汤点之甚佳。但不堪停久,故鲜用寄远。

时珍曰:今人收黄和白沙糖印为饼膏,充果饼食之,且难久收,恐轻身疗病之功,未必胜脂、叶也。

【附方】旧一,新一。头旋脑肿:三月收松花并苔(五六寸如鼠尾者,蒸切)一升,以生绢囊贮,浸三升酒中五日。空心暖饮五合。(《普济方》)产后壮热,头痛颊赤,口干唇焦,烦渴昏闷:用松花、蒲黄、川芎、当归、石膏等分,为末。每服二钱,水二合,红花二捻,同煎七分,细呷。(《本草衍义》)

根白皮

【气味】苦,温。无毒。

【主治】辟谷不饥(《别录》)。补五劳,益气(大明)。

木皮

【别名】赤龙皮。

【主治】痈疽疮口不合,生肌止血,治白秃、杖疮、汤火疮(时珍)。

【附方】新四。肠风下血:松木皮,去粗皮,取里白者,切、晒,焙研为末。每服一钱,腊茶汤下。(《杨氏家藏方》)三十年痢:赤松上苍皮一斗,为末。面粥和服一升,日三。不过一斗,救人。(《圣惠方》)金疮杖疮:赤龙鳞(即古松皮),煅存性,研末。搽之,最止痛。(《水类钤方》)小儿头疮浸湿,名胎风疮:古松上自有赤厚皮,入豆豉少许,瓦上炒存性,研末,入轻粉、香油调,涂之。(《经验良方》)

松实

见果部。

艾纳

见草部苔类桑花下。

松蕈

见菜部香蕈下。

杉(《别录》下品)

【释名】煔(音杉)、沙木(《纲目》)、檠木(音敬)。

【集解】颂曰:杉材旧不著所出州土,今南中深山多有之。木类松而劲直,叶附枝生,若刺针。郭璞注《尔雅》云:黏似松,生江南。可以为船及棺材,作柱埋之不腐。又人家常用作桶板,甚耐水。

杉

宗奭曰:杉干端直,大抵如松,冬不凋,但叶阔成枝也。今处处有之,入药须用油杉及臭者良。

时珍曰:杉木叶硬,微扁如刺,结实如枫实。江南人以惊蛰前后取枝插种,出倭国者,谓之倭木,并不及蜀、黔诸峒所产者尤良。其木有赤、白二种:赤杉实而多油,白杉虚而干燥。有斑纹如雉者,谓之野鸡斑,作棺尤贵。其木不生白蚁,烧灰最发火药。

杉材

【气味】辛,微温,无毒。

【主治】漆疮,煮汤洗之,无不瘥(《别录》)。煮水,浸捋脚气肿满。服之,治心腹胀痛,去恶气(苏恭)。治风毒奔豚,霍乱上气,并煎汤服(大明)。

【发明】震亨曰:杉屑属金有火。其节煮汁浸捋脚气肿满,尤效。

颂曰:唐柳柳州纂《救三死方》云:元和十二年二月得脚气,夜半痞绝,胁有块,大如石,且死,困不知人,搐搦上视,三日,家人号哭。荥阳郑洵美传杉木汤,服半食顷大下,三行气通块散。方用杉木节一大升,橘叶(切)一大升(无叶则以皮代之),大腹槟榔七枚(连子碎之),童子小便三大升,共煮取一大升半,分为两服。若一服得快,即停后服。此乃死病,会有教者,乃得不死。恐人不幸病此,故传之云。

【附方】新四。肺壅痰滞,上焦不利,猝然咳嗽:杉木屑一两,皂角(去皮酥炙)三两,为末,蜜丸梧桐子大。每米饮下十丸,一日四服。(《圣惠方》)小儿阴肿赤痛,日夜啼叫,数日退皮,愈而复作:用老杉木烧灰,入腻粉,清油调敷,效。(危氏《得效方》)肺壅失音:杉木烧炭入碗中,以小碗覆之,用汤淋下,去碗饮水。不愈再作,音出乃止。(《集简方》)臁疮黑烂:多年老杉木节,烧灰,麻油调,隔箬叶贴之,绢帛包定,数贴而愈。(《救急方》)

皮

【主治】金疮血出，及汤火伤灼，取老树皮烧存性，研敷之。或入鸡子清调敷。一二日愈（时珍）。

叶

【主治】风、虫牙痛，同芎䓖、细辛煎酒含漱（时珍）。

子

【主治】疝气痛，一岁一粒，烧研酒服（时珍）。

杉菌

见菜部。

【附录】丹桎木皮（桎，音直）

藏器曰：生江南深山。似杉木，皮，主治疬疡风。取一握，去上黑，打碎，煎如糖，日日涂之。

桂（《别录》上品）、牡桂（《本经》上品）

【释名】梫（音寝）。

时珍曰：按范成大《桂海志》云：凡木叶心皆一纵理，独桂有两道如圭形，故字从圭。陆佃《埤雅》云：桂犹圭也。宣导百药，为之先聘通使，如执圭之使也。《尔雅》谓之梫者，能侵害他木也。故《吕氏春秋》云：桂枝之下无杂木。《雷公炮炙论》云：桂钉木根，其木即死，是也。桂即牡桂之厚而辛烈者，牡桂即桂之薄而味淡者，《别录》不当重出。今并为一，而分目于下。

桂

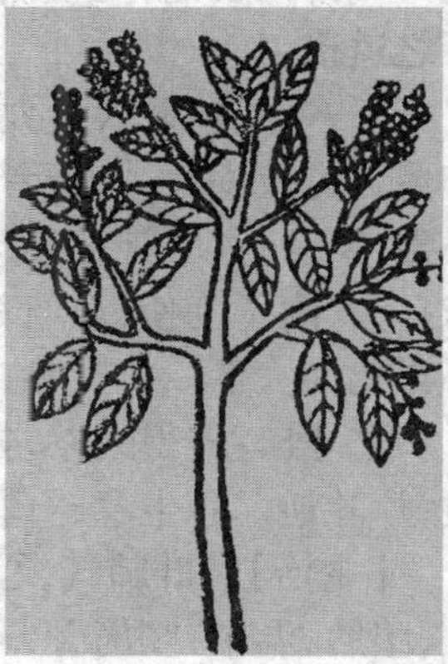

【集解】《别录》曰：桂生桂阳，牡桂生南海山谷。二月、八月、十月采皮，阴干。

弘景曰：南海即是广州。《神农本经》惟有牡桂、菌桂。俗用牡桂，扁广殊薄，皮黄，脂肉甚少，气如木兰，味亦类桂，不知是别树，是桂之老宿者？菌桂正圆如竹，三重者良，俗中不见，惟以嫩枝破卷成圆者用之，非真菌桂也，并宜研访。今俗又以半卷多脂者，单名为桂，入药最多，是桂有三种矣。此桂广州出者好；交州、桂州者，形段小而多脂肉，亦好；湘州、始兴、桂阳县者，即是小桂，不如广州者。《经》云：桂，叶如柏叶泽黑，皮黄心赤。齐武帝时，湘州送树，植芳林苑中。今东山有桂皮，气粗相类，而叶乖异，亦能凌冬，恐是牡桂。人多呼为丹桂，正谓皮赤尔。北方重此，每食辄须之，盖《礼》所云姜桂以为芬芳也。

时珍曰:桂有数种,以今参访:牡桂,叶长如枇杷叶,坚硬有毛及锯齿,其花白色,其皮多脂。菌桂,叶如柿叶,而尖狭光净,有三纵纹而无锯齿,其花有黄有白,其皮薄而卷。今商人所货,皆此二桂。但以卷者为菌桂,半卷及板者为牡桂,即自明白。苏恭所说,正合医家见今用者。陈藏器、陈承断菌、牡为一物者,非矣。陶弘景复以单字桂为叶似柏者,亦非也。柏叶之桂,乃服食家所云,非此治病之桂也。苏颂所说稍明,亦不当以钦州者为单字之桂也。按《尸子》云:春花秋英曰桂。嵇含《南方草木状》云:桂生合浦、交趾,生必高山之巅,冬夏常青。其类自为林,更无杂树。有三种:皮赤者为丹桂,叶似柿叶者为菌桂,叶似枇杷叶者为牡桂。其说甚明,足破诸家之辩矣。又有岩桂,乃菌桂之类,详菌桂下。韩众《采药诗》云:暗河之桂,实大如枣。得而食之,后天而老。此又一种也。暗河不知在何处?

【正误】好古曰:寇氏《衍义》言:官桂不知缘何立名?予考《图经》,今观、宾、宜诸州出者佳。世人以观字画多,故写作官也。

时珍曰:此误。《图经今观》乃今视之意。岭南无观州。曰官桂者,乃上等供官之桂也。

桂(《别录》)

时珍曰:此即肉桂也。厚而辛烈,去粗皮用。其去内外皮者,即为桂心。

【气味】甘、辛,大热,有小毒。

权曰:桂心:苦、辛,无毒。

元素曰:肉桂:气热,味大辛,纯阳也。

杲曰:桂,辛,热,有毒。阳中之阳,浮也。气之薄者,桂枝也;气之厚者,桂肉也。气薄则发泄,桂枝上行而发表;气厚则发热,桂肉下行而补肾。此天地亲上亲下之道也。

好古曰:桂枝入足太阳经,桂心入手少阴经血分,桂肉入足少阴、太阴经血分。细薄者为枝为嫩,厚脂者为肉为老。去其皮与里,当其中者为桂心。《别录》言:有小毒,又云:久服神仙不老。虽有小毒,亦从类化。与黄芩、黄连为使,小毒何施?与乌头、附子为使,全取其热性而已。与巴豆、硇砂、干漆、穿山甲、水蛭等同用,则小毒化为大毒。与人参、麦门冬、甘草同用,则调中益气,便可久服也。

之才曰:桂得人参、甘草、麦门冬、大黄、黄芩,调中益气。得柴胡、紫石英、干地黄,疗吐逆。忌生葱、石脂。

【主治】利肝肺气,心腹寒热冷疾,霍乱转筋,头痛腰痛出汗,止烦止唾,咳嗽鼻齆,堕胎,温中,坚筋骨,通血脉,理琉不足,宣导百药,无所畏。久服,神仙不老(《别录》)。补下焦不足,治沉寒痼冷之病,渗泄止渴,去营卫中风寒,表虚自汗。春夏为禁药,秋冬下部腹痛,非此不能止(元素)。补命门不足,益火消阴(好古)。治寒痹风喑,阴盛失血,泻痢惊痫(时珍)。

桂心(《药性论》)

敩曰:用紫色厚者,去上粗皮并内薄皮,取心中味辛者用。中土只有桂草,以煮丹阳木皮,伪充桂心也。

时珍曰：按《酉阳杂俎》云：丹阳山中有山桂，叶如麻，开细黄花。此即雷氏所谓丹阳木皮也。

【气味】苦、辛，无毒。详前桂下。

【主治】九种心痛，腹内冷气痛不可忍，咳逆结气壅痹，脚痹不仁，止下痢，杀三虫，治鼻中息肉，破血，通利月闭，胞衣不下（甄权）。治一切风气，补五劳七伤，通九窍，利关节，益精明目，暖腰膝，治风痹骨节挛缩，续筋骨，生肌肉，消瘀血，破痃癖癥瘕，杀草木毒（大明）。治风僻失音喉痹，阳虚失血，内托痈疽痘疮，能引血化汗，化脓，解蛇蝮毒（时珍）。

牡桂（《本经》）

时珍曰：此即木桂也。薄而味淡，去粗皮用。其最薄者为桂枝，枝之嫩小者为柳桂。

【气味】辛，温，无毒。

权曰：甘、辛。

元素曰：桂枝味辛、甘，气微热，气味俱薄，体轻而上行，浮而升，阳也。余见前单桂下。

【主治】上气咳逆结气，喉痹吐吸，利关节，补中益气。久服通神，轻身不老（《本经》）。心痛胁痛胁风，温筋通脉，止烦出汗（《别录》）。去冷风疼痛（甄权）。去伤风头痛，开腠理，解表发汗，去皮肤风湿（元素）。泄奔豚，散下焦畜血，利肺气（成无己）。横行手臂，治痛风（震亨）。

牡桂

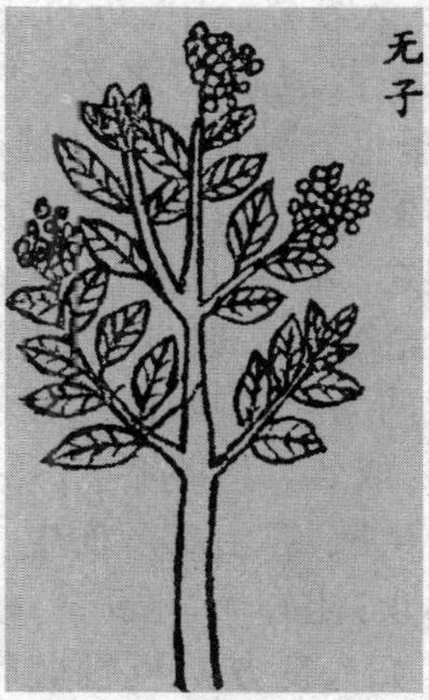

【发明】宗奭曰：桂甘、辛，大热。《素问》云：辛甘发散为阳。故汉张仲景桂枝汤治伤寒表虚，皆须此药，正合辛甘发散之意。本草三种之桂，不用牡桂、菌桂者，此二种性只于温，不可以治风寒之病也。然《本经》只言桂，仲景又言桂枝者，取枝上皮也。

时珍曰：麻黄遍彻皮毛，故专于发汗而寒邪散，肺主皮毛，辛走肺也。桂枝透达营卫，故能解肌而风邪去，脾主营，肺主卫，甘走脾，辛走肺也。肉桂下行，益火之原，此东垣所谓肾苦燥，急食辛以润之，开腠理，致津液，通其气者也。《圣惠方》言：桂心入心，引血化汗化脓。盖手少阴君火、厥阴相火，与命门同气者也。《别录》云"桂通血脉"是矣。曾世荣言：小儿惊风及泄泻，并宜用五苓散以泻丙火，渗土湿。内有桂，能抑肝风而扶脾土。又《医余录》云：有人患赤眼肿痛，脾虚不能饮食，肝脉盛，脾脉弱。用凉药治肝则脾愈虚，用暖药治脾则肝愈盛。但于温平药中倍加肉桂，杀肝而益脾，故一治两得之。传云"木得桂而枯"是也。此皆与《别录》桂利肝肺气，牡桂治胁痛胁风之义相符。人所不知者，今为拈出。又桂性辛散，能通子宫而破血，故《别录》言其堕胎，庞安时乃云炒过则不损胎也。又丁香、官桂治痘疮灰塌，能温托化脓，详见丁香下。

【附方】旧二十，新十三。阴痹熨法：寒痹者，留而不去，时痛而皮不仁。刺布衣者，以火焠之；刺大人者，以药熨之。熨法：用醇酒二十斤，蜀椒一斤，干姜一斤，桂心一斤。凡四物，㕮咀渍酒中。用棉絮一斤，细白布四丈，并纳酒中，置马矢煴中，封涂勿使泄气。五日五夜，出布、絮曝干，复渍以尽其汁；每渍必晬其日，乃出干之。并用滓与絮复布为复巾，长六七尺，为六七巾。每用一巾，生桑炭火炙巾，以熨寒痹所刺之处，令热入至病所。寒则复炙巾以熨之，三十遍而止。汗出以巾拭身，亦三十遍而止。起步内中，无见风。每刺必熨，如此病已矣。(《灵枢经》)足躄筋急：桂末，白酒和涂之，一日一上。(皇甫谧《甲乙经》)中风口㖞，面目相引，偏僻颊急，舌不可转：桂心酒煮取汁，故布蘸拓病上，症即止。左㖞拓右，右㖞拓左。常用大效。(《千金方》)中风逆冷，吐清水，宛转啼呼：桂一两，水一升半，煎半升，冷服。(《肘后方》)中风失音：桂着舌下，咽汁。又方：桂末三钱，水二盏，煎一盏服，取汗。(《千金方》)喉痹不语：方同上。偏正头风，天阴风雨即发：桂心末一两，酒调如膏，涂敷额角及顶上。(《圣惠方》)暑月解毒：桂苓丸：用肉桂(去粗皮，不见火)、茯苓(去皮)等分，为细末，炼蜜丸龙眼大。每新汲水化服一丸。(《和剂方》)桂浆渴水：夏月饮之，解烦渴，益气消痰。桂末一大两，白蜜一升，以水二斗，先煎取一斗，待冷，入新瓷瓶中，乃下二物，搅二三百转。先以油纸一重覆上，加七重封之。每日去纸一重，七日开之，气香味美，格韵绝高，今人多作之。(《图经本草》)九种心痛：《圣惠方》：用桂心二钱半。为末。酒一盏半，煎半盏饮，立效。《外台秘要》：桂末，酒服方寸匕，须臾六七次。心腹胀痛，气短欲绝：桂二两。水一升二合，煮八合，顿服之。(《肘后方》)中恶心痛：方同上。(《千金》)寒疝心痛：四肢逆冷，全不饮食。桂心研末一钱，热酒调下取效。(《圣惠方》)产后心痛：恶血冲心，气闷欲绝。桂心三两为末，狗胆汁丸芡子大。每热酒服一丸。(《圣惠》)产后瘕痛：桂末，酒服方寸匕，取效。(《肘后》)死胎不下：桂末二钱，待痛紧时，童子小便温热调下。名观音救生散，亦治难产横生。加麝香少许，酒下，比之水银等药，不损人。(何氏方)血崩不止：桂心不拘多少，砂锅内煅存性，为末。每米饮空腹服一二钱。名神应散。(《妇人良方》)反腰血痛：桂末，和苦酒涂之，干再上。(《肘后方》)吐血下血：《肘后》：用桂心为末，水服方寸匕。王璆曰：此阴乘阳之症也，不可服凉药。南阳赵宣德暴吐血，服二次而止。其甥亦以二服而安。小儿久痢赤白：用桂(去皮，以姜汁炙紫)、黄连(以茱萸炒过)等分，为末。紫苏、木瓜煎汤服之。名金锁散。(《全幼心鉴》)小儿遗尿：桂末、雄鸡肝等分。捣丸小豆大。温水调下，日二服。(《外台》)婴儿脐肿：多因伤湿。桂心炙热熨之，日四五次。(姚和众方)外肾偏肿：桂末，水调方寸匕，涂之。(《梅师方》)食果腹胀，不拘老小：用桂末，饭和丸绿豆大。吞五六丸，白汤下。未消再服。(《经验方》)打扑伤损，瘀血溷闷，身体疼痛：辣桂为末，酒服二钱。(《直指方》)乳痈肿痛：桂心、甘草各二分，乌头一分(炮)。为末，和苦酒涂之，纸覆住。脓化为水，神效。(《肘后方》)重舌鹅口：桂末，和姜汁涂之。(汤氏《宝书》)诸蛇伤毒：桂心、栝蒌等分。为末，竹筒密塞。遇毒蛇伤，即敷之。塞不密，即不中用也。闭口椒毒：气欲绝，或出白沫，身体冷。急煎桂汁服之，多饮新汲水一二升。(《梅师方》)中钩吻毒、解芫青毒：并煮桂汁服。

叶

【主治】捣碎浸水，洗发，去垢除风(时珍)。

菌桂(音窘。《本经》上品)

【释名】筒桂(《唐本》)、小桂。

恭曰：箘者，竹名。此桂嫩而易卷如筒，即古所用筒桂也。筒似箘字，后人误书为箘，习而成俗，亦复因循也。

桂 箘

时珍曰：今本草又作从草之菌，愈误矣。牡桂为大桂，故此称小桂。

【集解】《别录》曰：箘桂生交趾、桂林山谷岩崖间。无骨，正圆如竹，立秋采之。

弘景曰：交趾属交州，桂林属广州。《蜀都赋》云"箘桂临岩"是矣。俗中不见正圆如竹者，惟嫩枝破卷成圆，犹依桂用，非真箘桂也。《仙经》用箘桂，云三重者良，则明非今桂矣。别是一物，应更研访。

时珍曰：箘桂，叶似柿叶者是。详前桂下。《别录》所谓正圆如竹者，谓皮卷如竹筒。陶氏误疑是木形如竹，反谓卷成圆者非真也。今人所栽岩桂，亦是箘桂之类而稍异。其叶不似柿叶，亦有锯齿如枇杷叶而粗涩者，有无锯齿如栀子叶而光洁者。丛生岩岭间，谓之岩桂，俗呼为木犀。其花有白者名银桂，黄者名金桂，红者名丹桂。有秋花者，春花者，四季花者，逐月花者。其皮薄而不辣，不堪入药。惟花可收茗、浸酒、盐渍，及作香搽、发泽之类耳。

【发明】见前桂下。

时珍曰：箘桂主治，与桂心、牡桂迥然不同。昔人所服食者，盖此类耳。

【正误】弘景曰：《仙经》服食桂，以葱涕合和云母蒸化为水服之。

慎微曰：《抱朴子》云：桂可合竹沥饵之，亦可以龟脑和服之。七年能步行水上，长生不死。赵佗子服桂二十年，足下生毛，日行五百里，力举千斤。《列仙传》云：范蠡好食桂，饮水卖药，世人见之。又桂父，象林人，常服桂皮叶，以龟脑和之。

时珍曰：方士谬言，类多如此，唐氏收入本草，恐误后人，故详记。

皮(三月、七月采)

【气味】辛，温，无毒。

【主治】百病，养精神，和颜色，为诸药先聘通使。久服轻身不老，面生光华，媚好常如童子(《本经》)。

木犀花

【气味】辛，温，无毒。

【主治】同百药煎、孩儿茶作膏饼噙，生津辟臭化痰，治风虫牙痛。同麻油蒸熟，润发，及作面脂（时珍）。

天竺桂（《海药》）

【集解】珣曰：天竺桂生南海山谷，功用似桂。其皮薄，不甚辛烈。

宗奭曰：皮与牡桂相同，但薄耳。

时珍曰：此即今闽、粤、浙中山桂也，而台州天竺最多，故名。大树繁花，结实如莲子状。天竺僧人称为月桂是矣。详月桂下。

皮

【气味】辛，温，无毒。

【主治】腹内诸冷，血气胀痛（藏器）。破产后恶血，治血痢肠风，补暖腰脚，功与桂心同，方家少用（珣）。

月桂（《拾遗》）

【集解】藏器曰：今江东诸处，每至四、五月后晦，多于衢路间得月桂子，大于狸豆，破之辛香，古者相传是月中下也。余杭灵隐寺僧种得一株，近代诗人多所论述。《洞冥记》云：有远飞鸡，朝往夕还，常衔桂实归于南土。南土月路也，故北方无之。山桂犹堪为药，况月桂乎？

时珍曰：吴刚伐月桂之说，起于隋唐小说。月桂落子之说，起于武后之时。相传有梵僧自天竺鹫岭飞来，故八月常有桂子落于天竺。《唐书》亦云：垂拱四年三月，有月桂子降于台州，十余日乃止。宋仁宗天圣丁卯八月十五日夜，月明天净，杭州灵隐寺月桂子降，其繁如雨，其大如豆，其圆如珠，其色有白者、黄者、黑者，壳如芡实，味辛。拾以进呈，寺僧种之，得二十五株，慈云式公有序记之。张君房宿钱塘月轮寺，亦见桂子纷如烟雾，回旋成穗，坠如牵牛子，黄白相间，咀之无味。据此，则月中真若有树矣。窃谓月乃阴魄，其中婆娑者，山河之影尔。月既无桂，则空中所坠者何物耶？泛观群史，有雨尘沙土石，雨金铅钱汞，雨絮帛谷粟，雨草木花药，雨毛血鱼肉之类甚众。则桂子之雨，亦妖怪所致，非月中有桂也。桂生南方，故惟南方有之。《宋史》云：元丰三年六月，饶州雨木子数亩，状类山芋子，味辛而香，即此类也。《道经》月桂谓之不时花，不可供献。

子

【气味】辛，温，无毒。

【主治】小儿耳后月蚀疮，研碎敷之（藏器）。

木兰(《本经》上品)

【释名】杜兰(《别录》)、林兰(《本经》)、木莲(《纲目》)、黄心。

时珍曰:其香如兰,其花如莲,故名。其木心黄,故曰黄心。

木兰

【集解】《别录》曰:木兰生零陵山谷及太山。皮似桂而香。十二月采皮,阴干。

弘景曰:零陵诸处皆有之。状如楠树,皮甚薄而味辛香。今益州者皮厚,状如厚朴,而气味为胜。今东人皆以山桂皮当之,亦相类。道家用合香亦好。

保升曰:所在皆有。树高数仞。叶似菌桂叶,有三道纵纹,其叶辛香不及桂也。皮如板桂,有纵横纹。三月、四月采皮,阴干。

颂曰:今湖、岭、蜀川诸州皆有之。此与桂全别,而韶州所上,乃云与桂同是一种。取外皮为木兰,中肉为桂心。盖是桂中之一种尔。十一月、十二月采,阴干。任昉《述异记》云:木兰川,在浔阳江中,多木兰。又七里洲中有鲁班刻木兰舟,至今在洲中。今诗家云木兰舟,出于此。

时珍曰:木兰枝叶俱疏。其花内白外紫,亦有四季开者。深山生者尤大,可以为舟。按《白乐天集》云:木莲生巴峡山谷间,民呼为黄心树。大者高五、六丈,涉冬不凋。身如青杨,有白纹。叶如桂而厚大,无脊。花如莲花,香色艳腻皆同,独房蕊有异。四月初始开,二十日即谢,不结实。此说乃真木兰也。其花有红、黄、白数色。其木肌细而心黄,梓人所重。苏颂所言韶州者,是牡桂,非木兰也。或云木兰树虽去皮,亦不死。罗愿言其冬花、实如小柿甘美者,恐不然也。

皮

【气味】苦,寒,无毒。

【主治】身大热在皮肤中,去面热赤疱酒渣,恶风癫疾,阴下痒湿,明耳目(《本经》)。疗中风伤寒,及痈疽水肿,去臭气(《别录》)。治酒疸,利小便,疗重舌(时珍)。

【附方】旧二,新二。小儿重舌:木兰皮一尺,广四寸,削去粗皮,入醋一升,渍汁噙之。(《子母秘录》)面上齇疱䵟黵:用木兰皮一斤细切,以三年酢浆渍之百日,晒干捣末。每浆水服方寸匕,日三服。《肘后》用酒渍之,栀子仁一斤。(《古今录验》方)酒疸发斑:赤黑黄色,心下燠痛,足胫肿满,小便黄,由大醉当风,入水所致。用木兰皮一两,黄芪二两,为末。酒服方寸匕,日三服。(《肘后方》)

花

【主治】鱼哽骨哽,化铁丹用之(时珍)。

辛夷(《本经》上品)

【释名】辛雉(《本经》)、侯桃(同)、房木(同)、木笔(《拾遗》)、迎春。

时珍曰:夷者荑也。其苞初生如荑而味辛也。扬雄《甘泉赋》云:列辛雉于林薄。服虔注云:即辛夷。雉、夷声相近也。今本草作辛矧,传写之误矣。

辛夷

藏器曰:辛夷花未发时,苞如小桃子,有毛,故名侯桃。初发如笔头,北人呼为木笔。其花最早,南人呼为迎春。

【集解】《别录》曰:辛夷生汉中、魏兴、梁州川谷。其树似杜仲,高丈余。子似冬桃而小。九月采实,曝干,去心及外毛。毛射人肺,令人咳。

弘景曰:今出丹阳近道。形如桃子,小时气味辛香。

恭曰:此是树,花未开时收之。正月、二月好采。云九月采实者,恐误也。

保升曰:其树大连合抱,高数仞。叶似柿叶而狭长。正月、二月花,似有毛小桃,色白而带紫。花落而无子。夏杪复着花,如小笔。又有一种,花、叶皆同,但三月花开,四月花落,子赤似相思子。二种所在山谷皆有。

禹锡曰:今苑中有树,高三四丈,其枝繁茂。正、二月花开,紫白色。花落乃生叶,夏初复生花。经秋历冬,叶花渐大,如有毛小桃,至来年正、二月始开。初是兴元府进来,树才三四尺,有花无子,经二十余年方结实。盖年浅者无子,非有二种也。其花开早晚,各随方土节气尔。

宗奭曰:辛夷,处处有之,人家园亭亦多种植。先花后叶,即木笔花也。其花未开时,苞上有毛,尖长如笔,故取象而名。花有桃红、紫色二种,入药当用紫者,须未开时收之,已开者不佳。

时珍曰:辛夷花,初出枝头,苞长半寸,而尖锐俨如笔头,重重有青黄茸毛顺铺,长半分许。及开则似莲花而小如盏,紫苞红焰,作莲及兰花香。亦有白色者,人呼为玉兰。又有千叶者。诸家言苞似小桃者,比类欠当。

苞

【修治】敩曰:凡用辛夷,拭去赤肉毛了,以芭蕉水浸一宿,用浆水煮之,从巳至未,取出焙干用。若治眼目中患,即一时去皮,用向里实者。

大明曰:入药微炙。

【气味】辛,温,无毒。

时珍曰:气味俱薄,浮而散,阳也。入手太阴、足阳明经。

之才曰:芎䓖为之使。恶五石脂,畏菖蒲、蒲黄、黄连、石膏、黄环。

【主治】五脏身体寒热,风头脑痛面䵟。久服下气,轻身明目,增年耐老(《本经》)。温中解肌,利九窍,通鼻塞涕出,治面肿引齿痛,眩冒身兀兀如在车船之上者,生须发,去白虫(《别录》)。通关脉,治头痛憎寒,体噤瘙痒。入面脂,生光泽

(大明)。鼻渊鼻鼽,鼻窒鼻疮,及痘后鼻疮,并用研末,入麝香少许,葱白蘸入数次,甚良(时珍)。

【发明】时珍曰:鼻气通于天。天者,头也、肺也。肺开窍于鼻,而阳明胃脉环鼻而上行。脑为元神之府,而鼻为命门之窍。人之中气不足,清阳不升,则头为之倾,九窍为之不利。辛夷之辛温走气而入肺,其体轻浮,能助胃中清阳上行通于天。所以能温中,治头面目鼻九窍之病。轩岐之后,能达此理者,东垣李杲一人而已。

沉香(《别录》上品)

【释名】沉水香(《纲目》)、蜜香。

香沉

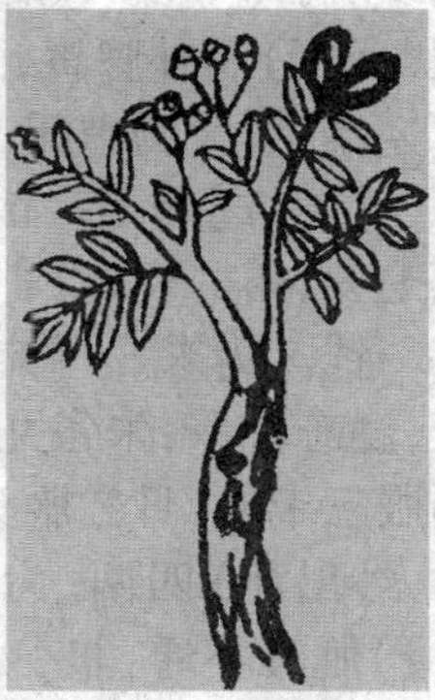

时珍曰:木之心节置水则沉,故名沉水,亦曰水沉。半沉者为栈香,不沉者为黄熟香。《南越志》言:交州人称为蜜香,谓其气如蜜脾也。梵书名阿迦嚧香。

【集解】藏器曰:沉香,枝、叶并似椿。云似橘者,恐未是也。其枝节不朽,沉水者为沉香;其肌理有黑脉,浮者为煎香。鸡骨、马蹄皆是煎香,并无别功,止可熏衣去臭。

颂曰:沉香、青桂等香,出海南诸国及交、广、崖州。沈怀远《南越志》云:交趾蜜香树,彼人取之,先断其积年老木根,经年其外皮干俱朽烂,木心与枝节不坏,坚黑沉水者,即沉香也。半浮半沉与水面平者,为鸡骨香。细枝紧实未烂者,为青桂香。其干为栈香。其根为黄熟香。其根节轻而大者,为马蹄香。此六物同出一树,有精粗之异尔,并采无时。刘恂《岭表录异》云:广管罗州多栈香树,身似柜柳,其花白而繁,其叶如橘。其皮堪作纸,名香皮纸,灰白色,有纹如鱼子,沾水即烂,不及楮纸,亦无香气。沉香、鸡骨、黄熟、栈香虽是一树,而根、干、枝、节,各有分别也。又丁谓《天香传》云:此香奇品最多。四香凡四名十二状,出于一本。木体如白杨,叶如冬青而小。海北窦、化、高、雷皆出香之地,比海南者优劣不侔。既所禀不同,复售者多而取者速,其香不待稍成,乃趋利戕贼之深也。非同琼管黎人,非时不妄剪伐,故木无夭札之患,得必异香焉。

宗奭曰:岭南诸郡悉有,傍海处尤多。交干连枝,冈岭相接,千里不绝。叶如冬青,大者数抱,木性虚柔。山民以构茅庐,或为桥梁,为饭甑,为狗槽,有香者百无一二。盖木得水方结,多在折枝枯干中,或为沉,或为煎,或为黄熟。自枯死者,谓之水盘香。南恩、高、窦等州,惟产生结香。盖山民入山,以刀斫曲干斜枝成坎,经年得雨水浸渍,遂结成香。乃锯取之,刮去白木,其香结为斑点,名鹧鸪斑,燔之极清烈。香之良者,惟在琼、崖等州,俗谓之角沉、黄沉,乃枯木得者,宜入药用。依木皮而结者,谓之青桂,气尤清。在土中岁久,不待刓剔而成薄片者,谓之龙鳞。削之自卷,咀之柔韧者,谓之黄蜡沉,尤难得也。

【正误】时珍曰:按李珣《海药本草》谓沉者为沉香,浮者为檀香。梁元帝《金楼子》谓一木五香:根为檀,节为沉,花为鸡舌,胶为熏陆,叶为藿香。并误也。五香各是一种。所谓五香一本者,即前苏恭所言,沉、栈、青桂、马蹄、鸡骨者是矣。

【修治】敩曰:凡使沉香,须要不枯,如觜角硬重沉于水下者为上,半沉者次之。不可见火。

时珍曰:欲入丸散,以纸裹置怀中,待燥研之。或入乳钵以水磨粉,晒干亦可。若入煎剂,惟磨汁临时入之。

【气味】辛,微温,无毒。

珣曰:苦,温。

大明曰:辛,热。

元素曰:阳也。有升有降。

时珍曰:咀嚼香甜者性平,辛辣者性热。

【主治】风水毒肿,去恶气(《别录》)。主心腹痛,霍乱中恶,邪鬼疰气,清人神,并宜酒煮服之。诸疮肿,宜入膏中(李珣)。调中,补五脏,益精壮阳,暖腰膝。止转筋、吐泻冷气,破癥癖,冷风麻痹,骨节不任,风湿皮肤瘙痒,气痢(大明)。补右肾命门(元素)。补脾胃,及痰涎、血出于脾(李杲)。益气和神(刘完素)。治上热下寒,气逆喘急,大肠虚闭,小便气淋。男子精冷(时珍)。

【附方】新七。诸虚寒热,冷痰虚热:冷香汤:用沉香、附子(炮)等分,水一盏,煎七分,露一夜,空心温服。(王好古《医垒元戎》)胃冷久呃:沉香、紫苏、白豆蔻仁各一钱。为末。每柿蒂汤服五七分。(吴球《活人心统》)心神不足,火不降。水不升,健忘惊悸:朱雀丸:用沉香五钱,茯神二两,为末,炼蜜和丸小豆大。每食后人参汤服三十丸,日二服。(王璆《百一选方》)肾虚目黑,暖水脏:用沉香一两,蜀椒(去目,炒出汗)四两,为末,酒糊丸梧桐子大。每服三十丸,空心,盐汤下。(《普济方》)胞转不通:非小肠、膀胱、厥阴受病,乃强忍房事,或过忍小便所致,当治其气则愈,非利药可通也。沉香、木香各二钱,为末。白汤空腹服之,以通为度。(《医垒元戎》)大肠虚闭,因汗多,津液耗涸者:沉香一两,肉苁蓉(酒浸焙)二两,各研末,以麻仁研汁作糊,丸梧桐子大。每服一百丸,蜜汤下。(严子礼《济生方》)痘疮黑陷:沉香、檀香、乳香等分,爇于盆内。抱儿于上熏之,即起。(鲜于枢《钩玄》)

蜜香(《拾遗》)

【释名】木蜜(《内典》)、没香(《纲目》)、多香木(同)、阿㨋(音矬)。【气味】辛,温,无毒。

【主治】去臭,除鬼气(藏器)。辟恶,去邪鬼尸注心气(李珣)。

丁香(宋《开宝》)

【校正】并入《别录》鸡舌香。

【释名】丁子香(《嘉祐》)、鸡舌香。

藏器曰:鸡舌香与丁香同种,花实丛生,其中心最大者为鸡舌(击破有顺理而解为两向,如鸡舌,故名),乃是母丁香也。

禹锡曰:按《齐民要术》云:鸡舌香,俗人以其似丁子,故呼为丁子香。

香　丁

时珍曰：宋《嘉祐本草》重出鸡舌，今并为一。

【集解】恭曰：鸡舌香树叶及皮并似栗，花如梅花，子似枣核，此雌树也，不入香用。其雄树虽花不实，采花酿之以成香。出昆仑及交州、爱州以南。

珣曰：丁香生东海及昆仑国。二月、三月花开，紫白色。至七月方始成实，小者为丁香，大者（如巴豆）为母丁香。

志曰：丁香生交、广、南番。按《广州图》上丁香，树高丈余，木类桂，叶似栎叶。花圆细，黄色，凌冬不凋。其子出枝蕊上如钉，长三四分，紫色。其中有粗大如山茱萸者，俗呼为母丁香。二月、八月采子及根。一云：盛冬生花，子，至次年春采之。

承曰：《嘉事占补注》及苏颂《图经》引诸书，以鸡舌为丁香。《抱朴子》言可注眼。但丁香恐不宜入眼，含之口中热臭不可近。乳香中所拣者，虽无气味，却无臭气，有淡利九窍之理。诸方用治小儿惊痫，亦欲其达九窍也。

敩曰：丁香有雌、雄。雄者颗小；雌者大如山茱萸，更名母丁香，入药最胜。

时珍曰：雄为丁香，雌为鸡舌，诸说甚明，独陈承所言甚为谬妄不知乳香中所拣者，乃番枣核也，即无漏子之核，见果部。前人不知丁香即鸡舌，误以此物充之尔。干姜、焰硝尚可点眼，草果、阿魏番人以作食料，则丁香之点眼、噙口，又何害哉？

鸡舌香（《别录》）

【气味】辛，微温，无毒。

时珍曰：辛，温。

【主治】风水毒肿，霍乱心痛，去恶气（《别录》）。吹鼻，杀脑疳。入诸香中，令人身香（甄权）。同姜汁，涂拔去白须孔中，即生异常黑者（藏器）。

丁香（《开宝》）

【气味】辛，温，无毒。

时珍曰：辛，热。

好古曰：纯阳。入手太阴、足少阴、阳明经。

敩曰：方中多用雌者，力大。膏煎中若用雄，须去丁，盖乳子发人背痈也。不可见火。畏郁金。

【主治】温脾胃，止霍乱拥胀，风毒诸肿，齿疳䘌。能发诸香（《开宝》）。风疳䘌骨槽劳臭，杀虫辟恶去邪，治奶头花，止五色毒痢，疗五痔（李珣）。治口气、冷气、冷劳反胃、鬼疰、蛊毒，杀酒毒，消痃癖，疗肾气、奔豚气、阴痛、腹痛，壮阳，暖腰膝（大明）。疗呕逆，甚验（保升）。去胃寒，理元气。气血盛者勿服（元素）。治虚哕，小儿吐泻，痘疮胃虚，灰白不发（时珍）。

【发明】好古曰：丁香与五味子、广术同用，治奔豚之气。亦能泄肺，能补胃，大能疗肾。

宗奭曰:《日华子》言丁香治口气,此正是御史所含之香也。治脾胃冷气不和甚良。母丁香气味尤佳。

震亨曰:口居上,地气出焉。脾有郁火,溢入肺中,失其清和之意,而浊气上行,发为口气。若以丁香治之,是扬汤止沸尔。惟香薷治之甚捷。

时珍曰:宋末太医陈文中,治小儿痘疮不光泽,不起发,或胀或泻,或渴或气促,表里俱虚之证。并用木香散、异攻散,倍加丁香、官桂。甚者丁香三五十枚,官桂一二钱。亦有服之而愈者。此丹溪朱氏所谓立方之时,必运气在寒水司天之际,又值严冬郁遏阳气,故用大辛热之剂发之者也。若不分气血虚实寒热经络,一概骤用,其杀人也必矣。葛洪《抱朴子》云:凡百病在目者,以鸡舌香、黄连、乳汁煎注之,皆愈。此得辛散苦降养阴之妙。陈承言不可点眼者,盖不知此理也。

【附方】旧九,新十七。暴心气痛:鸡舌香末,酒服一钱。(《肘后方》)干霍乱痛,不吐不下:丁香十四枚,研末,以沸汤一升和之,顿服。不瘥更作。(思邈《千金方》)小儿吐泻:丁香、橘红等分,炼蜜丸黄豆大。米汤化下。(刘氏《小儿方》)小儿呕吐不止:丁香、生半夏各一钱,姜汁浸一夜,晒干为末,姜汁打面糊丸黍米大。量大小,用姜汤下。(《全幼心鉴》)婴儿吐乳:小儿百日晬内吐乳,或粪青色。用年少妇人乳汁一盏,入丁香十枚,陈皮(去白)一钱,石器煎一二十沸,细细与服。(陈文中《小儿方》)小儿冷疳。面黄腹大,食即吐者:母丁香七枚,为末,乳汁和蒸三次,姜汤服之。(《卫生易简方》)胃冷呕逆,气厥不通:母丁香三个,陈橘皮一块(去白焙),水煎,热服。(《十便良方》)反胃吐食:《袖珍方》:用母丁香一两为末,以盐梅入捣和,丸芡子大。每噙一丸。《圣惠方》:用母丁香、神曲(炒)等分,为末。米饮服一钱。朝食暮吐:丁香十五个研末,甘蔗汁、姜汁和,丸莲子大。噙咽之。(《摘玄方》)反胃关格,气噎不通:丁香、木香各一两。每服四钱,水一盏半,煎一盏。先以黄泥做成碗,滤药汁于内,食前服。此方乃掾史吴安之传于都事盖耘夫有效,试之果然。土碗取其助脾也。(《德生堂经验方》)伤寒呃逆及哕逆不定:丁香一两,干柿蒂(焙)一两,为末。每服一钱,煎人参汤下。(《简要济众方》)毒肿入腹:鸡舌香、青木香、薰陆香、麝香各一两,水四升,煮二升,分二服。(《肘后方》)食蟹致伤:丁香末,姜汤服五分。(《证治要诀》)妇人崩中昼夜不止:丁香二两。酒二升,煎一升,分服。(《梅师方》)妇人难产:母丁香三十六粒,滴乳香三钱六分,为末,同活兔胆和杵千下,丸作三十六丸。每服一丸,好酒化下,立验。名如意丹。(《颐真堂经验方》)妇人阴冷:母丁香末,纱囊盛如指大,纳入阴中,病即已。(《本草衍义》)鼻中息肉:丁香绵裹纳之。(《圣惠方》)风牙宣露,发歇口气:鸡舌香、射干各一两,麝香一分,为末,日揩。(《圣济总录》)龋齿黑臭:鸡舌香煮汁,含之。(《外台秘要》)唇舌生疮:鸡舌香末,绵裹含之。(《外台》)乳头裂破:丁香末,敷之。(《梅师方》)妒乳乳痈:丁香末,水服方寸匕。(《梅师方》)痈疽恶肉:丁香末,敷之,外以膏药护之。(《怪证奇方》)桑蝎螫人:丁香末,蜜调涂。(《圣惠方》)香衣辟汗:丁香一两为末,川椒六十粒和之。绢袋盛佩,绝无汗气。(《多能鄙事》)

丁皮

时珍曰:即树皮也。似桂皮而厚。

【气味】同香。
【主治】齿痛(李珣)。心腹冷气诸病。方家用代丁香(时珍)。

枝

【主治】一切冷气,心腹胀满,恶心,泄泻虚滑,水谷不消(用枝杖七斤,肉豆蔻(面煨)八斤,白面(炒)六斤,甘草(炒)十一斤,炒盐中三斤),为末。日日点服。出《御药院方》)。

根

【气味】辛,热,有毒。
【主治】风热毒肿。不入心腹之用(《开宝》)。

檀香(《别录》下品)

【释名】旃檀(《纲目》)、真檀。

时珍曰:檀,善木也,故字从亶。亶,善也。释氏呼为旃檀,以为汤沐,犹言离垢也。番人讹为真檀。云南人呼紫檀为胜沉香,即赤檀也。

檀香

【集解】藏器曰:白檀出海南。树如檀。

恭曰:紫真檀出昆仑盘盘国。虽不生中华,人间遍有之。

颂曰:檀香有数种,黄、白、紫之异,今人盛用之。江淮、河朔所生檀木,即其类,但不香尔。

时珍曰:按《大明一统志》云:檀香出广东、云南,及占城、真腊、爪哇、渤泥、暹罗、三佛齐、回回等国,今岭南诸地亦皆有之。树、叶皆似荔枝,皮青色而滑泽。叶廷珪《香谱》云:皮实而色黄者为黄檀,皮洁而色白者为白檀,皮腐而色紫者为紫檀。其木并坚重清香,而白檀尤良。宜以纸封收,则不泄气。王佐《格古论》云:紫檀诸溪峒出之。性坚。新者色红,旧者色紫,有蟹爪文。新者以水浸之,可染物。真者揩壁上色紫,故有紫檀名。黄檀最香。俱可作带胯、扇骨等物。

白旃檀

【气味】辛,温,无毒。

大明曰:热。

元素曰:阳中微阴。入手太阴、足少阴,通行阳明经。

【主治】消风热肿毒(弘景)。治中恶鬼气,杀虫(藏器)。煎服,止心腹痛,霍乱肾气痛。水磨,涂外肾并腰肾痛处(大明)。散冷气,引胃气上升,进饮食(元素)。噎膈吐食。又面生黑子,每夜以浆水洗拭令赤,磨汁涂之,甚良(时珍)。

【发明】杲曰：白檀调气，引芳香之物，上至极高之分。最宜橙、橘之属，佐以姜、枣，辅以葛根、缩砂、益智、豆蔻，通行阳明之经，在胸膈之上，处咽嗌之间，为理气要药。

时珍曰：《楞严经》云：白旃檀涂身，能除一切热恼。今西南诸番酋，皆用诸香涂身，取此义也。杜宝《大业录》云：隋有寿禅师妙医术，作五香饮济人。沉香饮、檀香饮、丁香饮、泽兰饮、甘松饮，皆以香为主，更加别药，有味而止渴，兼补益人也。道书檀香谓之浴香，不可烧供上真。

紫檀

【气味】咸，微寒，无毒。

【主治】摩涂恶毒风毒（《别录》）。刮末敷金疮，止血止痛。疗淋（弘景）。醋磨，敷一切猝肿（千金）。

【发明】时珍曰：白檀辛温，气分之药也。故能理卫气而调脾肺，利胸膈。紫檀咸寒，血分之药也。故能和营气而消肿毒，治金疮。

降真香（《证类》）

【释名】紫藤香（《纲目》）、鸡骨香。

珣曰：《仙传》：拌和诸香，烧烟直上，感引鹤降。醮星辰，烧此香为第一，度箓功力极验。降真之名以此。

降真香

时珍曰：俗呼舶上来者为番降，亦名鸡骨，与沉香同名。

【集解】慎微曰：降真香出黔南。

珣曰：生南海山中及大秦国。其香似苏方木，烧之初不甚香，得诸香和之则特美。入药以番降紫而润者为良。

时珍曰：今广东、广西、云南、汉中、施州、永顺、保靖，及占城、安南、暹罗、渤泥、琉球诸地皆有之。朱辅《溪蛮丛笑》云；鸡骨香即降香，本出海南。今溪峒僻处所出者，似是而非，劲瘦不甚香。周达观《真腊记》云：降香生丛林中，番人颇费砍斫之功，乃树心也。其外白皮，厚八、九寸，或五、六寸。焚之气劲而远。又嵇含《草木状》云：紫藤香，长茎细叶，根极坚实，重重有皮，花白子黑。其茎截置烟炱中，经久成紫香，可降神。按嵇氏所说，与前说稍异，岂即朱氏所谓似是而非者乎？抑中国者与番降不同乎？

【气味】辛，温，无毒。

【主治】烧之，辟天行时气，宅舍怪异。小儿带之，辟邪恶气（李珣）。疗折伤金疮，止血定痛，消肿生肌（时珍）。

【发明】时珍曰：降香，唐、宋本草失收。唐慎微始增入之，而不著其功用。今折伤金疮家多用其节，云可代没药、血竭。按《名医录》云：周密被海寇刃伤，血出不止，筋如断，骨如折，用花蕊石散不效。军士李高用紫金散掩之，血止痛定。明日结痂如铁，遂愈，且无瘢痕。叩其方，则用紫藤香瓷瓦刮下研末尔。云即降之最佳者，曾救万人。罗天益《卫生宝鉴》亦取此方,云甚效也。

【附方】新二。金疮出血:降真香、五倍子、铜花等分为末,敷之。(《医林集要》)痈疽恶毒:番降末、枫、乳香,等分为丸,熏之,去恶气甚妙。(《集简方》)

楠(《别录》下品)

【校正】并入《海药》栅木皮,《拾遗》枏木枝叶。

【释名】枏(与楠字同)。

楠

时珍曰:南方之木,故字从南。《海药本草》栅木皮,即枏字之误,今正之。

【集解】藏器曰:枏木高大,叶如桑,出南方山中。

宗奭曰:楠材,今江南造船皆用之,其木性坚而善居水。久则当中空,为白蛾所穴。

时珍曰:楠木生南方,而黔、蜀诸山尤多。其树直上,童童若幢盖之状,枝叶不相碍。叶似豫章,而大如牛耳,一头尖,经岁不凋,新陈相换。其花赤黄色。实似丁香,色青,不可食。干甚端伟,高者十余丈,巨者数十围,气甚芬芳,为梁栋器物皆佳,盖良材也。色赤者坚,白者脆。其近根年深向阳者,结成草木山水之状,俗呼为骰柏楠,宜作器。

楠材

【气味】辛,微温,无毒。

藏器曰:苦,温,无毒。

大明曰:热,微毒。

【主治】霍乱吐下不止,煮汁服(《别录》)。煎汤洗转筋及足肿。枝叶同功(大明)。

【附方】新三。水肿自足起:削楠木、桐木煮汁渍足,并饮少许,日日为之。(《肘后方》)心胀腹痛,未得吐下:取楠木削三、四两,水三升,煮三沸,饮之。(《肘后方》)聤耳出脓:楠木烧研,以棉杖缴入。(《圣惠方》)

皮

【气味】苦,温,无毒。

【主治】霍乱吐泻。小儿吐乳,暖胃正气,并宜煎服(李珣)。

樟(《拾遗》)

【释名】时珍曰:其木理多纹章,故谓之樟。

【集解】藏器曰:江东舟同船多用樟木。县名豫章,因木得名。

樟

时珍曰：西南处处山谷有之。木高丈余。小叶似楠而尖长，背有黄赤茸毛，四时不凋。夏开细花，结小子。木大者数抱，肌理细而错纵有纹，宜于雕刻，气甚芬烈。豫、章乃二木名，一类二种也。豫即钓樟，见下条。

樟材

【气味】辛，温，无毒。

【主治】恶气中恶，心腹痛鬼疰，霍乱腹胀，宿食不消，常吐酸臭水，酒煮服，无药处用之。煎汤，浴脚气、疥癣风痒。作履，除脚气（藏器）。

【发明】时珍曰：霍乱及干霍乱须吐者。以樟木屑煎浓汁吐之，甚良。又中恶、鬼气猝死者，以樟木烧烟熏之，待苏乃用药。此物辛烈香窜，能去湿气、辟邪恶故也。

【附方】新一。手足痛风，冷痛如虎咬者：用樟木屑一斗，急流水一石，煎极滚泡之，乘热安足于桶上熏之。以草荐围住，勿令汤气入目。其功甚捷，此家传经验方也。（虞抟《医学正传》）

瘿节

【主治】风疰鬼邪（时珍）。

【附方】新一。三木节散：治风劳，面色青白，肢节沉重，膂间痛，或寒或热，或躁或嗔，思食不能食，被虫侵蚀，症状多端。天灵盖（酥炙，研）二两，牛黄、人中白（焙）各半两，麝香二钱，为末。别以樟木瘤节、皂荚木瘤节、槐木瘤节各为末五两，每以三钱，水一盏，煎半盏，去滓，调前末一钱，五更顿服，取下虫物为妙。（《圣惠方》）

钓樟（《别录》下品）

【校正】并入《拾遗》枕材。

【释名】乌樟（弘景）、梺（音纶）、枕（音沈）、豫（《纲目》）。

时珍曰：樟有大、小二种。紫、淡二色。此即樟之小者。按郑樵《通志》云：钓樟亦樟之类，即《尔雅》所谓梺，“无疵”是也。又相如赋云：楩、楠、豫、章。颜师古注云：豫即枕木，章即樟木。二木生至七年，乃可分别。观此，则豫即《别录》所谓钓樟者也。根似乌药香，故又名乌樟。

【集解】弘景曰：钓樟出桂阳、邵陵诸处，亦呼作乌樟，方家少用，而俗人多识。

炳曰：根似乌药香。

藏器曰：枕生南海山谷。作舸船，次于樟木。

根皮

【气味】辛，温，无毒。

【主治】金疮止血，刮屑敷之，甚验(《别录》)。磨服，治霍乱(萧炳)。治奔豚脚气水肿，煎汤服。亦可浴疮痍疥癣风瘙，并研末敷之(大明)。

茎叶

【主治】置门上，辟天行时气(萧炳)。

乌药(宋《开宝》)

【释名】旁其(《拾遗》)、鳑魮(《纲目》)、矮樟。

时珍曰：乌以色名。其叶状似鳑魮鱼，故俗呼为鳑魮树。《拾遗》作旁其，方音讹也。南人亦呼为矮樟，其气似樟也。

【集解】藏器曰：乌药生岭南。邕州、容州及江南。树生似茶，高丈余。一叶三丫，叶青阴白。根状似山芍药及乌樟，根色黑褐，作车毂纹，横生，八月采根。其直根者不堪用。

颂曰：今台州、雷州、衡州皆有之，以天台者为胜。木似茶槚，高五七尺。叶微圆而尖，面青背白，有纹。四、五月开细花，黄白色。六月结实。根有极大者，又似钓樟根。然根有二种：岭南者黑褐色而坚硬，天台者白而虚软，并以八月采。根如车毂纹、形如连珠者佳。或云：天台者香白可爱，而不及海南者力大。

承曰：世称天台者为胜。今比之洪州、衡州者，天台香味为劣，入药功效亦不及。但肉色颇赤，而差细小尔。

时珍曰：吴、楚山中极多，人以为薪。根、叶皆有香气，但根不甚大，才如芍药尔。嫩者肉白，老者肉褐色。其子如冬青子，生青熟紫，核壳极薄。其仁亦香而苦。

根

【气味】辛，温，无毒。

好古曰：气厚于味，阳也。入足阳明、少阴经。

【主治】中恶心腹痛，蛊毒疰忤鬼气，宿食不消，天行疫瘴，膀胱肾间冷气攻冲背膂，妇人血气，小儿腹中诸虫(藏器)。治一切气除一切冷，霍乱、反胃吐食泻痢，痈疖疥疠，并解冷热，其功不可悉载。猫、犬百病，并可磨服(大明)。理元气(好古)。中气脚气疝气，气厥头痛，肿胀喘急，止小便频数及白浊(时珍)。

【发明】宗奭曰：乌药性和，来气少，走泄多，但不甚刚猛。与沉香同磨作汤点服，治胸腹冷气甚稳当。

时珍曰：乌药辛温香窜，能散诸气。故《惠民和剂局方》治中风中气诸证，用乌药顺气散者，先疏其气，气顺则风散也。严用和《济生方》治七情郁结，上气喘急，用四磨汤者，降中兼升，泻中带补也。其方以人参、乌药、沉香、槟榔各磨浓汁七分，合煎，细细咽之。《朱氏集验方》治虚寒小便频数，缩泉丸，用同益智子等分为丸服者，取其通阳明、少阴经也，方见草部益智子下。

【附方】新十一。乌沉汤:治一切气,一切冷,补五脏,调中壮阳,暖腰膝,去邪气,冷风麻痹,膀胱、肾间冷气,攻冲背膂,俯仰不利,风水毒肿,吐泻转筋,癥癖刺痛,中恶心腹痛,鬼气疰忤,天行瘴疫,妇人血气痛。用天台乌药一百两,沉香五十两,人参三两,甘草(爁)四两,为末。每服半钱,姜盐汤空心点服。(《和剂局方》)一切气痛:不拘男女,冷气、血气、肥气、息贲气、伏梁气、奔豚气,抢心切痛,冷汗,喘息欲绝。天台乌药(小者,酒浸一夜,炒)、茴香(炒)、青橘皮(去白,炒)、良姜(炒)等分,为末。温酒、童便调下。(《卫生家宝方》)男妇诸病:香乌散:用香附、乌药等分,为末。每服一二钱。饮食不进,姜、枣汤下;疟疾,干姜、白盐汤下;腹中有虫,槟榔汤下;头风虚肿,茶汤下;妇人冷气,米饮下;产后血攻心脾痛,童便下;妇人血海痛、男子疝气,茴香汤下。(《乾坤秘韫》)小肠疝气:乌药一两,升麻八钱。水二钟,煎一钟,露一宿,空心热服。(孙天仁《集效方》)脚气掣痛:乡村无药。初发时即取土乌药,不犯铁器,布揩去土,瓷瓦刮屑,好酒浸一宿。次早空心温服,溏泄即愈。入麝少许,尤佳。痛入腹者,以乌药同鸡子瓦罐中水煮一日,取鸡子,切片蘸食,以汤送下,甚效。(《永类钤方》)血痢泻血:乌药,烧存性,研,陈米饭丸梧桐子大。每米饮下三十丸。(《普济方》)小儿慢惊:昏沉或搐。乌药磨水,灌之。(《济急方》)气厥头痛:不拘多少,及产后头痛。天台乌药、川芎䓖等分,为末。每服二钱,腊茶清调下。产后,铁锤烧红淬酒调下。(《济生方》)咽喉闭痛:生乌药(即矮樟根),以酸醋二盏,煎一盏,先噙后咽,吐出痰涎为愈。(《经验方》)孕中有痛:洪州乌药(软白香辣者)五钱,水一盏,牛皮胶一片,同煎至七分,温服。乃龚彦德方也。(《妇人良方》)心腹气痛:乌药(水磨浓汁)一盏,入橘皮一片,苏一叶,煎服。(《集简方》)

嫩叶

【主治】炙碾煎饮代茗,补中益气,止小便滑数(藏器)。

【发明】时珍曰:乌药,下通少阴肾经,上理脾胃元气。故丹溪朱氏补阴丸药中,往往加乌药叶也。

子

【主治】阴毒伤寒,腹痛欲死。取一合炒起黑烟,投水中,煎三五沸,服一大盏,汗出阳回即瘥(《斗门方》)。

【附录】研药

珣曰:生南海诸州小树,叶如椒,根如乌药而圆小。根味苦,温,无毒。主霍乱,下痢赤白,中恶蛊毒,腹内不调者。剉,水煎服。

櫰香(音怀。《纲目》)

【释名】兜娄婆香。

【集解】时珍曰:懷香,江淮、湖岭山中有之。木大者近丈许,小者多被樵采。叶青而长,有锯齿,状如小蓟叶而香,对节生。其根状如枸杞根而大,煨之甚香。《楞严经》云:坛前安一小炉,以兜娄婆香煎取香水,沐浴其炭,即此香也。

根

【气味】苦，涩，平，无毒。

【主治】头疖肿毒。碾末，麻脂调涂，七日腐落（时珍）

櫰香

必栗香（《拾遗》）

【释名】花木香、詹香。

【集解】藏器曰：必栗香生高山中。叶如老椿，捣置上流，鱼悉暴腮而死。木为书轴，白鱼不损书也。

【气味】辛，温，无毒。

【主治】鬼疰心气，断一切恶气，煮汁服之。烧为香，杀虫、鱼（藏器）。

枫香脂（《唐本草》）

【释名】白胶香。

时珍曰：枫树枝弱善摇，故字从风。俗呼香枫。《金光明经》谓其香为须萨折罗婆香。

【集解】恭曰：枫香脂，所在大山中皆有之。

枫香

颂曰：今南方及关陕甚多。树甚高大，似白杨。叶圆而作歧，有三角而香。二月有花，白色。乃连着实，大如鸭卵。八月、九月熟时，曝干可烧。《南方草木状》云：枫实惟九真有之。用之有神，乃难得之物。其脂为白胶香，五月斫为坎，十一月采之。《说文解字》云：枫木，厚叶弱枝善摇。汉宫殿中多植之，至霜后叶丹可爱，故称枫宸。任昉《述异记》云：南中有枫子鬼。木之老者为人形，亦呼为灵枫，盖瘤瘿也。至今越巫有得之者，以雕刻鬼神，可致灵异。

保升曰：王瓘《轩辕本纪》云：黄帝杀蚩尤于黎山之丘，掷其械于大荒之中，化为枫木之林。《尔雅》注云：其脂入地，千年为琥珀。

时珍曰：枫木枝干修耸，大者连数围。其木甚坚，有赤有白，白者细腻。其实成球，有柔刺。嵇含言枫实惟出九真者，不知即此枫否？孙炎《尔雅正义》云：枫子鬼乃欇，高三、四尺，天旱以泥涂之，即雨也。荀伯子《临川记》云：岭南枫木，岁久生瘤如人形，遇暴雷骤雨则暗长三五尺，谓之枫人。《宋齐丘化书》云：老枫化为羽人。数说不同，大抵瘿瘤之说，犹有理也。

香脂

【修治】时珍曰：凡用以齑水煮二十沸，入冷水中，揉扯数十次，晒干用。

【气味】辛、苦，平，无毒。

【主治】瘾疹风痒浮肿，煮水浴之。又主齿痛（《唐本》）。一切痈疽疮疥，金疮吐衄咯血，活血生肌，止痛解毒。烧过揩牙，永无牙疾（时珍）。

【发明】震亨曰：枫香属金，有水与火。其性疏通故木易有虫穴，为外科要药。近世不知，误以松脂之清莹者为之，甚谬。

宗奭曰：枫香、松脂，皆可乱乳香。但枫香微白黄色，烧之可见真伪。

时珍曰：枫香、松脂皆可乱乳香，其功虽次于乳香，而亦仿佛不远。

【附方】旧一，新十五。吐血不止：白胶香为散。每服二钱，新汲水调下。（《简要济众》）吐血衄血：白胶香、蛤粉等分，为末。姜汁调服。（王璆《百一选方》）吐血咯血：《澹寮方》：用白胶香、铜青各一钱，为末。入干柿内，纸包煨熟，食之。《圣惠方》：用白胶香（切片，炙黄）一两，新绵一两（烧灰），为末。每服一钱，米饮下。金疮断筋：枫香末敷之。（危氏方）便痈脓血：白胶香一两。为末。入麝香、轻粉少许，掺之。（《袖珍方》）小儿奶疽生面上：用枫香为膏，摊贴之。（《活幼全书》）瘰疬软疖：白胶香一两（化开），以蓖麻子六十四粒研入，待成膏，摊贴。（《儒门事亲》）诸疮不合：白胶香、轻粉各二钱，猪脂和涂。（《直指方》）一切恶疮：水沉金丝膏：用白胶香、沥青各一两，以麻油、黄蜡各二钱半，同熔化，入冷水中扯千遍，摊贴之。（《儒门事亲》）恶疮疼痛：枫香、腻粉等分。为末。浆水洗净，贴之。（《寿亲养老书》）久近胫疮：白胶香为末，以酒瓶上箬叶夹末，贴之。（《袖珍方》）小儿疥癣：白胶香、黄柏、轻粉等分，为末。羊骨髓和，敷之。（《儒门事亲》）大便不通：白胶香半枣大，鼠粪二枚，研匀，水和作挺。纳入肛内，良久自通。（《普济方》）年久牙痛：枫香脂为末。以香炉内灰和匀，每旦揩擦。（危氏《得效方》）鱼骨哽咽：白胶香细细吞之。（《圣惠方》）

木皮

【气味】辛，平，有小毒（苏恭）。

【主治】水肿，下水气，煮汁用之（苏恭）。煎饮，止水痢为最（藏器）。止霍乱刺风冷风，煎汤浴之（大明）。

【正误】藏器曰：枫皮性涩，能止水痢。苏云下水肿，水肿非涩药所疗，又云有毒，明见其谬。

【附方】新一。大风疮：枫子木（烧存性，研）、轻粉等分，麻油调搽，极妙。章贡有鼓角匠病此，一道人传方，遂愈。（《经验良方》）

根叶

【主治】痈疽已成，擂酒饮，以滓贴之（时珍）。

菌

【气味】有毒,食之令人笑不止,地浆解之(弘景)。

薰陆香(乳香)(《别录》上品)

【释名】马尾香(《海药》)、天泽香(《内典》)、摩勒香(《纲目》)、多伽罗香。

宗奭曰:薰陆即乳香,为其垂滴如乳头也。熔塌在地者为塌香,皆一也。

香乳陆薰

时珍曰:佛书谓之天泽香,言其润泽也。又谓之多伽罗香,又曰杜噜香。李珣言薰陆是树皮,乳是树脂。陈藏器言乳是薰陆之类。寇宗奭言是一物。陈承言薰陆是总名,乳是薰陆之乳头也。今考《香谱》言乳有十余品,则乳乃熏陆中似乳头之一品尔。陈承之说为近理。二物原附沉香下,宋《嘉祐本草》分出二条,今据诸说,合并为一。

【集解】恭曰:薰陆香形似白胶香,出天竺者色白,出单于者夹绿色,香亦不甚。

珣曰:按《广志》云:薰陆香是树皮鳞甲,采之复生。乳头香生南海,是波斯松树脂也,紫赤如樱桃,透明者为上。

时珍曰:乳香今人多以枫香杂之,惟烧之可辨。南番诸国皆有。《宋史》言乳香有一十三等。按叶廷珪《香录》云:乳香一名薰陆香,出大食国南,其树类松。以斤斫树,脂溢于外,结而成香,聚而成块。上品为拣香,圆大如乳头,透明,俗呼滴乳。次曰明乳,其色亚于拣香。又次为瓶香,以瓶收者。又次曰袋香,言收时只置袋中。次为乳塌,杂沙石者。次为黑塌,色黑。次为水湿塌,水渍色败气变者。次为斫削,杂碎不堪。次为缠末,播扬为尘者。观此则乳有自流出者,有斫树溢出者。诸说皆言其树类松。寇氏言类棠梨,恐亦传闻,当从前说。道书乳香、檀香谓之浴香,不可烧祀上真。

【修治】颂曰:乳性至粘难碾。用时以缯袋挂于窗隙间,良久取研,乃不粘也。

大明曰:入丸散,微炒杀毒,则不粘。

时珍曰:或言乳香入丸药,以少酒研如泥,以水飞过,晒干用。或言以灯心同研则易细。或言以糯米数粒同研,或言以人指甲二三片同研,或言以乳钵坐热水中乳之,皆易细。《外丹本草》云:乳香以韭实、葱、蒜煅伏成汁,最柔五金。《丹房镜源》云:乳香哑铜。

【气味】微温,无毒。

大明曰:乳香:辛,热,微毒。

元素曰:苦、辛,纯阳。

震亨曰:善窜,入手少阴经。

【主治】薰陆:主风水毒肿,去恶气伏尸,瘾疹痒毒。乳香同功(《别录》)。乳香:治耳聋,中风口噤不语,妇人血气,止大肠泄澼,疗诸疮,令内消,能发酒,理风冷

(藏器)。下气益精,补腰膝,治肾气,止霍乱,冲恶中邪气,心腹痛疰气。煎膏,止痛长肉(大明)。治不眠(之才)。补肾,定诸经之痛(元素)。仙方用以辟谷(李珣)。消痈疽诸毒,托里护心,活血定痛伸筋,治妇人难产折伤(时珍)。

【发明】时珍曰:乳香香窜,能入心经,活血定痛,故为痈疽疮疡、心腹痛要药。《素问》云诸痛痒疮疡皆属心火是矣。产科诸方多用之,亦取其活血之功尔。陈自明《妇人良方》云:知蕲州施少卿,得神寝丸方于蕲州徐太丞,云妇人临产月服之,令胎滑易生,极有效验。用通明乳香半两,枳壳一两,为末,炼蜜丸梧桐子大,每空心酒服三十丸。李嗣立治痈疽初起,内托护心散,云:香彻疮孔中,能使毒气外出,不致内攻也。方见谷部绿豆下。按葛洪《抱朴子》云:浮炎洲在南海中,出薰陆香,乃树有伤穿,木胶流堕。夷人采之,恒患猝猵兽啖之。此兽斫刺不死,以杖打之皮不伤,而骨碎乃死。观此,则乳香之治折伤,虽能活血止痛,亦其性然也。杨清叟云:凡人筋不伸者,敷药宜加乳香,其性能伸筋。

【附方】旧四,新二十七。口目㖞斜:乳香烧烟熏之,以顺其血脉。(《证治要诀》)祛风益颜:真乳香二斤,白蜜三斤。瓷器合煎如饧。每旦服二匙。(《奇效方》)急慢惊风:乳香半两,甘遂半两。同研末。每服半钱,用乳香汤下,小便亦可。(王氏《博济方》)小儿内钓腹痛:用乳香、没药、木香等分,水煎服之。(阮氏《小儿方》)小儿夜啼:乳香一钱,灯花七枚,为末。每服半字,乳汁下。(《圣惠方》)心气疼痛不可忍:用乳香三两,真茶四两,为末,以腊月鹿血和,丸弹子大。每温醋化一丸,服之。(《瑞竹堂经验方》)冷心气痛:乳香一粒,胡椒四十九粒。研,入姜汁,热酒调服。(潘氏《经验方》)阴症呃逆:乳香同硫黄烧烟,嗅之。(《伤寒蕴要》)辟禳瘟疫:每腊月二十四日五更,取第一汲井水浸乳香。至元旦五更温热,从小至大,每人以乳一块,饮水三呷,则一年无时灾。孔平仲云:此乃宣圣之方,孔氏七十余代用之也。梦寐遗精:乳香一块,拇指大,卧时细嚼,含至三更咽下,三、五服即效。(《医林集要》)淋癃溺血:取乳香中夹石者,研细,米饮服一钱。(危氏《得效方》)难产催生:《简要济众方》:用黄明乳香五钱。为末,母猪血和丸梧桐子大。每酒服五丸。《经验方》:用乳香,以五月五日午时,令一人在壁内奉乳钵,一童子在壁外,以笔管自壁缝中逐粒递过,放钵内研细,水丸芡子大。每服一丸,无灰酒下。《圣惠方》:用明乳香一豆大,为末,新汲水一盏,入醋少许。令产妇两手捉石燕,念虑药三遍乃饮之。略行数步即下。《海上方》:用乳香、朱砂等分,为末。麝香酒服一钱,良久自下。咽喉骨哽:乳香一钱。水研服之。(《卫生易简方》)香口辟臭:滴乳噙之。(《摘玄方》)风虫牙痛不可忍者:《梅师方》:用薰陆香嚼,咽其汁,立瘥。《朱氏集验方》:用乳香豆许安孔中,烧烟箸烙化立止。又方:乳香、川椒末各一钱,为末,化蜡和作丸。塞孔中。《直指方》:用乳香、巴豆等分,研和蜡丸,塞之。《圣惠方》:用乳香、枯矾等分,蜡丸。塞之。大风疠疾:摩勒香一斤(即乳头内光明者)细研,入牛乳五升,甘草末四两,瓷盒盛之,安桌子上,置中庭,安剑一口。夜于北极下祝祷,去盒子盖,露一夜。次日入甑中蒸,炊三斗米熟即止。夜间依前祝露又蒸,如此三次乃止。每服一茶匙,空心及晚食前温酒调服。服后当有恶物出,至三日三夜乃愈也。(《圣惠方》)漏疮脓血:白乳香二钱,牡蛎粉一钱。为末,雪糕丸麻子大。每姜汤服三十丸。(《直指方》)斑痘不快:乳香研细,猪心血和,丸芡子大。每温水化服一丸。(闻人规《痘疹论》)痈疽寒颤:乳香半两,熟水研服。颤发于脾,乳香能入脾故也。(《仁斋直指方》)甲疽胬肉,脓血疼痛不愈:用乳香(为末)、胆矾(烧研)等分,敷之,内消即愈。(《灵苑方》)玉茎作肿:乳香、葱白等分,捣敷。(《山居四要》)野火丹毒自两足起:乳香末,羊脂调涂。(《幼幼新书》)疬疡风驳:薰陆香、白蔹同研,日日揩之。并作末,水服。(《千金方》)杖疮溃烂:乳香煎油,搽疮口。(《永类钤方》)

没药(宋《开宝》)

【释名】末药。

时珍曰:没、末皆梵言。

没药

【集解】志曰:没药生波斯国。其块大小不定,黑色,似安息香。

珣曰:按徐表《南州记》云:是波斯松脂也。状如神香,赤黑色。

时珍曰:按《一统志》云:没药树高大如松,皮厚一二寸。采时掘树下为坎,用斧伐其皮,脂流于坎,旬余方取之。李珣言乳香是波斯松脂,此又言没药亦是松脂,盖出传闻之误尔。所谓神香者,不知何物也?

【修治】同乳香。

【气味】苦,平,无毒。

【主治】破血止痛,疗金疮杖疮,诸恶疮痔漏,猝下血,目中翳晕痛肤赤(《开宝》)。破癥瘕宿血,损伤瘀血,消肿痛(大明)。心胆虚,肝血不足(好古)。堕胎,及产后心腹血气痛,并入丸散服(李珣)。散血消肿,定痛生肌(时珍)。

【发明】权曰:凡金刃所伤,打损踠跌、坠马,筋骨疼痛,心腹血瘀者,并宜研烂热酒调服。推陈致新,能生好血。

宗奭曰:没药,大概通滞血。血滞则气壅瘀,气壅瘀则经络满急,经络满急故痛且肿。凡打扑踠跌,皆伤经络,气血不行,瘀壅作肿痛也。

时珍曰:乳香活血,没药散血,皆能止痛消肿生肌。故二药每每相兼而用。

【附方】旧三,新六。历节诸风,骨节疼痛,昼夜不止:没药末半两,虎胫骨(酥炙,为末)三两。每服二钱,温酒调下。(《图经本草》)筋骨损伤:米粉四两(炒黄),入没药、乳香末各半两,酒调成膏,摊贴之。(《御药院方》)金刃所伤未透膜者:乳香、没药各一钱,以童子小便半盏,酒半盏,温化服之。为末亦可。(《奇效良方》)小儿盘肠气痛:没药、乳香等分。为末。以木香磨水煎沸,调一钱服,立效。(汤氏《婴孩宝书》)妇人腹痛,内伤疞刺:没药末一钱,酒服便止。(《图经本草》)妇人血晕:方同上。血气心痛:没药末二钱,水一盏,酒一盏,煎服。(《医林集要》)产后恶血:没药、血竭末各一钱,童子小便、温酒各半盏,煎沸服,良久再服。恶血自下,更不生痛。(《妇人良方》)女人异疾:女人月事退出,皆作禽兽之形,欲来伤人。先将

绵塞阴户，乃顿服没药末一两，白汤调下，即愈。(危氏方)

麒麟竭(《唐本草》)

【释名】血竭。

时珍曰：麒麟亦马名也。此物如干血，故谓之血竭。曰麒麟者，隐之也。旧与紫铆同条，紫铆乃此树上虫所造成，今分入虫部。

竭 麟 麒

【集解】恭曰：麒麟竭树名渴留，紫铆树名渴廪，二物大同小异。

志曰：二物同条，功效全别。紫铆色赤而黑，其叶大如盘，铆从叶上出。麒麟竭色黄而赤，从木中出，如松脂。

珣曰：按《南越志》云：麒麟竭，是紫铆树之脂也。欲验真伪，但嚼之不烂如蜡者为上。

敩曰：凡使勿用海母血，真相似，只是味咸并腥气。麒麟竭味微咸、甘，似栀子气也。

时珍曰：麒麟竭是树脂，紫铆是虫造。按《一统志》云：血竭树略如没药树，其肌赤色。采法亦于树下掘坎，斧伐其树，脂流于坎，旬日取之。多出大食诸国。今人试之，以透指甲者为真。独孤滔《丹房镜源》云：此物出于西胡，禀荧惑之气而结。以火烧之，有赤汁涌出，久而灰不变本色者，为真也。

【修治】敩曰：凡使先研作粉，筛过入丸、散中用。若同众药捣，则化作尘飞也。

【气味】甘、咸，平，无毒。

大明曰：得密陀僧良。

【主治】心腹猝痛，金疮血出，破积血，止痛生肉，去五脏邪气(《唐本》)。打伤折损，一切疼痛，血气搅刺，内伤血聚，补虚，并宜酒服(李珣)。补心包络、肝血不足(好古)。益阳精，消阴滞气(《太清修炼法》)。敷一切恶疮疥癣，久不合。性急，不可多使，却引脓(大明)。散滞血诸痛，妇人血气，小儿瘛疭(时珍)。

【发明】时珍曰：麒麟竭，木之脂液，如人之膏血，其味甘咸而走血，盖手、足厥阴药也。肝与心包皆主血故尔。河间刘氏云：血竭除血痛，为和血之圣药，是矣。乳香、没药虽主血病，而兼入气分，此则专于血分者也。

【附方】旧二，新十。白虎风痛走注，两膝热肿：用骐驎竭、硫黄末各一两，每温酒服一钱。(《圣惠方》)新久脚气：血竭、乳香等分，同研，以木瓜一个，剜孔入药在内，以面厚裹，砂锅煮烂，连面捣，丸梧桐子大。每温酒服三十丸。忌生冷。(《奇效方》)慢惊瘛疭：定魄安魂，益气。用血竭半两，乳香二钱半，同捣成剂，火炙熔丸梧桐子大。每服一丸，薄荷煎汤化下。夏月用人参汤。(《御药院方》)鼻出衄血：血竭、蒲黄等分为末，吹之。(《医林集要》)血痔肠风：血竭末，敷之。(《直指方》)金疮出血：麒麟竭末，敷之立止。(《广利方》)产后血冲，心胸满喘，命在须臾：用血竭、没药各一钱，研细，童便和酒调服。(《医林集要》)产后血晕，不知人及狂语：用麒麟竭一两，研末。每服二钱，温酒调下。(《太平圣惠方》)收敛疮口：血竭末一字，麝香少许，大枣（烧灰）半钱，同研。津调涂之。（究原方）臁疮不合：血竭末敷之，以干为度。（《济急仙方》）嵌甲疼痛：血竭末，敷之。（《医林集要》）腹中血块：血竭、没药各一两，滑石（牡丹皮同煮过）一两，为末，醋糊丸梧桐子大，服之。（《摘玄方》）

质汗（宋《开宝》）

【释名】时珍曰：汗音寒，番语也。

【集解】藏器曰：质汗出西番，煎柽乳、松泪、甘草、地黄并热血成之。番人试药，以小儿断一足，以药纳口中，将足踏之，当时能走者良。

【气味】甘，温，无毒。

【主治】金疮伤折，瘀血内损，补筋肉，消恶血，下血气，妇人产后诸血结，腹痛内冷不下食。并以酒消服之，亦敷病处（藏器）。

【附方】新一。室女经闭，血结成块，心腹攻痛：质汗、姜黄、川大黄（炒）各半两，为末。每服一钱，温水下。（《圣济总录》）

安息香（《唐本草》）

【释名】时珍曰：此香辟恶，安息诸邪，故名。或云：安息，国名也。梵书谓之拙贝罗香。

【集解】珣曰：生南海波斯国，树中脂也，状若桃胶，秋月采之。

安息香

禹锡曰：按段成式《酉阳杂俎》云：安息香树出波斯国，呼为辟邪树。长二三丈，皮色黄黑。叶有四角，经寒不凋。二月开花黄色，花心微碧。不结实。刻其树皮，其胶如饴，名安息香，六、七月坚凝乃取之。烧之，通神明，辟众恶。

时珍曰：今安南、三佛齐诸地皆有之。《一统志》云：树如苦楝，大而且直。叶似羊桃而长。木心有脂作香。叶廷珪《香录》云：此乃树脂，形色类胡桃瓤。不宜于烧，而能发众香，故人取以和香。今人和香有如饧者，谓之安息油。

机曰：或言烧之能集鼠者为真。

【气味】辛、苦，平，无毒。

【主治】心腹恶气，鬼疰（《唐本》）。邪气魍魉，鬼胎血邪，辟蛊毒，霍乱风痛，男子遗精，暖肾气，妇人血噤，并产后血晕（大明）。妇人夜梦鬼交，同臭黄合为丸，烧熏丹穴，永断（李珣）。烧之，去鬼来神（萧炳）。治中恶魇寐，劳瘵传尸（时珍）。

【附方】新四。猝然心痛或经年频发：安息香研末，沸汤服半钱。（危氏《得效方》）小儿肚痛，曲脚而啼：安息香丸：用安息香（酒蒸成膏）、沉香、木香、丁香、藿香、八角茴香各三钱，香附子、缩砂仁、炙甘草各五钱，为末。以膏和，炼蜜丸芡子大。每服一丸,紫苏汤化下。(《全幼心鉴》)小儿惊邪:安息香一豆许,烧之自除。(《奇效良方》)历节风痛:用精猪肉四两切片,裹安息香二两,以瓶盛灰,大火上着一铜版片隔之,安香于上烧之,以瓶口对痛处熏之,勿令透气。(《圣惠方》)

詹糖香(《别录》上品)

【释名】时珍曰:詹言其粘,糖言其状也。

【集解】弘景曰:出晋安、岑州。上真淳者难得,多以其皮及蠹虫屎杂之,惟软者为佳。皆合香家要用,不正入药。

恭曰:詹糖树似橘。煎枝叶为香,似沙糖而黑。出交广以南,生晋安。近方多用之。

时珍曰:其花亦香,如茉莉花香气。

【气味】苦,微温,无毒。

【主治】风水毒肿,去恶气伏尸(《别录》)。治恶核恶疮(弘景)。和胡桃、青皮捣,涂发令黑如漆(时珍)。

【附录】结杀

藏器曰:结杀生西国,树之花也,极香。同胡桃仁入膏,和香油涂头,去头风白屑,生发。

笃耨香(《纲目》)

【释名】

【集解】时珍曰:笃耨香出真腊国,树之脂也。树如松形,其香老则溢出,色白而透明者名白笃耨,盛夏不融,香气清远。土人取后,夏月以火炙树,令脂液再溢,至冬乃凝,复收之。其香夏融冬结,以瓠瓢盛,置阴凉处,乃得不融。杂以树皮者则色黑,名黑笃耨,为下品。

【气味】缺

【主治】面黧默黯。同白附子、冬瓜子、白芨、石榴皮等分,为末,酒浸三日,洗面后敷之。久则面莹如玉(时珍)。

【附录】胆八香

时珍曰:胆八树生交趾、南番诸国。树如稚木犀。叶鲜红,色类霜枫。其实压油和诸香爇之,辟恶气。

龙脑香(《唐本草》)

【释名】片脑(《纲目》)、羯婆罗香(《衍义》),膏名婆律香。

时珍曰:龙脑者,因其状加贵重之称也。以白莹如冰,及作梅花片者为良,故俗呼为冰片脑,或云梅花脑。番中又有米脑、速脑、金脚脑、苍龙脑等称,皆因形色命名，不及冰片、梅花者也。清者名脑油，《金光明经》谓之羯婆罗香。

恭曰：龙脑是树根中干脂。婆律香是根下清脂。旧出婆律国，因以为名也。

香脑龙

【集解】珣曰：是西海波律国波律树中脂也，状如白胶香。其龙脑油本出佛誓国，从树取之。

宗奭曰：《西域记》云：西方秣罗矩吒国，在南印度境。有羯布罗香树，干如松株而叶异，花果亦异。湿时无香，木干之后，循理析之，中有香，状类云母，色如冰雪，即龙脑香也。

时珍曰：龙脑香，南番诸国皆有之。叶廷珪《香录》云：乃深山穷谷中千年老杉树，其枝干不曾损动者，则有香。若损动，则气泄无脑矣。土人解作板，板缝有脑出，乃劈取之。大者成片如花瓣，清者名脑油。《江南异闻录》云：南唐保大中贡龙脑浆，云以缣囊贮龙脑，悬于琉璃瓶中，少顷滴沥成水，香气馥烈，大补益元气。按此浆与脑油稍异，盖亦其类尔。《宋史》熙宁九年，英州雷震，一山梓树尽枯，中皆化为龙脑。此虽怪异，可见龙脑亦有变成者也。

【修治】恭曰：龙脑香合糯米炭、相思子贮之，则不耗。

时珍曰：或言以鸡毛、相思子，同入小瓷罐密收之佳。《相感志》言以杉木炭养之更良，不耗。今人多以樟脑升打乱之，不可不辨也。相思子见本条。

【气味】辛、苦，微寒，无毒。

珣曰：苦、辛，温，无毒。

元素曰：热。阳中之阳。

【主治】妇人难产，研末少许，新汲水服，立下（《别录》）。心腹邪气，风湿积聚，耳聋，明目，去目赤肤翳（《唐本》）。内外障眼，镇心秘精，治三虫五痔（李珣）。散心盛有热（好古）。入骨，治骨痛（李杲）。治大肠脱（元素）。疗喉痹脑痛，鼻息齿痛，伤寒舌出，小儿痘陷，通诸窍，散郁火（时珍）。

苍龙脑

【主治】风疮䵟黯，入膏煎良。不可点眼，伤人（李珣）。

婆律香膏

【主治】耳聋，摩一切风（苏恭）。

【发明】宗奭曰：此物大通利关隔热塞，大人、小儿风涎闭塞，及暴得惊热，甚为济用。然非常服之药，独行则势弱，佐使则有功。于茶亦相宜，多则掩茶气。味甚清香，为百药之先，万物中香无出其右者。

震亨曰：龙脑属火。世知其寒而通利，然未达其热而轻浮飞越，喜其香而贵细，动辄与麝同用为桂附之助。然人之阳易动，阴易亏，不可不思。

杲曰：龙脑入骨，风病在骨髓者宜用之。若风在血脉肌肉，辄用脑、麝，反引风入骨髓,如油入面,莫之能出也。

王纶曰:龙脑大辛善走,故能散热,通利结气。目痛、喉痹、下疳诸方多用之者,取其辛散也。人欲死者吞之,为气散尽也。世人误以为寒,不知其辛散之性似乎凉尔。诸香皆属阳,岂有香之至者而性反寒乎?

时珍曰:古方眼科、小儿科皆言龙脑辛凉,能入心经,故治目病、惊风方多用之。痘疮心热血瘀倒靥者,用引猪血直入心窍,使毒气宣散于外,则血活痘发。其说皆似是而实未当也。目病、惊病、痘病,皆火病也。火郁则发之,从治之法,辛主发散故尔。其气先入肺,传于心脾,能走能散,使壅塞通利,则经络条达,而惊热自平,疮毒能出。用猪心血能引龙脑入心经,非龙脑能入心也。沈存中《良方》云:痘疮稠密,盛则变黑者。用生豮猪血一橡斗,龙脑半分,温酒和服。潘氏云:一女病发热,腹痛,手足厥逆,渐加昏闷,形症极恶,疑是痘候。时暑月,急取屠家败血,倍用龙脑和服。得睡,须臾一身疮出而安。若非此方,则横夭矣。又宋。文天祥、贾似道皆服脑子求死不得,惟廖莹中以热酒服数握,九窍流血而死。此非脑子有毒,乃热酒引其辛香,散溢经络,气血沸乱而然尔。

【附方】旧二,新十二。目生肤翳:龙脑末一两,日点三五度。(《圣济总录》)目赤目膜:龙脑、雄雀屎各八分。为末,以人乳汁一合调成膏。日日点之,无有不验。(《圣惠方》)头目风热上攻:用龙脑末半两,南硼砂末一两,频嗃两鼻。(《御药院方》)头脑疼痛:片脑一钱,纸卷作捻,烧烟熏鼻,吐出痰涎即愈。(《寿域方》)风热喉痹:灯心一钱,黄柏五分(并烧存性),白矾七分(煅过),冰片脑三分,为末。每以一二分吹患处。此陆一峰家传绝妙方也。(《濒湖集简方》)鼻中息肉垂下者:用片脑点之,自入。(《集简方》)伤寒舌出过寸者:梅花片脑半分。为末。掺之,随手即愈。(洪迈《夷坚志》)中风牙噤:无门下药者,开关散揩之。五月五日午时,用龙脑、天南星等分,为末。每以一字揩齿二三十遍,其口自开。牙齿疼痛:梅花脑、朱砂末各少许。揩之立止。(《集简方》)痘疮狂躁,心烦气喘,妄语或见鬼神,疮色赤未透者:《经验后方》:用龙脑一钱细研,旋以猪心血丸芡子大。每服一丸,紫草汤下。少时心神便定,得睡疮发。《总微论》:用豮猪第二番血清半杯,酒半杯,和匀,入龙脑一分,温服。良久利下瘀血一二行,疮即红活。此治痘疮黑靥候恶,医所不治者,百发百中。内外痔疮:片脑一二分,葱汁化,搽之。(《简便方》)酒齄鼻赤:脑子、真酥,频搽。(《普济方》)梦漏口疮:经络中火邪,梦漏恍惚,口疮咽燥。龙脑三钱,黄柏三两,为末,蜜丸梧桐子大。每麦门冬汤下十丸。(《摘玄方》)

子

【气味】辛,温。气似龙脑。

【主治】下恶气,消食,散胀满,香人口(苏恭)。

【附录】元慈勒

藏器曰:出波斯国。状似龙脑香,乃树中脂也。味甘,平,无毒。主心病流血,合金疮,去腹内恶血,血痢下血,妇人带下,明目,去翳障、风泪、努肉。

樟脑(《纲目》)

【释名】韶脑。

【集解】时珍曰:樟脑出韶州、漳州。状似龙脑,白色如雪,樟树脂膏也。胡演升《炼方》云:煎樟脑法:用樟木新者切片,以井水浸三日三夜,入锅煎之,柳木频搅。待汁减半,柳上有白霜,即滤去滓,倾汁入瓦盆内。经宿,自然结成块也。他处虽有樟木,不解取脑。又炼樟脑法:用铜盆,以陈壁土为粉糁之,却糁樟脑一重,又糁壁土,如此四、五重。以薄荷安土上,再用一盆覆之,黄泥封固,于火上款款炙之。须以意度之,不可太过、不及。勿令走气。候冷取出,则脑皆升于上盆,如此升两、三次,可充片脑也。

【修治】时珍曰:凡用,每一两以二碗合住,湿纸糊口,文武火熁之。半时许取出,冷定用。又法:每一两,用黄连、薄荷六钱,白芷、细辛四钱,荆芥、密蒙花二钱,当归、槐花一钱。以新土碗铺杉木片于底,安药在上,入水半盏,洒脑于上,再以一碗合住,糊口,安火煨之。待水干取开,其脑自升于上。以翎扫下,形似松脂,可入风热眼药。人亦多以乱片脑,不可不辨。

【气味】辛,热,无毒。

【主治】通关窍,利滞气,治中恶邪气,霍乱心腹痛,寒湿脚气,疥癣风瘙,龋齿,杀虫辟蠹。着鞋中,去脚气(时珍)。

【发明】时珍曰:樟脑纯阳,与焰硝同性,水中生火,其焰益炽。今丹炉及烟火家多用之。辛热香窜,禀龙火之气,去湿杀虫,此其所长。故烧烟熏衣筐席簟,能辟壁虱、虫蛀。李石《续博物志》云:脚弱病人,用杉木为桶濯足,排樟脑于两股间,用帛绷定,月余甚妙。王玺《医林集要》方:治脚气肿痛。用樟脑二两,乌头三两,为末。醋糊丸强子大。每置一丸于足心踏之,下以微火烘之,衣被围覆,汗出如涎为效。

【附方】新三。小儿秃疮:韶脑一钱,花椒二钱,芝麻二两,为末。以退猪汤洗后,搽之。(《简便方》)牙齿虫痛:《普济方》:用韶脑、朱砂等分,擦之神效。余居士《选奇方》:用樟脑、黄丹、肥皂(去皮核)等分,研匀蜜丸。塞孔中。

阿魏(《唐本草》)

【校正】自草部移入此。

【释名】阿虞(《纲目》)、熏渠(《唐本》)、哈昔泥。

时珍曰:夷人自称曰阿,此物极臭,阿之所畏也。波斯国呼为阿虞,天竺国呼为形虞,《涅槃经》谓之央匮。蒙古人谓之哈昔泥,元时食用以和料。其根名稳展,云淹羊肉甚香美,功同阿魏。见《饮膳正要》。

【集解】珣曰:按《广志》云:生昆仑国。是木津液,如桃胶状。其色黑者不堪,其状黄散者为上。云南长河中亦有,与舶上来者滋味相似一般,只无黄色。

颂曰:今惟广州有之,云是木膏液滴酿结成,与苏恭所说不同。按段成式《酉阳杂俎》云:阿魏木,生波斯国及伽阇那国(即北天竺也)。木长八、九尺,皮色青黄。

阿魏

三月生叶，似鼠耳。无花实。断其枝，汁出如饴，久乃坚凝，名阿魏。摩伽陀僧言：取其汁和米、豆屑合酿而成。其说与广州所生者相近。

承曰：阿魏合在木部。今二浙人家亦种之，枝叶香气皆同而差淡薄，但无汁膏尔。

时珍曰：阿魏有草、木二种。草者出西域，可晒可煎，苏恭所说是也。木者出南番，取其脂汁，李珣、苏颂、陈承所说是也。按《一统志》所载有此二种。云出火州及沙鹿、海牙国者，草高尺许，根株独立，枝叶如盖，臭气逼人，生取其汁熬作膏，名阿魏。出三佛齐及暹逻国者，树不甚高，土人纳竹筒于树内，脂满其中，冬月破筒取之。或云其脂最毒，人不敢近。每采时，以羊系于树下，自远射之。脂之毒着羊，羊毙即为阿魏。观此，则其有二种明矣。盖其树低小如枸杞、牡荆之类，西南风土不同，故或如草如木也。系羊射脂之说，俗亦相传，但无实据。谚云：黄芩无假，阿魏无真。以其多伪也。刘纯诗云：阿魏无真却有真，臭而止臭乃为珍。

炳曰：人多言煎蒜白为假者。

敩曰：验法有三：第一，以半铢安熟铜器中一宿，至明沾阿魏处白如银，永无赤色；第二将一铢置于五斗草自然汁中一夜，至明如鲜血色；第三将一铢安于柚树上，树立干，便是真者。凡用，乳钵研细，热酒器上裛过，入药。

【气味】辛，平，无毒。

【主治】杀诸小虫，去臭气，破癥积，下恶气，除邪鬼蛊毒（《唐本》）。治风邪鬼疰，心腹中冷（李珣）。传尸冷气，辟瘟治疟，主霍乱心腹痛，肾气瘟瘴，御一切蕈、菜毒（大明）。解自死牛、羊、马肉诸毒（汪机）。消肉积（震亨）。

【发明】炳曰：阿魏下细虫，极效。

时珍曰：阿魏消肉积，杀小虫，故能解毒辟邪，治疟、痢、疳、劳、尸注、冷痛诸症。按王璆《百一选方》云：夔州谭逵病疟半年。故人窦藏叟授方：用真阿魏、好丹砂各一两，研匀，米糊和，丸皂子大。每空心人参汤化服一丸，即愈。世人治疟，惟用常山、砒霜毒物，多有所损。此方平易，人所不知。《草窗》周密云：此方治疟以无根水下，治痢以黄连、木香汤下，疟、痢亦多起于积滞故尔。

【附方】新十。辟鬼除邪：阿魏枣许为末，以牛乳或肉汁煎五六沸服之。至暮，以乳服安息香枣许。久者不过十日。忌一切菜。孙侍郎用之有效。（唐崔行功《纂要》）恶疰腹痛不可忍者：阿魏末，热酒服一二钱，立止。（《永类钤方》）尸疰中恶：近死尸，恶气入腹，终身不愈。用阿魏三两。每用二钱，拌面裹作馄饨十余枚，煮熟食之，日三。服至三、七日，永除。忌五辛、油物。（《圣惠方》）癞疝疼痛：败精恶血，结在阴囊所致。用阿魏二两（醋和荞麦面作饼裹之煨熟），大槟榔二枚钻孔，溶乳香填满，亦以荞面裹之煨熟，入硇砂末一钱，赤芍药末一两，糊丸梧桐子大。每食前，酒下三十丸。（危氏《得效方》）小儿盘肠内吊，腹痛不止：用阿魏为末，大蒜半瓣炮熟研烂和丸麻子大。每艾汤服五丸。（《总微论》）脾积结块：鸡子五个，阿魏五分，黄蜡一两，同煎化，分作十服。每空心细嚼，温水送下。诸物不忌，腹痛无妨。

十日后大便下血,乃积化也。(《保寿堂经验方》)痞块有积:阿魏五钱,五灵脂(炒烟尽)五钱,为末,以黄雄狗胆汁和,丸黍米大。空心唾津送下三十丸。忌羊肉、醋、面。(《扶寿精方》)五噎膈气:方同上。痎疟寒热:阿魏、胭脂各一豆大,研匀,以蒜膏和,覆虎口上,男左女右。(《圣济总录》)牙齿虫痛:阿魏、臭黄等分,为末,糊丸绿豆大。每棉裹一丸,随左右插入耳中,立效。(《圣惠方》)

芦荟(宋《开宝》)

【校正】自草部移入此。

【释名】奴会(《开宝》)、讷会(《拾遗》)、象胆。

时珍曰:名义未详。

藏器曰:俗呼为象胆,以其味苦如胆也。

【集解】珣曰:芦荟生波斯国。状似黑饧,乃树脂也。

时珍曰:芦荟原在草部。《药谱》及《图经》所状,皆言是木脂。而《一统志》云:爪哇、三佛齐诸国所出者,乃草属,状如鲎尾,采之以玉器捣成膏。与前说不同,何哉?岂亦木质草形乎?

【气味】苦,寒,无毒。

【主治】热风烦闷,胸膈间热气,明目镇心,小儿癫痫惊风,疗五疳,杀三虫及痔病疮瘘,解巴豆毒(《开宝》)。主小儿诸疳热(李珣)。单用,杀疳蛔。吹鼻,杀脑疳,除鼻痒(甄权)。研末,敷䘌齿甚妙。治湿癣出黄汁(苏颂)。

【发明】时珍曰:芦荟,乃厥阴经药也,其功专于杀虫清热。以上诸病,皆热与虫所生故也。

颂曰:唐刘禹锡《传信方》云:予少年曾患癣,初在颈项间,后延上左耳,遂成湿疮浸淫。用斑蝥、狗胆、桃根诸药,徒令蜇蠚,其疮转盛。偶于楚州,卖药人教用芦荟一两,炙甘草半两,研末,先以温浆水洗癣,拭净敷之,立干便瘥。真神奇也。

【附方】新一。小儿脾疳:芦荟、使君子等分,为末。每米饮服一二钱。(《卫生易简方》)

胡桐泪(《唐本草》)

【校正】自草部移入此。

【释名】胡桐碱(《纲目》)、胡桐律。

询曰:胡桐泪,是胡桐树脂也,故名泪。作律字者非也,律、泪声讹尔。

时珍曰:《西域传》云:车师国多胡桐。颜师古注云:胡桐似桐,不似桑,故名胡桐。虫食其树而汁出下流者,俗名胡桐泪,言似眼泪也。其入土石成缺如卤碱者,为胡桐碱(音减)。或云:律当作沥,非讹也,犹松脂名沥青之义。亦通。

【集解】恭曰:胡桐泪,出肃州以西平泽及山谷中。形似黄矾而坚实。有夹烂木者,云是胡桐树脂沦入土石碱卤地者。其树高大,皮叶似白杨、青桐、桑辈,故名胡桐木,堪器用。

胡桐泪

保升曰:凉州以西有之。初生似柳,大则似桑、桐。其津下入地,与土石相染,状如姜石,极成苦,得水便消,若矾石、硝石之类。冬月采之。

大明曰:此有二般:木律不中入药;惟用石律,石上采之,形如小石片子,黄土色者为上。

颂曰:今西番亦有商人货之。

时珍曰:木泪乃树脂流出者,其状如膏油。石泪乃脂入土石间者,其状成块,以其得卤斥之气,故入药为胜。

【气味】咸、苦,大寒.无毒。

恭曰:伏砒石。可为金银焊药。

【主治】大毒热,心腹烦满,水和服之,取吐。牛马急黄黑汗,水研三二两灌之,立瘥(《唐本》)。主风虫牙齿痛,杀火毒、面毒(大明)。风疳䘌齿,骨槽风劳。能软一切物。多服令人吐(李珣)。瘰疬非此不能除(元素)。咽喉热痛,水磨扫之,取涎(时珍)。

【发明】颂曰:古方稀用。今治口齿家多用,为最要之物。

时珍曰:石泪入地受卤气,故其性寒能除热,其味咸能入骨软坚。

【附方】新六。湿热牙疼,喜吸风:胡桐泪,入麝香掺之。牙疼出血:胡桐泪半两,研木,夜夜贴之。或入麝香少许。(《圣惠方》)走马牙疳:胡桐碱、黄丹等分为末,掺之。(《医林集要》)牙疳宣露,脓血臭气者:胡桐泪一两,枸杞根一升。每用五钱,煎水热漱。又方:胡桐泪、葶苈等分。研掺。(《圣惠方》)牙齿蠹黑:乃肾虚也。胡桐泪一两,丹砂半两,麝香一分,为末,掺之。(《圣济总录》)

返魂香(《海药》)

【集解】珣曰:按《汉书》云:武帝时,西国进返魂香。

《内传》云:西海聚窟州有返魂树,状如枫、柏,花、叶香闻百里。采其根于釜中水煮取汁,炼之如漆,乃香成也。其名有六:曰返魂、惊精、回生、振灵、马精、却死。凡有疫死者,烧豆许熏之再活,故曰返魂。

时珍曰:张华《博物志》云:武帝时,西域月氏国,度弱水贡此香三枚,大如燕卵,黑如桑椹。值长安大疫,西使请烧一枚辟之,宫中病者闻之即起,香闻百里,数日不歇。疫死未三日者,熏之皆活,乃返生神药也。此说虽涉诡怪,然理外之事,容或有之,未可便指为谬也。

【附录】兜木香

藏器曰:《汉武故事》云:西王母降,烧兜木香末,乃兜渠国所进,如大豆。涂宫门,香闻百里。关中大疫,死者相枕,闻此香,疫皆止,死者皆起。此乃灵香,非常物也。

本草纲目木部第三十五卷

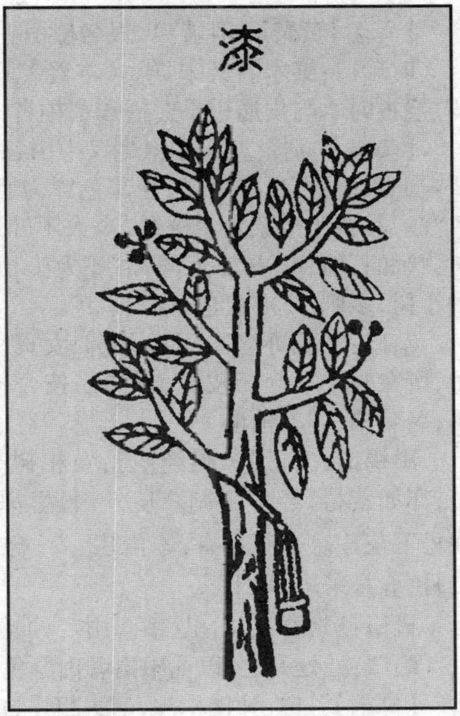

本草纲目木部第三十五卷

柏木(《本经》上品)

【释名】黄檗(《别录》),根名檀桓。

时珍曰:檗木名义未详。《本经》言檗木及根,不言檗皮,岂古时木与皮通用乎?俗作黄柏者,省写之谬也。

【集解】《别录》曰:柏木生汉中山谷及永昌。

弘景曰:今出邵陵者,轻薄色深为胜。出东山者,厚而色浅。其根于道家入木芝品,今人不知取服。又有一种小树,状如石榴,其皮黄而苦,俗呼为子柏,亦主口疮。又一种小树,多刺,皮亦黄色,亦主口疮。

恭曰:于相亦名山石榴,子似女贞,皮白不黄,亦名小柏,所在有之。今云皮黄,谬矣。按今俗用子柏皆多刺小树,名刺柏,非小柏也。

禹锡曰:按《蜀本图经》云:黄柏树高数丈。叶似吴茱萸,亦如紫椿,经冬不凋。皮外白,里深黄色。其根结块,如松下茯苓。今所在有,本出房、商、合等州山谷中。皮紧,厚二三分,鲜黄者上。二月、五月采皮,晒干。

机曰:房、商者,治里、治下用之;邵陵者,治表、治上用之。各适其宜尔。

颂曰:处处有之,以蜀中出者肉厚色深为佳。

【修治】敩曰:凡使柏皮,削去粗皮,用生蜜水浸半日,漉出晒干,用蜜涂,文武火炙,令蜜尽为度。每五两,用蜜三两。

元素曰:二制治上焦,单制治中焦,不制治下焦也。

时珍曰:黄柏性寒而沉,生用则降实火,熟用则不伤胃,酒制则治上,盐制则治下,蜜制则治中。

【气味】苦,寒,无毒。

元素曰:性寒味苦,气味俱厚,沉而降,阴也。又云:苦厚微辛,阴中之阳,入足少阴经,为足太阳引经药。

好古曰:黄芩、栀子入肺,黄连入心,黄柏入肾,燥湿所归,各从其类也。故《活人书》四味解毒汤,乃上下内外通治之药。

之才曰:恶干漆,伏硫黄。

【主治】五脏肠胃中结热，黄疸肠痔，止泄痢，女子漏下赤白，阴伤蚀疮（《本经》）。疗惊气在皮间，肌肤热赤起，目热赤痛，口疮。久服通神（《别录》）。热疮疱起，虫疮血痢，止消渴，杀蛀虫（藏器）。男子阴痿，及敷茎上疮，治下血如鸡鸭肝片（甄权）。安心除劳，治骨蒸，洗肝明目，多泪，口干心热，杀疳虫，治蛔心痛，鼻衄，肠风下血，后分急热肿痛（大明）。泻膀胱相火.补肾水不足，坚肾壮骨髓，疗下焦虚，诸痿瘫痪，利下窍，除热（元素）。泻伏火，救肾水，治冲脉气逆，不渴而小便不通，诸疮痛不可忍（李杲）。得知母，滋阴降火。得苍术，除湿清热，为治痿要药。得细辛，泻膀胱火，治口舌生疮（震亨）。敷小儿头疮（时珍）。

【附方】旧十三，新三十。阴火为病：大补丸：用黄柏去皮，盐、酒炒褐为末，水丸梧子大。血虚，四物汤下；气虚，四君子汤下。（丹溪方）男女诸虚：孙氏《集效方》：坎离丸：治男子、妇人诸虚百损，小便淋漓，遗精白浊等症。黄柏（去皮，切）二斤，熟糯米一升（童子小便浸之，九浸九晒，蒸过晒研）。为末，酒煮面糊丸梧桐子大。每服一百丸，温酒送下。上盛下虚。水火偏盛，消中等症：黄柏一斤（分作四分，用醇酒、蜜汤、盐水、童尿浸洗），晒炒为末，以知母一斤（去毛，切）捣熬膏，和丸梧桐子大。每服七十丸，白汤下。（《活人心统》）四治坎离诸丸：方见草部苍术下。脏毒痔漏，下血不止：孙探玄《集效方》柏皮丸：用川黄柏皮（刮净）一斤（分作四分，三分用酒、醋、童尿各浸七日，洗晒焙，一分生炒黑色）。为末，炼蜜丸梧桐子大。每空心温酒下五十丸，久服除根。杨诚《经验方》百补丸：专治诸虚赤白浊。用川柏皮（刮净）一斤（分作四分，用酒、蜜、人乳、糯米泔各浸透）。炙干切研，廪米饭丸：如上法服。又陆一峰柏皮丸：黄柏一斤（分作四分，三分用醇酒、盐汤、童尿各浸二日焙研，一分用酥炙研末）。以猪脏一条去膜，入药在内扎，煮熟捣丸。如上法服之。下血数升：黄柏一两（去皮，鸡子白涂炙）。为末，水丸绿豆大。每服七丸，温水下。名金虎丸。（《普济方》）小儿下血或血痢：黄柏半两，赤芍药四钱，为末，饭丸麻子大。每服一二十丸，食前米饮下。（阎孝忠《集效方》）妊娠下痢白色，昼夜三、五十行：根黄厚者，蜜炒令焦为末，大蒜煨熟，去皮捣烂作膏和丸梧桐子大。每空心，米饮下三五十丸，日三服。神妙不可述。（《妇人良方》）小儿热泻：黄柏削皮，焙为末，用米汤和，丸粟米大。每服一二十丸，米汤下。（《十全博救方》）赤白浊淫及梦泄精滑：真珠粉丸：黄柏（炒）、真蛤粉各一斤，为末，滴水丸梧桐子大。每服一百丸，空心温酒下。黄柏苦而降火，蛤粉咸而补肾也。又方：加知母（炒）、牡蛎粉（煅）、山药（炒）等分为末，糊丸梧桐子大。每服八十丸，盐汤下。（《洁古家珍》）

檀桓（《拾遗》）

【集解】藏器曰：檀桓乃百岁柏之根，如天门冬，长三四尺，别在一旁，以小根缀之。一名檀桓芝。出《灵宝方》。

时珍曰：《本经》但言黄柏根名檀桓。陈氏所说乃柏旁所生檀桓芝也，与陶弘景所说同。

【气味】苦，寒，无毒。

【主治】心腹百病，安魂魄，不饥渴。久服，轻身延年通神（《别录》）。长生神仙,去万病。为散,饮服方寸匕,尽一枚有验(藏器)。

小柏(《唐本草》)

【释名】子柏(弘景)、山石榴。

时珍曰:此与金樱子、杜鹃花并名山石榴,非一物也。

【集解】弘景曰:子柏树小,状如石榴,其皮黄而苦。又一种多刺,皮亦黄。并主口疮。

恭曰:小柏生山石间,所在皆有,襄阳岘山东者为良。一名山石榴,其树枝叶与石榴无别,但花异,子细黑圆如牛李子及女贞子尔。其树皮白,陶云皮黄,恐谬矣。今太常所贮,乃小树多刺而叶细者,名刺柏,非小柏也。

藏器曰:凡是柏木皆皮黄。今既不黄,非柏也。小柏如石榴,皮黄,子赤如枸杞子,两头尖。人剉枝以染黄。若云子黑而圆,恐是别物,非小柏也。

时珍曰:小柏山间时有之,小树也。其皮外白里黄,状如柏皮而薄小。

【气味】苦,大寒,无毒。

【主治】口疮疳䘌,杀诸虫,去心腹中热气(《唐本》)。治血崩(时珍。《妇人良方》治血崩,阿茄陀丸方中用之)。

黄栌(宋《嘉祐》)

【集解】藏器曰:黄栌生商洛山谷,四川界甚有之。叶圆木黄,可染黄色。

木

【气味】苦,寒,无毒。

【主治】除烦热,解酒疸目黄,水煮服之(藏器)。洗赤眼及汤火、漆疮(时珍)。

【附方】新一。大风癞疾:黄栌木五两(剉,用新汲水一斗浸二七日,焙研),苏方木五两,乌麻子一斗(九蒸九曝),天麻二两,丁香、乳香各一两,为末。以赤黍米一升淘净,用浸黄栌水煮米粥捣和,丸梧桐子大。每服二三十丸,食后浆水下,日二、夜一。(《圣济总录》)

厚朴(《本经》中品)

【校正】并入有名未用逐折。

【释名】烈朴(《日华》)、赤朴(《别录》)、厚皮(同)、重皮(《广雅》),树名榛(《别录》),子名逐折(《别录》)。

时珍曰:其木质朴而皮厚,味辛烈而色紫赤,故有厚朴、烈、赤诸名。

颂曰:《广雅》谓之重皮,方书或作厚皮也。

【集解】《别录》曰:厚朴生交趾、冤句。三月、九月、十月采皮,阴干。

弘景曰：今出建平、宜都。极厚、肉紫色为好，壳薄而白者不佳。俗方多用，道家不须也。

颂曰：今洛阳、陕西、江淮、湖南、蜀川山谷中往往有之，而以梓州、龙州者为上。木高三四丈，径一二尺。春生叶如槲叶，四季不凋。红花而青实。皮极鳞皱而厚，紫色多润者佳，薄而白者不堪。

宗奭曰：今伊阳县及商州亦有，但薄而色淡，不如梓州者厚而紫色有油。

时珍曰：朴树肤白肉紫，叶如槲叶。五、六月开细花，结实如冬青子，生青熟赤，有核。七、八月采之，味甘美。

皮

【修治】敩曰：凡使要紫色味辛者为好，刮去粗皮。入丸散，每一斤用酥四两炙熟用。若入汤饮，用自然姜汁八两炙尽为度。

大明曰：凡入药去粗皮，用姜汁炙，或浸炒用。

宗奭曰：味苦。不以姜制，则棘人喉舌。

厚朴

【气味】苦，温，无毒。

《别录》曰：大温。

吴普曰：神农、岐伯、雷公：苦，无毒；李当之：小温。

权曰：苦、辛，大热。

元素曰：气温，味苦、辛。气味俱厚，体重浊而微降，阴中阳也。

杲曰：可升可降。

之才曰：干姜为之使。恶泽泻、硝石、寒水石。忌豆，食之动气。

【主治】中风伤寒，头痛寒热惊悸，气血痹，死肌，去三虫（《本经》）。温中益气，消痰下气，疗霍乱及腹痛胀满，胃中冷逆，胸中呕不止，泄痢淋露，除惊，去留热心烦满，厚肠胃（《别录》）。健脾，治反胃，霍乱转筋，冷热气，泻膀胱及五脏一切气，妇人产前产后腹脏不安，杀肠中虫，明耳目，调关节（大明）。治积年冷气，腹内雷鸣虚吼，宿食不消，去结水，破宿血，化水谷，止吐酸水，大温胃气，治冷痛，主病人虚而尿白（甄权）。主肺气胀满，膨而喘咳（好古）。

【附方】旧九，新五。厚朴煎丸：孙兆云：补肾不如补脾。脾胃气壮，则能饮食。饮食既进，则益营卫，养精血，滋骨髓。是以《素问》云：精不足者补之以味；形不足者，补之以气。此药大补脾胃虚损，温中降气，化痰进食，去冷饮、呕吐、泄泻等症。用厚朴（去皮剉片），用生姜二斤（连皮切片），以水五升同煮干，去姜，焙朴。以干姜四两，甘草二两，再同厚朴以水五升煮干，去草，焙姜、朴为末。用枣肉、生姜同煮熟，去姜，捣枣和，丸梧子大。每服五十丸，米饮下。一方加熟附子。（王璆《百一选方》）痰壅呕逆，心胸满闷，不下饮食：厚朴一两，姜汁炙黄为末。非时米饮调下二钱匕。（《圣惠方》）腹胀脉数：厚朴三物汤：用厚朴半斤，枳实五枚，以水一斗二升，煎取五升，入大黄四两，再煎三升。温服一升，转动更服，不动勿服。（张仲景《金匮要略》）腹痛胀满：厚朴七物汤：用厚朴半斤（制），甘草、大黄各三两，枣十枚，大枳实五枚，桂二两，生姜五两，以水一斗，煎取四升。温服八合，日三。呕者，加半夏五合。（《金匮要略》）男女气胀心闷，饮食不下，冷热相攻，久患不愈：厚朴（姜汁炙焦黑）为末。以陈米饮调服二钱匕，日三服。（《斗门方》）反胃止泻：方同上。中满洞泻：厚朴、干姜等分为末，蜜丸梧桐子大。每服五十丸，米饮下。（鲍氏方）小儿吐泻，胃虚及有痰惊：梓朴散：用梓州厚朴一两，半夏（汤泡七次，姜汁浸半日，晒干）一钱，以米泔三升同浸一百刻，水尽为度。如未尽，少加火熬干。去厚朴，只研半夏。每服半钱或一字。薄荷汤调下。（钱乙《小儿直诀》）霍乱腹痛：厚朴汤：用厚朴（炙）四两，桂心二两，枳实五枚，生姜二两，水六升，煎取二升，分三服。此陶隐居方也。唐·石泉公王方庆《广南方》云：此方不惟治霍乱，凡诸病皆治。《圣惠方》：用厚朴（姜汁炙），研末。新汲水服二钱，如神。下痢水谷久不瘥者：厚朴三两，黄连三两，水三升，煎一升，空心细服。（《梅师方》）大肠干结：厚朴生研，猪脏（煮）捣和，丸梧桐子大。每姜水下三十丸。（《十便良方》）

逐折

【气味】甘，温，无毒。

【主治】疗鼠瘘，明目益气（《别录》）。

【正误】《别录》有名未用曰：逐折杀鼠，益气明目。一名百合，一名厚实，生木间，茎黄。七月实，黑如大豆。

弘景曰：杜仲子，亦名逐折。《别录》厚朴条下，已言子名逐折；而有名未用中复出逐折，主治相同，惟鼠瘘、杀鼠字误，未知孰是尔？所云厚实，乃厚朴实也，故皮谓之厚皮。陶氏不知，援引杜仲为注，皆误矣。今正之。

【附录】浮烂罗勒

藏器曰：生康国。皮似厚朴，味酸，平，无毒。主一切风气，开胃补心，除冷痹，调脏腑。

杜仲（《本经》上品）

【释名】思仲（《别录》）、思仙（《本经》）、木绵（《吴普》）、櫋。

时珍曰：昔有杜仲服此得道，因以名之。思仲、思仙，皆由此义。其皮中有银丝如绵，故曰木绵。其子名逐折，与厚朴子同名。

杜仲

【集解】《别录》曰：杜仲生上虞山谷及上党、汉中。二月、五月、六月、九月采皮。

弘景曰：上虞在豫州，虞、虢之虞，非会稽上虞县也。今用出建平、宜都者。状如厚朴，折之多白丝者为佳。

保升曰：生深山大谷，所在有之。树高数丈，叶似辛夷。

皮

【修治】敩曰：凡使削去粗皮。每一斤，用酥一两，蜜三两，和涂火炙，以尽为度。细剉用。

【气味】辛，平，无毒。

《别录》曰：甘，温。

权曰：苦，暖。

元素曰：性温，味辛、甘。气味俱薄，沉而降，阴也。

杲曰：阳也，降也。

好古曰：肝经气分药也。

之才曰：恶玄参、蛇蜕皮。

【主治】腰膝痛，补中益精气，坚筋骨，强志，除阴下痒湿，小便余沥。久服，轻身耐老（《本经》）。脚中酸疼，不欲践地（《别录》）。治肾劳，腰脊挛（大明）。肾冷，𦢊腰痛。人虚而身强直，风也。腰不利，加而用之（甄权）。能使筋骨相着（李杲）。润肝燥，补肝经风虚（好古）。

【发明】时珍曰：杜仲古方只知滋肾，惟王好古言是肝经气分药，润肝燥，补肝虚，发昔人所未发也。盖肝主筋，肾主骨。肾充则骨强，肝充则筋健。屈伸利用，皆属于筋。杜仲色紫而润，味甘微辛，其气温平。甘温能补，微辛能润。故能入肝而补肾，子能令母实也。按庞元英《谈薮》：一少年新娶，后得脚软病，且疼甚。医作脚气治不效。路钤孙琳诊之。用杜仲一味，寸断片拆。每以一两，用半酒、半水一大盏煎服。三日能行，又三日痊愈。琳曰：此乃肾虚，非脚气也。杜仲能治腰膝痛，以酒行之，则为效容易矣。

【附方】旧六，新三。青娥丸：方见补骨脂下。肾虚腰痛：崔元亮《海上集验方》：用杜仲去皮炙黄一大斤，分作十剂。每夜取一剂，以水一大升，浸至五更，煎三分减一，取汁，以羊肾三四枚切下，再煮三五沸，如作羹法，和以椒、盐，空腹顿服。《圣惠方》：入薤白七茎。箧中方：加五味子半斤。风冷伤肾，腰背虚痛：杜仲一斤切炒，酒二升，渍十日，日服三合。此陶隐居得效方也。《三因方》：为末，每旦以温酒服二钱。病后虚汗及目中流汁：杜仲、牡蛎等分，为末。卧时水服五匕，不止更服。（《肘后方》）频惯堕胎或三、四月即堕者：于两月前，以杜仲八两（糯米煎汤浸透，炒去丝），续断二两（酒浸焙干）。为末，以山药五六两，为末作糊，丸梧桐子大。每服五十丸，空心米饮下。《肘后方》：用杜仲焙研，枣肉为丸。糯米饮下。（杨起《简便方》）产后诸疾及胎脏不安：杜仲去皮，瓦上焙干，木臼捣末，煮枣肉和，丸弹子大。每服一丸，糯米饮下，日二服。（《胜金方》）

櫰芽

【气味】缺。

【主治】作蔬，去风毒脚气，久积风冷，肠痔下血。亦可煎汤（苏颂）。

椿樗(《唐本草》)

【校正】并入《嘉祐》椿荚。

【释名】香者名椿(《集韵》作櫄,《夏书》作杶,《左传》作橁),臭者名樗(音丑居切。亦作槫),山樗名栲(音考)、虎目树(《拾遗》)、大眼桐。

樗　椿

时珍曰:椿樗易长而多寿考,故有椿、栲之称。《庄子》言"大椿以八千岁为春秋"是矣。椿香而樗臭,故椿字义作櫄,其气熏也。槫子从虖,其气臭,人呵嘑之也。樗亦椿音之转尔。

藏器曰:俗呼椿为猪椿,北人呼樗为山椿,江东呼为虎目树,亦名虎眼。谓叶脱处有痕,如虎之眼目,又如樗蒱子,故得此名。

【集解】恭曰:椿、樗二树形相似,但樗木疏、椿木实为别也。

颂曰:二木南北皆有之。形干大抵相类,但椿木实而叶香可啖,樗木疏而气臭,膳夫亦能熬去其气,并采无时。樗木最为无用,《庄子》所谓"吾有大木,人谓之樗,其本拥肿不中绳墨,小枝曲拳不中规矩"者。《尔雅》云:栲山樗。郭璞注云:栲,似樗,色小白,生山中,因名。亦类漆树。俗语云:櫄、樗、栲、漆,相似如一。陆机《诗疏》云:山樗与田樗无异,叶差狭尔。吴人以叶为茗。

宗奭曰:椿、樗皆臭,但一种有花结子,一种无花不实。世以无花而木身大,其干端直者为椿,椿木用叶。其有花、荚而木身小,干多迂矮者为樗,樗用根及荚、叶。又虫部有樗鸡,不言椿鸡,以显有鸡者为樗,无鸡者为椿。古人命名其义甚明。

禹锡曰:樗之有花者无荚,有荚者无花。其荚夏月常生臭樗上,未见椿上有荚者。然世俗不辨椿、樗之异,故呼樗荚为椿荚尔。

时珍曰:椿、樗、栲,乃一木三种也。椿木皮细肌实而赤,嫩叶香甘可茹。樗木皮粗肌虚而白,其叶臭恶,歉年人或采食。栲木即樗之生山中者,木亦虚大,梓人亦或用之。然爪之如腐朽,故古人以为不材之木,不似椿木坚实,可入栋梁也。

叶

【气味】苦,温,有小毒。

诜曰:椿芽多食动风,熏十二经脉、五脏六腑,令人神昏血气微。若和猪肉、热面频食则中满,盖壅经络也。

时珍曰:椿叶无毒,樗叶有小毒。

【主治】煮水,洗疮疥风疽。樗木根、叶尤良(《唐本》)。白秃不生发,取椿、桃、楸叶心捣汁,频涂之(时珍)。嫩芽瀹食,消风祛毒(《生生编》)。

自皮及根皮

【修治】敩曰：凡使椿根，不近西头者为上。采出拌生葱蒸半日，剉细，以袋盛挂屋南畔，阴干用。

时珍曰：椿、樗木皮、根皮，并刮去粗皮，阴干，临时切焙入用。

【气味】苦，温，无毒。

权曰：微热。

震亨曰：凉而燥。

藏器曰：樗根有小毒。

时珍曰：樗根制硫黄、砒石、黄金。

【主治】疳䘌，樗根尤良（《唐本》）。去口鼻疳虫，杀蛔虫疥䘌，鬼疰传尸，蛊毒下血，及赤白久痢（藏器）。得地榆，止疳痢（萧炳）。止女子血崩，产后血不止，赤带，肠风泻血不住，肠滑泻，缩小便。蜜炙用（大明）。利溺涩（雷敩）。治赤白浊，赤白带，湿气下痢，精滑梦遗，燥下湿，去肺胃陈积之痰（震亨）。

【附方】旧六，新十一。去鬼气：樗根皮一握细切，以童儿小便二升，豉一合，浸一宿，绞汁煎一沸。三五日一度，服之。（陈藏器《本草》）小儿疳疾：椿白皮（晒干）二两为末，以粟米淘净研浓汁和，丸梧桐子大。十岁三四丸，米饮下，量人加减。仍以一丸纳竹筒中，吹入鼻内，三度良。（《子母秘录》）小儿疳痢困重者：用樗白皮捣粉，以水和枣作大馄饨子。日晒少时，又捣，如此三遍，以水煮熟，空肚吞七枚。重者不过七服。忌油腻、热面、毒物。又方：用樗根浓汁一蚬壳，和粟米泔等分，灌下部。再度即瘥，其验如神。大人亦宜。（《外台秘要》）休息痢疾，日夜无度，腥臭不可近，脐腹撮痛：东垣《脾胃论》：用椿根白皮、诃黎勒各半两，母丁香三十个，为末，醋糊丸梧桐子大。每服五十丸，米饮下。唐瑶《经验方》：用椿根白皮东南行者，长流水内漂三日，去黄皮，焙为末。每一两加小香二钱，粳米饭为丸。每服一钱二分，空腹米饮下。水谷下利及每至立秋前后即患痢，兼腰痛：取樗根一大两捣筛，以好面捻作馄饨如皂子大，水煮熟。每日空心服十枚。并无禁忌，神良。（刘禹锡《传信方》）下利清血，腹中刺痛：椿根白皮洗刮晒研，醋糊丸梧桐子大。每空心米饮下三四十丸。一加苍术、枳壳减半。（《经验方》）脏毒下痢赤白：用香椿洗刮取皮，晒干为末。饮下一钱，立效。（《经验方》）脏毒下血：温白丸：用椿根白皮去粗皮，酒浸晒研，枣肉和，丸梧桐子大。每淡酒服五十丸，或酒糊丸亦可。（《儒门事亲》）下血经年：樗根三钱。水一盏，煎七分，入酒半盏服。或作丸服。虚者加人参等分。即虎眼树。（《仁存方》）血痢下血：腊月，日未出时，取背阴地北引樗根皮，东流水洗净，挂风处阴干为末。每二两入寒食面一两，新汲水丸梧子大，阴干。每服三十丸，水煮滚，倾出，温水送下。忌见日，则无效。名如神丸。（《普济方》）脾毒肠风：因营卫虚弱，风气袭之，热气乘之，血渗肠间，故大便下血。用臭椿根（刮去粗皮，焙干）四两，苍术（米泔浸焙）、枳壳（麸炒）各一两，为末，醋糊丸如梧桐子大。每服五十丸，米饮下，日三服。（《本事方》）产后肠脱不能收拾者：樗枝（取皮焙干）一握，水五升，连根葱五茎，汉椒一撮，同煎至三升，去滓倾盆内。乘热熏洗，冷则再热，一服可作五次用，洗后睡少时。忌盐、鲜、酱面、发风毒物，及用心劳力等事。年深者亦治之。(《妇人良方》)女人白带:椿根白皮、滑石等分。为末,粥丸梧桐子大。每空腹白汤下一百丸。又方:椿根白皮一两半,干姜(炒黑)、白芍药(炒黑)、黄柏(炒黑)各二钱,为末。如上法丸服。(丹溪方)男子白浊:方同上。

荚

【释名】凤眼草(象形)。

【主治】大便下血(《嘉祐》)。

【附方】新四。肠风泻血:椿荚半生半烧,为末。每服二钱,米饮下。(《普济方》)误吞鱼刺:《生生编》:用椿树子烧研,酒服二钱。《保寿堂方》:用香椿树子(阴干)半碗,擂碎,热酒冲服,良久连骨吐出。洗头明目:用凤眼草(即椿树上丛生荚也),烧灰淋水洗头,经一年眼如童子。加椿皮灰尤佳。正月七日、二月八日、三月四日、四月五日、五月二日、六月四日、七月七日、八月三日、九月二十日、十月二十三日、十一月二十九日、十二月十四日洗之。(《卫生易简方》)

漆(《本经》上品)

【释名】桼。

时珍曰:许慎《说文》云:漆本作桼,木汁可以髹物,其字象水滴而下之形也。

漆

【集解】《别录》曰:干漆生汉中山谷。夏至后采,干之。

弘景曰:今梁州漆最甚,益州亦有。广州漆性急易燥。其诸处漆桶中自然干者,状如蜂房孔孔隔者为佳。

时珍曰:漆树人多种之,春分前移栽易成,有利。其身如柿,其叶如椿。以金州者为佳,故世称金漆。人多以物乱之。试诀有云:微扇光如镜,悬丝急似钩。撼成琥珀色,打着有浮沤。今广浙中出一种漆树,似小榎而大。六月取汁漆物,黄泽如金,即《唐书》所谓黄漆者也。入药仍当用黑漆。广南漆作饴糖气,沾沾无力。

干漆

【修治】大明曰:干漆入药,须捣碎炒熟。不尔,损人肠胃。若是湿漆,煎干更好。亦有烧存性者。

【气味】辛,温,无毒。

权曰:辛、咸。

宗奭曰:苦。

元素曰:辛,平,有毒。降也,阳中阴也。

之才曰:半夏为之使。畏鸡子,忌油脂。

弘景曰:生漆毒烈,人以鸡子和服之去虫,犹自啮肠胃也。畏漆人乃致死者。

外气亦能使身肉疮肿,自有疗法。

大明曰:毒发,饮铁浆并黄栌汁、甘豆汤、吃蟹,并可制之。

时珍曰:今人货漆多杂桐油,故多毒。《淮南子》云:蟹见漆而不干。《相感志》云:漆得蟹而成水。盖物性相制也。凡人畏漆者,嚼蜀椒涂口鼻则可免。生漆疮者,杉木汤、紫苏汤、漆姑草汤、蟹汤浴之,皆良。

【主治】绝伤,补中,续筋骨,填髓脑,安五脏。五缓六急,风寒湿痹。生漆:去长虫。久服,轻身耐老(《本经》)。干漆:疗咳嗽,消瘀血痞结腰痛,女子疝瘕,利小肠,去蛔虫(《别录》)。杀三虫,主女人经脉不通(甄权)。治传尸劳,除风(大明)。削年深坚结之积滞,破日久凝结之瘀血(元素)。

【发明】弘景曰:《仙方》用蟹消漆为水,炼服长生。《抱朴子》云:淳漆不粘者,服之通神长生。或以大蟹投其中,或以云母水,或以玉水合之服,九虫悉下,恶血从鼻出。服至一年,六甲、行厨至也。

震亨曰:漆属金,有水与火,性急而飞补。用为去积滞之药,中节则积滞去后,补性内行,人不知也。

时珍曰:漆性毒而杀虫,降而行血。所主诸症虽繁,其功只在二者而已。

【附方】旧四,新七。小儿虫病:胃寒危恶症,与痫相似者。干漆(捣烧烟尽)、白芜荑等分,为末。米饮服一字至一钱。(杜壬方)九种心痛及腹胁积聚滞气:筒内干漆一两,捣炒烟尽,研末,醋煮面糊丸梧桐子大。每服五丸至九丸,热酒下。(《简要济众》)女人血气:妇人不曾生长,血气疼痛不可忍,及治丈夫疝气、小肠气撮痛者,并宜服二圣丸。湿漆一两,熬一食顷,入干漆末一两,和丸梧桐子大。每服三四丸,温酒下。怕漆人不可服。(《经验方》)女人经闭:《指南方》:万应丸:治女人月经瘀闭不来,绕脐寒疝痛彻,及产后血气不调,诸癥瘕等病。用干漆一两(打碎,炒烟尽),牛膝末一两,以生地黄汁一升,入银、石器中慢熬,俟可丸,丸如梧桐子大。每服一丸,加至三五丸,酒、饮任下,以通为度。《产宝方》:治女人月经不利,血气上攻,欲呕,不得睡。用当归四钱,干漆三钱(炒烟尽),为末,炼蜜丸梧桐子大。每服十五丸,空心温酒下。《千金》:治女人月水不通,脐下坚如杯,时发热往来,下痢羸瘦,此为血瘕。若生肉症,不可治也。干漆一斤(烧研),生地黄二十斤(取汁)。和煎至可丸,丸梧桐子大。每服三丸,空心酒下。产后青肿疼痛,及血气水疾:于漆、大麦芽等分,为末,新瓦罐相间铺满,盐泥固济,锻赤,放冷研散。每服一二钱,热酒下。但是产后诸疾皆可服。(《妇人经验方》)五劳七伤:补益方:用干漆、柏子仁、山茱萸、酸枣仁各等分,为末,蜜丸梧桐子大。每服二七丸,温酒下,日二服。(《千金方》)喉痹欲绝不可针药者:干漆烧烟,以筒吸之。(《圣济总录》)解中蛊毒:平胃散末,以生漆和丸梧桐子大。每空心温酒下七十丸至百丸。(《直指方》)下部生疮:生漆涂之良。(《肘后方》)

漆叶

【气味】缺。

【主治】五尸劳疾,杀虫。曝干研末,日用酒服一钱匕(时珍)。

【发明】颂曰:《华佗传》载:彭城樊阿,少师事佗。佗授以漆叶青粘散方,云服之去三虫，利五脏，轻身益气，使人头不白。阿从其言，年五百余岁。漆叶所在有之。青粘生丰沛、彭城及朝歌。一名地节，一名黄芝。主理五脏，益精气。本出于迷人入山，见仙人服之，以告佗。佗以为佳，语阿。阿秘之。近者人见阿之寿而气力强盛，问之。因醉误说，人服多验。后无复有人识青粘，或云即黄精之正叶者也。

时珍曰：按葛洪《抱朴子》云：漆叶、青粘，凡薮之草也。樊阿服之，得寿二百岁，而耳目聪明，犹能持针治病。此近代之实事，良史所记注者也。洪说犹近于理，前言阿年五百岁者，误也。或云青粘即葳蕤。

漆子

【主治】下血（时珍）。

漆花

【主治】小儿解颅、腹胀、交胫不行方中用之（时珍）。

梓（《本经》下品）

【释名】木王。

时珍曰：梓，或作杍，其义未详。按陆佃《埤雅》云：梓为百木长，故呼梓为木王。盖木莫良于梓，故《书》以梓材名篇，《礼》以梓人名匠，朝廷以梓宫名棺也。罗愿云：屋室有此木，则余材皆不震。其为木王可知。

梓

【集解】《别录》曰：梓白皮生河内山谷。

弘景曰：此即梓树之皮。梓有三种，当用朴素不腐者。

藏器曰：楸生山谷间，与梓树本同末异，或以为一物者误矣。

大明曰：梓有数般，惟楸梓皮入药佳，余皆不堪。

机曰：按《尔雅翼》云：《说文》言：椅，梓也。梓，楸也。槚，亦楸也。然则椅、梓、槚、楸，一物四名。而陆机《诗疏》以楸之疏理白色生子者为梓，梓实桐皮者为椅。贾思勰《齐民要术》又以白色有角者为梓，即角楸也，又名子楸。黄色无子者为椅楸，又名荆黄楸。但以子之有无为别。其角细长如箸，其长近尺，冬后叶落而角犹在树。其实亦名豫章。

时珍曰：梓木处处有之。有三种：木理白者为梓，赤者为楸，梓之美纹者为椅，楸之小者为榎。诸家疏注，殊欠分明。桐亦名椅，与此不同。此椅即尸子所“谓荆有长松、文椅”者也。

梓白皮

【气味】苦，寒，无毒。

【主治】热毒，去三虫(《本经》)。疗目中疾，主吐逆胃反。小儿热疮，身头热烦，蚀疮，煎汤浴之，并捣敷(《别录》)。煎汤洗小儿壮热，一切疮疥，皮肤瘙痒(大明)。治温病复感寒邪，变为胃啘，煮汁饮之(时珍)。

【附方】新一。时气温病，头痛壮热，初得一日：用生梓木削去黑皮，取里白者切一升，水二升五合煎汁。每服八合，取瘥。(《肘后方》)

叶

【主治】捣敷猪疮。饲猪，肥大三倍(《本经》)。疗手脚火烂疮(《别录》)。

弘景曰：桐叶、梓叶肥猪之法未见，应在商丘子《养猪经》中。

恭曰：二树花叶饲猪，并能肥大且易养，见李当之《本草》及《博物志》，然不云敷猪疮也。

【附方】新一。风癣疙瘩：梓叶、木绵子、羯羊屎、鼠屎等分，入瓶中合定，烧取汁涂之。(《试效录验方》)

楸(《拾遗》)

【释名】榎。

时珍曰：楸叶大而早脱，故谓之楸；榎叶小而早秀，故谓之榎。唐时立秋日，京师卖楸叶，妇女、儿童剪花戴之，取秋意也。《尔雅》云：叶小而皵，榎。叶大而皵，楸。皵，音鹊，皮粗也。

【集解】见梓下。

周定王曰：楸有二种。一种刺楸，其树高大，皮色苍白，上有黄白斑点，枝梗间多大刺。叶似楸而薄，味甘，嫩时炸熟，水淘过拌食。

楸

时珍曰：楸有行列，茎干直耸可爱。至秋垂条如线，谓之楸线，其木湿时脆，燥则坚，故谓之良材，宜作棋枰，即梓之赤者也。

木白皮

【气味】苦，小寒，无毒。

珣曰：微温。

【主治】吐逆，杀三虫及皮肤虫。煎膏，粘敷恶疮疽瘘，痈肿疳痔。除脓血，生肌肤，长筋骨(藏器)。消食涩肠下气，治上气咳嗽。亦入面药(李珣)。口吻生疮，贴之，频易取效(时珍)。

【附方】旧一，新一。瘘疮：楸枝作煎，频洗取效。(《肘后方》)白癜风疮：楸白皮五斤，水五斗，煎五升，去滓，煎如稠膏。日三摩之。(《圣济总录》)

叶

【气味】同皮。

【主治】捣敷疮肿。煮汤，洗脓血。冬取干叶用之。诸痈肿溃及内有刺不出者，取叶十重贴之(藏器。出《范汪方》)。

【发明】时珍曰：楸乃外科要药，而近人少知。葛常之《韵语阳秋》云：有人患发背溃坏，肠胃可窥，百方不瘥。一医用立秋日太阳未升时，采楸树叶，熬之为膏，敷其外；内以云母膏作小丸服，尽四两，不累日而愈也。东晋范汪，名医也，亦称楸叶治疮肿之功。则楸有拔毒排脓之力可知。

【附方】旧七，新一。上气咳嗽，腹满。羸瘦者：楸叶三斗，水三斗，煮三十沸，去滓，煎至可，丸如枣大。以筒纳入下部中，立愈。(崔元亮《海上集验方》)一切毒肿不问硬软：取楸叶十重敷肿上，旧帛裹之，日三易之。当重重有毒气为水，流在叶上。冬月取干叶，盐水浸软，或取根皮捣烂，敷之皆效。止痛消肿，食脓血，胜于众药。(《范汪东阳方》)瘰疬瘘疮：楸煎神方：秋分前后早晚，令人持袋摘楸叶，纳袋中。秤取十五斤，以水一石，净釜中煎取三斗，又换锅煎取七八升，又换锅煎取二升，乃纳不津器中。用时先取麻油半合，蜡一分，酥一栗子许，同消化。又取杏仁七粒，生姜少许，同研。米粉二钱，同入膏中搅匀。先涂疮上，经二日来乃拭却，即以篦子匀涂楸煎满疮上，仍以软帛裹之。且日一拭，更上新药。不过五六上，已破者即便生肌，未破者即内消。瘥后须将慎半年。采药及煎时，并禁孝子、妇人、僧道、鸡犬见之。(《箧中方》)灸疮不瘥：痒痛不瘥。楸叶及根皮为末，敷之。(《圣惠方》)头痒生疮：楸叶捣汁，频涂。(《圣惠方》)儿发不生：楸叶中心，捣汁频涂。(《千金翼》)小儿目翳：嫩楸叶三两烂捣，纸包泥裹，烧干去泥，入水少许，绞汁，铜器慢熬如稀饧，瓷合收之。每旦点之。(《普济方》)小儿秃疮：楸叶捣汁，涂之。(《子母秘录》)

桐(《本经》下品)

【释名】白桐(弘景)、黄桐(《图经》)、泡桐(《纲目》)、椅桐(弘景)荣桐。

时珍曰：《本经》桐叶，即白桐也。桐华成筒，故谓之桐。其材轻虚，色白而有绮纹，故俗谓之白桐、泡桐，古谓之椅桐也。先花后叶，故《尔雅》谓之荣桐。或言其花而不实者，未之察也。陆机以椅为梧桐，郭璞以荣为梧桐，并误。

桐

【集解】《别录》曰：桐叶生桐柏山谷。

弘景曰：桐树有四种：青桐，叶、皮青，似梧桐而无子；梧桐，皮白，叶似青桐而有子，子肥可食；白桐，一名椅桐，人家多植之，与冈桐无异，但有花、子，二月开花，黄紫色，《礼》云“三月桐始华”者也，堪作琴瑟；冈桐无子，是作琴瑟者。本草用桐华，应是白桐。

时珍曰：陶注桐有四种，以无子者为青桐、冈桐，有子者为梧桐、白桐。寇注言白桐、冈桐皆无子。苏注以冈桐为油桐。而贾思勰《齐民要术》言：实而皮青者为梧桐，华而不实者为白桐。白桐冬结似子者，乃是明年之华房，非子也。冈桐即油桐也，子大有油。其说与陶氏相反。以今咨访，互有是否。盖白桐即泡桐也。叶大径尺，最易生长。皮色粗白，其木轻虚，不生虫蛀，作器物、屋柱甚良。二月开花，如牵牛花而白色。结实大如巨枣，长寸余，壳内有子片，轻虚如榆荚、葵实之状，老则壳裂，随风飘扬。其花紫色者名冈桐。荏桐即油桐也。青桐即梧桐之无实者。按陈翥《桐谱》，分别白桐、冈桐甚明。云：白花桐，纹理粗而体性慢，喜生朝阳之地。因子而出者，一年可起三四尺；由根而出者，可五七尺。其叶圆大而尖长有角，光滑而毳。先花后叶。花白色，花心微红。其实大二三寸，内为两房，房内有肉，肉上有薄片，即其子也。紫花桐，纹理细而体性坚，亦生朝阳之地，不如白桐易长。其叶三角而圆，大如白桐，色青多毛而不光，且硬，微赤。亦先花后叶，花色紫。其实亦同白桐而微尖，状如诃子而粘，房中肉黄色。二桐皮色皆一，但花、叶小异，体性坚、慢不同尔。亦有冬月复花者。

桐叶

【气味】苦，寒，无毒。

【主治】恶蚀疮着阴（《本经》）。消肿毒，生发（时珍）。

【附方】新四。手足肿浮：桐叶煮汁渍之，并饮少许。或加小豆，尤妙。（《圣惠方》）痈疽发背大如盘，臭腐不可近：桐叶醋蒸贴上。退热止痛，渐渐生肉收口，极验秘方也。（《医林正宗》）发落不生：桐叶一把，麻子仁三升，米泔煮五、六沸，去滓。日日洗之则长。（《肘后方》）发白染黑：经霜桐叶及子，多收捣碎，以甑蒸之，生布绞汁，沐头。（《普济方》）

木皮

【主治】五痔，杀三虫（《本经》）。疗奔豚气病（《别录》）。五淋。沐发，去头风，生发滋润（甄权）。治恶疮，小儿丹毒，煎汁涂之（时珍）。

【附方】新三。肿从脚起：削桐木煮汁，渍之，并饮少许。（《肘后方》）伤寒发狂：六七日热极狂言，见鬼欲走。取桐皮（削去黑，擘断四寸）一束，以酒五合，水一升，煮半升，去滓顿服。当吐下青黄汁数升，即瘥。（《肘后方》）跌扑伤损：水桐树皮，去青留白，醋炒捣敷。（《集简方》）

花

【主治】敷猪疮。饲猪，肥大三倍（《本经》）。

【附方】新一。眼见诸物：禽虫飞走，乃肝胆之疾。青桐子花、酸枣仁、玄明粉、羌活各一两，为末。每服二钱，水煎和滓，日三服。（《经验良方》）

梧桐(《纲目》)

【释名】榇。

时珍曰:梧桐名义未详。《尔雅》谓之榇,因其可为棺,《左传》所谓"桐棺三寸"是矣。旧附桐下,今别出条。

【集解】弘景曰:梧桐皮白,叶似青桐,而子肥可食。

宗奭曰:梧桐四月开嫩黄小花,一如枣花。枝头出丝,堕地成油,沾渍衣履。五、六月结子,人收炒食,味如菱、芡。此是《月令》"清明桐始华"者。

时珍曰:梧桐处处有之。树似桐而皮青不皵,其木无节直生,理细而性紧。叶似桐而稍小,光滑有尖。其花细蕊,坠下如醭。其荚长三寸许,五片合成,老则裂开如箕,谓之橐鄂。其子缀于橐鄂上,多者五六,少或二三。子大如胡椒,其皮皱。罗愿《尔雅翼》云:梧桐多阴,青皮白骨,似青桐而多子。其木易生,鸟衔子堕辄生。但晚春生叶,早秋即凋。古称凤凰非梧桐不栖,岂亦食其实乎?《诗》云:梧桐生矣,于彼朝阳。《齐民要术》云:梧桐生山石间者,为乐器更鸣响也。

木白皮

【气味】缺。

【主治】烧研,和乳汁涂须发,变黄赤(时珍)。治肠痔(苏颂。《删繁方》治痔,青龙五生膏中用之)。

叶

【主治】发背,炙焦研末,蜜调敷,干即易(《肘后》)。

子

【气味】甘,平,无毒。

【主治】捣汁涂,拔去白发,根下必生黑者。又治小儿口疮,和鸡子烧存性,研掺(时珍)。

罂子桐(《拾遗》)

【释名】虎子桐(《拾遗》)、荏桐(《衍义》)、油桐。

时珍曰:罂子,因实状似罂也。虎子,以其毒也。荏者,言其油似荏油也。

【集解】藏器曰:罂子桐生山中。树似梧桐。

颂曰:南人作油者,乃冈桐也。有子大于梧子。

宗奭曰：荏桐，早春先开淡红花，状如鼓子花，成筒子。子可作桐油。

桐子罂

时珍曰：冈桐即白桐之紫花者。油桐枝、干、花、叶并类冈桐而小，树长亦迟，花亦微红。但其实大而圆，每实中有二子或四子，大如大风子。其肉白色，味甘而吐人。亦或谓之紫花桐。人多种莳收子，货之为油，入漆家及舱船用，为时所须。人多伪之，惟以篾圈蘸起如鼓面者为真。

桐子油

【气味】甘、微辛，寒，有大毒。

大明曰：冷，微毒。时珍曰：桐油吐人，得酒即解。

【主治】摩疥癣虫疮毒肿。毒鼠至死（藏器）。敷恶疮，及宣水肿，涂鼠咬处。能辟鼠（大明）。涂胫疮、汤火伤疮。吐风痰喉痹，及一切诸疾，以水和油，扫入喉中探吐；或以子研末，吹入喉中取吐。又点灯烧铜箸头，烙风热烂眼，亦妙（时珍）。

【附方】新七。痈肿初起：桐油点灯，入竹筒内熏之，得出黄水即消。（《医林正宗》）血风臁疮：胡粉煅过研，桐油调作隔纸膏，贴之。又方：用船上陈桐油石灰煅过，又以人发拌桐油炙干为末，仍以桐油调作膏，涂纸上，刺孔贴之。（杨起《简便方》）脚肚风疮如癞：桐油、人乳等分，扫之。数次即愈。（《集简方》）酒齄赤鼻：桐油入黄丹、雄黄，敷之。（《摘玄方》）冻疮皲裂：桐油一碗，发一握。熬化瓶收。每以温水洗令软，敷之即安。（《救急方》）解砒石毒：桐油二升，灌之。吐即毒解。（华佗危病方）

【附录】椰桐（音而郢切）

藏器曰：生山谷间。状似青桐，叶有丫。人取皮以沤丝。木皮味甘，温，无毒。治蚕咬毒气入腹，末服之。鸡犬食蚕欲死者，煎汁灌之，丝烂即愈。叶：主蛇、虫、蜘蛛咬毒，捣烂封之。

海桐（宋《开宝》）

【释名】刺桐。

珣曰：生南海山谷中，树似桐而皮黄白色，有刺，故以名之。

【集解】颂曰：海桐生南海及雷州，近海州郡亦有之。叶大如手，作三花尖。皮若梓白皮，而坚韧可作绳，入水不烂。不拘时月采之。又云：岭南有刺桐，叶如梧桐。其花附干而生，侧敷如掌，形若金凤，枝干有刺，花色深红。江南有赪桐，红花无实。

时珍曰：海桐皮有巨刺，如鼋甲之刺，或云即刺桐皮也。按嵇含《南方草木状》云：九真有刺桐，布叶繁密。三月开花，赤色照映，三五房凋，则三五复发。陈翥《桐谱》云：刺桐生山谷中。纹理细紧，而性喜拆裂。体有巨刺，如梲树。其叶如枫。赪桐身青，叶圆大而长。高三四尺，便有花成朵而繁，红色如火，为夏秋荣观。

海桐

木皮

【气味】苦,平,无毒。

大明曰:温。

【主治】霍乱中恶,赤白久痢,除疳䘌疥癣,牙齿虫痛,并煮服及含之。水浸洗目,除肤赤(《开宝》)。主腰脚不遂,血脉顽痹,腿膝疼痛,赤白泻痢(李珣)。去风杀虫。煎汤,洗赤目(时珍)。

【发明】颂曰:古方多用浸酒治风蹶。南唐筠州刺史王绍颜撰《续传信方》云:顷年予在姑孰,得腰膝痛不可忍。医以肾脏风毒攻刺诸药莫疗。因览刘禹锡《传信方》备有此验。修服一剂,便减五分。其方用海桐皮二两,牛膝、芎䓖、羌活、地骨皮、五加皮各一两,甘草半两,薏苡仁二两,生地黄十两,并净洗焙干细剉,以绵包裹,入无灰酒二斗浸之,冬二七,夏一七。空心饮一盏,每日早、午、晚各一次,长令醺醺。此方不得添减,禁毒食。

时珍曰:海桐皮能行经络,达病所。又入血分,及去风杀虫。

【附方】新三。风癣有虫:海桐皮、蛇床子等分,为末。以腊猪脂调,搽之。(艾元英《如宜方》)风虫牙痛:海桐皮煎水,漱之。(《圣惠方》)中恶霍乱:海桐皮,煮汁服之。(《圣济总录》)

刺桐花

【主治】止金疮血,殊效(苏颂)。

【附录】鸡桐

时珍曰:生岭南山间。其叶如楝。用叶煮汤,洗渫足膝风湿痹气。

楝(《本经》下品)

【释名】苦楝(《图经》),实名金铃子。

时珍曰:按罗愿《尔雅翼》云:楝叶可以练物,故谓之楝。其子如小铃,熟则黄色。名金铃,象形也。

【集解】《别录》曰:楝实生荆山山谷。

弘景曰:处处有之。俗人五月五日取叶佩之,云辟恶也。

恭曰:此有雌雄两种:雄者无子,根赤有毒,服之使人吐,不能止,时有至死者;雌者有子,根白微毒。入药当用雌者。

颂曰:楝实以蜀川者为佳。木高丈余,叶密如槐而长。三、四月开花,红紫色,芬香满庭。实如弹丸,生青熟黄,十二月采之。根采无时。

时珍曰:楝长甚速,三五年即可作椽。其子正如圆枣,以川中者为良。王祯《农书》言鹓鸰食其实。应劭《风俗通》言獬豸食其叶。宗懔《岁时记》言蛟龙畏楝,故端午以叶包粽,投江中祭屈原。

实

【修治】敩曰：凡采得晒干，酒拌令透，蒸待皮软，刮去皮，取肉去核用。凡使肉不使核，使核不使肉。如使核，捶碎，用浆水煮一伏时，晒干。其花落子，谓之石茱萸，不入药用。

嘉谟曰：石茱萸亦入外科用。

【气味】苦，寒，有小毒。

元素曰：酸、苦，平。阴中之阳。

时珍曰：得酒煮，乃寒因热用也。茴香为之使。

【主治】温疾伤寒，大热烦狂，杀三虫，疥疡，利小便水道（《本经》）。主中大热狂，失心躁闷，作汤浴，不入汤使（甄权）。入心及小肠，止上下部腹痛（李杲）。泻膀胱（好古）。治诸疝虫痔（时珍）。

【发明】元素曰：热厥暴痛，非此不能除。

时珍曰：楝实，导小肠、膀胱之热，因引心包相火下行，故心腹痛及疝气为要药。甄权乃言不入汤使，则《本经》何以有治热狂、利小便之文耶？近方治疝，有四治、五治、七治诸法，盖亦配合之巧耳。

【附方】旧三，新八。热厥心痛或发或止，身热足寒，久不愈者：先灸太溪、昆仑，引热下行。内服金铃散：用金铃子、玄胡索各一两，为末。每服三钱，温酒调下。（洁古《活法机要》）小儿冷疝气痛，肤囊浮肿：金铃子（云核）五钱，吴茱萸二钱半，为末，酒糊丸黍米大。每盐汤下二三十丸。（《全幼心鉴》）丈夫疝气：本脏气伤，膀胱连小肠等气。金铃子一百个（温汤浸过去皮），巴豆二百个（微打破），以面二升，同于铜铛内炒至金铃子赤为度。放冷取出，去核为末，巴、面不用。每服三钱，热酒或醋汤调服。一方：入盐炒茴香半两。（《经验方》）癞疝肿痛：《澹寮方》楝实丸：治钓肾偏坠，痛不可忍。用川楝子肉五两，分作五分：一两用破故纸二钱炒黄，一两用小茴香三钱、食盐半钱同炒，一两用莱菔子一钱同炒，一两用牵牛子三钱同炒，一两用斑蝥七枚（去头、足）同炒。拣去食盐、莱菔、牵牛、斑蝥，只留故纸、茴香，同研为末，以酒打面糊丸梧桐子大。每空心酒下五十丸。《得效方》楝实丸：治一切疝气肿痛，大有神效。用川楝子（酒润取肉）一斤，分作四分：四两用小麦一合，斑蝥四十九个，同炒熟，去蝥；四两用小麦一合，巴豆四十九枚，同炒熟，去豆；四两用小麦一合，巴戟肉一两，同炒熟，去戟；四两用小茴香一合，食盐一两，同炒熟，去盐。加破故纸（酒炒）一两，广木香（不见火）一两，为末，酒煮面糊丸梧桐子大。每服五十丸，盐汤空心下，日三服。《直指方》楝实丸：治外肾胀大，麻木痛破，及奔豚疝气。用川楝子四十九个，分七处切取肉：七个用小茴香五钱同炒，七个用破故纸二钱半同炒，七个用黑牵牛二钱半同炒，七个用食盐二钱同炒，七个用萝卜子二钱半同炒，七个用巴豆十四个同炒，七个用斑蝥十四个（去头、足）同炒。拣去萝卜子、巴豆、斑蝥三味不用。入青木香五钱，南木香、官桂各二钱半，为末，酒煮面糊丸梧桐子大。每服三十丸，食前用盐汤下，一日三服。脏毒下血：苦楝子炒黄为末，蜜丸梧桐子大。米饮每吞十丸至二十丸。（《经验方》）腹中长虫：楝实以淳苦酒渍一宿，绵裹，塞入谷道中三寸许，日二易之。（《外台秘要》）耳猝热肿：楝实五合，捣烂，绵裹塞之，频换。（《圣惠方》）肾消膏淋，病在下焦：苦楝子、茴香等分。炒为末。每温酒服一钱。（《圣惠方》）小儿五疳：川楝子肉、川芎䓖等分，为末，猪胆汁丸。米饮下。（《摘玄方》）

根及木皮

【气味】苦，微寒，微毒。

大明曰：雄者根赤有毒，吐泻杀人，不可误服。雌者入服食，每一两可入糯米五十粒同煎，杀毒。若泻者，以冷粥止之。不泻者，以热葱粥发之。

【主治】蛔虫，利大肠（《别录》）。苦酒和，涂疥癣甚良（弘景）。治游风热毒，风疹恶疮疥癞，小儿壮热，并煎汤浸洗（大明）。

【附方】旧四，新六。消渴有虫：苦楝根白皮一握切焙，入麝香少许，水二碗，煎至一碗，空心饮之，虽困顿不妨。下虫如蛔而红色，其渴自止。消渴有虫，人所不知。（洪迈《夷坚志》）小儿蛔虫：楝木皮削去苍皮，水煮汁，量大小饮之。《斗门方》：用为末，米饮服二钱。《集简方》：用根皮，同鸡卵煮熟，空心食之。次日虫下。《经验方》抵圣散：用苦楝皮二两，白芜荑半两，为末。每以一二钱，水煎服之。《简便方》：用楝根白皮（去粗）二斤切，水一斗，煮取汁三升，沙锅熬成膏。五更初，温酒服一匙，以虫下为度。小儿诸疮：恶疮、秃疮、蠼螋疮、浸淫疮，并宜楝树皮或枝烧灰敷之。干者猪脂调。（《千金方》）口中瘘疮：东行楝根细剉，水煮浓汁，日日含漱，吐去勿咽。（《肘后方》）蜈蚣蜂伤：楝树枝、叶汁，涂之良。（杨起《简便方》）疥疮风虫：楝根皮、皂角（去皮、子）等分。为末。猪脂调涂。（《奇效方》）

花

【主治】热痱，焙末掺之。铺席下，杀蚤、虱（时珍）。

叶

【主治】疝入囊痛，临发时煎酒饮（时珍）。

槐（《本经》上品）

【校正】并入《嘉祐》槐花、槐胶。

【释名】櫰（音怀）。

时珍曰：按《周礼》外朝之法，面三槐，三公位焉。吴澄注云：槐之言怀也，怀来人于此也。王安石释云：槐华黄，中怀其美，故三公位之。《春秋元命包》云：槐之言归也。古者树槐，听讼其下，使情归实也。

【集解】《别录》曰：槐实生河南平泽。可作神烛。

时珍曰：槐之生也，季春五日而兔目，十日而鼠耳，更旬而始规，二旬而叶成。初生嫩芽可炸熟，水淘过食，亦可作饮代茶。或采槐子种畦中，采苗食之亦良。其木材坚重，有青黄自黑色。其花未开时，状如米粒，炒过煎水染黄甚鲜。其实作荚连珠，中有黑子，以子连多者为好。《周礼》：秋取槐、檀之火。《淮南子》：老槐生火。《天玄主物簿》云：老槐生丹。槐之神异如此。

槐

藏器曰：子上房，七月收之，堪染皂。

槐实

【修治】敩曰：凡采得，去单子并五子者，只取两子、三子者，以铜锤捶破，用乌牛乳浸一宿，蒸过用。

【气味】苦，寒，无毒。

《别录》曰：酸、咸。

之才曰：景天为之使。

【主治】五内邪气热，止涎唾，补绝伤，火疮，妇人乳瘕，子藏急痛（《本经》）。久服，明目益气，头不白，延年。治五痔疮瘘，以七月七日取之，捣汁铜器盛之，日煎令可，丸如鼠屎，纳窍中，日三易乃愈。又堕胎（《别录》）。治大热难产（甄权）。杀虫去风。合房阴干煮饮，明目，除热泪，头脑心胸间热风烦闷，风眩欲倒，心头吐涎如醉，漾漾如舡车上者（藏器）。治丈夫、女人阴疮湿痒。催生，吞七粒（大明）。疏导风热（宗奭）。治口齿风，凉大肠，润肝燥（李杲）。

【发明】好古曰：槐实纯阴，肝经气分药也。治证与桃仁同。

弘景曰：槐子，以十月巳日采相连多者，新盆盛，合泥百日，皮烂为水，核如大豆。服之令脑满，发不白而长生。

时珍曰：按《太清草木方》云：槐者虚星之精。十月上巳日采子服之，去百病，长生通神。《梁书》言：庾肩吾常服槐实，年七十余，发鬓皆黑，目看细字，亦其验也。古方以子入冬月牛胆中渍之，阴干百日，每食后吞一枚。云久服明目通神，白发还黑。有痔及下血者，尤宜服之。

【附方】旧一，新四。槐角丸：治五种肠风泻血。粪前有血名外痔，粪后有血名内痔，大肠不收名脱肛，谷道四面胬肉如奶名举痔，头上有孔名瘘疮，内有虫名虫痔，并皆治之。槐角（去梗，炒）一两，地榆、当归（酒焙）、防风、黄芩、枳壳（麸炒）各半两，为末，酒糊丸梧桐子大。每服五十丸，米饮下。（《和剂局方》）大肠脱肛：槐角、槐花各等分，炒为末。用羊血蘸药，炙熟食之，以酒送下。猪腰子（去皮）蘸炙亦可。（《百一选方》）内痔外痔：许仁则方：用槐角子一斗，捣汁晒稠，取地胆为末，同煎，丸梧桐子大。每饮服十丸。兼作挺子，纳下部。或以苦参末代地胆亦可。（《外台秘要》）目热昏暗：槐子、黄连（去须）各二两，为末，蜜丸梧桐子大。每浆水下二十丸，日二服。（《圣济总录》）大热心闷：槐子烧末，酒服方寸匕。（《伤寒类要》）

槐花

【修治】宗奭曰：未开时采收，陈久者良，入药炒用。染家以水煮一沸出之，其稠滓为饼，染色更鲜也。

【气味】苦，平，无毒。

元素曰:味厚气薄,纯阴也。

【主治】五痔,心痛眼赤,杀腹脏虫,及皮肤风热,肠风泻血,赤白痢,并炒研服(大明)。凉大肠(元素)。炒香频嚼,治失音及喉痹,又疗吐血衄血,崩中漏下(时珍)。

【发明】时珍曰:槐花味苦、色黄、气凉,阳明、厥阴血分药也。故所主之病,多属二经。

【附方】旧一,新二十。衄血不止:槐花、乌贼鱼骨等分,半生半炒为末,吹之。(《普济方》)舌衄出血:槐花末,敷之即止。(《朱氏集验》)吐血不止:槐花烧存性,入麝香少许,研匀,糯米饮下三钱。(《普济方》)咯血唾血:槐花炒研。每服三钱,糯米饮下,仰卧一时取效。(朱氏方)小便尿血:槐花(炒)、郁金(煨)各一两,为末。每服二钱,淡豉汤下,立效。(《箧中秘宝方》)大肠下血:《经验方》:用槐花、荆芥穗等分,为末。酒服一钱匕。《集简方》:用柏叶三钱,槐花六钱,煎汤日服。《袖珍》:用槐花、枳壳等分,炒存性为末。新汲水服二钱。暴热下血:生猪脏一条,洗净控干,以炒槐花末填满扎定,米醋沙锅内煮烂,擂丸弹子大,晒干。每服一丸,空心当归煎酒化下。(《永类钤方》)酒毒下血:槐花(半生半炒)一两,山栀子(焙)五钱,为末。新汲水服二服。(《经验良方》)脏毒下血:新槐花炒研,酒服三钱,日三服。或用槐白皮煎汤服。(《普济方》)妇人漏血不止:槐花烧存性,研。每服二三钱,食前温酒下。(《圣惠方》)血崩不止:槐花三两,黄芩二两,为末。每服半两,酒一碗,铜秤锤一枚,桑柴火烧红,浸入酒内,调服。忌口。(《乾坤秘韫》)中风失音:炒槐花,三更后仰卧嚼咽。(危氏《得效方》)痈疽发背:凡人中热毒,眼花头晕,口干舌苦,心惊背热,四肢麻木,觉有红晕在背后者。即取槐花子一大抄,铁杓炒褐色,以好酒一碗汗之。乘热饮酒,一汗即愈。如未退,再炒一服,极效。纵成脓者,亦无不愈。彭幸庵云:此方三十年屡效者。(刘松石《保寿堂方》)杨梅毒疮:乃阳明积热所生。槐花四两略炒,入酒二盏,煎十余沸,热服。胃虚寒者勿用。(《集简方》)外痔长寸:用槐花煎汤,频洗,并服之,数日自缩。(《集简方》)疔疮肿毒:一切痈疽发背,不问已成未成,但焮痛者皆治。槐花(微炒)、核桃仁二两,无灰酒一钟,煎十余沸,热服。未成者二三服,已成者一二服见效。(《医方摘要》)发背散血:槐花、绿豆粉各一升,同炒作象牙色,研末。用细茶一两,煎一碗,露一夜,调末三钱敷之,留头。勿犯妇女手。(《摄生众妙方》)下血血崩:槐花一两,棕灰五钱,盐一钱,水三钟,煎减半服。(《摘玄方》)白带不止:槐花(炒)、牡蛎(煅)等分。为末。每酒服三钱,取效。(同上)

叶

【气味】苦,平,无毒。

【主治】煎汤,治小儿惊痫壮热,疥癣及疔肿。皮、茎同用(大明)。邪气产难绝伤,及瘾疹牙齿诸风,采嫩叶食(孟诜)。

【附方】旧二,新一。霍乱烦闷:槐叶、桑叶各一钱,炙甘草三分,水煎服之。(《圣惠方》)肠风痔疾:用槐叶一斤,蒸熟晒干研末,煎饮代茶。久服明目。(《食医心镜》)鼻气窒塞:以水五升煮槐叶,取三升,下葱、豉调和再煎,饮。(《千金方》)

枝

【气味】同叶。

【主治】洗疮及阴囊下湿痒。八月断大枝，候生嫩蘖，煮汁酿酒，疗大风痿痹甚效(《别录》)。炮热，熨蝎毒(恭)。青枝烧沥，涂癣。煅黑，揩牙去虫。煎汤，洗痔核(颂)。烧灰，沐头长发(藏器)。治赤目、崩漏(时珍)。

【发明】颂曰：刘禹锡《传信方》著硖州王及郎中槐汤灸痔法甚详。以槐枝浓煎汤先洗痔，便以艾灸其上七壮，以知为度。王及素有痔疾，充西川安抚使判官，乘骡入骆谷，其痔大作，状如胡瓜，热气如火，至驿僵仆。邮吏用此法灸至三、五壮，忽觉热气一道入肠中，因大转泻，先血后秽，其痛甚楚。泻后遂失胡瓜所在，登骡而驰矣。

【附方】旧五，新一。风热牙痛：槐枝烧热烙之。(《圣惠方》)胎赤风眼：槐木枝如马鞭大，长二尺，作二段齐头。麻油一匙，置铜钵中。晨使童子一人，以其木研之，至暝乃止。令仰卧，以涂目，日三度瘥。九种心痛：当太岁上取新生槐枝一握，去两头，用水三大升，煎取一升，顿服。(《千金》)崩中赤白，不问远近：取槐枝烧灰，食前酒下方寸匕，日二服。(《梅师方》)胎动欲产，日月未足者：取槐树东引枝，令孕妇手把之，即易生。(《子母秘录》)阴疮湿痒：槐树北面不见日枝，煎水洗三五遍。冷再暖之。(孟诜《必效方》)

木皮、根白皮

【气味】苦，平，无毒。

【主治】烂疮，喉痹寒热(《别录》)。煮汁，淋阴囊坠肿气痛。煮浆水，漱口齿风疳䘌血(甄权)。治中风皮肤不仁，浴男子阴疝卵肿，浸洗五痔，一切恶疮，妇人产门痒痛，及汤火疮。煎膏，止痛长肉，消痈肿(大明)。煮汁服，治下血(苏颂)。

【附方】旧四，新二。中风身直，不得屈伸反复者：取槐皮黄白者切之，以酒或水六升，煮取二升，稍稍服之。(《肘后方》)破伤中风：避阴槐枝上皮，旋刻一片，安伤处，用艾灸皮上百壮。不痛者灸至痛，痛者灸至不痛，用手摩之。(《普济》)风虫牙痛：槐树白皮一握切，以酪一升煮，去滓，入盐少许，含漱。(《广济方》)阴下湿痒：槐白皮炒，煎水日洗。(《生生方》)痔疮有虫作痒，或下脓血：多取槐白皮浓煮汁，先熏后洗。良久欲大便，当有虫出，不过三度即愈。仍以皮为末，绵裹纳下部中。(《梅师方》)。蠼螋恶疮：槐白皮醋浸半日，洗之。(孙真人《千金翼》)

槐胶

【气味】苦，寒，无毒。

【主治】一切风，化涎，肝脏风，筋脉抽掣，及急风口噤，或四肢不收顽痹，或毒风周身如虫行，或破伤风，口眼偏斜，腰脊强硬。任作汤、散、丸、煎，杂诸药用之。亦可水煮和药为丸(《嘉祐》)。煨热，绵裹塞耳，治风热聋闭(时珍)。

槐耳

见菜部木耳。

檀(《拾遗》)

【释名】时珍曰:朱子云:檀,善木也。其字从亶以此。亶者善也。

【集解】藏器曰:按苏恭言:檀似秦皮。其叶堪为饮。树体细,堪作斧柯。至夏有不生者,忽然叶开,当有大水。农人候之以占水旱,号为水檀。又有一种叶如檀,高五、六尺,生高原,四月开花正紫,亦名檀树,其根如葛。

颂曰:江淮、河朔山中皆有之。亦檀香类,但不香尔。

时珍曰:檀有黄、白二种,叶皆如槐,皮青而泽,肌细而腻,体重而坚,状与梓榆、荚蒾相似。故俚语云:斫檀不谛得荚蒾,荚蒾尚可得驳马。驳马,梓榆也。又名六驳,皮色青白,多癣驳也。檀木宜杵、楤、锤器之用。

檀

皮及根皮

【气味】辛,平,有小毒。

【主治】皮和榆皮为粉食,可断谷救荒。根皮:涂疮疥,杀虫(藏器)。

荚蒾(《唐本草》)

【释名】系迷(《诗疏》)、羿先(同上)。

【集解】恭曰:荚蒾叶似木槿及榆,作小树,其子如溲疏,两两相并,四四相对,而色赤味甘。陆机《诗疏》云:檀、榆之类也。所在山谷有之。

藏器曰:生北土山林中。皮堪为索。

荚迷

枝叶

【气味】甘、苦,平、无毒。

【主治】三虫,下气消谷。煮汁和米作粥,饲小儿甚美(《唐本》)。作粥,灌六畜疮中生蛆,立出(藏器)。

秦皮(《本经》中品)

【校正】并入(《拾遗》梣木。

【释名】梣皮(音岑)、桪木(音寻)、石檀(《别录》)、樊槻(弘景)、盆桂(《日华》)、苦树(苏恭)、苦枥。

时珍曰:秦皮本作梣皮。其木小而岑高,故以为名。人讹为桪木,又讹为秦。或云本出秦地,故得秦名也。高诱注《淮南子》云:梣,苦枥木也。

秦皮

恭曰:树叶似檀,故名石檀。俗因味苦,呼为苦树。

【集解】《别录》曰:秦皮生庐江川谷及冤句水边。二月、八月采皮,阴干。

弘景曰:俗云是樊槻皮,而水渍以和墨书,色不脱,微青。

恭曰:此树似檀,叶细,皮有白点而不粗错,取皮渍水便碧色,书纸看之皆青色者,是真。

颂曰:今陕西州郡及河阳亦有之。其木大都似檀,枝干皆青绿色。叶如匙头许大而不光。并无花实,根似槐根。俗呼为白桪木。

皮

【气味】苦,微寒,无毒。

《别录》曰:大寒。

普曰:神农、雷公、黄帝、岐伯:酸,无毒;李当之:小寒。

权曰:平。恶苦瓠、防葵。

之才曰:恶吴茱萸。大戟为之使。

【主治】风寒湿痹洗洗寒气,除热,目中青翳白膜。久服,头不白,轻身(《本经》)。疗男子少精,妇人带下,小儿痫,身热。可作洗目汤。久服,皮肤光泽,肥大有子(《别录》)。明目。去目中久热,两目赤肿疼痛,风泪不止。作汤,浴小儿身热。煎水澄清,洗赤目极效(甄权)。主热痢下重,下焦虚(好古)。同叶煮汤洗蛇咬,并研末敷之(藏器)。

【发明】弘景曰:秦皮俗方惟以疗目,道家亦有用处。

大明曰:秦皮之功,洗肝益精,明目退热。

元素曰:秦皮沉也,阴也。其用有四:治风寒湿邪成痹,青白幻翳遮睛,女子崩中带下,小儿风热惊痫。

好古曰:痢则下焦虚,故张仲景白头翁汤,以黄柏、黄连、秦支同用,皆苦以坚之也。秦皮浸水青蓝色,与紫草同用,治目病以增光晕,尤佳。

时珍曰:梣皮,色青气寒,味苦性涩,乃是厥阴肝、少阳胆经药也。故治目病、惊痫,取其平木也。治下痢、崩带,取其收涩也。又能治男子少精,益精有子,皆取其涩而补也。故《老子》云:天道贵涩。此药乃服食及惊痫崩痢所宜,而人只知其治目一节,几于废弃,良为可惋。《淮南子》云:梣皮色青,治目之要药也。又《万毕术》

云"梣皮止水",谓其能收泪也。高诱解作致水,言能使水沸者,谬也。

【附方】旧三,新三。赤眼生翳:秦皮一两,水一升半,煮七合,澄清。日日温洗。一方加滑石、黄连等分。(《外台秘要》)眼暴肿痛:秦皮、黄连各一两,苦竹叶半升,水二升半,煮取八合,食后温服。此乃谢道人方也。(《外台秘要》)赤眼睛疮:秦皮一两。清水一升,白碗中浸,春夏一食顷以上,看碧色出,即以箸头缠绵,仰卧点令满眼,微痛勿畏,良久沥去热汁。日点十度以上,不过两日瘥也。(《外台秘要》)眼弦挑针:乃肝脾积热。剉秦皮,夹沙糖,水煎,调大黄末一钱,微利佳。(《仁斋直指方》)血痢连年:秦皮、鼠尾草、蔷薇根等分,以水煎取汁,铜器重釜煎成,丸如梧桐子大。每服五六丸,日二服。稍增,以知为度。亦可煎饮。(《千金方》)天蛇毒疮,似癞非癞:天蛇,乃草间黄花蜘蛛也。人被其螫,为露水所濡,乃成此疾。以秦皮煮汁一斗,饮之即瘥。

合欢(《本经》中品)

【释名】合昏(《唐本》)、夜合(《日华》)、青裳(《图经》)、萌葛(《纲目》)、乌赖树。

颂曰:崔豹《古今注》云:欲蠲人之忿,则赠以青裳。青裳,合欢也。植之庭除,使人不忿。故嵇康《养生论》云:合欢蠲忿,萱草忘忧。

合欢

藏器曰:其叶至暮即合,故云合昏。

时珍曰:按王璆《百一选方》云:夜合俗名萌葛,越人谓之乌赖树。又《金光明经》谓之尸利洒树。

【集解】《本经》曰:合欢生豫州河内山谷。树如狗骨树。

《别录》曰:生益州山谷。

弘景曰:俗间少识,当以其非疗病之功也。

颂曰:今汴洛间皆有之,人家多植于庭除间。木似梧桐,枝甚柔弱。叶似皂角,极细而繁密,互相交结。每一风来,辄自相解了,不相牵缀。采皮及叶用,不拘时月。

宗奭曰:合欢花,其色如今之醮晕线,上半白,下半肉红,散垂如丝,为花之异。其绿叶至夜则合也。嫩时炸熟水淘,亦可食。

木皮(去粗皮炒用)

【气味】甘,平,无毒。

【主治】安五脏,和心志,令人欢乐无忧。久服,轻身明目,得所欲(《本经》)。煎膏,消痈肿,续筋骨(大明)。杀虫。捣末,和铛下墨,生油调,涂蜘蛛咬疮。用叶,洗衣垢。(藏器)折伤疼痛,花研末,酒服二钱匕(宗奭)。和血消肿止痛(时珍)。

【发明】震亨曰:合欢属土,补阴之功甚捷。长肌肉,续筋骨,概可见矣。与白蜡同入膏用神效,而外科家未曾录用何也?

【附方】旧二,新三。肺痈唾浊,心胸甲错:取夜合皮一掌大,水三升,煮取一半,分二服。(韦宙《独行方》)。扑损折骨:夜合树皮(即合欢皮,去粗皮,炒黑色)四两,芥菜子(炒)一两,为末。每服二钱,温酒卧时服,以滓敷之.接骨甚妙。(王璆《百一选方》)发落不生:合欢木灰二合,墙衣五合,铁精一合,水萍末二合,研匀,生油调涂,一夜一次。(《普济方》)小儿撮口:夜合花枝浓煮汁,拭口中,并洗之。(《子母秘录》)中风挛缩:夜合枝酒:夜合枝、柏枝、槐枝、桑枝、石榴枝各五两(并生剉)。糯米五升,黑豆五升,羌活二两,防风五钱,细曲七斤半。先以水五斗煎五枝,取二斗五升,浸米、豆蒸熟,入曲与防风、羌活如常酿酒法,封三七日,压汁。每饮五合,勿过醉致吐,常令有酒气也。(《奇效良方》)

皂荚(《本经》下品)

【释名】皂角(《纲目》)、鸡栖子(《纲目》)、乌犀(《纲目》)、悬刀。

时珍曰:荚之树皂,故名。《广志》谓之鸡栖子,曾氏方谓之乌犀,《外丹本草》谓之悬刀。

【集解】《别录》曰:皂荚生雍州山谷及鲁。邹县,如猪牙者良。九月、十月采荚,阴干。

弘景曰:处处有之,长尺二者良。俗人见其有虫孔而未尝见虫形,皆言不可近,令人恶病,殊不尔也。其虫状如草叶上青虫,荚微黑便出,所以难见。

颂曰:所在有之,以怀、孟州者为胜。木极有高大者。《本经》用如猪牙者,陶用尺二者,苏用六寸圆厚者。今医家作疏风气丸、煎多用长皂荚;治齿及取积药多用牙皂荚,所用虽殊,性味不甚相远。其初生嫩芽,以为蔬茹,更益人。

时珍曰:皂树高大。叶如槐叶,瘦长而尖。枝间多刺。夏开细黄花。结实有三种:一种小如猪牙;一种长而肥厚,多脂而粘;一种长而瘦薄,枯燥不粘。以多脂者为佳。其树多刺难上,采时以篾箍其树,一夜自落,亦一异也。有不结实者,树凿一孔,入生铁三五斤,泥封之,即结荚。人以铁砧捶皂荚,即自损。铁碾碾之,久则成孔。铁锅爨之,多爆片落。岂皂荚与铁有感召之情耶?

荚皂

皂荚

【修治】敩曰:凡使,要赤肥并不蛀者,以新汲水浸一宿,用铜刀削去粗皮,以酥反复炙透,挃去子、弦用。每荚一两,用酥五钱。

好古曰:凡用有蜜炙、酥炙、绞汁、烧灰之异,各依方法。

【气味】辛、咸,温,有小毒。

好古曰:入厥阴经气分。

时珍曰:入手太阴、阳明经气分。

之才曰:柏实为之使。恶麦门冬,畏空青、人参、苦参。

机曰:伏丹砂、粉霜、硫黄、硇砂。

【主治】风痹死肌邪气。风头泪出，利九窍，杀精物(《本经》)。疗腹胀满，消谷，除咳嗽囊结，妇人胞不落，明目益精。可为沐药，不入汤(《别录》)。通关节，除头风，消痰杀虫，治骨蒸，开胃，中风口噤(大明)。破坚癥，腹中痛，能堕胎。又将浸酒中，取尽其精，煎成膏涂帛，贴一切肿痛(甄权)。溽暑久雨时，合苍术烧烟，辟瘟疫邪湿气(宗奭)。烧烟，熏久痢脱肛(汪机)。搜肝风，泻肝气(好古)。通肺及大肠气，治咽喉痹塞，痰气喘咳，风疠疥癣(时珍)。

【发明】好古曰：皂荚厥阴之药。《活人书》治阴毒正阳散内用皂荚，引入厥阴也。

【附方】旧二十，新三十七。中风口噤不开，涎潮壅上：皂角一挺(去皮)，猪脂涂炙黄色，为末。每服一钱，温酒调下。气壮者二钱，以吐出风涎为度。(《简要济众方》)中风口㖞：皂角五两，去皮为末，三年大醋和之，左㖞涂右，右㖞涂左，干更上之。(《外台秘要》)中暑不省：皂荚一两(烧存性)，甘草一两(微炒)，为末。温水调一钱，灌之。(《澹寮方》)鬼魇不寤：皂荚末刀圭，吹鼻中，能起死人。(《千金方》)自缢将绝：皂角末吹鼻中。(《外台方》)水溺猝死一宿者，尚可活：纸裹皂荚末纳下部，须臾出水即活。(《外台秘要》)急喉痹塞，逡巡不救：灵苑方：皂荚生研末。每以少许点患处，外以醋调厚封项下。须臾便破，出血即愈。或挼水灌之，亦良。《直指方》：用皂角肉半截剉细。米醋半盏，煎七分，破出脓血即愈。咽喉肿痛：牙皂一挺(去皮，米醋浸炙七次，勿令太焦)，为末。每吹少许入咽，吐涎即止。(《圣济总录》)风痫诸痰：五痫膏：治诸风，取痰如神。大皂角半斤去皮、子，以蜜四两涂上，慢火炙透捶碎，以热水浸一时，挼取汁，慢火熬成膏。入麝香少许，摊在夹绵纸上，晒干，煎作纸花。每用三四片，入淡浆水一小盏中洗淋下，以筒吹汁入鼻内。待痰涎流尽，吃芝麻饼一个，涎尽即愈，立效。(《普济方》)风邪痫疾：皂荚(烧存性)四两，苍耳根、茎、叶(晒干)四两，密陀僧一两，为末，成丸梧桐子大，朱砂为衣。每服三四十丸，枣汤下，日二服。稍退，只服二十丸。名抵住丸。(《永类方》)一切痰气：皂荚(烧存性)、萝卜子(炒)等分，姜汁入炼蜜丸梧桐子大。每服五七十丸，白汤下。(《简便方》)胸中痰结：皂荚三十挺。去皮，切，水五升浸一夜，援取汁，慢熬至可丸，丸如梧桐子大。每食后，盐浆水下十丸。又钓痰膏：用半夏醋煮过，以皂角膏和匀，入明矾少许，以柿饼捣膏，丸如弹子，噙之。(《圣惠方》)咳逆上气，唾浊不得卧：皂荚丸：用皂荚炙，去皮、子，研末，蜜丸梧桐子大。每服一丸，枣膏汤下，日三、夜一服。(张仲景方)痰喘咳嗽：长皂荚三条(去皮、子)：一荚入巴豆十粒，一荚入半夏十粒，一荚入杏仁十粒。用姜汁制杏仁，麻油制巴豆，蜜制半夏，一处火炙黄色为末。每用一字安手心，临卧以姜汁调之，吃下神效。(余居士《选奇方》)猝寒咳嗽：皂荚烧研，豉汤服二钱。(《千金方》)牙病喘息，喉中水鸡鸣：用肥皂荚两挺酥炙，取肉为末，蜜丸豆大。每服一丸，取微利为度。不利更服，一日一服。(《必效方》)肿满入腹胀急：皂荚，去皮、子，炙黄为末。酒一斗，石器煮沸，服一升，日三服。(《肘后方》)二便关格：《千金方》：用皂荚烧研，粥饮下三钱，立通。《宣明方》铁脚丸：用皂荚炙，去皮、子，为末，酒面糊丸。每服五十丸，酒下。《圣惠方》：用皂荚烧烟于桶内，坐上熏之，即通。食气黄肿，气喘胸满：用不蛀皂角(去皮、子，醋涂炙焦为末)一钱，巴豆七枚(去油、膜)。以淡醋研好墨和，丸麻子大。每服三丸，食后陈橘皮汤下,日三服。隔一日增一丸,以愈为度。(《经验方》)胸腹胀满,欲令瘦者:猪牙皂角相续量长一尺,微火煨,去皮、子,捣筛,蜜丸大如梧桐子。服时先吃羊肉两脔,汁三两口,后以肉汁吞药十丸,以快利为度。觉得力,更服,以利清水即止药,瘥后一月,不得食肉及诸油腻。(崔元亮《海上集验方》)身面猝肿洪满:用皂荚去皮炙黄,剉三升,酒一斗,渍透煮沸。每服一升,一日三服。(《肘后方》)猝热劳疾:皂荚续成一尺以上,酥一大两微涂缓炙,酥尽捣筛,蜜丸梧桐子大。每日空腹饮下十五丸,渐增至二十丸。重者不过两剂愈。(崔元亮《海上方》)急劳烦热体瘦:三皂丸:用皂荚、皂荚树皮、皂荚刺各一斤,同烧灰,以水三斗,淋汁再淋,如此三五度,煎之候少凝,入麝香末一分,以童子小便浸蒸饼,丸小豆大。每空心温水下七丸。(《圣惠方》)脚气肿痛:皂角、赤小豆为末,酒、醋调,贴肿处。(《永类方》)

子

【修治】敩曰:拣取圆满坚硬不蛀者,以瓶煮熟,剥去硬皮一重,取向里白肉两片,去黄,以铜刀切,晒用。其黄消人肾气。

【气味】辛,温,无毒。

【主治】炒,舂去赤皮,以水浸软,煮熟,糖渍食之,疏导五脏风热壅(宗奭)。核中白肉,入治肺药。核中黄心,嚼食,治膈痰吞酸(苏颂)。仁,和血润肠(李杲)。治风热大肠虚秘,瘰疬肿毒疮癣(时珍)。

【发明】杲曰:皂角核烧存性,治大便燥结。其性得湿则滑,滑则燥结自通也。

时珍曰:皂荚味辛属金,能通大肠阳明燥金,乃辛以润之之义,非得湿则滑也。

【附方】旧三,新十一。腰脚风痛不能履地:皂角子一千二百个洗净,以少酥熬香为末,蜜丸梧子大。每空心以蒺藜子、酸枣仁汤下三十丸。(《千金方》)大肠虚秘:风人、虚人、脚气人,大肠或秘或利。用上方服至百丸,以通为度。下痢不止,诸药不效:服此三服,宿垢去尽,即变黄色,屡验。皂角子,瓦焙为末,米糊丸梧桐子大。每服四、五十丸,陈茶下。(《医方摘要》)肠风下血:皂荚子、槐实各一两,用粘谷糠炒香,去糠为末。陈粟米饮下一钱。名神效散。(《普济方》)里急后重:不蛀皂角子(米糠炒过)、枳壳(炒)等分,为末,饭丸梧桐子大。每米饮下三十丸。(《普济方》)小儿流涎,脾热有痰:皂荚子仁半两,半夏(姜汤泡七次)一钱二分,为末,姜汁丸麻子大。每温水下五丸。(《圣济总录》)恶水入口及皂荚水入口,热痛不止:以皂荚子(烧存性)一分,沙糖半两,和膏,含之。(《博济方》)妇人难产:皂角子二枚,吞之。(《千金方》)风虫牙痛:皂角子末,绵裹弹子大两颗,醋煮热,更互熨之,日三五度。(《圣惠方》)粉滓面䵟:皂角子、杏仁等分,研匀。夜以津和,涂之。(《圣惠方》)预免疮疖:凡小儿每年六月六日,照年岁吞皂荚子,可免疮疖之患。大人亦可吞七枚,或二十一枚。林静斋所传方也。(吴旻《扶寿方》)便痈初起:皂角子七个研末,水服效。一方:照年岁吞之。(《儒门事亲》方)一切疔肿:皂角子仁作末,敷之。五日愈。(《千金方》)年久瘰疬:阮氏《经验方》:用不蛀皂角子一百粒,米醋一升,硇砂二钱,同煮干,炒令酥。看疬子多少,如一个服一粒,十个服十粒,细嚼米汤下。酒浸煮服亦可。《圣济总录》言:虚人不可用硇砂也。

刺(一名天丁)

【气味】辛,温,无毒。

【主治】米醋熬嫩刺作煎,涂疮癣有奇效(苏颂)。治痈肿妒乳,风疠恶疮,胎衣不下,杀虫(时珍)。

【附方】新十二。小儿重舌:皂角刺灰,入朴硝或脑子少许,漱口,掺入舌下,涎出自消。(《普济方》)小便淋闭:皂角刺(烧存性)、破故纸等分,为末。无灰酒服。(《圣济总录》)肠风下血:便前近肾肝,便后近心肺。皂角刺灰二两,胡桃仁、破故纸(炒)、槐花(炒)各一两,为末。每服一钱,米饮下。(《普济方》)伤风下痢:风伤久不已,而下痢脓血,日数十度。用皂角刺、枳实(麸炒)、槐花(生用)各半两,为末,炼蜜丸梧桐子大。每服三十丸,米汤下,日二服。(《袖珍方》)胎衣不下:皂角棘烧为末。每服一钱,温酒调下。(熊氏《补遗》)妇人乳痈:皂角刺(烧存性)一两,蚌粉一钱,和研。每服一钱,温酒下。(《直指方》)乳汁结毒,产后乳汁不泄,结毒者:皂角刺、蔓荆子各(烧存性)等分为末。每温酒服二钱。(《袖珍方》)腹内生疮:在肠脏不可药治者。取皂角刺不拘多少,好酒一碗,煎至七分,温服。其脓血悉从小便中出,极效。不饮酒者,水煎亦可。(蔺氏《经验方》)疮肿无头:皂角刺烧灰,酒服三钱。嚼葵子三五粒。其处如针刺为效。(《儒门事亲》)癌瘭恶疮:皂角刺(烧存性,研),白芨少许,为末,敷之。(《直指方》)大风疠疮:《选奇方》:用黄柏末、皂角刺灰各三钱,研匀,空心酒服。取下虫物,并不损人。食白粥两、三日,服补气药数剂。名神效散。如四肢肿,用针刺出水再服。忌一切鱼、肉、发风之物。取下虫大小长短其色不一,约一二升,其病乃愈也。(《仁存方》)发背不溃:皂角刺(麦麸炒黄)一两,绵黄芪(焙)一两,甘草半两,为末。每服一大钱,酒一盏,乳香一块,煎七分,去滓温服。(《普济本事方》)

木皮、根皮

【气味】辛,温,无毒。

【主治】风热痰气,杀虫(时珍)。

【附方】新二。肺风恶疮瘙痒:用木乳(即皂荚根皮,秋冬采如罗纹者,阴干炙黄)、白蒺藜(炒)、黄芪、人参、枳壳(炒)、甘草(炙)等分为末。沸汤每服一钱。(《普济方》)产后肠脱不收:用皂角树皮半斤,皂角核一合,川楝树皮半斤,石莲子(炒,去心)一合,为粗末,以水煎汤,乘热以物围定,坐熏洗之。挹干,便吃补气丸药一服,仰睡。(《妇人良方》)

叶

【主治】入洗风疮渫用(时珍)。

【附录】鬼皂荚

藏器曰:生江南泽畔。状如皂荚,高一二尺。作汤浴,去风疮疥癣。挼叶,去衣垢,沐发令长。

肥皂荚(《纲目》)

【集解】时珍曰:肥皂荚生高山中。其树高大,叶如檀及皂荚叶。五、六月开白花,结荚长三四寸,状如云实之荚,而肥厚多肉。内有黑子数颗,大如指头,不正圆,其色如漆而甚坚。中有白仁如栗,煨熟可食。亦可种之。十月采荚煮熟,捣烂和白面及诸香作丸,澡身面,去垢而腻润,胜于皂荚也。《相感志》言:肥皂荚水,死金鱼,辟马蚁,麸见之则不就。亦物性然耳。

肥皂荚

荚

【气味】辛,温,微毒。

【主治】去风湿下痢便血,疮癣肿毒(时珍)。

【附方】新九。肠风下血:独子肥皂(烧存性),一片为末,糕糊丸;一片为末,米饮调,吞下。(《普济方》)下痢禁口:肥皂荚一枚,以盐实其内,烧存性,为末。以少许入白米粥内,食之即效。(《乾坤生意》)风虚牙肿:老人肾虚,或因凉药擦牙致痛。用独子肥皂,以青盐实之,烧存性,研末掺之。或入生樟脑十五文。(《卫生家宝方》)头耳诸疮,眉癣、燕窝疮:并用肥皂(煅存性)一钱,枯矾一分。研匀,香油调,涂之。(《摘玄方》)小儿头疮:因伤汤水成脓,出水不止。用肥皂烧存性,入腻粉,麻油调搽。(《海上方》)腊梨头疮,不拘大人、小儿:用独核肥皂(去核,填入沙糖,入巴豆二枚扎定,盐泥包,煅存性),入槟榔、轻粉五七分,研匀,香油调搽。先以灰汁洗过,温水再洗,拭干乃搽。一宿见效,不须再洗。(《普济方》)癣疮不愈:以川槿皮煎汤,用肥皂(去核及内膜)浸汤时时搽之。(杨起《简便方》)便毒初起:肥皂捣烂敷之,甚效。(《简便方》)玉茎湿痒:肥皂一个。烧存性,香油调搽即愈。(《摄生方》)

核

【气味】甘,腥,温,无毒。

【主治】除风气(时珍)。

无患子(宋《开宝》)

【释名】桓(《拾遗》)、木患子(《纲目》)、噤娄(《拾遗》)、肥珠子(《纲目》)、油珠子(《纲目》)、菩提子(《纲目》)、鬼见愁。

藏器曰:桓、患字,声讹也。崔豹《古今注》云:昔有神巫曰瑶既能符劾百鬼,得鬼则以此木为棒,棒杀之。世人相传以此木为器用,以厌鬼魅,故号曰无患。人又讹为木患也。

子患无

时珍曰：俗名为鬼见愁。道家禳解方中用之，缘此义也。释家取为数珠，故谓之菩提子，与薏苡同名。《纂文》言其木名卢鬼木。山人呼为肥珠子、油珠子，因其实如肥油而子圆如珠也。

【集解】藏器曰：无患子，高山大树也。子黑如漆珠。《博物志》云：桓叶似榉柳叶。核坚正黑如瑿，可作香缨及浣垢。

宗奭曰：今释子取为念珠，以紫红色、小者佳。入药亦少。西洛亦有之。

时珍曰：生高山中。树甚高大，枝叶皆如椿，特其叶对生。五、六月开白花。结实大如弹丸，状如银杏及苦楝子，生青熟黄，老则纹皱。黄时肥如油炸之形，味辛气膻且硬。其蒂下有二小子，相粘承之。实中一核，坚黑似肥皂荚之核，而正圆如珠。壳中有仁如榛子仁，亦辛膻，可炒食。十月采实，煮熟去核，捣和麦面或豆面作澡药，去垢同于肥皂，用洗真珠甚妙。《山海经》云：秩周之山，其木多桓。郭璞注云：叶似柳，皮黄不错。子似楝，着酒中饮之，辟恶气，浣衣去垢，核坚正黑。即此也。今武当山中所出鬼见愁，亦是树荚之子，其形正如刀豆子而色褐，彼人亦以穿数珠。别又是一物，非无患也。

子皮（即核外肉也）

【气味】微苦，平，有小毒。

【主治】浣垢，去面䵟。喉痹，研纳喉中，立开。又主飞尸（藏器）。

【附方】新二。洗头去风明目：用槵子皮、皂角、胡饼、菖蒲同捶碎，浆水调作弹子大。每用泡汤洗头良。（《多能鄙事》）洗面去䵟：槵子肉皮，捣烂，入白面和，丸大丸。每日用洗面，去垢及䵟甚良。（《集简方》）

子中仁

【气味】辛，平，无毒。

【主治】烧之，辟邪恶气（藏器）。煨食，辟恶，去口臭（时珍）。

【附方】新一。牙齿肿痛：肥珠子一两，大黄、香附各一两，青盐半两，泥固煅研。日用擦牙。（《普济方》）

栾华（《本经》下品）

【集解】《别录》曰：栾华生汉中川谷。五月采。

恭曰：此树叶似木槿而薄细。花黄似槐而稍长大。子壳似酸浆，其中有实如熟豌豆，圆黑坚硬，堪为数珠者，是也。五月、六月花可收，南人以染黄甚鲜明，又以疗目赤烂。

颂曰：今南方及汴中园圃间，或有之。

宗奭曰：长安山中亦有之。其子谓之木栾子，携至京都为数珠，未见入药。

华

【气味】苦，寒，无毒。

之才曰：决明为之使。

【主治】目痛泪出伤眦，消目肿（《本经》）。合黄连作煎，疗目赤烂（苏恭）。

无食子（《唐本草》）

【释名】没石子（《开宝》）、墨石子（《炮炙论》）、麻荼泽。

珣曰：波斯人，每食以代果，故番胡呼为没食子。梵书无与没同音。今人呼为墨石、没石，转传讹矣。

无食子

【集解】恭曰：无食子生西戎沙碛间。树似柽。

禹锡曰：按段成式《酉阳杂俎》云：无食子出波斯国，呼为摩泽树。高六七丈，围八九尺。叶似桃叶而长。三月开花白色，心微红。子圆如弹丸，初青，熟乃黄白。虫蚀成孔者入药用。其树一年生无食子。一年生拔屡子，大如指，长三寸，上有壳，中仁如栗黄可啖。

时珍曰：按《方舆志》云：大食国有树，一年生如栗子而长，名曰蒲卢子，可食。次年则生麻荼泽，即没石子也。间岁互生，一根异产如此。《一统志》云：没石子出大食诸地。树如樟，实如中国茅栗。

子

【修治】敩曰：凡使，勿犯铜铁，并被火惊。用颗小、无鈲米者妙。用浆水于砂盆中研令尽，焙干再研，如乌犀色入药。

【气味】苦，温，无毒。

【主治】赤白痢，肠滑，生肌肉（《唐本》）。肠虚冷痢，益血生精，和气安神，乌髭发，治阴毒痿，烧灰用（李珣）。温中，治阴疮阴汗，小儿疳䘌，冷滑不禁（马志）。

【发明】宗奭曰：没石子，合他药染须，造墨家亦用之。

珣曰：张仲景用治阴汗，烧灰，先以汤浴了，布裹灰扑之，甚良。

【附方】旧三，新五。血痢不止：没石子一两为末，饮丸小豆大。每食前米饮下五十丸。（《普济方》）小儿久痢：没石子二个，熬黄研末，作馄饨食之。（《宫气方》）产后下痢：没石子一个，烧存性，研末。冷即酒服，热即用饮下，日二。（《子母秘录》）牙齿疼痛：绵裹无食子末一钱咬之，涎出吐去。（《圣济总录》）鼻面酒齄：南方没石子有孔者，水磨成膏。夜夜涂之，甚妙。（危氏《得效方》）口鼻急疳：没石子末，吹下部，即瘥。（《千金方》）大小口疮：没石子（炮）三分，甘草一分。研末掺之。月内小儿生者，少许置乳上吮之，入口即啼，不过三次。（《圣惠方》）足趾肉刺：无食子三枚，肥皂荚一挺。烧存性，为末。醋和敷之，立效。（《奇效方》）

诃黎勒(《唐本草》)

诃黎勒

【释名】诃子。

时珍曰:诃黎勒,梵言天主持来也。

【集解】恭曰:诃黎勒生交州、爱州。

萧炳曰:波斯舶上来者,六路黑色肉厚者良。六路即六棱也。

敩曰:凡使勿用毗黎勒,个个毗头也。若诃黎勒文只有六路。或多或少,并是杂路勒,皆圆而露,文或八路至十、三路,号曰榔精勒,涩不堪用。

【修治】敩曰:凡用诃黎勒,酒浸后蒸一伏时,刀削去路,取肉剉焙用。用核则去肉。

【气味】苦,温,无毒。

权曰:苦、甘。

炳曰:苦、酸。

珣曰:酸,涩,温。

好古曰:苦、酸,平。苦重酸轻,味厚,阴也,降也。

【主治】冷气,心腹胀满,下食(《唐本》)。破胸膈结气,通利津液,止水道,黑髭发(甄权)。下宿物,止肠澼久泄,赤白痢(萧炳)。消痰下气,化食开胃,除烦治水,调中,止呕吐霍乱,心腹虚痛,奔豚肾气,肺气喘急,五膈气,肠风泻血,崩中带下,怀孕漏胎,及胎动欲生,胀闷气喘。并患痢人肛门急痛,产妇阴痛,和蜡烧烟熏之,及煎汤熏洗(大明)。治痰嗽咽喉不利,含三数枚殊胜(苏颂)。实大肠,敛肺降火(震亨)。

【发明】宗奭曰:诃黎勒,气虚人亦宜缓缓煨熟少服。此物虽涩肠而又泄气,其味苦涩故尔。

杲曰:肺苦气上逆,急食苦以泄之,以酸补之。诃子苦重泻气,酸轻不能补肺,故嗽药中不用。

震亨曰:诃子下气,以其味苦而性急。肺苦急,急食苦以泻之,谓降而下走也,气实者宜之。若气虚者,似难轻服。又治肺气,因火伤极,遂郁遏胀满。其味酸苦,有收敛降火之功也。

时珍曰:诃子同乌梅、五倍子用则收敛,同橘皮、厚朴用则下气,同人参用则能补肺治咳嗽。东垣言嗽药不用者,非矣。但咳嗽未久者,不可骤用尔。嵇含《草木状》言作饮久服,令髭发白者变黑,亦取其涩也。

珣曰:诃黎皮主嗽,肉主眼涩痛。波斯人将诃黎勒、大腹等在舶上,用防不虞。或遇大鱼放涎滑水中数里,船不能通,乃煮此洗其涎滑,寻化为水,则其治气消痰功力可知矣。

【附方】旧十,新五。下气消食:诃黎一枚为末,瓦器中水一大升,煎三两沸,下药更煎三五沸,如曲尘色,入少盐,饮之。(《食医心镜》)一切气疾、宿食不消:诃黎一枚,入夜含之,至明嚼咽。又方:诃黎三枚,湿纸包,煨熟去核,细嚼,以牛乳下。(《千金方》)气嗽日久:生诃黎一枚,含之咽汁。瘥后几爽,不知食味,却煎槟榔汤一碗服,立便有味。此知连州成密方也。(《经验方》)呕逆不食:诃黎勒皮二两。炒研,糊丸梧桐子大。空心汤服二十丸,日三服。(《广济方》)风痰霍乱,食不消,大便涩:诃黎三枚,取皮为末。和酒顿服,三、五次妙。(《外台秘要》)小儿霍乱:诃黎一枚,为末。沸汤服一半,未止再服。(《子母秘录》)小儿风痰壅闭,语音不出,气促喘闷,手足动摇:诃子(半生半炮,去核)、大腹皮等分,水煎服。名二圣散。(《全幼心鉴》)风热冲顶、热闷:诃黎二枚(为末),芒硝一钱。同入醋中,搅令消,摩涂热处。(《外台秘要》)气痢水泻:诃黎勒十枚面裹,塘火煨熟,去核研末,粥饮顿服。亦可饭丸服。一加木香。又长服方:诃黎勒、陈橘皮、厚朴各三两,捣筛,蜜丸大如梧子。每服二三十丸,白汤下。(《图经本草》)水泻下痢:诃黎勒(炮)二分,肉豆蔻一分,为末。米饮每服二钱。(《圣惠方》)下痢转白:诃子三个,二炮一生,为末,沸汤调服。水痢,加甘草末一钱。(《普济方》)赤白下痢:诃子十二个,六生六煨,去核,焙为末。赤痢,生甘草汤下;白痢,炙甘草汤下。不过再服。(赵原阳《济急方》)妒精下疳:大诃子烧灰,入麝香少许,先以米泔水洗,后搽之。或以荆芥、黄柏、甘草、马鞭草、葱白煎汤洗亦可。昔方士周守真医唐靖烂茎一二寸,用此取效也。(洪迈《夷坚志》)

核

【主治】磨白蜜注目,去风赤涩痛,神良(苏颂)。止咳及痢(时珍)。

叶

【主治】下气消痰,止渴及泄痢,煎饮服,功同诃黎(时珍。唐·包佶有"病中谢李吏部惠诃黎勒叶"诗)。

婆罗得(宋《开宝》)

【释名】婆罗勒。

时珍曰:婆罗得,梵言重生果也。

【集解】珣曰:婆罗得生西海波斯国。树似中华柳树,子如蓖麻子,方家多用之。时珍曰:按王焘《外台秘要》:婆罗勒似蓖麻子,但以指甲爪之,即有汁出。即此物也。

子

【气味】辛,温,无毒。

【主治】冷气块,温中,补腰肾,破痃癖,可染髭发令黑(藏器)。

【附方】新一。拔白生黑:婆罗勒十颗(去皮,取汁),熊脂二两,白马鬐膏(炼过)一两,生姜(炒)一两,母丁香半两,二味为末,和匀。每拔白点之,揩令入肉,即

生黑者。此严中丞所用方也。（孟诜《近效方》）

榉（《别录》下品）

【释名】榉柳（《衍义》）、鬼柳。

时珍曰：其树高举，其木如柳，故名。山人讹为鬼柳。郭璞注《尔雅》作柜柳，云似柳，皮可煮饮也。

柳　　榉

【集解】弘景曰：榉树山中处处有之。皮似檀、槐，叶如栎、槲。人多识之。

宗奭曰：榉木，今人呼为榉柳。其叶谓柳非柳，谓槐非槐。最大者，木高五六丈，合二三人抱。湖南北甚多，然亦不材也，不堪为器，嫩皮取以缘栲栳及箕唇。

时珍曰：榉材红紫，作箱、案之类甚佳。郑樵《通志》云：榉乃榆类而锹烈，其实亦如榆钱之状。乡人采其叶为甜茶。

木皮

【修治】敩曰：凡使勿用三、四年者无力，用二十年以来者心空，其树只有半边，向西生者良。剥下去粗皮，细剉蒸之，从巳至未，出焙干用。

【气味】苦，大寒，无毒。

【主治】时行头痛，热结在肠胃（《别录》）。夏日煎饮，去热（弘景）。俗用煮汁服，疗水气，断痢（苏恭）。安胎，止妊妇腹痛。山榉皮，性平，治热毒风熁肿毒（大明）。

【附方】旧一，新四。通身水肿：榉树皮煮汁，日饮。（《圣惠方》）毒气攻腹，手足肿痛：榉树皮，和槲皮煮汁，煎如饴糖，以桦皮煮浓汁化饮。（《肘后方》）蛊毒下血：榉皮一尺，芦根五寸，水二升，煮一升，顿服。当下蛊出。（《千金方》）小儿痢血：梁州榉皮二十分（炙），犀角十二分，水三升，煮取一升，分三服取瘥。（《古今录验》方）飞血赤眼：榉皮（去粗皮，切）：二两，古钱七文，水一升半，煎七合，去滓热洗，日二次。（《圣济总录》）

叶

【气味】苦，冷，无毒。

【主治】挼贴火烂疮，有效（苏恭）。治肿烂恶疮，盐捣罯之（大明）。

柳（《本经》下品）

【释名】小杨（《说文》）、杨柳。

弘景曰：柳，即今水杨柳也。

恭曰：柳与水杨全不相似。水杨叶圆阔而尖，枝条短硬。柳叶狭长而青绿，枝条长软。陶以柳为水杨，非也。

藏器曰：江东人通名杨柳，北人都不言杨。杨树枝叶短，柳树枝叶长。

时珍曰：杨枝硬而扬起，故谓之杨；柳枝弱而垂流，故谓之柳，盖一类二种也。苏恭所说为是。按《说文》云：杨，蒲柳也。从木，昜声。柳，小杨也。从木，丣声。昜音阳，丣音酉。又《尔雅》云：杨，蒲柳也。旄，泽柳也。柽，河柳也。观此，则杨可称柳，柳亦可称杨，故今南人犹并称杨柳。俞宗本《种树书》言：顺插为柳，倒插为杨。其说牵强，且失扬起之意。

宗奭曰：释家谓柳为尼俱律陀木。

柳

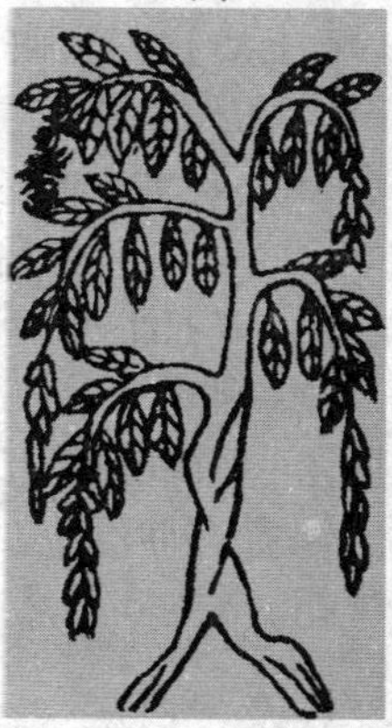

【集解】《别录》曰：柳华生琅邪川泽。

颂曰：今处处有之，俗所谓杨柳者也。其类非一：蒲柳即水杨也，枝劲韧可为箭笴，多生河北。杞柳生水旁，叶粗而白，木理微赤，可为车毂。今人取其细条，火逼令柔，屈作箱箧，《孟子》所谓杞柳为桮棬者，鲁地及河朔尤多。柽柳见本条。

时珍曰：杨柳，纵横倒顺插之皆生。春初生柔荑，即开黄蕊花。至春晚叶长成后，花中结细黑子，蕊落而絮出，如白绒，因风而飞。子着衣物能生虫，入池沼即化为浮萍。古者春取榆、柳之火。陶朱公言种柳千树，可足柴炭。其嫩芽可作饮汤。

柳华

【释名】柳絮（《本经》）。

【正误】见下。

【气味】苦，寒，无毒。

【主治】风水黄疸，面热黑（《本经》）。痂疥恶疮金疮。柳实：主溃痈，逐脓血。子汁：疗渴（《别录》）。华：主止血，治湿痹，四肢挛急，膝痛（甄权）。

【发明】弘景曰：柳华熟时，随风状如飞雪，当用其未舒时者。子亦随花飞止，应水渍汁尔。

藏器曰：《本经》以柳絮为花，其误甚矣。花即初发时黄蕊，其子乃飞絮也。

承曰：柳絮可以捍毡，代羊毛为茵褥，柔软性凉，宜与小儿卧尤佳。

宗奭曰：柳花黄蕊干时絮方出，收之贴灸疮良。絮之下连小黑子，因风而起，得水湿便生，如苦荬、地丁之花落结子成絮。古人以絮为花，谓花如雪者，皆误矣。藏器之说为是。又有实及子汁之文，诸家不解，今人亦不见用。

时珍曰：《本经》主治风水黄疸者，柳花也。《别录》主治恶疮金疮、溃痈逐脓血，《药性论》止血疗痹者，柳絮及实也。花乃嫩蕊，可捣汁服。子与絮连，难以分别，惟可贴疮止血裹痹之用。所谓子汁疗渴者，则连絮浸渍，研汁服之尔。又崔实《四民月令》言：三月三日及上除日，采絮愈疾，则入药多用絮也。

【附方】新六。吐血咯血：柳絮焙研，米饮服一钱。（《经验方》）金疮血出：柳絮封之。即止。（《外台秘要》）面上脓疮：柳絮、腻粉等分。以灯盏油调涂。（《普济方》)走马牙疳:杨花,烧存性,入麝香少许,搽。(《保幼大全》)大风疠疮:杨花(四两,捣成饼,贴壁上,待干取下,米泔水浸一时取起,瓦焙研末)二两,白花蛇、乌蛇各一条(去头尾,酒浸取肉),全蝎、蜈蚣、蟾酥、雄黄各五钱,苦参、天麻各一两,为末,水煎麻黄取汁熬膏,和丸梧桐子大,朱砂为衣。每服五十丸,温酒下。一日三服,以愈为度。(孙氏《集效良方》)脚多汗湿:杨花着鞋及袜内穿之。(《摘玄》)

叶

【气味】同华。

【主治】恶疥痂疮马疥,煎煮洗之,立愈。又疗心腹内血,止痛(《别录》)。煎水,洗漆疮(弘景)。天行热病,传尸骨蒸劳,下水气。煎膏,续筋骨,长肉止痛。主服金石人发大热闷,汤火疮毒入腹热闷,及疔疮(《日华》)。疗白浊,解丹毒(时珍)。

【附方】旧一,新五。小便白浊:清明柳叶煎汤代茶,以愈为度。(《集简方》)小儿丹烦:柳叶一斤。水一斗,煮取汁三升,拓洗赤处,日七、八度。(《子母秘录》)眉毛脱落:垂柳叶阴干为末,每姜汁于铁器中调,夜夜摩之。(《圣惠方》)猝得恶疮不可名识者:柳叶或皮,水煮汁,入少盐,频洗之。(《肘后方》)面上恶疮:方同上。痘烂生蛆:嫩柳叶铺席上卧之,蛆尽出而愈也。(李楼《奇方》)

枝及根白皮

【气味】同华。

【主治】痰热淋疾。可为浴汤,洗风肿瘙痒。煮酒,漱齿痛(苏恭)。小儿一日、五日寒热,煎枝浴之(藏器)。煎服,治黄疸白浊。酒煮,熨诸痛肿,去风止痛消肿(时珍)。

【发明】颂曰:柳枝、皮及根亦入药。葛洪《肘后方》:治痈疽、肿毒、妒乳等多用之。韦宙《独行方》:主疔疮及反花疮,并煎柳枝、叶作膏涂之。今人作浴汤、膏药、牙齿药,亦用其枝为最要之药。

时珍曰:柳枝去风消肿止痛。其嫩枝削为牙杖,涤齿甚妙。

【附方】旧十,新十。黄疸初起:柳枝,煮浓汁半升,顿服。(《外台秘要》)脾胃虚弱,不思饮食,食下不化,病似翻胃噎膈:清明日取柳枝一大把熬汤,煮小米作饭,洒面滚成珠子,晒干,袋悬风处。每用烧滚水随意下米,米沉住火,少时米浮,取看无硬心则熟,可顿食之。久则面散不粘矣,名曰络索米。(杨起《简便方》)走注气痛:气痛之病,忽有一处如打扑之状,不可忍,走注不定,静时,其处冷如霜雪,此皆暴寒伤之也。以白酒煮杨柳白皮,暖熨之。有赤点处,镵去血妙。凡诸猝肿急痛,熨之皆即止。(姚增垣《集验方》)风毒猝肿:方同上。阴猝肿痛:柳枝(三尺长)二十枚,细剉,水煮极热,以故帛裹包肿处,仍以热汤洗之。(《集验方》)项下瘿气:水涯露出柳根三十斤,水一斛,煮取五升,以糯米三斗,如常酿酒,日饮。(《范汪方》)齿龈肿痛:垂柳枝、槐白皮、桑白皮、白杨皮等分,煎水,热含冷吐。又方:柳枝、槐枝、桑枝煎水熬膏,入姜汁、细辛、芎䓖末,每用擦牙。(《圣惠方》)风虫牙痛:杨柳白皮卷如指大,含咀,以汁渍齿根,数过即愈。又方:柳枝一握剉,入少盐花,浆水煎，含甚验。又方：柳枝（剉）一升，大豆一升，合炒，豆熟，瓷器盛之，清酒三升，渍三日。频含漱涎，三日愈。（《古今录验》）耳痛有脓：柳根，细切，熟捣封之，燥即易之。（《斗门方》）漏疮肿痛：柳根红须，煎水日洗。《摘玄方》：用杨柳条罐内烧烟熏之，出水即效。乳痈妒乳，初起坚紫，众疗不瘥：柳根皮熟捣火温，帛裹熨之。冷更易，一宿消。（《肘后方》）反花恶疮，肉出如饭粒，根深脓溃：柳枝叶三斤，水五升，煎汁二升，熬如饧。日三涂之。（《圣惠方》）天灶丹毒，赤从背起：柳木灰，水调涂之。（《外台秘要》）汤火灼疮：柳皮烧灰，涂之。亦可以根白皮煎猪脂，频敷之。（《肘后方》）痔疮如瓜，肿痛如火：柳枝煎浓汤洗之，艾灸三、五壮。王及郎中病此，驿吏用此方灸之，觉热气入肠，大下血秽至痛，一顷遂消，驰马而去。（《本事方》）

柳胶

【主治】恶疮，及结砂子（时珍）。

柳寄生

见后寓木类。

柳耳

见菜部木耳。

柳蠹

见虫部。

柽柳（音侦。宋《开宝》）

【释名】赤柽（《日华》）、赤杨（《古今注》）、河柳（《尔雅》）、雨师（《诗疏》）、垂丝柳《纲目》、人柳（《纲目》），三眠柳（《衍义》）、观音柳。

柳柽

时珍曰：按罗愿《尔雅翼》云：天之将雨，柽先知之，起气以应，又负霜雪不凋，乃木之圣者也。故字从圣，又名雨师。或曰：得雨则垂垂如丝，当作雨丝。又《三辅故事》云：汉武帝苑中有柳，状如人，号曰人柳，一日三起三眠。则柽柳之圣，又不独知雨、负雪而已。今俗称长寿仙人柳，亦曰观音柳，谓观音用此洒水也。

宗奭曰：今人谓之三春柳，以其一年三秀故名。

【集解】志曰：赤柽木生河西沙地。皮赤色，细叶。

禹锡曰：《尔雅》：柽，河柳也。郭璞注云：今河旁赤茎小杨也。陆机《诗疏》云：生水旁，皮赤如绛，枝叶如松。

时珍曰：柽柳小干弱枝，插之易生。赤皮，细叶如丝，婀娜可爱。一年三次作花，花穗长三四寸，水红色如蓼花色。

南齐时，益州献蜀柳，条长，状若丝缕者，即此柳也。段成式《酉阳杂俎》言：凉州有赤白柽，大者为炭，其灰汁可以煮铜为银。故沈炯赋云：柽似柏而香。王祯《农书》云：山柳赤而脆，河柳白而明。则柽又有白色者也。

宗奭：汴京甚多。河西戎人取滑枝为鞭。

木

【气味】甘、咸，温，无毒。

【主治】剥驴马血入肉毒，取木片火炙熨之，并煮汁浸之。（《开宝》）。枝叶：消痞，解酒毒，利小便（时珍）。

【附方】新三。腹中痞积：观音柳煎汤，露一夜，五更空心饮数次，痞自消。（《卫生易简方》）一切诸风，不问远近：柽叶半斤（切，枝亦可），荆芥半斤，水五升，煮二升，澄清，入白蜜五合，竹沥五合，新瓶盛之，油纸封，入重汤煮一伏时。每服一小盏，日三服。（《普济方》）酒多致病：长寿仙人柳，晒干为末。每服一钱，温酒调下。（《卫生易简方》）

柽乳（即脂汁）

【主治】合质汗药，治金疮（《开宝》）。

水杨（《唐本草》）

【释名】青杨（《纲目》）、蒲柳（《尔雅》）、蒲杨（《古今注》）、蒲移（音移）、移柳（《古今注》）、萑苻（音丸蒲）。

时珍曰：杨枝硬而扬起，故谓之杨。多宜水涘蒲萑之地，故有水杨、蒲柳、萑苻之名。

水杨

【集解】恭曰：水杨叶圆阔而尖，枝条短硬，与柳全别。柳叶狭长，枝条长软。

机曰：苏恭说水杨叶圆阔，崔豹说蒲杨似青杨，青杨叶长似不相类。

时珍曰：按陆机《诗疏》云：蒲柳有二种：一种皮正青，一种皮正白。可为矢，北土尤多，花与柳同。

枝叶

【气味】苦，平，无毒。

【主治】久痢赤白，捣汁一升服，日二，大效（《唐本》）。主痈肿痘毒（时珍）。

【发明】时珍曰：水杨根治痈肿，故近人用枝叶治痘疮。魏直《博爱心鉴》云：痘疮数日陷顶，浆滞不行，或风寒所阻者。宜用水杨枝叶（无叶用枝）五斤，流水一大釜，煎汤温浴之。如冷添汤，良久照见累起有晕丝者，浆行也。如不满，再浴之。力弱者，只洗头、面、手、足。如屡浴不起者，气血败矣，不可再浴。始出及痒塌者，皆不可浴。痘不行浆，乃气涩血滞，腠理固密，或风寒外阻而然。浴令暖气透达，和畅郁蒸，气血通彻，每随暖气而发，行浆贯满，功非浅也。若内服助气血药，借此升之，其效更速，风寒亦不得而阻之矣。直见一妪在村中用此有验，叩得其方，行之百发百中，慎勿易之，诚有燮理之妙也。盖黄钟一动而蛰虫启户，东风一吹而坚冰解释，同一春也。群书皆无此法，故详著之。

木白皮及根

【气味】同华。

【主治】金疮痛楚，乳痈诸肿，痘疮（时珍）。

【发明】时珍曰：按李仲南《永类钤方》云：有人治乳痈，持药一根，生擂贴疮，其热如火，再贴遂平。求其方，乃水杨柳根也。葛洪《肘后方》，治乳痈用柳根。则杨与柳性气不远，可通用也。

【附方】新一。金疮苦痛：杨木白皮，熬燥碾末，水服方寸匕，仍敷之，日三次。（《千金方》）

白杨（《唐本草》）

【释名】独摇。

宗奭曰：木身似杨微白，故曰白杨，非如粉之白也。

时珍曰：郑樵《通志》言：白杨，一名高飞，与移杨同名。今俗通呼移杨为白杨，且白杨亦因风独摇，故得同名也。

【集解】恭曰：白杨取叶圆大、蒂小，无风自动者。

藏器曰：白杨，北土极多，人种墟墓间，树大皮白。其无风自动者，乃移杨，非白杨也。

颂曰：今处处有之，北土尤多。株甚高大，叶圆如梨叶，皮白色，木似杨，采无时。崔豹《古今注》云："白杨叶圆，青杨叶长"，是也。

宗奭曰：陕西甚多，永、耀间居人修盖，多此木也。其根易生，斫木时碎札入土即生根，故易繁植，土地所宜尔。风才至，叶如大雨声。谓无风自动，则无此事。但风微时，其叶孤绝处，则往往独摇，以其蒂细长，叶重大，势使然也。

白杨

时珍曰：白杨木高大。叶圆似梨而肥大有尖，面青而光，背甚白色，有锯齿。木肌细白，性坚直，用为梁栱，终不挠曲。与移杨乃一类二种也，治病之功，大抵仿佛。嫩叶亦可救荒，老叶可作酒曲料。

木皮

【修治】敩曰：凡使，铜刀刮去粗皮蒸之，从巳至未。以布袋盛，挂屋东角，待干用。

【气味】苦，寒，无毒。

大明曰：酸，冷。

【主治】毒风脚气肿，四肢缓弱不随，毒气游易在皮肤中，痰癖等，酒渍服之(《唐本》)。去风痹宿血，折伤，血沥在骨肉间，痛不可忍，及皮肤风瘙肿，杂五木为汤，浸损处(藏器)。治扑损瘀血，并煎酒服。煎膏，可续筋骨(大明)。煎汤日饮，止孕痢。煎醋含漱，止牙痛。煎浆水入盐含漱，治口疮。煎水酿酒，消瘿气(时珍)。

【附方】旧一，新一。妊娠下痢：白杨皮一斤，水一斗，煮取二升，分三服。(《千金方》)项下瘿气：秫米三斗炊熟，取圆叶白杨皮十两，勿令见风，切，水五升，煮取二升，渍曲末五两，如常酿酒。每旦一盏，日再服。(崔氏方)

枝

【主治】消腹痛，治吻疮(时珍)。

【附方】旧二，新一。口吻烂疮：白杨嫩枝，铁上烧灰，和脂敷之。(《外台秘要》)腹满癖坚如石，积年不损者：《必效方》：用白杨木东南枝(去粗皮，辟风细剉)五升。熬黄，以酒五升淋讫，用绢袋盛滓，还纳酒中，密封再宿。每服一合，日三服。(《外台秘要》)面色不白：白杨皮十八两，桃花一两，白瓜子仁三两，为末。每服方寸匕，日三服。五十日，面及手足皆白。(《圣济总录》)

叶

【主治】龋齿，煎水含漱。又治骨疽久发，骨从中出。频捣敷之(时珍)。

扶移(音夫移。《拾遗》)

【释名】移杨(《古今注》)、唐棣(《尔雅》)、高飞(崔豹)、独摇。

时珍曰：移乃白杨同类，故得杨名。按《尔雅》：唐棣，移也。

崔豹曰：移杨，江东呼为夫移。圆叶弱蒂，微风则大摇，故名高飞，又曰独摇。陆机以唐棣为郁李者，误矣。郁李乃常棣，非唐棣也。

【集解】藏器曰：扶移木生江南山谷。树大十数围，无风叶动，花反而后合，《诗》云："棠棣之华，偏其反而"，是也。

时珍曰：移杨与白杨是同类二种，今南人通呼为白杨，故俚人有"白杨叶，有风掣，无风掣"之语。其入药之功大抵相近。

扶移

木皮

【气味】苦，平，有小毒。

【主治】去风血脚气疼痹，踠损瘀血，痛不可忍，取白皮火炙，酒浸服之。和五木皮煮汤，捋脚气，杀瘃虫风瘙。烧作灰，置酒中，令味正，经时不败（藏器）。

【发明】时珍曰：白杨、移杨皮，并杂五木皮煮汤，浸捋损痹诸痛肿。所谓五木者，桑、槐、桃、楮、柳也。并去风和血。

【附方】新一。妇人白崩：扶杨皮半斤，牡丹皮四两，升麻、牡蛎（煅）各一两。每用一两，酒二钟，煎一钟，食前服。（《集简方》）

松杨（《拾遗》）

【校正】并入《唐本草》椋子木。

【释名】椋子木（音凉）。

时珍曰：其材如松，其身如杨，故名松杨。《尔雅》云：椋即来也。其阴可荫凉，故曰椋木。

藏器曰：江西人呼为凉木。松杨县以此得名。

【集解】藏器曰：松杨生江南林落间。大树，叶如梨。

志曰：椋子木，叶似柿，两叶相当。子细圆如牛李，生青熟黑。其木坚重，煮汁色赤。郭璞云：椋材中车辋。八月、九月采木，晒干用。

杨　松

木

【气味】甘、咸，平，无毒。

【主治】折伤，破恶血，养好血，安胎止痛生肉（《唐本》）。

木皮

【气味】苦，平，无毒。

【主治】水痢不问冷热，浓煎令黑，服一升（藏器）。

榆（俞、由二音。《本经》上品）

【释名】零榆（《本经》），白者名枌。

时珍曰：按王安石《字说》云：榆渖俞柔，故谓之榆。其枌则有分之之道，故谓之枌。其荚飘零，故曰零榆。

白皮

【气味】甘，平，滑利，无毒。

【主治】大小便不通，利水道，除邪气。久服，断谷轻身不饥。其实尤良(《本经》)。疗肠胃邪热气，消肿，治小儿头疮痂疕(《别录》)。通经脉。捣涎，敷癣疮(大明)。滑胎，利五淋，治齁喘，疗不眠(甄权)。生皮捣，和三年醋滓，封暴患赤肿，女人妒乳肿，日六七易，效(孟诜)。利窍，渗湿热，行津液，消痈肿(时珍)。

【发明】诜曰：高昌人多捣白皮为末，和菜菹食甚美，令人能食。仙家长服，服丹石人亦服之，取利关节故也。

时珍曰：榆皮、榆叶，性皆滑利下降，手足太阳、手阳明经药也。故人小便不通，五淋肿满，喘嗽不眠，经脉胎产诸症宜之。本草十剂云：滑可去着，冬葵子、榆白皮之属。盖亦取其利窍渗湿热，消留着有形之物尔。气盛而壅者宜之。若胃寒而虚者，久服渗利，恐泄真气。《本经》所谓久服轻身不饥，苏颂所谓榆粉多食不损人者，恐非确论也。

【附方】旧九，新九。断谷不饥：榆皮、檀皮为末，日服数合。(《救荒本草》)齁喘不止：榆白皮，阴干，焙为末。每日旦夜用水五合，末二钱，煎如胶，服。(《药性论》)久嗽欲死：许明有效方：用厚榆皮削如指大，去黑，刻令如锯，长尺余，纳喉中频出入，当吐脓血而愈。(《古今录验》)虚劳白浊：榆白皮二升，水二斗，煮取五升，分五服。(《千金方》)小便气淋：榆枝、石燕子煎水，日服。(《普济方》)五淋涩痛：榆白皮，阴干，焙研。每以二钱，水五合，煎如胶，日二服。(《普济方》)渴而尿多，非淋也：用榆皮二斤，去黑皮，以水一斗，煮取五升，一服三合，日三服。(《外台秘要》)身体暴肿：榆皮捣末，同米作粥食之，小便利即消。(《备急方》)临月易产：榆皮焙为末。临月，日三服方寸匕，令产极易。(陈承《本草别说》)堕胎下血不止：榆白皮、当归(焙)各半两，入生姜，水煎服之。(《普济方》)胎死腹中或母病欲下胎：榆白皮煮汁，服二升。(《子母秘录》)身首生疮：榆白皮末，油和涂之，虫当出。(杨氏《产乳》)火灼烂疮：榆白皮，嚼涂之。(《千金髓》)五色丹毒：俗名游肿，犯者多死，不可轻视。以榆白皮末，鸡子白和，涂之。(《千金》)小儿虫疮：榆皮末和猪脂涂绵上，覆之。虫出立瘥。(《千金方》)痈疽发背：榆根白皮切，清水洗，捣极烂，和香油敷之，留头出气。燥则以苦茶频润，不粘更换新者。将愈，以桑叶嚼烂，随大小贴之，口合乃止，神效。(《救急方》)小儿瘰疬：榆白皮，生捣如泥，封之。频易。(《必效方》)小儿秃疮：醋和榆白皮末，涂之，虫当出。(《子母秘录》)

叶

【气味】同上。

【主治】嫩叶作羹及炸食，消水肿，利小便，下石淋，压丹石(藏器。时珍曰：曝干为末，淡盐水拌，或炙、或晒干，拌菜食之，亦辛滑下水气)。煎汁，洗酒齄鼻。同酸枣仁等分蜜丸，日服，治胆热虚劳不眠(时珍)。

花

【主治】小儿痫，小便不利，伤热(《别录》)。

荚仁

【气味】微辛，平，无毒。

【主治】作糜羹食，令人多睡(弘景)。主妇人带下，和牛肉作羹食(藏器)。子酱，似芜荑，能助肺，杀诸虫，下气，令人能食，消心腹间恶气，猝心痛，涂诸疮癣，以陈者良(孟诜)。

榆耳

见木耳。

朗榆(《拾遗》)

【集解】藏器曰：朗榆生山中，状如榆，其皮有滑汁，秋生荚，如大榆。

时珍曰：大榆，二月生荚，朗榆八月生荚，可分别。

皮

【气味】甘，寒，无毒。

【主治】下热淋，利水道，令人睡(藏器)。治小儿解颅(时珍)。

芜荑(《本经》中品)

【释名】莁荑(《尔雅》)、无姑(《本经》)、蔱蘠(音殿唐)，木名楩(音偏)。

时珍曰：按《说文》云：楩，山枌榆也。有刺，实为芜荑。《尔雅》云：无姑，其实荑。又云：莁荑，荼蘠。则此物乃莁树之荑，故名也。

荑芜榆

恭曰：蔱蘠乃荼蘠二字之误。

【集解】《别录》曰：芜荑生晋山川谷。三月采实，阴干。

弘景曰：今惟出高丽，状如榆荚，气臭如犼，彼人皆以作酱食之。性杀虫，置物中亦辟蛀，但患其臭。

恭曰：今延州、同州者甚好。

志曰：河东、河西处处有之。

珣曰：按《广州记》云：生大秦国，是波斯芜荑也。

藏器曰：芜荑气膻者良，乃山榆仁也。

时珍曰：芜荑有大小两种：小者即榆荚也，揉取仁，酝为酱，味尤辛。人多以外物相和，不可不择去之。入药皆用大芜荑，别有种。

【气味】辛，平，无毒。

权曰：苦，平。

珣曰：辛，温。

诜曰：作酱甚香美，功尤胜于榆仁。可少食之，过多发热，为辛故也。秋月食之，尤宜人。

【主治】五内邪气，散皮肤骨节中淫淫温行毒，去三虫，化食（《本经》）。逐寸白，散肠中嗢嗢喘息（《别录》）。主积冷气，心腹症痛，除肌肤节中风淫淫如虫行（《甄权》）。五脏皮肤肢节邪气。长食，治五痔，杀中恶虫毒，诸病不生（孟诜）。治肠风痔瘘，恶疮疥癣（大明）。杀虫止痛，治妇人子宫风虚，孩子疳泻冷痢。得诃子、豆蔻良（李珣）。和猪胆捣，涂热疮。和蜜，治湿癣。和沙牛酪或马酪，治一切疮（孟诜）。

【附方】旧三，新七。脾胃有虫，食即作痛，面黄无色：以石州芜荑仁二两，和面炒黄色为末。非时米饮服二钱匕。（《千金方》）制杀诸虫：生芜荑、生槟榔各四两，为末，蒸饼丸梧子大。每服二十丸，白汤下。（《本事方》）疳热有虫，瘦悴，久服充肥：用榆仁一两，黄连一两，为末，猪胆汁七枚和，入碗内，饭上蒸之，一日蒸一次，九蒸乃入麝香半钱，汤浸蒸饼和，丸绿豆大。每服五、七丸至一二十丸，米饮下。（钱氏《小儿直诀》）小儿虫痫：胃寒虫上诸症，危恶与痫相似。用白芜荑、干漆（烧存性）等分，为末。米饮调服一字至一钱。（杜壬方）结阴下血：芜荑一两。捣烂，纸压去油，为末，以雄猪胆汁丸梧桐子大。每服九丸，甘草汤下，日五服。三日断根。（《普济方》）脾胃气泄，久患不止：芜荑五两。捣末，饭丸梧子大。每日空心、午饭前，陈米饮下三十丸。久服，去三尸，益神驻颜。此方得之章镣，曾用得力。（王绍颜《续传信方》）膀胱气急，宜下气：用芜荑捣和食盐末等分，以绵裹如枣大，纳下部，或下恶汁，并下气佳。（《外台秘要》）婴孩惊喑：风后失音不能言。肥儿丸：用芜荑（炒）、神曲（炒）、麦蘖（炒）、黄连（炒）各一钱，为末，猪胆汁打糊丸黍米大。每服十丸，木通汤下。黄连能去心窍恶血。（《全幼心鉴》）虫牙作痛：以芜荑仁安蛀孔中及缝中，甚效。（危氏《得效方》）腹中鳖瘕：平时嗜酒，血入于酒则为酒鳖；平时多气，血凝于气则为气鳖；虚劳痼冷，败血杂痰，则为血鳖。摇头掉尾，如虫之行，上侵人咽，下蚀人肛，或附胁背，或隐胸腹，大则如鳖，小或如钱。治法惟用芜荑（炒）煎服之，兼用暖胃益血理中之类，乃可杀之。若徒事雷丸、锡灰之类，无益也。（《仁斋直指方》）

苏方木（《唐本草》）

【释名】苏木。

时珍曰：海岛有苏方国，其地产此木，故名。今人省呼为苏木尔。

【集解】恭曰：苏方木自南海、昆仑来，而交州、爱州亦有之。树似庵罗，叶若榆叶而无涩，抽条长丈许，花黄，子生青熟黑。其木，人用染绛色。

珣曰：按徐表《南州记》云：生海畔。叶似绛，木若女贞。

时珍曰：按嵇含《南方草木状》云：苏方树类槐，黄花黑子，出九真。煎汁忌铁器，则色黯。其木蠹之粪名曰紫纳，亦可用。暹罗国人贱用如薪。

苏方木

【修治】敩曰：凡使去上粗皮并节。若得中心纹横如紫角者，号曰木中尊，其力倍常百等。须细剉重捣，拌细梅树枝蒸之，从巳至申，阴干用。

【气味】甘、咸，平，无毒。

杲曰：甘、咸，凉。可升可降，阳中阴也。

好古曰：味甘而微酸、辛，其性平。

【主治】破血。产后血胀闷欲死者，水煮五两，取浓汁服（《唐本》）。妇人血气心腹痛，月候不调及蓐痨，排脓止痛，消痈肿扑损瘀血，女人失音血噤，赤白痢，并后分急痛（大明）。虚劳血癖气壅滞，产后恶露不安，心腹搅痛，及经络不通，男女中风，口噤不语。并宜细研乳头香末方寸匕，以酒煎苏方木，调服，立吐恶物瘥（《海药》）。霍乱呕逆，及人常呕吐，用水煎服（藏器）。破疮疡死血，产后败血（李杲）。

【发明】元素曰：苏木性凉，味微辛。发散表里风气。宜与防风同用。又能破死血，产后血肿胀满欲死者宜之。

时珍曰：苏方木乃三阴经血分药。少用则和血，多用则破血。

【附方】旧一，新五。产后血晕：苏方木三两，水五升，煎取二升，分再服。（《肘后方》）产后气喘，面黑欲死，乃血入肺也：用苏木二两，水两碗，煮一碗，入人参末一两服。随时加减，神效不可言。（胡氏方）破伤风病：苏方木（为散）三钱，酒服立效。名独圣散。（《普济方》）脚气肿痛：苏方木、鹭鸶藤等分，细剉，入淀粉少许，水二斗，煎一斗五升，先熏后洗。（《普济方》）偏坠肿痛：苏方木二两，好酒一壶煮熟，频饮立好。（《集简方》）金疮接指：凡指断及刀斧伤。用真苏木末敷之，外以蚕茧包缚完固，数日如故。（《摄生方》）

乌木（《纲目》）

【释名】乌樠木（樠，音漫）、乌文木。时珍曰：木名文木，南人呼文如樠，故也。

【集解】时珍曰：乌木出海南、云南、南番。叶似棕榈。其木漆黑，体重坚致，可为箸及器物。有间道者，嫩木也。南人多以系木染色伪之。《南方草物状》云：文木树高七、八丈，其色正黑，如水牛角，作马鞭，日南有之。《古今注》云：乌文木出波斯，舶上将来，乌文阑然。温、括、婺等州亦出之，皆此物也。

【气味】甘、咸，平，无毒。

【主治】解毒，又主霍乱吐利，取屑研末，温酒服（时珍）。

桦木（宋《开宝》）

【释名】樺。

藏器曰:晋·中书令王珉《伤寒身验方》中作樋字。

时珍曰:画工以皮烧烟熏纸,作古画字,故名樋。俗省作桦字也。

【集解】藏器曰:桦木似山桃,皮堪为烛。

宗奭曰:皮上有紫黑花匀者,裹鞍、弓、镫。

时珍曰:桦木生辽东及临洮、河州、西北诸地。其木色黄,有小斑点红色,能收肥腻。其皮厚而轻虚软柔,皮匠家用衬靴里,及为刀靶之类,谓之暖皮。胡人尤重之。以皮卷蜡,可作烛点。

木皮

【气味】苦,平,无毒。

【主治】诸黄疸,浓煮汁饮之良(《开宝》)。煮汁冷饮,主伤寒时行热毒疮,特良。即今豌豆疮也(藏器)。烧灰合他药,治肺风毒(宗奭)。治乳痈(时珍)。

【附方】旧一,新四。乳痈初发:肿痛结硬欲破,一服即瘥。以北来真桦皮烧存性,研,无灰酒温服方寸匕,即卧,觉即瘥也。(沈存中《灵苑方》)乳痈腐烂:靴内年久桦皮,烧灰。酒服一钱,日一服。(唐瑶《经验》)肺风毒疮:遍身疮疥如疠,及瘾疹瘙痒,面上风刺,妇人粉刺,并用桦皮散主之。桦皮(烧灰)四两,枳壳(去穰,烧)四两,荆芥穗二两,炙甘草半两,各为末,杏仁(水煮过,去皮、尖)二两(研泥烂),研匀。每服二钱,食后温酒调下。疮疥甚者,日三服。(《和剂方》)小便热短:桦皮浓煮汁,饮。(《集简方》)染黑须发:樋皮一片,包侧柏一枝,烧烟熏香油碗内成烟,以手抹在须鬓上,即黑也。(《多能鄙事》)

脂

【主治】烧之,辟鬼邪(藏器)。

缑木(《拾遗》)

【释名】

【集解】藏器曰:生林泽山谷。木文侧戾,故曰缑木。

【气味】甘,温,无毒。

【主治】风血羸瘦,补腰脚,益阳道,宜浸酒饮(藏器)。

榈木(《拾遗》)

【集解】藏器曰:出安南及南海。用作床几,似紫檀而色赤,性坚好。

时珍曰:木性坚,紫红色。亦有花纹者,谓之花榈木,可作器皿、扇骨诸物。俗作花梨,误矣。

【气味】辛,温,无毒。

【主治】产后恶露冲心,癥瘕结气,赤白漏下,并剉煎服(李珣)。破血块,冷嗽,煮汁热服。为枕令人头痛,性热故也(藏器)。

棕榈(《宋嘉祐》)

【释名】栟榈。

时珍曰:皮中毛缕如马之鬃鬣,故名。髮,俗作棕。鬣,音间,鬣也。栟,音并。

棕榈

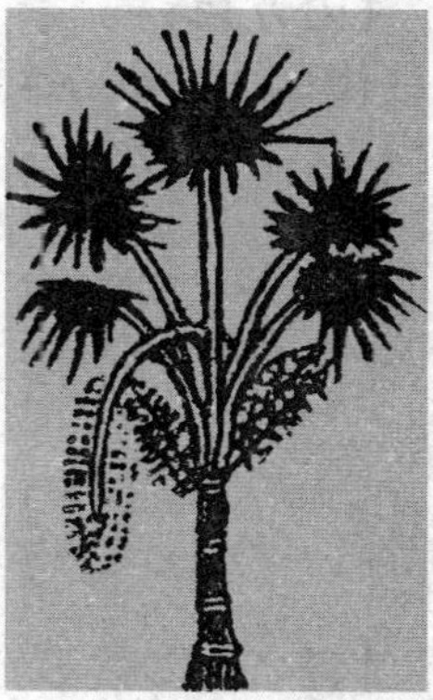

【集解】颂曰:棕榈出岭南、西川,今江南亦有之。木高一二丈,无枝条。叶大而圆,有如车轮,萃于树杪。其下有皮重叠裹之,每皮一匝,为一节。二旬一采,皮转复生上。六、七月生黄白花。八、九月结实,作房如鱼子,黑色。九月、十月采其皮用。《山海经》云:石翠之山,其木多棕是也。

藏器曰:其皮作绳,入土千岁不烂。昔有人开冢得一索,已生根。岭南有桄榔、槟榔、椰子、冬叶、虎散、多罗等木,叶皆与栟榈相类。

时珍曰:棕榈,川、广甚多,今江南亦种之,最难长。初生叶如白芨叶;高二三尺则木端数叶大如扇,上耸,四散歧裂,其茎三棱,四时不凋。其干正直无枝,近叶处有皮裹之,每长一层即为一节。干身赤黑,皆筋络,宜为钟杵,亦可旋为器物。其皮有丝毛,错纵如织,剥取缕解,可织衣、帽、褥、椅之属,大为时利。每岁必两、三剥之,否则树死,或不长也。三月于木端茎中出数黄苞,苞中有细子成列,乃花之孕也,状如鱼腹孕子,谓之棕鱼,亦曰棕笋。渐长出苞,则成花穗,黄白色。结实累累,大如豆,生黄熟黑,甚坚实。或云:南方此木有两种:一种有皮丝,可作绳;一种小而无丝,惟叶可作帚。郑樵《通志》以为王彗者,非也。王彗乃落帚之名,即地肤子。别有蒲葵,叶与此相似而柔薄,可为扇、笠,许慎《说文》以为棕榈亦误矣。

笋及子花

【气味】苦,涩,平,无毒。

藏器曰:有小毒,戟人喉,未可轻服。

珣曰:温,有大毒,不堪食。

时珍曰:棕鱼,皆言有毒不可食,而广、蜀人蜜煮、醋浸,以供佛、寄远,苏东坡亦有食棕笋诗,乃制去其毒尔。

【主治】涩肠,止泻痢肠风,崩中带下,及养血(藏器)。

【附方】新一。大肠下血:棕笋煮熟,切片晒干为末,蜜汤或酒服一二钱。(《集简方》)

皮

【气味】同子。

【主治】止鼻衄吐血，破癥，治肠风赤白痢，崩中带下，烧存性用（大明）。主金疮疥癣，生肌止血（李珣）。

【发明】宗奭曰：棕皮烧黑，治妇人血露及吐血，须佐以他药。

时珍曰：棕灰性涩，若失血去多，瘀滞已尽者，用之切当，所谓涩可去脱也。与乱发同用更良。年久败棕入药尤妙。

【附方】新六。鼻血不止：棕榈灰，随左右吹之。（黎居士方）血崩不止：棕榈皮，（烧存性），空心淡酒服三钱。一方：加煅白矾等分。（《妇人良方》）血淋不止：棕榈皮（半烧半炒）为末，每服二钱，甚效。（《卫生家宝方》）下血不止：棕榈皮半斤，栝蒌一个，烧灰。每服二钱，米饮调下。（《百一选方》）水谷痢下：棕榈皮烧研，水服方寸匕。（《近效方》）小便不通：棕皮毛（烧存性，）以水酒服二钱即通利，累试甚验。（《摄生方》）

橉木（橉，良刃切。《拾遗》）

【释名】橝木（音潭）。

【集解】藏器曰：橉木生江南深山大树。树有数种，取叶厚大白花者入药，自余灰入染家用。

时珍曰：此木最硬，梓人谓之橉筋木是也。木入染绛用，叶亦可酿酒。

木灰

【气味】甘，温，小毒。

【主治】猝心腹癥瘕，坚满痃癖。淋汁八升，酿米一斗，待酒熟，每温饮半合，渐增至一二盏，即愈（藏器。出《肘后》）。

柯树（《拾遗》）

【释名】木奴。

【集解】珣曰：按《广志》云：生广南山谷。波斯家用木为船舫者也。

白皮

【气味】辛，平，有小毒。

【主治】大腹水病。采皮煮汁去滓，煎令可，丸如梧桐子大。平旦空心饮下三丸，须臾又一丸，气、水并从小便出也（藏器）。

乌桕木(《唐本草》)

【释名】鵶臼。

时珍曰:乌桕,乌喜食其子,因以名之。陆龟蒙诗云:行歇每依鸦舅影,挑频时见鼠姑心。是矣。鼠姑,牡丹也。或云:其木老则根下黑烂成臼,故得此名。郑樵《通志》言"乌桕即柜柳"者,非。

【集解】恭曰:生山南平泽。树高数仞,叶似梨、杏。五月开细花,黄白色。子黑色。

藏器曰:叶可染皂。子可压油,燃灯极明。

宗奭曰:叶如小杏叶,但微薄而绿色差淡。子八、九月熟,初青后黑,分为三瓣。

时珍曰:南方平泽甚多。今江西人种植,采子蒸煮,取脂浇烛货之。子上皮脂,胜于仁也。

木柏乌

根白皮

【气味】苦,微温,有毒。

大明曰:性凉,慢火炙干黄乃用。

【主治】暴水,症瘕结积聚(《唐本》)。疗头风。通大小便(大明)。解蛇毒(震亨)。

【发明】时珍曰:乌桕根性沉而降,阴中之阴,利水通肠,功胜大戟。一野人病肿满气壮,令掘此根捣烂,水煎服一碗,连行数行而病平。气虚人不可用之。此方出《太平圣惠方》,言其功神圣,但不可多服尔。诚然。

【附方】旧一,新九。小便不通:乌桕根皮煎汤,饮之。(《肘后方》)大便不通:乌桕木根方长一寸,劈破,水煎半盏,服之立通。不用多吃。其功神圣,兼能取水。(《斗门方》)二便关格,二三日则杀人:乌桕东南根白皮,干为末,热水服二钱。先以芒硝二两,煎汤服,取吐甚效。(《肘后方》)水气虚肿,小便涩:乌桕皮二两,槟榔、木通各一两,为末。每服二钱,米饮下。(《圣惠方》)脚气湿疮,极痒有虫:乌桕根,为末敷之,少时有涎出良。(《摘玄方》)尸注中恶,心腹痛刺,沉默错乱:用乌桕根皮煎浓汁一合,调朱砂末一钱,服之。《肘后方》无朱砂。(《永类方》)暗疔昏狂,疮头凸红:桕树根经行路者,取二尺许,去皮捣烂,井华水调一盏服。待泻过,以三角银杏仁浸油,捣盦患处。(《圣济总录》)婴儿胎毒满头:用水边乌桕树根晒研,入雄黄末少许,生油调搽。(《经验良方》)鼠莽砒毒:乌桕根半两,擂水服之。(《医方大成》)盐齁痰喘:桕树皮,去粗捣汁,和飞面作饼,烙熟。早晨与儿吃三四个,待吐下盐涎乃佳。如不行,热茶催之。(《摘玄方》)

叶

【气味】同根。

【主治】食牛马六畜肉,生疔肿欲死者。捣自然汁一二碗,顿服得大利,去毒即愈。未利再服。冬用根(时珍)。

柏油

【气味】甘,凉,无毒。

【主治】涂头,变白为黑。服一合,令人下利,去阴下水气。炒子作汤亦可(藏器)。涂一切肿毒疮疥(时珍)。

【附方】新二。脓疱疥疮:柏油二两,水银二钱,樟脑五钱,同研,频入唾津,不见星乃止。以温汤洗净疮,以药填入。(唐瑶《经验方》)小儿虫疮:用旧绢作衣,化柏油涂之,与儿穿着。次日虫皆出油上。取下爁之有声是也。别以油衣与穿,以虫尽为度。(《濒湖集简方》)

巴豆(《本经》下品)

【释名】巴菽(《本经》)、刚子(《炮炙》)、老阳子。

时珍曰:此物出巴蜀,而形如菽豆,故以名之。《宋本草》一名巴椒,乃菽字传讹也。雷敩《炮炙论》又分紧小色黄者为巴,有三棱色黑者为豆,小而两头尖者为刚子。云巴与豆可用,刚子不可用(杀人)。其说殊乖。盖紧小者是雌,有棱及两头尖者是雄。雄者峻利,雌者稍缓也。用之得宜,皆有功力;用之失宜,参、术亦能为害,况巴豆乎?

【气味】辛,温,有毒。

巴豆

《别录》曰:生温、熟寒,有大毒。

普曰:神农、岐伯、桐君:辛,有毒;黄帝:甘,有毒。李当之:热。

元素曰:性热味苦,气薄味厚,体重而沉降,阴也。

杲曰:性热味辛,有大毒,浮也,阳中阳也。

时珍曰:巴豆气热味辛,生猛熟缓,能吐能下,能止能行,是可升可降药也。《别录》言其熟则性寒,张氏言其降,李氏言其浮,皆泥于一偏矣。盖此物不去膜则伤胃,不去心则作呕,以沉香水浸则能升能降,与大黄同用泻入反缓,为其性相畏也。王充《论衡》云:万物含太阳火气而生者,皆有毒。故巴豆辛热有毒。

之才曰:芫花为之使。畏大黄、黄连、芦笋、菰笋、藜芦、酱、豉、冷水,得火良,恶蘘草,与牵牛相反。中其毒者,用冷水、黄连汁、大豆汁解之。

【主治】伤寒温疟寒热,破癥瘕结聚坚积留饮痰癖,大腹水胀,荡练五脏六腑,开通闭塞,利水谷道,去恶肉,除鬼毒蛊疰邪物,杀虫鱼(《本经》)。疗女子月闭烂胎,金疮脓血,不利丈夫阴。杀斑蝥蛇虺毒。可炼饵之,益血脉,令人色好,变化与鬼神通(《别录》)。治十种水肿,痿痹,落胎(《药性》)。通宣一切病,泄壅滞,除风补劳,健脾开胃,消痰破血。排脓消肿毒,杀腹脏虫,治恶疮息肉,及疥癞疔肿(《日华》)。导气消积,去脏腑停寒,治生冷硬物所伤(元素)。治泻痢惊痫,心腹痛疝气，风喎，耳聋，喉痹牙痛，通利关窍（时珍）。

【附方】旧十三，新二十六。一切积滞：巴豆一两，蛤粉二两，黄柏三两，为末，水丸绿豆大。每水下五丸。（《医学切问》）寒澼宿食久饮不消，大便闭塞：巴豆仁一升，清酒五升，煮三日三夜，研熟，合酒微火煎令可，丸如豌豆大。每服一丸，水下。欲吐者，二丸。（《千金方》）水蛊大腹，动摇水声，皮肤色黑：巴豆九十枚（去心、皮，熬黄）。杏仁六十枚（去皮、尖，熬黄），捣丸小豆大。水下一丸，以利为度。勿饮酒。（张文仲《备急方》）飞尸鬼击中恶，心痛腹胀，大便不通：走马汤：用巴豆二枚（去皮、心，熬黄），杏仁二枚，以绵包椎碎，热汤一合，捻取白汁服之，当下而愈。量老小用之。（《外台》）食疟积疟：巴豆（去皮、心）二钱，皂荚（去皮、子）六钱，捣丸绿豆大。一服一丸，冷汤下。（《肘后方》）积滞泄痢，腹痛里急：杏仁（去皮、尖）、巴豆（去皮、心）各四十九个，同烧存性，研泥，熔蜡和，丸绿豆大。每服二三丸，煎大黄汤下，间日一服。一加百草霜三钱。（刘守真《宣明方》）气痢赤白：巴豆一两。去皮、心，熬研，以熟猪肝丸绿豆大。空心米饮下三四丸，量人用。此乃郑獬侍御所传方也。（《经验方》）泻血不止：巴豆一个。去皮，以鸡子开一孔纳入，纸封煨熟，去豆食之，其病即止。虚人分作二服，决效。（《普济方》）小儿下痢赤白：用巴豆（煨熟，去油）一钱，百草霜二钱。研末，飞罗面煮糊，丸黍米大，量人用之。赤用甘草汤，白用米汤，赤白用姜汤下。（《全幼心鉴》）夏月水泻不止：巴豆一粒，针头烧存性，化蜡和作一丸。倒流水下。（危氏《得效方》）小儿吐泻：巴豆一个（针穿灯上烧过），黄蜡一豆大（灯上烧，滴入水中）。同杵丸黍米大。每用五、七丸，莲子、灯心汤下。（同上）伏暑霍乱伤冷，吐利烦渴：水浸丹：用巴豆二十五个（去皮、心及油），黄丹（炒，研）一两二钱半，化黄蜡和，丸绿豆大。每服五七丸，水浸少顷，别以新汲水吞下。（《和剂方》）干霍乱病：心腹胀痛，不吐不利，欲死。巴豆一枚（去皮、心），热水研服，得吐、利即定也。二便不通：巴豆（连油）、黄连各半两，捣作饼子。先滴葱、盐汁在脐内，安饼于上，灸二七壮，取利为度。（《杨氏家藏》）寒痰气喘：青橘皮一片，展开入刚子一个，麻扎定，火上烧存性，研末。姜汁和酒一钟，呷服。天台李翰林用此治莫秀才，到口便止，神方也。（张杲《医说》）风湿痰病：人坐密室中，左用滚水一盆，右用炭火一盆，前置一桌，书一册。先将无油新巴豆四十九粒研如泥，纸压去油，分作三饼。如病在左，令病人将右手仰置书上，安药于掌心，以碗安药上，倾热水入碗内。水凉即换，良久汗出，立见神效。病在右安左掌心。一云随左右安之。（《保寿堂经验方》）阴毒伤寒：心结，按之极痛，大小便闭，但出气稍暖者。急取巴豆十粒研，入面一钱，捻作饼，安脐内，以小艾炷灸五壮，气达即通。此太师陈北山方也。（《仁斋直指方》）解中药毒：巴豆（去皮，不去油）、马牙硝等分，研丸。冷水服一弹丸。（《初虞世方》）喉痹垂死，只有余气者：巴豆去皮，线穿，内入喉中，牵出即苏。（《千金》）

油

【主治】中风痰厥气厥，中恶喉痹，一切急病，咽喉不通，牙关紧闭。以研烂巴豆绵纸包，压取油作捻点灯，吹灭熏鼻中，或用热烟刺入喉内，即时出涎或恶血便苏。又舌上无故出血，以熏舌之上下，自止（时珍）。

壳

【主治】消积滞,治泻痢(时珍)。

【附方】新二。一切泻痢:脉浮洪者,多日难已;脉微小者,服之立止。名胜金膏。巴豆皮、楮叶同烧存性研,化蜡丸绿豆大。每甘草汤下五丸。(刘河间《宣明方》)痢频脱肛.黑色坚硬:用巴豆壳烧灰,芭蕉自然汁煮,入朴硝少许,洗软,用真麻油点火滴于上,以枯矾、龙骨少许为末,掺肛头上,以芭蕉叶托入。(危氏《得效方》)。

树根

【主治】痈疽发背,脑疽鬓疽大患。掘取洗捣,敷患处,留头,妙不可言。收根阴干,临时水捣亦可(时珍。出杨诚《经验方》)。

大风子(《补遗》)

【释名】时珍曰:能治大风疾,故名。

【集解】时珍曰:大风子,今海南诸国皆有之。按周达观《真腊记》云:大风乃大树之子,状如椰子而圆。其中有核数十枚,大如雷丸子。中有仁白色,久则黄而油,不堪入药。

大风子

仁

【修治】时珍曰:取大风子油法:用子三斤(去壳及黄油者),研极烂,瓷器盛之,封口入滚汤中,盖锅密封,勿令透气,文武火煎至黑色如膏,名大风油,可以和药。

【气味】辛,热,有毒。

【主治】风癣疥癞,杨梅诸疮,攻毒杀虫(时珍)。

【发明】震亨曰:粗工治大风病,佐以大风油。殊不知此物性热,有燥痰之功而伤血,至有病将愈而先失明者。

时珍曰:大风油治疮,有杀虫劫毒之功,盖不可多服。用之外涂,其功不可没也。

【附方】新五。大风诸癞:大风子油一两,苦参末三两,入少酒,糊丸梧桐子大。每服五十丸,空心温酒下。仍以苦参汤洗之。(《普济方》)大风疮裂:大风子(烧存性,)和麻油、轻粉研涂。仍以壳煎汤洗之。(《岭南卫生方》)杨梅恶疮:方同上。风刺赤鼻:大风子仁、木鳖子仁、轻粉、硫黄为末,夜夜唾调涂之。手背皴裂:大风子捣泥,涂之。(《寿域》)

海红豆(《海药》)

【释名】

【集解】珣曰:按徐表《南州记》云:生南海人家园圃中。大树而生,叶圆有荚。近时蜀中种之亦成。

时珍曰:树高二三丈,叶似梨叶而圆。按宋祁《益部方物图》云:红豆叶如冬青而圆泽,春开花白色,结荚枝间。其子累累如缀珠,若大红豆而扁,皮红肉白,以似得名,蜀人用为果饤。

豆

【气味】微寒,有小毒。

【主治】人黑皮䵟䵴花癣,头面游风。宜入面药及澡豆(李珣)。

相思子(《纲目》)

【释名】红豆。

时珍曰:按《古今诗话》云:相思子圆而红。故老言:昔有人殁于边,其妻思之,哭于树下而卒,因以名之。此与韩凭冢上相思树不同,彼乃连理梓木也。或云即海红豆之类,未审的否?

相思子

【集解】时珍曰:相思子生岭南。树高丈余,白色。其叶似槐,其花似皂荚,其荚似扁豆。其子大如小豆,半截红色,半截黑色,彼人以嵌首饰。段公路《北户录》言:有蔓生,用子收龙脑香相宜,令香不耗也。

【气味】苦,平,有小毒,吐人。

【主治】通九窍,去心腹邪气,止热闷头痛,风痰瘴疟,杀腹脏及皮肤内一切虫,除蛊毒。取二七枚研服,即当吐出(时珍)。

【附方】新三。瘴疟寒热:相思子十四枚,水研服,取吐立瘥。(《千金》)猫鬼野道眼见猫鬼,及耳有所闻:用相思子、蓖麻子、巴豆各一枚,朱砂末、蜡各四铢,合捣,丸如麻子大,含之。即以灰围患人,面前着一斗灰火,吐药入火中,沸即画十字于火上,其猫鬼者死也。(《千金》方)解中蛊毒必效方:用未钻想思子十四枚,杵碎为末。温水半盏,和服。欲吐抑之勿吐,少顷当大吐。轻者但服七枚。非常神效。(《外台秘要》)

猪腰子(《纲目》)

【集解】时珍曰:猪腰子生柳州。蔓生结荚,内子大若猪之内肾,状酷似之,长三四寸,色紫而肉坚。彼人以充土宜,馈送中土。

【气味】甘、微辛,无毒:

【主治】一切疮毒及毒箭伤,研细,酒服一二钱,并涂之(时珍)。

子腰猪

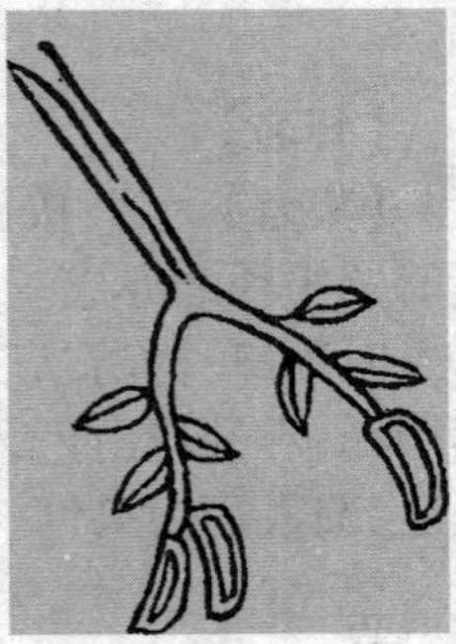

石瓜(《纲目》)

【集解】时珍曰:石瓜出四川峨眉山中及芒部地方。其树修干,树端挺叶,肥滑如冬青,状似桑。其花浅黄色。结实如缀,长而不圆,壳裂则子见,其形似瓜,其坚如石,煮液黄色。

【气味】苦,平,微毒。

【主治】心痛。煎汁,洗风痹(时珍)。

本草纲目木部第三十六卷

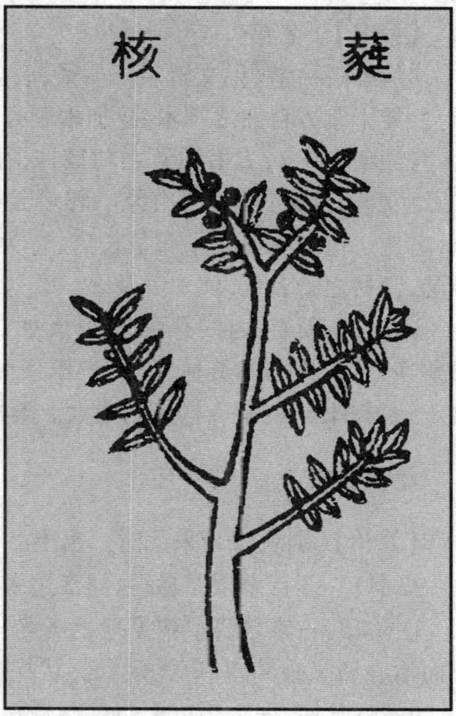

本草纲目木部第三十六卷

桑(《本经》中品)

【释名】子名椹。

时珍曰:徐锴《说文解字》云:叒,音若,东方自然神木之名,其字象形。桑乃蚕所食,异于东方自然之神木,故加木于叒下而别之。《典术》云:桑乃箕星之精。

【集解】颂曰:方书称桑之功最神,在人资用尤多。《尔雅》云:桑辨有葚者栀。又云:女桑,桋桑。檿桑,山桑。郭璞云:辨,半也。葚与椹同。一半有椹,一半无椹,名栀。俗间呼桑之小而条长者,皆为女桑。其山桑似桑,材中弓弩;檿桑,丝中琴瑟,皆材之美者也,他木鲜及之。

时珍曰:桑有数种:有白桑,叶大如掌而厚;鸡桑,叶花而薄;子桑,先椹而后叶;山桑,叶尖而长。以子种者,不若压条而分者。桑生黄衣,谓之金桑,其木必将槁矣。《种树书》云:桑以构接则桑大。桑根下埋龟甲,则茂盛不蛀。

桑根白皮

【修治】《别录》曰:采无时。出土上者杀人。

弘景曰:东行桑根乃易得,而江边多出土,不可轻信。

时珍曰:古本草言桑根见地上者名马领,有毒杀人。旁行出土者名伏蛇,亦有毒而治心痛。故吴淑《事类赋》云:伏蛇疗疾,马领杀人。

敩曰:凡使,采十年以上向东畔嫩根,铜刀刮去青黄薄皮一重,取里白皮切,焙干用。其皮中涎勿去之,药力俱在其上也。忌铁及铅。或云:木之白皮亦可用。煮汁染褐色,久不落。

【气味】甘,寒,无毒。

权曰:平。

大明曰:温。

元素曰:苦、酸。

杲曰:甘、辛,寒。可升可降,阳中阴也。

好古曰:甘厚而辛薄,入手太阴经。

之才曰:续断、桂心、麻子为之使。

【主治】伤中，五劳六极，羸瘦，崩中绝脉，补虚益气（《本经》）。去肺中水气，唾血热渴，水肿腹满胪胀，利水道，去寸白，可以缝金疮（《别录》）。治肺气喘满，虚劳客热头痛，内补不足（甄权）。煮汁饮，利五脏。入散用，下一切风气水气（孟诜）。调中下气，消痰止渴，开胃下食，杀腹脏虫，止霍乱吐泻。研汁，治小儿天吊惊痫客忤，及敷鹅口疮，大验（大明）。泻肺，利大小肠，降气散血（时珍）。

【发明】杲曰：桑白皮，甘以固元气之不足而补虚，辛以泻肺气之有余而止嗽。又云：桑白皮泻肺，然性不纯良，不宜多用。

时珍曰：桑白皮长于利小水，乃实则泻其子也，故肺中有水气及肺火有余者宜之。十剂云：燥可去湿，桑白皮、赤小豆之属是矣。宋医钱乙治肺气热盛，咳嗽而后喘，面肿身热，泻白散：用桑白皮（炒）一两，地骨皮（焙）一两，甘草（炒）半两。每服一二钱，入粳米百粒，水煎，食后温服。桑白皮、地骨皮皆能泻火从小便去，甘草泻火而缓中，粳米清肺而养血，此乃泻肺诸方之准绳也。元医罗天益言其泻肺中伏火而补正气，泻邪所以补正也。若肺虚而小便利者，不宜用之。

颂曰：桑白皮作线缝金疮肠出，更以热鸡血涂之。唐·安金藏剖腹，用此法而愈。

【附方】旧九，新五。咳嗽吐血，甚者殷鲜：桑根白皮一斤，米泔浸三宿，刮去黄皮，剉细，入糯米四两，焙干为末。每服一钱，米饮下。（《经验方》）消渴尿多：入地三尺桑根，剥取白皮，炙黄黑，剉。以水煮浓汁，随意饮之。亦可入少米，勿用盐。（《肘后方》）产后下血：炙桑白皮，煮水饮之。（《肘后方》）血露不绝：锯截桑根，取屑五指撮，以醇酒服之，日三服。（《肘后方》）坠马拗损：桑根白皮五斤为末，水一升煎膏，敷之便止。已后亦无宿血，终不发动。（《经验后方》）金刃伤疮：新桑白皮，烧灰，和马粪涂疮上，数易之。亦可煮汁服之。（《广利方》）杂物眯眼；新桑根白皮洗净捶烂，入眼，拨之自出。（《圣惠方》）发鬓堕落：桑白皮（剉）二升。以水淹浸，煮五、六沸，去滓，频频洗沐，自不落也。（《千金方》）发槁不泽：桑根白皮、柏叶各一斤，煎汁沐之即润。（《圣惠方》）小儿重舌：桑根白皮煮汁，涂乳上饮之。（《子母秘录》）小儿流涎：脾热也，胸膈有痰。新桑根白皮，捣自然汁涂之，甚效。干者煎水。（《圣惠方》）小儿天吊，惊痫客忤：家桑东行根取研汁服。（《圣惠方》）小儿火丹：桑根白皮，煮汁浴之。或为末，羊膏和涂之。（《千金方》）石痈坚硬不作脓者：蜀桑白皮阴干为末，烊胶和酒调敷，以软为度。（《千金方》）

皮中白汁

【主治】小儿口疮白漫漫，拭净涂之便愈。又涂金刃所伤燥痛，须臾血止，仍以白皮裹之，甚良（苏颂）。涂蛇、蜈蚣、蜘蛛伤，有验。取枝烧沥，治大风疮疥，生眉、发（时珍）。

【附方】旧一，新三。小儿鹅口：桑白皮汁，和胡粉涂之。（《子母秘录》）小儿唇肿：桑木汁涂之，即愈。（《圣惠方》）解百毒气：桑白汁一合，服之，须臾吐利自出。

(《肘后方》)破伤中风:桑沥、好酒,对和温服,以醉为度。醒服消风散。(《摘玄方》)

桑椹(一名文武实)

【主治】单食,止消渴(苏恭)。利五脏关节,通血气。久服不饥,安魂镇神,令人聪明,变白不老。多收曝干为末,蜜丸日服(藏器)。捣汁饮,解中酒毒。酿酒服,利水气消肿(时珍)。

【发明】宗奭曰:《本经》言桑甚详,然独遗乌椹,桑之精英尽在于此。采摘微研,以布滤汁,石器熬成稀膏,量多少入蜜熬稠,贮瓷器中。每抄一二钱,食后、夜卧,以沸汤点服。治服金石发热口渴,生精神及小肠热,其性微凉故也。《仙方》晒干为末,蜜和为丸,酒服亦良。

时珍曰:椹有乌、白二种。杨氏《产乳》云:孩子不得与桑椹,令儿心寒,而陆机《诗疏》云:鸠食桑椹多则醉伤其性,何耶?《四民月令》云:四月宜饮桑椹酒,能理百种风热。其法用椹汁三斗,重汤煮至一斗半,入白蜜二合,酥油一两,生姜一合,煮令得所,瓶收。每服一合,和酒饮之。亦可以汁熬烧酒,藏之经年,味力愈佳。史言魏武帝军乏食,得干椹以济饥。金末大荒,民皆食椹,获活者不可胜计。则椹之干湿皆可救荒,平时不可不收采也。

【附方】旧一,新七。水肿胀满:水不下则满溢,水下则虚竭还胀,十无一活,宜用桑椹酒治之。桑心皮切,以水二斗,煮汁一斗,入桑椹再煮,取五升,以糯饭五升,酿酒饮。(《普济方》)瘰疬结核:文武膏:用文武实(即桑葚子)二斗(黑熟者),以布取汁,银、石器熬成薄膏。每白汤调服一匙,日三服。(《保命集》)诸骨哽咽:红椹子细嚼,先咽汁,后咽滓,新水送下。干者亦可。(《圣惠方》)小儿赤秃:桑椹取汁,频服。(《千金方》)小儿白秃:黑葚入罂中曝三七日,化为水,洗之,三七日神效。(《圣济录》)拔白变黑:黑葚一斤,蝌蚪一斤,瓶盛封闭,悬屋东头一百日,尽化为黑泥,以染白发如漆。(陈藏器《本草》)发白不生:黑熟桑椹,水浸日晒,搽涂,令黑而复生也。(《千金方》)阴证腹痛:桑椹绢包风干,过伏天,为末。每服三钱,热酒下,取汗。(《集简方》)

叶

【气味】苦、甘,寒,有小毒。

大明曰:家桑叶:暖,无毒。

【主治】除寒热,出汗(《本经》)。汁:解蜈蚣毒(《别录》)。煎浓汁服,能除脚气水肿,利大小肠(苏恭)。炙熟煎饮,代茶止渴(孟诜)。煎饮,利五脏,通关节,下气。嫩叶煎酒服,治一切风。蒸熟捣,罯风痛出汗,并扑损瘀血。挼烂,涂蛇、虫伤(大明)。研汁,治金疮及小儿吻疮。煎汁服,止霍乱腹痛吐下,亦可以干叶煮之。

鸡桑叶:煮汁熬膏服,去老风及宿血(藏器)。治劳热咳嗽,明目长发(时珍)。

【发明】震亨曰:经霜桑叶研末,米饮服。止盗汗。

时珍曰:桑叶乃手、足阳明之药,汁煎代茗,能止消渴。

【附方】旧二,新十一。青盲洗法:昔武胜军宋仲孚患此二十年,用此法,二年目明如故。新采青桑叶阴干,逐月按日就地上烧存性。每以一合,于瓷器内煎减二分,倾出澄清,温热洗目,至百度,屡试有验。正月初八,二月初八,三月初六,四月初四,五月初五,六月初二,七月初七,八月二十,九月十二,十月十七,十一月初二,十二月三十。(《普济方》)风眼下泪:腊月不落桑叶煎汤,日日温洗。或入芒硝。(《集简方》)赤眼涩痛:桑叶为末,纸卷烧烟熏鼻取效,《海上方》也。(《普济方》)头发不长:桑叶、麻叶煮泔水沐之,七次可长数尺。(《千金方》)吐血不止:晚桑叶焙研,凉茶服三钱。只一服止,后用补肝肺药。(《圣济总录》)小儿渴疾:桑叶不拘多少,逐片染生蜜,线系蒂上,绷,阴干。细切,煎汁日饮代茶。(《胜金方》)霍乱转筋,入腹烦闷:桑叶一握,煎饮,一二服立定。(《圣惠方》)大肠脱肛:黄皮桑树叶三升,水煎过,带温罨纳之。(《仁斋直指方》)肺毒风疮,状如大风:绿云散:用好桑叶。净洗,蒸熟(一宿候),晒干,为末。水调二钱匕服。(《经验后方》)痈口不敛:经霜黄桑叶,为末。敷之。(《直指方》)穿掌肿毒:新桑叶研烂,盦之即愈。(《通玄论》)汤火伤疮:经霜桑叶(烧存性,)为末,油和敷之。三日愈。(《医学正传》)手足麻木不知痛痒:霜降后桑叶煎汤,频洗。(《救急方》)

枝

【气味】苦,平。

【主治】遍体风痒干燥,水气、脚气、风气,四肢拘挛,上气眼晕,肺气咳嗽,消食利小便。久服轻身,聪明耳目,令人光泽。疗口干及痈疽后渴,用嫩条细切一升,熬香煎饮,亦无禁忌。久服,终身不患偏风(苏颂。出《近效方》,名桑枝煎。一法:用花桑枝寸剉,炒香,瓦器煮减一半,再入银器,重汤熬减一半。或入少蜜亦可)。

【发明】颂曰:桑枝不冷不热,可以常服。《抱朴子》言:《仙经》云:一切仙药,不得桑煎不服。

时珍曰:煎药用桑者,取其能利关节,除风寒湿痹诸痛也。观《灵枢经》治寒痹内热,用桂酒法,以桑炭炙布巾,熨痹处;治口僻用马膏法,以桑钩钩其口,及坐桑灰上,皆取此意也。又痈疽发背不起发,或瘀肉不腐溃,及阴疮、瘰疬、流注、臁疮、顽疮、恶疮久不愈者,用桑木炙法,未溃则拔毒止痛,已溃则补接阳气,亦取桑通关节,去风寒,火性畅达,出郁毒之意。其法以干桑木劈成细片,扎作小把,然火吹息,炙患处。每吹炙片时,以瘀肉腐动为度,内服补托药,诚良方也。又按赵溍《养痾漫笔》云:越州一学录少年苦嗽,百药不效。或令用南向柔桑条一束,每条寸折纳锅中,以水五碗,煎至一碗,盛瓦器中,渴即饮之,服一月而愈。此亦桑枝煎变法尔。

【附方】旧二,新四。服食变白,久服通血气,利五脏:鸡桑嫩枝,阴干为末,蜜和作丸。每日酒服六十丸。(《圣惠方》)水气脚气:桑条二两,炒香,以水一升,煎二合。每日空心服之,亦无禁忌。(《圣济总录》)风热臂痛:桑枝一小升切炒。水三升,煎二升,一日服尽。许叔微云:尝病臂痛,诸药不效,服此数剂寻愈。观《本草切用》及《图经》言其不冷不热,可以常服;《抱朴子》言:一切仙药,不得桑枝煎不服,可知矣。(《本事方》)解中蛊毒:令人腹内坚痛,面黄青色,淋露骨立,病变不常。桑木心(剉)一斛,着釜中,以水淹令上有三寸,煮取二斗,澄清,微火煎得五升。空心服五合,则吐蛊毒出也。(《肘后方》)刺伤手足,犯露水肿痛,多杀人:以桑枝三条,煻火炮热,断之,以头熨疮上令热,冷即易之,尽三条则疮自烂。仍取韭白或薤白敷上,急以帛裹之。有肿更作。(《千金方》)紫白癜风:桑枝十斤,益母草三斤。水五斗,慢火煮至五斤,去滓再煎成膏。每卧时温酒调服半合,以愈为度。(《圣惠方》)

桑柴灰

【气味】辛,寒,有小毒。

诜曰:淋汁入炼五金家用,可结汞、伏硫。

【主治】蒸淋取汁为煎,与冬灰等分,同灭痣疵黑子,蚀恶肉。煮小豆食,大下水胀。敷金疮,止血生肌(苏恭)。桑霜:治噎食积块(时珍)。

【附方】旧五,新六。目赤肿痛:桑灰一两。黄连半两,为末。每以一钱泡汤,澄清洗之。(《圣济总录》)洗青盲眼:正月八,二月八,三月六,四月四,五月五,六月二,七月七,八月二十,九月十二,十月十七,十一月二十六,十二月三十日。每遇上件神日,用桑柴灰一合,煎汤沃之,于瓷器中,澄取极清,稍热洗之。如冷即重汤顿温,不住手洗。久久视物如鹰鹘也。一法以桑灰、童子小便和作丸。每用一丸,泡汤澄洗。(《经验方》)尸疰鬼疰:其病变动,乃有三十六种至九十九种,使人寒热淋沥,恍惚默默,不得知所苦,累年积月,以至于死,复传亲人,宜急治之。用桑树白皮曝干,烧灰二斗,着甑中蒸透,以釜中汤三、四斗,淋之又淋,凡三度极浓,澄清只取二斗,以渍赤小豆二斗,一宿,曝干复渍,灰汁尽乃止,以豆蒸熟。以羊肉或鹿肉作羹,进此豆饭,初食一升至二升,取饱。微者,三、四斗愈;极者七、八斗愈。病去时,体中自觉疼痒淫淫。若根本不尽,再为之。神效方也。(《肘后方》)腹中症瘕:方见介部鳖下。身面水肿,坐卧不得:取东引花桑枝,烧灰淋汁,煮赤小豆。每饥即饱食之,不得吃汤饮。(《梅师方》)面上痣疵:寒食前后,取桑条,烧灰,淋汁,入石灰熬膏,以自己唾调点之,自落也。(《皆效方》)白癜驳风:桑柴灰二斗,甑内蒸之,取釜内热汤洗。不过五、六度,瘥。(《圣惠方》)大风恶疾,眉发脱落:以桑柴灰热汤淋取汁,洗头面(以大豆水研浆,解释灰味,弥佳)。次用熟水,入绿豆面濯之。三日一洗头,一日一洗面,不过十度良。(《圣惠方》)狐尿刺人,肿痛欲死:热桑灰汁渍之,冷即易。(《肘后方》)金疮作痛:桑柴灰筛细,敷之。(《梅师方》)疮伤风水,肿痛人腹,则杀人:多以桑灰淋汁渍之,冷复易。(《梅师方》)头风白屑:桑灰淋汁沐

之，神良。（《圣惠方》）

桑耳、桑黄

见菜部木耳。

桑花

见草部苔类。

桑寄生

见后寓木类。

桑柴火

见火部。

桑螵蛸

见虫部。

桑蠹

见虫部。

柘（宋《嘉祐》）

【释名】时珍曰：按陆佃《埤雅》云：柘宜山石，柞宜山阜。柘之从石，其取此义欤？

【集解】宗奭曰：柘木里有纹，亦可旋为器。其叶可饲蚕，曰柘蚕，然叶硬，不及桑叶。入药以无刺者良。

时珍曰：处处山中有之。喜丛生。干疏而直。叶丰而厚，团而有尖。其叶饲蚕，取丝作琴瑟，清响胜常。《尔雅》所谓棘茧，即此蚕也。《考工记》云：弓人取材以柘为上。其实状如桑子，而圆粒如椒，名隹子（隹音锥）。其木染黄赤色，谓之柘黄，天子所服。《相感志》云：柘木以酒醋调矿灰涂之，一宿则作间道乌木纹。物性相伏也。

柘

木白皮、东行根白皮

【气味】甘，温，无毒。

【主治】妇人崩中、血结，疟疾（大明）。煮汁酿酒服，主风虚耳聋，补劳损虚羸，腰肾冷，梦与人交接泄精者（藏器）。

【发明】时珍曰：柘能通肾气，故《圣惠方》治耳鸣耳聋一二十年者，有柘根酒。用柘根二十斤，菖蒲五斗，各以水一石，煮取汁五斗。故铁二十斤，煅赤，以水五斗，浸取清，合水一石五斗；用米二石，曲二斗，如常酿酒成。用真磁石三斤为末，浸酒中三宿。日夜饮之，取小醉而眠。闻人声乃止。

【附方】新二。飞丝入目：柘浆点之，以绵蘸水拭去。（《医学纲目》）洗目令明：柘木煎汤，按日温洗，自寅至亥乃止，无不效者。正月初二，二月初二，三月不洗，四月初五，五月十五，六月十一，七月初七，八月初二，九月初二，十月十九，十一月不洗，十二月十四日。徐神翁方也。（《海上方》）小儿鹅口重舌：柘根五斤（剉），水五升，煮二升，去滓，煎取五合，频涂之。无根，弓材亦可。（《千金方》）

柘黄

见菜部木耳。

奴柘（《拾遗》）

【集解】藏器曰：生江南山野。似柘，节有刺，冬不凋。

时珍曰：此树似柘而小，有刺。叶亦如柞叶而小，可饲蚕。

刺

【气味】苦，小温，无毒。

【主治】老妇血瘕，男子痃癖闷痞。取刺和三棱草、马鞭草作煎如稠糖。病在心，食后；在脐，空心服。当下恶物（藏器）。

楮（《别录上品》）

【释名】榖（音媾。亦作构）、榖桑。

颂曰：陆机《诗疏》云：构，幽州谓之榖桑，或曰楮桑。荆扬、交广谓之榖。

时珍曰：楮本作柠，其皮可绩为苎故也。楚人呼乳为榖，其木中白汁如乳，故以名之。陆佃《埤雅》作谷米之谷，训为善者，误矣。或以楮、构为二物者，亦误矣。详下文。

【气味】甘，寒，无毒。

【主治】阴痿水肿，益气充肌明目。久服，不饥不老，轻身(《别录》)。壮筋骨，助阳气，补虚劳，健腰膝，益颜色(大明)。

【发明】弘景曰：仙方采捣取汁和丹用，亦干服，使人通神见鬼。

时珍曰：《别录》载楮实功用大补益，而《修真秘旨书》言久服令人成骨软之痿。《济生秘览》治骨哽，用楮实煎汤服之，岂非软骨之征乎？按《南唐书》云：烈祖食饴喉中噎，国医莫能愈。吴廷绍独请进楮实汤，一服疾失去。群医他日取用皆不验，扣廷绍。答云：噎因甘起，故以此治之。愚谓此乃治骨鲠软坚之义尔，群医用治他噎，故不验也。

楮

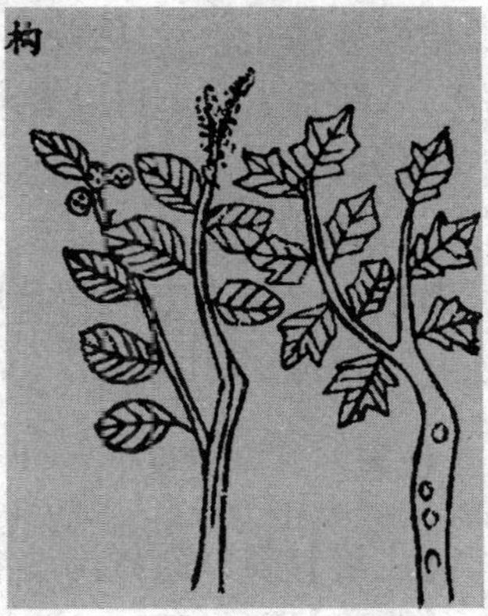

【附方】新六。水气蛊胀：楮实子丸，以洁净府。用楮实子一斗(水二斗，熬成膏)。茯苓三两，白丁香一两半，为末，以膏和，丸梧桐子大。从少至多，服至小便清利，胀减为度。后服治中汤养之。忌甘苦峻补及发动之物。(洁古《活法机要》)肝热生翳：楮实子研细，食后蜜汤服一钱，日再服。(《直指方》)喉痹喉风：五月五日(或六月六日、七月七日)，采楮桃阴干。每用一个为末，并华水服之。重者以两个。(《集简方》)身面石疽，状如痤疖而皮厚：榖子捣，敷之。(《外台秘要》)金疮出血：榖子捣，敷之。(《外台秘要》)目昏难视：楮桃、荆芥穗各五百枚。为末，炼蜜丸弹子大。食后嚼一丸，薄荷汤送下，一日三服。(《卫生易简方》)

叶

【气味】甘，凉，无毒。

【主治】小儿身热，食不生肌。可作浴汤。又主恶疮生肉(《别录》)。治刺风身痒(大明)。治鼻衄数升不断者，捣汁三升。再三服之，良久即止。嫩芽茹之，去四肢风痹，赤白下痢(苏颂)。炒研搜面作馎饦食之，主水痢(甄权)。利小便，去风湿肿胀。白浊、疝气、癣疮(时珍)。

【附方】旧六，新十。水谷下痢：见果部橡实下。老少瘴痢，日夜百余度者：取干楮叶三两(熬)，捣为末。每服方寸匕，乌梅汤下，日再服。取羊肉裹末，纳肛中，利出即止。(杨炎《南行方》)小儿下痢赤白，作渴，得水又呕逆者：构叶炙香，以饮浆半升浸至水绿，去叶。以木瓜一个，切，纳汁中，煮二、三沸，去木瓜，细细饮之。(《子母秘录》)脱肛不收：五花构叶阴干为末。每服二钱，米饮调下。兼涂肠头。(《圣惠方》)小便白浊：构叶为末，蒸饼丸梧桐子大。每服三十丸，白汤下。(《经验良方》)通身水肿：楮枝叶煎汁如饧。空腹服一匕，日三服。(《圣惠方》)虚肥面肿，积年气上如水病，但脚不肿：用榖楮叶八两，以水一斗，煮取六升，去滓，纳米煮粥，常食勿绝。(《外台秘要》)猝风不语：榖枝叶，剉细，酒煮沫出，随多少，日匕饮之。

(《肘后方》)人耽睡卧:花榖叶晒,研末。汤服一二钱,取瘥止。(杨尧辅方)吐血鼻血:楮叶捣汁一二升,旋旋温饮之。(《圣惠方》)一切眼翳:三月收榖木软叶,晒干为末,入麝香少许。每以黍米大,注眦内,其翳自落。(《圣惠方》)木肾疝气:楮叶、雄黄等分,为末,酒糊丸梧桐子大。每盐酒下五十丸。(《医学集成》)疝气入囊:五月五日采榖树叶,阴干为末。每服一二匙,空心温酒下。(《简便方》)癣疮湿痒:楮叶,捣敷。(《圣惠方》)痔瘘肿痛:楮叶半斤,捣烂封之。(《集简方》)蝮蛇螫伤:楮叶、麻叶合捣,取汁渍之。(《千金方》)鱼骨哽咽:楮叶,捣汁啜之。(《十便良方》)

枝茎

【主治】瘾疹痒,煮汤洗浴(《别录》)。捣浓汁饮半升,治小便不通(时珍)。

【附方】旧一,新一。头风白屑:楮木作枕,六十日一易新者。(《外台秘要》)暴赤眼痛磣涩者:嫩楮枝去叶,放地,火烧,以碗覆之。一日取灰泡汤,澄清温洗。(《圣惠方》)

树白皮

【气味】甘,平,无毒。

【主治】逐水,利小便(《别录》)。治水肿气满(甄权)。喉痹(《吴普》)。煮汁酿酒饮,治水肿人腹,短气咳嗽。为散服,治下血、血崩(时珍)。

【附方】旧一,新六。肠风下血:秋采楮皮阴干为末。酒服三钱(或入麝香少许),日二。(《普济方》)血痢血崩:楮树皮、荆芥等分,为末。冷醋调服一钱,血崩以煎匕服,神效不可具述。(危氏《得效方》)男妇肿疾,不拘久近,暴风入腹:妇人新产上圊,风入脏内,腹中如马鞭,短气。楮皮枝叶一大束(切)。煮汁酿酒,不断饮之。不过三四日即退,可常服之。(《千金方》)风水肿浮,一身尽浮:楮皮散:用楮白皮、猪苓、木通各二钱,桑白皮三钱,陈橘皮一钱,生姜三片,水二钟煎服。日一剂。(《圣济总录》)膀胱石水,四肢瘦削,小腹胀满:构根白皮、桑根白皮各二升,白术四两,黑大豆五升,流水一斗,煮四升,入清酒二升,再煮至三升,日再,夜一分服之。(《集验方》)目中翳膜:楮白皮曝干,作一绳子如钗股大,烧灰细研。每点少许,日三五次,瘥乃止。(崔氏方)鱼骨哽咽:楮树嫩皮,捣烂为丸。水下二三十丸。(《卫生易简方》)

皮间白汁

【释名】构胶(《纲目》)、五金胶漆。

大明曰:能合朱砂为团,故名五金胶膝。

时珍曰:构汁最粘。今人用粘金薄。古法粘经书,以楮树汁和白芨、飞面调糊,接纸永不脱解,过于胶膝。

【气味】甘,平,无毒。

【主治】疗癣(《别录》)。敷蛇、虫、蜂、蝎、犬咬(大明)。

【附方】旧一。天行病后,胀满,两胁刺胀,脐下如水肿:以构树枝汁,随意服之。小便利即消。(《外台秘要》)

楮皮纸

见服器部纸

楮耳

见菜部木耳。

枳(《本经》中品)

【校正】并入《开宝》枳壳。

【释名】子名枳实(《本经》)、枳壳(宋《开宝》)。

枳

宗奭曰:枳实、枳壳,一物也。小则其性酷而速,大则其性详而缓。故张仲景治伤寒仓猝之病,承气汤中用枳实,皆取其疏通、决泄、破结实之义。他方但导败风壅之气,可常服者,故用枳壳,其义如此。

恭曰:既称枳实,须合核瓤,今殊不然。

时珍曰:枳乃木名,从只,谐声也。实乃其子,故曰枳实。后人因小者性速,又呼老者为枳壳。生则皮厚而实,熟则壳薄而虚,正如青橘皮、陈橘皮之义。宋人复出枳壳一条,非矣。寇氏以为破结实而名,亦未必然。

【集解】《别录》曰:枳实生河内川泽。九月、十月采,阴干。

志曰:枳壳生商州川谷。九月、十月采,阴干。

藏器曰:《本经》采实用九月、十月,不如七月、八月,既厚且辛。旧云江南为橘,江北为枳。《周礼》亦云:橘逾淮而化为枳。今江南枳、橘俱有,江北有枳无橘。此自别种,非关变易也。

【修治】弘景曰:枳实采,破令干,除核,微炙令香用。以陈者为良。俗方多用,道家不须。

敩曰:枳实、枳壳,性效不同。若使枳壳,取辛苦腥并有隙油者,要尘久年深者为佳。并去穰核,以小麦麸炒至麸焦,去麸用。

枳实

【气味】苦,寒,无毒。

《别录》曰：酸，微寒。

普曰：神农：苦；雷公：酸，无毒；

李当之：大寒。

权曰：辛、苦。

元素曰：性寒味苦，气厚味薄，浮而升，微降，阴中阳也。

杲曰：沉也，阴也。

【主治】大风在皮肤中，如麻豆苦痒，除寒热结。止痢，长肌肉，利五脏，益气轻身（《本经》）。除胸胁痰癖，逐停水，破结实，消胀满，心下急痞痛逆气，胁风痛，安胃气，止溏泄，明目（《别录》）。解伤寒结胸，主上气喘咳，肾内伤冷，阴痿而有气，加而用之（甄权）。消食，散败血，破积坚，去胃中湿热（元素）。

【发明】震亨曰：枳实泻痰，能冲墙倒壁，滑窍破气之药也。

元素曰：心下痞及宿食不消，并宜枳实、黄连。

杲曰：以蜜炙用，则破水积以泄气，除内热。洁古用去脾经积血。脾无积血，则心下不痞也。

好古曰：益气则佐之以人参、白术、干姜，破气则佐之以大黄、牵牛、芒硝，此《本经》所以言益气而复言消痞也。非白术不能去湿，非枳实不能除痞。故洁古制枳术丸方，以调胃脾；张仲景治心下坚大如盘，水饮所作，枳实白术汤，用枳实七枚，术三两，水一斗，煎三升，分三服，腹中软，即消也。余见枳壳下。

【附方】旧九，新四。猝胸痹痛：枳实捣末。汤服方寸匕，日三、夜一。（《肘后方》）胸痹结胸：胸痹，心中痞坚，留气结胸，胸满，胁下逆气抢心，枳实薤白汤主之。陈枳实四枚，厚朴四两，薤白半斤，栝蒌一枚，桂一两，以水五升，先煎枳、朴，取二升去滓，纳余药，煎三、两沸，分温三服，当愈。（张仲景《金匮要略》）伤寒胸痛：伤寒后，猝胸膈闭痛。枳实麸炒为末。米饮服二钱，日二服。（《济众方》）产后腹痛：枳实（麸炒）、芍药（酒炒）各二钱，水一盏煎服。亦可为末服。（《圣惠方》）奔豚气痛：枳实，炙为末。饮下方寸匕，日三、夜一。（《外台秘要》）妇人阴肿坚痛：枳实半斤碎炒，帛裹熨之，冷即易。（《子母秘录》）大便不通：枳实、皂荚等分，为末，饭丸，米饮下。（危氏《得效方》）积痢脱肛：枳实石上磨平，蜜炙暖，更互熨之，缩乃止。（《千金方》）小儿久痢，水谷不调：枳实捣末，饮服一二钱。（《广利方》）肠风下血：枳实半斤（麸炒），黄芪半斤。为末。米饮，非时服二钱匕。糊丸亦可。（《经验方》）小儿五痔，不以年月：枳实为末，炼蜜丸梧桐子大。空心饮下三十丸。（《集验方》）小儿头疮：枳实烧灰，猪脂调涂。（《圣惠方》）皮肤风疹：枳实，醋浸，火炙熨之，即消。（《外台秘要》）

枳壳

【气味】苦，酸，微寒，无毒。

权曰：苦、辛。

元素曰:气味升降,与枳实同。

杲曰:沉也,阴也。

【主治】风痒麻痹,通利关节,劳气咳嗽,背膊闷倦,散留结胸膈痰滞,逐水,消胀满大肠风,安胃,止风痛(《开宝》)。遍身风疹,肌中如麻豆恶痒,肠风痔疾,心腹结气,两胁胀虚,关膈壅塞(甄权)。健脾开胃,调五脏,下气,止呕逆,消痰。治反胃霍乱泻痢,消食,破症结痃癖五膈气,及肺气水肿,利大小肠,除风明目。炙热,熨痔肿(大明)。泄肺气,除胸痞(元素)。治里急后重(时珍)。

【附方】旧三新十六。伤寒呃噫:枳壳半两,木香一钱,为末。每白汤服一钱,未知再服。(《本事方》)老幼腹胀:血气凝滞,用此宽肠顺气,名四炒丸。商州枳壳(厚而绿背者,去穰)四两,分作四分:一两用苍术一两同炒,一两用萝卜子一两同炒,一两用干漆一两同炒,一两用茴香一两同炒黄。去四味,只取枳壳为末。以四味煎汁,煮面糊和丸梧桐子大。每食后,米饮下五十丸。(王氏《易简方》)消积顺气:治五积六聚,不拘男妇老小,但是气积,并皆治之,乃仙传方也。枳壳三斤去穰,每个入巴豆仁一个,合定扎煮,慢火水煮一日。汤减再加热汤,勿用冷水。待时足汁尽,去巴豆,切片晒干(勿炒)为末,醋煮面糊丸梧子大。每服三四十丸,随病汤使。(邵真人《经验方》)顺气止痢:枳壳(炒)二两四钱,甘草六钱,为末。每沸汤服二钱。(《婴童百问》)疏导脚气:即上方,用木瓜汤服。(《直指方》)小儿秘涩:枳壳(煨,去穰)、甘草各一钱,以水煎服。(《全幼心鉴》)肠风下血:不拘远年近日。《博济方》:用枳壳(烧黑存性)五钱,羊胫炭(为末)三钱,和令匀,五更空心米饮服。如人行五里,再一服,当日见效。《简便方》:用枳壳一两,黄连五钱,水一钟,煎半钟,空心服。痔疮肿痛:《必效方》:用枳壳煨熟熨之,七枚立定。《本事方》:用枳壳末,入瓶中,水煎百沸,先熏后洗。怀胎腹痛:枳壳三两(麸炒),黄芩一两,为粗末。每服五钱,水一盏半,煎一盏服。若胀满身重,加白术一两。(《活法机要》)产后肠出不收:枳壳,煎汤浸之,良久即入也。(《袖珍方》)小儿惊风:不惊丸:治小儿因惊气吐逆作搐,痰涎壅塞,手足掣疭,眼睛斜视。枳壳(去穰,麸炒)、淡豆豉等分。为末。每服一字,甚者半钱,急惊薄荷自然汁下慢惊,荆芥汤入酒三五点下,日三服。(陈文中《小儿方》)牙齿疼痛:枳壳,浸酒含漱。(《圣惠方》)风疹作痒:枳壳三两。麸炒为末。每服二钱,水一盏,煎六分,去滓温服。仍以汁涂。(《经验后方》)小儿软疖:大枳壳一个。去白,磨口平,以面糊抹边合疖上。自出脓血尽,更无痕也。(危氏《得效方》)利气明目:枳壳(麸炒)一两。为末。点汤代茶。(《普济方》)下早成痞:伤寒阴症,下早成痞,心下满而不痛,按之虚软。枳壳、槟榔等分,为末。每服三钱,黄连汤调下。(《宣明方》)胁骨疼痛因惊伤肝者:枳壳一两(麸炒),桂枝(生)半两,为细末。每服二钱,姜枣汤下。(《本事方》)

枳茹

树皮也。或云:枳壳上刮下皮也。

【主治】中风身直，不得屈伸反复，及口僻眼斜。刮皮一升，酒三升，渍一宿，每温服五合，酒尽再作(苏颂)。树茎及皮：主水胀暴风，骨节疼急(弘景)。

根皮

【主治】浸酒，漱齿痛(甄权)。煮汁服，治大便下血。末服，治野鸡病有血(藏器)。

嫩叶

【主治】煎汤代茶，去风(时珍。出《茶谱》)。

枸橘(《纲目》)

【释名】臭橘。

【集解】时珍曰：枸橘处处有之。树、叶并与橘同，但干多刺。三月开白花，青蕊不香。结实大如弹丸，形如枳实而壳薄，不香。人家多收种为藩蓠，亦或收小实，伪充枳实及青橘皮售之，不可不辨。

枸橘

叶

【气味】辛，温，无毒。

【主治】下痢脓血后重，同萆薢等分炒存性研，每茶调二钱服。又治喉瘘，消肿导毒(时珍)。

【附方】新一。咽喉怪症：咽喉生疮，层层如叠，不痛，日久有窍出臭气，废饮食。用臭橘叶煎汤连服，必愈。(夏子益《奇病方》)

刺

【主治】风虫牙痛，每以一合煎汁含之(时珍)。

橘核

【主治】肠风下血不止。同樗根白皮等分炒研，每服一钱，皂荚子煎汤调服(时珍)。

【附方】新一。白疹瘙痒遍身者：小枸橘细切，麦麸炒黄为末。每服二钱，酒浸少时，饮酒。初以枸橘煎汤洗患处。(《救急方》)

树皮

【主治】中风强直,不得屈伸。细切一升,酒二升,浸一宿。每日温服半升。酒尽再作(时珍)。

栀子(《本经》中品)

【释名】木丹(《本经》)、越桃(《别录》)、鲜支(《纲目》),花名薝卜。

时珍曰:卮,酒器也。栀子象之,故名。俗作栀。司马相如赋云:鲜支黄砾。注云:鲜支即支子也。佛书称其花为薝卜,谢灵运谓之林兰,曾端伯呼为禅友。或曰:薝卜金色,非栀子也。

【气味】苦,寒,无毒。

《别录》曰:大寒。

元素曰:气薄味厚,轻清上行,气浮而味降,阳中阴也。

杲曰:沉也,阴也。入手太阴肺经血分。《丹书》:栀子柔金。

【主治】五内邪气,胃中热气,面赤酒疱皶鼻,白癞、赤癞、疮疡(《本经》)。疗目赤热痛,胸、心、大小肠大热,心中烦闷(《别录》)。去热毒风,除时疾热,解五种黄病,利五淋,通小便,解消渴,明目,主中恶,杀䗪虫毒(甄权)。解玉支毒(弘景。羊踯躅也)。主喑哑,紫癜风(孟诜)。治心烦懊憹不得眠,脐下血滞而小便不利(元素)。泻三焦火,清胃脘血,治热厥心痛,解热郁。行结气(震亨)。治吐血衄血,血痢下血血淋,损伤瘀血。及伤寒劳复,热厥头痛,疝气,烫火伤(时珍)。

【附方】旧十,新十七。鼻中衄血:山栀子烧灰吹之。屡用有效。(黎居士《简易方》)小便不通:栀子仁十四个,独头蒜一个,沧盐少许。捣贴脐及囊,良久即通。(《普济方》)血淋涩痛:生山栀子末、滑石等分,葱汤下。(《经验良方》)下利鲜血:栀子仁,烧灰,水服一钱匕。(《食疗本草》)酒毒下血:老山栀子仁,焙研。每新汲水服一钱匕。(《圣惠方》)热毒血痢:栀子十四枚,去皮捣末,蜜丸梧桐子大。每服三丸,日三服,大效。亦可水煎服。(《肘后方》)临产下痢:栀子,烧研,空心热酒服一匙。甚者不过五服。(《胜金方》)妇人胎肿属湿热:山栀子一合炒研。每服二三钱,米饮下。丸服亦可。(丹溪方)热水肿疾:山栀子仁炒研,米饮服三钱。若上焦热者,连壳用。(《丹溪纂要》)霍乱转筋,心腹胀满,未得吐下:栀子二七枚烧研,熟酒服之立愈。(《肘后方》)冷热腹痛㽲刺。不思饮食:山栀子、川乌头等分,生研为末,酒糊丸如梧桐子大。每服十五丸,生姜汤下。小腹痛,茴香汤下。(《博济方》)胃脘火痛:大山栀子七枚或九枚炒焦,水一盏,煎七分,入生姜汁饮之,立止。复发者,必不效。用玄明粉一钱服,立止。(《丹溪纂要》)五脏诸气,益少阴血:用栀子炒黑研末,生姜同煎,饮之甚捷。(《丹溪纂要》)五尸疰病:冲发心胁刺痛,缠绵无时。栀子三七枚烧末,水服。(《肘后方》)热病食复及交接后发动欲死,不能语:栀子三十枚，水三升，煎一升服，令微汗。(《梅师方》)小儿狂躁：蓄热在下，身热狂躁，昏迷不食。栀子仁七枚，豆豉五钱，水一盏，煎七分，服之。或吐或不吐，立效。(阎孝忠《集效方》)盘肠钓气：越桃仁半两，草乌头少许，同炒过，去草乌，入白芷一钱，为末。每服半钱，茴香葱白酒下。(《普济方》)赤眼肠秘：山栀子七个。钻孔煨熟，水一升，煎半升，去滓，入大黄末三钱，温服。(《普济方》)吃饭直出：栀子二十个，微炒去皮，水煎服。(《怪症奇方》)风痰头痛不可忍：栀子末和蜜，浓敷舌上，吐即止。(《兵部手集》)鼻上酒齄：栀子炒研，黄蜡和，丸弹子大。每服一丸，嚼细茶下，日二服。忌酒、麸、煎炙。(许学士《本事方》)火焰丹毒：栀子捣，和水涂之。(《梅师方》)火疮未起：栀子仁烧研，麻油和，封之。已成疮，烧白糖灰粉之。(《千金方》)眉中练癣：栀子烧研，和油敷之。(《保幼大全》)折伤肿痛：栀子、白面同捣，涂之甚效。(《集简方》)猘犬咬伤：栀子皮(烧研)、石硫黄等分，为末。敷之，日三。(《梅师方》)汤荡火烧：栀子末和鸡子清，浓扫之。(《救急方》)

花

【主治】悦颜色，《千金翼》面膏用之(时珍)。

【附录】木戟

藏器曰：生山中。叶如栀子。味辛，温，无毒。主痃癖气在脏腑。

酸枣(《本经》上品)

【释名】樲(《尔雅》)、山枣。

【集解】《别录》曰：酸枣生河东川泽。八月采实，阴干，四十日成。

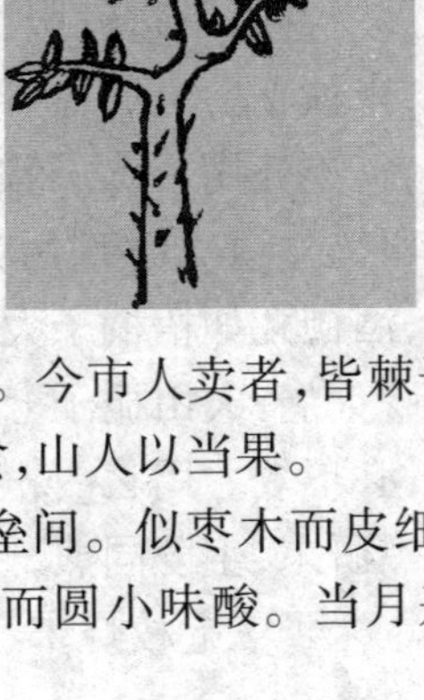

弘景曰：今出东山间，云即山枣树。子似武昌枣而味极酸，东人啖之以醒睡，与经文疗不得眠正相反。

恭曰：此即樲枣也。树大如大枣，实无常形，但大枣中味酸者足。今医以棘实为酸枣，大误矣。

藏器曰：酸枣既是大枣中之酸，此即是真枣，何复名酸？既名酸，又云小。今枣中，酸者未必即小，小者未必即酸。惟嵩阳子云：余家于滑台。今酸枣县，即滑之属邑也。其树高数丈，径围一二尺，木理极细，坚而且重，可为车轴及匙、箸等。其树皮亦细而硬，纹似蛇鳞。其枣圆小而味酸，其核微圆而仁稍长，色赤如丹。此医之所重，居人不易得。今市人卖者，皆棘子也。又云：山枣树如棘，其子如生枣，其核如骨，其肉酸滑好食，山人以当果。

颂曰：今近汴洛及西北州郡皆有之，野生多在坡坂及城垒间。似枣木而皮细，其木心赤色，茎叶俱青，花似枣花。八月结实，紫红色，似枣而圆小味酸。当月采实,取核中仁,《孟子》曰"养其樲棘"是也。嵩阳子言酸枣县所出为真,今之货者皆是棘实,用者尤宜详辨。

志曰:酸枣即棘实,更非他物。若云是大枣味酸者,全非也。酸枣小而圆,其核中仁微扁;其大枣仁大而长,不相类也。

宗奭曰:天下皆有之,但以土产宜与不宜尔。嵩阳子言酸枣木高大,今货者皆棘子,此说未尽。盖不知小则为棘,大则为酸枣。平地则易长,居崖堑则难生。故棘多生崖堑上,久不樵则成干,人方呼为酸枣,更不言棘,其实一本也。此物才及三尺,便开花结子。但科小者气味薄,木大者气味厚。今陕西、临潼山野所出亦好,乃土地所宜也。后有白棘条,乃酸枣未长大时枝上刺也。及至长成,其实大,其刺亦少。故枣取大木,棘取小科,不必强分别焉。

酸枣

【气味】酸,平,无毒。

宗奭曰:微热。

时珍曰:仁:味甘,气平。

敩曰:用仁,以叶拌蒸半日,去皮、尖。

之才曰:恶防己。

【主治】心腹寒热,邪结气聚,四肢酸痛湿痹。久服,安五脏,轻身延年(《本经》)。烦心不得眠,脐上、下痛,血转久泄,虚汗烦渴,补中,益肝气,坚筋骨,助阴气,能令人肥健(《别录》)。筋骨风,炒仁研,汤服(甄权)。

【发明】恭曰:《本经》用实疗不得眠,不言用仁。今方皆用仁。补中益肝,坚筋骨,助阴气,皆酸枣仁之功也。

宗奭曰:酸枣,《经》不言用仁,而今天下皆用之。

志曰:按《五代史·后唐》刊石药验云:酸枣仁,睡多生使,不得睡炒熟。陶云食之醒睡,而《经》云疗不得眠。盖其子肉味酸,食之使不思睡;核中仁服之,疗不得眠。正如麻黄发汗,根节止汗也。

时珍曰:酸枣实,味酸性收,故主肝病,寒热结气,酸痹久泄,脐下满痛之症。其仁甘而润,故熟用疗胆虚不得眠、烦渴虚汗之症,生用疗胆热好眠,皆足厥阴、少阳药也。今人专以为心家药,殊昧此理。

【附方】旧六,新二。胆风沉睡:胆风毒气,虚实不调,昏沉多睡。用酸枣仁一两(生用),金挺蜡茶二两(以生姜汁涂,炙微焦),为散。每服二钱,水七分,煎六分,温服。(《简要济众方》)胆虚不眠,心多惊悸:《圣惠方》:用酸枣仁一两炒香,捣为散。每服二钱,竹叶汤调下。《和剂局方》:加人参一两,辰砂半两,乳香二钱半,炼蜜丸服。振悸不眠:胡治方:酸枣仁汤:用酸枣仁二升,茯苓、白术、人参、甘草各二两,生姜六两,水八升,煮三升,分服。(《图经》)虚烦不眠:《深师方》酸枣仁汤:用酸枣仁二升、蝭母、干姜、茯苓、芎䓖各二两,甘草(炙)一两。以水一斗,先煮枣仁,减三升，乃同煮取三升，分服。（《图经本草》）骨蒸不眠心烦：用酸枣仁二两，水二盏研绞取汁，下粳米二合，煮粥候熟，下地黄汁一合，再煮匀食。（《太平圣惠方》）睡中汗出：酸枣仁、人参、茯苓等分。为末。每服一钱，米饮下。（《简便方》）刺入肉中：酸枣核烧末，水服，立出。（《外台秘要》）

白棘（《本经》中品）。

【校正】并入《别录》棘刺花。

【释名】棘刺（《别录》）、棘针（《别录》）、赤龙爪（《纲目》），花名刺原（《别录》）、菥蓂（《别录》）、马朐（音劬）。

时珍曰：独生而高者为枣，列生而低者为棘。故重朿为枣，平朿为棘，二物观名即可辨矣。朿即刺字。菥蓂与大荠同名，非一物也。

【集解】《别录》曰：白棘生雍州川谷。棘刺花生道旁，冬至后一百二十日采之，四月采实。

当之曰：白棘是酸枣树针。今人用天门冬苗代之，非真也。

恭曰：棘有赤、白二种。白棘茎白如粉，子、叶与赤棘同，棘中时复有之，亦为难得。其刺当用白者为佳。然刺有钩、直二种：直者宜入补益，钩者宜疗疮肿。花即其花，更无别物。天门冬一名颠棘，南人以代棘针，非矣。

颂曰：棘有赤、白二种。《切韵》云：棘，小枣也。田野间皆有之，丛高三二尺，花、叶、茎、实俱似枣也。

宗奭曰：本文白棘一名棘针、棘刺，如此分明，诸家强生疑惑，今不取之。白棘，乃是肥盛紫色，枝上自有皱薄白膜先剥起者，故白棘取白之义，不过如此。

白棘

【气味】辛，寒，无毒。

【主治】心腹痛，痈肿溃脓，止痛（《本经》）决刺结，疗丈夫虚损，阴痿精自出，补肾气，益精髓。枣针：疗腰痛，喉痹不通（《别录》）。

【附方】旧六，新八。小便尿血：棘刺三升，水五升，煮二升，分三服。（《外台秘要》）脐腹疼痛：因肾脏虚冷，拘撮甚者。棘针钩子一合（焙），槟榔二钱半，水一盏，煎五分，人好酒半盏，更煎三五沸，分二服。（《圣惠方》）头风疼痛：倒钩棘针四十九个（烧存性），丁香一个，麝香一皂子。为末。随左右嗃鼻。（《圣惠方》）眼睫拳毛：赤龙爪（倒钩棘也）一百二十个，地龙二条，木贼一百二十节，木鳖子仁二个（炒）。为末。摘去睫毛，每日以此嗃鼻三五次。（《普济方》）龋齿虫食腐烂：棘针二百枚（即枣树刺朽落地者），水三升，煮一升，含漱。或烧沥，日涂之，后敷雄黄末，即愈。（《外台秘要》）小儿喉痹：棘针烧灰，水服半钱。（《圣惠方》）小儿口噤：惊风不乳。白棘，烧末，水服一钱。（《圣惠方》）小儿丹毒：水煮棘根汁，洗之。（《千金方》)痈疽痔漏:方同上。疔疮恶肿:棘针(倒钩烂者)三枚,丁香七枚,同入瓶烧存性,以月内孩子粪和涂,日三上之。又方:曲头棘刺三百枚,陈橘皮二两,水五升,煎一升半,分服。(《圣惠方》)诸肿有脓:棘针,烧灰,水服一钱,一夜头出。(《千金方》)小儿诸疳:棘针、瓜蒂等分。为末。吹入鼻中,日三次。(《圣惠方》)

枝

【主治】烧油涂发,解垢脂(宗奭)。

棘刺花(《别录》)

【气味】苦,平,无毒。

【主治】金疮内漏(《别录》)。

实

【主治】心腹痿痹,除热.利小便(《别录》)。

叶

【主治】胫臁疮,捣敷之。亦可晒研,麻油调敷(时珍)。

蕤核(蕤,儒谁切。《本经》上品)。

【释名】白桵(音蕤)。

时珍曰:《尔雅》"棫,白樱"即此也。其花实蕤蕤下垂,故谓之桵,后人作蕤。柞木亦名棫而物异。

蕤核

【集解】《别录》曰:蕤核生函谷川谷及巴西。

弘景曰:今出彭城。大如乌豆,形圆而扁,有纹理,状似胡桃核。今人皆合壳用,此应破取仁秤之。

保升曰:今出雍州。树生,叶细似枸杞而狭长,花白。子附茎生,紫赤色,大如五味子。茎多细刺。五月、六月熟.采实晒干。

颂曰:今河东、并州亦有之。木高五七尺,茎间有刺。

时珍曰:郭璞云:白桵,小木也。丛生有刺,实如耳珰,紫赤可食。即此也。

仁

【修治】敩曰:凡使蕤核仁,以汤浸去皮、尖,掰作两片。每四两,用芒硝一两,木通草七两,同水煮一伏时,取仁研膏入药。

【气味】甘,温,无毒。

《别录》曰:微寒。

普曰:神农、雷公:甘,无毒。生平地,八月采之。

【主治】心腹邪结气,明目,目赤痛伤泪出,目肿眦烂。久服,轻身益气不饥(《本经》)。强志,明耳目(《吴普》)。破心下结痰痞气,齆鼻(《别录》)。治鼻衄(甄权)。生治足睡,熟治不眠(藏器)。

【发明】弘景曰:医方惟以疗眼,《仙经》以合守中丸也。

【附方】新七。春雪膏:治肝虚,风热上攻,眼目昏暗,痒痛隐涩,赤肿羞明,不能远视,迎风有泪,多见黑花。用蕤仁(去皮,压去油)二两,脑子二钱半,研匀,生蜜六钱和收,点眼。(《和剂局方》)百点膏:治一切眼疾。蕤仁(去油)三钱,甘草、防风各六钱,黄连五钱,以三味熬取浓汁,次下蕤仁膏,日点。(孙氏《集效方》)拨云膏:取下翳膜。蕤仁(去油)五分,青盐一分,猪胰子五钱,共捣二千下如泥,罐收。点之。又方:蕤仁一两去油,入白硼砂一钱,麝香二分,研匀收之。去翳妙不可言。飞血眼:蕤仁一两(去皮),细辛半两,苦竹叶三握(洗),水二升,煎一升,滤汁,频微温洗之。(《圣济总录》)赤烂眼:《近效方》:用蕤仁四十九个(去皮),胡粉(煅如金色)一鸡子大,研匀,入酥一杏仁许,龙脑三豆许,研匀,油纸裹收。每以麻子许,涂大小眦上,频用取效。《经验良方》:用蕤仁、杏仁各一两,去皮研匀,入腻粉少许,为丸。每用热汤化洗。

山茱萸(《本经》中品)

【释名】蜀酸枣(《本经》)、肉枣(《纲目》)、魃实(《别录》)、鸡足(《吴普》)、鼠矢(《吴普》)。

宗奭曰:山茱萸与吴茱萸甚不相类,治疗大不同,未审何缘命此名也?

时珍曰:《本经》一名蜀酸枣,今人呼为肉枣,皆象形也。

【集解】《别录》曰:山茱萸生汉中山谷及琅琊、冤句、东海、承县。九月、十月采实,阴干。

颂曰:叶如梅,有刺毛。二月开花如杏。四月实如酸枣,赤色。五月采实。

弘景曰:出近道诸山中大树。子初熟未干,赤色,如胡颓子,亦可啖;既干,皮甚薄,当合核用也。

颂曰:今海州、兖州亦有之。木高丈余,叶似榆,花白色。雷敩《炮炙论》言一种雀儿苏,真相似,只是核八棱,不入药用。

时珍曰:雀儿苏,即胡颓子也。

实

【修治】敩曰:凡使以酒润,去核取皮,一斤只取四两以来,缓火熬干方用。能壮元气，秘精。其核能滑精，不可服。

山茱萸

【气味】酸，平，无毒。

《别录》曰：微温。

普曰：神农、黄帝、雷公、扁鹊：酸，无毒；岐伯：辛。

权曰：咸、辛，大热。

好古曰：阳中之阴。入足厥阴、少阴经气分。

之才曰：蓼实为之使。恶桔梗、防风、防己。

【主治】心下邪气寒热，温中，逐寒湿痹，去三虫。久服轻身（《本经》）。肠胃风邪，寒热疝瘕，头风风气去来，鼻塞目黄。耳聋面疱，下气出汗，强阴益精，安五脏，通九窍，止小便利。久服，明目强力长年（《别录》）。治脑骨痛，疗耳鸣，补肾气，兴阳道，坚阴茎，添精髓，止老人尿不节，治面上疮，能发汗，止月水不定（甄权）。暖腰膝，助水脏，除一切风，逐一切气，破癥结，治酒齄（大明）。温肝（元素）。

【发明】好古曰：滑则气脱，涩剂所以收之。山茱萸止小便利，秘精气，取其味酸涩以收滑也。仲景八味丸用之为君，其性味可知矣。

【附方】新一。草还丹：益元阳，补元气，固元精，壮元神，乃延年续嗣之至药也。山茱萸（酒浸，取肉）一斤，破故纸（酒浸，焙干）半斤，当归四两，麝香一钱，为末，炼蜜丸梧桐子大。每服八十一丸，临卧盐酒下。（吴旻《扶寿方》）

胡颓子（《拾遗》）

【释名】蒲颓子（《纲目》）、卢都子（《纲目》）、雀儿酥（《炮炙》）、半含春（《纲目》）、黄婆奶。

时珍曰：陶弘景注山茱萸及樱桃，皆言似胡颓子，（凌冬不凋，亦应益人），陈藏器又于山茱萸下详注之，别无识者。今考访之，即雷敩《炮炙论》所谓雀儿酥也，雀儿喜食之。越人呼为蒲颓子。南人呼为卢都子。吴人呼为半含春，言早熟也。襄汉人呼为黄婆奶，象乳头也。刘绩《霏雪录》言安南有小果，红色，名卢都子，则卢都乃蛮语也。

胡颓子

【集解】藏器曰：胡颓子生平林间，树高丈余，冬不凋，叶阴白，冬花，春熟最早，小儿食之当果。又有一种大相似，冬凋春实夏熟，人呼为木半夏，无别功效。

时珍曰：胡颓即卢都子也。其树高六七尺，其枝柔软如蔓。其叶微似棠梨，长狭而尖，面青背白，俱有细点如星，老则星起如麸，经冬不凋。春前生花朵如丁香，蒂极细，倒垂，正月乃敷白花。结实小长，俨如山茱萸，上亦有细星斑点，生青熟红，立夏前采食，酸涩。核亦如山茱萸，但有八棱，软而不坚。核内白绵如丝，中有小仁。其木半夏，树、叶、花、实及星斑气味，并与卢都同；但枝强硬，叶微团而有尖，其实圆如樱桃而不长为异耳。立夏后始熟，故吴楚人呼为四月子，亦曰野樱桃。其核亦八棱，大抵是一类二种也。

子

【气味】酸，平，无毒。

弘景曰：寒热病不可用。

【主治】止水痢（藏器）。

根

【气味】同子。

【主治】煎汤，洗恶疮疥并犬马瘑疮（藏器）。吐血不止，煎水饮之；喉痹痛塞，煎酒灌之，皆效（时珍）。

叶

【气味】同子。

【主治】肺虚短气喘咳剧者，取叶焙研，米饮服二钱（时珍）。

【发明】时珍曰：蒲颓叶治喘咳方，出《中藏经》，云甚者亦效如神。云有人患喘三十年，服之顿愈。甚者服药后，胸上生小瘾疹作痒，则瘥也。虚甚，加人参等分，名清肺散。大抵皆取其酸涩，收敛肺气耗散之功耳。

金樱子（《蜀本草》）

【释名】刺梨子（《开宝》）、山石榴（《纲目》）、山鸡头子。

时珍曰：金樱当作金罂，谓其子形如黄罂也。石榴、鸡头皆象形。又杜鹃花、小檗并名山石榴，非一物也。

敩曰：林檎、向里子亦日金樱子，与此同名而异物。

【集解】韩保升曰：金樱子在处有之。花白。子形似榅桲而小，色黄有刺。方术多用之。

时珍曰：山林间甚多。花最白腻。其实大如指头，状如石榴而长。其核细碎而有白毛，如营实之核而味甚涩。

金樱子

子

【气味】酸，涩，平，无毒。

【主治】脾泄下痢，止小便利，涩精气。久服，令人耐寒轻身（《蜀本》）。

【发明】颂曰：洪州、昌州皆煮其子作煎，寄馈人。服食家用煎和鸡头实粉为丸服，名水陆丹，益气补真最佳。

慎微曰：沈存中《笔谈》云：金樱子止遗泄，取其温且涩也。世人待红熟时取汁熬膏，味甘，全断涩味，都全失本性，大误也。惟当取半黄者，干捣末用之。

宗奭曰：九月、十月霜熟时采用。不尔，反令人利。

震亨曰：经络隧道，以通畅为平和。而昧者取涩性为快，熬金樱为煎食之。自不作靖，咎将谁执？

时珍曰：无故而服之，以取快欲则不可。若精气不固者服之，何咎之有？

【附方】旧一，新二。金樱子煎：霜后用竹夹子摘取，入木臼中杵去刺，擘去核。以水淘洗过，捣烂。入大锅，水煎，不得绝火。煎减半，滤过，仍煎似稀饧。每服一匙，用暖酒一盏调服。活血驻颜，其功不可备述。（《孙真人食忌》）补血益精：金樱子（即山石榴，去刺及子，焙）四两，缩砂二两。为末，炼蜜和丸梧桐子大。每服五十丸，空心温酒服。（《奇效良方》）久痢不止：严紧绝妙。方：罂粟壳（醋炒）、金樱（花、叶及子）等分。为末，蜜丸芡子大。每服五、七丸，陈皮煎汤化下。（《普济方》）

花

【气味】同子。

【主治】止冷热痢。杀寸白、蛔虫等。和铁粉研匀，拔白发涂之，即生黑者。亦可染须（大明）。

叶

【主治】痈肿，嫩叶研烂，入少盐涂之，留头泄气。又金疮出血，五月五日采，同桑叶、苎叶等分，阴干研末敷之。血止口合，名军中一捻金（时珍）。

东行根

【气味】同子。

【主治】寸白虫，剉二两，入糯米三十粒，水二升，煎五合，空心服，须臾泻下。神验。其皮炒用，止泻血及崩中带下（大明）。止滑痢，煎醋服，化骨鲠（时珍）。

郁李（《本经》下品）

【释名】薁李（《诗疏》）、郁李、车下李（《别录》）、爵李（《本经》）、雀梅（《诗疏》）、常棣。

时珍曰：郁，《山海经》作栯，馥郁也。花、实俱香，故以名之。陆机《诗疏》作薁字，非也。《尔雅》常棣即此。或以为唐棣，误矣。唐棣乃栘、白杨之类也。

李　郁

【集解】《别录》曰：郁李生高山川谷及丘陵上。五月、六月采根。

弘景曰：山野处处有之。子熟赤色，亦可啖。

保升曰：树高五六尺，叶、花及树并似大李；惟子小若樱桃，甘酸而香，有少涩味也。

禹锡曰：按郭璞云：棣树生山中，子如樱桃，可食。《诗·小雅》云：常棣之华，鄂不韡韡。陆机注云：白棣树也，如李而小，正白，今官园种之，一名薁李。又有赤棣树，亦似白棣，叶如刺榆叶而微圆，子正赤如郁李而小，五月始熟，关西、天水、陇西多有之。

宗奭曰：郁李子如御李子，红熟堪啖，微涩，亦可蜜煎，陕西甚多。

时珍曰：其花粉红色，实如小李。

颂曰：今汴洛人家园圃植一种，枝茎作长条，花极繁密而多叶者，亦谓之郁李，不堪入药。

核仁

【修治】敩曰：先以汤浸，去皮、尖，用生蜜浸一宿，漉出阴干，研如膏用之。

【气味】酸，平，无毒。

权曰：苦、辛。

元素曰：辛、苦，阴中之阳，脾经气分药也。

【主治】大腹水肿，面目四肢浮肿，利小便水道（《本经》）。肠中结气，关格不通（甄权）。通泄五脏膀胱急痛，宣腰胯冷脓，消宿食下气（大明）。破癖气，下四肢水。酒服四十九粒，能泻结气（孟诜）。破血润燥（元素）。专治大肠气滞，燥涩不通（李杲）。研和龙脑，点赤眼（宗奭）。

【发明】时珍曰：郁李仁甘苦而润，其性降，故能下气利水。按《宋史·钱乙传》云：一乳妇因悸而病，既愈，目张不得瞑。乙曰：煮郁李酒饮之使醉，即愈。所以然者，目系内连肝胆，恐则气结，胆横不下。郁李能去结，随酒人胆，结去胆下，则目能瞑矣。此盖得肯綮之妙者也。

颂曰：《必效方》：疗癖。取车下李仁，汤润去皮及并仁者，与干面相拌，捣如饼。若干，入水少许，作面饼，大小一如病人掌。为二饼，微炙使黄，勿令至熟。空腹食一饼，当快利。如不利，更食一饼，或饮热米汤，以利为度。利不止，以醋饭止之。利后当虚。若病未尽，一二日量力更进一服，以病尽为限。不得食酪及牛、马肉等。累试神验，但须量病轻重，以意加减，小儿亦可用。

【附方】旧三，新二。小儿多热：熟汤研郁李仁如杏酪，一日服二合。（姚和众《至宝方》）小儿闭结：襁褓小儿，大小便不通，并惊热痰实，欲得溏动者。大黄（酒浸,炒)、郁李仁(去皮,研)各一钱,滑石末一两,捣和丸黍米大。二岁小儿三丸,量人加减,白汤下。(钱乙《直诀》)肿满气急不得卧:用郁李仁一大合。捣末,和面作饼。吃入口即大便通,泄气便愈。(杨氏《产乳》)脚气浮肿,心腹满,大小便不通,气急喘息者:郁李仁十二分(捣烂,水研绞汁),薏苡(捣如粟大)三合,同煮粥食之。(韦宙《独行方》)猝心痛刺:郁李仁三七枚嚼烂,以新汲水或温汤下。须臾痛止,却热呷薄盐汤。(姚和众《至宝方》)皮肤血汗:郁李仁(去皮,研)一钱,鹅梨捣汁调下。(《圣济总录》)

根

【气味】酸,凉,无毒。

【主治】齿龈肿,龋齿,坚齿(《本经》)。去白虫(《别录》)。治风虫牙痛,浓煎含漱。治小儿身热,作汤浴之(大明)。宣结气,破积聚(甄权)。

鼠李(《本经》下品)

【释名】楮李(钱氏)、鼠梓(《别录》)、山李子(《图经》)、牛李(《别录》)、皂李(苏恭)、赵李(苏恭)、牛皂子(《纲目》)、乌槎子(《纲目》)、乌巢子(《图经》)、椑(音卑)。

时珍曰:鼠李,方音亦作楮李,未详名义。可以染绿,故俗称皂李及乌巢。巢、槎、赵,皆皂子之音讹也。一种苦楸,亦名鼠梓,与此不同。见梓下。

李　鼠

【集解】《别录》曰:鼠李生田野,采无时。

颂曰:即乌巢子也。今蜀川多有之。枝叶如李。其实若五味子,色蘡黑,其汁紫色,熟时采,晒干用。皮采无时。

宗奭曰:即牛李也。木高七八尺。叶如李,但狭而不泽。子于条上四边生,生时青,熟则紫黑色。至秋叶落,子尚在枝。是处皆有,今关陕及湖南、江南北甚多。

时珍曰:生道路边,其实附枝如穗。人采其嫩者,取汁刷染绿色。

子

【气味】苦,凉,微毒。

【主治】寒热瘰疬疮(《本经》)。水肿腹胀满(大明)。下血及碎肉。除疝瘕积冷,九蒸酒渍,服三合,日再服。又捣敷牛马六畜疮中生虫(苏恭)。痘疮黑陷及疥癣有虫(时珍)。

【发明】时珍曰:牛李,治痘疮黑陷及出不快,或触秽气黑陷。古昔无知之者,惟钱乙《小儿直诀》必胜膏用之。云牛李子即鼠李子，九月后采黑熟者，入砂盆擂烂，生绢捩汁，用银、石器熬成膏，瓷瓶收贮，常令透风。每服一皂子大，煎桃胶汤化下。如人行二十里，再进一服，其疮自然红活。入麝香少许尤妙。如无生者，以干者为末，水熬成膏。又《九籥卫生方》亦云：痘疮黑陷者，用牛李子一两（炒研），桃胶半两。每服一钱，水七分，煎四分，温服。

【附方】新二。诸疮寒热毒痹，及六畜虫疮：鼠李生捣敷之。（《圣惠方》）齿䘌肿痛：牛李煮汁，空腹饮一盏，仍频含漱。（《圣济录》）

皮

【气味】苦，微寒，无毒。

恭曰：皮、子俱有小毒。忌铁。

【主治】身皮热毒（《别录》）。风痹（大明）。诸疮寒热毒痹（苏恭）。口疳龋齿，及疳虫蚀人脊骨者，煮浓汁灌之，神良（孟诜）。

【发明】颂曰：刘禹锡《传信方》：治大人口中疳疮、发背，万不失一。用山李子根（一名牛李子）、蔷薇根（野外者）各（细切）五升，水五大斗，煎半日，汁浓，即于银、铜器中盛之，重汤煎至一二升，待稠，瓷瓶收贮。每稍稍含咽，必瘥。忌酱、醋、油腻、热面及肉。如发背，以帛涂贴之，神效。襄州军事柳岸妻窦氏，患口疳十五年，齿尽落，龈亦断坏，不可近，用此而愈。

女贞（《本经》上品）

【释名】贞木（《山海经》）、冬青（《纲目》）、蜡树。

时珍曰：此木凌冬青翠，有贞守之操，故以贞女状之。《琴操》载鲁有处女见女贞木而作歌者，即此也。晋·苏彦女贞颂序云：女贞之木，一名冬青。负霜葱翠，振柯凌风。故清士钦其质，而贞女慕其名。是矣。别有冬青与此同名。今方书所用冬青，皆此女贞也。近时以放蜡虫，故俗呼为蜡树。

女贞

【集解】《别录》曰：女贞实生武陵川谷。立冬采。

弘景曰：诸处时有。叶茂盛，凌冬不凋，皮青肉白，与秦皮为表里。其树以冬生可爱，仙方亦服食之。俗方不复用，人无识者。

恭曰：女贞叶似冬青树及枸骨。其实九月熟，黑似牛李子。陶言与秦皮为表里，误矣。秦皮叶细冬枯，女贞叶大冬茂，殊非类也。

时珍曰：女贞、冬青、枸骨，三树也。女贞即今俗呼蜡树者，冬青即今俗呼冻青树者，枸骨即今俗呼猫儿刺者。东人因女贞茂盛，亦呼为冬青，与冬青同名异物，盖一类二种尔。二种皆因子自生,最易长。其叶厚而柔长,绿色,面青背淡。女贞叶长者四、五寸,子黑色;冻青叶微团,子红色,为异。其花皆繁,子并累累满树,冬月鹳鸽喜食之,木肌皆白腻。今人不知女贞,但呼为蜡树。立夏前后取蜡虫之种子,裹置枝上。半月其虫化出,延缘枝上,造成白蜡,民间大获其利。详见虫部白蜡下。枸骨详本条。

实

【气味】苦,平,无毒。

时珍曰:温。

【主治】补中,安五脏,养精神,除百病。久服,肥健轻身不老(《本经》)。强阴,健腰膝,变白发,明目(时珍)。

【发明】时珍曰:女贞实乃上品无毒妙药,而古方罕知用者,何哉?《典术》云:女贞木乃少阴之精,故冬不落叶。观此,则其益肾之功,尤可推矣。世传女贞丹方云:女贞实(即冬青树子)去梗叶,酒浸一日夜,布袋擦去皮,晒干为末。待旱莲草出多,取数石捣汁熬浓,和丸梧桐子大。每夜酒送百丸。不旬日间,膂力加倍,老者即不夜起。又能变白发为黑色,强腰膝,起阴气。

【附方】新二。虚损百病:久服发白再黑,返老还童。用女贞实(十月上巳日收,阴干,用时以酒浸一日,蒸透晒干)一斤四两,旱莲草(五月收,阴干)十两(为末),桑椹子(三月收,阴干)十两,为末,炼蜜丸如梧桐子大。每服七、八十丸,淡盐汤下。若四月收桑椹捣汁和药,七月收旱莲捣汁和药,即不用蜜矣。(《简便方》)风热赤眼:冬青子不以多少,捣汁熬膏,净瓶收固,埋地中七日。每用点眼。(《济急仙方》)

叶

【气味】微苦,平,无毒。

【主治】除风散血,消肿定痛,治头目昏痛。诸恶疮肿,胻疮溃烂久者,以水煮乘热贴之,频频换易,米醋煮亦可。口舌生疮,舌肿胀出,捣汁含浸吐涎(时珍)。

【附方】新三。风热赤眼:《普济方》:用冬青叶五斗捣汁,浸新砖数片,五日掘坑,架砖于内盖之,日久生霜,刮下,入脑子少许,点之。《简便方》:用雅州黄连二两,冬青叶四两,水浸三日夜,熬成膏收,点眼。一切眼疾:冬青叶研烂,入朴硝贴之。《海上方》也。(《普济方》)

冬青(《纲目》)

【校正】原附女贞下,今分出。

【释名】冻青。

藏器曰:冬月青翠,故名冬青。江东人呼为冻青。

冬青

【集解】藏器曰:冬青木肌白,有纹作象齿笏。其叶堪染绯。李邕云:冬青出五台山,叶似椿,子赤如郁李,微酸性热。与此小异,当是两种冬青。

时珍曰:冻青亦女贞别种也,山中时有之。但以叶微团而子赤者为冻青,叶长而子黑者为女贞。按《救荒本草》云:冻青树高丈许,树似枸骨子树而极茂盛。又叶似楂子树叶而小,亦似椿叶微窄而头颇圆,不尖。五月开细白花,结子如豆大,红色。其嫩芽炸熟,水浸去苦味,淘洗,五味调之可食。

子及木皮

【气味】甘、苦,凉,无毒。

【主治】浸酒,去风虚,补益肌肤。皮之功同(藏器)。

【附方】新一。痔疮:冬至日取冻青树子,盐酒浸一夜,九蒸九晒,瓶收。每日空心酒吞七十粒,卧时再服。(《集简方》)

叶

【主治】烧灰,入面膏,治皲瘃,灭瘢痕,殊效(苏颂)。

枸骨(《纲目》)

【校正】原附女贞下,今分出。

【释名】猫儿刺。

枸骨

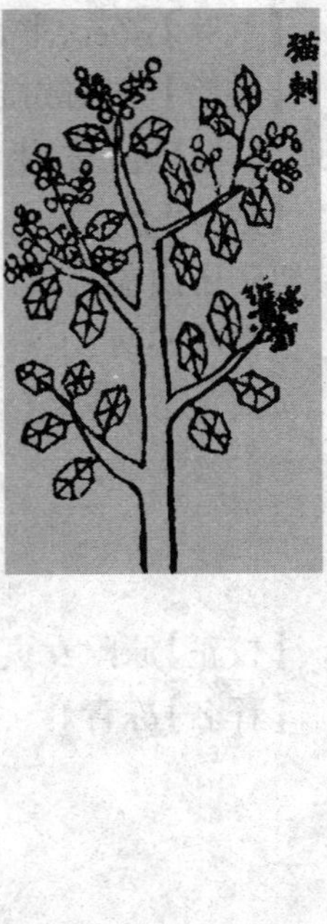

藏器曰:此木肌白,如狗之骨。

时珍曰:叶有五刺,如猫之形,故名。又卫矛亦名枸骨,与此同名。

【集解】藏器曰:枸骨树如杜仲。《诗》云"南山有枸"是也。陆机《诗疏》云:山木也。其状如栌,木理白滑,可为函板。有木虻在叶中,卷之如子,羽化为虻。

颂曰:多生江浙间。南人取以旋盒器甚佳。

时珍曰:狗骨树如女贞,肌理甚白。叶长二、三寸,青翠而厚硬,有五刺角,四时不凋。五月开细白花。结实如女贞及菝葜子,九月熟时,绯红色,皮薄味甘,核有四瓣。人采其木皮煎膏,以粘鸟雀,谓之粘黐。

木皮

【气味】微苦，凉，无毒。

【主治】浸酒，补腰脚令健（藏器）。

枝叶

【气味】同皮。

【主治】烧灰淋汁或煎膏，涂白癜风（藏器）。

卫矛（《本经》中品）

【释名】鬼箭（《别录》）、神箭。

时珍曰：刘熙《释名》言：齐人谓箭羽为卫。此物干有直羽，如箭羽、矛刃自卫之状，故名。张揖《广雅》谓之神箭，寇宗奭《衍义》言人家多燔之遣祟，则三名又或取此义也。

卫矛

【集解】《别录》曰：卫矛生霍山山谷。八月采，阴干。

普曰：叶如桃，箭如羽，正月、二月、七月采，阴干。或生田野。

弘景曰：山野处处有之。削取皮、羽入药。为用甚稀。

颂曰：今江淮州郡亦或有之。三月以后生茎，茎长四、五尺许。其干有三羽，状如箭翎羽。叶似山茶，青色。八月、十一月、十二月采条茎，阴干。其木亦名狗骨。

宗奭曰：所在山谷皆有，平陆未尝见也。叶绝少。其茎黄褐色，若柏皮，三面如锋刃。人家多燔之遣祟，方药少用。

时珍曰：鬼箭生山石间，小株成丛。春长嫩条，条上四面有羽如箭羽，视之若三羽尔。青叶状似野茶，对生，味酸涩。三、四月开碎花，黄绿色。结实大如冬青子。山人不识，惟樵采之。

敩曰：凡使勿用石茆，根头真相似，只是上叶不同，味各别耳。

【修治】敩曰：采得只使箭头用，拭去赤毛，以酥拌缓炒。每一两，用酥二钱半。

【气味】苦，寒，无毒。

普曰：神农、黄帝、桐君：苦，无毒。

大明曰：甘，涩。

权曰：有小毒。

【主治】女子崩中下血，腹满汗出，除邪，杀鬼毒蛊疰（《本经》）。中恶腹痛，去白虫，消皮肤风毒肿，令阴中解（《别录》）。疗妇人血气，大效（马志）。破陈血，能落胎，主百邪鬼魅（甄权）。通月经，破癥结，止血崩带下，杀腹脏虫及产后血绞腹痛

（大明）。

【发明】颂曰：古方崔氏疗恶疰在心，痛不可忍，有鬼箭羽汤；姚僧垣《集验方》疗猝暴心痛，或中恶气毒痛，大黄汤亦用之，并大方也。见《外台秘要》《千金》诸书中。

时珍曰：凡妇人产后血晕血结，血聚于胸中，或偏于少腹，或连于胁肋者。四物汤四两，倍当归，加鬼箭、红花、玄胡索各一两，为末，煎服。

【附方】新三。产后败血，儿枕块硬，疼痛发歇，及新产乘虚，风寒内搏，恶露不快，脐腹坚胀：当归散：用当归（炒）、鬼箭（去中心木）、红蓝花各一两。每服三钱，酒一大盏，煎七分，食前温服。（《和剂局方》）鬼疰日发：鬼箭羽、鲮鲤甲（烧灰）各二钱半。为末。每以一字，发时嗃鼻。又法：鬼箭羽末一分，砒霜一钱，五灵脂一两，为末。发时冷水服一钱。（并《圣济总录》）。

山矾（《纲目》）

【释名】芸香（音云）、椗花（音定）、柘花（柘，音郑）、玚花（音畅）、春桂（俗）、七里香。

时珍曰：芸，盛多也。《老子》日“夫物芸芸”是也。此物山野丛生甚多，而花繁香馥，故名。按周必大云：柘音阵，出《南史》。荆俗讹柘为郑，呼为郑矾，而江南又讹郑为玚也。黄庭坚云：江南野中碇花极多。野人采叶烧灰，以染紫为黝，不借矾而成。予因以易其名为山矾。

山矾

【集解】时珍曰：山矾生江、淮、湖、蜀野中。树之大者，株高丈许。其叶似栀子，叶生不对节，光泽坚强，略有齿，凌冬不凋。三月开花繁白，如雪六出，黄蕊甚芬香。结子大如椒，青黑色，熟则黄色，可食。其叶味涩，人取以染黄及收豆腐，或杂入茗中。按沈括《笔谈》云：古人藏书辟蠹用芸香，谓之芸草，即今之七里香也。叶类豌豆，作小丛生，啜嗅之极芬香。秋间叶上微白如粉污，辟蠹殊验。又按《苍颉解诂》云：芸香似邪蒿，可食，辟纸蠹。许慎《说文》云：芸，似苜蓿。成公绥《芸香赋》云：茎类秋竹，枝象青松。郭义恭《广志》有芸香胶。《杜阳编》云：芸香，草也，出于阗国。其香洁白如玉，入土不朽。元载造芸晖堂，以此为屑涂壁也。据此数说，则芸香非一种。沈氏指为七里香者，不知何据？所云叶类豌豆，啜嗅芬香，秋间有粉者，亦与今之七里香不相类，状颇似乌药叶，恐沈氏亦自臆度尔。曾端伯以七里香为玉蕊花，未知的否？

叶

【气味】酸、涩、微甘，无毒。

【主治】久痢，止渴，杀蚤、蠹。用三十片，同老姜三片，浸水蒸热，洗烂弦风眼（时珍）。

梫木（《拾遗》）

【集解】藏器曰：梫木生江东林筤间。树如石榴，叶细，高丈余。四月开花，白如雪。

时珍曰：此木今无识者，其状颇近山矾，恐古今称谓不同尔，姑附其后。

【气味】苦，平，无毒。

【主治】破产后血，煮汁服之。其叶煎汁洗疮癣，捣研封蛇伤（藏器）。

南烛（宋《开宝》）

【释名】南天烛（《图经》）、南烛草木（《隐诀》）、男续（同上）、染菽（同上）、猴菽草（同上）、草木之王（同上）、惟那木（同上）、牛筋（《拾遗》）、乌饭草（《日华》）、墨饭草（《纲目》）、杨桐（《纲目》），赤者名文烛。

时珍曰：南烛诸名，多不可解。

藏器曰：取汁渍米作乌饭，食之健如牛筋，故曰牛筋。

南烛

【集解】藏器曰：南烛生高山，经冬不凋。

颂曰：今惟江东州郡有之。株高三五尺，叶类苦楝而小，凌冬不凋，冬生红子作穗。人家多植庭除间，俗谓之南天烛。不拘时采枝叶用。陶隐居《登真隐诀》载太极真人青精干石䭀饭法云：其种是木而似草，故号南烛草木。一名男续，一名猴药，一名后卓，一名惟那木，一名草木之王，凡有八名，各从其邦域所称，而正号是南烛也。生嵩高少室、抱犊、鸡头山，江左吴越至多。土人名曰猴菽，或曰染菽，粗与真名相仿佛也。此木至难长，初生三四年，状若菘菜之属，亦颇似栀子，二三十年乃成大株，故曰木而似草也。其子如茱萸，九月熟，酸美可食。叶不相对，似茗而圆厚，味小酢，冬夏常青。枝茎微紫，大者亦高四、五丈，而甚肥脆，易摧折也。作饭之法，见谷部青精干石䭀饭下。

时珍曰：南烛，吴楚山中甚多。叶似山矾，光滑而味酸涩。四月开小白花，结实如朴树子成簇，生青，九月熟则紫色，内有细子，其味甘酸，小儿食之。按《古今诗话》云：即杨桐也。叶似冬青而小，临水生者尤茂。寒食采其叶，渍水染饭，色青而光，能资阳气。又沈括《笔谈》云：南烛草木，本草及传记所说多端，人少识者。北人多误以乌臼为之，全非矣。今人所谓南天烛是矣。茎如蒴藋有节，高三四尺，庐山有盈丈者。南方至多。叶微似楝而小，秋则实赤如丹。

枝叶

【气味】苦，平，无毒。

时珍曰：酸、涩。

【主治】止泄除睡，强筋益气力。久服。轻身长年，令人不饥，变白却老（藏器）。

【发明】颂曰：孙思邈《千金月令方》：南烛煎：益髭发及容颜，兼补暖。三月三日采叶并蕊子，入大净瓶中，干盛，以童子小便浸满瓶，固济其口，置闲处，经一周年取开。每用一匙温酒调服，一日二次，极有效验。《上元宝经》曰：子服草木之王，气与神通；子食青烛之精，命不复殒。

【附方】旧二。一切风疾：久服轻身明目，黑发驻颜。用南烛树（春夏取枝叶，秋冬取根皮，细剉）五斤，水五斗，慢火煎取二斗，去滓，净锅慢火煎如稀饴，瓷瓶盛之。每温酒服一匙，日三服。一方：入童子小便同煎。（《圣惠方》）误吞钢铁不下：用南烛根烧研，熟水调服一钱，即下。（《圣惠方》）

子

【气味】酸、甘，平，无毒。

【主治】强筋骨，益气力，固精驻颜（时珍）。

青精饭

见谷部。

五加（《本经》上品）

【释名】五佳（《纲目》）、五花（《炮炙论》）、文章草（《纲目》）、白刺（《纲目》）、追风使（《图经》）、木骨（《图经》）、金盐（《仙经》）、豺漆（《本经》）、豺节（《别录》）。

时珍曰：此药以五叶交加者良，故名五加，又名五花。杨慎《丹铅录》作五佳，云一枝五叶者佳故也。蜀人呼为白刺。谯周《巴蜀异物志》名文章单。有赞云：文章作酒，能成其味。以金买草，不言其贵。是矣。本草豺漆、豺节之名，不知取何义也？

【集解】《别录》曰：五加皮五叶者良，生汉中及冤句。五月、七月采茎，十月采根，阴干。

弘景曰：近道处处有之，东间弥多。四叶者亦好。

颂曰：今江淮、湖南州郡皆有之。春生苗，茎、叶俱青，作丛。赤茎又似藤蔓，高三五尺，上有黑刺。叶生五叉作簇者良。四叶、三叶者最多，为次。每一叶下生一刺。三、四月开白花，结细青子，至六月渐黑色。根若荆根，皮黄黑，肉白色，骨坚硬。一说今有数种：汴京、北地者，大片类秦皮、黄柏辈，平直如板而色白，绝无气味，疗风痛颇效，余无所用。吴中乃剥野椿根皮为五加，柔韧而无味，殊为乖失。今江淮所生者，根类地骨皮，轻脆芬香。其苗茎有刺类蔷薇，长者至丈余。叶五出，香气如橄榄。春时结实，如豆粒而扁，青色，得霜乃紫黑。俗但名为追风使，以渍酒疗风，乃不知其为真五加皮也。今江淮、吴中往往以为藩蓠，正似蔷薇、金樱辈，而北间多不知用此种。

敩曰：五加皮树本是白楸树。其上有叶如蒲叶，三花者是雄，五花者是雌。阳人使阴，阴人使阳，剥皮阴干。

机曰：生南地者类草，故小；生北地者类木，故大。

时珍曰：春月于旧枝上抽条叶，山人采为蔬茹。正如枸杞生北方沙地者皆木类，南方坚地者如草类也。唐时惟取峡州者充贡。雷氏言叶如清者，非也。

根皮（同茎）

【气味】辛，温，无毒。

之才曰：远志为之使。恶玄参、蛇皮。

【主治】心腹疝气腹痛，益气疗躄，小儿三岁不能行，疽疮阴蚀（《本经》）。男子阴痿，囊下湿，小便余沥，女人阴痒及腰脊痛，两脚疼痹风弱，五缓虚羸，补中益精，坚筋骨，强志意。久服，轻身耐老（《别录》）。破逐恶风血，四肢不遂，贼风伤人，软脚臂腰，主多年瘀血在皮肌，治痹湿内不足（甄权）。明目下气，治中风骨节挛急，补五劳七伤（大明）。酿酒饮，治风痹四肢挛急（苏颂）。作末浸酒饮，治目僻眼䁾（雷敩）。叶：作蔬食，去皮肤风湿（大明）。

【发明】弘景曰：煮根茎酿酒饮，益人。道家用此作灰煮石，与地榆并有秘法。

慎微曰：东华真人《煮石经》云：昔有西域真人王屋山人王常云：何以得长久？何不食石蓄金盐，母何以得长寿？何不食石用玉豉。玉豉，地榆也。金盐，五加也。皆是煮石而饵得长生之药也。昔孟绰子、董士固相与言云：宁得一把五加，不用金玉满车。宁得一斤地榆，不用明月宝珠。又昔鲁定公母服五加酒.以致不死，尸解而去。张子声、杨建始、王叔才、于世彦等，皆服此酒而房室不绝，得寿三百年。亦可为散以代汤茶。王君云：五加者，五车星之精也。水应五湖，人应五德，位应五方，物应五车。故青精入茎，则有东方之液；白气入节，则有西方之津；赤气入华，则有南方之光；玄精入根，则有北方之饴；黄烟入皮，则有戊己之灵。五神镇生，相转育成。饵之者真仙，服之者反婴。

时珍曰：五加治风湿痿痹，壮筋骨，其功良深。仙家所述，虽若过情，盖奖辞多溢，亦常理尔。造酒之方：用五加根皮洗净，去骨、茎、叶，亦可以水煎汁，和曲酿米酒成，时时饮之。亦可煮酒饮。加远志为使更良。一方：加木瓜煮酒服。谈野翁《试验方》云：神仙煮酒法：用五加皮、地榆（刮去粗皮）各一斤，袋盛，入无灰好酒二斗中，大坛封固，安大锅内，文武火煮之。坛上安米一合，米熟为度。取出火毒，以渣晒干为丸。每旦服五十丸，药酒送下，临卧再服。能去风湿，壮筋骨，顺气化痰，添精补髓。久服延年益老，功难尽述。王纶《医论》云：风病饮酒能生痰火，惟五加一味浸酒，日饮数杯，最有益。诸浸酒药，惟五加与酒相合，且味美也。

【附方】旧二，新六。虚劳不足：五加皮、枸杞根白皮各一斗，水一石五斗，煮汁七斗，分取四斗，浸曲一斗，以三斗拌饭，如常酿酒法，待熟任饮。(《千金方》)男妇脚气：骨节皮肤肿湿疼痛，服此进饮食，健气力，不忘事，名五加皮丸。五加皮四两(酒浸)，远志(去心)四两(酒浸，并春秋三日，夏二日，冬四日)，晒干为末，以浸酒为糊丸梧桐子大。每服四、五十丸，空心温酒下。药酒坏，别用酒为糊。(萨谦斋《瑞竹堂方》)小儿行迟：三岁不能行者，用此便走。五加皮五钱，牛膝、木瓜二钱半，为末。每服五分，米饮入酒二、三点调服。(《全幼心鉴》)妇人血劳：憔悴困倦，喘满虚烦，吸吸少气，发热多汗，口干舌涩，不思饮食，名血风劳。油煎散：用五加皮、牡丹皮、赤芍药、当归各一两，为末。每用一钱，水一盏，用青钱一文，蘸油入药，煎七分，温服。常服能肥妇人。(《太平惠民和剂局方》)五劳七伤：五月五日采五加茎，七月七日采叶，九月九日取根，治下筛。每酒服方寸匕，日三服。久服去风劳。(《千金》)目中息肉：五加皮(不闻水声者，捣末)一升，和酒二升，浸七日。一日服二次，禁醋。二七日，遍身生疮，是毒出。不出，以生熟汤浴之，取疮愈。(《千金方》)服石毒发或热不禁，多向冷地卧：五加皮二两，水四升，煮二升半，发时便服。(《外台秘要》)火灶丹毒从两脚起，赤如火烧：五加根、叶烧灰五两，取煅铁家槽中水和，涂之。(杨氏《产乳》)

枸杞、地骨皮(《本经》上品)

【释名】枸檵(《尔雅》。音计。《本经》作枸忌)、枸棘(《衍义》)、苦杞(《诗疏》)、甜菜(《图经》)、天精(《抱朴》)、地骨(《本经》)、地辅(《本经》)、地仙(《日华》)、却暑(《别录》)、羊乳(《别录》)、仙人杖(《别录》)、西王母杖。

皮骨地杞枸

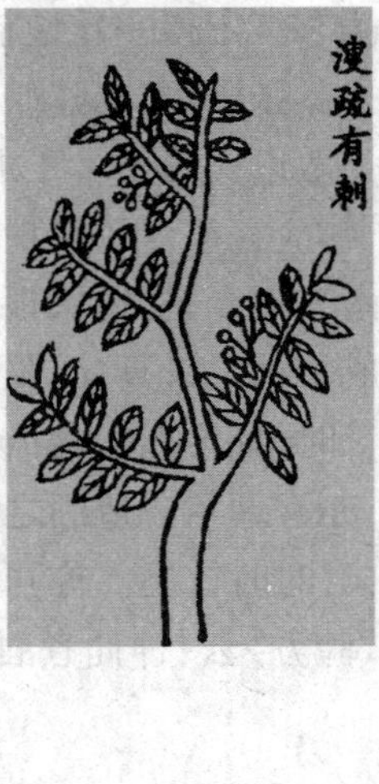

时珍曰：枸、杞二树名。此物棘如枸之刺，茎如杞之条，故兼名之。道书言：千载枸杞，其形如犬，故得枸名，未审然否？

颂曰：仙人杖有三种：一是枸杞；一是菜类，叶似苦苣；一是枯死竹竿之色黑者也。

【集解】《别录》曰：枸杞生常山平泽，及诸丘陵阪岸。

颂曰：今处处有之。春生苗，叶如石榴叶而软薄堪食，俗呼为甜菜。其茎干高三五尺，作丛。六月、七月生小红紫花。随便结红实，形微长如枣核。其根名地骨。《诗·小雅》云：集于苞杞。陆机《诗疏》云：一名苦杞。春生，作羹茹微苦。其茎似莓。其子秋熟，正赤。茎、叶及子服之，轻身益气。今人相传谓枸杞与枸棘二种相类。其实形长而枝无刺者，真枸杞也。圆而有刺者，枸棘也，不堪入药。马志注溲疏条云：溲疏有刺，枸杞无刺，以此为别。溲疏亦有巨骨之名，如枸杞之名地骨，当亦相类，用之宜辨。或云：溲疏以高大者为别，是不然也。今枸杞极有高大者，入药尤神良。

宗奭曰：枸杞、枸棘，徒劳分别。凡杞未有无刺者。虽大至于成架，尚亦有棘。但此物小则刺多，大则刺少，正如酸枣与棘，其实一物也。

时珍曰：古者枸杞、地骨取常山者为上，其他丘陵阪岸者皆可用。后世惟取陕西者良，而又以甘州者为绝品。今陕之兰州、灵州、九原以西枸杞，并是大树，其叶厚根粗。河西及甘州者，其子圆如樱桃，曝干紧小少核，干亦红润甘美，味如葡萄，可作果食，异于他处者。沈存中《笔谈》亦言：陕西极边生者高丈余，大可作柱。叶长数寸，无刺。根皮如厚朴。则入药大抵以河西者为上也。《种树书》言：收子及掘根种于肥壤中，待苗生，剪为蔬食，甚佳。

【气味】枸杞：苦，寒，无毒。

《别录》曰：根：大寒。子：微寒，无毒。冬采根，春、夏采叶，秋采茎、实。

权曰：枸杞：甘，平。子、叶同。

宗奭曰：枸杞当用梗皮，地骨当用根皮，子当用红实。其皮寒，根大寒，子微寒。今人多用其子为补肾药，是未曾考竞经意，当量其虚实冷热用之。

时珍曰：今考《本经》只云枸杞，不指是根、茎、叶、子。《别录》乃增根大寒、子微寒字，似以枸杞为苗。而甄氏《药性论》乃云枸杞甘、平，子、叶皆同，似以枸杞为根；寇氏《衍义》又以枸杞为梗皮，皆是臆说。按陶弘景言枸杞根、实为服食家用。西河女子服枸杞法，根、茎、叶、花、实俱采用。则《本经》所列气味主治，盖通根、苗、花、实而言，初无分别也。后世以枸杞子为滋补药，地骨皮为退热药，始歧而二之。窃谓枸杞苗叶味苦甘而气凉，根味甘淡气寒，子味甘气平。气味既殊，则功用当别。此后人发前人未到之处者也。

【主治】枸杞：主五内邪气.热中消渴，周痹风湿。久服，坚筋骨，轻身不老，耐寒暑(《本经》)。下胸胁气，客热头痛，补内伤大劳嘘吸，强阴，利大小肠(《别录》)。补精气诸不足，易颜色，变白，明目安神，令人长寿(甄权)。

【发明】时珍曰：此乃通指枸杞根、苗、花、实并用之功也。其单用之功，今列于下：

苗

【气味】苦，寒。

权曰：甘，平。

时珍曰：甘，凉。伏砒、砂。

【主治】除烦益志，补五劳七伤，壮心气，去皮肤骨节间风，消热毒，散疮肿（大明)。和羊肉作羹,益人,除风明目。作饮代茶,止渴,消热烦,益阳事,解面毒。与乳酪相恶。汁注目中,去风障赤膜昏痛(甄权)。去上焦心肺客热(时珍)。

地骨皮

【修治】敩曰:凡使根,掘得以东流水浸,刷去土,捶去心,以熟甘草汤浸一宿,焙干。

【气味】苦,寒。

《别录》曰:大寒。

权曰:甘,平。

时珍曰:甘、淡,寒。

杲曰:苦,平、寒。升也,阴也。

好古曰:入足少阴、手少阳经。制硫黄、丹砂。

【主治】细剉,拌面煮熟,吞之,去肾家风,益精气(甄权)。去骨热消渴(孟诜)。解骨蒸肌热消渴,风湿痹,坚筋骨,凉血(元素)。治在表无定之风邪,传尸有汗之骨蒸(李杲)。泻肾火,降肺中伏火,去胞中火,退热,补正气(好古)。治上膈吐血。煎汤嗽口,止齿血,治骨槽风(吴瑞)。治金疮神验(陈承)。去下焦肝肾虚热(时珍)。

枸杞子

【修治】时珍曰:凡用拣净枝梗,取鲜明者洗净,酒润一夜,捣烂入药。

【气味】苦,寒。

权曰:甘,平。

【主治】坚筋骨,耐老,除风,去虚劳,补精气(孟诜)。主心病嗌干心痛,渴而引饮;肾病消中(好古)。滋肾润肺。榨油点灯,明目(时珍)。

【发明】弘景曰:枸杞叶作羹,小苦。俗谚云:去家千里,勿食萝摩、枸杞。此言二物补益精气,强盛阴道也。枸杞根、实为服食家用,其说甚美,名为仙人之杖,远有旨乎?

颂曰:茎、叶及子,服之轻身益气。《淮南枕中记》载:西河女子服枸杞法:正月上寅采根,二月上卯治服之;三月上辰采茎,四月上巳治服之;五月上午采其叶,六月上未治服之;七月上申采花,八月上酉治服之;九月上戌采子,十月上亥治服之;十一月上子采根,十二月上丑治服之。又有花、实、根、茎、叶作煎,或单榨子汁煎膏服之者,其功并同。世传蓬莱县南丘村多枸杞,高者一二丈,其根盘结甚固。其乡人多寿考,亦饮食其水土之气使然。又润州开元寺大井旁生枸杞,岁久。土人目为枸杞井,云饮其水甚益人也。

敩曰:其根似物形状者为上。

时珍曰:按刘禹锡《枸杞井诗》云:僧房药树依寒井,井有清泉药有灵。翠黛叶生笼石甃,殷红子熟照铜瓶。枝繁本是仙人杖,根老能成瑞犬形。上品功能甘露味,还知一勺可延龄。又《续仙传》云:朱孺子见溪侧二花犬,逐入于枸杞丛下。掘之得根,形如二犬。烹而食之,忽觉身轻。周密《浩然斋日抄》云:宋徽宗时,顺州筑城,得枸杞于土中,其形如獒状,驰献阙下,乃仙家所谓千岁枸杞,其形如犬者。据前数说,则枸杞之滋益不独子,而根亦不止于退热而已。但根、苗、子之气味稍殊,而主治亦未必无别。盖其苗乃天精,苦甘而凉,上焦心肺客热者宜之;根乃地骨,甘淡而寒,下焦肝肾虚热者宜之。此皆三焦气分之药,所谓热淫于内、泻以甘寒也。至于子则甘平而润,性滋而补,不能退热,只能补肾润肺,生精益气。此乃平补之药,所谓精不足者、补之以味也。分而用之,则各有所主;兼而用之,则一举两得。世人但知用黄芩、黄连,苦寒以治上焦之火;黄柏、知母,苦寒以治下焦阴火。谓之补阴降火,久服致伤元气。而不知枸杞、地骨甘寒平补,使精气充而邪火自退之妙,惜哉!予尝以青蒿佐地骨退热,屡有殊功,人所未喻者。兵部尚书刘松石,讳天和,麻城人。所集《保寿堂方》载地仙丹云:昔有异人赤脚张,传此方于猗氏县一老人,服之寿百余,行走如飞,发白反黑,齿落更生,阳事强健。此药性平,常服能除邪热,明目轻身。春采枸杞叶,名天精草;夏采花,名长生草;秋采子,名枸杞子;冬采根,名地骨皮。并阴干,用无灰酒浸一夜,晒露四十九昼夜,取日精月华气,待干为末,炼蜜丸如弹子大。每早晚各用一丸细嚼,以隔夜百沸汤下。此药采无刺味甜者,其有刺者服之无益。

【附方】旧十,新二十三。枸杞煎:治虚劳,退虚热,轻身益气,令一切痈疽永不发。用枸杞三十斤(春夏用茎、叶,秋冬用根、实),以水一石,煮取五斗,以滓再煮取五斗,澄清去滓,再煎取二斗,入锅煎如饧收之。每早酒服一合。(《千金方》)金髓煎:枸杞子逐日摘红熟者,不拘多少,以无灰酒浸之,蜡纸封固,勿令泄气。两月足,取入沙盆中擂烂,滤取汁,同浸酒入银锅内,慢火熬之不住手搅,恐粘住不匀。候成膏如饧,净瓶密收。每早温酒服二大匙,夜卧再服。百日身轻气壮,积年不辍,可以羽化也。(《经验方》)枸杞酒:《外台秘要》云:补虚,去劳热,长肌肉,益颜色,肥健人,治肝虚冲感下泪。用生枸杞子五升,捣破,绢袋盛,浸好酒二斗中,密封勿泄气,二七日。服之任性,勿醉。《经验后方》:枸杞酒:变白,耐老轻身。用枸杞子二升(十月壬癸日,面东采之),以好酒二升,瓷瓶内浸三七日。乃添生地黄汁三升,搅匀密封。至立春前三十日,开瓶。每空心暖饮一盏,至立春后髭发却黑。勿食芜荑、葱、蒜。四神丸:治肾经虚损,眼目昏花,或云翳遮睛。甘州枸杞子一斤(好酒润透,分作四分:四两用蜀椒一两炒,四两用小茴香一两炒,四两用芝麻一两炒,四两用川楝肉一两炒,拣出枸杞),加熟地黄、白术、白茯苓各一两,为末,炼蜜丸,日服。(《瑞竹堂方》)肝虚下泪:枸杞子二升,绢袋盛,浸一斗酒中(密封)三七日,饮之。(《千金方》)目赤生翳:枸杞子捣汁,日点三五次,神验。(《肘后方》)面䵟皯疱:枸杞子十斤,生地黄三斤。为末。每服方寸匕,温酒下,日三服。久则童颜。(《圣惠方》)注夏虚病:枸杞子、五味子,研细,滚水泡,封三日,代茶饮效。(《摄生方》)地骨酒:壮筋骨,补精髓,延年耐老。枸杞根、生地黄、甘菊花各一斤,捣碎,以水一石,煮取汁五斗,炊糯米五斗,细曲拌匀,入瓮如常封酿。待熟澄清,日饮三盏。(《圣济总录》)虚劳客热:枸杞根,为末。白汤调服。有痼疾人勿服。(《千金方》)骨蒸烦热及一切虚劳烦热,大病后烦热,并用地仙散:地骨皮二两,防风一两,甘草(炙)半两。每用五钱,生姜五片,水煎服。(《济生方》)热劳如燎:地骨皮二两,柴胡一两,为末。每服二钱,麦门冬汤下。(《圣济总录》)虚劳苦渴,骨节烦热,或寒:用枸杞根白皮(切)五升,麦门冬三升,小麦二升,水二斗,煮至麦熟,去滓。每服一升,口渴即饮。(《千金方》)肾虚腰痛:枸杞根、杜仲、萆薢各一斤,好酒三斗渍之,罂中密封,锅中煮一日。饮之任意。(《千金方》)吐血不止;枸杞根、子、皮为散,水煎。日日饮之。(《圣济总录》)小便出血:新地骨皮洗净,捣自然汁(无汁则以水煎汁)。每服一盏,入酒少许,食前温服。(《简便方》)带下脉数:枸杞根一斤,生地黄五斤,酒一斗,煮五升。日日服之。(《千金方》)天行赤目暴肿:地骨皮三斤,水三斗,煮三升,去滓,入盐一两,取二升。频频洗点。(陇上谢道人《天竺经》)风虫牙痛:枸杞根白皮,煎醋漱之,虫即出。亦可煎水饮。(《肘后方》)口舌糜烂:地骨皮汤:治膀胱移热于小肠,上为口糜,生疮溃烂,心胃壅热,水谷不下。用柴胡、地骨皮各三钱,水煎服之。(东垣《兰室秘藏》)小儿耳疳:生于耳后,肾疳也。地骨皮一味,煎汤洗之。仍以香油调末搽之。(高文虎《蓼花洲闲录》)气瘘疳疮多年不愈者:应效散(又名托里散):用地骨皮(冬月者)为末。每用纸捻蘸入疮内。频用自然生肉。更以米饮服二钱,一日三服。(《外科精义》)男子下疳:先以浆水洗之,后搽地骨皮末。生肌止痛。(《卫生宝鉴》)妇人阴肿或生疮:枸杞根煎水,频洗。(《永类方》)十三种疔:春三月上建日采叶(名天精),夏三月上建日采枝(名枸杞),秋三月上建日采子(名却老),冬三月上建日采根(名地骨),并曝干为末(如不得依法采,但得一种亦可),用绯缯一片裹药。牛黄一梧桐子大,反钩棘针三七枚,赤小豆七粒,为末。先于缯上铺乱发一鸡子大,乃铺牛黄等末,卷作团,以发束定,熨斗中炒令沸,沸定,刮捣为末。以一方寸匕,合前枸杞末二匕,空心酒服二钱半,日再服。(《千金方》)痈疽恶疮,脓血不止:地骨皮不拘多少,洗净,刮去粗皮,取细白穰。以粗皮同骨煎汤洗,令脓血尽。以细穰贴之,立效。有一朝士,腹胁间病疽经岁。或以地骨皮煎汤淋洗,出血一二升。家人惧,欲止之。病者曰:疽似少快。更淋之,用五升许,血渐淡乃止。以细穰贴之,次日结痂愈。(唐慎微《本草》)瘭疽出汁,着手、足、肩、背,累累如赤豆:用枸杞根、葵根叶煮汁,煎如饴,随意服之。(《千金方》)足趾鸡眼,作痛作疮:地骨皮同红花研细敷之,次日即愈。(《闺阁事宜》)火赫毒疮:此患急防毒气入心腹。枸杞叶捣汁服,立瘥。(《肘后方》)目涩有翳:枸杞叶二两,车前叶一两,挼汁,以桑叶裹,悬阴地一夜。取汁点之,不过三五度。(《十便良方》)五劳七伤,庶事衰弱:枸杞叶半斤(切),粳米二合,豉汁和,煮作粥,日日食之良。(《经验后方》)澡浴除病:正月一日,二月二日,三月三日,四月四日,以至十二月十二日,皆用枸杞叶煎汤洗澡。令人光泽,百病不生。(《洞天保生录》)

溲疏(《本经》下品)

【释名】巨骨(《别录》)。

【集解】《别录》曰:溲疏生熊耳川谷,及田野故丘墟地。四月采。

当之曰:溲疏一名杨栌,一名牡荆,一名空疏。皮白中空,时时有节。子似枸杞子,冬月熟,赤色,味甘苦。末代乃无识者。此非人篱垣之杨栌也。

恭曰:溲疏,形似空疏,树高丈许,白皮。其子八、九月熟,赤色,似枸杞,必两两相对,味苦,与空疏不同。空疏即杨栌,其子为荚,不似溲疏。

志曰:溲疏、枸杞虽则相似,然溲疏有刺,枸杞无刺,以此为别。

颂曰:溲疏亦有巨骨之名,如枸杞之名地骨,当亦相类。方书鲜用,宜细辨之。

机曰:按李当之但言溲疏子似枸杞子,不曾言树相似。马志因其子相似,遂谓树亦相似,以有刺、无刺为别。苏颂又因巨骨、地骨之名,疑其相类。殊不知枸杞未尝无刺,但小则刺多,大则刺少耳。本草中异物同名甚多,况一骨字之同耶?以此为言,尤见穿凿。

时珍曰:汪机所断似矣,而自亦不能的指为何物也。

【气味】辛,寒,无毒。

《别录》曰:苦,微寒。

之才曰:漏卢为之使。

【主治】皮肤中热,除邪气,止遗溺,利水道(《本经》)。除胃中热,下气。可作浴汤(《别录》。时珍曰:按孙真人《千金方》,治妇人下焦三十六疾,承泽丸中用之)。

杨栌(《唐本草》)

【集解】恭曰:杨栌,一名空疏,所在皆有,生篱垣间。其子为荚。

叶

【气味】苦,寒,有毒。

【主治】疽瘘恶疮,水煮汁洗之,立瘥(《唐本》)。

木耳

见菜部。

石南(《本经》下品)

【释名】风药。

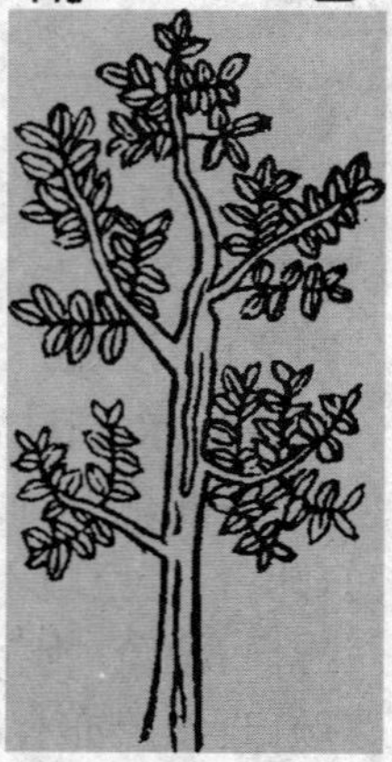
石南

时珍曰：生于石间向阳之处，故名石南。桂阳呼为风药，充茗及浸酒饮能愈头风，故名。按《范石湖集》云：修江出栾茶，治头风。今南人无所谓栾茶者，岂即此物耶？

【集解】《别录》曰：石南生华阴山谷。三月、四月采叶，八月采实，阴干。

弘景曰：今东间皆有之，叶如枇杷叶。方用亦稀。

恭曰：叶似岗草，凌冬不凋。关中者叶细为好。江山以南者，叶长大如枇杷叶，无气味，殊不任用。

保升曰：终南斜谷有石处甚饶。今市人以石苇为之，误矣。

宗奭曰：石南叶似枇杷叶之小者，而背无毛，光而不皱。正、二月间开花。冬有二叶为花苞，苞既开，中有十五余花，大小如椿花，甚细碎。每一苞约弹许大，成一球。一花六叶，一朵有七八球，淡白绿色，叶末微淡赤色。花既开，蕊满花，但见蕊不见花。花才罢，去年绿叶尽脱落，渐生新叶。京洛、河北、河东、山东颇少，人故少用。湖南北、江东西、二浙甚多，故人多用。

叶

【气味】辛、苦，平，有毒。

之才曰：五加皮为使。恶小蓟。

【主治】养肾气，内伤阴衰，利筋骨皮毛（《本经》）。疗脚弱五脏邪气，除热。女子不可久服，令思男（《别录》）。能添肾气，治软脚烦闷疼，杀虫，逐诸风（甄权）。浸酒饮。治头风（时珍）。

【发明】恭曰：石南叶为疗风邪丸散之要，今医家不复用其实矣。

权曰：虽能养肾，亦令人阴痿。

时珍曰：古方为治风痹肾弱要药。今人绝不知用，识者亦少，盖由甄氏《药性论》有令阴痿之说也。殊不知服此药者，能令肾强，嗜欲之人藉此放恣，以致痿弱，归咎于药，良可慨也。毛文锡《茶谱》云：湘人四月采杨桐草，捣汁浸水蒸，作为饭食；必采石南芽为茶饮，乃去风也。暑月尤宜。杨桐即南烛也。

【附方】新三。鼠瘘不合：石南、生地黄、茯苓、黄连、雌黄等分，为散。日再敷之。（《肘后方》）小儿通睛：小儿误跌，或打着头脑受惊，肝系受风，致瞳仁不正，观东则见西，观西则见东。宜石南散，吹鼻通顶。石南一两，藜芦三分，瓜丁五七个。为末。每吹少许入鼻，一日三度。内服牛黄平肝药。（《普济方》）乳石发动，烦热：石南叶为末。新汲水服一钱。（《圣惠方》）

实（一名鬼目）

【主治】杀蛊毒，破积聚，逐风痹（《本经》）。

牡荆(《别录》上品)。

【校正】并入(《别录》)有名未用荆茎。

【释名】黄荆(《图经》)、小荆(《本经》)、楚。

荆　　牡

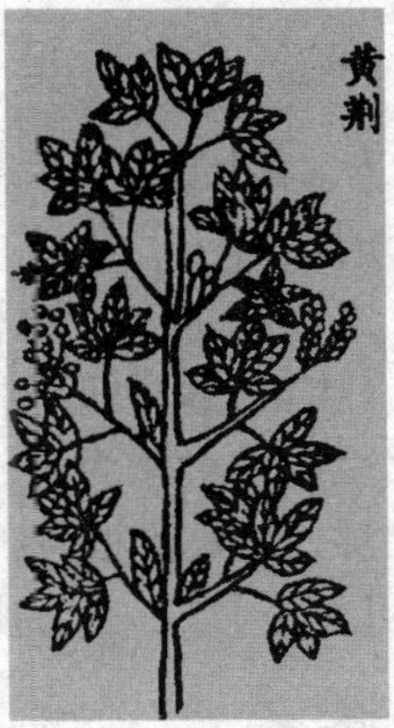

弘景曰:既是牡荆,不应有子。小荆应是牡荆。牡荆子大于蔓荆子,而反呼小荆,恐以树形为言。不知蔓荆树亦高大也。

恭曰:牡荆作树,不为蔓生,故称为牡,非无实之谓也。蔓荆子大,牡荆子小,故呼小荆。

时珍曰:古者刑杖以荆,故字从刑。其生成丛而疏爽,故又谓之楚(从林,从疋,疋即疏字也),济楚之义取此。荆楚之地,因多产此而名也。

【集解】《别录》曰:牡荆实生河间、南阳、冤句山谷,或平寿、都乡高岸上及田野中。八月、九月采实,阴干。

弘景曰:论蔓荆即应是今作杖棰之荆。其子殊细,正如小麻子,色青黄。牡荆乃出北方,如乌豆大,正圆黑。仙术多用牡荆,今人都无识者。李当之《药录》言:溲疏一名杨栌,一名牡荆,理白中虚,断植即生。按今溲疏主疗与牡荆都不同,形类乖异。而仙方用牡荆,云能通神见鬼,非惟其实,枝叶并好。又云:荆树必枝叶相对者是牡荆,不对者即非牡荆也。并莫详虚实,更须博访。

恭曰:牡荆即作棰杖者,所在皆有之。实细黄色,茎劲作树生。《汉书·郊祀志》以牡荆茎为幡竿,则明知非蔓荆也。有青、赤二种,以青者为佳。今人相承多以牡荆为蔓荆,此极误也。

颂曰:牡荆,今眉州、蜀州及近汴京亦有之,俗名黄荆是也。枝茎坚劲,作科不作蔓。叶如蓖麻,更疏瘦。花红作穗。实细而黄,如麻子大。或云即小荆也。按陶隐居《登真隐诀》云:荆木之叶、花,通神见鬼精。注云:荆有三种。荆木即今作棰杖者,叶香,亦有花、子,子不入药。方术则用牡荆,其子入药,北人无识其木者。天监三年,天子将合神仙饭。奉敕论牡荆曰:荆,花白多子,子粗大。历历疏生,不过三两茎,多不能圆,或扁或异,或多似竹节。叶与余荆不殊。蜂多采牡荆,牡荆汁冷而甜。余荆被烧,则烟火气苦。牡荆体慢汁实,烟火不入其中,主治心风第一。于时远近寻觅,遂不值也。

保升曰:陶氏不惟不别蔓荆,亦不识牡荆。蔓荆蔓生,牡荆树生,理自明矣。

时珍曰:牡荆处处山野多有,樵采为薪。年久不樵者,其树大如碗也。其木心方,其枝对生,一枝五叶或七叶。叶如榆叶,长而尖,有锯齿。五月杪间开花成穗,红紫色。其子大如胡荽子,而有白膜皮裹之。苏颂云叶似蓖麻者,误矣。有青、赤二种:青者为荆,赤者为楛。嫩条皆可为筥囤。古者贫妇以荆为钗,即此二木也。

按裴渊《广州记》云：荆有三种：金荆可作枕，紫荆可作床，白荆可作履。与他处牡荆、蔓荆全异。宁浦有牡荆，指病自愈。节不相当者，月晕时刻之，与病人身齐等，置床下，病虽危亦无害也。杜宝《拾遗录》云：南方林邑诸地，在海中。山中多金荆，大者十围，盘屈瘤蹙，纹如美锦，色如真金。工人用之，贵如沉、檀。此皆荆之别类也。《春秋运斗枢》云：玉衡星散而为荆。

实

【气味】苦，温，无毒。

时珍曰：辛，温。

之才曰：防风为之使，恶石膏。

【主治】除骨间寒热，通利胃气，止咳逆，下气（《别录》）。得柏实、青葙、术，疗风（之才）。炒焦为末，饮服，治心痛及妇人白带（震亨）。用半升炒熟，入酒一盏，煎一沸，热服，治小肠疝气甚效。浸酒饮，治耳聋（时珍）。

【附方】新一。湿痰白浊：牡荆子炒为末。每酒服二钱。（《集简方》）

叶

【气味】苦，寒，无毒。

【主治】久痢，霍乱转筋，血淋，下部疮，湿䘌薄脚，主脚气肿满（《别录》）。

【发明】崔元亮《海上集验方》：治腰脚风湿痛，蒸法：用荆叶不限多少：蒸令熟热，置大瓮中，其下着火温之。以病人置叶中，须臾当汗出。蒸时旋旋吃饭，稍倦即止。便以被盖避风，仍进葱豉酒及豆酒并得，以瘥为度。

时珍曰：蒸法虽妙，只宜施之野人。李仲南《永类方》云：治脚气诸病，用荆茎于坛中烧烟，熏涌泉穴及痛处，使汗出则愈。此法贵贱皆可用者。又谈野翁《试验方》：治毒蛇、望板归螫伤，满身洪肿发泡。用黄荆嫩头捣汁涂泡上，渣盦咬处，即消。此法乃出于葛洪《肘后方》（治诸蛇，以荆叶捣烂袋盛，薄于肿上）者也。《物类相感志》云：荆叶逼蚊。

【附方】旧一，新一。九窍出血：荆叶，捣汁，酒和，服二合。（《千金方》）小便尿血：荆叶汁，酒服二合。（《千金方》）

根

【气味】甘、苦，平，无毒。

时珍曰：苦、微辛。

【主治】水煮服，治心风头风，肢体诸风，解肌发汗（《别录》）。

【发明】时珍曰：牡荆苦能降，辛温能散；降则化痰，散则祛风，故风痰之病宜之。其解肌发汗之功，世无知者。按王氏《奇方》云：一人病风数年。予以七叶黄荆根皮、五加根皮、接骨草等分，煎汤甘服，遂愈。盖得此意也。

荆茎

《别录》有名未用云：八月、十月采，阴干。

藏器曰：即今荆杖也。煮汁堪染。

【主治】灼烂（《别录》）。洗灼疮及热焱疮，有效（藏器）。同荆芥、荜茇煎水，漱风牙痛（时珍）。

【附方】新一。青盲内障：春初取黄荆嫩头（九蒸九曝）半斤，用乌鸡一只，以米饲五日，安净板上，饲以大麻子，二三日，收粪曝干，入瓶内熬黄，和荆头为末，炼蜜丸梧桐子大。每服十五丸至二十丸，陈米饮下，日二。（《圣济总录》）

荆沥

【修治】时珍曰：取法：用新采荆茎，截尺五长，架于两砖上，中间烧火炙之，两头以器承取，热服，或入药中。又法：截三、四寸长，束入瓶中，仍以一瓶合住固，外以糠火煨烧，其汁沥入下瓶中，亦妙。

【气味】甘，平，无毒。

【主治】饮之，去心闷烦热，头风旋晕目眩，心头漭漭欲吐，猝失音，小儿心热惊痫，止消渴，除痰唾，令人不睡（藏器）。除风热，开经络，导痰涎，行血气，解热痢（时珍）。

【发明】时珍曰：荆沥气平味甘，化痰去风为妙药。故孙思邈《千金翼》云：凡患风人多热，常宜以竹沥、荆沥、姜汁各五合，和匀热服，以瘥为度。陶弘景亦云：牡荆汁治心风为第一。《延年秘录》云：热多用竹沥，寒多用荆沥。

震亨曰：二汁同功，并以姜汁助送，则不凝滞。但气虚不能食者，用竹沥；气实能食者，用荆沥。

【附方】旧六，新一。中风口噤：荆沥，每服一升。（《范汪方》）头风头痛：荆沥，日日服之。（《集验方》）喉痹疮肿：荆沥，细细咽之。或以荆一握，水煎服之。（《千金翼》）目中猝痛：烧荆木，取黄汁点之。（《肘后方》）心虚惊悸羸瘦者：荆沥二升。火煎至一升六合，分作四服，日三、夜一。（《小品方》）赤白下痢五、六年者：荆沥，每日服五合。（《外台秘要》）湿瘑疮癣：荆木，烧取汁，日涂之。（《深师方》）

蔓荆（《本经》上品）

【释名】恭曰：蔓荆苗蔓生，故名。

【集解】恭曰：蔓荆生水滨。苗茎蔓延长丈余。春因旧枝而生小叶，五月叶成，似杏叶。六月有花，红白色，黄蕊。九月有实，黑斑，大如梧子而虚轻。冬则叶凋。今人误以小荆为蔓荆，遂将蔓荆为牡荆也。

大明曰：海盐亦有之。大如豌豆，蒂有轻软小盖子，六、七、八月采之。

颂曰：近汴京及秦、陇、明、越州多有之。苗茎高四、五尺，对节生枝。叶类小楝，至夏盛茂。有花作穗淡红色，蕊黄白色，花下有青萼，至秋结子。旧说蔓生，而今所有并非蔓也。

荆 蔓

宗奭曰：诸家所解，蔓荆、牡荆，纷糺不一。《经》既言蔓荆明是蔓生，即非高木也；既言牡荆，则自木上生，又何疑焉？

时珍曰：其枝小弱如蔓，故曰蔓生。

实

【修治】敩曰：凡使，去蒂子下白膜一重，用酒浸一伏时，蒸之从巳至未，晒干用。

时珍曰：寻常只去膜打碎用之。

【气味】苦，微寒，无毒。

《别录》曰：辛，平、温。

元素曰：味辛，温，气清，阳中之阴，入太阳经。胃虚人不可服，恐生痰疾。

之才曰：恶乌头、石膏。

【主治】筋骨间寒热，湿痹拘挛，明目坚齿，利九窍，去白虫。久服，轻身耐老。小荆实亦等（《本经》）。风头痛，脑鸣，目泪出，益气。令人光泽脂致（《别录》）。治贼风，长髭发（甄权）。利关节，治痫疾、赤眼（大明）。太阳头痛，头沉昏闷，除目暗，散风邪，凉诸经血，止目睛内痛（元素）。搜肝风（好古）。

【发明】恭曰：小荆实即牡荆子，其功与蔓荆同，故曰亦等也。

时珍曰：蔓荆气清味辛，体轻而浮，上行而散。故所主者，皆头面风虚之症。

【附方】新三。令发长黑：蔓荆子、熊脂等分，醋调涂之。（《圣惠方》）头风作痛：蔓荆子一升。为末。绢袋盛，浸一斗酒中七日。温饮三合，日三次。（《千金方》）乳痈初起：蔓荆子，炒，为末。酒服方寸匕，渣敷之。（危氏《得效方》）

栾荆（《唐本草》）

【释名】顽荆（《图经》）。

【集解】恭曰：栾荆茎、叶都似石南，干亦反卷，经冬不死，叶上有细黑点者，真也，今雍州所用者是。而洛州乃用石荆当之，非也。俗方大用，而本草不载，亦无别名。但有栾华，功用又别，非此物花也。

荆 栾

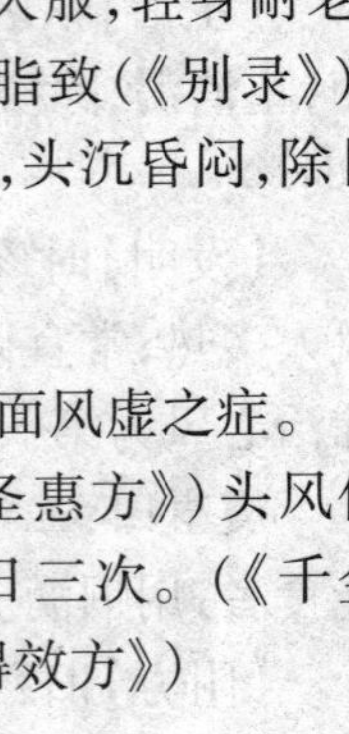

宗奭曰：栾荆即牡荆也，子青色如茱萸，不合更立此条。苏恭又称石荆当之，转见穿凿。

时珍曰：按许慎《说文》云：栾，似木兰。木兰叶似桂，与苏恭所说叶似石南者相近。苏颂所图者即今牡荆，与《唐本草》者不合。栾荆是苏恭收入本草,不应自误。盖后人不识,遂以牡荆充之,寇氏亦指为牡荆耳。

子

【气味】辛、苦,温,有小毒。

权曰:甘、辛,微热,无毒。决明为之使。恶石膏。

【主治】大风,头面手足诸风,癫痫狂痉,湿痹寒冷疼痛(《唐本》)。四肢不遂,通血脉,明目,益精光(甄权)。合柏油同熬,涂人畜疮疥(苏颂)。

石荆(《拾遗》)

【集解】藏器曰:石荆似荆而小,生水旁,《广济方》一名水荆是也。苏颂言洛人以当栾荆者,非也。

【主治】烧灰淋汁浴头,生发令长(藏器)。

紫荆(宋《开宝》)

【校正】并入(《拾遗》)紫珠。

【释名】紫珠(《拾遗》),皮名肉红(《纲目》)、内消。

时珍曰:其木似黄荆而色紫,故名。其皮色红而消肿,故疡科呼为肉红,又曰内消,与何首乌同名。

【集解】颂曰:紫荆处处有之,人多种于庭院间。木似黄荆,叶小无丫,花深紫可爱。

藏器曰:即田氏之荆也。至秋子熟,正紫,圆如小珠,名紫珠。江东林泽间尤多。

宗奭曰:春开紫花甚细碎,共作朵生,出无常处,或生于木身之上,或附根上枝下,直出花。花罢叶出,光紧微圆。园圃多植之。

时珍曰:高树柔条,其花甚繁,岁二三次。其皮入药,以川中厚而紫色、味苦如胆者为胜。

紫荆

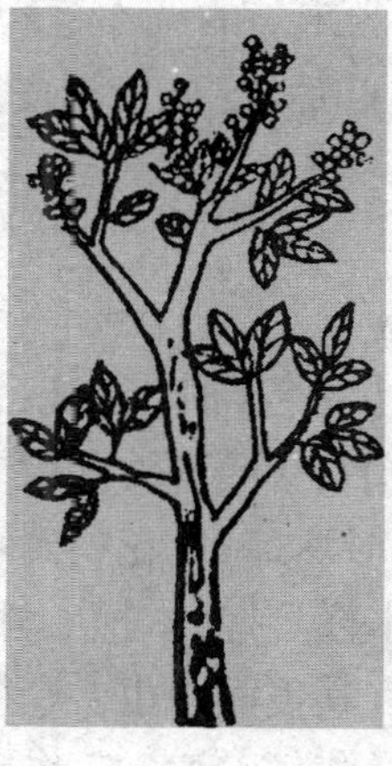

木并皮

【气味】苦,平,无毒。

藏器曰:苦,寒。

大明曰:皮、梗及花,气味功用并同。

【主治】破宿血,下五淋,浓煮汁服(《开宝》)。通小肠(大明)。解诸毒物,痈疽喉痹，飞尸蛊毒，肿下瘘，蛇、虺、虫、蚕、狂犬毒，并煮汁服。亦以汁洗疮肿，除血长肤（藏器）。活血行气，消肿解毒，治妇人血气疼痛，经水凝涩（时珍）。

【发明】时珍曰：紫荆气寒味苦，色紫性降，入手、足厥阴血分。寒胜热，苦走骨，紫入营。故能活血消肿，利小便而解毒。杨清叟《仙传方》有冲和膏，以紫荆为君，盖亦得此意也。其方治一切痈疽发背流注诸肿毒，冷热不明者。紫荆皮（炒）三两，独活（去节，炒）三两，赤芍药（炒）二两，生白芷一两，木蜡（炒）一两，为末。用葱汤调，热敷。血得热则行，葱能散气也。疮不甚热者，酒调之。痛甚者，加乳香。筋不伸者，亦加乳香。大抵痈疽流注，皆是气血凝滞所成，遇温则散，遇凉则凝。此方温平，紫荆皮乃木之精，破血消肿。独活乃土之精，止风动血，引拔骨中毒，去痹湿气。芍药乃火之精，生血止痛。木蜡乃水之精，消肿散血，同独活能破石肿坚硬。白芷乃金之精，去风生肌止痛。盖血生则不死，血动则流通，肌生则不烂，痛止则不焮，风去则血自散，气破则硬可消，毒自除。五者交治，病安有不愈者乎？

【附方】新九。妇人血气：紫荆皮为末，醋糊丸樱桃大。每酒化服一丸。（熊氏《补遗》）鹤膝风挛：紫荆皮三钱，老酒煎服，日二次。（《直指方》）伤眼青肿：紫荆皮，小便浸七日，晒研，用生地黄汁、姜汁调敷。不肿用葱汁。（《永类方》）猘犬咬伤：紫荆皮末，沙糖调涂，留口退肿。口中仍嚼咽杏仁去毒。（《仙传外科》）鼻中疳疮：紫荆花阴干为末，贴之。（《卫生易简方》）发背初生，一切痈疽皆治：单用紫荆皮为末，酒调箍住，自然撮小不开。内服柞木饮子。乃救贫良剂也。（《仙传外科》）痈疽未成：用白芷、紫荆皮等分。为末。酒调服。外用紫荆皮、木蜡、赤芍药等分。为末。酒调作箍药。（同上）痔疮肿痛：紫荆皮五钱。新水食前煎服。（《直指方》）产后诸淋：紫荆皮五钱。半酒半水煎，温服。（熊氏《补遗》）

木槿（《日华》）

【释名】椴（音徒乱切）、榇（音衬）、蕣（音舜）、日及（《纲目》）、朝开暮落花（《纲目》）、藩篱草（《纲目》）、花奴、王蒸。

时珍曰：此花朝开暮落，故名日及。曰槿曰蕣，犹仅荣一瞬之义也。《尔雅》云：椴，木槿。榇，木槿。郭璞注云：别二名也。或云：白曰椴。赤曰榇。齐鲁谓之王蒸，言其美而多也。《诗》云“颜如舜华”即此。

【集解】宗奭曰：木槿花如小葵，淡红色，五叶成一花，朝开暮敛。湖南北人家多种植为篱障。花与枝两用。

时珍曰：槿，小木也。可种可插，其木如李。其叶末尖而有丫齿。其花小而艳，或白或粉红，有单叶、千叶者。五月始开，故《逸书月令》云“仲夏之月木槿荣”是也。结实轻虚，大如指头，秋深自裂，其中子如榆荚、泡桐、马兜铃之仁。种之易生。嫩叶可茹，作饮代茶。今疡医用皮治疮癣，多取川中来者，厚而色红。

槿 木

皮并根

【气味】甘,平,滑,无毒。

大明曰:凉。

【主治】止肠风泻血,痢后热渴,作饮服之,令人得睡,并炒用(藏器)。治赤白带下,肿痛疥癣,洗目令明,润燥活血(时珍)。

【发明】时珍曰:木槿皮及花,并滑如葵花,故能润燥。色如紫荆,故能活血。川中来者,气厚力优,故尤有效。

【附方】新六。赤白带下:槿根皮二两(切),以白酒一碗半,煎一碗,空心服之。白带用红酒甚妙。(《纂要奇方》)头面钱癣:槿树皮为末,醋调,重汤顿如胶,内敷之。(王仲勉《经效方》)牛皮风癣:川槿皮一两,大风子仁十五个,半夏五钱,剉,河水、井水各一碗,浸露七宿,入轻粉一钱,入水中,秃笔扫涂,覆以青衣,数日有臭涎出,妙。忌浴澡。夏月用尤妙。(《扶寿方》)癣疮有虫:川槿皮煎,入肥皂浸水,频频擦之。或以槿皮浸汁磨雄黄,尤妙。(《简便方》)痔疮肿痛:藩蓠草根煎汤,先熏后洗。(《直指方》)大肠脱肛:槿皮或叶,煎汤熏洗,后以白矾、五倍末敷之。(《救急方》)

花

【气味】同皮。

【主治】肠风泻血,赤白痢,并焙入药。作汤代茶,治风(大明)。消疮肿,利小便,除湿热(时珍)。

【附方】新三。下痢噤口:红木槿花去蒂,阴干为末。先煎面饼二个,蘸末食之。(赵宜真《济急方》)风痰拥逆:木槿花晒干焙研。每服一二匙,空心沸汤下。白花尤良。(《简便方》)反胃吐食:千叶白槿花,阴干为末。陈糯米汤调送三五口。不转再服。(《袖珍方》)

子

【气味】同皮。

【主治】偏正头风,烧烟熏患处。又治黄才脓疮,烧存性,猪骨髓调涂之(时珍)。

扶桑(《纲目》)

【释名】佛桑(《霏雪录》)、朱槿(《草木状》)、赤槿(同)、日及。

时珍曰：东海日出处有扶桑树。此花光艳照日，其叶似桑，因以比之。后人讹为佛桑，乃木槿别种，故曰及诸名亦与之同。

扶桑

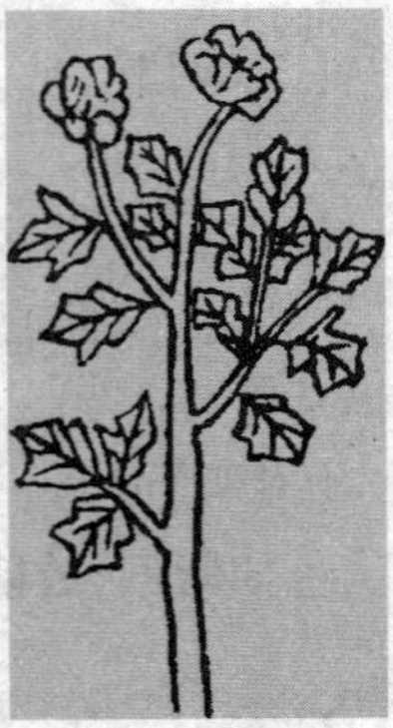

【集解】时珍曰：扶桑产南方，乃木槿别种。其枝柯柔弱，叶深绿，微涩如桑。其花有红、黄、白三色，红者尤贵，呼为朱槿。嵇含《草木状》云：朱槿一名赤槿，一名日及，出高凉郡。花、茎、叶皆如桑。其叶光而厚。木高四五尺，而枝叶婆娑。其花深红色，五出，大如蜀葵，重敷柔泽。有蕊一条，长于花叶，上缀金屑，日光所烁，疑若焰生。一丛之上，日开数百朵，朝开暮落。自二月始，至中冬乃歇。插枝即活。

叶及花

【气味】甘，平，无毒。

【主治】痈疽腮肿，取叶或花，同白芙蓉叶、牛蒡叶、白蜜研膏敷之，即散（时珍）。

木芙蓉（《纲目》）

【校正】并入《图经》地芙蓉。

【释名】地芙蓉（《图经》）、木莲（《纲目》）、华木（《纲目》）、桦木（音化）、拒霜。

木芙蓉

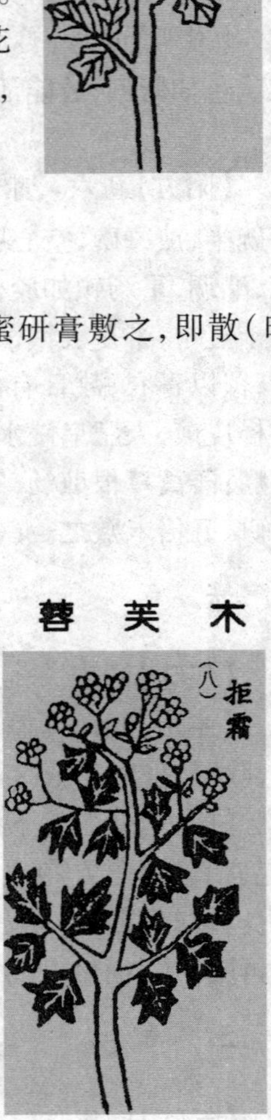

时珍曰：此花艳如荷花，故有芙蓉、木莲之名。八、九月始开，故名拒霜。俗呼为桦皮树。《相如赋》谓之华木。注云：皮可为索也。苏东坡诗云：唤作拒霜犹未称，看来却是最宜霜。苏颂《图经本草》有地芙蓉，云出鼎州，九月采叶，治疮肿，盖即此物也。

【集解】时珍曰：木芙蓉处处有之，插条即生，小木也。其干丛生如荆，高者丈许。其叶大如桐，有五尖及七尖者，冬凋夏茂。秋半始着花，花类牡丹、芍药，有红者、白者、黄者、千叶者，最耐寒而不落。不结实。山人取其皮为索。川、广有添色拒霜花，初开白色，次日稍红，又明日则深红，先后相间如数色。霜时采花，霜后采叶，阴干入药。

叶并花

【气味】微辛，平，无毒。

【主治】清肺凉血，散热解毒，治一切大小痈疽肿毒恶疮，消肿排脓止痛（时珍）。

【发明】时珍曰：芙蓉花并叶，气平而不寒不热，味微辛而性滑涎粘，其治痈肿之功，殊有神效。近时疡医秘其名为清凉膏、清露散、铁箍散，皆此物也。其方治一切痈疽发背，乳痈恶疮，不拘已成未成，已穿未穿。并用芙蓉叶，或根皮，或花，或生研，或干研末，以蜜调涂于肿处四围，中间留头，干则频换。初起者，即觉清凉，痛止肿消。已成者，即脓聚毒出。已穿者，即脓出易敛。妙不可言。或加生赤小豆末，尤妙。

【附方】新十。久咳羸弱：九尖拒霜叶为末，以鱼鲊蘸食，屡效。（危氏《得效方》）赤眼肿痛：芙蓉叶末，水和，贴太阳穴。名清凉膏。（《鸿飞集》）经血不止：拒霜花、莲蓬壳等分。为末。每用米饮下二钱。（《妇人良方》）偏坠作痛：芙蓉叶、黄柏各三钱，为末。以木鳖子仁一个磨醋，调涂阴囊，其痛自止（《简便方》）杖疮肿痛：芙蓉花叶研末，入皂角末少许，鸡子清调，涂之。（方广《附余》）痈疽肿毒：重阳前取芙蓉叶研末，端午前取苍耳烧存性研末，等分，蜜水调，涂四围，其毒自不走散。名铁井阑（《简便方》）。疔疮恶肿：九月九日采芙蓉叶阴干为末，每以井水调贴。次日用蛐蜒螺一个，捣涂之。（《普济方》）头上癞疮：芙蓉根支，为末。香油调敷。先以松毛、柳枝煎汤洗之。（傅滋《医学集成》）汤火灼疮：油调芙蓉末，敷之。（《奇效方》）灸疮不愈：芙蓉花研末，敷之。（《奇效方》）一切疮肿：木芙蓉叶、菊花叶，同煎水，频熏洗之。（《多能鄙事》）

山茶（《纲目》）

【释名】时珍曰：其叶类茗，又可作饮，故得茶名。

【集解】时珍曰：山茶产南方。树生，高者丈许，枝干交加。叶颇似茶叶，而厚硬有棱，中阔头尖，面绿背淡。深冬开花，红瓣黄蕊。《格古论》云：花有数种：宝珠者，花簇如珠，最胜。海榴茶花蒂青，石榴茶中有碎花，踯躅茶花如杜鹃花，宫粉茶、串珠茶皆粉红色。又有一捻红、千叶红、千叶白等名，不可胜数，叶各小异。或云亦有黄色者。《虞衡志》云：广中有南山茶，花大倍中州者，色微淡，叶薄有毛。结实如梨，大如拳，中有数核，如肥皂子大。周定王《救荒本草》云：山茶嫩叶炸熟水淘可食，亦可蒸晒作饮。

山茶

花

【气味】缺。

【主治】吐血衄血，肠风下血，并用红者为末，入童溺、姜汁及酒调服，可代郁金（震亨）。汤火伤灼，研末，麻油调涂（时珍）。

子

【主治】妇人发脰,研末掺之(时珍。《摘玄方》)。

蜡梅(《纲目》)

蜡梅

【释名】黄梅花。

时珍曰:此物本非梅类,因其与梅同时,香又相近,色似蜜蜡,故得此名。

【集解】时珍曰:蜡梅小树,丛枝尖叶。种凡三种:以子种出不经接者,腊月开小花而香淡,名狗蝇梅;经接而花疏,开时含口者,名磬口梅;花密而香浓,色深黄如紫檀者,名檀香梅,最佳。结实如垂铃,尖长寸余,子在其中。其树皮浸水磨墨,有光采。

花

【气味】辛,温,无毒。

【主治】解暑生津(时珍)。

伏牛花(宋《开宝》)

伏牛花

【校正】并入《图经》虎刺。

【释名】隔虎刺花(未详)。

【集解】颂曰:伏牛花生蜀地,所在皆有,今惟益州蜀地有之,多生川泽中。叶青细,似黄柏叶而不光。茎赤有刺。开花淡黄色作穗,似杏花而小,三月采,阴干。又睦州所生虎刺,云凌冬不凋,彼人无时采根、叶,治风肿疾。

花

【气味】苦、甘,平,无毒。

【主治】久风湿痹,四肢拘挛,骨肉疼痛。作汤,治风眩头痛,五痔下血(《开宝》)。

【发明】时珍日;伏牛花治风湿有名,而用者颇少。杨子建《护命方》有伏牛花散,治男女一切头风,发作有时,甚则大腑热秘。用伏牛花、山茵陈、桑寄生、白牵牛、川芎䓖、白僵蚕、蝎梢各二钱,荆芥穗四钱,为末。每服二钱,水煎一沸,连滓服。

根、叶、枝

【主治】一切肿痛风疾，细剉焙研，每服一钱匕，用温酒调下（颂）。

密蒙花（宋《开宝》）

【校正】慎微曰：自草部移入木部。

【释名】水锦花（《炮炙论》）。

时珍曰：其花繁密蒙茸如簇锦，故名。

【集解】颂曰：密蒙花，蜀中州郡皆有之。树高丈余。叶似冬青叶而厚，背白有细毛，又似橘叶。花微紫色。二月、三月采花，曝干用。

宗奭曰：利州甚多。叶冬不凋，亦不似冬青，柔而不光洁，不深绿。其花细碎，数十房成一朵，冬生春开。

密蒙花

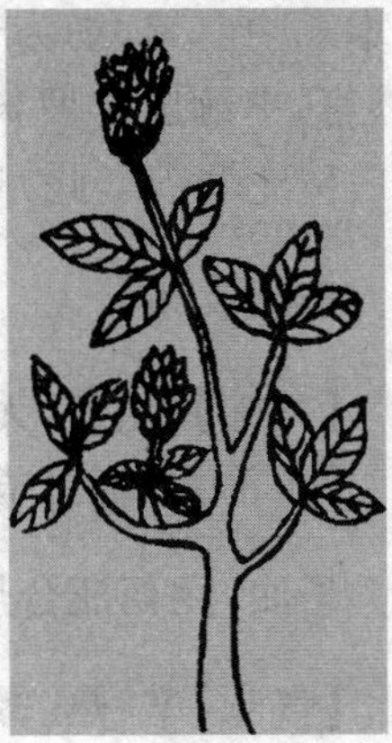

花

【修治】敩曰：凡使拣净，酒浸一宿，漉出候干，拌蜜令润，蒸之从卯至酉，晒干再拌蒸，如此三度，晒干用。每一两用酒八两，蜜半两。

【气味】甘，平、微寒，无毒。

【主治】青盲肤翳，赤涩多眵泪，消目中赤脉，小儿麸豆及疳气攻眼（《开宝》）。羞明怕日（刘守真）。入肝经气、血分，润肝燥（好古）。

【附方】新一。目中障翳：密蒙花、黄柏根各一两，为末，水丸梧桐子大。每卧时汤服十丸至十五丸。（《圣济录》）

木绵（《纲目》）

【释名】古贝（《纲目》）、古终。

时珍曰：木绵有二种：似木者名古贝，似草者名古终。或作吉贝者，乃古贝之讹也。梵书谓之睒婆，又曰迦罗婆劫。

【集解】时珍曰：木绵有草、木二种。交广木绵，树大如抱。其枝似桐。其叶大，如胡桃叶。入秋开花，红如山茶花，黄蕊，花片极厚，为房甚繁，逼侧相比。结实大如拳，实中有白绵，绵中有子。今人谓之斑枝花，讹为攀枝花。李延寿《南史》所谓林邑诸国出古贝花，中如鹅毳，抽其绪，纺为布；张勃《吴录》所谓交州、永昌木绵树高过屋，有十余年不换者，实大如杯，花中绵软白，可为緼絮及毛布者，皆指似木之木绵也。江南、淮北所种木绵，四月下种，茎弱如蔓，高者四五尺，叶有三尖如枫叶，入秋开花黄色，如葵花而小，亦有红紫者，结实大如桃，中有白绵，绵中有子，大如梧子，亦有紫绵者，八月采梂，谓之绵花；李延寿《南史》所谓高昌国有草，实如茧，中丝为细纑，名曰白叠，取以为帛，甚软白；沈怀远《南越志》所谓桂州出古终藤，结实如鹅毳，核如珠珣，治出其核，纺如丝绵，染为斑布者，皆指似草之木绵也。此种出南番，宋末始入江南，今则遍及江北与中州矣。不蚕而绵，不麻而布，利被天下，其益大哉。又《南越志》言：南诏诸蛮不养蚕，惟收娑罗木子中白絮，纫为丝，织为幅，名娑罗笼段。祝穆《方舆志》言：平缅出娑罗树，大者高三、五丈，结子有绵，纫绵织为白毡兜罗锦。此亦斑枝花之类，各方称呼不同耳。

木绵

白绵及布

【气味】甘，温，无毒。

【主治】血崩金疮，烧灰用（时珍）。

子油（用两瓶合烧取沥。）

【气味】辛，热，微毒。

【主治】恶疮疥癣。燃灯，损目（时珍）。

柞木（宋《嘉祐》）

【释名】凿子木。

时珍曰：此木坚韧，可为凿柄，故俗名凿子木。方书皆作柞木，盖昧此义也。柞乃橡栎之名，非此木也。

【集解】藏器曰：柞木生南方，细叶，今之作梳者是也。

时珍曰：此木处处山中有之，高者丈余。叶小而有细齿，光滑而韧。其木及叶丫皆有针刺，经冬不凋。五月开碎白花，不结子。其木心理皆白色。

柞木

木皮

【气味】苦，平，无毒。

时珍曰：酸，涩。

【主治】黄疸病，烧末，水服方寸匕，日三（藏器）。治鼠瘘难产，催生利窍（时珍）。

【附方】新二。鼠瘘：柞木皮五升，水一斗，煮汁二升服，当有宿肉出而愈。乃张子仁方也。(《外台秘要》)妇人难产:催生柞木饮:不拘横生倒产,胎死腹中,用此屡效,乃上蔡张不愚方也。用大柞木枝一大握(长一尺,洗净),大甘草五寸,并寸折。以新汲水三升半,同入新沙瓶内,以纸三重紧封,文武火煎至一升半。待腰腹重痛,欲坐草时,温饮一小盏,便觉心下开豁。如渴,又饮一盏,至三四盏,觉下重便生,更无诸苦。切不可坐草太早,及坐婆乱为也。(《妇人良方》)

叶

【主治】肿毒痈疽(时珍)。

【附方】新一。柞木饮:治诸般痈肿发背。用干柞木叶四两、干荷叶中心蒂、干萱草根、甘草节、地榆各一两,细剉。每用半两,水二碗,煎一碗,早晚各一服。已成者其脓血自渐干涸,未成者其毒自消散也。忌一切饮食毒物。(许学士《普济本事方》)

黄杨木(《纲目》)

【集解】时珍曰:黄杨生诸山野中,人家多栽种之。枝叶攒簇上耸,叶似初生槐芽而青厚,不花不实,四时不凋。其性难长,俗说岁长一寸,遇闰则退。今试之,但闰年不长耳。其木坚腻,作梳剜印最良。按段成式《酉阳杂俎》云:世重黄杨,以其无火也。用水试之,沉则无火。凡取此木,必以阴晦,夜无一星,伐之则不裂。

叶

【气味】苦,平,无毒。

【主治】妇人难产,入达生散中用。又主暑月生疖,捣烂涂之(时珍)。

不凋木(《拾遗》)

【集解】藏器曰:生太白山岩谷。树高二三尺,叶似槐,茎赤有毛如棠梨,四时不凋。

【气味】苦,温,无毒。

【主治】调中补衰,治腰脚,去风气,却老变白(藏器)。

卖子木

卖子木(《唐本草》)

【释名】买子木。

【集解】恭曰:卖子木出岭南、邛州山谷中。其叶似柿。

时珍曰:《宋史》渠州贡买子木并子,则子亦当与枝叶同功，而本草缺载，无从考访。

木

【修治】敩曰：凡采得粗捣，每一两用酥五钱，同炒干入药。

【气味】甘、微咸，平，无毒。

【主治】折伤血内溜，续绝补骨髓，止痛安胎（《唐本》）。

木天蓼（《唐本草》）

【校正】并入《拾遗》小天蓼。

【释名】时珍曰：其树高而味辛如蓼，故名。又马蓼亦名天蓼而物异。

木天蓼

【集解】恭曰：木天蓼所在皆有，生山谷中。今安州、申州作藤蔓，叶似柘，花白，子如枣许，无定形，中瓤似茄子，味辛，啖之以当姜、蓼。

藏器曰：木蓼，今时所用出山南凤州。树高如冬青，不凋。不当以藤天蓼为注，既云木蓼，岂是藤生？自有藤蓼耳。藤蓼生江南、淮南山中，藤着树生，叶如梨，光而薄，子如枣，即苏恭以为木天蓼者。又有小天蓼，生天目山、四明山，树如栀子，冬月不凋，野兽食之。是有三天蓼，俱能逐风，而小者为胜。

颂曰：木天蓼今出信阳。木高二三丈。三月、四月开花似柘花。五月采子，子作球形似檾麻，子可藏作果食。苏恭所说自是藤天蓼也。

时珍曰：天蓼虽有三种，而功用仿佛，盖一类也。其子可为烛，其芽可食。故陆机云：木蓼为烛，明如胡麻。薛田《咏蜀诗》有"地丁叶嫩和岚采，天蓼芽新入粉煎"之句。

枝叶

【气味】辛，温，有小毒。

【主治】症结积聚，风劳虚冷。细切酿酒饮（《唐本》）。

【附方】旧一，新三。天蓼酒：治风，立有奇效。木天蓼一斤，去皮细剉，以生绢盛，入好酒三斗浸之，春夏一七，秋冬二七日。每空心、日午、下晚各温一盏饮。若常服，只饮一次。老幼临时加减。（《圣惠方》）气痢不止：寒食一百五日，采木蓼曝干。用时为末，粥饮服一钱。（《圣惠方》）大风白癞：天蓼（刮去粗皮，剉）四两，水一斗，煎汁一升，煮糯米作粥，空心食之。病在上吐出，在中汗出，在下泄出。避风。又方：天蓼三斤，天麻一斤半。生剉，以水三斗五升，煎一斗，去滓，石器慢煎如饧。

每服半匙,荆芥、薄荷酒下,日二夜一,一月见效。(《圣惠方》)

小天蓼

【气味】甘,温,无毒。

【主治】一切风虚羸冷,手足疼痹。无论老幼轻重,浸酒及煮汁服之。十许日,觉皮肤间风出如虫行(藏器)。

【发明】藏器曰:木天蓼出深山中,人云久服损寿,以其逐风损气故也。藤天蓼、小天蓼三者,俱能逐风。其中优劣,小者为胜。

子

【气味】苦、辛,微热,无毒。

【主治】贼风口面㖞斜,冷痃癖气块,女子虚劳(甄权)。

根

【主治】风虫牙痛,捣丸塞之,连易四五次,除根。勿咽汁(时珍。出《普济》)。

放杖木(《拾遗》)

【释名】

【集解】藏器曰:生温、括、睦、婺诸州山中。树如木天蓼。老人服之,一月放杖,故以为名。

【气味】甘,温,无毒。

【主治】一切风血,理腰脚,轻身变白不老,浸酒服之(藏器)。

接骨木(《唐本草》)

【释名】续骨木(《纲目》)、木蒴藋。

颂曰:接骨以功而名。花、叶都类蒴藋、陆英、水芹辈,故一名木蒴藋。

【集解】恭曰:所在皆有之。叶如陆英,花亦相似。但作树高一二丈许,木体轻虚无心。斫枝插之便生,人家亦种之。

【气味】甘、苦,平,无毒。

藏器曰:捣汁亦吐人,有小毒。

【主治】折伤,续筋骨,除风痒龋齿,可作浴汤(《唐本》)。根皮:主痰饮,下水肿及痰疟,煮汁服之,当利下及吐出。不可多服(藏器)。打伤瘀血及产妇恶血,一切血不行,或不止,并煮汁服(时珍。出《千金》)。

【附方】旧一,新一。折伤筋骨:接骨木半两,乳香半钱,芍药、当归、芎䓖、自然铜各一两，为末。化黄蜡四两，投药搅匀，众手丸如芡子大。若止伤损，酒化一丸。若碎折筋骨，先用此敷贴，乃服。(《卫生易简》)产后血晕，五心烦热，气力欲绝，及寒热不禁：以接骨木(破如笄子)一握，用水一升，煎取半升，分服。或小便频数，恶血不止，服之即瘥。此木煮之三次，其力一般。乃起死妙方。(《产书》)

接骨木

叶

【主治】痎疟，大人七叶，小儿三叶，生捣汁服，取吐(藏器)。

灵寿木(《拾遗》)

【释名】扶老杖(孟康)、椐。

【集解】藏器曰：生剑南山谷。圆长皮紫。《汉书》：孔光年老，赐灵寿杖。颜师古注云：木似竹有节，长不过八九尺，围三四寸，自然有合杖制，不须削理。作杖，令人延年益寿。

时珍曰：陆氏《诗疏》云：椐即樻也。节中肿，似扶老，即今灵寿也。人以作杖及马鞭。弘农郡共北山有之。

根皮

【气味】苦，平。

【主治】止水(藏器)。

楤木(音葱。《拾遗》)

【集解】藏器曰：生江南山谷。高丈余，直上无枝，茎上有刺。山人折取头茹食，谓之吻头。

时珍曰：今山中亦有之。树顶丛生叶，山人采食，谓之鹊不踏，以其多刺而无枝故也。

楤木

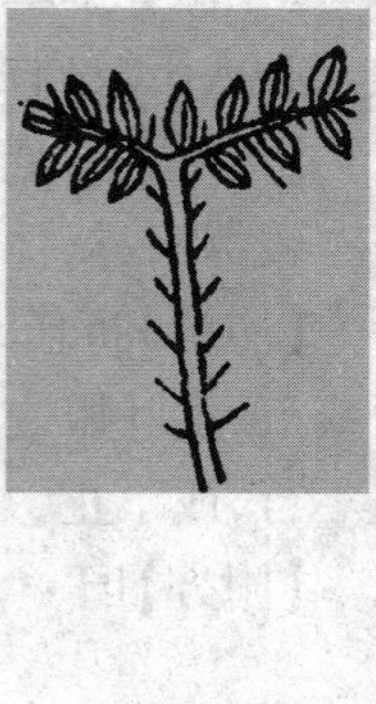

白皮

【气味】辛，平，有小毒。

【主治】水癊，煮汁服一盏，当下水。如病已困，取根捣碎，坐之取气，水自下。又能烂人牙齿，有虫者取片许内孔中，当自烂落(藏器)。

木麻(《拾遗》)

【集解】藏器曰:生江南山谷林泽。叶似胡麻相对,山人取以酿酒饮。

【气味】甘,温,无毒。

【主治】老血,妇人月闭,风气羸瘦癥瘕。久服,令人有子(藏器)。

大空(《唐本草》)

【集解】恭曰:大空生襄州,所在山谷中亦有之,秦陇人名独空。作小树,抽条高六七尺。叶似楮,小圆厚。根皮赤色。

时珍曰:小树大叶,似桐叶而不尖,深绿而皱纹。根皮虚软,山人采杀虱极妙。捣叶筛蔬圃中,杀虫。

根皮

【气味】辛、苦,平,有小毒。

【主治】杀三虫。作末和油涂发,虮虱皆死(藏器)。

中华传世药典

本草綱目

[明] 李时珍 著

线装書局

本草纲目草部第十二卷

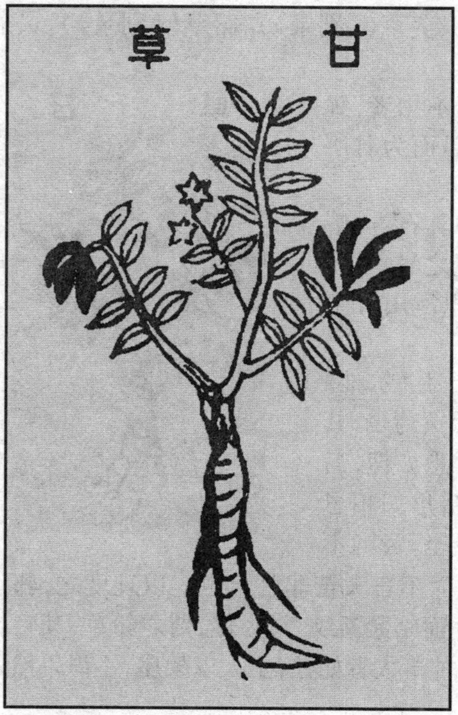

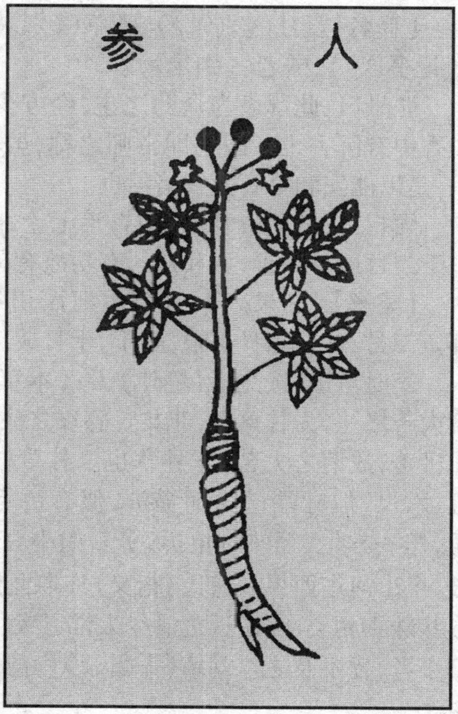

本草纲目草部第十二卷

甘草(《本经》上品)

【释名】蜜甘(《别录》)、蜜草(《别录》)、美草(《别录》)、蕗草(《别录》)、灵通(《记事珠》)、国老(《别录》)。

弘景曰:此草最为众药之主,经方少有不用者,犹如香中有沉香也。国老即帝师之称,虽非君而为君所宗,是以能安和草石而解诸毒也。

甄权曰:诸药中甘草为君,治七十二种乳石毒,解一千二百般草木毒,调和众药有功故有国老之号。

【集解】《别录》曰:甘草生河西川谷积沙山及上郡。二月、八月除日采根,曝干,十日成。

李时珍曰:按沈括《笔谈》云:《本草注》引《尔雅》蘦大苦之注,为甘草者,非矣。郭璞之注,乃黄药也,其味极苦,故谓之大苦,非甘草也。甘草枝叶悉如槐,高五、六尺,但叶端微尖而糙涩,似有白毛,结角如相思角,作一本生,至熟时角拆,子扁如小豆,极坚,齿啮不破,今出河东西界。寇氏《衍义》亦取此说,而不言大苦非甘草也。以理度之,郭说形状殊不相类,沈说近之。今人惟以大径寸而结紧断纹者,为佳,谓之粉草;其轻虚细小者,皆不及之。刘绩《霏雪录》,言安南甘草大者如柱,土人以架屋,不识果然否也?

根

【修治】雷敩曰:凡使须去头尾尖处,其头、尾吐人。每用切长三寸,擘作六七片,入瓷器中盛,用酒浸蒸,从巳至午,取出曝干,剉细用。一法:每斤用酥七两涂炙,酥尽为度。又法:先炮令内外赤黄用。

时珍曰:方书炙甘草皆用长流水蘸湿炙之,至熟刮去赤皮,或用浆水炙熟,未有酥炙、酒蒸者。大抵补中宜炙用;泻火宜生用。

【气味】甘,平,无毒。

寇宗奭曰:生则微凉,味不佳;炙则温。

王好古曰:气薄味厚,升而浮,阳也。入足太阴厥阴经。

时珍曰:通入手足十二经。

徐之才曰:术、苦参、干漆为之使,恶远志,反大戟、芫花、甘遂、海藻。

权曰:忌猪肉。

时珍曰:甘草与藻、戟、遂、芫四物相反,而胡洽居士治痰澼,以十枣汤加甘草、大黄,乃是痰在膈上,欲令通泄,以拔去病根也。东垣李杲治项下结核,消肿溃坚汤加海藻。丹溪朱震亨治劳瘵,莲心饮用芫花。二方俱有甘草,皆本胡居士之意也。故陶弘景言古方亦有相恶相反者,乃不为害。非妙达精微者,不知此理。

【主治】五脏六腑寒热邪气,坚筋骨,长肌肉,倍气力,金疮尰,解毒。久服轻身延年(《本经》。尰,音时勇切,肿也)。温中下气,烦满短气,伤脏咳嗽,止渴,通经脉,利血气,解百药毒,为九土之精,安和七十二种石,一千二百种草(《别录》)。主腹中冷痛,治惊痫,除腹胀满,补益五脏,养肾气内伤,令人阴不痿,主妇人血沥腰痛,凡虚而多热者,加用之(甄权)。安魂定魄,补五劳七伤,一切虚损,惊悸烦闷健忘,通九窍,利百脉,益精养气,壮筋骨(大明)。生用泻火热;熟用散表寒,去咽痛,除邪热,缓正气,养阴血,补脾胃,润肺(李杲)。吐肺痿之脓血,消五发之疮疽(好古)。解小儿胎毒惊痫,降火止痛(时珍)。

稍

【主治】生用治胸中积热,去茎中痛,加酒煮玄胡索、苦楝子尤妙(元素)。

头

【主治】生用能行足厥阴、阳明二经污浊之血,消肿导毒(震亨)。主痈肿,宜入吐药(时珍)。

【附方】旧十五,新二十二。伤寒心悸,脉结代者:甘草二两,水三升,煮一半,服七合,日一服。(《伤寒类要》)伤寒咽痛:少阴症,甘草汤主之。用甘草二两(蜜水炙),水二升,煮一升半,服五合,日二服。(张仲景《伤寒论》)肺热喉痛有痰热者:甘草(炒)二两,桔梗(米泔浸一夜)一两。每服五钱,水一盅半,入阿胶半片,煎服。(钱乙《直诀》)肺痿多涎:肺痿吐涎沫,头眩,小便数而不咳者,肺中冷也,甘草干姜汤温之。甘草(炙)四两,干姜(炮)二两,水三升,煮一升五合,分服。(张仲景《金匮要略》)肺痿久嗽涕唾多,骨节烦闷,寒热:以甘草三两(炙),捣为末。每日取小便三合,调甘草末一钱,服之。(《广利方》)小儿热嗽:甘草二两,猪胆汁浸五宿,炙,研末,蜜丸绿豆大。食后薄荷汤下十丸。名凉膈丸。(《圣惠方》)初生解毒:小儿初生,未可便与朱砂、蜜。只以甘草一指节长,炙碎,以水二合,煮取一合,以绵染点儿口中,可为一蚬壳,当吐出胸中恶汁。此后待儿饥渴,更与之。令儿智慧,无病,出痘稀少。(王璆《选方》)初生便闭:甘草、枳壳(煨)各一钱。水半盏,煎服。(《全幼心鉴》)小儿撮口发噤:用生甘草二钱半,水一盏,煎六分,温服。令吐痰涎,后以乳汁点儿口中。(《金匮玉函》)婴儿目涩:月内目闭不开,或肿羞明,或出血者,名慢肝风。用甘草一截,以猪胆汁炙,为末。每用米泔调少许,灌之。(《幼幼新书》)小儿遗尿:大甘草头,煎汤,夜夜服之。(危氏《得效方》)小儿尿血:甘草一两二钱，水六合，煎二合，一岁儿一日服尽。（姚和众《至宝方》）小儿羸瘦：甘草三两，炙焦为末，蜜丸绿豆大。每温水下五丸，日二服。（《金匮玉函》）大人羸瘦：甘草三两（炙）。每旦以小便煮三四沸，顿服之，良。（《外台秘要》）赤白痢下：崔宣州衍所传方：用甘草一尺，炙，劈破，以淡浆水蘸，三二度，又以慢火炙之，后用生姜去皮半两，二味以浆水一升半，煎取八合，服之立效。《梅师方》：用甘草一两。（炙），肉豆蔻七个（煨）剉。以水三升，煎一升，分服。舌肿塞口，不治杀人：甘草，煎浓汤，热漱频吐。（《圣济总录》）太阴口疮：甘草二寸，白矾一粟大，同嚼，咽汁。（《保命集》）发背痈疽：崔元亮《海上集验方》云：李北海言，此方乃神授，极奇秘。用甘草三大两（生捣筛末），大麦面九两，和匀，取好酥少许入内，下沸水搜如饼状，方圆大于疮一分，热敷肿上，以绸片及故纸隔，令通风，冷则换之。已成者脓水自出；未成者肿便内消，仍当吃黄芪粥为妙。又一法：甘草一大两，水炙，捣碎，水一大升浸之，器上横一小刀子，露一宿，平明以物搅，令沫出，去沫服之。但是疮肿发背，皆甚效。（苏颂《图经》）诸般痈疽：甘草三两，微炙，切，以酒一斗，同浸瓶中，用黑铅一片溶成汁，投酒中取出，如此九度。令病者饮酒至醉，寝后即愈也。（《经验方》）一切痈疽诸发：预期服之，能消肿逐毒，使毒不内攻，功效不可具述。用大横纹粉草二斤捶碎，河水浸一宿，揉取浓汁，再以密绢过，银石器内慢火熬成膏，以瓷罐收之。每服一二匙，无灰酒或白汤下。曾服丹药者，亦解之，或微利无妨，名国老膏。（《外科精要方》）

黄耆（《本经》上品）

【释名】黄芪（《纲目》）、戴糁（《本经》）、戴椹（《别录》，又名独椹）、芰草（《别录》，又名蜀脂）、百本（《别录》），王孙（《药性论》）。

时珍曰：耆，长也。黄耆色黄，为补药之长，故名。今俗通作黄芪。或作蓍者，非矣。蓍，乃蓍龟之蓍，音尸。王孙与牡蒙同名异物。

黄耆

【集解】好古曰：绵上，即出西沁州；白水，在陕西同州。黄芪味甘，柔软如绵，能令人肥；苜蓿根，味苦而坚脆，俗呼为土黄芪，能令人瘦。用者宜审。

嘉谟曰：绵上，沁州乡名，今有巡检司；白水、赤水二乡，俱属陇西。

时珍曰：黄芪，叶似槐叶而微尖小，又似蒺藜叶而微阔大，青白色。开黄紫花，大如槐花。结小尖角，长寸许。根长二三尺，以紧实如箭竿者为良。嫩苗亦可煠淘茹食。其子收之，十月下种，如种菜法亦可。

【修治】敩曰：凡使勿用木芪草，真相似，只是生时叶短并根横也。须去头上皱皮，蒸半日，擘细，于槐砧上剉用。

时珍曰：今人但捶扁，以蜜水涂炙数次，以熟为度。亦有以盐汤润透，器盛，于汤瓶蒸熟切用者。

根

【气味】甘,微温,无毒(《本经》)。白水者冷,补(《别录》)。

元素曰:味甘,气温、平。气薄味厚,可升可降,阴中阳也。入手足太阴气分,又入手少阳、足少阴命门。

之才曰:茯苓为之使,恶龟甲、白藓皮。

【主治】痈痈久败疮,排脓止痛,大风癞疾,五痔鼠瘘,补虚,小儿百病(《本经》)。妇人子脏风邪气,逐五脏间恶血,补丈夫虚损,五劳羸瘦,止渴,腹痛泄痢,益气,利阴气(《别录》)。主虚喘,肾衰耳聋,疗寒热,治发背.内补(甄权)。助气壮筋骨,长肉补血,破癥癖,瘰疬瘿赘,肠风血崩,带下赤白痢,产前后一切病,月候不匀,痰嗽,头风热毒赤目(《日华》)。治虚劳自汗,补肺气,泻肺火、心火,实皮毛,益胃气,去肌热及诸经之痛(元素)。主太阴疟疾,阳维为病,苦寒热;督脉为病,逆气里急(好古)。

【发明】弘景曰:出陇西者,温补;出白水者,冷补。又有赤色者,可作膏,用消痈肿。

机曰:萧山魏直著《博爱心鉴》三卷,言小儿痘疮,惟有顺、逆、险三症。顺者为吉,不用药。逆者为凶,不必用药。惟险乃悔吝之象,当以药转危为安,宜用保元汤加减主之。此方原出东垣,治慢惊土衰火旺之法。今借而治痘,以其内固营血,外护卫气,滋助阴阳,作为脓血,其症虽异,其理则同。去白芍药,加生姜,改名曰保元汤。炙黄芪三钱,人参二钱,炙甘草一钱,生姜一片,水煎服之。险症者,初出圆晕干红少润也,浆长光泽,顶陷不起也;既出虽起惨色不明也,浆行色灰不荣也,浆定光润不消也,浆老湿润不敛也,结痂而胃弱内虚也,痂落而口渴不食也,痂后生痈肿也,痈肿溃而敛迟也。凡有诸癥,并宜此汤。或加芎䓖,加官桂,加糯米以助之,详见本书。

嘉谟曰:人参补中,黄芪实表。凡内伤脾胃,发热恶寒,吐泄怠卧,胀满痞塞,神短脉微者,当以人参为君,黄芪为臣;若表虚自汗亡阳,溃疡痘疹阴疮者,当以黄芪为君,人参为臣,不可执一也。

【附方】旧五,新九。小便不通:绵黄芪二钱,水二盏,煎一盏,温服。小儿减半。(《总微论》)酒疸黄疾:心下懊痛,足胫满,小便黄,饮酒发赤黑黄斑,由大醉当风,入水所致。黄芪二两,木兰一两,为末。酒服方寸匕,日三服。(《肘后方》)气虚白浊:黄芪(盐炒)半两,茯苓一两,为末。每服一钱,白汤下。(《经验良方》)治渴补虚:男子妇人诸虚不足,烦悸焦渴,面色萎黄,不能饮食,或先渴而后发疮疖,或先痈疽而后发渴,并宜常服此药,平补气血,安和脏腑,终身可免痈疽之疾。用绵黄芪(箭杆者,去芦)六两(一半生焙,一半以盐水润湿,饭上蒸三次,焙,剉),粉甘草一两(一半生用,一半炙黄为末)。每服二钱,白汤点服,早晨、日午各一服,亦可煎服,名黄芪六一汤。(《外科精要》)老人秘塞:绵黄芪、陈皮(去白)各半两,为末。每服三钱,用大麻子一合,研烂,以水滤浆,煎至乳起,入白蜜一匙,再煎沸,调药空心服,甚者不过二服.此药不冷不热，常服无秘塞之患，其效如神。（《和剂局方》）肠风泻血：黄芪、黄连等分，为末。面糊丸绿豆大。每服三十丸，米饮下。（孙用和《秘宝方》）尿血沙淋，痛不可忍：黄芪、人参等分，为末，以大萝卜一个，切一指厚大，四五片，蜜二两，淹炙令尽，不令焦，点末，食无时，以盐汤下。（《永类方》）吐血不止：黄芪二钱半，紫背浮萍五钱，为末。每服一钱，姜、蜜水下。（《圣济总录》）咳嗽脓血咽干，乃虚中有热，不可服凉药：以好黄芪四两，甘草一两，为末。每服二钱，点汤服。（席延赏方）肺痈得吐：黄芪二两，为末。每服二钱，水一中盏，煎至六分，温服，日三、四服。（《圣惠方》）甲疽疮脓：生足趾甲边，赤肉突出，时常举发者。黄芪二两，蔄茹一两。醋浸一宿，以猪脂五合，微火上煎取二合，绞去滓，以封疮口上，日三度，其肉自消。（《外台秘要》）胎动不安腹痛下黄汁：黄芪、川芎劳各一两，糯米一合。水一升，煎半升，分服。（《妇人良方》）阴汗湿痒：绵黄芪，酒炒为末，以熟猪心点吃妙。（赵真人《济急方》）痈疽内固：黄芪、人参各一两。为末，入真龙脑一钱，用生藕汁和丸绿豆大。每服二十丸，温水下，日三服。（《本事方》）

茎叶

【主治】疗渴及筋挛，痈肿疽疮（《别录》）。

人参（《本经》上品）

【释名】人蓡（音参。或省作蓡）、黄参（《吴普》）、血参（《别录》）、人衔（《本经》）、鬼盖（《本经》）、神草（《别录》）、土精（《别录》）、地精（《广雅》）、海腴、皱面还丹（《广雅》）。

时珍曰：人蓡年深，浸渐长成者，根如人形，有神，故谓之人蓡、神草。蓡字，从蓡，亦浸渐之义。蓡，即浸字，后世因字文繁，遂以参星之字代之，从简便尔。然承误日久，亦不能变矣，惟张仲景（伤寒论）尚作蓡字。《别录》一名人衔，衔乃蓡字之讹也。其成有阶级，故曰人衔。其草背阳向阴，故曰鬼盖。其在五参，色黄属土，而补脾胃，生阴血，故有黄参、血参之名。得地之精灵，故有土精、地精之名。《广五行记》云：隋文帝时，上党有人宅后每夜闻人呼声，求之不得。去宅一里许，见人参枝叶异常，掘之入地五尺，得人参，一如人体，四肢毕备，呼声遂绝。观此，则土精之名，尤可证也。《礼斗威仪》云：下有人参，上有紫气。《春秋运斗枢》云：摇光星散而为人参。人君废山渎之利，则摇光不明，人参不生。观此，则神草之名，又可证矣。

人参

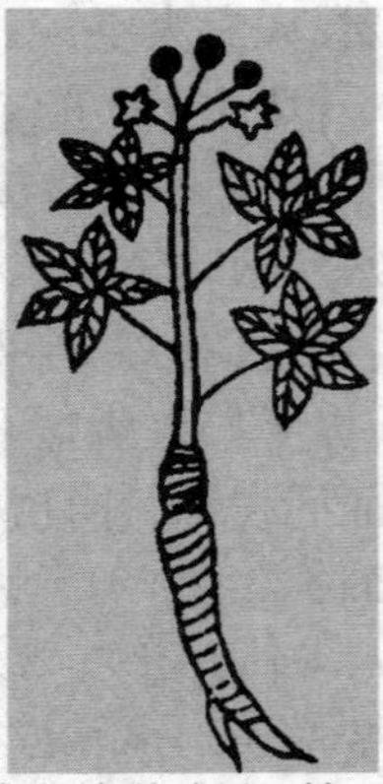

【集解】《别录》曰：人参生上党山谷及辽东，二月、四月、八月上旬采根，竹刀刮，曝干，无令见风。根如人形者，有神。

宗奭曰：上党者，根颇纤长，根下垂，有及一尺余者，或十歧者，其价与银等，稍为难得。土人得一窠，则置板上，以新彩绒饰之。

嘉谟曰：紫团参，紫大稍扁；百济参，白坚且圆，名白条参，俗名羊角参；辽东参，黄润纤长有须，俗名黄参，独胜；高丽参，近紫体虚；新罗参，亚黄味薄。肖人形者神；其类鸡腿者，力洪。

时珍曰：上党，今潞州也。民以人参为地方害，不复采取。今所用者皆是辽参。其高丽、百济、新罗三国，今皆属于朝鲜矣。其参犹来中国互市。亦可收子，于十月下种，如种菜法。秋冬采者，坚实；春夏采者，虚软，非地产有虚实也。辽参，连皮者，黄润色如防风；去皮者，坚白如粉；伪者，皆以沙参、荠苨、桔梗采根造作乱之。沙参，体虚无心而味淡；荠苨，体虚无心；桔梗，体坚有心而味苦；人参，体实有心而味甘，微带苦，自有余味，俗名金井玉阑也。其似人形者，谓之孩儿参，尤多赝伪。宋苏颂《图经本草》所绘潞州者，三桠五叶，真人参也；其滁州者，乃沙参之苗叶；沁州、兖州者，皆荠苨之苗叶。其所云江淮土人参者，亦荠苨也。并失之详审。今潞州者尚不可得，则他处者尤不足信矣。近又有薄夫以人参先浸取汁自啜，乃晒干复售，谓之汤参，全不任用，不可不察。考月池翁讳言闻，字子郁，衔太医吏目。尝著《人参传》上、下卷甚详，不能备录，亦略节要语于下条云耳。

【修治】弘景曰：人参易蛀蚛，唯纳新器中密封，可经年不坏。

炳曰：人参频见风日则易蛀，惟用盛过麻油瓦罐，泡净焙干。入华阴细辛与参相间收之，密封，可留经年。一法：用淋过灶灰，晒干罐收亦可。

李言闻曰：人参生时背阳，故不喜见风日。凡生用宜㕮咀；熟用，宜隔纸焙之，或醇酒润透㕮咀、焙熟用，并忌铁器。

根

【气味】甘，微寒，无毒。

《别录》曰：微温。

普曰：神农：小寒；桐君、雷公：苦；黄帝、岐伯：甘，无毒。

元素曰：性温，味甘、微苦，气味俱薄，浮而升，阳中之阳也。又曰：阳中微阴。

之才曰：茯苓、马蔺为之使，恶溲疏、卤碱，反藜芦。一云：畏五灵脂，恶皂荚、黑豆，动紫石英。

元素曰：人参得升麻引用，补上焦之元气，泻肺中之火；得茯苓引用，补下焦之元气，泻肾中之火。得麦门冬则生脉；得干姜，则补气。

杲曰：得黄芪、甘草，乃甘温除大热，泻阴火，补元气，又为疮家圣药。

震亨曰，人参入手太阴。与藜芦相反，服参一两，入黎芦一钱，其功尽废也。

言闻曰：东垣李氏理脾胃，泻阴火，交泰丸内用人参、皂荚，是恶而不恶也。古方疗月闭四物汤加人参、五灵脂，是畏而不畏也。又疗痰在胸膈，以人参、黎芦同用而取涌越，是激其怒性也。此皆精微妙奥，非达权衡者不能知。

【主治】补五脏，安精神，定魂魄，止惊悸，除邪气，明目开心益智。久服轻身延年（《本经》）。疗肠胃中冷，心腹鼓痛，胸胁逆满，霍乱吐逆，调中，止消渴，通血脉，破坚积，令人不忘（《别录》）。主五劳七伤，虚损痰弱，止呕哕，补五脏六腑，保中守神。消胸中痰，治肺痿及痫疾，冷气逆上，伤寒不下食，凡虚而多梦纷纭者加之（甄权）。止烦躁，变酸水（李珣）。消食开胃，调中治气，杀金石药毒（大明）。治肺胃阳气不足，肺气虚促，短气少气，补中缓中，泻心、肺、脾、胃中火邪，止渴生津液（元素）。治男妇一切虚症，发热自汗，眩晕头痛，反胃吐食，痎疟，滑泻久痢，小便频数淋沥，劳倦内伤，中风中暑，痿痹，吐血、嗽血，下血，血淋、血崩，胎前、产后诸病（时珍）。

【附方】旧七，新六十。人参膏：用人参十两细切，以活水二十盏浸透，入银石器内，桑柴火缓缓煎取十盏，滤汁，再以水十盏，煎取五盏，与前汁合煎成膏，瓶收，随病作汤使。丹溪云：多欲之人，肾气衰惫，咳嗽不止，用生姜、橘皮煎汤，化膏服之。浦江郑兄，五月患痢，又犯房室，忽发昏晕，不知人事，手撒目暗，自汗如雨，喉中痰鸣如曳锯声，小便遗失，脉大无伦，此阴亏阳绝之症也。予令急煎大料人参膏，仍与灸气海十八壮，右手能动，再三壮，唇口微动，遂与膏服一盏，半夜后服三盏，眼能动，尽三斤，方能言而索粥，尽五斤而痢止，至十斤而全安，若作风治则误矣。一人背疽，服内托十宣药已多，脓出作呕，发热，六脉沉数有力，此溃疡所忌也。遂与大料人参膏，入竹沥饮之，参尽一十六斤，竹伐百余竿，而安。后经旬余，值大风拔木，疮起有脓，中有红线一道，过肩胛，抵右肋。予曰：急作参膏，以芎、归、橘皮作汤，入竹沥、姜汁饮之。尽三斤而疮溃，调理乃安。若痈疽溃后，气血俱虚，呕逆不食，变症不一者，以参、芪、归、术等分，煎膏服之，最妙。

芦

【气味】苦，温，无毒。

【主治】吐虚劳痰饮（时珍）。

【发明】吴绶曰：人弱者，以人参芦代瓜蒂。

震亨曰：人参入手太阴，补阳中之阴；芦，则反能泻太阴之阳。亦如麻黄，苗，能发汗；根，则止汗。谷属金而糠之性热，麦属阳而麸之性凉。先儒谓物物具一太极，学者可不触类而长之乎？一女子性躁味厚，暑月因怒而病呃，每作则举身跳动，昏冒不知人。其形气俱实，乃痰因怒郁，气不得降，非吐不可。遂以人参芦半两，逆流水一盏半，煎一大碗饮之，大吐顽痰数碗，大汗昏睡一日而安。又一人作劳发疟，服疟药变为热病，舌短痰嗽，六脉洪数而滑，此痰蓄胸中，非吐不愈。以参芦汤加竹沥二服，涌出胶痰三块，次与人参、黄芪、当归煎服，半月乃安。

沙参（《本经》上品）

【校正】并入《别录》有名未用部羊乳。

【释名】白参（《吴普》）、知母（《别录》）、羊乳（《别录》）、羊婆奶（《纲目》）、铃儿草（《别录》）、虎须（《别录》）、苦心（《别录》，又名文希，一名识美，一名志取。）

弘景曰：此与人参、玄参、丹参、苦参是为五参，其形不尽相类，而主疗颇同，故皆有参名。又有紫参，乃牡蒙也。

时珍曰：沙参白色，宜于沙地，故名。其根多白汁，俚人呼为羊婆奶。《别录》有名未用，羊乳即此也。此物无心味淡，而《别录》一名苦心，又与知母同名，不知所谓也。铃儿草，象花形也。

【集解】《别录》曰：沙参，生河内川谷及冤句般阳续山，二月、八月采根，曝干。又名：羊乳，一名地黄，三月采，立夏后母死。

恭曰：出华山者，为善。

普曰：二月生苗，如葵，叶青色，根白，实如芥，根大如芜菁，三月采。

弘景曰：今出近道，丛生，叶似枸杞，根白实者佳。

保升曰：其根若葵根，其花白色。

颂曰：今淄、齐、潞、随、江、淮、荆、湖州郡皆有之。苗长一、二尺以来，丛生崖壁间，叶似枸杞而有叉丫，七月开紫花，根如葵根，大如指许，赤黄色，中正白实者佳。二月、八月采根。南土生者叶有细有大，花白，瓣上仍有白粘，此为小异。

沙参

藏器曰：羊乳根加荠苨而圆，大小如拳，上有角节，折之有白汁，人取根当荠苨。苗作蔓，折之有白汁。

时珍曰：沙参处处山原有之。二月生苗，叶如初生小葵叶，而团扁不光。八、九月抽茎，高一二尺。茎上之叶，则尖长如枸杞叶，而小有细齿。秋月叶间开小紫花，长二三分，状如铃铎，五出，白蕊，亦有白花者。并结实，大如冬青实，中有细子。霜后苗枯。其根生沙地者，长尺余，大一虎口；黄土地者则短而小。根茎皆有白汁。八、九月采者，白而实；春月采者，微黄而虚。小人亦往往絷蒸压实以乱人参，但体轻松，味淡而短耳。

根

【气味】苦，微寒，无毒。

《别录》曰：羊乳，温，无毒。

普曰：沙参，岐伯：咸；神农、黄帝、扁鹊：无毒。

李当之：大寒。

好古曰：甘、微苦。

之才曰：恶防己，反藜芦。

【主治】血积惊气，除寒热，补中，益肺气（《本经》）。疗胃痹心腹痛，结热邪气头痛，皮间邪热，安五脏。久服利人。又云：羊乳，主头眩痛，益气，长肌肉（《别录》）。去皮肌浮风，疝气下坠，治常欲眠，养肝气，宣五脏风气（甄权）。补虚，止惊烦，益心肺，并一切恶疮疥癣及身痒，排脓，消肿毒（大明）。清肺火，治久咳肺痿（时珍）。

【发明】元素曰：肺寒者，用人参；肺热者，用沙参代之，取其味甘也。

好古曰：沙参味甘微苦，厥阴本经之药，又为脾经气分药。微苦补阴，甘则补阳，故洁古取沙参代人参。盖人参性温，补五脏之阳；沙参性寒，补五脏之阴。虽云补五脏，亦须各用本脏药相佐，使随所引而相辅之可也。

时珍曰：人参甘苦温，其体重实，专补脾胃元气，因而益肺与肾，故内伤元气者宜之。沙参甘淡而寒，其体轻虚，专补肺气，因而益脾与肾，故金能受火克者宜之。一补阳而生阴，一补阴而制阳，不可不辨之也。

【附方】旧一，新二。肺热咳嗽：沙参半两，水煎服之。(《卫生易简方》)猝得疝气：小腹及阴中相引痛如绞，自汗出，欲死者。沙参，捣筛为末，酒服方寸匕，立瘥。(《肘后方》)妇人白带：多因七情内伤或下元虚冷所致。沙参为末，每服二钱，米饮调下《证治要诀》。

荠苨(音齐尼，并上声。《别录》中品)

【校正】并入《图经》杏参。

【释名】杏参(《图经》)、杏叶沙参(《救荒》)、苨苨(苨，音底。《尔雅》)、甜桔梗(《纲目》)、白面根(《救荒》)，苗名隐忍。

时珍曰：荠苨多汁，有济苨之状，故以名之。济苨，浓露也。其根如沙参而叶如杏，故河南人呼为杏叶沙参。苏颂《图经》杏参，即此也。俗谓之甜桔梗。《尔雅》云：苨，苨苨也。郭璞云：即荠苨也，隐忍，说见下文。

荠苨

根

【气味】甘，寒，无毒。

【主治】解百药毒(《别录》)。杀蛊毒，治蛇虫咬，热狂温疾，罯毒箭(大明)。利肺气，和中明目止痛，蒸切作羹粥食，或作齑菹食(昝殷)。食之，压丹石发动(孟诜)。主咳嗽消渴强中，疮毒疔肿，辟沙虱短狐毒(时珍)。

【发明】时珍曰：荠苨寒而利肺，甘而解毒，乃良品也，而世不知用，惜哉。按葛洪《肘后方》云：一药而兼解众毒者，惟荠苨汁浓饮二升，或煮嚼之，亦可作散服。此药在诸药中，毒皆自解也。又张鷟《朝野佥载》云：各医言虎中药箭，食清泥而解；野猪中药箭，豗荠苨而食。物犹知解毒，何况人乎？又孙思邈《千金方》，治强中为病，茎长兴盛，不交精出，消渴之后，发为痈疽，有荠苨丸、猪肾荠苨汤方，此皆本草所未及者。然亦取其解热解毒之功尔，无他义。

【附方】旧四，新三。强中消渴：猪肾荠苨汤：治强中之病，茎长兴盛，不交精液自出，消渴之后，即发痈疽。皆由恣意色欲，或饵金石所致，宜此以制肾中热也。用猪肾一具，荠苨、石膏各三两，人参、茯苓、磁石、知母、葛根、黄芩、栝蒌根、甘草各二两，黑大豆一升，水一斗半，先煮猪肾、大豆，取汁一斗，去滓下药，再煮三升，分三服。后人名为石子荠苨汤。又荠苨丸：用荠苨、大豆、茯神、磁石、栝蒌根、熟地黄、地骨皮、玄参、石斛、鹿茸各一两，人参、沉香各半两。为末，以猪肚治净煮烂，杵和丸梧子大。每服七十丸，空心盐汤下。(并《千金方》)疔疮肿毒：生荠苨根捣汁，服一合，以滓敷之，不过三度。（《千金翼》）面上皯疱：荠苨、肉桂各一两。为末。每用方寸匕，酢浆服之，日一服。又灭瘢痣。（《圣济总录》）解诸蛊毒：荠苨根捣末，饮服方寸匕，立瘥。（陈延之《小品方》）解钩吻毒：钩吻叶与芹叶相似，误食之杀人。惟以荠苨八两，水六升，煮取三升，每服五合，日五服。（仲景《金匮玉函》）解五石毒：荠苨生捣汁，多服之，立瘥。（苏颂《图经》）

隐忍叶

【气味】甘，苦，寒，无毒。

【主治】蛊毒腹痛，面目青黄，林露骨立，煮汁一二升饮（时珍）。主腹脏风壅，咳嗽上气（苏颂）。

桔梗（《本经》下品）

【释名】白药（《别录》）、梗草（《别录》）、荠苨（《本经》）。

时珍曰：此草之根结实而梗直，故名。《吴普本草》一名利如，一名符扈，一名房图，方书并无见，盖亦瘦辞尔。桔梗、荠苨乃一类，有甜、苦二种，故《本经》桔梗一名荠苨，而今俗呼荠苨为甜桔梗也。至《别录》始出荠苨条，分为二物，然其性味功用皆不同，当以《别录》为是。

桔梗

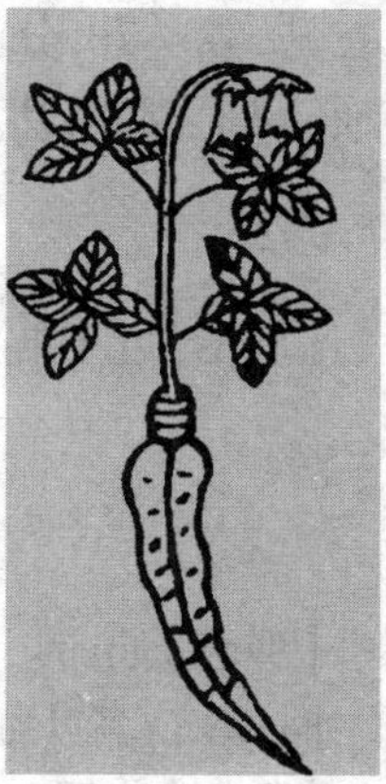

【集解】《别录》曰：桔梗，生嵩高山谷及冤句。二、八月采根，曝干。

普曰：叶如荠苨，茎如笔管，紫赤色，二月生苗。

弘景曰：近道处处有，二、三月生苗，可煮食之。桔梗疗蛊毒，甚验。俗方用此，乃名荠苨。今别有荠苨，能解药毒，可乱人参，叶甚相似。但荠苨叶下光明滑泽无毛为异，叶生又不如人参相对耳。

恭曰：荠苨、桔梗，叶有差互者，亦有叶三四对者，皆一茎直上，叶既相乱，惟以根有心为别耳。

颂曰：今在处有之。根如小指大，黄白色。春生苗，茎高尺余。叶似杏叶而长椭，四叶相对而生，嫩时亦可煮食。夏开小花紫碧色，颇似牵牛花，秋后结子。八月采根，其根有心，若无心者为荠苨。关中所出桔梗，根黄皮，似蜀葵根。茎细，青色。叶小，青色，似菊叶也。

根

【修治】敩曰：凡使勿用木梗，真似桔梗，只是咬之腥涩不堪。凡用桔梗，须去头上尖硬二、三分以来，并两畔附枝。于槐砧上细剉，用生百合捣膏，投水中浸一伏时滤出，缓火熬令干用。每桔梗四两，用百合二两五钱。

时珍曰：今但刮去浮皮，米泔水浸一夜，切片微炒用。

【气味】辛，微温，有小毒。

普曰：神农、医和：苦，无毒；黄帝、扁鹊：辛、咸；岐伯、雷公：甘，无毒。李当之：大寒。

权曰：苦、辛。

时珍曰：当以苦、辛、平为是。

之才曰：节皮为之使。畏白芨、龙眼、龙胆草忌猪肉。得牡蛎、远志，疗恚怒；得硝石石膏，疗伤寒。白粥解其痉毒。

时珍曰：伏砒。徐之才所云节皮，不知何物也。

【主治】胸胁痛如刀刺，腹满肠鸣幽幽，惊恐悸气（《本经》）。利五脏肠胃，补血气，除寒热风痹，温中消谷，疗喉咽痛，下蛊毒（《别录》）。治下痢，破血去积气，消积聚痰涎，去肺热气促嗽逆，除腹中冷痛，主中恶及小儿惊痫（甄权）。下一切气，止霍乱转筋，心腹胀痛，补五劳，养气，除邪辟温，破癥瘕肺痈，养血排脓，补内漏及喉痹（大明）。利窍，除肺部风热，清利头目咽嗌，胸膈滞气及痛，除鼻塞（元素）。治寒呕（李杲）。主口舌生疮，赤目肿痛（时珍）。

【附方】旧十，新八。胸满不痛：桔梗、枳壳等分。水二盅，煎一盅，温服。（《南阳活人书》）伤寒腹胀：阴阳不和也，桔梗半夏汤主之。桔梗、半夏、陈皮各三钱，姜五片。水二盅，煎一盅眼。（《南阳活人书》）痰嗽喘急：桔梗一两半。为末。用童子小便半升，煎四合，去滓，温服。（《简要济众方》）肺痈咳嗽：胸满振寒，脉数咽干，不渴，时出浊唾腥臭，久久吐脓如粳米粥者，桔梗汤主之。桔梗一两，甘草二两。水三升，煮一升，分温再服。朝暮吐脓血则瘥。（张仲景《金匮玉函方》）喉痹毒气：桔梗二两。水三升，煎一升，顿服。

芦头

【主治】吐上膈风热痰实，生研末，白汤调服一二钱，探吐（时珍）。

长松（《拾遗》）

【释名】仙茆。

时珍曰：其叶如松，服之长年，功如松脂及仙茆，故有二名。

【集解】藏器曰：长松生关内山谷中，叶似松，叶上有脂，山人服之。

时珍曰：长松生古松下，根色如荠苨，长三五寸。味甘微苦，类人参，清香可爱。按《张天觉文集》云：僧普明居五台山，患大风，眉发俱堕，哀苦不堪。忽遇异人，教服长松，示其形状。明采服之，旬余毛发俱生，颜色如故。今并代间土人，多以长松杂甘草、山药为汤煎，甚佳。然本草及方书皆不载，独释慧祥《清凉传》始叙其详如此。韩忌《医通》云：长松产太行西北诸山，根似独活而香。

根

【气味】甘，温，无毒。

【主治】风血冷气宿疾，温中去风（藏器）。治大风恶疾，眉发堕落，百骸腐溃。每以一两，入甘草少许，水煎服，旬日即愈。又解诸虫毒，补益长年（时珍）。

【附方】新一。长松酒：滋补一切风虚，乃庐山休休子所传。长松一两五钱（状似独活而香，乃酒中圣药也）。熟地黄八钱，生地黄、黄芪（蜜炙）、陈皮各七钱，当归、厚朴、黄柏各五钱，白芍药（煨）、人参、枳壳各四钱，苍术（米泔制）、半夏（制）、天门冬、麦门冬、砂仁、黄连各三钱，木香、蜀椒、胡桃仁各二钱，小红枣肉八个，老米一撮，灯心（五寸长）一百二十根。一料分十剂，绢袋盛之。凡米五升，造酒一尊，煮一袋，窨久乃饮。（《韩氏医通》）

松长

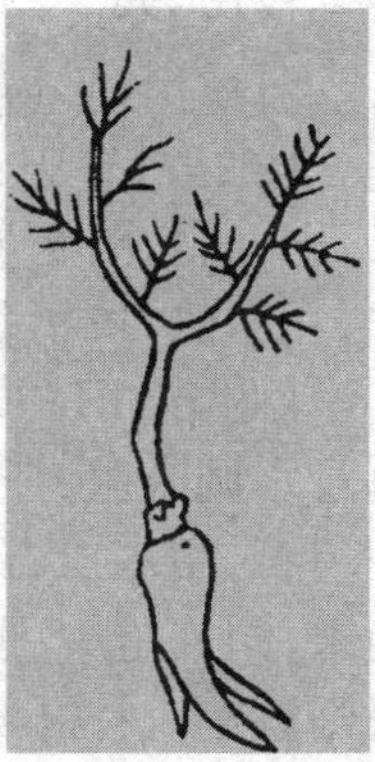

黄精（《别录》上品）

【校正】并入《拾遗》救荒草。

【释名】黄芝（《瑞草经》）、戊己芝（《五符经》）、菟竹（《别录》）、鹿竹（《别录》）、仙人余粮（弘景）、救穷草（《别录》）、米脯（《蒙筌》）、野生姜（《蒙筌》）、重楼（《别录》）、鸡格（《别录》）、龙衔（《广雅》）、垂珠。

颂曰：隋时羊公服黄精法云：黄精是芝草之精也，一名葳蕤，一名白芨，一名仙人余粮，一名苟格，一名马箭，一名垂珠，一名菟竹。

时珍曰：黄精为服食要药，故《别录》列于草部之首，仙家以为芝草之类，以其得坤土之精粹，故谓之黄精。《五符经》云：黄精获天地之淳精，故名为戊己芝，是此义也。余粮、救穷，以功名也；鹿竹、菟竹，因叶似竹，而鹿兔食之也。垂珠，以子形也。陈氏《拾遗》救荒草即此也，今并为一。

嘉谟曰：根如嫩姜，俗名野生姜。九蒸九曝，可以代粮，又名米脯。

精黄

根

【修治】斅曰：凡采得以溪水洗净蒸之，从巳至子，薄切，曝干用。

颂曰：羊公服黄精法：二月、三月采根，入地八九寸为上。细切一石，以水二石五斗，煮去苦味，漉出，囊中压取汁，澄清再煎，如膏乃止。以炒黑黄豆末，相和得所，捏作饼子，如钱大。初服二枚，日益之。亦可焙干筛末，水服。

诜曰：饵黄精法：取瓮子去底，釜内安置得所，入黄精令满，密盖，蒸至气溜，即曝之。如此九蒸九曝。若生则刺人咽喉。若服生者，初时只可一寸半，渐渐增之，十日不食，服止三尺五寸。三百日后，尽见鬼神，久必升天。根、叶、花、实皆可食之。但以相对者是正，不对者名偏精也。

【气味】甘，平，无毒。

权曰：寒。

时珍曰：忌梅实，花、叶、子并同。

【主治】补中益气，除风湿，安五脏。久服轻身延年不饥（《别录》）。补五劳七伤，助筋骨，耐寒暑，益脾胃，润心肺。单服九蒸九曝食之，驻颜断谷（大明）。补诸虚，止寒热，填精髓，下三尸虫（时珍）。

【附方】旧一，新四。服食法：《圣惠方》：用黄精根茎不限多少，细剉阴干捣末。每日水调末服，任多少。一年内变老为少，久久成地仙。臞仙《神隐书》：以黄精细切一石，用水二石五斗煮之，自旦至夕，候冷，以手挼碎，布袋榨取汁煎之。渣焙干为末，同入釜中，煎至可丸，丸如鸡头子大。每服一丸，日三服。绝粮轻身，除百病。渴则饮水。补肝明目：黄精二斤，蔓菁子一斤（淘），同和，九蒸九晒，为末。空心每日饮下二钱，日二服，延年益寿。（《圣惠方》）大风癞疮：营气不清，久风入脉，因而成癞，鼻坏色败、皮肤痒溃。用黄精根（去皮，洗净）二斤，日中曝令软，纳粟米饭甑中，同蒸至二斗米熟，时时食之。（《圣济总录》）补虚精气：黄精、枸杞子等分。捣作饼，日干为末，炼蜜丸梧子大。每汤下五十丸。（《奇效良方》）

葳蕤（音威绥。《本经》上品）

【释名】女萎（《本经》）、葳蕤（《吴普》）、萎蕤（音威移），委萎（《尔雅》）、萎香（《纲目》）、荧（《尔雅》，音行）、玉竹（《别录》）、地节（《别录》）。

时珍曰：按黄公绍《古今韵会》云：葳蕤，草木叶垂之貌。此草根长多须，如冠缨下垂之绥而有威仪，故以名之。凡羽盖旌旗之缨绥，皆象葳蕤，是矣。张氏《瑞应图》云：王者礼备，则葳蕤生于殿前。一名萎香。则威仪之义，于此可见。《别录》作葳蕤，省文也。《说文》作萎蕤，音相近也。《尔雅》作委萎，字相近也。其叶光莹而象竹，其根多节，故有荧及玉竹、地节诸名。《吴普本草》又有乌女、虫蝉之名。宋本一名马熏，即乌萎之讹者也。

【集解】《别录》云：葳蕤生泰山山谷及丘陵，立春后采，阴干。

普曰：叶青黄色，相值如姜叶，二月、七月采。

弘景曰：今处处有之。根似黄精，小异。服食家亦用之。

葳蕤

颂曰：今滁州、舒州及汉中、均州皆有之。茎干强直，似竹箭杆，有节。叶狭而长，表白里青，亦类黄精。根黄而多须，大如指，长一、二尺。或云可啖。三月开青花，结圆实。

时珍曰：处处山中有之。其根横生似黄精，差小，黄白色，性柔多须，最难燥。其叶如竹，两两相值。亦可采根种之，极易繁也。嫩叶及根，并可煮淘食茹。

根

【修治】敩曰：凡使勿用黄精并钩吻，二物相似。葳蕤节上有须毛，茎斑，叶尖处有小黄点，为不同。采得以竹刀刮去节皮，洗净，以蜜水浸一宿，蒸了焙干用。

【气味】甘，平，无毒。

普曰：神农：苦；桐君、雷公、扁鹊：甘，无毒；黄帝：辛。

之才曰：畏卤碱。

【主治】女萎：主中风暴热，不能动摇，跌筋结肉，诸不足。久服，去面黑䵟，好颜色润泽，轻身不老（《本经》）。葳蕤：主心腹结气，虚热湿毒腰痛，茎中寒，及目痛眦烂泪出（《别录》）。时疾寒热，内补不足，去虚劳客热。头痛不安，加而用之，良（甄权）。补中益气（萧炳）。除烦闷，止消渴，润心肺，补五劳七伤虚损，腰脚疼痛。天行热狂，服食无忌（大明）。服诸石人不调和者，煮汁饮之（弘景）。主风温自汗灼热，及劳疟寒热，脾胃虚乏，男子小便频数，失精，一切虚损（时珍）。

【附方】旧一，新六。服食法：二月、九月采葳蕤根，切碎一石，以水二石煮之，从旦至夕，以手挼烂，布囊榨取汁，熬稠。其渣晒为末，同熬至可丸，丸如鸡头子大。每服一丸，白汤下，日三服。导气脉，强筋骨，治中风湿毒，去面皱颜色，久服延年。（臞仙《神隐书》）赤眼涩痛：葳蕤、赤芍药、当归、黄连等分。煎汤，熏洗。（《卫生家宝方》）眼见黑花，赤痛昏暗：甘露汤：用葳蕤（焙）四两。每服二钱，水一盏，入薄荷二叶，生姜一片，蜜少许，同煎七分，卧时温服，日一服。（《圣济总录》）小便猝淋：葳蕤一两，芭蕉根四两。水二大碗，煎一碗半，入滑石二钱，分三服。（《太平圣惠方》）发热口干；小便涩：用葳蕤五两，煎汁饮之。（《外台秘要》）乳石发热：葳蕤三两，炙甘草二两，生犀角一两。水四升，煮一升半，分三服。（《圣惠方》）痫后虚肿：小儿痫病瘥后，血气上虚，热在皮肤，身面俱肿。葳蕤、葵子、龙胆、茯苓、前胡等分，为末。每服一钱，水煎服。（《圣济总录》）

【附录】鹿药（《开宝》）

志曰：鹿药甘，温，无毒。主风血，去诸冷，益老起阳。浸酒服之。生姑藏已西，苗根并似黄精，鹿好食其根。

时珍曰：胡洽居士言：鹿食九种解毒之草，此其一也。或云即是萎蕤，理亦近之。姑附以俟考访。

委蛇（音威贻）

《别录》曰：味甘，平，无毒。主消渴少气，令人耐寒。生人家园中，大枝长须，多叶而两两相值，子如芥子。

时珍曰：此亦似是葳蕤，并俟考访。

知母(《本经》中品)

【释名】蚳母(《本经》音迟。《说文》作芪)、连母(《本经》)、蝭母(蝭音匙,又音提,或作莐)、货母(《本经》)、地参(《本经》)、水参(又名水须、水浚),荨(《尔雅》,音覃)、莸藩(音沉烦)、苦心(《别录》)、儿草(《别录》,又名儿踵草、女雷、女理、鹿列、韭逢、东根、野蓼、昌支)

时珍曰:宿根之旁,初生子根,状如蚳虻之状,故谓之蚳母,讹为知母、蝭母也。余多未详。

知母

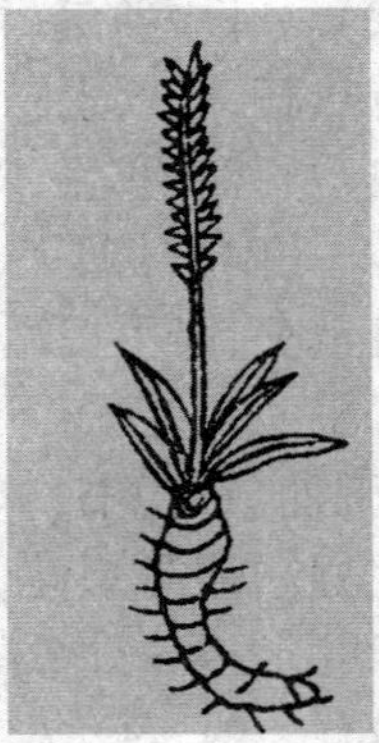

【集解】《别录》曰:知母,生河内川谷。二月、八月采根,曝干。

弘景曰:今出彭城。形似菖蒲而柔润,叶至难死,掘出随生,须枯燥乃止。

禹锡曰:按《范子》云:提母出三辅,黄白者善。郭璞释《尔雅》云:荨,蝭母也。生山上,叶如韭。

颂曰:今濒河怀、卫、彰、德诸郡及解州、滁州亦有之。四月开青花如韭花,八月结实。

根

【修治】敩曰:凡使,先于槐砧上剉细,焙干,木臼杵捣,勿犯铁器。

时珍曰:凡用,拣肥润里白者,去毛,切。引经上行则用酒浸焙干;下行,则用盐水润焙。

【气味】苦,寒,无毒。

大明曰:苦、甘。

权曰:平。

元素曰:气寒,味大辛、苦。气味俱厚,沉而降,阴也。又云:阴中微阳,肾经本药,入足阳明、手太阴经气分。

时珍曰:得黄柏及酒良,能伏盐及硼砂。

【主治】消渴热中,除邪气,肢体浮肿,下水,补不足,益气(《本经》)。疗伤寒久疟烦热,胁下邪气,膈中恶,及风汗内疸。多服令人泄(《别录》)。心烦躁闷,骨热劳往来,产后蓐劳,肾气劳,憎寒虚烦(甄权)。热劳传尸疰痛,通小肠,消痰止嗽,润心肺,安心,止惊悸(大明)。凉心去热,治阳明火热,泻膀胱、肾经火,热厥头痛,下痢腰痛,喉中腥臭(元素)。泻肺火,滋肾水。治命门相火有余(好古)。安胎,止子烦,辟射工、溪毒(时珍)。

【附方】旧二,新六。久近痰嗽自胸膈下塞停饮。至于脏腑:用知母、贝母各一两(为末),巴豆三十枚(去油,研匀)。每服一字,用姜三片,二面蘸药,细嚼咽下,便睡,次早必泻一行,其嗽立止。壮人乃用之。一方不用巴豆。(《医学集成》)久嗽气急：知母（去毛，切）五钱（隔纸炒），杏仁（姜水泡，去皮尖，焙）五钱。以水一盅半，煎一盅，食远温服。次以萝卜子、杏仁等分。为末，米糊丸。服五十丸，姜汤下，以绝病根。（邓笔峰《杂兴方》）妊娠子烦，因服药致胎气不安，烦不得卧者：知母一两（洗焙）。为末，枣肉丸弹子大。每服一丸，人参汤下。医者不识此病，作虚烦治，反损胎气。产科郑宗文得此方于陈藏器《本草拾遗》中，用之良验。（杨归厚《产乳集验方》）妊娠腹痛，月未足，如欲产之状：用知母二两为末，蜜丸梧子大。每粥饮下二十丸。（《圣惠方》）溪毒射工：凡中溪毒。知母（连根叶）捣作散服，亦可投水捣绞汁饮一二升。夏月出行，多取其屑自随。欲入水，先取少许投水上流，便无畏。兼辟射工。亦可煮汤浴之，甚佳。（《肘后良方》）紫癜风疾：醋磨知母擦之，日三次。（《卫生易简方》）嵌甲肿痛：知母（烧存性）研，掺之。（《多能方》）

肉苁蓉（《本经》上品）

【释名】肉松容（《吴普》）、黑司命（《吴普》）。

时珍曰：此物补而不峻，故有从容之号。从容，和缓之貌。

肉苁蓉

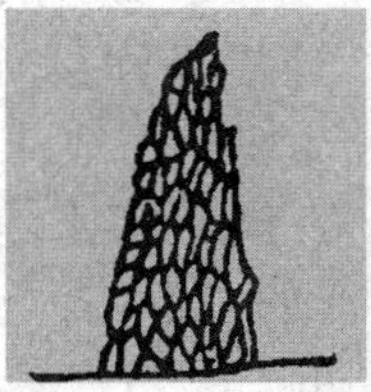

【修治】敩曰：凡使先须清酒浸一宿，至明以棕刷去沙土浮甲，劈破中心，去白膜一重，如竹丝草样。有此，能隔人心前气不散，令人上气也。以甑蒸之，从午至酉取出，又用酥炙得所。

【气味】甘，微温，无毒。

《别录》曰：酸、咸。

普曰：神农、黄帝：咸；雷公：酸；李当之：小温。

【主治】五劳七伤，补中，除茎中寒热痛，养五脏，强阴，益精气，多子，妇人癥瘕。久服轻身（《本经》）。除膀胱邪气腰痛，止痢（《别录》）。益髓，悦颜色，延年，大补壮阳，日御过倍，治女人血崩（甄权）。男子绝阳不兴，女子绝阴不产，润五脏，长肌肉，暖腰膝，男子泄精尿血遗沥，女子带下阴痛（大明）。

【附方】旧一，新四。补益劳伤，精败面黑：用苁蓉四两，水煮令烂，薄切细研精羊肉，分为四度，下五味，以米煮粥空心食。（《药性论》）肾虚白浊：肉苁蓉、鹿茸、山药、白茯苓等分，为末，米糊丸梧子大，每枣汤下三十丸。（《圣济总录》）汗多便秘，老人虚人皆可用：肉苁蓉（酒浸，焙）二两，研沉香末一两。为末，麻子仁汁打糊，丸梧子大。每服七十丸，白汤下。（《济生方》）消中易饥：肉苁蓉、山茱萸、五味子为末。蜜丸梧子大。每盐酒下二十丸。（《医学指南》）破伤风病，口噤身强：肉苁蓉切片晒干，用一小盏，底上穿定，烧烟于疮上熏之，累效。（《卫生总微》）

列当（宋《开宝》）

【释名】栗当（《开宝》）、草苁蓉（《开宝》）、花苁蓉（《日华》）。

列当

【集解】志曰：列当生山南岩石上，如藕根，初生掘取阴干。

保升曰：原州、秦州、渭州、灵州皆有之。暮春抽苗，四月中旬采取，长五、六寸至一尺以来，茎圆紫色，采取压扁，日干。

颂曰：草苁蓉根与肉苁蓉极相类，刮去花，压扁以代肉者，功力殊劣。即列当也。

根

【气味】甘，温，无毒。

【主治】男子五劳七伤，补腰肾，令人有子，去风血，煮酒、浸酒服之(《开宝》)。

【附方】旧一。阳事不兴：栗当(好者)二斤(即列当)。捣筛毕，以好酒一斗浸之经宿，随性日饮之。(昝殷《食医心镜》)

锁阳(《补遗》)

锁阳

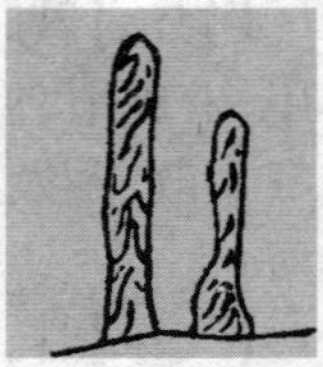

【集解】时珍曰：锁阳出肃州。按陶九成《辍耕录》云：锁阳，生鞑靼田地，野马或与蛟龙遗精入地，久之发起如笋，上丰下俭，鳞甲栉比，筋脉连络，绝类男阳，即肉苁蓉之类。或谓里之淫妇，就而合之，一得阴气，勃然怒长。土人掘取洗涤，去皮薄切晒干，以充药货，功力百倍于苁蓉也。时珍疑此自有种类，如肉苁蓉、列当，亦未必尽是遗精所生也。

【气味】甘，温，无毒。

【主治】大补阴气，益精血，利大便。虚人大便燥结者，啖之可代苁蓉，煮粥弥佳。不燥结者勿用(震亨)。润燥养筋，治痿弱(时珍)。

赤箭(本经上品)、天麻(宋《开宝》)

【校正】天麻，系宋本重出，今并为一。

【释名】赤箭芝(《药性》)、独摇芝(《抱朴子》)、定风草(《药性》)、离母(《本经》)、合离草(《抱朴子》)、神草(《吴普》)、鬼督邮(《本经》)。

赤箭天麻

弘景曰：赤箭，亦是芝类。其茎如箭杆，赤色，叶生其端。根如人足，又云如芋，有十二子为卫。有风不动，无风自摇。如此，亦非俗所见。而徐长卿亦名鬼督邮。又有鬼箭，茎有羽，其主疗并相似，而益大乖异，并非此赤箭也。

颂曰：按《抱朴子》云：仙方有合离草，一名独摇芝，一名离母。所以谓之合离、离母者，此草下根如芋魁，有游子十二枚周环之，以仿十二辰也。去大魁数尺，皆有细根如白发，虽相须而实不相连，但以气相属尔。如菟丝之草，下有伏菟之根，无此则丝不得上，亦不相属也。然则赤箭之异，陶隐居已云非俗所见，菟丝之卜有伏菟，亦不闻有见者，殆其种类，时有神异者而如此尔。

时珍曰：赤箭，以状而名；独摇、定风，以性异而名；离母、合离，以根异而名；神草、鬼督邮，以功而名。天麻即赤箭之根，《开宝本草》重出一条，详后集解下。

【集解】《别录》曰：赤箭生陈仓川谷、雍州及太山少室，三月、四月、八月采根，曝干。

弘景曰：陈仓，今属雍州扶风郡。

志曰：天麻，生郓州、利州、太山、崂山诸处，五月采根曝干。叶如芍药而小，当中抽一茎，直上如箭杆。茎端结实，状若续随子。至叶枯时，子黄熟。其根连一二十枚，犹如天门冬之类。形如黄瓜，亦如芦菔，大小不定。彼人多生啖，或蒸煮食之。今多用郓州者佳。

时珍曰：《本经》止有赤箭，后人称为天麻。甄权《药性论》云：赤箭芝一名天麻，本自明白。宋人马志《重修本草》，重出天麻，遂致分辨如此。沈括《笔谈》云：《神农本草》明言赤箭采根，后人谓其根如箭，疑当用茎，盖不然也。譬如鸢尾、牛膝，皆因茎叶相似，则用其根，何足疑哉？上品五芝之外，补益上药，赤箭为第一。世人惑于天麻之说，遂止用之治风，良可惜哉。沈公此说虽是，但根、茎并皆可用。天麻子从茎中落下，俗名还筒子。其根曝干，肉色坚白，如羊角色，呼羊角天麻；蒸过黄皱如干瓜者，俗呼酱瓜天麻，皆可用者。一种形尖而空，薄如玄参状者，不堪用。《抱朴子》云：独摇芝，生高山深谷之处，所生左右无草。其茎大如手指，赤如丹素。叶似小苋。根有大魁如斗，细者如鸡子十二枚绕之。人得大者，服之延年。按此乃天麻中一种神异者，如人参中之神参也。

斅曰：凡使天麻，勿用御风草，二物相似，只是叶、茎不同。御风草根茎斑，叶背白有青点。使御风草，即勿使天麻。若同用，令人有肠结之患。

【正误】藏器曰：天麻，生平泽，似马鞭草，节节生紫花。花中有子，如青葙子。子性寒，作饮去热气。茎叶捣敷痈肿。

承曰：藏器所说，与赤箭不相干，乃别一物也。

时珍曰：陈氏所说，乃一种天麻草，是益母草之类是也。《嘉祐本草》误引入天麻下耳。今正其误。

【修治】斅曰：修事天麻十两，剉，安于瓶中。用蒺藜子一镒，缓火熬焦，盖于天麻上，以三重纸封系，从巳至未取出，蒺藜炒过，盖系如前，凡七遍。用布拭上气汗，刀劈焙干，单捣用。若用御风草，亦同此法。

时珍曰：此乃治风痹药，故如此修事也。若治肝经风虚，惟洗净，以湿纸包，于糠火中煨熟，取出切片，酒浸一宿，焙干用。

还筒子

【主治】定风补虚，功同天麻（时珍）。

【附方】新一。益气固精：补血，黑发，益寿，有奇效。还筒子半两，芡实半两，金银花二两，破故纸（酒浸，春三、夏一、秋二、冬五日，焙研末）二两，各研末，蜜糊丸梧子大。每服五十丸，空心盐汤、温酒任下。郑西泉所传方。（邓才《杂兴方》）

术（直律切。《本经》上品）

【释名】山蓟（《本经》）、杨桴（音孚）、桴蓟（《尔雅》）、马蓟（《纲目》）、山姜（《别录》）、山连（《别录》）、吃力伽（《日华》）。

时珍曰：按《六书本义》，术字篆文，象其根干枝叶之形。《吴普本草》一名山芥，一名天蓟。因其叶似蓟，而味似姜、芥也。西域谓之吃力伽，故《外台秘要》有吃力伽散。扬州之域多种白术，其状如桴，故有杨桴及桴蓟之名，今人谓之吴术是也。桴乃鼓槌之名。古方二术通用。后人始有苍、白之分，详见下。

【集解】宗奭曰：苍术，长如大拇指，肥实，皮色褐，其气味辛烈，须米泔浸洗，去皮用。白术粗促，色微褐，其气亦微辛苦而不烈。古方及《本经》止言术，不分苍、白二种，亦宜两审。

时珍曰：苍术，山蓟也，处处山中有之。苗高二三尺，其叶抱茎而生，梢间叶似棠梨叶，其脚下叶有三五叉，皆有锯齿小刺。根如老姜之状，苍黑色，肉白有油膏。白术，桴蓟也，吴越有之。人多取根栽莳，一年即稠。嫩苗可茹，叶稍大而有毛。根如指大，状如鼓槌，亦有大如拳者。彼人剖开曝干，谓之削术，亦曰片术。陈自良言：白而肥者，是浙术；瘦而黄者，是幕阜山所出，其力劣。昔人用术不分赤、白。自宋以来，始言苍术苦辛气烈，白术苦甘气和，各自施用，亦颇有理。并以秋采者，佳；春采者，虚软易坏。嵇含《南方草木状》云：药有吃力伽，即术也。濒海所产，一根有至数斤者，采饵尤良。

嘉谟曰：浙术，俗名云头术，种平壤，颇肥大，由粪力也，易润油。歙术，俗名狗头术，虽瘦小，得土气充也，甚燥白，胜于浙术。宁国、昌化、池州者，并同歙术，境相邻也。

白术

术（白术也）

【气味】甘，温，无毒。

《别录》曰：甘。

权曰：甘，辛。

杲曰：味苦而甘，性温，味厚气薄，阳中阴也，可升可降。

好古曰：入手太阳、少阴，足太阴、阳明，少阴、厥阴六经。

之才曰：防风、地榆为之使。

权曰：忌桃、李、菘菜、雀肉、青鱼。

嘉谟曰：咀后人乳汁润之，制其性也。脾病，以陈壁土炒过，窃土气以助脾也。

【主治】风寒湿痹，死肌痉疸，止汗除热消食。作煎饵，久服，轻身延年不饥

(《本经》)。主大风在身面,风眩头痛,目泪出,消痰水,逐皮间风水结肿,除心下急满,霍乱吐下不止,利腰脐间血,益津液,暖胃消谷嗜食(《别录》)。治心腹胀满,腹中冷痛,胃虚下利,多年气痢,除寒热,止呕逆(甄权)。止反胃,利小便,主五劳七伤,补腰膝,长肌肉,治冷气,痃癖气块,妇人冷癥瘕(大明)。除湿益气,和中补阳,消痰逐水,生津止渴,止泻痢,消足胫湿肿,除胃中热、肌热。得枳实,消痞满气分;佐黄芩,安胎清热(元素)。理胃益脾,补肝风虚,主舌本强,食则呕,胃脘痛,身体重,心下急痛,心下水痞。冲脉为病,逆气里急,脐腹痛(好古)。

【发明】好古曰:本草无苍、白术之名。近世多用白术,治皮间风,止汗消痞,补胃和中,利腰脐间血,通水道。上而皮毛,中而心胃,下而腰脐。在气主气,在血主血。无汗则发,有汗则止,与黄芪同功。

元素曰:白术除湿益燥,和中补气。其用有九:温中,一也;去脾胃中湿,二也;除胃中热,三也;强脾胃,进饮食,四也;和胃生津液,五也;止肌热,六也;四肢困倦,嗜卧,目不能开,不思饮食,七也;止渴,八也;安胎,九也。凡中焦不受湿不能下利,必须白术以逐水益脾。非白术不能去湿,非枳实不能消痞,故枳术丸以之为君。

机曰:脾恶湿,湿胜则气不得施化,津何由生?故曰:膀胱者津液之府,气化则能出焉。用白术以除其湿,则气得周流而津液生矣。

【附方】旧七,新二十四。枳术丸:消痞强胃,久服令人食自不停也。白术一两(黄壁土炒过,去土),枳实(麸炒,去麸)一两。为末,荷叶包饭烧熟,捣和丸梧子大。每服五十丸,白汤下。气滞,加橘皮一两;有火,加黄连一两;有痰,加半夏一两;有寒,加干姜五钱,木香三钱;有食,加神曲、麦蘖各五钱。(《洁古家珍》)枳术汤:心下坚大如盘,边如旋杯,水饮所作。寒气不足,则手足厥逆,腹满胁鸣相逐。阳气不通即身冷,阴气不通即骨疼。阳前通则恶寒,阴前通则痹不仁。阴阳相得,其气乃行;大气一转,其气乃散。实则失气,虚则遗尿。名曰气分,宜此主之。白术一两,枳实七个。水五升,煮三升,分三服。腹中软,即散。(仲景《金匮玉函》)白术膏:服食滋补,止久泄痢。上好白术十斤,切片,入瓦锅内,水淹过二寸,文武火煎至一半,倾汁入器内,以渣再煎,如此三次,乃取前后汁同熬成膏,入器中一夜,倾去上面清水,收之。每服二三匙,蜜汤调下。(《千金良方》)参术膏:治一切脾胃虚损,益元气。白术一斤,人参四两。切片,以流水十五碗浸一夜,桑柴文武火煎取浓汁,熬膏,入炼蜜收之。每以白汤点服。(《集简方》)

苍术

【释名】赤术(《别录》)、山精(《抱朴》)、仙术(《纲目》),山蓟。

时珍曰:《异术》言:术者山之精也,服之令人长生辟谷,致神仙,故有山精、仙术之号。术有赤、白二种,主治虽近,而性味止发不同。本草不分苍、白,亦未可据。今将《本经》并《别录》、甄权、大明四家所说功用,参考分别,各自附方,庶使用者有所依凭。

【修治】大明曰:用术以米泔浸一宿,入药。

宗奭曰:苍术辛烈,须米泔浸洗,再换泔浸二日,去上粗皮用。

时珍曰：苍术性燥，故以糯米泔浸去其油，切片，焙干用。亦有用脂麻同炒，以制其燥者。

【气味】苦、温，无毒。

《别录》曰：甘。

权曰：甘、辛。

时珍曰：白术，甘而微苦，性温而和；赤术，甘而辛烈，性温而燥，阴中阳也，可升可降，入足太阴、阳明、手太阴、阳明、太阳之经。

忌同白术。

苍术

【主治】风寒湿痹，死肌痉疸。作煎饵久服，轻身延年不饥（《本经》）。主头痛，消痰水，逐皮间风水结肿，除心下急满及霍乱吐下不止，暖胃消谷嗜食（《别录》）。除恶气，弭灾沴（弘景）。主大风瘴痹，心腹胀痛。水肿胀满，除寒热，止呕逆下泄冷痢（甄权）。治筋骨软弱，痃癖气块，妇人冷气癥瘕，山岚瘴气温疾（大明）。明目，暖水脏（刘完素）。除湿发汗，健胃安脾，治痿要药（李杲）。散风益气，总解诸郁（震亨）。治湿痰留饮，或挟瘀血成窠囊，及脾湿下流，浊沥带下，滑泻肠风（时珍）。

【发明】宗奭曰：苍术，气味辛烈；白术，微辛苦而不烈。古方及《本经》止言术，未分苍、白。只缘陶隐居言术有两种，自此人多贵白者，往往将苍术置而不用。如古方子胃散之类，苍术为最要药，功效尤速。殊不详本草原无白术之名。

嵇康曰：闻道人遗言，饵术、黄精，令人久寿。亦无白字，用宜两审。

时珍曰：按《吐纳经》云：紫微夫人术序云：吾察草木之胜速益于己者，并不及术之多验也。可以长生久视，远而更灵。山林隐逸，得服术者，五岳比肩。又《神仙传》云：陈子皇得饵术要方，其妻姜氏得疲病，服之自愈，颜色气力如二十时也。时珍谨按以上诸说，皆似苍术，不独白术。今服食家亦呼苍术为仙术，故皆列于苍术之后。又张仲景辟一切恶气，用赤术同猪蹄甲烧烟。陶隐居亦言术能除恶气，弭灾沴。故今病疫及岁旦，人家往往烧苍术以辟邪气。《类编》载越民高氏妻，病恍惚谵语，亡夫之鬼凭之。其家烧苍术烟，鬼遽求去。《夷坚志》载江西一士人，为女妖所染。其鬼将别曰：君为阴气所浸，必当暴泄，但多服平胃散为良。中有苍术能去邪也。许叔微《本事方》云：微患饮癖三十年。始因少年夜坐写文，左向伏几，是以饮食多坠左边。中夜必饮酒数杯，又向左卧。壮时不觉，三、五年后，觉酒止从左下有声，胁痛食减嘈杂，饮酒半杯即止。十数日，必呕酸水数升。暑月止右边有汗，左边绝无。遍访名医及海上方，间或中病，止得月余复作。其补，如天雄、附子、矾石辈；利，如牵牛、甘遂、大戟，备尝之矣。自揣必有癖囊，如潦水之有科臼，不盈科不行。但清者可行，而浊者停滞，无路以决之，故积至五、七日必呕而去。脾土恶湿，而水则流湿，莫若燥脾以去湿，崇土以填科臼。乃悉屏诸药，只以苍术一斤（去皮，切片，为末），生油麻（半两）（水二盏，研，滤汁），大枣（五十枚，煮，去皮核）。捣和丸梧子大。每日空腹温服五十丸,增至一二百丸。忌桃、李、雀肉。服三月而疾除。自此常服,不呕不痛,胸膈宽利,饮啖如故,暑月汗亦周身,灯下能书细字,皆术之力也。初服时必觉微燥,以山栀子末,沸汤点服解之,久服亦自不燥矣。

【附方】旧二,新三十二。服术法:乌髭发,驻颜色,壮筋骨,明耳目,除风气,润肌肤,久服令人轻健。苍术不计多少,米泔水浸三日,逐日换水,取出刮去黑皮,切片曝干,慢火炒黄,细捣为末。每一斤,用蒸过白茯苓末半斤,炼蜜和丸梧子大,空心卧时热水下十五丸。别用术末六两,甘草末一两,拌和作汤点之,吞丸尤妙。忌桃、李、雀、蛤,及三白、诸血。(《经验方》)苍术膏:邓才笔峰《杂兴方》:除风湿,健脾胃,变白驻颜,补虚损,大有功效。苍术新者,刮去皮,薄切,米泔水浸二日,一日一换,取出,以井华水浸过二寸,春、秋五日,夏三日,冬七日,滤出,以生绢袋盛之,放在一半原水中,揉洗津液出,纽干。将渣又捣烂,袋盛于一半原水中,揉至汁尽为度。将汁入大砂锅中,慢火熬成膏。每一斤,入白蜜四两,熬二炷香。每膏一斤,入水澄白茯苓末半斤,搅匀瓶收。每服三匙,清早、临卧各一服,以温酒送下。忌醋及酸物、桃、李、雀、蛤、菘菜、青鱼等物。

苗

【主治】作饮甚香,去水(弘景)。亦止自汗。

狗脊(《本经》中品)

【释名】强膂(《别录》)、扶筋(《别录》)、百枝(《本经》)、狗青(《吴普》)。

恭曰:此药苗似贯众,根长多歧,状如狗之脊骨,而肉作青绿色,故以名之。

时珍曰:强膂、扶筋,以功名也。《别录》又名扶盖,乃扶筋之误。《本经》狗脊一名百枝,《别录》萆薢一名赤节,而《吴普本草》谓百枝为萆薢,赤节为狗脊,皆似误也。

【集解】《别录》曰:狗脊,生常山川谷。二月、八月采根,曝干。

狗脊

普曰:狗脊如萆薢,茎节如竹有刺,叶圆赤,根黄白,亦如竹根,毛有刺。《岐伯经》云:茎无节,叶端圆青赤,皮白有赤脉。

弘景曰:今山野处处有之,与菝葜相似而小异。其茎叶小肥,其节疏,其茎大直,上有刺,叶圆有赤脉,根凸凹巃嵸如羊角强细者是。

颂曰:今太行山、淄、温、眉州亦有之。苗尖细碎青色,高一尺以来,无花。其茎叶似贯众而细。其根黑色,长三四寸,多歧,似狗之脊骨,大有两指许。其肉青绿色。春秋采根,曝干。今方亦有用金毛者。陶氏所说乃有刺萆薢,非狗脊也,今江左俗犹用之。

敩曰：凡使狗脊，勿用透山藤根，形状一般，只是入顶苦，不可饵也。

时珍曰：狗脊有二种：一种根黑色，如狗脊骨，一种有金黄毛，如狗形，皆可入药。其茎细而叶、花两两对生，正似大叶蕨，比贯众叶有齿，面背皆光。其根大如拇指，有硬黑须簇之。吴普、陶弘景所说根苗，皆是菝葜；苏恭、苏颂所说，即真狗脊也。按张揖《广雅》云：菝葜，狗脊也。张华《博物志》云：菝葜，与萆薢相乱，一名狗脊。观此则昔人以菝葜为狗脊，相承之误久矣。然菝葜、萆薢、狗脊三者，形状虽殊，而功用亦不甚相远。

根

【修治】敩曰：凡修事，火燎去须，细剉了，酒浸一夜，蒸之，从巳至申，取出晒干用。

时珍曰：今人惟剉炒，去毛须用。

【气味】苦，平，无毒。

《别录》曰：甘，微温。

普曰：神农：苦；桐君、黄帝、岐伯、雷公、扁鹊：甘，无毒；李当之：小温。

权曰：苦、辛，微热。

之才曰：萆薢为之使，恶败酱、莎草。

【主治】腰背强，关机缓急，周痹寒湿膝痛，颇利老人（《本经》）。疗失溺不节，男子脚弱腰痛，风邪淋露，少气目暗。坚脊利俯仰，女子伤中关节重（《别录》）。男子女人毒风软脚，肾气虚弱，续筋骨，补益男子（甄权）。强肝肾，健骨，治风虚（时珍）。

【附方】新四。男子诸风：四宝丹：用金毛狗脊（盐泥固济，煅红去毛）、苏木、萆薢、川乌头（生用）等分。为末，米醋和丸梧子大。每服二十丸，温酒、盐汤下。（《普济方》）室女白带，冲任虚寒：鹿茸丸：用金毛狗脊（燎去毛）、白蔹各一两，鹿茸（酒蒸，焙）二两。为末，用艾煎醋汁打糯米糊丸梧子大。每服五十丸，空心温酒下。（《济生方》）固精强骨：金毛狗脊、远志肉、白茯神、当归身等分。为末，炼蜜丸梧子大。每酒服五十丸。（《集简方》）病后足肿，但节食以养胃气：外用狗脊，煎汤渍洗。（吴绶《蕴要》）

贯众（《本经》下品）

【释名】贯节（《本经》）、贯渠（《本经》）、百头（《本经》、又名虎卷、扁苻）、草鸱头（《别录》），黑狗脊（《纲目》）、凤尾草（《图经》）。

时珍曰：此草叶茎如凤尾，其根一本而众枝贯之，故草名凤尾，根名贯众、贯节、贯渠。渠者，魁也。《吴普本草》作贯中，俗名贯仲、管仲者，皆谬称也。《尔雅》云：泺（音灼），贯众，即此也。《别录》一名伯萍，一名药藻，皆字讹也。金星草一名凤尾草，与此同名，宜互考之。

弘景曰：近道皆有之。叶如大蕨。其根形色毛芒，全似老鸱头，故呼为草鸱头。

【集解】《别录》曰:贯众生玄山山谷及冤句少室山。二月、八月采根,阴干。

普曰:叶青黄色,两两相对,茎有黑毛,丛生,冬夏不死。四月花白,七月实黑,聚相连卷旁生。三月、八月采根,五月采叶。

贯众

保升曰:苗似狗脊,状如雉尾,根直多枝,皮黑肉赤,曲者名草鸱头,所在山谷阴处则有之。

颂曰:今陕西、河东州郡及荆、襄间多有之,而少有花者。春生苗,赤。叶大如蕨。茎干三棱。叶绿色似鸡翎,又名凤尾草。其根紫黑色,形如犬爪,下有黑须毛,又似老鸱。郭璞注《尔雅》云:叶圆锐,茎毛黑,布地,冬不死,《广雅》谓之贯节是矣。

时珍曰:多生山阴近水处。数根丛生,一根数茎,茎大如箸,其涎滑。其叶两两对生,如狗脊之叶而无锯齿,青黄色,面深背浅。其根曲而有尖嘴,黑须丛簇,亦似狗脊根而大,状如伏鸱。

巴戟天(《本经》上品)

【释名】不凋草(《日华》)、三蔓草。

时珍曰:名义殊不可晓。

【集解】《别录》曰:巴戟天生巴郡及下邳山谷。二月、八月采根,阴干。

弘景曰:今亦用建平、宜都者,根状如牡丹而细,外赤内黑,用之打去心。

恭曰:其苗俗名三蔓草。叶似茗,经冬不枯。根如连珠,宿根青色,嫩根白紫,用之亦同,以连珠多肉厚者为胜。

巴戟天

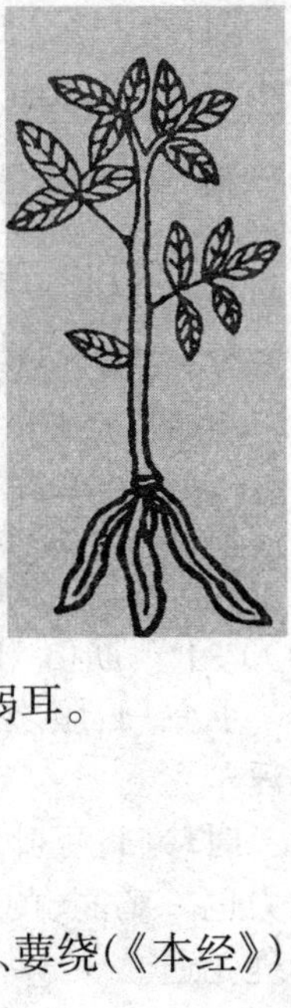

大明曰:紫色如小念珠,有小孔子,坚硬难捣。

宗奭曰:巴戟天本有心,干缩时偶自落,或抽去,故中心或空,非自有小孔也。今人欲要中间紫色,则多伪以大豆汁沃之,不可不察。

颂曰:今江淮、河东州郡亦有,但不及蜀川者佳。多生竹林内。内地生者,叶似麦门冬而厚大,至秋结实。今方家多以紫色为良。蜀人云:都无紫色者。采时或用黑豆同煮,欲其色紫,殊失气味,尤宜辨之。又有一种山葎根,正似巴戟,但色白。土人采得,以醋水煮之,乃以杂巴戟,莫能辨也。但击破视之,中紫而鲜洁者,伪也;其中虽紫,又有微白,糁有粉色,而理小暗者,真也。真巴戟嫩时亦白,干时亦煮治使紫,力劣弱耳。

远志(《本经》上品)

【释名】苗名小草(《本经》)、细草(《本经》)、棘菀(《本经》)、葽绕(《本经》)。

时珍曰：此草服之能益智强志，故有远志之称。《世说》载郝隆讥谢安云：处则为远志，出则为小草。《记事珠》谓之醒心杖。

远志

【集解】《别录》曰：远志，生太山及冤句川谷。四月采根、叶，阴干。

弘景曰：冤句，属兖州济阴郡。今此药犹从彭城北兰陵来。用之去心取皮，一斤止得三两尔。亦人仙方用。小草，状似麻黄而青。

志曰：茎叶似大青而小。比之麻黄，陶不识也。

禹锡曰：按《尔雅》云：葽绕，棘菀。郭璞注云：今远志也。似麻黄，赤华，叶锐而黄。其上谓之小草。

颂曰：今河、陕、洛西州郡亦有之。根形如蒿根，黄色。苗似麻黄而青，又如毕豆。叶亦有似大青而小者。三月开白花。根长及一尺。泗州出者，花红，根叶俱大于他处。商州出者，根乃黑色。俗传夷门出者最佳。四月采根，晒干。古方通用远志、小草。今医但用远志，稀用小草。

时珍曰：远志有大叶、小叶二种，陶弘景所说者，小叶也；马志所说者，大叶也。大叶者，花红。

百脉根(《唐本》)

【集解】恭曰：出肃州、巴西。叶似苜蓿，花黄，根如远志。二月、三月采根，晒干。

时珍曰：按《唐书》作柏脉根，肃州岁贡之。《千金》《外台》大方中亦时用之。今不复闻此，或者名称又不同也。

根

【气味】甘，苦，微寒，无毒。

【主治】下气止渴去热，除虚劳，补不足。酒浸或水煮，丸散兼用。(《唐本》)

淫羊藿(《本经》中品)

【释名】仙灵脾(《唐本》)、放杖草(《日华》)、弃杖草(《日华》)、千两金(《日华》)、干鸡筋(《日华》)、黄连祖(《日华》)、三枝九叶草(《图经》)、刚前(《本经》)。

弘景曰：服之使人好为阴阳。西川北部有淫羊，一日百遍合，盖食此藿所致，故名淫羊藿。

时珍曰：豆叶曰藿，此叶似之，故亦名藿。仙灵脾、千两金、放杖、刚前，皆言其功力也。鸡筋、黄连祖，皆因其根形也。柳子厚文作仙灵毗，入脐曰毗，此物补下，于理尤通。

【集解】《别录》曰:淫羊藿生上郡阳山山谷。

恭曰:所在皆有。叶形似小豆而圆薄,茎细亦坚,俗名仙灵脾是也。

颂曰:江东、陕西、泰山、汉中、湖湘间皆有之。茎如粟秆。叶青似杏,叶上有刺。根紫色有须。四月开白花,亦有紫花者,碎小,独头子。五月采叶,晒干。湖湘出者,叶如小豆,枝茎紧细,经冬不凋,根似黄连。关中呼为三枝九叶草,苗高一、二尺许,根叶俱堪用。《蜀本草》言生处不闻水声者,良。

时珍曰:生大山中。一根数茎,茎粗如线,高一二尺。一茎三桠,一桠三叶。叶长二三寸,如杏叶及豆藿,面光背淡,甚薄而细齿,有微刺。

淫羊藿

根叶

【修治】敩曰:凡使时呼仙灵脾,以夹刀夹去叶四畔花枝,每一斤用羊脂四两拌炒,待脂尽为度。

【气味】辛,寒,无毒。

普曰:神农、雷公:辛;李当之:小寒。

权曰:甘,平。可单用。

保升曰:性温。

时珍曰:甘、香、微辛,温。

之才曰:薯蓣、紫芝为之使,得酒良。

【主治】阴痿绝伤,茎中痛,利小便,益气力,强志(《本经》)。坚筋骨,消瘰疬赤痈,下部有疮,洗出虫。丈夫久服,令人无子(《别录》。机曰:无子字误,当作有子。)丈夫绝阳无子,女人绝阴无子,老人昏耄,中年健忘,一切冷风劳气,筋骨挛急,四肢不仁,补腰膝,强心力(大明)。

【发明】时珍曰:淫羊藿,味甘气香,性温不寒,能益精气,乃手足阳明、三焦、命门药也。真阳不足者,宜之。

【附方】旧三,新五。仙灵脾酒:益丈夫兴阳,理腰膝冷。用淫羊藿一斤,酒一斗,浸三日,逐时饮之。(《食医心镜》)偏风不遂,皮肤不仁,宜服:仙灵脾酒:仙灵脾一斤,细剉,生绢袋盛,于不津器中,用无灰酒二斗浸之,重封,春、夏三日,秋、冬五日后,每日暖饮,常令醺然,不得大醉,酒尽再合,无不效验。合时,切忌鸡、犬、见。(《圣惠方》)三焦咳嗽,腹满不饮食,气不顺:仙灵脾、覆盆子、五味子(炒)各一两,为末,炼蜜丸梧子大。每姜茶下二十丸。(《圣济录》)目昏生翳:仙灵脾,生王瓜(即小栝蒌红色者)等分,为末。每服一钱,茶下,日二服。(《圣济总录》)病后青盲,日近者可治:仙灵脾一两,淡豆豉一百粒。水一碗半,煎一碗,顿服即瘳。(《百一选方》)小儿雀目:仙灵脾根、晚蚕蛾各半两,炙甘草、射干各二钱半,为末。用羊子肝一枚,切开掺药二钱,扎定,以黑豆一合,米泔一盏,煮熟,分二次食,以汁送之。(《普济方》)痘疹入目:仙灵脾、威灵仙等分,为末。每服五分,米汤下。(《痘疹便览》)牙齿虚痛:仙灵脾为粗末,煎汤频漱,大效。(《奇效方》)

仙茅(《开宝》)

茅　仙

【释名】独茅(《开宝》)、茅爪子(《开宝》)、婆罗门参。

珣曰:其叶似茅,久服轻身,故名仙茅。梵音呼为阿输干陀。

颂曰:其根独生。始因西域婆罗门僧献方于唐玄宗,故今江南呼为婆罗门参,言其功补如人参也。

【集解】珣曰:仙茅生西域。叶似茅。其根粗细有筋,或如笔管,有节纹理。其花黄色多涎。自武城来,蜀中诸州亦皆有之。

颂曰:今大庾岭、蜀川、江湖、两浙诸州亦有之。叶青如茅而软,且略阔,面有纵纹。又似初生棕榈秧,高尺许。至冬尽枯,春初乃生。三月有花如栀子花,黄色,不结实。其根独茎而直,大如小指,下有短细肉根相附,外皮稍粗褐色,内肉黄白色。二月、八月采根,曝干用。衡山出者,花碧,五月结黑子。

时珍曰:苏颂所说详尽得之。但四、五月中抽茎四五寸,开小花深黄色六出。不似栀子,处处大山中有之。人惟取梅岭者用,而《会典》成都岁贡仙茅二十一斤。

根

【修治】敩曰:采得,以清水洗,刮去皮,于槐砧上用铜刀切豆许大,以生稀布袋盛,于乌豆水中浸一宿,取出,用酒拌湿蒸之,从巳至亥,取出曝干。勿犯铁器及牛乳,斑人鬓须。

大明曰:彭祖单服法:以竹刀刮切,糯米泔浸去赤汁出毒,后无妨损。

【气味】辛,温,有毒。

珣曰:甘,微温,有小毒。又曰:辛,平,宣而复补,无大毒,有小热、小毒。

【主治】心腹冷气不能食,腰脚风冷挛痹不能行,丈夫虚劳,老人失溺无子,益阳道。久服通神强记,助筋骨,益肌肤,长精神,明目(《开宝》)。治一切风气,补暖腰脚,清安五脏。久服轻身,益颜色。丈夫五劳七伤,明耳目,填骨髓(李珣)。开胃消食下气,益房事不倦(大明)。

【附方】新二。仙茅丸:壮筋骨,益精神,明目,黑髭须。仙茅二斤(糯米泔浸五日,去赤水,夏月浸三日,铜刀刮剉阴干,取一斤),苍术二斤(米泔浸五日,刮皮焙干,取一斤),枸杞子一斤,车前子十二两,白茯苓(去皮)、茴香(炒)、柏子仁(去壳)各八两,生地黄(焙)、熟地黄(焙)各四两。为末,酒煮糊丸如梧子大。每服五十丸,食前温酒下,日二服。(《圣济总录》)定喘下气,补心肾:神秘散:用白仙茅半两(米泔浸三宿,晒炒),团参二钱半,阿胶一两半(炒),鸡膍胵一两(烧)。为末。每服二钱,糯米饮空心下,日二服。(《三因方》)

玄参(《本经》中品)

【释名】黑参(《纲目》)、玄台(《吴普》)、重台(《本经》)、鹿肠(《吴普》)、正马(《别录》)、逐马(《药性》)、馥草(《开宝》)、野脂麻(《纲目》)、鬼藏(《吴普》)。

时珍曰:玄,黑色也。《别录》一名端,一名咸,多未详。

弘景曰:其茎微似人参,故得参名。

志曰:合香家用之,故俗呼馥草。

玄参

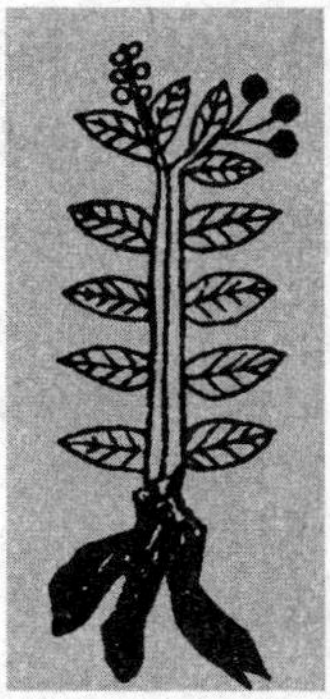

【集解】《别录》曰:玄参,生河间川谷及冤句,三月、四月采根,曝干。

普曰:生冤句山阳。三月生苗。其叶有毛,四四相值,似芍药。黑茎,茎方,高四、五尺。叶亦生枝间。四月实黑。

弘景曰:今出近道,处处有之。茎似人参而长大。根甚黑,亦微香,道家时用,亦以合香。

恭曰:玄参根苗并臭,茎亦不似人参,未见合香。

志曰:其茎方大,高四、五尺,紫赤色而有细毛。叶如掌大而尖长。根生青白,干即紫黑,新者润腻。陶云茎似人参,苏言根苗并臭,似未深识。

颂曰:二月生苗。叶似脂麻对生。又如槐柳而尖长有锯齿。细茎青紫色。七月开花青碧色。八月结子黑色。又有白花者,茎方大,紫赤色而有细毛;有节若竹者,高五、六尺,其根一根五七枚。三月、八月采,曝干。或云蒸过曝干。

时珍曰:今用玄参,正如苏颂所说。其根有腥气,故苏恭以为臭也。宿根多地蚕食之,故其中空。花有紫、白二种。

地榆(《本经》中品)

【校正】并入《别录》有名未用酸赭。

【释名】玉豉、酸赭。

弘景曰:其叶似榆而长,初生布地,故名。其花子紫黑色如豉,故又名玉豉。

地榆

时珍曰:按外丹方言:地榆一名酸赭,其味酸、其色赭故也。今蕲州俚人呼地榆为酸赭,又讹赭为枣,则地榆、酸赭为一物甚明,其主治之功亦同,因并《别录》有名未用酸赭为一云。

【集解】《别录》曰:地榆,生桐柏及冤句山谷。二月、八月采根曝干。又曰:酸赭生昌阳山。采无时。

颂曰:今处处平原川泽皆有之。宿根三月内生苗,初生布地,独茎直上,高三四尺,对分出叶。叶似榆叶而稍狭,细长作锯齿状,青色。七月开花如椹子,紫黑色。根外黑里红,似柳根。

弘景曰：其根亦入酿酒。道方烧作灰，能烂石，故煮石方用之。其叶，山人乏茗时，采作饮亦好，又可炸茹。

丹参(《本经》上品)

【释名】赤参(《别录》)、山参(《日华》)、郄蝉草(《本经》)、木羊乳(《吴普》)、逐马(弘景)、奔马草。

时珍曰：五参五色配五脏。故人参入脾，曰黄参；沙参入肺，曰白参；玄参入肾，曰黑参；牡蒙人肝，曰紫参；丹参入心，曰赤参。其苦参，则右肾命门之药也。古人舍紫参而称苦参，未达此义尔。

炳曰：丹参治风软脚，可逐奔马，故名奔马草。曾用，实有效。

丹参

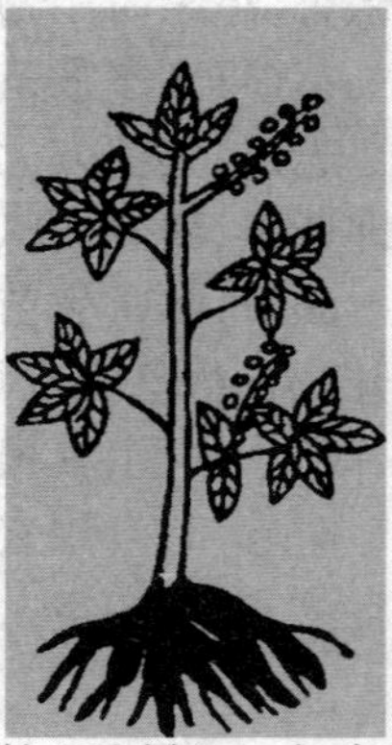

根

【气味】苦，微寒，无毒。

普曰：神农、桐君、黄帝、雷公：苦，无毒；岐伯：咸。

李当之：大寒。

弘景曰：久服多眼赤，故应性热，今云：微寒，恐谬也。

权曰：平。

之才曰：畏鹹水，反藜芦。

【主治】心腹邪气，肠鸣幽幽如走水，寒热积聚，破癥除瘕，止烦满，益气(《本经》)。养血，去心腹痼疾结气，腰脊强脚痹，除风邪留热。久服利人(《别录》)。渍酒饮。疗风痹足软(弘景)。主中恶及百邪鬼魅，腹痛气作，声音鸣吼，能定精(甄权)。养神定志，通利关脉，治冷热劳，骨节疼痛，四肢不遂，头痛赤眼，热温狂闷，破宿血，生新血，安生胎，落死胎，止血崩带下，调妇人经脉不匀，血邪心烦，恶疮疥癣，瘿赘肿毒丹毒，排脓止痛，生肌长肉(大明)。活血，通心包络，治疝痛(时珍)。

【发明】时珍曰：丹参色赤味苦，气平而降，阴中之阳也。入手少阴、厥阴之经，心与包络血分药也。按《妇人明理论》云：四物汤治妇人病，不问产前、产后，经水多少，皆可通用。惟一味丹参散，主治与之相同。盖丹参能破宿血，补新血，安生胎，落死胎，止崩中带下，调经脉，其功大类当归、地黄、芎藭、芍药故也。

【附方】旧三，新四。丹参散：治妇人经脉不调，或前或后，或多或少，产前胎不安，产后恶血不下，兼治冷热劳，腰脊痛，骨节烦疼。用丹参洗净，切晒为末。每服二钱，温酒调下。(《妇人明理方》)落胎下血：丹参十二两，酒五升，煮取三升，温服一升，一日三服。亦可水煮。(《千金方》)寒疝腹痛，小腹阴中相引痛，白汗出，欲死：以丹参一两为末。每服二钱，热酒调下。(《圣惠方》)小儿身热，汗出拘急，因中风起：丹参半两，鼠屎(炒)三十枚。为末。每服三钱，浆水下。(《圣济总录》)惊痫发热：丹参摩膏：用丹参、雷丸各半两，猪膏二两。同煎七上七下，滤去滓盛之。每以摩儿身上，日三次。(《千金方》)妇人乳痈：丹参、白芷、芍药各二两。㕮咀，以醋腌一夜，猪脂半斤，微火煎成膏，去滓敷之。(孟诜《必效方》)热油火灼，除痛生肌：丹参八两剉，以水微调，取羊脂二斤，煎三上三下，以涂疮上。(《肘后方》)

紫参(《本经》中品)

【释名】牡蒙(《本经》)、童肠(《别录》)、马行(《别录》)、众戎(《别录》)、五鸟花(《纲目》)。

时珍曰：紫参、王孙，并有牡蒙之名。古方所用牡蒙，多是紫参也。按《钱起诗集》云：紫参，幽芳也。五葩连萼，状如飞禽羽举。故俗名五鸟花。

紫参

根

【气味】苦，辛，寒，无毒。

《别录》曰：微寒。

普曰：牡蒙、神农、黄帝：苦。

李当之：小寒。

之才曰：畏辛夷。

【主治】心腹积聚，寒热邪气，通九窍，利大小便(《本经》)。疗肠胃大热，唾血衄血，肠中聚血，痈肿诸疮，止渴益精(《别录》)。治心腹坚胀，散瘀血，治妇人血闭不通(甄权)。主狂疟瘟疟，鼽血汗出(好古)。治血痢(好古)。牡蒙：治金疮，破血，生肌肉，止痛，赤白痢，补虚益气，除脚肿，发阴阳(苏恭)。

【发明】时珍曰：紫参色紫黑，气味俱厚，阴也，沉也。入足厥阴之经，肝脏血分药也。故治诸血病，及寒热疟痢、痈肿积块之属厥阴者。古方治妇人肠覃病乌啄丸，所用牡蒙，即此物也。唐苏恭注王孙，引陈延之《小品方》牡蒙所主之症，正是紫参；若王孙则止治风湿痹症，不治血病。故今移附于此。

【附方】旧一，新三。紫参汤：治痢下。紫参半斤。水五升，煎二升，入甘草二两，煎取半升，分三服。(张仲景《金匮玉函》)吐血不止：紫参、人参、阿胶(炒)等分。为末。乌梅汤服一钱。一方去人参，加甘草，以糯米汤服。(《圣惠方》)面上酒刺：五参丸：用紫参、丹参、人参、苦参、沙参各一两。为末，胡桃仁杵和丸，梧子大。每服三十丸，茶下。(《普济》)

王孙(《本经》中品)

【校正】并入《拾遗》旱藕。

王孙

【释名】牡蒙(弘景)、黄孙(《别录》)、黄昏(《别录》)、旱藕。

普曰:楚名王孙。齐名长孙,又名海孙。吴名白功章,又名蔓延。

时珍曰:紫参一名牡蒙,木部合欢一名黄昏,皆与此名同物异。

三七(《纲目》)

【释名】山漆(《纲目》)、金不换。时珍曰:彼人言其叶左三右四,故名三七,盖恐不然。或云本名山漆,谓其能合金疮,如漆粘物也,此说近之。金不换,贵重之称也。

三七

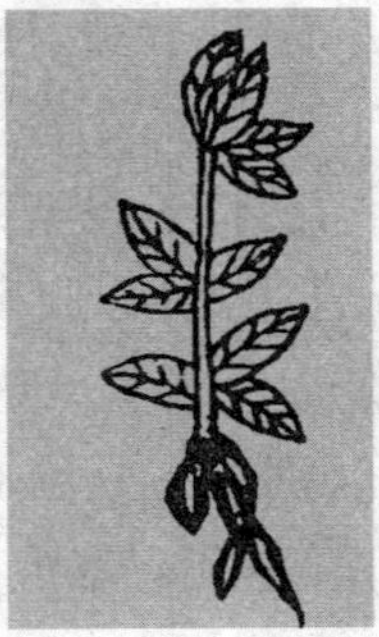

【集解】时珍曰:生广西、南丹诸州番峒深山中,采根曝干,黄黑色。团结者,状略似白芨;长者,如老干地黄,有节。味微甘而苦,颇似人参之味。或云:试法,以末糁猪血中,血化为水者乃真。近传一种草,春生苗,夏高三四尺。叶似菊艾而劲厚,有歧尖。茎有赤棱。夏秋开黄花,蕊如金丝,盘纽可爱,而气不香。花干则吐絮如苦荬絮。根叶味甘。治金疮折伤出血,及上下血病,甚效。云是三七,而根大如牛蒡根,与南中来者不类,恐是刘寄奴之属,甚易繁衍。

根

【气味】甘、微苦,温,无毒。

【主治】止血散血定痛,金刃箭伤、跌扑杖疮,血出不止者,嚼烂涂,或为末掺之,其血即止。亦主吐血衄血,下血血痢,崩中经水不止,产后恶血不下,血运血痛,赤目痈肿,虎咬蛇伤诸病(时珍)。

【发明】时珍曰:此药近时始出,南人军中用为金疮要药,云有奇功。又云:凡杖扑伤损,瘀血淋漓者,随即嚼烂,罨之即止;青肿者,即消散。若受杖时,先服一二钱,则血不冲心;杖后,尤宜服之。产后服,亦良。大抵此药气温、味甘微苦,乃阳明、厥阴血分之药,故能治一切血病,与骐驎竭、紫矿相同。

【附方】新八。吐血衄血:三七一钱,自嚼,米汤送下。或以五分,加入八核汤。

(《濒湖集简方》)赤痢血痢:三七三钱,研末,米泔水调服。即愈。(同上)大肠下血:三七研末,同淡白酒调一二钱服,三服可愈。加五分入四物汤,亦可。(同上)妇人血崩:方同上。产后血多:三七研末,米汤服一钱。(同上)男妇赤眼,十分重者:以三七根磨汁,涂四围。甚妙。(同上)无名痈肿,疼痛不止:三七磨米醋,调涂,即散。已破者,研末干涂。虎咬蛇伤:三七研末,米饮服三钱,仍嚼涂之。(并同上)

叶

【主治】折伤跌扑出血,敷之即止;青肿,经夜即散,余功同根(时珍)。

本草纲目草部第十三卷

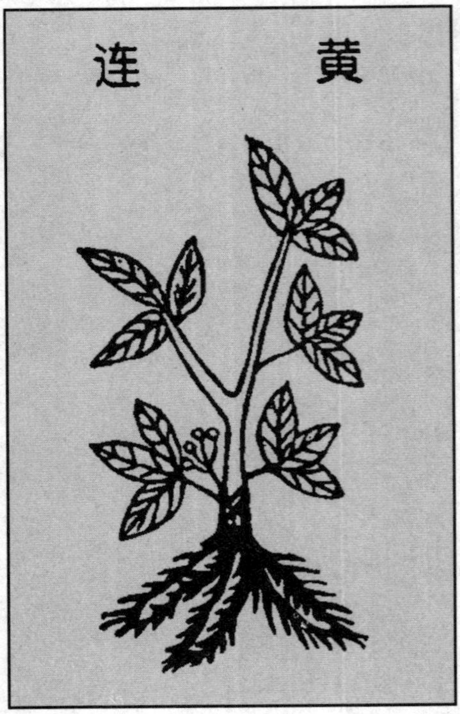

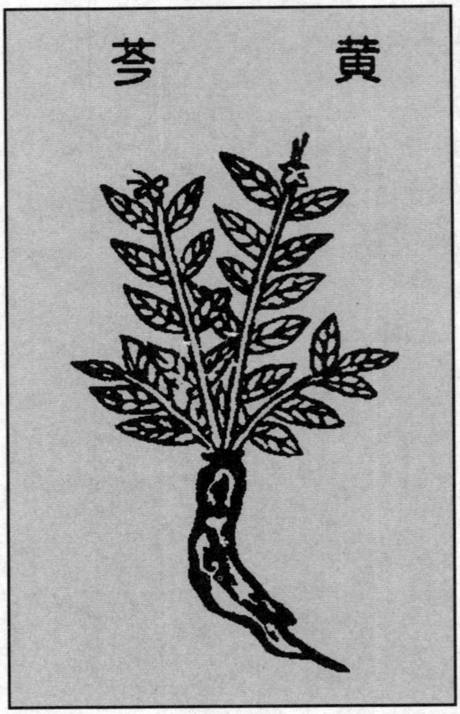

本草纲目草部第十三卷

黄连(《本经》上品)

【释名】王连(《本经》)、支连(《药性》)。

时珍曰:其根连珠而色黄,故名。

连 黄

根

【气味】苦,寒,无毒。

【主治】热气,目痛眦伤泣出,明目,肠澼腹痛下痢,妇人阴中肿痛。久服令人不忘(《本经》)。主五脏冷热,久下泄澼脓血,止消渴大惊,除水利骨,调胃厚肠益胆,疗口疮(《别录》)。治五劳七伤,益气,止心腹痛,惊悸烦躁,润心肺,长肉止血,天行热疾,止盗汗并疮疥。猪肚蒸为丸,治小儿疳气,杀虫(大明)。羸瘦气急(藏器)。治郁热在中,烦躁恶心,兀兀欲吐,心下痞满(元素)。主心病逆而盛,心积伏梁(好古)。去心窍恶血.解服药过剂烦闷及巴豆、轻粉毒(时珍)。

【附方】旧二十二,新五十三。心经实热:泻心汤:用黄连七钱。水一盏半,煎一盏,食远温服。小儿减之。(《和剂局方》)猝热心痛:黄连八钱。㕮咀,水煎热服。(《外台秘要》)肝火为痛:黄连(姜汁炒),为末,粥糊丸梧子大。每服三十丸,白汤下。左金丸:用黄连六两,茱萸一两。同炒为末,神曲糊丸梧子大。每服三四十丸,白汤下。(《丹溪方》)伏暑发热,作渴呕恶,及赤白痢,消渴,肠风酒毒,泄泻诸病,并宜酒煮黄龙丸主之:川黄连一斤(切)。以好酒二升半,煮干焙研,糊丸梧子大。每服五十丸,熟水下,日三服。(《和剂局方》)阳毒发狂,奔走不定:宜黄连、寒水石等分,为末。每服三钱,浓煎甘草汤下。(《易简方》)骨节积热,渐渐黄瘦:黄连四分(切)。以童子小便五大合,浸经宿,微煎三四沸,去滓,分作二服。(《广利方》)小儿疳热流注,遍身疮蚀,或潮热,肚胀作渴:猪肚黄连丸:用猪肚一个(洗净),宣黄连五两。切碎,水和,纳入肚中缝定,放在五升粳米上,蒸烂,石臼捣千杵,或入少饭同杵,丸绿豆大。每服二十丸,米饮下。仍服调血清心之药佐之。盖小儿之病,不出于疳,则出于热,常须识此。(《直指方》)三消骨蒸:黄连末,以冬瓜自然汁浸一夜,晒干又浸,如此七次,为末,以冬瓜汁和丸梧子大。每服三四十丸,大麦汤下。寻常渴,只一服见效。(《易简方》)消渴尿多:《肘后方》:用黄连末,蜜丸梧子大。

每服三十丸，白汤下。

胡黄连（宋《开宝》）

连黄胡

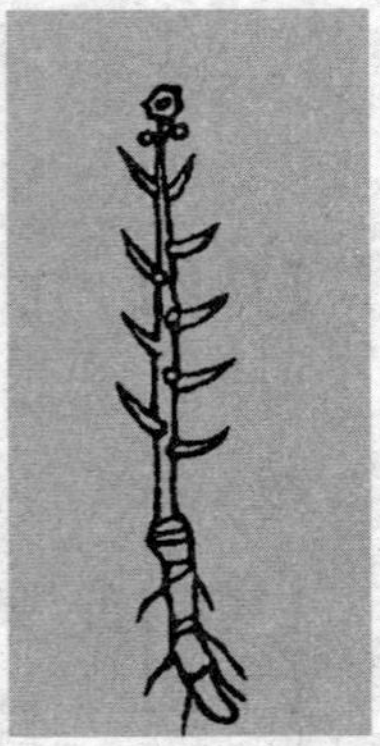

【释名】割孤露泽。

时珍曰：其性味功用似黄连，故名。割孤露泽，胡语也！

【集解】恭曰：胡黄连出波斯国，生海畔陆地。苗若夏枯草，根头似乌嘴，折之内似鸜鹆眼者，良。八月上旬采之。

颂曰：今南海及秦陇间亦有之。初生似芦，干则似杨柳枯枝，心黑外黄，不拘时月收采。

承曰：折之尘出如烟者，乃为真也！

根

【气味】苦，平，无毒

恭曰：大寒。恶菊花、玄参、白藓皮，解巴豆毒。忌猪肉，令人漏精。

【主治】补肝胆，明目，治骨蒸劳热，三消，五心烦热，妇人胎蒸虚惊，冷热泄痢，五痔，厚肠胃，益颜色。浸入乳汁，点目甚良（苏恭）。治久痢成疳，小儿惊痫、寒热、不下食，霍乱下痢，伤寒咳嗽温疟，理腰肾，去阴汗（《开宝》）。去果子积（震亨）。

【附方】旧二，新一十二。伤寒劳复：身热，大小便赤如血色。用胡黄连一两，山栀子二两（去壳）。入蜜半两，拌和，炒令微焦为末，用猪胆汁和丸梧子大。每服十丸，用生姜二片，乌梅一个，童子小便三合，浸半日去滓，食后暖小便令温吞之，卧时再服，甚效。（苏颂《图经本草》）小儿潮热，往来盗汗：用南番胡黄连、柴胡等分。为末，炼蜜丸芡子大。每服一丸至五丸，安器中，以酒少许化开，更入水五分，重汤煮二三十沸，和滓服。（孙兆《秘宝方》）小儿疳热：肚胀潮热发焦，不可用大黄、黄芩伤胃之药，恐生别症。以胡黄连五钱，灵脂一两。为末，雄猪胆汁和丸绿豆大。米饮服，每服一二十丸。（《全幼心鉴》）肥热疳疾：胡黄连丸：用胡黄连、黄连各半两，朱砂二钱半。为末，入猪胆内扎定，以杖子钩悬于砂锅内，浆水煮一炊久，取出研烂，入芦荟、麝香各一分，饭和丸麻子大。每服五七丸至一二十丸，米饮下。

黄芩（《本经》中品）

【释名】腐肠（《本经》），空肠（《别录》）、内虚（《别录》）、妒妇（《吴普》）、经芩（《别录》）、黄文（《别录》）、印头（《吴普》）、苦督邮（《记事》），内实者名子芩（弘景）、条芩（《纲目》）、𫌀尾芩（《唐本》）、鼠尾芩。

弘景曰：圆者，名子芩；破者，名宿芩，其腹中皆烂，故名腐肠。

时珍曰：芩，《说文》作莶，谓其色黄也。或云芩者，黔也，黔乃黄黑之色也。宿芩乃旧根，多中空，外黄内黑，即今所谓片芩，故又有腐肠、妒妇诸名。妒妇心黯，故以比之。子芩乃新根，多内实，即今所谓条芩。或云西芩多中空而色黔，北芩多内实而深黄。

芩　　黄

【集解】《别录》曰：黄芩，生秭归川谷及冤句。三月三日采根，阴干。

弘景曰：秭归，属建平郡。今第一出彭城，郁州亦有之，惟深色坚实者好。俗方多用，道家不须。

恭曰：今出宜州、鄜州、泾州者，佳。兖州大实亦好，名独尾芩。

颂曰：今川蜀、河东、陕西近郡，皆有之。苗长尺余，茎干粗如箸，叶从地四面作丛生，类紫草，高一尺许。亦有独茎者，叶细长，青色，两两相对。六月开紫花，根如知母粗细，长四五寸，二月、八月采根，曝干。《吴普本草》云：二月生赤黄叶，两两四四相值。其茎空中，或方圆，高三四尺。四月花紫红赤，五月实黑、根黄。二月至九月采，与今所说有小异也。

根

【气味】苦，平，无毒。

《别录》曰：大寒。

普曰：神农、桐君、雷公：苦，无毒；李当之：小温。

杲曰：可升可降，阴也。

好古曰：气寒，味微苦而甘，阴中微阳，入手太阴血分。

元素曰：气凉，味苦、甘，气厚味薄，浮而升，阳中阴也。入手少阳、阳明经。酒炒则上行。

之才曰：山茱萸、龙骨为之使，恶葱实，畏丹砂、牡丹、藜芦。得厚朴、黄连，止腹痛；得五味子、牡蒙、牡蛎，令人有子；得黄芪、白蔹、赤小豆，疗鼠瘘。

时珍曰：得酒，上行；得猪胆汁，除肝胆火；得柴胡，退寒热；得芍药，治下痢；得桑白皮，泻肺火；得白术，安胎。

【主治】诸热黄疸，肠澼泄痢，逐水，下血闭，恶疮疽蚀火疡（《本经》）。疗痰热胃中热，小腹绞痛，消谷，利小肠，女子血闭，淋露下血，小儿腹痛（《别录》）。治热毒骨蒸，寒热往来，肠胃不利，破拥气，治五淋，令人宣畅，去关节烦闷，解热渴（甄权）。下气，主天行热疾，疔疮排脓，治乳痈发背（大明）。凉心，治肺中湿热，泻肺火上逆，疗上热，目中肿赤，瘀血壅盛，上部积血，补膀胱寒水，安胎，养阴退阳（元素）。治风热湿热头疼，奔豚热痛，火咳肺痿喉腥，诸失血（时珍）。

【附方】旧三，新一十四。三黄丸：孙思邈《千金方》云：巴郡太守奏：加减三黄丸：疗男子五痨七伤，消渴不生肌肉，妇人带下，手足寒热，泻五脏火。春三月，黄芩四两，大黄三两，黄连四两；夏三月，黄芩六两，大黄一两，黄连七两；秋三月，黄芩六两，大黄二两，黄连三两；冬三月，黄芩三两，大黄五两，黄连二两。三物随时合捣下筛,蜜丸乌豆大。米饮每服五丸,日三。不知,增至七丸,服一月病愈。久服走及奔马,人用有验,禁食猪肉。(《图经本草》)三补丸:治上焦积热,泻五脏火。黄芩、黄连、黄柏等分,为末,蒸饼丸梧子大。每白汤下二三十丸。(《丹溪纂要》)肺中有火:清金丸:用片芩(炒)为末,水丸梧子大。每服二三十丸,白汤下。(同上)肤热如燎:方见发明下。

秦艽(音交。《本经》中品)

【释名】秦纠(《唐本》)、秦爪(萧炳)。

恭曰:秦艽,俗作秦胶,本名秦纠,与纠同。

时珍曰:秦艽出秦中,以根作罗纹交纠者佳,故名秦艽、秦纠。

【集解】《别录》曰:秦艽,生飞鸟山谷,二月、八月采根,曝干。

弘景曰:今出甘松、龙洞、蚕陵,以根作罗纹相交长大、黄白色者,为佳。中多衔土,用宜破去。

恭曰:今出泾州、鄜州、岐州者,良。

颂曰:今河陕州郡多有之。其根土黄色而相交纠,长一尺以来,粗细不等。枝干高五六寸。叶婆娑,连茎梗俱青色,如莴苣叶。六月中开花紫色,似葛花,当月结子。每于春秋采根,阴干。

艽　秦

根

【修治】敩曰:秦艽须于脚纹处认取:左纹列为秦,治疾;右纹列为艽,即发脚气。凡用秦,以布拭去黄白毛,乃用还元汤浸一宿,晒干用。

时珍曰:秦艽,但以左纹者为良,分秦与艽为二名,谬矣。

【气味】苦,平,无毒。

《别录》曰:辛,微温。

大明曰:苦,冷。

元素曰:气微温,味苦、辛,阴中微阳,可升可降,入手阳明经。

之才曰:菖蒲为之使,畏牛乳。

【主治】寒热邪气,寒湿风痹,肢节痛,下水利小便(《本经》)。疗风无问久新,通身挛急(《别录》)。传尸骨蒸,治疳及时气(大明)。牛乳点服,利大小便,疗酒黄、黄疸,解酒毒,去头风(甄权)。除阳明风湿,及手足不遂,口噤牙痛口疮,肠风泻血,养血荣筋(元素)。泄热,益胆气(好古)。治胃热虚劳发热(时珍)。

【附方】旧六,新七。五种黄疸:崔元亮《海上方》云:凡黄有数种:伤酒发黄,误食鼠粪亦作黄,因劳发黄,多痰涕,目有赤脉,益憔悴,或面赤恶心者是也。用秦艽一大两,剉作两帖。每帖用酒半升,浸绞取汁,空腹服,或利便止。就中饮酒人易治，屡用得力。《贞元广利方》：治黄病内外皆黄，小便赤，心烦口干者。以秦艽三两，牛乳一大升，煮取七合，分温再服。此方出于许仁则。又孙真人方：加芒硝六钱。暴泻引饮：秦艽二两，甘草（炙）半两。每服三钱，水煎服。（《圣惠方》）伤寒烦渴，心神躁热：用秦艽一两，牛乳一大盏，煎六分，分作二服。（《太平圣惠方》）急劳烦热：方见发明下。小儿骨蒸：同上。小便艰难或转胞，腹满闷，不急疗，杀人：用秦艽一两，水一盏，煎七分，分作二服。又方：加冬葵子等分，为末，酒服一匕。（《圣惠方》）胎动不安：秦艽、甘草（炙）、鹿角胶（炒）各半两，为末。每服三钱，水一大盏，糯米五十粒，煎服。又方：秦艽、阿胶（炒）、艾叶等分，如上煎服。（《圣惠方》）发背初起疑似者：便以秦艽、牛乳煎服，得快利三、五行，即愈。（崔元亮《海上集验方》）疮口不合，一切皆治：秦艽为末，掺之。（《直指方》）

茈胡（《本经》上品）

【释名】地熏（《本经》）、芸蒿（《别录》）、山菜（《吴普》）、茹草（《吴普》）。

恭曰：茈，是古柴字。《上林赋》云茈姜，及《尔雅》云茈草，并作此茈字。此草根紫色，今太常用茈胡是也。又以木代系，相承呼为柴胡。且检诸本草无名此者。

时珍曰：茈字，有柴、紫二音。茈姜、茈草之茈，皆音紫；茈胡之茈，音柴。茈胡生山中，嫩则可茹，老则采而为柴，故苗有芸蒿、山菜、茹草之名，而根名柴胡也。苏恭之说殊欠明。古本张仲景《伤寒论》，尚作茈字也。

茈胡

根

【修治】敩曰：凡采得银州柴胡，去须及头，用银刀削去赤薄皮少许，以粗布拭净，剉用。勿令犯火，立便无效也。

【气味】苦，平，无毒。

《别录》曰：微寒。

普曰：神农、岐伯、雷公：苦，无毒。

大明曰：甘。

元素曰：气味俱轻，阳也，升也，少阳经药，引胃气上升。苦寒以发散表热。

杲曰：升也，阴中之阳，手足少阳、厥阴四经引经药也。在脏主血，在经主气。欲上升，则用根，以酒浸；欲中及下降，则用梢。

之才曰：半夏为之使，恶皂荚，畏女菀、藜芦。

时珍曰：行手、足少阳，以黄芩为佐；行手、足厥阴，以黄连为佐。

【主治】心腹，去肠胃中结气，饮食积聚，寒热邪气，推陈致新。久服轻身明目益精（《本经》）。除伤寒心下烦热，诸痰热结实，胸中邪逆，五脏间游气，大肠停积水胀，及湿痹拘挛，亦可作浴汤（《别录》）。治热劳骨节烦疼，热气肩背疼痛，劳乏羸瘦，下气消食，宣畅气血，主时疾内外热不解，单煮服之良（甄权）。补五劳七伤，除烦止惊,益气力,消痰止嗽,润心肺,添精髓,健忘(大明)。除虚劳,散肌热,去早晨潮热,寒热往来,胆瘅,妇人产前、产后诸热,心下痞,胸胁痛(元素)。治阳气下陷,平肝胆三焦包络相火,及头痛眩运,目昏赤痛障翳,耳聋鸣,诸疟,及肥气寒热,妇人热入血室,经水不调,小儿痘疹余热,五疳羸热(时珍)。

【附方】旧一,新五。伤寒余热:伤寒之后,邪入经络,体瘦肌热,推陈致新,解利伤寒时气伏暑,仓卒并治,不论长幼。柴胡四两,甘草一两。每用三钱,水一盏,煎服。(许学士《本事方》)小儿骨热:十五岁以下,遍身如火,日渐黄瘦,盗汗,咳嗽烦渴。柴胡四两,丹砂三两。为末,豮猪胆汁拌和,饭上蒸熟,丸绿豆大。每服一丸,桃仁、乌梅汤下,日三服。(《圣济总录》)虚劳发热:柴胡、人参等分。每服三钱,姜、枣同水煎服。(《澹寮方》)湿热黄疸:柴胡一两,甘草二钱半。作一剂,以水一碗,白茅根一握,煎至七分,任意时时服,一日尽。(孙尚药《秘宝方》)眼目昏暗:柴胡六铢,决明子十八铢。治筛,人乳汁和敷目上,久久夜见五色。(《千金方》)积热下痢:柴胡、黄芩等分。半酒半水煎七分,浸冷,空心服之。(《济急方》)

苗

【主治】猝聋,捣汁频滴之(《千金》)。

前胡(《别录》中品)

【释名】时珍曰:按孙愐《唐韵》作湔胡,名义未解。

【集解】《别录》曰:前胡,二月、八月采根,曝干。

弘景曰:近道皆有,生下湿地,出吴兴者为胜。根似柴胡而柔软,为疗殆欲同,而《本经》上品有茈胡而无此,晚来医乃用之。

前胡

大明曰:越、衢、婺、睦等处者,皆好,七、八月采之,外黑里白。

时珍曰:前胡有数种,惟以苗高一二尺,色似斜蒿,叶如野菊而细瘦,嫩时可食。秋月开黪白花,类蛇床子花,其根皮黑肉白,有香气为真。大抵北地者为胜,故方书称北前胡云。

根

【修治】斅曰:修事,先用刀刮去苍黑皮并髭土了,细剉,以甜竹沥浸令润,日中晒干用。

【气味】苦,微寒,无毒。

权曰:甘、辛,平。

之才曰:半夏为之使,恶皂荚,畏藜芦。

【主治】痰满,胸胁中痞,心腹结气,风头痛,去痰实,下气,治伤寒寒热,推陈致新,明日益精(《别录》)。能去热实,及时气内外俱热,单煮服之(甄权)。治一切气,破癥结,开胃下食,通五脏,主霍乱转筋,骨节烦闷,反胃呕逆,气喘咳嗽,安胎,小儿一切疳气(大明)。清肺热,化痰热,散风邪(时珍)。

【发明】时珍曰:前胡味甘、辛,气微平,阳中之阴,降也。乃手足太阴、阳明之药,与柴胡纯阳上升入少阳、厥阴者不同也。其功长于下气,故能治痰热喘嗽、痞膈呕逆诸疾,气下则火降,痰亦降矣。所以有推陈致新之绩,为痰气要药。陶弘景言其与柴胡同功,非矣。治症虽同,而所入所主则异。

【附方】旧一。小儿夜啼:前胡捣筛,蜜丸小豆大。日服一丸,熟水下,至五六丸,以瘥为度。(《普济方》)

防风(《本经》上品)

【释名】铜芸(《本经》)、茴芸(《吴普》)、茴草(《别录》)、屏风(《别录》)、蕳根(《别录》)、百枝(《别录》)、百蜚(《吴普》)。

时珍曰:防者,御也。其功疗风最要,故名。屏风者,防风隐语也。曰芸、曰茴、曰蕳者,其花如茴香,其气如芸蒿、蕳兰也。

【气味】甘,温,无毒。

《别录》曰:辛,无毒。叉头者,令人发狂;叉尾者,发人痼疾。

普曰:神农、黄帝、岐伯、桐君、雷公、扁鹊:甘,无毒。

风　防

李当之:小寒。

元素曰:味辛而甘,气温,气味俱薄,浮而升,阳也。手足太阳经之本药。

好古曰:又行足阳明、太阴二经,为肝经气分药。

杲曰:防风能制黄芪,黄芪得防风其功愈大,乃相畏而相使者也。

之才曰:得葱白,能行周身;得泽泻、藁本,疗风;得当归、芍药、阳起石、禹余粮,疗妇人子脏风。畏萆薢,杀附子毒,恶藜芦、白蔹、干姜、芫花。

【主治】大风,头眩痛恶风,风邪目盲无所见,风行周身,骨节疼痹,烦满。久服轻身(《本经》)。胁痛胁风,头面去来,四肢挛急,字乳金疮内痉(《别录》)。治三十六般风,男子一切劳劣,补中益神,风赤眼,止冷泪及瘫痪,通利五脏关脉,五劳七伤,羸损盗汗,心烦体重,能安神定志,匀气脉(大明)。治上焦风邪,泻肺实,散头目中滞气,经络中留湿,主上部见血(元素)。搜肝气(好古)。

叶

【主治】中风热汗出(《别录》)。

颂曰：江东一种防风，茹其嫩苗，云动风，与此文相反，岂别是一物耶？

花

【主治】四肢拘急，行履不得，经脉虚羸，骨节间痛，心腹痛（甄权）。

子

【主治】疗风更优，调食之（苏恭）。

【附方】旧二，新十一。自汗不止：防风（去芦）为末，每服二钱，浮麦煎汤服。《朱氏集验方》：防风用麸炒，猪皮煎汤下。睡中盗汗：防风二两，芎䓖一两，人参半两。为末。每服三钱，临卧饮下。（《易简方》）消风顺气：老人大肠秘涩。防风、枳壳（麸炒）一两，甘草半两，为末，每食前白汤服二钱。（《简便方》）偏正头风：防风、白芷等分。为末，炼蜜丸弹子大。每嚼一丸，茶清下。（《普济方》）破伤中风，牙关紧急：天南星、防风等分。为末。每服二三匙，童子小便五升，煎至四升，分二服，即止也。（《经验后方》）小儿解颅：防风、白芨、柏子仁等分，为末。以乳汁调涂，一日一换。（《养生主论》）妇人崩中：独圣散：用防风（去芦头，炙赤）为末。每服一钱，以面糊酒调下，更以面糊酒投之。此药累经效验。一方：加炒黑蒲黄等分。（《经验后方》）解乌头毒：附子、天雄毒。并用防风煎汁饮之。（《千金方》）解芫花毒：同上。解野菌毒：同上。解诸药毒：已死，只要心间温暖者，乃是热物犯之。只用防风一味，擂冷水灌之。（万氏《积善堂》）

独活（《本经》上品）

【释名】羌活（《本经》）、羌青（《本经》）、独摇草（《别录》）、护羌使者（《本经》）、胡王使者（《吴普》）、长生草。

弘景曰：一茎直上，不为风摇，故曰独活。

活　独

根

【修治】敩曰：采得细剉，以淫羊藿拌，蒸二日，曝干，去藿用，免烦人心。

时珍曰：此乃服食家治法，寻常去皮或焙用尔。

【气味】苦、甘，平，无毒。

《别录》曰：微温。

权曰：苦、辛。

元素曰：独活微温，甘、苦、辛，气味俱薄，浮而升，阳也，足少阴行经气分之药。羌活性温，辛苦，气味俱薄，浮而升，阳也，手足太阳行经风药，并入足厥阴、少阴经气分。

之才曰：豚实为之使。

弘景曰：药无豚实，恐是蠡实也。

【主治】风寒所击，金疮止痛，奔豚痫痓，女子疝瘕。久服轻身耐老（《本经》）。疗诸贼风，百节痛风，无问久新（《别录》）。独活：治诸中风湿冷，奔喘逆气，皮肤苦痒，手足挛痛劳损，风毒齿痛。羌活：治贼风失音不语，多痒，手足不遂，口面㖞斜，遍身𤸷痹、血癞（甄权）。羌、独活：治一切风并气，筋骨挛拳，骨节酸疼，头旋目赤疼痛，五劳七伤，利五脏及伏梁水气（大明）。治风寒湿痹，酸痛不仁，诸风掉眩，颈项难伸（李杲）。去肾间风邪。搜肝风，泻肝气，治项强、腰脊痛（好古）。散痈疽败血（元素）。

【附方】旧八，新七。中风口噤，通身冷，不知人：独活四两。好酒一升，煎半升服。（《千金方》）中风不语：独活一两。酒二升，煎一升，大豆五合，炒有声，以药酒热投，盖之良久，温服三合，未瘥再服。（陈延之《小品方》）热风瘫痪，常举发者：羌活二斤，构子一升。为末。每酒服方寸匕，日三服。（《广济方》）产后中风语涩，四肢拘急：羌活三两。为末。每服五钱，酒、水各一盏，煎减半服。（《小品方》）产后风虚：独活、白藓皮各三两，水三升，煮二升，分三服。耐酒者，入酒同煮。（《小品方》）产后腹痛：羌活二两，煎酒服。（《必效方》）产肠脱出：方同上。（《子母秘录》）妊娠浮肿：羌活、萝卜子同炒香，只取羌活为末。每服二钱，温酒调下，一日一服，二日二服，三日三服。乃嘉兴主簿张昌明所传。（许学士《本事方》）风水浮肿：方同上。历节风痛：独活、羌活、松节等分。用酒煮过，每日空心饮一杯。（《外台秘要》）风牙肿痛：《肘后方》：用独活煮酒，热漱之。文潞公《药准》：用独活、地黄各三两，为末。每服三钱，水一盏煎，和滓温服，卧时再服。喉闭口噤：羌活三两，牛蒡子二两，水煎一盅，入白矾少许，灌之取效。（《圣济录》）睛垂至鼻：人睛忽垂至鼻，如黑角色，痛不可忍，或时时大便血出，名曰肝胀。用羌活煎汁，服数盏，自愈。（夏子益《奇疾方》）太阳头痛：羌活、防风、红豆等分。为末，搐鼻。（《玉机微义》）

土当归（《纲目》）

土当归

【集解】生密县山野，茎圆而有线楞，叶似芹菜叶而硬，边有细锯齿刺。又似苍术叶而大，每三叶攒生一处，开黄花，根似前胡，又似野胡萝卜根。

根

【气味】辛，温，无毒。

【主治】除风和血，煎酒服之。闪拗手足，同荆芥、葱白煎汤淋洗之（时珍。出《卫生易简方》）。

都管草(宋《图经》)

草管都

【集解】颂曰:都管草生宜州田野,根似羌活头,岁长一节。苗高一尺许,叶似土当归,有重台。二月、八月采根,阴干,施州生者作蔓,又名香球,蔓长丈余,赤色,秋结红实,四时皆有,采其根枝,淋洗风毒疮肿。

时珍曰:按范成《大桂海志》云:广西出之,一茎六叶。

根

【气味】苦、辛,寒,无毒。

【主治】风肿痈毒赤疣,以醋摩涂之。亦治咽喉肿痛,切片含之,立愈(苏颂)。解蜈蚣、蛇毒(时珍)。

升麻(《别录》上品)

【释名】周麻。

时珍曰:其叶似麻,其性上升,故名。按张揖《广雅》及《吴普本草》并云:升麻,一名周升麻。则周或指周地,如今人呼川升麻之义。今《别录》作周麻,非省文,即脱误也。

【集解】《别录》曰:升麻,生益州山谷。二月、八月采根,晒干。

弘景曰:旧出宁州者第一,形细而黑,极坚实。今惟出益州,好者细削,皮青绿色,谓之鸡骨升麻。北部亦有,而形虚大,黄色。建平亦有,而形大味薄,不堪用。人言是落新妇根,不然也。其形相似,气色非也。落新妇亦解毒,取叶挼作小儿浴汤,主惊忤。

麻升

藏器曰:落新妇,今人多呼为小升麻,功用同于升麻,亦大小有殊也。

志曰:升麻,今嵩高出者色青,功用不如蜀者。

颂曰:今蜀汉、陕西、淮南州郡皆有之,以蜀川者为胜。春生苗,高三尺以来。叶似麻叶,并青色。四月、五月着花,似粟穗,白色。六月以后结实,黑色。根如蒿根,紫黑色,多须。

根

【修治】敩曰:采得刮去粗皮,用黄精自然汁浸一宿,曝干,剉蒸,再爆用。

时珍曰:今人惟取里白外黑而紧实者,谓之鬼脸升麻,去须及头芦,剉用。

【气味】甘、苦，平、微寒，无毒。

元素曰：性温，味辛微苦，气味俱薄，浮而升，阳也，为足阳明、太阴引经的药。得葱白、白芷，亦入手阳明、太阴。

杲曰：引葱白，散手阳明风邪。引石膏，止阳明齿痛。人参、黄芪，非此引之，不能上行。

时珍曰：升麻，同柴胡，引生发之气上行；同葛根，能发阳明之汗。

【主治】解百毒，杀百精老物殃鬼，辟瘟疫瘴气邪气，蛊毒入口皆吐出，中恶腹痛，时气毒疠，头痛寒热，风肿诸毒，喉痛口疮。久服不夭，轻身长年（《别录》）。安魂定魄，鬼附啼泣，疳䘌，游风肿毒（大明）。小儿惊痫，热壅不通，疗痈肿豌豆疮，水煎绵沾拭疮上（甄权）。治阳明头痛，补脾胃，去皮肤风邪，解肌肉间风热，疗肺痿咳唾脓血，能发浮汗（元素）。牙根浮烂恶臭，太阳鼽衄，为疮家圣药（好古）。消斑疹，行瘀血，治阳陷眩运，胸胁虚痛，久泄下痢，后重遗浊，带下崩中，血淋下血，阴痿足寒（时珍）。

【附方】旧五，新八。服食丹砂：石泉公王方庆《岭南方》云：南方养生治病，无过丹砂。其方用升麻末三两。（研炼过），光明砂一两。以蜜丸梧子大，每日食后服三丸。（苏颂《图经本草》）豌豆斑疮：比岁有病天行发斑疮，头面及身，须臾周匝，状如火烧疮，皆戴白浆，随决随生，不治数日必死，瘥后瘢黯，弥岁方减，此恶毒之气所为。云晋元帝时，此病自西北流起，名虏疮。以蜜煎升麻，时时食之。并以水煮升麻，绵沾拭洗之。（葛洪《肘后方》）辟瘴明目：七物升麻丸：升麻、犀角、黄芩、朴硝、栀子、大黄各二两，豉二升（微熬）。同捣末，蜜丸梧子大。觉四肢大热，大便难，即服三十丸，取微利为度。若四肢小热，只食后服二十丸。非但辟瘴，甚能明目。（王方庆《岭南方》）猝肿毒起：升麻磨醋，频涂之。（《肘后》）喉痹作痛：升麻片，含咽。或以半两，煎服取吐。（《直指方》）胃热齿痛：升麻煎汤，热漱咽之，解毒。或加生地黄。（《直指方》）口舌生疮：升麻一两，黄连三分。为末，绵裹含咽。（《本事方》）热痱瘙痒：升麻，煎汤饮，并洗之。（《千金方》）小儿尿血：蜀升麻五分。水五合，煎一合，服之。一岁儿，一日一服。（姚和众《至宝方》）产后恶血不尽，或经月半年：以升麻三两，清酒五升，煮取二升，分半再服。当吐下恶物，极良。（《千金翼方》）解莨菪毒：升麻煮汁，多服之。（《外台秘要》）挑生蛊毒：野葛毒。并以升麻多煎，频饮之。（《直指方》）射工溪毒：升麻、乌翣。煎水服，以滓涂之。（《肘后方》）

苦参（《本经》中品）

【释名】苦谟（《本经》）、苦骨（《纲目》）、地槐（《别录》）、水槐（《本经》）、菟槐（《别录》）、骄槐（《别录》）、野槐（《纲目》）、白茎（《别录》，又名芩茎、禄白、陵郎、虎麻）。

时珍曰：苦以味名，参以功名，槐以叶形名也。苦谟与菜部苦谟同名异物。

【集解】《别录》曰：苦参，生汝南山谷及田野。三月、八月、十月采根，曝干。

弘景曰：近道处处有之。叶极似槐叶，花黄色，子作荚，根味至苦恶。

颂曰:其根黄色,长五七寸许,两指粗细。三五茎并生,苗高三四尺以来,叶碎青色,极似槐叶,春生冬凋,其花黄白色,七月结实如小豆子。河北生者无花子。五月、六月、八月、十月采根,曝干。

时珍曰:七、八月结角如萝卜子,角内有子二三粒,如小豆而坚。

根

【修治】敩曰:采根,用糯米浓泔汁浸一宿,其腥秽气并浮在水面上,须重重淘过,即蒸之,从巳至申,取晒切用。

【气味】苦,寒,无毒。

之才曰:玄参为之使,恶贝母、菟丝、漏芦,反藜芦。

时珍曰:伏汞,制雌黄、焰硝。

苦参

【主治】心腹结气,癥瘕积聚,黄疸,溺有余沥,逐水,除痈肿,补中,明目止泪(《本经》)。养肝胆气,安五脏,平胃气,令人嗜食轻身,定志益精,利九窍,除伏热肠澼,止渴醒酒,小便黄赤,疗恶疮、下部蚀(《别录》)。渍酒饮,治疥杀虫(弘景)。治恶虫、胫酸(苏恭)。治热毒风,皮肌烦躁生疮,赤癞眉脱,除大热嗜睡,治腹中冷痛,中恶腹痛(甄权)。杀疳虫。炒存性,米饮服,治肠风泻血并热痢(《大明》)。

【附方】旧十,新一十八。热病狂邪,不避水火,欲杀人:苦参末,蜜丸梧子大。每服十丸,薄荷汤下。亦可为末,二钱,水煎服。(《千金方》)伤寒结胸:天行病四、五日,结胸满痛壮热。苦参一两,以醋三升,煮取一升二合,饮之取吐,即愈。天行毒病,非苦参、醋药不解,及温覆取汗良。(《外台秘要》)谷疸食劳:食毕头旋,心怫郁不安而发黄。由失饥大食,胃气冲熏所致。苦参三两,龙胆一合。为末,牛胆丸梧子大。生大麦苗汁服五丸,日三服。(《肘后方》)小儿身热:苦参,煎汤,浴之良。(《外台秘要》)毒热足肿作痛欲脱者:苦参,煮酒渍之。(姚僧垣《集验方》)梦遗食减:白色苦参三两,白术五两,牡蛎粉四两。为末。用雄猪肚一具,洗净,砂罐煮烂,石臼捣和药,干则入汁,丸小豆大。每服四十丸,米汤下,日三服。久服身肥食进,而梦遗立止。(刘松石《保寿堂方》)小腹热痛,青黑或赤色,不能喘者:苦参一两,醋一升半,煎八合,分二服。(张杰《子母秘录》)

实(十月收采)

【气味】同根。

【主治】久服轻身不老,明目。饵如槐子法,有验(苏恭)。

白藓(音仙。《本经》中品)

【释名】白膻(弘景)、白羊藓(弘景)、地羊藓(《图经》)、金雀儿椒(《日华》)。

弘景曰:俗呼为白羊藓。气息正似羊膻,故又名白膻。

时珍曰:藓者,羊之气也。此草根白色,作羊膻气,共子累累如椒,故有诸名。

【集解】《别录》曰:白藓皮,生上谷川谷及冤句。四月、五月采根,阴干。

弘景曰:近道处处有,以蜀中者为良。

恭曰:其叶似茱萸,苗高尺余,根皮白而心实,花紫白色。根宜二月采,若四月、五月采,便虚恶矣。

颂曰:今河中、江宁府、滁州、润州皆有之。苗高尺余,茎青,叶稍白,如槐亦似茱萸。四月开花淡紫色,似小蜀葵花。根似小蔓菁,皮黄白而心实。山人采嫩苗为菜茹。

根皮

【气味】苦,寒,无毒。

《别录》曰:咸。

之才曰:恶螵蛸、桔梗、茯苓、萆薢。

【主治】头风黄疸,咳逆淋沥,女子阴中肿痛,湿痹死肌,不可屈伸起止行步(《本经》)。疗四肢不安,时行腹中大热饮水,欲走大呼,小儿惊痫,妇人产后余痛(《别录》)。治一切热毒风、恶风,风疮疥癣赤烂,眉发脱脆,皮肌急,壮热恶寒,解热黄、酒黄、急黄、谷黄、劳黄(甄权)。通关节,利九窍及血脉,通小肠水气,天行时疾,头痛、眼疼。其花同功(大明)。治肺嗽(苏颂)。

白藓

【发明】时珍曰:白藓皮气寒善行,味苦性燥,足太阴、阳明经去湿热药也,兼入手太阴、阳明,为诸黄风痹要药。世医只施之疮科,浅矣。

【附方】旧一,新一。鼠瘘已破,出脓血者:白藓皮煮汁,服一升,当吐若鼠子也。(《肘后方》)产后中风,人虚不可服他药者。一物白藓皮汤,用新汲水三升,煮取一升,温服。(陈延之《小品方》)

延胡索(宋《开宝》)

【释名】玄胡索。

好古曰:本名玄胡索,避宋真宗讳,改玄为延也。

【集解】藏器曰:延胡索生于奚,从安东道来,根如半夏,色黄。

时珍曰:奚乃东北夷也。今二茅山西上龙洞种之。每年寒露后栽,立春后生苗,叶如竹叶样,三月长三寸高,根丛生如芋卵样,立夏掘起。

根

【气味】辛,温,无毒。

珣曰：苦，甘。

杲曰：甘、辛，温，可升可降，阴中阳也。

好古曰：苦、辛，温，纯阳，浮也，入手、足太阴经。

【主治】破血，妇人月经不调，腹中结块，崩中淋露，产后诸血病，血运，暴血冲上，因损下血。煮酒或酒磨服（《开宝》）。除风治气，暖腰膝，止暴腰痛，破癥癖，扑损瘀血，落胎（大明）。治心气小腹痛，有神（好古）。散气，治肾气，通经络（李珣）。活血利气，止痛，通小便（时珍）。

索胡延

【附方】旧三，新一十二。老小咳嗽：玄胡索一两，枯矾二钱半。为末。每服二钱，软饧一块和，含之。（《仁存堂方》）鼻出衄血：玄胡索末，绵裹塞耳内，左衄塞右，右衄塞左。（《普济方》）小便尿血：玄胡索一两，朴硝七钱半，为末。每服四钱，水煎服。（《活人书》）小便不通：捻头散：治小儿小便不通。用玄胡索、川苦楝子等分，为末。每服半钱或一钱，白汤滴油数点调下。（钱仲阳《小儿直诀》）膜外气疼及气块：玄胡索不限多少。为末。猪胰一具，切作块子，炙熟蘸末，频食之。（《胜金方》）热厥心痛，或发或止，久不愈，身热足寒者：用玄胡索（去皮）、金铃子肉等分，为末，每温酒或白汤下二钱。（《圣惠方》）下痢腹痛：方见发明下。妇女血气，腹中刺痛，经候不调：用玄胡索（去皮，醋炒）、当归（酒浸炒）各一两，橘红二两。为末，酒煮米糊丸梧子大。每服一百丸，空心艾醋汤下。（《济生方》）产后诸病：凡产后，秽污不尽，腹满，及产后血运，心头硬，或寒热不禁，或心闷、手足烦热、气力欲绝诸病。并用玄胡索炒研，酒服一钱，甚效。（《圣惠方》）小儿盘肠气痛：玄胡索、茴香等分，炒研，空心米饮量儿大小与服。（《卫生易简方》）疝气危急：玄胡索（盐炒）、全蝎（去毒生用）等分。为末。每服半钱，空心盐酒下。（《直指方》）冷气腰痛：玄胡索，当归、桂心三味，方见发明下。肢体拘痛：方同上。偏正头痛，不可忍者：玄胡索七枚，青黛二钱，牙皂二个（去皮子）。为末，水和丸如杏仁大。每以水化一丸，灌入病人鼻内，随左右，口咬铜钱一个，当有涎出成盆而愈。（《永类方》）坠落车马，筋骨痛不止：玄胡索末。豆淋酒服二钱，日二服。（《圣惠方》）

贝母（《本经》中品）

【释名】莔（《尔雅》，音萌）、勤母（《别录》）、苦菜（《别录》）、苦花（《别录》）、空草（《本经》）、药实。

弘景曰：形似聚贝子，故名贝母。

时珍曰：《诗》云言采其莔，即此。一作蝱，谓根状如蝱也。苦菜、药实，与野苦荬、黄药子同名。

【集解】《别录》曰：贝母，生晋地，十月采根，曝干。

恭曰：其叶似大蒜。四月蒜熟时采之，良。若十月，苗枯，根亦不佳也。出润州、荆州、襄州者，最佳；江南诸州亦有。

颂曰：今河中、江陵府、郢、寿、随、郑、蔡、润、滁州皆有之。二月生苗，茎细，青色。叶亦青，似荞麦叶，随苗出。七月开花，碧绿色，形如鼓子花。八月采根，根有瓣子，黄白色，如聚贝子。此有数种。陆玑《诗疏》云：苗，贝母也。叶如栝蒌而细小。其子在根下，如芋子，正白，四方连累相着，有分解。今近道出者正类此。郭璞注《尔雅》言：白花叶似韭，此种罕复见之。

敩曰：贝母中有独颗团不作两片无皱者，号曰丹龙精，不入药用。误服令人筋脉永不收，惟以黄精、小蓝汁服之，立解。

贝母

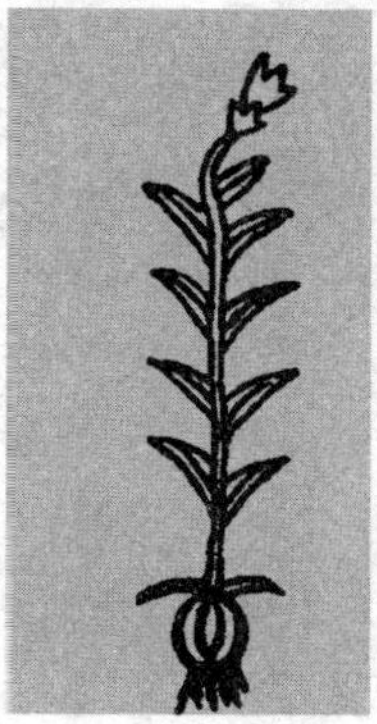

根

【修治】敩曰：凡使，先于柳木灰中炮黄，擘破，去内口鼻中有米许大者心一颗，后拌糯米于鏊上同炒，待米黄，去米用。

【气味】辛，平，无毒。

《别录》曰：苦，微寒。

恭曰：味甘、苦，不辛。

之才曰：厚朴、白薇为之使，恶桃花，畏秦艽、莽草、礜石，反乌头。

【主治】伤寒烦热，淋沥邪气，疝瘕，喉痹乳难，金疮风痉(《本经》)。疗腹中结实，心下满，洗洗恶风寒，目眩项直，咳嗽上气，止烦热渴，出汗，安五脏，利骨髓(《别录》)。服之不饥断谷(弘景)。消痰，润心肺。末和沙糖丸含，止嗽。烧灰油调，敷人畜恶疮，敛疮口(大明)。主胸胁逆气，时疾黄疸。研末点目，去肤翳。以七枚作末酒服，治产难及胞衣不出。与连翘同服，主项下瘤瘿疾(甄权)。

【附方】新二十一。忧郁不伸，胸膈不宽：贝母去心，姜汁炒研，姜汁面糊丸。每服七十丸，征士锁甲煎汤下。(《集效方》)化痰降气，止咳解郁，消食除胀，有奇效：用贝母(去心)一两，姜制厚朴半两。蜜丸梧子大。每白汤下五十丸。(《笔峰方》)小儿晬嗽，百日内咳嗽痰壅：贝母五钱，甘草(半生半炙)二钱。为末，沙糖丸芡子大，每米饮化下一丸。(《全幼心鉴》)孕妇咳嗽：贝母去心，麸炒黄为末，沙糖拌丸芡子大。每含咽一丸，神效。(《救急易方》)妊娠尿难，饮食如故：用贝母、苦参、当归各四两。为末，蜜丸小豆大，每饮服三丸至十丸。(《金匮要略》)乳汁不下：二母散：贝母、知母、牡蛎粉等分。为细末。每猪蹄汤调服二钱，此祖传方也。(王海藏《汤液本草》)冷泪目昏：贝母一枚，胡椒七粒。为末点之。(《儒门事亲》方)目生弩肉：《肘后》：用贝母、真丹等分为末，日点。《摘玄方》：用贝母、丁香等分，为末。乳汁调点。吐血不止：贝母炮研，温浆水服二钱。(《圣惠方》)衄血不止：贝母(炮)研末，浆水服二钱，良久再服。(《普济方》)小儿鹅口，满口白烂：贝母(去心为末)半钱，水五分，蜜少许，煎三沸，缴净抹之，日四五度。(《圣惠方》)吹奶作痛：贝母末，吹鼻中，大效。(危氏《得效方》)乳痈初肿：贝母末，酒服二钱，仍令人吮之，即通。

(《仁斋直指方》)便痈肿痛:贝母、白芷等分为末,酒调服或酒煎服,以滓贴之。(《永类钤方》)紫白癜斑:贝母、南星等分为末生姜带汁擦之。《德生堂方》:用贝母、干姜等分,为末,如澡豆,入密室中浴擦,得汗为妙。《谈野翁方》:以生姜擦动,醋磨贝母涂之。《圣惠方》:用贝母、百部等分为末,自然姜汁调搽。蜘蛛咬毒:缚定咬处,勿使毒行。以贝母末酒服半两,至醉。良久酒化为水,自疮口出,水尽,仍塞疮口,甚妙。(《仁斋直指方》)蛇蝎咬伤:方同上。

山慈菇(宋《嘉祐》)

【释名】金灯(《拾遗》)、鬼灯檠(《纲目》)、朱姑(《纲目》)、鹿蹄草(《纲目》)、无义草。

时珍曰:根状如水慈菇,花状如灯笼而朱色,故有诸名。段成式《酉阳杂俎》云:金灯之花与叶不相见,人恶种之,谓之无义草。又有试剑草,亦名鹿蹄草,与此同名,见后草之五。

【集解】藏器曰:山慈菇生山中湿地,叶似车前,根如慈菇。

大明曰:零陵间有一种团慈菇,根如小蒜,所主略同。

时珍曰:山慈菇处处有之。冬月生叶,如水仙花之叶而狭。二月中抽一茎,如箭杆,高尺许。茎端开花白色,亦有红色、黄色者,上有黑点,其花乃众花簇成一朵,如丝纽成可爱。三月结子,有三棱。四月初苗枯,即掘取其根,状如慈菇及小蒜,迟则苗腐难寻矣。根苗与老鸦蒜极相类,但老鸦根无毛,慈菇有毛壳包裹为异尔。用之,去毛壳。

根

【气味】甘、微辛,有小毒。

【主治】痈肿疮瘘、瘰疬结核等,醋磨敷之。亦剥人面皮,除奸黷(藏器)。主疔肿,攻毒破皮,解诸毒蛊毒,蛇虫狂犬伤(时珍)。

【附方】新五。粉滓面皯:山慈菇根,夜涂旦洗。(《普济方》)牙龈肿痛:红灯笼枝根,煎汤漱吐。(孙天仁《集效方》)痈疽疔肿,恶疮及黄疸:慈菇连根同苍耳草等分,捣烂,以好酒一盅,滤汁温服。或干之为末,每酒服三钱。(《乾坤生意》)风痰痫疾:金灯花根(似蒜者)一个,以茶清研如泥,日中时以茶调下,即卧日中,良久,吐出鸡子大物,永不发。如不吐,以热茶投之。(《奇效良方》)万病解毒丸:一名太乙紫金丹,一名玉枢丹。解诸毒,疗诸疮,利关节,治百病,起死回生,不可尽述。凡居家远出,行兵动众,不可无此。山慈菇(去皮洗极净,焙)二两,川五倍子(洗刮,焙)二两,千金子仁(白者,研,纸压去油)一两,红芽大戟(去芦洗,焙)一两半,麝香三钱。以端午七夕重阳或天德、月德、黄道上吉日,预先斋戒盛服,精心治药,为末,陈设拜祷,乃重罗令匀,用糯米浓饮和之,木臼杵千下,作一钱一锭。病甚者连服;取利一二行,用温粥补之。凡一切饮食药毒,蛊毒瘴气,河豚、土菌、死牛马等毒,并用凉水磨服一锭,或吐或利即愈。痈疽发背,疔肿杨梅等,一切恶疮,风疹赤游,痔疮,并用凉水或酒磨涂，日数次，立消。阴阳二毒伤寒，狂乱瘟疫，喉痹喉风，并用冷水入薄荷汁数匙化下。心气痛并诸气，用淡酒化下。泄泻痢下，霍乱绞肠沙，用薄荷汤下。中风中气，口紧眼歪，五癫五痫，鬼邪鬼胎，筋挛骨痛，并暖酒下。自缢、溺水、鬼迷，心头温者，冷水磨灌之。传尸痨瘵，凉水化服，取下恶物虫积为妙。久近疟疾，将发时，东流水煎桃枝汤化服。女人经闭，红花酒化服。小儿惊风，五疳五痢，薄荷汤下。头风头痛，酒研贴两太阳上。诸腹鼓胀，麦芽汤化下。风虫牙痛，酒磨涂之，亦吞少许。打扑伤损，松节煎酒下；汤火伤，毒蛇恶犬，一切虫伤，并冷水磨涂，仍服之。（王璆《百一选方》）

叶

【主治】疮肿，入蜜捣涂疮口，候清血出，效（慎微）。涂乳痈、便毒，尤妙（时珍）。

【附方】新一。中溪毒生疮：朱菇叶捣烂涂之。生东间，叶如蒜叶。（《外台秘要》）

花

【主治】小便血淋涩痛，同地柏花阴干，每用三钱，水煎服（《圣惠》）。

石蒜（宋《图经》）

【释名】乌蒜（《纲目》）、老鸦蒜（《救荒》）、蒜头草（《纲目》）、婆婆酸（《纲目》），一枝箭（《纲目》）、水麻（《图经》）。

时珍曰：蒜以根状名，箭以茎状名。

【集解】颂曰：水麻生鼎州、黔州，其根名石蒜，九月采之。或云金灯花根，亦名石蒜，即此类也。

时珍曰：石蒜，处处下湿地有之，古谓之乌蒜，俗谓之老鸦蒜、一枝箭是也。春初生叶，如蒜秧及山慈菇叶，背有剑脊，四散布地。七月苗枯，乃于平地抽出一茎如箭杆，长尺许。茎端开花四、五朵，六出红色，如山丹花状而瓣长，黄蕊长须。其根状如蒜，皮色紫赤，肉白色。此有小毒，而《救荒本草》言其可炸熟水浸过食，盖为救荒尔。一种叶如大韭，四、五月抽茎，开花如小萱花黄白色者，谓之铁色箭，功与此同。二物并抽茎开花，后乃生叶，叶、花不相见，与金灯同。

根

【气味】辛、甘，温，有小毒。

【主治】敷贴肿毒（苏颂）。疔疮恶核，可水煎服取汗，及捣敷之。又中溪毒者，酒煎半升服，取吐良（时珍）。

【附方】新三。便毒诸疮：一枝箭，捣烂涂之即消。若毒太甚者，洗净，以生白酒煎服，得微汗即愈。（王永辅《济世方》）产肠脱下：老鸦蒜（即酸头草）一把。以水三碗，煎一碗半，去滓熏洗，神效。（危氏《得效方》）小儿惊风：大叫一声就死者，名老鸦惊。以散麻缠住胁下及手心足心，以灯火爆之。用老鸦蒜（晒干）、车前子等分，为末，水调贴手足心。仍以灯心淬手足心，及肩膊、眉心、鼻心，即醒也。（王日新《小儿方》）

水仙（《会编》）

水仙

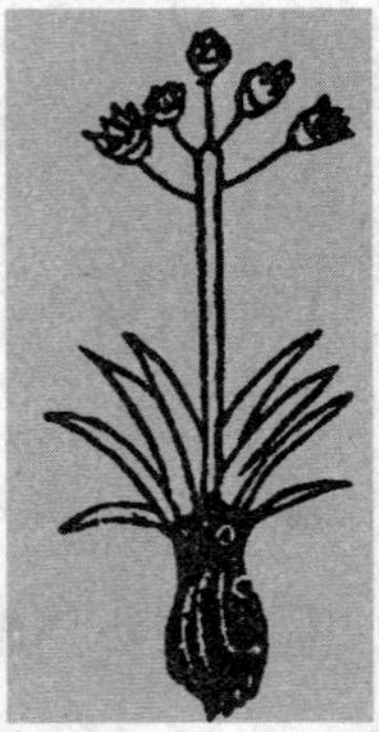

【释名】金盏银台。

时珍曰：此物宜卑湿处，不可缺水，故名水仙。金盏银台，花之状也。

【集解】机曰：水仙花叶似蒜，其花香甚清。九月初栽于肥壤，则花茂盛，瘦地则无花。五月初收根，以童尿浸一宿，晒干，悬火暖处。若不移宿根更旺。

时珍曰：水仙丛生下湿处。其根似蒜及薤而长，外有赤皮裹之。冬月生叶，似薤及蒜。春初抽茎，如葱头。茎头开花数朵，大如簪头，状如酒杯，五尖上承，黄心，宛然盏样，其花莹韵，其香清幽。一种千叶者，花皱，下轻黄而上淡白，不作杯状，人重之，指为真水仙，盖不然，乃一物二种尔。亦有红花者。按段成式《酉阳杂俎》云：捺祗出拂林国，根大如鸡卵，苗长三四尺，叶似蒜叶，中心抽条，茎端开花，六出红白色，花心黄赤，不结子，冬生夏死。取花压油，涂身去风气。据此形状，与水仙仿佛，岂外国名谓不同耶？

根

【气味】苦，微辛，滑，寒，无毒。

土宿真君曰：取汁伏汞，煮雄黄，拒火。

【主治】痈肿及鱼骨哽（时珍）。

花

【气味】缺。

【主治】作香泽，涂身理发，去风气。又疗妇人五心发热，同干荷叶、赤芍药等分，为末，白汤每服二钱，热自退也（时珍，出《卫生易简方》）。

白茅（《本经》中品）

【释名】根名茹根（《本经》）、兰根（《本经》）、地筋（《别录》）。

时珍曰：茅叶如矛，故谓之茅。其根牵连，故谓之茹。《易》曰：拔茅连茹，是也。

有数种：夏花者，为茅；秋花者，为菅，二物功用相近，而名谓不同。《诗》云：白华菅兮，白茅束兮，是也。《别录》不分茅、菅乃二种，谓茅根一名地菅，一名地筋，而有名未用又出地筋，一名菅根。盖二物之根状皆如筋，可通名地筋，不可并名菅也，正之。

茅根

【气味】甘，寒，无毒。

【主治】劳伤虚羸，补中益气，除瘀血、血闭寒热，利小便（《本经》）。下五淋，除客热在肠胃，止渴坚筋，妇人崩中。久服利人（《别录》）。主妇人月经不匀，通血脉淋沥（大明）。止吐衄诸血，伤寒哕逆，肺热喘急，水肿黄疸，解酒毒（时珍）。

【发明】弘景曰：茅根，服食断谷甚良。俗方稀用，惟煎汁疗淋及崩中尔。

时珍曰：白茅根甘，能除伏热，利小便，故能止诸血哕逆、喘急消渴，治黄疸水肿，乃良物也。世人因微而忽之，惟事苦寒之剂，致伤冲和之气，乌足知此哉？

【附方】旧二，新一十三。山中辟谷：凡辟难无人之境，取白茅根洗净，咀嚼，或石上晒焦捣末，水服方寸匕，可辟谷不饥。（《肘后方》）温病冷啘：因热甚饮水成暴冷啘者。茅根（切）、枇杷叶（拭去毛，炙香）各半斤。水四升，煎二升，去滓，稍热饮之。（庞安常《伤寒总病论》）温病热哕：乃伏热在胃，令人胸满则气逆，逆则哕，或大下后，胃中虚冷，亦致哕也。茅根（切）、葛根（切）各半斤。水三升，煎一升半。每温饮一盏。哕止即停。（同上）反胃上气，食入即吐：茅根、芦根二两。水四升，煮二升，顿服得下，良。（《圣济总录》）肺热气喘：生茅根一握。㕮咀，水二盏，煎一盏，食后温服。甚者三服止，名如神汤。（《圣惠方》）虚后水肿：因饮水多，小便不利。用白茅根一大把，小豆三升。水三升，煮干，去茅食豆，水随小便下也。（《肘后方》）五种黄病：黄疸、谷疸、酒疸、女疸、劳疸也。黄汗者，乃大汗出入水所致，身体微肿，汗出如黄柏汁。用生茅根一把，细切，以猪肉一斤，合作羹食。（《肘后》）解中酒毒，恐烂五脏：茅根汁，饮一升。（《千金方》）小便热淋：白茅根四升，水一斗五升，煮取五升，适冷暖饮之，日三服。（《肘后方》）小便出血：茅根煎汤，频饮为佳。（《谈野翁方》）劳伤溺血：茅根、干姜等分。入蜜一匙，水二盅，煎一盅，日一服。鼻衄不止：茅根为末，米泔水服二钱。（《圣惠方》）吐血不止：《千金翼》：用白茅根一握，水煎服之。《妇人良方》：用根洗捣汁，日饮一合。竹木入肉：白茅根烧末，猪脂和涂之。风入成肿者，亦良。（《肘后方》）

茅针（即初生苗也。《拾遗》）

【气味】甘，平，无毒。

大明曰：凉。

【主治】下水（《别录》）。治消渴，能破血（甄权）。通小肠，治鼻衄及暴下血，水煮服之。恶疮痈肿、软疖未溃者，以酒煮服，一针一孔，二针二孔。生挼，敷金疮止血(藏器)。

花

【气味】甘,温,无毒。

【主治】煎饮,止吐血衄血,并塞鼻。又敷灸疮不合,罯刀箭金疮,止血并痛(大明)。

屋上败茅

【气味】苦,平,无毒。

【主治】猝吐血,剉三升。酒浸煮一升服。和酱汁研,敷斑疮及蚕啮疮(藏器)。屋四角茅,主鼻洪(大明)。

【发明】时珍曰:按《陈文中小儿方》:治痘疮溃烂,难靥不干。多年墙屋上烂茅,择洗焙干,为末掺之。此盖取其性寒而解毒,又多受雨露霜雪之气,兼能燥湿也。

【附方】新三。妇人阴痒:墙头烂茅、荆芥、牙皂等分。煎水频熏洗之。(《摘玄方》)大便闭塞,服药不通者:沧盐三钱,屋檐烂草节七个。为末。每用一钱,竹筒吹入肛内一寸即通,名提金散。(《圣济录》)卒中五尸:其状腹痛胀急,不得气息,上冲心胸,旁攻两胁,或磈礧涌起,或牵引腰脊,此乃身中尸鬼接引为害。取屋上四角茅,入铜器中,以三赤布覆腹,着器布上,烧茅令热,随痛追逐,跖下痒即瘥也。(《肘后方》)

地筋(《别录》有名未用)

【释名】菅根(《别录》)、土筋(同)。

【集解】《别录》曰:地筋生泽中,根有毛。三月生,四月实白,三月三日采根。

弘景曰:疑此即是白茅而小异也。

藏器曰:地筋如地黄,根叶并相似,而细多毛,生平泽,功用亦同地黄,李邕方中用之。

时珍曰:此乃黄菅茅之根也,功与白茅根相同,详见白茅下。陈藏器所说,别是一物,非菅根也。

【气味】甘,平,无毒。

【主治】益气止渴,除热在腹脐,利筋(《别录》)。根、苗、花,功与白茅同(时珍)。

地筋菅茅

芒(《拾遗》)

【校正】并入《拾遗》石芒、败芒箔。

【释名】杜荣(《尔雅》)、笆芒(《寰宇志》)、笆茅。

时珍曰:芒,《尔雅》作惹。今俗谓之笆茅,可以为篱笆故也。

【集解】藏器曰:《尔雅》:惹,杜荣。郭璞注云:草似茅,皮可为绳索履屩也。今东人多以为箔。又曰:石芒生高山,如芒而节短,江西呼为折草,六、七月生穗如荻。

芒

时珍曰:芒有二种,皆丛生,叶皆如茅而大,长四五尺,甚快利,伤人如锋刃。七月抽长茎,开白花成穗,如芦苇花者,芒也;五月抽短茎,开花如芒者,石芒也。并于花将放时剥其箨皮,可为绳箔草履诸物,其茎穗可为扫帚也。

茎

【气味】甘,平,无毒。

【主治】人畜为虎狼等伤,恐毒入内,取茎杂葛根浓煮汁服,亦生取汁服。(藏器)。煮汁服散血(时珍)。

败芒箔

【主治】产妇血满腹胀痛,血渴,恶露不尽,月闭,止好血,下恶血,去鬼气疰痛癥结,酒煮服之。亦烧末,酒下。弥久着烟者佳(藏器)。

龙胆(《本经》上品)

【释名】陵游(《本经》)。

志曰:叶如龙葵,味苦如胆,因以为名。

【集解】《别录》曰:龙胆生齐朐山谷及冤句,二月、八月、十一月、十二月采根阴干。

胆　龙

弘景曰:今出近道,以吴兴者为胜。根状似牛膝,其味甚苦。

颂曰:宿根黄白色,下抽根十余条,类牛膝而短。直上生苗,高尺余。四月生叶如嫩蒜,细茎如小竹枝。七月开花,如牵牛花,作铃铎状,青碧色。冬后结子,苗便枯。俗呼草龙胆。又有山龙胆,味苦涩,其叶经霜雪不凋。山人用治四肢疼痛,与此同类而别种也。采无时。

根

【修治】敩曰:采得阴干。用时,铜刀切去须,土,头了,剉细,甘草汤浸一宿,滤出,曝干用。

【气味】苦、涩,大寒,无毒。

敩曰:空腹饵之,令人溺不禁。

之才曰:贯众、小豆为之使,恶地黄、防葵。

【主治】骨间寒热，惊痫邪气，续绝伤，定五脏，杀蛊毒（《本经》）。除胃中伏热，时气温热，热泄下痢，去肠中小虫，益肝胆气，止惊惕，久服益智不忘，轻身耐老（《别录》）。治小儿壮热骨热，惊痫入心，时疾热黄，痈肿口疮（甄权）。客忤疳气，热病狂语，明目止烦，治疮疥（大明）。去目中黄及睛赤肿胀，瘀肉高起，痛不可忍（元素）。退肝经邪热，除下焦湿热之肿，泻膀胱火（李杲）。疗咽喉痛，风热盗汗（时珍）。

【附方】旧四，新六。伤寒发狂：草龙胆为末，入鸡子清、白蜜，化凉水服二钱。（《伤寒蕴要》）四肢疼痛：山龙胆根，细切，用生姜自然汁浸一宿，去其性，焙干捣末，水煎一钱匕，温服之。此与龙胆同类别种，经霜不凋。（苏颂《图经本草》）谷疸劳疸：谷疸，因食而得；劳疸，因劳而得。用龙胆一两，苦参三两。为末，牛胆汁和丸梧子大。先食以麦饮服五丸，日三服，不愈稍增。劳疸，加龙胆一两，栀子仁三七枚，以猪胆和丸。（《删繁方》）一切盗汗：妇人、小儿一切盗汗，又治伤寒后盗汗不止。龙胆草研末，每服一钱，猪胆汁三两，点入温酒少许调服。（《杨氏家藏方》）小儿盗汗身热：龙胆草、防风各等分。为末。每服一钱，米饮调下。亦可丸服，及水煎服。（《婴童百问》）咽喉热痛：龙胆，擂水服之。（《集简方》）暑行目涩：生龙胆（捣汁）一合，黄连（二寸切烂浸汁）一匙，和点之。（危氏《得效方》）眼中漏脓：龙胆草、当归等分。为末。每服二钱，温水下。（《鸿飞集》）蛔虫攻心刺痛，吐清水：龙胆一两，去头剉，水二盏，煮一盏，隔宿勿食，平旦顿服之。（《圣惠方》）猝然下血不止：龙胆一虎口，水五升，煮取二升半，分为五服。（姚僧垣《集验方》）

细辛（《本经》上品）

【释名】小辛（《本经》）、少辛。

颂曰：华州真细辛，根细而味极辛，故名之曰细辛。

时珍曰：小辛、少辛，皆此义也。按《山海经》云，浮戏之山多少辛。《管子》云，五沃之土，群药生少辛，是矣。

辛　细

根

【修治】斅曰：凡使细辛，切去头、土了，以瓜水浸一宿，曝干用。须拣去双叶者，服之害人。

【气味】辛，温，无毒。

普曰：神农、黄帝、雷公、桐君：辛，小温；岐伯：无毒；

李当之：小寒。

权曰：苦、辛。

之才曰：曾青、枣根为之使。得当归、芍药、白芷、芎䓖、牡丹、藁本、甘草，共疗妇人；得决明、鲤鱼胆、青羊肝，共疗目痛。恶黄芪、狼毒、山茱萸，忌生菜、狸肉，畏硝石、滑石，反藜芦。

【主治】咳逆上气，头痛脑动，百节拘挛，风湿痹痛死肌。久服明目利九窍，轻身长年(《本经》)。温中下气,破痰利水道,开胸中滞结,除喉痹齆鼻不闻香臭,风痫癫疾,下乳结,汗不出,血不行,安五脏,益肝胆,通精气(《别录》)。添胆气、治嗽,去皮风湿痒,风眼泪下,除齿痛,血闭,妇人血沥腰痛(甄权)。含之,去口臭(弘景)。润肝燥,治督脉为病,脊强而厥(好古)。治口舌生疮,大便燥结,起目中倒睫(时珍)。

【附方】旧二,新六。暗风猝倒,不省人事:细辛末,吹入鼻中。(危氏《得效方》)虚寒呕哕,饮食不下:细辛(去叶)半两,丁香二钱半。为末。每服一钱,柿蒂汤下。小儿客忤口不能言:细辛、桂心末等分,以少许纳口中。(《外台秘要》)小儿口疮:细辛末,醋调,贴脐上。(《卫生家宝方》)口舌生疮:细辛、黄连等分,为末掺之,漱涎甚效,名兼金散。一方用细辛、黄柏。(《三因方》)口臭䘌齿肿痛:细辛煮浓汁,热含冷吐,取瘥。(《圣惠方》)鼻中息肉:细辛末,时时吹之。(《圣惠方》)诸般耳聋:细辛末,溶黄蜡丸鼠屎大,绵裹一丸塞之,一二次即愈。须戒怒气,名聪耳丸。(龚氏《经验方》)

杜衡(《别录》中品)

【释名】杜葵(《纲目》)、马蹄香(《唐本》)、土卤(《尔雅》)、土细辛(《纲目》)。

恭曰:杜衡,叶似葵,形似马蹄,故俗名马蹄香。

颂曰:《尔雅》杜又名土卤,然杜若亦名杜衡,或疑是杜若。而郭璞注云:似葵,当是杜衡也。

【集解】《别录》曰:杜衡生山谷,三月三日采根,熟洗曝干。

弘景曰:根叶都似细辛,惟气小异尔。处处有之。方药少用,惟道家服之。令人身衣香。

恭曰:生山之阴,水泽下湿地。叶似葵,形如马蹄。根似细辛、白前等。今俗以及己代之,谬矣。及己独茎,茎端四叶,叶间白花,殊无芳气。有毒,服之令人吐,惟疗疮疥,不可乱杜衡也。

时珍曰:按《土宿本草》云:杜细辛,叶圆如马蹄,紫背者良,江南、荆、湖、川、陕、闽、广俱有之。取自然汁,可伏硫、砒,制汞。

杜衡

根

【气味】辛,温,无毒。

【主治】风寒咳逆。作浴汤,香人衣体(《别录》)。止气奔喘促,消痰饮,破留血,项间瘿瘤之疾(甄权)。下气杀虫(时珍)。

【发明】时珍曰:古方吐药往往用杜衡者,非杜衡也,乃及己也。及己似细辛而有毒,吐人。昔人多以及己当杜衡,杜衡当细辛,故尔错误也。杜衡则无毒,不吐人,功虽不及细辛,而亦能散风寒,下气消痰,行水破血也。

【附方】新六。风寒头痛:伤风伤寒,头痛发热,初觉者。马蹄香为末,每服一钱,热酒调下,少顷饮热茶一碗,催之出汗即愈,名香汗散。(王英《杏林摘要》)饮水停滞:大热行极,及食热饼后,饮冷水过多不消,停滞在胸不利,呼吸喘息者。杜衡三分,瓜蒂二分,人参一分。为末。汤服一钱,日二服,取吐为度。(《肘后方》)痰气哮喘:马蹄香焙研,每服二、三钱,正发时淡醋调下,少顷吐出痰涎为验。(《普济方》)噎食膈气:马蹄香四两。为末,好酒三升,熬膏。每服二匙,好酒调下,日三服。(孙氏《集效方》)吐血瘀聚:凡吐血后,心中不闷者必止;若烦躁闷乱刺胀者,尚有瘀血在胃,宜吐之。方同饮水停滞。喉闭肿痛:草药金锁匙,即马蹄草,以根捣,井华水调下即效。(《救急方》)

【附录】木细辛

藏器曰:味苦,温,有毒。主腹内结聚癥瘕,大便不利,推陈去恶,破冷气。未可轻服,令人利下至困。生终南山,冬月不凋,苗如大戟,根似细辛。

及己(《别录》下品)

己　及

【释名】獐耳细辛。

时珍曰:及己名义未详。二月生苗,先开白花,后方生叶三片,状如獐耳,根如细辛,故名獐耳细辛。

【集解】恭曰:及己生山谷阴虚软地。其草一茎,茎头四叶,隙着白花。根似细辛而黑,有毒。今人以当杜衡,非也。二月采根,晒干。

根

【气味】苦,平,有毒。

恭曰:入口使人吐血。

【主治】诸恶疮疥痂瘘蚀,及牛马诸疮(《唐本》)。头疮白秃风瘙,皮肤虫痒,可煎汁浸并敷之(大明)。杀虫(时珍)。

【发明】弘景曰:今人以合疮疥膏,甚验。

时珍曰:今人不知及己,往往以当杜衡,却以杜衡当细辛,故杜衡诸方多是及己也。辩见细辛、杜衡二条。

【附方】新一。头疮白秃:獐耳细辛,其味香辣,为末,以槿木煎油调搽。(《活幼全书》)

鬼督邮(《唐本草》)

【释名】独摇草(《唐本》)。

时珍曰:此草独茎而叶攒其端,无风自动,故曰鬼独摇草,后人讹为鬼督邮尔。

邮 督 鬼

因其专主鬼病，犹司鬼之督邮也。古者传舍有督邮之官主之。徐长卿、赤箭皆治鬼病，故并有鬼督邮之名，名同而物异。

【集解】恭曰：鬼督邮所在有之。有必丛生，苗惟一茎，茎端生叶若伞状，根如牛膝而细黑。今人以徐长卿代之，非也。

保升曰：茎似细箭杆，高二尺以下。叶生茎端，状如伞。花生叶心，黄白色。根横生而无须，二月、八月采根。徐长卿、赤箭并有鬼督邮之名，而主治不同，宜审用之。

时珍曰：鬼督邮与及己同类，根苗皆相似。但以根如细辛而色黑者，为及己；根如细辛而色黄白者，为鬼督邮。

根

【修治】敩曰：凡采得细剉，用生甘草水煮一伏时，晒干用。

【气味】辛、苦，平，无毒。

时珍曰：有小毒。

【主治】鬼疰卒忤中恶，心腹邪气，百精毒，温疟疫疾，强腰脚，益臂力(《唐本》)。

【发明】时珍曰：按东晋《深师方》，治上气嗽、饮嗽、邪嗽、燥嗽、冷嗽，四满丸，用鬼督邮同蜈蚣、芫花、踯躅诸毒药为丸，则其有毒可知矣。非毒药不能治鬼疰邪恶之病，《唐本》云无毒，盖不然。

徐长卿(《本经》上品)

【校正】今据《吴氏本草》，并入石下长卿。

【释名】鬼督邮(《本经》)、别仙踪(苏颂)。

卿 长 徐

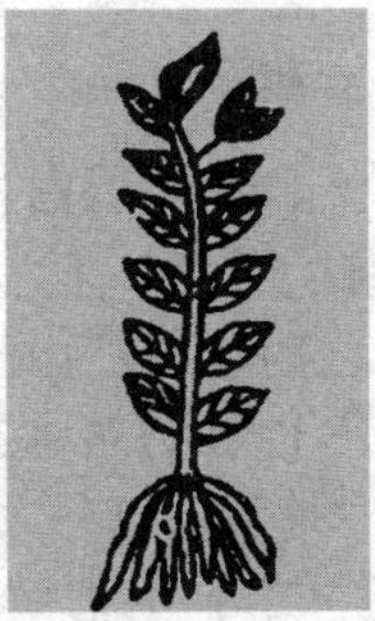

时珍曰：徐长卿，人名也，常以此药治邪病，人遂以名之。《名医别录》于有名未用复出石下长卿条，云一名徐长卿。陶弘景注云：此是误尔。方家无用，亦不复识。今考二条功疗相似。按《吴普本草》云：徐长卿一名石下长卿。其为一物甚明，但石间生者为良。前人欠审，故尔差舛。

弘景曰：鬼督邮之名甚多。今俗用徐长卿者，其根正如细辛，小短扁扁尔，气亦相似。今狗脊散用鬼督邮者，取其强悍宜腰脚，故知是徐长卿，而非鬼箭、赤箭。

颂曰：今淄、齐、淮、泗间皆有之，三月、四月采，谓之别仙踪。

时珍曰：鬼督邮、及己之乱杜衡，其功不同，苗亦不同也。徐长卿之乱鬼督邮，其苗不同，其功同也。杜衡之乱细辛，则根苗功用皆仿佛，乃弥近而大乱也。不可不审。

根

【修治】敩曰:凡采得粗杵,拌少蜜令遍,以瓷器盛,蒸三伏时,晒干用。

【气味】辛,温,无毒。

《别录》曰:石下长卿:咸,平,有毒。

普曰:徐长卿一名石下长卿。神农、雷公:辛。

时珍曰:治鬼之药多有毒,当从《别录》。

【主治】鬼物百精蛊毒,疫疾邪恶气,温疟。久服强悍轻身(《本经》)。益气延年。又曰:石下长卿:主鬼疰精物邪恶气,杀百精蛊毒,老魅注易,亡走啼哭,悲伤恍惚(《别录》)。

【发明】时珍曰:《抱朴子》言:上古辟瘟疫有徐长卿散,良效。今人不知用此。

【附方】新二。小便关格:徐长卿汤:治气壅关格不通,小便淋结,脐下妨闷。徐长卿(炙)半两,茅根三分,木通、冬葵子一两,滑石二两,槟榔一分,瞿麦穗半两。每服五钱,水煎,入朴硝一钱,温服,日二服。(《圣惠方》)注车注船:凡人登车船烦闷,头痛欲吐者.宫用徐长卿、石长生、车前子、车下李根皮各等分。捣碎,以方囊系半合于衣带及头上,则免此患。(《肘后方》)

白薇(《本经》中品)

【释名】薇草(《别录》)、白幕(《别录》)、春草(《别录》)、葞(音尾)、骨美。

时珍曰:薇,细也。其根细而白也。按《尔雅》:葞,春草也。薇、葞音相近,则白薇又葞音之转也。《别录》以葞为莽草之名,误矣。

【集解】《别录》曰:白薇生平原川谷。三月三日采根阴干。

弘景曰:近道处处有之。

颂曰:今陕西诸郡及舒、滁、润、辽州亦有之。茎叶俱青,颇类柳叶。六、七月开红花,八月结实。其根黄白色,类牛膝而短小,今人八月采之。

白薇

根

【修治】敩曰:凡采得,以糯米泔汁浸一宿,取出去髭,于槐砧上细剉,蒸之,从巳至申,晒干用。

时珍曰:后人惟以酒洗用。

【气味】苦、咸,平,无毒。

《别录》曰:大寒。

之才曰:恶黄芪、大黄、大戟、干姜、大枣、干漆、山茱萸。

【主治】暴中风身热肢满,忽忽不知人,狂惑邪气,寒热酸疼,温疟洗洗,发作有时(《本经》)。疗伤中淋露,下水气,利阴气,益精。久服利人(《别录》)。治惊邪风狂痓病，百邪鬼魅（弘景）。风温灼热多眠，及热淋遗尿，金疮出血（时珍）。

【附方】新五。肺实鼻塞，不知香臭：白薇、贝母、款冬花各一两，百部二两。为末。每服一钱，米饮下。（《普济方》）妇人遗尿，不拘胎前产后：白薇、芍药各一两。为末。酒服方寸匕，日三服。（《千金方》）血淋热淋：方同上。妇人血厥：人平居无疾苦，忽如死人，身不动摇，目闭口噤，或微知人，眩冒，称时方寤，此名血厥，亦名郁冒。出汗过多，血少，阳气独上，气塞不行，故身如死。气过血还，阴阳复通，故移时方寤。妇人尤多此症。宜服白薇汤：用白薇、当归各一两，人参半两，甘草二钱半。每服五钱，水二盏，煎一盏，温服。（《本事方》）金疮血出：白薇为末，贴之。（《儒门事亲》）

白前（《别录》中品）

【释名】石蓝（《唐本》）、嗽药（同上）。

时珍曰：名义未详。

【集解】弘景曰：白前出近道，根似细辛而大，色白不柔易折，气嗽方多用之。

恭曰：苗高尺许，其叶似柳，或似芫花，根长于细辛，白色。生州渚沙碛之上，不生近道。俗名石蓝，又名嗽药。今用蔓生者味苦，非真也。

志曰：根似白薇、牛膝辈，二月、八月采，阴干用。

嘉谟曰：似牛膝，粗长坚直易断者，白前也。似牛膝，短小柔软能弯者，白薇也。近道俱有，形色颇同，以此别之，不致差误。

根

【修治】敩曰：凡用，以生甘草水浸一伏时，滤出，去头须了，焙干收用。

【气味】甘，微温，无毒。

权曰：辛。

恭曰：微寒。

【主治】胸胁逆气，咳嗽上气，呼吸欲绝（《别录》）。主一切气，肺气烦闷，奔豚肾气（大明）。降气下痰（时珍）。

【发明】宗奭曰：白前能保定肺气，治嗽多用，以温药相佐使尤佳。

时珍曰：白前色白而味微辛甘，手太阴药也。长于降气，肺气壅实而有痰者宜之。若虚而长哽气者，不可用也。张仲景治嗽而脉沉，泽漆汤中亦用之。其方见《金匮要略》，药多不录。

白前

【附方】旧二，新一。久嗽唾血：白前、桔梗、桑白皮三两（炒），甘草一两（炙）。水六升，煮一升，分三服。忌猪肉、菘菜。（《外台》）久咳上气体肿，短气胀满，昼夜倚壁不得卧，常作水鸡声者，白前汤主之：白前二两，紫菀、半夏各三两，大戟七合。以水一斗，渍一宿，煮取三升，分作三服。禁食羊肉、饧糖大佳。（《深师方》）久患

暇呷:咳嗽,喉中作声,不得眠。取白前焙捣为末,每温酒服二钱。(《梅师方》)

草犀(《拾遗》)

【释名】时珍曰:其解毒之功如犀角,故曰草犀。

【集解】藏器曰:草犀生衢、婺、洪、饶间。苗高二、三尺,独茎,根如细辛。生水中者名水犀。

珣曰:《广州记》云:生岭南及海中,独茎对叶而生,如灯台草,根若细辛。

根

【气味】辛,平,无毒。

【主治】解一切毒气,虎狼虫虺所伤,溪毒野蛊恶刺等毒,并宜烧研服之,临死者亦得活(李珣)。天行疟瘴寒热,咳嗽痰壅,飞尸喉痹疮肿,小儿寒热丹毒,中恶注忤,痢血等病,煮汁服之。岭南及睦、婺间中毒者,以此及千金藤并解之(藏器)。

钗子股(《海药》)

【校正】并入《拾遗》金钗股。

【释名】金钗股。

时珍曰:石斛名金钗花,此草状似之,故名。

【集解】藏器曰:金钗股生岭南及南海山谷,根如细辛,每茎三四十根。

珣曰:忠州、万州者亦佳,草茎功力相似。缘岭南多毒,家家贮之。

时珍曰:按《岭表录》云:广中多蛊毒,彼人以草药金钗股治之,十救八九,其状如石斛也。又忍冬藤解毒,亦号金钗股,与此同名云。

根

【气味】苦,平,无毒。

【主治】解毒痈疽神验,以水煎服(李珣)。解诸药毒,煮汁服。亦生研,更烈,必大吐下。如无毒,亦吐去热痰。疟瘴天行,蛊毒喉痹(藏器)。

吉利草(《纲目》)

【集解】时珍曰:按嵇含《南方草木状》云:此草生交广,茎如金钗股,形类石斛,根类芍药。吴黄武中,江夏李俣徙合浦遇毒,其奴吉利偶得此草与服,遂解,而吉利即遁去。俣以此济人,不知其数也。又高凉郡产良耀草,枝叶如麻黄,花白似牛李,秋结子如小粟,煨食解毒,功亚于吉利草。始因梁耀得之,因以为名,转梁为良耳。

根

【气味】苦，平，无毒。

【主治】解蛊毒，极验(时珍)。

朱砂根

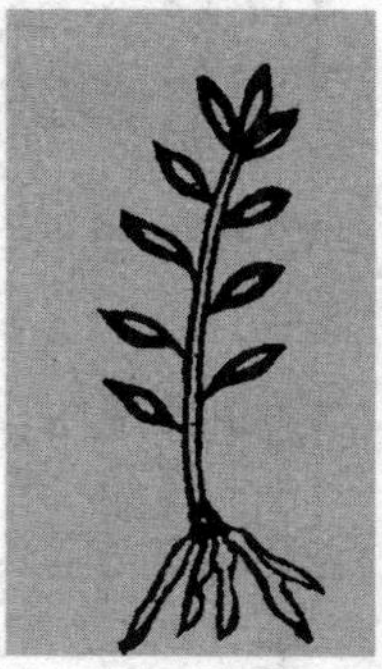

朱砂根(《纲目》)

【集解】时珍曰：朱砂根生深山中，今惟太和山人采之。苗高尺许，叶似冬青叶，背甚赤，夏月长茂。根大如箸，赤色，此与百两金仿佛。

根

【气味】苦，凉，无毒。

【主治】咽喉肿痹，磨水或醋咽之，甚良(时珍)。

辟虺雷

辟虺雷(《唐本草》)

【释名】辟蛇雷(《唐本》)。

时珍曰：此物辟蛇虺有威，故以雷名之。

【集解】恭曰：辟虺雷状如粗块苍术，节中有眼。

时珍曰：今川中峨嵋、鹤鸣诸山皆有之。根状如苍术，大者若拳。彼人以充方物，苗状当俟访问。

根

【气味】苦，大寒，无毒。

【主治】解百毒，消痰，祛大热，疗头痛，辟瘟疫(《唐本》)。治咽喉痛，痹解蛇虺毒(时珍)。

锦地罗

锦地罗(《纲目》)

【集解】时珍曰：锦地罗出广西庆远山岩间，镇安、归顺、柳州皆有之。根似萆薢及栝蒌根状。彼人颇重之，以充方物。

根

【气味】微苦，平，无毒。

【主治】山岚瘴毒疮毒，并中诸毒。以根研生酒服一钱匕，即解(时珍)。

紫金牛(宋《图经》)

【集解】颂曰:生福州。叶如茶叶,上绿下紫。结实圆,红色如丹朱。根微紫色,八月采根,去心曝干,颇似巴戟。

【气味】辛,平,无毒。

【主治】时疾膈气,去风痰(苏颂)。解毒破血(时珍)。

拳参(宋《图经》)

【集解】颂曰:生淄州田野,叶如羊蹄,根似海虾,黑色,土人五月采之。

【气味】缺。

【主治】为末,淋渫肿气(苏颂)。

紫金牛

拳参

铁线草

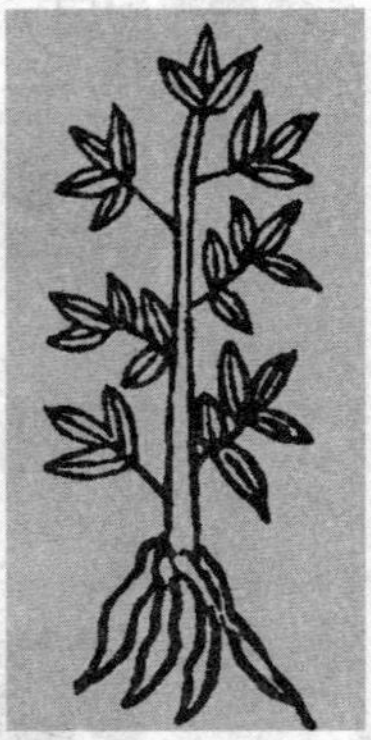

铁线草(宋《图经》)

【集解】颂曰:生饶州,三月采根阴干。

时珍曰:今俗呼萹蓄为铁线草,盖同名耳。

【气味】微苦,平,无毒。

【主治】疗风消肿毒,有效(苏颂)。

【附方】新一。男女诸风,产后风尤妙:铁线草根五钱,五加皮一两,防风二钱。为末。以乌骨鸡一斤重者,水内淹死,去毛肠,砍作肉松,入药剁匀,下麻油些少,炒黄色,随人量入酒煮熟。先以排风藤煎浓汤,沐浴头身,乃饮酒食鸡,发出粘汗即愈。如不沐浴,必发出风丹,乃愈。(滑伯仁《撄宁心要》)

金丝草(《纲目》)

【集解】时珍曰:金丝草出庆阳山谷,苗状当俟访问。

【气味】苦,寒,无毒。

【主治】吐血咳血,衄血下血。血崩瘴气,解诸药毒,疗痈疽疔肿恶疮,凉血散热(时珍)。

【附方】新四。妇人血崩:金丝草、海柏枝、砂仁、花椒、蚕退纸、旧锦灰,等分,为末,煮酒空心服。陈光述传。(《谈野翁方》)痈疽疔肿,一切恶疮:金丝草、忍冬藤、五叶藤、天荞麦等分。煎汤温洗。黑色者,加醋。又铁箍散:用金丝草灰二两(醋拌晒干),贝母五两(去心),白芷二两,为末,以凉水调贴疮上,香油亦可。或加龙骨少许。天蛇头毒:落苏(即金丝草)、金银花藤、五叶紫葛、天荞麦,等分。切碎,用绝好醋浓煎,先熏后洗。(《救急方》)

本草纲目草部第十四卷

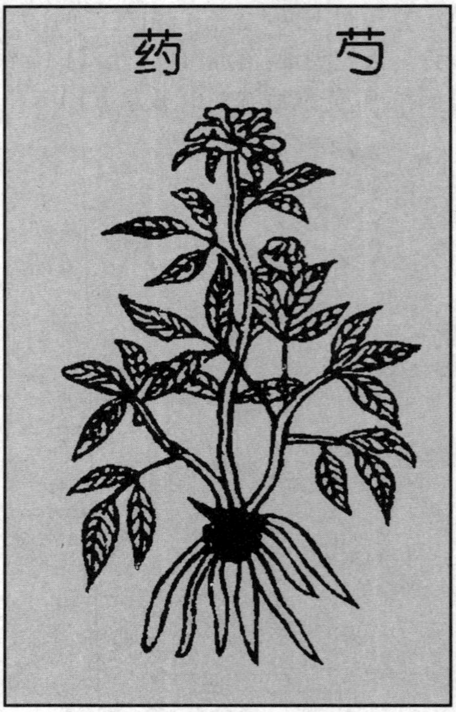

本草纲目草部第十四卷

当归(《本经》中品)

【释名】乾归(《本经》)、山蕲(《尔雅》)、白蕲(《尔雅》)、文无(《纲目》)。

时珍曰:当归本非芹类,特以花叶似芹,故得芹名。古人娶妻为嗣续也,当归调血为女人要药,有思夫之意,故有当归之名,正与唐诗胡麻好种无人种,正是归时又不归之旨相同。崔豹《古今注》云:古人相赠以芍药,相招以文无。文无一名当归,芍药一名将离故也。

当归

承曰:当归治妊妇产后恶血上冲,仓猝取效。气血昏乱者,服之即定。能使气血各有所归,恐当归之名必因此出也。

根

【修治】敩曰:凡用去芦头,以酒浸一宿入药。止血破血,头尾效各不同。若要破血,即使头一节硬实处。若要止痛止血,即用尾。若一并用,服食无效,不如不使,惟单使妙也。

元素曰:头,止血;尾,破血;身,和血;全用,即一破一止也。先以水洗净土。治上,酒浸;治外,酒洗过,或火干、晒干入药。

杲曰:头,止血而上行;身,养血而中守;梢,破血而下流;全活血而不走。

时珍曰:雷、张二氏所说头尾功效各异。凡物之根,身半以上,气脉上行,法乎天;身半以下,气脉下行,法乎地。人身法象天地,则,治上当用头,治中当用身,治下当用尾,通治则全用,乃一定之理也。当以张氏之说为优。凡晒干乘热纸封瓮收之,不蛀。

【气味】甘,温,无毒。

《别录》曰:辛,大温。

普曰:神农、黄帝、桐君、扁鹊:甘,无毒;岐伯、雷公:辛,无毒;李当之:小温。

杲曰:甘、辛,温,无毒。气厚味薄,可升可降,阳中微阴,入手少阴、足太阴、厥阴经血分。

之才曰:恶䕡茹、湿面,畏菖蒲、海藻、牡蒙、生姜,制雄黄。

【主治】咳逆上气,温疟寒热洗洗在皮肤中,妇人漏下绝子,诸恶疮疡金疮,煮汁饮之(《本经》)。温中止痛,除客血内塞,中风痓汗不出,湿痹中恶,客气虚冷,补五脏,生肌肉(《别录》)。止呕逆,虚劳寒热,下痢腹痛齿痛,女人沥血腰痛。崩中,补诸不足(甄权)。治一切风,一切血,补一切劳,破恶血,养新血,及癥癖,肠胃冷(大明)。治头痛,心腹诸痛,润肠胃筋骨皮肤,治痈疽,排脓止痛,和血补血(时珍)。主痿癖嗜卧,足下热而痛。冲脉为病,气逆里急。带脉为病,腹痛,腰溶溶如坐水中(好古)。

【附方】旧八,新一十九。血虚发热:当归补血汤:治肌热燥热,目赤面红,烦渴引饮,昼夜不息,其脉洪大而虚,重按全无力,此血虚之候也。得于饥困劳役,症象白虎,但脉不长实为异耳。若误服白虎汤即死,宜此主之。当归身(酒洗)二钱,绵黄芪(蜜炙)一两。作一服。水二盅,煎一盅,空心温服,日再服。(东垣《兰室秘藏》)失血眩运:凡伤胎去血,产后去血,崩中去血,金疮去血,拔牙去血,一切去血过多,心烦眩运,闷绝不省人事。当归二两,芎䓖一两。每用五钱,水七分,酒三分,煎七分,热服,日再。(《妇人良方》)衄血不止:当归(焙)研末,每服一钱,米饮调下。

芎䓖(音穷穹。《本经》上品)

【释名】胡䓖(《别录》)、川芎(《纲目》)、香果(《别录》)、山鞠穷(《纲目》)。

时珍曰:芎本作营,名义未详。或云:人头穹窿穷高,天之象也。此药上行,专治头脑诸疾,故有芎䓖之名。以胡戎者为佳,故曰胡芎。古人因其根节状如马衔,谓之马衔芎䓖。后世因其状如雀脑,谓之雀脑芎。其出关中者,呼为京芎,亦曰西芎;出蜀中者,为川芎;出天台者,为台芎;出江南者,为抚芎,皆因地而名也。《左传》:楚人谓萧人曰:有麦曲乎?有山鞠穷乎?河鱼腹疾奈何?二物皆御湿,故以谕之。丹溪朱氏治六郁越鞠丸中用越桃、鞠穷,故以命名。《金光明经》谓之阇莫迦。

芜蘼芎䓖

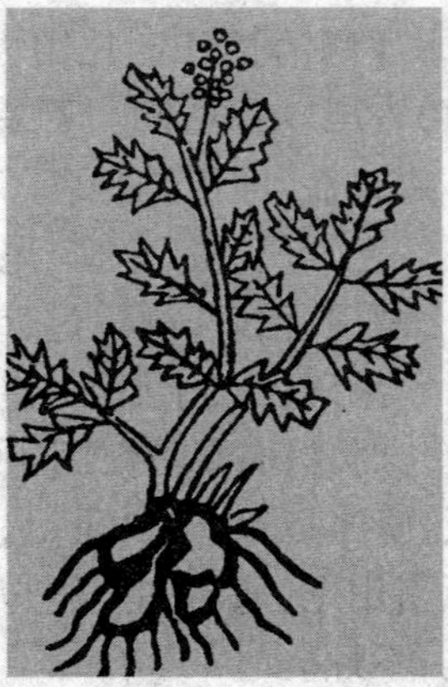

根

【气味】辛,温,无毒。

普曰:神农、黄帝、岐伯、雷公:辛,无毒。扁鹊:酸,无毒;李当之:生温,熟寒。

元素曰:性温,味辛苦,气厚味薄,浮而升,阳也。少阳本经引经药,入手、足厥阴气分。

之才曰:白芷为之使,畏黄连,伏雌黄。得细辛,疗金疮止痛;得牡蛎,疗头风吐逆。

【主治】中风入脑头痛,寒痹筋挛缓急,金疮,妇人血闭无子(《本经》)。除脑中冷动,面上游风去来,目泪出,多涕唾,忽忽如醉,诸寒冷气,心腹坚痛,中恶猝急肿痛,胁风痛,温中内寒(《别录》)。腰脚软弱,半身不遂,胞衣不下(甄权)。一切风,一切气,一切劳损,一切血。补五劳,壮筋骨,调众脉,破癥结宿血,养新血,吐血鼻血溺血,脑痈发背,瘰疬瘿赘,痔瘘疮疥,长肉排脓,消瘀血(大明)。搜肝气,补肝血,润肝燥,补风虚(好古)。燥湿,止泻痢,行气开郁(时珍)。蜜和大丸,夜服,治风痰殊效(苏颂)。齿根出血,含之多瘥(弘景)。

【附方】旧七,新一十三。生犀丸:宋真宗赐高相国,去痰清目,进饮食。生犀丸:用川芎十两,紧小者,粟米泔浸二日换,切片子,晒干为末,分作两料。每料入麝、脑各一分,生犀半两,重汤煮,蜜和丸小弹子大。茶、酒嚼下一丸。痰,加朱砂半两;膈壅,加牛黄一分,水飞铁粉一分。头目昏眩,加细辛一分。口眼㖞斜,加炮天南星一分。(《御药院方》)气虚头痛:真川芎䓖为末,腊茶调服二钱,甚捷。曾有妇人产后头痛,一服即愈。(《集简方》)气厥头痛:妇人气盛头痛,及产后头痛。川芎䓖、天台乌药等分,为末。每服二钱,葱茶调下。《御药院方》:加白术,水煎服。

蘼芜(《本经》上品)

【释名】薇芜(《本经》)、蕲茝(《尔雅》)、江蓠(《别录》)。

颂曰:蕲茝,古芹芷字也。

时珍曰:蘼芜,一作䕷芜,其茎叶靡弱而繁芜,故以名之。当归名蕲,白芷名蓠。其叶似当归,其香似白芷,故有蕲茝、江蓠之名。王逸云:蓠草生江中,故曰江蓠,是也。余见下。

花

【主治】入面脂用(时珍)。

蛇床(《本经》上品)

【释名】蛇粟(《本经》)、蛇米(《本经》)、虺床(《尔雅》)、马床(《广雅》)、墙蘼(《别录》,又名思益、绳毒、枣棘)。

时珍曰:蛇虺喜卧于下食其子,故有蛇床、蛇粟诸名。其叶似蘼芜,故曰墙蘼。《尔雅》云:盱,虺床也。

床蛇

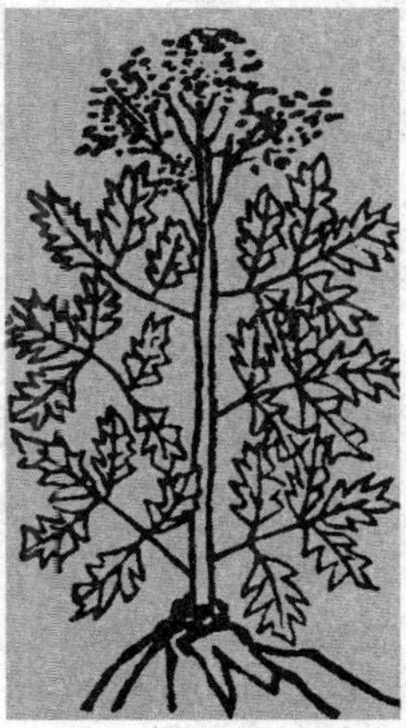

【集解】《别录》曰:蛇床,生临淄川谷及田野。五月采实阴干。

弘景曰:田野墟落甚多,花叶正似蘼芜。

保升曰:叶似小叶芎䓖,花白,子如黍粒,黄白色。生下湿地,所在皆有,以扬州、襄州者为良。

颂曰:三月生苗,高三二尺,叶青碎,作丛似蒿枝。每枝上有花头百余,结同一窠,似马芹类。四五月乃开白色,又似伞状。子黄褐色,如黍米,至轻虚。

时珍曰:其花如碎米攒簇。其子两片合成,似莳罗子而细,亦有细棱。凡花实似蛇床者,当归、芎䓖、水芹、藁本、胡萝卜是也。

子

【修治】敩曰：凡使，须用浓蓝汁并百部草根自然汁，同浸一伏时，漉出晒干。却用生地黄汁相拌蒸之，从巳至亥，取出晒干用。

大明曰：凡服食，即挼去皮壳，取仁微炒杀毒，即不辣也。作汤洗浴，则生用之。

【气味】苦，平，无毒。

《别录》曰：辛、甘，无毒。

权曰：有小毒。

之才曰：恶牡丹、贝母、巴豆。伏硫黄。

【主治】妇人阴中肿痛，男子阴痿湿痒，除痹气，利关节，癫痫恶疮。久服轻身(《本经》)。温中下气，令妇人子脏热，男子阴强。久服好颜色，令人有子(《别录》)。治男子女人虚湿痹，毒风疼痛，去男子腰痛，浴男子阴，去风冷，大益阳事(甄权)。暖丈夫阳气，助女人阴气，治腰胯酸疼，四肢顽痹，缩小便，去阴汗湿癣齿痛，赤白带下，小儿惊痫，扑损瘀血，煎汤浴大风身痒(大明)。

【发明】敩曰：此药令人阳气盛数，号曰鬼考也。

时珍曰：蛇床乃右肾命门、少阳三焦气分之药，神农列之上品，不独辅助男子，而又有益妇人。世人舍此而求补药于远域，岂非贱目贵耳乎？

【附方】旧四，新十二。阳事不起：蛇床子、五味子、菟丝子等分，为末，蜜丸梧子大。每服三十丸，温酒下，日三服。(《千金方》)赤白带下，月水不来：用蛇床子、枯白矾等分，为末，醋面糊丸弹子大，胭脂为衣，绵裹纳入阴户。如热极，再换，日一次。(《儒门事亲》方)子宫寒冷，温阴中坐药：蛇床子散：取蛇床子仁为末，入粉少许，和匀如枣大，绵裹纳之，自然温也。(《金匮玉函方》)妇人阴痒：蛇床子一两，白矾二钱.煎汤频洗。(《集简方》)产后阴脱：绢盛蛇床子，蒸热熨之。又法：蛇床子五两，乌梅十四个。煎水，日洗五六次。(《千金方》)妇人阴痛：方同上。男子阴肿胀痛：蛇床子末，鸡子黄调敷之。(《永类方》)大肠脱肛：蛇床子、甘草各一两，为末。每服一钱，白汤下，日三服。并以蛇床末敷之。(《经验方》)痔疮肿痛不可忍：蛇床子煎汤熏洗。(《简便方》)小儿癣疮：蛇床子杵末，和猪脂涂之。(《千金方》)小儿甜疮，头面耳边连引，流水极痒，久久不愈者：蛇床子一两，轻粉三钱。为细末，油调搽之。(《普济方》)耳内湿疮：蛇床子、黄连各一钱，轻粉一字。为末吹之。(《全幼心鉴》)风虫牙痛：《千金》：用蛇床子、烛烬。同研，涂之。《集简方》：用蛇床子煎汤，乘热漱数次，立止。冬月喉痹肿痛，不可下药者：蛇床子烧烟于瓶中，口含瓶嘴吸烟，其痰自出。(《圣惠方》)

藁本(《本经》中品)

【释名】藁茇(《纲目》)、鬼卿(《本经》)、地新(《本经》)、微茎(《别录》)。

恭曰：根上苗下似禾藁，故名藁本。本，根也。

时珍曰：古人香料用之，呼为藁本香。《山海经》名藁茇。

本　藁

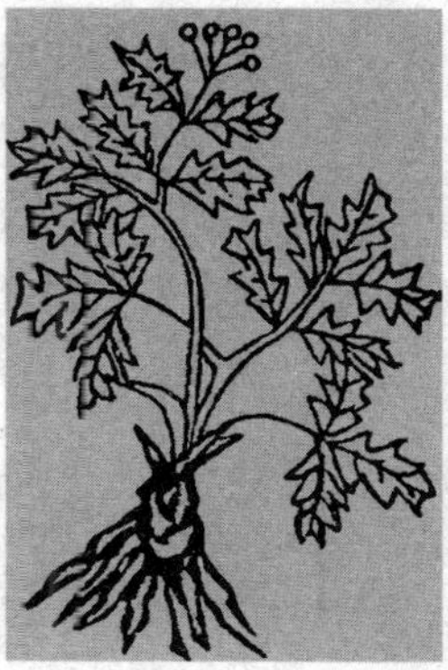

【集解】《别录》曰：藁本，生崇山山谷。正月、二月采根曝干，三十日成。

弘景曰：俗中皆用芎䓖根须，其形气乃相类。而《桐君药录》说芎䓖苗似藁本，论说花实皆不同，所生处又异。今东山别有藁本，形气甚相似，惟长大耳。

恭曰：藁本茎叶根味与芎䓖小别。今出宕州者佳。

颂曰：今西川、河东州郡及兖州、杭州皆有之。叶似白芷香，又似芎䓖，但芎䓖似水芹而大，藁本叶细尔。五月有白花，七、八月结子。根紫色。

时珍曰：江南深山中皆有之。根似芎䓖而轻虚，味麻，不堪作饮也。

根

【气味】辛，温，无毒。

《别录》曰：微寒。

权曰：微温。

元素曰：气温，味苦、大辛，无毒。气厚味薄，升也，阳也。足太阳本经药。

之才曰：恶䕡茹，畏青葙子。

【主治】妇人疝瘕，阴中寒肿痛，腹中急，除风头痛，长肌肤，悦颜色(《本经》)。辟雾露润泽，疗风邪亸曳金疮，可作沐药面脂(《别录》)。治一百六十种恶风鬼疰，流入腰痛冷，能化小便，通血，去头风皯疱(甄权)。治皮肤疵皯，酒齄粉刺，痫疾(大明)。治太阳头痛巅顶痛，大寒犯脑，痛连齿颊(元素)。头面身体皮肤风湿(李杲)。督脉为病，脊强而厥(好古)。治痈疽，排脓内塞(时珍)。

【发明】元素曰：藁本乃太阳经风药，其气雄壮，寒气郁于本经，头痛必用之药。巅顶痛非此不能除。与木香同用，治雾露之清邪中于上焦；与白芷同作面脂。既治风，又治湿，亦各从其类也。

时珍曰：《邵氏闻见录》云：夏英公病泄，太医以虚治不效。霍翁曰：风客于胃也。饮以藁本汤而止。盖藁本能去风湿故耳。

【附方】新三。大实心痛：以用利药，用此彻其毒。藁本半两，苍术一两。作二服。水二盅，煎一盅，温服。(《活法机要》)干洗头屑：藁本、白芷等分。为末，夜擦旦梳，垢自去也。(《便民图纂》)小儿疥癣：藁本煎汤浴之，并以浣衣。(《保幼大全》)

实

【主治】风邪流入四肢(《别录》)。

【附录】徐黄

《别录》有名未用曰：味辛，平，无毒。主心腹积瘕。茎，主恶疮。生泽中，大茎细叶，香如藁本。

蜘蛛香（《纲目》）

【集解】时珍曰：蜘蛛香，出蜀西茂州松潘山中，草根也。黑色有粗须，状如蜘蛛及藁本、芎䓖，气味芳香，彼人亦重之。或云猫喜食之。

蜘蛛香

根

【气味】辛，温，无毒。

【主治】辟瘟疫，中恶邪精，鬼气尸疰（时珍）。

白芷（《本经》中品）

【释名】白茝（音止，又昌海切）、芳香（《本经》）、泽芬（《别录》）、苻蓠（《别录》）、蒚（许骄切），莞（音官），叶名蒚麻（音力）、药（音约）。

时珍曰：徐锴云：初生根干为芷，则白芷之义取乎此也。王安石《字说》云：茝香可以养鼻，又可养体，故茝字从臣。臣音怡，养也。许慎《说文》云：晋谓之蒚，齐谓之茝，楚谓之蓠，又谓之药。生于下泽，芬芳与兰同德，故骚人以兰茝为咏，而本草有芬香、泽芬之名，古人谓之香白芷云。

白芷

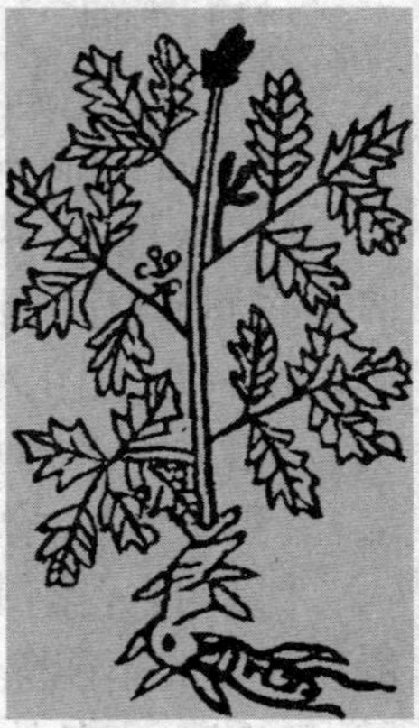

根

【修治】敩曰：采得刮去土皮，细剉，以黄精片等分，同蒸一伏时，晒干去黄精用。

时珍曰：今人采根洗刮寸截，以石灰拌匀，晒收，为其易蛀，并欲色白也。入药微焙。

【气味】辛，温，无毒。

元素曰：气温，味苦、大辛。气味俱轻，阳也。手阳明引经本药，同升麻则通行手、足阳明经，亦入手太阴经。

之才曰：当归为之使，恶旋覆花，制雄黄、硫黄。

【主治】女人漏下赤白。血闭阴肿，寒热，头风侵目泪出，长肌肤，润泽颜色，可作面脂（《本经》）。疗风邪，久渴吐呕，两胁满，风痛，头眩目痒。可作膏药（《别录》）。治目赤胬肉，去面皯疵瘢，补胎漏滑落，破宿血，补新血，乳痈发背瘰疬，肠风痔瘘，疮痍疥癣，止痛排脓（大明）。能蚀脓，止心腹血刺痛，女人沥血腰痛，血崩（甄权）。解利手阳明头痛，中风寒热，及肺经风热，头面皮肤风痹燥痒（元素）。治鼻渊鼻衄，齿痛，眉棱骨痛，大肠风秘，小便去血，妇人血风眩运，翻胃吐食，解砒毒蛇伤，刀箭金疮（时珍）。

【附方】旧一，新三十四。一切伤寒：神白散，又名圣僧散：治时行一切伤寒，不问阴阳轻重、老少男女孕妇，皆可服之。用白芷一两，生甘草半两，姜三片，葱白三寸，枣一枚，豉五十粒。水二碗，煎服取汗。不汗再服。病至十余日未得汗者，皆可服之。此药可卜人之好恶也。如煎得黑色，或误打翻，即难愈；如煎得黄色，无不愈者。煎时要至诚，忌妇人鸡犬见。(《卫生家宝方》)一切风邪：方同上。风寒流涕：香白芷一两，荆芥穗一钱。为末，蜡茶点服二钱。(《百一选方》)小儿流涕，是风寒也：白芷末、葱白。捣丸小豆大。每茶下二十丸。仍以白芷末，姜汁调，涂太阳穴，乃食热葱粥取汗。(《圣惠方》)小儿身热：白芷煮汤浴之。取汗避风。(《子母秘录》)头面诸风：香白芷切，以萝卜汁浸透，晒干为末。每服二钱，白汤下。或以搐鼻。(《直指方》)偏正头风，百药不治，一服便可，天下第一方也：香白芷(炒)二两五钱，川芎(炒)、甘草(炒)、川乌头(半生半熟)各一两，为末。每服一钱，细茶、薄荷汤调下。(《谈野翁试效方》)头风眩运：都梁丸，见发明下。眉棱骨痛：属风热与痰。白芷、片芩(酒炒)等分，为末。每服二钱，茶清调下。

叶

【主治】作浴汤，去尸虫(《别录》)。浴丹毒瘾疹风瘙(时珍)。

【附方】新一。小儿身热：白芷苗、苦参等分。煎浆水，入盐少许洗之。(《卫生总微论》)

芍药(芍音杓，又音勺。《本经》中品)

【释名】将离(《纲目》)、犁食(《别录》)、白术(《别录》)、余容(《别录》)、铤(《别录》)，白者名金芍药(《图经》)，赤者名木芍药。

时珍曰：芍药，犹婥约也。婥约，美好貌。此草花容婥约，故以为名。罗愿《尔雅翼言》：制食之毒，莫良于芍，故得药名，亦通。郑风诗云：伊其相谑，赠之以芍药。《韩诗外传》云：芍药，离草也。董子云：芍药一名将离，故将别赠之。俗呼其花之千叶者，为小牡丹；赤者为木芍药，与牡丹同名也。

芍药

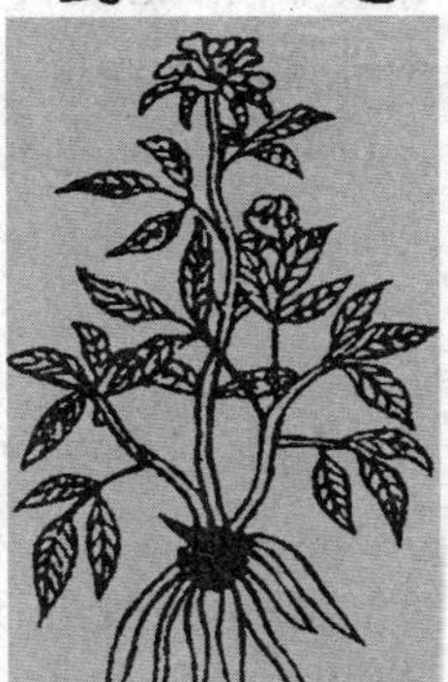

根

【修治】敩曰：凡采得，竹刀刮去皮并头土，剉细，以蜜水拌蒸，从巳至未，晒干用。

时珍曰：今人多生用，惟避中寒者以酒炒，入女人血药以醋炒耳。

【气味】苦，平，无毒。

《别录》曰：酸，微寒，有小毒。

普曰：神农：苦；桐君：甘，无毒；岐伯：咸；雷公：酸。李当之：小寒。

元素曰：性寒，味酸，气厚味薄，升而微降，阳中阴也。

杲曰：白芍药酸，平，有小毒，可升可降，阴也。

好古曰:味酸而苦,气薄味厚,阴也,降也,为手足太阴行经药,入肝脾血分。

之才曰:须丸为之使,恶石斛、芒硝,畏硝石、鳖甲、小蓟,反藜芦。

禹锡曰:别本须丸作雷丸。

时珍:同白术补脾,同芎䓖泻肝,同人参补气,同当归补血,以酒炒补阴,同甘草止腹痛,同黄连止泻痢,同防风发痘疹同姜枣温经散湿。

【主治】邪气腹痛,除血痹,破坚积,寒热疝瘕,止痛,利小便,益气(《本经》)。通顺血脉,缓中,散恶血,逐贼血,去水气,利膀胱大小肠,消痈肿,时行寒热,中恶腹痛腰痛(《别录》)。治脏腑壅气,强五脏,补肾气,治时疾骨热,妇人血闭不通,能蚀脓(甄权)。女人一切病,胎前产后诸疾,治风补劳,退热除烦益气,惊狂头痛,目赤明目,肠风泻血痔瘘,发背疮疥(大明)。泻肝,安脾肺,收胃气,止泻利,固腠理,和血脉,收阴气,敛逆气(元素)。理中气,治脾虚中满,心下痞,胁下痛,善噫,肺急胀逆喘咳,太阳鼽衄目涩,肝血不足,阳维病苦寒热,带脉病苦腹痛满,腰溶溶如坐水中(好古)。止下痢腹痛后重(时珍)。

【附方】旧六,新一十。服食法:颂曰:安期生服炼芍药法云:芍药有二种:救病用金芍药,色白多脂肉;其木芍药,色紫瘦多脉。若取审看,勿令差错。凡采得,净洗去皮,以东流水煮百沸,阴干。停三日,又于木甑内蒸之,上覆以净黄土,一日夜熟,出阴干,捣末。以麦饮或酒服三钱匕,日三。服满三百日,可以登岭绝谷不饥。(《图经本草》)腹中虚痛:白芍药三钱,炙甘草一钱。夏月,加黄芩五分;恶寒,加肉桂一钱;冬月大寒,再加桂一钱。水二盏,煎一半,温服。(《洁古用药法象》)风毒骨痛在髓中:芍药二分,虎骨一两(炙),为末,夹绢袋盛,酒三升,渍五日。每服三合,日三服。(《经验后方》)脚气肿痛:白芍药六两,甘草一两。为末,白汤点服。(《事林广记》)消渴引饮:白芍药、甘草等分。为末。每用一钱,水煎服,日三服。鄂渚辛祐之患此九年,服药止而复作。苏朴授此方,服之七日顿愈。古人处方,殆不可晓,不可以平易而忽之也。(陈日华《经验方》)小便五淋:赤芍药一两,槟榔一个(面裹煨)。为末。每服一钱,水一盏,煎七分,空心服。

牡丹(《本经》中品)

【释名】鼠姑(《本经》)、鹿韭(《本经》)、百两金(《唐本》)、木芍药(《纲目》)、花王。

时珍曰:牡丹,以色丹者为上,虽结子而根上生苗,故谓之牡丹。唐人谓之木芍药,以其花似芍药,而宿干似木也。群花品中,以牡丹第一,芍药第二,故世谓牡丹为花王,芍药为花相。欧阳修《花谱》所载,凡三十余种。其名或以地,或以人,或以色,或以异,详见本书。

根皮

【修治】敩曰:凡采得根晒干,以铜刀劈破去骨,剉如大豆许,用清酒拌蒸,从巳至未,晒干用。

【气味】辛，寒，无毒。

《别录》曰：苦，微寒。

普曰：神农、岐伯：辛。雷公、桐君：苦，无毒。黄帝：苦，有毒。

好古曰：气寒，味苦、辛，阴中微阳，入手厥阴、足少阴经。

之才：畏贝母、大黄、菟丝子。

大明曰：忌蒜、胡荽，伏砒。

丹牡

【主治】寒热，中风瘛疭，惊痫邪气，除癥坚瘀血留舍肠胃，安五脏，疗痈疮（《本经》）。除时气头痛，客热五劳，劳气头腰痛，风噤癞疾（《别录》）。久服轻身益寿（吴普）。治冷气，散诸痛，女子经脉不通，血沥腰痛（甄权）。通关腠血脉，排脓，消扑损瘀血，续筋骨，除风痹，落胎下胞，产后一切冷热血气（大明）。治神志不足，无汗之骨蒸，衄血吐血（元素）。和血生血凉血，治血中伏火，除烦热（时珍）。

【附方】旧三，新三。癫疝偏坠，气胀不能动者：牡丹皮、防风等分。为末，酒服二钱，甚效。（《千金方》）妇人恶血，攻聚上面多怒：牡丹皮半两，干漆（烧烟尽）半两。水二盅，煎一盅服。（《诸证辨疑》）伤损瘀血：牡丹皮二两，宝虫二十一枚（熬过同捣末。）每旦温酒服方寸匕，血当化为水下。（《贞元广利方》）金疮内漏，血不出：牡丹皮为末，水服三指撮，立尿出血也。（《千金方》）下部生疮，以决洞者：牡丹末，汤服方寸匕，日三服。（《肘后方》）解中蛊毒：牡丹根捣末，服一钱匕，日三服。（《外台秘要》）

【附录】鼠姑

《别录》曰：味苦，平，无毒。主咳逆上气，寒热鼠瘘，恶疮邪气。一名蕻，生丹水。

弘景曰：今人不识，而牡丹一名鼠姑，鼠妇亦名鼠姑，未知孰是？

木香（《本经》上品）

【释名】蜜香（《别录》）、青木香（弘景）、五木香（《图经》）、南木香（《纲目》）。

时珍曰：木香，草类也。本名蜜香，因其香气如蜜也。缘沉香中有蜜香，遂讹此为木香尔。昔人谓之青木香。后人因呼马兜铃根为青木香，乃呼此为南木香、广木香以别之。今人又呼一种蔷薇为木香，愈乱真矣。《三洞珠囊》云：五香者，即青木香也。一株五根，一茎五枝，一枝五叶，叶间五节，故名五香，烧之能上彻九天也。古方治痈疽有五香连翘汤，内用青木香。《古乐府》云：氍毹㲪㲡五木香，皆指此也。

香木州广

颂曰：《修养书》云：正月一日取五木香煮汤以浴，令人至老须发黑。徐锴注云：道家谓青木香为五香，亦云五木，

多以为浴是矣。《金光明经》谓之矩琵佗香。

根

【修治】时珍曰：凡入理气药，只生用，不见火。若实大肠，宜面煨熟用。

【气味】辛，温，无毒。

元素曰：气热，味辛、苦，气味俱厚，沉而降，阴也。

杲曰：苦、甘、辛，微温，降也，阴也。

好古曰：辛、苦，热，味厚于气，阴中阳也。

【主治】邪气，辟毒疫温鬼，强志，主淋露。久服不梦寤魇寐(《本经》)。消毒，杀鬼精物，温疟蛊毒，气劣气不足，肌中偏寒，引药之精(《别录》)。治心腹一切气，膀胱冷痛，呕逆反胃，霍乱泄泻痢疾，健脾消食，安胎(大明)。九种心痛，积年冷气，痃癖癥块胀痛，壅气上冲，烦闷羸劣，女人血气刺心，痛不可忍，末酒服之(甄权)。散滞气，调诸气，和胃气，泄肺气(元素)。行肝经气。煨熟，实大肠(震亨)。治冲脉为病，逆气里急，主脬渗小便秘(好古)。

【附方】旧二，新一十八。中气不省，闭目不语，如中风状：南木香为末，冬瓜子煎汤灌下三钱。痰盛者，加竹沥、姜汁。(《济生方》)气胀懒食：即青木香丸，见发明下。热者牛乳下，冷者酒下。(《圣惠方》)心气刺痛：青木香一两，皂角(炙)一两。为末，糊丸梧桐子大。每汤服五十丸，甚效。(《摄生方》)一切走注，气痛不和：广木香，温水磨浓汁，入热酒调服。(《简便方》)内钓腹痛：木香、乳香、没药各五分。水煎服之。(阮氏《小儿方》)小肠疝气：青木香四两，酒三斤。煮过，每日饮三次。(孙天仁《集效方》)气滞腰痛：青木香、乳香各二钱。酒浸，饭上蒸，均以酒调服。(《圣惠方》)耳猝聋闭：昆仑真青木香一两(切)。以苦酒浸一夜，入胡麻油一合，微火煎，三上三下，以绵滤去滓，日滴三、四次，以愈为度。(《外台秘要》)耳内作痛：木香末，以葱黄染鹅脂，蘸末深纳入耳中。(《圣济录》)霍乱转筋腹痛：木香末一钱，木瓜汁一盏。入热酒调服。

甘松香(宋《开宝》)

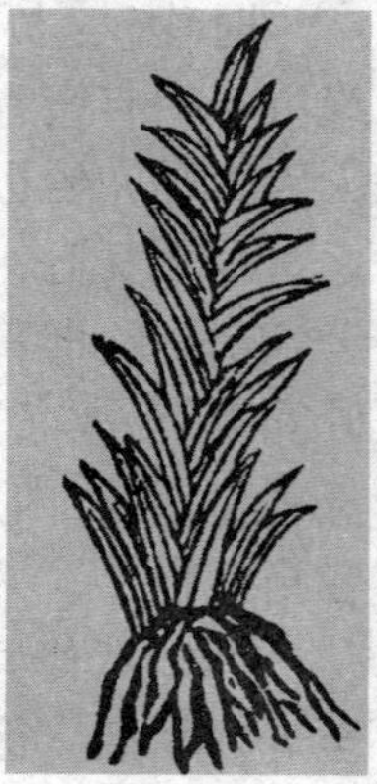

【释名】苦弥哆(音扯)。

时珍曰：产于川西松州，其味甘，故名。《金光明经》谓之苦弥哆。

【集解】志曰：《广志》云：甘松出姑臧、凉州诸山，细叶，引蔓丛生，可合诸香及裛衣。

颂曰：今黔、蜀州郡及辽州亦有之。丛生山野，叶细如茅草，根极繁密，八月采之，作汤浴令人身香。

根

【气味】甘，温，无毒。

好古曰:平。

【主治】恶气,猝心腹痛满,下气(《开宝》)。黑皮鼾黯,风疳齿䘌,野鸡痔。得白芷、附子良(藏器)。理元气,去气郁(好古)。脚气膝浮,煎汤淋洗(时珍)。

【发明】时珍曰:甘松芳香能开脾郁,少加入脾胃药中,甚醒脾气。杜宝《拾遗录》云:寿禅师妙医术,作五香饮。更加别药,止渴兼补益最妙。一、沉香饮;二、丁香饮;三、檀香饮;四、泽兰饮;五、甘松饮也。

【附方】新四。劳瘵熏法:甘松六两,玄参一斤。为末。每日焚之。(《奇效方》)风疳虫牙,蚀肉至尽:甘松、腻粉各二钱半,芦荟半两,猪肾一对(切,炙)。为末。夜漱口后贴之,有涎吐出。(《圣济总录》)肾虚齿痛:甘松、硫黄等分。为末。泡汤漱之。神效。(《经效济世方》)面鼾风疮:香附子、甘松各四两,黑牵牛半斤,为末,日用洗面。(《妇人良方》)

三柰(《纲目》)

【释名】山辣(《纲目》)、三柰。

时珍曰:三柰俗讹为山柰,又讹为三赖,皆土音也。或云:本名山辣,南人舌音呼山为三,呼辣如赖,故致谬误。其说甚通。

山柰

【集解】时珍曰:三柰生广中,人家栽之。根叶皆如生姜,作樟木香气。士人食其根如食姜,切断曝干,则皮赤黄色,肉白色。古之所谓廉姜,恐其类也。段成式《酉阳杂俎》云:柰只出拂林国,苗长三、四尺,根大如鸭卵,叶似蒜,中心抽条甚长,茎端有花六出,红白色,花心黄赤,不结子,其草冬生夏死。取花压油,涂身去风气。按此说颇似三柰,故附之。

根

【气味】辛,温,无毒。

【主治】暖中,辟瘴疠恶气,治心腹冷气痛,寒湿霍乱,风虫牙痛。入合诸香用(时珍)。

【附方】新六。一切牙痛:三柰子一钱(面包煨熟),入麝香二字。为末。随左右嗃一字入鼻内,口含温水漱去,神效。名海上一字散。(《普济方》)风虫牙痛:《仁存方》:用山柰为末,铺纸上卷作筒,烧灯吹灭,乘热和药吹入鼻内,痛即止。《摄生方》:用肥皂一个(去穰),入三柰、甘松各三分,花椒、食盐不拘多少,填满,面包煅红,取研,日用擦牙漱去。面上雀斑:三奈子、鹰粪、密陀僧、蓖麻子等分,研匀,以乳汁调之,夜涂旦洗去。醒头去屑:三柰、甘松香、零陵香一线,樟脑二分,滑石半两。为末。夜擦旦篦去。(《水云录》)心腹冷痛:三柰、丁香、当归、甘草等分为末,醋糊丸梧子大。每服三十丸,酒下。(《集简方》)

廉姜(《拾遗》)

【释名】姜汇(《纲目》)、蔟葰(音族绥)。

【集解】弘景曰:杜若苗似廉姜。

藏器曰:廉姜似姜,生岭南、剑南,人多食之。

时珍曰:按《异物志》云:生沙石中,似姜,大如螺,气猛近于臭。南人以为齑。其法削皮,以黑梅及盐汁渍之,乃成也。又郑樵云:廉姜似山姜而根大。

【气味】辛,热,无毒。

【主治】胃中冷,吐水,不下食(藏器)。温中下气,消食益智(时珍)。

廉姜

杜若(《本经》上品)

【校正】并入《图经》外类山姜。

【释名】杜衡(《本经》)、杜莲(《别录》)、若芝(《别录》)、楚衡(《广雅》)、獛子姜(獛音爪。《药性论》)、山姜(《别录》云:一名白莲,一名白芩)。

颂曰:此草一名杜衡,而草部中品自有杜衡条,即《尔雅》所谓土卤者也。杜若,即《广雅》所谓楚衡者也。其类自别,古人多相杂引用。故《九歌》云:采芳洲兮杜若。《离骚》云:杂杜衡与芳芷。王逸辈皆不分别,但云香草,故二名相混。古方或用,今人罕使,故少有识者。

杜若

【修治】敩曰:凡使勿用鸭喋草根,真相似,只是味效不同。凡采得根,以刀刮去黄赤皮,细剉,用三重绢袋阴干。临使以蜜浸一夜,漉出用。

根

【气味】辛,微温,无毒。

之才曰:得辛夷、细辛良,恶柴胡、前胡。

苏颂曰:山姜:辛,平,有小毒。

【主治】胸胁下逆气,温中,风入脑户,头肿痛,多涕泪出。久服益精明目轻身。令人不忘(《本经》)。治眩倒目𥆧𥆧,止痛,除口臭气(《别录》)。山姜:去皮间风热,可作炸汤。又主暴冷,及胃中逆冷,霍乱腹痛(苏颂)。

【发明】时珍曰:杜若乃神农上品,治足少阴、太阳诸症要药,而世不知用,惜哉。

山姜(《拾遗》)

【释名】美草。

弘景曰：东人呼为山姜，南人呼为美草。

时珍曰：与杜若之山姜，名同物异也。

【集解】藏器曰：山姜根及苗，并如姜而大，作樟木臭，南人食之。又有猴子姜，黄色而紧，辛辣，破血气殊强于此姜。

颂曰：山姜出九真交趾，今闽广皆有之。刘恂《岭表录异》云：茎叶皆姜也，但根不堪食。亦与豆蔻花相似，而微小尔。花生叶间，作穗如麦粒，嫩红色。南人取其未大开者，谓之含胎花，以盐水淹藏入甜糟中，经冬如琥珀色，辛香可爱，用为鲙，无以加矣。又以盐杀治曝干者，煎汤服之，极除冷气，甚佳。

时珍曰：山姜生南方，叶似姜，花赤色甚辛，子似草豆蔻，根如杜若及高良姜。今人以其子伪充草豆蔻，然其气甚猛烈。

根

【气味】辛，热，无毒。

【主治】腹中冷痛，煮服甚效。作丸散服，辟谷止饥(弘景)。去恶气，温中，中恶霍乱，心腹冷痛，功用如姜(藏器)。

花及子

【气味】辛，温，无毒。【主治】调中下气，破冷气作痛，止霍乱，消食，杀酒毒(大明)。

高良姜(《别录》中品)

【校正】并入《开宝本草》红豆蔻。

【释名】蛮姜(《纲目》)，子名红豆蔻。

时珍曰：陶隐居言此姜始出高良郡，故得此名。按高良，即今高州也。汉为高凉县，吴改为郡。其山高而稍凉，因以为名，则高良当作高凉也。

【修治】时珍曰：高良姜、红豆蔻，并宜炒过入药。亦有以姜同吴茱萸、东壁土炒过入药用者。

根

【气味】辛，大温，无毒。

志曰：辛、苦，大热，无毒。

张元素曰：辛，热，纯阳，浮也。入足太阴、阳明经。

【主治】暴冷，胃中冷逆，霍乱腹痛（《别录》）。下气益声，好颜色。煮饮服之，止痢（藏器）。治风破气，腹内久冷气痛，去风冷痹弱（甄权）。转筋泻痢，反胃呕食，解酒毒，消宿食（大明）。含块咽津，治忽然恶心，呕清水，逡巡即瘥。若口臭者，同草豆蔻为末，煎饮（苏颂）。健脾胃，宽噎膈，破冷癖，除瘴疟（时珍）。

【发明】杨士瀛曰：噫逆胃寒者，高良姜为要药，人参、茯苓佐之，为其温胃，解散胃中风邪也。

时珍曰：《十全方》言：心脾冷痛，用高良姜，细剉微炒为末，米饮服一钱，立止。太祖高皇帝御制周颠仙碑文，亦载其有验云。又秽迹佛有治心口痛方云：凡男女心口一点痛者，乃胃脘有滞或有虫也。多因怒及受寒而起，遂致终身。俗言心气痛者，非也。用高良姜（以酒洗七次焙研），香附子（以醋洗七次焙研），各记收之。病因寒得，用姜末二钱，附末一钱；因怒得，用附末二钱，姜末一钱；寒怒兼有，各一钱半，以米饮加入生姜汁一匙，盐一捻，服之立止。韩飞霞《医通》书亦称其功云。

【附方】旧三，新十。霍乱吐利：火炙高良姜令焦香。每用五两，以酒一升，煮三、四沸，顿服。亦治腹痛中恶。（《外台》）霍乱腹痛：高良姜一两（剉）。以水三大盏，煎二盏半，去滓，入粳米一合，煮粥食之。便止。（《圣惠方》）霍乱呕甚不止：用高良姜（生剉）二钱，大枣一枚。水煎冷服，立定。名冰壶汤。（《普济方》）脚气欲吐：苏恭曰：凡患脚气人，每旦饱食，午后少食，日晚不食。若饥，可食豉粥。若觉不消，欲致霍乱者。即以高良姜一两，水三升，煮一升，顿服尽，即消。若猝无者，以母姜一两代之，清酒煎服。虽不及高良姜，亦甚效也。心脾冷痛：高良姜丸：用高良姜四两（切片，分作四分：一两用陈廪米半合，炒黄去米；一两用陈壁土半两，炒黄去土；一两用巴豆三十四个，炒黄去豆；一两，用斑蝥三十四个，炒黄去蝥），吴茱萸一两（酒浸一夜，同姜再炒）。为末，以浸茱酒打糊丸梧桐子大，每空心姜汤下五十丸。

红豆蔻（《开宝》）

【气味】辛，温，无毒。

权曰：苦，辛，多食令人舌粗，不思饮食。

时珍曰：辛热，阳也，浮也，入手、足太阴经。《生生编》云。最能动火伤目致衄，食料不宜用之。

【主治】肠虚水泻，心腹绞痛，霍乱呕吐酸水，解酒毒（志）。冷气腹痛，消瘴雾毒气，去宿食，温腹肠，吐泻痢疾（甄权）。治噎膈反胃，虚疟寒胀，燥湿散寒（时珍）。

【发明】时珍曰：红豆蔻，李东垣脾胃药中常用之，亦取其辛热芳香，能醒脾温肺、散寒燥湿、消食之功尔。若脾肺素有伏火者，切不宜用。

【附方】新一。风寒牙痛：红豆蔻为末，随左右以少许搐鼻中，并掺牙取涎。或加麝香。（《卫生家宝方》）

豆蔻(《别录》上品)

【校正】白果部移入此。

【释名】草豆蔻(《开宝》)、漏蔻(《异物志》)、草果(郑樵《通志》)。

草豆蔻

宗奭曰:豆蔻,草豆蔻也。此是对肉豆蔻而名。若作果,则味不和。前人编入果部,不知有何义意?花性热,淹至京师,味微苦不甚美,干则色淡紫。为能消酒毒,故为果尔。

时珍曰:按杨雄《方言》云:凡物盛多曰蔻。豆蔻之名,或取此义。豆象形也。《南方异物志》作漏蔻,盖南人字无正音也。今虽不专为果,犹入茶食料用,尚有草果之称焉。《金光明经》三十二品香药,谓之苏乞迷罗(细)。

【修治】敩曰:凡使须去蒂,取向里子及皮,用茱萸同于鏊上缓炒,待茱萸微黄黑,即去茱萸,取草豆蔻皮及子杵用之。

时珍曰:今人惟以面裹煻火煨熟,去皮用之。

仁

【气味】辛,温,涩,无毒。

好古曰:大辛热,阳也,浮也。入足太阴、阳明经。

【主治】温中,心腹痛,呕吐,去口臭气(《别录》)。下气,止霍乱,一切冷气,消酒毒(《开宝》)。调中补胃,健脾消食,去客寒,心与胃痛(李杲)。治瘴疠寒疟,伤暑吐下泄痢,噎膈反胃,痞满吐酸,痰饮积聚,妇人恶阻带下,除寒燥湿,开郁破气,杀鱼肉毒。制丹砂(时珍)。

【附方】旧一,新九。心腹胀满短气:用草豆蔻一两,去皮为末,以木瓜生姜汤,调服半钱。(《千金方》)胃弱呕逆不食:用草豆蔻仁二枚,高良姜半两,水一盏,煮取汁,入生姜汁半合,和白面作拨刀,以羊肉臛汁煮熟,空心食之。(《普济》)霍乱烦渴:草豆蔻、黄连各一钱半,乌豆五十粒,生姜三片。水煎服之。(《圣济总录》)虚疟自汗不止。用草果一枚(面裹煨熟,连面研),入平胃散二钱。水煎服。(《经效济世方》)气虚瘴疟,热少寒多,或单寒不热,或虚热不寒:用草果仁、熟附子等分,水一盏,姜七片,枣一枚,煎半盏服。名果附汤。(《济生方》)脾寒疟疾,寒多热少,或单寒不热,或大便泄而小便多,不能食:用草果仁、熟附子各二钱半,生姜七片,枣肉二枚。水三盏,煎一盏,温服。(《医方大成》)脾肾不足:草果仁一两(以舶茴香一两炒香,去茴不用),吴茱萸(汤泡七次,以破故纸一两炒香,去故纸不用),葫芦巴一两(以山茱萸一两炒香,去茱萸不用)。上三味为散,酒糊丸梧子大。每服六十丸,盐汤下。(《百一选方》)赤白带下:连皮草果一枚,乳香一小块。面裹煨焦黄,同面研细。每米饮服二钱,日二服。(《卫生易简方》)香口辟臭:豆蔻、细辛为末,含之。(《肘后方》)脾痛胀满:草果仁二个。酒煎服之。(《直指方》)

花

【气味】辛,热,无毒。

【主治】下气,止呕逆,除霍乱,调中补胃气,消酒毒(大明)。

白豆蔻(宋《开宝》)

【释名】多骨。

【集解】志曰:白豆蔻,出伽古罗国,呼为多骨。其草形如芭蕉,叶似杜若,长八九尺而光滑,冬夏不凋,花浅黄色,子作朵如葡萄,初出微青,熟则变白,七月采之。

颂曰:今广州、宜州亦有之,不及番舶来者佳。

时珍曰:白豆蔻子圆大如白牵牛子,其壳白厚,其仁如缩砂仁。入药,去皮炒用。

白豆蔻

仁

【气味】辛,大温,无毒。

好古:大辛热,味薄气厚,轻清而升,阳也,浮也。入手太阴经。

【主治】积冷气,止吐逆反胃,消谷下气(《开宝》)。散肺中滞气,宽膈进食,去白睛翳膜(李杲)。补肺气,益脾胃,理元气,收脱气(好古)。治噎膈,除疟疾寒热,解酒毒(时珍)。

【发明】颂曰:古方治胃冷,吃食即欲吐,及呕吐六物汤,皆用白豆蔻,大抵主胃冷,即相宜也。

元素曰:白豆蔻气味俱薄,其用有五:专入肺经本药,一也;散胸中滞气,二也;去感寒腹痛,三也;温暖脾胃,四也;治赤眼暴发,去太阳经目内大眦红筋,用少许,五也。

时珍曰:按杨士瀛云:白豆蔻治脾虚疟疾,呕吐寒热,能消能磨,流行三焦,营卫一转,诸症自平。

【附方】旧一,新四。胃冷恶心:凡食即欲吐。用白豆蔻子三枚。捣细。好酒一盏,温服,并饮数服佳。(张文仲《备急方》)人忽恶心:多嚼白豆蔻子,最佳。(《肘后方》)小儿吐乳,胃寒者:白豆蔻仁十四个,缩砂仁十四个,生甘草二钱,炙甘草二钱。为末。常掺入儿口中。(危氏《得效方》)脾虚反胃:白豆蔻、缩砂仁各二两,丁香一两,陈廪米一升,黄土炒焦,去土研细,姜汁和丸梧子大。每服百丸,姜汤下。名太仓丸。(《济生方》)产后呃逆:白豆蔻、丁香各半两。研细,桃仁汤服一钱,少顷再服。(《乾坤生意》)

缩砂密（宋《开宝》）

【释名】时珍曰：名义未详。藕下白蒻多密，取其密藏之意。此物实在根下，仁藏壳内，亦或此意欤。

【集解】珣曰：缩砂密，生西海及西戎等地、波斯诸国。多从安东道来。

志曰：生南地。苗似廉姜，子形如白豆蔻，其皮紧厚而皱，黄赤色，八月采之。

缩砂蔤

颂曰：今惟岭南山泽间有之。苗茎似高良姜，高三、四尺。叶青，长八、九寸，阔半寸以来。三月、四月开花在根下，五、六月成实，五、七十枚作一穗，状似益智而圆，皮紧厚而皱，有粟纹，外有细刺，黄赤色。皮间细子一团，八隔，可四十余粒，如大黍米，外微黑色，内白而香，似白豆蔻仁。七月、八月采之，辛香可调食味，及蜜煎糖缠用。

仁

【气味】辛，温，涩，无毒。

权曰：辛、苦。

藏器曰：酸。

珣曰：辛、咸，平。得诃子、豆蔻、白芜荑、鳖甲良。

好古曰：辛，温，阳也，浮也。入手足太阴、阳明、太阳、足少阴七经。得白檀香、豆蔻为使，入肺；得人参、益智为使，入脾；得黄柏、茯苓为使，入肾；得赤、白石脂为使，入大小肠也。

【主治】虚劳冷泻，宿食不消，赤白泄痢，腹中虚痛下气（《开宝》）。主冷气腹痛，止休息气痢劳损，消化水谷，温暖脾胃（甄权）。上气咳嗽，奔豚鬼疰，惊痫邪气（藏器）。一切气，霍乱转筋。能起酒香味（大明）。和中行气，止痛安胎（杨士瀛）。治脾胃气结滞不散（元素）。补肺醒脾，养胃益肾，理元气，通滞气，散寒饮胀痞，噎膈呕吐，止女子崩中，除咽喉口齿浮热，化铜铁骨哽（时珍）。

【发明】时珍曰：按韩悉《医通》云：肾恶燥，以辛润之。缩砂仁之辛，以润肾燥。又云：缩砂属土，主醒脾调胃，引诸药归宿丹田。香而能窜，和合五脏冲和之气，如天地以土为冲和之气，故补肾药用同地黄丸蒸，取其达下之旨也。又化骨，食草木药及方士炼三黄皆用之，不知其性何以能制此物也？

【附方】旧三，新一十三。冷滑下痢，不禁虚羸：用缩砂仁熬为末，以羊子肝薄切掺之，瓦上焙干为末，入干姜末等分，饭丸梧子大。每服四十丸，白汤下，日二服。又方：缩砂仁、炮附子、干姜、厚朴、陈橘皮等分。为末，饭丸梧子大。每服四十丸，米饮下，日二服。（并《药性论》）大便泻血，三代相传者：缩砂仁为末，米饮热服二钱，以愈为度。（《十便良方》）小儿脱肛：缩砂（去皮）为末。以猪腰子一片，批开擦末在内，缚定，煮熟与儿食，次服白矾丸。如气逆肿喘者，不治。（《保幼大全》）遍身肿满,阴亦肿者:用缩砂仁、土狗一个,等分,研,和老酒服之。(《直指方》)痰气膈胀:砂仁捣碎,以萝卜汁浸透,焙干为末。每服一、二钱,食远沸汤服。(《简便方》)上气咳逆:砂仁(洗净,炒研)、生姜(连皮)等分,捣烂,热酒食远泡服。(《简便方》)子痫昏冒:缩砂(和皮炒黑),热酒调下二钱。不饮者,米饮下。此方安胎止痛皆效,不可尽述。(温隐居方)妊娠胎动,偶因所触,或跌坠伤损,致胎不安,痛不可忍者:缩砂(熨斗内炒熟,去皮用仁),捣碎。每服二钱,热酒调下。须臾觉腹中胎动处极热,即胎已安矣。神效。(孙尚药方)妇人血崩:新缩砂仁,新瓦焙研末。米饮服三钱。(《妇人良方》)热拥咽痛:缩砂壳为末,水服一钱。(戴原礼方)牙齿疼痛:缩砂常嚼之良。(《直指方》)口吻生疮:缩砂壳煅研。擦之即愈。此蔡医博秘方也。(黎居士《简易方》)鱼骨入咽:缩砂、甘草等分。为末,绵裹含之咽汁,当随痰出矣。(王璆《百一选方》)误吞诸物:金银铜钱等物不化者,浓煎缩砂汤饮之,即下。(危氏《得效方》)一切食毒:缩砂仁末,水服一二钱。(《事林广记》)

益智子(宋《开宝》)

【释名】时珍曰:脾主智,此物能益脾胃故也,与龙眼名益智义同。按苏轼记云:海南产益智,花实皆长穗,而分为三节。观其上中下节,以候早中晚禾之丰凶。大丰则皆实,大凶皆不实,罕有三节并熟者。其为药只治水,而无益于智,其得此名,岂以其知岁耶?此亦一说也,终近穿凿。

益智子

【集解】藏器曰:益智出昆仑及交趾国,今岭南州郡往往有之。顾微《广州记》云:其叶似蘘荷,长丈余。其根上有小枝,高八九寸,无华萼。茎如竹箭,子从心出。一枝有十子丛生,大如小枣。其中核黑而皮白,核小者佳,含之摄涎秽。或四破去核,取外皮蜜煮为粽食,味辛。晋卢循遗刘裕益智粽,是此也。

恭曰:益智子似连翘子头未开者,苗叶花根与豆无别,惟子小尔。

时珍曰:按嵇含《南方草木状》云:益智二月花,连着实,五、六月熟。其子如笔头而两头尖,长七八分,杂五味中,饮酒芬芳,亦可盐曝及作粽食。观此则顾微言其无华者,误矣。今之益智子形如枣核,而皮及仁,皆似草豆蔻云。

仁

【气味】辛,温,无毒。

【主治】遗精虚漏,小便余沥,益气安神,补不足,安三焦,调诸气。夜多小便者,取二十四枚碎,入盐同煎服,有奇验(志)。治客寒犯胃,和中益气,及人多唾(李杲)。益脾胃,理元气,补肾虚滑沥(好古)。冷气腹痛,及心气不足,梦泄赤浊,热伤心系,吐血血崩诸症(时珍)。

【发明】刘完素曰:益智辛热,能开发郁结,使气宣通。

王好古曰：益智本脾药，主君相二火。在集香丸，则入肺；在四君子汤则入脾，在大凤髓丹则入肾，三藏互有子母相关之义。当于补药中兼用之，勿多服。

时珍曰：益智大辛，行阳退阴之药也，三焦、命门气弱者宜之。按杨士瀛《直指方》云：心者脾之母，进食不止于和脾，火能生土，当使心药入脾胃药中，庶几相得。故古人进食药中，多用益智，土中益火也。又按洪迈《夷坚志》云：秀川进士陆迎，忽得吐血不止，气蹶惊颤，狂躁直视，至深夜欲投户而出。如是两夕，遍用方药弗瘳。夜梦观音授一方，命但服一料，永除病根。梦觉记之，如方治药，其病果愈。其方：用益智子仁一两，生朱砂二钱，青橘皮五钱，麝香一钱。碾为细末。每服一钱，空心灯心汤下。

【附方】新八。小便频数，脬气不足也：雷州益智子（盐炒，去盐）、天台乌药等分，为末，酒煮山药粉为糊，丸如梧子大。每服七十丸，空心盐汤下。名缩泉丸。（《朱氏集验方》）心虚尿滑，及赤白二浊：益智子仁、白茯苓、白术等分，为末。每服三钱，白汤调下。白浊腹满，不拘男妇：用益智仁（盐水浸炒）、厚朴（姜汁炒）等分，姜三片，枣一枚，水煎服。（《永类钤方》）小便赤浊：益智子仁、茯神各二两，远志、甘草（水煮）各半斤，为末，酒糊丸梧子大，空心姜汤下五十丸。腹胀忽泻日夜不止，诸药不效，此气脱也：用益智子仁二两，浓煎饮之，立愈。（危氏《得效方》）妇人崩中：益智子炒碾细。米饮入盐，服一钱。（《产宝》）香口辟臭：益智子仁一两，甘草二钱。碾粉舐之。（《经验良方》）漏胎下血：益智仁半两，缩砂仁一两。为末。每服三钱，空心白汤下，日二服。（胡氏《济阴方》）

荜茇（宋《开宝》）

【释名】荜拨。

时珍曰：荜拨当作荜茇，出《南方草木状》，番语也。陈藏器《本草》作毕勃，《扶南传》作逼拨，《大明会典》作毕茇。又段成式《酉阳杂俎》云：摩伽陀国呼为荜拨梨，拂林国呼为阿梨诃陀。

【集解】恭曰：荜茇生波斯国。丛生，茎叶似蒟酱，其子紧细，味辛烈于蒟酱。胡人将来，入食味用也。

藏器曰：其根名毕勃没，似柴胡而黑硬。

颂曰：今岭南有之，多生竹林内。正月发苗作丛，高三四尺，其茎如箸。叶青圆如蕺菜，阔二三寸如桑，面光而厚。三月开花白色在表。七月结子如小指大，长二寸以来，青黑色，类椹子而长。九月取采，灰杀曝干。南人爱其辛香，或取叶生茹之。复有舶上来者，更辛香。

时珍曰：段成式言：青州防风子可乱荜茇，盖亦不然。荜茇气味正如胡椒，其形长一二寸，防风子圆如胡荽子，大不相侔也。

【修治】敩曰：凡使，去挺用头。以醋浸一宿，焙干，以刀刮去皮粟子令净乃用，免伤人肺，令人上气。

【气味】辛，大温，无毒。

时珍曰：气热味辛，阳也，浮也。入手足阳明经。然辛热耗散，能动脾肺之火。多用令人目昏，食料尤不宜之。

荜茇

【主治】温中下气，补腰脚，杀腥气，消食，除胃冷，阴疝痃癖（藏器）。霍乱冷气，心痛血气（大明）。水泻虚痢，呕逆醋心，产后泄痢，与阿魏和合良。得诃子、人参、桂心、干姜，治脏腑虚冷肠鸣泄痢，神效（李珣）。治头痛鼻渊牙痛（时珍）。

【发明】宗奭曰：荜茇走肠胃，冷气呕吐、心腹满痛者宜之。多服走泄真气，令人肠虚下重。

颂曰：按《唐太宗实录》云：贞观中，上以气痢久未痊，服名医药不应，因诏访求其方。有卫士进黄牛乳煎荜茇方，御用有效。刘禹锡亦记其事云，后累试于虚冷者必效。

时珍曰：牛乳煎详见兽部牛乳下。荜茇为头痛、鼻渊、牙痛要药，取其辛热，能入阳明经散浮热也。

【附方】旧二，新八。冷痰恶心：荜茇一两，为末，食前用米汤服半钱。（《圣惠方》）暴泄身冷自汗，甚则欲呕，小便清，脉微弱，宜已寒丸治之：荜茇、肉桂各二钱半，高良姜、干姜各三钱半。为末，糊丸梧子大。每服三十丸，姜汤下。（《和剂局》）胃冷口酸流清水，心下连脐痛：用荜茇半两，厚朴（姜汁浸炙）一两，为末，入热鲫鱼肉，和丸绿豆大。每米饮下二十丸，立效。（余居士《选奇方》）瘴气成块，在腹不散：用荜茇一两，大黄一两，并生为末，入麝香少许，炼蜜丸梧子大，每冷酒服三十丸。（《永类钤方》）妇人血气作痛，及下血无时，月水不调：用荜茇（盐炒）、蒲黄（炒）等分为末，炼蜜丸梧子大。每空心温酒服三十丸，两服即止。名二神丸。（陈氏方）偏头风痛：荜茇为末，令患者口含温水，随左右痛，以左右鼻吸一次，有效。（《经验后方》）鼻流清涕：荜茇末吹之，有效。（《卫生易简方》）风虫牙痛：荜茇末揩之，煎苍耳汤漱去涎。《本草权度》：用荜茇末、木鳖子肉。研膏化开，搐鼻。《圣济总录》：用荜茇、胡椒等分，为末，化蜡丸麻子大，每以一丸塞孔中。

荜勃没

【气味】辛，温，无毒。

【主治】五劳七伤，冷气呕逆，心腹胀满，食不消化，阴汗寒疝核肿，妇人内冷无子，治腰肾冷，除血气。（藏器）

蒟酱（蒟，音矩。《唐本草》）

【释名】蒟子（《广志》）、土荜茇（《食疗》），苗名扶留藤，蒌叶。

时珍曰：按嵇含云：蒟子可以调食，故谓之酱，乃荜茇之类也，故孟诜《食疗》谓之土荜茇。其蔓叶名扶留藤，一作扶槅，一作浮留，莫解其义。蒌则留字之讹也。

【修治】敩曰：凡采得后，以刀刮去粗皮，捣细。每五两，用生姜自然汁五两拌之，蒸一日，曝干用。

根、叶、子

【气味】辛，温，无毒。

时珍曰：气热味辛，阳也，浮也。

【主治】下气温中，破痰积（《唐本》）。咳逆上气，心腹虫痛，胃弱虚泻，霍乱吐逆，解酒食味（李珣）。散结气，心腹冷痛。消谷（孟诜）。解瘴疠，去胸中恶邪气。温脾燥热（时珍）。

【附方】新一。牙疼：蒟酱、细辛各半两，大皂荚五铤（去子，每孔入青盐烧存性）。同研末。频掺吐涎。（《御药院方》）

蒟酱

肉豆蔻（宋《开宝》）

【释名】肉果（《纲目》）、迦拘勒。

宗奭曰：肉豆蔻对草豆蔻为名，去壳只用肉。肉油色者佳，枯白瘦虚者劣。

时珍曰：花实皆似豆蔻而无核，故名。

【集解】藏器曰：肉豆蔻生胡国，胡名迦拘勒。大舶来即有，中国无之。其形圆小，皮紫紧薄，中肉辛辣。

珣曰：生昆仑，及大秦国。

颂曰：今岭南人家亦种之。春生苗，夏抽茎开花，结实似豆蔻，六月、七月采。

时珍曰：肉豆蔻花及实状虽似草豆蔻，而皮肉之颗则不同。颗外有皱纹，而内有斑缬纹，如槟榔纹。最易生蛀，惟烘干密封，则稍可留。

肉豆蔻

实

【修治】敩曰：凡使，须以糯米粉熟汤搜裹豆蔻，于煻灰火中煨熟，去粉用。勿令犯铁。

【气味】辛，温，无毒。

权曰：苦、辛。

好古曰：入手足阳明经。

【主治】温中，消食止泄，治积冷心腹胀痛，霍乱中恶，鬼气冷疰，呕沫冷气，小儿乳霍（《开宝》）。调中下气，开胃，解酒毒，消皮外络下气（大明）。治宿食痰饮，止小儿吐逆，不下乳，腹痛（甄权）。主心腹虫痛，脾胃虚冷，气并冷热，虚泄赤白痢，研末粥饮服之（李珣）。暖脾胃，固大肠（时珍）。

【发明】大明曰：肉豆蔻调中下气，消皮外络下气，味珍，力更殊。

宗奭曰：亦善下气，多服则泄气，得中则和平其气。

震亨曰：属金与土，为丸温中补脾。《日华子》称其下气，以脾得补而善运化，气自下也。非若陈皮、香附之快泄。寇氏不详其实，遂以为不可服也。

机曰:痢疾用此涩肠,为伤乳泄泻之要药。

时珍曰:土爱暖而喜芳香,故肉豆蔻之辛温,理脾胃而治吐利。

【附方】旧一,新七。暖胃除痰,进食消食:肉豆蔻二个,半夏(姜汁炒)五钱,木香二钱半,为末,蒸饼丸芥子大,每食后津液下五丸、十丸。(《普济》)霍乱吐利:肉豆蔻为末,姜汤服一钱。(《普济方》)久泻不止:肉豆蔻(煨)一两,木香二钱半,为末,枣肉和丸,米饮服四五十丸。又方:肉豆蔻(煨)一两,熟附子七钱。为末糊丸。米饮服四五十丸。又方:肉豆蔻(煨)、粟壳(炙)等分为末,醋糊丸,米饮服四、五十丸。(并《百一选方》)老人虚泻:肉豆蔻三钱(面裹煨熟,去面研),乳香一两,为末,陈米粉糊丸梧子大。每服五七十丸,米饮下。此乃常州侯教授所传方。(《瑞竹堂方》)小儿泄泻:肉豆蔻五钱,乳香二钱半,生姜五片。同炒黑色,去姜,研为膏收,旋丸绿豆大。每量大小,米饮下。(《全幼心鉴》)脾泄气痢:豆蔻一颗(米醋调面裹,煨令焦黄,和面研末),更以棁子(炒研末)一两,相和。又以陈廪米炒焦,为末和匀。每以二钱煎作饮,调前二味三钱,旦暮各一服,便瘥。(《续传信方》)冷痢腹痛,不能食者:肉豆蔻一两(去皮)。醋和面裹煨,捣末。每服一钱,粥饮调下。(《圣惠方》)

补骨脂(宋《开宝》)

【释名】破故纸(《开宝》)、婆固脂(《药性论》)、胡韭子(《日华》)。

时珍曰:补骨脂言其功也。胡人呼为婆固脂,而俗讹为破故纸也。胡韭子,因其子之状相似,非胡地之韭子也。

【集解】志曰:补骨脂生岭南诸州及波斯国。

颂曰:今岭外山坂间多有之,四川合州亦有,皆不及番舶者佳。茎高三四尺,叶小似薄荷,花微紫色,实如麻子,圆扁而黑,九月采。

补骨脂

大明曰:徐表《南州记》云,是胡韭子也。南番者,色赤;广南者色绿,入药微炒用。

子

【修治】敩曰:此性燥毒,须用酒浸一宿,漉出,以东流水浸三日夜,蒸之,从巳至申,晒干用。一法:以盐同炒过,曝干用。

【气味】辛,大温,无毒。

权曰:苦,辛。

珣曰:恶甘草。

时珍曰:忌芸苔及诸血,得胡桃、胡麻良。

【主治】五劳七伤,风虚冷,骨髓伤败,肾冷精流,及妇人血气堕胎(《开宝》)。男子腰疼,膝冷囊湿,逐诸冷痹顽,止小便,利腹中冷(甄权)。兴阳事,明耳目(大明)。治肾泄,通命门,暖丹田,敛精神(时珍)。

【附方】旧二,新一十四。补骨脂丸:治下元虚败,脚手沉重,夜多盗汗,纵欲所致。此药壮筋骨,益元气。补骨脂四两(炒香),菟丝子四两(酒蒸),胡桃肉一两(去皮),乳香、没药、沉香各研二钱半,炼蜜丸如梧子大。每服二三十丸,空心盐汤、温酒任下。自夏至起冬至止,日一服。此乃唐宣宗时,张寿大尉知广州,得方于南番人。有诗云:三年时节向边隅,人信方知药力殊。夺得春光来在手,青娥休笑白髭须。(《和剂方》)男女虚劳:男子女人五劳七伤,下元久冷,一切风病,四肢疼痛,驻颜壮气,乌髭须。补骨脂一斤,酒浸一宿,晒干,却用乌油麻一升和炒,令麻子声绝,簸去,只取补骨脂为末,醋煮面糊丸如梧子大。每服二三十丸,空心温酒、盐汤任下。(《经验后方》)肾虚腰痛:《经验后方》:用破故纸一两,炒为末,温酒服三钱,神妙。或加木香一钱。《和剂局方》青娥丸:治肾气虚弱,风冷乘之,或血气相搏,腰痛如折,俯仰不利,或因劳役伤肾,或卑湿伤腰,或损坠堕伤,或风寒客搏,或气滞不散,皆令腰痛,或腰间如物重坠。用破故纸(酒浸炒)一斤,杜仲(去皮姜汁浸炒)一斤,胡桃肉(去皮)二十个,为末,以蒜捣膏一两,和丸梧子大,每空心温酒服二十丸。妇人淡醋汤下。常服壮筋骨,活血脉,乌髭须,益颜色。妊娠腰痛:通气散:用破故纸二两,炒香为末。先嚼胡桃肉半个,空心温酒调下二钱。此药神妙。(《妇人良方》)定心补肾:养血返精丸:破故纸(炒)二两,白茯苓一两(为末),没药五钱,以无灰酒浸高一指,煮化和末,丸梧子大。每服三十丸,白汤下。昔有人服此,至老不衰。盖故纸补肾,茯苓补心,没药养血,三者既壮,自然身安。(《朱氏集验方》)精气不固:破故纸、青盐等分同炒为末。每服二钱,米饮下。(《三因方》)小便无度,肾气虚寒:破故纸十两(酒蒸),茴香十两(盐炒),为末,酒糊丸梧子大。每服百丸,盐酒下。或以末糁猪肾煨食之。(《普济方》)小儿遗尿,膀胱冷也:夜属阴,故小便不禁。破故纸炒为末,每夜热汤服五分。(《婴童百问》)玉茎不痿,精滑无歇,时时如针刺,捏之则脆,此名肾漏:用破故纸、韭子各一两,为末。每用三钱,水二盏,煎六分服,日三次,愈则止。(夏子益《奇方》)脾肾虚泻:二神丸:用破故纸(炒)半斤,肉豆蔻(生用)四两,为末,肥枣肉研膏,和丸梧子大,每空心米饮服五七十丸。《本事方》:加木香二两,名三神丸。水泻久痢:破故纸(炒)一两,粟壳(炙)四两,为末,炼蜜丸弹子大。每服一丸,姜、枣同水煎服。(《百一选方》)牙痛日久肾虚也:补骨脂二两,青盐半两,炒研擦之。(《御药院方》)风虫牙痛,上连头脑:补骨脂(炒)半两,乳香二钱半。为末擦之。或为丸塞孔内。自用有效。(《传信适用方》)打坠腰痛,瘀血凝滞:破故纸(炒)、茴香(炒)、辣桂等分,为末,每热酒服二钱。故纸主腰痛行血。(《直指方》)

姜黄(《唐本草》)

【释名】蒁(音述)、宝鼎香(《纲目》)。

根

【气味】辛、苦,大寒。无毒。

藏器曰：辛少苦多，性热不冷。云大寒，误矣。

姜黄

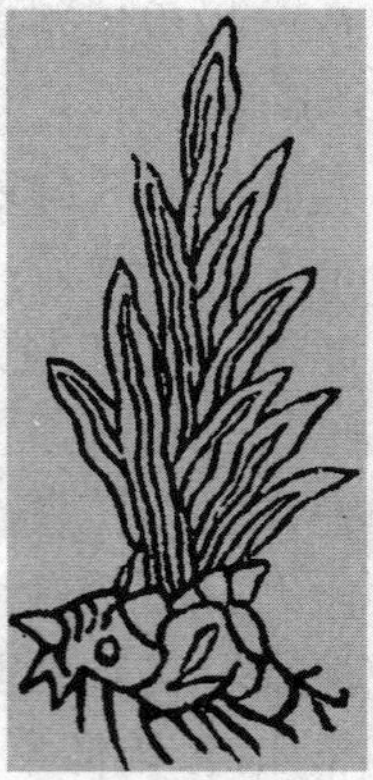

【主治】心腹结积疰忤，下气破血，除风热，消痈肿，功力烈于郁金（《唐本》）。治癥瘕血块，通月经，治扑损瘀血，止暴风痛冷气，下食（大明）。祛邪辟恶，治气胀，产后败血攻心（苏颂）。治风痹臂痛（时珍）。

【发明】时珍曰：姜黄、郁金、术药三物，形状功用皆相近。但郁金入心治血；而姜黄兼入脾，兼治气；术药则入肝，兼治气中之血，为不同尔。古方五痹汤用片子姜黄，治风寒湿气手臂痛。戴原礼《要诀》云：片子姜黄能入手臂治痛，其兼理血中之气可知。

【附方】旧二，新二。心痛难忍：姜黄一两，桂三两。为末。醋汤服一钱。（《经验后方》）胎寒腹痛，啼哭吐乳，大便泻青，状若惊搐，出冷汗：姜黄一钱，没药、木香、乳香二钱。为末，蜜丸芡子大。每服一丸，钩藤煎汤化下。（《和剂方》）产后血痛有块：用姜黄、桂心等分，为末，酒服方寸匕。血下尽即愈。（昝殷《产宝》）疮癣初生：姜黄末掺之，妙。（《千金翼》）

郁金（《唐本草》）

【释名】马术。

郁金

震亨曰：郁金无香而性轻扬，能致达酒气于高远。古人用治郁遏不能升者，恐命名因此也。

时珍曰：酒和郁鬯，昔人言是大秦国所产郁金花香，惟郑樵《通志》言即是此郁金。其大秦三代时未通中国，安得有此草？罗愿《尔雅翼》亦云是此根，和酒令黄如金，故谓之黄流。其说并通。此根形状皆似莪术，而医马病，故名马术。

【集解】恭曰：郁金生蜀地及西戎。苗似姜黄，花白质红，末秋出茎心而无实。其根黄赤，取四畔子根去皮火干，马药用之，破血而补，胡人谓之马术。岭南者有实似小豆蔻，不堪啖。

颂曰：今广南、江西州郡亦有之，然不及蜀中者佳。四月初生苗似姜黄，如苏恭所说。

宗奭曰：郁金不香。今人将染妇人衣最鲜明，而不耐日炙，微有郁金之气。

时珍曰：郁金有二：郁金香是用花，见本条；此是用根者。其苗如姜，其根大小如指头，长者寸许，体圆有横纹如蝉腹状，外黄内赤。人以浸水染色，亦微有香气。

根

【气味】辛、苦，寒，无毒。

元素曰：气味俱厚，纯阴。

独孤滔曰：灰可结砂子。

【主治】血积下气，生肌止血，破恶血，血淋尿血，金疮（《唐本》）。单用，治女人宿血气心痛，冷气结聚，温醋摩服之。亦治马胀（甄权）。凉心（元素）。治阳毒入胃。下血频痛（李杲）。治血气心腹痛，产后败血冲心欲死，失心颠狂蛊毒（时珍）。

【发明】震亨曰：郁金，属火、属土与水，其性轻扬上行，治吐血衄血，唾血血腥，及经脉逆行，并宜郁金末加韭汁、姜汁、童尿同服，其血自清。痰中带血者，加竹沥。又鼻血上行者，郁金、韭汁加四物汤服之。

时珍曰：郁金入心及包络，治血病。《经验方》治失心颠狂，用真郁金七两，明矾三两，为末，薄糊丸梧子大，每服五十丸，白汤下。有妇人颠狂十年，至人授此。初服心胸间有物脱去，神气洒然，再服而苏。此惊忧痰血络聚心窍所致。郁金入心去恶血，明矾化顽痰故也。庞安常《伤寒论》云：斑豆始有白泡，忽搐入腹，渐作紫黑色，无脓，日夜叫乱者。郁金一枚，甘草二钱半，水半碗煮干，去甘草，切片焙研为末，入真脑子（炒）半钱。每用一钱，以生猪血五七滴，新汲水调下。不过二服，甚者毒气从手足心出，如痈状乃瘥。此乃五死一生之候也。又《范石湖文集》云：岭南有挑生之害。于饮食中行厌胜法，鱼肉能反生于人腹中，而人以死，则阴役其家。初得觉胸腹痛，次日刺人，十日则生在腹中也。凡胸膈痛，即用升麻或胆矾吐之。若膈下痛，急以米汤调郁金末二钱服，即泻出恶物。或合升麻、郁金服之，不吐则下。李巽岩侍郎为雷州推官，鞫狱得此方，活人甚多也。

【附方】旧三，新十。失心颠狂：方见发明下。痘毒入心：方见发明下。厥心气痛不可忍：郁金、附子、干姜等分，为末，醋糊丸梧子大，朱砂为衣。每服三十丸，男酒女醋下。（《奇效方》）产后心痛，血气上冲欲死：郁金（烧存性，为末）二钱，米醋一呷，调灌即苏。（《袖珍方》）自汗不止：郁金末，卧时调涂于乳上。（《集简方》）衄血吐血：川郁金为末，井水服二钱。甚者再服。（黎居士《易简方》）阳毒下血，热气入胃，痛不可忍：郁金五大个，牛黄一皂荚子。为散。每服用醋浆水一盏，同煎三沸，温服。（孙用和《秘宝方》）尿血不定：郁金末一两，葱白一握，水一盏，煎至三合，温服，日三服。（《经验方》）风痰壅滞：郁金一分，藜芦十分，为末。每服一字，温浆水调下。仍以浆水一盏漱口，以食压之。（《经验后方》）挑生蛊毒：方见发明下。中砒霜毒：郁金末二钱。入蜜少许，冷水调服。（《事林广记》）痔疮肿痛：郁金末，水调涂之，即消。（《医方摘要》）耳内作痛：郁金末一钱，水调，倾入耳内，急倾出之。（《圣济总录》）

蓬莪术（音述。宋《开宝》）

【释名】蒁药。

【集解】志曰：蓬莪术生西戎及广南诸州。叶似蘘荷，子似干椹，术在根下并生，一好一恶，恶者有毒。西戎人取之，先放羊食，羊不食者弃之。

藏器曰：一名蓬莪，黑色；二名蒁，黄色；三名波杀，味甘，有大毒。

大明曰：即南中姜黄根也。海南生者名蓬莪术。

颂曰：今江浙或有之，三月生苗，在田野中。其茎如钱大，高二三尺。叶青白色，长一二尺，大五寸以来，颇类蘘荷。五月有花作穗，黄色，头微紫。根如生姜，而术在根下，似鸡鸭卵，大小不常。九月采，削去粗皮，蒸熟曝干用。

茂 莪 蓬

根

【修治】敩曰：凡使，于砂盆中以醋磨令尽，然后于火畔熗干，重筛过用。

颂曰：此物极坚硬，难捣治，用时热灰火中煨令透，乘热捣之，即碎如粉。

时珍曰：今人多以醋炒或煮熟入药，取其引入血分也。

【气味】苦、辛，温，无毒。

大明曰：得酒、醋良。

【主治】心腹痛，中恶疰忤鬼气，霍乱冷气，吐酸水，解毒，食饮不消，酒研服之。又疗妇人血气结积，丈夫奔豚(《开宝》)。破痃癖冷气，以酒醋磨服(甄权)。治一切气，开胃消食，通月经，消瘀血，止扑损痛下血，及内损恶血(大明)。通肝经聚血(好古)。

【附方】旧二，新六。一切冷气，抢心切痛，发即欲死：久患心腹痛时发者，此可绝根。蓬莪术二两(醋煮)，木香一两(煨)。为末。每服半钱，淡醋汤下。(《卫生家宝方》)小肠脏气，非时痛不可忍：蓬莪术研末，空心葱酒服一钱。(杨子建《护命方》)妇人血气，游走作痛，及腰痛：蓬莪术、干漆二两，为末，酒服二钱。腰痛，核桃酒下。(《普济方》)小儿盘肠内灼痛：以莪术半两，用阿魏一钱，化水浸一日夜，焙研。每服一字，紫苏汤下。(《保幼大全》)小儿气痛：蓬莪术炮熟为末。热酒服一大钱。(《十全博救方》)上气喘急：蓬莪术五钱，酒一盏半，煎八分服。(《保生方》)气短不接：正元散：治气不接续，兼治滑泄，及小便数。王丞相服之有验。用蓬莪术一两，金铃子(去核)一两，为末，入蓬砂一钱，炼过研细。每服二钱，温酒或盐汤空心服。(孙用和《秘宝方》)初生吐乳不止：蓬莪术少许，盐一绿豆，以乳一合，煎三五沸，去滓，入牛黄两粟大，服之，甚效也。(《保幼大全》)浑身燎泡：方见荆三棱。

荆三棱(宋《开宝》)

【校正】并入《开宝》草三棱。

【释名】京三棱(《开宝》)、草三棱(《开宝》)、鸡爪三棱(《开宝》)、黑三棱(《图经》)、石三棱。

颂曰：三棱，叶有三棱也。生荆楚地，故名荆三棱以著其地。《开宝本草》作京者误矣。又出草三棱条，云即鸡爪三棱，生蜀地。二月、八月采之。其实一类，随形命名尔，故并见之。

【集解】藏器曰：三棱总有三、四种。京三棱，黄色体重，状若鲫鱼而小。又有黑三棱，状如乌梅而稍大，体轻有须，相连蔓延，作漆色，蜀人以织为器，一名葶者，是也。疗体并同。

石三棱

时珍曰：三棱多生荒废陂池湿地。春时丛生，夏秋抽高茎，茎端复生数叶，开花六七枝，花皆细碎成穗，黄紫色，中有细子。其叶茎花实俱有三棱，并与香附苗叶花实一样，但长大尔。其茎光滑三棱，如棕之叶茎。茎中有白穰，剖之织物，柔韧如藤。吕忱《字林》云：葶草生水中，根可缘器。即此草茎，非根也。《抱朴子》言葶根花鱓，亦是此草。其根多黄黑须，削去须皮，乃如鲫状，非本根似鲫也。

根

【修治】元素曰：入用须炮熟。

时珍曰：消积须用醋浸一日，炒或煮熟焙干，入药乃良。

【气味】苦，平，无毒。

志曰：甘，平，温。

大明曰：甘、涩，凉。

元素曰：苦、甘，无毒，阴中之阳。能泻真气。真气虚者勿用。

京三棱

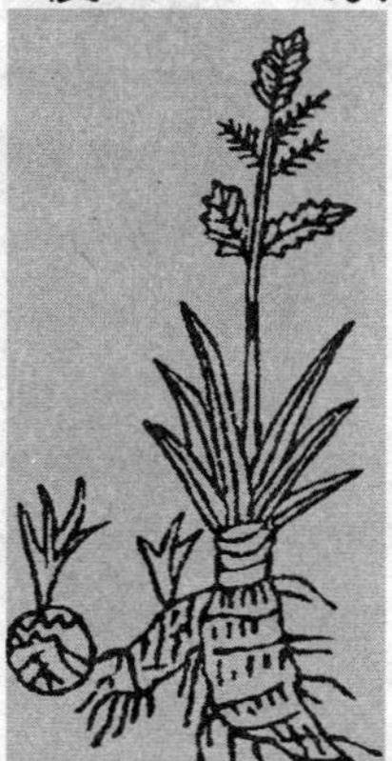

【主治】老癖癥瘕，积聚结块，产后恶血血结，通月水，堕胎，止痛利气（《开宝》）。治气胀，破积气，消扑损瘀血，妇人血脉不调，心腹痛。产后腹痛血运（大明）。心膈痛，饮食不消（元素）。通肝经积血，治疮肿坚硬（好古）。下乳汁（时珍）。

【附方】旧三，新五。癥瘕鼓胀：三棱煎：用三棱根（切）一石。水五石，煮三石，去滓更煎，取三斗汁入锅中，重汤煎如稠糖，密器收之。每旦酒服一匕，日二服。（《千金翼方》）痃癖气块：草三棱、荆三棱、石三棱、青橘皮、陈橘皮、木香各半两，肉豆蔻、槟榔各一两，硇砂二钱，为末，糊丸梧子大，每姜汤服三十九。（《奇效方》）痃癖不瘥，胁下硬如石：京三棱一两（炮），川大黄一两，为末，醋熬成膏。每日空心生姜橘皮汤下一匙，以利下为度。（《圣惠方》）小儿气癖：三棱煮汁作羹粥，与奶母食，日亦以枣许与儿食。小儿新生百日及十岁以下，无问痫热痃癖等皆理之。秘妙不可具言，大效。（《子母秘录》）痞气胸满：口干，肌瘦食减，或时壮热。石三棱、京三棱、鸡爪三棱（并炮），蓬莪术三枚，槟榔一枚，青橘皮五十片（醋浸去白），陈仓米一合（醋浸淘过），巴豆五十个（去皮，同青皮、仓米炒干，去豆）。为末，糊丸绿豆大。每米饮下三丸，日一服。（《圣济总录》）反胃恶心，药食不下：京三棱（炮）一两半，丁香三分，为末。每服一钱，沸汤点服。（《圣济总录》）乳汁不下：京三棱三个，水二碗，煎汁一碗，洗奶取汁出为度，极妙。（《外台秘要》）浑身燎泡，如棠梨状，每个出水，有石一片，如指甲大，其泡复生，抽尽肌肤肉，即不可治：用荆三棱、蓬

莪术各五两，为末，分三服，酒调连进愈。（危氏《得效方》）

莎草、香附子（《别录》中品）

【释名】雀头香（《唐本》）、草附子（《图经》）、水香棱（《图经》）、水巴戟（《图经》）、水莎（《图经》）、侯莎（《尔雅》）、莎结（《图经》）、夫须（《别录》）、续根草（《图经》）、地藾根（《图经》）、地毛（《广雅》）。

时珍曰：《别录》止云莎草，不言用苗用根。后世皆用其根，名香附子，而不知莎草之名也。其草可为笠及雨衣，疏而不沾，故字从草从沙。亦作蓑字，因其为衣垂绥，如孝子衰衣之状，故又从衰也。《尔雅》云：薃（音浩）侯，莎，其实缇是也。又云：苔，夫须也。苔乃笠名，贱夫所须也。其根相附连续而生，可以合香，故谓之香附子。上古谓之雀头香。按《江表传》云：魏文帝遣使于吴求雀头香，即此。其叶似三棱及巴戟，而生下湿地，故有水三棱、水巴戟之名。俗人呼为雷公头。《金光明经》谓之月萃哆。《记事珠》谓之抱灵居士。

【集解】《别录》曰：莎草生田野，二月、八月采。

子附香草莎

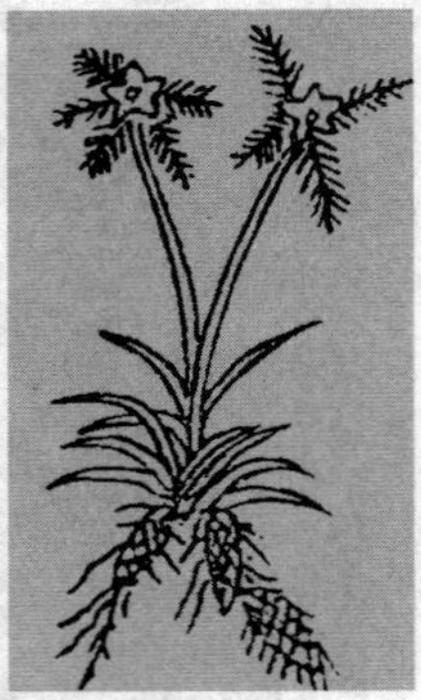

弘景曰：方药不复用，古人为诗多用之，而无识者。乃有鼠蓑，疗体异此。

恭曰：此草根名香附子，一名雀头香，所在有之，茎叶都似三棱，合和香用之。

时珍曰：莎叶如老韭叶而硬，光泽有剑脊棱。五、六月中抽一茎，三棱中空，茎端复出数叶。开青花成穗如黍，中有细子。其根有须，须下结子一二枚，转相延生，子上有细黑毛，大者如羊枣而两头尖。采得燎去毛，曝干货之。此乃近时日用要药，而陶氏不识，诸注亦略，乃知古今药物兴废不同。如此则本草诸药，亦不可以今之不识，便废弃不收，安知异时不为要药如香附者乎？

根

【修治】敩曰：凡采得阴干，于石臼中捣之，切忌铁器。

时珍曰：凡采得连苗曝干，以火燎去苗及毛。用时以水洗净，石上磨去皮，用童子小便浸透，洗晒捣用。或生或炒，或以酒醋盐水浸，诸法各从本方，详见于下。又稻草煮之，味不苦。

【气味】甘，微寒，无毒。

宗奭曰：苦。

颂曰：《天宝单方》云：辛，微寒，无毒，性涩。

元素曰：甘、苦，微寒，气厚于味，阳中之阴，血中之气药也。

时珍曰：辛、微苦、甘，平。足厥阴、手少阳药也。能兼行十二经，入脉气分。得童子小便、醋、芎䓖、苍术良。

【主治】除胸中热，充皮毛，久服利人，益气，长须眉(《别录》)。治心中客热，膀胱间连胁下气妨。常日忧愁不乐，兼心忪者(苏颂)。治一切气，霍乱吐泻腹痛，肾气膀胱冷气(李杲)。散时气寒疫，利三焦，解六郁，消饮食积聚，痰饮痞满，胕肿腹胀，脚气，止心腹肢体头目齿耳诸痛，痈疽疮疡，吐血下血尿血，妇人崩漏带下，月候不调，胎前产后百病(时珍)。

苗及花

【主治】丈夫心肺中虚风及客热，膀胱间连胁下时有气妨，皮肤瘙痒瘾疹，饮食不多，日渐瘦损，常有忧愁心忪少气等症。并收苗花二十余斤剉细，以水二石五斗，煮一石五斗，斛中浸浴，令汗出五、六度，其瘙痒即止。四时常用，瘾疹风永除(《天宝单方图》)。煎饮散气郁，利胸膈，降痰热(时珍)。

【附方】旧一，新四十八。服食法：颂曰：唐玄宗《天宝单方图》云：水香棱根名莎结，亦名草附子，说已见前。其味辛，微寒，无毒。凡丈夫心中客热，膀胱间连胁下气妨，常日忧愁不乐，兼心忪者。取根二大升，捣熬令香，以生绢袋盛，贮于三大斗无灰清酒中浸之。春三月后，浸一日即堪服；冬十月后，即七日，近暖处乃佳。每空腹温饮一盏，日夜三、四次，常令酒气相续，以知为度。若不饮酒，即取根十两，加桂心五两，芜荑三两。和捣为散，以蜜和为丸，捣一千杵，丸如梧子大。每空腹酒及姜蜜汤饮汁等下二十丸，日再服，渐加至三十丸，以瘥为度。交感丹：凡人中年精耗神衰。盖由心血少，火不下降；肾气惫，水不上升。致心肾隔绝，营卫不和。上则多惊；中则塞痞，饮食不下；下则虚冷遗精。愚医徒知峻补下田，非惟不能生水滋阴，而反见衰悴。但服此方半年，屏去一切暖药，绝嗜欲，然后习秘固溯流之术，其效不可殚述。俞通奉年五十一，遇铁瓮城申先生授此，服之老犹如少，年至八十五乃终也。因普示群生，同登寿域。香附子一斤(新水浸一宿，石上擦去毛，炒黄)，茯神(去皮木)四两，为末，炼蜜丸弹子大。每服一丸，侵早细嚼，以降气汤下。降气汤用香附子(如上法)半两，茯神二两，炙甘草一两半，为末，点沸汤服前药。(萨谦斋《瑞竹堂经验方》)一品丸：治气热上攻，头目昏眩，及治偏正头痛。大香附子去皮，水煮一时，捣晒焙研为末，炼蜜丸弹子大。每服一丸，水一盏，煎八分服。女人，醋汤煎之。(《奇效良方》)升降诸气：治一切气病，痞胀喘哕，噫酸烦闷，虚痛走注。常服开胃消痰，散壅思食。早行山行，尤宜服之，去邪辟瘴。香附子(炒)四百两，沉香十八两，缩砂仁四十八两，炙甘草一百二十两，为末。每服一钱，入盐少许，白汤点服。(《和剂局方》)一切气疾：心腹胀满，胸膈噎塞，噫气吞酸，痰逆呕恶，及宿酒不解。香附子一斤，缩砂仁八两，甘草(炙)四两，为末，每白汤入盐点服。为粗末煎服亦可。名快气汤。(《和剂局方》)调中快气，心腹刺痛：小乌沉汤：香附子(擦去毛，焙)二十两，乌药十两，甘草(炒)一两。为末。每服二钱，盐汤随时点服。(《和剂局方》)

瑞香(《纲目》)

瑞香

【集解】时珍曰:南方州郡山中有之。枝干婆娑,柔条厚叶,四时青茂。冬春之交,开花成簇,长三四分,如丁香状,有黄、白、紫三色。《格古论》云:瑞香高者三四尺,有数种:有枇杷叶者,杨梅叶者,柯叶者,球子者,挛枝者。惟挛枝者花紫香烈,枇杷叶者结子。其始出于庐山,宋时人家栽之,始著名。挛枝者其节挛曲,如断折之状也。其根绵软而香。

根

【气味】甘、咸,无毒。

【主治】急喉风,用白花者研水灌之(时珍。出《医学集成》)。

茉莉(《纲目》)

【释名】柰花。

茉莉

时珍曰:稽含《草木状》作末利,《洛阳名园记》作抹厉,《佛经》作抹利,《王龟龄集》作没利,《洪迈集》作末丽。盖末利本胡语,无正字,随人会意而已。韦君呼为狎客,张敏叔呼为远客。杨慎《丹铅录》云:《晋书》都人簪柰花,即今末利花也。

【集解】时珍曰:末利原出波斯,移植南海,今滇、广人栽莳之。其性畏寒,不宜中土。弱茎繁枝,绿叶团尖。初夏开小白花,重瓣无蕊,秋尽乃止,不结实。有千叶者,红色者,蔓生者。其花皆夜开,芬香可爱。女人穿为首饰,或合面脂。亦可熏茶,或蒸取液以代蔷薇水。又有似茉莉而瓣大,其香清绝者,谓之狗牙,亦名雪瓣,海南有之。素馨、指甲,皆其类也,并附于下。

花

【气味】辛,热,无毒。

【主治】蒸油取液,作面脂头泽,长发润燥香肌,亦入茗汤(时珍)。

根

【气味】热,有毒。

【主治】以酒磨一寸服。则昏迷一日乃醒;二寸二日,三寸三日。凡跌损骨节脱臼,接骨者用此,则不知痛也(汪机)。

【附录】素馨

时珍曰：素馨亦自西域移来，谓之耶悉茗花，即《酉阳杂俎》所载野悉蜜花也。枝干袅娜，叶似茉莉而小。其花细瘦四瓣，有黄、白二色。采花压油泽头，甚香滑也。

指甲花

有黄、白二色，夏月开，香似木犀，可染指甲，过于凤仙花。

郁金香（宋《开宝》）

【校正】禹锡曰：陈氏言郁是草英，不当附于木部。今移入此。

郁金香

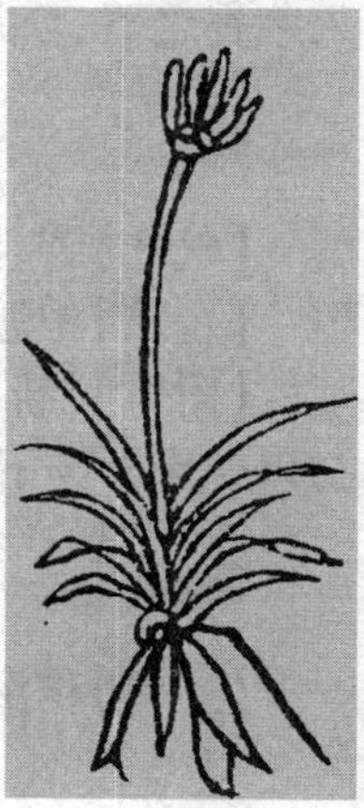

【释名】郁金（《御览》）、红蓝花（《纲目》）、紫述香（《纲目》）、草麝香、茶矩摩（佛书）。

颂曰：许慎《说文解字》云：郁，芳草也。十叶为贯，百二十贯筑以煮之。郁鬯乃百草之英，合而酿酒以降神，乃远方郁人所贡，故谓之郁。郁，今郁林郡也。

时珍曰：汉郁林郡，即今广西、贵州、浔、柳、邕、宾诸州之地。《一统志》惟载柳州罗城县出郁金香，即此也。《金光明经》谓之茶矩摩香。此乃郁金花香，与今时所用郁金根，名同物异。《唐慎微本草》收此入彼下，误矣。按赵古则《六书本义》：鬯字，象米在器中，以匕报之之意。郁字从臼，奉缶置于几上，鬯有彡饰，五体之意。俗作郁。则郁乃取花筑酒之意，非指地言，地乃因此草得名耳。

【集解】藏器曰：郁金香生大秦国，二月、三月有花，状如红蓝，四月、五月采花，即香也。

时珍曰：按郑玄云：郁草似兰。杨孚《南州异物志》云：郁金出罽宾，国人种之，先以供佛，数日萎，然后取之。色正黄，与芙蓉花裹嫩莲者相似，可以香酒。又《唐书》云：太宗时，伽毗国献郁金香，叶似麦门冬，九月花开，状似芙蓉，其色紫碧，香闻数十步，花而不实，欲种者取根。二说皆同，但花色不同，种或不一也。《古乐府》云：中有郁金苏合香者，是此郁金也。晋左贵嫔有《郁金颂》云：伊有奇草，名曰郁金。越自殊域，厥珍来寻。芳香酷烈，悦目怡心。明德惟馨，淑人是钦。

【气味】苦，温，无毒。

藏器曰：平。

【主治】蛊野诸毒，心腹间恶气鬼疰，鸦鹘等一切臭。入诸香药用（藏器）。

茅香（宋《开宝》）

【校正】并入宋《图经》香麻。

【释名】温尸罗（《金光明经》）、香麻。

时珍曰：苏颂《图经》复出香麻一条，云出福州，煎汤浴风甚良，此即香茅也，闽人呼茅如麻故尔。今并为一。

茅香

【集解】志曰：茅香生剑南道诸州，其茎叶黑褐色，花白色，即非白茅香也。

颂曰：今陕西、河东、汴东州郡亦有之，辽、泽州充贡。三月生苗，似大麦。五月开白花，亦有黄花者。有结实者，有无实者。并正月、二月采根，五月采花，八月采苗。

宗奭曰：茅香根如茅，但明洁而长。可作浴汤，同藁本尤佳。仍入印香中，合香附子用。

时珍曰：茅香凡有二：此是一种香茅也；其白茅香，别是南番一种香草。《唐慎微本草》不知此义，乃以白茅花及白茅香诸注引入茅香之下，今并提归各条。

花

【气味】苦，温，无毒。

【主治】中恶，温胃止呕吐，疗心腹冷痛（《开宝》）。

【附方】：新一。冷劳久病：茅香花、艾叶四两，烧存性，研末，粟米饭丸梧子大。初以蛇床子汤下二十丸至三十丸，微吐不妨，后用枣汤下，立效。（《圣济总录》）

苗、叶

【主治】作浴汤，辟邪气，令人身香（《开宝》）。

白茅香

白茅香（《拾遗》）

【集解】藏器曰：白茅香生安南，如茅根，道家用作浴汤。

珣曰：《广志》云：生广南山谷，合诸名香甚奇妙，尤胜舶上来者。

时珍曰：此乃南海白茅香，亦今排香之类，非近道之白茅及北土茅香花也。

根

【气味】甘，平，无毒。

【主治】恶气，令人身香。煮汤服，治腹内冷痛（藏器）。小儿遍身疮疱，合桃叶煎汤浴之（李珣）。

排草香（《纲目》）

【集解】时珍曰：排草香出交趾，今岭南亦或莳之。草根也，白色，状如细柳根，人多伪杂之。案范成大《桂海志》云:排草香状如白茅香,芬烈如麝香。人亦用以合香,诸香无及之者。又有麝香木,出古城,乃老朽树心节,气颇类麝。

排草香

根

【气味】辛,温,无毒。

【主治】辟臭,去邪恶气(时珍)。

【附录】瓶香

珣曰:案陈藏器云:生南海山谷,草之状也。其味寒无毒。主鬼魅邪精,天行时气,并宜烧之。水煮,洗水肿浮气。与生姜、芥子煎汤,浴风疟甚效。

耕香

藏器曰:生乌浒国,茎生细叶,味辛温无毒,主鬼气,调中去臭。

时珍曰:二香皆草状,恐亦排草之类也,故附之。

迷迭香(《拾遗》)

迷迭香

【集解】藏器曰:《广志》云:出西海。《魏略》云:出大秦国。

时珍曰:魏文帝时,自西域移植庭中,同曹植等各有赋。大意其草修干柔茎,细枝弱根。繁花结实,严霜弗凋。收采幽杀,摘去枝叶。入袋佩之,芳香甚烈。与今之排香同气。

【气味】辛,温,无毒。

【主治】恶气,令人衣香,烧之去鬼(藏器)。

珣曰:性平不温。合羌活为丸,烧之,辟蚊蚋。

藒车香(《拾遗》)

【集解】藏器曰:《广志》云:藒车香生徐州,高数尺,黄叶白花。《尔雅》:藒车,乞舆。

郭璞云:香草也。

珣曰:生海南山谷。《齐民要术》云:凡诸树木虫蛀者。煎此香冷淋之,即辟也。

时珍曰:《楚词》:畦留夷与藒车。则昔人常栽莳之,与今兰香、零陵相类也。

【气味】辛,温,无毒。

珣曰:微寒。

【主治】鬼气,去臭,及虫鱼蛀蠹(藏器)。治霍乱,辟恶气,熏衣佳(珣)。

艾纳香(宋《开宝》)

【集解】志曰:《广志》云:艾纳出西国,似细艾。又有松树皮上绿衣,亦名艾纳,可以和合诸香,烧之能聚其烟,青白不散,而与此不同。

禹锡曰:案《古乐府》云:行胡从何方?列国持何来?氍毹毾㲪五木香,迷迭艾纳及都梁。是也。

【气味】甘,温、平,无毒。

【主治】去恶气杀虫,主腹冷泄痢(志)。伤寒五泄,心腹注气,止肠鸣,下寸白,烧之辟瘟疫,合蜂窠浴脚气良(珣)。治癣辟蛇(藏器)。

兜纳香(《海药》)

【集解】珣曰:案《广志》云:出西海剽国诸山。《魏略》云:出大秦国。草类也。

【气味】辛,平,无毒。

藏器曰:甘,温。

【主治】温中,除暴冷(藏器)。恶疮肿瘘,止痛生肌,并入膏用。烧之,辟远近恶气。带之夜行,壮胆安神。与茅香、柳枝煎汤浴小儿,易长(李珣)。

线香(《纲目》)

【集解】时珍曰:今人合香之法甚多,惟线香可入疮科用。其料加减不等,大抵多用白芷、芎䓖、独活、甘松、三柰、丁香、藿香、藁本、高良姜、角茴香、连乔、大黄、黄芩、柏木、兜娄香末之类,为末,以榆皮面作糊和剂,以唧筩笮成线香,成条如线也。亦或盘成物象字形,用铁铜丝悬爇者,名龙挂香。

【气味】辛,温,无毒。

【主治】熏诸疮癣(时珍)。

【附方】新一。杨梅毒疮:龙挂香、孩儿茶、皂角子各一钱,银朱二钱,为末,纸卷作捻,点灯置桶中,以鼻吸烟,一日三次,三日止。内服解毒药,疮即干。(《集简方》)

藿香(宋《嘉祐》)

【校正】承曰:宜入草部。

【释名】兜娄婆香。

时珍曰:豆叶曰藿,其叶似之,故名。《楞严经》云:坛前以兜娄婆香煎水洗浴。即此。《法华经》谓之多摩罗跋香,《金光明经》谓之钵怛罗香,皆兜娄二字梵言也。涅槃又谓之迦算香。

【集解】禹锡曰：按《南州异物志》云：藿香出海边国，形如都梁，叶似水苏，可着衣服中。嵇含《南方草木状》云：出交阯、九真、武平、兴古诸地，吏民自种之，榛生，五、六月采，晒干乃芳香。

藿香

颂曰：藿香岭南多有之，人家亦多种。二月生苗，茎梗甚密，作丛，叶似桑而小薄，六月、七月采之，须黄色乃可收。《金楼子》及《俞益期笺》皆云：扶南国人言：五香共是一木。其根是旃檀，节是沉香，花是鸡舌，叶是藿香，胶是熏陆。故本草以五香共条，义亦出此。今南中藿香乃是草类，与嵇含所说正相符合。范晔《合香方》云：零藿虚燥。古人乃以合熏香，即此扶南之说，似涉欺罔也。

时珍曰：藿香方茎有节中虚，叶微似茄叶。洁古、东垣惟用其叶，不用枝梗。今人并枝梗用之，因叶多伪故耳。《唐史》云：顿逊国出藿香，插枝便生，叶如都梁者，是也。刘欣期《交州记》，言藿香似苏合香者，谓其气相似，非谓形状也。

枝叶

【气味】辛，微温，无毒。

元素曰：辛、甘。

又曰：甘、苦，气厚味薄，浮而升，阳也。

杲曰：可升可降，阳也。入手、足太阴经。

【主治】风水毒肿，去恶气，止霍乱心腹痛（《别录》）。脾胃吐逆为要药（苏颂）。助胃气，开胃口，进饮食（元素）。温中快气，肺虚有寒，上焦壅热，饮酒口臭，煎汤漱口（好古）。

【发明】杲曰：芳香之气助脾胃，故藿香能止呕逆，进饮食。

好古曰：手、足太阴之药。故入顺气乌药散，则补肺；入黄芪、四君子汤，则补脾也。

【附方】新六。升降诸气：藿香一两，香附（炒）五两，为末，每以白汤点服一钱。（《经效济世方》）霍乱吐泻垂死者，服之回生：用藿香叶、陈皮各半两，水二盏，煎一盏，温服。（《百一选方》）暑月吐泻：滑石（炒）二两，藿香二钱半，丁香五分为末。每服一二钱，淅米泔调服。（禹讲师《经验方》）胎气不安，气不升降，呕吐酸水：香附、藿香、甘草二钱。为末。每服二钱，入盐少许，沸汤调服之。（《圣惠》）香口去臭：藿香洗净，煎汤，时时噙漱。（《摘玄方》）冷露疮烂：藿香叶、细茶等分，烧灰，油调涂叶上，贴之。（《应验方》）

薰草（《别录》中品）、零陵香（宋《开宝》）

【释名】蕙草（《别录》）、香草（《开宝》）、燕草（《纲目》）、黄零草（《玉册》）。

时珍曰：古者烧香草以降神，故曰薰，曰蕙。薰者熏也，蕙者和也。《汉书》云：

薰以香自烧，是矣。或云：古人祓除，以此草熏之，故谓之薰，亦通。范成《大虞衡志》言：零陵即今永州，不出此香。惟融、宜等州甚多，土人以编席薦，性暖宜人。谨按零陵旧治在今全州。全乃湘水之源，多生此香，今人呼为广零陵香者，乃真薰草也。若永州、道州、武冈州，皆零陵属地也。今镇江、丹阳皆莳而刈之，以酒洒制货之，芳香更烈，谓之香草，与兰草同称。《楚辞》云：既滋兰之九畹，又树蕙之百亩，则古人皆栽之矣。张揖《广雅》云：卤，薰也。其叶谓之蕙。而黄山谷言一干数花者为蕙。盖因不识兰草、蕙草，强以兰花为分别也。郑樵《修本草》，言兰即蕙，蕙即零陵香，亦是臆见，殊欠分明。但兰草、蕙草，乃一类二种耳。

【集解】《别录》曰：薰草，一名蕙草，生下湿地，三月采阴干，脱节者良。又曰：蕙实，生鲁山平泽。

弘景曰：《桐君药录》：薰草叶如麻，两两相对。《山海经》云：浮山有草，麻叶而方茎，赤华而黑实，气如蘼芜，名曰薰草，可以已疠。今俗人皆呼燕草状如茅而香者为薰草，人家颇种之者，非也。诗书家多用蕙，而竟不知是何草，尚其名而迷其实，皆此类也。

藏器曰：薰草即是零陵香，薰乃蕙草根也。

志曰：零陵香生零陵山谷，叶如罗勒。《南越志》云：土人名燕草，又名薰草，即香草也。《山海经》薰草即是此。

颂曰：零陵香今湖岭诸州皆有之，多生下湿地，叶如麻，两两相对，茎方，常以七月中旬开花至香，古云薰草是也。岭南人皆作窑灶，以火炭焙干，令黄色乃佳。江淮亦有土生者，亦可作香，但不及湖岭者，至枯槁香尤芬熏耳。古方但用薰草，不用零陵香。今合香家及面脂、澡豆诸法皆用之。都下市肆货之甚便。

时珍曰：今惟吴人栽造，货之亦广。

薰草

【气味】甘，平，无毒。

权曰：苦，无毒。

珣曰：辛，温，无毒。不宜多服，令人气喘。《玉册》云：伏三黄、朱砂。

【主治】明目止泪，疗泄精，去臭恶气，伤寒头痛，上气腰痛（《别录》）。单用，治鼻中息肉，鼻齆（甄权）。零陵香：主恶气疰心腹痛满，下气。令体香，和诸香作汤丸用，得酒良（《开宝》）。主风邪冲心，虚劳疳䘌。得升麻、细辛煎饮，治牙齿肿痛善（李珣）。治血气腹胀，茎叶煎酒服（大明）。妇人浸油饰发，香无以加（宗奭）。

香陵零草薰

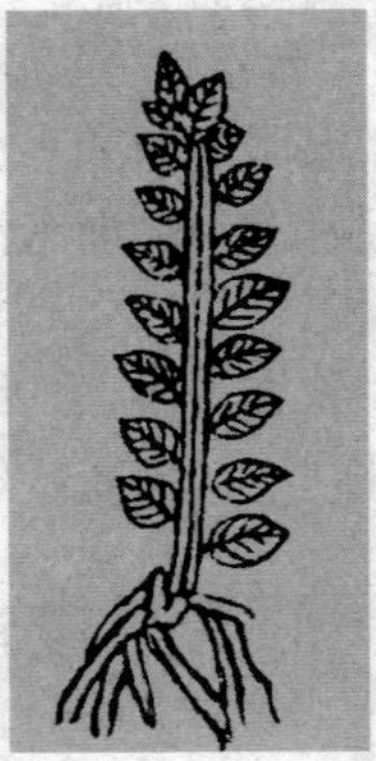

【发明】时珍曰：薰草芳馨，其气辛散上达，故心腹恶气齿痛鼻塞皆用之。脾胃喜芳香，芳香可以养鼻是也。多服作喘，为能耗散真气也。

【附方】新十。伤寒下痢：蕙草汤：用蕙草、当归各二两，黄连四两，水六升，煮二升服，日三服。(《范汪方》)伤寒狐惑，食肛者：蕙草、黄连各四两。㕮咀，以白酸浆一斗，渍一宿，煮取二升，分三服。(《小品方》)头风旋运，痰逆恶心懒食：真零陵香、藿香叶、莎草根(炒)等分，为末。每服二钱，茶下，日三服。(《本事方》)小儿鼻塞头热：用薰草一两，羊髓三两。铫内慢火熬成膏，去滓，日摩背上三四次。(《圣惠方》)头风白屑：零陵香、白芷等分，水煎汁，入鸡子白搅匀，敷数十次，终身不生。(《圣惠方》)牙齿疼痛：零陵香梗叶煎水，含漱之。(《普济方》)风牙疳牙：零陵香(洗炙)、荜茇(炒)等分，为末掺之。(《普济方》)梦遗失精：薰草汤：用薰草、人参、白术、白芍药、生地黄各二两，茯神、桂心、甘草(炙)各二两，大枣十二枚，水八升，煮三升，分二服。(《外台秘要》)妇人断产：零陵香为末，酒服二钱。每服至一两，即一年绝孕。盖血闻香即散也。(《医林集要》)五色诸痢：返魂丹：用零陵香草去根，以盐酒浸半月，炒干。每两入广木香一钱半，为末。里急腹痛者，用冷水服一钱半，通了三四次，用热米汤服一钱半，止痢。只忌生梨一味。(《集简方》)

蕙实(《别录》有名未用部)

藏器曰：即兰蕙之蕙也。五月采之，辛香。

【气味】辛，平，无毒。

【主治】明目补中(《别录》)。

根茎中涕

【主治】伤寒寒热出汗，中风面肿，消渴热中，逐水(《别录》)。主五痔脱肛有虫(时珍。出《千金》)。

兰草(《本经》上品)

【释名】蕑(音闲)、水香(《本经》)、香水兰(《开宝》)、女兰(《纲目》)、香草(《纲目》)、燕尾香(《开宝》)、大泽兰(《炮炙论》)、煎泽草(弘景)、兰泽草(《唐本》)、省头草(《纲目》)、都梁香(李当之)、孩儿菊(《纲目》)、千金草。

兰草

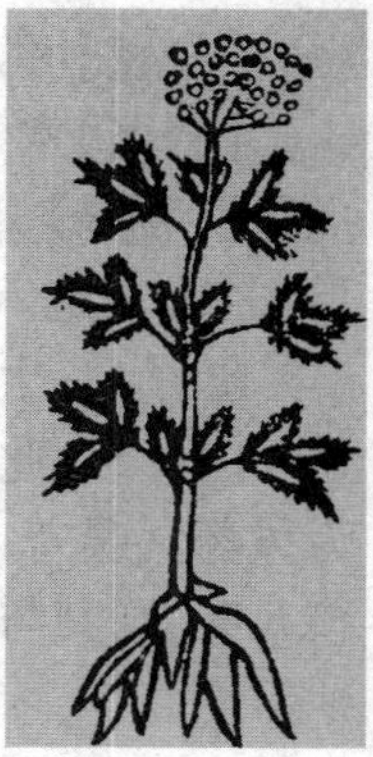

志曰：叶似马兰，故名兰草。其叶有歧，俗呼燕尾香。时人煮水以浴，疗风，故又名香水兰。

藏器曰：兰草生泽畔，妇人和油泽头，故云兰泽。盛弘之《荆州记》云：都梁有山，下有水清浅，其中生兰草，因名都梁香。

时珍曰：都梁即今之武冈州也，又临淮盱眙县亦有都梁山，产此香。兰乃香草，能辟不祥。陆玑《诗疏》言：郑俗，三月男女秉蕑于水际，以自祓除。盖兰以阑之，蕑以闲之，其义一也。《淮南子》云：男子种兰，美而不芳。则兰须女子种之，女兰之名，或因乎此。其叶似菊，女子、小儿喜佩之，则女兰、孩菊之名，又或以此也。《扂瑶经验方》言：江南人家种之，夏月采置发中，令头不脏，故名省头草。其说正合煎泽之义。古人兰蕙皆称香草，如零陵香草、都梁香草。后人省之，通呼为香草尔。近世但知兰花，不知兰草。惟虚谷方回考订，极言古之兰草即今之千金草，俗名孩儿菊者，其说可据。详下正误。

叶

【修治】见泽兰下。

【气味】辛，平，无毒。

杲曰：甘、寒。

【主治】利水道，杀蛊毒，辟不祥。久服益气轻身不老，通神明（《本经》）。除胸中痰癖（《别录》）。生血，调气，养营（雷敩）。其气清香，生津止渴，润肌肉，治消渴胆瘅（李杲）。煮水，浴风病（马志）。消痈肿，调月经。煎水，解中牛马毒（时珍）。主恶气，香泽可作膏涂发（藏器）。

兰花

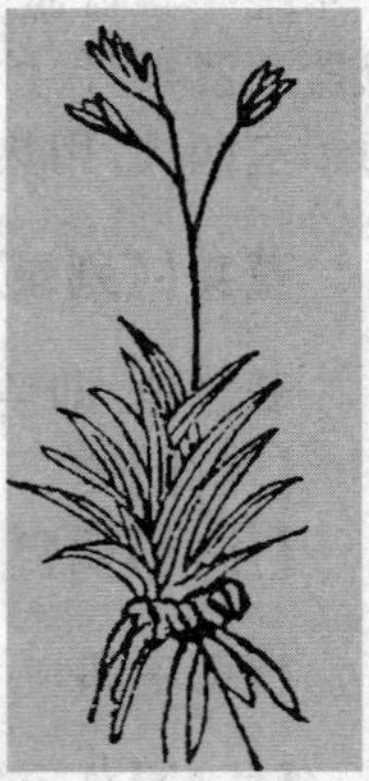

【发明】时珍曰：按《素问》云：五味入口，藏于脾胃，以行其精气。津液在脾，令人口甘，此肥美所发也。其气上溢，转为消渴。治之以兰，除陈气也。王冰注云：辛能发散故也。李东垣治消渴生津饮，用兰叶，盖本于此，详见泽兰下。又此草浸油涂发，去风垢，令香润。《史记》所谓罗襦襟解，微闻香泽者是也。崔寔《四时月令》作香泽法：用清油浸兰香、藿香、鸡舌香、苜蓿叶四种，以新绵裹，浸胡麻油，和猪脂纳铜铛中，沸定，下少许青蒿，以绵幂瓶，铛嘴泻出，瓶收用之。

【附方】新一。食牛马毒杀人者：省头草（连根叶），煎水服，即消。（《唐瑶经验方》）

泽兰（《本经》中品）

【校正】并入《嘉祐》地笋。

【释名】水香（《吴普》）、都梁香（弘景）、虎兰（《本经》）、虎蒲（《别录》）、龙枣（《本经》）、孩儿菊（《纲目》）、风药（《纲目》），根名地笋（《嘉祐》）。

泽兰

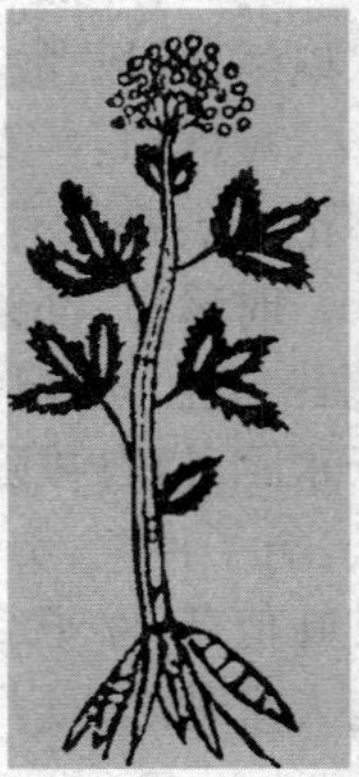

弘景曰：生于泽旁，故名泽兰，亦名都梁香。

时珍曰：此草亦可为香泽，不独指其生泽旁也。齐安人呼为风药，《吴普本草》一名水香，陶氏云亦名都梁，今俗通呼为孩儿菊，则其与兰草为一物二种，尤可证矣。其根可食，故曰地笋。

叶

【修治】敩曰：凡用大、小泽兰，细剉，以绢袋盛，悬于屋南畔角上，令干用。

【气味】苦，微温，无毒。

《别录》曰：甘。

普曰：神农、黄帝、岐伯、桐君：酸，无毒。

李当之：小温。

权曰：苦、辛。

之才曰：防己为之使。

【主治】乳妇内衄，中风余疾，大腹水肿，身面四肢浮肿，骨节中水，金疮，痈肿疮脓（《本经》）。产后金疮内塞（《别录》）。产后腹痛，频产血气衰冷，成劳瘦羸，妇人血沥腰痛（甄权）。产前产后百病，通九窍，利关节，养血气，破宿血，消癥瘕，通小肠，长肌肉，消扑损瘀血，治鼻血吐血，头风目痛，妇人劳瘦，丈夫面黄（大明）。

【发明】颂曰：泽兰，妇人方中最为急用。古人治妇人泽兰丸甚多。

时珍曰：兰草、泽兰气香而温，味辛而散，阴中之阳，足太阴、厥阴经药也。脾喜芳香，肝宜辛散。脾气舒，则三焦通利而正气和；肝郁散，则营卫流行而病邪解。兰草走气道，故能利水道，除痰癖，杀蛊辟恶，而为消渴良药；泽兰走血分，故能治水肿，涂痈毒，破瘀血，消癥瘕，而为妇人要药。虽是一类而功用稍殊，正如赤、白茯苓、芍药，补泻皆不同也。雷敩言：雌者调气生血，雄者破血通积，正合二兰主治。大泽兰之为兰草，尤可凭据。血生于气，故曰调气生血也。又荀子云：泽芷以养鼻，谓泽兰、白芷之气，芳香通乎肺也。

【附方】旧一，新四。产后水肿，血虚浮肿：泽兰、防己等分，为末。每服二钱，醋汤下。（张文仲《备急方》）小儿蓐疮：嚼泽兰心，封之，良。（《子母秘录》）疮肿初起：泽兰，捣封之，良。（《集简方》）损伤瘀肿：方同上。产后阴翻：产后阴户燥热，遂成翻花。泽兰四两，煎汤熏洗二三次，再入枯矾煎洗之，即安。（《集简方》）

地笋（宋《嘉祐》）

【气味】甘、辛，温，无毒。

【主治】利九窍，通血脉，排脓治血（藏器）。止鼻洪吐血，产后心腹痛。产妇可作蔬菜食，佳（大明）。

子

【主治】妇人三十六疾（《千金方》承泽丸中用之）。

马兰（《日华》）

【释名】紫菊。

时珍曰：其叶似兰而大，其花似菊而紫，故名。俗称物之大者，为马也。

【集解】藏器曰：马兰生泽旁，如泽兰而气臭，《楚词》以恶草喻恶人，北人见其花呼为紫菊，以其似单瓣菊花而紫也。又有山兰，生山侧，似刘寄奴，叶无桠，不对生，花心微黄赤。亦大破血，皆可用。

时珍曰：马兰，湖泽卑湿处甚多。二月生苗，赤茎白根，长叶有刻齿，状似泽兰，但不香尔。南人多采汋晒干，为蔬及馒馅。入夏高二三尺，开紫花，花罢有细子。《楚辞》无马兰之名，陈氏指为恶草，何据？

根、叶

【气味】辛，平，无毒。

【主治】破宿血，养新血，止鼻衄吐血，合金疮，断血痢，解酒疸及诸菌毒、蛊毒。生捣，涂蛇咬（大明）。主诸疟及腹中急痛，痔疮（时珍）。

马兰

【发明】时珍曰：马兰辛平，能入阳明血分，故治血与泽兰同功。近人用治痔漏云有效，春夏取生，秋冬取干者，不用盐醋，白水煮食，并饮其汁。或以酒煮焙研，糊丸，米饮日日服之。仍用煎水入盐少许，日日熏洗之。《医学集成》云：治痔用马兰根，捣敷片时，看肉平即去之。稍迟，恐肉反出也。

【附方】新六。诸疟寒热：赤脚马兰捣汁，入水少许，发日早服，或入少糖亦可。（《圣济总录》）绞肠沙痛：马兰根叶，细嚼咽汁，立安。（《寿域神方》）打伤出血：竹节草即马兰，同旱莲草、松香、皂子叶（即柜子叶，冬用皮）。为末。搽入刀口。（《摘玄方》）喉痹口紧：用地白根即马兰根，或叶捣汁，入米醋少许，滴鼻孔中，或灌喉中，取痰自开。（孙一松《试效方》）水肿尿涩：马兰菜一虎口，黑豆、小麦各一撮。酒、水各一盅，煎一盅，食前温服以利小水，四五日愈。（杨起《简便方》）缠蛇丹毒：马兰、甘草擂醋搽之。（《济急方》）

【附录】麻伯

《别录》有名未用曰：味酸、无毒。主益气出汗。一名君莒，一名衍草，一名道止，一名自死。生平陵，如兰，叶黑厚白裹茎，实赤黑。九月采根。

相乌

又曰：味苦。主阴痿。一名乌葵。如兰香，赤茎，生山阳，五月十五日采，阴干。

天雄草

又曰：味甘，温，无毒。主益气阴痿。生山泽中，状如兰，实如大豆，赤色。

益奶草（《拾遗》）

藏器曰：味苦，平，无毒。主五痔脱肛，止血。炙令香，浸酒服。生永嘉山谷，叶如泽兰，茎赤，高二三尺也。

香薷(音柔。《别录》中品)

【校正】自菜部移入此。

【释名】香柔(《食疗》)、香茸(同上)、香菜(《千金》)、蜜蜂草(《纲目》)。

时珍曰:薷,本作葇。《玉篇》云:葇菜苏之类,是也。其气香,其叶柔,故以名之。草初生曰茸,孟诜《食疗》作香戎者,非是。俗呼蜜蜂草,象其花房也。

【气味】辛,微温,无毒。

香薷

【主治】霍乱腹痛吐下,散水肿(《别录》)。去热风,猝转筋者。煮汁顿服半升,即止。为末水服,止鼻衄(孟诜)。下气,除烦热,疗呕逆冷气(大明)。春月煮饮代茶,可无热病,调中温胃。含汁漱口,去臭气(汪颖)。主脚气寒热(时珍)。

【发明】弘景曰:霍乱煮饮无不瘥者,作煎除水肿尤良。

颂曰:霍乱转筋者,单煮服之。若四肢烦冷,汗出而渴者,加蓼子同煮服。

震亨曰:香薷属金与水,有彻上彻下之功。解暑利小便,又治水甚捷,以大叶者浓煎丸服。肺得之,清化行而热自降也。

时珍曰:世医治暑病,以香薷饮为首药。然暑有乘凉饮冷,致阳气为阴邪所遏,遂病头痛,发热恶寒,烦躁口渴,或吐或泻,或霍乱者。宜用此药,以发越阳气,散水和脾。若饮食不节,劳役作丧之人,伤暑大热大渴,汗泄如雨,烦躁喘促,或泻或吐者。乃劳倦内伤之症,必用东垣清暑益气汤、人参白虎汤之类,以泻火益元可也。若用香薷之药,是重虚其表,而又济之以热矣。盖香薷乃夏月解表之药,如冬月之用麻黄,气虚者尤不可多服。而今人不知暑伤元气,不拘有病无病,概用代茶,谓能辟暑,真痴前说梦也。且其性温,不可热饮,反致吐逆。饮者惟宜冷服,则无拒格之患。其治水之功果有奇效。一士妻自腰以下胕肿,面目亦肿,喘急欲死,不能伏枕,大便溏泄,小便短少,服药罔效。时珍诊其脉沉而大,沉主水,大主虚,乃病后冒风所致,是名风水也。用千金神秘汤加麻黄,一服喘定十之五。再以胃苓汤吞深师薷术丸,二日小便长,肿消十之七,调理数日全安。益见古人方皆有至理,但神而明之,存乎其人而已。

扁豆

【附方】旧四,新六。一切伤暑:《和剂局方》香薷饮:治暑月卧湿当风,或生冷不节,真邪相干,便致吐利,或发热头痛体痛,或心腹痛,或转筋,或干呕,或四肢逆冷,或烦闷欲死,并主之。用香薷一斤,厚朴(姜汁炙)、白扁豆(微炒)各半斤,剉散。每服五钱,水二盏,酒半盏,煎一盏,水中沉冷,连进二服立效。《活人书》:去扁豆,入黄连四两,姜汁同炒黄色用。水病洪肿:胡治居士香薷煎:用于香薷五十斤(剉)。入釜中,以水淹过三寸,煮使气力都尽,去滓澄之,微火煎至可丸,丸如梧子大。一服五丸,日三服,日渐增之,以小便利则愈。(苏颂《图经本草》)通身水肿:深师薷术丸:治暴水风水气水,通身皆肿,服至小便利为效。用香薷叶一斤,水一斗,熬极烂去滓,再熬成膏,加白术末七两,和丸梧子大。每服十丸,米饮下,日五、夜一服。(《外台秘要》)四时伤寒,不正之气:用水香薷为末,热酒调服一二钱,取汗。(《卫生易简方》)心烦胁痛,连胸欲死者:香薷捣汁一二升服。(《肘后》)鼻衄不止:香薷研末,水服一钱。(《圣济总录》)舌上出血如钻孔者:香薷煎汁服一升,日三服。(《肘后方》)口中臭气:香薷一把,煎汁含之。(《千金方》)小儿发迟:陈香薷二两,水一盏,煎汁三分,入猪脂半两,和匀,日日涂之。(《永类钤方》)白秃惨痛:即上方入胡粉,和涂之。(《子母秘录》)

石香菜(宋《开宝》附)

石香菜

【释名】石苏。

【集解】志曰:石香菜,生蜀郡陵、荣、资、简、州,及南中诸处,生山岩石缝中。二月、八月采,苗茎花实俱可用。

宗奭曰:处处有之,但山中临水附崖处或有之,不必山岩石缝也。九月、十月尚有花。

时珍曰:香薷、石香薷,一物也,但随所生而名尔。生平地者,叶大;崖石者叶细,可通用之。

【气味】辛香,温,无毒。

【主治】调中温胃,止霍乱吐泻,心腹胀满,脐腹痛肠鸣,(《开宝》)。功比香薷更胜(萧炳)。制硫黄(时珍)。

爵床(《本经》中品)

【释名】爵麻(《吴普》)、香苏(《别录》)、赤眼老母草(《唐本》)。

爵床

时珍曰:爵床不可解。按吴氏本草作爵麻,甚通。

【集解】别录曰:爵床生汉中川谷及田野。恭曰:此草生平泽熟田近道旁,似香菜,叶长而大,或如荏且细,俗名赤服老母草。

时珍曰:原野甚多。方茎对节,与大叶香薷一样。但香薷搓之气香,而爵床搓之不香微臭,以此为别。

茎叶

【气味】咸,寒,无毒。

时珍曰:微辛。

【主治】腰脊痛,不得着床,俯仰艰难,除热,可作浴汤

(本经)。疗血胀下气。治杖疮,捣汁涂之立瘥(苏恭)。

赤车使者(《唐本草》)

【释名】小锦枝(炮炙论。)

【集解】恭曰:赤车使者,苗似香葇、兰香,叶茎赤,根紫赤色,八月、九月采根,晒干。

保升曰:生荆州、襄州,根紫如茜根,二月、八月采。

时珍曰:此与爵床相类,但以根色紫赤为别尔。

者使车赤

根

【修治】敩曰:此草原名小锦枝。凡用并粗捣,以七岁童子小便拌蒸,晒干入药。

【气味】辛、苦,温,有毒。

权曰:有小毒。

【主治】风冷邪疰,蛊毒癥瘕,五脏积气。(苏恭)治恶风冷气。服之悦泽肌皮,好颜色(甄权)。

【发明】颂曰:古方治大风风痹,有赤车使者酒。今人稀用,鲜有识者。

时珍曰:上古辟瘟疫邪气,有赤车使者丸。此药不怪,苟加询采,必能得之,但古今名称或不同耳。

假苏(《本经》中品)

【校正】自菜部移入此。

【释名】姜芥(《别录》)、荆芥(《吴普》)、鼠蓂(《本经》)。

芥荆苏假

弘景曰:假苏方药不复用。

恭曰:此即菜中荆芥也,姜芥声讹尔。先居草部,今录入菜部。

士良曰:荆芥本草呼为假苏。假苏又别是一物。叶锐圆,多野生,以香气似苏,故呼为苏。

颂曰:医官陈巽言,江左人:谓假苏、荆芥实两物。苏恭以本草一名姜芥,荆姜声讹,谓为荆芥,非矣。

时珍曰:按《吴普本草》云:假苏一名荆芥,叶似落藜而细,蜀中生啖之。普乃东汉末人,去《别录》时未远,其言当不谬,故唐人苏恭祖其说。而陈士良、苏颂复启为两物之疑,亦臆说尔。曰苏、曰姜、曰芥,皆因气味辛香,如苏、如姜、如芥也。

【集解】《别录》曰：假苏生汉中川泽。

颂曰：今处处有之，叶似落藜而细，初生香辛可啖，人取作生菜。古方稀用，近世医家为要药，并取花实成穗者，曝干入药。又有胡荆芥，俗呼新罗荆芥。又有石荆芥，生山石间。体性相近，入药亦同。

时珍曰：荆芥原是野生，今为世用，遂多栽莳。二月布子生苗，炒食辛香。方茎细叶，似独帚叶而狭小，淡黄绿色。八月开小花，作穗成房，房如紫苏房，内有细子如葶苈子状，黄赤色，连穗收采用之。

【正误】藏器曰：张鼎《食疗本草》，荆芥一名析蓂，误矣。菥蓂自有本条，见草部。

时珍曰：汪机《本草会编》，言假苏是白苏，亦误矣。白苏乃荏也。见后。

茎穗

【气味】辛，温，无毒。

诜曰：作菜食久，动渴疾，熏人五脏神。反驴肉、无鳞鱼，详后发明下。

【主治】寒热鼠瘘，瘰疬生疮，破结聚气，下瘀血，除湿痹（《本经》）。去邪，除劳渴冷风，出汗，煮汁服之。捣烂醋和，敷疔肿肿毒（藏器）。单用治恶风贼风，口面㖞斜，遍身𤸷痹，心虚忘事，益力添精，辟邪毒气，通利血脉，传送五脏不足气，助脾胃（甄权）。主血劳，风气壅满，背脊疼痛，虚汗，理丈夫脚气，筋骨烦疼，及阴阳毒伤寒头痛，头旋目眩，手足筋急（士良）。利五脏，消食下气，醒酒。作菜生熟皆可食，并煎茶饮之。以豉汁煎服，治暴伤寒，能发汗（《日华》）。治妇人血风及疮疥，为要药（苏颂）。产后中风身强直。研末酒服（孟诜）。散风热，清头目，利咽喉，消疮肿，治项强，目中黑花，及生疮阴㿗，吐血衄血，下血血痢，崩中痔漏（时珍）。

【发明】元素曰：荆芥辛苦，气味俱薄，浮而升，阳也。

好古曰：肝经气分药也。能搜肝气。

时珍曰：荆芥入足厥阴经气分，其功长于祛风邪，散瘀血，破结气，消疮毒。盖厥阴乃风木也，主血，而相火寄之，故风病血病疮病为要药。其治风也，贾丞相称为再生丹，许学士谓有神圣功，戴院使许为产后要药，萧存敬呼为一捻金，陈无择隐为举卿古拜散，夫岂无故而得此隆誉哉？按《唐韵》：荆字，举卿切，芥字古拜切。盖二字之反切，隐语以秘其方也。

又曰：荆芥反鱼蟹河豚之说，本草医方并未言及，而稗官小说往往载之。按李廷飞《延寿书》云：凡食一切无鳞鱼，忌荆芥。食黄鲿鱼后食之，令人吐血，惟地浆可解。与蟹同食，动风。又《蔡绦铁围山丛话》云：予居岭峤，见食黄颡鱼犯姜芥者立死，甚于钩吻。洪迈《夷坚志》云：吴人魏几道，啖黄颡鱼羹，后采荆芥和茶饮。少顷足痒，上彻心肺，狂走，足皮欲裂。急服药，两日乃解。陶九成《辍耕录》云：凡食河豚，不可服荆芥药，大相反。予在江阴见一儒者，因此丧命。《苇航纪谈》云：凡服荆芥风药，忌食鱼。杨诚斋曾见一人，立致于死也。时珍按荆芥乃日用之药，其相反如此，故详录之，以为警戒。又按《物类相感志》言：河豚用荆芥同煮，三五次换水，则无毒。其说与诸书不同，何哉？大抵养生者，宁守前说为戒可也。

【附方】旧四,新二十七。头项风强:八月后,取荆芥穗作枕,及铺床下,立春日去之。(《千金方》)风热头痛:荆芥穗、石膏等分,为末。每服二钱,茶调下。(《永类钤方》)风热牙痛:荆芥根、乌桕根、葱根等分煎汤频含漱之。小儿惊痫:一百二十种。用荆芥穗二两,白矾(半生半枯)一两,为末,糊丸黍米大,朱砂为衣。每姜汤下二十丸,日二服。(《医学集成》)一切偏风,口眼㖞斜:用青荆芥一斤,青薄荷一斤,同入砂盆内研烂,生绢绞汁,于瓷器中煎成膏,漉去滓三分之一,将二分晒干,为末,以膏和丸梧子大。每服三十丸,白汤下,早暮各一服。忌动风物。(《经验后方》)中风口噤:荆芥穗为末,酒服二钱,立愈,名荆芥散。贾似道云:此方出《曾公谈录》,前后用之甚验。其子名顺者,病此已革,服之立定,真再生丹也。产后中风:华佗愈风散:治妇人产后中风口噤,手足瘈疭如角弓,或产后血运,不省人事,四肢强直,或筑心眼倒,吐泻欲死。用荆芥穗子,微焙为末。每服三钱,豆淋酒调服,或童子小便服之。口噤则挑齿灌之,龂噤则灌入鼻中,其效如神。大抵产后太暖,则汗出而腠理疏,则易于中风也。时珍曰:此方诸书盛称其妙。姚僧垣《集验方》以酒服,名如圣散,云药下可立待应效。陈氏方名举卿古拜散。萧存敬方用古老钱煎汤服,名一捻金。王贶《指迷方》加当归等分,水煎服。许叔微《本事方》云:此药委有奇效神圣之功。一妇人产后睡久,及醒则昏昏如醉,不省人事。医用此药及交加散,云:服后当睡,睡中必以左手搔头。用之果然。咎殷《产宝方》云:此病多因怒气伤肝,或忧气内郁,或坐草受风而成,急宜服此药也。戴原礼《证治要诀》名独行散。贾似道《悦生随抄》呼为再生丹。产后迷闷,因怒气发热迷闷者:独行散:用荆芥穗,以新瓦半炒半生为末。童子小便服一二钱。若角弓反张,以豆淋酒下。或剉散,童尿煎服极妙。盖荆芥乃产后要药,而角弓反张,乃妇人急候,得此症者,十存一二而已。(戴原礼《要诀》)

薄荷(《唐本草》)

【校正】自菜部移入此。

【释名】菝蔄(音跋活)、蕃荷菜(蕃,音鄱)、吴菝蔄(《食性》)、南薄荷(《衍义》)、金钱薄荷。

薄荷

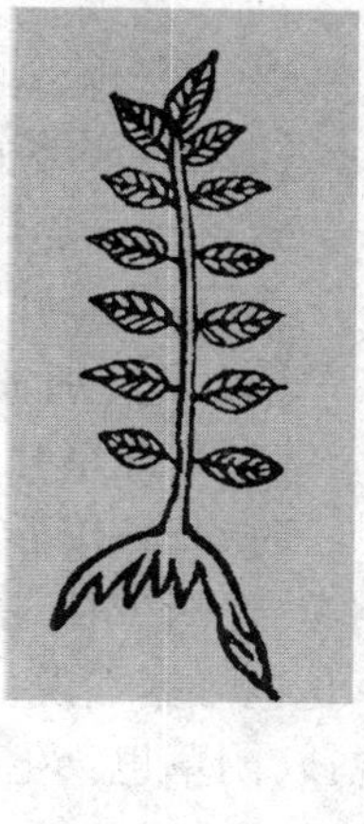

时珍曰:薄荷,俗称也。陈士良《食性本草》作菝蔄,扬雄《甘泉赋》作茇葀,吕忱《字林》作茇苨,则薄荷之为讹称可知矣。孙思邈《千金方》作蕃荷,又方音之讹也。今人药用,多以苏州者为胜,故陈士良谓之吴菝蔄,以别胡菝蔄也。

宗奭曰:世称此为南薄荷,为有一种龙脑薄荷,所以别之。

机曰:小儿方多用金钱薄荷,谓其叶小颇圆如钱也,书作金银误矣。

茎叶

【气味】辛，温，无毒。

思邈曰：苦、辛，平。

元素曰：辛、凉。

敩曰：茎性燥。

甄权曰：同薤作齑食，相宜。新病瘥人勿食之，令人虚汗不止。瘦弱人久食之，动消渴病。

【主治】贼风伤寒发汗，恶气心腹胀满，霍乱，宿食不消，下气，煮汁服之，发汗，大解劳乏，亦堪生食（《唐本》）。作菜久食，却肾气，辟邪毒，除劳气，令人口气香洁。煎汤洗漆疮（思邈）。通利关节，发毒汗，去愤气，破血止痢（甄权）。疗阴阳毒，伤寒头痛，四季宜食（士良）。治中风失音吐痰（《日华》）。主伤风头脑风，通关格，及小儿风涎，为要药（苏颂）。杵汁服，去心脏风热（孟诜）。清头目，除风热（李杲）。利咽喉口齿诸病，治瘰疬疮疥，风瘙瘾疹。捣汁含漱，去舌苔语涩。挼叶塞鼻，止衄血。涂蜂螫蛇伤（时珍）。

【附方】旧二，新八。清上化痰：利咽膈，治风热。以薄荷末，炼蜜丸芡子大。每噙一丸。白砂糖和之亦可。（《简便单方》）风气瘙痒：用大薄荷、蝉蜕等分，为末。每温酒调服一钱。（《永类钤方》）舌苔语蹇：薄荷自然汁，和白蜜、姜汁擦之。（《医学集成》）眼弦赤烂：薄荷，以生姜汁浸一宿，晒干为末。每用一钱，沸汤炮洗。（《明目经验方》）瘰疬结核，或破未破：以新薄荷二斤（取汁），皂荚一挺（水浸去皮，捣取汁）。同于银石器内熬膏。入连翘末半两，连白青皮、陈皮，黑牵牛（半生半炒）各一两，皂荚仁一两半，同捣和丸梧子大。每服三十丸，煎连翘汤下。（《济生方》）衄血不止：薄荷汁滴之。或以干者水煮，绵裹塞鼻。（许学士《本事方》）血痢不止：薄荷叶煎汤常服。（《普济》）水入耳中：薄荷汁滴入立效。（《经验方》）蜂虿螫伤：薄荷叶挼贴之。（《外台秘要》）火毒生疮：冬间向火，火气入内，两股生疮，汁水淋漓者。用薄荷煎汁频涂，立愈。（张杲《医说》）

积雪草（《本经》中品）

【释名】胡薄荷（《天宝方》）、地钱草（《唐本》）、连钱草（《药图》）、海苏。

弘景曰：积雪草方药不用，想此草以寒凉得名耳。

恭曰：此草叶圆如钱，荆楚人谓为地钱草，徐议《药草图》名连钱草，余见下。

【集解】《别录》曰：积雪草，生荆州川谷。

恭曰：此草叶圆大如钱，茎细而劲，蔓生溪涧侧，生处亦稀。

时珍曰：按苏恭注薄荷云：一种蔓生，功用相似。苏颂《图经》云：胡薄荷与薄荷相类，但味少甘，生江浙间，彼人多以作茶饮，俗呼为新罗薄荷，《天宝方》所用连钱草是也。据二说，则积雪草即胡薄荷，乃薄荷之蔓生者尔。又《臞仙庚辛玉册》云：地钱，阴草也。生荆、楚、江、淮、闽、浙间，多在宫院寺庙砖砌间，叶圆似钱，引蔓铺地，香如细辛，不见开花也。

草雪积

茎叶

【气味】苦，寒，无毒。

大明曰：苦，辛。

颂曰：甘，平，无毒。

时珍曰：取汁结草砂，伏硫黄。

【主治】大热，恶疮痈疽，浸淫赤熛，皮肤赤，身热（《本经》）。捣敷热肿丹毒（苏恭）。主暴热，小儿寒热，腹内热结，捣汁服之（藏器）。单用治瘰疬鼠漏，寒热时节来往（甄权）。以盐援贴肿毒，并风疹疥癣（《日华》）。胡荾蔄：主风气壅并攻胸膈，作汤饮之立效（士良）。研汁，点暴赤眼，良（时珍）。

【附方】旧二，新二。热毒痈肿：秋后收连钱草。阴干为末。水调敷之。生捣亦可。（寇氏《衍义》）女子少腹痛：颂曰：《天宝单行方》云：女子忽得小腹中痛，月经初来，便觉腰中切痛连脊间，如刀锥所刺，不可忍者。众医不别，谓是鬼疰，妄服诸药，终无所益，其疾转增。审察前状相当，即用此药。其药夏五月正放花时，即采曝干，捣筛为散。每服二方寸匕，和好醋二小合，搅匀，平旦空腹顿服之。每旦一服，以知为度。如女子阴冷者，即取前药五两，加桃仁二百枚（去皮尖），熬捣为散，以蜜为丸如梧子大。每旦空腹米饮及酒下三十丸，日再服，以愈为度。忌麻子、荞麦。（《图经本草》方）男女血病：九仙驱红散：治呕吐诸血及便血、妇人崩中神效。用积雪草五钱，当归（酒洗）、栀子仁（酒炒）、蒲黄（炒）、黄连（炒）、条黄芩（酒炒）、生地黄（酒洗）、陈槐花（炒）各一钱。上部加藕节一钱五分，下部加地榆一钱五分，水二盅，煎一盅服，神效。此方得之甚秘，此草与本草主治不同，不可晓也。（董炳《集验方》）牙痛塞耳：用连钱草（即积雪草），和水沟污泥同捣烂，随左右塞耳内。（《摘玄方》）

苏（《别录》中品）

【校正】自菜部移入此。

【释名】紫苏（《食疗》）、赤苏（《肘后方》）、桂荏。

时珍曰：苏从酥，音酥，舒畅也。苏性舒畅，行气和血，故谓之苏。曰紫苏者，以别白苏也。苏乃荏类，而味更辛如桂，故《尔雅》谓之桂荏。

【集解】弘景曰：苏叶下紫色而气甚香。其无紫色不香似荏者，名野苏，不堪用。

时珍曰：紫苏、白苏，皆以二、三月下种，或宿子在地自生。其茎方，其叶团而有尖，四围有锯齿，肥地者面背皆紫，瘠地者面青背紫，其面背皆白者即白苏，乃荏也。紫苏嫩时采叶，和蔬茹之，或盐及梅滷作葅食甚香，夏月作熟汤饮之。五、六月连根采收，以火煨其根，阴干则经久叶不落。八月开细紫花，成穗作房，如荆芥穗。九月半枯时收子，子细如芥子而色黄赤，亦可取油如荏油。《务本新书》云：凡地畔近道可种苏，以遮六畜。收子打油燃灯甚明，或熬之以油器物。《丹房镜源》云：苏子油，能柔五金八石。《沙州记》云：乞弗虏之地，不种五谷，惟食苏子。故王祯云：苏有遮护之功，又有灯油之用，不可阙也。今有一种花紫苏，其叶细齿密纽，如剪成之状，香色茎子并无异者，人称回回苏云。

苏　紫

茎叶

【气味】辛，温，无毒。

李廷飞曰：不可同鲤鱼食，生毒疮。

【主治】下气，除寒中，其子尤良（《别录》）。除寒热，治一切冷气（孟诜）。补中益气，治心腹胀满，止霍乱转筋，开胃下食，止脚气，通大小肠（《日华》）。通心经，益脾胃，煮饮尤胜，与橘皮相宜（苏颂）。解肌发表，散风寒，行气宽中，消痰利肺，和血温中止痛，定喘安胎，解鱼蟹毒，治蛇犬伤（时珍）。以叶生食作羹，杀一切鱼肉毒（甄权）。

【发明】颂曰：若宣通风毒，则单用茎，去节尤良。

时珍曰：紫苏，近世要药也。其味辛，入气分；其色紫，入血分。故同橘皮，砂仁，则行气安胎；同藿香、乌药，则温中止痛；同香附、麻黄，则发汗解肌；同芎䓖、当归则和血散血；同木瓜、厚朴，则散湿解暑，治霍乱、脚气；同桔梗、枳壳，则利膈宽肠；同杏仁、莱菔子，则消痰定喘也。

[附方]旧二，新一十三。感寒上气：苏叶三两，橘皮四两，酒四升，煮一升半，分再服。（《肘后方》）伤寒气喘不止：用赤苏一把，水三升，煮一升，稍稍饮之。（《肘后》）劳复食复欲死者：苏叶煮汁二升，饮之。亦可入生姜、豆豉同煮饮。（《肘后》）卒啘不止：香苏浓煮，顿服三升，良。（《千金》）霍乱胀满，未得吐下：用生苏捣汁饮之，佳。干苏煮汁亦可。（《肘后方》）诸失血病：紫苏不限多少，入大锅内，水煎令干，去滓熬膏，以炒熟赤豆为末，和丸梧子大。每酒下三五十丸，常服之。（《斗门方》）金疮出血不止：以嫩紫苏叶、桑叶同捣贴之。（《永类钤方》）颠扑伤损：紫苏捣敷之。疮口自合。（《谈野翁试验方》）伤损血出不止：以陈紫苏叶蘸所出血，挼烂敷之。血不作脓，且愈后无瘢，甚妙也。（《永类钤方》）疯狗咬伤：紫苏叶嚼敷之。（《千金方》）蛇虺伤人：紫苏叶捣饮之。（《千金方》）食蟹中毒：紫苏煮汁饮二升。（《金匮要略》）飞丝入目，令人舌上生泡：用紫苏叶嚼烂，白汤咽之。（危氏《得效方》）乳痈肿痛：紫苏煎汤频服，并捣封之。（《海上仙方》）咳逆短气：紫苏茎叶二钱，人参一钱。水一盅，煎服。（《普济》）

子

【气味】辛，温，无毒。

【主治】下气，除寒温中（《别录》）。治上气咳逆，冷气及腰脚中湿风结气。研汁煮粥长食,令人肥白身香(甄权)。调中,益五脏,止霍乱呕吐反胃,补虚劳,肥健人,利大小便,破癥结,消五膈,消痰止嗽,润心肺(《日华》)。治肺气喘急(宗奭)。治风顺气,利膈宽肠,解鱼蟹毒(时珍)。

【发明】弘景曰:苏子下气,与橘皮相宜。

时珍曰:苏子与叶同功。发散风气宜用叶,清利上下则宜月子也。

【附方】旧三,新六。顺气利肠:紫苏子、麻子仁等分,研烂,水滤取汁,同米煮粥食之。(《济生方》)治风顺气,利肠宽中:用紫苏子一升,微炒杵,以生绢袋盛,于三斗清酒中浸三宿,少少饮之。(《圣惠》)一切冷气:紫苏子、高良姜、橘皮等分,蜜丸梧子大。每服十丸,空心酒下。(《药性论》)风湿脚气:方同上。风寒湿痹,四肢挛急,脚肿不可践地:用紫苏子二两,杵碎。以水三升,研取汁,煮粳米二合,作粥,和葱、椒、姜、豉食之。(《圣惠方》)消渴变水,服此令水从小便出:用紫苏子(炒)三两,萝卜子(炒)三两,为末。每服二钱,桑根白皮煎汤服,日三次。(《圣济总录》)梦中失精:苏子一升。熬杵研末,酒服方寸匕,日再服。(《外台秘要》)食蟹中毒:紫苏子煮汁饮之。(《金匮要略》)上气咳逆:紫苏子入水研滤汁,同粳米煮粥食。(《简便方》)

荏(《别录》上品)

【校正】自菜部移入此。

【释名】蓳音鱼。弘景白苏图经。

弘景曰:荏状如苏。东人呼为蓳,以其似苏字,但除禾边故也。

颂曰:苏有数种:有水苏、白苏、鱼苏、山鱼苏。皆是荏类。

荏

叶

【气味】辛,温,无毒。

【主治】调中,去臭气。(别录)捣敷虫咬及男子阴肿(藏器)。调气,润心肺,长肌肤,益颜色,消宿食,止上气咳嗽,去狐臭,敷虫咬(日华)。

【附方】(旧二)男女阴肿:男子:荏叶生捣,和醋封之。女人:绵裹内,三四易。(孟诜《食疗》。)蛇虺中人:以荏叶烂杵,猪脂和,薄敷上。(《梅师方》)

子

【气味】辛,温,无毒。

诜曰:亦少破气。多食,发心闷。

【主治】咳逆,下气,温中补体。(别录)生食,止渴润肺。蒸熟晒干,舂取米食,补中益气,通血脉,填精髓(孟诜)。止嗽(《日华》)。

水苏(《本经》中品)

苏 水

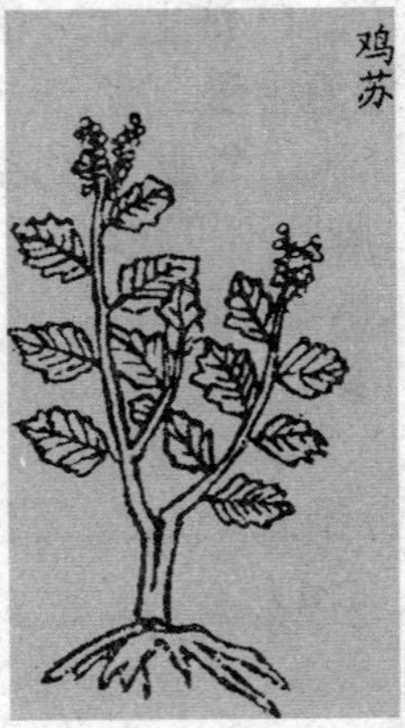

【校正】自菜部移入此。

【释名】鸡苏(《吴普》)、香苏(《肘后》)、龙脑薄荷(《日用》)、芥葅(音祖)、芥苴(并《别录》)。

时珍曰:此草似苏而好生水旁,故名水苏。其叶辛香,可以煮鸡,故有龙脑、香苏、鸡苏诸名。芥葅、芥苴当作芥苏,乃是一名而误录尔,亦因味辛如芥,故名。宋惠民和剂局方,有龙脑薄荷丸,专治血病。元吴瑞《日用本草》,谓即水苏,必有所据也。周定王《救荒本草》,言薄荷即鸡苏,以生东平龙脑冈者为良,故名;陈嘉谟《本草蒙筌》,以薄荷种于苏州府学地名龙脑者,得名俱不同,何哉?

【集解】《别录》曰:水苏生九真池泽。七月采。

弘景曰:方药不用,莫能识;九真辽远,亦无能访之。

恭曰:此苏生下泽水侧,苗似旋覆,两叶相当,大香馥。青、齐、河问人名为水苏,江左右为荠苧,吴会谓之鸡苏,而陶氏更于菜部出鸡苏,误矣。

时珍曰:水苏、荠苧一类二种尔。水苏气香,荠苧气臭为异。水苏三月生苗,方茎中虚,叶似苏叶而微长。密齿,面皱色青,对节生,气甚辛烈,六七月开花成穗,如苏穗,水红色。穗中有细子,状如荆芥子,可种易生,宿根亦自生。沃地者苗高四五尺。

茎叶

【气味】辛,微温,无毒。

【主治】下气杀谷,除饮食。辟口臭,去邪毒,辟恶气。久服通神明,轻身耐老(《本经》)。主吐血衄血血崩(《别录》)。治肺痿血痢,崩中带下(《日华》)。主诸气疾及脚肿(苏颂)。酿酒渍酒及酒煮汁常服,治头风目眩,及产后中风。恶血不止,服之弥妙(孟诜)。作生菜食,除胃间酸水(藏器)。

【发明】时珍曰:鸡苏之功,专于理血下气,清肺辟恶消谷,故《太平和剂局方》治吐血衄血、唾血咳血、下血血淋、口臭口苦、口甜喉腥、邪热诸病,有龙脑薄荷丸方,药多不录。用治血病,果有殊效也。

【附方】旧六,新九。漏血欲死:鸡苏煮汁一升,服之。(《梅师方》)吐血下血:鸡苏茎叶,煎汁饮之。(《梅师方》)吐血咳嗽:龙脑薄荷焙研末。米饮服一钱,取效。衄血不止:《梅师方》:用鸡苏五合,香豉二合,同捣,搓如枣核大,纳鼻孔中,即止。《圣惠方》:用鸡苏二两,防风一两,为末。每服二钱,温水下,仍以叶塞鼻。《普济方》:用龙脑薄荷、生地黄等分,为末,冷水服。脑热鼻渊,肺壅多涕:鸡苏叶、麦门冬、川芎劳、桑白皮(炒)、黄芪(炙)、甘草(炙)、生地黄(焙)等分,为末,炼蜜丸梧子大。每服四十丸,人参汤下。(《圣济总录》)风热头痛:热结上焦,致生风气、痰厥头痛。用水苏叶五两,皂荚(炙去皮子)三两,芫花(醋炒焦)一两,为末,炼蜜丸梧子大。每服二十丸,食后荆芥汤下。(《圣惠方》)耳猝聋闭:鸡苏叶生捣,绵裹塞之。(孟诜《食疗》)沐发令香:鸡苏煮汁,或烧灰淋汁,沐之。(《食疗》)头生白屑:方同上。暑月目昏,多眵泪生:龙脑薄荷叶捣烂,生绢绞汁,点之。(《圣济总录》)霍乱困笃:鸡苏三两。水二升,煎一升,分三服。(《圣惠》)中诸鱼毒:香苏浓煮汁饮之,良。(《肘后方》)蛇虺螫伤:龙脑薄荷叶研末,酒服,并涂之。(《易简方》)

荠苧(《拾遗》)

【释名】臭苏(《日华》)、青白苏。

时珍曰:《日华子》释水苏云:一名臭苏,一名青白苏,正此草也,误作水苏尔。其形似水苏而臭,似白苏而青,故有二名。

【集解】藏器曰:按苏恭言,江左名水苏为荠苧。按水苏叶有雁齿,气香而辛。荠苧叶稍长,其上有毛,气臭,亦可为生菜。

时珍曰:荠苧处处平地有之。叶似野苏而稍长,有毛气臭。山人茹之,叶不甚佳。

荠苧

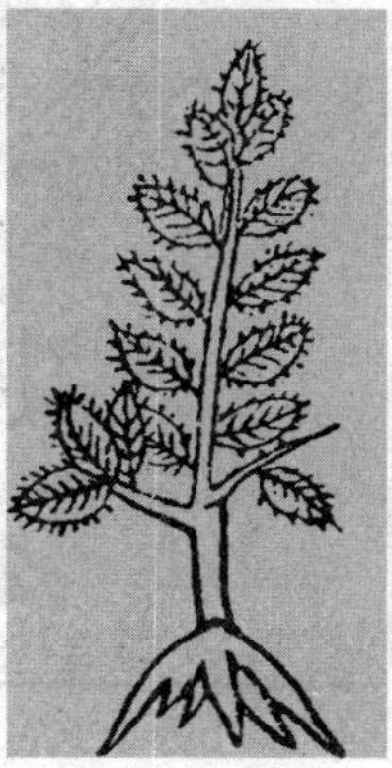

茎叶

【气味】辛,温,无毒。

【主治】冷气泄痢。生食,除胃间酸水。挼碎,敷蚁瘘(藏器)。

【附录】石荠苧

藏器曰:味辛,温,无毒。主风冷气,疮疥瘙痒,痔瘘下血,煮汁服之。生山石间,细叶紫花,高一二尺,山人用之。

本草纲目草部第十五卷

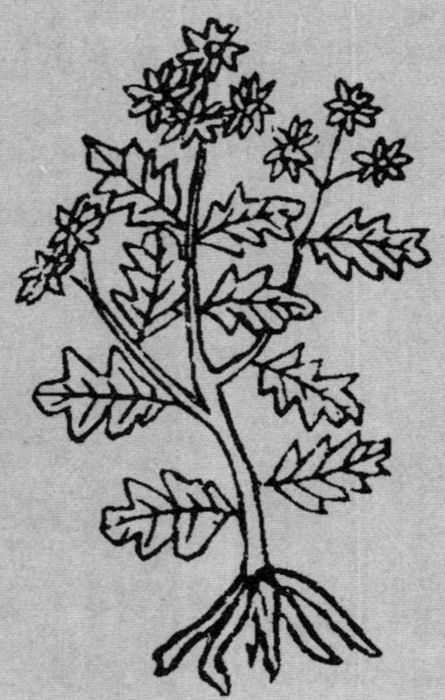

菊

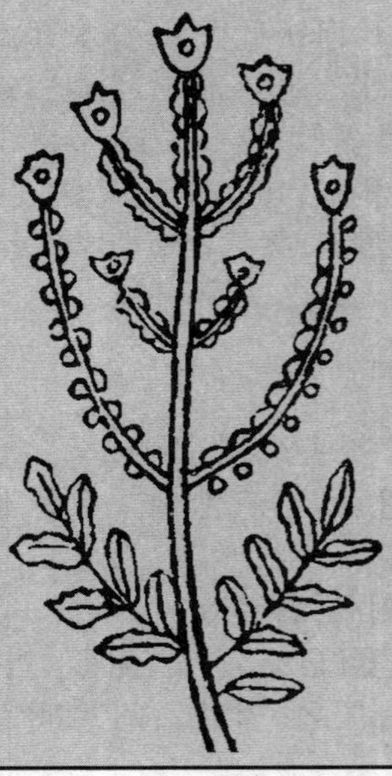

蓍草

本草纲目草部第十五卷

菊(《本经》上品)

【释名】节华(《本经》)、女节(《别录》)、女华(《别录》)、女茎(《别录》)、日精(《别录》)、更生(《别录》)、傅延年(《别录》)、治蔷(《尔雅》)、金蕊(《纲目》)、阴成(《别录》)、周盈(《别录》)。

菊

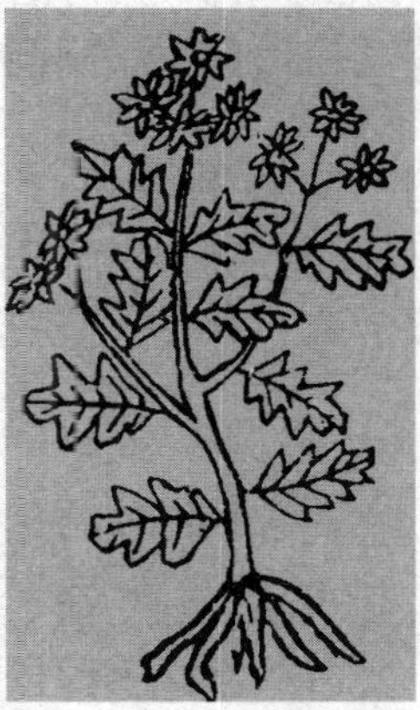

时珍曰:按陆佃《埤雅》云:菊本作蘜,从鞠。鞠,穷也。《月令》:九月,菊有黄华。华事至此而穷尽,故谓之蘜。节华之名,亦取其应节候也。崔实《月令》云:女节、女华,菊华之名也。治蔷、日精,菊根之名也。《抱朴子》云:仙方所谓日精、更生、周盈,皆一菊而根、茎、花、实之名异也。

颂曰:唐《天宝单方图》载白菊云:原生南阳山谷及田野中。颍川人呼为回蜂菊,汝南名茶苦蒿,上党及建安郡、顺政郡并名羊欢草,河内名地薇蒿。

【集解】《别录》曰:菊花生雍州川泽及田野。正月采根,三月采叶,五月采茎,九月采花,十一月采实,皆阴干。

宗奭曰:菊花近世有二十余种。惟单叶花小而黄,绿叶色深小而薄,九月应候而开者是也。邓州白菊单叶者,亦入药。余皆医经不用。

瑞曰:花大而香者,为甘菊;花小而黄者,为黄菊;花小而气恶者,为野菊。

时珍曰:菊之品凡百种,宿根自生,茎叶花色,品品不同。宋人刘蒙泉、范致能、史正志皆有《菊谱》,亦不能尽收也。其茎有株、蔓、紫、赤、青、绿之殊,其叶有大、小、厚、薄、尖、秃之异,其花有千叶单叶、有心无心、有子无子、黄白红紫、间色深浅、大小之别,其味有甘苦辛之辨,又有夏菊秋菊冬菊之分。大抵惟以单叶味甘者入药,《菊谱》所载甘菊、邓州黄、邓州白者是矣。甘菊始生于山野,今则人皆栽植之。其花细碎,品不甚高。蕊如蜂窠,中有细子,亦可捺种。嫩叶及花皆可炸食。白菊花稍大,味不甚甘,亦秋月采之。菊之无子者,谓之牡菊。烧灰撒地中,能死蛙黾。说出《周礼》。

花(叶、根、茎、实并同)

【气味】苦,平,无毒。

《别录》曰:甘。

损之曰:甘者入药,苦者不入药。

杲曰:苦、甘,寒,可升可降,阴中微阳也。

时珍曰:《本经》言菊花味苦,《别录》言菊花味甘。诸家以甘者为菊,苦者为苦薏,惟取甘者入药。谨按张华《博物志》,言菊有两种,苗花如一,惟味小异,苦者不中食。范致能《谱》序,言惟甘菊一种可食,仍入药饵。其余黄白二花,皆味苦,虽不可饵,皆可入药。其治头风,则白者尤良。据此二说则是菊类自有甘苦二种,食品须用甘菊,入药则诸菊皆可,但不得用野菊名苦薏者尔。故景焕《牧竖闲谈》云:真菊延龄,野菊泄人。正如黄精益寿、钩吻杀人之意。

之才曰:术及枸杞根、桑根白皮、青葙叶为之使。

【主治】诸风头眩肿痛,目欲脱,泪出,皮肤死肌,恶风湿痹。久服利血气,轻身耐老延年(《本经》)。疗腰痛去来陶陶,除胸中烦热,安肠胃,利五脉,调四肢(《别录》。陶陶,纵缓貌)。治头目风热,风旋倒地,脑骨疼痛,身上一切游风令消散,利血脉,并无所忌(甄权)。作枕明目,叶亦明目,生熟并可食(大明)。养目血,去翳膜(元素)。主肝气不足(好古)。

白菊

【气味】苦、辛,平,无毒。

【主治】风眩,能令头不白(弘景)。染髭发令黑。和巨胜、茯苓蜜丸服之,去风眩,变白不老,益颜色(藏器)。

【发明】震亨曰:黄菊花属土与金,有水与火,能补阴血,故养目。

时珍曰:菊春生夏茂,秋花冬实,备受四气,饱经露霜,叶枯不落,花槁不零,味兼甘苦,性禀平和。昔人谓其能除风热,益肝补阴,盖不知其得金水之精英尤多,能益金水二脏也。补水所以制火,益金所以平木,木平则风息,火降则热除,用治诸风头目,其旨深微。黄者入金水阴分;白者,入金水阳分;红者,行妇人血分。皆可入药,神而明之,存乎其人。其苗可蔬,叶可啜,花可饵,根实可药,囊之可枕,酿之可饮,自本至末,罔不有功。宜乎前贤比之君子,神农列之上品,隐士采入酒斝,骚人餐其落英。费长房言:九日饮菊酒,可以辟不祥。《神仙传》言:康风子、朱孺子皆以服菊花成仙。《荆州记》言:胡广久病风羸,饮菊潭水多寿。菊之贵重如此,是岂群芳可伍哉?钟会《菊有五美赞》云:圆花高悬,准天极也;纯黄不杂,后土色也;早植晚发,君子德也;冒霜吐颖,象贞质也;杯中体轻,神仙食也。《西京杂记》言:采菊花茎叶,杂秫米酿酒,至次年九月始熟,用之。

【附方】旧五,新六。服食甘菊:《玉函方》云:王子乔变白增年方:用甘菊,三月上寅日采苗,名曰玉英;六月上寅日采叶,名曰容成;九月上寅日采花,名曰金精;十二月上寅日采根茎,名曰长生。四味并阴干,百日取等分,以成日合捣千杵为末,每酒服一钱匕。或以蜜丸梧子大。酒服七丸，一日三服。百日，身轻润泽；一年，发白变黑；服之二年，齿落再生；五年，八十岁老翁，变为儿童也。孟诜云：正月采叶，五月五日采茎，九月九日采花。服食白菊：《太清灵宝方》引：九月九日白菊花二斤，茯苓一斤。并捣罗为末。每服二钱，温酒调下，日三服。或以炼过松脂和丸鸡子大，每服一丸。主头眩，久服令人好颜色不老。藏器曰：《抱朴子》言刘生丹法，用白菊汁、莲花汁、地血汁、樗汁，和丹蒸服也。白菊花酒：《天宝单方》：治丈夫、妇人久患头风眩闷，头发干落，胸中痰壅，每发即头旋眼昏，不觉欲倒者，是其候也。先灸两风池各二七壮，并服此酒及散，永瘥。其法：春末夏初，收白菊软苗，阴干捣末，空腹取一方寸匕和无灰酒服之，日再服，渐加三方寸匕。若不饮酒者，但和羹粥汁服，亦得。秋八月合花收曝干，切取三大斤，以生绢袋盛，贮三大斗酒中，经七日服之，日三次，常令酒气相续为佳。（苏颂《图经》）风热头痛：菊花、石膏、川芎各三钱，为末。每服一钱半，茶调下。（《简便方》）膝风疼痛：菊花、陈艾叶作护膝，久则自除也。（吴旻《扶寿方》）癍痘入目生翳障：用白菊花、谷精草、绿豆皮等分，为末。每用一钱，以干柿饼一枚，粟米泔一盏，同煮候泔尽，食柿，日食三枚。浅者五七日，远者半月，见效。（《仁斋直指方》）病后生翳：白菊花、蝉蜕等分，为散。每用二三钱，入蜜少许，水煎服。大人小儿皆宜，屡验。（《救急方》）疔肿垂死：菊花一握，捣汁一升，入口即活，此神验方也。冬月采根。（《肘后方》）女人阴肿：甘菊苗捣烂煎汤，先熏后洗。（危氏《得效方》）酒醉不醒：九月九日真菊花为末，饮服方寸匕。（《外台秘要》）眼目昏花：双美丸：用甘菊花一斤，红椒。（去目）六两，为末，用新地黄汁和丸梧子大。每服五十丸，临卧茶清下。（《瑞竹堂方》）

花上水

【主治】益色壮阳，治一切风（大明）。

野菊（《拾遗》）

【释名】苦薏。

时珍曰：薏乃莲子之心，此物味苦似之，故与之同名。

【集解】藏器曰：苦薏生泽畔，茎如马兰，花如菊。菊甘而薏苦，语曰苦如薏是也。

时珍曰：苦薏处处原野极多，与菊无异，但叶薄小而多尖，花小而蕊多，如蜂窠状，气味苦辛惨烈。

野菊

根、叶、茎、花

【气味】苦、辛，温，有小毒。

震亨曰：野菊花，服之大伤胃气。

【主治】调中止泄，破血，妇人腹内宿血宜之（藏器）。治痈肿疔毒，瘰疬眼息（时珍）。

【附方】新四。痈疽疔肿:一切无名肿毒。《孙氏集效方》:用野菊花连茎捣烂,酒煎热服取汗,以渣敷之即愈。《卫生易简方》:用野菊花茎叶、苍耳草各一握,共捣,入酒一碗,绞汁服,以渣敷之,取汗即愈。或六月六日采苍耳叶,九月九日采野菊花,为末。每酒服三钱,亦可。天泡湿疮:野菊花根、枣木,煎汤洗之。(《医学集成》)瘰疬未破:野菊花根捣烂,煎酒服,以渣敷之。自消,不消亦自破也。(《瑞竹堂经验方》)

庵蕳(音淹闾。《本经》上品)

庵蕳

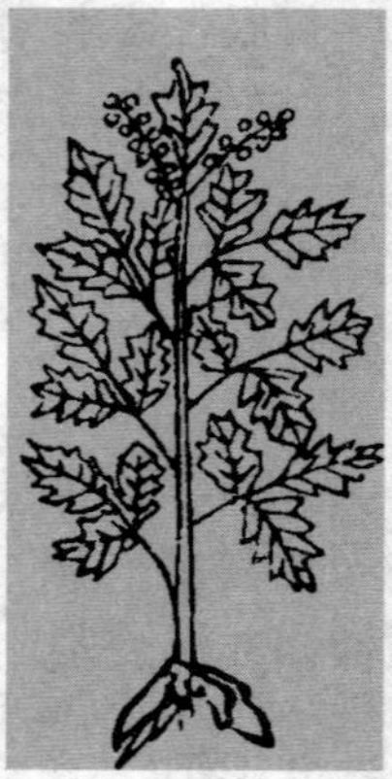

【释名】覆闾。

时珍曰:庵,草屋也。闾,里门也。此草乃蒿属,老茎可以盖覆庵闾,故以名之。《贞元广利方》谓之庵蕳蒿云。又史注云:庵庐,军行宿室也。则闾似当作庐。

【集解】《别录》曰:庵蕳子生雍州川谷,亦生上党及道边,十月采实阴干。

弘景曰:状如蒿艾之类,近道处处有之,仙经亦时用之,人家种此辟蛇也。

颂曰:今江淮亦有之。春生苗,叶如艾蒿,高二三尺。七月开花,八月结实,九月采实。

时珍曰:庵蕳叶不似艾,似菊叶而薄,多细丫,面背皆青。高者四、五尺,其茎白色,如艾茎而粗。八、九月开细花,淡黄色。结细实如艾实,中有细子,极易繁衍。艺花者以之接菊。

子

【气味】苦,微寒,无毒。

《别录》曰:微温。

普曰:神农、雷公、桐君、岐伯:苦,小温,无毒。

李当之:温。

权曰:辛,苦。

时珍曰:降也,阴中微阳,入足厥阴经血分。

之才曰:荆实、薏苡为之使。

【主治】五脏瘀血,腹中水气,胪胀留热,风寒湿痹,身体诸痛。久服轻身延年不老(《本经》)。疗心下坚,隔中寒热,周痹,妇人月水不通,消食明目。驱驉食之神仙(《别录》)。益气,主男子阴痿不起,治心腹胀满(甄权)。腰脚重痛,膀胱痛,及骨节烦痛,不下食(大明)。擂酒饮,治闪挫腰痛,及妇人产后血气痛(时珍)。

【发明】颂曰:《本经》言久服轻身不老,而古方少有服食者,惟入诸杂治药中,如胡洽治惊邪狸骨丸之类,大方中用之。孙思邈《千金翼》《韦宙独行方》,主踠折瘀血，并单用庵蕳煮汁服，亦可末服。今人治打扑多用此法，或饮或散，其效最速。

时珍曰：《吴普本草》及《名医别录》，并言駏驉食庵蕳神仙，此亦谓其多寿尔。駏驉乃兽名，似骡而小，前足长，后足短，不能自食，每负蟨鼠为之啮食。

【附方】旧一，新二。瘀血不散变成痈肿：生庵蕳蒿捣汁一升，服之。（《广利方》）月水不通，妇人宿有风冷，留血积聚，月水不通：庵蕳子一升，桃仁二升（酒浸去皮尖）。研匀入瓶内，以酒二斗浸，封五日后，每饮三合，日三服。（《圣惠方》）产后血痛：庵蕳子一两。水一升，童子小便二杯，煎饮。（《频湖集简方》）

【附录】对庐

《别录》有名未用曰：味苦，寒，无毒。主疥疮久不瘳，生死肌，除大热，煮汁洗之。似庵蕳。八月采。

蓍（音尸。《本经》上品）

【释名】时珍曰：按班固《白虎通》载孔子云：蓍之为言耆也。老人历年多，更事久，事能尽知也。陆佃《埤雅》云：草之多寿者，故字从耆。《博物志》言：蓍千岁而三百茎，其本已老，故知吉凶。

【集解】《别录》曰：蓍实生少室山谷，八月、九月采实，日干。

蓍草

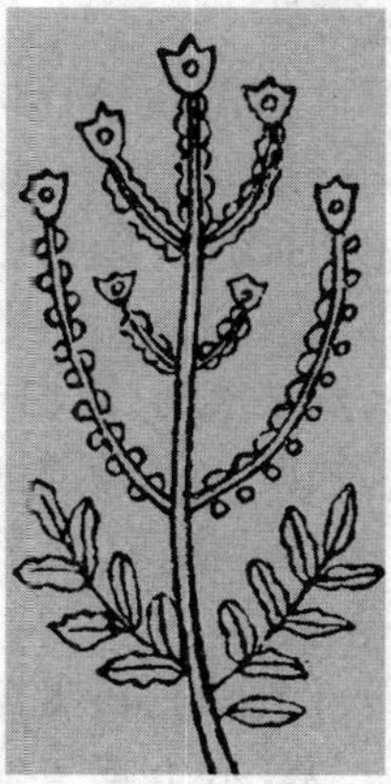

恭曰：此草所在有之，其茎可为筮。陶氏误以楮实为之。楮实味甘，此味苦，今正之。

时珍曰：蓍乃蒿属，神草也。故《易》曰：蓍之德，圆而神。天子蓍长九尺，诸侯七尺，大夫五尺，士三尺。张华《博物志》言：以末大于本者为主，次蒿，次荆，皆以月望浴之。然则无蓍揲卦，亦可以荆、蒿代之矣。

实

【气味】苦、酸，平，无毒。

【主治】益气充肌肤，明目聪慧先知。久服不饥不老轻身（《本经》）。

叶

【主治】痞疾（时珍）。

【附方】新一。腹中痞块：蓍叶、独蒜、穿山甲（末）、食盐。同以好醋捣成饼，量痞大小贴之，两炷香为度。其痞化为脓血，从大便出。（刘松石《保寿堂方》）

艾（《别录》中品）

【释名】冰台（《尔雅》）、医草（《别录》）、黄草（《埤雅》）、艾蒿。

时珍曰：王安石《字说》云：艾可乂疾，久而弥善，故字从乂。陆佃《埤雅》云：《博物志》言削冰令圆，举而向日，以艾承其影则得火。则艾名冰台，其以此乎？医家用灸百病，故曰灸草。一灼谓之一壮，以壮人为法也。

【集解】《别录》曰：艾叶生田野，三月三日采，曝干。

颂曰：处处有之，以复道及四明者为佳，云此种灸百病尤胜。初春布地生苗，茎类蒿，叶背白，以苗短者为良。三月三日，五月五日，采叶曝干。陈久方可用。

时珍曰：艾叶本草不著土产，但云生田野。宋时以汤阴复道者为佳，四明者图形。近代惟汤阴者谓之北艾；四明者谓之海艾。自成化以来，则以蕲州者为胜，用充方物，天下重之，谓之蕲艾。相传他处艾灸酒坛不能透，蕲艾一灸则直透彻，为异也。此草多生山原。二月宿根生苗成丛，其茎直生，白色，高四五尺。其叶四布，状如蒿，分为五尖，丫上复有小尖，面青背白，有茸而柔厚。七、八月，叶间出穗如车前穗，细花，结实累累盈枝，中有细子，霜后始枯。皆以五月五日连茎刈取，曝干收叶。先君月池子讳言闻，尝著《蕲艾传》一卷。有赞云：产于山阳，采以端午。治病灸疾，功非小补。又宗懔《荆楚岁时记》云：五月五日鸡未鸣时，采艾似人形者揽而取之，收以灸病，甚验。是日采艾为人，悬于户上，可禳毒气。其茎干之，染麻油引火点灸炷，滋润灸疮，至愈不疼。亦可代蓍策，及作烛心。

叶

【修治】宗奭曰：艾叶干捣，去青滓，取白，入石硫黄末少许，谓之硫黄艾，灸家用之。得米粉少许，可捣为末，入服食药用。

时珍曰：凡用艾叶，须用陈久者，治令细软，谓之熟艾。若生艾灸火，则伤人肌脉。故《孟子》云：七年之病，求三年之艾。拣取净叶，扬去尘屑，入石臼内木杵捣熟，罗去渣滓，取白者再捣，至柔烂如绵为度。用时焙燥，则灸火得力。入妇人丸散，须以熟艾，用醋煮干，捣成饼子，烘干再捣为末用。或以糯糊和作饼，及酒炒者，皆不佳。洪氏《容斋随笔》云：艾难著力，若入白茯苓三五片同碾，即时可作细末，亦一异也。

【气味】苦，微温，无毒。

恭曰：生寒，熟热。

元素曰：苦温，阴中之阳。

时珍曰：苦而辛，生温熟热，可升可降，阳也。入足太阴、厥阴、少阴之经。苦酒、香附为之使。

【主治】灸百病。可作煎，止吐血下痢，下部䘌疮，妇人漏血，利阴气，生肌肉，辟风寒，使人有子。作煎勿令见风（《别录》）。捣汁服，止伤血，杀蛔虫（弘景）。主衄血、下血，脓血痢，水煮及丸散任用（苏恭）。止崩血、肠痔血，拓金疮，止腹痛，安胎。苦酒作煎，治癣甚良。捣汁饮，治心腹一切冷气、鬼气（甄权）。治带下，止霍乱转筋，痢后寒热（大明）。治带脉为病，腹胀满，腰溶溶如坐水中（好古）。温中、逐冷、除湿（时珍）。

【附方】旧二十三，新二十九。伤寒时气，温病头痛，壮热脉盛：以干艾叶三升。

水一斗，煮一升，顿服取汗。（《肘后方》）妊娠伤寒壮热，赤斑变为黑斑，溺血：用艾叶如鸡子大，酒三升，煮二升半，分为二服。（《伤寒类要》）妊娠风寒卒中，不省人事，状如中风：用熟艾三两，米醋炒极热，以绢包熨脐下，良久即苏。（《妇人良方》）中风口㖞：以苇筒长五寸，一头刺入耳内，四面以面密封，不透风，一头以艾灸之七壮。患右灸左，患左灸右。（《胜金方》）中风口噤：熟艾灸承浆一穴，颊车二穴，各五壮。（《千金方》）中风掣痛，不仁不随：并以干艾斛许，揉团纳瓦甑中，并下塞诸孔，独留一目，以痛处著甑目，而烧艾熏之，一时即知矣。（《肘后方》）舌缩口噤：以生艾捣敷之。干艾浸湿亦可。（《圣济录》）咽喉肿痛：《医方大成》：同嫩艾捣汁，细咽之。《经验方》：用青艾和茎叶一握，同醋捣烂，敷于喉上。冬月取干艾亦得。李亚所传方也。癫痫诸风：熟艾于阴囊下谷道正门当中间，随年岁灸之。（《斗门方》）鬼击中恶，卒然着人，如刀刺状，胸胁腹内疞刺切痛不可按，或即吐血、鼻中出血、下血，一名鬼排：以熟艾如鸡子大三枚，水五升，煎二升，顿服。（《肘后方》）小儿脐风撮口：艾叶烧灰填脐中，以帛缚定效。或隔蒜灸之，候口中有艾气立愈。（《简便方》）狐惑虫䘌病人齿无色，舌上白，或喜睡不知痛痒处，或下痢，宜急治下部：不晓此者，但攻其上，而下部生虫，食其肛，烂见五脏，便死也。烧艾于管中，熏下部令烟入，或少加雄黄更妙。罂中烧烟亦可。（《肘后方》）头风久痛：蕲艾揉为丸，时时嗅之，以黄水出为度。（《青囊杂纂》）头风面疮，痒出黄水：艾叶二两，醋一斤，砂锅煎取汁，每薄纸上贴之。一日一、两上。（《御药院方》）心腹恶气：艾叶捣汁饮之。（《药性论》）脾胃冷痛：白艾末，沸汤服二钱。（《卫生易简方》）蛔虫心痛如刺，口吐清水：白熟艾一升。水三升，煮一升服，吐虫出。或取生艾捣汁，五更食香脯一片，乃饮一升，当下虫出。（《肘后方》）口吐清水：干蕲艾煎汤啜之。（《怪证奇方》）霍乱洞下不止：以艾一把。水三升，煮一升，顿服。（《外台秘要》）老小白痢：艾姜丸：用陈北艾四两，干姜（炮）三两，为末，醋煮仓米糊丸梧子大。每服七十丸，空心米饮下，甚有奇效。（《永类方》）诸痢久下：艾叶、陈皮等分，煎汤服之。亦可为末，酒煮烂饭和丸，每盐汤下二三十丸。

白艾

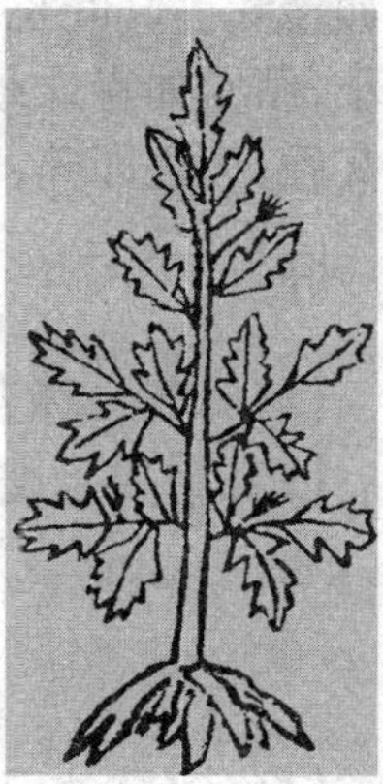

（《圣济总录》）暴泄不止：陈艾一把，生姜一块，水煎热服。（《生生编》）粪后下血：艾叶、生姜煎浓汁，服三合。（《千金方》）野鸡痔病：先以槐柳汤洗过，以艾灸上七壮，取效。郎中王及乘骡入西川，数日病痔大作，如胡瓜贯于肠头，其热如火，忽至僵仆，无计。有主邮者云：须灸即瘥。乃用上法灸三、五壮，忽觉一道热气入肠中，因大转泻，血秽并出，泻后遂失胡瓜所在矣。（《经验方》）妊娠下血：张仲景曰：妇人有漏下者，有半产后下血不绝者，有妊娠下血者，并宜胶艾汤主之。阿胶二两，艾叶三两，芎䓖、甘草各二两，当归、地黄各三两，芍药四两，水五升，清酒三升，煮取三升，乃纳胶令消尽，每温服一升，日三服。（《金匮要略》）妊娠胎动或腰痛，或抢心，或下血不止，或倒产子死腹中：艾叶一鸡子大，酒四升，煮二升，分二服。（《肘后方》）胎动迫心作痛：艾叶鸡子大。以头醋四升，煎二升，分温服。（《子母秘录》）妇人崩中连日不止：熟艾鸡子大，阿胶(炒为末)半两，干姜一钱。水五盏，先煮艾姜至二盏半，倾出，入胶烊化，分三服，一日服尽。(初虞世《古今录验》)

实

【气味】苦、辛，暖，无毒。

【主治】明目，疗一切鬼气(甄权)。壮阳，助水脏腰膝，及暖子宫(大明)。

【发明】诜曰：艾子和干姜等分，为末，蜜丸梧子大。空心每服三十丸，以饭三五匙压之，日再服。治百恶气，其鬼神速走出。田野之人，与此甚相宜也。

【附录】夏台

《别录》有名未用曰：味甘，主百疾，济绝气。

弘景曰：此药神奇乃尔，不复识用，可恨也。

时珍曰：艾名冰台，此名夏台，艾灸百病能回绝气，此主百病济绝气，恐是一物重出也，故附于艾后。

千年艾(《纲目》)

千年艾

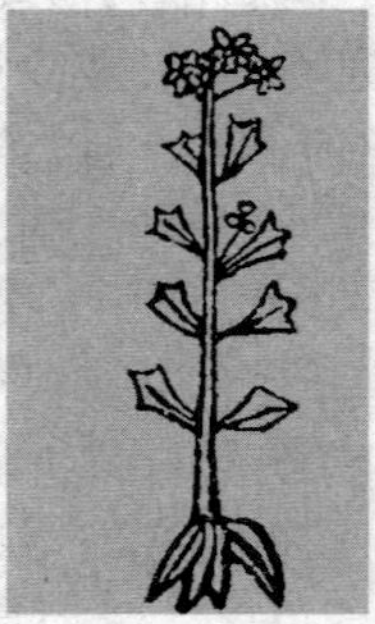

【集解】时珍曰：千年艾出武当太和山中。小茎高尺许。其根如蓬蒿。其叶长寸余，无尖丫，面青背白。秋开黄花，如野菊而小，结实如青珠丹颗之状。三伏日采叶曝干。叶不似艾，而作艾香，搓之即碎，不似艾叶成茸也。羽流以充方物。

叶

【气味】辛、微苦，温，无毒。

【主治】男子虚寒，妇人血气诸痛，水煎服之(时珍)。

茵陈蒿(《本经》上品)

【释名】藏器曰：此虽蒿类，经冬不死，更因旧苗而生，故名茵陈，后加蒿字耳。

时珍曰：按张揖《广雅》及《吴普本草》并作因尘，不知何义？

茵陈蒿

【集解】《别录》曰：茵陈生太山及丘陵坡岸上，五月及立秋采，阴干。

弘景曰：今处处有之，似蓬蒿而叶紧细。秋后茎枯，经冬不死，至春又生。

韩保升曰：叶似青蒿而背白。

大明曰：茵陈出和州及南山岭上，一名石茵陈。

敩曰：凡使须用叶有八角者，阴干，去根细剉，勿令犯火。

时珍曰：茵陈昔人多莳为蔬，故入药用山茵陈，所以别家茵陈也。《洪舜俞老圃赋》云:酣糟紫姜之掌,沐醯青陈之丝,是也。今淮扬人,二月二日犹采野茵陈苗,和粉面作茵陈饼食之。后人各据方士所传,遂致淆乱。今山茵陈二月生苗,其茎如艾。其叶如淡色青蒿而背白,叶歧紧细而扁整。九月开细花黄色,结实大如艾子,花实并与庵蔄花实相似,亦有无花实者。

茎叶

【气味】苦,平、微寒,无毒。

普曰:神农、岐伯、雷公:苦,无毒;黄帝:辛,无毒。

权曰:苦、辛,有小毒。

大明曰:石茵陈苦,凉,无毒。伏硇砂。

张元素曰:苦、甘,阴中微阳。入足太阳经。

【主治】风湿寒热邪气,热结黄疸。久服轻身益气耐老。面白悦长年。白兔食之仙(《本经》)。治通身发黄,小便不利,除头热,去伏瘕(《别录》)。通关节,去滞热,伤寒用之(藏器)。石茵陈:治天行时疾热狂,头痛头旋,风眼疼,瘴疟。女人癥瘕,并闪损乏绝(大明)。

【发明】弘景曰:《仙经》云:白蒿,白兔食之仙。而今茵陈乃云此,恐是误耳。

宗奭曰:张仲景治伤寒热甚发黄,身面悉黄者,用之极效。一僧因伤寒后发汗不彻,有留热,面身皆黄,多热,期年不愈。医作食黄治不对,而食不减。予与此药,服五日病减三分之一,十日减三分之二,二十日病悉去。方用山茵陈、山栀子各三分,秦艽、升麻各四钱,为散。每用三钱,水四合,煎二合,去滓,食后温服,以知为度。此药以山茵陈为本,故书之。

王好古曰:张仲景茵陈栀子大黄汤,治湿热也。栀子柏皮汤,治燥热也。如苗涝则湿黄,苗旱则燥黄。湿则泻之,燥则润之可也。此二药治阳黄也。韩只和、李思训治阴黄,用茵陈附子汤。大抵以茵陈为君主,而佐以大黄、附子,各随其寒热也。

【附方】旧二,新六。茵陈羹:除大热黄疸,伤寒头痛,风热瘴疟,利小便。以茵陈细切,煮羹食之。生食亦宜。(《食医心镜》)遍身风痒生疮疥:用茵陈煮浓汁洗之,立瘥。(《千金方》)疬疡风病:茵陈蒿两握,水一斗五升,煮取七升。先以皂荚汤洗,次以此汤洗之,冷更作。隔日一洗,不然恐痛也。(崔行功《纂要》)风疾挛急:茵陈蒿一斤,秫米一石,曲三斤,和匀,如常法酿酒服之。(《圣济总录》)痫黄如金,好眠吐涎:茵陈蒿、白藓皮等分,水二盅,煎服,日二服。(《三十六黄方》)遍身黄疸:茵陈蒿一把,同生姜一块,捣烂,于胸前四肢,日日擦之。男子酒疸:用茵陈蒿四根,栀子七个,大田螺一个(连壳捣烂)。以百沸白酒一大盏,冲汁饮之,秘方也。眼热赤肿:山茵陈、车前子等分。煎汤调(茶调散),服数服。(《盲指方》)

青蒿(《本经》下品)

【释名】草蒿(《本经》)、方溃(《本经》)、菣(音牵去声)、犼蒿(《蜀本》)、香蒿

(《衍义》)。

保升曰:草蒿,江东人呼为犼蒿,为其气臭似犼也。北人呼为青蒿。《尔雅》云:蒿,菣也。孙炎注云:荆楚之间,谓蒿为菣。郭璞注云:今人呼青蒿香中炙啖者为菣,是也。

时珍曰:《晏子》云:蒿,草之高者也。按《尔雅》诸蒿,独菣得单称为蒿,岂以诸蒿叶背皆白,而此蒿独青,异于诸蒿故耶?

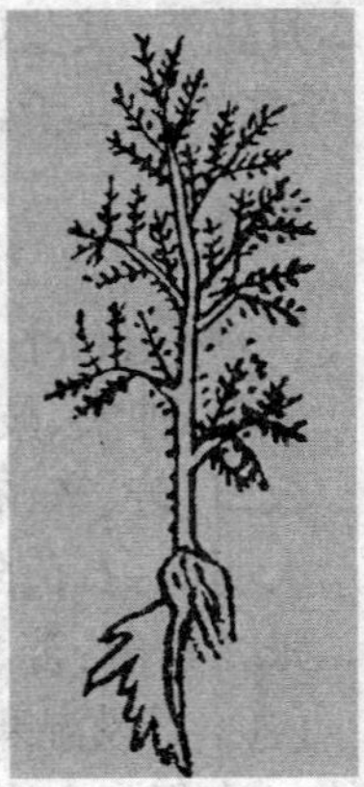

【集解】《别录》曰:青蒿生华阴川泽。

时珍曰:青蒿,二月生苗,茎粗如指而肥软,茎叶色并深青。其叶微似茵陈,而面背俱青。其根白硬。七八月开细黄花颇香。结实大如麻子,中有细子。

【修治】敩曰:凡使,惟中为妙,到膝即仰,到腰即俯。使子勿使叶,使根勿使茎,四件若同使,翻然成痼疾。采得叶,用七岁儿七个溺,浸七日七夜,漉出晒干。

叶、茎、根、子

【气味】苦,寒,无毒。

时珍曰:伏硫黄。

【主治】疥瘙痂痒恶疮,杀虱,治留热在骨节间,明目(《本经》)。鬼气尸疰伏连,妇人血气,腹内满,及冷热久痢。秋冬用子,春夏用苗,并捣汁服。亦曝干为末,小便入酒和服(藏器)。补中益气,轻身补劳,驻颜色,长毛发,令黑不老,兼去蒜发,杀风毒。心痛热黄,生捣汁服,并贴之(大明)。治疟疾寒热(时珍)。生捣敷金疮,止血止疼良(苏恭)。烧灰隔纸淋汁,和石灰煎,治恶疮息肉黡瘢(孟诜)。

【发明】颂曰:青蒿治骨蒸热劳为最,古方单用之。

时珍曰:青蒿得春木少阳之气最早,故所主之证,皆少阳、厥阴血分之病也。按《月令通纂》,言伏内庚日,采青蒿悬于门庭内,可辟邪气。阴干为末,冬至、元旦各服二钱亦良。观此,则青蒿之治鬼疰伏尸,盖亦有所伏也。

【附方】旧四,新十四。男妇劳瘦:青蒿细剉,水三升,童子小便五升,同煎取二升半。去滓入器中煎成膏,丸如梧子大。每空心及卧时,温酒吞下二十丸。(《斗门方》)虚劳寒热,肢体倦疼,不拘男妇:八、九月青蒿成实时采之,去枝梗,以童子小便浸三日,晒干为末。每服二钱,乌梅一个,煎汤服。(《灵苑方》)骨蒸鬼气:童子小便五大斗(澄清),青蒿五斗(八、九月拣带子者最好,细剉。)相和,纳大釜中,以猛火煎取三大斗,去滓,溉釜令净,再以微火煎可二大斗,入猪胆一枚,同煎一大斗半,去火待冷,以瓷器盛之。每欲服时,取甘草二三两,炙熟为末,以煎和捣千杵为丸。空腹粥饮下二十丸,渐增至三十丸止。(崔元亮《海上方》)骨蒸烦热:青蒿一握,猪胆汁一枚,杏仁四十个(去皮尖,炒)。以童子小便一大盏,煎五分,空心温服。(《十便良方》)虚劳盗汗,烦热口干:用青蒿一斤(取汁熬膏),入人参末、麦门冬末各一两,熬至可丸,丸如梧子大,每食后米饮服二十丸,名青蒿丸。(《圣方总录》)疟疾寒热:《肘后方》:用青蒿一握,水二升,捣汁服之《仁存方》:用五月五日天未明时采青蒿(阴干)四两,桂心一两。为末。未发前,酒服二钱。《经验方》:用端午日采青蒿叶(阴干),桂心等分。为末。每服一钱,先寒用热酒;先热用冷酒,发日五更服之。切忌发物。温疟痰甚,但热不寒:用青蒿二两(童子小便浸焙),黄丹半两,为末。每服二钱,白汤调下。(《仁存方》)赤白痢下:五月五日采青蒿、艾叶等分,同豆豉捣作饼,日干,名蒿豉丹。每用一饼,以水一盏半煎服。(《圣济总录》)鼻中衄血:青蒿捣汁服之,并塞鼻中,极验。(《卫生易简方》)酒痔便血:青蒿(用叶不用茎,用茎不用叶),为末。粪前冷水,粪后水酒调服。(《永类钤方》)金疮扑损:《肘后方》:用青蒿捣封之,血止则愈。一方:用青蒿、麻叶、石灰等分,五月五日捣和晒干。临时为末,搽之。牙齿肿痛:青蒿一握,煎水漱之。(《济急方》)毒蜂螫人:嚼青蒿封之即安。(《肘后方》)耳出浓汁:青蒿末,绵裹纳耳中。(《圣惠方》)鼻中息肉:青蒿灰、石灰等分,淋汁熬膏点之。(《圣济总录》)

子

【气味】甘,冷,无毒。

【主治】明目开胃,炒用。治劳瘦,壮健人小便浸用之。治恶疮疥癣风疹,煎水洗之(大明)。治鬼气,为末酒服方寸匕(孟诜)。功同叶(时珍)。

【附方】新一。积热眼涩:三月三日或五月五日,采青蒿花或子,阴干为末,每井华水空心服二钱。久服明目,可夜看书,名青蒿散。(《十便良方》)

节间虫:见虫部。

黄花蒿(《纲目》)

【释名】臭蒿

【集解】大明曰:臭蒿一名草蒿。

时珍曰:香蒿臭蒿通可名草蒿。此蒿与青蒿相似,但此蒿色绿带淡黄,气辛臭不可食,人家采以罨酱黄酒曲者是也。

蒿花黄

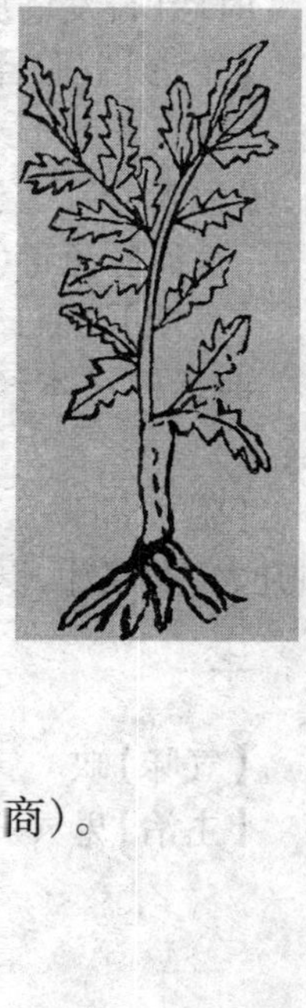

叶

【气味】辛、苦,凉,无毒。

【主治】小儿风寒惊热(时珍)。

子

【气味】辛,凉,无毒。

【主治】治劳,下气开胃,止盗汗及邪气鬼毒(大明)。

白蒿(《本经》上品)

【释名】蘩(《尔雅》)、由胡(《尔雅》)、蒌蒿(《食疗》)、蔏(音商)。

白蒿

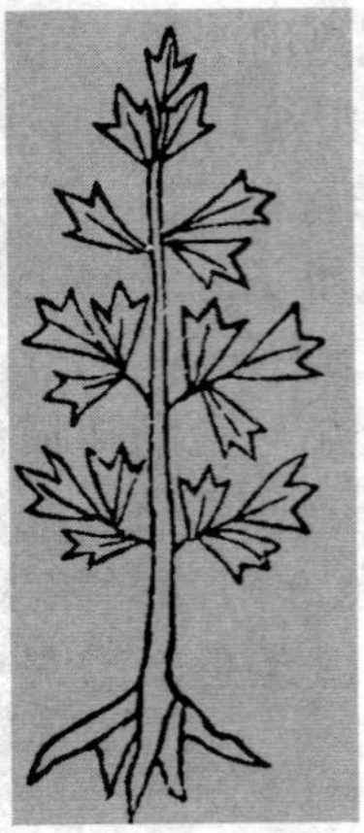

时珍曰：白蒿有水陆二种，《尔雅》通谓之蘩，以其易蘩衍也。曰：蘩，皤蒿。即今陆生艾蒿也，辛熏不美。曰：蘩，由胡。即今水生蒌蒿也，辛香而美。曰：蘩之丑，秋为蒿。则通指水陆二种而言，谓其春时各有种名，至秋老则皆呼为蒿矣。曰藾，曰萧，曰萩，皆老蒿之通名，象秋气肃赖之气。

【集解】《别录》曰：白蒿生中山川泽，二月采。

弘景曰：蒿类甚多，而俗中不闻呼白蒿者。方药家既不用，皆无复识之。

恭曰：《尔雅》：蘩，皤蒿，即白蒿也，所在有之。叶颇似细艾，上有白毛错涩，粗于青蒿。从初生至枯，白于众蒿。

时珍曰：白蒿处处有之，有水、陆二种。本草所用，盖取水生者，故曰生中山川泽，不曰山谷平地也。二种形状相似，但陆生辛熏，不及水生者香美尔。《诗》云：呦呦鹿鸣，食野之苹。苹，即陆生皤蒿，俗呼艾蒿是矣。鹿食九种解毒之草，白蒿其一也。《诗》云：于以采蘩，于沼于沚。《左传》云：苹蘩蕰藻之菜，可以荐于鬼神，羞于王公。并指水生白蒿而言，则本草白蒿之为蒌蒿无疑矣。郑樵《通志》谓苹为蒌蒿，非矣。鹿乃山兽，蒌乃水蒿。陆玑《诗疏》谓苹为牛尾蒿，亦非矣。牛尾蒿色青不白，细叶直上，状如牛尾也。蒌蒿生陂泽中，二月发苗，叶似嫩艾而歧细，面青背白。其茎或赤或白，其根白脆。采其根茎，生熟菹曝皆可食，盖嘉蔬也。《景差大招》云：吴酸蒿蒌不沾薄。谓吴人善调酸，瀹蒌蒿为齑，不沾不薄而甘美，此正指水生者也。

苗根

【气味】甘，平，无毒。

思邈曰：辛、平。

时珍曰：发疮疥。

【主治】五脏邪气，风寒湿痹，补中益气，长毛发令黑，疗心悬，少食常饥。久服轻身，耳目聪明不老（《本经》）。生挼，醋淹为菹食，甚益人；捣汁服，去热黄及心痛；曝为末，米饮空心服一匙，治夏月暴水痢；烧灰淋汁煎，治淋沥疾（孟诜）。利膈开胃，杀河豚鱼毒（时珍）。

【发明】弘景曰：服食家七禽散云：白兔食白蒿仙，与庵蕳同法耳。

时珍曰：《本经》列白蒿于上品，有功无毒，而古今方家不知用，岂不得服之之诀欤？

【附方】旧一。恶疮癞疾，但是恶疾遍体，面目有疮者，皆可服之：用白艾蒿十束如升大，煮取汁，以曲及米一如酿酒法，候熟稍服之。（《深师方》）

子

【气味】缺

【主治】鬼气。为末，酒服之，良（孟诜）。

角蒿(《唐本草》)

【集解】恭曰:角蒿叶似白蒿,花如瞿麦,红赤可爱,子似王不留行,黑色作角。七月、八月采。

保升曰:叶似蛇床、青蒿,子角似蔓菁,实黑而细,秋熟。所在皆有之。

角蒿

宗奭曰:茎叶如青蒿,开淡红紫花,大约径三四分。花罢结角,长二寸许,微弯。

敩曰:凡使,勿用红蒿并邪蒿,二味真似角蒿,只是此香而角短尔。采得,于槐砧上细剉用之。

【气味】辛、苦,平,有小毒。

【主治】干湿䘌,诸恶疮有虫者(《唐本》)。治口齿疮,绝胜(宗奭)。

藘蒿

【附方】旧二,新一。齿龈宣露,多是疳也:角蒿烧灰,夜涂上。切忌油腻、沙糖、干枣。(《外台秘要》)口疮不瘥,入胸中并生者:不拘大人、小儿,以角蒿灰涂之,有汁吐去,一宿效。(《千金方》)月蚀耳疮:用蒿灰掺之,良。(《集简方》)

藘蒿(《拾遗》)

【释名】莪蒿(《尔雅》)、萝蒿(同上)、抱娘蒿。

时珍曰:陆农师云:藘之为言高也。莪,亦峨也,莪科高也。可以覆蚕,故谓之萝。抱根丛生,故曰抱娘。

【集解】时珍曰:藘蒿生高岗,似小蓟,宿根先于百草。《尔雅》云:莪,萝是也。《诗·小雅》云:菁菁者莪。陆玑注云:即莪蒿也。生泽国渐洳处。叶似斜蒿而细科,三月生。茎、叶可生食,又可蒸食,香美颇似蒌蒿。但味带麻,不似蒌蒿甘香。

【气味】辛,温,无毒。

【主治】破血下气,煮食之(藏器)。

马先蒿(《本经》中品)

【释名】马新蒿(《唐本》)、马矢蒿(《本经》)、练石草(《别录》)、烂石草(同上)、虎麻。

时珍曰:蒿气如马矢,故名。马先,乃马矢字讹也。马新,又马先之讹也。

弘景曰:练石草,一名烂石草,即马矢蒿。今方药不复用之。

蒿 先 马

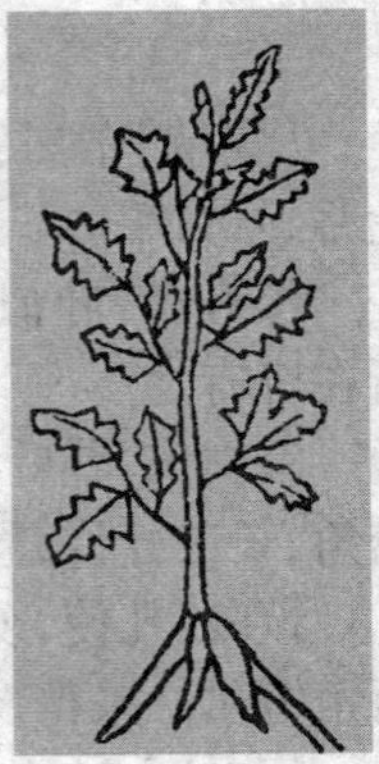

【集解】《别录》曰：马先蒿、练石草，并生南阳川泽。

恭曰：叶大如茺蔚，花红白色。二月、八月采茎叶，阴干用。八月、九月实熟，俗谓之虎麻是也。一名马新蒿，所在有之。茺蔚苗短小，其子夏中熟。二物初生，极相似也。

禹锡曰：按《尔雅》云：蔚，牡菣。注云，即蒿之无子者。《诗》云：匪莪伊蔚。陆玑云：牡蒿也。三月始生，七月开花，似胡麻花而紫赤。八月生角，似小豆角，锐而长。一名马新蒿，是也。

颂曰：郭璞以牡菣为无子，而陆玑云有子，二说小异。今当用有子者为正。

时珍曰：《别录》牡蒿、马先蒿，原是二条。陆玑所谓有子者，乃马先蒿，而复引无子之牡蒿释之，误矣。牡蒿详见本条。

【气味】苦，平，无毒。

《别录》曰：练石草：寒。

【主治】寒热鬼疰，中风湿痹，女子带下病，无子（《本经》）。练石草：治五癃，破石淋，膀胱中结气，利水道小便（《别录》）。恶疮（弘景）。

【附方】旧一。大疯癞疾，骨肉疽败，眉须堕落，身体痒痛：以马先蒿（一名马矢蒿，一名烂石草），炒捣末。每服方寸匕，食前温酒下，一日三服，一年都瘥。（《肘后方》）

厥 地 阴

阴地厥（宋《图经》）

【集解】颂曰：生邓州顺阳县内乡山谷。叶似青蒿，茎青紫色，花作小穗，微黄，根似细辛。七月采根苗用。

时珍曰：江浙亦有之。外家采制丹砂、硫黄。

根苗

【气味】甘、苦，微寒，无毒。

【主治】肿毒风热（苏颂）。

【附方】新一。男妇吐血后，胸膈虚热：阴地厥、紫河车、贯众、甘草各半两。每服三钱，水煎服。（《圣济总录》）

牡蒿（《别录》下品）

【释名】齐头蒿。

时珍曰：《尔雅》：蔚，牡菣，蒿之无子者。则牡之名以此也。诸蒿叶皆尖，此蒿叶独奓而秃，故有齐头之名。

【集解】《别录》曰：牡蒿，生田野。五月、八月采。

弘景曰：方药不复用。

恭曰：齐头蒿也，所在有之。叶似防风，细薄而无光泽。

时珍曰：齐头蒿三、四月生苗，其叶扁而本狭，末奓有秃歧。嫩时可茹。鹿食九草，此其一也。秋开细黄花，结实大如车前实，而内子微细不可见，故人以为无子也。

牡蒿

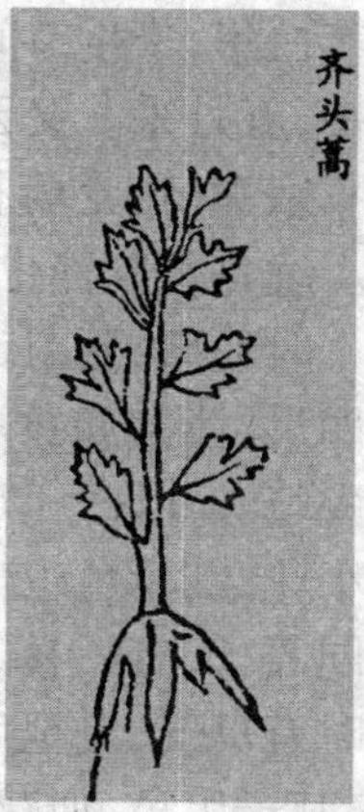

苗

【气味】苦、微甘，温，无毒。

【主治】充肌肤，益气，令人暴肥。不可久服，血脉满盛（《别录》）。擂汁服，治阴肿（时珍）。

【附方】新一。疟疾寒热：齐头蒿根、滴滴金根各一把。擂生酒一盅，未发前服。以滓敷寸口，男左女右，二日便止。（《海上名方》）

九牛草

九牛草（宋《图经》）

【集解】颂曰：生筠州山冈上。二月生苗，独茎，高一尺。叶似艾叶，圆而长，背有白毛，面青。五月采苗用。

时珍曰：陈嘉谟《本草蒙筌》以此为蕲艾，谬矣。

苗

【气味】微苦，有小毒。

【主治】解风劳，治身体痛。与甘草同煎服，不入众药用（苏颂）。

茺蔚（《本经》上品）

【释名】益母（《本经》）、益明（《本经》）、贞蔚（《别录》）、蓷（《尔雅》。音推）、野天麻（《会编》）、猪麻（《纲目》）、火杴（《本经》）、郁臭草（《图经》）、苦低草（《图经》）、夏枯草（《外台》）、土质汗（《外台》）。

时珍曰：此草及子皆充盛密蔚，故名茺蔚。其功宜于妇人及明目益精，故有益母、益明之称。其茎方类麻，故谓之野天麻。俗呼为猪麻，猪喜食之也。夏至后即枯，故亦有夏枯之名。《近效方》谓之土质汗。林亿云：质汗出西番，乃热血合诸药煎成，治金疮折伤。益母亦可作煎，治折伤，故名为土质汗也。

禹锡曰：《尔雅》：萑，蓷。注云：今茺蔚也。又名益母。刘歆云：蓷，臭秽也。臭秽，即茺蔚也。陆玑云：蓷，益母也。故曾子见之感思。

【集解】《别录》曰：茺蔚生海滨池泽，五月采。

弘景曰：今处处有之。叶如荏，方茎，子形细长，有三棱。方用亦稀。

颂曰：今园圃及田野极多。郭璞注《尔雅》云：叶似荏，方茎白华，华生节间。节节生花，实似鸡冠子，黑色，茎作四方棱，五月采。又云九月采实，医方稀有用实者。

母益蔚茺

宗奭曰：茺蔚初春生时，亦可浸洗，淘去苦水，煮作菜食。凌冬不凋悴也。

时珍曰：茺蔚近水湿处甚繁。春初生苗如嫩蒿，入夏长三四尺，茎方如黄麻茎。其叶如艾叶而背青，一梗三叶，叶有尖歧。寸许一节，节节生穗，丛簇抱茎。四、五月间，穗内开小花，红紫色，亦有微白色者。每萼内有细子四粒，粒大如同蒿子，有三棱，褐色，药肆往往以作巨胜子货之。其草生时有臭气，夏至后即枯，其根白色。苏颂《图经》谓其叶似荏，其子黑色，似鸡冠子，九月采实，寇宗奭《衍义》谓其凌冬不凋者，皆误传也。此草有白花、紫花二种，茎、叶、子、穗皆一样。但白者能入气分，红者能入血分，别而用之可也。按《闺阁事宜》云：白花者为益母；紫花者为野天麻。《返魂丹注》云：紫花者为益母，白花者不是。陈藏器《本草》云：茺蔚生田野间，人呼为郁臭草。天麻生平泽，似马鞭草，节节生紫花，花中有子，如青葙子。孙思邈《千金方》云：天麻草，茎如火麻，冬生苗，夏着赤花，如鼠尾花。此皆似以茺蔚、天麻为二物，盖不知其是一物二种。凡物花皆有赤白，如牡丹、芍药、菊花之类是矣。又按郭璞《尔雅注》云：萑，音推，即茺蔚，又名益母。叶似荏，白华，华生节间。又云：蓷，音推，方茎，叶长而锐，有穗，穗间有花紫缥色，可以为饮，江东呼为牛蘈。据此则是萑、蓷名本相同，但以花色分别之，其为一物无疑矣。宋人重修本草，以天麻草误注天麻，尤为谬失。陈藏器《本草》又有錾菜，云生江南阴地，似益母，方茎对节白花，主产后血病。此即茺蔚之白花者，故其功主血病亦相同。

子

【修治】时珍曰：凡用，微炒香，亦或蒸熟，烈日曝燥，舂簸去壳，取仁用。

【气味】辛、甘，微温，无毒。

《别录》曰：甘，微寒。

时珍曰：甘、辛，温。灰制硫黄。

【主治】明目益精，除水气，久服轻身（《本经》）。疗血逆大热，头痛心烦（《别录》）。产后血胀（大明）。舂仁生食，补中益气，通血脉，填精髓，止渴润肺（吴瑞）。治风解热，顺气活血，养肝益心，安魂定魄，调女人经脉，崩中带下，产后胎前诸病。久服令人有子（时珍）。

茎

大明曰：苗、叶、根同功。

【气味】藏器曰：寒。

时珍曰：茎、叶：味辛、微苦。花：味微苦、甘。根：味甘。并无毒。

镜源曰:制硫黄、雌黄、砒石。

【主治】瘾疹痒,可作浴汤(《本经》)。捣汁服,主浮肿,下水,消恶毒疔肿、乳痈丹游等毒,并敷之。又服汁,主子死腹中,及产后血胀闷。滴汁入耳中,主聤耳。捣敷蛇虺毒(苏恭)。入面药,令人光泽,治粉刺(藏器)。活血破血,调经解毒,治胎漏产难,胎衣不下,血晕、血风、血痛,崩中漏下,尿血、泻血,疳痢、痔疾,打扑内损瘀血,大便、小便不通(时珍)。

【发明】时珍曰:益母草之根、茎、花、叶实,并皆入药,可同用。若治手、足厥阴血分风热,明目益精,调女人经脉,则单用茺蔚子为良。若治肿毒疮疡,消水行血,妇人胎产诸病,则宜并用为良。盖其根、茎、花、叶专于行,而子则行中有补故也。

【附方】旧十三,新十。济阴返魂丹:昝殷《产宝》曰:此方,乃吉安文江高师禹,备礼求于名医所得者,其效神妙,活人甚多,能治妇人胎前、产后诸疾危证。用野天麻,又名益母,又名火枕,又名负担,即茺蔚子也。叶似艾叶,茎类火麻,方梗凹面,四、五、六月节节开花,红紫色如蓼花,南北随处皆有,白花者不是。于端午、小暑,或六月六日,花正开时,连根收采阴干,用叶及花子。忌铁器,以石器碾为细末,炼蜜丸如弹子大,随证嚼服用汤使。其根烧存性为末,酒服,功与黑神散不相上下。其药不限丸数,以病愈为度。或丸如梧子大,每服五七十丸。又可捣汁滤净,熬膏服之。胎前脐腹痛,或作声者,米饮下;胎前产后,脐腹刺痛,胎动不安,下血不止,当归汤下;产后,以童子小便化下一丸,能安魂定魄,血气自然调顺,诸病不生。又能破血痛,养脉息,调经络,并温酒下。胎衣不下,及横生不顺,死胎不下,经日胀满,心闷心痛,并用炒盐汤下。产后血晕,眼黑血热,口渴烦闷,如见鬼神,狂言不省人事,以童子小便和酒化下;产后结成血块,脐腹奔痛,时发寒热,有冷汗,或面垢颜赤,五心烦热,并用童子小便、酒下,或薄荷自然汁下。产后恶露不尽,结滞刺痛,上冲心胸满闷,童子小便、酒下。产后泻血水,以枣汤下。产后痢疾,米汤下。产后血崩漏下,糯米汤下。产后赤白带下,煎胶艾汤下;月水不调,温酒下。产后中风,牙关紧急,半身不遂,失音不语,童便、酒下。产后气喘咳嗽,胸膈不利,恶心吐酸水,面目浮肿,两胁疼痛,举动失力,温酒下。产后月内咳嗽,自汗发热,久则变为骨蒸,童便、酒下;产后鼻衄,舌黑口干,童便酒下。产后两太阳穴痛,呵欠心忪,气短羸瘦,不思饮食,血风身热,手足顽麻,百节疼痛,并米饮化下。产后大小便不通,烦躁口苦者,薄荷汤下。妇人久无子息,温酒下。益母膏:《近效方》:治产妇诸疾,及折伤内损有瘀血,每天阴则痛,神方也。三月采益母草一名负担,一名夏枯草,连根叶茎花洗择令净,于箔上摊曝水干,以竹刀切长五寸,勿用铁刀,置于大锅中,以水浸过二三寸,煎煮,候草烂水减三之二,漉去草,取汁约五六斗,入盆中澄半日,以绵滤去浊滓,以清汁入釜中,慢火煎取一斗,如稀饧状,瓷瓶封收。每取梨大,暖酒和服,日再服。或和羹粥亦可。如远行,即更炼至可丸收之。服至七日,则疼渐平复也。产妇恶露不尽及血晕,一二服便瘥。其药无忌。又能治风,益心力。(《外台秘要》)女人难产:益母草捣汁七大合,煎减半,顿服立止。无新者,以干者一大握,水七合,煎服。(韦宙《独行方》)胎死腹中:益母草捣熟,以暖水少许,和绞取汁,顿服之。(韦宙《独行方》)产后血晕,心气欲绝:益母草研汁,服一盏,绝妙。(《子母秘录》）产后血闭不下者：益母草汁一小盏，入酒一合，温服。（《圣惠方》）带下赤白：益母草花开时采，捣为末。每服二钱，食前温汤下。（《集验方》）小便尿血：益母草捣汁，服一升立瘥。此苏澄方也。（《外台秘要》）赤白杂痢困重者：益母草（日干）、陈盐梅（烧存性），等分为末。每服三钱，白痢干姜汤、赤痢甘草汤下。名二灵散。（《卫生家宝方》）小儿疳痢垂死者：益母草嫩叶，同米煮粥食之，取足，以瘥为度，甚佳。饮汁亦可。（《广济方》）痔疾下血：益母草叶，捣汁饮之。（《食医心镜》）

錾菜（音惭。《拾遗》）

【集解】藏器曰：錾菜生江南阴地，似益母，方茎对节，白花。

时珍曰：此即益母之白花者，乃《尔雅》所谓蓷是也。其紫花者，《尔雅》所谓蓷是也。蓷、蓷皆同一音，乃一物二种。故此条亦主血病，与益母功同。郭璞独指白花者为益母，昝殷谓白花者非益母，皆欠详审。嫩苗可食，故谓之菜。寇宗奭言茺蔚嫩苗可煮食，正合此也。

苗

【气味】辛，平，无毒。

【主治】破血，产后腹痛，煮汁服（藏器）。

薇衔（薇，音眉。《本经》上品）

【释名】麋衔（《本经》）、鹿衔（《唐本》）、吴风草（《唐本》）、无心（《吴普》）、无颠（《吴普》）、承膏（《别录》）、承肌（《吴普》）。

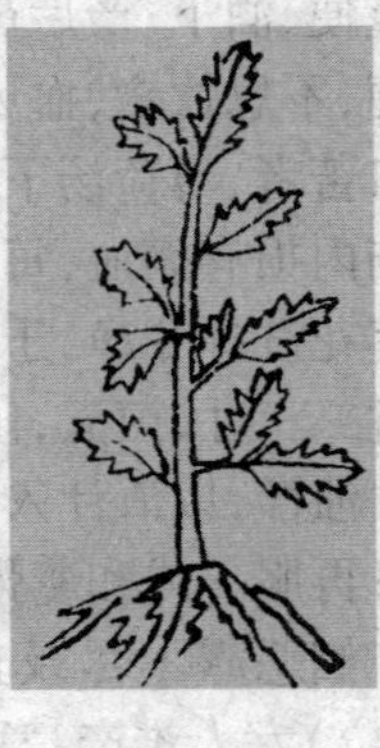

恭曰：南人谓之吴风草。一名鹿衔草，言鹿有疾，衔此草即瘥也。

时珍曰：据苏说，则薇衔、麋衔当作麋衔也。鹿、麋一类也。按郦道元《水经注》云：魏兴锡山多生薇衔草，有风不偃，无风独摇。则吴风亦当作无风，乃通。

藏器曰：一名无心草，非草之无心者，方药少用。

【集解】《别录》曰：薇衔生汉中川泽及冤句、邯郸。七月采茎叶，阴干。

恭曰：此草丛生，似茺蔚及白头翁，其叶有毛，赤茎。又有大、小二种：楚人谓大者为大吴风草，小者为小吴风草。

保升曰：叶似茺蔚，丛生有毛，其花黄色，其根赤黑色。

茎叶

【气味】苦,平,无毒。

《别录》曰:微寒。

之才曰:得秦皮良。

【主治】风湿痹,历节痛,惊痫吐舌,悸气贼风,鼠瘘痈肿(《本经》)。暴症,逐水,疗痿蹶。久服轻身明目(《别录》)。妇人服之,绝产无子(藏器)。煎水,洗瘭疽、甲疽、恶疮(时珍,出《外科精义》)。

【发明】时珍曰:麋衔乃《素问》所用治风病自汗药,而后世不知用之,诚缺略也。《素问》:黄帝曰:有病身热懈惰,汗出如浴,恶风少气,此为何病?岐伯曰:病名酒风。治之以泽泻、术各三、五分,麋衔五分,合以三指撮为后饭。后饭者,先服药也。

【附方】新二。年深恶疮:无心草根、钓苓根、狼毒、白丁香各五钱,麝香一字,为末掺之。又方:无心草根、干姜各二钱,钓苓根三钱,为末掺之。(并《外科精义》)小儿破伤风病,拘急口噤:没心草半两,白附子(炮)二钱半,为末。每服一字,薄荷酒灌下。(《圣济录》)

【附录】无心草(宋《图经》)

颂曰:生秦州及商州,凤翔各县皆出之。三月开花,五月结实,六、七月采根苗,阴干用。性温,无毒。主积血,逐气块,益筋节,补虚损,润颜色,疗澼泄腹痛。

时珍曰:麋衔一名无心草,此草功用与之相近,其图形亦相近,恐即一物也,故附之俟访考焉。鼠耳草,亦名无心,与此不同。

夏枯草(《本经》下品)

【释名】夕句(《本经》)、乃东(《本经》)、燕面(《别录》)、铁色草。

震亨曰:此草夏至后即枯。盖禀纯阳之气,得阴气则枯,故有是名。

【集解】《别录》曰:夏枯草生蜀郡川谷,四月采。

草枯夏

恭曰:处处有之,生平泽。

颂曰:冬至后生,叶似旋覆。三月、四月开花,作穗紫白色,似丹参花,结子亦作穗。五月便枯,四月采之。

时珍曰:原野间甚多,苗高一二尺许,其茎微方。叶对节生,似旋覆叶而长大,有细齿,背白多纹。茎端作穗,长一二寸,穗中开淡紫小花,一穗有细子四粒。丹溪云无子,亦欠察矣。嫩苗瀹过,浸去苦味,油盐拌之可食。

【正误】宗奭曰:今谓之郁臭。自秋便生,经冬不悴,春开白花,夏结子。

震亨曰:郁臭草有臭味,即茺蔚是也;夏枯草无臭味,明是两物。俱生于春,夏枯先枯而无子;郁臭,后枯而结子。

茎叶

【气味】苦、辛，寒，无毒。

之才曰：土瓜为之使。伏汞砂。

【主治】寒热瘰疬鼠瘘头疮，破癥，散瘿结气，脚肿湿痹，轻身（《本经》）。

【附方】旧一，新六。明目补肝，肝虚目睛痛，冷泪不止，筋脉痛，羞明怕日：夏枯草半两，香附子一两。为末。每服一钱，腊茶汤调下。（《简要济众》）赤白带下：夏枯草（花开时采，阴干）为末。每服二钱，米饮下。食前。（《徐氏家传方》）血崩不止：夏枯草为末，每服方寸匕，米饮调下。（《圣惠方》）产后血晕，心气欲绝者：夏枯草捣绞汁服一盏，大妙。（《徐氏家传方》）扑伤金疮：夏枯草（口嚼烂），罯上即愈。（《卫生易简》）汗斑白点：夏枯草煎浓汁，日日洗之。（《乾坤生意》）瘰疬马刀，不问已溃、未溃，或日久成漏：用夏枯草六两，水二盅，煎七分，食远温服。虚甚者，则煎汁熬膏服，并涂患处，兼以十全大补汤加香附、贝母、远志尤善。此物生血，乃治瘰疬之圣药也。其草易得，其功甚多。（薛己《外科经验方》）

刘寄奴草（《唐本草》）

【释名】金寄奴（大明）、乌藤菜（《纲目》）。

时珍曰：按李延寿《南史》云：宋高祖刘裕，小字寄奴。微时伐荻新洲，遇一大蛇，射之。明日往，闻杵臼声。寻之，见童子数人皆青衣，于榛林中捣药。问其故。答曰：我主为刘寄奴所射，今合药敷之。裕曰：神何不杀之？曰：寄奴王者，不可杀也。裕叱之，童子皆散，乃收药而反。每遇金疮敷之即愈。人因称此草为刘寄奴草。郑樵《通志》云：江南人因汉时谓刘为卯金刀，乃呼刘为金。是以又有金寄奴之名。江东人谓之乌藤菜云。

【集解】恭曰：刘寄奴草生江南。茎似艾蒿，长三四尺，叶似山兰草而尖长，一茎直上有穗，叶互生，其子似稗而细。

保升曰：今出越州，蒿之类也。高四五尺，叶似菊，其花白色，其实黄白色作穗，夏月收苗日干之。

刘寄奴

颂曰：今河中府、孟州、汉中、滁州亦有之。春生苗。茎似艾蒿，上有四棱，高二三尺以来。叶青似柳，四月开碎小黄白花，形如瓦松，七月结实似黍而细，根淡紫色似莴苣。六月、七月采苗及花子通用。

时珍曰：刘寄奴一茎直上。叶似苍术，尖长糙涩，面深背淡。九月茎端分开数枝，一枝攒簇十朵小花，白瓣黄蕊，如小菊花状。花罢有白絮，如苦荬花之絮。其子细长，亦如苦荬子。所云实如黍稗者，似与此不同，其叶亦非蒿类。

子(苗同)

【修治】敩曰:凡采得,去茎叶,只用实。以布拭去薄壳令净,拌酒蒸,从巳至申,曝干用。时珍曰:茎、叶、花、子皆可用。

【气味】苦,温,无毒。

【主治】破血下胀。多服令人下痢(苏恭)。下血止痛,治产后余疾,止金疮血,极效(《别录》)。心腹痛,下气,水胀血气,通妇人经脉癥结,止霍乱水泻(大明)。小儿尿血,新者研末服(时珍)。

【附方】旧一,新七。大小便血:刘寄奴为末,茶调空心服二钱,即止。(《集简方》)折伤瘀血在腹内者:刘寄奴、骨碎补、延胡索各一两。水二升,煎七合,入酒及童子小便各一合,顿温服之。(《千金方》)血气胀满:刘寄奴穗实为末。每服三钱,酒煎服。不可过多,令人吐利。此破血之仙药也。(《卫生易简方》)霍乱成痢:刘寄奴草煎汁饮。(《圣济总录》)汤火伤灼:刘寄奴捣末。先以糯米浆鸡翎扫上,后乃掺末。并不痛,亦无痕,大验之方。凡汤火伤,先以盐末掺之,护肉不坏,后乃掺药为妙。(《经验方》)风入疮口肿痛:刘寄奴为末。掺之即止。(《圣惠方》)小儿夜啼:刘寄奴半两,地龙(炒)一分,甘草一寸。水煎,灌少许。(《圣济总录》)赤白下痢,阴阳交带,不问赤白:刘寄奴、乌梅、白姜等分。水煎服。赤加梅,白加姜。(《艾元英如宜方》)

曲节草(宋《图经》)

草节曲

【释名】六月凌(音令。《图经》)、六月霜(《纲目》)、绿豆青(《图经》)、蛇蓝。

时珍曰:此草性寒,故有凌、霜、绿豆之名。

【集解】颂曰:曲节草生筠州。四月生苗,茎方色青有节,叶似刘寄奴而青软,七、八月着花似薄荷,结子无用。五月、六月采茎叶,阴干。

茎叶

【气味】甘,平,无毒。

【主治】发背疮,消痈肿,拔毒。同甘草作末,米汁调服(苏颂)。

丽春草(宋《图经》)

【释名】仙女蒿(《图经》)、定参草。

颂曰:丽春草,生檀嵎山川谷,檀嵎山在高密界。河南淮阳郡、颍川及谯郡、汝南郡等,并呼为龙芊草。河北近山、邺郡、汲郡,并名丛兰艾。上党紫团山亦有,名定参草,又名仙女蒿。今所在有之。甚疗痈黄,人莫能知。

丽春草

时珍曰：此草有殊功，而不著其形状。今罂粟亦名丽春草，九仙子亦名仙女娇，与此同名，恐非一物也。当俟博访。

花及根

【气味】甘，微温，无毒。

【主治】瘸黄黄疸（苏颂）。

【发明】颂曰：唐天宝中，颍川郡杨正进方，名医皆用有效。其方云：丽春草疗因时患伤热，变成瘸黄，遍身壮热，小便黄赤，眼如金色，面又青黑，心头气痛，绕心如刺，头旋欲倒，兼胁下有瘕气，及黄疸等，经用有验。其药春三月采花，阴干一升，捣散。每平明空腹取三方寸匕，和生麻油一盏顿服，日一服，隔五日再进，以知为度。其根疗黄疸，捣汁一盏，空腹顿服，须臾即利三两行，其疾立已。一剂不能全愈，隔七日更一剂，永瘥。忌酒、面、猪、鱼、蒜、粉、酪等。

旋覆花（《本经》下品）

【释名】金沸草（《本经》）、金钱花（《纲目》）、滴滴金（《纲目》）、盗庚（《尔雅》）、夏菊（《纲目》）、戴椹（《别录》）。

宗奭曰：花绿繁茂，圆而覆下，故曰旋覆。

旋覆花

时珍曰：诸名皆因花状而命也。《尔雅》云：覆，盗庚也。盖庚者，金也，谓其夏开黄花，盗窃金气也。《酉阳杂俎》云：金钱花，一名毗尸沙，自梁武帝时始进入中国。

【集解】《别录》曰：旋覆生平泽川谷。五月采花，日干，二十日成。

弘景曰：出近道下湿地，似菊花而大。别有旋葍根，出河南，北国亦有，形似芎䓖，惟合旋葍膏用之，余无所用，非此旋覆花根也。

保升曰：叶似水苏，花黄如菊，六月至九月采花。

颂曰：今所在皆有。二月以后生苗，多近水旁，大似红蓝而无刺，长一二尺以来，叶似柳，茎细。六月开花如菊花，小铜钱大，深黄色。上党田野人呼为金钱花，七八月采花。今近道人家园圃所莳金钱花，花叶并同，极易繁盛，恐即旋覆也。

宗奭曰：旋覆叶如大菊，又如艾蒿。秋开花大如梧桐子，花淡黄色，其香过于菊。别有旋花，乃鼓子花，非此花也。见本条。

时珍曰：花状如金钱菊。水泽边生者，花小瓣单；人家栽者，花大蕊簇，盖壤瘠使然。其根细白。俗传露水滴下即生，故易繁，盖亦不然。

花

【修治】敩曰：采得花，去蕊并壳皮及蒂子，蒸之，从巳至午，晒干用。

【气味】咸，温，有小毒。

《别录》曰：甘，微温，冷利。

权曰：甘，无毒。

大明曰：无毒。

宗奭曰：苦、甘、辛。

【主治】结气胁下满，惊悸，除水，去五脏间寒热，补中下气（《本经》）。消胸上痰结，唾如胶漆，心胁痰水，膀胱留饮，风气湿痹，皮间死肉，目中眵𥊍，利大肠，通血脉，益色泽（《别录》）。主水肿，逐大腹，开胃，止呕逆不下食（甄权）。行痰水，去头目风（宗奭）。消坚软痞，治噫气（好古）。

【发明】颂曰：张仲景治伤寒汗下后，心下痞坚，噫气不除，有七物旋覆代赭汤；杂治妇人，有三物旋覆汤。胡洽居士治痰饮在两胁胀满，有旋覆花丸，用之尤多。成无己曰：硬则气坚，旋覆之咸，以软痞坚也。

震亨曰：寇宗奭言其行痰水去头目风，亦走散之药。病人涉虚者，不宜多服，冷利大肠，宜戒之。

时珍曰：旋覆乃手太阴肺、手阳明大肠药也。所治诸病，其功只在行水、下气、通血脉尔。李卫公言：嗅其花能损目。唐慎微《本草》误以旋花根方收附此下，今改正之。

【附方】旧一，新三。中风壅滞：旋覆花，洗净焙研，炼蜜丸梧子大。夜卧以茶汤下五丸至七丸、十丸。（《经验后方》）半产漏下，虚寒相抟，其脉弦芤：旋覆花汤：用旋覆花三两，葱十四茎，新绛少许。水三升，煮一升，顿服。（《金匮要略》）月蚀耳疮：旋覆花烧研，羊脂和涂之。（《集简方》）小儿眉癣，小儿眉毛眼睫，因癣退不生：用野油花（即旋覆花）、赤箭（即天麻苗）、防风等分，为末。洗净，以油调涂之。（《总微论》）

叶

【主治】敷金疮，止血（大明）。治疔疮肿毒（时珍）。

根

【主治】风湿（《别录》）。

青葙（《本经》下品）

【释名】草蒿（《本经》）、萋蒿（《本经》）、昆仑草（《唐本》）、野鸡冠（《纲目》）、鸡冠苋（《纲目》）、子名草决明（《本经》）。

时珍曰：青葙名义未详。胡麻叶亦名青蘘，此草又多生于胡麻地中，与之同名，岂以其相似而然耶？青蒿，亦名草蒿，其功相似，而名亦相同，何哉？其子明目，与决明子同功，故有草决明之名。其花、叶似鸡冠，嫩苗似苋，故谓之鸡冠苋。郑樵《通志》言俗名牛尾蒿者，误矣。

箱青

【集解】《别录》曰：青葙生平谷道旁。三月采茎叶，阴干。五月、六月采子。

弘景曰：处处有之。似麦栅花，其子甚细。别有草蒿，或作草藁，主疗殊相类，形名又相似可疑，而实两种也。

恭曰：此草苗高尺余，叶细软，花紫白色，实作角，子黑而扁光，似苋实而大，生下湿地，四月、五月采，荆襄人名为昆仑草。

颂曰：今江淮州郡近道亦有之。二月生青苗，长三四尺。叶阔似柳而软。茎似蒿，青红色。六月、七月内生花，上红下白。子黑光而扁，似莨菪。根亦似蒿根而白，直下独茎生根。六月、八月采子。

时珍目：青葙生田野间，嫩苗似苋可食，长则高三四尺。苗、叶、花、实与鸡冠花一样无别。但鸡冠花穗或有大而扁、或团者。此则梢间出花穗，尖长四、五寸，状如兔尾，水红色，亦有黄白色者。子在穗中，与鸡冠子及苋子一样难辨。苏恭言其结角，误矣。萧炳言黄花者名陶朱术，与陈藏器所说不同。又有天灵草，亦此类也，并附于下。

茎叶

【修治】敩曰：凡用先烧铁杵臼，乃捣用之。

【气味】苦，微寒，无毒。

【主治】邪气，皮肤中热，风瘙身痒，杀三虫（《本经》）。恶疮疥虱痔蚀，下部䘌疮（《别录》）。捣汁服，大疗温疠（苏恭）。止金疮血（大明）。

子

【气味】苦，微寒，无毒。

权曰：苦，平。

【主治】唇口青（《本经》）。治五脏邪气，益脑髓，镇肝，明耳目。坚筋骨，去风寒湿痹（大明）。治肝脏热毒冲眼，赤障青盲翳肿，恶疮疥疮（甄权）。

【发明】炳曰：理眼，有青葙子丸。

宗奭曰：青葙子，《经》中不言治眼，惟《药性论》《日华子》始言治肝明目。今人多用治眼，殊与《经》意不相当。

时珍曰：青葙子治眼，与决明子、苋实同功。《本经》虽不言治眼，而云一名草决明，主唇口青，则其明目之功可知矣。目者肝之窍，唇口青者足厥阴经之证，古方除热亦多用之，青葙子之为厥阴药，又可知矣。况用之治目，往往有验，尤可征。据《魏略》云：初平中有青牛先生，常服青葙子丸，年百余岁，如五六十者。

【附方】旧一。鼻衄不止，眩冒欲死：青葙子汁三合，灌入鼻中。（《贞元广利方》）

【附录】桃朱术

炳曰：青葙，一种花黄者，名陶朱术，苗相似。

藏器曰：桃朱术生园中，细如芹，花紫，子作角。以镜向旁敲之，则子自发。五月五日乃收子，带之令妇人为夫所爱。

雁来红

时珍曰：茎、叶、穗、子并与鸡冠同。其叶九月鲜红，望之如花，故名，吴人呼为老少年。一种六月叶红者，名十样锦。

天灵草

时珍曰：按《土宿真君本草》云：状如鸡冠花，叶亦如之，折之有液如乳，生江、湖、荆南陂池间。五月取汁，可制雄、硫，煮雌炼砂。

思蓂子

敩曰：思蓂子、鼠细子，二件真似青葙子，只是味不同。思蓂子味粗，煎之有涎。

鸡冠（宋《嘉祐》）

【释名】时珍曰：以花状命名。

【集解】时珍曰：鸡冠处处有之。三月生苗，入夏高者五、六尺；矬者，才数寸。其叶青柔，颇似白苋菜而窄，梢有赤脉。其茎赤色，或圆、或扁，有筋起。六、七月梢间开花，有红、白、黄三色。其穗圆长而尖者，俨如青葙之穗；扁卷而平者，俨如雄鸡之冠。花大有围一二尺者，层层卷出可爱。子在穗中，黑细光滑，与苋实一样。其穗如秕麦状。花最耐久，霜后始蔫。

鸡冠

苗

【气味】甘，凉，无毒。

【主治】疮痔及血病（时珍）。

子

【气味】甘，凉，无毒。

【主治】止肠风泻血，赤白痢（藏器）。崩中带下，入药炒用（大明）。

花

【气味】同上。

【主治】痔漏下血，赤白下痢，崩中赤自带下，分赤白用（时珍）。

【附方】新十一。吐血不止：白鸡冠花，醋浸煮七次，为末。每服二钱，热酒下。（《经验方》）结阴便血：鸡冠花、椿根白皮等分，为末，炼蜜丸梧子大。每服三十丸，黄芪汤下，日二服。（《圣济总录》）粪后下血：白鸡冠花并子（炒），煎服。（《圣惠方》）五痔肛肿久不愈，变成瘘疮：用鸡冠花、凤眼草各一两。水二碗，煎汤频洗。（《卫生宝鉴》）下血脱肛：白鸡冠花、防风等分，为末，糊丸梧子大，空心米饮每服七十丸。一方：白鸡冠花（炒）、棕榈灰、羌活一两。为末。每服二钱，米饮下。（《永类钤方》）经水不止：红鸡冠花一味，晒干为末。每服二钱，空心酒调下。忌鱼腥、猪肉。（孙氏《集效方》）产后血痛：白鸡冠花，酒煎服之。（《李楼奇方》）妇人白带：白鸡冠花晒干，为末。每旦空心酒服三钱。赤带，用红者。（孙氏《集效方》）白带沙淋：白鸡冠花、苦壶卢等分，烧存性，空心火酒服之。（《摘玄》）赤白下痢：鸡冠花，煎酒服。赤，用红；白，用白。（《集简方》）

红蓝花（宋《开宝》）

【释名】红花（《开宝》）、黄蓝。

颂曰：其花红色，叶颇似蓝，故有蓝名。

花蓝红

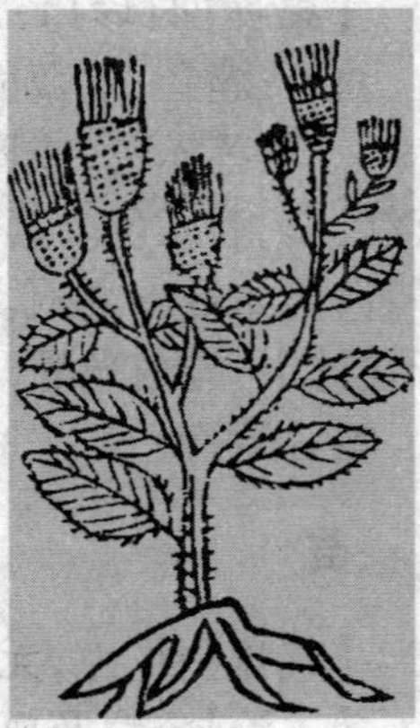

【集解】志曰：红蓝花，即红花也，生梁汉及西域。《博物志》云：张骞得种于西域。今魏地亦种之。

颂曰：今处处有之。人家场圃所种，冬月布子于熟地，至春生苗，夏乃有花。花下作梂猬多刺，花出梂上。圃人乘露采之，采已复出，至尽而罢。梂中结实，白颗如小豆大。其花曝干，以染真红，又作胭脂。

时珍曰：红花，二月、八月、十二月皆可以下种，雨后布子，如种麻法。初生嫩叶、苗，亦可食。其叶如小蓟叶。至五月开花，如大蓟花而红色。侵晨采花捣熟，以水淘，布袋绞去黄汁又捣，以酸粟米泔清又淘，又绞袋去汁，以青蒿覆一宿，晒干。或捏成薄饼，阴干收之。入药搓碎用。其子五月收采，淘净捣碎煎汁，入醋，拌蔬食，极肥美。又可为车脂及烛。

花

【气味】辛，温，无毒。

元素曰：入心养血，谓其苦温，阴中之阳，故入心。佐当归，生新血。

好古曰：辛而甘苦温，肝经血分药也。入酒，良。

【主治】产后血晕口噤，腹内恶血不尽绞痛，胎死腹中，并酒煮服。亦主蛊毒（《开宝》）。多用破留血，少用养血（震亨）。活血润燥，止痛散肿，通经（时珍）。

【发明】时珍曰：血生于心包，藏于肝，属于冲任。红花汁与之同类，故能行男子血脉，通女子经水。多则行血，少则养血。按《养疴漫笔》云：新昌徐氏妇，病产晕已死，但胸膈微热。有名医陆氏曰：血闷也。得红花数十斤，乃可活。遂亟购得，以大锅煮汤，盛三桶于窗格之下，舁妇寝其上熏之，汤冷再加。有顷指动，半日乃苏。按此亦得唐许胤宗，以黄芪汤熏柳太后风病之法也。

【附方】旧四，新四。六十二种风，张仲景治六十二种风，兼腹内血气刺痛：用红花一大两，分为四分。以酒一大升，煎盅半，顿服之。不止再服。（《图经本草》）一切肿疾：红花，熟，捣，取汁，服。不过三服，便瘥。（《外台秘要》）喉痹壅塞不通者：红蓝花捣，绞取汁一小升服之，以瘥为度。如冬月无生花，以干者浸湿绞汁，煎服，极验。（《海上方》）热病胎死：红花，酒煮汁，饮二三盏。（《熊氏补遗》）胎衣不下：方同上。（《杨氏产乳》）产后血晕，心闷气绝：红花一两，为末，分作二服，酒二盏，煎一盏，连服。如口噤，斡开灌之，或入小便尤妙。（《子母秘录》）聤耳出水：红蓝花三钱半，枯矾五钱。为末。以绵杖缴净，吹之。无花，则用枝叶。一方去矾。（《圣惠方》）噎膈拒食：端午采头次红花（无灰酒拌，焙干）、血竭（瓜子样者）等分为末。无灰酒一盏，隔汤顿热，徐咽。初服二分；次日，四分；三日，五分。（杨起《简便方》）

子

【主治】天行疮痘，水吞数颗（《开宝》）。功与花同（苏颂）。

【附方】旧二，新一。血气刺痛：红蓝子一升。捣碎，以无灰酒一大升拌子，曝干，重捣筛，蜜丸梧子大，空心酒下四十丸。（张仲景方）疮疽不出：红花子、紫草茸各半两，蝉蜕二钱半，水酒盅半，煎减半，量大小加减服。（庞安常《伤寒论》）女子中风，血热烦渴：以红蓝子五合。熬捣，旦日取半大匙，以水一升，煎取七合，去渣，细细咽之。（《贞元广利方》）

苗

【主治】生捣，涂游肿（《开宝》）。

番红花（《纲目》）

花红番

【释名】泊夫蓝（《纲目》）、撒法郎。

【集解】时珍曰：番红花，出西番回回地面及天方国，即彼地红蓝花也。元时，以入食馔用。按张华《博物志》言：张骞得红蓝花种于西域，则此即一种，或方域地气稍有异耳。

【气味】甘，平，无毒。

【主治】心忧郁积，气闷不散，活血。久服令人心喜。又治惊悸(时珍)。

【附方】新一。伤寒发狂,惊怖恍惚:用撒法郎二分,并水一盏,浸一夕,服之。天方国人所传。(王玺《医林集要》)

燕脂(《纲目》)

【释名】䞍赦。

时珍曰:按伏侯《中华古今注》云:燕脂起自纣,以红蓝花汁凝作之。调脂饰女面,产于燕地,故曰燕脂。或作䞍赦。匈奴人名妻为阏氏,音同燕脂,谓其颜色可爱如燕脂也。俗作臙肢、胭支者,并谬也。

【集解】时珍曰:燕脂有四种:一种以红蓝花汁染胡粉而成,乃《苏鹗演义》所谓燕脂叶似蓟,花似蒲,出西方,中国谓之红蓝,以染粉为妇人面色者也。一种以山燕脂花汁染粉而成,乃《段公路北户录》所谓端州山间有花丛生,叶类蓝,正月开花似蓼,土人采含苞者为燕脂粉,亦可染帛,如红蓝者也。一种以山榴花汁作成者,郑虔《胡本草》中载之。一种以紫矿染绵而成者,谓之胡燕脂,李珣《南海药谱》载之,今南人多用紫矿燕脂,俗呼紫梗是也。大抵皆可入血病药用。又落葵子亦可取汁和粉饰面,亦谓之胡燕脂,见菜部。

【气味】甘,平,无毒。

【主治】小儿聤耳,浸汁滴之(《开宝》)。活血,解痘毒(时珍)。

【附方】新五。乳头裂破:燕脂、蛤粉为末。敷之。(危氏《得效方》)婴孩鹅口,白厚如纸:用坯子燕脂,以乳汁调涂之,一宿效。男用女乳,女用男乳。(《集简方》)漏疮肿痛:猪胆七个,绵燕脂十个洗水,和匀,搽七次即可。(《救急方》)防痘入目:燕脂嚼汁点之。(《集简方》)痘疮倒陷:干燕脂三钱,胡桃(烧存性)一个,研末,用胡荽煎酒服一钱,再服取效。(《救急方》)

大蓟、小蓟(《别录》中品)

【释名】虎蓟(弘景)、马蓟(《范汪》)、猫蓟(弘景)、刺蓟(《日华》)、山牛蒡(《日华》)、鸡项草(《图经》)、千针草(《图经》)、野红花(《纲目》)。

大蓟

弘景曰:大蓟是虎蓟,小蓟是猫蓟,叶并多刺,相似。田野甚多,方药少用。

时珍曰:蓟犹髻也,其花如髻也。曰虎、曰猫,因其苗状狰狞也。曰马者,大也。牛蒡,因其根似牛蒡根也。鸡项,因其茎似鸡之项也。千针、红花,皆其花状也。郑樵《通志》谓《尔雅》之蒁,曰狗毒者即此,未知是否?

藏器曰:蓟门以多蓟得名,当以北方者为胜也。

【集解】《别录》曰:大小蓟,五月采。

恭曰：大小蓟，叶虽相似，功力有殊。大蓟生山谷，根疗痈肿；小蓟生平泽，不能消肿，而俱能破血。

颂曰：小蓟处处有之，俗名青刺蓟。二月生苗，二三寸时，并根作菜，茹食甚美。四月高尺余，多刺，心中出花，头如红蓝花而青紫色，北人呼为千针草。四月采苗，九月采根，并阴干用。大蓟苗根与此相似，但肥大尔。

宗奭曰：大、小蓟皆相似，花如髻。但大蓟高三四尺，叶皱；小蓟高一尺许，叶不皱，以此为异。作菜虽有微芒，不害人。

大蓟根叶(同)

【气味】甘，温，无毒。

弘景曰：有毒。

权曰：苦，平。

大明曰：叶凉。

【主治】女子赤白沃，安胎，止吐血鼻衄，令人肥健(《别录》)。捣根绞汁服半升，主崩中血下立瘥(甄权)。叶：治肠痈，腹脏瘀血，作晕扑损，生研，酒并小便任服。又恶疮疥癣，同盐研罯之(大明)。

小蓟根、苗(同。)

【气味】甘，温，无毒。

大明曰：凉。

【主治】养精保血(《别录》)。破宿血，生新血，暴下血血崩，金疮出血，呕血等，绞取汁温服。作煎和糖，合金疮，及蜘蛛蛇蝎毒，服之亦佳(藏器)。治热毒风，并胸膈烦闷，开胃下食，退热，补虚损。苗：去烦热，生研汁服(并大明)。作菜食，除风热。夏月热烦不止，捣汁半升服，立瘥(孟诜)。

小蓟

【发明】大明曰：小蓟力微，只可退热，不似大蓟能健养下气也。

恭曰：大小蓟皆能破血。但大蓟兼疗痈肿，而小蓟专主血，不能消肿也。

【附方】旧六，新九。心热吐血口干：用刺蓟叶及根，捣绞取汁，每顿服二小盏。(《圣惠方》)舌硬出血不止：刺蓟捣汁，和酒服。干者为末，冷水服。(《普济方》)九窍出血：方同上。(《简要济众》)卒泻鲜血：小蓟叶捣汁，温服一升。(《梅师方》)崩中下血：大、小蓟根一升，酒一斗，渍五宿，任饮。亦可酒煎服，或生捣汁。温服。又方：小蓟茎叶洗切，研汁一盏，入生地黄汁一盏，白术半两，煎减半，温服。(《千金方》)堕胎下血：小蓟根叶、益母草五两。水二大碗，煮汁一碗，再煎至一盏，分二服，一日服尽。(《圣济总录》)金疮出血不止：小蓟苗捣烂涂之。(孟诜《食疗本草》)小便热淋：马蓟根，捣汁服。(《圣惠方》)鼻塞不通：小蓟一把，水二升，煮取一升，分服。(《外台秘要》方)小儿浸淫，疮痛不可忍，发寒热者：刺蓟叶新水调敷疮上，干即易之。(《简要济众方》)癣疮作痒:刺蓟叶,捣汁服之。(《千金方》)妇人阴痒:小蓟煮汤,日洗三次。(《普济方》)诸瘘不合:虎蓟根、猫蓟根、酸枣根、枳根、杜衡各一把,斑蝥三分。炒为末,蜜丸枣大。日一服,并以小丸纳疮中。(《肘后方》)

续断(《本经》上品)

续　断

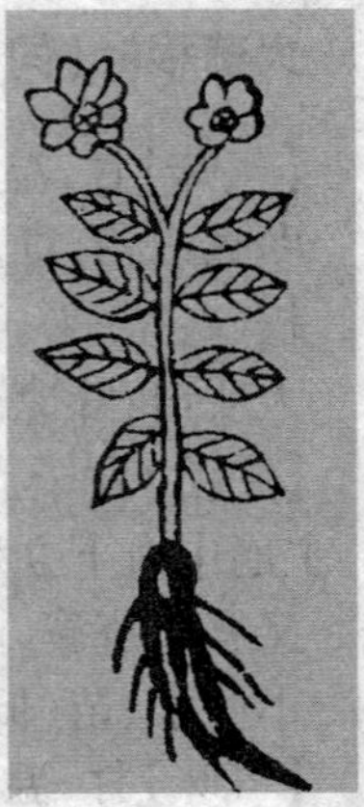

【释名】属折(《本经》)、接骨(《别录》)、龙豆(《本经》)、南草(《别录》)。

时珍曰:续断、属折、接骨,皆以功命名也。

【集解】《别录》曰:续断生常山山谷,七月、八月采,阴干。

普曰:出梁州,七月七日采。

时珍曰:续断之说不一。桐君言是蔓生,叶似荏。李当之、范汪并言是虎蓟。《日华子》言是大蓟,一名山牛蒡。苏恭、苏颂皆言叶似苎麻,根似大蓟,而《名医别录》复出大、小蓟条,颇难依据。但自汉以来,皆以大蓟为续断,相承久矣。究其实,则二苏所云,似与桐君相符,当以为正。今人所用,以川中来,色赤而瘦,折之有烟尘起者为良焉。郑樵《通志》谓范汪所说者乃南续断,不知何据?盖以别川续断耳。

根

【修治】敩曰:凡采得根,横切剉之,又去向里硬筋,以酒浸一伏时,焙干,入药用。

【气味】苦,微温,无毒。

《别录》曰:辛。

普曰:神农、雷公、黄帝、李当之:苦,无毒;扁鹊:辛,无毒。

之才曰:地黄为之使,恶雷丸。

【主治】伤寒,补不足,金疮痈疡折跌,续筋骨,妇人乳难。久服益气力(《本经》)。妇人崩中漏血,金疮血内漏,止痛生肌肉,及踠伤恶血腰痛,关节缓急(《别录》)。去诸温毒,通宣血脉(甄权)。助气,补五劳七伤,破癥结瘀血,消肿毒,肠风痔瘘,乳痈瘰疬,妇人产前后一切病,胎漏,子宫冷,面黄虚肿,缩小便,止泄精尿血(大明)。

【发明】时珍曰:宋张叔潜秘书,知剑州时,其阁下病血痢。一医用平胃散一两,入川续断末二钱半。每服二钱,水煎服即愈。绍兴壬子,会稽时行痢疾。叔潜之子以方传人,往往有验。小儿痢服之效。

【附方】旧二,新二。小便淋沥:生续断捣绞汁服。即马蓟根也。(《古今录验》)妊娠胎动,两、三月堕,预宜服此:川续断(酒浸)、杜仲(姜汁炒去丝)各二两。为末,枣肉煮烂杵和丸梧子大。每服三十丸,米饮下。产后诸疾血晕,心闷烦热,厌厌气欲绝,心头硬,乍寒乍热:续断皮一握。水三升,煎二升,分三服。如人行一里,再服,无所忌。此药救产后垂死。(《子母秘录》)打扑伤损,闪肭骨节:用接骨草叶捣烂罨之,立效。(《卫生易简方》)

苦芙(音袄。《别录》下品)

【释名】钩、芙(《尔雅》)、苦板。

时珍曰:凡物稚曰芙,此物嫩时可食,故以名之。

【集解】弘景曰:苦芙处处有之,伧人取茎生食之。

保升曰:所在下湿地有之,茎圆无刺,可生啖,子若猫蓟。五月五日采苗,曝干。

恭曰:今人以为漏芦,非也。

时珍曰:《尔雅》钩、芙。即此苦芙也。芙大如拇指,中空,茎头有苔似蓟,初生可食。许慎《说文》言:江南人食之下气。今浙东人清明节采其嫩苗食之,云一年不生疮疥。亦捣汁和米为食,其色清,久留不败。《造化指南》云:苦板大者名苦藉,叶如地黄,味苦,初生有白毛,入夏抽茎有毛,开白花甚繁,结细实。其无花实者,名地胆草,汁苦如胆也。处处湿地有之。入炉火家用。

苗

【气味】苦,微寒,无毒。

【主治】面目通身漆疮。烧灰敷之,亦可生食(《别录》)。烧灰疗金疮,甚验(弘景)。治丹毒(大明)。煎汤洗痔,甚验(汪颖)。下气解热(时珍)。

漏芦(《本经》上品)

【释名】野兰(《本经》)、荚蒿(苏恭)、鬼油麻(《日华》)。

时珍曰:屋之西北黑处谓之漏;凡物黑色谓之芦。此草秋后即黑,异于众草,故有漏芦之称。《唐韵》作蔖,其荚如麻,故俗呼为鬼油麻云。

【集解】《别录》曰:漏芦生乔山山谷。八月采根,阴干。

弘景曰:乔山应是黄帝所葬处,乃在上郡。今出近道。市人取苗用之。俗中取根名鹿骊根,苦酒摩以疗疮疥。

恭曰:此药俗名荚蒿,茎叶似白蒿,花黄,生荚,长似细麻之荚,大如箸许,有四五瓣,七、八月后皆黑,异于众草,蒿之类也。常用其茎叶及子,未见用根。其鹿骊,山南谓之木藜芦,有毒,非漏芦也。今人以马蓟似苦芙者为漏芦,亦非也。

卢漏州单

卢漏州沂

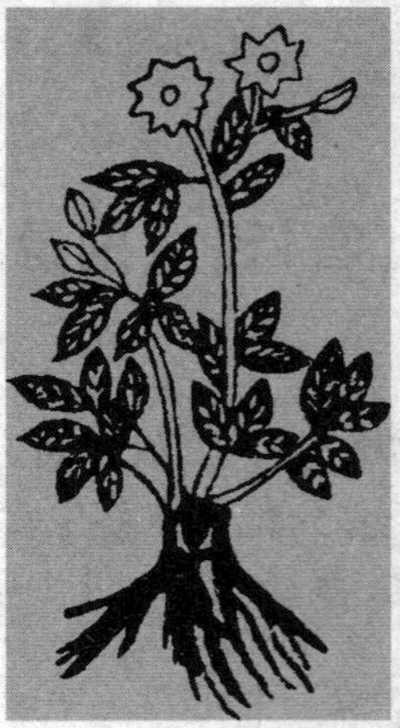

卢漏州秦

敩曰：一种真似漏芦，只是味苦、酸，误服令人吐不止。

时珍曰：按沈存中《笔谈》云：今方家所用漏芦乃飞廉也。飞廉一名漏芦，苗似苦芙，根如牛蒡绵头者是也。采时用根。今闽中所谓漏芦，茎如油麻，高六七寸，秋深枯黑如漆，采时用苗，乃真漏芦也。余见飞廉下。

根苗

【修治】敩曰：凡采得漏芦，细剉，以生甘草相对拌蒸之，从巳至申，拣出晒干用。

【气味】苦、咸，寒，无毒。

《别录》曰：大寒。

藏器曰：有毒。

杲曰：无毒。足阳明本经药也。

大明曰：连翘为之使。

卢漏州海

【主治】皮肤热毒，恶疮疽痔，湿痹，下乳汁。久服轻身益气，耳目聪明，不老延年（《本经》）。止遗溺，热气疮痒如麻豆，可作浴汤（《别录》）。通小肠，泄精尿血，肠风，风赤眼，小儿壮热，扑损，续筋骨，乳痈、瘰疬、金疮，止血排脓，补血长肉，通经脉（大明）。

【发明】弘景曰：此药久服甚益人，而服食方罕见用之。近道出者，惟疗瘘疥耳，市人皆取苗用。

时珍曰：漏芦下乳汁，消热毒，排脓止血，生肌杀虫。故东垣以为手足阳明药，而古方治痈疽发背，以漏芦汤为首称也。庞安常《伤寒论》治痈疽及预解时行痘疹热，用漏芦叶，云无则以山栀子代之。亦取其寒能解热，盖不知其能入阳明之故也。

【附方】旧二，新六。腹中蛔虫：漏芦为末，以饼臛和方寸匕，服之（《外台秘要》)。小儿无辜疳病肚胀,或时泄痢,冷热不调:以漏芦一两,杵为散。每服一钱,以猪肝一两,入盐少许,以水同煮熟,空心顿食之(《圣惠方》)。冷劳泄痢:漏芦一两,艾叶(炒)四两。为末,米醋三升,入药末一半,同熬成膏,入后末和丸梧子大,每温水下三十丸(《圣济总录》)。产后带下:方同上。乳汁不下,乃气脉壅塞也,又治经络凝滞,乳内胀痛,邪畜成痈,服之自然内消:漏二两半,蛇蜕十条(炙焦),栝蒌十个(烧存性)。为末。每服二钱,温酒调下,良久以热羹汤投之,以通为度(《和剂方》)。历节风痛,筋脉拘挛:古圣散:用漏芦(麸炒)半两,地龙(去土炒)半两,为末。生姜二两取汁,入蜜三两,同煎三五沸,入好酒五合,盛之。每以三杯,调末一钱,温服(《圣济总录》)。一切痈疽发背,初发二日,但有热证,便宜服漏芦汤,退毒下脓,乃是宜热拔毒之剂,热退即住服:漏芦(用有白茸者)、连翘、生黄芪、沉香各一两,生粉草半两,大黄(微炒)一两,为细末。每服二钱,姜枣汤调下(李迅《痈疽集验方》)。白秃头疮:五月收漏芦草,烧灰,猪膏和涂之(《圣济总录》)。

飞廉(《本经》上品)

【释名】漏芦(《别录》)、木禾(《别录》)、飞雉(同上)、飞轻(《本经》)、伏兔(《别录》)、伏猪(同)、天荠(同)。

时珍曰:飞廉,神禽之名也。其状鹿身豹文,雀头蛇尾,有角,能致风气。此草附茎有皮如箭羽,复疗风邪,故有飞廉、飞雉、飞轻诸名。

【集解】《别录》曰:飞廉生河内川泽,正月采根,七月、八月采花,阴干。

弘景曰:处处有之。极似苦芙,惟叶多刻缺,叶下附茎,轻有皮起似箭羽,其花紫色。俗方殆无用,而道家服其枝茎,可得长生,又入神枕方。今既别有漏芦,则此漏芦乃别名尔。

恭曰:此有两种:一种生平泽中,是陶氏所说者。一种生山冈上者,叶颇相似,而无刻缺,且多毛,其茎亦无羽,其根直下,更无旁枝,生则肉白皮黑,中有黑脉,日干则黑如玄参。用茎叶及根,疗疳蚀杀虫,与平泽者俱有验。今俗以马蓟似苦芙者为漏芦,并非是也。

飞廉

保升曰:叶似苦芙,茎似软羽,花紫色,子毛白。所在平泽皆有,五月、六月采,日干。

敩曰:凡使,勿用赤脂蔓,与飞廉形状相似,只赤脂蔓见酒则色便如血,以此可表识之。

颂曰:今秦州所图漏芦,花似单叶寒菊,紫色,五七枝同一干。海州所图漏芦,花紫碧色,如单叶莲花,花萼下及根旁有白茸裹之,根黑色,如蔓荆而细,又类葱本,与陶苏所说飞廉相近,然彼但谓之漏芦。今医家罕有用飞廉者,不能的识。

时珍曰:飞廉,亦蒿类也。苏颂《图经》疑海州所图之漏芦是飞廉。沈存中《笔谈》亦言飞廉根如牛蒡而绵头。古方漏芦散下云,用有白茸者则是有白茸者，乃飞廉无疑矣。今考二物气、味、功、用俱不相远，似可通用，岂或一类有数种，而古今名称各处不同乎？

根及花

【修治】敩曰：凡用根，先刮去粗皮，杵细，以苦酒拌一夜，漉出，日干细杵用。

【气味】苦，平，无毒。

权曰：苦、咸，有毒。

之才曰：得乌头良，恶麻黄。

【主治】骨节热，胫重酸疼。久服令人身轻（《本经》）。头眩顶重，皮间邪风，如蜂螫针刺，鱼子细起，热疮痈疽痔，湿痹，止风邪咳嗽，下乳汁。久服益气明目不老，可煮可干用（《别录》）。主留血（《甄权》）。疗疳蚀，杀虫（苏恭）。小儿疳痢，为散，浆水服，大效（萧炳）。治头风旋晕（时珍）。

【发明】时珍曰：葛洪《抱朴子》书，言飞廉单服可轻身延寿。又言服飞廉煎，可远涉疾行，力数倍于常。《本经》《别录》所列亦是良药，而后人不知用，何哉？

【附方】旧一。疳䘌蚀口及下部：用飞廉蒿烧灰捣筛，以两钱匕着痛处。甚痛，则忍之；若不痛，非疳也。下部虫如马尾大，相缠出无数。十日瘥，二十日平复。（《千金翼方》）

苎麻（《别录》下品）。

【释名】时珍曰：苎麻作纻，可以绩纻，故谓之纻。凡麻丝之细者，为絟，粗者为纻。

陶弘景云：苎即今绩苎麻是也。麻字从广，从林（音派），象屋下林麻之形。广音掩。

苎麻

【集解】颂曰：苎麻旧不著所出州土，今闽、蜀、江、浙多有之。剥其皮可以绩布。苗高七八尺。叶如楮叶而无叉，面青背白，有短毛。夏秋间着细穗青花。其根黄白而轻虚，二月、八月采。按陆玑《草木疏》云：苎一科数十茎，宿根在土中，至春自生，不须栽种。荆扬间岁三刈，诸园种之岁再刈，便剥取其皮，以竹刮其表，厚处自脱，得里如筋者煮之，用缉布。今江、浙、闽中尚复如此。

宗奭曰：苎如荨麻，花如白杨而长成穗，每一朵凡数十穗，青白色。

时珍曰：苎，家苎也。又有山苎，野苎也。有紫苎，叶面紫；白苎，叶面青，其背皆白。可刮洗煮食救荒，味甘美。其子茶褐色，九月收之，二月可种。宿根亦自生。

根

【气味】甘,寒,无毒。权曰:甘,平。

大明曰:甘、滑,冷,无毒。

【主治】安胎,贴热丹毒(《别录》)。治心膈热,漏胎下血,产前后心烦,天行热疾,大渴大狂,服金石药人心热,罯毒箭蛇虫咬(大明)。沤苎汁,止消渴(《别录》)。

【发明】震亨曰:苎根大能补阴而行滞血,方药或恶其贱,似未曾用也。

藏器曰:苎性破血,将苎麻与产妇枕之,止血晕。产后腹痛,以苎安腹上即止也。又蚕咬人毒入肉,取苎汁饮之。今人以苎近蚕种,则蚕不生是矣。

【附方】旧四,新八。痰哮咳嗽:苎根(煅存性),为末,生豆腐蘸三五钱,食即效。未全,可以肥猪肉二三片蘸食,甚妙。(《医学正传》)小便不通:《圣惠方》:用麻根、蛤粉各半两,为末。每服二钱,空心新汲水下。《摘玄方》:用苎根洗研,摊绢上,贴少腹连阴际,须臾即通。小便血淋:苎根煎汤频服,大妙。亦治诸淋。(《圣惠方》)五种淋疾:苎麻根两茎,打碎。以水一碗半,煎半碗,顿服即通,大妙。(《斗门方》)妊娠胎动,忽下黄汁如胶,或如小豆汁,腹痛不可忍者:苎根(去黑皮,切)二升,银一斤,水九升,煎四升。每服以水一升,入酒半升,煎一升,分作二服。一方:不用银。(《梅师方》)肛门肿痛:生苎根捣烂,坐之良。(《濒湖集简方》)脱肛不收:苎根捣烂,煎汤熏洗之。(《圣惠方》)痈疽发背,初起未成者:苎根(熟)捣敷上,日夜数易,肿消则瘥。(《图经本草》)五色丹毒:苎根煮浓汁,日三浴之。(《外台秘要》)鸡鱼骨哽:《谈野翁试验方》:用苎麻根捣汁,以匙挑灌之,立效。《医方大成》:用野苎麻根捣碎,丸如龙眼大,鱼骨鱼汤下;鸡骨鸡汤下。

叶

【气味】同根。

【主治】金疮伤折血出,瘀血(时珍)。

【发明】时珍曰:苎麻叶甚散血,五月五日收取,和石灰捣作团,晒干收贮。遇有金疮折损者,研末敷之,即时血止,且易痂也。按李仲南《永类方》云:凡诸伤瘀血不散者,五六月收野苎叶、苏叶,擂烂,敷金疮上。如瘀血在腹内,顺流水绞汁服即通,血皆化水。以生猪血试之,可验也。秋冬用干叶亦可。

【附方】新三。骤然水泻,日夜不止,欲死,不拘男妇:用五月五日采麻叶,阴干为末。每服二钱,冷水调下。勿吃热物,令人闷倒。只吃冷物。小儿半钱。(《杨子建护命方》)冷痢白冻:方同上。蛇虺咬伤:青麻嫩头捣汁,和酒等分,服三盏。以渣敷之,毒从窍中出,以渣弃水中即不发。看伤处有窍是雄蛇,无窍是雌蛇,以针挑破伤处成窍,敷药。(《摘玄方》)

苘麻(苘,音顷。《唐本草》)

【释名】白麻。

时珍曰：苘一作㯳，又作䔛，种必连顷，故谓之㯳也。

【集解】恭曰：苘，即㯳麻也。今人取皮作布及索者。实似大麻子，九月、十月采，阴干。

颂曰：处处有之。北人种以绩布，及打绳索。苗高四五尺，或六七尺，叶似苎而薄，花黄，实壳如蜀葵，其中子黑色。

时珍曰：苘麻今之白麻也。多生卑湿处，人亦种之。叶大似桐叶，团而有尖。六七月开黄花。结实如半磨形，有齿，嫩青老黑。中子扁黑，状如黄葵子。其茎轻虚洁白。北人取皮作麻。以茎蘸硫黄作淬灯，引火甚速。其嫩子，小儿亦食之。

实

【气味】苦，平，无毒。

【主治】赤白冷热痢，炒研为末，每蜜汤服一钱。痈肿无头者，吞一枚（苏恭）。生眼翳瘀肉，起倒睫拳毛（时珍）。

根

【主治】亦治痢，古方用之（苏颂）。

【附方】新三。一切眼疾：苘麻子一升。为末。以豮猪肝批片，蘸末炙熟，再蘸再炙，末尽乃为末。每服一字，陈米饮下，日三服。（《圣济总录》）目生翳膜，久不愈者：用䔛实，以柳木作硙，磨去壳，马尾筛取黄肉去焦壳，每十两可得四两，非此法不能去壳也。用猪肝薄切，滚药慢炙熟，为末，醋和丸梧子大。每服三十丸，白汤下。一方：以䔛实内袋中蒸熟，暴为末，蜜丸。温水下。（《圣济总录》）

大青（《别录》中品）

【释名】时珍曰：其茎叶皆深青，故名。

【集解】《别录》曰：大青三四月采茎，阴干。

弘景曰：今出东境及近道，紫茎长尺许，茎、叶皆用。

颂曰：今江东州郡及荆南、眉、蜀、濠、淄诸州皆有之。春生青紫茎，似石竹苗叶，花红紫色，似马蓼，亦似芫花，根黄，三月、四月采茎叶，阴干用。

时珍曰：处处有之。高二三尺，茎圆。叶长三四寸，面青背淡，对节而生。八月开小花，红色成簇。结青实大如椒颗。九月色赤。

大青

茎叶

【气味】苦，大寒，无毒。

权曰：甘。

时珍曰：甘、微咸，不苦。

【主治】时气头痛，大热口疮（《别录》）。除时行热毒，甚良（弘景）。治温疫寒热（甄权）。治热毒风，心烦闷，渴疾口干，小儿身热疾风疹，及金石药毒。涂罯肿毒（大明）。主热毒痢、黄疸、喉痹、丹毒（时珍）。

【发明】颂曰：古方治伤寒黄汗、黄疸等，有大青汤。又治伤寒头身强、腰脊痛，葛根汤内亦用大青。大抵时疾多用之。

时珍曰：大青气寒，味微苦咸，能解心胃热毒，不特治伤寒也。朱肱《活人书》治伤寒发赤斑烦痛，有犀角大青汤、大青四物汤。故李象先《指掌赋》云：阳毒则狂斑烦乱，以大青、升麻，可回困笃。

【附方】新六。喉风喉痹：大青叶捣汁灌之，取效止。（《卫生易简方》）小儿口疮：大青十八铢，黄连十二铢。水三升，煮一升服。一日二服，以瘥为度。（《千金方》）热病下痢困笃者：大青汤：用大青四两，甘草、赤石脂三两，胶二两，豉八合。水一斗，煮三升，分三服，不过二剂瘥。（《肘后方》）热病发斑，赤色烦痛：大青四物汤：用大青一两，阿胶、甘草各二钱半，豉二合，分三服。每用水一盏半，煎一盏，入胶烊化服。又犀角大青汤：用大青七钱半，犀角二钱半，栀子十枚，豉二撮，分二服。每服水一盏半，煎八分，温服。（《南阳活人书》）肚皮青黑，小儿卒然肚皮青黑，乃血气失养，风寒乘之，危恶之候也：大青为末，纳口中，以酒送下。（《保幼大全方》）

小青（宋《图经》）

【集解】颂曰：小青生福州，三月生花，彼土人当月采叶用之。

小青

叶

【气味】缺。

【主治】生捣，敷痈肿疮疖甚效（苏颂）。治血痢腹痛，研汁服，解蛇毒（时珍）。

【附方】新三。蛇虺螫伤：《卫生易简方》：用小青一握（细研），入香白芷半两。酒调服。手挼患处，候黄水出为效。《摘玄方》：用小青、大青、牛膝叶同捣汁，和酒服，以渣敷之。中暑发昏：小青叶（井水浸去泥），控干，入沙糖擂汁，急灌之。（《寿域方》）

葫芦巴（宋《嘉祐》）

【释名】苦豆。

【集解】禹锡曰：葫芦巴出广州并黔州。春生苗，夏结子，子作细荚，至秋采。今人多用岭南者。或云是番萝卜子，末审的否？

颂曰：今出广州。或云种出海南诸番，盖其地芦菔子也。舶客将种莳于岭外亦生，然不及番中来者真好。今医家治元脏虚冷为要药，而唐已前方不见用，本草不著，盖是近出。

巴芦葫

【修治】时珍曰：凡入药，淘净，以酒浸一宿，晒干，蒸熟或炒过用。

【气味】苦，大温，无毒。

杲曰：纯阳。

【主治】元脏虚冷气。得附子、硫黄，治肾虚冷，腹胁胀满，面色青黑。得茠香子、桃仁，治膀胱气甚效（嘉祐）。治冷气疝瘕，寒湿脚气，益右肾，暖丹田（时珍）。

【发明】宗奭曰：膀胱气，用此合桃仁（麸炒）等分。为末，半为散，半以酒糊和丸梧子大。每服五七十丸，空心盐酒下；其散，以热米饮下，与丸子相间，空心服，日各一二服。

时珍曰：葫芦巴，右肾命门药也。元阳不足，冷气潜伏，不能归元者，宜之。宋《惠民和剂局方》，有葫芦巴丸，治大人、小儿，小肠奔豚偏坠，及小腹有形如卵，上下走痛，不可忍者。用葫芦巴八钱，茴香六钱，巴戟（去心）、川乌头（炮去皮）各二钱，楝实（去核）四钱，吴茱萸五钱。并炒为末，酒糊丸梧子大。每服十五丸，小儿五丸，盐酒下。太医薛已云：一人病寒疝，阴囊肿痛，服五苓诸药不效，与此而平也。又张子和《儒门事亲》云：有人病目不睹，思食苦豆，即葫芦巴，频频不缺。不周岁而目中微痛，如虫行入眦，渐明而愈。按此亦因其益命门之功，所谓益火之原，以消阴翳是也。

【附方】新六。小肠气痛：葫芦巴（炒）研末，每服二钱，茴香酒下。（《直指方》）肾脏虚冷，腹胁胀满：葫芦巴（炒）二两，熟附子、硫黄各七钱五分。为末，酒煮曲糊丸梧桐子大，每盐汤下三四十丸。（《圣济总录》）冷气疝瘕：葫芦巴（酒浸晒干）、荞麦（炒，研面）各四两，小茴香一两。为末，酒糊丸梧子大。每服五十丸，空心盐汤或盐酒下。服至两月，大便出白脓，则除根。（方广《心法附余》）阴癞肿痛偏坠，或小肠疝气，下元虚冷，久不愈者，沉香内消丸主之：沉香、木香各半两，葫芦巴（酒浸炒）、小茴香（炒）各二两。为末，酒糊丸梧子大。每服五七十丸，盐酒下。气攻头痛：葫芦巴（炒）、三棱（酒浸焙）各半两，干姜（炮）二钱半，为末，姜汤或温酒每服二钱。（《济生方》）寒湿脚气，腿膝疼痛，行步无力：葫芦巴（酒浸一宿，焙）、破故纸（炒香）各四两。为末。以木瓜切顶去瓤，安药在内令满，用顶合住签定，烂蒸，捣丸梧子大。每服七十丸，空心温酒下。（《杨氏家藏方》）

蠡实（《本经》中品）

【释名】荔实（《别录》）、马蔺子（《唐本》）、马楝子（《图经》）、马薤（《礼记注》）、马帚（《尔雅》）、铁扫帚（《救荒》）、剧草（《本经》）、旱蒲（《礼记》）、豕首（《本经》）、三坚。

弘景曰：方药不用，俗无识者。惟天名精亦名豕首。

恭曰：此即马蔺子也。《月令》：仲冬荔挺出。郑玄注云：荔，马薤也。《通俗文》云：一名马蔺。本草谓之荔实。

颂曰：马蔺子，北人讹为马楝子。《广雅》云：马薤，荔也。高诱云：荔挺出，荔草挺出也。讲礼者不识，呼为荔挺，又作马苋，并误矣。马苋亦名豚耳，即马齿也。

时珍曰：《尔雅》云：荓，音瓶，马帚也。此即荔草，谓其可为马刷，故名。今河南北人呼为铁扫帚，是矣。

蠡实

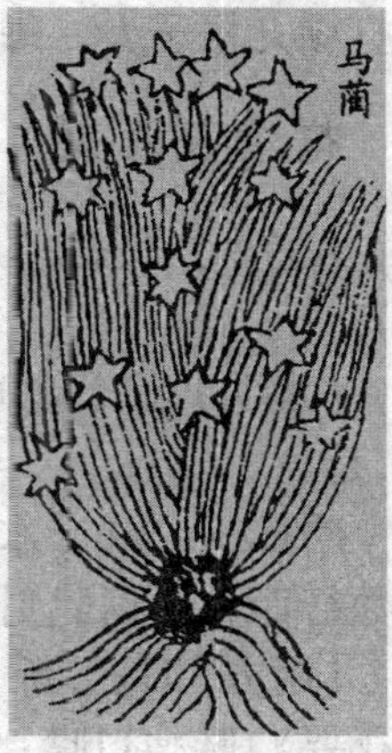

【集解】《别录》曰：蠡实生河东川谷，五月采实，阴干。

颂曰：今陕西诸郡及鼎、澧州亦有之，近汴尤多。叶似薤而长厚，三月开紫碧花，五月结实作角子，如麻大而赤色有棱，根细长，通黄色，人取以为刷。三月开花，五月采实，并阴干用。许慎《说文》云：荔似蒲而小，根可为刷。高诱云：河北平泽率生之。江东颇多，种于阶庭，但呼为旱蒲，不知即马薤也。

时珍曰：蠡草生荒野中，就地丛生，一本二三十茎，苗高三四尺，叶中抽茎，开花结实。

【正误】宗奭曰：蠡实，陶隐居言方药不用，俗无识者。本草诸家所注不相应。若果是马蔺，则《日华子本草》不当更言可为蔬菜。盖马蔺叶出土已硬，又无味，马牛皆不食，岂堪人食？今不敢以蠡实为马蔺，更俟博识。

时珍曰：《别录》蠡实亦名荔实，则蠡乃荔字之讹也。张揖《广雅》云：荔又名马蔺，其说已明。又按周定王《救荒本草》言：其嫩苗味苦，炸熟换水浸去苦味，油盐调食，则马蔺亦可作菜矣。寇氏但据陶说疑之，欠考矣。陶氏不识药多矣。今正其误。

实

【修治】时珍曰：凡入药炒过用，治疝则以醋拌炒之。

【气味】甘，平，无毒。

保升曰：寒。

颂曰：山人服之，云大温，甚有奇效。

【主治】皮肤寒热，胃中热气，风寒湿痹，坚筋骨，令人嗜食。久服轻身（《本经》）。止心烦满，利大小便，长肌肤肥大（《别录》）。疗金疮血内流，痈肿，有效（苏恭）。妇人血气烦闷，产后血晕，并经脉不止，崩中带下，消一切疮疖，止鼻衄吐血，通小肠，消酒毒，治黄病，杀蕈毒，敷蛇虫咬（大明）。治小腹疝痛，腹内冷积，水痢诸病（时珍）。

【附方】旧二，新六。诸冷极病，医所不治者：马蔺子九升洗净，空腹服一合，酒下，日三服。（《千金方》）寒疝诸疾，寒疝不能食，及腹内一切诸疾，消食肥肌：马蔺子一升，每日取一把，以面拌煮吞之，服尽愈。（姚僧垣《集验方》）喉痹肿痛：《卫生易简方》：用蠡实一合，升麻五分，水一升，煎三合，入少蜜搅匀，细呷，大验。《圣惠方》：用马蔺子二升，升麻一两。为末，蜜丸。水服一钱。又方：马蔺子八钱，牛蒡子六钱。为末,空心温水服方寸匕。水痢百病:张文仲《备急方》:用马蔺子,以六月六日面熬,各等分,为末,空心米饮服方寸匕。如无六月六日面,常面亦可,牛骨灰亦可。又方:马蔺子、干姜、黄连各等分,为散,熟汤服二方寸匕,入腹即断也。冷、热皆治,常用神效,不得轻之。忌猪肉、冷水。肠风下血,有疙瘩疮,破者不治:马蔺子一斤(研破酒浸,夏三、冬七日,晒干),何首乌半斤,雄黄、雌黄各四两,为末,以浸药酒打糊丸梧子大。每服三十丸,温酒下,日三服,见效。(《普济方》)

花、茎及根、叶

【主治】去白虫(《本经》)。疗喉痹,多服令人溏泄(《别录》)。主痈疽恶疮(时珍)。

【发明】颂曰:蠡草、花、实,皆入药。《列仙传》云:寇先生宋人,好种荔,食其葩实,是矣。

时珍曰:按《叶水东日记》云:北方田野人患胸腹饱胀者,取马楝花擂凉水服,即泄数行而愈。据此则多服令人泄之说有验,而蠡实之为马蔺更无疑矣。

【附方】旧三,新七。睡死不寤:蠡实根一握,杵烂,以水绞汁,稍稍灌之。(《外台秘要》)喉痹口噤:马蔺花二两,蔓荆子一两,为末,温水服一钱。喉痹肿痛,喘息欲死者:《外台秘要》:用马蔺根、叶二两,水一升半,煮一盏,细饮之,立瘥。《圣惠方》:用根捣汁三合,蜜一合,慢火熬成,徐徐点之,日五七度。一方:单汁饮之,口噤者灌下。无生者,以刷煎汁。沙石热淋:马蔺花七枚(烧),故笔头二七枚(烧),粟米一合(炒)。为末。每服三钱,酒下,日二服。名通神散。小便不通:马蔺花(炒)、茴香(炒)、葶苈(炒),为末,每酒服二钱。(《十便良方》)一切痈疽,发背恶疮:用铁扫帚,同松毛、牛膝,以水煎服。(《乾坤生意》)面上瘢靥:取铁扫帚,地上自落叶,并子,煎汤频洗,数次自消。(《寿域神方》)面疱鼻齄:马蔺子花,杵敷之佳。(《肘后方》)

【附录】必似勒(《拾遗》)

藏器曰:辛,温,无毒。主冷气,胃闭不消食,心腹胀满。生昆仑,状似马蔺子。

恶实(《别录》中品)

【释名】鼠粘(《别录》)、牛蒡(《别录》)、大力子(《纲目》)、蒡翁菜(《纲目》)、便牵牛(《纲目》)、蝙蝠刺。

时珍曰:其实状恶而多刺钩,故名。其根叶皆可食,人呼为牛菜,术人隐之,呼为大力也。俚人谓之便牵牛。河南人呼为夜叉头。

颂曰:实壳多刺,鼠过之则缀惹不可脱,故谓之鼠粘子,亦如羊负来之比。

【集解】《别录》曰:恶实生鲁山平泽。

恭曰:鲁山在邓州东北。此草叶大如芋,子壳似栗状,实细长如茺蔚子。

颂曰:恶实即牛蒡子也,处处有之。叶大如芋叶而长。实似葡萄核而褐色,外壳似栗梂,而小如指头,多刺。根有极大者,作菜茹益人。秋后采子入药。

恶实

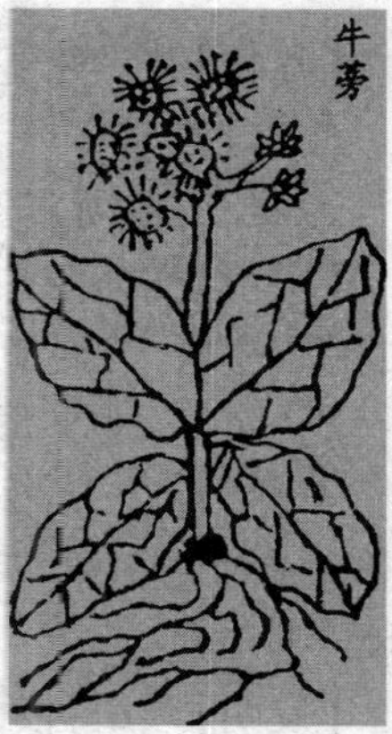

时珍曰：牛蒡古人种子，以肥壤栽之。剪苗汋淘为蔬，取根煮曝为脯，云甚益人，今人亦罕食之。三月生苗，起茎高者三四尺。四月开花成丛，淡紫色。结实如枫梂而小，萼上细刺百十攒簇之，一梂有子数十颗。其根大者如臂，长者近尺，其色灰黪。七月采子，十月采根。

子

【修治】敩曰：凡用拣净，以酒拌蒸，待有白霜重出，以布拭去，焙干，捣粉用。

【气味】辛，平，无毒。

藏器曰：苦。

元素曰：辛，温，阳中之阴，升也。

杲曰：辛，平，阳也，降也。

【主治】明目补中，除风伤（《别录》）。风毒肿，诸瘘（藏器）。研末浸酒，每日服三二盏，除诸风，去丹石毒，利腰膝。又食前熟挼三枚吞之，散诸结节筋骨烦热毒（甄权）。吞一枚，出痈疽头（苏恭）。炒研煎饮，通利小便（孟诜）。润肺散气，利咽膈，去皮肤风，通十二经（元素）。消斑疹毒（时珍）。

【发明】杲曰：鼠粘子其用有四：治风湿瘾疹，咽喉风热，散诸肿疮疡之毒，利凝滞腰膝之气，是也。

【附方】旧四，新十二。风水身肿欲裂：鼠粘子二两，炒研为末。每温水服二钱，日三服。（《圣惠方》）风热浮肿，咽喉闭塞：牛蒡子一合（半生半熟），为末。热酒服一寸匕。（《经验方》）痰厥头痛：牛蒡子（炒）、旋覆花等分，为末。腊茶清服一钱，日二服。（《圣惠方》）头痛连睛：鼠粘子、石膏等分，为末，茶清调服。（《医方摘要》）咽膈不利，疏风壅，涎唾多：牛蒡子（微炒）、荆芥穗各一两，炙甘草半两，为末。食后汤服二钱，当缓缓取效。（寇氏《本草衍义》）悬痈喉痛，风热上抟也：恶实（炒）、甘草（生）等分，水煎含咽，名启关散。（《普济方》）喉痹肿痛：牛蒡子六分，马蔺子八分，为散。每空心温水服方寸匕，日再服。仍以牛蒡子三两，盐二两，研匀，炒热包熨喉外。（《广济方》）咽喉痘疹：牛蒡子二钱，桔梗一钱半，粉甘草节七分，水煎服。（《痘疹要诀》）风热瘾疹：牛蒡子（炒）、浮萍等分，以薄荷汤服二钱，日二服。（初虞世《古今录验》）风龋牙痛：鼠粘子（炒），煎水含，冷吐之。（《延年方》）小儿痘疮，时出不快，壮热狂躁，咽膈壅塞，大便秘涩，小儿咽喉肿，胸膈不利：若大便利者，勿服。牛蒡子（炒）一钱二分，荆芥穗二分，甘草节四分。水一盏，同煎至七分，温服。已出亦可服。名必胜散。（《和剂局方》）妇人吹乳：鼠粘二钱，麝香少许，温酒细吞下。（《袖珍方》）便痈肿痛：鼠粘子二钱，炒研末，入蜜一匙，朴硝一匙，空心温酒服。（《袖珍方》）蛇蝎蛊毒：大力子，煮汁服。（《卫生易简方》）水蛊腹大：恶实（微炒）一两，为末，面糊丸梧子大，每米饮下十丸。（张文仲方）历节肿痛，风热攻手指，赤肿麻木，甚则攻肩背两膝，遇暑热则大便秘：牛蒡子三两，新豆豉（炒）、羌活各一两，为末。每服二钱，白汤下。（《本事方》）

根、茎

【气味】苦，寒，无毒。

权曰：甘、平。

藏器曰：根须蒸熟曝干用。不尔，令人欲吐。

【主治】伤寒寒热汗出，中风面肿，消渴热中，逐水。久服轻身耐老（《别录》）。根：主牙齿痛，劳疟诸风，脚缓弱风毒，痈疽，咳嗽伤肺，肺壅疝瘕，冷气积血（苏恭）。根：浸酒服，去风及恶疮。和叶捣碎，敷杖疮金疮，永不畏风（藏器）。主面目烦闷，四肢不健，通十二经脉，洗五脏恶气。可常作菜食，令人身轻（甄权）。切根如豆，拌面作饭食，消胀壅。茎叶煮汁作浴汤，去皮间习习如虫行。又入盐花生捣，拓一切肿毒（孟诜）。

【发明】颂曰：根作脯食甚良。茎叶宜煮汁酿酒服。冬月采根，蒸曝入药。刘禹锡《传信方》：疗暴中风，用紧细牛蒡根，取时避风，以竹刀或荆刀刮去土，生布拭了，捣绞取汁一大升，和好蜜四大合，温分两服，得汗出便瘥。此方得之岳鄂郑中丞。郑因食热肉一顿，便中暴风。外甥卢氏为颍阳令，有此方。服，当时便瘥。

【附方】旧五，新一十六。时气余热不退，烦躁发渴，四肢无力，不能饮食：用牛蒡根捣汁，服一小盏，效。（《圣惠方》）天行时疾：生牛蒡根，捣汁五合，空腹分为二服。服讫，取桑叶一把，炙黄，以水一升，煮取五合，顿服取汗，无叶用枝。（孙真人《食忌》）热攻心烦恍惚：以牛蒡根（捣汁）一升，食后分为二服。（《食医心镜》）伤寒搐搦，汗后覆盖不密，致腰背手足搐搦者，牛蒡根散主之：牛蒡根十条，麻黄、牛膝、天南星各六钱剉，于盆内研细，好酒一升同研，以新布绞取汁。以炭火半秤烧一地坑令赤，扫净，倾药汁入坑内，再烧令黑色，取出于乳钵内细研。每服一钱，温酒下，日三服。（朱肱《活人书》）一切风疾十年、二十年者：牛蒡根一升，生地黄、枸杞子、牛膝各三升，用袋盛药，浸无灰酒三升内，每任意饮之。（《外台秘要》方）老人中风，口目瞤动，烦闷不安：牛蒡根（切）一升（去皮晒干，杵为面），白米四合（淘净）。和作餺飥，豉汁中煮，加葱、椒五味，空心食之。恒服极效。（《寿亲养老书》）老人风湿久痹，筋挛骨痛。服此壮肾，润皮毛，益气力：牛蒡根一升（切），生地黄一升（切），大豆二升（炒），以绢袋盛，浸一斗酒中，五六日，任性空心温服二、三盏，日二服。（《集验方》）头面忽肿，热毒风气内攻，或连手足赤肿，触着痛者：牛蒡子根（一名蝙蝠刺），洗净研烂，酒煎成膏，绢摊贴肿处。仍以热酒服一二匙，肿消痛减。（《斗门方》）头风掣痛，不可禁者，摩膏主之：取牛蒡茎叶，捣取浓汁二升，无灰酒一升，盐花一匙头，煻火煎稠成膏，以摩痛处，风毒自散。摩时须极力令热，乃效。冬月用根。（《箧中方》）头风白屑：牛蒡叶捣汁，熬稠涂之。至明，皂荚水洗去。（《圣惠方》）喉中热肿：鼠粘根一升，水五升，煎一升，分三服。（《延年方》）小儿咽肿：牛蒡根捣汁，细咽之（《普济方》）热毒牙痛，热毒风攻头面，齿龈肿痛不可忍：牛蒡根一斤（捣汁），入盐花一钱。银器中熬成膏。每用涂齿龈上，重者不过三度，瘥。（《圣惠方》）项下瘿疾：鼠粘子根一升。水三升，煮取一升半，分三服。或为末，蜜丸常服之。（《救急方》）耳卒肿痛：牛蒡根（切），绞汁二升，银锅内熬膏涂之。

(《圣济总录》)小便不通,脐腹急痛:牛蒡叶汁、生地黄汁二合,和匀,入蜜二合。每服一合,入水半盏,煎三五沸,调滑石末一钱服。(《圣济总录》)疖子肿毒:鼠粘子叶贴之。(《千金方》)石瘘出脓,坚实寒热:鼠粘子叶为末,和鸡子白封之。(《外台秘要》)诸疮肿毒:牛蒡根三茎(洗)。煮烂捣汁,入米煮粥,食一碗,甚良。(《普济方》)积年恶疮,反花疮、漏疮不瘥者:牛蒡根捣,和腊月猪脂,日日封之。(《千金方》)月水不通,结成癥块,腹肋胀大,欲死:牛蒡根二斤(剉)。蒸三遍,以生绢袋盛之,以酒二斗浸五日,每食前温服一盏。(《普济方》)

枲耳(《本经》中品)

【释名】胡枲(《本经》)、常思(弘景)、苍耳(《尔雅》)、卷耳(《诗经》)、爵耳(《诗疏》)、猪耳(《纲目》)、耳璫(《诗疏》)、地葵(《本经》)、葹(音施)、羊负来(弘景)、道人头(《图经》)、进贤菜(《记事珠》)、喝起草(《纲目》)、野茄(《纲目》)、缣丝草。

颂曰:诗人谓之卷耳,《尔雅》谓之苍耳,《广雅》谓之枲耳,皆以实得名也。陆玑《诗疏》云:其实正如妇人耳璫,今或谓之耳璫草。郑康成谓是白胡荽,幽州人呼为爵耳。《博物志》云:洛中有人驱羊入蜀,胡枲子多刺,粘缀羊毛,遂至中土,故名羊负来。俗呼为道人头。

弘景曰:伧人皆食之,谓之常思菜。以叶覆麦作黄衣者,方用甚稀。

时珍曰:其叶形如枲麻,又如茄,故有枲耳及野茄诸名。其味滑如葵,故名地葵,与地肤同名。诗人思夫赋卷耳之章,故名常思菜。张揖《广雅》作常枲,亦通。

【集解】《别录》曰:枲耳生安陆川谷及六安田野,实熟时采。

颂曰:今处处有之。陆氏《诗疏》云:其叶青白似胡荽,白华细茎,蔓生,可煮为茹,滑而少味。四月中生子,正如妇人耳璫。郭璞云:形如鼠耳,丛生如盘。今之所有皆类此,但不作蔓生。

时珍曰:按周定王《救荒本草》云:苍耳叶青白,类粘糊菜叶。秋间结实,比桑椹短小而多刺。嫩苗炸熟,水浸淘拌食,可救饥。其子炒去皮,研为面,可作烧饼食,亦可熬油点灯。

枲耳

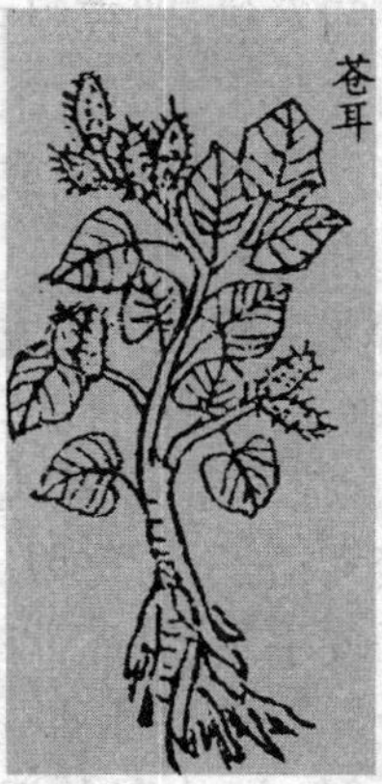

实

【修治】大明曰:入药炒熟,捣去刺用,或酒拌蒸过用。

【气味】甘,温,有小毒。

《别录》曰:苦。

权曰:甘,无毒。

恭曰:忌猪肉、马肉、米泔,害人。

【主治】风头寒痛,风湿周痹,四肢拘挛痛,恶肉死肌,膝痛。久服益气,耳目聪明,强志轻身(《本经》)。治肝热,明目(甄权)。治一切风气，填髓暖腰脚，治瘰疬疥癣及瘙痒（大明）。炒香浸酒服，去风补益（时珍）。

【附方】旧三，新四。久疟不瘥：苍耳子，或根、茎亦可，焙研末，酒糊丸梧子大。每酒服三十丸，日二服。生者捣汁服亦可。（《朱氏集验方》）大腹水肿，小便不利：苍耳子（灰）、葶苈（末）等分。每服二钱，水下，日二服。（《千金方》）风湿挛痹，一切风气：苍耳子三两（炒）。为末，以水一升半，煎取七合，去滓呷之。（《食医心镜》）牙齿痛肿：苍耳子五升，水一斗，煮取五升，热含之。冷即吐去，吐后复含，不过一剂瘥。茎、叶亦可，或入盐少许。（孙真人《千金翼》）鼻渊流涕：苍耳子（即缣丝草子）（炒）。研为末，每白汤点服一、二钱。（《证治要诀》）眼目昏暗：枲耳实一升为末，白米半升作粥，日食之。（《普济方》）嗜酒不已：毡中苍耳子七枚，烧灰投酒中饮之，即不嗜。（陈藏器《本草》）

茎、叶

【修治】敩曰：凡采得去心，取黄精，以竹刀细切拌之，蒸从巳至亥时出，去黄精，阴干用。

【气味】苦、辛，微寒，有小毒。

恭曰：忌猪肉、马肉、米泔。伏硇砂。

【主治】溪毒（《别录》）。中风伤寒头痛（孟诜）。大风癫痫，头风湿痹，毒在骨髓，腰膝风毒。夏月采曝为末，水服一二匕，冬月酒服。或为丸，每服二三十丸，日三服。满百日，病出如瘑疥，或痒，汁出，或斑驳甲错皮起，皮落则肌如凝脂。令人省睡，除诸毒螫，杀虫疳湿䘌。久服益气，耳目聪明，轻身强志（苏恭）。挼叶安舌下，出涎，去目黄好睡。烧灰和腊猪脂，封疔肿出根；煮酒服，主狂犬咬毒（藏器）。

【附方】旧十二，新十七。万应膏，治一切痈疽发背，无头恶疮，肿毒疔疖，一切风痒，臁疮杖疮，牙疼喉痹：五月五日采苍耳根叶数担，洗净晒萎细剉，以大锅五口，入水煮烂，以筛滤去粗滓，布绢再滤。复入净锅，武火煎滚，文火煎稠，搅成膏，以新罐贮封。每以敷贴，即愈。牙疼即敷牙上，喉痹敷舌上或噙化，二三次即效。每日用酒服一匙，极有效。（《集简方》）一切风毒，并杀三虫肠痔，能进食：若病胃胀满，心闷发热，即宜服之；五月五日午时附地刈取枲耳叶，洗暴燥，捣下筛，每服方寸匕，酒或浆水下，日二、夜三。若觉吐逆，则以蜜丸服，准计方寸匕数也。风轻者，日二服。若身体作粟或麻豆出，此为风毒出也。可以针刺溃去黄汁，乃止。七月七、九月九，亦可采用。（《千金方》）一切风气：苍耳嫩叶一石（切），和麦蘖五升作块，于蒿艾中署二十日成曲。取米一斗，炊作饭，看冷暖，入曲三升酿之，封二七日成熟。每空心暖服，神验。封此酒可两重布，不得令密，密则溢出。忌马肉、猪肉。（孟诜《食疗本草》）诸风头晕：苍耳叶晒干为末，每服一钱，酒调下，日三服。若吐，则以蜜丸梧子大，每服二十丸。十日全好矣。（《杨氏经验方》）血风脑晕：方见发明下。毒攻手足，肿痛欲断：苍耳捣汁渍之，并以滓敷之，立效。春，用心；冬，用子。（《千金翼》）卒中水毒，初觉头目微痛，恶寒，骨节强急，日醒暮剧，手足逆冷，三日则虫蚀下部；六、七日脓溃，食至五脏，杀人也：捣常思草，绞汁服一二升，并以绵染，导其下部。（《肘后方》）毒蛇溪毒，沙虱、射工等所伤，口噤眼黑，手足强直，毒攻腹内成块，逡巡不救：苍耳嫩苗一握。取汁，和酒温灌之，以滓厚敷伤处。（《胜金方》）疫病不染：五月五日午时多采苍耳嫩叶，阴干收之。临时为末，冷水服二钱，或水煎举家皆服，能辟邪恶。（《千金方》）风瘙瘾疹，身痒不止：用苍耳茎、叶、子等分，为末。每服二钱，豆淋酒调下。（《圣惠方》）面上黑斑：苍耳叶焙为末，食后米饮调服一钱，一月愈。（《摘玄方》）赤白汗斑：苍耳嫩叶尖，和青盐擂烂，五、六月间擦之，五七次效。（《摘玄方》）大风疠疾：《袖珍方》：用嫩苍耳、荷叶等分，为末。每服二钱，温酒下，日二服。《乾坤生意》：用苍耳叶为末，以大枫子油和丸梧子大。每服三、四十丸，以茶汤下，日二服。又方：五月五日或六月六日，五更带露采苍耳草，捣取汁，熬作锭子。取半斤鳢鱼一尾，剖开不去肚肠，入药一锭，线缝，以酒二碗，慢火煮熟令吃，不过三五个鱼即愈也。忌盐一百日。卒得恶疮：苍耳、桃皮作屑，纳疮中。（《百一方》）反花恶疮，有肉如饭粒，破之血出，随生反出：用苍耳叶捣汁，服三合，并涂之，日二上。（《圣济总录》）一切疔肿：诜曰：危困者，用苍耳根、叶捣，和小儿尿绞汁，冷服一升，日三服，拔根甚验。《养生方》：用苍耳根、苗烧灰，和醋淀涂之，干再上。不十次，即拔根出。邵真人方：苍耳根三两半，乌梅肉五个，连须葱三根。酒二盅，煎一盅，热服取汗。齿风动痛：苍耳一握，以浆水煮，入盐含漱。（《外台秘要》）缠喉风病：苍耳根一把，老姜一块。研汁，入酒服。（《圣济总录》）赤目生疮作痛：道人头末二两，乳香一钱，每用一钱，烧烟搐鼻。（《圣济总录》）鼻衄不止：苍耳茎叶捣汁一小盏服。（《圣惠方》）五痔下血：五月五日采苍耳茎、叶为末。水服方寸匕，甚效。（《千金翼》）赤白下痢：苍耳草（不拘多少）洗净，用水煮烂去滓，入蜜用武火熬成膏。每服一二匙，白汤下。（《医方摘玄》）产后诸痢：苍耳叶捣绞汁，温服半中盏，日三、四服。（《圣惠方》）误吞铜钱：苍耳头一把，以水一升，浸水中十余度，饮水愈。（《肘后方》）花蜘蛛毒咬人，与毒蛇无异：用野缣丝（即道人头）。捣汁一盏服，仍以渣敷之。（《摘玄方》）

花

【主治】白癞顽痒（时珍）。

天名精（《本经》上品）

【校正】时珍曰：据苏、沈二说，并入《唐本》鹤虱，《开宝》地菘，《别录》有名未用埊松。

【释名】天蔓荆（《别录》）、天门精（《别录》）、地菘（《唐本》）、埊松（《别录》）。埊与地同、玉门精（《别录》）、麦句姜（《本经》）、蟾蜍兰（《别录》）、蛤蟆蓝（《本经》）、蚵蚾草（《纲目》）、豕首（《本经》）、彘颅（《别录》）、活鹿草（《异苑》）、刘愊草（愊音，胡革反）、皱面草（《纲目》）、母猪芥（《纲目》），实名鹤虱，根名杜牛膝。

恭曰：天名精，即活鹿草也。《别录》一名天蔓荆，南人名为地菘，叶与蔓荆、菘菜相类，故有此名。其味甘辛，故有姜称。状如蓝，而蛤蟆好居其下，故名蛤蟆蓝。香气似兰，故又名蟾蜍兰。

精名天菘地

时珍曰：天名精乃天蔓荆之讹也。其气如豕彘，故有豕首、彘颅之名。昔人谓之活鹿草，俗人因其气臊，讹为狐狸臊者，是也。《尔雅》云：苅蘸，豕首也。郭璞注云：江东呼为豨首，可以炒蚕蛹食。

藏器曰：郭璞注《尔雅》蘧麦，云即麦句姜者，非也。陶公注钓樟条云：有一草似狼牙，气辛臭，名为地菘，人呼为刘愐草，主金疮。按《异苑》云：宋元嘉中，青州刘愐射一獐，剖五脏以此草塞之，蹶然而起。愐怪而拔草，便倒，如此三度。愐因密录此草种之，主折伤，愈多人，因以名之。既有活鹿之名，雅与獐事相合。陶、苏俱说是地菘，定非二物。

【正误】弘景曰：天名精即今之豨莶，亦名豨首。夏月杵汁服之，除热病。味至苦而云甘，或非是也。

恭曰：豨首苦而臭，名精辛而香，全不相类也。

禹锡曰：苏恭云：天名精南人名地菘。陈藏器《本草解纷》，亦言天名精为地菘。《开宝本草》不当重出地菘条，例宜刊削。

时珍曰：按沈括《笔谈》云：世人既不识天名精，又妄认地菘为火杴，本草又出鹤虱一条，都成纷乱。不知地菘即天名精，其叶似菘，又似蔓荆，故有二名，鹤虱即其实也。又《别录》有名未用埊松，即此地菘，亦系误出，今并正之，合而为一。

叶（根同。）

【气味】甘，寒，无毒。

《别录》曰：埊松：辛，无毒。

时珍曰：微辛、甘，有小毒。生汁吐人。

之才曰：垣衣、地黄为之使。

【主治】瘀血血瘕欲死，下血止血，利小便，久服轻身耐老（《本经》）。除小虫，去痹，除胸中结热，止烦渴，逐水，大吐下（《别录》）。破血生肌，止鼻衄，杀三虫，除诸毒肿，疔疮瘘痔，金疮内射，身痒瘾疹不止者，揩之立已（《唐本》）。地菘：主金疮，止血，解恶虫蛇螫毒，挼以敷之（《开宝》）。吐痰止疟，治牙痛口紧喉痹（时珍）。埊松：主眩痹（《别录》有名未用）。

【附方】旧二，新九。男女吐血：皱面草（即地菘），晒干为末。每服一、二钱，以茅花泡汤调服，日二次。（《卫生易简》）咽喉肿塞：《伤寒蕴要》：治痰涎壅滞，喉肿水不可下者。地菘（一名鹤虱草），连根、叶捣汁，鹅翎扫入，去痰最妙。《圣济总录》：用杜牛膝、鼓锤草，同捣汁灌之。不得下者，灌鼻得吐为妙。又方：杜牛膝（春夏用茎，秋冬用根）一把，青矾半两，同研，点患处，令吐脓血痰沫，即愈。缠喉风肿：蚵蚾草（即皱面草）。细研，以生蜜和丸弹子大，每噙一二丸，即愈。干者为末，蜜丸亦可。名救生丸。（《经效济世方》）诸骨哽咽：地菘、马鞭草各一握（去根），白梅肉一个，白矾一钱，捣作弹丸，绵裹含咽，其骨自软而下也。（《普济方》）风毒瘰疬赤肿：地菘捣敷，干即易之。（《圣惠方》）疔疮肿毒：鹤虱草叶，浮酒糟，同捣敷之，立效。（孙氏《集效方》）发背初起：地菘杵汁一升，日再服，瘥乃止。（《伤寒类要》）恶疮肿毒：地菘捣汁，日服三四次。（《外台秘要》）恶蛇咬伤：地菘捣敷之。（《易简方》）

鹤虱（《唐本草》）

【气味】苦，平，有小毒。

大明曰：凉，无毒。

【主治】蛔，蛲虫。为散，以肥肉臛汁服方寸匕，亦入丸散用（《唐本》）。虫心痛。以淡醋和半匕服，立瘥（《开宝》）。杀五脏虫，止疟，敷恶疮（大明）。

【发明】颂曰：鹤虱，杀虫方中为最要药。《古今录验方》：疗蛔咬心痛，取鹤虱十两。捣筛，蜜丸梧子大。以蜜汤空腹吞四五十丸。忌酒肉。韦云患心痛十年不瘥，于杂方内见，合服之便愈。李绛《兵部手集方》：治小儿蛔虫啮心腹痛。亦单用鹤虱研末，以肥猪肉汁下之。五岁，一服二分，虫出即止也。

【附方】新一。大肠虫出不断，断之复生，行坐不得：鹤虱末，水调半两服，自愈。（《怪疾奇方》）

豨莶（音喜枚。《唐本》）

【校正】并入《唐本》猪膏莓。

【释名】希仙（《纲目》）、火枚草（《唐本》）、猪膏莓（《唐本》）、虎膏（《唐本》）、狗膏（《唐本》）、粘糊菜（《救荒》）。

时珍曰：《韵书》：楚人呼猪为豨，呼草之气味辛毒为莶。此草气臭如猪而味莶螫，故谓之豨莶。猪膏、虎膏、狗膏，皆因其气，以及治虎、狗伤也。火枚当作虎莶，俗音讹尔，近人复讹豨莶为希仙矣。《救荒本草》言：其嫩苗炸熟，浸去苦味，油盐调食，故俗谓之粘糊菜。

【集解】恭曰：豨莶，田野皆识之。一名火枚。叶似酸浆而狭长，花黄白色。三月、四月采苗叶曝干。又曰：猪膏莓，生平泽下湿地，所在皆有。一名虎膏，一名狗膏。叶似苍耳，茎圆有毛。

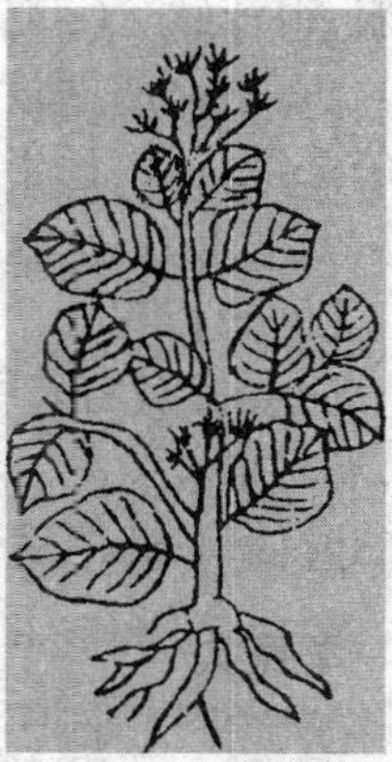

颂曰：豨莶处处有之。春生苗，叶似芥叶而狭长，文粗。茎高二三尺。秋初有花如菊。秋末结实，颇似鹤虱。夏采叶。曝干用。

藏器曰：猪膏草，叶似荏有毛。

保升曰：猪膏叶似苍耳，两枝相对，茎叶俱有毛，黄白色。五月、六月采苗，日干。

时珍曰：按苏恭《唐本草》谓豨莶似酸浆，猪膏莓似苍耳，列为二种。而成纳《进豨莶丸表》，言此药与本草所述相异，多生沃壤，高三尺许，节叶相对。张咏《豨莶丸表》，言此草金棱银线，素茎紫荄，对节而生，蜀号火枚，茎叶颇同苍耳。又按沈括《笔谈》云：世人妄认地菘为火枚。有单服火枚法者，乃是地菘，不当用火枚。火枚乃本草名猪膏莓者，后人不识，重复出条也。按此数说各异，而今人风痹多用豨莶丸，将何适从耶？时珍尝聚诸草订视，则猪膏草素茎有直棱，兼有斑点，叶似苍耳而微长，似地菘而稍薄，对节而生，茎叶皆有细毛。肥壤一株分枝数十。八、九月开小花，深黄色，中有长子如茼蒿子，外萼有细刺粘人。地菘则青茎，圆而无棱，无斑无毛，叶皱似菘芥，亦不对节。观此则似与成张二氏所说相合。今河南陈州采豨莶充方物，其状亦是猪膏草，则沈氏谓豨莶即猪膏莓者，其说无疑矣。苏恭所谓似酸浆者，乃龙葵，非豨莶，盖误认尔。但沈氏言世间单服火枚，乃是地菘，不当用猪膏莓，似与成张之说相反。今按豨莶、猪膏莓条，并无治风之说。惟《本经》地菘条，有去痹除热，久服轻身耐老之语，则治风似当用地菘。然成、张进御之方，必无虚谬之理。或者二草皆有治风之功乎？而今服猪膏莓之豨莶者，复往往有效。其地菘不见有服之者。则豨莶之为猪膏，尤不必疑矣。

豨莶

【气味】苦，寒，有小毒。

又曰：猪膏莓：辛、苦，平，无毒。

藏器曰：有小毒。

苏恭曰：猪膏无毒，误矣。

【主治】豨莶：治热䘌烦满不能食。生捣汁三合服，多则令人吐。又曰：猪膏莓：主金疮止痛，断血生肉，除诸恶疮，消浮肿。捣封之，汤渍散敷并良（苏恭）。主久疟痰阴，捣汁服取吐。捣敷虎伤、狗咬、蜘蛛咬、蚕咬、蠼螋溺疮（藏器）。治肝肾风气，四肢麻痹，骨痛膝弱，风湿诸疮（时珍）。

【附方】新五。风寒泄泻：火枚丸：治风气行于肠胃，泄泻。火枚草为末，醋糊丸梧子大。每服三十丸，白汤下。（《圣济总录》）痈疽肿毒，一切恶疮：豨莶草（端午采者）一两，乳香一两，白矾（烧）半两。为末。每服二钱，热酒调下。毒重者连进三服，得汗妙。（《乾坤秘韫》）发背疔疮：豨莶草、五叶草（即五爪龙）、野红花（即小蓟）、大蒜等分。擂烂，入热酒一碗，绞汁服，得汗立效。（《乾坤生意》）疔疮肿毒：端午采豨莶草，日干为末。每服半两，热酒调下。汗出即愈，极有效验。（《集简方》）反胃吐食：火枚草焙为末，蜜丸梧子大，每沸汤下五十丸。（《百一选方》）

【附录】类鼻

《别录》有名未用曰：味酸，温，无毒。主痿痹。生田中高地。叶如天名精。美根，五月采。

时珍曰：此似猪膏草也。古今名谓或不同，故附于此。

羊屎柴

时珍曰：按《乾坤生意》云：一名牛屎柴，生山野中。叶类鹤虱，四月开白花。其叶主痈疽发背，捣敷之。冬月用根。可以毒鱼。

箬(《纲目》)

【释名】篛(与箬同)、辽叶。

时珍曰:箬若竹而弱,故名。其生疏辽,故又谓之辽。

箬

【集解】时珍曰:箬生南方平泽。其根与茎皆似小竹,其节箨与叶皆似芦荻,而叶之面青背淡,柔而韧,新旧相代,四时常青。南人取叶作笠,及裹茶盐,包米粽,女人以衬鞋底。

叶

【气味】甘,寒,无毒。

【主治】男女吐血、衄血、呕血、咯血、下血。并烧存性,温汤服一钱匕。又通小便,利肺气喉痹,消痈肿(时珍)。

【附方】新一十二。一切眼疾:笼篛烧灰,淋汁洗之,久之自效。(《经验方》)咽喉闭痛:辽叶、灯心草(烧灰)等分。吹之,甚妙。(《集简方》)耳忽作痛或红肿内胀:将经霜青箬露在外,将朽者烧存性,为末。敷入耳中,其疼即止。(杨起《简便方》)肺壅鼻衄:箬叶(烧灰)、白面三钱。研匀,井花水服二钱。(《圣济总录》)经血不止:箬叶灰、蚕纸灰等分,为末。每服二钱,米饮下。(《圣济总录》)肠风便血:茶篓内箬叶,烧存性。每服三匙,空心糯米汤下。或入麝香少许。(王璆《百一选方》)男妇血淋,亦治五淋:多年煮酒瓶头箬叶(三五年至十年者,尤佳)。每用七个,烧存性,入麝香少许,陈米饮下,日三服。有人患此,二服愈。福建煮过夏月酒多有之。(《百一选方》)尿白如注,小腹气痛:茶笼内箬叶烧存性,入麝香少许。米饮下。(《经验方》)小便涩滞不通:干箬叶一两(烧灰),滑石半两,为末,每米饮服三钱。(《普济方》)男妇转脬:方同上。吹奶乳痈:五月五日粽箬烧灰,酒服二钱,即散,累效。(《济急仙方》)痘疮倒靥:箬叶灰一钱,麝香少许。酒服。(张德恭《痘疹便览方》)

芦(《别录》下品)

【校正】并入《拾遗》江中采出芦。

【释名】苇(音伟)、葭(音加),花名蓬蕽(《唐本》),笋名虇(音拳)。

时珍曰:按毛苌《诗疏》云:苇之初生曰葭;未秀曰芦;长成曰苇。苇者,伟大也。芦者,色卢黑也。葭者,嘉美也。

【集解】恭曰:芦根牛下湿地。茎叶似竹,花若荻花,名蓬蕽。二月、八月采根,日干用。

颂曰:今在处有之,生下湿陂泽中。其状都似竹,而叶抱茎生,无枝。花白作穗若茅花。根亦若竹根而节疏。其根取水底味甘辛者。其露出及浮水中者,并不堪用。按郭璞注《尔雅》云:葭,即芦也;苇,即芦之成者。菼,薍,似苇而小,中实,江东

苇　　芦

呼为乌蓲(音丘)。或谓之蓪,即荻也。至秋坚成,即谓之萑(音桓)。蒹似萑而细长,高数尺,江东谓之蒹。其花皆名芀(音调)。其萌皆名虇,堪食如竹笋。若然,则芦、苇通为一物也。所谓蒹,乃今作帘者是也。所谓菼者,今以当薪者是也。而人罕能别蒹、菼与芦苇也。又北人以苇与芦为二物。水旁下湿所生者,皆名苇,其细不及指大;人家池圃所植者,皆名芦。其干差大,深碧色者,谓之碧芦,亦难得。然则芦苇皆可通用矣。

时珍曰:芦有数种:其长丈许中空、皮薄、色白者,葭也,芦也,苇也。短小于苇而中空、皮厚、色青苍者,菼也,薍也,荻也,萑也。其最短小而中实者蒹也,蘼也。皆以初生、已成得名。其身皆如竹,其叶皆长如箬叶。其根入药,性味皆同。其未解叶者,古谓之紫萚。

敩曰:芦根须要逆水生,并黄泡肥厚者,去须节并赤黄皮用。

根

【气味】甘,寒,无毒。

【主治】消渴客热,止小便利(《别录》)。疗反胃呕逆不下食,胃中热,伤寒内热,弥良(苏恭)。解大热,开胃,治噎哕不止(甄权)。寒热时疾烦闷,泻痢大渴,孕妇心热(大明)。

笋

【气味】小苦,冷,无毒。

宁原曰:忌巴豆。

【主治】膈间客热,止渴,利小便,解河豚及诸鱼蟹毒(宁原)。解诸肉毒(时珍)。

【发明】时珍曰:按《雷公炮炙论》序云:益食加觞,须煎芦、朴。注云:用逆水芦根并厚朴二味等分,煎汤服。盖芦根甘能益胃,寒能降火故也。

【附方】旧六,新六。骨蒸肺痿不能食者,苏游芦根饮主之:芦根、麦门冬、地骨皮、生姜各十两,橘皮、茯苓各五两,水二斗,煮八升,去滓,分五服,取汗乃瘥。(《外台秘要》)劳复食复欲死:并以芦根煮浓汁饮。(《肘后方》)呕哕不止,厥逆者:芦根三斤(切)。水煮浓汁,频饮二升。必效。若以童子小便煮服,不过三服愈。(《肘后方》)五噎吐逆,心膈气滞,烦闷不下食:芦根五两(剉)。以水三大盏,煮取二盏,去滓温服。(《金匮玉函方》)反胃上气:芦根、茅根各二两。水四升,煮二升,分服。(《千金方》)霍乱烦闷:芦根三钱,麦门冬一钱。水煎服。(《千金方》)霍乱胀痛:芦根一升,生姜一升,橘皮五两。水八升,煎三升,分服。(《太平圣惠方》)食狗肉毒,心下坚,或腹胀口干,忽发热妄语:芦根煮汁服。(《梅师方》)中马肉毒:方同上。(《圣惠》)鯸鮧鱼毒:方同上。(《肘后方》)食蟹中毒:方同上。(《千金》)中药箭毒:方同上。(《千金》)

茎、叶

【气味】甘，寒，无毒。

【主治】霍乱呕逆，肺痈烦热，痈疽。烧灰淋汁，煎膏，蚀恶肉，去黑子（时珍）。箨：治金疮，生肉灭瘢（徐之才）。江中采出芦：令夫妇和同，用之有法（藏器）。

【发明】时珍曰：古方煎药，多用劳水及陈芦火，取其水不强，火不盛也。芦中空虚，故能入心肺，治上焦虚热。

【附方】新七。霍乱烦渴腹胀：芦叶一握，水煎服。又方：芦叶五钱，糯米二钱半，竹茹一钱。水煎，入姜汁、蜜各半合，煎两沸，时时呷之。（《圣惠方》）吐血不止：芦荻外皮烧灰，勿令白，为末，入蚌粉少许，研匀。麦门冬汤服一二钱。三服可救一人。（《圣惠方》）肺痈咳嗽，烦满微热，心胸甲错：苇茎汤：用苇茎（切）二升，水二斗，煮汁五升，入桃仁五十枚，薏苡仁、瓜瓣各半升，煮取二升，服。当吐出脓血而愈。（张仲景《金匮玉函方》）发背溃烂：陈芦叶为末，以葱椒汤洗净，敷之神效。（《乾坤秘韫》）痈疽恶肉：白炭灰、荻灰等分。煎膏涂之。蚀尽恶肉，以生肉膏贴之。亦去黑子。此药只可留十日，久则不效。（葛洪《肘后方》）小儿秃疮：以盐汤洗净，蒲苇灰敷之。（《圣济总录》）

蓬茙

【气味】甘，寒，无毒。

【主治】霍乱。水煮浓汁服，大验（苏恭）。煮汁服，解中鱼蟹毒（苏颂）。烧灰吹鼻，止衄血。亦入崩中药（时珍）。

【附方】新二。干霍乱病，心腹胀痛：芦蓬茸一把，水煮浓汁，顿服二升。（《肘后方》）诸般血病：水芦花、红花、槐花、白鸡冠花、茅花等分。水二盅，煎一盅服。（万表《积善堂方》）

甘蕉（《别录》下品）

【释名】芭蕉（《衍义》），天苴（《史记注》）、芭苴。

时珍曰：按陆佃《埤雅》云：蕉不落叶，一叶舒则一叶焦，故谓之焦。俗谓干物为巴，巴亦蕉意也。《稽圣赋》云：竹布实而根苦，蕉舒花而株槁。芭苴乃蕉之音转也。蜀人谓之天苴。曹叔雅《异物志》云：芭蕉结实，其皮赤如火，其肉甜如蜜，四、五枚可饱人，而滋味常在牙齿间，故名甘蕉。

【气味】甘，大寒，无毒。

恭曰：性冷，不益人。多食动冷气。

【主治】生食，止渴润肺。蒸熟晒裂，春取仁食，通血脉，填骨髓（孟诜）。生食，破血，合金疮，解酒毒。干者，解肌热烦渴（吴瑞）。除小儿客热，压丹石毒（时珍）。

甘蕉

根

【气味】甘,大寒,无毒。

恭曰:寒。

颂曰:甘蕉、芭蕉,性相同也。

【主治】痈肿结热(《别录》)。捣烂敷肿,去热毒。捣汁服,治产后血胀闷(苏恭)。主黄疸(孟诜)。治天行热狂,烦闷消渴,患痈毒并金石发动,躁热口干,并绞汁服之。又治头风游风(大明)。

【附方】旧四,新六。发背欲死:芭蕉根捣烂涂之。(《肘后方》)一切肿毒:方同上。赤游风疹:方同上。风热头痛:方同上。风虫牙痛:芭蕉自然汁一碗,煎热含嗽。(《普济方》)天行热狂:芭蕉根捣汁饮之。(《日华子本草》)消渴饮水,骨节烦热:用生芭蕉根捣汁,时饮一二合。(《圣惠方》)血淋涩痛:芭蕉根、旱莲草各等分。水煎服,日二。(《圣惠方》)产后血胀:捣芭蕉根绞汁,温服二三合。疮口不合:芭蕉根取汁,抹之良。(《直指方》)

蕉油(以竹筒插入皮中,取出,瓶盛之)

【气味】甘,冷,无毒。

【主治】头风热,止烦渴,及汤火伤。梳头,止女人发落,令长而黑(大明)。暗风痫病,涎作晕闷欲倒者,饮之取吐,极有奇效(苏颂)。

【附方】新一。小儿截惊:以芭蕉汁、薄荷汁煎匀,涂头顶,留囟门,涂四肢,留手足心勿涂,甚效。(《邓笔峰杂兴》)

叶

【主治】肿毒初发,研末,和生姜汁涂之(时珍,《圣惠方》)。

【附方】新一。岐毒初起:芭蕉叶,熨斗内烧存性,入轻粉,麻油调涂,一日三上,或消或破,皆无痕也。(《仁斋直指方》)

花

【主治】心痹痛。烧存性研,盐汤点服二钱(《日华》)。

蘘荷(《别录》中品)

【校正】自菜部移入此,并入有名未用蘘草为一。

【释名】覆菹(《别录》)、蘘草(《别录》)、猼苴(音博)、葍苴(《说文》)、嘉草。

弘景曰:本草白蘘荷,而今人呼赤者为蘘荷,白者为覆菹。盖食以赤者为胜;入药以白者为良,叶同一种尔。

时珍曰:覆菹,许氏《说文》作葍苴,司马相如《上林赋》作猼且,与芭蕉音相近。《离骚·大招》云:醢豚若狗脍苴蓴。王逸注云:苴蓴(音博),蘘荷也。见本草。而今之本草无之,则脱漏亦多矣。

荷　蘘

【集解】《别录》曰:蘘草生淮南山谷。

颂曰:蘘荷,荆襄江湖间多种之,北地亦有。春初生,叶似甘蕉,根似姜芽而肥,其叶冬枯,根堪为菹。其性好阴,在木下生者尤美。潘岳《闲居赋》云:蘘荷依阴,时藿向阳,是也。宗懔《荆楚岁时记》云:仲冬以盐藏蘘荷,用备冬储,又以防虫。史游《急就篇》云:蘘荷冬日藏,其来远矣。然有赤白二种:白者入药,赤者堪啖,及作梅果多用之。

宗奭曰:蘘荷,八、九月间腌贮,以备冬月作蔬果。治病止用白者。

时珍曰:苏颂《图经》言:荆襄江湖多种,今访之无复识者。惟杨慎《丹铅录》云:《急就章》注:蘘荷即今甘露。考之本草形性相同。甘露即芭蕉也。崔豹《古今注》云:蘘荷,似芭蕉而白色,其子花生根中,花未败时可食,久则消烂矣。根似姜。宜阴翳地,依荫而生。又按王旻《山居录》云:蘘荷宜树阴下,二月种之。一种永生,不须锄耘,但加粪耳。八月初踏其苗令死,则根滋茂。九月初取其傍生根为菹,亦可酱藏。十月中以糠覆其根下,则过冬不冻死也。

【修治】敩曰:凡使勿用革牛草,真相似,其革牛草腥涩。凡使白蘘荷,以铜刀刮去粗皮一重,细切,入砂盆中研如膏,取自然汁炼作煎,新器摊冷,如干胶状,刮取用之。

根

【气味】辛,温,有小毒。

思邈曰:辛,微温,涩,无毒。

【主治】中蛊及疟,捣汁服(《别录》)。溪毒,沙虱,蛇毒(弘景)。诸恶疮。根心:主稻麦芒人目中不出,以汁注目即出(苏恭)。赤眼涩痛,捣汁点之(时珍)。

蘘草

【气味】苦、甘,寒,无毒。

大明曰:平。

【主治】温疟寒热,酸嘶邪气,辟不祥(《别录》)。

【发明】弘景曰:中蛊者服蘘荷汁,并卧其叶,即呼蛊主姓名。多食损药力,又不利脚。人家种之,亦云辟蛇。

颂曰:按干宝《搜神记》云:外姊夫蒋士先,得疾下血,言中蛊。其家密以蘘荷置于席下。忽大笑曰:蛊我者,张小小也。乃收小小,小小亡走。自此解蛊药多用之,往往验也。《周礼》庶氏以嘉草除蛊毒,宗懔谓嘉草即蘘荷是也。陈藏器云:蘘荷、茜根为主蛊之最,谓此。

时珍曰:《别录》菜部蘘荷,谓根也;草部蘘草,谓叶也。其主治亦颇相近,今并为一云。

【附方】旧八,新一。卒中蛊毒,下血如鸡肝,昼夜不绝,脏腑败坏待死者:以蘘荷叶密置病人席下,勿令知之,必自呼蛊主姓名也。(《梅师方》)喉中似物吞吐不出,腹胀羸瘦:取白蘘荷根捣汁服,蛊立出也。(《梅师方》)喉舌疮烂:酒渍蘘荷根半日,含漱其汁,瘥乃止。(《外台秘要》方)吐血,痔血:向东蘘荷根一把,捣汁三升服之。(《肘后方》)妇人腰痛:方同上。月信涩滞:蘘荷根细切,水煎取二升,空心入酒和服。(《经验方》)风冷失声,咽喉不利:蘘荷根二两,捣绞汁,入酒一大盏,和匀,细细服,取瘥。(《肘后方》)伤寒时气,温病初得,头痛壮热,脉盛者:用生蘘荷根、叶合捣,绞汁服三、四升。(《肘后》)杂物入目:白蘘荷根(取心),捣,绞取汁,滴入目中,立出。(《普济方》)

麻黄(《本经》中品)

【释名】龙沙(《本经》)、卑相(《别录》)、卑盐(《别录》)。

时珍曰:诸名殊不可解。或云其味麻,其色黄,未审然否?张揖《广雅》云:龙沙,麻黄也。狗骨,麻黄根也。不知何以分别如此?

【集解】《别录》曰:麻黄生晋地及河东,立秋采茎,阴干令青。

弘景曰:今出青州、彭城、荥阳、中牟者为胜,色青而多沫。蜀中亦有,不好。

恭曰:郑州鹿台及关中沙苑河旁沙洲上最多,同州沙苑既多,其青、徐者亦不复用。

禹锡曰:按段成式《酉阳杂俎》云:麻黄茎头开花,花小而黄,丛生。子如覆盆子,可食。

颂曰:今近汴京多有之,以荥阳、中牟者为胜。春生苗,至夏五月则长及一尺以来。梢上有黄花,结实如百合瓣而小,又似皂荚子,味甜,微有麻黄气,外皮红,里仁子黑。根紫赤色。俗说有雌雄二种:雌者于三月、四月内开花,六月结子。雄者无花,不结子。至立秋后收茎阴干。

时珍曰:其根皮色黄赤,长者近尺。

麻黄

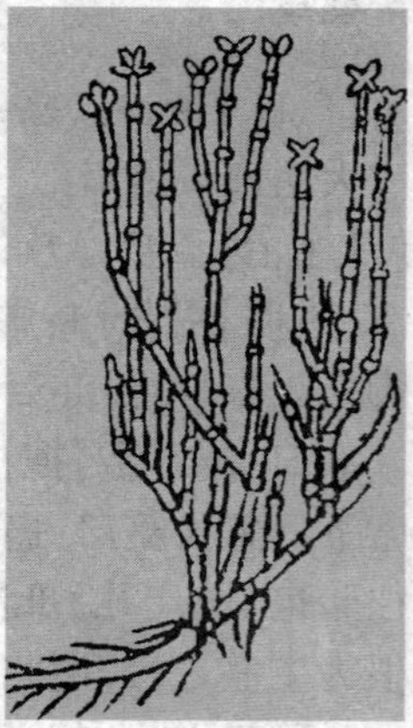

茎

【修治】弘景曰:用之折去节根,水煮十余沸,以竹片掠去上沫,沫令人烦,根节能止汗故也。

【气味】苦,温,无毒。

《别录》曰:微温。

普曰:神农、雷公:苦,无毒;扁鹊:酸;李当之:平。

权曰:甘,平。

元素曰:性温,味苦而甘辛,气味俱薄,轻清而浮,阳也,升也。手太阴之药,入足太阳经,兼走手少阴、阳明。

时珍曰:麻黄微苦而辛,性热而轻扬。僧继洪云:中牟有麻黄之地，冬不积雪，为泄内阳也。故过用则泄真气。观此则性热可知矣。服麻黄自汗不止者，以冷水浸头发，仍用扑法即止。凡服麻黄药，须避风一日，不尔病复作也。凡用须佐以黄芩，则无赤眼之患。

之才曰：厚朴、白薇为之使。恶辛夷、石苇。

【主治】中风伤寒头痛，温疟，发表出汗，去邪热气，止咳逆上气，除寒热，破癥坚积聚（《本经》）。五脏邪气缓急，风胁痛，字乳余疾，止好唾，通腠理，解肌，泄邪恶气，消赤黑斑毒。不可多服，令人虚（《别录》）。治身上毒风𤸷痹，皮肉不仁，主壮热温疫，山岚瘴气（甄权）。通九窍，调血脉，开毛孔皮肤（大明）。去营中寒邪，泄卫中风热（元素）。散赤目肿痛，水肿风肿，产后血滞（时珍）。

【附方】旧五，新七。天行热病，初起一二日者：麻黄一大两（去节）。以水四升煮，去沫，取二升，去滓，着米一匙及豉，为稀粥。先以汤浴后，乃食粥，厚覆取汗，即愈。（孟诜《必效方》）伤寒雪煎：麻黄十斤（去节），杏仁四升（去皮，熬），大黄一斤十三两。先以雪水五石四斗，渍麻黄于东向灶釜中。三宿后，纳大黄搅匀，桑薪煮至二石，去滓。纳杏仁同煮至六七斗，绞去滓，置铜器中。更以雪水三斗，合煎令得二斗四升，药成，丸如弹子大。有病者以沸白汤五合，研一丸服之，立汗出。不愈，再服一丸。封药勿令泄气。（《千金方》）伤寒黄疸，表热者，麻黄醇酒汤主之：麻黄一把（去节绵裹）。美酒五升，煮取半升，顿服取小汗。春月用水煮。（《千金方》）里水黄肿：张仲景云：一身面目黄肿，其脉沉，小便不利，甘草麻黄汤主之。麻黄四两（水五升，煮去沫），入甘草二两，煮取三升。每服一升，重覆汗出。不汗再服。慎风寒。《千金》云：有患气虚久不瘥，变成水病，从腰以上肿者，宜此发其汗。水肿脉沉属少阴，其脉浮者为风，虚胀者为气，皆非水也。麻黄附子汤汗之：麻黄三两（水七升，煮去沫），入甘草二两，附子（炮）一枚。煮取二升半，每服八分，日三服，取汗。（张仲景《金匮要略》）风痹冷痛：麻黄（去根）五两，桂心二两，为末，酒二升，慢火熬如饧。每服一匙，热酒调下，至汗出为度。避风。（《圣惠方》）小儿慢脾风，因吐泄后而成：麻黄（长五寸）十个（去节），白术（指面大）二块，全蝎二个（生薄荷叶包煨）。为末。二岁以下一字，三岁以上半钱，薄荷汤下。（《圣惠方》）尸咽痛痹，语声不出：麻黄以青布裹，烧烟筒中熏之。（《圣惠方》）产后腹痛及血下不尽：麻黄去节，为末。酒服方寸匕，一日二、三服，血下尽，即止。（《子母秘录》）心下悸病：半夏麻黄丸：用半夏、麻黄等分，末之，炼蜜丸小豆大。每饮服三丸，日三服。（《金匮要略》）痘疮倒黡：寇宗奭曰：郑州麻黄（去节）半两，以蜜一匙同炒良久，以水半升煎数沸，去沫再煎去三分之一，去滓乘热服之。避风，其疮复出也。一法：用无灰酒煎，其效更速。仙源县笔工李用之子，病斑疮风寒倒黡已困，用此一服便出，如神。中风诸病：麻黄一秤（去根），以王相日、乙卯日，取东流水三石三斗，以净铛盛五七斗，先煮五沸，掠去沫，逐旋添水，尽至三五斗，漉去麻黄，澄定，滤去滓，取清再熬至一斗，再澄再滤，取汁再熬，至升半为度，密封收之，一二年不妨。每服一二匙，热汤化下取汗。熬时要勤搅，勿令着底，恐焦了。仍忌鸡犬阴人见之。此刘守真秘方也。（《宣明方》）

根节

【气味】甘，平，无毒。

【主治】止汗，夏月杂粉扑之(弘景)。

【发明】权曰：麻黄根节止汗，以故竹扇杵末同扑之。又牡蛎粉、粟粉并麻黄根等分，为末，生绢袋盛贮。盗汗出，即扑，手摩之。

时珍曰：麻黄发汗之气驶不能御，而根节止汗效如影响，物理之妙，不可测度如此。自汗有风湿、伤风、风温、气虚、血虚、脾虚、阴虚、胃热、痰饮、中暑、亡阳、柔痓诸证，皆可随证加而用之。当归六黄汤加麻黄根，治盗汗尤捷。盖其性能行周身肌表，故能引诸药外至卫分而固腠理也。本草但知扑之之法，而不知服饵之功尤良也。

【附方】新八。盗汗阴汗：麻黄根、牡蛎粉为末，扑之。盗汗不止：麻黄根、椒目等分，为末。每服一钱，无灰酒下。外以麻黄根、故蒲扇为末，扑之。(《奇效良方》)小儿盗汗：麻黄根三分，故蒲扇灰一分，为末。以乳服三分，日三服。仍以干姜三分同为末，三分扑之。(《古今录验》)诸虚自汗，夜卧即甚，久则枯瘦：黄芪、麻黄根各一两，牡蛎米泔浸洗煅过，为散。每服五钱，水二盏，小麦百粒，煎服。(《和济局方》)虚汗无度：麻黄根、黄芪等分，为末，飞面糊作丸梧子人。每用浮麦汤下百丸，以止为度。(《谈野翁试验方》)产后虚汗：黄芪、当归各一两，麻黄根二两。每服一两，煎汤下。阴囊湿疮，肾有劳热：麻黄根、石硫黄各一两，米粉一合。为末。敷之。(《千金方》)内外障翳：麻黄根一两，当归身一钱。同炒黑色，入麝香少许，为末。搐鼻，频用。此南京相国寺东黑孩儿方也。(《普济》)

【附录】云花草

时珍曰：按葛洪《肘后方》治马疥，有云花草，云状如麻黄，而中坚实也。

木贼(宋《嘉祐》)

【释名】时珍曰：此草有节，面糙涩。治木骨者，用之磋擦则光净，犹云木之贼也。

【集解】禹锡曰：木贼，出秦、陇、华、成诸郡近水地。苗长尺许，丛生。每根一干，无花叶，寸寸有节，色青，凌冬不凋。四月采之。

颂曰：所在近水地有之，采无时，今用甚多。

时珍曰：丛丛直上，长者二三尺，状似凫茈苗及粽心草，而中空有节，又似麻黄茎而稍粗，无枝叶。

茎

【气味】甘、微苦，无毒。

时珍曰：温。

【主治】目疾，退翳膜，消积块，益肝胆，疗肠风，止痢，及妇人月水不断，崩中赤白（嘉祐）。解肌，止泪止血，去风湿，疝痛，大肠脱肛（时珍）。

【发明】禹锡曰：木贼得牛角䚡、麝香，治休息久痢。得禹余粮、当归、芎䓖，治崩中赤白。得槐蛾、桑耳，治肠风下血。得槐子、枳实，治痔疾出血。

震亨曰：木贼去节烘过，发汗至易，本草不曾言及。

时珍曰：木贼气温，味微甘苦，中空而轻，阳中之阴，升也，浮也。与麻黄同形同性，故亦能发汗解肌，升散火郁风湿，治眼目诸血疾也。

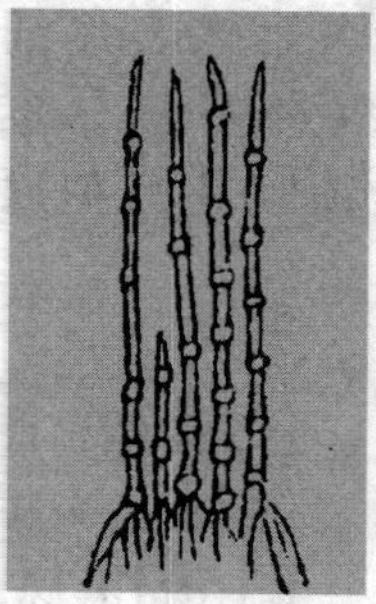

木贼

【附方】旧三，新九。目昏多泪：木贼（去节）、苍术（泔浸）各一两。为末。每服二钱，茶调下。或蜜丸亦可。急喉痹塞：木贼以牛粪火烧存性，每冷水服一钱，血出即安也。（《圣惠方》）舌硬出血：木贼煎水漱之，即止。（《圣惠方》）血痢不止：木贼五钱，水煎温服，一日一服。（《圣惠方》）泻血不止：方同上，日二服。（《广利方》）肠痔下血，多年不止：用木贼、枳壳各二两，干姜一两，大黄二钱半，并于铫内炒黑存性，为末。每粟米饮服二钱，甚效也。（苏颂《图经本草》）大肠脱肛：木贼烧存性，为末掺之，按入即止。一加龙骨。（《三因方》）妇人血崩，血气痛不可忍，远年近日不瘥者，雷氏木贼散主之：木贼一两，香附子一两，朴硝半两，为末。每服三钱，色黑者，酒一盏煎，红赤者，水一盏煎，和滓服，日二服。脐下痛者，加乳香、没药、当归各一钱，同煎。忌生冷硬物猪鱼油腻酒面。（《医垒元戎》）月水不断：木贼（炒）三钱，水一盏，煎七分，温服，日一服。（《圣惠方》）胎动不安：木贼（去节）、川芎等分，为末。每服三钱，水一盏，入金银一钱，煎服。（《圣济总录》）小肠疝气：木贼细剉，微炒为末，沸汤点服二钱，缓服取效。一方：用热酒下。（寇氏《本草衍义》）误吞铜钱：木贼为末，鸡子白调服一钱。（《圣惠方》）

【附录】问荆

藏器曰：味苦，平，无毒。主结气瘤痛，上气气急，煮汁服之。生伊洛洲渚间，苗如木贼，节节相接，一名接续草。

石龙刍（《本经》上品）

【释名】龙须（《本经》）、龙修（《山海经》）、龙华（《别录》）、龙珠（《本经》）、悬莞（《别录》）、草续断（《本经》）、缙云草（《纲目》）、方宾（《别录》）、西王母簪。

时珍曰：刈草包束曰刍。此草生水石之处，可以刈束养马，故谓之龙刍。《述异记》：周穆王东海岛中养八骏处，有草名龙刍，是矣。故古语云：一束龙刍，化为龙驹。亦孟子刍豢之义。龙须、王母簪，因形也。缙云，县名，属今处州，仙都山产此草，因以名之。崔豹《古今注》云：世言黄帝乘龙上天，群臣攀龙须坠地生草，名曰龙须者，谬也。江东以草织席，名西王母席，亦岂西王母骑虎而堕其须乎？

【集解】《别录》曰：石龙刍生梁州山谷湿地，五月、七月采茎曝干。以九节多珠者良。

龙须草

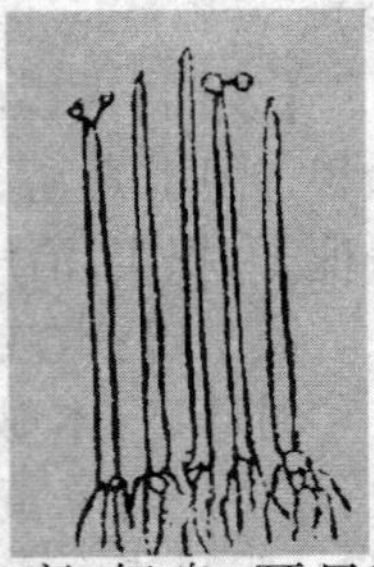

时珍曰:龙须丛生,状如粽心草及凫茈,苗直上,夏月茎端开小穗花,结细实,并无枝叶。今吴人多栽莳织席,他处自生者不多也。《本经》明言龙刍一名龙须,而陶弘景言龙刍似龙须但多节,似以为二物者,非矣。

茎

【气味】苦,微寒,无毒。

《别录》曰:微温。

【主治】心腹邪气,小便不利淋闭,风湿鬼疰恶毒。久服补虚羸,轻身,耳目聪明,延年(《本经》)。补内虚不足,痞满,身无润泽,出汗,除茎中热痛,疗蛔虫及不消食(《别录》)。

败席

【主治】淋及小便卒不通,弥败有垢者方尺,煮汁服之(藏器)。

龙常草(《别录》有名未用)

龙常草

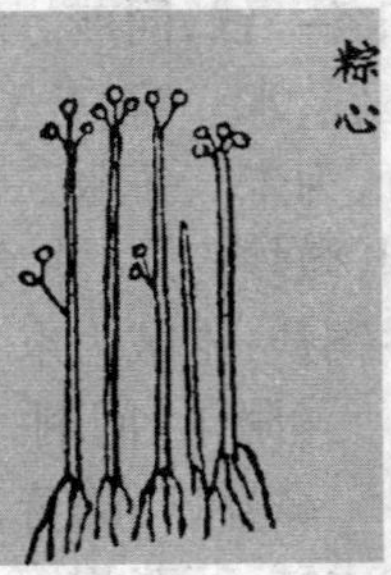

【释名】粽心草。

时珍曰:俚俗五月采,系角黍之心,呼为粽心草是也。

【集解】《别录》曰:生河水旁,状如龙刍,冬夏生。

时珍曰:按《尔雅》云:薕,鼠莞也。郑樵解为龙刍。郭璞云:纤细似龙须,可为席,蜀中出者好。恐即此龙常也。盖是龙须之小者尔。故其功用亦相近云。

茎

【气味】成,温,无毒。

【主治】轻身,益阴气,疗痹寒湿(《别录》)。

灯心草(宋《开宝》)

【释名】虎须草(《纲目》)、碧玉草(《纲目》)。

【集解】志曰:灯心草生江南泽地,丛生,茎圆细而长直,人将为席。

宗奭曰:陕西亦有之。蒸熟待干,折取中心白穰燃灯者,是谓熟草。又有不蒸者,但生干剥取为生草。入药宜用生草。

时珍曰:此即龙须之类,但龙须紧小而瓤实,此草稍粗而瓤虚白。吴人栽莳之,取瓤为灯炷,以草织席及蓑。他处野生者不多。外丹家以之伏硫、砂。《雷公炮炙论》序云:硇遇赤须,永留金鼎。注云:赤须亦呼虎须草,煮硇能住火。不知即此虎须否也?

草心灯

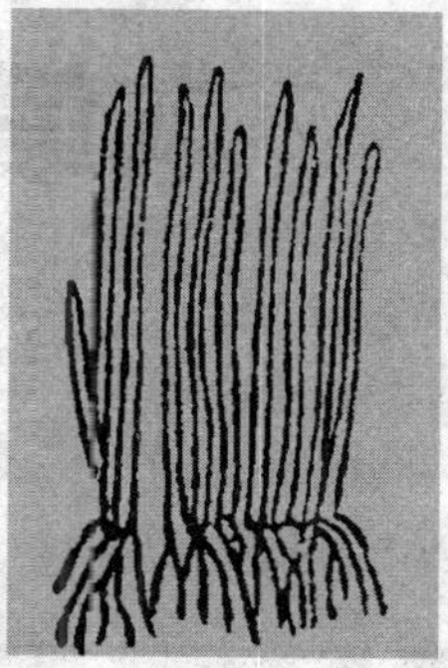

茎及根

【修治】时珍曰:灯心难研,以粳米粉浆染过,晒干研末,入水澄之,浮者是灯心也,晒干用。

【气味】甘,寒,无毒。

元素曰:辛、甘,阳也。

吴绶曰:淡,平。

【主治】五淋,生煮服之。败席煮服,更良(《开宝》)。泻肺,治阴窍涩不利,行水,除水肿癃闭(元素)。治急喉痹,烧灰吹之甚捷。烧灰涂乳上,饲小儿,止夜啼(震亨)。降心火,止血通气,散肿止渴。烧灰入轻粉、麝香,治阴疳(时珍)。

【附方】旧一,新九。破伤出血:灯心草,嚼烂敷之,立止。(《胜金方》)衄血不止:灯心一两,为末,入丹砂一钱,米饮每服二钱。(《圣济总录》)喉风痹塞:《瑞竹堂方》:用灯心一握(阴阳瓦烧存性),又炒盐一匙,每吹一捻,数次立愈。一方:用灯心灰二钱,蓬砂末一钱。吹之。一方:灯心、箬叶(烧灰)等分。吹之。《惠济方》:用灯心草、红花烧灰,酒服一钱,即消。痘疮烦喘,小便不利者:灯心一把,鳖甲二两,水一升半,煎六合,分二服。(庞安常《伤寒论》)夜不合眼难睡:灯草煎汤代茶饮,即得睡。(《集简方》)通利水道:白飞霞自制天一丸:用灯心(十斤,米粉浆染,晒干研末,入水澄去粉,取浮者晒干)二两五钱,赤白茯苓(去皮)共五两,滑石(水飞)五两,猪苓二两,泽泻三两,人参一斤(切片熬膏)。和药丸如龙眼大,朱砂为衣。每用一丸,任病换引。大段小儿生理向上,本天一生水之妙,诸病以水道通利为捷径也。(《韩氏医通》)

灯花烬见火部。

本草纲目草部第十六卷

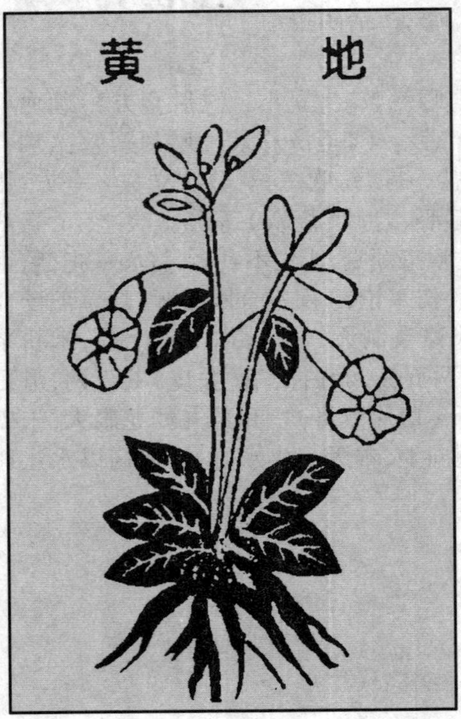

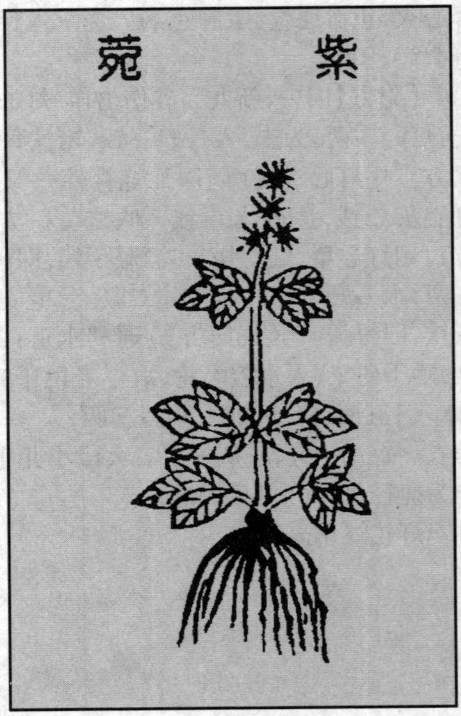

本草纲目草部第十六卷

地黄(《本经》上品)

【释名】苄(音户)、芑(音起)、地髓(《本经》)。

大明曰:生者以水浸验之。浮者名天黄;半浮半沉者名人黄;沉者名地黄。入药沉者为佳,半沉者次之,浮者不堪。

时珍曰:《尔雅》云:苄,地黄。郭璞云:江东呼为苄。罗愿云:苄以沉下者为贵,故字从下。

【集解】《别录》曰:地黄生咸阳川泽黄土地者佳,二月、八月采根阴干。

黄 地

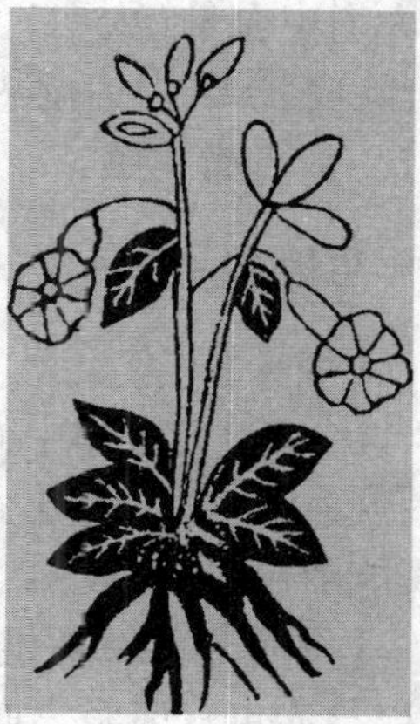

时珍曰:今人惟以怀庆地黄为上,亦各处随时兴废不同尔。其苗初生塌地,叶如山白菜而毛涩,叶面深青色,又似小芥叶而颇厚,不叉丫。叶中撺茎,上有细毛。茎梢开小筒子花,红黄色。结实如小麦粒。根长四五寸,细如手指,皮赤黄色,如羊蹄根及胡萝卜根,曝干乃黑,生食作土气。俗呼其苗为婆婆奶。古人种子,今惟种根。王旻《山居录》云:地黄嫩苗,摘其旁叶作菜,甚益人。本草以二月、八月采根,殊未穷物性。八月残叶犹在,叶中精气,未尽归根。二月新苗已生,根中精气已滋于叶。不如正月、九月采者殊好,又与蒸曝相宜。《礼记》云:羊苄豕薇,则自古已食之矣。

嘉谟曰:江浙壤地种者,受南方阳气,质虽光润而力微;怀庆山产者,禀北方纯阴,皮有疙瘩而力大。

干地黄

【修治】藏器曰:干地黄,《本经》不言生干及蒸干方家所用二物各别,蒸干即温补;生干即平宣,当依此法用。

时珍曰:《本经》所谓干地黄者,即生地黄之干者也。其法取地黄一百斤,择肥者六十斤洗净,晒令微皱。以拣下者洗净,木臼中捣绞汁尽,投滓更捣,取汁拌前地黄,日中晒干,或火焙干用。

【气味】甘,寒,无毒。

《别录》曰:苦。

权曰：甘，平。

好古曰：甘、苦，寒，气薄味厚，沉而降，阴也。入手足少阴厥阴及手太阳之经。酒浸，上行外行；日干者平；火干者温，功用相同。

元素曰：生地黄大寒，胃弱者斟酌用之，恐损胃气。

之才曰：得清酒、麦门冬良。恶贝母，畏芜荑。

权曰：忌葱、蒜、萝卜、诸血，令人营卫涩，须发白。

敩曰：忌铜、铁器，令人肾消并发白，男损营，女损卫。

时珍曰：姜汁浸则不泥膈；酒制则不妨胃。鲜用则寒；干用则凉。

【主治】伤中，逐血痹，填骨髓，长肌肉。作汤除寒热积聚，除痹，疗折跌绝筋。久服轻身不老，生者尤良（《本经》）。主男子五劳七伤，女子伤中胞漏下血，破恶血，溺血，利大小肠，去胃中宿食，饱力断绝，补五脏内伤不足，通血脉，益气力，利耳目（《别录》）。助心胆气，强筋骨长志，安魂定魄，治惊悸劳劣，心肺损，吐血鼻衄，妇人崩中血晕（大明）。产后腹痛。久服变白延年（甄权）。凉血生血，补肾水真阴，除皮肤燥，去诸湿热（元素）。主心病掌中热痛，脾气痿蹶嗜卧，足下热而痛（好古）。治齿痛唾血。

生地黄

【气味】大寒。

【主治】妇人崩中血不止，及产后血上薄心闷绝伤身胎动下血，胎不落，堕坠踠折，瘀血留血，鼻衄吐血，皆捣饮之（《别录》）。解诸热，通月水，利水道。捣贴心腹，能消瘀血（甄权）。

【发明】好古曰：生地黄入手少阴，又为手太阳之剂，故钱仲阳泻丙火与木通同用以导赤也。诸经之血热，与他药相随，亦能治之。溺血、便血皆同。

权曰：病人虚而多热者，宜加用之。

戴原礼曰：阴微阳盛，相火炽强，来乘阴位，日渐煎熬，为虚火之证者，宜地黄之属，以滋阴退阳。

宗奭曰：《本经》只言干、生二种，不言熟者。如血虚劳热，产后虚热，老人中虚燥热者，若与生干，当虑太寒，故后世改用蒸曝熟者。生熟之功殊别，不可不详。

时珍曰：《本经》所谓干地黄者，乃阴干、日干、火干者，故又云生者尤良。《别录》复云生地黄者，乃新掘鲜者，故其性大寒。其熟地黄乃后人复蒸晒者。诸家本草皆指干地黄为熟地黄，虽主治证同，而凉血、补血之功稍异，故今别出熟地黄一条于下。

熟地黄

【修治】颂曰：作熟地黄法：取肥地黄三二十斤净洗，别以拣下瘦短者三二十斤捣绞取汁，投石器中，浸漉令浃，甑上浸三四过，时时浸滤转蒸讫，又曝使汁尽。其地黄当光黑如漆，味甘如饴。须瓷器收之，以其脂柔喜润也。

敩曰：采生地黄去皮，瓷锅上柳木甑蒸之，摊令气歇，拌酒再蒸，又出令干。勿犯铜铁器，令人肾消并发白，男损营，女损卫也。

时珍曰：近时造法：拣取沉水肥大者，以好酒入缩砂仁末在内，拌匀，柳木甑于瓦锅内蒸令气透，晾干。再以砂仁酒拌蒸晾。如此九蒸九晾乃止。盖地黄性泥，得砂仁之香而窜，合和五脏冲和之气，归宿丹田故也。今市中惟以酒煮熟售者，不可用。

【气味】甘、微苦，微温，无毒。

元素曰：甘、微苦，寒。假酒力洒蒸，则微温而大补。味厚气薄，阴中之阳，沉也。入手足少阴厥阴之经。治外治上，须酒制。忌萝卜、葱、蒜、诸血。得牡丹皮、当归，和血生血凉血，滋阴补髓。

【主治】填骨髓，长肌肉，生精血，补五脏内伤不足，通血脉，利耳目，黑须发。男子五劳七伤，女子伤中胞漏，经候不调，胎产百病（时珍）。补血气，滋肾水，益真阴，去脐腹急痛，病后胫股酸痛（元素）。坐而欲起，目䀮䀮无所见（好古）。

【附方】旧十二，新五十三。服食法：地黄根净洗，捣绞汁，煎令稠，入白蜜更煎，令可丸，丸如梧子大。每晨温酒送下三十丸，日三服。亦可以青州枣和丸。或别以干地黄末入膏，丸服亦可。百日面如桃花，三年身轻不老。《抱朴子》云：楚文子服地黄八年，夜视有光。（《神仙方》）地黄煎，补虚除热，治吐血唾血，取乳石，去痈疖等疾：生地黄不拘多少，三捣三压，取汁令尽，以瓦器盛之，密盖勿泄气，汤上煮减半，绞去滓，再煎如饧，丸弹子大。每温酒服一丸，日二服。（《千金》）地髓煎：生地黄十斤（洗净，捣压取汁），鹿角胶一斤半，生姜半斤（绞取汁），蜜二升，酒四升。文武火煮地黄汁数沸，即以酒研紫苏子四两，取汁入煎一二十沸，下胶；胶化，下姜汁、蜜再煎；候稠，瓦器盛之。每空心酒化一匕服，大补益。（同上）地黄粥：大能利血生精。地黄（切）二合，与米同入罐中煮之，候熟，以酥二合，蜜一合，同炒香入内，再煮熟食。（《臞仙神隐》）

叶

【主治】恶疮似癞，十年者，捣烂日涂，盐汤先洗（《千金方》）。

时珍曰：按《抱朴子》云：韩子治用地黄苗喂五十岁老马，生三驹，又一百三十岁乃死也。

张鷟《朝野佥载》云：雉被鹰伤，衔地黄叶点之；虎中药箭，食清泥解之。鸟兽犹知解毒，何况人乎？

实

【主治】四月采，阴干捣末，水服方寸匕，日三服，功与地黄等（苏颂）。

弘景曰：出渭城者有子，淮南七精散用之。

花

【主治】为末服食，功同地黄（苏颂）。肾虚腰脊痛，为末，酒服方寸匕，日三（时珍）。

【附方】新一。内障青盲,风赤生翳,及坠睛日久,瞳损失明:地黄花(晒)、黑豆花(晒)、槐花(晒)各一两,为末。猪肝一具,同以水二斗,煮至上有凝脂,掠尽瓶收。每点少许,日三四次。(《圣惠方》)

【附录】胡面莽(《拾遗》)。

藏器:味甘,温,无毒。主去痃癖及冷气,止腹痛,煮服。生岭南,叶如地黄。

牛膝(《本经》上品)

【释名】牛茎(《广雅》)、百倍(《本经》)、山苋菜(《救荒》)、对节菜。

弘景曰:其茎有节,似牛膝,故以为名。

时珍曰:《本经》又名百倍,隐语也,言其滋补之功,如牛之多力也。其叶似苋,其节对生,故俗有山苋、对节之称。

牛膝

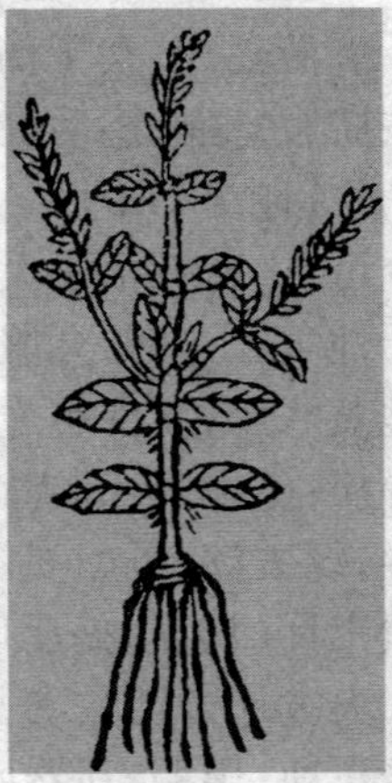

【集解】《别录》曰:牛膝生河内川谷及临朐。二月、八月、十月采根,阴干。

普曰:叶如夏蓝,茎本赤。

弘景曰:今出近道蔡州者,最长大柔润。其茎有节,茎紫节大者为雄,青细者为雌,以雄为胜。

大明曰:怀州者长白,苏州者色紫。

颂曰:今江淮、闽粤、关中亦有之,然不及怀州者为真。春生苗,茎高二三尺,青紫色,有节如鹤膝及牛膝状。叶尖圆如匙,两两相对。于节上生花作穗,秋结实甚细。以根极长,大至三尺而柔润者为佳。茎叶亦可单用。

时珍曰:牛膝处处有之,谓之土牛膝,不堪服食。惟北土及川中人家栽莳者为良。秋间收子,至春种之。其苗方茎暴节,叶皆对生,颇似苋叶而长且尖艄。秋月开花,作穗结子,状如小鼠负虫,有涩毛,皆贴茎倒生。九月采取根,水中浸两宿,挼去皮,裹扎曝干,虽白直可贵,而挼去白汁入药,不如留皮者力大也。嫩苗可作菜茹。

根

【修治】敩曰:凡使去头芦,以黄精自然汁浸一宿,漉出,剉,焙干用。

时珍曰:今惟以酒浸入药,欲下行则生用;滋补则焙用,或酒拌蒸过用。

【气味】苦、酸,平,无毒。

普曰:神农:甘;雷公:酸,无毒。李当之:温。

之才曰:恶萤火、龟甲、陆英,畏白前,忌牛肉。

【主治】寒湿痿痹,四肢拘挛,膝痛不可屈伸,逐血气,伤热火烂,堕胎。久服轻身耐老(《本经》)。疗伤中少气,男子阴消,老人失溺,补中续绝,益精利阴气,填骨髓,止发白,除脑中痛及腰脊痛,妇人月水不通,血结(《别录》)。治阴痿,补肾,助十二经脉，逐恶血（甄权）。治腰膝软怯冷弱，破癥结，排脓止痛，产后心腹痛并血晕，落死胎（大明）。强筋，补肝脏风虚（好古）。同苁蓉浸酒服，益肾。竹木刺入肉，嚼烂罨之，即出（宗奭）。治久疟寒热。五淋尿血，茎中痛，下痢，喉痹口疮齿痛，痈肿恶疮伤折（时珍）。

【附方】旧十三，新七。劳疟积久，不止者：长大牛膝一握。生切，以水六升，煮二升，分三服。清早一服，未发前一服，临发时一服。（《外台秘要》）消渴不止，下元虚损：牛膝五两（为末），生地黄汁五升浸之，日曝夜浸，汁尽为度，蜜丸梧子大，每空心温酒下三十丸。久服壮筋骨，驻颜色，黑发，津液自生。（《经验后方》）卒暴癥疾：腹中有如石刺，昼夜啼呼。牛膝二斤，以酒一斗渍之，密封，于灰火中温令味出。每服五合至一升，随量饮。（《肘后方》）痢下肠蛊，凡痢下应先白后赤，若先赤后白为肠蛊：牛膝二两（捣碎）。以酒一升渍经一宿每服一两杯，日三服。（《肘后方》）妇人血块：土牛膝根洗切，焙捣为末，酒煎温服，极效。福州人单用之。（《图经本草》）女人血病：万病丸：治女人月经淋闭，月信不来，绕脐寒疝痛，及产后血气不调，腹中结瘕癥不散诸病：牛膝（酒浸一宿焙）、干漆（炒令烟尽）各一两（为末），生地黄汁一升，入石器内，慢火熬至可丸，丸如梧子大。每服二丸，空心米饮下。（《拔萃方》）妇人阴痛：牛膝五两，酒三升，煮取一升半，去滓，分三服。（《千金方》）生胎欲去：牛膝一握（捣）。以无灰酒一盏，煎七分，空心服。仍以独根土牛膝涂麝香，插入牝户中。（《妇人良方》）胞衣不出：牛膝八两，葵子一合，水九升，煎三升，分三服。（《延年方》）产后尿血：川牛膝水煎频服。（《熊氏补遗》）喉痹乳蛾：新鲜牛膝根一握，艾叶七片，捣和人乳，取汁灌入鼻内。须臾痰涎从口鼻出，即愈。无艾亦可。一方：牛膝捣汁，和陈醋灌之。口舌疮烂：牛膝浸酒含漱，亦可煎饮。（《肘后方》）牙齿疼痛：牛膝研末含漱。亦可烧灰致牙齿间。（《千金方》）折伤闪肭：杜牛膝捣罨之。（《卫生易简方》）金疮作痛：生牛膝捣敷，立止。（《梅师方》）猝得恶疮，人不识者：牛膝根捣敷之。（《千金方》）痈疖已溃：用牛膝根略刮去皮，插入疮口中，留半寸在外，以嫩橘叶及地锦草各一握，捣其上。牛膝能去恶血，二草温凉止痛，随干随换，有十全之功也。（陈日华《经验方》）风瘙瘾疹及瘖瘰：牛膝末，酒服方寸匕，日三服。（《千金方》）骨疽癞病：方同上。

茎叶

【气味】缺。

【主治】寒湿痿痹，老疟淋秘，诸疮。功同根。春夏宜用之（时珍）。

【附方】旧三，新一。气湿痹痛，腰膝痛：用牛膝叶一斤（切），以米三合，于豉汁中煮粥，和盐、酱，空腹食之。（《圣惠方》）老疟不断：牛膝茎叶一把（切）。以酒三升渍服，令微有酒气。不即断，更作，不过三剂止。（《肘后方》）溪毒寒热，东间有溪毒中人，似射工，但无物。初病恶寒发热烦懊，骨节强痛。不急治，生虫食脏杀人：用雄牛膝（茎紫色节大者）一把，以酒、水各一杯同捣，绞汁温饮，日三服。（《肘后方》）眼生珠管：牛膝并叶捣汁，日点三四次。（《圣惠方》）

紫菀(《本经》中品)

【释名】青菀(《别录》)、紫茜(《别录》)、返魂草(《纲目》)、夜牵牛。

时珍曰:其根色紫而柔宛,故名许慎《说文》作茈菀。《斗门方》谓之返魂草。

【集解】《别录》曰:紫菀生汉中、房陵山谷及真定、邯郸。二月、三月采根,阴干。

弘景曰:近道处处有之。其生布地,花紫色,本有白毛,根甚柔细。有白者名白菀,不复用。

大明曰:形似重台,根作节,紫色润软者佳。

颂曰:今耀、成、泗、寿、台、孟诸州、兴国军皆有之。三月内布地生苗,其叶二、四相连。五月、六月内开黄白紫花,结黑子。余如陶说。

紫菀

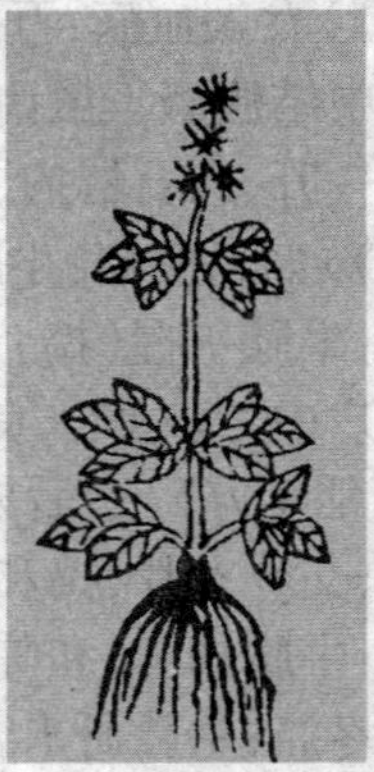

恭曰:白菀,即女菀也。疗体与紫菀相同,无紫菀时亦用之。

颖曰:紫菀连根叶采之,醋浸,入少盐收藏,作菜辛香,号名仙菜。盐不宜多,多则腐也。

时珍曰:按陈自明云:紫菀以牢山所出根如北细辛者为良,沂兖以东皆有之。今人多以车前、旋覆根赤土染过伪之。紫菀肺病要药,肺本自亡津液,又服走津液药,为害滋甚,不可不慎。

根

【修治】敩曰:凡使,先去须。有白如练色者,号曰羊须草,自然不同。去头及土,用东流水洗净,以蜜浸一宿,至明于火上焙干用。一两用蜜二分。

【气味】苦,温,无毒。

《别录》曰:辛。

权曰:苦,平。

之才曰:款冬为之使。恶天雄、瞿麦、藁本、雷丸、远志,畏茵陈。

【主治】咳逆上气,胸中寒热结气,去蛊毒痿蹷,安五脏(《本经》)。疗咳唾脓血,止喘悸,五劳体虚,补不足,小儿惊痫(《别录》)。治尸疰,补虚下气,劳气虚热,百邪鬼魅(甄权)。调中,消痰止渴,润肌肤,添骨髓(大明)。益肺气,生息贲(好古)。

【附方】旧三,新四。肺伤咳嗽:紫菀五钱,水一盏,煎七分,温服,日三次。(《卫生易简方》)久嗽不瘥:紫菀、款冬花各一两,百部半两,捣罗为末。每服三钱,姜三片,乌梅一个,煎汤调下,日二,甚佳(《图经本草》)小儿咳嗽,声不出者:紫菀末、杏仁等分,入蜜同研,丸芡子大。每服一丸,五味子汤化下。(《全幼心鉴》)吐血咳嗽,吐血后咳者:紫菀、五味(炒)为末,蜜丸芡子大,每含化一丸。(《指南方》)

产后下血：紫菀末，水服五撮。（《圣惠方》）缠喉风痹，不通欲死者：用返魂草根一茎，洗净纳入喉中，待取恶涎出即瘥，神效。更以马牙硝津咽之，即绝根本。一名紫菀，南人呼为夜牵牛。（《斗门方》）妇人小便，卒不得出者：紫菀为末，井华水服三撮，即通。小便血者，服五撮立止。（《千金方》）

女菀（《本经》中品）

【释名】白菀（《别录》）、织女菀（《别录》）、女复（《广雅》）、茆（音柳）。

时珍曰：其根似女体柔婉，故名。

菀白即菀女

【集解】《别录》曰：女菀生汉中山谷或山阳。正月、二月采，阴干。

弘景曰：比来医方无复用之。复有白菀似紫菀，恐非此也。

恭曰：白菀即女菀，有名未用重出一条，故陶说疑之。功与紫菀相似。

宗奭曰：女宛即白菀，非二物也。《唐修本草》删去白菀，甚合宜。

时珍曰：白菀，即紫菀之色白者也。雷敩言：紫菀白如练色者，名羊须草，恐即此物也。

根

【气味】辛、温、无毒。

之才曰：畏卤碱。

【主治】风寒洗洗，霍乱泄痢，肠鸣上下无常处，惊痫寒热百疾（《本经》）。疗肺伤咳逆出汗，久寒在膀胱支满，饮酒夜食发病（《别录》）。

【发明】时珍曰：按葛洪《肘后方》载：治人面黑令白方：用真女菀三分，铅丹一分，为末。醋浆服一刀圭，日三服。十日大便黑；十八日如漆；二十一日全白便止，过此太白矣。年三十后不可服。忌五辛。孙思邈《千金方》用酒服，男十日，女二十日，黑色皆从大便出也。又《名医录》云：宋兴国时，有女任氏色美，聘进士王公辅，不遂意，郁久面色渐黑。母家求医。一道人用女真散，酒下二钱，一日二服。数日面貌微白，一月如故。恳求其方，则用黄丹、女菀二物等分尔。据此，则葛氏之方，已试有验者矣。然则紫菀治手太阴血分，白菀手太阴气分药乜。肺热则面紫黑，肺清则面白。三十岁以后则肺气渐减，不可复泄，故云不可服之也。

麦门冬（《本经》上品）

【释名】虋冬（音门），秦名羊韭，齐名爱韭，楚名马韭，越名羊芪（并《别录》），禹韭（《吴普》）、禹余粮（《别录》）、忍冬（《吴普》）、忍凌（《吴普》）、不死药（《吴普》)、阶前草。

冬门麦

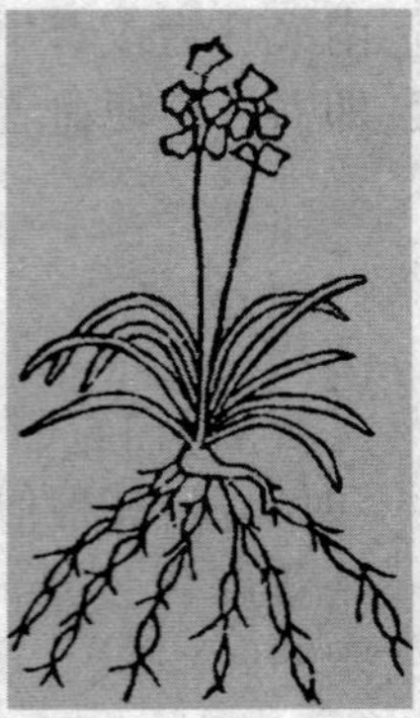

(弘景)曰:根似穬麦,故谓之麦门冬。

时珍曰:麦须曰虋,此草根似麦而有须,其叶如韭,凌冬不凋,故谓之麦虋冬,及有诸韭、忍冬诸名。俗作门冬,便于字也。可以服食断谷,故又有余粮、不死之称。《吴普本草》:一名仆垒,一名随脂。

【集解】《别录》曰:麦门冬叶如韭,冬夏长生。生函谷川谷及堤坂肥土石间久废处。二月、三月、八月、十月采根,阴干。

普曰:生山谷肥地,丛生,叶如韭,实青黄。采无时。

弘景曰:函谷即秦关。处处有之,冬月作实如青珠,以四月采根,肥大者为好。

藏器曰:出江宁者小润;出新安者大白。其苗大者如鹿葱;小者如韭叶,大小有三四种,功用相似,其子圆碧。

颂曰:所在有之。叶青似莎草,长及尺余,四季不凋。根黄白色有须,根如连珠形。四月开淡红花,如红蓼花。实碧而圆如珠。江南出者叶大,或云吴地者尤胜。

时珍曰:古人惟用野生者。后世所用多是种莳而成。其法:四月初采根,于黑壤肥沙地栽之。每年六月、九月、十一月三次上粪及耘灌。夏至前一日取根,洗晒收之。其子亦可种,但成迟尔。浙中来者甚良,其叶似韭而多纵纹且坚韧为异。

根

【修治】弘景曰:凡用,取肥大者,汤泽,抽去心,不尔令人烦。大抵一斤须减去四五两也。

时珍曰:凡入汤液,以滚水润湿,少顷抽去心,或以瓦焙软,乘热去心;若入丸散,须瓦焙热,即于风中吹冷,如此三四次,即易燥,且不损药力。或以汤浸捣膏和药,亦可;滋补药,则以酒浸擂之。

【气味】甘,平,无毒。

《别录》曰:微寒。

普曰:神农、岐伯:甘,平;黄帝、桐君、雷公:甘,无毒;李当之:甘,小温。

杲曰:甘、微苦、微寒,阳中微阴,降也。入手太阴经气分。

之才曰:地黄、车前为之使;恶款冬、苦瓠、苦芙;畏苦参、青蘘、木耳;伏石钟乳。

【主治】心腹结气,伤中伤饱,胃络脉绝,羸瘦短气。久服轻身不老不饥(《本经》)。疗身重目黄,心下支满,虚劳客热,口干燥渴,止呕吐,愈痿蹶,强阴益精,消谷调中保神,定肺气,安五脏,令人肥健,美颜色,有子(《别录》)。去心热,止烦热,寒热体劳,下痰饮(藏器)。治五劳七伤,安魂定魄,止嗽,治肺痿吐脓,时疾热狂头痛(大明)。治热毒大水,面目肢节浮肿,下水,主泄精(甄权)。治肺中伏火,补心气不足,主血妄行,及经水枯,乳汁不下(元素)。久服轻身明目。和车前、地黄丸服,去温瘴,变白,夜视有光(藏器)。断谷为要药(弘景)。

【附方】旧三，新九。麦门冬煎，补中益心，悦颜色，安神益气，令人肥健，其力甚快：取新麦门冬根去心，捣熟绞汁，和白蜜，银器中重汤煮，搅不停手，候如饴乃成。温酒日日化服之。（《图经本草》）消渴饮水：用上元板桥麦门冬（鲜肥者）二大两。宣州黄连（九节者）二大两，去两头尖三五节，小刀子调理去皮毛了，吹去尘，更以生布摩拭秤之，捣末。以肥大苦瓠汁浸麦门冬，经宿然后去心，即于臼中捣烂，纳黄连末和捣，并手丸如梧子大。食后饮下五十丸，日再。但服两日，其渴必定。若重者，即初服一百五十丸，二日服一百二十丸，三日一百丸，四日八十丸，五日五十丸。合药要天气晴明之夜，方浸药。须净处，禁妇人鸡犬见之。如觉可时，每日只服二十五丸。服讫觉虚，即取白羊头一枚治净，以水三大斗煮烂，取汁一斗以来，细细饮之。勿食肉，勿入盐。不过三剂平复也。（崔元亮《海上集验方》）劳气欲绝：麦门冬一两，甘草（炙）二两，粳米半合，枣二枚，竹叶十五片，水二升，煎一升，分三服。（《南阳活人书》）虚劳客热：麦门冬煎汤频饮。（《本草衍义》）吐血衄血，诸方不效者：麦门冬（去心）一斤，捣取自然汁，入蜜二合，分作二服，即止。（《活人心统》）衄血不止：麦门冬（去心）、生地黄各五钱。水煎服，立止。（《保命集》）齿缝出血：麦门冬煎汤漱之。（《兰室宝鉴》）咽喉生疮，脾肺虚热上攻也：麦门冬一两，黄连半两，为末，炼蜜丸梧子大。每服二十丸，麦门冬汤下。（《普济方》）乳汁不下：麦门冬（去心），焙为末。每用三钱，酒磨犀角约一钱许，温热调下，不过二服便下。（《熊氏补遗》）下痢口渴，引饮无度：麦门冬（去心）三两，乌梅肉二十个，细剉，以水一升，煮取七合，细细呷之。（《必效》）金石药发：麦门冬六两，人参四两，甘草（炙）二两，为末，蜜丸梧子大。每服五十丸，饮下，日再服。（《本草图经》）男女血虚：麦门冬三斤（取汁熬成膏）、生地黄三斤（取汁熬成膏）等分。一处滤过，入蜜四之一，再熬成，瓶收。每日白汤点服。忌铁器。（《医方摘要》）

萱草（宋《嘉祐》）

【释名】忘忧（《说文》）、疗愁（《纲目》）、丹棘（《古今注》）、鹿葱（《嘉祐》）、鹿剑（《土宿》）、妓女（《吴普》）、宜男。

时珍曰：萱本作谖。谖，忘也。《诗》云：焉得谖草？言树之背。谓忧思不能自遣，故欲树此草，玩味以忘忧也。吴人谓之疗愁。《董子》云：欲忘人之忧，则赠之丹棘，一名忘忧故也。其苗烹食，气味如葱，而鹿食九种解毒之草，萱乃其一，故又名鹿葱。《周处风土记》云：怀妊妇人佩其花，则生男。故名宜男。李九华《延寿书》云：嫩苗为蔬，食之动风，令人昏然如醉，因名忘忧。此亦一说也。嵇康《养生论》：《神农经》言中药养性，故合欢蠲忿，萱草忘忧。亦谓食之也。郑樵《通志》乃言萱草一名合欢者，误矣。合欢见木部。

萱草

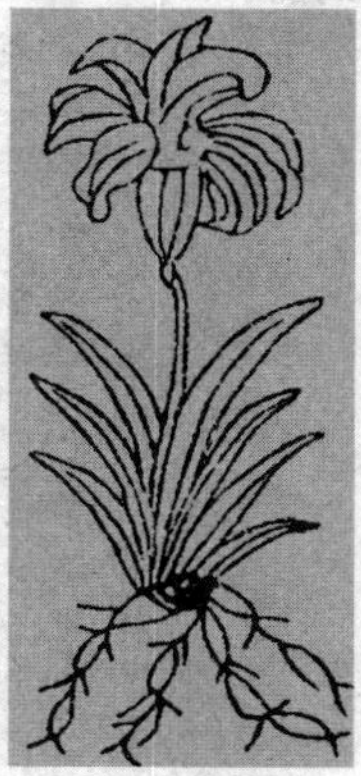

【集解】颂曰：萱草处处田野有之，俗名鹿葱。五月采花，八月采根。今人多采其嫩苗及花跗作菹食。

时珍曰：萱宜下湿地，冬月丛生。叶如蒲、蒜辈而柔弱，新旧相代，四时青翠。五月抽茎开花，六出四垂，朝开暮蔫，至秋深乃尽，其花有红黄紫三色。结实三角，内有子大如梧子，黑而光泽。其根与麦门冬相似，最易繁衍。《南方草木状》言：广中一种水葱，状如鹿葱，其花或紫或黄，盖亦此类也。或言鹿葱花有斑纹，与萱花不同时者，谬也。肥土所生，则花厚色深，有斑纹，起重台，开有数月；瘠土所生，则花薄而色淡，开亦不久。嵇含《宜男花序》亦云：荆楚之土号为鹿葱，可以荐菹，尤可凭据。今东人采其花跗干而货之，名为黄花菜。

苗花

【气味】甘，凉，无毒。

【主治】煮食，治小便赤涩，身体烦热，除酒疸（大明）。消食，利湿热（时珍）。作菹，利胸膈，安五脏，令人好欢乐，无忧，轻身明目（苏颂）。

根

【主治】沙淋，下水气。酒疸黄色遍身者，捣汁服（藏器）。大热衄血，研汁一大盏，和生姜汁半盏，细呷之（宗奭）。吹乳、乳痈肿痛，擂酒服，以滓封之（时珍）。

【发明】震亨曰：萱属木，性下走阴分，一名宜男，宁无微意存焉？

【附方】新四。通身水肿：鹿葱根叶，晒干为末。每服二钱，入席下尘半钱，食前米饮服。（《圣惠方》）小便不通：萱草根煎水频饮。（《杏林摘要》）大便后血：萱草根和生姜，油炒，酒冲服。（《圣济总录》）食丹药毒：萱草根，研汁服之。（《事林广记》）

根胡捶

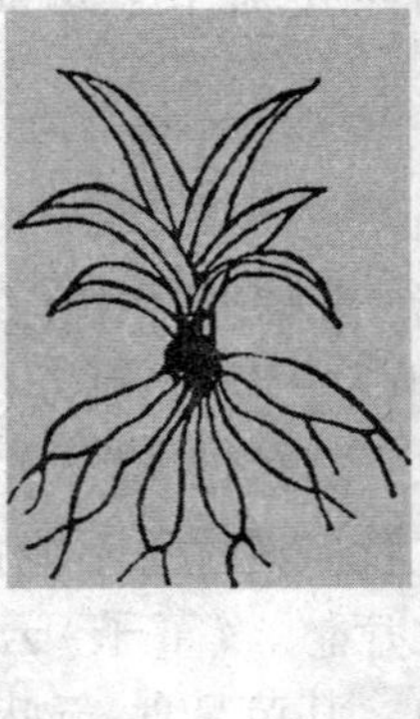

捶胡根（《拾遗》）

【集解】藏器曰：生江南川谷荫地，苗如萱草，其根似天门冬。凡用抽去心。

【气味】甘，寒，无毒。

【主治】润五脏，止消渴，除烦去热，明目，功如麦门冬（藏器）。

叶竹淡

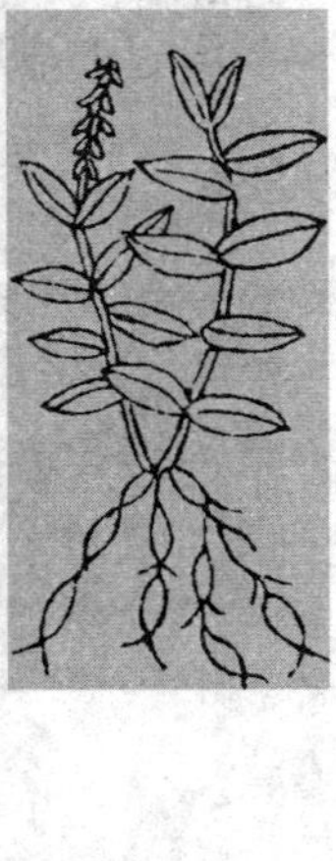

淡竹叶（《纲目》）

【释名】根名碎骨子。

时珍曰：竹叶象形。碎骨言其下胎也。

【集解】时珍曰：处处原野有之。春生苗，高数寸，细茎绿叶，俨如竹米落地所生细竹之茎叶。其根一窠数十须，须上结子，与麦门冬一样，但坚硬尔，随时采之。八、九月抽茎，结小长穗。俚人采其根苗，捣汁和米作酒曲，甚芳烈。

【气味】甘，寒，无毒。

【主治】叶:去烦热,利小便,清心。根:能堕胎催生(时珍)。

鸭跖草(跖音只。宋《嘉祐》补)

【释名】鸡舌草(《拾遗》)、碧竹子(同上)、竹鸡草(《纲目》)、竹叶菜(同上)、淡竹叶(同上)、耳环草(同上)、碧蝉花(同上)、蓝姑草。

藏器曰:鸭跖生江东、淮南平地。叶如竹,高一二尺,花深碧,好为色,有角如鸟嘴。

时珍曰:竹叶菜处处平地有之。三、四月出苗,紫茎竹叶,嫩时可食。四、五月开花,如蛾形,两叶如翅,碧色可爱。结角尖曲如鸟喙,实在角中,大如小豆。豆中有细子,灰黑而皱,状如蚕屎。巧匠采其花,取汁作画色及彩羊皮灯,青碧如黛也。

鸭跖草

苗

【气味】苦,大寒,无毒。

【主治】寒热瘴疟,痰饮疔肿,肉癥涩滞,小儿丹毒,发热狂痫,大腹痞满,身面气肿,热痢,蛇犬咬、痈疽等毒(藏器)。和赤小豆煮食,下水气湿痹、利小便(大明)。消喉痹(时珍)。

【附方】新四。小便不通:竹鸡草一两,车前草一两,捣汁入蜜少许,空心服之。(《集简方》)下痢赤白:蓝姑草(即淡竹叶菜),煎汤日服之。(《活幼全书》)喉痹肿痛:鸭跖草汁点之。(《袖珍方》)五痔肿痛:耳环草(一名碧蝉儿花),挼软纳患处,即效。(危亦林《得效方》)

葵(《本经》上品)

【校正】自菜部移入此。

【释名】露葵(《纲目》)、滑菜。

时珍曰:按《尔雅翼》云:葵者,揆也。葵叶倾日,不使照其根,乃智以揆之也。古人采葵必待露解,故曰露葵。今人呼为滑菜,言其性也。古者葵为五菜之主,今不复食之,故移入此。

【集解】《别录》曰:冬葵子生少室山。

弘景曰:以秋种葵,覆养经冬,至春作子者,谓之冬葵,入药性至滑利。春葵子亦滑,不堪药用,故是常葵耳。术家取葵子微炒,令烨炘(音毕乍),散着湿地,遍踏之,朝种暮生,远不过宿。

恭曰:此即常食之葵也。有数种,多不入药用。

冬葵

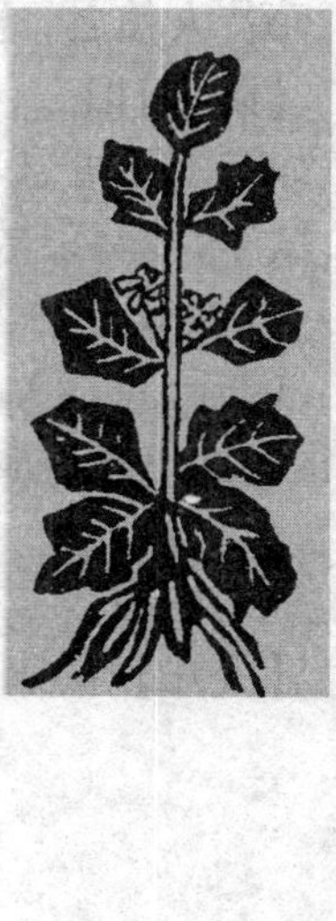

颂曰：葵处处有之。苗叶作菜茹，更甘美。冬葵子古方入药最多。葵有蜀葵、锦葵、黄葵、终葵、菟葵，皆有功用。

时珍曰：葵菜古人种为常食，今之种者颇鲜。有紫茎、白茎二种，以白茎为胜。大叶小花，花紫黄色，其最小者名鸭脚葵。其实大如指顶，皮薄而扁，实内子轻虚如榆荚仁。四、五月种者可留子。六、七月种者为秋葵；八、九月种者为冬葵，经年收采；正月复种者为春葵。然宿根至春亦生。按王祯《农书》云：葵，阳草也。其菜易生，郊野甚多，不拘肥瘠地皆有之。为百菜之主，备四时之馔。本丰而耐旱，味甘而无毒。可防荒俭，可以菹腊，其枯枿可为榜簇，根子又能疗疾，咸无遗弃。诚蔬茹之要品，民生之资益者也。而今人不复食之，亦无种者。

叶

【气味】甘，寒，滑，无毒。为百菜主，其心伤人（《别录》）。

弘景曰：葵叶尤冷利，不可多食。

颂曰：苗叶作菜茹甚甘美，但性滑利，不益人。

诜曰：其性虽冷，若热食之，令人热闷动风气。四季月食之，发宿疾。天行病后食之，令人失明。霜葵生食，动五种留饮，吐水。凡服百药，忌食其心，心有毒也。黄背紫茎者，勿食之。不可合鲤鱼黍米鲊食，害人。

时珍曰：凡被狂犬咬者，永不可食，食之即发。食葵须用蒜，无蒜勿食之。又伏硫黄。

【主治】脾之菜也。宜脾，利胃气，滑大肠（思邈）。宜导积滞，妊妇食之，胎滑易生（苏颂）。煮汁服，利小肠，治时行黄病。干叶为末及烧灰服，治金疮出血（甄权）。除客热，治恶疮，散脓血，女人带下，小儿热毒下痢丹毒，并宜食之（汪颖）。服丹石人宜食（孟诜）。润燥利窍，功与子同（同上）。

【发明】张从正曰：凡久病大便涩滞者，宜食葵菜，自然通利，乃滑以养窍也。

时珍曰：按唐王焘《外台秘要》云：天行斑疮，须臾通身，皆戴白浆，此恶毒气也。高宗永徽四年，此疮自西域东流于海内。但煮葵菜叶以蒜齑啖之，则止。又《圣惠方》亦云：小儿发斑，用生葵菜叶绞汁，少少与服，散恶毒气。按此即今痘疮也。今之治者，惟恐其大、小二便频数，泄其元气，痘不起发。葵菜滑窍，能利二便，似不相宜，而昔人赖之。岂古今运气不同，故治法亦随时变易欤？

【附方】旧三，新四。天行斑疮：方见上。肉锥怪疾：有人手足甲忽长，倒生刺肉，如锥痛不可忍者，但食葵菜即愈。（夏子益《奇疾方》）诸瘘不合：先以泔清温洗，拭净，取葵菜微火烘暖贴之。不过二三百叶，引脓尽，即肉生也。忌诸鱼、蒜、房事。（《必效方》）汤火伤疮：葵菜为末敷之。（《食物本草》）蛇蝎螫伤：葵菜捣汁服之。（《千金方》）误吞铜钱：葵菜捣汁冷饮。（《普济方》）丹石发动，口干咳嗽者：每食后饮冬月葵齑汁一盏，便卧少时。（《食疗本草》）

根

【气味】甘，寒，无毒。

【主治】恶疮，疗淋，利小便，解蜀椒毒(《别录》)。小儿吞钱不出，煮汁饮之，神妙(甄权)。治疳疮出黄汁(孟诜)。利窍滑胎，止消渴，散恶毒气(时珍)。

【附方】旧五，新七。二便不通胀急者：生冬葵根二斤(捣汁三合)，生姜四两(取汁一合)。和匀，分二服。连用即通也。消渴引饮，小便不利：葵根五两，水三大盏，煮汁，平旦服，日一服。(并《圣惠方》)消中尿多，日夜尿七八升：冬葵根五斤，水五斗，煮三斗，每日平旦服二升。(《外台秘要》)漏胎下血，血尽子死：葵根茎烧灰。酒服方寸匕，日三。(《千金方》)瘭疽恶毒，肉中忽生一黤子，大如豆粟，或如梅李，或赤或黑、或白或青，其黡有核，核有深根，应心，能烂筋骨，毒入脏腑即杀人：但饮葵根汁，可折其热毒。(姚僧垣《集验方》)妒乳乳痈：葵茎及子为末。酒服方寸匕，日二。(昝殷《产宝》)身面疳疮，出黄汁者：葵根烧灰，和猪脂涂之。(《食疗本草》)小儿蓐疮：葵根烧末敷之。(《子母秘录》)小儿紧唇：葵根烧灰，酥调涂之。(《圣惠方》)口吻生疮：用经年葵根，烧灰敷之。(《外台秘要》)蛇虺螫伤：葵根捣涂之。(《古今录验》)解防葵毒：葵根捣汁饮之。(《千金方》)

冬葵子

《别录》曰：十二月采之。

机曰：子乃春生，不应十二月可采也。

【气味】甘，寒，滑，无毒。

黄芩为之使。

【主治】五脏六腑，寒热羸瘦，五癃，利小便；久服坚骨长肌肉，轻身延年(《本经》)；疗妇人乳难内闭，肿痛(《别录》)；出痈疽头(孟诜)；下丹石毒(弘景)；通大便，消水气，滑胎治痢(时珍)。

【发明】时珍曰：葵气味俱薄，淡滑为阳，故能利窍通乳，消肿滑胎也。其根、叶与子功用相同。按陈自明《妇人良方》云：乳妇气脉壅塞、乳汁不行、及经络凝滞、奶房胀痛、留蓄作痈毒者，用葵菜子(炒香)、缩砂仁等分，为末。热酒服二钱。此药滋气脉，通营卫，行津液，极验。乃上蔡张不愚方也。

【附方】旧九，新一十四。大便不通，十日至一月者：《肘后方》：冬葵子三升，水四升，煮取一升服。不瘥更作。《圣惠》：用葵子(末)、人乳汁等分，和服立通。关格胀满，大小便不通，欲死者：《肘后方》：用葵子二升，水四升，煮取一升，纳猪脂一丸如鸡子，顿服。《千金》：用葵子为末，猪脂和丸梧子大。每服五十丸，效止。小便血淋：葵子一升，水三升，煮汁，日三服。(《千金方》)妊娠患淋：冬葵子一升，水三升，煮二升，分服。(《千金方》)妊娠下血：方同上。产后淋沥不通：用葵子一合，朴硝八分，水二升，煎八合，下硝服之。(《集验方》)妊娠水肿身重，小便不利，洒淅恶寒，起即头眩：用葵子、茯苓各三两。为散。饮服方寸匕，日三服，小便利则愈。若转胞者，加发灰，神效。(《金匮要略》)生产困闷：冬葵子一合，捣破。水二升，煮汁半升，顿服，少时便产。昔有人如此服之，登厕，立扑儿于厕中也。(《食疗》)倒生口噤：冬葵子炒黄为末。酒服二钱匕，效。(《产书》)乳汁不通：方见发明。胎死腹中：葵子为末，酒服方寸匕。若口噤不开者，灌之，药下即苏。(《千金方》)胞衣不下：冬葵子一合，牛膝一两，水二升，煎一升服。（《千金方》）血痢产痢：冬葵子为末。每服二钱，入蜡茶一钱，沸汤调服，日三。（《圣惠方》）痎疟邪热：冬葵子阴干为末，酒服二钱。午日取花挼手，亦去疟。（《圣惠方》）痈肿无头：孟诜曰：三日后，取葵子二百粒，水吞之，当日即开也。《经验后方》云：只吞一粒即破。如吞两粒，则有两头也。便毒初起：冬葵子末，酒服二钱。（《儒门事亲》）面上疱疮：冬葵子、柏子仁、茯苓、瓜瓣各一两。为末。食后酒服方寸匕，日三服。（陶隐居方）解蜀椒毒：冬葵子煮汁饮之。（《千金方》）伤寒劳复：葵子二升，粱米一升，煮粥食，取汗立安。（《圣惠》）

蜀葵（宋《嘉祐》）

【校正】自菜部移入此。并入有名未用《别录》吴葵华。

【释名】戎葵（《尔雅》）、吴葵。

蜀葵

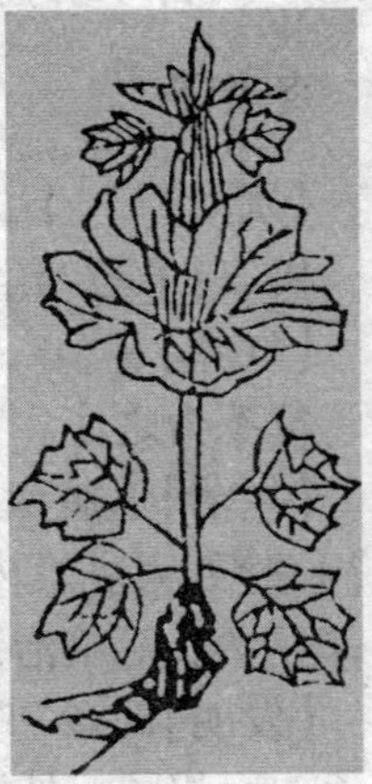

藏器曰：《尔雅》云：菺（音坚），戎葵也。郭璞注云：今蜀葵也。叶似葵，花如木槿花。戎蜀其所自来，因以名之。

时珍曰：罗愿《尔雅翼》吴葵作胡葵，云胡，戎也。夏小正云：四月小满后五日，吴葵华，《别录》吴葵，即此也。而唐人不知，退入有名未用。《嘉祐本草》重于菜部出蜀葵条。盖未读《尔雅注》及《千金方》，吴葵一名蜀葵之文故也。今并为一。

【集解】颂曰：蜀葵似葵，花如木槿花，有五色。小花者名锦葵，功用更强。

时珍曰：蜀葵处处人家植之。春初种子，冬月宿根亦自生苗，嫩时亦可茹食。叶似葵菜而大，亦似丝瓜叶，有岐叉。过小满后长茎，高五六尺。花似木槿而大，有深红、浅红、紫、黑、白色、单叶、千叶之异。昔人谓其疏茎密叶、翠萼艳花、金粉檀心者，颇善状之。惟红、白二色入药。其实大如指头，皮薄而扁，内仁如马兜铃仁及芜荑仁，轻虚易种。其秸剥皮，可缉布作绳。一种小者名锦葵，即荆葵也。《尔雅》谓之荍（音乔）。其花大如五铢钱，粉红色，有紫缕纹。掌禹锡《补注本草》，谓此即戎葵，非矣。然功用亦相似。

苗

【气味】甘，微寒，滑，无毒。

思邈曰：不可久食，钝人志性。若被狗啮者食之，永不瘥也。

李廷飞曰：合猪肉食，人无颜色。

【主治】除客热，利肠胃（思邈）。煮食，治丹石发，热结，大人、小儿热毒下痢（藏器）；作蔬食，滑窍治淋，润燥易产（时珍）；捣烂涂火疮，烧研敷金疮（大明）。

根茎

【主治】客热，利小便，散脓血恶汁(藏器)。

【发明】宗奭曰：蜀葵，四时取红色、单叶者根，阴干，治带下，排脓血恶物，极验也。

【附方】新七。小便淋痛：葵花根洗剉，水煎五、七沸，服之如神。(《卫生宝鉴》)小便血淋：葵花根二钱，车前子一钱，水煮，日服之。(《简便单方》)小便尿血：葵茎，无灰酒服方寸匕，日三。(《千金》)肠胃生痈：怀忠丹：治内痈有败血，腥秽殊甚，脐腹冷痛，用此排脓下血：单叶红蜀葵根、白芷各一两，白枯矾、白芍药各五钱。为末，黄蜡溶化，和丸梧子大，每空心米饮下二十丸。待脓血出尽，服十宣散补之。(《坦仙皆效方》)诸疮肿痛不可忍者：葵花根(去黑皮)，捣烂，入井华水调稠贴之。(《普济方》)小儿吻疮，经年欲腐：葵根烧研敷之。(《圣惠方》)小儿口疮：赤葵茎(炙干)为末，蜜和含之。(《圣惠方》)

吴葵华(《别录》)

【气味】咸，寒，无毒。

《禹锡》曰：蜀葵华：甘，冷，无毒。

【主治】理心气不足(《别录》)。小儿风疹痎疟(《嘉祐》)。治带下，目中溜火，和血润燥，通窍，利大小肠(时珍)。

【发明】张元素曰：蜀葵花，阴中之阳也。赤者治赤带；白者治白带；赤者治血燥；白者治气燥，皆取其寒滑润利之功也。又紫葵花，入染髭发方中用。

【附方】旧三，新四。二便关格，胀闷欲死，二三日则杀人：蜀葵花一两(捣烂)，麝香半钱。水一大盏，煎服。根亦可用。痎疟邪热：蜀葵花白者，阴干为末，服之。午日取花挼手，亦能去疟。(苏颂《图经本草》)妇人带下，脐腹冷痛，面色痿黄，日渐虚困：用葵花一两，阴干为末，每空心温酒服二钱匕。赤带月赤葵，白带用白葵。(《圣惠方》)横生倒产：葵花为末，酒服方寸匕。(《千金方》)酒皻赤鼻：蜀葵花研末，腊猪脂和匀，夜敷旦洗。(《仁存方》)误吞针钱：葵花煮汁服之。(《普济方》)蜂蝎螫毒：五月五日午时，收蜀葵花、石榴花、艾心等分，阴干为末，水调涂之。(《肘后方》)

子

【气味】甘，冷，无毒。

【主治】淋涩，通小肠，催生落胎，疗水肿，治一切疮疥并瘢疵赤靥(大明)。

【发明】时珍曰：按杨士瀛《直指方》云：蜀葵子炒，入宣毒药中最验。又催生方：用子二钱，滑石三钱，为末。顺流水服五钱，即下。

【附方】旧一，新二。大小便闭不通者：用白花胡葵子为末，煮浓汁服之。(《千金方》)石淋破血：五月五日，收葵子炒研，食前温酒下一钱，当下石出。(《圣惠方》)痈肿无头：蜀葵子为末，水调敷之。(《经验后方》)

菟葵

菟葵(《唐本草》)

【释名】天葵(《图经》)、莃(音希)、雷丸草(《外丹本草》)。

【集解】恭曰:菟葵苗如石龙芮,而叶光泽,花白似梅,其茎紫黑,煮啖极滑。所在下泽田间皆有,人多识之。六月、七月采茎叶,曝干入药。

禹锡曰:郭璞注《尔雅》云:菟葵似葵而小,叶状如藜,有毛,汋之可食而滑。

宗奭曰:菟葵,绿叶如黄蜀葵,其花似拒霜,甚雅,其形至小,如初开单叶蜀葵。有檀心,色如牡丹姚黄蕊,则蜀葵也。唐刘梦得所谓菟葵燕麦动摇春风者,是也。

时珍曰:按郑樵《通志》云:菟葵,天葵也。状如葵菜,叶大如钱而厚,面青背微紫,生于崖石。凡丹石之类,得此而后能神。所以《雷公炮炙论》云:如要形坚,岂忘紫背,谓其能坚铅也。此说得于天台一僧。又按南宫从《岣嵝神书》云:紫背天葵出蜀中,灵草也。生于水际。取自然汁煮汞则坚,亦能煮八石拒火也。又按初虞世《古今录验》云:五月五前斋戒,看桑下有菟葵者,至五日午时,至桑下咒曰:系黎乎俱当苏婆诃。咒毕,乃以手摩桑阴一遍,口啮菟葵及五叶草嚼熟,以唾涂手,熟揩令遍。再斋七日,不得洗手。后有蛇虫蝎虿咬伤者,以此手摩之,即愈也。时珍窃谓:古有咒由一科,此亦其类,但不知必用菟葵,取何义也?若谓其相制,则治毒虫之草亦多矣。

苗

【气味】甘,寒,无毒。

【主治】下诸石五淋,止虎蛇毒。诸疮捣汁饮之。涂疮能解毒止痛(《唐本》)。

黄蜀葵(宋《嘉祐》)

【校正】自菜部移入此。

【释名】时珍曰:黄蜀葵别是一种,宜入草部,而《嘉祐本草》定入菜部,为其与蜀葵同名,而气味主治亦同故也。今移于此。

黄蜀葵

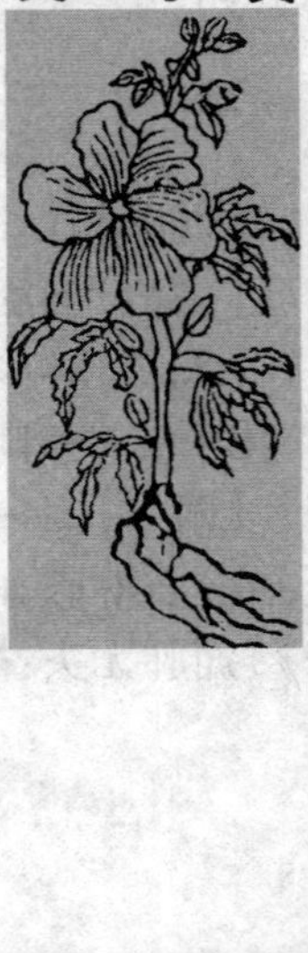

【集解】禹锡曰:黄蜀葵花,近道处处有之。春生苗叶,颇似蜀葵,而叶尖狭多刻缺,夏末开花浅黄色,六、七月采,阴干之。

宗奭曰:黄蜀葵与蜀葵别种,非是蜀葵中黄者也。叶心下有紫檀色,摘下剔散,日干之。不尔,即浥烂也。

时珍曰:黄葵二月下种,或宿子在土自生,至夏始长。叶大如蓖麻叶,深绿色,开岐丫,有五尖如人爪形,旁有小尖。六月开花，大如碗，鹅黄色，紫心六瓣而侧，旦开午收暮落，人亦呼为侧金盏花。随即结角，大如拇指，长二寸许，本大末尖，六棱有毛，老则黑色。其棱自绽，内有六房，如脂麻房。其子累累在房内，状如茼麻子，色黑。其茎长者六七尺，剥皮可作绳索。

花

【气味】甘，寒，滑，无毒。

【主治】小便淋及催生。治诸恶疮脓水久不瘥者，作末敷之即愈，为疮家要药（《嘉祐》）。消痈肿。浸油，涂汤火伤（时珍）。

【附方】新八。沙石淋痛：黄蜀葵花一两，炒为末，每米饮服一钱，名独圣散。（《普济方》）难产催生：如圣散：治胎脏干涩难产，剧者并进三服，良久腹中气宽，胎滑即下也。用黄葵花焙研末，熟汤调服二钱。无花，用子半合研末，酒淘去滓，服之。（《产宝鉴》）胎死不下：即上方，用红花酒下。痈疽肿毒：黄蜀葵花，用盐掺，收瓷器中，密封，经年不坏。每用敷之，自平自溃。无花，用根叶亦可。（《直指方》）小儿口疮：黄葵花，烧末敷之。（《肘后方》）小儿木舌：黄蜀葵花（为末）一钱，黄丹五分。敷之。（《直指方》）汤火灼伤：用瓶盛麻油，以箸就树夹取黄葵花，收入瓶内，勿犯人手，密封收之。遇有伤者，以油涂之甚妙。（《经验方》）小儿秃疮：黄蜀葵花、大黄、黄芩等分，为末。米泔净洗，香油调搽。（《普济方》）

子及根

【气味】甘，寒，滑，无毒。

【主治】痈肿，利小便，五淋水肿，产难，通乳汁（时珍）。

【发明】颂曰：冬葵、黄葵、蜀葵，形状虽各不同，而性俱寒滑，故所主疗不甚相远。

时珍曰：黄葵子古方少用，今为催生及利小便要药。或单用，或入汤散皆宜，盖其性滑，与冬葵子同功故也。花、子与根，性功相同，可以互用。无花用子，无子用根。

【附方】旧二，新三。临产催生：宗奭曰：临产时以四十九粒研烂，温水服之，良久即产。《经验后方》：用子焙研三钱，井华水服。无子用根，煎汁服。便痈初起：淮人用黄蜀葵子十七粒，皂角半梃，为末，以石灰同醋调涂之。（《永类钤方》）痈肿不破：黄葵子研，酒服，一粒则一头，神效。（《卫生易简方》）打扑伤损：黄葵子研，酒服二钱。（《海上方》）

龙葵（《唐本草》）

【校正】并入《图经》老鸦眼睛草。

【释名】苦葵（《图经》）、苦菜（《唐本》）、天茄子（《图经》）、水茄（《纲目》）、天泡草（《纲目》）、老鸦酸浆草（《纲目》）、老鸦眼睛草（《图经》）。

时珍曰：龙葵，言其性滑如葵也。苦以菜味名、茄以叶形名；天泡、老鸦眼睛皆以子形名也。与酸浆相类，故加老鸦以别之。五爪龙亦名老鸦眼睛草；败酱、苦苣并名苦菜，名同物异也。

龙葵

【集解】弘景曰：益州有苦菜，乃是苦蘵菜。

时珍曰：龙葵、龙珠，一类二种也，皆处处有之。四月生苗，嫩时可食，柔滑。渐高二三尺，茎大如箸，似灯笼草而无毛。叶似茄叶而小。五月以后，开小白花，五出黄蕊。结子正圆，大如五味子，上有小蒂，数颗同缀，其味酸。中有细子，亦如茄子之子。但生青熟黑者为龙葵，生青熟赤者为龙珠，功用亦相仿佛，不甚辽远。苏颂《图经》菜部既注龙葵，复于外类重出老鸦眼睛草，盖不知其即一物也。又谓老鸦眼睛是蜀羊泉，误矣。蜀羊泉叶似菊、开紫花、子类枸杞。（详见草部本条）杨慎《丹铅录》，谓龙葵即吴葵，反指本草为误，引《素问》《千金》四月吴葵华为证。盖不知《千金方》言吴葵即蜀葵，已自明白矣。今并正之。

苗

【气味】苦、微甘，滑，寒，无毒。

【主治】食之解劳少睡，去虚热肿（《唐本》）。治风，补益男子元气，妇人败血（苏颂）。消热散血，压丹石毒宜食之（时珍）。

【附方】旧一。去热少睡：龙葵菜同米，煮作羹粥食之。（《食医心镜》）

茎、叶、根

【气味】同苗。

【主治】捣烂和土，敷疔肿火丹疮，良（孟诜）。疗痈疽肿毒，跌扑伤损，消肿散血（时珍）。根与木通、胡荽煎汤服，通利小便（苏颂）。

【附方】旧四，新九。通利小便：方见上。从高坠下欲死者：取老鸦眼睛草茎叶捣汁服，以渣敷患处。（《唐瑶经验方》）火焰丹肿：老鸦眼睛草叶，入醋细研敷之，能消赤肿。（苏颂《图经本草》）痈肿无头：龙葵茎叶捣敷。（《经验方》）发背痈疽成疮者：苏颂《图经》云：用龙葵一两（为末），麝香一分。研匀，涂之甚善。《袖珍方》云：一切发背痈疽恶疮。用蛤蟆一个，同老鸦眼睛草茎叶捣烂，敷之即散，神效。诸疮恶肿：老鸦眼睛草擂酒服，以渣敷之。（《普济方》）疔肿毒疮，黑色焮肿者，乃服丹石毒也；赤色者，肉面毒也：用龙葵根一握（洗切），乳香末、黄连三两，杏仁六十枚，和捣作饼，厚如三钱，依疮大小敷之，觉痒即换去。痒不可忍，切勿搔动。候炊久，疮中似石榴子戢戢然，乃去药。时时以甘草汤温洗，洗后以蜡贴之。终身不得食羊血。如无龙葵，以蔓荆根代之。（《圣济总录》）天泡湿疮：龙葵苗叶捣敷之。吐血不止：天茄子苗半两，人参二钱半，为末。每服二钱，新汲水下。（《圣济总录》）辟除蚤虱：天茄叶铺于席下，次日尽死。多年恶疮：天茄叶贴之，或为末贴。

子（七月采之）

【主治】疔肿（《唐本》）。明目轻身甚良（甄权）。治风，益男子元气，妇人败血（苏颂）。

龙珠（《拾遗》）

【释名】赤珠。

颂曰：龙葵子赤者名赤珠，象形也。

【集解】甄权曰：龙葵，赤珠者，名龙珠，挼去汁可食，能变白令黑。

藏器曰：龙珠生道旁，子圆似龙葵，但熟时正赤耳。

时珍曰：龙珠、龙葵，虽以子之黑赤分别，其实一物二色，强分为二也。

苗

【气味】苦，寒，无毒。

【主治】能变白发，令人不睡。主诸热毒，石气发动，调中解烦（藏器）。

【发明】权曰：龙珠，服之变白令黑，耐老。若能生食得苦者，不食他菜，十日后即有灵异也。不与葱、薤同啖。根亦入药用。

子

【气味】同菜。

【主治】疔肿（藏器）。

酸浆（《本经》中品）

【校正】菜部苦耽，草部酸浆、灯笼草，俱并为一。

【释名】醋浆（《本经》）、苦蒧（音针）、苦耽（《嘉祐》）、灯笼草（《唐本》）、皮弁草（《食疗》）、天泡草（《纲目》）、王母珠（《嘉祐》）、洛神珠（同上），小者名苦蘵。

酸浆

藏器曰：《尔雅》云：蒧，寒浆也。郭璞注云：即今酸浆，江东人呼为苦蒧。小者为苦蘵，亦呼为小苦耽。崔豹《古今注》云：蘵，一名蘵子，实形如皮弁，其子圆如珠。

时珍曰：酸浆，以子之味名也；苦蒧、苦耽，以苗之味名也；灯笼、皮弁，以角之形名也；王母、洛神珠，以子之形名也。按杨慎《卮言》云：本草灯笼草、苦耽、酸浆，皆一物也。修本草者非一时一人，故重复耳。燕京野果名红姑娘，外垂绛囊，中含赤子如珠，酸甘可食，盈盈绕砌，与翠草同芳，亦自可爱。盖姑娘乃瓜囊之讹，古者瓜姑同音，娘囊之音亦相近耳。此说得之，故今以《本经》

酸浆、《唐本草》灯笼草、宋《嘉祐本草》苦耽，俱并为一焉。

【集解】《别录》曰：酸浆：生荆楚川泽及人家田园中，五月采，阴干。

时珍曰：龙葵、酸浆，一类二种也；酸浆、苦蘵，一种二物也。但大者为酸浆、小者为苦蘵，以此为别。败酱亦名苦蘵，与此不同：其龙葵、酸浆苗叶一样，但龙葵茎光无毛，五月入秋开小白花，五出黄蕊，结子无壳，累累数颗同枝，子有蒂盖，生青熟紫黑；其酸浆同时开小花黄白色，紫心白蕊，其花如杯状，无瓣，但有五尖，结一铃壳，凡五棱，一枝一颗，下悬如灯笼之状，壳中一子，状如龙葵子，生青熟赤。以此分别，便自明白。按《庚辛玉册》云：灯笼草四方皆有，惟川陕者最大。叶似龙葵，嫩时可食。四、五月开花结实，有四叶盛之如灯笼，河北呼为酸浆。据此及杨慎之说，则灯笼、酸浆之为一物，尤可证矣。唐慎微以三叶酸草附于酸浆之后，盖不知其名同物异也。其草见草之九，酢浆下。

苗、叶、茎、根

【气味】苦，寒，无毒。

禹锡曰：有小毒。

恭曰：苦，大寒，无毒。

时珍曰：方士取汁煮丹砂，伏白矾，煮三黄，炼硝、硫。

【主治】酸浆：治热烦满，定志益气，利水道（《本经》）。捣汁服，治黄病，多效（弘景）。灯笼草：治上气咳嗽风热，明目，根茎花、实并宜（《唐本》）。苦耽苗子：治传尸伏连，鬼气疰忤邪气，腹内热结，目黄不下食，大小便涩，骨热咳嗽，多睡劳乏，呕逆痰壅，痃癖痞满，小儿无辜疬子，寒热大腹，杀虫落胎，去蛊毒，并煮汁饮，亦生捣汁服。研膏，敷小儿闪癖（《嘉祐》）。

【发明】震亨曰：灯笼草，苦能除湿热，轻能治上焦，故主热咳咽痛。此草治热痰咳嗽，佛耳草治寒痰咳嗽也。与片芩清金丸同用，更效。

时珍曰：酸浆利湿除热。除热故清肺治咳；利湿故能化痰治疸。一人病虚乏咳嗽有痰，愚以此加入汤中用之，有效。

【附方】新三。热咳咽痛：灯笼草为末，白汤服，名清心丸。仍以醋调敷喉外。（《丹溪纂要》）喉疮作痛：灯笼草，炒焦研末，酒调呷之。（《医学正传》）灸疮不发：酸浆叶贴之。

子

【气味】酸，平，无毒。

《别录》曰：寒。

【主治】热烦满，定志益气，利水道，产难吞之立产（《本经》）。食之，除热，治黄病。尤益小儿（苏颂）。治骨蒸劳热，尸疰疳瘦，痰癖热结，与苗茎同功（《嘉祐》）。

【附方】新二。酸浆实丸，治三焦肠胃伏热，妇人胎热难产：用酸浆实五两，苋实三两，马蔺子（炒）、大盐榆白皮（炒）二两，柴胡、黄芩、栝蒌根、蔄茹各一两，为末，炼蜜丸梧子大。每服三十丸，木香汤下。（《圣济总录》）

天泡湿疮:天泡草铃儿生捣敷之。亦可为末,油调敷。(《邓才杂兴方》)

蜀羊泉(《本经》中品)

蜀羊泉

【释名】羊泉(《别录》)、羊饴(《别录》)、漆姑草。

时珍曰:诸名莫解。能治漆疮,故曰漆姑。

【集解】颂曰:或言老鸦眼睛草即漆姑草,漆姑乃蜀羊泉,人不能决识。

时珍曰:漆姑有二种:苏恭所说是羊泉,陶、陈所说是小草。苏颂所说老鸦眼睛草,乃龙葵也。又黄蜂作窠,衔漆姑草汁为蒂,即此草也。

【气味】苦,微寒,无毒。

【主治】头秃恶疮热气,疥瘙痂癣虫(《本经》)。疗龋齿,女子阴中内伤,皮间实积(《别录》)。主小儿惊,生毛发,捣涂漆疮(苏恭)。蚯蚓气呵者,捣烂入黄丹盦之(时珍,出《摘玄方》)。

【附方】新一。黄疸疾:漆草一把,捣汁和酒服。不过三、五次,即愈。(《摘玄方》)

鹿蹄草(《纲目》)

山慈姑

鹿蹄草

【释名】小秦王草(《纲目》)、秦王试剑草。

时珍曰:鹿蹄象叶形。能合金疮,故名试剑草。又山慈姑亦名鹿蹄,与此不同。

【集解】时珍曰:按轩辕述《宝藏论》云:鹿蹄多生江广平陆及寺院荒处,淮北绝少,川陕亦有。苗似堇菜,而叶颇大,背紫色,春生紫花。结青实,如天茄子。可制雌黄、丹砂。

【气味】缺。

【主治】金疮出血,捣涂即止。又涂一切蛇虫犬咬毒(时珍)。

败酱(《本经》中品)

【释名】苦菜(《纲目》)、苦蘵(《纲目》)、泽败(《别录》)、鹿肠(《本经》)、鹿首(《别录》)、马草(《别录》)。

弘景曰：根作陈败豆酱气，故以为名。

时珍曰：南人采嫩者，曝蒸作菜食，味微苦而有陈酱气，故又名苦菜，与苦荬、龙葵同名。亦名苦蘵，与酸浆同名，苗形则不同也。

败酱

【集解】《别录》曰：败酱生江夏川谷，八月采根，曝干。

弘景曰：出近道。叶似豨莶，根形如柴胡。

恭曰：此药不出近道，多生冈岭间。叶似水莨及薇衔，丛生，花黄根紫，作陈酱色，其叶殊不似豨莶也。

颂曰：江东亦有之，状如苏恭所说。

时珍曰：处处原野有之，俗名苦菜，野人食之，江东人每采收储焉。春初生苗，深冬始凋。初时叶布地生，似菘菜叶而狭长，有锯齿，绿色，面深背浅；夏秋茎高二三尺而柔弱，数寸一节，节间生叶，四散如伞。颠顶开白花成簇，如芹花、蛇床子花状，结小实成簇。其根白紫，颇似柴胡，吴普言其根似桔梗，陈自明言其根似蛇莓根者，皆不然。

根(苗同)

【修治】敩曰：凡收得便粗杵，入甘草叶相拌对蒸，从巳至未，去甘草叶，焙干用。

【气味】苦，平，无毒。

《别录》曰：咸，微寒。

权曰：辛、苦，微寒。

大明曰：酸。

时珍曰：微苦带甘。

【主治】暴热火疮赤气，疥瘙疽痔，马鞍热气(《本经》)。除痈肿浮肿结热，风痹不足，产后腹痛(《别录》)。治毒风瘰痹，破多年凝血，能化脓为水，产后诸病，止腹痛，余疹烦渴(甄权)。治血气心腹痛，破癥结，催生落胞，血晕鼻衄吐血，赤白带下，赤眼障膜胬肉，聤耳，疮疖疥癣丹毒，排脓补瘘(大明)。

【发明】时珍曰：败酱，乃手足阳明、厥阴药也。善排脓破血，故仲景治痈及古方妇人科皆用之。乃易得之物，而后人不知用，盖未遇识者耳。

【附方】旧二，新三。肠痈有脓：薏苡仁附子败酱散：用薏苡仁十分，附子二分，败酱五分。捣为末。每以方寸匕，水二升，煎一升，顿服。小便当下，即愈。(张仲景《金匮玉函》)产后恶露七八日不止：败酱、当归各六分，续断、芍药各八分，芎䓖、竹茹各四分，生地黄(炒)十二分，水二升，煮取八合，空心服。(《外台秘要》)产后腰痛，乃血气流入腰腿，痛不可转者：败酱、当归各八分，芎䓖、芍药、桂心各六分，水二升，煮八合，分二服。忌葱。(《广济方》)产后腹痛如锥刺者：败酱草五两，水四升，煮二升。每服二合，日三服，良。(《卫生易简方》)蠼螋尿疮绕腰者：败酱煎汁涂之，良。(《杨氏产乳》)

迎春花

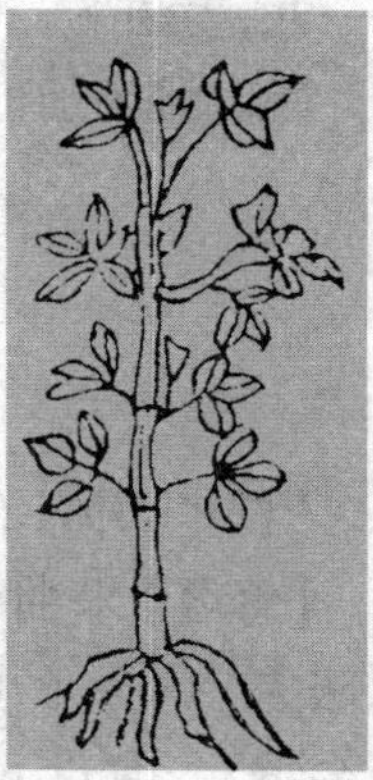

迎春花(《纲目》)

【集解】时珍曰:处处人家栽插之,丛生,高者二三尺,方茎厚叶。叶如初生小椒叶而无齿,面青背淡。对节生小枝,一枝三叶。正月初开小花,状如瑞香,花黄色,不结实。

叶

【气味】苦、涩,平,无毒。

【主治】肿毒恶疮,阴干研末,酒服二三钱,出汗便瘥(《卫生易简方》)。

款冬花(《本经》中品)

【释名】款冻(郭璞)、颗冻(《尔雅》)、氐冬(《别录》)、钻冻(《衍义》)、菟奚(《尔雅》)、橐吾(《本经》)、虎须(《本经》)。

时珍曰:按《述征记》云:洛水至岁末凝厉时,款冬生于草冰之中,则颗冻之名以此而得。后人讹为款冬,乃款冻尔。款者至也,至冬而花也。

潞州款冬花

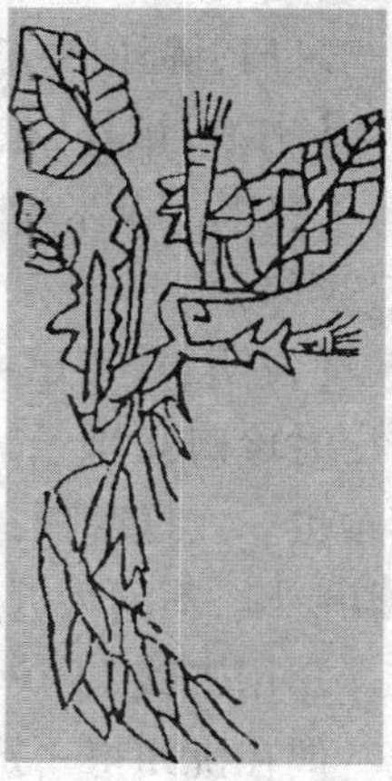

宗奭曰:百草中,惟此不顾冰雪,最先春也,故世谓之钻冻。虽在冰雪之下,至时亦生芽,春时人采以代蔬。入药须微见花者良。如已芬芳,则都无气力。今人多使如箸头者,恐未有花也。

【气味】辛,温,无毒。

《别录》曰:甘。

好古曰:纯阳,入手太阴经。

之才曰:杏仁为之使,得紫菀良,恶皂荚、硝石、玄参,畏贝母、辛夷、麻黄、黄芪、黄芩、黄连、青葙。

【主治】咳逆上气善喘,喉痹,诸惊痫寒热邪气(《本经》)。消渴,喘息呼吸(《别录》)。疗肺气心促急,热乏劳咳,连连不绝,涕唾稠粘,肺痿肺痈,吐脓血(甄权)。润心肺,益五脏,除烦消痰,洗肝明目,及中风等疾(大明)。

【发明】颂曰:《本经》主咳逆,古今方用为温肺治嗽之最。崔知悌疗久咳熏法:每旦取款冬花如鸡子许,少蜜拌花使润,纳一升铁铛中。又用一瓦碗钻一孔,孔内安一小笔管,以面泥缝,勿令漏气。铛下着炭火,少时烟从筒出,以口含吸,咽之。如胸中少闷,须举头,即将指头按住筒口,勿使漏。至烟尽乃止。如是五日一为之。待至六日,饱食羊肉餺饦一顿,永瘥。

宗奭曰:有人病嗽多日,或教然款冬花三两,于无风处以笔管吸其烟,满口则咽之,数日果效。

【附方】新二。痰嗽带血:款冬花、百合(蒸焙)等分为末,蜜丸龙眼大。每卧时嚼一丸,姜汤下。(《济生方》)口中疳疮:款冬花、黄连等分,为细末,用唾津调成饼子。先以蛇床子煎汤漱口,乃以饼子敷之,少顷确住,其疮立消也。(杨诚《经验方》)

鼠曲草(《日华》)

【校正】并入有名未用鼠耳,及东垣《药类法象》佛耳草。

草曲鼠

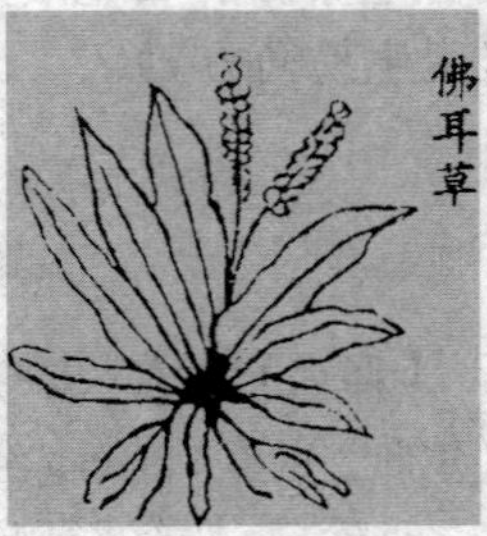

【释名】米曲(《纲目》)、鼠耳(《别录》)、佛耳草(《法象》)、无心草(《别录》)、香茅(《拾遗》)、黄蒿(《会编》)、茸母。

时珍曰:曲,言其花黄如曲色,又可和米粉食也。鼠耳言其叶形如鼠耳,又有白毛蒙茸似之,故北人呼为茸母。佛耳,则鼠耳之讹也。今淮人呼为毛耳朵,则香茅之茅,似当作毛。按段成式《杂俎》云:蚍蜉酒草,鼠耳也,一名无心草。岂蚍蜉食此,故有是名耶?

【气味】甘,平,无毒。

《别录》曰:鼠耳:酸,无毒。

杲曰:佛耳草:酸,性热。款冬花为之使。宜少食之,过则损目。

【主治】鼠耳:主痹寒寒热,止咳(《别录》)。鼠曲:调中益气,止泄除痰,压时气,去热嗽。杂米粉作糗食,甜美(《日华》)。佛耳:治寒嗽及痰,除肺中寒,大升肺气(李杲)。

【发明】震亨曰:治寒痰嗽,宜用佛耳草;热痰嗽,宜用灯笼草。

时珍曰:《别录》云治寒热止咳,东垣云治寒嗽,言其标也;《日华》云治热嗽,言其本也。大抵寒嗽,多是火郁于内而寒覆于外也。按陈氏《经验方》云:三奇散:治一切咳嗽,不问久近昼夜无时。用佛耳草五十文,款冬花二百文,熟地黄二两,焙研末。每用二钱,于炉中烧之,以筒吸烟咽下,有涎吐去。予家一获久病此,医治不效。偶在沅州得一婢,用此法,两服而愈也。

决明(《本经》上品)

【释名】时珍曰:此马蹄决明也,以明目之功而名。又有草决明、石决明,皆同功者。草决明即青葙子,陶氏所谓萋蒿是也。

【集解】《别录》曰:决明子生龙门川泽,十月十日采,阴干百日。

弘景曰:龙门在长安北,今处处有之,叶如茳芒。子形似马蹄,呼为马蹄决明,用之当捣碎。又别有草决明,是萋蒿子,在下品中。

马蹄决明

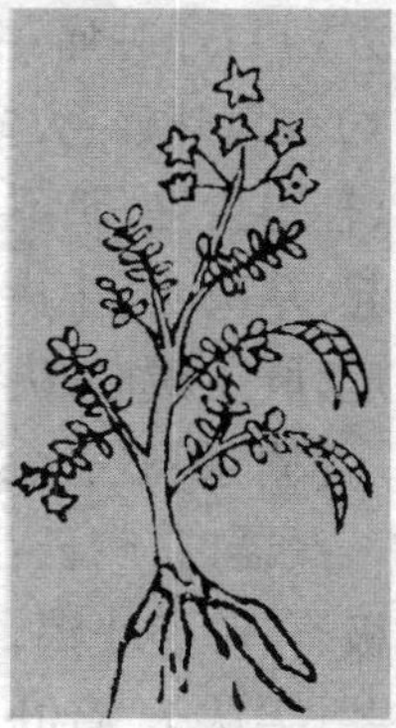

颂曰：今处处人家园圃所莳。夏初生苗，高三、四尺许，根带紫色，叶似苜蓿而大，七月开黄花，结角。其子如青绿豆而锐，十月采之。按《尔雅》：薢茩，决光。郭璞释云：药草决明也。叶黄锐，赤华，实如山茱萸。或曰薐也。关西谓之薢茩（音皆苟），其说与此种颇不类。又有一种马蹄决明，叶如江豆，子形似马蹄。

宗奭曰：决明，苗高四、五尺，春亦为蔬。秋深结角，其子生角中如羊肾。今湖南北人家所种甚多，或在村野成段。蜀本《图经》言叶似苜蓿而阔大者，甚为允当。

时珍曰：决明有二种：一种马蹄决明，茎高三四尺，叶大于苜蓿，而本小末奓，昼开夜合，两两相贴。秋开淡黄花五出，结角如初生细豇豆，长五、六寸。角中子数十粒，参差相连，状如马蹄，青绿色，入眼目药最良；一种茳芒决明，《救荒本草》所谓山扁豆是也。苗茎似马蹄决明，但叶之本小末尖，正似槐叶，夜亦不合。秋开深黄花五出，结角大如小指，长二寸许。角中子成数列，状如黄葵子而扁，其色褐，味甘滑。二种苗叶皆可作酒曲，俗呼为独占缸。但茳芒嫩苗及花与角子，皆可瀹茹及点茶食，而马蹄决明苗角皆韧苦，不可食也。苏颂言薢茩即决明，殊不类，恐别一物也。

子

【气味】咸，平，无毒。

《别录》曰：苦、甘，微寒。

之才曰：蓍实为之使，恶大麻子。

【主治】青盲，目淫肤，赤白膜，眼赤痛泪成出。久服益精光，轻身（《本经》）。疗唇口青（《别录》）。助肝气，益精。以水调末涂，消肿毒。熁太阳穴，治头痛。又贴脑心，止鼻洪。作枕，治头风明目，胜于黑豆（《日华》）。治肝热风眼赤泪。每旦取一匙挼净，空心吞之，百日后夜见物光（甄权）。益肾，解蛇毒（震亨）。叶作菜食，利五脏明目，甚良（甄权）。

茳芒决明

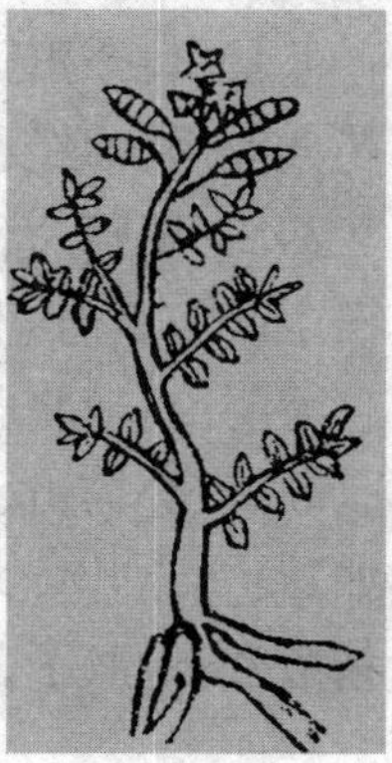

【发明】时珍曰：《相感志》言：圃中种决明，蛇不敢入。丹溪朱氏言：决明解蛇毒，本于此也。王旻《山居录》言：春月种决明，叶生采食，其花阴干亦可食。切忌泡茶，多食无不患风。按马蹄决明苗角皆韧而苦，不宜于食。纵食之，有利五脏明目之功，何遂至于患风耶？又刘绩《霏雪录》言：人家不可种决明，生子多跛。此迂儒误听之说也，不可信。

【附方】旧一，新七。积年失明：决明子二升为末，每食后粥饮服方寸匕。（《外台秘要》）青盲雀目：决明一升，地肤子五两，为末，米饮丸梧子大，每米饮下二三十丸。（《普济方》）补肝明目：决明子一升，蔓荆子二升，以酒五升煮，曝干为末。每饮服二钱，温水下，日二服。（《圣惠方》）目赤肿痛：决明子炒研，茶调敷两太阳穴，干则易之，一夜即愈。（《医方摘玄》）头风热痛：方同上。鼻衄不止：方见主治。癣疮延蔓：决明子一两为末，入水银、轻粉少许，研不见星，擦破上药，立瘥。此东坡家藏方也。（《奇效良方》）发背初起：草决明（生用）一升（捣），生甘草一两，水三升，煮一升，分二服。大抵血滞则生疮，肝主藏血，决明和肝气，不损元气也。（许学士《本事方》）

【附录】茳芒（《拾遗》）

藏器曰：陶云：决明叶如茳芒。按茳芒生道旁，叶小于决明，性平无毒，火炙作饮极香，除痰止渴，令人不睡，调中，隋稠禅师采作五色饮以进炀帝者，是也。又有茳芏，字从土，音吐，一名江蓠子，乃草似莞，生海边，可为席者，与决明叶不相类。

时珍曰：茳芒亦决明之一种，故俗犹称独占缸（说见前集解下）。

合明草（《拾遗》）

藏器曰：味甘，寒，无毒。主暴热淋，小便赤涩，小儿瘈病，明目下水，止血痢，捣绞汁服。生下湿地，叶如四出花，向夜叶即合。

地肤（《本经》上品）

【释名】地葵（《本经》）、地麦（《别录》）、落帚（《日华》）、独帚（《图经》）、王蔧（《尔雅》）、王帚（郭璞）、扫帚（弘景）、益明（《药性》）、涎衣草（《唐本》）、白地草（《纲目》）、鸭舌草（《图经》）、千心妓女（《土宿本草》）。

时珍曰：地肤、地麦，因其子形似也；地葵，因其苗味似也；鸭舌，因其形似也；妓女，因其枝繁而头多也；益明，因其子功能明目也；子落则老，茎可为帚，故有帚、蔧诸名。

地肤

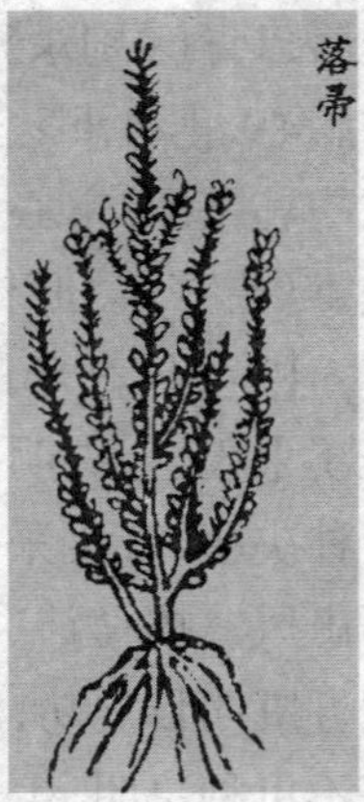

【集解】《别录》曰：地肤子生荆州平泽及田野，八月、十月采实，阴干。

弘景曰：今田野间亦多，皆取茎苗为扫帚。其子微细，入补药丸散用，仙经不甚用。

恭曰：田野人名为地麦草，北人名涎衣草。叶细茎赤，出熟田中。苗极弱，不能胜举。今云堪为扫帚，恐未之识也。

大明曰：地肤即落帚子也。子色青，似一眠起蚕沙之状。

颂曰：今蜀川、关中近地皆有之。初生薄地，五六寸，根形如蒿，茎赤叶青，大似荆芥。三月开黄白花，结子青白色，八月、九月采实。神仙七精散云：地肤子，星之精也。或曰其苗即独帚也，一名鸭舌草。陶弘景所谓茎苗可为扫帚者，苏恭言其苗弱不胜举，二说不同，而今医家皆以为独帚。密州图上者，云根作丛生，每窠有二、三十茎，茎有赤有黄，七月开黄花，其实地肤也。至八月而𦼮干成，可采。此正与独帚相合。恐西北出者短弱，故苏说云耳。

时珍曰：地肤嫩苗，可作蔬茹，一科数十枝，攒簇团团直上，性最柔弱，故将老时可为帚，耐用。苏恭云不可帚，止言其嫩苗而已。其子最繁。《尔雅》云：葥王蔧。郭璞注云：王帚也：似藜，可以为扫帚，江东呼为落帚。此说得之。

子

【气味】苦，寒，无毒。

时珍曰：甘，寒。

【主治】膀胱热，利小便，补中益精气。久服耳目聪明，轻身耐老（《本经》）。去皮肤中热气，使人润泽，散恶疮疝瘕，强阴（《别录》）。治阴卵㿗疾，去热风，可作汤沐浴。与阳起石同服，主丈夫阴痿不起，补气益力（甄权）。治客热丹肿（《日华》）。

【发明】藏器曰：众病皆起于虚。虚而多热者，加地肤子、甘草。

【附方】旧三，新七。风热赤目：地肤子（焙）一升，生地黄半斤，取汁和作饼，晒干研末。每服三钱，空心酒服。（《圣惠方》）目痛眯目：凡目痛及眯目中伤有热暝者，取地肤子白汁，频注目中。（王焘《外台秘要》）雷头风肿，不省人事：落帚子同生姜研烂，热冲酒服，取汗即愈。（《圣济总录》）胁下疼痛：地肤子为末，酒服方寸匕。（《寿域神方》）疝气危急：地肤子（即落帚子），炒香研末。每服一钱，酒下。（《简便方》）狐疝阴㿗，超越举重，卒得阴㿗，及小儿狐疝，伤损生㿗：并用地肤子五钱，白术二钱半，桂心五分，为末。饮或酒服三钱，忌生葱、桃、李。（《必效方》）久疹腰痛积年，有时发动：六月、七月取地肤子，干末。酒服方寸匕，日五六服。（《肘后》）血痢不止：地肤子五两，地榆、黄芩各一两，为末。每服方寸匕，温水调下。（《圣惠方》）妊娠患淋，热痛酸楚，手足烦疼：地肤子十二两，水四升，煎二升半，分服。（《子母秘录》）肢体疣目：地肤子、白矾等分，煎汤频洗。（《寿域神方》）

苗叶

【气味】苦，寒，无毒。

时珍曰：甘、苦。烧灰煎霜，制砒石、粉霜、水银、硫黄、雄黄、硇砂。

【主治】捣汁服，主赤白痢，烧灰亦善。煎水洗目，去热、暗雀、盲、涩痛（《别录》）。主大肠泄泻，和气，涩肠胃，解恶疮毒（苏颂）。煎水日服，治手足烦疼，利小便诸淋（时珍）。

【发明】时珍曰：按虞抟《医学正传》云：抟兄年七十，秋间患淋，二十余日，百方不效。后得一方，取地肤草捣自然汁，服之遂通。至贱之物，有回生之功如此。时珍按《圣惠方》治小便不通，用地麦草一大把，水煎服。古方亦常用之。此物能益阴气，通小肠。无阴则阳无以化，亦东垣治小便不通，用黄柏、知母滋肾之意。

【附方】新一。物伤睛陷,胬肉突出:地肤(洗去土)二两。捣绞汁,每点少许。冬月以干者煮浓汁。(《圣惠方》)

瞿麦(瞿音劬。《本经》中品)

【释名】蘧麦(《尔雅》)、巨句麦(《本经》)、大菊(《尔雅》)、大兰(《别录》)、石竹(《日华》)、南天竺草(《纲目》)。

弘景曰:子颇似麦,故名瞿麦。

瞿麦

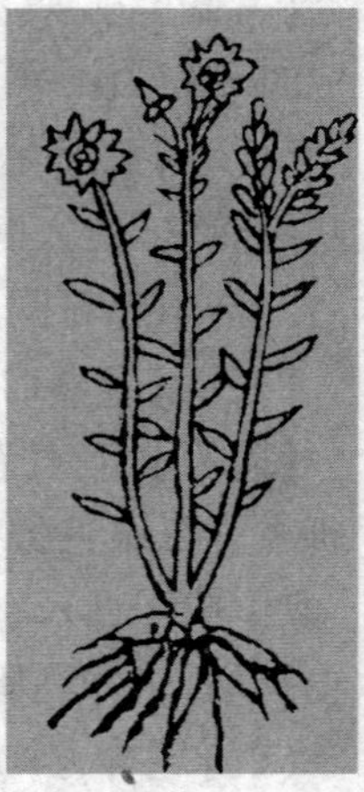

时珍曰:按陆佃解《韩诗外传》云:生于两旁谓之瞿。此麦之穗旁生故也。《尔雅》作蘧。有渠、衢二音。《日华本草》云:一名燕麦、一名杜姥草者,误矣。燕麦即雀麦,雀瞿二字相近,传写之讹尔。

【集解】《别录》曰:瞿麦生太山山谷,立秋采实阴干。

弘景曰:今出近道。一茎生细叶,花红紫赤色可爱,合子叶刈取之,子颇似麦子。有两种,一种微大,花边有叉丫,未知何者是也?今市人皆用小者;复一种,叶广相似而有毛,花晚而甚赤。按《经》云采实,其中子细,燥热便脱尽矣。

颂曰:今处处有之。苗高一尺以来,叶尖小青色,根紫黑色,形如细蔓荆。花红紫赤色,亦似映山红,二月至五月开。七月结实作穗,子颇似麦。河阳河中府出者,苗可用。淮甸出者根细,村民取作刷帚。《尔雅》谓之大菊,《广雅》谓之茈萎是也。

时珍曰:石竹叶似地肤叶而尖小,又似初生小竹叶而细窄,其茎纤细有节,高尺余,梢间开花。田野生者,花大如钱,红紫色。人家栽者,花稍小而妩媚,有红白、粉红、紫赤斑烂数色,俗呼为洛阳花。结实如燕麦,内有小黑子。其嫩苗炸熟水淘过,可食。

穗

【修治】敩曰:凡使只用蕊壳,不用茎叶。若一时同使,即空心令人气噎、小便不禁也。用时以箽竹沥浸一伏时,漉晒。

【气味】苦,寒,无毒。

《别录》曰:辛。

权曰:甘。

之才曰:蘘草、牡丹为之使,恶螵蛸,伏丹砂。

【主治】关格诸癃结，小便不通，出刺，决痈肿，明目去翳，破胎堕子，下闭血（《本经》）。养肾气，逐膀胱邪逆，止霍乱，长毛发（《别录》）。主五淋（甄权）。月经不通，破血块排脓（《大明》）。

叶

【主治】痔瘘并泻血，作汤粥食；又治小儿蛔虫，及丹石药发；并眼目肿痛及肿毒，捣敷；治浸淫疮并妇人阴疮（大明）。

【发明】杲曰：瞿麦利小便为君主之用。

颂曰：古今方通心经、利小肠为最要。

宗奭曰：八正散用瞿麦，今人为至要药。若心经虽有热，而小肠虚者服之，则心热未退，而小肠别作病矣。盖小肠与心为传送，故用此入小肠。本草并不治心热。若心无大热，止治其心，或制之不尽，当求其属以衰之可也。

时珍曰：近古方家治产难，有石竹花汤，治九孔出血，有南天竺饮，皆取其破血利窍也。

【附方】旧六，新五。小便石淋，宜破血：瞿麦子捣为末，酒服方寸匕，日三服，三日当下石。（《外台秘要》）小便不利有水气，栝蒌瞿麦丸主之：瞿麦二钱半，栝蒌根二两，大附子一个，茯苓、山芋各三两，为末，蜜和丸梧子大。一服三丸，日三。未知，益至七八丸。以小便利、腹中温为知也。（张仲景《金匮方》）下焦结热，小便淋闷，或有血出，或大小便出血：瞿麦穗一两，甘草（炙）七钱五分，山栀子仁（炒）半两，为末。每服七钱，连须葱头七个，灯心五十茎，生姜五片，水二碗，煎至七分，时时温服。名立效散。（《千金方》）子死腹中或产经数日不下：以瞿麦煮浓汁服之。（《千金方》）九窍出血，服药不止者：南天竺草（即瞿麦）拇指大一把，山栀子仁三十个，生姜一块，甘草（炙）半两，灯草一小把，大枣五枚。水煎服。（《圣济总录》）目赤肿痛浸淫等疮：瞿麦炒黄为末，以鹅涎调涂眦头即开，或捣汁涂之。（《圣惠方》）眯目生翳，其物不出者，生肤翳者：瞿麦、干姜（炮）为末。井华水调服二钱，日二服。（《圣惠方》）鱼脐疔疮：瞿麦烧灰，和油敷之，甚佳。（崔氏方）咽喉骨哽：瞿麦为末。水服方寸匕，日二。（《外台秘要》）竹木入肉：瞿麦为末。水服方寸匕。或煮汁，日饮三次。（《梅师方》）箭刀在肉及咽喉胸膈诸隐处不出：酒服瞿麦末方寸匕，日三服。（《千金方》）

王不留行（《本经》上品）

【释名】禁宫花（《日华》）、剪金花（《日华》）、金盏银台。

时珍曰：此物性走而不住，虽有王命不能留其行，故名。《吴普本草》作一名王不流行，盖误也。

【集解】《别录》曰：王不留行生太山山谷，二月、八月采。

弘景曰：今处处有之。叶似酸浆，子似菘子。人言是蓼子，不尔。多入痈瘘方用。

保升曰：所在有之。叶似菘监，其花红白色。子壳似酸浆，其中实圆黑似菘子，大如黍粟。三月收苗，五月收子。根苗花子并通用。

颂曰：今江浙及并河近处皆有之。苗茎俱青，高七、八寸以来。根黄色，如荠根。叶尖如小匙头，亦有似槐叶者。四月开花，黄紫色。随茎而生，如菘子状，又似猪蓝花。五月采苗茎，晒干用。俗谓之剪金草。河北生者，叶圆花红，与此小别。

时珍曰：多生麦地中。苗高者一二尺。三、四月开小花，如铎铃状，红白色。结实如灯笼草子，壳有五棱，壳内包一实，大如豆。实内细子，大如菘子，生白熟黑，正圆如细珠可爱。陶氏言叶似酸浆，苏氏言花如菘子状者，皆欠详审，以子为花叶状也。灯笼草，即酸浆也。苗、子皆入药。

行留不王

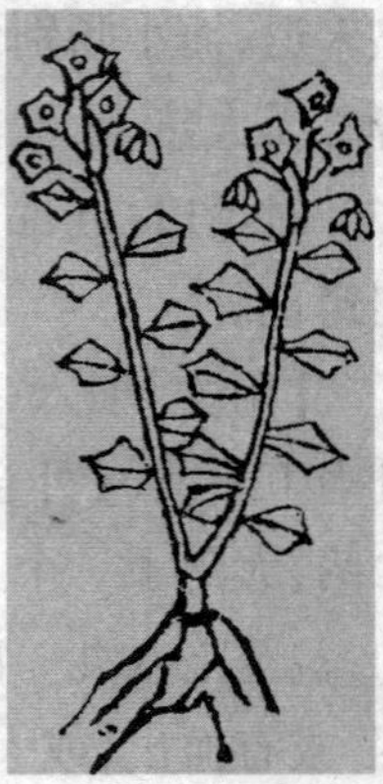

苗、子

【修治】敩曰：凡采得拌湿蒸之，从巳至未。以浆水浸一宿，焙干用。

【气味】苦，平，无毒。

普曰：神农：苦，平；岐伯、雷公：甘。

元素曰：甘、苦，平。阳中之阴。

【主治】金疮止血，逐痛出刺，除风痹内寒。久服轻身耐老增寿（《本经》）。止心烦鼻衄，痈疽恶疮瘘乳，妇人难产（《别录》）。治风毒，通血脉（甄权）。游风风疹，妇人血经不匀，发背（《日华》）。下乳汁（元素）。利小便，出竹木刺（时珍）。

【发明】元素曰：王不留行，下乳引导用之，取其利血脉也。

时珍曰：王不留行能走血分，乃阳明冲任之药。俗有“穿山甲、王不留，妇人服了乳长流”之语，可见其性行而不住也。按王执中《资生经》云：一妇人患淋卧久，诸药不效。其夫夜告予，予按既效方治诸淋，用剪金花十余叶煎汤，遂令服之。明早来云：病减八分矣。再服而愈。剪金花，一名禁宫花、一名金盏银台、一名王不留行是也。

颂曰：张仲景治金疮，有王不留行散；《贞元广利方》治诸风痉，有王不留行汤，皆最效。

【附方】旧一，新八。鼻衄不止：剪金花连茎叶阴干，浓煎汁温服，立效。（《指南方》）粪后下血：王不留行末，水服一钱。（《圣济总录》）金疮亡血：王不留行散：治身被刀斧伤。亡血:用王不留行十分(八月八日采之),蒴藋细叶十分(七月七日采之),桑东南根白皮十分(三月三日采之)。川椒三分,甘草十分,黄芩、干姜、芍药、厚朴各二分。以前三味烧存性,后六味为散,合之。每大疮饮服方寸匕,小疮但粉之。产后亦可服。(张仲景《金匮要略》)妇人乳少,因气郁者:涌泉散:王不留行、穿山甲(炮)、龙骨、瞿麦穗、麦门冬等分,为末。每服一钱,热酒调下,后食猪蹄羹,仍以木梳梳乳,一日三次。(《卫生宝鉴》方)头风白屑:王不留行、香白芷等分,为末。干掺,一夜篦去。(《圣惠》)痈疽诸疮:王不留行汤。治痈疽妒乳,月蚀白秃,及面上久疮,去虫止痛:用王不留行、东南桃枝、东引茱萸根皮各五两,蛇床子、牡荆子、苦竹叶、疾藜子各三升,大麻子一升。以水二斗半,煮取一斗,频频洗之。(《千金方》)误吞铁石,骨刺不下,危急者:王不留行、黄柏等分,为末,汤浸蒸饼,丸弹子大,青黛为衣,线穿挂风处。用一丸,冷水化灌之。(《百一进方》)竹木针刺,在肉中不出,疼痛:以王不留行为末,熟水调服方寸匕,兼以根敷,即出。(《梅师方》)疔肿初起:王不留行子为末,蟾酥丸黍米大。每服一丸,酒下,汗出即愈。(《集简方》)

剪春罗(《纲目》)

纱红剪

罗春剪

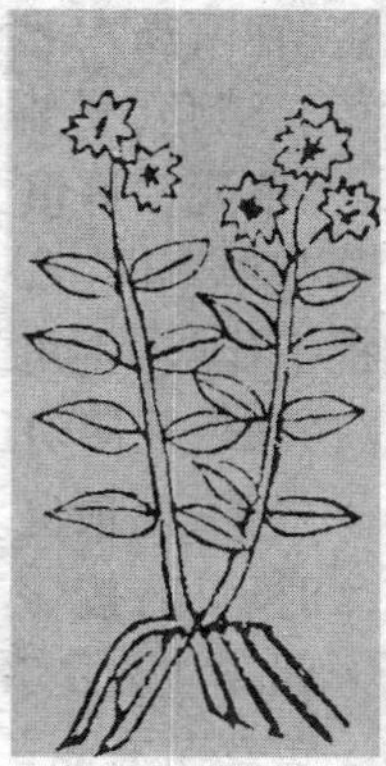

【释名】剪红罗

【集解】时珍曰:剪春罗二月生苗,高尺余。柔茎绿叶,叶对生,抱茎。入夏开花,深红色,花大如钱,凡六出,周回如剪成可爱。结实大如豆,内有细子。人家多种之为玩。又有剪红纱花,茎高三尺,叶旋覆。夏秋开花,状如石竹花而稍大,四围如剪,鲜红可爱。结穗亦如石竹,穗中有细子。方书不见用者。计其功,亦应利小便、主痈肿也。

【气味】甘,寒,无毒。

【主治】火带疮绕腰生者,采花或叶捣烂,蜜调涂之。为末亦可(时珍,出《证治要诀》)。

金盏草(《救荒》)

【校正】并入宋《图经》杏叶草。

【释名】杏叶草(《图经》)、长春花。

时珍曰:金盏,其花形也。长春,言耐久也。

金盏草

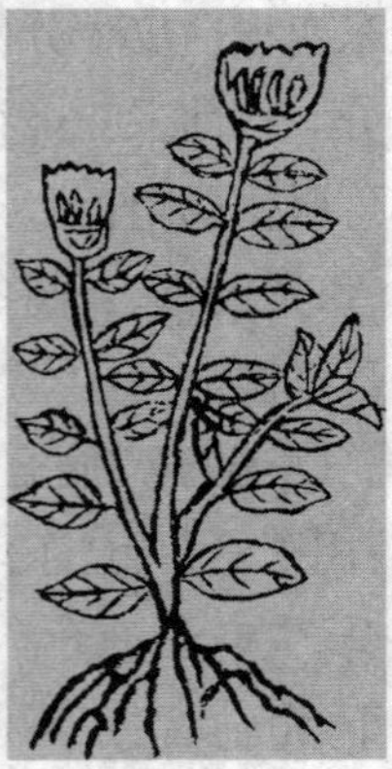

【集解】颂曰：杏叶草，一名金盏草，生常州。蔓生篱下，叶叶相对。秋后有子如鸡头实，其中变生一小虫，脱而能行。中夏采花。

周定王曰：金盏儿花，苗高四五寸。叶似初生莴苣叶，厚而狭，抱茎而生。茎柔脆，茎头开花，大如指头，金黄色，状如盏子，四时不绝。其叶味酸，炸熟水浸过，油盐拌食。

时珍曰：夏月结实，在萼内，宛如尺蠖虫数枚蟠屈之状，故苏氏言其化虫，实非虫也。

【气味】酸，寒，无毒。

【主治】肠痔下血久不止（苏颂）。

葶苈（《本经》下品）

【释名】丁历（《别录》）、蕇蒿（蕇，音典）、大室（《本经》）、大适（《本经》）、狗荠（《郭璞》）。

时珍曰：名义不可强解。

【集解】《别录》曰：葶苈生藁城平泽及田野，立夏后采实，阴干。

弘景曰：出彭城者最胜，今近道亦有。母即公荠也，子细黄至苦，用之当熬。

葶苈

颂曰：今汴东、陕西、河北州郡皆有之，曹州者尤佳。初春生苗叶，高六七寸，似荠。根白色，枝茎俱青。三月开花，微黄。结角，子扁小如黍粒微长，黄色。《月令》：孟夏之月，靡草死。许慎、郑玄注皆云靡草，荠、葶苈之属是也。一说葶苈单茎向上，叶端出角，粗且短。又有一种狗芥草，叶近根下作歧，生角细长。取时必须分别此二种也。

敩曰：凡使勿用赤须子，真相似，只是味微甘苦耳。葶苈子之苦，入顶也。

时珍曰：按《尔雅》云：蕇，葶苈也。

郭璞注云：实叶皆似荠，一名狗荠。然则狗荠即是葶苈矣。盖葶苈有甜苦二种，狗荠味微甘，即甜葶苈也。或云甜葶苈是菥蓂子，考其功用亦似不然。

子

【修治】敩曰：凡使葶苈，以糯米相合，置于燠上，微焙，待米熟，去米，捣用。

【气味】辛，寒，无毒。

《别录》曰：苦，大寒。得酒良。

权曰：酸，有小毒。入药炒用。

杲曰：沉也，阴中阳也。

张仲景曰：葶苈敷头疮，药气人脑，杀人。

之才曰：榆皮为之使，得酒良，恶白僵蚕、石龙芮。

时珍曰：宜大枣。

【主治】癥瘕积聚结气，饮食寒热，破坚逐邪，通利水道（《本经》）。下膀胱水，伏留热气，皮间邪水上出，面目浮肿，身暴中风热痱痒，利小腹。久服令人虚（《别录》）。疗肺壅上气咳嗽，止喘促，除胸中痰饮（《开宝》）。通月经（时珍）。

【附方】旧十，新十。阳水暴肿，面赤烦渴，喘急，小便涩，其效如神：甜葶苈一两半（炒研末），汉防己末二两，以绿头鸭血及头，合捣万杵，丸梧子大。甚者，空腹白汤下十丸，轻者五丸，日三四服，五日止，小便利为验。一加猪苓末二两。（《经验方》）通身肿满：苦葶苈（炒）四两，为末，枣肉和丸梧子大。每服十五丸，桑白皮汤下，日三服。此方，人不甚信，试之自验。水肿尿涩：《梅师方》：用甜葶苈二两，炒为末，以大枣二十枚，水一大升，煎一小升，去枣，入葶苈末，煎至可丸如梧子大。每饮服六十丸，渐加，以微利为度。崔氏方：用葶苈三两，绢包饭上蒸熟，捣万杵，丸梧子大，不须蜜和。每服五丸，渐加至七丸，以微利为佳。不可多服，令人不堪。若气发，服之得利，气下即止。此方治水气无比。萧驸马水肿，服此得瘥。《外科精义》：治男、妇、大、小头面、手足肿。用苦葶苈炒研，枣肉和丸小豆大。每服十丸，煎麻子汤下，日三服。五七日小便多，则消肿也。忌咸酸生冷。大腹水肿：《肘后方》：用苦葶苈二升，炒为末，割鶡雄鸡血及头，合捣丸梧子大。每小豆汤下十丸，日三服。又方：葶苈二升，春酒五升，渍一夜。稍服一合，小便当利。又方：葶苈一两，杏仁二十枚，并熬黄色，捣。分十服，小便去当瘥。腹胀积聚：葶苈子一升（熬），以酒五升浸七日，日服三合。（《千金方》）肺湿痰喘：甜葶苈（炒）为末，枣肉丸服。（《摘玄方》）痰饮咳嗽：含膏丸：用曹州葶苈子一两（纸衬炒令黑），知母一两，贝母一两，为末，枣肉半两，砂糖一两半，和丸弹子大。每以新绵裹一丸，含之咽津。甚者不过三丸。（《箧中方》）咳嗽上气不得卧，或遍体气肿，或单面肿，或足肿，并主之：葶苈子三升，微火熬研，以绢袋盛，浸清酒五升中，冬七日，夏三日。初服如胡桃许大，日三夜一，冬月日二夜二。量其气力，取微利一、二为度。如患急者，不待日满，亦可绞服。（崔知悌方）肺痈喘急不得卧，葶苈大枣泻肺汤主之：葶苈炒黄捣末，蜜丸弹子大。每用大枣二十枚，水三升，煎取二升，乃入葶苈一丸，更煎取一升，顿服。亦主支饮不得息。（仲景《金匮玉函方》）月水不通：葶苈一升，为末，蜜丸弹子大，绵裹纳阴中二寸，一宿易之，有汁出，止。（《千金方》）卒发颠狂：葶苈一升，捣三千杵，取白犬血和丸麻子大。酒服一丸，三服取瘥。（《肘后》）头风疼痛：葶苈子为末，以汤淋汁沐头，三、四度即愈。（《千金翼》）疳虫蚀齿：葶苈、雄黄等分，为末，腊月猪脂和成，以绵裹槐枝蘸点。（《金匮要略》）白秃头疮：葶苈末涂之。（《子母秘录》）瘰疬已溃：葶苈二合，豉一升，捣作饼子，如钱大，厚二分，安疮孔上，艾作炷灸之，令温热，不可破肉，数易之而灸。但不可灸初起之疮，恐葶苈气入脑伤人也。（《永类方》）马汗毒气入腹：葶苈子一两（炒研），水一升浸汤服，取下恶血。（《续十全方》）

车前(《本经》上品)

【释名】当道(《本经》)、芣苡(音浮以)、马舄(音昔)、牛遗(并《别录》)、牛舌草(《诗疏》)、车轮菜(《救荒》)、地衣(《纲目》)、蛤蟆衣(《别录》)。

时珍曰:按《尔雅》云:芣苡,马舄。马舄,车前。陆玑《诗疏》云:此草好生道边及牛马迹中,故有车前、当道、马舄、牛遗之名。舄,足履也。幽州人谓之牛舌草。蛤蟆喜藏伏于下,故江东称为蛤蟆衣。又《韩诗外传》言:直曰车前;瞿曰芣苡,恐亦强说也。瞿乃生于两旁者。

【集解】《别录》曰:车前生真定平泽丘陵阪道中,五月五日采,阴干。

前　车

弘景曰:人家及路边甚多。《韩诗》言芣苡是木似李,食其实宜子孙者,谬矣。

恭曰:今出开州者胜。

颂曰:今江湖、淮甸、近汴、北地处处有之。春初生苗,叶布地如匙面,累年者长及尺余。中抽数茎,作长穗如鼠尾。花甚细密,青色微赤。结实如葶苈,赤黑色。今人五月采苗,七月、八月采实。人家园圃或种之,蜀中尤尚。北人取根日干,作紫菀卖之,甚误所用。陆玑言嫩苗作茹大滑,今人不复啖之。

时珍曰:王旻《山居录》,有种车前剪苗食法,则昔人常以为蔬矣。今野人犹采食之。

子

【修治】时珍曰:凡用须以水淘洗去泥沙,晒干。入汤液,炒过用;入丸散,则以酒浸一夜,蒸熟研烂,作饼晒干,焙研。

【气味】甘,寒,无毒。

《别录》曰:咸。

权曰:甘,平。

大明曰:常山为之使。

【主治】气癃止痛,利水道小便,除湿痹。久服轻身耐老(《本经》)。男子伤中,女子淋沥,不欲食,养肺强阴益精,令人有子,明目疗赤痛(《别录》)。去风毒,肝中风热,毒风冲眼,赤痛障翳,脑痛泪出,压丹石毒,去心胸烦热(甄权)。养肝(萧炳)。治妇人难产(陆玑)。导小肠热,止暑湿泻痢(时珍)。

【附方】旧六,新六。小便血淋作痛:车前子晒干为末,每服二钱,车前叶煎汤下。(《普济方》)石淋作痛:车前子二升,以绢袋盛,水八升,煮取三升,服之,须臾石下。(《肘后方》)老人淋病,身体热甚:车前子五合,绵裹煮汁,入青粱米四合,煮粥食。常服明目。(《寿亲养老书》)孕妇热淋:车前子五两,葵根(切)一升,以水五升，煎取一升半，分三服，以利为度。(《梅师方》)滑胎易产：车前子为末，酒服方寸匕。不饮酒者，水调服。《诗》云：采采芣苡，能令妇人乐有子也。陆玑注云：治妇人产难故也。(《妇人良方》)横产不出：车前子末，酒服二钱。(《子母秘录》)阴冷闷疼，渐入囊内，肿满杀人：车前子末，饮服方寸匕，日二服。(《千金方》)隐疹入腹，体肿舌强：车前子末粉之，良。(《千金方》)阴下痒痛：车前子煮汁频洗。(《外台秘要》)久患内障：车前子、干地黄、麦门冬等分，为末，蜜丸如梧子大，服之。累试有效。(《圣惠方》)补虚明目：驻景丸：治肝肾俱虚，眼昏黑花，或生障翳，迎风有泪，久服补肝肾，增目力：车前子、熟地黄(酒蒸焙)各三两，菟丝子(酒浸)五两，为末，炼蜜丸梧子大。每温酒下三十丸，日二服。(《和剂局方》)风热目暗涩痛：车前子、宣州黄连各一两，为末。食后温酒服一钱，日二服。(《圣惠方》)

草及根

【修治】敩曰：凡使须一窠有九叶，内有蕊，茎可长一尺二寸者。和蕊叶根，去土了，称一镒者，力全。使叶勿使蕊茎，剉细，于新瓦上摊干用。

【气味】甘，寒，无毒。

土宿真君曰：可伏硫黄，结草砂，伏五矾、粉霜。

【主治】金疮，止血衄鼻，瘀血血瘕，下血，小便赤。止烦下气，除小虫(《别录》)。主阴㿗(之才)。叶：主泄精病，治尿血，能补五脏，明目，利小便，通五淋(甄权)。

【发明】弘景曰：其叶捣汁服，疗泄精甚验。

宗奭曰：陶说大误矣。此药甘滑，利小便，泄精气。有人作菜频食，小便不禁，几为所误也。

【附方】旧四，新七。小便不通：车前草一斤，水三升，煎取一升半，分三服。一方：入冬瓜汁。一方：入桑叶汁。(《百一方》)初生尿涩不通：车前捣汁，入蜜少许，灌之。(《全幼心鉴》)小便尿血：车前草(捣汁)五合，空心服。(《外台秘要》)鼻衄不止：生车前叶，捣汁饮之甚善。(《图经本草》)金疮血出：车前叶捣敷之。(《千金方》)热痢不止：车前叶捣汁一盏，入蜜一合，煎温服。(《圣惠方》)产后血渗，入大小肠：车前草(汁)一升，入蜜一合，和煎一沸，分二服。(崔氏方)湿气腰痛：蛤蟆草(连根)七科，葱白(连须)七科，枣七枚，煮酒一瓶，常服，终身不发。(《简便方》)喉痹乳蛾：蛤蟆衣、凤尾草擂烂，入霜梅肉、煮酒各少许，再研绞汁，以鹅翎刷患处，随手吐痰，即消也。(赵溍《养疴漫笔》)目赤作痛：车前草自然汁，调朴硝末，卧时涂眼胞上，次早洗去。小儿目痛：车前草汁，和竹沥点之。(《圣济总录》)目中微翳：车前叶、枸杞叶等分，手中揉汁出，以桑叶两重裹之，悬阴处一夜，破桑叶取点，不过三五度。(《十便良方》)

草舌狗

狗舌草(《唐本草》)

【集解】恭曰:狗舌生渠堑湿地,丛生,叶似车前而无纹理,抽茎开花,黄白色。四月、五月采茎,曝干。

【气味】苦,寒,有小毒。

【主治】蛊疥瘙疮,杀小虫。为末和涂之,即瘥(苏恭)。

马鞭草(《别录》下品)

草鞭马

【校正】并入《图经》龙牙草。

【释名】龙牙草(《图经》)、凤颈草。

恭曰:穗类鞭鞘,故名马鞭。

藏器曰:此说未近,乃其节生紫花如马鞭节耳。

时珍曰:龙牙、凤颈,皆因穗取名。苏颂《图经》外类重出龙牙,今并为一。又今方士谬立诸草为各色龙牙之名,甚为淆乱,不足凭信。

【集解】弘景曰:村墟陌甚多。茎似细辛,花紫色,叶微似蓬蒿也。

恭曰:苗似狼牙及茺蔚,抽三四穗,紫花,似车前,穗类鞭鞘,都不似蓬蒿也。

保升曰:花白色,七月、八月采苗叶,日干用。

颂曰:今衡山、庐山、江淮州郡皆有之。苗类益母而茎圆,高二三尺。又曰:龙牙草生施州,高二尺以来。春、夏有苗叶,至秋、冬而枯。采根洗净用。

时珍曰:马鞭下地甚多。春月生苗,方茎,叶似益母,对生,夏秋开细紫花,作穗如车前穗,其子如蓬蒿子而细,根白而小。陶言叶似蓬蒿,韩言花色白,苏言茎圆,皆误矣。

苗叶

【气味】苦,微寒,无毒(保升)。

大明曰:辛,凉,无毒。

权曰:苦,有毒。伏丹砂、硫黄。

【主治】下部䘌疮(《别录》)。癥癖血瘕,久疟,破血杀虫。捣烂煎取汁,熬如饴,每空心酒服一匕(藏器)。治妇人血气肚胀,月候不匀,通月经(大明)。治金疮,行血活血(震亨)。捣涂痈肿及蠼螋尿疮,男子阴肿(时珍)。

【附方】旧六,新九。疟痰寒热:马鞭草捣汁五合,酒二合,分二服。(《千金方》)鼓胀烦渴,身干黑瘦:马鞭草细剉,曝干,勿见火。以酒或水同煮,至味出,去滓温服。以六月中旬，雷鸣时采者有效。(《卫生易简方》)大腹水肿：马鞭草、鼠尾草各十斤，水一石，煮取五斗，去滓，再煎令稠，以粉和丸大豆大。每服二三丸，加至四、五丸，神效。(《肘后方》)男子阴肿大如升，核痛，人所不能治者：马鞭草捣涂之。(《集验方》)妇人疝痛，名小肠气：马鞭草一两，酒煎滚服，以汤浴身，取汗甚妙。(《纂要奇方》)妇人经闭，结成瘕块，肋胀大欲死者：马鞭草(根苗)五斤(剉细)。水五斗，煎至一斗，去滓，熬成膏。每服半匙，食前温酒化下，日二服。(《圣惠方》)酒积下血：马鞭草(灰)四钱，白芷(灰)一钱，蒸饼丸梧子大，每米饮下五十丸。(《摘玄方》)鱼肉癥瘕，凡食鱼鲙及生肉，在胸膈不化，成癥瘕：马鞭草捣汁，饮一升，即消。(《千金方》)马喉痹风，深肿连颊，吐气数者：马鞭草一握，勿见风，截去两头，捣汁饮之，良。(《千金方》)乳痈肿痛：马鞭草一握，酒一碗，生姜一块，擂汁服，渣敷之。(《卫生易简方》)白癞风疮：马鞭草为末，每服一钱，食前荆芥、薄荷汤下，日三服。忌铁器。(《太平圣惠方》)人疥马疥：马鞭草不犯铁器，捣自然汁半盏，饮尽，十日内愈，神效。(董炳《集验方》)赤白下痢：龙牙草五钱，陈茶一撮，水煎服，神效。(《医方摘要》)发背痈毒，痛不可忍：龙牙草捣汁饮之，以滓敷患处。(《集简方》)杨梅恶疮：马鞭草煎汤，先熏后洗，气到便爽，痛肿随减。(陈嘉谟《本草蒙筌》)

根

【气味】辛、涩，温。无毒。

【主治】赤白下痢初起，焙捣罗末，每米饮服一钱匕，无所忌(苏颂)。

蛇含(《本经》下品)

【校正】并入《图经》紫背龙牙。

【释名】蛇衔(《本经》)、威蛇(大明)、小龙牙(《纲目》)、紫背龙牙。

恭曰：陶氏本草作蛇合，合乃含字之误也，含衔义同。(见古本草)。

时珍曰：按刘敬叔《异苑》云：有田父见一蛇被伤，一蛇衔一草着疮上，经日伤蛇乃去。田父因取草治蛇疮皆验，遂名曰蛇衔草也。其叶似龙牙而小，背紫色，故俗名小龙牙，又名紫背龙牙。苏颂《图经》重出紫背龙牙，今并为一。

蛇含

【主治】惊痫。寒热邪气，除热，金疮疽痔，鼠瘘恶疮头疡(《本经》)。疗心腹邪气，腹痛湿痹，养胎，利小儿(《别录》)。治小儿寒热丹疹(甄权)。止血协风毒，痈肿赤眼。汁敷蛇虺蜂毒(大明)。紫背龙牙：解一切蛇毒。治咽喉中痛，含咽之便效(苏颂)。

【发明】藏器曰:蛇含治蛇咬。今以草纳蛇口中,纵伤人亦不能有毒也。种之,亦令无蛇。

颂曰:古今治丹毒疮肿方通用之。《古今录验》治赤疹,用蛇衔草,捣极烂敷之即瘥。亦疹由冷湿搏于肌中,甚即为热,乃成赤疹。天热则剧,冷则减是也。

时珍曰:按葛洪《抱朴子》云:蛇衔膏连已断之指。今考葛洪《肘后方》载蛇衔膏云:治痈肿瘀血,产后积血,耳目诸病,牛领马鞍疮。用蛇衔、大黄、附子、芍药、大戟、细辛、独活、黄芩、当归、莽草、蜀椒各一两,薤白十四枚。上为末,以苦酒淹一宿,以猪膏二斤,七星火上煎沸,成膏收之。每温酒服一弹丸,日再服。病在外,摩之敷之;在耳,绵裹塞之;在目,点之。若入龙衔藤一两,则名龙衔膏也。所谓连断指者,不知即此膏否?

【附方】旧三,新一。产后泻痢:小龙牙根一握,浓煎服之甚效,即蛇含是也。(《斗门方》)金疮出血:蛇含草捣敷之。(《肘后方》)身面恶癣:紫背草,入生矾研。敷二三次断根。(《直指方》)蜈蚣蝎伤:蛇衔,挼敷之。(《古今录验》)

女青(《本经》下品)

【释名】雀瓢(《本经》)。

【集解】《别录》曰:女青,蛇衔根也。生朱崖,八月采,阴干。

弘景曰:若是蛇衔根,不应独生朱崖。俗用者是草叶,别是一物,未详孰是?术云:带此屑一两,则疫疠不犯,弥宜识真者。又云:今市人用一种根,形状如续断,茎叶至苦,乃云是女青根,出荆州。

时珍曰:女青有二:一是藤生,乃苏恭所说似萝摩者;一种草生,则蛇衔根也。蛇衔有大、小二种:叶细者蛇衔,用苗茎叶;大者为龙衔,用根。故王焘《外台秘要》龙衔膏,用龙衔根煎膏治痈肿金疮者,即此女青也。陈藏器言女青、萝摩不能分别,张揖《广雅》言女青是葛类,皆指藤生女青,非此女青也。《别录》明说女青是蛇衔根,一言可据。诸家止因其生朱崖致疑,非矣。方土各有相传不同尔,况又不知有两女青乎?又《罗浮山记》云:山有男青似女青。此则不知是草生藤生者也。

根

【气味】辛,平,有毒。

权曰:苦,无毒。蛇衔为使。

【主治】蛊毒,逐邪恶气,杀鬼温疟,辟不祥(《本经》)。

【附方】旧三。人卒暴死:捣女青屑一钱,安咽中,以水或酒送下,立活也。(《南岳魏夫人内传》)吐利卒死,及大人小儿,卒腹皮青黑赤,不能喘息:即急用女青末纳口中,酒送下。(《子母秘录》)辟禳瘟疫:正月上寅日,捣女青末,三角绛囊盛,系帐中,大吉。(《肘后方》)

鼠尾草(《别录》下品)

【释名】葝(音勍)、山陵翘(《吴普》)、乌草(《拾遗》)、水青(《拾遗》)。

时珍曰:鼠尾以穗形命名。《尔雅》云:葝,鼠尾也。可以染皂,故名乌草,又曰水青。苏颂《图经》谓鼠尾一名陵时者,乃陵翘之误也。

鼠尾草

【集解】《别录》曰:鼠尾生平泽中,四月采叶,七月采花,阴干。

弘景曰:田野甚多,人采作滋染皂。

保升曰:所在下湿地有之,惟黔中人采为药。叶如蒿,茎端夏生四五穗,穗若车前,花有赤、白二种。

藏器曰:紫花,茎叶俱可染皂用。

花、叶

【气味】苦,微寒,无毒。

藏器曰:平。

【主治】鼠瘘寒热,下痢脓血不止。白花者主白下;赤花者主赤下(《别录》)。主疟疾水蛊(时珍)。

【发明】弘景曰:古方疗痢多用之。当浓煮令可丸服之,或煎如饴服。今人亦用作饮,或末服亦得,日三服。

【附方】旧一,新二。大腹水蛊:方见马鞭草下。久痢休息,时止时作:鼠尾草花捣末。饮服一钱。(《圣惠方》)下血连年:鼠尾草、地榆各二两。水二升,煮一升,顿服。二十年者,不过再服。亦可为末,饮服之。(《千金方》)反花恶疮,内生恶肉,如饭粒,破之血出,随生反出于外:鼠尾草根切,同猪脂捣敷。(《圣济总录》)

狼把草(宋《开宝》)

【校正】并入《拾遗》郎耶草。

【释名】郎耶草。

狼把草

时珍曰:此即陈藏器《本草》郎耶草也。闽人呼爷为郎罢,则狼把当作郎罢乃通。又方士言此草即鼠尾草,功用亦近之,但无的据耳。

【集解】藏器曰:狼把草生山道旁,与秋穗子并可染皂。

又曰:郎耶草生山泽间,高三四尺,叶似雁齿,如鬼针苗。鬼针,即鬼钗也。其叶有丫,如钗脚状。

禹锡曰:狼把草出近世,古方未见用者,惟陈藏器言之而不详。太宗皇帝御书记其主疗血痢,甚为精至。谨用书于《本草图经》外类篇首。

【气味】苦，平，无毒

【主治】黑人发，令人不老。又云：郎耶草：主赤白久痢，小儿大腹痞满，丹毒寒热。取根茎煮汁服（藏器）。狼把草：主丈夫血痢，不疗妇人。根：治积年疳痢。取草二斤，捣绞取汁一小升，纳白面半鸡子许，和匀，空腹顿服。极重者，不过三服。或收苗阴干，捣末，蜜水半盏，服一方寸匕（《图经》）。可染须发，治积年癣，天阴即痒，搔出黄水者，捣末掺之（时珍）。

狗尾草（《纲目》）

狗尾草

【释名】莠（音酉）、光明草（《纲目》）、阿罗汉草。

时珍曰：莠草秀而不实，故字从秀。穗形象狗尾，故俗名狗尾。其茎治目痛，故方士称为光明草、阿罗汉草。

【集解】时珍曰：原野垣墙多生之。苗叶似粟而小，其穗亦似粟，黄白色而无实。采茎筒盛，以治目病。恶莠之乱苗，即此也。

茎

【主治】疣目，贯发穿之，即干灭也。凡赤眼拳毛倒睫者，翻转目睑，以一二茎蘸水戛去恶血，甚良（时珍）。

鳢肠（《唐本草》）

【释名】莲子草（《唐本》）、旱莲草（《图经》）、金陵草（《图经》）、墨烟草（《纲目》）、墨头草（《纲目》）、墨菜（《纲目》）、猢孙头（《必用》）、猪牙草。

鳢肠

时珍曰：鳢，乌鱼也，其肠亦乌。此草柔茎，断之有墨汁出，故名，俗呼墨菜是也。细实颇如莲房状，故得莲名。

【集解】恭曰：鳢肠生下湿地，所在坑渠间多有。苗似旋覆。二月、八月采，阴干。

颂曰：处处有之，南方尤多。此有二种，一种叶似柳而光泽，茎似马齿苋，高一二尺，开花细而白，其实若小莲房，苏恭谓似旋覆者是也，一种苗梗枯瘦，颇似莲花而黄色，实亦作房而圆，南人谓之连翘者；二种折其苗皆有汁出，须臾而黑，俗谓之旱莲子，亦谓之金陵草。

时珍曰：旱莲有二种：一种苗似旋覆而花白细者，是鳢肠；一种花黄紫而结房如莲房者，乃是小莲翘也，炉火家亦用之，见连翘条。

草

【气味】甘、酸，平，无毒。

【主治】血痢。针灸疮发，洪血不可止者，敷之立已。汁涂眉发，生速而繁（《唐本》）。乌髭发，益肾阴（时珍）。止血排脓，通小肠，敷一切疮并蚕病（大明）。膏点鼻中，添脑（萧炳）。

【附方】旧一，新十一。金陵煎，益髭发，变白为黑：金陵草一秤，六月以后收采，拣青嫩无泥土者，不用洗，摘去黄叶，烂捣，新布绞取汁，以纱绢滤过，入通油器钵盛之，日中煎五日。又取生姜一斤绞汁，白蜜一斤合和，日中煎，以柳本篦搅勿停手，待如稀饧，药乃成矣。每旦日及午后各服一匙，以温酒一盏化下。如欲作丸，日中再煎，令可丸，大如梧子，每服三十丸。及时多合为佳，其效甚速。（孙真人《千金月令方》）乌须固齿：《摄生妙用方》：七月取旱莲草（连根）一斤（用无灰酒洗净），青盐四两（腌三宿）。同汁入油锅中，炒存性，研末。日用擦牙，连津咽之。又法：旱莲取汁，同盐炼干，研末擦牙。《寿亲养老新书》旱莲散：乌髭固牙。温尉云：纳合相公用此方，年七十须发不白，恳求始得。后遇张经历朝请，始传分两也。旱莲草一两半，麻枯饼三两，升麻、青盐各三两半，诃子（连核）二十个，皂角三梃，月蚕沙二两（为末）。薄醋面糊丸弹子大，晒干入泥瓶中，火煨令烟出存性，取出研末。日用揩牙。偏正头痛：鳢肠草汁滴鼻中。（《圣济总录》）一切眼疾，翳膜遮障，凉脑，治头痛，能生发。五月五日平旦合之：莲子草一握，蓝叶一握，油一斤，同浸，密封四十九日。每卧时，以铁匙点药摩顶上，四十九遍，久久甚佳。（《圣济总录》）系臂截疟：旱莲草捶烂，男左女右，置寸口上，以古文钱压定，帛系住，良久起小泡，谓之天灸。其疟即止，甚效。（王执中《资生经》）小便溺血：金陵草（一名墨头草）、车前草各等分，杵取自然汁，每空心服三杯，愈乃止。（《医学正传》）肠风脏毒，下血不止：旱莲子草，瓦上焙，研末。每服二钱，米饮下。（《家藏经验方》）痔漏疮发：旱莲草一把，连根须洗净，用石臼擂如泥，以极热酒一盏冲入，取汁饮之，滓敷患处，重者不过三服即安。太仆少卿王鸣凤患此，策杖方能移步，服之得瘥。累治有验。（刘松石《保寿堂方》）疔疮恶肿：五月五日收旱莲草阴干，仍露一夜收。遇疾时嚼一叶贴上，外以消毒膏护之，二三日疔脱。（《圣济总录》）风牙疼痛：猢孙头草，入盐少许，于掌心揉擦即止。（《集玄方》）

连翘（《本经》下品）

【校正】并入有名未用《本经》翘根。

【释名】连（《尔雅》）、异翘（《尔雅》）、旱莲子（《药性》）、兰华（《本经》）、三廉（《本经》），根名连轺（仲景）、折根（《本经》）。

恭曰：其实似莲作房，翘出众草，故名。

宗奭曰：连翘亦不翘出众草，太山山谷间甚多。其子折之，片片相比如翘，应以此得名耳。

翘 连

时珍曰:按《尔雅》云:连,异翘。则是本名连,又名异翘,人因合称为连翘矣。连轺亦作连苕,即《本经》下品翘根是也。唐苏恭《修本草》退入有名未用中,今并为一。旱莲乃小翘,人以为鳢肠者,故同名。

【气味】苦,平,无毒。

元素曰:性凉味苦,气味俱薄,轻清而浮,升也阳也。手搓用之。

好古曰:阴中阳也。入手足少阳手阳明经,又入手少阴经。

时珍曰:微苦、辛。

【主治】寒热鼠瘘瘰疬,痈肿恶疮瘿瘤,结热蛊毒(《本经》)。去白虫(《别录》)。通利五淋,小便不通,除心家客热(甄权)。通小肠,排脓,治疮疖,止痛,通月经(大明)。散诸经血结气聚,消肿(李杲)。泻心火,除脾胃湿热,治中部血证,以为使(震亨)。治耳聋浑浑焞焞(好古)。

【发明】元素曰:连翘之用有三:泻心经客热,一也;去上焦诸热,二也;为疮家圣药,三也。

杲曰:十二经疮药中不可无此,乃结者散之之义。

好古曰:手足少阳之药,治疮疡、瘤瘿结核有神,与柴胡同功,但分气血之异尔。与鼠粘子同用治疮疡,别有神功。

时珍曰:连翘状似人心,两片合成,其中有仁甚香,乃少阴心经、厥阴包络气分主药也。诸痛、痒、疮疡皆属心火,故为十二经疮家圣药,而兼治手、足少阳,手阳明三经气分之热也。

【附方】旧一,新二。瘰疬结核:连翘、脂麻等分,为末,时时食之。(《简便方》)项边马刀,属少阳经:用连翘二斤,瞿麦一斤,大黄三两,甘草半两。每用一两,以水一碗半,煎七分,食后热服。十余日后,灸临泣穴二七壮,六十日决效。(张洁古《活法机要》)痔疮肿痛:连翘煎汤熏洗,后以刀上飞过绿矾入麝香贴之。(《集验方》)

莲旱翘连小

茎叶

【主治】心肺积热(时珍)。

翘根

【气味】甘、寒、平、有小毒。

普曰:神农、雷公:甘,有毒。

李当之:苦。

好古曰:苦,寒。

【主治】下热气,益阴精,令人面悦好,明目。久服轻身耐老(《本经》)。以作蒸饮酒病人(《别录》)。治伤寒瘀热欲发黄(时珍)。

【发明】《本经》曰:翘根生嵩高平泽,二月、八月采。

弘景曰:方药不用,人无识者。

好古曰:此即连翘根也。能下热气,故张仲景治伤寒瘀热在里,麻黄连轺赤小豆汤用之。注云:即连翘根也。

【附方】新一。痈疽肿毒:连翘草及根各一升,水一斗六升,煮汁三升服取汗。(《外台秘要》)

陆英(《本经》下品)

【释名】解见下文。

【集解】《别录》曰:陆英生熊耳川谷及冤句,立秋采。

藋蒴英陆

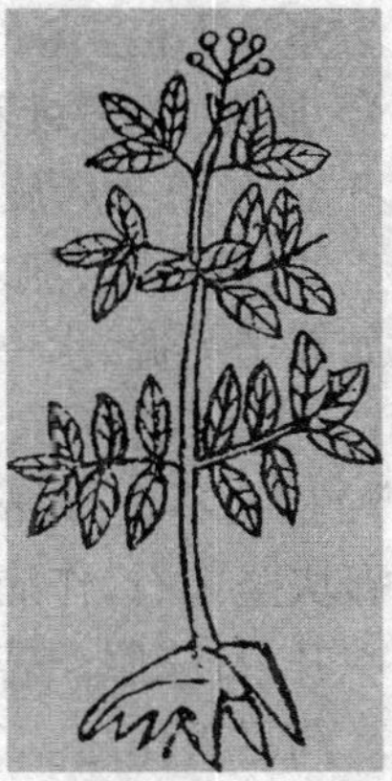

恭曰:此即蒴藋也。古方无蒴藋,惟言陆英。后人不识,浪出蒴藋条。此叶似芹及接骨花,三物亦同一类。故芹名水英,此名陆英,接骨树名木英,此三英也,花叶并相似。

志曰:苏恭以陆英、蒴藋为一物。今详陆英味苦、寒、无毒,蒴藋味酸、温、有毒,既此不同,难谓一种,盖其类尔。

宗奭曰:蒴藋与陆英性味及出产皆不同,治疗又别,自是二物,断无疑矣。

颂曰:本草陆英生熊耳川谷及冤句。蒴藋不载所出州土,但云生田野,今所在有之。春抽苗,茎有节,节间生枝,叶大似水芹。春夏采叶,秋冬采根茎。陶苏皆以为一物。马志以性味不同,疑非一种,亦不能细别。但《尔雅》:木谓之华,草谓之荣,不荣而实谓之秀,荣而不实谓之英。此物既有英名,当是其花。故《本经》云:立秋采,正是其花时也。

时珍曰:陶、苏本草、甄权《药性论》,皆言陆英即蒴藋,必有所据。马志、寇宗奭虽破其说,而无的据,仍当是一物。分根、茎、花、叶、用,如苏颂所云也。

【气味】苦,寒,无毒。

权曰:陆英,一名蒴藋,味苦、辛,有小毒。

【主治】骨间诸痹,四肢拘挛疼酸,膝寒痛,阴痿,短气不足,脚肿(《本经》)。能捋风毒,脚气上冲,心烦闷绝。水气虚肿。风瘙皮肌恶痒,煎汤入少酒浴之,妙(甄权)。

蒴藋(音朔吊。《别录》下品)

【释名】堇草(《别录》)、芨(《别录》)、接骨草。

【集解】《别录》曰:蒴藋生田野。春、夏采叶,秋、冬采茎根。

弘景曰：田野墟村甚多。

恭曰：此陆英也，剩出此条。《尔雅》云：芨，堇草。郭璞注云：乌头苗也。检三堇别名亦无此者。《别录》言此一名堇草，不知所出处。

宗奭曰：蒴藋花白，子初青如绿豆颗，每朵如盏面大，又平生，有一二百子，十月方熟红。

时珍曰：每枝五叶（说见陆英下）。

【气味】酸，温，有毒。

大明曰：苦，凉，有毒。

【主治】风瘙隐疹，身痒湿痹，可作浴汤（《别录》）。浴瘑瘺风痹（大明）。

【附方】旧十二，新七。手足偏风：蒴藋叶，火燎，厚铺床上，趁热眠于上，冷复易之。冬月取根，舂碎熬热用。（《外台秘要》）风湿冷痹：方同上。寒湿腰痛：方同上。脚气胫肿骨疼：蒴藋根研碎，和酒糟三分，根一分，合蒸热，封裹肿上，日二即消。亦治不仁。（《千金方》）浑身水肿，坐卧不得：取蒴藋根去皮，捣汁一合，和酒一合，暖服，当微吐利。（《梅师方》）头风作痛：蒴藋根二升，酒二升，煮服，汗出止。（《千金方》）头风旋晕，起倒无定：蒴藋、独活、白石膏各一两，枳实（炒）七钱半。每服三钱，酒一盏，煎六分服。（《圣惠方》）产后血晕，心闷烦热：用接骨草（即朔藋）破如算子一握，水一升，煎半升，分二服。或小便出血者，服之亦瘥。（《卫生易简方》）产后恶露不除：续骨木二十两（剉）。水一斗，煮三升，分三服，即下。（《千金方》）疟疾不止：蒴藋一大握，炙令黄色，以水浓煎一盏，欲发前服。（《斗门方》）卒暴癥块坚如石，作痛欲死：取蒴藋根一小束，洗净细擘，以酒二升，渍三宿，温服五合至一升，日三服。若欲速用，于热灰中温出药味服之。此方无毒，已愈十六人矣，神验。药尽再作之。（《古今录验》）鳖瘕坚硬，肿起如盆，眠卧不得：蒴藋根白皮一握。捣汁和水服。（《千金方》）下部闭塞：蒴藋根一把。捣汁水和，绞去滓。强人每服一升。（《外台秘要》）一切风疹：蒴藋煮汤，和少酒涂之，无不瘥。（《梅师方》）小儿赤游，上下游行，至心即死：蒴藋，煎汁洗之。（《子母秘录》）五色丹毒：蒴藋叶，捣敷之。（《千金方》）痈肿恶肉不消者：蒴藋灰、石灰各淋取汁，合煎如膏。敷之，能蚀恶肉，亦去痣疵。此药过十日即不中用也。（《千金方》）手足疣目：蒴藋赤子，揉烂，涂目上。（《圣惠方》）熊罴伤人：蒴藋一大把。以水一升渍，须臾，取汁饮，以滓封之。（张文仲《备急方》）

水英（宋《图经》）

【释名】鱼津草。

颂曰：唐《天宝单方图》言：此草原生永阳池泽及河海边。临汝人呼为牛荭草，河北信都人名水节，河内连内黄呼为水棘，剑南、遂宁等郡名龙移草，淮南诸郡名海荏。岭南亦有，土地尤宜，茎叶肥大，名海精木，亦名鱼津草。

时珍曰：此草不著形状气味，无以考证。芹菜亦名水英，不知是此否也？

【气味】缺。

【主治】骨风(苏颂)。

【发明】颂曰:蜀人采其花合面药。凡丈夫、妇人无故两脚肿满连膝胫中痛,屈申急强者,名骨风。其疾不宜针灸及服药,惟每日取此草五斤,以水一石,煮三斗,及热浸脚,并淋膝上,日夜三四度。不经,五日即瘥,数用神验。其药春取苗,夏采叶及花,秋冬用根。肿甚者,加生椒目三升,水二斗。用毕,即摩粉避风。忌油腻、生菜、猪、鱼等物。

水英

蓝(《本经》上品)

【释名】时珍曰:按陆佃《埤雅》云:《月令》:仲夏令民无刈蓝以染。郑玄言:恐伤长养之气也。然则刈蓝先王有禁,制字从监,以此故也。

【集解】《别录》曰:蓝实生河内平泽,其茎叶可以染青。

弘景曰:此即今染縹碧所用者,以尖叶者为胜。

蓼蓝

恭曰:蓝有三种:一种叶围径二寸许,厚三、四分者,堪染青,出岭南,太常名为木蓝子;陶氏所说乃是菘蓝,其汁抨为淀甚青者;《本经》所用乃是蓼蓝实也,其苗似蓼而味不辛,不堪为淀,惟作碧色尔。

颂曰:蓝处处有之,人家蔬圃作畦种。至三月、四月生苗,高三二尺许,叶似水蓼,花红白色,实亦若蓼子而大,黑色。五月、六月采实。但可染碧,不堪作淀,此名蓼蓝,即医方所用者也。别有木蓝,出岭南,不入药。有菘蓝,可为淀,亦名马蓝,《尔雅》所谓:"葴,马蓝是也。"又福州一种马蓝,四时俱有,叶类苦荬菜,土人连根采服,治败血。江宁一种吴蓝,二月内生,如蒿,叶青花白,亦解热毒。此二种虽不类,而俱有蓝名,且古方多用吴蓝,或恐是此,故并附之。

宗奭曰:蓝实即大蓝实也。谓之蓼蓝者,非是,乃《尔雅》所谓马蓝者。解诸药毒不可阙也。实与叶两用。注不解实,只解叶,为未尽。

时珍曰:蓝凡五种,各有主治,惟蓝实专取蓼蓝者。蓼蓝:叶如蓼,五、六月开花,成穗细小,浅红色,子亦如蓼,岁可三刈,故先王禁之。菘蓝:叶如白菘。马蓝:叶如苦荬,即郭璞所谓大叶冬蓝,俗中所谓板蓝者。二蓝花子并如蓼蓝。吴蓝:长茎如蒿而花白,吴人种之。木蓝:长茎如决明,高者三四尺,分枝布叶,叶如槐叶,七月开淡红花,结角长寸许,累累如小豆角,其子亦如马蹄决明子而微小,迥与诸蓝不同,而作淀则一也。别有甘蓝,可食,(见本条)。苏恭以马蓝为大蓝,苏颂以菘蓝为马蓝,宗奭以蓝实为大叶蓝之实,皆非矣。今并开列于下。

蓝木叶槐

蓝实

【气味】苦,寒,无毒。

权曰:甘。

【主治】解诸毒,杀蛊蚑疰鬼螫毒。久服头不白,轻身(《本经》。蚑音其,小儿鬼也)。填骨髓,明耳目,利五脏,调六腑,通关节,治经络中结气,使人健少睡,益心力(甄权)。疗毒肿(苏颂)。

蓝叶汁(此蓼蓝也)

【气味】苦、甘,寒,无毒。

【主治】杀百药毒,解狼毒、射罔毒(《别录》。弘景曰:解毒不得生蓝汁,以青緤布渍汁亦善)。汁涂五心,止烦闷,疗蜂螫毒(弘景)。斑蝥、芫青、樗鸡毒。朱砂、砒石毒(时珍)。

蓝马叶大

马蓝

【主治】妇人败血。连根焙捣下筛,酒服一钱匕(苏颂)。

吴蓝

【气味】苦、甘,冷,无毒。

【主治】寒热头痛,赤眼,天行热狂,疔疮,游风热毒,肿毒风疹除烦止渴,杀疳,解毒药毒箭,金疮血闷,毒刺虫蛇伤,鼻衄吐血,排脓,产后血晕,小儿壮热,解金石药毒、狼毒、射罔毒(大明)。

【发明】震亨曰:蓝属水,能使败血分归经络。

时珍曰:诸蓝形虽不同,而性味不远,故能解毒除热。惟木蓝叶力似少劣,蓝子则专用蓼蓝者也。至于用淀与青布,则是刈蓝浸水入石灰澄成者,性味不能不少异,不可与蓝汁一概论也。有人病呕吐,服玉壶诸丸不效,用蓝汁入口即定,盖亦取其杀虫降火尔。如此之类,不可不知。

颂曰:蓝汁治虫豸伤。刘禹锡《传信方》著其法云:取大蓝汁一碗,入雄黄、麝香二物少许,以点咬处,仍细服其汁,神异之极也。张荐员外在剑南为张延赏判官,忽被斑蜘蛛咬项上。一宿,咬处有二道赤色,细如箸,绕项上,从胸前下至心。经两宿,头面肿痛,大如数升碗,肚渐肿,几至不救。张公出钱五百千,并荐家财又数百千,募能疗者。忽一人应召,云可治。张公甚不信之,欲验其方。其人云:不惜方,但疗人性命尔。遂取大蓝汁一碗,以蜘蛛投之,至汁而死。又取蓝汁加麝香、雄黄,更以一蛛投入,随化为水。张公因甚异之,遂令点于咬处。两日悉平,作小疮而愈。

【附方】旧十,新七。小儿赤痢:捣青蓝汁二升,分四服。(《子母秘录》)小儿中蛊，下血欲死：捣青蓝汁，频服之。(《圣惠方》)阴阳易病，伤寒初愈，交合阴阳，必病拘急，手足拳，小腹急热，头不能举，名阴阳易，当汗之。满四日难治：蓝一把，雄鼠屎三十枚，水煎服，取汗。(《肘后方》)惊痫发热：干蓝、凝水石等分。为末，水调敷头上。(《圣惠方》)上气咳嗽，呷呀息气，喉中作声，唾粘：以蓝叶水浸捣汁一升，空腹频服。须臾以杏仁研汁，煮粥食之。一两日将息，依前法更服，吐痰尽方瘥。(《梅师方》)飞血赤目热痛：干蓝叶(切)二升，车前草半两，淡竹叶(切)三握。水四升，煎二升，去滓温洗。冷即再暖，以瘥为度。(《圣济总录》)腹中鳖癥：蓝叶一斤(捣)。以水三升，绞汁服一升，日二次。(《千金方》)应声虫病，腹中有物作声，随人语言，名应声虫病：用板蓝汁一盏。分五服，效。(夏子益《奇疾方》)卒中水毒：捣蓝青汁，敷头身令匝。(《肘后方》)服药过剂烦闷，及中毒烦闷欲死：捣蓝汁服数升。(《肘后方》)卒自缢死：以蓝汁灌之。(《千金方》)毒箭伤人：蓝青捣饮并敷之。如无蓝，以青布渍汁饮。(《肘后方》)唇边生疮，连年不瘥：以八月蓝叶一斤，捣汁洗之，不过三度瘥。(《千金方》)齿䘌肿痛：紫蓝，烧灰敷之，日五度。(《广济方》)白头秃疮：粪蓝，煎汁频洗。(《圣济录》)天泡热疮：蓝叶捣敷之，良。(《集简方》)疮疹不快：板蓝根一两，甘草一分。为末。每服半钱或一钱，取雄鸡冠血三二点，同温酒少许调下。(《钱氏小儿方》)

蓝吴叶蒿

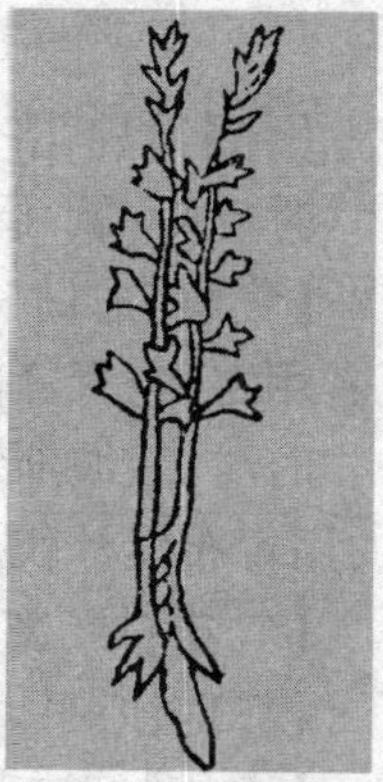

蓝淀(《纲目》)

【释名】时珍曰：澱，石殿也，其滓澄殿在下也。亦作淀，俗作靛。南人掘地作坑，以蓝浸水一宿，入石灰搅至千下，澄去水，则青黑色。亦可干收，用染青碧。其搅起浮沫，掠出阴干，谓之靛花，即青黛(见下)。

【气味】辛、苦，寒，无毒。

【主治】解诸毒，敷热疮，小儿秃疮热肿(藏器)。止血杀虫，治噎膈(时珍)。

【发明】时珍曰：淀乃蓝与石灰作成，其气味与蓝稍有不同，而其止血、拔毒、杀虫之功，似胜于蓝。按《广五行记》云：唐永徽中，绛州一僧，病噎不下食数年，临终命其徒曰：吾死后，可开吾胸喉，视有何物苦我如此？及死，其徒依命，开视胸中，得一物，形似鱼而有两头，遍体悉似肉鳞。安钵中，跳跃不已。戏投诸味，虽不见食，皆化为水。又投诸毒物，亦皆销化。一僧方作蓝淀，因以少淀投之，即怖惧奔走，须臾化成水。世传淀水能治噎疾，盖本于此。今方士或以染缸水饮人治噎膈，皆取其杀虫也。

【附方】旧三，新一。时行热毒，心神烦躁：用蓝淀一匙。新汲水一盏服。(《圣惠方》)小儿热丹：蓝淀，敷之。(《子母秘录方》)口鼻急疳，数日欲死：以蓝淀敷之，令遍，日十度，夜四度。(《千金翼》)误吞水蛭：青靛调水饮，即泻出。(《普济方》)

青黛(宋《开宝》)

【释名】靛花(《纲目》)、青蛤粉。

时珍曰:黛,眉色也。刘熙《释名》云:灭去眉毛,以此代之,故谓之黛。

【集解】志曰:青黛从波斯国来。今以太原并庐陵、南康等处,染淀瓮上沫紫碧色者用之,与青黛同功。

时珍曰:波斯青黛,亦是外国蓝靛花,既不可得,则中国靛花亦可用。或不得已,用青布浸汁代之。货者复以干淀充之,然有石灰,入服饵药中当详之。

【气味】咸,寒,无毒。

权曰:甘,平。

【主治】解诸药毒,小儿诸热,惊痫发热,天行头痛寒热,并水研服之。亦磨敷热疮恶肿,金疮下血,蛇犬等毒(《开宝》)。解小儿疳热,杀虫(甄权)。小儿丹热,和水服之。同鸡子白、大黄末,敷疮痈、蛇虺螫毒(藏器)。泻肝,散五脏郁火,解热,消食积(震亨)。去热烦,吐血咯血,斑疮阴疮,杀恶虫(时珍)。

【发明】宗奭曰:青黛乃蓝为之者。有一妇人患脐下腹上,下连二阴,遍生湿疮,状如马爪疮,他处并无,热痒而痛,大小便涩,出黄汁,食亦减,身面微肿。医作恶疮治,用鳗鲡鱼、松脂、黄丹之药涂之,热痛甚。问其人嗜酒食,喜鱼蟹发风等物,急令洗其膏药,以马齿苋四两,杵烂,入青黛一两,再研匀涂之,即时热减,痛痒皆去。仍以八正散,日三服之,分败客热,药干即上。如此二日,减三分之一,五日减三分之二,二十日愈。此盖中下焦蓄风热毒气也,若不出,当作肠痈内痔。仍须禁酒色、发风物,然不能禁,后果患内痔。

【附方】旧三,新十。心口热痛:姜汁调青黛一钱服之。(《医学正传》)内热吐血:青黛二钱,新汲水下。(《圣惠方》)肺热咯血:青饼子:用青黛一两,杏仁(以牡蛎粉炒过)一两。研匀,黄蜡化和,作三十饼子。每服一饼,以干柿半个夹定,湿纸裹,煨香嚼食,粥饮送下,日三服。(华佗《中藏经》)小儿惊痫:青黛量大小,水研服之。(《生生编》)小儿夜啼:方同上。小儿疳痢:宫气方歌云:孩儿杂病变成疳,不问强羸女与男。烦热毛焦鼻口燥,皮肤枯槁四肢瘫。腹中时时更下痢,青黄赤白一般般。眼涩面黄鼻孔赤,谷道开张不可看。此方便是青黛散,孩儿百病服之安。耳疳出汁:青黛、黄柏末,干搽。(《谈野翁方》)烂弦风眼:青黛、黄连泡汤,日洗。(《明目方》)产后发狂:四物汤加青黛,水煎服。(《摘玄》)伤寒赤斑:青黛二钱。水研服。(《活人书》)豌豆疮毒,未成脓者:波斯青黛一枣许。水研服。(《梅师方》)瘰疬未穿:靛花、马齿苋同捣。日日涂敷,取效。(《简便方》)诸毒虫伤:青黛、雄黄等分,研末,新汲水服二钱。(《古今录验》)

【附录】雀翘

《别录》有名未用曰:味咸。益气明目。生蓝中。叶细黄,茎赤有刺。四月实,锐黄中黑。五月采,阴干。一名去母,一名更生。

甘蓝(《拾遗》)

【校正】自菜部移入此。

【释名】蓝菜(《千金》)

【集解】藏器曰:此是西土蓝也。叶阔可食。

甘蓝

时珍曰:此亦大叶冬蓝之类也。按胡洽居士云:河东、陇西羌胡多种食之,汉地少有。其叶长大而厚,煮食甘美。经冬不死,春亦有英。其花黄,生角结子。其功与蓝相近也。

【气味】甘,平,无毒。

【主治】久食,大益肾,填髓脑,利五脏六腑,利关节,通经络中结气,去心下结伏气,明耳目,健人,少睡,益心力,壮筋骨。作菹经宿色黄,和盐食,治黄毒(藏器)。

子

【主治】人多睡(思邈)。

蓼(《本经》中品)

【校正】自菜部移入此。

【释名】时珍曰:蓼类皆高扬,故字从翏,音料,高飞貌。

【集解】《别录》曰:蓼实生雷泽川泽。

弘景曰:此类多人所食。有三种:一是青蓼,人家常用,其叶有圆有尖,以圆者为胜,所用即此也;一是紫蓼,相似而紫色;一是香蓼,相似而香,并不甚辛,好食。

青蓼　赤蓼

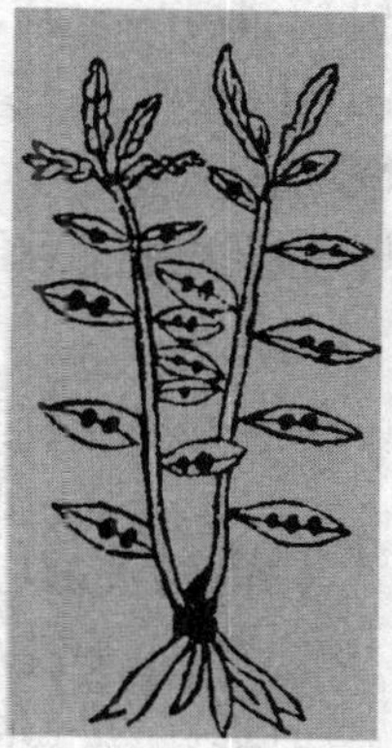

保升曰:蓼类甚多,有青蓼、香蓼、水蓼、马蓼、紫蓼、赤蓼、木蓼七种。紫、赤二蓼,叶小狭而厚;青、香二蓼,叶亦相似而俱薄;马、水二蓼,叶俱阔大,上有黑点;木蓼,一名天蓼,蔓生,叶似柘叶。六蓼花皆红白,子皆大如胡麻,赤黑而尖扁;惟木蓼花黄白,子皮青滑。诸蓼并冬死,惟香蓼宿根重生,可为生菜。

颂曰:木蓼亦有大小二种,皆蔓生。陶氏以青蓼入药,余亦无用。《三茅君传》有作白蓼酱方,药谱无白蓼,疑即青蓼也。

宗奭曰:蓼实即草部下品水蓼之子也。彼言水蓼是用茎,此言蓼实是用子也。春初以壶芦盛水浸湿,高挂火上,日夜使暖,遂生红芽,取为蔬,以备五辛盘。

时珍曰：韩保升所说甚明。古人种蓼为蔬，收子入药。故《礼记》烹鸡、豚、鱼、鳖，皆实蓼于其腹中，而和羹脍亦须切蓼也。后世饮食不用，人亦不复栽，惟造酒曲者用其汁耳。今但以平泽所生香蓼、青蓼、紫蓼为良。

实

【气味】辛，温，无毒。

诜曰：多食吐水，壅气损阳。

【主治】明目温中，耐风寒，下水气，面目浮肿痈疡（《本经》）。归鼻，除肾气，去疬疡，止霍乱，治小儿头疮（甄权）。

【附方】旧二，新二。伤寒劳复，因交后卵肿，或缩入腹痛：蓼子一把。水挼汁，饮一升。（《肘后方》）霍乱烦渴：蓼子一两，香薷二两。每服二钱，水煎服。（《圣济录》）小儿头疮：蓼子为末，蜜和鸡子白同涂之，虫出不作痕。（《药性论》）蜗牛咬毒，毒行遍身者：蓼子煎水浸之，立愈。不可近阴，令弱也。（陈藏器《本草》）

苗叶

【气味】辛，温，无毒。

思邈曰：黄帝云：食蓼过多，有毒，发心痛。和生鱼食，令人脱气，阴核痛求死。二月食蓼，伤人肾。扁鹊云：久食令人寒热，损髓减气少精。妇人月事来时食蓼、蒜，喜为淋。与大麦面相宜。

【主治】归舌，除大小肠邪气，利中益志（《别录》）。干之酿酒，主风冷，大良（弘景）。作生菜食，能入腰脚。煮汤捋脚，治霍乱转筋。煮汁日饮，治痃癖。捣烂，敷狐尿疮（藏器）。脚暴软，赤蓼烧灰淋汁浸之，以桑叶蒸署，立愈（大明）。杀虫，伏砒（时珍）。

【附方】旧四，新三。蓼汁酒，治胃脘冷，不能饮食，耳目不聪明，四肢有气，冬卧足冷：八月三日取蓼日干，如五升大，六十把，水六石，煮取一石，去滓，拌米饭，如造酒法，待熟，日饮之。十日后，目明气壮也。（《千金方》）肝虚转筋吐泻：赤蓼茎叶（切）三合，水一盏，酒三合，煎至四合，分二服。（《圣惠方》）霍乱转筋：蓼叶一升。水三升，煮取汁二升，入香豉一升，更煮一升半，分三服。（《药性论》）夏月暍死：浓煮蓼汁一盏服。（《外台》）小儿冷痢：蓼叶，捣汁服。（《千金》）血气攻心，痛不可忍：蓼根洗剉，浸酒饮。（《斗门》）恶犬咬伤：蓼叶，捣泥敷。（《肘后》）

水蓼（《唐本草》）

【释名】虞蓼（《尔雅》）、泽蓼。

志曰：生于浅水泽中，故名水蓼。

时珍曰：按《尔雅》云：蔷，虞蓼也。山夹水曰虞。

【集解】恭曰：水蓼生下湿水旁。叶似马蓼，大于家蓼，茎赤色，水挼食之，胜于蓼子。

宗奭曰：水蓼，大概与水荭相似，但枝低耳。今造酒取叶，以水浸汁，和面作曲，亦取其辛耳。

时珍曰：此乃水际所生之蓼，叶长五六寸，比水荭叶稍狭，比家蓼叶稍大，而功用仿佛。故寇氏谓蓼实即水蓼之子者，以此故。

蓼马蓼水

茎叶

【气味】辛，无毒。

大明曰：冷。

【主治】蛇伤，捣敷之。绞汁服之，止蛇毒入腹心闷。又治脚气肿痛成疮，水煮汁渍捋之(《唐本》)。

马蓼(《纲目》)

【释名】大蓼(《纲目》)、墨记草。

时珍曰：凡物大者，皆以马名之，俗呼大蓼是也。高四五尺，有大、小二种。但每叶中间有黑迹，如墨点记，故方士呼为墨记草。

【集解】弘景曰：马蓼生下湿地，茎斑，叶大有黑点。亦有两、三种，其最大者名茏薣，即水荭也。

茎叶

【气味】辛，温，无毒。

时珍曰：伏丹砂、雌黄。

【主治】去肠中蛭虫，轻身(《本经》)。

荭草(《别录》中品)

【校正】并入有名未用《别录》天蓼。

【释名】鸿䕼(音缬)、茏古(一作鼓)、游龙(《诗经》)、石龙(《别录》)、天蓼(《别录》)、大蓼。

时珍曰：此蓼甚大而花亦繁红，故曰荭，曰鸿。鸿亦大也。《别录》有名未用，草部中有天蓼，云一名石龙，生水中。陈藏器解云：天蓼即水荭，一名游龙，一名大蓼。据此，则二条乃一指其实、一指茎叶而言也。今并为一。

【集解】《别录》曰：荭生水旁，如马蓼而大，五月采实。

弘景曰：今生下湿地甚多，极似马蓼而甚长大。《诗》称隰有游龙，郭璞云：即茏古也。

荭草

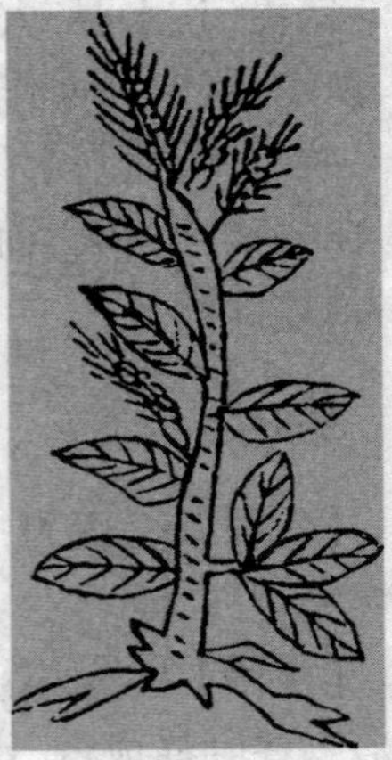

颂曰：荭即水荭也，似蓼而叶大，赤白色，高丈余。《尔雅》云：荭，茏古。其大者蘬(音诡)。陆玑云：游龙，一名马蓼。然马蓼自是一种也。

时珍曰：其茎粗如拇指，有毛。其叶大如商陆。花色浅红，成穗。秋深子成，扁如酸枣仁而小，其色赤黑而肉白，不甚辛，炊炒可食。

实

【气味】咸，微寒，无毒。

【主治】消渴，去热明目益气(《别录》)。

【附方】旧一，新一。瘰疬：水荭子不以多少，一半微炒，一半生用，同研末。食后好酒调服二钱，日三服。已破者，亦治。久则效，效则止。(寇宗奭《本草衍义》)癖痞腹胀及坚硬如杯碗者：用水荭花子一升，另研独颗蒜三十个(去皮)，新狗脑一个，皮硝四两。石臼捣烂，摊在患处上，用油纸以长帛束之。酉时贴之，次日辰时取之。未效，再贴二三次。倘有脓溃，勿怪。仍看虚实，日逐间服钱氏白饼子、紫霜丸、塌气丸、消积丸，利之磨之。服至半月，甚者一月，无不瘥矣。以喘满者，为实；不喘者，为虚。(《蔺氏经验方》)

花

【主治】散血，消积，止痛(时珍)。

【附方】新三。胃脘血气作痛：水荭花一大撮。水二盅，煎一盅服。百户毛菊庄屡验方也。(董炳避《水集验方》)心气疞痛：水荭花为末。热酒服二钱。又法：男，用酒水各半煎服；女，用醋水各半煎服。一妇年三十病此，一服立效。(《摘玄方》)腹中痞积：水荭花或子一碗。以水三碗，用桑柴文武火煎成膏，量痞大小摊贴，仍以酒调膏服。忌腥荤油腻之物。(刘松石《保寿堂方》)

毛蓼

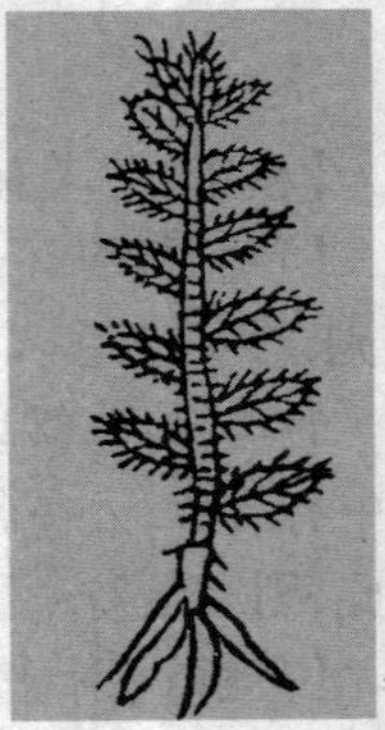

天蓼(《别录》)

时珍曰：此指茎叶也。

【气味】辛，有毒。

【主治】恶疮，去痹气(《别录》)。根茎：除恶疮肿，水气脚气，煮浓汁渍之(苏颂)。

【附方】新一。生肌肉：水荭花根，煎汤淋洗，仍以其叶晒干研末，撒疮上，每日一次。(《谈野翁试验方》)

毛蓼(《拾遗》)

【集解】藏器曰：毛蓼生山足，似马蓼，叶上有毛，冬根不死。

时珍曰：此即蓼之生于山麓者，非泽隰之蓼也。

茎叶

【气味】辛，温，有毒。

【主治】痈肿、疽瘘、瘰疬，杵碎纳疮中，引脓血，生肌。亦作汤，洗疮，兼濯足，治脚气（藏器）。

海根（《拾遗》）

【集解】藏器曰：生会稽海畔山谷，茎赤，叶似马蓼，根似菝葜而小，胡人蒸而用之也。

根

【气味】苦，小温，无毒。

【主治】霍乱中恶心腹痛，鬼气疰忤飞尸，喉痹蛊毒，痈疽恶肿，赤白游疹，蛇咬犬毒。酒及水磨服，并敷之（藏器）。

火炭母草（宋《图经》）

火炭母草

【集解】颂曰：生南恩州原野中。茎赤而柔，似细蓼。叶端尖，近梗形方。夏有白花。秋实如菽，青黑色，味甘可食。

叶

【气味】酸，平，有毒。

【主治】去皮肤风热，流注骨节，痈肿疼痛。不拘时采，于坩器中捣烂，以盐酒炒，敷肿痛处，经宿一易之（苏颂）。

三白草（《唐本草》）

【释名】弘景曰：叶上有三白点，俗因以名（又见下）。

【集解】时珍曰：三白草生田泽畔，三月生苗，高二、三尺。茎如蓼，叶如商陆及青葙。四月其颠三叶面上，三次变作白色，余叶仍青不变。俗云：一叶白，食小麦；二叶白，食梅杏；三叶白，食黍子。五月开花成穗，如蓼花状，而色白微香。结细实。根长白虚软，有节须，状如泥菖蒲根。《造化指南》云：五月采花及根，可制雄黄。苏恭言似水荭，有三黑点者，乃马蓼，非三白也。藏器所说虽是，但叶亦不似薯蓣。

【气味】甘、辛，寒，有小毒。

三白草

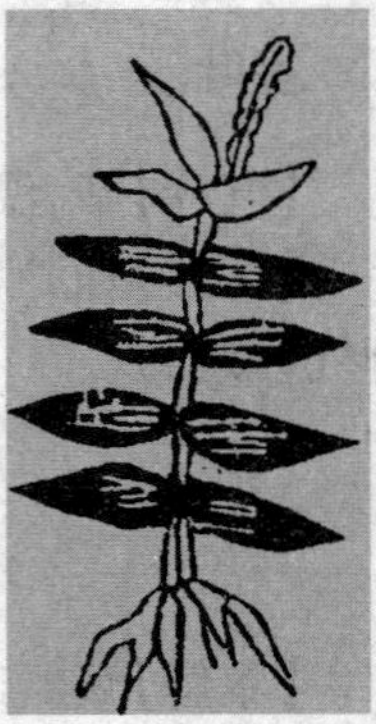

【主治】水肿脚气，利大小便，消痰破癖，除积聚，消疔肿（《唐本》）。捣绞汁服，令人吐逆，除疟及胸膈热痰，小儿痞满（藏器）。根：疗脚气、风毒、胫肿，捣酒服，亦甚有验。又煎汤，洗癣疮（时珍）。

蚕网草（《拾遗》）

【集解】藏器曰：生湿地，如蓼大，茎赤花白。东土亦有之。

【气味】辛，平，无毒。

【主治】诸虫如蚕类咬人，恐毒入腹，煮服之。亦捣敷诸疮（藏器）。

蛇网草（《拾遗》）

【集解】藏器曰：生平地，叶似苦杖而小，节赤，高一二尺，种之辟蛇；又一种草，茎圆似苎，亦敷蛇毒。

慎微曰：按《百一方》云：东关有草状如苎，茎方节赤，挼敷蛇毒，如摘却然，名蛇网草。又有鼠网草，即后莽草。

【气味】缺。

【主治】蛇虺毒虫等螫。取根叶捣敷咬处，当下黄水（藏器）。

虎杖（《别录》中品）

【释名】苦杖（《拾遗》）、大虫杖（《药性》）、斑杖（《日华》）、酸杖。

虎杖

时珍曰：杖言其茎，虎言其斑也。或云一名杜牛膝者，非也。一种斑杖似蒻头者，与此同名异物。

【集解】机曰：诸注或云似荭、似杏、似寒菊，各不相侔，岂所产有不同耶？

时珍曰：其茎似荭蓼，其叶圆似杏，其枝黄似柳，其花状似菊，色似桃花。合而观之，未尝不同也。

根

【修治】敩曰：采得细剉，却用叶包一夜，晒干用。

【气味】微温。

权曰：甘，平，无毒。

宗奭曰：味微苦。今天下暑月多煎根汁为饮。不得甘草，则不堪饮。本文不言味。《药性论》云:甘。是甘草之味,非虎杖味也。

【主治】通利月水,破留血癥结(《别录》)。渍酒服,主暴瘕(弘景)。风在骨节间,及血瘀,煮汁作酒服之(藏器)。治大热烦躁,止渴利小便.压一切热毒(甄权)。治产后血晕,恶血不下,心腹胀满,排脓,主疮疖痈毒,扑损瘀血,破风毒结气(大明)。烧灰,贴诸恶疮。焙研炼蜜为丸,陈米饮服,治肠痔下血(苏颂)。研末酒服,治产后瘀血血痛,及坠扑昏闷有效(时珍)。

【附方】旧三,新四。小便五淋:苦杖为末。每服二钱,用饭饮下。(《集验方》)月水不利:虎杖三两,凌霄花、没药一两。为末。热酒每服一钱。又方:治月经不通,腹大如瓮,气短欲死。虎杖一斤(去头曝干,切),土瓜根汁、牛膝汁二斗。水一斛,浸虎杖一宿,煎取二斗,入二汁,同煎如饧。每酒服一合,日再夜一,宿血当下。(《圣惠方》)时疫流毒攻手足,肿痛欲断:用虎杖根剉,煮汁渍之。(《肘后方》)腹中暴癥硬如石,痛如刺,不治,百日内死:取虎杖根,勿令影临水上,可得石余,洗,干捣末,稌米五升炊饭,纳入搅之,好酒五斗渍之,封候药消饭浮,可饮一升半,勿食鲑鱼及盐。但取一斗干者,薄酒浸饮,从少起,日三服,亦佳,癥当下也。此方治癥,胜诸大药也。(《外台秘要》)气奔怪病,人忽遍身皮底混混如波浪声,痒不可忍,抓之血出不能解,谓之气奔:以苦杖、人参、青盐、白术、细辛各一两。作一服,水煎,细饮尽便愈。(夏子益《奇疾方》)消渴引饮:虎杖(烧过)、海浮石、乌贼鱼骨、丹砂等分。为末。渴时,以麦门冬汤服二钱,日三次。忌酒色、鱼、面、鲊、酱、生冷。(《卫生家宝方》)

莸(《拾遗》)

【校正】并入有名未用《别录》马唐。

【释名】马唐(《别录》)、马饭(《别录》)、羊麻(《别录》)、羊粟(《别录》)、蔓于(《尔雅》)、轩于。

草莸

藏器曰:马食之如糖如饭,故名马唐、马饭。

时珍曰:羊亦食之,故曰羊麻、羊粟。其气痼臭,故谓之莸。莸者,痼也,朽木臭也。此草茎颇似蕙而臭。故《左传》云:一熏一莸,十年尚犹有臭,是也。孙升《谈圃》以为香薷者,误矣。即《别录》马唐也,今并为一。

【集解】《别录》曰:马唐生下湿地,茎有节生根,五月采。

藏器曰:生南方废稻田中,节节有根,着土如结缕草,堪饲马。又曰:莸生水田中,状如结缕草而叶长,马食之。

【气味】甘,寒,无毒。

藏器曰:大寒。

【主治】马唐:调中,明耳目(《别录》)。煎取汁,明目润肺。又曰:莸:消水气湿痹，脚气顽痹虚肿，小腹急，小便赤涩，并合赤小豆煮食，勿与盐。绞汁服，止消渴。捣叶，敷毒肿(藏器)。

萹蓄(音槁畜。《本经》下品)

【释名】扁竹(弘景)、扁辨(《吴普》)、扁蔓(《吴普》)、粉节草(《纲目》)、道生草。

时珍曰：许慎《说文》作扁筑，与竹同音。节间有粉，多生道旁，故方士呼为粉节草、道生草。

萹蓄

【集解】《别录》曰：萹蓄，生东莱山谷，五月采，阴干。

弘景曰：处处有之，布地而生，花节间白，叶细绿，人呼为扁竹。

颂曰：春中布地生道旁，苗似瞿麦，叶细绿如竹，赤茎如钗股，节间花出甚细，微青黄色，根如蒿根。四、五月采苗，阴干。《蜀图经》云：二月、八月采苗日干。郭璞注《尔雅》云：似小藜赤茎节，好生道旁，可食又杀虫，是也。或云：《尔雅》王刍即此也。

时珍曰：其叶似落帚叶而不尖，弱茎引蔓，促节。三月开细红花，如蓼蓝花，结细子，炉火家烧灰炼霜用。一种水扁筑，名薄(音督)，出《说文》。

【气味】苦，平，无毒

权曰：甘、涩。

【主治】浸淫疥、瘙、疽、痔，杀三虫(《本经》)。疗女子阴蚀(《别录》)。煮汁饮小儿，疗蛔虫有验(甄权)。治霍乱黄疸，利小便，小儿魃病(时珍)。

【附方】旧七，新二。热淋涩痛：扁竹煎汤频饮。(《生生编》)热黄疸疾：扁竹捣汁，顿服一升。多年者，日再服之。(《药性论》)霍乱吐利：扁竹入豉汁中，下五味，煮羹食。(《食医心镜》)丹石冲眼，服丹石人毒发，冲眼肿痛：扁竹根一握，洗，捣汁服之。(《食疗本草》)蛔咬心痛：《食疗》：治小儿蛔咬心痛，面青，口中沫出临死者：取扁竹十斤(剉)。以水一石，煎至一斗，去滓煎如饧。隔宿勿食，空心服一升，虫即下也。仍常煮汁作饭食。《海上歌》云：心头急痛不能当，我有仙人海上方。萹蓄醋煎通口咽，管教时刻便安康。虫食下部，虫状如蜗牛，食下部作痒：取扁竹一把，水二升，煮熟。五岁儿，空腹服三五合。(《杨氏产乳》)痔发肿痛：扁竹捣汁，服一升。一二服未瘥，再服。亦取汁和面作餔飥煮食，日三次。(《药性论》)恶疮痂痒作痛：扁竹捣封，痂落即瘥。(《肘后方》)

荩草(音烬。《本经》下品)

【释名】黄草(《吴普》)、绿竹(《唐本》)、绿蓐(《唐本》)、莀草(《纲目》)、盭草

(音戾)、王刍(《尔雅》)、鸱脚莎。

时珍曰:此草绿色,可染黄,故曰黄、曰绿也。莨、盭,乃北人呼绿字音转也。古者贡草入染人,故谓之王刍,而进忠者谓之荩臣也。《诗》云:终朝采绿,不盈一掬。许慎《说文》云:莨草可以染黄。《汉书》云:诸侯盭绶。晋灼注云:盭草出琅琊,似艾可染,因以名绶。皆谓此草也。

荩草

禹锡曰:《尔雅》:绿,王刍。孙炎注云:即绿蓐草也。今呼为鸱脚莎。《诗》云:绿竹猗猗,是也。

【集解】《别录》曰:荩草,生青衣川谷,九月、十月采,可以染作金色。

普曰:生太山山谷。

恭曰:青衣县名,在益州西。今处处平泽溪涧侧皆有。叶似竹而细薄,茎亦圆小。荆襄人煮以染黄,色极鲜好。俗名绿蓐草。

【气味】苦,平,无毒

普曰:神农、雷公:苦。

之才曰:畏鼠负。

【主治】久咳上气喘逆,久寒惊悸,痂疥白秃疡气,杀皮肤小虫(《本经》)。治身热邪气,小儿身热(吴普)。洗一切恶疮,有效(大明)。

蒺藜(《本经》上品)

【释名】茨(《尔雅》)、旁通(《本经》)、屈人(《本经》)、上行(《本经》)、豺羽(《本经》)、升推。

弘景曰:多生道上及墙上,叶布地,子有刺,状如菱而小。长安最饶,人行多着木履。今军家乃铸铁作之,以布敌路,名铁蒺藜。《易》云:据于蒺藜,言其凶伤。《诗》云:墙有茨,不可扫也,以刺梗秽。方用甚稀。

时珍曰:蒺,疾也;藜,利也;茨,刺也。其刺伤人,甚疾而利也。屈人、止行,皆因其伤人也。

蒺藜

【集解】《别录》曰:蒺藜子生冯翊平泽或道旁。七月、八月采实,曝干。

颂曰:冬月亦采之,黄白色。郭璞注《尔雅》云:布地蔓生,细叶,子有三角,刺人,是也;又一种白蒺藜,今生同州沙苑,牧马草地最多,而近道亦有之。绿叶细蔓,绵布沙上。七月开花黄紫色,如豌豆花而小。九月结实作荚,子便可采。其实味甘而微腥,褐绿色,与蚕种子相类而差大。又与马蔺子酷相类,但马蔺子微大,不堪入药,须细辨之。

宗奭曰:蒺藜有二等:一等杜蒺藜,即今之道旁布地而生者。开小黄花,结芒刺;一种白蒺藜,出同州沙苑牧马处。子如羊内肾,大如黍粒,补肾药,今人多用。风家惟用刺蒺藜也。

时珍曰:蒺藜叶如初生皂荚叶,整齐可爱。刺蒺藜状如赤根菜子及细菱,三角四刺,实有仁;其白蒺藜结荚长寸许,内子大如脂麻,状如羊肾而带绿色,今人谓之沙苑蒺藜。以此分别。

子

【修治】敩曰:凡使拣净蒸之,从午至酉,日干。木臼舂令刺尽,用酒拌再蒸,从午至酉,日干用。

大明曰:入药不计丸散,并炒去刺用。

沙苑蒺藜

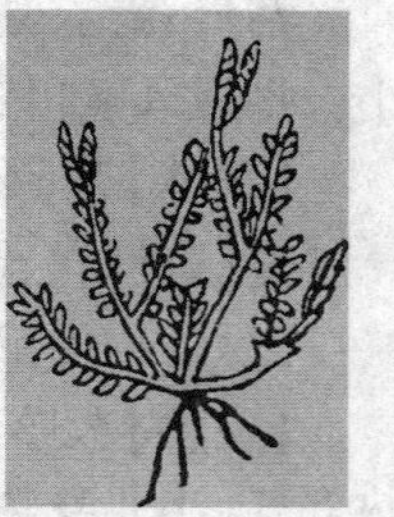

【气味】苦,温,无毒。

《别录》曰:辛,微寒。

权曰:甘,有小毒。

志曰:其性宣通,久服不冷而无壅热,当以性温为是。

之才曰:乌头为之使。

【主治】恶血,破癥结积聚,喉痹乳难。久服长肌肉,明目轻身(《本经》)。身体风痒,头痛,咳逆伤肺肺痿,止烦下气。小儿头疮,痈肿阴溃,可作摩粉(《别录》)。治诸风疬疡,疗吐脓,去燥热(甄权)。治奔豚肾气,肺气胸膈满,催生堕胎,益精,疗水藏冷,小便多,止遗沥泄精、溺血肿痛(大明)。痔漏阴汗,妇人发乳带下(苏颂)。治风秘,及蛔虫心腹痛(时珍)。

【附方】旧九,新八。服食法:蒺藜子一石(七、八月熟时收取)。日干,舂去刺,杵为末。每服二钱,新汲水调下,日三服,勿令中绝,断谷长生。服之一年以后,冬不寒,夏不热;二年,老者复少,发白复黑,齿落更生;服之三年,身轻长生。(《神仙秘旨》)腰脊引痛:蒺藜子捣末,蜜和丸胡豆大。酒服二丸,日三服。(《外台秘要》)通身浮肿:杜蒺藜日日煎汤洗之。(《圣惠方》)卒中五尸:蒺藜子捣末,蜜丸胡豆大。每服二丸,日三服。(《肘后方》)大便风秘:蒺藜子(炒)一两,猪牙皂荚(去皮,酥炙)五钱。为末。每服一钱,盐茶汤下。(《普济方》)月经不通:杜蒺藜、当归等分,为末,米饮每服三钱。(《儒门事亲》)催生下衣,难产,胎在腹中,并包衣不下及胎死者:蒺藜子、贝母各四两。为末,米汤服三钱。少顷不下,再服。(《梅师方》)蛔虫心痛吐清水:七月七日采蒺藜子阴干,烧作灰,先食服方寸匕,日三服。(《外台秘要》)万病积聚:七、八月收蒺藜子,水煮熟,曝干,蜜丸梧子大。每酒服七丸,以知为度。其汁煎如饴,服之。三十年失明:补肝散:用蒺藜子(七月七日收),阴干捣散。食后水服方寸匕,日二。(《外台秘要》)牙齿动摇,疼痛及打动者:土蒺藜(去角生研)五钱,淡浆水半碗。蘸水入盐温漱,甚效。或以根烧灰,贴牙即牢固也。(《御药院方》)牙齿出血不止,动摇:白蒺藜末,旦旦擦之。(《道藏经》)打动牙疼:蒺藜子或根为末,日日揩之。(《瑞竹堂方》)鼻塞出水,多年不闻香臭:蒺黎二握,当道车碾过，以水一大盏，煮取半盏。仰卧，先满口含饭，以汁一合灌鼻中。不过再灌，嚏出一两个息肉，似赤蛹虫，即愈。（《圣惠方》）面上瘢痕：蒺藜子、山栀子各一合。为末。醋和。夜涂旦洗。（《救急方》）白癜风疾：白蒺藜子六两，生捣为末。每汤服二钱，日二钱。一月绝根。服至半月，白处见红点，神效。（《孙真人食忌》）一切疔肿：蒺藜子一升，作灰，以醋和封头上，拔根。（《外台秘要》）

花

【主治】阴干为末，每温酒服二、三钱，治白癜风（宗奭）。

苗

【主治】煮汤，洗疥癣、风疮作痒（《千金》）。

【附方】旧二，新一。鼻流清涕：蒺藜苗二握，黄连二两，水五升，煎一升，少少灌鼻中取嚏，不过再灌。（《圣济录》）诸疮肿毒：蒺藜蔓，洗，三寸截之，取得一斗。以水五升，煮取二升，去滓，纳铜器中，又煮取一升，纳小器中，煮如饴状，以涂肿处。（《千金方》）蠼螋尿疮，绕身匝即死：以蒺藜叶捣敷之。无叶用子。（《备急方》）

白蒺藜

【气味】甘，温，无毒。

【主治】补肾，治腰痛泄精，虚损劳乏（时珍）。

【发明】颂曰：古方皆用有刺者，治风、明目最良。神仙方亦有单服蒺藜法，云不问黑白，但取坚实者，舂去刺用。

时珍曰：古方补肾治风，皆用刺蒺藜。后世补肾多用沙苑蒺藜，或以熬膏和药，恐其功亦不甚相远也。刺蒺藜炒黄去刺，磨面作饼，或蒸食，可以救荒。

谷精草（宋《开宝》）

【释名】戴星草（《开宝》）、文星草（《纲目》）、流星草。

时珍曰：谷田余气所生，故曰谷精。

志曰：白花似星，故有戴星诸名。

【集解】颂曰：处处有之。春生于谷田中，叶茎俱青，根花并白色。二月、三月采花用，花白小圆似星。可喂马令肥，主虫颡毛焦病。又有一种，茎梗长有节，根微赤，出秦陇间。

时珍曰：此草收谷后，荒田中生之，江湖南北多有。一科丛生，叶似嫩谷秧。抽细茎，高四、五寸。茎头有小白花，点点如乱星。九月采花，阴干。云二、三月采者，误也。

草精谷

花

【气味】辛,温,无毒。

藏器曰:甘,平。

大明曰:可结水银成砂子。

【主治】喉痹,齿风痛,诸疮疥(《开宝》)。头风痛,目盲翳膜,痘后生翳,止血(时珍)。

【发明】时珍曰:谷精体轻性浮,能上行阳明分野。凡治目中诸病,加而用之,甚良。明目退翳之功,似在菊花之上也。

【附方】旧一,新九。脑痛眉痛:谷精草二钱,地龙三钱,乳香一钱,为末。每用半钱,烧烟筒中,随左右熏鼻。(《圣济录》)偏正头痛:《集验方》:用谷精草一两为末,以白面糊调摊纸花上,贴痛处,干换。《圣济方》:用谷精草末、铜绿各一钱,硝石半分。随左右搐鼻。鼻衄不止:谷精草为末,熟面汤服二钱。(《圣惠方》)目中翳膜:谷精草、防风等分。为末。米饮服之,甚验。(《明目方》)痘后目翳,隐涩泪出,久而不退:用谷精草为末,以柿或猪肝片蘸食。一方:加蛤粉等分,同入猪肝内煮熟,日食之。又方:见夜明沙。(邵真人《济急方》)小儿雀盲,至晚忽不见物:用羯羊肝一具(不用水洗,竹刀剖开),入谷精草一撮,瓦罐煮熟,日食之。屡效。忌铁器。如不肯食,炙熟,捣作丸绿豆大。每服三十丸,茶下。(《卫生家宝方》)小儿中暑,吐泄烦渴:谷精草烧存性,用器覆之,放冷为末。每冷米饮服半钱。(《保幼大全》)

海金沙(宋《嘉祐》)

【释名】竹园荽。

时珍曰:其色黄如细沙也。谓之海者,神异之也。俗名竹园荽,象叶形也。

【集解】禹锡曰:出黔中郡,湖南亦有。生作小株,高一二尺。七月收其全科,于日中暴之,小干,以纸衬承,以杖击之,有细沙落纸上,且暴且击,以尽为度。

时珍曰:江浙、湖湘、川陕皆有之,生山林下。茎细如线,引于竹木上,高尺许。其叶细如园荽叶而甚薄,背面皆青,上多皱纹。皱处有沙子,状如蒲黄粉,黄赤色。不开花,细根坚强。其沙及草皆可入药。方士采其草取汁,煮砂、缩贺。

沙金海

【气味】甘,寒,无毒。

【主治】通利小肠。得栀子、马牙硝、蓬沙,疗伤寒热狂。或丸或散(《嘉祐》)。治湿热肿满,小便热淋、膏淋、血淋、石淋茎痛,解热毒气(时珍)。

【发明】时珍曰:海金沙,小肠、膀胱血分药也。热在二经血分者宜之。

【附方】旧一,新五。热淋急痛:海金沙草阴干为末,煎生甘草汤，调服二钱，此陈总领方也。一加滑石。（《夷坚志》）小便不通，脐下满闷：海金沙一两，蜡面茶半两，捣碎。每服三钱，生姜甘草煎汤下，日二服。亦可末服。（《图经本草》）膏淋如油：海金沙、滑石各一两，甘草梢二钱半。为末。每服二钱，麦门冬煎汤服，日二次。（《仁存方》）血淋痛涩，但利水道。则清浊自分：海金沙末，新汲水或砂糖水服一钱。（《普济方》）脾湿肿满，腹胀如鼓，喘不得卧：海金沙散：用海金沙三钱，白术四两，甘草半两，黑牵牛头末一两半。为末。每服一钱，煎倒流水调下，得利为妙。（东垣《兰室秘藏》）痘疮变黑归肾：用竹园荽草煎酒，敷其身，即发起。（《直指方》）

地杨梅（《拾遗》）

地杨梅

【集解】藏器曰：生江东湿地，苗如莎草，四、五月有子，似杨梅也。

【气味】辛，平，无毒。

【主治】赤白痢。取茎、子煎汤服（藏器）。

水杨梅（《纲目》）

水杨梅

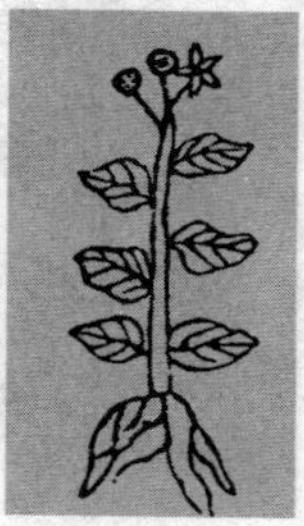

【释名】地椒

【集解】时珍曰：生水边，条叶甚多，生子如杨梅状。《庚辛玉册》云：地椒，一名水杨梅，多生近道阴湿处，荒田野中亦有之。丛生，苗叶似菊，茎端开黄花，实类椒而不赤。实可结伏三黄、白矾，制丹砂、粉霜。

【气味】辛，温，无毒。

【主治】疔疮肿毒（时珍）。

地蜈蚣草（《纲目》）

【集解】时珍曰：生村落塍野间。左蔓延右，右蔓延左。其叶密而对生，如蜈蚣形，其穗亦长，俗呼过路蜈蚣。其延上树者，呼飞天蜈蚣。根、苗皆可用。

地蜈蚣草

【气味】苦，寒，无毒。

【主治】解诸毒，及大便不通，捣汁。疗痈肿，捣涂，并末服，能消毒排脓。蜈蚣伤者，入盐少许捣涂，或末敷之（时珍）。

【附方】新一。一切痈疽，及肠痈奶痈，赤肿未破，或已破而脓血不散，发热疼痛能食者，并宜排脓托里散：用地蜈蚣、赤芍药、当归、甘草等分。为末。每服二钱，温酒下。（《和剂局方》）

莲边半

半边莲(《纲目》)

【集解】时珍曰:半边莲,小草也。生阴湿塍堑边。就地细梗引蔓,节节而生细叶。秋开小花,淡红紫色,止有半边,如莲花状,故名。又呼急解索。

【气味】辛,平,无毒。

【主治】蛇虺伤,捣汁饮,以滓围涂之。又治寒齁气喘,及疟疾寒热,同雄黄各二钱,捣泥,碗内覆之,待色青,以饭丸梧子大。每服九丸,空心盐汤下(时珍。《寿域方》)。

紫花地丁(《纲目》)

【释名】箭头草(《纲目》)、独行虎(《纲目》)、羊角子(《秘韫》)、米布袋。

丁地花紫

【集解】时珍曰:处处有之。其叶似柳而微细,夏开紫花结角。平地生者起茎;沟壑边生者起蔓。《普济方》云:乡村篱落生者,夏秋开小白花,如铃儿倒垂,叶微似木香花之叶。此与紫花者相戾,恐别一种也。

【气味】苦、辛,寒,无毒。

【主治】一切痈疽发背,疔肿瘰疬,无名肿毒恶疮(时珍)。

【附方】新九。黄疸内热:地丁末。酒服三钱。(《乾坤秘韫》)稻芒粘咽,不得出者:箭头草嚼咽下。(同上方)痈疽恶疮:紫花地丁(连根)、同苍耳叶等分。捣烂,酒一盅,搅汁服。(杨诚《经验方》)痈疽发背,无名诸肿,贴之如神:紫花地丁草,三伏时收。以白面和成,盐醋浸一夜贴之。昔有一尼发背,梦得此方,数日而痊。(孙天仁《集效方》)一切恶疮:紫花地丁根,日干,以罐盛,烧烟对疮熏之。出黄水,取尽愈。(《卫生易简方》)瘰疬疔疮,发背诸肿:紫花地丁根去粗皮,同白蒺藜为末,油和涂神效。(《乾坤秘韫》)疔疮肿毒:《千金方》:用紫花地丁草捣汁服,虽极者亦效。杨氏方:用紫花地丁草、葱头、生蜜共捣贴之。若瘤疮,加新黑牛屎。喉痹肿痛:箭头草叶,入酱少许,研膏,点入取吐。(《普济方》)

鬼针草(《拾遗》)

【集解】藏器曰:生池畔,方茎,叶有丫,子作钗脚,着人衣如针。北人谓之鬼针,南人谓之鬼钗。

【气味】苦,平,无毒。

【主治】蜘蛛、蛇咬，杵汁服，并敷（藏器）。涂蝎虿伤（时珍）。

【附方】新一。割甲伤肉不愈：鬼针草苗、鼠粘子根捣汁，和腊猪脂涂。（《千金》）

独用将军（《唐本草》）

【集解】恭曰：生林野中，节节穿叶心生苗，其叶似楠，不时采根、叶用。

【气味】辛，无毒。

【主治】毒肿乳痈，解毒，破恶血（恭）。

【附方】新一。下痢噤口：独将军草根，有珠如豆者，取珠捣汁三匙，以白酒半杯和服。（《简便方》）

【附录】留军待

恭曰：生剑州山谷，叶似楠而细长，采无时。味辛，温，无毒。主肢节风痛，筋脉不遂，折伤瘀血，五缓挛痛。

见肿消

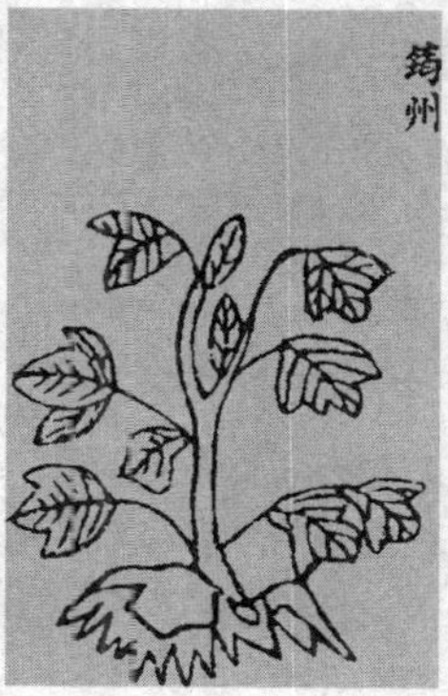

见肿消（宋《图经》）

【集解】颂曰：生筠州。春生苗叶，茎紫色，高一二尺，叶似桑而光，面青紫赤色，采无时。

【气味】酸、涩，有微毒。

【主治】消痈肿及狗咬，捣叶贴之（苏颂）。

【附方】新一。一切肿毒及伤寒遗毒，发于耳之前后，及项下肿硬：用见肿消草、生白芨、生白蔹、土大黄、生大蓟根、野苎麻根捣成饼，入芒硝一钱，和贴留头，干即易之。若加金线重楼及山慈菇尤妙。（《伤寒蕴要》）

攀倒甑

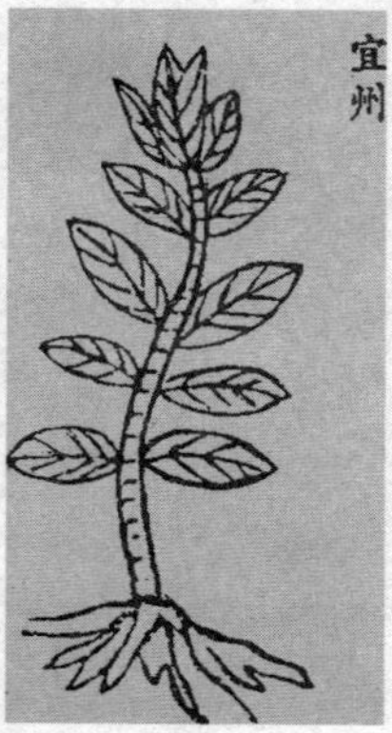

攀倒甑（《图经》）

【集解】颂曰：生宜州郊野。茎叶如薄荷。一名斑杖，一名接骨。

时珍曰：斑杖，名同虎杖；接骨，名同蒴藋，不知是一类否？

【气味】苦，寒，无毒。

【主治】解利风热，烦渴狂躁，捣汁服，甚效（苏颂）。

水甘草(《图经》)

草甘水

【集解】颂曰:生筠州,多在水旁。春生苗,茎青,叶如柳,无花。土人七月、八月采。单用,不入众药。

【气味】甘,寒,无毒。

【主治】小儿风热丹毒,同甘草煎饮(苏颂)。

本草纲目草部第十七卷

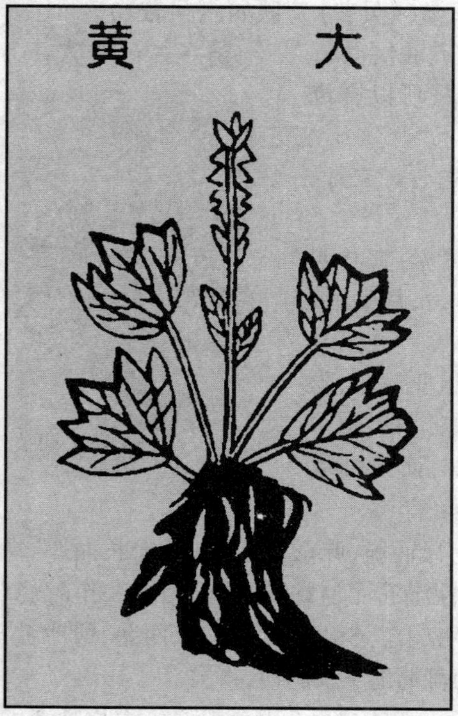

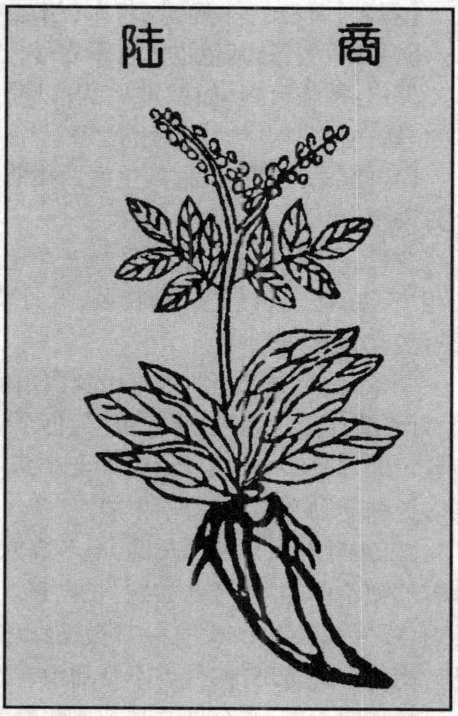

本草纲目草部第十七卷

大黄(《本经》下品)

【释名】黄良(《本经》)、将军(当之)、火参(《吴普》)、肤如(《吴普》)。

黄　大

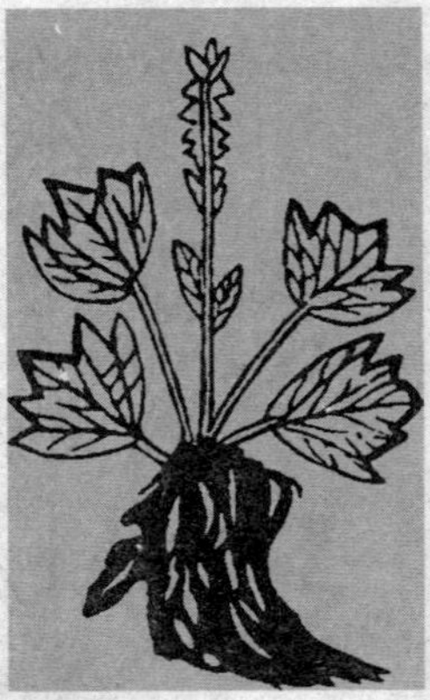

弘景曰:大黄,其色也。将军之号,当取其骏快也。

杲曰:推陈致新,如戡定祸乱,以致太平,所以有将军之号。

【集解】《别录》曰:大黄生河西山谷及陇西。二月、八月采根,火干。

普曰:生蜀郡北部或陇西。二月卷生黄赤,其叶四四相当,茎高三尺许。三月花黄,五月实黑,八月采根。根有黄汁,切片阴干。

弘景曰:今采益州北部汶山及西山者,虽非河西、陇西,好者犹作紫地锦色,味甚苦涩,色至浓黑。西川阴干者胜。北部日干,亦有火干者,皮小焦不如,而耐蛀堪久。此药至劲利,粗者便不中服。

恭曰:叶、子、茎并似羊蹄,但茎高六、七尺而脆,味酸堪生啖,叶粗长而厚。根细者亦似宿羊蹄,大者乃如碗,长二尺。其性湿润而易蛀坏,火干乃佳。作时烧石使热,横寸截着石上煿之,一日微燥,以绳穿晾干。今出宕州、凉州、西羌、蜀地者皆佳。幽并以北者渐细,气力不及蜀中者。陶言蜀地不及陇西,误矣。

藏器曰:凡用当分别之。若取和厚深沉、能攻病者,可用蜀中似牛舌片紧硬者;若取泻泄骏快、推陈去热者,当取河西锦纹者。

颂曰:今蜀川、河东、陕西州郡皆有之,以蜀川锦纹者佳。其次,秦陇来者,谓之土番大黄。正月内生青叶,似蓖麻,大者如扇。根如芋,大者如碗,长一二尺。其细根如牛蒡,小者亦如芋。四月开黄花,亦有青红似荞麦花者。茎青紫色,形如竹。二、八月采根,去黑皮,切作横片,火干。蜀大黄乃作竖片如牛舌形,谓之牛舌大黄。二者功用相等。江淮出者曰土大黄,二月开花,结细实。

时珍曰:宋祁《益州方物图》,言蜀大山中多有之,赤茎大叶,根巨若碗,药市以大者为枕,紫地锦纹也。今人以庄浪出者为最,庄浪,即古泾原陇西地,与《别录》相合。

【正误】颂曰：鼎州出一种羊蹄大黄，治疥瘙甚效。初生苗叶如羊蹄，累年长大，即叶似商陆而狭尖。四月内抽条出穗，五七茎相合，花叶同色。结实如荞麦而轻小，五月熟即黄色，呼为金荞麦。三月采苗，五月采实，阴干。九月采根，破之亦有锦纹。亦呼为土大黄。

时珍曰：苏说即老羊蹄根也。因其似大黄，故谓之羊蹄大黄，实非一类。又一种酸模，乃山大黄也。状似羊蹄而生山上，所谓土大黄或指此，非羊蹄也（俱见本条）。

根

【修治】雷曰：凡使细切，以纹如水旋斑紧重者，剉片蒸之，从巳至未，晒干，又洒腊水蒸之，从未至亥，如此凡七次。晒干。却洒淡蜜水再蒸一伏时，其大黄必如乌膏样，乃晒干用。

藏器曰：凡用有蒸、有生、有熟，不得一概用之。

承曰：大黄采时，皆以火石煿干货卖，更无生者，用之亦不须更多炮炙蒸煮。

【气味】苦，寒，无毒。

《别录》曰：大寒。

普曰：神农、雷公：苦，有毒；扁鹊：苦，无毒；李当之：小寒。

元素曰：味苦气寒，气味俱厚，沉而降，阴也。用之须酒浸煨熟者，寒因热用。酒浸入太阳经；酒洗入阳明经，余经不用酒。

杲曰：大黄苦峻下走，用之于下必生用。若邪气在上，非酒不至，必用酒浸引上至高之分，驱热而下。如物在高巅，必射以取之也。若用生者，则遗至高之邪热，是以愈后或目赤、或喉痹、或头肿、或膈上热疾生也。

时珍曰：凡病在气分，及胃寒血虚，并妊娠产后，并勿轻用。其性苦寒，能伤元气、耗阴血故也。

之才曰：黄芩为之使，无所畏。

权曰：忌冷水，恶干漆。

【主治】下瘀血血闭，寒热，破癥瘕积聚，留饮宿食，荡涤肠胃，推陈致新。通利水谷，调中化食，安和五脏（《本经》）。平胃下气，除痰实，肠间结热，心腹胀满，女子寒血闭胀，小腹痛，诸老血留结（《别录》）。通女子经候，利水肿，利大小肠。贴热肿毒，小儿寒热时疾，烦热蚀脓（甄权）。通宣一切气，调血脉，利关节，泄壅滞水气，温瘴热疟（大明）。泻诸实热不通，除下焦湿热，消宿食，泻心下痞满（元素）。下痢赤白，里急腹痛，小便淋沥，实热燥结，潮热谵语，黄疸诸火疮（时珍）。

【发明】之才曰：得芍药、黄芩、牡蛎、细辛、茯苓，疗惊恚怒，心下悸气。得硝石、紫石英、桃仁，疗女子血闭。

宗奭曰：张仲景治心气不足，吐血衄血，泻心汤：用大黄、黄芩、黄连。或曰心气既不足，而不用补心汤，更用泻心何也？答曰：若心气独不足，则当不吐衄也。此乃邪热因不足而客之，故令吐衄。以苦泄其热，以苦补其心，盖一举而两得之。有是证者,用之无不效,惟在量其虚实而已。

震亨曰:大黄苦寒善泄,仲景用之泻心汤者,正因少阴经不足,本经之阳亢甚无辅,以致阴血妄行飞越。故用大黄泻去亢甚之火,使之平和,则血归经而自安。夫心之阴气不足,非一日矣,肺与肝俱各受火而病作。故黄芩救肺,黄连救肝。肺者阴之主,肝者心之母、血之合也。肝肺之火既退,则阴血复其旧矣。寇氏不明说而云邪热客之,何以明仲景之意而开悟后人也?

时珍曰:大黄乃足太阴、手足阳明、手足厥阴五经血分之药。凡病在五经血分者,宜用之。若在气分用之,是谓诛伐无过矣。泻心汤治心气不足吐血衄血者,乃真心之气不足,而手厥阴心包络、足厥阴肝、足太阴脾、足阳明胃之邪火有余也。虽曰泻心,实泻四经血中之伏火也。又仲景治心下痞满、按之软者,用大黄、黄连泻心汤主之。此亦泻脾胃之湿热,非泻心也。病发于阴而反下之,则作痞满,乃寒伤营血,邪气乘虚结于上焦。胃之上脘在于心,故曰泻心,实泻脾也。《素问》云:太阴所至为痞满。又云:浊气在上,则生䐜胀,是矣。病发于阳而反下之,则成结胸,乃热邪陷入血分,亦在上脘分野。仲景大陷胸汤丸皆用大黄,亦泻脾胃血分之邪,而降其浊气也。若结胸在气分,则只用小陷胸汤;痞满在气分,则用半夏泻心汤矣。成无己注释《伤寒论》,亦不知分别此义。

成无己曰:热淫所胜,以苦泄之。大黄之苦,以荡涤瘀热,下燥结而泄胃强。

颂曰:本草称大黄推陈致新,其效最神,故古方下积滞多用之,张仲景治伤寒用处尤多。古人用毒药攻病,必随人之虚实寒热而处置,非一切轻用也。梁武帝因发热欲服大黄。姚僧垣曰:大黄,乃是快药,至尊年高,不可轻用。帝弗从,几至委顿。梁元帝常有心腹疾。诸医咸谓宜用平药,可渐宣通。僧垣曰:脉洪而实,此有宿妨,非用大黄无瘥理。帝从之,遂愈。以此言之,今医用一毒药而攻众病,其偶中,便谓此方神奇;其差误,则不言用药之失,可不戒哉?

【附方】旧十三,新四十二。吐血衄血,治心气不足,吐血衄血者,泻心汤主之:大黄二两,黄连、黄芩各一两,水三升,煮一升,热服取利。(张仲景《金匮玉函》)吐血刺痛:川大黄一两,为散。每服一钱,以生地黄汁一合,水半盏,煎三、五沸,无时服。(《简要济众方》)伤寒痞满,病发于阴,而反下之,心下满而不痛,按之濡,此为痞也,大黄黄连泻心汤主之:大黄二两,黄连一两,以麻沸汤二升渍之,须臾绞汁,分作二次温服。(仲景《伤寒论》)热病谵狂:川大黄五两,剉,炒微赤,为散。用腊雪水五升,煎如膏。每服半匙,冷水下。(《圣惠方》)伤寒发黄:方同上。气壮者,大黄一两,水二升,渍一宿,平旦煎汁一升,入芒硝一两,缓服,须臾当利下。(《伤寒类要》)腰脚风气作痛:大黄二两,切如棋子,和少酥炒干,勿令焦,捣筛。每用二钱,空心以水三大合,入姜三片,煎十余沸,取汤调服。当下冷脓恶物,即痛止。(崔元亮《海上方》)一切壅滞:《经验后方》:治风热积壅,化痰涎,治痞闷消食,化气导血:用大黄四两,牵牛子(半炒半生)四两,为末,炼蜜丸如梧子大。每服十丸,白汤下,并不损人。如要微利,加一二十丸。《卫生宝鉴》:用皂荚熬膏和丸,名坠痰丸,又名全真丸。金宣宗服之有验,赐名保安丸。痰为百病:滚痰丸:治痰为百病,惟水泻、胎前产后不可服用：大黄（酒浸，蒸熟切晒）八两，生黄芩八两，沉香半两，青礞石二两。以焰硝二两，同入砂罐固济，煅红研末二两。上各取末，以水和丸梧子大。常服一二十丸，小病五六十丸，缓病七八十丸，急病一百二十丸，温水吞下，即卧勿动，候药逐上焦痰滞。次日先下糟粕，次下痰涎，未下再服。王隐君岁合四十余斤，愈疾数万也。（《养生主论》）男女诸病：无极丸：治妇人经血不通，赤白带下，崩漏不止，肠风下血，五淋，产后积血，癥瘕腹痛，男子五劳七伤，小儿骨蒸潮热等症，其效甚速。宜六癸日合之。用锦纹大黄一斤，分作四分：一分用童尿一碗，食盐二钱，浸一日，切晒；一分用醇酒一碗，浸一日，切晒，再以巴豆仁三十五粒同炒，豆黄、去豆不用；一分用红花四两，泡水一碗，浸一日，切晒；一分用当归四两，入淡醋一碗，同浸一日，去归，切晒，为末。炼蜜丸梧子大。每服五十丸，空心温酒下。取下恶物为验；未下再服。此武当高士孙碧云方也。（《医林集要》）心腹诸疾：三物备急丸：治心腹诸疾，卒暴百病：用大黄、巴豆、干姜各一两。捣筛，蜜和捣一千杵，丸小豆大，每服三丸。凡中恶客忤，心腹胀满，痛如锥刀，气急口噤，停尸卒死者，以暖水或酒服之，或灌之。未知更服三丸，腹中鸣转，当吐下便愈。若口已噤者，折齿灌之，入喉即瘥。此乃仲景方，司空裴秀改为散用，不及丸也。（《图经本草》）腹中痞块：大黄十两为散，醋三升，蜜两匙和煎，丸梧子大。每服三十丸，生姜汤下，吐利为度。（《外台秘要》）腹胁积块：风化石（灰末）半斤，瓦器炒极热，稍冷，入大黄（末）一两炒热，入桂心（末）半两略炒，下米醋搅成膏，摊布贴之。又方：大黄二两，朴硝一两，为末。以大蒜同捣膏和贴之。或加阿魏一两，尤妙。（《丹溪心法》）久患积聚：二便不利，气上抢心，腹中胀满，害食：大黄、白芍各二两。为末，水丸梧子大。每汤下四十丸，日三，以知为度。（《千金方》）脾癖疳积，不拘大人小儿：锦纹大黄三两为末，醋一盏，沙锅内文武火熬成膏，倾瓦上，日晒夜露三日，再研。用舶上硫黄一两（形如琥珀者），官粉一两，同研匀。十岁以下小儿半钱，大人一钱半，米饮下。忌一切生冷、鱼肉，只食白粥半月。如一服不愈，半月之后再服。若不忌口，不如勿服。（《圣济总录》）小儿无辜闪癖瘰疬，或头干黄耸，或乍痢乍瘥，诸状多者，大黄煎主之：大黄九两（锦纹新实者，若微朽即不中用），削去皮，捣筛为散。以好米醋三升，和置瓦碗中，于大铛内浮汤上，炭火慢煮，候至成膏，可丸，乃贮器中。三岁儿一服七丸，梧子大，日再服，以下出青赤脓为度。若不下，或下少，稍稍加丸。若下多，又须减之。病重者七八剂方尽根。大人亦可用之。此药惟下宿脓，不令儿利也。须禁食毒物，乳母亦禁之。一加木香一两半。（崔知悌方）小儿诸热：大黄（煨熟）、黄芩各一两，为末，炼蜜丸麻子大。每服五丸至十丸，蜜汤下。加黄连，名三黄丸。（《钱氏小儿方》）骨蒸积热，渐渐黄瘦：大黄四分，以童子小便五六合，煎取四合，去滓。空腹分为二服，如人行五里，再服。（《广利方》）赤白浊淋：好大黄为末。每服六分，以鸡子一个，破顶入药，搅匀蒸熟，空心食之。不过三服愈。（《简便方》）相火秘结：大黄（末）一两，牵牛头（末）半两，每服三钱。有厥冷者：酒服；无厥冷，五心烦，蜜汤服。（刘河间《保命集》）诸痢初起：大黄（煨熟）、当归各二三钱（壮人各一两）。水煎服，取利。或加槟榔。（《集简方》）热痢里急：大黄一两。浸酒半日，煎服取利。(《集简方》)忽喘闷绝,不能语言,涎流吐逆,牙齿动摇,气出转大,绝而复苏,名伤寒并热霍乱:大黄、人参各半两,水二盏,煎一盏,热服,可安。(危氏《得效方》)食已即吐,胸中有火也:大黄一两,甘草二钱半,水一升,煮半升,温服。(仲景《金匮玉函方》)妇人血癖作痛:大黄一两,酒二升,煮十沸,顿服取利。(《千金翼》)产后血块:大黄末一两,头醋半升,熬膏,丸梧子大。每服五丸,温醋化下,良久当下。(《千金方》)干血气痛:绵纹大黄(酒浸晒干)四两,为末,好醋一升,熬成膏,丸芡子大。卧时酒化一丸服,大便利一二行,红漏自下,乃调经仙药也。或加香附。(董氏《集验方》)妇人嫁痛,小户肿痛也:大黄一两,酒一升,煮一沸,顿服。(《千金方》)男子偏坠作痛:大黄末和醋涂之,干则易。(《梅师方》)湿热眩晕不可当者:酒炒大黄为末,茶清服二钱,急则治其标也。(《丹溪纂要》)小儿脑热,常欲闭目:大黄一分,水三合,浸一夜。一岁儿每日服半合,余者涂顶上,干即再上。(姚和众《至宝方》)暴赤目痛:四物汤加熟大黄,酒煎服之。(《传信适用方》)胃火牙痛:口含冰水一口,以纸捻蘸大黄末,随左右搐鼻,立止。(《儒门事亲》)风热牙痛:紫金散:治风热积壅,一切牙痛,去口气,大有奇效:好大黄瓶内烧存性,为末,早晚揩牙,漱去。都下一家专货此药,两宫常以数千赎之,其门如市也。(《千金家藏方》)风虫牙痛,龈常出血,渐至崩落,口臭,极效:大黄(米泔浸软)、生地黄各旋切一片,合定贴上,一夜即愈,未愈再贴。忌说话,恐引入风。(《本事方》)口疮糜烂:大黄、枯矾等分,为末,擦之吐涎。(《圣惠方》)鼻中生疮:生大黄、杏仁捣匀,猪脂和涂。又方:生大黄、黄连各一钱,麝香少许,为末,生油调搽。(《圣惠方》)仙茅毒发,舌胀出口:方见仙茅下。伤损瘀血:《三因方》鸡鸣散:治从高坠下,木石压伤,及一切伤损,血瘀凝积,痛不可忍,并以此药推陈致新。大黄(酒蒸)一两,杏仁(去皮尖)三七粒,细研,酒一碗,煎六分,鸡鸣时服。至晚取下瘀血,即愈。《和剂方》:治跌压瘀血在内胀满:大黄、当归等分,炒研,每服四钱,温酒服,取下恶物愈。打扑伤痕,瘀血滚注,或作潮热者:大黄末,姜汁调涂。一夜,黑者紫;二夜,紫者白也。(《濒湖集简方》)杖疮肿痛:大黄末,醋调涂之。童尿亦可调。(《医方摘玄》)金疮烦痛,大便不利:大黄、黄芩等分,为末,蜜丸。先食水下十丸,日三服。(《千金方》)冻疮破烂:大黄末,水调涂之。(《卫生宝鉴》)汤火伤灼:庄浪大黄生研,蜜调涂之。不惟止痛,又且灭瘢。此乃金山寺神人所传方。(洪迈《夷坚志》)灸疮飞蝶,因艾灸讫,火痂便退,疮内鲜肉片飞如蝶形而去,痛不可忍,是火毒也:大黄、朴硝各半两,为末,水服取利即愈。(张杲《医说》)蠼螋咬疮:大黄末涂之。(《医说》)火丹赤肿遍身者:大黄磨水,频刷之。(《急救方》)肿毒初起:大黄、五倍子、黄柏等分,为末。新汲水调涂,日四五次。(《简便方》)痈肿焮热作痛:大黄末,醋调涂之。燥即易,不过数易即退,甚验神方也。(《肘后方》)乳痈肿毒:金黄散:用川大黄、粉草各一两。为末,好酒熬成膏收之。以绢摊贴疮上,仰卧。仍先以温酒服一大匙,明日取下恶物。(《妇人经验方》)大风癞疮:大黄(煨)一两,皂荚刺一两,为末。每服方寸匕,空心温酒下,取出恶毒物如鱼脑状。未下再服,即取下如乱发之虫。取尽,乃服雄黄花蛇药。名通天再造散。(《十便良方》)

叶

【气味】酸，寒，无毒。

【主治】置荐下，辟虱虫（《相感志》）。

商陆（《本经》下品）

【释名】蓫薚（音逐汤）、当陆（《开宝》）、章柳（《图经》）、白昌（《开宝》）、马尾（《广雅》）、夜呼（《本经》）。

时珍曰：此物能逐荡水气，故曰蓫薚。讹为商陆，又讹为当陆，北音讹为章柳。或云枝枝相值，叶叶相当，故曰当陆。或云多当陆路而生也。

陆　商

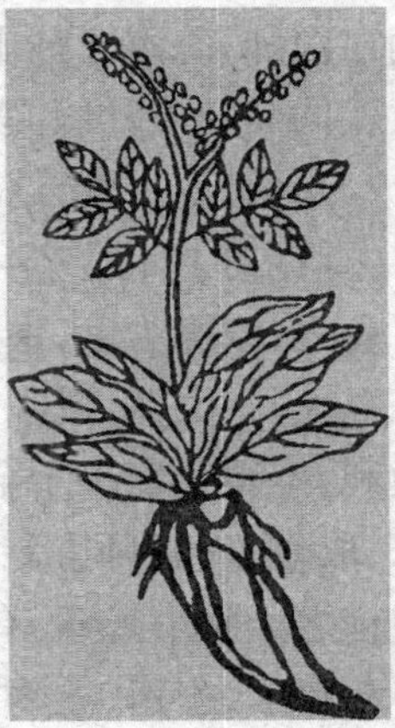

【集解】《别录》曰：商陆生咸阳山谷。如人形者有神。

恭曰：此有赤白二种：白者入药用；赤者见鬼神，甚有毒。

保升曰：所在有之。叶大如牛舌而厚脆，赤花者，根赤；白花者，根白。二月、八月采根，日干。

颂曰：俗名章柳根，多生于人家园圃中。春生苗，高三、四尺，青叶如牛舌而长。茎青赤，至柔脆。夏秋开红紫花，作朵。根如萝卜而长，八、九月采之。《尔雅》谓之蓫薚，《广雅》谓之马尾，《易经》谓之苋陆。

敩曰：一种赤昌，苗叶绝相类，不可服之，有伤筋骨消肾之毒。惟章陆花白年多者，仙人采之作脯，可下酒也。

时珍曰：商陆昔人亦种之为蔬，取白根及紫色者擘破，作畦栽之，亦可种子。根、苗、茎并可洗蒸食，或用灰汁煮过亦良，服丹砂、乳石，人食之尤利。其赤与黄色者有毒，不可食。按周定王《救荒本草》云：章柳干粗似鸡冠花干，微有线楞，色微紫赤，极易生植。

根

【修治】敩曰：取花白者根，铜刀刮去皮，薄切，以东流水浸两宿，漉出，架甑蒸，以黑豆叶一重，商陆一重，如此蒸之，从午至亥，取出去豆叶，曝干剉用。无豆叶，以豆代之。

【气味】辛，平，有毒。

《别录》曰：酸。

权曰：甘，有大毒。忌犬肉。

大明曰：白者苦冷，得大蒜良。赤者有毒，能伏硇砂、砒石、雌黄，拔锡。

恭曰：赤者但可贴肿，服之伤人，痢血不已杀人，令人见鬼神。

张仲景曰：商陆以水服，杀人。

杲曰：商陆有毒，阳中之阴。其味酸辛，其形类人。其用疗水，其效如神。

【主治】水肿疝瘕痹，熨除痈肿，杀鬼精物（《本经》）。疗胸中邪气，水肿痿痹，腹满洪直，疏五脏，散水气（《别录》）。泻十种水病。喉痹不通，薄切醋炒，涂喉外，良（甄权）。通大小肠，泻蛊毒，堕胎，熁肿毒，敷恶疮（大明）。

【发明】弘景曰：方家不甚干用，惟疗水肿，切生根，杂生鲤鱼煮作汤服。道家乃散用之，及煎酿服，皆能去尸虫，见鬼神。其实子亦入神药。花名葍花，尤良。

颂曰：古方术家多用之，亦可单服。五月五日采根，竹篓盛，挂屋东北角阴干百日，捣筛，井华水调服，云神仙所秘法也。

时珍曰：商陆苦寒，沉也，降也，阴也。其性下行，专于行水，与大戟、甘遂，盖异性而同功，胃气虚弱者不可用。方家治肿满、小便不利者，以赤根捣烂，入麝香三分，贴于脐心，以帛束之，得小便利即肿消。又治湿水，以指画肉上，随散不成纹者。用白商陆、香附子炒干，出火毒，以酒浸一夜，日干为末。每服二钱，米饮下。或以大蒜同商陆煮汁服亦可。其茎叶作蔬食，亦治肿疾。

嘉谟曰：古赞云：其味酸辛，其形类人。疗水贴肿，其效如神。斯言尽之矣。

【附方】旧九，新六。湿气脚软：章柳根切小豆大，煮熟，更以绿豆同煮为饭。每日食之，以瘥为度，最效。（《斗门方》）水气肿满：《外台秘要》：用白商陆根去皮，切如豆大，一大盏，以水三升，煮一升，更以粟米一大盏，同煮成粥。每日空心服之，取微利，不得杂食。千金髓：用白商陆六两，取汁半合，和酒半升，看人与服。当利下水，取效。《梅师方》：用白商陆一升，羊肉六两，水一斗，煮取六升，去滓，和葱、豉作臛食之。腹中暴癥，有物如石，痛刺啼呼，不治，百日死：多取商陆根捣汁或蒸之，以布藉腹上，安药，衣物覆，冷即易，昼夜勿息。（孙真人《千金方》）痃癖如石，在胁下坚硬：生商陆根汁一升，杏仁一两（浸去皮尖，捣如泥）。以商陆汁绞杏泥，火煎如饧。每服枣许，空腹热酒服，以利下恶物为度。（《圣惠方》）产后腹大坚满，喘不能卧：白圣散：用章柳根三两，大戟一两半，甘遂（炒）一两，为末。每服二三钱，热汤调下，大便宣利为度。此乃主水圣药也。（洁古《保命集》）五尸注痛：腹痛胀急，不得喘息，上攻心胸，旁攻两胁，痛或磊块涌起：用商陆根熬，以囊盛，更互熨之，取效。（《肘后方》）小儿痘毒，小儿将痘发热，失表，忽作腹痛，及膨胀弩气，干霍乱，由毒气与胃气相搏，欲出不得出也：以商陆根和葱白捣敷脐上，斑止痘出，方免无虞。（《摘玄方》）耳卒热肿：生商陆，削尖纳入，日再易。（《圣济录》）喉卒攻痛：商陆切根炙热，隔布熨之，冷即易，立愈。（《图经本草》）瘰疬喉痹攻痛：生商陆根捣作饼，置疬上，以艾炷于上灸三四壮良。（《外台秘要》）

葍花

【主治】人心昏塞，多忘喜卧，取花阴干百日，捣末，日暮水服方寸匕，乃卧思念所欲事，即于眠中醒悟也（苏颂）。

狼毒(《本经》下品)

狼毒

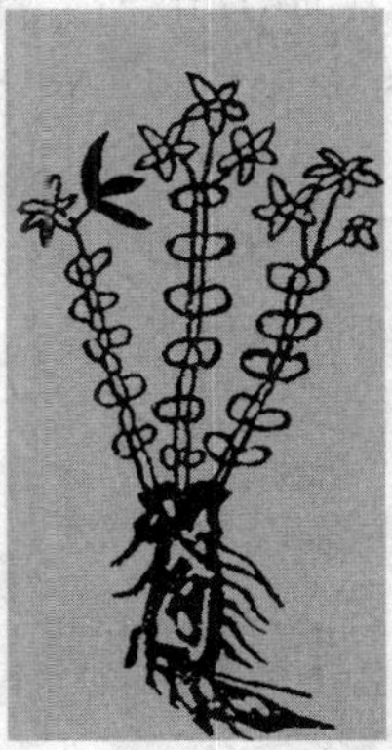

【释名】时珍曰:观其名,知其毒矣。

【集解】《别录》曰:狼毒生秦亭山谷及奉高。二月、八月采根,阴干。陈而沉水者良。

弘景曰:宕昌亦出之。乃言止有数亩地生,蝮蛇食其根,故为难得。亦用太山者。今用出汉中及建平。云与防葵同根,但置水中沉者是狼毒,浮者是防葵。俗用亦稀,为疗腹内要药耳。

恭曰:今出秦州、成州,秦亭原在二州之界。秦陇地寒,元无蝮蛇。此物与防葵都不同类,生处又别,太山、汉中亦不闻有,陶说谬矣。

志曰:狼毒叶似商陆及大黄,茎叶上有毛,根皮黄,肉白。以实重者为良,轻者为力劣。秦亭在陇西,奉高是太山下县。陶云:沉者是狼毒,浮者是防葵,此不足为信。假使防葵秋冬采者坚实,得水皆沉;狼毒春夏采者轻虚,得水皆浮。且二物全别,不可比类。此与麻黄、橘皮、半夏、枳实、吴茱萸为六陈也。

保升曰:根似玄参,惟浮虚者为劣也。

颂曰:今陕西州郡及辽、石州亦有之。状如马志所说。

时珍曰:狼毒出秦、晋地。今人往往以草蔄茹为之,误矣。(见蔄茹下也)。

根

【气味】辛,平,有大毒。

甄权曰:苦、辛,有毒。

之才曰:大豆为之使,宜醋炒,恶麦句姜,畏占斯、密陀僧也。

【主治】咳逆上气,破积聚饮食,寒热水气,恶疮鼠瘘疽蚀,鬼精益毒,杀飞鸟走兽(《本经》)。除胁下积癖(《别录》)。治痰饮癥瘕,亦杀鼠(甄权)。合野葛纳耳中,治聋(《抱朴子》)。

【附方】旧四,新六。心腹连痛作胀:用狼毒二两,附子半两,捣筛,蜜丸梧子大。一日服一丸,二日二丸,三日三丸,止;又从一丸起,至三丸止,以瘥为度。(《肘后方》)九种心痛,一虫,二蛀,三风,四悸,五食,六饮,七冷,八热,九气也。又治连年积冷,流注心胸,及落马堕车,瘀血中恶等症:九痛丸:用狼毒(炙香)、吴茱萸(汤泡)、巴豆(去心,炒取霜)、干姜(炮)、人参各一两,附子(泡去皮)三两,为末,炼蜜丸梧子大。每空腹温酒下一丸。(《千金方》)腹中冷痛,水谷阴结,心下停痰,两胁痞满,按之鸣转,逆害饮食:用狼毒三两,附子一两,旋覆花三两,捣末,蜜丸梧子大。每服三丸,食前白汤下,日三服。(《肘后方》)阴疝欲死,丸缩入腹,急痛欲死:狼毒四两,防风二两,附子三两烧,以蜜丸梧子大。每服三丸,日夜三度白汤下。(《肘后方》)两胁气结:方同腹中冷痛方。一切虫病:用狼毒杵末,每服一钱,用饧一皂子大,沙糖少许,以水化开,卧时空腹服之,次早即下虫也。(《集效方》)干湿虫疥:狼毒不拘多少,捣烂,以猪油、马油调搽患处。方睡勿以被蒙头,恐药气伤面。此维扬潘氏所传方。(《蔺氏经验方》)积年疥癞:狼毒一两(一半生研,一半炒研),轻粉三合,水银三钱。以茶末少许,于瓦器内,以津液擦化为末,同以清油浸药,高一寸,三日,待药沉油清,遇夜不见灯火,蘸油涂疮上,仍以口鼻于药盏上吸气,取效。(《永类方》)积年干癣生痂,搔之黄水出,每逢阴雨即痒:用狼毒末涂之。(《圣惠方》)恶疾风疮:狼毒、秦艽等分。为末。每服方寸匕,温酒下,日一二服。(《千金方》)

防葵(《本经》上品)

【释名】房苑(《吴普》)、梨盖(《本经》)、利茹(《别录》,又名爵离、方盖、农果)。

恭曰:根叶似葵花子根,香味似防风,故名防葵。

防葵

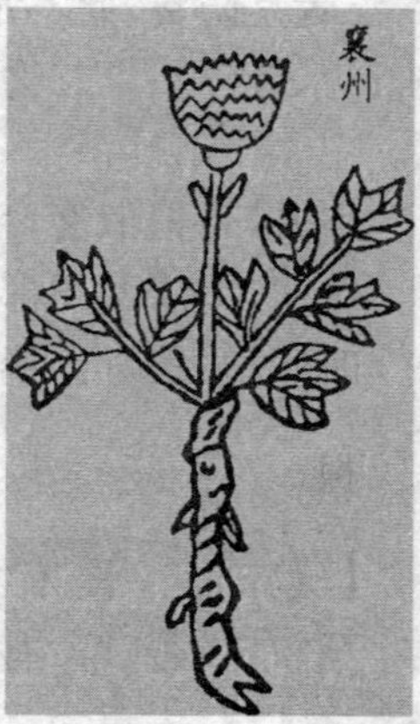

【集解】《别录》曰:防葵生临淄川谷,及嵩高、太山、少室。三月三日采根,曝干。

普曰:茎叶如葵,上黑黄。二月生根,根大如桔梗根,中红白。六月花白,七月、八月实白。三月采根。

恭曰:此物亦稀有,襄阳、望楚、山东及兴州西方有之。兴州者乃胜南者,为邻蜀地也。

颂曰:今惟出襄阳地,他郡不闻也。其叶似葵,每茎三叶,一本十数茎,中发一干,其端开花,如葱花、景天辈而色白,六月开花即结实。根似防风,香味亦如之,依时采者乃沉水。今乃用枯朽狼毒当之,极为谬矣。

时珍曰:唐时陇西成州贡之。苏颂所说,详明可据。

【正误】弘景曰:防葵,今用建平者。本与狼毒同根,犹如三建,其形亦相似,但置水中不沉尔。而狼毒陈久者,亦不能沉矣。

敩曰:凡使防葵,勿误用狼毒,缘真相似,而验之有异,效又不同,切须审之,恐误人疾。其防葵在蔡州沙土中生,采得二十日便生蚛,用之惟轻为妙。

恭曰:狼毒与防葵都不同类,生处亦别。

藏器曰:二物,一是上品,一是下品;善恶不同,形质又别。陶氏以浮沉为别,后人因而用之,将以防葵破坚积为下品之物,与狼毒同功。今古因循,遂无甄别,殊为谬误。

根

【修治】敩曰：凡使须拣去蚛末，用甘草汤浸一宿，漉出曝干，用黄精自然汁一二升拌了，土器中炒至汁尽用。

【气味】辛，寒，无毒。

《别录》曰：甘、苦。

普曰：神农：辛、小寒；桐君、扁鹊：无毒；岐伯、雷公、黄帝：辛、苦，无毒。

权曰：有小毒。

【主治】疝瘕肠泄，膀胱热结，溺不下，咳逆温疟，癫痫惊邪狂走。久服坚骨髓，益气轻身(《本经》)。疗五脏虚气，小腹支满胪胀。口干，除肾邪，强志。中火者不可服，令人恍惚见鬼(《别录》)。久服主邪气惊狂(苏恭)。主痃癖气块，膀胱宿水，血气瘤大如碗者。悉能消散。治鬼疟，百邪鬼魅精怪，通气(甄权)。

【发明】时珍曰：防葵乃神农上品药，黄帝、岐伯、桐君、雷公、扁鹊、吴普皆言其无毒；独《别录》言中火者服之，令人恍惚见鬼。陈延之《小品方》云：防葵多服，令人迷惑恍惚如狂。按《难经》云：重阳者狂，脱阳者见鬼，是岂上品养性所宜乎？是岂寒而无毒者乎？不然，则《本经》及苏恭所列者，是防葵功用；而《别录》所列者，乃似防葵之狼毒功用，非防葵也。狼毒之乱防葵，其来亦远矣，不可不辨。古方治蛇瘕、鳖瘕大方中，多用防葵，皆是狼毒也。

【附方】旧一，新二。肿满洪大：防葵研末，温酒服一刀圭，至二三服，身瞤及小不仁为效。(《肘后方》)癫狂邪疾：方同上。伤寒动气，伤寒汗下后，脐左有动气：防葵散：用防葵一两，木香、黄芩、柴胡各半两。每服半两，水一盏半，煎八分，温服。(云岐子《保命集》)

狼牙(《本经》下品)

【释名】牙子(《本经》)、狼齿(《别录》)、狼子(《别录》)、犬牙(《吴普》)，抱牙(《吴普》)、支兰(李当之)。

弘景曰：其牙似兽之齿牙，故有诸名。

【集解】《别录》曰：狼牙生淮南川谷及冤句。八月采根，曝干。中湿腐烂生衣者，杀人。

普曰：叶青，根黄赤，六、七月华，八月实黑，正月、八月采根。

保升曰：所在有之。苗似蛇莓而厚大，深绿色。根黑，若兽之牙。三月、八月采根，日干。

颂曰：今江东、汴东州郡多有之。

时珍曰：《范子计然》云：出建康及三辅，色白者善。

根

狼牙

【气味】苦，寒，有毒。

《别录》曰：酸。

普曰：神农、黄帝：苦，有毒。桐君：辛。岐伯、雷公、扁鹊：苦，无毒。

之才曰：芜荑为之使，恶地榆、枣肌。

【主治】邪气热气，疥瘙恶疡疮痔，去白虫（《本经》）。治浮风瘙痒，煎汁洗恶疮（甄权）。杀腹脏一切虫，止赤白痢，煎服（大明）。

【附方】旧六，新四。金疮出血：狼牙草茎叶，熟捣贴之。（《肘后方》）小便溺血：金粟狼牙草（焙干，入蚌粉炒）、槐花、百药煎等分。为末。每服三钱，米泔空心调服。亦治酒病。（《卫生易简方》）寸白诸虫：狼牙五两。捣末。蜜丸麻子大。隔宿不食，明旦以浆水下一合，服尽即瘥。（《外台秘要》）虫疮瘙痒：六月以前采狼牙叶，以后用根，生㕮咀，以木叶裹之，煻火炮热，于疮上熨之，冷即止。（杨炎《南行方》）小儿阴疮：狼牙草，浓煮汁洗之。（《千金方》）妇人阴痒：狼牙二两，蛇床子三两，煎水热洗。（《外台秘要》）妇人阴蚀疮烂者：狼牙汤：用狼牙三两，水四升，煎取半升，以箸缠绵浸汤沥洗，日四五遍。（张仲景《金匮玉函》）聤耳出汁：狼牙研末，绵裹，日塞之。（《圣惠方》）毒蛇伤螫：独茎狼牙根或叶，捣烂，腊猪脂和涂，立瘥。（崔氏方）射工中人有疮：狼牙，冬取根，夏取叶，捣汁饮四五合，并敷之。（《千金方》）

蔄茹（《本经》下品）

【释名】离娄（《别录》）、掘据（音结居），白者名草蔄茹。

时珍曰：蔄茹本作藘蕠，其根牵引之貌。掘据，当作拮据。《诗》云：予手拮据，手口共作之状也。

蔄茹

【集解】《别录》曰：蔄茹生代郡川谷。五月采根阴干。黑头者，良。

普曰：草高四五尺，叶圆黄，四、四相当。四月华黄，五月实黑。根黄，有汁亦黄色。三月采叶，四月、五月采根。

弘景曰：今第一出高丽，色黄。初断时汁出凝黑如漆，故云漆头。次出近道，名草蔄茹，色白，皆烧铁烁头令黑，以当漆头，非真也。

颂曰：今河阳、淄、齐州亦有之。二月生苗，叶似大戟而花黄色。根如萝卜，皮赤黄，肉白。初断时，汁出凝黑如漆。

三月开浅红花，亦淡黄色，不着子。陶隐居谓出高丽者，此近之。又有一种草蔄茹，色白。古方两用之。故姚僧垣治痈疽生恶肉，有白蔄茹散，敷之看肉尽便停止，但敷诸膏药。若不生肉，又敷黄芪散。恶肉仍不尽者，可以漆头赤皮蔄茹为散半钱，和白蔄茹散三钱合敷之。观此，则赤白皆可用也。

时珍曰：《范子计然》云：藘蒢茹出武都，黄色者善。草蔄茹出建康，白色。今亦处处有之，生山原中。春初生苗，高二三尺。根长大如萝卜、蔓荆状，或有歧出者，皮黄赤，肉白色，破之有黄浆汁。茎叶如大戟，而叶长微阔，不甚尖，折之有白汁。抱茎有短叶相对，团而出尖。叶中出茎，茎中分二三小枝。二、三月开细紫花，结实如豆大，一颗三粒相合，生青熟黑，中有白仁如续随子之状。今人往往皆呼其根为狼毒，误矣。狼毒叶似商陆、大黄辈，根无浆汁。

根

【气味】辛，寒，有小毒。

《别录》曰：酸。

普曰：神农：辛；岐伯：酸、咸，有毒；李当之：大寒。

之才曰：甘草为之使，恶麦门冬。

【主治】蚀恶肉败疮死肌，杀疥虫，排脓恶血，除大风热气，善忘不乐（《本经》）。去热痹，破癥瘕，除息肉（《别录》）。

【发明】宗奭曰：治马疥尤善，服食方用至少。

时珍曰：《素问》：治妇人血枯痛，用乌鲗骨、藘茹二物丸服，方见乌鲗鱼下。王冰言：藘茹取其散恶血。又《齐书》云：郡王子隆年二十，身体过充。徐嗣伯合藘茹丸服之自消。则藘茹亦可服食，但要斟酌尔。《孟诜必效方》：治甲疽生于脚趾边肿烂。用蔄茹三两，黄芪二两，苦酒浸一宿，以猪脂五合合煎，取膏三合。日三涂之，即消。又《圣惠方》：治头风旋眩，鸱头丸中亦用之。

【附方】旧二，新二。缓疽肿痛：蔄茹一两，为散。温水服二钱匕。（《圣惠方》）伤寒咽痛，毒攻作肿：真蔄茹爪甲大，纳口中，嚼汁咽之，当微觉为佳。（张文仲《备急方》）中焦热痞，善忘不禁：蔄茹三分，甘草（炙）二两，硝石。为末。每服一钱，鸡鸣时温酒下，以知为度。（《圣惠方》）疥疮瘙痒：蔄茹末，入轻粉，香油调敷之。（《多能鄙事》）

大戟（《本经》下品）

【释名】邛巨（《尔雅》）、下马仙（《纲目》）。

时珍曰：其根辛、苦，戟人咽喉，故名。今俚人呼为下马仙，言利人甚速也。郭璞注《尔雅》云：荞，邛巨，即大戟也。

【集解】《别录》曰：大戟生常山。十二月采根，阴干。

保升曰：苗似甘遂而高大，叶有白汁，花黄。根似细苦参，皮黄黑，肉黄白。五月采苗，二月、八月采根用。

颂曰：近道多有之。春生红芽，渐长作丛，高一尺以来。叶似初生杨柳小团。三月、四月开黄紫花，团圆似杏花，又似芜荑。根似细苦参，秋冬采根阴干。淮甸出者茎圆，高三、四尺，花黄，叶至心亦如百合苗。江南生者叶似芍药。

北大戟

时珍曰：大戟生平泽甚多。直茎高二三尺，中空，折之有白浆。叶长狭如柳叶而不团，其梢叶密攒而上。杭州紫大戟为上，江南土大戟次之。北方绵大戟色白，其根皮柔韧如绵，甚峻利，能伤人。弱者服之，或至吐血，不可不知。

根

【修治】敩曰：凡使勿用附生者，误服令人泄气不禁，即煎荠苨汤解之。采得后，于槐砧上细剉，与海芋叶拌蒸，从巳至申，去芋叶，晒干用。

时珍曰：凡采得以浆水煮软，去骨，晒干用。海芋叶麻而有毒，恐不可用也。

【气味】苦，寒，有小毒。

《别录》曰：甘，大寒。

权曰：苦、辛，有大毒。

元素曰：苦、甘、辛，阴中微阳。泻肺，损真气。

时珍曰：得枣即不损脾。

之才曰：反甘草，用菖蒲解之。

恭曰：畏菖蒲、芦苇、鼠屎。

大明曰：赤小豆为之使，恶薯蓣。

【主治】蛊毒，十二水，腹满急痛积聚，中风皮肤疼痛，吐逆（《本经》）。颈腋痈肿，头痛。发汗，利大小便（《别录》）。泻毒药，泄天行黄病温疟，破癥结（大明）。下恶血癖块，腹内雷鸣，通月水，堕胎孕（甄权）。治隐疹风，及风毒脚肿，并煮水，日日热淋，取愈（苏颂）。

【发明】成无己曰：大戟、甘遂之苦以泄水者，肾所主也。

好古曰：大戟与甘遂同为泄水之药，湿胜者苦燥除之也。

时珍曰：痰涎之为物，随气升降，无处不到。入于心，则迷窍而成癫痫，妄言妄见；入于肺，则塞窍而成咳唾稠粘，喘急背冷；入于肝，则留伏蓄聚，而成胁痛干呕，寒热往来；入于经络，则麻痹疼痛；入于筋骨，则颈项胸背腰胁手足牵引隐痛。陈无择《三因方》，并以控涎丹主之，殊有奇效。此乃治痰之本。痰之本，水也，湿也。得气与火，则凝滞而为痰、为饮、为涎、为涕、为癖。大戟能泄脏腑之水湿，甘遂能行经隧之水湿，白芥子能散皮里膜外之痰气，惟善用者，能收奇功也。又钱仲阳谓肾为真水，有补无泻，而复云，痘疮变黑归肾一症，用百祥圆下之以泻肾。非泻肾也，泻其腑则脏自不实。愚按百祥惟用大戟一味，大戟能行水，故曰泻其腑则脏自不实，腑者膀胱也。窃谓百祥非独泻腑,正实则泻其子也,肾邪实而泻其肝也。大戟味苦涩,浸水色青绿,肝胆之药也。故百祥圆又治嗽而吐青绿水。夫青绿者,少阳风木之色也。仲景亦云:心下痞满,引胁下痛,干呕短气者,十枣汤主之。其中亦有大戟。夫干呕胁痛,非肝胆之病乎?则百祥之泻肝胆也,明矣。肝乃东方,宜泻不宜补。况泻青、泻黄皆泻其子,同一泻也,何独肾只泻腑乎?洁古老人治变黑归肾症,用宣风散代百祥圆,亦是泻子之意。盖毒胜火炽则水益涸,风挟火势则土受亏。故津血内竭,不能化脓,而成青黑干陷之症。泻其风火之毒,所以救肾扶脾也。或云脾虚肾旺,故泻肾扶脾者,非也。肾之真水不可泻,泻其陷伏之邪毒尔。

【附方】旧一,新一十。百祥圆,治嗽而吐青绿水,又治痘疮归肾,紫黑干陷,不发寒者,宜下之。不黑者,慎勿下:红芽大戟不以多少,阴干,浆水煮极软,去骨日干,复纳原汁中煮,汁尽,焙为末,水丸粟米大。每服一二十丸,研赤脂麻汤下。洁古《活法机要》:枣变百祥丸:治斑疮变黑,大便闭结。用大戟一两,枣三枚,水一碗同煮,曝干,去大戟,以枣肉焙丸服,从少至多,以利为度。控涎丹,治痰涎留在胸膈上下,变为诸病,或颈项、胸背、腰胁、手足胯髀隐痛不可忍,筋骨牵引,钓痛走易,及皮肤麻痹,似乎瘫痪,不可误作风气风毒及疮疽施治。又治头痛不可举,或睡中流涎,或咳唾喘息,或痰迷心窍,并宜此药。数服痰涎自失,诸疾寻愈:紫大戟、白甘遂、白芥子(微炒)各一两,为末,姜汁打面糊丸梧子大。每服七丸,或二十丸,以津液咽下。若取利,则服五六十丸。(《三因方》)水肿喘急,小便涩及水蛊:大戟(炒)二两,干姜(炮)半两,为散。每服三钱,姜汤下。大小便利为度。(《圣济总录》)水病肿满,不问年月浅深:大戟、当归、橘皮各一两(切)。以水二升,煮取七合,顿服。利下水二三斗,勿怪。至重者,不过再服便瘥。禁毒食一年,永不复作。此方出张尚客。(李绛《兵部手集》)水气肿胀:大戟一两,广木香半两。为末。五更酒服一钱半,取下碧水后,以粥补之。忌咸物。《简便方》:用大戟烧存性,研末,每空心酒服一钱匕。水肿腹大如鼓,或遍身浮肿:用枣一斗,入锅内以水浸过,用大戟根苗盖之,瓦盆合定,煮熟,取枣无时食之,枣尽决愈。又大戟散:用大戟、白牵牛、木香等分,为末。每服一钱,以猪腰子一对,批开掺末在内,湿纸煨熟,空心食之。左则塌左,右则塌右。(张洁古《活法机要》)牙齿摇痛:大戟咬于痛处,良。(《生生编》)中风发热:大戟、苦参四两,白酢浆一斗,煮熟洗之,寒乃止。(《千金方》)

泽漆(《本经》下品)

【释名】漆茎(《别录》)、猫儿眼睛草(《纲目》)、绿叶绿花草(《纲目》)、五凤草。

弘景曰:是大戟苗。生时摘叶有白汁,故名泽漆,亦啮人肉(余见下)。

【集解】《别录》曰:泽漆,大戟苗也。生太山川泽。三月三日、七月七日,采茎叶阴干。

大明曰:此即大戟花也。川泽中有。茎梗小,花黄色,叶似嫩菜,四、五月采之。

颂曰：今冀州、鼎州、明州及近道皆有之。

时珍曰：《别录》、陶氏皆言泽漆是大戟苗，《日华子》又言是大戟花，其苗可食。然大戟苗泄人，不可为菜。今考《土宿本草》及《宝藏论》诸书，并云泽漆是猫儿眼睛草，一名绿叶绿花草、一名五凤草。江湖、原泽、平陆多有之。春生苗，一科分枝成丛，柔茎如马齿苋，绿叶如苜蓿叶，叶圆而黄绿，颇似猫眼，故名猫儿眼。茎头凡五叶中分，中抽小茎五枝，每枝开细花青绿色，复有小叶承之，齐整如一，故又名五凤草、绿叶绿花草。掐茎有白汁粘人，其根白色有硬骨。或以此为大戟苗者，误也。五月采汁，煮雄黄，伏钟乳，结草砂。据此，则泽漆是猫儿眼睛草，非大戟苗也。今方家用治水蛊、脚气有效，尤与神农本文相合。自汉人集《别录》，误以为大戟苗，故诸家袭之尔。用者宜审。

泽漆

茎叶

【气味】苦，微寒，无毒。

《别录》曰：辛。

大明曰：冷，有小毒。

之才曰：小豆为之使，恶薯蓣。

【主治】皮肤热，大腹水气，四肢面目浮肿，丈夫阴气不足（《本经》）。利大、小肠，明目轻身（《别录》）。主蛊毒（苏恭）。止疟疾，消痰退热（大明）。

【发明】时珍曰：泽漆利水，功类大戟，故人见其茎有白汁，遂误以为大戟。然大戟根苗皆有毒泄人，而泽漆根硬不可用，苗亦无毒，可做菜食而利丈夫阴气，甚不相侔也。

【附方】旧二，新六。肺咳上气脉沉者，泽漆汤主之：泽漆三斤（以东流水五斗，煮取一斗五升，去滓），入半夏半升，紫参、白前、生姜各五两，甘草、黄芩、人参、桂心各三两，煎取五升。每服五合，日三服。（张仲景《金匮要略方》）心下伏瘕大如杯，不得食者：泽漆四两，大黄、葶苈（熬）各三两。捣筛，蜜丸梧子大。每服二丸，日三服。（葛洪《肘后方》）十种水气：泽漆十斤，夏月取嫩茎叶，入酒一斗，研汁约二斗，于银锅内，慢火熬如稀饧，入瓶内收。每日空心温酒调下一匙，以愈为度。（《圣惠方》）水气蛊病：生鲜猫眼睛草，晒干为末，枣肉丸弹子大。每服二丸，白汤化下，日二服。觉腹中暖，小便利，为度。（《乾坤秘韫》）脚气赤肿，行步脚痛：猫儿眼睛草、鹭鸶藤、蜂窠等分。每服一两，水五碗，煎三碗，熏洗之。（《卫生易简方》）牙齿疼痛：猫儿眼睛草一搦，研烂，汤泡取汁，含漱吐涎。（《卫生易简方》）男、妇瘰疬：猫儿眼睛草一二捆，井水二桶，五月五日午时，锅内熬至一桶，去滓，澄清再熬至一碗，瓶收。每以椒、葱、槐枝煎汤洗疮净，乃搽此膏，数次愈。（《便民图纂方》）癣疮有虫：猫儿眼睛草，晒干为末，香油调搽之。（《卫生易简方》）

甘遂(《本经》下品)

【释名】甘藁(《别录》)、陵藁(《吴普》)、陵泽(《别录》)、甘泽(《吴普》)、重泽(《别录》)、苦泽(《吴普》)、白泽(《吴普》)、主田(《本经》)、鬼丑(《吴普》)。

时珍曰:诸名义多未详。

【集解】《别录》曰:甘遂生中山川谷。二月采根,阴干。

普曰:二月、八月采。

弘景曰:中山在代郡。第一本出太山、江东。比来用京口者,大不相似。赤皮者胜,白皮者都下亦有,名草甘遂,殊恶,盖赝伪者也。

恭曰:甘遂苗似泽漆,其根皮赤肉白,作连珠实重者良。草甘遂乃是蚤休,疗体全别,苗亦不同,俗名重台,叶似鬼臼、蓖麻,根皮白色。

大明曰:西京者上,汴、沧、吴者次之,形似和皮甘草。

颂曰:今陕西、江东亦有之。苗似泽漆,茎短小而叶有汁,根皮赤肉白,作连珠,大如指头。

甘遂

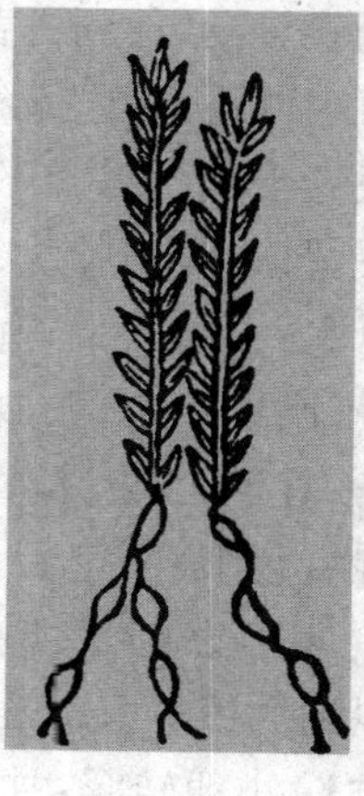

根

【修治】敩曰:凡采得去茎,于槐砧上细剉,用生甘草汤、荠苨自然汁二味,搅浸三日,其水如墨汁,乃漉出,用东流水淘六七次,令水清为度。漉出,于土器中熬脆用之。

时珍曰:今人多以面裹煨熟用,以去其毒。

【气味】苦,寒,有毒。

《别录》曰:甘,大寒。

普曰:神农、桐君:苦,有毒;岐伯、雷公:甘,有毒。

元素曰:纯阳也。

之才曰:瓜蒂为之使,恶远志,反甘草。

【主治】大腹疝瘕,腹满,面目浮肿,留饮宿食,破癥坚积聚,利水谷道(《本经》)。下五水,散膀胱留热,皮中痞,热气肿满(《别录》)。能泻十二种水疾,去痰水(甄权)。泻肾经及隧道水湿,脚气,阴囊肿坠,痰迷癫痫,噎膈痞塞(时珍)。

【发明】宗奭曰:此药专于行水,攻决为用。

元素曰:味苦气寒。苦性泄,寒胜热,直达水气所结之处,乃泄水之圣药。水结胸中,非此不能除,故仲景大陷胸汤用之。但有毒不可轻用。

时珍曰:肾主水,凝则为痰饮,溢则为肿胀。甘遂能泄肾经湿气,治痰之本也。不可过服,但中病则止可也。张仲景治心下留饮,与甘草同用,取其相反而立功也。刘河间《保命集》云:凡水肿服药未全消者,以甘遂末涂腹,绕脐令满,内服甘草水,其肿便去。又王璆《百一选方》云:脚气上攻,结成肿核,及一切肿毒。用甘遂末,水调敷肿处,即浓煎甘草汁服,其肿即散。二物相反,而感应如此。清流韩诜病脚疾用此，一服病去七八，再服而愈也。

【附方】旧三，新一十九。水肿腹满：甘遂（炒）二钱二分，黑牵牛一两半，为末。水煎，时时呷之。（《普济方》）膜外水气：甘遂末、大麦面各半两，水和作饼，烧熟食之，取利。（《圣济总录》）身面洪肿：甘遂二钱半，生研为末。以獖猪肾一枚，分为七脔，入末在内，湿纸包煨，令熟食之，日一服。至四五服，当觉腹鸣，小便利，是其效也。（《肘后方》）肾水流注，腿膝挛急，四肢肿痛：即上方加木香四钱。每用二钱，煨熟，温酒嚼下。当利黄水，为验。（《御药院方》传）正水胀急，大小便不利欲死：甘遂五钱（半生半炒），胭脂坏子十文，研匀。每以一钱，白面四两，水和作棋子大，水煮令浮，淡食之。大小便利后，用平胃散加熟附子，每以二钱煎服。（《普济方》）小儿疳水：珠子甘遂（炒）、青橘皮等分。为末。三岁用一钱，以麦芽汤下，以利为度。忌酸咸三五日。名水宝散。（《总微论》）水蛊喘胀：甘遂、大戟各一两，慢火炙研。每服一字，水半盏，煎三五沸服。不过十服。（《圣济录》）水肿喘急，大小便不通：十枣丸：用甘遂、大戟、芫花等分。为末，以枣肉和丸梧子大。每服四十丸，侵晨热汤下，利去黄水为度。否则次午再服。（《三因方》）妊娠肿满，气急少腹满，大小便不利，已服猪苓散不瘥者：用太山赤皮甘遂二两，捣筛，白蜜和丸梧子大。每服五十丸。得微下，仍服猪苓散不下再服之（猪苓散，见猪苓下）。（《小品方》）心下留饮，坚满脉伏，其人欲自利反快：甘遂半夏汤：用甘遂（大者）三枚，半夏十二个，以水一升，煮半升，去滓。入芍药五枚，甘草一节，水二升，煮半升，去滓。以蜜半升，同煎八合，顿服取利。（张仲景《金匮玉函》）脚气肿痛，肾脏风气，攻注下部疮痒：甘遂半两，木鳖子仁四个，为末。猪腰子一个，去皮膜，切片，用药四钱掺在内，湿纸包煨熟，空心食之，米饮下。服后便伸两足。大便行后，吃白粥二三日为妙。（《本事方》）二便不通：甘遂末，以生面糊调敷脐中及丹田内，仍艾三壮，饮甘草汤，以通为度。又太山赤皮甘遂末一两，炼蜜和匀，分作四服，日一服取利。（《圣惠方》）小便转脬：甘遂末一钱，猪苓汤调下，立通。（《笔峰杂兴方》）疝气偏肿：甘遂、茴香等分。为末。酒服二钱。（《儒门事亲》）妇人血结，妇人少腹满如敦状，小便微难而不渴，此为水与血俱结在血室：大黄二两，甘遂、阿胶各一两，水一升半，煮半升，顿服，其血当下。（张仲景方）膈气哽噎：甘遂（面煨）五钱，南木香一钱，为末。壮者一钱，弱者五分，水酒调下。（《怪病奇方》）痞证发热盗汗，胸背疼痛：甘遂面包，浆水煮十沸，去面，以细糠火炒黄为末。大人三钱，小儿一钱，冷蜜水卧时服。忌油腻鱼肉。（《普济方》）消渴引饮：甘遂（麸炒）半两，黄连一两，为末，蒸饼丸绿豆大。每薄荷汤下二丸。忌甘草。（《杨氏家藏方》）癫痫心风：遂心丹：治风痰迷心，癫痫，及妇人心风血邪：用甘遂二钱，为末。以猪心取三管血和药，入猪心内缚定，纸裹煨熟，取末，入辰砂末一钱，分作四丸。每服一丸，将心煎汤调下。大便下恶物为效，不下再服。（《济生方》）马脾风病，小儿风热喘促，闷乱不安，谓之马脾风：甘遂（面包煮）一钱半，辰砂（水飞）二钱半，轻粉一角，为末。每服一字，浆水少许，滴油一小点，抄药在上，沉下，去浆灌之。名无价散。（《全幼心鉴》）麻木疼痛：万灵膏：用甘遂二两，蓖麻子仁四两，樟脑一两，捣作饼贴之。内饮甘草汤。（《摘玄

方》)耳卒聋闭:甘遂半寸,绵裹插入两耳内,口中嚼少甘草,耳卒自然通也。(《永类方》)

续随子(宋《开宝》)

子随续

【释名】千金子(《开宝》)、千两金(《日华》)、菩萨豆(《日华》)、拒冬(《开宝》)、联步。

颂曰:叶中出茎,数数相续而生,故名。冬月始长,故又名拒冬。

【集解】志曰:续随子生蜀郡,处处亦有之,苗如大戟。

颂曰:今南中多有,北土产少。苗如大戟,初生一茎,茎端生叶,叶中复出数茎相续。花亦类大戟,自叶中抽干而生,实青有壳。人家园亭中多种以为饰。秋种冬长,春秀夏实。

时珍曰:茎中亦有白汁,可结水银。

【修治】时珍曰:凡用去壳,取色白者,以纸包,压去油,取霜用。

【气味】辛,温,有毒。

【主治】妇人血结月闭,瘀血癥瘕痃癖,除蛊毒鬼疰,心腹痛,冷气胀满,利大小肠,下恶滞物(《开宝》)。积聚痰饮,不下食,呕逆,及腹内诸疾。研碎酒服,不过三颗,当下恶物(《蜀本》)。宣一切宿滞,治肺气水气,日服十粒。泻多,以酸浆水或薄醋粥吃,即止。又涂疥癣疮(大明)。

【发明】颂曰:续随下水最速。然有毒损人,不可过多。

时珍曰:续随与大戟、泽漆、甘遂茎叶相似,主疗亦相似,其功皆长于利水。惟在用之得法,亦皆要药也。

【附方】旧二,新四。小便不通,脐腹胀痛不可忍,诸药不效者,不过再服:用续随子(去皮)一两,铅丹半两。同少蜜捣作团,瓶盛埋阴处,腊月至春末取出,研,蜜丸梧子大。每服二三十丸,木通汤下,化破尤妙。病急亦可旋合。(《圣济录》)水气肿胀:联步一两,去壳研,压去油,重研、分作七服,每治一人用一服,丈夫生饼子酒下,妇人荆芥汤下,五更服之。当下利,至晓自止。后以厚朴汤补之。频吃益善。忌盐、醋一百日,乃不复作。联步即续随子也。(《斗门方》)阳水肿胀:续随子(炒去油)二两,大黄一两,为末,酒水丸绿豆大。每白汤下五十丸,以去陈莝。(《摘玄方》)涎积癥块:续随子三十枚,腻粉二钱,青黛(炒)一钱。研匀,糯米饭丸芡子大。每服一丸,打破,以大枣一枚,烧熟去皮核,同嚼,冷茶送下。半夜后,取下积聚恶物为效。(《圣济录》)蛇咬肿闷欲死:用重台六分,续随子仁七粒,捣筛为散。酒服方寸匕,兼唾和少许,涂咬处,立效。(崔元亮《海上方》)黑子疣赘:续随子熟时涂之,自落。(《普济方》)

叶及茎中白汁

【主治】剥人面皮，去䵟黯（《开宝》）。敷白癜疬疡（大明）。捣叶，敷蝎螫，立止（时珍）。

莨菪（音浪荡。《本经》下品）

【释名】天仙子（《图经》）、横唐（《本经》）、行唐（《别录》）。

时珍曰：莨菪，一作蔺䓪。其子服之，令人狂狼放宕，故名。

莨菪

【集解】《别录》曰：莨菪子生海滨川谷及雍州。五月采子。

弘景曰：今处处有之。子形颇似五味核而极小。

保升曰：所在皆有之。叶似菘蓝，茎叶皆有细毛。花白色。子壳作罂状，结实扁细，若粟米大，青黄色。六月、七月采子。日干。

颂曰：处处有之。苗茎高二三尺。叶似地黄、王不留行、红蓝等，而阔如三指。四月开花，紫色。茎荚有白毛。五月结实，有壳作罂子状，如小石榴。房中子至细，青白色，如粟米粒。

敩曰：凡使勿用苍蓂子，其形相似，只是微赤，服之无效，时人多以杂之。

时珍曰：张仲景《金匮要略》，言菜中有水莨菪，叶圆而光，有毒，误食令人狂乱，状如中风或吐血，以甘草汁解之。

子

【修治】敩曰：修事，莨菪子十两，以头醋一镒，煮干为度。却用黄牛乳汁浸一宿，至明日，乳汁黑，即是真者。晒干捣筛用。

【气味】苦，寒，有毒。

《别录》曰：甘。

权曰：苦、辛，微热，有大毒。

藏器曰：性温不寒。

大明曰：温，有毒。服之热发，以绿豆汁、甘草、升麻、犀角并解之。

敩曰：有大毒。误服之，冲人心，大烦闷，眼生暹火。

颂曰：《本经》言性寒，后人多云大热。而《史记·淳于意传》云：淄川王美人怀子不乳，饮以浪荡药一撮，以酒饮，旋乳。且不乳岂热药所治？又古方主卒颠狂亦多单用莨菪，岂果性寒耶？

【主治】齿痛出虫，肉痹拘急。久服轻身，使人健行，走及奔马，强志益力，通神见鬼。多食令人狂走(《本经》)。疗癫狂风痫,颠倒拘挛(《别录》)。安心定志,聪明耳目,除邪逐风,变白,主痃癖。取子洗晒,隔日空腹,水下一指捻。亦可小便浸令泣尽,曝干,如上服。勿令子破,破则令人发狂(藏器)。炒焦研末,治下部脱肛,止冷痢。主蛀牙痛,咬之虫出(甄权)。烧熏虫牙,及洗阴汗(大明)。

【发明】弘景曰:入疗癫狂方用,然不可过剂。久服自无嫌,通神健行,足为大益,而仙经不见用。

权曰:以石灰清煮一伏时,掬出,去芽曝干,以附子、干姜、陈橘皮、桂心、厚朴为丸服。去一切冷气,积年气痢,甚温暖也。不可生服,伤人见鬼,拾针狂乱。

时珍曰:莨菪之功,未见如所说,而其毒有甚焉。煮一二日而芽方生,其为物可知矣。莨菪、云实、防葵、赤商陆皆能令人狂惑见鬼,昔人未有发其义者。盖此类皆有毒,能使痰迷心窍,蔽其神明,以乱其视听故耳。唐安禄山诱奚契丹,饮以莨菪酒,醉而坑之。又嘉靖四十三年二月,陕西游僧武如香,挟妖术至昌黎县民张柱家,见其妻美,设饭间,呼其全家同坐,将红散入饭内食之。少顷,举家昏迷,任其奸污。复将魇法吹入柱耳中,柱发狂惑,见举家皆是妖鬼,尽行杀死,凡一十六人,并无血迹。官司执柱囚之。十余日柱吐痰二碗许,闻其故,乃知所杀者皆其父母兄嫂妻子姊侄也。柱与如香皆论死。世宗肃皇帝命榜示天下。观此妖药,亦是莨菪之流尔。方其痰迷之时,视人皆鬼矣。解之之法,可不知乎?

【附方】旧二,新二十一。卒发颠狂:莨菪三升为末,以酒一升渍数日,绞去滓,煎令可丸,如小豆三丸,日三服。当觉口面急,头中如有虫行,额及手足有赤色处,如此,并是瘥候也。未知再服,取尽神良。(陈延之《小品方》)风痹厥痛:天仙子三钱(炒),大草乌头、甘草半两,五灵脂一两。为末,糊丸梧子大,以螺青为衣。每服十丸,男子菖蒲酒下,女子芫花汤下。(《圣济录》)久嗽不止有脓血:莨菪子五钱(淘去浮者,煮令芽出,炒研),真酥一鸡子大,大枣七枚,同煎令酥尽,取枣日食三枚。又方:莨菪子三撮,吞之,日五六度。光禄李丞服之,神验。(孟诜《必效方》)年久呷嗽,至三十年者:莨菪子、木香、熏黄等分,为末。以羊脂涂青纸上,撒末于上,卷作筒,烧烟熏吸之。(《崔行功纂要方》)水肿蛊胀:方见兽部羚羊下。积冷痃癖,不思饮食,羸困者:莨菪子三分(水淘去浮者),大枣四十九个,水三升,煮干,只取枣去皮核。每空心食一个,米饮下,觉热即止。(《圣济录》)水泻日久:青州干枣十个(去核),入莨菪子填满扎定,烧存性。每粟米饮服一钱。(《圣惠方》)冷疳痢下:莨菪子为末,腊猪脂和丸,绵裹枣许,导下部。因痢出,更纳新者。不过三度瘥。(孟诜《必效方》)赤白下痢腹痛:肠滑后重:大黄(煨)半两,莨菪子(炒黑)一撮。为末。每服一钱,米饮下。(《普济方》)久痢不止,变种种痢,兼脱肛:莨菪丸:用莨菪子一升(淘去浮者,煮令芽出,晒干,炒黄黑色),青州枣一升(去皮核),酽醋二升,同煮,捣膏丸梧子大。每服二十丸,食前米饮下。(《圣惠方》)肠风下血:莨菪煎:用莨菪实一升(曝干捣筛),生姜半斤(取汁)。银锅中更以无灰酒二升投之,上火煎如稠饧,即旋投酒,度用酒可及五升即止。慢火煎令可丸,大如梧子。每旦酒饮通下三丸,增至五七丸止。若丸时粘手,则以菟丝粉衬隔之。火候忌紧,药焦则失力也。初服微热,勿怪。疾甚者,服过三日,当下利。疾去,利亦止。绝有效。(《箧中方》)脱肛不收:莨菪子炒研敷之。(《圣惠方》)风牙虫牙:《瑞竹堂方》:用天仙子一撮,入小口瓶内烧烟,竹筒引烟,入虫孔内,熏之即死,永不发。《普济方》:用莨菪子入瓶内,以热汤淋下,口含瓶口,令气熏之。冷更作,尽三合乃止。有涎津可去,甚效。《备急方》:用莨菪子数粒纳孔中,以蜡封之,亦效。牙齿宣落风痛:莨菪子末,绵裹咬之,有汁勿咽。(《必效方》)风毒咽肿,咽水,不下,及瘰疬咽肿:水服莨菪子末两钱匕,神良。(《外台秘要》)乳痈坚硬:新莨菪子半匙,清水一盏,服之。不得嚼破。(《外台秘要》)石痈坚硬不作脓者:莨菪子为末,醋和,敷疮头,根即拔出。(《千金方》)恶疮似癞,十年不愈者:莨菪子烧研敷之。(《千金方》)打扑折伤:羊脂调莨菪子末,敷之。(《千金方》)恶犬咬伤:莨菪子七枚,吞之。日三服。(《千金方》)

根

【气味】苦,辛,有毒。

【主治】邪疟,疥癣,杀虫(时珍)。

【附方】新六。疟疾不止:莨菪根烧炭,水服一合。量人强弱用。(《千金方》)恶癣有虫:莨菪根捣烂,蜜和敷之。(《千金翼》)趾间肉刺:莨菪根捣汁涂之。《雷公炮炙论》序云:脚生肉刺,裩系菪根。谓系于裩带上也。狂犬咬人:莨菪根和盐捣敷,日三上。(《外台秘要》)恶刺伤人:莨菪根,水煮汁浸之,冷即易。神方也。(《千金方》)箭头不出:万圣神应丹:端午前一日,不语,寻见莨菪科,根本枝叶花实全好者。道云:先生!你却在这里。道罢,用柴灰自东南起围了,以木椑子掘取根下周回土。次日日未出时,依前不语,用镢头取出,洗净。勿令鸡犬妇人见,于净室中,以石臼捣如泥,丸弹子大,黄丹为衣,以纸袋封,悬高处阴干。遇有箭头不出者,先以象牙末贴疮口,后用绯帛袋盛此药,放脐中,绵兜肚系了,当便出也。(张子和《儒门事亲》方)

云实(《本经》上品)

【释名】员实(《别录》)、云英(《别录》)、天豆(《吴普》)、马豆(《图经》)、羊石子(《图经》),苗名草云母(《唐本》)、臭草(《图经》)、粘刺(《纲目》)。

时珍曰:员,亦音云,其义未详。豆以子形名。羊石当作羊矢,其予肖之,故也。

【集解】《别录》曰:云实,生河间川谷。十月采,曝干。

普曰:茎高四、五尺,大茎中空。叶如麻,两两相值。六月花,八月、九月实,十月采。

弘景曰:处处有之。子细如葶苈子而小黑,其实亦类莨菪。烧之致鬼,未见其法术。

恭曰:云实大如黍及大麻子等,黄黑似豆,故名天豆。丛生泽旁,高五、六尺。

叶如细槐，亦如苜蓿。枝间微刺。俗谓苗为草云母。陶云似葶苈者，非也。

保升曰：所在平泽有之。叶似细槐，花黄白色，其荚如豆，其实青黄色，大若麻子。五月、六月采实。

颂曰：叶如槐而狭长，枝上有刺。苗名臭草，又名羊石子草。实名马豆。三月、四月采苗，十月采实，过时即枯落也。

时珍曰：此草山原甚多，俗名粘刺。赤茎中空，有刺，高者如蔓。其叶如槐。三月开黄花，累然满枝。荚长三寸许，状如肥皂荚。内有子五六粒，正如鹊豆，两头微尖，有黄黑斑纹，厚壳白仁，咬之极坚，重有腥气。

云实

实

【修治】敩曰：凡采得，粗捣，相对拌浑颗橡实，蒸一日，拣出曝干。

【气味】辛，温，无毒。

《别录》曰：苦。

普曰：神农：辛，小温；黄帝：咸；雷公：苦。

【主治】泄痢肠澼，杀虫蛊毒，去邪恶结气，止痛，除寒热（《本经》）。消渴（《别录》）。治疟多用（苏颂）。主下蜃脓血（时珍）。

【附方】新一。蜃下不止：云实、女萎各一两，桂半两，川乌头二两，为末，蜜丸梧子大。每服五丸，水下，日三服。（《肘后方》）

花

【主治】见鬼精物。多食令人狂走。久服轻身通神明（《本经》）。杀精物，下水。烧之致鬼（《别录》）。

【发明】时珍曰：云实花既能令人见鬼发狂，岂有久服轻身之理，此古书之讹也。

根

【主治】骨哽及咽喉痛。研汁咽之（时珍）。

蓖麻（蓖音卑。《唐本草》）

【释名】颂曰：叶似大麻，子形宛如牛蜱，故名。

时珍曰：蓖亦作螕。螕，牛虱也。其子有麻点，故名蓖麻。

【集解】恭曰：此人间所种者，叶似大麻叶而甚大，结子如牛蜱。今胡中来者，茎赤，高丈余，子大如皂荚核，用之亦良。

蓖麻

颂曰:今在处有之。夏生苗,叶似葎草而大厚。茎赤有节如甘蔗,高丈余。秋生细花,随便结实,壳上有刺,状类巴豆,青黄斑褐。夏采茎叶,秋采实,冬采根,日干用。

时珍曰:其茎有赤有白,中空。其叶大如瓠叶,每叶凡五尖。夏秋间丫里抽出花穗,累累黄色。每枝结实数十颗,上有刺,攒簇如猬毛而软。凡三四子合成一颗,枯时劈开,状如巴豆,壳内有子,大如豆。壳有斑点,状如牛蜱。再去斑壳,中有仁,娇白如续随子仁,有油可作印色及油纸。子无刺者,良;子有刺者,毒。

子

【修治】敩曰:凡使勿用黑夭赤利子,缘在地蒌上生,是颗两头尖有毒。其蓖麻子,节节有黄黑斑。凡使以盐汤煮半日,去皮取子研用。

时珍曰:取蓖麻油法:用蓖麻仁五升捣烂,以水一斗煮之,有沫撇起,待沫尽乃止。去水,以沫煎至点灯不炸、滴水不散为度。

【气味】甘、辛,平,有小毒。

时珍曰:凡服蓖麻者,一生不得食炒豆,犯之必胀死。其油能伏丹砂、粉霜。

【主治】水症。以水研二十枚服之,吐恶沫,加至三十枚,三日一服,瘥则止。又主风虚寒热,身体疮痒浮肿,尸疰恶气,榨取油涂之(《唐本》)。研敷疮痍疥癞。涂手足心,催生(大明)。治瘰疬。取子炒熟去皮,每卧时嚼服二三枚,渐加至十数枚,有效(宗奭)。主偏风不遂。口眼㖞斜,失音口噤,头风耳聋,舌胀喉痹,齁喘脚气,毒肿丹瘤,汤火伤,针刺入肉,女人胎衣不下,子肠挺出,开通关窍经络,能止诸痛,消肿追脓拔毒(时珍)。

【发明】震亨曰:蓖麻属阴,其性善收,能追脓取毒,亦外科要药。能出有形之滞物,故取胎产胞衣、剩骨胶血者用之。

时珍曰:蓖麻仁甘辛有毒热,气味颇近巴豆,亦能利人,故下水气。其性善走,能开通诸窍经络,故能治偏风、失音口噤、口目㖞斜、头风七窍诸病,不止于出有形之物而已。盖鹈鹕油能引药气入内,蓖麻油能拔病气出外,故诸膏多用之。一人病偏风,手足不举。时珍用此油同羊脂、麝香、鲮鲤甲等药,煎作摩膏,日摩数次,一月余渐复。兼服搜风化痰养血之剂,三月而愈。一人病手臂一块肿痛,亦用蓖麻捣膏贴之,一夜而愈。一人病气郁偏头痛,用此同乳香、食盐捣熁太阳穴,一夜痛止。一妇产后子肠不收,捣仁贴其丹田,一夜而上。此药外用屡奏奇勋,但内服不可轻率尔。或言捣膏以箸点于鹅、马六畜舌根下,即不能食,或点肛内,即下血死,其毒可知矣。

【附方】旧九,新三十二。半身不遂,失音不语:取蓖麻子油一升,酒一斗,铜锅盛油,着酒中一日,煮之令熟。细细服之。(《外台秘要》)口目㖞斜:蓖麻子仁捣膏,左贴右,右贴左,即正。《妇人良方》:用蓖麻子仁七七粒,研作饼,右㖞安在左手心；左喎，安在右手心，却以铜盂盛热水坐药上，冷即换，五六次即正也。一方：用蓖麻子仁七七粒，巴豆十九粒，麝香五分，作饼如上用。风气头痛不可忍者：乳香、蓖麻仁等分，捣饼随左右贴太阳穴，解发出气，甚验。《德生堂方》：用蓖麻油纸剪花，贴太阳亦效。又方：蓖麻仁半两，枣肉十五枚，捣涂纸上，卷筒插入鼻中，下清涕即止。八种头风：蓖麻子、刚子各四十九粒（去壳），雀脑芎一大块。捣如泥，糊丸弹子大，线穿挂风处阴干。用时先将好末茶调成膏子涂盏内，后将炭火烧前药烟起，以盏覆之。待烟尽，以百沸葱汤点盏内茶药服之。后以绵被裹头卧，汗出避风。（《袖珍方》）鼻窒不通：蓖麻子仁（去皮）三百粒，大枣（去皮核）十五枚。捣匀，绵裹塞之。一日一易，三十余日闻香臭也。（《普济方》）天柱骨倒，小儿疳疾及诸病后，天柱骨倒，乃体虚所致，宜生筋散贴之：木鳖子六个（去壳），蓖麻子六十粒（去壳）。研匀。先包头擦项上令热，以津调药贴之。（《郑氏小儿方》）五种风痫，不问年月远近：用蓖麻子仁二两，黄连一两，用银石器纳水一大碗，文武火煮之。干即添水，三日两夜取出黄连，只用蓖麻风干，勿令见日，以竹刀每个切作四段。每服二十段，食后荆芥汤下，日二服。终身忌食豆，犯之必腹胀死。（《卫生宝鉴》）舌上出血：蓖麻子油纸燃，烧烟熏鼻中，自止。（《摘玄方》）舌胀塞口：蓖麻仁四十粒，去壳研油涂纸上，作燃烧烟熏之。未退再熏，以愈为度。有人舌肿出口外，一村人用此法而愈。（《经验良方》）急喉痹塞，牙关紧急不通，用此即破：以蓖麻子仁研烂，纸卷作筒，烧烟熏吸即通。或只取油作捻尤妙。名圣烟筒。咽中疮肿：《杜壬方》：用蓖麻子仁一枚，朴硝一钱，同研，新汲水服之，连进二三服效。《三因方》：用蓖麻仁、荆芥穗等分。为末，蜜丸。绵包噙，咽之。水气胀满：蓖麻子仁研，水解得三合。清旦一顿服尽，日中当下青黄水也。或云壮人止可服五粒。（《外台秘要》）脚气作痛：蓖麻子七粒，去壳研烂，同苏合香丸贴足心，痛即止也。（《外台秘要》）小便不通：蓖麻仁三粒，研细，入纸捻内，插入茎中即通。（《摘玄方》）齁喘咳嗽：蓖麻子去壳炒熟，拣甜者食之，须多服见效。终身不可食炒豆。（《卫生易简方》）催生下胞：崔元亮《海上集验方》：取蓖麻子七粒，去壳研膏，涂脚心。若胎及衣下，便速洗去。不尔则子肠出，即以此膏涂顶，则肠自入也。《肘后方》云：产难，取蓖麻子十四枚，每手各把七枚，须臾立下也。子宫脱下：蓖麻子仁、枯矾等分，为末，安纸上托入。仍以蓖麻子仁十四枚，研膏涂顶心即入。（《摘玄》）盘肠生产：涂顶方同上。催生下胎，不拘生胎死胎：蓖麻二个，巴豆一个，麝香一分，研贴脐中并足心。又下生胎，一月一粒，温酒吞下。（《集简方》）一切毒肿，痛不可忍：蓖麻子仁捣敷，即止也。（《肘后方》）疠风鼻塌，手指挛曲，节间痛不可忍，渐至断落：用蓖麻子一两（去皮），黄连一两（剉豆大）。以小瓶子入水一升，同浸。春夏三日，秋冬五日后，取蓖麻子一枚劈破，面东以浸药水吞之。渐加至四、五枚，微利不妨。瓶中水尽更添。两月后吃大蒜、猪肉试之，如不发是效也。若发动再服，直候不发乃止。（《杜壬方》）小儿丹瘤：蓖麻子五个，去皮研。入面一匙，水调涂之，甚效。（《修真秘旨》）瘰疬结核：蓖麻子炒去皮，每睡时服二三枚，取效。一生不可吃炒豆。（《阮氏经验方》）瘰疬恶疮及软疖：用白胶香一两，瓦器溶化，去滓，以蓖麻子六十四个，去壳研膏，溶胶投之，搅匀，入油半匙头，柱点水中试软硬，添减胶油得所，以绯帛量疮大小摊贴，一膏可治三五疖也。（《儒门事亲》）肺风面疮起白屑，或微有赤疮：用蓖麻子仁四十九粒，白果、胶枣各三粒，瓦松三钱，肥皂一个，捣为丸。洗面用之良。（吴旻《扶寿方》）面上雀斑：蓖麻子仁、密陀僧、硫黄各一钱。为末。用羊髓和匀，夜夜敷之。（《摘玄方》）发黄不黑：蓖麻子仁，香油煎焦，去滓。三日后频刷之。（《摘玄方》）耳卒聋闭：蓖麻子一百个（去壳），与大枣十五枚捣烂，入乳小儿乳汁，和丸作铤。每以绵裹一枚塞之，觉耳中热为度。一日一易，二十日瘥。（《千金方》）汤火灼伤：蓖麻子仁、蛤粉等分。研膏。汤伤，以油调；火灼，以水调，涂之。（《古今录验》）针刺入肉：蓖麻子（去壳烂研），先以帛衬伤处，敷之。频看，若见刺出，即拔去，恐药紧弩出好肉。或加白梅肉同研尤好。（《卫生易简方》）竹木骨哽：蓖麻子仁一两，凝水石二两。研匀。每以一捻置舌根，噙咽，自然不见。又方：蓖麻油、红曲等分。研细，沙糖丸皂子大，绵裹含咽，痰出大良。鸡、鱼骨哽：蓖麻子仁研烂，入百药煎研，丸弹子大。井花水化下半丸，即下。恶犬咬伤：蓖麻子五十粒（去壳）。以井花研膏。先以盐水洗、吹痛处，乃贴此膏。（《袖珍方》）

叶

【气味】有毒。

【主治】脚气风肿不仁，蒸捣裹之，日二、三易即消。又油涂炙热，熨囟上，止鼻衄，大验（苏恭）。治痰喘咳嗽（时珍）。

【附方】新二。齁喘痰嗽：《儒门事亲》方：用九尖蓖麻叶三钱，入飞过白矾二钱。以猪肉四两薄批，掺药在内，荷叶裹之，文武火煨熟。细嚼，以白汤送下。名九仙散。《普济方》：治咳嗽涎喘，不问年深日近。用经霜蓖麻叶、经霜桑叶、御米壳（蜜炒）各一两。为末，蜜丸弹子大。每服一丸，白汤化下，日一服，名无忧丸。

回落博

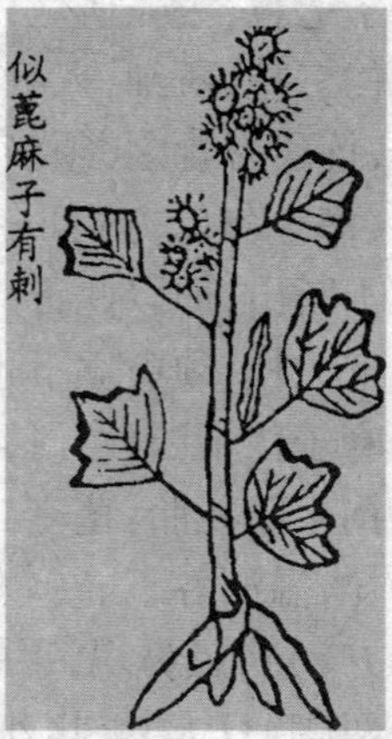

【附录】博落回（《拾遗》）

藏器曰：有大毒。主恶疮瘿根，瘤赘息肉，白癜风，蛊毒精魅，溪毒疮瘘。和百丈青、鸡桑灰等分，为末敷之。蛊毒精魅当别有法。生江南山谷。茎叶如蓖麻。茎中空，吹之作声如博落回。折之有黄汁，药人立死，不可轻用入口。

常山、蜀漆（《本经》下品）

【释名】恒山（《吴普》）、互草（《本经》）、鸡屎草（《日华》）、鸭屎草（《日华》）。

时珍曰：恒亦常也。恒山乃北岳名，在今定州。常山乃郡名，亦今真定。岂此药始产于此得名欤？蜀漆乃常山苗，功用相同，今并为一。

【集解】《别录》曰：常山生益州川谷及汉中。二月、八月采根，阴干。又曰：蜀漆生江林山川谷及蜀汉中，常山苗也。五月采叶，阴干。

常山蜀漆

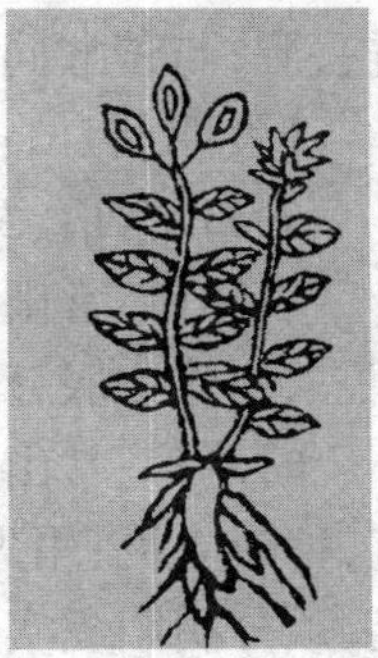

弘景曰：常山出宜都、建平。细实黄者，呼为鸡骨常山，用之最胜。蜀漆是常山苗而所出又异者，江林山即益州江阳山名，故是同处尔。彼人采得，萦结作丸，得时燥者佳。

恭曰：常山生山谷间。茎圆有节，高者不过三四尺。叶似茗而狭长，两两相当。三月生白花，青萼。五月结实青圆，三子为房。其草暴燥色青白，堪用。若阴干便黑烂郁坏矣。

保升曰：今出金州、房州、梁州中江县。树高三四尺，根似荆根，黄色而破。五、六月采叶，名蜀漆也。

李含光曰：蜀漆是常山茎，八月、九月采之。

颂曰：今汴西、淮、浙、湖南州郡亦有之，并如上说。而海州出者，叶似楸叶，八月有花，红白色，子碧色，似山楝子而小。今天台山出一种草，名土常山，苗叶极甘。人用为饮，甘味如蜜，又名蜜香草，性凉益人，非此常山也。

【修治】敩曰：采时连根苗收。如用茎叶，临时去根，以甘草细剉，同水拌湿蒸之。临时去甘草，取蜀漆细剉，又拌甘草水匀，再蒸，日干用。其常山，凡用以酒浸一宿，漉出日干，熬捣用。

时珍曰：近时有酒浸蒸熟或瓦炒熟者，亦不甚吐人。又有醋制者，吐人。

常山

【气味】苦，寒，有毒。

《别录》曰：辛，微寒。

普曰：神农、岐伯：苦；桐君：辛，有毒；李当之：大寒。

权曰：苦，有小毒。

炳曰：得甘草，吐疟。

之才曰：畏玉札。

大明曰：忌葱菜及菘菜。伏砒石。

【主治】伤寒寒热，热发温疟鬼毒，胸中痰结吐逆（《本经》）。疗鬼蛊往来，水胀，洒洒恶寒，鼠瘘（《别录》）。治诸疟，吐痰涎，治项下瘤瘿（甄权）。

蜀漆

【气味】辛，平，有毒。

《别录》曰：微温。

权曰：苦，有小毒。

元素曰：辛，纯阳。

炳曰：桔梗为之使。

之才曰：栝蒌为之使。恶贯众。

【主治】疟及咳逆寒热，腹中癥坚痞结，积聚邪气，蛊毒鬼疰（《本经》）。疗胸中邪结气，吐去之（《别录》）。治瘴、鬼疟多时不瘥，温疟寒热，下肥气（甄权）。破血，洗去腥，与苦酸同用，导胆邪（元素）。

【发明】敩曰：蜀漆春夏用茎叶，秋冬用根。老人久病，切忌服之。

颂曰：常山、蜀漆为治疟之最要。不可多进，令人吐逆。

震亨曰：常山性暴悍，善驱逐，能伤真气。病人稍近虚怯，不可用也。《外台》乃用三、两作一服，殊昧雷公老人久病切忌之戒。

时珍曰：常山、蜀漆有劫痰截疟之功，须在发散表邪及提出阳分之后。用之得宜，神效立见；用失其法，真气必伤。夫疟有六经疟、五脏疟、痰湿食积瘴疫鬼邪诸疟，须分阴阳虚实，不可一概论也。常山、蜀漆生用则上行必吐；酒蒸炒熟用则气稍缓，少用亦不致吐也。得甘草则吐；得大黄则利；得乌梅、鲮鲤甲则入肝；得小麦、竹叶，则入心；得秫米、麻黄，则入肺；得龙骨、附子，则入肾；得草果、槟榔，则入脾。盖无痰不作疟，二物之功，亦在驱逐痰水而已。杨士瀛《直指方》云：常山治疟，人皆薄之。疟家多蓄痰涎黄水，或停潴心下，或结澼胁间，乃生寒热。法当吐痰逐水，常山岂容不用？水在上焦，则常山能吐之；水在胁下，则常山能破其澼而下其水。但须行血药品佐助之，必收十全之功。其有纯热发疟或蕴热内实之症，投以常山。大便点滴而下，似泄不泄者，须用北大黄为佐，泄利数行，然后获愈也。又待制李焘云：岭南瘴气寒热所感，邪气多在营卫皮肉之间。欲去皮肤毛孔中瘴气根本，非常山不可。但性吐人，惟以七宝散冷服之，即不吐，且验也。

【附方】旧三，新二十五。截疟诸汤：《外台秘要》：用常山三两，浆水三升，浸一宿，煎取一升，欲发前顿服，取吐。《肘后方》：用常山一两，秫米一百粒，水六升，煮三升，分三服。先夜、未发、临发时服尽。《养生主论》：王隐者驱疟汤云：予用此四十年，奇效不能尽述，切勿加减，万无一吐者。常山（酒煮晒干）、知母、贝母、草果各一钱半。水一盅半，煎半熟，五更热服。渣以酒浸，发前服。截疟诸酒：《肘后方》：用常山一两，酒一升，渍二、三日，分作三服：平旦一服，少顷再服，临发又服。或加甘草，酒煮服之。宋侠《经心录》：醇醨汤：治间日疟。支太医云：乃桂广州方也，甚验。恒山一钱二分，大黄二钱半，炙甘草一钱二分。水一盏半，煎减半，曰醇，发日五更温服；再以水一盏，煎减半，曰醨，未发时温服。虞抟《医学正传》：治久疟不止。常山一钱半，槟榔一钱，丁香五分，乌梅一个，酒一盏，浸一宿，五更饮之。一服便止，永不再发，如神。截疟诸丸：《千金方》恒山丸：治数年不瘥者，两剂瘥；一月以来者，一剂瘥。恒山三两，研末，鸡子白和丸梧子大，瓦器煮熟，杀腥气，则取晒干收之。每服二十丸，竹叶汤下，五更一服，天明一服，发前一服，或吐或否即止。《肘后》丹砂丸：恒山（捣末）三两，真丹一两研，白蜜和杵百下，丸梧子大。先发服三丸，少顷再服三丸，临时服三丸，酒下，无不断者。曾世荣《活幼心书》黄丹丸：治大小久疟。恒山二两，黄丹半两，乌梅（连核瓦焙）一两，为末，糯米粉糊丸梧子大。每服三、五十丸，凉酒下，隔一夜一服，平旦一服。午后方食。葛洪《肘后方》：用恒山三两，知母一两，甘草半两，捣末，蜜丸梧子大。先发时服十丸，次服七丸。后服五、六丸，以瘥为度。《和剂局方》瞻仰丸：治一切疟。常山四两（炒存性），草果二两（炒存性）。为末，薄糊丸梧子大。每卧时冷酒服五十丸，五更再服。忌鹅羊热物。又胜金丸：治一切疟，胸膈停痰，发不愈者。常山八两（酒浸蒸焙），槟榔二两（生）。研末，糊丸梧子大。如上法服。《集简方》二圣丸：治诸疟，不拘远近大小。鸡骨、恒山、鸡心、槟榔各一两（生研），鲮鲤甲（煨焦）一两半。为末。糯粉糊丸绿豆大，黄丹为衣。每服三五十丸，如上法服。厥阴肝疟，寒多热少，喘息如死状，或少腹满，小便如脓，不问久近，不吐不泄，如神：恒山一两，醋浸一夜，瓦器煮干。每用二钱，水一盏，煎半盏，五更冷服。（赵真人《济急方》）太阴肺疟，痰聚胸中，病至令人心寒，寒甚乃热，热间善惊，如有所见：恒山三钱，甘草半钱，秫米三十五粒，水二盅，煎一盅，发日早分三次服。（《千金方》）少阴肾疟，凄凄然寒，手足寒，腰脊痛，大便难，目眴眴然：恒山二钱半，豉半两，乌梅一钱，竹叶一钱半，葱白三根，水一升半，煎一升，发前分三服。（《千金方》）牝疟独寒不热者：蜀漆散：用蜀漆、云母（煅三日夜）、龙骨各二钱。为末。每服半钱，临发日旦一服，发前一服，酢浆水调下。温疟，又加蜀漆一钱。（张仲景《金匮要略》）牡疟独热不冷者：蜀漆一钱半，甘草一钱，麻黄二钱，牡蛎粉二钱，水二盅。先煎麻黄、蜀漆，去沫，入药再煎至一盅，未发前温服，得吐则止。（王焘《外台秘要》）温疟热多：恒山一钱，小麦三钱，淡竹叶二钱。水煎，五更服，甚良。（《药性论》）三十年疟：《肘后方》：治三十年老疟及积年久疟：常山、黄连各一两。酒三升，渍一宿，以瓦釜煮取一升半。发日早服五合，发时再服。热当吐，冷当利，无不瘥者。张文仲《备急方》：用恒山一两半，龙骨五钱，附子（炮）二钱半，大黄一两。为末。鸡子黄和丸梧子大。未发时五丸，将发时五丸，白汤下。支太医云：此方神验，无不断者。瘴疟寒热：刘长春《经验方》：常山一寸，草果一枚，热酒一碗，浸一夜，五更望东服之，盖卧，酒醒即愈。《谈野翁试验方》：用常山、槟榔、甘草各二钱，黑豆一百粒，水煎服之。乃彭司寇所传。葛稚川《肘后方》：用常山、黄连、香豉各一两，附子（炮）七钱，捣末，蜜丸梧子大。空腹饮服四丸，欲发时三丸。至午后乃食。妊娠疟疾：酒蒸常山、石膏（煅）各一钱，乌梅（炒）五分，甘草四分。水一盏，酒一盏，浸一夜，平旦温服。（姚僧垣《集验方》）百日儿疟：《水鉴仙人歌》曰：疟是邪风寒热攻，直须术治免成空。常山刻作人形状，钉在孩儿生气宫。如金生人，金生在巳，即钉巳上；木生人，钉亥上；火生人，钉寅上；水土生人，钉申上也。小儿惊忤，暴惊卒死中恶：用蜀漆（炒）二钱，左顾牡蛎一钱二分，浆水煎服，当吐痰而愈。名千金汤。（阮氏）胸中痰饮：恒山、甘草各一两，水五升，煮取一升，去滓，入蜜二合。温服七合，取吐。不吐更服。（《千金方》）

【附录】杜茎山（《图经》）

颂曰：叶味苦，性寒。主温瘴寒热作止不定，烦渴头痛心躁。杵烂，新酒浸，绞汁服，吐出恶涎甚效。生宜州。茎高四、五尺，叶似苦荬菜。秋有花，紫色。实如枸杞子，大而白。

土红山

颂曰：叶甘、苦，微寒，无毒。主骨节疼痛，劳热瘴疟。生福州及南恩州山野中。大者高七、八尺。叶似枇杷而小，无毛。秋生白花如粟粒，不实。福州生者作细藤，似芙蓉叶，其叶上青下白，根如葛头。土人取根米泔浸一宿，以清水再浸一宿，炒黄为末。每服一钱，水一盏，生姜一片，同煎服。亦治劳瘴甚效。

时珍曰：杜茎山即土恒山，土红山又杜茎山之类，故并附之。

藜芦（《本经》下品）

【释名】山葱（《别录》）、葱苒（《本经》）、葱菼（音毯。《别录》）、葱葵（普）、丰芦（普）、憨葱（《纲目》）、鹿葱。

时珍曰：黑色日黎，其芦有黑皮裹之，故名。根际似葱，俗名葱管藜芦是矣。北人谓之憨葱，南人谓之鹿葱。

藜芦

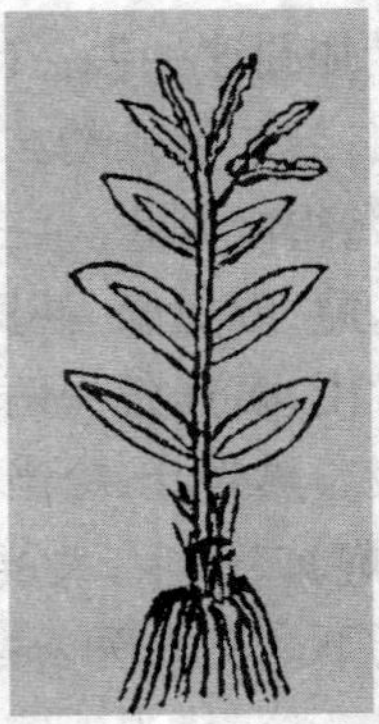

【集解】《别录》曰：藜芦生太山山谷。三月采根。阴干。

普曰：大叶，小根相连。

弘景曰：近道处处有之。根下极似葱而多毛。用之止剔取根，微炙之。

保升曰：所在山谷皆有。叶似郁金、秦艽、蘘荷等，根若龙胆，茎下多毛。夏生冬凋，八月采根。

颂曰：今陕西、山南东西州郡皆有之，辽州、均州、解州者尤佳。三月生苗。叶青，似初出棕心，又似车前。茎似葱白，青紫色，高五六寸。上有黑皮裹茎，似棕皮。有花肉红色。根似马肠根，长四、五寸许，黄白色。二月、三月采根阴干。此有二种：一种水藜芦，茎叶大同，只是生在近水溪涧石上，根须百余茎，不中药用。今用者名葱白藜芦，根须甚少，只是三二十茎，生高山者为佳，均州土俗亦呼为鹿葱。《范子计然》云：出河东，黄白者善。

根

【修治】雷曰：凡采得去头，用糯米泔汁煮之，从巳至未，晒干用。

【气味】辛，寒，有毒。

《别录》曰：苦，微寒。

普曰：神农、雷公：辛，有毒；岐伯：咸，有毒；李当之：大寒，大毒；扁鹊：苦，有毒。

之才曰：黄连为之使。反细辛、芍药、人参、沙参、紫参、丹参、苦参。恶大黄。

时珍曰：畏葱白。服之吐不止，饮葱汤即止。

【主治】蛊毒咳逆，泄痢肠澼，头疡疥瘙恶疮，杀诸虫毒，去死肌（《本经》）。疗哕逆，喉痹不通，鼻中息肉，马刀烂疮。不入汤用（《别录》）。主上气，去积年脓血泄痢(权)。吐上膈风涎,暗风痫病,小儿齁齁痰疾(颂)。末,治马疥癣(宗奭)。

【发明】颂曰:藜芦服钱匕一字则恶吐人,又用通顶令人嚏,而别本云治哕逆,其效未详。

时珍曰:哕逆用吐药,亦反胃用吐法去痰积之义。吐药不一:常山吐疟痰,瓜丁吐热痰,乌附尖吐湿痰,莱菔子吐气痰,藜芦则吐风痰者也。按张子和《儒门事亲》云:一妇病风痫。自六、七岁得惊风后,每一二年一作;至五七年,五七作;三十岁至四十岁则日作,或甚至一日十余作。遂昏痴健忘,求死而已。值岁大饥,采百草食。于野中见草若葱状,采归蒸熟饱食。至五更,忽觉心中不安,吐涎如胶,连日不止,约一二斗,汗出如洗,甚昏困。三日后,遂轻健,病去食进,百脉皆和。以所食葱访人,乃憨葱苗也,即本草藜芦是矣。《图经》言能吐风病,此亦偶得吐法耳。我朝荆和王妃刘氏,年七十,病中风,不省人事,牙关紧闭,群医束手。先考太医吏目月池翁诊视,药不能入,自午至子,不获已。打去一齿,浓煎藜芦汤灌之,少顷,噫气一声,遂吐痰而苏,调理而安。药弗瞑眩,厥疾弗瘳,诚然。

【附方】旧六,新十三。诸风痰饮:藜芦十分,郁金一分。为末。每以一字,温浆水一盏和服,探吐。(《经验方》)中风不省,牙关紧急者:藜芦一两(去芦头),浓煎防风汤浴过,焙干碎切,炒微褐色。为末。每服半钱,小儿减半,温水调灌,以吐风涎为效。未吐再服。(《简要济众》)中风不语,喉中如曳锯声,口中涎沫:取藜芦一分,天南星一个(去浮皮,于脐上剜一坑,纳入陈醋二橡斗,四面火逼黄色)。研为末。生面丸小豆大。每服三丸,温酒下。(《经验后方》)诸风头痛:和州藜芦一茎日干研末,入麝香少许。吹鼻。又方:通顶散:藜芦半两,黄连三分。搐鼻。(《圣惠》)久疟痰多不食,欲吐不吐:藜芦末半钱。温齑水调下,探吐。(《保命集》)痰疟积疟:藜芦、皂荚(炙)各一两,巴豆二十五枚(熬黄)。研末。蜜丸小豆大。每空心服一丸,未发时一丸,临发时又服一丸。勿用饮食。《肘后》黄疸肿疾:藜芦灰中炮,为末。水服半钱匕,小吐,不过数服,效。(《百一方》)胸中结聚,如骇骇不去者:巴豆半两(去皮心炒,捣如泥),藜芦(炙研)一两,蜜和捣丸麻子大。每吞一二丸。(《肘后》)身面黑痣:藜芦灰五两。水一大碗淋汁,铜器重汤煮成黑膏,以针微刺破点之,不过三次效。(《圣惠》)鼻中息肉:藜芦三分,雄黄一分。为末。蜜和点之。每日三上自消,勿点两畔。(《圣济方》)牙齿虫痛:藜芦末,内入孔中,勿吞汁,神效。(《千金翼》)白秃虫疮:藜芦末,猪脂调涂之。(《肘后方》)头生虮虱:藜芦末掺之。(《直指》)头风百屑痒甚:藜芦末,沐头掺之,紧包二日夜,避风,效。(《本事方》)反花恶疮,恶肉反出如米:藜芦末,猪脂和敷,日三五上。(《圣济录》)疥癣虫疮:藜芦末,生油和涂。(《斗门方》)羊疽疮痒:藜芦二分,附子八分。为末敷之,虫自出也。(陶隐居方)误吞水蛭:藜芦炒,为末。水服一钱,必吐出。(《德生堂方》)

【附录】山磁石

《别录》有名未用曰:苦,平,无毒。主女子带下。生山之阳。正月生叶如藜芦,茎有衣。一名爰茈。

参果根

又曰：苦，有毒。主鼠瘘。生百余根，根有衣裹茎。三月三日采根。一名百连，一名乌蓼，一名鼠茎，一名鹿蒲。

马肠根（宋《图经》）

颂曰：苦、辛，寒，有毒。主蛊除风。叶：疗疮疥。生秦州。叶似桑。三月采叶，五月、六月采根。

木藜芦（《拾遗》）

【释名】黄藜芦（《纲目》）、鹿骊。

【集解】藏器曰：陶弘景注漏芦云：一名鹿骊。南人用苗，北人用根。按鹿骊乃木藜芦，非漏芦也。乃树生，如茱萸树，高二三尺，有毒。

时珍曰：鹿骊，俚人呼为黄藜芦，小树也。叶如樱桃叶，狭而长，多皱纹。四月开细黄花。五月结小长子，如小豆大。

【气味】苦、辛，温，有毒。

【主治】疥癣、杀虫（藏器）。

附子（《本经》下品）

【释名】其母名乌头。

时珍曰：初种为乌头，象乌之头也。附乌头而生者为附子，如子附母也。乌头如芋魁，附子如芋子，盖一物也。别有草乌头、白附子，故俗呼此为黑附子，川乌头以别之。诸家不分乌头有川、草两种，皆混杂注解，今悉正之。

【集解】《别录》曰：附子生犍为山谷及广汉。冬月采为附子，春月采为乌头。

弘景曰：乌头与附子同根。附子八月采，八角者良。乌头四月采。春时茎初生有脑头，如乌鸟之头，故谓之乌头。有两歧共蒂，状如牛角者，名乌喙。取汁煎为射罔。天雄似附子，细而长，乃至三四寸。侧子即附子边角之大者。并是同根，而《本经》附子出犍为，天雄出少室，乌头出朗陵，分生三处，当各有所宜也，今则无别矣。

恭曰：天雄、附子、乌头，并以蜀道绵州、龙州者佳，俱以八月采造。余处虽有造得者，力弱，都不相似。江南来者，全不堪用。

大明曰：天雄大而长，少角刺而虚；附子大而短，有角平稳而实。乌喙似天雄，乌头次于附子，侧子小于乌头，连聚生者名为虎掌，并是天雄一裔，子母之类，气力乃有殊等，即宿根与嫩者尔。

敩曰：乌头少有茎苗，身长而乌黑，少有旁尖。乌喙皮上苍色，有尖头，大者孕八、九个，周围底陷，黑如乌铁。天雄身全矮，无尖，周匝四面有附子，孕十一个，皮苍色。侧子只是附子旁，有小颗如枣核者。木鳖子是喙、附、乌、雄、侧中毗患者，不入药用。

保升曰：正者为乌头；两歧者为乌喙；细长三四寸者为天雄；根旁如芋散生者，为附子；旁连生者为侧子，五物同出而异名。苗高二尺许，叶似石龙芮及艾。

宗奭曰：五者皆一物，但依大小长短以象而名之尔。

颂曰：五者今并出蜀土，都是一种所产，其种出于龙州。冬至前，先将陆田耕五、七遍，以猪粪粪之，然后布种，逐月耘耔，至次年八月后方成。其苗高三、四尺，茎作四棱，叶如艾，其花紫碧色作穗，其实细小如桑椹状，黑色。本只种附子一物，至成熟后乃有四物。以长二三寸者为天雄；割削附子旁尖角为侧子，附子之绝小者亦名侧子；元种者为乌头；其余大小者，皆为附子，以八角者为上。绵州彰明县多种之，惟赤水一乡者最佳。然收采时月与本草不同。谨按本草冬采为附子，春采为乌头。《博物志》言：附子、乌头、天雄一物也，春、秋、冬、夏采之各异。而《广雅》云：奚毒，附子也。一岁为侧子，二年为乌喙，三年为附子，四年为乌头，五年为天雄。今一年种之，便有此五物。岂今人种莳之法，用力倍至，故尔繁盛乎？

时珍曰：乌头有两种：出彰明者即附子之母，今人谓之川乌头是也。春末生子，故曰春采为乌头。冬则生子已成，故曰冬采为附子。其天雄、乌喙、侧子，皆是生子多者，因象命名；若生子少及独头者，即无此数物也。其产江左、山南等处者，乃《本经》所列乌头，今人谓之草乌头者是也。故曰其汁煎为射罔。陶弘景不知乌头有二，以附子之乌头、注射罔之乌头，遂致诸家疑贰，而雷敩之说尤不近理。宋人杨天惠著《附子记》甚悉，今撮其要，读之可不辩而明矣。其说云：绵州乃故广汉地，领县八，惟彰明出附子。彰明领乡二十，惟赤水、廉水、昌明、会昌四乡产附子，而赤水为多。每岁以上田熟耕作垄。取种于龙安、龙州、齐归、木门、青堆、小坪诸处。十一月播种，春月生苗。其茎类野艾而泽，其叶类地麻而厚。其花紫瓣黄蕤，长苞而圆。七月采者，谓之早水，拳缩而小，盖未长成也。九月采者乃佳。其品凡七，本同而末异。其初种之小者为乌头；附乌头而旁生者为附子；又左右附而偶生者为鬲子；附而长者为天雄；附而尖者为天锥；附而上出者为侧子；附而散生者为漏篮子，皆脉络连贯，如子附母，而附子以贵，故专附名也。凡种一而子六七以上，则皆小；种一而子二三则稍大；种一而子特生，则特大。附子之形，以蹲坐正节角少者为上，有节多鼠乳者次之，形不正而伤缺风皱者为下。本草言附子八角者为良，其角为侧子之说，甚谬矣。附子之色，以花白者为上，铁色者次之，青绿者为下。天雄、乌头、天锥，皆以丰实盈握者为胜。漏篮、侧子，则园人以乞役夫，不足数也。谨按此记所载漏篮，即雷敩所谓木鳖子，大明所谓虎掌者也。其鬲子，即乌喙也。天锥，即天雄之类，医方亦无此名，功用当相同尔。

【修治】保升曰：附子、乌头、天雄、侧子、乌喙，采得，以生熟汤浸半日，勿令灭气，出以白灰裛之，数易使干。又法：以米粥及糟曲等淹之。并不及前法。

颂曰：五物收时，一处造酿。其法：先于六月内，造大小面曲。未采前半月，用大麦煮成粥，以曲造醋，候熟去糟。其醋不用太酸，酸则以水解之。将附子去根须，于新瓮内淹七日，日搅一遍，捞出以疏筛摊之，令生白衣。乃向慢风日中晒之百十日，以透干为度。若猛日，则皱而皮不附肉。

时珍曰：按《附子记》云：此物畏恶最多，不能常熟。或种美而苗不茂，或苗秀而根不充，或以酿而腐，或以曝而挛，若有神物阴为之者。故园人常祷于神，目为药妖。其酿法：用醋醅安密室中，淹覆弥月，乃发出晾干。方出酿时，其大有如拳者，已定辄不盈握，故及一两者极难得。土人云：但得半两以上者皆良。蜀人饵者少，惟秦陕闽浙人宜之。然秦人才市其下者，闽浙才得其中者，其上品则皆贵人得之矣。

弘景曰：凡用附子、乌头、天雄，皆热灰微炮令拆，勿过焦。惟姜附汤生用之。俗方每用附子，须甘草、人参、生姜相配者，正制其毒故也。

敩曰：凡使乌头，宜文武火中炮令皴拆，擘破用。若用附子，须底平有九角如铁色，一个重一两者，即是气全。勿用杂木火，只以柳木灰火中炮令皴拆，以刀刮去上孕子，并去底尖，擘破，于屋下平地上掘一土坑安之，一宿取出，焙干用。若阴制者，生去皮尖底，薄切，以东流水并黑豆浸五日夜，漉出，日中晒干用。

震亨曰：凡乌、附、天雄，须用童子小便浸透煮过，以杀其毒，并助下行之力，入盐少许尤好。或以小便浸二七日，拣去坏者，以竹刀每个切作四片，井水淘净，逐日换水，再浸七日，晒干用。

时珍曰：附子生用则发散，熟用则峻补。生用者，须如阴制之法，去皮脐入药。熟用者，以水浸过，炮令发拆，去皮脐，乘热切片再炒，令内外俱黄，去火毒入药。又法：每一个，用甘草二钱，盐水、姜汁、童尿各半盏，同煮熟，出火毒一夜用之，则毒去也。

【气味】辛，温，有大毒。

《别录》曰：甘，大热。

普曰：神农：辛；岐伯、雷公：甘，有毒；李当之：苦，大温，有大毒。

元素曰：大辛大热，气厚味薄，可升可降，阳中之阴，浮中沉，无所不至，为诸经引用之药。

好古曰：入手少阳三焦命门之剂，其性走而不守，非若干姜止而不行。

赵嗣真曰：熟附配麻黄，发中有补，仲景麻黄附子细辛汤、麻黄附子甘草汤是也。生附配干姜，补中有发，仲景干姜附子汤、通脉四逆汤是也。

戴原礼曰：附子无干姜不热，得甘草则性缓，得桂则补命门。

李焘曰：附子得生姜则能发散，以热攻热，又导虚热下行，以除冷病。

之才曰：地胆为之使。恶蜈蚣。畏防风、黑豆、甘草、人参、黄芪。

时珍曰：畏绿豆、乌韭、童溲、犀角。忌豉汁。得蜀椒、食盐，下达命门。

【主治】风寒咳逆邪气，温中，寒湿踒躄，拘挛膝痛，不能行步，破癥坚积聚血瘕，金疮（《本经》）。腰脊风寒，脚疼冷弱，心腹冷痛，霍乱转筋，下痢赤白，强阴，坚肌骨，又堕胎，为百药长（《别录》）。温暖脾胃，除脾湿肾寒，补下焦之阳虚（元素）。除脏腑沉寒，三阳厥逆，湿淫腹痛，胃寒蛔动，治经闭，补虚散壅（李杲）。督脉为病，脊强而厥（好古）。治三阴伤寒，阴毒寒疝，中寒中风，痰厥气厥，柔痓癫痫，小儿慢惊，风湿麻痹，肿满脚气，头风，肾厥头痛，暴泻脱阳，久痢脾泄，寒疟瘴气，久病呕哕,反胃噎膈,痈疽不敛,久漏冷疮。合葱涕,塞耳治聋(时珍)。

乌头(即附子母)

【主治】诸风,风痹血痹,半身不遂,除寒冷,温养脏腑,去心下坚痞,感寒腹痛(元素)。除寒湿,行经,散风邪,破诸积冷毒(李杲)。补命门不足,肝风虚(好古)。助阳退阴,功同附子而稍缓(时珍)。

【发明】宗奭曰:补虚寒须用附子,风家即多用天雄,大略如此。其乌头、乌喙、附子,则量其材而用之。

时珍曰:按王氏《究原方》云:附子性重滞,温脾逐寒。川乌头性轻疏,温脾去风。若是寒疾即用附子;风疾即用川乌头。一云:凡人中风,不可先用风药及乌附。若先用气药,后用乌附乃宜也。又凡用乌附药,并宜冷服者,热因寒用也。盖阴寒在下,虚阳上浮。治之以寒,则阴气益甚而病增;治之以热,则拒格而不纳。热药冷饮,下嗌之后,冷体既消,热性便发,而病气随愈。不违其情,而致大益,此反治之妙也。昔张仲景治寒疝内结,用蜜煎乌头。《近效方》治喉痹,用蜜炙附子,含之咽汁。朱丹溪治疝气,用乌头、栀子。并热因寒用也。李东垣治冯翰林侄阴盛格阳伤寒,面赤目赤,烦渴引饮,脉来七、八至,但按之则散。用姜附汤加人参,投半斤服之,得汗而愈。此则神圣之妙也。

吴绶曰:附子乃阴症要药。凡伤寒传变三阴,及中寒夹阴,虽身大热而脉沉者,必用之。或厥冷腹痛,脉沉细,甚则唇青囊缩者,急须用之,有退阴回阳之力,起死回生之功。近世阴症伤寒,往往疑似,不敢用附子,直待阴极阳竭而用之,已迟矣。且夹阴伤寒,内外皆阴,阳气顿衰。必须急用人参,健脉以益其原;佐以附子,温经散寒。舍此不用,将何以救之?

刘完素曰:俗方治麻痹多用乌附,其气暴能冲开道路,故气愈麻;及药气尽而正气行,则麻病愈矣。

张元素曰:附子以白术为佐,乃除寒湿之圣药。湿药宜少加之引经。又益火之原,以消阴翳,则便溺有节,乌、附是也。

虞抟曰:附子禀雄壮之质,有斩关夺将之气。能引补气药行十二经,以追复散失之元阳;引补血药入血分,以滋养不足之真阴;引发散药开腠理,以驱逐在表之风寒;引温暖药达下焦,以祛除在里之冷湿。

震亨曰:气虚热甚者,宜少用附子,以行参芪。肥人多湿,亦宜少加乌、附行经。仲景八味丸,用为少阴响导,其补自是地黄,后世因以附子为补药,误矣。附子走而不守,取其健悍走下之性,以行地黄之滞,可致远尔。乌头、天雄皆气壮形伟,可为下部药之佐;无人表其害人之祸,相习用为治风之药及补药,杀人多矣。

王履曰:仲景八味丸,盖兼阴火不足者设。钱仲阳六味地黄丸,为阴虚者设。附子乃补阳之药,非为行滞也。

好古曰:乌、附,非身凉而四肢厥者,不可僭用。服附子以补火,必妨涸水。

时珍曰:乌、附毒药,非危病不用,而补药中少加引导,其功甚捷。有人才服钱匕,即发燥不堪,而昔人补剂用为常药,岂古今运气不同耶?荆府都昌王,体瘦而冷,无他病。日以附子煎汤饮,兼嚼硫黄,如此数岁。蕲州卫张百户,平生服鹿茸、附子药,至八十余,康健倍常。宋张杲《医说》载:赵知府耽酒色,每日煎干姜熟附汤,吞硫黄金液丹百粒,乃能健啖,否则倦弱不支,寿至九十。他人服一粒即为害。若此数人,皆其脏腑禀赋之偏,服之有益无害,不可以常理概论也。又《琐碎录》言:滑台风土极寒,民啖附子如啖芋栗。此则地气使然尔。

【附方】旧二十七,新九十二。少阴伤寒,初得二三日,脉微细,但欲寐,小便色白者,麻黄附子甘草汤微发其汗:麻黄(去节)二两,甘草(炙)二两,附子(炮去皮)一枚,水七升,先煮麻黄去沫,纳二味,煮取三升,分作三服,取微汗。(张仲景《伤寒论》)少阴发热,少阴病始得,反发热脉沉者,麻黄附子细辛汤发其汗:麻黄(去节)二两,附子(炮去皮)一枚,细辛二两,水一斗,先煮麻黄去沫,乃纳二味,同煮三升,分三服。(同上)少阴下利,少阴病,下利清谷,里寒外热,手足厥逆,脉微欲绝,身反不恶寒,其人面赤色。或腹痛,或干呕,或咽痛,或利止脉不出者:通脉四逆汤:用大附子一个(去皮生破八片),甘草(炙)二两,干姜三两,水三升,煮一升二合,分温再服,其脉即出者愈。面赤加葱九茎,腹痛,加芍药二两;呕,加生姜二两;咽痛,加桔梗一两;利止脉不出,加人参二两。(同上)阴病恶寒,伤寒已发汗不解,反恶寒者,虚也,芍药甘草附子汤补之:芍药三两,甘草(炙)三两,附子(炮去皮)一枚,水五升,煮取一升五合,分服。(同上)伤寒发躁,伤寒下后,又发其汗,昼日烦躁不得眠,夜而安静,不呕不渴,无表证,脉沉微,身无大热者,干姜附子汤温之:干姜一两,生附子一枚(去皮,破作八片)。水三升,煮取一升,顿服。(《伤寒论》)阴盛格阳,伤寒阴盛格阳,其人必躁热而不欲饮水,脉沉手足厥逆者,是此症也:霹雳散:用大附子一枚,烧存性。为末。蜜水调服。逼散寒气,然后热气上行而汗出,乃愈。(孙兆《口诀》)热病吐下及下利,身冷脉微,发躁不止者:附子(炮)一枚(去皮脐,分作八片)。入盐一钱,水一升,煎半升,温服,立效。(《经验后方》)阴毒伤寒:孙兆《口诀》云:房后受寒,少腹疼痛,头疼腰重,手足厥逆,脉息沉细,或作呃逆,并宜退阴散:用川乌头、干姜等分,切炒,放冷为散。每服一钱,水一盏,盐一撮,煎取半盏,温服,得汗解。《本事方》玉女散:治阴毒心腹痛厥逆恶候。川乌头去皮脐,冷水浸七日,切晒,纸裹收之。遇有患者,取为末一钱,入盐八分,水一盏,煎八分服,压下阴毒,如猪血相似,再进一服。济生回阳散:治阴毒伤寒,面青,四肢厥逆,腹痛身冷,一切冷气:大附子三枚,炮裂去皮脐为末。每服三钱,姜汁半盏,冷酒半盏,调服。良久,脐下如火暖为度。《续传信方》:治阴毒伤寒,烦躁迷闷,急者:用半两重附子一个(生破作四片),生姜一大块(作三片),糯米一撮,以水一升,煎六合,温服。暖卧,或汗出,或不出。候心定,则以水解散之类解之,不得与冷水。如渴,更煎滓服。屡用多效。中风痰厥,昏不知人,口眼㖞斜,并体虚之人患疟疾寒多者:三生饮:用生川乌头、生附子(并去皮脐)各半两,生南星一两,生木香二钱五分。每服五钱,生姜十片,水二盏,煎一盏,温服。(《和剂局方》)中风气厥痰壅,昏不知人,六脉沉伏:生附子(去皮)、生南星(去皮)、生木香半两。每服四钱,姜九片,水二盏,煎七分，温服之。（《济生方》）中风偏废：羌活汤：用生附子一个（去皮脐），羌活、乌药各一两。每服四钱，生姜三片，水一盏，煎七分服。（王氏《简易方》）半身不遂，遂令癖疰：用生附子一两，以无灰酒一升，浸一七日，隔日饮一合。（《延年秘录》）风病瘫缓：手足亸曳，口眼㖞斜，语音蹇涩，步履不正，宜神验乌龙丹主之：川乌头（去皮脐）、五灵脂各五两，为末。入龙脑、麝香五分，滴水为丸，如弹子大。每服一丸，先以生姜汁研化，暖酒调服，一日二服。至五七丸，便觉抬得手、移得步，十丸可以梳头也。（《梅师方》）风寒湿痹，麻木不仁，或手足不遂：生川乌头末，每以香白米煮粥一碗，入末四钱，慢熬得所，下姜汁一匙，蜜三大匙，空腹啜之。或入薏苡末二钱。《左传》云：风淫末疾，谓四末也。脾主四肢，风淫客肝，则侵脾而四肢病也。此汤极有力，予每授人良验。（许学士《本事方》）体虚有风，外受寒湿，身如在空中：生附子、生天南星各二钱，生姜十片，水一盏半，慢火煎服。予曾病此，医博士张发授此方，三服愈。（《本事方》）口眼㖞斜：生乌头、青矾各等分。为末。每用一字，搐入鼻内，取涕吐涎，立效无比，名通关散。（《箧中秘宝方》）口卒噤喑，卒忤停尸：并用附子末，吹入喉中瘥。（《千金翼》）产后中风，身如角弓反张，口噤不语：川乌头五两（剉块），黑大豆半升，同炒半黑，以酒三升，倾锅内急搅，以绢滤取酒，微温服一小盏，取汗。若口不开，拗开灌之。未效，加乌鸡粪一合炒，纳酒中服，以瘥为度。（《圣惠方》）诸风血风：乌荆丸：治诸风纵缓，言语蹇涩，遍身麻痹，皮肤瘙痒，及妇人血风，头痛目眩，肠风脏毒，下血不止者，服之尤效。有痛风挛搐，颐颔不收者，服六、七服即瘥也：川乌头（炮去皮脐）一两，荆芥穗二两，为末。醋面糊丸梧子大。温酒或熟水，每服二十丸。（《和剂方》）妇人血风虚冷，月候不匀，或手脚心烦热，或头面浮肿顽麻：用川乌头一斤（清油四两，盐四两，铛内同熬，令裂如桑椹色为度，去皮脐），五灵脂四两，为末。捣匀，蒸饼丸如梧子大。空心温酒、盐汤下二十丸。亦治丈夫风疾。（《梅师方》）诸风痫疾：生川乌头（去皮）二钱半，五灵脂半两，为末，猪心血丸梧子大。每姜汤化服一丸。小儿慢惊搐搦，涎壅厥逆：川乌头（生去皮脐）一两，全蝎十个（去尾），分作三服，水一盏，姜七片，煎服。（汤氏《婴孩宝鉴》）小儿项软，乃肝肾虚，风邪袭人：用附子（去皮脐）、天南星各二钱，为末，姜汁调摊，贴天柱骨。内服泻青丸。（《全幼心鉴》）小儿囟陷：绵乌头、附子（并生去皮脐）二钱，雄黄八分，为末，葱根捣和作饼，贴陷处。（《全幼心鉴》）麻痹疼痛：仙桃丸：治手足麻痹，或瘫痪疼痛，腰膝痹痛，或打扑伤损闪肭，痛不可忍：生川乌（不去皮）、五灵脂各四两，威灵仙五两。洗焙为末，酒糊丸梧子大。每服七丸至十丸，盐汤下，忌茶。此药常服，其效如神。（《普济方》）风痹肢痛，营卫不行：川乌头二两（炮去皮，以大豆同炒，至豆汁出为度，去豆焙干），全蝎半两（焙）。为末，酽醋熬稠，丸绿豆大。每温酒下七丸，日一服。（《圣惠方》）腰脚冷痹疼痛，有风：川乌头三个生，去皮脐，为散。醋调涂帛上，贴之。须臾痛止。（《圣惠方》）大风诸痹，痰澼胀满：大附子（半两者）二枚，炮拆，酒渍之，春冬五日，夏秋三日。每服一合，以瘥为度。（《圣惠方》）脚气腿肿，久不瘥者：黑附子一个（生，去皮脐）。为散。生姜汁调如膏，涂之。药干再涂，肿消为度。（《简要济众》）十指疼痛，麻木不仁：生附子（去皮脐）、木香各等分，生姜五片，水煎温服。（王氏《易简方》）搜风顺气：乌附丸：用川乌头二十个，香附子半斤，姜汁淹一宿，炒焙为末，酒糊丸梧子大。每温酒下十丸。肌体肥壮有风疾者，宜常服之。（《澹寮方》）头风头痛：《外台秘要》：用腊月乌头一升，炒令黄，末之，以绢袋盛，浸三斗酒中。逐日温服。孙兆《口诀》：用附子（炮）、石膏（煅）等分。为末。入脑、麝少许。每服半钱，茶酒任下。《修真秘旨》：用附子一枚（生，去皮脐），绿豆一合，同入铫子内煮，豆熟为度，去附子，食绿豆，立瘥。每个可煮五次，后为末服之。风毒头痛：《圣惠方》：治风毒攻注头目，痛不可忍：大附子一枚（炮去皮为末）。以生姜一两，大黑豆一合，炒熟，同酒盏，煎七分，调附末一钱，温服。又方：治二三十年头风不愈者，用大川乌头（生去皮）四两，天南星（炮）一两。为末，每服二钱。细茶三钱，薄荷七叶，盐梅一个，水一盏，煎七分，临卧温服。《朱氏集验方》：治头痛连睛者：生乌头一钱，白芷四钱。为末。茶服一字。仍以末搐鼻。有人用之得效：风寒头痛《十便良方》：治风寒客于头中，清涕，项筋急硬，胸中寒痰，呕吐清水：用大附子或大川乌头二枚（去皮蒸过），川芎䓖、生姜各一两，焙研，以茶汤调服一钱。或剉片，每用五钱，水煎服。隔三四日一服。或加防风一两。《三因方》必效散：治风寒流注，偏正头痛，年久不愈，最有神效。用大附子一个（生切四片，以姜汁一盏浸炙，再浸再炙，汁尽乃止），高良姜等分，为末。每服一钱，腊茶清调下，忌热物少时。头风摩散，沐头中风，头面多汗恶风，当先风一日则痛甚：用大附子一个（炮）、食盐等分，为末。以方寸匕摩囟上，令药力行。或以油调稀亦可，一日三上。（张仲景方）年久头痛：川乌头、天南星等分，为末。葱汁调涂太阳穴。（《经验》）头风斧劈难忍：川乌头末烧烟熏碗内，温茶泡服之。（《集简方》）痰厥头痛如破.厥气上冲，痰塞胸膈：炮附子三分，釜墨四钱，冷水调服方寸匕，当吐即愈。忌猪肉、冷水。肾厥头痛：《指南方》：用大附子一个（炮熟去皮），生姜半两，水一升半煎，分三服。《经验良方》韭根丸：治元阳虚，头痛如破，眼睛如锥刺：大川乌头（去皮微炮）、全蝎（以糯米炒过，去米）等分为末，韭根汁丸绿豆大。每薄荷茶下十五丸，一日一服。气虚头痛，气虚上壅，偏正头痛，不可忍者：大附子一枚（去皮脐）。研末，葱汁面糊丸绿豆大。每服十丸，茶清下。僧继洪《澹寮方》蝎附丸：元气虚头痛，惟此方最合造化之妙。附子助阳扶虚，钟乳补阳镇坠，全蝎取其钻透，葱涎取其通气。汤使用椒以达下，盐以引用，使虚气下归。对症用之，无不作效。大附子一枚剜心，入全蝎（去毒）三枚在内，以余附末同钟乳粉二钱半，白面少许，水和作剂，包附煨熟，去皮研末，葱涎和丸梧子大。每椒盐汤下五十丸。肾气上攻，头项不能转移：椒附丸：用大熟附子一枚，为末。每用二钱，以椒二十粒，用白面填满椒口，水一盏半，姜七片，煎七分，去椒入盐，空心点服。椒气下达，以引逆气归经也。（《本事方》）鼻渊脑泄：生附子末，葱涎和如泥，盦涌泉穴。（《普济》）耳鸣不止，无昼夜者：乌头（烧作灰）、菖蒲等分，为末，绵裹塞之，日再用，取效。（《杨氏产乳》）耳卒聋闭：附子醋浸，削尖插之。或更于上灸二七壮。（《本草拾遗》）聤耳脓血：生附子为末，葱涕和，灌耳中。（《肘后》）喉痹肿塞：附子去皮，炮令拆，以蜜涂上，炙之令蜜入，含之勿咽汁。已成者即脓出，未成者即消。（出《本草拾遗》）久患口疮：

生附子为末，醋、面调贴足心，男左女右，日再换之。（《经验后方》）风虫牙痛：《普济方》：用附子一两（烧灰），枯矾一分，为末，揩之。又方：川乌头、川附子生研，面糊丸小豆大。每绵包一丸咬之。《删繁方》：用炮附子末纳孔中，乃止。眼暴赤肿，碜痛不得开，泪出不止：削附子赤皮末，如蚕砂大，着眦中，以定为度。（张文仲《备急方》）一切冷气：去风痰，定遍身疼痛，益元气，强精力，固精益髓，令人少病：川乌头一斤，用五升大瓷钵子盛，以童子小便浸七日，逐日添令溢出，拣去坏者不用。余以竹刀切作四片，新汲水淘七次，乃浸之，日日换水，日足，取焙为末，酒煮面糊丸绿豆大。每服十丸，空心盐汤下，少粥饭压之。（《经验方》）升降诸气，暖则宣流：熟附子一大个，分作二服，水二盏，煎一盏，入沉香汁温服。（《和剂局方》）中寒昏困：姜附汤：治体虚中寒，昏不知人，及脐腹冷痛，霍乱转筋，一切虚寒之病：生附子一两（去皮脐），干姜（炮）一两，每服三钱，水二盅，煎一盅，温服。（《和剂局方》）心腹冷痛，冷热气不和：山栀子、川乌头等分，生研为末，酒糊丸梧子大。每服十五丸，生姜汤下。小肠气痛，加炒茴香，葱酒下二十丸。（王氏《博济方》）心痛疝气，湿热因寒郁而发：用栀子降湿热，乌头破寒郁。乌头为栀子所引，其性急速，不留胃中也。川乌头、山栀子各一钱，为末。顺流水入姜汁一匙，调下。（《丹溪纂要》）寒厥心痛，及小肠膀胱痛不可止者：神砂一粒丹：用熟附子（去皮）、郁金、橘红各一两，为末，醋面糊丸如酸枣大，朱砂为衣。每服一丸，男子酒下；女人醋汤下。（《宣明方》）寒疝腹痛绕脐，手足厥冷，自汗出，脉弦而紧，用大乌头煎主之：大乌头五枚（去脐）。水三升，煮取一升，去滓，纳蜜二升，煎令水气尽。强人服七合，弱人服五合。不瘥，明日更服。（张仲景《金匮玉函方》）寒疝身痛腹痛，手足逆冷不仁，或身痛不能眠，用乌头桂枝汤主之：乌头一味，以蜜二斤，煎减半，入桂枝汤五合解之，得一升。初服二合，不知再服，又不知，加至五合。其知者如醉状，得吐为中病也。（《金匮玉函》）寒疝引胁，肋心腹皆痛，诸药不效者：大乌头五枚（去角，四破）。以白蜜一斤，煎令透，取焙为末，别以熟蜜和丸梧子大。每服二十丸，冷盐汤下，永除。（崔氏方）寒疝滑泄，腹痛肠鸣，自汗厥逆：熟附子（去皮脐）、玄胡索（炒）各一两，生木香半两。每服四钱，水二盏，姜七片，煎七分，温服。（《济生方》）小肠诸疝：《苏沈良方》仓卒散：治寒疝腹痛，小肠气、膀胱气、脾肾诸痛，挛急难忍，汗出厥逆：大附子（炒去皮脐）一枚，山栀子（炒焦）四两。每用三钱，水一盏，酒半盏，煎七分，入盐一捻，温服。《宣明方》：治阴疝小腹肿痛，加蒺藜子等分。虚者：加桂枝等分，姜糊为丸，酒服五十丸。虚寒腰痛：鹿茸（去毛，酥炙微黄）、附子（炮去皮脐）各二两，盐花三分。为末，枣肉和丸梧子大。每服三十丸，空心温酒下。《夷坚志》云：时康祖大夫，病心胸一漏，数窍流汁，已二十年。又苦腰痛，行则伛偻，形神憔悴，医不能治。通判韩子温为检《圣惠方》，得此方令服。旬余，腰痛减。久服遂瘥，心漏亦瘥。精力倍常，步履轻捷。此方本治腰，而效乃如此。元脏伤冷：《斗门方》：用附子（炮去皮脐），为末，以水二盏，入药二钱，盐、葱、姜、枣同煎取一盏，空心服。去积冷，暖下元。肥肠益气，酒食无碍。《梅师方》二虎丸：补元脏，进饮食，壮筋骨。用乌头、附子各四两（酽醋浸三宿，切作片子）。掘一小坑，炭火烧赤，以醋三升，同药倾入坑内，用盆合之。一宿取出，去砂土，入青盐四两，同炒赤黄色。为末，醋打面糊丸如梧子大。空心冷酒下十五丸，妇人亦宜。胃冷有痰，脾弱呕吐：生附子、半夏各二钱，姜十片，水二盏，煎七分，空心温服。一方：并炮熟，加木香五分。（《奇效良方》）久冷反胃：《经验方》：用大附子一个，生姜一斤，剉细同煮，研如面糊。每米饮化服一钱。《卫生家宝方》：用姜汁打糊，和附子末为丸，大黄为衣。每温水服十丸。《斗门方》：用最大附子一个，坐于砖上，四面着火渐逼，以生姜自然汁淬之。依前再逼再淬，约姜汁尽半碗乃止，研末。每服一钱，粟米饮下，不过三服瘥。或以猪腰子切片，炙熟蘸食。《方便集》：用大附子一个，切下头子，剜一窍，安丁香四十九个在内，仍合定，线扎，入砂铫内，以姜汁浸过，文火熬干。为末。每挑少许，置掌心舐吃，日十数次。忌毒物、生冷。脾寒疟疾：《济生方》云：五脏气虚，阴阳相胜，发为痎疟，寒多热少，或但寒不热.宜七枣汤主之：用附子一枚，炮七次，盐汤浸七次，去皮脐，分作二服。水一碗，生姜七片，枣七枚，煎七分，露一宿。发日空心温服，未久再进一服。王璆《百一选方》云：寒痰，宜附子；风痰，宜乌头。若用乌头，则寒多者，火炮七次；热多者，汤泡七次，去皮焙干，如上法。用乌头性热，泡多则热散也。又果附汤用熟附子（去皮）、草果仁各二钱半，水一盏，姜七片，枣一枚，煎七分，发日早温服。《肘后方》：临发时，以醋和附子末涂于背上。寒热疟疾：附子一枚（重五钱者，面煨），人参、丹砂各一钱，为末，炼蜜丸梧子大。每服二十丸，未发前连进三服。中病则吐，或身体麻木。未中病，来日再服。（庞安常《伤寒论》）瘴疟寒热，冷瘴，寒热往来，头痛身疼，呕痰，或汗多引饮，或自利烦躁，宜姜附汤主之：大附子一枚，四破。每以一片，水一盏，生姜十片，煎七分，温服。李待制云：此方极妙。章杰云：岭南以哑瘴为危急，不过一二日而死。医谓极热感寒也，用生附子一味治之多愈。得非以热攻热而发散寒邪乎？真起死回生之药也。（《岭南卫生方》）小便虚闭，两尺脉沉，微用利小水药不效者，乃虚寒也：附子一个（炮去皮脐，盐水浸良久），泽泻一两。每服四钱，水一盏半，灯心七茎，煎服即愈。（《普济方》）肿疾喘满，大人、小儿、男、女肿因积得，既取积而肿再作，小便不利。若再用利药性寒，而小便愈不通矣。医者到此多束手。盖中焦、下焦气不升降，为寒痞隔，故水凝而不通。惟服沉附汤，则小便自通，喘满自愈：用生附子一个（去皮脐，切片），生姜十片，入沉香一钱（磨水）。同煎，食前冷饮。附子虽三五十枚亦无害。小儿每服三钱，水煎服。（《朱氏集验方》）脾虚湿肿：大附子五枚（去皮四破），以赤小豆半升，藏附子于中，慢火煮熟，去豆焙研末，以薏苡仁粉打糊丸梧子大。每服十丸，萝卜汤下。（《朱氏集验方》）阴水肿满：乌头一升，桑白皮五升，水五升，煮一升，去滓铜器盛之，重汤煎至可丸，丸小豆大。每服三五丸，取小便利为佳。忌油腻酒面鱼肉。又方：大附子，童便浸三日夜，逐日换尿，以布擦去皮，捣如泥，酒糊和丸小豆大。每服三十丸，煎流气饮送下。（《普济方》）大肠冷秘：附子一枚，（炮去皮，取中心如枣大），二钱，为末蜜水空心服之。（《圣济总录》）老人虚泄不禁：熟附子一两，赤石脂一两，为末，醋糊丸梧子大。米饮下五十丸。（《杨氏家藏方》）冷气洞泄：生川乌头一两，木香半两，为末，醋糊丸梧子大。每陈皮汤下二十丸。（《本事方》）脏寒脾泄，及老人中气不足，久泄不止：肉豆蔻二两（煨熟），大附子（去皮脐）一两五钱，为末，粥丸梧子大。每服八十丸，莲肉煎汤下。《十便良方》：治脾胃虚冷，大肠滑泄，米谷不化，乏力。用大附子十两（连皮），同大枣二升，于石器内，以水煮一日，常令水过两指。取出，每个切作三片，再同煮半日，削去皮，切焙。为末，别以枣肉和丸梧子大。每空心米饮服三四十丸。小儿吐泄注下，小便少：白龙丸：用熟附子五钱，白石脂（煅）、龙骨（煅）各二钱半，为末，醋面糊丸黍米大。每米饮量儿大小服。（《全幼心鉴》）霍乱吐泄不止：附子重七钱者，炮去皮脐，为末。每服四钱，水二盏，盐半钱，煎一盏，温服立止。（孙兆《秘宝方》）水泄久痢：川乌头二枚，一生用，一以黑豆半合同煮熟，研丸绿豆大。每服五丸，黄连汤下。（《普济方》）久痢赤白：独圣丸：用川乌头一个，灰火烧烟欲尽，取出地上，盏盖良久，研末，酒化蜡丸如大麻子大。每服三丸，赤痢，黄连、甘草、黑豆煎汤，放冷吞下；白痢，甘草、黑豆煎汤，冷吞。如泻及肚痛，以水吞下。并空心服之。忌热物。（《经验后方》）久痢休息：熟附子半两（研末），鸡子白二枚，捣和丸梧子大。倾入沸汤，煮数沸，漉出，作两服，米饮下。（《圣济总录》）下痢咳逆，脉沉阴寒者，退阴散主之：陈自明云：一人病此不止，服此两服而愈。（方见前阴毒伤寒下）。下血虚寒，日久肠冷者：熟附子（去皮）、枯白矾一两，为末。每服三钱，米饮下。又方：熟附子一枚（去皮），生姜三钱半，水煎服。或加黑豆一百粒。（并《圣惠方》）阳虚吐血：生地黄一斤，捣汁，入酒少许，以熟附子一两半，去皮脐，切片，入汁内，石器煮成膏。取附片焙干，入山药三两，研末，以膏和捣，丸梧子大。每空心米饮下三十丸。昔葛察判妻苦此疾，百药皆试，得此而愈，屡发屡效。（余居士《选奇方》）溲数白浊：熟附子为末。每服二钱，姜三片，水一盏，煎六分，温服。（《普济方》）

乌头附子尖

【主治】为末，茶服半钱，吐风痰癫痫（时珍）。

【发明】时珍曰：乌附用尖，亦取其锐气直达病所尔，无他义也。《保幼大全》云：小儿慢脾惊风，四肢厥逆：用附子尖一个，硫黄枣大一个，蝎梢七个，为末，姜汁面糊丸黄米大。每服十丸，米饮下。亦治久泻尪羸。凡用乌附，不可执为性热。审其手足冷者，轻则用汤，甚则用丸，重则用膏，候手足暖，阳气回，即为佳也。按此方乃《和剂局方》碧霞丹变法也，非真慢脾风不可辄用，故初虞世有金虎、碧霞之戒。

子附头乌

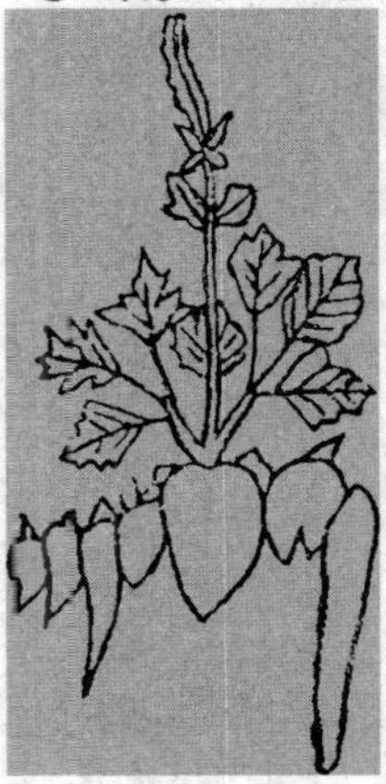

【附方】旧一，新七。风厥癫痫，凡中风痰厥，癫痫惊风，痰涎上壅，牙关紧急，上视搐搦，并宜碧霞丹主之：乌头尖、附子尖、蝎梢各七十个，石绿（研九度，飞过）十两，为

末。面糊丸芡子大。每用一丸，薄荷汁半盏化下，更服温酒半合，须臾吐出痰涎为妙。小儿惊痫，加白僵蚕等分。(《和剂局方》)脐风撮口：生川乌尖三个，金赤蜈蚣半条(酒浸炙干)，麝香少许，为末。以少许吹鼻得嚏，乃以薄荷汤灌一字。(《永类方》)木舌肿胀：川乌尖、巴豆研细，醋调涂刷。(《集简方》)牙痛难忍：附子尖、天雄尖、全蝎各七个，生研为末，点之。(《永类方》)奔豚疝气作痛，或阴囊肿痛：去铃丸：用生川乌尖七个，巴豆七枚(去皮油)。为末，糕糊丸梧子大，朱砂、麝香为衣。每服二丸，空心冷酒或冷盐汤下。三两日一服，不可多。(《澹寮方》)割甲成疮，连年不愈：川乌头尖、黄柏等分，为末。洗了贴之，以愈为度。(《古今录验》)老幼口疮：乌头尖一个，天南星一个，研末，姜汁和涂足心，男左女右，不过二三次即愈。

天雄(《本经》下品)

【释名】白幕(《本经》)。

时珍曰：天雄乃种附子而生出或变出，其形长而不生子，故曰天雄。其长而尖者，谓之天锥，象形也。

【集解】《别录》曰：天雄生少室山谷。二月采根，阴干。

弘景曰：今采用八月中旬。天雄似附子细而长，乃至三四寸许。此与乌头、附子三种，本出建平，故谓之三建。今宜都佷山者最好，谓为西建。钱塘间者谓为东建，气力小弱，不相似，故曰西冰犹胜东白也。其用灰杀之，时有冰强者，不佳。

恭曰：天雄、附子、乌头，并以蜀道绵州、龙州出者佳。余处纵有，力弱不相似。陶以三物俱出建平故名之者，非也。乌头苗名堇，音靳。《尔雅》云：芨，堇草是也。今讹堇为建，遂以建平释之矣。

承曰：天雄诸说悉备。但始种而不生附子、侧子，经年独长大者是也。蜀人种之，尤忌生此，以为不利，如养蚕而成白僵之意。

时珍曰：天雄有二种：一种是蜀人种附子而生出长者，或种附子而尽变成长者，即如种芋形状不一之类；一种是他处草乌头之类，自生成者，故《别录》注乌喙云：长三寸已上者为天雄是也。入药须用蜀产曾经酿制者。或云须重一两半有象眼者乃佳。余见附子下。

【修治】敩曰：宜炮皴去皮尖底用，或阴制如附子法亦得。

大明曰：凡丸散炮去皮用，饮药即和皮生使甚佳。

时珍曰：熟用一法：每十两以酒浸七日。掘土坑，用炭半秤煅赤，去火，以醋二升沃之，候干，乘热入天雄在内，小盆合一夜，取出，去脐用之。

【气味】辛，温，有大毒。

《别录》曰：甘，大温。

权曰：大热。宜干姜制之。

之才曰：远志为之使。恶腐婢。忌豉汁。

【主治】大风，寒湿痹，历节痛，拘挛缓急，破积聚邪气，金疮，强筋骨，轻身健行

(《本经》)。疗头面风去来疼痛,心腹结积。关节重,不能行步,除骨间痛,长阴气,强志,令人武勇力作不倦。又堕胎(《别录》。禹锡曰:按《淮南子》云:天雄雄鸡志气益。注云:取天雄一枚,纳雄鸡肠中,捣生食之,令人勇)。治风痰冷痹,软脚毒风;能止气喘促急,杀禽虫毒(甄权)。治一切风。一切气,助阳道,暖水脏,补腰膝,益精明目,通九窍,利皮肤,调血脉,四肢不遂,下胸膈水,破痃癖症结,排脓止痛,续骨消瘀血,背脊伛偻,霍乱转筋,发汗,止阴汗。炮含,治喉痹(大明)。

【发明】宗奭曰:补虚寒须用附子。风家多用天雄,亦取其大者,以其尖角多,热性不肯就下,故取其敷散也。

元素曰:非天雄不能补上焦之阳虚。

震亨曰:天雄、乌头,气壮形伟,可为下部之佐。

时珍曰:乌附、天雄,皆是补下焦命门阳虚之药,补下所以益上也。若是上焦阳虚,即属心脾之分,当用参芪,不当用天雄也。且乌附、天雄之尖,皆是向下生者,其气下行。其脐乃向上生苗之处。寇宗奭言其不肯就下,张元素言其补上焦阳虚,皆是误认尖为上尔。惟朱震亨以为下部之佐者得之,而未发出此义。雷敩《炮炙论》序云,咳逆数数,酒服熟雄,谓以天雄炮研酒服一钱也。

【附方】新三。三建汤:治元阳素虚,寒邪外攻,手足厥冷,大小便滑数,小便白浑,六脉沉微,除固冷,扶元气,及伤寒阴毒:用乌头、附子、天雄(并炮裂去皮脐)等分。㕮咀。每服四钱,水二盏,姜十五片,煎八分,温服。(《肘后方》)男子失精:天雄三两(炮),白术八两,桂枝六两,龙骨三两,为散。每酒服半钱。(张仲景《金匮要略》)大风恶癞:三月、四月采天雄、乌头苗及根,去土勿洗,捣汁,渍细粒黑豆,摩去皮不落者,一夜取出,晒干又浸,如此七次。初吞三枚,渐加至六七枚。禁房室、猪鱼、鸡、蒜,犯之即死。

侧子(《别录》下品)

【释名】莂子。

时珍曰:生于附子之侧,故名。许慎《说文》作莂子。

【集解】弘景曰:此附子边角之大者,削取之。昔时不用,比来医家以疗脚气多验。

恭曰:侧子、附子,皆是乌头下旁出者。以小者为侧子,大者为附子。今以附子角为侧子,理必不然。若当阳以下、江左、山南、嵩高、齐鲁间,附子时复有角如大豆许。夔州以上剑南所出者,附子之角,但如黍粟,岂可充用?比来都下皆用细附子有效,未尝取角也。

保升曰:今附子边,果有角如大枣核及槟榔以来者,形状自是一颗,且不小。乃乌头旁出附子,附子旁出侧子,甚明。

时珍曰:侧子乃附子旁粘连小者尔,故吴普、陶弘景皆指为附子角之大者。其又小于侧子者,即漏篮子矣。故杨氏《附子记》言:侧子、漏篮,园人皆不重之,以乞役夫。

【修治】同附子。

【气味】辛，大热，有大毒。

普曰：神农、岐伯：有大毒。八月采。畏恶与附子同。

【主治】痈肿，风痹历节，腰脚疼冷，寒热鼠瘘。又堕胎（《别录》）。疗脚气，冷风湿痹，大风筋骨挛急（甄权）。冷酒调服，治遍身风疹神妙（雷敩）。

【发明】机曰：乌头乃原生之脑，得母之气，守而不移，居乎中者也。侧子散生旁侧，体无定在，其气轻扬，宜其发散四肢，充达皮毛，为治风之药。天雄长而尖，其气亲上，宜其补上焦之阳虚。木鳖子则余气所结，其形摧残，宜其不入汤服，令人丧目也。

时珍曰：唐·元希声侍郎，治瘫痪风，有侧子汤，见《外台秘要》，药多不录。

漏篮子（《纲目》）

【释名】木鳖子（《炮炙论》）、虎掌（《日华》）。

时珍曰：此乃附子之琐细未成者，小而漏篮，故名。南星之最小者，名虎掌，此物类之，故亦同名。《大明会典》载：四川成都府，岁贡天雄二十对，附子五十对，乌头五十对，漏篮二十斤。不知何用。

【气味】苦、辛，有毒。

敩曰：服之令人丧目。

【主治】恶痢冷漏疮，恶疮疠风（时珍）。

【发明】时珍曰：按杨士瀛《直指方》云：凡漏疮年久者，复其元阳，当用漏篮子辈，加减用之。如不当用而轻用之，又恐热气乘虚变移结核，而为害尤甚也。又按《类编》云：一人两足生疮，臭溃难近。夜宿五夫人祠下，梦神授方：用漏篮子一枚，生研为末，入腻粉少许，井水调涂。依法治之，果愈。盖此物不堪服饵，止宜入疮科也。

【附方】新一。一切恶痢杂下，及休息痢：百岁丸：用漏篮子一个（大者），阿胶、木香、黄连、罂粟壳各半两，俱炒焦存性，入乳香少许。为末，糊丸梧子大。每一岁一丸，米饮下。（罗天益《卫生宝鉴》）

乌头（《本经》下品）

【校正】并入《拾遗》独白草。

【释名】乌喙（《本经》，即两头尖）、草乌头（《纲目》）、土附子（《日华》）、奚毒（《本经》）、耿子（《吴普》）。毒公（《吴普》。又名帝秋）、金鸦（《纲目》），苗名茛（音艮）、芨（音及），堇（音近）、独白草（《拾遗》）、鸳鸯菊（《纲目》），汁煎名射罔。

普曰：乌头，形如乌之头也。有两歧相合如乌之喙者，名曰乌喙。喙即乌之口也。

恭曰：乌喙，即乌头异名也。此有三歧者，然两歧者少。若乌头两歧名乌喙，则天雄、附子之两歧者，复何以名之？

时珍曰：此即乌头之野生于他处者，俗谓之草乌头，亦曰竹节乌头，出江北者曰淮乌头，《日华子》所谓土附子者是也。乌喙，即偶生两歧者，今俗呼为两头尖，因形而名，其实乃一物也。附子、天雄之偶生两歧者，亦谓之乌喙，功亦同于天雄，非此乌头也。苏恭不知此义，故反疑之。草乌头取汁，晒为毒药，射禽兽，故有射罔之称。《后魏书》言辽东塞外秋收乌头为毒药射禽兽，陈藏器所引《续汉五行志》，言西国生独白草，煎为药，敷箭射人即死者，皆此乌头，非川乌头也。《菊谱》云鸳鸯菊，即乌喙苗也。

【集解】《别录》曰：乌头、乌喙生朗陵山谷。正月、二月采，阴干。长三寸以上者为天雄。普曰：正月始生，叶厚，茎方中空，叶四、四相当，与蒿相似。

时珍曰：处处有之，根、苗、花、实并与川乌头相同，但此系野生，又无酿造之法，其根外黑内白，皱而枯燥为异尔，然毒则甚焉。段成式《酉阳杂俎》言：雀芋状如雀头，置干地反湿，湿地反干，飞鸟触之堕，走兽遇之僵。似亦草乌之类，而毒更甚也。又言：建宁郡乌勾山有牧靡草，鸟鹊误食乌喙中毒，必急食此草以解之。牧靡不知何药也？

【修治】时珍曰：草乌头或生用，或炮用，或以乌大豆同煮熟，去其毒用。

乌头

【气味】辛，温，有大毒。

《别录》曰：甘，大热，大毒。

普曰：神农、雷公、桐君、黄帝：甘，有毒。

权曰：苦、辛，大热，有大毒。

大明曰：味莶、辛，热，有毒。

之才曰：莽草、远志为之使。反半夏、栝蒌、贝母、白蔹、白芨。恶藜芦。

时珍曰：伏丹砂、砒石。忌豉汁。畏饴糖、黑豆、冷水，能解其毒。

【主治】中风恶风，洗洗出汗，除寒湿痹，咳逆上气，破积聚寒热，其汁煎之名射罔，杀禽兽（《本经》）。消胸上痰冷，食不下，心腹冷疾，脐间痛，肩胛痛，不可俯仰，目中痛，不可久视。又堕胎（《别录》）。主恶风憎寒，冷痰包心，肠腹疞痛，痃癖气块，齿痛，益阳事，强志（甄权）。治头风喉痹，痈肿疔毒（时珍）。

乌喙（一名两头尖）

【气味】辛，微温，有大毒。

普曰：神农、雷公、桐君、黄帝：有毒。

权曰：苦、辛，大热。畏恶同乌头。

【主治】风湿，丈夫肾湿阴囊痒，寒热历节，掣引腰痛，不能行步，痈肿脓结。又堕胎(《别录》)。男子肾气衰弱,阴汗,瘰疬岁月不消(甄权)。主大风顽痹(时珍)。

射罔

【气味】苦,有大毒。

之才曰:温。

大明曰:人中射罔毒,以甘草、蓝汁、小豆叶、浮萍,冷水、荠苨,皆可一味御之。

【主治】尸疰癥坚,及头中风痹痛(《别录》)。瘘疮疮根。结核瘰疬、毒肿及蛇咬。先取涂肉四畔,渐渐近疮,习习逐病至骨。疮有热脓及黄水,涂之;若无脓水,有生血,及新伤破,即不可涂,立杀人(藏器)。

射罔

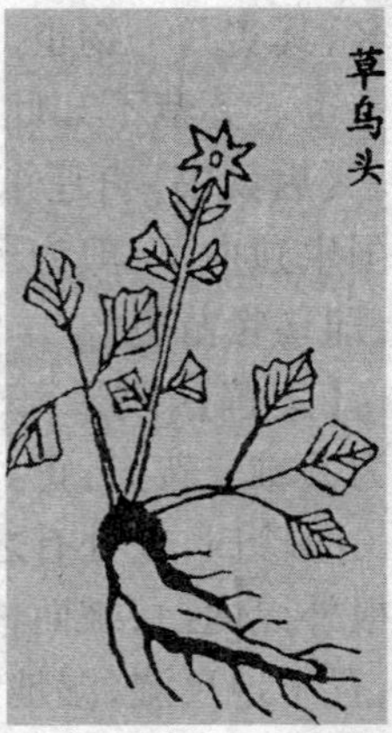

【发明】时珍曰:草乌头、射罔,乃至毒之药。非若川乌头、附子,人所栽种,加以酿制,杀其毒性之比。自非风顽急疾,不可轻投。甄权《药性论》言其益阳事,治男子肾气衰弱者,未可遽然也。此类止能搜风胜湿,开顽痰,治顽疮,以毒攻毒而已,岂有川乌头、附子补右肾命门之功哉?吾蕲郝知府自负知医,因病风癣,服草乌头、木鳖子药过多,甫入腹而麻痹,遂至不救,可不慎乎?

机曰:乌喙形如乌嘴,其气锋锐。宜其通经络,利关节,寻蹊达径,而直抵病所。煎为射罔,能杀禽兽。非气之锋锐捷利,能如是乎?

杨清叟曰:凡风寒湿痹,骨内冷痛,及损伤入骨,年久发痛,或一切阴疽肿毒。并宜草乌头、南星等分,少加肉桂为末,姜汁热酒调涂。未破者能内消,久溃者能去黑烂。二药性味辛烈,能破恶块,逐寒热,遇冷即消,遇热即溃。

【附方】旧四,新四十八。阴毒伤寒:生草乌头为末,以葱头蘸药纳谷道中,名提盆散。(王海藏《阴症略例》)二便不通:即上方,名霹雳箭。中风瘫痪,手足颤掉,言语蹇涩:左经丸:用草乌头(炮去皮)四两,川乌头(炮去皮)二两,乳香、没药各一两(为末),生乌豆一升(以斑蝥三七个,去头翅,同煮,豆熟去蝥,取豆焙干为末)。和匀,以醋面糊丸梧子大。每服三十丸,温酒下。(《简易方》)瘫痪顽风,骨节疼痛,下元虚冷,诸风痔漏下血,一切风症:草乌头、川乌头、两头尖各三钱,硫黄、麝香、丁香各一钱,木鳖子五个。为末。以熟蕲艾揉软,合成一处,用钞纸包裹,烧熏病处。名雷丸。(孙天仁《集效方》)诸风不遂:宋氏《集验方》:用生草乌头、晚蚕砂等分,为末。取生地龙捣和,入少醋,糊丸梧子大。每服四、五丸,白汤下,甚妙。勿多服,恐麻人。名鄂渚小金丹。《经验济世方》:用草乌头四两(去皮),大豆半升,盐一两。同以沙瓶煮三伏时,去豆,将乌头入木臼捣三百杵,作饼焙干为末,酒糊丸梧子大。每空心盐汤下十丸。名至宝丹。一切顽风:神应丹:用生草乌头、生天麻各(洗)等分,擂烂绞汁倾盆中。砌一小坑,其下烧火,将盆放坑上。每日用竹片搅次,夜则露之。晒至成膏,作成小铤子。每一铤分作三服,用葱、姜自然汁和好酒热服。(《乾坤秘韫》)一切风症:不问头风痛风,黄鸦吊脚风痹:生淮乌头一斤,生川乌头一枚,生附子一枚,并为末。葱一斤,姜一斤,擂如泥,和作饼子,以草铺盘内,加楮叶于上,安饼于叶上,又铺草叶盖之,待出汗黄一日夜,乃晒之,舂为末,以生姜取汁煮面糊和丸梧子大。初服三十丸,日二服。服后身痹汗出即愈。避风。(《乾坤秘韫》)破伤风病:《寿域方》:用草乌头为末,每以一二分温酒服之,出汗。《儒门事亲》方:用草乌尖、白芷,并生研末。每服半钱,冷酒一盏,入葱白一根,同煎服。少顷以葱白热粥投之,汗出立愈。年久麻痹,或历节走气,疼痛不仁,不拘男女:神授散:用草乌头半斤,去皮为末。以袋一个,盛豆腐半袋,入乌末在内,再将豆腐填满压干,入锅中煮一夜,其药即坚如石,取出晒干为末,每服五分。冷风湿气,以生姜汤下;麻木不仁,以葱白汤下之。(《活人心统》)风湿痹木:黑神丸:草乌头(连皮生研)、五灵脂等分,为末,六月六日滴水丸弹子大。四十岁以下分六服,病甚一丸作二服,薄荷汤化下,觉微麻为度。(《本事方》)风湿走痛:黑弩箭丸:用两头尖、五灵脂各一两,乳香、没药、当归各三钱,为末,醋糊丸梧子大。每服十丸至三十丸,临卧温酒下。忌油腻、湿面。孕妇勿服。(《瑞竹堂方》)腰脚冷痛:乌头三个,去皮脐,研末,醋调贴,须臾痛止。(《十便良方》)膝风作痛:草乌、细辛、防风等分,为末,掺靴袜中,及安护膝内,能除风湿健步。(《扶寿方》)远行脚肿:草乌、细辛、防风等分,为末,掺鞋底内。如草鞋,以水微湿掺之。用之可行千里,甚妙。(《经验》)脚气掣痛,或胯间有核:生草乌头、大黄、木鳖子作末,姜汁煎茶调贴之。又法:草乌一味为末,以姜汁或酒糟同捣贴之。(《永类方》)湿滞足肿,旦轻晚重:用草乌头一两(以生姜一两同研,交感一宿),苍术一两(以葱白一两同研,交感一宿)。各焙干为末,酒糊丸梧子大。每服五十丸,酒下。(艾元英《如宜方》)除风去湿,治脾胃虚弱,久积冷气,饮食减少:用草乌头一斤,苍术二斤,以去白陈皮半斤,生甘草四两,黑豆三升,水一石,同煮干,只拣乌、术晒焙为末,酒糊丸梧子大,焙干收之。每空心温酒下二三十丸,觉麻即渐减之。名乌术丸。(《集简方》)偏正头风:草乌头四两,川芎䓖四两,苍术半斤,生姜四两,连须生葱一把,捣烂,同入瓷瓶封固埋土中。春五、夏三、秋五、冬七日,取出晒干。拣去葱、姜,为末,醋面糊和丸梧子大。每服九丸,临卧温酒下,立效。(戴古渝《经验方》)久患头风:草乌头尖(生用)一分,赤小豆三十五粒,麝香一字。为末。每服半钱,薄荷汤冷服。更随左右搐鼻。(《指南方》)风痰头痛,体虚伤风,停聚痰饮,上厥头痛,或偏或正:草乌头(炮去皮尖)半两,川乌头(生去皮尖)一两,藿香半两,乳香三皂子大,为末。每服二钱,薄荷姜汤下,食后服。(陈言《三因方》)女人头痛血风证:草乌头、栀子等分,为末。自然葱汁,随左右调涂太阳及额上,勿过眼。避风。(《济生方》)脑泄臭秽:草乌(去皮)半两,苍术一两,川芎二两,并生研末,面糊丸绿豆大。每服十丸,茶下。忌一切热物。(《圣济总录》)耳鸣耳痒。如流水及风声。不治成聋:用生乌头掘得,乘湿削如枣核大,塞之。日易二次,不过三日愈。(《千金方》)喉痹口噤不开,欲死:草乌头、皂荚等分,为末,入麝香少许。擦牙并搐鼻内,牙关自开也。《济生方》:用草乌尖、石胆等分,为末。每用一钱,醋煮皂荚汁,调稀扫入肿上,流涎数次,其毒即破也。虚壅口疮,满口连舌者:草乌一个,南星一个,生姜一大块,为末,睡时以醋调涂手心、足心。或以草乌头、吴茱萸等分,为末。蜜调涂足心。(《本事方》)疳蚀口鼻,穿透者:草乌头(烧灰)、入麝香等分,为末贴之。风虫牙痛:草乌(炒黑)一两,细辛一钱,为末揩之,吐出涎。一方:草乌、食盐同炒黑,掺之。(《海上方》)寒气心疝,三十年者:射罔、食茱萸等分,为末,蜜丸麻子大。每酒下二丸,日三服。刘国英所秘之方。(《范汪东阳方》)寒疟积疟:巴豆一枚(去心皮),射罔如巴豆大,大枣(去皮)一枚,捣成丸梧子大。清旦、先发时,各服一丸,白汤下。(《肘后方》)脾寒厥疟,先寒后热,名寒疟;但寒不热。面色黑者,名厥疟;寒多热少,面黄腹痛,名脾疟,三者并宜服此。贾耘老用之二十年,累试有效:不蛀草乌头削去皮,沸汤泡二七度,以盏盖良久,切焙研,稀糊丸梧子大。每服三十丸,姜十片,枣三枚,葱三根,煎汤清早服,以枣压之。如人行十里许,再一服。绝勿饮汤,便不发也。(苏东坡《良方》)腹中癥结,害妨饮食,羸瘦:射罔二两,椒三百粒,捣末,鸡子白和丸麻子大。每服一丸,渐至三丸,以愈为度。(《肘后方》)水泄寒痢:大草乌一两,以一半生研,一半烧灰,醋糊和丸绿豆大。每服七丸,井华水下。忌生、冷、鱼、肉。(《十便良方》)泄痢注下:三神丸:治清浊不分,泄泻注下,或赤或白,腹脐刺痛,里急后重:用草乌头三个(去皮尖)。以一个火炮,一个醋煮,一个烧灰,为末,醋糊丸绿豆大。每服二十丸,水泻流水下;赤痢,甘草汤下;白痢姜汤下。忌鱼腥、生、冷。(《和剂局方》)结阴下血腹痛:草乌头(蛤粉炒,去皮脐切)一两,茴香(炒)三两。每用三钱,水一盏,入盐少许,煎八分,去滓,露一夜,五更冷服。(《圣济录》)老人遗尿,不知出者:草乌头一两,童便浸七日,去皮,同盐炒为末,酒糊丸绿豆大。每服二十丸,盐汤下。(《普济》)内痔不出:草乌为末,津调点肛门内,痔即反出,乃用枯痔药点之。(《外科集验方》)疔毒初起:草乌头七个,川乌头三个,杏仁九个,飞罗面一两,为末。无根水调搽,留口以纸盖之,干则以水润之。(唐瑶《经验方》)疔毒恶肿:生乌头切片,醋熬成膏,摊贴。次日根出。两头尖一两,巴豆四个捣贴。疔自拔出。(《普济方》)疔疮发背:草乌头(去皮)为末,用葱白连须和捣,丸豌豆大,以雄黄为衣。每服一丸,先将葱一根细嚼,以热酒送下。或有恶心呕三、四口,用冷水一口止之。即卧,以被厚盖,汗出为度。亦治头风。(《乾坤秘韫》)恶毒诸疮,及发背、疔疮、便毒等证:二乌膏:用草乌头、川乌头,于瓦上以井华水磨汁涂之。如有口,即涂四边。干再上。亦可单用草乌磨醋涂之。(《永类方》)大风癣疮,遍身黑色,肌体麻木,痹痛不常:草乌头一斤,刮洗去皮极净,摊干。以清油四两,盐四两,同入铫内,炒令深黄色。倾出剩油,只留盐并药再炒,令黑烟出为度。取一枚擘破,心内如米一点白者始好,白多再炒。乘热杵罗为末,醋面糊丸梧子大。每服三十丸,空心温酒下。草乌性毒难制,五七日间,以黑豆煮粥食解其毒。(继洪《澹寮方》)遍身生疮,阴囊两脚尤甚者:草乌一两(盐一两,化水浸一夜,炒赤为末),猪腰子一具(去膜煨熟,竹刀切捣)。醋糊丸绿豆大。每服三十丸,空心盐汤下。(《澹寮方》)一切诸疮,未破者:草乌头为末,入轻粉少许,腊猪油和搽。(《普济方》)瘰疬初作未破,作寒热:草乌头半两,木鳖子二个,以米醋磨细,入捣烂葱头、蚯蚓粪少许,调匀敷上，以纸条贴，令通气孔，妙。（《医林正宗》）马汗人疮肿痛，急疗之，迟则毒深：以生乌头末敷疮口，良久有黄水出，即愈。（《灵苑方》）蛇蝎螫人：射罔敷之，频易，血出愈。（《梅师方》）中沙虱毒：射罔敷之佳。（《千金》）

白附子（《别录》下品）

【释名】见后发明下。

【集解】《别录》曰：白附子生蜀郡。三月采。

子附白

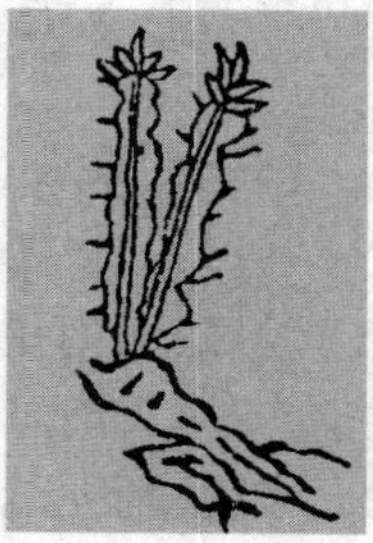

弘景曰：此物久绝，无复真者。

恭曰：本出高丽，今出凉州以西，蜀郡不复有。生砂碛下湿地，独茎似鼠尾草，细叶周匝，生于穗间，根形似天雄。

珣曰：徐表《南州异物记》云：生东海、新罗国及辽东。苗与附子相似。

时珍曰：根正如草乌头之小者，长寸许，干者皱纹有节。

【气味】辛、甘，大温，有小毒。

保升曰：甘、辛，温。

大明曰：无毒。

珣曰：小毒。入药炮用。

杲曰：纯阳。引药势上行。

【主治】心痛血痹，面上百病，行药势（《别录》）。中风失音，一切冷风气，面皯瘢疵（大明）。诸风冷气，足弱无力，疥癣风疮，阴下湿痒，头面痕，人面脂用（李珣）。补肝风虚（好古）。风痰（震亨）。

【发明】时珍曰：白附子乃阳明经药，因与附子相似，故得此名，实非附子类也。按《楚国先贤传》云：孔休伤颊有瘢，王莽赐玉屑白附子香，与之消瘢。

【附方】新十二。中风口㖞，半身不遂：牵正散：用白附子、白僵蚕，全蝎并等分，生研为末。每服二钱，热酒调下。（《杨氏家藏方》）小儿暑风，暑毒入心，痰塞心孔，昏迷搐搦，此乃危急之症，非此丸生料瞑眩之剂不能伐之：三生丸：用白附子、天南星、半夏（并去皮）等分。生研。猪胆汁和丸黍米大。量儿大小，以薄荷汤下。令儿侧卧，呕出痰水即苏。（《全幼心鉴》）风痰眩晕，头痛气郁，胸膈不利：白附子（炮去皮脐）半斤，石膏（煅红）半斤，朱砂二两二钱半，龙脑一钱，为末，粟米饭丸小豆大。每服三十丸，食后茶酒任下。（《御药院方》）偏正头风：白附子、白芷、猪牙皂角（去皮）等分，为末。每服二钱，食后茶清调下。右痛右侧卧，左痛左侧卧，两边皆痛仰卧少顷。（《普济方》）痰厥头痛：白附子、天南星、半夏等分，生研为末，生姜自然汁浸，蒸饼丸绿豆大。每服四十丸，食后姜汤下。（《济生方》）赤白汗斑：白附子、硫黄等分，为末，姜汁调稀，茄蒂蘸擦，日数次。（《简便方》）面上皯黯：白附子为末，卧时浆水洗面，以白蜜和涂纸上，贴之。久久自落。（《卫生易简方》）耳出脓水：白附子（炮）、羌活各一两，为末。猪羊肾各一个，每个人末半钱，湿纸包煨熟，五更食，温酒下。(《圣济录》)喉痹肿痛：白附子末、枯矾等分，研末，涂舌上，有涎吐出。(《圣惠方》)偏坠疝气：白附子一个，为末，津调填脐上，以艾灸三壮或五壮，即愈。(杨起《简便方》)小儿吐逆不定，虚风喘急：白附子、藿香等分，为末。每米饮下半钱。(《保幼大全方》)慢脾惊风：白附子半两，天南星半两，黑附子一钱，并炮去皮，为末。每服二钱，生姜五片，水煎服。亦治大人风虚，止吐化痰。宣和间，真州李博士用治吴内翰女孙甚效。康州陈侍郎病风虚极昏，吴内翰令服三四服，即愈。(《杨氏家藏》)

虎掌(《本经》下品)、天南星(宋《开宝》)

【释名】虎膏(《纲目》)、鬼蒟蒻(《日华》)。

恭曰：其根四畔有圆牙，看如虎掌，故有此名。

颂曰：天南星即本草虎掌也，小者名由跋。古方多用虎掌，不言天南星。南星近出唐人中风痰毒方中用之，乃后人采用，别立此名尔。

时珍曰：虎掌因叶形似之，非根也。南星因根圆白，形如老人星状，故名南星，即虎掌也。苏颂说甚明白。宋《开宝》不当重出南星条，今并入。

星南天掌虎

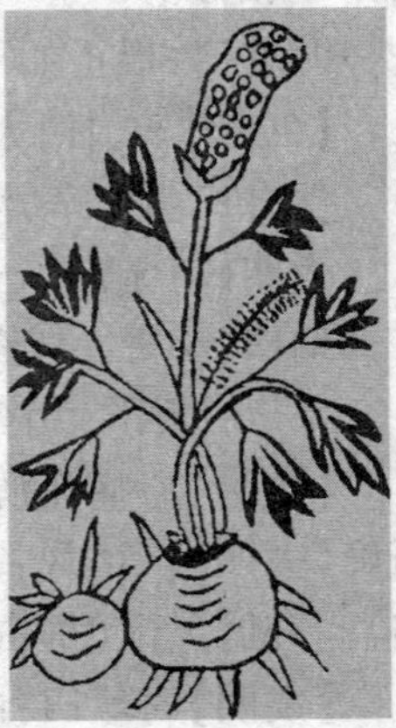

【集解】《别录》曰：虎掌生汉中山谷及冤句。二月、八月采，阴干。

弘景曰：近道亦有。形似半夏，但大而四边有子如虎掌。今用多破作三四片。方药不甚用也。

恭曰：此是由跋宿根。其苗一茎，茎头一叶，枝丫挟茎。根大者如拳，小者如鸡卵，都似扁柿。四畔有圆牙，看如虎掌。由跋是新根，大如半夏二、三倍，四畔无子牙。陶说似半夏，乃由跋也。

保升曰：茎头有八、九叶，花生茎间。

藏器曰：天南星生安东山谷，叶如荷，独茎，用根。

颂曰：虎掌今河北州郡有之。初生根如豆大，渐长大似半夏而扁，年久者根圆及寸，大者如鸡卵。周匝生圆牙三四枚或五六枚。三、四月生苗，高尺余。独茎上有叶如爪，五、六出分布，尖而圆。一窠生七八茎，时出一茎作穗，直上如鼠尾。中生一叶如匙，裹茎作房，旁开一口，上下尖。中有花，微青褐色。结实如麻子大，熟即白色，自落布地，一子生一窠。九月苗残取根。今冀州人菜圃中种之，呼为天南星。又曰：天南星，处处平泽有之。二月生苗，似荷梗，其茎高一尺以来。叶如蒟蒻，两枝相抱。五月开花似蛇头，黄色。七月结子作穗似石榴子，红色。二月、八月采根，似芋而圆扁，与蒟蒻相类，人多误采，了不可辨。但蒟蒻茎斑花紫，南星根小，柔腻肌细，炮之易裂，为可辨尔。南星即《本经》虎掌也。大者四边皆有牙子，采时削去之。江州一种草，叶大如掌，面青背紫，四畔有牙如虎掌，生三四叶为一本，冬青，不结花实，治心疼寒热积气，亦与虎掌同名，故附见之。

时珍曰：大者为虎掌、南星，小者为由跋，乃一种也。今俗又言大者为鬼臼，小者为南星，殊为谬误。

【修治】颂曰：九月采虎掌根，去皮脐，入器中汤浸五七日，日换三四遍，洗去涎，曝干用。或再火炮裂用。

时珍曰：凡天南星须用一两以上者佳。治风痰，有生用者，须以温汤洗净，仍以白矾汤，或入皂角汁，浸三日夜，日日换水，曝干用。若熟用者，须于黄土地掘一小坑，深五、六寸，以炭火烧赤，以好酒沃之。安南星于内，瓦盆覆定，灰泥固济，一夜取出用。急用，即以湿纸包，于煻灰火中炮裂也。一法：治风热痰，以酒浸一宿，桑柴火蒸之，常洒酒入甑内，令气猛。一伏时取出，竹刀切开，味不麻舌为熟。未熟再蒸，至不麻乃止。脾虚多痰，则以生姜渣和黄泥包南星煨熟，去泥焙用。造南星曲法：以姜汁、矾汤，和南星末作小饼子，安篮内，楮叶包盖，待上黄衣，乃取晒收之。造胆星法：以南星生研末，腊月取黄牯牛胆汁和剂，纳入胆中，系悬风处干之。年久者弥佳。

【气味】苦，温，有大毒。

《别录》曰：微寒。

普曰：虎掌神农、雷公：苦，有毒；岐伯、桐君：辛，有毒。

大明曰：辛烈，平。

杲曰：苦、辛，有毒。阴中之阳，可升可降，乃肺经之本药。

震亨曰：欲其下行，以黄柏引之。

之才曰：蜀漆为之使。恶莽单。

大明曰：畏附子、干姜、生姜。

时珍曰：得防风则不麻、得牛胆则不燥、得火炮则不毒。生能伏雄黄、丹砂、焰硝。

【主治】心痛，寒热结气，积聚伏梁，伤筋痿拘缓，利水道（《本经》）。除阴下湿，风眩（《别录》）。主疝瘕肠痛，伤寒时疾，强阴（甄权）。天南星：主中风麻痹，除痰下气，利胸膈，攻坚积，消痈肿，散血堕胎（《开宝》）。金疮折伤瘀血，捣敷之（藏器）。蛇虫咬。疥癣恶疮（大明）。去上焦痰及眩晕（元素）。主破伤风，口噤身强（李杲）。补肝风虚，治痰功同半夏（好古）。治惊痫，口眼㖞斜，喉痹，口舌疮糜，结核，解颅（时珍）。

【发明】时珍曰：虎掌、天南星，乃手足太阴脾肺之药。味辛而麻，故能治风散血；气温而燥，故能胜湿除涎；性紧而毒，故能攻积拔肿而治口㖞舌糜。杨士瀛《直指方》云：诸风口噤，宜用南星，更以人参、石菖蒲佐之。

【附方】旧八，新三十二。中风口噤目暝，无门下药者：开关散：用天南星为末，入白龙脑等分，五月五日午时合之。每用中指点末，揩齿三二十遍，揩大牙左右，其口自开。又名破棺散。（《经验方》）诸风口噤：天南星（炮剉）大人三钱、小儿三字，生姜五片，苏叶一钱，水煎减半，入雄猪胆汁少许，温服。（《仁斋直指方》）小儿口噤，牙关不开：谭氏方：天南星一枚，煨热，纸裹斜包，剪一小孔，透气于口中，牙关自开也。一方：用生南星，同姜汁擦之，自开。小儿惊风：坠涎散：用天南星（一两重）一个，（换酒浸七伏时，取出安新瓦上，周回炭火炙裂，合湿地出火毒，为末），入朱砂一分。每服半钱，荆芥汤调下。每日空心一服，午时一服。（《经验方》）吐泻慢惊：天王散：治小儿吐泻，或误服冷药，脾虚生风痰慢惊：天南星（一个）重八九钱者，去脐。黄土坑深三寸，炭火五斤，煅赤，入好酒半盏。安南星在内，仍架炭三条在上，候发裂取剉，再炒熟为末，用五钱。天麻（煨熟研末）一钱，麝香一字，和匀。三岁小儿用半钱，以生姜、防风煎汤调下。亦治久嗽恶心。（钱乙小儿方）风痫痰迷：坠痰丸：用天南星九蒸九晒，为末，姜汁面糊丸梧子大。每服二十丸，人参汤下。石菖蒲、麦门冬汤亦可。（《卫生宝鉴》）小儿痫喑，痫后喑不能言：以天南星湿纸包煨，为末。雄猪胆汁调服二字。（《全幼心鉴》）治痫利痰：天南星（煨香）一两，朱砂一钱，为末，猪心血丸梧子大。每防风汤化下一丸。（《普济方》）口眼㖞斜：天南星生研末，自然姜汁调之，左贴右，右贴左。（《仁存方》）角弓反张：南星、半夏等分，为末。姜汁、竹沥灌下一钱。仍灸印堂。（《摘玄方》）破伤中风：胡氏夺命散，又名玉真散：治打扑金刃伤，及破伤风伤湿，发病强直如痫状者，天南星、防风等分，为末。水调敷疮，出水为妙。仍以温酒调服一钱。已死心尚温者，热童便调灌二钱。斗殴内伤坠压者，酒和童便连灌三服，即苏。亦可煎服。（《三因方》）破伤风疮：生南星末，水调涂疮四围，水出有效。（《普济方》）妇人头风，攻目作痛：天南星一个，掘地坑烧赤，安药于中，以醋一盏沃之，盖定勿令透气，候冷研末。每服一字，以酒调下。重者半钱。（《经验方》）风痰头痛，不可忍：天南星一两，荆芥叶一两，为末，姜汁糊丸梧子大。每食后姜汤下二十丸。又上清丸：用天南星、茴香等分，生研末，盐醋煮面糊丸。如上法服。（并出《经效济世方》）风痰头晕目眩，吐逆烦懑，饮食不下：玉壶丸：用生南星、生半夏各一两，天麻半两，白面三两。为末，水丸梧子大。每服三十丸，以水先煎沸，入药煮五、七沸，漉出放温，以姜汤吞之。（《惠民和剂局方》）脑风流涕，邪风入脑，鼻内结硬，遂流髓涕：大白南星切片，沸汤泡二次，焙干。每用二钱，枣七个，甘草五分，同煎服。三四服，其硬物自出，脑气流转，髓涕自收。以大蒜、荜茇末作饼，隔纱贴卤前，熨斗熨之。或以香附、荜茇末频吹鼻中。（《直指方》）小儿风痰，热毒壅滞，凉心压惊：抱龙丸：用牛胆南星一两，入金钱薄荷十片，丹砂一钱半，龙脑、麝香各一字，研末，炼蜜丸芡子大。每服一丸，竹叶汤化下。（《全幼心鉴》）壮人风痰及中风，中气初起：星香饮：用南星四钱，木香一钱。水二盏，生姜十四片，煎六分，温服。（王硕《易简方》）痰迷心窍：寿星丸：治心胆被惊，神不守舍，或痰迷心窍，恍惚健忘，妄言妄见：天南星一斤（先掘土坑一尺，以炭火三十斤烧赤，入酒五升，渗干。乃安南星在内，盆覆定，以灰塞之，勿令走气。次日取出为末）。琥珀一两，朱砂二两，为末。生姜汁打面糊丸梧子大。每服三十丸至五十丸，煎人参、石菖蒲汤下。一日三服。（《和剂局方》）风痰注痛：方见羊踯躅下。痰湿臂痛，右边者：南星制、苍术等分，生姜三片，水煎服之。（《摘玄方》）风痰咳嗽：大天南星一枚，炮裂研末。每服一钱，水一盏，姜三片，煎五分，温服。每日早、午、晚各一服。(《十全博救》)气痰咳嗽:玉粉丸:南星曲、半夏曲、陈橘皮各一两,为末,自然姜汁打糊丸如梧子大。每服四十丸,姜汤下。寒痰,去橘皮,加官桂。(东垣《兰室秘藏》)清气化痰:三仙丸:治中脘气滞,痰涎烦闷,头目不清:生南星(去皮)、半夏各五两(并汤泡七次,为末,自然姜汁和作饼,铺竹筛内,以楮叶包覆,待生黄成曲,晒干)。每用二两,入香附末一两,糊丸梧子大。每服四十丸,食后姜汤下。(王璆《百一选方》)温中散滞,消导饮食:天南星(炮)、高良姜(炮)各一两,砂仁二钱半,为末,姜汁糊丸梧子大。每姜汤下五十丸。(《和剂方》)酒积酒毒,服此即解:天南星丸:用正端天南星一斤。土坑烧赤,沃酒一斗入坑,放南星,盆覆,泥固济,一夜取出,酒和水洗净,切片,焙干为末,入朱砂末一两,姜汁面糊丸梧子大。每服五十丸,姜汤下。蔡丞相、吕丞相尝用有验。(《杨氏家藏方》)吐泄不止:《集效方》:四肢厥逆,虚风不省人事。服此则阳回,名回阳散:天南星为末,每服三钱,京枣三枚,水二盅,煎八分,温服。未省再服。又方:醋调南星末,贴足心。(《普济方》)肠风泻血,诸药不效:天南星(石灰炒焦黄色),为末,酒糊丸梧子大。每酒下二十丸。(《普济方》)吐血不止:天南星一两,剉如豆大,以炉灰汁浸一宿,洗焙研末。每服一钱,以自然铜磨酒调下。(《胜金方》)初生贴囟:头热鼻塞者。天南星炮为末,水调贴囟上,炙手熨之。(危氏《得效方》)小儿解颅,囟开不合,鼻塞不通:天南星炮去皮,为末,淡醋调绯帛上,贴囟门,炙手频熨之,立效。(钱乙《小儿直诀》)解颐脱臼,不能收上:用南星末,姜汁调涂两颊,一夜即上。(《医说》)小儿口疮,白屑如鹅口,不须服药:以生天南星去皮脐,研末。醋调涂足心,男左女右。(阎孝忠《集效方》)走马疳蚀,透骨穿腮:生南星一个,当心剜空,入雄黄一块,面裹烧,候雄黄作汁,以盏子合定,出火毒,去面为末,入麝香少许,拂疮数目,甚效。(《经验方》)风虫牙痛:南星末塞孔,以霜梅盦住,去涎。(《摘玄方》)喉风喉痹:天南星一个,剜心,入白僵蚕七枚,纸包煨熟,研末。姜汁调服一钱,甚者灌之,吐涎愈。名如圣散。(《博济方》)痰瘤结核:南星膏:治人皮肌头面上生瘤及结核,大者如拳,小者如栗,或软或硬,不疼不痒,宜用此药,不可辄用针灸:生天南星大者一枚,研烂,滴好醋五七点。如无生者,以干者为末,醋调。先用针刺令气透,乃贴之。觉痒则频贴,取效。(严子礼《济生方》)身面疣子:醋调南星末涂之。(《简易方》)

蒟蒻(宋《开宝》)

【释名】蒻头(《开宝》)、鬼芋(《图经》)、鬼头。

【集解】志曰:蒻头出吴、蜀。叶似由跋、半夏,根大如碗,生阴地,雨滴叶下生子。又有斑杖,苗相似,至秋有花直出,生赤子,根如蒻头,毒猛不堪食。虎杖亦名斑杖,与此不同。

颂曰:江南吴中出白蒟蒻,亦曰鬼芋,生平泽极多。人采以为天南星,了不可辨,市中所收往往是此。但南星肌细腻,而蒟蒻茎斑花紫,南星茎无斑,花黄,为异尔。

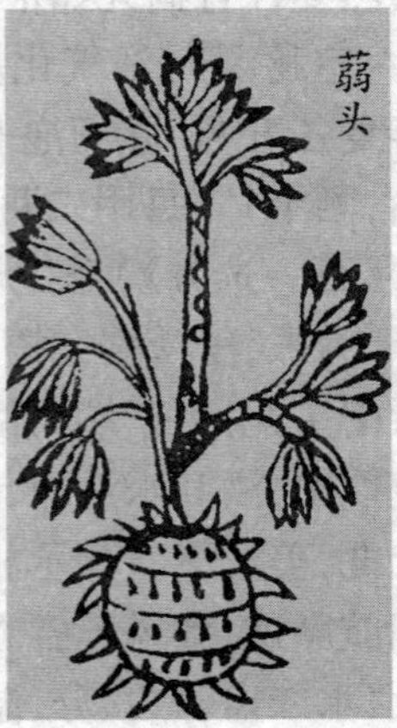

蒻　　蒟

时珍曰：蒟蒻出蜀中，施州亦有之，呼为鬼头，闽中人亦种之。宜树阴下掘坑积粪，春时生苗，至五月移之。长一二尺，与南星苗相似，但多斑点，宿根亦自生苗。其滴露之说，盖不然。经二年者，根大如碗及芋魁，其外理白，味亦麻人。秋后采根，须净擦，或捣成片段，以酽灰汁煮十余沸，以水淘洗，换水更煮五六遍，即成冻子，切片，以苦酒五味淹食，不以灰汁则不成也。切作细丝，沸汤汋过，五味调食，状如水母丝。马志言其苗似半夏，杨慎《丹铅录》言蒟酱即此者，皆误也。王祯《农书》云：救荒之法，山有粉葛、蒟蒻、橡栗之利，则此物亦有益于民者也。其斑杖，即天南星之类有斑者。

根

【气味】辛，寒，有毒。

李廷飞曰：性冷，甚不益人，冷气人少食之。生则戟人喉出血。

【主治】痈肿风毒，摩敷肿上。捣碎，以灰汁煮成饼，五味调食，主消渴（《开宝》）。

【发明】机曰：按《三元延寿书》云：有人患瘵，百物不忌，见邻家修蒟蒻，求食之美，遂多食而瘵愈。又有病腮痈者数人，多食之，亦皆愈。

【附录】菩萨草（宋《图经》）

颂曰：生江浙州郡。凌冬不凋，秋冬有花直出，赤子如蒻头。冬月采根用，味苦，无毒。主中诸毒食毒，酒研服之。又诸虫伤，捣汁饮，并敷之。妇人妊娠咳嗽，捣筛蜜丸服效。

半夏（《本经》下品）

【释名】守田（《别录》）、水玉（《本经》）、地文（《本经》）、和姑（《吴普》）。

时珍曰：《礼记·月令》：五月半夏生。盖当夏之半也，故名。守田会意，水玉因形。

【集解】《别录》曰：半夏生槐里川谷。五月、八月采根，曝干。

普曰：生微丘或生野中，二月始生叶，三三相偶。白花圆上。

弘景曰：槐里属扶风。今第一出青州，吴中亦有，以肉白者为佳，不厌陈久。

恭曰：所在皆有。生平泽中者，名羊眼半夏，圆白为胜。然江南者大乃径寸，南人特重之。顷来互用，功状殊异。其苗似是由跋，误以为半夏也。

颂曰：在处有之，以齐州者为佳。二月生苗一茎，茎端三叶，浅绿色，颇似竹叶，而生江南者似芍药叶。根下相重，上大下小，皮黄肉白。五月、八月采根，以灰裹二日，汤洗曝干。《蜀图经》云：五月采则虚小，八月采乃实大。其平泽生者甚小，名羊眼半夏。由跋绝类半夏，而苗不同。

半夏

敩曰：白傍芁子真似半夏，只是咬着微酸，不入药用。

【修治】弘景曰：凡用，以汤洗十许过，令滑尽。不尔，有毒戟人咽喉。方中有半夏必须用生姜者，以制其毒故也。

敩曰：修事半夏四两，用白芥子末二两，酽醋六两，搅浊，将半夏投中，洗三遍用之。若洗涎不尽，令人气逆，肝气怒满。

时珍曰：今治半夏，惟洗去皮垢，以汤泡浸七日，逐日换汤，晾干切片，姜汁拌焙入药。或研为末，以姜汁入汤浸澄三日，沥去涎水，晒干用，谓之半夏粉。或研末以姜汁和作饼子，日干用，谓之半夏饼。或研末以姜汁、白矾汤和作饼，楮叶包置篮中，待生黄衣，日干用，谓之半夏曲。白飞霞《医通》云：痰分之病，半夏为主，造而为曲尤佳。治湿痰以姜汁、白矾汤和之；治风痰以姜汁及皂荚煮汁和之；治火痰以姜汁、竹沥或荆沥和之；治寒痰，以姜汁、矾汤，入白芥子末和之，此皆造曲妙法也。

根

【气味】辛，平，有毒。

《别录》曰：生，微寒；熟，温。生，令人吐；熟，令人下。汤洗尽滑用。

元素曰：味辛、苦，性温，气味俱薄，沉而降，阴中阳也。

好古曰：辛厚苦轻，阳中阴也。入足阳明、太阴、少阳三经。

之才曰：射干为之使。恶皂荚。畏雄黄、生姜、干姜、秦皮、龟甲。反乌头。

权曰：柴胡为之使。忌羊血、海藻、饴糖。

元素曰：热痰佐以黄芩；风痰佐以南星；寒痰佐以干姜；痰痞，佐以陈皮、白术。多用则泻脾胃。诸血症及口渴者禁用，为其燥津液也。孕妇忌之，用生姜则无害。

【主治】伤寒寒热，心下坚，胸胀咳逆，头眩，咽喉肿痛，肠鸣，下气止汗（《本经》）。消心腹胸膈痰热满结，咳嗽上气，心下急痛坚痞，时气呕逆，消痈肿，疗痿黄，悦泽面目，堕胎（《别录》）。消痰，下肺气，开胃健脾，止呕吐，去胸中痰满。生者：摩痈肿，除瘤瘿气（甄权）。治吐食反胃，霍乱转筋，肠腹冷，痰疟（大明）。治寒痰，及形寒饮冷伤肺而咳，消胸中痞，膈上痰，除胸寒，和胃气，燥脾湿，治痰厥头痛，消肿散结（元素）。治眉棱骨痛（震亨）。补肝风虚（好古），除腹胀，目不得瞑，白浊梦遗带下（时珍）。

【发明】权曰：半夏使也。虚而有痰气，宜加用之。

颂曰：胃冷呕哕，方药之最要。

成无己曰：辛者散也，润也。半夏之辛，以散逆气结气，除烦呕，发音声，行水气，而润肾燥。

好古曰：《经》云：肾主五液，化为五湿。自入为唾，入肝为泣，入心为汗，入脾为痰，入肺为涕。有痰日嗽，无痰日咳。痰者，因咳而动脾之湿也。半夏能泄痰之标，不能泄痰之本。泄本者，泄肾也。咳无形，痰有形；无形则润，有形则燥，所以为流湿、润燥也。俗以半夏为肺药，非也。止呕吐为足阳明，除痰为足太阴。柴胡为之使，故今柴胡汤中用之，虽为止呕，亦助柴胡、黄芩主往来寒热，是又为足少阳、阳明也。

宗奭曰：今人惟知半夏去痰，不言益脾，盖能分水故也。脾恶湿，湿则濡困，困则不能治水。《经》云：湿胜则泻。一男子夜数如厕，或教以生姜一两，半夏、大枣各三十枚，水一升，瓷瓶中慢火烧为熟水，时呷之，便已也。

赵继宗曰：丹溪言二陈汤治一身之痰，世医执之，凡有痰者皆用。夫二陈内有半夏，其性燥烈，若风痰、寒痰、湿痰、食痰则相宜；至于劳痰、失血诸痰，用之反能燥血液而加病，不可不知。

机曰：俗以半夏性燥有毒，多以贝母代之。贝母乃太阴肺经之药，半夏乃太阴脾经、阳明胃经之药，何可代也？夫咳嗽吐痰，虚劳吐血，或痰中见血，诸郁，咽痛喉痹，肺痈肺痿，痈疽，妇人乳难，此皆贝母为向导，半夏乃禁用之药。若涎者脾之液，美味膏粱炙煿，皆能生脾胃湿热，故涎化为痰，久则痰火上攻，令人昏愦口噤，偏废僵仆，蹇涩不语，生死旦夕，自非半夏、南星，曷可治乎？若以贝母代之，则翘首待毙矣。

时珍曰：脾无留湿不生痰，故脾为生痰之源，肺为贮痰之器。半夏能主痰饮及腹胀者，为其体滑而味辛性温也。涎滑能润，辛温能散亦能润，故行湿而通大便，利窍而泄小便。所谓辛走气，能化液，辛以润之是矣。洁古张氏云：半夏、南星治其痰，而咳嗽自愈。丹溪朱氏云：二陈汤能使大便润而小便长。聊摄成氏云：半夏辛而散，行水气而润肾燥。又《和剂局方》，用半硫丸治老人虚秘，皆取其滑润也。世俗皆以南星、半夏为性燥，误矣。湿去则土燥，痰涎不生，非二物之性燥也。古方治咽痛喉痹，吐血下血，多用二物，非禁剂也。二物亦能散血，故破伤打扑皆主之。惟阴虚劳损，则非湿热之邪，而用利窍行湿之药，是乃重竭其津液，医之罪也，岂药之咎哉？《甲乙经》用治夜不眠，是果性燥者乎？岐伯云：卫气行于阳，阳气满，不得入于阴，阴气虚，故目不得瞑。治法：饮以半夏汤一剂，阴阳既通，其卧立至。方用流水千里者八升，扬之万遍，取清五升，煮之，炊以苇薪，大沸，入秫米一升，半夏五合，煮一升半，饮汁一杯，日三，以知为度。病新发者，覆杯则卧，汗出则已。久者，三饮而已。

【附方】旧十四，新五十四。法制半夏，清痰化饮，壮脾顺气：用大半夏，汤洗七次，焙干再洗，如此七转，以浓米泔浸一日夜。每一两用白矾一两半，温水化，浸五日。焙干，以铅白霜一钱，温水化，又浸七日。以浆水慢火内煮沸，焙干收之。每嚼一、二粒，姜汤送化下。（《御药院方》）红半夏法，消风热，清痰涎，降气利咽：大半夏，汤浸焙制如上法。每一两入龙脑五分，朱砂为衣染之。先铺灯草一重，约一指厚，排半夏于上，再以灯草盖一指厚。以炒豆焙之，候干取出。每嚼一两粒，温水送下。（《御药院方》）化痰镇心，祛风利膈：辰砂半夏丸：用半夏一斤（汤泡七次，为末筛过，以水浸三日，生绢滤去滓，澄清去水，晒干）一两，入辰砂一钱，姜汁打糊丸梧子大。每姜汤下七十丸。此周府方也。（《袖珍》）化痰利气：三仙丸，方见虎掌下。消痰开胃，去胸膈壅滞：《斗门方》：用半夏洗净，焙干为末。自然姜汁和作饼，湿纸裹煨香。以熟水二盏，同饼二钱，入盐五分，煎一盏，服之。大压痰毒，及治酒食伤，极验。《经验后方》：用半夏、天南星各二两。为末，水五升，入坛内浸一宿，去清水，焙干重研。每服二钱，水二盏，姜三片，煎服。中焦痰涎，利咽，清头目，进饮食：半夏（泡七次）四两，枯矾一两，为末，姜汁打糊，或煮枣肉，和丸梧子大。每姜汤下十五丸。寒痰加丁香五钱；热痰加寒水石（煅）四两。名玉液丸。（《和剂局方》）老人风痰：大腑热不识人，及肺热痰实，咽喉不利：半夏（泡七次，焙）、硝石各半两，为末，入白面一两捣匀，水和丸绿豆大。每姜汤下五十丸。（《普济》）膈壅风痰：半夏不计多少，酸浆浸一宿，温汤洗五、七遍，去恶气，日干为末，浆水搜作饼，日干再研为末。每五两，入生龙脑一钱，以浆水浓脚和丸鸡头子大。纱袋盛，通风处阴干。每服一丸，好茶或薄荷汤嚼下。（《御药院方》）搜风化痰，定志安神，利头目：辰砂化痰丸：用半夏曲三两，天南星（炮）一两，辰砂、枯矾各半两，为末，姜汁打糊丸梧子大。每服三十丸，食后姜汤送下。（《和剂局方》）痰厥中风：省风汤：用半夏（汤泡）八两，甘草（炙）二两，防风四两。每服半两，姜二十片，水二盏，煎服。（《奇效方》）风痰头晕，呕逆目眩，面色青黄，脉弦者：水煮金花丸：用生半夏、生天南星、寒水石（煅）各一两，天麻半两，雄黄二钱，小麦面三两，为末。水和成饼，水煮浮起，漉出，捣丸梧子大。每服五十丸，姜汤下，极效。亦治风痰咳嗽，二便不通，风痰头痛。（洁古《活法机要》方）风痰湿痰：青壶丸：半夏一斤，天南星半两，各汤泡，晒干为末，姜汁和作饼，焙干，入神曲半两，白术（末）四两，枳实（末）二两，姜汁面糊丸梧子大。每服五十丸，姜汤下。（叶氏方）风痰喘逆，兀兀欲吐，眩晕欲倒：半夏一两，雄黄三钱，为末，姜汁浸，蒸饼丸梧子大。每服三十丸，姜汤下。已吐者加槟榔。（《活法机要》）风痰喘急：千缗汤：用半夏（汤洗）七个，甘草（炙）、皂荚（炒）各一寸，姜二片，水一盏，煎七分，温服。（《苏沈良方》）上焦热痰咳嗽：制过半夏一两，片黄芩（末）二钱，姜汁打糊丸绿豆大。每服七十丸，淡姜汤食后服。此周宪王亲制方也。（《袖珍方》）肺热痰嗽：制半夏、栝蒌仁各一两，为末，姜汁打糊丸梧子大。每服二三十丸，白汤下。或以栝蒌瓤煮熟丸。（《济生方》）热痰咳嗽，烦热面赤，口燥心痛，脉洪数者：小黄丸：用半夏、天南星各一两，黄芩一两半，为末，姜汁浸蒸饼丸梧子大。每服五七十丸，食后姜汤下。（洁古《活法机要》）小儿痰热，咳嗽惊悸：半夏、南星等分。为末，牛胆汁和，入胆内，悬风处待干，蒸饼丸绿豆大。每姜汤下三五丸。（《摘玄方》）湿痰咳嗽，面黄体重，嗜卧惊，兼食不消，脉缓者：白术丸：用半夏、南星各一两，白术一两半，为末，薄糊丸梧子大。每服五七十丸，姜汤下。（《活法机要》）气痰咳嗽，面白气促，洒淅恶寒，愁忧不乐，脉涩者：玉粉丸：用半夏、南星各一两，官桂半两，为末，糊丸梧子大。每服五十丸，姜汤下。（《活法机要》）小结胸痛，正在心下，按之则痛，脉浮滑者，小陷胸汤主之：半夏半升，黄连一两，栝蒌实（大者）一个，水六升，先煮栝蒌取三升，去滓，内二味，煮取二升，分三服。（仲景《伤寒论》)湿痰心痛,喘急者:半夏油炒为末,粥糊丸绿豆大。每服二十丸,姜汤下。(《丹溪心法》)急伤寒病:半夏四钱,生姜七片,酒一盏,煎服。(胡洽居士《百病方》)结痰不出,语音不清,年久者亦宜:玉粉丸:半夏半两,桂心一字,草乌头半字,为末,姜汁浸蒸饼丸芡子大。每服一丸,夜卧含咽。(《活法机要》)停痰冷饮呕逆:橘皮半夏汤:用半夏(水煮熟)、陈橘皮各一两。每服四钱,生姜七片,水二盏,煎一盏,温服。(《和剂局方》)停痰留饮,胸膈满闷,气短恶心,饮食不下,或吐痰水:茯苓半夏汤:用半夏(泡)五两,茯苓三两。每服四钱,姜七片,水一盅半,煎七分,去滓空心服,甚捷径。(《和剂局方》)支饮作呕,呕家本渴,不渴者,心下有支饮也,或似喘不喘,似呕不呕,似哕不哕,心下愦愦,并宜小半夏汤:用半夏(泡七次)一升,生姜半斤,水七升,煮一升五合,分服。(张仲景《金匮要略》)哕逆欲死:半夏生姜汤主之,即上方也。痘疮哕气:方同上。呕哕眩悸,谷不得下:小半夏加茯苓汤:半夏一升,生姜半斤,茯苓三两。切。以水七升,煎一升半,分温服之。(《金匮要略》)目不得眠:见发明下。心下悸忪:半夏麻黄丸:半夏、麻黄等分,为末,蜜丸小豆大。每服三十丸,日三。(《金匮要略》)伤寒干啘:半夏熟洗,研末。生姜汤服一钱匕。(《深师方》)呕逆厥逆,内有寒痰:半夏一升(洗滑焙研),小麦面一升,水和作弹丸,水煮熟。初吞四、五枚,日三服。稍增至十五枚,旋煮旋吞。觉病减,再作。忌羊肉、饧糖。此乃许仁则方也。(《外台秘要》)呕吐反胃:大半夏汤:半夏三升,人参三两,白蜜一升,水一斗二升和,扬之一百二十遍。煮取三升半,温服一升,日再服。亦治膈间支饮。(《金匮要略》)胃寒哕逆,停痰留饮:藿香半夏汤:用半夏(汤泡,炒黄)二两,藿香叶一两,丁香皮半两。每服四钱,水一盏,姜七片,煎服。(《和剂局方》)小儿吐泻,脾胃虚寒:齐州半夏(泡七次)、陈粟米各一钱半,姜十片。水盏半,煎八分,温服。(钱乙《小儿》)小儿痰吐,或风壅所致,或咳嗽发热,饮食即呕:半夏(泡七次)半两,丁香一钱。以半夏末水和包丁香,用面重包,煨熟,去面为末,生姜自然汁和丸麻子大。每服二三十丸,陈皮汤下。(《活幼口议》)妊娠呕吐:半夏二两,人参、干姜各一两,为末,姜汁面糊丸梧子大。每饮服十丸,日三服。(仲景《金匮要略》)霍乱腹胀:半夏、桂等分,为末。水服方寸匕。(《肘后方》)小儿腹胀:半夏末少许,酒和丸粟米大。每服二丸,姜汤下。不瘥,加之。或以火炮研末,姜汁调贴脐,亦佳。(《子母秘录》)黄疸喘满,小便自利,不可除热:半夏、生姜各半斤,水七升,煮一升五合,分再服。有人气结而死,心下暖,以此少许入口,遂活。(张仲景方)伏暑引饮,脾胃不利:消暑丸:用半夏(醋煮)一斤,茯苓半斤,生甘草半斤,为末,姜汁面糊丸梧子大。每服五十丸,热汤下。(《和剂局方》)老人虚秘冷秘,及痃癖冷气:半硫丸:半夏(泡炒)、生硫黄等分,为末,自然姜汁煮糊丸如梧子大。每空心温酒下五十丸。(《和剂局方》)失血喘急,吐血下血,崩中带下,喘急痰呕,中满宿瘀:用半夏捶扁,以姜汁和面包煨黄,研末,米糊丸梧子大。每服三十丸,白汤下。(《直指方》)白浊梦遗:半夏一两,洗十次,切破,以木猪苓二两,同炒黄,出火毒,去猪苓,入煅过牡蛎一两,以山药糊丸梧子大。每服三十丸,茯苓汤送下。肾气闭而一身精气无所管摄,妄行而遗者,宜用此方。盖半夏有利性,猪苓导水,使肾气通也。与下元虚惫者不同。(许学士《本事方》)八般头风,三次见效:半夏末,入百草霜少许,作纸捻烧烟,就鼻内搐之。口中含水,有涎,吐去再含。(《卫生宝鉴》)少阴咽痛生疮,不能言语,声不出者,苦酒汤主之:半夏七枚打碎,鸡子一枚,头开一窍,去黄,纳苦酒令小满,入半夏在内,以镮子坐于炭火上,煎三沸,去滓,置杯中,时时咽之,极验。未瘥更作。(仲景《伤寒论》)喉痹肿塞:生半夏末搐鼻内,涎出效。(《集简方》)骨哽在咽:半夏、白芷等分,为末。水服方寸匕,当呕出。忌羊肉。(《外台秘要》)重舌木舌,胀大塞口:半夏煎醋,含漱之。又方:半夏二十枚,水煮过,再泡片时,乘热以酒一升浸之,密封良久,热漱冷吐之。小儿囟陷,乃冷也:水调半夏末,涂足心。面上黑气:半夏焙研,米醋调敷。不可见风,不计遍数,从早至晚,如此三日,皂角汤洗下,面莹如玉也。(《摘玄方》)癞风眉落:生半夏、羊屎(烧焦)等分。为末。自然姜汁日调涂。(《圣济录》)盘肠生产,产时子肠先出,产后不收者,名盘肠产:以半夏末,频搐鼻中,则上也。(《妇人良方》)产后晕绝:半夏末,冷水和丸大豆大,纳鼻中即愈。此扁鹊法也。(《肘后方》)小儿惊风:生半夏一钱,皂角半钱,为末。吹少许入鼻,名嚏惊散,即苏。(《直指方》)卒死不寤:半夏末吹鼻中,即活。南岳夫人紫灵魏元君方也。五绝急病,一曰自缢,二曰墙压,三曰溺水,四曰魇魅,五曰产乳:并以半夏末,纳大豆一丸入鼻中。心温者,一日可活也。(《子母秘录》)痈疽发背及乳疮:半夏末,鸡子白调,涂之。(《肘后方》)吹奶肿痛:半夏一个,煨研酒服,立愈。一方:以末,随左右搐鼻效。(刘长春《经验方》)打扑瘀痕:水调半夏末涂之,一宿即没也。(《永类钤方》)远行足趼:方同上。(《集简方》)金刃不出,入骨脉中者:半夏、白蔹等分,为末。酒服方寸匕,日三服。至二十日自出。(李筌《太白经》)飞虫入耳:生半夏末,麻油调,涂耳门外。(《本事方》)蝎虿螫人:半夏末,水调涂之,立止。(钱相公《箧中方》)蝎瘘五孔相通者:半夏末,水调涂之,日二。(《圣惠方》)咽喉骨哽:半夏、白芷等分,为末。水服方寸匕,当呕出。忌羊肉。(《外台秘要》)

茎涎

【主治】炼取涂发眉,堕落者即生(雷敩)。

蚤休(《本经》下品)

【释名】蚩休(《本经》)、螫休(《日华》),紫河车(《图经》)、亶台(《唐本》)、重楼金线(《图经》),三层草(《纲目》),七叶一枝花(《蒙筌》)、草甘遂(《唐本》)、自甘遂。

时珍曰:虫蛇之毒,得此治之即休,故有蚤休、螫休诸名。亶台、三层,因其叶状也。金线重楼,因其花状也。甘遂,因其根状也。紫河车,因其功用也。

【集解】《别录》曰:蚤休生山阳川谷及冤句。

恭曰:今谓重楼者,是也。一名重台,南人名草甘遂。一茎六七叶,似王孙、鬼臼、蓖麻辈，叶有二三层。根如肥大菖蒲，细肌脆白。

保升曰：叶似鬼臼、牡蒙，年久者二三重。根如紫参，皮黄肉白。五月采根，日干。

大明曰：根如尺二蜈蚣，又如肥紫菖蒲。

颂曰：即紫河车也。今河中、河阳、华凤、文州及江淮间亦有之。叶似王孙、鬼臼等，作二、三层。六月开黄紫花，蕊赤黄色，上有金丝垂下。秋结红子。根似肥姜，皮赤肉白。四月、五月采之。

宗奭曰：蚤休无旁枝，止一茎挺生，高尺余，颠有四、五叶。叶有歧，似苦杖。中心又起茎，亦如是生叶。惟根入药用。

休　蚤

时珍曰：重楼金线处处有之，生于深山阴湿之地。一茎独上，茎当叶心。叶绿色似芍药，凡二三层，每一层七叶。茎头夏月开花，一花七瓣，有金丝蕊，长三四寸。王屋山产者至五七层。根如鬼臼、苍术状，外紫中白，有粳、糯二种。外丹家采制三黄、砂、汞。入药洗切焙用。俗谚云：七叶一枝花，深山是我家。痈疽如遇者，一似手拈拿，是也。

根

【气味】苦，微寒，有毒。

大明曰：冷，无毒。伏雄黄、丹砂、蓬砂及盐。

【主治】惊痫，摇头弄舌，热气在腹中，癫疾，痈疮阴蚀，下三虫，去蛇毒（《本经》）。生食一升，利水（《唐本》）。治胎风手足搐，能吐泄瘰疬（大明）。去疟疾寒热（时珍）。

【发明】恭曰：摩醋，敷痈肿蛇毒，甚有效。

时珍曰：紫河车，足厥阴经药也。凡本经惊痫、疟疾、瘰疬、痈肿者宜之。而道家有服食法，不知果有益否也？

【附方】新五服食法：紫河车根以竹刀刮去皮，切作骰子大块，面裹入瓷瓶中，水煮候浮漉出，凝冷入新布袋中，悬风处待干。每服三丸，五更初面东念咒，井水下。连进三服，即能休粮。若要饮食，先以黑豆煎汤饮之。次以药丸煮稀粥，渐渐食之。咒曰：天朗气清金鸡鸣，吾今服药欲长生。吾今不饥复不渴，赖得神仙草有灵。小儿胎风，手足搐搦：用蚤休（即紫河车）为末。每服半钱，冷水下。（《卫生易简方》）慢惊发搐，带有阳症者：白甘遂末（即蚤休）一钱，栝蒌根末二钱，同于慢火上炒焦黄，研匀。每服一字，煎麝香薄荷汤调下。（钱乙《小儿》方）中鼠莽毒：金线重楼根，磨水服，即愈。（《集简方》）咽喉谷贼肿痛：用重台（赤色者）、川大黄（炒）、木鳖子仁、马牙硝各半两，半夏（泡）一分，为末，蜜丸芡子大，绵裹含之。（《圣惠方》）

鬼臼(《本经》下品)

【校正】并入《图经》琼田草。

【释名】九臼(《本经》)、天臼(《别录》)、鬼药(《纲目》)、解毒(《别录》)、爵犀(《本经》)、马目毒公(《本经》)、害母草(《图经》)、羞天花(《纲目》)、术律草(《纲目》)、琼田草(《纲目》)、独脚莲(《土宿本草》)、独荷草(《土宿》)、山荷叶(《纲目》)、旱荷(《纲目》)、八角盘(《纲目》)、唐婆镜。

七叶鬼臼

弘景曰:鬼臼,根如射干,白而味甘,九臼相连,有毛者良,故名。

时珍曰:此物有毒,而臼如马眼,故名马目毒公。杀蛊解毒,故有犀名。其叶如镜、如盘、如荷,而新苗生则旧苗死,故有镜、盘、荷、莲、害母诸名。《苏东坡诗集》云:琼田草俗号唐婆镜,即本草鬼臼也。岁生一臼,如黄精根而坚瘦,可以辟谷。宋祁《剑南方物赞》云:羞天花,蜀地处处有之。依茎缀花,蔽叶自隐,俗名羞天,予改为羞寒花,即本草鬼臼也。《赞》云:冒寒而茂,茎修叶广。附茎作花,叶蔽其上。以其自蔽,若有羞状。别有羞天草与此不同,即海芋也。

【集解】《别录》曰:鬼臼生九真山谷及冤句。二月、八月采根。

弘景曰:鬼臼生山谷中。八月采,阴干。似射干、术辈,又似钩吻。有两种:出钱塘、近道者,味甘,上有丛毛,最胜;出会稽、吴兴者,火而味苦,无丛毛,力劣。今马目毒公状如黄精根,其臼处似马眼而柔润。今方家多用鬼臼而少用毒公,不知此那复乖越如此?

重叶鬼臼

恭曰:鬼臼生深山岩石之阴。叶如蓖麻、重楼辈。生一茎,茎端一叶,亦有两歧者。年长一茎,茎枯则为一臼。假令生来二十年,则有二十臼,岂惟九臼耶?根肉皮须并似射干,今俗用多是射干。而江南别送一物,非真者。今荆州当阳县、硖州远安县、襄州荆山县山中并贡之,亦极难得。

颂曰:今江宁府、滁、舒、商、齐、杭、襄、峡州、荆门军亦有之,并如苏恭所说。花生茎间,赤色,三月开后结实。又一说:鬼臼生深山阴地,叶六出或五出,如雁掌。茎端一叶如伞,旦时东向,及暮则西倾,盖随日出没也。花红紫如荔枝,正在叶下,常为叶所蔽,未常见日。一年生一茎,既枯则为一臼,及八九年则八九臼矣。然一年一臼生而一臼腐,盖陈新相易也,故俗名害母草。如芋魁、乌头辈亦然,新苗生则旧苗死,前年之魁腐矣。而《本草注》谓全似射干,今射干体状虽相似,然臼形浅薄,与鬼臼大异。鬼臼如八九个南星侧比相叠，而色理正如射干。用者当使人求苗采之，市中不复有也。

时珍曰：鬼臼根如天南星相叠之状，故市人通谓小者为南星，大者为鬼臼，殊为谬误。按《黄山谷集》云：唐婆镜叶底开花，俗名羞天花，即鬼臼也。岁生一臼，满十二岁，则可为药。今方家乃以鬼灯檠为鬼臼，误矣。又郑樵《通志》云：鬼臼叶如小荷，形如鸟掌，年长一茎，茎枯则根为一臼，亦名八角盘，以其叶似之也。据此二说，则似是今人所谓独脚莲者也。又名山荷叶、独荷草、旱荷叶、八角镜。南方处处深山阴密处有之，北方惟龙门山、王屋山有之。一茎独上，茎生叶心而中空。一茎七叶，圆如初生小荷叶，面青背紫，揉其叶作瓜李香。开花在叶下，亦有无花者。其根全似苍术、紫河车。丹炉家采根制三黄、砂、汞。或云其叶八角者更灵。或云其根与紫河车一样，但以白色者为河车，赤色者为鬼臼，恐亦不然。而《庚辛玉册》谓蚤休阳草，旱荷阴草，亦有分别。陶弘景以马目毒公与鬼臼为二物，殊不知正是一物而有二种也。又唐独孤滔《丹房镜源》云：术律草有二种，根皆似南星，赤茎直上，茎端生叶。一种叶凡七瓣，一种叶作数层。叶似蓖麻，面青背紫而有细毛。叶下附茎开一花，状如铃铎倒垂，青白色，黄蕊中空，结黄子。风吹不动，无风自摇。可制砂汞。按此即鬼臼之二种也。其说形状甚明。

根

【气味】辛，温，有毒。

《别录》曰：微温。

弘景曰：甘，温，有毒。

权曰：苦。

之才曰：畏垣衣。

【主治】杀蛊毒鬼疰精物，辟恶气不祥，逐邪，解百毒（《本经》）。杀大毒，疗咳嗽喉结，风邪烦惑，失魄妄见，去目中肤翳。不入汤（《别录》）。主尸疰殗殜，劳疾传尸瘦疾（甄权）。下死胎，治邪疟痈疽，蛇毒射工毒（时珍）。

【发明】颂曰：古方治五尸鬼疰、百毒恶气多用之。又曰：今福州人三月采琼田草根叶，焙干捣末，蜜丸服，治风疾。

【附方】新三。子死腹中，胞破不生，此方累效，救人岁万数也：鬼臼不拘多少，黄色者，去毛为细末，不用筛罗，只捻之如粉为度。每服一钱，无灰酒一盏，同煎八分，通口服。立生如神。名一字神散。（《妇人良方》）射工中人，寒热发疮：鬼臼叶一把，苦酒渍，捣取汁。服一升，日二次。（《千金方》）黑黄急病：黑黄，面黑黄，身如土色，不妨食，脉沉，若青脉入口者死。宜烙口中黑脉、百会、玉泉、绝骨、章门、心俞：用生鬼臼捣汁一小盏服。干者为末，水服。（《三十六黄方》）

射干（《本经》下品）

【释名】乌扇（《本经》）、乌翣（《别录》）、乌吹（《别录》）、乌蒲（《本经》）、凤翼

(《拾遗》)、鬼扇(《土宿》)、扁竹(《纲目》)、仙人掌(《土宿》)、紫金牛(《土宿》)、野萱花(《纲目》)、草姜(《别录》)、黄远(《吴普》)。

弘景曰:射干方书多音夜。

射干鸢尾

颂曰:射干之形,茎梗疏长,正如射人长竿之状,得名由此尔。而陶氏以夜音为疑,盖古字音多通呼,若汉官仆射,主射事,而亦音夜,非有别义也。

时珍曰:其叶丛生,横铺一面,如乌翅及扇之状,故有乌扇、乌翣、凤翼、鬼扇、仙人掌诸名。俗呼扁竹,谓其叶扁生而根如竹也。根叶又如蛮姜,故曰草姜。翣,音所甲切,扇也。

【集解】《别录》曰:射干生南阳山谷田野。三月三日采根,阴干。

弘景曰:此是乌翣根,黄色,庭台多种之。人言其叶是鸢尾,而复有鸢头,此若相似尔,恐非乌翣也。又别有射干,相似而花白茎长,似射人之执竿者。故阮公诗云:射干临层城。此不入药用。

恭曰:鸢尾叶都似射干,而花紫碧色,不抽高茎,根似高良姜而肉白,名鸢头。

保升曰:射干高二三尺,花黄实黑。根多须,皮黄黑,肉黄赤。所在皆有,二月、八月采根,去皮日干。

藏器曰:射干、鸢尾二物相似,人多不分。射干即人间所种为花卉名凤翼者,叶如鸟翅,秋生红花,赤点。鸢尾亦人间所种,苗低下于射干,状如鸢尾,夏生紫碧花者是也。

大明曰:射干根润,形似高良姜大小,赤黄色淡硬,五、六、七、八月采。

颂曰:今在处有之。人家种之,春生苗,高一二尺。叶大类蛮姜,而狭长横张,疏如翅羽状,故名乌翣。叶中抽茎,似萱草茎而强硬。六月开花,黄红色,瓣上有细纹。秋结实作房,中子黑色。一说:射干多生山崖之间,其茎虽细小,亦类木。故《荀子》云:西方有木,名曰射干,茎长四寸,生于高山之上,是也。陶弘景所说花白者,自是射干之类。

震亨曰:根为射干,叶为乌翣,紫花者是;红花者非。

机曰:按诸注则射干非一种,有花白者,花黄者,花紫者,花红者。丹溪独取紫花者,必曾试有验也。

时珍曰:射干即今扁竹也。今人所种,多是紫花者,呼为紫蝴蝶。其花三、四月开,六出,大如萱花。结房大如拇指,颇似泡桐子,一房四隔,一隔十余子。子大如胡椒而色紫,极硬,咬之不破。七月始枯。陶弘景谓射干、鸢尾是一种。苏恭、陈藏器谓紫碧花者是鸢尾,红花者是射干。韩保升谓黄花者是射干。苏颂谓花红黄者是射干,白花者亦其类。朱震亨谓紫花者是射干,红花者非。各执一说,何以凭依?谨按张揖《广雅》云:鸢尾,射干也。《易通卦验》云:冬至射干生。《土宿真君本草》云:射于即扁竹,叶扁生,如侧手掌形,茎亦如之,青绿色。一种紫花,一种黄花,一种碧花。多生江南、湖广、川、浙平陆间。八月取汁，煮雄黄，伏雌黄，制丹砂，能拒火。据此则鸢尾、射干本是一类，但花色不同。正如牡丹、芍药、菊花之类，其色各异，皆是同属也。大抵入药功不相远。

藏器曰：射干之名有三：佛经射干貂獗，此是恶兽，似青黄狗，食人，能缘木，阮公云：射干临层城者，是树，殊有高大者，本草射干是草，即今人所种者也。

根

【修治】敩曰：凡采根，先以米泔水浸一宿，漉出，然后以篁竹叶煮之，从午至亥，日干用。

【气味】苦，平，有毒。

《别录》曰：微温。久服令人虚。

保升曰：微寒。

权曰：有小毒。

元素曰：苦，阳中阴也。

时珍曰：寒。多服泻人。

【主治】咳逆上气，喉痹咽痛，不得消息，散结气，腹中邪逆，食饮大热（《本经》）。疗老血在心脾间，咳唾，言语气臭，散胸中热气（《别录》）。苦酒摩涂毒肿（弘景）。治疰气，消瘀血，通女人月闭（甄权）。消痰，破瘕癥，胸膈满腹胀，气喘痃癖，开胃下食，镇肝明目（大明）。治肺气喉痹为佳（宗奭）。去胃中痈疮（元素）。利积痰疝毒，消结核（震亨）。降实火，利大肠，治疟母（时珍）。

【发明】震亨曰：射干属金，有木与火，行太阴、厥阴之积痰，使结核自消甚捷。又治便毒，此足厥阴湿气，因疲劳而发。取射干三寸，与生姜同煎，食前服，利三两行，甚效。

时珍曰：射干能降火，故古方治喉痹咽痛为要药。孙真人《千金方》，治喉痹有乌翣膏。张仲景《金匮玉函方》，治咳而上气，喉中作水鸡声，有射干麻黄汤。又治疟母鳖甲煎丸，亦用乌扇烧过。皆取其降厥阴相火也。火降则血散肿消，而痰结自解，癥瘕自除矣。

【附方】旧二，新八。咽喉肿痛：射干花根、山豆根、阴干为末，吹之如神。（《袖珍方》）伤寒咽闭肿痛：用生射干、猪脂各四两，合煎令微焦，去滓，每噙枣许取瘥。（庞安常《伤寒论》）喉痹不通，浆水不入：《外台秘要》：用射干一片，含咽汁良。《医方大成》：用扁竹新根擂汁咽之，大腑动即解。或醋研汁噙，引涎出亦妙。《便民方》：用紫蝴蝶根一钱，黄芩、生甘草、桔梗各五分，为末，水调顿服，立愈。名夺命散。二便不通，诸药不效：紫花扁竹根，生水边者佳，研汁一盏服，即通。（《普济》）水蛊腹大，动摇水声，皮肤黑：用鬼扇根捣汁，服一杯，水即下。（《肘后方》）阴疝肿刺，发时肿痛如刺：用生射干捣汁与服取利。亦可丸服。（《肘后方》）乳痈初肿：扁竹根如僵蚕者，同萱草根为末，蜜调敷之，神效。（《永类方》）中射工毒，生疮者：乌翣、升麻各二两，水三升，煎二升，温服。以滓敷疮上。（姚僧垣《集验方》）

鸢尾(《本经》下品)

【释名】乌园(《别录》),根名鸢头。

时珍曰:并以形命名。乌园当作乌鸢。

【集解】《别录》曰:鸢尾,生九嶷山谷。五月采。

弘景曰:方家言是射干苗,而主疗亦异,当别是一种。方用鸢头,当是其根,疗体相似,而本草不题。

恭曰:此草所在有之,人家亦种。叶似射干而阔短,不抽长茎,花紫碧色。根似高良姜,皮黄肉白,嚼之戟人咽喉,与射干全别。射干花红,抽茎长,根黄有臼。

保升曰:此草叶名鸢尾,根名鸢头,亦谓之鸢根。叶似射干,布地生。黑根似高良姜而节大,数个相连。九月、十月采根,日干。

时珍曰:此即射干之苗,非别一种也。肥地者茎长根粗;瘠地者茎短根瘦。其花自有数色。诸家皆是强分。陈延之《小品方》,言东海鸢头即由跋者,亦讹也。东海出之故耳。

【气味】苦,平,有毒。

恭曰:有小毒。

【主治】蛊毒邪气,鬼疰诸毒,破癥瘕积聚大水,下三虫(《本经》)。杀鬼魅,疗头眩(《别录》)。

【附方】旧一,新一。飞尸游蛊着喉中,气欲绝者:鸢尾根削去皮,纳喉中,摩病处,令血出为佳。(陈藏器《本草拾遗》)鬼魅邪气:四物鸢头散:东海鸢头、黄牙(即金牙)、莨菪子、防葵各一分,为末。酒服方寸匕。欲令病人见鬼,增防葵一分;欲令知鬼,又增一分,立验。不可多服。(陈延之《小品方》)

玉簪(《纲目》)

【释名】白鹤仙。

时珍曰:并以花象命名。

【集解】时珍曰:玉簪处处人家栽为花草。二月生苗成丛,高尺许,柔茎如白菘。其叶大如掌,团而有尖,叶上纹如车前叶,青白色,颇娇莹。六、七月抽茎,茎上有细叶。中出花朵十数枚,长二、三寸,本小末大。未开时,正如白玉搔头簪形,又如羊肚蘑菇之状,开时微绽四出,中吐黄蕊,颇香,不结子。其根连生,如鬼臼、射干、生姜辈,有须毛。旧茎死则根有一臼,新根生则旧根腐。亦有紫花者,叶微狭。皆鬼臼、射干之属。

根

【气味】甘、辛,寒,有毒。

【主治】捣汁服,解一切毒,下骨哽,涂痈肿(时珍)。

【附方】新五。乳痈初起:内消花(即玉簪花),取根擂酒服,以渣敷之。(《海上方》)妇人断产:白鹤仙根、白凤仙子各一钱半,紫葳二钱半,辰砂二钱,捣末,蜜和丸梧子大。产内三十日,以酒半盏服之。不可着牙齿,能损牙齿也。(《摘玄方》)解斑蝥毒:玉簪根擂水服之,即解。(赵真人《济急方》)下鱼骨哽:玉簪花根、山里红果根,同捣自然汁,以竹筒灌入咽中,其骨自下。不可着牙齿。(臞仙《乾坤生意》)刮骨取牙:玉簪根(干者)一钱,白砒三分,白硇七分,蓬砂二分,威灵仙三分,草乌头一分半,为末。以少许点疼处,即自落也。(余居士《选奇方》)

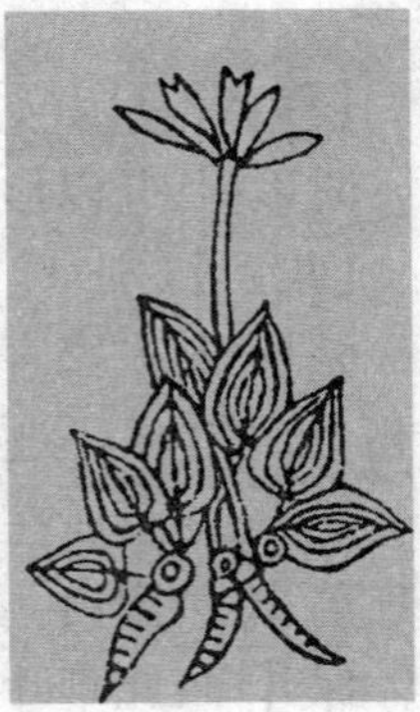
玉簪

叶

【气味】同根。

【主治】蛇虺螫伤,捣汁和酒服,以渣敷之,中心留孔泄气(时珍)。

凤仙(《纲目》)

【释名】急性子(《救荒》)、旱珍珠(《纲目》)、金凤花(《纲目》)、小桃红(《救荒》)、夹竹桃(《救荒》)、海蒳(《音纳》)、染指甲草(《救荒》)、菊婢。

时珍曰:其花头翅尾足,俱翘翘然如凤状,故以名之。女人采其花及叶包染指甲,其实状如小桃,老则迸裂,故有指甲、急性、小桃诸名。宋光宗李后讳凤,宫中呼为好女儿花。张宛丘呼为菊婢。韦君呼为羽客。

【集解】时珍曰:凤仙人家多种之,极易生。二月下子,五月可再种。苗高二三尺,茎有红、白二色,其大如指,中空而脆。叶长而尖,似桃柳叶而有锯齿。丫间开花,或黄或白,或红或紫,或碧或杂色,亦自变易,状如飞禽,自夏初至秋尽,开谢相续。结实累然,大如樱桃,其形微长,色如毛桃,生青熟黄,犯之即自裂,皮卷如拳,苞中有子似萝卜子而小,褐色。人采其肥茎汋䣼,以充莴笋。嫩华酒,浸一宿,亦可食。但此草不生虫蠹,蜂蝶亦不近,恐亦不能无毒也。

子

【气味】微苦,温,有小毒。

【主治】产难,积块噎膈,下骨哽,透骨通窍(时珍)。

【发明】时珍曰:凤仙子其性急速,故能透骨软坚。庖人烹鱼肉硬者,投数粒即易软烂,是其验也。缘其透骨,最能损齿,与玉簪根同,凡服者不可着齿也。多用亦戟人咽。

【附方】新五。产难催生:凤仙子二钱,研末。水服,勿近牙。外以蓖麻子,随年数捣涂足心。(《集简方》)噎食不下:凤仙花子酒浸三宿,晒干为末,酒丸绿豆大。每服八粒,温酒下。不可多用,即急性子也。(《摘玄方》)咽中骨哽,欲死者:白凤仙子研水一大呷,以竹筒灌入咽,其物即软。不可近牙。或为末吹之。(《普济方》)牙齿欲取:金凤花子研末,入砒少许,点疼牙根,取之。(《摘玄方》)小儿痞积:急性子、水荭花子、大黄各一两,俱生研末。每味取五钱,外用皮硝一两拌匀。将白鹁鸽一个,或白鸭亦可,去毛屎,剖腹,勿犯水,以布拭净,将末装入内,用绵扎定,沙锅内入水三碗,重重纸封,以小火煮干,将鸽鸭翻调焙黄色,冷定。早辰食之,日西时疾软,三日大便下血,病去矣。忌冷物百日。(孙天仁《集效方》)

仙　凤

花

【气味】甘、滑,温,无毒。

【主治】蛇伤,擂酒服即解。又治腰胁引痛不可忍者,研饼晒干为末,空心每酒服三钱,活血消积(时珍)。

【附方】新一。风湿卧床不起:用金凤花、柏子仁、朴硝、木瓜煎汤洗浴,每日二三次。内服独活寄生汤。(吴旻《扶寿精方》)

根、叶

【气味】苦、甘、辛,有小毒。

【主治】鸡鱼骨哽,误吞铜铁,杖扑肿痛,散血通经,软坚透骨(时珍)。

【附方】新三。咽喉物哽:金凤花根嚼烂噙咽,骨自下,鸡骨尤效。即以温水漱口,免损齿也。亦治误吞铜铁。(危氏《得效方》)打杖肿痛:凤仙花叶捣如泥,涂肿破处,干则又上,一夜血散,即愈。冬月收取干者研末,水和涂之。(叶廷器《通变要法》)马患诸病:白凤仙花连根叶熬膏。遇马有病,抹其眼四角上,即汗出而愈。(《卫生易简方》)

坐拿草(宋《图经》)

【集解】颂曰:生江西及滁州。六月开紫花结实。采其苗入药,甚易得。后因人用有效,今颇贵重。

时珍曰:按《一统志》云:出吉安永丰县。

【气味】辛,热,有毒。

【主治】风痹,壮筋骨,兼治打扑伤损(苏颂)。

【发明】颂曰:《神医普救方》:治风药中已有用者。

时珍曰:危氏《得效方》:麻药煮酒方中用之。《圣济录》:治膈上虚热,咽喉噎塞，小便赤涩，神困多睡，有坐拿丸。用坐拿草、大黄、赤芍药、木香、升麻、麦门冬、黄芪、木通、酸枣仁、薏苡仁、枳壳等分，为末，蜜丸梧子大。每服二十丸，麦门冬汤下。

坐拿草

【附录】押不芦

时珍曰：按周密《癸辛杂志》云：漠北回回地方有草名押不芦。土人以少许磨酒饮，即通身麻痹而死，加以刀斧亦不知。至三日，则以少药投之即活。御药院中亦储之。贪官污吏罪甚者，则服百日丹，皆用此也。昔华佗能刳肠涤胃，岂不有此等药耶？

曼陀罗花（《纲目》）

【释名】风茄儿（《纲目》）、山茄子。

时珍曰：《法华经》言：佛说法时，天雨曼陀罗花。又道家北斗有陀罗星使者，手执此花。故后人因以名花。曼陀罗，梵言杂色也。茄乃因叶形尔。姚伯声《花品》呼为恶客。

曼陀罗花

【集解】时珍曰：曼陀罗生北土，人家亦栽之。春生夏长，独茎直上，高四五尺，生不旁引，绿茎碧叶，叶如茄叶。八月开白花，凡六瓣，状如牵牛花而大。攒花中坼，骈叶外包，而朝开夜合。结实圆而有丁拐，中有小子。八月采花，九月采实。

花、子

【气味】辛，温，有毒。

【主治】诸风及寒湿脚气，煎汤洗之。又主惊痫及脱肛，并入麻药（时珍）。

【发明】时珍曰：相传此花笑采酿酒饮，令人笑；舞采酿酒饮，令人舞。予尝试之，饮须半酣，更令一人或笑或舞引之，乃验也。八月采此花，七月采火麻子花，阴干，等分为末。热酒调服三钱，少顷昏昏如醉。割疮灸火，宜先服此，则不觉苦也。

【附方】新三。面上生疮：曼陀罗花，晒干研末。少许贴之。（《卫生易简方》）小儿慢惊：曼陀罗花七朵（重一字），天麻二钱半，全蝎（炒）十枚，天南星（炮）、丹砂、乳香各二钱半，为末。每服半钱，薄荷汤调下。（《御药院方》）大肠脱肛：曼陀罗子（连壳）一对，橡斗十六个，同剉，水煎三五沸，入朴硝少许，洗之。（《儒门事亲》）

羊踯躅(《本经》下品)

【释名】黄踯躅(《纲目》)、黄杜鹃(《蒙筌》)、羊不食草(《拾遗》)、闹羊花(《纲目》)、惊羊花(《纲目》)、老虎花(《纲目》)、玉枝(《别录》)。

弘景曰:羊食其叶,踯躅而死,故名。闹当作恼。恼:乱也。

羊踯躅

【集解】《别录》曰:羊踯躅生太行山川谷及淮南山。三月采花,阴干。

弘景曰:近道诸山皆有之。花、苗似鹿葱,不可近眼。

恭曰:花亦不似鹿葱,正似旋花色黄者也。

保升曰:小树高二尺,叶似桃叶,花黄似瓜花。三月、四月采花,日干。

颂曰:所在有之。春生苗似鹿葱,叶似红花,茎高三四尺。夏开花似凌霄花、山石榴辈,正黄色,羊食之则死。今岭南、蜀道山谷遍生,皆深红色如锦绣。然或云此种不入药。

时珍曰:韩保升所说似桃叶者最的。其花五出,蕊瓣皆黄,气味皆恶。苏颂所谓深红色者,即山石榴名红踯躅者,无毒,与此别类。张揖《广雅》谓踯躅一名决光者,误矣。决光,决明也。按唐《李绅文集》言:骆谷多山枇杷,毒能杀人,其花明艳,与杜鹃花相似,樵者识之。其说似羊踯躅,未知是否?要亦其类耳。

花

【气味】辛,温,有大毒。

权曰:恶诸石及面,不入汤使,伏丹砂、硇砂、雌黄,畏栀子。

【主治】贼风在皮肤中淫淫痛,温疟恶毒诸痹(《本经》)。邪气鬼疰蛊毒(《别录》)。

【发明】颂曰:古之大方多用踯躅。如胡洽治时行赤散,及治五嗽四满丸之类,并治风诸酒方皆杂用之。又治百病风湿等,鲁王酒中亦用踯躅花。今医方捋脚汤中多用之。南方治蛊毒下血,有踯躅花散,云甚胜。

时珍曰:此物有大毒,曾有人以其根入酒饮,遂至于毙也。《和剂局方》治中风瘫痪伏虎丹中亦用之,不多服耳。

【附方】新四。风痰注痛:踯躅花、天南星,并生时同捣作饼,甑上蒸四、五遍,以稀葛囊盛之。临时取焙为末,蒸饼丸梧子大。每服三丸,温酒下。腰脚骨痛,空心服;手臂痛,食后服,大良。(《续传信方》)痛风走注:黄踯躅根一把,糯米一盏,黑豆半盏,酒、水各一碗,徐徐服。大吐大泄,一服便能动也。(《医学集成》)风湿痹痛,手足身体收摄不遂,肢节疼痛,言语蹇涩:踯躅花酒拌蒸一炊久,晒干为末。每以牛乳一合，酒二合，调服五分。（《圣惠方》）风虫牙痛：踯躅一钱，草乌头二钱半，为末，化腊丸豆大。绵包一丸，咬之，追涎。（《海上仙方》）

【附录】山踯躅

时珍曰：处处山谷有之。高者四五尺，低者一二尺。春生苗叶，浅绿色。枝少而花繁，一枝数萼。二月始开花如羊踯躅，而蒂如石榴花，有红者、紫者、五出者、千叶者。小儿食其花，味酸无毒。一名红踯躅，一名山石榴，一名映山红，一名杜鹃花。其黄色者，即有毒羊踯躅也。

羊不吃草（《拾遗》）

藏器曰：生蜀川山谷，叶细长，在诸草中羊不吃者，是也。味苦、辛，温，无毒。主一切风血补益，攻诸病。煮之，亦浸酒服。

时珍曰：此草似羊踯躅而云无毒，盖别有此也。

芫花（《本经》下品）

【校正】自木部移入此。

【释名】杜芫（《别录》）、赤芫（《吴普》）、去水（《本经》）、毒鱼（《别录》）、头痛花（《纲目》）、儿草（《吴普》）、败华（《吴普》），根名黄大戟（《吴普》）、蜀桑（《别录》）。

时珍曰：芫或作杬，其义未详。去水言其功，毒鱼言其性，大戟言其似也。俗人因其气恶，呼为头痛花。《山海经》云：首山其草多芫，是也。

【集解】《别录》曰：芫花生淮源川谷。三月三日采花，阴干。

普曰：芫根生邯郸。二月生叶，青色，加厚则黑。华有紫、赤、白者。三月实落尽，叶乃生。三月采花，五月采叶，八月、九月采根，阴干。

芫花

保升曰：近道处处有之。苗高二三尺，叶似白前及柳叶，根皮黄似桑根。正月、二月花发，紫碧色，叶未生时收采日干。叶生花落，即不堪用也。

颂曰：在处有之。宿根旧枝茎紫，长一二尺。根人土深三五寸，白色，似榆根。春生苗叶，小而尖，似杨柳枝叶。二月开紫花，颇似紫荆而作穗，又似藤花而细。今绛州出者花黄，谓之黄芫花。

时珍曰：顾野王《玉篇》云：杬木出豫章，煎汁藏果及卵不坏。洪迈《容斋随笔》云：今饶州处处有之。茎干不纯是木。小人争斗者，取叶挼擦皮肤，辄作赤肿如被伤，以诬人。至和盐擦卵，则又染其外若赭色也。

【修治】弘景曰：用当微熬。不可近眼。

时珍曰：芫花留数年陈久者良。用时以好醋煮十数沸，去醋，以水浸一宿，晒干用，则毒灭也。或以醋炒者次之。

【气味】根同。辛，温，有小毒。

《别录》曰：苦，微温。

普曰：神农、黄帝、雷公：苦，有毒；扁鹊、岐伯：苦；李当之：有大毒，多服令人泄。

之才曰：决明为之使。反甘草。

【主治】咳逆上气，喉鸣喘，咽肿短气。蛊毒鬼疟，疝瘕痈肿。杀虫鱼（《本经》）。消胸中痰水，喜唾，水肿，五水在五脏皮肤及腰痛，下寒毒肉毒。根：疗疥疮。可用毒鱼（《别录》）。治心腹胀满，去水气寒痰，涕唾如胶，通利血脉，治恶疮风痹湿，一切毒风，四肢挛急，不能行步（甄权）。疗咳嗽瘴疟（大明）。治水饮痰澼，胁下痛（时珍）。

【发明】时珍曰：张仲景治伤寒太阳症，表不解，心下有水气，干呕发热而咳，或喘或利者，小青龙汤主之。若表已解，有时头痛出汗、不恶寒，心下有水气，干呕，痛引两胁，或喘或咳者，十枣汤主之。盖小青龙治未发散表邪，使水气自毛窍而出，乃《内经》所谓开鬼门法也。十枣汤驱逐里邪，使水气自大小便而泄，乃《内经》所谓洁净府、去陈莝法也。夫饮有五，皆由内啜水浆，外受湿气，郁蓄而为留饮。流于肺则为支饮，令人喘咳寒热，吐沫背寒；流于胁下则为悬饮，令人咳唾，痛引缺盆两胁；流于心下则为伏饮，令人胸满呕吐，寒热眩晕；流于肠胃，则为痰饮，令人腹鸣吐水，胸胁支满，或作泄泻，忽肥忽瘦；流于经络，则为溢饮，令人沉重注痛，或作水气胕肿。芫花、大戟、甘遂之性，逐水泄湿，能直达水饮窠囊隐僻之处。但可徐徐用之，取效甚捷。不可过剂，泄人真元也。陈言《三因方》，以十枣汤药为末，用枣肉和丸，以治水气喘急浮肿之症，盖善变通者也。杨士瀛《直指方》云：破癖须用芫花，行水后便养胃可也。

好古曰：水者，肺、肾、脾三经所主，有五脏、六腑、十二经之部分。上而头，中而四肢，下而腰脚，外而皮毛，中而肌肉，内而筋骨。脉有尺寸之殊，浮沉之别。不可轻泻。当知病在何经何脏，方可用之。若误投之，则害深矣。芫花与甘草相反，而胡洽居士方，治痰癖饮癖，以甘遂、大戟、芫花、大黄、甘草同用。盖欲其大吐以泄湿，因相反而相激也。

南大戟

【正误】慎微曰：《三国志》云：魏初平中，有青牛先生，常服芫花，年百余岁，常如五六十人。

时珍曰：芫花乃下品毒物，岂堪久服？此方外迂怪之言，不足信也。

【附方】旧五，新二十一。卒得咳嗽：芫花一升，水三升，煮汁一升，以枣十四枚，煮汁干。日食五枚，必愈。（《肘后》）卒嗽有痰：芫花一两（炒）。水一升，煮四沸，去滓，白糖入半斤。每服枣许。勿食酸咸物。（张文仲《备急方》）

喘嗽失音，暴伤寒冷，喘嗽失音：取芫花连根一虎口，切曝干。令病人以荐自裹。春令灰飞扬，入其七孔中。当眼泪出，口鼻皆辣，待芫根尽乃止。病即愈。（《古今录验》）干呕胁痛，伤寒有时头痛，心下痞满，痛引两胁，干呕短气，汗出不恶寒者，表解里未和也，十枣汤主之：芫花（熬）、甘遂、大戟各等分，为散。以大枣十枚，水一升半，煮取八合，去滓纳药。强人服一钱，羸人半钱，平旦服之，当下利病除。如不除，明旦更服。（仲景《伤寒论》）水肿支饮，及澼饮：用十枣汤加大黄、甘草，五物各一两，大枣十枚同煮，如法服。一方：加芒硝一两。（胡洽《百病方》）天行烦乱：凝雪汤：治天行毒病七、八日，热积胸中，烦乱欲死。用芫花一斤，水三升。煮取一升半，渍故布薄胸上。不过，再三薄，热则除。当温四肢，护厥逆也。（《千金方》）久疟结癖，在腹胁坚痛者：芫花（炒）二两，朱砂五钱，为末，蜜丸梧子大。每服十丸，枣汤下。（《直指》）水蛊胀满：芫花、枳壳等分，以醋煮芫花至烂，乃下枳壳煮烂，捣丸梧子大。每服三十丸，白汤下。（《普济方》）酒疸尿黄发黄，心懊痛，足胫满：芫花、椒目等分，烧末。水服半钱，日二服。（《肘后》）背腿间痛，一点痛，不可忍者：芫花根末，米醋调敷之。如不住，以帛束之。妇人产后有此，尤宜。（《袖珍》）诸般气痛：芫花（醋煮）半两，玄胡索（炒）一两半，为末。每服一钱。男子元脏痛，葱酒下。疟疾，乌梅汤下。妇人血气痛，当归酒下。诸气痛，香附汤下；小肠气痛，茴香汤下。（《仁存》）鬼胎症瘕，经候不通：芫花根三两（剉）。炒黄为末。每服一钱，桃仁煎汤调下，当利恶物而愈。（《圣惠方》）催生去胎：芫花根剥皮，以绵裹，点麝香，套入阴穴三寸，即下。（《摄生妙用方》）产后恶物不下：芫花、当归等分，炒为末。调一钱服。（《保命集》）心痛有虫：芫花一两（醋炒），雄黄一钱，为末。每服一字，温醋汤下。（《乾坤生意》）牙痛难忍，诸药不效：芫花末擦之，令热痛定，以温水漱之。（《永类方》）白秃头疮：芫花末，猪脂和敷之。（《集效方》）痈肿初起：芫花末，和胶涂之。（《千金》）痈疖已溃：芫花根皮搓作捻，插入，则不生合，令脓易竭也。（《集简方》）痔疮乳核：芫根一握，洗净，入木臼捣烂，入少水绞汁，于石器中慢火煎成膏。将丝线于膏内度过，以线系痔，当微痛。候痔干落，以纸捻蘸膏纳窍内，去根，当永除根也。一方：只捣汁浸线一夜用。不得使水。（《经验》）瘰疬初起气壮人：用芫根擂水一盏服，大吐利，即平。黄州陈大用所传。（《濒湖集简方》）便毒初起：芫根擂水服，以渣敷之，得下即消。黄州熊珍所传。（《濒湖集简方》）赘瘤焦法：甘草煎膏，笔妆瘤之四围，上三次。乃用芫花、大戟、甘遂等分，为末，醋调。别以笔妆其中，勿近甘草。次日缩小，又以甘草膏妆小晕三次如前，仍上此药，自然焦缩。（危氏《得效方》）一切菌毒，因蛇虫毒气，熏蒸所致：用芫花生研，新汲水服一钱，以利为度。（危氏《得效方》）。

荛花（音饶。《本经》下品）

【释名】时珍曰：荛者，饶也。其花繁饶也。

【集解】《别录》曰：荛花生咸阳川谷及河南中牟。六月采花，阴干。

弘景曰：中牟者，时从河上来，形似芫花而极细，白色。

恭曰：苗似胡荽，茎无刺。花细，黄色，四月、五月收，与芫花全不相似也。

保升曰：所在有之，以雍州者为好。生冈原上，苗高二尺许。

宗奭曰：今京洛间甚多。

时珍曰：按苏颂《图经》言：绛州所出芫花黄色，谓之黄芫花。其图小株，花成簇生，恐即此荛花也。生时色黄，干则如白，故陶氏言细白也。或言无荛花，以桃花代之，取其利耳。

荛花

【气味】苦，寒，有毒。

《别录》曰：辛，微寒，有毒。

【主治】伤寒温疟，下十二水，破积聚大坚癥瘕，荡涤肠胃中留癖，饮食、寒热邪气，利水道（《本经》）。疗痰饮咳嗽（《别录》）。治咳逆上气，喉中肿满，疰气蛊毒，痃癖气块（甄权）。

【发明】宗奭曰：张仲景《伤寒论》以荛花治利者，取其行水也。水去则利止，其意如此。今用之当斟酌，不可过使与不及也。须有是证乃用之。

好古曰：仲景小青龙汤云：若微利，去麻黄，加荛花如鸡子大，熬令赤色。用之盖利水也。

时珍曰：荛花，盖亦芫花之类，气味主治大略相近。

醉鱼草（《纲目》）

【释名】闹鱼花（《纲目》）、鱼尾草（《纲目》）、樚木。

醉鱼草

【集解】时珍曰：醉鱼草南方处处有之。多在堑岸边，作小株生，高者三四尺。根状如枸杞。茎似黄荆，有微棱，外有薄黄皮。枝易繁衍。叶似水杨，对节而生，经冬不凋。七、八月开花成穗，红紫色，俨如芫花一样。结细子。渔人采花及叶以毒鱼，尽圉圉而死，呼为醉鱼儿草。池沼边不可种之。此花色状、气味并如芫花，毒鱼亦同。但花开不同时为异尔。按《中山经》云：熊耳山有草焉，其状如苏而赤华，名曰葶苎，可以毒鱼。其此草之类欤？

花、叶

【气味】辛、苦，温，有小毒。

【主治】痰饮成齁，遇寒便发，取花研末，和米粉作果，炙熟食之，即效。又治误食石斑鱼子中毒，吐不止，及诸鱼骨鲠者，捣汁，和冷水少许咽之，吐即止，骨即化也。久疟成癖者，以花填鲫鱼腹中，湿纸裹煨熟，空心食之，仍以花和海粉捣贴，便消(时珍)。

莽草(《本经》下品)

【校正】自木部移入此。

【释名】㓁草(音罔)、芒草(《山海经》)、鼠莽。

弘景曰:莽本作㓁字,俗讹呼尔。

时珍曰:此物有毒,食之令人迷罔,故名。山人以毒鼠,谓之鼠莽。

莽草

【正误】《别录》曰:一名葞,一名春草。

禹锡曰:按《尔雅》云:葞,春草。孙炎注云:药草也,俗呼为㓁草。郭璞注云:一名芒草。所见异也。

时珍曰:葞,音尾,白薇也。薇、葞字音相近尔。《别录》白薇下云:一名春草,而此又以为㓁草,盖因孙炎之误也。今正之。

【集解】《别录》曰:莽草生上谷山谷及冤句。五月采叶,阴干。

弘景曰:今东间处处皆有,叶青辛烈者良。人用捣以和陈粟米粉,纳水中,鱼吞即死浮出,人取食之无妨。

颂曰:今南中州郡及蜀川皆有之。木若石南而叶稀,无花实。五月、七月采叶,阴干。一说:藤生,绕木石间。既谓之草,乃蔓生者是也。

宗奭曰:莽草诸家皆谓之草,而本草居木部。今世所用,皆木叶如石南叶,枝梗干则皱,揉之其臭如椒。

敩曰:凡用叶,勿用尖及挛生者。

时珍曰:范子计然云:莽草出三辅,青色者善。

叶

【修治】敩曰:凡使,取叶细剉,以生甘草、水蓼二味同盛入生稀绢袋中,甑中蒸一日,去二件,晒干用。

【气味】辛,温,有毒。

普曰:神农:辛;雷公、桐君:苦,有毒。

时珍曰:莽草制雌黄、雄黄而有毒,误食害人。惟紫河车磨水服,及黑豆煮汁服,可解。豆汁浇其根即烂,性相制也。

【主治】风头痈肿,乳痈疝瘕,除结气疥瘙。杀虫鱼(《本经》)。疗喉痹不通,乳难。头风痒,可用沐,勿令入眼(《别录》)。治风疽,疝气肿坠凝血,治瘰疬,除湿风,不入汤服。主头疮白秃杀虫。与白蔹、赤小豆为末,鸡子白调如糊,熁毒肿,干更易上(甄权)。治皮肤麻痹,煎浓汤淋。风虫牙痛(大明)。

【发明】颂曰：古方治风毒痹厥诸酒，皆用菵草。今医家取叶煎汤，热含少顷吐之，治牙齿风虫及喉痹甚效。

宗奭曰：浓煎汤，淋渫皮肤麻痹。《周礼》翦氏掌除蠹物，以莽草熏之则死。

时珍曰：古方治小儿伤寒，有莽草汤。又《琐碎录》云：思村王氏之子，生七日而两肾缩入。二医云：此受寒气而然也。以硫黄、茱萸、大蒜研涂其腹，以菵草、蛇床子烧烟，熏其下部而愈也。

【附方】旧四，新十。贼风肿痹，风入五藏恍惚，宜莽草膏主之：莽草一斤，乌头、附子、踯躅各二两，切，以水和醋一升，渍一宿。猪脂一斤，煎三上三下，绞去滓。向火，以手摩病上三百度，应手即瘥。若耳、鼻疾，可以绵裹塞之。疥癣杂疮，并宜摩之。（《肘后》）小儿风痫，掣疭戴眼，极者日数十发，又治大人贼风：莽草、雷丸各一鸡子黄大，化猪脂一斤，煎七沸，去滓，摩痛处，勿近目及阴，日凡三四次。（《外台秘要》）头风久痛：莽草煎汤沐之，勿令入目。（《圣惠方》）风虫牙痛：《肘后方》：用莽草煎汤，热漱冷吐。一加山椒皮；一加独活；一加郁李仁（《梅师方》）；一加芫花；一加川椒、细辛各等分。煎汤热漱冷吐。《圣惠》：用莽草半两，皂角三挺（去皮子），汉椒七粒。为末。枣肉丸芥子大。每以一丸塞孔中，吐涎取效。瘰疬结核：菵草一两，为末，鸡子白调涂帛上，贴之，日二易，取效止。（《圣惠方》）痈疮未溃：方同上，得痛为良。（《肘后方》）乳肿不消：莽草、小豆等分。为末。苦酒和，敷之。（《卫生易简》）狗咬昏闷：浸椒水，调莽草末敷之。（《便民图纂》）

茵芋（《本经》下品）

【释名】莞草（《别录》）、卑共（《别录》）。

时珍曰：茵芋本作因预，未详其义。莞草与蔺莞名同。

【集解】《别录》曰：茵芋生太山川谷。三月三日采叶，阴干。

弘景曰：好者出彭城，今近道亦有。茎叶状似莽草而细软，连细茎采之。方用甚稀，惟合疗风酒。

大明曰：出自海盐。形似石南，树生，叶厚，五、六、七月采。

颂曰：今雍州、绛州、华州、杭州亦有之。春生苗，高三四尺，茎赤。叶似石榴而短厚，又似石南叶。四月开细白花，五月结实。三月、四月、七月采茎叶，日干。

茵芋

茎、叶

【气味】苦，温，有毒。

《别录》曰：微温，有毒。

权曰：苦、辛，有小毒。

【主治】五脏邪气，心腹寒热，羸瘦，如疟状，发作有时，诸关节风湿痹痛（《本经》）。疗久风湿，走四肢，脚弱（《别录》）。治男子女人软脚毒风，拘急挛痛（甄权）。一切冷风，筋骨怯弱羸颤。入药炙用（大明）。

【发明】时珍曰：《千金》《外台》诸古方，治风痫有茵芋丸；治风痹有茵芋酒；治妇人产后中风有茵芋膏，风湿诸方多用之。茵芋、石南、莽草皆古人治风妙品，而近世罕知，亦医家疏缺也。

【附方】旧一，新二。茵芋酒，治贼风。手足枯痹拘挛：用茵芋、附子、天雄、乌头、秦艽、女萎、防风、防己、石南叶、踯躅花、细辛、桂心各一两，十二味切，以绢袋盛，清酒一斗渍之。冬七、夏三、春、秋五日，药成。每服一合，日二服，以微痹为度。（方出胡洽居士《百病方》《图经本草》）茵芋丸，治风气积滞成脚气，发则痛者：茵芋叶、炒薏苡仁各半两，郁李仁一两，牵牛子三两，朱砂末半两，上为末，炼蜜丸如梧子大。每服二十丸，五更，姜枣汤下，取利。未利再服，取快。（《本事方》）产后中风：茵芋五两，木防己半斤，苦酒九升，渍一宿。猪脂四斤，煎三上三下，膏成。炙手热摩千遍。（《千金方》）

石龙芮（《本经》中品）

【校正】并入菜部水堇。

【释名】地椹（《本经》）、天豆（《别录》）、石能（《别录》）、鲁果能（《本经》）、水堇（《吴普》。音谨，又音芹）、苦堇（《尔雅》）、堇葵（郭璞）、胡椒菜（《救荒》）、彭根（《别录》）。

石龙芮

弘景曰：生于石上，其叶芮芮短小，故名。

恭曰：实如桑椹，故名地椹。

禹锡曰：《尔雅》云：啮，苦堇也。郭璞云：即堇葵也。本草言味甘，而此云苦者，古人语倒，犹甘草谓之大苦也。

时珍曰：芮芮，细貌。其椹之子细芮，故名。地椹以下，皆子名也。水堇以下，皆苗名也。苗作蔬食，味辛而滑，故有椒、葵之名。《唐本草》菜部堇系重出，今依《吴普本草》合并为一。

【集解】《别录》曰：石龙芮，生太山川泽石边。五月五日采子，二月、八月采皮，阴干。

弘景曰：今出近道。子形粗，似蛇床子而扁，非真好者，人言是蓄菜子也。东山石上所生者，其叶芮芮短小，其子状如葶苈，黄色而味小辛，此乃是真也。恭曰：今用者，俗名水堇。苗似附子，实如桑椹，生下湿地，五月熟，叶、子皆味辛。山南者粒大如葵子。关中、河北者细如葶苈，气力劣于山南者。陶以细者为真，未为通论。又曰：堇菜野生，非人所种。叶似蕺，花紫色。

藏器曰:《尔雅》云:芨,堇草。注云:乌头苗也。苏恭注天雄亦云:石龙芮叶似堇草,故名水堇。据此,则堇草是乌头苗,水堇定是石龙芮,更非别草也。

颂曰:今惟出兖州。一丛数茎,茎青紫色,每茎三叶,其叶短小多刻缺,子如葶苈而色黄。苏恭所说乃水堇,非石龙芮也。兖州所生者,正与《本经》及陶氏说合,为得其真。

宗奭曰:石龙芮有两种:水中生者叶光而末圆,陆地生者叶毛而末锐。入药须水生者。陆生者,又谓之天灸,而补阴不足,茎冷失精。

时珍曰:苏恭言水堇即石龙芮,苏颂非之,非矣。按魏《吴普本草》石龙芮一名水堇,其说甚明。《唐本草》菜部所出水堇,言其苗也。《本经》石龙芮,言其子也。寇宗奭所言陆生者,乃是毛堇,有大毒,不可食。水堇,即俗称胡椒菜者,处处有之,多生近水下湿地。高者尺许,其根如荠。二月生苗,丛生。圆茎分枝,一枝三叶。叶青而光滑,有三尖,多细缺。江淮人三、四月采苗,瀹过,晒蒸黑色为蔬。四、五月开细黄花,结小实,大如豆,状如初生桑椹,青绿色。搓散则子甚细,如葶苈子,即石龙芮也。宜半老时采之。《范子计然》云:石龙芮出三辅,色黄者善。

子(根皮同)

【气味】苦,平,无毒

普曰:神农:苦,平;岐伯:酸;扁鹊:大寒;雷公:咸,无毒。

之才曰:大戟为之使,畏吴茱萸、蛇蜕皮。

【主治】风寒湿痹,心腹邪气,利关节,止烦满。久服轻身明目不老(《本经》)。平肾胃气,补阴气不足,失精茎冷。令人皮肤光泽有子(《别录》)。逐诸风。除心热躁(大明)。

【发明】时珍曰:石龙芮,乃平补之药,古方多用之。其功与枸杞、覆盆子相埒,而世人不知用,何哉?

水堇

【气味】甘,寒,无毒。

时珍曰:微辛、苦、涩。

【主治】捣汁,洗马毒疮,并服之。又涂蛇蝎毒及痈肿(《唐本》)。久食除心下烦热。主寒热鼠瘘,瘰疬生疮,结核聚气,下瘀血,止霍乱。又生捣汁半升服,能杀鬼毒,即吐出(孟诜)。

【发明】诜曰:堇叶止霍乱,与香茙同功。香茙即香薷也。

【附方】旧二,新一。结核气:堇菜日干为末,油煎成膏。摩之,日三五度,便瘥。(孟诜《食疗》)蛇咬伤疮:生堇杵汁涂之。(《万毕术》)血疝初起:胡椒菜叶,挼,按揉之。(《集简方》)

毛茛(音艮,《拾遗》)

毛茛

【校正】并入毛建草。

【释名】毛建草(《拾遗》)、水茛(《纲目》)、毛堇(音芹)、天灸(《衍义》)、自灸(《纲目》)、猴蒜。

时珍曰:茛,乃草乌头之苗,此草形状及毒皆似之,故名。《肘后方》谓之水茛。又名毛建,亦茛字音讹也。俗名毛堇,似水堇而有毛也。山人截疟,采叶挼贴寸口,一夜作泡如火燎,故呼为天灸、自灸。

【集解】藏器曰:陶注钩吻云:或是毛茛。苏恭云:毛茛,是有毛石龙芮也。有毒,与钩吻无干。葛洪《百一方》云:菜中有水茛,叶圆而光,生水旁,有毒,蟹多食之。人误食之,狂乱如中风状,或吐血,以甘草汁解之。又曰:毛建草,生江东地,田野泽畔。叶如芥而大,上有毛。花黄色。子如蒺藜。

时珍曰:毛建、毛茛即今毛堇也,下湿处即多。春生苗,高者尺余,一枝三叶,叶有三尖及细缺。与石龙芮茎叶一样,但有细毛为别。四、五月开小黄花,五出,甚光艳。结实状如欲绽青桑椹,如有尖峭,与石龙芮子不同。人以为鹅不食草者,大误也。方士取汁煮砂伏硫。沈存中《笔谈》所谓石龙芮有两种:水生者叶光而末圆;陆生者叶毛而末锐。此即叶毛者,宜辨之。

叶及子

【气味】辛,温,有毒。

【主治】恶疮痈肿,疼痛未溃,捣叶敷之,不得入疮令肉烂。又患疟人,以一握微碎,缚于臂上,男左女右,勿令近肉,即便成疮。和姜捣涂腹,破冷气(藏器)。

【附录】海姜、阴命

藏器曰:陶注钩吻云:海姜生海中,赤色,状如石龙芮,有大毒。又曰:阴命生海中,赤色,着木悬其子,有大毒。今无的识者。

牛扁

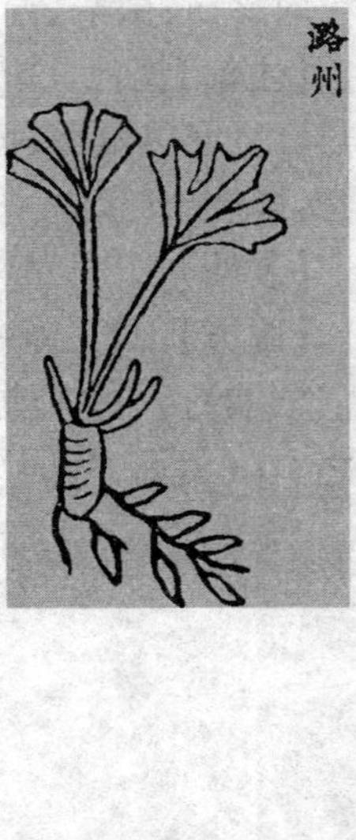

牛扁(《本经》下品)

【释名】扁特(《唐本》)、扁毒(《唐本》)。

【集解】《别录》曰:牛扁生桂阳川谷。

弘景曰:今人不复识此。

恭曰:此药似堇草、石龙芮辈,根如秦艽而细,生平泽下湿地。田野人名为牛扁，疗牛虱甚效。太常名扁特，或名扁毒。

保升曰：今出宁州。叶似石龙芮、附子等。二月、八月采根，日干。

颂曰：今潞州一种名便特。六月有花，八月结实。采其根苗，捣末油调，杀虮虱。主疗大都相似，疑即扁特也，但声近而字讹耳。

【气味】苦，微寒，无毒。

【主治】身皮疮热气，可作浴汤。杀牛虱小虫，又疗牛病（《本经》）。

【附录】虱建草（《拾遗》）

藏器曰：苦，无毒。主虮虱，挼汁沐头，虱尽死。人有误吞虱成病者，捣汁服一小合。亦主诸虫疮。生山足湿地。发叶似山丹，微赤，高一二尺。又有水竹叶，生水中。叶如竹叶而短小，可生食，亦去虮虱。

荨麻（荨，音寻。宋《图经》）

【释名】毛藜。

时珍曰：荨字，本作藜。杜子美有除藜草诗，是也。

【集解】颂曰：荨麻生江宁府山野中。

时珍曰：川黔诸处甚多。其茎有刺，高二三尺。叶似花桑，或青或紫。背紫者入药。上有毛芒可畏，触人如蜂虿螫蠚，以人溺濯之即解。有花无实，冒冬不凋。挼投水中，能毒鱼。

【气味】辛、苦，寒，有大毒。吐利人不止。

【主治】蛇毒，捣涂之（苏颂）。风疹初起，以此点之，一夜皆失（时珍）。

荨麻

格注草

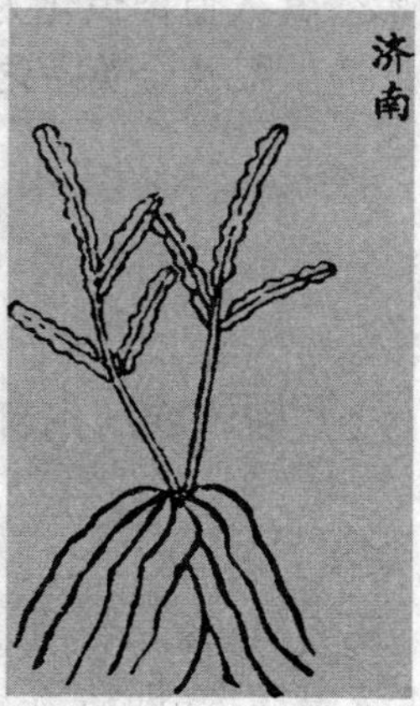

格注草（《唐本草》）

【集解】恭曰：出齐鲁山泽间。叶似蕨。根紫色，若紫草根，一株有二寸许。二月、八月采根，五月、六月采苗，日干用。

【气味】辛、苦，温，有大毒。

【主治】蛊疰诸毒疼痛等（《唐本》）。

海芋(《纲目》)

【释名】观音莲(《纲目》)、羞天草(《玉册》)、天荷(《纲目》)、隔河仙(见下)。

【集解】时珍曰:海芋生蜀中,今亦处处有之。春生苗,高四五尺。大叶如芋叶而有干。夏秋间,抽茎开花,如一瓣莲花,碧色。花中有蕊,长作穗,如观音像在圆光之状,故俗呼为观音莲。方士号为隔河仙,云可变金。其根似芋魁,大者如升碗,长六七寸,盖野芋之类也。《庚辛玉册》云:羞天草,阴草也。生江广深谷涧边。其叶极大,可以御雨,叶背紫色。花如莲花。根叶皆有大毒,可煅粉霜、朱砂。小者名野芋。宋祁《海芋赞》云:木干芋叶,拥肿盘戾。《农经》弗载,可以治疠。

海芋

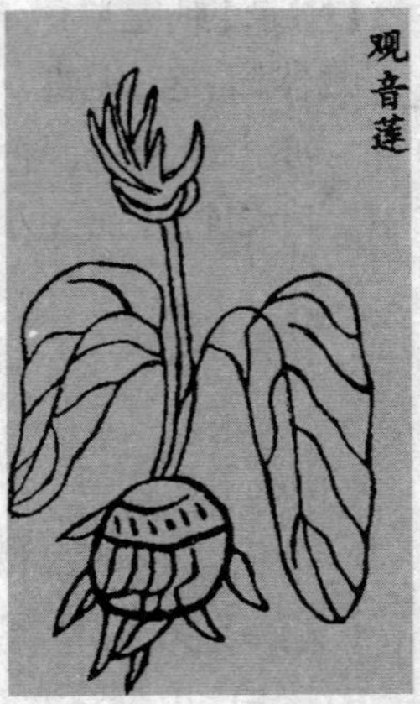

【气味】辛,有大毒。

【主治】疟瘴毒肿风癞。伏硇砂(时珍)。

【附录】透山根

时珍曰:按《岣嵝神书》云:透山根,生蜀中山谷。草类蘼芜,可以点铁成金。昔有人采药,误斫此草,刀忽黄软成金也。又《庚辛玉册》云:透山根出武都。取汁点铁,立成黄金。有大毒,人误食之,化为紫水。又有金英草,亦生蜀中。状如马齿苋而色红,模铁成金。亦有大毒,入口杀人,须臾为紫水也。又何远《春渚纪闻》云:刘均父吏部罢官归成都。有水银一篋,过峡篋漏,急取渡旁丛草塞之,久而开视,尽成黄金矣。宋初有军士在泽州泽中割马草归,镰皆成金。以草燃釜,亦成黄金。又临安僧法坚言:有客过于潜山中,见一蛇腹胀,啮一草以腹磨之而消。念此草必能消胀,取置篋中。夜宿旅馆,闻邻房有人病腹胀呻吟,以釜煎药一杯与服。顷之不复闻声,念已安矣。至旦视之,其人血肉俱化为水,独骸骨在床尔。视其釜,则通体成金矣。观何氏所载,即是透山根及金英草之类。如此毒草,不可不知,故备载之耳。

钩吻(《本经》下品)

【释名】野葛(《本经》)、毒根(《吴普》)、胡蔓草(《图经》)、断肠草(《纲目》)、黄藤(《纲目》)、火把花。

弘景曰:言其入口则钩人喉吻也。或言:吻当作挽字,牵挽人肠而绝之也。

时珍曰:此草虽名野葛,非葛根之野者也。或作冶葛。王充《论衡》云:冶,地名也,在东南。其说甚通。广人谓之胡蔓草,亦日断肠草。人人畜腹内,即粘肠上,半日则黑烂,又名烂肠草。滇人谓之火把花,因其花红而性热如火也。岳州谓之黄藤。

钩吻

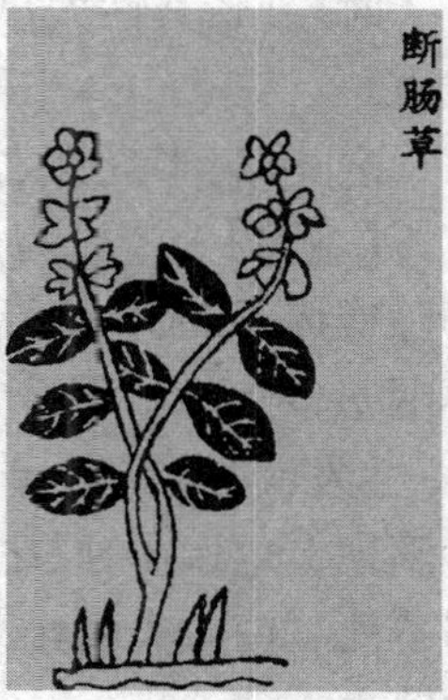

【集解】《别录》曰：钩吻生傅高山谷及会稽东野。折之青烟出者，名固活。二月、八月采。

普曰：秦钩吻一名除辛，生南越山及寒石山，或益州。叶如葛，赤茎大如箭而方，根黄色，正月采之。

恭曰：野葛，生桂州以南，村墟闾巷间皆有。彼人通名钩吻，亦谓苗为钩吻，根名野葛。蔓生。其叶如柿。其根新采者，皮白骨黄。宿根似地骨，嫩根如汉防己，皮节断者良。正与白花藤相类。不深别者，颇亦惑之。新者折之无尘气。经年以后则有尘起，从骨之细孔中出。今折枸杞根亦然。《本草》言折之青烟起者名固活为良，亦不达之言也。人误食其叶者致死，而羊食其苗大肥，物有相伏如此。《博物志》云：钩吻蔓生，叶似凫葵，是也。

时珍曰：嵇含《南方草木状》云：野葛蔓生，叶如罗勒，光而厚，一名胡蔓草。人以杂生蔬中毒人，半日辄死。段成式《酉阳杂俎》云：胡蔓草生邕州、容州之间，丛生。花扁如栀子而稍大，不成朵，色黄白，其叶稍黑。又按《岭南卫生方》云：胡蔓草叶如茶，其花黄而小。一叶入口，百窍溃血，人无复生也。时珍又访之南人云：钩吻即胡蔓草，今人谓之断肠草是也。蔓生，叶圆而光。春夏嫩苗毒甚，秋冬枯老稍缓。五、六月开花似榉柳花，数十朵作穗。生岭南者花黄；生滇南者花红，呼为火把花。此数说皆与吴普、苏恭说相合。陶弘景等别生分辨，并正于下。

【正误】弘景曰：《五符经》亦言钩吻是野葛。核事而言，似是两物。野葛是根，状如牡丹，所生处亦有毒，飞鸟不得集，今人用合膏服之无嫌。钩吻别是一物，叶似黄精而茎紫，当心抽花，黄色，初生极类黄精，故人采多惑之，遂致死生之反。或云钩吻是毛茛，参错不同，未详云何？

敩曰：凡使黄精勿用钩吻，真似黄精，只是叶有毛钩子二个。黄精，叶似竹叶。又曰：凡使钩吻，勿用地精，茎苗相同。钩吻治人身上恶毒疮，其地精杀人也。

恭曰：钩吻蔓生，叶如柿。陶言飞鸟不集者，妄也。黄精直生，叶似柳及龙胆草，殊非比类。毛茛，乃有毛石龙芮，与钩吻何干？

颂曰：江南人说黄精茎苗稍类钩吻。但钩吻叶头极尖而根细，与苏恭所说不同，恐南北之产异也。

禹锡曰：陶说钩吻似黄精者，当是。苏说似柿叶者，别是一物也。又言苗名钩吻，根名野葛者，亦非通论。

时珍曰：《神农本草》钩吻，一名野葛，一句已明。《草木状》又名胡蔓草，显是藤生。吴普、苏恭所说正合本文。陶氏以藤生为野葛，又指小草为钩吻，复疑是毛茛，乃祖雷敩之说。诸家遂无定见，不辨其蔓生、小草，相去远也。然陶、雷所说亦是一种有毒小草，但不得指为钩吻尔。昔天姥对黄帝言：黄精益寿，钩吻杀人。乃是以二草善恶比对而言。陶氏不审，疑是相似，遂有此说也。（余见黄精下。）

【气味】辛，温，大有毒。

普曰：神农：辛；雷公：有毒杀人。

时珍曰：其性大热。本草毒药止云有大毒，此独变文曰大有毒，可见其毒之异常也。

之才曰：半夏为之使，恶黄芩。

【主治】金疮乳痓，中恶风，咳逆上气，水肿，杀鬼疰蛊毒（《本经》）。破癥积，除脚膝痹痛，四肢拘挛，恶疮疥虫，杀鸟兽。捣汁入膏中，不入汤饮（《别录》）。主喉痹咽塞，声音变（保升）。

【发明】藏器曰：钩吻食叶，饮冷水即死，冷水发其毒也。彼土毒死人悬尸树上，汁滴地上生菌子，收之名菌药，烈于野葛也。蕹菜捣汁，解野葛毒。取汁滴野葛苗即萎死。南人先食蕹菜，后食野葛，二物相伏，自然无苦。魏武帝啖野葛至尺，先食此菜也。

时珍曰：按李石《续博物志》云：胡蔓草出二广。广人负债急，每食此草而死，以诬人。以急水吞即死急，慢水吞死稍缓。或取毒蛇杀之，覆以此草，浇水生菌，为毒药害人。葛洪《肘后方》云：凡中野葛毒口不可开者。取大竹筒洞节，以头拄其两胁及脐中。灌冷水入筒中，数易水。须臾口开，乃可下药解之。惟多饮甘草汁、人屎汁；白鸭或白鹅断头沥血，入口中，或羊血灌之。《岭南卫生方》云：即时取鸡卵抱未成雏者，研烂和麻油灌之。吐出毒物乃生，稍迟即死也。

本草纲目草部第十八卷

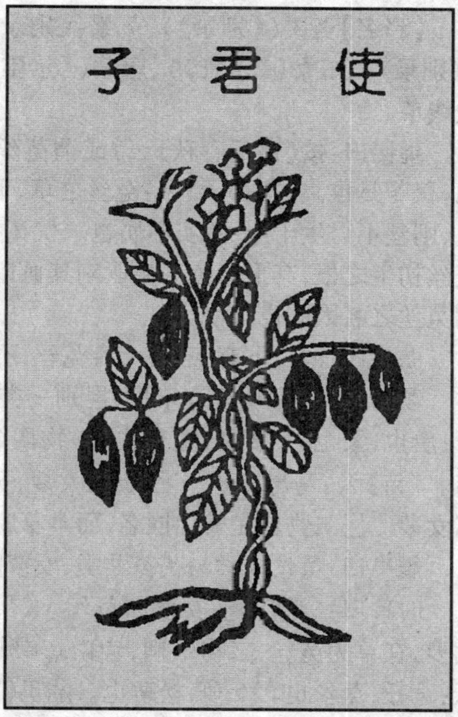

本草纲目草部第十八卷

菟丝子(《本经》上品)

【释名】菟缕(《别录》)、菟累(《别录》)、菟芦(《本经》)、菟丘(《广雅》)、赤网(《别录》)、玉女(《尔雅》)、唐蒙(《尔雅》)、火焰草(《纲目》)、野狐丝(《纲目》)、金线草。

菟丝子

禹锡曰:按《吕氏春秋》云:或谓菟丝无根也。其根不属地,茯苓是也。《抱朴子》云:菟丝之草,下有伏菟之根。无此菟,则丝不得生于上,然实不属也。伏菟抽则菟丝死。又云:菟丝初生之根,其形似兔。掘取割其血以和丹服,立能变化。则菟丝之名因此也。

弘景曰:旧言下有茯苓,上有菟丝,不必尔也。

颂曰:《抱朴》所说今未见,岂别一类乎?孙炎释《尔雅》云:唐也,蒙也,女萝也,菟丝也,一物四名,而本草唐蒙为一名。《诗》云:茑与女萝。毛苌云:女萝,菟丝也。而本草菟丝无女萝之名,惟松萝一名女萝。岂二物皆是寄生同名,而本草脱漏乎?

震亨曰:菟丝未尝与茯苓共类,女萝附松而生,不相关涉,皆承讹而言也。

时珍曰:《毛诗》注女萝即菟丝。《吴普本草》菟丝一名松萝。陆佃言:在木为女萝,在草为菟丝,二物殊别,皆由《尔雅》释《诗》误以为一物故也。张揖《广雅》云:菟丘,菟丝也。女萝,松萝也。陆玑《诗疏》言:菟丝蔓草上,黄赤如金;松萝蔓松上,生枝正青,无杂蔓者,皆得之。详见木部松萝下。又菟丝茯苓说,见茯苓下。

【集解】《别录》曰:菟丝子生朝鲜川泽田野,蔓延草木之上。九月采实,曝干。色黄而细者为赤网,色浅而大者为菟累。功用并同。

弘景曰:田野墟落中甚多,皆浮生蓝、纻、麻、蒿上。其实,仙经俗方并以为补药,须酒浸一宿用,宜丸不宜煮。

大明曰:苗茎似黄丝,无根株,多附田中,草被缠死,或生一丛如席阔。开花结子不分明,子如碎黍米粒,八月、九月以前采之。

颂曰:今近道亦有之,以冤句者为胜。夏生苗,初如细丝,遍地不能自起。得他草梗则缠绕而生,其根渐绝于地而寄空中。或云无根,假气而生,信然。

时珍曰:按宁献王《庚辛玉册》云:火焰草即菟丝子,阳草也,多生荒园古道。其子入地，初生有根，及长延草物，其根自断。无叶有花，白色微红，香亦袭人。结实如秕豆而细，色黄，生于梗上尤佳，惟怀孟林中多有之，入药更良。

子

【修治】敩曰：凡使，勿用天碧草子，真相似，只是味酸涩并粘也。菟丝采得，去壳了，用苦酒浸二日。漉出，以黄精自然汁相对，浸一宿。至明，用微火煎至干。入臼中，烧热铁杵，一去三千余杵，成粉用之。

时珍曰：凡用，以温水淘去沙泥，酒浸一宿，曝干捣之。不尽者，再浸曝捣，须臾悉细。又法：酒浸四五日，蒸曝四、五次，研作饼，焙干再研末。或云：曝干时，入纸条数枚同捣，即刻成粉，且省力也。

【气味】辛、甘，平，无毒。

之才曰：得酒良。薯蓣、松脂为之使。恶雚菌。

【主治】续绝伤，补不足，益气力，肥健人（《本经》）。养肌强阴，坚筋骨，主茎中寒，精自出，溺有余沥，口苦燥渴，寒血为积。久服明目轻身延年（《别录》）。治男女虚冷，添精益髓，去腰疼膝冷，消渴热中。久服去面䵟，悦颜色（甄权）。补五劳七伤，治鬼交泄精，尿血，润心肺（大明）。补肝脏风虚（好古）。

【发明】敩曰：菟丝子禀中和凝正阳气，一茎从树感枝而成，从中春上阳结实，故偏补人卫气，助人筋脉。

颂曰：《抱朴子》仙方单服法：取实一斗，酒一斗浸，曝干再浸又曝，令酒尽乃止，捣筛。每酒服二钱，日二服。此药治腰膝去风，兼能明目。久服令人光泽，老变为少。十日外，饮啖如汤沃雪也。

【附方】旧六，新七。消渴不止：菟丝子煎汁，任意饮之，以止为度。（《事林广记》）阳气虚损：《简便方》：用菟丝子、熟地黄等分，为末，酒糊丸梧子大。每服五十丸。气虚，人参汤下；气逆沉香汤下。《经验后方》：用菟丝子二两（酒浸十日，水淘）、杜仲（焙研蜜炙）一两。以薯蓣末酒煮糊丸梧子大。每空心酒下五十丸。白浊遗精：茯菟丸：治思虑太过，心肾虚损，真阳不固，渐有遗沥，小便白浊，梦寐频泄：菟丝子五两，白茯苓三两，石莲肉二两，为末，酒糊丸梧子大。每服三五十丸，空心盐汤下。（《和剂局方》）小便淋沥：菟丝子，煮汁饮。（《范汪方》）小便赤浊，心肾不足，精少血燥，口干烦热，头晕怔忡：菟丝子、麦门冬等分，为末，蜜丸梧子大。盐汤每下七十丸。腰膝疼痛，或顽麻无力：菟丝子（洗）一两，牛膝一两，同入银器内，酒浸过一寸，五日，曝干为末，将原酒煮糊丸梧子大。每空心酒服三、二十丸。（《经验后方》）肝伤目暗：菟丝子三两。酒浸三日，曝干为末，鸡子白和丸梧子大。空心温酒下二十丸。（《圣惠方》）身面卒肿洪大：用菟丝子一升。酒五升，渍二、三宿。每饮一升，日三服。不消再造。（《肘后方》）妇人横生：菟丝子末，酒服二钱。一加车前子等分。（《圣惠方》）眉炼癣疮：菟丝子炒研，油调敷之。（《山居四要》）谷道赤痛：菟丝子熬黄黑，为末，鸡子白和涂之。（《肘后方》）痔如虫咬：方同上。

苗

【气味】甘，平，无毒。

《玉册》云：汁伏三黄、硫、汞，结草砂。

【主治】研汁涂面，去面皯（《本经》）。挼碎煎汤，浴小儿，疗热痱（弘景）。

【附方】旧二，新一。面疮粉刺：菟丝子苗，绞汁涂之，不过三上。（《肘后方》）小儿头疮：菟丝苗，煮汤频洗之。（《子母秘录》）目中赤痛：野狐浆草，捣汁点之。（《圣惠方》）

【附录】难火兰（《拾遗》）

藏器曰：味酸，温，无毒。主冷气风痹，开胃下食，去腹胀。久服明目。生巴西胡国。状似菟丝子而微长。

五味子（《本经》上品）

【释名】荎藸（《尔雅》，音知除）、玄及（《别录》）、会及。

恭曰：五味，皮、肉甘、酸，核中辛、苦，都有咸味，此则五味具也。《本经》但云味酸，当以木为五行之先也。

五味子

【集解】《别录》曰：五味子，生齐山山谷及代郡。八月采实，阴干。

弘景曰：今第一出高丽，多肉而酸甜；次出青州、冀州，味过酸，其核并似猪肾。又有建平者，少肉，核形不相似，味苦，亦良。此药多膏润。烈日曝之，乃可捣筛。

恭曰：蔓生木上。其叶似杏而大。子作房如落葵，大如蘡子。出蒲州及蓝田山中，今河中府岁贡之。

保升曰：蔓生。茎赤色，花黄、白，子生青熟紫，亦具五色。味甘者佳。

颂曰：今河东、陕西州郡尤多，杭越间亦有之。春初生苗，引赤蔓于高木，其长六七尺。叶尖圆似杏叶。三、四月开黄白花，类莲花状。七月成实，丛生茎端，如豌豆许大，生青熟红紫，入药生曝不去子。今有数种，大抵相近。雷敩言：小颗皮皱泡者，有白扑盐霜一重，其味酸咸苦辛甘皆全者，为真也。

时珍曰：五味，今有南北之分，南产者，色红；北产者，色黑，入滋补药必用北产者乃良。亦可取根种之，当年就旺；若二月种子，次年乃旺，须以架引之。

【修治】敩曰：凡用以铜刀劈作两片，用蜜浸蒸，从巳至申，却以浆浸一宿，焙干用。

时珍曰：入补药熟用，入嗽药生用。

【气味】酸，温，无毒。

好古曰：味酸、微苦、咸。味厚气轻，阴中微阳，入手太阴血分、足少阴气分。

时珍曰：酸成入肝而补肾，辛苦入心而补肺，甘入中宫益脾胃。

之才曰：苁蓉为之使。恶葳蕤，胜乌头。

【主治】益气，咳逆上气，劳伤羸瘦，补不足，强阴，益男子精（《本经》）。养五脏，除热，生阴中肌（《别录》）。治中下气，止呕逆，补虚劳，令人体悦泽（甄权）。明目，暖水脏，壮筋骨，治风消食，反胃霍乱转筋，痃癖奔豚冷气，消水肿心腹气胀，止渴，除烦热。解酒毒（大明）。生津止渴，治泻痢，补元气不足，收耗散之气，瞳子散大（李杲）。治喘咳燥嗽，壮水镇阳（好古）。

【发明】成无己曰：肺欲收，急食酸以收之，以酸补之。芍药、五味之酸，以收逆气而安肺。

杲曰：收肺气，补气不足，升也。酸以收逆气，肺寒气逆，则宜此与干姜同治之。又五味子收肺气，乃火热必用之药，故治嗽以之为君。但有外邪者不可骤用，恐闭其邪气，必先发散而后用之乃良。有痰者，以半夏为佐；喘者，阿胶为佐，但分两少不同耳。

宗奭曰：今华州以西至秦州多产之。方红熟时，彼人采得，蒸烂，研滤汁，熬成稀膏，量酸甘入蜜炼匀，待冷收器中。肺虚寒人，作汤时时饮之。作果可以寄远。《本经》言其性温，今食之多致虚热，小儿益甚。《药性论》谓其除热气，《日华子》谓其暖水脏、除烦热，后学至此多惑。今既用治肺虚寒，则更不取其除热之说。

震亨曰：五味大能收肺气，宜其有补肾之功。收肺气，非除热乎？补肾，非暖水脏乎？乃火热嗽必用之药。寇氏所谓食之多致虚热者，盖收补之骤也，何惑之有？又黄昏嗽乃火气浮入肺中，不宜用凉药，宜五味子、五倍子敛而降之。

思邈曰：五、六月宜常服五味子汤，以益肺金之气，在上则滋源，在下则补肾。其法：以五味子一大合，木臼捣细，瓷瓶中，以百沸汤投之，入少蜜，封置火边良久，汤成任饮。

元素曰：孙真人《千金月令》言：五月常服五味，以补五脏之气。遇夏月季夏之间，困乏无力，无气以动。与黄芪、人参、麦门冬，少加黄柏，煎汤服之。使人精神顿加，两足筋力涌出也。盖五味子之酸，辅人参，能泻丙火而补庚金，收敛耗散之气。

好古曰：张仲景八味丸，用此补肾，亦兼述类象形也。

机曰：五味治喘嗽，须分南北。生津止渴，润肺补肾，劳嗽，宜用北者；风寒在肺，宜用南者。

慎微曰：《抱朴子》云：五味者，五行之精，其子有五味。淮南公羡门子服之十六年，面色如玉女，入水不沾，入火不灼。

【附方】新一十一。久咳肺胀：五味二两，粟壳（白饧炒过）半两，为末，白饧丸弹子大。每服一丸，水煎服。（《卫生家宝方》）久咳不止：丹溪方：用五味子五钱，甘草一钱半，五倍子、风化硝各二钱，为末，干噙。《摄生方》：用五味子一两，真茶四钱。晒研为末。以甘草五钱煎膏，丸绿豆大。每服三十丸，沸汤下，数日即愈也。痰嗽并喘：五味子、白矾等分，为末。每服三钱，以生猪肺炙熟，蘸末细嚼，白汤下。

汉阳库兵黄六病此，百药不效。于岳阳遇一道人传此，两服，病遂不发。（《普济方》）阳事不起：新五味子一斤，为末。酒服方寸匕，日三服。忌猪、鱼、蒜、醋。尽一剂，即得力。百日以上，可御十女。四时勿绝，药功能知。（《千金方》）肾虚遗精：北五味子一斤洗净，水浸，挼去核。再以水洗核，取尽余味。通置砂锅中，布滤过，入好冬蜜二斤，炭火慢熬成膏，瓶收五日，出火性。每空心服一、二茶匙，百滚汤下。（刘松石《保寿堂方》）肾虚白浊，及两胁并背脊穿痛：五味子一两，炒赤为末，醋糊丸梧子大。每醋汤下三十丸。（《经验良方》）五更肾泄：凡人每至五更即溏泄一二次，经年不止者，名曰肾泄，盖阴盛而然。脾恶湿，湿则濡而困，困则不能治水。水性下流，则肾水不足。用五味子以强肾水，养五脏；吴茱萸以除脾湿，则泄自止矣：五味（去梗）二两，茱萸（汤泡七次）五钱。同炒香，为末。每日陈米饮服二钱。（许叔微《本事方》）女人阴冷：五味子四两为末，以口中玉泉和丸兔矢大。频纳阴中，取效。（《近效方》）烂弦风眼：五味子、蔓荆子煎汤，频洗之。（《谈野翁种子方》）赤游风丹，渐渐肿大：五味子焙研，热酒顿服一钱，自消，神效。（《保幼大全》）

蓬蘽（音累，《本经》上品）

【校正】自果部移入此。

【释名】覆盆（《本经》）、陵蘽（《别录》）、阴蘽（《别录》）、寒莓（《会编》）、割田藨（音苞）。

时珍曰：蓬蘽与覆盆同类，故《本经》谓一名覆盆。此种生于丘陵之间，藤叶繁衍，蓬蓬累累，异于覆盆，故曰蓬蘽、陵蘽，即藤也。其实八月始熟，俚人名割田藨。

蓬蘽

【集解】《别录》曰：蓬蘽，生荆山平泽及冤句。

弘景曰：蓬蘽是根名，方家不用，乃昌容所服，以易颜者也。覆盆是实名。李当之云：是人所食莓子。以津汁为味，其核微细。今药中用覆盆小异。未详孰是？

恭曰：覆盆、蓬蘽，乃一物异名，本谓实，非根也。李云莓子者，近之矣。然生处不同，沃地则子大而甘，瘠地则子细而酸。此乃子有酸味，根无酸味。陶以根酸子甘，列入果部，重出二条，殊为孟浪。

志曰：蓬蘽乃覆盆之苗茎，覆盆乃蓬蘽之子也。按《切韵》：莓音茂，其子覆盆也。蘽者，藤也，则蓬蘽明是藤蔓矣。陶言蓬蘽是根，苏言是子，一物异名，皆非矣。

颂曰：蓬蘽是覆盆苗，处处有之，秦吴尤多。苗短不过尺，茎叶皆有刺，花白，子赤黄，如半弹丸大，而下有蒂承之，如柿蒂，小儿多食之。五月采实，其苗叶采无时。江南谓之莓，然其地所生差晚，三月始有苗，八、九月花开，十月实，用则同。

士良曰：今观采取之家说，蓬蘽似蚕莓子，红色而大，其味酸甘，叶似野蔷薇，有刺。覆盆子小，其苗各别。诸家本草不识，故皆说蓬藟是覆盆子之根。

大明曰：莓子是蓬藟子也。树莓是覆盆子也。

宗奭曰：蓬藟非覆盆也，别是一种，虽枯败而枝梗不散，今人不见用此。

藏器曰：其类有三种，惟四月熟，状如覆盆子，而味甘美者，为是。余不堪入药。

机曰：蓬藟，徽人谓之寒莓。沿堑作丛蔓生，茎小叶密多刺。其实四五十颗作一朵，一朵大如盏面，霜后始红。苏颂《图经》以此注覆盆，误矣。江南覆盆，亦四五月熟，何尝差晚耶？覆盆茎粗叶疏，结实大而疏散，不似寒莓，茎细叶密，结实小而成朵。一则夏熟，一则秋熟，岂得同哉？

时珍曰：此类凡五种。予尝亲采，以《尔雅》所列者校之，始得其的。诸家所说，皆未可信也。一种藤蔓繁衍，茎有倒刺，逐节生叶，叶大如掌，状类小葵叶，面青背白，厚而有毛，六、七月开小白花，就蒂结实，三四十颗成簇，生则青黄，熟则紫黯，微有黑毛，状如熟椹而扁，冬月苗叶不凋者，俗名割田藨，即本草所谓蓬藟也。一种蔓小于蓬藟，亦有钩刺，一枝五叶，叶小而面背皆青，光薄而无毛，开白花，四、五月实成，子亦小于蓬藟而稀疏，生则青黄，熟则乌赤，冬月苗凋者，俗名插田藨，即本草所谓覆盆子，《尔雅》所谓茥，缺盆也。此二者俱可入药。一种蔓小于蓬藟，一枝三叶，叶面青，背淡白而微有毛，开小白花，四月实熟，其色红如樱桃者，俗名𪩘田藨，即《尔雅》所谓藨者也。

故郭璞注云：藨即莓也。子似覆盆而大，赤色，酢甜可食。此种不入药用。一种树生者，树高四五尺，叶似樱桃叶而狭长，四月开小白花，结实与覆盆子一样，但色红为异，俗亦名藨，即《尔雅》所谓山莓，陈藏器《本草》所谓悬钩子者也。详见本条。一种就地生蔓，长数寸，开黄花，结实如覆盆而鲜红，不可食者，本草所谓蛇莓也。见本条。如此辨析，则蓬藟、覆盆自定矣。李当之、陈士良、陈藏器、寇宗奭、汪机五说近是，而欠明悉。陶弘景以蓬藟为根，覆盆为子；马志、苏颂以蓬藟为苗，覆盆为子；苏恭以为一物；大明以树生者为覆盆。皆臆说，不可据。

【气味】酸，平，无毒。

《别录》曰：咸。

士良曰：甘、酸，微热。

【主治】安五脏，益精气，长阴令坚，强志倍力。有子。久服轻身不老（《本经》）。疗暴中风，身热大惊（《别录》）。益颜色，长发，耐寒湿（恭）。

【发明】见覆盆子下。

【附方】新一。长发不落：蓬藟子榨油，日涂之。（《圣惠方》）

苗、叶同覆盆。

覆盆子（《别录》上品）

【校正】自果部移入此。

【释名】茥（《尔雅》。音奎）、蒛葐（《尔雅》）、西国草（《图经》）、毕楞伽（《图经》)、大麦莓(音母)、插田藨(音苞)、乌藨子(《纲目》)。

覆盆子

当之曰:子似覆盆之形,故名之。

宗奭曰:益肾脏,缩小便,服之当覆其溺器,如此取名也。

时珍曰:五月子熟,其色乌赤,故俗名乌藨、大麦莓、插田藨,亦曰栽秧藨。甄权《本草》一名马瘘,一名陆荆,殊无义意。

【集解】《别录》曰:五月采。

藏器曰:佛说苏密那花点灯,正言此花也。其类有三种,以四月熟,状如覆盆子,味甘美者为是,余不堪入药。今人取茅莓当覆盆,误矣。

宗奭曰:处处有之,秦州、永兴、华州尤多。长条,四、五月红熟,山中人及时采来卖。其味酸甘,外如荔枝,大如樱桃,软红可爱。失时则就枝生蛆,食之多热。收时五六分熟便可采,烈日曝干。今人取汁作煎为果。采时著水,则不堪煎。

时珍曰:蓬藥子以八、九月熟,故谓之割田藨。覆盆以四、五月熟,故谓之插田藨,正与《别录》五月采相合。二藨熟时色皆乌赤,故能补肾。其四、五月熟而色红者,乃薅田藨也,不入药用。陈氏所谓以茅莓当覆盆者,盖指此也。

【正误】诜曰:覆盆江东名悬钩子,大小形状气味功力同。北土无悬钩,南地无覆盆,是土地有前后生,非两种物也。

时珍曰:南土覆盆极多。悬钩是树生,覆盆是藤生,子状虽同,而覆盆色乌赤,悬钩色红赤,功亦不同,今正之。

【修治】诜曰:覆盆子五月采之,烈日曝干。不尔易烂。

雷曰:凡使,用东流水淘去黄叶并皮蒂,取子以酒拌蒸一宿,以东流水淘两遍,又晒干方用。

时珍曰:采得捣作薄饼,晒干密贮,临时以酒拌蒸尤妙。

【气味】甘,平,无毒。

权曰:甘、辛,微热。

【主治】益气轻身,令发不白(《别录》)。补虚续绝,强阴健阳,悦泽肌肤。安和五脏,温中益力,疗痨损风虚,补肝明目。并宜捣筛,每旦水服三钱(马志)。男子肾精虚竭,阴痿能令坚长。女子食之有子(权)。食之令人好颜色。榨汁涂发不白(藏器)。益肾脏,缩小便。取汁同少蜜煎为稀膏,点服,治肺气虚寒(宗奭)。

【发明】时珍曰:覆盆、蓬藥,功用大抵相近,虽是二物,其实一类而二种也。一早熟,一晚熟,兼用无妨,其补益与桑椹同功。若树莓则不可混采者也。

【附方】新一。阳事不起:覆盆子,酒浸焙研为末。每旦酒服三钱。(《集简方》)

叶

【气味】微酸、咸，平，无毒。

【主治】挼绞取汁，滴目中，去肤赤，出虫如丝线（藏器）。明目止泪，收湿气（时珍）。

【发明】颂曰：按崔元亮《海上集验方》：治目暗不见物，冷泪浸淫不止，及青盲、天行目暗等疾。取西国草，一名毕楞伽，一名覆盆子，日曝干，捣极细，以薄绵裹之，用饮男乳汁浸，如人行八、九里久。用点目中，即仰卧。不过三四日，视物如少年。禁酒、面、油物。

时珍曰：按洪迈《夷坚志》云：潭州赵太尉母病烂弦疳眼二十年。有老妪云：此中有虫，吾当除之。入山取草蔓叶，咀嚼，留汁入筒中。还以皂纱蒙眼，滴汁渍下弦。转盼间虫从纱上出，数日下弦干。复如法滴上弦，又得虫数十而愈。后以治人多验，乃覆盆子叶也，盖治眼妙品。

【附方】新二。牙疼点眼：用覆盆子嫩叶捣汁，点目眦三、四次，有虫随眵泪出成块也。无新叶，干者煎浓汁亦可。即大麦莓也。（《摘玄方》）臁疮溃烂：覆盆叶为末。用酸浆水洗后掺之，日一次，以愈为度。（《直指方》）

根

【主治】痘后目翳，取根洗捣，澄粉日干，蜜和少许，点于翳疔上，日二三次自散。百日内治之，久即难疗（时珍，《活幼口议》）。

悬钩子（《拾遗》）

【校正】自果部移入此。

【释名】沿钩子（《日用》）、葥（《尔雅》，音箭）、山莓（《尔雅》），木莓（郭璞）、树莓（《日华》）。

藏器曰：茎上有刺如悬钩，故名。

悬钩子

【集解】藏器曰：生江淮林泽间。茎上有刺。其子如梅子酸美，人多食之。

机曰：树莓枝梗柔软有刺，颇类金樱。四、五月结实如覆盆子，采之擎蒂而中实，味酸；覆盆则蒂脱而中虚，味甘，为异。

时珍曰：悬钩树生，高四、五尺。其茎白色，有倒刺。其叶有细齿，青色无毛，背后淡青，颇似樱桃叶而狭长，又似地棠花叶。四月开小白花。结实色红，今人亦通呼为藨子。《尔雅》云：葥，山莓也。郭璞注云：今之木莓也。实似藨莓而大,可食。孟诜、大明并以此为覆盆,误矣。

【气味】酸,平,无毒。

【主治】醒酒止渴,除痰,去酒毒(藏器)。捣汁服,解射工、沙虱毒(时珍)。

茎

【主治】烧研水服,主喉中塞(藏器)。

根、皮

【气味】苦,平,无毒

【主治】子死腹中不下,破血,妇人赤带下,久患赤白痢脓血,腹痛,杀虫毒,卒下血。并浓煮汁饮之(藏器)。

【附方】新二。血崩不止:木莓根四两,酒一碗,煎七分。空心温服。(臞仙《乾坤生意》)崩中痢下,治妇人崩中及下痢,日夜数十起欲死者,以此入腹即活:悬钩根、蔷薇根、柿根、菝葜各一斛,剉入釜中,水淹上四五寸,煮减三之一,去滓取汁,煎至可丸,丸梧子大。每温酒服十丸,日三服。(《千金翼》)

蛇莓(《别录》下品)

【释名】蛇藨(音苞)、地莓(《会编》)、蚕莓。

机曰:近地而生,故曰地莓。

瑞曰:蚕老时熟红于地,其中空者为蚕莓;中实极红者,为蛇残莓,人不啖之,恐有蛇残也。

蛇莓

【集解】弘景曰:蛇莓园野多有之。子赤色极似莓子,而不堪啖,亦无以此为药者。

保升曰:所在有之,生下湿地。茎头三叶,花黄子赤,俨若覆盆子,根似败酱。四月、五月采子,二月、八月采根。

宗奭曰:田野道旁处处有之。附地生叶,如覆盆子,但光洁而小,微有皱纹。花黄,比蒺藜花差大。春末夏初,结红子如荔枝色。

机曰:蛇莓,茎长不盈尺,茎端惟结实一颗,小而光洁,误食胀人,非若覆盆,苗长大而结实数颗,微有黑毛也。

时珍曰:此物就地引细蔓,节节生根。每枝三叶,叶有齿刻。四、五月开小黄花,五出。结实鲜红,状似覆盆,而面与蒂则不同也。其根甚细,本草用汁,当是取其茎叶并根也。仇远《稗史》讹作蛇缪草,言有五叶、七叶者。又言俗传食之能杀人,亦不然,止发冷涎耳。

汁

【气味】甘、酸，大寒，有毒。

【主治】胸腹大热不止(《别录》)。伤寒大热，及溪毒、射工毒，甚良(弘景)。通月经，熁疮肿，敷蛇伤(大明)。主孩子口噤，以汁灌之(孟诜)。敷汤火伤，痛即止(时珍)。

【附方】旧二，新一。口中生疮，天行热甚者：蛇莓自然汁半升，稍稍咽之。(《伤寒类要》)伤寒下䘌生疮：以蛇莓汁服二合，日三服。仍水渍乌梅令浓，入崖蜜饮之。(《肘后方》)水中毒病：蛇莓根捣末服之，并导下部。亦可饮汁一二升。夏月欲入水，先以少末投中流，更无所畏。又辟射工。家中以器贮水、浴身亦宜投少许。(《肘后》)

使君子(宋《开宝》)

子君使

【释名】留求子。

志曰：俗传潘州郭使君疗小儿多是独用此物，后医家因号为使君子也。

时珍曰：按嵇含《南方草木状》谓之留求子，疗婴孺之疾。则自魏、晋已用，但名异耳。

【集解】志曰：生交、广等州。形如栀子，棱瓣深而两头尖，似诃黎勒而轻。

颂曰：今岭南州郡皆有之，生山野中及水岸。其茎作藤，如手指大。其叶青，如两指头，长二寸。三月生花淡红色，久乃深红，有五瓣。七、八月结子如拇指大，长一寸许，大类栀子而有五棱，其壳青黑色，内有仁白色，七月采之。

宗奭曰：其仁味如椰子。医家亦兼用壳。

时珍曰：原出海南、交趾。今闽之邵武，蜀之眉州，皆栽种之，亦易生。其藤如葛，绕树而上。叶青如五加叶。五月开花，一簇一二十葩，红色轻盈如海棠。其实长寸许，五瓣合成，有棱。先时半黄，老则紫黑。其中仁长如榧仁，色味如栗。久则油黑，不可用。

【气味】甘，温，无毒。

【主治】小儿五疳，小便白浊，杀虫，疗泻痢(《开宝》)。健脾胃，除虚热，治小儿百病疮癣(时珍)。

【发明】时珍曰：凡杀虫药多是苦辛，惟使君子、榧子甘而杀虫，亦异也。凡大人小儿有虫病，但每月上旬侵晨空腹食使君子仁数枚，或以壳煎汤咽下，次日虫皆死而出也。或云：七生七煨食亦良。忌饮热茶，犯之即泻。此物味甘气温，既能杀虫，又益脾胃，所以能敛虚热而止泻痢，为小儿诸病要药。俗医乃谓杀虫至尽，无以消食，鄙俚之言也。树有蠹，屋有蚁，国有盗，福耶祸耶？修养者先去三尸，可类推矣。

【附方】新六。小儿脾疳：使君子、芦荟等分，为末。米饮每服一钱。（《儒门事亲》）小儿痞块腹大，肌瘦面黄，渐成疳疾：使君子仁三钱，木鳖子仁五钱，为末，水丸龙眼大。每以一丸，用鸡子一个破顶，入药在内，饭上蒸熟，空心食之。（杨起《简便单方》）小儿蛔痛，口流涎沫：使君子仁为末，米饮五更调服一钱。（《全幼心鉴》）小儿虚肿，头面阴囊俱浮：用使君子一两，去壳，蜜五钱炙尽，为末。每食后米汤服一钱。（《简便方》）鼻皶面疮：使君子仁，以香油少许，浸三五个。临卧时细嚼，香油送下，久久自愈。（《普济方》）虫牙疼痛：使君子煎汤频漱。（《集简方》）

木鳖子（宋《开宝》）

【校正】自木部移入此。

【释名】木蟹。

志曰：其核似鳖、蟹状，故以为名。

【集解】志曰：出朗州及南中。七、八月采实。

颂曰：今湖、广诸州及杭、越、全、岳州皆有之。春生苗，作藤生。叶有五丫，状如山药，青色面光。四月生黄花。六月结实，似栝蒌而极大，生青，熟红黄色，肉上有软刺。每一实有核三四十枚，其状扁而如鳖，八、九月采之。岭南人取嫩实及苗叶作茹蒸食。

宗奭曰：木鳖子蔓岁一枯，但根不死，春旋生苗。叶如蒲萄。其子一头尖者为雄。凡植时须雌雄相合，麻缠定。及其生也，则去雄者，方结实。

时珍曰：木鳖核形扁礧砢，大如围棋子。其仁青绿色，入药去油者。

仁

【气味】甘，温，无毒。

时珍曰：苦、微甘，有小毒。

【主治】折伤，消结肿恶疮，生肌，止腰痛，除粉刺䵟黯，妇人乳痈。肛门肿痛（《开宝》）。醋摩，消肿毒（大明）。治疳积痞块，利大肠泻痢，痔瘤瘰疬（时珍）。

【发明】机曰：按刘绩《霏雪录》云：木鳖子有毒，不可食。昔蓟门有人生二子，恣食成痞。其父得一方，以木鳖子煮猪肉食之。其幼子当夜、长子明日死。友人马文诚方书亦载此方。因著此为戒。

时珍曰：南人取其苗及嫩实食之无恙，则其毒未应至此。或者与猪肉不相得，或犯他物而然，不可尽咎木鳖也。

【附方】旧一，新十九。酒疸脾黄：木鳖子磨醋，服一二盏，见利效。（刘长春《济急方》）脚气肿痛：木鳖子仁，每个作两边，麸炒过，切碎再炒，去油尽为度。每两入厚桂半两，为末。热酒服二钱，令醉，得汗愈。梦秘授方也。（《永类方》）湿疮脚肿，行履难者：木鳖子四两（去皮），甘遂半两，为末。以猪腰子一个，去膜切片，用药四钱在中，湿纸包煨熟，空心米饮送下，服后便伸两脚。如大便行者，只吃白粥二三日为妙。（杨拱《医方摘要》）阴疝偏坠，痛甚者：木鳖子一个磨醋，调黄柏、芙蓉末敷之，即止。（《寿域神方》）久疟有母：木鳖子、穿山甲（炮）等分，为末。每服三钱，空心温酒下。（《医方摘要》）腹中痞块：木鳖子仁五两，用獖猪腰子二付，批开入在内，签定，煨熟，同捣烂，入黄连三钱末，蒸饼和丸绿豆大。每白汤下三十丸。（《医方集成》）小儿疳疾：木鳖子仁、使君子仁等分。捣泥，米饮丸芥子大。每服五分，米饮下。一日二服。（孙天仁《集效方》）疳病目蒙不见物：用木鳖子仁二钱，胡黄连一钱，为末，米糊丸龙眼大。入鸡子内蒸熟，连鸡子食之为妙。（同上）倒睫拳毛，因风入脾经，致使风痒，不住手擦，日久赤烂，拳毛入内：将木鳖子仁槌烂，以丝帛包作条，左患塞右鼻，右患塞左鼻，其毛自分上下，次服蝉蜕药为妙。（孙天仁《集效方》）肺虚久嗽：木鳖子、款冬花各一两，为末。每用三钱，焚之吸烟。良久吐涎，以茶润喉。如此五六次，后服补肺药。一方：用木鳖子一个，雄黄一钱。（《圣济录》）小儿咸齁：大木鳖子三、四个，磨水饮，以雪糕压下，即吐出痰。重者三服效。（《摘玄方》）水泻不止：木鳖仁五个，母丁香五个，麝香一分，研末，米汤调作膏，纳脐中贴之，外以膏药护住。（吴旻《扶寿精方》）痢疾禁口：木鳖仁六个研泥，分作二分。用面烧饼一个，切作两半。只用半饼作一窍，纳药在内，乘热覆在病人脐上，一时再换半个热饼。其痢即止，遂思饮食。（邵真人《经验方》）肠风泻血：木鳖子以桑柴烧存性，候冷为末。每服一钱，煨葱白酒空心服之。名乌金散。（《普济方》）肛门痔痛：孙用和《秘宝方》：用木鳖仁三枚，砂盆擂如泥，入百沸汤一碗，乘热先熏后洗，日用三次，仍涂少许。《濒湖集简方》：用木鳖仁带润者，雌雄各五个，乳细作七丸，碗覆湿处，勿令干。每以一丸，唾化开，贴痔上，其痛即止，一夜一丸自消也。江夏铁佛寺蔡和尚病此，痛不可忍，有人传此而愈。用治数人皆有效。瘰疬经年：木鳖仁二个，去油研，以鸡子白和，入瓶内，安甑中蒸熟。食后食之，每日一服，平月效。小儿丹瘤：木鳖子仁研如泥，醋调敷之，一日三五上，效。（《外科精义》）耳卒热肿：木鳖子仁一两，赤小豆、大黄各半两，为末。每以少许生油调涂之。（《圣惠方》）风牙肿痛：木鳖子仁磨醋搽之。（《普济方》）

番木鳖（《纲目》）

【释名】马钱子（《纲目》）、苦实把豆（《纲目》）、火失刻把都。

时珍曰：状似马之连钱，故名马钱。

【集解】时珍曰：番木鳖生回回国，今西土邛州诸处皆有之。蔓生，夏开黄花。七、八月结实如栝蒌，生青熟赤，亦如木鳖。其核小于木鳖而色白。彼人言治一百二十种病，每证各有汤引。或云以豆腐制过用之良。或云能毒狗至死。

番木鳖

仁

【气味】苦，寒，无毒。

【主治】伤寒热病，咽喉痹痛，消痞块。并含之咽汁，或磨水噙咽(时珍)。

【附方】新四。喉痹作痛：番木鳖、青木香、山豆根等分，为末吹之。(杨拱《医方摘要》)缠喉风肿：番木鳖仁一个，木香三分，同磨水，调熊胆三分，胆矾五分。以鸡毛扫患处取效。(唐瑶《经验方》)癍疮入目：苦实把豆儿(即马钱子)半个，轻粉、水花、银朱各五分，片脑、麝香、枯矾少许为末。左目吹右耳，右目吹左耳，日二次。(田日华《飞鸿集》)病欲去胎：苦实把豆儿研膏，纳入牝户三四寸。(《集简方》)

马兜铃(宋《开宝》)

马兜铃

【校正】并入《唐本草》独行根。

【释名】都淋藤(《肘后》)、独行根(《唐本》)、土青木香(《唐本》)、云南根(《纲目》)、三百两银药。

宗奭曰：蔓生附木而上，叶脱时其实尚垂，状如马项之铃，故得名也。

时珍曰：其根吐利人，微有香气，故有独行、木香之名。岭南人用治蛊，隐其名为三百两银药。《肘后方》作都淋，盖误传也。

【集解】志曰：独行根生古堤城旁，所在平泽丛林中皆有之。山南名为土青木香，一名兜铃根。蔓生，叶似萝藦而圆且涩，花青白色。其子大如桃李而长，十月以后枯，则头开四系若囊，其中实薄扁似榆荚。其根扁而长尺许，作葛根气，亦似汉防己。二月、八月采根。

颂曰：马兜铃今关中、河东、河北、江、淮、夔、浙州郡皆有之。春生苗，作蔓绕树而生。叶如山蓣叶，而厚大背白。六月开黄紫花，颇类枸杞花。七月结实如枣大，状似铃，作四五瓣。其根名云南根，微似木香，大如小指，赤黄色。七、八月采实，曝干。

实

【修治】敩曰：凡采得实，去叶及蔓，以生绢袋盛于东屋角畔，待干劈开，去革膜，取净子焙用。

【气味】苦，寒，无毒。

权曰:平。

时珍曰:微苦、辛。

杲曰:味厚气薄,阴中微阳,入手太阴经。

【主治】肺热咳嗽,痰结喘促,血痔瘘疮(《开宝》)。肺气上急,坐息不得,咳逆连连不止(甄权)。清肺气,补肺,去肺中湿热(元素)。

【发明】时珍曰:马兜铃体轻而虚,熟则悬而四开,有肺之象,故能入肺。气寒味苦微辛,寒能清肺热,苦辛能降肺气。钱乙补肺阿胶散用之,非取其补肺,乃取其清热降气也,邪去则肺安矣。其中所用阿胶、糯米,则正补肺之药也。汤剂中用多亦作吐,故崔氏方用以吐蛊。其不能补肺,又可推矣。

【附方】旧三,新二。水肿腹大喘急:马兜铃煎汤,日服之。(《千金方》)肺气喘急:马兜铃二两(去壳及膜),酥半两(入碗内拌匀,慢火炒干),甘草(炙)一两,为末。每服一钱,水一盏,煎六分,温呷或噙之。(《简要济众》)一切心痛,不拘大小男女:大马兜铃一个,灯上烧存性,为末。温酒服,立效。(《摘玄方》)解蛇蛊毒,饮食中得之。咽中如有物,咽不下,吐不出,心下热闷:马兜铃一两,煎水服,即吐出。(崔行功《纂要方》)痔瘘肿痛:以马兜铃于瓶中烧烟,熏病处良。(《日华本草》)

独行根

【气味】辛、苦,冷,有毒。

大明曰:无毒。

志曰:有毒。不可多服,吐利不止。

【主治】鬼疰积聚,诸毒热肿,蛇毒。水磨为泥封之,日三四次,立瘥。水煮一二两,取汁服,吐蛊毒。又捣末水调,涂疔肿,大效(《唐本》)。治血气(大明)。利大肠,治头风瘙痒秃疮(时珍,出《精义》)。

【附方】旧一,新五。五种蛊毒:《肘后方》云:席辨刺史言:岭南俚人,多于食中毒,人渐不能食,胸背渐胀,先寒似瘴:用都淋藤十两,水一斗,酒二升,煮三升,分三服。毒逐小便出。十日慎食毒物。不瘥更服。土人呼为三百两银药。又支太医云:兜铃根一两为末,水煎顿服,当吐蛊出,未尽再服。或为末,水调服,亦验。中草蛊毒,此术在西凉之西及岭南。人中此毒,入咽欲死者:用兜铃苗一两,为末。温水调服一钱,即消化蛊出,神效。(《圣惠方》)肠风漏血:马兜铃藤、谷精草、荆三棱(用乌头炒过),三味各等分。煎水,先熏后洗之。(《普济方》)疔肿复发:马兜铃根捣烂,用蜘蛛网裹敷,少时根出。(《肘后方》)恶蛇所伤:青木香半两,煎汤饮之。(《袖珍方》)

榼藤子(宋《开宝》)

【校正】自木部移入此。

【释名】象豆(《开宝》)、榼子(《日华》)、合子(《拾遗》)。

子 藤 榼

时珍曰：其子象榼形，故名之。

【集解】藏器曰：按《广州记》云：榼藤子生广南山林间。作藤着树，如通草藤。其实三年方熟，角如弓袋，子若鸡卵，其外紫黑色。其壳用贮丹药，经年不坏。取其中仁入药，炙用。

时珍曰：子紫黑色，微光，大一二寸，圆而扁。人多剔去肉作药瓢，垂于腰间也。

仁

【气味】涩、甘，平，无毒。

【主治】五痔蛊毒，飞尸喉痹。以仁为粉，微熬，水服一二匕。亦和大豆澡面，去鼾黯（藏器）。治小儿脱肛血痢泻血，并烧灰服。或以一枚割瓢熬研，空腹热酒服二钱。不过三服，必效（《开宝》）。解诸药毒（时珍，《草木状》）。

【附方】旧一，新三。喉痹肿痛：榼藤子烧研，酒服一钱。（《圣惠方》）五痔下血：榼藤子烧存性。米饮服二钱，有功。（寇氏《衍义》）肠风下血：华陀《中藏经》：用榼藤子二个，不蛀皂荚子四十九个。烧存性为末。每服二钱，温酒下，少顷再饮酒一盏，趁口服，极效。《圣惠方》：用榼藤子三枚，厚重者，湿纸七重包，煨熟去壳，取肉为末。每服一钱，食前黄芪汤下，日一服。

【附录】合子草（《拾遗》）

藏器曰：子及叶有小毒。主蛊毒及蛇咬，捣敷疮上。蔓生岸旁，叶尖花白，子中有两片如合子。

预知子（宋《开宝》）

【释名】圣知子（《日华》）、圣先子（《日华》）、盍合子（《日华》）、仙沼子（《日华》）。

子 知 预

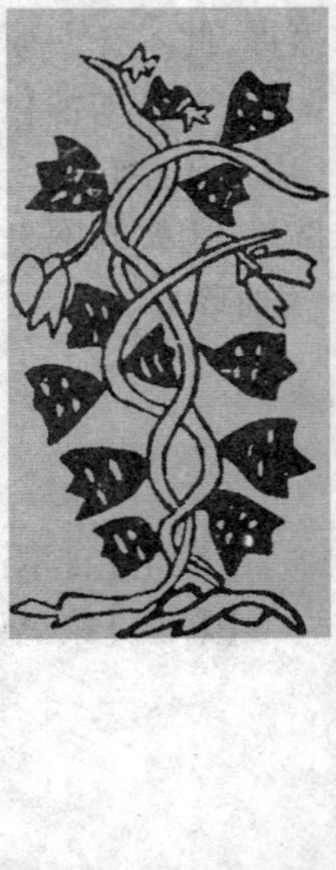

志曰：相传取子二枚缀衣领上，遇有蛊毒，则闻其有声，当预知之，故有诸名。

时珍曰：仙沼，疑是仙枣之讹。

【集解】志曰：预知子有皮壳，其实如皂荚子。

颂曰：旧不著所出州土，今淮、蜀、汉、黔、壁诸州皆有之。作蔓生，依大木上。叶绿，有三角，面深背浅。七月、八月有实作房，生青，熟深红色。每房有子五七枚，如皂荚子，斑褐色，光润如飞蛾。今蜀人极贵重之，云亦难得。采无时。其根冬月采之，阴干。治蛊，其功胜于子也。山民目为圣无忧。

子仁

【气味】苦,寒,无毒。

大明曰:温。双仁者可带。

【主治】杀虫疗蛊,治诸毒。去皮研服,有效(《开宝》)。治一切风,补五劳七伤,其功不可备述。治痃癖气块,消宿食,止烦闷,利小便,催生,中恶失音,发落,天行温疾,涂一切蛇虫蚕咬,治一切病,每日吞二七粒,不过三千粒,永瘥(大明)。

【附方】新三。预知子丸,治心气不足,精神恍惚,语言错妄,忪悸烦郁,忧愁惨戚,喜怒多恐,健忘少睡,夜多异梦,寤即惊魇,或发狂眩暴不知人,并宜服此:预知子(去皮)、白茯苓、枸杞子、石菖蒲、茯神、柏子仁、人参、地骨皮、远志、山药、黄精(蒸熟)、朱砂(水飞)等分。为末,炼蜜丸芡子大。每嚼一丸,人参汤下。(《和剂局方》)耳卒聋闭:八、九月取石榴开一孔,留盖,入米醋满中,盖定,面裹煻火中煨熟取出,入少仙沼子、黑李子末,取水滴耳中,脑痛勿惊。如此二夜,又点一耳。(《圣惠方》)疠风有虫,眉落声变:预知子膏:用预知子、雄黄各二两,为末。以乳香三两,同水一斗,银锅煮至五升。入二末熬成膏,瓶盛之。每服一匙,温酒调下。有虫如马尾,随大便而出。(《圣惠方》)

根

【气味】苦,冷,无毒。

【主治】解蛊毒。石臼捣筛,每用三钱,温水服,立已(苏颂)。

牵牛子(《别录》下品)

【释名】黑丑(《纲目》)、草金铃(《炮炙论》)、盆甑草(《纲目》)、狗耳草(《救荒》)。

弘景曰:此药始出田野人牵牛谢药,故以名之。

时珍曰:近人隐其名为黑丑,白者为白丑,盖以丑属牛也。金铃象子形,盆甑、狗耳象叶形。段成式《酉阳杂俎》云:盆甑草蔓如薯蓣,结实后断之,状如盆甑是矣。

【集解】弘景曰:牵牛作藤生花,状如扁豆,黄色。子作小房,实黑色,形如梂子核。

恭曰:此花似旋花,作碧色,不黄,亦不似扁豆。

颂曰:处处有之。二月种子,三月生苗,作藤蔓绕篱墙,高者或二三丈。其叶青,有三尖角。七月生花,微红带碧色,似鼓子花而大。八月结实,外有白皮裹作球。每球内有子四五枚,大如荞麦,有三棱,有黑白二种,九月后

牵牛子

收之。

宗奭曰:花朵如鼓子花,但碧色,日出开,日西萎。其核如木猴梨子而色黑,谓子似荞麦非也。

时珍曰:牵牛有黑、白二种:黑者处处野生尤多。其蔓有白毛,断之有白汁。叶有三尖,如枫叶。花不作瓣,如旋花而大。其实有蒂裹之,生青枯白。其核与棠梂子核一样,但色深黑尔。白者人多种之。其蔓微红,无毛有柔刺,断之有浓汁,叶团有斜尖,并如山药茎叶。其花小于黑牵牛花,浅碧带红色。其实蒂长寸许,生青枯白。其核白色,稍粗。人亦采嫩实蜜煎为果食,呼为天茄,因其蒂似茄也。

子

【修治】敩曰:凡采得子,晒干,水淘去浮者,再晒,拌酒蒸,从巳至未,晒干收之。临用舂去黑皮。

时珍曰:今多只碾取头末,去皮麸不用。亦有半生半熟用者。

【气味】苦,寒,有毒。

权曰:甘,有小毒。

诜曰:多食稍冷。

杲曰:辛热雄烈,泄人元气。

大明曰:味莶。得青木香、干姜良。

【主治】下气,疗脚满水肿,除风毒,利小便(《别录》)。治痃癖气块,利大小便。除虚肿,落胎(甄权)。取腰痛,下冷脓,泻蛊毒药,并一切气壅滞(大明)。和山茱萸服,去水病(孟诜)。除气分湿热,三焦壅结(李杲)。逐痰消饮,通大肠气秘风秘,杀虫,达命门(时珍)。

【发明】宗奭曰:牵牛丸服,治大肠风秘壅结。不可久服,亦行脾肾气故也。

好古曰:牵牛以气药引则入气;以大黄引则入血。利大肠,下水积。色白者,泻气分湿热上攻喘满,破血中之气。

震亨曰:牵牛属火善走,黑者属水,白者属金。若非病形与证俱实,不胀满、不大便秘者,不可轻用。驱逐致虚,先哲深戒。

杲曰:牵牛非神农药也。《名医续注》云:味苦寒,能除湿气,利小便,治下注脚气。此说气味主治俱误矣,何也?凡用牵牛,少则动大便,多则泄下如水,乃泻气之药。其味辛辣,久嚼猛烈雄壮,所谓苦寒安在哉?夫湿者水之别称,有形者也。若肺先受湿,湿气不得施化,致大小便不通,则宜用之。盖牵牛感南方热火之化所生,火能平金而泄肺,湿去则气得周流。所谓五脏有邪,更相平也。今不问有湿无湿,但伤食或有热证,俱用牵牛克化之药,岂不误哉?况牵牛止能泄气中之湿热,不能除血中之湿热。湿从下受之,下焦主血,血中之湿,宜苦寒之味,反以辛药泄之,伤人元气。且牵牛辛烈,比之诸辛药,泄气尤甚,其伤人必矣。《经》云:辛泄气,辛走气,辛泄肺,气病者无多食辛。况饮食失节,劳役所伤,是胃气不行,心火乘之。肠胃受火邪,名曰热中。脾胃主血,当血中泄火。以黄芩之苦寒泄火,当归身之辛温和血，生地黄之苦寒凉血益血，少加红花之辛温以泄血络，桃仁之辛温除燥润肠。仍不可专用，须于补中益气泄阴火之药内加而用之。何则？上焦元气已自虚弱，若反用牵牛大辛热，气味俱阳之药，以泄水泄元气、利其小便、竭其津液，是谓重虚，重则必死，轻则夭人。故张文懿云：牵牛不可耽嗜，脱人元气。见人有酒食病痞者，多服牵牛丸散，取快一时。药过仍痞，随服随效，效后复痞。以致久服脱人元气，犹不知悔也。张仲景治七种湿热，小便不利，无一药犯牵牛者。仲景岂不知牵牛能泄湿利小便乎？为湿病之根在下焦，是血分中气病。不可用辛辣之药，泄上焦太阴之气。是血病泻气，使气血俱损也。《经》云：毋盛盛，毋虚虚，毋绝人长命，此之谓也，用者戒之。白牵牛亦同。

时珍曰：牵牛自宋以后，北人常用取快。及刘守真、张子和出，又倡为通用下药。李明之目击其事，故著此说极力辟之。然东汉时此药未入本草，故仲景不知。假使知之，必有用法，不应捐弃。况仲景未用之药亦多矣。执此而论，盖矫枉过中矣。牵牛治水气在肺，喘满肿胀，下焦郁遏，腰背胀肿，及大肠风秘气秘，卓有殊功。但病在血分，及脾胃虚弱而痞满者，则不可取快一时，及常服暗伤元气也。一宗室夫人，年几六十。平生苦肠结病，旬日一行，甚于生产。服养血润燥药则泥膈不快，服硝黄通利药则若罔知，如此三十余年矣。时珍诊其人体肥膏粱而多忧郁，日吐酸痰碗许乃宽，又多火病。此乃三焦之气壅滞，有升无降，津液皆化为痰饮，不能下滋肠腑，非血燥比也。润剂留滞，硝黄徒入血分，不能通气，俱为痰阻，故无效也。乃用牵牛末皂荚膏丸与服，即便通利。自是但觉肠结，一服就顺，亦不妨食，且复精爽。盖牵牛能走气分，通三焦。气顺则痰逐饮消，上下通快矣。外甥柳乔，素多酒色。病下极胀痛，二便不通，不能坐卧，立哭呻吟者七昼夜。医用通利药不效。遣人叩予。予思此乃湿热之邪在精道，壅胀隧路，病在二阴之间，故前阻小便，后阻大便，病不在大肠、膀胱也。乃用楝实、茴香、穿山甲诸药，入牵牛加倍，水煎服。一服而减，三服而平。牵牛能达右肾命门，走精隧。人所不知，惟东垣李明之知之。故明之治下焦阳虚天真丹，用牵牛以盐水炒黑，入佐沉香、杜仲、破故纸、官桂诸药，深得补泻兼施之妙。方见《医学发明》。又东垣治脾湿太过，通身浮肿，喘不得卧，腹如鼓，海金沙散，亦以牵牛为君。则东垣未尽弃牵牛不用，但贵施之得道耳。

【附方】旧八，新三十三。搜风通滞，风气所攻，脏腑积滞：用牵牛子以童尿浸一宿，长流水上洗半日，生绢袋盛，挂当风处令干。每日盐汤下三十粒。极能搜风，亦消虚肿。久服令人体清瘦。（《斗门方》）三焦壅塞，胸膈不快，头昏目眩，涕唾痰涎，精神不爽：利膈丸：用牵牛子四两（半生半炒），不蛀皂荚（酥炙）二两，为末，生姜自然汁煮糊，丸梧子大。每服二十丸，荆芥汤下。（王衮《博济方》）一切积气，宿食不消：黑牵牛（头为末）四两，用萝卜剜空，安末盖定，纸封蒸熟取出，入白豆蔻末一钱，捣丸梧子大。每服一二十丸，白汤下。名顺气丸。（《普济方》）男妇五积，五般积气成聚：用黑牵牛一斤，生捣末八两，余滓以新瓦炒香，再捣取四两，炼蜜丸梧子大。至重者三五十丸，陈橘皮、生姜煎汤，卧时服。半夜未动，再服三十丸，当下积聚之物。寻常行气，每服十丸甚妙。（《经验方》）胸膈食积：牵牛末一两，巴豆霜三个，研末，水丸梧子大。每服二三十丸，食后随所伤物汤下。(《儒门事亲》)气筑奔冲，不可忍：牛郎丸：用黑牵牛半两(炒)，槟榔二钱半。为末。每服一钱，紫苏汤下。(《普济方》)追虫取积：方同上，用酒下。亦消水肿。肾气作痛：黑、白牵牛等分，炒为末。每服三钱，用猪腰子切，缝入茴香百粒，川椒五十粒，掺牵牛末入内扎定，纸包煨熟。空心食之，酒下。取出恶物效。(杨仁斋《直指方》)伤寒结胸，心腹硬痛：用牵牛头末一钱，白糖化汤调下。(郑氏《家传方》)大便不通：《简要济众方》：用牵牛子半生半熟，为末。每服二钱，姜汤下。未通，再以茶服。一方：加大黄等分。一方：加生槟榔等分。大肠风秘结涩：牵牛子(微炒，捣头末)一两，桃仁(去皮尖，麸炒)半两。为末，熟蜜丸梧子大。每汤服三十丸。(寇氏《衍义》)水蛊胀满：白牵牛、黑牵牛(各取头末)二钱，大麦面四两，和作烧饼，卧时烙熟食之，以茶下。降气为验。(河间《宣明方》)诸水饮病。张子和云：病水之人，如长川泛溢，非杯杓可取，必以神禹决水之法治之，故名禹功散。用黑牵牛(头末)四两，茴香一两(炒)。为末。每服一二钱，以生姜自然汁调下，当转下气也。(《儒门事亲》)阴水阳水：黑牵牛头末三两，大黄末三两，陈米饭锅糕一两。为末。糊丸梧子大。每服五十丸，姜汤下。欲利服百丸。(《医方捷径》)水肿尿涩：牵牛末，每服方寸匕，以小便利为度。(《千金方》)湿气中满，足胫微肿，小便不利，气急咳嗽：黑牵牛末一两，厚朴(制)半两。为末。每服二钱，姜汤下。或临时水丸，每枣汤下三十丸。(《普济方》)水气浮肿气促，坐卧不得：用牵牛子二两，微炒捣末，以乌牛尿一升浸一宿，平旦入葱白一握，煎十余沸。空心分二服，水从小便中出。(《圣惠方》)脾湿肿满：方见海金沙下。风毒脚气，捻之没指者：牵牛子捣末，蜜丸小豆大。每服五丸，生姜汤下，取小便利乃止。亦可吞之。其子黑色，正如梂子核。(《肘后方》)小儿肿病，大小便不利：黑牵牛、白牵牛各二两，炒取头末，井华水和丸绿豆大。每服二十丸，萝卜子煎汤下。(《圣济总录》)小儿腹胀，水气流肿，膀胱实热，小便赤涩：牵牛(生研)一钱，青皮汤空心下。一加木香减半，丸服。(《郑氏小儿方》)疳气浮肿，常服自消：黑牵牛、白牵牛(各半生半炒，取末)、陈皮、青皮等分，为末，糊丸绿豆大。每服，三岁儿服二十丸，米汤下。(《郑氏小儿方》)疳气耳聋，疳气攻肾，耳聋阴肿：牵牛末一钱，猪腰子半个，去膜薄切，掺入内，加少盐，湿纸包煨。空心服。(《郑氏方》)小儿雀目：牵牛子末，每以一钱用羊肝一片，同面作角子二个，炙熟食，米饮下。(《普济方》)风热赤眼：白牵牛末，以葱白煮研丸绿豆大。每服五丸，葱汤下。服讫睡半时。(《卫生家宝方》)面上风刺：黑牵牛酒浸三宿，为末。先以姜汁擦面，后用药涂之。(《摘玄方》)面上粉刺：㿴子如米粉。黑牵牛末对入面脂药中，日日洗之。(《圣惠方》)面上雀斑：黑牵牛末，鸡子清调，夜敷日洗。(《摘玄方》)马脾风病，小儿急惊，肺胀喘满，胸高气急，胁缩鼻张，闷乱咳嗽，烦渴，痰潮声嗄，俗名马脾风，不急治，死在旦夕：白

白牵牛

牵牛(半生半炒)、黑牵牛(半生半炒)、大黄(煨)、槟榔,各取天一钱。每用五分,蜜汤调下。痰盛加轻粉一字。名牛黄夺命散。(《全幼心鉴》)小儿夜啼:黑牵牛末一钱。水调,敷脐上,即止。(《生生编》)

旋花(《本经》上品)

【释名】旋葍(苏恭)、筋根(《本经》)、续筋根(《图经》),鼓子花(《图经》)、豚肠草(《图经》)、美草(《别录》)、天剑草(《纲目》)、缠枝牡丹。

恭曰:旋花即平泽旋葍也。其根似筋,故一名筋根。

旋花

炳曰:旋葍,当作葍旋,音福旋,用根入药。别有旋覆,音璇伏,用花入药。今云旋葍,误矣。

颂曰:《别录》言其根主续筋,故南人呼为续筋根。一名豚肠草,象形也。

宗奭曰:世俗谓之鼓子花,言其花形肖也。

时珍曰:其花不作瓣状,如军中所吹鼓子,故有旋花、鼓子之名。一种千叶者,色似粉红牡丹,俗呼为缠枝牡丹。

【集解】《别录》曰:旋花生豫州平泽。五月采,阴干。

保升曰:此旋葍花也。所在川泽皆有。蔓生,叶似薯蓣而狭长,花红白色。根无毛节,蒸煮堪啖,味甘美,名筋根。二月、八月采根,日干。

宗奭曰:今河北、汴西、关陕田野中甚多,最难锄艾,治之又生。四、五月开花。其根寸截,置土灌溉,涉旬苗生。韩保升说是矣。

时珍曰:旋花田野塍堑皆生,逐节延蔓。叶如菠菜叶而小。至秋开花,如白牵牛花,粉红色,亦有千叶者。其根白色,大如筋。不结子。

颂曰:黔南施州出一种旋花,粗茎大叶无花,不作蔓,恐别是一物也。

【正误】《本经》曰:花,一名金沸。

弘景曰:旋花东人呼为山姜,南人呼为美草。根似杜若,亦似高良姜。腹中冷痛,煮服甚效。作丸散服,辟谷止饥。近有人从江南还,用此术与人断谷,皆得半年百日不饥不瘦。但志浅嗜深,不能久服尔。其叶似姜,花赤色,味辛美,子状如豆蔻,此旋花即其花也。今山东甚多。又注旋覆花曰:别有旋葍根,出河南,来北国亦有,形似芎䓖,惟合旋葍膏用之,余无所入。

恭曰:旋花乃旋葍花也,陶说乃山姜尔。山姜味辛,都非此类。又因旋覆花名金沸,遂作此花别名,皆误矣。又云:从北国来者根似芎䓖,芎䓖与高良姜全无仿佛,亦误也。

【气味】花:甘。根:辛,温,无毒。

时珍曰:花、根、茎、叶并甘滑微苦,能制雄黄。

【主治】去面皯黑色,媚好益气。根:主腹中寒热邪气。利小便。久服不饥轻身

(《本经》)。续筋骨,合金疮。捣汁服,主丹毒、小儿毒热(藏器)。补劳损,益精气(时珍)。

【发明】时珍曰:凡藤蔓之属,象人之筋,所以多治筋病。旋花根细如筋可啖,故《本经》言其久服不饥。时珍自京师还,见北土车夫每载之,云暮归煎汤饮,可补损伤。则益气续筋之说,尤可征矣。

【附方】旧一,新一。被斫断筋:旋葍根捣汁,沥疮中,仍以滓敷之,日三易。半月即断筋便续。此方出苏景中家獠奴,用效。(王焘《外台秘要》)秘精益髓:太乙金锁丹:用五色龙骨五两,覆盆子五两,莲花蕊四两(未开者,阴干),鼓子花三两(五月五日采之),鸡头子仁一百颗。并为末。以金樱子二百枚,去毛,木臼捣烂,水七升,煎浓汁一升,去渣。和药,杵二千下,丸梧子大。每空心温盐酒下三十丸。服之至百日,永不泄。如要泄,以冷水调车前末半合服之。忌葵菜。(萨谦斋《瑞竹堂方》)

紫葳(《本经》中品)

【校正】自木部移入此。

【释名】凌霄(苏恭)、陵苕(《别录》)、陵时(郭璞)、女葳(甄权)、茇华(《别录》)、武威(《吴普》)、瞿陵(《吴普》)、鬼目(吴氏)。

紫葳

时珍曰:俗谓赤艳曰紫葳葳,此花赤艳,故名。附木而上,高数丈,故曰凌霄。

【正误】弘景曰:是瞿麦根,方用至少。《博物志》云:郝晦行太行山北,得紫葳华。必当奇异,今瞿麦处处有之,不应乃在太行山。

恭曰:紫葳、瞿麦皆《本经》药,体性既乖,生处亦不相关。《尔雅》云:苕,一名陵苕。

郭璞注云:一名陵时。又名凌霄,此为真也。

颂曰:孔颖达《诗疏》亦云:苕,一名陵时。今本草无陵时之名,惟鼠尾草有之。岂所传不同,抑陶、苏之误耶?

时珍曰:按吴氏《本草》:紫葳,一名瞿陵。陶弘景误作瞿麦字尔。鼠尾止名陵翘,无陵时,苏颂亦误矣。并正之。

【集解】《别录》曰:紫葳生西海川谷及山阳。

恭曰:此凌霄花也。连茎叶用。《诗》云:有苕之华,云其黄矣。《尔雅》云:陵苕:黄华,蔈:白华,茇。山中亦有白花者。

颂曰:今处处皆有,多生山中,人家园圃亦或栽之。初作蔓生,依大木,久延至巅。其花黄赤,夏中乃盛。今医家多采花干之,入女科药用。

时珍曰:凌霄野生,蔓才数尺,得木而上,即高数丈,午久者藤大如杯。春初生枝，一枝数叶，尖长有齿，深青色。自夏至秋开花，一枝十余朵，大如牵牛花，而头开五瓣，赭黄色，有细点，秋深更赤。八月结荚如豆荚，长三寸许，其子轻薄如榆仁、马兜铃仁。其根长亦如兜铃根状，秋后采之，阴干。

花(根同)

【气味】酸，微寒，无毒。

普曰：神农、雷公、岐伯：辛；扁鹊：苦、咸；黄帝：甘，无毒。

权曰：畏卤碱。

时珍曰：花不可近鼻闻，伤脑。花上露入目，令人昏蒙。

【主治】妇人产乳余疾，崩中，癥瘕血闭，寒热羸瘦，养胎(《本经》)。产后奔血不定，淋沥，主热风风痫，大小便不利，肠中结实(甄权)。酒齇热毒风刺风，妇人血膈游风，崩中带下(大明)。

茎叶

【气味】苦，平，无毒。

【主治】痿躄，益气(《别录》)。热风身痒，游风风疹，瘀血带下。花及根功同(大明)。治喉痹热痛，凉血生肌(时珍)。

【发明】时珍曰：凌霄花及根，甘酸而寒，茎叶带苦，手足厥阴经药也。行血分，能去血中伏火。故主产乳崩漏诸疾，及血热生风之证也。

【附方】旧一，新十三。妇人血崩：凌霄花为末。每酒服二钱，后服四物汤。(《丹溪纂要》)粪后下血：凌霄花浸酒频饮之。(《普济方》)消渴饮水：凌霄花一两，捣碎，水一盏半，煎一盏，分二服。(《圣济录》)婴儿不乳百日内，小儿无故口青不饮乳：用凌霄花、大蓝叶、芒硝、大黄等分，为末，以羊髓和丸梧子大。每研一丸，以乳送下，便可吃乳。热者可服，寒者勿服。昔有人休官后云游湖湘，修合此方，救危甚多。(《普济方》)久近风痫：凌霄花或根叶为末。每服三钱，温酒下。服毕，解发不住手梳，口噙冷水，温则吐去，再噙再梳，至二十口乃止。如此四十九日绝根。百无所忌。(方贤《奇效方》)通身风痒：凌霄花为末，酒服一钱。(《医学正传》)大风疠疾：《洁古家珍》：用凌霄花五钱，地龙(焙)、僵蚕(炒)、全蝎(炒)各七个，为末。每服二钱，温酒下。先以药汤浴过，服此出臭汗为效。《儒门事亲》：加蝉蜕。五品各九个，作一服。鼻上酒齇：王璆《百一选方》：用凌霄花、山栀子等分，为末。每茶服二钱，日二服，数日除根。临川曾子仁用之有效。《杨氏家藏方》：用凌霄花半两，硫黄一两，胡桃四个，腻粉一钱，研膏，生绢包揩。走皮趋疮，满颊满顶，浸淫湿烂，延及两耳。痒而出水，发歇不定，田野名悲羊疮：用凌霄花并叶煎汤，日日洗之。(杨仁斋《直指方》)妇人阴疮：紫葳为末，用鲤鱼脑或胆调搽。(《摘玄方》)耳卒聋闭：凌霄叶。杵取自然汁，滴之。(《斗门方》)女经不行：凌霄花为末。每服二钱，食前温酒下。(《徐氏胎产方》)

【附录】骨路支(拾遗)。

《藏器》曰：味辛，平，无毒。主上气浮肿，水气呕逆，妇人崩中，余血癥瘕，杀三虫。生昆仑国。苗似凌霄藤，根如青木香。越南亦有。一名飞藤。

营实、墙蘼（音眉。《本经》上品）

【释名】蔷薇（《别录》）、山棘（《别录》）、牛棘（《本经》）、牛勒（《别录》）、刺花（《纲目》）。

时珍曰：此草蔓柔靡，依墙援而生，故名墙蘼。其茎多棘刺勒人，牛喜食之，故有山棘、牛勒诸名。其子成簇而生，如营星然，故谓之营实。

【集解】《别录》曰：营实生零陵川谷及蜀郡。八月、九月采，阴干。

弘景曰：营实即蔷薇子也，以白花者为良。茎叶可煮作饮，其根亦可煮酿酒。

保升曰：所在有之。蔓生，茎间多刺。其花有百叶，八出六出，或赤或白。子若杜棠子。

时珍曰：蔷薇野生林堑间。春抽嫩蕻，小儿掐去皮刺食之。既长则成丛似蔓，而茎硬多刺。小叶尖薄有细齿。四、五月开花，四出，黄心，有白色、粉红二者。结子成簇，生青熟红。其核有白毛，如金樱子核，八月采之。根采无时。人家栽玩者，茎粗叶大，延长数丈。花亦厚大，有白、黄、红、紫数色。花最大者名佛见笑，小者名木香，皆香艳可人，不入药用。南番有蔷薇露，云是此花之露水，香馥异常。

营实

营实

【气味】酸，温，无毒。

《别录》曰：微寒。

【主治】痈疽恶疮，结肉跌筋。败疮热气，阴蚀不瘳，利关节（《本经》）。久服轻身益气（《别录》）。治上焦有热，好瞑（时珍）。

【附方】新一。眼热昏暗：营实、枸杞子、地肤子各二两，为末。每服三钱，温酒下。（《圣惠方》）

根

【气味】苦、涩，冷，无毒。

【主治】止泄痢腹痛，五脏客热，除邪逆气，疽癞诸恶疮，金疮伤挞，生肉复肌（《别录》）。治热毒风，除邪气，止赤白痢，肠风泻血，通结血，治牙齿痛，小儿疳虫肚痛，痈疽疥癣（大明）。头疮白秃（甄权）。除风热湿热，缩小便，止消渴（时珍）。

【发明】时珍曰：营实、蔷薇根，能入阳明经，除风热湿热，生肌杀虫，故痈疽疮癣古方常用，而泄痢、消渴、遗尿、好瞑，亦皆阳明病也。

【附方】旧七，新六。消渴尿多：蔷薇根一把，水煎，日服之。（《千金方》）小便失禁：蔷薇根煮汁饮，或为末酒服。野生白花者更良。（《圣惠方》）少小尿床：蔷薇根五钱，煎酒夜饮。（《外台秘要》）小儿疳痢频数：用生蔷薇根洗切，煎浓汁细饮，以愈为度。（《千金方》）尸咽痛痒，语声不出：蔷薇根支、射干一两，甘草（炙）半两。每服二钱，水煎服之。（《普济方》）口舌糜烂：蔷薇根，避风打去土，煮浓汁，温含冷吐。冬用根皮，夏用枝叶。口疮日久，延及胸中生疮，三年以上不瘥者，皆效。（《千金方》）小儿月蚀：蔷薇根四两，地榆二钱，为末。先以盐汤洗过，敷之。（《全幼心鉴》）痈肿疖毒，溃烂疼痛：用蔷薇皮更炙熨之。（《千金方》）筋骨毒痛，因患杨梅疮服轻粉毒药成者：野蔷薇根白皮（洗）三斤，水酒十斤，煮一炷香。每日任饮，以愈为度。《邓笔峰杂兴方》：用刺蔷薇根三钱，五加皮、木瓜、当归、茯苓各二钱。以酒二盏，煎一盏，日服一次。金疮肿痛：蔷薇根烧灰。每白汤服方寸匕，一日三服。（《抱朴子》）箭刺入肉，脓囊不出：以蔷薇根末掺之，服鼠扑，十日即穿皮出也。（《外台秘要》）骨哽不出：蔷薇根末。水服方寸匕，日三。（同上）

叶

【主治】下疳疮。焙研，洗敷之。黄花者更良（《摄生方》）。

月季花（《纲目》）

花季月

【释名】月月红（见下）、胜春、瘦客、斗雪红。

【集解】时珍曰：处处人家多栽插之，亦蔷薇类也。青茎长蔓硬刺，叶小于蔷薇，而花深红，千叶厚瓣，逐月开放，不结子也。

【气味】甘，温，无毒。

【主治】活血，消肿，敷毒（时珍）。

【附方】新一。瘰疬未破：用月季花头二钱，沉香五钱，芫花（炒）三钱，碎剉，入大鲫鱼腹中，就以鱼肠封固，酒、水各一盏，煮熟食之，即愈。鱼须安粪水内游死者方效。此是家传方，活人多矣。（谈野翁《试验方》）

栝蒌（《本经》中品）

【校正】并入《图经》天花粉。

【释名】果蠃（音裸）、栝蒌（《纲目》）、天瓜（《别录》）、黄瓜（《别录》）、地蒌（《本经》）、泽姑（《别录》），根名白药（《图经》）、天花粉（《图经》）、瑞雪。

时珍曰：蠃，与蓏同。许慎云：木上曰果，地下曰蓏。此物蔓生附木，故得兼名。

粉花天蒌栝

《诗》云：果蠃之实，亦施于宇，是矣。栝蒌，即果蠃二字音转也，亦作菰𧁒，后人又转为栝蒌，愈转愈失其真矣。古者瓜姑同音，故有泽姑之名。齐人谓之天瓜，象形也。雷敩《炮炙论》，以圆者为栝，长者为蒌，亦出牵强，但分雌雄可也。其根作粉，洁白如雪，故谓之天花粉。苏颂《图经》重出天花粉，谬矣。今削之。

【集解】《别录》曰：栝蒌，生弘农川谷及山阴地。根入土深者，良；生卤地者，有毒。二月、八月采根曝干，三十日成。

弘景曰：出近道。藤生，状如土瓜而叶有叉。入土六七尺，大二三围者，服食亦用之。实入摩膏用。

恭曰：出陕州者，白实最佳。

颂曰：所在有之。三、四月生苗，引藤蔓。叶如甜瓜叶而窄，作叉，有细毛。七月开花，似壶卢花，浅黄色。结实在花下，大如拳，生青，至九月熟，赤黄色。其形有正圆者，有锐而长者，功用皆同。根亦名白药，皮黄肉白。

时珍曰：其根直下生，年久者长数尺。秋后掘者结实有粉。夏月掘者有筋无粉，不堪用。其实圆长，青时如瓜，黄时如熟柿，山家小儿亦食之。内有扁子，大如丝瓜子，壳色褐，仁色绿，多脂，作青气。炒干捣烂，水熬取油，可点灯。

实

【修治】敩曰：凡使皮子茎根，其效各别。其栝，圆黄皮厚蒂小；蒌则形长赤皮蒂粗。阴人服蒌，阳人服栝。并去壳皮革膜及油。用根亦取大二三围者，去皮捣烂，以水澄粉用。

时珍曰：栝蒌，古方全用，后世乃分子、瓤各用。

【气味】苦，寒，无毒。

时珍曰：味甘，不苦。

【主治】胸痹，悦泽人面（《别录》）。润肺燥，降火，治咳嗽，涤痰结，利咽喉，止消渴，利大肠，消痈肿疮毒（时珍）。子：炒用，补虚劳口干，润心肺，治吐血，肠风泻血，赤白痢，手面皱（大明）。

【发明】震亨曰：栝蒌实治胸痹者，以其味甘性润。甘能补肺，润能降气。胸中有痰者，乃肺受火逼，失其降下之令。今得甘缓润下之助，则痰自降，宜其为治嗽之要药也。且又能洗涤胸膈中垢腻郁热，为治消渴之神药。

时珍曰：张仲景治胸痹痛引心背，咳唾喘息，及结胸满痛，皆用栝蒌实。乃取其甘寒不犯胃气，能降上焦之火，使痰气下降也。成无己不知此意，乃云苦寒以泻热。盖不尝其味原不苦，而随文傅会尔。

【附方】旧十二，新二十八。痰咳不止：栝蒌仁一两，文蛤七分，为末，以姜汁澄浓脚，丸弹子大。噙之。（《摘玄方》）干咳无痰：熟栝蒌捣烂绞汁，入蜜等分，加白矾一钱,熬膏。频含咽汁。(杨起《简便方》)咳嗽有痰:熟栝蒌十个,明矾二两,捣和饼阴干,研末,糊丸梧子大。每姜汤下五、七十丸。(《医方摘要》)痰喘气急:菰瓤二个,明矾一枣大。同烧存性,研末。以熟萝卜蘸食,药尽病除。(《普济方》)热咳不止:用浓茶汤一盅,蜜一盅,大熟栝蒌一个去皮,将瓤入茶蜜汤洗去子,以碗盛,于饭上蒸,至饭熟取出。时时挑三四匙咽之。(《摘玄方》)肺热痰澼,胸膈塞满:用栝蒌仁、半夏(汤泡七次,焙研)各一两。姜汁打面糊丸梧子大。每服五十丸,食后姜汤下。(严用和《济生方》)肺痿咳血不止:用栝蒌五十个(连瓤瓦焙),乌梅肉五十个(焙),杏仁(去皮尖炒)二十一个,为末。每用一捻,以猪肺一片切薄,掺末入内炙熟,冷嚼咽之,日二服。(《圣济录》)酒痰咳嗽,用此救肺:栝蒌仁、青黛等分,研末,姜汁蜜丸芡子大。每噙一丸。(《丹溪心法》)饮酒发热:即上方研膏,日食数匙。一男子年二十病此,服之而愈。(《摘玄方》)饮酒痰游,两胁胀满,时复呕吐,腹中如水声:栝蒌实(去壳,焙)一两,神曲(炒)半两,为末。每服二钱,葱白汤下。(《圣惠方》)小儿痰喘,咳嗽,膈热久不瘥:瓜蒌实一枚(去子)。为末,以寒食面和作饼子,炙黄再研末。每服一钱,温水化下,日三服,效乃止。(刘河间《宣明方》)妇人夜热痰嗽,月经不调,形瘦者:用栝蒌仁一两,青黛、香附(童尿浸晒)一两五钱,为末。蜜调,噙化之。(《丹溪心法》)胸痹痰嗽,胸痛彻背,心腹痞满,气不得通,及治痰嗽:大栝蒌去瓤,取子炒熟,和壳研末,面糊丸梧子大。每米饮下二三十丸,日二服。(《杜舌方》)胸中痹痛引背,喘息咳唾,短气,寸脉沉迟,关上紧数:用大栝蒌实一枚(切),薤白半斤。以白酒七斤,煮二升,分再服。加半夏四两更善。(仲景《金匮》方)清痰利膈,治咳嗽:用肥大栝蒌(洗取子,切焙)、半夏四十九个(汤洗十次,捶焙)等分。为末,用洗栝蒌水并瓤同熬成膏,和丸梧子大。每姜汤下三五十丸,良。(杨文蔚方)中风㖞斜:用栝蒌绞汁,和大麦面作饼,炙热熨之。正便止,勿令太过。(《圣惠方》)热病头痛,发热进退:用大栝蒌一枚,取瓤细剉,置瓷碗中。用热汤一盏沃之,盖定良久,去滓服。(《圣惠方》)时疾发黄,狂闷烦热,不识人者:大栝蒌实(黄者)一枚,以新汲水九合浸淘取汁,入蜜半合,朴硝八分,合搅令消尽,分再服,便瘥。(苏颂《图经本草》)小儿黄疸,眼黄脾热:用青栝蒌焙研。每服一钱,水半盏,煎七分,卧时服。五更泻下黄物,立可。名逐黄散。(《普济方》)酒黄疸疾:方同上。小便不通腹胀:用栝蒌焙研。每服二钱,热酒下。频服,以通为度。绍兴刘驻云:魏明州病此,御医用此方治之,得效。(《圣惠方》)消渴烦乱:黄栝蒌一个,酒一盏,洗去皮子,取瓤煎成膏,入白矾末一两,丸梧子大。每米饮下十丸。(《圣惠方》)燥渴肠秘:九月、十月熟菰瓤实,取瓤拌干葛粉,银石器中慢火炒熟,为末。食后、夜卧各以沸汤点服二钱。(寇宗奭《衍义》)吐血不止:栝蒌(泥固煅存性研)三钱,糯米饮服,日再服。(《圣济录》)肠风下血:栝蒌一个(烧灰),赤小豆半两,为末。每空心酒服一钱。(《普济方》)久痢五色:大熟瓜蒌一个。煅存性,出火毒,为末。作一服,温酒服之。胡大卿一仆,患痢半年,杭州一道人传此而愈。(《本事方》)大肠脱肛:生栝蒌捣汁,温服之。以猪肉汁洗手,挼之令暖,自入。(葛洪《肘后方》)小儿脱肛,唇白齿焦,久则两颊光,眉赤唇焦,啼哭:黄瓜蒌一个,入白矾五钱在内，固济煅存性，为末，糊丸梧子大。每米饮下二十丸。（《摘玄方》）牙齿疼痛：瓜蒌皮、露蜂房烧灰擦牙。以乌桕根、荆柴根、葱根煎汤嗽之。（危氏《得效方》）咽喉肿痛，语声不出：经进方用栝蒌皮、白僵蚕（炒）、甘草（炒）各二钱半，为末。每服三钱半，姜汤下。或以绵裹半钱，含咽。一日二服。名发声散。（《御药院方》）坚齿乌须：大栝蒌一个（开顶），入青盐二两，杏仁（去皮尖）三七粒，原顶合扎定，蚯蚓泥和盐固济，炭火煅存性，研末。每日揩牙三次，令热，百日有验。如先有白须，拔去以药投之，即生黑者。其治口齿之功，未易具陈。（《普济方》）面黑令白：栝蒌瓤三两，杏仁一两，猪胰一具。同研如膏。每夜涂之，令人光润，冬月不皴。（《圣济录》）胞衣不下：栝蒌实一个，取子细研，以酒与童子小便各半盏，煎七分，温服。无实，用根亦可。（陈良甫《妇人良方》）乳汁不下：瓜蒌子淘洗，控干炒香，瓦上拓令白色，为末。酒服一钱匕，合面卧，一夜流出。（姚僧垣《集验方》）乳痈初发：大熟栝蒌一枚熟捣，以白酒一斗，煮取四升，去滓，温服一升，日三服。（《子母秘录》）诸痈发背，初起微赤：栝蒌捣末，井华水服方寸匕。（《梅师方》）便毒初发：黄瓜蒌一个，黄连五钱，水煎。连服效。（李仲南《永类方》）风疮疥癞：生栝蒌一二个、打碎，酒浸一日夜。热饮。（臞仙《乾坤秘韫》）热游丹肿：栝蒌子仁末二大两，酽醋调涂。（杨氏《产乳集验方》）杨梅疮痘，小如指顶，遍身者。先服败毒散，后用此解皮肤风热，不过十服愈：用栝蒌皮为末。每服三钱，烧酒下，日三服。（《集简方》）

根

【修治】天花粉。

周定王曰：秋冬采根，去皮寸切，水浸，逐日换水，四五日取出，捣泥，以绢袋滤汁澄粉，晒干用。

【气味】苦，寒，无毒。

时珍曰：甘、微苦、酸，微寒。

之才曰：枸杞为之使。恶干姜，畏牛膝、干漆，反乌头。

【主治】消渴身热，烦满大热，补虚安中，续绝伤（《本经》）。除肠胃中痼热，八疸身面黄，唇干口燥短气，止小便利，通月水（《别录》）。治热狂时疾，通小肠，消肿毒，乳痈发背，痔瘘疮疖，排脓生肌长肉，消扑损瘀血（大明）。

【发明】恭曰：用根作粉，洁白美好，食之大宜虚热人。

杲曰：栝蒌根纯阴，解烦渴，行津液。心中枯涸者，非此不能除。与辛酸同用，导肿气。

成无己曰：津液不足则为渴。栝蒌根味苦微寒，润枯燥而通行津液，是为渴所宜也。

时珍曰：栝蒌根味甘微苦酸。其茎叶味酸。酸能生津，感召之理，故能止渴润枯。微苦降火，甘不伤胃。昔人只言其苦寒，似未深察。

【附方】旧十二，新十三。消渴饮水：《千金方》作粉法：取大栝蒌根去皮寸切，水浸五日，逐日易水，取出捣研，滤过澄粉晒干。每服方寸匕，水化下，日三服。亦可入粥及乳酪中食之。《肘后方》：用栝蒌根薄切炙，取五两，水五升，煮四升，随意饮之。《外台秘要》：用生栝蒌根三十斤，以水一石，煮取一斗半，去滓，以牛脂五合，煎至水尽。用暖酒先食服如鸡子大，日三服。最妙。《圣惠方》：用栝蒌根、黄连三两。为末，蜜丸梧子大。每服三十丸，日二服。又玉壶丸：用栝蒌根、人参等分，为末，蜜丸梧子大。每服三十丸，麦门冬汤下。伤寒烦渴思饮：栝蒌根三两。水五升，煮一升，分二服。先以淡竹沥一升，水二升，煮好银二两，减半去银，冷饮汁，然后服此。（《外台秘要》）百合病渴：栝蒌根、牡蛎（熬）等分。为散。饮服方寸匕。（《永类方》）黑疸危疾：瓜蒌根一斤，捣汁六合，顿服。随有黄水从小便出。如不出，再服。（杨起《简便方》）小儿发黄，皮肉面目皆黄：用生栝蒌根捣取汁二合，蜜二大匙和匀，暖服，日一服。（《广利方》）小儿热病，壮热烦渴：用栝蒌根末，乳汁调服半钱。（《圣惠方》）虚热咳嗽：天花粉一两，人参三钱。为末。每服一钱，米汤下。（《集简方》）偏疝痛极，劫之立住：用绵袋包暖阴囊。取天花粉五钱，以醇酒一碗浸之，自卯至午，微煎滚，露一夜。次早低凳坐定，两手按膝，饮下即愈。未效，再一服。（《本草蒙筌》）小儿囊肿：天花粉一两，炙甘草一钱半，水煎，入酒服。（《全幼心鉴》）耳卒烘烘：栝蒌根削尖，以腊猪脂煎三沸，取塞耳，三日即愈。（《肘后方》）耳聋未久：栝蒌根三十斤细切，以水煮汁，如常酿酒。久服甚良。（《肘后方》）产后吹乳，肿硬疼痛，轻则为妒乳，重则为乳痈：用栝蒌根末一两，乳香一钱。为末。温酒每服二钱。（李仲南《永类方》）乳汁不下：栝蒌根烧存性，研末。饮服方寸匕。或以五钱，酒水煎服。（杨氏《产乳》）痈肿初起：孟诜《食疗》：用栝蒌根苦酒熬燥，捣筛，以苦酒和，涂纸上，贴之。杨文蔚方：用栝蒌根、赤小豆等分。为末。醋调涂之。天泡湿疮：天花粉、滑石等分，为末，水调搽之。（《普济方》）杨梅天泡：天花粉、川芎䓖各四两，槐花一两，为末，米糊丸梧子大。每空心淡姜汤下七八十丸。（《简便方》）折伤肿痛：栝蒌根捣涂，重布裹之。热除，痛即止。（葛洪《肘后方》）箭镞不出：栝蒌根，捣敷之，日三易，自出。（崔元亮《海上方》）针刺入肉：方同上。痘后目障：天花粉、蛇蜕（洗焙）等分。为末。羊子肝批开，入药在内，米泔汁煮熟，切食。次女病此，服之旬余而愈。（周密《齐东野语》）

茎、叶

【气味】酸，寒，无毒。

【主治】中热伤暑（《别录》）。

王瓜（《本经》中品）

【释名】土瓜（《本经》）、钩𦻐（郭璞）、老鸦瓜（《图经》）、马瓟瓜（瓟，音雹）、赤雹子（《衍义》）、野甜瓜（《纲目》）、师姑草（《土宿》）、公公须。

颂曰：《月令》：四月王瓜生。即此也。均、房间人呼为老鸦瓜，亦曰菟瓜。按

《尔雅》云：黄，菟瓜。郭璞注云：似土瓜。而土瓜自谓之蕨姑，又名钩薽，则菟瓜别是一物也。

又曰：芴，菲。亦谓之土瓜。别是一物，非此土瓜也。异类同名甚多，不可不辨。

时珍曰：土瓜，其根作土气，其实似瓜也。或云根味如瓜，故名土瓜。王字不知何义？瓜似雹子，熟则色赤，鸦喜食之，故俗名赤雹、老鸦瓜。一叶之下一须，故俚人呼为公公须。与地黄苗名婆婆奶，可为属对。

王瓜

【集解】《别录》曰：生鲁地平泽田野，及人家垣墙间。三月采根，阴干。

弘景曰：今土瓜生篱院间。子熟时赤如弹丸。其根不入大方，正单行小小尔。郑玄注《月令》：四月王瓜生，以为菝葜，殊谬矣。

恭曰：四月生苗延蔓，叶似栝蒌叶，圆无叉缺，有毛刺。五月开黄花。花下结子如弹丸，生青熟赤。根似葛，细而多糁，谓之土瓜根。北间者，其实累累相连，大如枣，皮黄肉白。苗子相似，根状不同。若疗黄疸破血，南者大胜也。

宗奭曰：王瓜，其壳径寸，长二寸许，上微圆，下尖长，七、八月熟，红赤色。壳中子如螳螂头者，今人又谓之赤雹子。其根即土瓜根也。于细根上又生淡黄根，三五相连，如大指许。根与子两用。

时珍曰：王瓜三月生苗，其蔓多须，嫩时可茹。其叶圆如马蹄而有尖，面青背淡，涩而不光。六、七月开，五出小黄花成簇。结子累累，熟时有红、黄二色，皮亦粗涩。根不似葛，但如栝蒌根之小者，澄粉甚白腻，须深掘二三尺乃得正根。江西人栽之沃土，取根作蔬食，味如山药。

根

【气味】苦，寒。无毒。

权曰：平。

藏器曰：有小毒，能吐下人。取汁制雄、汞。

【主治】消渴内痹，瘀血月闭，寒热酸疼，益气愈聋（《本经》）。疗诸邪气，热结鼠瘘，散痈肿留血，妇人带下不通，下乳汁，止小便数不禁，逐四肢骨节中水，治马骨刺人疮（《别录》）。天行热疾，酒黄病，壮热心烦闷，热劳，排脓，消扑损瘀血，破癥癖，落胎（大明）。主蛊毒，小儿闪癖，痞满痰疟。并取根及叶捣汁，少少服，当吐下（藏器）。利大小便，治面黑面疮（时珍）。

【附方】旧五，新七。小儿发黄：土瓜根生捣汁三合与服，不过三次。（苏颂《图经》）黄疸变黑，医所不能治：用土瓜根汁，平旦温服一小升。午刻黄水当从小便出，不出再服。（《肘后方》）小便如泔，乃肾虚也：王瓜散：用王瓜根一两，白石脂二两，菟丝子（酒浸）二两，桂心一两，牡蛎粉二两。为末。每服二钱，大麦粥饮下。（《卫生宝鉴》）小便不通：土瓜根捣汁，入少水解之，筒吹入下部。（《肘后方》）大便不通:上方吹入肛门内。二便不通,前后吹之,取通。(《肘后方》)乳汁不下:土瓜根为末。酒服一钱,一日二服。(杨氏《产乳方》)经水不利,带下,少腹满,或经一月再见者,土瓜根散主之:土瓜根、芍药、桂枝、䗪虫各三两,为末。酒服方寸匕,日三服。(仲景《金匮方》)妇人阴癞:方同上。一切漏疾:土瓜根捣敷之,燥则易。(《千金方》)中诸蛊毒:土瓜根大如指,长三寸,切,以酒半升,渍一宿。服当吐下。(《外台秘要》)面上痱𤺥:土瓜根捣末,浆水和匀。入夜别以浆水洗面涂药,旦复洗之。百日光彩射人,夫妻不相识也。曾用有效。(《肘后方》)耳聋灸法:湿土瓜根,削半寸塞耳内,以艾灸七壮,每旬一灸,愈乃止。(《圣济录》)

子

【气味】酸、苦,平,无毒。

【主治】生用:润心肺,治黄病。炒用:治肺痿吐血,肠风泻血,赤白痢(大明)。主蛊毒(甄权)。反胃吐食(时珍)。

【附方】新八。消渴饮水:雹瓜去皮。每食后嚼二三两,五七度瘥。(《圣惠方》)传尸劳瘵:赤雹儿(俗名王瓜),焙为末。每酒服一钱。(《十药神书》)反胃吐食:马雹儿(灯上烧存性)一钱,入好枣肉,平胃散末二钱,酒服.食即可下。即野甜瓜,北方多有之。(《丹溪纂要》)痰热头风:悬栝蒌一个,赤雹儿七个(焙),大力子(即牛蒡子,焙)四两。为末。每食后茶或酒服三钱。忌动风发热之物。筋骨痛挛:马雹儿子炒开口,为末。酒服一钱,日二服。(《集简方》)赤目痛涩,不可忍:小圆瓜蒳(篱上大如弹丸、红色、皮上有刺者,九月、十月采,日干)、槐花(炒)、赤芍药等分。为末。每服二钱,临卧温酒下。(《卫生家宝方》)瘀血作痛:赤雹儿烧存性,研末。无灰酒空心服二钱。(《集简方》)大肠下血:王瓜一两(烧存性),地黄二两,黄连半两,为末,蜜丸梧子大。米饮下三十丸。(《指南方》)

葛(《本经》中品)

【校正】并入《开宝》葛粉。

【释名】鸡齐(《本经》)、鹿藿(《别录》)、黄斤(《别录》)。

时珍曰:葛从曷,谐声也。鹿食九草,此其一种,故曰鹿藿。黄斤未详。

【集解】《别录》曰:葛根生汶山川谷,五月采根,曝干。

弘景曰:即今之葛根,人皆蒸食之。当取入土深大者,破而日干之。南康、庐陵间最胜,多肉而少筋,甘美,但为药不及耳。

恭曰:葛虽除毒,其根入土五六寸以上者,名葛脰。脰者颈也。服之令人吐,以有微毒也。《本经》葛谷,即是其实也。

颂曰:今处处有之,江浙尤多。春生苗,引藤蔓,长一二丈,紫色。叶颇似楸叶而小,色青。七月着花,粉紫色,似豌豆花,不结实。根形大如手臂.紫黑色,五月五日午时采根,曝干,以入土深者为佳,今人多作粉食。

葛根

宗奭曰：澧、鼎之间，冬月取生葛，捣烂入水中，揉出粉，澄成垛，入沸汤中良久，色如胶，其体甚韧，以蜜拌食，擦入生姜少许尤妙。又切入茶中待宾，虽甘而无益。又将生葛根煮熟，作果实卖，虔、吉州、南安军亦然。

时珍曰：葛有野生，有家种。其蔓延长。取治可作絺绤。其根外紫内白，长者七八尺。其叶有三尖，如枫叶而长，面青背淡。其花成穗，累累相缀，红紫色。其荚如小黄豆荚，亦有毛。其子绿色，扁扁如盐梅子核，生嚼腥气，八、九月采之，《本经》所谓葛谷是也。唐苏恭亦言葛谷是实，而宋苏颂谓葛花不结实，误矣。其花晒干亦可炸食。

葛根

【气味】甘、辛，平，无毒。

《别录》曰：生根汁，大寒。

好古曰：气平味甘，升也，阳也。阳明经行经的药也。

【主治】消渴，身大热，呕吐，诸痹，起阴气，解诸毒。(《本经》)。疗伤寒中风头痛，解肌发表出汗，开腠理，疗金疮，止胁风痛(《别录》)。治天行上气呕逆，开胃下食，解酒毒(甄权)。治胸膈烦热发狂，止血痢，通小肠，排脓破血。敷蛇虫啮，罯毒箭伤(大明)。杀野葛、巴豆、百药毒(之才)。生者：堕胎。蒸食：消酒毒，可断谷不饥。作粉尤妙(藏器)。作粉：止渴，利大小便，解酒，去烦热，压丹石，敷小儿热疮。捣汁饮：治小儿热痞(《开宝》)。猘狗伤，捣汁饮，并末敷之(苏恭)。散郁火(时珍)。

【发明】弘景曰：生葛捣汁饮，解温病发热。五月五日日中时，取根为屑，疗金疮断血为要药，亦疗疟及疮，至良。

颂曰：张仲景治伤寒有葛根汤，以其主大热、解肌、发腠理故也。

元素曰：升阳生津。脾虚作渴者，非此不除。勿多用，恐伤胃气。张仲景治太阳阳明合病，桂枝汤内加麻黄、葛根，又有葛根黄芩黄连解肌汤，是用此以断太阳入阳明之路，非即太阳药也。头颅痛如破，乃阳明中风，可用葛根葱白汤，为阳明仙药。若太阳初病，未人阳明而头痛者，不可便服升麻、葛根发之，是反引邪气入阳明，为引贼破家也。

震亨曰：凡癍痘已见红点，不可用葛根升麻汤，恐表虚反增斑烂也。

杲曰：干葛其气轻浮，鼓舞胃气上行，生津液，又解肌热，治脾胃虚弱泄泻圣药也。

徐用诚曰：葛根气味俱薄，轻而上行，浮而微降，阳中阴也。其用有四：止渴，一也；解酒，二也；发散表邪，三也；发疮疹难出，四也。

时珍曰：本草十剂云：轻可去实，麻黄、葛根之属。盖麻黄乃太阳经药，兼入肺经，肺主皮毛；葛根乃阳明经药，兼入脾经，脾主肌肉。所以二味药皆轻扬发散，而所入迥然不同也。

【附方】旧十七,新四。数种伤寒,庸人不能分别,今取一药兼治。天行时气,初觉头痛,内热脉洪者:葛根四两。水二升,入豉一升,煮取半升服。捣生根汁尤佳。(《伤寒类要》)时气头痛壮热:生葛根洗净,捣汁一大盏,豉一合,煎六分,去滓分服,汗出即瘥。未汗再服。若心热,加栀子仁十枚。(《圣惠方》)伤寒头痛二、三日发热者:葛根五两,香豉一升,以童子小便八升,煎取二升,分三服。食葱豉粥取汗。(《梅师方》)妊娠热病:葛根汁二升,分三服。(《伤寒类要》)预防热病,急黄贼风:葛粉二升,生地黄一升,香豉半升。为散。每食后米饮服方寸匕,日三服。有病五服。(庞安常《伤寒论》)辟瘴不染:生葛捣汁一小盏服,去热毒气也。(《圣惠方》)烦躁热渴:葛粉四两,先以水浸粟米半升,一夜漉出,拌匀,煮粥食之。(《圣惠方》)小儿热渴久不止:葛根半两,水煎服。(《圣惠方》)干呕不息:葛根捣汁,服一升,瘥。(《肘后方》)小儿呕吐,壮热食痫:葛粉二钱。水二合,调匀,倾入锡锣中,重汤烫熟,以糜饮和食。(昝殷《食医心镜》)心热吐血不止:生葛捣汁半升,顿服,立瘥。(《广利方》)衄血不止:生葛根捣汁,服一小盏。三服即止。(《圣惠方》)热毒下血,因食热物发者:生葛根二斤,捣汁一升,入藕汁一升,和服。(《梅师方》)伤筋出血:葛根,捣汁饮。干者,煎服。仍熬屑敷之。(《外台秘要》)臂腰疼痛:生葛根嚼之咽汁,取效乃止。(《肘后方》)金创中风,痉强欲死:生葛根四大两,以水三升,煮取一升,去滓,分温四服。口噤者灌之。若干者,捣末调三指撮。仍以此及竹沥多服,取效。(《贞元广利方》)服药过剂苦烦:生葛汁饮之。干者煎汁服。(《肘后方》)酒醉不醒:生葛根汁,饮二升,便愈。(《千金方》)诸菜中毒,发狂烦闷,吐下欲死:葛根,煮汁服。(《肘后方》)解中鸩毒,气欲绝者:葛粉三合,水三盏,调服。口噤者灌之。(《圣惠方》)虎伤人疮:生葛根,煮浓汁洗之。仍捣末,水服方寸匕,日夜五、六服。(《梅师方》)

葛谷

【气味】甘,平,无毒。

【主治】下痢十岁以上(《本经》)。解酒毒(时珍)。

葛花

【气味】同谷。

【主治】消酒(《别录》。弘景曰:同小豆花,干末,酒服,饮酒不醉也)。肠风下血(时珍)。

叶

【主治】金疮止血,挼敷之(《别录》)。

蔓

【主治】卒喉痹。烧研，水服方寸匕（苏恭）。消痈肿（时珍）。

【附方】新三。妇人吹乳：葛蔓烧灰。酒服二钱。三服效。（《卫生易简方》）疖子初起：葛蔓烧灰。水调敷之，即消。（《千金方》）小儿口噤，病在咽中，如麻豆许，令儿吐沫，不能乳食：葛蔓（烧灰）一字，和乳汁点之，即瘥。（《圣惠方》）

【附录】铁葛（《拾遗》）

藏器曰：根：味甘，温，无毒。主一切风，血气羸弱，令人壮健。久服，治风缓偏风。生山南峡中。叶似枸杞，根如葛，黑色。

黄环（《本经》下品）、狼跛子（《别录》下品）

【释名】凌泉（《本经》）、大就（《本经》）、就葛（《唐本》）、生刍（《吴普》）、根韭（《吴普》）、实名狼跛子（《别录》）、度谷（《唐本》）。

时珍曰：此物叶黄而圆，故名黄环，如萝藦呼白环之义。亦是葛类，故名就葛。跛乃狼足名，其荚似之，故曰狼跛子。

黄环

【集解】《别录》曰：黄环生蜀郡山谷。三月采根，阴干。

普曰：蜀黄环，一名生刍。二月生苗，正赤，高二尺。叶黄圆端大，经日叶有汁黄白。五月实圆。三月采根，黄色从理，如车辐解。

弘景曰：似防己，亦作车辐理解。《蜀都赋》云：青珠黄环，即此。或云是大戟花，定非矣。用甚稀，市人鲜有识者。又曰：狼跛子出交广，形扁扁。制捣以杂米投水中，鱼无大小皆浮出而死。

恭曰：黄环惟襄阳大有，余处虽有亦稀，巴西人谓之就葛，今园庭亦种之。作藤生，大者茎径六七寸，根亦葛类，陶云似防己者，近之。取葛根误食之，吐利不止，土浆解之，此真黄环也。今太常收剑南来者，乃鸡屎葛根，非黄环也。其花紫色，其子名狼跛子，角生似皂荚。交广送入太常者，正是黄环子也。花实与葛同时。

时珍曰：吴普所说甚详，而唐宋本草不收何也？《范子计然》云：黄环出魏郡，以黄色者为善。

黄环（根也）

【气味】苦，平，有毒。

普曰：神农、黄帝：有毒；桐君、扁鹊：苦。

权曰：大寒，有小毒。

之才曰：鸢尾为之使。恶茯苓、防己、干姜。

【主治】蛊毒鬼疰鬼魅，邪气在脏中，除咳逆寒热（《本经》）。治上气急及百邪（甄权）。治痰嗽，消水肿，利小便（时珍）。

【附方】新一。水肿：黄环根晒干。每服五钱，水煎服，小便利为效。（《儒门事亲》）

狼跋子

【气味】苦，寒，有小毒。

【主治】恶疮蜗疥。杀虫鱼（《别录》）。苦酒摩，涂疮疥效（弘景）。

天门冬（《本经》上品）

【释名】虋冬（音门）、颠勒（《本经》）、颠棘（《尔雅》）、天棘（《纲目》）、万岁藤。

禹锡曰：按《尔雅》云：蔷蘼，虋冬。注云：门冬也，一名满冬。《抱朴子》云：一名颠棘，或名地门冬，或名筵门冬。在东岳名淫羊藿；在中岳名天门冬；在西岳名管松；在北岳，名无不愈；在南岳名百部；在京陆山阜名颠棘；在越人名浣草。虽处处有之，其名不同，其实一也。别有百部草，其根有百许如一，而苗小异，其苗似菝葜，惟可治咳，不中服食，须分别之。

冬门天

时珍曰：草之茂者为虋，俗作门。此草蔓茂，而功同麦门冬，故曰天门冬，或日天棘。《尔雅》云：髦，颠棘也。因其细叶如髦，有细棘也。颠、天，音相近也。按《救荒本草》云：俗名万岁藤，又名婆萝树。其形与治肺之功颇同百部，故亦名百部也。蔷蘼乃营实苗，而《尔雅》指为虋冬，盖古书错简也。

【集解】《别录》曰：天门冬，生奉高山谷。二月、三月、七月、八月采根，曝干。

弘景曰：奉高，泰山下县名也。今处处有之，以高地大根味甘者为好。《桐君药录》云：蔓生，叶有刺，五月花白，十月实黑，根连数十枚。张华《博物志》云：天门冬茎间有逆刺。若叶滑者，名絺体，一名颠棘。挼根入汤，可以浣缣，素白如绒，纻类也。今越人名为浣草，胜于用灰。此非门冬，乃相似尔。按此说与桐君之说相乱。今人所采皆是有刺者，本名颠勒，亦粗相似，用此浣衣则净，不复更有门冬。恐门冬自一种，或即是浣草耶？又有百部，根亦相类，但苗异尔。

恭曰：此有二种：一种苗有刺而涩，一种无刺而滑，皆是门冬。俗云颠棘、浣草者，形貌诰之。虽作数名，终是一物。二根浣垢俱净。门冬、浣草，互名也。诰，音命，目之也。

颂曰：处处有之。春生藤蔓，大如钗股，高至丈余。叶如茴香，极尖细而疏滑，有逆刺；亦有涩而无刺者，其叶如丝杉而细散，皆名天门冬。夏生细白花，亦有黄色及紫色者。秋结黑子，在其根枝旁。入伏后无花，暗结子。其根白或黄紫色，大如手指，圆实而长二、三寸，大者为胜，一科一二十枚同撮，颇与百部根相类。洛中出者，大叶粗干，殊不相类。岭南者无花，余无他异。

禹锡曰：《抱朴子》言：生高地，根短味甜气香者为上；生水侧下地，叶细似蕴而微黄，根长而味多苦、气臭者，次之。若以服食，令人下气，为益又迟也。入山便可蒸煮，啖之断谷。或为散，仍取汁作酒以服散尤佳。

时珍曰：生苗时，亦可以沃地栽种。子亦堪种，但晚成。

根

【修治】弘景曰：门冬采得蒸，剥去皮食之，甚甘美，止饥。虽曝干，尤脂润难捣，必须曝于日中或火烘之。今人呼苗为棘刺，煮作饮宜人，而终非真棘刺也。

颂曰：二、三、七、八月采根，蒸剥去皮，四破去心，曝干用。

敩曰：采得去皮、心，用柳木甑及柳木柴蒸一伏时，洒酒令遍，更添火蒸。作小架去地二尺，摊于上，曝干用。

【气味】苦，平，无毒

《别录》曰：甘，大寒。

好古曰：气寒，味微苦而辛。气薄味厚，阳中之阴。入手太阴、足少阴经气分之药。

之才曰：垣衣、地黄、贝母为之使。畏曾青。

损之曰：服天门冬，禁食鲤鱼。误食中毒者，浮萍汁解之。捣汁，制雄黄、硇砂。

【主治】诸暴风湿偏痹，强骨髓。杀三虫，去伏尸。久服轻身益气延年，不饥（《本经》）。保定肺气，去寒热，养肌肤，利小便，冷而能补（《别录》）。肺气咳逆，喘息促急，肺痿生痈吐脓，除热，通肾气，止消渴，去热中风，治湿疥，宜久服。煮食之，令人肌体滑泽白净，除身上一切恶气不洁之疾（甄权）。镇心，润五脏，补五劳七伤，吐血，治嗽消痰，去风热烦闷（大明）。主心病，嗌干心痛，渴而欲饮，痿蹶嗜卧，足下热而痛（好古）。润燥滋阴，清金降火（时珍）。阳事不起，宜常服之（思邈）。

【发明】权曰：天门冬冷而能补，患人体虚而热者，宜加用之。和地黄为使，服之耐老头不白。

宗奭曰：治肺热之功为多。其味苦，专泄而不专收，寒多人禁服之。

元素曰：苦以泄滞血，甘以助元气，及治血妄行，此天门冬之功也。保定肺气，治血热侵肺，上气喘促，宜加人参、黄芪为主，用之神效。

嘉谟曰：天、麦门冬并入手太阴，祛烦解渴，止咳消痰。而麦门冬兼行手少阴，清心降火，使肺不犯邪，故止咳立效。天门冬复走足少阴，滋肾助元，全其母气，故消痰殊功。盖肾主津液，燥则凝而为痰，得润剂则化，所谓治痰之本也。

好古曰：入手太阴、足少阴经。营卫枯涸，宜以湿剂润之。二门冬、人参、五味、枸杞子同为生脉之剂，此上焦独取寸口之意。

赵继宗曰：五药虽为生脉之剂，然生地黄、贝母为天门冬之使；地黄、车前，为麦门冬之使；茯苓，为人参之使。若有君无使，是独行无功也。故张三丰与胡荧尚书长生不老方，用天门冬三斤，地黄一斤，乃有君而有使也。

禹锡曰：《抱朴子》言：入山便可以天门冬蒸煮，啖之，取足以断谷。若有力可饵之，或作散、酒服，或捣汁作液、膏服。至百日丁壮兼倍，快于术及黄精也。二百日强筋髓，驻颜色。与炼成松脂同蜜丸服，尤善。杜紫微服之，御八十妾，一百四十岁，日行三百里。

慎微曰：《列仙传》云：赤须子食天门冬，齿落更生，细发复出。太原甘始服天门冬，在人间三百余年。《圣化经》云：以天门冬、茯苓等分，为末，日服方寸匕。则不畏寒，大寒时单衣汗出也。

时珍曰：天门冬清金降火，益水之上源，故能下通肾气，入滋补方，合群药用之有效。若脾胃虚寒人，单饵既久，必病肠滑，反成痼疾。此物性寒而润，能利大肠故也。

【附方】旧三，新十五。服食法：孙真人《枕中记》云：八、九月采天门冬根，曝干为末。每服方寸匕，日三服。无问山中人间，久服补中益气，治虚劳绝伤，年老衰损，偏枯不随，风湿不仁，冷痹恶疮，痈疽癞疾。鼻柱败烂者，服之皮脱虫出。酿酒服，去癥瘕积聚，风痰颠狂，三虫伏尸，除湿痹，轻身益气，令人不饥，百日还年耐老。酿酒初熟微酸，久停则香美，诸酒不及也。忌鲤鱼。《臞仙神隐》云：用干天门冬十斤，杏仁一斤，捣末，蜜渍。每服方寸匕。名仙人粮。辟谷不饥：天门冬二斤，熟地黄一斤，为末，炼蜜丸弹子大。每温酒化三丸，日三服。居山远行，辟谷良。服至十日，身轻目明；二十日，百病愈，颜色如花；三十日，发白更黑，齿落重生；五十日，行及奔马；百日，延年。又法：天门冬捣汁，微火煎取五斗，入白蜜一斗，胡麻（炒末）二升，合煎至可丸，即止火。下大豆黄末，和作饼，径三寸，厚半寸。一服一饼，一日三服，百日以上有益。又法：天门冬末一升，松脂末一升，蜡、蜜一升和煎，丸如梧子大。每日早、午、晚各服三十丸。天门冬酒，补五脏，调六腑，令人无病：天门冬三十斤，去心捣碎，以水二石，煮汁一石，糯米一斗，细曲十斤，如常炊酿，酒熟，日饮三杯。天门冬膏，去积聚风痰，补肺，疗咳嗽失血，润五脏，杀三虫伏尸，除瘟疫，轻身益气，令人不饥：以天门冬流水泡过，去皮心，捣烂取汁，砂锅文武炭火煮，勿令大沸。以十斤为率，熬至三斤，却入蜜四两，熬至滴水不散，瓶盛埋土中一七，去火毒。每日早、晚白汤调服一匙。若动大便，以酒服之。（《医方摘要》）肺痿咳嗽吐涎沫，心中温温，咽燥而不渴：生天门冬（捣汁）一斗，酒一斗，饴一升，紫苑四合，铜器煎至可丸。每服杏仁大一丸，日三服。（《肘后方》）阴虚火动有痰，不堪用燥剂者：天门冬一斤（水浸洗去心，取肉十二两，石臼捣烂），五味子（水洗去核，取肉四两，晒干，不见火）。共捣丸梧子大。每服二十丸，茶下，日三服。（《简便方》）滋阴养血，温补下元：三才丸：用天门冬（去心）、生地黄二两（二味用柳甑箅，以酒洒之，九蒸九晒，待干秤之）。人参一两为末，蒸枣肉捣和，丸梧子大。每服三十丸，食前温酒下，日三服。（洁古《活法机要》）虚劳体痛：天门冬末，酒服方寸匕，日三。忌鲤鱼。（《千金方》）肺劳风热，止渴去热：天门冬去皮心，煮食。或曝干为末，蜜丸服，尤佳。亦可洗面。(孟诜《食疗》)妇人骨蒸,烦热寝汗,口干引饮,气喘:天门冬十两,麦门冬八两(并去心为末)。以生地黄三斤,取汁熬膏,和丸梧子大。每服五十丸,以逍遥散去甘草,煎汤下。(《活法机要》)风颠发作则吐,耳如蝉鸣,引胁牵痛:天门冬去心皮,曝捣为末。酒服方寸匕,日三服,久服良。(《外台秘要》)小肠偏坠:天门冬三钱,乌药五钱,以水煎服。(吴球《活人心统》)面黑令白:天门冬曝干,同蜜捣作丸。日用洗面。(《圣济总录》)口疮连年不愈者:天门冬、麦门冬(并去心)、玄参等分。为末,炼蜜丸弹子大。每噙一丸,乃僧居寮所传方也。(齐德之《外科精义》)诸般痈肿:新掘天门冬三、五两,洗净,沙盆擂细,以好酒滤汁,顿服。未效,再服必愈。此祖传经验方也。(虞抟《医学正传》)

百部(《别录》中品)

【释名】婆妇草(《日华》)、野天门冬(《纲目》)。

时珍曰:其根多者百十连属,如部伍然,故以名之。

百部

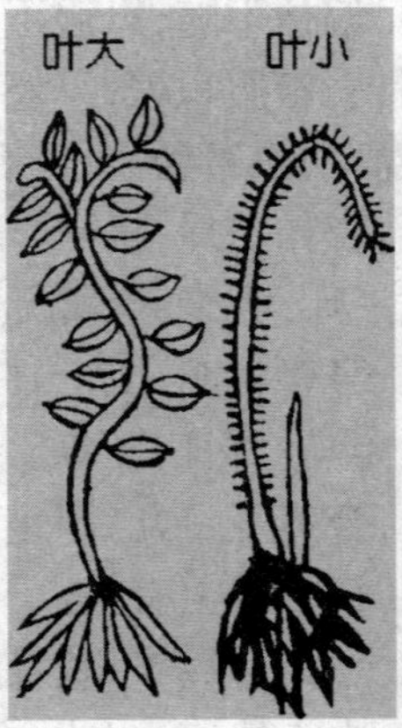

【集解】弘景曰:山野处处有之。其根数十相连,似天门冬而苦强,但苗异尔。《博物志》云:九真一种草似百部,但长大尔。悬火上令干,夜取四五寸切短,含咽汁,主暴嗽甚良,名为嗽药。疑此即百部也。其土肥润,是以长大也。

藏器曰:天门冬根有十余茎,根圆短,实润味甘;百部,多者五六十茎,根长尖内虚,味苦不同,苗蔓亦别。今人以门冬当百部,说不明也。

颂曰:今江、湖、淮、陕、齐、鲁州郡皆有之。春生苗,作藤蔓。叶大而尖长,颇似竹叶,面青色而光。根下一撮十五六枚,黄白色,二、三、八月采,曝干用。

时珍曰:百部亦有细叶如茴香者,其茎青,肥嫩时亦可煮食。其根长者近尺,新时亦肥实,但干则虚瘦无脂润尔。生时擘开去心曝之。郑樵《通志》言叶如薯蓣者,谬矣。

根

【修治】敩曰:凡采得以竹刀劈,去心皮花,作数十条,悬檐下风干。却用酒浸一宿,漉出焙干,剉用。或一窠八十三条者,号曰地仙苗。若修事饵之,可千岁也。

【气味】甘,微温,无毒。

权曰:甘,无毒。

大明曰:苦,无毒。

恭曰:微寒,有小毒。

时珍曰:苦、微甘,无毒。

【主治】咳嗽上气。火炙酒渍饮之(《别录》)。治肺热,润肺(甄权)。治传尸骨蒸劳。治疳,杀蛔虫,寸白、蛲虫,及一切树木蛀虫,烬之即死。杀虱及蝇蠓(大明。弘景曰:作汤洗牛犬,去虱)。火炙酒浸空腹饮,治疥癣,去虫蚕咬毒(藏器)。

【发明】时珍曰:百部亦天门冬之类,故皆治肺病杀虫。但百部气温而不寒,寒嗽宜之;天门冬性寒而不热,热嗽宜之。此为异耳。

【附方】旧五,新五。暴咳嗽:张文仲方:用百部根渍酒。每温服一升,日三服。葛洪方:用百部、生姜各捣汁等分,煎服二合。《续十全方》:用百部藤根捣自然汁,和蜜等分,沸汤煎膏噙咽。《普济方》:治卒咳不止。用百部根悬火上炙干,每含咽汁,勿令人知。小儿寒嗽:百部丸:用百部(炒)、麻黄(去节)各七钱半(为末),杏仁(去皮尖炒,仍以水略煮三、五沸,研泥)。入熟蜜和丸皂子大。每服二三丸,温水下。(钱乙《小儿》方)三十年嗽:百部根二十斤,捣取汁,煎如饴。服方寸匕,日三服。深师加蜜二斤。《外台》加饴一斤。(《千金方》)遍身黄肿:掘新鲜百条根,洗捣,罨脐上。以糯米饭半升,拌水酒半合,揉软盖在药上,以帛包住。待一二日后,口内作酒气,则水从小便中出,肿自消也。百条根,一名野天门冬,一名百奶,状如葱头,其苗叶柔细,一根下有百余个数。(《杨氏经验方》)误吞铜钱:百部根四两,酒一升,渍一宿。温服一升,日再服。(《外台秘要》)百虫入耳:百部炒研,生油调一字于耳门上。(《圣济录》)熏衣去虱:百部、秦艽,为末。入竹笼烧烟熏之,自落。亦可煮汤洗衣。(《经验方》)

【附录】白并

《别录》曰:味苦,无毒。主肺咳上气,行五藏,令百病不起。一名玉箫,一名箭杆。生山陵,叶如小竹,根黄皮白。三月、四月采根,曝干。

时珍曰:此物气味、主治俱近百部,故附之。

何首乌(宋《开宝》)

乌首何

【释名】交藤(《本传》)、夜合(《本传》)、地精(《本传》)、陈知白(《开宝》)、马肝石(《纲目》)、桃柳藤(《日华》)、九真藤(《纲目》)、赤葛(《斗门》),疮帚(《纲目》)、红内消。

大明曰:其药本草无名,因何首乌见藤夜交,便即采食有功,因以采人为名尔。

时珍曰:汉武时,有马肝石能乌人发,故后人隐此名,亦曰马肝石。赤者能消肿毒,外科呼为疮帚、红内消。《斗门方》云:取根若获九数者,服之乃仙。故名九真藤。

【集解】颂曰:何首乌,本出顺州南河县,今在处有之,岭外、江南诸州皆有,以西洛、嵩山及河南柘城县者为胜。春生苗,蔓延竹木墙壁间,茎紫色。叶叶相对如薯蓣,而不光泽。夏秋开黄白花,如葛勒花。结子有棱,似荞麦而细小,才如粟大。秋冬取根,大者如拳,各有五棱瓣,似小甜瓜。有赤、白二种:赤者雄,白者雌。一云:春采根,秋采花。九蒸九曝,乃可服。此药本名交藤,因何首乌服而得名也。唐元和七年,僧文象遇茅山老人,遂传此事。李翱乃著《何首乌传》云:何首乌者,顺州南河县人。祖名能嗣,父名延秀。能嗣本名田儿,生而阉弱,年五十八,无妻子,常慕道术,随师在山。一日醉卧山野,忽见有藤二株,相去三尺余,苗蔓相交,久而方解,解了又交。田儿惊讶其异,至旦遂掘其根归。问诸人,无识者。后有山老忽来。示之。答曰:子既无嗣,其藤乃异,此恐是神仙之药,何不服之?遂杵为末,空心酒服一钱。七日而思人道,数月似强健,因此常服,又加至二钱。经年旧疾皆痊,发乌容少。十年之内,即生数男,乃改名能嗣。又与其子延秀服,皆寿百六十岁。延秀生首乌。首乌服药,亦生数子,年百三十岁,发犹黑。有李安期者,与首乌乡里亲善,窃得方服,其寿亦长,遂叙其事传之云。何首乌,味甘性温无毒,茯苓为使。治五痔腰膝之病,冷气心痛,积年劳瘦痰癖,风虚败劣,长筋力,益精髓,壮气驻颜,黑发延年,妇人恶血痿黄,产后诸疾,赤白带下,毒气入腹,久痢不止,其功不可具述。一名野苗,二名交藤,三名夜合,四名地精,五名何首乌。本出虔州,江南诸道皆有。苗如木藁,叶有光泽,形如桃柳,其背偏,皆单生不相对。有雌雄:雄者苗色黄白,雌者黄赤。根远不过三尺,夜则苗蔓相交,或隐化不见。春末、夏中、秋初三时,候晴明日兼雌雄采之。乘润以布帛拭去泥土,勿损皮,烈日曝干,密器贮之,每月再曝。用时去皮为末,酒下最良。遇有疾,即用茯苓汤下为使。凡服用偶日二、四、六、八日,服讫,以衣覆汗出,导引尤良。忌猪肉血、羊血、无鳞鱼,触药无力。其根形大如拳连珠,其有形如鸟兽山岳之状者,珍也。掘得去皮生吃,得味甘甜,可休粮。赞曰:神效助道,著在仙书。雌雄相交,夜合昼疏。服之去谷,日居月诸。返老还少,变安病躯。有缘者遇,最尔自如。明州刺史李远附录云:何首乌以出南河县及岭南恩州、韶州、潮州、贺州、广州四会县、潘州者为上,邕州晋兴县、桂州、康州、春州、高州、勤州、循州出者次之,真仙草也。五十年者如拳大,号山奴,服之一年,发髭青黑;一百年者,如碗大,号山哥,服之一年,颜色红悦;一百五十年者,如盆大,号山伯,服之一年,齿落更生;二百年者,如斗栲栳大,号山翁,服之一年,颜如童子,行及奔马;三百年者,如三斗栲栳大,号山精,纯阳之体,久服成地仙也。

时珍曰:凡诸名山、深山产者,即大而佳也。

根

【修治】志曰:春、夏、秋采其根,雌雄共用。乘湿以布拭去土,曝干。临时以苦竹刀切,米泔浸经宿,曝干,木杵臼捣之。忌铁器。

慎微曰:方用新采者,去皮,铜刀切薄片,入甑内,以瓷锅蒸之。旋以热水从上淋下,勿令满溢,直候无气味,乃取出曝干用。

时珍曰:近时治法:用何首乌、赤白各一斤,竹刀刮去粗皮,米泔浸一夜,切片。用黑豆三斗,每次用三升三合三勺,以水泡过。砂锅内铺豆一层,首乌一层,重重铺尽，蒸之。豆熟，取出去豆，将何首乌晒干，再以豆蒸。如此九蒸九晒，乃用。

【气味】苦、涩，微温，无毒。

时珍曰：茯苓为之使。忌诸血、无鳞鱼、萝卜、蒜、葱、铁器，同于地黄。能伏朱砂。

【主治】瘰疬，消痈肿，疗头面风疮，治五痔，止心痛，益血气，黑髭发，悦颜色。久服长筋骨，益精髓，延年不老。亦治妇人产后及带下诸疾（《开宝》）。久服令人有子，治腹脏一切宿疾，冷气肠风（大明）。泻肝风（好古）。

【发明】时珍曰：何首乌，足厥阴、少阴药也。白者入气分，赤者入血分。肾主闭藏，肝主疏泄。此物气温，味苦涩。苦补肾，温补肝，涩能收敛精气。所以能养血益肝，固精益肾，健筋骨，乌髭发，为滋补良药。不寒不燥，功在地黄、天门冬诸药之上。气血太和，则风虚痈肿瘰疬诸疾可知矣。此药流传虽久，服者尚寡。嘉靖初，邵应节真人，以七宝美髯丹方上进。世宗肃皇帝服饵有效，连生皇嗣。于是何首乌之方，天下大行矣。宋怀州知州李治，与一武臣同官。怪其年七十余而轻健，面如渥丹，能饮食。叩其术，则服何首乌丸也。乃传其方。后治得病，盛暑中半体无汗，已二年，窃自忧之。造丸服至年余，汗遂浃体。其活血治风之功，大有补益。其方用赤白何首乌各半斤，米泔浸三夜，竹刀刮去皮，切焙，石臼为末，炼蜜丸梧子大。每空心温酒下五十丸。亦可末服。

【附方】旧四，新十二。七宝美髯丹，乌须发，壮筋骨，固精气，续嗣延年：用赤白、何首乌各一斤（米泔水浸三四日，瓷片刮去皮，用淘净黑豆二升，以砂锅木甑，铺豆及首乌，重重铺盖蒸之。豆熟，取出去豆，曝干，换豆再蒸，如此九次，曝干为末），赤白茯苓各一斤（去皮研末，以水淘去筋膜及浮者，取沉者捻块，以人乳十碗浸匀，晒干研末），牛膝八两（去苗，酒浸一日，同何首乌第七次蒸之，至第九次止，晒干），当归八两（酒浸晒），枸杞子八两（酒浸晒），菟丝子八两（酒浸生芽，研烂晒），补骨脂四两（以黑脂麻炒香）。并忌铁器，石臼为末，炼蜜和丸弹子大，一百五十丸。每日三丸，侵晨温酒下，午时姜汤下，卧时盐汤下。其余并丸梧子大，每日空心酒服一百丸，久服极验。忌见前。（《积善堂方》）服食滋补：《和剂局方》：何首乌丸：专壮筋骨，长精髓，补血气。久服黑须发，坚阳道，令人多子，轻身延年。月计不足，岁计有余：用何首乌三斤（铜刀切片，干者以米泔水浸软切之），牛膝（去苗）一斤（切）。以黑豆一斗，淘净。用木甑铺豆一层，铺药一层，重重铺尽，瓦锅蒸至豆熟。取出去豆曝干，换豆又蒸，如此三次。为末，蒸枣肉，和丸梧子大。每服三、五十丸，空心温酒下。忌见前。郑岩山中丞方：只用赤白何首乌各半斤，去粗皮阴干，石臼杵末。每旦无灰酒服二钱。《积善堂方》：用赤白何首乌各半（极大者，八月采）。以竹刀削去皮，切片，用米泔水浸一宿，晒干；以壮妇男儿乳汁拌晒三度，候干，木臼舂为末；以密云枣肉和杵，为丸如梧子大。每服二十丸，每十日加十丸，至百丸止，空心温酒、盐汤任下。一方不用人乳。笔峰《杂兴方》：用何首乌雌雄各半斤，分作四分：一分用当归汁浸，一分生地黄汁浸，一分旱莲汁浸，一分人乳浸。三日取出，各曝干，瓦焙，石臼为末，蒸枣肉，和丸梧子大。每服四十丸，空心百沸汤下。禁忌见前。

骨软风疾，腰膝疼，行步不得，遍身瘙痒：用何首乌（大而有花纹者），同牛膝各一斤，以好酒一升，浸七宿，曝干，木臼杵末，枣肉和丸梧子大。每一服三五十丸，空心酒下（《经验方》）宽筋治损：何首乌十斤，生黑豆半斤（同煎熟），皂荚一斤（烧存性），牵牛十两（炒取头末），薄荷十两，木香、牛膝各五两，川乌头（炮）二两，为末，酒糊丸梧子大。每服三十丸，茶汤下。（《永类方》）皮里作痛，不问何处：用何首乌末，姜汁调成膏涂之，以帛裹住，火炙鞋底熨之。（《经验方》）自汗不止：何首乌末，津调，封脐中。（《集简方》）肠风脏毒，下血不止：何首乌二两，为末。食前米饮服二钱。（《圣惠方》）小儿龟背：龟尿调红内消，点背上骨节，久久自安。破伤血出：何首乌末，敷之，即止，神效。（笔峰《杂兴方》）瘰疬结核，或破、或不破，下至胸前者，皆治之：用九真藤，一名赤葛，即何首乌。其叶如杏，其根如鸡卵，亦类疬子。取根洗净，日日生嚼，并取叶捣涂之，数服即止。其药久服，延年黑发，用之神效。（《斗门方》）痈疽毒疮：红内消不限多少，瓶中文武火熬煎，临熟入好无灰酒相等，再煎数沸，时时饮之。其滓焙研为末，酒煮面糊丸梧子大。空心温酒下三十丸，疾退宜常服之。即赤何首乌也，建昌产者，良。（陈自明《外科精要》）大风疠疾：何首乌（大而有花纹者）一斤（米泔浸一七，九蒸九晒），胡麻四两（九蒸九晒）。为末。每酒服二钱，日二服。（《圣惠方》）疥癣满身，不可治者：何首乌、艾叶等分。水煎浓汤洗浴。甚能解痛，生肌肉。（王衮《博济方》）

茎、叶

【主治】风疮疥癣作痒，煎汤洗浴，甚效（时珍）。

萆薢（《本经》中品）

【释名】赤节（《别录》）、百枝（《吴普》）、竹木（《炮炙论》）、白菝葜。

时珍曰：萆薢名义未详。《日华本草》言：时人呼为白菝葜，象形也。赤节、百枝，与狗脊同名。

萆薢

【集解】《别录》曰：萆薢生真定山谷。二月、八月采根，曝干。

弘景曰：今处处有之。根似菝葜而小异，根大，不甚有角节，色小浅。

恭曰：此有二种：茎有刺者根白实；无刺者根虚软，软者为胜。蔓生，叶似薯蓣。

颂曰：今河、陕、汴东、荆、蜀诸郡皆有之。作蔓生，苗叶俱青。叶作三叉，似山薯，又似绿豆叶。花有黄、红、白数种，亦有无花结白子者。根黄白色，多节，三指许大。春秋采根，曝干。今成德军所产者，根亦如山薯而体硬，其苗引蔓，叶似荞麦，子三棱，不拘时月采根，利刀切片，曝干用。

时珍曰：萆薢蔓生，叶似菝葜而大如碗，其根长硬，大者如商陆而坚。今人皆以土茯苓为萆薢，误矣。茎、叶、根、苗皆不同。《吴普本草》又以萆薢为狗脊，亦误矣。详狗脊下。《宋史》以怀庆萆薢充贡。

根

【气味】苦，平，无毒

《别录》曰：甘。

之才曰：薏苡为之使。畏葵根、大黄、柴胡、前胡、牡蛎。

【主治】腰背痛强，骨节风寒湿周痹，恶疮不瘳，热气（《本经》）。伤中恚怒，阴痿失溺，老人五缓，关节老血（《别录》）。冷气𤸷痹，腰脚瘫缓不遂，手足惊掣，男子臂腰痛，久冷，肾间有膀胱宿水（甄权）。头旋痫疾，补水脏，坚筋骨，益精明目，中风失音（大明）。补肝虚（好古）。治白浊茎中痛，痔瘘坏疮（时珍）。

【发明】时珍曰：萆薢，足阳明、厥阴经药也。厥阴主筋属风，阳明主肉属湿。萆薢之功，长于去风湿，所以能治缓弱𤸷痹、遗浊恶疮诸病之属风湿者。萆薢、菝葜、土茯苓三物，形虽不同，而主治之功不相远，岂亦一类数种乎？雷敩《炮炙论》序云：囊皱漩多，夜煎竹木。竹木，萆薢也。漩多白浊，皆是湿气下流。萆薢能除阳明之湿而固下焦，故能去浊分清。杨倓《家藏方》，治真元不足，下焦虚寒，小便频数，白浊如膏，有萆薢分清饮，正此意也。又杨子建《万全护命方》云：凡人小便频数，不计度数，便时茎内痛不可忍者。此疾必先大腑秘热不通，水液只就小肠，大腑愈加干竭，甚则浑身热，心躁思凉水，如此即重证也。此疾本因贪酒色，积有热毒、腐物、瘀血之类，随虚水入于小肠，故便时作痛也。不饮酒者，必平生过食辛热荤腻之物，又因色伤而然。此乃小便频数而痛，与淋证涩而痛者不同也。宜用萆薢一两，水浸少时，以盐半两同炒，去盐为末。每服二钱，水一盏，煎八分，和滓服之，使水道转入大肠。仍以葱汤频洗谷道，令气得通，则小便数及痛自减也。

【附方】旧二，新三。腰脚痹软。行履不稳者：萆薢二十四分，杜仲八分。捣筛。每旦温酒服三钱匕。禁牛肉。（唐德宗《贞元广利方》）小便频数：川萆薢一斤。为末，酒糊丸梧子大。每盐酒下七十丸。（《集玄方》）白浊频数，漩面如油，澄下如膏，乃真元不足，下焦虚寒：萆薢分清饮：用革薜、石菖蒲、益智仁、乌药等分。每服四钱，水一盏，入盐一捻，煎七分，食前温服，日一服，效乃止。肠风痔漏：如圣散：用萆薢、贯众（去土）等分。为末。每服三钱，温酒空心服之。（孙尚药《传家秘宝方》）头痛发汗：萆薢、旋覆花、虎头骨（酥炙）等分，为散。欲发时，以温酒服二钱，暖卧取汗，立瘥。（《圣济录》）

菝葜（上蒲八切，下弃八切。《别录》中品）

【释名】菝𦮠（同葜）、金刚根（《日华》）、铁菱角（《纲目》）、王瓜草（《日华》）。

时珍曰：菝𦮠，犹𢶍结也。菝结，短也。此草茎蔓强坚短小，故名菝𦮠。而江浙人谓之菝葜根，亦曰金刚根，楚人谓之铁菱角，皆状其坚而有尖刺也。郑樵《通志》云：其叶颇近王瓜，故名王瓜草。

菝葜

【集解】《别录》曰：生山野。二月、八月采根，曝干。

弘景曰：此有三种，大略根苗并相类。菝葜茎紫而短小，多细刺，小减萆薢而色深，人用作饮。

恭曰：陶云三种，乃狗脊、菝葜、萆薢相类，非也。萆薢有刺者，叶粗相类，根不相类；萆薢细长而白色，菝葜根作块结，黄赤色，殊非狗脊之流。

颂曰：今近道及江浙州郡多有之。苗茎成蔓，长二三尺，有刺。其叶如冬青、乌药叶而差大。秋生黄花，结黑子如樱桃大。其根作块，人呼金刚根。

时珍曰：菝葜山野中甚多。其茎似蔓而坚强，植生有刺。其叶团大，状如马蹄，光泽似柿叶，不类冬青。秋开黄花，结红子。其根甚硬，有硬须如刺。其叶煎饮酸涩。野人采其根叶，入染家用，名铁菱角。《吴普本草》以菝葜为狗脊，非矣。详见狗脊下。

根

【气味】甘、酸，平、温，无毒。

【主治】腰背寒痛，风痹，益血气，止小便利（《别录》）。治时疾瘟瘴（大明）。补肝经风虚（好古）。治消渴，血崩，下痢（时珍）。

【发明】时珍曰：菝葜，足厥阴、少阴药。气温味酸，性涩而收，与萆薢仿佛。孙真人元旦所饮辟邪屠苏酒中亦用之。

颂曰：取根浸赤汁，煮粉食，辟瘴。

【附方】新五。小便滑数：金刚骨为末。每服三钱，温酒下，睡时。（《儒门事亲》方）沙石淋疾重者，取去根本：用菝葜二两，为末。每米饮服二钱。后以地椒煎汤浴腰腹，须臾即通也。（《圣济录》）消渴不止：菝谷即菝葜，㕮咀半两，水三盏，乌梅一个，煎一盏，温服。（《普济方》）下痢赤白：金刚根、蜡茶等分。为末，白梅肉捣丸芡子大。每服五七丸，小儿三丸，白痢甘草汤下；赤痢乌梅汤下。（《卫生易简方》）风毒脚弱，痹满上气，田舍贫家用此最良：菝葜（洗剉）一斛。以水三斛，煮取九斗，渍曲去滓，取一斛渍饮，如常酿酒。任意日饮之。（《肘后方》）

土茯苓（《纲目》）

【校正】并入《拾遗》草禹余粮。

【释名】土萆薢（《纲目》）、刺猪苓（《图经》）、山猪粪（《纲目》）、草禹余粮（《拾遗》）、仙遗粮（《纲目》）、冷饭团（《纲目》）、硬饭（《纲目》）、山地栗（《纲目》）。

时珍曰：按陶弘景注石部禹余粮云：南中平泽有一种藤，叶如菝葜，根作块有节，似菝葜而色赤，味如薯蓣，亦名禹余粮。言昔禹行山乏食，采此充粮而弃其余，故有此名。观陶氏此说，即今土茯苓也。故今尚有仙遗粮、冷饭团之名，亦其遗意。陈藏器《本草》草禹余粮，苏颂《图经》猪苓下刺猪苓，皆此物也，今皆并之。茯苓、猪苓、山地栗，皆象形也。俗又名过冈龙，谬称也。

土茯苓

【集解】藏器曰：草禹余粮生海畔山谷。根如盏连缀，半在土上，皮如茯苓，肉赤味涩。人取以当谷食，不饥。

颂曰：施州一种刺猪苓，蔓生。春夏采根，削皮焙干。彼土人用敷疮毒，殊效。

时珍曰：土茯苓，楚、蜀山箐中甚多。蔓生如莼，茎有细点。其叶不对，状颇类大竹叶而质厚滑，如瑞香叶而长五六寸。其根状如菝葜而圆，其大若鸡鸭子，连缀而生，远者离尺许，近或数寸，其肉软，可生啖。有赤、白二种，入药用白者良。按《中山经》云：鼓镫之山有草焉，名曰荣草，其叶如柳，其本如鸡卵，食之已风。恐即此也。昔人不知用此。近时弘治、正德间，因杨梅疮盛行，率用轻粉药取效，毒留筋骨，溃烂终身，至人用此，遂为要药。诸医无从考证，往往指为萆薢及菝葜。然其根苗迥然不同，宜参考之。但其功用亦颇相近，盖亦萆薢、菝葜之类也。

根

【气味】甘、淡，平，无毒。

时珍曰：忌茶茗。

【主治】食之当谷不饥，调中止泄，健行不睡（藏器）。健脾胃，强筋骨，去风湿，利关节，止泄泻，治拘挛骨痛，恶疮痈肿。解汞粉、银朱毒（时珍）。

【发明】机曰：近有好淫之人，多病杨梅毒疮，药用轻粉，愈而复发，久则肢体拘挛，变为痈漏，延绵岁月，竟致废笃。惟剉土萆薢三两，或加皂荚、牵牛各一钱，水六碗，煎三碗，分三服，不数剂，多瘥。盖此疾始由毒气干于阳明而发，加以轻粉燥烈，久而水衰，肝挟相火来凌脾土。土属湿，主肌肉，湿热郁蓄于肌腠，故发为痈肿，甚则拘挛，《内经》所谓湿气害人皮肉筋骨是也。土萆薢甘淡而平，能去脾湿，湿去则营卫从而筋脉柔，肌肉实而拘挛痈漏愈矣。初病服之不效者，火盛而湿未郁也。此药长于去湿，不能去热，病久则热衰气耗而湿郁为多故也。

时珍曰：杨梅疮古方不载，亦无病者。近时起于岭表，传及四方。盖岭表风土卑炎，岚瘴熏蒸，饮啖辛热，男女淫猥。湿热之邪积蓄既深，发为毒疮，遂致互相传染，自南而北，遍及海宇，然皆淫邪之人病之。其类有数种，治之则一也。其证多属厥阴、阳明二经，而兼乎他经。邪之所在，则先发出，如兼少阴、太阴则发于咽喉；兼太阳、少阳则发于头耳之类。盖相火寄于厥阴，肌肉属于阳明故也。医用轻粉、银朱劫剂，五、七日即愈。盖水银性走而不守，加以盐、矾升为轻粉、银朱，其性燥烈，善逐痰涎。涎乃脾之液，此物入胃，气归阳明，故涎被劫，随火上升，从喉颊齿缝而出，故疮即干痿而愈。若服之过剂，及用不得法，则毒气窜入经络筋骨之间，莫之能出。痰涎既去，血液耗涸，筋失所养，营卫不从，变为筋骨挛痛，发为痈毒疳漏。久则生虫为癣，手足皴裂，遂成废痼。惟土茯苓气平味甘而淡，为阳明本药。能健脾胃，去风湿。脾胃健则营卫从，风湿去则筋骨利，故诸证多愈，此亦得古人未言之妙也。今医家有搜风解毒汤，治杨梅疮，不犯轻粉。病深者月余，浅者半月即愈。服轻粉药筋骨挛痛、瘫痪不能动履者，服之亦效。其方用土茯苓一两，薏苡仁、金银花、防风、木瓜、木通、白藓皮各五分，皂荚子四分，气虚加人参七分；血虚加当归七分。水二大碗煎饮，一日三服。惟忌饮茶及牛、羊、鸡、鹅、鱼肉、烧酒、法面、房劳。盖秘方也。

【附方】新六。杨梅毒疮：邓笔峰《杂兴方》：用冷饭团四两，皂角子七个。水煎代茶饮。浅者二七，深者四七，见效。一方：冷饭团一两，五加皮、皂角子、苦参各三钱，金银花一钱。用好酒煎，日一服。小儿杨梅疮，起于口内，延及遍身：以土萆薢末，乳汁调服。月余自愈。(《外科发挥》)骨挛痈漏：薛己《外科发挥》云：服轻粉致伤脾胃气血，筋骨疼痛，久而溃烂成痈，连年累月，至于终身成废疾者。土萆薢一两，有热加芩、连；气虚加四君子汤；血虚，加四物汤，水煎代茶。月余即安。《朱氏集验方》：用过山龙四两(即硬饭)，加四物汤一两，皂角子七个，川椒四十九粒，灯心七根。水煎日饮。瘰疬溃烂：冷饭团切片或为末，水煎服或入粥内食之。须多食为妙。江西所出色白者良。忌铁器、发物。(《陆氏积德堂方》)

白蔹(《本经》下品)

【释名】白草(《本经》)、白根(《别录》)、兔核(《本经》)、猫儿卵(《纲目》)、昆仑(《别录》)。

宗奭曰：白蔹，服饵方少用，惟敛疮方多用之，故名白蔹。

时珍曰：兔核、猫儿卵，皆象形也。昆仑，言其皮黑也。

【集解】《别录》曰：白蔹生衡山山谷。二月、八月采根，曝干。

弘景曰：近道处处有之。作藤生，根如白芷，破片竹穿，日干。

恭曰：根似天门冬，一株下有十许根，皮赤黑，肉白，如芍药，不似白芷。

保升曰：蔓生，枝端有五叶，所在有之。

颂曰：今江淮及荆、襄、怀、孟、商、齐诸州皆有之。二月生苗，多在林中作蔓，赤茎，叶如小桑。五月开花，七月结实。根如鸡鸭卵而长，三五枚同一窠，皮黑肉白。一种赤蔹，花实功用皆同，但表里俱赤尔。

白蔹

根

【气味】苦，平，无毒。

《别录》曰：甘，微寒。

权曰：有毒。

之才曰：代赭为之使。反乌头。

【主治】痈肿疽疮，散结气，止痛除热，目中赤，小儿惊痫温疟，女子阴中肿痛，带下赤白（《本经》）。杀火毒（《别录》）。治发背瘰疬，面上疱疮，肠风痔漏，血痢，刀箭疮，扑损，生肌止痛（火明）。解狼毒毒（时珍）。

【发明】弘景曰：生取根捣，敷痈肿，有效。

颂曰：今医治风及金疮、面药方多用之。往往与白芨相须而用。

【附方】旧四，新十。发背初起：水调白蔹末，涂之。（《肘后方》）疔疮初起：方同上。（《圣惠方》）一切痈肿：权曰：白蔹、赤小豆、㕹草为末。鸡子白调，涂之。陶隐居方：用白蔹二分，藜芦一分，为末。酒和贴之。日三上。面鼻酒齄：白蔹、白石脂、杏仁各半两，为末，鸡子清调涂，旦洗。（《御药院方》）面皯粉刺：白蔹二分，杏仁半分，鸡屎白一分，为末。蜜和杂水拭面。（《肘后方》）冻耳成疮：白蔹、黄柏等分。为末。生油调搽。（谈野翁方）汤火灼伤：白蔹末敷之。（《外台》方）诸物哽咽：白蔹、白芷等分。为末。水服二钱。（《圣惠方》）铁刺诸哽，及竹木哽在咽中：白蔹、半夏（泡）等分。为末。酒服半钱，日二服。（《圣惠方》）刺在肉中：方同上。胎孕不下：白蔹、生半夏等分。为末，滴水丸梧子大。每榆皮汤下五十丸。（《保命集》）风痹筋急肿痛，展转易常处：白蔹二分，熟附子一分。为末。每酒服半刀圭，日二服。以身中热行为候，十日便觉。忌猪肉、冷水。（《千金方》）

女萎（《李当之本草》）

【集解】恭曰：女萎叶似白蔹，蔓生，花白子细。荆襄之间名为女萎，亦名蔓楚。用苗不用根。与葳蕤全别。今太常谬以为白头翁者是也。

时珍曰：诸家误以女萎解葳蕤，正误见葳蕤下。

萎　女

【修治】敩曰：凡采得阴干，去头并白蕊，于槐砧上剉，拌豆淋酒蒸之，从巳至未出，晒干。

【气味】辛，温，无毒。

【主治】止下痢，消食（当之）。风寒洒洒，霍乱泄痢肠鸣，游气上下无常，惊痫寒热百病，出汗（《唐本》）。

【附方】新三。久痢脱肛：女萎（切）一升，烧熏之。（杨氏《产乳方》）蠠下不止：女萎、云实各一两，川乌头二两，桂心五钱。为末，蜜丸梧子大。每服五丸，水下，一日三服。（《肘后方》)身体疬疡斑驳:女葳膏:用鲁国女葳、白芷各一分,附子一枚,鸡舌香、木香各二分。为末,腊猪脂七合,和煎,入麝香一钱。以浮石磨破,日擦之。(《古今录验》)

赭魁(《别录》下品)

【释名】时珍曰:其根如魁,有汁如赭,故名。魁乃酒器名。

【集解】《别录》曰:生山谷中。二月采。

弘景曰:状如小芋,肉白皮黄,近道亦有。

恭曰:赭魁大者如斗,小者如升。蔓生草木上,叶似杜衡。陶所说乃土卵也。土卵不堪药用。梁汉人蒸食之,名黄独,非赭魁也。

保升曰:苗蔓延生,叶似萝藦,根若菝葜,皮紫黑,肉黄赤,大者轮囷如升,小者如拳,所在有之。

时珍曰:赭魁闽人用入染青缸中,云易上色。沈括《笔谈》云:本草所谓赭魁,皆未详审。今南中极多,肤黑肌赤,似何首乌。切破中有赤理如槟榔,有汁赤如赭,彼人以染皮制靴。闽人谓之余粮。本草石部禹余粮陶氏所引,乃此物也。谨按沈氏所说赭魁甚明,但谓是禹余粮者,非矣。禹余粮乃今之土茯苓,可食,故得粮名;赭魁不可食,岂得称粮耶?土卵即土芋也,见菜部。

赭魁

根

【气味】甘,平,无毒。

恭曰:有小毒。

【主治】心腹积聚,除三虫(《本经》)。

鹅抱(宋《图经》)

鹅抱

【集解】颂曰:生宜州山林中。附石而生,作蔓,叶似大豆。其根形似莱菔,大者如三升器,小者如拳。二月、八月采根,切片,阴干用。

【气味】苦,寒,无毒。

【主治】风热上壅,咽喉肿痛,及解蛮箭药毒,捣末酒服有效。亦消风热结毒赤肿。酒摩涂之,立愈(苏颂)。

伏鸡子根(《拾遗》)

【释名】承露仙。

【集解】藏器曰:生四明天台山。蔓延生,叶圆薄似钱,根似鸟形者良。

【气味】苦,寒,无毒。

【主治】解百药毒,诸热烦闷,急黄,天行黄疸,疟瘴中恶,寒热头痛,疸疮。马黄牛疫。水磨服之,新者尤佳。亦敷痈肿,与陈家白药同功(藏器)。

【附录】仰盆(《拾遗》)

藏器曰:味辛,温,有小毒。水磨服少许,治蛊飞尸喉痹。亦磨敷皮肤恶肿。生东阳山谷。苗似承露仙,根圆如仰盆状,大如鸡卵。

人肝藤(《拾遗》)

藏器曰:主解诸药毒游风,手脚软痹。并生研服之,涂之。生岭南山石间。引蔓而生,叶有三丫,花紫色。与伏鸡子同名承露仙,而伏鸡子叶圆。

时珍曰:以根三两,磨汁或煎浓汁服。并解蛊毒。

千金藤(宋《开宝》)

【校正】自木部移入此。

【集解】藏器曰:千金藤有数种,南北名模不同,大略主疗相似,或是皆近于藤也。生北地者,根大如指,色似漆;生南土者,黄赤如细辛。舒、庐间有一种藤似木蓼,又有乌虎藤,绕树生,冬青,亦名千金藤。江西林间有草生叶,头有瘿子,似鹤膝,叶如柳,亦名千金藤。又一种似荷叶,只大如钱许,亦呼为千金藤,又名古藤,主痢及小儿大腹。千金者,以贵为名。岂俱一物,亦状异而名同耶?若取的称,未知孰是?又岭南有陈思岌,亦名千金藤。

【气味】缺

【主治】一切血毒诸气,霍乱中恶,天行虚劳疟瘴,痰嗽不利,痈肿大毒,药石发,癫痫,悉主之(藏器)。

【附录】陈思岌(《拾遗》)

藏器曰:出岭南山野。蔓生如小豆,根及叶辛香。一名石黄香,一名千金藤。其根味辛,平,无毒。解诸药毒热毒,丹毒痈肿,天行壮热,喉痹蛊毒,并煮汁服之。亦磨涂疮肿。

珣曰:味苦,平。浸酒服,治风,补益轻身。

九仙子(《纲目》)

【释名】仙女娇

【集解】时珍曰:九仙子,出均州太和山。一根连缀九枚,大者如鸡子,小者如半夏,白色。二月生苗,蔓高六七尺,茎细而光。叶如乌桕叶,而短扁不团。每叶丫牛子枝,或一或二,袅袅下垂。六、七月开碎青黄色花,随即结实。碎子丛簇,如谷精草子状。九月采根。

子仙九

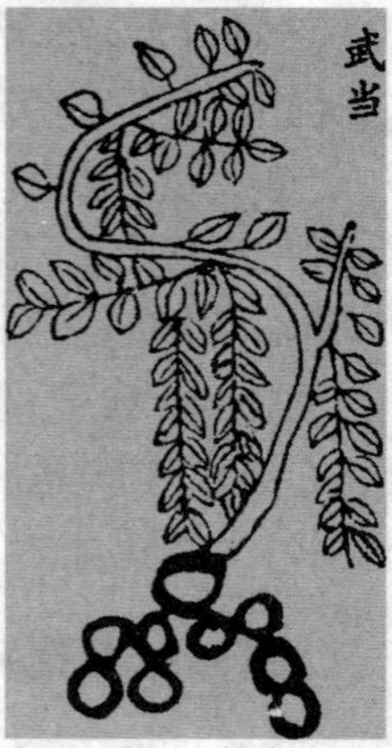

【气味】苦,凉,无毒。

【主治】咽痛喉痹,散血。以新汲水或醋磨汁含咽,甚良(时珍)。

山豆根(宋《开宝》)

【释名】解毒(《纲目》)、黄结(《纲目》)、中药。

颂曰:其蔓如大豆,因以为名。

【集解】颂曰:山豆根,生剑南及宜州、果州山谷,今广西亦有,以忠州、万州者为佳。苗蔓如豆,叶青,经冬不凋,八月采根。广南者如小槐,高尺余,石鼠食其根。故岭南人捕鼠,取肠胃曝干,解毒攻热效。

【气味】甘,寒,无毒。

根豆山

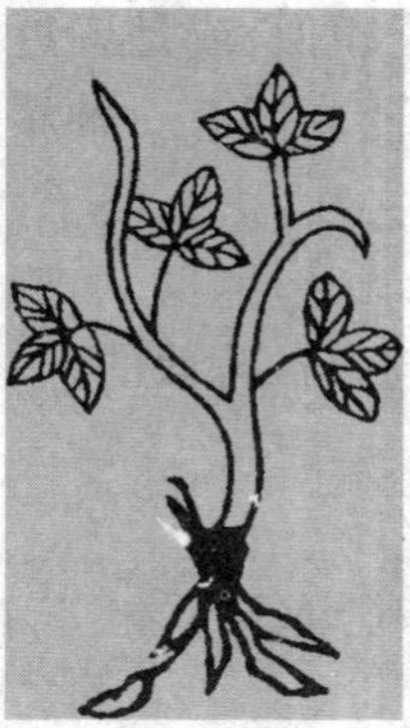

时珍曰:按沈括《笔谈》云:山豆根味极苦,本草言味甘,大误矣。

【主治】解诸药毒,止痛,消疮肿毒,发热咳嗽,治人及马急黄,杀小虫(《开宝》)。含之咽汁,解咽喉肿毒,极妙(苏颂)。研末汤服五分,治腹胀喘满。酒服三钱,治女人血气腹胀,又下寸白诸虫。丸服,止下痢。磨汁服,止卒患热厥心腹痛,五种痔痛。研汁涂诸热肿秃疮,蛇狗蜘蛛伤(时珍)。

【附方】旧十,新三。解中蛊毒:密取山豆根和水研,服少许,未定再服。已禁声者,亦愈。五般急黄:山豆根末,水服二钱。若带蛊气,以酒下。霍乱吐利:山豆根末,橘皮汤下三钱。赤白下痢:山豆根末,蜜丸梧子大。每服二十丸,空腹白汤下,三服自止。(以上并《备急方》)水蛊腹大有声,而皮色黑者:山豆根末,酒服二钱。(《圣惠方》)卒患腹痛:山豆根,水研半盏服,入口即定。头风热痛:山豆根末,油调,涂两太阳。头上白屑:山豆根末,浸油,日涂之。牙龈肿痛:山豆根一片,含于痛处。(以上并《备急方》)喉中发痈:山豆根,磨醋噙之,追涎即愈。势重不能言者,频以鸡翎扫入喉中,引涎出,就能言语。(《永类方》)麸豆诸疮,烦热甚者:水研山豆根汁,服少许。(《经验方》)疥癣虫疮:山豆根末,腊猪脂调涂。(《备急方》)喉风急证,牙关紧闭,水谷不下:山豆根、白药等分,水煎噙之,咽下,二、三口即愈。(杨清叟《外科》)

黄药子(宋《开宝》)

【校正】自木部移入此。

【释名】木药子(《纲目》)、大苦(《纲目》)、赤药(《图经》)、红药子。

时珍曰:按沈括《笔谈》云:本草甘草注,引郭璞注《尔雅》云:蘦,大苦者,云即甘草也。蔓生,叶似薄荷而色青黄,茎赤有节,节有枝相当。此乃黄药也,其味极苦,故曰大苦,非甘草也。

黄药子

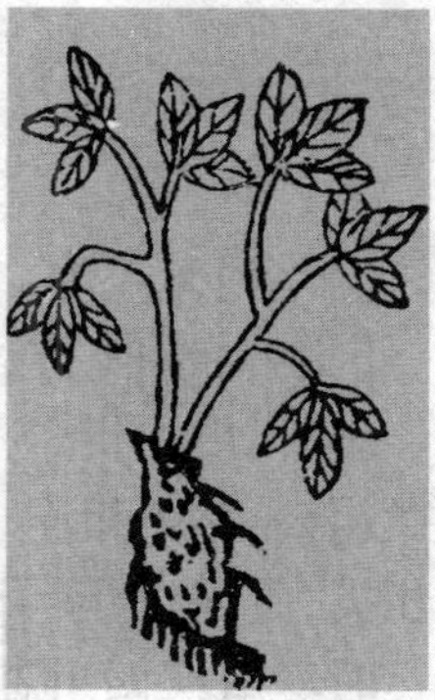

【集解】颂曰:黄药原出岭南,今夔、峡州郡及明、越、秦、陇山中亦有之,以忠州、万州者为胜。藤生,高三四尺,根及茎似小桑,十月采根。秦州出者谓之红药子;施州谓之赤药,叶似荞麦,枝梗赤色,七月开白花。其根湿时红赤色,曝干即黄。《本经》有药实根,云生蜀郡山谷。苏恭云:即药子也,用其核仁。疑即黄药之实。但言叶似杏,其花红白色,子肉味酸,此为不同。

时珍曰:黄药子,今处处人栽之。其茎高二三尺,柔而有节,似藤,实非藤也。叶大如拳,长三寸许,亦不似桑。其根长者尺许,大者围二、三寸,外褐内黄,亦有黄赤色者,肉色颇似羊蹄根。人皆捣其根入染蓝缸中,云易变色也。唐苏恭言,药实根即药子,宋苏颂遂以为黄药之实。然今黄药冬枯春生,开碎花无实。苏恭所谓药子,亦不专指黄药。则苏颂所以言,亦未可凭信也。

赤药子

根

【气味】苦,平,无毒

大明曰:凉。治马心肺热疾。

【主治】诸恶肿疮瘘喉痹,蛇犬咬毒。研水服之,亦含亦涂(《开宝》)。凉血降火,消瘿解毒(时珍)。

【发明】颂曰:孙思邈《千金月令方》:疗忽生瘿疾一二年者。以万州黄药子半斤,须紧重者为上。如轻虚,即是他州者,力慢,须用加倍。取无灰酒一斗,投药入中,固济瓶口。以糠火烧一复时,待酒冷乃开。时时饮一杯,不令绝酒气。

经三五日后，常把镜自照，觉消即停饮，不尔便令人项细也。刘禹锡《传信方》亦著其效，云得之邕州从事张岧。岧目击有效，复试其验如神。其方并同，惟小有异处，是烧酒候香出外，瓶头有津出即止，不待一宿，火不可过猛耳。

【附方】旧二，新五。项下瘿气：黄药子一斤洗剉，酒一斗浸之。每日早晚常服一盏。忌一切毒物，及戒怒。仍以线逐日度之，乃知其效也。（《斗门方》）吐血不止：药子一两，水煎服。（《圣惠方》）咯血吐血：《百一选方》：用蒲黄、黄药子等分，为末，掌中舐之。王衮《博济方》：用黄药子、汉防己各一两。为末。每服一钱，小麦汤食后调服，一日二服。鼻衄不止：黄药子为末。每服二钱，煎淡胶汤下。良久，以新水调面一匙头服之。《兵部手集方》只以新汲水磨汁一碗，顿服。（《简要济众方》）产后血晕，恶物冲心，四肢冰冷，唇青腹胀，昏迷：红药子一两，头红花一钱，水二盏。妇人油钗二只，同煎一盏服。大小便俱利，血自下也。（《禹讲师经验方》）天泡水疮：黄药子末，搽之。（《集简方》）

解毒子（《唐本草》）

【释名】地不容（《唐本》）、苦药子（《图经》）。

【集解】恭曰：地不容生川西山谷，采无时，乡人呼为解毒子也。

颂曰：出戎州。蔓生，叶青如杏叶而大，厚硬，凌冬不凋，无花实。根黄白色，外皮微粗褐，累累相连，如药实而圆大，采无时。又开州、兴元府出苦药子，大抵与黄药相类，春采根，曝干。亦入马药用。

时珍曰：《四川志》云：苦药子出忠州。性寒，解一切毒。川蜀诸处皆有。即解毒子也。或云：邛州苦药子即黄药子，方言称呼不同耳。理亦近之。

根

【气味】苦，大寒，无毒。

【主治】解蛊毒，止烦热，辟瘴疠，利喉闭及痰毒（《唐本》）。治五脏邪气，清肺压热（苏颂）。消痰降火，利咽喉，退目赤（时珍）。

【附方】新二。咽喉肿痛，水浆不下：苦药、山豆根、甘草、硝石各一分，射干、柑皮、升麻各半两。为末。蜜丸。噙之。（《圣惠方》）眉棱骨痛，热毒攻眼，头痛眉痛，壮热不止：解毒子、木香、川大黄各三分。为末，浆水调膏摊贴，干即易之。（《普济方》）

【附录】奴会子（《海药》）

珣曰：味辛，平，无毒。主小儿无辜冷疳，虚渴脱肛，骨立瘦损，脾胃不磨。刘五娘方，用为煎服。生西国诸戎。大

子 毒 解

小如苦药子。

药实根

《本经》曰：味辛，温，无毒。主邪气诸痹疼酸，续绝伤，补骨髓。一名连木。

《别录》曰：生蜀郡山谷。采无时。

恭曰：此药子也，当今盛用，胡名那疏，出通州、渝州。其子味辛，平，无毒。主破血止痢消肿，除蛊疰蛇毒。树生，叶似杏，花红白色，子肉味酸，止用其仁，《本经》误载根字。

时珍曰：此药子虽似黄药、苦药子，而稍有不同。二药子不结子，此则树之子也。葛洪《肘后方》云：婆罗门名那疏树子，中国人名药子。去皮取中仁，细研服，治诸病也。

白药子（《唐本草》）

【集解】恭曰：白药子出原州。三月生苗，叶似苦苣。四月抽赤茎，长似壶卢蔓。六月开白花。八月结子，亦名栝蒌。九月叶落枝折，采根洗切，日干，根皮黄色，名白药子。

颂曰：今夔、施、合州、江西、岭南亦有之。江西出者，叶似乌桕，子如绿豆，至八月变成赤色，治马热方用之。

白药子

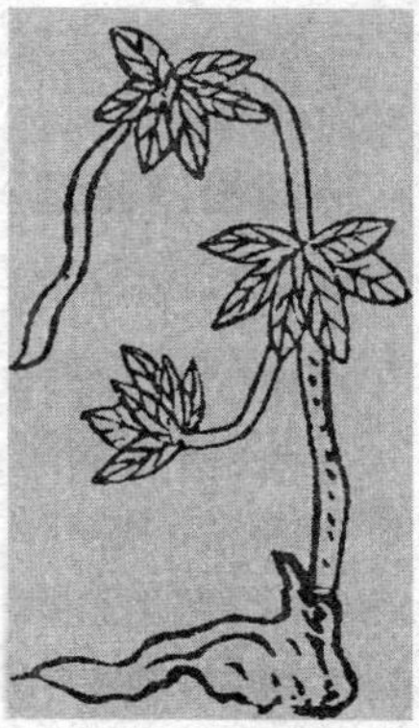

根

【气味】辛，温，无毒。

权曰：苦，冷。

【主治】金疮生肌（《唐本》）。消肿毒喉痹，消痰止嗽，治渴并吐血（大明）。治喉中热塞不通，咽中常痛肿（甄权）。解野葛、生金、巴豆、药毒。刀斧折伤，干末敷之，能止血、痛（马志）。散血降火，消痰解毒（时珍）。

【附方】旧三，新九。天行热病：白药为末，浆水一盏，冷调二钱服，仰卧少顷，心闷或腹鸣疞痛，当吐利数行。如不止，吃冷粥一碗止之。（崔元亮《海上方》）心痛解热：白药根、野猪尾（二味，洗去粗皮，焙干）等分。捣筛。酒服一钱。甚效。黔人用之。（苏颂《图经》）风热上壅，咽喉不利：白药三两，黑牵牛半两（同炒香），去牵牛一半，为末，防风末三两。和匀。每茶服一钱。（《圣惠方》）喉中热塞肿痛，散血消痰：白药、朴硝等分。为末。吹之，日四五次。（《直指方》）咽喉肿痛：白药末一两，龙脑一分，蜜和丸芡子大。每含咽一丸。（《圣惠方》）吐血不止：白药烧存性糯米饮服三钱。（《圣惠方》）衄血不止：红枣、白药各（烧存性）等分。为末。糯米饮服。或煎汤洗鼻，频频缩药令入。（《经验良方》）胎热不安：铁罩散：用白药子一两，白芷半两，为末。每服二钱，紫苏汤下。心烦热，入砂糖少许。(《圣惠方》)一切疳眼,赤烂生翳:白药子一两,甘草半两。为末。猪肝一具,批开掺末五钱,煮熟食之。(《直指方》)小儿疳泻吐利:方同上。诸骨哽咽:白药,煎米醋细咽。在上即吐出,在下即下出。(《普济方》)痈肿不散:生白药根捣贴,干则易之。无生者,研末水和贴。(《图经》)

【附录】陈家白药(《拾遗》)

藏器曰:味苦,寒,无毒。主解诸药毒,水研服之。入腹与毒相攻,必吐出。未尽更服。亦去心胸烦热,天行瘟瘴。出苍梧陈家,故有陈家之号。明山有之。蔓及根并似土瓜,叶如钱,根似防己,紧小者良,人亦采食之。与婆罗门白药及赤药,功用并相似。

时珍曰:按刘恂《岭表录》异云:陈家白药善解毒,诸药皆不及之,救人甚多。封州、康州有种之者。广府每岁充土贡。按此药当时充贡,今无复有。或有之,古今名谓不同耳。

甘家白药(《拾遗》)

藏器曰:味苦,大寒,有小毒。解诸药毒,水研服,即吐出。未尽再吐。与陈家白药功相似。二物性冷,与霍乱下利人相反。出龚州以南,生阴处,叶似车前,根如半夏,其汁饮之如蜜。甘家亦因人而名。岭南多毒物,亦多解毒物,岂天资之乎?

会州白药(《拾遗》)

藏器曰:主金疮,生肤止血,碎末敷之。出会州,叶如白蔹。

冲洞根(《拾遗》)

藏器曰:味苦,平,无毒。主热毒,蛇、犬、虫、痈疮等毒。出岭南恩州。取根阴干。功用同陈家白药,而苗蔓不相似。

珣曰:苗蔓如土瓜,根亦相似。味辛,温。主一切毒气及蛇伤。取根磨水服之,诸毒悉皆吐出也。

突厥白(宋《开宝》)

藏器曰:味苦。主金疮,生肉止血,补腰续筋。出突厥。色白如灰,乃云石灰共诸药合成者。

志曰:今所用者,出潞州。其根黄白色,状似茯苓而虚软。苗高三、四尺,春夏叶如薄荷,花似牵牛而紫,上有白棱。二月、八月采根,曝干。

威灵仙(宋《开宝》)

【释名】时珍曰:威,言其性猛也。灵仙,言其功神也。

【集解】志曰:出商州上洛山及华山并平泽,以不闻水声者良。生先于众草,方茎，数叶相对。冬月丙、丁、戊、己日采根用。

仙灵威

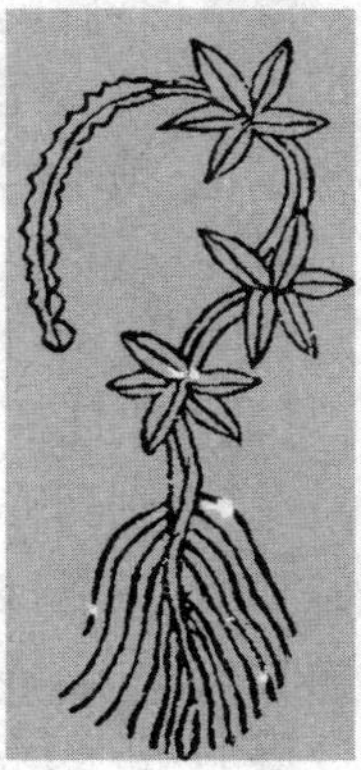

保升曰：九月末至十二月，采根阴干。余月并不堪采。

颂曰：今陕西及河东、河北、汴东、江湖州郡皆有之。初生作蔓，茎如钗股，四棱。叶似柳叶，作层，每层六七叶，如车轮，有六层至七层者。七月内生花六出，浅紫或碧白色。作穗似莆台子，亦有似菊花头者。实青色。根稠密多须似谷，每年朽败，九月采根。

时珍曰：其根每年旁引，年深转茂。一根丛须数百条，长者二尺许。初时黄黑色，干则深黑，俗称铁脚威灵仙以此。别有数种，根须一样，但色或黄或白，皆不可用。

根

【气味】苦，温，无毒。

元素曰：味甘纯阳，入太阳经。

杲曰：可升可降，阴中阳也。

时珍曰：味微辛、咸，不苦。忌茗、面汤。

【主治】诸风，宣通五脏，去腹内冷滞，心膈痰水，久积癥瘕，痃癖气块，膀胱宿脓恶水，腰膝冷疼，疗折伤。久服无有温疫疟（《开宝》）。推新旧积滞，消胸中痰唾，散皮肤大肠风邪（李杲）。

【发明】颂曰：唐贞元中，嵩阳子周君巢作《威灵仙传》云：威灵仙去众风，通十二经脉，朝服暮效。疏宣五脏冷脓宿水变病，微利，不泻人。服此四肢轻健，手足微暖，并得清凉。先时，商州有人病手足不遂，不履地者数十年。良医殚技莫能疗。所亲置之道旁，以求救者。遇一新罗僧见之，告曰：此疾一药可活，但不知此土有否？因为之入山求索，果得，乃威灵仙也。使服之，数日能步履。其后山人邓思齐知之，遂传其事。此药治丈夫、妇人中风不语，手足不遂，口眼㖞斜，言语蹇滞，筋骨节风，绕脐风，胎风头风，暗风心风，风狂大风，皮肤风痒，白癜风，热毒风疮，头旋目眩，手足顽痹，腰膝疼痛，久立不得，曾经损坠，臂腰痛，肾脏风壅，伤寒瘴气，憎寒壮热，头痛流涕，黄疸黑疸，头面浮肿，腹内宿滞，心头痰水，膀胱宿脓，口中涎水，冷热气壅，肚腹胀满，好吃茶滓，心痛，注气膈气，冷气攻冲，脾肺诸气，痰热咳嗽气急，坐卧不安，气冲眼赤，攻耳成脓，阴汗盗汗，大小肠秘，服此立通，气痢痔疾，瘰疬疥癣，妇人月水不来，动经多日，气血冲心，产后秘涩，孩子无辜，并皆治之。其法：采得根，阴干月余，捣末。温酒调一钱匕，空腹服之。如人本性杀药，可加及六钱。利过两行则减之，病除乃停服。其性甚善，不触诸药，但恶茶及面汤，以甘草、栀子代饮可也。又以一味洗焙为末，以好酒和令微湿，入在竹筒内紧塞，九蒸九曝。如干，添酒洒之。以白蜜和丸梧子大。每服二十至三十丸，温酒下。崔元亮《海上集验方》著其详如此。

恭曰：腰肾脚膝积聚，肠内诸冷病，积年不瘥者，服之无不立效。

宗奭曰:其性快,多服疏人五脏真气。

震亨曰:威灵仙属木,治痛风之要药也,在上下者皆宜,服之尤效。其性好走,亦可横行,故崔元亮言其去众风,通十二经脉,朝服暮效。凡采得闻流水声者,知其性好走也,须不闻水声者乃佳。

时珍曰:威灵仙气温,味微辛、咸。辛泄气,咸泄水。故风湿痰饮之病,气壮者服之有捷效。其性大抵疏利,久服恐损真气,气弱者亦不可服之。

【附方】旧四,新一十五。脚气入腹,胀闷喘急:用威灵仙末,每服二钱,酒下。痛减一分,则药亦减一分。(《简便方》)腰脚诸痛:《千金方》:用威灵仙末,空心温酒服一钱。逐日以微利为度。《经验方》:用威灵仙一斤。洗干,好酒浸七日,为末,面糊丸梧子大。以浸药酒,每服二十丸。肾脏风壅,腰膝沉重:威灵仙末,蜜丸梧子大。温酒服八十丸。平明微利恶物,如青脓胶,即是风毒积滞。如未利,夜再服一百丸。取下后,食粥补之。一月仍常服温补药。孙兆方名放杖丸。(《集验》)筋骨毒痛,因患杨梅疮,服轻粉毒药,年久不愈者:威灵仙三斤,水酒十瓶,封煮一炷香。出火毒。逐日饮之,以愈为度。(《集简方》)破伤风病:威灵仙半两,独头蒜一个,香油一钱。同捣烂,热酒冲服。汗出即愈。(《卫生易简方》)手足麻痹,时发疼痛,或打扑伤损,痛不可忍,或瘫痪等证:威灵仙(炒)五两,生川乌头、五灵脂各四两。为末,醋糊丸梧子大。每服七丸,用盐汤下。忌茶。(《普济方》)男妇气痛,不拘久近:威灵仙五两,生韭根二钱半,乌药五分。好酒一盏,鸡子一个,灰火煨一宿,五更视鸡子壳软为度。去渣温服,以干物压之,侧睡向块边。渣再煎,次日服,觉块刺痛,是其验也。(《摘玄方》)噎塞膈气:威灵仙一把,醋、蜜各半碗,煎五分,服之。吐出宿痰,愈。(唐瑶《经验方》)停痰宿饮,喘咳呕逆,全不入食:威灵仙(焙)、半夏(姜汁浸焙)。为末,用皂角水熬膏,丸绿豆大。每服七丸至十丸,姜汤下,一日三服,一月为验。忌茶、面。腹中痞积:威灵仙、楮桃儿各一两,为末。每温酒服三钱。名化铁丸。(《普济》)大肠冷积:威灵仙末,蜜丸梧子大。一更时,生姜汤下十丸至二十丸。(《经验良方》)肠风泻血久者:威灵仙、鸡冠花各二两。米醋二升,煮干,炒为末,以鸡子白和作小饼,炙干再研。每服二钱,陈米饮下,日二服。(《圣济》)痔疮肿痛:威灵仙三两,水一斗,煎汤。先熏后洗,冷再温之。(《外科精义》)诸骨哽咽:威灵仙一两二钱,砂仁一两,沙糖一盏,水二盅,煎一盅。温服。《乾坤生意》:用威灵仙米醋浸二日,晒研末,醋糊丸梧子大。每服二三丸,半茶半汤下。如欲吐,以铜青末半匙,入油一二点,茶服,探吐。《圣济录》:治鸡鹅骨哽。赤茎威灵仙五钱。井华水煎服,即软如绵吞下也,甚效。飞丝缠阴,肿痛欲断:以威灵仙捣汁,浸洗。一人病此得效。(李楼《怪证方》)痘疮黑陷:铁脚威灵仙(炒研)一钱,脑子一分。温水调服,取下疮痂为效。意同百祥丸。(《儒门事亲》)

茜草(《本经》上品)

【校正】并入有名未用《别录》苗根。

【释名】蒨(音茜)、茅蒐(音搜)、茹藘(音如闾)、地血(《别录》)、染绯草(《蜀本》)、血见愁(《土宿》)、风车草(《土宿》)、过山龙(《补遗》)、牛蔓。

草　茜

时珍曰:按陆佃云:许氏《说文》言蒐乃人血所化,则草鬼为蒐,以此也。陶隐居《本草》言东方有而少,不如西方多,则西草为茜,又以此也。陆玑云:齐人谓之茜,徐人谓之牛蔓。又草之盛者为蒨,牵引为茹,连覆为藘,则蒨、茹、藘之名,又取此义也。人血所化之说,恐亦俗传耳。《土宿真君本草》云:四补草,其根茜草也。一名西天王草,一名四岳近阳草,一名铁塔草、风车儿草。

藏器曰:有名未用,苗根,即茜根也。茜、苗二字相似,传写之误尔。宜并之。

【集解】《别录》曰:茜根生乔山川谷。二月、三月采根曝干。

又曰:苗根生山阴谷中。蔓草木上。茎有刺,实如椒。

弘景曰:此即今染绛茜草也。东间诸处乃有而少,不如西多。《诗》云茹藘在阪者是也。

保升曰:染绯草,叶似枣叶,头尖下阔,茎叶俱涩,四、五叶对生节间,蔓延草木上。根紫赤色,所在皆有,八月采。

颂曰:今圃人亦作畦种莳。故《史记》云:千亩栀、茜,其人与千户侯等,言其利厚也。

时珍曰:茜草,十二月生苗,蔓延数尺。方茎中空有筋,外有细刺,数寸一节。每节五叶,叶如乌药叶而糙涩,面青背绿。七、八月开花,结实如小椒大,中有细子。

根

【修治】敩曰:凡使,用铜刀于槐砧上剉,日干,勿犯铅铁器。勿用赤柳草根,真相似,只是味酸涩。误服令人患内障眼,速服甘草水解之,即毒气散。

【气味】苦,寒,无毒。

权曰:甘。

大明曰:酸。入药炒用。

震亨曰:热。

元素曰:微酸、咸,温。阴中之阴。

《别录》曰:苗根:咸,平,无毒。

之才曰:畏鼠姑。汁,制雄黄。

【主治】寒湿风痹，黄疸，补中（《本经》）。止血，内崩下血，膀胱不足，踒跌蛊毒。久服益精气，轻身。可以染绛。又苗根：主痹及热中伤跌折（《别录》）。治六极伤心肺，吐血泻血（甄权）。止鼻洪尿血，产后血晕，月经不止，带下，扑损淤血，泄精，痔瘘疮疖排脓。酒煎服（大明）。通经脉，治骨节风痛，活血行血（时珍）。

【发明】藏器曰：茜草主蛊毒，煮汁服。《周礼》：庶氏掌除蛊毒，以嘉草攻之。嘉草者，蘘荷与茜也，主蛊为最。

震亨曰：俗人治痛风，用草药取速效。如石丝为君，过山龙等佐之。皆性热而燥，不能养阴，却能燥湿病之浅者。湿痰得燥而开，淤血得热而行，故亦暂效。若病深而血少者，则愈劫愈虚而病愈深矣。

时珍曰：茜根赤色而气温，味微酸而带咸。色赤入营，气温行滞，味酸入肝而咸走血，手足厥阴血分之药也，专于行血活血。俗方用治女子经水不通，以一两煎酒服之，一日即通，甚效。《名医别录》言其久服益精气轻身，《日华子》言其泄精，殊不相合，恐未可凭。

【附方】旧三，新八。吐血不定：茜根一两，捣末。每服二钱，水煎冷服。亦可水和二钱服。（周应《简要济众方》）吐血燥渴及解毒：用茜根、雄黑豆（去皮）、甘草（炙）等分。为末，井水丸弹子大。每温水化服一丸。（《圣济录》）鼻血不止：茜根、艾叶各一两，乌梅肉二钱半。为末，炼蜜丸梧子大。每乌梅汤下五十丸。（《本事方》）五旬行经，妇人五十后，经水不止者，作败血论：用茜根（一名过山姜）一两，阿胶、侧柏叶、炙黄芩各五钱，生地黄一两，小儿胎发一枚（烧灰）。分作六帖。每帖水一盏半，煎七分，入发灰服之。（唐瑶《经验方》）女子经闭：方见前发明。心瘅心烦内热：茜根，煮汁服。（《伤寒类要》）解中蛊毒，吐、下血如烂肝：茜草根、蘘荷叶各三两。水四升，煮二升，服即愈。自当呼蛊主姓名也。（陈延之《小品方》）黑髭乌发：茜草一斤，生地黄三斤（取汁）。以水五大碗，煎茜绞汁，将滓再煎三度。以汁同地黄汁，微火煎如膏，以瓶盛之。每日空心温酒服半匙，一月髭发如漆也。忌萝卜、五辛。（《圣济录》）蝼蛄漏疮：茜根（烧灰）、千年石灰等分。为末。油调敷之。（《儒门事亲》方）脱肛不收：茜根、石榴皮各一握。酒一盏，煎七分，温服。（《圣惠方》）预解疮疹，时行疮疹正发，服此则可无患：茜根煎汁，入少酒饮之。（《奇效良方》）

【附录】血藤（宋《图经》）

颂曰：生信州。叶如蔢蕳叶，根如大拇指，其色黄。彼人五月采用，攻血治气块。

时珍曰：按虞抟云：血藤，即过山龙，理亦相近，未知的否？姑附之。

剪草（《日华》）

【集解】藏器曰：剪草生山泽间，叶如茗而细，江东用之。

颂曰：生润州。二月、三月采，曝干用。

时珍曰：按许叔微《本事方》言：剪草状如茜草，又如细辛。婺、台二州皆有之，惟婺州者可用。其说殊详，今遍询访无识者。或云即茜草也，未有的据。

根

【气味】苦，凉，无毒。

颂曰：平。

【主治】诸恶疮、疥癣、风瘙，瘘蚀有虫，浸酒服（大明）。主一切失血（时珍）。

【发明】元素曰：上部血，须用剪草、牡丹皮、天门冬，麦门冬。

时珍曰：许学士《本事方》云：剪草治劳瘵吐血损肺及血妄行，名曰神传膏。其法：每用一斤净洗，晒为末，入生蜜二斤，和为膏，以器盛之，不得犯铁器，一日一蒸，九蒸九曝乃止。病人五更起，面东坐，不得语言，以匙抄药四匙食之，良久以稀粟米饮压之。药只冷服，米饮亦勿大热，或吐或下不妨。如久病肺损咯血，只一服愈。寻常嗽血妄行，每服一匙可也。有一贵妇病瘵，得此方，九日药成。前一夕，病者梦人戒令翌日勿乱服药。次日将服药，屋上土坠器中，不可用。再合成，将服，为猫覆器，又不得食。再合未就，而夫人卒矣。此药之异有如此。若小小血妄行，只一啜而愈也。此药绝妙若此，而世失传，惜哉！

【附方】新二。风虫牙痛：剪草、细辛、藁本等分，煎水热漱，少顷自止。（《中藏经》）风疮瘙痒：滑肌散：治风邪客于肌中，浑身瘙痒，致生疮疥，及脾肺风毒攻冲，生疮干湿，日久不瘥：用剪草七两（不见火），轻粉一钱。为末。掺之。干者，麻油调掺。（《和剂局方》）

防己（《本经》中品）

【释名】解离（《本经》）、石解。

时珍曰：按东垣李杲云：防己如险健之人，幸灾乐祸，能首为乱阶，若善用之，亦可御敌。其名或取此义。解离，因其纹解也。

防己

【集解】《别录》曰：防己生汉中川谷。二月、八月采根，阴干。

当之曰：其茎如葛蔓延。其根外白内黄，如桔梗，内有黑纹如车辐解者，良。

弘景曰：今出宜都、建平。大而青白色、虚软者好，黑点木强者不佳。服食亦须之。

颂曰：今黔中亦有之。但汉中出者，破之纹作车辐解，黄实而香，茎梗甚嫩，苗叶小类牵牛。折其茎，一头吹之，气从中贯，如木通然。他处者青白虚软，又有腥气，皮皱，上有丁足子，名木防己。苏恭言木防己不任用。而古方张仲景治伤寒有增减木防己汤,及防己地黄汤、五物防己汤、黄芪六物等汤。孙思邈治遗尿小便涩,亦有三物木防己汤。

藏器曰:如陶所说,汉、木二防己,即是根苗为名。

【修治】敩曰:凡使勿用木条,色黄、腥、皮皱、上有丁足子,不堪用。惟要心有花纹黄色者,细剉,以车前草根相对蒸半日,晒干取用。

时珍曰:今人多去皮剉,酒洗晒干用。

【气味】辛,平,无毒。

《别录》曰:苦,温。

普曰:神农:辛;黄帝、岐伯、桐君:苦,无毒;李当之:大寒。

权曰:苦,有小毒。

元素曰:大苦、辛,寒。阴也,泄也。

之才曰:殷蘖为之使。杀雄黄毒。恶细辛。畏萆薢、女菀、卤碱。伏硝石。

【主治】风寒温疟,热气诸痫,除邪,利大小便(《本经》)。疗水肿风肿,去膀胱热,伤寒寒热邪气,中风手脚挛急,通腠理,利九窍,止泄,散痈肿恶结,诸瘑疥癣虫疮(《别录》)。治湿风,口面㖞斜,手足拘痛,散留痰,肺气喘嗽(甄权)。治中下湿热肿,泄脚气,行十二经(元素)。木防己:主治男子肢节中风,毒风不语,散结气痈肿,温疟风水肿,治膀胱(甄权)。

【发明】弘景曰:防己,是疗风水要药。

藏器曰:治风用木防己;治水,用汉防己。

元素曰:去下焦湿肿及痛,并泄膀胱火邪,必用汉防己、草龙胆为君,黄柏、知母、甘草佐之,防己乃太阳本经药也。

杲曰:本草十剂云:通可去滞,通草、防己之属是也。夫防己大苦寒,能泻血中湿热,通其滞塞,亦能泻大便,补阴泻阳,助秋冬、泻春夏之药也。比之于人,则险而健者也。幸灾乐祸,能首为乱阶。然善用之,亦可敌凶突险。此瞑眩之药也,故圣人存而不废。大抵闻其臭则可恶,下咽则令人身心烦乱,饮食减少。至于十二经有湿热壅塞不通,及下注脚气,除膀胱积热而庇其基本,非此药不可,真行经之仙药,无可代之者。若夫饮食劳倦,阴虚生内热,元气谷食已亏,以防己泄大便,则重亡其血,此不可用一也。如人大渴引饮,是热在上焦肺经气分,宜渗泄,而防己乃下焦血分药,此不可用二也。外伤风寒,邪传肺经,气分湿热,而小便黄赤,乃至不通,此上焦气病,禁用血药,此不可用三也。大抵上焦湿热者皆不可用。下焦湿热流入十二经,致二阴不通者,然后审而用之。

【附方】旧三,新九。皮水胕肿,按之没指,不恶风,水气在皮肤中,四肢聂聂动者,防己茯苓汤主之:防己、黄芪、桂枝各三两,茯苓六两,甘草二两。每服一两,水一升,煎半升服,日二服。(张仲景方)风水恶风,汗出身重,脉浮,防己黄芪汤主之:防己一两,黄芪一两二钱半,白术七钱半,炙甘草半两。剉散。每服五钱,生姜四片,枣一枚,水一盏半,煎八分,温服。良久再服。腹痛加芍药。(仲景方)风湿相搏,关节沉痛,微肿恶风:方同上。小便淋涩:三物木防己汤:用木防己、防风、葵子各二两。㕮咀。水五升,煮二升半,分三服。(《千金方》)膈间支饮,其人喘满,心下痞坚,面黧黑,其脉沉紧,得之数十日,医吐、下之不愈,木防己汤主之:虚者即愈;实者,三日复发,复与之,不愈,去石膏,加茯苓芒硝主之:用木防己三两,人参四两,桂枝二两,石膏(鸡子大)十二枚。水六升,煮二升,分温再服。(张仲景方)伤寒喘急:防己、人参等分。为末。桑白汤服二钱,不拘老小。肺痿喘嗽:汉防己末二钱。浆水一盏,煎七分,细呷。(《儒门事亲》)肺痿咯血多痰者:汉防己、葶苈等分。为末。糯米饮每服一钱。(《古今录验》)鼻衄不止:生防己末,新汲水服二钱,仍以少许搐之。(《圣惠方》)霍乱吐利:防己、白芷等分。为末。新汲水服二钱。(《圣惠方》)目睛暴痛:防己酒浸三次,为末。每一服二钱,温酒下。(《摘玄方》)解雄黄毒:防己,煎汁服之。(《肘后方》)

实

【主治】脱肛。焙研,煎饮代茶(《肘后》)。

通草(《本经》中品)

【释名】木通(士良)、附支(《本经》)、丁翁(吴普)、万年藤(甄权),子名燕覆。

时珍曰:有细细孔,两头皆通,故名通草,即今所谓木通也。今之通草,乃古之通脱木也。宋本草混注为一,名实相乱,今分出之。

通木即草通

【集解】《别录》曰:通草,生石城山谷及山阳。正月、二月采枝,阴干。

弘景曰:今出近道。绕树藤生,汁白。茎有细孔,两头皆通。含一头吹之,则气出彼头者良。或云即葍藤茎也。

恭曰:此物大者径三寸,每节有二三枝,枝头有五叶。子长三四寸,核黑瓤白,食之甘美。南人谓为燕覆子,或名乌覆子。遇七、八月采之。

藏器曰:江东人呼为蓄葍子,江西人呼为拿子,如笋袋,瓤黄子黑,食之去皮。苏云色白者,乃猴葍也。

颂曰:今泽、潞、汉中、江淮、湖南州郡亦有之。藤生,蔓大如指,其茎干大者径三寸。一枝五叶,颇类石苇,又似芍药,三叶相对。夏秋开紫花,亦有白花者。结实如小木瓜,食之甘美,即陈士良本草所谓桴棪子也。其枝,今人谓之木通,而俗间所谓通草,乃通脱木也。古方所用通草,皆今之木通,其通脱木稀有用者。或以木通为葡萄苗者,非矣。按张氏《燕吴行纪》载:扬州甘泉东院两廊前有通草,其形如椿,少叶,子垂梢际,如苦楝。与今所说不同,或别一物也。

时珍曰:今之木通,有紫、白二色:紫者皮厚味辛;白者皮薄味淡。《本经》言味辛,《别录》言味甘,是二者皆能通利也。

【气味】辛，平，无毒。

《别录》曰：甘。

权曰：微寒。

普曰：神农、黄帝：辛；雷公：苦。

杲曰：味甘而淡，气平味薄。降也，阳中阴也。

【主治】除脾胃寒热，通利九窍血脉关节，令人不忘，去恶虫(《本经》)。疗脾疸，常欲眠，心烦哕，出音声，治耳聋，散痈肿诸结不消，及金疮恶疮，鼠瘘踒折，齆鼻息肉，堕胎，去三虫(《别录》)。治五淋，利小便，开关格，治人多睡，主水肿浮大(甄权)。利诸经脉寒热不通之气(孟诜)。理风热，小便数急疼，小腹虚满，宜煎汤并葱食之，有效(士良)。安心除烦，止渴退热，明耳目，治鼻塞，通小肠，下水，破积聚血块，排脓；治疮疖，止痛，催生下胞，女人血闭，月候不匀，天行时疾，头痛目眩，羸劣乳结，及下乳(大明)。利大小便，令人心宽，下气(藏器)。主诸瘘疮，喉痹咽痛，浓煎含咽(珣)。通经利窍，导小肠火(杲)。

【发明】杲曰：本草十剂，通可去滞，通草、防己之属是也。夫防己大苦寒，能泻血中湿热之滞，又通大便。通草甘淡，能助西方秋气下降，利小便，专泻气滞也。肺受热邪，津液气化之原绝，则寒水断流，膀胱受湿热，癃闭约缩，小便不通，宜此治之。其癥胸中烦热，口燥舌干，咽干，大渴引饮，小便淋沥，或闭塞不通，胫酸脚热，并宜通草主之。凡气味与之同者，茯苓、泽泻、灯草、猪苓、琥珀、瞿麦、车前子之类，皆可以渗湿利小便，泄其滞气也。又曰：木通下行，泄小肠火，利小便，与琥珀同功，无他药可比。

时珍曰：木通手厥阴心包络、手足太阳小肠、膀胱之药也。故上能通心清肺，治头痛，利九窍；下能泄湿热，利小便，通大肠，治遍身拘痛。《本经》及《别录》皆不言及利小便治淋之功，甄权、日华子辈始发扬之。盖其能泄丙丁之火，则肺不受邪，能通水道。水源既清，则津液自化，而诸经之湿与热，皆由小便泄去。故古方导赤散用之，亦泻南补北、扶西抑东之意。杨仁斋《直指方》言：人遍身胸腹隐热，疼痛拘急，足冷，皆是伏热伤血。血属于心，宜木通以通心窍，则经络流行也。

【附方】旧三，新一。心热尿赤，面赤唇干，咬牙口渴：导赤散：用木通、生地黄、炙甘草等分，为末。每服三钱，入竹叶七片，水煎服。(钱氏方)妇人血气：木通浓煎三五盏，饮之即通。(孟诜《本草》)金疮踒折：通草煮汁酿酒，日饮。鼠瘘不消：方同上。

根

【主治】项下瘿瘤(甄权)。

子

【气味】甘，寒，无毒。

诜曰：平，南人多食之，北人不知其功。

【主治】厚肠胃，令人能食，下三焦恶气，续五脏断绝气，使语声足气，通十二经脉。和核食之（孟诜）。除三焦客热，胃口热闭，反胃不下食（士良）。止渴，利小便（时珍）。

通脱木（《法象》）

【释名】通草（《纲目》）、活莌（音夺）、离南。

颂曰：《尔雅》：离南、活莌，即通脱也。《山海经》名寇脱。又名倚商。

杲曰：阴窍涩而不利，水肿闭而不行，用之立通，因有通草之名。与木通同功。

嘉谟曰：白瓤中藏，脱木得之，故名通脱。

【集解】藏器曰：通脱木生山侧。叶似蓖麻。其茎空心，中有白瓤，轻白可爱，女人取以饰物，俗名通草。

颂曰：郭璞言：生江南，高丈许，大叶似荷而肥，茎中瓤正白。今园圃亦有种莳者，或作蜜煎充果，食之甘美。

时珍曰：蔓生山中。茎大者围数寸。

木脱通

【气味】甘、淡，寒，无毒。

杲曰：甘，平。降也。阳中阴也。

【主治】利阴窍，治五淋，除水肿癃闭，泻肺（李杲）。解诸毒虫痛（苏颂）。明目退热，下乳催生（汪机）。

【发明】杲曰：通草泻肺利小便，甘平以缓阴血也。与灯草同功。宜生用之。

时珍曰：通草色白而气寒，味淡而体轻，故入太阴肺经，引热下降而利小便；入阳明胃经，通气上达而下乳汁。其气寒，降也；其味淡，升也。

【附方】新一。洗头风痛：新通草瓦上烧存性，研末二钱，热酒下。牙关紧者，斡口灌之。（王璆《百一选方》）

花上粉

【主治】诸虫瘘恶疮痔疾，纳之（藏器）。疗瘰疬，及胸中伏气攻胃咽（苏颂）。

【附录】天寿根（《图经》）

颂曰：出台州，每岁土贡。其性凉，治胸膈烦热，土人常用有效。

钩藤（《别录》下品）

【校正】自木部移入此。

【释名】弘景曰：出建平。亦作吊藤。疗小儿，不入余方。

时珍曰：其刺曲如钓钩，故名。或作吊，从简耳。

藤钩

【集解】恭曰：钩藤出梁州。叶细长，其茎间有刺，若钓钩。

颂曰：今秦中兴元府有之。三月采。

宗奭曰：湖南、湖北、江南、江西山中皆有之。藤长八九尺或一二丈，大如拇指，其中空。小人用致酒瓮中，盗取酒，以气吸之，涓涓不断。

时珍曰：状如葡萄藤而有钩，紫色。古方多用皮，后世多用钩，取其力锐尔。

【气味】甘，微寒，无毒。

保升曰：苦。

权曰：甘，平。

时珍曰：初微甘，后微苦，平。

【主治】小儿寒热，十二惊痫（《别录》）。小儿惊啼，瘛疭热拥，客忤胎风（甄权）。大人头旋目眩，平肝风，除心热，小儿内钓腹痛，发斑疹（时珍）。

【发明】时珍曰：钩藤，手足厥阴药也。足厥阴主风，手厥阴主火。惊痫眩晕，皆肝风相火之病。钩藤通心包于肝木，风静火息，则诸证自除。或云：入数寸于小麦中蒸熟，喂马易肥。

【附方】新三。小儿惊热：钩藤一两，硝石半两，甘草（炙）一分。为散。每服半钱，温水服，日三服。名延龄散。（《圣济录》）卒得痫疾：钩藤、甘草（炙）各二钱。水五合，煎二合。每服枣许，日五、夜三度。（《圣惠方》）斑疹不快：钩藤钩子、紫草茸等分。为末。每服一字或半钱，温酒服。（钱氏方）

【附录】倒挂藤（《拾遗》）

藏器曰：味苦，无毒。主一切老血，及产后诸疾，结痛，血上欲死，煮汁服之。生深山，有逆刺如悬钩，倒挂于树，叶尖而长。

黄藤（《纲目》）

【集解】时珍曰：黄藤生岭南，状若防己。俚人常服此藤，纵饮食有毒，亦自然不发。席辩刺史云：甚有效。

【气味】甘、苦，平，无毒。

【主治】饮食中毒，利小便，煮汁频服即解（时珍）。

白菟藿(《本经》上品)

藿 菟 白

【释名】白葛(《本经》)。

【集解】《别录》曰:生交州山谷。

弘景曰:此药解毒,莫之与敌,而人不复用,不闻识者。

恭曰:荆襄山谷大有之。蔓生,山南人谓之白葛。苗似萝藦,叶圆厚,茎有白毛,与众草异,用藿疗毒有效。而交广又有白花藤,亦解毒,用根不用苗。

保升曰:蔓生,叶圆若莼。今襄州北、汝州南冈上有。五月、六月采苗,日干。

【气味】苦,平,无毒。

【主治】蛇虺蜂虿猘狗、菜肉、蛊毒,鬼疰(《本经》)。风疰。诸大毒不可入口者,皆消除之。又去血,可末着痛上,立消。毒入腹者,煮汁饮即解(《别录》)。风邪热极,煮汁饮。捣末,敷诸毒,妙(李珣)。

白花藤(《唐本草》)

【集解】恭曰:生岭南、交州、广州平泽。苗似野葛。叶似女贞,茎叶俱无毛而白花。其根似葛而骨柔,皮厚肉白,大疗毒,用根不用苗。

保升曰:蔓生白花,叶有细毛,根似牡丹,骨柔皮白而厚,凌冬不凋。

藤 花 白

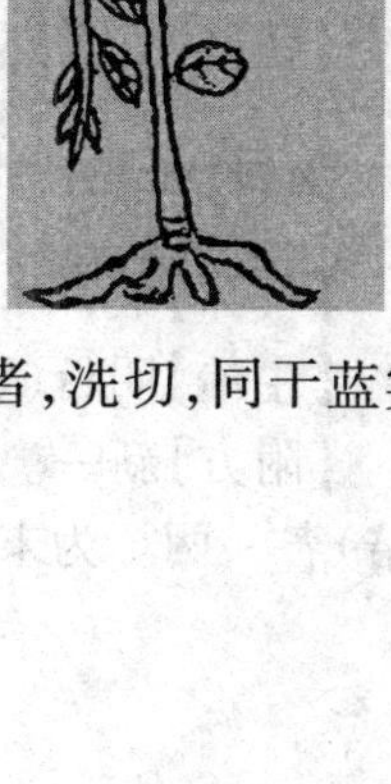

敩曰:凡使勿用菜花藤,真相似,只是味酸涩。白花藤味甘香,采得去根细剉,阴干用。

【气味】苦,寒,无毒。

【主治】解诸药、菜、肉中毒。渍酒,主虚劳风热(《唐本》)。

【发明】时珍曰:苏言用根,雷言用苗,都可用尔。按葛洪《肘后方》云:席辨刺史在岭南日久,言俚人皆因饮食入毒,多不即觉,渐不能食,或心中渐胀,先寒似瘴。急含白银,一宿变色者即是也。银青是蓝药,银黄赤是菌药。菌,音混,草名也。但取白花藤四两,出嶲州者为上,不得取近野葛生者,洗切,同干蓝实四两,水七升,煮取半,空腹顿服。少闷勿怪,其毒即解。

白英(《本经》上品)

【校正】并入《别录》鬼目。

【释名】縠菜(《本经》)、白草(别录)、白幕(《拾遗》)、排风(同上),子名鬼目。

时珍曰:白英,谓其花色;縠菜,象其叶文;排风,言其功用;鬼目,象其子形。《别录》有名未用,复出鬼目,虽苗子不同,实一物也。故并之。

【集解】《别录》曰:白英生益州山谷。春采叶,夏采茎,秋采花,冬采根。

又曰:鬼目,一名来甘。实赤如五味,十月采。

弘景曰:鬼目,俗人呼为白草子,是矣。又曰:白英,方药不复用。此有斛菜,生水中,可蒸食,非是此类。有白草,作羹饮,甚疗劳,而不用根花。益州乃有苦菜,土人专食之,充健无病,疑或是此。

恭曰:白英,鬼目草也。蔓生,叶似王瓜,小长而五丫。实圆,若龙葵子,生青,熟紫黑。东人谓之白草。陶云白草,似识之,而不的辨。

藏器曰:白英,鬼目菜也。蔓生,三月延长。《尔雅》名苻。郭璞云:似葛,叶有毛,子赤色如耳璫珠。若云子熟黑,误矣。江东夏月取其茎叶,煮粥食,极解热毒。

时珍曰:此俗名排风子是也。正月生苗,白色,可食。秋开小白花。子如龙葵子,熟时紫赤色。《吴志》云:孙皓时有鬼目菜,缘枣树,长丈余,叶广四寸,厚三分,人皆异之。即此物也。又羊蹄草一名鬼目。岭南有木果,亦名鬼目,叶似楮,子大如鸭子,七、八月熟。黄色,味酸,可食。皆与此同名异物也。

根、苗

【气味】甘,寒,无毒。

【主治】寒热八疸,消渴,补中益气。久服轻身延年(《本经》)。叶:作羹饮,甚疗劳(弘景)。烦热,风疹丹毒,瘴疟寒热,小儿结热,煮汁饮之(藏器)。

鬼目(子也)

【气味】酸,平,无毒。

【主治】明目(《别录》)。

【附方】新一。目赤头旋,眼花面肿,风热上攻:用排风子(焙)、甘草(炙)、菊花(焙)各一两。为末。每服二钱,卧时温水下。(《圣济录》)

萝藦(《唐本草》)

【校正】并入《拾遗》斫合子。

【释名】雚(音贯),芄兰(《诗疏》),白环藤(《拾遗》),实名雀瓢(陆玑)、斫合子(《拾遗》)、羊婆奶(《纲目》)、婆婆针线包。

子合斫藦萝

藏器曰:汉高帝用子敷军士金疮,故名斫合子。

时珍曰:白环,即芄字之讹也。其实嫩时有浆,裂时如瓢,故有雀瓢、羊婆奶之称。其中一子有一条白绒,长二寸许,故俗呼婆婆针线包,又名婆婆针袋儿也。

【集解】弘景曰:萝藦作藤生,摘之有白乳汁,人家多种之,叶厚而大,可生啖,亦蒸煮食之。谚云:去家千里,勿食萝藦、枸杞。言其补益精气,强盛阴道,与枸杞叶同也。

恭曰:按陆玑《诗疏》云:萝藦,一名芄兰,幽州谓之雀瓢。然雀瓢,是女青别名也。萝藦叶似女青,故亦名雀瓢。女青叶似萝藦,两叶相对。子似瓢形,大如枣许,故名雀瓢。根似白薇,茎叶并臭,生平泽。《别录》云:叶嫩时似萝藦,圆端,大茎,实黑。

藏器曰:萝藦,东人呼为白环,藤生篱落间,折之有白汁,一名雀瓢。其女青终非白环,二物相似,不能分别。

又曰:斫合子作藤生,蔓延篱落间。至秋霜,子如柳絮。一名鸡肠,一名薰桑。

时珍曰:斫合子,即萝藦子也。三月生苗,蔓延篱垣,极易繁衍。其根白软。其叶长而后大前尖。根与茎叶,断之皆有白乳如构汁。六、七月开小长花,如铃状,紫白色。结实长二三寸,大如马兜铃,一头尖。其壳青软,中有白绒及浆。霜后枯裂则子飞,其子轻薄,亦如兜铃子。商人取其绒作坐褥代绵,云甚轻暖。《诗》云:芄兰之支,童子佩觿。芄兰之叶,童子佩韘。觿,(音畦),解结角锥也。此物实尖,垂于支间似之。韘,音涉,张弓指彄也。此叶后弯似之。故以比兴也。一种茎叶及花皆似萝藦,但气臭根紫,结子圆大如豆,生青熟赤为异。此则苏恭所谓女青似萝藦,陈藏器所谓二物相似者也。苏恭言其根似白薇,子似瓢形,则误矣。当从陈说。此乃藤生女青,与蛇衔根之女青,名同物异,宜互考之。

子(叶同)

【气味】甘、辛,温,无毒。

时珍曰:甘、微辛。

【主治】虚劳,补益精气,强阴道。叶,煮食,功同子(《唐本》)。捣子,敷金疮,生肤止血。捣叶,敷肿毒(藏器)。取汁,敷丹毒赤肿,及蛇虫毒,即消。蜘蛛伤,频治不愈者,捣封二、三度,能烂丝毒,即化作脓也(时珍)。

【附方】新二。补益虚损，极益房劳：用萝藦四两，枸杞根皮、五味子、柏子仁、酸枣仁、干地黄各三两。为末。每服方寸匕，酒下，日三服。（《千金方》）损伤血出，痛不可忍：用篱上婆婆针袋儿，擂水服，渣罨疮口，立效。（《袖珍》）

赤地利（《唐本草》）

【校正】并入《拾遗》五毒草。

利地赤

【释名】赤薛荔（《纲目》）、五毒草（《拾遗》）、五蕺（《拾遗》）、蛇罔（《拾遗》）、山荞麦（《图经》）。

时珍曰：并未详。

【集解】恭曰：所在山谷有之。蔓生，叶似萝藦。根皮赤黑，肉黄赤。二月、八月采根，日干。

颂曰：云所在皆有，今惟华山有之。春夏生苗，作蔓绕草木上，茎赤。叶青，似荞麦叶。七月开白花，亦如荞麦。结子青色。根若菝葜，皮紫赤，肉黄赤，八月采根，晒干收。

藏器曰：五毒草生江东平地。花叶并如荞麦。根紧硬似狗脊。亦名蛇罔，名同物异。

时珍曰：五毒草，即赤地利，今并为一。

根

【修治】敩曰：凡采得细剉，用蓝叶并根，同入生绢袋盛之，蒸一伏时，去蓝，晒用。

【气味】苦，平，无毒

藏器曰：酸，平。伏丹砂。

【主治】赤白冷热诸痢，断血破血，带下赤白，生肌肉（《唐本》）。主痈疽恶疮毒肿，赤白游疹，虫蚕蛇犬咬，并醋摩敷之，亦捣茎叶敷之。恐毒入腹，煮汁饮（藏器）。

【发明】时珍曰：唐张文仲《备急方》，治青赤黄白等痢，鹿茸丸方中用之。则其功长于凉血解毒，可知矣。

【附方】旧二。小儿热疮，身面皆有，如火烧者：赤地利末，粉之。（《外台》）火疮灭瘢：赤地利末，油调涂。（《圣惠》）

紫葛（《唐本草》）

【集解】恭曰：生山谷中。苗似葡萄，长丈许。根紫色，大者径二三寸。

保升曰：所在皆有，今出雍州。叶似蘡薁。其根、皮、肉俱紫色。三、八月采根皮，日干。

大明曰：紫葛有二种，此是藤生者。

颂曰：今惟江宁府及台州有之。春生冬枯，似葡萄而紫色。

紫葛

根、皮

【气味】甘、苦，寒，无毒。

大明曰：苦、滑，冷。烧灰，制硝石。

【主治】痈肿恶疮，捣末醋和封之（苏恭）。主瘫缓挛急，并热毒风，通小肠（大明）。生肌散血（时珍）。

【附方】旧二。产后烦渴，血气上冲也：紫葛三两。水二升，煎一升，去滓呷之。金疮伤损，生肌破血：用紫葛二两。顺流水三盏，煎一盏半，分三服。酒煎亦妙。（并《经验方》）

乌蔹莓(《唐本草》)

【释名】五叶莓（弘景）、茏草（保升）、拔（《尔雅》）、茏葛（同）、赤葛（《纲目》）、五爪龙（同）、赤泼藤。

时珍曰：五叶如白蔹，故曰乌蔹，俗名五爪龙。江东呼龙尾，亦曰虎葛。曰龙、曰葛，并取蔓形。赤泼与赤葛及拔音相近。

乌蔹莓

【集解】弘景曰：五叶莓生篱墙间，作藤。捣根敷痈疖有效。

恭曰：蔓生平泽，叶似白蔹，四月、五月采之。

保升曰：茎端五叶，开花青白色，所在有之，夏采苗用。

时珍曰：塍堑间甚多。其藤柔而有棱，一枝一须，凡五叶。叶长而光，有疏齿，面青背淡。七、八月结苞成簇，青白色。花大如粟，黄色四出。结实大如龙葵子，生青熟紫，内有细子。其根白色，大者如指，长一二尺，捣之多涎滑。傅滋《医学集成》谓即紫葛，杨起《简便方》谓即老鸦眼睛草，《斗门方》谓即何首乌，并误矣。

【气味】酸、苦，寒，无毒。

【主治】痈疖疮肿虫咬，捣根敷之（弘景）。风毒热肿游丹，捣敷并饮汁（恭）。凉血解毒，利小便。根擂酒服，消疖肿，神效（时珍）。

【附方】新五。小便尿血：五叶藤阴干为末。每服二钱，白汤下。（《卫生易简方》）喉痹肿痛：五爪龙草、车前草、马兰菊各一握。捣汁，徐咽。祖传方也。（《医学正传》）项下热肿，俗名虾蟆瘟：五叶藤捣，敷之。（《丹溪纂要》）一切肿毒，发背乳痈，便毒恶疮，初起者：并用五叶藤（或根）一握，生姜一块。捣烂，入好酒一碗绞汁。热服取汗，以渣敷之，即散。一用大蒜代姜，亦可。(《寿域神方》)跌扑损伤：五爪龙捣汁，和童尿、热酒服之，取汗。(《简便方》)

葎草(《唐本草》)

【校正】并入有名未用勒草。

【释名】勒草(《别录》)、葛勒蔓(《蜀图经》)、来莓草(《别本》)。

葎草

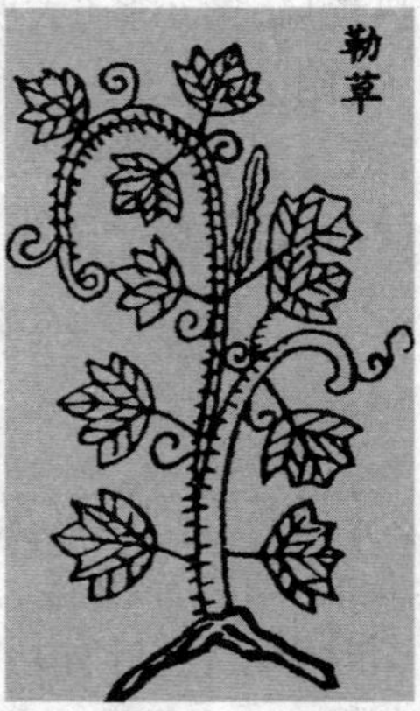

时珍曰：此草茎有细刺，善勒人肤，故名勒草。讹为葎草，又讹为来莓，皆方音也。《别录》勒草即此，今并为一。

【集解】恭曰：葎草生故墟道旁。叶似蓖麻而小且薄，蔓生，有细刺。亦名葛葎蔓。古方亦时用之。

保升曰：野处多有之。叶似大麻，花黄白色，子若大麻子。俗名葛勒蔓。夏采茎叶，曝干用。

《别录》曰：勒草生山谷，如栝蒌。

时珍曰：二月生苗，茎有细刺。叶对节生，一叶五尖，微似蓖麻而有细齿。八、九月开细紫花成簇。结子状如黄麻子。

【气味】甘、苦，寒，无毒。

【主治】勒草：主瘀血，止精溢盛气(《别录》)。葎草：主五淋，利小便，止水痢，除疟虚热渴。煮汁或生捣汁服(恭)。生汁一合服，治伤寒汗后虚热(宗奭)。疗膏淋，久痢，疥癞(颂)。润三焦，消五谷，益五脏，除九虫，辟温疫。敷蛇蝎伤(时珍)。

【附方】旧三，新六。小便石淋：葛葎掘出根，挽断，以杯于坎中承取汁。服一升。石当出。不出更服。(《范汪方》)小便膏淋：葎草，捣生汁三升，酢二合，合和顿服，当尿下白汁。尿血淋沥：同上。产妇汗血，污衣赤色：方同上。久痢成疳：葛勒蔓末，以管吹入肛门中，不过数次，如神。新久疟疾：用葛葎草一握(一名勒蔓，去两头，秋冬用干者)、恒山末等分。以淡浆水二大盏，浸药，星月下露一宿，五更煎一盏，分二服。当吐痰愈。遍体癞疮：葎草一担。以水二石，煮取一石，渍之。不过三作愈。(并韦宙《独行方》)乌癞风疮：葛葎草三秤(切洗)，益母草一秤(切)。以水二石五斗，煮取一石五斗，去滓入瓮中，浸浴一时方出，坐密室中，又暖汤浴一时，乃出，暖卧取汗，勿令见风。明日又浴。如浴时瘙痒不可忍，切勿搔动，少顷渐定。后隔三日一作，以愈为度。(《圣济录》)

羊桃(《本经》下品)

【释名】鬼桃(《本经》)、羊肠(同)、苌楚(《尔雅》)、铫芅(音姚弋。或作御弋)、细子(并未详)。

【集解】《别录》曰:羊桃生山林川谷及田野。二月采,阴干。

羊桃

弘景曰:山野多有。甚似家桃,又非山桃。花甚赤。子小细而苦,不堪食。《诗》云:隰有苌楚,即此。方药不复用。

保升曰:生平泽中,处处有之。苗长而弱,不能为树。叶花皆似桃,子细如枣核,今人呼为细子,其根似牡丹。郭璞云:羊桃,叶似桃,其花白色,子如小麦,亦似桃形。陆玑《诗疏》云:叶长而狭,花紫赤色。其枝茎弱,过一尺引蔓于草上。今人以为汲灌,重而善没,不如杨柳也。近下根,刀切其皮,着热灰中脱之,可韬笔管也。

时珍曰:羊桃,茎大如指,似树而弱如蔓,春长嫩条柔软。叶大如掌,上绿下白,有毛,状似苎麻而团。其条浸水有涏滑。

茎根

【气味】苦,寒,有毒。

藏器曰:甘,无毒。

【主治】熛热,身暴赤色,除小儿热,风水积聚,恶疡(《本经》)。去五脏五水,大腹,利小便,益气,可作浴汤(《别录》)。煮汁,洗风痒及诸疮肿,极效(恭)。根:浸酒服,治风热羸老(藏器)。

【附方】旧一,新三。伤寒变䘌,四肢烦疼,不食多睡:羊桃十斤捣熟,浸热汤三斗,日正午时,人坐一炊久。不过三次愈。(《千金》)伤寒毒攻,手足肿痛:羊桃煮汁,入少盐豉渍之。(《肘后》)水气鼓胀,大小便涩:羊桃根、桑白皮、木通、大戟(炒)各半斤(剉)。水一斗,煮五升,熬如稀饧。每空心茶服一匙。二便利,食粥补之。(《圣惠方》)蜘蛛咬毒:羊桃叶捣敷之,立愈。(《备急方》)

络石(《本经》上品)

【释名】石鲮(《本经》吴普作鲮石)、石龙藤(《别录》)、悬石(同)、耐冬(恭)、云花(《普》)、云英(《普》)、云丹(《普》)、石血(恭)、云珠(《普》。别录又名略石、领石、明石、石磋)。

恭曰:俗名耐冬。以其包络石木而生,故名络石。山南人谓之石血,疗产后血结,大良也。

【集解】《别录》曰:络石生太山川谷,或石山之阴,或高山岩石上,或生人间。五月采。

弘景曰:不识此药,方法无用者。或云是石类,既生人间,则非石,犹如石斛等系石为名耳。

石　络

恭曰：此物生阴湿处，冬夏常青，实黑而圆，其茎蔓延绕树石侧。若在石间者，叶细厚而圆短；绕树生者，叶大而薄。人家亦种之为饰。

保升曰：所在有之，生木石间，凌冬不凋，叶似细橘叶。茎节着处，即生根须，包络石旁。花白子黑。六月、七月采茎叶，日干。

藏器曰：在石者良，在木者随木性有功，与薜荔相似。更有石血、地锦等十余种藤，并是其类。大略皆主风血，暖腰脚，变白不老。苏恭言石血即络石，殊误矣。络石叶圆正青；石血叶尖，一头赤色。

时珍曰：络石贴石而生。其蔓折之有白汁。其叶小于指头，厚实木强，面青背淡，涩而不光。有尖叶、圆叶二种，功用相同，盖一物也。苏恭所说不误，但欠详耳。

茎叶

【修治】雷曰：凡采得，用粗布揩去毛了，以熟甘草水浸一伏时，切晒用。

【气味】苦，温，无毒。

《别录》曰：微寒。

普曰：神农：苦，小温；雷公：苦，平，无毒；扁鹊、桐君：甘，无毒。

当之曰：大寒。药中君也。采无时。

时珍曰：味甘、微酸、不苦。

之才曰：杜仲、牡丹为之使。恶铁落，畏贝母、菖蒲。杀殷蘖毒。

【主治】风热死肌痈伤，口干舌焦，痈肿不消，喉舌肿闭，水浆不下(《本经》)。大惊入腹，除邪气，养肾，主腰髋痛，坚筋骨，利关节。久服轻身明目，润泽好颜色，不老延年。通神(《别录》)。主一切风，变白宜老(藏器)。蝮蛇疮毒，心闷，服汁并洗之。刀斧伤疮，敷之立瘥(恭)。

【发明】时珍曰：络石性质耐久，气味平和。神农列之上品，李当之称为药中之君。其功主筋骨关节风热痈肿，变白耐老。即医家鲜知用者，岂以其近贱而忽之耶？服之当浸酒耳。《仁存堂方》云：小便白浊，缘心肾不济，或由酒色，遂至已甚，谓之上淫。盖有虚热而肾不足，故土邪干水。史载之言：夏则土燥水浊，冬则土坚水清，即此理也。医者往往峻补，其疾反甚。惟服博金散，则水火既济，源洁而流清矣。用络石、人参、茯苓各二两，龙骨(煅)一两。为末。每服二钱，空心米饮下，日二服。

【附方】旧一，新二。小便白浊：方同上。喉痹肿塞，喘息不通，须臾欲绝，神验方：用络石草一两。水一升，煎一大盏。细细呷之，少顷即通。(《外台秘要》)痈疽焮痛，止痛：灵宝散：用鬼系腰(生竹篱阴湿石岸间，络石而生者，好；络木者，无用。其藤柔细，两叶相对，形生三角，用茎叶)一两(洗晒，勿见火)，皂荚刺一两(新瓦炒黄)，甘草节半两，大栝蒌一个(取仁炒香)，乳香、没药各三钱。每服二钱，水一盏，

酒半盏，慢火煎至一盏，温服。（《外科精要》）

木莲（《拾遗》）

【释名】薜荔（《拾遗》）、木馒头（《纲目》）、鬼馒头。

时珍曰：木莲、馒头，象其实形也。薜荔（音壁利），未详。《山海经》作草荔。

木莲

【集解】藏器曰：薜荔夤缘树木，三五十年渐大，枝叶繁茂。叶圆，长二三寸，厚若石苇。生子似莲房，打破有白汁，停久如漆。中有细子，一年一熟，子亦入药，采无时。

颂曰：薜荔、络石极相类，茎叶粗大如藤状。木莲更大于络石，其实若莲房。

时珍曰：木莲，延树木垣墙而生，四时不凋，厚叶坚强，大于络石。不花而实，实大如杯，微似莲蓬而稍长，正如无花果之生者。六、七月，实内空而红；八月后，则满腹细子，大如稗子，一子一须。其味微涩，其壳虚轻，乌、鸟、童儿皆食之。

叶

【气味】酸，平，无毒。

【主治】背痈，干末服之，下利即愈（颂）。主风血，暖腰脚，变白不衰（藏器）。治血淋痛涩。藤叶一握，甘草（炙）一分，日煎服之（时珍）。

【发明】艾晟曰：《图经》言薜荔治背疮。近见宜兴县一老举人，年七十余，患发背。村中无医药，急取薜荔叶烂研绞汁，和蜜饮数升，以滓敷之，后用他药敷贴遂愈。其功实在薜荔，乃知《图经》之言不妄。

藤汁

【主治】白癜风，疬疡风，恶疮疥癣，涂之（大明）。

木莲

【气味】甘，平，涩，无毒。

时珍曰：岭南人言：食之发瘴。

【主治】壮阳道，尤胜（颂）。固精消肿，散毒止血，下乳，治久痢肠痔，心痛阴癞（时珍）。

【附方】新八。惊悸遗精：木馒头（炒）、白牵牛等分，为末。每服二钱，用米饮调下。（《乾坤秘韫》）阴㿉囊肿：木莲（即木馒头），烧研，酒服二钱。又方：木馒头子、小茴香等分。为末。每空心酒服二钱，取效。（《集简》）酒痢肠风：黑散子：治风入脏，或食毒积热，大便鲜血，疼痛肛出，或久患酒痢：木馒头（烧存性）、棕榈皮（烧存性）、乌梅（去核）、粉草（炙）等分。为末。每服二钱，水一盏，煎服。（《惠民和剂局方》）肠风下血，大便更涩：木馒头（烧）、枳壳（炒）等分。为末。每服二钱，槐花酒下。（杨倓《家藏方》）大肠脱下：木馒头（连皮子切炒）、茯苓、猪苓等分，为末。每服二钱，米饮下。亦治梦遗，名锁阳丹。（《普济方》）一切痈疽初起，不问发于何处：用木莲四十九个。揩去毛，研细，酒解开，温服。功与忍冬草相上下。（陈自明《外科精要》）乳汁不通：木莲二个，猪前蹄一个。烂煮食之，并饮汁尽，一日即通。无子妇人食之，亦有乳也。（《集简方》）

【附录】地锦（《拾遗》）

藏器曰：味甘，温，无毒。主破老血，产后血结，妇人瘦损，不能饮食，腹中有块，淋沥不尽，赤白带下，天行心闷。并煎服之，亦浸酒。生淮南林下，叶如鸭掌，藤蔓着地，节处有根，亦缘树石，冬月不死。山人产后用之。一名地噤。

时珍曰：别有地锦草，与此不同，见草之六。

扶芳藤（《拾遗》）

【释名】滂藤。

【集解】藏器曰：生吴郡。藤苗小时如络石，蔓延树木。山人取枫树上者用，亦如桑上寄生之意。忌采冢墓间者。隋朝稠禅师作青饮进炀帝止渴者，即此。

茎、叶

【气味】苦，小温，无毒。

【主治】一切血，一切气，一切冷，大主风血腰脚，去百病。久服延年，变白不老。剉细，浸酒饮（藏器）。

常春藤（《拾遗》）

【释名】土鼓藤（《拾遗》）、龙鳞薜荔（《日华》）。

藏器曰：小儿取其藤，于地打作鼓声，故名土鼓。李邕改为常春藤。

【集解】藏器曰：生林薄间，作蔓绕草木上。其叶头尖。结子正圆，熟时如珠，碧色。

【气味】茎叶：苦；子：甘，温，无毒。

【主治】风血羸老，腹内诸冷血闭，强腰脚，变白。煮服、浸酒皆宜（藏器）。凡一切痈疽肿毒初起，取茎叶一握，研汁和酒温服，利下恶物，去其根本（时珍。《外科精要》）。

【附方】新二。疔疮黑凹：用发绳扎住，将尖叶薜荔捣汁，和蜜一盏服之。外以葱、蜜捣敷四围。（《圣惠方》）衄血不止：龙鳞薜荔，研水饮之。（《圣济录》）

千岁藟(《别录》上品)

【校正】并入有名未用《别录》藟根。

【释名】藟芜(《别录》)、苣瓜(《拾遗》)。

藏器曰:此藤冬只凋叶,大者盘薄,故曰千岁藟。

【集解】《别录》曰:千岁藟生太山川谷。

弘景曰:藤生如葡萄,叶似鬼桃,蔓延木上,汁白。今俗人方药都不识用,《仙经》数处须之。

藏器曰:蔓似葛,叶下白,其子赤,条中有白汁。陆玑《草木疏》云:一名苣瓜。连蔓而生,蔓白,子赤可食,酢而不美。幽州人谓之推藟。《毛诗》云葛藟,注云似葛之草。苏恭谓为蘡薁,深是妄言。

藟　岁　千

颂曰:处处有之。藤生,蔓延木上,叶如葡萄而小。四月摘其茎,汁白而味甘。五月开花,七月结实,八月采子,青黑微赤。冬惟凋叶。春、夏间取汁用。陶、陈二氏所说得之。

宗奭曰:唐开元末,访隐民姜抚,年几百岁。召至集贤院,言服常春藤使白发还黑,长生可致。藤生太湖、终南。帝遣使多取,以赐老臣。诏天下使自求之。擢抚银青光禄大夫,号冲和先生。又言终南山有旱藕,饵之延年,状类葛粉。帝取之作汤饼,赐大臣。右骁骑将军甘守诚云:常春藤乃千岁藟也。旱藕乃牡蒙也。方家久不用,故抚易名以神之。民以酒渍藤饮之,多暴死,乃止。抚内惭,乃请求药牢山,遂逃去。今书此以备世疑。

时珍曰:按千岁藟,原无常春之名。惟陈藏器《本草》土鼓藤下言李邕名为常春藤,浸酒服,羸老变白。则抚所用乃土鼓藤也。其叶与千岁藟不同,或名同耳。

【正误】见果部蘡薁下。

【气味】甘,平,无毒。

【主治】补五脏,益气,续筋骨,长肌肉,去诸痹。久服,轻身不饥耐老,通神明(《别录》)。

藟根

【主治】缓筋,令不痛(《别录》)。

忍冬(《别录》上品)

【释名】金银藤(《纲目》)、鸳鸯藤(《纲目》)、鹭鸶藤(《纲目》)、老翁须(《纲目》)、左缠藤(《纲目》)、金钗股(《纲目》)、通灵草(《土宿》)、蜜桶藤。

弘景曰:处处有之。藤生,凌冬不凋,故名忍冬。

时珍曰:其花长瓣垂须,黄、白相半,而藤左缠,故有金银、鸳鸯以下诸名。金钗股,贵其功也。土宿真君云:蜜桶藤,阴草也。取汁能伏硫制汞,故有通灵之称。

【集解】《别录》曰:忍冬,十二月采,阴干。

恭曰:藤生,绕覆草木上。茎苗紫赤色,宿蔓有薄皮膜之,其嫩蔓有毛。叶似胡豆,亦上下有毛。花白蕊紫。今人或以络石当之,非矣。

时珍曰:忍冬在处有之。附树延蔓,茎微紫色,对节生叶。叶似薜荔而青,有涩毛。三、四月开花,长寸许,一蒂两花二瓣,一大一小,如半边状。长蕊。花初开者,蕊瓣俱色白;经二三日,则色变黄。新旧相参,黄白相映,故呼金银花,气甚芬芳。四月采花,阴干,藤叶不拘时采,阴干。

忍冬金银花

【气味】甘,温,无毒。

权曰:辛。

藏器曰:小寒。云温者,非也。

【主治】寒热身肿。久服轻身长年益寿(《别录》)。治腹胀满,能止气下游(甄权)。热毒血痢水痢,浓煎服(藏器)。治飞尸遁尸,风尸沉尸,尸注鬼击,一切风湿气,及诸肿毒。痈疽疥癣,杨梅诸恶疮,散热解毒(时珍)。

【发明】弘景曰:忍冬,煮汁酿酒饮,补虚疗风。此既长年益寿,可常采服,而《仙经》少用。凡易得之草,人多不肯为之,更求难得者,贵远贱近,庸人之情也。

时珍曰:忍冬,茎叶及花,功用皆同。昔人称其治风除胀,解痢逐尸为要药,而后世不复知用,后世称其消肿散毒治疮为要药,而昔人并未言及。乃知古今之理,万变不同,未可一辙论也。按陈自明《外科精要》云:忍冬酒,治痈疽发背,初发便当服此,其效甚奇,胜于红内消。洪内翰迈、沈内翰括诸方,所载甚详。如疡医丹阳僧、江西僧鉴清、金陵王琪、王尉子骏、海州刘秀才纯臣等,所载疗痈疽发背经效奇方,皆是此物。故张相公云:谁知至贱之中,乃有殊常之效,正此类也。

【附方】旧一,新十七。忍冬酒:治痈疽发背,不问发在何处,发眉发颐,或头或项,或背或腰,或胁或乳,或手足,皆有奇效。乡落之间,僻陋之所,贫乏之中,药材难得,但虔心服之,俟其疽破,仍以神异膏贴之,其效甚妙:用忍冬藤(生取)一把,以叶入砂盆研烂,入生饼子酒少许,稀稠得所,涂于四围,中留一口泄气。其藤只用五两(木槌槌损,不可犯铁),大甘草节(生用)一两。同入沙瓶内,以水二碗,文武火慢煎至一碗,入无灰好酒一大碗,再煎十数沸,去滓分为三服,一日一夜吃尽。病势重者,一日二剂。服至大小肠通利,则药力到。沈内翰云:如无生者,只用干者,然力终不及生者效速。(陈自明《外科精要》)忍冬圆:治消渴愈后,预防发痈疽,先宜服此:用忍冬草根、茎、花、叶皆可,不拘多少。入瓶内,以无灰好酒浸,以糠火煨一宿，取出晒干，入甘草少许，碾为细末，以浸药酒打面糊，丸梧子大。每服五十丸至百丸，汤酒任下。此药不特治痈疽，大能止渴。（《外科精要》）五痔诸瘘：方同上。一切肿毒，不问已溃未溃，或初起发热：用金银花（俗名甜藤，采花连茎叶）自然汁半碗。煎八分，服之，以滓敷上。败毒托里，散气和血，其功独胜。（万表《积善堂方》）疔疮便毒：方同上。喉痹乳蛾：方同上。敷肿拔毒：金银藤（大者，烧存性）、叶（焙干为末）各三钱，大黄（焙为末）四钱。凡肿毒初发，以水酒调搽四围，留心泄气。（杨诚《经验方》）痈疽托里，治痈疽发背，肠痈奶痈，无名肿毒，焮痛寒热，状类伤寒，不问老幼虚实服之，未成者内消，已成者即溃：忍冬叶、黄芪各五两，当归一两，甘草八钱。为细末。每服二钱，酒一盏半，煎一盏，随病上下服，日再服，以渣敷之。（《和剂局方》）恶疮不愈：左缠藤一把（捣烂），入雄黄五分。水二升，瓦罐煎之，以纸封七重，穿一孔，待气出，以疮对孔熏之三时久，大出黄水后，用生肌药取效。（《选奇方》）轻粉毒痈：方同上。疮久成漏：忍冬草浸酒，日日常饮之。（戴原礼《要诀》）热毒血痢：忍冬藤浓煎饮。（《圣惠方》）五种尸注：飞尸者，游走皮肤，洞穿脏腑，每发刺痛，变动不常也。遁尸者，附骨入肉，攻凿血脉，每发不可见死尸，闻哀哭便作也。风尸者，淫跃四末，不知痛之所在，每发恍惚，得风雪便作也。沉尸者，缠结脏腑，冲引心胁，每发绞切，遇寒冷便作也。尸注者，举身沉重，精神错杂，常觉昏废，每节气至则大作也。并是身中尸鬼，引接外邪：宜用忍冬（茎叶，剉）数斛，煮取浓汁煎稠。每服鸡子大许，温酒化下，一日二三服。（《肘后方》）鬼击身青作痛：用金银花一两。水煎饮之。（李楼《怪病奇方》）脚气作痛，筋骨引痛：鹭鸶藤（即金银花）为末。每服二钱，热酒调下。（《卫生易简方》）中野菌毒：急采鸳鸯藤啖之，即今忍冬草也。（洪迈《夷坚志》）口舌生疮：赤梗蜜桶藤、高脚地铜盘、马蹄香等分，以酒捣汁，鸡毛刷上，取涎出即愈。（《普济方》）忍冬膏，治诸般肿痛，金刃伤疮恶疮：用金银藤四两，吸铁石三钱。香油一斤，熬枯去滓，入黄丹八两，待熬至滴水不散，如常摊用。（《乾坤秘韫》）

甘藤（宋《嘉祐》）

【校正】自木部移入此。

【释名】甜藤（《嘉祐》）、感藤。

时珍曰：甘、感音相近也。又有甜藤、甘露藤，皆此类，并附之。忍冬一名甜藤，与此不同。

【集解】藏器曰：生江南山谷。其藤大如鸡卵，状如木防己。斫断吹之，气出一头。其汁甘美如蜜。

汁

【气味】甘，平，无毒。

【主治】调中益气，通血气，解诸热，止渴（藏器）。除烦闷，利五脏，治肾钓气。

其叶研敷蛇虫咬(大明)。解热痢及膝肿(时珍)。

【附录】甘露藤(《嘉祐》)

藏器曰:生岭南。藤蔓如箸。人服之得肥,一名肥藤。味甘,温,无毒。主风血气诸病。久服,调中温补,令人肥健,好颜色。

大明曰:止消渴,润五脏,除腹内诸冷。

甜藤(《拾遗》)

藏器曰:生江南山林下,蔓如葛。味甘,寒,无毒。主去热烦解毒,调中气,令人肥健。捣汁和米粉,作糗饵食,甜美,止泄。又治剥马血毒入肉,及狂犬、牛、马热黄。敷蛇咬疮。又有小叶尖长,气辛臭者,捣敷小儿腹,除痞满闪癖。

含水藤(《海药》)

【校正】自木部移入此。并入《拾遗》大瓠藤。

【释名】大瓠藤

【集解】珣曰:按刘欣期《交州记》云:含水藤生岭南及诸海边山谷。状若葛,叶似枸杞。多在路旁,行人乏水处便吃此藤,故以为名。

藏器曰:越南、朱压、儋耳无水处,皆种大瓠藤,取汁用之。藤状如瓠,断之水出,饮之清美。

时珍曰:顾微《广州记》云:水藤,去地一丈,断之更生,根至地水不绝。山行口渴,断取汁饮之。陈氏所谓大瓠藤,盖即此物也。

藤中水

【气味】甘,平,无毒。

藏器曰:寒。

【主治】解烦渴心燥,瘴疠丹石发动,亦宜服之(李珣)。止渴,润五脏,去湿痹,天行时气,利小便。其叶捣,敷中水烂疮皮皲(藏器)。治人体有损痛,沐发令长(时珍。《广州记》)。

【附录】鼠藤(《拾遗》)

珣曰:顾微《广州记》云:鼠爱食此藤,故名。其咬处人取为药。

藏器曰:生南海海畔山谷。作藤绕树,茎叶滑净似枸杞,花白,有节心虚,苗头有毛。彼人食之如甘蔗。味甘,温,无毒。主丈夫五劳七伤,阴痿,益阳道,小便数白,腰脚痛冷,除风气,壮筋骨,补衰老,好颜色。浓煮服之,取微汗。亦浸酒服。性温,稍令人闷,无苦也。

天仙藤(宋《图经》)

【集解】颂曰:生江淮及浙东山中。春生苗蔓,延作藤。叶似葛叶,圆而小,有白毛,四时不凋。根有须。夏月采取根苗。南人多用之。

【气味】苦,温,无毒。

藤仙天

【主治】解风劳。同麻黄,治伤寒,发汗。同大黄,堕胎气(苏颂)。流气活血.治心腹痛(时珍)。

【附方】新六。疝气作痛:天仙藤一两,好酒一碗,煮至半碗,服之神效。(孙天仁《集效方》)痰注臂痛:天仙藤、白术、羌活、白芷梢各三钱,片子姜黄六钱,半夏(制)五钱。每服五钱,姜五片,水煎服。仍间服千金五套丸。(杨仁斋《直指方》)妊娠水肿,始自两足,渐至喘闷,似水,足趾出水,谓之子气。乃妇人素有风气,或冲任有血风,不可作水妄投汤药,宜天仙藤散主之:天仙藤(洗微炒)、香附子(炒)、陈皮、甘草、乌药等分,为末。每服三钱,水一大盏,姜三片,木瓜三片,紫苏三叶,煎至七分,空心服,一日三服。小便利,气脉通,肿渐消,不须多服。此乃淮南名医陈景初秘方也,得于李伯时家。(陈自明《妇人良方》)产后腹痛儿枕痛:天仙藤五两,炒焦为末。每服二钱,炒生姜汁、童子小便和细酒调服。(《经验妇人方》)一切血气腹痛:即上方,用温酒调服。肺热鼻齇:桐油入黄连末,用天仙藤烧热油敷之。(《摘玄方》)

紫金藤(宋《图经》)

【释名】山甘草

【集解】颂曰:生福州山中。春初单生叶青色,至冬凋落。其藤似枯条,采皮晒干。

藤金紫

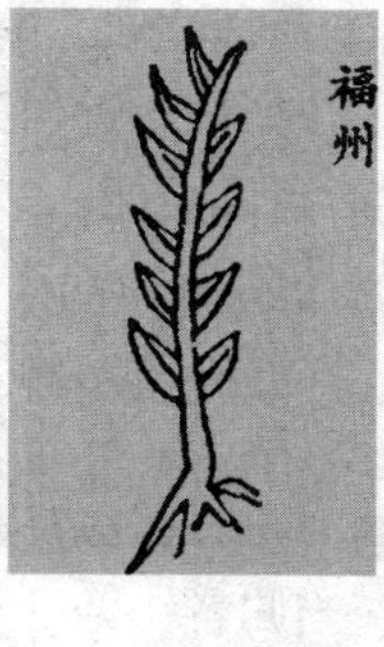

【气味】缺

【主治】丈夫肾气(苏颂)。消损伤瘀血。捣敷恶疮肿毒(时珍)。

【附方】新二。紫金藤丸,补肾脏,暖丹田,兴阳道,减小便,填精髓,驻颜色,润肌肉,治元气虚惫,面目黧黑,口干舌涩,梦想虚惊,耳鸣目泪。腰胯沉重,百节酸疼,项筋紧急,背胛劳倦,阴汗盗汗,及妇人子宫久冷,月水不调,或多或少,赤白带下,并宜服之:用紫金藤十六两、巴戟天(去心)三两,吴茱萸、高良姜、肉桂、青盐各二两。为末。酒糊丸梧子大。每温酒下二十丸,日三服。(《和剂方》)死胎不下:紫金藤、葵根各七钱,土牛膝三两,土当归四钱,肉桂二钱,麝香三分。为末。米

糊丸梧子大，朱砂为衣。每服五十丸，乳香汤下，极验。（葛静观方）

南藤（宋《开宝》）

【校正】自木部移入此。并入有名未用《别录》丁公寄、《图经》石南藤。

【释名】石南藤（《图经》）、丁公藤（《开宝》）、丁公寄（《别录》）、丁父（《别录》）、风藤。

志曰：生依南树，故号南藤。

南藤

藏器曰：丁公寄，即丁公藤也。始因丁公用有效，因以得名。

【集解】《别录》曰：丁公寄生石间，蔓延木上。叶细，大枝赤茎，母大如碛黄有汁。七月七日采。

颂曰：南藤，即丁公藤也。生南山山谷，今泉州、荣州有之。生依南木，茎如马鞭，有节紫褐色，叶如杏叶而尖。采无时。

又曰：天台石南藤，四时不凋。土人采叶，治腰痛。

时珍曰：今江南、湖南诸大山有之。细藤圆腻，紫绿色，一节一叶。叶深绿色，似杏叶而微短厚。其茎贴树处，有小紫瘤疣，中有小孔。四时不凋，茎叶皆臭而极辣。白花蛇食其叶。

【气味】辛，温，无毒。

《别录》曰：甘。

【主治】金疮痛。延年（《别录》）。主风血，补衰老，起阳，强腰脚，除痹，变白，逐冷气，排风邪。煮汁服，冬月浸酒服（藏器）。煮汁服，治上气咳嗽（时珍）。

【发明】志曰：按《南史》云：解叔谦，雁门人。母有疾，夜祷，闻空中语云：得丁公藤治之即瘥。访医及本草皆无此药。至宜都山中，见一翁伐木，云是丁公藤，疗风。乃拜泣求。翁并示以渍酒法。受毕，失翁所在。母服之遂愈也。

时珍曰：近俗医治诸风，以南藤和诸药熬膏市之，号南藤膏。白花蛇喜食其叶，故治诸风尤捷。

【附录】烈节（宋《图经》）

颂曰：生荣州，多在林箐中。春生蔓苗，茎叶俱似丁公藤，而纤细无花实。九月采茎，晒干。味辛，温，无毒。主肢节风冷，筋脉急痛。作汤浴之佳。

时珍曰：杨倓《家藏经验方》有烈节酒，治历节风痛。用烈节、松节、牛膝、熟地黄、当归各一两。为粗末，绢袋盛之，以无灰酒二百盏，浸三日。每用一盏，入生酒一盏，温服。表弟武东叔，年二十余，患此痛不可忍。涪城马东之，以此治之而安。

藤风清

清风藤(宋《图经》)

【释名】青藤(《纲目》)、寻风藤(《纲目》)。

【集解】颂曰:生台州天台山中。其苗蔓延木上,四时常青。土人采茎用。

【气味】缺

【主治】风疾(苏颂)。治风湿流注,历节鹤膝,麻痹瘙痒,损伤疮肿。入酒药中用(时珍)。

【附方】新二。风湿痹痛:青藤根三两,防己一两,㕮咀。入酒一瓶煮饮。(《普济方》)一切诸风:青藤膏:用青藤,出太平荻港上者,二、三月采之,不拘多少,入釜内,微火熬七日夜成膏,收入瓷器内。用时先备梳三、五把,量人虚实,以酒服一茶匙毕.将患人身上拍一掌,其后遍身发痒,不可当,急以梳梳之。要痒止,即饮冷水一口便解,风病皆愈也。避风数日良。(《集简方》)

百棱藤(宋《图经》)

藤棱百

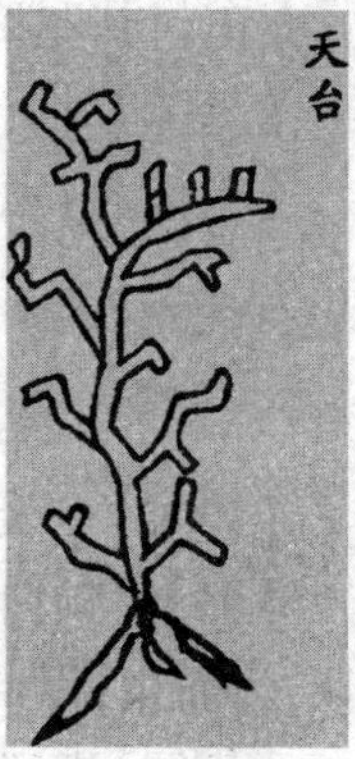

【释名】百灵藤(《纲目》)

【集解】颂曰:生台州山中。春生苗蔓,延木上,无花叶。冬采皮入药,土人用。

【气味】缺

【主治】盗汗(苏颂)。治一切风痛风疮。以五斤剉,水三斗,煮汁五升,熬膏。每酒服一匙,日三服(时珍)。

【附方】新三。头风脑痛:百灵藤十斤,水一石,煎汁三斗,入糯米三斗作饭。候冷,拌神曲炒末九两,同入瓮中,如常酿酒。经三、五日,看沫尽,更炊一斗糯米饭冷投之,待熟澄清。每温饮一小盏,服后浑身汗出为效。(《圣惠方》)一切风痹,不拘久近:百灵藤五斤,水三斗,煎一斗,滤汁再煎至三升,入牛膝、附子、仙灵脾、赤箭、何首乌、乳香、鹿角胶各二两。为末,同煎,别入白蜜五合,熬如饧状,瓷瓶收之。每服一匙,温酒下,一日二服。忌毒物、滑物。(《圣惠方》)大风疮疾:百灵藤四两。水一斗,煮三升,去滓,入粳米四合煮粥。于密室中浴毕乃食,暖卧取汗。汗后,皮肤起如麸片。每隔日一作,五、六十日后渐愈,毛发即生。(《圣惠方》)

省藤(《拾遗》)

【校正】自木部移入此。

【释名】赤藤(《纲目》)、红藤(《纲目》)

【集解】藏器曰:生南地深山。皮赤,大如指,堪缚物,片片自解也。

【气味】苦,平,无毒。

【主治】蛔虫,煮汁服之。齿痛,打碎含之。煮粥饲狗,去瘑(藏器)。治诸风,通五淋,杀虫(时珍)。

【发明】时珍曰:赤藤,善杀虫,利小便。洪迈《夷坚志》云:赵子山苦寸白虫病。医令戒酒,而素性耽之。一日寓居邵武天王寺,夜半醉归,口渴甚。见庑间瓮水,映月莹然,即连酌饮之,其甘如饴。迨晓虫出盈席,心腹顿宽,宿疾遂愈。皆惊异之,视所饮水,乃寺仆织草履,浸红藤根水也。

【附方】新一。五淋涩痛:赤藤(即做草鞋者)、白茯苓、苎麻根等分。为末。百沸汤下,每服一钱,如神。(究原方)

紫藤(宋《开宝》)

【集解】藏器曰:藤皮着树,从心重重有皮。四月生紫花可爱,长安人亦种之以饰庭池,江东呼为招豆藤。其子作角,角中仁,熬香着酒中,令酒不败。败酒中用之,亦正。其花挼碎,拭酒醋白腐坏。

【气味】甘,微温,有小毒。

【主治】作煎如糖服,下水。主水癖病(藏器)。

落雁木(《海药》)

【校正】自木部移入此。

【释名】珣曰:藤萝高丈余,雁过皆缀其中,或云雁衔至代州雁门而生,以此为名。

落雁木

【集解】珣曰:按徐表《南州记》云:落雁木生南海山野中。蔓生,四边如刀削。代州雁门亦有之,蜀中雅州亦有。

颂曰:雅州出者,苗作蔓缠绕大木,苗叶形色大都似茶,无花实。彼人四月采苗,入药用。

茎叶

【气味】甘,平、温,无毒。

【主治】风痛伤折,脚气肿,腹满虚胀。以粉木皮同煮汁洗之，立效。又妇人阴疮浮泡，以椿木皮同煮汁洗之（李珣）。产后血气痛，并折伤内损诸疾，煮汁服（苏颂）。

【附录】折伤木（《唐本草》）

恭曰：生资州山谷。藤绕树木上，叶似莽草叶而光厚。八月、九月采茎，日干。味甘、咸，平，无毒。主伤折，筋骨疼痛，散血补血，产后血闷，止痛。酒水各半，煮浓汁饮。

每始王木（《唐本草》）

恭曰：生资州。藤绕树木上，叶似萝摩叶。二月、八月采茎，阴干。味苦，平，无毒。主伤折跌筋骨，生肌破血止痛。以酒水各半，煮浓汁饮之。

风延母（《拾遗》）

藏器曰：生南海山野中，他处无有也。蔓绕草木上，细叶。《南都赋》云风衍蔓延于衡皋是也。味苦，寒，无毒。主小儿发热发强，惊痫寒热，热淋，利小便，解烦明目，并煮服之。

珣曰：主三消五淋，下痰，小儿赤白毒痢，蛇毒瘴溪毒，一切疮肿，并宜煎服。

千里及（《拾遗》）

【校正】并入《图经》千里光。

【集解】藏器曰：千里及，藤生道旁篱落间，叶细而厚。宣湖间有之。

千里及

颂曰：千里急，生天台山中。春生苗，秋有花。土人采花叶入眼药。又筠州有千里光，生浅山及路旁。叶似菊叶而长，背有毛。枝干圆而青。春生苗，秋有黄花，不结实。采茎叶入眼药，名黄花演。盖一物也。

【气味】苦，平，有小毒。

颂曰：苦、甘，寒，无毒。

【主治】天下疫气结黄，瘴疟蛊毒，煮汁服，取吐下。亦捣敷蛇犬咬（藏器）。同甘草煮汁饮，退热明目，不入众药（苏颂）。同小青煎服，治赤痢腹痛（时珍）。

【附方】新一。烂弦风眼：千里光草，以笋壳叶包煨熟，捻汁滴入目中。（《经验良方》）

藤黄（《海药》）

【校正】自木部移入此。

【释名】树名海藤。

珣曰：按郭义恭《广志》云：出岳、鄂等州诸山崖。树名海藤。花有蕊，散落石上，彼人收之，谓之沙黄。就树采者轻妙，谓之腊黄。今人讹为铜黄，铜、藤音谬也。此与石泪采之无异。画家及丹灶家时用之。

时珍曰：今画家所用藤黄，皆经煎炼成者，舐之麻人。按周达观《真腊记》云：国有画黄，乃树脂。番人以刀斫树枝滴下，次年收之。似与郭氏说微不同，不知即一物否也？

【气味】酸、涩，有毒。

【主治】蚛牙蛀齿，点之便落（李珣）。

附录诸藤（一十九种）

地龙藤（《拾遗》）

藏器曰：生天目山。绕树蟠屈如龙，故名。吴中亦有，而小异。味苦，无毒。主风血羸老，腹内腰脚诸冷，食不调，不作肌肤。浸酒服之。

龙手藤

藏器曰：出安荔浦石上向阳者。叶如龙手。采无时。味甘。温，无毒。主偏风口㖞，手足瘫缓，补虚益阳，去冷气风痹。以醇酒浸，近火令温，空心服之，取微汗。

牛领藤

藏器曰：生岭南高山。形褊如牛领。取之阴干。味甘，温，无毒。主腹内冷，腰膝痛弱，小便白数，阳道乏。煮汁或浸酒服。

牛奶藤

藏器曰：生深山，大如树，牛好食之，其中有粉。味甘，温，无毒。主救荒，令人不饥。其根食之，令人发落。

鬼膊藤

藏器曰：生江南林涧边。叶如梨叶，子如楂子。藤：味苦，温，无毒。浸酒服，去风血。同叶捣，敷痈肿。

斑珠藤

藏器曰：生山谷中，不凋。子如珠而斑，冬月取之。味甘，温，无毒。浸酒服，主风血羸瘦，妇人诸疾。

息王藤

藏器曰:生岭南山谷。冬月不凋。味苦,温,无毒。主产后腹痛,血露不尽。浓煮汁服。

万一藤

藏器曰:生岭南。蔓如小豆。一名万吉。主蛇咬,杵末,水和敷之。

曼游藤

藏器曰:生犍为牙门山谷。状如寄生,着大树。叶如柳,春花色紫。蜀人谓之沉菂藤。味甘,温,无毒。久服长生延年,去久嗽,治癖。

百丈青

藏器曰:生江南林泽。藤蔓紧硬。叶如薯蓣,对生。味苦,寒,平,无毒。解诸毒物,天行瘴疟疫毒。并煮汁服,亦生捣汁服。其根令人下痢。

温藤

藏器曰:生江南山谷。着树不凋。茎叶:味甘,温,无毒。浸酒服,主风血积冷。

蓝藤

藏器曰:生新罗国。根如细辛。味辛,温,无毒。主冷气咳嗽。煮汁服。

瓜藤

金棱藤

含春藤

瓜藤(宋《图经》)

颂曰:生施州。四时有叶无花。采皮无时。味甘,凉,无毒。主诸热毒恶疮。同刺猪苓(洗,去粗皮,焙干)等分,捣罗,用甘草水调贴之。

金棱藤

颂曰：生施州。四时有叶无花。采无时。味辛，温，无毒。主筋骨疼痛。与续筋根、马接脚（同洗，去粗皮，焙干）等分为末。酒服二钱。无所忌。

含春藤

颂曰：生台州。其苗延木，冬夏常青。采叶，治诸风有效。

藤用独

藤婆祁

尾猪野

独用藤

颂曰：生施州。四时有叶无花，叶上有倒刺。采皮无时。味苦、辛，热，无毒。主心气痛。和小赤药头（焙）等分。研末。酒服一钱。

祁婆藤

颂曰：生天台山中。蔓延木上。四时常有。土人采叶，治诸风有效。

野猪尾

颂曰：生施州。藤缠大木，四时有叶无花。味苦、涩，凉，无毒。主心气痛，解热毒。同白药头等分，焙研为末。每酒服二钱。

草合石

石合草

颂曰：生施州。藤缠木上，四时有叶无花。土人采叶。味甘，凉，无毒。主一切恶疮，敛疮口。焙研，温水调贴。

本草纲目草部第十九卷

本草纲目草部第十九卷

泽泻(《本经》上品)

【释名】水泻(《本经》)、鹄泻(《本经》)、及泻(《别录》)、蕍(音俞)、芒芋(《本经》)、禹孙。

时珍曰:去水曰泻,如泽水之泻也。禹能治水,故曰禹孙。余未详。

泻 泽

【集解】《别录》曰:泽泻生汝南池泽。五月采叶,八月采根,九月采实,阴干。

弘景曰:汝南郡属豫州。今近道亦有,不堪用。惟用汉中、南郑、青州、代州者。形大而长,尾间必有两歧为好。此物易朽蠹,常须密藏之。丛生浅水中,叶狭而长。

恭曰:今汝南不复采,惟以泾州、华州者为善。

颂曰:今山东、河、陕、江、淮亦有之,汉中者为佳。春生苗,多在浅水中。叶似牛舌,独茎而长。秋时开白花,作丛似谷精草。秋末采根曝干。

根

【修治】敩曰:不计多少,细剉,酒浸一宿,取出曝干,任用。

【气味】甘,寒,无毒。

《别录》曰:咸。

权曰:苦。

元素曰:甘,平。沉而降,阴也。

杲曰:甘、咸,寒,降,阴也。

好古曰:阴中微阳。入足太阳、少阴经。

扁鹊曰:多服,病人眼。

之才曰:畏海蛤、文蛤。

【主治】风寒湿痹,乳难,养五脏,益气力,肥健,消水。久服,耳目聪明,不饥延年,轻身面生光,能行水上(《本经》)。补虚损五劳,除五脏痞满,起阴气,止泄精消渴淋沥，逐膀胱三焦停水(《别录》)。主肾虚精自出，治五淋，利膀胱热。宣通水道(甄权)。主头旋耳虚鸣，筋骨挛缩，通小肠，止尿血，主难产，补女人血海，令人有子(大明)。入肾经，去旧水，养新水，利小便，消肿胀，渗泄止渴(元素)。去脬中留垢，心下水痞(李杲)。渗湿热，行痰饮，止呕吐泻痢，疝痛脚气(时珍)。

【发明】颂曰：《素问》治酒风身热汗出，用泽泻、术；《深师方》治支饮，亦用泽泻、术，但煮法小别尔。张仲景治杂病，心下有支饮苦冒，有泽泻汤，治伤寒有大小泽泻汤、五苓散辈，皆用泽泻，行利停水，为最要药。

元素曰：泽泻乃除湿之圣药，入肾经，治小便淋沥，去阴间汗。无此疾服之，令人目盲。

宗奭曰：泽泻之功，长于行水。张仲景治水蓄渴烦，小便不利，或吐或泻，五苓散主之，方用泽泻，故知其长于行水。本草引扁鹊云：多服病人眼。诚为行去其水也。凡服泽泻散人，未有不小便多者。小便既多，肾气焉得复实？今人止泄精，多不敢用之。仲景八味丸用之者，亦不过引接桂、附等，归就肾经，别无他意。

好古曰：《本经》云久服明目，扁鹊云多服昏目，何也？易老云：去脬中留垢，以其味咸能泻伏水故也。泻伏水，去留垢，故明目；小便利，肾气虚，故昏目。

王履曰：寇宗奭之说，王好古韪之。窃谓八味丸以地黄为君，余药佐之，非止补血，兼补气也，所谓阳旺则能生阴血也。地黄、山茱萸、茯苓、牡丹皮皆肾经之药，附子、官桂乃右肾命门之药，皆不待泽泻之接引而后至也。则八味丸之用此，盖取其泻肾邪，养五脏，益气力，起阴气，补虚损五劳之功而已。虽能泻肾，从于诸补药群众之中，则亦不能泻矣。

时珍曰：泽泻气平，味甘而淡。淡能渗泄，气味俱薄，所以利水而泄下。脾胃有湿热，则头重而目昏耳鸣。泽泻渗去其湿，则热亦随去，而土气得令，清气上行，天气明爽，故泽泻有养五脏、益气力、治头旋、聪明耳目之功。若久服，则降令太过，清气不升，真阴潜耗，安得不目昏耶？仲景地黄丸用茯苓、泽泻者，乃取其泻膀胱之邪气，非引接也。古人用补药必兼泻邪，邪去则补药得力，一辟一阖，此乃玄妙。后世不知此理，专一于补，所以久服必致偏胜之害也！

【正误】弘景曰：《仙经》服食断谷皆用之。亦云身轻，能步行水上。

颂曰：仙方亦单服泽泻一物，捣筛取末，水调，日分服六两，百日体轻而健行。

时珍曰：神农书列泽泻于上品，复云久服轻身，面生光，能行水上。《典术》云：泽泻久服，令人身轻，日行五百里，走水上。一名泽芝。陶、苏皆以为信然。愚窃疑之。泽泻行水泻肾，久服且不可，又安有此神功耶？其谬可知。

【附方】旧三，新四。酒风汗出：方见麋衔下。水湿肿胀：白术、泽泻各一两。为末，或为丸。每服三钱，茯苓汤下。(《保命集》)冒暑霍乱，小便不利，头运引饮：三白散：用泽泻、白术、白茯苓各三钱，水一盏，姜五片，灯心十茎，煎八分，温服。(《局方》)支饮苦冒：仲景泽泻汤：用泽泻五两，白术二两，水二升，煮一升，分二服。《深师方》：先以水二升煮二物，取一升，又以水一升，煮泽泻取五合，合此二汁分再服。病甚欲眩者，服之必瘥。肾脏风疮：泽泻，皂荚(水煮烂)，焙研，炼蜜丸如梧子大。

空心温酒下十五丸至二十丸。(《经验方》)疟后怪癥口鼻中气出,盘旋不散,凝如黑盖色,过十日渐至肩胸,与肉相连,坚胜金石,无由饮食。煎泽泻汤,日饮三盏,连服五日愈。(夏子益《奇疾方》)

叶

【气味】咸,平,无毒。

【主治】大风,乳汁不出,产难,强阴气。久服轻身(《别录》)。壮水脏,通血脉(大明)。

实

【气味】甘,平,无毒。

【主治】风痹消渴,益肾气,强阴,补不足,除邪湿。久服面生光,令人无子(《别录》)。

【发明】时珍曰:《别录》言泽泻叶及实,强阴气,久服令人无子;而《日华子》言泽泻催生,补女人血海,令人有子,似有不同。既云强阴,何以令人无子?既能催生,何以令人有子?盖泽泻同补药,能逐下焦湿热邪垢,邪气既去,阴强海净,谓之有子可也;若久服则肾气大泄,血海反寒,谓之无子可也。所以读书不可执一。

【附录】酸恶

《别录》有名未用曰:主恶疮,去白虫。生水旁,状如泽泻。

蔛草(《唐本草》)

蔛草

【释名】蔛菜(恭)、蔛荣。

【集解】恭曰:蔛菜所在有之,生水旁。叶圆,似泽泻而小。花青白色。亦堪蒸啖,江南人用蒸鱼食甚美。五、六月采茎叶,曝干用。

【气味】甘,寒,无毒。

【主治】暴热喘息,小儿丹肿(恭)。

羊蹄(《本经》下品)

【释名】蓄(《别录》)、秃菜(弘景)、败毒菜(《纲目》)、牛舌菜(同)、羊蹄大黄(《庚辛玉册》)、鬼目(《本经》)、东方宿(同)、连虫陆(同)、水黄芹(俗),子名金荞麦。

弘景曰:今人呼为秃菜,即蓄字音讹也。

时珍曰:羊蹄以根名,牛舌以叶形,名秃菜以治秃疮名也。《诗·小雅》云:言采其蓫。

陆玑注云：蓫，即蓄字，今之羊蹄也。幽州人谓之蓫。根似长芦菔而茎赤。亦可瀹为茹，滑美。郑樵《通志》指蓫为《尔雅》之菲及蒉者，误矣。金荞麦以相似名。

【集解】《别录》曰：羊蹄生陈留川泽。

保升曰：所在有之，生下湿地。春生苗，高者三四尺。叶狭长，颇似莴苣而色深。茎节间紫赤。开青白花成穗，结于三棱，夏中即枯。根似牛蒡而坚实。

宗奭曰：叶如菜中波棱，但无歧而色差青白。叶厚，花与子亦相似。叶可洁擦鍮石。子名金荞麦，烧炼家用以制铅、汞。

时珍曰：近水及湿地极多。叶长尺余，似牛舌之形，不似波棱。入夏起苔，开花结子，花叶一色。夏至即枯，秋深即生，凌冬不死。根长近尺，赤黄色，如大黄胡萝卜形。

根

【气味】苦，寒，无毒。

恭曰：辛、苦，有小毒。

时珍曰：能制三黄、砒石、丹砂、水银。

【主治】头秃疥瘙，除热，女子阴蚀（《本经》）。浸淫疽痔，杀虫（《别录》）。疗蛊毒（恭）。治癣，杀一切虫。醋磨，贴肿毒（大明）。捣汁二三匙，入水半盏煎之，空腹温服，治产后风秘，殊验（宗奭）。

羊蹄

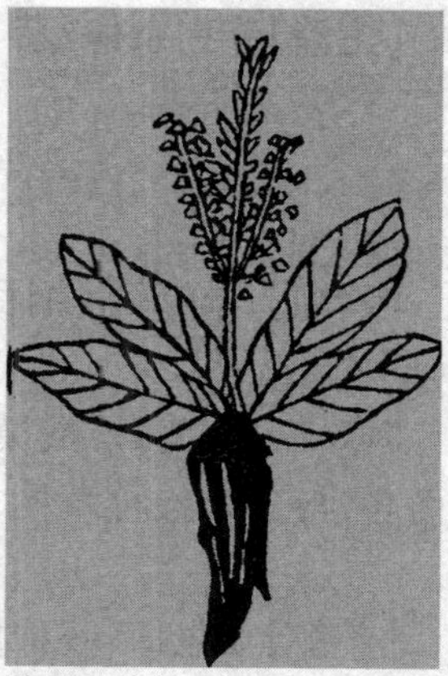

【发明】震亨曰：羊蹄根属水，走血分。

颂曰：新采者，磨醋涂癣速效。亦煎作丸服。采根不限多少，捣绞汁一大升，白蜜半升，同熬如稠饧，更用防风末六两，搜和令可丸，丸如梧子大。用栝蒌、甘草煎酒下三二十丸，日二三服。

【附方】旧六，新七。大便卒结：羊蹄根一两，水一大盏，煎六分，温服。（《圣惠方》）肠风下血：败毒菜根（洗切），用连皮老姜各半盏，同炒赤，以无灰酒淬之，碗盖少顷，去滓，任意饮。（《永类方》）喉痹不语：羊蹄独根者，勿见风日及妇人、鸡犬，以三年醋研如泥，生布拭喉外令赤，涂之。（《千金方》）面上紫块如钱大，或满面俱有：野大黄四两（取汁），穿山甲十片（烧存性），川椒末五钱，生姜四两取汁和研，生绢包擦。如干，入醋润湿。数次如初，累效。（《陆氏积德堂方》）疬疡风驳：羊蹄草根，于生铁上磨好醋，旋旋刮涂。入硫黄少许，更妙。日日用之。（《圣惠》）汗斑癜风：羊蹄根二两，独科扫帚头一两，枯矾五钱，轻粉一钱，生姜半两，同杵如泥。以汤澡浴，用手抓患处起粗皮。以布包药，着力擦之。暖卧取汗，即愈也。乃盐山刘氏方，比用硫黄者更妙。（《蔺氏经验方》）头风白屑：羊蹄草根曝干杵末，同羊胆汁涂之，永除。（《圣惠方》）头上白秃：独根羊蹄，勿见妇女、鸡、犬、风日，以陈醋研如泥，生布擦赤敷之，日一次。（《肘后》）癣久不瘥：《简要济众方》：用羊蹄根杵绞汁，入轻粉少许，和如膏，涂之。三五次即愈。《永类方》：治癣经年者。败毒菜根（独生者），即羊蹄根，捣三钱，入川百药煎二钱，白梅肉擂匀，以井华水一盏，滤汁澄清。天明空心服之。不宜食热物。其滓抓破擦之。三次即愈。《千金方》：治细癣。用羊蹄根五升，桑柴灰汁煮四五沸，取汁洗之。仍以羊蹄汁和矾末涂之。瘑疥，湿癣浸淫日广，痒不可忍，愈后复发，出黄水：羊蹄根捣，和大醋，洗净涂上，一时以冷水洗之，日一次。（《千金翼》）疥疮有虫：羊蹄根捣，和猪脂，入盐少许，日涂之。（《外台秘要》）

叶

【气味】甘，滑，寒，无毒。

【主治】小儿疳虫，杀胡夷鱼、鲑鱼、檀胡鱼毒，作菜。多食，滑大腑（大明。时珍曰：胡夷、鲑鱼皆河豚名。檀胡未详）。作菜，止痒。不宜多食，令人下气（诜）。连根烂蒸一碗食，治肠痔泻血甚效（时珍）。

【附方】旧一。悬壅舌肿，咽生息肉：羊蹄草煮汁，热含，冷即吐之。（《圣惠》）

实

【气味】苦，涩，平，无毒。

【主治】赤白杂痢（恭）。妇人血气（时珍）。

酸模（《日华》）

【释名】山羊蹄（《纲目》）、山大黄（《拾遗》）、蕵芜（《尔雅》）、酸母（《纲目》）、蓨（同）、当药。

时珍曰：蕵芜，乃酸模之音转，酸模又酸母之转，皆以味而名，与三叶酸母草同名。掌禹锡以蕵芜为蔓菁菜，误矣。

酸模

【集解】弘景曰：一种极似羊蹄而味酸，呼为酸模，根亦疗疥也。

大明曰：所在有之，生山冈上。状似羊蹄叶而小黄。茎叶俱细。节间生子，若茺蔚子。

藏器曰：即是山大黄，一名当药。其叶酸美，人亦采食其英。《尔雅》：须，蕵芜。

郭璞注云：似羊蹄而叶细，味酸可食。一名蓨也。

时珍曰：平地亦有。根叶花形并同羊蹄，但叶小味酸为异。其根赤黄色。连根叶取汁炼霜，可制雄、汞。

【气味】酸，寒，无毒。

时珍曰：叶酸，根微苦。

【主治】暴热腹胀,生捣汁服,当下利。杀皮肤小虫(藏器)。治疥(弘景)。疗瘑乃佳(保升)。去汗斑,同紫萍捣擦,数日即没(时珍)。

【附方】新一。瘭疽毒疮,肉中忽生黯子如粟豆,大者如梅李,或赤或黑,或青或白,其中有核,核有深根,应心。肿泡紫黑色,能烂筋骨,毒入脏腑杀人:宜灸黯上百壮。以酸模叶薄其四面,防其长也。内服葵根汁,其毒自愈。(《千金方》)

【附录】牛舌实

《别录》有名未用曰:味咸,温,无毒。主轻身益气。生水中泽旁。实大,叶长尺。五月采实。一名豕首。

器曰:今东土人呼田水中大叶如牛耳者,为牛耳菜。

时珍曰:今人呼羊蹄为牛舌菜,恐羊蹄是根,此是其实。否则是羊蹄之生水中者也。

麢舌

《别录》曰:味辛,微温,无毒。主霍乱腹痛。吐逆心烦。生水中。五月采之。

弘景曰:生小小水中。今人五月五日采干,以治霍乱甚良。

蛇舌《别录》有名未用曰:味酸,平,无毒。主除留血、惊气、蛇痫。生大水之阳。四月采花,八月采根。

龙舌草(《纲目》)

【集解】时珍曰:龙舌,生南方池泽湖泊中。叶如大叶菘菜及苿莒状。根生水底,抽茎一出水,开白花。根似胡萝卜根而香,杵汁能软鹅鸭卵,方家用煮丹砂,煅白矾,制三黄。

【气味】甘、咸,寒,无毒。

【主治】痈疽,汤火灼伤,捣涂之(时珍)。

【附方】新一。乳痈肿毒:龙舌草、忍冬藤,研烂,蜜和敷之。(《多能鄙事》)

草舌龙

菖蒲(《本经》上品)

【释名】昌阳(《本经》)、尧韭(普)、水剑草。

时珍曰:菖蒲,乃蒲类之昌盛者,故曰菖蒲。又《吕氏春秋》云:冬至后五十七日,菖始生。菖者百草之先生者,于是始耕。则菖蒲、昌阳又取此义也。《典术》云:尧时天降精于庭为韭,感百阴之气为菖蒲。故曰尧韭。方士隐为水剑,因叶形也。

【集解】《别录》曰:菖蒲生上洛池泽及蜀郡严道。一寸九节者良。露根不可用。五月、十二月采根,阴干。

弘景曰:上洛郡属梁州,严道县在蜀郡,今乃处处有。生石碛上,穊节为好。在

石菖蒲

下湿地，大根者名昌阳，不堪服食。真菖蒲叶有脊，一如剑刃，四月、五月亦作小厘花也。东间溪泽又有名溪荪者，根形气色极似石上菖蒲，而叶正如蒲，无脊。俗人多呼此为石上菖蒲者，谬矣。此止主咳逆，断蚤虱，不入服食用。诗咏多云兰荪，正谓此也。

大明曰：菖蒲，石涧所生坚小，一寸九节者上。出宣州。二月、八月采。

颂曰：处处有之，而池州、戎州者佳。春生青叶，长一二尺许，其叶中心有脊，状如剑。无花实。今以五月五日收之。其根盘屈有节，状如马鞭大。一根旁引三四根，旁根节尤密，亦有一寸十二节者。采之初虚软，曝干方坚实。折之中心色微赤，嚼之辛香少滓。人多植于干燥砂石土中，腊月移之尤易活。黔蜀蛮人常将随行，以治卒患心痛。其生蛮谷中者尤佳。人家移种者亦堪用，但干后辛香坚实不及蛮人持来者。此皆医方所用石菖蒲也。又有水菖蒲，生溪涧水泽中，不堪入药。今药肆所货，多以二种相杂，尤难辨也。

承曰：今阳羡山中生水石间者，其叶逆水而生，根须络石，略无少泥土，根叶极紧细，一寸不啻九节，入药极佳。二浙人家，以瓦石器种之，旦暮易水则茂，水浊及有泥滓则萎。近方多用石菖蒲，必此类也。其池泽所生，肥大节疏粗慢，恐不可入药。唯可作果盘，气味不烈而和淡尔。

时珍曰：菖蒲凡五种：生于池泽，蒲叶肥，根高二三尺者，泥菖蒲，白菖也；生于溪涧，蒲叶瘦，根高二三尺者，水菖蒲，溪荪也；生于水石之间，叶有剑脊，瘦根密节，高尺余者，石菖蒲也；人家以砂栽之一年，至春剪洗，愈剪愈细，高四五寸，叶如韭，根如匙柄粗者，亦石菖蒲也；甚则根长二三分，叶长寸许，谓之钱蒲是矣。服食入药须用二种石菖蒲，余皆不堪。此草新旧相代，四时常青。《罗浮山记》言：山中菖蒲一寸二十节。《抱朴子》言：服食以一寸九节紫花者尤善。苏颂言：无花实。然今菖蒲，二三月间抽茎开细黄花成穗，而昔人言菖蒲难得见花，非无花也。应劭《风俗通》云：菖蒲放花，人得食之长年。是矣。

根

【修治】敩曰：凡使勿用泥菖、夏菖二件，如竹根鞭，形黑、气秽味腥。惟石上生者，根条嫩黄，紧硬节稠，一寸九节者，是真也。采得以铜刀刮去黄黑硬节皮一重，以嫩桑枝条相拌蒸熟，曝干剉用。

时珍曰：服食须如上法制。若常用，但去毛微炒耳。

【气味】辛，温，无毒。

权曰：苦、辛，平。

之才曰：秦皮、秦艽为之使。恶地胆、麻黄。

大明曰：忌饴糖、羊肉。勿犯铁器，令人吐逆。

【主治】风寒湿痹，咳逆上气，开心孔，补五脏，通九窍，明耳目，出音声。主耳聋痈疮，温肠胃，止小便利。久服轻身，不忘不迷惑，延年。益心智，高志不老(《本经》)。四肢湿痹，不得屈伸，小儿温疟，身积热不解，可作浴汤(《别录》)。治耳鸣头风泪下，鬼气，杀诸虫，恶疮疥瘙(甄权)。除风下气，丈夫水脏，女人血海冷败，多忘，除烦闷，止心腹痛，霍乱转筋，及耳痛者，作末炒，乘热裹罯，甚验(大明)。心积伏梁(好古)。治中恶卒死，客忤癫痫，下血崩中，安胎漏，散痈肿。捣汁服，解巴豆、大戟毒(时珍)。

【发明】颂曰：古方有单服菖蒲法。蜀人治心腹冷气搊痛者，取一二寸捶碎，同吴茱萸煎汤饮之。亦将随行，卒患心痛，嚼一二寸，热汤或酒送下，亦效。

时珍曰：国初周颠仙对太祖高皇帝常嚼菖蒲饮水。问其故。云服之无腹痛之疾。高皇御制碑中载之。菖蒲气温味辛，乃手少阴、足厥阴之药。心气不足者用之，虚则补其母也。肝苦急以辛补之，是矣。《道藏经》有《菖蒲传》一卷，其语粗陋。今略节其要云：菖蒲者，水草之精英，神仙之灵药也。其法采紧小似鱼鳞者一斤，以水及米泔浸各一宿，刮去皮切，曝干捣筛，以糯米粥和匀，更入熟蜜搜和，丸如梧子大，稀葛袋盛，置当风处令干。每旦酒、饮任下三十丸，临卧更服三十丸。服至一月，消食；二月，痰除；服至五年，骨髓充，颜色泽，白发黑，落齿更生。其药以五德配五行：叶青，花赤，节白，心黄，根黑。能治一切诸风，手足顽痹，瘫缓不遂，五劳七伤，填血补脑，坚骨髓，长精神，润五脏，裨六腑，开胃口，和血脉，益口齿，明耳目，泽皮肤，去寒热，除三尸九虫，天行时疾，瘴疫瘦病，泻痢痔漏，妇人带下，产后血运。并以酒服。河内叶敬母中风，服之一年而百病愈。寇天师服之得道，至今庙前犹生菖蒲。郑鱼、曾原等，皆以服此得道也。又按葛洪《抱朴子》云：韩众服菖蒲十三年，身上生毛，冬袒不寒，日记万言。商丘子不娶，惟食菖蒲根，不饥不老，不知所终。《神仙传》云：咸阳王典食菖蒲得长生。安期生采一寸九节菖蒲服，仙去。又按臞仙《神隐书》云：石菖蒲置一盆于几上，夜间观书，则收烟无害目之患。或置星露之下，至旦取叶尖露水洗目，大能明视，久则白昼见星。端午日以酒服，尤妙。苏东坡云：凡草生石上，必须微土以附其根。惟石菖蒲濯去泥土，渍以清水，置盆中，可数十年不枯。节叶坚瘦，根须连络，苍然于几案间，久更可喜。其延年轻身之功，既非昌阳可比；至于忍寒淡泊，不待泥土而生，又岂昌阳所能仿佛哉？

杨士瀛曰：下痢噤口，虽是脾虚，亦热气闭隔心胸所致。俗用木香失之温，用山药失之闭。惟参苓白术散加石菖蒲，粳米饮调下。或用参、苓、石莲肉，少入菖蒲服。胸次一开，自然思食。

【附方】旧十，新一十七。服食法：甲子日，取菖蒲一寸九节者，阴干百日，为末。每酒服方寸匕，日三服。久服耳目聪明，益智不忘。(《千金方》)健忘益智：七月七日，取菖蒲为末，酒服方寸匕，饮酒不醉，好事者服而验之。久服聪明。忌铁器。(《千金方》)三十六风有不治者：服之悉效。菖蒲(薄切日干)三斤，盛以绢袋，玄水一斛，即清酒也，悬浸之，密封一百日，视之如菜绿色，以一斗熟黍米纳中，封十四日，取出日饮。(夏禹《神仙经》)癫痫风疾：九节菖蒲不闻鸡犬声者，去毛，木臼捣末。以黑豮猪心一个批开，砂罐煮汤。调服三钱，日一服。（《医学正传》）尸厥魇死，尸厥之病，卒死脉犹动，听其耳中如微语声，股间暖者，是也：魇死之病，卧忽不寤。勿以火照，但痛啮其踵及足拇趾甲际，唾其面即苏。仍以菖蒲末吹鼻中，桂末纳舌下，并以菖蒲根汁灌之。（《肘后方》）卒中客忤：菖蒲生根捣汁灌之，立瘥。（《肘后方》）除一切恶：端午日，切菖蒲渍酒饮之。或加雄黄少许。（《洞天保生录》）喉痹肿痛：菖蒲根嚼汁，烧铁秤锤淬酒一杯，饮之。（《圣济总录》）霍乱胀痛：生菖蒲（剉）四两，水和捣汁，分温四服。（《圣惠方》）诸积鼓胀，食积、气积、血积之类：石菖蒲八两（剉），斑蝥四两（去翅足），同炒黄，去斑蝥不用。以布袋盛，拽去蝥末，为末，醋糊丸梧子大。每服三五十丸，温白汤下。治肿胀尤妙。或入香附末二钱。（《奇效方》）肺损吐血：九节菖蒲末、白面等分。每服三钱，新汲水下，一日一服。（《圣济录》）解一切毒：石菖蒲、白矾等分，为末，新汲水下。（《事林广记》）赤白带下：石菖蒲、破故纸等分，炒为末。每服二钱，更以菖蒲浸酒调服，日一服。（《妇人良方》）胎动半产卒动不安，或腰痛胎转抢心，下血不止，或日月未足而欲产：并以菖蒲根捣汁一二升，服之。（《千金》）产后崩中，下血不止：菖蒲一两半，酒二盏，煎取一盏，去滓分三服，食前温服。（《千金方》）耳卒聋闭：菖蒲根一寸，巴豆一粒（去心），同捣作七丸。绵裹一丸，塞耳，日一换。一方不用巴豆，用蓖麻仁。（《肘后方》）病后耳聋：生菖蒲汁，滴之。（《圣惠方》）蚤虱入耳：菖蒲末炒热，袋盛，枕之即愈。（《圣济录》）诸般赤眼，攀睛云翳：菖蒲擂自然汁，文武火熬作膏，日点之效。（《圣济录》）眼睑挑针：独生菖蒲根，同盐研敷。（《寿域神方》）飞丝入目：石菖蒲捶碎。左目塞右鼻，右目塞左鼻。百发百中。（危氏《得效方》）头疮不瘥：菖蒲末，油调敷之，日三、夜二次。（《法天生意》）痈疽发背：生菖蒲，捣贴之。疮干者，为末，水调涂之。（孙用和《秘宝方》）露岐便毒：生菖蒲根捣敷之。（《证治要诀》）热毒湿疮：宗奭曰：有人遍身生疮，痛而不痒，手足尤甚，粘着衣被，晓夕不得睡。有人教以菖蒲三斗，日干为末，布席上卧之，仍以衣被覆之。既不粘衣，又复得睡，不五七日，其疮如失。后以治人，应手神验。（《本草衍义》）风癣有虫：菖蒲末五斤。以酒三升渍，釜中蒸之，使味出。先绝酒一日，每服一升或半升。（《千金方》）阴汗湿痒：石菖蒲、蛇床子等分。为末。日搽二三次。（《济急仙方》）

叶

【主治】洗疥、大风疮（时珍）。

白菖（《别录》有名未用）

【释名】水菖（《别录》）、水宿（《别录》）、茎蒲（《别录》）、菖阳（《拾遗》）、溪荪（《拾遗》）、兰荪（弘景）。

时珍曰：此即今池泽所生菖蒲，叶无剑脊，根肥白而节疏慢，故谓之白菖。古人以根为菹食，谓之菖本，亦曰菖歜，文王好食之。其生溪涧者，名溪荪。

【集解】《别录》曰：白菖十月采。

藏器曰：即今之溪荪也。一名菖阳。生水畔。人亦呼为菖蒲。与石上菖蒲都别。根大而臭，色正白。

颂曰：水菖蒲，生溪涧水泽中甚多，失水则枯。叶似石菖，但中心无脊。其根干后，轻虚多滓，不堪入药。

时珍曰：此有二种：一种根大而肥白节疏者，白菖也，俗谓之泥菖蒲；一种根瘦而赤节稍密者，溪荪也，俗谓之水菖蒲。叶俱无剑脊。溪荪气味胜似白菖，并可杀虫，不堪服食。

白菖

【气味】甘，无毒。

《别录》曰：甘、辛，温。汁制雄黄、雌黄、砒石。

【主治】食诸虫（《别录》）。主风湿咳逆，去虫，断蚤虱（弘景）。研末，油调.涂疥瘙（苏颂）。

香蒲（《本经》上品）、蒲黄（《本经》上品）

【释名】甘蒲（苏恭）、醮石（《吴普》），花上黄粉名蒲黄。

恭曰：香蒲即甘蒲，可作荐者。春初生，取白为菹，亦甚蒸食。山南人谓之香蒲，以菖蒲为臭蒲也。蒲黄即此蒲之花也。

【集解】《别录》曰：香蒲生南海池泽。蒲黄生河东池泽，四月采之。

颂曰：香蒲，蒲黄苗也。处处有之，以泰州者为良。春初生嫩叶，未出水时，红白色茸茸然。取其中心入地白蒻，大如匕柄者，生啖之，甘脆。又以醋浸，如食笋，大美。《周礼》谓之蒲菹，今人罕有食之者。至夏抽梗于丛叶中，花抱梗端，如武士棒杵，故俚俗谓之蒲槌，亦曰蒲厘花。其蒲黄，即花中蕊屑也。细若金粉，当欲开时便取之。市廛以蜜搜作果食货卖。

时珍曰：蒲丛生水际，似莞而褊，有脊而柔，二、三月苗。采其嫩根，瀹过作鲊，一宿可食。亦可炸食、蒸食及晒干磨粉作饼食。《诗》云：其蔌伊何？惟笋及蒲。是矣。八、九月收叶以为席，亦可作扇，软滑而温。

【正误】弘景曰：香蒲方药不复用，人无采者，南海人亦不复识。江南贡菁茅，一名香茅，以供宗庙缩酒。或云是薰草，又云是燕麦，此蒲亦相类耳。

恭曰：陶氏所引菁茅，乃三脊茅也。香茅、燕麦、薰草，野俗皆识，都非香蒲类也。

蒲蒻

一名蒲笋（《食物》）、蒲儿根（《野菜谱》）。

【气味】甘，平，无毒。

时珍曰：寒。

【主治】五脏心下邪气，口中烂臭，坚齿明目聪耳。久服轻身耐老（《本经》）。去热燥，利小便（宁原）。生啖，止消渴（汪颖）。补中益气，和血脉（《正要》）。捣汁服，治妊妇劳热烦躁，胎动下血（时珍。出《产乳》）。

【附方】旧一新一。妒乳乳痈：蒲黄草根捣封之，并煎汁饮及食之。（昝殷《产宝》）热毒下痢：蒲根二两，粟米二合，水煎服，日二次。（《圣济总录》）

黄蒲蒲香

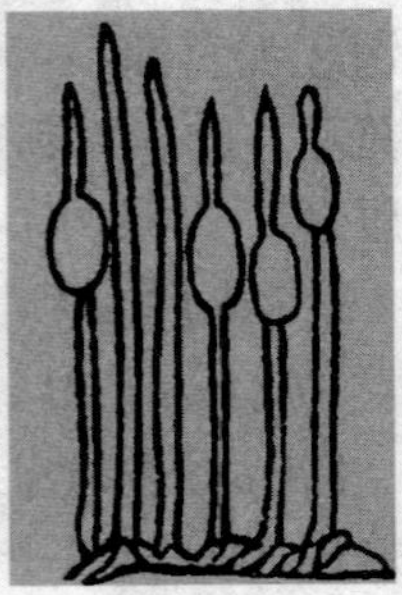

蒲黄（《本经》上品）

【修治】敩曰：凡使勿用松黄并黄蒿。其二件全似，只是味跙及吐人。真蒲黄须隔三重纸焙令色黄，蒸半日，却再焙干用之妙。

大明曰：破血消肿者，生用之；补血止血者，须炒用。

【气味】甘，平，无毒。

【主治】心腹膀胱寒热，利小便，止血，消瘀血。久服轻身益气力，延年神仙（《本经》）。治痢血，鼻衄吐血，尿血泻血，利水道，通经脉，止女子崩中（甄权）。妇人带下，月候不匀，血气心腹痛，妊妇下血坠胎，血运血癥，儿枕急痛，颠扑血闷，排脓，疮疖游风肿毒，下乳汁，止泄精（大明）。凉血活血，止心腹诸痛（时珍）。

【发明】弘景曰：蒲黄，即蒲厘花上黄粉也。甚疗血。《仙经》亦用之。

宗奭曰：汴人初得，罗去滓，以水凋为育，擘为块。人多食之，以解心脏虚热，小儿尤嗜之。过月则燥，色味皆淡，须蜜水和。不可多食，令人自利，极能虚人。

时珍曰：蒲黄，手足厥阴血分药也，故能治血治痛。生则能行，熟则能止。与五灵脂同用，能治一切心腹诸痛，详见禽部寒号虫下。按许叔微《本事方》云：有士人妻舌忽胀满口，不能出声。一老叟教以蒲黄频掺，比晓乃愈。又《芝隐方》云：宋度宗欲赏花，一夜忽舌肿满口。蔡御医用蒲黄、干姜末等分，干搽而愈。据此二说，则蒲黄之凉血活血可证矣。盖舌乃心之外候，而手厥阴相火乃心之臣使，得干姜是阴阳相济也。

【附方】旧十四，新十一。舌胀满口：方见上。重舌生疮：蒲黄末，敷之。不过三上瘥。（《千金方》）肺热衄血：蒲黄、青黛各一钱，新汲水服之。或去青黛，入油发灰等分，生地黄汁调下。（《简便单方》）吐血唾血：蒲黄末二两，每日温酒或冷水服三钱妙。（《简要济众方》）幼儿吐血：蒲黄末，每服半钱，生地黄汁调下，量儿大小加减。或入发灰等分。（《同上》）小便出血：方同上。小便转胞：以布包蒲黄裹腰肾，令头致地，数次取通。（《肘后方》）金疮出血闷绝：蒲黄半两，热酒灌下。（危氏方）瘀血内漏：蒲黄末二两，每服方寸匕，水调下，服尽止。（《肘后方》）肠痔出血：蒲黄末方寸匕，水服之，日三服。（《肘后方》）鼠奶痔疮：蒲黄末，空心温酒服方寸匕，日三。（《塞上方》）脱肛不收：蒲黄，和猪脂敷，日三、五度。（《子母秘录》）胎动欲产：日月未足者蒲黄二钱，井华水服。（同上）产妇催生：蒲黄、地龙（洗焙）、陈橘皮等分，为末，另收。临时各抄一钱，新汲水调服，立产。此常亲用甚妙。（唐慎微方）胞衣不下：蒲黄二钱。井水服之。（《集验方》）产后下血，羸瘦迨死：蒲黄二两，水二升，煎八合，顿服。（《产宝方》）产后血瘀：蒲黄三两。水三升，煎一升，顿服。（《梅师方》）儿枕血瘕：蒲黄三钱。米饮服。（《产宝》）产后烦闷：蒲黄方寸匕，东流水服，极良。（《产宝》）坠伤扑损瘀血在内，烦闷者。蒲黄末，空心温酒服三钱。（《塞上方》）关节疼痛：蒲黄八两，熟附子一两。为末。每服一钱，凉水下，日一。（《肘后方》）阴下湿痒：蒲黄末，敷三四度瘥。（《千金方》）聤耳出脓：蒲黄末，掺之。（《圣惠》）口耳大衄：蒲黄、阿胶（炙）各半两。每用二钱，水一盏，生地黄汁一合，煎至六分，温服。急以帛系两乳，止乃已。（《圣惠方》）耳中出血：蒲黄炒黑研末，掺入。（《简便方》）

滓

大明曰：蒲黄中筛出赤滓，名曰蒲萼也。

【主治】炒用涩肠，止泻血、血痢，妙（大明）。

菰（《别录》下品）

【释名】茭草（《说文》）、蒋草。

时珍曰：按许氏《说文》：菰本作苽，从瓜谐声也。有米谓之彫菰，已见谷部菰米下。江南人呼菰为茭，以其根交结也。蒋义未详。

【集解】保升曰：菰根生水中，叶如蔗、荻，久则根盘而厚。夏月生菌堪啖，名菰菜。三年者，中心生白苔如藕状，似小儿臂而白软，中有黑脉，堪啖者，名菰首也。

菰　茭

藏器曰：菰首小者，擘之内有黑灰如墨者，名乌郁，人亦食之。晋张翰思吴中莼、菰，即此也。

颂曰：菰根，江湖陂泽中皆有之。生水中，叶如蒲、苇辈，刈以秣马甚肥。春末生白茅如笋，即菰菜也，又谓之茭白，生熟皆可啖，甜美。其中心如小儿臂者，名菰手。作菰首者，非矣。《尔雅》云：出隧，蘧蔬。注云：生菰草中，状似土菌，江东人啖之，甜滑。即此也。故南方人至今谓菌为菰，亦缘此义。其根亦如芦根，冷利更甚。二浙下泽处，菰草最多。其根相结而生，久则并土浮于水上，彼人谓之菰葑。刈去其叶，便可耕莳，又名葑田。其苗有茎梗者，谓之菰蒋草。至秋结实，乃雕胡米也。岁饥，人以当粮。

宗奭曰：菰乃蒲类。河朔边人，止以饲马作荐。八月开花如苇。结青子，合粟为粥食，甚济饥。杜甫所谓"波漂菰米沉云黑"者，是也。

菰笋一名茭笋（《日用》）、茭白（《图经》）、菰菜（同）。

【气味】甘，冷，滑，无毒。

诜曰:滑中,不可多食。

颂曰:菰之种类皆极冷,不可过食,甚不益人,惟服金石人相宜耳。

【主治】利五脏邪气,酒皻面赤,白癞疬疡,目赤。热毒风气,卒心痛,可盐、醋煮食之(孟诜)。去烦热,止渴,除目黄,利大小便,止热痢。杂鲫鱼为羹食,开胃口,解酒毒,压丹石毒发(藏器)。

菰手一名菰菜(《日用》)、茭白(《通志》)、茭粑(俗名)、蘧蔬(音氍毹)。

【气味】甘,冷,滑,无毒。

大明曰:微毒。

诜曰:性滑,发冷气,令人下焦寒,伤阳道。禁蜜食,发痼疾。服巴豆人不可食。

【主治】心胸中浮热风气,滋人齿(孟诜)。煮食,止渴及小儿水痢(藏器)。

菰根

【气味】甘,大寒,无毒。

颂曰:菰根亦如芦根,冷利更甚。

【主治】肠胃痼热,消渴,止小便利。捣汁饮之(《别录》)。烧灰,和鸡子白,涂火烧疮(藏器)。

【附方】旧二。小儿风疮久不愈者。用菰蒋节烧研,敷之。(《子母秘录》)毒蛇伤啮:菰蒋草根烧灰,敷之。(《广济方》)

叶

【主治】利五脏(大明)。

菰米见谷部。

苦草(《纲目》)

【集解】时珍曰:生湖泽中,长二三尺,状如茅、蒲之类。

【气味】(缺)

【主治】妇人白带,煎汤服。又主好嗜干茶不已,面黄无力,为末,和炒脂麻不时干嚼之(时珍)。

水萍(《本经》中品)

【释名】水花(《本经》)、水白(《别录》)、水苏(《别录》)、水廉(《吴普》)。

【集解】《别录》曰:水萍生雷泽池泽。三月采.曝干。

弘景曰:此是水中大萍,非今浮萍子。《药录》云:五月有花白色。即非今沟渠所生者。楚王渡江所得,乃斯实也。

藏器曰:水萍有三种。大者曰苹,叶圆,阔寸许。小萍子是沟渠间者。《本经》

云水萍，应是小者。

颂曰：《尔雅》云：萍，蓱。其大者苹。苏恭言有三种：大者曰苹，中者曰荇，小者即水上浮萍。今医家鲜用大苹，惟用浮萍。

时珍曰：本草所用水萍，乃小浮萍，非大苹也。陶、苏俱以大苹注之，误矣。萍之与苹，音虽相近，字却不同，形亦迥别，今厘正之，互见苹下。浮萍处处池泽止水中甚多，季春始生。或云杨花所化。一叶经宿即生数叶。叶下有微须，即其根也。一种背面皆绿者。一种面青背紫赤若血者，谓之紫萍，入药为良，七月采之。《淮南万毕术》云：老血化为紫萍。恐自有比种，不尽然也。《小雅》"呦呦鹿鸣，食野之苹"者，乃蒿属。陆佃指为此萍，误矣。

【修治】时珍曰：紫背浮萍，七月采之，拣净，以竹筛摊晒，下置水一盆映之，即易干也。

【气味】辛，寒，无毒。

《别录》曰：酸。

【主治】暴热身痒，下水气，胜酒，长须发，止消渴。久服轻身(《本经》)下气。以沐浴，生毛发(《别录》)。治热毒、风热、热狂，熁肿毒、汤火伤、风疹(大明)。捣汁服，主水肿，利小便。为末，酒服方寸匕，治人中毒。为膏，敷面皯(藏器)。主风湿麻痹，脚气，打扑伤损，目赤翳膜，口舌生疮，吐血衄血，癜风丹毒(时珍)。

【发明】震亨曰：浮萍发汗，胜于麻黄。

颂曰：俗医用治时行热病，亦堪发汗，甚有功。其方用浮萍一两(四月十五日采之)，麻黄(去根节)、桂心，附子(炮裂，去脐皮)各半两，四物捣细筛。每服一钱，以水一中盏，生姜半分，煎至六分，和滓热服，汗出乃瘥。又治恶疾疠疮遍身者，浓煮汁渍浴半日，多效，此方甚奇古也。

时珍曰：浮萍其性轻浮，入肺经，达皮肤，所以能发扬邪汗也。世传宋时东京开河，掘得石碑，梵书大篆一诗，无能晓者。真人林灵素逐字辨译，乃是治中风方，名去风丹也。《诗》云：天生灵草无根干，不在山间不在岸。始因飞絮逐东风，泛梗青青飘水面。神仙一味去沉疴，采时须在七月半。选甚瘫风与大风，些小微风都不算。豆淋酒化服三丸，铁镤头上也出汗。其法：以紫色浮萍晒干为细末，炼蜜和丸弹子大。每服一粒，以豆淋酒化下。治左瘫右痪，三十六种风，偏正头风，口眼㖞斜，大风癞风，一切无名风及脚气，并打扑伤折，及胎孕有伤。服过百粒，即为全人。此方，后人易名紫萍一粒丹。

【附方】旧七，新十八。夹惊伤寒：紫背浮萍一钱，犀角屑半钱，钩藤钩三七个，为末。每服半钱，蜜水调下，连进三服，出汗为度。(《圣济录》)消渴饮水：日至一石者。浮萍捣汁服之。又方：用干浮萍、栝蒌根等分，为末。人乳汁和丸梧子大。空腹饮服二十丸。三年者，数日愈。(《千金方》)小便不利，膀胱水气流滞：浮萍日干为末。饮服方寸匕，日二服。(《千金翼》)水气洪肿：小便不利。浮萍日干为末。

每服方寸匕，白汤下，日二服。(《圣惠方》)霍乱心烦：芦根(炙)一两半，水萍(焙)、人参、枇杷叶(炙)各一两。每服五钱，入薤白四寸，酒煎温服。(《圣惠方》)吐血不止：紫背浮萍(焙)半两，黄芪(炙)二钱半，为末。每服一钱，姜、蜜水调下。(《圣济总录》)鼻衄不止：浮萍末，吹之。(《圣惠方》)中水毒病：手足指冷至膝肘，即是。以浮萍日干为末。饮服方寸匕良。(《千金方》)大肠脱肛：水圣散：用紫浮萍为末，干贴之。(危氏《得效方》)身上虚痒：浮萍末一钱，以黄芩一钱同四物汤煎汤调下。(《丹溪纂要》)风热瘾疹：浮萍(蒸过焙干)，牛蒡子(酒煮晒干炒)各一两，为末。每薄荷汤服一二钱，日二次。(《古今录验》)风热丹毒：浮萍捣汁，遍涂之。(《子母秘录》)汗斑癜风：端午日收紫背浮萍晒干。每以四两煎水浴，并以萍擦之。或入汉防己二钱亦可。(《袖珍方》)少年面疱：《圣惠方》：用浮萍日挼盦之，并饮汁少许。《普济方》：用紫背萍四两，防己一两，煎浓汁洗之。仍以萍于斑鼾上热擦，日三五次。物虽微末，其功甚大，不可小看。(《普济方》)粉滓面鼾：沟渠小萍为末。日敷之。(《圣惠方》)大风疠疾：浮萍草三月采，淘三五次，窨三五日，焙为末，不得见日。每服三钱，食前温酒下。常持观音圣号。忌猪、鱼、鸡、蒜。又方：七月七日，取紫背浮萍(日干为末)半升，入好消风散五两。每服五钱，水煎频饮，仍以煎汤洗浴之。(《十便良方》)癍疮入目：浮萍阴干为末，以生羊子肝半个，同水半盏煮熟，捣烂绞汁，调末服。甚者，不过一服；已伤者，十服见效。(危氏《得效方》)弩肉攀睛：青萍少许，研烂，入片脑少许，贴眼上效。(危氏《得效方》)毒肿初起：水中萍子草，捣敷之。(《肘后方》)发背初起，肿焮赤热：浮萍捣和鸡子清贴之。(《圣惠方》)杨梅疮癣：水萍煎汁，浸洗半日。数日一作。(《集简方》)烧烟去蚊：五月取浮萍阴干用之。(孙真人方)

苹(《吴普本草》)

【释名】苶菜(《拾遗》)、四叶菜(《卮言》)、田字草。

时珍曰：苹，本作薲。《左传》：苹蘩蕴藻之菜，可荐于鬼神，可羞于王公。则薲有宾之之义，故字从宾。其草四叶相合，中折十字，故俗呼为四叶菜、田字草、破铜钱，皆象形也。诸家本草皆以苹注水萍，盖由苹、萍二字，音相近也。按韵书：苹在真韵，蒲真切；萍在庚韵，蒲经切。切脚不同，为物亦异。今依《吴普本草》别出于此。

蘋

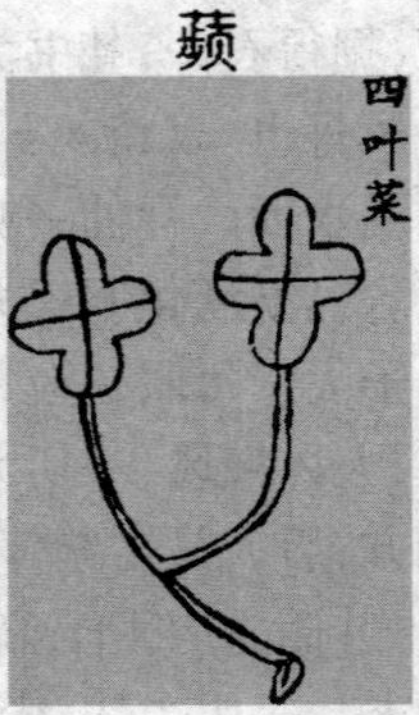

【集解】普曰：水萍，一名水廉，生池泽水上。叶圆小，一茎一叶，根入水底，五月花白。三月采，日干之。

弘景曰：水中大萍，五月有花白色，非沟渠所生之萍。楚王渡江所得，即斯实也。

恭曰：萍有三种：大者名苹，中者名荇，叶皆相似而圆；其小者，即水上浮萍也。

藏器曰：苹叶圆，阔寸许。叶下有一点，如水沫。一名苶菜。曝干可入药用。

小蘋是沟渠间者。

禹锡曰按《尔雅》云：苹，蓱也。其大者曰苹。又《诗》云：于以采苹，于涧之滨。

陆玑注云：其粗大者谓之苹，小者为蓱。季春始生。可糁蒸为茹，又可以苦酒淹之按酒。今医家少用此苹，惟用小蘋耳。

时珍曰：苹，乃四叶菜也。叶浮水面，根连水底。其茎细于莼、莕。其叶大如指顶，面青背紫，有细纹，颇似马蹄决明之叶，四叶合成，中折十字。夏秋开小白花，故称白苹。其叶攒簇如蓱，故《尔雅》谓大者为苹也。《吕氏春秋》云：菜之美者，有昆仑之苹。即此。《韩诗外传》谓浮者为薸，沉者为苹。臞仙谓：白花者为苹，黄花者为莕，即金莲也。苏恭谓大者为苹，小者为莕。杨慎《卮言》谓四叶菜为莕。陶弘景谓楚王所得者为苹。皆无一定之言。盖未深加体审，惟据纸上猜度而已。时珍一一采视，颇得其真云。其叶径一二寸，有一缺而形圆如马蹄者，莼也。似莼而稍尖长者，莕也。其花并有黄、白二色。叶径四五寸如小荷叶而黄花，结实如小角黍者，萍蓬草也。楚王所得萍实，乃此萍之实也。四叶合成一叶，如田字形者，苹也。如此分别，自然明白。又项氏言：白苹生水中，青苹生陆地。按今之田字草，有水、陆二种。陆生者多在稻田温洳之处，其叶四片合一，与白苹一样。但茎生地上，高三四寸，不可食。方士取以煅硫结砂煮汞，谓之水田翁。项氏所谓青苹，盖即此也。或以青苹为水草，误矣。

【气味】甘，寒，滑，无毒。

【主治】暴热，下水气，利小便(《吴普》)。捣涂热疮。捣汁饮，治蛇伤毒入腹内。曝干，栝蒌等分为末，人乳和丸服，止消渴(藏器)。食之已劳(《山海经》)。

萍蓬草(《拾遗》)

【释名】水粟(《纲目》)、水栗子。

时珍曰：陈藏器《拾遗》：萍蓬草，即今水粟也。其子如粟，如蓬子也。俗人呼水粟包，又云水栗子，言其根味也。或作水笠。

草蓬萍

【集解】藏器曰：萍蓬草，生南方池泽。叶大如莕。花亦黄，未开时状如筭袋。其根如藕，饥年可以当谷。

时珍曰：水粟，三月出水。茎大如指。叶似荇叶而大，径四、五寸，初生如荷叶。六、七月开黄花，结实状如角黍，长二寸许，内有细子一包，如罂粟。泽农采之，洗擦去皮，蒸曝，舂取米，作粥饭食之。其根大如栗，亦如鸡头子根，俭年人亦食之，作藕香，味如栗子。昔楚王渡江得萍实，大如斗，赤如日，食之甜如蜜者，盖此类也。若水萍，安得有实耶？三、四月采茎叶取汁，煮硫黄能拒火。

又段公路《北户录》有睡莲，亦此类也。其叶如荇而大。其花布叶数重，当夏昼开花，夜缩入水，昼复出也。

子

【气味】甘，涩，平，无毒。

【主治】助脾厚肠，令人不饥（时珍）。

根

【气味】甘，寒，无毒。

【主治】煮食，补虚，益气力。久食，不饥，厚肠胃（藏器）。

荇菜（《唐本草》）

【释名】凫葵（《唐本》）、水葵（《马融传》）、水镜草（《土宿本草》）、靥子菜（《野菜谱》）、金莲子。接余。

时珍曰：按《尔雅》云：荇，接余也。其叶荇。则凫葵当作荇葵，古文通用耳。或云，凫喜食之，故称凫葵，亦通。其性滑如葵，其叶颇似荇，故曰葵，曰荇。《诗经》作荇，俗呼荇丝菜。池人谓之荇公须，淮人谓之靥子菜，江东谓之金莲子。许氏《说文》谓之莕，音恋。《楚词》谓之屏风，云："紫茎屏风文绿波"是矣。

【集解】恭曰：凫葵即荇菜也。生水中。

颂曰：处处池泽有之。叶似莼而茎涩，根甚长，花黄色。郭璞注《尔雅》云：丛生水中。叶圆在茎端，长短随水深浅。江东人食之。陆玑《诗疏》云：荇茎白，而叶紫赤色，正圆，径寸余，浮在水上。根在水底，大如钗股，上青下白，可以按酒。用苦酒浸其白茎，肥美。今人不食，医方亦鲜用之。

时珍曰：荇与莼，一类二种也。并根连水底，叶浮水上。其叶似马蹄而圆者，莼也；叶似莼而微尖长者，荇也。夏月俱开黄花，亦有白花者。结实大如棠梨，中有细子。按宁献王《庚辛玉册》云：凫葵，黄花者是荇菜，白花者是白苹即水镜草，一种泡子名水鳖。虽有数种，其用一也。其茎叶根花，并可伏硫、煮砂、制矾。此以花色分别苹、荇，似亦未稳，详见苹下。

荇菜

【正误】恭曰：凫葵，南人名猪莼，堪食，有名未用条中载也。

志曰：凫葵即荇菜，叶似莼，根极长。江南人多食之。今云是猪莼，误矣。今以春夏细长肥滑者为丝莼，至冬粗短者为猪莼，亦呼为龟莼，与凫葵殊不相似也。而有名未用类，即无凫葵、猪莼之名，盖后人删去也。

时珍曰:杨慎《卮言》以四叶菜为荇者,亦非也。四叶菜乃苹也。

【气味】甘,冷,无毒。

【主治】消渴,去热淋,利小便(《唐本》)。捣汁服,疗寒热(《开宝》)。捣敷诸肿毒,火丹游肿(时珍)。

【附方】新四。一切痈疽及疮疖:用荇丝菜或根,马蹄草茎或子(即莼也),各取半碗,同苎麻根五寸去皮,以石器捣烂,敷毒四围。春夏秋日换四五次,冬换二三次,换时以荠水洗之,甚效。(《保生余录》)谷道生疮:荇叶捣烂,绵裹纳之下部,日三次。(《范汪方》)毒蛇螫伤,牙入肉中,痛不可堪者:勿令人知,私以荇叶覆其上穿,以物包之,一时折牙自出也。(《肘后方》)点眼去翳:荇丝菜根一钱半(捣烂。即叶如马蹄开黄花者),川楝子十五个,胆矾七分,石决明五钱,皂荚一两,海螵蛸二钱,各为末,同菜根,以水一盅浸二宿,去滓。一日点数次,七日见效也。(孙氏《集效方》)

莼(《别录》下品)

【释名】茆(卯、柳二音)。水葵(《诗疏》)、露葵(《纲目》)、马蹄草。

时珍曰:蓴字,本作莼,从纯。纯乃丝名,其茎似之故也。《齐民要术》云:莼性纯而易生。种以浅深为候,水深则茎肥而叶少,水浅则茎瘦而叶多。其性逐水而滑,故谓之莼菜,并得葵名。颜之推《家训》云:蔡朗父讳纯,改莼为露葵。北人不知,以绿葵为之。《诗》云:薄采其茆。即莼也。或讳其名,谓之锦带。

【集解】保升曰:莼叶似凫葵,浮在水上。采茎堪啖。花黄白色,子紫色。三月至八月,茎细如钗股,黄赤色,短长随水深浅,名为丝莼,味甜体软。九月至十月渐粗硬。十一月萌在泥中,粗短,名瑰莼,味苦体涩。人惟取汁作羹,犹胜杂菜。

莼

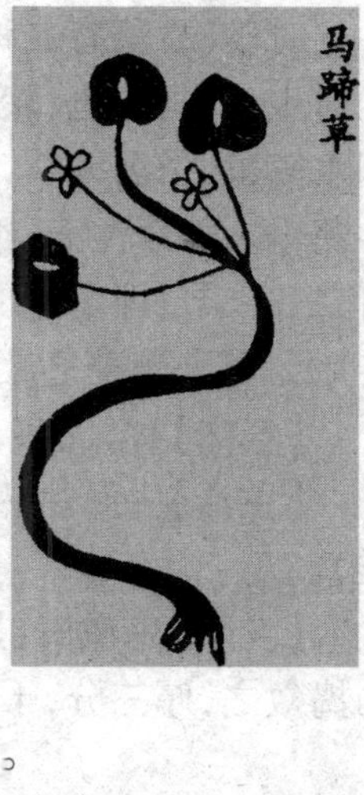

时珍曰:莼生南方湖泽中,惟吴越人善食之。叶如荇菜而差圆,形似马蹄。其茎紫色,大如箸,柔滑可羹。夏月开黄花。结实青紫色,大如棠梨,中有细子。春夏嫩茎未叶者名稚莼,稚者小也。叶稍舒长者名丝莼,其茎如丝也。至秋老则名葵莼,或作猪莼,言可饲猪也。又讹为瑰莼、龟莼焉。余见凫葵下。

【气味】甘,寒,无毒。

藏器曰:莼虽水草,而性热拥。

诜曰:莼虽冷补,热食及多食亦拥气不下,甚损人胃及齿,令人颜色恶,损毛发。和醋食,令人骨痿。

李廷飞曰:多食性滑发痔。七月有虫着上,食之令人霍乱。

【主治】消渴热痹(《别录》)。和鲫鱼作羹食,下气止呕。多食,压丹石。补大小肠虚气,不宜过多(孟诜)。治热疸,厚肠胃,安下焦,逐水,解百药毒并蛊气(大明）。

【发明】弘景曰：莼性冷而补，下气。杂鳢鱼作羹食，亦逐水。而性滑，服食家不可多用。

恭曰：莼久食大宜人。合鲋鱼作羹食，主胃弱不下食者，至效。又宜老人，应入上品。故张翰《临秋风》思吴中之鲈鱼莼羹也。

藏器曰：莼体滑，常食发气，令关节急，嗜睡。《脚气论》中令人食之，此误极深也。温病后脾弱不能磨化，食者多死。予所居近湖，湖中有莼、藕。年中疫甚，饥人取莼食之，虽病瘥者亦死。至秋大旱，人多血痢，湖中水竭，掘藕食之，阖境无他。莼、藕之功，于斯见矣。

【附方】新三。一切痈疽：马蹄草即莼菜，春夏用茎，冬月用子，就于根侧寻取，捣烂敷之。未成即消，已成即毒散。用叶亦可。（《保生余录》）头上恶疮：以黄泥包豆豉煨熟，取出为末，以莼菜汁调敷之。（《保幼大全》）数种疔疮：马蹄草（又名缺盆草）、大青叶、臭紫草各等分，擂烂，以酒一碗浸之，去滓温服，三服立愈。（《经验良方》）。

水藻（《纲目》）

【释名】时珍曰：藻乃水草之有纹者，洁净如澡浴，故谓之藻。

【集解】颂曰：藻生水中，处处有之。《周南》诗云"于以采藻，于沼于沚，于彼行潦"是也。陆玑注云：藻生水底，有二种：一种叶如鸡苏，茎如箸，长四五尺；一种叶如蓬蒿，茎如钗股，谓之聚藻。二藻皆可食，煮熟挼去腥气，米面糁蒸为茹，甚滑美。荆扬人饥荒以当谷食。

藏器曰：马藻生水中，如马齿相连。

时珍曰：藻有二种，水中甚多。水藻，叶长二三寸，两两对生，即马藻也；聚藻，叶细如丝及鱼鳃状，节节连生，即水蕴也，俗名鳃草，又名牛尾蕴，是矣。《尔雅》云：莙，牛藻也。郭璞注云：细叶蓬茸，如丝可爱，一节长数寸，长者二三十节，即蕴也。二藻皆可食，入药，以藻为胜。《左传》云：苹蘩蕴藻之菜，即此。

水藻海藻

【气味】甘，大寒，滑，无毒。

【主治】去暴热热痢，止渴，捣汁服之。小儿赤白游疹，火焱热疮，捣烂封之（藏器）。

【发明】思邈曰：凡天下极冷，无过藻菜。但有患热毒肿并丹毒者，取渠中藻菜切捣敷之，厚三分，干即易，其效无比。

海藻（《本经》中品）

【释名】藫（音单，出《尔雅》，《别录》作藫）、落首（《本经》）、海萝（《尔雅注》）。

【集解】《别录》曰：海藻生东海池泽，七月七日采，曝干。

弘景曰：生海岛上，黑色如乱发而大少许，叶大都似藻叶。

藏器曰：此有二种：马尾藻生浅水中，如短马尾细，黑色，用之当浸去咸味；大叶藻生深海中及新罗，叶如水藻而大。海人以绳系腰，没水取之。五月以后，有大鱼伤人，不可取也。《尔雅》云，纶似纶，组似组，东海有之，正为二藻也。

颂曰：此即水藻生于海中者，今登、莱诸州有之，陶隐居引《尔雅》纶、组注昆布，谓昆布似组，青苔、紫菜似纶；而陈藏器以纶、组为二藻。陶说似近之。

时珍曰：海藻近海诸地采取，亦作海菜，乃立名目，货之四方云。

【修治】敩曰：凡使须用生乌豆，并紫背天葵，三件同蒸伏时，日干用。

时珍曰：近人但洗净咸味，焙干用。

【气味】苦、咸，寒，无毒。

权曰：咸，有小毒。

之才曰：反甘草。

时珍曰：按东垣李氏治瘰疬马刀，散肿溃坚汤，海藻、甘草两用之。盖以坚积之病，非平和之药所能取捷，必令反夺以成其功也。

【主治】瘿瘤结气，散颈下硬核痛，痈肿症瘕坚气，腹中上下雷鸣，下十二水肿（《本经》）。疗皮间积聚暴癀，瘤气结热，利小便（《别录》）。辟百邪鬼魅，治气急心下满，疝气下坠，疼痛卵肿，去腹中幽幽作声（甄权）。治奔豚气脚气，水气浮肿，宿食不消，五膈痰壅（李珣）。

【发明】元素曰：海藻气味俱厚，纯阴，沉也。治瘿瘤马刀诸疮，坚而不溃者。《经》云：咸能软坚。营气不从，外为浮肿。随各引经药治之，肿无不消。

海蕴

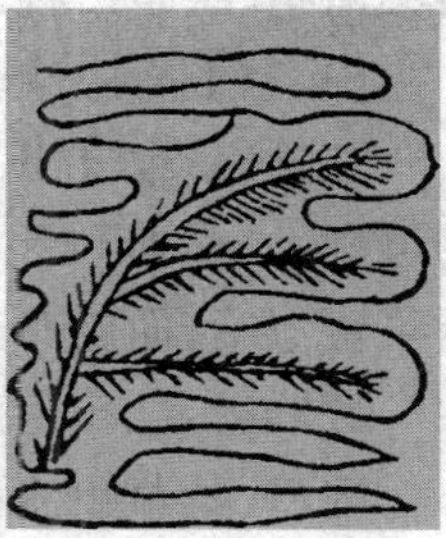

成无己曰：咸味涌泄。故海藻之咸，以泄水气也。

诜曰：海藻起男子阴，消男子癀疾，宜常食之。南方人多食，北方人效之，倍生诸疾，更不宜矣。

时珍曰：海藻咸能润下，寒能泄热引水，故能消瘿瘤、结核阴癀之坚聚，而除浮肿脚气留饮痰气之湿热，使邪气自小便出也。

【附方】旧二，新二。海藻酒，治瘿气：用海藻一斤，绢袋盛之，以清酒二升浸之，春、夏二日，秋、冬三日。每服两合，日三服。酒尽再作。其滓曝干为末，每服方寸匕，日三服。不过两剂即瘥。（《肘后方》）瘿气初起：海藻一两，黄连二两，为末。时时舐咽。先断一切厚味。（丹溪方）项下瘰疬，如梅李状。宜连服前方海藻酒消之。（《肘后方》）蛇盘瘰疬：头项交接者。海藻菜（以荞面炒过），白僵蚕（炒）等分为末，以白梅泡汤和丸梧子大。每服六十丸，米饮下，必泄出毒气。（危氏《得效方》）

海蕴(温、组、酝三音。《拾遗》)

【校正】自草部移入此。

【释名】时珍曰:组,乱丝也。其叶似之,故名。

【气味】咸,寒,无毒。

【主治】瘿瘤结气在喉间,下水(藏器)。主水瘿(苏颂)。

海带

海带(宋《嘉祐》)

【集解】禹锡曰:海带,出东海水中石上,似海藻而粗,柔韧而长。今登州人干之以束器物。医家用以下水,胜于海藻、昆布。

【气味】咸,寒,无毒。

【主治】催生,治妇人病,及疗风下水(《嘉祐》)。治水病瘿瘤,功同海藻(时珍)。

昆布(《别录》中品)

【释名】纶布。

时珍曰:按《吴普本草》,纶布一名昆布,则《尔雅》所谓纶似纶,东海有之者,即昆布也。纶音关,青丝绶也,讹而为昆耳。陶弘景以纶为青苔、紫菜辈,谓组为昆布;陈藏器又谓纶、组是二种藻。不同如此。

昆布

【集解】《别录》曰:昆布生东海。

弘景曰:今惟出高丽。绳把索之如卷麻,作黄黑色,柔韧可食。《尔雅》云:纶似纶,组似组,东海有之。今青苔、紫菜皆似纶,而昆布亦似组,恐即是也。

藏器曰:昆布生南海,叶如手,大似薄苇,紫赤色。其细叶者,海藻也。

珣曰:其草顺流而生。出新罗者叶细,黄黑色。胡人搓之为索,阴干,从舶上来中国。

时珍曰:昆布生登、莱者,搓如绳索之状。出闽、浙者,大叶似菜。盖海中诸菜性味相近,主疗一致。虽稍有不同,亦无大异也。

【修治】敩曰:凡使昆布,每一斤,用甑箅大小十个,同剉细,以东流水煮之,从巳至亥,待咸味去,乃晒焙用。

【气味】咸,寒,滑,无毒。

普曰:酸、咸,寒,无毒。

权曰:温,有小毒。

【主治】十二种水肿,瘿瘤聚结气,瘘疮(《别录》)。破积聚(思邈)。治阴㿉肿。

含之咽汁(藏器)。利水道,去面肿,治恶疮鼠瘘(甄权)。

【发明】杲曰:咸能软坚,故瘿坚如石者非此不除,与海藻同功。

诜曰:昆布下气,久服瘦人,无此疾者不可食。海岛之人爱食之,为无好菜,只食此物,服久相习,病亦不生,遂传说其功于北人。北人食之皆生病,是水土不宜耳。凡是海中菜,皆损人,不可多食。

【附方】旧四。昆布臛,治膀胱结气,急宜下气:用高丽昆布一斤,白米泔浸一宿,洗去咸味。以水一斛,煮熟劈细。入葱白一握,寸断之。更煮极烂,乃下盐酢豉糁姜橘椒末调和食之。仍宜食粱米、粳米饭。极能下气。无所忌。海藻亦可依此法作之。(《广济方》)瘿气结核瘰瘰肿硬:以昆布一两,洗去咸,晒干为散。每以一钱绵裹,好醋中浸过,含之咽津,味尽再易之。(《圣惠方》)项下五瘿:方同上。(《千金翼》)项下卒肿,其囊渐大,欲成瘿者:昆布、海藻等分,为末,蜜丸杏核大。时时含之,咽汁。(《外台》)

越王余筭(《拾遗》)

【释名、集解】珣曰:越王余筭生南海水中,如竹算子,长尺许。刘敬叔《异苑》云:昔晋安越王渡南海,将黑角白骨作算筹,其有余者,弃于水中而生此。故叶白者似骨,黑者似角,遂名之。相传可食。

【气味】咸,温,无毒。

【主治】水肿浮气结聚,宿滞不消,腹中虚鸣,并煮服之(李珣)。

【附录】沙箸

时珍曰:按刘恂岭表录异有沙箸,似是余算之类,今附于此。云:海岸沙中生沙箸,春吐苗,其心若骨,白而且劲,可为酒筹。凡欲采者,须轻步向前拔之。不然,闻行声遽缩入沙中,不可得也。

筭余王越

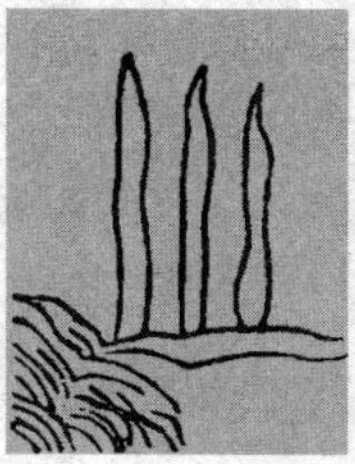

石帆(《日华》)

【集解】弘景曰:石帆状如柏,水松状如松。

藏器曰:石帆生海底,高尺余。根如漆色,至梢上渐软,作交罗纹。

大明曰:石帆紫色,梗大者如箸,见风渐硬,色如漆,人以饰作珊瑚装。

颂曰:左思《吴都赋》:草则石帆、水松。刘渊林注云:石帆生海屿石上,草类也。无叶,高尺许,其花离楼相贯连。若死则浮水中,人于海边得之,稀有见其生者。

【气味】甜、咸,平,无毒。

【主治】石淋(弘景)。煮汁服,主妇人血结月闭(藏器)。

水松(《纲目》)

【集解】弘景曰:水松状如松。

颂曰:出南海及交趾,生海水中。

【气味】甘、咸,寒,无毒。

【主治】溪毒(弘景)。水肿,催生(藏器)。

本草纲目草部第二十卷

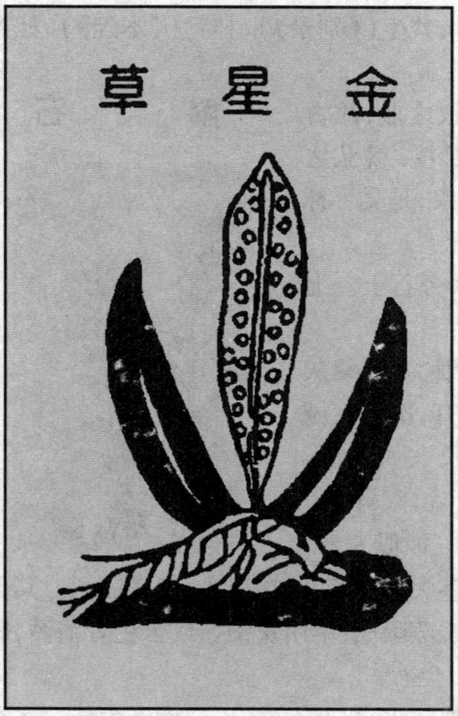

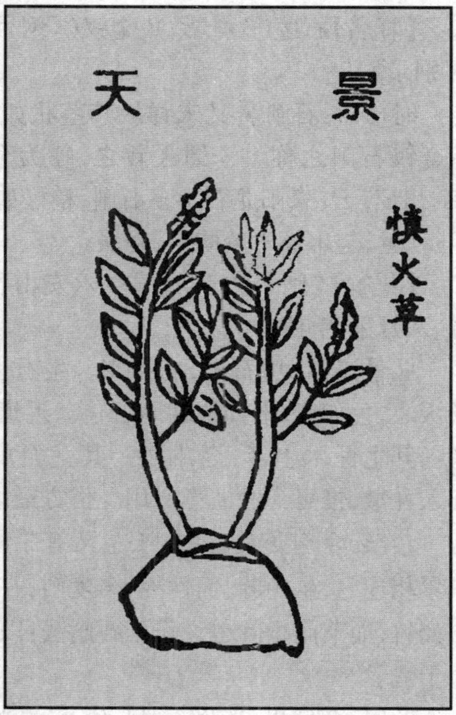

本草纲目草部第二十卷

石斛(《本经》上品)

【释名】石蓫(《别录》)、金钗(《纲目》)、禁生(《别录》)、林兰(《本经》)、杜兰(《别录》)。

时珍曰:石斛名义未详。其茎状如金钗之股,故古有金钗石斛之称。今蜀人栽之,呼为金钗花。盛弘之《荆州记》云:耒阳龙石山多石斛,精好如金钗,是矣。林兰、杜兰,与木部木兰同名,恐误。

石斛

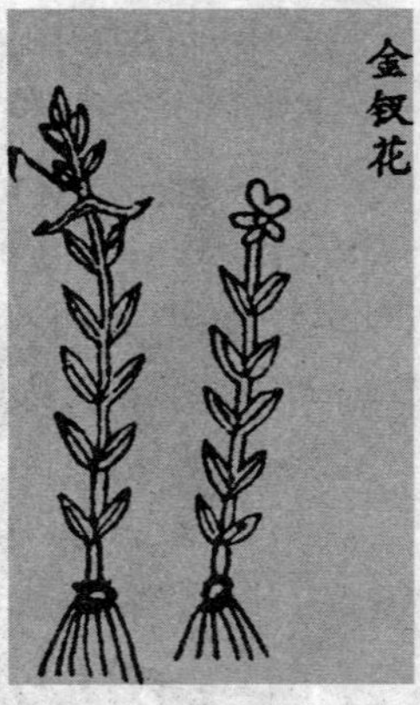

【集解】《别录》曰:石斛生六安山谷水旁石上。七月、八月采茎,阴干。

弘景曰:今用石斛,出始兴。生石上,细实,以桑灰汤沃之,色如金,形如蚱蜢髀者佳。近道亦有,次于宣城者。其生栎木上者,名木斛。其茎至虚,长大而色浅。不入丸散,惟可为酒渍煮之用。俗方最以补虚,疗脚膝。

恭曰:今荆襄及汉中、江左又有二种:一种似大麦,累累相连,头生一叶,而性冷,名麦斛;一种茎大如雀髀,叶在茎头,名雀髀斛。其他斛如竹,而节间生叶也。作干石斛法:以酒洗蒸曝成,不用灰汤。或言生者渍酒,胜于干者。

颂曰:今荆州、光州、寿州、庐州、江州、温州、台州亦有之,以广南者为佳。多在山谷中。五月生苗,茎似小竹节,节间出碎叶。七月开花,十月结实。其根细长,黄色。惟生石上者为胜。

宗奭曰:石斛细若小草,长三四寸,柔韧,折之如肉而实。今人多以木斛混之,亦不能明。木斛中虚如禾草,长尺余,但色深黄光泽耳。

时珍曰:石斛丛生石上。其根纠结甚繁,干则白软。其茎叶生皆青色,干则黄色。开红花。节上自生根须。人亦折下,以砂石栽之,或以物盛挂屋下,频浇以水,经年不死,俗称为千年润。石斛短而中实,木斛长而中虚,甚易分别。处处有之,以蜀中者为胜。

【修治】敩曰:凡使,去根头,用酒浸一宿,曝干,以酥拌蒸之,从巳至酉,徐徐焙干，用入补药乃效。

【气味】甘，平，无毒。

普曰：神农：甘，平。扁鹊：酸。李当之：寒。

时珍曰：甘、淡、微咸。

之才曰：陆英为之使，恶凝水石、巴豆，畏雷丸、僵蚕。

【主治】伤中，除痹下气，补五脏虚劳羸瘦，强阴益精。久服，厚肠胃（《本经》）。补内绝不足，平胃气，长肌肉，逐皮肤邪热痱气，脚膝疼冷痹弱，定志除惊。轻身延年（《别录》）。益气除热，治男子腰脚软弱，健阳，逐皮肌风痹，骨中久冷。补肾益力（权）。壮筋骨，暖水脏，益智清气（《日华》）。治发热自汗，痈疽排脓内塞（时珍）。

【发明】敩曰：石斛镇涎，涩丈夫元气。酒浸酥蒸，服满一镒，永不骨痛也。

宗奭曰：石斛治胃中虚热有功。

时珍曰：石斛气平，味甘、淡、微咸，阴中之阳，降也。乃足太阴脾、足少阴右肾之药。

深师云：囊湿精少，小便余沥者，宜加之。一法：每以二钱入生姜一片，水煎代茶饮，甚清肺补脾也。

【附方】新二。睫毛倒入：川石斛、川芎䓖等分，为末。口内含水，随左右㗜鼻，日二次。（《袖珍方》）飞虫入耳：石斛数条，去根如筒子，一边纴入耳中，四畔以蜡封闭，用火烧石斛，尽则止。熏右耳，则虫从左出。未出更作。（《圣济》）

骨碎补（宋《开宝》）

【释名】猴姜（《拾遗》）、胡孙姜（志）、石毛姜（《苏颂》）、石庵蕳。

藏器曰：骨碎补本名猴姜。开元皇帝以其主伤折，补骨碎，故命此名。或作骨碎布，讹矣。江西人呼为胡孙姜，象形也。

补碎骨

时珍曰：庵蕳主折伤破血。此物功同，故有庵蕳之名。

【集解】志曰：骨碎补生江南。根寄树石上，有毛。叶如庵蕳。

藏器曰：岭南虔、吉州亦有之。叶似石韦而一根，余叶生于木。

大明曰：是树上寄生草，根似姜而细长。

颂曰：今淮、浙、陕西、夔路州郡皆有之。生木或石上。多在背阴处，引根成条，上有黄赤毛及短叶附之。又抽大叶成枝。叶面青绿色，有青黄点；背青白色，有赤紫点。春生叶，至冬干黄。无花实。采根入药。

宗奭曰：此苗不似姜，亦不似庵蕳。每一大叶两旁，小叶叉牙，两两相对，叶长有尖瓣也。

时珍曰：其根扁长，略似姜形。其叶有丫缺，颇似贯众叶。谓叶如庵蕳者，殊谬；如石韦者，亦差。

根

【修治】敩曰：凡采得，用铜刀刮去黄赤毛，细切，蜜拌润，甑蒸一日，晒干用。急用只焙干，不蒸亦得也。

【气味】苦，温，无毒。

大明曰：平。

【主治】破血止血，补伤折（《开宝》）。主骨中毒气，风血疼痛。五劳六极，足手不收，上热下冷（权）。恶疮，蚀烂肉，杀虫（大明）。研末，猪肾夹煨，空心食，治耳鸣。及肾虚久泄，牙疼（时珍）。

【发明】颂曰：骨碎补，入妇人血气药。蜀人治闪折筋骨伤损，取根捣筛，煮黄米粥，和裹伤处有效。

时珍曰：骨碎补，足少阴药也。故能入骨，治牙，及久泄痢。昔有魏刺史子久泄，诸医不效，垂殆。予用此药末入猪肾中煨熟与食，顿住。盖肾主大小便，久泄属肾虚，不可专从脾胃也。《雷公炮炙论》用此方治耳鸣，耳亦肾之窍也。案戴原礼《证治要诀》云：痢后下虚，不善调养，或远行，或房劳，或外感，致两足痿软，或痛或痹，遂成痢风。宜用独活寄生汤吞虎骨四斤丸，仍以骨碎补三分之一，同研取汁，酒解服之。外用杜仲、牛膝、杉木节、萆薢、白芷、南星煎汤，频频熏洗。此亦从肾虚骨痿而治也。

【附方】旧二，新三。虚气攻牙：齿痛血出，或痒痛。骨碎补二两，铜刀细剉，瓦锅慢火炒黑，为末。如常揩齿，良久吐之，咽下亦可。刘松石云：此法出《灵苑方》，不独治牙痛，极能坚骨固牙，益精髓，去骨中毒气疼痛。牙动将落者，数擦立住，再不复动，经用有神。风虫牙痛：骨碎补、乳香等分，为末糊丸，塞孔中。名金针丸。（《圣济总录》）耳鸣耳闭：骨碎补削作细条，火炮，乘热塞之。（苏氏《图经》）病后发落：胡孙姜、野蔷薇嫩枝煎汁，刷之。肠风失血：胡孙姜（烧存性）五钱，酒或米饮服。（《仁存方》）

石韦（《本经》中品）

【释名】石韉（音蔗）、石皮（《别录》）、石兰。

弘景曰：蔓延石上，生叶如皮，故名石韦。

时珍曰：柔皮曰韦，韉亦皮也。

石韦

【集解】《别录》曰：石韦生华阴山谷石上，不闻水声及人声者良。二月采叶，阴干。

弘景曰：处处有之。出建平者，叶长大而厚。

恭曰：此物丛生石旁阴处，亦不作蔓。其生古瓦屋上者名瓦韦，疗淋亦好。

颂曰：今晋、绛、滁、海、福州、江宁皆有之。丛生石上，叶如柳，背有毛，而斑点如皮。福州别有一种石皮，三月有花，采叶作浴汤，治风。

时珍曰：多生阴崖险罅处。其叶长者近尺，阔寸余，柔韧如皮，背有黄毛。亦有金星者，名金星草。叶凌冬不凋。又一种如杏叶者，亦生石上，其性相同。

【修治】《别录》曰：凡用去黄毛。毛射人肺，令人咳，不可疗。

大明曰：入药去梗，须微炙用。一法：以羊脂炒干用。

【气味】苦，平，无毒。

《别录》曰：甘。

权曰：微寒。

之才曰：滑石、杏仁、射干为之使，得菖蒲良。制丹砂、矾石。

【主治】劳热邪气，五癃闭不通，利小便水道（《本经》）。止烦下气，通膀胱满，补五劳，安五脏。去恶风，益精气（《别录》）。治淋沥遗溺（《日华》）。炒末，冷酒调服，治发背（颂）。主崩漏金疮，清肺气（时珍）。

【附方】新五。小便淋痛：石韦、滑石等分，为末。每饮服刀圭，最快。（《圣惠》）小便转脬：石韦（去毛）、车前子各二钱半，水二盏，煎一盏，食前服。（《指迷方》）崩中漏下：石韦为末。每服三钱，温酒服，甚效。便前有血：石皮为末。茄子枝煎汤下二钱。（《普济方》）气热咳嗽：石韦、槟榔等分，为末。姜汤服二钱。（《圣济录》）

金星草（宋《嘉祐》）

【释名】金钏草（《图经》）、凤尾草（《纲目》）、七星草。

时珍曰：即石韦之有金星者。《图经》重出七星草，并入。

金星草

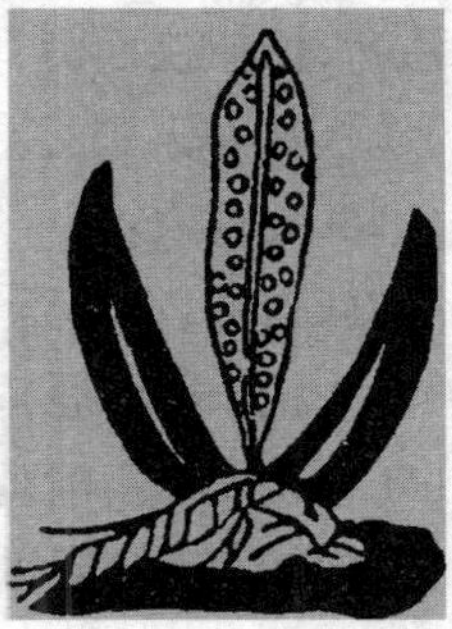

【集解】禹锡曰：金星草，西南州郡多有之，以戎州者为上。喜生背阴石上净处，及竹箐中少日色处，或生大木下，及背阴古瓦屋上。初出深绿色，叶长一二尺，至深冬背生黄星点子，两两相对，色如金，因得余星之名。无花实，凌冬不凋。其根盘屈如竹根而细，折之有筋，如猪马鬃。五月和根采之，风干用。

颂曰：七星草生江州山谷石上。叶如柳而长，作蔓延，长二三尺。其叶坚硬，背上有黄点如七星。采无时。

【气味】苦，寒，无毒。

颂曰：微酸。

崔昉曰：制三黄、砂、汞、矾石。

【主治】发背痈疮结核，解硫黄丹石毒，连根半斤，酒五升，银器煎服，先服石药悉下。亦可作末，冷水服方寸匕。涂疮肿，殊效。根浸油涂头，大生毛发（《嘉祐》）。乌髭发（颂）。解热，通五淋，凉血（时珍）。

【发明】颂曰：但是疮毒，皆可服之。然性至冷，服后下利，须补治乃平复。老年不可辄服。

宗奭曰：丹石毒发于背，及一切痈肿。以其根叶二钱半，酒一大盏，煎服，取下黑汁。不惟下所服石药，兼毒去疮愈也。如不饮酒，则为末，以新汲水服，以知为度。

时珍曰：此药大抵治金石发毒者。若忧郁气血凝滞而发毒者，非所宜也。

【附方】旧一，新二。五毒发背：金星草和根净洗，慢火焙干。每四两入生甘草一钱，捣末，分作四服。每服用酒一升，煎二、三沸，更以温酒三、二升相和，入瓶器内封固，时时饮之。忌生冷油肥毒物。（《经验方》）热毒下血：金星草、陈干姜各三两，为末。每服一钱，新汲水下。（《本事方》）脚膝烂疮：金星草背上星，刮下敷之，即干。（《集简方》）

石长生（《本经》下品）

【释名】丹草（《本经》）、丹沙草。

时珍曰：四时不凋，故曰长生。

【集解】《别录》曰：石长生，生咸阳山谷。

恭曰：苗高尺许，五、六月采茎叶用。今市人用黔筋草为之，叶似青葙，茎细劲紫色，今太常用者是也。

时珍曰：宋祁《益部方物记》：长生草生山阴蕨地，修茎茸叶，色似桧而泽，经冬不凋。

【气味】咸，微寒，有毒。

普曰：神农：苦。雷公：辛。桐君：甘。

权曰：酸，有小毒。

【主治】寒热恶疮大热，辟鬼气不祥（《本经》）。下三虫（《别录》）。治疥癣，逐诸风，治百邪魅（权）。

【附录】红茂草（《图经》）

石长生

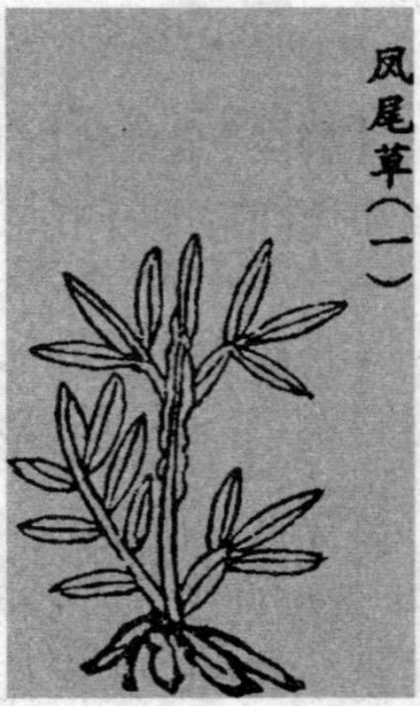

颂曰:味苦,大凉,无毒。主痈疽疮肿。焙研为末,冷水调贴。一名地没药,一名长生草。生施州,四季枝叶繁,故有长生之名。春采根叶。

时珍曰:案《庚辛玉册》云:通泉草一名长生草,多生古道丘垄荒芜之地。叶似地丁,中心抽一茎,开黄白花如雪,又似麦饭,摘下经年不槁。根入地至泉,故名通泉。俗呼秃疮花。此草有长生之名,不知与石长生及红茂草亦一类否?故并附之。

石苋(宋《图经》)

石苋

【集解】颂曰:生筠州,多附河岸沙石上。春生苗,茎青,高一尺以来,叶如水柳而短。八、九月土人采之。

【气味】辛、苦,有小毒。

【主治】同甘草煎服,主齁船,又吐风涎(颂)。

【附录】石垂

颂曰:生福州山中。三月花,四月采子,生捣为末,丸服,治蛊毒。

景天(《本经》上品)

【释名】慎火(《本经》)、戒火(同)、救火(《别录》)、据火(同)、护火(《纲目》)、辟火(同)、火母(《别录》)。

弘景曰:众药之名,景天为丽。人皆盆盛,养于屋上,云可辟火,故曰慎火。方用亦希。

【集解】《别录》曰:景天生太山川谷。四月四日、七月七日采,阴干。

景天

颂曰:今南北皆有之。人家种于中庭,或盆置屋上。春生苗,叶似马齿苋而大,作层而上,茎极脆弱。夏中开红紫碎花,秋后枯死。亦有宿根者。苗、叶、花并可用。

宗奭曰:极易种,折枝置土中,浇溉旬日便生也。

时珍曰:景天,人多栽于石山上。二月生苗,脆茎,微带赤黄色,高一二尺,折之有汁。叶淡绿色,光泽柔厚,状似长匙头及胡豆叶而不尖。夏开小白花,结实如连翘而小,中有黑子如粟粒。其叶味微甘苦,炸熟水淘可食。

【正误】弘景曰:广州城外有一树,大三四围,名慎火树。

志曰:岭表人言,并无此说。盖录书者篡入谬言,非陶氏语也。

【气味】苦,平,无毒

《别录》曰:酸。

大明曰:寒,有小毒。可煅朱砂。

【主治】大热火疮，身热烦，邪恶气(《本经》)。诸蛊毒痂疕，寒热风痹，诸不足(《别录》)。疗金疮止血。煎水浴小儿.去烦热惊气(弘景)。风疹恶痒，小儿丹毒及发热(权)。热狂赤眼，头痛寒热游风，女人带下(《日华》)。

【附方】旧四，新五。惊风烦热：慎火草煎水浴之。(《普济方》)小儿中风：汗出中风，一日头颈腰背热，二日即腹热，手足不屈。用慎火草(干者)半两，麻黄、丹参、白术各二钱半，为末。每服半钱，浆水调服。三四岁服一钱。(《圣济录》)婴孺风疹：在皮肤不出，及疮毒。取慎火苗叶五大两，和盐三大两，同研绞汁。以热手摩涂，日再上之。(《图经》)热毒丹疮：《千金》：用慎火草捣汁拭之。日夜拭一二十遍。一方：入苦酒捣泥涂之。杨氏《产乳》：治烟火丹毒，从两股两胁起，赤如火。景天草、真珠末一两，捣如泥。涂之，干则易。漆疮作痒：挼慎火草涂之。(《外台》)眼生花翳，涩痛难开：景天捣汁，日点三五次。(《圣惠》)产后阴脱：慎火草一斤(阴干)，酒五升，煮汁一升，分四服。(《子母秘录》)

花

【主治】女人漏下赤白。轻身明目(《本经》)。

佛甲草(宋《图经》)

草甲佛

【集解】颂曰：佛甲草生筠州。多附石向阳而生，似马齿苋而细小且长，有花黄色，不结实，四季皆有。

时珍曰：二月生苗成丛，高四、五寸，脆茎细叶，柔泽如马齿苋，尖长而小。夏开黄花，经霜则枯。人多栽于石山瓦墙上，呼为佛指甲。《救荒本草》言：高一二尺，叶甚大者，乃景天，非此也。

【气味】甘，寒，微毒。

【主治】汤火灼疮，研贴之(颂)。

虎耳草(《纲目》)

草耳虎

【释名】石荷叶(见下)。

【集解】时珍曰：虎耳生阴湿处，人亦栽于石山上。茎高五六寸，有细毛，一茎一叶，如荷盖状。人呼为石荷叶。叶大如钱，状似初生小葵叶，及虎之耳形。夏开小花，淡红色。

【气味】微苦、辛，寒，有小毒。

独孤滔曰：汁煮砂子。

【主治】瘟疫，擂酒服。生用吐利人，熟用则止吐利。又治聤耳，捣汁滴之。痔疮肿痛者，阴干，烧烟桶中熏之(时珍)。

石胡荽(《四声本草》)

【校正】自菜部移入此。

【释名】天胡荽(《纲目》)、野园荽(同)、鹅不食草(《食性》)、鸡肠草(详见下名)。

石胡荽

【集解】时珍曰:石胡荽,生石缝及阴湿处小草也。高二三寸,冬月生苗,细茎小叶,形状宛如嫩胡荽。其气辛熏不堪食,鹅亦不食之。夏开细花,黄色,结细子。极易繁衍,僻地则铺满也。案孙思邈《千金方》云:一种小草,生近水渠中湿处,状类胡荽,名天胡荽,亦名鸡肠草。即此草也。与繁缕之鸡肠,名同物异。

【气味】辛,寒,无毒。

时珍曰:辛,温。汁制砒石、雄黄。

【主治】通鼻气,利九窍,吐风痰(炳)。去目翳,挼塞鼻中,翳膜自落(藏器)。疗痔病(诜)。解毒,明目,散目赤肿云翳,耳聋头痛脑酸,治痰疟齁船。鼻室不通,塞鼻息自落,又散疮肿(时珍)。

【发明】时珍曰:鹅不食草,气温而升,味辛而散,阳也,能通于天。头与肺皆天也,故能上达头脑,而治顶痛目病,通鼻气而落息肉;内达肺经,而治齁船痰疟,散疮肿。其除翳之功,尤显神妙。人谓陈藏器《本草》惟务广博,鄙俚之言也。若此药之类,表出殊功,可谓务博已乎?案倪维德《原机启微集》云:治目翳嗃鼻碧云散:用鹅不食草解毒为君,青黛去热为佐,川芎大辛破留除邪为使,升透之药也。大抵如开锅盖法,常欲邪毒不闭,令有出路。然力小而锐,宜常嗃以聚其力。凡目中诸病,皆可用之。生挼更神。王玺《集要》诗云:赤眼之余翳忽生,草中鹅不食为名。塞于鼻内频频换,三日之间复旧明。

【附方】新十。寒痰齁船:野园荽研汁,和酒服,即住。(《集简方》)嗃鼻去翳:碧云散:治目赤肿胀,羞明昏暗,隐涩疼痛,眵泪风痒,鼻塞头痛脑酸,外翳扳睛诸病。鹅不食草(晒干)二钱,青黛、川芎各一钱,为细末。噙水一口,每以米许嗃入鼻内,泪出为度。一方:去青黛。(倪氏《启微集》)贴目取翳:鹅不食草(捣汁熬膏)一两,炉甘石(火煅,童便淬三次)三钱,上等瓷器末一钱半,熊胆二钱,硇砂少许,为极细末,和作膏。贴在翳上,一夜取下。用黄连、黄柏煎汤洗净,看如有,再贴。(孙天仁《集效方》)塞鼻治翳:诗见发明。牙疼嗃鼻:鹅不食草绵裹怀干为末。含水一口,随左右嗃之。亦可挼塞。(《圣济》)一切肿毒:野园荽一把,穿山甲(烧存性)七分,当归尾三钱,擂烂,入酒一碗,绞汁服。以渣敷之。(《集简方》)湿毒胫疮:砖缝中生出野园荽,夏月采取,晒收为末。每以五钱,汞粉五分,桐油调作隔纸膏,周围缝定。以茶洗净,缚上膏药,黄水出,五六日愈。此吴竹卿方也。(《简便方》)脾寒疟疾:石胡荽一把。杵汁半碗,入酒半碗和服,甚效。(《集简方》)痔疮肿痛:石胡荽捣,贴之。(同上)

螺厣草(《拾遗》)

螺厣草

【释名】镜面草。

时珍曰：皆象形也。

【集解】藏器曰：蔓生石上，叶状似螺厣，微带赤色，而光如镜，背有少毛，小草也。

【气味】辛。

【主治】痈肿风疹，脚气肿，捣烂敷之。亦煮汤洗肿处(藏器)。治小便出血，吐血衄血。龋齿痛(时珍)。

【发明】时珍曰：案陈日华《经验方》云：年二十六，忽病小便后出鲜血数点而不疼，如是一月，饮酒则甚。市医张康，以草药汁一器，入少蜜水进，两服而愈。求其方，乃镜面草也。

【附方】新七。吐血衄血：镜面草水洗，擂酒服。(《朱氏集验方》)牙齿虫痛：《乾坤生意》：用镜面草不拘多少，以水缸下泥同捣成膏，人香油二三点，研匀。贴于痛处腮上。《杨氏家藏方》：用镜面草半握，入麻油二点，盐半捻，挼碎。左疼塞右耳，右疼塞左耳。以薄泥饼贴耳门闭其气，仍仄卧。泥耳一二时，去泥取草放水中，看有虫浮出，久者黑，次者褐，新者白。须于午前用之。徐克安一乳婢，苦此不能食，用之，出数虫而安。小儿头疮：镜面草晒干为末，和轻粉、麻油敷之，立效。(《杨氏家藏方》)手指肿毒，又指恶疮，消毒止痛：镜面草捣烂，敷之。(《寿域神方》)蛇缠恶疮：镜面草，入盐杵烂，敷之妙。解鼠莽毒：镜面草自然汁、清油各一杯和服，即下毒三五次。以肉粥补之，不可迟。(张杲《医说》)

离鬲草

离鬲草(《拾遗》)

【集解】藏器曰：生人家阶庭湿处，高三二寸，苗叶似羃䍥。江东有之，北土无也。

【气味】辛，寒，有小毒。

【主治】瘰疬丹毒，小儿无辜寒热，大腹痞满，痰饮膈上热。生研汁服一合，当吐出宿物。去疟为上(藏器)。

仙人草(《拾遗》)

仙人草

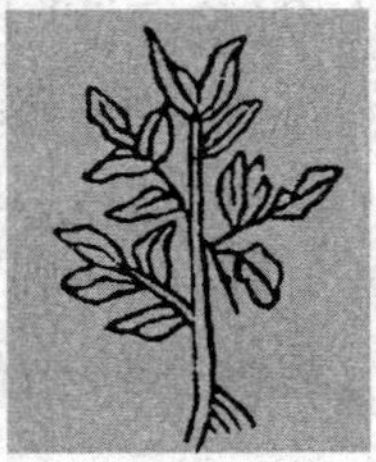

【集解】藏器曰：生阶庭间，高二三寸，叶细有雁齿，似离鬲草。北地不生。

【气味】缺。

【主治】小儿酢疮，头小而硬者，煮汤浴，并捣敷。丹毒入腹者必危，可饮冷药，及用此洗之。又挼汁滴目，明目去翳(藏器)。

仙人掌草(宋《图经》)

草掌人仙

【集解】颂曰:生合州、筠州,多于石上贴壁而生。如人掌形,故以名之。叶细而长,春生,至冬犹有。四时采之。

【气味】微苦,涩,寒,无毒。

【主治】肠痔泻血,与甘草浸酒服(苏颂)。焙末油调,掺小儿白秃疮(时珍)。

棕崖(宋《图经》)

棕　崖

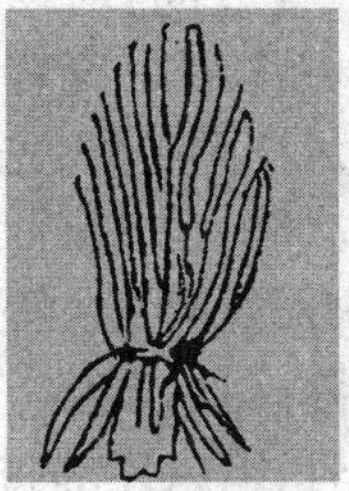

【集解】颂曰:生施州石崖上。苗高一尺以来,其状如棕,四季有叶无花。土人采根去粗皮,入药。

【气味】甘、辛,温,无毒。

【主治】妇人血气并五劳七伤。以根同半天回、鸡翁藤、野兰根四味洗焙为末。每服二钱,温酒下。丈夫无所忌,妇人忌鸡、鱼、湿面(苏颂)。

【附录】鸡翁藤

颂曰:生施州。蔓延大木上,有叶无花。味辛,性温,无毒。采无时。

半天回

颂曰:生施州。春生苗,高二尺以来,赤斑色,至冬苗枯。土人夏月采根,味苦、涩,性温,无毒。

野兰根

颂曰:生施州。丛生,高二尺以来,四时有叶无花。其根味微苦,性温,无毒。采无时。方并见上。

紫背金盘草(宋《图经》)

【集解】颂曰:生施州。苗高一尺以上,叶背紫,无花。土人采根用。

草盘金背紫

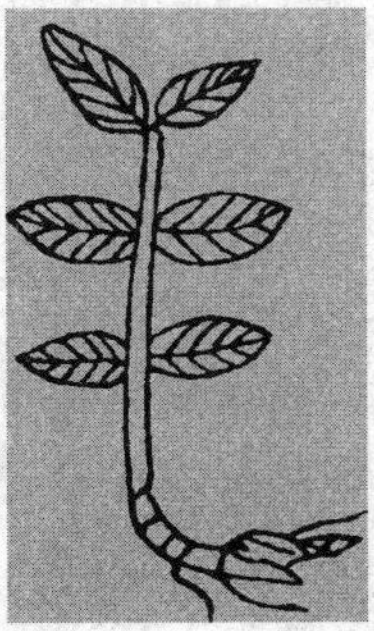

时珍曰:湖湘水石处皆有之,名金盘藤。似醋筒草而叶小,背微紫。软茎引蔓似黄丝,搓之即断,无汁可见。方士用以制汞。他处少有。

醋筒草:叶似木芙蓉而偏,茎空而脆,味酸,开白花。广人以盐醋淹食之。

【气味】辛,涩,热,无毒。

【主治】妇人血气痛,洗焙研末,酒服半钱。孕妇勿服,能消胎气。忌鸡、鱼、羊血、湿面(苏颂)。

白龙须(《纲目》)

【集解】时珍曰:刘松石《保寿堂方》云:白龙须生近水旁有石处,寄生搜风树节,乃树之余精也。细如棕丝,直起无枝叶,最难得真者。一种万缠草,生于白线树根,细丝相类,但有枝茎,稍粗为异。误用不效。愚案所云二树名皆隐语,无从考证。

【气味】缺平,无毒。

【主治】男子妇人风湿腰腿疼痛,左瘫右痪,口目㖞斜,及产后气血流散,胫骨痛,头目昏暗,腰腿痛不可忍,并宜之。惟虚劳瘫痿不可服。研末,每服一钱,气弱者七分,无灰酒下。密室随左右贴床卧,待汗出自干,勿多盖被,三日勿下床见风。一方:得疾浅者,用末三钱,瓷瓶煮酒一壶。每日先服桔梗汤少顷,饮酒二盏。早一服,晚一服(《保寿堂方》)。

【发明】时珍曰:《保寿方》云:成化十二年,卢玄真道士六十七岁,六月偶得瘫痪,服白花蛇丸,牙齿尽落。三年扶病入山,得此方,服百日,复旧,寿至百岁乃卒。凡男妇风湿腰腿痛,先服小续命汤及渗湿汤后,乃服此。凡女人产后腰腿肿痛,先服四物汤二服,次日服此。若瘫痪年久,痰老气微者,服前药出汗,三日之后,则日服龙须末一分,好酒下。隔一日服二分,又隔一日服三分,又隔一日服四分,又隔一日服五分,又隔一日,复从一分起,如前法,周而复始。至月余,其病渐愈。谓之升阳降气,调髓蒸骨,追风逐邪,排血安神。忌房事、鱼、鹅、鸡、羊、韭、蒜、虾、蟹,及寒冷动风之物。又不可过饮酒及面食,只宜米粥、蔬菜。

【附方】新一。诸风瘫痪,筋骨不收:用白龙须根皮一两,闹羊花(即老虎花)七分,好烧酒三斤,封固,煮一炷香,埋土中一夜。能饮者三杯,不能饮者一杯,卧时服。服至三五杯,见效。但知痛者可治。(坦仙《皆效方》)

中华传世药典

本草綱目

[明]李时珍 著

綫装書局

中华传世药典

图书在版编目（CIP）数据

本草纲目／（明）李时珍著．－北京：线装书局，2009.8（2021.6）

ISBN 978-7-80106-987-0

Ⅰ.本… Ⅱ.李… Ⅲ.本草纲目 Ⅳ.R281.3

中国版本图书馆CIP数据核字（2009）第150933号

本草綱目

本草纲目

作　　者：［明］李时珍 著

责任编辑：李　琳

出版发行：线装书局

地　址：北京市丰台区方庄日月天地大厦B座17层（100078）

电　话：010-58077126（发行部）010-58076938（总编室）

网　址：www.zgxzsj.com

经　　销：新华书店

印　　制：北京彩虹伟业印刷有限公司

开　　本：710mm×1040mm　1/16

印　　张：112

字　　数：1350千字

版　　次：2021年6月第1版第3次印刷

印　　数：3001-9000套

定　　价：598.00元（全四卷）

线装书局官方微信

总 序

健康对每个人都是最重要的，有健康才会有一切。假设一个人有100000000万，前面的1代表健康，后面的0代表你的房子、车子、妻子、儿子、金子等，如果没有前面的健康1，后面都等于0。可是许多人只有到了病危的时候，才体会到健康和生命的重要。所以我们如何采取积极主动的手段，让自己少生病、不生病，成了摆在我们面前的一个重要课题。

当然，健康不仅包括身体健康，还包括心理健康。世界卫生组织宪章早在1948年就提出了健康的概念："健康不仅仅是不生病，而且是身体上、心理上和社会上的完好状态。"这就是说，健康不是单一的指身体没有疾病，而是包括了人的所有思维、行为等诸多方面。而要保持这一完好状态，就需要科学的健康管理。

实施健康管理，就是变被动的疾病治疗为主动地管理健康，达到节约医疗费用支出、维护健康的目的。健康管理的宗旨是调动个人及集体的积极性，有效地利用有限的资源来达到最大的健康改善效果。

现在，健康与养生已经成为热门话题。健康与养生是两个不同的概念。健康是养生的前提，养生是在健康的基础上提出来的，是对健康更加深入的理解与追求。健康偏重于理念，养生偏重于方法。要理解养生，先要理解健康。

如今，只要有钱什么都可以买到，但有一样东西是绝对买不到的，那就是健康。健康是人生最大的财富。提醒朋友们，不要拿自己的健康开玩笑，努力去理解健康和追求健康，享受生活的乐趣是我们生活中最重要的内容。

那么，如何综合个人、环境等各方面的因素，从整体上把握自己的健康，如何以更加正确的态度来对付疾病，以及改善自己的生活方式，更好地制定健康计划，延年益寿，本套书系——《中华健康管理书系》将为你解决你所遇到的麻烦和问题。本套书系包括《中华国医健康绝学》《中华养生秘笈》《养生大百科》《本草纲目》《黄帝内经》《心理医生》《家庭医生》《中华食疗大全》《中医四大名著》《饮食文化典故》等。

本套书系是由医学和养生专家、学者耗时五年时间编辑而成，是根据中国人的身体特点和生活习惯，专为国人量身定做。书系里提供了一种全新的健康哲学，一套全新的身心健康理念，她所传播的以拥有健康知识为基石的生活方式和对人类保健的全面的看法，必将成为一种全新的健康文化。总之，此套书系对于促进国人整体身体素质的提高，保障国人个人健康以及家庭的幸福将起到重要的作用。

李时珍

李时珍（1518～1593），字东璧，晚号滨湖山人，蕲州（今湖北蕲春县）人。其父为当地名医，李时珍自幼好学，十四岁中秀才，但此后三次赴武昌乡试未中，遂专志与其父学医。因其刻苦钻研医理，重视前人的医疗经验，且有许多创造性的发挥，不过数年便名声鹊起，成为一代名医。

药典《本草纲目》

《本草纲目》的内容非常丰富，一经问世，便受到医学界普遍的重视，屡经翻刻再版，对后世影响很大。本书很早便流传到朝鲜、日本等国。还先后被全译或节译成日本、朝鲜、拉丁、英、法、德等多国文字，在国外引起广泛的关注。不少国内外学者都对该书有极高的评价，如达尔文称其为“古代中国百科全书”，李约瑟称李时珍为“药物学界的王子”。

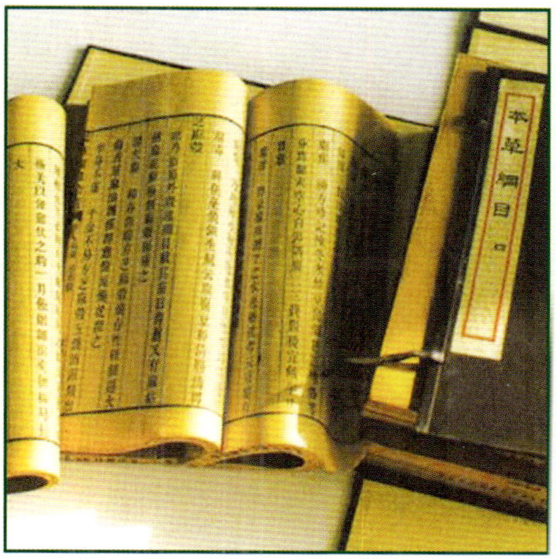

李时珍采药图

从34岁起，李时珍游历了许多名山胜地，并亲自深入深山旷野考察和收集各种动植物与矿物标本，研究各种草木的药用性质，甚至用嘴去尝，尽最大可能去直接观察，最终以宋·唐慎微的《经史证类备急本草》为蓝本，进行大量的整理、补充，并加进自己的发现与见解，经过三次大的修改，至万历六年（1578年），在他60岁时，终于编著完成《本草纲目》这部巨著。

李时珍行医图

李时珍通过科学的总结，认识并纠正了一些不科学的见解，如批判以往记载服食水银、雄黄可以成仙的说法，认为此为“妄言”。李时珍还对前人“心主神明”说做了修正，提出“脑为元神之府”的理论，这是中医“脑主神明”理论的最早表述，开后世“心脑之争”之先河。

防风

分　　布： 东北、内蒙古、河北、山东、河南、陕西、山西、湖南等地。
药用部位： 根。
药用功能： 祛风解表、胜湿止痛、止痉。
药用主治： 外感表证、风疹瘙痒、风湿痹痛、破伤风。

白芷

分　　布： 浙江、四川、河北、河南。
药用部位： 根茎。
药用功能： 祛风、燥湿、消肿、止痛。
药用主治： 治头痛、眉棱骨痛、齿痛、鼻渊、寒湿腹痛、肠风痔漏、赤白带下、痈疽疮疡、皮肤燥痒、疥癣。

三七

分　　布： 云南、广西、贵州、四川等省。
药用部位： 根。
药用功能： 散瘀止血、消肿定痛。
药用主治： 用于各种内、外出血、胸腹刺痛、跌扑肿痛。

淡竹叶

分　　布： 江苏、安徽、浙江、江西、福建、湖南。

药用部位： 块根和叶。

药用功能： 清热除烦、利尿。

药用主治： 用于热病烦渴、小便赤涩淋痛、口舌生疮。

柴　胡

分　　布： 吉林、辽宁、河北、河南、山东等省。

药用部位： 干燥根。

药用功能： 和解表里、疏肝、升阳。

药用主治： 用于感冒发热、寒热往来、胸胁胀痛、月经不调、子宫脱垂、脱肛。

当　归

分　　布： 甘肃、云南、四川。

药用部位： 根。

药用功能： 补血活血、调经止痛、润肠通便。

药用主治： 用于血虚萎黄、眩晕心悸、月经不调、经闭痛经、虚寒腹痛、肠燥便秘、风湿痹痛、跌扑损伤、痈疽疮疡、酒当归活血通经、用于经闭痛经、 风湿痹痛、跌打损伤。

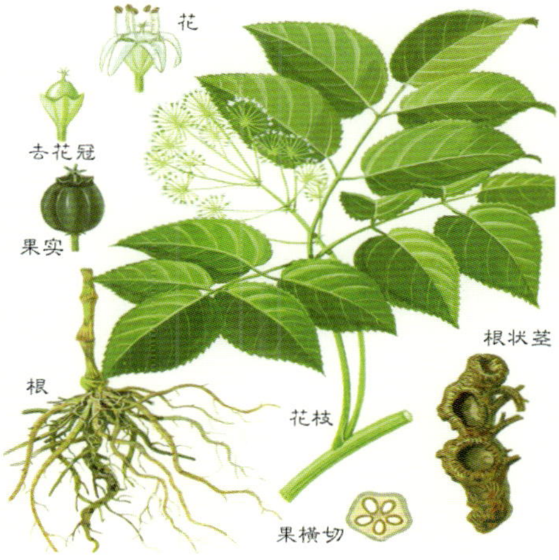

草麻黄

分　　布： 东北、河北、山西、河南、陕西等省区，蒙古也有。

药用部位： 茎与根。

药用功能： 发汗散寒、宣肺平喘、利水消肿。

药用主治： 用于风寒感冒、胸闷喘咳、风水浮肿、支气管哮喘、蜜炙麻黄润肺止咳，多用于表证已解、气喘咳嗽。

白术

分　　布： 分布于长江流域，现全国各地多栽培，以浙江为最。

药用部位： 根茎。

药用功能： 具有健脾益气、燥湿利水、固表止汗、安胎的功效。

药用主治： 主治脾气虚弱、食少腹胀、大便溏泻、痰饮、水肿、小便不利、湿痹酸痛、气虚自汗、胎动不安。

半夏

分　　布： 我国大部分地区有分布。

药用部位： 干燥块茎。

药用功能： 燥湿化痰、降逆止呕、消痞散结。

药用主治： 用于痰多咳喘、痰饮眩悸、内痰眩晕、痰厥头痛、呕吐反胃、胸脘痞闷、梅核气症，生用外治痈肿痰核。

前　言

中华本草学是祖国医学乃至世界传统医学中的一个重要组成部分，它是我国人民与疾病做斗争的经验总结。

明代著名医学家、博物学家李时珍（1518~1593年）所编著的《本草纲目》集我国16世纪以前药学成就之大成，为中国和世界人民的医疗和保健事业做出了巨大的贡献，是一部享誉国内外的本草学巨著。它是李时珍在继承和总结明代以前本草学成就的基础上，结合作者长期并广泛地向药农、民间医生、猎人、渔人等劳动人民学习与采访所积累的大量药物学知识，共参考各类典籍八百余种，经过长期的刻苦实践和钻研，历时数十年而撰写成。

这部巨著是中国最具世界性影响的药学及博物学巨典。它集中国古代医学所取得的最高成就为一体，同时广泛涉及相关的生物、化学、天文、地理、地质、采矿等领域，正如李建元《进本草纲目疏》中指出："上自坟典、下至传奇，凡有相关，靡不收采，虽命医书，实该物理。"此书在中国古代科技史上，部头最大、内容最丰富，曾被英国生物学家达尔文誉为"中国的百科全书"。

关于《本草纲目》书名的由来还有一段有趣的插曲。

公元1578年，年届六旬的李时珍完成了《本草纲目》，只可惜尚未确定书名。一天，他出诊归来，习惯地坐在桌前。当他一眼看到昨天读过的《通鉴纲目》还摆放在案头时，突然心中一动，立即提起笔来，蘸饱了墨汁，在洁白的书稿封面上写下了"本草纲目"四个苍劲有力的大字。他端详着，兴奋地自言自语道："对，就叫《本草纲目》吧！"为了这部书的体例，李时珍考虑了许久，也翻阅了不少书籍，并从《通鉴纲目》中得到启示，决定采用"以纲挈目"的体例来编这部书，并以《本草纲目》这个名称作为自己30年来心血结晶的书名。

在这部巨著中，李时珍指出了许多药物的真正效用，如常山可治疟疾，延胡索能够止痛。他还举了日常生活中容易中毒的例子，比如锡做盛器，因有毒素能溶解在酒中，久而久之，会使饮酒的人慢性中毒。他在写作中遇到难题时还跑到实地进行观察。如看到旧本草中所说，穿山甲吞食蚂蚁是通过鳞甲来诱捕。他觉得奇怪，认为百闻不如一见，他搞到一只活穿山甲，仔细观察了它的生活规律后，发现它是用舌头吃蚂蚁。他又解剖了穿山甲的胃囊，发现里面竟有蚂蚁一升之多，于是在书中写下了这段记载。

李时珍治学风格极其严谨，他在书中批判了水银“无毒”，久服“成仙”“长生”等说法，当时皇帝大臣都信道士们的水银炼丹，所以这部著作大书商们都不敢出版，直到他死后才于公元1596年与读者见面。出版后立即引起了巨大的反响，人们到处传播它，并进行翻刻，成为医生们的必备书。

从17世纪起，《本草纲目》陆续被译成日、德、英、法、俄等五国文字。1953年出版的《中华人民共和国药典》，共收集531种现代药物和制剂，其中采取《本草纲目》中的药物和制剂就有100种以上。

李时珍因其伟大的学术成就而受到世界人民的爱戴，为世界上对人类最有贡献的科学家之一，《本草纲目》亦被誉为“东方药学巨典”。

为弘扬祖国医学，本社特邀请并组织数十名方药专家、教授及近百名药学、医古文专业编写人员，对《本草纲目》进行了校勘，编成此书。为了能让这部中国古代的巅峰巨著更能适合现代读者的阅读品位，本套《本草纲目》对原著进行了两大编辑创新：

第一，删繁就简，去伪存真。鉴于《本草纲目》原著中所收录的一些物种如今已难以访到或被证明有毒副作用，我们对其进行了切于实用的精编，收入今人常用、能访的物种，疗效确切的附方，以使其在日常生活中真正发挥养生、疗疾的功效。

第二，图版确切，丰富实用。提供了多幅准确逼真的手绘图，生动展现药物植株的原生态，不仅方便自然生态爱好者按图索骥，在野外寻药趣，也具备十分的观赏价值，而且收录了《本草纲目》权威古本金陵本的一千余幅线描古图，从最现代到最古朴的两种层次的图版，为《本草纲目》增添了更大的价值。

目 录

卷 一

卷　二

卷　三

卷 四

本草纲目原序 [明]王世贞

原　文

纪称:望龙光知古剑,觇宝气辨明珠。故萍实商羊,非天明莫洞。厥后博物称华,辨字称康,析宝玉称倚顿,亦仅仅晨星耳。楚蕲阳李君东璧,一日过予弇山园谒予,留饮数日。予窥其人,睟然貌也,癯然身也,津津然谈议也,真北斗以南一人。解其装,无长物,有本草纲目数十卷。谓予曰:时珍,荆楚鄙人也。幼多羸疾,质成钝椎;长耽典籍,若啖蔗饴。遂渔猎群书,搜罗百氏。凡子史经传,声韵农圃,医卜星相,乐府诸家,稍有得处,辄著数言。古有本草一书,自炎皇及汉、梁、唐、宋,下迨国朝,注解群氏旧矣。第其中舛谬差讹遗漏不可枚数,乃敢奋编摩之志,僭纂述之权。岁历三十稔,书考八百余家,稿凡三易。复者芟之,阙者缉之,讹者绳之。旧本一千五百一十八种,今增药三百七十四种,分为一十六部,著成五十二卷。虽非集成,亦粗大备,僭名曰本草纲目,愿乞一言以托不朽。予开卷细玩,每药标正名为纲,附释名为目,正始也。次以集解、辨疑、正误,详其土产形状也。次以气味、主治、附方,著其体用也。上自坟、典,下及传奇,凡有相关,靡不备采。如入金谷之园,种色夺目;如登龙君之宫,宝藏悉陈;如对冰壶玉鉴,毛发可指数也。博而不繁,详而有要。综核究竟,直窥渊海。兹岂仅以医书觏哉,实性理之精微,格物之通典,帝王之秘箓,臣民之重宝也。李君用心嘉惠何勤哉。噫!碔玉莫剖,朱紫相倾,弊也久矣。故辨专车之骨,必俟鲁儒;博支机之石,必访卖卜。予方著弇州卮言,恚博古如丹铅卮言后乏人也,何幸睹兹集哉。兹集也,藏之深山石室无当,盍锲之,以共天下后世味太玄如子云者。时万历岁庚寅春上元日,弇州山人凤洲王世贞拜撰。

《本草纲目》原序

[明]王世贞

译　文

古书中的记载称：西晋张华和雷焕看到斗牛二宿之间常有紫气，就知道是龙泉、太阿这两把古剑的光芒，从而找到了二剑埋藏的地方；唐肃宗将安史叛军逐出京城长安之后，掌库的人报告说宝库中常有宝气，肃宗就辨别出它是上清珠所发出的。所以，楚昭王在长江中遇到的萍实这种预示称霸征兆的异果、齐侯殿前单腿而舞的商羊这种预示大雨征兆的异鸟，除过孔子这样的天才是无人能够懂得的。其后通晓诸多事物的人要数张华了，善于辨析文字的人要数嵇康了，擅长鉴定宝玉的人要数倚顿了，只是实在就像晨星一样非常之少啊！楚地蕲阳人李东璧先生，有一天来到我的弇山园造访我。我留他住在我家，与他一连饮酒数天。我打量他，见他容貌润泽，身体清瘦而精神矍铄，谈起话来风趣幽默，真是普天之下的第一号人物啊！他打开行装，并无多余之物，只有《本草纲目》数十卷。他对我说道："我是楚地一个学识浅陋的人。幼年时瘦弱多病，资质愚钝。成年之后，酷爱典籍，就像享用甘蔗饴糖一样。于是广泛地涉猎群书，搜求百家的著述，举凡诸子、历史、儒经、传注、音韵、农学、医药、占卜、星命、相术以及民歌等等方面的书籍，稍有心得之处，就记下几句话来。古代有《神农本草经》一书，自从神农氏以后，从汉、梁、唐、宋直到本朝，长期以来，不断有人对它进行注解。只是注解各书当中的谬误、差错与遗漏之处，多得不能一一列举出来，于是我才冒昧地振作起了重编和研究的志向，不自量力地从事起了著述的工作。经过了三十年的时间，参考了八百多部书籍，数易其稿，将重复的删去，将缺漏的补上，将错误予以订正。旧传的本子共有一千五百一十八种药，如今再增加了三百七十四种，分成一十六部，写成了五十二卷。虽然不是集药物之大成的著作，也大致上收录完备了。希望您赐给一篇序言，借以作为依托，使它流传下去而不致淹没。"我打开书卷仔细研读，其中每种药都首列订正之名作为总纲，其他名称都附在"释名"之中作为其目，这是在以订正名称为开始；其次是"集解"一项，用以辨别疑问、纠正错误并详细说明药物的产地和形状；再次则是"气味""主治""附方"等项，用以阐明药物的性质和作用。上自远古的典籍，下到传奇戏剧，凡与药物有关的知识，无不全部收集。阅读其书，就像是进入了西晋石崇专藏宝物的金谷园中，多姿多彩的奇珍异宝令人眼花缭乱；犹如登上了龙王的宫殿，所有的宝藏全都陈列在眼前；又如面对着冰壶玉镜，清晰得连毛发都可以用手指一一数出。内容十分丰富而又不显繁杂，论述非常详尽而又各有要点；研究全面，深入至极，从中可以直接认知无穷无尽的事物及其道理，这哪里只能按照医书看待呢?！实在是性理之学的精深之作，是推究事理的通用之典，是帝王的珍藏秘籍，是百姓的贵重宝书。李先生用心美好是多么地殷切啊！可叹啊！珷玞和宝玉无人能够分辨，正色遭到了杂色的排斥，学术上像这样的弊病已经存在很久了！所以要辨认能装满一车的那根巨骨，一定要等到孔子出世；要晓得织女的支机之石，一定要去请教以占卜为生的严君平。我正在撰写《弇州卮言》一书，痛惜通晓古代事物的人才像写成《丹铅卮言》的杨慎之者后继无人，看到了这部书是多么幸运啊！这部书，把它深藏起来以待后人是不适当的，为什么不现在就刻印它，把它交给天下后世的人们，让好学深思的就像写成《太玄经》的扬子云那样的人去研究它呢?！万历岁庚寅年初春正月十五，弇州山人凤洲王世贞敬序。

重刻本草纲目序

［明］夏良心

原　文

夫医之为道，君子用之以卫生，而推之以济世，故称仁术。乃后世以艺视之，缙绅先生多所弗讲。贾子不云乎：古之圣人，不居朝廷，必居医卜之间。医可以贱简为哉？本草者，固医家之耰锄弓矢也。洪纤动植，最为烦杂，散于山泽而根于脏腑。名不核则误取，性不明则误施，经不辨则误人。误者在几微之间，而人之死生寿夭系焉，可无慎乎？余夙为痰晕作楚，近复滋甚，时检轩岐家言以自卫，得楚名医李时珍氏所辑本草纲目辄侧弁其间。大抵与苏颂图经、唐慎微证类相表里，而采摭名实，引据征验，不啻倍之。所增药三百七十余种，皆近世所习用而确乎有明效者，其用心亦勤矣。医家者流，得此书而存之，庶几可无误乎。间以质之藩臬诸大夫，俱云甚善，而颇讶其字画之漫漶者多也，图更锲之。于是搜积贮之所奇者，悉付剞劂氏，而诸大夫亦以多寡佐其不足，盖六阅月而工竣。既成帙，复肆览焉，较前倍觉爽目。余因是而有感于天之生物，何其独厚于人也。既有百谷以养其生，又有百草以治其疾。夫使蚩蚩者有生而无疾也，则滋以百谷足矣。惟其不免于寒暑阴阳之侵也，故必良药补之，毒药攻之，而后得以祛其所害而终其天年，则天心见矣。呜呼！此治道也。治生者，去其所以害吾生者而已矣；治民者，亦岂有他术哉，去其所以害吾民者而已矣。今天下号称治平无事，然而病在脉理者已数形见。四民之业窘，而重以旱涝之不时，所在有啼号声，则元气索。采榷之使十道四出，而鸱张虎视者且遍埏宇，则邪气盛。当其时，欲如医者按其表里标本而治之，何者宜补？何者宜攻？其用以补者，将为参、术乎？抑苄与文无乎？用以攻者，将为黄、芒乎？抑堇与乌喙乎？取其散于山泽者以调吾脏腑，必何如而后可以无误？是必有精于其理者，若跗之涤，和之视，长桑君之方，太仓公之诊，而后能挽斯世于仁寿耳，余则安能。敬因是书之成，而以商之医国者。癸卯孟秋之朔；巡抚江西、都察院右副都御史古汭郡夏良心撰。

重刻《本草纲目》序

[明]夏良心

译　文

医学作为一门重要学问，君子既用以保护自己的生命，更推而广之用以救助世间的万民，所以被称为“仁术”。后世之人竟然把它看作低贱的技艺，官宦儒士也大多不屑于探求。贾谊不是说过这样的话吗：“古时候的圣人，如果不能在朝廷辅佐君主，就一定去从事医学、占卜这些职业。”那么，医学难道可以看作是低贱、浅陋的事情吗?！药物对于医家来说，实在就像农夫的耰锄、战士的弓箭。其大大小小的品种，动物植物的类别，极其繁多，极其复杂。分布在山泽之间，应用于脏腑之内。名称不予核实，采集时就会出错；性质不予分清，使用时就会出错；经络不予辨明，使用时就会误人。错误往往发生于细微之处，但是人的生死和寿命的长短却与之紧密相关，能够不慎重对待吗?！我早年曾因患痰晕之症而深感痛苦，近来再度发作，而且更加严重了。这期间我经常检取医学家的著述，用以疗治自己，由此而得到了楚地名医李时珍先生编著的《本草纲目》，于是就恭敬地把它置于案头并潜心研读。这部著作，大抵与苏颂的《图经本草》和唐慎微的《证类本草》互为表里而相辅相成，然而其中所收集的药物和内容，所征引的论据和效验，又不只是超过《图经本草》和《证类本草》一倍而已。所增加的三百七十多种药物，都是近代以来常用而且确实具有明显疗效的，他的用心可谓良苦啊！凡是医家，如果得到此书并恭敬地保存和研究它，治病时差不多就可以不出差错了吧?！后来我在闲暇之时曾带着此书去与精通医学的布政使和按察使等人共同研讨，他们都说此书非常之好，不过又都很为其中的文字与图画已模糊不清而叹息，希望重新刻印它。于是我就连积蓄的珍贵藏品都一并取出，全部交给了刻书之人，许多官员也或多或少地捐出钱财，以助其资用的不足。经过六个月的时间，刻书的工作终于完成了。装订成书之后，大家又浏览了一遍，都认为比起以前的本子，倍觉清晰。我由此而深切地感到：上天化生万物，原来独独是如此地厚爱于人啊！即具备百谷以奉养人的生命，又具备百草以治疗人的疾病。如果百姓活着而没有疾病，那么用百谷来滋养他们的生命就完全可以了；正因为他们不能避免寒暑阴阳之邪的侵害，所以一定需用良药来补益他们的虚弱，用峻药来攻治他们的疾患，然后才能祛除他们的病害并使他们享尽天年，上天的仁慈之心由此可见了！令人称叹啊！这也就是治世之道了：要调养生命，去除那些危害我们生命的东西就可以了；要治理万民，难道还有别的方法吗?！也是去除那些危害我们民众的东西就可以了。如今天下号称太平无事，然而隐伏在细微之处的弊端已多有表现，士农工商的谋生之道已日见艰难，加上旱灾涝灾不时发生，到处都有哭号之声，这表明民众的元气已经耗尽了；朝廷将采置和专卖的使者向各地纷纷派出，而如鹰如虎的贪官污吏又几乎遍布天下，这表明国家的邪气已经很盛了。在这样的时候，想要像医家一样依照表里标本来辨症施治，什么应采用补法？什么应采用攻法？用以补益的，是人参、白术呢，还是地黄、当归？用以攻治的，是大黄、芒硝呢，还是乌头、乌喙？选用分布在山泽之药来调治我们的脏腑，一定要怎样然后才可以不出差错？等等这些，一定需有精通其中之理的人，达到像俞跗一样能清洗五脏、像扁鹊一样能透视病情、像医和一样能论病治国、像长桑君一样掌握了神异之方、像太仓公一样掌握了诊脉妙法的境界，然后才能拯救这个世道并使之长治久安。不过，我个人哪里能够做到这样呢?！在此书重刻成功之际，我恭敬地就上述道理求教于治国之人。癸卯年九月初一，江西巡抚、都察院右副都御史、古汭郡夏良心序。

重刊本草纲目叙

[明]张鼎思

原文

余自辛丑,承乏江臬。臬署务简多暇日,则取署中旧刻翻阅之,庶几乎运甓之思焉。一日谒中丞桐汭夏公。云:本草纲目一书,大有裨于生人,非特多识资也。而初刻未工,行之不广,盍图广其传乎?余受而观之,乃楚名医李时珍所辑,盖尝经御览而备上方者也。夫本草之名尚已。古圣人爱民深,忧民切。故羲皇有八卦之画,炎帝为百草之尝;画卦以示趋吉避凶,尝草以使缮生救死。盖自有易以后,即有此书。诚谓民行民生,均重于世,而当务为急。故万政未遑,而藐焉一草一木之是求也。不然,岂不知自暇自逸,而肯一日之间,遇毒七十,甘以区区腑脏,尝试于刚柔升伏百千万变之中哉。何收弗暇,农求未出。万言虽讽于君卿,三卷弗登于册府。汉末存者,三百六十余种耳。陶、苏、李、韩诸贤,相继增益。唐慎微于图经外,旁摭远引而再益其品,盖至千五百余种,蔚乎富矣。然品类既烦,名称或杂,宋人表章,尤多舛者。李君忧之,为是芟复补遗,又益三百七十四种,分为十有六部。总据正名,附释别号,而次之集解、辨疑以正误,详其生产肖貌气味以明实,附以主治诸方以著用,命之曰本草纲目,盖集诸家之大成哉。或者谓:人惟五藏,病止七情。古之圣儒,处齐不过数种,而何取纷纷之为。愚则谓:药者,医用也。良医之用药也简,而其储药也备。故芫华一撮,半夏数丸,已足取效;而搜其囊,则牛溲、马勃,鼠肝、虫臂,无不有也。何也?储与用异也。此书之作,固储道也。天之爱人甚矣。人之生齿日烦,物之化育亦盛。人之情识日广,病之变态亦多。物之生也若有待,人之用也若有期,则取之恶得不博?平者不可为毒,温者不可为寒,辛者不可为苦;而平、毒、温、寒、辛、苦之中,微者不可为甚,重者不可为轻也。一物而根、株异宜,一形而补、泄殊性,而至于名与实淆,如荀书之误读,吕览之误注,蹲鸱误称,苦弥误索者,不可胜数也,则辨之又恶得不详乎?故物虽有名,用实未著,若蘇菽、蛄蟹,不录可也。其它草根树皮,肢行喙息,以至土苴、刍狗之类,秉命虽微,效用则大,即有明验,可厌其多哉?况漆叶青䊵,曾益樊阿之寿;柔汤火齐,并愈齐臣之疾。昔之名者今已非,今之实者可终弃耶?尝读东阳记,有虎丸疗心疾之征;叔微书,有獭爪治肺虫之目。道元述解毒之草，名曰牧靡；邵公著救饥之粮，称为石谷。诸如此类，吾犹恨其弗该，而恶可以米、盐概之哉？故得其精者，可以保身，可以全生，可以养亲，可以济世，庶几神农氏之风乎。而达者观之，则可以穷万物之赜，可以识造化之妙，而见天地之心，则多识固其余矣。中丞公抚江右四年于兹，尝节冗食衍锾，置义仓一区，贮谷二万有奇，为赈恤计；买田二百于城东，储镪三千于郡帑，为以续计。既锱铢啬它费矣，而独有所用于此。盖仓廪足则民不以非岁死，医药具则民不以非死疾死，此其于民生岂有二哉。昔人集古方书，意亦如此。是役也，中丞公倡之，在事诸寅长佐之，南、新二县尹成之，不佞思董剞劂之事而已。刻始于今岁正月，竣于六月。既竣，喜而为之序。万历癸卯孟秋朔日，江南按察司按察使长洲张鼎思顿首书。

重刊《本草纲目》序 [明]张鼎思

译 文

我从辛丑年担任了江南按察使之后，由于公署事务并不繁忙，所以闲暇时间较多，于是检取官署内所藏的旧刻之书一一翻阅，与陶侃搬砖以锻炼身体的意思差不多吧。有一天，我去拜见中丞桐汭人夏良心公。他说："《本草纲目》一书，大大有益于百姓，而不仅仅是一部让人'多识于草木鸟兽之名'的著作罢了。但是其初刻之本并不精审，流传也不广泛。为什么不设法使它广为流传呢?!"我接过其书一看，原来是楚地名医李时珍所编撰、而且是曾被皇上御览过并为皇上所收藏的方药之书。"本草"这一名称很早就已经有了。古时候的圣人爱民情深，忧民意切，所以伏羲氏画出八卦而开创了易学，神农氏遍尝百草而发明了药物。伏羲氏画出八卦之图是为了让人们趋吉避凶，神农氏遍尝百草之药是为了让人们养生救死。自从有了《易经》之后，就有了《神农本草经》一书。诚然，百姓的生活和生命，都为世人所重，但首要的则是生命。所以神农氏在日理万机、无暇他顾之下，还要挤出时间去研究似乎微不足道的本草之学。如果不是为了救助百姓的生命，神农氏难道不知道闲暇安逸对自己的益处?! 又怎能肯受一日之内中毒七十余次的痛苦、心甘情愿地以小小的身体去尝试药性之刚柔升降等千变万化的煎熬呢?! 遗憾的是，西汉刘向在校勘群书时未曾抽暇予以整理，陈农在搜求群书时也不曾将它征集出世。虽然有人曾向汉朝皇帝和卿相婉言奏过其万言内容，但其三卷著作却未被藏于汉代的册府。到了汉末，其书所存的药物，只有三百六十多种而已。后来，陶弘景、苏颂、李勣与韩保昇等位前贤，都相继做过增补之事；唐慎微则在《图经本草》的基础上，旁征博引地又增补了许多药物，达到了一千五百多种，可以说是非常广博而又丰富了。不过，种类繁多之后，有的名称难免出现杂乱的问题。宋人为之所画的图谱，尤其错误过多。李时珍先生为此深感忧虑，因此删去重复的文字，补入遗漏的内容，又增加了三百七十四种药物，分为一十六部。以订正之名总摄药物，附上"释名"以解释别称；其次是"集解"，用以辨别疑问、订正错误并详细说明药物的产地、形貌等等；再次是"气味"，用以阐明药物的性质；最后则附上主治所用的各种方剂，用以说明药物的作用，命名为《本草纲目》，实在是一部集各家之大成的著作啊！有人认为：人体最重要的器官，不过是五脏罢了；发病的原因，不过是七情罢了；古时候的圣医，处方时不过是几种药而已。那么，今人为何要用如此之多的药物呢?！我却认为：药物，是专供医生使用的东西。良医虽然在用药时数量很少，但是他们储藏药物却非常完备。所以治疗咳嗽，用一撮芫花、数丸半夏已足以取得疗效了，但检看医家的药囊，却是牛溲、马勃、鼠肝、虫臂等等，无不具备。为什么呢？储藏和使用是不同的啊！《本草纲目》这部书的编撰，其宗旨就在于为医家搜罗并储备药物。上天对人类的爱是非常之深的。人口的数量越来越多，万物的化育也日益繁盛。人类的情感与知识在不断丰富，疾病的变化也更见复杂。万物的生长都依赖于诸多的自然条件，人类的用度也都凭借着丰富的物质基础。那么，供应医家选用的药物岂能不是越多越好呢?！性平的药物不能当作性猛的药物使用，性温的药物不能当作性寒的药物使用，味辛的药物不能当作味苦的药物使用；而性平、性猛、性温、性寒与味辛、味苦的药物之中，功效小的不能当作功效大的使用，功效强的不能当作功效弱的使用。同一种药物，其根部与茎部所适宜的病症并不相同；同一个病人，补益还是泻下，所选用的药物则性能相反。至于药物的名称与实质混淆不清，犹如对《荀子》的错误断句、对《吕览》的错误注释、把一名两物的蹲鸱乱称一气、把两名一物的苦弥瞎求一番一样，实在不能全部罗列出来。那么，辨别它们又岂能不仔细详尽?！所以药物虽有名称，如果作用实在不明，比如蘼蕪、蛄蟹，就不能收录；其他的草根树皮一类的植物之药、飞禽走兽一类的动物之药，以至于各地的土产与野草之类的药物，它们的价值虽然微不足道，然而效用却都很大。既然具有明显的效验，能够嫌恶它们过多吗?！再比如，漆叶、青黏，华佗曾让樊阿长期服用而使之延年益寿；补益之剂、温热之方，仓公曾用以治愈齐王之臣的顽疾重症。从前的药名在今天已发生了变化，难道今天就因为药名改变而将药物本身最终也舍弃不用了吗?！我曾读过李东阳的有关记述，其中载有虎丸治疗心病的效验；又读过许叔微的著作，其中列有獭爪治疗肺虫的项目。郦道元的书中说能够解毒的草药，名叫牧靡；邵雍的书中说可以充作救济饥荒的粮食，名叫石谷。诸如此类的记载，我尚且为其未能完备包括而感到遗憾，那么岂能以“如同米、盐一般琐碎”的话语一概而论地予以藐视呢?！所以人只要得到了药中的精品，可以用来保全身体，可以用来保全生命，可以用来奉养父母，可以用来救助世人。这样，差不多就接近神农氏的境界了。如果是通达之人看到了《本草纲目》，则可以用来穷尽万物的深奥内涵，可以用来认识造化的玄妙道理，从而得知天地的仁慈之心。那么，“多识于草木鸟兽之名”的意义，实在不过是其中次要得很的了。中丞夏公担任江西巡抚以来，在此方面已经用了四年的心血了。曾经节约饮食金钱，建了一座义仓，贮存了两万多石谷物，以备济贫之用；又在城东买了二百多亩土地，在郡库储存了三千两银子，以备接续赈灾济贫之用。夏公对于钱物，即使一丝一毫，都非常珍惜，不许乱用，可是对重刻《本草纲目》之事，却独独拨出专款。这实在是出于粮仓丰足则百姓不会在灾荒之年饿死、医药具备则百姓不会因患可以不死的疾病而病死的考虑啊！由此可说，夏公对于民生，难道有别的用心吗?！前人汇集古代的方药之书，目的也是如此。重刊《本草纲目》这番工作，是中丞夏公首倡的，参与此事的各位同僚都给予了大力的辅佐和资助，是由南昌、新建二县的县令最终完成的，我不过是做了筹划和主持刻印的事务罢了。刻书之事，始于今年正月，完成于六月。完工之后，我的心里非常高兴，于是为之写下了这篇序文。万历岁癸卯年九月初一，江南按察司按察使长洲张鼎思敬序。

进本草纲目疏

[明]李建元

原　文

湖广黄州府儒学增广生员李建元谨奏，为遵奉明例访书，进献本草以备采择事。臣伏读礼部仪制司勘合一款，恭清圣明敕儒臣开书局纂修正史，移文中外。凡名家著述，有关国家典章，及纪君臣事迹，他如天文、乐律、医术、方技诸书，但成一家名言，可以垂于方来者，即访求解送，以备采入艺文志。如已刻行者，即刷印一部送礼部。或其家自欲进献者，听。奉此。臣故父李时珍，原任楚府奉祠，奉敕进封文林郎、四川蓬溪知县。生平笃学，刻意纂修。曾著本草一部，甫及刻成，忽值数尽，撰有遗表，令臣代献。臣切思之：父有遗命而子不遵，何以承先志；父有遗书而子不献，何以应朝命。矧今修史之时，又值取书之会。臣不揣谫陋，不避斧钺，谨述故父遗表。臣父时珍，幼多羸疾，长成钝椎；耽嗜典籍，若啖蔗饴。考古证今，奋发编摩；苦志辨疑订误，留心纂述诸书。伏念本草一书，关系颇重；注解群氏，谬误亦多。行年三十，力肆校雠；历岁七旬，功始成就。野人炙背食芹，尚欲献之天子；微臣采珠聚玉，敢不上之明君。昔炎皇辨百谷，尝百草，而分别气味之良毒；轩辕师岐伯，遵伯高，而剖析经络之本标。遂有神农本草三卷，艺文录为医家一经。及汉末而李当之始加校修，至梁末而陶弘景益以注释。古药三百六十五种，以应重卦。唐高宗命司空李勣重修，长史苏恭表请伏定，增药一百一十四种。宋太祖命医官刘翰详校。宋仁宗再诏补注，增药一百种。召医唐慎微合为证类，修补众本草五百种。自是人皆指为全书，医则目为奥典。夷考其间，玭瑕不少。有当析而混者，如葳蕤、女萎，二物而并入一条；有当并而析者，如南星、虎掌，一物而分为二种。生姜、薯蓣，菜也而列草品；槟榔、龙眼，果也而列木部。八谷，生民之天也，不能明辨其种类；三菘，日用之蔬也，罔克的别其名称。黑豆、赤菽，大小同条；消石、芒消，水火混注。以兰花为兰草，卷丹为百合，此寇氏衍义之舛谬；谓黄精即钩吻，旋花即山姜，乃陶氏别录之差讹。酸浆、苦胆，草菜重出，掌氏之不审；天花、栝楼，两处图形，苏氏之欠明。五倍子，构虫窠也，而认为木实；大蘋草，田字草也，而指为浮萍。似兹之类，不可枚陈；略摘一二，以见错误。若不类分品例，何以印定群疑。臣不揣猥愚，僭肆删述，重复者芟之，遗缺者补之。如磨刀水、潦水、桑柴火、艾火、锁阳、山柰、土茯苓、番木鳖、金枯、樟脑、蝎虎、狗蝇、白蜡、水蛇、狗宝、秋虫之类，并今方所用，而古本则无；三七、地罗、九仙子、蜘蛛香、猪腰子、勾金皮之类，皆方物土苴，而稗官不载。今增新药，凡三百七十四种；类析旧本，分为一十六部。虽非集成，实亦粗备。有数名或散见各部，总标正名为纲，余各附释为目，正始也。次以集解、辨疑、正误，详其出产形状也。次以气味、主治、附方，著其体用也。上自坟典，下至传奇，凡有相关，靡不收采，虽命医书，实该物理。我太祖高皇帝首设医院，重设医学，沛仁心仁术于九有之中；世宗肃皇帝既刻医方选要，又刻卫生易简，蔼仁政仁声于率土之远。伏愿皇帝陛下体道守成，遵祖继志；当离明之正位，司考文之大权。留情民瘼，再修司命之书；特诏良臣，著成照代之典。治身以治天下，书当与日月争光；寿国以寿万民，臣不与草木同朽。臣不胜冀望屏营之至。臣建元为此一得之愚，上干九重之览，或准行礼部转发史馆采择，或行医院重修，父子衔恩，存殁均戴。臣无任瞻天仰圣之至。

万历二十四年十一月　某日进呈，十八日奉圣旨：书留览，礼部知道，钦此。

进《本草纲目》疏 [明]李建元

译 文

湖广黄州府学增广生员李建元,为了遵奉朝廷访求书籍的英明决定而进献《本草纲目》以备择用之事谨奏陛下:臣恭敬地读到礼部仪制司加有印信的一份文件,其中敬请圣上颁布命令、让儒臣开设书局以编修正史,并将这一文件推行到朝廷内外,凡是名家著述、有关国家典章制度和记录君臣事迹的,以及天文、音乐、医术、方技等类的书籍,只要成一家之名言、可以传于后世的,就都予以寻访搜求并送到京城,以备登录到"艺文志"中;如果是已经刻印发行的书籍,则将印好的一部送到礼部;如果是藏书之人自己要求进献,即予准许。遵奉这一文件,臣谨上此疏:臣的先父李时珍,起初曾任楚王府内的奉祠之职,后来遵奉圣上之命而被封为文林郎、四川蓬溪知县。他平生致力于学问,尽心于著述。曾撰有《本草纲目》一部,刚刚刻成,突然由于寿尽而逝。临终之际,写了一份遗表,让臣代为呈献。臣深以为:父有遗命而子不遵行,怎能继承先人之志?!父有遗书而子不进献,又怎能响应朝廷之命?!何况如今正当朝廷编修正史之时,又值圣上访求书籍之机。臣不估量自己的浅薄鄙陋,冒昧干犯陛下的庄严威仪,谨此陈述先父的遗表。臣的先父李时珍,幼年时瘦弱多病,成年之后资质愚钝,只是酷爱典籍,犹如享用甘蔗饴糖一般。努力考求古代的药物知识,并用如今的事实予以验证;不断地振奋旺盛的精神,长期进行收集研究;不辞劳苦,有志于辨别疑问、订正错误;深入用心,细致地辑录编述群书之中药物的内容。他私下考虑到,《神农本草经》一书,与人的生命关系重大,但历代注解它的各家之书当中,存在的错误也实在太多。于是用了将近三十年的时间,致力于校勘订正。直到过了七十岁的时候,工作才得以完成。先父在遗表中说:"从前有农夫以晒背食芹为人生乐事,尚且要报告天子,何况微臣所收集的东西实如珍珠美玉一般,岂敢不上奏明君?!远古的时候,神农氏辨别百谷、亲尝百草之后,分清了药物性味的无毒与有毒;轩辕黄帝以岐伯为师、遵从伯高的学说,分析了经络的起止路线,于是有了《神农本草经》三卷。《汉书·艺文志》中把它列为医家的一部经典。到了汉朝末年,李当之才对它予以校勘修订;到了梁朝末年,陶弘景又给它加上了注释。原著共收有三百六十五种药,以对应重叠组成六十四卦的爻数;唐高宗命令司空李勣主持重修,长史苏恭上表请求修订,增加了一百一十四种药;宋太祖命令医官刘翰详细校订,宋仁宗又下令让补充注解,增加了一百种药;其后唐慎微予以综合,写成了《经史证类备急本草》,修订了各种本草著作,增加了五百种药。从此人们都把它称为本草之学的一部全书,医家则把它当作一部奥妙的经典。考核这些本草著作的内容,都存在着这样或那样的问题与缺点。有应当分开却混在一起的,比如葳蕤与女萎是两种药物,却合为一条;有应当合并却分开的,比如南星与虎掌是一种药物,却分为两种。生姜和薯蓣,是菜部的药,却列到了草部;槟榔和龙眼,是果部的药,却列到了木部。黍稷稻粱禾麻菽麦这八种谷物,是百姓赖以生存的根本,竟然不能分辨它们的种类;白菘、紫菘与牛肚菘这三种白菜,都是人们日常食用的蔬菜,也竟然不能区别它们的名称。黑大豆与赤小豆,一大一小,却合为一条;硝石与芒硝,前者属火而后者属水,却混为一谈。把兰花当作兰草,把卷丹当作百合,这是寇宗奭《本草衍义》中的谬误;认为黄精就是钩吻、旋花就是山姜,这是陶弘景《名医别录》中的差错。酸浆和苦胆是一种药物,却在菜部和草部重复出现,这是掌禹锡在编写《嘉祐本草》时的不够精审造成的;天花和栝楼,在两个地方绘出图形,这是苏颂在编制《图经本草》时的不够明细造成的。五倍子,就是构虫的巢,却被误认为是树木的果实;大苹草,就是田字草,却被说成是浮萍。诸如此类的问题,多得实在不能一一列出。这里只是略举一二,用以让人知道其中存在着不少错误而已。如果不严格按类分列,怎能让人们辨明疑问、纠正错误?!臣不顾及自己的渺小愚钝,不自量力地从事起了删订著述的工作,将重复的删除,将遗漏的补上。比如磨刀水、潦水、桑柴火、艾火、锁阳、山柰、土茯苓、番木鳖、金柑、樟脑、蝎虎、狗蝇、白蜡、水蛇、狗宝、秋虫等等,都是如今的方剂中使用的药物,然而过去的本草书中却没有列出;三七、地罗、九仙子、蜘蛛香、猪腰子、勾金皮等等,都是各地土产的微贱药物,然而野史笔记当中却不曾记载。如今所增的新药,共有三百七十四种。将这些新药与旧本之中所载的药物合在一起,按类区别开来,共分为一十六部。虽然说不是集药物之大成的一部书,实际上也大致完备了。(有几个药名的药物,偶或分见于各个部类。)全书体例,是首先标上订正之名作为总纲,其余名称则分别附在"释名"之中作为小目,意在以订正名称为开始;其次是"集解"一项,用以辨明疑问、订正错误并详细说明药物的产地和形状;再次是"气味""主治""附方"等项,用以阐明药物的性质与作用。上自远古的典籍,下到传奇戏剧,凡与药物有关的内容,无不全部收集。虽然命名为医药之书,实际上完备地包括了万物的性状道理。本朝太祖高皇帝首先在各州各府设立了医院,又重新设立了医学教育机构，将仁心仁术充分地推行到了九州之中；世宗肃皇帝既命令刻印了《医方选要》，又命令刻印了《卫生易简》，将仁政仁声广泛地传布到了普天之下。臣私心恳愿皇帝陛下体察医道、护持已有的成就，遵从并继承先皇的遗风遗志，在能够明察一切的君主位上，运用考核文教的大权，关心百姓的疾苦，再次修订救助生命的医书；特地颁下诏书，命令贤臣著成光照千秋的宝典。治身之理，实际上也是用来治理天下的道理。陛下如能让贤臣修定臣所完成的这部书稿，它就会与日月争辉；此书如能发挥使国家长治久安和使万民健康长寿的作用，臣也就不会与草木同朽了。臣说不尽深切盼望陛下恩准臣之请求的至为惶恐恭敬的心情。"臣李建元为先父这种千虑一得的愚妄要求，冒昧进上此疏，恳求陛下御览。如能得到恩准，交由礼部转发到史馆予以择用，或者交由太医院予以重修，臣父子二人将铭记圣上的恩德，无论生死都会感戴不尽。臣怀着无限敬仰的心情，谨将此疏奏于陛下。

万历二十四年十一月某日进呈此疏之后，十八日即得到圣旨。圣旨的批复为："书稿留下以备阅览，让礼部知晓此事。钦此。"

本草纲目序例第一卷

李時珍

神農本草

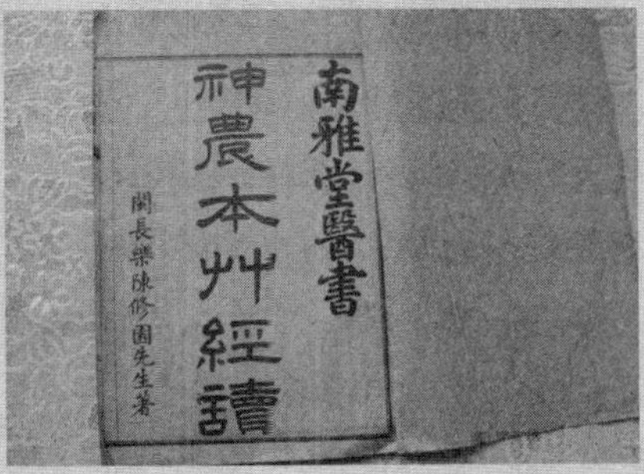

序例

本草纲目序例第一卷

历代诸家本草

《神农本草经》

掌禹锡曰:旧说《本草经》三卷,神农所作,而不经见,《汉书·艺文志》亦无录焉。汉平帝纪云:元始五年,举天下通知方术本草者,所在轺传遣诣京师。《楼护传》称:护少诵医经本草方术数十万言,本草之名盖见于此。唐李世勣等以梁《七录》载《神农本草》三卷,推以为始。又疑所载郡县有后汉地名,似张机、华佗辈所为,皆不然也。按《淮南子》云:神农尝百草之滋味,一日而七十毒,由是医方兴焉。盖上世未著文字,师学相传,谓之本草。两汉以来,名医益众,张华辈始因古学附以新说,通为编述,本草由是见于经录也。

寇宗奭曰:《汉书》虽言本草,不能断自何代而作。《世本》《淮南子》虽言神农尝百草以和药,亦无本草之名。惟帝王世纪云:黄帝使岐伯尝味草木,定《本草经》,造医方以疗众疾。乃知本草之名,自黄帝始。盖上古圣贤,具生知之智,故能辨天下品物之性味,合世人疾病之所宜。后世贤智之士,从而和之,又增其品焉。

李時珍

韩保升曰:药有玉石、草、木、虫、兽,而云本草者,为诸药中草类最多也。

《名医别录》

李时珍曰:《神农本草》药分三品,计三百六十五种,以应周天之数。梁陶弘景复增汉、魏以下名医所用药三百六十五种,谓之《名医别录》。凡七卷,首叙药性之源,论病名之诊;次分玉石一品,草一品,木一品,虫兽一品,果菜一品,米食一品,有名未用三品。以朱书《神农》,墨书《别录》,进上梁武帝。弘景,字通明,宋末为诸王侍读,归隐勾曲山,号华阳隐居,武帝每咨访之,年八十五卒,谥贞白先生。其书颇有裨补,亦多谬误。

神農本草

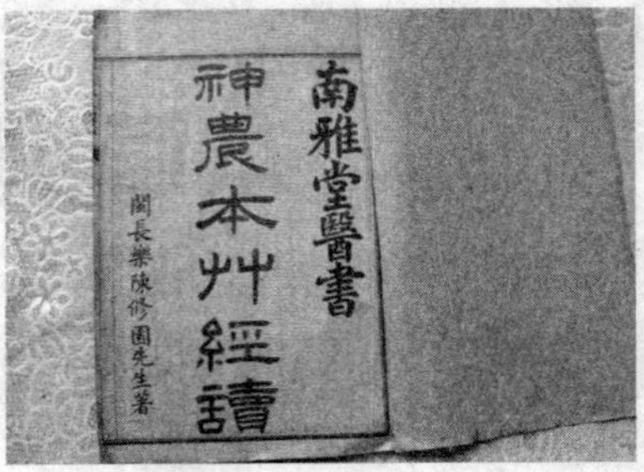

弘景自序曰：隐居先生在乎茅山之上，以吐纳余暇，游意方技，览本草药性，以为尽圣人之心，故撰而论之。旧称《神农本经》，予以为信然。昔神农氏之王天下也，画八卦以通鬼神之情，造耕种以省杀生之弊，宣药疗疾以拯夭伤之命。此三道者，历众圣而滋彰。文王、孔子、彖、象、繇、辞，幽赞人天。后稷、伊尹，播厥百谷，惠被群生。岐、黄、彭、扁，振扬辅导，恩流含气。岁逾三千，民到于今赖之。但轩辕以前，文字未传。药性所主，当以识识相因，不尔何由得闻。至于桐、雷，乃著在编简。此书应与《素问》同类，但后人多更修饬之尔。秦皇所焚，医方、卜术不预，故犹得全录。而遭汉献迁徙，晋怀奔进，文籍焚糜，十不遗一。今之所存，有此三卷。其所出郡县乃后汉时制，疑仲景、元化等所记。又有《桐君采药录》，说其花叶形色。《药对》四卷，论其佐使相须。魏、晋以来，吴普、李当之等更复损益。或五百九十五，或四百四十一，或三百一十九。或三品混糅，冷、热舛错，草、石不分，虫、兽无辨。且所主治，互有得失。医家不能备见，则智识有浅深。今辄苞综诸经，研括烦省。以《神农本经》三品合三百六十五为主，又进名医别品亦三百六十五，合七百三十种。精粗皆取，无复遗落，分别科条，区畛物类，兼注诏时用土地所出，及仙经道术所须，并此序录合为七卷。虽未足追踵前良，盖亦一家撰制，吾去世之后，可贻诸知音尔。

《李氏药录》

保升曰：魏李当之，华佗弟子。修《神农本草》三卷，而世少行。

时珍曰：其书散见吴氏、陶氏本草中，颇有发明。

《雷公炮炙论》

时珍曰：刘宋时雷敩所著，非黄帝时雷公也。自称内究守国安正公，或是官名也。胡洽居士重加定述。药凡三百种，为上、中、下三卷。其性味、炮炙、熬煮、修事之法多古奥，文亦古质，别是一家，多本于乾宁晏先生。其首序论述物理，亦甚幽玄，录载于后。乾宁先生，名晏封，著《制伏草石论》六卷，盖丹石家书也。

唐本草

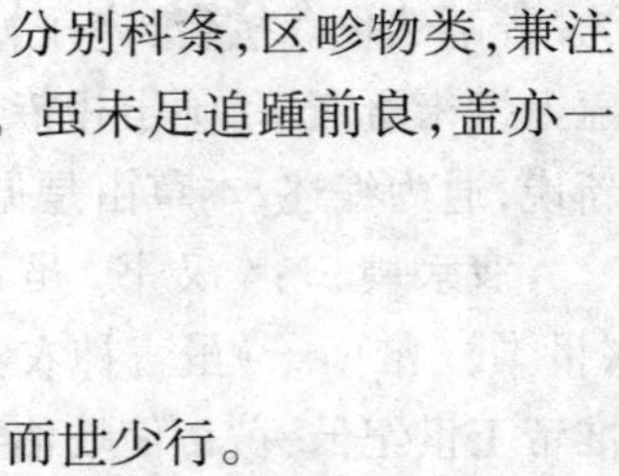

《唐本草》

时珍曰：唐高宗命司空英国公李勣等修陶隐居所注《神农本草经》，增为七卷。世谓之《英公唐本草》，颇有增益。显庆中右监门长史苏恭重加订注，表请修定。帝复命太尉赵国公长孙无忌等二十二人，与恭详定，增药一百一十四种。分为玉石、草、木、人、兽、禽、虫鱼、果、米谷、菜、有名未用十一部。四种，分为玉石、草、木、人、兽、禽、虫鱼、果、米谷、菜、有名未用十一部。凡二十卷，目录一卷，别为药图二十五卷，图经七卷，共五十三卷。世谓之《唐新本草》。苏恭所释虽明，亦多驳误。

礼部郎中孔志约序曰：天地之大德曰生，运阴阳以播物；含灵之所保曰命，资亭育以尽年。蛰穴栖巢，感物之情盖寡；范金揉木，逐欲之道方滋。而五味或爽，时味甘辛之节；六气斯诊，易愆寒燠之宜。中外交侵，形神分战。饮食伺衅，成肠胃之眚；风湿候隙，构手足之灾。机缠肤腠，莫知救止；渐固膏肓，期于夭折。暨炎晖纪物，识药石之功；云瑞名官，穷诊候之术。草木咸得其性，鬼神无所遁情。刳麝剸犀，驱泄邪恶；飞丹炼石，引纳清和。大庇苍生，普济黔首；功侔造化，恩迈裁成。日用不知，于今是赖。岐、和、彭、缓，腾绝轨于前；李、华、张、吴，振英声于后。昔秦政煨燔，兹经不预；永嘉丧乱，斯道尚存。梁陶弘景雅好摄生，研精药术。以为《本草经》者，神农之所作，不刊之书也。惜其年代浸远，简编残蠹，与桐、雷众记，颇或踳驳。兴言撰缉，勒成一家。亦以雕琢经方，润色医业。然而时钟鼎峙，闻见阙于殊方；事非佥议，诠释拘于独学。至如重建平之防己，弃槐里之半夏。秋采榆仁，冬收云实。谬粱米之黄白，混荆子之牡蔓。异繁缕于鸡肠，合由跋于鸢尾。防葵、狼毒，妄曰同根；钩吻、黄精，引为连类。铅锡莫辨，橙柚不分。凡此比例，盖亦多矣。自时厥后，以迄于今。虽方技分镳，名医继轨，更相祖述，罕能厘正。乃复采杜衡于及已，求忍冬于络石。舍陟厘而取莂藤，退飞廉而用马蓟。承疑行妄，曾无有觉。疾瘵多殆，良深慨叹。既而朝议郎行右监门府长史骑都尉臣苏恭，摭陶氏之乖违，辨俗用之纰紊，遂表请修定，深副圣怀。乃诏太尉扬州都督监修国史上柱国赵国公臣无忌、大中大夫行尚药奉御臣许孝崇等二十二人，与苏恭详撰。窃以动植形生，因方舛性；春秋节变，感气殊功。离其本土，则质同而效异；乖于采摘，乃物是而时非。名实既爽，寒温多谬。用之凡庶，其欺已甚；施之君父，逆莫大焉。于是上禀神规，下询众议；普颁天下，营求药物。羽毛鳞介，无远不臻；根茎花实，有名咸萃。遂乃详探秘要，博综方术。《本经》虽缺，有验必书；《别录》虽存，无稽必正。考其同异，择其去取。铅翰昭章，定群言之得失；丹青绮焕，备庶物之形容。撰本草并图经目录等，凡成五十四卷。庶以网罗今古，开涤耳目。尽医方之妙极，拯生灵之性命。传万祀而无昧，悬百王而不朽。

《药性本草》

禹锡曰：《药性论》凡四卷，不著撰人名氏，分药品之性味，君臣佐使主病之效。一本云陶隐居撰。然其药性之功，有与本草相戾者，疑非隐居书也。

时珍曰：《药性论》，即《药性本草》，乃唐甄权所著也。权扶沟人，仕隋为秘省正字。唐太宗时，年百二十岁，帝幸其第，访以药性，因上此书，授朝散大夫，其书论主治亦详。又著《脉经》《明堂人形图》各一卷。详见《唐史》。

《千金食治》

时珍曰:唐孙思邈撰《千金备急方》三十卷,采摭素问、扁鹊、华佗、徐之才等所论补养诸说,及本草关于食用者,分米谷、果、菜、鸟兽、虫鱼为食治附之,亦颇明悉。思邈隐于太白山,隋、唐征拜皆不就,年百余岁卒。所著有《千金翼方》《枕中素书》《摄生真录》《福禄论》《三教论》《老子庄子注》。

草本療食

《食疗本草》

禹锡曰:唐同州刺史孟诜撰。张鼎又补其不足者八十九种,并旧为二百二十七条,凡三卷。

时珍曰:诜,梁人也。武后时举进士,累迁风阁舍人,出为台州司马,转同州刺史。睿宗召用,固辞。卒年九十。因《周礼》食医之义,著此书,多有增益。又撰《必效方》十卷,《补养方》三卷。《唐史》有传。

《本草拾遗》

禹锡曰:唐开元中三原县尉陈藏器撰。以《神农本经》虽有陶、苏补集之说,然遗沉尚多,故别为序例一卷,拾遗六卷,解纷三卷,总曰《本草拾遗》。

时珍曰:藏器,四明人。其所著述,博极群书,精核物类,订绳谬误,搜罗幽隐,自《本草》以来,一人而已。肤谫之士,不察其该详,惟诮其僻怪。宋人亦多删削。岂知天地品物无穷,古今隐显亦异,用舍有时,名称或变,岂可以一隅之见,而遽讥多闻哉。如辟虺雷、海马、胡豆之类,皆隐于昔而用于今;仰天皮、灯花、败扇之类,皆万家所用者。若非此书收载,何从稽考。此本草之书,所以不厌详悉也。

《海药本草》

禹锡曰:《南海药谱》二卷,不著撰人名氏,杂记南方药物所产郡县及疗疾之功,颇无伦次。

时珍曰:此即《海药本草》也,凡六卷,唐人李珣所撰。殉盖肃、代时人,收采海药亦颇详明。又郑虔有《胡本草》七卷,皆胡中药物,今不传。

《食性本草》

禹锡曰:南唐陪戎副尉、剑州医学助教陈士良撰。取神农、陶隐居、苏恭、孟诜、陈藏器诸家药,关于饮食者类之,附以食医诸方,及五时调养脏腑之法。

时珍曰:书凡十卷,总集旧说,无甚新义。古有《淮南王食经》一百二十卷,《崔浩食经》九卷,《竺喧食经》十卷,《膳馐养疗》二十卷,昝殷《食医心镜》三卷,娄居中《食治通说》一卷,陈直《奉亲养老书》二卷,并有食治诸方,皆祖食医之意也。

草 本 蜀

《蜀本草》

时珍曰:蜀主孟昶命翰林学士韩保升等与诸医士,取《唐本草》参校增补注释,别为《图经》凡二十卷,昶自为序,世谓之《蜀本草》。其图说药物形状,颇详于陶、苏也。

《开宝本草》

时珍曰:宋太祖开宝六年,命尚药奉御刘翰、道士马志等九人,取唐、蜀本草详校,仍取陈藏器《拾遗》诸书相参,刊正别名,增药一百三十三种。马志为之注解,翰林学士卢多逊等刊正。七年复诏志等重定,学士李昉等看详。凡神农者白字,名医所传者墨字,别之。并目录共二十一卷。序曰:三坟之书,神农预其一;百药既辨,本草存其录。旧经三卷,世所流传;名医别录互为编纂。至梁贞白先生陶弘景,乃以《别录》参其《本经》,朱、墨杂书,时谓明白,而又考彼功用,为之注释,列为七卷,南国行焉。逮乎有唐,别加参校,增药余八百味,添注为二十一卷,《本经》漏功则补之,陶氏误说则证之。然而载历年祀,又逾四百,朱字墨字,无本得同;旧注新注,其文互缺。非圣主抚大同之运,永无疆之休,其何以改而正之哉。乃命尽考传误,刊为定本,类例非允,从而革焉。至于笔头灰,兔毫也,而在草部,今移附兔头骨之下;半天河、地浆,皆水也,亦在草部,今移附玉石类之间。败鼓皮移附于兽皮;胡桐灰改从于木类。紫矿亦木也,白玉石品而取焉;伏翼实禽也,由虫鱼部而移焉。橘柚附于果实,食盐附于光盐。生姜、干姜,同归一说。至于鸡肠、繁缕、陆英、蒴藋,以类相似,从而附之。仍采陈藏器拾遗、李含光音义,或讨源于别本,或传效于医家,参而较之,辨其臧否。至于突厥白,旧说灰类也,今是木根;天麻根,解以赤箭,今又全异。去非取是,特立新条。自余刊正,不可悉数。下采众议,定为印板。乃以白字为神农所说,墨字为名医所传。唐附、今附,各加显注,详其解释,审其形性。证谬误而辨之者,署为今注;考文记而述之者,又为今按。义即刊定,理亦详明。今以新旧药合九百八十三种,并目录二十一卷,广颁天下,传而行焉。

《嘉祐补注本草》

时珍曰:宋仁宗嘉祐二年,诏光禄卿直秘阁掌禹锡、尚书祠部郎中秘阁校理林亿等,同诸医官重修本草。新补八十二种,新定一十七种,通计一千八十二条,谓之《嘉祐补注本草》,共二十卷。其书虽有校修,无大发明。其序略云:《神农本草经》三卷,药止三百六十五种。至陶隐居又进《名医别录》,亦三百六十五种,因而注释,分为七卷。唐苏恭等又增一百一十四种，广为二十卷，谓之《唐本草》。国朝开宝中，两诏医工刘翰、道士马志等修，增一百三十三种，为《开宝本草》。伪蜀孟昶，亦尝命其学士韩保升等稍有增广，谓之《蜀本草》。嘉祐二年八月，诏臣禹锡、臣亿等再加校正。臣等被命，遂更研核。窃谓前世医工，原诊用药，随效辄记，遂至增多。概见诸书，浩博难究；虽屡加删定，而去取非一。或《本经》已载，而所述粗略；或俚俗常用，而太医未闻。向非因事详著，则遗散多矣。乃请因其疏捂，更为补注。应诸家医书、药谱所载物品功用，并从采掇；惟名近迂僻，类乎怪诞，则所不取。自余经史百家，虽非方饵之急，其间或有参说药验较然可据者，亦兼收载，务从该洽，以副诏意。凡名本草者非一家，今以开宝重定本为正。其分布卷类，经注杂糅，间以朱墨，并从旧例，不复厘改。凡补注并据诸书所说，其意义与旧文相参者，则从删削，以避重复；其旧已著见而意有未完，后书复言，亦具存之，欲详而易晓。仍每条并以朱书其端云：臣等谨按：某书云某事。其别立条者，则解于其末，云见某书。凡所引书，唐、蜀二本草为先，他书则以所著先后为次第。凡书旧名本草者，今所引用，但著其所作人名曰某人，惟唐、蜀本，则曰唐本云、蜀本云。凡字朱墨之别，所谓《神农本经》者，以朱字；名医因神农旧条而有增补者，以墨字间于朱字；余所增者，皆别立条，并以墨字。凡陶隐居所进者，谓之《名医别录》，并以其注附于末；凡显庆所增者，亦注其末，曰《唐本》先附；凡《开宝》所增者，亦注其末，曰今附；凡今所增补，旧经未有，于逐条后开列，云新补。凡药旧分上、中、下三品，今之新补难于详辨，但以类附见，如绿矾次于矾石，山姜花次于豆蔻，扶移次于水杨之类是也。凡药有功用，《本经》未见，而旧注已曾引注，今之所增，但涉相类，更不立条，并附本注之末，曰续注，如地衣附于垣衣，燕覆附于通草，马藻附于海藻之类是也。凡旧注出于陶氏者，曰陶隐居云；出于显庆者，曰《唐本》注；出于《开宝》者，曰今注。其开宝考据传记者，别曰今按、今详、又按。皆以朱字别书于其端。凡药名《本经》已见，而功用未备，今有所益者，亦附于本注之末。凡药有今世已尝用，而诸书未见，无所辨证者，如胡芦巴、海带之类，则请从太医众论参议，别立为条，曰新定。旧药九百八十三种，新补八十二种，附于注者不预焉。新定一十七种，总新旧一千八十二条，皆随类附著之。英公、陶氏、开宝三序，皆有义例，所不可去，仍载于首卷云。

《图经本草》

时珍曰：宋仁宗既命掌禹锡等编绎本草，累年成书；又诏天下郡县，图上所产药物，用唐永徽故事，专命太常博士苏颂撰述成此书，凡二十一卷。考证详明，颇有发挥。但图与说异，两不相应。或有图无说，或有物失图，或说是图非。如江州菝葜乃仙遗粮，滁州青木香乃兜铃根，俱混列图；棠球子即赤瓜木，天花粉即栝蒌根，乃重出条之类，亦其小小疏漏耳。颂，字子容，同安人，举进士，哲宗朝位至丞相，封魏国公。

《证类本草》

时珍曰：宋徽宗大观二年，蜀医唐慎微取《嘉祐补注本草》及《图经本草》合为一书，复拾《唐本草》《陈藏器本草》、孟诜《食疗本草》旧本所遗者五百余种，附入各部，并增五种。仍采《雷公炮炙》及《唐本》《食疗》、陈藏器诸说收未尽者，附于各条之后。又采古今单方，并经、史、百家之书有关药物者，亦附之。共三十一卷，名《证类本草》。上之朝廷，改名《大观本草》。慎微貌寝陋而学该博，使诸家本草及各药单方，垂之千古，不致沦没者，皆其功也。政和中，复命医官曹孝忠校正刊行，故又谓之《政和本草》。

《洁古珍珠囊》

时珍曰：书凡一卷，金易州明医张元素所著。元素，字洁古，举进士不第，去学医，深阐轩、岐秘奥，参悟天人幽微。言古方新病不相能，自成家法。辨药性之气味、阴、阳、厚、薄、升、降、浮、沉、补、泻、六气、十二经，及随证用药之法，立为主治、秘诀、心法、要旨，谓之《珍珠囊》，大扬医理，灵素之下，一人而已。后人翻为韵语，以便记诵，谓之东垣《珍珠囊》，谬矣。惜乎止论百品，未及遍评。又著《病机气宜保命集》四卷，一名《活法机要》。后人误作河间刘完素所著，伪撰序文词调于卷首以附会之。其他洁古诸书，多是后人依托，故驳杂不伦。

《用药法象》

时珍曰：书凡一卷，元真定明医李杲所著。杲，字明之，号东垣。通《春秋》《书》《易》，忠信有守，富而好施，援例为济源监税官。受业于洁古老人，尽得其学，益加阐发，人称神医。祖《洁古珍珠囊》，增以用药凡例，诸经向导，纲要活法，著为此书。谓世人惑于内伤外感，混同施治，乃辨其脉证，元气阴火，饮食劳倦，有余不足，著《辨惑论》三卷，《脾胃论》三卷。推明《素问》《难经》《本草》《脉诀》及杂病方论，著《医学发明》九卷，《兰室秘藏》五卷。辨析经络脉法，分比伤寒六经之则，著《此事难知》二卷。别有痈疽、眼目诸书及《试效方》，皆其门人所集述者也。

《汤液本草》

时珍曰：书凡二卷，元医学教授古赵王好古撰。好古，字进之，号海藏，东垣高弟，医之儒者也。取本草及张仲景、成无己、张洁古、李东垣之书，间附已意，集而为此。别著《汤液大法》四卷，《医垒元戎》十卷，《阴证略例》《瘢论萃英》《钱氏补遗》各一卷。

《本草发挥》

时珍曰：书凡三卷，洪武时丹溪弟子山阴徐彦纯用诚所集。取张洁古、李东垣、王海藏、朱丹溪、成无己数家之说，合成一书尔，别无增益。

《救荒本草》

时珍曰：洪武初，周定王因念旱涝民饥，咨访野老田夫，得草木之根苗花实可备荒者四百四十种，图其形状，著其出产、苗叶、花子、性味、食法，凡四卷，亦颇详明可据。近人翻刻，削其大半，虽其见浅，亦书之一厄也。王号诚斋，性质聪敏，集《普济方》一百六十八卷，《袖珍方》四卷，诗、文、乐府等书。嘉靖中，高邮王磐著《野菜谱》一卷，绘形缀语，以告救荒，略而不详。

《本草集要》

时珍曰：弘治中，礼部郎中慈溪王纶，取本草常用药品，及洁古、东垣、丹溪所论序例，略节为八卷，别无增益，斤斤泥古者也。纶，字汝言，号节斋，举进士，仕至都御史。

《食物本草》

时珍曰：正德时，九江知府江陵汪颖撰。东阳卢和，字廉夫，尝取本草之系于食品者编次此书。颖得其稿，厘为二卷，分为水、谷、菜、果、禽、兽、鱼、味八类云。

《食鉴本草》

时珍曰：嘉靖时，京口宁原所编。取可食之物，略载数语，无所发明。

《本草纲目》

明楚府奉祠、敕封文林郎、蓬溪知县，蕲州李时珍东璧撰。搜罗百氏，访采四方。始于嘉靖壬子，终于万历戊寅，稿凡三易。分为五十二卷，列为一十六部，部各分类，类凡六十。标名为纲，列事为目。增药三百七十四种，方八千一百六十。

陶隐居《名医别录》合药分剂法则

古秤惟有铢两而无分名。今则以十黍为一铢，六铢为一分，四分成一两，十六两为一斤。虽有子谷柜黍之制，从来均之已久，依此用之。

苏恭曰：古秤皆复，今南秤是也。后汉以来，分一斤为二斤，一两为二两。古方惟张仲景，而已涉今秤，若用古秤，则水为殊少矣。

杲曰：六铢为一分，即二钱半也。二十四铢为一两。古云三两，即今之一两；云二两，即今之六钱半也。

时珍曰：蚕初吐丝，曰忽；十忽曰丝；十丝曰厘：四厘曰累（音垒）；十厘曰分；四累曰字，二分半也；十累曰铢，四分也；四字曰钱，十分也；六铢曰一分（去声），二钱半也；四分曰两，二十四铢也；八两日锱；二锱曰斤；二十四两曰镒，一斤半也，准官秤十二两；三十斤曰钧；四钧曰石，一百二十斤也；方中有曰少许者，些子也。今古异制，古之一两，今用一钱可也。

今方家云等分者，非分两之分，谓诸药斤两多少皆同尔。多是丸散用之。

凡散云刀圭者，十分方寸匕之一，准如梧桐子大也。方寸匕者，作匕正方一寸，抄散取不落为度。钱五匕者，即今五铢钱边五字者抄之，不落为度。一撮者，四刀圭也（匕即匙也）。

药以升合分者，谓药有虚实轻重，不得用斤两，则以升乎之。十撮为一勺，十勺为一合，十合为一升。升方作上径一寸，下径六分，深八分。内散药，勿按抑之，正尔微动令平尔。

时珍曰：古之一升，即今之二合半也。量之所起为圭，四圭为撮，十撮为勺，十勺为合，十合为升，十升为斗，五斗曰斛，二斛曰石。

凡汤酒膏药云㕮咀者，谓秤毕捣之如大豆，又吹去细末；药有易碎难碎，多末少末，今皆细切如㕮咀也。

恭曰：㕮咀，商量斟酌之也。

宗奭曰：㕮咀，有含味之意，如人以口齿咀啮，虽破而不尘。古方多言㕮咀，此义也。

杲曰：㕮咀，古制也。古无铁刃，以口咬细，令如麻豆，煎之。今人以刀锉细尔。

凡丸药云如细麻者，即胡麻也，不必扁扁，略相称尔。黍、粟亦然。云如大麻子者，准三细麻也。如胡豆者，即今青斑豆也，以二大麻准之。如小豆者，今赤小豆也，以三大麻准之。如大豆者，以二小豆准之。如梧子者，以二大豆准之。如弹丸及鸡子黄者，以四十梧子准之。

宗奭曰：今人用古方多不效者，何也？不知古人之意尔。如仲景治胸痹，心中痞坚，逆气抢心，用治中汤。人参、术、干姜、甘草四物，共一十二两，水八升，煮取三升，每服一升，日三服，以知为度；或作丸，须鸡子黄大，皆奇效。今人以一丸如杨梅许服之，病既不去，乃曰药不神。非药之罪，用药者之罪也。

凡方云巴豆若干枚者，粒有大小，当去心皮秤之，以一分准十六枚。附子、乌头若干枚者，去皮毕，以半两准一枚。枳实若干枚者，去瓤毕，以一分准二枚。橘皮一分，准三枚。枣大小三枚，准一两。干姜一累者，以一两为正。

凡方云半夏一升者，洗毕秤五两为正。蜀椒一升，三两为正。吴茱萸一升，五两为正。菟丝子一升，九两为正。庵蕳子一升，四两为正。蛇床子一升，三两半为正。地肤子一升，四两为正。其子各有虚实轻重，不可秤准者，取平升为正。

凡方云用桂一尺者，削去皮，重半两为正。甘草一尺者，二两为正。云某草一束者，三两为正。云一把者，二两为正。

凡方云蜜一斤者，有七合。猪膏一斤者，有一升二合也。

凡丸散药，亦先切细、曝燥乃捣之。有各捣者，有合捣者，并随方。其润湿药，如天门冬、地黄辈，皆先增分两切曝，独捣碎更曝。若逢阴雨，微火烘之，既燥，停冷捣之。

黄 地

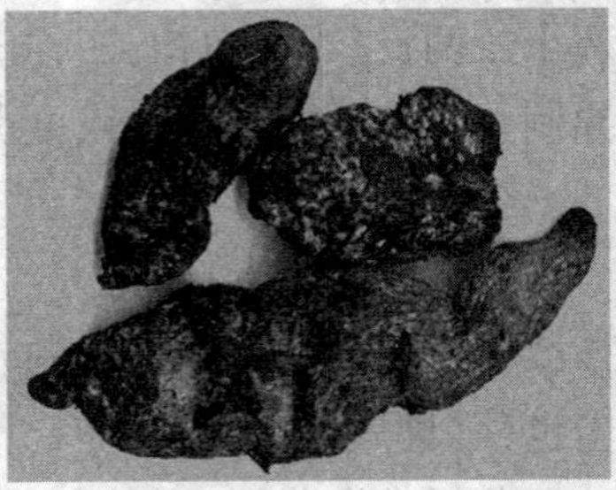

时珍曰：凡诸草木药及滋补药，并忌铁器，金性克木之生发之气，肝肾受伤也。惟宜铜刀、竹刀修治乃佳。亦有忌铜器者，并宜如法。丸散须用青石碾、石磨、石臼，其砂石者不良。

凡筛丸散，用重密绢，各筛毕，更合于臼中，捣数百遍，色理和同，乃佳也。巴豆、杏仁、胡麻诸膏腻药，皆先熬黄，捣令如膏，指攠（莫结切）视泯泯，乃稍稍入散中，合研捣散，以轻疏绢筛度之，再合捣匀。

凡煮汤，欲微火令小沸。其水依方，大略二十两药，用水一斗，煮取四升，以此为准。然利汤欲生，少水而多取汁；补汤欲熟，多水而少取汁。不得令水多少。用新布两人以尺木绞之，澄去垽浊，纸覆令密。温汤勿用铁器。服汤宁小沸，热则易下，冷则呕涌。

之才曰：汤中用酒，须临熟乃下之。

时珍曰：陶氏所说，乃古法也。今之小小汤剂，每一两用水二瓯为准，多则加，少则减之。如剂多水少，则药味不出；剂少水多，又煎耗药力也。凡煎药并忌铜铁器，宜用银器瓦罐，洗净封固，令小心者看守，须识火候，不可太过不及。火用木炭、芦苇为佳。其水须新汲味甘者，流水、井水、沸汤等，各依方，详见水部。若发汗药，必用紧火，热服。攻下药，亦用紧火煎熟，下硝黄再煎，温服。补中药，宜慢火，温服。阴寒急病，亦宜紧火急煎服之。又有阴寒烦躁及暑月伏阴在内者，宜水中沉冷服。

凡渍药酒，皆须细切，生绢袋盛，入酒密封，随寒暑日数漉出。滓可曝燥，微捣更渍，亦可为散服。

时珍曰：别有酿酒者，或以药煮汁和饭，或以药袋安置酒中，或煮物和饭同酿，皆随方法。又有煮酒者，以生绢袋药入坛密封，置大锅中，水煮一日，埋土中七日，出火毒乃饮。

凡建中、肾沥诸补汤，滓合两剂，加水煮竭饮之，亦敌一剂，皆先曝燥。

陈藏器曰：凡汤中用麝香、牛黄、犀角、羚羊角、蒲黄、丹砂、芒硝、阿胶辈，须细末如粉，临时纳汤中，搅和服之。

凡合膏，初以苦酒渍令淹浃，不用多汁，密覆勿泄。晬时者，周时也，从今旦至明旦。亦有止一宿者。煮膏当三上三下，以泄其热势，令药味得出。上之使匝匝沸，乃下之使沸静，良久乃止。中有薤白者，以两头微焦黄为候。有白芷、附子者，以小黄色为度。以新布绞去滓,滓亦可酒煮饮之。摩膏滓可敷病上。膏中有雄黄、朱砂、麝香辈,皆别捣如面,绞膏毕乃投中,疾搅勿使沉聚在下。有水银、胡粉者,于凝膏中研令消散。

时珍曰:凡熬贴痈疽、风湿诸病膏者,先以药浸油中三日乃煎之,煎至药枯,以绢滤净,煎热下黄丹或胡粉或密陀僧,三上三下,煎至滴水成珠不散,倾入器中,以水浸三日,去火毒用。若用松脂者,煎至成丝,倾入水中,拔扯数百遍乃止。俱宜谨守火候,勿令太过、不及也。其有朱砂、雄黄、龙脑、麝香、血竭、乳香、没药等料者,并待膏成时投之。黄丹、胡粉、密陀僧并须水飞瓦炒过。松脂须炼数遍乃良。

凡丸中用蜡,皆烊投少蜜中搅调以和药。

杲曰:丸药用蜡,取其固护药之气味势力,以过关膈而作效也。若投以蜜,下咽亦易散化,如何得到脏中。若有毒药,反又害之,非用蜡之本意也。

凡用蜜,皆先火煎,掠去其沫,令色微黄,则丸药经久不坏。

雷敩曰:凡炼蜜,每一斤止得十二两半是数,火少火过,并不得用也。修合丸药,用蜜只用蜜,用饧只用饧,用糖只用糖,勿交杂用,必泻人也。

采药分六气岁物

岐伯曰:厥阴司天为风化,在泉为酸化,清毒不生。少阴司天为热化,在泉为苦化,寒毒不生。太阴司天为湿化,在泉为甘化,燥毒不生。少阳司天为火化,在泉为苦化,寒毒不生。阳明司天为燥化,在泉为辛化,湿毒不生。太阳司天为寒化,在泉为咸化,热毒不生。治病者,必明六化分治,五味五色所生,五脏所宜,乃可言盈虚病生之绪。本乎天者,天之气;本乎地者,地之气。谨侯气宜,无失病机。司岁备物,则无遗主矣。岁物者,天地之专精也。非司岁物则气散,质同而异等也。气味有厚薄,性用有躁静,治保有多少,力化有浅深。上淫于下,所胜平之;外淫于内,所胜治之。

王冰曰:化于天者,为天气;化于地者,为地气。五毒皆五行之气所为,故所胜者不生,惟司天在泉之所生者其味正。故药工专司岁气,所收药物,则所主无遗略矣。五运有余,则专精之气,药物肥浓,使用当其正气味也。不足,则药不专精而气散,物不纯,形质虽同,力用则异矣。故天气淫于下、地气淫于内者,皆以所胜平治之,如风胜湿、酸胜甘之类是也。

七方

岐伯曰:气有多少,形有盛衰,治有缓急,方有大小。

又曰:病有远近,证有中外,治有轻重。近者奇之,远者偶之。汗不以奇,下不以偶。补上治上制以缓,补下治下制以急。近而偶奇,制小其服;远而奇偶,制大其服。大则数少,小则数多。多则九之,少则二之。奇之不去则偶之,偶之不去则反佐以取之,所谓寒热温凉,反从其病也。

王冰曰:脏位有高下,腑气有远近,病症有表里,药用有轻重。单方为奇,复方为偶。心肺为近,肝肾为远,脾胃居中。肠脯胞胆,亦有远近。识见高远,权以合宜。方奇而分两偶,方偶而分两奇。近而偶制,多数服之;远而奇制,少数服之。则肺服九,心服七,脾服五,肝服三,肾服一,为常制也。方与其重也,宁轻;与其毒也,宁善;与其大也,宁小。是以奇方不去,偶方主之;偶方不去,则反佐以同病之气而取之。夫微小之热,折之以寒;微小之冷,消之以热。甚大寒热,则必能与异气相格。声不同不相应,气不同不相合。是以反其佐以同其气,复令寒热参合,使其始同终异也。

时珍曰:逆者正治,从者反治。反佐,即从治也。谓热在下而上有寒邪拒格,则寒药中入热药为佐,下膈之后,热气既散,寒性随发也。寒在下而上有浮火拒格,则热药中入寒药为佐,下膈之后,寒气既消,热性随发也。此寒因热用,热因寒用之妙也。温凉仿此。

完素曰:流变在乎病,主病在乎方,制方在乎人。方有七:大、小、缓、急、奇、偶、复也。制方之体,本于气味。寒、热、温、凉,四气生于天;酸、苦、辛、咸、甘、淡,六味成于地。是以有形为味,元形为气。气为阳,味为阴。辛甘发散为阳,酸苦涌泄为阴;咸味涌泄为阴,淡味渗泄为阳。或收或散,或缓或急,或燥或润,或软或坚,各随脏腑之证,而施药之品味,乃分七方之制也。故奇、偶、复者,三方也。大、小、缓、急者,四制之法也。

故曰:治有缓急,方有大小。

大方

岐伯曰:君一、臣二、佐九,制之大也。君一、臣三、佐五,制之中也。君一、臣二,制之小也。又曰:远而奇偶,制大其服;近而奇偶,制小其服。大则数少,小则数多。多则九之,少则二之。

完素曰:身表为远,里为近。大小者,制奇偶之法也。假如小承气汤、调胃承气汤,奇之小方也;大承气汤、抵当汤,奇之大方也,所谓因其攻里而用之也。桂枝、麻黄,偶之小方也;葛根、青龙,偶之大方也,所谓因其发表而用之也。故曰:汗不以奇,下不以偶。

张从正曰:大方有二,有君一、臣三、佐九之大方,病有兼证而邪不一,不可以一、二味治者,宜之;有分两大而顿服之大方,肝肾及下部之病道远者,宜之。王太仆以心肺为近,肾肝为远,脾胃为中。刘河间以身表为远,身里为近。以予观之,身半以上,其气三天之分也;身半以下其气三,地之分也;中脘,人之分也。

小方

从正曰：小方有二，有君一、臣二之小方，病无兼症，邪气专一，可一、二味治者，宜之；有分两少而频服之小方，心肺及在上之病者，宜之，徐徐细呷是也。

完素曰：肝肾位远，数多则其气缓，不能速达于下，必大剂而数少，取其迅急下走也；心肺位近，数少则其气急下走，不能升发于上，必小剂而数多，取其易散而上行也。王氏所谓肺服九、心服七、脾服五、肝服三、肾服一，乃五脏生成之数也。

缓方

岐伯曰：补上治上制以缓，补下治下制以急，急则气味厚，缓则气味薄，适其至所。病所远而中道气味之者，食而过之，无越其制度也。

王冰曰：假如病在肾而心气不足，服药宜急过之，不以气味饲心，肾药凌心，心复益衰矣。余上下远近例同。

完素曰：圣人治上，不犯下；治下，不犯上；治中，上下俱无犯。故曰：诛伐无过，命曰大惑。

好古曰：治上必妨下，治表必连里。用黄芩以治肺，必妨脾；用苁蓉以治肾，必妨心；服干姜以治中，必僭上；服附子以补火，必涸水。

从正曰：缓方有五，有甘以缓之之方，甘草、糖、蜜之属是也，病在胸膈，取其留恋也。有丸以缓之之方，比之汤散，其行迟慢也。有品件众多之缓方，药众则递相拘制，不得各骋其性也。有无毒治病之缓方，无毒则性纯功缓也。有气味俱薄之缓方，气味薄则长于补上治上，比至其下，药力已衰矣。

急方

完素曰：味厚者为阴，味薄者为阴中之阳；故味厚则下泄，味薄则通气。气厚者为阳，气薄为阳中之阴；故气厚则发热，气薄则发汗是也。

好古曰：治主宜缓，缓则治其本也；治客宜急，急则治其标也。表里汗下，皆有所当缓、所当急。

从正曰：急方有四，有急病急攻之急方，中风、关格之病是也。有汤散荡涤之急方，下咽易散而行速也。有毒药之急方，毒性能上涌下泄以夺病势也。有气味俱厚之急方，气味俱厚，直趋于下而力不衰也。

奇方

王冰曰：单方也。

从正曰：奇方有二，有独用一物之奇方，病在上而近者宜之。有药合阳数一、三、五、七、九之奇方，宜下不宜汗。

完素曰：假如小承气，调胃承气，奇之小方也；大承气、抵当汤，奇之大方也，所谓因其攻下而为之也。桂枝、麻黄，偶之小方也；葛根、青龙，偶之大方也，所谓因其发散而用之也。

偶方

从正曰：偶方有三，有两味相配之偶方；有古之二方相合之偶方，古谓之复方，皆病在下而远者宜之；有药合阴数二、四、六、八、十之偶方，宜汗不宜下。王太仆言：汗药不以偶，则气不足以外发；下药不以奇，则药毒攻而致过。意者下本易行，故单行则力孤而微；汗或难出，故并行则力齐而大乎？而仲景制方，桂枝汗药，反以五味为奇；大承气下药，反以四味为偶，何也？岂临事制宜，复有增损乎？

复方

岐伯曰：奇之不去则偶之，是谓重方。

好古曰：奇之不去复以偶，偶之不去复以奇，故曰复。复者，再也，重也。所谓十补一泄，数泄一补也。又伤寒见风脉，伤风得寒脉，为脉证不相应，宜以复方主之。

从正曰：复方有三，有二方、三方及数方相合之复方，如桂枝二越婢一汤、五积散之属是也。有本方之外别加余药，如调胃承气加连翘、薄荷、黄芩、栀子为凉膈散之属是也。有分两均齐之复方，如胃风汤各等分之属是也。王太仆以偶为复方，今七方有偶又有复，岂非偶乃二方相合、复乃数方相合之谓乎？

十　剂

徐之才曰：药有宣、通、补、泄、轻、重、涩、滑、燥、湿十种，是药之大体，而《本经》不言，后人未述。凡用药者，审而详之，则靡所遗失矣。

芷　白

宣剂

之才曰：宣可去壅，生姜、橘皮之属是也。

杲曰：外感六淫之邪，欲传入里，三阴实而不受，逆于胸中，天分气分窒塞不通，而或哕、或呕，所谓壅也。三阴者，脾也。故必破气药，如姜、橘、藿香、半夏之类，泻其壅塞。

从正曰：俚人以宣为泻，又以宣为通，不知十剂之中已有泻与通矣。

仲景曰：春病在头，大法宜吐，是宣剂即涌剂也。

《经》曰：高者因而越之，木郁则达之。宣者，升而上也，以君召臣曰宣，是矣。凡风痫中风，胸中诸实，痰饮寒结，胸中热郁，上而不下，久则嗽喘满胀、水肿之病生焉，非宣剂莫能愈也。吐中有汗，如引涎、追泪、嚏鼻，凡上行者，皆吐法也。

完素曰：郁而不散为壅，必宣以散之，如痞满不通之类是矣。攻其里，则宣者上也，泄者下也。涌剂则瓜蒂、栀子之属是矣。发汗通表亦同。

好古曰：《经》有五郁：木郁达之，火郁发之，土郁夺之，金郁泄之，水郁折之，皆宣也。

𫀉曰：宣，扬制曰宣朗，君召臣曰宣唤，臣奉君命宣布上意，皆宣之意也。

时珍曰：壅者，塞也；宣者，布也，散也。郁塞之病，不升不降，传化失常，或郁久生病，或病久生郁。必药以宣布敷散之，如承流宣化之意，不独涌越为宣也。是以气郁有余，则香附、抚芎之属以开之；不足，则补中益气以运之。火郁微，则山栀、青黛以散之；甚，则升阳解肌以发之。湿郁微，则苍术、白芷之属以燥之；甚，则风药以胜之。痰郁微，则南星、橘皮之属以化之；甚，则瓜蒂、藜芦之属以涌之。血郁微，则桃仁、红花以行之；甚，则或吐或利以逐之。食郁微，则山楂、神曲以消之；甚，则上涌下利以去之。皆宣剂也。

通剂

之才曰：通可去滞，通草、防己之属是也。

完素曰：留而不行，必通以行之，如水病为痰澼之类。以木通、防己之属攻其内，则留者行也。滑石、茯苓、芫花、甘遂、大戟、牵牛之类是也。

从正曰：通者，流通也。前后不得溲便，宜木通、海金沙、琥珀、大黄之属通之。痹痛郁滞，经隧不利，亦宜通之。

时珍曰：滞，留滞也。湿热之邪留于气分，而为痛痹癃闭者，宜淡味之药，上助肺气下降，通其小便，而泄气中之滞，木通、猪苓之类是也。湿热之邪留于血分，而为痹痛肿注、二便不通者，宜苦寒之药下引，通其前后，而泄血中之滞，防己之类是也。《经》曰：味薄者通，故淡味之药谓之通剂。

补剂

之才曰：补可去弱，人参、羊肉之属是也。

杲曰：人参甘温，能补气虚；羊肉甘热，能补血虚。羊肉补形，人参补气。凡气味与二药同者，皆是也。

从正曰：五脏各有补泻，五味各补其脏，有表虚、里虚，上虚、下虚，阴虚、阳虚，气虚、血虚。《经》曰：精不足者，补之以味；形不足者，补之以气。五谷、五菜、五果、五肉，皆补养之物也。

时珍曰：《经》云，不足者补之。又云：虚则补其母。生姜之辛补肝，炒盐之咸补心，甘草之甘补脾，五味子之酸补肺，黄檗之苦补肾。又如茯神之补心气，生地黄之补心血；人参之补脾气，白芍药之补脾血；黄芪之补肺气，阿胶之补肺血；杜仲之补肾气，熟地黄之补肾血；芎藭之补肝气，当归之补肝血之类，皆补剂。不特人参、羊肉为补也。

泄剂

之才曰：泄可去闭，葶苈、大黄之属是也。

杲曰：葶苈苦寒，气味俱厚，不减大黄，能泄肺中之闭，又泄大肠。大黄走而不守，能泄血闭肠胃渣秽之物。一泄气闭，利小便；一泄血闭，利大便。凡与二药同者，皆然。

从正曰：实则泻之。诸痛为实，痛随利减。芒硝、大黄、牵牛、甘遂、巴豆之属，皆泻剂也。其催生下乳，磨积逐水，破经泄气，凡下行者，皆下法也。

时珍曰：去闭，当作去实。《经》云：实者泻之，实则泻其子，是矣。五脏五味皆有泻，不独葶苈、大黄也。肝实，泻以芍药之酸；心实，泻以甘草之甘；脾实，泻以黄连之苦；肺实，泻以石膏之辛；肾实，泻以泽泻之咸，是矣。

轻剂

之才曰：轻可去实，麻黄、葛根之属是也。

从正曰：风寒之邪，始客皮肤，头痛身热，宜解其表，《内经》所谓轻而扬之也。痈疮疥痤，俱宜解表，汗以泄之，毒以熏之，皆轻剂也。几熏洗蒸炙，熨烙刺砭，导引按摩，皆汗法也。

时珍曰：当作轻可去闭。有表闭、里闭，上闭、下闭。表闭者，风寒伤营，腠理闭密，阳气怫郁，不能外出，而为发热、恶寒、头痛、脊强诸病，宜轻扬之剂发其汗，而表自解也。里闭者，火热郁抑，津液不行，皮肤干闭，而为肌热、烦热、头痛、目肿、昏瞀、疮疡诸病，宜轻扬之剂以解其肌，而火自散也。上闭有二：一则外寒内热，上焦气闭，发为咽喉闭痛之证，宜辛凉之剂以扬散之，则闭自开。一则饮食寒冷抑遏阳气在下，发为胸膈痞满闭塞之证，宜扬其清而抑其浊，则痞自泰也。下闭亦有二：有阳气陷下，发为里急后重，数至圊而不行之证，但升其阳而大便自顺，所谓下者举之也。有燥热伤肺，金气膹郁，窍闭于上，而膀胱闭于下，为小便不利之证，以升麻之类探而吐之，上窍通而小便自利矣，所谓病在下取之上也。

重剂

之才曰：重可去怯，磁石、铁粉之属是也。

从正曰：重者，镇坠之谓也。怯则气浮，如丧神守，而惊悸气上，朱砂、水银、沉香、黄丹、寒水石之伦，皆体重也。久病咳嗽，涎潮于上，形羸不可攻者，以此坠之。

《经》云:重者,因而减之,贵其渐也。

时珍曰:重剂凡四,有惊则气乱,而魂气飞扬、如丧神守者;有怒则气逆,而肝火激烈、病狂善怒者,并铁粉、雄黄之类以平其肝。有神不守舍,而多惊健忘、迷惑不宁者,宜朱砂、紫石英之类以镇其心。有恐则气下,精志失守而畏,如人将捕者,宜磁石、沉香之类以安其肾。大抵重剂压浮火而坠痰涎,不独治怯也。故诸风掉眩及惊痫痰喘之病,吐逆不止及反胃之病,皆浮火痰涎为害,俱宜重剂以坠之。

滑剂

之才曰:滑可去着,冬葵子、榆白皮之属是也。

完素曰:涩则气着,必滑剂以利之。滑能养窍,故润利也。

从正曰:大便燥结,宜麻仁、郁李之类;小便淋沥,宜葵子、滑石之类。前后不通,两阴俱闭也,名曰焦约。约者,束也。宜先以滑剂润养其燥,然后攻之。

时珍曰:着者,有形之邪,留着于经络脏腑之间也,便尿、浊带、痰涎、胞胎、痈肿之类是矣。皆宜滑药以引去其留着之物。此与木通、猪苓通以去滞相类而不同。木通、猪苓,淡泄之物,去湿热无形之邪;葵子、榆皮,甘滑之类,去湿热有形之邪。故彼曰滞,此曰着也。大便涩者,菠菱、牵牛之属;小便涩者,车前、榆皮之属;精窍涩者,黄檗、葵花之属;胞胎涩者,黄葵子、王不留行之属;引痰涎自小便去者,则半夏、茯苓之属;引疮毒自小便去者,则五叶藤、萱草根之属,皆滑剂也。半夏、南星皆辛而涎滑,能泄湿气、通大便,盖辛能润、能走气、能化液也。或以为燥物,谬矣。湿去则土燥,非二物性燥也。

涩剂

之才曰:涩可去脱,牡蛎、龙骨之属是也。

完素曰:滑则气脱,如开肠洞泄、便溺遗失之类,必涩剂以收敛之。

从正曰:寝汗不禁,涩以麻黄根、防风;滑泄不已,涩以豆蔻、枯矾、木贼、罂粟壳;喘嗽上奔,涩以乌梅、诃子。凡酸味同乎涩者,收敛之义也。然此种皆宜先攻其本,而后收之可也。

时珍曰:脱者,气脱也,血脱也,精脱也,神脱也。脱则散而不收,故用酸涩温平之药,以敛其耗散。汗出亡阳,精滑不禁,泄痢不止,大便不固,小便自遗,久嗽亡津,皆气脱也。下血不已,崩中暴下,诸大亡血,皆血脱也。牡蛎、龙骨、海螵蛸、五倍子、五味子、乌梅、榴皮、诃黎勒、罂粟壳、莲房、棕灰、赤石脂、麻黄根之类,皆涩药也。气脱兼以气药,血脱兼以血药及兼气药,气者血之帅也。脱阳者见鬼,脱阴者目盲,此神脱也,非涩药所能收也。

燥剂

之才曰:燥可去湿,桑白皮、赤小豆之属是也。

完素曰：湿气淫胜，肿满脾湿，必燥剂以除之，桑皮之属。湿胜于上，以苦吐之，以淡渗之是也。

从正曰：积寒久冷，吐利腥秽，上下所出，水液澄彻清冷，此大寒之病，宜姜、附、胡椒辈以燥之。若病湿气，则白术、陈皮、木香、苍术之属除之，亦燥剂也。而黄连、黄檗、栀子、大黄，其味皆苦，苦属火，皆能燥湿，此《内经》之本旨也，岂独姜、附之俦为燥剂乎？

好古曰：湿有在上、在中、在下、在经、在皮、在里。

时珍曰：湿有外感，有内伤。外感之湿，雨露岚雾，地气水湿，袭于皮肉筋骨经络之间；内伤之湿，生于水饮酒食，及脾弱肾强，固不可一例言也。故风药可以胜湿，燥药可以除湿，淡药可以渗湿，泄小便可以引湿，利大便可以逐湿，吐痰涎可以祛湿。湿而有热，苦寒之剂燥之；湿而有寒，辛热之剂燥之；不独桑皮、小豆为燥剂也。湿去则燥，故谓之燥。

湿剂

之才曰：湿可去枯，白石英、紫石英之属是也。

从正曰：湿者，润湿也。虽与滑类，少有不同。《经》云：辛以润之，辛能走气、能化液故也。盐硝味虽咸，属真阴之水，诚濡枯之上药也。人有枯涸皴揭之病，非独金化，盖有火以乘之，故非湿剂不能愈。

完素曰：津耗为枯。五脏痿弱，营卫涸流，必湿剂以润之。

好古曰：有减气而枯，有减血而枯。

时珍曰：湿剂当作润剂。枯者燥也，阳明燥金之化，秋令也，风热怫甚，则血液枯涸而为燥病。上燥则渴，下燥则结，筋燥则强，皮燥则揭，肉燥则裂，骨燥则枯，肺燥则痿，肾燥则消。凡麻仁、阿胶膏润之属，皆润剂也。养血，则当归、地黄之属；生津，则麦门冬、栝蒌根之属；益精，则苁蓉、枸杞之属。若但以石英为润药则偏矣，古人以服石为滋补故尔。

刘完素曰：制方之体，欲成七方、十剂之用者，必本于气味也。寒、热、温、凉，四气生于天；酸、苦、辛、咸、甘、淡，六味成乎地。是以有形为味，无形为气。气为阳，味为阴。阳气出上窍，阴味出下窍。气化则精生，味化则形长。故地产养形，形不足者温之以气；天产养精，精不足者补之以味。辛甘发散为阳，酸苦涌泄为阴；咸味涌泄为阴，淡味渗泄为阳。辛散、酸收、甘缓、苦坚、咸软，各随五脏之病，而制药性之品味。故方有七，剂有十。方不七，不足以尽方之变；剂不十，不足以尽剂之用。方不对证，非方也；剂不蠲疾，非剂也。此乃太古先师，设绳墨而取曲直；叔世方士，

歸當

乃出规矩以为方圆。夫物各有性，制而用之，变而通之，施于品剂，其功用岂有穷哉。如是，有因其性为用者，有因其所胜而为制者，有气同则相求者，有气相克则相制者，有气有余而补不足者，有气相感则以意使者，有质同而性异者，有名异而实同者。故蛇之性上窜而引药，蝉之性外脱而退翳，虻饮血而用以治血，鼠善穿而用以治漏，所谓因其性而为用者如此。弩牙速产，以机发而不括也；杵糠下噎，以杵筑下也，所谓因其用而为使者如此。浮萍不沉水，可以胜酒；独活不摇风，可以治风，所谓因其所胜，而为制也如此。麻，木谷而治风；豆，水谷而治水，所谓气相同则相求者如此。牛，土畜，乳可以止渴疾；豕，水畜，心可以镇恍惚，所谓因其气相克则相制也如此。熊肉振羸，兔肝明视，所谓其气有余补不足也如此。鲤之治水，鹜之利水，所谓因其气相感则以意使者如此。蜜成于蜂，蜜温而蜂寒；油生于麻，麻温而油寒，兹同质而异性也。蘼芜生于芎䓖，蓬蘽生于覆盆，兹名异而实同者也。所以如此之类，不可胜举。故天地赋形，不离阴阳，形色自然，皆有法象。毛羽之类，生于阳而属于阴；鳞甲之类，生于阴而属于阳。空青法木，色青而主肝；丹砂法火，色赤而主心；云母法金，色白而主肺；磁石法水，色黑而主肾；黄石脂法土，色黄而主脾。故触类而长之，莫不有自然之理也。欲为医者，上知天文，下知地理，中知人事，三者俱明，然后可以语人之疾病；不然，则如无目夜游，无足登涉，动致颠殒，而欲愈疾者，未之有也。

雷敩《炮炙论》序曰：若夫世人使药，岂知自有君臣；既辨君臣，宁分相制。只如栨毛（今盐草也）沾溺，立消斑肿之毒；象胆挥粘，乃知药有情异。鲑鱼插树，立便干枯；用狗胆涂之（以犬胆灌之，插鱼处，立如故也），却当荣盛。无名（无名异形似玉，仰面又如石炭味别）止楚。截指而似去甲毛；圣石开盲，明目而如云离日。当归止血破血，头尾效各不同（头止血，尾破血）；蕤子熟生，足睡不眠立据。弊箄淡卤（常使者甑中箄，能淡盐味）；如酒沾交（今蜜枳缴枝，又云交加枝）。铁遇神砂，如泥似粉；石经鹤粪，化作尘飞。栨见橘，花似髓。断弦折剑，遇鸾血而如初（以鸾血炼作胶，粘折处，铁物永不断）；海竭江枯，投游波（燕子是也）而立泛。令铅拒火，须仗修天（今呼为补天石）；如要形坚，岂忘紫背（有紫背天葵，如常食葵菜，只是背紫面青，能坚铅形）。留砒住鼎，全赖宗心（别有宗心草，今呼石竹，不是食者粽心，恐误。其草出欻州，生处多虫兽）；雌得芹花（其草名为立起，其形如芍药，花色青，可长三尺以来，叶上黄斑色，味苦涩，堪用，煮雌黄立住火），立便成庾。硇遇赤须（其草名赤须，今呼为虎须草是，用煮硇砂即生火）；水留金鼎。水中生火，非猾髓而莫能（海中有兽名曰猾，以髓入在油中，其油粘水，水中火生，不可救之。用酒喷之，即止。勿于屋下收）；长齿生牙，赖雄鼠之骨末（其齿若年多不生者，取雄鼠脊骨，作末，揩折处，齿立生如故）。发眉堕落，涂半夏而立生（眉发堕落者，以生半夏茎杵之取涎，涂发落处。立生）；目辟眼䁾，有五花而自正（五加皮，其叶有雄雌，三叶为雄，五叶为雌。须使五叶者，作末，酒浸，饮之，其目䁾者正）。脚生肉栨，裩系菪根（脚有肉枕者，取莨菪根于裩带上系之，感应永不痛）；囊皱漩多，夜煎竹木（多小便者，夜煎萆薢一件服之，永不夜起也）。体寒腹大，全赖鸬鹚（若患腹大如鼓，米饮调鸬鹚末服，立愈如故也）；血泛经过，饮调瓜子（甜瓜子内仁捣作末，去油，饮调服之，立绝）。咳逆数数，酒服熟雄（天雄泡过，以酒调一钱服，立定也）；遍体疹风，冷调生侧（附子旁生者为侧子，作末冷酒服，立瘥也）。肠虚泻痢，须假草零（捣五倍子作末，以熟水下之，立止也）；久渴心烦，宜投竹沥。除癥去块，全仗硝硇（硝、硇，即硇砂、硝石二味，于乳钵中研作粉，同煅了，酒服，神效也）；益食加觞。须煎芦朴（不食者，并饮酒少者，煎逆水芦根并厚朴二味，汤服）。强筋健骨，须是苁鳝（苁蓉并鳝鱼二味，作末，以黄精汁丸。服之。可力倍常也。出《乾宁记》中）；驻色延年，精蒸神锦（黄精自然汁拌细研神锦，于柳木甑中蒸七日了，以木蜜丸服。颜貌可如幼女之容色也）。知疮所在，口点阴胶（阴胶，即是甑中气垢，少许于口中，可知脏腑所起，直至住处知痛，乃可医也）；产后肌浮，甘皮酒服（产后肌浮，酒服甘皮，立愈）。口疮舌坼，立愈黄苏（口疮舌坼，以根黄涂酥炙作末，含之，立瘥）；脑痛欲亡，鼻投硝末（头痛者，以硝石作末内鼻中，立止）；心痛欲死，速觅延胡（以延胡索作散，酒服之，立愈）。

如斯百种，是药之功。某忝遇明时，谬看医理；虽寻圣法，难可穷微。略陈药饵之功能，岂溺仙人之要术，其制药炮、熬、煮、炙，不能记年月哉？欲审元由，须看海集。某不量短见，直录炮、熬、煮、炙，列药制方，分为上、中、下三卷，有三百件名，具陈于后。

气味阴阳

《阴阳应象论》曰：积阳为天，积阴为地。阴静阳躁，阳生阴长，阳杀阴藏。阳化气，阴成形。阳为气，阴为味。味归形，形归气，气归精，精归化，精食气，形食味，化生精，气生形。味伤形，气伤精，精化为气，气伤于味。阴味出下窍，阳气出上窍。清阳发腠理，浊阴走五脏；清阳实四肢，浊阴归六腑。味厚者为阴，薄者为阴中之阳；气厚者为阳，薄者为阳中之阴。味厚则泄，薄则通；气薄则发泄，厚则发热。辛甘发散为阳，酸苦涌泄为阴；咸味涌泄为阴，淡味渗泄为阳。六者或收或散，或缓或急，或润或燥，或软或坚，以所利而行之，调其气，使之平也。

元素曰：清之清者，发腠理；清之浊者，实四肢。浊之浊者，归六腑；浊之清者，走五脏。附子气厚，为阳中之阳；大黄味厚，为阴中之阴。茯苓气薄，为阳中之阴，所以利小便，入手太阳，不离阳之体也；麻黄味薄，为阴中之阳，所以发汗，入手太阴，不离阴之体也。凡同气之物必有诸味，同味之物必有诸气。气味各有厚薄，故性用不同。

杲曰：味之薄者则通，酸、苦、咸、平是也。味之厚者则泄，咸、苦、酸、寒是也。

气之厚者发热,辛、甘、温、热是也。气之薄者渗泄,甘、淡、平、凉是也。渗谓小汗,泄谓利小便也。

宗奭曰:天地既判,生万物者五气耳。五气定位,则五味生。故曰生物者,气也;成之者,味也。以奇生则成而偶,以偶生则成而奇。寒气坚,故其味可用以软;热气软,故其味可用以坚;风气散,故其味可用以收;燥气收,故其味可用以散。土者冲气之所生,冲气则无所不和,故其味可用以缓。气坚则壮,故苦可以养气。脉软则和,故咸可以养脉。骨收则强,故酸可以养骨。筋散则不挛,故辛可以养筋。肉缓则不壅,故甘可以养肉。坚之,而后可以软;收之,而后可以散。欲缓则用甘,不欲则弗用,用之不可太过,太过亦病矣。古之养生治疾者,必先通乎此,否则能以人之疾者,盖寡矣。

孙思邈曰:精以食气,气养精以荣色;形以食味,味养形以生力。精顺五气以灵,形受五味以成。若食气相反则伤精,食味不调则损形。是以圣人先用食禁以存生,后制药物以防命,气味温补以存精形。

五味宜忌

岐伯曰:木生酸,火生苦,土生甘,金生辛,水生咸。辛散,酸收,甘缓,苦坚,咸软。毒药攻邪,五谷为养,五果为助,五畜为益,五菜为充,气味合而服之,以补精益气。此五味各有所利,四时五脏,病随所宜也。又曰:阴之所生,本在五味;阴之五宫,伤在五味。骨正筋柔,气血以流,腠理以密,骨气以精,长有天命。又曰:圣人春夏养阳,秋冬养阴,以从其根,二气常存(春食凉,夏食寒,以养阳;秋食温,冬食热,以养阴)。

五欲

肝欲酸,心欲苦,脾欲甘,肺欲辛,肾欲咸,此五味合五脏之气也。

五宜

青色宜酸,肝病宜食麻、犬、李、韭。赤色宜苦,心病宜食麦、羊、杏、薤。黄色宜甘,脾病宜食粳、牛、枣、葵。白色宜辛,肺病宜食黄黍、鸡、桃、葱。黑色宜咸,肾病宜食大豆黄卷、猪、栗、藿。

枣　大

五禁

肝病禁辛,宜食甘:粳、牛、枣、葵。心病禁咸,宜食酸:麻、犬、李、韭。脾病禁酸,宜食咸:大豆、豕、栗、藿。肺病禁苦,宜食苦:麦、羊、杏、薤。肾病禁甘,宜食辛:

黄黍、鸡、桃、葱。

思邈曰：春宜省酸增甘以养脾，夏宜省苦增辛以养肺，秋宜省辛增酸以养肝，冬宜省咸增苦以养心，四季宜省甘增咸以养肾。

时珍曰：五欲者，五味入胃，喜归本脏，有余之病，宜本味通之。五禁者，五脏不足之病，畏其所胜，而宜其所不胜也。

五走

酸走筋，筋病毋多食酸，多食令人癃。酸气涩收，胞得酸而缩卷，故水道不通也。苦走骨，骨病毋多食苦，多食令人变呕。苦入下脘，三焦皆闭，故变呕也。甘走肉，肉病毋多食甘，多食令人悗心。甘气柔润，胃柔则缓，缓则虫动，故悗心也。辛走气，气病毋多食辛，多食令人洞心。辛走上焦，与气俱行，久留心下，故洞心也。咸走血，血病毋多食咸，多食令人渴。血与咸相得则凝，凝则胃汁注之，故咽路焦而舌本干。《九针论》作咸走骨，骨病毋多食咸。苦走血，血病毋多食苦。

五伤

酸伤筋，辛胜酸。苦伤气，咸胜苦。甘伤肉，酸胜甘。辛伤皮毛，苦胜辛。咸伤血，甘胜咸。

五过

味过于酸，肝气以津，脾气乃绝，肉胝䐢而唇揭。味过于苦，脾气不濡，胃气乃厚，皮槁而毛拔。味过于甘，心气喘满，色黑，肾气不平，骨痛而发落。味过于辛，筋脉沮绝，精神乃失，筋急而爪枯。味过于咸，大骨气劳，短肌，心气抑，脉凝涩而变色。

时珍曰：五走、五伤者，本脏之味自伤也，即阴之五宫，伤在五味也。五过者，本脏之味伐其所胜也，即脏气偏胜也。

五味偏胜

岐伯曰：五味入胃，各归所喜。酸先入肝，苦先入心，甘先入脾，辛先入肺，咸先入肾。久而增气，物化之常；气增而久，夭之由也。

王冰曰：入肝为温，入心为热，入肺为清，入肾为寒，入脾为至阴而四气兼之，皆为增其味而益其气。故各从本脏之气，久则从化。故久服黄连、苦参反热，从苦化也。余味仿此。气增不已，则脏气偏胜，必有偏绝；脏有偏绝，必有暴夭。是以药不具五味，不备四气，而久服之，虽暂获胜，久必致夭。故绝粒服饵者，不暴亡，无五味资助也。

杲曰：一阴一阳之谓道，偏阴偏阳之谓疾。阳剂刚胜，积若燎原，为消、狂、痈疽之属，则天癸竭而荣涸。阴剂柔胜，积若凝水，为洞泄、寒中之病，则真火微而卫散。故大寒、大热之药，当从权用之，气平而止。有所偏助，令人脏气不平，夭之由也。

标本阴阳

李杲曰：夫治病者，当知标本。以身论之，外为标，内为本；阳为标，阴为本。故六腑属阳为标，五脏属阴为本；脏腑在内为本，十二经络在外为标。而脏腑、阴阳、气血、经络，又各有标本焉。以病论之，先受为本，后传为标。故百病必先治其本，后治其标。否则邪气滋甚，其病益蓄。纵先生轻病，后生重病，亦先治其轻，后治其重，则邪气乃伏。有中满及病大小便不利，则无问先后标本，必先治满及大小便，为其急也。故曰：缓则治其本，急则治其标。又从前来者，为实邪；后来者，为虚邪。实则泻其子，虚则补其母。假如肝受心火，为前来实邪，当于肝经刺荣穴以泻心火，为先治其本；于心经刺荣穴以泻心火，为后治其标。用药则入肝之药为引，用泻心之药为君。《经》云：本而标之，先治其本，后治其标是也。又如肝受肾水为虚邪，当于肾经刺井穴以补肝木，为先治其标；后于肝经刺合穴以泻肾水，为后治其本。用药则入肾之药为引，补肝之药为君。《经》云：标而本之，先治其标，后治其本是也。

升降浮沉

李杲曰：药有升、降、浮、沉、化，生、长、收、藏、成，以配四时。春升，夏浮，秋收，冬藏，土居中化。是以味薄者，升而生；气薄者，降而收；气厚者，浮而长；味厚者，沉而藏；气味平者，化而成。但言补之以辛、甘、温、热及气味之薄者，即助春夏之升浮，便是泻秋冬收藏之药也。在人之身，肝心是矣。但言补之以酸、苦、咸、寒及气味之厚者，即助秋冬之降沉，便是泻春夏生长之药也。在人之身，肺肾是矣。淡味之药，渗即为升，泄即为降，佐使诸药者也。用药者，循此则生，逆此则死；纵令不死，亦危困矣。

王好古曰：升而使之降，须知抑也；沉而使之浮，须知载也。辛散也，而行之也横；甘发也，而行之也上；苦泄也，而行之也下；酸收也，其性缩；咸软也，其性舒，其不同如此。鼓掌成声，沃火成沸，二物相合，象在其间矣。五味相制，四气相和，其变可轻用哉。本草不言淡味、凉气，亦缺文也。

味薄者升：甘平、辛平、辛微温、微苦平之药是也。

气薄者降：甘寒、甘凉、甘淡寒凉、酸温、酸平、咸平之药是也。

气厚者浮：甘热、辛热之药是也。

味厚者沉：苦寒、咸寒之药是也。

气味平者，兼四气四味：甘平、甘温、甘凉、甘辛平、甘微苦平之药是也。

李时珍曰：酸咸无升，甘辛无降，寒无浮，热无沉，其性然也。而升者引之以咸寒，则沉而直达下焦；沉者引之以酒，则浮而上至颠顶。此非窥天地之奥而达造化之权者，不能至此。一物之中，有根升、梢降，生升、熟降，是升降在物亦在人也。

四时用药例

李时珍曰：《经》云：必先岁气，毋伐天和。又曰：升降浮沉则顺之，寒热温凉则逆之。故春月宜加辛温之药，薄荷、荆芥之类，以顺春升之气；夏月宜加辛热之药，香薷、生姜之类，以顺夏浮之气；长夏宜加甘苦辛温之药，人参、白术、苍术、黄檗之类，以顺化成之气；秋月宜加酸温之药，芍药、乌梅之类，以顺秋降之气；冬月宜加苦寒之药，黄芩、知母之类.以顺冬沉之气，所谓顺时气而养天和也。《经》又云：春省酸、增甘以养脾气，夏省苦、增辛以养肺气，长夏省甘、增咸以养肾气，秋省辛、增酸以养肝气，冬省咸、增苦以养心气。此则既不伐天和，而又防其太过，所以体天地之大德也。味者，舍本从标，春用辛凉以伐木，夏用咸寒以抑火，秋用苦温以泄金，冬用辛热以涸水，谓之时药。殊背《素问》逆顺之理，以夏月伏阴，冬月伏阳，推之可知矣。虽然月有四时，日有四时，或春得秋病，夏得冬病，神而明之，机而行之，变通权宜，又不可泥一也。

王好古曰：四时总以芍药为脾剂，苍术为胃剂，柴胡为时剂，十一脏皆取决于少阳，为发生之始故也。凡用纯寒、纯热之药，及寒热相杂，并宜用甘草以调和之，惟中满者禁用甘尔。

五运六淫用药式

厥阴司天（巳亥年），风淫所胜，平以辛凉，佐以苦甘，以甘缓之，以酸泻之（王注云：厥阴气未为盛热，故以凉药平之）。

清反胜之，治以酸温，佐以甘苦。

少阴司天（子午年），热淫所胜，平以咸寒，佐以苦甘，以酸收之。

寒反胜之，治以甘温，佐以苦酸辛。

太阴司天（丑未年），湿淫所胜，平以苦热，佐以酸辛，以苦燥之，以淡泄之。湿上甚而热，治以苦温，佐以甘辛，以汗为故（身半以上，湿气有余，火气复郁，则宜解表流汗而祛之也）。

热反胜之，治以苦寒，佐以苦酸。

少阳司天（寅申年），火淫所胜，平以酸冷，佐以苦甘，以酸收之，以苦发之，以酸复之（热气已退，时发动者，是为心虚气散不敛，以酸收之，仍兼寒助，乃能除根。热见太甚，则以苦发之。汗已便凉，是邪气尽；汗已犹热，是邪未尽，则以酸收之；已汗又热，又汗复热，是脏虚也，则补其心可也）。

寒反胜之，治以甘热，佐以苦辛。

阳明司天（卯酉年），燥淫所胜，平以苦温，佐以酸辛，以苦下之（制燥之法以苦温。宜下必以苦，宜补必以酸，宜泻必以辛）。

热反胜之，治以辛寒，佐以苦甘。

太阳司天（辰戌年），寒淫所胜，平以辛热，佐以苦甘，以咸泻之。

热反胜之，治以咸冷，佐以苦辛。

厥阴在泉（寅申年），风淫于内，治以辛凉，佐以苦，以甘缓之，以辛散之（风喜温而恶清，故以辛凉胜之。估以苦，随所利也。木苦急，以甘缓之。木苦抑，以辛散之）。

清反胜之，治以酸温，佐以苦甘，以辛平之。

少阴在泉（卯酉年），热淫于内，治以咸寒，佐以甘苦，以酸收之，以苦发之（热性恶寒，故以咸寒。热甚于表，以苦发之；不尽，复寒制之；寒制不尽，复苦发之，以酸收之。甚者再方，微者一方，可使必已。时发时止，亦以酸收之）。

寒反胜之，治以甘热，佐以苦辛，以咸平之。

太阴在泉（辰戌年），湿淫于内，治以苦热，佐以酸淡，以苦燥之，以淡泄之（湿与燥反，故以苦热。佐以酸淡，利窍也）。

热反胜之，治以苦冷，佐以咸甘，以苦平之。

少阳在泉（巳亥年），火淫于内，治以咸冷，佐以苦辛，以酸收之，以苦发之（火气大行于心腹，咸性柔软以制之。以酸收其散气。大法须汗者，以辛佐之）。

寒反胜之，治以甘热，佐以苦辛，以咸平之。

阳明在泉（子午年），燥淫于内，治以苦温，佐以甘辛，以苦下之（温利凉性，故以苦下之）。

热反胜之，治以平寒，佐以苦甘，以酸平之，以和为利。

太阳在泉（丑未年），寒淫于内，治以甘热，佐以苦辛，以咸泻之，以辛润之，以苦坚之（以热治寒，是为摧胜，折其气也）。

热反胜之，治以咸冷，佐以甘辛，以苦平之。

李时珍曰：司天主上半年，天气司之，故六淫谓之所胜，上淫于下也，故曰平之。在泉主下半年，地气司之，故六淫谓之于内，外淫于内也，故曰治之。当其时而反得胜己之气者，谓之反胜。六气之胜，何以征之？燥甚则地干，暑胜则地热，风胜则地动，湿胜则地泥，寒胜则地裂，火胜则地涸是也。其六气胜复主客、证治病机甚详，见《素问·至真要大论》，文多不载。

六腑六脏用药气味补泻

肝、胆(温补凉泻。辛补酸泻。)

心、小肠(热补寒泻。咸补甘泻。)

肺、大肠(凉补温泻。酸补辛泻。)

肾、膀胱(寒补热泻。苦补咸泻。)

脾、胃(温热补,寒凉泻,各从其宜。甘补苦泻。)

三焦、命门(同心。)

张元素曰:五脏更相平也。一脏不平,所胜平之。故云:安谷则昌,绝谷则亡。水去则营散,谷消则卫亡,神无所居。故血不可不养,卫不可不温。血温气和,营卫乃行,常有天命。

五脏五味补泻

肝　苦急,急食甘以缓之(甘草),以酸泻之(赤芍药),实则泻子(甘草)。欲散,急食辛以散之(川芎),以辛补之(细辛),虚则补母(地黄、黄檗)。

心　苦缓,急食酸以收之(五味子),以甘泻之(甘草、参、芪),实则泻子(甘草)。欲软,急食咸以软之(芒硝),以咸补之(泽泻),虚则补母(生姜)。

脾苦湿,急食苦以燥之(白术),以苦泻之(黄连),实则泻子(桑白皮)。欲缓,急食甘以缓之(炙甘草),以甘补之(人参),虚则补母(炒盐)。

皮白桑

肺　苦气上逆,急食苦以泄之(诃子)。以辛泻之(桑白皮),实则泻子(泽泻)。欲收,急食酸以收之(白芍药),以酸补之(五味子),虚则补母(五味子)。

肾　苦燥,急食辛以润之(黄檗、知母),以咸泻之(泽泻),实则泻子(芍药)。欲坚,急食苦以坚之(知母),以苦补之(黄檗),虚则补母(五味子)。

张元素曰:凡药之五味,随五脏所入而为补泻,亦不过因其性而调之。酸入肝,苦入心,甘入脾,辛入肺,咸入肾。辛主散,酸主收,甘主缓,苦主坚,咸主软。辛能散结润燥,致津液,通气;酸能收缓敛散;甘能缓急调中;苦能燥湿坚软;咸能软坚;淡能利窍。李时珍曰:甘缓、酸收、苦燥、辛散、咸软、淡渗,五味之本性,一定而不变者也;其或补或泻,则因五脏四时而迭相施用者也。温、凉、寒、热,四气之本性也;其于五脏补泻,亦迭相施用也。此特洁古张氏因《素问》饮食补泻之义,举数药以为例耳,学者宜因意而充之。

脏腑虚实标本用药式

肝　藏魂,属木。胆火寄于中。主血,主目,主筋,主呼,主怒。

本病:诸风眩晕,僵仆强直,惊痫,两胁肿痛,胸肋满痛,呕血,小腹疝痛痃瘕,女人经病。

标病:寒热疟,头痛吐涎,目赤面青,多怒,耳闭颊肿,筋挛卵缩,丈夫㿗疝,女人少腹肿痛、阴病。

有余泻之

泻子(甘草)

甘草行气(香附、芎䓖、瞿麦、牵牛、青橘皮)

行血(红花、鳖甲、桃仁、莪术、京三棱、穿山甲、大黄、水蛭、虻虫、苏木、牡丹皮)

镇惊(雄黄、金箔、铁落、真珠、代赭石、夜明砂、胡粉、银箔、铅丹、龙骨、石决明)

搜风(羌活、荆芥、薄荷、槐子、蔓荆子、白花蛇、独活、防风、皂荚、乌头、白附子、僵蚕、蝉蜕)

不足补之

补母(枸杞、杜仲、狗脊、熟地黄、苦参、萆薢、阿胶、菟丝子)

补血(当归、牛膝、续断、白芍药、血竭、没药、芎䓖)

补气(天麻、柏子仁、白术、菊花、细辛、密蒙花、决明、谷精草、生姜)

本热寒之

泻木(芍药、乌梅、泽泻)

泻火(黄连、龙胆草、黄芩、苦茶、猪胆)

攻里(大黄)

标热发之

和解(柴胡、半夏)

解肌(桂枝、麻黄)

心　藏神,为君火。包络为相火,代君行令。主血.主言,主汗,主笑。

本病:诸热瞀瘛,惊惑谵妄烦乱,啼笑骂詈,怔忡健忘,自汗,诸痛痒疮疡。

标病:肌热畏寒战栗,舌不能言,面赤目黄,手心烦热,胸胁满痛,引腰背、肩胛、肘臂。

火实泻之

泻子(黄连、大黄)
气(甘草、人参、赤茯苓、木通、黄檗)
血(丹参、牡丹、生地黄、玄参)
镇惊(朱砂、牛黄、紫石英)

神虚补之

补母(细辛、乌梅、酸枣仁、生姜、陈皮)
气(桂心、泽泻、白茯苓、茯神、远志、石菖蒲)
血(当归、乳香、熟地黄、没药)

本热寒之

泻火(黄芩、竹叶、麦门冬、芒硝、炒盐)
凉血(地黄、栀子、天竺黄)

标热发之

散火(甘草、独活、麻黄、柴胡、龙脑)

脾　藏意,属土,为万物之母。主营卫,主味,主肌肉,主四肢。

本病:诸湿肿胀,痞满噫气,大小便闭,黄疸痰饮,吐泻霍乱,心腹痛,饮食不化。

标病:身体胕肿,重困嗜卧,四肢不举,舌本强痛,足大趾不用,九窍不通,诸痉项强。

土实泻之

泻子(诃子、防风、桑白皮、葶苈)
吐(豆豉、栀子、萝卜子、常山、瓜蒂、郁金、齑汁、藜芦、苦参、赤小豆、盐汤、苦茶)
下(大黄、芒硝、青礞石、大戟、甘遂、续随子、芫花)

土虚补之

补母(桂心、茯苓)
气(人参、黄芪、升麻、葛根、甘草、陈橘皮、藿香、葳蕤、缩砂仁、木香、扁豆)
血(白术、苍术、白芍药、胶饴、大枣、干姜、木瓜、乌梅、蜂蜜)

本湿除之

燥中宫(白术、苍术、橘皮、半夏、吴茱萸、南星、草豆蔻、白芥子)

洁净府(木通、赤茯苓、猪苓、藿香)

标湿渗之

开鬼门(葛根、苍术、麻黄、独活)

肺　藏魄,属金,总摄一身元气。主闻,主哭,主皮毛。

本病:诸气膹郁,诸痿喘呕,气短,咳嗽上逆,咳唾脓血,不得卧,小便数而欠,遗失不禁。

标病:洒淅寒热,伤风自汗,肩背痛冷,臑臂前廉痛。

气实泻之

泻子(泽泻、葶苈、桑白皮、地骨皮)

除湿(半夏、白矾、白茯苓、薏苡仁、木瓜、橘皮)

泻火(粳米、石膏、寒水石、知母、诃子)

通滞(枳壳、薄荷、干生姜、木香、厚朴、杏仁、皂荚、桔梗、紫苏梗)

气虚补之

补母

(甘草、人参、升麻、黄芪、山药)

润燥

(蛤蚧、阿胶、麦门冬、贝母、百合、天花粉、天门冬)

敛肺(乌梅、粟壳、五味子、芍药、五倍子)

本热清之

清金(黄芩、知母、麦门冬、栀子、沙参、紫菀、天门冬)

本寒温之

温肺(丁香、藿香、款冬花、檀香、白豆蔻、益智、缩砂、糯米、百部)

标寒散之

解表(麻黄、葱白、紫苏)

肾　藏志,属水,为天一之源。主听,主骨,主二阴。

本病:诸寒厥逆.骨痿腰痛,腰冷如冰,足胻肿寒,少腹满急疝瘕,大便闭泄,吐利腥秽，水液澄彻清冷不禁，消渴引饮。

标病：发热不恶热，头眩头痛，咽痛舌燥，脊股后廉痛。

子前車

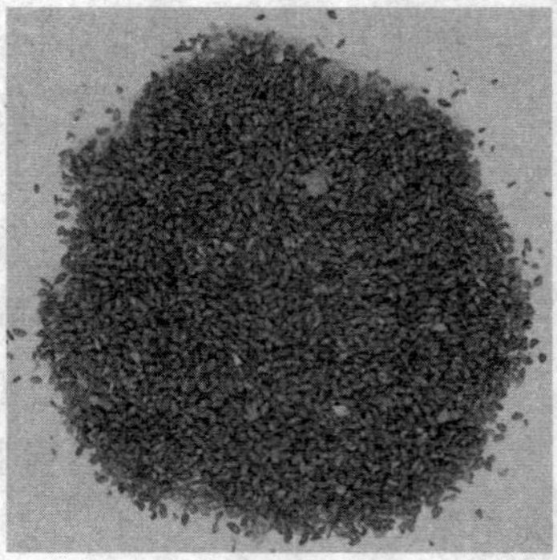

水强泻之

泻子（大戟、牵牛）

泻腑（泽泻、猪苓、车前子、防己、茯苓）

水弱补之

补母（人参、山药）

气（知母、玄参、补骨脂、砂仁、苦参）

血（黄檗、枸杞、熟地黄、锁阳、肉苁蓉、山茱萸、阿胶、五味子）

本热攻之

下（伤寒少阴证，口燥咽干，大承气汤）

本寒温之

温里（附子、干姜、官桂、蜀椒、白术）

标寒解之

解表（麻黄、细辛、独活、桂枝）

标热凉之

清热（玄参、连翘、甘草、猪肤）

命门　为相火之原，天地之始，藏精生血，降则为漏，升则为铅，主三焦元气。

本病：前后癃闭，气逆里急，疝痛奔豚，消渴膏淋，精漏精寒，赤白浊，溺血，崩中带漏。

火强泻之

泻相火（黄檗、知母、牡丹皮、地骨皮、生地黄、茯苓、玄参、寒水石）

火弱补之

益阳（附子、肉桂、益智子、破故纸、沉香、川乌头、硫黄、天雄、乌药、阳起石、舶茴香、胡桃、巴戟天、丹砂、当归、蛤蚧、覆盆）

精脱固之

涩滑(牡蛎、芡实、金樱子、五味子、远志、山茱萸、蛤粉)

三焦　为相火之用,分布命门元气,主升降出入,游行天地之间,总领五脏六腑营卫经络内外上下左右之气,号中清之府。上主纳,中主化,下主出。

本病:诸热瞀瘛,暴病暴死暴喑,躁扰狂越,谵妄惊骇,诸血溢血泄,诸气逆冲上,诸疮疡痘疹瘤核。

上热则喘满,诸呕吐酸,胸痞胁痛,食饮不消,头上出汗。

中热则善饥而瘦,解㑊中满,诸胀腹大,诸病有声,鼓之如鼓,上下关格不通,霍乱吐利。

下热则暴注下迫,水液浑浊,下部肿满,小便淋沥或不通,大便闭结下痢。

上寒则吐饮食痰水,胸痹,前后引痛,食已还出。

中寒则饮食不化,寒胀,反胃吐水,湿泻不渴。

下寒则二便不禁,脐腹冷,疝痛。

标病:恶寒战栗,如丧神守,耳鸣耳聋,嗌肿喉痹,诸病胕肿,疼酸惊骇,手小指次指不用。

实火泻之

汗(麻黄、柴胡、葛根、荆芥、升麻、薄荷、羌活、石膏)

吐(瓜蒂、沧盐、齑汁)

下(大黄、芒硝)

虚火补之

上(人参、天雄、桂心)

中(人参、黄芪、丁香、木香、草果)

下(附子、桂心、硫黄、人参、沉香、乌药、破故纸)

本热寒之

上(黄芩、连翘、栀子、知母、玄参、石膏、生地黄)

中(黄连、连翘、生地、石膏)

下(黄檗、知母、生地、石膏、牡丹、地骨皮)

标热散之

解表(柴胡、细辛、荆芥、羌活、葛根、石膏)

胆　属木，为少阳相火，发生万物，为决断之官，十一脏之主。（主同肝）。

本病：口苦，呕苦汁，善太息，澹澹如人将捕状，目昏不眠。

标病：寒热往来，痁疟，胸胁痛，头额痛，耳痛鸣聋，瘰疬结核马刀，足小指次指不用。

实火泻之

泻胆（龙胆、牛胆、猪胆、生蕤仁、生酸枣仁、黄连、苦茶）

虚火补之

温胆（人参、细辛、半夏、炒蕤仁、炒酸枣仁、当归、地黄）

本热平之

降火（黄芩、黄连、芍药、连翘、甘草）

镇惊（黑铅、水银）

标热和之

和解（柴胡、芍药、黄芩、半夏、甘草）

胃　属土，主容受，为水谷之海。（主同脾）。

本病：噎膈反胃，中满肿胀，呕吐泻痢，霍乱腹痛，消中善饥，不消食，伤饮食，胃管当心痛，支两胁。

标病：发热蒸蒸，身前热，身前寒，发狂谵语，咽痹，上齿痛，口眼㖞斜，鼻痛鼽衄赤齇。

胃实泻之

湿热（大黄、芒硝）

饮食（巴豆、神曲、山楂、阿魏、硇砂、郁金、三棱、轻粉）

胃虚补之

湿热（苍术、白术、半夏、茯苓、橘皮、生姜）

寒湿（干姜、附子、草果、官桂、丁香、肉豆蔻、人参、黄芪）

本热寒之

降火（石膏、地黄、犀角、黄连）

标热解之

解肌(升麻、葛根、豆豉)

大肠　属金,主变化,为传送之官。

本病:大便闭结,泄痢下血,里急后重,疽痔脱肛,肠鸣而痛。

标病:齿痛喉痹,颈肿口干,咽中如核,鼽衄目黄,手大指次指痛,宿食发热寒栗。

肠实泻之

热(大黄、芒硝、桃花、牵牛、巴豆、郁李仁、石膏)

气(枳壳、木香、橘皮、槟榔)

肠虚补之

气(皂荚)

燥(桃仁、麻仁、杏仁、地黄、乳香、松子、当归、肉苁蓉)

湿(白术、苍术、半夏、硫磺)

陷(升麻、葛根)

脱(龙骨、白垩、诃子、粟壳、乌梅、白矾、赤石脂、禹余粮、石榴皮)

本热寒之

清热(秦艽、槐角、地黄、黄芩)

本寒温之

温里(干姜、附子、肉豆蔻)

标热散之

解肌(石膏、白芷、升麻、葛根)

小肠　主分泌水谷,为受盛之官。

本病:大便水谷利,小便短,小便闭,小便血,小便自利,大便后血,小肠气痛,宿食夜热旦止。

标病:身热恶寒,嗌痛颔肿,口糜耳聋。

实热泻之

气(木通、猪苓、滑石、瞿麦、泽泻、灯草)

角　槐

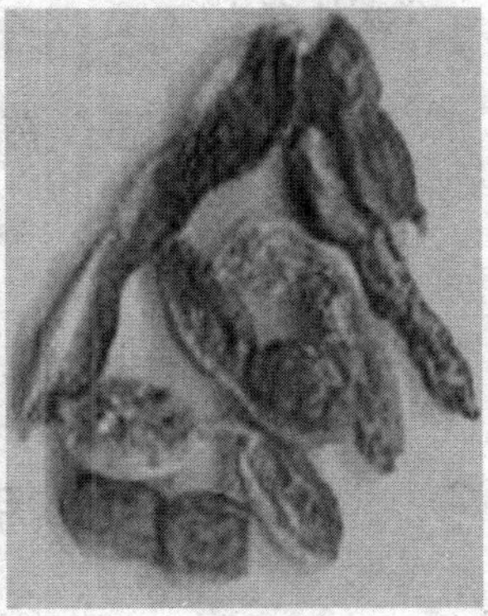

血（地黄、蒲黄、赤茯苓、栀子、牡丹皮）

虚寒补之

气（白术、楝实、茴香、砂仁、神曲、扁豆）
血（桂心、延胡索）

本热寒之

降火（黄檗、黄芩、黄连、连翘、栀子）

标热散之

解肌（藁本、羌活、防风、蔓荆）
膀胱　主津液，为胞之府，气化乃能出，号州都之官，诸病皆干之。
本病：小便淋沥，或短数，或黄赤，或白，或遗失，或气痛。
标病：发热恶寒，头痛，腰脊强，鼻窒，足小指不用。

实热泻之

泄火（滑石、猪苓、泽泻、茯苓）

下虚补之

热（黄檗、知母）
寒（桔梗、升麻、益智、乌药、山茱萸）

本热利之

降火（地黄、栀子、茵陈、黄檗、牡丹皮、地骨皮）

标寒发之

发表（麻黄、桂枝、羌活、苍术、防己、黄芪、木贼）

引经报使（洁古《珍珠囊》）

手少阴心（黄连、细辛）
手太阳小肠（藁本、黄檗）
足少阴肾（独活、桂、知母、细辛）
足太阳膀胱（羌活）

手太阴肺（桔梗、升麻、葱白、白芷）
手阳明大肠（白芷、升麻、石膏）
足太阴脾（升麻、苍术、葛根、白芍）
足阳明胃（白芷、升麻、石膏、葛根）
手厥阴心主（柴胡、牡丹皮）
手少阳三焦（连翘、柴胡、上地骨皮、中青皮、下附子）
足厥阴肝（青皮、吴茱萸、川芎、柴胡）
足少阳胆（柴胡、青皮）

本草纲目序例第二卷

石龍芮

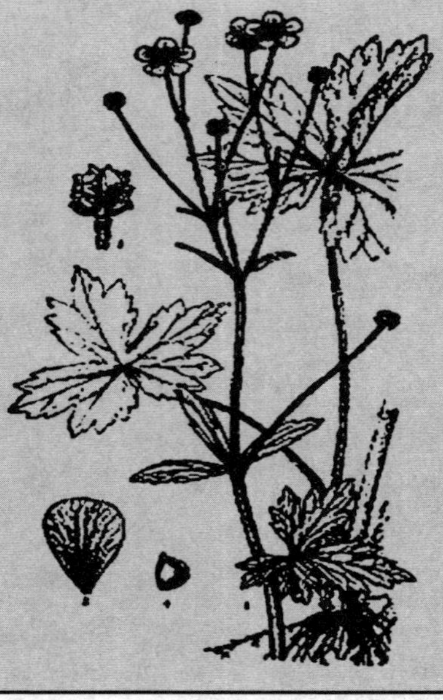

生姜

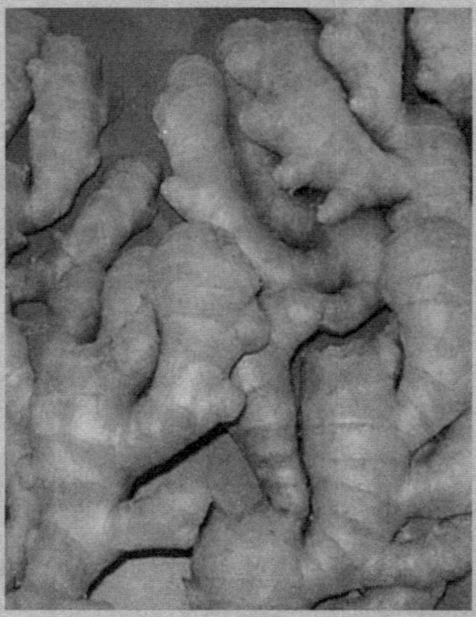

序　例

本草纲目序例第二卷

药名同异

【五物同名】独摇草（羌活、鬼臼、鬼督邮、天麻、薇衔）

【四物同名】

堇（堇菜、蒴藋、乌头、石龙芮）

芮龍石

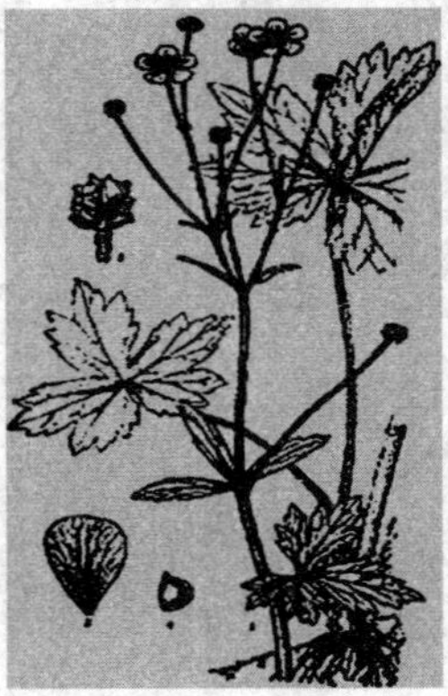

苦菜（贝母、龙葵、苦苣、败酱）

鬼目（白英、羊蹄、紫葳、麂目）

红豆（赤小豆、红豆蔻、相思子、海红豆）

白药（桔梗、白药子、栝蒌、会州白药）

豚耳（猪耳、菘菜、马齿苋、车前）

【三物同名】

美草（甘草、旋花、山姜）

山姜（美草、苍术、杜若）

蜜香（木香、多香木、沉香）

女萎（萎蕤、蔓楚、紫葳）

鬼督邮（徐长卿、赤箭、独摇草）

王孙（黄芪、猢狲、牡蒙）

百枝（萆薢、防风、狗脊）

接骨草（山蒴藋、续断、攀倒甑）

虎须（款冬花、沙参、灯心草）

鹿肠（败酱、玄参、斑龙肠）

解毒子（苦药子、鬼臼、山豆根）

羊乳（羖羊乳、沙参、枸杞）

豕首（猪头、蠡实、天门冬）

山石榴（金罂子、小檗、杜鹃花）

狗骨（犬骨、鬼箭、猫儿刺木）

苦蒇（败酱、苦参、酸浆草）

仙人杖（枸杞、仙人草、立死竹）

木莲（木馒头、木兰、木芙蓉）

白幕（天雄、白英、白薇）

立制石（理石、礜石、石胆）

守田（半夏、莔草、狼尾草）

水玉（半夏、玻璃、水精石）

芑（地黄、薏苡、白黍）

黄牙（金、硫黄、金牙石）

石花（琼枝菜、乌韭、钟乳石汁）

淡竹叶（水竹叶、碎骨子、鸭跖草）

牛舌（牛之舌、车前、羊蹄）

虎膏（虎脂、豨莶、天南星）

酸浆（米浆水、灯笼草、三叶酸草）
石龙（蜥蜴、茳草、络石）
木蜜（大枣、蜜香、枳椇）
石蜜（乳糖、樱桃、蜂蜜）
【二物同名】
淫羊藿（仙灵脾、天门冬）
黄芝（芝草、黄精）
黑三棱（京三棱、乌芋）
知母（蝭母、沙参）
地精（人参、何首乌）
龙衔（蛇含、黄精）
金钗股（钗子股、忍冬藤）
荠苨（桔梗、杏叶沙参）
神草（人参、赤箭）
芰草（黄芪、菱）
长生草（羌活、红茂草）
仙茅（长松、婆罗门参）
水香（兰草、泽兰）
儿草（知母、芫花）

知母

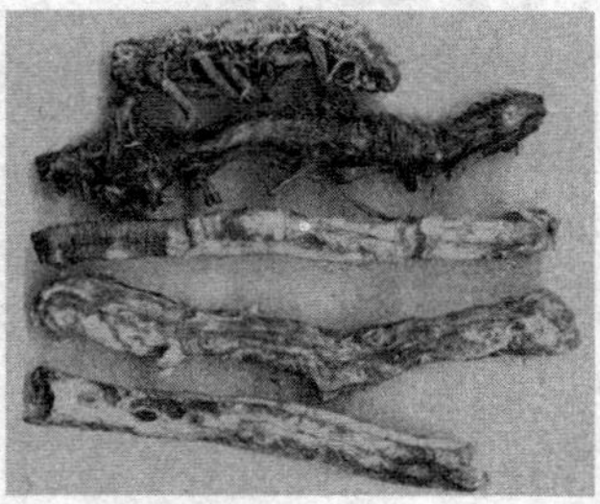

千两金（淫羊藿、续随子）
墙蘼（蛇床、营实）
香草（兰草、零陵草）
逐马（玄参、丹参）
百两金（牡丹、百两金草）
牡蒙（紫参、王孙）
香菜（香薷、罗勒）
地筋（白茅根、营茅根）
都梁香（兰草、泽兰）
杜蘅（杜若、马蹄香）
香苏（爵床、水苏）
鼠姑（牡丹、鼠妇虫）
孩儿菊（兰草、泽兰）
漏芦（飞廉、鬼油麻）
兰根（兰草、白茅）
地血（紫草、茜草）
木芍药（牡丹、赤芍药）
白芨（连及、黄精）
茼根（兰草、防风）
药实（贝母、黄药子）
夏枯草（乃东草、茺蔚）
黄昏（合欢、王孙）
夜合（合欢、何首乌）
戴椹（黄芪、旋覆花）
甘露子（地蚕、甘蕉子）
雷丸（竹苓、菟葵）
马蓟（术、大蓟）
龙珠（赤珠、石龙刍）
不死草（卷柏、麦门冬）
苦薏（野菊、莲子心）
乌韭（石发、麦门冬）
地葵（苍耳、地肤子）
紫河车（蚤休、人胞衣）
伏兔（飞廉、茯苓）
草蒿（青蒿、青葙子）
黄蒿（鼠曲、黄花蒿）
马肝石（何首乌、乌须石）
火杴（茺蔚、豨莶）
露葵（葵菜、莼）
益明（茺蔚、地肤）
千金藤（解毒之草、陈思岌）
忍冬（金银藤、麦门冬）
香茅（鼠曲草、菁茅）
丽春（罂粟、仙女蒿）

仙人掌(草、射干)
旱莲(鳢肠、连翘)
石发(乌韭、陟厘)
兰华(兰草、连翘)
羊婆奶(沙参、萝藦子)
大蓼(荭草、马蓼)
石衣(乌韭、陟厘)
鬼针(鬼钗草、鬼齿烂竹)
血见愁(茜草、地锦)
山葱(茖葱、藜芦)
地椒(野小椒、水杨梅)
斑杖(虎杖、攀倒甑)
鸡肠草(蘩缕之类、鹅不食草)
鹿葱(萱草、藜芦)
地节(葳蕤、枸杞)
芒草(芭茅、莽草)
凤尾草(金星草、贯众)
扁竹(萹蓄、射干)
莞草(白芷、茵芋)
妓女(萱草、地肤苗)
紫金牛(草根似巴戟、射干)
通草(木通、通脱木)
天豆(云实、石龙芮)
重台(蚤休、玄参)
胭脂菜(藜、落葵)
羊肠(羊之肠、羊桃)
白草(白蔹、白英)
更生(菊、雀翘)
燕尾草(兰草、慈菇)
白昌(商陆、水菖蒲)
臭草(云实、茺蔚)
地菵(草、赤地利)
红内硝(紫荆皮、何首乌)
龙须(席草、海菜)
水萍(浮萍、慈菇)
林兰(石斛、木兰)
承露仙(人肝藤、伏鸡子根)
象胆(象之胆、芦荟)
水葵(水荇、莼)
杜兰(石斛、木兰)
冬葵子(葵菜、姑活)
马尾(马之尾、商陆)
水芝(芡实、冬瓜)
屏风(防风、水荇)
三白草(候农之草、牵牛)
鸦臼(乌桕木、鹁鸠鸟)
天葵(菟葵、落葵)
赤葛(何首乌、乌蔹莓)
猢狲头(鳢肠、地锦)
鹿藿(野绿豆、葛苗)
水花(浮萍、浮石)
酸母(酸模、酢浆草)
菩提子(薏苡、无患子)
景天(慎火草、萤火虫)
山芋(山药、旱芋)
鬼盖(人参、地菌)
相思子(木红豆、郎君子虫)
王瓜(土瓜、菝葜)
石南(风药、南藤)
萝藦(雀瓢、百合)
鸡骨香(沉香、降真香)
黄瓜(胡瓜、栝蒌)
胡菜(胡荽、芸苔)
甜藤(甘藤、忍冬)
白马骨(兽之骨、又木名)
金罂(金樱子、安石榴)
胡豆(蚕豆、豌豆)
机子(山楂、杨梅)
金盏银台(水仙花、王不留行)
木棉(古贝、杜仲)

水栗（芰实、萍蓬草根）
阳桃（猕猴桃、五蔹子）
胡王使者（羌活、白头翁）
獐头（獐首、土菌）
独摇（白杨、扶移）
菥蓂（大荠、白棘）
桑上寄生（桑耳）
鼠矢（鼠粪、山茱萸）
苦心（知母、沙参）
日及（木槿、扶桑）
芨（堇、乌头）
乌犀（犀角、皂荚）
梫木（桂、又木名）
大青（大青草、扁青石）
茆（莼、女菀）
文蛤（海蛤、五倍子）
桦木（桦皮、木芙蓉）
终石（草、石）
榛（榛子、厚朴）
蜾蠃（蠮螉、栝蒌）
风药（石南、泽兰）
将军（大黄、硫黄）
椑（鼠李、漆柿）
石鲮（络石藤、穿山甲）
冬青（冻青、女贞）
石芝（芝草、石脑）
榇（梧桐、木槿）

槿　木

铅华（胡粉、黄丹）

处石（磁石、玄石）
石脑（石芝、太一余粮）
寒水石（石膏、凝水石）
石绿（绿青、绿盐）
石英（紫石英、水晶）
石盐（礜石、光明盐）
蜃（车螯、蜃蛟）
石蚕（沙虱、甘露子）
占斯（樟寄生、雀瓮虫）
鹬（田间小鸟、鱼狗鸟）
地蚕（蛴螬、甘露子）
地鸡（土菌、鼠妇）
沙虱（水虫、石蚕）
鸠（伯劳、杜鹃）
青蚨（蚨蝉、铜钱）
蟪蛄（蝉、蝼蛄）
鼯鼠（蝼蛄、鼺鼠）
飞生（飞生虫、鼫鼠）
蜗蠃（蜗牛、螺蛳）
负蠜（鼠负、皇螽）
负盘（蜚蠊、行夜）
黄颊鱼（鲢鱼、黄颡鱼）
土龙（蚯蚓、鼍龙）
白鱼（鱎鱼、衣鱼）
鱼师（有毒之鱼、鱼狗鸟）
鱼虎（土奴鱼、鱼狗鸟）
人鱼（鯑鱼、鲵鱼）
鲨鱼（吹沙鱼、鲛鱼）
天狗（獾、鱼狗鸟）
水狗（獭、鱼狗鸟）
山鸡（翟雉、鷩雉）
扶老（秃鹙、灵寿木）
鬼鸟（姑获鸟、鬼车鸟）
醴泉（瑞水名、人口中津）
无心（薇衔、鼠曲草）

朝开暮落花（木槿、狗溺台）
【比类隐名】
土青木香（马兜铃）
野天麻（茺蔚）
鬼油麻（漏芦）
甜桔梗（荠苨）
山牛蒡（大蓟）
草续断（石龙刍）
杜牛膝（天名精）
野脂麻（玄参）

参　玄

甜葶苈（菥蓂）
木羊乳（丹参）
天蔓菁（天名精）
草甘遂（蚤休）
黄芫花（荛花）
杏叶沙参（荠苨）
野鸡冠（青葙子）
山苋菜（牛膝）
黄大戟（芫花）
胡薄荷（积雪草）
龙脑薄荷（水苏）
青蛤粉（青黛）
野红花（大戟）
竹园荽（海金沙）
野园荽（鹅不食草）
野胡萝卜
草鸥头（贯众）
野茴香（马芹）
野甜瓜（土瓜）
野萱花（射干）
野天门冬（百部）
黑狗脊（贯众）
草血竭（地锦）
水巴戟（香附）
土细辛（杜衡）
獐耳细辛（及己）
草鸢头（鸢尾）
草天雄（草如兰状）
草附子（香附）
土附子（草乌头）
木藜芦（鹿骊）
山荞麦（赤地利）
金荞麦（羊蹄）
鬼蒟蒻（天南星）
山大黄（酸模）
牛舌大黄（羊蹄）
土萆薢（土茯苓）
刺猪苓（土茯苓）
白菝葜（萆薢）
赤薜荔（赤地利）
龙鳞薜荔（常春藤）
夜牵牛（紫菀）
便牵牛（牛蒡）
山甘草（紫金藤）
水甘草
木甘草
草云母（云实）
草硫黄（芡实）
草钟乳（韭菜）
草鳖甲（干茄）
山地栗（土茯苓）
羞天草（海芋）
羞天花（鬼臼）

芋　海

土质汗(芜蔚)
茅质汗
野兰(漏芦)
木天蓼
木芙蓉(拒霜)
木莲蓬(木馒头)
胡韭子(补骨脂)
野槐(苦参)
草麝香(郁金香)
石庵茼(骨碎补)
硬石膏(长石)
白灵砂(粉霜)
野茄(苍耳)
木半夏
野生姜(黄精)

相须相使相畏相恶诸药

(出徐之才《药对》,今益以诸家本草续增者。)

甘草(术、苦参、干漆为之使。恶远志。忌猪肉。)
黄芪(茯苓为之使。恶白藓、龟甲。)
人参(茯苓、马蔺为之使。恶卤咸、溲疏。畏五灵脂。)
沙参(恶防已。)
桔梗(节皮为之使。畏白芨、龙胆、龙眼。忌猪肉。伏砒。)
黄精(忌梅实。)
葳蕤(畏卤咸。)
知母(得黄檗及酒良。伏蓬砂、盐。)
术(防风、地榆为之使。忌桃、李、雀肉、菘菜、青鱼。)
狗脊(萆薢为之使。恶莎草、败酱。)
贯众(雚菌、赤小豆为之使。伏石钟乳。)
巴戟天(覆盆子为之使。恶雷丸、丹参、朝生。)
远志(得茯苓、龙骨、冬葵子良。畏真珠、蜚蠊、藜芦、齐蛤。)
淫羊藿(薯蓣、紫芝为之使。得酒良。)
玄参(恶黄芪、干姜、大枣、山茱萸。)
地榆(得发良。恶麦门冬。伏丹砂、雄黄、硫黄。)
丹参(畏咸水。)
紫参(畏辛夷。)

白头翁（蠡实为之使。得酒良。）

白芨（紫石英为之使。恶理石。畏杏仁、李核仁。）

【上草之一】

黄连（黄芩、龙骨、理石为之使。忌猪肉。畏牛膝、款冬。恶冷水、菊花、玄参、白僵蚕、白藓、芫花。）

胡黄连（忌猪肉。恶菊花、玄参、白藓。）

黄芩（龙骨、山茱萸为之使。恶葱实。畏丹砂、牡丹、藜芦。）

秦艽（菖蒲为之使。畏牛乳。）

柴胡（半夏为之使。恶皂荚。畏女菀、藜芦。）

前胡（半夏为之使。恶皂荚。畏藜芦。）

防风（畏萆薢。恶干姜、藜芦、白蔹、芫花。）

羌独活（蠡实为之使。）

苦参（玄参为之使。恶贝母、漏芦、菟丝子。伏汞、雌黄、焰硝。）

白藓（恶桔梗、茯苓、萆薢、螵蛸。）

贝母（厚朴、白薇为之使。恶桃花。畏秦艽、莽草、礜石。）

龙胆（贯众、赤小豆为之使。恶地黄、防葵。）

细辛（曾青、枣根为之使。忌生菜、狸肉。恶黄芪、狼毒、山茱萸。畏滑石、硝石。）

白薇（恶黄芪、干姜、大枣、山茱萸、大黄、大戟、干漆。）

【上草之二】

当归（恶茼茹、湿面。制雄黄。畏菖蒲、生姜、海藻、牡蒙。）

芎䓖（白芷为之使。畏黄连。伏雌黄。）

蛇床（恶牡丹、贝母、巴豆。）

藁本（恶茼茹。畏青葙子。）

白芷（当归为之使。恶旋覆花。制雄黄、硫黄。）

牡丹（忌蒜、胡荽。伏砒。畏菟丝子、贝母、大黄。）

芍药（须丸、乌药、没药为之使。恶石斛、芒硝。畏硝石、鳖甲、小蓟。）

杜若（得辛夷、细辛良。恶柴胡、前胡。）

补骨脂（得胡桃、胡麻良。恶甘草。忌诸血、芸苔。）

缩砂蔤（白檀香、豆蔻、人参、益智、黄檗、茯苓、赤白石脂为之使。得诃子、鳖甲、白芜荑良。）

蓬莪术（得酒、醋良。）

香附子（得芎䓖、苍术、醋、童子小便良。）

零陵香（伏三黄、朱砂。）

泽兰（防己为之使。）

积雪草(伏硫黄。)
香薷(忌白山桃。)
【上草之三】
菊花(术、枸杞根、桑根白皮、青葙叶为之使。)
庵蕳(荆子、薏苡为之使。)
艾叶(苦酒、香附为之使。)
茺蔚(制三黄、砒石。)
薇衔(得秦皮良。)
夏枯草(土瓜为之使。伏汞、砂。)
红蓝花(得酒良。)
续断(地黄为之使。恶雷丸。)
漏芦(连翘为之使。)
飞廉(得乌头良。恶麻黄。)
枲耳(忌猪肉、马肉、米泔。)
天名精(垣衣、地黄为之使。)
芦笋(忌巴豆。)
麻黄(厚朴、白薇为之使。恶辛夷、石苇。)
【上草之四】
地黄(得酒、麦门冬、姜汁、缩砂良。恶贝母。畏芜荑。忌葱、蒜、萝卜、诸血。)
牛膝(恶萤火、龟甲、陆英。畏白前。忌牛肉。)
紫菀(款冬为之使。恶天雄、藁本、雷丸、远志、瞿麦。畏茵陈。)
女菀(畏卤咸。)
冬葵子(黄芩为之使。)
麦门冬(地黄、车前为之使。恶款冬、苦芙、苦瓠。畏苦参、青蘘、木耳。伏石钟乳。)
款冬花(杏仁为之使。得紫菀良。恶玄参、皂荚、硝石。畏贝母、麻黄、辛夷、黄芩、黄芪、黄连、青葙。)

丹牡

佛耳草(款冬为之使。)
决明子(蓍实为之使。恶大麻子。)
瞿麦(牡丹、蘘草为之使。恶螵蛸。伏丹砂。)
葶苈(榆皮为之使。得酒、大枣良。恶白僵蚕、石龙芮。)
车前子(常山为之使。)
女青(蛇衔为之使。)
荩草(畏鼠负。)

蒺藜(乌头为之使。)

【上草之五】

大黄(黄芩为之使。恶干漆。忌冷水。)

商陆(得大蒜良。忌犬肉。伏硇砂、砒石、雌黄。)

狼毒(大豆为之使。恶麦句姜。畏醋、占斯、密陀僧。)

狼牙(芜荑为之使。恶地榆、枣肌。)

蔄茹(甘草为之使。恶麦门冬。)

大戟(小豆为之使。得枣良。恶薯蓣。畏菖蒲、芦苇、鼠屎。)

泽漆(小豆为之使。恶薯蓣。)

甘遂(瓜蒂为之使。恶远志。)

莨菪(畏蟹、犀角、甘草、升麻、绿豆。)

蓖麻(忌炒豆。伏丹砂、粉霜。)

常山(畏玉札。忌葱、菘菜。伏砒石。)

藜芦(黄连为之使。恶大黄。畏葱白。)

附子(地胆为之使。得蜀椒、食盐,下达命门。恶蜈蚣、豉汁。畏防风、黑豆、甘草、人参、黄芪、绿豆、乌韭、童溲、犀角。)

天雄(远志为之使。恶腐婢、豉汁。)

白附子(得火良。)

蜀漆(栝蒌、桔梗为之使。恶贯众。畏橐吾。)

乌头(远志、莽草为之使。恶藜芦、豉汁。畏饴糖、黑豆、冷水。伏丹砂、砒石。)

天南星(蜀漆为之使。得火、牛胆良。恶莽草。畏附子、干姜、防风、生姜。伏雄黄、丹砂、焰硝。)

半夏(射干、柴胡为之使。恶皂荚。忌海藻、饴糖、羊血。畏生姜、干姜、秦皮、龟甲、雄黄。)

鬼臼(畏垣衣。)

羊踯躅(畏栀子。恶诸石及面。伏丹砂、硇砂、雌黄。)

芫花(决明为之使。得醋良。)

莽草(畏黑豆、紫河车。)

石龙芮(巴戟为之使。畏蛇蜕皮、吴茱萸。)

荨麻(畏人溺。)

钩吻(半夏为之使。恶黄芩。)

【上草之六】

菟丝子(薯蓣、松脂为之使。得酒良。恶雚菌。)

五味子(苁蓉为之使。恶葳蕤。胜乌头。)

牵牛子(得干姜、青木香良。)

紫葳（畏卤咸。）

栝蒌根（枸杞为之使。恶干姜。畏牛膝、干漆。）

黄环（鸢尾为之使。恶茯苓、防己、干姜。）

天门冬（地黄、贝母、垣衣为之使。忌鲤鱼。畏曾青、浮萍。制雄黄、硇砂。）

何首乌（茯苓为之使。忌葱、蒜、萝卜、诸血、无鳞鱼。）

萆薢（薏苡为之使。畏前胡、柴胡、牡蛎、大黄、葵根。）

土茯苓（忌茶。）

白蔹（代赭为之使。）

威灵仙（忌茶、面汤。）

茜根（畏鼠姑。制雄黄。）

防己（殷蘖为之使。恶细辛。畏萆薢、女菀、卤咸。杀雄黄、硝石毒。）

络石（杜仲、牡丹为之使。恶铁落。铁精畏贝母、菖蒲。杀殷蘖毒。）

【上草之七】

泽泻（畏海蛤、文蛤。）

石菖蒲（秦皮、秦艽为之使。恶麻黄、地胆。忌饴糖、羊肉、铁器。）

石斛（陆英为之使。恶凝水石、巴豆。畏雷丸、僵蚕。）

石苇（滑石、杏仁、射干为之使。得菖蒲良。制丹砂、矾石。）

乌韭（垣衣为之使。）

【上草之八】

柏叶、柏实（瓜子、桂心、牡蛎为之使。畏菊花、羊蹄、诸石及面曲。）

桂（得人参、甘草、麦门冬、大黄、黄芩，调中益气。得柴胡、紫石英、干地黄，疗吐逆。畏生葱、石脂。）

辛夷（芎藭为之使。恶五石脂。畏菖蒲、黄连、蒲黄、石膏、黄环。）

沉香、檀香（忌见火。）

骐驎竭（得密陀僧良。）

丁香（畏郁金。忌火。）

【上木之一】

黄檗木（恶干漆。伏硫黄。）

厚朴（干姜为之使。恶泽泻、硝石、寒水石。忌豆。）

杜仲（恶玄参、蛇蜕皮。）

干漆（半夏为之使。畏鸡子、紫苏、杉木、漆姑草、蟹。忌猪脂。）

桐油（畏酒。忌烟。）

楝实（茴香为之使。）

石　矾

槐实(景天为之使。)

秦皮(大戟为之使。恶吴茱萸、苦瓠、防葵)

皂荚(柏实为之使。恶麦门冬。畏人参、苦参、空青。伏丹砂、粉霜、硫黄、硇砂。)

巴豆(芫花为之使。得火良。恶蘘草、牵牛。畏大黄、藜芦、黄连、芦笋、菰笋、酱、豉、豆汁、冷水。)

笋蘆

栾华(决明为之使。)

【上木之二】

桑根白皮(桂心、续断、麻子为之使。)

酸枣(恶防己。)

山茱萸(蓼实为之使。恶桔梗、防风、防己。)

五加皮(远志为之使。畏玄参、蛇皮。)

溲疏(漏芦为之使。)

牡荆实(防风为之使。恶石膏。)

蔓荆子(恶乌头、石膏。)

栾荆子(决明为之使。恶石膏。)

石南(五加皮为之使。恶小蓟。)

【上木之三】

茯苓、茯神(马蔺为之使。得甘草、防风、芍药、麦门冬、紫石英,疗五脏。恶白蔹、米醋、酸物。畏地榆、秦艽、牡蒙、龟甲、雄黄。)

雷丸(荔实、厚朴、芫花、为之使。恶蓄根葛根。)

桑寄生(忌火。)

竹沥(姜汁为之使。)

占斯(茱萸为之使。)

【上木之四】

杏仁(得火良。恶黄芩、黄芪、葛根。畏蓑草。)

桃仁(香附为之使。)

榧实壳(反绿豆,杀人。)

秦椒(恶栝蒌、防葵。畏雌黄。)

蜀椒(杏仁为之使。得盐良。畏款冬花、防风、附子、雄黄、冷水、麻仁、浆。)

吴茱萸(蓼实为之使。恶丹参、硝石、白垩。畏紫石英。)

食茱萸(畏紫石英。)

石莲子(得茯苓、山药、白术、枸杞子良。)

莲蕊须(忌地黄、葱、蒜。)

荷叶（畏桐油。）

【上果部】

麻花（畏牡蛎。虫为之使。）

麻仁（恶茯苓。畏牡蛎、白薇。）

小麦面（畏汉椒、萝卜。）

大麦（石蜜为之使。）

罂粟壳（得醋、乌梅、橘皮良。）

大豆（得前胡、杏仁、牡蛎、乌喙、诸胆汁良。恶五参、龙胆、猪肉。）

大豆黄卷（得前胡、杏子、牡蛎、天雄、乌喙、鼠屎、石蜜良。恶海藻、龙胆。）

诸豆粉（畏杏仁。）

【上谷部】

生姜（秦椒、秦艽为之使。恶黄芩、黄连、天鼠粪。杀半夏、南星、莨菪毒。）

干姜（同。）

莳香（得酒良。）

菥蓂子（得荆实、细辛良。恶干姜、苦参。）

薯蓣（紫芝为之使。恶甘遂。）

藿菌（得酒良。畏鸡子。）

六芝（并薯蓣为之使。得发良。得麻子仁、牡桂、白瓜子，益人。畏扁青、茵陈蒿。恶常山。）

【上菜部】

金（恶锡。畏水银、翡翠石、余甘子、驴马脂。）

朱砂银（畏石亭脂、磁石、铁。忌诸血。）

生银（恶锡。畏石亭脂、磁石、荷叶、蕈灰、羚羊角、乌贼骨、黄连、甘草、飞廉、鼠尾、龟甲、生姜、地黄、羊脂、苏子油。恶羊血、马目毒公。）

赤铜（畏苍术、巴豆、乳香、胡桃、慈菇、牛脂。）

黑铅（畏紫背天葵。）

胡粉（恶雌黄。）

锡（畏五灵脂、伏龙肝、羖羊角、马鞭草、地黄、巴豆、蓖麻、姜汁、砒石、硇砂。）

诸铁（制石亭脂。畏磁石、皂荚、乳香、灰炭、朴硝、硇砂、盐卤、猪犬脂、荔枝。）

馬鞭草

【上金石之一】

玉屑（恶鹿角。畏蟾肪。）

玉泉（畏款冬花、青竹。）

青琅玕（得水银良。杀锡毒。畏鸡骨。）

本草綱目

白石英(恶马目毒公。)

紫石英(长石为之使。得茯苓、人参、芍药,主心中结气。得天雄、菖蒲,主霍乱。恶鮀甲、黄连、麦句姜。畏扁青、附子及酒。)

云母(泽泻为之使。恶徐长卿、忌羊血。畏鮀甲、矾石、东流水、百草上露、茅屋漏水。制汞。伏丹砂。)

【上金石之二】

丹砂(恶磁石。畏咸水、车前、石苇、皂荚、决明、瞿麦、南星、乌头、地榆、桑椹、紫河车、地丁、马鞭草、地骨皮、阴地厥、白附子。忌诸血。)

水银(畏磁石、砒石、黑铅、硫黄、大枣、蜀椒、紫河车、松脂、松叶、荷叶、谷精草、金星草、萱草、夏枯草、莨菪子、雁来红、马蹄香、独脚莲、水慈菇、瓦松、忍冬。)

汞粉(畏磁石、石黄、黑铅、铁浆、陈酱、黄连、土茯苓。忌一切血。)

粉霜(畏硫黄、荞麦秆灰。)

雄黄(畏南星、地黄、莴苣、地榆、黄芩、白芷、当归、地锦、苦参、五加皮、紫河车、五叶藤、鹅肠草、鸡肠草、鹅不食草、圆桑叶、猬脂。)

雌黄(畏黑铅、胡粉、芎䓖、地黄、独帚、益母、羊不食草、地榆、瓦松五加皮、冬瓜汁。)

石膏(鸡子为之使。畏铁。恶莽草、巴豆、马目毒公。)

理石(滑石为之使。恶麻黄。)

方解石(恶巴豆。)

滑石(石苇为之使。恶曾青。制雄黄。)

不灰木(制三黄、水银。)

五色石脂(畏黄芩、大黄、官桂。)

赤石脂(恶大黄、松脂。畏芫花、豉汁。)

白石脂(燕屎为之使。恶松脂。畏黄芩、黄连、甘草、飞廉、毒公。)

黄石脂(曾青为之使。恶细辛。畏蜚蠊、黄连、甘草。忌卵味。)

孔公蘖(木兰为之使。恶术、细辛。忌羊血。)

石钟乳(蛇床为之使。恶牡丹、玄石、牡蒙、人参、术。忌羊血。畏紫石英、蘘草、韭实、独蒜、胡葱、胡荽、麦门冬、猫儿眼草。)

殷蘖(恶防己。畏术。)

【上金石之三】

阳起石(桑螵蛸为之使。恶泽泻、雷丸、菌桂、石葵、蛇蜕皮。畏菟丝子。忌羊血。)

磁石(柴胡为之使。恶牡丹、莽草。畏黄石脂。杀铁毒。消金。伏丹砂。养水银。)

玄石(恶松脂、柏实、菌桂。)

代赭石(干姜为之使。畏天雄、附子。)

禹余粮(牡丹为之使。制五金、三黄。)

太一余粮(杜仲为之使。畏贝母、菖蒲、铁落。)

空青、曾青(畏菟丝子。)

石胆(水英、陆英为之使。畏牡桂、菌桂、辛夷、白薇、芫花。)

礜石(得火良。铅丹、棘针为之使。畏水。恶马目毒公、虎掌、细辛、鹜屎。忌羊血。)

砒石(畏冷水、绿豆、醋、青盐、蒜、硝石、水蓼、常山、益母、独帚、菖蒲、木律、菠薐、莴苣、鹤顶草、三角酸、鹅不食草。)

礞石(得焰硝良。)

【上金石之四】

大盐(漏芦为之使。)

朴硝(大黄、石苇为之使。畏麦句姜、京三棱。)

凝水石(畏地榆。)

硝石(火为之使。恶曾青、苦参、苦菜。畏女菀、杏仁、竹叶、粥。)

硇砂(制五金、八石。忌羊血。畏一切酸浆水、醋、乌梅、牡蛎、卷柏、萝卜、独帚、羊蹄、商陆、冬瓜、苍耳、蚕砂、海螵蛸、羊䯗骨、羊踯躅、鱼腥草、河豚鱼胶。)

蓬砂(畏知母、芸苔、紫苏、甑带、何首乌、鹅不食草。)

石硫黄(曾青、石亭脂为之使。畏细辛、飞廉、朴硝、铁、醋、黑锡、猪肉、鸭汁、余甘子、桑灰、益母、天盐、车前、黄檗、何首乌、石苇、荞麦、独帚、地骨皮、地榆、蛇床、蓖麻、菟丝、蚕砂、紫荷、菠薐、桑白皮、马鞭草。)

矾石(甘草为之使。恶牡蛎。畏麻黄、红心灰藋。)

绿矾(畏醋。)

【上金石之五】

蜜蜡(恶芫花、齐蛤。)

蜂子(畏黄芩、芍药、白前、牡蛎、紫苏、生姜、冬瓜、苦荬。)

露蜂房(恶干姜、丹参、黄芩、芍药、牡蛎。)

桑螵蛸(得龙骨,止泄精。畏旋覆花、戴椹。)

白僵蚕(恶桔梗、茯苓、茯神、萆薢、桑螵蛸。)

晚蚕砂(制硇砂、焰硝、粉霜。)

斑蝥(马刀为之使。得糯米、小麻子良。恶曾青、豆花、甘草。畏巴豆、丹参、空青、黄连、黑豆、靛汁、葱、茶、醋。)

芫青、地胆、葛上亭长(并同斑蝥。)

蜘蛛(畏蔓青、雄黄。)

水蛭(畏石灰、食盐。)

蛴螬(蜚蠊为之使。恶附子。)
蜣螂(畏石膏、羊角、羊肉。)
衣鱼(畏芸草、莽草、莴苣。)
䗪虫(畏皂荚、菖蒲、屋游。)
蜚虻(恶麻黄。)
蜈蚣(畏蛞蝓、蜘蛛、白盐、鸡屎、桑白皮。)
蚯蚓(畏葱、盐。)
蜗牛、蛞蝓(畏盐。)
【上虫部】
龙骨、龙齿(得人参、牛黄、黑豆良。畏石膏、铁器。忌鱼。)
龙角(畏蜀椒、理石、干漆。)
鼍甲(蜀漆为之使。畏芫花、甘遂、狗胆。)
蜥蜴(恶硫黄、斑蝥、芜荑。)
蛇蜕(得火良。畏磁石及酒。)
白花蛇、乌蛇(得酒良。)
鲤鱼胆(蜀漆为之使。)
乌贼鱼骨(恶白芨、白蔹、附子。)
河豚鱼(畏橄榄、甘蔗、芦根、粪汁、鱼茗木、乌蓝草根。)
【上鳞部】
龟甲(恶沙参、蜚蠊。畏狗胆。)
鳖甲(恶矾石、理石。)
牡蛎(贝母为之使。得甘草、牛膝、远志、蛇床子良。恶麻黄、吴茱萸、辛夷。伏硇砂。)
蚌粉(制石亭脂、硫黄。)
马刀(得火良。)
海蛤(蜀漆为之使。畏狗胆、甘遂、芫花。)
【上介部】
伏翼(苋实、云实为之使。)
夜明沙(恶白蔹、白薇。)
五灵脂(恶人参。)
【上禽部】
羖羊角(菟丝子为之使。)
羊胫骨(伏硇砂。)
羖羊屎(制粉霜。)

橄　榄

牛乳(制秦艽、不灰木。)

马脂、驼脂(柔五金。)

阿胶(得火良。薯蓣为之使。畏大黄。)

牛黄(人参为之使。得牡丹、菖蒲,利耳目。恶龙骨、龙胆、地黄、常山、蜚蠊。畏牛膝、干漆。)

犀角(松脂、升麻为之使。恶雷丸、雚菌、乌头、乌喙。)

熊胆(恶防已、地黄。)

鹿茸(麻勃为之使。)

鹿角(杜仲为之使。)

鹿角胶(得火良。畏大黄。)

麋脂(忌桃、李。畏大黄。)

麝香(忌大蒜。)

猬皮(得酒良。畏桔梗、麦门冬。)

猬脂(制五金、八石。伏雄黄。)

【上兽部】

相反诸药(凡三十六种)

甘草(反大戟、芫花、甘遂、海藻。)

大戟(反芫花、海藻。)

乌头(反贝母、栝蒌、半夏、白蔹、白芨。)

藜芦(反人参、沙参、丹参、玄参、苦参、细辛、芍药、狸肉。)

河豚(反煤炲、荆芥、防风、菊花、桔梗、甘草、乌头、附子。)

蜜(反生葱。)

柿(反蟹。)

服药食忌

甘草(忌猪肉、菘菜、海菜。)

黄连、胡黄连(忌猪肉、冷水。)

苍耳(忌猪肉、马肉、米泔。)

桔梗、乌梅(忌猪肉。)

仙茅(忌牛肉、牛乳。)

半夏、菖蒲(忌羊肉、羊血、饴糖。)

牛膝(忌牛肉。)

阳起石、云母、钟乳、硇砂、礜石(并忌羊血。)
商陆(忌犬肉。)
丹砂、空青、轻粉(并忌一切血。)
吴茱萸(忌猪心、猪肉。)
地黄、何首乌(忌一切血、葱、蒜、萝卜。)
补骨脂(忌猪血、芸苔。)
细辛、藜芦(忌狸肉、生菜。)
荆芥(忌驴肉。反河豚、一切无鳞鱼、蟹。)
紫苏、天门冬、丹砂、龙骨(忌鲤鱼。)
巴豆(忌野猪肉、菰笋、芦笋、酱、豉、冷水。)
苍术、白术(忌雀肉、青鱼、菘菜、桃、李。)
薄荷(忌鳖肉。)
麦门冬(忌鲫鱼。)
常山(忌生葱、生菜。)
附子、乌头、天雄(忌豉汁、稷米。)
牡丹(忌蒜、胡荽。)
厚朴、蓖麻(忌炒豆。)
鳖甲(忌苋菜。)
威灵仙、土茯苓(忌面汤、茶。)
当归(忌湿面。)
丹参、茯苓、茯神(忌醋及一切酸。)
凡服药,不可杂食肥猪、犬肉、油腻羹鲙、腥臊陈臭诸物。
凡服药,不可多食生蒜、胡荽、生葱、诸果、诸滑滞之物。
凡服药,不可见死尸、产妇、淹秽等事。

妊娠禁忌

乌头、附子、天雄、乌喙、侧子、野葛、羊踯躅、桂、南星、半夏、巴豆、大戟、芫花、藜芦、薏苡仁、薇衔、牛膝、皂荚、牵牛、厚朴、槐子、桃仁、牡丹皮、樬根、茜根、茅根、干漆、瞿麦、蔺茹、赤箭、草三棱、鬲草、鬼箭、通草、红花、苏木、麦蘖、葵子、代赭石、常山、水银、锡粉、硇砂、砒石、芒硝、硫黄、石蚕、雄黄、水蛭、虻虫、芫青、斑蝥、地胆、蜘蛛、蝼蛄、葛上亭长、蜈蚣、衣鱼、蛇蜕、蜥蜴、飞生、䗪虫、樗鸡、蚱蝉、蛴螬、猬皮、牛黄、麝香、雌黄、兔肉、蟹爪甲、犬肉、马肉、驴肉、羊肝、鲤鱼、蛤蟆、鳅鳝、龟鳖、蟹、生姜、小蒜、雀肉、马刀。

子龙石

饮食禁忌

猪肉忌(生姜、荞麦、葵菜、胡荽、梅子、炒豆、牛肉、马肉、羊肝、麋鹿、龟鳖、鹌鹑、驴肉。)

猪肝忌(鱼鲙、鹌鹑、鲤鱼肠子。)

猪心肺忌(饴、白花菜、吴茱萸。)

羊肉忌(梅子、小豆、豆酱、荞麦、鱼鲙、猪肉、醋、酪、鲊。)

羊心肝忌(梅、小豆、生椒、苦笋。)

白狗血忌(羊、鸡。)

犬肉忌(菱角、蒜、牛肠、鲤鱼、鳝鱼。)

驴肉忌(凫茈、荆芥、茶、猪肉。)

牛肉忌(黍米、韭薤、生姜、猪肉、犬肉、栗子。)

牛肝忌(鲇鱼。)

牛乳忌(生鱼、酸物。)

马肉忌(仓米、生姜、苍耳、粳米、猪肉、鹿肉。)

兔肉忌(生姜、橘皮、芥末、鸡肉、鹿肉、獭肉。)

獐肉忌(梅、李、生菜、鹄、虾。)

麋鹿忌(生菜、菰蒲、鸡、鮠鱼、雉、虾。)

鸡肉忌(胡蒜、芥末、生葱、糯米、李子、鱼汁、犬肉、鲤鱼、兔肉、獭肉、鳖肉、野鸡。)

鸡子忌(同鸡。)

雉肉忌(荞麦、木耳、蘑菇、胡桃、鲫鱼、猪肝、鲇鱼、鹿肉。)

野鸭忌(胡桃、木耳。)

鸭子忌(李子、鳖肉。)

鹌鹑忌(菌子、木耳。)

雀肉忌(李子、酱、诸肝。)

鲤鱼忌(猪肝、葵菜、犬肉、鸡肉。)

鲫鱼忌(芥菜、蒜、糖、猪肝、鸡雉、鹿肉、猴肉。)

青鱼忌(豆藿。)

鱼鲊忌(豆藿、麦酱、蒜、葵、绿豆。)

黄鱼忌(荞麦。)

鲈鱼忌(乳酪。)

鲟鱼忌(干笋。)

鮰鱼忌(野猪、野鸡。)

耳木

鲐鱼忌(牛肝、鹿肉、野猪。)
鳅鳝忌(犬肉、桑柴煮。)
鳖肉忌(苋菜、薄荷、芥菜、桃子、鸡子、鸭肉、猪肉、兔肉。)
螃蟹忌(荆芥、柿子、橘子、软枣。)
虾子忌(猪肉、鸡肉。)
李子忌(蜜、浆水、鸭、雀肉、鸡、獐。)
橙橘忌(槟榔、獭肉。)
桃子忌(鳖肉。)
枣子忌(葱、鱼。)
枇杷忌(热面。)
杨梅忌(生葱。)
银杏忌(鳗鲡。)
慈菇忌(茱萸。)
诸瓜忌(油饼。)
沙糖忌(鲫鱼、笋、葵菜。)
荞麦忌(猪肉、羊肉、雉肉、黄鱼。)
黍米忌(葵菜、蜜、牛肉。)
绿豆忌(榧子杀人、鲤鱼鲊。)
炒豆忌(猪肉。)
生葱忌(蜜、鸡、枣、犬肉、杨梅。)
韭薤忌(蜜、牛肉。)
胡荽忌(猪肉。)
胡蒜忌(鱼鲙、鱼鲊、鲫鱼、犬肉、鸡。)
苋菜忌(蕨、鳖。)
白花菜忌(猪心、肺。)
梅子忌(猪肉、羊肉、獐肉。)
凫茈忌(驴肉。)
生姜忌(猪肉、牛肉、马肉、兔肉。)
芥末忌(鲫鱼、兔肉、鸡肉、鳖。)
干笋忌(沙糖、鲟鱼、羊心肝。)
木耳忌(雉肉、野鸭、鹌鹑。)
胡桃忌(野鸭、酒、雉。)
栗子忌(牛肉。)

李东垣随症用药凡例

风中六腑(手足不遂,先发其表,羌活、防风为君,随证加药。然后行经养血,当归、秦艽、独活之类,随经用之。)

风中五脏(耳聋目瞀,先疏其里,三化汤。然后行经,独活、防风、柴胡、白芷、川芎随经用之。)

芎 川

破伤中风(脉浮在表,汗之;脉沉在里,下之。背搐,羌活、防风;前搐,升麻、白芷;两旁搐,柴胡、防风;右搐,加白芷。)

伤风恶风(防风为君,麻黄、甘草佐之。)

伤寒恶寒(麻黄为君,防风、甘草佐之。)

六经头痛(须用川芎。加引经药:太阳,蔓荆;阳明,白芷;太阴,半夏;少阴,细辛;厥阴,吴茱萸;巅顶,藁本。)

眉棱骨痛(羌活,白芷、黄芩。)

风湿身痛(羌活。)

嗌痛颔肿(黄芩、鼠粘子、甘草、桔梗。)

肢节肿痛(羌活。)

眼暴赤肿(防风、芩、连泻火,当归佐。酒煎服。)

眼久昏暗(熟地、当归为君,羌、防为臣,甘草、甘菊之类佐之。)

风热牙疼(喜冷恶热,生地、当归、升麻、黄连、牡丹皮、防风。)

肾虚牙疼(桔梗、升麻、细辛、吴茱萸。)

风湿诸病(须用羌活、白术。)

风冷诸病(须用川乌。)

一切痰饮(须用半夏。风加南星,热加黄芩,湿加白术、陈皮,寒,加干姜。)

风热诸病(须用荆芥、薄荷。)

诸咳嗽病(五味为君。痰,用半夏;喘,加阿胶佐之;不拘有热无热,少加黄芩;春,加川芎、芍药;夏,加栀子、知母;秋,加防风;冬,加麻黄、桂枝之类。)

诸嗽有痰(半夏、白术、五味、防风、枳壳、甘草。)

咳嗽无痰(五味、杏仁、贝母、生姜、防风。)

有声有痰(半夏、白术、五味、防风。)

寒喘痰急(麻黄、杏仁。)

热喘咳嗽(桑白皮、黄芩、诃子。)

水饮湿喘(白矾、皂荚、葶苈。)

热喘燥喘(阿胶、五味、麦门冬。)

气短虚喘(人参、黄芪、五味。)

诸疟寒热(柴胡为君。)

脾胃困倦(参、芪、苍术。)

不思饮食(木香、藿香。)

脾胃有湿(嗜卧有痰。白术、苍术、茯苓、猪苓、半夏、防风。)

上焦湿热(黄芩泻肺火。)

中焦湿热(黄连泻心火。)

下焦湿热(酒洗黄檗、知母、防己。)

下焦湿肿(酒洗汉防己、龙胆草为君,甘草、黄檗为佐。)

腹中胀满(须用姜制厚朴、木香。)

腹中窄狭(须用苍术。)

腹中实热(大黄、芒硝。)

过伤饮食热物(大黄为君。冷物,巴豆为丸散。)

宿食不消(须用黄连、枳实。)

胸中烦热(须用栀子仁、茯苓。)

胸中痞塞(实用厚朴、枳实;虚用芍药、陈皮;痰热用黄连、半夏;寒用附子、干姜。)

六郁痞满(香附、抚芎。湿加苍术;痰加陈皮;热加栀子;食加神曲;血加桃仁。)

诸气刺痛(枳壳、香附,加引经药。)

诸血刺痛(须加当归,详上下,用根梢。)

胁痛寒热(须用柴胡。)

胃脘寒痛(须加草豆蔻、吴茱萸。)

少腹疝痛(须加青皮、川楝子。)

脐腹疼痛(加熟地、乌药。)

诸痢腹痛(下后白芍、甘草为君,当归、白术佐之;先痢后便,黄檗为君,地榆佐之;先便后痢,黄芩为君,当归佐之;里急,硝、黄下之;后重,加木香、藿香、槟榔和之;腹痛用芍药;恶寒加桂;恶热加黄芩;不痛芍药减半。)

水泻不止(须用白术、茯苓为君,芍药、甘草佐之。谷不化,加防风。)

小便黄涩(黄檗、泽泻。)

小便不利(黄檗、知母为君,茯苓、泽泻为使。)

心烦口渴(干姜、茯苓、天花粉、乌梅。禁半夏、葛根。)

小便余沥(黄檗、杜仲。)

茎中刺痛(生甘草梢。)

肌热有痰(须用黄芩。)

虚热有汗(须用黄芪、地骨皮、知母。)

虚热无汗(用牡丹皮、地骨皮。)

潮热有时(黄芩。午加黄连;未加石膏;申加柴胡;酉加升麻;辰、戌加羌活;夜加当归。)

自汗盗汗(须用黄芪、麻黄根。)

惊悸恍惚(须用茯神。)

一切气痛(调胃,香附、木香;破滞气,青皮、枳壳;泄气,牵牛、萝卜子;助气,木香、藿香;补气,人参、黄芪;冷气,草蔻、丁香。)

一切血痛(活血补血,当归、阿胶、川芎、甘草;凉血,生地黄;破血,桃仁、红花、苏木、茜根、延胡索、郁李仁;止血,发灰,棕灰。)

上部见血(须用防风、牡丹皮、剪草、天麦门冬为使。)

中部见血(须用黄连、芍药为使。)

下部见血(须用地榆为之使。)

新血红色(生地黄、炒栀子。)

陈血瘀色(熟地黄。)

诸疮痛甚(苦寒为君,黄芩、黄连;佐以甘草,详上下用根梢及引经药。十二经皆用连翘;知母、生地黄酒洗为用;参、芪、甘草、当归,泻心火,助元气,止痛;解结,用连翘、当归、藁本;活血去血,用苏木、红花、牡丹皮;脉沉病在里,宜加大黄利之;脉浮为表,宜行经,芩、连、当归、人参、木香、槟榔、黄檗、泽泻;自腰以上至头者,加枳壳引至疮所;加鼠粘子,出毒消肿;加肉桂,入心引血化脓;坚不溃者,加王瓜根、黄药子、三棱、莪术、昆布。)

上身有疮(须用黄芩、防风、羌活、桔梗;上截黄连;下身黄檗、知母、防风,用酒水各半煎。引药入疮,用皂角针。)

下部痔漏(苍术、防风为君,甘草、芍药佐之,详证加减。)

妇人胎前(有病,以黄芩、白术安胎,然后用治病药;发热及肌热者,芩、连、参、芪。腹痛者,白芍、甘草。)

产后诸病(忌柴胡、黄连、芍药。渴去半夏加白茯苓;喘嗽去人参;腹胀去甘草;血痛加当归、桃仁。)

小儿惊搐(与破伤风同。)

心热(摇头咬牙额黄,黄连、甘草、导赤散。)

肝热(目眩,柴胡、防风、甘草、泻青丸。)

脾热(鼻上红,泻黄散。)

肺热(右腮红,泻白散。)

肾热(额上红,知母、黄檗、甘草。)

陈藏器诸虚用药凡例

夫众病积聚,皆起于虚也,虚生百病。积者五脏之所积;聚者六腑之所聚。如斯等疾,多从旧方,不假增损。虚而劳者,其弊万端,宜应随病增减。古之善为医者,皆自采药,审其体性所主,取其时节早晚,早则药势未成,晚则盛势已歇。今之为医,不自采药,且不委节气早晚,又不知冷热消息分两多少,徒有疗病之名,永无必愈之效,此实浮惑。聊复审其冷热,记增损之主尔。

虚劳头痛复热,加(枸杞、葳蕤。)

虚而欲吐,加(人参。)

虚而不安,亦加(人参。)

虚而多梦纷纭,加(龙骨。)

虚而多热,加(地黄、牡蛎、地肤子、甘草。)

虚而冷,加(当归、芎䓖、干姜。)

虚而损,加(钟乳、棘刺、苁蓉、巴戟天。)

虚而大热,加(黄芩、天门冬。)

虚而多忘,加(茯神、远志。)

虚而口干,加(麦门冬、知母。)

虚而吸吸,加(胡麻、覆盆子、柏子仁。)

虚而多气兼微咳,加(五味子、大枣。)

虚而惊悸不安,加(龙齿、沙参、紫石英、小草。若冷,则用紫石英、小草;若客热,即用沙参、龙齿;不冷不热,皆用之。)

虚而身强,腰中不利,加(磁石、杜仲。)

虚而多冷,加(桂心、吴茱萸、附子、乌头。)

虚而劳,小便赤,加(黄芩。)

虚而客热,加(地骨皮、白水黄芪。白水,地名。)

虚而冷,加(陇西黄芪。)

虚而痰,复有气,加(生姜、半夏、枳实。)

虚而小肠利,加(桑螵蛸、龙骨、鸡膍胵。)

虚而小肠不利,加(茯苓、泽泻。)

虚而损,溺白,加(厚朴。)

髓竭不足,加(生地黄、当归。)

肺气不足,加(天门冬、麦门冬、五味子。)

心气不足,加(上党参、茯神、菖蒲。)

肝气不足,加(天麻、川芎。)

脾气不足,加(白术、白芍药、益智。)

肾气不足,加(熟地黄、远志、牡丹皮。)

胆气不足,加(细辛、酸枣仁、地榆。)

神昏不足,加(朱砂、预知子、茯神。)

张子和汗吐下三法

人身不过表里,气血不过虚实。良工先治其实,后治其虚。粗工或治实,或治虚。谬工则实实、虚虚。惟庸工能补其虚,不敢治其实。举世不省其误,此余所以著三法也。夫病非人身素有之物,或自外入,或自内生,皆邪气也。邪气中人,去之,可也;揽而留之可乎?留之轻则久而自尽;甚则久而不已;更甚则暴死矣。若不去邪而先以补剂,是盗未出门而先修室宇,真气未胜而邪已横骛矣。惟脉脱下虚、无邪无积之人,始可议补尔。他病惟先用三法,攻去邪气,而元气自复也。《素问》一书,言辛甘发散、淡渗泄为阳,酸、苦、咸涌泄为阴。发散归于汗,涌归于吐,泄归于下。渗为解表同于汗;泄为利小便同于下,殊不言补。所谓补者,辛补肝,咸补心,甘补肾,酸补脾,苦补肺,更相君臣佐使,皆以发腠理、致津液、通气血而已,非今人所用温燥邪僻之补也。盖草木皆以治病,病去则五谷、果、菜、肉皆补物也,犹当辨其五脏所宜,毋使偏倾可也。若以药为补,虽甘草、苦参,久服必有偏胜增气而夭之虑,况大毒有毒乎。是故三法犹刑罚也,粱肉犹德教也。治乱用刑,治治用德,理也。余用三法,常兼众法,有按有跷,有揃有导,有减增,有续止。医者不得余法而反诬之,哀哉!如引涎漉涎、取嚏追泪,凡上行者,皆吐法也。熏蒸、渫洗、熨烙、针刺、砭射、导引、按摩,凡解表者,皆汗法也。催生、下乳、磨积、逐水、破经、泄气,凡下行者,皆下法也。天之六气,风、寒、暑、湿、燥、火,发病多在上;地之六气,雾、露、雨、雪、水、泥,发病多在乎下;人之六味,酸、苦、甘、辛、咸、淡,发病多在乎中。发病者三,出病者亦三。风寒之邪,结搏于皮肤之间,滞于经络之内,留而不去,或发痛注麻痹、肿痒拘挛,皆可汗而出之。痰饮宿食在胸膈为诸病,皆可涌而出之。寒湿固冷火热客下焦发为诸病,皆可泄而出之。吐中有汗,下中有补。《经》云:知其要者,一言而终,是之谓也。

吐法

凡病在胸膈中脘以上者,皆宜吐之。考之本草:吐药之苦寒者,瓜蒂、栀子、茶末、豆豉、黄连、苦参、大黄、黄芩。辛苦而寒者,常山、藜芦、郁金;甘而寒者,桐油。甘而温者,牛肉。甘苦而寒者,地黄、人参芦。苦而温者,青木香、桔梗芦、远志、厚朴。辛苦而温者,薄荷、芫花、菘萝;辛而温者,萝卜子、谷精草、葱根须、杜衡、皂荚;辛而寒者,胆矾、石绿、石青。辛而温者,蝎梢、乌梅、乌头、附子尖、轻粉。酸而寒者,晋矾、绿矾、齑汁。酸而平者,铜绿。甘酸而平者,赤小豆。酸而温者,饭浆。咸而寒者,青盐、沧盐、白米饮。甘而寒者,牙硝。辛而热者,砒石。诸药惟常山、胆矾、瓜蒂有小毒。藜芦、芫花、乌、附、砒石有大毒;他皆吐药之无毒者。凡用法:先宜少服;不涌渐加之,仍以鸡羽撩之;不出,以齑投之;不吐再投,且投且探,无不吐者。吐至瞑眩,慎勿惊疑,但饮冰水新水立解。强者可一吐而安;弱者作三次吐之。吐之次日,有顿快者;有转甚者,引之未尽也,俟数日再吐之。吐后不禁物,惟忌饱食酸咸硬物干物、油肥之物。吐后心火既降,阴道必强,大禁房室悲忧,病人既不自责，必归罪于吐法也。不可吐者有八：性刚暴好怒喜淫者；病势已危老弱气衰者；自吐不止者；阳败血虚者；吐血咯血衄血嗽血崩血溺血者；病人粗知医书不辨邪正者；病人无正性反复不定者；左右多嘈杂之言者，皆不可吐。吐则转生他病，反起谤端；虽恳切求之，不可强从也。

汗法

风寒暑湿之邪，入于皮肤之间而未深，欲速去之，莫如发汗，所以开玄府而逐邪气也。然有数法：有温热发汗，寒凉发汗，熏渍发汗，导引发汗，皆所以开玄府而逐邪气也。以本草校之：荆芥、薄荷、白芷、陈皮、半夏、细辛、苍术、天麻、生姜、葱白，皆辛而温者也。蜀椒、胡椒、茱萸、大蒜，皆辛而热者也。青皮、防已、秦艽，其辛而平者乎。麻黄、人参、大枣，其甘而温者乎。葛根、赤茯苓，其甘而平者乎。桑白皮，其甘而寒者乎。防风、当归，其甘辛而温者乎。官桂、桂枝，其甘辛而大热者乎。厚朴、桔梗，其苦而温者乎。黄芩、知母、枳实、苦参、地骨皮、柴胡、前胡，其苦而寒者乎。羌活、独活，其苦辛而微温者乎。升麻，其苦甘且平者乎。芍药，其酸而微寒者乎。浮萍，其辛酸而寒者乎。凡此皆发散之属也。善择者，当热而热，当寒而寒；不善择者反此，则病有变也。发汗中病则止，不必尽剂。凡破伤风、小儿惊风、飧泄不止、酒病火病，皆宜汗之，所谓火郁则发之也。

下法

积聚陈莝于中，留结寒热于内，必用下之。陈莝去而肠胃洁，癥瘕尽而营卫通，下之者所以补之也。庸工妄投，当寒反热，当热反寒，故谓下为害也。考以本草：下之寒者，戎盐之咸，犀角之酸咸，沧盐、泽泻之甘咸，枳实之苦酸，腻粉之辛，泽漆之苦辛，杏仁之苦甘。下之微寒者，猪胆之苦。下之大寒者，牙硝之甘，大黄、牵牛、瓜蒂、苦瓠、牛胆、蓝汁、羊蹄根苗之苦，大戟、甘遂之苦甘，朴硝、芒硝之苦咸。下之温者，槟榔之辛，芫花之苦辛，石蜜之甘，皂角之辛咸。下之热者，巴豆之辛。下之凉者，猪羊血之咸。下之平者，郁李仁之酸，桃花之苦，皆下药也。惟巴豆性热，非寒积不可轻用；妄下则使人津液涸竭，留毒不去，胸热口燥，转生他病也。其不可下者凡四：洞泄寒中者，表里俱虚者，厥而唇青手足冷者，小儿病后慢惊者，误下必致杀人。其余大积大聚、大痞大秘、大燥大坚，非下不可，但须寒热积气用之，中病则止，不必尽剂也。

病有八要六失六不治

（注详见神农名例）

《药对》岁物药品

立冬之日，菊、卷柏先生时，为阳起石、桑螵蛸。凡十物使，主二百草为之长。

立春之日，木兰、射干先生，为柴胡，半夏使。主头痛四十五节。

立夏之日，蜚蠊先生，为人参、茯苓使。主腹中七节，保神守中。

花　菊

夏至之日，豕首、茱萸先生，为牡蛎、乌喙使。主四肢三十二节。

立秋之日，白芷、防风先生，为细辛、蜀漆使。主胸背二十四节。

禹锡曰：五条出《药对》中，义旨渊深，非俗所究，而是主统之本，故载之。时珍曰：此亦《素问》岁物之意，出上古雷公《药对》中，而义不传尔。按杨慎《卮言》云：白字本草，相传出自神农。今观其中，如肠鸣幽幽，劳极洒洒，发髮仍自还神化。及此五条，文近《素问》，决非后世医所能为也。此文以立冬日为始，则上古以建子为正也。

《神农本草经》目录

时珍曰：《神农古本草》凡三卷，三品共三百六十五种，首有名例数条。至陶氏作《别录》，乃拆分各部，而三品亦移改，又拆出青葙、赤小豆二条，故有三百六十七种。逮乎唐、宋，屡经变易，旧制莫考。今又并入已多，故存此目，以备考古云耳。

上品药一百二十种

丹砂、云母、玉泉、石钟乳、矾石、硝石、朴硝、滑石、空青、曾青、禹余粮、太一余粮、白石英、紫石英、五色石脂、菖蒲、菊花、人参、天门冬、甘草、干地黄、术、菟丝子、牛膝、茺蔚子、女萎、防葵、麦门冬、独活、车前子、木香、薯蓣、薏苡仁、泽泻、远志、龙胆、细辛、石斛、巴戟天、白英、白蒿、赤箭、庵蕳子、菥蓂子、蓍实、赤芝、黑芝、青芝、白芝、黄芝、紫芝、卷柏、蓝实、蘼芜、黄连、络石、蒺藜子、黄芪、肉苁蓉、防风、蒲黄、香蒲、续断、漏芦、天名精、决明子、丹参、飞廉、五味子、旋花、兰草、蛇床子、地肤子、景天、茵陈蒿、杜若、沙参、徐长卿、石龙刍、云实、王不留行、牡桂、菌桂、松脂、槐实、枸杞、橘柚、柏实、茯苓、榆皮、酸枣、干漆、蔓荆实、辛夷、杜仲、桑上寄生、女贞实、蕤核、藕实茎、大枣、葡萄、蓬蘽、鸡头实、胡麻、麻蕡、冬葵子、苋实、白瓜子、苦菜、龙骨、麝香、熊脂、白胶、阿胶、石蜜、蜂子、蜜蜡、牡蛎、龟甲、桑螵蛸

芪　黄

中品药一百二十种

雄黄、雌黄、石硫黄、水银、石膏、磁石、凝水石、阳起石、理石、长石、石胆、白青、扁青、肤青、干姜、枲耳实、葛根、栝蒌、苦参、茈胡、芎䓖、当归、麻黄、通草、芍药、蠡实、瞿麦、玄参、秦艽、百合、知母、贝母、白芷、淫羊藿、黄芩、石龙芮、茅根、紫菀、紫草、茜根、败酱、白藓皮、酸浆、紫参、藁本、狗脊、萆薢、白兔藿、营实、白薇、薇衔、翘根、水萍、王瓜、地榆、海藻、泽兰、防己、牡丹、款冬花、石苇、马先蒿、积雪草、女菀、王孙、蜀羊泉、爵床、栀子、竹叶、檗木、吴茱萸、桑根白皮、芜荑、枳实、厚朴、秦皮、秦椒、山茱萸、紫葳、猪苓、白棘、龙眼、木兰、五加皮、卫矛、合欢、披子、梅实、桃核仁、杏核仁、蓼实、葱实、薤、假苏、水苏、水蕲、发髲、白马茎、鹿茸、牛角䚡、羖羊角、牡狗阴茎、羚羊角、犀角、牛黄、豚卵、麋脂、丹雄鸡、雁肪、鳖甲、鮀鱼甲、蠡鱼、鲤鱼胆、乌贼鱼骨、海蛤、文蛤、石龙子、露蜂房、蚱蝉、白僵蚕

蛭　水

下品药一百二十五种

孔公蘖、殷蘖、铁精、铁落、铁、铅丹、粉锡、锡镜鼻、代赭、戎盐、大盐、卤硷、青琅玕、礜石、石灰、白垩、冬灰、附子、乌头、天雄、半夏、虎掌、鸢尾、大黄、葶苈、桔梗、莨菪子、草蒿、旋覆花、藜芦、钩吻、射干、蛇含、常山、蜀漆、甘遂、白蔹、青葙子、雚菌、白芨、大戟、泽漆、茵芋、贯众、荛花、牙子、羊踯躅、芫花、姑活、别羇、商陆、羊蹄、萹蓄、狼毒、鬼臼、白头翁、羊桃、女青、连翘、石下长卿、蕳茹、乌韭、鹿藿、蚤休、石长生、陆英、荩草、牛扁、夏枯草、屈草、巴豆、蜀椒、皂荚、柳华、楝实、郁李仁、莽草、雷丸、梓白皮、桐叶、石南、黄环、溲疏、鼠李、松萝、药实根、蔓椒、栾华、淮木、大豆黄卷、腐婢、瓜蒂、苦瓠、六畜毛蹄甲、燕屎、天鼠屎、鼺鼠、伏翼、蛤蟆、马刀、蟹、蛇蜕、猬皮、蠮螉、蜣螂、蛞蝓、白颈蚯蚓、蛴螬、石蚕、雀瓮、樗鸡、斑蝥、蝼蛄、蜈蚣、马陆、地胆、萤火、衣鱼、鼠妇、水蛭、木虻、蜚虻、蜚蠊、虫、贝子

本草纲目主治第三卷

石菖蒲

天門冬

序　例

诸风
伤寒热病
诸气
反胃
泄泻
诸肿
喘逆
邪祟
咳嗽血
狂惑
遗精梦泄
阴痿
痔漏
肠鸣
痉风
瘟疫
痰饮
呕吐

痢
黄疸
咳嗽
寒热
诸汗
烦躁
赤白浊
强中
下血
心腹痛
项强
暑
脾胃
哕啘
疟
脚气
肺痿肺痈

吐血衄血
怔忡
不眠
癃淋
囊痒
瘀血
胁痛
癫痫
湿
吞酸嘈杂
呃逆
心下痞满
痿
虚损
齿衄
健忘
多眠

溲数遗尿
大便燥结
积聚癥瘕
腰痛
卒厥
火热
霍乱
胀满
转筋
瘵疰
血汗
惊悸
消渴
小便血
脱肛
诸虫
疝㿗

本草纲目主治第三卷

诸风

（有中脏、中腑、中经、中气、痰厥、痛风、破伤风、麻痹）

【吹鼻】皂荚末、细辛末、半夏末、梁上尘、葱茎插鼻耳

【熏鼻】巴豆烟、蓖麻烟、黄芪汤

【擦牙】白梅肉、南星末、蜈蚣末、苏合丸、白矾、盐、龙脑（南星。）

【吐痰】藜芦（或煎，或散。）皂荚末（酒服。）食盐（煎汤。）人参芦（或煎，或散。）瓜蒂、赤小豆（齑汁调服。）莱菔子（擂汁。）桐油（扫入。）桔梗芦（为末，汤服二钱。）牙皂、莱菔子（为末，煎服。）附子尖（研末，茶服。）牛蒡子末（羌活，酒服。）常山末（水煎。）醋、蜜（和服。）胆矾末（醋调灌。）牙皂、晋矾末（水服。）大虾（煮熟，食虾饮汁，探吐。）苦茗茶（探吐。）石绿（醋糊为丸，每化一丸。）砒霜（研末，汤服少许。）地松（捣汁。）豨莶（捣汁。）离鬲草（汁。）芭蕉油（汁。）石胡荽（汁。）三白草（汁。）苏方木（煎酒调乳香末二钱服。治男女中风口噤，立吐恶物出。）橘红（一斤，熬逆流水一碗服，乃吐痰圣药也。）

荚皂

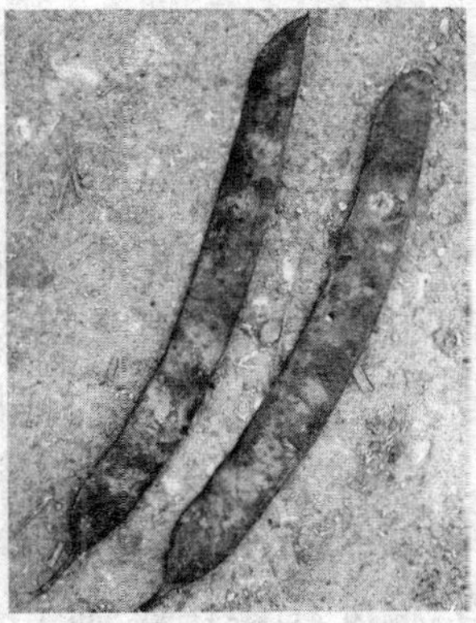

【贴㖞】南星末（姜汁调贴。）蓖麻仁（捣贴。）炒石灰（醋调贴。）乌头末（龟血调贴。）鸡冠血、蜗牛（捣贴。）生鹿肉（切贴。）鲇鱼尾（切贴。）皂荚末（醋调贴。）伏龙肝（鳖血调贴。）鳝鱼血、蛞蝓（捣贴。）寒食面（醋贴。）桂末（水调贴。）马膏、桂酒、大麦面（栝蒌汁调。）蟹膏（贴。）衣鱼（摩之。）蜘蛛（向火摩之。）牛角鳃（炙熨。）水牛鼻（火炙熨之。）大蒜膏（贴合谷穴。）巴豆（贴手掌心。）

【各经主治】藁本（手太阳。）羌活（足太阳。）白芷（手阳明。）葛根（足阳明。）黄芪（手少阳。）柴胡（足少阳。）防风（手太阴。）升麻（足太阴。）细辛（手少阴。）独活（足少阴。）芎䓖（手足厥阴。）

【发散】麻黄（发散贼风、风寒、风热、风湿，身热麻痹不仁。熬膏服之，治风病

取汗。)荆芥(散风热,祛表邪,清头目,行瘀血,主贼风、顽痹、㖞斜。同薄荷熬膏服,治偏风。研末,童尿、酒服,治产后中风,神效。)薄荷(治贼风,散风热风寒,利关节,发毒汗,为小儿风涎要药。)葛根(发散肌表风寒风热,止渴。)白芷(解利阳明及肺经风寒风热,皮肤风痹瘙痒,利九窍。表汗不可缺之。)升麻(发散阳明风邪。)葱白(散风寒风热风湿,身痛。)生姜(散风寒风湿。)桂枝(治一切风冷风湿,骨节挛痛,解肌开腠理。抑肝气,扶脾土,熨阴痹。)黄荆根(治肢体诸风、心风、头风,解肌发汗。)铁线草(治男女诸风、产后风,发出粘汗。)水萍(治热毒风湿麻痹,左瘫右痪,三十六风,蜜丸酒服取汗;治风热瘙痒,煎水浴取汗。)

【风寒风湿】[草部]羌活(一切风寒风湿,不问久新,透关利节,为太阳厥阴少阴要药。)防风(三十六般风,去上焦风邪,头目滞气,经络留湿,一身骨节痛。除风去湿仙药。)藁本(一百六十恶风,头面身体风湿,手足亸曳。)石菖蒲(浸酒服,治三十六风,一十二痹,主骨痿;丸服,治中风湿痹,不能屈伸。)豨莶(治肝肾风气,麻痹瘫缓诸病。九蒸九晒丸服。)枲耳(大风湿痹,毒在骨髓。为末水服,或丸服。百日病出,如瘑如疥,如驳起皮。亦可酿酒。)牛蒡根(风毒缓弱,浸酒服。老人中风,口目瞤动,风湿久痹,筋挛骨痛,一二十年风疾病。)茵陈蒿(风湿挛缩,酿酒服;浴风痹。)白术(逐风湿,舌本强,消痰益胃。)苍术(大风㾓痹,筋骨软弱,散风除湿解郁。汁酿酒,治一切风湿筋骨痛。)车前子、水蓼、陆英、飞廉、忍冬、坐拿草、蒴藋、伏牛花、石南藤、百灵藤(酒。)青藤(酒。)钩吻(并主风邪湿痹,骨痛拘挛。)防己(中风湿,不语拘挛,口目㖞斜,泻血中湿热。)茵芋(年久风湿痹痛,拘急软弱。)艾叶(灸诸风口噤。浴风湿麻痹。)白附子(诸风冷气失音,头面游风,足弱无力。风㖞,同僵蚕、全蝎研末,酒服。)附子、乌头、天雄(并主风湿痰气麻痹,拘挛不遂。通经络,开气道,燥湿痰。)草乌头(恶风冷痰瘫缓,年久麻痹。)芫花(毒风冷痰,四肢拘挛。)羊踯躅(贼风走皮中淫淫痛。风湿痹痛,不遂言蹇,酒蒸为末,牛乳酒服,亦效。)蓖麻子油(酒煮日服,治偏风不遂;作膏,通关,拔风邪出外。)[谷菜]大豆(炒焦,投酒中饮,主风痹瘫缓,口噤口㖞,破伤中风,产后风痉头风。煮食,治湿痹膝痛。醋蒸卧,治四肢挛缩。)豆豉(浸酒,治膝挛不遂,骨痛。)大豆黄卷、巨胜(酿酒,治风痹痛。)麻仁(骨髓风毒,痛不能动,炒香浸酒饮。)麻勃(一百二十种恶风,黑色遍身苦痹挛。)麦麸(醋蒸,熨风湿痹痛。)薏苡(久风湿痹,筋急拘挛,亦煮酒服。)茄子(腰脚风血积冷,筋挛痛,煎汁熬膏,入粟粉、麝香、朱砂,丸服。)[果木]秦椒(治风湿痹。)蜀椒(大风肉枯,生虫游走,痹痛死肌,寒热,腰脚不遂。散寒除湿。为丸。)吴茱萸(煎酒,治顽风痹痒。同姜、豉煎酒,冷服取汗,治贼风口㖞不语。)柏叶(酿酒。)松节(酒。)秦皮(风寒湿痹。)五加皮(名追风使。治一切风湿,痿痹挛急。宜酿酒。)皂荚(通关节,搜肝风,

蒲菖石

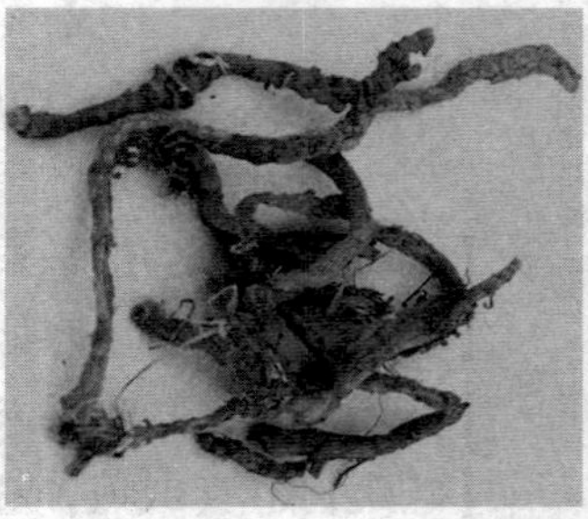

泻肝气。）蔓荆实（除贼风，搜肝气，筋骨间寒湿痹。头旋脑鸣。）栾荆子（大风诸风不遂。）[虫部]蚕砂（风缓顽痹不随，炒浸酒服，亦蒸熨。）蝎（半身不遂，抽掣，口目㖞斜，研入麝香，酒服。）竹虱（半身不遂.同麝香浸酒服，出汗。）[鳞介]守宫（中风瘫缓，同诸药煎服。）鲮鲤甲（中风瘫缓，寒热风痹，及风湿强直，痛不可忍。）乌蛇（酒。）白花蛇（酒。）蚺蛇（酒。并主贼风，顽痹痛痒，大风，疮癣有虫。）鳝鱼（逐十二风邪湿气。作臛取汗。）水龟（酿酒，主大风缓急拘挛。煮食，除风痹痛。）[禽部]鸡屎白（炒研，豆淋酒服。主风寒湿痹，口噤不省人事。）五灵脂（散血活血引经有功。瘫缓，热酒服二钱。风冷痹痛，同乳、没、川乌，丸服。）雁肪、鹈鹕油（主风痹，透经络，引药气入内。）[兽部]羊脂（贼风痿痛肿痛，彻毒气，引药入内。）熊脂（风痹。）青羖羊角（炒研酒服，治风痰恍惚，闷绝复苏。）驴毛（骨中一切风，炒黄浸酒服，取汗。）狸骨（一切游风。）羊胫骨（酒。）虎胫骨（酒。并主诸风注痛。）[金石]雄黄（除百节中大风，搜肝气。）金牙石（一切腰脚不遂，火煅酒淬饮。）河砂（风湿顽痹，冷风瘫缓。晒热坐之，冷即易，取汗。）鼠壤土（蒸熨中风冷痹，偏枯死肌。）

【风热湿热】[草部]甘草（泻火，利九窍百脉。）黄芩、黄连、菊花、秦艽（并治风热，湿热。）玄参、大青、苦参、白藓皮、白头翁、白英、青葙子、败酱、桔梗（并治风热。）大黄（荡涤湿热，下一切风热。）柴胡（治湿痹拘挛，平肝胆三焦包络相火，少阳寒热必用之药。）升麻（去皮肤肌肉风热。）白薇（暴中风，身热腹满，忽忽不知人。）龙葵（治风消热，令人少睡。）麦门冬（清肺火，止烦热。）天门冬（风湿偏痹及热中风。）牡丹皮（寒热，中风瘛疭，惊痫烦热，手足少阴厥阴四经伏火。）钩藤（肝风心热，大人头眩，小儿十二惊痫。）紫葳及茎叶（热风游风风刺。）蒺藜（诸风瘙痒，大便结。）[谷果]胡麻（久食不生风热，风病人宜食之。）绿豆（浮风风疹。）白扁豆（行风气，除湿热。）茶茗（中风昏愦多睡。）梨汁（除风热不语。叶亦作煎。）[木部]槐实（气热烦闷。）枝（酿酒，治大风痿痹。）白皮（治中风，皮肤不仁，身直不得屈伸。煎酒及水服。）胶（一切风热，口噤筋挛，四肢不收，顽痹周身如虫行。）侧柏叶（凡中风不省口噤，手足亸曳。便取一握同葱白捣酒煎服，能退风和气，不成废人。）花桑枝（炒香煎饮，治风气拘挛，身体风疹；久服终身不患偏风。）叶（煎酒，治一切风。蒸罨风痛，出汗。）白杨皮（毒风缓弱，毒气在皮肤中，浸酒服。）皂荚子（疏导五脏风热。丸服，治腰脚风痛不能行。）栀子（去热毒风，除烦闷。）黄檗皮（肾经风热。）地骨皮（肾家风湿痹。）柽叶（远近一切风，煎汁和竹沥服。）荆沥（除风热，开经络，导痰涎，日饮之。）竹沥（暴中风痹，大热烦闷，失音不语，子冒风痉，破伤风噤。养血清痰。并宜同姜汁饮之。）竹叶（痰热，中风不语，烦热。）天竹黄（诸风热痰涎，失音不语。）[虫兽]蝉花（一切风热瘙痒。）犀角（大热风

艽　秦

毒,毾氉烦闷,中风失音。)羚羊角(一切热,温风注毒,伏在骨间,及毒风卒死,子痫痉疾。)[金石]石膏(风热烦躁。)铁华粉(平肝,除风热。)铁落、劳铁、赤铜(并除贼风反折。烧赤浸酒饮。)

【痰气】[草部]天南星(中风中气痰厥,不省人事,同木香煎服:诸风口噤,同苏叶、生姜煎服。)半夏(消痰除湿。痰厥中风,同甘草、防风煎服。)前胡(化痰热,下气散风。)旋覆花(风气湿痹,胸上痰结留饮。中风壅滞,蜜丸服。)香附子(心肺虚气客热,行肝气,升降诸气。煎汤浴风疹。)木香(中气不省人事,研末服之,行肝气,调诸气。)藿香(升降诸气。)苏叶(散风寒,行气利肺。)苏子(治腰脚中湿风结气,治风顺气化痰,利膈宽肠。煮粥食,治风寒湿痹,四肢挛急,不能践地。)延胡索(除风治气,活血通经络。)兰叶(浴风痛,俗名风药。)大戟、甘遂(并治经络痰饮留滞,麻痹隐痛,牵引走注。)威灵仙(治诸风,宣通五脏,去冷滞痰水,利腰膝。)牵牛子(除风毒,下一切壅滞。)[果木]杏仁(头面风气,往来烦热,散风降气化痰。逐日生吞,治偏风不遂,失音不语,肺中风热。)陈橘皮(理气除湿痰。)枳实、枳壳(大风在皮肤中如麻豆,苦痒麻木,破气胜湿化痰。)枳茹(渍酒服,治中风身直,及口僻目斜。)槟榔(除一切风、一切气,宣利脏腑。)乌药(治中风中气,气顺则风散,气降则痰下。)龙脑香(入骨治骨痛,散经络壅滞。)苏合香、安息香(通诸窍脏腑,辟一切不正之气。)[虫兽]麝香(入骨,治风在骨髓。中风不省,香油灌二钱。)白僵蚕(散风痰。酒服七枚,治口噤发汗,并一切风疾、风疹。)[金石]铅霜(坠中风痰湿。)矾石(除风消痰。)

【血滞】[草部]当归、芎䓖(并主一切风,一切气,一切虚。破恶血,养新血。蜜丸服,治风痰,行气解郁。)丹参(除风邪留热,骨节痛,四肢不遂。破宿血,生新血。渍酒饮,治风毒足软,名奔马草。)芍药(治风,除血痹,泻肝,安脾肺。风毒在骨髓痛,同虎骨浸酒饮。)地黄(逐血痹,填骨髓。)茺蔚子(治风解热。茎叶,治血风痛。)地榆(汁酿酒,治风痹补脑。)虎杖(煮酒,治风在骨节间。)姜黄(止暴风痛,除风热,理血中之气。)红蓝花(治六十二种风,及血气痛。子煎服,治女子中风烦渴。)[谷菜]麻仁(中风汗出,下气,逐一切风,利血脉。)韭汁(肥白人中风失音。)[果木]桃仁(血滞风痹,大便结。酒浸作丸,治偏风。)苏方木(男女中风口噤,同乳香服。)乳香(中风口噤。烧烟熏口目㖞斜。活血止痛。)[虫兽]蜜蜡(暴风身冷如瘫,化贴并裹手足。)阿胶(男女一切风病,骨节痛不随。)醍醐(酒服,治中风烦热。)野驼脂(一切风疾,皮肤急痹,酒服并摩之。)

【风虚】[草部]天麻(主肝气不足,风虚内作,头晕目旋,麻痹不仁,语言不遂,为定风神药。)黄芪(风虚自汗。逐五脏恶血,泻阴火,去虚热。无汗则发,有汗则止。)人参(补元气,定魂魄,止烦躁,生津液,消痰。)沙参(去皮肌浮风,宣五脏风气,养肝气。)长松(煮酒,治一切风虚。)黄精(补中,除风湿。)葳蕤(治中风暴热,不能动摇,虚风湿毒,风温自汗灼热,一切虚乏。)牛膝(寒湿痿痹,拘挛膝痛,强筋,补肝脏风虚。）石龙芮、骨碎补、巴戟天、狗脊、萆薢、菝葜、土茯苓、何首乌（并主风虚风湿，痹痛软弱，补肝肾，利关节。）列当（煮酒，去风血，补腰肾。）白芨（胃中邪气，风痱不收，补肺气。）仙茅（一切风气，腰脚风冷，挛痹不能行，九蒸九晒，浸酒服。）淫羊藿（一切冷风，挛急不仁，老人昏耄。浸酒服，治偏风。）蛇床子（男女风虚，湿痹毒风，腰胯酸痛。浴大风身痒。）补骨脂（风虚冷痹，骨髓伤败，一切风气痛，作丸服。）菟丝子（补肝风虚，利腰脚。）覆盆子（劳损风虚，补肝明目。）石斛（脚膝软弱，久冷风痹。酥浸蒸，服至一镒，永不骨痛。）络石、木莲叶、扶芳藤（并主风血，暖腰脚，一切冷气，浸酒饮。）[菜果]薯蓣（去冷风，头面游风，强筋骨，壮脾胃。）栗（肾虚腰脚无力，日食十颗。栗楔，治筋骨风痛。）松子（诸风，骨节风。）[木部]松叶（风痛脚痹，浸酒服，出汗。）松节（风虚久痹，骨节痛，能燥血中之湿。）杜仲、海桐皮、山茱萸、枸杞子（并主风虚，腰脚痛。）冬青子（浸酒，去风虚。）神木（治周痹偏风，毒风不语。）石南（逐诸风，脚弱。）南烛（熬膏，治一切风，强筋益气。）不雕木（浸酒，去风气补虚。）放杖木（为风痹肾弱要药。）木天蓼（酿酒，治风劳虚冷有奇效。）[石部]磁石（周痹风湿，肢节中痛，男女风虚，同白石英浸水，煮粥食。）白石英（风虚冷痹，诸阳不足，烧淬酒饮。）孔公蘖（风冷膝痹，同石斛浸酒饮。）石脑，石钟乳、阳起石、代赭石、禹余粮、石硫黄（并主风冷湿痹。）云母粉（中风寒热，如在舟车。）海蚕（诸风冷气虚劳。）[禽兽]乌鸡（中风舌强，烦热麻痹，酒煮食。）练鹊（浸酒饮，治风。）麋角（风虚冷痹，暖腰膝，壮阳。）

痉风

（即痓病，属太职、督脉二经。其症发热口噤如痫，身体强直，角弓反张，甚则搐搦。伤风有汗者，为柔痓；伤寒湿无汗者，为刚痓。金疮折伤，痈疽产后，俱有破伤风湿发痉之症）

【风寒风湿】[草部]麻黄、桂枝、术（并主风寒风湿痉。）羌活（风寒风湿，伤金疮痫痉。产后中风，口噤不知人，酒水煎服。）葛根（金疮中风寒，发痉欲死，煮汁服。干者为末。）荆芥（散风湿风热。产后中风口噤，四肢强直，角弓反张，或搐搦欲死，为末，豆淋酒服。入童尿尤妙。）防风（主金疮中风湿内痉。）天南星（打扑伤损，金疮，破伤风及伤湿，牙关紧急，角弓反张，同防风末，热酒小便调服，名玉真散，三服即苏；南星、半夏等分为末，姜汁、竹沥灌服一钱，仍灸印堂；口噤，生研同姜汁或龙脑揩牙，名开关散。）薇衔（小儿破伤风口噤，同白附子末、薄荷，酒服一字。）细辛（督脉为病，脊强而厥。）防己（除风湿，手足挛急。）芍药、芎䓖（一切风气。）当归（客血内塞，中风痓，汗不出。产后中风不省，吐涎瘛疭，同荆芥末，童尿、酒服，下咽即有生意。）附子（阴痓自汗。）草乌（破伤风病，同白芷、葱白煎酒，取汗。）威灵仙（破伤风病，同独蒜、香油捣服，取汗。）[菜谷]大蒜（产后中风，角弓反张不语，煎酒服，取汗。或煎水服。）黑大豆（破伤风湿，炒半熟，研蒸，以酒淋汁服，取汗，仍敷疮上。亦同朱砂末酒服。）[石部]雄黄（破伤中风，同白芷煎酒服，取汗。）[鳞介]白花蛇（破伤中风，项强身直，同乌蛇、蜈蚣末服。）土虺蛇（破伤中风，口噤目斜，同地龙、南星丸服，取汗。）守宫（破伤风病，同南星、腻粉丸服，取汗。）龙齿（主诸痉。）鳔胶（破伤风搐强直，炒研，同麝香、苏木酒服，仍封疮口；有表症，同蜈蚣末，煎羌活、防风、川芎汤服；产后搐搦，乃风入子脏，与破伤风同，炒研.蝉蜕汤服三钱。）牡蛎（破伤湿病，口噤强直，酒服二钱，并敷之。）[虫部]蜜蜡（破伤风湿如疟，以热酒化一块服，与玉真散对用，立效。）蝎（破伤中风，同天麻、蟾酥为丸，豆淋酒服，取汗，仍同麝香贴之。）蟾蜍（破伤风病，剁烂入花椒，同酒炒熟，再入酒，热服，取汗。）蜈蚣（破伤中风，同蝎梢、附子、乌头末，热酒服一字，仍贴疮上，取汗。研末掺牙，立苏。）僵蚕（口噤，发汗。）[禽兽]鸡子（痫痉。）鸡屎白（破伤中风，产后中风，小儿脐风，口噤反张，强直瘛疭。以黑豆同炒黄，用酒沃之，少顷温服，取汗。或入竹沥。）野鸽屎（破伤风病传入里，炒研，同江鳔、白僵蚕、雄黄末，蒸饼丸服。）雀屎（破伤风，疮作白痂无血者，杀人最急，研末酒服五分。）鸭涎（小儿痉风反张，滴之。）黄明胶（破伤风，烧研，酒服，取汗。）狐目（同上，神效无比。）狐肝、狼屎中骨（破伤风，同蝉蜕、桑花末，米饮服。）六畜毛蹄甲（痫痓。）[人]手足爪甲（破伤中风，油炒，热酒服，取汗便愈。手足颤掉加南星。）

【风热湿热】[石部]铁落（炒热，淬酒饮，主贼风痉。）[草部]黄连（破伤风，煎酒入黄蜡化服。）地黄（产后风痉，取汁同姜汁绞浸，焙研，酒服。）[果木]杏仁（金疮及破伤中风，角弓反张，杵蒸绞汁服，并涂疮上，仍以烛火灸之，取效。）槐胶、桑沥（破伤中风，和酒饮至醉。）篁叶（痉风。）竹沥（去痰热子冒风痉。金疮中风，破伤中风，产后中风，小儿中风，发痉口噤，反张欲死，饮一、二升，或入姜汁。）栾荆（狂痓。）苏枋木（破伤中风，产后中风，为末，酒服三钱，立效。）[虫兽]蝉蜕（破伤风病发热，炒研，酒服一钱，仍以葱涎调涂，去恶汗。小儿脐风口噤，入全蝎、轻粉。）羚羊角（子痫痉疾。）牛黄（热痓。）乌牛尿（刺伤中风，热饮一升。）[人部]人尿（痉风及产后风痉，入酒饮。）发髲灰（大人痓，小儿惊。）

【外敷】贝母、茅花（并金疮伤风。）刘寄奴、麦面（同烧盐。）白芋、炒盐、鹭头灰鼠灰、乱发灰（并敷风入疮中肿痛。）胡粉（主疮入水湿肿痛，同炭灰敷。）煨葱（敷金疮伤水，同干姜、黄檗煎水，洗诸疮伤风水。）薤白、韭叶（并主诸疮中风寒及水湿肿痛，捣烘用之，冷即易，或加灸至水出。）箭笴漆（刮，涂。）鲤鱼目（灰。）鲇鱼目（灰。并主刺疮伤风及水，敷取汗出。）猪肉（乘热贴之，连易三次，立消。）人耳塞（破伤中风或水，痛不可忍，封之一夕，水尽即安。）

【洗浸】鸡肠草（手足疮伤水。）桑灰汁（疮伤风水，入腹杀人。）自己尿（金疮中风，日洗数次。）

【熨灸】商陆（疮伤水湿，捣炙，熨之，冷即易。）蜀椒（诸疮中风肿痛，和面煨熨。）槐白皮（安疮上，灸百壮。）桑枝（刺伤疮，犯露水肿痛多杀人。炮热烙之，冷即易。）黍瓤、青布、牛屎、白马通、骡屎（并主诸疮，伤风及水，肿痛欲死者，单烧熏令水出尽愈。）

项强

【风湿】防风（凡腰痛项强，不可回头，乃手足太阳症，必须用此。）荆芥（秋后作枕及铺床下，立春去之。）羌活、白芷、藁本、薄荷、菊花、贝母

癫痫

（有风热、惊邪，皆兼虚与痰）

【吐痰】瓜蒂、藜芦、乌头尖、附子尖、石胆、石绿（并吐癫痫暗风痰涎。）芭蕉油（暗风痫疾，眩晕仆倒，饮之取吐。）白梅（擦牙追涎。或加白矾。）皂荚（水浸，挼汁熬膏，入麝摊晒，每以一片化浆水，灌鼻取涎。）

【风热惊痰】[草木]羌活、防风、荆芥、薄荷、细辛、龙胆、防己、藁本、升麻、青黛、白藓皮（并主风热惊痫。）百合、鸭跖草（并主癫邪，狂叫身热。）钩藤（卒痫，同甘草煎服。）防葵（癫痫狂走者，研末酒服。）莨菪子（癫狂风痫，浸酒煎丸服。）蛇含、紫菀、半夏（并主寒热惊痫瘛疭。）天南星（风痫痰迷，九蒸九晒，姜汁丸服。）郁金（失心风癫，痰血络聚心窍，同明矾丸。）甘遂（心风癫痫，痰迷心窍，猪心煮食。）黄连（泄心肝火，去心窍恶血。）苦参（童尿煎汁，酿酒饮，主三十年痫。）天门冬（风癫发则作吐，耳鸣引胁痛，为末酒服。）紫河车（惊痫癫疾，摇头弄舌，热在腹中。）薇衔（惊痫吐舌。）附子（暗风痫疾，同五灵脂末，猪心血丸服。）苍耳（大风痫疾。）艾叶（癫痫诸风，灸谷道正门当中，随年壮。）茯神、琥珀、雷丸、莽草、蔓荆子、木兰皮（并主风癫惊邪狂走。）苦竹笋、竹叶、竹沥、天竹黄（并主风热痰涎发癫狂痫疾。）芦荟（小儿癫痫。）苏合香（痫痓邪气。）皂荚（搜肝通肺，风痫五种，烧研，同苍耳、密陀僧丸服。）蓖麻仁（五种风痫，用黄连、石膏煮食。）桑白皮（惊痫客忤，泻肺气。）桂心（伐肝扶脾。）芜荑（小儿虫痫，发则恶症昏搐。同漆灰水服。）紫葳花根叶（久近风痫，酒服三钱，后梳发漱水四十九口愈。）震烧木（火惊失心，煮汁服。）[金石]丹砂（猪心煮过，同茯神丸服。）黄丹（同白矾末服。）黑铅（同水银、南星丸服。）密陀僧、金屑、银屑、生银、生铁、铁粉、铁落、铁精、铁华粉、铁浆、古镜、珊瑚、紫石英、菩萨石、雄黄（同丹砂研末，丸服。）雌黄（同黄丹、麝香丸服。）矾石（同细茶丸服。）磁石、玄石、石青、硝石、青礞石、代赭石（以上二十五味，并主风热痰涎癫痫。）水银（失心风，同藕节炒，丸服。）蛇黄（暗风痫疾，火煅醋淬末服。）伏龙肝（狂癫风邪不识人，

为末水服。）天子籍田三推犁下土（惊悸癫邪。安神定魄。）［虫部］蜂房、雀瓮、蚯蚓、全蝎、蜈蚣、蜣螂、白僵蚕（并主癫痫发搐。）蚕退纸（癫狂乱走，悲泣妄言，及风痫病，烧灰酒服。）蚱蝉（癫病寒热，小儿痫绝不能言。）衣鱼（小儿痫，同竹沥煎酒服。）［鳞介］龙角、龙骨、龙齿（癫疾狂走，五惊十二痫。）白花蛇、乌蛇（定痫搐。）蛇蜕（蛇痫，癫疾瘛疭，摇头弄舌。）玳瑁（热痫。）［禽部］鸭涎（癫痫发搐。）雁毛（小儿佩之辟痫。）啄木鸟（久年风痫，同荆芥煅服。）乌鸦（暗风痫疾，煅研入朱砂服，不过十日愈；又煅研，同苍耳子、胡桃服。）鸱头（癫痫眩冒瘛疭，同黄丹，为丸服。肉亦可食。）鸮肉（食之，主风痫。）凤凰台（鸡痫，癫痫发狂，水磨服。）［兽部］狗齿及粪中骨、白狗血（并狗痫。）豚卵、猪屎（并猪痫。）羊齿、羊头骨（羊痫。）羧羊角（风痫，烧灰酒服。）牛齿、牛屎中豆、牛拳木（并牛痫。）马齿、马目、马悬蹄、马绳索、野马肉（并马痫。）驴乳（心热气痫。）驴脂（酒服，主狂癫不能语，不识人。）六畜毛蹄甲（惊痫癫痓。）牡鼠（煎油，主惊痫。）羚羊角、犀角、牦牛角、象牙、牛黄、鲊苔、野猪黄及胆、熊胆（并主风热癫痫。）麝香、虎睛、鼻、狐肝、狐肉（并主癫痫，恍惚歌笑。）猴头骨（癫痫口噤。）［人部］人发（痫痓。）人胞（煮食，治久癫失志，亦和药作丸服。）人魄（磨水服，定癫狂。）

【风虚】［草部］人参（消胸中痰，治惊痫。小儿风痫，同辰砂、蛤粉末，猪心血丸服。）石菖蒲（开心孔，通九窍，出音声。为末，猪心汤日服，治癫痫风疾。）远志（安心志。）天麻（小儿风痫，善惊失志。补肝定风。）蛇床子、芍药、牡丹、女萎（并主惊痫，寒热瘛疭。）当归、芎䓖、地黄（并养血。）缩砂、桔梗、香附（并惊痫邪气。）萆薢（关节老血，头旋风痫。）［果木］酸石榴（小儿痫，酿蝎五枚，泥煅研，乳服五分。）柏实（定痫养血。）［虫禽］蜂蜜、鸡子（并痫痓。）白雄鸡及脑（癫邪狂妄。）

卒厥

（有尸厥、气厥、火厥、痰厥、血厥、中恶、魇死、惊死。）

【外治】半夏、菖蒲、皂角、雄黄、梁上尘（并主卒死尸厥魇死，客忤中恶，为末吹鼻。）葱黄（插入鼻中七八寸，及纳下部。）薤汁、韭汁（并灌鼻。）醋（鬼击卒死，灌少许入鼻。）酒（惊怖卒死，灌之，并吹两鼻。）乳香、安息香、樟木（并烧烟熏之。）鸡冠血（寝死，中恶卒死，涂面及心，并纳口鼻。）东门上鸡头（为末，酒服。）犬肉（拓心上。）青牛蹄（魇死，安头上即苏。）牛黄、麝香（水服。）热汤（忤恶卒死，隔衣熨腹，冷即易。）井底泥（卧忽不寤，勿以火照，但痛啮足拇趾甲际，多唾其面，以泥涂目，令人垂头于井中呼之即苏。）瓦甑（魇死不寤，覆面打破之。）鞋履（卧时一仰一覆，则不魇。）人尿（中恶不醒，尿其面上即苏。）烧人灰（置枕中，辟魇寐。）

【内治】女青（诸卒死，捣末酒灌，立活。）菖蒲汁、蠡实根汁（并灌之。）南星、木香、附子（同木香，煎服。）陈粟米（卒得鬼打，擂水服。）白薇（妇人无故汗多，卒厥不省人事，名血厥。同当归、人参、甘草煎服。）巴豆（鬼击，同杏仁汁服，取利。）常山（小儿惊忤，中恶卒死，同牡蛎煎服吐痰。）盐胆水（吐痰厥。）烧尸场上土（尸厥，泡汤灌。）食盐（卒鬼击，水灌并噀之。）锅底土（魇寐死。末灌二钱，并吹鼻。）白鸭血、白犬血、猪心血、尾血（并灌之。）犀角（中恶鬼气，卒死厥逆，口鼻出清血，须臾不救，似乎尸厥，但腹不鸣，心下暖。同麝香、朱砂末服二钱，即苏。）羚羊角（热毒风攻注，中恶毒气，卒不识人。）狐胆（人卒暴亡，即取温水化灌，入喉即活，移时者无及。）马屎（卒中恶死，绞汁灌之。）白马夜眼（卒死尸厥，同尾烧丸服。）裈裆、汗衫（并中鬼昏厥，口鼻出血，烧灰汤服。）铁锥柄（鬼打鬼排中恶，和桃奴、鬼箭丸服。）刀鞘（鬼打，烧灰水服。）

伤寒热病

（寒乃标，热乃本。春为温，夏为热，秋为瘅，冬为寒，四时天行为疫疠）

【发表】[草部]麻黄、羌活（太阳、少阴。）葛根、升麻、白芷（阳明，太阴。）细辛（少阴。）苍术（太阴。）荆芥、薄荷、紫苏（并发四时伤寒不正之汗。）香薷（四时伤寒不正之气，为末，热酒服，取汗。）香附（散时气寒疫。）艾叶（时气温疫，煎服取汗。）苍耳叶（发风寒头痛汗。）浮萍（夹惊伤寒，同犀角、钩藤末服取汗。）天仙藤（治伤寒，同麻黄发汗。）牛蒡根（捣汁服，发天行时疾汗。）[谷菜]豆豉（治数种伤寒，同葱白，发汗通关节。汗后不解，同盐吐之。）胡麻（煎酒，发汗。）生姜、小蒜、葱白、[果木]茗茶（并发汗。）杏仁（同酢煎，发时行温病汗。）桃叶（蒸卧，发伤寒汗。）胡桃（同葱、姜、擂茶服，发汗。）桂枝（太阳解肌。）皂荚（伤寒初起，烧赤水服取汗；研汁和姜蜜服，取汗。）[水石]百沸汤（多饮取汗。）丹砂（伤寒时气，始得一二日，煮服取汗。涂身向火亦出汗。）石膏（阳明发热，解肌出汗。）代赭石（伤寒无汗，同干姜末热醋调，涂掌心合定，暖卧取汗。）

冬門天

【攻里】[草部]大黄（阳明、太阴、少阴、厥阴，燥热满痢诸证。）栝蒌实（利热实结胸。）甘遂（寒实结胸。）葶苈（结胸狂躁。）大戟、芫花（胁下水饮。）荛花（行水。）蜀漆（行水。）千里及（主天下疫气，煮汁吐利。）[果木]桃仁（下瘀血。）巴豆（寒热结胸。）[虫石]水蛭、虻虫（下瘀血。）芒硝（下痞满燥结。）

【和解】[草部]柴胡（少阳寒热诸证。伤寒余热，同甘草，煎服。）半夏，黄芩，芍药、牡丹、贝母、甘草（并主寒热。）白术、葳蕤、白薇、白藓皮、防风，防己（并主风温、风湿。)泽泻、秦艽、海金沙、木通、海藻(并主湿热。)黄连、大青、黄药、白药、荠苨、船底苔、陟厘(并主天行热毒狂烦。)知母、玄参、连轺、天门冬、麦门冬、栝蒌根(并主热病烦渴。)前胡、恶实、射干、桔梗(并主痰热咽痛。)蕙草、白头翁(热痢。)五味子(咳嗽。)苦参(热病狂邪,不避水火,蜜丸服。)龙胆草(伤寒发狂,末服二钱。)青黛(阳毒发斑,及天行头痛寒热,水研服。)地黄(温毒发斑,熬黑膏服。同薄荷汁服,主热瘴昏迷。)青葙苗(捣汁服,大治温疠。)蘘荷(温病初得,头痛壮热,捣汁服。)芦根(伤寒内热,时疾烦闷,煮汁服。)葎草(汗后虚热,杵汁服。)蛇莓(伤寒大热,杵汁服。)番木鳖(热病,磨汁服。)虎杖(时疫流毒攻手足,肿痛欲断,煮汁渍之。)含水藤(天行时气烦渴。)[谷部]黑大豆(疫疠发肿,炒熟,同甘草煎服。)豆豉(伤寒头痛,寒热瘴气,及汗后不解,身热懊憹,同栀子煎服。余毒攻手足,煎酒服。暴痢,同薤白煎服。)赤小豆(除湿热。)薏苡仁(风湿痛。)粳米(烦热。)饧(建中。)麻子(脾约秘结。)[菜部]百合(百合病。)葱白(少阴下利。)干姜(痞湿及下利。)茄子(温疾。)甜菜汁(解时行壮热。)生瓜菜汁(解阳毒壮热头痛。)[果部]大枣(和营卫。)杏仁(利肺气。)桃仁(行血。)乌梅(烦渴及蛔厥。)橘皮(呕哕痰气。)槟榔(伤寒痞满结胸,末服。)马槟榔(伤寒热病,每嚼数枚水吞。)梨汁(热毒烦渴。木皮,伤寒温病,同甘草、秫米、锅煤服。)芰实(伤寒积热。)吴茱萸(厥阴头痛,多涎。)蜀椒(阴毒时气及蛔厥。)盐麸子(天行寒热。)[木部]栀子(烦热懊憹。)黄檗(热毒下利及吐血。)厚朴(满痞头痛。)枳壳(痞满。)枳实(满实。)竹叶(烦热。)竹茹(温气寒热。)秦皮(热痢。)梓白皮(时行温病,壮热发黄,煎服。)桐木皮(伤寒发狂,煎服,取吐下。)榉木皮(时行头痛,热结在肠胃。)柳叶(天行热病。)楝实(温疾伤寒,大热烦狂。)李根白皮(奔豚。)茯苓(行湿利小便。)猪苓(热渴水逆,小便不利。)[水土]腊雪(解伤寒时气,温疾大热。)冬霜(解伤寒内热。)夏冰(阳毒热盛,置于膻中。)凉水(阳毒,浸青布贴胸中。)蚯蚓粪(谵语狂乱,凉水服。)蜣螂转丸(时气烦热,绞汁服。)梁上尘、釜底墨(并主阳毒发狂、斑。)[金石]黑铅(伤寒毒气。)铅丹(火劫惊邪。)古文钱(时气欲死,煮汁入麝香服,取吐或下。)铁粉(阳毒发狂,同龙胆草,磨刀水服。)铁铧(小儿百日伤寒壮热,烧赤淬水服。)石膏(伤寒头痛如裂,壮热如火,解肌发汗,阳明潮热大渴。同黄连煎服,治伤寒发狂。)滑石(解利四时一切伤寒,同甘草末服。)凝水石(时气热盛。)雄黄(伤寒咳逆,煎酒服;烧烟熏狐惑。)食盐(伤寒寒热。)赤石脂、禹余粮(少阴下利。)石蟹(天时热疾。)[鳞介]龙骨(火劫惊邪。下利不止。)鳖甲(阴毒。)玳瑁(热结狂言,磨水服。)牡蛎(伤寒寒热,及自汗水结。)海蛤(伤寒血结,同芒硝、滑石、甘草服。)文蛤(伤寒大汗,烦热口渴,末服。)贝子(伤寒狂热。)[禽部]鸡子(伤寒发斑下痢。生吞一枚,治伤寒发狂烦躁。打破煮浑入浆啜之,治天行不解。井中浸冷,吞七枚,治妊娠时疾,安胎。)鸡屎白(伤寒寒热。)[兽部]猪胆(少阳证热渴,又导大便不通。)猪膏(伤寒时气,温水服一弹丸,日三。)猪肤(少阴咽痛。)犀角(伤寒热毒,发狂发斑,吐血下血。)牛黄(天行热病。)羚羊角

（伤寒热在肌肤。）牛角（时气寒热头痛。）马屎、羊屎、羊尿（伤寒手足疼欲脱，并洗之。）阿胶（热毒下痢。）［人部］人尿（少阴下痢，入白通汤。）人屎（大热狂走，水渍服。）人中黄（研水。）胞衣水（并主热病发狂，饮之。）

【温经】［草部］人参（伤寒厥逆发躁，脉沉，以半两煎汤，调牛胆南星末服。坏证不省人事，一两煎服，脉复即苏；夹阴伤寒，小腹痛，呕吐厥逆，脉伏，同姜、附煎服，即回阳。）附子（治三阴经证，及阴毒伤寒，阴阳易病。）蓼子（女劳复，卵缩入腹绞痛，煮汁服。）草乌头（阴毒，插入谷道中。）［谷菜］黑大豆（阴毒，炒焦投酒热服，取汗。）干姜（阴毒，同附子用，补中有发。）韭根（阴阳易病。）葱白（阴毒，炒热熨脐。）芥子（阴毒，贴脐，发汗。）［果部］蜀椒（阴毒，入汤液用。）胡椒（阴毒，同葱白、麝香和蜡作挺，插入茎内，出汗愈。）吴茱萸（阴毒，酒拌蒸熨足心。）［木部］松节（炒焦投酒服，治阴毒。）乌药子（阴毒，炒黑水煎服，取汗。）青竹皮（女劳复，外肾肿，腹中绞痛，水煎服。）皂荚仁（阴毒。）［石禽］雄黄（阴毒，入汤药。）硝石、石硫黄（阴毒，二味为末，服三钱，取汗。硫黄同巴豆丸服，治阴阳二毒。）太阴玄精石（阴毒，正阳丹用之。）鸡屎白（阴毒同黑豆、乱发、地肤子炒焦入酒服，取汗。）鸽屎（阴毒，炒焦酒服，取汗。）［兽人］鼠屎（阴易腹痛，同韭根煮汁服，取汗。）豚卵（阴阳易病，小腹急痛，热酒吞二枚。）麝香（阴毒。）男女爪甲（阴阳易病。同中衣裆烧灰酒眼。）妇人阴毛（阴阳易病，卵缩欲死，烧灰，以洗阴水服。）［服器］裈裆（女劳复及阴阳易，烧灰水服。下裳带烧服，病免劳复。）月经衣（烧末，水服。）

【食复劳复】［草部］麦门冬（伤寒后小劳，复作发热。同甘草、竹叶、粳米煎服。）胡黄连（劳复，同栀子丸服。）芦根（劳复食复，煮汁服。）［谷果］饭（伤寒多食，复作发热，烧末饮服。）曲（食复，煮服。）橘皮（食复，水煎服。）［木石］枳壳（劳复发热，同栀子、豉，浆水煎服。）栀子（食复发热，上方加大黄；劳复发热，同枳壳、豭鼠屎、葱白煎服。）胡粉（食复劳复，水服少许。）凝水石（解伤寒劳复。）［介禽］鳖甲（食复劳复，烧研水服。）抱出鸡子壳（劳复，炒研，汤服一合，取汗。）［兽人］马屎（劳复，烧末冷酒服。）豭鼠屎、人屎（劳复，烧灰，酒服。）头垢（劳复，含枣许水下。）洗手足水（食复劳复，饮一合。）［服器］头巾（劳复口渴，浸汁服。）缴脚布（劳复，洗汁服。）砧上垢（食复劳复，同病人足下土、鼠屎煎服。）饭箩（食复，烧灰水服。）

瘟疫

【辟禳】［草部］苍术（山岚瘴气，温疾恶气，弭灾沴。烧烟熏，去鬼邪。）升麻（吐温疫时气毒疠。）苍耳（为末，水服，辟恶邪，不染疫疾。）虎耳（擂酒服，治瘟疫。）木香、辟虺雷、徐长卿、鬼督邮、藁本、女青、山柰、菝葜、葎草（并辟毒疫温鬼邪气。）白茅香、茅香、兰草（并煎汤浴，辟疫气。）艾纳香、兜纳香、蜘蛛香［木部］沉香、蜜香、檀香，降真香、苏合香、安息香、詹糖香、樟脑、返魂香、兜木香、皂荚、古厕木（并烧之，辟疫。）钓樟叶（置门上。）乌药、预知子、阿魏、乳香（腊月二十四日五更，取初汲水浸至元旦五更，人嚼一块，饮水三呷，一年无疫。）松叶（细切酒服，日三，能辟五年瘟。）柏叶（时气瘴疫，社中东南枝，为末，日服。）桃枝、桃橛、桃符（并辟疫。）桃仁（茱萸、青盐炒过，每嚼一二十枚，预辟瘴疠。）三岁陈枣核中仁（常服百邪不干。）[谷菜]椒柏酒、屠苏酒（元旦饮之，辟瘟疠。）黑豆（布袋一斗，纳井中一夜取出，每服七粒，辟禳时气。）赤小豆（除夕正月朔望投井中，辟瘟病。正月七日，囊盛置井中，三日取出，男吞七粒，女吞二七，一年无病。元旦向东吞三七粒，一年无疫。立秋日面西吞七粒，不病痢。）豉（和白术浸酒常饮，除瘟疫病。）麻子仁（除夜同小豆投井中，辟疫。）穄米（为末，水服，不染瘟疫。）蒜（时气温病，捣汁服。立春元旦，作五辛盘食，辟温疫。）蔓荆（立春后庚子日，饮汁，一年免时疾。）马齿苋（元旦食之，解疫气。）生姜（辟邪。）淡竹叶（解疫。）[服器]初病人衣（蒸过，则一家不染。）草绳（度所住户中壁，屈结之，则不染。）[水土]半天河水（饮之辟疫。）东壁土、冢上土石（五月五日取，埋户外，一家不患时气。）[石部]丹砂（蜜丸，太岁日平旦，各吞三七丸，永无疫疾。）阳起石（解温疫冷气。）婆娑石（瘴疫，热闷头痛。）[鳞介]蚺蛇肉、鱖鱼、鲵鱼、牛鱼、鲍鱼头灰、赍龟、珠鳖、蚬肉（并食辟疫。）[禽兽]雄鸡（冬至作腊，立春食之，辟疫。）东门上鸡头（辟疫禳恶。）雄鹊（冬至埋圊前，辟时疾温气。）石燕肉（炒浸酒饮，辟温疫岚瘴。）五灵脂（辟疫。）獭肉（煮服，主疫气温病及牛马疫。）狸肉（温鬼毒气，皮中如针刺。）麝香、灵猫阴、雄狐屎（烧之辟疫。）马骨及蹄（佩之辟疫。）貘皮（寝之辟疠。）

【瘴疠】[草部]升麻（吐。）钗子股（吐。）葛根、草犀、大黄（温瘴。）附子（冷瘴。）恒山（吐。）芫花（下。）金丝草，锦地罗、千金藤、伏鸡子根、解毒子、含水藤、千里及、肉豆蔻、苍术、[菜谷]葱、茖葱、蒜、白菘、苦茄、豉、红曲、烧酒、[果木]茶、盐麸子、槟榔、乌梅、大腹皮、安息香、苏合香、阿魏、相思子（吐。）[石部]丹砂、雄黄、砒石、婆娑石、[鳞部]蚺蛇肉、鲮鲤甲、海豚鱼（作脯。）海鹞鱼（烧服。）[兽部]猪血、猪屎、羖羊角、山羊肉、羚羊角、犀角、麝香、果然肉、猴头骨及肉、[人部]天灵盖

暑

（有受暑中暍，受凉中暑）

【中暍】[草谷]水蓼（煮汁灌。）胡麻（炒黑，井水擂灌。）寒食面（井水灌。）[菜果]大蒜（同道中热土捣，水澄服。）瓜蒂（吐之即省。）[水土]热汤（布蘸，熨心即苏，仍徐灌之。）地浆（灌。）道中热土（壅脐上，令人溺于中，即苏。）车辇土（澄水服。）仰天皮（新水调灌。）热瓦（互熨心上。）

【中暑】[草部]香薷（解暑利小便，有彻上彻下之功。夏月解表之药，能发越阳

气，消散畜水。）黄连（酒煮丸服，主伏暑在心脾，发热吐泻痢渴诸病。）石香薷、紫苏叶、苍术、白术、木通、车前、泽泻、半夏、藿香、缩砂［谷菜］白扁豆、薏苡仁、稷米、大蒜［果木］木瓜、枇杷叶、赤茯苓、厚朴、猪苓（并主伤暑有湿热诸病。）桂心（大解暑毒，同茯苓丸服。同蜜作渴水饮。）黄檗（去湿热，泻阴火，滋肾水，去痿弱。）［水石］雪水、夏冰、滑石、石膏、朱砂（解渴。）雄黄（暑毒在脾，湿气连脚，或吐或痛，或痢或疟，炼过丸服。）硝石、硫黄（二味结砂，主外伤暑热，内伤生冷，发为头痛寒热、吐泻霍乱、心腹痛诸病；三伏吞硫黄百粒，去积滞甚妙。）玄精石（解暑消积。）

【泻火益元】［草部］黄芪（伤暑自汗，喘促肌热。）人参（暑伤元气，大汗痿躄，同麦门冬、五味子煎服，大泻阴火，补元气，助金水。）甘草（生泻火，熟补火，与参、芪同为泻火益气之药。）麦门冬（清肺金，降心火，止烦渴咳嗽。）黄芩、知母（泻肺火，滋肾水。）虎杖（同甘草煎饮，压一切暑毒烦渴，利小便。）［果木］苦茗（同姜煎饮，或醋同饮，主伤暑泻痢。）石南叶（煎服解暑。）乌梅（生津止渴。）西瓜、甜瓜、椰子浆（解暑毒。）

湿

（有风湿、寒湿、湿热）

【风湿】［草部］羌独活、防风、细辛、麻黄、木贼、浮萍、藁本、芎劳、蛇床子、黄芪、黄精、葳蕤、秦艽、菖蒲，漏芦、菊花、马先蒿、白蒿、庵蕳、旋覆、豨莶、苍耳、薇衔、蒴藋、石龙芮、茵蓣、防己、茜根、忍冬、苏子、南星、萆薢、土茯苓、龙常、葱白、薏苡、胡麻、大豆、秦椒、蔓椒、蜀椒红、柏实、松叶、沉香、龙脑、蔓荆、皂荚、枸杞、五加皮、桂枝、伏牛花、厚朴（与苍术、橘皮同除湿病。）［石部］磁石、白石英［虫鳞］蝎（风淫湿痹，炒研，入麝香，酒服。）鳝鱼（湿风恶气，作臛食。）

【寒湿】［草部］苍术（除上中下三焦湿，发汗利小便，逐水功最大。湿气身重作痛，熬膏服。诸方详见本条。）草乌头（除风湿，燥脾胃，同苍术制煮作丸服。）附子、乌头、芫花、王孙、狗脊、牛膝、山柰、红豆蔻、草果、蠡实、艾叶、木香、杜若、山姜、廉姜（谷菜］葡萄酒、烧酒、豆黄、生姜、干姜、芥子、蒜、葫、菻香［果木］吴茱萸、胡椒、椛子、莲实、桂心、丁香、樟脑、乌药、山茱萸［兽部］貘皮、木狗皮、诸兽毛皮毡、火针

【湿热】［草部］山茵陈、黄芩、黄连、防己、连翘、白术、柴胡、苦参、龙胆草、车前、木通、泽泻、通草、白藓、莸草、半夏、海金沙、地黄、甘遂、大戟、萱草、牵牛（气分。）大黄（血分。）营实根、夏枯草、［谷菜］赤小豆、大豆黄卷、薏苡仁、旱芹（丸服。）干姜、生姜［木部］椿白皮、茯苓、猪苓、酸枣、柳叶、木槿、榆皮［介石］蚬子（下湿热气。）滑石、石膏、矾石、绿矾

火热

（有郁火、实火、虚火，气分热、血分热、五脏热、十二经热）

【升散】[草部]柴胡（平肝胆三焦包络相火，除肌热潮热，寒热往来，小儿骨热疳热，妇人产前产后热。虚劳发热，同人参煎服。）升麻（解肌肉热，散郁火。）葛根（解阳明烦热，止渴散郁火。）羌活（散火郁发热。）白芷（散风寒身热，浴小儿热。）薄荷汁（骨蒸劳热。）水萍（暴热身痒，能发汗。）香附（散心腹客热气郁。）

【泻火】[草部]黄连（泻肝胆心脾火，退客热。）黄芩（泻肺及大肠火，肌肉骨蒸诸热。肺热如火燎，烦躁咳嗽引饮，一味煎服。）胡黄连（骨蒸劳热，小儿疳热，妇人胎蒸。）秦艽（阳明湿热，劳热，潮热骨蒸。）沙参（清肺热。）桔梗（肺热。）龙胆（肝胆火，胃中伏热。）青黛（五脏郁火。）蛇莓、白藓皮、大青（并主时行，腹中大热。）连翘（少阳、阳明、三焦气分之火。）青蒿（热在骨间。）恶实（食前挼吞三枚，散诸结节筋骨烦热毒。）灯笼草（骨热肺热。）积雪草（暴热，小儿热。）虎杖（压一切热毒。）茵陈（去湿热。）景天（身热，小儿惊热。）钩藤（平心肝火，利小便。同甘草、滑石服，治小儿惊热。）酸浆、防己、木通、通草、灯心、泽泻、车前、地肤、石苇、瞿麦（并利小便，泄火热。）乌韭（热在肠胃。）屋游（热在皮肤。）土马骔（骨热烦败。）大黄（泻诸实热不通，足太阴、手足阳明、厥阴五经血分药。）[菜果]莙荙子、李叶、桃叶、枣叶[木部]楮叶，楝实，羊桃、秦皮、梓白皮（并浴小儿身热。）栀子（心肺胃小肠火，解郁利小便。）鼠李根皮（身皮热毒。）木兰皮（身热面疱。）桑白皮（虚劳肺火。）地骨皮（泻肺火、肾火、胞中火，补正气，去骨间有汗之蒸，同防风、甘草煎服。）溲疏（皮肤热，胃中热。）竹叶、竹茹、竹沥（并主烦热有痰。）荆沥（热痰。）[水石]雪水、冰水、井水（并除大热。）石膏（除三焦、肺、胃、大肠火，解肌发汗退热。潮热骨蒸发热，为丸散服。食积痰火，为丸服。小儿壮热，同青黛丸服。）长石（胃中热，四肢寒。）理石（营卫中大热烦毒。）方解石（胸中留热。）玄精石（风热。）凝水石（身热，皮中如火烧，烦满，水饮之。凉血降火。）食盐、卤硷（除大热。）硝石（五脏积热。）朴硝（胃中结热。紫雪、碧雪、红雪、金石凌，皆解热结药也。）玄明粉（胃中实热，肠中宿垢。）[虫介]白颈蚯蚓（解热毒狂烦。）雪蛆、玳瑁（凉心解毒。）[兽部]犀角（泻肝，凉心，清胃，解大热诸毒气。）牛黄（凉心肝。）羚羊角（风热寒热。）象牙（骨蒸热。）牛胆、猪胆、熊胆（并除肝火。）白马胫骨（煅过，降火可代芩、连。）[人部]人中白（降三焦、膀胱、肝经相火。）人溺（滋降火甚速。）人屎（大解五脏实热，骨蒸劳热。）

【缓火】[草部]甘草（生用，泻三焦五脏六腑火。）黄芪（泻阴火，补元气，去虚热。无汗则发，有汗则止。）人参（与黄芪、甘草三味，为益气泻火、除肌热躁热之圣药，甘温除大热也。）麦门冬（降心火，清肺热虚劳客热止渴。）五味子（与人参、麦门冬三味,为清金滋水泻火止渴止汗生脉之剂。)天门冬(肺劳风热,丸服。阴虚火动有痰热,同五味子,丸服。妇人骨蒸,同生地黄,丸服。)葳蕤(五劳七伤虚热。煎服,治发热口干小便少。)白术(除胃中热、肌热,止汗。妇人血虚发热,小儿脾虚骨蒸,同茯苓、甘草、芍药煎服。)茅根、地筋(客热在肠胃。)甘蕉根、菰根、芦根、天花粉(并主大热烦渴。)栝蒌根(润肺降火化痰。饮酒发热,同青黛、姜汁丸服。妇人月经不调,夜热痰嗽,同青黛、香附末服。)[菜谷]山药(除烦热,凉而补。)小麦(客热烦渴,凉心。)粱米(脾胃客热。)麻仁(虚劳客热,水煎服。)[果部]梨(消痰降火,凉心肺。)柿(凉肺,压胃热。)李(曝食,去骨间劳热。)乌梅(下气除热。)马槟榔(热病,嚼食。)蕉子(凉心。)甘蔗(解热。)[介禽]鳖肉(同柴胡诸药,丸服,治骨蒸。)鸭肉、鸽肉(并解热。)[兽人]兔肉(凉补。)豪猪肉、猪肉(肥热人宜食之。)猪乳、酥酪、醍醐、人乳

【滋阴】[草部]生地黄(诸经血热,滋阴退阳。蜜丸服,治女人发热成劳。蜜煎服,治小儿壮热,烦渴昏沉。)熟地黄(血虚劳热,产后虚热,老人虚燥。同生地黄为末,姜汁糊丸,治妇人劳热。)玄参(烦躁骨蒸,滋阴降火,与地黄同功。治胸中氤氲之气,无根之火,为圣剂。同大黄、黄连丸服,治三焦积热。)当归(血虚发热,困渴引饮,目赤面红,日夜不退,脉洪如白虎证者,同黄芪煎服。)丹参(冷热劳,风邪留热。同鼠屎末服,主小儿中风,身热拘急。)牡丹(治少阴厥阴血分伏火,退无汗之骨蒸。)知母(心烦,骨热劳往来,产后蓐劳,热劳。泻肺命火,滋肾水。)[木部]黄檗(下焦湿热,滋阴降火。)

【各经火药】肝(气,柴胡;血,黄芩。)心(气,麦门冬;血,黄连。)脾(气,白芍药;血,生地黄。)肺(气,石膏;血,栀子。)肾(气,知母;血,黄檗。)胆(气,连翘;血,柴胡。)小肠(气,赤茯苓;血,木通。)大肠(气,黄芩;血,大黄。)膀胱(气,滑石;血,黄檗。)胃(气,葛根;血,大黄。)三焦(气,连翘;血,地骨。)包络(气,麦门冬;血,牡丹皮。)

【各经发热药】肝(气,柴胡;血,当归。)心(气,黄连;血,生地黄。)脾(气,芍药;血,木瓜。)肺(气,石膏;血,桑白皮。)肾(气,知母;血,地黄。)胆(气,柴胡;血,栝蒌。)小肠(气,赤茯苓;血,木通。)大肠(气,芒硝;血,大黄。)膀胱(气,滑石;血,泽泻。)胃(气,石膏;血,芒硝。)三焦(气,石膏;血,竹叶。)包络(气,麦门冬;血,牡丹皮。)

诸气

(怒则气逆,喜则气散,悲则气消,恐则气下,惊则气乱,劳则气耗,思则气结,炅则气泄,寒则气收)

【郁气】[草部]香附(心腹膀胱连胁下气妨,常日忧愁。总解一切气郁,行十二经气分,有补有泻,有升有降。)苍术(消气块,解气郁。)抚芎(与香附、苍术,总解诸郁。)木香(心腹一切滞气。和胃气,泄肺气,行肝气。凡气郁而不舒者,宜用之。冲脉为病,逆气里急。同补药则补,同泻药则泻。中气,竹沥、姜汁调灌。气胀,同诃子丸服。一切走注,酒磨服。)藿香(快气。)鸡苏、紫苏(顺气。)薄荷(去愤气。)[谷菜]赤小豆(缩气,散气。)莱菔子(练五脏恶气,化积滞。)葱白(除肝中邪气,通上下阳气。)胡荽(热气结滞,经年数发,煎饮。)莴苣、白苣(开胸膈拥气。)马齿苋(诸气不调,煮粥食。)黄瓜菜(通结气。)[果木]杏仁(下结气,同桂枝、橘皮、诃黎勒丸服。)青橘皮(疏肝散滞,同茴香、甘草末服。)槟榔(宣利五脏六腑壅滞,破胸中一切气,性如铁石。)大腹皮(下一切气。)栀子(五脏结气,炒黑煎服。)梨木灰(气积郁冒。)橄榄、毗黎勒(开胃下气。)榆荚仁(消心腹恶气,令人能食)[石兽]铁落(胸膈热气,食不下。)长石(胁肋肺间邪气。)麝香、灵猫阴[人部]人尿(一切气块,煎苦参酿酒饮。)

【痰气】[草部]半夏(消心腹、胸胁痰热结气。)贝母(散心胸郁结之气,消痰。)桔梗、前胡、白前、苏子(并主消痰,一切逆气。)射干(散胸中痰结热气。)芫花(诸般气痛,醋炒,同延胡索服。)威灵仙(宣通五脏,去心腹冷滞,推陈致新。男妇气痛,同韭根、乌药、鸡子煮酒服。)牵牛(利一切气壅滞。三焦壅滞,涕唾痰涎,昏眩不爽,皂角汁丸服。气筑奔冲,同槟榔末服。)[谷菜]荞麦(消气宽肠。)黑大豆(调中下气。)生姜(心胸冷热气。暴逆气上,嚼数片即止。)莱菔子、白芥子(清痰下气。)[果部]山楂(行结气。)橘皮(痰隔气胀,水煎服。下焦冷气,蜜丸服。)橙皮(消痰下气,同生姜、檀香、甘草作饼服。)柚皮(消痰下气,及愤懑之痰,酒煮蜜拌服。)枸橼皮(除痰,止心下气痛。)金橘(下气快肠。)枇杷叶(下气止呕。)杨梅(除愤愦恶气。)[木部]枳实、枳壳、茯苓(破结气,逐痰水。)桑白皮(下气消痰。)皂荚(一切痰气,烧研,同萝卜子、姜汁,蜜丸服。)[介部]龟甲(抑结气不散,酒炙,同柏叶、香附丸服。)牡蛎(惊恚怒气,结气老血。)担罗(同昆布作羹,消结气。)

【血气】[草部]当归(气中之血。)芎䓖(血中之气。)蓬莪术(气中之血。)姜黄(血中之气。)三棱(血中之气。)郁金(血气。)延胡索[木部]乳香、没药、骐驎竭、安息香(并活血散气。)

【冷气】[草部]艾叶(心腹一切冷气恶气,捣汁服。)附子(升降诸气,煎汁入沉香服。)乌头(一切冷气,童尿浸,作丸服。)肉豆蔻、草豆蔻、红豆蔻、高良姜、益智子、荜茇、毕勃没、缩砂、补骨脂、胡芦巴、蒟酱(并破冷气。)五味子(奔豚冷气,心腹气胀。)[菜部]蒜葫、芸苔、蔓荆、芥、干姜、蔊菜、秦荻藜、马芹(并破冷气。)茴香(肾邪冷气,同附子,制为末服。)白芥子(腹中冷气,微炒,为丸服。)[果木]蜀椒(解郁结。其性下行,通三焦。凡人食饱气上,生吞一二十枚即散。)秦椒、胡椒、毕澄茄、吴茱萸、食茱萸、桂、沉香、丁香、丁皮、檀香、乌药、樟脑、苏合香、阿魏、龙脑树子(并

本草綱目

破冷气，下恶气。）厚朴（男女气胀，饮食不下，冷热相攻，姜汁炙研末，饮服。）诃黎勒（一切气疾，宿食不消，每夜嚼咽。）[金石]金屑（破冷气。）黑铅（肾脏气发，同石亭脂、木香、麝香，丸服。）铜器（炙熨冷气痛。）车辖（冷气走痛，烧淬水服。）白石英（心胃中冷气。）紫石英（寒热邪气。补心气，养肺气。）灵砂（治冷气。升降阴阳，既济水火。）玄精石、砒石、硇砂（元脏虚冷气痛，同桃仁丸服。又同川乌头丸服。）硫黄（一切冷气积痛，同青盐丸服。同硝石、青皮、陈皮，丸服。）[鱼禽]鳢鱼（下一切气，同胡椒、大蒜、小豆、葱，水煮食。）黄雌鸡、乌雌鸡（并治冷气着床。）

痰饮

（痰有六：湿、热、风、寒、食、气也。饮有五：支、留、伏、溢、悬也。皆生于湿）

【风寒湿郁】[草部]半夏（行湿下气，湿去则涎燥，气下则痰降，乃痰饮主药。法制半夏可咀嚼。胸膈痰壅，姜汁作饼煎服；停痰冷饮，同橘皮煎服；中焦痰涎，同枯矾丸服；结痰不出，同桂心、草乌头丸服；支饮作呕，同生姜、茯苓煎服；风痰湿痰，清壶丸。风痰，辰砂化痰丸；气痰，三仙丸；惊痰，辰砂半夏丸；老人风痰，半夏消石丸：小儿痰热.同南星入牛胆阴干丸服。）天南星（除痰燥湿。壮人风痰，同木香、生姜煎服；痰迷心窍，寿星丸；小儿风痰，抱龙丸。）苍术（消痰水，解湿郁，治痰夹淤血成囊。）白术（消痰水，燥脾胃。心下有水，同泽泻煎服。五饮酒癖，同姜、桂丸服。）旋覆花（胸上痰结，唾如胶漆，及膀胱留饮，焙研蜜丸服。）威灵仙（心膈痰水，宿脓久积。停痰宿饮，喘咳呕逆，同半夏、皂角水丸。）麻黄（散肺经火郁，止好唾痰喘。）细辛（破痰利水，开胸中滞结。）薄荷（小儿风涎要药。）苏子（治风顺气消痰。）佛耳草（除痰压时气。）附子（胃冷湿痰呕吐，同半夏、生姜丸服。）乌头、天雄、白附子（并主风痰湿痰。）草乌头（胸上冷痰，食不下，心腹冷痰作痛。）紫金牛（风痰。）百两金（风涎。）艾叶（口吐清水，煎服。）防己（膈间支饮喘满，木防己汤。）葶苈（胸中痰饮结气。）人参（胸中痰，变酸水，逆黄。）肉豆蔻（冷气呕沫，同半夏、木香丸。）益智子（上膈客寒，吐沫。）草豆蔻、高良姜、廉姜、荜茇、红豆蔻、蒟酱、狼毒、[菜谷]干姜（并主冷痰，燥湿温中。）生姜（除湿去痰下气。痰厥卒风，同附子，煎服。）芥及子、白芥子（痰在胁下及皮里膜外，非此莫除。同白术丸服。同苏子、莱菔子丸，下痰。）米醋、烧酒[果木]木瓜、楂子、榅桲、橙皮、柚皮（并去湿痰水唾。）橘皮（除湿痰留饮，呕哕反胃。二陈汤。润下丸。宽中丸。痰膈胸中热胀，水煎服；嘈杂吐清水，为末舐之；下焦冷痰，丸服。）槟榔（消谷下气，逐水除痰澼，为末汤服；呕吐痰水，同橘皮煎或末服。）大腹皮、都念子、都咸子、蜀椒（温中除湿，心腹留饮。椒目，同巴豆丸服，治留饮腹痛。）吴茱萸（厥阴痰涎。）胡椒、毕澄茄、厚朴（消痰温中。痰壅呕逆，姜汁制，末服。）沉香（冷痰虚热，同附子煎服。）杉材（肺壅痰滞。）皂荚（胸中痰结，捼汁熬膏丸服；一切痰气，烧研同莱菔子丸服；钓痰丸，同半夏、白矾丸含。子及木皮，并治风痰。）白杨皮（浸酒化痰澼。）槐胶（一切风涎。）[石虫]矾石（痰涎饮澼。）赤石脂（饮水成澼，吐水不止，末服一斤良。）白僵蚕（散风痰结核。一切风痰，研末姜汁服。）桂蠹（寒澼。）

【湿热火郁】[草部]栝蒌（降火清金，涤痰结。清痰利膈，同半夏熬膏服；胸痹痰嗽，取子同薤白煎服；饮酒痰澼，胁胀呕吐腹鸣，同神曲末服。）贝母（化痰降气，解郁润肺。痰胀，同厚朴丸服。）前胡、柴胡、黄芩、桔梗、知母、白前、紫菀、麦门冬、灯笼草、鸭跖草、悬钩子、解毒子、辟虺雷、草犀、泽泻、舵菜、山药、竹笋[果木]乌梅、林檎、白柿、盐麸子、甘蔗汁、梨汁、藕汁、茗、皋芦叶、蕤核、枳实、枳壳（胸膈痰澼，停水痞胀，为末服。）桑白皮（上焦痰气。）荆沥（烦热痰唾，漾漾欲吐。）竹沥（去烦热，清痰养血。痰在经络四肢，及皮里膜外，非此不达不行。）竹茹、竹叶（痰热呕逆。）木槿花（风痰壅逆，研末汤服。）茯苓（膈中痰水，淡渗湿热。）诃黎勒（降火消痰。叶亦下气消痰。）天竹黄[金石]铅、铅霜、铅丹、胡粉、铁华粉（并降风热惊痰。）密陀僧（痰结胸中不散，醋、水煮过，为末，每酒水煎二钱饮。）灵砂（上盛下虚，痰涎壅逆。）水银（小儿惊热风涎。）蓬砂、浮石[虫鳞]五倍子（并化顽痰，解热毒。）百药煎（清金化痰，同细茶、海螵蛸，丸服。）海螵蛸[介兽]海蛤、文蛤、蛤粉、牡蛎（并化湿痰热痰老痰。）烂砚壳（心胸痰水吞酸，烧服。）牛黄（化热痰。）阿胶（润肺化痰，利小便。）

【气滞食积】[草部]香附子（散气郁，消饮食痰饮，利胸膈。停痰宿饮，同半夏、白矾、皂角水，丸服。）鸡苏（消谷，除酸水。）苏叶[谷菜]曲、神曲、麦糵（并消食积痰饮，下气。）醋、莱菔及子（消食下痰，有推墙倒壁之功。）仙人杖菜（去冷痰澼。）蔊菜（消食，豁冷痰。）桑耳（癖饮积聚。留饮宿食，同巴豆蒸过丸服。）蘑菇、茼蒿[果石]山楂（并消食积痰。）盐杨梅（消食去痰，作屑服。）银杏（生食降痰。）杏仁、雄黄、粉霜、轻粉、金星石、青礞石、硇砂、绿矾（并消痰涎积癖。）银朱（痰气结胸，同矾石丸服，有声自散。）石膏（食积痰火，煅研醋糊丸服。）[介禽]马刀、牡蛎、魁蛤（痰积。）蚌粉（痰涎结于胸膈，心腹痛日夜不止，或干呕，以巴豆炒赤，去豆，醋糊丸服。）鬼眼睛（痰饮积及湿痰心腹痛，烧研酒服。）五灵脂（痰血凝结，同半夏姜汁丸服。）

【宣吐】人参芦、桔梗芦、藜芦、三白草（汁。）恒山、蜀漆、郁金（同藜芦末。）杜衡、石苋、石胡荽（汁。）离鬲草（汁。）附子尖、土瓜根、及己、苦参、地松、豨莶、羊踯躅、紫河车、虎耳草、芭蕉油、萝卜子、苦瓠、瓜蒂、苦茗、乌梅、酸榴皮、犁汁、桐油、皂荚、栀子、相思子、松萝、热汤、齑水、盐卤水、石绿、石青、石胆、白青、砒石、密陀僧、矾石、大盐、虾汁

【荡涤】甘遂（直达水气所结之处。）芫花（胸中痰水，胁下饮澼。）荛花（肠胃留澼。）大戟（湿热水澼。）续随子（痰饮宿滞。）牵牛（痰饮宿脓。）大黄、射干、桃花（宿水痰饮积滞，为末水服，或作饼食，取利。）接骨木（下水饮。）巴豆（寒澼宿食，大便闭，酒煮三日夜，煎丸水下；风痰湿病，安掌心取汗。）芒硝、朴硝

脾胃

（有劳倦内伤，有饮食内伤，有湿热，有虚寒）

【劳倦】[草部]甘草（补脾胃，除邪热，益三焦元气，养阴血。）人参（劳倦内伤，补中气，泻邪火。煎膏合姜、蜜服。）黄芪（益脾胃，实皮毛，去肌热，止自汗。）黄精、葳蕤（补中益气。）白术（熬膏服良。）苍术（安脾除湿，熬膏作丸散，有四制、八制、坎离、交感诸丸。）柴胡（平肝，引清气自左而上。）升麻（入胃，引清气自右而上。）芍药（泻肝，安脾肺，收胃气。）石斛（厚脾胃，长肌肉。）使君子（健胆胃，除虚热。）连翘（脾胃湿热。）木香、甘松香、藿香、缩砂蔤、白豆蔻、紫苏[菜谷]罗勒、莳萝、马芹（并理元气。）茠香（同生姜炒黄丸服，开胃进食。）茼蒿、荠菜、苜蓿、菾菜、仙人杖草、草豉、胡萝卜、芋、山药、石耳、蘑菇、鸡纵、五芝、胡麻、小麦、大麦、雀麦、糯、粳、籼、稷、黍、蜀秫、粱、粟、秫䅟子、稗子、稂、东墙、雕胡、蓬子、水粟、岗草米、蒒草米、薏苡、罂子粟、黑大豆、赤小豆、绿豆、白豆、豌豆、蚕豆、豇豆、扁豆、刀豆、豆豉、豆腐、豆黄（壮气润肌。以猪脂和丸，每服百丸，即易肥健，甚验。脾弱不食，同麻子熬香研，日服。）陈廪米、青精饭、诸米粥、饴糖、酒、糟[果木]大枣（同姜末，点服。）仲思枣、木瓜、柰、白柿、橘皮、钩栗、橡子、榛子、龙眼、橄榄、榧子、槟榔、大腹皮、桄榔面、莎木面、波罗蜜、无花果、摩厨子、芡实、莲实、藕、甘蔗、沙糖、凫茈、清明柳枝（脾弱，食不化，似翻胃，煎汤煮小米，滚面晒收，每用烹食。）沉香、檀香、诃黎勒、厚朴、茯苓[水石]潦水、甘澜水、立春清明水、太一余粮、白石脂、石面、代赭石、[虫部]蜂蜜、蚕蛹、乳虫[鳞介]龙齿、鳟、鲻、鯮、鳡、鲌、鲫、鲂、鲤、鲈、鳜、鲳、鲨、白鲞、鲙残鱼、比目鱼、虾、鳖、淡菜、海蛇、[禽兽]鸡、雉、鷩雉、英鸡、凫、鸊鷉、鹭、鹬、雀、突厥雀、鸠、青鹤、桑扈莺、鹘嘲、猪脾舌、狗肉、羊肉、牛肉、牛膍、虎肉、兔肉

菇　蘑

【虚寒】[草部]附子、草豆蔻、高良姜、山姜、廉姜、益智子、荜茇、蒟酱、肉豆蔻[菜谷]干姜、生姜、蒜、韭、薤、芥、芜菁、糯米、秫、烧酒[果木]胡椒、毕澄茄、秦椒、蜀椒、吴茱萸、食茱萸、丁香、桂

【食滞】[草部]大黄（荡涤宿食，推陈致新。）地黄（去胃中宿食。）香附、三棱、莪术、木香、柴胡（消谷。）荆芥、薄荷、苏荏、水苏（并消鱼鲙。）青黛、越王余筭、海藻、肉豆蔻、草果、缩砂、蒟酱、红豆蔻、仙茅[谷菜]大麦、荞麦、豆黄、蒸饼、女曲、黄蒸、曲、神曲（同苍术丸服。）红曲、蘖米、麦蘖、饴糖、酱、醋、酒、糟、蒜、葱、胡葱、胡

葖、白菘、莱菔、芜菁、姜、[果木]杏仁(停食,用巴豆炒过,末服。)橘皮(为末,煎饮,代茶。)青皮(盐、醋、酒、汤四制,为末,煎服。)柑皮、橙皮、柚皮、木瓜、榅桲,山楂(消肉。)柰子,杨梅、银杏(生食。)槟榔、大腹子、榧子、无漏子、茶、皋芘、蜀椒、胡椒、毕澄茄、茱萸、巴豆(一切生冷硬物。)阿魏(消肉。)皂荚、楸白皮、厚朴、乌药、樟材、檀香、桂(食果腹胀,饭丸吞七枚。)诃黎勒、枳实、郁李仁[水土]齑水(吐。)浆水(消。)生熟汤(消。)百草霜、梁上尘[金石]朴硝(食饮热结。)青礞石(食积宿滞,同巴豆等,丸服。)水中白石(食鲙成瘕,烧,淬水服七次,利下。)食盐(酒肉过多胀闷,擦牙漱下,如汤沃雪。)硇砂(消肉。)蓬砂、孔公孽[介禽]鳖甲、淡菜、海月、白鲞(并消宿食。)鳝头(烧服,去痞症,食不消。)皋、鸡屎白、鹰屎白、雀屎白、鸽屎、五灵脂

【酒毒】[草部]葛花、葛根汁、白茅根汁、水萍、菰笋、秦艽、苦参、地榆、菊花(酒醉不语,为末酒服。)悬钩子、木鳖子(醋磨。)天南星(同朱砂丸服,解酒毒积毒。)五味子、山姜花、高良姜、红豆蔻、缩砂、白豆蔻、蒟酱、肉豆蔻、蠡实、蕉子[谷菜]麦苗汁、丹黍米(饮酒不醉。)黑大豆、赤小豆、腐婢、绿豆、蚕豆苗(煮食。)扁豆、豆腐(烧酒醉死,切片贴身。)豉(同葱白煎。)曲、萝卜、蔓荆(大醉不堪,煮粥饮汁。根蒸三次,研末,酒后水服二钱,不作酒气。)白菘(解酒醉不醒,研子一合,井水服。)水芹、苦苣、白苣、苦竹笋、酸笋、越瓜、甜瓜[果木]橘皮、柑皮、橙皮、柚皮、金橘、杨梅(干屑服之,止呕吐酒。)乌梅、榔梅、梨、楂子、榅桲、柿、椑柿、银杏、橄榄、槟榔、波罗蜜、都桷子、枳椇子、盐麸子、醋林子、甘蔗、沙糖、石蜜、藕、芰、西瓜、丁香、长寿仙人柳(酒病,为末酒服。)河边木(端午投酒中饮之,令人不醉。)桑椹汁、苦竹叶[水石]新汲水(烧酒醉死,浸发及手足,仍少灌之。)食盐(擦牙漱咽,解酒毒。先食一匙,饮酒不醉。)蓬砂(服之,饮酒不醉。)雄黄(饮酒成癖,遇酒即吐,同巴豆、蝎梢、白面丸服。)石灰(酒毒下痢,泥煅,醋糊丸服。)铅霜[虫鱼]五倍子、鳅鱼、黄颡鱼[介部]蚌、蛎黄、蛤蜊、车螯、田螺、蜗螺、海月[禽兽]鸡内金(消酒积,同豆粉丸服。)五灵脂(酒积黄肿,入麝丸服。)豭猪项肉(酒积黄胀,同甘遂服,取下酒布袋。)猪肾(酒积,掺葛粉炙食。)牛膍、狐胆、麝香(并解酒毒。)鹿茸(饮酒成泄,冲任虚寒,同狗脊、白蔹丸服。)驴蹄底(饮酒过度,欲至穿肠,水煮浓汁冷饮。)

吞酸嘈杂

(有痰食热症,有阳气下陷虚症)

【痰食】[草部]苍术、香附、黄连、蓬莪术、缩砂仁、半夏、鸡苏(生食。)荠苎(生食,去肠间酸水。)旋覆花[菜谷]萝卜(食物作酸,生食即止。)米醋(破结气,心中酸水痰饮。)神曲、麦糵[果木]橘皮、木瓜、楂子、榠楂、榅桲、山楂(并除心间酸水,止恶心。)胡桃(食物醋心,以干姜同嚼下,立止。)槟榔(醋心吐水,同橘皮末服。)大腹

皮（痰隔醋心，同疏气药、盐、姜煎服。）厚朴（吐酸水，温胃气。）樟材（宿食不消，常吐酸臭水，煎汤服。）皂荚子心（嚼食，治膈痰吞酸。）栀子［虫兽］蚬壳（吞酸心痛，烧服。）羊屎（煎酒服。）头垢（噫吐酸浆，以浆水煎服一杯。）

【阳陷】［草部］人参（消胸中痰变酸水。妊娠吐水，心酸痛，不能饮食，同干姜丸服。）柴胡（除痰热。）升麻、葛根（凡胃弱伤冷，郁遏阳气者，宜三味升发之。）荜茇（胃冷口酸流清水，心连脐痛，同厚朴末、鲫鱼肉，丸服。）廉姜（胃口冷，吐清水。）草豆蔻、益智子、红豆蔻、高良姜［木鳞］吴茱萸（醋心甚者，煎服。有人服之，二十年不发也。）鱼鲙（心下酸水。）

噎膈

（噎病在咽嗌，主于气，有痰有积。膈病在膈膜，主于血，有挟积、挟饮澼、挟瘀血及虫者）

【利气化痰】［草部］半夏（噎膈反胃，大便结者，同白面、轻粉作丸煮食，取利。）山豆根（研末，橘皮汤下。）昆布（气噎，咽中如有物，吞吐不出，以小麦煮过，含咽。）栝蒌（胸痹咽塞，同薤白、白酒，煮服。）芦根（五噎吐逆，煎服。）天南星、前胡、桔梗、贝母、香附子、紫苏子、木香、藿香、泽泻、缩砂、茴香、高良姜、红豆蔻、草果、白豆蔻［菜果］生姜（咽中有物，吞吐不出，含之，一月愈。噎气，姜入厕内浸过，漂晒研末，入甘草末服。）橘皮（卒气噎，去白焙研，水煎服。胸痹咽塞，习习如痒，唾沫，同枳实、生姜煎服。）槟榔（五膈、五噎，同杏仁，以童尿煎服。）青橘皮［木部］厚朴、茯苓、沉香（膈气，同木香、乌药、枳壳为末，盐汤下。）檀香、苏合香、丁香、枳壳、枳实

【开结消积】［草部］三棱（治气胀，破积气。反胃，同丁香末服。）蓬莪茂（破积气，治吐酸水。）郁金（破恶血，止痛。）阿魏（五噎膈气，同五灵脂丸服。）威灵仙（噎膈气，同蜜煎服，吐痰。）凤仙子（噎食不下，酒浸晒研，酒丸服。）马蹄香（噎食膈气，为末，酒熬膏服。）紫金牛（治噎膈。）板蓝汁（治噎膈，杀虫，频饮。）红蓝花（噎膈拒食，同血竭，浸酒服。）荛花、甘遂（梅核气，同木香末服。）大黄（食已即吐，大便结，同甘草煎服。）［谷菜］杵头糠（膈气噎塞，蜜丸噙咽；卒噎，噙之咽汁，或煎饮。）荞麦秸灰（淋取硷，入蓬砂服，治噎食。）韭汁（去胃脘血。入盐，治噎膈。入姜汁、牛乳，治反胃。）［果木］乌芋（主五噎膈气。）乌梅、杏仁、山楂、桃仁、桑霜（消噎食积块。）巴豆霜［水石］粮罂中水（饮之，主噎疾杀虫。）浸蓝水（主噎疾，温饮一杯，杀虫。）梁上尘（主噎膈食积。）硇砂（噎膈吐食，有积症，用之神效。荞面包煅，同槟榔、丁香末，烧酒服。同人言、黄丹各升打过，同桑霜末，烧酒服；同平胃散末，点服三钱，当吐黑物如石。）黑铅（膈气，同水银、人言结砂，入阿魏，丸服。灰，同醋熬膏，蒸饼和丸服。）绿矾（面包泥固煅研，枣肉丸服。鲫鱼留胆去肠，酿煅，末服。）白矾（治噎

膈，化痰澼，蒸饼丸服。或同硫黄炒过，入朱砂，丸服。）雄黄、轻粉、石硷、蓬砂、砒石（并化积垢，通噎膈。）[服器]寡妇木梳（烧灰，钥匙汤下。）[虫鳞]蛇含蛤蟆（煅研，酒服。）蜣螂（同地牛儿用，治噎膈。）壁虎（噎膈反胃，炒焦入药用。）鲫鱼（膈气，酿大蒜，泥包煨焦，和平胃散，丸服。）[禽兽]鸠（食之不噎。）巧妇窠（噎膈，烧研酒服，神验。）鹏雏（煅研酒服。）五灵脂（噎膈痰涎夹血。）鸬鹚头（烧研酒服。）鹰粪（食哽，烧灰，水服。）白鹅尾毛（噎食，烧灰，饮服。）鸡嗉（噎气不通，烧研，入木香、沉香、丁香、红枣丸服。）狼喉结（噎疾，晒研，以五分入饭食。）白水牛喉（噎膈，结肠不通，醋炙五次，为末，每服一钱，饮下，立效。）狗宝（噎食病，每用一分，以威灵仙、食盐浸水服，日三服，三日愈。）黄狗胆（和五灵脂末，丸服。）狗屎中粟（噎膈吐食，淘净煮粥，入薤白、沉香末食。）狸骨（噎病不通饮食，炒研白汤服。）羚羊角（噎塞不通，研末，饮服二钱，日三。）野人粪（治噎膈，同阿魏末，以姜片蘸食。）[人部]人溺、秋石（噎病，每服一钱。）人淋石（治噎食，俗名涩饭病，磨汁服。）人癖石（消坚，治噎膈。）天灵盖（噎膈，用七个同黑豆煅研，酒服一钱。）人胆（噎膈病，盛糯米，阴干取黑色者，每服十五粒，通草汤下。）胞衣水（膈气反胃，饮一钟，当有虫出。）头垢（主噎疾，以酸浆煎膏服之，立愈。）人屎（烧服。）

反胃

（主于虚，有兼气、兼血、兼火、兼寒、兼痰、兼积者。病在中下二焦。食不能入，是有火；食入反出，是无火）

【温中开结】[草部]附子（温中破积。反胃不下食，以石灰泡热，姜汁淬三次，同丁香、粟米煎服，或为末舐；或为丸噙；或包丁香，以姜汁煮焙丸服。）白豆蔻（脾虚反胃，同丁香、缩砂、陈廪米，姜汁丸服。）白芷（血风反胃，猪血蘸食。）木香（同丁香煎服.治反胃关格。）王瓜（反胃，烧研酒服。或入平胃散末。）木鳖子（三十个，去皮油，牛涎、蜂蜜各半斤，石器慢熬，干研，日取一匙，入粥食。）火枕草（焙末，蜜丸。）荜茇、草豆蔻、红豆蔻、高良姜、肉豆蔻、藿香、抚芎、苏子、前胡、香附、半夏（并温中消食止吐。）三棱（同丁香末服。）益智子（客寒犯胃，多唾沫。）[谷菜]干饧糟（同姜捣饼，焙研，入甘草、食盐服。）韭菜（炸熟，盐醋吃十顿，治噎膈反胃。）生姜（汁煮粥食。麻油煎研，软柿蘸食。）白芥子（酒服二钱。）紫芥子、大蒜、干姜、兰香（作饼。）莳萝、茴香、杵头糠、萝卜（蜜煎细嚼。）薤白[果木]槟榔、青皮、橘皮（西壁土炒，姜、枣煎服。）胡椒（醋浸七次，酒糊丸服，或加半夏，或同煨姜，煎服。）毕澄茄（吐出黑汁者，米糊丸服。）枇杷叶（同人参、丁香煎服。）栗子壳（煮汁。）松节（煎酒。）千槌花（煮汁。）丁香（盐梅丸咽。姜、蔗汁丸服。木香同煎服。）桂心、沉香、檀香、茯苓、厚朴、枳实[金石]雄黄、雌黄（同甘草，丸服。）铅灰（醋熬，蒸饼丸服。）铅丹（坠痰消积，同白矾、石亭脂煅研，丸服。）水银（同铅结砂，入硫黄、官桂为末，姜汁服，清镇反胃。）灵砂（镇坠反胃神丹也。）赤石脂（蜜丸服。）砒石（同巴豆、附子、黄蜡丸服。）白矾、丹砂、釜煤、朴硝、蓬砂、轻粉、硇砂［鳞介］烂蛤（烧服。）蚌粉（姜汁服。同田螺壳灰、乌梅烧研，人参汤服。）鲫鱼（酿绿矾煅研服。）鲤鱼（童尿浸煨，研末入粥食。）［禽兽］抱出鸡子壳（酒服。）鸡膍胵皮（烧研酒服。）鹁鸪皮毛（烧研酒服。）五灵脂（狗胆汁丸，热姜酒磨服。或加沉香、木香、阿魏。）猫衣（煅研，入朱砂噙。）虎肚（煅研，入平胃散末服。）虎脂（切块，麻油浸收，每以酒一钟，和油一杯服。不问久近皆效。）猬皮（煮汁服，或炙食，或烧灰酒服。）白马尿（热饮。）驴尿（以上并能杀虫。）驴屎、羊屎（五钱，童尿煎服。）牛龄草（同杵头糠、糯米粉、牛乳和丸煮食。）羊胲子（煅研，入枣肉、平胃散末，沸汤点服。）

【和胃润燥】［草部］人参（止反胃吐食，煎饮或煮粥食，或同半夏、生姜、蜜煎服。）白术、芍药、芦根（止反胃五噎吐逆，去膈间客热，煮汁服。）茅根（反胃上气，除客热在胃，同芦根煎汁饮。）［谷菜］山药、粟米（作丸，醋煮吞。）罂粟（同人参、山药煮食。）陈仓米（水煎服；或炊焙为末，入沉香末服。）马齿苋（饮汁。）柳蕈（煎服。）莼心、麻仁、胡麻油［果木］杏仁、桃仁、梨（插丁香十五粒煨食，止反胃。）棠梨叶（炒研酒服，止反胃。）甘蔗汁（同姜汁饮，治反胃。）干柿（连蒂捣酒服，止反胃，开胃化痰。）干枣叶（同丁香、藿香，煎服，止反胃。）石莲（入少肉豆蔻末，蜜汤服，止反胃。）乌芋（主五噎膈气。）梓白皮（主反胃。）淡竹茹、竹沥［水部］醴泉、井华水（并主反胃。）［土虫］螺蛳泥（每火酒服一钱，止反胃。）地龙屎（同木香、大黄末，水服，止反胃。）白善土（醋煅。）西壁土、灶中土（米饮服三钱。）蚕茧（反胃吐食，煎汁煮鸡子食之。）缫丝汤（煮粟米粥食，止反胃。）［兽禽］牛羊乳（反胃燥结，时时咽之，或入汤剂。）牛涎（噎膈反胃，以水服二匙，或入蜜，或入麝香，或和糯米粉作丸，煮食。）羊肉（蒜、薤作生食。）羊胃（作羹食。）乌雄鸡（虚冷反胃，入胡荽子煮，食二只愈。）乌雌鸡（炒香，投酒中一夜饮。）反毛鸡（同人参、当归煮食。）

呕吐

（有痰热，有虚寒，有积滞）

【痰热】［草部］葛根（大热呕吐，小儿呕吐，荡粉食。）泽泻（行水止吐。）香附（妊娠恶阻，同藿香、甘草煎服。）黄连、苦耽（劳乏呕逆。）麦门冬（止呕吐燥渴。）前胡（化痰止吐。）芦根（主呕逆不食，除膈间客热，水煮服。或入童尿。）干苔（煮汁。）赤小豆、豌豆（止呕逆。）绿豆粉、薪草子［果木］茯苓、猪苓、栀子、楸白皮、梓白皮（止呕逆，下气。）苏枋木（人常呕吐，用水煎服。）杨梅（止呕吐，除烦愦。）枇杷（止吐下气。）木白皮（止呕逆，煮服大佳。）叶（止呕吐不止。）［水石］黄丹（止吐逆。）胡粉、水银、铅、滑石(暴得吐逆,汤服二钱。)石膏(胃火吐逆。)阴阳水(饮数口,即定。)[虫兽]蝉蜕(胃热吐食,同滑石末,水服。)芦蠹虫(小儿乳后吐逆,二枚,煮汁服。)羊屎(呕吐酸水,以十枚煎酒服。)牛乳(小儿吐乳,入葱、姜煎服。)兔头骨(天行吐不止,烧研,饮服。)[人部]人乳(小儿初生吐乳,同籧篨篾、盐少许,煎汁,入牛黄服。)

【虚寒】[草部]细辛(虚寒呕吐,同丁香末服。)苍术(暖胃消谷,止呕吐。)白术(胃虚呕逆,及产后呕吐。)人参(止呕吐,胃虚有痰,煎汁入姜汁、竹沥服;胃寒,同丁香、藿香、橘皮煎服;妊娠吐水,同干姜丸服。)艾叶(口吐清水,煎服。)半夏(呕逆厥冷,内有寒痰,同面作弹丸,煮吞之;妊娠呕吐,同人参、干姜丸服;小儿痰吐,同面包丁香,煨熟,丸服。)南星(除痰下气止呕。)旋覆花(止呕逆不下食,消痰下气。)苏子(止吐。)香薷(伤暑呕吐。)藿香(脾胃吐逆为要药。)木香、当归(温中,止呕逆。)茅香(温胃止吐。)白豆蔻(止吐逆,散冷气,胃冷忽恶心,嚼数枚酒下。小儿胃寒吐乳,同缩砂、甘草末饮服。)生附子(胃寒有痰,同半夏、生姜煎服。)缩砂仁、廉姜、白芷、红豆蔻、高良姜(温中下气消食。忽呕清水,含咽即平。)肉豆蔻(温中下气止吐,及小儿乳霍。)益智子(胃冷。)[谷菜]糯米(虚寒吐逆。)烧酒、白扁豆、豇豆、干姜、生姜(煎醋食。又同半夏煎服,去痰下气,杀虫止呕吐。)芥子(胃寒吐食。)白芥子[果木]橘皮(止吐消痰温中。嘈杂吐清水,去白研末,时舐之。)蜀椒(止吐杀虫。)胡椒(去胃中寒痰,食已即吐水,甚验。)毕澄茄、吴茱萸、食茱萸(并止冷吐。)槟榔(止吐水,同橘皮煎服。)沉香、檀香、丁香(治吐,同陈皮煎服;小儿丸服;或同半夏丸服。)厚朴(痰壅呕逆不食,姜汁炙研,米饮服。主胃冷,吐不止。)诃黎勒(止呕吐不食,消痰下气,炒研糊丸服。)[石兽]赤石脂(饮食冷过多,成澼吐水,每酒服方寸匕,尽一斤,终身不吐痰水。)硫黄(诸般吐逆,同水银研,姜汁糊丸服。)鹿髓(主呕吐。)熊脂(饮食呕吐。)

【积滞】[草谷]香附子(止呕吐,下气消食。)缩砂蔤(温中消食止吐。)大黄(口中常呕淡泔,煎服。)续随子(痰饮不下食,呕吐。)牵牛,神曲、麦蘖[木禽]巴豆、五灵脂(治呕吐,汤药不能下者,狗胆丸服。)

哕啘

(有痰热,有虚寒)

【痰热】[草谷菜部]芦根(客热呕哕,煮汁服。)茅根(温病热哕,同葛根煎服;温病冷哕,同枇杷叶煎服。)苏叶(卒啘不止,浓煎呷。)葛根汁(干呕不止,呷之。)前胡、胡麻(呕啘不止,合清油煎服。)大麻仁(止呕逆,炒研,水绞汁服。)小麦、小麦面(呕哕不止,醋作弹丸煮熟,热茶吞之,未定再作。)赤小豆(止呕逆。)生姜(干呕厥逆时嚼之,亦同半夏煎服,乃呕家圣药。)萝卜、蔓荆子[果木]枇杷(止吐逆。叶,下气消痰,啘哕不止,煮汁或嚼汁咽。)杨梅(止呕哕去痰。)枳椇(止呕哕,解酒毒。)甘蔗(止呕哕不息,入姜汁服。)茯苓、猪苓、淡竹茹、仙人杖(哕气呕逆,煮汁服。)[水石]阴阳水、古砖(煮汁。)滑石[虫鳞]蠮螉、黄蜂子(干呕。)蝉蜕(胃热呕逆。)芦蠹虫、海蛤、蛤粉、白蚬壳(并止呕啘。)蛇蜕(止呕。)[禽兽]鸡子(天行呕逆,水煮,浸冷,吞之。)鸡卵黄(炼汁服。)雁肪(治结热呕逆。)水牛肉(主啘。)

【虚寒】[草部]细辛(虚寒呕哕,同丁香、柿蒂汤服。)半夏(伤寒干啘,为末,姜汤服。胃寒哕逆,停痰留饮,同藿香、丁皮煎服。支饮作呕,哕逆欲死,同生姜煎服。)燕蓐草(烧服,止呕哕。)白术(产后呕哕,同生姜煎服。)草豆蔻(胃弱呕逆,同高良姜.煎汁和面煮食。)高良姜(止胃寒呕哕。)荜茇(冷痰恶心,末服。胃冷流清水,心腹痛,同厚朴、鲫鱼和丸服。)白豆蔻(胃冷忽恶心,嚼之酒下。)益智子、麻黄(并止客寒犯胃,多唾。)桔梗(止寒呕。)木香、藿香、旋覆花、红豆蔻、肉豆蔻、附子、乌头、蒟酱、苍术[谷菜]糯米、糟笋中酒(止哕气呕逆,或加人参及牛乳。)烧酒、白扁豆、干姜(止干呕。)薤(止干呕,煮服。)芥、兰香(啘呕,取汁服。)[果部]橘皮(除湿消痰止呕。凡呕清水者,去白研末,时舐之。)橙皮(止恶心,下气消痰。)木瓜(止呕逆,心膈痰呕。)榠楂(止恶心,去胸中酸水。)楂子(同。)山楂、葡萄藤叶、蘡薁藤(并主呕啘厥逆,煮汁饮。)五子实、柿蒂(煮汁饮,止咳逆哕气。同丁香、生姜煎服。寒加良姜、甘草;痰加半夏;虚加人参;气加陈皮、青皮。)槟榔、毕澄茄(止寒呕。)吴茱萸[木石]梓白皮(温病感寒,变为胃啘,煮汁服。)丁香(胃寒咳逆哕气,煮汁服。)诃黎勒(呕逆不食,炒研糊丸服。)厚朴(痰壅呕哕。)黄丹、代赭石、硫黄[鳞介]鳡鱼(食之已呕。)鲫鱼、石首鱼、鳖肉[兽部]羊乳(大人干呕,小儿哕啘,时时呷之。)青羊肝(病后呕逆,作生淡食,不过三次。)牛膍、鹿角(食后喜呕,烧研,同人参末姜汤服。小儿哕痰,同大豆末,涂乳饮之。)獭骨(呕哕不止,煮汁饮。)

呃逆

(呃,音噫,不平也。有寒有热,有虚有实。其气自脐下冲上,作呃呃声,乃冲脉之病。世亦呼为咳逆,与古之咳嗽气急之咳逆不同。朱肱以哕为咳逆,王履以咳嗽为咳逆,皆非也)

【虚寒】[草谷菜部]半夏(伤寒呃逆,危证也,以一两,同生姜煎服。)紫苏(咳逆短气,同人参煎服。)乌头(阴毒咳逆,同干姜等分,研炒色变,煎服。)缩砂(同姜皮冲酒服。)麻黄(烧烟嗅之立止。)细辛(卒客忤逆,口不能言,同桂安口中。)旋覆花(心痞噫不息,同代赭石服。)高良姜、蒟酱、苏子、荏子、紫菀、女菀、肉豆蔻、刀豆(病后呃逆,连壳烧服。)姜汁(久患咳噫,连至四五十声,以汁和蜜煎服,三次立效。

亦擦背。)兰香叶(咳噫,以二两同生姜四两捣,入面四两,椒、盐作烧饼,煨熟食。)[果木]橘皮(呃逆,二两,去白煎服,或加丁香。)荔枝(呃噫,七个烧末,汤下,立止。)胡椒(伤寒咳逆,日夜不止,寒气攻胃也,入麝煎酒服。)毕澄茄(治上证,同高良姜末煎,入少醋服。)吴茱萸(止咳逆。肾气上筑于咽喉,逆气连属不能出,或至数十声,上下不得喘息,乃寒伤胃脘,肾虚气逆,上乘于胃,与气相并也,同橘皮、附子丸服。)蜀椒(呃噫,炒研糊丸,醋汤下。)犁木灰(三十年结气咳逆,气从脐旁起上冲,胸满气促郁冒,同麻黄诸药丸服。)石莲子(胃虚呃逆,炒末水服。一加丁香、茯苓。)榄子、丁香(伤寒呃逆及哕逆,同柿蒂末,人参汤下。)沉香(胃冷久呃,同紫苏、白豆蔻末,汤服。)乳香(阴证呃逆,同硫黄烧烟熏之,或煎酒嗅。)桂心[土石]伏龙肝(产后咳逆,同丁香、白豆蔻末、桃仁、茱萸煎汤下。)代赭石(心痞噫逆。)硫黄[虫部]黄蜡(阴病打呃,烧烟熏之。)

【湿热】[草果]大黄(伤寒阳证呃逆,便闭者下之,或蜜兑导之。)人参芦(因气昏瞀呃噫者,吐之。)人参(吐利后,胃虚膈热而咳逆者,同甘草、陈皮、竹茹煎服。)干柿(产后咳逆心烦,水煮呷。)柿蒂(煮服,止咳逆哕气。)青橘皮(伤寒呃逆,末服。)[木石]枳壳(伤寒呃噫,同木香末,白汤服。)淡竹叶、竹茹、牡荆子、滑石(病后呃噫,参、术煎服益元散。)

泄泻

(有湿热、寒湿、风暑、积滞、惊痰、虚陷)

【湿热】[草部]白术(除湿热,健脾胃。湿泄,同车前子,末服;虚泄,同肉豆蔻、白芍药丸服;久泄,同茯苓、糯米丸服;小儿久泄,同半夏、丁香丸眼;老人脾泄,同苍术、茯苓丸服;老小滑泄,同山药丸服。)苍术(湿泄如注,同芍药、黄芩、桂心煎服;暑月暴泄,同神曲丸服。)车前子(暑月暴泄,炒研服。)苎叶(骤然水泄,阴干研服。)秦艽(暴泄引饮,同甘草煎。)黄连(湿热脾泄,同生姜末服。食积脾泄,同大蒜丸服。)胡黄连(疳泻。)泽泻、木通、地肤子、灯心[谷菜]粟米(并除湿热,利小便,止烦渴,燥脾胃。)青粱米、丹黍米、山药(湿泄,同苍术丸服。)薏苡仁[木石]栀子(食物直出,十个微炒,煎服。)黄檗(小儿热泻,焙研米汤服,去下焦湿热。)茯苓、猪苓、石膏(水泄,腹鸣如雷,煅研,饭丸,服二十九,不二服愈。)雄黄(暑毒泄痢,丸服。)滑石[兽部]猪胆(入白通汤,止少阴下利。)

【虚寒】[草部]甘草、人参、黄芪、白芍药(平肝补脾,同白术丸服。)防风、藁本(治风泄,风胜湿。)火杴草(风气行于肠胃,泄泻,醋糊丸服。)蘼芜(湿泄,作饮服。)升麻、葛根、柴胡(并主虚泄风泄,阳气下陷作泄。)半夏(湿痰泄,同枣煎服。)五味子(五更肾泄,同茱萸丸服。)补骨脂(水泄日久,同粟壳丸服;脾胃虚泄,同豆蔻丸服。)肉豆蔻(温中消食,固肠止泄。热泄,同滑石丸服;冷泄,同附子丸服;滑泄,同粟壳丸服;久泄,同木香丸服;老人虚泄,同乳香丸服。)木香(煨热,实大肠,和胃气。)缩砂(虚劳冷泄,宿食。)草豆蔻(暑月伤冷泄。)益智子(腹胀忽泄,日夜不止,诸药不效,元气脱也,浓煎二两服。)荜茇(暴泄,身冷自汗脉微,同干姜、肉桂、高良姜,丸服,名已寒丸。)附子(少阴下利厥逆,同干姜、甘草煎服;脏寒脾泄,同肉豆蔻丸服;大枣煮丸服;暴泄脱阳,久泄亡阳,同人参、木香、茯苓煎服;老人虚泄,同赤石脂丸服。)草乌头(水泄寒利,半生半炒丸服。)艾叶(泄泻,同吴茱萸煎服。同姜煎服。)莨菪子(久泄,同大枣烧服。)菝葜[谷菜]陈廪米(涩肠胃,暖脾。)糯米粉(同山药、沙糖食,止久痢泄。)烧酒(寒湿泄。)黄米粉、干麸、干糕(并止老人久泄。)罂粟壳(水泄不止,宜涩之,同乌梅、大枣煎服。)神曲、白扁豆、薏苡仁、干姜(中寒水泄,炮研饮服。)葫蒜、薤白、韭白[果木]栗子(煨食,止冷泄如注。)乌梅(涩肠止渴。)酸榴皮(一二十年久泄,焙研米饮服,便止。)石莲(除寒湿,脾泄肠滑,炒研米饮服。)胡椒(夏月冷泄,丸服。)蜀椒(老人湿泄,小儿水泄,醋煮丸服。久泄、飧泄不化谷,同苍术丸服。)吴茱萸(老人脾冷泄,水煎入盐服。)橡斗子、大枣、木瓜、榅桲、都桷、槠子、诃黎勒(止泄实肠。久泄,煨研入粥食。同肉豆蔻末服。长服方:同厚朴、橘皮丸服。)厚朴(止泄厚肠温胃,治腹中鸣吼。)丁香(冷泄虚滑,水谷不消。)乳香(泄澼腹痛。)桂心、没石子、毗梨勒[石虫鳞介]白垩土(水泄,同干姜、楮叶丸服。)石灰(水泄,同茯苓丸服。)赤石脂(滑泄疳泄,煅研米饮服。大肠寒泄遗精,同干姜、胡椒丸服。)白石脂(滑泄,同干姜丸服,同龙骨丸服。)白矾(止滑泄水泄,醋糊丸服。老人加诃子。)硝石(伏暑泄泻,同硫黄炒,丸服。同硫黄、白矾、滑石、飞面,水丸服。)硫黄(元脏冷泄,黄蜡丸服;久泄加青盐;脾虚下白涕,同炒面丸服。气虚暴泄,同枯矾丸服。伏暑伤冷,同滑石末服,或同胡椒丸服。)禹余粮(冷劳肠泄不止,同乌头丸服。)阳起石(虚寒滑泄,厥逆精滑,同钟乳、附子丸服。)钟乳粉(大肠冷滑,同肉豆蔻丸服。)霹雳砧(止惊泄。)五倍子(久泄,丸服。水泄,加枯矾。)龙骨(滑泄,同赤石脂丸服。)龟甲(久泄。)[禽兽]乌鸡骨(脾虚久泄,同肉豆蔻、草果煮食。)黄雌鸡、羖羊角灰(久泄,同矾丸服。)鹿茸(饮酒即泄,同苁蓉丸服。)猪肾(冷利久泄,掺骨碎补末,煨食。)猪肠(脏寒久泄,同吴茱萸蒸丸服。)猪肝(冷劳虚泄。)牛髓(泄利。)

【积滞】[谷木石土]神曲、麦蘖、荞麦粉(脾积泄,沙糖水服三钱。)芫荑(气泄久不止,小儿疳泄,同豆蔻、诃子丸服。)楮叶(止一切泄利,同巴豆皮,炒研蜡丸服。)巴豆(积滞泄泻,可以通肠,可以止泄。夏月水泄,及小儿吐泻下痢,灯上烧,蜡丸水服。)黄丹、百草霜(并治积泄。)

【外治】田螺(敷脐。)木鳖子(同丁香、麝香贴脐上,虚泄。)蛇床子(同熟艾各一两,木鳖子四个,研匀,绵包,安脐上,熨斗熨之。)蓖麻仁(七个,同熟艾半两,硫黄二钱,如上法用。)猪苓(同地龙、针砂末、葱汁和,贴脐。)椒红(小儿泄,酥和贴囟。蓖麻九个贴囟亦可。)巴豆纸(小儿泄,剪作花,贴眉心。)大蒜(贴两足心,亦可贴脐。)赤小豆(酒调,贴足心。)

痢

(有积滞、湿热、暑毒、虚滑、冷积、蛊毒)

【积滞】[草木菜谷]大黄(诸痢初起,浸酒服,或同当归煎服。)巴豆(治积痢,同杏仁丸服。小儿用百草霜,同化蜡丸服。)巴豆皮(同楮叶,烧丸服,治一切泻痢。)藜芦(主泄痢。)紫苋、马苋(和蜜食,主产后痢。)莱菔(汁和蜜服;干者嚼之,止噤口痢。)莱菔子(下痢后重。)青木香(下痢腹痛,气滞里急,实大肠。)山楂(煮服,止痢。)曲(消谷止痢。一日百起,同马蔺子为散服。)蒸饼、捻头(汤调地榆末服,止血痢。)槟榔(消食下气,治下痢后重如神。)枳实、枳壳(止痢顺气。)荞麦粉(消积垢。鸡子白丸服,主噤口痢。)[土石]百草霜(消食积。同黄连末服,止热痢。)腻粉(消积滞。同定粉丸服,止血痢。)定粉(止久积痢,鸡子白和,炙研服。)黄丹(消积痢,同蒜服。又同黄连丸服。)密陀僧(煅研,醋汤服。)硇砂(一切积痢,同巴豆、朱砂,蜡丸服。)砒霜(积痢休息,同黄丹末,蜡丸服。)红矾(止积痢。)[禽部]鸡内金(焙服,主小儿痢。)

【湿热】[草部]黄连(热毒赤痢,水煎露一夜,热服;小儿入蜜,或炒焦,同当归末、麝香,米汤服;下痢腹痛,酒煎服;伤寒痢,同艾水煎服;暴痢,同黄芩煎服;气痢后重,同干姜末服;赤白日久,同盐梅烧末服;鸡子白丸服;诸痢脾泄,入猪肠煮丸;湿痢,同吴茱萸炒丸服;香连丸加减,通治诸痢;四治黄连丸,治五疳八痢。)胡黄连(热痢,饭丸服;血痢,同乌梅、灶下土末,茶服。)白头翁(一切毒痢,水煎服;赤痢咽肿,同黄连、木香,煎服;赤痢下重,同黄连、黄檗、秦皮煎服。)柴胡(积热痢,同黄芩半水半酒煎服。)大青(热病下痢困笃者,同甘草、胶、豉、赤石脂煎服。)龙牙草(热痢,同陈茶煎服。根为末,米饮服。)青蒿(冷热久痢,同艾叶、豆豉作饼,煎服。)白蒿(夏月暴水痢,为末服。)地榆(冷热痢,煮汁熬服,止久痢、疳痢。)青黛(疳痢,末服。)益母草(同米煮粥,止疳痢;同盐梅烧服,止杂痢。)枲耳(熬膏。)荆芥(烧末。)蛇含(水煎,并主产后痢。)山苏(末服,止休息痢。)黄芩(下痢腹痛日久,同芍药、甘草用。)地黄(止下痢腹痛。汁,主蛊痢。)蘘荷汁(蛊痢。)葛谷(十年赤白痢。)马蔺子(水痢,同面服。)鸡肠草(汁,和蜜服。)车前汁(和蜜服。)蒲根(同粟米煎服。)鸭跖草(煎。)牛膝、龙胆、赤地利(煎。)女萎、王瓜子(炒服。)风延母、甘藤、陟厘、水藻(十三味,并主热痢。)菰手(小儿水痢。)冬葵子(同末茶服。)刘寄奴(同乌梅、白姜煎。)地肤子(同地榆、黄芩末服。苗、叶用汁。)千里及(同小青煎。)山漆(米泔服。)旱莲(末服。)苦参(炒焦,水服。)榼藤子(烧灰。)狼牙(水煎。)贯众(酒煎。)地锦(末服。)山豆根、忍冬(煎。)蓝汁、紫参(同甘草煎服。)桔梗、白芨、蒲黄、昨叶何草、[谷菜]绿豆(火麻汁煮。皮蒸食,二、三年赤痢。)赤小豆(合蜡煎服。)黑豆(二十一味,并主血痢。)胡麻(和蜜食。)麻子仁(炒研。)豆豉(炒焦酒服,入口即定。)小豆花(热痢,入豉汁作羹食;痢后,气满不能食,煮食一顿即愈。)豇豆、豌豆、荠根茎(烧灰,水服。)白扁豆(并主赤白痢。)豆腐(休息痢,醋煎服。)葱白(下痢腹痛,煮粥食,又煮鲫鱼鲊食。)菾菜(夏月毒痢,煮粥食。)黄瓜(小儿热痢,同蜜食。)冬瓜叶(积热痢,拖面食。)丝瓜(酒痢便血,烧灰酒服。)茄根茎叶(同榴皮末,沙糖水服。)胡荽(炒末服。)木耳(血痢,姜醋煮食,或烧灰水服;久痢,炒研酒服;久者,加鹿角胶。)芸苔汁(和蜜服。)苦荬菜[果木]乌芋(火酒浸收用。)胡桃(同枳壳、皂荚烧服。并治血痢。)柿(止小儿秋痢、血痢。)柿根、荷蒂、杨梅(烧服。)刺蜜、无花果、甜瓜、乌药(烧灰丸服。)槐花(炒研服。)榉皮(同犀角煎服。)盐麸子及树皮(煮服。并止血痢。)樗自皮(除湿热杀虫。血痢,醋糊丸服;脏毒下痢,为末服;水谷痢、小儿疳痢,并水和作馄饨煮食;休息痢,同木香为丸,或加诃子、丁香。)柏叶(血痢,同芍药炒,水煎服。血痢、蛊痢、疳痢,同黄连煎。小儿洞痢,煎代茶。)栀子(主热痢下重。血痢连年,同鼠尾草、蔷薇汁熬丸服。)黄檗(除下焦湿热及血痢,同黄连、醋煎服;孕痢,同大蒜丸服,神验。)天蓼(末服,止气痢。)桑寄生(治毒痢,同川芎、防风、甘草煎服。)木槿花(噤口痢,煎面食。皮煮汁,止血痢、渴。)茯苓(渗湿热。)棕灰、败船茹(并止血痢。)[水土石部]新汲水、滑石(俱治热痢。)黄土(热毒痢,水煮澄清服。)雄黄(暑毒泄痢,蒸过丸服。)古文钱(煮酒,止痢。)白盐(血痢,烧服或入粥食。)石绿[鳞介虫禽]蜾螺(热痢。)水蛇(毒痢。)贝子、五灵脂(俱血痢。)白鸭血(小儿白痢如鱼冻,酒泡服。)白鸭通[兽人]犀角(俱热毒痢。)猪胆(盛黑豆吞之。犬胆、牛胆俱同。)熊胆(疳痢。)野猪黄(血痢,水服。)童子尿(休息痢,煮杏仁、猪肝食。)

【虚寒】[草部]甘草(泻火止痛。久痢,煎服;又浆水炙,同生姜煎服;同肉豆蔻煎服。)芍药(补脾散血,止腹痛后重。)人参(冷痢厥逆,同诃子、生姜煎服;噤口痢,同莲肉煎呷;老人虚痢,同鹿角末服。)当归(止腹痛,里急后重,生血养血。久痢,吴茱萸炒过,蜜丸服。)白术(胃虚及冷痢多年。)苍术(久痢,同川椒丸服。)熟艾叶(止腹痛及痢后寒热,醋煎服,或入生姜;久痢,同橘皮,酒糊丸服。)乌头(久痢,烧研蜡丸服。)附子(休息痢,鸡子白丸服。)草乌头(寒痢,半生半烧,醋糊丸服。)肉豆蔻(冷痢,醋面包煨研服;气痢,煨熟同档子、苍米末服。)蕙草(伤寒下痢,同当归、黄连,煮酒服;五色诸痢,同木香末服。)漏芦(冷劳泄痢,同艾叶丸服。)独用将军(酒服,治噤口痢。)延胡索(下痢腹痛,酒服二钱。)缩砂仁(赤白痢,休息痢,腹中虚痛。同干姜丸服,治冷痢。)草豆蔻(泄痢寒痛。)荜茇(虚痢呕逆。气痢,用牛、羊乳汁,煎服。)破故纸(久痢胃虚。)黄芪(泄痢腹痛。)漏篮子(休息恶痢。)云实、肉苁蓉、艾纳香[谷菜]秫米、丹黍米、粳米(并主泄痢肠澼。)火麻叶(冷痢白冻,为末,冷水服。)小豆花(痢后气满不能食,煮食,一顿即愈。)白扁豆花(同胡椒作馄饨煮食。)

糯壳（爆米花，以姜汁服，治噤口痢、虚寒痢。）山药（半生半炒，末服，治噤口痢。）大蒜（噤口痢及小儿痢，同冷水服，或丸黄丹服。）薤白（疳痢久痢，煮粥、作饼、炒黄皆宜。）韭白（醋炒食。）生姜（久痢，同干姜，作馄饨食。）浮麦（和面作饼食。）麦面（炒焦服。）小麦粉[果木]蜀椒、棁子（并止冷痢。）胡椒（赤白痢，同绿豆丸服。）吴茱萸（燥湿热，止泻痢，同黄连丸服。同黑豆搓热，吞之。）石莲（噤口痢，末服。）沙糖（噤口痢，同乌梅煎呷。）桃胶（产痢疠痛后重，同沉香、蒲黄末服。）桂心（久痢，姜汁炙紫，同黄连等分，为末服。）肥皂荚（风湿下痢，同盐烧入粥食。）皂荚刺（风入大肠，久痢脓血，同枳实、槐花丸服。子，治久痢，焙研，米糊丸服。里急后重，子，同枳壳丸服。）厚朴（止泄痢，厚肠胃。水谷痢，同黄连煎服。）乳香（虚冷腹痛。）沉香（气痢。）丁香（噤口痢，同莲肉末，米饮服。）[土石]白垩、赤壁土、代赭（并止泄痢。）蚯蚓泥（久痢，一升，炒烟尽，沃水半升饮。）墨（赤白痢，同干姜，醋糊丸服。）钟乳粉（冷滑不止，同肉豆蔻、枣肉丸服。）石硫黄（虚冷久痢，蛤粉丸服。）[虫鳞介部]蜂蜜（赤白痢，和姜汁服。）黄蜡（厚肠胃，同阿胶、当归、黄连、黄檗、廪米煮服。）蝮蛇骨（烧服。）鳝头（烧。）鳗鲡头（烧服，并止疳痢。）鲤鱼（暴痢，烧灰，饮服。）鲫鱼（久痢，酿五倍子烧服；血痢，酿白矾烧服；头灰，止痢。）白鲞、金鱼、鳖臛、龟臛、龟甲[禽兽]乌骨鸡（并止虚痢。）黄雌鸡（煮汁，止噤口痢。）鸡卵（久痢、产痢，醋煮食；小儿痢，和蜡煎食；疳痢，同定粉炒食。）鸡卵黄（白痢，同胡粉煅，酒服。胎痢，同黄丹烧服。）雉（虚痢产痢，作馄饨食。）阿胶（赤白虚痢，同黄连、茯苓丸服。）乳腐（赤白痢，浆水煮食。）牛乳（冷气痢，同荜茇煎服。）牛肝、牛膍（虚冷痢，并醋煮食。）羊脂（痢痛，同阿胶煮粥食；孕痢，煮酒服。）羊肾（劳痢，作羹食。）羊肝（冷滑久痢，缩砂末逐片掺上，焙研，入干姜末等分，饭丸服；下痢垂死，掺白矾炙食。）羊脊骨（通督脉，止痢。）羊骨灰（洞泄下痢，水服。）牛骨灰（水谷痢。）狗骨灰（休息痢，饮服。）狗头骨灰（久痢劳痢，同干姜、莨菪灰丸眼。）羚羊角（热毒痢，末服；小儿痢，烧服。）鹿角（小儿痢，烧同发灰服。）鹿茸、狗肝（煮粥。）猪肾（作馄饨食。）山羊肉（作脯，并主虚冷久痢。）貒肉（丹石毒痢。）猪肉（噤口痢，作脯炙食。）猪肠（热毒酒痢，同黄连蒸丸服。）猪肝（休息痢，同杏仁、童尿煮食。）猬皮灰（五色痢，酒服。）虎骨（休息痢，炙研服。小儿洞注下痢，烧服。）诸朽骨（水痢，同面服。）

【止涩】[草部]赤白花鼠尾草（赤白诸痢，浓煮作丸，或末、或煎服。）狼把草（久痢、血痢、疳痢，或煎或末服。）赤白鸡冠花（酒煎。）木贼（煎水。）菝葜（同蜡茶，白梅丸服。）营实根（疳痢，煎服。）五味子[谷果]罂粟（同壳炙，蜜丸服。）粟壳（醋炙，蜜丸服。同陈皮末服。同槟榔末服。同厚朴末服。）阿芙蓉、苦茶（热毒痢，末服。或同醋，或同姜煎服。同白梅丸服。）乌梅（止渴，除冷热痢，水煎服；血痢，同茶、醋服；同黄连丸服；休息痢，同建茶、干姜，丸服。）梅叶（煮汁，止休息痢。）林檎（止痢，煮食；小儿痢，同楮实，杵汁服。）荔枝壳（同橡斗、榴皮、甘草煎服。）酸榴（捣汁或烧服。）酸榴皮及根（或煎，或散，或丸，或烧服。）大枣（疳痢，和米粉烧食。）蛀枣（止小儿痢。)橡实(同楮叶,末服。)槲白皮(煮汁,熬膏服。)橡斗、阿月浑子、木瓜、海红、棠梨(煨食。)鹿梨(煨食。)榠楂(煨食。)胡颓子、毗梨勒、韶子、棎子(生食。)醋林子、李根白皮(煮。)荷叶灰[木部]楮叶(炒研,和面作饼食,断痢。小儿痢,浸水煮木瓜服。)没石子(虚滑久痢、血痢,饭丸服。产后痢,烧研酒服。)枸橘叶(同草薢炒研服。)白杨皮(孕痢,煎服。)赤松皮(三十年痢,研面一斗,和粥食。)松杨木皮(冷热水谷痢,煮服。)水杨枝叶(久痢,煮服。)金樱子(久痢,同粟壳丸服。花、叶、子、根并可用。)海桐皮(疳痢久痢。)诃子(止久痢,实大肠。)枫皮(煎饮。)山矾叶、城东腐木[石服虫部]桃花石、禹余粮、五石脂(并止泄痢。)赤石脂(末服。冷痢,加干姜作丸。伤寒下痢,同干姜、粳米煎服。)白石脂(小肠澼,便血,米饮服。久痢,加干姜丸服。)矾石(醋糊丸服。冷劳痢,加羊肝。)石灰(十年血痢,熬黄澄水,日三服。酒积下痢,水和泥裹煅研,醋糊丸服。)云母粉(米饮服。)故衣帛(主胎前痢、小儿痢。)五倍子(久痢,半生半烧丸服,或加枯矾。赤痢,加乌梅。)百药煎(酒痢,同五倍子、槐花丸服。)露蜂房、蛤蟆灰(并止小儿痢。)柳蠹粪、桑蠹粪(并主产后痢。)蝉蜕(烧服。)蜣螂(烧。)蚕连[鳞介]龙骨(涩虚痢。伤寒痢、休息痢,煮汁服,或丸服。)鲮鲤甲(久痢里急,同蛤粉炒研服。)蚺蛇胆(止疳痢、血痢,䗪虫为使。)鲎骨及尾(产后痢。)蚌粉、海蛤、魁蛤、烂蚬壳、牡蛎、甲香[禽兽]猪蹄甲、马粪灰(水服一丸。)獭屎灰(并止久痢。)鹈鹕嘴、牛屎汁、羊屎汁、兔头灰、狸头灰、豺皮灰(并主疳痢。)牛角䚡(冷痢、小儿痢,饮服。)

【外治】木鳖子(六个研,以热面饼挖孔,安一半,热贴脐上,少顷再换即止。)芥子(同生姜,捣膏封脐。)黄丹(同蒜捣,封脐,仍贴足心。)水蛙(入麝捣,贴脐。)田螺(入麝捣,贴脐。)蓖麻(同硫黄捣,填脐。)针砂(同官桂、枯矾,水调贴脐。)

疟

(有风、寒、暑、热、湿、食、瘴、邪八种,五脏疟,六腑疟,劳疟,疟母)

【暑热】[草部]柴胡(少阳本经药,通治诸疟为君,随寒热虚实,入引经佐使。)黄芩(去寒热往来,入手少阴阳明、手足少阳、太阴六经。)甘草(五脏六腑寒热。)黄芪(太阴疟寒热,自汗虚劳。)牛膝(久疟劳疟,水煎日服。茎叶浸酒服。)苍耳子(久疟不止,酒糊丸服。叶捣汁。)马鞭草(久疟,捣汁酒服。)马兰(诸疟寒热,捣汁,发日早服。)香薷(同青蒿末,酒服。暑疟,加桂枝、麦芽。)青蒿(虚疟寒热,捣汁服;或同桂心煎酒服。温疟,但热不寒,同黄丹末服。截疟,同常山、人参末酒服。)人参(虚疟食少,必同白术用。孕疟、产后疟、瘴疟,未分阴阳,一两,煎冷服。)白术(同苍术、柴胡,为疟家必用之药。)升麻(邪入阴分者,同红花,入柴胡四物提之。)葛根(无汗者加之。久疟,同柴胡、二术用,一补一发。)芎䓖、知母、葳蕤、牛蒡根(并主劳疟。)当归(水煎,日服。)地黄、菖蒲、玄参、紫参、白芨、胡黄连、女青、防己、青木香[谷菜]麦苗(汁。)胡麻(并主温疟。)粳米(热疟、肺疟,白虎汤用。)秫米(肺疟有痰,同恒山、甘草煎服。)豆豉(心疟、肾疟。)寒食面(热疟,青蒿汁,丸服二钱。)翻白草(煎酒。)冬瓜叶(断疟,同青蒿、马鞭草、官桂,糊丸服。)翘摇[果木]蜀椒(并温疟。)甘蔗(劳疟。)竹叶(温疟、心疟。)地骨皮(虚疟、热疟。)猪苓、茯苓[水石虫部]冬霜(热疟,酒服一钱。)石膏(热甚,口渴头痛者,加之。)鼠负(七枚,饴糖包吞,即断。同豆豉丸服。)蚯蚓(热疟狂乱,同薄荷、姜、蜜服。泥,同白面丸服。)蝉花[鳞介]乌贼骨(并温疟。)龟壳(断疟,烧研酒服。)鳖甲(久疟,病在血分。劳疟、老疟,醋炙末服。)牡蛎(虚疟,寒热自汗。牡疟,同麻黄、蜀漆、甘草,煎服。)

【寒湿】[草部]附子(五脏气虚,痰饮结聚发疟,同红枣、葱、姜,水煎冷服。眩仆厥逆,加陈皮、甘草、诃子。瘴疟,同生姜煎服。断疟,同人参、丹砂丸服,取吐。)草乌头(秋深久疟,病气入腹,腹高食少,同苍术、杏仁煎服。)草豆蔻(虚疟自汗,煨,入平胃散。瘴疟,同熟附子煎服。山岚发疟,同常山浸酒饮。一切疟,同恒山炒焦糊丸,冷酒服,名瞻仰丸。)苍术、麻黄、羌活、高良姜(脾虚,同干姜炮研、猪胆丸服。)[谷菜]火麻叶(炒研服。)生姜汁(露一夜服。孕疟尤效。)干姜(炒黑,发时酒服。)独蒜(烧研酒服。)薤白、韭白[果木石部]乌梅(劳疟,同姜、豉、甘草、柳枝、童便服。)橘皮(痃疟,以姜汁浸煮,焙研,同枣煎服。)青橘皮(治疟疏肝,当汗而不透者,须再汗之,以此佐紫苏。止疟,烧研,发日早,酒服一钱,临发再服。)桂心(寒多者加之。同青蒿,看寒热多少,三七分为末,姜酒服。)丁香(久疟,同常山、槟榔、乌梅,浸酒服。)硫磺(朱砂等分,糊丸服。同茶末,冷水服。)云母石(牝疟,但寒不热,同龙骨、蜀漆为散服。)代赭石[鳞禽兽部]龙骨(老疟,煮服取汗。)鸡子白(久疟。)鹧鸪(煮酒饮。)猪脾(虚寒疟,同胡椒、高良姜、吴茱萸末,作馄饨食。)牛肝(醋煮食。)羊肉、黄狗肉(并作臛食,取汗。)山羊肉(久疟,作脯食。)果然肉(食,去瘴疟。皮,亦辟疟。)驴脂(多年疟,和乌梅丸服。)鹿角(小儿疟,生研服。)

【痰食】[草部]常山(疟多痰水饮食,非此不能破癖利水。醋煮干,水煎服,不吐不泻。鸡子清丸,煮熟服。同茯苓、甘草浸酒服。同草果、知母、贝母煎酒服。同大黄、甘草煎水服。同小麦、竹叶,煎水服。同黄丹丸服。瘴疟,同知母、青蒿、桃仁煎服。孕疟,同乌梅、甘草、石膏,酒、水浸服。)芫花(久疟结癖在胁,同朱砂丸服。)醉鱼花(鲫鱼酿煨服,治久疟成癖,并捣花贴之。)大黄(疟多败血痰水,当下不尽者,须再下之,必此佐常山。)阿魏(痰癖寒热,同雄黄、朱砂丸服。)半夏(痰药必用,痰多者倍加。同白豆蔻、生姜、大枣、甘草各二十五块,如皂子大,同葱根煎一碗,露一夜,分三服。热疟重者极效。)三棱、莪术[谷果]神曲、麦芽(并治食疟,消疟母。)槟榔(消食辟瘴。同酒蒸常山丸服,名胜金丸,或加穿山甲。)桃仁(同黄丹丸服,或加蒜。)桃花(末服,取利。)杏仁[木石]巴豆、砒霜(为劫痰截疟神剂。同硫黄、绿豆丸。同雄黄、朱砂、白面丸。同绿豆、黑豆、朱砂丸。同恒山、丹砂作饼,麻油炸热研末,并冷水服。)黄丹(坠痰消积。诸疟,蜜水调服一钱。同青蒿丸。同百草霜丸。同独蒜丸。同桃仁丸。同建茶丸。同恒山丸。并止疟。)矾红(食疟,同蒜丸服。)绿矾(阴疟,同干姜、半夏,醋汤服。)矾石(醋糊丸服。)古石灰(同五灵脂、头垢丸服。)密陀僧[虫禽]白僵蚕(痰疟,丸服。)鲮鲤甲(痎疟、牡疟、寒热疟,同干枣烧研服。同酒蒸当归、柴胡、知母,丸服。)夜明砂(五疟不止及胎前疟,冷茶服二钱,或加朱砂、麝香,丸服。)鸡膍胵黄皮(小儿疟,烧服。)雄鸡屎。

【邪气】(谷果服器]端午粽尖(丸疟药。)桃枭(水丸服。五种疟,同巴豆、黑豆、朱砂,丸服。)钟馗(烧服。)历日(烧灰丸服。)故鞋底(灰。)甑带[虫介禽兽]蜈蚣、勒鱼骨(入断疟药。)疟龟(痎疟,烧服,或浴,或佩。)鸱鸮(炸食。)犬毛(烧服。)白狗屎(烧服。)白驴蹄(同砒霜丸服,治鬼疟。)猴头骨(烧水服。)黑牛尾(烧酒服。)乌猫屎(小儿疟,桃仁汤下。)狸屎灰(鬼疟,发无期度。)灵猫阴[人部]头垢、天灵盖、小儿脐带(烧灰,饮服。)人胆(装糯米,入麝香熏干。青者,治久疟连年,陈皮汤下十五粒。)

【吐痰】常山、蜀漆、藜芦(煎。)地菘(汁。)豨莶(汁。)葎草(汁。)石胡荽(汁。)离鬲草(汁。)三白草(汁。)泽漆、荛花、豉汤、瓜蒂、相思子(擂水。)逆流水、人尿(和蜜,取吐。)

【外治】旱莲、毛茛草、石龙芮、马齿苋、小蒜(同胡椒、百草霜杵。同阿魏、胭脂。同桃仁罨。)蜘蛛、蛤蟆、烧人场上黑土(并系臂。)吴葵华(挼手。)鱼腥草(擦身,取汗。)乌头末(发时,酒调,涂背上。)鬼箭羽(同鲮鲤甲末,发时嗃鼻。)燕屎(泡酒,熏鼻。)野狐粪(同夜明砂,醋糊丸,把嗅。)野狐肝(糊丸,绯帛裹系中指。)虎睛、虎骨、虎爪皮、麝香、狸肝、野猪头骨、驴皮骨、牛骨、天牛、马陆、两头蛇(佩。)蛇蜕(塞耳。)人牙、人胆

心下痞满

(痛者,为结胸、胸痹;不痛者,为痞满。有因下而结者,从虚及阳气下陷:有不因下而痞结者,从土虚及痰饮、食郁、湿热治之)

【湿热气郁】[草部]桔梗(胸胁痛刺,同枳壳煎。)黄连(湿热痞满。)黄芩(利胸中气,脾经湿热。)柴胡(伤寒心下诸痰热结实,胸中邪气,心下痞,胸胁痛。)前胡(痰满,胸胁中痞,心腹结气。)贝母(主胸胁逆气,散心胸郁结之气,姜汁炒丸。)芎䓖(治一切气,一切血,燥湿开郁,搜肝气。)木香(能升降诸气,专泄胸腹滞塞。阳衰气胀懒食,同诃子,糖和丸服。)甘松(理元气,去郁病。)香附子(利三焦,解六郁,消饮食痰饮。一切气疾,同砂仁、甘草末服。同乌药末,点服。同茯神丸服。一味浸酒服之。)泽泻(主痞满,渗湿热,同白术、生姜煎服。)芍药(脾虚中满,心下痞。)白豆蔻(散脾中滞

气。)射干(胸膈热满,腹胀。)大黄(泄湿热,心下痞满。伤寒下早,心下满而不痛,同黄连煎服。)草豆蔻[果木]吴茱萸(湿热痞满,同黄连煎服。)枳实(除胸膈痰澼,逐停水,破结实,消胀满,心下急,痞痛逆气,解伤寒结胸,胃中湿热。卒胸痹痛,为末,日服。胸痹结胸,同厚朴、栝蒌、薤白煎服。同白术丸服。)枳壳、厚朴(并泄脾消痰,除胸痞胁胀。)皂荚(破痰囊,腹胀满欲令瘦者,煨丸取利。)栀子(解火郁,行结气。)蕤核(破心下结痰痞气。)茯苓(胸胁气逆胀满,同人参煎服。)

【痰食】[草部]半夏(消痰热满结。小结胸,痛止在心下,同黄连、栝蒌煎服。)旋覆花(汗下后,心下痞满,噫气不止。)缩砂(痰气膈胀,以萝卜汁浸,焙研汤服。)泽漆(心下伏瘕如杯,同大黄、葶苈丸服。)栝蒌(胸痹痰结,痛彻心背,痞满喘咳,取子丸服,或同薤白煎酒服。)三棱(胸满,破积。)牵牛(胸膈食积,以末一两,同巴豆霜,水丸服。)[谷菜]神曲(同苍术丸服,除痞满食气。)麦蘖(同神曲、白术、橘皮丸服,利膈消食。)生姜(心下坚痞,同半夏煮服。)姜皮(消痞。)白芥子(冷痰痞满,同白术丸服。)[果木]橘皮(痰热痞满,同白术丸服,或煎服。)青橘皮(胸膈气滞,同茴香、甘草、白盐制末,点服。四制为末,煎服,名快膈汤。)瓜蒂(吐痰痞。)槟榔(消水谷,下痰气。伤寒痞满不痛者,同枳实研末,黄连汤下。结胸痛者,酒煎二两服。)大腹皮(痞满醋心。)诃黎勒(胸膈结气。)巴豆(阴证寒实结胸,大便不通,贴脐灸之。)[金石]密陀僧(胸中痰结,醋水煎干为末,酒水煎服,取吐。)银朱(痰气结胸,同明矾丸服。)芒硝

【脾虚】[草部]人参(主胸胁逆满,消胸中痰,消食变酸水,泻心肺脾胃火邪。心下结硬,按之无,常觉痞满,多食则吐,气引前后,噫呃不除,由思虑郁结,同橘皮去白丸服。)术(除热消食,消痰水。胸膈烦闷,白术末,汤服。消痞强胃,同枳实为丸服。心下坚大如盘,水饮所作,腹满胁鸣,实则失气,虚则遗尿,名气分,同枳实水煎服。)苍术(除心下急满,解郁燥湿。)远志(去心下膈气。)升麻、柴胡(升清气,降浊气。)附子[兽部]羊肉(老人膈痞不下食,同橘皮、姜、面作臛食。)

胀满

(有湿热,寒湿,气积,食积,血积)

【湿热】术(除湿热,益气和中。脾胃不和,冷气客之为胀满,同陈皮丸服。)黄连(去心火及中焦湿热。)黄芩(脾经诸湿,利胸中热。)柴胡(宣畅气血,引清气上行。)桔梗(腹满肠鸣,伤寒腹胀,同半夏、橘皮煎服。)射干(主胸胁满,腹胀气喘。)薄荷、防风、车前、泽泻、木通、白芍药(去脏腑壅气,利小便,于土中泻木而补脾。)大黄(主肠结热,心腹胀满。)半夏(消心腹痰热满结,除腹胀。小儿腹胀,以酒和丸,姜汤下,仍姜汁调,贴脐中。)牵牛(除气分湿热,三焦壅结。湿气中满,足胫微肿,小

便不利,气急咳嗽,同厚朴末服。水蛊胀满,白、黑牵牛末各二钱,大麦面四两,作饼食。小儿腹胀,水气流肿,小便赤少,生研一钱,青皮汤下。)忍冬(治腹胀满。)泽泻(渗湿热。)赤小豆(治热,利小便,下腹胀满,散气。)豌豆(利小便,腹胀满。)荠菜(子,治腹胀。根,主胀满腹大,四肢枯瘦,尿涩,以根同甜葶苈丸服。)木瓜(治腹胀善噫。)厚朴(消痰下气,除胀满,破宿血,化水谷,治积年冷气雷鸣。腹胀脉数,同枳实、大黄煎服。腹痛胀满,加甘草、桂、姜、枣。男女气胀,冷热相攻,久不愈,姜汁炙研,米饮日服。)皂荚(主腹胀满。胸腹胀满,煨研丸服,取利甚妙。)枳实(消食破积,去胃中湿热。)枳壳(逐水消胀满,下气破结。老幼气胀,气血凝滞,四制丸服。)茯苓(主心腹胀满,渗湿热。)猪苓、鸬鹚(大腹鼓胀,体寒,烧研,米饮服。)鸡屎白(下气,利大小便,治心腹鼓胀,消积。鸡屎醴:治鼓胀,旦食不能暮食,以袋盛半升渍酒,日饮三次,或为末酒服。欲下,则煮酒顿服。)野鸡(心腹胀满,同茴香、马芹诸料,入蒸饼作馄饨食。)豪猪肚及屎(主热风鼓胀,烧研酒服。)猪血(中满腹胀,旦食不能暮食,晒研酒服,取利。)牛溺(主腹胀,利小便气胀,空心温服一升。癥癖鼓胀,煎如饴,服枣许,取利。)蛤蟆(鼓气,煅研酒服。青蛙,入猪肚内,煮食。)

菾薺

【寒湿】草豆蔻(除寒燥湿,开郁破气。)缩砂蔤(治脾胃结滞不散,补肺醒脾。)益智子(主客寒犯胃。腹胀忽泻,日夜不止,二两煎汤服,即止。)胡芦巴(治肾冷,腹胁胀满,面色青黑。)胡椒(虚胀腹大,同全蝎丸服。)附子(胃寒气满,不能传化,饥不能食,同人参、生姜末,煎服。)丁香(小儿腹胀,同鸡屎白,丸服。)诃黎勒(主冷气,心腹胀满,下气。)禹余粮

【气虚】甘草(除腹胀满,下气。)人参(治心腹鼓痛,泻心肺脾中火邪。)萎蕤(主心腹结气。)青木香(主心腹一切气,散滞气,调诸气。)香附子(治诸气胀满,同缩砂、甘草为末服。)紫苏(治一切冷气,心腹胀满。)莱菔子(气胀、气蛊,取汁浸缩砂,炒七次,为末服。)生姜(下气,消痰喘胀满,亦纳下部导之。)姜皮(消胀痞,性凉。)马芹子(主心腹胀满,开胃下气。)山药(心腹虚胀,手足厥逆,或过服苦寒者,半生半炒为末,米饮服。)百合(除浮肿,胪胀痞满。)败瓢(酒炙三、五次,烧研服,治中满鼓胀。)槟榔(治腹胀,生捣末服。)沉香(升降诸气。)全蝎(病转下后,腹胀如鼓,烧灰,入麝,米饮服。)

【积滞】蓬莪术(治积聚诸气胀。)京三棱(治气胀,破积。)刘寄奴穗(血气胀满,为末,酒服三钱,乃破血下胀仙药也。)马鞭草(行血活血。鼓胀烦渴,身干黑瘦,锉曝,水煮服。)神曲(补虚消食。三焦滞气,同莱菔子煎服。少腹坚大如盘,胸满,食不消化,汤服方寸匕。)蘖米(消食下气,去心腹胀满。产后腹胀,不得转气,坐卧不得,酒服一合,气转即愈。)葫蒜(下气,消谷化肉。)山楂(化积消食,行结气。)橘皮

（下气破癖，除痰水滞气。）胡椒（腹中虚胀，同蝎尾、莱菔子丸服。）车脂（少小腹胀，和轮下土服。）胡粉（化积消胀。小儿腹胀，盐炒摩服。）古文钱（心腹烦满，及胸胁痛欲死，水煮汁服。）钢铁（主胸膈气塞，不化食。）水银（治积滞鼓胀。）黑盐（腹胀气满，酒服六铢。酒肉过多，胀满不快，用盐擦牙，温水漱下，二、三次即消。）芒硝（治腹胀，大小便不通。）绿矾（消积滞，燥脾湿，除胀满，平肝，同苍术丸服，名伐木丸。）猪项肉（酒积，面黄腹胀，同甘遂捣丸服。取下酒布袋也。）

诸肿

（有风肿、热肿、水肿、湿肿、气肿、虚肿、积肿、血肿）

【开鬼门】［草部］麻黄（主风肿、水肿，一身面目浮肿，脉浮，小便不利，同甘草，煮汤服，取汗。水肿脉沉，浮者为风，虚肿者为气，皆非水也，麻黄、甘草、附子煮汤服。）羌活（疗风用独活，疗水用羌活。风水浮肿，及妊娠浮肿，以萝卜子炒过研末，酒服二钱，日二。）防风（治风行周身，及经络中留湿，治风去湿之仙药也。）柴胡（主大肠停积水胀。）浮萍（去风湿，下水气，治肿，利小便，为末，酒服方寸匕。）鼠粘子（除肤风，利小便。风水身肿欲裂，炒末，每服二钱，日三。风热浮肿，半炒研末酒服。水蛊腹大，面糊丸服。根、茎亦主风肿，逐水，效。）天仙藤（妊娠浮肿，谓之子气，乃素有风气，勿作水治，同香附、陈皮、甘草、乌药、紫苏煎服。）忍冬（去寒热身肿，风湿气。）蒺藜（洗浮肿。）陆英（洗水气虚肿。）狗脊［谷菜］黍穰、葱白根［果木］杏叶（并洗足肿。）楠材（肿自足起，同桐木煎洗，并少饮之。）桐叶（手足浮肿，同小豆煮汁渍洗，并少饮之。）柳枝及根皮（洗风肿。）

【洁净府】泽泻（逐三焦停水，去旧水，养新水，消肿胀，渗湿热。水湿肿胀，同白术末服。）鸭跖草（和小豆煮食，下水。）苍耳子（大腹水肿，烧灰，同葶苈末服。）苏子（消渴变水，同莱菔子服，水从小便出。）木通（利大小便，水肿，除诸经湿热。）通脱木（利小便，除水肿。）香薷（散水肿，利小便。大叶者，浓煎熬，丸服，治水甚捷，肺金清而热自降也。暴水、风水、气水，加白术末丸，至小便利为效。）灯心草（除水肿癃闭。）冬葵子（利小便，消水气。妊娠水肿，同茯苓末服，小便利则愈。）蜀葵子（利小便，消水肿。）葶苈（利水道，下膀胱水，皮间邪水上出，面目浮肿，大降气，与辛酸同用，以导肿气。通身肿满，为末，枣肉丸服，神验。或用雄鸡头捣丸。阳水暴肿，喘渴尿涩，同防己末，以绿头鸭血，和丸服之，效。）马鞭草（大腹水肿，同鼠尾草煮汁，熬稠丸服，神效。）马兰（水肿尿涩，同黑豆、小麦，酒、水煎服。）益母草（服汁，主浮肿，下水。）旋覆花（除水肿大腹，下气。）萱草根、叶（通身水肿，晒研，二钱，入席下尘，米饮服。）蓼子（下水气，面浮肿。）海金沙（脾胃肿满，腹胀如鼓，喘不得卧，同白术、甘草、牵牛为末服。）汉防己（利大小便，主水肿，通行十二经，去下焦湿肿，泄膀胱火，必用之药。皮水，胕肿在皮肤中，不恶风，按之不没指。同黄芪、桂枝、茯苓、甘草煎服。）水苹（主暴热，下气，利小便。）海藻（下十二水肿，利小便。）海带、昆布（利水道，去面肿。）越王余算（去水肿浮气。）天蓼（主水气。）茅根（虚病后，饮水多，小便不利作肿，同赤小豆煮食，水随小便下。）蒲公英（煮服，消水肿。）薇（利大小便，下浮肿。）[谷部]薏苡仁（水肿喘急，以郁李仁绞汁煮粥食。）黑大豆（逐水去肿。桑柴灰煮食，下水鼓。《范汪方》：煮汁入酒，再煮服，水从小便出。《肘后方》：煮干为末服。）赤小豆（下水肿，利小便。桑灰汁煮食代饭，冬灰亦可。同姜、蒜煮食。水蛊，腹大有声，皮黑者，同白茅根煮食。足肿，煮汁渍洗。）腐婢（下水气。）绿豆（煮食，消肿下气。十种水气，同附子逐日煮食。）[菜部]葫蒜（同蛤粉丸服，消水肿。同田螺、车前，贴脐，通小便。）胡葱（浮肿，同小豆、硝石煮食。）罗勒（消水气。）百合（除浮肿胪胀。）冬瓜（小腹水胀，利小便。酿赤小豆煨熟，丸服。瓜瓤淡煮汁饮，止水肿烦渴。）胡瓜（水病，肚胀肢浮，以醋煮食，须臾水下。）[果部]李核仁（下水气，除浮肿。）杏核仁（浮肿喘急，小便少，炒研入粥食。头面风肿，同鸡子黄，涂帛上贴之，七八次愈。）乌梅（水气满急，同大枣煮汁，入蜜咽之。）桃白皮（水肿，同秫米酿酒服。）椒目（治十二种水气胀满，行水渗湿。炒研，酒服方寸匕。）败荷叶（阳水浮肿，烧研水服。足肿，同藁本煎洗。）[木部]木兰皮（主水肿。）柳叶（下水气。）榉皮（通身水肿，煮汁日饮。）榆皮、叶（消水肿，利小便。皮末，同米煮粥，食之。）柯树皮（大腹水病，煮汁熬丸服，病从小便出也。）桑白皮（去肺中水气，水肿腹满胪胀，利水道也。）桑椹（利水气，消肿。水肿胀满，以桑白皮煎水煮椹，同糯米酿酒饮。）桑叶（煎饮代茶，除水肿，利大小肠。）桑枝（同上。）桑柴灰（淋汁煮小豆食，下水胀。）楮实（水气蛊胀，用洁净釜熬膏，和茯苓、白丁香丸服，效。）楮叶（通身水肿，煎汁如饴，日服。虚肥积年气上，面肿如水病，煎汁煮粥食。）楮白皮（逐水肿气满，利小便。煮汁酿酒，治水肿入腹，短气咳嗽，及妇人新产，风入脏内，肿胀短气。风水肿浮，同木通、猪苓、桑白皮、陈皮煎服。膀胱石水，肢削，小腹胀，取根皮同桑白皮、白术，黑大豆煎汁，入酒服之效。）楮汁（天行病后，脐下如水肿，日服一杯，小便利即消。）栀子（热水肿疾，炒研饮服。妇人胎肿，属湿，丸服有验。）茯苓及皮（主水肿，利水道。皮，同椒目煎水，日饮。）猪苓（利水发汗，主肿胀满急，消胎肿。）皂荚（身面卒肿，炙渍酒饮。或加黑锡。）五加皮（风湿肿。）枳茹（水胀暴风。）[石部]滑石（利水，燥湿，除热。）白石英（石水，腹坚胀满，煮酒服。）凝水石（除胃中热，水肿，小腹痹，泻肾。）矾石（却水。水肿，同青矾、白面丸服。）青矾（水肿黄病，作丸服。）[虫部]蝼蛄（利大小便，治肿甚效。十种水病，腹满喘促，五枚焙研，汤服。《肘后方》：每日炙食十枚。《普济方》：左右用，同大戟、芫花、甘遂服。同轻粉嗃鼻，消水病。）青蛙（消水肿，同胡黄连末，入猪肚内，煮食。水蛊，腹大有声，皮黑，酥炙，同蝼蛄、苦瓠，末服。）[介鳞]海蛤（治十二种水气浮肿，利大小肠。水癊肿病，同杏仁、防己、葶苈，枣肉丸服。水肿发热，同木通、猪苓、泽泻、滑石、葵子、桑皮煎服。石水肢瘦，腹独大者，同防己、葶苈、茯苓、桑皮、橘皮、郁李丸服。气肿，同昆布、凫茈、海螵蛸、荔枝壳，煎饮服。）蛤粉（清热利湿，消浮肿，利小便。气虚浮肿，同大蒜丸服。）贝子（下水气浮肿。）田螺（利大小便，消手早浮肿，下水气。同大蒜、车前贴脐，水从小便出。）鲤鱼（煮食，下水气，利小便。用醋煮食。赤小豆煮食。酿白矾，泥包煨，为粥食，随上下用。）白鱼（开胃下气，去水气。）鲫鱼（合小豆、商陆煮食，消水肿。）鲈鱼（治水气。）鳢鱼（合小豆煮食，下大水、面目浮肿及妊娠水气。入冬瓜、葱白，主十种水垂死。）鳡鱼（疗水肿，利小便。）黄颡鱼（合大蒜、商陆煮食，消水，利小便。绿豆同煮亦可。）［禽兽］青头鸭（大腹水肿垂死，煮汁服取汗，亦作粥食。）雄鸭头（治水肿，利小便。捣，和甜葶苈膏汉防己末，丸服。）凫肉（治热毒水肿。）鸬鹚（利水道。）鸡子（身面肿满，涂之频易。）猪脂（主水肿。）猪肾（包甘遂煨食，下水。）羊肺（水肿，尿短喘嗽，同莨菪子、醋，蜜丸服。）豪猪肚及屎（水病，热风鼓胀，烧研酒服。）牛溺（水肿腹胀，利小便，空腹饮之。喘促者，入诃子皮，末熬丸服，当下水。）水牛角鳃［人部］人中白（水气肿满，煎令可丸，每服一豆。）秋石（拌食代盐。）

【逐陈莝】［草部］三白草（水肿，服汁取吐。）蒴藋根（浑身水肿，酒和汁服，取吐利。）蓖麻子仁（水症肿满，研水服，取吐利。）商陆（主水肿胀满，疏五脏水气，泻十种水病，利大小肠。切根，同赤小豆、粳米煮饭，日食，甚效。或同粟米煮粥食。或取汁，和酒饮，利水为妙。或同羊肉煮食。）大戟（主十二水，腹满痛，发汗，利大小便。水肿喘急及水蛊，同干姜末服。或同当归、橘皮煎服。或同木香末，酒服。或同木香、牵牛末，猪肾煨食。或煮枣食。并取利水，为神效。）泽漆（去大腹水气，四肢面目浮肿。十肿水气，取汁熬膏，酒服。）甘遂（主面目浮肿，下五水，泄十二水疾，泻肾经及隧道水湿、痰饮，直达水气所结之处，乃泄水之圣药。水肿腹满，同牵牛煎呷。膜外水气，同荞麦面作饼食，取利。身面浮肿，以末二钱，入猪肾煨食，取利。正水胀急，大小便不利欲死，半生半炒为末，和面作棋子，煮食，取利。小儿疳水，同青橘皮末服。水蛊喘胀，同大戟煎呷，不过十服。妊娠肿满，白蜜丸服。）续随子（治肺中水气，日服十粒，下水最速，不可多服。一两去油，分作七服，治七人，用酒下。阳水肿胀，同大黄丸服。）芫花（主五水，在五脏皮肤及饮澼。水蛊胀满，同枳壳醋煮丸服。）荛花（主十二水，肠中留澼。）莨菪子、狼毒（破水癖。）防葵（肿满洪大，为末酒服。）牵牛（利大小便，除虚肿水病，气分湿热。阴水阳水，俱同大黄末，锅焦饭丸服。诸水饮病，同茴香末服。水肿气促，坐卧不得，用二两炒，取末，乌牛尿浸一夜，入葱白一握，平旦煎，分二服，水从小便出。小儿肿病，二便不利，白、黑牵牛等分，水丸服。水蛊胀满，同大麦面作饼烧食，降气。）马兜铃（去肺中湿气，水肿腹大喘急，煎汤服。）羊桃根（去五脏五水，大腹，利小便，可作浴汤。水气鼓，大小便涩，同桑白皮、木通、大戟煎汁熬稠服，取利。）紫藤（煎汁熬服，下水癊病。）大豆黄卷（除胃中热，消水病胀满。同大黄醋炒，为末服。）荞麦（水肿喘急，同大戟末作饼食，取利。）米醋（散水气。）葱白（水癊病，煮汁服，当下水。病已困者，烂捣坐之，取气，水自下。)老丝瓜(巴豆炒过,入陈仓米同炒,取米去豆,丸服。)巴豆(十种水病。水蛊大腹有声,同杏仁丸服。煮汁,拭身肿。)郁李仁(大腹水肿,面目皆浮,酒服七七粒,能泻结气,利小便。肿满气急,和面作饼食,大便通即愈。)乌桕木(暴水癥结,利大小便。水气虚肿,小便少,同木通、槟榔末服。)鼠李(下水肿腹胀。)接骨木根(下水肿。)楤木(煮眼,下水。)针砂(消积平肝。水肿尿短,同猪苓、地龙、葱涎贴脐。)轻粉、粉霜(消积,下水。)银朱(主水病,大便利者,同硫黄丸服。)

【调脾胃】[草部]白术(逐皮间风水结肿,脾胃湿热。四肢肿满,每用半两,同枣煎服。)苍术(除湿发汗,消痰饮,治水肿胀满。)黄连(湿热水病,蜜丸,每服四、五丸,日三服。)黄芪(风肿自汗。)香附子(利三焦,解六郁,消胕肿。酒肿虚肿,醋煮丸服。气虚浮肿,童尿浸焙丸服。)藿香(风水毒肿。)砂仁(遍身肿满,阴肿,同土狗一个,等分研,和老酒服。)葳蕤(小儿痫后,气血尚虚,热在皮肤,身面俱肿,同葵子、龙胆、茯苓、前胡煎服。)使君子(小儿虚肿,上下皆浮,蜜炙末服。)附子(脾虚湿肿,同小豆煮焙丸服。男女肿因积得,积去肿再作,喘满,小便不利,医者到此多束手,盖中下二焦气不升降,用生附子一个,入生姜十片,煎水,入沉香汁冷服,须数十枚乃效。)乌头(阴水肿满,同桑白皮煮汁,熬膏服。)[菜果]姜皮(消浮肿腹胀。)萝卜(酒肿及脾虚足肿,同皂荚煮熟,去皂荚,入蒸饼,捣丸服。)柑皮(产后虚浮,四肢肿,为末酒服。)槟榔(逐水消胀。)椰子浆(消水。)沙棠果(食之却水病。)吴茱萸(燥脾行水。)苏合香(下水肿,同水银、白粉服。)[禽兽]白雄鸡、黄雌鸡(并同小豆煮食,消肿。)猪肝(肝虚浮肿,同葱、豉、蒜、醋炙食。脊肉亦可。)狗肉(气水鼓胀,尿少,蒸食。)羊肉(身面浮肿,同商陆煮臛食。)水牛肉(消水除湿,头尾皆宜。)牛膍(热气水气。)貒肉(水胀垂死,作羹下水大效。)獭肉(水胀热毒,煮汁服。)鼠肉(水鼓石水,身肿腹胀,煮粥食。)

【血肿】[草部]红蓝花(捣汁服,不过三服。)刘寄奴(下气,治水胀。)泽兰(产后血虚浮肿,同防己末,醋汤服。)紫草(胀满,通水道。)

黄疸

(有五,皆属热湿。有瘀热、脾虚、食积、瘀血、阴黄)

【湿热】[草部]茵陈(治通身黄疸,小便不利。阳黄,同大黄用;阴黄,同附子用。湿热黄疸,五苓散加之。酒疸,同栀子、田螺擂烂,酒服。痫黄如金,同白藓皮煎服。同生姜,擦诸黄病。)白藓皮(主黄疸、热黄、急黄、谷黄、劳黄、酒黄。)秦艽(牛乳煎服,利大小便,疗酒黄黄疸,解酒毒,治胃热。以一两酒浸饮汁,治五疸。)大黄(治湿热黄疸。伤寒瘀热发黄者,浸水煎服,取利。)栝蒌根(除肠胃痼热,八疸,身面黄。黑疸危疾,捣汁服,小儿加蜜。酒疸黄疸,青栝蒌焙研煎服,取利。时疾发黄，黄栝蒌绞汁，入芒硝服。）胡黄连（小儿黄疸，同黄连末，入黄瓜内，面裹煨熟，捣丸服。）黄连（诸热黄疸。）柴胡（湿热黄疸，同甘草、茅根水煎服。）苦参（主黄疸，除湿热。）贝母（主时行黄疸。）山慈菇（同苍耳擂酒服，治黄疸。）茅根（利小便，解酒毒，治黄疸。五种疸疾，用汁合猪肉，作羹食。）葛根（酒疸，煎汤服。）紫草（火黄，身有赤点，午前即热，同吴蓝、黄连、木香煎服。）恶实（治急黄，身热发狂，同黄芩煎服。）苍耳叶（挼安舌下，出涎，去目黄。）麦门冬（身重目黄。）龙胆（除胃中伏热，时疾热黄，去目中黄，退肝经邪热。谷疸因食得，劳疸，因劳得，用一两，同苦参末二两，牛胆汁丸服亦效。）马蔺（解酒疸。）荆芥（除湿疸。）丽春草（疗时患变成瘸黄疸，采花末服；根杵汁服，取利。）大青（主热病发黄。）麻黄（伤寒发黄表热，煎酒服取汗。）灯心根（四两，酒水各半，煎服。）萱草根（治酒疸，捣汁服。）苦耽（治热结发黄，目黄，大小便涩，捣汁服，多效，除湿热。）漆草（主黄疸，杵汁和酒服。）鬼臼（黑疸，不妨食者，捣汁服。）翘根（治伤寒瘀热发黄。）萹蓄（治黄疸，利小便，捣汁顿服一斤。多年者，日再服。）紫花地丁（黄疸内热，酒服末三钱。）大戟（泄天行黄病。）藜芦（黄疸肿疾，为末水服，取吐。）芫花（酒疸尿黄，同椒目烧末，水服。）木鳖子（酒疸脾黄，磨醋服一二盏，取利。）土瓜根（利大小便，治酒黄病。黄疸变黑及小儿发黄，取汁服，病从小便出。）百条根（同糯米饭捣，罨脐上，黄肿自小便出。）伏鸡子根（主诸热急黄，天行黄疸。）山豆根（治五般急黄，水服末二钱。）茜根（主黄疸。）木通（主脾疸，常欲眠，心烦，利小便。）白英（主寒热八疸，煮汁饮。）泽泻（利小便。）菰笋（除目黄，利大小便，解酒毒。）莼（治热疸。）地锦（主脾劳黄疸，同皂矾诸药丸服。）乌韭、垣衣（主疸。）［谷部］胡麻（杀五黄，下三焦热毒气。伤寒发黄，乌麻油和水，搅鸡子白服之。）麦苗（消酒毒，酒疸目黄，捣汁日饮。）谷颖（主黄病，为末，酒服。）薏苡根（主黄疸如金，捣汁和酒服。）丽春花（治黄病，麻油服三钱。）蔓荆子（利小便，煮汁服。黄疸如金，生研，水服。急黄便结，生捣，水绞汁服，当鼻中出水及下诸物，则愈。）莴苣子（肾黄如金，水煎服。）翘摇（杵汁服，主五种黄疾。）芹菜（煮饮。）苦瓠（嗃鼻，去黄水。）［果部］桃根（黄疸如金，煎水，日服。）瓜蒂（嗃鼻取黄水，或揩牙追涎。）乌芋（消疸。）盐麸子（解酒毒黄疸。根白皮捣，米泔浸一夜，温服一二升，治酒疸。）［木部］栀子（解五种黄病。）黄檗（胃中结热黄疸。）黄栌（解酒疸目黄，水煮服。）柳华（黄疸面黑。）柳根皮（黄疸初起，水煎服。）桦皮（诸疸煮服。）柞木皮（黄疸，烧末水服。）木兰皮（酒疸，利小便，同黄芪末服。）［石部］滑石（化食毒，除热黄疸。）方解石（热结黄疸。）朴硝（积热黄疸。）［介部］蟹（湿热黄疸，烧研丸服。）田螺（利大小便，去目黄。生擂酒服，治酒疸。）［兽部］猪脂（五疸，日服取利。）牛脂（走精黄，面目俱黄，舌紫

菜 芹

面裂，同豉煎热，绵裹贴舌上。）牛乳（老人黄疸，煮粥食。）牛胆（谷疸食黄，和苦参、龙胆丸服。）牛屎（黄疸，绞汁服。或为末丸服。）豪猪屎（烧服，治疸。）［人部］发髲（伤寒发黄，烧研水服。女劳黄疸，发热恶寒，小腹满，用一团猪膏，煎化服，病从小便出。）女人月经衣（女劳黄疸，烧灰酒服。）

【脾胃】［草部］黄芪（酒疸，心下懊痛，胫肿发斑，由大醉当风入水所致，同木兰皮末，酒服。）白术（主疸，除湿热，消食，利小便。泻血萎黄积年者，土炒，和熟地黄丸服。苍术亦可。）远志（面目黄。）当归（白黄，色枯舌缩，同白术煎服。）［菜果］老茄（妇人血黄，竹刀切，阴干为末，每服二钱，酒下。）椒红（治疸。）［服石］妇人内衣（房劳黄病，块起若瘕，十死一生，烧灰酒服。）白石英、五色石脂［禽部］黄雌鸡（时行黄疾，煮食饮汁。）鸡子（三十六黄，用一个连壳烧研，醋一合，温服，鼻中虫出为效，甚者不过三次，神效。时行发黄，以酒、醋浸鸡子一夜，吞白数枚。）

【食积】［谷部］神曲、麦蘖、黄蒸（食黄黄汗，每夜水浸，平旦绞汁温服。）米醋（黄疸、黄汗。）［菜木］丝瓜（食黄，连子烧研，随所伤物煎汤，服二钱。）皂荚（食气黄肿，醋炙，同巴豆丸服。）［金石］针砂（消积，平肝，治黄。脾劳黄病，醋炒七次，同干漆、香附、平胃散，丸服。湿热黄疸，同百草霜、粳米丸服。）矾石（黄疸水肿，同青矾、白面丸服。女劳黄疸，变成黑疸，腹胀如水，同硝石丸服。妇人黄疸，因经水时房劳所致，同橘皮化蜡丸服。）绿矾（消积燥湿，化痰除胀。脾病黄肿，同百草霜、当归丸服。同百草霜、五倍子、木香丸服。同平胃散，丸服。酒黄，同平胃散、顺气散，丸服。食劳黄，枣肉丸服。血证黄肿，同百草霜、炒面丸服，或同小麦、枣肉丸服。）百草霜（消积滞，治黄疸。）［禽部］白丁香（急黄欲死，汤服立苏。）五灵脂（酒积黄肿，入麝香，丸服。）

脚气

（有风湿、寒湿、湿热、食积）

【风寒湿气】［草部］牛蒡（脚气风毒，浸酒饮。）忍冬（脚气筋骨引痛，热酒服末。）木鳖子（麸炒去油，同桂末，热酒服，取汗。）高良姜（脚气人晚食不消，欲作吐者，煎服即消。）苏子（风湿脚气，同高良姜、橘皮丸服。）丹参（风痹足软，渍酒饮。）胡芦巴（寒湿脚气，酒浸，同破故纸末，入木瓜蒸熟，丸服。）麻黄、羌活、细辛、苍术、白术、天麻、牡蒙、夏枯草，附子、侧子、艾叶、秦艽、白蒿、庵茴、薇衔、马先蒿、水苏，紫苏、漏芦、飞廉、青葙，苍耳、茵芋、马蔺子、茜根、菊花、旋复、菖蒲、水萍、草薢、青藤（酒。）石南藤（酒。）菝葜（酒浸服。）土茯苓［谷菜］芸苔（并主风寒湿痹脚气。）豉（患脚人，常渍酒饮，以滓敷之。）薏苡仁（干湿脚气，煮粥食，大验。）莳香（干湿脚气，为末酒服。）葱白［果木］杏仁、秦椒、蜀椒、蔓椒、大腹皮（并主风寒湿脚气。）槟榔(风湿脚气冲心,不识人,为末,童尿服。沙牛尿亦可。老人弱人脚气胀满,以豉汁服。)吴茱萸(寒湿脚气,利大肠壅气。冲心,同生姜,擂汁服。)乌药(脚气掣痛,浸酒服。)五加皮(风湿脚痛五缓,煮酒饮,或酒制作丸服。)枎移、白杨皮(毒风脚气缓弱,浸酒饮。)松节(风虚脚痹痛,酿酒饮。)松叶(十二风痹脚气,酿酒尽一剂,便能行远。)椈芽(作蔬,去风毒脚气。)乳香(同血竭、木瓜丸服,主久新脚气。)苏合香、厚朴、皂荚子、官桂、栾荆、干漆、石南叶、海桐皮、[金石]石葶脂(同川乌、无名异、葱汁丸服。)礜石(浸酒。)硫黄(牛乳煎。)磁石、玄精石、白石英[虫鳞]晚蚕砂(浸酒。)青鱼、鳢鱼、鳗鲡、秦龟甲[禽兽]乌雄鸡、牛酥、羊脂、麋脂、熊肉(并主风湿脚气。)猪肚(烧研酒服。)羊乳、牛乳(调硫黄末服,取汗。)牛皮胶(炒研酒服,寒湿脚气痛立止。)

【湿热流注】[草部]木通、防己、泽泻、香薷、荆芥、豨莶、龙常草、车前子、海金沙、海藻、大黄、商陆(合小豆、绿豆煮饭食。)甘遂(泻肾脏风湿下注,脚气肿痛生疮,同木鳖子,入猪肾煨食,取利。)牵牛(风毒脚气肠秘,蜜丸日服,亦生吞之。)威灵仙(脚气入腹,胀闷喘急,为末,酒服二钱,或为丸服,痛减药亦减。)莸草(湿痹脚气尿少,同小豆煮食。)三白草(脚气风毒,擂酒服。)巴戟天(饮酒人脚气,炒过同大黄炒研,蜜丸服。)香附子[谷菜]胡麻(腰脚痛痹,炒末,日服至一年,永瘥。)大麻仁(脚气腹痹,浸酒服。肿渴,研汁,煮小豆食。)赤小豆(同鲤鱼煮食,除湿热脚气。)黑大豆(煮汁饮,主风毒脚气冲心,烦闷不识人。)马齿苋(脚气浮肿尿涩,煮食。)百合、竹笋(风热脚气。)紫菜[果木]木瓜(湿痹,脚气冲心,煎服。枝、叶皆良。)橘皮(脚气冲心,同杏仁丸服。)桃仁(脚气腰痛,为末酒服,一夜即消。)枇杷叶(脚气恶心。)杨梅核仁(湿热脚气。)枳壳(同甘草末服,疏导脚气。)桑叶及枝(脚气水气,浓煎汁服,利大小肠。)郁李仁(脚气肿喘,大小便不利,同薏苡煮粥食。)紫荆皮(煎酒服。)茯神木(脚气痹痛,为末酒服。)赤茯苓、猪苓[石部]滑石[介部]淡菜、蚬肉[兽部]猪肝、肾、肚(作生食,治老人脚气。)乌特牛尿(热饮,利小便,主风毒脚气肿满,甚妙。)

【洗渫】水蓼、水荭、毛蓼、甘松、水英、陆英、曼陀罗花、螺厣草、大戟、猫儿眼睛草、苦参、落雁木、黍瓤(同椒目。)生葱、莱菔根、荷心(同藁本。)苏木(同忍冬。)杉材、楠材、樟材、钓樟、枎移(并煎水熏洗。)白矾汤、鳖肉(同苍术、苍耳、寻风藤,煮汁洗。)

【敷贴】附子(姜汁调。)天雄、草乌头(姜汁调,或加大黄、木鳖子末。)白芥子(同白芷末。)皂荚(同小豆末。)蓖麻仁(同苏合香丸,贴足心,痛即止。)乌桕皮(脚气生疮有虫,末敷追涎。)人中白(脚气成漏孔,煅水滴之。)羊角(烧研,酒调敷之,取汗,永不发。)田螺(脚气攻注,同盐杵敷股上,即定。)木瓜(袋盛踏之。)蜀椒(袋盛踏之。)樟脑、柳华、治鸟巢、萝卜花(并藉鞋靴。)木狗皮、豺皮、麂皮(并裹足。)

【熨熏】麦麸(醋蒸热熨。)蚕沙(蒸热熨。)蒴藋根(酒、醋蒸,热熨。)蓖麻叶(蒸裹，频易。）荆叶（蒸热卧之，取汗。烧烟熏涌泉穴。）针砂（同川乌末，炒包熨。）食盐（蒸热踏之，或擦腿膝，后洗之，并良。）火针

痿

（有湿热，湿痰，瘀血。血虚属肝肾；气虚属脾肺）

【湿热】[草部]黄芩（去脾肺湿热，养阴退阳。）秦艽（阳明湿热，养血荣筋。）知母（泻阴火，滋肾水。）生地黄、黄连、连翘、泽泻、威灵仙、防己、木通（并除湿热。）薇衔（治痿躄，去风湿。）卷柏（治痿躄，强阴，）陆英（足膝寒痛，阴痿短气。）升麻、柴胡（引经。）[木部]黄檗（除湿热，滋肾水。益气药中加之，使膝中气力涌出，痿软即去，为痿病要药。）茯苓、猪苓（并泄湿热。）五加皮（主痿躄，贼风伤人，软脚。）

【痰湿】[草部]苍术（除湿，消痰，健脾，治筋骨软弱，为治痿要药。）白术、神曲、香附子、半夏（并除湿消痰。）天南星（筋痿拘缓。）白附子（诸风冷气，足弱无力。）附子、天雄（风痰冷痹，软脚毒风，为引经药。）豨莶、类鼻（并风湿痿痹。）[果木]橘皮（利气，除湿痰。）松节（酿酒，主脚弱，能燥血中之湿。）桂（引经。酒调，涂足躄筋急。）

【虚燥】[草部]黄芪（益元气，泻阴火，逐恶血，止自汗，壮筋骨，利阴气，补脾肺。）人参（益元气，泻阴火，益肺胃，生津液，除痿痹，消痰生血。）麦门冬（降心火，定肺气，主痿躄，强阴益精。）知母（泻阴火，滋肾水，润心肺。）甘草（泻火调元。）山药（补虚羸，强筋骨，助肺胃。）石斛（脚膝冷疼痹弱，逐皮肌风，壮筋骨，益气力。）牛膝（痿痹，腰膝软怯冷弱，不可屈伸。或酿酒服。）菟丝子（益精髓，坚筋骨，腰疼膝冷，同牛膝丸服。）何首乌（骨软，行步不得，腰膝痛，遍身瘙痒，同牛膝丸服。）萆薢（腰脚痹软，同杜仲丸服。）菝葜（风毒脚弱，煮汁酿酒服。）土茯苓（除风湿，利关节，治拘挛，令人健行。）狗脊（男女脚弱腰痛，补肾。）骨碎补（治痢后远行，或房劳，或外感，致足痿软，或痛或痹，汁和酒服。）菖蒲（酿酒饮，主骨痿。）芎䓖、芍药、当归、地黄、天门冬、紫菀、紫葳（并主痿躄，养血润燥。）肉苁蓉、琐阳、列当、五味子、覆盆子、巴戟天、淫羊藿[木部]山茱萸、枸杞子、杜仲[兽部]白胶、鹿茸、鹿角、麋角、腽肭脐（并强阴气，益精血，补肝肾，润燥养筋，治痿弱。）

转筋

（有风寒外束，血热，湿热吐泻）

【内治】[草部]木香（木瓜汁，入酒调服。）桔梗、前胡、艾叶、紫苏、香薷、半夏、

附子、五味子、菖蒲、缩砂、高良姜[菜部]葱白、薤白、生姜、干姜[果木]木瓜(利筋脉,主转筋、筋挛诸病。枝、叶、皮、根并同。)(棠梨枝、叶)、楂子、榠楂、吴茱萸(炒煎酒服,得利安。叶,同艾、醋罨之。)松节(转筋挛急,同乳香炒焦研末,木瓜酒服。)桂(霍乱转筋。足躄筋急,同酒涂之。)沉香(止转筋。)厚朴、栀子[器水土禽]厕筹(并霍乱转筋。)故麻鞋底(烧赤,投酒中饮。)梳篦(烧灰,酒服。)败蒲席(烧服。)屠几垢(酒服,取吐。)山岩泉水(多服令饱,名洗肠。)釜底墨(酒服。)古文钱(同木瓜、乌梅煎服。)鸡矢白(转筋入腹,为末水服。)羊毛(醋煮裹脚。)

【外治】蓼(洗。)蒜(盐捣敷脐,灸七壮。擦足心,并食一瓣。)柏叶(捣裹,并煎汁淋。枝、叶亦可。)楠木(洗。)竹叶(熨。)皂荚末(嗃鼻。)热汤(熨之。)车毂中脂(涂足心。)青布、绵絮(并酢煮,拓之。)铜器(炙,熨肾堂。)朱砂(霍乱转筋,身冷心下温者,蜡丸,烧笼中熏之,取汗。)蜜蜡(脚上转筋,销化贴之。)

喘逆

(古名咳逆上气。有风寒,火郁,痰气,水湿,气虚,阴虚,脚气,齁𪠽)

【风寒】[草部]麻黄(风寒,咳逆上气。)羌活(诸风湿冷,奔喘逆气。)苏叶(散风寒,行气,消痰,利肺。感寒上气,同橘皮煎服。)款冬花(咳逆上气,喘息呼吸,除烦消痰。)南藤(上气咳嗽,煮汁服。)细辛、莽草、破故纸[果木]蜀椒(并主虚寒喘嗽。)松子仁(小儿寒嗽壅喘,同麻黄、百部、杏仁丸服。)桂(咳逆上气,同干姜、皂荚丸服。)皂荚(咳逆上气不得卧,炙研蜜丸,服一丸。风痰,同半夏煎服。痰喘咳嗽,以三挺分夹杏仁、巴豆、半夏,以姜汁、香油、蜜分炙,为末,舐之。)巴豆(寒痰气喘,青皮一片,夹一粒烧研,姜汁、酒服,到口便止。)[鳞部]鲤鱼(烧末,发汗定喘。咳嗽,入粥中食。)

【痰气】[草部]半夏(痰喘,同皂荚煎服。失血喘急,姜汁和面煨研,丸服。)桔梗(痰喘,为末,童尿煎服。)白前(下胸胁逆气,呼吸欲绝。久咳上气不得卧,同紫菀、半夏、大戟渍水饮。暇呷作声不得眠,焙末,酒服。)蓬莪术(上气喘急,五钱煎酒服。气短不接,同金铃子末,入蓬砂,酒服。)苏子(消痰利气定喘,与橘皮相宜。上气咳逆,研汁,煮粥食。)缩砂仁(上气咳逆,同生姜擂,酒服。)莨菪子(积年上气咳嗽,羊肺蘸末服。)葶苈(肺壅,上气喘促。肺湿痰喘,枣肉丸服,亦可浸酒。)甘遂(水气喘促,同大戟末,服十枣丸。控涎丹。)泽漆(肺咳上气,煮汁,煎半夏诸药服。)大戟(水喘,同荞面作饼食,取利。)栝蒌(痰喘气急,同白矾末,萝卜蘸食。小儿痰喘膈热去子,以寒食面和饼炙研,水服。)贝母、荏子、射干、芫花、荛花、黄环、前胡、蒟酱、荞麦粉(咳逆上气同茶末,生蜜水服,下气不止,即愈。)芥子(并消痰下气,定喘咳。)白芥子(咳嗽支满,上气多唾,每酒吞七粒。老人痰喘,同莱菔子、苏子煎服。)莱菔子(老人气喘,蜜丸服。痰气喘,同皂荚炭,蜜丸服。久嗽痰喘,同杏仁丸服。)生姜(暴逆上气,嚼之屡效。)茯香(肾气上冲胁痛,喘息不得卧,擂汁和酒服。)[果木]橘皮、杏仁(咳逆上气喘促,炒研蜜和,含之。上气喘息,同桃仁丸服,取利。久患喘急,童尿浸换半月,焙研,每以枣许,同薄荷、蜜煎服,甚效。浮肿喘急,煮粥食。)桃仁(上气咳嗽喘满,研汁煮粥食。)槟榔(痰喘,为末服。四磨汤。)椒目(诸喘不止,炒研,汤服二钱劫之,乃用他药。)崖椒(肺气喘咳,同干姜末,酒服一钱。)茗茶(风痰喘嗽不能卧,同白僵蚕末,汤服。子,同百合丸服。)银杏(降痰,定喘,温肺,煨食。)瓜蒂(吐痰。)柿蒂、都咸子,马兜铃(肺气喘急,酥炒,同甘草末煎服。)楸叶(上气咳嗽,腹满瘦弱,煎水熬膏,纳入下部。)诃黎勒、桑白皮、厚朴、枳实、茯苓、牡荆[金石]青礞石(并泻肺气,消痰定喘。)雌黄(停痰在胃,喘息欲绝,同雄黄作大丸,半夜投糯粥中食。)硫黄(冷澼在胁,咳逆上气。)轻粉(小儿涎喘,鸡子蒸食,取吐利。)金屑、玉屑、白石英、紫石英、石硷[介虫]海蛤、文蛤、蛤粉、白僵蚕[禽兽]蝙蝠(久咳上气,烧末饮服。)猪蹄甲(久咳痰喘,入半夏、白矾煅研,入麝香服。或同南星煅,丸服。)阿胶(肺风喘促,涎潮目窜,同紫苏、乌梅煎服。)驴尿(卒喘,和酒服。)

【火郁】[草部]知母(久嗽气急,同杏仁煎服,次以杏仁、萝卜子丸服。)茅根(肺热喘急,煎水服,名如神汤。)蓝叶(上气咳嗽,呀呷有声,捣汁服,后食杏仁粥。)大黄(人忽喘急闷绝,涎出吐逆,齿动,名伤寒并热霍乱,同人参煎服。)天门冬、麦门冬、黄芩、沙参、前胡、荩草、蔛草[谷菜果服]丹黍根(煮服,并主肺热喘息。)生山药(痰喘气急,捣烂,入蔗汁热服。)沙糖(上气喘嗽,同姜汁煎咽。)桃皮(肺热喘急欲死,客热往来,同芫花煎汤,薄胸口,数刻即止。)故锦(上气喘急,烧灰茶服,神效。)[石鳞]石膏(痰热喘急,同寒水石末,人参汤下。或同甘草末服。)龙骨(恚怒,气伏在心下,不得喘息,咳逆上气。)[人部]人溺(久嗽,上气失声。)

【虚促】[草部]人参(阳虚喘息,自汗,头运欲绝,为末汤服。甚者,加熟附子同煎。产后发喘,血入肺窍,危证也,苏木汤调服五钱。)五味子(咳逆上气,以阿胶为佐,收耗散之气。痰嗽气喘,同白矾末,猪肺蘸食。)马兜铃(肺热喘促,连连不止,清肺补肺。酥炒,同甘草末煎服。)黄芪、紫菀、女菀、款冬花[菜果木部]韭汁(喘息欲绝,饮一升。)大枣(上气咳嗽,酥煎含咽。)胡桃(虚寒喘嗽,润燥化痰,同生姜嚼咽。老人喘嗽,同杏仁、生姜,蜜丸服。产后气喘,同人参煎服。)沉香(上热下寒喘急,四磨汤。)蒲颓叶(肺虚喘咳甚者,焙研,米饮服,三十年者亦愈。)乌药[金石]石钟乳(肺虚喘急,蜡丸服。)太乙余粮[鳞禽]蛤蚧(虚喘面浮,同人参蜡丸,入糯粥呷之。)鱼鲙(风人,脚气人,上气喘咳。)鹳雉(五脏气喘不得息,作臛食。)鸡卵白[兽部]阿胶(虚劳喘急,久嗽经年,同人参末,日服。)猪肉(上气咳嗽烦满,切作鎚子,猪脂煎食。)猪肪(煮熟切食。)猪胰(肺干胀喘急,浸酒服。)羊肺、青羊角(吐血喘急,同桂末服。)貓骨(炙研,酒服,日三。)獭肝(虚劳上气。)

【鮯齁】[草部]石胡荽(寒齁,擂酒服。)醉鱼草、花(寒齁,同米粉作果炙食。)半边莲(寒齁,同雄黄煅,丸服。)石苋(同甘草煎服,取吐。)苎根(痰齁,煅研,豆腐蘸食。)蓖麻仁(炒,取甜者食。叶,同白矾,猪肉裹煨食。年久者,同桑叶、御米壳丸服。)马蹄香(末。)藜芦(并吐。)木鳖子(小儿咸齁,磨水饮,即吐出痰,重者,三服即效。)[谷菜]脂麻秸灰(小儿盐齁,淡豆腐蘸食。)淡豉(齁喘痰积,同砒霜、枯矾丸,水服即止。)莱菔子(遇厚味即发者,蒸研,蒸饼丸服。)

杏銀

[果木]银杏(同麻黄、甘草煎服。定喘汤:加半夏、苏子、杏仁、黄芩、桑白皮、款冬花。)茶子(磨米泔汁,滴鼻取涎。喘急咳嗽,同百合蜜丸服。)苦丁香、皂荚(酥炙,蜜丸服,取利。)榆白皮(阴干为末,煎,日二服。)柏树皮汁(小儿盐齁,和面作饼烙食,取吐下。)白瓷器(为末,蘸食。)[鳞介禽兽]鲫鱼(人尿浸死,煨食,主小儿齁。)海螵蛸(小儿痰齁,米饮服一钱。)烂螺壳(小儿齁,为末,日落时服。)鸡子(尿内浸三日,煮食,主年深齁。)蝙蝠(一二十年上气,烧研服。)猫屎灰(痰齁,沙糖水服。)

咳嗽

(有风寒,痰湿,火热,燥郁)

【风寒】[草部]麻黄(发散风寒,解肺经火郁。)细辛(去风湿,泄肺破痰。)白前(风寒上气,能保定肺气,多以温药佐使。久咳唾血,同桔梗、桑白皮、甘草煎服。)百部(止暴嗽,浸酒服。三十年嗽,煎膏服。小儿寒嗽,同麻黄、杏仁丸服。)款冬花(为温肺治嗽要药。)牛蒡根(风寒伤肺壅咳。)飞廉(风邪咳嗽。)佛耳草(除寒嗽。同款冬花、地黄,烧烟吸,治久近咳嗽。)缩砂、紫苏、芥子(并主寒嗽。)生姜(寒湿嗽,烧含之。久嗽,以白饧或蜜煮食。小儿寒嗽,煎汤浴之。)干姜[果木]蜀椒、桂心(并主寒嗽。)[土石]釜月下土(卒咳嗽,同豉丸服。)车釭(妊娠咳嗽,烧投酒中,冷饮。)石灰(老小暴嗽,同蛤粉丸服。)钟乳石(肺虚寒嗽。)[虫鱼]蜂房(小儿咳嗽,烧灰服。)鲫鱼(烧服,止咳嗽。)[禽兽]白鸡(卒嗽,煮苦酒服。)鸡子白皮(久咳,同麻黄末服。)羊胰(远年咳嗽,同大枣浸酒服。)

【痰湿】[草部]半夏(湿痰咳嗽,同南星、白术丸服。气痰咳嗽,同南星、官桂丸服。热痰咳嗽,同南星、黄芩丸服。肺热痰嗽,同栝蒌仁丸服。)天南星(气痰咳嗽,同半夏、橘皮丸服。风痰咳嗽,炮研煎服。)莨菪子(久嗽不止,煮炒研末,同酥,煮枣食。三十年呷嗽,同木香、熏黄烧烟吸。)葶苈(肺壅痰嗽,同知母、贝母、枣肉丸服。)芫花(卒得痰嗽,煎水煮枣食。有痰,入白糖,少少服。)延胡索(老小痰嗽,同枯矾和饧食。）旋覆花、白药子、千金藤、黄环、荛花、大戟、甘遂、草犀、苏子、荏子［菜谷］白芥子、蔓荆子（并主，痰气咳嗽。）莱菔子（痰气咳嗽，炒研和糖含。上气痰嗽，唾脓血，煎汤服。）莱菔（痨瘦咳嗽，煮食之。）丝瓜（化痰止嗽，烧研，枣肉丸服。）烧酒（寒痰咳嗽，同猪脂、茶末、香油、蜜浸服。）［果木］白果、榧子、海枣、榠子、都念子、盐麸子（并主痰嗽。）香橼（煮酒，止痰嗽。）橘皮（痰嗽，同甘草丸服。经年气嗽，同神曲、生姜，蒸饼丸服。）枳壳（咳嗽痰滞。）皂荚（咳嗽囊结。卒寒嗽，烧研，豉汤服。咳嗽上气，蜜炙丸服。又同桂心、干姜丸服。）淮木（久嗽上气。）楮白皮（水气咳嗽。）桑白皮（去肺中水气。咳血，同糯米末服。）厚朴［金石］矾石（化痰止嗽，醋糊丸服，或加人参，或加建茶。或同炒栀子丸服。）浮石（清金，化老痰。咳嗽不止，末服或丸。）雌黄（久嗽，煅过丸服。）雄黄（冷痰劳嗽。）密陀僧、礞石、硇砂［介虫］马刀、蛤蜊粉（并主痰嗽。）鲎鱼壳（积年咳嗽，同贝母、桔梗、牙皂丸服。）蚌粉（痰嗽面浮，炒红，齑水入油服。）鬼眼睛、白蚬壳（卒嗽不止，为末酒服。）海蛤、白僵蚕（酒后痰嗽，焙研茶服。）

【痰火】［草部］黄芩、桔梗、荠苨、前胡、百合、天门冬、山豆根、白藓皮、马兜铃（并清肺热，除痰咳。）甘草（除火伤肺咳。小儿热嗽，猪胆汁浸炙，蜜丸服。）沙参（益肺气，清肺火，水煎服。）麦门冬（心肺虚热，火嗽，嚼食甚妙。寒多人禁服。）百部（热咳上气，火炙，酒浸服。暴咳嗽，同姜汁煎服。三十年嗽，汁，和蜜炼服。小儿寒嗽，同麻黄、杏仁丸服。）天花粉（虚热咳嗽，同人参末服。）栝蒌（润肺，降火，涤痰，为咳嗽要药。干咳，汁和蜜炼含。痰嗽，和明矾丸服。痰咳不止，同五倍子丸噙。热咳不止，同姜、蜜蒸含。肺热痰嗽，同半夏，丸服。酒痰咳嗽，同青黛丸服。妇人夜咳，同香附、青黛末眼。）灯笼草（肺热咳嗽喉痛，为末汤服，仍敷喉外。）贝母（清肺消痰止咳，沙糖丸食。又治孕嗽。小儿晬嗽，同甘草丸服。）知母（消痰润肺，滋阴降火。久近痰嗽，同贝母末，姜片蘸食。）石苇（气热嗽，同槟榔，姜汤服。）射干（老血在心脾间，咳唾气臭。散胸中热气。）马勃（肺热久嗽，蜜丸服。）桑花［谷菜］丹黍米（并止热咳。）百合（肺热咳嗽，蜜蒸含之。）土芋［果木］枇杷叶（并止热咳。）杏仁（除肺中寒热咳嗽，童尿浸，研汁熬丸、酒服。）巴旦杏、梨汁（消痰降火，食之良。卒咳，以一碗入椒四十粒，煎沸入黑饧一块，细服。又以一枚刺孔，纳椒煨食。又切片酥煎冷食。又汁和酥、蜜、地黄汁熬稠含。）干柿（润心肺，止热咳。嗽血，蒸熟，掺青黛食。）柿霜、余甘子（丹石伤肺咳嗽。）甘蔗汁（虚热咳嗽涕唾，入青粱米煮粥食。）大枣、石蜜、刺蜜、桑叶（并主热咳。）［金石］金屑（风热咳嗽。）石膏（热盛喘咳，同甘草末服。热嗽痰涌如泉，煅过，醋糊丸服。）浮石（热咳，丸服。）不灰木（肺热，同玄精石诸药末服。）玄精石、硼砂（消痰止咳。）五倍子（敛肺降火，止嗽。）百药煎（清肺化痰，敛肺劫嗽，同诃子、荆芥丸含。化痰，同黄芩、橘皮、甘草丸咽。）

【虚劳】［草部］黄芪（补肺泻火，止痰嗽、自汗及咳脓血。）人参（补肺气。肺虚久嗽，同鹿角胶末煎服。化痰止嗽，同明矾丸服。喘嗽有血，鸡子清，五更调服。小儿喘嗽，发热自汗，有血，同天花粉服。）五味子（收肺气，止咳嗽，乃火热必用之药。久咳肺胀，同粟壳丸服。久嗽不止，同甘草、五倍子、风化消末噙。又同甘草、细茶末噙。）紫菀(止咳脓血,消痰益肺。肺伤咳嗽,水煎服。吐血咳嗽,同五味子丸服。久嗽,同款冬花、百部末服。小儿咳嗽,同杏仁丸服。)款冬花(肺热劳咳,连连不绝,涕唾稠粘,为温肺治嗽之最。痰嗽带血,同百合丸服。以三两烧烟,筒吸之。)仙灵脾(劳气,三焦咳嗽,腹满不食,同五味子、覆盆子丸服。)地黄(咳嗽吐血,为末酒服。)柴胡(除劳热胸胁痛,消痰止嗽。)牛蒡子(咳嗽伤肺。)鬼臼(咳劳。)[谷果]罂粟壳(久咳多汗,醋炒,同乌梅末服。)阿芙蓉(久劳咳,同牛黄、乌梅诸药丸服。同粟壳末服。)寒具(消痰润脾止咳。)桃仁(急劳咳嗽,同猪肝、童尿煮,丸服。)胡桃(润燥化痰。久咳不止,同人参、杏仁丸服。)金果(补虚,除痰嗽。)仲思枣、乌梅[木石]干漆(并主劳嗽。)诃黎勒(敛肺降火,下气消痰。久咳,含之咽汁。)钟乳粉(虚劳咳嗽。)赤石脂(咳则遗屎,同禹余粮煎服。)[诸虫鳞介]蜜蜡(虚咳,发热声嘶,浆水煮,丸服。)蛇含蛙(久劳咳嗽,吐臭痰,连蛇煅末,酒服。)鲫鱼头(烧研服。)鳖(骨蒸咳嗽,同柴胡诸药煮食。)生龟(一二十年咳嗽,煮汁酿酒服。)龟甲、蛤蚧[禽兽]鸲鹆、鹦鹉(并主劳咳。)慈乌(骨蒸劳咳,酒煮食。)乌鸦(骨蒸劳咳嗽,煅末酒服。心炙食。)五灵脂(咳嗽肺胀,同胡桃仁丸服,名敛肺丸。)猪肾(同椒煮食。卒嗽,同干姜煮食,取汗。)猪胰(二十年嗽,浸酒饮。同腻粉煅研服。)猪肺(肺虚咳嗽,麻油炒食。)猪胆(瘦病咳嗽,同人尿、姜汁、橘皮、诃子,煮汁服。)羊胰(久嗽,温肺润燥,同大枣浸酒服。)羊肺、羊肉、貒骨、獭肝、阿胶(并主劳咳。)黄明胶(久嗽,同人参末、豉汤日服。)人尿(虚劳咳嗽。)

【外治】木鳖子(肺虚久咳,同款冬花烧烟,筒吸之。)榆皮(久嗽欲死,以尺许出入喉中,吐脓血,愈。)熏黄(三十年呷嗽,同木通、莨菪子烧烟,筒熏之。)钟乳粉(一切劳嗽,同雄黄、款冬花、佛耳草烧烟,吸之。)故茅屋上尘(老嗽不止,同石黄诸药,烧烟吸。)

肺痿肺痈

(有火郁。分气虚、血虚)

【排逐】[草谷]鸡苏(肺痿吐血咳嗽,研末米饮服。)防己(肺痿咯血,同葶苈末,糯米汤服。肺痿喘咳,浆水煎呷。)桔梗(肺痈,排脓养血,补内漏。仲景治胸满振寒,咽干吐浊唾,久久吐脓血,同甘草煎服,吐尽脓血愈。)苇茎(肺痈,咳嗽烦满,心胸甲错,同桃仁、瓜瓣、薏苡煎服,吐脓血愈。)芦根(骨蒸肺痿,不能食,同麦门冬、地骨皮、茯苓、橘皮、生姜煎服。)甘草(去肺痿之脓血。久咳肺痿,寒热烦闷,多唾,每以童尿调服一钱。肺痿吐涎沫,头眩,小便数而不咳,肺中冷也,同干姜煎服。)王瓜子(肺痿吐血,炒研服。)升麻、紫菀、贝母、败酱(并主肺痈,排脓破血。)知母、黄芩(并主肺痿,咳嗽喉腥。)薏苡仁(肺痈,咳脓血,水煎入酒服。煮醋服,当吐血出。)

[果木]橘叶(肺痈,捣汁一盏服,吐出脓血愈。)柘黄(肺痈不问已成未成,以一两,同百草霜二钱,糊丸,米饮服三十丸,甚捷。)夜合皮(肺痈唾浊水,煎服。)竹沥(老小肺痿,咳臭脓,日服三五次。)淡竹茹、茯苓[人部]人尿(肺痿寒热,气急面赤,调甘草服。)人中白、天灵盖(热劳肺痿。)

【补益】[草部]人参(消痰,治肺痿,鸡子清调服。)天门冬(肺痿,咳涎不渴,捣汁入饴、酒,紫菀末丸含。)栝蒌(肺痿咳血,同乌梅、杏仁末,猪肺蘸食。)款冬花(劳咳肺痿,同百合末服。)麦门冬(肺痿肺痈,咳唾脓血。)蒺藜子(肺痿唾脓。)五味子、女菀、沙参[果石]白柹(并润肺止咳。)白石英(肺痿唾脓。)[鳞兽]鲫鱼(肺痿咳血,同羊肉、莱菔煮服。)蛤蚧(久咳,肺痿,肺痈,咯血。)羊柹(久咳肺痿,同杏仁、柿霜、豆粉、真酥、白蜜炙食。)羊脂髓(肺痿骨蒸,同生苄汁、姜汁、白蜜炼服。)猪肺(肺痿嗽血,蘸薏苡食。)猪胰(和枣浸酒服。)鹿血(酒服。)阿胶、醍醐、鹿角胶、黄明胶(肺痿唾血,同花桑叶末服。)

虚损

(有气虚,血虚,精虚,五脏虚,虚热,虚寒)

【气虚】[草部]甘草(五劳七伤,一切虚损,补益五脏。大人羸瘦,童尿煮服。小儿羸瘦,炙焦蜜丸服。)人参(五劳七伤,虚而多梦者加之,补中养营。虚劳发热,同柴胡煎服。房劳吐血,独参汤煎服。)黄芪(五劳羸瘦,寒热自汗,补气实表。)黄精(五劳七伤,益脾胃,润心肺,九蒸九晒,食。)青蒿(劳热在骨节间作寒热,童尿熬膏,或为末服,或入人参、麦门冬丸服。)石斛(五脏虚劳羸瘦,长肌肉,壮筋骨,锁涎,涩丈夫元气。酒浸酥蒸服满镒,永不骨痛。)骨碎补(五劳六极,手足不收,上热下寒,肾虚。)五味子(壮水锁阳,收耗散之气。)忍冬藤(久服轻身长年益寿,煮汁酿酒饮。)补骨脂(五劳七伤,通命门,暖丹田,脂麻炒过,丸服。同茯苓、没药丸服,补肾养心养血。)附子(补下焦阳虚。)天雄(补上焦阳虚。)蛇床子(暖男子阳气、女子阴气。)仙茅(丸服。)淫羊藿、狗脊(并主冷风虚劳。)柴胡、秦艽、薄荷(并解五劳七伤虚热。)羌活(五劳七伤酸痛。)苏子(补虚劳,肥健人。)青木香(气劣不足。同补药则补,同泻药则泻。)天门冬、沙参、葳蕤、白茅根,白英、地肤子、黄连、术、熏草、石蕊、玉柏、千岁蘽[菜谷]五芝、石耳、韭白、薤白、山药,甘薯(并补中益气。)大麻子(虚劳内热,大小便不利,水煎服。)胡麻[果木]柿霜、藕(并补中,益元气,厚肠。)莲实(补虚损,交心肾,固精气,利耳目,厚肠胃,酒浸入猪肚,煮丸服。或蒸熟蜜丸服,仙方也。)柏子仁(恍惚虚损吸吸。)枸杞叶(五劳七伤,煮粥食。)地骨皮(去下焦肝肾虚热。虚劳客热,末服。热劳如燎,同柴胡煎服。虚劳寒热苦渴,同麦门冬煎服。)五加皮(五劳七伤,采茎叶末服。)冬青(风热,浸酒服。)女贞实(虚损百病,同旱莲、桑椹，丸服。）柘白皮（酿酒，补虚损。）厚朴（虚而尿白者加之。）沉香（补脾胃命门。）桂（补命门营卫。）松根白皮、茯苓、白棘、桑白皮［石虫］云母粉（并主五劳七伤虚损。）五色石脂（补五脏。）白石英、紫石英（补心气下焦。）枸杞虫（起阳益精，同地黄丸服。）蚕蛹（炒食，治劳瘦，杀虫。）海蚕（虚劳冷气，久服延年。）［鳞介禽兽］鲫鱼、鲥鱼、嘉鱼、石首鱼、鳜鱼、鳖肉、淡菜、海蛇、鸡肉、白鹭（炙食。）桑鳸、鸠、雀（并补虚羸。）犬肉、牛肉、牛肚、狐肉（作脍生食。）貉肉、貒肉（并主虚劳。）狗肾（产后肾劳，如疟体冷。）猪肝（同人参、粳米、姜、椒煮食，补虚。）猴肉（风劳，酿酒。）山獭、紫河车（一切男女虚劳。）

【血虚】［草木］地黄（男子五劳七伤，女子伤中失血。同人参、茯苓熬，琼玉膏。酿酒、煮粥皆良。面炒研末酒服，治男女诸虚积冷。同菟丝子丸服。）麦门冬（五劳七伤客热。男女血虚，同地黄熬膏服。）泽兰（妇人频产劳瘦，丈夫面黄，丸服。）黄檗（下焦阴虚，同知母丸服，或同糯米丸服。）当归、芎䓖、白芍药、丹参、玄参、续断、牛膝、杜仲、牡丹皮［介兽］龟板、绿毛龟、鳖甲、阿胶、醍醐、酥酪、驼脂、牛骨髓、牛乳、羊乳（并补一切虚，一切血。）羊肉（益产妇。）羊脂（产后虚羸，地黄汁、姜汁、白蜜煎服。）羊肝（同枸杞根汁作羹食。）羊胃（久病虚羸，同白术煮饮。）

【精虚】［草木］肉苁蓉（五劳七伤，茎中寒热痛，强阴益精髓。同羊肉煮食。）列当、锁阳（同上。）菟丝子（五劳七伤，益精补阳，同杜仲丸服。）覆盆子（益精强阴，补肝明目。每旦水服三钱，益男子精，女人有子。）何首乌（益精血气，久服有子，服食有方。）萝藦子（益精气，同枸杞、五味、地黄诸药末服，极益房室。）巴戟天、车前子、远志、蓬蘽、百脉根、决明子、蒺藜子、五味子、旋花根、萆薢、菝葜、土茯苓、杜仲皮［石虫］石钟乳、阳起石、石脑、石髓（并补益精气，五劳七伤。）磁石（养胃益精，补五脏，同白石英浸水煮粥，日食。）石硫黄、桑螵蛸、青蚨、九香虫、牡蛎、羊脊髓、猪脊髓（并补虚劳，益精气。）羊肾（虚劳精竭，作羹食。五劳七伤，同肉苁蓉煮羹食。虚损劳伤，同白术煮饮。）鹿茸（虚劳，洒洒如疟，四肢酸痛，腰脊痛，小便数，同当归丸服。同牛膝丸服。）白胶（同茯苓丸服。）麋茸（研末，同酒熬膏服。）麋角、鹿髓、（鹿血、肾）、（獐肉、骨）（酿酒。）腽肭脐（并补精血。）

瘵疰

（有虫积，尸气）

【除邪】［草部］青蒿（骨蒸鬼气，熬膏，入猪胆、甘草末丸服。子，功同。）王瓜子（传尸劳瘵，焙研，酒服一钱。）玄参（传尸邪气，作香烧。）甘松（同玄参，熏劳瘵。）茅香花（冷劳久病，同艾叶烧，丸服。）苦耽（传尸伏连鬼气。）鬼臼（尸疰殗殜，传尸劳瘵。）天麻、鸢尾、海根（并主飞尸鬼气殗殜，传尸劳瘵。）知母、秦艽、胡黄连、芦根、酸浆子、百部、紫菀、甘草、桔梗、人参、黄芪[谷菜]浮麦(并主传尸,骨蒸劳热,自汗。)阿芙蓉、鹿角菜(小儿骨蒸热劳。)茄子(传尸劳气。)[果木]李(去骨节间劳热。)杏核仁(男女五劳七伤,童尿煮七次,蜜蒸食。)乌梅(虚劳骨蒸。)冬桃(解劳热。)桃核仁(主骨蒸作热,一百二十颗,杵为丸,平旦井水下,饮酒令醉,任意吃水,隔日一作。急劳咳嗽,同猪肝、童尿煮丸服。冷劳减食,茱萸炒收,日食二十粒,酒下,重者服五百粒愈。传尸鬼气,咳嗽痃癖,煮汁作粥食。五尸鬼疰,九十九种,传及傍人,急以桃仁五十枚研泥,水四升煮服,取吐,不尽再吐。)蜀椒(丸服。)槟榔、安息香、苏合香(并杀传尸劳瘵虫。)樟木节(风劳有虫,同天灵盖诸药服。)干漆(传尸劳瘵,五劳七伤,同柏子仁、酸枣、山茱萸丸服。)皂荚(卒热劳疾,酥炙丸服。急劳烦热,同刺及木皮烧灰淋煎凝。入麝香,以童尿浸,蒸饼丸服。)桑柴灰(尸疰鬼疰,三十六种,变动九十九种,死复传人,淋汁煮赤小豆,同羊肉作羹食。)樗白皮(鬼疰传尸,童尿、豆豉煎服。)地骨皮(骨蒸烦热,同防风、甘草煎服。)酸枣仁(骨蒸劳热,擂汁煮粥食。)阿魏(传尸冷气。)无患子皮(飞尸。)柳叶、阿勒勃、黄檗[金石]金薄(并主骨蒸劳热。)石膏(骨蒸劳热,研粉服。)雄黄(五尸劳病,同大蒜丸服。骨蒸发热,小便研,烧石熏之。)鹅管石(熏劳嗽。)白矾(冷劳泄痢,同羊肝丸服。)禹余粮(冷劳肠泄,同乌头丸服。)阳起石、磁石(并主五劳七伤虚乏。)霹雳砧[诸虫鳞介]虫白蜡(并杀余虫。)石决明(骨蒸劳极。)纳鳖(传尸劳。)鳖甲(冷瘴劳瘦,除骨节间劳热结实,补阴补气。)鳖肉(益气补不足,去

鳥木啄

血热。骨蒸潮热咳嗽,同前胡、贝母等药煮食,丸服。)蛤蚧(治肺劳传尸,咳嗽咯血。)蛇吞蛙(劳嗽吐臭痰,煅研,酒服。)鳗鲡鱼(传尸疰气劳损,骨蒸劳瘦,酒煮服。)[禽兽]啄木鸟(取虫,煅研酒服。)慈乌(补劳治瘦,止咳嗽骨蒸,五味淹食。)乌鸦(瘦病咳嗽,骨蒸劳痰,煅研酒服。五劳七伤,吐血咳嗽,酿栝蒌根,日煮食。)鹰矢白(杀劳虫。)猪脊髓(骨蒸劳伤,同猪胆、童尿、柴胡等煎服。)猪肝(急劳瘦悴寒热,同甘草丸服。)猪肾(传尸劳瘵,童尿、酒煮服。)猪肚(骨蒸热劳,四时宜食。)猪胆(骨蒸劳极。)羊肉(骨蒸久冷,同山药作粥食。骨蒸传尸,同皂荚、酒煮食,当吐虫出。)白羊头蹄(五劳七伤,同胡椒、荜茇、干姜煮食。)诸朽骨(骨蒸劳热,煮汁淋之,取汗。)猫肝(杀劳瘵虫,生晒研,每朔望五更酒服。)獭肝(传尸伏连殗殜,劳瘵虚汗,咳嗽发热,杀虫,阴干为末,水服,日三。)鹿茸、腽肭脐(虚劳。)熊脂(酒服,杀劳虫,补虚损。)象牙(骨蒸。)獭肉、狸骨、虎牙、鼠肉(并杀劳虫。)[人部]人屎(骨蒸劳极,名伏连传尸,同小便各一升,入新粟米饭五升,曲半饼,密封二七日,每旦服一合,午再服,并去恶气。人屎浸水,早服之,晚服童尿。)人尿(滋阴降火。男女劳证,日服二次。骨蒸发热,以五升煎一升,入蜜三匙,每服一碗,日二服。)人中白(传尸热劳,肺痿消瘦,降火,消瘀血。)秋石(虚劳冷疾,有服法。)人乳(补五脏,治瘦悴。虚损劳瘵,同麝香、木香服,或同胞衣末服。)人牙(烧用,治劳。)天灵盖(传尸尸疰,

鬼疰伏连。肺痿,骨蒸盗汗,退邪气,追劳虫,炙黄,水煎服。同麝香丸服。小儿骨蒸,加黄连,末服。追虫,有天灵盖散。)人胞(男女一切虚损劳极,洗煮,入茯神丸服。河车大造丸。)人胆(尸疰伏连。)人肉(瘵疾。)

邪祟

(邪气乘虚,有痰、血、火、郁)

【除辟】[草部]升麻(杀百精老物,殃鬼邪气。中恶腹痛,鬼附啼泣。)徐长卿(鬼疰精物邪恶气,百精老魅注易,亡走啼哭恍惚。)鬼督邮、马目毒公、鬼臼(杀鬼疰精物,辟恶气不祥,尸疰传尸。)忍冬(飞尸、遁尸、风尸、沉尸、尸疰、鬼击,并煮汁服;或煎膏,化酒服。)丹参(中恶,百邪鬼魅,腹痛气作,声音鸣吼,定精。)防葵(狂邪,鬼魅精怪。)白藓皮(大热饮水,狂走大呼。)白蒺藜(卒中五尸,丸服。)女青、赤箭、天麻、野葛、海根、雷丸、蓝实、败芒箔、卷柏、桔梗、知母、小草、远志、甘松、藁本、迷迭香、白薇、人参、苦参、沙参、紫菀、狼毒、草犀、白茅香、茅香、白芨、商陆、木香、缩砂、藿香、瓶香、藒车香、兰草、山柰、山姜、莳酱、蕙草、姜黄、莪术、郁金香、鸡苏、菖蒲、艾叶、苦耽、云实、蓖麻、蜀漆、艾纳香、射罔、射干、鸢尾、芫花、荛花、水堇、钩吻、羊踯躅、海藻、蘼芜、青蒿、石长生、独行根、白兔藿、续随子、蜘蛛香、屋四角茅、赤车使者[谷菜]豌豆(煮汁。)白豆、大豆(并丰鬼毒邪气疰忤。)酒、醋、陈粟米(并主鬼击。)粳米(五种尸病,日煮汁服。)芥子(邪恶鬼疰气,浸酒服。)白芥子(御恶气,飞尸遁尸,邪魅。)大蒜(杀鬼去痛,同香墨、酱汁服。鬼毒风气,同杏仁、雄黄服。)百合(百邪鬼魅,啼泣不止。)胡荽、罗勒、旱芹[果木器服]桃枭、桃花、桃白皮,桃胶、桃毛(并主邪恶鬼疰精气。)桃仁(鬼疰寒热疼痛,研服。)陈枣核中仁(疰忤恶气。常服,百邪不干。)榧子、蜀椒、毕澄茄、吴茱萸、柏实、鬼箭、沉香、蜜香、丁香、檀香、乌药、必栗香、竹叶、鬼齿(并主中恶邪鬼疰气。)降真香(带之辟邪恶气,宅舍怪异。)安息香(心腹恶气,鬼疰,魍魉,鬼胎,中恶魇寐。常烧之,去鬼来神。妇人夜梦鬼交,烧熏永断。)苏合香(辟恶,杀鬼精物。)詹糖香、樟脑、乳香、阿魏、桦皮脂、樗白皮、干漆、皂荚、桑柴灰、无患子、巴豆、琥珀(并杀鬼精尸疰。)栀子(五尸注病,烧研,水服。)乌桕根皮(尸疰中恶,煎入朱砂服。)古厕木(鬼魅传尸,魍魉神祟,烧之。)古榇板(鬼气疰忤,中恶心腹痛,梦悸,常为鬼神祟挠,和桃枝煎酒服,取吐下。)死人枕、桃橛,甑带(煮汁。)铳楔,败芒箔[水土金石]粮罂水(并主尸疰鬼气。)半天河水(鬼疰,狂邪气,恍惚妄言。)铸钟黄土、鼢鼠壤土、伏龙肝、釜脐墨、京墨、黑铅、铅丹(并主疰忤邪气。)古镜、铜镜鼻、铁落、朱砂、水银、硫黄、石膏、生银、雄黄、代赭、金牙石、金刚石、砺石、蛇黄、食盐、霹雳砧[诸虫鳞介]露蜂房、芫青、龙骨、龙齿、鼍甲(并主疰病鬼邪。)鲮鲤(五邪惊啼悲伤,妇人鬼魅哭泣。)蛤蚧、鳗鲡、鲛鱼皮、海虾、蟹爪、贝子、牡蛎[禽兽]丹雄鸡、黑雌鸡、乌骨鸡、鸡冠血、东门鸡头(并主邪气,鬼物疰忤。)鸡卵白(五遁尸气冲心,或牵腰脊,顿吞七枚。)胡燕卵黄、乌鸦、鹊巢(烧服。)白鸭血(并主鬼魅邪气。)鹰肉(食之,去野狐邪魅。觜、爪烧灰,水服。屎白烧灰,酒服。)牛黄、野猪黄、羊脂、猪脂、白犬血、猪心血、尾血、猪乳、豚卵、羖羊角(烧。)羚羊角及鼻、犀角、鹿角及茸、鹿头、麂头骨、猴头骨、(狐头、尾)(及屎烧灰,辟邪恶。五脏,主狐魅及人见鬼,作羹食。)兔头及皮、猫头骨、猫肉、狸肉及骨、豹肉及鼻、虎肉及骨(取二十六种魅。爪、牙、皮、屎同。)象牙、狼牙、熊胆、麝香、灵猫阴、獭肝(鬼疰邪魅,烧末服。)腽肭脐(鬼气尸疰狐魅。)六畜毛、蹄甲、马悬蹄、马屎、狮屎、底野迦、鼠屎、彭侯[人部]乱发(尸疰,烧灰服。)头垢、人尿(鬼气疰病,日日服之。)天灵盖(尸疰鬼气。)人胆

寒热

(有外感,内伤,火郁,虚劳,疟,疮,瘰疬)

【和解】[草部]甘草(五脏六腑寒热邪气,凡虚而多热者加之。)知母(肾劳,憎寒烦热。)丹参(虚劳寒热。)白头翁(狂猲伤寒热。)胡黄连(小儿寒热。)黄芩(寒热往来,及骨蒸热毒。)柴胡(寒热邪气,推陈致新,去早辰潮热,寒热往来,妇人热入血室。)前胡(伤寒寒热,推陈致新。)白藓皮(主壮热恶寒。)茅根大黄(并主血闭寒热。)旋覆花(五脏间寒热。)茵预(寒热如疟。)屋游(浮热在皮肤,往来寒热。)乌韭、龙胆(骨间寒热。)白薇(寒热酸痛。)秦艽、当归、芎䓖、芍药(并主虚劳寒热。)荆芥、积雪草、紫草、夏枯草、蠡实、芦根、云实、木通、蒲黄、吴蓝、连翘、蛇含、鸭跖草、凌霄花、土瓜根[菜果]冬瓜(泡汁饮。)茄子、马齿苋、苋实、薤白、杏花(女子伤中寒热痹。)桃毛(血瘕寒热。)[木石]厚朴(解利风寒寒热。)牡荆、蔓荆(并除骨间寒热。)冷水(服丹石,病发恶寒,冬月淋至百斛,取汗乃愈。)松萝、枳实、竹茹、雄黄(肝病寒热。)石膏(中风寒热。)滑石(胃热寒热。)曾青(养肝胆,除寒热。)石青、石胆、食盐、朴硝、矾石[虫介兽人]雀瓮、龟甲(骨中寒热,或肌体寒热欲死,作汤良。)海蛤(胸痛寒热。)蛤蜊(老癖为寒热。)贝子(温疰寒热,解肌,散结热。)龙齿(大人骨间寒热。)鼍甲(伏坚寒热。)猪悬蹄甲(小儿寒热,烧末乳服。)牛黄、人尿

【补中清肺】[草谷]黄芪(虚疾寒热。)沙参、黄精、葳蕤、术(并除寒热,益气和中。)桔梗(除寒热,利肺。)灯笼草、麦门冬、紫菀、旋花根、黄环、天门冬、白英、忍冬、豌豆、绿豆、赤小豆、秫、百合、山药[果木]吴茱萸、椒红、桂(利肝肺气,心腹寒热。)辛夷(五脏身体寒热。)沉香(诸虚寒热冷痰,同附子煎服。)乌药(解冷热。)桑叶(除寒热,出汗。)茯苓、酸枣、山茱萸[石部]殷蘖(瘀血寒热。)阳起石、禹余粮[禽兽]鹜肪(风虚寒热。)猳猪头肉(寒热。)熊脂、鹿角、麋脂

吐血衄血

(有阳乘阴者,血热妄行;阴乘阳者,血不归经。血行清道出于鼻;血行浊道出于口。呕血出于肝,吐血出于胃,衄血出于肺。耳血曰珥,眼血曰䘐衈,肤血曰血汗,口鼻并出曰脑衄,九窍俱出曰大衄)

【逐瘀散滞】[草部]大黄(下瘀血血闭。心气不足,吐血衄血,胸胁刺胀,同芩、连煎服。亦单为散,水煎服。)甘遂、芫花、大戟(吐血痰涎,血不止者,服此下行即止。)杜衡(吐血有瘀,用此吐之。)红蓝花、郁金(破血。为末,井水服,止吐血。)茜根(活血行血。为末,水煎服,止吐衄诸血。或加黑豆、甘草丸服。同艾叶、乌梅丸服。)剪草(一切失血,为末和蜜,九蒸九晒服。)三七(吐衄诸血,米泔服三钱。)蓖麻叶(涂油炙,熨囟上,止衄。)三棱(末,醋调涂五椎上,止衄。)[谷菜]麻油(衄血,注鼻,能散血。)醋(衄血,和胡粉服,仍和土敷阴囊上。)韭汁(止吐血。和童尿服,消胃脘瘀血。)葱汁(散血。塞鼻,止衄。)蔓荆汁(止吐血。)莱菔汁(止吐血大衄,仍注鼻中。)桑耳(塞鼻,止衄。)[果木]栗楔(破血。烧服,止吐衄。壳亦可。)荷叶(破恶血,留好血。口鼻诸血,生者擂汁服;干者末服,或烧服,或加蒲黄。)藕汁(散瘀血,止口鼻诸血,亦注鼻止衄。)桃仁(破瘀血血闭。)桃枭(破血。止吐血,诸药不效,烧服。)榴花(散血。为末服,止吐衄。同黄葵花煎服,或为末服,亦塞鼻止衄。)干柿(脾之果。消宿血,治吐血咯血。)棕灰(消瘀血。止吐衄诸血,水服。)血竭(吹鼻,止衄。)山茶(吐衄,为末,酒入童尿服。)胡颓子根(吐血,煎水服。)蕤核(衄血。)枫香(吐衄,为末水服,或加蛤粉,或加绵灰。)椰子皮(止衄。)苏木[服器]红绵灰(水服。)黄丝绢灰(水服。)白纸灰(水服,止吐衄,效不可言。)麻纸灰、藤纸灰(入麝香,酒服,止衄血。)屏风故纸灰(酒服,止衄。)败船茹(止吐血。)[土石]白垩土(衄血,水服二钱,除根。)伏龙肝(水淘汁,入蜜服,止吐血。)金墨(吐衄,磨汁服。)铛墨(炒过,水服二钱,止吐衄诸血。)百草霜(水服,并吹鼻止衄。)白瓷器末(吐血,皂角仁汤,服二钱。衄血,吹鼻。)地龙粪(吐血,水服二钱。)花乳石(能化血为水,主诸血。凡喷血出升斗者,煅研,童尿入酒服三、五钱。)金星石(主肺损吐血嗽血。)石灰(散瘀血。凡卒吐血者,刀头上烧研,水服三钱。)白矾(吹鼻,止衄。)硇砂(衄血不止,水服二钱。)食盐(散血。)戎盐(主吐血。)芒硝(下瘀血。)珊瑚(吹鼻,止衄。)[虫鳞]蚕蜕纸灰(吐血不止,蜜丸含咽。)蛴螬(主吐血在胸腹不出。)蜘蛛网(卒吐血者,米饮吞一团。)露蜂房(主吐衄血。)蜗牛(焙研,同乌贼骨吹鼻,止衄。)虻虫、水蛭、五倍子末(水服,并吹鼻,止衄。)壁钱窠(塞鼻,止衄。)龙骨(服,止吐血;吹鼻,止衄;吹耳,止衈)鲤鱼鳞灰(散血。衄不止,水服二钱。)乌贼骨(末服,治卒吐血;吹鼻,止衄。)鳔胶(散瘀血,止呕血。)鳝血(滴鼻,止衄。)胆(滴耳,止衈。)[禽兽]五灵脂(吐血,同芦荟丸服。同黄芪末,水服。)鸡屎白、老鸱骨、驼屎灰、骡屎灰、马悬蹄灰、牛骨灰、猬皮灰(并吹鼻止衄。)白马通(服汁,塞鼻,并止吐

本草綱目

衄。）牛耳垢（塞鼻，止衄。）黄明胶（贴山根，止衄。炙研，同新绵灰饮服，止吐血。）[人部]发灰（散瘀血。止上下诸血，并水服方寸匕，日三。吹鼻，止衄。）人尿（止吐衄，姜汁和服，降火散瘀血，服此者十无一死。）吐出血（炒黑研末，麦门冬汤服三分，以导血归源。）衄血（接取点目角，并烧灰水服一钱。）人爪甲（刮末吹鼻，止衄妙。）

【滋阴抑阳】[草部]生地黄（凉血生血。治心肺损，吐血衄血，取汁和童尿煎，入白胶服。心热吐衄，取汁，和大黄末丸服，同地龙、薄荷末，服之。）紫参（唾血衄衄。同人参、阿胶末服，止吐血。）丹参（破宿血，生新血。）地榆（止吐衄，米醋煎服。）牡丹皮（和血，生血，凉血。）当归（头止血；身和血；尾破血。衄血不止，末服一钱。）芎䓖（破宿血，养新血，治吐衄诸血。）芍药（散恶血，逐贼血，平肝助脾。太阳衄衄不止，赤芍药为末，服二钱。咯血，入犀角汁。）黄芩（诸失血。积热吐衄，为末水煎服。）黄连（吐衄不止，水煎服。）胡黄连（吐衄，同生地黄、猪胆汁丸服。）黄药子（凉血降火。吐血，水煎服。衄血，磨汁服，或末服。）白药子（烧服。）蒲黄、青黛（水服。）蓝汁、车前汁、大小蓟（汁。）马兰、泽兰、水苏（煎或末。）紫苏（熬膏。）薄荷、青蒿（汁。）青葙（汁。）马蔺子、阴地厥、鳢肠（汁。）蘘荷根（汁。）生葛（汁。）浮萍（末。）桑花（末。）船底苔（煎。）土马鬃（并止吐血衄血。）荆芥（吐血，末服。口鼻出血，烧服。九窍出血，酒服。）茅根（汁或末。）茅针、茅花、金丝草、白鸡冠花（并主吐血衄血。）屋上败茅（浸酒。）地菘（末。）龙葵（同人参末。）螺厣草（擂酒。并止吐血。）苍耳（汁。）贯众（末。）黄葵子（末。）王不留行（煎。）萱根（汁。）决明（末。）龙鳞薜荔（末。）垣衣（汁。）屋游（末服，并止衄血。）地肤（九窍出血，同栀子、甘草、生姜、大枣、灯草，水煎服。）麦门冬（吐衄不止，杵汁和蜜服，或同地黄煎服，即止。）马勃（积热吐血，沙糖丸服。妊娠吐血，米饮和服。）[谷菜]小麦（止唾血。）淅泔（饮，止吐血。）麦面（水服，止吐衄。）粟米粉（绞汁，止衄。）翻白草（吐血，煎服。）[果木]莲花（酒服末，止损血。）柏叶（煎、丸、散、汁，止吐衄诸血。）栀子（清胃脘血，止衄。）桑叶（末。）地骨皮（煎服，并主吐血。）柳絮（末服，止吐咯血。）槐花（末服，主吐唾咯血。同乌贼骨，吹衄血。）楮叶（汁。）黄檗（末。）槲若（末。）竹叶、竹茹（并主吐血衄血。）荆叶（九窍出血，杵汁入酒服。）[金石]朱砂（同蛤粉酒服，主诸般吐血。）滑石（水服。）铅霜（水服。）胡粉（炒醋。）黄丹（水服。）玄明粉（水服。）水银（并主热衄。）[介兽]螺蛳（服汁，主黄疸吐血。）蛤粉（同槐花末，水服。）犬胆（并止衄血。）犀角（汁，止积热吐衄。）[人部]人中白（入麝，酒服，止衄。）人中黄（末服，主呕血。烧灰，吹鼻衄。）

【理气导血】[草木]香附（童尿调末服，或同乌药、甘草煎服。）桔梗（末。）箬叶（灰。）乌药、沉香（并止吐血衄血。）防风（上部见血须用。）白芷（破宿血，补新血。涂山根，止衄。）半夏（散瘀血。）天南星（散血，末服。）贝母（末。）芦荻皮（灰。）栝蒌（灰。）榧子（末服，并主吐血。）石菖蒲（肺损吐血，同面，水服。）芎䓖（同香附末服，主头风即衄。）灯心草（末。）香薷（末。）谷精草（末。）枇杷叶（末。）延胡索（塞耳。

并止衄。）折弓弦（口鼻大衄，烧灰同白矾吹之。）

【调中补虚】［草谷］人参（补气生血，吐血后煎服一两。内伤，血出如涌泉，同荆芥灰、蒸柏叶、白面水服。）黄芪（逐五脏恶血。同紫萍末服，止吐血。）甘草（养血补血，主唾脓血。）白芨（羊肺蘸食，主肺损吐血。水服，止衄。）百合（汁，和蜜蒸食，主肺病吐血。）稻米（末服，止吐衄。）萆薢叶（香油炒食。）饴糖、白扁豆、白术［石虫］钟乳粉、五色石脂、代赭石（并主虚劳吐血。）灵砂（暴惊九窍出血，人参汤服三十粒。）鳖甲、蛤蚧、淡菜、阿胶、白狗血（热饮。）鹿角胶（并主虚损吐血。）水牛脑（劳伤吐血，同杏仁、胡桃、白蜜、麻油熬干，末服。）羊血（热饮，主衄血经月。）酥酪、醍醐（灌鼻，止涕血。）

【从治】附子（阳虚吐血，同地黄、山药，丸服。）益智子（热伤心系吐血，同丹砂、青皮、麝香，末服。）桂心（水服。）干姜（童尿服。并主阴乘阳吐血衄血。）艾叶（服汁，止吐衄。）姜汁（服汁，仍滴鼻。）芥子（涂囟。）葫蒜（贴足心。并主衄血。又服蒜汁，止吐血。）

【外迎】冷水（耳目鼻血不止，以水浸足、贴囟、贴顶、噀面、薄胸皆宜。）

齿衄

（有阳明风热，湿热，肾虚）

【除热】防风、羌活、生苄、黄连

【清补】人参（齿缝出血成条，同茯苓、麦门冬煎服，奇效。上盛下虚，服凉药益甚者，六味地黄丸，黑锡丹。）

【外治】香附（姜汁炒研，或同青盐、百草霜。）蒲黄（炒焦。）苦参（同枯矾。）骨碎补（炒焦。）丝瓜藤（灰。）寒水石（同朱砂、甘草、片脑。）五倍子（烧。）地龙（同矾、麝。）紫矿、枯矾、百草霜（并揩掺。）麦门冬、屋游、地骨皮、苦竹叶、盐（并煎水漱。）童尿（热漱。）蜀椒、苦竹茹（并煎醋漱。）蟾酥（按。）铁钉（烧烙。）

血汗

（即肌衄，又名脉溢，血自毛孔出。心主血，又主汗，极虚有火也）

【内治】人参（气散血虚，红汗污衣，同归、芪诸药煎服。又建中汤、辰砂妙香散皆宜。抓伤血络，血出不止，以一两煎服。）葎草（产妇大喜，汗出赤色污衣，喜则气出也。捣汁一升，入醋一合，时服一杯。）黄芩（灸疮，血出不止，酒炒末下。）生姜汁（毛窍节次血出，不出则皮胀如鼓，须臾口目皆胀合，名脉溢，以水和汁各半服。）郁李仁(鹅梨汁调末服,止血汗。)朱砂(血汗,入麝,水服。)人中白(血从肤腠出,入麝,酒服二钱。)水银(毛孔出血,同朱砂、麝香服。)黄犊脐中屎(九窍四肢指歧间血出,乃暴怒所致,烧末水服方寸匕,日五次。)

【外治】旱莲(敷灸疮,血出不止。)蜣螂灰(同上。)粪桶箍(烧敷搔痒,血出不止。)五灵脂(掺抓痣,血出不止。)男子胎发(医毛孔血出。)煮酒瓶上纸(同上。)

咳嗽血

(咳血出于肺,嗽血出于脾,咯血出于心,唾血出于肾。有火郁,有虚劳)

【火郁】麦门冬、片黄芩、桔梗、生地黄、金丝草、茅根、贝母、姜黄、牡丹皮、芎䓖、白芍药、大青、香附子、茜根、丹参、知母、荷叶(末。)藕汁、桃仁、柿霜、干柿(入脾肺,消宿血、咯血、痰涎血。)杏仁(肺热咳血,同青黛、黄蜡作饼,干柿夹煨,日食。)水苏(研末饮服。)紫菀(同五味子蜜丸服。并治吐血后咳。)白前(久咳唾血,同桔梗、甘草、桑白皮煎服。)荆芥穗(喉脘痰血,同甘、桔煎服。)蒲黄、桑白皮、茯神、柳絮(末。)韭(汁,和童尿。)生姜(蘸百草霜。)黄檗、槐花(末服。)槲若(水煎。)发灰、童尿(并主咳咯唾血。)栀子(炒焦,清胃脘血。)诃子(火郁嗽血。)乌鸦(劳嗽吐血。)

【虚劳】人参、地黄,百合、紫菀、白芨、黄芪、五味子、阿胶、白胶、酥酪、黄明胶(肺损嗽血,炙研汤服。)猪胰(一切肺病,咳唾脓血。)猪肺(肺虚咳血,蘸薏苡仁末食。)猪心(心虚咯血,包沉香、半夏末,煨食。)乌贼骨(女子血枯伤肝唾血。)

诸汗

(有气虚,血虚,风热,湿热)

【气虚】黄芪(泄邪火,益元气,实皮毛。)人参(一切虚汗。同当归、猪肾煮食,止怔忡自汗。)白术(末服,或同小麦煎服,止自汗。同黄芪、石斛、牡蛎末服,主脾虚自汗。)麻黄根(止诸汗必用,或末,或煎,或外扑。)葳蕤、知母、地榆(并止自汗。)附子(亡阳自汗。)艾叶(盗汗,同茯神、乌梅煎服。)何首乌(贴脐。)郁金(涂乳。)粳米粉(外扑。)麻勃(中风汗出。)糯米(同麦麸炒,末服。)韭根(四十九根煎服,止盗汗。)[果木]酸枣仁(睡中汗出,同参、苓末服。)茯神(虚汗盗汗,乌梅汤服。血虚心头出汗,艾汤调服。)柏实(养心止汗。)桂(主表虚自汗。)杜仲(产后虚汗,同牡蛎服。)吴茱萸(产后盗汗恶寒。)雷丸(同胡粉扑。)[虫兽]五倍子(同荞麦粉作饼,煨食,仍以唾和填脐中。)牡蛎粉(令虚盗汗,同杜仲酒服;虚劳盗汗,同黄芪、麻黄根煎服;产后盗汗,麸炒研,猪肉汁服;阴汗,同蛇床子、干姜、麻黄根扑之。)龙骨(止夜卧惊汗。)黄雌鸡(伤寒后虚汗,同麻黄根煮汁,入肉苁蓉、牡蛎粉煎服。)猪肝(脾虚,食即汗出,为丸服。)羊胃(作羹食。)牛羊脂(酒服,止卒汗。)

【血虚】[草兽]当归、地黄、白芍药、猪膏(产后虚汗,同姜汁、蜜、酒煎服。)猪心(心虚自汗,同参、归煮食。)肾(产后汗蓐劳,煮粥臛食。)

【风热】[草部]防风(止盗汗,同人参、芎劳末服;自汗,为末,麦汤服。)白芷(盗汗,同朱砂服。)荆芥(冷风出汗,煮汁服。)龙胆(男女小儿及伤寒,一切盗汗,为末酒服,或加防风。)黄连(降心火,止汗。)胡黄连(小儿自汗。)麦门冬[谷菜]小麦、浮麦、麦面(盗汗,作丸煮食。)豉(盗汗,熬末酒服。蒸饼每夜食一枚,止自汗盗汗。)黄蒸米醋(并止黄汗。)胡瓜(小儿出汗,同黄连、胡黄连、黄檗、大黄诸药,丸服。)[果木]桃枭(止盗汗,同霜梅、葱白、灯心等,煎服。)椒目(盗汗,炒研,猪唇汤服。)盐麸子(收汗。)经霜桑叶(除寒热盗汗,末服。)竹沥(产后虚汗,热服。)[服器]败蒲扇灰(水服并扑。)甑蔽灰(水服。)死人席灰(煮浴。)五色帛(拭盗汗,乃弃之。)

怔忡

(血虚,有火,有痰)

【养血清神】[草木]人参(同当归末,猪肾煮食。)当归、地黄、黄芪、远志、黄芩、黄连(泻心火,去心窍恶血。)巴戟天(益气,去心痰。)香附(忧愁心忪,少气疲瘦。)牡丹皮(主神不足,泻包络火。)麦门冬、茯神、茯苓、酸枣、柏实(安魂定魄,益智宁神。)

健忘

(心虚,兼痰,兼火)

【补虚】[草木]甘草(安魂魄,泻火养血,主健忘。)人参(开心益智,令人不忘,同猪肪炼过,酒服。)远志(定心肾气,益智慧不忘,为末,酒服。)石菖蒲(开心孔,通九窍,久服不忘不惑,为末,酒下。)仙茅(久服通神,强记聪明。)淫羊藿(益气强志,老人昏耄,中年健忘。)丹参、当归、地黄(并养血安神定志。)预知子(心气不足,恍惚错忘,忪悸烦郁,同人参、菖蒲、山药、黄精等,为丸服。)[谷菜果木]麻勃(主健忘。七夕日收一升,同人参二两为末,蒸熟,每卧服一刀圭,能尽知四方事。)山药(镇心神,安魂魄,主健忘,开达心孔,多记事。)龙眼(安志强魂,主思虑伤脾,健忘怔忡,自汗惊悸,归脾汤用之。)莲实(清心宁神,末服。)乳香(心神不足,水火不济,健忘惊悸，同沉香、茯神，丸服。）茯神、茯苓、柏实、酸枣［鳞兽］白龙骨（健忘，同远志末，汤服。）虎骨（同龙骨、远志，末服。）六畜心（心昏多忘，研末酒服。）

【痰热】［草果］黄连（降心火，令人不忘。）玄参（补肾止忘。）麦门冬、牡丹皮、柴胡、木通（通利诸经脉壅、寒热之气，令人不忘。）商陆花（人心昏塞，多忘喜误，为末，夜服，梦中亦醒悟也。）桃枝（作枕及刻人佩之，主健忘。）［金石兽部］旧铁铧（心虚恍惚健忘，火烧淬酒浸水，日服。）铁华粉、金薄、银薄、银膏、矢砂、空青、白石英（心脏风热，惊悸善忘，化痰安神，同朱砂为末服。）牛黄（除痰热健忘。）

惊悸

（有火，有痰，兼虚）

【清镇】［草谷］黄连（泻心肝火，去心窍恶血，止惊悸。）麦门冬、远志、丹参、牡丹皮、玄参、知母（并定心，安魂魄，止惊悸。）甘草（惊悸烦闷，安魂魄。伤寒心悸脉代，煎服。）半夏（心下悸忪，同麻黄丸服。）天南星（心胆被惊，神不守舍，恍惚健忘，妄言妄见，同朱砂、琥珀丸服。）柴胡（除烦止惊，平肝胆包络相火。）龙胆（退肝胆邪热，止惊悸。）芍药（泻肝，除烦热惊狂。）人参、黄芪、白芨、胡麻、山药，淡竹沥、黄檗、柏实、茯神、茯苓、乳香、没药、血竭、酸枣仁、厚朴、震烧木（火惊失志，煮汁服。）［金石］霹雳砧（大惊失心恍惚，安神定志。）天子籍田犁下土（惊悸颠邪，水服。）金屑、银屑、生银、朱砂银、朱砂银膏、自然铜、铅霜、黄丹、铁精、铁粉、紫石英（煮汁。）雄黄、玻璃、白石英、五色石脂［鳞介禽兽］龙骨、龙齿、夜明沙、鼍甲、牛黄、羚羊角、（虎睛、骨、胆）、羖羊角、象牙、麝脐香、犀角、醍醐（并镇心平肝，除惊悸。）猪心（除惊补血，产后惊悸，煮食。）猪心血（同青黛、朱砂丸服，治心病邪热。）猪肾（心肾虚损，同参、归煮食。）六畜心（心虚作痛，惊悸恐惑。）震肉（因惊失心，作脯食。）人魄（磨水服，定惊悸狂走。）

狂惑

（有火，有痰，及畜血）

【清镇】［草部］黄连、蓝汁、麦门冬、荠苨、茵陈、海金沙（并主伤寒发狂。）葳蕤、紫参、白头翁（并主狂疟。）白薇（暴中风热，忽忽不知人，狂惑邪气。）白藓皮（腹中大热饮水，欲走发狂。）龙胆（伤寒发狂，为末，入鸡子清、生蜜，凉水服。）撒法即（即番红花，水浸服，主伤寒发狂。）葛根、栝蒌根、大黄（热病谵狂，为散服。）攀倒甑汁（主风热狂躁，服。）苦参（热病发狂，不避水火，蜜丸服。）麦门冬、芍药、景天、鸭跖草（并主热狂。）葶苈（卒发狂，白犬血丸服。）郁金（失心颠狂，同明矾丸服。）莨菪子、防葵（并主颠狂，多服令人狂走。）[谷菜]麦苗（汁，主时疾狂热。）麦奴（阳毒热狂大渴。）葱白（天行热狂。）百合（颠邪狂叫涕泣。）淡竹笋（热狂有痰。）[果木]瓜蒂（热水服，取吐）甘蔗（天行热狂，腊月瓶封粪坑中，绞汁服。）苦枣、桃花、楝实、淡竹叶（并主热狂。）竹沥（痰在胸膈，使人颠狂。小儿狂语，夜后便发，每服二合。）栀子（蓄热狂躁，同豉煎服，取吐。）桐木皮（吐下。）雷丸（颠痫狂走。）栾花（诸风狂痉。）经死绳灰（卒发狂，水服。）[水土金石]半天河（鬼狂。）腊雪（热狂。）伏龙肝（狂颠风邪，水服。）釜墨、百草霜（并阳毒发狂。）车脂（中风发狂，醋服一团。）朱砂（颠痫狂乱，猪心煮过，同茯神丸服；产后败血入心，狂颠见祟，为末，地龙滚过，酒服。）寒水石（伤寒发狂，逾垣上屋，同黄连末服。）玄明粉（伤寒发狂，同朱砂服。）粉霜（伤寒积热，及风热生惊如狂，同铅霜、轻粉、白面，作丸服。）玄精石、菩萨石、雄黄（并热狂。）铁落（平肝去怯，善怒发狂，为饮服，下痰气。）铁甲（忧结善怒，狂易。）铁浆（发热狂走。）银屑、银膏、金屑[鳞介]龙齿（并镇神，定狂热。）文鳐（食之已狂。）贝子、玳瑁（并主伤寒热狂。）[虫禽]蚕蜕纸灰（颠狂邪祟，狂走悲泣自高，酒服一匕。）白雄鸡（颠邪狂妄，自贤自圣，作羹粥食；惊愤邪僻，志气错越，入真珠、薤白煮食。）鸡子（天行热疾狂走，生吞一枚。）鸱（燥渴狂邪，五味腌食。）鹊巢灰（服，主颠狂。）凤凰台（磨水服，主热狂。）[兽人]羚羊角（惊梦狂越僻谬，平肝安魂。）犀角（时疾热毒入心，狂言妄语，镇肝退热，消痰解毒。）牛黄、牦牛黄（并惊。）驴脂（狂颠，和乌梅丸服。）驴肉（风狂忧愁不乐，安心止烦，煮食，或作粥食之。）六畜毛、蹄甲（颠狂妄走。）豭猪肉（狂病久不愈。）白犬血（热病发狂，见鬼垂死，热贴胸上。）狗肝（心风发狂，擦硝石、黄丹，煮嚼。）灵猫阴（狂邪鬼神，镇心安神。）人中黄（热病发狂如见鬼，久不得汗，及不知人，煅研水服。）人屎（时行大热狂走，水服。）人尿（血闷热狂。）人魄（磨水服，定惊悸颠狂。）胞衣水（诸热毒狂言。）紫河车（煮食，主失心风。）耳塞（颠狂鬼神。）

烦躁

（肺主烦，肾主躁。有痰，有火，有虫厥）

【清镇】[草部]黄连、黄芩、麦门冬、知母、贝母、车前子、丹参、玄参、甘草、柴胡、甘蕉根、白前、葳蕤、龙胆草、防风、蠡实、芍药、地黄、五味子、酸浆、青黛、栝蒌子、葛根、菖蒲、菰笋、萱根、土瓜根、王不留行（并主热烦。）海苔（研饮，止烦闷。）胡黄连（主心烦热，米饮末服。）牛蒡根（服汁，止热攻心烦。）款冬花（润心肺，除烦。）白术（烦闷，煎服。）苎麻、蒲黄（并主产后心烦。）[谷菜]小麦、糯米泔、浙二泔、赤小豆、豉、麨、蘖米、酱汁、米醋、芋、堇、水芹菜、白菘菜、淡竹笋、壶芦、冬瓜、越瓜[果木]西瓜、甜瓜、乌梅及核仁、李根白皮、杏仁、大枣、榅桲、椑柿、荔枝、巴旦杏、橄榄、波罗蜜、梨汁、枳椇、葡萄、甘蔗、刺蜜、都咸子、都桷子、藕、荷叶、芡茎、猴桃、竹沥、竹叶、淡竹叶、楝实、厚朴、黄栌、芦荟、栀子、荆沥、猪苓、酸枣仁、胡桐泪、茯神、茯苓、槐子(大热心烦,烧研酒服。)黄檗[金石]铅霜、不灰木、真玉、禹余粮、滑石(煎汁煮粥。)五色石脂、朱砂、理石、凝水石、石膏、玄明粉、石硷、甜硝[鳞介]龙骨、文蛤、真珠(合知母服。)蛏肉[禽兽]抱出鸡子壳(小儿烦满欲死,烧末酒服。)鸡子白、诸畜血、驴肉、羚羊角(并主热烦。)犀角(磨汁服,镇心,解大热.风毒攻心,毷氉热闷。)水羊角灰(气逆烦满,水服。)白犬骨灰(产后烦懑,水服。)

不眠

(有心虚,胆虚,兼火)

【清热】[草部]灯心草(夜不合眼,煎汤代茶。)半夏(阳盛阴虚,目不得瞑,同秫米,煎以千里流水,炊以苇火,饮之即得卧。)地黄(助心胆气。)麦门冬(除心肺热,安魂魄。)[谷菜]秫米、大豆(日夜不眠,以新布火炙熨目,并蒸豆枕之。)干姜(虚劳不眠,研末二钱,汤服取汗。)苦竹笋、睡菜、蕨菜、马蕲子[果木]乌梅、榔榆(并令人得睡。)榆荚仁(作糜羹食,令人多睡。)蕤核(熟用。)酸枣(胆虚烦心不得眠,炒熟为末,竹叶汤下,或加人参、茯苓、白术、甘草,煎服。或加人参、辰砂、乳香,丸服。)大枣(烦闷不眠,同葱白煎服。)木槿叶炒煎饮服,令人得眠。郁李仁(因悸不得眠,为末酒服。)松萝(去痰热,令人得睡。)乳香(治不眠,入心活血。)茯神、知母、牡丹皮[金石]生银、紫石英、朱砂[虫兽]蜂蜜、白鸭(煮汁。)马头骨灰(胆虚不眠,同乳香、酸枣,末服。)

多眠

(脾虚,兼湿热,风热)

【脾湿】[草木]木通(脾病,常欲眠。)术、葳蕤、黄芪、人参、沙参、土茯苓、茯苓、荆沥、南烛(并主好睡。)蕤核(生用治多睡。)花构叶(人耽睡,晒研汤服,日二。)[鳞禽]龙骨(主多寐泄精。)鸤鸠(安神定志,令人少睡。)

【风热】[草部]苦参、营实(并除有热好眠。)甘蓝及子(久食益心力,治人多睡。)龙葵、酸浆(并令人少睡。)当归、地黄(并主脾气痿躄嗜卧。)苍耳、白薇(风温灼热,多眠。)白苣、苦苣[果木]茶(治风热昏愦,多睡不醒。)皋卢(除烦消痰,令人不睡。)酸枣(胆热好眠,生研汤服。)枣叶(生煎饮。)[兽部]马头骨灰(胆热多眠,烧灰水服,日三夜一。亦作枕。又同朱砂、铁粉、龙胆,丸服。)

消渴

(上消少食,中消多食,下消小便如膏油)

【生津润燥】[草部]栝蒌根(为消渴要药,煎汤、作粉、熬膏皆良。)黄栝蒌(酒洗熬膏,白矾丸服。)王瓜子(食后嚼二三两。)王瓜根、生葛根(煮服。)白芍药(同甘草煎服,日三。渴十年者亦愈。)兰叶(生津止渴,除陈气。)芭蕉根汁(日饮。)牛蒡子、葵根(消渴,小便不利,煎服;消中尿多,亦煎服。)甘藤汁、大瓠藤汁[谷菜]菰米(煮汁。)青粱米、粟米,麻子仁(煮汁。)沤麻汁、波棱根(同鸡内金末,米饮日服,治日饮水一石者。)出了子萝卜(杵汁饮,或为末,日服,止渴润燥。)蔓荆根、竹笋、生姜(鲫鱼胆和丸服。)[果木]乌梅(止渴生津,微研水煎,入豉,再煎服。)椑柿(止烦渴。)君迁子、李根白皮、山矾[石虫]矾石、五倍子(生津止渴,为末,水服,日三。)百药煎、海蛤、魁蛤、蛤蜊、真珠、牡蛎(煅研,鲫鱼汤服,二三服即止。)[禽兽]焊鸡汤(澄清饮,不过三只。)焊猪汤(澄清日饮。)酥酪、牛羊乳、驴马乳

蜊　蛤

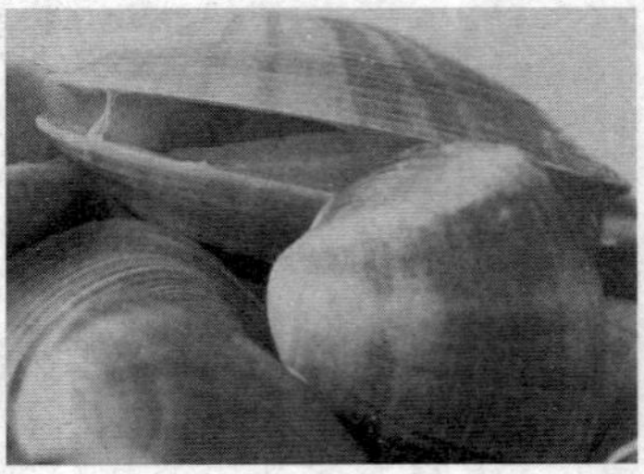

【降火清金】[草部]麦门冬(心肺有热,同黄连丸服。)天门冬、黄连(三消,或酒煮,或猪肚蒸,或冬瓜汁浸,为丸服。小便如油者,同栝蒌根丸服。)浮萍(捣汁服。同栝蒌根丸服。)葎草(虚热渴,杵汁服。)紫葛(产后烦渴,煎水服。)凌霄花(水煎。)泽泻、白药、贝母、白英、沙参、荠苨、茅根(煎水。)茅针,芦根、菰根、凫葵、水苹、水莼、水藻、陟厘、莸草、灯心草、苎根、苦杖、紫菀、荭草、白芷(风邪久渴。)款冬花(消渴喘息。)苏子(消渴变水,同萝卜子末、桑白皮汤,日三服,水从小便出。)燕蓐草(烧灰,同牡蛎、羊肝为末服。)[谷菜]小麦(作粥饭食。)麦麸(止烦渴。)薏苡仁(煮汁。)乌豆(置牛胆百日,吞之。)大豆苗(酥炙末服。)赤小豆(煮汁。)腐婢、绿豆(煮汁。)豌豆(淡煮。)冬瓜(利小便,止消渴,杵汁饮。干瓤煎汁。苗、叶、子俱良。)[果木]梨汁、庵罗果(煎饮。)林檎,芰实、西瓜、甘蔗、乌芋,黄檗(止消渴,尿多能食,煮汁服。)桑白皮(煮汁。)地骨皮、荆沥、竹沥(日饮。)竹叶、茯苓(上盛下虚,火炎水涸,消渴,同黄连等分,天花粉糊丸服。)猪苓[服器]故麻鞋底(煮汁服。)井索头灰(水服。)黄绢(煮汁。)[水石]新汲水、腊雪水、夏冰、甘露、醴泉、乌古瓦(煮汁。)黑铅(同水银结如泥,含豆许咽汁。)铅白霜(同枯矾丸噙。)黄丹(新水服一钱。)密陀僧(同黄连丸服。)锡吝脂(主三焦消渴。)滑石,石膏、长石、无名异(同黄连丸服。)朱砂(主烦渴。)凝水石、卤硷、汤瓶硷(粟米和丸,人参汤,每服二十丸。同葛根、水

萍煎服。同菝葜、乌梅末煎服。）浮石（煮汁服。同青黛、麝香服。同蛤粉、蝉蜕末，鲫鱼胆调服。）[虫兽]石燕（煮汁服，治久患消渴。）蚕茧（煮汁饮。）蚕蛹（煎酒服。）晚蚕砂（焙研，冷水服二钱，不过数服。）缫丝汤、雪蚕、蜈牛（浸水饮，亦生研汁。）田螺（浸水饮。）蜗螺、蚬（浸水饮。）海月、猪脬（烧研，酒服。）雄猪胆（同定粉丸服。）牛胆（除心腹热渴。）

【补虚滋阴】[草部]地黄、知母、葳蕤（止烦渴，煎汁饮。）人参（生津液，止消渴，为末，鸡子清调服。同栝蒌根，丸服。同粉草、猪胆汁，丸服。同葛粉、蜜，熬膏服。）黄芪（诸虚发渴，生痈或痈后作渴，同粉草半生半炙末服。）香附（消渴累年，同茯苓末，日服。）牛膝（下虚消渴，地黄汁浸曝，为丸服。）五味子（生津补肾。）菟丝子（煎饮。）蔷薇根（水煎。）菝葜（同乌梅煎服。）覆盆子、悬钩子[谷菜㫗木]糯米粉（作糜一斗食，或绞汁和蜜服。）糯谷（炒取花，同桑白皮煎饮，治三消。）稻穰心灰（浸汁服。）白扁豆（栝蒌根汁和丸服。）韭菜（淡煮，吃至十斤效。）藕汁、椰子浆、栗壳（煮汁服。）枸杞、桑椹（单食。）松脂[石鳞禽兽]礜石、石钟乳、蛤蚧、鲤鱼、嘉鱼、鲫鱼（酿茶煨食，不过数枚。）鹅（煮汁。）白雄鸡、黄雌鸡（煮汁。）野鸡（煮汁。）白鸽（切片，同土苏煎汁，咽之。）雄鹊肉、白鸥肉（主躁渴狂邪。）雄猪肚（煮汁饮。仲景方：黄连、知母、麦门冬、栝蒌根、粱米同蒸，丸服。）猪脊骨（同甘草、木香、石莲、大枣，煎服。）猪肾、羊肾（下虚消渴。）羊肚（胃虚消渴。）羊肺、羊肉（同瓠子、姜汁、白面，煮食。）牛胃、牛髓、牛脂（同栝蒌汁，熬膏服。）牛脑、水牛肉、牛鼻（同石燕，煮汁服。）兔及头骨（煮汁服。）鹿头（煮汁服。）

【杀虫】[木石]苦楝根皮（消渴有虫，煎水入麝香服，人所不知。研末，同茴香末服。）烟胶（同生姜浸水，日饮。）水银（主消渴烦热，同铅结砂，入酥炙皂角、麝香，末服。）雌黄（肾消尿数，同盐炒干姜，丸服。）[鳞禽]鳝头、鳅鱼（烧研，同薄荷叶，新水服二钱。）鲫鱼胆、鸡肠、鸡内金（膈消饮水，同栝蒌根炒为末，糊丸服。）五灵脂（同黑豆末，每服三钱，冬瓜皮汤下。）[兽人]犬胆（止渴杀虫。）牛粪（绞汁服。）麝香（饮酒食果物成渴者，研末酒丸，以枳椇子汤下。）牛鼻拳（煮汁饮，或烧灰酒服。）众人溺坑水（服之。）

遗精梦泄

（有心虚，肾虚，湿热，脱精）

【心虚】[草木果石]远志、小草、益智、石菖蒲、柏子仁、人参、菟丝子（思虑伤心，遗沥梦遗，同茯苓、石莲丸服。又主茎寒精自出，溺有余沥。）茯苓（阳虚有余沥，梦遗，黄蜡丸服。心肾不交，同赤茯苓熬膏，丸服。）莲须（清心，通肾，固精。）莲子心（止遗精，入辰砂末服。）石莲肉（同龙骨、益智等分末服。酒浸，猪肚丸，名水芝

丹。)厚朴(心脾不调，遗沥，同茯苓，酒、水煎服。)朱砂(心虚遗精，入猪心煮食。)紫石英

【肾虚】[草菜]巴戟天(夜梦鬼交精泄。)肉苁蓉(茎中寒热痛，泄精遗沥。)山药(益肾气，止泄精，为末酒服。)补骨脂(主骨髓伤败，肾冷精流，同青盐末服。)五味子(肾虚遗精，熬膏日服。)石龙芮(补阴气不足，失精茎冷。)葳蕤、蒺藜、狗脊(固精强骨，益男子，同远志、茯神、当归丸服。)益智仁(梦泄，同乌药、山药丸服。)木莲(惊悸遗精，同白牵牛末服。)覆盆子、韭子(宜肾壮阳，止泄精。为末酒服，止虚劳梦泄，亦醋煮丸服。)萕葱子、葱实[果木]胡桃(房劳伤肾，口渴精溢自出，大便燥，小便或赤或利，同附子、茯苓丸服。)芡实(益肾固精，同茯苓、石莲、秋石丸服。)樱桃金樱子(固精，熬膏服，或加芡实丸，或加缩砂丸服。)柘白皮(劳损梦交泄精，同桑白皮煮酒服。)乳香(卧时含枣许嚼咽，止梦遗。)棘刺(阴痿精自出，补肾益精。)沉香(男子精冷遗失，补命门。)安息香(男子夜梦鬼交遗失。)杜仲、枸杞子、山茱萸[金石]石硫黄、五石脂、赤石脂(小便精出，大便寒滑，干姜、胡椒丸服。)石钟乳(止精壮阳，浸酒日饮。)阳起石(精滑不禁，大便溏泄，同钟乳、附子丸服。)[虫鳞]桑螵蛸(男子虚损，昼寐泄精，同龙骨末服。)晚蚕蛾(止遗精白浊，焙研，丸服。)九肋鳖甲(阴虚梦泄，烧末酒服。)龙骨(多寐泄精，小便泄精，同远志丸服，亦同韭子末服。)紫稍花[禽兽]鸡肶胵、黄雌鸡、乌骨鸡(遗精白浊，同白果、莲肉、胡椒煮食。)鹿茸(男子腰肾虚冷，夜梦鬼交，精溢自出，空心酒服方寸匕，亦煮酒饮。)鹿角(水磨服，止脱精梦遗。酒服，主妇人梦与鬼交，鬼精自出。)白胶(虚遗，酒服。)阿胶(肾虚失精，酒服。)猪肾(肾虚遗精，入附子末，煨食。)狗头骨皮(梦遗，酒服。)獐肉、秋石

【湿热】[草木]半夏(肾气闭，精无管摄妄遗，与下虚不同。用猪苓炒过，同牡蛎丸服。)薰草(梦遗，同参、术等药煮服。)车前草(服汁。)续断、漏芦、泽泻、苏子(梦中失精，炒研服。)黄檗(积热，心忪梦溃，入片脑丸服。)龙脑、五加皮[金介]铁锈(内热遗精，冷水服一钱。)牡蛎粉(梦遗便溏，醋糊丸服。)蛤蜊粉、烂砚壳、田螺壳、真珠(并止遗精。)

赤白浊

(赤属血，白属气。有湿热，有虚损)

【湿热】[草谷菜部]猪苓(行湿热，同半夏末酒煮，羊卵丸服。)半夏(猪苓炒过，同牡蛎丸服。)黄连(思想无穷，发为白淫，同茯苓丸服。)知母(赤白浊及梦遗，同黄檗、蛤粉、山药、牡蛎丸服。)茶茗叶(尿白如注，小腹气痛，烧入麝香服。)生地黄(心虚热赤浊，同木通、甘草煎服。)大黄(赤白浊，以末入鸡子内蒸食。)苍术(脾湿下

流，浊沥。）荞麦粉（炒焦，鸡子白丸服。）稻草（煎浓汁，露一夜服。）神曲、萝卜（酿茱萸蒸过，丸服。）冬瓜仁（末，米饮服。）松蕈［果木］银杏（十枚，擂水日服，止白浊。）榧子、椿白皮（同滑石等分，饭丸服。一加黄檗、干姜、白芍、蛤粉。）榆白皮（水煎。）楮叶（蒸饼丸服。）柳叶（清明日采，煎饮代茶。）牡荆子（酒饮二钱。）厚朴（心脾不调，肾气浑浊，姜汁炒，同茯苓服。）

【虚损】［草果木兽］黄芪（气虚白浊，盐炒，同茯苓丸服。）五味子（肾虚白浊脊痛，醋糊丸服。）肉苁蓉（同鹿茸、山药、茯苓丸服。）菟丝子（思虑伤心肾，白浊遗精，同茯苓、石莲丸服。又麦门冬丸服。）络石（养胃气，土邪干水，小便白浊，同人参、茯苓、龙骨，末服。）木香（小便浑如精状，同当归、没药丸服。）萆薢（下焦虚寒，白浊茎痛，同菖蒲、益智、乌药煎服。）附子（白浊便数，下寒，炮末，水煎服。）益智（白浊，同厚朴煎服；赤浊，同茯神、远志、甘草丸服。）远志（心虚赤浊，同益智、茯神丸服。）石莲（心虚赤浊，研末六钱，甘草一钱，煎服；白浊，同茯苓煎服。）芡实（白浊，同茯苓、黄蜡丸服。）土瓜根（肾虚，小便如淋。）石菖蒲（心虚白浊。）茱萸、巴戟天、山药、茯苓（心肾气虚，梦遗白浊，赤白各半，地黄汁及酒熬膏丸服。阳虚甚，黄蜡丸服。）羊骨（虚劳白浊，为末酒服。小便膏淋，橘皮汤服。）羊胫骨（脾虚白浊，同厚朴、茯苓丸服。）鹿茸

癃淋

（有热在上焦者，口渴；热在下焦者，不渴；湿在中焦，不能生肺者。前后关格者，下焦气闭也。转胞者，系了戾也。五淋者，热淋、气淋、虚淋、膏淋、沙石淋也）

【通滞利窍】［草部］瞿麦（五淋，小便不通，下沙石。）龙葵根（同木通、胡荽，煎服，利小便。）蜀葵花（大小便关格，胀闷欲死，不治则杀人，以一两捣，入麝香五分，煎服。根亦可。子末服，通小便。）赤藤（五淋，同茯苓、苎根末，每服一钱。）车前汁（和蜜服。）子（煎服，或末。）杜衡（吐痰，利水道。）泽泻、灯心草、木通、扁竹（煎服。）石苇（末服。）通草、防己、羊桃（汁。）蒲黄、败蒲席（煮汁。）芦根、石龙刍、葵根（煎。）葵子、地肤、旋花、黄藤（煮汁。）黄环根（汁。）酸浆、乌敛莓、黄葵子（末服。）王不留行、含水藤［菜谷］苦瓠（小便不通胀急者，同蝼蛄末，冷水服，亦煮汁渍阴。）蘩缕、水芹、苋、马齿苋、莴苣、波棱、蕨萁、麦苗、蜀黍根（煮汁。）黍茎（汁。）粟奴、粟米、粱米、仓米、米泔、米粥［果木］葡萄根、猪苓、茯苓、榆叶（煮汁。）榆皮（煮汁。）木槿、桑枝、桑叶、桑白皮、楮皮［水石］井水、浆水、东流水、长石、滑石（燥湿，分水道，降心火，下石淋为要药，汤服之。）

【清上泄火】［草部］桔梗（小便不通，焙研，热酒频服。）葎草（膏淋，取汁和醋服，尿下如豆汁。）黄芩（煮汁。）卷柏、船底苔（煎服。）麦门冬、天门冬、苦杖（并清肺，利小便。）鸡肠草（气淋胀痛，同石苇煎服。）土马鬃、水荇菜、水苹、海藻、石莼

[菜谷]菰笋、越瓜、壶卢、冬瓜、小麦(五淋,同通草煎服。)大麦(卒淋,煎汁和姜汁饮。)乌麻(热淋,同蔓荆子浸水服。)赤小豆、黑豆、绿豆、麻仁、捻头、[果木]甘蔗、沙糖、干柿(热淋,同灯心煎服。)苦茗、皋卢、枳椇、淡竹叶(煎饮。)琥珀(清肺利小肠,主五淋,同麝香服。转脬,用葱白汤下。)栀子(利五淋,通小便,降火从小便出。)枸杞叶、溲疏、柳叶[石土]戎盐(通小便,同茯苓、白术煎服。)白盐(和醋服,仍烧吹入孔中。)蚯蚓泥(小便不通,同朴硝服。)[虫禽介兽]蚯蚓(擂水服,通小便。老人加茴香;小儿入蜜,敷茎卵上。)田螺(煮食,利大小便。同盐敷脐。)甲香(下淋。)鸭肉、豚卵、豭猪头(寒热五癃。)猪脂(水煎服,通小便。)猪胆(酒服。)猪乳(小儿五淋。)

【解结】[草木]大黄、大戟、郁李仁、乌桕根、桃花(并利大小肠宿垢。)古文钱(气淋,煮汁服。)黑铅(通小便,同生姜、灯心煎服。)寒水石(男女转脬,同葵子、滑石煮服。)芒硝(小便不通,茴香酒服二钱。亦破石淋。)硝石(小便不通,及热、气、劳、血、石五淋,生研服,随证换引。)石燕(伤寒尿涩,葱汤服之。)白石英(煮汁。)云母粉(水服。)白瓷器(淋痛,煅研,同地黄服。)石槽灰下土(井水服,通小便。)[鳞虫禽兽]白鱼(小便淋闷,同滑石、发灰服,仍纳茎中。小儿以摩脐腹。)蜣螂(利大小便及转脬,烧二枚水服。)鼠妇(气癃不便,为末酒服。亦治产妇尿闭。)蚕蜕(烧灰,主热淋如血。)蛇蜕(通小便,烧末酒服。)伏翼(利水,通五淋。)鸡屎白(利大小便。)孔雀屎、胡燕屎、败笔头、牛屎、象牙(煎服,通小便;烧服,止小便。)[人部]人爪甲灰(水服,利小便及转脬。)头垢(通淋闭。)

【湿热】[草谷]葳蕤(卒淋,以一两同芭蕉四两煎,调滑石末服。)苎根(煮汁服,利小便。又同蛤粉水服,外敷脐。)莸草(合小豆煮食。)海金沙(小便不通,同蜡茶末,日服。热淋急痛,甘草汤调服;膏淋如油,甘草、滑石同服。)三白草、葶苈、马先蒿、章柳、茵陈蒿、白术、秦艽、水萍、葛根、薏苡子、根、叶(并主热淋。)黄麻皮(热淋,同甘草煎服。)烧酒[果木]椒目、樗根白皮(并除湿热,利小便。)[土部]梁上尘(水服。)松墨(水服。)

【沙石】[草部]人参(沙淋石淋,同黄芪等分为末,以蜜炙萝卜片蘸,食盐汤下。)马蔺花(同败笔灰、粟米末酒服,下沙石。)菝葜(饮服二钱,后以地榆汤浴腰腹,即通。)地钱(同酸枣汁、地龙同饮。)瞿麦(末服。)车前子(煮服。)黄葵花(末服。)菟葵(汁。)葵根(煎。)萱根(煎。)牛膝(煎。)虎杖(煎。)石帆(煎。)瓦松(煎水熏洗。)[谷菜]薏苡根(煎。)黑豆(同粉草、滑石服。)玉蜀黍、苜蓿根(煎。)黄麻根(汁。)壶卢、萝卜(蜜炙嚼食。)[果部]胡桃(煮粥。)桃胶、桃花、乌芋(煮食。)胡椒(同朴硝服,日二。)猕猴桃[器石]故甑蔽(烧服。)越砥(烧淬酒服。)滑石(下石淋要药。)河沙(炒热,沃酒服。)霹雳砧(磨汁。)石胆、浮石(煮酢服。)硝石、硇砂[虫鳞介部]蝼蛄(焙末酒服。)葛上亭长腹中子(水吞。)地胆、斑蝥、鲤鱼齿(古方多用烧服。)石首鱼头中石(研水服。)鳖甲(末,酒服。)蜥蜴、蛤蚧、马刀[禽兽]鸡屎白

(炒末服。)雄鸡胆(同屎白,酒服。)伏翼、雄鹊肉、胡燕屎(冷水服。)牛角(烧服。)牛耳毛、阴毛(烧服。)淋石(磨水服。)

【调气】[草部]甘草梢(茎中痛,加酒煮延胡索、苦楝子尤妙。)延胡索(小儿小便不通,同苦楝子末服。)木香、黄芪(小便不通,二钱煎服。)芍药(利膀胱大小肠。同槟榔末煎服,治五淋。)马蔺花(同茴香、葶苈末,酒服,通小便。)白芷(气淋,醋浸焙末服。)附子(转脬虚闭,两脉沉伏,盐水浸炮,同泽泻煎服。)箬叶(烧同滑石服。亦治转脬。)徐长卿(小便关格,同冬葵根诸药煎服。)酸草(汁合酒服,或同车前汁服。)桔梗、半夏[菜器]胡荽(通心气。小便不通,同葵根煎水,入滑石服。)葱白(初生小儿尿闭,用煎乳汁服。大人炒热熨脐,或加艾灸,或加蜜捣合阴囊。)大蒜(煨熟,露一夜,嚼以新水下,治淋沥。小儿气淋,同豆豉蒸饼丸服。)萝卜(末服,治五淋。)多年木梳(烧灰水服。)甑带(洗汁,煮葵根服。)连枷关(转脬,烧灰,水服。)好绵(烧,入麝酒服,治气结淋病。)[果木]陈橘皮(利小便五淋。产后尿闭,去白二钱,酒服即通。)杏仁(卒不小便,二七个炒研服。)槟榔(利大小便气闭,蜜汤服,或童尿煎服。亦治淋病。)茱萸(寒湿患淋。)槲若(冷淋茎痛,同葱白煎服。孩子淋疾,三片煮饮即下。)苦楝子(利水道,通小肠,主膏淋,同茴香末服。)棕毛(烧末,水、酒服二二钱,即通。)沉香(强忍房事,小便不通,同木香末服。)紫檀、皂荚刺(烧研,同破故纸末酒服,通淋。)大腹皮、枳壳[禽部]鸡子壳(小便不通,同海蛤、滑石末服。)

【滋阴】[草部]知母(热在下焦血分,小便不通而不渴,乃无阴则阳无以化,同黄檗(酒洗)各一两,入桂一钱,丸服。)牛膝(破恶血,小便不利,茎中痛欲死,以根及叶煮酒服。或云:热淋、沙石淋,以一两水煎日饮。)牛蒡叶(汁同地黄汁蜜煎,调滑石末服,治小便不通急痛。)蓟根(热淋,服汁。)续断(服汁。)菟丝子(煎服。)恶实(炒研,煎服。)紫菀(妇人小便卒不得出,井水服末三撮即通。有血,服五撮。)益母草、生地黄[果木]生藕汁(同地黄、葡萄汁,主热淋。)紫荆皮(破宿血,下五淋,水煮服。产后诸淋,水、酒煎服。)[石虫]白石英(煮汁。)云母粉(水服。)桑螵蛸(小便不通,及妇人转脬,同黄芩煎服。)[鳞介]牡蛎(小便淋闭,服血药不效,同黄檗等分,末服。)贝子(五癃。利小便不通,烧研酒服。)石决明(水服,通五淋。)蚬、石蜐、鲤鱼、鲮鱼、黄颡鱼[禽兽]白雄鸡(并利小便。)鸡子黄(小便不通,生吞数枚。)阿胶(小便及转脬,水煮服。)牛耳毛、尾毛、阴毛(并主诸淋,烧服。)[人部]发灰(五癃,关格不通,利水道,下石淋。)

【外治】蓖麻仁(研入纸捻,插孔中。)瓦松(熏洗沙石淋。)苦瓠汁(渍阴。)莴苣(贴脐。)茴香(同白蚯蚓贴脐。)大蒜(同盐贴脐。蒜、盐、栀子贴脐。同甘遂贴脐,以艾灸二七壮。百药无效,用此极效。)葱管(插入三寸,吹之即通。)葱白(同盐炒贴脐。葱、盐、姜、豉贴脐。葱、盐、巴豆、黄连贴脐上,灸七壮取利。)高良姜(同苏叶、葱白煎汤,洗后服药。)苎根(贴脐。)炒盐(吹入孔内。)滑石(车前汁和,涂脐阔四寸，热即易。）白矾（同麝香贴脐。）蝼蛄（焙末吹入孔中。）白鱼（纳数枚入孔中。）田螺（同麝贴脐。）猪胆（连汁笼阴头，少顷汁入即消，极效。）猪脬（吹气法。）

溲数遗尿

（有虚热，虚寒。肺盛则小便数而欠；虚则欠咳小便遗。心虚则少气遗尿。肝实则癃闭；虚则遗尿。脬遗热于膀胱则遗尿。膀胱不约则遗；不藏则水泉不禁；脬损则小便滴沥不禁）

【虚热】［草菜］香附（小便数，为末酒服。）白薇（妇人遗尿，同白芍末酒服。）败船茹（妇人遗尿，为末酒服。）菰根汁、麦门冬、土瓜根（并止小便不禁。）牡丹皮（除厥阴热，止小便。）生地黄（除湿热。）续断、漏芦（并缩小便。）桑耳（遗尿，水煮，或为末酒服。）松蕈（食之，治溲浊不禁。）［木石］茯苓（小便数，同矾煮山药为散服；不禁，同地黄汁熬膏，丸服；小儿尿床，同茯神、益智，末服。）黄檗（小便频数，遗精白浊，诸虚不足，用糯米、童尿，九浸九晒，酒糊丸服。）溲疏（止遗尿。）椿白皮、石膏（小便卒数，非淋，人瘦，煮汁服。）雌黄（肾消尿数不禁，同盐炒干姜，丸服。）乌古瓦（煮汁服，止小便。）胡粉、黄丹［兽部］象牙、象肉（水煮服，通小便；烧服，止小便多。）

【虚寒】［草部］仙茅（丈夫虚劳，老人失尿，丸服。）补骨脂（肾气虚寒，小便无度，同茴香丸服，小儿遗尿，为末，夜服。）益智子（夜多小便，取二十四枚入盐煎服；心虚者，同茯苓、白术末服，或同乌梅丸服。）覆盆子（益肾脏，缩小便，酒焙末服。）草乌头（老人遗尿，童尿浸七日，炒盐，酒糊丸，服二十丸。）萆薢（尿数遗尿，为末，盐汤服，或为丸服。）菝葜（小便滑数，为末酒服。）狗脊（主失尿不节，利老人，益男子。）葳蕤（茎中寒，小便数。）人参、黄芪（气虚遗精。）牛膝（阴消，老人失尿。）蔷薇根（止小便失禁及尿床，捣汁为散，煎服，并良。）甘草头（夜煎服，止小儿遗尿。）鸡肠草（止小便数遗，煮羹食。）菟丝子、五味子、肉苁蓉、蒺藜、菖蒲（并暖水脏，止小便多。）附子（暖丹田，缩小便。）［菜谷］山药（矾水煮过，同茯苓末服。）茴香（止便数，同盐蘸糯糕食。）韭子（人命门，治小便频数遗尿，同糯米煮粥食。）山韭（宜肾，主大小便数。）干姜（止夜多小便。）小豆叶（煮食，止小便数。杵汁，止遗尿。）豇豆（止小便。）糯米（暖肺，缩小便。）粢糕［果木］芡实（小便不禁，同茯苓、莲肉、秋石丸服。）莲实（小便数，入猪肚煮过，醋糊丸服。）银杏（小便数，七生七煨食之。温肺益气。）胡桃（小便夜多，卧时煨食，酒下。）蜀椒（通肾，缩小便。）桂（小儿遗尿，同龙骨、雄鸡肝丸服。）乌药（缩小便。叶，煎代茶饮。）山茱萸［石虫］硇砂（冷病，夜多小便。）桑螵蛸（益精止遗尿，炮熟为末，酒服。）紫稍花、青蚨、露蜂房、海月［禽兽］雀肉、卵（并缩小便。）鸡子（作酒，暖水脏，缩小便。）黄雌鸡、雄鸡肝、肠、嗉、膍胵、翎羽（并止小便遗失不禁。）鸡屎白（产后遗尿，烧灰酒服。）鹿茸（小便数，为末服。）鹿角(炙末酒服。)鹿角霜(上热下寒,小便不禁,为丸服;频数加茯苓。)麝香(止小便利水,服一钱。)羊肺、羊肚(作羹食,止小便。)羊脬(下虚遗尿,炙熟食。)猪脬(梦中遗尿,炙食。同猪肚盛糯米,煮食。)猪肠、秋石(并主梦中遗尿数。)

【止塞】[果木]酸石榴(小便不禁,烧研,以榴白皮煎汤服二钱,枝亦可,日二。)荷叶、金樱子、诃黎勒[服器]麻鞋带鼻(水煮服,治尿床。又尖头烧,水服。)本人荐草(烧水服。)白纸(安床下,待遗上,晒干烧末,酒服。)[禽介]鹊巢中草(小便不禁,烧研,蔷薇根汤服。)燕蓐草(遗尿,烧研水服。)鸡窠草(烧研,酒服。)牡蛎(不渴而小便大利欲死,童尿煎二两服。)[鳞石]龙骨(同桑螵蛸为末服。)白矾(男女遗尿,同牡蛎服。)赤石脂(同牡蛎、盐末,丸服。)

小便血

(不痛者为尿血,主虚;痛者为血淋,主热)

【尿血】[草部]生地黄(汁,和姜汁、蜜服。)蒲黄(地黄汁调服,或加发灰。)益母草(汁。)车前草(汁。)旱莲(同车前取汁服。)芭蕉根(旱莲等分煎服。)白芷(同当归末服。)镜面草(汁。)五叶藤(汁。)茅根(煎饮。劳加干姜。)延胡索(同朴硝煎服。)升麻(小儿尿血,煎服。)刘寄奴(末服。)龙胆草(煎服。)荆芥(同缩砂末服。)甘草(小儿尿血,煎服。)人参(阴虚者,同黄芪,蜜炙萝卜蘸食。)郁金(破恶血,血淋尿血,葱白煎。)当归(煎酒。)香附(煎酒,服后服地榆汤。)狼牙草(同蚌粉、槐花、百药煎,末服。)葵茎(烧灰酒服。)败酱(化脓血。)苎根(煎服。)牛膝(煎服。)地榆、菟丝子、肉苁蓉、蒺藜、续断、漏芦、泽泻[菜谷]苦荬(酒、水各半,煎服。)水芹汁(日服。)韭汁(和童尿服。)韭子,葱汁、葱白(水煎。)莴苣(贴脐。)淡豉(小便血条,煎饮。)黍根灰(酒服。)胡麻(水浸绞汁。)火麻(水煎。)麦麸(炒香,猪脂蘸食。)胡燕窠中草灰(妇人尿血,酒服。)[果木]荷叶(水煎。)乌梅(烧末,醋糊丸服。)棕榈(半烧半炒,水服。)地骨皮(新者,浓煎入酒服。)柏叶(同黄连末,酒服。)竹茹(煎水。)琥珀(灯心汤调服。)槐花(同郁金末,淡豉汤服。)栀子(水煎。)棘刺(水煎。)荆叶(汁,和酒服。)乳香(末,饮服。)[器用]墨(大小便血,阿胶汤化服二钱。)败船茹(妇人尿血,水煎。)[虫鳞禽兽]衣鱼(妇人尿血,纳入二十枚。)五倍子(盐梅丸服。)蚕茧(大小便血,同蚕连,蚕砂、僵蚕为末,入麝香服。)龙骨(酒服。)鸡膍胵、鹿角(末服。)白胶(水煮服。)鹿茸、丈夫爪甲(烧灰,酒服。)发灰(酒服。)

【血淋】[草部]牛膝(煎。)车前子(末服。)海金沙(沙糖水,服一钱。)生地黄(同车前汁温服。又同生姜汁服。)地锦(服汁。)小蓟、葵根(同车前子煎服。)茅根(同干姜煎服。)黑牵牛(半生半炒,姜汤服。)香附(同陈皮、赤茯苓煎服。)酢浆草(汁,入五苓散服。)山箬叶(烧,入麝香服。)山慈菇花(同地柏花煎服。)白薇(同芍药酒服。）地榆、鸡苏、葵子［菜谷］水芹根（汁。）茄叶（末，盐、酒服二钱。）赤小豆（炒末，葱汤服。）大豆叶（煎服。）青粱米（同车前子煮粥，治老人血淋。）大麻根（水煎。）［果木］桃胶（同木通、石膏，水煎服。）莲房（烧，入麝香，水服。）槟榔（磨，麦门冬汤服。）干柿（三枚，烧服。）槲白皮（同桑黄煎服。）琥珀（末服。）山栀子（同滑石末，葱汤服。）藕节（汁。）竹茹（水煎。）［石虫］浮石（甘草汤服。）石燕（同赤小豆、商陆、红花，末服。）百药煎（同黄连、车前、滑石、木香，末服。）晚蚕蛾（末，热酒服二钱。）蜣螂（研，水服。）海螵蛸（生地黄汁调服。又同地黄、赤茯苓，末服。）鲟鱼（煮汁。）鲤鱼齿［禽兽］鸡屎白（小儿血淋，糊丸服。）阿胶、黄明胶、发灰（米汤入醋服，大小便血，血淋，入麝香。）

阴痿

（有湿热者，属肝脾；有虚者，属肺肾）

【湿热】［草菜］天门冬、麦门冬、知母、石斛（并强阴益精。）车前子（男子伤中。养肺强阴，益精生子。）葛根（起阴。）牡丹皮、地肤子、升麻、柴胡、泽泻、龙胆、庵蕳（并益精补气，治阴痿。）丝瓜汁（阴茎挺长，肝经湿热也，调五倍子末敷之，内服小柴胡加黄连。）［果木］枳实（阴痿有气者加之。）茯苓、五加皮、黄檗［水石］菊花上水（益色壮阳。）丹砂（同茯苓，丸服。）

【虚弱】［草部］人参（益肺肾元气，熬膏。）黄芪（益气利阴。）甘草（益肾气内伤，令人阴不痿。）熟地黄（滋肾水，益真阴。）肉苁蓉（茎中寒热疼痒，强阴，益精气，多子。男子绝阳不生，女子绝阴不产，壮阳，日御过倍，同羊肉煮粥食之。）锁阳（益精血，大补阴气，润燥治痿，功同苁蓉。）列当（兴阳，浸酒服。）何首乌（长筋骨，益精髓，坚阳道，令人有子。）牛膝（治阴痿补肾，强筋填髓。）远志（益精强志，坚阳道，利丈夫。）巴戟天（同上。）百脉根（除劳，补不足，浸酒服。）狗脊（坚腰脊，利俯仰，宜老人。）仙茅（丈夫虚劳，老人无子，益阳道，房事不倦。）附子、天麻（益气长阴，助阳强筋。）牡蒙、淫羊藿（阴痿茎中痛，丈夫绝阳无子，女人绝阴无子，老人昏耄，煮酒饮。）蓬蘽（益精长阴，令人坚强有子。）覆盆子（强阴健阳，男子精虚阴痿，酒浸为末，日服三钱，能令坚长。）菟丝子（强阴，坚筋骨，茎寒精出。）蛇床子（主阴痿，久服令人有子，益女人阴气，同五味、菟丝，丸服。）五味子（强阴，益男子精，壮水镇阳，为末酒服，尽一斤，可御十女。）补骨脂（主骨髓伤败肾冷，通命门，暖丹田，兴阳事，同胡桃诸药丸服。）艾子（壮阳，助水脏，暖子宫。）萝

覆盆子

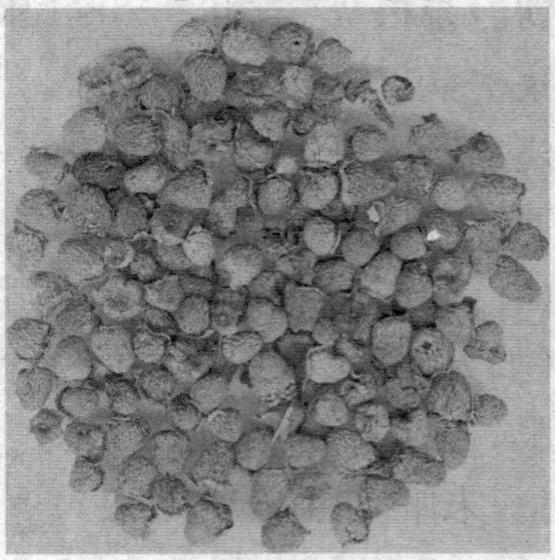

蘼子(益精气,强阴道。叶同。)木莲(壮阳。)木香[菜果]山药(益气强阴。)韭、薤(归肾壮阳。)葫(温补。)胡桃(阳痿,同补骨脂,蜜丸服。)阿月浑子(肾虚痿弱,得山茱萸良。)吴茱萸(女子阴冷,嚼细纳入,良久如火。)[木石]山茱萸(补肾气,添精髓,兴阳道,坚阴茎。)枸杞(补肾强阴。)石南(肾气内伤,阴衰脚弱,利筋骨皮毛。)白棘(丈夫虚损,阴痿精出。)女贞实(强阴。)没石子(烧灰,治阴毒痿。)石钟乳(下焦伤竭,强阴益阳,煮牛乳或酒服。)阳起石(男子阴痿,茎头寒,腰酸膝冷,命门不足,为末酒服。又同地肤子服。)磁石(浸酒服。)硇砂(除冷病,暖水脏,大益阳事,止小便。)白石英(阴痿,肺痿。)石硫黄(阳虚寒,壮阴道。)[虫鱼]雄蚕蛾(益精气,强阴道,交接不倦,炒蜜丸服。)枸杞虫(和地黄丸服,大起阴,益精。)蜂窠(阴痿,烧研酒服,并敷之。)紫稍花(益阳秘精,治阴痿,同龙骨、麝香丸服。)鲤鱼胆(同雄鸡肝丸服。)虾米(补肾兴阴,以蛤蚧、茴香、盐治之良。)九香虫(补脾胃,壮元阳。)蜻蛉、青蚨、樗鸡、桑螵蛸、海马、泥鳅(食之。)海蛤、魁蛤[禽兽]雀卵(阴痿不起,强之令热,多精有子,和天雄、菟丝丸服。)雀肉(冬月食之,起阳道,秘精髓。)雀肝、英鸡、蒿雀、石燕、雄鸡肝(起阴,同菟丝子、雀卵丸服。)鹿茸、鹿角、麋髓及精、鹿肾、白胶、麋角、麝香、豮猪肾(同枸杞叶、豆豉汁,煮羹食。)牡狗阴茎(伤中阴痿,令强热生子。)狗肉、羊肉、羊肾、灵猫阴、腽肭脐、白马阴茎(和苁蓉丸服,百日见效。)山獭阴茎(阴虚阴痿,精寒而清,酒磨服。)败笔头(男子交婚之夕茎痿,烧灰,酒服二钱。)[人部]秋石、紫河车

强中

(有肝火盛强,有金石性发。其证茎盛不衰,精出不止,多发消渴痈疽)

【伏火解毒】知母、地黄、麦门冬、黄芩、玄参、荠苨、黄连、栝蒌根、大豆、黄檗、地骨皮、冷石、石膏、猪肾、白鸭通

【补虚】补骨脂(玉茎长硬不痿,精出捏之则脆,痒如刺针,名肾漏。韭子各一两,为末,每服三钱,水煎服,日三。)山药、肉苁蓉、人参、茯神、磁石、鹿茸

囊痒

(阴汗、阴臊、阴疼皆属湿热,亦有肝肾风虚。厥阴实则挺长;虚则暴痒)

【内服】白芷、羌活、防风、柴胡、白术、麻黄根、车前子、白蒺藜、白附子、黄芩、木通、远志、藁本香、黑牵牛、石菖蒲、生地黄、当归、细辛、山药、荆芥穗、补骨脂(男子阴囊湿痒。)黄芪(阴汗,酒炒为末,猪心蘸食。)毕勃没(止阴汗。)苍术、龙胆草、川

大黄、天雄、大蒜（阴汗作痒，同淡豉丸服。）栀子仁、茯苓、黄檗、五加皮（男女阴痒。）杜仲、滑石、白僵蚕（男子阴痒痛。）猪脬（肾风囊痒，火炙，盐酒下。）

【熏洗】蛇床子、甘草、水苏、车前子、狼牙草、莨菪子、墙头烂草（妇人阴痒，同荆芥、牙皂煎洗。）荷叶（阴肿痛及阴瘘囊痒。同浮萍、蛇床煎洗。）阿月浑子、木皮、茱萸、槐花、松毛、牡荆叶、木兰皮、白矾、紫稍花

【敷扑】五味子（阴冷。）蒲黄、蛇床子、生大黄（嚼敷。）麻黄根（同牡蛎、干姜扑。又同硫黄末扑之。）没石子、菖蒲（同蛇床子敷。）干姜（阴冷。）胡麻（嚼涂。）大豆黄（嚼涂。）吴茱萸、蜀椒（同杏仁敷，又主女人阴冷。）杏仁（炒，塞妇人阴痒。）银杏（阴上生虱作痒，嚼涂。）桃仁（粉涂。）茶末、松香（同花椒浸香油，烧灰滴搽。）皂角（糯禾烧烟日熏。）肥皂（烧搽。）麸炭（同紫苏叶，香油调涂。）（铸铧、锄孔中黄土）、炉甘石（同蚌粉扑。）密陀僧、滑石（同石膏入少矾敷。）阳起石（涂湿痒臭汗。）雄黄（阴痒有虫，同枯矾、羊蹄汁搽。）五倍子（同茶末涂。）龙骨、牡蛎、乌贼骨、鸡肝、羊肝、猪肝（并塞妇人阴痒。）牛屎（烧敷。）

大便燥结

（有热，有风，有气，有血，有湿，有虚，有阴，有脾约，三焦约，前后关格）

【通利】［草部］大黄、牵牛（利大小便，除三焦壅结，气秘气滞，半生半炒服，或同大黄末服，或同皂荚丸服。）芫花、泽泻、荛花（并利大小便。）射干（汁服，利大小便。）独行根（利大肠。）甘遂（下水饮，治二便关格，蜜水服之，亦敷脐。）续随子（利大小肠，下恶滞物。）［果木］桃花（水服，通大便。）桃叶（汁服，通大小便。）郁李仁（利大小肠，破结气血燥，或末或丸，作面食。）乌桕皮（煎服，利大小便；末服，治三焦约，前后大小便关格不通。）（巴豆、樗根白皮、雄楝根皮［石虫］腻粉（通大肠壅脐中，滴冷水。）蜣螂（二便不通，焙末水服。）蝼蛄（二便不通欲死，同蜣螂末服。）

【养血润燥】［草部］当归（同白芷末服。）地黄、冬葵子、吴葵华、羊蹄根、紫草（利大肠。痈疽痘疹闭结，煎服。）土瓜根汁（灌肠。）［谷菜］胡麻、胡麻油、麻子仁（老人、虚人、产后闭结，煮粥食之。）粟米、秫、荞麦、大小麦、麦酱汁、马齿苋、苋菜、芋、百合、葫、苦耽、波稜菜、苦荬菜、白苣、菘、苜蓿、薇、落葵、笋［果木］甘蔗、桃仁（血燥，同陈皮服。产后闭，同藕节煎服。）杏仁（气闭，同陈皮服。）苦枣、梨、菱、柿子、柏子仁（老人虚闷，同松子仁、麻仁、丸服。）［砄］食盐（润燥，通大小便，敷脐及灌肛内，并饮之。）炼盐黑丸（通治诸病。）蜂蜜、蜂子、螺蛳、海蛤（利大小便。）田螺（敷脐。）［禽兽］鸡屎白、牛乳、驴乳、乳腐、酥酪、猪脂、诸血、羊胆（下导。）猪胆（下导。）猪肉（冷利。）兔、水獭、阿胶（利大小肠，调大肠圣药也。老人虚闭，葱白汤服；产后虚闭，同枳壳、滑石，丸服。）黄明胶［人部］发灰（二便不通，水服。）人溺（利大

肠。)

【导气】[草部]白芷(风闭,末服。)蒺藜(风闭,同皂荚末服。)烂茅节(大便不通,服药不利者,同沧盐,吹入肛内一寸。)生葛、威灵仙、旋覆花、地蜈蚣汁(并冷利。)草乌头(二便不通,葱蘸插入肛内,名霹雳箭。)羌活(利大肠。)[菜谷]石莼(风闭,煮饮。)萝卜子(利大小肠风闭气闭,炒,擂水服。和皂荚末服。)蔓荆子油(二便闭,服一合。)葱白(大肠虚闭,同盐捣贴脐;二便闭,和酢敷小腹,仍灸七壮;小儿虚闭,煎汤调阿胶末服。仍蘸蜜,插肛内。)生姜(蘸盐,插肛内。)茴香(大小便闭,同麻仁、葱白煎汤,调五苓散服。)大麦糵(产后闭塞,为末服。)[果木]枳壳(利大小肠。同甘草煎服,治小儿闭塞。)枳实(下气破结。同皂荚丸服,治风气闭。)陈橘皮(大便气闭,连白酒煮,焙研,酒服二钱。老人加杏仁,丸服。)槟榔(大小便气闭,为末,童尿、葱白煎服。)乌梅(大便不通,气奔欲死,十枚,纳入肛内。)瓜蒂(末,塞肛内。)厚朴(大肠干结,猪脏煮汁丸服。)茶末(产后闭结,葱涎和丸,茶服百丸。)皂荚子(风人、虚人、脚气人,大肠或闭或利,酥炒,蜜丸服;便闭,同蒜捣,敷脐内。)白胶香(同鼠屎,纳下部。)[器兽]甑带(大小便闭,煮汁和蒲黄服。)雄鼠屎(二便不通,水调敷脐。)

【虚寒】[草部]黄芪(老人虚闭,同陈皮末,以麻仁浆、蜜煎匀和服。)人参(产后闭,同枳壳、麻仁,丸服。)甘草(小儿初生,大便不通,同枳壳一钱,煎服。)肉苁蓉(老人虚闭,同沉香、麻仁,丸服。)锁阳(虚闭,煮食。)半夏(辛能润燥,主冷闭,同硫黄丸服。)附子(冷闭,为末蜜水服。)[果石]胡椒(大小便关格,胀闷杀人,二十一粒煎,调芒硝半两服。)吴茱萸枝(二便卒关格,含一寸自通。)硫黄(性热而利,老人冷闭。)

脱肛

(有泻痢,痔漏,大肠气虚也。附肛门肿痛)

鸡冠花

【内服】[草部]防风(同鸡冠花丸服。)茜根(榴皮煎酒服。)蛇床子(同甘草末服。)黄栝蒌(服汁,或入矾煅为丸。)防己实(焙煎代茶。)榼藤子(烧服。)卷柏(末服。)鸡冠花(同棕灰、羌活末服。)益母草(浸酒服。)紫堇花(同磁石毛服,并敷。)阿芙蓉[果木]荷钱(酒服,并敷。)蜀椒(每旦嚼一钱,凉水下,数日效。)槐角(同槐花炒末,猪肾蘸食。)花构叶(末服,并涂。)诃黎勒、桑黄(并治下痢肛门急疼。)甑带(煮汁。)[石虫]磁石(火煅醋淬末服,仍涂囟上。)百药煎(同乌梅、木瓜,煎服。)[介兽]鳖头(烧服,并涂。)虎胫骨(蜜炙丸服。)

猬皮灰(同磁石、桂心服。)

【外治】[草部]木贼、紫萍,莨菪子、蒲黄、蕙草根中涕(并涂。)苎根(煎洗。)苦参(同五倍子、陈壁土煎洗,木贼末敷之。)香附子(同荆芥煎洗。)女萎(烧熏。)曼陀罗子(同橡斗、朴硝煎洗。)酢浆草(煎洗。)[菜谷]生萝卜(捣贴脐中,束之。)胡荽(烧熏。)胡荽子(痔漏脱肛,同粟糠、乳香烧烟熏。)蕺菜(捣涂。)粟糠(烧熏。)榴皮(洗。)枳实(蜜炙,熨。)橡斗(可洗可敷。)巴豆壳(同芭蕉汁洗后,以麻油、龙骨、白矾敷。)皂荚(烧熏,亦炙熨。)黄皮桑树叶(洗。)龙脑(敷。)槿皮(洗。)故麻鞋底(同鳖头烧灰敷之。)[土金石部]东壁土(敷。)孩儿茶(同熊胆、片脑敷。)梁上尘(同鼠屎烧熏。)石灰(炒热坐。)食盐(炒坐。)赤石脂、铁精、铁华粉(并敷。)生铁汁(热洗。)朴硝(同地龙涂。)白矾[虫介鳞兽]蛞蝓、缘桑螺(烧灰。)蜗牛(烧灰。)蜣螂(烧灰。)蜘蛛(烧灰。并涂。)蛱蝶(研末,涂手心。)蛤蟆皮(烧熏。)五倍子(可敷可洗。)田螺(捣坐,化水洗。)烂螺壳、龟血、鳖血、鲫鱼头灰、白龙骨、狗涎、羊脂、败笔头灰(并涂。)熊胆(贴肛边肿痛极效。)

痔漏

(初起为痔,久则成漏。痔,属酒、色、郁、气、血、热,或有虫;漏,属虚与湿热)

【内治】[草部]黄连(煮酒丸服。大便结者,加枳壳。)黄芩、秦艽、白芷、牡丹、当归、木香、苦参、益母草(饮汁。)茜根、海苔、木贼(下血,同枳壳、干姜、大黄,炒焦服之。)蘘荷根(下血,捣汁服。)苍耳茎、叶(下血,为末服。)萹蓄(汁服。)苦杖(焙研,蜜丸服。)酢浆草(煮服。)连翘、旱莲(捣酒服。)蒲黄(酒服。)羊蹄(煮炙。)忍冬(酒煮丸服。)萆薢(同贯众末,酒服。)何首乌、榼藤子(烧研饮服。)牵牛(痔漏有虫,为末,猪肉蘸食。)[谷菜]神曲(主食痔。)赤小豆(肠痔有血,苦酒煮晒为末服。)腐婢(积热痔漏下血。)粟糠、粟浆(五痔饮之。)糯米(以骆驼作饼食。)胡麻(同茯苓入蜜作炒,日食。)胡荽子(炒研酒服。)芸苔子(主血痔。)莙荙子(治漏,同诸药、鲫鱼烧研服。)莴苣子(痔瘘下血。)桑耳(作羹食。)鸡纵、槐耳(烧服。)[果木]胡桃(主五痔。)橡子(痔血,同糯米粉炒黄和蒸,频食。)杏仁汁(煮粥,治五痔下血。)莲花蕊(同牵牛、当归末,治远年痔漏。)黄檗(肠痔脏毒,下血不止,四制作丸服。)槲芽(肠痔下血,作蔬及煎汁服。)梧桐白皮(主肠痔。)苦楝子(主虫痔。)槐实(五痔疮瘘,同苦参丸服,或煎膏纳窍中。)槐花(外痔长寸许,日服,并洗之。)槐叶(肠风痔疾,蒸晒,代茗饮。)枳实(蜜丸服,治五痔。)冬青子(主痔,九蒸九晒吞之。)紫荆皮(煎服,主痔肿。)伏牛花(五痔下血。)赤、白茯苓(同没药、破故纸酒浸,蒸饼研丸服,治痔漏效。)槲若(血痔,同槐花末服。)椒目(痔漏肿痛,水服。)都桷子、枳椇木皮、醋林子(痔漏下血。)蔓椒根(主痔,烧末服,并煮汁浸之。)槟榔(虫痔,研末服。)[服石]

针线袋(烧灰水服。)新绵灰(酒服二钱。)石灰(虫痔,同川乌头丸服。)赤石脂、白石脂、白矾(痔漏,同生盐末,白汤服五钱。)石燕(治肠风痔瘘年久者。)禹余粮(主痔漏。)[虫鳞]蚕纸灰(酒服止血。)蟾蜍(烧研,煮猪脏蘸食。)蝛蜼(食之。)蚌(食之,主痔。)鲎鱼(杀虫痔。)鲔鱼(主五痔下血,瘀血在腹。)鳡鱼(五痔下血肛痛,同葱煮食。)鲫鱼(酿白矾烧研服,主血痔。)鼍皮骨(烧服,杀痔虫。)鲮鲤甲(烧服,杀痔虫。)[禽兽]鹰嘴爪(烧服,主五痔虫。)鹰头(痔瘘,烧灰入麝香,酒服。)鹳鹆(五痔止血,炙或为末服。)竹鸡(炙食,杀虫痔。)鸳鸯(炙食,主血痔。)猬皮(痔漏多年,炙研饮服,并烧灰涂之。)鼹鼠(食之,主痔瘘。)獭肝(烧研水服,杀虫痔。)土拨鼠(痔瘘,煮食。)狐四足(痔瘘下血,同诸药服。)野狸(肠风痔瘘,作羹臛食。)野猪肉(久痔下血,炙食。)豭猪头(煮食,主五痔。)犬肉(煮食,引痔虫。)牛脾(痔瘘,腊月淡煮,日食一度。)牛角鳃(烧灰酒服。)虎胫骨(痔瘘脱肛,蜜炙丸服。)

【洗渍】苦参、飞廉、苦芙、白鸡冠、白芷、连翘、酢浆草、木鳖子(洗并涂。)稻藁灰(汁。)胡麻、丁香、槐枝、柳枝(洗痔如瓜,后以艾灸。)芜荑、棘根、木槿根(煎洗。花,末敷之。)仙人杖、桃根、猕猴桃、无花果、冬瓜、苦瓠、苦荬菜、鱼腥草(煎洗,并入枯矾、片脑敷。)马齿苋(洗,并食之。)葱白、韭菜、五倍子、童尿

【涂点】胡黄连(鹅胆调。)草乌头(反内痔。)白头翁(捣烂。)白芨、白蔹、黄连(汁。)旱莲(汁。)山豆根(汁。)土瓜根、通草、花粉、蘩缕(敷积年痔。)荞麦秸灰(点痔。)芦荟、耳环草,龙脑(葱汁化搽。)木瓜(鳝涎调,贴反花痔。)桃叶(杵,坐。)血竭(血痔。)没药、楮叶(杵。)孩儿茶(同麝香,唾调贴。)无名异(火煅醋淬研,塞漏孔。)密陀僧(同铜青涂。)黄丹(同滑石涂。)石灰(点。)硇砂(点。)石胆(煅,点。)孔公蘗、殷蘗、硫黄、黄矾、绿矾、水银(枣研塞漏孔。)铁华粉[虫鱼]白蜜(同葱捣涂。肛门生疮,同猪胆熬膏导之。)乌烂死蚕、露蜂房、蛞蝓(研,入龙脑敷之。)蜈蚣(痔漏作痛,焙研,入片脑敷之。或香油煎过,人五倍子末收搽之。)蜣螂(焙末,搽之。为末,入冰片,纸捻蘸入孔内,渐渐生肉退出。)蛴螬(研末敷。)田螺(入片脑取水搽,白矾亦可。)甲香(五痔。)鱼鲊、鱼鲙、海豚鱼、鳝鱼、鳢鱼(炙贴,引虫。)鲤鱼肠、鲤鱼鳞(绵裹坐,引虫。)蝮蛇屎(杀痔瘘虫。)蚺蛇胆、蛇蜕、啄木(痔瘘,烧研纳之。)胡燕屎(杀痔虫。)鸡胆(搽。)鸭胆、鹅胆、牛胆、鼠膏、猬胆、熊胆(入片脑搽。)麝香(同盐涂。)狨肉及皮[人部]男子爪甲灰(涂之。)

【熏灸】马兜铃、粟糠烟、酒(痔䘌蚀,掘土坑烧赤沃之,撒茱萸入内,坐之。)艾叶(灸肿核上。)枳壳(灸熨痔痛,煎水熏洗。)干橙烟、茱萸(蒸肠痔,杀虫。)灯火(淬痔肿甚妙。)毡袜(烘熨之。)鳗鲡(烧熏痔瘘,杀虫。)羊粪(烧熏痔瘘。)猪悬蹄(烧烟。)

下血

(血清者,为肠风,虚热生风,或兼湿气。血浊者,为脏毒,积热食毒,兼有湿热。

血大下者为结阴，属虚寒。便前为近血，便后为远血。又有蛊毒虫痔）

【风湿】[草菜]羌活、白芷（肠风下血，为末，米饮服。）秦艽（肠风泻血。）赤箭（止血。）升麻、天名精（止血破瘀。）木贼（肠风下血，水煎服；肠痔下血，同枳壳、干姜、大黄，炒研末服。）胡荽子（肠风下血，和生菜食，或为末服。）皂角蕈（泻血，酒服一钱。）葱须（治便血肠游。）[木部]皂角（羊肉和丸服。同槐实为散服。里急后重，同枳壳丸服。）皂角刺灰（同槐化、胡桃、破故纸为末服。）肥皂荚（烧研丸服。）槐实（去大肠风热。）槐花（炒研酒服，或加柏叶，或加栀子，或加荆芥，或加枳壳，或煮猪脏为丸服。）[虫兽]干蝎（肠风下血，同白矾末，饮服半钱。）野猪肉（炙食，不过十顿。外肾烧研，饮服。）

【湿热】[草部]白术（泻血萎黄，同地黄丸服。）苍术（脾湿下血，同地榆煎服；肠风下血，以皂荚汁煮焙，丸服。）贯众（肠风、酒痢、痔漏、诸下血，焙研米饮服，或醋糊丸服。）地榆（下部见血必用之。结阴下血，同甘草煎服。下血二十年者，同鼠尾草煎服。虚寒人勿用。）黄连（中部见血须用之。积热下血，四制丸服；脏毒下血，同蒜丸服；酒痔下血，酒煮丸服；肠风下血，茱萸炒过，丸服。）黄芩（水煎服。）苦参（肠风泻血。）木香（同黄连入猪肠煮，捣丸服。）郁金（肠毒入胃，下血频痛，同牛黄，浆水服。）香附子（诸般下血，童尿浸，米醋炒，服二钱，或醋糊丸服。或人百草霜、麝香，尤效。）水苏（煎服。）青蒿（酒痔下血，为末服。）益母草（痔疾下血，捣汁饮。）刘寄奴（大小便下血，为末茶服。）鸡冠（止肠风泻血，白花并子炒煎服；结阴下血，同椿根白皮丸服。）大小蓟（卒泻鲜血属火热，捣汁服之。）马蔺子（同何首乌、雌雄黄丸服。）苍耳叶（五痔下血，为末服。）箬叶（烧灰汤服。）芦花（诸失血病，同红花、槐花、鸡冠花煎服。）桔梗（中蛊下血。）蘘荷根（痔血，捣汁服。）萱根（大小便血，和生姜、香油炒热，沃酒服。）地黄（凉血，破恶血，取汁，化牛皮胶服；肠风下血，生熟地黄、五味子丸服。小儿初生便血，以汁和酒蜜，与服数匙。）紫菀（产后下血，水服。）地肤叶（泻血，作汤煮粥食。）王不留行（粪后血，末服。）金盏草（肠痔下血。）虎杖（肠痔下血，焙研，蜜丸服。）车前草（捣汁服。）马鞭草（酒渍下血，同白芷烧灰，蒸饼丸服。）旱莲（焙末，饮服。）凌霄花（粪后血，浸酒服。）蔷薇根（止下血。）栝蒌实（烧灰，同赤小豆末服。）王瓜子（烧研，同地黄、黄连丸服。）生葛汁（热毒下血，和藕汁服。）白蔹（止下血。）威灵仙（肠风下血，同鸡冠花，米醋煮研服。）茜根（活血，行血，止血。）木莲（风入脏，或食毒积热，下鲜血，或酒痢，烧研，同棕灰、乌梅、甘草等分，末服；大便涩者，同枳壳末服。）羊蹄根（肠风下血，同老姜炒赤，沃酒饮。）蒲黄（止泻血，水服。）金星草（热毒下血，同干姜末，水服之。）石苇（便前下血，为末，茄枝汤下。）金疮小草（肠痔下血，同甘草浸酒饮。）[菜部]丝瓜（烧灰酒服，或酒煎服。）经霜老茄（烧灰酒服。蒂及根、茎、叶，俱治肠风下血。）蕨花（肠风热毒，焙末，饮服。）败瓢（烧灰，同黄连末服。）翻白草（止下血。）萝卜（下血，蜜炙任意食之；酒毒，水煮入少醋食,或以皮同荷叶烧灰,入生蒲黄末服。)芸苔(同甘草末服,治肠风脏毒。)独蒜(肠毒下血,和黄连丸服。暴下血,同豆豉丸服。)[果木]银杏(生和百药煎丸服,亦煨食。)乌芋(汁,和酒服。)藕节汁(止下血,亦末服。)茗叶(热毒下血,同百药煎末服。)黄檗(主肠风下血,里急后重,热肿痛。小儿下血,同赤芍药丸服。)椿根白皮(肠风泻血,醋糊丸服,或酒糊丸,或加苍术,或加寒食面。经年者,加人参,酒煎服。)椿荚(半生半烧,米饮服。)木槿(肠风泻血,作饮。)山茶(为末,童尿、酒服。)栀子(下鲜血,烧灰水服。)枳壳(烧黑,同羊胫炭末服。根皮亦末服。)枳实(同黄芪末服。)橘核(肠风下血,同樗根皮末服。)楮白皮(为散服。)柏叶(烧服,或九蒸九晒,同槐花丸服。)柏子(酒煎服。)松木皮(焙末服。)[土石]黄土(水煮汁服。)车辖(小儿下血,烧赤淬水服。)血师(肠风下血,火煅醋淬七次,为末,每服一钱,白汤下。)[虫兽]白僵蚕(肠风泻血,同乌梅丸服。)蚕茧(大小便血,同蚕蜕纸、晚蚕砂、白僵蚕,炒研服。)桑蠹屎(烧研,酒服。)柳蠹屎(止肠风下血。)海螵蛸(一切下血,炙研,木贼汤下。)田螺(酒毒下血,烧焦末服。壳亦止下血。)鲎鱼尾(止泻血。)乌龟肉(炙食,止泻血。)猪血(卒下血不止,酒炒食。)猪脏(煮黄连丸服。煮槐花丸服。煮胡荽食之。)白马通、犀角(磨汁服。同地榆、生地黄丸服。)

【虚寒】[草菜]人参(因酒色甚下血,同柏叶、荆芥、飞面末,水服。)黄芪(泻血,同黄连丸服。)艾叶(止下血,及产后泻血,同老姜煎服。)附子(下血日久虚寒,同枯矾丸服,或同生黑豆煎服。)草乌头(结阴下血,同茴香、盐煎,露服。)天南星(下血不止,用石灰炒黄,糊丸服。)莨菪子(肠风下血,姜汁酒同熬,丸服。)云实(主肠澼。)骨碎补(烧末,酒服。)干姜(主肠澼下血。)[木石]桂心(结阴下血,水服方寸匕。)天竺桂、乌药(焙研,饭丸服。)雄黄(结阴便血,入枣肉同铅汁煮一日,以枣肉丸服。)[鳞兽]鲫鱼(酿五倍子煅研,酒服。)鳜鱼(止泻血。)鹿角胶

【积滞】[果木]山楂(下血,用寒、热、脾胃药,俱不效者,为末,艾汤服,即止。)巴豆(煨鸡子食。)芫荑(猪胆汁丸服,治结阴下血。)苦楝实(蜜丸服。)[虫兽]水蛭(漏血不止,炒末酒眼。)鸡膍胵黄皮(止泻血。)猬皮(炙末,饮服。)猬脂(止泻血。)獭肝(肠痔下血,煮食之。)

【止涩】[草部]金丝草、三七(白酒服二钱,或入四物汤。)卷柏(大肠下血,同侧柏、棕榈烧灰酒服。生用破血;炙用止血。远年下血,同地榆煎服。)昨叶何草(烧灰,水服一钱。)血见愁(姜汁和捣,米饮服。)[果木]荷叶、莲房灰、橡斗壳(同白梅煎服。)酸榴皮(末服,亦煎服。)乌梅(烧研,醋糊丸服。)橄榄(烧研,米饮服。)干柿(入脾,消宿血。久下血者,烧服,亦丸服。)黄柿(小儿下血,和米粉蒸食。)柿木皮(末服。)棕榈皮(同栝楼烧灰,米饮服。)诃黎勒(止泻血。)鼠李(止下血。)金樱东行根(炒用,止泻血。)[服器]黄丝绢灰(水服。)败皮巾灰、皮鞋底灰、甑带灰(涂乳上,止小儿下血。)百草霜(米汤调,露一夜服。)[石虫]绿矾(酿鲫鱼烧灰服,止肠风泻血;煅过,入青盐、硫黄再煅,入熟附子末,粟糊丸服,治积年下血,一眼见效。)石

燕（年久肠风，磨水日服。）蛇黄（醋煅七次，末服。）五倍子（半生半烧丸服。肠风加白矾。）百药煎（半生半炒饭丸服。肠风加荆芥灰；脏毒加白芷、乌梅烧过；酒毒加槐花。）[兽人]牛骨灰（水服。）牛角鳃（煅末，豉汁服。）人爪甲（积年泻血，百药不效，同麝香、干姜、白矾、败皮巾灰，等分饮服，极效。）发灰（饮服方寸匕。）

瘀血

（有郁怒，有劳力，有损伤）

【破血散血】[草部]生甘草（行厥阴、阳明二经污浊之血。）黄芪（逐五脏间恶血。）白术（利腰脐间血。）黄芩（热入血室。）黄连（赤目瘀血，上部见血。）败酱（破多年凝血。）射干（消瘀血、老血在心脾间。）萆薢（关节老血。）桔梗（打击瘀血久在肠内时发动者，为末，米饮服。）大黄（煎酒服，去妇人血癖，男女伤损瘀血；醋丸，治干血气，产后血块。）蓬莪术（消扑损内伤瘀血，通肝经聚血，女人月经血气。）三棱（通肝经积血，女人月水，产后恶血。）牡丹皮（瘀血留舍肠胃，女人一切血气。）芍药（逐贼血，女人血闭，胎前、产后一切血病。）红蓝花（多用破血；少用养血。酒煮，下产后血。）常春藤（腹内诸冷血、风血，煮酒服。）当归、丹参、芎䓖、白芷、泽兰、马兰、大小蓟、芒箔、芒茎（并破宿血，养新血。）玄参（治血瘕，下寒血。）贯众、紫参、延胡索、茅根、杜衡、紫金牛、土当归、芭蕉根、天名精、牛蒡根、苎麻叶、飞廉、续断、蘩菜、茺蔚、藨蒿、紫苏、荆芥、爵床、野菊、番红花、刘寄奴、庵䕡、薰草、苦杖、马鞭草、车前、牛膝、蒺藜、独用将军、地黄、紫金藤、葎草、茜草、剪草、通草、赤雹儿（并破瘀血血闭。）半夏、天南星、天雄、续随子、山漆[谷菜]赤小豆、米醋、黄麻根、麻子仁（并消散瘀血。）黑大豆、大豆黄卷、红曲、饴饧、芸苔子（并破瘀血。）韭汁（清胃脘恶血。）葱汁、莱菔、生姜、干姜、堇菜、蘩缕、木耳、杨栌耳、苦竹肉[果木]桃仁、桃胶、桃毛、李仁、杏枝（并破瘀血、老血。）红柿、桄榔子、槠子、山楂、荷叶、藕、蜀椒、秦椒、柳叶、桑叶、琥珀（并消瘀血。）栀子（清胃脘血。）茯苓（利腰脐血。）乳香、没药、骐驎竭、质汗（并活血、散血、止血。）松杨（破恶血，养新血。）栚栘（踠跌瘀血。）白杨皮（去折伤宿血，在骨肉间疼。）干漆（削年深积滞老血。）苏枋木、椆木、紫荆皮、卫矛、奴柘[石虫]朴硝（并破瘀恶血。）雄黄、花乳石、金星石、硇砂、菩萨石（并化腹内瘀血。）自然铜、生铁、石灰、殷蘖、越砥、砺石、水蛭、虻虫[鳞介]鳜鱼、鲚鱼、鳔胶、龟甲、鳖甲[禽兽]白雄鸡翮（并破腹内瘀血。）黑雌鸡（破心中宿血，补心血。）五灵脂（生行血；熟止血。）鸦翅、牛角鳃、白马蹄、牦牛酥、狮屎、犀角、羚羊角、鹿角[人部]人尿、人中白（并破瘀血。）

积聚癥瘕

（左为血，右为食，中为痰气。积系于脏，聚系于腑，症系于气与食，瘕系于血与虫，痃系于气郁，癖系于痰饮。心为伏梁，肺为息贲，脾为痞气，肝为肥气，肾为奔豚）

【血气】[草部]三棱（老癖、瘕瘕、积聚、结块，破血中之气。小儿气癖，煮汁作羹与乳母食。）蓬莪术（破痃癖冷气，血气积块，破气中之血，酒磨服。）郁金（破血积，专入血分。）姜黄（癥瘕血块，入脾，兼治血中之气。）香附子（醋炒，消积聚癥瘕。）蒴藋根（鳖瘕坚硬肿起，捣汁服。卒暴症块如石欲死，煎酒服。）大黄（破癥瘕、积聚、留饮，老血留结。醋丸，或熬膏服，产后血块尤宜；同石灰、桂心熬醋，贴积块；男子败积，女子败血，以荞面同酒服，不动真气。）牡丹、芍药、当归、芎藭、丹参、玄参、紫参、白头翁、延胡索、泽兰、赤车使者、刘寄奴、续断、凤仙子、蔄茹、大戟、蒺藜、虎杖、水荭、马鞭草、土瓜根、麻黄、薇衔[谷菜]米醋（并除积癥瘕，恶血癖块。醋煎生大黄，治痃癖。）胡麻油（吐发瘕。）白米（吐米瘕。）秫米（吐鸭症。）丹黍米泔（治鳖瘕。）寒食饧（吐蛟龙症。）芸苔子（破癥瘕结血。）山蒜（积块，妇人血瘕，磨醋贴。）陈酱茄（烧研，同麝贴鳖瘕。）生芋（浸酒服，破癖气。）桑耳[果木]桃仁（并破血闭癥瘕。）桃枭（破伏梁结气，为末酒服。）甜瓜子仁（腹内结聚，为肠胃内壅要药。）橄榄、观音柳（腹中痞积，煎汤露一夜服，数次即消。）芜荑（嗜酒成酒鳖，多怒成气鳖，炒煎日服。）橉木灰（淋汁。酿酒服，消癥瘕、痃癖。）琥珀、毉、木麻、没药[土石]土墼（鳖瘕。）白垩、自然铜、铜镜鼻（并主妇女癥瘕积聚。）石灰（同大黄、桂心熬膏，贴腹胁积块。）石炭（积聚，同自然铜、大黄、当归，丸服。）阳起石（破子脏中血结气，冷症寒瘕。）凝水石（腹中积聚邪气，皮中如火烧。）食盐（五脏癥结积聚。）禹余粮，太一余粮、空青、曾青、石胆[虫部]水蛭、葛上亭长[鳞介]龙骨、鼍甲（并主血积癥瘕。）守宫（血块，面煨食数枚，即下。）鳖肉（妇人血瘕，男子痃癖积块，桑灰、蚕砂淋汁煮烂捣，丸服。）鳖甲（症块痃癖，坚积寒热，冷瘕劳瘦，醋炙，牛乳服；血瘕，同琥珀、大黄末，酒服即下。）魁蛤（冷症血块，烧过，醋淬丸服。）龟甲、秦龟甲、玳瑁、牡蛎、蛤蜊、车螯壳、鲱鱼（并主积瘕。）海马（远年积聚症块，同大黄诸药丸服。）虾（鳖瘕作痛，久食自消。）夜明沙[兽部]熊脂（并主积聚寒热。）猫头灰（鳖瘕，酒服。）鼠灰（妇人狐瘕，同桂末服。）麝香[人部]人尿（症积满腹，服一升，下血片，二十日即出。）癖石（消坚积。）

【食气】[草部]青木香（积年冷气痃癖，症块胀疼。）白蒿（去伏瘕，女人癥瘕。）蓍叶（同独蒜、穿山甲，盐、醋调，贴痞块，化为脓血。）海苔（消茶积。）木鳖子（痞积痞块。）番木鳖、预知子、苏子[谷菜]米秕（并破癥结，下气消食。）麦面（米食成积，同酒曲丸服。)荞麦面(炼五脏滓秽,磨积滞。)神曲、麦蘖、蘖米、蔓荆(并消食下气,化癥瘕积聚。)萝卜(化面积痰癖,消食下气。)水蕨(腹中痞积,淡食二月,即下恶物。)姜叶(食鲙成症,捣汁服。)皂角蕈(积垢作疼,泡汤饮作泄。)马齿苋[果木]山楂(化饮食,消肉积癥瘕。子亦磨积。)槟榔、桑灰霜(破积块。)阿魏(破症积肉积。)枳壳(五积六聚,巴豆煮过,丸服。)枳实[土石]百草霜、梁上尘(并消食积。)砂锅(消食块,丸眼。)锻灶灰、胡粉、黄丹、密陀僧、铁华粉、蓬砂、玄精石(并主癥瘕食积。)针砂(食积黄肿。)朱砂(心腹癥癖,以饲鸡取屎炒,末服。)雄黄(胁下痃癖及伤食,酒、水同巴豆、白面丸服;竹筒蒸七次,丸服,治癥瘕积聚;同白矾,贴痞块。)青礞石(积年食症攻刺,同巴豆、大黄、三棱作丸服。一切积病,硝石煅过,同赤石脂,丸服。)绿矾(消食积,化痰燥湿。)硇砂(冷气痃癖癥瘕,桑柴灰淋过,火煅,为丸服;积年气块,醋煮木瓜酿过,入附子,丸服。)石硷(消痰磨积,去食滞宿垢,同山楂、阿魏、半夏丸服。)石髓[鳞禽]鱼鲙(去冷气痃癖,横关伏梁。)鱼脂(熨症块。)五灵脂(化食消气,和巴豆、木香丸服;酒积黄肿,同麝丸服。)鸡屎白(食米成症,合米炒研,水服,取吐;鳖瘕及宿症,炒研,酒服。)鹰屎白(小儿奶癖,膈下硬,同密陀僧、硫黄、丁香末服。)雀粪(消癥瘕久痼,蜜丸服;和姜、桂、艾叶丸服,烂痃癖伏梁诸块。)鸽粪(痞块。)猪项肉(合甘遂丸服,下酒布袋积。)猪脾(朴硝煮过,用水荭花子末服,消痞块。)猪肾(同葛粉炙食,治酒积面黄。)猪肪(食发成瘕,嗜食与油,以酒煮沸,日三服。)猪肚(消积聚癥瘕。)牛肉(同恒山煮食,治癖疾;同石灰蒸食,治痞积。)牛脑(脾积痞气,同朴硝蒸饼丸服。又同木香、鸡肫等末服。)鼠肉(煮汁作粥,治小儿癥瘕。)狗胆(痞块,同五灵脂、阿魏丸服。)狗屎(浸酒服,治鱼肉成症。)驴屎(癥癖诸疼。)驴尿(杀积虫。)白马尿(肉症思肉,饮之,当有虫出;男子伏梁,女子瘕疾,旦旦服之;食发成瘕,饮之;痞块心疼,和僵蚕末敷之。)腽肭脐(男子宿症气块,积冷劳瘦。)

【痰饮】[草部]威灵仙(去冷滞痰水,久积癥瘕,痃癖气块,宿脓恶水。停痰宿饮,大肠冷积,为末,皂角熬膏丸服。或加半夏。)牵牛(去痃癖气块。男妇五积,为末蜜丸服;食积,加巴豆霜。)芎䓖(酒癖,胁胀呕吐,腹有水声,同三棱为末,每葱汤服二钱。)续随子(一切痃癖。同腻粉、青黛丸服,下涎积。)狼毒(积聚饮食,痰饮癥瘕,胸中积癖。)紫菀(肺积息贲。)商陆(腹中暴症,如石刺痛。)黄连、天南星(并主伏梁。)柴胡、桔梗、苦参(并寒热积聚。)白术、苍术、黄芪、人参,高良姜,防葵、旋覆花、葶苈、鸢尾、独行根、三白草、常山、蜀漆,甘遂、赭魁、昆布、海藻(并主痃癖痰水。)莨菪子(积冷痃癖,煮枣食之。)附子、天雄、草乌头[谷菜]烧酒(并主冷毒、气块、痃癖。)蒜(烂痃癖,日吞三颗。又吐蛇瘕。)韭菜(煮食,除心腹痼冷痃癖。)生芋(浸酒饮,破痃癖。)白芥子(贴小儿乳癖。)仙人杖[果木]大枣(并去痰癖。)栗子(日食七枚,破冷癖气。)橘皮(胸中瘕热,湿痰痃癖。)青皮(破积结坚癖。)林檎(研末,敷小儿闪癖。)桃花(末服,下痰饮积滞。)榧子(食茶成癖,日食之。)苦茗(嗜茶成癖。)蜀椒(破癥癖。食茶面黄,作丸服。)胡椒(虚寒积癖在两胁,喘急,久则为疽，同蝎尾、木香丸服。）吴茱萸（酒煮，熨症块。）巴豆（破癥瘕结聚，留饮痰澼。一切积滞，同黄檗、蛤粉丸服。）桂心、沉香，丁香、草豆蔻、蒟酱（并破冷症痃癖。）郁李仁（破癖气，利冷脓。）乌桕根皮（水癥结聚。）奴柘（痃癖，煎饮。）白杨皮（痰癖，浸酒饮。）枳实、枳壳、婆罗得，木天蓼［金石］浮石（并化痰癖。）赤白玉（痃癖气块往来痛，糊丸服。）理石（破积聚。酒渍服，治癖。）石硫黄（冷癖在胁，积聚。）硝石（破积散坚。）砒石、礜石、特生礜石（并痼冷坚癖积气。）玄明粉（宿滞癥结。）朴硝（留澼癥结。同大蒜、大黄，贴痞块。）黑锡灰、水银粉、粉霜、银朱［介禽］海蛤、蛤蜊粉（并主积聚痰涎。）蚌粉（痰涎积聚，心腹痛，或哕食，巴豆炒过，丸服。）蛸蟀（小儿痞气，煮饮食。）淡菜（冷气痃癖，烧食。）鹳胫骨及觜、雀胫骨及觜（并主小儿乳癖，煮汁，烧灰服。）［兽部］牛乳（冷气痃癖。）驼脂（劳风冷积，烧酒服之。）

诸虫

（有蛔、白、蛲、伏、肉、肺、胃、弱、赤九种。又有尸虫、劳虫、疳虫、瘕虫）

【杀虫】［草部］术（嗜生米有虫，蒸饼丸服。）蓝叶（杀虫蚑。应声虫及鳖瘕，并服汁。）马蓼（去肠中蛭虫。）鹤虱（杀蛔、蛲及五脏虫，肉汁服末；心痛，醋服。）狼毒、狼牙、藜芦（并杀腹脏一切虫。）葎草（杀九虫。）龙胆（去肠中小虫及蛔痛，煎服。）白芷（浴身。）黄精（并去三尸。）杜衡、贯众、蘼芜、紫河车、云实、白菖、百部、天门冬、赭魁、石长生（并杀蛔、蛲、寸白诸虫。）连翘、山豆根（下白虫。）贳连、苦参、苍耳、飞廉、天名精、蜀羊泉、蒺藜、干苔、酸草、骨碎补、羊蹄根、赤藤、牵牛、蛇含、营实根（并杀小虫、疳虫。）艾叶（蛔痛，捣汁服，或煎水服，当吐下虫；虫食肛，烧熏之。）萹蓄（小儿蛔痛，煮汁，煎醋，熬膏，皆有效。）使君子（杀小儿蛔，生食煎饮，或为丸散，皆效。）石龙刍、漏芦、肉豆蔻、蒟酱、马鞭草（熬膏。）瞿麦，灯笼草、地黄、白芨［谷菜］小麦（炒，末服。并杀蛔虫。）薏苡根（下三虫，止蛔痛，一升煎服，虫尽死。）大麻子（同茱萸根浸水服，虫尽下。亦捣汁服。）白米（米症嗜米，同鸡屎白炒服，取吐。）秫米（食鸭成癥瘕，研水服，吐出鸭雏。）丹黍米泔（服，治鳖瘕。）寒食饧（吐蛟龙症。）生姜（杀长虫。）槐耳（烧末水服，蛔立出。）萑菌（去三虫，为末，入臛食。）天花蕈、藜、灰藋、马齿苋、苦瓠、败瓢［果部］柿（并杀虫。）橘皮（去寸白。）榧华（去赤虫。）桃仁、桃叶（杀尸虫。）槟榔（杀三虫、伏、尸，为末，大腹皮汤下。）榧子（去三虫，食七日，虫化为水。）阿勃勒、酸榴东行根、樱桃东行根、林檎东行根（并杀三虫，煎水服。）吴茱萸东行根（杀三虫，酒、水煎服；肝劳生虫，同粳米、鸡子白，丸服。脾劳发热有虫，令人好呕，同橘皮、大麻

芜荑

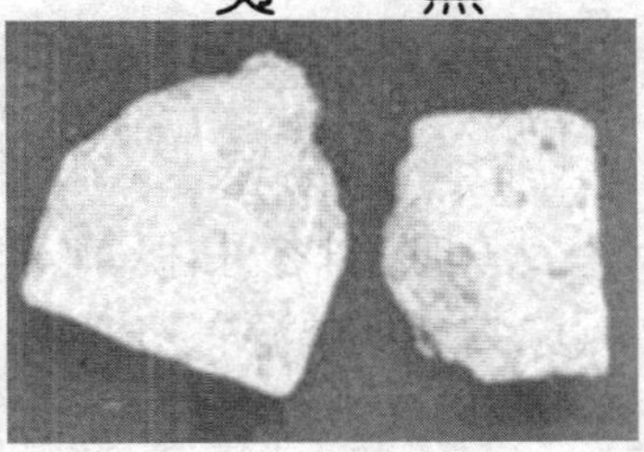

子，浸酒服。）醋林子（寸白、蛔痛，小儿疳蛔，皆为末，酒服。）藕（同蜜食，令人腹脏肥，不生诸虫。）杏仁（杀小虫。）蜀椒（蛔痛，炒，淋酒服。）乌梅（煎服，安蛔。）盐麸树皮[木部]乌药（并杀蛔。）柏叶（杀五脏虫，益人，不生诸虫。）相思子（杀腹脏皮肤一切虫。）桑白皮、金樱根、郁李根、蔓荆（并杀寸白虫。）阿魏、芦荟、黄檗、樗白皮、合欢皮、皂荚及刺、木皮、大枫子、苦竹叶、石南（并杀小虫、疳虫。）干漆（杀三虫。小儿虫痛，烧同芜荑末服，叶亦末服。）楝白皮（杀蛔虫，煎水服，或为末，或入麝香，或煮鸡子食。实，杀三虫。醋浸，塞谷道中，杀长虫。花，杀蚕虱。）芜荑（去三虫、恶虫，为末饮服。或同槟榔丸服。炒煎，日服，治气鳖、酒鳖。）大空（去三虫。涂发，杀虮虱。）荚蒾（煮粥食，杀三虫。）雷丸、厚朴、梓白皮、楸白皮、桐木皮、山茱萸、丁香、檀香、苏合香、安息香、龙脑香、樟脑香（并杀三虫。）[水石]神水（和獭肝丸，杀虫积。）浸蓝水（杀虫，下水蛭。）黑锡灰（沙糖服，下寸白。）黄丹、密陀僧、曾青（并下寸白。）胡粉（葱汁丸服，治女人虫心疼，下寸白。）硫黄（杀腹脏虫、诸疮虫。气鳖、酒鳖，以酒常服。）雌黄、雄黄（虫疼吐水，煎醋服。又杀诸疮虫。）食盐（杀一切虫。）霹雳砧（杀劳虫。）石灰（杀蛲虫。）砒石、理石、长石、白青（并杀三虫。）梳篦（去虱症。）死人枕席（杀尸疰、石蛔。）[虫鳞]蜂子（小儿五虫，从口吐出。）蜂窠灰（酒服，寸白、蛔虫皆死出。）蚕茧及蛹（除蛔。）白蜡、白僵蚕、蚺蛇胆及肉、蝮蛇（并杀三虫。）鼋甲、鳜鱼、鲟鱼（并杀小虫。）鳗鲡鱼（淡煮食，杀诸虫、劳虫。）虾（鳖瘕，宜食。）海虾鲊（杀虫。）河豚、海豚、海螵蛸[禽兽]鸽头，竹鸡、百舌、乌鸦（并杀虫。）皂（杀三虫及腹脏一切虫。）五灵脂（心脾虫痛，同槟榔末服；小儿虫痛，同灵矾丸服，取吐。）鸡子白（蛔痛，打破，合醋服；入好漆在内吞之，虫即出。）鸡屎白（鳖症、米瘕。）鸽屎（杀蛔，烧服。）蜀水花（杀蛔。）啄木鸟、鹰屎白、熊脂、獭肝、猫肝、虎牙（并杀劳虫。）猪肚（杀劳虫。酿黄米，蒸丸服。治疳蛔瘦病。）猪血（嘈杂有虫，油炒食之。）猪肪（发瘕，煮食。）猫头灰（酒服，治鳖瘕。）獾肉、鼠肉、兔屎（并杀疳、劳、蛔虫。）羊脂、牛胆、熊胆、麝香、猬皮及脂（并杀小虫。）鼬鼠心肝（虫痛，同乳、没丸服。）六畜心（包朱砂、雄黄煮食，杀虫。）白马溺、驴溺[人部]人尿（并杀癥瘕有虫。）胞衣水、天灵盖（杀劳虫。）

肠鸣

（有虚气，水饮，虫积）

[草部]丹参、桔梗、海藻（并主心腹邪气上下，雷鸣幽幽如走水。）昆布、女菀、女萎（并主肠鸣游气，上下无常处。）半夏、石香薷、荜茇、红豆蔻、越王余算（并主虚冷肠鸣。）大戟（痰饮，腹内雷鸣。）黄芩（主水火击搏有声。）穬麦蘖、饴糖[果木]橘皮、杏仁（并主肠鸣。）厚朴（积年冷气，腹内雷鸣。）栀子（热鸣。）[石部]硇砂（血气

不调,肠鸣宿食。)石髓[虫介]原蚕砂(肠鸣热中。)鳝鱼(冷气肠鸣。)淡菜[兽部]羚羊屎(久痢肠鸣。)

心腹痛

(有寒气,热气,火郁,食积,死血,痰澼,虫物,虚劳,中恶,阴毒)

【温中散郁】[草部]木香(心腹一切冷痛、气痛,九种心痛,妇人血气刺痛,并磨酒服;心气刺痛,同皂角末丸服;内钓腹痛,同乳、没丸服。)香附子(一切气,心腹痛,利三焦,解六郁,同缩砂仁、甘草末点服;心脾气痛,同高良姜末服;血气痛,同荔枝烧研,酒服。)艾叶(心腹一切冷气、鬼气,捣汁饮,或末服;同香附,醋煮丸服,治心腹、小腹诸痛。)芎䓖(开郁行气。诸冷痛中恶,为末,烧酒服。)藁本(大实心痛,已用利药,同苍术煎服,彻其毒。)苍术(心腹胀痛,解郁宽中。)甘草(去腹中冷痛。)高良姜(腹内暴冷久痛,煮饮。心脾痛,同干姜丸服。又四制丸服。)苏子(一切冷气痛,同高良姜、橘皮等分,丸服。)姜黄(冷气痛,同桂末,醋服;小儿胎寒,腹痛、吐乳,同乳香、没药、木香丸服。)附子(心腹冷痛,胃寒蛔动,同炒栀子,酒糊丸服;寒厥心痛,同郁金、橘红,醋糊丸服。)香薷(暑月腹痛。)石菖蒲、紫苏、藿香、甘松香、山柰、廉姜、山姜、白豆蔻、草豆蔻、缩砂、蒟酱、白茅香、蕙草、益智子、荜茇[谷部]胡椒粥、茱萸粥、葱豉酒、姜酒、茴香(并主一切冷气,心痛、腹痛、心腹痛。)烧酒(冷痛,入盐服。阴毒腹痛,尤宜。)黑大豆(肠痛如打,炒焦,投酒饮。)神曲(食积心腹痛,烧红淬酒服。)[菜部]葱白(主心腹冷气痛,虫痛,疝痛,大人阴毒,小儿盘肠内钓痛。卒心痛,牙关紧急欲死,捣膏,麻油送下,虫物皆化黄水出;阴毒痛,炒熨脐下,并擂酒灌之;盘肠痛,炒贴脐上,并浴腹,良久尿出,愈。)葱花(心脾如刀刺,同茱萸一升,煎服。)小蒜(十年五年心痛,醋煮,饱食即愈。)葫(冷痛,同乳香丸服;醋浸煮,食之;鬼注心腹痛,同墨及酱汁服;吐血心痛,服汁。)韭(腹中冷痛,煮食;胸痹痛如锥刺,服汁,吐去恶血。)薤白(胸痹刺痛彻心背,喘息咳唾,同栝蒌实,白酒煮服。)生姜(心下急痛,同半夏煎服,或同杏仁煎。)干姜(卒心痛,研末服。心脾冷痛,同高良姜丸服。)芥子(酒服,止心腹冷痛;阴毒,贴脐。)马芹子(卒心痛,炒末酒服。)莳香、蔊菜、菥蓂子、秦荻藜、蔓荆、芥[果部]杏仁(并主心腹冷痛。)乌梅(胀痛欲死,煮服。)大枣(急心疼,同杏仁、乌梅丸服;陈枣核仁,止腹痛。)胡桃(急心痛,同枣煨嚼,姜汤下。)荔枝核(心痛、脾痛,烧研酒服。)椰子皮(卒心痛,烧研,水服。)橘皮(途路心痛,煎服,甚良。)木瓜、枸橼(并心气痛。)胡椒(心腹冷痛,酒吞三七粒。)茱萸(心腹冷痛,及中恶心腹痛,擂酒服。叶亦可。)榄子(同上。)[木部]桂(秋冬冷气腹痛,非此不除。九种心疼,及寒疝心痛,为末酒服;心腹胀痛,水煎服;产后心痛,狗胆丸服。)乌药(冷痛,磨水入橘皮、苏叶煎服。)松节(阴毒腹痛,炒焦,入酒服。)乳香(冷心痛,同胡椒、姜、酒服。同茶末、鹿血丸服。)丁香(暴心痛,酒服。)安息香

（心痛频发，沸汤泡服。）天竺桂、沉香、檀香、苏合香、必栗香、龙脑香、樟脑香、樟材、杉材、楠材、阿魏、皂荚、白棘、枸杞子、厚朴［金石］铁华粉（并主冷气心腹痛。）铜器（炙熨冷痛。）灵砂（心腹冷痛，同五灵脂，醋糊丸服。）硫黄（一切冷气痛，黄蜡丸服。同硝石、青皮、陈皮丸服。）硝石（同雄黄末点目眦，止诸心腹痛。）砒石（积气冷痛，黄蜡丸服。）硇砂（冷气，血气，积气，心腹痛诸疼。）神针火［鳞兽］鲍鱼灰（妊娠感寒腹痛，酒服。）猪心（急心痛经年，入胡椒十粒煮食。心血，蜀椒丸服。）

【活血流气】［草部］当归（和血，行气，止疼。心下刺疼，酒服方寸匕；女人血气，同干漆丸服；产后痛，同白蜜煎服。）芍药（止痛散血，治上中腹痛。腹中虚痛，以二钱同甘草一钱煎服。恶寒加桂；恶热加黄芩。）延胡索（活血利气。心腹、少腹诸痛，酒服二钱，有神；热厥心痛，同川楝末二钱服；血气诸痛，同当归、橘红丸服。）蓬莪术（破气，心腹痛，妇人血气，丈夫奔豚。一切冷气及小肠气，发即欲死，酒、醋和水煎服。一加木香末，醋汤服。女人血气，同干漆末服；小儿盘肠，同阿魏研末服。）郁金（血气冷气，痛欲死，烧研醋服，即苏。）姜黄（产后血痛，同桂末，酒服，血下即愈。）刘寄奴（血气，为末酒服。）红蓝花（血气，擂酒服。）大黄（干血气，醋熬膏服；冷热不调，高良姜丸服。）蒲黄（血气，心腹诸疼，同五灵脂煎，醋或酒服。）紫背金盘（女人血气，酒服。）丹参、牡丹、三棱、败酱［谷菜］米醋（并主血气、冷气，心腹诸痛。）青粱米（心气冷痛，桃仁汁煮粥食。）红曲（女人血气，同香附、乳香末，酒服。）丝瓜（女人干血气，炒研酒服。）桑耳（女人心腹痛，烧研酒服。）杉菌［果木］桃仁（卒心痛，疰心痛，研末水服。桃枝，煎酒。）桃枭（血气中恶痛，酒磨服。）没药（血气心痛，酒、水煎服。）乳香、骐驎竭、降真香、紫荆皮［金石］铜青、赤铜屑（并主血气心痛。）自然铜（血气痛，火煅醋淬，末服。）诸铁器（女人心痛，火烧淬酒饮。）石炭（同上。）白石英、紫石英（并主女人心腹痛。）［鳞部］乌贼鱼血（血刺心痛，磨醋服。）青鱼枕（血气心腹痛，磨水服。）［禽兽］五灵脂（心腹、胁肋、少腹诸痛，疝痛，血气，同蒲黄煎醋服，或丸，或一味炒焦，酒服。虫痛加槟榔。）狗胆（血气撮痛。丸服。）

【痰饮】半夏（湿痰心痛，油炒丸服。）狼毒（九种心痛，同吴茱萸、巴豆、人参、附子、干姜丸服。心腹冷痰胀痛，同附子、旋覆花丸服。）草乌头（冷痰成包，心腹疠痛。）百合、椒目（留饮腹痛，同巴豆丸服。）牡荆子（炒研服。）枳实（胸痹痰水痛，末服。）枳壳（心腹结气痰水。）矾石（诸心痛，以醋煎一皂子服。同半夏丸服。同朱砂、金箔丸服。）五倍子（心腹痛，炒焦，酒服立止。）牡蛎粉（烦满心脾痛，煅研酒服。）蛤粉（心气痛，炒研，同香附末服。）白螺壳（湿痰心痛及膈气痛，烧研酒服。）

【火郁】［草部］黄连（卒热，心腹烦痛，水煎服。）苦参（大热，腹中痛，及小腹热痛，面色青赤，煎醋服。）黄芩（小腹绞痛，小儿腹痛。得厚朴、黄连，止腹痛。）山豆根（卒腹痛，水研服，入口即定。）青黛（心口热痛，姜汁服一钱。）马兜铃（烧研酒服。）马兰汁（绞肠沙痛。）沙参、玄参［谷果］生麻油（卒热心痛，饮一合。）麻子仁（妊娠心痛，研水煎服。）荞麦粉（绞肠沙痛，炒黄，水烹服。）黍米（十年心痛，淘汁温服。）粳米、高梁米(并煮汁服,止心痛。)绿豆(心痛,以三七粒,同胡椒二七粒,研服。)茶(十年、五年心痛,和醋服。)[木部]川楝子(入心及小肠,主上下腹痛,热厥心痛,非此不除。同延胡索末,酒服。)槐枝(九种心痛,煎水服。)槐花、乌桕根、石瓜(并主热心痛。)栀子(热厥心痛,炒焦煎服;冷热腹痛,同附子丸服。)郁李仁(卒心痛,嚼七粒,温水下,即止。)茯苓、琥珀[石兽]戎盐、食盐(吐,心腹胀痛。)玄明粉(热厥心腹痛,童尿服三钱。)丹砂(男女心腹痛,同白矾末服。)蜂蜜(卒心痛。)黄蜡(急心痛,烧化丸,凉水下。)晚蚕砂(男女心痛,泡汤服。)驴乳(卒心痛,连腰脐,热饮二升。)羚羊角(腹痛热满,烧末水服。)犀角(热毒痛。)阿胶(丈夫少腹痛。)兔血(卒心痛,和茶末、乳香丸服。)败笔头(心痛不止,烧灰,无根水下。)狗屎(心痛欲死,研末酒服。)山羊屎(心痛,同油发烧灰,酒服断根。)狐屎(肝气心痛,苍苍如死灰,喘息,烧,和姜黄服。)驴屎汁、马屎汁[人部]人屎(和蜜、水。)人溺(并主绞肠沙痛欲死,服之。)虫痛(见诸虫下。)

【中恶】[草部]艾叶(鬼击中恶,卒然着人如刀刺状,心腹切痛,或即吐血下血,水煎服。实,亦可用。)桔梗、升麻、木香(磨汁。)藿香、郁金香、茅香、兰草、蕙草、山柰、山姜、缩砂、蘼芜、蜘蛛香、蒟酱、丹参、苦参(煎酒。)姜黄、郁金、莪术、肉豆蔻、菖蒲、鸡苏、甘松、忍冬(水煎。)卷柏、女青(末服。)芒箔(煮服。)鬼督邮、草犀、狼毒、海根、藁本、射干、鸢尾、鬼臼、续随子[谷菜]醇酒、豌豆、白豆、大豆、胡荽、罗勒、芥子(浸酒。)白芥子、大蒜[果木]榧子、桃枭(末服。)桃胶,桃符、桃花(末服。)桃仁(研服。)桃白皮、三岁枣中仁(常服。)蜀椒、茱萸、蜜香、沉香、檀香、安息香(化酒。)乳香、丁香、阿魏、樟材、鬼箭、鬼齿(水煎。)琥珀、苏合香(化酒。)城东腐木(煎酒。)古榇板(煎酒。)[服器]桃橛(煮汁。)车脂(化酒。)刀鞘灰(水服。)砧垢(吐。)铁椎柄灰(丸服。)履屧鼻绳灰(酒服。)毡袜跟灰(酒服。)网巾灰(酒服。)[水土]粮罂中水、黄土(画地作五字,取中土,水服。)陈壁土(同矾丸服。)铸钟土(酒服。)柱下土(水服。)伏龙肝(水服。)仰天皮(人垢和丸服。)釜墨(汤服。)墨[石介]古钱(和薏苡根煎服。)铅丹(蜜服。)食盐(烧服取吐。)雄黄、灵砂、硫黄、金牙、蛇黄、田螺壳(烧服。)鳖头灰[禽兽]乌骨鸡(拓心上。)白雄鸡(煮汁,入醋、麝、真珠服。肝同。)鸡子白(生吞七枚。)鹳骨、犀角、鹿茸及角、麋角、麝香、灵猫阴、猫肉及头骨、狸肉及骨、腽肭脐、熊胆(并主中恶,心腹绞痛。)

胁痛

(有肝胆火,肺气,郁,死血,痰澼,食积,气虚)

【木实】[草部]黄连(猪胆炒,大泄肝胆之火。肝火胁痛,姜汁炒丸。左金丸:同茱萸炒,丸服。)柴胡(胁痛主药。)黄芩、龙胆、青黛(并泻肝胆之火。)芍药、抚芎

（并搜肝气。）生甘草（缓火。）木香（散肝经滞气，升降诸气。）香附子（总解诸郁，治膀胱连胁下气妨。）地肤子（胁下痛，为末酒服。）[果木]青橘皮（泻肝胆积气必用之药。）栀子、芦荟、桂枝

【痰气】[草部]芫花（心下痞满，痛引两胁，干呕汗出，同甘遂、大戟为散，枣汤服。）大戟、甘遂（痰饮胁痛。控涎丸。）狼毒（两胁气结痞满，心下停痰鸣转，同附子、旋覆花丸服。）香薷（心烦胁痛，连胸欲死，捣汁饮。）防风（泻肺实，烦满胁痛。）半夏、天南星、桔梗、苏梗、细辛、杜若、白前、贝母[谷菜]生姜（并主胸胁逆气。）白芥子（痰在胸胁支满，每酒吞七粒。又同白术丸服。）薏苡根（胸胁卒痛，煮服即定。）[果木]橘皮、槟榔、枳壳（心腹结气痰水，两胁胀痛。因惊伤肝，胁骨痛，同桂末服。）枳实（胸胁痰澼气痛。）茯苓[虫介]白僵蚕、牡蛎粉、文蛤（并主胸胁逆气满痛。）[兽石]羚羊角（胸胁痛满，烧末水服。）麝香、古钱（心腹烦满，胸胁痛欲死，煮汁服。）

【血积】[草部]大黄（腹胁老血痛。）凤仙花（腰胁引痛不可忍，晒研，酒服三钱，活血消积。）当归、芎䓖、姜黄、延胡索、牡丹皮、红蓝花[谷菜]神曲、红曲（并主死血、食积作痛。）韭菜（瘀血，两胁刺痛。）[果木]吴茱萸（食积。）桃仁、苏木、白棘刺（腹胁刺痛，同槟榔煎酒服。）巴豆（积滞。）五灵脂（胁痛，同蒲黄煎醋服。）

【虚陷】[草谷菜部]黄芪、人参、苍术、柴胡、升麻（并主气虚下陷，两胁支痛。）黑大豆（腰胁卒痛，炒焦煎酒服。）茴香（胁下刺痛，同枳壳末，盐、酒服。）马芹子（腹冷胁痛。）

【外治】食盐、生姜、葱白、韭菜、艾叶（并炒熨。）冬灰（醋炒熨。）芥子、茱萸（并醋研敷。）大黄（同石灰、桂心熬醋贴。同大蒜、朴硝捣贴。）

腰痛

（有肾虚，湿热，痰气，瘀血，闪肭，风寒）

【虚损】[草部]补骨脂（骨髓伤败，腰膝冷。肾虚腰痛，为末，酒服，或同杜仲、胡桃，丸服；妊娠腰痛，为末，胡桃、酒下。）菊花（腰痛去来陶陶。）艾叶（带脉为病，腰溶溶如坐水中。）附子（补下焦之阳虚。）蒺藜（补肾，治腰痛及奔豚肾气，蜜丸服。）萆薢（腰脊痛强，男子臀腰痛，久冷痹软，同杜仲末，酒服。）狗脊、菝葜、牛膝、肉苁蓉、天麻、蛇床子、石斛[谷菜]山药（并主男子腰膝强痛，补肾益精。）韭子（同安息香丸服。）茴香（肾虚腰痛，猪肾煨食；腰痛如刺，角茴末，盐汤服，或加杜仲、木香，外以糯米炒熨。）干姜、菥蓂子、胡麻[果木]胡桃（肾虚腰痛，同补骨脂丸服。）栗子（肾虚腰脚不遂。风干日食。）山楂（老人腰痛，同鹿茸丸服。）阿月浑子、莲实、芡实、沉香、乳香（并补腰膝命门。）杜仲（肾虚冷臀痛，煎汁，煮羊肾作羹食。浸酒服。

为末酒服。青娥丸。）枸杞根（同杜仲、萆薢，浸酒服。）五加皮（贼风伤人，软脚胷腰，去多年瘀血。）柏实（腰中重痛，肾中寒，膀胱冷脓宿水。）山茱萸、桂［介兽］龟甲（并主腰肾冷痛。）鳖甲（卒腰痛，不可俯仰，炙研，酒服。）猪肾（腰虚痛，包杜仲末煨食。）羊肾（为末酒服。老人肾硬，同杜仲炙食。）羊头、蹄、脊骨（和蒜、薤煮食。同肉苁蓉、草果煮食。）鹿茸（同菟丝子、茴香丸服。同山药煮酒服。）鹿角（炒研酒服，或浸酒。）麋角及茸（酒服。）虎胫骨（酥炙，浸酒饮。）

【湿热】［草部］知母（腰痛，泻肾火。）葳蕤（湿毒腰痛。）威灵仙（宿脓恶水，腰膝冷疼，酒服一钱取利。或丸服。）青木香（气滞腰痛，同乳香酒服。）地肤子（积年腰痛时发，为末，酒服，日五、六次。）蛤蟆草（湿气腰痛，同葱、枣煮酒常服。）牵牛子（除湿热气滞，腰痛下冷脓，半生半炒，同硫黄末、白面作丸，煮食。）木鳖子、蕙草［果木］桃花（湿气腰痛，酒服一钱，一宿即消。或酿酒服。）槟榔（腰重作痛，为末酒服。）甜瓜子（腰腿痛，酒浸末服。）皂荚子（腰脚风痛，酥炒，丸服。）郁李仁（宣腰胯冷脓。）茯苓（利腰脐间血。）海桐皮（风毒腰膝痛。）桑寄生［介兽］淡菜（腰痛胁急。）海蛤、牛黄（妊娠腰痛，烧末酒服。）

【风寒】羌活、麻黄（太阳病腰脊痛。）藁本（一百六十种恶风鬼注，流入腰痛。）

【血滞】［草谷］延胡索（止暴腰痛，活血利气，同当归、桂心末，酒服。）蘘荷根（妇人腰痛，捣汁服。）甘草、细辛、当归、白芷、芍药、牡丹、泽兰、鹿藿（并主女人血沥腰痛。）术（利腰脐间血，补腰膝。）庵蕳子（闪挫痛，擂酒服。）甘遂（闪挫痛，入猪肾煨食。）续断（折跌，恶血腰痛。）神曲（闪挫，煅红淬酒服。）莳萝（闪挫，酒服二钱。）莴苣子（闪气，同粟米、乌梅、乳、没丸服。）丝瓜根（闪挫，烧研酒服。子亦良。渣敷之。）冬瓜皮（折伤，烧研，酒服。）［果木］西瓜皮（闪挫，干研酒服。）橙核（闪挫，炒末，酒服。）橘核（肾疰。）青橘皮（气滞。）桃枭、干漆［虫介］红娘子（并行血。）鳖肉（妇人血瘕腰痛。）鼍甲（腰中重痛。）

【外治】桂（反腰血痛，醋调涂。）白檀香（肾气腰痛，磨水涂。）芥子（痰注及扑损痛，同酒涂。）猫屎（烧末，和唾涂。）天麻（半夏、细辛同煮，熨之。）大豆、糯米（并炒，熨寒湿痛。）蒴藋（寒湿痛，炒热眠之。）黄狗皮（裹腰痛。）爵床、葡萄根（并浴腰脊痛。）

疝㿉

（腹病曰疝，丸病曰㿉。有寒气，湿热，痰积，血滞，虚冷。男子奔豚，女子育肠，小儿木肾）

【寒气】［草部］附子、乌头（寒疝厥逆，脉弦紧，煎水入蜜服，或蜜煮为丸；寒疝滑泄，同延胡索、木香煎服。）草乌头（寒气心疝二十年者，同茱萸丸服。）胡芦巴（同附子、硫黄丸服，治肾虚冷痛；得茴香、桃仁，治膀胱气；炒末，茴香酒下，治小肠气；

同茴香、面丸服，治冷气疝瘕；同沉香、木香、茴香，丸服，治阴㿉肿痛。）马蔺子（小腹疝痛冷积，为末酒服，或拌面煮食。）木香（小肠疝气，煮酒日饮；小儿阴肿，同枳壳、甘草煎服。）延胡索（散气和血，通经络，止小腹痛。同全蝎等分，盐汤服。）艾叶（一切冷气少腹痛，同香附，醋煮丸服，有奇效。）牡蒿（阴肿，擂酒服。）紫金藤（丈夫肾气。）［菜果］莳香（疝气，膀胱、育肠气，煎酒、煮粥，皆良。同杏仁、葱白为末，酒服。又同蚕砂丸服。同荔枝末服。同川椒末服。炒熨脐下。）薤白汁、木瓜（并主奔豚。）橘核（膀胱小肠气，阴㿉肾冷，炒研酒服，或丸服。）荔枝核（小肠疝气，烧酒服，或加茴香、青皮。阴㿉，同硫黄丸服。）胡桃（心腹疝痛，烧研酒服。）槟榔（奔豚膀胱诸气，半生半熟，酒服。）吴茱萸（寒疝往来，煎酒服。四制丸服，治远近疝气，偏坠诸气。）胡椒（疝痛，散气开郁，同延胡索末等分，茴香酒下。）蜀椒、橄榄核（阴㿉。同荔核、山楂核烧服。）栗根（偏气，煎酒服。）芡根（偏坠气块，切煮食。）桃仁（男子阴肿，小儿卵㿉，炒研酒服，仍敷之。）山楂核［木石］楝实（㿗疝肿痛，五制丸服。叶，主疝入囊痛，煎酒服。）苏枋木（偏坠肿痛，煮酒服。）楮叶（疝气入囊，为末酒服；木肾，同雄黄丸服。）阿魏（㿗疝痛，败精恶血，结在阴囊，同硇砂诸药，丸服。）牡荆子（小肠疝气，炒擂酒服。）杉子（疝痛，一岁一粒，烧研酒服。）鼠李子（疝瘕积冷，九蒸，酒渍服。）铁秤锤（疝肿，烧淬酒服。）古镜（小儿疝硬，煮汁服。）硇砂（疝气卵肿，同乳香、黄蜡丸服。）［虫鳞］莳香虫（疝气。）蜘蛛（大人小儿㿉。狐疝偏有大小，炒焦，同桂末服。）蜥蜴（小儿阴㿉，烧灰酒服。）杜父鱼（小儿差颓，核有大小，以鱼咬之，七下即消。）淡菜（腰痛疝瘕。）［禽兽］乌鸡（寒疝绞痛，同生地黄蒸，取汁服，当下出寒澼。）鸡子黄（小肠疝气，温水搅服。）雄鸡翅（阴肿如斗，随左右烧灰饮服。）雀（肾冷偏坠疝气，同茴香、缩砂、椒、桂煨食，酒下。小肠疝，同金丝矾研，酒服。）雀卵、雀屎（并疝瘕。）乌鸦（偏坠疝气，煅研，同胡桃、苍耳子末，酒服。）狐阴茎、狸阴茎（男子卵㿉，烧灰水服。）

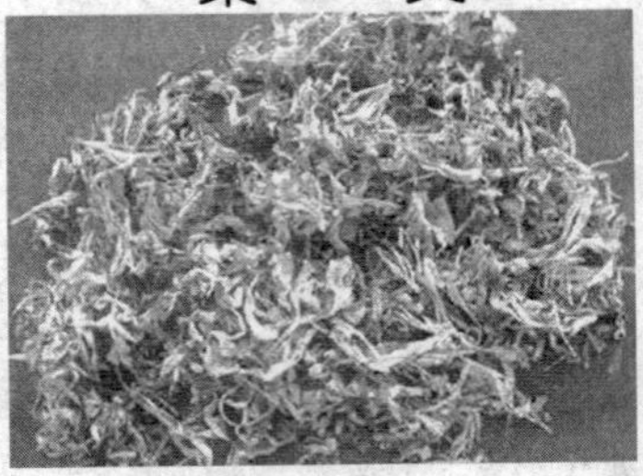

【湿热】［草部］黄芩（小腹绞痛，小便如淋，同木通、甘草煎服。）柴胡（平肝胆、三焦火，疝气寒热。）龙胆（厥阴病，脐下至足肿痛。）丹参（通心包络。）沙参、玄参（并主卒得疝气，小腹阴中相引痛欲死，各酒服二钱。）地肤子（膀胱疝瘕。疝危急者，炒研酒服；狐疝阴卵㿉疾，同白术、桂心末服。）马鞭草（妇人疝气，酒煎热服，仍浴身取汗。）羌活（男子奔豚，女人疝瘕。）海藻（疝气下坠，卵肿。）藁本、蛇床子、白藓皮（并主妇人疝瘕。）泽泻、屋游［谷菜］赤小豆（并小肠、膀胱、奔豚气。）莴苣子（阴㿉肿痛，为末煎服。）丝瓜（小肠气痛连心，烧研酒服。）［果木］梨叶（小儿疝痛，煎服。）栀子（湿热，因寒气郁抑，劫药，以栀子降湿热，乌头去寒郁，引入下焦，不留胃中，有效。）杏仁、甘李根皮，桐木皮、诃黎勒［水石］甘烂水（并主奔豚气。）代赭石（小肠疝气，火煅醋淬，末服。)禹余粮(育肠气痛,为末饮服。)坩锅(偏坠疝,热酒服。)

【痰积】[草木]牵牛(肾气作痛,同川椒、茴香,入猪肾煨食,取下恶物。)射干(利积痰瘀血疝毒。阴疝痛刺,捣汁服,取利,亦丸服。)大黄(小腹痛,老血留结。)甘遂(疝瘕。偏气,同茴香末酒服。)狼毒(阴疝欲死,同防风、附子,丸服。)荆芥(破结聚气,下瘀血。阴癀肿痛,焙末,酒服。)蒲黄(同五灵脂,治诸疝痛。)三棱(破积。)蓬莪术(破痃癖,妇人血气,丈夫奔豚。一切气痛、疝痛,煨研葱、酒服。)香附子(治食积痰气疝痛,同海石末,姜汁服。)商陆、天南星、贝母、芫花、防葵、巴豆、干漆、五加皮、鼠李、山楂(核同。)枳实(末服。)青橘皮(并主疝瘕积气。)胡芦巴(小肠疝,同茴香、荞面丸服,取下白脓,去根。)[虫兽]斑蝥(小肠气,枣包煨食。)芫青、地胆、桑螵蛸、雀粪、五灵脂(并主疝瘕。)猬皮(疝积,烧灰酒服。)

【挟虚】甘草(缓火止痛。)苍术(疝多湿热,有挟虚者,先疏涤,而后用参、术,佐以疏导。虚损偏坠,四制苍术丸。)赤箭、当归、芎䓖、芍药(并主疝瘕,搜肝止痛。)山茱萸、巴戟、远志、牡丹皮(并主奔豚冷气。)熟地黄(脐下急痛。)猪脬(疝气坠痛,人诸药煮食。)

脂靈五

【阴癀】[外治]地肤子、野苏、槐白皮(并煎汤洗。)马鞭草、大黄(和醋。)白垩土(并涂敷。)蒺藜(粉摩。)苋根(涂阴下冷痛,入腹杀人。)热灰(上症,醋调涂。)釜月下土(同上。)白头翁(捣涂,一夜成疮,二十日愈。)木芙蓉(同黄檗末,以木鳖子磨醋,和涂。)雄鸡翅灰(同蛇床子末敷。)石灰(同栀子、五倍子末,醋和敷。)牡蛎粉(水癀,同干姜末敷。)铁精粉、蓬砂(水研。)地龙粪、马齿苋(并涂小儿阴肿。)茱萸(冷气,内外肾钓痛,同盐研罨。)蜀椒(阴冷渐入囊,欲死,作袋包。)

本草纲目主治第四卷

羌活

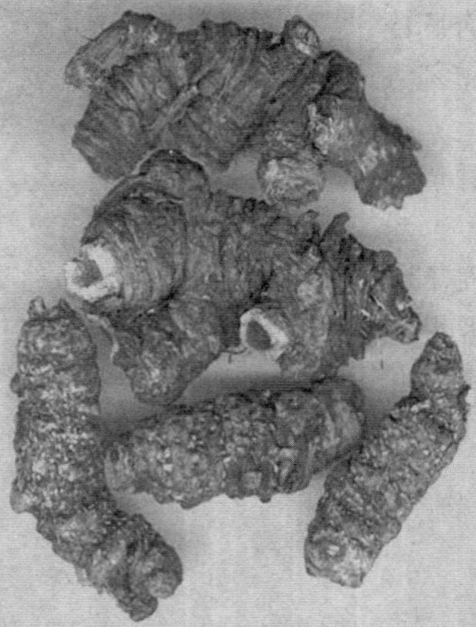

杏仁

序 例

痛风
耳
口舌
须发
疬疡癜风
痈疽
头痛
面
咽喉
胡臭
瘿瘤疣痣
诸疮上下
眩运
鼻
音声
丹毒
瘰疬
眼目
唇
牙齿
风瘙疹痱
九漏
外伤诸疮（漆疮　冻疮　皲裂　灸疮　湯火疮）
金镞竹木伤
跌仆折伤（肠出杖疮）
五绝（缢死　溺死　压死　冻死　惊死）
诸虫伤（蛇虺　蜈蚣　蜂蠆　蜘蛛　蠼螋　蚕䖸　蚯蚓　蜗牛　射工　沙虱　蛭　蝼蛄　蚁　蝇　蚰蜒　辟除诸虫）
诸兽伤（虎狼　熊罴　猪猫　犬猘　驴马　鼠咬　人咬）
诸毒（金石　草木　果菜　虫鱼　禽兽）
蛊毒
诸物哽咽
妇人经水
带下
崩中漏下（月水不止　五十行经）
胎前（子烦　胎啼）
产难（死胎　生胎）
产后（下乳　回乳　断产）
阴病（阴寒　阴吹　阴肿痛　阴痒　阴蚀　阴脱　产门不合　产门生合　脬损）
小儿初生诸病（沐浴　解毒　便闭　不啼　不乳　吐乳　无皮　目闭　血眼　肾缩　解颅　囟陷　囟肿　项软　龟背　语迟　行迟　流涎　夜啼　脐肿　脐风）
惊痫　诸疳　痘疮　小儿惊痫（阴阳二症）

本草纲目主治第四卷

痛风

（属风、寒、湿、热、挟痰及血虚、污血）

活　羌

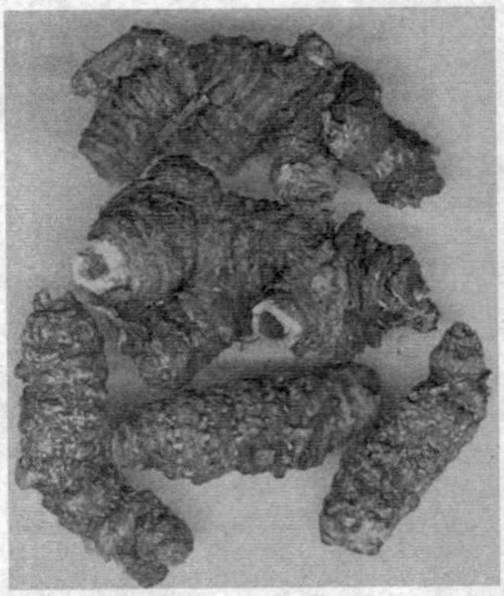

【风寒风湿】［草木］麻黄（风寒、风湿、风热痹痛，发汗。）羌活（风湿相搏，一身尽痛，非此不除。同松节，煮酒，日饮。）防风（主周身骨节尽痛，乃治风去湿仙药。）苍术（散风，除湿，燥痰，解郁，发汗，通治上、中、下湿气。湿气身痛，熬汁作膏，点服。）桔梗（寒热风痹，滞气作痛，在上者，宜加之。）茜根（治骨节痛，燥湿行血。）紫葳（除风热、血滞作痛。）苍耳子（风湿周痹，四肢拘痛，为末煎服。）牵牛子（除气分湿热，气壅腰脚痛。）羊踯躅（风湿痹痛走注，同糯米、黑豆，酒、水煎服，取吐利。风痰注痛，同生南星捣饼，蒸四五次收之，临时焙丸，温酒下三丸，静卧避风。）芫花（风湿痰注作痛。）草乌头（风湿痰涎，历节走痛不止，入豆腐中煮过，晒研，每服五分，仍外敷痛处。）乌头、附子（并燥湿痰，为引经药。）百灵藤（酒。）石南藤（酒。）青藤（酒。并主风湿骨痛顽痹。）薏苡仁（久风湿痹，筋急不可屈伸。风湿身痛，日晡甚者，同麻黄、杏仁、甘草煎服。）豆豉、松节（去筋骨痛，能燥血中之湿。历节风痛，四肢如脱，浸酒日服。）桂枝（引诸药横行手臂。同椒、姜浸酒，絮熨阴痹。）海桐皮（腰膝注痛，血脉顽痹，同诸药浸酒服。）五加皮（风湿骨节挛痛，浸酒服。）枸杞根及苗（去皮肤骨节间风。子，补肾。）［虫兽］蚕砂（浸酒。）蝎梢（肝风。）蚯蚓（脚风宜用。）穿山甲（风痹疼痛，引经通窍。）守宫（通经络，入血分。历节风痛，同地龙、草乌头诸药，丸服。）白花蛇（骨节风痛。）乌蛇（同上。）水龟（风湿拘挛，筋骨疼痛，同天花粉、枸杞子、雄黄、麝香、槐花煎服。版，亦入阴虚骨痛方。）五灵脂（散血活血，止诸痛，引经有效。）虎骨（筋骨毒风，走注疼痛，胫骨尤良。白虎风痛膝肿，同通草煮服，取汗。同没药末服。风湿痛，同附子末服。头骨，浸酒饮。）

【风痰湿热】[草部]半夏、天南星(并治风痰、湿痰、热痰凝滞,历节走注。右臂湿痰作痛,南星、苍术煎服。)大戟、甘遂(并治湿气化为痰饮,流注胸膈经络,发为上下走注,疼痛麻痹。能泄脏腑、经隧之湿。)大黄(泄脾胃血分之湿热。酥炒煎服,治腰脚风痛,取下冷脓恶物,即止。)威灵仙(治风湿痰饮,为痛风要药,上下皆宜。腰膝积年冷病诸痛,为末酒下,或丸服,以微利为效。)黄芩(三焦湿热风热,历节肿痛。)秦艽(除阳明风湿、湿热,养血荣筋。)龙胆草、木通(煎服。)汸己、木鳖子(并主湿热肿痛,在下加之。)姜黄(治风痹臂痛,能入手臂,破血中之滞气。)红蓝花(活血滞,止痛,瘦人宜之。)[菜果]白芥子(暴风毒肿,痰饮流入四肢、经络,作痛。)桃仁(血滞风痹挛痛。)橘皮(下滞气,化湿痰。风痰麻木,或手木,或十指麻木,皆是湿痰死血。以一斤去白,逆流水五碗,煮烂去滓至一碗,顿服取吐,乃吐痰之圣药也。)槟榔(一切风气,能下行。)[木石]枳壳(风痒麻痹,散痰疏滞。)黄檗(除下焦湿热痛肿,下身甚者加之。)茯苓(渗湿热。)竹沥(化热痰。)苏枋木(活血止痛。)滑石(渗湿热。)[禽兽]羚羊角(入肝平风,舒筋,止热毒风,历节掣痛效。)羊胫骨(除湿热,止腰脚筋骨痛,浸酒服。)

【补虚】[草部]当归、芎劳、芍药、地黄、丹参(并养新血,破宿血,止痛。)牛膝(补肝肾,逐恶血,治风寒湿痹,膝痛,不可屈伸,能引诸药下行,痛在下者加之。)石斛(脚膝冷痛痹弱,酒浸酥蒸,服满一镒,永不骨痛。)天麻(诸风湿痹不仁,补肝虚,利腰膝。腰脚痛,同半夏、细辛袋盛,蒸热互熨,汗出则愈。)萆薢、狗脊(寒湿膝痛腰背强,补肝肾。)土茯苓(治疮毒筋骨痛,去风湿,利关节。)锁阳(润燥养筋。)[谷木]罂粟壳(收敛固气,能入肾,治骨痛尤宜。)松脂(历节风酸痛,炼净,和酥煎服。)乳香(补肾活血,定诸经之痛。)没药(逐经络滞血,定痛。历节诸风痛不止,同虎胫骨末,酒服。)

【外治】白花菜(敷风湿痛。)芥子(走注风毒痛,同醋涂。)蓖麻油(入膏,拔风邪出外。)鹈鹕油(入膏,引药气入内。)羊脂(入膏,引药气入内,拔邪出外。)野驼脂(摩风痛。)牛皮胶(同姜汁化,贴骨节痛。)驴骨(浴历节风。)蚕砂(蒸熨。)

头 痛

(有外感,气虚,血虚,风热,湿热,寒湿,痰厥,肾厥,真痛,偏痛。右属风虚,左属痰热)

【引经】太阳(麻黄、藁本、羌活、蔓荆。)阳明(白芷、葛根、升麻、石膏。)少阳(柴胡、芎劳。)太阴(苍术、半夏。)少阴(细辛。)厥阴(吴茱萸、芎劳。)

【湿热痰湿】[草部]黄芩(一味,酒浸晒研,茶服,治风湿、湿热、相火,偏、正诸般头痛。)荆芥(散风热,清头目。作枕,去头项风;同石膏末服,去风热头痛。)薄荷(除风热,清头目,蜜丸服。)菊花(头目风热肿痛,同石膏、芎劳末服。)蔓荆实(头痛，脑鸣，目泪。太阳头痛，为末浸酒服。）水苏（风热痛，同皂荚、芫花丸服。）半夏（痰厥头痛，非此不除，同苍术用。）栝蒌（热病头痛，洗瓤温服。）香附子（气郁头痛，同川芎末，常服；偏头风，同乌头、甘草，丸服。）大黄（热厥头痛，酒炒三次，为末，茶服。）钩藤（平肝风心热。）茺蔚子（血逆，大热头痛。）木通、青黛、大青、白藓皮、茵陈、白蒿、泽兰、沙参、丹参、知母、吴蓝、景天（并主天行头痛。）前胡、旋覆花[菜果]竹笋（并主痰热头痛。）东风菜、鹿藿、苦茗（并治风热头痛。清上止痛，同葱白煎服；用巴豆烟熏过服，止气虚头痛。）杨梅（头痛，为末茶服。）橘皮[木石]枳壳（并主痰气头痛。）榉皮（时行头痛，热结在肠。）枸杞（寒热头痛。）竹茹（饮酒人头痛，煎服。）竹叶、竹沥、荆沥（并痰热头痛。）黄檗、栀子、茯苓、白垩土（并湿热头痛。合王瓜为末服，止疼。）石膏（阳明头痛如裂，壮热如火。并风热，同竹叶煎；风寒，同葱、茶煎；风痰，同川芎、甘草煎。）铁粉（头痛鼻塞，同龙脑，水服。）光明盐[兽人]犀角（伤寒头痛寒热，诸毒气痛。）童尿（寒热头痛至极者，一盏，入葱、豉煎服，陶隐居盛称之。）

【风寒湿厥】[草谷菜果]芎䓖（风入脑户头痛，行气开郁，必用之药。风热及气虚，为末茶服；偏头风，浸酒服；卒厥，同乌药末服。）防风（头面风去来。偏正头风，同白芷，蜜丸服。）天南星（风痰头痛，同荆芥丸服；痰气，同茴香丸服；妇人头风，为末酒服。）乌头、附子（浸酒服，煮豆食，治头风；同白芷末服，治风毒痛；同川芎或同高良姜服，治风寒痛；同葱汁丸，或同钟乳、全蝎丸，治气虚痛；同全蝎、韭根丸，肾厥痛；同釜墨，止痰厥痛。）天雄（头面风去来痛。）草乌头（偏正头风，同苍术，葱汁丸服。）白附子（偏正头风，同牙皂末服；痰厥痛，同半夏、南星丸服。）地肤子（雷头风肿，同生姜擂酒服，取汗。）杜衡（风寒头痛初起，末服，发汗。）蒴藋（煎酒取汁。）蓖麻子（同川芎烧服，取汗。）草薢（同虎骨、旋覆花末服，取汗。）南藤（酿酒服，并治头风。）通草（烧研酒服，治洗头风。）菖蒲（头风泪下。）杜若（风入脑户，痛肿涕泪。）胡芦巴（气攻痛，同三棱、干姜末，酒服。）牛膝（脑中痛。）当归（煮酒。）地黄、芍药（并血虚痛。）葳蕤、天麻、人参、黄芪（并气虚痛。）苍耳、大豆黄卷（并头风痹。）胡麻（头面游风。）百合（头风目眩。）胡荽、葱白、生姜（并风寒头痛。）杏仁（时行头痛，解肌。风虚，痛欲破，研汁，入粥食，得大汗即解。）茱萸（厥阴头痛呕涎，同姜、枣、人参煎服。）蜀椒、枳椇[木石虫兽]柏实（并主头风。）桂枝（伤风头痛自汗。）乌药（气厥头痛，及产后头痛，同川芎末，茶服。）皂荚（时气头痛，烧研，同姜、蜜，水服，取汗。）山茱萸（脑骨痛。）辛夷、伏牛花、空青、曾青（并风眩头痛。）石硫黄（肾厥头痛、头风，同硝石丸服。同胡粉丸服。同食盐丸服。同乌药丸服。）蜂子、全蝎、白僵蚕（葱汤服，或入高良姜，或以蒜制为末服，治痰厥、肾厥痛。）白花蛇（脑风头痛，及偏头风，同南星、荆芥诸药，末服。）鱼鳔（八般头风，烧存性，末，葱、酒热饮，醉醒则愈）羊肉（头脑大风，汗出虚劳。）羊屎（雷头风，研酒服。）

【吐痰】见风及痰饮。

【外治】谷精草(为末嗃鼻,调糊贴脑,烧烟熏鼻。)延胡索(同牙皂、青黛为丸。)瓜蒂、藜芦、细辛、苍耳子、大黄、远志、荜茇、高良姜、牵牛(同砂仁、杨梅末。)芸苔子、皂荚、白棘针(同丁香、麝香。)雄黄(同细辛。)玄精石、硝石、人中白(同地龙末,羊胆为丸。)旱莲汁、萝卜汁、大蒜汁、苦瓠汁(并嗃鼻。)艾叶(揉丸嗅之,取出黄水。)蓖麻仁(同枣肉纸卷,插入鼻内。)半夏烟、木槿子烟、龙脑烟(并熏鼻。)灯火(淬之。)荞麦面(作大饼,更互合头,出汗。或作小饼,贴四眼角,灸之。)黄蜡(和盐作兜鍪,合之即止。)麝香(同皂荚末,安顶上,炒盐熨之。)茱萸叶(蒸热枕之,治大寒犯脑痛,亦浴头。)桐木皮、冬青叶、石南叶、牡荆根、槵子皮、莽草、葶苈、豉汁、驴头汁(并治头风。)全蝎(同地龙、土狗、五倍子末。)柚叶(同葱白。)山豆根、南星(同川乌。)乌头、草乌头(同栀子、葱汁。)乳香(同蓖麻仁。)决明子(并贴太阳穴。露水八月朔旦取,磨墨点太阳,止头疼。)桂木(阴雨即发痛,酒调,涂顶额。)井底泥(同硝、黄敷。)朴硝(热痛,涂顶上。)诃子(同芒硝,醋摩之。)牛蒡根(同酒煎膏摩之。)绿豆(作枕去头风。决明、菊花皆良。)麦面(头皮虚肿,薄如裹水,口嚼敷之,良。)栀子(蜜和敷舌上,追涎去风甚妙。)

眩晕

(眩是目黑,晕是头旋,皆是气虚挟痰,挟火,挟风,或挟血虚,或兼外感四气)

【风虚】[草菜]天麻(目黑头旋,风虚内作,非此不能除,为治风神药,名定风草。首风旋运,消痰定风,同川芎,蜜丸服。)术(头忽眩晕,瘦削食土,同曲丸服。)荆芥(头旋目眩。产后血晕欲死,童尿调服。)白芷(头风、血风眩晕,蜜丸服。)苍耳子(诸风头晕,蜜丸服;女人血风头旋,闷绝不省,为末酒服,能通顶门。)菊苗(男女头风眩晕,发落有痰,发则昏倒,四月收,阴干为末,每酒服二钱。秋月收花浸酒,或酿酒服。)蒴藋根(头风旋晕,同独活、石膏煎酒服;产后血晕,煎服。)贝母(洗恶风寒,目眩项直。)杜若(风入脑户,眩倒,目䀮䀮。)钩藤(平肝风心火,头旋目眩。)排风子(目赤头旋,同甘草、菊花末。)当归(失血眩晕,芎䓖煎服。)芎䓖(首风旋晕。)红药子(产后血晕。)附子、乌头、薄荷,细辛、木香、紫苏、水苏、白蒿、飞廉、卷柏、蘼芜、羌活、藁本、地黄、人参,黄芪、升麻、柴胡、山药(并治风虚眩晕。)生姜[木虫鳞兽]松花(头旋脑肿,浸酒饮。)槐实(风眩欲倒,吐涎如醉,漾漾如舟车上。)辛夷(眩冒,身兀兀如在车船上。)蔓荆实(脑鸣昏闷。)伏牛花、丁香、茯神、茯苓、山茱萸、地骨皮、全蝎、白花蛇、乌蛇(并头风眩晕。)鹿茸(眩晕,或见一为二。半两煎酒,入麝服。)驴头(中风头眩,身颤,心肺浮热,同豉煮食。)兔头骨及肝、羚羊角、羊头蹄及头骨、羊肉、牛胃、猪脑、猪血、熊脑(并主风眩瘦弱。)

【痰热】[草菜]天南星(风痰眩晕吐逆,同半夏、天麻、白面煮丸。)半夏(痰厥昏晕，同甘草、防风煎服；风痰眩晕，研末水沉粉，入朱砂丸服；金花丸：同南星、寒水石、天麻、雄黄、白面，煮丸服。）白附子（风痰，同石膏、朱砂、龙脑丸服。）大黄（湿热眩晕，炒末茶服。）旋覆花、天花粉、前胡、桔梗、黄芩、黄连、泽泻、白芥子（热痰烦运，同黑芥子、大戟、甘遂、芒硝、朱砂丸服。）[果木]橘皮、荆沥、竹沥（头风旋晕目眩，心头漾漾欲吐。）枳壳、黄檗、栀子[金石]石胆（女人头晕，天地转动，名曰心眩，非血风也。以胡饼剂和，切小块焙干，每服一块，竹茹汤下。）云母（中风寒热，如在舟船上。同恒山服，吐痰饮。）石膏（风热。）铅、汞（结砂。）硫黄、硝石（并除上盛下虚，痰涎眩晕。）朱砂、雄黄[虫禽]白僵蚕（并风痰。）鹘嘲（头风目眩，炙食一枚。）鹰头（头目虚晕，同川芎末服。）鸱头（头风旋晕。同蔺茹、白术丸服。）

【外治】甘蕉油（吐痰。）瓜蒂（吐痰。痰门吐法可用。）茶子（头中鸣响，为末嗃鼻。）

眼目

（有赤目传变，内障昏盲，外障翳膜，物伤眯目）

【赤肿】[草部]黄连（消目赤肿，泻肝胆心火，不可久服。赤目痛痒，出泪羞明，浸鸡子白点；蒸人乳点；同冬青煎点；同干姜、杏仁煎点；水调贴足心。烂弦风赤，同人乳、槐花、轻粉蒸熨；风热盲翳，羊肝丸服。）胡黄连（浸人乳，点赤目。小儿，涂足心。）黄芩（消肿赤瘀血。）芍药（日赤涩痛，补肝明目。）桔梗（赤目肿痛。肝风盛，黑睛痛，同牵牛丸服。）白牵牛（风热赤目，同葱白，煮丸。）龙胆（赤肿瘀肉高起，痛不可忍，除肝胆邪热，去目中黄，佐柴胡，为眼疾必用之药。暑月目涩，同黄连汁点：漏脓，同当归末服。）葳蕤（目痛眦烂泪出。赤目涩痛，同芍药、当归、黄连煎洗。）白芷（赤目弩肉，头风侵目痒泪。一切目疾，同雄黄丸服。）薄荷（去风热。烂弦，以姜汁，浸研，泡汤洗。）荆芥（头目一切风热疾，为末，酒服。）蓝叶（赤目热痛，同车前、淡竹叶煎洗。）山茵陈（赤肿，同车前子，末服。）王瓜子（赤目痛涩，同槐花、芍药丸服。）香附子（肝虚睛痛羞明，同夏枯草末、沙糖水服；头风睛痛，同川芎末，茶服。）防已（目睛暴痛，酒洗三次，末服。）夏枯草（补养厥阴血脉，故治目痛如神。）菖蒲（诸般赤目，捣汁，熬膏点之；同盐，敷挑针。）地黄（血热，睡起目赤，煮粥食；暴赤痛，小儿蓐内目赤，并贴之。）地肤子（风热赤目，同地黄作饼，晒研服。）苦参、细辛（并明目，益肝胆，止风眼下泪。）黄芪、连翘（又洗烂弦。）大黄（并主热毒赤目。）赤芍药、白芨、防风、羌活、白藓皮、柴胡、泽兰、麻黄（并主风热，赤目肿痛。）野狐丝草汁、积雪草汁、瞿麦汁、车前草汁（并点赤目。叶亦贴之。）千里及汁（点烂弦风眼。）覆盆草汁（滴风烂眼，去虫。）五味子（同蔓荆子煎，洗烂弦。）艾叶（同黄连煎水，洗赤目。）附子（暴赤肿痛，纳粟许入目。）高良姜（吹鼻退赤。）狗尾草（戛赤目，去恶血。)石斛(同川芎嗃鼻,起倒睫。)木鳖子(塞鼻,起倒睫。)[谷菜]粟泔淀(同地黄,贴熨赤目。)豆腐(热贴。)黑豆(袋盛泡热,互熨数十次。)烧酒(洗火眼。)生姜(目暴赤肿,取汁点之。)干姜(目睛久赤,及冷泪作痒,泡汤洗之;取粉点之,尤妙。末,贴足心。)东风菜(肝热目赤,作羹食。)荠菜、枸杞菜[果部]西瓜(日干,末服。)石莲子(眼赤痛,同粳米,作粥食。)梨汁(点胬肉。赤目,入腻粉、黄连末。)甘蔗汁(合黄连煎,点暴赤肿。)杏仁(同古钱埋之,化水,点目中赤脉;同腻粉,点小儿血眼;油烧烟,点胎赤眼。)酸榴皮(点目泪。)盐麸子[木部]海桐皮、山矾叶(同姜浸热水。)黄栌(并洗风赤眼。)桐油(烙风眼。)秦皮(洗赤目肿,暴肿,同黄连、苦竹叶煎服。)黄檗(目热赤痛,泻阴火。时行赤目,浸水蒸洗;婴儿赤目,浸人乳点。)栀子(目赤热痛,明目。)枸杞根皮(洗天行赤目。)楮枝灰(泡汤,洗赤目。)榉皮(洗飞血赤目。)栾华(目痛眦烂肿赤,合黄连作煎点。)槐花(退目赤。胎赤,以枝磨铜器汁,涂之。)冬青叶(同黄连熬膏,点诸赤眼。子汁,亦可同朴硝点之。)木芙蓉叶(水和,贴太阳,止赤目痛。)丁香(百病在目,同黄连煎乳,点之。)蕤核仁(和胡粉、龙脑,点烂赤眼。)郁李仁(和龙脑,点赤目。)淡竹沥(点赤目。)荆沥(点赤目。)诃黎勒(磨蜜,点风眼。)桑叶(赤目涩疼,为末,纸卷烧烟,熏鼻中。)白棘钩(点倒睫。)青布(目痛磣涩,及病后目赤有翳,炙热,卧时熨之。)[水土]热汤(沃赤目。)白垩(赤烂眼、倒睫,同铜青泡汤洗。)古砖(浸厕中,取出,生霜,点赤目。)[金石]金环、铜匙(并烙风赤、风热眼。)玛瑙(熨赤烂。)水精、玻璃(熨热肿。)琉璃(水浸,熨目赤。)盐药(点风赤烂眼。)炉甘石(火煅,童尿淬研,点风湿烂眼;同朴硝泡,洗风眼。)芒硝(洗风赤眼。)白矾(同铜青洗风赤眼;甘草水调,贴目胞,去赤肿。)青矾(洗赤烂眼,及倒睫,及暴赤眼。)石胆(洗风赤眼,止疼。)绿盐(同蜜,点胎赤眼。)光明盐、牙硝、硝石(点赤目疼。)卤硷(同青梅、古钱浸汤,点风热赤目。纸包风处,日取,点一切目疾;同石灰、醋,敷倒睫。)古钱(磨姜汁,点赤目肿痛;磨蜜,艾烟熏过,点赤目生疮。)铜青(和水涂碗中,艾烟熏干,贴烂眼泪出。)无名异(点灯,熏倒睫毛。)石燕(磨水,点倒睫。)铅丹(同乌贼骨末,蜜调,点赤目;贴太阳,止肿痛。)土朱(同石灰,贴赤目肿闭。)玄精石(目生赤脉,同甘草末服;目赤涩痛,同黄檗点之。)井泉石(风毒赤目,同谷精草、井中苔、豆豉末服;眼睑赤肿,同大黄、栀子服。)石膏[虫部]五倍子(主风赤烂眼,研敷之;或烧过,入黄丹;同白垩土、铜青泡洗;蔓荆子同煎洗;其中虫,同炉甘石点之。)泥中蛆(洗晒研,贴赤目。)蝇(倒睫,嗃鼻。)人虱(倒睫拔毛,取血点之。)[介鳞]穿山甲(倒睫,羊肾脂炙,嗃鼻;火眼,烧烟熏之。)守宫粪(涂赤烂眼。)田螺(入盐化汁,点肝热目赤;入黄连、真珠,止目痛;入铜绿,点烂眼。)海螺(同。)蚌(赤目、目暗,入黄连,取汁点。)海螵蛸(同铜绿泡汤,洗妇人血风眼。)鲤鱼胆、青鱼胆[禽兽]乌鸡胆、鸭胆、鸡子白(并点赤目。)鸡卵白皮(风眼肿痛,同枸杞白皮,嗃鼻。)鸡冠血(点目泪不止。)驴乳(浸黄连,点风热赤目。)驴尿(同盐,点胬肉。)猪胆、犬胆、羊胆(蜜蒸九次。)熊胆(并点赤目。)猬胆[人部]小儿脐带血(并点豆风眼。)人乳汁(点赤目多泪;和雀粪,点弩肉。)人尿(洗赤目。)耳塞(点一切目疾。)头垢(点赤目。)

【昏盲】[草部]人参(益气明目。酒毒目盲,苏木汤调末服;小儿惊后,瞳仁不正,同阿胶煎服。)黄精(补肝明目,同蔓荆子九蒸九晒为末,日服之。)苍术(补肝明目,同熟地黄,丸服;同茯苓,丸服;青盲雀目,同猪肝或羊肝,粟米汤煮食;目昏涩,同木贼末服;小儿目涩不开,同猪胆煮丸服。)玄参(补肾明目。赤脉贯瞳,猪肝蘸末服。)当归(内虚目暗,同附子丸服。)青蒿子(目涩,为末日服,久则目明。)枲耳子(为末,入粥食,明目。)地黄(补阴,主目䀮䀮无所见。补肾明目,同椒红丸服。)麦门冬(明目轻身,同地黄、车前丸服。)决明子(除肝胆风热,淫肤赤白膜,青盲。益肾明目,每旦吞一匙,百日后夜见物光;补肝明目,同蔓荆,酒煮为末,日服;积年失明,青盲雀目,为末,米饮服;或加地肤子,丸服。)地肤子(补虚明目,同地黄末服。叶,洗雀目,去热暗涩疼;汁,点物伤睛陷。)车前子(明目,去肝中风热毒冲眼,赤痛障翳,脑痛泪出。风热目暗,同黄连末服;目昏障翳,补肝肾,同地黄、菟丝子丸服,名驻景丸。)蒺藜(三十年失明,为末日服。)菟丝子(补肝明目,浸酒丸服。)营实(目热暗,同枸杞子、地肤子,丸服。)千里及(退热明目,同甘草煮服。)地衣草(治雀目,末服。)葳蕤(眼见黑花,昏暗痛赤,每日煎服。)淫羊藿(病后青盲,同淡豉煎服;小儿雀目,同蚕蛾、甘草、射干末,入羊肝内,煮食。)天麻、芎䓖、萆薢(并补肝明目。)白术(目泪出。)菊花(风热,目疼欲脱,泪出,养目去盲,作枕明目。叶同。)五味子(补肾明目,收瞳子散。)覆盆子(补肝明目。)茺蔚子(益精明目。瞳子散大者勿用。)木鳖子(疳后目盲,同胡黄连丸服。)龙脑薄荷(暑月目昏,取汁点之。)箬叶灰(淋汁,洗一切目疾。)柴胡(目暗,同决明子末,人乳和,敷目上,久久目视五色。)荠苨、地榆、蓍实、艾实、牛蒡子、蓼子、款冬花、瞿麦、通草、柴胡、细辛、鳢肠、酸浆子,萱草、槌胡根、茳草根[谷菜]赤小豆、腐婢、白扁豆(并明目。)大豆(肝虚目暗,牛胆盛之,夜吞三七粒。)苦荞皮(同黑豆、绿豆皮、决明子、菊花作枕,至老目明。)葱白(归目益睛,除肝中邪气。)葱实(煮粥食,明目。)蔓荆子(明目益气,使人洞视,水煮三遍,去苦味,晒干为末,水服。一用醋煮,或醋蒸三遍,末服,治青盲,十得九愈。或加决明子,酒煮。或加黄精,九蒸九晒。花,为末服,治虚劳目暗。)芥子(雀目,炒末,羊肝煮食;挼入目中,去翳。)白芥子(涂足心,引热归下,痘疹不入目。)荠菜、菥蓂、苋实、苦苣、莴苣、翘摇、冬瓜仁、木耳[果部]梅核仁、胡桃(并明目。)石蜜(明目,去目中热膜,同巨胜子丸服。)枣皮灰(同桑皮灰,煎汤洗,明目。)椒目(眼生黑花,年久者,同苍术丸服。)蜀椒、秦椒[木部]桂、辛夷、枳实、山茱萸(并明目。)沉香(肾虚目黑,同蜀椒丸服。)桐花(眼见禽虫飞走,同酸枣、羌活、玄明粉煎服。)槐子(久服除热、明目、除泪,煮饮,或入牛胆中,风干吞之;或同黄连末,丸服。)五加皮(明目。浸酒,治目僻目䁾。)牡荆茎(青盲,同乌鸡丸服。)黄檗(目暗,每旦含洗,终身无目疾。)松脂(肝虚目泪,酿酒饮。)椿荚灰(逐月洗头,明目。)槵子皮(洗头,明目。)桑叶及柴灰、柘木灰(并逐月按日煎水,洗目,明目,治青盲。)蔓荆子(明目除昏,止睛痛。)蕤核(同龙脑,点一切风热昏暗黑花。)梓白皮(主目中疾。)石南(小儿受惊,瞳仁不正,视东则见西,名通睛。同瓜丁、藜芦吹鼻。)秦皮、逐折、栾荆、木槿皮、桑寄生(洗。)苦竹叶及沥、天竹黄、芦荟、密蒙花[金石]银屑、银膏、赤铜屑、玉屑、铁精、铅灰(揩牙洗目。)炉甘石(目暗昏花,同黄丹,炼蜜丸。)钟乳石、赤石脂、青石脂、长石、理石(并明目。)石膏(去风热。雀目夜昏,同猪肝煮食;风寒入脑系,败血凝滞,作眼寒,同川芎、甘草末服。)丹砂(目昏内障,神水散大,同磁石、神曲丸服。)芒硝(逐月按日洗眼,明目。)黄土(目卒无所见,浸水洗之。)食盐(洗眼,明目止泪。)戎盐、磁石、石青、白青、石硫青[水部]腊雪、明水、甘露、菖蒲及柏叶上露[虫介鳞部]萤火(并明目。)蜂蜜(目肤赤胀。肝虚雀目,同蛤粉、猪肝煮食。)蚌粉(雀目夜盲,同猪肝、米泔煮食,与夜明砂同功。)蛤粉(雀目,炒研,油蜡和丸,同猪肝煮食。)玳瑁(迎风目泪,肝肾虚热也,同羚羊角、石燕子末服。)真珠(合鲤鱼胆、白蜜,点肝虚雀目。)鲫鱼(热病目暗,作臛食;弩肉,贴之。)鲤鱼脑(和胆,点青盲。)青鱼睛汁[禽兽]乌目汁(并注目,能夜见物。)鹳鹆睛汁、鹰睛汁(并主目,能见碧霄之物。)鹤脑(和天雄、葱实服,能夜书字。)雀头血(点雀目。)伏翼(主目痒疼.夜视有精光。血及胆滴目中,夜见物。)雄鸡胆(目为物伤,同羊胆、鲤鱼胆点。)乌鸡肝(风热目暗,作羹食。)鸠(补肾,益气,明目。)猪肝(补肾明日。雀目,同海螵蛸、黄蜡煮食。同石决明、苍术末,煮食。)青羊肝(补肝风虚热,目暗赤痛,及热病后失明,作生食,并水浸贴之;青盲,同黄连、地黄丸服;小儿雀目,同白牵牛末,煮食;又同谷精草,煮食;赤目失明,同决明子、蓼子末服;风热昏暗生翳,生捣末,黄连丸服;不能远视,同葱子末,煮粥食;目病䀮䀮,煮热熏之。)牛肝(补肝明目。)兔肝(风热上攻,目暗不见物,煮粥食。)犬胆(肝虚目暗,同萤火末点;目中脓水,上伏日酒服。)牛胆(明目,酿槐子吞;酿黑豆吞;和柏叶、夜明砂,丸服。)鼠胆(点青盲雀目。目,和鱼膏点,明目。屎,明目。)白犬乳(点十年青盲。)醍醐(敷脑,明目。)牛涎(点损目、破目。)鹿茸(补虚明目。)羖羊角(并明目。)羚羊角(并明目。)[人部]天灵盖(治青盲。)

【翳膜】[草部]白菊花(病后生翳,同蝉花末服;瘢豆生翳,同绿豆皮、谷精草末,煮干柿食。)淫羊藿(目昏生翳,同王瓜末服。)茼实(目翳瘀肉,倒睫拳毛,同猪肝丸服。)谷精草(去翳,同防风末服;痘后翳,同猪肝丸服。)天花粉(痘后目障,同蛇蜕、羊肝煮食。)羊肝、覆盆子根(粉,点痘后翳。)白药子(痟眼生翳,同甘草、猪肝煮食。)黄芩(肝热生翳,同淡豉末,猪肝煮食。)水萍(瘢疮入目,以羊肝煮汁,调末服,十服见效。)番木鳖(瘢疮入目,同脑、麝吹耳。)马勃(瘢疮入目,同蛇皮、皂角子,煅研服。)贝母(研末点翳;同胡椒末,止泪。同真丹点弩肉,或同丁香。)麻黄根(内外障翳,同当归、麝香,嗃鼻。)鳢肠(同蓝叶浸

花菊白

油，摩顶，生发去翳。）牛膝叶（汁，点目生珠管。）青葙子（肝热赤障，翳肿青盲。）败酱（赤目翳障弩肉。）白豆蔻（白睛翳膜，利肺气。）木贼（退翳。）荇根（同诸药点翳。）鹅不食草（嗃鼻，塞耳，贴目，为去翳神药。）景天花汁、仙人草汁［菜谷］苦瓠汁（并点翳。小壶卢吸翳。）荠根（明目去翳，卧时纳入眦内，久久自落。荠实，主目痛青盲去翳，久服视物鲜明。）菥蓂子（目痛泪出，益精光，去弩肉，为末，卧时点之。）苋实（青盲目翳黑花，肝家客热。）马齿苋（目中息肉淫肤，青盲白翳，取子为末，蒸熨。）兰香子（安目中磨翳，亦煎服。）黑豆皮（痘后翳。）绿豆皮（痘后翳，同谷精、白菊花末、柿饼，粟米泔煮食，极效。）［果木］杏仁（去油，入铜绿，点翳；入腻粉，点弩肉。）李胶（治翳，消肿定痛。）蘡薁藤汁（点热翳，去白障。）龙脑香（明目，去肤翳，内外障，日点数次，或加蓬砂，并嗃鼻。）密蒙花（青盲肤翳，赤涩眵多，目中赤脉，及疳气攻眼，润肝燥。同黄檗丸服，去障翳。）楮实（肝热生翳，研末日服；同荆芥丸服，治目昏；叶末及白皮灰，入麝，点一切翳。）楸叶（煨，取汁熬，点小儿翳。）枸杞汁（点风障，赤膜昏疼。榨油点灯，明目。）蕤核（心腹邪热，目赤肿疼，泪出眦烂。同黄连，点风眼翳膜；同蓬砂，或同青盐、猪胰，点膜翳。）没药（目翳晕疼肤赤，肝血不足。）乳香、琥珀（磨翳。）鳖［水土］井华水（洗肤翳。浸目睛突出。）白瓷器（煅研。）东壁土［金石］锡吝脂、珊瑚、玛瑙、宝石、玻璃、菩萨石（并点翳。）古文钱（磨汁，点盲去翳，及目卒不见。）丹砂（擦翳，点息肉；同贝母，点珠管。）轻粉（点翳。）同黄丹（吹鼻，去痘后翳。）粉霜（痘疹入目生翳，同朱砂水调，倾耳中。）炉甘石（明目去翳，退赤收湿，煅赤，童尿淬七次，入龙脑，点一切目疾。或黄连水煮过，亦良。同蓬砂、海螵蛸、朱砂，点目翳昏暗烂赤。）空青（浆，点青盲内障翳膜。瞳仁破者，得再见物。一切目疾，同黄连、槐芽、片脑吹鼻；肤翳，同蕤仁点；黑翳，同矾石、贝子点。）曾青（一切风热目病，同白姜、蔓荆子、防风末，嗃鼻；瘢疮入目，同丹砂、蛴螬点。）密陀僧（浮翳多泪。）花乳石（多年翳障，同川芎、防风诸药点之。）井泉石（小儿热疳，雀目青盲生翳，同石决明服。）玄精石（赤目失明障翳，同石决明、蕤仁、黄连、羊肝丸服。）越砥（磨汁点翳，去盲止痛。）铅丹（一切目疾，同蜜熬点；同乌贼骨，点赤目生翳；同白矾，点翳；同鲤鱼胆，点目生珠管；同轻粉吹耳，去痘疹生翳。）石燕（磨，点障翳，拳毛倒睫。）石蟹（磨，点青盲，淫肤丁翳。）矾石（点翳膜弩肉。）硇砂（去膜翳弩肉，或入杏仁。）蓬砂（点目翳弩肉瘀突，同片脑用。）绿盐（点翳，去赤止痛。）芒硝（点障翳，赤肿涩痛。或入黄丹、脑、麝。）硝石（同黄丹、片脑点翳。）浮石［虫鳞介部］蚕蜕（并去障翳。）蝉蜕（目昏障翳，煎水服；产后翳，为末，羊肝汤服。）芫青（去顽翳，同樗鸡、斑蝥、蓬砂、蕤仁点。）樗鸡、蛴螬汁（滴青翳白膜。）蛇蜕（卒生翳膜，和面炙研汤服；痘后翳，同天花粉、羊肝煮食。）蚺蛇胆（点翳。）乌蛇胆（风毒气眼生翳。）鲤鱼胆、青鱼胆（并点翳障。或加黄连、海螵蛸。或加鲤鱼牛、羊、熊胆、麝香，合决明丸服。）海螵蛸（点一切浮翳及热泪。伤寒热毒攻目生翳，入片脑；赤翳攀睛贯瞳人，加辰砂，黄蜡丸，纳之；小儿疳眼流泪，加牡蛎、猪肝煮食。）鳗鲡血、鳝血（并点痘疹入目生翳。)鲛鱼皮(去翳,功同木贼。)鱼子(入翳障弩肉药。)石决明(明目磨翳。同甘草、菊花煎服,治羞明;海蚌、木贼水煎服,治肝虚生翳;同谷精草末,猪肝蘸食,治痘后翳。)真珠(点目去翳。合左缠根,治麸豆入目;地榆煮过,醋浸研末,点顽翳。)紫贝(生研,同猪肝煮食,治痘疹生翳。)白贝(烧研,点目花翳痛。)珂(点翳,或入片脑、枯矾。)螺蛳(常食,去痘后翳。)牡蛎[禽兽]抱出鸡卵壳(点翳障,及瘢疹入目。)雀(入内外障翳丸药。)雀屎(点弩肉,赤脉贯瞳子者即消,又去目热赤白膜。)五灵脂(治血贯瞳人。同海螵蛸末,猪肝蘸食,治浮翳。)夜明砂(目盲障翳,入猪肝煮食。)胡燕屎、猪脂(并点翳。)猪胆皮灰(点翳,不过三五度。)猪血(点痘入目。)猪胰(同蕤仁点翳。)猪鼻灰(目中风翳,水服。)猪悬蹄(炒,同蝉蜕、羚羊角末服,治斑豆生翳;烧灰,浸汤洗。)羊胆(点青盲赤障,白翳风眼,病后失明。)羊睛(点翳膜目赤。白珠磨汁点。)白羊髓(点赤翳。)熊胆(明目除翳,清心平肝。水化点。)象胆(功同熊胆。睛,和人乳滴之。)獭胆(目翳黑花,飞蝇上下,视物不明,入点药。)兔屎(去浮翳、痘后翳,日干,茶服一钱,或加槟榔末。)羚羊角、犀角(清肝明目。)麝香、虎骨[人部]人唾津(并退翳。)爪甲(刮末点翳,及痘后生翳,或加朱砂;目生珠管,烧灰,同贝子灰、龙齿末调。)胞衣(烧,点赤目生翳。)

【诸物眯目】地肤汁、猪脂、牛酥、鲍鱼头(煮汁。)鸡肝血(并点诸物入目。)蚕砂(诸物入目,水吞十枚。)甑带(沙石入目,水服一钱。)真珠、珊瑚、宝石、貂皮(并拭尘沙入目。)乌鸡胆(点尘沙眯目。)食盐(尘物入目,洗之。)羊筋、鹿筋、新桑白皮(尘物入目,嚼纳粘之。)兰香子(尘物入目,纳入粘之。)墨汁(点飞丝、尘物、芒屑入目。)蘘荷根汁、粟米(嚼汁。)豉(浸水。)大麦(煮汁。并洗麦稻芒屑入目。)白菘汁、蔓荆汁、马齿苋灰、藕汁、柘浆、鸡巢草灰(淋汁。)人爪甲(并点飞丝入目。)菖蒲(塞鼻,去飞丝入目。)瞿麦(眯目生翳,其物不出,同干姜末日服。)

耳

(耳鸣、耳聋,有肾虚,有气虚,有郁火,有风热。耳痛是风热。聤耳是湿热)

【补虚】[草谷]熟地黄、当归、肉苁蓉、菟丝子、枸杞子(肾虚耳聋,诸补阳药皆可通用。)黄芪、白术、人参(气虚耳鸣,诸补中药皆可通用。)骨碎补(耳鸣,为末,猪肾煨食。)百合(为末,日服。)社日酒[果木]干柿(同粳米、豆豉煮粥,日食,治聋。)柘白皮(酿酒,主风虚耳聋。)牡荆子(浸酒,治聋。)茯苓(卒聋,黄蜡和嚼。)山茱萸、黄檗[石禽兽部]磁石(养肾气,治聋。老人取汁,作猪肾羹食。)鸡子(作酒,止耳鸣。和蜡炒食,治聋。)猪肾(煮粥,治聋。)羊肾(补肾治聋。脊骨,同磁石、白术诸药,煎服。)鹿肾、鹿茸角(并补虚治聋。)

【解郁】[草部]柴胡(去少阳郁火,耳鸣、耳聋。)连翘(耳鸣辉辉焞焞,除少阳三焦火。）香附（卒聋，炒研，莱菔子汤下。）牵牛（疳气耳聋，入猪肾煨食。）栝蒌根（煮汁，酿酒服，治聋。）黄芩、黄连、龙胆、芦荟，抚芎、芍药、木通、半夏、石菖蒲、薄荷、防风（风热郁火耳鸣，诸流气，解郁消风降火药，皆可用也。）[金石]生铁（热甚耳聋，烧赤淬酒饮，仍以磁石塞耳。）空青、白青[虫禽]蠮螉（并治聋。）全蝎（耳聋，酒服一钱，以闻水声为效。）乌鸡屎（卒聋，同乌豆炒，投酒取汗为愈。）

【外治】[草木]木香（浸麻油煎，滴聋，日四五次。）预知子（卒聋，入石榴，酿酒滴。）凌霄叶（汁滴。）地黄、骨碎补（并煨，塞聋。）菖蒲（同巴豆塞。）附子（卒聋，醋浸插耳；烧灰，同石菖蒲塞耳，止鸣。）草乌头（塞鸣痒聋。）甘遂（插耳，口含甘草。）蓖麻子（同大枣作挺插。）土瓜根（塞耳，灸聋。）经霜青箬叶（入椒烧吹。）栝蒌根（猪脂煎，塞耳鸣。）鸡苏（生挼。）巴豆（蜡和。）细辛、狼毒、龙脑、槐胶、松脂（同巴豆。并塞耳聋。）椒目（肾虚耳鸣，如风水钟磬者，同巴豆、菖蒲、松脂塞之，一日一易，神效。）胡桃（煨研热塞，食顷即通。）芥子（人乳和，塞聋鸣。）葱茎（插耳鸣；同蜜水，滴聋鸣。）杏仁（蒸油滴。）石榴（入醋煨熟，入黑李子、仙枣子，滴卒聋。）生麻油（日滴，取耵聍。）烧酒（耳中有核，痛不可动。滴入半时，即可箝。）[石虫]磁石（入少

杏仁

麝香，淘，鹅油和塞。同穿山甲塞耳，口含生铁。）硝石、芫青（同巴豆、蓖麻。）斑蝥（同巴豆。）真珠（并塞。）地龙水[鳞介]龟尿、蟹膏、吊脂、苟印膏（并滴聋。）蚺蛇膏、花蛇膏、蝮蛇膏（并塞聋。）海螵蛸（同麝香吹。）穿山甲（同蝎尾、麝香和蜡，塞鸣聋。）（鲤鱼胆、脑）、（鲫鱼胆、脑）、乌贼鱼血[禽兽]（白鹅膏、臎）、雁肪、乌鸡肪、鹈鹕油、䴔䴖膏、鼠胆、猬脂、驴脂、猫尿、人尿（并滴聋。）雀脑、兔脑、熊脑、鼠脑（并塞聋。）蚯蚓（同青盐、鼠脂塞。）蚕蜕纸（卷麝香，熏聋。）

【耳痛】[草木]连翘、柴胡、黄芩、龙胆、鼠粘子、商陆（塞。）楝实、牛蒡根（熬汁。）蓖麻子（并涂。）木鳖子（耳卒热肿，同小豆、大黄，油调涂。）木香（以葱黄染鹅脂，蘸末内入。）菖蒲（作末炒罨，甚效。）郁金（浸水，滴。）茱萸（同大黄、乌头末，贴足心，引热下行，止耳鸣耳痛。）[水石]矾石（化水。）芒硝（水。）磨刀水（并滴。）蚯蚓屎（涂。）炒盐（枕。）[虫兽]蛇蜕（耳忽大痛，如虫在内走，或流血水，或干痛，烧灰吹入，痛立止。）桑螵蛸（灰掺。）鳝血（滴。）穿山甲（同土狗吹。）鸠屎（末，吹。）麝香（通窍。）

【聤耳】[草木]白附子（同羌活、猪羊肾煨食。）附子、红蓝花（同矾末。）青黛（同香附、黄檗末。）败酱、狼牙、蒲黄、桃仁（炒。）杏仁（炒。）橘皮灰（入麝。）青皮灰、楠材灰、槟榔、故绵（灰。）麻秸（灰。）苦瓠（灰。）车脂（并吹耳。）胡桃（同狗胆研塞。）柳根（捣封。）薄荷（汁。）青蒿（汁。）茺蔚（汁。）燕脂（汁。）虎耳草（汁。）麻子（汁。）韭（汁。）柑叶汁（并滴耳。）[土石]伏龙肝、蚯蚓泥、黄矾、白矾（同黄丹。）雄

黄(同雌黄、硫黄。)炉甘石(同矾、麝香。)浮石(同没药、麝香。)密陀僧、轻粉(并吹耳。)硫黄(和蜡作挺塞。)[虫兽]五倍子、桑螵蛸、蝉蜕灰、蜘蛛、全蝎、龙骨、穿山甲、海螵蛸、鸠屎(并同麝香,吹耳。)羊屎(同燕脂末吹。)(鲤鱼肠、脑)、鳗鲡鱼骨、鱼酢、鼠肝(并塞聤耳引虫。)石首鱼枕、夜明砂(并掺入耳。)犬胆(同矾塞。)发灰(同杏仁塞。)人牙灰(吹五般聤耳。)

【虫物入耳】半夏(同麻油。)百部(浸油。)苍耳汁、葱汁、韭汁、桃叶汁、姜汁、酱汁、蜀椒、石胆、水银、古钱(煎猪脂。)人乳汁、人尿、猫尿、鸡冠血(并滴耳。)鳝头灰(塞。)石斛(插耳烧熏。)铁刀声(并主百虫入耳。)胡麻油(煎饼枕之。)车脂(涂。)绿矾、硇砂(同石胆。)龙脑(并吹耳。)羊乳、牛乳、牛酪、驴乳、猫尿(并滴蚰蜒入耳。)鸡肝(枕。)猪肪(枕之。并主蜈蚣、虫、蚁入耳。)穿山甲灰(吹。)杏仁油(滴,并主蚁入耳。)灯心(浸油,钓小虫、蚁入耳。)鳝血(同皂角子虫,滴蝇入耳。)菖蒲(塞蚤、虱入耳。)稻秆灰(煎汁,滴虱入耳。)皂矾(蛆入耳,吹之。)田泥(马蟥入耳,枕之。)生金(水银入耳,枕之引出。)薄荷汁(水入耳中,滴之。)

面

(面肿是风热;面紫赤,是血热;疱是风热,即谷嘴;皻是血热,即酒皻;皯䵳是风邪客于皮肤,痰饮渍于腑脏,即雀卵斑,女人名粉滓斑)

【风热】白芷香、白附子、薄荷叶、荆芥穗、零陵香、黄芩、藁本香、升麻、羌活、葛根、麻黄、海藻、防风、远志、白术、苍术(并主阳明风热。)菟丝子(浸酒服。)葱根(主发散。)牛蒡根(汗出,中风面肿,或连头项,或连手足,研烂,酒煎或膏贴之,并服三匙。)黑豆(风湿面肿,麻黄汤中加入,取小汗。)大黄(头面肿大疼痛,以二两,同僵蚕一为末,姜汁和丸弹子大,服。)辛夷、黄檗、楮叶(煮粥食。)石膏(并去风热。)蟹膏(涂面肿。)炊帛(甑气熏面浮肿,烧灰敷之即消。)

【皻疱皯䵳】[内治][草部]葳蕤(久服,去面上黑皯,好颜色。)升麻、白芷、防风、葛根、黄芪、人参、苍术、藁本(并达阳明阳气,去面黑。)女菀(治面黑,同铅丹末酒服,男女二十日,黑从大便出。)冬葵子(同柏仁、茯苓末服。)桑耳(末服。)苍耳叶(末服,并去面上黑斑。)天门冬(同蜜捣丸,日用洗面,去黑。)甘松香(同香附、牵牛末,日服。)益母草(煅研日洗。)夏枯草(烧灰,入红豆洗。)续随子茎汁(洗皯䵳,剥人皮。)蒺藜、苦参、白芨、零陵香、茅香(并洗面黑,去皯䵳。)蓖麻仁(同硫黄、密陀僧、羊髓和涂,去雀斑。同白枣、大枣、瓦松、肥皂丸,洗。)山柰(同鹰屎、密陀僧、蓖麻仁,夜涂旦洗,去雀斑。)白附子(去面上诸风百病。疵皯,酒和贴之,自落。)白牵牛(酒浸为末,涂面,去风刺粉滓。)栝蒌实(去手面皱,悦泽人面。同杏仁、猪胰研涂,令人面白。)羊蹄根(面上紫块,同姜汁、椒末、穿山甲灰,包擦之。)土瓜根(面黑面疱，为末夜涂，百日，光采射人。）白蔹（同杏仁研涂，去粉滓酒齄。）半夏（面上黑气，焙研醋调涂。）术（渍酒，拭皯疱。）艾灰（淋硷，点皯黡。）山药、山慈菇、白芨、蜀葵花及子、马蔺花（杵，涂齄疱。）菟丝子汁（涂。）旋花、水萍、卷柏、紫参、紫草、凌霄花、细辛、藿香、乌头、白头翁、白薇、商陆［谷菜］胡麻油（并涂面皯黯、齄疱、粉刺，游风入面。）胡豆、毕豆、绿豆、大豆（并作澡豆，去皯黯。）马齿苋（洗面疱及瘢痕。）萫莛子（醋浸揩面，去粉滓，光泽。）菰笋灰（酒齄面赤。）藋灰（点面皯。）胡荽（洗黑子。）冬瓜仁、叶、瓤（并去皯黯，悦泽白晰。仁，为丸服，面白如玉；服汁，去面热。）蔓荆子、落葵子［果木］李花、梨花、木瓜花、杏花、樱桃花（并入面脂，去黑皯皱皮，好颜色。）桃花（去雀斑，同冬瓜仁研，蜜涂；粉刺如米，同丹砂末服，令面红润；同鸡血涂身面，光华鲜洁。）白柿（多食，去面皯。）杏仁（头面诸风齄疱，同鸡子白涂；两颊赤痒，频揩之。）李仁（同鸡子白夜涂，去皯好色。）银杏（同酒糟嚼涂，去皯黯齄疱。）乌梅（为末，唾调涂。）婴桃枝（同紫萍、牙皂、白梅，洗雀斑。）栗荴（涂面去皱。）橙核（夜涂，去粉刺面皯。）柑核、蜀椒、海红豆、无患子（并入面药，去皯。）白杨皮（同桃花、白冬瓜子，服，去面黑令白。）木兰皮（面热赤疱皯黯，酒浸百日，为末服，亦入澡药。）菌桂（养精神，久服面生光华，常如童子。）枸杞子（酒服，去皯疱。）山茱萸（面疱。）栀子（面赤齄疱，亦入涂药。）柳华（面热黑。）桂枝（和盐蜜涂。）龙脑香（酥和，涂酒齄赤鼻。）白檀香（磨汁涂。）笃耨香（同附子、冬瓜子、白芨、石榴皮，浸酒涂。）没石子（磨汁。）槲若（洗齄疱。）桐油（和黄丹、雄黄，涂酒齄赤鼻。）白茯苓（和蜜涂。）皂荚子（同杏仁涂。）皂荚、肥皂荚、蔓荆子、楸木皮、辛夷、樟脑（并入面脂。）榆叶［水石］浆水（洗。）冬霜（服，解酒后面赤。）密陀僧（去瘢皯，乳煎涂面，即生光。同白附子、白鸡屎末，人乳涂。）铅粉（抓伤面皮，油调涂。）轻粉（入面脂。抓伤面皮，姜汁调涂。）云母粉（同杏仁、牛乳蒸涂。）朱砂（水服二匕，色白如莹。入鸡子，抱雏出，取涂面，去皯黯，面白如玉。）白石脂（同白蔹、鸡子白涂。）石硫黄（酒齄，同杏仁、轻粉搽；同槟榔、片脑擦；同黄丹、枯矾擦。）禹余粮（同半夏、鸡子涂。）水银（同胡粉、诸脂，涂少年面疱。）杓上砂（面上风粟，隐暗涩痛，挑去即愈。）白盐（擦赤鼻。）珊瑚（同马珂、鹰屎白、附子，人乳涂。）石膏［虫介］白僵蚕（蜜和擦面，灭黑黯，好颜色，或加白牵牛。）石蜜（常服，面如花红。）蜂子（炒食，并浸酒涂面，去雀斑面疱，悦白。）蜂房（酒服，治齄瘤出脓血。）牡蛎（丸服，令面白。）真珠（和乳敷面，去皯，润泽。）蛟髓［禽兽］白鹅膏（并涂面悦白。）鸡子白（酒或醋浸，敷疵齄面疱。）啄木血（服之，面色如朱。）鸬鹚骨（烧，同白芷末，涂雀斑。）蜀水花（和猪脂，涂鼻面酒齄皯黯，入面脂。）鹰屎白（同胡粉涂之。）白丁香（蜜涂。）蝙蝠脑、夜明砂、麝香（并去皯黯。）猪胰（面粗丑皯黯同杏仁、土瓜根、蔓荆子浸酒，夜涂旦洗。）猪蹄（煎胶，涂老人面。）羊胆（同牛胆、酒，涂皯疱。）羊胫骨（皯皯粗陋，身皮粗厚，同鸡子白涂。）羚羊胆（煮沸，涂雀斑。）鹿角尖（磨汁，涂皯疱，神效。）鹿骨（磨汁涂面，光泽如玉。骨，酿酒饮，肥白。）麋脂（涂少年面疱。）羊胰及乳（同甘草末涂。）猪鬐膏、马鬐膏、驴髻膏、犬胰并脂、(羊脂、脑)、(牛脂、脑及髓)、熊脂、(鹿脂、脑)、(麋髓、脑)(并入面脂,去䵟黵,灭痕,悦色。)鼠头灰(鼻面䶑。)[人部]人精(和鹰屎涂面,去黑子及瘢。)人胞(妇人劳损,面䵟皮黑,渐瘦,和五味食之。)人口津(不语时,涂䶑疱。)

【瘢痕】蒺藜(洗。)葵子(涂。)马齿苋(洗。)大麦麨(和酥敷。秋冬用小麦麨。)寒食饭(涂。)冬青子及木皮灰(入面脂。)真玉(摩面。)马蔺根(洗。)禹余粮(身面瘢痕,同半夏、鸡子黄,涂,一月愈。)白瓷器(水摩。)冻凌(频摩。)热瓦(频摩。)白僵蚕(同白鱼、鹰屎涂。)鹰屎白(灭痕,和人精摩;同僵蚕、蜜摩;同白附子摩;同白鱼、蜜,摩。)蜀水花(入面脂摩。)鸡子黄(炒黑,拭之。)鸡屎白(炒。)羊髓、獭髓、牛髓、牛酥(并灭瘢痕。)鼠(煎猪脂,摩。)猪脂(三斤,饲乌鸡,取屎白,入白芷、当归煎,去滓,入鹰屎白,敷之。)轻粉(抓伤面,姜汁调涂。)铅粉(抓伤面,油调涂。)

柳葉

【面疮】[草部]荠苨(酒服。)紫草、紫菀、艾叶(煎醋搽之。妇人面疮,烧烟熏,定粉搽。)蓖麻子(肺风面疮,同大枣、瓦松、白果、肥皂为丸,日洗。)土瓜根(面上痞瘟,夜涂日洗。)凌霄花(两颊浸淫,连及两耳,煎汤日洗。)何首乌(洗。)牵牛(涂。)甘松(面上风疮,同香附、牵牛末,日洗。)蛇床子(同轻粉。)曼陀罗花[谷菜果木]胡麻(嚼。)白米(并涂小儿面上甜疮。)黄粱米(小儿面疮如火,烧研,和蜜涂。)丝瓜(同牙皂烧,擦面疮。)枇杷叶(茶服,治面上风疮。)桃花(面上黄水疮,末服。)杏仁(鸡子白和涂。)银杏(和糟嚼涂。)柳絮(面上脓疮,同腻粉涂。)柳叶(洗面上恶疮。)木槿子(烧。)[土石]胡燕窠土(入麝。并搽黄水肥疮。)密陀僧(涂面疮。)黄矾(妇人颊疮频发,同胡粉、水银,猪脂涂。)绿矾(小儿甜疮,枣包烧,涂。)盐汤(拓面上恶疮。)[虫鳞]斑蝥(涂面上痞瘟。)蚯蚓(烧。)乌蛇(烧。并涂面疮。)鲫鱼头(烧,和酱汁,涂面上黄水疮。)[禽兽]鸡内金(金腮疮,初生如米豆,久则穿蚀,同郁金敷。)羖羊须(香瓣疮,生面颐耳下,浸淫出水,同荆芥、干枣烧,入轻粉搽。)熊脂、鹿角

鼻

(鼻渊,流浊涕,是脑受风热;鼻鼽,流清涕,是脑受风寒,包热在内;脑崩臭秽,是下虚;鼻窒,是阳明湿热,生息肉;鼻䶑,是阳明热,及血热,或脏中有虫;鼻痛,是阳明风热)

【渊鼽】[内治][草菜]苍耳子(末,日服二钱,能通顶门。同白芷、辛夷、薄荷为末,葱、茶服。)防风(同黄芩、川芎、麦门冬、人参、甘草,末服。)川芎(同石膏、香附、龙脑,末服。)草乌头(脑泄臭秽,同苍术、川芎,丸服。)羌活、藁本、白芷、鸡苏、荆

芥、甘草、甘松、黄芩、半夏、南星、菊花、菖蒲、苦参、蒺藜、细辛、升麻、芍药（并去风热痰湿。）丝瓜根（脑崩腥臭，有虫也，烧研服。）[果木]藕节（鼻渊，同芎䓖末服。）蜀椒、辛夷（辛走气，能助清阳上行，通于天。治鼻病而利九窍。头风清涕，同枇杷花末，酒服。）栀子、龙脑香、百草霜（鼻出臭涕，水服三钱。）[石虫]石膏、全蝎、贝子（鼻渊脓血，烧研酒服。）烂螺壳[外治]荜茇（吹。）白芷（流涕臭水，同硫黄、黄丹吹。）乌叠泥（吹。）石绿（吹鼻衄。）皂荚（汁，熬膏㗜之。）大蒜（同荜茇捣，安囟上，以熨斗熨之。）艾叶（同细辛、苍术、川芎末，隔帕安顶门，熨之。）破瓢灰（同白螺壳灰、白鸡冠灰、血竭、麝香末，酒洒，艾上作饼，安顶门，熨之。）车轴脂（水调，安顶门熨之。）附子（葱涎和贴足心。大蒜亦可。）

【窒息】[内治][草菜]白薇（肺实鼻塞，不知香臭，同贝母、款冬、百部为末服。）天南星（风邪入脑，鼻塞结硬，流浊涕，每以二钱，同甘草、姜、枣，煎服。）小蓟（煎服。）麻黄、白芷、羌活、防风、升麻、葛根、辛夷、川芎、菊花、地黄、白术、薄荷、荆芥、前胡、黄芩、甘草、桔梗、木通、水芹、干姜[果木]干柿（同粳米煮粥食。）毕澄茄（同薄荷、荆芥丸服。）槐叶（同葱、豉，煎服。）山茱萸、釜墨（水服。）石膏[鳞兽]蛇肉（肺风鼻塞。）羊肺（鼻息，同白术、肉苁蓉、干姜、芎䓖为末，日服。）人中白[外治]细辛（鼻齆，不闻香臭，时时吹之。）瓜蒂（吹之。或加白矾，或同细辛、麝香，或同狗头灰。）皂荚、麻鞋灰、礜石、麝香（并吹。）蒺藜（同黄连煎汁，灌入鼻中，嚏出息肉如蛹。）苦瓠汁、马屎汁、地胆汁、狗胆（并滴。）狗头骨灰（入硇，日㗜之，肉化为水。）青蒿灰、龙脑香、硇砂（并滴。）桂心、丁香、蕤核、藜芦、石胡荽、薰草（并塞。）菖蒲（同皂荚末塞。）蓖麻子（同枣塞，一月闻香臭。）白矾（猪脂同塞。同硇砂点之，尤妙。同蓖麻、盐梅、麝香塞。）雄黄（一块塞，不过十日，自落。）铁锈（和猪脂塞，经日肉出。）蠮螉、狗脑、雄鸡肾（并塞鼻，引虫。）猬皮（炙研塞。）醍醐（小儿鼻塞，同木香、零陵香煎膏，涂顶门，并塞之。）

【鼻干】黄米粉（小儿鼻干无涕，脑热也，同矾末，贴囟门。）

【鼻痛】石硫黄（搽。）石硫赤（冷水调搽，一月愈。）酥、羊脂（并涂之。）

【鼻伤】猫头上毛（搽破鼻，剪碎和唾敷。）发灰（搽落耳、鼻，乘热急蘸灰，缀定，缚住勿动。）

【鼻毛】硇砂（鼻中生毛，昼夜长一、二尺，渐圆如绳，痛不可忍，同乳香丸服十粒，自落。）

【赤齇】[内治]凌霄花（鼻上酒齇，同栀子末日服；同硫黄、胡桃、腻粉揩搽。）使君子（酒齇面疮，以香油浸润，卧时嚼三、五个，久久自落。）苍耳叶（酒蒸焙研，服。）栀子（鼻齇面疱，炒研，黄蜡丸服。同枇杷叶为末，酒服。）橘核（鼻赤酒齇，炒研三钱，同胡桃一个，擂酒服。）木兰皮（酒齇赤疱，醋浸晒研，日服。）百草霜（日服二钱。）蜂房（炙末，酒服。）大黄、紫参、桔梗、生地黄、薄荷、防风、苦参、地骨皮、桦皮、石膏、蝉蜕、乌蛇[外治]黄连（鼻齇，同天仙藤灰，油调搽。）马蔺子（杵敷。）蜀葵花

（夜涂旦洗。）蓖麻仁（同瓦松、大枣、白果、肥皂丸洗。）牵牛（鸡子白调，夜涂，旦洗。）银杏（同酒糟，嚼敷。）槲若（皻疱脓血，烧灰纳疮中，先以泔煮槲叶，汁洗。）硫黄（同枯矾末，茄汁调涂。或加黄丹，或加轻粉。）轻粉（同硫黄、杏仁涂。）槟榔（同硫黄、龙脑涂；仍研蓖麻、酥油搽。）大枫子（同硫黄、轻粉、木鳖子涂。）雄黄（同硫黄、水粉，乳汁调敷，不过三五次。或同黄丹。）鸬鹚屎（鼻赤，同猪脂涂。）雄雀屎（同蜜涂。）没石子（水调。）密陀僧（乳调。）鹿角（磨汁。）石胆（并涂擦。）

【鼻疮】黄连（同大黄、麝香搽鼻中。末，敷鼻下赤䘌。）玄参、大黄（同杏仁。）杏仁（和乳汁。）桃叶（研。）盆边零饭（烧。）辛夷（同麝。）黄檗（同槟榔。）芦荟、紫荆花（贴。）密陀僧（同白芷。）犬骨灰、牛骨灰（并主鼻中疮。）海螵蛸（同轻粉。）马绊绳灰、牛拳灰（并敷小儿鼻下赤疮。）

唇

（脾热则唇赤或肿；寒则唇青或噤；燥则唇干或裂；风则唇动或㖞；虚则唇白无色；湿热则唇沈湿烂；风热则唇生核；狐则上唇有疮；惑则下唇有疮）

甜瓜

【唇沈】［草菜］葵根（紧唇湿烂，乍瘥乍发，经年累月，又名唇沈。烧灰，和脂涂。）赤苋、马齿苋、蓝汁（并洗。）马芥子（敷。）缩砂（烧涂。）［果木］甜瓜（噙。）西瓜皮（烧噙。）桃仁、青橘皮（烧。）橄榄（烧。）黄檗（蔷薇根汁调。）松脂（化。）［土石］东壁土（并涂。）杓上砂（挑去则疮愈。）胡粉［虫鳞］蛴螬（烧。）鳖甲（烧。）乌蛇皮（烧。）鳝鱼（烧。）五倍子（同诃子。）［禽人］鸡屎白、白鹅脂、人屎灰、头垢、膝垢（并和脂涂。）

【唇裂】［草谷］昨叶何草（唇裂生疮，同姜、盐捣擦。）黄连（泻火。）生地黄（凉血。）麦门冬（清热。）人参（生津。）当归（生血。）芍药（润燥。）麻油［果服］桃仁、橄榄仁、青布灰、屠几垢［虫禽］蜂蜜、猪脂、猪胰、酥

【唇肿】［草木］大黄、黄连、连翘、防风、薄荷，荆芥、蓖麻仁、桑汁［水石］石膏、芒硝（并涂。）井华水（下唇肿痛，或生疮，名驴觜风。以水常润之，乃可擦药。上唇肿痛生疮，名鱼口风。）［兽部］猪脂（唇肿黑，痛痒不可忍，以瓷刀去血，以古钱磨脂涂之。）

【唇核】猪屎汁（温服。）

【唇动】薏苡仁（风湿入脾，口唇瞤动，瘴揭，同防己、赤小豆、甘草煎服。）

【唇青】青葙子、决明（并主唇口青。）

【唇噤】［草谷］天南星（擦牙，煎服。）葛蔓（灰，点小儿口噤。）艾叶（敷舌。）荆芥、防风、秦艽、羌活、芥子（醋煎，敷舌。）大豆（炒口酒擦牙。）［木土］苏枋木青布

(灰,酒服,仍烧刀上,取汁搽。)白棘钩(水服。)竹沥、荆沥、皂荚、乳香、伏龙肝(澄水服。)[虫兽]白僵蚕(发汗)。雀屎(水丸服。)鸡屎白(酒服。)白牛屎、牛涎、牛黄,猪乳、驴乳(并治小儿口噤。)

【吻疮】[草菜]蓝汁(洗。)葵根(烧。)瓦松(烧。)缩砂壳(烧。)越瓜(烧。)[果木]槟榔(烧。)青皮竹沥(和黄连、黄丹、黄檗涂。)白杨枝(烧。)鸡舌香、梓白皮[服器]青布(烧涂。)木履尾(煨,拄两吻,二七次。)箸头(烧。)几屑(烧涂。)东壁土(和胡粉。)胡燕窠土、新瓦末、胡粉(同黄连搽。)蜂蜜,龟甲(烧。)甲煎、甲香(并涂。)发灰(小儿燕口疮,饮服,并涂。)

口舌

(舌苦,是胆热;甘,是脾热;酸,是湿热;涩,是风热;辛,是燥热;咸,是脾湿;淡,是胃虚;麻,是血虚;生胎,是脾热闭;出血,是心火郁;肿胀,是心脾火毒;疮裂,是上焦热;木强,是风痰湿热;短缩,是风热。舌出数寸有伤寒、产后、中毒、大惊数种。口糜,是膀胱移热于小肠;口臭,是胃火食郁;喉腥,足肺火痰滞)

【舌胀】[草谷]甘草(木强肿胀塞口,不治杀人,浓煎噙漱。)芍药(同甘草煎。)半夏、羊蹄、络石(并漱。)蓖麻油(燃熏。)附子尖(同巴豆。)黄葵花(同黄丹。)蒲黄(同干姜。)青黛(同朴硝、片脑。)赤小豆(同醋。)醋(和釜墨。)粟米[木器]桑根汁(并涂之。)龙脑香(伤寒舌出数寸,掺之随消。)冬青叶(舌胀出口,浓煎浸之。)巴豆(伤寒后舌出不收,纸卷一枚纳鼻中,自收。)黄檗(浸竹沥。)木兰皮(汁。)皂荚刺灰(煎汁。并漱重舌。)桂、甑带灰、箕舌灰[土石]伏龙肝(和醋,或加牛蒡汁。)釜墨、黄丹(并涂重舌。)铁锁锈、铁落(并为末噙服。)铁秤锤(舌胀,咽生息肉,烧赤淬醋服。)蓬砂(姜片蘸,擦木舌。)玄精石(同牛黄、朱砂等掺。)白矾(同朴硝掺;同桂心,安舌下。)硝石(同竹沥含。)芒硝(同蒲黄掺。中仙茅毒,舌胀出口,以硝、黄下之;小儿舌胀塞口,紫雪、竹沥多服之。)朱砂(妇人产子,舌出不收,敷之,仍惊之,则入。)石胆、皂矾[虫鳞禽兽]五倍子(并掺之。)白僵蚕(或加黄连。)蜂房(炙。)鼠妇(杵。)海螵蛸(同鸡子黄。)鲫鱼头(烧。)蛇蜕灰(重舌重齶,并醋和掺。)鸡冠血(中蜈蚣毒,舌胀出口,浸之咽下。)五灵脂(重舌,煎醋漱。)三家屠肉(小儿重舌,切片磨之,即啼。)鹿角(炙熨,亦磨涂。)羊乳、牛乳(饮。)发灰(敷。)[草木]玄参、连翘、黄连、薄荷、升麻、防风、桔梗、赤芍药、大青、生地黄、黄芩、牛蒡子、牡丹皮、黄檗、木通、半夏、茯苓[石部]芒硝、石膏

【舌胎】薄荷(舌胎语涩,取汁,同姜、蜜擦。)生姜(诸病舌上生胎,以青布蘸井水抹后,时时以姜擦之。)白矾(小儿初生,白膜裹舌,刮出血,以少许敷之,否则发惊。)

【舌衄】[草谷]生地黄(同阿胶末,米饮服。汁和童尿、酒服。)黄药子(同青黛

水服。）蒲黄（同青黛水服，并敷之。同乌贼骨敷。）香薷（煎汁，日服三升。）大小蓟（汁，和酒服。）蓖麻油（点灯熏鼻，自止。）茜根、黄芩、大黄、升麻、玄参、麦门冬、艾叶、飞罗面（水服。）豆豉（水煎服。）赤小豆（绞汁眼。）[木石]黄檗（蜜炙，米饮服。）槐花（炒服并掺。）龙脑（引经。）栀子、百草霜（同蚌粉服。）醋（调涂。）石膏[虫人]五倍子（同牡蛎、白胶香掺。）紫金沙（蜂房顶也。同贝母、芦荟，蜜丸水服。）发灰（水服一钱。或加巴豆，同烧灰。）

【强痹】雄黄（中风舌强，同荆芥末，豆淋酒服。）醋（小儿舌强肿，和饴含之。）乌药（固气舌麻。）皂荚、矾石（并擦痰壅舌麻。）人参（主气虚舌短。）黄连、石膏（主心热舌短。）

【舌苦】柴胡、黄芩、苦参、黄连、龙胆（泻胆。）麦门冬（清心。）枳椇（解酒毒。）

【舌甘】生地黄、芍药、黄连

【舌酸】黄连、龙胆（泻肝。）神曲、萝卜（消食，嚼。）

【舌辛】黄芩、栀子（泻肺。）芍药（泻脾。）麦门冬（清心。）

【舌淡】白术（燥脾。）半夏、生姜（行水。）茯苓（渗湿。）

【舌咸】知母（泻肾。）乌贼骨（淡胃。）

【舌涩】黄芩（泻火。）葛根（生津。）防风、薄荷（去风热。）半夏，茯苓（去痰热。）

【口糜】[内治][草部]桔梗（同甘草煎服。）麦门冬、玄参、赤芍药、连翘、秦艽、薄荷、升麻、黄连、黄芩，生地黄、知母、牡丹、木通、甘草、石斛，射干、附子（口疮，久服凉药不愈，理中加附子反治之，含以官桂。）[果木]栗子（小儿口疮，日煮食之。）蜀椒（口疮久患者，水洗面拌煮熟，空腹吞之，以饭压下，不过再服。）龙脑（经络火邪，梦遗口疮，同黄檗，蜜丸服。）地骨皮（口舌糜烂，同柴胡煎服。）黄檗、茯苓、猪苓[金石]朴硝、蓬砂、石膏、滑石、青钱（口内热疮，烧淬酒饮。）猪膏（口疮塞咽，同黄连煎服。）

【噙漱】细辛（口舌生疮糜烂，同黄连或黄檗末掺之，名赴筵散。外以醋调贴脐。）黄连（煎酒，呷含。同干姜末，掺之，名水火散。）升麻（同黄连末噙。）甘草（同白矾。）天门冬（口疮连年，同麦门冬、玄参丸噙。）蔷薇根（日久延及胸中，三年以上者，浓煎含漱。夏用枝叶。）大青叶（浸蜜。）蘘荷根（汁。）蛇莓（汁。）牛膝、忍冬（并漱口疮。）蒲黄、黄葵花（烧。）赤葵茎，缩砂壳灰、角蒿灰（并涂口疮。）贝母（小儿口生白疮，如鹅口疮，为末，入蜜抹之，日五、六上。）白芨（乳调。）燕脂（乳调。）黍米（嚼。）赤小豆（醋调。并涂小儿鹅口。）豉（口舌疮，炒焦，含一夜愈。）米醋（浸黄檗。）萝卜汁、姜汁（并漱满口烂疮。）瓠（烧，涂口鼻中肉烂痛。）茄科（烧，同盐敷口中生蕈。）茄蒂灰、桃枝（煎漱。）杏仁（少入腻粉，卧时细嚼，吐涎。）槟榔（烧，入轻粉掺。）甜瓜（含。）西瓜（含。）细茶（同甘草。）凫茈灰、梧桐子灰、没石子（同甘草。并掺口疮。）黄檗（口舌疮，蜜浸含之。同青黛掺。同铜绿掺。同滑石、五倍子掺。同荜茇，煎醋漱。）乳香（白口疮，同没药、雄黄、轻粉涂；赤口疮，同没药、铜绿、枯矾，涂。)楝根(口中漏疮,煎服。)冬青叶汁、黄竹沥、小檗汁(并含漱。)桂(同姜汁,涂于虚口疮及鹅口。)桑汁、柘浆、甑带灰(并涂鹅口。)甑垢(口舌生疮,刮涂即愈。)乌叠泥(或加蓬砂。)釜墨、胡粉(猪髓和。)黄丹(蜜蒸。)密陀僧(煅研。)铁屑(水调。)黑石脂(并涂口疮。)铜绿(同白芷掺,以醋漱之。)水银(口疮,同黄连,煮热含之。)寒水石(口疮膈热,煅,和朱砂、片脑掺之。)朴硝(口舌生疮,含之,亦擦小儿鹅口,或加青黛。或入寒水石,少入朱砂。)白矾(漱鹅口;同朱砂,敷小儿鹅口;同黄丹掺。)蓬砂(同硝石含。)胆矾(煅。)蜂蜜、竹蜂蜜(并涂口疮。)五倍子(掺之,立可饮食。同黄檗、滑石。或加密陀僧。或同青黛、铜绿,治大人、小儿白口疮,似木耳状,急者吹入咽喉。)蚕茧(包蓬砂,焙研,掺。)白僵蚕(炒研,蜜和。)晚蚕蛾,蚕纸灰、鲫鱼头(烧,并掺。)蛇皮(拭。)鸡内金(烧,敷一切口疮。)白鹅屎(敷鹅口。)羊胫髓(同胡粉涂。)牛羊乳(含。)酥(含。)鹿角(磨汁,涂鹅口。)人中白(同桔矾,涂口疮、鹅口。)

【上治】天南星(同密陀僧末,醋调贴眉心,二时洗去。)巴豆油纸(贴眉心。或贴囟门,起泡,以菖蒲水洗去。)

【下治】细辛(醋调贴脐。)生南星(或加草乌,或加黄檗。)生半夏、生附子、吴茱萸(或加地龙。)密陀僧、汤瓶硷(并醋调,贴足心。)生硫黄、生矾、硝石(俱水入少面调,贴足心。)黄连(同黄芩、黄檗,水调,贴足心。)白矾(化汤,濯足。)

【口臭】[草菜]大黄(烧研揩牙。)细辛(同白豆蔻含。)香薷、鸡苏、藿香、益智、缩砂、草果、山姜、高良姜、山柰、甘松、杜若、香附(掺牙。)黄连、白芷、薄荷、荆芥、芎䓖、蒲蒻、茴香、莳萝、胡荽、邪蒿、莴苣、生姜、梅脯、橄榄、橘皮、橙皮、卢橘、蜀椒、茗、沙糖、甜瓜子、木樨花、乳香、龙脑及子、无患子仁、丁香、檀香[水石]井华水(正旦含,吐厕中。)密陀僧(醋调漱。)明矾(入麝香,擦牙。)蓬砂、食盐、石膏、象胆

【喉腥】知母、黄芩(并泻肺热,喉中腥气。)桔梗、桑白皮、地骨皮、五味子、麦门冬

咽喉

(咽痛是君火,有寒包热;喉痹是相火,有嗌疸,俗名走马喉痹,杀人最急,惟火及针淬效速,次则拔发、咬指、吐痰、嗃鼻)

【降火】[草部]甘草(缓火,去咽痛,蜜炙煎服;肺热,同桔梗煎。)桔梗(去肺热。利咽嗌,喉痹毒气,煎服。)知母、黄芩(并泻肺火。)薄荷、荆芥、防风(并散风热。)玄参(去无根之火。急喉痹,同鼠粘子末服;发斑咽痛,同升麻、甘草煎服。)蠡实(同升麻煎服。根、叶同。)恶实(除风热,利咽膈。喉肿,同马蔺子末服。悬痈肿痛,同甘草煎咽,名开关散。)牛蒡根(捣汁服,亦煎。)射干(喉痹咽痛,不得消息,利肺热,

梗　桔

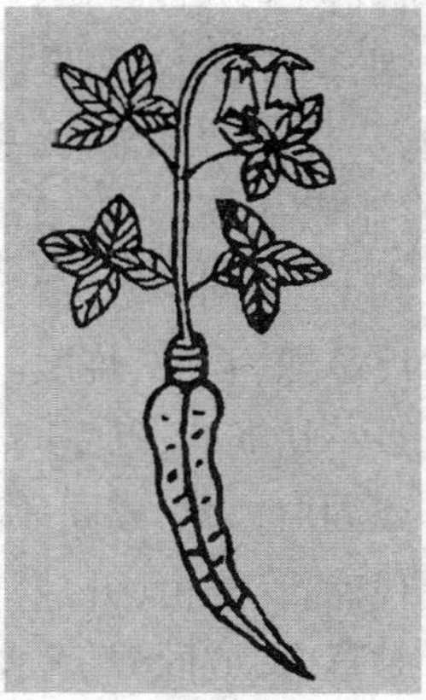

捣汁服，取利。）灯笼草（热咳咽痛，末服，仍醋调，外涂。）白头翁（下痢咽痛，同黄连、木香煎服。）麦门冬（虚热上攻，咽痛，同黄连丸眼。）缩砂（热咳咽痛，为末水眼。）悬钩子茎（喉塞，烧研，水服。）蔷薇根（尸咽，乃尸虫上蚀，痛痒，语声不出，同甘草、射干煎服。）栝蒌皮（咽喉肿痛，语声不出，同僵蚕、甘草，末服。）乌敛莓（同车前、马兰，杵汁咽。）络石（喉痹欲死，煎水呷之。）马勃（蜜水揉，呷；马喉痹，同火硝吹之。）龙胆、大青、红花、鸭跖草、紫葳（并捣汁服。）榼藤子（烧。）鹅抱、忍冬（并煎酒服。）通草（含咽，散诸结喉痹。）灯心草（烧灰，同盐吹喉痹，甚捷。同蓬砂，同箬叶灰，皆可。同红花灰，酒服一钱，即消。）葛蔓（卒喉痹，烧服。）木通（咽痛喉痹，煎水呷。）商陆（熨、灸，及煎酒涂顶。）白芷（同雄黄水和，涂顶。）都管草、百两金，钗子股、辟虺雷、蒺藜、谷精草、蛇含、番木鳖、九仙子、山豆根、朱砂根、黄药子，白药子、苦药子（并可咽，及煎服，末服，涂喉外。）［谷菜］豆豉（咽生息肉，刺破出血，同盐涂之，神效。）白面（醋和涂喉外。）水苦荬（磨服。）糟酱茄、丝瓜汁［果木］西瓜汁、橄榄、无花果、苦茗（并噙咽。）吴茱萸（醋调涂足心。）李根皮（磨水涂顶，先以皂末吹鼻。）黄檗（酒煮含。喉肿，醋敷之。）龙脑香（同黄檗、灯芯、白矾〈烧〉，吹。）梧桐泪（磨汁扫。）槐花、槐白皮、诃黎勒、盐麸子，皋芦、朴硝（并含咽，煎服，末服。）不灰木（同玄精石、真珠丸服。）石蟹（磨汁，及涂喉外。）黑石脂（口疮咽痛。）食盐（点喉风、喉痹、咽痛甚效。）戎盐、盐蟹汁［兽人］牛涎（并含咽。）牛齝（喉痹。）猪肤（咽痛。）沙牛角（喉痹欲死，烧研酒服。）牛鼻拳（烧灰，缠喉风。）猪胆（腊月，盛黄连、朴硝，风干，吹之。）腊猪尾（烧灰，水服。）败笔头（饮服二钱。）鼫鼠肚、人尿（并含咽，或入盐。）

【风痰】［草部］羌活（喉闭口噤，同牛蒡子煎灌。）升麻（风热咽痛，煎服或取吐。）半夏（咽痛，煎醋呷；喉痹不通，吹鼻；同巴豆、醋同熬膏，化服，取吐。）天南星（同白僵蚕，末服。）菖蒲汁（烧铁锤淬酒服。）贝母、细辛、远志（并吹之。）蛇床子（冬月喉痹，烧烟熏之，其痰自出。）蓖麻油（烧燃熏淬，其毒自破。仁，同朴硝，研水服，取吐。）麻黄（尸咽痛痒，烧熏。）苍耳根（缠喉风，同老姜研酒服。）木贼（烧服一钱，血出即安。）高良姜（同皂荚，吹鼻。）马蔺根、艾叶、地松、马蹄香、箭头草、益母草、蛤蟆衣（同霜梅。）萱草根、瑞香花根、紫菀根、牛膝（并杵汁，入酢灌之，取吐，甚则灌鼻。）藜芦、恒山、钩吻，莽草、芫花（并末，吐痰。）白附子（同矾涂舌。）草乌头（同石胆吹。）天雄、附子（蜜炙含。）茼茹、云实根汁［谷菜］饴糖、大豆汁（并含咽。）粳谷奴（走马喉痹，研服立效。）稻穰（烧煤和醋，灌鼻，追痰。）麻子（尸咽，烧服。）青蘘（飞丝入咽，嚼咽。）韭根、薤根、芥子（并敷喉外。）葱白、独蒜（并塞鼻。）百合、桑耳（并浸蜜含。）生姜汁（和蜜服，治食诸禽中毒，咽肿痹。）萝卜子［果木］秦椒、瓜蒂

(并吐风痰。)桃皮、荔枝根(并煮含。)榧子(尸咽,杀虫。)杏仁(炒,和桂末服。)白梅(同生矾含。)山柑皮、桂皮、荆沥(并含咽。)干漆(喉痹欲死,烧烟吸之。)巴豆(烧烟,熏淬;纸卷塞鼻。)皂荚(急喉痹,生研点之,即破,外以醋调,涂之。挼水灌。)乌药(煎醋。)桐油、无患子(研灌,并吐风痰。)楮实(水服一个。)枣针(烧服。)枸橘叶(咽喉成漏,煎服。)胡颓根(喉痹,煎服。)紫荆皮、箽竹叶、百草霜(并煎服。)[土器]梁上尘(同枯矾、盐、皂,吹。)土蜂窠(擦舌根。)漆箸(烧烟,熏淬。)故甑蔽(烧服。)履鼻绳(尸咽,烧服。)牛鼻拳灰[金石]绿矾(并吹喉。)白矾(生含,治急喉闭;同盐,点一切喉病;巴豆同枯过,治喉痈甚捷;猪胆盛过,吹;新砖浸取霜,吹。)蓬砂(含咽,或同白梅丸,或同牙硝含。)硇砂(悬痈卒肿,绵裹含之;喉痹口噤,同马牙硝点之。)代赭石、马衔(并煎汁服。)车辖(烧,淬酒饮。)铁秤锤(烧淬,菖蒲汁饮。)铅白霜(同甘草含,或同青黛,丸噙。)银朱(同海螵蛸吹。)雄黄(磨水服;同巴豆研服,取吐下;或入瓶烧烟,熏鼻追涎。)石胆(吹喉痹神方。或入牙皂末。)马牙硝(同僵蚕末、蓬砂,吹。)硝石[虫部]天浆子(并含咽。)白僵蚕(喉痹欲死,姜汁调灌。或加南星,加石胆,加白矾,加甘草,加蜂房。同乳香烧烟熏。)蚕退纸灰(蜜丸含。)桑螵蛸(烧,同马勃,丸服。)壁钱(同白矾,烧吹。)蜘蛛(焙研吹。)五倍子(同僵蚕、甘草、白梅丸含,自破。)土蜂子(嗌痛。)蜂房灰[鳞介]海螵蛸(并吹。)黄颡鱼颊骨(烧灰,茶服三钱。)鲤鱼胆(同灶底灰,涂喉外。)鳢鱼胆(水化灌之。)青鱼胆(含咽;或灌鼻,取吐;或盛石胆,阴干,吹。)鲛鱼胆(和白矾扫喉,取吐。)鼋胆(薄荷汁灌,取吐。)蛇蜕(烧烟,吸之。裹白梅含。同当归末,酒服,取吐。)牡蛎[禽兽]鸡内金(烧吹。)鸡屎白(含咽。)雄雀屎(水服。沙糖丸含。)猪脑(喉痹已破,蒸熟,入姜食之。)

音声

(喑,有肺热,有肺痿,有风毒入肺,有虫食肺。痖,有寒包热,有狐惑。不语,有失音,有舌强或痰迷,有肾虚喑痱)

【邪热】[草部]桔梗、沙参、知母、麦门冬(并除肺热。)木通、菖蒲(并出音声。小儿卒喑,麻油泡汤服。)黄芩(热病声喑,同麦门冬丸服。)人参(肺热声痖,同诃子,末噙;产后不语,同菖蒲服。)牛蒡子(热时声痖,同桔梗、甘草煎服。)青黛(同薄荷,蜜丸含。)马勃(失声不出,同马牙硝、沙糖,丸服。)燕覆子(续五脏断绝气,使语声气足。)灯笼草、栝蒌、甘草、贝母[谷部]赤小豆(小儿不语,研末敷舌。)萝卜(咳嗽失音,同皂荚煎服。汁,和姜汁服。)胡麻油[果木]梨汁(客热中风不语,卒暗风不语。同竹沥、荆沥、生地汁,熬膏服。)柿(润声喉。)槐花(炒嚼,去风热失音。)栀子(去烦闷喑痖。)诃黎勒(小便煎汁,含咽。感寒失音,同桔梗、甘草、童尿,井水煎服;久咳嗽失音,加木通。)杉木灰(淋水饮,治肺壅失音。)乳香(中风口噤不语。)荆沥、竹沥、竹叶(煎汁。)天竹黄(并治痰热失音,中风不语。)地骨支、桑白皮[虫兽]蝉蜕(痖病,为末水服。)蛤蟆胆(小儿失音不语,点舌尖上,立效。)鸡子(开喉声。)犀角(风热失音。)猪脂(肺伤失音,同生姜煮,蘸白芨末食。)猪油(肺热暴喑,一斤炼,入白蜜,时服一匙。)酥、人乳(失音,和竹沥服;卒不得语,和酒服;中风不语,舌强,和酱汁服。)人尿(久咳失声。)

【风痰】[草谷]羌活(贼风失音。中风口噤不语,煎酒饮,或炒大豆投之;小儿,同僵蚕,入麝香、姜汁服。)蘘荷根(风冷失音,汁和酒服。)天南星(诸风,口噤不语,同苏叶、生姜煎服。小儿痫后失音,煨研,猪胆汁服。)荆芥(诸风口噤不语,为末,童尿酒服。)黄芪(风喑不语,同防风,煎汤熏之。)红花(男女中风,口噤不语,同乳香服。)远志(妇人血噤失音。)白术(风湿,舌木强。)防己(毒风不语。)附子(口卒噤喑,吹之。)白附子(中风失音。)黑大豆(卒然失音,同青竹算子,煮服;卒风不语,煮汁,或酒含之。)豉汁(卒不得语,入姜酒服。)酒(咽伤声破,同酥,调干姜末服。)干姜(卒风不语,安舌下。)生姜汁[果木]橘皮(卒失音,煎呷。)

芥荆

杏仁(润声气。卒痖,同桂含之;蜜、酥煮丸噙;生含,主偏风失音不语。)榧子(尸咽痛痒,语音不出,有虫食咽,同芜荑、杏仁、桂丸噙。)桂(风僻失音,安舌下,咽汁。同菖蒲煎服。)楮枝、叶(卒风不语,煮酒服。)东家鸡栖木(失音不语,烧灰水服,尽一升,效。)[石器]密陀僧(惊气人心,喑不能言,茶服一匙,平肝去怯也。)雄黄(中风舌强,同荆芥末,豆淋酒服。)矾石(中风失音,产后不语,汤服一钱。痰盛多服,吐之。)孔公孽(令喉声圆。)履鼻绳(尸咽,语声不出,有虫,烧灰水服。)梭头(失音不语,刺手心,痛即语。)[虫介]白僵蚕(中风失音,酒服。)五倍子、百药煎、龟尿(中风舌喑不语,小儿惊风不语,点舌下。)真珠(卒忤不语,鸡冠血丸,纳口中。)[禽人]鸡屎白(中风失音,痰迷,水煮服。)乱发灰(中风失音,百药不效,同桂末酒服。)

牙齿

(牙痛,有风热、湿热、胃火、肾虚、虫龋)

【风热、湿热】[草部]秦艽(阳明湿热。)黄芩(中焦湿热。)白芷(阳明风热。同细辛掺;入朱砂掺。)黄连(胃火湿热。牙痛恶热,揩之,立止。)升麻(阳明本经药,主牙根浮烂疳龋。胃火,煎漱。)羌活(风热,煮酒漱。同地黄末,煎服。)当归、牡丹、白头翁、薄荷(风热。)荆芥(风热,同葱根、乌桕根煎服。)细辛(和石灰,掺。)缩砂仁(嚼。)荜茇(并去口齿浮热。同木鳖子嗃鼻,立效如神。)附子尖(同天雄尖、蝎梢末,点之即止。)大黄(胃火牙痛。烧研,揩牙。同地黄贴之。)生地黄(牙痛牙长,并含咋之；食蟹龈肿，皂角蘸汁炙研，掺之。）苍术（盐水浸烧，揩牙，去风热、湿热。）香附（同青盐、生姜，日擦固齿。同艾叶煎漱。）牛蒡根（热毒风肿，取汁，入盐熬膏，涂龈上。）积雪草（塞耳。）红豆蔻、酸草、鹅不食草（并嗃鼻。）山柰（入麝，擦牙吹鼻。）芎䓖、山豆根、大戟（并咬含。）木鳖子（磨醋。）高良姜（同蝎。）青木香（并擦牙。）薰草（同升麻、细辛。）屋游（同盐。）栝蒌皮（同蜂房。）鹤虱、地菘、红灯笼枝、芭蕉汁、苍耳子、恶实、青蒿、猫儿眼睛草、瓦松（同矾。）蔷薇根［谷菜］薏苡根、胡麻、黑豆（并煎漱。）萝卜子、莳萝（并嗃鼻。）水芹（利口齿。）赤小豆、老姜（同矾。）干姜（同椒。）鸡肠草（同旱莲、细辛。）苋根（烧。）灰藋（烧。）茄科（烧。）丝瓜（烧。并同盐擦。）大蒜（煨，擦。）芸苔子（同白芥子、角茴，嗃鼻。）马齿苋（汁。）木耳（同荆芥。）壶卢子［果木］桃白皮（同柳、槐皮。）李根白皮（并煎漱。）胡椒（去齿根浮热。风、虫、寒三痛，同绿豆咬之；同荜茇塞孔。）荔枝（风牙痛，连壳入盐，烧揩。）瓜蒂（风热痛，同麝香咬。）蜀椒（坚齿。风、虫、寒三痛，同牙皂，煎醋漱。）吴茱萸（煎酒。）荷蒂（同醋。）秦椒、杉叶（风虫，同芎䓖、细辛煎酒漱。）松叶、松节（并煎水，入盐或酒漱。）松脂（揩。）桂花（风、虫牙痛。）辛夷（面肿引痛。）乳香（风虫嚼咽。）地骨皮（虚热上攻，同柴胡、薄荷，水煎漱。）槐枝、柳白皮、白杨皮、枳壳、臭橘皮、郁李根、竹沥、竹叶（同当归尾煎。）荆茎（同荆芥、荜茇煎。）郁李根（并煎漱。）没石子、皂荚（同盐、矾烧。）肥皂荚（同盐烧。）无患子（同大黄、香附、盐煅。）丁香（远近牙痛，同胡椒、荜茇、全蝎末点之，立止。）枫香（年久齿痛。）龙脑（同朱砂。）［土石］蚯蚓泥（烧。并揩牙。）壁上尘土（同盐烧，嗃鼻。）金钗（烧，烙。）白银（风牙，烧赤，淬火酒，漱之即止。）石膏（泻胃火。同荆芥、防风、细辛、白芷末，日揩。）白矾（煎漱，止血，及齿碎。）黄矾（漱风热牙疼。）食盐（揩牙洗目，坚牙明目，止宣露；卧时封龈，止牙痛出血；槐枝煎过，去风热；皂角同烧，去风热。）青盐（同上。川椒煎干，揩牙，永无齿疾。）朴硝（皂荚煎过，擦风热及食蟹龈肿。）雄黄（同干姜嗃鼻。）铅灰［虫禽兽部］白僵蚕（同姜炒。）蚕退纸灰（并揩擦。）露蜂房（同盐烧擦；同全蝎擦。同细辛漱；煎酒漱。）百药煎（风热，泡汤含；同延胡索末、雄黄末擦。）白马头蛆（取牙。）全蝎、五灵脂（恶血齿痛，醋煎漱。）雄鸡屎（烧咬。）羊胫骨灰（湿热，同当归、白芷，擦。）诸朽骨（风热，煨咬。）

【肾虚】［草菜］旱莲草（同青盐炒焦，揩牙，乌须固齿。）补骨脂（同青盐日揩。风虫，同乳香。）蒺藜（打动牙痛，擦漱。）骨碎补（同乳香塞。）独蒜（熨。）甘松（同硫黄，煎漱。）牛膝（含漱。）地黄［石兽］石燕子（揩牙，坚固、止痛及齿疏。）硫黄（肾虚，入猪脏，煮丸服。）羊胫骨灰（补骨。）

【虫䘌】［草部］桔梗（同薏苡根，水煎服。）大黄（同地黄贴。）镜面草、蜀羊泉、紫蓝（并点。）雀麦（同苦瓠叶，煎醋炮，纳口中，引虫。）覆盆子（点目取虫。）荜茇（同木鳖子，嗃鼻；同胡椒塞孔。）细辛、莽草、苦参、恶实（并煎漱。）附子（塞孔，又塞耳。）羊踯躅（蜡丸。）藤黄、乌头、草乌头、天南星、芫花（并塞孔。）山柰、莨菪子、艾叶［菜谷]韭子(并烧烟熏。)韭根(同泥贴,引虫。)茄根(汁涂。烧灰贴。)烧酒(浸花椒,漱。)[果木]银杏(食后生嚼一、二枚。)地椒(同川芎揩。)杨梅根皮、酸榴根皮、吴茱萸根(并煎漱。)杏仁(煎漱或烧烙。)桃橛(烧汁滴。)桃仁、柏枝(并烧烙。)皂荚子(醋煮烙之。)胡桐泪(为口齿要药。湿热牙痛,及风疳、䘌齿、骨槽风,为末,入麝,夜夜贴之;宣露臭气,同枸杞根漱;䘌黑,同丹砂、麝香掺。)巴豆(风虫,绵裹咬;烧烟熏;同蒜塞耳。)阿魏(同臭黄塞耳。)丁香(齿疳䘌露黑臭,煮汁食;同射干、麝香揩。)海桐皮(煮汁并漱。)槐白皮、枸橘刺、鼠李皮、地骨皮(醋。)枫柳皮、白杨皮、白棘刺(并煎漱。)樟脑(同朱砂揩。同黄丹、肥皂塞孔。)楤白皮(塞孔,牙自烂。)乳香(同椒,或巴豆,或矾,塞孔。)松脂、芦荟、芜荑、天蓼根、[金石]花硷、石鹹(并塞孔。)铁铧头(积年齿䘌,烧赤,入硫黄、猪脂熬沸,柳枝揾药烙之。)砒霜(同黄丹,蜡丸塞耳。)石灰(风虫,和蜜煅擦。沙糖和,塞孔。)雄黄(和枣塞。)硇砂(塞孔。)轻粉(同黄连掺。)土朱(同荆芥掺。)绿矾[虫鳞]五倍子(并掺。)蟾酥(同胡椒丸咬。)蜘蛛(焙研,入麝掺。)地龙(化水和面,塞孔,上敷皂荚末。同延胡索、荜茇末,塞耳。)钱窠(包乳香烧,纳孔中;包胡椒塞耳。)石蜜、竹蜂、蚺蛇胆(同枯矾、杏仁掺。)鳞蛇胆、海虾鲊[禽兽]雀屎、燕屎(并塞孔。)夜明砂(同蟾酥,丸咬。)啄木鸟(烧,纳孔中。舌,同巴豆点之。)猪肚(咬之引虫。)熊胆(同猪胆、片脑搽。)麝香(咬之,二次断根。)豺皮灰(敷。)

麥雀

【齿疏】沥青(入细辛,掺。)寒水石(煅,同生炉甘石,掺。)

【齿长】白术(牙齿日长,渐至难食,名髓溢,煎水漱之。)生地黄(咋之。)

【齿缺】银膏(补之。)

【生齿】雄鼠脊骨(研揩,即生。)雌鼠屎(日拭一枚,三七日止。)黑豆(牛屎内烧存性,入麝掺之,勿见风,治大人小儿牙齿不生。牛屎中豆,尤妙。)路旁稻粒(点牙落处,一七下自生。)乌鸡屎(雌雄各半,入旧麻鞋灰、麝香少许,擦之。)

【齿齼】胡桃(食酸齿齼,嚼之即解。)

【妒齿】地骨皮(妒齿已去,不能食物,煎水漱之。)

须发

【内服】[草部]菊花(和巨胜、茯苓,蜜丸服,去风眩,变白不老。)旱莲(内煎膏服;外烧揩牙,乌髭发,益肾阴。汁涂,眉发生速。作膏,点鼻中,添脑。)常春藤、扶芳藤、络石、木通、石松(并主风血,好颜色,变白不老,浸酒饮。)白蒿、青蒿、香附

（并长毛发。）茜草（汁，同地黄，熬膏服。）地黄（九蒸九晒，日噙。）牛膝、麦门冬、肉苁蓉、何首乌、龙珠、旱藕、瞿麦［谷菜］青精饭、黑大豆、白扁豆、大麦、胡麻（九蒸九晒。）马齿苋、繁缕、韭、姜、蔓荆子［果木］胡桃、蜀椒（并久服，变白生毛发。）干柿（同枸杞子，丸服，治女人蒜发。）榴花（和铁丹服，变白如墨。）松子、槐实、秦皮、桑寄生、放杖木、女贞实、不凋木、鸡桑叶、南烛（并久服变白，乌须发。）桑椹（蜜丸服，变白。）［介石］鳖肉（长须发。）自己发灰（同椒煅酒服，发不白，名还精丹。）石灰（发落不止，炒赤浸酒服。）

【发落】［草部］半夏（眉发堕落，涂之即生。）骨碎补（病后发落，同野蔷薇枝，煎刷。）香薷（小儿发迟，同猪脂涂。）茉莉花（蒸油。）蓬虆子（榨汁。）芭蕉油、蓖麻子、金星子、兰草、蕙草、昨叶何草（并浸油梳头，长发令黑。）土马鬃（灰。）乌韭（灰。）水萍、水苏、蜀羊泉、含水藤［谷菜］胡麻油及叶、大麻子及叶（并沐日梳，长发。）蒲公英、旱莲（并揩牙，乌须。）生姜（擦。）莴苣子、白菘子油、芸苔子油［果木］甜瓜叶汁（并涂发，令长黑。）榧子（同胡桃、侧柏叶浸水梳发，不落。）枣根（蒸汁。）榠楂、木瓜（并浸油。）蜀椒（浸酒。）柏子油、辛夷、松叶（并浸油、水涂头，生毛发。）侧柏叶（浸油，生发；烧汁，黑发；和猪脂，沐发长黑；根皮，生发。）皂荚（地黄、姜汁炙研，揩牙乌须。）樗叶（同椿根、楸叶汁，涂秃，生发。）楸叶汁、蔓荆子（同猪脂。）桑椹（浸水。并涂头，生毛发。）桐叶（同麻子，煮米泔，沐发则长；连子，蒸取汁，沐发则黑。）桑白皮（同柏叶，沐发不落。）山茶子（掺发解脂。）合欢木皮灰、槐枝灰、石荆［禽兽］雁骨灰（并沐头，长发。）鸡子白、猪胆（沐头解脂。）雁肪、鸨脂、鸡肪、猪鬐膏、熊脂及脑（并沐头，生发。）豹脂（朝涂暮生。）犬乳（涂赤发。）羖羊角（灰，同牛角灰、猪脂，涂秃发。）羊屎灰（淋汁沐头，生发；和猪脂，变发黄赤。）猪屎（灰，涂发落。）发灰（油煎枯，涂发黑长。）

【发白】［草菜谷部］栝蒌（同青盐、杏仁，煅末，拔白易黑，亦揩牙。）百合、姜皮（并拔白易黑。）狼把草、黑豆（煎醋染发。）大麦（同铁砂、没石子。）荞麦（同铁砂。）［果木］酸石榴（并染须发。）胡桃（和胡粉，拔白生黑；烧，同贝母，揩牙乌须；青皮皮肉及树皮根，皆染须发。）余甘子（合铁粉，涂头，生须发。）橡斗、毗黎勒浆、椰子浆、盐麸子、菱壳、芰花、莲须、红白莲花（并涂须发。）鸡舌香（同姜汁，拔白生黑。）詹糖香（同胡桃皮，涂发，黑如漆。）梧桐子汁（点孔生黑；木皮，和乳汁涂须。）榧皮（包侧柏，烧熏香油烟，抹须发，即黑。）乌桕子油、乌桕皮、诃黎勒、没石子、婆罗得［金石］黑铅（梳白发；烧灰，染发。）胡粉（同石灰，染须。）铅霜（梳须发。）铅丹（染。）铜钱锈（磨油，涂赤发秃落。）铁热（染。）生铁（浸水。）铁砂（和没石子，染。）石灰（染。）绿矾（同薄荷、乌头、铁浆水染。）赤铜屑［虫兽］五倍子（炒，同赤铜屑诸药，为染须神方。）百药煎、水蛭（同龟尿拈须，自黑。）蜗牛（同京墨，埋马屎中，化水染须，妙。）蜜、蜡、鳖脂、猪胆、狗胆、犬乳（并点白生黑。）

【生眉】［草谷］白藓皮（眉发脆脱。）香附（长须眉。）苦参、仙茅（大风，眉发脱落。)昨叶何草(生眉发膏为要药。)半夏(眉发堕落,涂之即生。茎涎同。)鳢肠汁(涂眉发,生速。)乌麻花(浸油。)[菜木]芥子(同半夏、姜汁。)蔓荆子(醋和。并涂。)生姜(擦。)柳叶(同姜汁,擦眉落。)白矾(眉发脱落,蒸饼丸服。)雄黄(和醋涂。)雁肪(涂。)狗脑(眉发火瘢不生,和蒲黄,日三敷之。)蒜汁(眉毛动摇,目不能瞬,唤之不应,和酒服,即愈。)

狐臭

(有体臭、腋臭、漏臭)

【内治】花蜘蛛(二枚,捣烂酒服,治狐臭。)鳝鱼(作臛,空肠饱食,覆取汗,汗出如白胶,从腰脚中出,后以五木汤浴之,慎风一日,每五日一作。)水乌鸡(生水中,形似家鸡,香油入姜汁四两,炒熟,用酒醅三、四碗同食,嚼生葱下,被盖出汗,数次断根,不忌口。)

【外治】[草谷]苏子(捣涂。)青木香(切片,醋浸一宿,夹之,数次愈。)郁金(鸦、鹘等一切臭。)木馒头(煎洗后,以炉底末敷。)甘遂(二两为末,掺新杀牙猪肉上,乘热夹之,内服热甘草汤,必大泄,气不可近。)百草灰(水和熏洗,酥和饼,夹之,干即易,疮出愈。)马齿苋(杵团,入袋盛,泥裹,火烧过,入蜜,热夹。)生姜(频擦。)炊饭(热拭腋下,与犬食之,七日一次,愈乃止。)三年醋(和石灰,敷腋下。)[果木]小龙眼核(六个,胡椒十四粒,研,遇汗出擦之,三次愈。)辛夷(同木香、细辛、芎劳粉涂之。)槲若(洗后,苦瓠烟熏之。)桔枸树汁(同木香、东桃、西柳枝、七姓妇人乳,煎热,五月五日洗之,将水放在十字街,去勿顾。)鸡舌香[金石]伏龙肝(掺。)铜屑(热醋和掺。或炒热,袋盛熨之。)镜锈(同密陀僧,醋调掺。)铜绿(同密陀僧、白芨灰,醋调掺之。)古文钱(烧赤,淬醋,研,入麝,水调涂。)铜矿石(磨汁涂。)密陀僧(油和涂。蒸饼切开,掺末夹之。)黄丹(入少轻粉,唾和涂。同东壁土、铜绿末,以古钱磨泻,灯油调掺。)胡粉(水银、面脂研涂;牛脂煎涂,不过三次。)水银(同胡粉掺上。)粉霜(同水银、面脂,研涂。)石绿(同轻粉,醋调涂。)石灰(有汗,干掺;无汗,醋和。)胆矾(入少轻粉,姜汁调搽,热痛乃止。)白矾(常用粉之;同密陀僧、轻粉擦;同黄丹、轻粉擦;同蛤粉、樟脑擦。)[虫介]蜣螂(揩涂一夜。)田螺(入巴豆一粒在内,待化水,擦腋下,绝根;入麝香,埋露地七七日,点患孔,神妙;入巴豆、麝香、胆矾,待成水,五更不住自擦腋下,待大便行,是其证,不尽再作,后以枯矾、蛤粉、樟脑敷之,断根。)蜘蛛(一个,黄泥入赤石脂包,煅研,入轻粉少许,卧时醋调一字敷腋下,次日泻下黑汁,埋之。)蝙蝠(煅研,田螺水调涂腋下,随服下药。)[禽人]鸡子(煮熟去壳,热夹之,弃路口勿顾。)夜明砂(豉汁和涂。)自已小便(热洗,日数次。)自己口唾(频擦。)

丹毒

（火盛生风，亦有兼脾胃气郁者）

【内解】[草部]连翘、防风、薄荷、荆芥、大青、黄连、升麻、甘草、知母、防己、牛蒡子、赤芍药、金银花、生地黄、牡丹皮、麻黄、射干、大黄、漏芦、红内硝、萹蓄（汁服）积雪草（捣汁服。）水甘草（同甘草，煎服。）攀倒甑（同甘草，煎服。）旋花根（汁服。）丹参[菜木]马齿苋（汁服。）芸苔汁（服，并敷。）青布汁、栀子、黄檗、青木香、鸡舌香、桂心、枳壳、茯苓、竹沥[金石]生铁（烧，淬水服。）生银（磨水服。）土朱（蜜调服。同青黛、滑石、荆芥末，并敷之。）[介部]牡蛎肉[禽兽]鹜肉、白雄鸡（并食。）犀角、羖羊角、猪屎汁、黄龙汤（五色丹毒，饮二合，并涂。）

【外涂】[草部]黄芩、苦芙、马兰、白芷（葱汁调，亦煎浴。）水荇、水苹、浮萍（并涂。）景天、蒴藋、蛇衔、生苄、水藻、牛膝（同甘草、伏龙肝。）蓖麻子、大黄（磨水。）蓝叶、淀汁、芭蕉根（汁。）蓼叶灰、栝蒌（醋调。）老鸦眼睛草（醋同捣。）仙人草、五叶藤、赤薜荔、排风藤、木鳖仁（调醋。）萝摩草、虎刺根叶（汁。）青黛（同土朱。）五味子、荏子、红花苗（并涂敷。）苎根、赤地利、白芨、白蔹[谷菜]赤小豆（洗浴，及敷之。）绿豆（同大黄。）豆叶、大麻子、大豆（煮汁。）麻油、荞面（醋和。）黄米粉（鸡子和。）豉（炒焦。）糯米粉（盐和。）菘菜、芸苔、大蒜、胡荽、干姜（蜜和。）鸡肠草、葱白（汁。）马齿苋[果木]李根（研油，田中流水调。）桃仁、慈菇叶（涂。）槟榔（醋调。）枣根（洗。）栗树皮及梂（浴。）荷叶（涂。）栀子末（水和。）榆白皮（鸡子白和涂，煎沐。）棘根（洗。）五加皮（洗。和铁槽水涂。）柳木（洗敷。）柳叶（洗。）乳香（羊脂调。）桐树皮、楸木皮[服器]草鞋灰（和人乳、发灰调。）蒲席灰、甑带灰[水土]磨刀水、目垩土（同寒水石涂。）燕窠土、蜂窠土、蚯蚓泥、猪槽下泥、檐溜下泥、釜下土（和屋漏水。）伏龙肝、白瓷末（猪脂和。）屋尘（猪脂和。）瓷瓯中白灰（醋磨。）[金石]锻铁精（猪脂和涂。）铁锈（磨水。）胡粉（唾和。）银朱（鸡子白和。）无名异（葱汁调。）石灰（醋调。）阳起石（煅研，水调。）土朱（同青黛、滑石。）寒水石（同白土敷。）芒硝（水和。）白矾（油和。）[虫鳞]蜜（和干姜末。）蚓蝼（同生姜，捣涂。）露蜂房（煎汁，调芒硝。）白僵蚕（和慎火草敷。）烂死蚕（敷。）蛴螬（末敷。）水蛭（咂。）黄蜂子、鲫鱼（合小豆捣涂。）鲤鱼血、海蛇、鳝鱼、螺蛳、虾[禽兽]鸡血、雉尾灰、猪肉（贴。）青羊脂（频摩即消。）绵羊脑（同朴硝涂。）酪（入盐。）羚羊角灰（鸡子白调。）鹿角末（猪脂调。）牛屎（涂，干即易。）猪屎（烧涂。）发灰（和伏龙肝，猪膏涂之。）

风瘙疹痱

【内治】（同丹毒。）苍耳花、叶、子（各等分为末，以炒焦黑豆，浸酒，服二钱，治风热瘾疹，搔痒不止）。苦参（肺风皮肤瘙痒，或生瘾疹疥癣，为末，以皂角汁熬膏，丸服。）枸橘核（为末，酒服，治风瘙痒。）赤土（风瘙痒甚，酒服一钱。）云母粉（水服二钱。）蜜（酒服。）黄蜂子、蜂房（同蝉蜕末服。）白僵蚕（酒服。）全蝎

【外治】白芷、浮萍、槐枝、盐汤、吴茱萸（煎酒。）楮枝叶、蚕砂（并洗浴。）景天汁、石南汁、枳实汁、芒硝汤、矾汤（并拭摩。）枳壳（炙，熨风疹，肌中如麻豆。）燕窠土（涂。）铁锈（磨水，摩。）石灰（醋和涂，随手即消。）烂死蚕（涂赤白游疹。）吊脂（涂。）虾（捣涂。）海虾鲊（贴。）鳝血（涂赤游风。）鲤鱼皮（贴。）

【痱疹】升麻（洗。）菟丝汁（抹。）绿豆粉（同滑石扑。）枣叶（和葛粉扑。）慈菇叶汁（调蚌粉掺。）楝花（末掺。）冬霜（加蚌粉掺。）腊雪（抹。）屋上旧赤白垩（掺。）壁土、不灰木、滑石、井泉石（同寒水石。）石灰（同蛤粉、甘草涂。）蚌粉

疬疡癜风

（疬疡，是汗斑；癜风，是白斑片；赤者，名赤疵）

【内治】［草谷］蒺藜（白癜风，每酒服二、三钱。）女萎、何首乌（白癜，同苍术、荆芥等分，皂角汁煎膏，丸服。）胡麻油（和酒服。）［木鳞］桑枝（同益母草，熬膏服。）枳壳（紫癜风。）牙皂（白癜风，烧灰酒服。）白花蛇（白癜疬疡斑点，酒浸，同蝎梢、防风末服。）乌蛇（同天麻诸药，浸酒服。）［禽兽］白鸽（炒熟，酒服。）猪胰（酒浸蒸食，不过十具。）猪肚（白煮食。）

【外治】［草谷］附子（紫白癜风，同硫黄，以姜汁调，茄蒂蘸擦。）白附子（同上。）贝母（紫白癜斑，同南星、姜汁擦；同百部、姜汁，擦；同干姜，浴后擦之，取汗。）知母（醋磨涂。）茵陈（洗疬疡。）防己（同浮萍煎，浴擦。）羊蹄根（同独科扫帚头、枯矾、轻粉、生姜擦，取汗。）苍耳草、酸草（同水萍。）紫背萍（并洗擦。）菰笋、木莲藤汁（并擦。）蓖麻汁、续随子汁、灰藋灰（并剥白癜风、疬疡。）蒺藜、小麦（烧油涂。）酱、醋［果木］胡桃、青皮（并同硫黄擦。或入硇砂、酱汁少许。）杏仁（每夜擦。）熏陆香（同白蔹揩。）桑柴灰（蒸汁热洗。）猫儿刺叶（烧淋，熬膏，涂白癜。）［服器］故帛灰、麻鞋底灰、甑带、蒸笼片、弊帚、炊帚［水石］半天河水、树孔中蚌汁、韭上露、车辙、牛蹄涔中水、水银（并拭疬疡癜风。）轻粉（同水银、姜汁擦。）雄黄（身面白驳。）密陀僧（同雄黄，擦汗斑；或加雌黄、白矾、硫黄。）胆矾（同牡蛎、醋，擦赤白癜。）人言（入茄中煨擦；或涂姜上擦。）硫黄（同附子、醋，擦疬疡风；同密陀僧；同轻粉、杏仁；同鸡子白。）自然灰（淋汁涂。）石灰、砒石、银（身面赤疵，日楷令热，久久自消。）［虫鳞］蜣螂（捣涂白驳，一宿即瘥。）鳝鱼（同蒜汁、墨汁，频涂赤疵；小儿赤疵，刺父足心血贴之，即落。）蛇皮（热摩数百遍，弃之。）鳗鲡鱼骨（涂白驳风，即时转色，五七度，乃愈。）臭鱼鲊（拭白驳，热擦，令汗出。）乌贼鱼骨（磨醋涂；同硫黄、姜汁擦。）［禽兽］

丹鸡冠血、翅下血（涂。）驴尿（和姜汁洗。）诸朽骨（磨醋涂之。）马尿（洗赤疵，日四五度。）白马汗（雕青，调水蛭末涂之。）

瘿瘤疣痣

【内治】［草部］杜衡（破留血痰饮，消项下瘿瘤。）贝母（同连翘服，主项下瘿瘤。）黄药子（消瘿气，煮酒服。《传信方》，甚神效。）海藻（消瘿瘤结气，散项下硬核痛。初起，浸酒日饮，滓涂之。）海带、昆布（蜜丸。）海苔、白头翁（浸酒。）牛蒡根（蜜丸。）连翘、丹参、桔梗、夏枯草、木通、玄参、当归、常山（吐。）篱鬲草（吐。）天门冬、瞿麦、三棱、射干、土瓜根、香附、漏芦［菜谷］紫菜、龙须菜、舵菜（并主瘿瘤结气。）小麦（消瘿，醋浸，同海藻末，酒服。）山药（同蓖麻，生涂项核。）败壶芦（烧，搽腋瘤。）赤小豆［果木］橙、荔枝（并消瘿。）瓜蒂、松萝（并吐。）柳根（煮汁酿酒，消瘿气。）白杨皮（同上。）问荆（结气瘤痛。）［土石］蠮螉（蚀瘤，熬，烧末，猪脂和敷。）蜣螂丸（烧酒服，治瘿。）土黄（枯瘤赘痔乳。）针沙、自然铜（并浸水，日饮，消瘿。）铅、浮石［介鳞］牡蛎、马刀、海蛤、蛤蜊、淡菜、海螵蛸［兽人］鹿靥（并消瘿气结核。）羊靥、牛靥（并酒浸炙香，含咽。）猪靥（焙末，酒服；或酒浸，炙食。）旄牛靥（烧服，消瘿。）獐肉（炙热，拓瘤，频易，出脓血愈。）猪屎（血瘤出血，涂之。）人精（粉瘤，入竹筒内烧沥，频涂。）

【疣痣】［草谷］地肤子（同矾，洗疣目。）艾叶（同桑灰淋汁，点疣、痣、瘤、靥；灸痣，三壮即去。）狗尾草（穿疣。）升麻（煎水，入蜜拭。）芫花（同大戟、甘遂末，焦瘤瘿，自去；根煮线，系瘤痣。）蒴藋子（涂。）续随子（涂。）天南星（醋涂。）剪刀草（涂。）博洛回（涂。）藜芦灰、青蒿灰、麻秸灰、麦秆灰、荞麦秸灰、豆秸灰、茄梗灰、藜灰、灰藋灰、冬瓜藤灰（并淋汁，点疣痣，腐痈瘤，去点印。）大豆、米醋（并厌禳去疣。）白粱米（炒热研，入唾和涂。）马齿苋灰（涂瘤。）苦苣汁［果木］白梅（并点疣痣。）杏仁、李仁（并同鸡子白研，涂疣。）柏脂（同松脂，涂疣。）死人枕席（拭疣自烂。）秃帚（每月望子时扫之。）栎木灰、桑柴灰［水石］冬灰、石灰（并蚀黑子、疣赘、瘤痣。）屋漏水（涂疣。）硫黄（纸卷，淬疣。）砒石（同巴豆、糯米点疣。）盐（涂疣，频舐。）白矾、铜绿、硇砂（并涂痣、黡、疣、赘。）［虫鳞］斑蝥（点疣痣，同人言、糯米炒黄，去米，同大蒜捣涂。）螳螂（食疣。）蜘蛛网（缠瘤疣。）鳙鱼（食之已疣。）［禽人］鸡内金（擦疣。）鸡子白（醋浸软，涂疣。）猪脂、牛涎、人疮脓、人唾（并涂疣。）发（缠疣。）

子膚地

瘰疬

（附结核）

【内治】［菜草］夏枯草（煎服，或熬膏服，并贴。入厥阴血分，乃瘰疬圣药也。）连翘（入少阳，乃瘰疬必用之药。同脂麻末，时食；马刀挟瘿，同瞿麦、大黄、甘草煎服。）海藻（消瘰疬，浸酒，日饮；滓为末服。蛇盘疬，同僵蚕，丸服。）昆布（为末浸酒，时时含咽，或同海藻。）玄参（散瘰疬结核。久者，生捣敷之。）何首乌（日日生服，并嚼叶涂之。）土茯苓（久溃者，水煎服。）白蔹（酒调，多服，并生捣，涂之。）苦参（牛膝汁丸服。）野菊根（擂酒服，渣涂甚效。）薄荷（取汁，同皂荚汁，熬膏丸药服。）木鳖子（鸡子白蒸食。）白藓皮（煮食。）水荭子（末服。）大黄（乳中瘰疬起，同黄连，煎服，取利。）蚤休（吐泻、瘰疬。）蓖麻子（每夜吞二、三枚；同白胶香，熬膏服；同松脂研贴。）芫花根（初起，擂水服，吐利之。）月季花（同芫花，酿鲫鱼煮食。）荆芥（洗。）牛蒡子、防风、苍耳子、续断、积雪草、白芷、芎䓖、当归、白头翁、黄芪、淫羊藿、柴胡、桔梗、黄芩、海蕴、海带、胡麻、水苦荬（项上风疬，酒磨服。）橙（发瘰疬。）槲皮（吐瘰疬，并洗之。）皂荚子（醋、硇煮过，照疮数吞之；连翘、玄参煮过，嚼之。）胡桐泪（瘰疬，非此不除。）桑椹汁（熬膏内服。）巴豆（小儿瘰疬，入鲫鱼内，草包煅研，粥丸服，取利。）黄檗［器虫］毡屉灰（酒服，吐瘰疬。）黄蜡（同白矾丸服。）全蝎、白僵蚕（水服五分，日服，一月愈。）蜘蛛（五枚，晒末，酥调涂。）斑蝥（粟米炒研，鸡子清丸服；入鸡子内，蒸熟，去蝥食，入药甚多。）红娘子、芫青、葛上亭长、地胆［鳞介］白花蛇（同犀角、牵牛、青皮、腻粉服。）壁虎（初起，焙研，每日酒服。）鼋甲（酒浸，炙研服。）牡蛎粉（同玄参，丸服；同甘草末服。）蜗牛壳（小儿瘰疬，牛乳炒研，入大黄末服，取利。）鼍甲［禽兽］左蟠龙（饭丸服。）夜明砂（炒服。）狸头（炙研服。）猫狸（鼠瘘，如常作羹食。）

【外治】［草菜］山慈姑（磨酒涂。）荞草（鸡子白调涂。）地菘（生涂。）半夏（同南星、鸡子白涂。）草乌头（同木鳖子涂。）猫儿眼草（熬膏涂。）商陆（切片，艾灸。）车前草（同乌鸡屎涂。）紫花地丁（同蒺藜涂。）青黛（同马齿苋涂。）毛蓼（纳入，引脓血。）葶苈（已溃，作饼灸。）白芨（同贝母、轻粉敷。）白蔹、土瓜根、半夏、水堇、藜芦、通草花上粉［谷菜］大麻（同艾灸。）蒜（同茱萸，涂恶核肿结。）芥子（和醋涂。）干姜（作挺纳入，蚀脓。）山药（少阳经分疙瘩，不问浅深，同蓖麻子，捣贴。）堇菜（寒热瘰疬，结核鼠漏，为末煎膏，日摩之。）桑菰（同百草霜涂。）马齿苋、鹿藿［果木］胡桃（和松脂涂。）桃白皮（贴。）杏仁（炒，榨油涂。）鼠李（寒热瘰疬，捣敷。）枫香（同蓖麻子贴。）楸叶（煎膏。）柏叶、栎木皮［器土］油鞋、鞋底灰、多年茅厕中土（同轻粉，敷年久者。）［金石］黑铅灰（和醋，涂瘰疬结核，能内消为水。）铁热（涂。）砒霜（蚀瘰疬败肉,作丸用。)磨刀垽(涂瘰疬结核。)食盐(和面烧。)硝石、芒硝(并下。)雄黄(同水银、黄蜡、韶脑,作膏贴。)轻粉、盐药[虫部]蜈蚣(炙,同茶末涂。)蝼蛄(同丁香,烧贴。)矾石、硇砂、红娘子(瘰疬结核。)蚯蚓(同乳、没诸药,涂。)蜗牛(烧,同轻粉涂。)蛤蟆(烧涂。)蜂房(烧,和猪脂涂瘰疬漏。)蜘蛛(晒研,酥调涂。)[鳞介]黄颡鱼(溃烂,同蓖麻子煅涂。)穿山甲(溃烂,烧敷。一加斑蝥、艾。)田螺(烧涂。)鬼眼精(已破,研涂。)马刀(主肌中窜瘰。)[禽兽]伏翼(年久者,同猫头、黑豆,烧涂之。)鸭脂(同半夏敷。)鸡膍胵(烧敷。)雄鸡屎(烧敷。)羊屎(同杏仁烧敷。)狼屎(烧涂。)猫头骨及皮毛(烧敷。舌,生研涂。涎,涂之。屎,烧敷。)狸头骨、狐头骨(同狸头烧敷。)羊膍胵、(猬心、肝)(并烧敷。)猪膏(淹生地黄,煎沸,涂瘰疬瘘。)虎肾、羚羊角、女人精汁(频涂。)乱发灰(鼠瘘,同鼠骨,入腊猪脂煎消,半酒服,半涂,鼠从疮中出。)

【结核】[草菜]天南星(治痰瘤结核,大者如拳,小者如栗,生研涂之。)甘遂(同大戟、白芥子为丸,治痰核。)金星草(末服。)桔梗、玄参、大黄(酒蒸。)白头翁、连翘、射干、三棱、莪术、黄芩、海藻、昆布、海带、蒲公英(并散颈下结核。)蒜(同茱萸捣,涂恶核肿结。)堇菜(结核聚气,为末,油煎,日摩。)百合(同蓖麻研涂。)詹糖香[土石]土墼(痰核红肿,菜子油和涂,即消。)浮石(枕后生脑痹痰核,烧研,入轻粉,油调涂。)石灰(结核红肿,状如瘰疬,煅研,同白果捣贴。)磁石(鼠瘘、项核、喉痛。)白僵蚕、蜘蛛(项下结核,酒浸研烂,去滓服。)鲫鱼(生捣,涂恶核。)牡蛎(以茶引之,消项下结核;以柴胡引之,去胁下坚。)

九漏

(虽有九名,皆取象耳,但分部位可也)

【双治】[草部]苦参(浸酒服。)忍冬(浸。)牵牛(煨猪肾。)黄芪、何首乌、土茯苓、萆薢、栝蒌根、白芨、牛蒡叶、地榆、虎蓟根、积雪草、白蔹、土瓜根、通草、黄药子、剪草、茜根灰、漏篮子、侧子、马兜铃、半夏、荆芥蕙、荠苨、香白芷、蛇含草、麋衔、蓖麻子、狼毒、芫花根、附子、天南星、诸蒿灰、藜灰[谷草]麦面(和盐,炒涂。)苦瓠、荞麦灰[果木]桃花、大腹皮、楸叶(熬膏,神方。)柳枝(烧熏。)柳根须(煎洗。)乳香、榆白皮、芦荟、石南叶、柞木枝[火土]烛烬、土蜂窠[金石]胡粉、铁华粉、朱砂、炉甘石、孔公蘖、殷蘖、古冢灰、石灰、赤石脂、水银、水银粉、特生礜、礜石、北亭砂、砒石、代赭石、石胆、禹余粮、磁石毛、黄矾、白矾石、硝石、密陀僧、食盐、石硫黄、石硫赤、戎盐、(雄、雌黄)[虫鳞]斑蝥(芫青、地胆、葛上

鹳

亭长同。)蜘蛛、胡蜣螂、蟾蜍头、蜈蚣、露蜂房、樗鸡、鲮鲤甲、蜥蜴、白花蛇、自死蛇(并骨。)蛇蜕、蝮蛇胆(并屎。)乌蛇、蛇吞蛙、鼍甲、蚺蛇胆、(鲤肠、鳞)、鲨鲊、(鳢肝、肠)、鳝鱼(并血。)鳗鲡鱼、鳔胶、海豚鱼、海鳗鲡[介部]鼋甲、秦龟甲、文蛤、牡蛎粉、甲香、大田螺[禽兽]啄木鸟、鸳鸯、乌鸦头、青鹤、子规肉、鹳脑、鹰头(烧涂痔漏。)鹏鸟(鼠漏,炙食。)猪膏、豭猪屎、羊屎、牡狗茎、狗肉(引虫。)狗骨(并头骨。)马通汁、牛胆(并脾。)乌牛耳垢(胁漏出水。)野猪皮、牛屎、猫头骨(并脑,及眼睛、肉、舌、皮、毛。)鹿皮(并齿。)狸头骨(并肉。)狐屎(并足。)(兔皮、毛)、鼹鼠、牡鼠屎、土拨鼠、(猬心、肝)

痈、疽

(深为疽,浅为痈。大为痈,小为疖)

【肿疡】[草部]甘草(行污浊之血,消五发之疽,消肿导毒。一切发背痈疽,用末和大麦粉,汤和热敷,未成者内消;已成者,即溃。仍以微炙一两,水浸一夜,服之;或以黑铅汁,淬酒服;或取汁,熬膏;阴囊痈,水炙煎服,二十日即消。)忍冬(痈疽,不问发背、发颐、发眉、发脑、发乳诸处,捣叶,入少酒涂四围;内以五两,同甘草节一两,水煎,入酒再煎,分三服。重者一二服,大肠通利即效,功胜红内消,其滓亦可丸服。或捣汁,同酒煎服。)远志(一切痈疽、发背,疖毒恶喉,死血阴毒在中,不痛者,即痛;或忧怒等气在中,作痛不可忍者,即止;热者即凉;溃者即敛。为末,每服三钱,温酒浸,取清服,其滓涂之。)红内消(痈疽毒疮,水熬,入酒时饮;滓为丸服。)连翘(消肿止痛,十二经疮药,不可无此。痈肿初起,煮服,取汗。)木莲(一切痈疽初起,四十九个,研细绞汁服,功同忍冬;背痈,取末服,下利即愈。)常春藤(一切肿痛,研汁入酒服,利恶物,去其根本。)络石(同上。)秦艽(发背初起,同牛乳煎服,取利。)山慈菇(同苍耳,擂酒服,取汗。)豨莶(同乳香、枯矾研,酒服,取汗;熬膏,贴一切痈疽,发背恶疮,疔肿喉痹。)地菘(捣汁,日服。)苍耳(擂酒取汗。)紫花地丁(同苍耳擂酒,取汗;渣同面涂。)乌敛莓(擂酒热服,取汗;渣涂。)迎春花(酒服末,取汗。)马蔺花叶(同松毛、牛膝,煎服。)曲节草(同甘草,煎服。)香附子(已溃、未溃,以姜汁炒研,日服。)草乌头(阴疽不起,同南星、桂心、姜汁热服。未破,内消;久溃,能去黑烂。)牵牛(诸毒初起,气壮者,煎醋服,利脓血,妙。)决明(同甘草煮服,并涂。)石苇(发背,冷酒服。)石胡荽(同穿山甲、当归尾,擂酒服,并涂之。)地锦草(同乳、没等擂酒服,并涂。)积雪草、野菊、栝蒌、天门冬(并擂酒服,滓涂。)升麻(除风肿,行瘀血,为疮家圣药。肿毒卒起,磨醋,涂之。)羌活(散痈肿败血,入太阳经。)地榆(诸疮痛加之。)黄芩(痒者,加之。)黄连(诸疮痛痒,皆属心火。)龙胆(痈肿口干。)紫草(活血利肠。)当归、芍药、芎䓖(和血止痛。)三棱(消坚硬。)黄葵花(肿痛及恶疮脓水，为疮家圣药。盐收经年用，尤妙。）胡黄连（同穿山甲贴。）芭蕉（同生姜贴。）生地黄（杵涂，木香盖之。）龙葵（捣涂，或入麝，或同蛤蟆。）大黄（醋调贴；同五倍、黄檗贴。）乌头（同黄檗贴。）商陆（擦石痈。盐捣，敷一切毒。）莨菪子（贴石痈坚硬。）天麻、都管草（醋贴。）箬叶、红蓝花、苎根、益母草、金丝草、大戟、水仙根、飞廉、马鞭草、漏芦、蘘荷根、鸭跖草、续断、大蓟根、薇衔、火炭母、泽兰、地杨梅、地蜈蚣、姜黄、蒲公英、蓼实、紫河车、半夏、天南星、王不留行（洗。）白芍、栝蒌根（醋调。）三七、蒺藜苗（熬膏。）苦参、土瓜根、独用将军、石蒜、牡丹皮、大青、草乌头，小青，鬼臼根、萝摩叶、射干（醋磨。）羊蹄根（醋磨。）蒟蒻、石菖蒲、芫花（胶和。）金星草、半夏（鸡子白调。）莽草、螺靥草、水堇、水荇草、毛茛、水莼叶、海芋根、蒲黄、海藻叶、海根、水荭草、防己［谷菜］黑大豆（生研。）豌豆（并主一应痈肿初起。）绿豆粉（一应痈疽初起，恶心，同乳香、甘草服，以护心。）胡麻油（大毒发背，以一斤煎沸，入醋二碗，分五次服，毒不内攻；入葱煎黑，热涂，自消。）翻白草（擂酒服。）茄子（硝石收成膏，酒服，治发背恶疮；磨醋，涂肿毒；生合热毒。）豆豉（作饼灸。）大蒜（灸一切肿毒阴毒。）苦瓠（切片，灸囊痈。）葱白（米粉炒黑，醋调涂。）赤小豆（同鸡子白，涂一切痈疽。）粢米粉（炒黑，鸡子白涂。）麦粉（一切痈疽发背热痛，炒黑，醋调贴，痛即止，久则肿消。）荞麦粉（痈疽发背，同硫黄末敷；疽头凹黑，煮食即起。）山药（生涂，或同蓖麻、糯米。）蔓荆（同盐涂，或同芸苔。）紫芥子（同柏叶涂，无不愈者。）麦面、米醋、冬瓜（合之。）苦茄（醋磨。）蕺菜、百合（生。）干姜（醋调。）生姜（猪胆调。）白芥子（醋调。）莱菔子（醋研。）马齿苋、秦狄藜（醋杵。）旱堇、皂角蕈（醋磨。）桑黄［果木］野葡萄根（晒研，水调。）茱萸（醋和，并涂一切痈肿。）橡子（醋磨，涂石痈。）胡桃（背痈、骨疽未成者，同槐花末，热酒服之；油者，涂诸肿。）乌药（行气止痛。孕中有痈，同牛皮胶，煎服。）槐花（痈疽发背初起，炒冲酒服，取汗即愈。）黄檗（诸疮痛不可忍者，加之。和鸡子白涂；同川乌头末，敷之。）柞木叶（同荷蒂、甘草节、萱草、地榆煎服，痈疽即消，脓血即干。）紫荆皮（活血行气，消肿解毒，同独活、白芷、芍药、木蜡为末，葱汤调涂；发背痈疽初起，酒调涂之；内同白芷酒服。）皂子（六月六日，吞七枚，可免疮疖。）木芙蓉花、叶（散热解毒。一切痈疽发背恶疮，蜜调涂之，已成即溃，已溃排脓；或同苍耳叶烧用；或同菊花叶，煎洗。）扶桑花、叶（同芙蓉、牛蒡叶、蜜捣涂。）巴豆树根（一切痈疽发背大患，末涂之，妙不可言。）松脂（一切痈疽，同铜青、蓖麻捣贴；入膏药用。）枫木皮（痈疽已成，擂酒服，并敷。）莯香（头疽肿毒，麻脂，调涂，七日腐落。）黄杨（捣涂疖子。）楮实、桑白皮（并涂石痈。）桑叶（涂穿掌毒，即愈。）紫檀（磨醋。）皂荚（煎膏。）榆白皮（醋调，涂痈肿。）水杨柳汤、热汤（并沃洗，肿毒即消。）新汲水（射肿毒令散。）桑柴火（灸肿疡不破，溃疡不腐、不敛，拔毒、止痛生肌。）［器土］纸钱（烧筒中，吸肿毒。）火针、墨（磨醋。）倒挂尘（同葱。）伏龙肝（同蒜。）釜下土（同椒。）鼠壤土（同醋。）土蜂窠（同醋。）蚯蚓泥（同盐。）粪坑土、井底泥、檐溜下泥、无名异（醋磨，并涂痈肿。）［金石］黑铅（消痈肿、发背诸疮，甘草煮酒，溶铅投入九次，饮之取醉。）铁浆（发背初起，饮二升，取利。）菩萨石（主金石毒作痈疽。）胡粉、黄丹、密陀僧（并入膏用。）硝石（发背初起，泡汤，拓数次，即散。）水中白石（背肿如盘，烧赤淬水洗，数次即消。）紫石英（煅研，醋调。）磁石、石青、石蟹（磨醋。）蛇黄、盐药［虫部］土蜂子（醋调。）赤翅蜂、独脚蜂（并涂痈肿。）露蜂房（恶疽、附骨疽，根在脏腑。烧灰，同巴豆煎油，涂软疖。）五倍子（炒紫，同蜜涂。或加黄檗、大黄。）水蛭（咂血。）蜜蜡［介鳞］玳瑁、牡蛎（鸡子白调。）蛤粉（并消痈肿。）车螯壳（消肿，烧赤醋淬，同甘草，酒服，并涂。不问大小浅深，利去病根，则免传变。煅研，入轻粉少许，用栝蒌、甘草节酒煎，入蜜调服。）龟板（初起，烧研酒服。）穿山甲（炮研酒服。）蛇蜕（烧，醋和涂；石痈，贴之，一夜愈。）蛇头灰（醋调。）蛇角、蚌粉，鲫鱼［禽兽］白鹅膏、雁肪、天鹅油、鸨肪（并涂。）鹈鹕油（能透入病所。）鸡冠血（频滴不已，即散。）鸡内金（发背初起，润湿贴之，不过三、五个即消。）鰕鸡子（痈疽发背，百药不效，同狗屎熬贴。）白鸭通、牛胆、猪胆、猪脑（并涂。）猪肾（同飞面，捣贴。）腊羊脂（一切肿毒初起，抹擦即消，神验。）猪膏、牛脂（并冷水浸贴，频易。）黄明胶（一切痈疽，活血止痛。水浸贴之，化酒饮之，不内攻，不传恶证；同穿山甲烧研，酒服，极妙；已破者，化调黄丹。）犬屎（绞汁服，并涂。）狗宝（痈疽诸毒，同蟾酥诸药为丸。）狗齿（烧研，醋涂发背及马鞍疮。）鹿角（痈肿，留血在阴中。发背初起，烧灰醋涂，日五、六上。）鹿脂、麋脂、鹿胆、羚羊角（磨水。）貘膏、阿胶［人部］人唾（并涂肿。）人屎（一切痈肿未溃，研末，入麝，调贴头上；背发欲死，烧和醋涂。）人乳（痈脓不出，和面敷之，即日即出。）人牙（阴疽头凹沉黯，不痛不热，服内补药不发，必用人牙煅，穿山甲炙，各二钱半，分作二服，当归、麻黄煎汤服，外以姜汁，和面涂之。又方：人牙煅，川乌头、硫黄末等分，酒服。）人髭须（烧敷。）月经衣（洗水，调药。）

【代针】茅针（酒煮服，一针一孔。）冬葵子（水吞百粒。）蜀葵子、恶实、瞿麦（并敷之。）茼实、薏苡仁（并吞一枚。）苦荬汁（滴之。）百合（同盐捣涂。）皂角刺（烧灰，酒服三钱；发背不溃，同甘草、黄芪末服。）白棘针（烧灰一钱，水服之。）巴豆（点头。）箔经绳（烧敷。）白瓷器（末敷。）石胆（同雀屎点。）硇砂（点。）雀屎（点。）白鸡翅下第一毛（烧灰，水服。）人齿垽（点。）

【溃疡】［草部］黄芪（痈疽久败，排脓止痛，生肌内补，为疮家圣药。）人参（熬膏。）术、苍术、远志、当归、黄芩、藁本、芎䓖（并排脓、止痛生肌。）白芷（蚀脓。）牛膝（插疮口，去恶血。）地黄（熬膏，贴痈疖恶血。）地榆、芦叶灰、蒴藋灰、蒿灰、茼茹（并蚀恶血死肌。）木香（痈疽不敛，臭败，同黄连、槟榔敷。）芭蕉油（抹疮口不合。）附子（痈疽弩肉，浓醋煎洗；疮口久冷不合，作饼灸之，数日即生肉。隔蒜灸亦可。）蔷薇根、白蔹、白芨、丹参、紫参、木通、毛蓼、赤地利、石斛、何首乌［谷菜］胡麻（炒黑。）青大麦（炒。）丝瓜汁（抹，并敛疮口。）烂茄（酒服。）［果木］乌梅（蚀恶疮弩肉，烧点甚良。）荷蒂（洗。）槲白皮（洗败疮。烧服，治附骨疽。）栎木灰（淋汁熬膏，蚀痈肿。）

巴豆(炒焦,涂肿疡,解毒;涂瘀肉,自化;作捻,导脓。)松脂、枫香、苏枋木(排脓止痛生肌。)没药、血竭、乳香(并消肿,止痛生肌。痈疽头颤,熟水研服。)番降真(同枫、乳香,熏痈疽恶气。)丁香(敷恶肉。)地骨皮(洗烂痈。)合欢皮(煎膏。)柳枝(煎膏。实,逐脓血。)槐白皮(煎膏,止痛长肉。)楸叶(蚀脓血。白皮,煎膏贴。)桐叶(醋蒸,贴疽,退热止痛秘方。)梧桐叶(炙研,贴发背。)桐子油(敷。燃灯,熏肿毒初起。)白杨皮(敷骨疽。)山白竹灰(蚀肉。)故甑蔽(烧敷骨疽。)黄檗、桑柴、蒲席灰(并敛疮口。)松木皮(烧敷。)木兰皮[金石]矾石(蚀恶肉,生好肉。凡痈疽发背人,以黄蜡丸服,能防毒护膜,托里化脓,止痛生肌。)麦饭石(一切痈疽发背,火煅醋淬,同烧过鹿角末、生白蔹末,醋熬膏,围贴。未成即消;已成即溃,排脓生肌。)硫黄(诸疮弩肉出数寸,涂之即消;不合,粉之即合。)磁石(同忍冬、黄丹熬膏,贴溃疡。)银朱(疽疮发背,同矾汤洗,以桑柴火炙之。)食盐(溃疡作痒,摩其四围。)密陀僧(熬膏用。骨疽出骨,同桐油调贴。)砒石(蚀败肉。)石灰(同荞麦秸灰煎霜,点腐肉及溃肿疡。)寒水石(同黄丹,敛疮口。)五色石脂[虫部]蜜蜡、虫白蜡、紫矿(并生肌、止痛、敛口。)桑螵蛸(烧,涂软疖。)全蝎(诸肿,同栀子煎油,入蜡,贴之。)原蚕蛾(玉枕生痈,破后如箸头,同石苇末贴。)斑蝥(痈疽不破,或破而无脓,同蒜捣豆许,贴之,少顷脓出,去药。)地胆(蚀恶肉。)蝗蚂(烧,敷恶肉。)壁钱窠(贴。)五倍子[鳞介]龙骨(并敛疮口。)守宫(痈肿大痛,焙研,油调涂。)水蛇灰(敷骨疽。)鲤鱼(一切肿毒,已溃未溃,烧涂;积年骨疽,切片拓之,引虫。)鲫鱼(诸毒,包柏叶烧,入轻粉,油搽;骨疽脓出,包盐炙焦,搽。)鳖甲(蚀恶肉,敛口,烧掺。)白螺壳灰(同倒挂尘,敷软疖。)蟹膏、石蟹(并涂久疽。)[禽兽]黑雌鸡(排脓,生新血。)鸡屎(同艾,熏骨疽。)夜明砂(排脓,同乳香、桂心涂。)猪蹄(煮汁,洗痈疽,溃热毒,去恶肉。痈疽发乳,同通草,煮羹食。)狗头骨(痈疽疖毒,同芸苔子,末敷。)兔头(发背发脑,捣贴,热痛即如水也。)鹿角胶、鹿茸、麝香(蚀一切痈疽脓水。)豮猪屎(蚀恶肉,同雄黄、槟榔敷。)黄鼠(解毒止痛,煎油,入黄丹、黄蜡熬膏。)鼠(溃痈不合,烧涂;皮,生封附骨疽,即追脓出;烧,敷疮口。)猫头(收疮口,煅,和鸡子白涂;颈毛、鼠屎,烧,敷鬓疖。)象皮(敛疮口。)鼹鼠、猪悬蹄、马牙灰、猪屎灰、发灰(并敛疮口。又同蜂房、蛇蜕灰酒服。)

【乳痈】[草部]天花粉(轻则妒乳,重则乳痈,酒服末二钱。)白芷(同贝母末,酒服。)半夏(煨研,酒服,及吹鼻。)紫苏、栝蒌、忍冬(并煎酒服。)玉簪根、萱根、马鞭(同姜。)木莲(并擂酒服,渣涂之。)何首乌(煮酒。)香蒲(捣汁。)鼠粘子、冬葵子、粽箬灰、莨菪子、葛蔓灰(并研末,酒服。)贝母、丹参(同白芷、芍药、猪脂,醋熬膏涂。)大黄(同甘草熬膏贴,亦末敷。)射干(同萱根涂。)龙舌草(同忍冬涂。)燕脂(奶头裂,同蛤粉涂。)水荇(同苎根涂。)莼、水萍、黄芩、山慈姑、益母草、大蓟、莽草(和醋。)木鳖子(磨醋。)蒲黄[谷菜]百合(并涂吹乳妒。)麦面(水煮糊,投酒热饮,仍炒黄,醋煮糊涂之,即散。)赤小豆(酒服并涂。)米醋(烧石投之,温渍。)蔓荆(同盐涂。)老茄(烧,敷乳裂。)蒲公英[果木]橘叶(酒服,未成即消,已成即溃。)银杏(乳痈溃烂,研服并涂。)白梅、水杨柳根(并捣贴。)桂心(同甘草、乌头末,酒涂,脓化为水。)枫香(贴小儿奶疽。)丁香(奶头花裂,敷之;妒乳乳痈,水服。)牙皂荚(蜜炙研,酒服。或烧研,同蛤粉服。)皂荚刺(烧,和蚌粉酒服。)柳根皮(捣炙熨之,一夜即消。)桦皮(烧研酒下,一服即消。腐烂者,亦可服。)蔓荆子(炒末,酒服,并涂。)榆白皮(醋捣。)木芙蓉[器石]车脂(热酒服。)灯盏油(调炒脂麻涂。)研朱石锤(煮热熨。)石膏(煅研,酒服三钱,取汗。)杓上砂(吹乳,酒服七枚。)姜石、蚯蚓泥[虫介]露蜂房(烧灰服,并涂。)百药煎(煎酒。)蜘蛛、龟板(并烧研,酒服。)穿山甲(乳痈、乳岩,炮研,酒服;吹乳,炙,同木通、自然铜末,酒服。)自死蛇(烧,涂。)蛇皮灰、鳝头灰[禽兽]鸡屎白灰(并酒服。)白丁香(吹乳,酒服一钱。)母猪蹄(同通草,煮羹食。已破,煎洗。)水胶(腊酒煮涂。)鹿角(磨涂。)鼠屎(吹奶,同红枣烧,入麝,酒服。乳痈初起,酒服七枚,取汗;已成,同黄连、大黄末,黍米粥,涂上四边,即消。)猫皮毛(乳痈溃烂,煅,入轻粉,油涂。)猪脂(冷水浸贴。)白狗骨灰、牛屎、马尿、人屎灰、人牙灰(并涂。)

【便毒】[草部]贝母(初起,同白芷煎酒服渣敷。)栝蒌(同黄连,煎服。)鼠粘子(炒末,同朴硝,酒服。)忍冬(酒煎。)木莲(擂酒。)芫花根(擂水服,渣敷。)黄葵子(同皂荚、石灰,醋涂。)山慈姑(涂。)芭蕉叶(烧,和轻粉涂。)石龙芮(挼揉。)草乌头(磨水涂。)菖蒲(生涂。)山药(同沙糖涂。)冬葵子、贯众[果木]胡桃(烧。并酒服。)皂荚(煨研,酒服。醋和涂。)子(研水服。)肥皂(捣涂。)枫香(入麝。)纺车弦(烧。)千步峰(磨醋、姜并涂。)铜钱(同胡桃嚼食。)铁秤锤(初起,压一夜。)枯矾(同寒食面糊涂。)蜘蛛(初起,研,酒热服,取利。)斑蝥(同滑石服,毒从小便出,即消。)红娘子(入鸡子内煨食,小便去脓血。)五倍子(炒黄,醋涂,一日夜即消。)穿山甲(同猪苓,醋炙研,酒服,外同轻粉、麻油涂之。)鲫鱼(同山药,捣贴。)鳔胶(煮软研贴,亦烧末,酒服。)水胶(化涂即消。)

【解毒】[草部]败酱(除痈肿,破多年凝血,化脓为水。肠痈有脓,同薏苡仁、附子为末,水服,小便当下,即愈。)大蓟叶(肠痈瘀血。)人参(酒毒,胸生疽疮,同酒炒大黄末,姜汤服,得汗即愈。)黄芪(除肠胃间恶血。)薏苡仁、冬瓜仁、甜瓜仁(肠痈已成,小腹肿痛,小便似淋,或大便下脓,同当归、蛇蜕,水煎服,利下恶物。)大枣(肠痈,连核烧,同百药煎末服。)乌药(孕中有痈,同牛皮胶,煎服。)皂角刺(腹内生疮,在肠脏,不可药治,酒煎服,脓悉从小便出,极效。)樬担尖(肠痈已成,烧灰,酒服少许,当作孔出脓。)[土鳞]死人冢上土(外涂。)龙骨(肠痈

香枫

内疽。）鲫鱼（猪脂煎服。）雄鸡顶毛（并屎，烧，空心酒服。）犬胆（去肠中脓血。）马牙（肠痈未成，烧灰，和鸡子白涂。）悬蹄（肠痈下瘀血。）猪悬蹄甲（伏热在腹，肠痈内蚀。）

诸疮上

（疔疮、恶疮、杨梅疮、风癞、疥癣、热疮、瘑疮、手疮、足疮、胻疮）

【疔疮】[草部]苍耳根（汁，和童尿服，或葱酒服，取汗；灰，同醋涂，拔根。）山慈姑（同苍耳擂酒服，取汗。）石蒜（煎服，取汗。）豨莶（酒服取汗，极效。）大蓟（同乳香、枯矾末，酒服，取汗。）白芷（同姜，擂酒服，取汗。）王不留行（同蟾酥服，取汗。）草乌头（同葱白丸服，取汗。同巴豆，贴，拔根；同川乌头、杏仁、白面涂。）菊花叶（疔肿垂死，捣汁服，入口即活，神验方也。冬用根。）莼（擂酒服。）常春藤（和蜜服。）荠苨汁（服。）金沸草、益母草（捣汁服，渣涂。烧灰纫入，拔根。）荆芥（煮服，及醋捣涂。）紫花地丁（擂水服，同葱、蜜涂。）艾灰汁（和石灰点之，三遍拔根。）地菘（和糟。）附子（和醋。）蒺藜（和醋。）马兜苓（同蛛网捣。）龙葵、地黄、旱莲、水杨梅、木鳖子[谷菜]麦面（和猪脂。）胡麻灰（和针砂。）小豆花、寒食饧（并涂疔。）白米粉（熬黑，蜜涂。）米醋（以面围，热淋之。）翻白草（煎酒服，取汗。）蒲公英（擂酒服，取汗。）丝瓜叶（同葱白、韭菜，研汁，和酒服，渣敷。）独蒜（蘸门臼灰擦之，即散。又同小蓟、豨莶、五叶草，擂酒服。）马齿苋（和梳垢封；烧，和醋封之；和石灰封。）白苣汁（滴孔中。）土菌（同豨莶涂。）芜菁（同铁衣涂。）蕺菜、灰藋灰、山丹、百合、生姜[果木]野葡萄根（先刺疔上，涂以蟾酥，乃擂汁，入酒，调绿豆粉，饮醉而愈。）银杏（油浸研，盦水疔。）荔枝（同白梅。）胡桃（嚼盦。）榴皮（灸疔。）槐花（四两，煎酒服。叶、皮、茎同。）柳叶（煮汁服。）枸杞（治十三种疔，四时采根茎，同诸药服。）棘钩（同陈橘皮，煎服。同丁香烧敷。）乌桕叶（食六畜牛马肉，生疔欲死，捣汁一、二碗，取下利。根亦可。又主暗疔昏狂。）皂荚（炙研，同麝涂。子，敷。）巴豆（点。）木芙蓉（涂。）绯帛（同蜂房诸药烧服，并入膏贴。）旧油纸伞灰（同古石灰服，取汗。）箭笴茹（作炷，灸丁。）凉水（挑破去血，噙水频咂。）烛烬（同胡麻、针砂涂。）土蜂窠（同蛇皮煅，酒服一钱。）铁浆（日饮一升。）锈钉（调齑水，冷服；煅，同人乳敷。）浮石（同没药，醋糊丸服。）银朱（水和丸服。）矾石（煨葱捣丸，酒服二钱；同寒食面涂。）鼠壤土（童尿调涂。）粪下土（同全蝎、蝉蜕涂。）铁粉（同蔓荆根，捣涂。）铁精（同轻粉、麝香，点敷。）雄黄（同蟾酥、葱、蜜，擦之。）石灰（同半夏敷。）硇砂（同雄黄贴。）姜石（鸡子白和涂。）磁石（醋和。）铜矿石[虫部]斑蝥（并涂。）蟾酥（同雄黄、乳香丸，服三丸，外以白面、雄黄和，纳一粒，立效。）露蜂房（洗。）人虱（十枚，着疮中，箔绳灸之。）蝉蜕（疔疮不破，毒入肠胃，和蜜水服，并涂；同僵蚕，醋涂四围，拔根。）蜜（和葱。）独脚蜂（烧。）赤翅蜂（烧。）独脚蚁、蜘蛛（和醋。）草蜘蛛、蝗蚪[鳞介]蝮蛇皮灰（并敷之。）蛇蜕（疔肿鱼脐，水煎服；烧，和鸡子涂。）鲍鱼头（同发灰烧。）穿山甲（烧研，同贝母末，敷马疔。）海马（同雄黄诸药涂。）田螺（入片脑，取水点。）蚬汁（洗。）海螵蛸[兽人]腊猪头灰（并掺之。）狗宝（同蟾酥诸药服，治赤疔。）牝猪屎（疔毒入腹，绞汁服。）牡狗屎（绞汁服，并涂。）青羊屎（煮服。）马屎、驴屎（并炒熨疔疮中风。）獭屎（水和封，即脓出痛止。）鼠屎（头发灰烧，纳之。）猪胆（和葱涂。）白犬血、马齿（烧。）黑牛耳垢、人耳塞（同盐、蒲公英，贴。）发灰。

【恶疮】[草部]牛膝（卒得恶疮，不识，捣涂。）贝母（烧灰，油调，敷人畜恶疮，敛口。）藿香（冷疮败烂，同茶烧敷。）黄芩（恶疮蚀疽。）秦艽（掺诸疮口不合。）苍耳（恶疮，捣汁服，并敷。）芎䓖（同轻粉涂。）菖蒲（湿疮遍身，为末卧之。）忍冬（同雄黄，熏恶疮。）无心草（敷多年恶疮。）草乌头、地榆、沙参、黄芩花（并涂恶疮脓水。）何首乌、燕蓐草、瞿麦、扁竹（并敷浸淫恶疮。）藜芦、鼠尾草（并敷反花恶疮。）青蒿灰、马先蒿、茼茹、角蒿、骨碎补（并蚀恶疮烂肉。）莽草、雚菌、青葙子、苦参、鹤虱、钩吻（并杀恶疮虫。）蛇床子、荩草、漏篮子、杜衡、牛蒡根、狼牙（洗。）大蓟根、野菊根、蛇衔、积雪草、商陆、狼跋子、及己、香附子、马鞭草、狼毒、艾纳香、漏芦、藁本香、黄连、虎杖根、地肤子（洗。）白蔹、石长生、紫草、芫花根、紫参、赤芍药、山慈姑、白芨、石蒜、牡丹皮、蜀羊泉、天麻、紫花地丁、紫金藤、天蓼、蔷薇根、当归、赤薜荔、丹参、兔葵叶、紫葛藤、羊桃（洗。）冬葵根、马勃、蕲艾叶、剪草、昨叶何草、通草及花上粉、羊蹄草、昆布、胡麻油、扁豆、大麻仁（炒。）陈仓米（和酢。）豆豉、寒食饭（并敷一切恶疮。）芸苔菜（煨捣，熨异疽；油涂风疮。）繁缕汁（涂恶疮，有神效之功。）鸡肠草（灰，和盐，主一切恶疮、反花疮。）马齿苋（封积年疮；烧敷反花疮。）蒲公英、冬瓜叶（并敷多年恶疮。）苦苣（对口恶疮，同姜擂酒服，并敷。）丝瓜根（诸疮久溃，熬水扫之，大凉。）蕺菜（竹筒煨捣，封恶疮。）酱瓣（同人尿，涂浸淫疮癣。）苦瓠汁、灰藋、邪蒿[果木]慈菇叶（并涂恶疮。）桃白皮（纫恶疮。）杏仁（入轻粉，涂诸疮肿痛。）马槟榔（恶疮肿痛，内食一枚，外嚼涂之。）柏沥（涂恶疮有虫。）巴豆（煎油调硫黄、轻粉，搽一切恶疮。）苦竹叶（烧，和鸡子白，涂一切恶疮。）柳华及枝汁（煎膏，涂反花恶疮。）桑叶（肺风毒疮如癞，蒸一夜，晒研，水服二钱。）枫香、松脂、骐驎竭、乳香、没药、詹糖香（并入恶疮膏。）槐皮、杨栌叶、胡颓子根（并洗。）冬青叶（醋煮。）楸叶、桐叶及木皮、榉叶（同盐。）皂荚刺（烧。）楮叶、占斯、大枫子、木绵子油、桐子油[服土]青布灰（并敷多年恶疮。）败蒲席灰（筋溢恶疮。）三家洗碗水（入盐。）半天河水（并洗恶疮。）东壁土（诸般恶疮，同大黄末敷。）蚯蚓泥（敷燕窝疮，及时行腮肿。）白鳝泥（敷火带疮。）鬼屎（敷人马恶疮。）盐车脂角土、胡燕窠土、屋内壖下虫尘土、白蚁泥（同黄丹。）粪坑泥[金石]云母粉（并涂一切浸淫恶疮。）胡粉（反花恶疮，同胭脂涂；蜂窠恶疮，同朱砂，蜜涂。）水银（一切恶疮，同黄连、胡粉，敷。恶肉毒疮，状如豆，半在里，包擦之。或同大枫子。）铁浆（蛇皮恶疮，频涂。）雄黄（蛇缠及一切疮，醋调涂。)浮石(诸般恶疮,同没药丸服。)蓬砂(一切恶疮,同甘草,浸麻油,每饮一小合。)石硫黄(一切恶疮,同荞面作饼贴。)银朱(顽疮日久,同古石灰、松香、油,化贴之。)石灰(多年恶疮,同鸡子白涂。)硇砂、石胆(并去恶疮败肉。雌黄、熏黄、孔公蘖、黄矾、绿矾、白矾、铜青、锡、铅、铁落、铁锈、铁係)[虫部]乌烂死蚕(涂一切恶疮。)地胆(敷恶疮。岩疮如舌,令人昏迷,速用此,同桑白皮、滑石、木通诸药服,以宣其毒。)青腰虫(蚀恶疮息肉,剥人肌皮。)蜘蛛(晒研,敷一切恶疮;膜,贴积年诸疮,及反花疮。)蜂房(洗敷。)斑蝥[介鳞]文蛤(并敷恶疮漏烂。)鼋脂(摩。)鼋甲(恶疮,酒浸,炙研服。)鼍甲(同。)鼍脂(摩。)穿山甲、蛇蜕、自死蛇、蝮蛇皮(并烧敷。)蚺蛇、鳞蛇、白花蛇、乌蛇(并酿酒作丸,治恶疮。)蛇婆(炙食。)鲫鱼(烧灰,同酱汁,涂诸疮十年不愈者;浸淫毒疮,生切,和盐捣涂。)海螵蛸(止疮多脓水不燥。)黄颡鱼(烧。)鳗鲡膏、(海豚鱼肪、鱼脂)[禽兽]孔雀屎(并敷恶疮。)雀屎(敷浸淫恶疮。)鸡冠血(浸淫疮,不治杀人,日涂四、五次。)鸡肉(猫睛疮,有光无脓血,痛痒不常,饮食减少,名曰寒疮,多食鸡、鱼、葱、韭,自愈。)白鸽肉(解恶疮毒。)鸽屎(反花疮初生,恶肉如米粒,破之血出,恶肉反出于外,炒研敷。)青鹄、艨艟屎、猪脂、猪髓(并主恶疮。)羊屎(反花恶疮,鲫鱼酿,烧敷。)猪颊骨(炙油,涂恶疮;悬蹄烧,敷十年恶疮。)驴悬蹄(天柱毒疮,生大椎上,出水,同胡粉、麝香,敷。)马屎(涂多年恶疮疼痒,不过数次。)犬胆(敷痂疡恶疮。)燖猪汤(洗。)驴脂、野驼脂、麋脂、狼膏、猬脂(及心、肝。)隐鼠膏、黄鼠(煎膏。)象胆、熊脂、鹿角、羚羊角(及肉。)狗头骨(灰。)虎骨(及屎。)猫头骨(灰。)鼠头(灰。)象皮灰、鼬鼠灰(及骨。)马鬃灰,野猪皮灰、牛屎、双头鹿胎中屎[人部]人中白(烧。)人唾(并主一切恶疮。)人牙(恶疮,同鸡内金等,烧敷。)发灰(瘭岩恶疮,米汤服二钱,外同白芨、皂荚刺灰敷。)小儿胎屎(蚀恶疮息肉。)

【杨梅疮】[草部]土茯苓(治杨梅疮及杨梅风,并服轻粉成筋骨疼瘫痪痈疽,为必用之药。每用四两,入皂荚子七粒,煎水代茶。或加牵牛;或加苦参、五加皮;或加防风、薏苡仁、木通、木瓜、白藓皮、金银花、皂荚子,煎服。筋骨疼,虚人,同人参丸服。)天花粉(同川芎、槐花丸服。)栝蒌皮(末,酒服,先服败毒散。)蔷薇根(年久筋骨痛,煮酒饮。或加木瓜、五加皮、茯苓、当归。)大黄(初起者,同皂荚刺、郁金、白牵牛末,酒服。又方:同白僵蚕、全蝎末,蜜汤服,并取下恶物;同皂荚刺、轻粉末服,取下恶物,并齿出毒血,愈。)线香(烧烟熏。)浮萍(洗。)野菊(同枣根,煎洗。)金银花、苦参、龙胆、木通、泽泻、柴胡、荆芥、防风、薄荷、威灵仙、蓖麻子、黄芩、黄连、白藓皮、连翘、胡麻[果木]胡桃(同槐花、红枣、轻粉丸服。)椰子壳(筋骨痛,研末,热酒服,取汗。)乌梅(炒焦,油调搽。)葡萄汁(调药。)杏仁、细茶、木瓜、槐花(四两,炒,煎酒热服。)黄檗(去湿热。同乳香末、槐花,水和涂。)大风子(和轻粉涂。)五加皮、槐角、皂荚子、栀子、血竭、乳香、没药、芦荟[金石]铜青(醋煮,酒调涂,极痛,出水愈。或入轻粉、冰片少许。)绿矾(煅研,香油搽。)汞粉(或服或熏,劫疮,效最速,但用失法者，有筋骨痈疽之害。掺猪肾，油煎食；入鸡子，蒸热食；同丹砂、雄黄末，酒服；或加黄丹、孩儿茶，或加槐花、龟板，或加槐花、天花粉、孩儿茶，为丸服。一方：同甘草、百草霜丸服。杨梅癣，同大风子末涂；同杏仁涂。）水银（同铅结砂，入乳、没、黄丹，作神灯照之，熏之。）黑铅（同锡结砂，入蜈蚣末，作捻照之。煮酒服，解轻粉毒。）银朱（年久顽疮，同朱砂、枯矾、全蝎丸服。同宫香作捻，被中熏鼻，或加孩儿茶、皂荚子；或同雄黄、枯矾，作丸，熏之；同铅、汞、白花蛇作捻照；同轻粉，入黄蜡、麻油，作膏贴；筋骨痛，同枯矾作捻，熏脐取汗。）粉霜（涂。）雄黄（猪髓调搽；同杏仁、轻粉、猪胆，搽；同轻粉、黄丹、孩儿茶、朱砂，丸服。）白砒（同雄黄、牛黄化蜡丸服；同石黄点之；同轻粉、银朱搽。）丹砂（同雄黄、百草霜，丸，作捻，被中熏之。）石膏（煅搽。酒服，发汗，解轻粉毒。）铁浆、盐水（并漱轻粉毒。）孩儿茶、百草霜、蓬砂、胡粉、枯矾、黄丹［虫鳞］蝉蜕、全蝎、白僵蚕、露蜂房、蜈蚣（同全蝎、香油、水粉、柏油，熬膏贴。）白花蛇（同穿山甲诸药，丸服。亦入熏照药。）穿山甲（顽疮成风，陈菜子油，作膏贴。）龟甲、鬼眼睛（同辰砂、片脑，涂。）猬皮（杨梅疳泻，同鳖甲、象牙丸服。）麝香

【风癞】［草部］苦参（热毒风、大风、肺风、肾风生疮，遍身痹痒，皂荚膏丸服；同荆芥丸；浸酒饮；煮猪肚食，取虫数万下。）何首乌（大风，同胡麻九蒸九晒，服。）长松（同甘草煎服，旬日即愈。）黄精（蒸食。）草乌头（油、盐炒，为丸服。）马矢蒿（末服。）马鞭草（末服。）浮萍（煎服，末服，并洗。）凌霄花（同地龙、蚕、蝎，末服。）栝蒌（浸酒。）白蒿（酿酒。）艾汁（酿酒。）狼毒（同秦艽服。）大黄（同皂荚刺服。）牛膝（骨疽癞病，酒服。）白藓皮（一切热毒风疮赤烂，眉发脱脆皮急。）羌活、防风、巴戟天、黄芪、牡丹、天雄（并主癞风。）蓖麻子（黄连水浸吞。）莨菪子（恶疮似癞，烧敷。）地黄叶（恶疮似癞十年者，捣敷。）百灵藤（煮粥，浴毕食取汁，并熬膏，酒服。）青藤（酒。）葎草、陆英、蒴藋［菜部］苦瓠藤（并浴癞。十年不瘥者，汁涂之。）［谷果］胡麻油（浸之。）大麻仁（浸酒。）亚麻、荷叶（同石灰汁渍。）［木器］大腹子（敷。）松脂（炼服。）松叶（浸酒。）天蓼（酿酒。）预知子（同雄黄，熬膏服。）皂荚（煎膏丸服；刺，烧灰服，最验；根皮，主肺风恶疮。）桦皮（肺风毒疮如癞，同枳壳、荆芥诸药服。）桑叶（肺风如癞，蒸一夜，晒研水服。）乳香（同牛乳、甘草蒸服。）杨花（同花蛇等丸服。）大风子油（同苦参，丸服；调轻粉，搽。）桑柴灰（洗。）栀子（赤癞、白癞。）皮巾子、皮腰袋（烧灰，入癞药。）［水石］碧海水、古冢中水、石灰（并洗。）禹余粮（癞风发落，同白矾、青盐煅，丸服。）金星石（大风虫疮，同诸石末丸服。）石硫黄（疠风有虫，酒服少许，兼和大风子油涂。）玄精石、雄黄、雌黄、握雪礜石、石油［虫鳞］葛上亭长（并入涂药。）蜂蜜（同姜汁炼服。）蜜蜂子（同诸蛇，丸服。）五倍子、蛇蜕（恶疮似癞，十年不瘥，烧灰酒服；和猪脂涂。）白花蛇、乌蛇、蚺蛇、蝮蛇（并酿酒服。）乌蛇胆（入冬瓜，化水服。）蚺蛇胆及膏（涂。）自死蛇（恶疮似癞，渍汁涂。）鳢鱼（顽疮疥癞，酿苍耳煮食。）鲫鱼（恶疮似癞，十年不瘥，烧灰，和酱涂。）鲎鱼胆（同诸矾，末服，杀

虫。）蝎虎（同蚕砂、小麦面末服。）鲮鲤甲、蚖[禽兽]五灵脂（油调涂。）驴蹄灰[人部]头发（同大豆，入竹筒内，烧汁涂。）

【疥、癣】[草部]苦参、菖蒲、剪草、百部（并浸酒服。）艾叶（烧烟熏，煎醋涂，烧灰搽。）淫羊藿、青蒿、山茵陈、乌头、马鞭草（并洗。）杜衡、白藓皮、苍耳子、黄连、大蓟汁、白芨、青葙叶、紫参、积雪草、蛇床子、丹参、天南星、紫草、木藜芦、地榆、茛菪根、狼牙草、沙参、谷精草、薄荷、三白草、线香、狼把草、狗舌草、姜黄、冬葵子、芍药、酢浆草、芎䓖、石长生、白菖蒲、钩吻、羊蹄根、酸模、木莲藤、莽草、山豆根、何首乌、藜芦、天门冬，蔄茹、狼跋子（酒磨。）狼毒、蔷薇根、白蒺藜、荩草、地锦草、败酱、防己、葎草、猫儿眼睛草[谷菜]大豆沥、黄豆油、秫米（炒黑。）小麦（烧。）胡麻油、芸苔子油（以上或涂，或洗，或服。）胡麻（生嚼，涂坐板疮。）丝瓜皮（焙研，烧酒涂坐板疮。）粟米泔、灰藋、藜叶、冬瓜藤（并洗疥疮。）韭根（炒黑。）薤叶（煮。）蒜、马齿苋、丝瓜叶（擦。）土菌灰[果木]杏仁、桃叶、桃仁、鹿梨根、榅桲木皮、银杏（嚼。并涂疥癣。）胡桃（同雄黄、熟艾捣，裹阴囊。）山楂、杨梅树皮、樟材、钓樟、柳华及叶（并洗疥癣。）枫香（同黄檗、轻粉，涂。）松脂（同轻粉擦。）乳香、没药、血竭、皂荚（煮猪肚食。）樟脑、芦荟、黄檗、樗根白皮（及叶。）（楸树皮、叶）、海桐皮、楝实及根、芜荑、大枫子（并杀疥癣虫。）榆白（捣涎，涂疥癣虫疮。）柏油（涂小儿衣，引疮虫；亦同水银擦。）槿皮（醋调搽癣；或浸汁磨雄黄。）巴豆（擦癣；同腻粉，点疥。）楮叶（擦癣。）乌药、棕木、槐叶、檀皮、桑沥、荆沥、松脂、柏油、胡颓根、栾荆、鼠李子、木绵子油（并涂疥癣。）[水土]秋露（调药。）半天河水、梅雨水、温泉、碧海水、盐胆水（并洗疥癣顽疮。）燕窠土、烟胶（搽牛皮风癣。）[金石]轻粉（牛皮癣，酒服半钱；小儿癣，同猪脂涂。）雌黄（同轻粉、猪脂，涂牛皮顽癣。）明矾（榴皮蘸，掺牛皮癣。）胡粉（掺疥癣；黄脓疮，同松香、黄丹、飞矾熬膏贴。）水银（同胡粉，涂窝疥虫癣；同芜荑涂；同大枫子涂。）银朱（同牛髓、桐油，杀疥癣虫。）舱船灰（同牛尿，熏下身癣。）矾红（同螺蛳、槿皮涂癣。）硫黄（鸡子油，搽疥癣；煅过，掺顽疮。）铁落、铁锈、青琅玕、朱砂、雄黄、熏黄、石油、黄矾、绿矾、砒霜、盐药、戎盐（并入涂掺药。）石灰、茧卤汁（并洗疥癣，杀虫。）斑蝥（同蜜和，浸醋涂。）五倍子（一切癣疮，同枯矾涂。）青腰虫（杀虫。）紫矿[介鳞]蚌粉（并涂疥癣湿疮。）鳢鱼（酿苍耳，淡煮食。）鳣鱼肝（炙食。）河豚子肝（同蜈蚣烧，掺疥疮。）鼍甲（疥癣死肌，炙浸酒服。）鱼鲊（涂虫疮。）海虾、鳝鱼、鳗鲡（并涂。）白花蛇（入丸、散。）乌蛇（入丸、散。）蚺蛇（食。）自死蛇（烧。）蝮蛇（烧。）鲮鲤甲、鼋甲、蟹膏、田螺、螺蛳[禽兽]鸡冠血、抱出鸡子壳灰（并涂疥癣。）鸳鸯（炙贴。）鸽、猪肚（皂荚同煮食。）狐肉及五脏（作腥食。）鼹鼠（煮食。）猪脂（煎芫花，杀疥虫。）牛蹄甲（同驴屎烧，敷牛皮风癣。）驴屎（烧，敷湿癣。）驴脂、羊脂、牛脂、野猪脂、猬脂、狨脂（并涂。）羚羊角、虎骨、兔骨、诸朽骨（并洗、涂。）鼬鼠（煎膏。）狒肉（炙贴。并主疥癣。）旧靴鞋底灰（同轻粉、皂矾，搽癣。）

【热疮】[草部]败酱（暴热火疮赤气。）葛根（敷小儿热疮。）葵花（小儿蓐疮。）

剪春罗（敷火带疮。）积雪草（恶疮赤熛。）仙人草、产死妇人冢上草（并治小儿酢疮，头小面硬者。）青黛、蓝叶、酸浆子、龙葵、野菊根、天花粉（同滑石。）黄药子［菜谷］丝瓜汁（调辰砂。）生百合（并涂天疱热疮。花同。）麦麸（涂热疮。）芋苗灰（擦黄水疮。）赤小豆（洗。）罗勒灰［果木］桃仁（并敷黄烂疮。）茱萸（煎酒，拭火烂疮。）莲房灰（和井泥。）荷花（并贴天泡疮。）枸杞叶（涂火赫毒疮。）梓白皮（小儿热疮。叶，敷手足火烂疮。）荆茎（洗灼疮及热焱疮，有效。）黄檗（入矾。）芜荑［金石］滑石（并涂热疮。）铁浆（时气生疮，内热者饮之。）生铁（小儿熛疮，烧，淬水浴。）蚯蚓泥（炒。）无名异（并涂天泡湿疮。）银朱（和盐梅涂。）［鳞介］青鱼胆、田螺（并涂热疮黄水。）［禽兽］蚬肉（诸小热疮，年久不愈，多食之。）鸭粪（同鸡子白，涂热疮。）羚羊角灰（身面卒得赤斑或熛子，不治杀人，鸡子白和涂。）羊胆（时行热熛疮，和酢服。）酪（涂身面热疮、肌疮。）牛屎（烧，敷小儿烂疮。）乱发（孩儿热疮，以鸡子黄同熬干，待有液出，取涂疮，粉以苦参。）

子　鸽

【瘑疮】桃花（瘑疮，生手足间，相对生，如茱萸子，疼痒浸淫，久则生虫，有干湿二种，状如蜗牛。同盐捣敷。）桃叶（同醋。）腊饧、鲫鱼（生捣。）蚕蛹、海豚鱼、白犬血、猪髓、牛屎、荆沥、雄黄、硫黄、水银（同胡粉。）燕窠土（并涂瘑疮及癣。）

【手疮】热汤（代指，生指甲旁，结脓脱爪，初时刺汤中浸之，或刺热汤七度，冷汤七度，或刺热饭中二七度，皆良。）甘草、地榆、蜀椒、葱、盐、芒硝（并煎汤，渍代指。）硇砂（唾、面和成。）蜜蜡、梅核仁（和醋。）人屎（和醋。）鱼鲊（和乌梅杵。）猪膏（和白垩土。）羊胆（并涂代指。）蓝汁（服之，主瘭疽喜著十指，状如代指，根深至肌，肿痛应心，能烂筋骨，毒散入脏，能杀人。宜灸百壮，或烙令焦。俗名天蛇毒，南人多病之。）葵根（汁。）升麻（汁。）芸苔（汁。）竹沥、犀角（汁。）青黛（并温服，主瘭疽。）盐汤、醋汤、腊饧（并浸瘭疽。）大麻仁（炒。）麻油滓、黑大豆（生。）蔓荆子、酸模、无心草、车脂（同梁上尘。）灶突土（同梁上尘。）土蜂窠（同乳香、醋。）燕窠土（同胎儿屎。）白狗屎（灰。）虎屎（灰。）马骨（灰。）猪胆、牛耳垢、蜈蚣（焙研，猪胆调。）皂荚（灰。）田螺、鲫鱼（同乱发、猪脂熬膏。敷瘭疽。）水蛇皮（裹天蛇毒，数日当有虫出，如蛇状。）海苔、麦醋糟（炒末。并敷手背肿痛。）生薤（苦酒煮，涂手指赤色，随月生死。）羊脂（涂脾横爪赤。）猪胰、青琅玕、真珠（并涂手足逆胪。）艾叶、牛屎（并熏鹅掌风。）椒根、烧酒、灰汤（并洗鹅掌风。）油胡桃（擦鹅掌疮。）鳖甲（烧，敷人咬指烂。）

【足疮】绿矾（甲疽，因甲长侵肉，或割甲伤汤水，肿溃出水，甚则浸淫趾跌，经年不愈。盐汤洗净，煅研，厚敷之，即日汁止，十日痂落。女人甲疽肉突，煎汤洗之，并同雄黄、硫黄、乳香、没药掺之。）石胆（煅。）硇砂（同矾。）乳香（同石胆。）血竭、熏黄(同蛇皮灰。)牡蛎(生研服,并敷。)虎骨(橘皮汤洗后,油和敷。)蛇皮(烧,同雄黄敷。)黄芪(同茼茹、猪脂、苦酒,熬膏涂。)知母、麋衔、乌头、鬼针、胡桃树皮(灰。)马齿苋(并敷甲疽。)黑木耳(贴肉刺,自腐。)莨菪子根(汁。)血见愁、红花(同地骨皮。)没石子(同皂荚灰,醋和。)皂矾(煅。)白矾(同黄丹、朴硝。)羊脑(同新酒糟。)人虱(黑白各一枚。并涂肉刺。)焊鸡汤(洗鸡眼。)茶末、荆芥叶(捣,或烧灰。)蚌粉、滑石(同石膏、矾。)花乳石(同黄丹、水粉。)白矾(同黄丹。)鹅掌皮灰(并敷足趾丫湿烂疮。)粪桶箍灰(敷脚缝疮,血出不止。)生面、半夏(并涂远行足趼,一夜平。)草乌头(远行足肿,同细辛、防风掺鞋内。)茄根(洗夏月趾肿,不能行。)草鞋(远行足肿,尿浸湿,置烧热砖上踏之,即消。)黄牛屎(足跟肿痛,入盐炒盦。)牛皮胶(足底木硬,同姜汁、南星末调涂,烘之。)朴硝(女人扎足,同杏仁、桑白皮、乳香,煎汤浸之,即软。)黄檗(猪胆浸晒,研末。)白附子(末。)烟胶(油调。)轻粉(并敷。)银朱(同黄蜡,作隔纸膏。)蚯蚓粪(同芒硝敷。)皂荚、乌桕根(末敷。并主足上风疮湿痒。)男子头垢(女人足上裙风疮,和桐油作隔纸膏贴。)木鳖子(湿疮足肿,同甘遂入猪肾煮食,下之。)食盐(手足心毒,同椒末,醋涂。)

【胻疮】(即臁疮。)艾叶(烧烟,熏出恶水,或同雄黄、布烧;或同荆叶、鸡屎,坑中烧熏,引虫出。)翻白草(煎洗。)菝葜叶(椒、盐火煮贴。)野园荽(同轻粉、桐油贴。)金星草(刮星敷。)覆盆叶(浆水洗敷。)马勃(葱汤洗敷。)乌头(同黄檗末贴。)悬钩子叶(同地藤叶、食盐作贴。)桑耳(同楮耳、牛屎菇、发灰敷。)楮叶(一日三贴。)冬青叶(醋煮贴。)黄檗(同轻粉、猪胆贴。)柿霜(同柿蒂灰敷。)桐油(日涂。或入轻粉,或入发熬化。脚肚风疮如癞,同人乳扫之。)地骨皮(同甘草节、白蜡、黄丹、香油,熬膏贴。)左脚草鞋(烧灰,同轻粉敷。)陈枣核(烧。)老杉节(烧。)白棘叶(末。)白胶、血竭、白垩土(煅。)蚯蚓泥(同轻粉。)伏龙肝(同黄檗、黄丹、轻粉、赤石脂贴。)胡粉(炒,同桐油。)黄丹(同黄蜡、香油熬膏。)密陀僧(同香油。)银朱(同黄蜡摊膏。同古石灰、松香、麻油,化膏贴。)古石灰(鸡子油和,煅过,桐油调,作夹纸膏贴。)无名异(同黄丹。)盐中黑泥(煅。)铜绿(黄蜡化,拖隔纸。)舱船灰(煅,同轻粉末。)蜜蜡(五枝汤洗后,摊贴十层。)生龟壳(烧灰,入轻粉、麝香涂。)鸡子黄(同黄蜡煎。)鸡内金(贴,十日愈。)羊屎(烧,同轻粉末。)牛包衣(烧。)虎骨(末敷,齑汁先洗。)马颊骨(烧。)鹿角(烧。)人骨(烧。)人顶骨(同龙骨、硫黄。)头垢(作饼贴,或入轻粉。又同枯矾、猪胆涂。)乱发(桐油炙干,同水龙骨煅,桐油和。)牛蹄甲灰(冷臁口深,同发灰、轻粉、黄蜡、京墨,作膏贴。)百草霜(热臁口厚,同轻粉、麻油,作隔纸膏贴。)豭猪屎(胻疽深败,百方不效,蚀去恶肉,烧末填之,取效。)白茼茹(同雄、硫、矾末,敷蚀恶肉尽,乃用上方。)酸榴皮(煎洗。)百药煎(脚肚细疮,久则包脚出水,唾涂四围。)马齿苋(臁疮生虫,蜜调敷,一夜虫出;同葱白、石灰捣团,阴干研敷。)泥矾(同牛、羊肚敷。)生鲤鱼、鳢鱼肠、鲫鱼(同皂荚、穿山甲末。)鳝鱼、虾(同糯饭。)蛤蟆(同乱发、猪脂煎化,入盐涂。并引虫出。)乌鸡骨(同三家棓木,三家甑单,烧,导疮中碎骨自出。)牛膝(久成漏疮,酒服。)

诸疮下

(头疮、软疖、秃疮、炼眉、月蚀、瘑疮、蠼疮、阴疳、阴疮)

【头疮】菖蒲(生涂。)艾灰、蓼子(同鸡子白、蜜。)镜面草(同轻粉、麻油。)鸡肠草(烧灰,同盐。)蒺藜、苦参、木耳(蜜和。)小麦(烧敷。)红曲(嚼涂。)胡麻(嚼涂。)糯饭(入轻粉。)豆油、豆豉(薄汁,和泥包烧,研涂。)乌梅(烧。)杏仁(烧。)桃枭(烧,入轻粉。)槟榔(磨粉。)黄檗、枳实(烧研,同醋。)肥皂(烧,同轻粉、麻油。)木芙蓉(油和。)乌桕根(同雄黄。)鬼齿(烧,同轻粉。)百草霜(同轻粉。)灶下土(同十字道上土,等分。)燕窠土(同麝香。)轻粉(葱汁调。)白矾(半生半枯,酒调。)雄黄、皮鞋底(煮烂涂。或烧灰,入轻粉。)草鞋鼻灰、尿桶上垢(炒。)蜂房灰(脂和。)蚕退纸灰(入轻粉。)蛇退灰(同上。)象肉(灰。)牛屎(灰。)五倍子(同白芷。)桑蛀屑(同轻粉、麻油。)地龙(同轻粉。)蜜蜂(研涂。)鲫鱼(酿附子炙,和蒜研。或酿发灰。)咸鱼(油煎取滓。)海螵蛸(同轻粉、白胶香。)鳖甲(烧。)甲香、甲煎、猪肾(掺轻粉、五倍子,烧研。)猪胴髓(入轻粉。)熊脂(并涂肥疮、烂疮。)古松薄皮(小儿胎风头疮,入豉少许,炒研,入轻粉,香油调涂。)榆白皮(晒研,醋和绵上,贴头面疮,引虫。)菟丝苗、何首乌、马齿(并煎汤洗。)桃花(头上肥疮,为末水服。)

【软疖】苍耳叶(同生姜杵。)胡麻(烧焦,热嚼。)芸苔子(同狗头骨灰,醋和。)白梅(烧,同轻粉。)松香(同蓖麻、铜青。)白胶香(同蓖麻,入少油,煎膏。)石灰(鸡子白敷。)茄(半个,合之。)五倍子(熬香油。)蜂房(烧,同巴豆,熬香油。)桑螵蛸(炙研,油和。)鸡子壳(烧,入轻粉。)猪鬃(同猫颈毛烧,入鼠屎一粒,研。)线香、益母草(末。)葛蔓(灰。)大芋(研。)鼠粘叶(贴。)天仙莲叶(杵。)赤小豆(末。)糯饭(烧。)桃奴(烧。)肥皂(研。)山黄杨子(研。)枯矾(油和。)木芙蓉(末。)白瓷(末。)水龙骨(烧。)蚯蚓泥(油和。)蛤蟆(灰。)鳜鱼尾(贴。)雀屎(水和。)男子屎(腊猪脂和。)

【秃疮】皂荚、蓝、苦瓠藤、盐(并煎汤洗。)火炭(淬水。)酸泔、马肉(煎汁。)马屎(绞汁。)马尿(并洗头。)羊屎(煎水洗,仍末涂。)羊蹄根(擦。)蒜(擦。)桃皮汁(日服,并涂。)桑椹汁(日服,治赤秃,先以桑灰汁洗。)香薷(汁,和胡粉。)贯众(烧研,或入白芷。)黄葵花(同黄芩、大黄末。)鸡窠草(同白头翁花、猪脂和。)麦面(同豆豉、醋。)豆豉(同屋尘煅,入轻粉。)桃花(末,或同椹。)桃奴(同黑豆末。)杏仁(七个,青钱一个,捣烂,灯油调涂。)甘蔗(烧,同柏油。)茱萸(炒焦,同轻粉。)楸叶(捣,或入椿、桃叶。)樟脑(同花椒、脂麻涂,先以退猪汤洗。)松脂(同黄蜡、麻油、石绿,熬膏贴。)燕窠土(同蠮螉窠。)百草霜(入轻粉。)烟胶(同矾。)胆矾(同朱砂、猪脂，入硇砂少许。）轻粉（同黄蜡、鹅油涂。同烟胶，油调。同葱汁。）绿矾（同苦楝子烧敷。同轻粉、淡豉敷。）慈竹虫（同牛尿研涂。）鲫鱼灰（酱汁和，或入雄黄末。）雄鸡屎（和酱汁、醋。）羊髓（入轻粉。）人髑髅（同大豆炒研。）人屎（灰。）赤马皮（灰。）马蹄（灰。）马骨（灰。）牛角（灰。）牛屎（灰。）猪屎（灰。）猪悬蹄（灰。）鼠屎（灰。）虎骨（末。）葶苈（末。）藜芦（末。）莽草、芫花（末。）苇灰、大豆（炒焦。）大麻子（炒焦。）芜菁叶（灰。）皂荚灰、慈竹箨（灰。）苦竹叶（灰。）苦参（末。）蛇衔（末。）莨草（末。）蜀羊泉、银朱、雄黄、雌黄、鹅掌皮（灰。）鸽屎（并用猪脂，或香油调涂。）胡荽子、土细辛、梁上尘（并用香油调涂。）山豆根（水调。）马齿苋（灰，或熬膏。）瓜蒂（熬膏。）葱（入蜜）紫草（煎汁。）陈油滓、鸡子黄（熬油。）榆白皮（醋和，引虫。）蕺菜（竹筒煨捣。）木绵子（烧油。）猪胆（筒盛香油煨沸，下胆涂。）猪肚、猪脬、羊脬、羊脯、熊脑、猬脂、牛脂、羊脂、白马脂、小儿胎屎（并拓秃，引虫。）猫屎（烧灰，敷鬼舐头。）丝瓜叶（汁，涂头疮生蛆。）

【炼眉】（即炼银癣。）黄连（研末，油调涂。碗内艾烟熏过，入皂矾一粒，轻粉少许涂之。）菟丝子（炒研。）小麦（烧黑。）栀子（炒研。）百药煎（同生矾末。）穿山甲（炙焦研，入轻粉。）猪骱髓（入轻粉、白胶香。）黑驴屎（灰。）坩锅末（同轻粉。并油调涂。）麦麸（炒黑，酒调。）

【月蚀】（生于耳、鼻、面及下部窍侧，随月盛衰，久则成疳。小儿多在两耳。）黄连（末，或加轻粉、蛇床子。）青黛（末，或加黄檗。）蔷薇根（同地榆、轻粉。）土马鬃（同井苔。）马齿苋（同黄檗。）肥皂荚（灰，同枯矾。）苦竹叶（灰，同猪脂。）绿豆粉（同枯矾、黄丹。）东壁土（同胡粉。）轻粉（枣包，煅。）白矾（同黄丹。）曾青（同雄黄、黄芩。）硫黄（同斑蝥，蔄茹。）蛤蟆（灰，同猪膏。同硫黄、枯矾。）兔屎（入蛤蟆腹中，煅研。）虎骨（生研，同猪脂。）蛇蜕（灰。）鳔胶（灰。）龟甲（灰。）甲煎、鸡屎白（炒。）马骨（灰。）败鼓皮（灰。）角蒿（灰。）救月杖（灰。）救月鼓椎（灰。）月桂子、寡妇床头土、蚯蚓泥、胡粉、屠几垢、寒食泔（淀。）生白米（嚼。）薤（醋煮。）鸡子黄（炒油。）天鹅油（调草乌、龙脑。）醍醐、羊脂、熊胆、猪胆、鸡胆（并涂耳面月蚀疳疮。）醋（同油煎沸，敷之，二日一易。）羚羊须（小儿耳面香瓣疮，同白矾、荆芥、小枣，入轻粉敷之。）茱萸根（同蔷薇根、地榆，煎水洗。）地骨皮（洗并掺。）蜡烛（照之，使热气相及。）

【疳疮】黄连（同芦荟、蟾灰。同款冬花。）桔梗（同茴香烧灰。）黄矾（同白矾、青黛烧。）马悬蹄（灰，入麝香。）蓝淀（并涂口鼻急疳。）甘松（同轻粉、芦荟掺猪肾，贴急疳。）雄黄（同铜绿，同葶苈，同天南星，同枣烧，并涂走马急疳。）铜青（同人中白，敷走马疳。同枯矾，同蜘蛛、麝香，并敷牙疳。）砒霜（同石绿。）绿矾（煅，入麝香。）五倍子（烧研。同枯矾、青黛。）百药煎（同五倍、青黛煅，入铜青。）人中白（煅，入麝。同铜青、枯矾。同壁钱烧。并涂走马疳。）鲫鱼（酿砒烧，敷急疳；酿当归烧，掺牙疳；胆，滴小儿鼻，治脑疳。）鸡内金（烧。）魁蛤（灰。）贝子、海螵蛸、猪髑髓、海桐皮、熊胆、牛骨(灰。)牛耳垢、轻粉、白矾、石硷(并主口鼻疳疮。)人屎(疳蚀口鼻,绵裹末贴,引虫。)罗勒(同轻粉、铜青,涂鼻䘌赤烂;同轻粉、密陀僧,主牙疳。)黄檗(同铜青,同大枣煅研。)柳华(烧,入麝。)橄榄(烧,入麝。)橡斗(入盐烧。)大麻仁(嚼。)蒲公英、鸡肠草、繁缕、蔷薇根、胡桐泪、樗根皮、青黛、杏仁油(并涂口鼻疳。)飞廉(烧,敷口疳、下疳。)角蒿(灰,涂口齿疳,绝胜。)鼠李根皮(同蔷薇根熬膏,日含,治口疳,万不失一;疳蚀口鼻及脊骨,煮汁灌之。)乌叠泥(同雄黄、贝母。同蓬砂。)铅白霜(同铜青,入少矾。)蓬砂、蚕茧(同白矾。同矾、鸡内金、锅盖垢。)蚺蛇胆(入麝。)鼍甲(灰,并涂口齿疳。)蚕退纸(灰,同麝香,敷牙疳;同乳香、轻粉,敷一切疳疮。)紫荆皮(涂鼻疳。)盐(同面煅。)芦荟(并吹鼻疳。)丁香(吹鼻,杀脑疳;含汁,治齿疳。)马屎(汁。)驴屎(汁。)马尿、驴尿(并漱口鼻疳蚀。)银屑、生地黄(并煎水,入盐,洗口鼻疳蚀。)胡粉、葵根(灰。)蒸糯米气水(并涂身面疳疮。)白僵蚕(炒研,和蜜。)晚蚕蛾(入麝。并敷风疳。)地骨皮(作捻,纴年久疳瘘,自然生肉。)羊羔骨(灰,同雄黄、麝香,填疳疮成漏。)羖羊脂(同莨菪子烧烟,熏疳孔。)马夜眼(末,纳孔中,永断。亦烧研塞。)羊胆(小儿疳疮,和酱汁灌入肛内。)没食子(末,吹肛内,主口鼻疳。)猪肝(牙疳危急,煮蘸赤芍药,任意食之,后服平胃药。)羯羊肝(同赤石脂煮食。)猫头灰(酒服。)升麻(煎汁。)艾叶(煎汁。)浮石(火煅醋淬,同金银花末服。)鳗鲡(煮食,并主疳䘌。)

【䘌疮】蕙草(狐惑食肛,默卧汗出,同黄连、酸浆煎服。)赤小豆(生芽,为末。)萹蓄(煮汁。)蛇莓(汁。)乌梅(炒丸。)桃仁(盐、醋煎服。)升麻、云实(末。)马鞭草(汁。)蒜(并主下部䘌疮。)牡丹(下部生疮已洞决者,研末,汤服。)生漆(一合,入鸡子连白吞之,吐下虫出。)猪胆(醋熬,饮三口,虫死便愈。亦灌肛内,利出虫物。同蜜熬调,作挺纳入。)茱萸(下部痔䘌,掘坑烧赤,以酒沃之,纳萸于中,坐熏,不过三次。)桃叶(同梅叶蒸熏。)艾叶(烧烟熏。)食盐(炒熨。)槲皮(同榉皮熬膏。)桃白皮(煎膏。)木鳖子(磨水。)大枣(和水银研。)荇叶(杵。)楝皮、苦参、豨莶、青葙叶、樗白皮、牡荆子、皂荚(灰。)飞廉(灰。)角蒿(灰。)青蛙(同鸡骨烧灰。)蝮蛇(灰。)马悬蹄(灰。)猪脂、犬脂、犬心(并导纳下部。)蜣螂(同牛屎、羊肉杵纳,引虫。)鸡内金、鲫鱼骨、雄黄、雌黄、硫黄(并敷。)

【阴疳】甘草(同槐枝、赤皮葱、大豆煎汁,日洗三次。)槐皮(煎汁。)浆水、肥猪肠、沟中恶水(并洗后敷药。)黄连(同黄檗,敷阴疳欲断。)黄檗(猪胆汁炙研,入轻粉。)苦参(同蜡茶、蛤粉、密陀僧、猪脂涂。)蒲黄(同水银。)灯草(灰,同轻粉、麝香。)胡黄连(同孩儿茶。)绿豆粉(同蟾灰、胭脂。)枣核(同发烧。)橄榄(烧。)银杏(嚼。)胡麻(嚼。)杏仁(油。)诃子(同麝。)故网巾(灰,同孩儿茶。)黄蔷薇(叶,焙。)飞廉(末。)地骨皮(末。)桐油伞纸(灰。)蚯蚓泥(同豉,作饼;同繁缕灰,作饼贴。)乌叠泥(同轻粉、片脑。或加真珠。)轻粉(末。)炉甘石(煅,同孩儿茶;同黄丹、轻粉。)矾石(同麻仁末。)黄丹(同枯矾。)密陀僧(同青黛、海粉、黄连。)五倍子(同枯矾，同花椒、茶，同镜锈。）田螺（烧，同轻粉、脑、麝。）鸡内金（烧。或同蚕茧、白矾、锅盖垢烧。）抱出鸡子壳（烧，或入轻粉。外肾痈疮，同黄连、轻粉。）蛤蟆（灰，同兔屎。）驼绒（灰，同黄丹。）人中白（同枯矾、铜青，煅研，入蜜炙黄檗、冰片。）天灵盖（煅。或入红枣、红褐同烧。）头垢（蚕茧内烧。）鬼眼睛（烧。）烂蚬壳（烧。）贝子（烧。）海螵蛸、龙骨、百药煎、鲫鱼胆、象皮（灰。）猫骨（灰。）虎牙（生。）猬皮（灰。）鼬鼠（灰。）发灰、硫黄、赤石脂、铜青（并涂下疳阴疮。）鼠李根皮（同蔷薇根煮汁。膏涂。）母猪屎（烧，敷男女下疳。）室女血衲（烧，敷男子阴疮溃烂。）

【阴疮】甘草（煎蜜，涂阴头粟疮，神妙。）青黛（地骨汤洗，同款冬、麝末涂。）胡粉（杏仁或白果炒过，研涂；阴疮浸淫，同枯矾。）白矾（同麻仁、猪脂。）黄矾（同麝。）没石子（烧。）荷叶（灰，同茶。）田螺（灰，同轻粉。）鳖甲（灰。）油发（灰涂，亦可米汤服。）烂蚬壳（烧。）蚌粉（烧。）鲤鱼骨（烧。）鳔胶（烧。）海螵蛸、鲤胆、鲫胆（并涂阴头妒精疮。）蚯蚓泥（同豉。外肾生疮，同绿豆粉涂。）蜂蜜（先以黄檗水洗，乃涂。）猪脬（煅，入黄丹。）牛蹄甲（灰。）马骨（灰。并敷玉茎疮。）木香（同黄连、密陀僧。）鸡肠草（烧，同蚯蚓泥。并涂阴疮坏烂。）黄檗（同黄连煎水洗，仍研末，同猪胆搽。）松香（同椒烧油。）五倍子（同蜡茶、轻粉。）紫梢花、孔公蘖、蒲黄（并涂阴囊疮湿痒。）黄连（同胡粉。）大豆皮、狗骨（灰。）狗屎（灰。）人屎（灰，并敷小儿阴疮。）青纸（贴。）皂荚（烧熏。）麦面（小儿歧股生疮，连囊湿痒。）蛇床子（同浮萍、荷叶，煎汁洗。）狼牙草、越瓜、蜀椒、茱萸、五加皮、槐枝（并煎水洗。）

荷葉

外伤诸疮

（漆疮、冻疮、皴疮、灸疮、汤火疮）

【漆疮】蜀椒（洗。涂鼻孔，近漆亦不生疮。）芥、苋、薄荷、山楂、茱萸、荷叶、杉材、黄栌、柳叶、铁浆、新汲水（并洗。）韭（汁。）白菘（汁。）鸡肠草（汁。）蜀羊泉（汁。）井中苔、萍、蓝（汁。）贯众（末。）苦芙（末。）秫米（末。）无名异（末。）白矾（化汤。）石蟹（磨汁。）芒硝（化。）蟹黄（化。）猪脂、羊乳（并涂。）猪肉（内食肉，外嚼穄米涂。）

【冻疮】甘草（煎水洗，涂以三黄末。）麦苗（煮汁。）茄根、茎、叶（煮汁。）马屎（煮汁。）酒糟（浸水。）米醋、热汤（并浸洗。）姜汁（熬膏。）桐油（熬发。）鼠（熬猪脂。）附子（面调。）大黄（水调。）黄檗（乳调，或加白蔹。）藕（蒸杵。）柏叶（炙研。）松叶（炙研。）橄榄（烧。）老丝瓜（灰。）蟹壳（灰。）鹅掌黄皮（灰。）原蚕蛾、蜜蜡（化。）

鸭脑、鸡脑、雀脑、蒿雀脑、豚脑（并涂抹皴裂。）腊酒糟（同猪脂、姜汁、盐，炒热掺之。）五倍子（同牛髓，或同牛鼻绳灰，填之。）银杏（嚼。）白芨（嚼。）铁蒸、獭足（灰。）白鹅膏、猪膏、牛脑、马鬐膏、狼膏、鹧鸪膏（并涂。）牛皮胶（涂尸脚裂。）鸡屎（煮汁，浸尸脚裂。）蜀椒（煮洗。）含水藤（汁洗。）酒（化猪脑，或膏洗。）

【灸疮】黄芩（灸疮血出不止，酒服二钱即止。）白鱼（灸疮不发，作脍食。）青布（灰。）鳢肠（并贴灸疮。）薤白（煎猪脂涂。）菾菜、茅花、瓦松、木芙蓉、（楸根皮、叶）、车脂、海螵蛸、牛屎（灰。）兔皮及毛（并涂灸疮不瘥。）鹰屎白（灸疮肿痛，和人精涂。）灶中黄土（煮汁淋洗。）

【汤火伤疮】柳叶（汤火毒，入腹热闷，煎服。皮，烧敷。）人尿（火烧，不识人，发热，顿饮一、二升。）生萝卜（烟熏欲死，嚼汁咽。又嚼，涂火疮。）当归（煎麻油、黄蜡。）丹参（同羊脂。）地黄（同油、蜡熬膏。）甘草（蜜煎。）大黄（蜜调。）蓖麻仁（同蛤粉。）苦参（油调。）白芨（油调。）黄葵花（浸油。）赤地利（灭痕。）、蛇莓（止痛。）大麦（炒黑。）小麦（炒黑。）麦面（同栀子研。）荞麦（炒研。）胡麻（生研。）绿豆粉、黍米（炒。）粟米（炒。）蒸饼（烧。）白饧（烧。）胡桃（烧。）杨梅树皮（烧，和油。）乌柿木皮（灰。）榆白皮（嚼。）黄栌木（烧。）杉皮（烧。）松皮（烧。）柏根白支（煎猪脂。）柏叶（止痛，灭痕。）栀子（鸡子白调。）木芙蓉（油调。）山茶花（油调。）经霜桑叶（烧。）木炭（磨汁。）坩锅（入轻粉。）饼炉灰（油调。）铁锈（竹油调。）银朱（菜油调。）赤石脂（同寒水石、大黄，水调。）云母石（同羊髓。）金刚石（磨水。）赤土（磨水。）蚯蚓泥（菜油调。）井底泥、乌古瓦、胡粉、青琅玕、寒水石（烧。）石膏、古石灰（炒。）甘焦油、刘寄奴、蜀葵花、葵菜、白蔹、浮萍、景天、龙舌草、佛甲草、垣衣（灰。）石苔（灰。）（井中苔、蓝）、菰根、稻草（灰。）生姜、败瓢（灰。）黄瓜（化水。）茄花、丝瓜叶（汁。）榉叶、槐实、荆茎（灰。）桐油、鸡子黄（熬油。）鲫鱼（蒸油埋土中，七日收。）蜂蜜（同薤白杵。）猪胆（调黄檗。）牡鼠（煎油。）虎骨（炙研。屎中骨同。）猪毛（尾同烧灰，和胶。）鹿角胶（化。）黄明胶、牛屎（湿涂。）乌毡（灰。）蜀水花、蚕蛾、海螵蛸、鲤鱼、烂螺壳（烧。）蛤粉、人精（和鹰屎白，或女人精，涂。）人中白（并涂。）食盐（但汤火伤，先以盐掺护肉，乃用涂药。）海蛇（贴。）梨（贴之，免烂。）皂矾（化水洗，疼即止。）酱汁、米醋（并洗，以滓敷。）薄荷（汁。）黄檗（末，并涂冬月向火，两段生疮湿痒。）

金、镞、竹、木伤

【内治】大黄（金疮烦痛，同黄芩丸服。）甘草、三七、当归、芎䓖、藁本、白芍药、羌活、红蓝花、牛膝、郁金（并酒服，活血止痛。）木通（煮汁酿酒。）乌韭、垣衣（并渍酒服。）紫葛、每始王木、桑寄生，故绵、黑大豆（并煎水服。）赤小豆（醋浸炒研。）炒盐（酒服，主血出多。）童尿（热服，止血。）所出血（和水服。）没药（未透膜者，同乳香、童尿，酒煎服。）牡丹皮（内漏血不出，末服，立尿出血。）葱汁（同麻子煮服，吐败血。)薤白(生肌。)蕉子(生食,合口。)五子实(宜食。)槟榔(金疮恶心,同橘皮末服。)蔷薇根(为末日服,生肌止痛。)金疮小草(捣服,破血生肌。)杨白皮(水服,并涂,止痛。)棘刺花(金疮内漏。)雄黄(金疮内漏,同童尿服五钱,血化为水也。)花蕊石(童尿、酒服,并掺之,血化为水,不作脓。)杏仁(金疮中风,蒸绞汁服,并涂之。)大蒜(金疮中风,煮酒服,取汗。)米醋(金疮昏晕。)琥珀(金疮闷绝,尿服一钱。)蝙蝠(烧末水服,当下血水。)女人中衣带(金疮犯内,血出不止,五寸烧灰,水服。)人势(下蚕室人,疮口不合,取本势烧存性,研末,水服。)玳瑁(甲,煎汁。或刺血热饮。)龟筒(煎汁。)贝子(烧研,水服。)白鸭通(汁。)人屎(汁。)月经衣(烧灰,酒服。)裈裆汁(并解药箭毒。)牡鼠肉(箭镞入肉,烧研酒服,疮痒即出。)生地黄(毒箭入肉,丸服,百日自出。)猪腰子(毒箭伤,磨酒服,并涂。)半夏(金刃箭镞入骨肉,同白蔹末服。)王不留行、瞿麦(并主竹木入肉,研末,水服并敷。)酸枣仁(刺入肉中,烧末,水服,立出。)

【外治】石灰(敷金疮吐血,定痛神品。或同大黄末,或同槐花末,或同苎麻叶捣收,或同麻叶、青蒿捣收,或同韭汁收,或同晚蚕蛾捣收,或同牡鼠捣收。)松烟墨、釜底墨、百草霜、石炭、门臼灰、寒水石(同沥青。)云母粉、香炉灰、无名异、石蚕、蜜栗子、乌叠泥、黄丹(或入白矾。)铜屑(或入松脂。)铜青、石青、石胆、磁石、硇砂、白矾、皂矾、蜜蜡、壁钱窠(贴。)五倍子、紫矿、白僵蚕、牡蛎(粉。)蜘蛛(网。)鸡血(破生鸡拓之。)牛血(伤重者,破牛腹纳入,食久即苏也。)象皮(灰,合创口。)犬胆、狗头骨、白马通、马屎中粟、天鹅绒(灰。)人精、人屎灰(敷金疮肠出。)三七(内服外敷。)白芨(同石膏。)苎叶、金星草(消肿。)紫参、白头翁、地榆、白芷、白薇、刘寄奴、马蔺子、马兰、贯众、夏枯草、泽兰、大小蓟、苦芙、狼牙草、艾叶、续断、天南星、地菘、马鞭草、漏芦、车前草、青黛、天雄、鹿蹄草、钩吻、野葛叶、蛇衔、蜀葵花、白蔹、石苇、白药子、地锦、萝摩子、冬葵、王不留行、金疮小草、葱白(炒封,或同蜜捣封,或煎汁洗之。)糯米(浸七七日,炒研。)稗根、生面、胡麻、干梅(烧。)槟榔(同黄连末。)独栗(嚼。)乌柹、荷叶、藕节、乳香、没药、血竭、元慈勒、降真香(或入五倍子。)柽乳、质汗、琥珀、紫檀香、地骨皮(并止血神妙。)刺桐花、桑白皮(灰,和马屎涂,亦煮汁服。缝金疮肠出。)桑叶(同苎叶、金樱叶,军中名一捻金。)桑皮汁、桑柴(灰。)杉皮(灰。)棕皮(灰。)柳花、楮实、钓樟、绯帛(灰。)绵纸(灰。)拨火杖(灰。)败船茹(灰。)甑带(灰。)灯花(并止血定痛。)枫香(敷金疮筋断。)旋花根(金疮筋断,杵汁滴入,并贴,日三易,半月愈。)苏枋木(刀斧伤指,或断者,末敷,茧裹,数日如故。)鸡子白皮(误割舌断,先以套之。)牛蒡根、叶(敷之,永不畏风。)铁燕(涂金疮,风水不入。)朱鳖(佩之,刀剑不能伤。)女人裈裆(炙熨,止血。)热汤(故帛染拓。)冷水(浸之。并止血。)人气(吹之,断血。)栝蒌根(箭镞、针刺入肉,捣涂,日三易之。)莨菪根(箭头不出,为丸,贴脐;恶刺伤人,煮汁滴之。)巴豆(箭镞入肉,同蜣螂涂之,拔出。)雄黄、盐药、山獭屎(并敷药箭毒。)蔷薇根、蓖麻子、双杏仁、独栗子、黑豆

（并嚼涂镞、刃、针、刺入肉不出。）桑灰汁、鳞蛇胆、羊屎（同猪脂。）车脂、石油（并涂针、箭、竹刺入肉。）松脂（针入肉中，敷裹，五日根出，不痛不痒。）鼠脑（针、刺、竹、木入肉，捣涂即出；箭、镝、针、刀在咽喉、胸膈诸处，同肝捣涂之。）象牙（诸铁及杂骨鱼刺入肉，刮末厚敷，其刺自软，箭物自出也。）人爪（针折及竹、木刺入肉，并刮末，同酸枣仁涂之，次日出也。）齿垢（涂竹木入肉，令不烂。或加黑虱一枚。）牛膝、白茅根、白梅（并嚼。）铁华粉、晚蚕蛾、蠮螉、马肉蛆、鱼鳔（并捣。）鸦（炙研，醋调。）鸡毛（灰。）乌雄鸡肉（捣。）陈熏肉（切片。）鹿角、鹿脑、狐唇、狐屎（并涂竹木刺入肉。）人尿（刺入肉，温渍之。）

跌仆折伤

（肠出、杖疮）

【内治活血】大黄（同当归煎服。或同桃仁。）延胡索（豆淋酒服。）刘寄奴（同延胡索，骨碎补，水煎服。）土当归（煎酒服。或同葱白、荆芥，水煎服。）三七（磨酒。）虎杖（煎酒。）蒲黄（酒服。）黄葵子（酒服。）五爪龙（汁，和童尿、酒服。）婆婆针袋儿（擂水服，并敷。即萝摩。）何首乌（同黑豆、皂角等丸服，治损宽筋。）黑大豆（煮汁频饮。）豆豉（水煎。）寒食蒸饼（酒服。）红曲（酒服。）生姜（汁，同香油，入酒。）补骨脂（同茴香、辣桂末，酒服。）干藕（同茴香末，日服。）荷叶（烧研，童尿服，利血甚效。）白莴苣子（同乳香、乌梅、白术服，止痛。）胡桃（擂酒。）杏枝、松节、白杨皮（并煎酒服。）甜瓜叶、琥珀、没药、桂（并调酒服。）扶移木皮（浸酒。）夜合树皮（擂酒服，并封之，和血消肿。）松杨（破恶血，养好血。）当归、蓬莪术、三棱、赤芍药、牡丹皮、苏枋木、马兰、泽兰、败蒲（灰。）童尿（酒服。不拘有无瘀血，推陈致新，胜于他药。）白马蹄（烧研酒服，化血为水。）羊角（沙糖水炒焦，酒服，止痛。）鹿角（恶血骨痛，酒服，日三。）黄明胶（同冬瓜皮炒焦，酒服，取汗。亦治多年损痛。）雄鸡血（和酒，热饮至醉，痛立止也。）鸦右翅（瘀血攻心，面青气短，七枚，烧研，酒服，当吐血，愈。）鲍鱼（煎服，主损伤，瘀血在四肢不散者。）水蛭（酒服，行血。或加大黄、牵牛取利。）麻油（入酒服，烧热地卧之，觉，即疼肿俱消。）黄茄种（消青肿，焙末，酒服二钱，一夜平；重阳收，化为水服，散恶血。）猪肉（伤损，血在胸膈不食者，生剁，温水送下半钱，即思食。）

【内治接骨】骨碎补（研汁和酒服，以滓敷之。或研入黄米粥，裹之。）地黄（折臂断筋损骨，研汁，和酒服，一月即连续，仍炒热贴。）白芨（酒服二钱，不减自然铜也。）黄麻灰（同发灰、乳香，酒服。）接骨木（煎服。）卖子木（去血中留饮，续绝补髓。）自然铜（散血止痛，乃接骨要药。）铜屑（酒服。）古文钱（同真珠、甜瓜子末，酒服。）铜钴鉧（水飞，酒服二钱，不过再服。）生铁（煎酒，散血。）铁浆粉（闪肭脱臼，同黍米、葱白炒焦，酒服，仍水、醋调敷。）无名异（酒服，散血。入乳、没，接骨。）乌古瓦（煅研酒服，接骨神方。）胡粉（同当归、莪术末，苏木汤服。）䗪虫（接骨神药，擂酒服。或焙存性，酒服三钱。或入自然铜末。一用乳、没、龙骨、自然铜等分，麝香少许，每服三分，入干䗪末一个，酒服。又可代杖。秘方。又土鳖炒干，巴豆霜、半夏等分，研末，每黄酒服一、二分，接骨如神。）龟血（酒服，捣肉封之。）蟹（擂酒，连饮数碗，以滓封之，半日骨内有声，即接。干者，烧研酒服。）鹗骨（烧研，同煅过古钱等分，每酒服一钱，接骨极效。）雕骨（烧末，酒服二钱，随病上下。）鹰骨（同上。）人骨（同乳香、红绢灰，酒服。）少妇发（一团，包乳香一块，烧过，酒服一字，妙。）

【外治散瘀接骨】大黄（姜汁调涂，一夜变色。）凤仙花叶（捣涂频上，一夜即平。）半夏（水调涂，一夜即消。）附子（煎猪脂、醋涂。）糯米（寒食浸，至小满晒研，如用，水调涂之。）白杨皮（血沥在骨肉间，痛不可忍，杂五木，煎汤服之。）黄土（瘀血凝痛欲死，蒸热布裹，更互熨之，死者亦活也。）白矾（泡汤熨之，止痛。闪出骨窍，同绿豆、蚕砂炒敷。）乌鸡（一切折伤，兽触胸腹者，连毛捣烂，醋和，隔布拓之，待振寒欲吐，徐取下，再上。）牛马血（折伤垂死，破牛或马腹纳入，浸热血中，愈。）苎叶（和石灰捣收。）地黄（炒热，杵泥。）灯芯（嚼。）牛膝、旋花根、紫苏、三七、莨菪子、蛇床、栝蒌根、白蔹、土瓜根、茜根、地锦、骨碎补、水萍、威灵仙、何首乌、稻瓤、黍米（烧。）麦麸（醋炒。）麦面（水和，并服。）稗草、绿豆粉（炒紫。）豆黄、豆腐（贴，频易。）酒糟、葱白（煨。）萝卜、生姜（同葱白、面炒。汁，同酒调面。）桃仁、李核仁、肥皂（醋调。）盐杨梅（和核研。）桑白皮（煎膏。）降真香、骐驎竭、水桐皮、乳香、没药、落雁木、质汗、桑叶、栀子（同面捣。）蜜栗子、石青、故绯、炊单布、蛤蚧、吊脂、海螵蛸、鳔胶（水煮。）鳖肉（生捣。）龟肉、摄龟（并生捣。）熊肉（贴。）羊脂、野驼脂、牦牛酥、牛髓、猪髓（并摩。）黄牛屎（炒罯。）白马屎（炒罯。）诸朽骨（唾磨涂。）猪肉（炙贴。）牛肉（炙贴。）乌毡（盐、醋煮热，裹。并消瘀血青肿。）紫荆皮（伤眼青肿，童尿浸研，和姜、苄汁，涂之。）釜底墨（涂手搔疮肿。）母猪蹄（煮，洗伤挞诸败疮。）栗子（筋骨断碎，瘀血肿痛，生嚼涂之，有效。）蟹肉（筋骨折伤断绝，连黄捣泥，微纳罯，筋即连也。）五灵脂（骨折肿痛，同白芨、乳、没，油调涂；接骨，同茴香，先敷乳香，次涂小米粥，乃上药，帛裹木夹，三、五日效。）狗头骨（接骨，烧研，热醋调涂。）牛蹄甲（接骨，同乳、没烧研，黄米糊和敷。）芸苔子（同黄米、龙骨，接骨。）鞋底灰（同面和。）

【肠出】热鸡血（金疮肠出，干人屎末抹之，桑白皮缝合，以血涂之。）磁石（金疮肠出，纳入，同滑石末，米饮，日服二钱。）人参（胁腹肠出，急抹油内入，人参、枸杞汁淋之，吃羊肾粥，十日愈。）小麦（金疮肠出，煮汁噀面。）大麦（煮汁，洗肠推入，但饮米糜。）冷水（坠损肠出，喷其身面则入。）

【杖疮】［内治］童尿（杖毕，即和酒服，免血攻心。）三七（酒服三钱，血不冲心，仍嚼涂之。）红曲（擂酒服。）大黄（煎酒服，下去瘀血，外以姜汁或童尿调涂。一夜黑者，紫；二夜紫者，白。）无名异（临时服之，杖不甚伤。）䗪虫（方见折伤。）白蜡（酒服一两。)人骨(烧末酒服。并杖不痛。)[外治]半夏(未破者,水调涂,一夜血散。)凤仙花叶(已破者,频涂,一夜血散。冬用干。)葱白(炒罯。)酒糟(隔纸罯之。)豆腐(热贴,色淡为度。)萝卜(捣贴。)羊肉(热贴。)猪肉(热贴。)芙蓉(同皂角、鸡子白。)绿豆粉(同鸡子白。)黄土(同鸡子、童尿,不住上。)石灰(油调。或和猪血,烧三次,研。)滑石(同大黄、赤石脂。)水粉(同水银、赤石脂。)雄黄(同密陀僧,或同无名异。)乳香(煎油。或入没药、米粉。)牛蒡根、叶(涂之,永不畏风。)大豆黄(末。)黍米(炒焦。)马齿苋(杵。)赤龙皮(烧。)五倍子(醋炒。)血竭、密陀僧(香油熬膏。)松香、黄蜡(并熬膏。)鸡子黄(熬油。)猪胆(汁扫。)未毛鼠(同桑椹浸油扫之。)黄瓜(六月六日瓶收,浸水扫之。)猪蹄汤(洗。)羊皮(卧之,消青肿。)

五绝

(缢死、溺死、压死、冻死、惊死)

【缢死】半夏(五绝死,但心头温者,以末吹鼻,皆可活。)皂荚末(五绝死者,吹其耳鼻。)梁上尘(五绝死,吹耳、鼻。)葱心(五绝死,刺其耳鼻,出血,即愈。)蓝汁(缢死,灌之。)鸡冠血(缢死者,徐徐抱住,解绳,不得割断,安脚卧之,紧挽其发,一人摩其胸胁,一人屈其臂及足胫,待其气回,刺血滴入口中,即活。或桂汤亦可。)鸡屎白(缢死,心下犹温者,酒服枣许。)

【溺死】皂荚(吹其耳鼻,及绵包纳入下部,出水即活。梁尘亦可。)食盐(溺死,放大凳上,高其后脚,盐擦脐中,待水流出。但心头温者,皆活。)石灰(裹纳下部,出水。)灶灰(埋之,露其七孔。白沙亦可。)老姜(溺死,人横安牛背上,扶定,牵牛徐行,出水后,以姜擦牙。)

【压死】麻油(墙壁物卒压死,心头温者,将身盘坐,紧提其发,用半夏吹鼻取嚏;以油和姜汁灌之。余同折伤。)豆豉(跌死,煎服。)童尿(热灌。)

【冻死】灶灰(冬月冻死,略有气者,炒灰包,熨心上,冷即换;待气回,少与酒、粥。不可近火,即死。)

【惊死】醇酒(惊怖死,俗名吓死,灌之。)

诸虫伤

(蛇虺、蜈蚣、蜂虿、蜘蛛、蠼螋、蚕蛓、蚯蚓、蜗牛、射工沙虱、蛭蝼蚁蝇、蚰蜒、辟除诸虫)

【蛇、虺伤】[内治]贝母(酒服至醉,毒水自出。)丝瓜根(擂生酒饮醉,立愈。)

蒜

白芷（水服半两，扎定两头，水出即消；或同雄黄、麝香、细辛，酒服。）甘草（毒蛇伤人，目黑口噤，毒气入腹，同白矾末，冷水服二钱。）蒜（一升，乳二升，煮食；仍煮童尿热渍之。）麻油、米醋（并急饮二碗，毒即散。）兔葵、荠苨、长松、恶实、辟虺雷、草犀、白兔藿、黄药子、襄荷、地榆、鬼臼、决明叶、蛇莓、（冬葵根、叶）、海根、苋菜（并主蛇、虫、虺、蝮伤，捣汁，或为末服。）五叶藤、茴香、半边莲、樱桃叶、小青、大青、水苹（并捣汁服，滓敷。）络石（服汁并洗。）紫荆皮（煎服，并洗。）木香、青黛（同雄黄。）鬼针、茱萸（并水服，外涂之。）水苏、小蓟、（苎根、叶）、（金凤花、叶）、苍耳（并酒服，外涂之。）重台（酒服，外同续随子涂。）磨刀水、铁浆、雄黄、犀角（并服之，令毒不攻内。）五灵脂（同雄黄、酒灌之，外涂之。）[外治]艾叶（隔蒜灸之。）蜀椒（涂之。蛇入人口，破尾，纳椒末入内，自出。）母猪尾血（蛇入人七孔，割血滴之。）蛇含草、蛇茵草、马蔺草、天名精、续随子、蜈蚣草、鹿蹄草、益母草、菩萨草、天南星、预知子、鱼腥草、扁豆叶、慈菇叶、山慈菇、山豆根、独行根、赤薜荔，千里及、灰藋叶、乌桕皮、楤木皮、旱堇汁、水芹、马兰、狼牙、荨麻、山漆、薄荷、紫苏、葛根、通草、葎草、蚤休、地菘、豨莶、海芋、荏叶、水荇（极效。）酸浆、醋草、芋叶、藜叶、甜藤、蕨根、白苣、莴苣、菰根、干姜、姜汁、韭根（汁。）独蒜、薤白、酒糟、巴豆、榧子、桑汁、楮汁、楮叶（同麻叶。）桂心（同栝蒌末。）白矾（或入雄黄。）丹砂、胡粉、食盐、盐药、铁精粉、蚯蚓泥、檐溜下泥、蜜、蜘蛛、甲煎、牛酥（入盐。）生蚕蛾（捣。）蛤蟆（捣。）五灵脂、猪齿灰、猪耳垢、牛耳垢、人耳塞（同头垢、井泥、蚯蚓泥。）人齿垢、梳垢、鼠屎、鼬鼠屎、食蛇鼠屎、双头鹿腹中屎（并涂一切蛇伤。）秦皮（洗，并敷。）人尿（洗之，抹以口津；蛇缠人足，尿之，或沃以温汤。）男子阴毛（蛇伤，以口含之，咽汁。）鸡子（合蛇伤处。）鸩喙（刮末敷之；佩之，辟蛇虺。）麝香（敷。）蜈蚣（烧敷。）雄黄（同干姜敷。并佩之，辟蛇虺。）

【蜈蚣伤】蜗牛、蛞蝓、乌鸡屎、五灵脂、独蒜、芸苔子（油。）蛇含、香附（嚼。）苋菜、马齿苋、菩萨草、人参、蚯蚓泥、胡椒、茱萸、楝叶（汁。）生姜（汁调蚌粉。）桑根汁、雄黄、井底泥、食盐、生铁（磨醋。）耳塞、头垢（同苦参。）地上土、尿坑泥、城东腐木（渍汁，并涂之。）鸡冠血（涂。中蜈蚣毒，舌胀出口者，含满咽汁。）鸡子（合之。）蜘蛛（咂咬处。）麻鞋底（炙熨。）乱发（烧熏。）灯火（照熏。）牛血、猪血（并主误吞蜈蚣，饮之至饱，当吐出也。）

【蜂、虿伤】[内治]贝母（酒服。）[外治]雄黄（磨醋。）菩萨石、梳垢、麝香、牛酥、牛角（灰。）牛屎（灰。）蟹壳（烧。）甲煎、楮汁、苋汁、茱萸、蛇含、葵花、灰藋、人参（嚼。）白兔藿、五叶藤、尿坑泥、檐溜下泥（并涂蜂伤。）小蓟、恶实、葵叶、鬼针（并涂蝎伤，仍取汁服。）芋叶、苦苣、冬瓜叶、马齿苋、胡麻油、韭汁、干姜、薄荷、青蒿、大麻叶、苦李仁、楝叶汁、蓝汁、酒糟、藜叶、蜀椒、食茱萸、木槿叶、齿中残饭、半夏、附子（磨醋。）黄丹、硇砂、土槟榔、地上土、白矾（同南星。）丹砂、食盐、蜗牛、蛞蝓、五灵脂、海螵蛸、驴耳垢、守宫（涂蝎伤。）蜘蛛（咂蝎伤。）热酒（洗。）赤龙浴水、冷水、温汤（并浸洗。）葱白（隔灸。）槐枝（炮熨。）皂荚（灸熨。）油梳（灸熨。）鸡子、木碗（并合之。）拨火杖（蝎伤，取横井上，自安。）

【蜘蛛伤】［内治］醇酒（山中草蜘蛛毒人，一身生丝，饮醉并洗之。）贝母（酒服。）苍耳叶（煎酒。）小蓟（煎糖饮，并敷之。）秦皮（煎服。）鬼针（汁。）蓝青（汁。）羊乳、牛乳（并饮及敷。）［外治］芋叶、葱、胡麻油、山豆根、通草、豨莶、藜叶、灰藋、合欢皮、旧箪灰、蔓荆汁、桑汁、雄黄、鼠负、蚯蚓、土蜂窠、赤翅蜂、驴尿泥、鸡冠血、麝香、猴屎、头垢（并涂之。）驴屎（汁。）人屎（汁。并浸洗。）白矾（敷壁镜毒。）

【蠼螋伤】［内治］醇酒（蠼螋，状如小蜈蚣、蚰蜒，六足，尾有二须，能夹人成疮，又能尿人影，成疮累累蓋人，恶寒且热。但饮酒至醉，良。）［外治］米醋、豆豉、茶叶、梨叶、鸡肠草、鱼腥草、马鞭草、大黄、豨莶、蒺藜、巴豆、败酱草、故蓑衣（灰。）旧箪灰、鹿角（汁。）犀角（汁。）羊须（灰。）麝香、乌鸡翅（灰。）燕窠土、地上土、食盐、胡粉、雄黄、丹砂（并涂。）槐白皮（浸醋洗。）鸡子（合之。）

【蚕截伤】苦苣、莴苣、赤薜荔、苎根、预知子、椰桐皮、百部、灰藋、田父、麝香（并涂蚕咬。）紫荆皮（洗蚕咬。）蚕网草（诸虫如蚕咬，毒入腹，煮饮。）草犀（服汁，解恶截毒。）豉、茖葱、马齿苋、食茱萸、松脂、青黛、韭汁、燕窠土、雄黄、牛耳垢、狐尿（并敷恶截虫伤。）丁香（敷桑蝎伤。）麻油灯（熏蝎虫伤。）蛇退（洗恶虫伤。）蒜（同曲。）胡瓜根、灰藋叶、马鞭草、干姜、葱汁、韭汁、茶叶、杏仁、巴豆、桑灰、雄黄、丹砂、蚁蛭、蜜蜡、头垢（并敷狐尿截疮。）乌鸡（拓狐尿疮。）发烟（熏狐尿疮。）人尿、驴尿、白马尿（并浸狐尿刺疮。）

【蚯蚓、蜗牛伤】石灰、盐汤（并主中蚯蚓咬毒，形如大风，泡汤浸之，良。）葱、蜀羊泉（同黄丹。）百舌窠中土（同醋。）鸭通（并敷蚯蚓咬。）吹火筒（蚓呵小儿阴肿，吹之即消。）蓼子（浸蜗牛吹。）

【射工、沙虱毒】［内治］山慈菇（吐之。）苍耳叶（煎酒。）雄黄（磨酒。）牛膝（煎水。）草犀（汁。）苋（汁。）马齿苋（汁。）梅叶（汁。）蘘荷（汁。）狼毒（汁。）鬼臼（汁。）悬钩子（汁。）浮萍（末。）知母（末。）射干（末。）白矾（末，同甘草。）丹砂（末。）斑蝥（烧。）溪狗虫（烧。）鸂鶒（炙食。）鹅血、鸭血（并主射工、沙虱、溪毒中人，寒热生疮。）［外治］莴苣蒜、白芥子、芥子、葱、茖葱、茱萸（同蒜、葱煮汁。）鸡肠草、梨叶、皂荚（末，和醋。）白鸡屎（和饧。）（鹦鸡毛、屎）芫青、鼠负、熊胆、麝香、白矾（并涂射工、沙虱、溪毒疮。）豉母虫（含之，除射工毒。）溪鬼虫喙、鹅毛（并佩之，辟射工毒。）

【蛭、蝼、蚁、蝇伤】黄泥水、浸蓝水、牛血、羊血（同猪脂。）鸡血、狗涎（蒸饼染食。并主误吞水蛭，服之，即下出。）朱砂（敷水蛭伤人疮。）灰藋、槲叶、藜叶、盐药、石灰（并涂蝼蛄咬。）土槟榔、穿山甲、山豆根、檐溜下泥、地上土（并涂蚁咬。）百部（杀蝇蚁咬毒。）盐（擦黄蝇毒。）

【蚰蜒伤】白矾、胡麻（并涂蚰蜒咬。）

【辟除诸虫】[辟蚊蚋]社酒(洒壁。)蝙蝠血(涂帐。)腊水(浸灯芯。)荠枝(作灯杖。)天仙藤(同木屑。)木鳖(同川芎、雄黄。)浮萍(烧熏,或加羌活。)茅香(同木鳖、雄黄。)菖蒲(同楝花、柏子。)夜明砂(单烧,或同浮萍、苦楝花。)鳖甲(同夜明砂。并烧熏。)[辟壁虱、蚤、虫]樟脑、菖蒲、白菖、木瓜、蒴藋、龙葵、茯苓(末。)辣蓼、荞麦秸(并铺席下。)白胶香、百部、牛角、骡蹄、白马蹄、蟹壳(并烧烟熏。)蟹黄(同安息香、松鼠烧。)[辟虮、虱]虱建草、大空、藜芦、百部、白矾、水银、银朱、轻粉、铜青[辟蝇、蛾]绿矾水、腊雪水[辟蚰蜒]春牛泥[辟蠹虫]莴苣(端午日收。)芸香、角蒿叶(并安箱中。)莽草(烧熏。)

诸兽伤

(虎狼、熊罴、猪猫、犬猘、驴马、鼠咬、人咬)

【虎、狼伤】[内治]醇酒(饮醉。)芒茎(捣汁,或同葛根煎汁。)葛根(汁,或研末。)兔葵(汁。)地榆(汁。)草犀(汁。)胡麻油、生姜(汁。)沙糖、铁浆(并内饮外涂,则毒不入腹。)妇人月经衣(烧服,主虎狼伤。)[外治]山漆、豨莶、粟米、干姜、薤白、独栗、白矾、蛴螬、猬脂、菩萨石(并涂虎咬、爪伤。)青布(烧熏虎狼咬伤疮。)

【熊、罴、猪、猫伤】[内治]蒴藋(汁服。)菾菜(汁服。并主熊罴伤,仍外涂。)[外治]独栗(烧。)粟米(嚼,并涂熊兽伤。)松脂(作饼。)龟板(灰。)鼠屎(灰。)薄荷、檐溜泥(并涂猫咬。)射罔(杀禽兽毒。)

【犬、猘伤】[内治]雄黄(同麝香,酒服;同青黛,水服。)苍耳叶(煎酒。)桃白皮(煎水。)紫荆皮(汁。)地黄(汁。)白兔藿(汁。)蔓荆根(汁。)生姜(汁。)韭根(汁。并内饮、外涂百度。)故梳(同韭根煎。)百家箸(煎汁。)头垢(同猬皮灰,水服。)猬头(烧,同发灰,水服。)驴尿、狼牙草灰(水服。)芫青(米炒,酒服。并主猘犬、恶犬伤。)莨菪子(狂犬伤,日吞七粒,及捣根涂。)铁浆(狂犬伤,饮之,毒不入内。)斑蝥(风狗伤,以三个研细,酒煎服,即下肉狗四十个乃止,未尽再服;用七个,糯米一撮,炒黄,去米,入百草霜一钱,米饮服之,取下肉狗。)糯米(一勺,斑蝥三七个,分作三次炒,去蝥研末,分作三服,冷水滴油下,取恶物。)蛤蟆脍、蚺蛇脯(并主狂犬伤,食之不发。)[外治]艾叶(猘犬伤,灸七壮,或隔床下土灸之。)瓦松(同雄黄,贴风狗咬,永不发。)栀子(烧,入硫黄末。)栾荆皮(同沙糖。)雄黄(入麝香。)山慈菇、苏叶(嚼。)蓼叶、莽草、蓖麻子、韭汁、薤白、葱白、胆矾、蚯蚓泥、红娘子、死蛇灰、犬屎、虎骨(牙、脂同。)人血(并涂狂犬、恶犬伤。)人参(狗咬破伤风,桑柴烧存性,掺之。)屋游、地榆、鹿蹄草、黄药子、秫米、干姜、乌柿、赤薜荔、杏仁、马蔺根(同杏仁。)白果、白矾、菩萨石、竹篮耳(灰。)冬灰、黄蜡、猪耳垢、鼠屎(灰。)牛屎、人屎(并涂犬伤。)人尿、冷水、屋漏水(并洗犬伤。)

【驴、马伤】[内治]马齿苋(马咬毒入心,煎服之。)人屎(马汗、马血入疮,欲死,服汁)。马屎中粟(剥驴马中毒,绞汁服,并涂之,仍以尿洗。)柽柳(剥驴马毒血入内,浸汁服,并取木片炙之。)葶苈(马汗毒气入腹,浸汤饮,取下恶血。)醇酒(马毒气入腹,杀人,多饮令醉。)[外治]益母草(和醋。)鼠屎(并涂马咬。)独栗(烧。)白马通、鸡冠血(并涂马咬,及马汗入疮,剥驴马骨刺伤人欲死。)月经水(涂马血入疮,剥马骨伤人,神效。)马头(灰。)马鞭(灰。)鸡毛(灰。)乌梅(和醋。)雄黄、白矾、石灰(并敷马汗或毛入疮肿痛,入腹杀人。)水堇(汁。)冷水、热汤(并洗马汗、马毛入疮。)

【鼠咬】狸肉(食。)狸肝、猫头及毛(灰。)猫屎、麝香(并涂。)

【人咬】龟板(灰。)摄龟甲(灰,并涂之。)人尿(浸。)

诸毒

(金石、草木、果菜、虫鱼、禽兽)

【金、石毒】甘草(安和七十二种石,一千二百种草,解百药毒。凡药毒,用麻油浸甘草节,嚼之,咽汁良。)大青、麦门冬、人参汤、荠苨汁、莼心、冬葵子、瞿麦、蓝(汁。)金星草、葳蕤汁、苎根汁、萱根、蕉根汁、绿豆、胡豆、白扁豆、黑大豆、余甘子、冬瓜练、乌芋、水芹汁、寒水石、黑铅(溶化淬酒。)魁蛤肉、牡蛎肉、蚌肉、蚬子肉、蛏肠、石蟹汁、鳗鲡鱼、田螺、雁肪肉、鸭肉、白鸭通、乌肉、犀角汁、猪膏、猪肉、猪骨、猪血、羊血、兔血、诸血、牛腮、兔肉(并解一切丹石毒。)[砒石毒]米醋(吐。)乌桕根(下。)白芷、郁金(并井水服。)胡粉(地浆服。)白扁豆(水服。)蚤休(磨汁。)黑铅、鲞鱼枕(并磨汁。)蓝汁、荠苨汁、酱汁、绿豆汁、豆粉、大豆汁、杨梅树皮汁、冬瓜藤汁、早稻秆灰汁、地浆、井泉水、白鸭通汁、豭猪屎汁、人屎汁、鸭血、羊血、雄鸡血、胡麻油[礜石毒]黑大豆、白鹅膏[硇砂毒]绿豆汁、浮萍(硇砂损阴,同猪蹄煎汁渍洗。)[硫黄毒]金星草、胡麻油、米醋、飞廉、细辛、余甘子(煎水。)乌梅(煎。)黑铅(煎。)铁浆、朴硝、猪血、羊血、冷猪肉、鸭肉、猪脂[雄黄毒]防己(煎汁。)[丹砂毒]蓝青汁、咸水[水银毒]黑铅、炭末(煎汁。)金器(破口,煮汁服;入耳,熨之、枕之引出。)[轻粉毒]黄连、贯众、酱汁、黑铅壶(浸酒。)斑蝥、猪肉[石英毒]麻鞋(煮汁。)石燕(煮汁。)醇酒(服紫石英乍寒乍热者,饮之良。)鸡子、猪肉[钟乳毒]鸡子清、猪肉[石炭毒]冷水(中石炭毒,昏瞀,饮之即解。)[生金毒]白药子、余甘子、翡翠石、鹧鸪肉、鸭血、白鸭通(汁。)鸡屎(淋汁。)金蛇(煮汁。)[生银毒]葱汁、鸡子(汁。)鸭血、鸭通(汁。)银蛇(煮汁。)水银(服之即出。)[锡毒]杏仁[铜毒]慈菇、胡桃、鸭通汁[铁毒]磁石、皂荚、(猪、犬脂)、乳香、貘屎[土坑毒气]猪肉

【草、木毒】防风(诸药毒,已死,只心头温者,擂水冷灌之。)葛根(诸药毒吐下

欲死，煮汁服。）甘草、荠苨、蓝（汁。）蓝实、承露仙、榼藤子、淡竹叶（同甘草、黑豆同煎服。）粟米（绞汁。）土芋（取吐。）绿豆（汁。）黑豆（汁。）白扁豆（汁。）生姜、葱（汁。）芽茶（同白矾。）地浆、黄土（煮汁。）蚕故纸灰（水服。）鼋甲、玳瑁车渠、龟筒、白鹇、白鸽血、鹧鸪、孔雀脯、牛膍、犀角（汁。）猪屎（汁。）人屎汁（并解百药毒。）[钩吻毒]荠苨汁、蕹菜汁、葛根汁、葱汁、桂汁、白鸭血、白鹅血、羊血（并热饮。）鸡子清、鸡瞂雏（同麻油研烂，灌之，取吐。）犀角汁、猪膏、人屎汁[射罔毒]蓝汁、葛根、大麻子汁、大小豆汁、饴糖、藕汁、芰汁、竹沥、冷水、蚯蚓粪、贝齿、六畜血、人屎汁[乌头、附子、天雄毒]防风汁、远志汁、甘草汁、人参汁、黄芪、乌韭、绿豆、黑豆、寒食饧、大枣肉、井华水、陈壁土（泡汤服。）[蒙汗毒]冷水[鼠莽毒]蚤休（磨水。）镜面草、豇豆汁、黑豆汁、乌桕根、明矾（入少茶，水服。）鸡血、鸭血、羊血（并热饮。）[羊踯躅毒]栀子汁[狼毒毒]蓝汁、盐汁、白蔹、杏仁、木占斯[防葵毒]葵根汁[莨菪毒]荠苨、甘草、升麻（汁。）蟹（汁。）犀角（汁。）[山芋毒]地浆、人屎（汁。）[苦瓠毒]稷米（汁。）黍瓤（汁。）[大戟毒]菖蒲（汁。）[甘遂毒]黑豆（汁）[芫花毒]防风（汁。）防己、甘草、桂汁[仙茅毒]大黄[藜芦毒]葱汁、雄黄、温汤[瓜蒂毒]麝香[半夏、南星毒]生姜汁、干姜（煮汁。）防风[桔梗毒]白粥[巴豆毒]黄连汁、菖蒲汁、甘草汁、葛根汁、白药子、黑豆汁、生藿汁、芦荟、冷水、寒水石[桂毒]葱汁[漆毒]贯众、紫苏、蟹[桐油毒]热酒、甘草、干柿

【果、菜毒】麝香、猪骨灰（水服。）米醋、头垢、童尿（并解诸果、菜毒。）山鹊肉（解诸果毒。）甘草、酱汁、酒糟、葛汁、白兔藿、白花藤、鸡屎灰（并解诸菜毒。同贝齿、胡粉为末，酒服。）杏根（煎汁。）[蜀椒毒]葵子汁、豉汁、桂汁、蒜汁、大枣、冷水、地浆、黄土、雄鸡毛灰（水服。）童尿[烧酒毒]冷水、绿豆粉、蚕豆苗[面毒]萝卜、枸杞苗、贝子（烧。）胡桐泪[豆粉毒]杏仁、豆腐、萝卜[莴苣毒]姜汁[水芹毒]硬糖、杏仁（同乳饼、粳米，煮粥食。）[水莨菪毒]甘草汁[野芋毒]地浆、人屎汁[野菌毒]甘草（煎麻油服。）防风（汁。）忍冬（汁。）蠡实、酱汁、生姜、胡椒、绿豆（汁。）梨叶（汁。）荷叶（煎。）阿魏、地浆、黄土（煮。）鹧鸪、石首鱼枕、童尿、人屎汁

【虫、鱼毒】紫苏、荏叶、水苏、芦根、芦花、菩萨草（酒服。）大黄汁、马鞭草（汁。）苦参（煎醋。）缩砂仁、草豆蔻、酱汁、米醋、胡麻油、黑豆汁、冬瓜汁、橘皮（煎。）乌梅、橄榄、蜀椒、胡椒、莳萝、茴香、胡葱、大蒜、朴硝、蓬砂（同甘草，浸香油。）鱼皮（烧。）鱼鳞（烧。）鲛鱼皮（烧。）獭皮（煮汁。并解一切鱼肉、虾、蟹毒。）[河豚毒]荻芽、芦花、蒌蒿、胡麻油、白扁豆、大豆汁、橄榄、五倍子（同白矾，水服。）槐花（水服。）橘皮（煮。）黑豆汁、紫苏汁、青黛汁、蓝汁、蜈蚣（解虫、鱼毒。）羊蹄叶（捣汁或煎，解胡夷鱼、檀胡鱼、鲑鱼毒。）[黄鲿鱼毒]地浆（黄鲿及无鳞诸鱼，反荆芥，服此解之。）[鳝鱼毒]蟹（食之即解。）[蟹毒]苏汁、藕汁、冬瓜汁、干蒜汁、芦根汁（蟹、柿相反，令人吐血，服此解。）橙皮、丁香[鳖毒]橄榄、胡椒[马刀毒]新汲水[虾毒]鸡鹊（炙食。）[斑蝥、芫青、地胆、樗鸡毒]蓝汁、玉簪根、桂汁、黑豆汁、糯米、猪肉、

猪胰[䗪虫毒]栀子[蓝蛇头毒]蓝蛇尾(食之即解。)[水虫毒]秃鹫毛

【禽、兽毒】白兔藿(诸肉菜大毒,不可入口者,饮汁即解。)白花藤、黄藤、黑豆汁、酱汁、米醋、山楂、阿魏、草豆蔻、犀角汁(并解一切肉食、鱼菜、果蕈诸毒。)[诸鸟肉毒]生姜、白扁豆、狸头骨灰(水服。)[雉毒]姜汁、犀角汁[鸡子毒]米醋[鸩毒]葛粉(水服。)绿豆粉[六畜肉毒]乌桕叶汁(食牛马六畜肉,生疔欲死,顿服三碗取利。)白扁豆、小豆汁、豉汁、葱子(煮汁。)猪屎灰(水服。并解六畜肉毒。)甘草汁、兰草汁、阿魏、绿豆汁、黄檗汁、麻鞋底(煮汁。)黄土(煮汁。)东壁土(水服。)地浆、头垢(并解六畜牛马诸肉毒。)[牛肉毒]狼牙(烧。)圣韭[独肝牛毒]牛肚(啖蛇牛独肝,毛发向后,有毒,汁饮。)人乳汁(和豉汁服。)[马肝毒]猪骨灰(水服。)鼠屎(末服。)头垢[猪肉毒]猪屎灰(水服。)[狗毒]杏仁、芦根[猪肝毒]猪脂(顿服五升。)垢头巾(泡汤服。)[肉脯毒]韭汁、黄土(煮服。)地浆、贝子(烧,水服。)猪骨灰(水服。)犬屎灰(酒服。)人屎灰(酒服。)头垢(含咽。)

蛊毒

【解毒】[草部]荠苨(解蛊毒、百药毒,饮其汁。)蘘荷(服汁,蛊立出;卧其叶,即自呼蛊主姓名。)山慈菇(同大戟、五倍子为紫金丹,服。)徐长卿、天麻、钗子股、甘草(吐。)辟虺雷、升麻(吐。)锦地罗、吉利草、蘼芜、紫金牛、木香、龙胆草、草犀、格注草(吐。)独行根、紫菀、马兜铃、郁金(下。)郁金香、钩吻、金丝草、合子草、芫花(下。)预知子、荛花(下。)牵牛子(下。)鸢尾(下。)土瓜根(吐、下。)山豆根、桔梗(下。)解毒子、鬼臼、白兔藿、连翘、千里及(吐、下。)羊蹄根、泽漆(吐。)慎火草、常山(吐。)藜芦、莼、赤车使者、茜根汁[谷部]胡麻油(吐。)糯谷颖(煎汁。)麦苗(汁。)小麦面(水服。)豆豉[菜部]胡荽根(擂酒。)马齿苋(汁。)大蒜、苦瓠汁(吐。)鹿藿、百合根[果木草部]槟榔、大腹皮、桃白皮(下。)榧子、枣木心(吐。)龙眼、食茱萸、蜀椒、盐麸子、甜瓜蒂(吐。)地椒、榴根皮、皂荚、槲树皮、巴豆、樗根皮、苏合香、生漆、相思子、雷丸、桃寄生、猪苓、石南实、桑木心、鬼箭羽、琥珀[水器]半天河、车脂、猪槽水、故锦汁[土石]釜墨、伏龙肝、古镜,朱砂银、铁精、菩萨石、金牙石、雄黄、方解石、长石、代赭石、石胆、黄矾石、白矾石、石蟹、诸盐水、石硷、霹雳砧[虫部]斑蝥、蚕蜕纸、五倍子、芫青、露蜂房、蜂子[鳞介]鲮鲤甲、龙齿、蚺蛇胆(及肉。)自死蛇、蝮蛇、蛇蜕皮、蛇婆、鲩鱼胆、鱼枕、青鱼枕、鲞鱼枕、龟筒、鲛鱼皮、玳瑁、贝齿子[禽部]鹳骨、鹤肫中砂子(磨水服。)鸲鸡、白鸡血、鸠血、鹇鸡子、鸡头、鸡屎白、白鸽血、鹧鸪、白鸭血、凫血、孔雀血、白鹇、胡燕屎、鹊脑髓[兽部]猪肝、猪屎汁、豚卵、(羊肝、肺)、羊胆、羖羊角、羖羊皮、犀角、鹿角、灵猫阴、麝香、猫头骨(及屎。)狐五脏、獭肝、败鼓皮、猬皮、貀膏脑、(六畜毛、蹄甲)[人部]人牙、头垢、人屎

诸物哽咽

【诸骨哽】缩蜜(诸骨哽,浓煎咽。)艾叶(煎酒。)地菘(同白矾、马鞭草、白梅,丸噙。)凤仙子(研,水咽;根、叶煎醋。)半夏(同白芷,水服,取吐。)云实根(研汁咽。)瞿麦(水服。)蔷薇根(水服。)白蔹(同白芷,水服。)白药(煎酷。)威灵仙(醋浸,丸噙;同砂仁,煎服。)鸡苏(同朴硝,丸噙。)丝瓜根(烧服。)栗荴(烧吹。)乳香(水研。)桑椹(嚼咽。)金樱根(煎醋。)浆水脚(同磁石、橘红,丸咽。)蚯蚓泥(擦喉外。)蓬砂(含咽。)桑螵蛸(煎醋。)蜂蜜(噙。)鲩鱼胆(酒化,取吐。)鳜鱼胆(取吐。)鲫鱼胆(点咽。)鲇鱼肝(同栗子皮、乳香丸,线、绵包吞,钓出。)乌贼骨(同橘红、寒食面,丸吞。)鸭肫衣(炙研,水服。)雕粪(诸鸟兽骨哽,烧灰,酒服。)猪膏(含咽。)羊胫骨灰(饮服。)狗涎(频滴。)虎骨(诸兽骨哽,末,水服。)虎屎(烧,酒服。)狼屎(兽骨哽,烧服。)鹿角(末,咽;筋,吞钓出。)[鸡骨哽]贯众(同缩砂、甘草末,包含。)白芷(同半夏末服,呕出。)缩砂、苎根(捣丸,鸡汤化下。)凤仙根(煎酒。)水仙根、玉簪花根(汁。)蓖麻子(同百药煎,研服。)盐麸子根(煎醋,吐。)乳香(水研。)金樱根(煎醋。)茯苓(同楮实末,乳香汤下。)五倍子(末,掺之,即下。)鸡内金(烧吹。)鸡足距(烧水服。翮翎同。)[鱼骨哽]贯众(同前。)缩砂(浓煎。)苎根(擂泥,鱼汤下。)蓖麻子(同百药煎,研咽。)水仙根、玉簪根(并擂汁服。)醉鱼草(吐。)白芍药(嚼。)马勃(蜜丸噙。)饴糖(含咽。)百合(涂项外。)橘皮(噙。)橄榄(嚼咽。)茱萸(鱼骨入腹,煎水服,软出。)白胶香、木兰皮、皂荚(吹鼻。)椿子(擂酒服,吐之。)楮叶汁(啜之;嫩皮捣丸,水下二三十丸。)桑椹(嚼。)金樱根(煎醋。)琥珀珠(推之。)仙人杖(煮汁。)鬼齿(煮汁,或丸含。)青鱼胆(吐。)鲩鱼胆(吐。)乌贼骨、诸鱼鳞灰(水服。)鱼笱须(烧服。)鱼网(烧服,或煮汁。)鸬鹚头及骨、嗉、喙、翅、屎(并烧服。)鱼狗(烧服,亦煮服。)秃鹫喙(烧服。)獭肝及骨、爪(烧服。)獭爪(项下爬之。)海獭皮(煮汁。)[金、银、铜、铁哽]缩砂蜜(浓煎服。或加甘草。)凤仙子及根(擂汁,下铜、铁物哽。)王不留行(误吞铁石,同黄檗,丸服。)艾叶(煎酒。)百部(浸酒。)木贼(为末,并主误吞铜钱。)葵汁、薤白(并主误吞钱物钗镮,频食取利。)饴塘、慈菇汁、凫茈、胡桃(并主误吞铜钱,多食之。)南烛根(水服。)白炭(烧红研末,水服。)石灰(同硫黄少许,酒服。)胡粉(同猪脂服一两。并主误吞金、银、铜钱在腹。)水银(误吞金、银,服半两即出。)铜弩牙(误吞珠钱,烧,淬水饮。)磁石(误吞铁物,线穿拽之。)古文钱(误吞铁物,用白梅淹烂,捣服一丸,即吐出。)蜂蜜(吞铜钱,服之即出。)鹅羽(误吞金银,烧服。)猪、羊脂(误吞铜钱诸物,多食之,利出。)鸵鸟屎、貘屎(误吞铜钱、砂石入腹,水化服之,即消。)[竹、木哽]半夏(服,取吐。)蓖麻子(同凝水石噙,自不见也。)秤锤、铁锯(并烧,淬酒饮。)鲩鱼胆(酒服,取吐。)鳜鱼胆(一切骨哽,竹木入咽,日久不出,痛刺黄瘦,以一皂子煎酒服,取吐。)鲫鱼胆(点。)象牙(为末,水服。)

[芒刺、谷贼]舂杵头细糠(含咽。)胡麻(误吞谷、麦芒刺,名谷贼,炒研,白汤服。)饴糖(含咽。)鹅涎(下谷贼。)象牙(诸物刺咽,磨水服,即吐。)甑带灰(水服,主草哽。)[桃、李哽]狗骨(煮汁,摩头上。)麝香(酒服。)[发哽]木梳(烧灰,酒服。)自己发灰(水服一钱。)[食哽]鹰屎(烧,水服。)

妇人经水

(经闭:有血滞,血枯。不调:有血虚者过期;血热者先期;血气滞者作痛)

[活血流气]香附(血中之气药。生用,上行;熟用,下行;炒黑,则止血。童尿制,入血分补虚;盐水制,入血分润燥。酒炒行经络;醋炒,消积聚;姜炒化痰饮。得参、术,补气;得归、苄,补血;得苍术、芎䓖,解郁;得栀子、黄连,降火;得厚朴、半夏,消胀;得神曲、枳实,化食;得紫苏、葱白,解表邪;得三棱、莪术,消积磨块;得茴香、破故纸,引气归元;得艾叶,治血气,暖子宫。乃气病之总司,为女科之仙药。)当归(一切气,一切劳。破恶血,养新血,补诸不足。头止血;身养血;尾破血。妇女百病,同地黄,丸服;月经逆行,同红花,煎服;血气胀痛,同干漆,丸服;室女经闭,同没药末,红花酒调服。)丹参(破宿血,生新血,安生胎,落死胎,止血崩带下,调经脉,或前或后,或多或少,兼治冷热劳,腰脊痛,骨节烦疼,晒研,每服二钱,温酒调下。)芎䓖(一切气,一切血,破宿血,养新血,搜肝气,补肝血,润肝燥,女人血闭无子,血中气药也。)芍药(女子寒血闭胀,小腹痛,诸老血留结,月候不调。)生地黄(凉血生血,补真阴,通月水。)兰草(生血和气,养营调经。)泽兰(养营气,破宿血,主妇人劳瘦,女科要药也。)茺蔚子(调经,令人有子,活血行气,有补阴之功。)庵䕡子(同桃仁浸酒,通月经。)延胡索(月经不调,结块淋露,利气止痛,破血,同当归、橘红丸服。)柴胡(妇人热入血室,寒热,经水不调。)黄芩(下女子血闭淋漏。)茅根(月水不匀,淋沥,除恶血。)莙荙根(通经脉,宜妇人。)醍醐菜(擂酒,通经。)茶汤(入沙糖少许,露一夜,服即通,不可轻视。)铅霜(室女经闭,烦热,生地黄汁服。)木香、乳香、乌药、白芷、桑耳(并主血气。)荔枝核(血气痛,同香附末服。)荜茇(血气痛,经不调,同蒲黄丸服。)附子(通经,同当归,煎服。)芥子(酒服末,通月经。)韭汁(治经脉逆行,入童尿饮。)丝瓜(为末,酒服,通月经。)土瓜根(经水不利,同芍药、桂枝、䗪虫为末,酒服。)薏苡根(煎服,通经。)牛膝(血结,经病不调,同干漆、地黄汁丸服。)牛蒡根(月水不通,积块欲死,蒸三次,浸酒日饮。)马鞭草(通月经瘕块,熬膏服。)虎杖(通经,同没药、凌霄花,末服。)蒺藜(通经,同当归末,酒服。)木麻(月闭癥瘕,久服令人有子。)硇砂(月水不通,积聚刺痛,破结血,暖子宫,同皂荚、陈橘皮,丸服。)白垩土(女子寒热癥瘕,月闭无子,子宫冷。)铜镜鼻(血闭癥瘕,伏肠绝孕。)乌金石(通月水,煎汤,服巴豆三丸。)蚕砂(月经久闭,炒,煮酒饮一盏即通。)葛上亭

长(血闭症块,米炒,研服。)乌鸦(经闭,炙研,同水蛭等药服。)獭胆(通经,同硇砂等药,丸服。爪同。)白狗屎(月水乍多乍少,烧末酒服。)鼠屎(通经,酒服一钱。)童男童女发(通经,同斑蝥、麝香,末服。)人乳(日饮三合,通经。)水蛭、地胆、樗鸡、五灵脂、鳖甲、纳鳖、穿山甲、龙胎、蛤粉、菩萨石、铜弩牙、朴硝、紫荆皮、木占斯、桂心、干漆、厚朴(煎酒。)栝蒌根、质汗、甜瓜蔓、蓬莪术、三棱、枣木,紫葳、庵罗果、桃仁、牡丹皮、刘寄奴、紫参、姜黄、郁金、红蓝花、瞿麦、番红花、续随子、蛇莓、瓦松、石帆、赤孙施、蒲黄(并破血通经。)大枣(妇人脏燥,悲哭如祟,同小麦、甘草,水煎服。)葶苈(纳阴中,通月水。)

【益气养血】人参(血虚者益气,阳生则阴长也。)术(利腰脐间血,开胃消食。)熟地黄(伤中胞胎,经候不调,冲任伏热,久而无子,同当归、黄连,丸服。)石菖蒲(女人血海冷败。)补骨脂、泽泻、阳起石、玄石、白玉、青玉、紫石英(并主子宫虚冷,月水不调,绝孕。)阿胶(女人血枯,经水不调,无子,炒研,酒服。)雀卵、乌贼鱼骨、鲍鱼汁(并主女子血枯病,伤肝,唾血下血,通经闭。)驴包衣(天癸不通,煅研,入麝,新汲水下,不过三服。)

带下

(是湿热夹痰,有虚、有实)

苍术(燥湿强脾,四制丸服。)艾叶(白带,煮鸡子食。)石菖蒲(赤白带下,同破故纸末服。)白芷(漏下赤白,能蚀脓,白带冷痛腥秽,同蜀葵根、白芍、枯矾,丸服;石灰淹过,研末酒服。)草果(同乳香,末服。)糯米(女人白淫,同花椒烧研,醋糊丸服。)莲米(赤白带,同白果、江米、胡椒,入乌骨鸡,煮食。)白扁豆(炒研,米饮日服。花同。)荞麦(炒焦,鸡子白服。)韭子(白带白淫,醋煮丸服。)芍药(同香附末,煎服;同干姜末服。)沙参(七情内作,或虚冷者,为末,米饮日服。)狗脊(室女白带,冲任虚损,关节重,同鹿茸,丸服。亦治妇人。)枸杞根(带下脉数,同地黄,煮酒饮。)椿根白皮(同滑石丸服;同干姜、芍药、黄檗,丸服。)木槿皮(煎酒,止带下,随赤、白用。)榆荚仁(和牛肉,作羹食,止带下。)茯苓(丸服。)松香(酒煮,丸服。)槐花(同牡蛎末,酒服。)冬瓜仁(炒研,汤服。)牡荆子(炒焦,饮服。)益母草(为末汤服。)夏枯草(为末,饮服。)鸡冠花(浸酒饮,或末服。)马齿苋(绞汁,和鸡子白服。)大蓟根(浸酒饮。)酢浆草(阴干,酒服。)椒目(炒研,水服。)榄子(同石菖蒲,末服。)韭汁(同童尿,露一夜,温服。)葵叶、葵花(治带下,目中溜火,和血润燥,为末,酒服,随赤、白用。)蜀葵根(散脓血恶汁,治带下,同白芷、芍药、枯矾,化蜡丸服。)败酱(治带下,破多年凝血,化脓为水。)漏芦(产后带下,同艾叶丸服。)甑带(五色带下,煮汁服。)泽兰子(女人三十六疾。)马矢蒿、蠡实、紫葳、茜根、白蔹、土瓜根、赤地利、鬼箭羽,水芹、蒲黄、景天、猪苓、李根白皮、金樱根，酸榴皮、桃毛、白果、石莲、芡实、城东腐木、橡斗、秦皮、人参、黄芪、肉苁蓉、何首乌、葳蕤、当归、芎䓖、升麻（升提。）柴胡（升提。）阳起石、白石脂、五色石脂、玉泉，石胆、代赭石、石硫黄、石硫赤、硇砂（并主赤白带下，无子。）石灰（白带、白淫，同茯苓丸服。）云母粉（水服方寸匕，立见效。）禹余粮（赤白带，同干姜，丸服。）石燕（月水湛浊，赤带多年，煎饮或末，日服。）白矾（白淫漏下，经水不利，子肠坚僻，中有干血，烧研，同杏仁丸，纳阴户内。）白瓷器（主白崩带。）伏龙肝（炒烟尽，同棕灰、梁上尘服。）秋石（枣肉丸服。）牛角鰓（烧灰，酒服。）狗头骨（同上。）兔皮灰（司上。）猪肾（宜多食。）猪肝（同金墨、百草霜，煨食。）羊胰（酢洗蒸食，数次愈。）羊肉（产后带下赤白，绝孕，豉、蒜煮熟，入酥食。）山羊肉（主赤白带。）狗阴茎（女人带下十二疾。）鹿角（妇人白浊，炒研酒服。）鹿茸（赤白带，炙末酒服。室女白带，冲任虚寒，同狗脊、白蔹，丸服。）白马左蹄（五色带下，烧灰，酒服。）驼毛、乌驴皮、（牛骨，及蹄甲、阴茎）麋角、鹿血、阿胶、丹雄鸡、乌骨鸡、鸡内金、雀肉、雀卵、雀屎、伏翼、五灵脂、鳗鲡鱼、鲤鱼鳞、龙骨、鼍甲、龟甲、鳖肉、鲎鱼骨、海螵蛸、牡蛎粉、马刀、海蛤、蛤粉、蜜蜂子、土蜂子、蚕蜕纸（灰。）故绵（灰。）淡菜、海蛇、全蝎、丹参、三七、地榆（并主赤白带。）贯众（醋炙，末服，止赤白带。）蛇床子（同枯矾，纳阴户。）古砖（烧赤，安蒸饼坐之。）

崩中漏下

（月水不止，五十行经）

【调营清热】当归（漏下绝孕，崩中诸不足。）丹参（功同当归。）芎䓖（煎酒。）生地黄（崩中及经不止，擂汁，酒服。）芍药（崩中痛甚，同柏叶煎服；经水不止，同艾叶煎服。）肉苁蓉（血崩，绝阴不产。）人参（血脱益阳，阳生则阴长。）升麻（升阳明清气。）柴胡（升少阳清气。）防风（炙研，面糊煮，酒服一钱，经效。）白芷（主崩漏，入阳明经。）香附子（炒焦，酒服，治血如崩山，或五色漏带，宜常服之。）黄芩（主淋漏下血，养阴退阳，去脾经湿热。阳乘阴。崩中下血，研末，霹雳酒服一钱；四十九岁，月水不止，条芩醋浸七次，炒研为丸，日服。）青蘘（汁服半升，立愈。）鸡冠花及子（为末，酒服。）大、小蓟（汁煎服。或浸酒饮。）菖蒲（产后崩中，煎酒服。）蒲黄（止崩中，消瘀血，同五灵脂末炒，煎酒服。）凌霄花（为末，酒服。）茜根（止血内崩，及月经不止。五十后行经，作败血论，同阿胶、柏叶、黄芩、地黄、发灰，煎服。）三七（酒服二钱。）石苇（研末，酒服。）水苏（煎服。）柏叶（月水不止，同芍药煎服；同木贼炒，末服。）槐花（漏血，烧研酒服；血崩不止，同黄芩，烧秤锤酒服。）淡竹茹（崩中，月水不止，微炒，水煎服。）黄麻根（水煎。）甜瓜子（月经太过，研末，水服。）黑大豆（月水不止，炒焦，冲酒。）白扁豆花（血崩，焙研，饮服。）蒸饼（烧研，饮服。）延胡索（因损血崩，煮酒服。）缩砂（焙研，汤服。）益智子（同上。）椒目（焙研，酒服。）胡椒（同诸药，

大蓟

丸服。)艾叶(漏血,崩中不止,同干姜、阿胶,煎服。)木莓根皮(煎酒,止崩。)续断、石莲子、蠡实、茅根、桃毛、小柏、冬瓜仁、松香、椿根白皮、鹿角、鹿茸、鹿血、猪肾、乌骨鸡、丹雄鸡、鸡内金、雀肉、鲎尾、蚌壳、文蛤、海蛤、鲍鱼(并主漏下崩中。)毛蟹壳(崩中腹痛,烧研,饮服。)牡蛎(崩中及月水不止,煅研,艾煎醋膏,丸服。)鳖甲(漏下五色,醋炙研,酒服;同干姜、诃黎勒,丸服。)紫矿(经水不止,末服。)鳔胶(崩中赤白,焙研,鸡子煎饼食,酒下。)阿胶(月水不止,炒焦,酒服,和血滋阴。)羊肉(崩中垂死,煮归、芐、干姜服。)

【止涩】棕灰(酒服。)莲房(经不止,烧研,酒服;血崩,同荆芥烧服;产后崩,同香附烧服。)败瓢(同莲房,烧服。)丝瓜(同棕烧服。)木耳(炒黑,同发灰服,取汗。)桑耳(烧黑,水服。)槐耳(烧服。)乌梅(烧服。)梅叶(同棕灰服。)荷叶(烧服。)桃核(烧服。)胡桃(十五个,烧研,酒服。壳亦可。)甜杏仁黄皮(烧服。)皂荚(一岁一个,烧研,酒服。)漆器灰(同棕灰服。)故绵(同发烧服。)败蒲席灰(酒服。)木芙蓉花(经血不止,同莲房灰,饮服。)槐枝灰(赤白崩,酒服。)幞头灰(水服。)白纸灰(酒服。)蚕蜕纸灰(同槐子末服。)百草霜(狗胆汁服。)松烟墨(漏下五色,水服。)乌龙尾(月水不止,炒,同荆芥末服。)绵花子(血崩如泉,烧存性,酒服三钱。)贯众(煎酒。)丁香(煎酒。)地榆(月经不止,血崩,漏下赤白,煎醋服。)三七(酒服。)地锦(酒服。)木贼(崩中赤白,月水不断,同当归、芎䓖服;漏血不止,五钱,煎水服;血崩气痛,同香附、朴硝,末服。)石花(同细茶、漆器末,酒服。)桑花(煎水。)翻白草(擂酒。)醍醐菜(杵汁,煎酒。)夏枯草(研末,饮服。)桂心(煅研,饮服二钱。)何首乌(同甘草,煮酒服。)枎杨皮(同牡丹、升麻、牡蛎,煎酒,止白崩。)橡斗壳、金樱根、榴皮(根同。)鬼箭羽、城东腐木、石胆、代赭石、白垩土、玄精石、硇砂、五色石脂、太乙余粮(并主赤沃崩中,漏下不止。)赤石脂(月水过多,同补骨脂末,米饮服二钱。)禹余粮(崩中漏下五色,同赤石脂、牡蛎、乌贼骨、伏龙肝、桂心,末服。)伏龙肝(漏下,同阿胶、蚕砂末,酒服。)五灵脂(血崩不止,及经水过多,半生半炒,酒服,能行血止血;为末熬膏,入神曲,丸服;烧存性,铁锤烧淬酒服。)鹊巢(积年漏下,烧研,酒服。)牛角鳃(烧研,酒服。)羊胫骨(月水不止,煅,入棕灰,酒服。)狗头骨(血崩,烧研,糊丸,酒服。)乌驴屎(血崩,及月水不止,烧研,糊丸,酒服。)乌驴皮、羖羊角(烧。)马悬蹄(煅。)马鬐毛及尾(烧。)牛骨及蹄甲(煅。)孔雀屎(煅。)龙骨(煅。)鼍甲(煅。)海螵蛸、鲤鱼鳞(并主崩中下血,漏下五色。)

胎前

（子烦，胎啼）

【安胎】黄芩（同白术，为安胎清热圣药。）白术（同枳壳丸服，束胎易生。）续断（三月孕，防胎堕，同杜仲，丸服。）益母草（子同。胎前宜熬膏服。）丹参（安生胎，落死胎。）青竹茹（八、九月伤动作痛，煎酒服。）竹沥（因交接动胎，饮一升。）白药子（胎热不安，同白芷末服。）黄连（因惊胎动出血，酒饮。）知母（月未足，腹痛如欲产状，丸服。）枳壳（腹痛，同黄芩煎服。同甘草、白术丸服，令胎瘦易生也。）大枣（腹痛，烧研，小便服。）缩砂仁（行气止痛。胎气伤动，痛不可忍，炒研，酒服；子痫昏瞀，炒黑，酒下。）香附子（安胎顺气，为末，紫苏汤服，名铁罩散；恶阻，同藿香、甘草末，入盐汤服。）槟榔（胎动下血，葱汤服末。）益智子（漏胎下血，同缩砂末，汤服。）大腹皮、榉皮、陈橘皮、藿香、木香、紫苏（并行气安胎。）芎䓖（损动胎气，酒服二钱。亦可验胎有无。）当归（妊娠伤动，或子死腹中。服此，未损即安；已损即下。同芎䓖末，水煎服；堕胎下血，同葱白煎服。）朱砂（上症，用末一钱，鸡子白三枚，和服。未死，安；已死，出。）葱白（下血抢心困笃，浓煎服。未死，安；已死，出。）薤白（同当归煎服。）艾叶（妊娠下血，半产下血，仲景胶艾汤主之；胎动心痛腰张，或下血，或子死腹中，煮酒服；胎迫心，煮醋服。）阿胶（胎动下血，葱豉汤化服；葱、艾，同煎服；尿血，饮服；血痢，大便血，煎服。）黄明胶（酒服。）秦艽（同甘草、白胶、糯米，煎服。同阿胶、艾叶，煎服。）木贼（同川芎末，煎服。）生地黄（捣汁，或末，或渍酒，或煮鸡子。）桑寄生（同阿胶、艾叶煎。）酱豆（炒研，酒服。）赤小豆芽（酒服，日三。亦治漏胎。）桃枭（烧服。）莲房（烧服。）百草霜（同棕灰、伏龙肝、童尿，酒服。）鸡子（二枚，生，和白粉食。）鹿角（同当归煎服；腰痛，烧投酒中七次，饮。）生银（煎水，或同苎根，煎酒服。）代赭石、鹿茸、麋角、黑雌鸡、豉汁、大蓟、蒲黄、蒲蒻、卖子木（并止血安胎。）菖蒲（半产下血不止，捣汁服。）荷鼻（胎动见黄水，一个，烧研，糯米汤服。）糯米（胎动下黄水，同黄芪、芎势，煎服。）秫米（同上。）粳米（同上。）蜜蜡（下血欲死，一两，化投酒半升服，立止。）熟地黄（漏胎不止，血尽则胎死，同生地黄末，白术汤服；腹痛脉虚，同当归丸服。）苎根（同银煎服。）葵根（烧灰，酒服。）五倍子（酒服。）鸡卵黄（酒煮，日食。）鸡肝（切，和酒食。）龙骨、铁秤锤（并主漏胎，下血不止。）人参、黄芪（胎前诸虚。）[外治]弩弦（胎动上膈，系腰立下。）蛇蜕（胎动欲产，袋盛系腰下。）伏龙肝（研水服。）井底泥、犬尿泥（并主妊娠伤寒，涂腹护胎。）嫩卷荷叶（孕妇伤寒，同蚌粉涂腹，并服之。）

【子烦】竹沥（胎气上冲，烦躁，日频饮之。）葡萄（煎服。擂汁亦佳。）黄连（酒服一钱。）知母（枣肉丸服。）生银（同葱白、阿胶煎服。）蟹爪（煎服。）

【胎啼】黄连(腹中儿哭,煎汁常呷。)

产难

【催生】香附子(九月、十月服此,永无惊恐;同缩砂、甘草,末服,名福胎饮。)人参(横生倒产,同乳香、丹砂,以鸡子白、姜汁调服,子母俱安。)白芷(煎服。或同百草霜,童尿、醋汤服。)益母草(难产及子死,捣汁服。)蒺藜子(同贝母末服,催生坠胎,下胞衣。)贝母(末服。)麻子仁(倒产,吞二七枚。)黄麻根(煮服,催生破血,下胞衣。)盐豉(烧研,酒服。)皂荚子(吞二枚。)柞木皮(同甘草煎服。)乳香(丸服,末服。同丁香、兔胆,丸服。)龙脑(新汲水服少许,立下。)凤仙子(水吞。)山楂核(吞。)桃仁(吞。)牛屎中大豆(吞。)槐实(内热难产,吞之。)春杵糠(烧服。)柑橘瓤(烧服。)莲花、胡麻、赤石脂、代赭石、禹余粮、石蟹、蛇黄(煮。)鳔胶(烧。)蛟髓、白鸡距(烧,和酒服。)白雄鸡毛(同上。)鸡子白(生吞一枚。)乌鸡冠血、兔血(同乳香末服。)兔脑(同乳香,丸服。头同。)兔皮毛(血上攻心,烧末酒服。)败笔头灰(藕汁服。)鼠灰(酒服。)骡蹄灰(入麝,酒服。)麝香(水服一钱,即下。)羚羊角尖(刮末,酒服。)狗毛灰(酒服。)白狗血(血上攻心,酒服。)猪心血(和乳香、丹砂,丸服。)真珠(酒服一两,即下。)鳖甲(烧末,酒服。)龟甲(烧末,酒服。矮小女子,交骨不开,同发灰、川芎、当归,酒服。)生龟(临月佩之;临时烧服。)海马、文鳐鱼(并同。)本妇爪甲(烧末,酒服。)人尿(煎服。)蚕蜕纸灰(同蛇蜕灰,酒服。)土蜂窠(泡汤服。)弹丸(酒服一钱。)松烟墨(水服。)芒硝(童尿、酒服。)云母粉(酒服半两,入口即产。)诸铁器(烧赤淬酒。)布针(二七个,烧淬酒。)铁镬锈(同白芷、童尿,入醋服。)马衔(煮汁服,并持之。)铜弩(牙。)古文钱(并淬酒。)铳楔灰(酒服。)箭杆(同弓弦烧,酒服。)弓弩弦(煮汁,或烧灰服。)凿柄木灰(酒服。)破草鞋灰(酒服。)簸箕(淋水服。)车脂(吞二豆许。)夫裩带(烧五寸,酒服。)钟馗左脚(烧末,水服。并主产难,及胞衣不下。)蛇蜕(横生逆产,胎衣不下,炒焦酒服;泡汤浴产门;同蝉蜕、头发,烧研,酒服。)鹿粪(经日不产,干、湿各三钱,为末,姜汤下。)猪膏(化酒,多饮。)五灵脂(半生半炒,酒服。)牛膝(酒煎。)地黄(汁,和酢服。)洗儿汤(饮。)井底泥(水服。)灶突后黑土(酒服。并下胎衣。)金箔(七片,磨汤服。)

【滑胎】榆白皮(末。)牵牛子(末服。并临月服之,滑胎易产。)冬葵子(末服;同牛膝煎服。根同。)葵花(横生倒产,酒服。)黄葵子(汤服。)车前子(酒服。或同菟丝子。)蜀黍根(酒服。)赤小豆(吞之,或煮服;生研,水服,治产后月闭。)马槟榔(细嚼数枚,井水下。)当归(同芎末、大豆,童尿、流水煎服。)慈菇(汁,服一升。)瞿麦(煮汁。)酸浆子(吞。)木通、通草、泽泻、预知子、水松、马齿苋、黄杨叶、海带、麦蘖、滑石、浆水(并主产难,横生逆生,胎衣不下。)蜂蜜(横生难产,同麻油各半碗服,立下。)蒲黄(日月未足欲产,及胞衣不下,并水服二钱;同地龙、橘皮末服,甚妙。)[外治]蓖麻仁(捣,贴足心。)本妇鞋(炙,熨腹下。)蚯蛭土(炒,拓心下。)牛屎(热,涂腹上。并主产难,下生胎、死胎、胞衣。)食盐(涂儿足,并母腹。)釜下墨(画儿足。并主逆生。)磨刀水(盘肠产,摩肠上,内服磁石汤。)赤马皮(临产坐之。)马衔、郎君子、飞生、石燕(并临时把之。)厕筹(烧烟,催生。)女中衣(覆井上,下胎衣。)乳发(胎衣不下,撩母口中。)市门土(八月带之。临产酒服一钱,易产。)海马、文鳐鱼、獭皮、生龟(并临月佩之。)

【胎死】当归(同芎末,大豆、童尿、流水煎服。)丹参(末。)黄葵子(末。)瞿麦(煎。)益母草(汁。)贝母(末,酒服。)鬼臼(煎酒。)红花(煎酒。)大麦蘖(煎水。)麦曲(煎水,磨胎。)紫金藤、苦瓠(灰。)雀麦(煎水。)大豆(煎醋。)胡麻油(和蜜。)肉桂(童尿、酒服末。)榆白皮(末。)皂荚刺灰(酒服。)木莓根皮(破血。)炊蔽灰(水服。)松烟墨(水服。)蓖麻子(四枚,同巴豆三枚,入麝香,贴脐。)伏龙肝(酒服,仍贴脐下。)水银(吞二两,即下。)胡粉(水服。)硇砂(同当归酒服。)丹砂(水煮过,研末酒服。)斑蝥(一个,烧末,水服。)蟹爪(同甘草、阿胶,煎服。)夜明砂灰(酒服。)乌鸡(煮汁服,仍摩脐下。)鸡卵黄(和姜汁服。)雌鸡屎(三七枚,煎水,煮米粥食。)鹿角屑(葱汤服。)羊血(热饮。)人尿(煎服。并下死胎及胎衣。)

【堕生胎】附子(堕胎,为百药长。)天雄、乌喙、侧子、半夏、天南星、延胡索、补骨脂、莽草、商陆、瞿麦、牛膝、羊踯躅、土瓜根、薏苡根、茜根、蒺藜、红花、茅根、鬼箭羽、牡丹皮、大麦蘖、麦曲、蔄茹、大戟、薇衔、黑牵牛、三棱、野葛、藜芦、干姜、桂心、皂荚、干漆、槐实、巴豆、棁根、衣鱼、蝼蛄、虻虫、水蛭、虫、蛴螬、蚱蝉、斑蝥、芫青、地胆、蜈蚣、蛇蜕、石蚕、马刀、飞生、亭长、蜥蜴、蟹爪(同桂心、瞿麦、牛膝为末,煎酒服。)鸡卵白(三家卵,三家盐,三家水,和服。)麝香(同桂心。)石蟹、硇砂、水银、胡粉、琉璃瓶(研末,黄酒服。)雄黄、雌黄、朴硝、代赭、牛黄、茶汤(入沙糖少许,露一夜,胎至三月亦下也。)安息香(下鬼胎。)芫花根(下鬼胎症块,研末一钱,桃仁汤下。内产户,下胎。)土牛膝根(染麝香,内产户,下胎。)苦实把豆儿(同上。)

产后

【补虚活血】人参(血晕,同紫苏、童尿,煎酒服;不语,同石菖蒲,石莲肉煎服;发喘,苏木汤服末二钱;秘塞,同麻仁、枳壳,丸服;诸虚,同当归、猪肾煮食。)当归(血痛,同干姜末服;自汗,同黄芪、白芍药,煎服。)蒲黄(血晕、血症、血烦、血痛,胞衣不下,并水服二钱。或煎服。)苏木(血晕、血胀、血噤,及气喘欲死,并煎服。)黄芪(产后一切病。)杜仲(诸病,枣肉丸服。)泽兰(产后百病。根,作菜食。)益母草(熬膏,主胎前、产后诸病。)茺蔚子(同上。)地黄(酿酒,治产后百病。酒服,下恶血。)桃仁(煮酒。)薤白、何首乌(并主产后诸疾。)麻子仁(浸酒,去瘀血,产后余疾。)玄参、蜀椒、蚺蛇膏、蛏、淡菜、阿胶(并主产乳余疾。)童尿(和酒,通治产后恶血诸疾。)羊肉(利产妇字乳余疾。腹痛虚弱,腹痛厥逆,同归、芍、甘草,水煎服。)羊脂(上症,同地黄、姜汁,煎食。)黄雌鸡(产后宜食。或同百合、粳米,煮食。)黑雌鸡(同上。)狗头(产后血奔入四肢,煮食。)繁缕(破血,产妇宜食之,或酒炒,或绞汁,或醋糊丸服。)马齿苋(破血,止产后虚汗及血痢。)芸苔子(行滞血,治产后一切心腹痛。)

【血晕】红花(煮酒服,下恶血、胎衣。)茜根(煎水。)红曲(擂酒。)神曲(炒研,汤服。)虎杖(煎水。)夏枯草(汁。)松烟墨(磨醋。)白纸灰(酒服。)鳔胶(烧末,童尿、酒服。)鸡子(生吞一枚。产妇血一枣大,和醋服之。)接骨木(血晕烦热,煎服。)续断(血晕寒热,心下硬,煎服。)红药子(血晕腹胀厥逆,同红花煎服。)百合(血晕狂言。)香附子(血晕狂言,生研,姜、枣煎服。)漆器(烧烟熏。)米醋(煅炭淬熏。韭菜,沃熏。)

【血气痛】丹参(破宿血,生新血。)败芒箔(止好血,去恶血,煮酒服。)三七(酒服。)芎䓖、三棱、莪术、甘蕉根、延胡索(酒服。)鸡冠花(煎酒。)大黄(醋丸。)虎杖(水煎。)蘩菜、蒴藋(水煎。)红蓝花(酒煎。)赤小豆、羊蹄实、败酱、牛膝、红曲(擂酒。)槐耳(酒服。)姜黄(同桂,酒服。)郁金(烧研,醋服。)莲薏(生研,饮服。)生姜(水煎。)三岁陈枣核(烧。)山楂(水煎。)秦椒、桂心(酒服。)天竺桂、椶木(水煎。)质汗、芫花(同当归末服。)榈木(水煎。)庵䕡(苗或子,童尿、酒煎。)刘寄奴(煎或末。)天仙藤(炒研,童尿、酒服。)没药(同血竭、童尿、酒。)慈菇(汁,服一升,主血闷攻心欲死。)荷叶(炒香,童尿服。)枳实(同酒炒芍药,煎服。)石刺木(煎汁。)紫荆皮(醋糊丸服。)鬼箭羽(同当归、红花煎。或同四物汤。)琥珀(入丸、散。)茱萸根白皮、升麻(煎酒。)麻黄(煎酒。)布(包盐煅服。)釜下墨(酒服。)伏龙肝(酒服立下。)户限下土(酒服。)自然铜(煅,淬醋饮之。)铁斧(烧,淬酒饮。)铁秤锤(同上。)石琅玕(磨水。)乌金石(烧赤淬酒,同煅过寒水石,末服。)姜石(同代赭石丸服。)蟹爪(酒、醋煎服。血不下,煮蟹食之。)鸡子白(醋吞一枚。)羊血(血闷欲绝,热饮一升。)鹿角(烧末,豉汁服。)羚羊角(烧末,酒服。)海马、白僵蚕、五灵脂、伏翼、龙胎、兔头(炙热,摩腹痛。)干漆(产后青肿疼痛,及血气水疾,同麦芽煅研,酒服。)

【下血过多】贯众(心腹痛,醋炙,研末服。)艾叶(血不止,同老姜煎服,立止;感寒腹痛,焙,熨脐上。)紫菀(水服。)石菖蒲(煎酒。)槠木皮(煎水。)椿白皮、桑白皮(炙,煎水。)百草霜(同白芷,末服。)乌毡皮(酒服。并止血。)鳝鱼(宜食。)凌霄花(并主产后恶漏淋沥。)旋覆花(同葱煎服。)紫背金盘(酒服。)小蓟(同益母草煎服。)代赭石(地黄汁和服。)松烟墨(煅研酒服。并主堕胎下血不止。)

【风痉】荆芥(产后中风,痉直口噤,寒热,不识人,水煎,入童尿、酒服。或加当归。)白术(同泽泻煮服。)羌活(研末,水煎。)黑大豆(炒焦冲酒。)穞豆(同上。)鸡屎(炒焦,冲酒。)白藓皮(余痛,中风,水煎服。)竹沥、地榆(并主产乳痉疾。)鸡苏(产后中风,恶血不止,煎服。)井泉石(产后搦搐。)鹿肉(产后风虚邪僻。)

【寒热】柴胡、白马通灰(水服。)羖羊角灰(酒服。并主产后寒热闷胀。)苦参

（主产后烦热。）甘竹根（烦热，煮汁。）松花（壮热，同芎、归、蒲黄、红花、石膏，煎服。）知母、猪肾（煮食。）狗肾（煮食。并主产后蓐劳寒热。）

【血渴】黄芩（产后血渴，同麦门冬煎服。）紫葛（烦渴，煎呷。）芋根（产妇宜食之，破血。饮汁，止渴。）[咳逆]石莲子（产后咳逆，呕吐心忡，同茯苓、丁香末，米饮服。）壁钱窠（产后咳逆，三五日欲死，煎汁呷之。）

【下乳汁】母猪蹄（同通草煮食，饮汁。）牛鼻（作羹食，不过三日，乳大下。）羊肉（作臛食。）鹿肉（作臛食。）鼠肉（作羹臛食。）死鼠（烧末，酒服。）鲤鱼（烧，服二钱。鳞灰亦可。）鲍鱼汁（同麻仁、葱豉，煮羹食。）虾汁（煮汁或羹。）胡麻（炒研，入盐食。）麻子仁（煮汁。）赤小豆（煮汁。）豌豆（煮汁。）丝瓜（烧存性，研，酒服取汗。）莴苣（煎汁服。子，研，酒服。）白苣（同上。）木馒头（同猪蹄煮食。）通草（同上。）贝母（同知母、牡蛎粉，以猪蹄汤日服。）土瓜根（研末，酒服，日二。）栝蒌根（烧研酒服，或酒、水煎服。）栝蒌子（炒研，酒服二钱。）胡荽（煮汁或酒。）蘩缕、泽泻、细辛、殷蘖（并下乳汁。）石钟乳粉（漏芦汤调服一钱，乳下止。）石膏（煮汁服。）王不留行（通血脉，下乳汁之神品也。）穿山甲（炮研，酒服二钱，名涌泉散。）蜜蜂子（炒治食。）漏芦、飞廉、荆三棱（并煎水洗乳。）

【回乳】神曲（产后无子饮乳，欲回转者，炒研，酒服二钱，此李濒湖自制神方也。）大麦蘖（炒研，白汤服二钱。）缴脚布（勒乳一夜，即回。）

【断产】零陵香（酒服二钱，尽一两，绝孕。）薇衔（食之令人绝孕。）凤仙子（产后吞之，即不受胎。）玉簪花根（产后，同凤仙子、紫葳、丹砂作丸服，不复孕。）马槟榔（经水后，常嚼二枚，井水下，久则子宫冷不孕也。）白面（每经行后，以一升浸酒，三日服尽。）印纸灰（产后，以水服二钱，令人断产。）水银、黑铅（并冷子宫。）牛膝、麝香、凌霄花

阴病

【阴寒】吴茱萸（同椒。）丁香、蛇床子（并塞。）硫黄（煎洗。）

【阴吹】乱发（妇人胃气下泄，阴吹甚喧，宜猪膏煎乱发化服，病从小便出。）

【阴肿痛】白蔹、白垩土（并主女阴肿痛。）肉苁蓉、牛膝（煮酒服。）蛇床子（洗。）卷柏（洗。）枸杞根（洗。）诃黎勒（和蜡烧熏。）枳实（炒煎。）炒盐（熨。并主女人阴痛。）黄芪（主妇人子脏风邪气。）防风（得当归、芍药、阳起石，主妇人子脏风。）黄连、菊苗、羌活、白芷、藁本、荜茇、白藓皮、地锦、干漆、槐实、阳起石（并主女人疝瘕痛。）蜀羊泉（女人阴中内伤，皮间实积。）泽兰（洗。）大豆（和饭杵纳。）桃仁（烧敷。并主产后阴肿。）青布灰（同发灰服。）五倍子（末敷并主交接后血出不止。）

白蔹

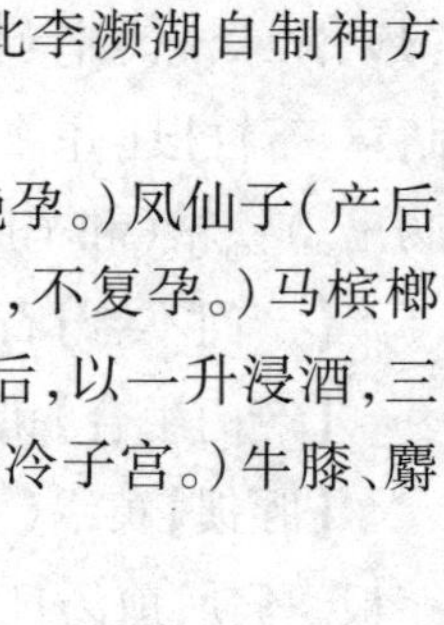

【阴痒、阴蚀】蛇床子、小蓟，狼牙、瞿麦、荆芥（同牙皂、墙头腐草，煎洗。）五加皮、槐白皮、槐耳、桑耳、芜荑、胡麻、枸杞根、椿白皮（同落雁木煎汤。）城东腐木、猪胆（并煎汤，熏洗。）鲤鱼骨、桃仁（并烧烟熏。）桃叶（杵。）杏仁（烧研。）羊蹄根（末，和鲤鱼脑。）鳗鲡、雄鸡肝、猪肝、羊肝、狗阴茎、狐阴茎（并捣内阴中，主阴痒、阴蚀有虫。）石胆、黑石脂、孔公蘖、土殷蘖、白矾、硫黄、龟甲（烧。）鲫胆（骨灰同。）鲤骨（灰。）鸡子（同光粉炒。）乌鲗骨（并主女人阴痒、阴蚀、阴疮。）箭笥、针线袋（并主产后肠痒，密安席下。）

【阴脱】土瓜根（妇人阴癞，同桂枝、芍药、䗪虫为末，酒服。）磁石（子宫不收，名瘣疾，煅，酒淬丸服。）穿山甲（妇人阴癞，硬如卵状，炙研酒服。）升麻、柴胡（并升提。）羌活（煎酒服。）枯矾（阴脱作痒，酒服，日三。）车脂（煮酒。）景天（酒服。）鳖头灰（水服。）人屎（炒赤，酒服，日三。）狐阴茎（并主产后子肠脱下。）蓖麻子（贴顶心及脐。）蝎（吹鼻。）半夏（生产，子肠先下，产后不收，以末嗃鼻则上。）白芨（同乌头末，纳之。）铁炉中紫尘（同羊脂熨纳之。）茄根灰（纳之。）铁胤粉（同龙脑少许，研水刷之。）羊脂（频涂。）鲫鱼头（烧敷。）兔头（烧敷。）五倍子（矾汤洗后敷之。）石灰（炒，淬水洗。）皂荚根皮、子（同楝皮、石莲子，煎汤熏洗。）蛇床子、老鸦蒜、老鸦眼睛草、篁竹根（并煎水，熏洗。）胡麻油（煎热熏洗；皂角末，吹鼻。）枳壳（煎，浴产后肠出。）铁精（和羊脂炙熨。）五灵脂、白鸡翎、鼠屎（并烧烟熏。）

【产门不合】石灰（炒热，淬水洗。）

【产门生合】铅（作铤，日纴。）石灰（铜钱割开，敷之，止血。）

【脬损】黄绢（女人交接及生产损脬，小便淋沥不断，以炭灰淋汁煮烂，入蜜蜡、茅根、马勃，煎汤日服。一同白牡丹皮、白芨末，水煎日服。）

小儿初生诸病

（沐浴、解毒、便闭、无皮、不啼、不乳、吐乳、目闭、血眼、肾缩、解颅、囟陷、囟肿、项软、龟背、语迟、行迟、流涎、夜啼、脐肿、脐风）

【沐浴】猪胆、黄连、梅叶（同桃、李叶。）益母草、虎骨（并煎汤，浴儿，不生疮、疥诸病。）轻粉（浴讫，以少许摩身，不畏风，又解诸毒。）

【解毒】甘草（汁。）韭汁（并灌少许，吐出恶水、恶血，永无诸疾。）豆豉（浓煎，喂三、五口，胎毒自散。）胡麻（生嚼，绢包与咂，其毒自下。）粟米粥（日嚼少许，助谷神。）朱砂（蜜和豆许。）牛黄（蜜和豆许。）黄连（灌一匙。并解胎毒及痘毒。）脐带（初生下三日，以本带烧灰，乳服，可免痘患。）

【便闭】胡麻油（初生大小便不通，入芒硝少许，煎沸，徐灌即通。）甘草（同枳壳，煎水灌。）葱白（尿不通，煎乳灌之。）轻粉（先咂胸、背、手、足心并脐七处，以蜜化三分，与服即通。）

【无皮】白米粉、车辇土、密陀僧（初生无皮，并扑之，三日即生。）

【不啼】冷水（灌少许，外以葱鞭之。）

【不乳】水银（吞米粒大，下咽即乳，咽中有物如麻子也。）凌霄花（百日儿忽不乳，同蓝汁、硝、黄，丸服。）

【吐乳】蓬莪术（同绿豆煎乳，调牛黄服。）籧篨（同牛黄、食盐少许，煎人乳服。）

【目闭】甘草（月内目闭不开，或肿涩，或出血，名慢肝风，猪胆汁炙，研末灌之。）苍术（上症，用二钱，入猪胆汁中，煮热熏之；嚼汁，哺之。）芎䓖（小儿好闭目，或赤肿，脑热也，同朴硝、薄荷末，吹鼻中。）熊胆蒸水频点之。内服，四物加天花粉、甘草。）

【血眼】杏仁（嚼，乳汁点之。）

【肾缩】吴茱萸（同大蒜、硫黄涂其腹，仍用蛇床子烧烟，熏之。）

【解颅】防风（同白芨、柏子仁末，乳和。）天南星（醋和。）漆花、楸榆皮、蟹螯灰（同白芨末。）鼠脑、猪颊车髓、黄狗头（炙研，鸡子白和。）驴头骨及悬蹄灰（油和，并日涂。）丹雄鸡冠血（滴上，以赤芍末粉之。）

【囟陷】乌鸡骨（同地黄末服。）乌头（同附子、雄黄末贴。）半夏（涂足心。）

【囟肿】黄檗（水和，贴足心。）

【项软】附子（同南星贴。）蓖麻子（病后天柱骨倒，同木鳖子仁贴之。）

【龟背】红内消（龟尿调涂，久久自愈。）

【语迟】百舌鸟（炙食。）伯劳踏枝（鞭之。）

【行迟】五加皮（同木瓜末服。）木占斯

【流涎】半夏（同皂荚子仁，姜汁丸服。）牛噍草（服。）鹿角（末，米饮服。）白羊屎（频纳口中。）东行牛涎（涂。）桑白皮汁（涂。）天南星（水调贴足。）

【夜啼】[内治]当归（胎寒好啼，日夜不止，焙研，乳和灌。）前胡（蜜丸服。）刘寄奴（同地龙为末服。）伏龙肝（丹砂、麝香丸服。）灯花（抹乳头，吮。）胡粉（水服三豆。）硫黄（同黄丹煅，埋过，丸服。）白花蛇睛（研，竹沥灌。）虎睛（研，竹沥灌。）牛黄（乳汁化豆许灌。）狼屎中骨（烧灰，水服。或加豺皮灰。）缚猪绳灰（水服。）巴豆（时珍曰：小儿夜啼，多是停乳腹痛，余每以蜡匮巴豆药一二丸，服之，屡效。）[外治]牵牛子、五倍子、牛蹄甲、马蹄、马骨（并贴脐。）狗毛（绛袋盛，系儿臂。）鸡屎（浴儿，并服少许。）猪窠草、鸡窠草、井口边草、白雄鸡翎、牛屎（并密安席下。）土拨鼠头骨、烧尸场土（并安枕旁。）仙人杖（安身畔。）树孔中草（著户中。）古榇板（点灯照之。）

【脐肿】荆芥（煎汤洗后，煨葱贴之，即消。）桂心（炙熨。）东壁土、伏龙肝、白石脂、枯矾、车脂、龙骨、海螵蛸、猪颊车髓（同杏仁捣。）脐带灰（同当归、麝。）油发灰、当归、甑带灰、绯帛灰、锦灰、绵灰（并敷脐湿或肿。）

【脐风】独蒜（安脐上，灸至口出蒜气，仍以汁嗃鼻。）盐豉（贴脐灸之。）枣猫（同诸药贴，灸。）鲫鱼（先以艾灸人中、承浆，烧研酒服。）全蝎（酒炙研，入麝服。）白僵蚕（二枚，炒研，蜜服。）守宫（以丹砂养赤，为末，薄荷汤服。）猴屎（烧研，蜜服。）牛黄（竹沥化服。）白牛屎（涂口中。）鸡屎白（口噤，面赤属心，白属肺，酒研，或水煮汁服。）猪脂（百日内噤风，口中有物如蜗牛、白虫者，擦之令消。）驴毛（入麝炒焦，乳汁和服。）乌驴乳、猪乳、牛涎、牛龄草汁、大豆黄卷汁（并，灌之。）［草部］钩藤（同甘草煎服。）夜合花枝（煮汁，拭小儿撮口。）葛蔓（烧灰，点咽。）天浆子（同僵蚕、轻粉灌之；同蜈蚣烧，服。）甘草（浓煎。）蛇莓汁（并灌之，吐痰涎。）

惊痫

（有阴阳二症。）

【阳症】黄连（平肝胆心风热。）羌活、龙胆草、青黛、金银薄、铁粉、剪刀股、马衔铁精、铜镜鼻、雄黄、代赭石、鳖甲、鲮鲤甲、全蝎、守宫、龙骨（齿、脑、角同。）真珠、牡蛎粉、蛇蜕、白花蛇、乌蛇、伏翼，五灵脂、牛胆、牛黄（竹沥化服。）驼黄、野猪黄、熊胆、鲊答、羚羊角、（狐肝、胆）、蛇黄（并平肝风，定惊痫。）甘草（泄心火，补元气。煎汁吐撮口风痰。）钩藤（同甘草煎服，主小儿寒热，十二惊痫，胎风。）丹砂（色赤入心，安神除热。月内惊风欲死，涂五心。惊热多啼，同牛黄服。客忤卒死，同蜜服。惊忤不语，血入心窍，猪心血丸服。急惊搐搦，同天南星、全蝎末服。）芦荟、龙脑（引经。）石菖蒲、柏子仁、茯神、茯苓、牡丹皮、琥珀、荆沥、淡竹沥、淡竹叶、竹茹、木通、天竹黄、铅霜、黄丹、紫石英、菩萨石、玳瑁、象牙、犀角（磨汁服。）天浆子（研汁服。同全蝎、丹砂丸。）田螺（并主心经痰热惊痫。）腊雪（止儿热啼。）油发灰（乳服，止儿惊啼。）发髲（合鸡子黄煎，消为水服，主小儿惊热百病。）月经（惊痫发热，和青黛水服二钱，入口即定。）黄芩（肺虚惊啼，同人参末服。）桔梗、薄荷、荆芥、防风、藁本、紫菀、款冬花（并主惊痫，上焦风热。）桑根白皮（汁。）细辛，驴乳、驴毛、牛鼻津、白狗屎、马屎中粟（并主客忤惊热。）磁石（炼汁。）地黄、玄石（并主养肾定惊。）乳香（同没药服。）阿魏（同炮蒜丸服，并主盘肠痛惊。）半夏、天南星、枳壳、杏仁、神曲、僵蚕，青礞石、金牙石、白矾、石绿、石油、水银、粉霜、轻粉、银朱、雷墨（并主惊痫，风痰热痰。）薇衔、女萎、女菀、莽草、芜荑、白藓皮、蜀羊泉、鲤鱼脂，蜂房、鹳屎、鸭血、鸡子、雄鸡血、鸡冠血、鸡屎白、猪心、猪卵、猬皮(灰。)虎睛(魄、鼻、爪并同。)猴头骨、狗屎(屎中骨同。)(六畜毛、蹄甲)、牛拳木(煎服。)车脂(纳口中。)胡燕窠土(并主惊痫。)蜥蜴(同蜈蚣、螳螂嗃鼻,定搐。)蓝叶(同凝水石敷头上。)厕筹(烧贴囟,治惊窜。)白玉(同寒水石涂足心,止惊啼。)老鸦蒜(同车前子末,水调贴手足心,主急惊。)牡鼠(煎油,摩惊痫。)黄土(熨惊风遍身乌色。)灯火(焠。)李叶、榆叶、马绊绳(并煎水浴。)安息香(烧之,辟惊。)鹅毛、雁毛(并主小儿辟惊痫。)

【阴症】黄芪、人参(同黄芪、甘草,治小儿胃虚而成慢惊,乃泄火补金、益土平木之神品。)天麻(定风神药。)天南星(慢惊,同天麻、麝香服,或丸服,坠痰。暑毒入心,昏迷搐搦,同白附子、半夏生研,猪胆丸服。)附子(慢惊,同全蝎煎服。尖,吐风痰。吹鼻,治脐风。)乌头(同上。)蜀椒(同牡蛎煎醋服。)胡椒(慢脾风,同丁香、羊屎末服。)蚤休(惊痫,摇头弄舌,热在腹中。慢惊带阳症,同栝蒌根末服。)乌药(磨汤服。)开元钱(慢脾惊风,利痰奇妙,以一个烧出珠子,研末,木香汤下。)骐𬴂竭(同乳香丸服。)麻黄(吐泄后慢惊脾风,同白术、全蝎、薄荷末服。)桂心(平肝。)焰硝、硫黄(金液丹。)升麻、远志、蛇床子、缩砂、曼陀罗花(并主慢惊阴痫。)羊肉(头、蹄、头骨并同。)羊乳、鹿茸、马阴茎及鬐毛(并主阴痫。)独头蒜(灸脐及汁嗃鼻。)芸苔子(同川乌末,涂顶。)

诸疳

(虚热有虫)

黄连(猪肚蒸丸,治疳杀虫;小儿食土,以汁拌土,晒与之。)胡黄连(主骨蒸疳痢。潮热,同柴胡服;疳热肚胀,同五灵脂,丸服;肥热疳,同黄连、朱砂,安猪胆内煮熟,入芦荟、麝香丸服。)青黛(水服,主疳热疳痢,杀虫。)使君子(主五疳虚热,杀虫健脾胃,治小儿百病。)芦荟(上症,同使君子丸服。)大黄(熬膏、丸服,主无辜闪癖瘰疬。)黑牵牛(疳气浮肿,同白牵牛半生半炒、陈皮、青皮等分,丸服。)橘皮(疳瘦,同黄连、麝香、猪胆丸服。)楝实(五疳,同川芎、猪胆丸服。)轻粉(吃泥肚大,沙糖丸服。)绿矾(疳气,火煅醋淬,枣肉丸服。)蚕蛹(煮食,治疳气,退热杀虫。)白僵蚕(久疳,天柱骨倒,炒研,薄荷汤每服半钱。)粪蛆(主一切疳,研末,麝香汤服。或入甘草末。或烧灰拌食物。蛤蟆生蛆尤妙)蜘蛛(烧啖,主大腹疳。)夜明砂(一切疳病,研末,猪肉汁服,取下胎毒。无辜疳,末拌饭食之。魃病,绛袋佩之。)五灵脂(五疳潮热有虫,同胡黄连、猪胆丸服。)野猪黄(水研日服。胆同。)牡鼠(炙食,主寒热诸疳。作羹,甚瘦人。哺露大腹,炙食之。)鼠屎(疳病大腹,同葱、豉煎服。)柴胡、前胡、甜瓜叶、阿勃勒(并主疳热。)萹蓄(魃病。)漏芦(煮猪肝食。)苦耽、离鬲草、白矾(并主无辜疳疾。)益母草(煮粥。)樗根皮(丸服。)胡粉(同鸡子。)獾肉、鹑(并主疳痢。)葛勒蔓(疳痢,吹肛。)鹈鹕觜(久痢成疳,烧末水服。)蔷薇根、芜荑、羊蹄根、虎胆、熊胆、猪胆(并杀疳虫。)蚺蛇胆(灌鼻,治脑疳。灌肛,治疳痢。)鲫鱼胆(灌鼻,治脑疳。)白棘针(同瓜丁研末,嗜鼻,主诸疳。)菖蒲、冬瓜、柳枝及白皮、郁李根、楮叶(并煎汤,浴儿。)伯劳、白马眼(并小儿魃病,佩之。)

痘疮

【预解】黄连、脐带(并见初生下。)葵根(煮食。)黑大豆(同绿豆、赤小豆、甘草煮食,饮汁。)胡麻油(煎浓,食;外同葱涎摻周身。)朱砂(蜜调服。)白水牛虱(焙研,作面饼食。)生玳瑁(同生犀磨汁,日服。)兔肉(腊月作酱食。)兔血(同朱砂或雄黄,作丸服。)白鸽(除夕食之,以毛煎水浴儿。卵,入厕中半日,取白和丹砂,丸服,毒从二便出。)鸡卵(入蚯蚓蒸熟,立春日食。童尿或厕坑中浸七日,洗净煮食。)鹤卵(煮食。)鹳卵(煮食。)丝瓜蔓、壶芦须、兔头、鳢鱼(并除夕煎汤,浴儿,令出多者少;少者无。)

【内托】升麻(解毒,散痘疹前热。)柴胡(退痘后热。)牛蒡子(痘出不快,便闭,咽不利,同荆芥、甘草,煎服。)贯众(同升麻、芍药煎。)老丝瓜(烧研,沙糖水服。)山楂(水煎。干陷,酒煎。)荔枝(浸酒。壳,煎汤。)葡萄(擂酒服。)橄榄(研。)胡桃(烧研,胡荽酒服。)胡荽(浸酒服。)泰和老鸡(五味煮食。)竹笋(汤。)虾汤、鱼汤、生蚬水(并主痘出不快。)黄芪(主气虚色白不起。)人参(同上。)甘草(初出干淡不长,色白不行浆,不光泽,既痂而胃弱不食,痘后生痈肿,或溃后不收,皆元气不足也,并宜参、芪、甘草三味主之,以固营卫,生气血。或加糯米助肺,芎䓖行气,芍药止痛,肉桂引血化脓。)芎䓖、芍药、肉桂、糯米、肉豆蔻(止泻。)丁香(灰白不起,脾胃虚弱。)麻黄(风寒倒陷,蜜炒酒服。)猪心血(痘疮倒黡,同片脑酒服。引入心经,同乳香,丸服。)猪齿、猫头、猫牙(同人、猪、犬牙烧灰,水服。)猫屎(同人、狗、猪屎烧灰,水服。)狗屎中粟(末服一钱。)人牙(烧,入麝香酒服。)人中白(烧研,汤服。)天灵盖(烧研,酒服三分。或加雄黄。)白丁香(研末,入麝,酒服。)鹗头(烧研,水服。)老鸦左翅(烧灰,猪血丸服。并主陷下。)大戟(变黑归肾,研末水服。)威灵仙(上症,同片脑服。)紫草(血热紫赤便闭者宜之。同红花、蝉蜕,煎服。)红花(和血。)燕脂(干红,同胡桃服。点痘疔。点目,令不入目。)犀角(磨汁。)玳瑁(磨汁。)桦皮(煮汁。并主紫赤干红。)抱过鸡子壳(倒陷便血昏睡,焙研,汤服五分,仍涂胸、背、风池。)猪膘(便闭,煮食。)灯芯草(烦喘,小便不利,同鳖甲煎服。)牛黄(紫黑，谵语发狂，同丹砂，蜜服。）丹砂（入心狂乱，同益元散、片脑、麝香、每灯草汤服。）山豆根（咽痛不利。）白柹（痘入目，日食之。）真珠（痘疔，研末，水服。）桃胶（痘后发搐，酒化服。）象牙（痘不收，炒研，水服。）黄明胶（瘢痕，水化服。）

【外治】沉香（同乳香、檀香烧烟，辟恶气，托痘。）稻草、猪爪壳（并烧烟，辟恶气。）胡荽（煎酒，喷儿，并洒床帐席下。）杨柳根（风寒出不快，煎汤浴。）茱萸（口嚛，嚼一、二粒抹之。）茶叶（烧熏痘痒。）马齿苋（灰。）败茅、黄绢（灰。）海螵蛸（末。）黄牛屎（灰。）荞麦、大豆、赤小豆、豌豆、绿豆（并研，敷烂痘及痈。）枇杷叶（洗烂痘。）青羊脂（摩豆疮如疥。）姜石、芒硝（并涂痘毒。）雄黄（痘疔，同紫草末、燕脂水涂。）蚕茧（同白矾煅，敷痘痯。）蜂蜜、酥油（并润痘痂欲落不落，且无瘢痕。）白僵蚕（用雄鸡尾浸酒，和，涂痘瘢。）密陀僧（人乳调，涂痘瘢。）猪肉汁、马肉汁（并洗痘瘢。）柳叶（暑月生蛆，铺卧引之。）毕澄茄（嗃鼻，治痘入目。）

小儿惊痫

（阴、阳二症）

【阳症】甘草（补元气，泻心火。小儿撮口发噤，煎汁灌之，吐去痰涎。）黄连（平肝、胆、心火。）胡黄连、黄芩（小儿惊啼，同人参末服。）防风（治上焦风邪，四肢挛急。）羌活（诸风痫痓，去肾间风，搜肝风。）白藓皮（小儿惊痫。）老鸦蒜（主急惊，同车前子末，水调贴手足心。）龙胆（骨间寒热，惊痫入心。）细辛（小儿客忤，同桂心纳口中。）薇衔（惊痫吐舌。）薄荷（去风热。）荆芥（一百二十惊，同白矾丸服。）牡丹（惊痫瘛疭。）藁本（痫疾，脊厥而强。）莽草（摩风痫，日数十发。）半夏（吹鼻。）青黛（水服。）蓝叶（同凝水石，敷头上。）女萎、女菀、紫菀、款冬花（惊痫寒热。）蜀羊泉（小儿惊。）蛇莓（孩子口噤，以汁灌之。）凌霄花（百日儿，无故口青不乳，同蓝叶、硝、黄丸服。）葛蔓（小儿口噤，病在咽中，烧灰，点之。）钩藤（小儿寒热，十二惊痫瘛疭，客忤胎风，同甘草煎服。）石菖蒲（客忤惊痫。）曲（食痫。）淡竹笋（消痰热，小儿惊痫天吊。）李叶（浴惊痫。）杏仁、柏子仁（小儿躯啼惊痫，温水服之。）乳香（同甘遂服。）没药（盘肠气痛，同乳香服。）阿魏（盘肠痛，同蒜炮，丸服。）安息香（烧之，辟惊。）芦荟（镇心除热。）夜合花枝（小儿撮口，煮汁，拭洗。）榆花（浴小儿痫热。）芜荑（惊后失音，同曲、蘖、黄连，丸服。）龙脑（入心经，为诸药使。）桑根白皮

香息安

汁（治天吊惊痫客忤。）枳壳（惊风搐搦痰涎，同豆豉末，薄荷汁服。）荆沥（心热惊痫。）茯苓、茯神（惊痫。）琥珀（胎惊，同防风、朱砂末服；胎痫，同朱砂、全蝎末服。）淡竹叶、青竹茹、竹沥（惊痫天吊，口噤烦热。）天竹黄（惊痫天吊，去诸风热。）车脂（止惊啼，纳口中。）马绊绳（煎，洗儿痫。）木牛拳（煎服，止儿痫。）厕筹（贴囟，治惊窜。）灯火（淬惊风。）腊雪（小儿热啼。）黄土（熨惊风，遍身乌色。）胡燕窠土（小儿惊痫。）金箔、银箔（风热惊痫，镇心安魂。）锡吝脂（小儿天吊搐搦，同水银、牛黄，丸服。）铅霜（去积热痰涎，镇惊，同牛黄、铁粉服；惊风喉闭口紧，同蟾酥少许，乌梅蘸擦牙关。）黄丹（惊痫，镇心安神。）铜镜鼻（客忤惊痛面青，烧，淬酒饮。）铁粉（惊痫发热多涎，镇心抑肝，水服少许。或加丹砂。）铁精（风痫。）铁华粉（虚痫。）剪刀股（惊风。）马衔（风痫。）白玉（小儿惊啼，同寒水石涂足心。）紫石英（补心定惊。风热瘛疭，同寒水石诸药，煎服。）菩萨石（热狂惊痫。）朱砂（色赤入心，心热非此不除。月内惊风欲死，磨水涂五心；惊热多啼，同牛黄末服；客忤卒死，蜜服方寸匕；惊忤不语，血入心窍，猪心血丸服；急惊搐搦，同天南星、全蝎末服。）水银（惊热涎潮，同南星、麝香服。）粉霜、轻粉（并下痰涎惊热。）银朱（内钓惊啼，同乳香、大蒜丸服。）雄黄（惊痫，同朱砂末服。）石油（小儿惊风，化，和丸散服。）磁石（养肾止惊，炼水饮。）玄石、代赭（小儿惊风入腹。急惊搐搦不定，火煅醋淬，金箔汤服一钱。）石绿（同轻粉，吐急惊。）礞石（惊风痰涎，煅研服，亦丸服。）金牙石、蛇黄、雷墨、盐豉（小儿撮口，贴脐灸之。）露蜂房（惊痫瘛疭寒热，煎汁服。）螳螂（定惊搐，同蜈蚣、蜥蜴，嗃鼻。）天浆子（急慢惊风，研汁服；同全蝎、朱砂丸服；噤风，同蜈蚣烧，丸服；脐风，同僵蚕、腻粉灌之。）白僵蚕（惊痫客忤，去风痰。撮口噤风，为末蜜服；烧地，以大蒜泥制嗃鼻。）枣猫（脐风。）全蝎（小儿惊痫风搐，薄荷包炙研服；胎惊天吊，入朱砂、麝香，或丸服；风痫及慢惊，用石榴煅过末服；慢惊，同白术、麻黄末服；脐风，同麝服。）玳瑁（清热，止急惊客忤。）鳖甲（小儿惊痫，炙研乳服。）真珠（小儿惊热。）田螺壳（惊风有痰。）牡蛎（安神去烦，小儿惊痫。）龙骨（小儿热气惊痫，安神定魂魄。）龙齿（小儿五惊十二痫，身热不可近。）龙角（惊痫瘛疭，身热如火。）鲮鲤甲（肝惊。）守宫（风痓惊痫。心虚惊痫。）蛇蜕（小儿百二十种惊痫瘛疭，弄舌摇头。）白花蛇（小儿风热，急慢惊风搐搦。）乌蛇、鲤鱼脂（小儿惊忤诸痫。）鹳屎（天吊惊风发不止，炒研，入麝香、牛黄、蝎，末服。）鹅毛（小儿衣之，辟惊痫。）雁毛（同上。）鸭肉（小儿热惊。）鸡冠血（小儿卒惊，客忤搐吊。）白雄鸡血（惊风不醒，抹唇、口、脑。亦治惊痫。）鸡子（止惊。）伏翼（小儿惊，酿朱砂烧研服；慢惊，炙焦，同人中白、蝎、麝，丸服。）五灵脂（小儿惊风五痫。）鸡屎白（小儿惊忤、惊喑，烧灰，水服。）猪心血（心热惊痫，调朱砂末服，引入心。）猪心、肝、肾（并主惊痫。）豚卵（猪乳、齿、屎）（并主惊痫。）白狗屎（小儿惊痫客忤，烧服。）狗屎中骨（寒热惊痫。）牛胆（治惊风有奇功。）

鼻津（客忤，灌之。）马屎（烧末煮酒，浴儿卒忤。）尾（烧烟，熏客忤。）屎中粟（烧，治小儿客忤。）马绊绳（煎，浴小儿痫。）驴乳（小儿痫疾，客忤天吊，风痰咳，服之。）驴毛（煎饮，治客忤。）牛黄（惊痫寒热，竹沥调服，或蜜调，或入朱砂。）驼黄（风热惊疾。）六畜毛、蹄甲（客热惊痫。）鲊答、虎睛、虎魄、（虎鼻、爪）、象牙、犀角（浓磨汁服。）牛黄及角、野猪黄及脂、熊胆（惊痫瘛疭，竹沥化服。）羚羊角（平肝定风。）麝香（惊痫客忤惊啼，通诸窍，开经络，透肌骨，辟邪气。）狐肝、胆（惊痫寒热搐搦。）牡鼠（煎油，摩惊痫。）猬皮（惊啼，烧服。）猴头骨及手（惊痫寒热口噤。）发髮（合鸡子黄煎，消为水服，主小儿惊热百病。）油发灰（乳服，止小儿惊啼。）月经血（小儿惊痫发热，和青黛，水服二钱，入口即瘥。）

【阴症】黄芪（补脉泻心。）人参（同黄芪、甘草，治小儿胃虚而成慢惊，为泻火补金、益土平木之神剂。）桔梗（主小儿惊痫。）

本草纲目水部第五卷

序例

雨水拾遗
甘露拾遗
冬霜拾遗
夏冰拾遗
屋漏水拾遗
潦水纲目
甘露蜜拾遗
腊雪嘉祐
神水纲目
露水拾遗
明水拾遗
雹拾遗
半天河别录
流水拾遗
井泉水嘉祐
节气水纲目
醴泉拾遗
玉井水拾遗
乳穴水拾遗
温汤拾遗
碧海水拾遗
盐胆水拾遗
阿井泉纲目
山岩泉水拾遗
古冢中水拾遗
粮罂中水拾遗
赤龙浴水拾遗
车辙水纲目
地浆别录
热汤嘉祐
生熟汤拾遗
齑水纲目
浆水嘉祐
甑气水拾遗
铜壶滴漏水纲目
三家洗碗水拾遗
磨刀水纲目
浸蓝水纲目
猪槽中水拾遗
市门溺坑水拾遗
洗手足水纲目
洗儿汤纲目
诸水有毒拾遗

本草纲目水部第五卷

雨水(《拾遗》)

【释名】时珍曰:地气升为云,天气降为雨,故人之汗,以天地之雨名之。

【气味】咸,平,无毒。

立春雨水

【主治】夫妻各饮一杯,还房,当获时有子,神效(藏器)。宜煎发散及补中益气药(时珍)。

[发明]时珍曰:虞抟《医学正传》云:立春节雨水,其性始是春升生发之气,故可以煮中气不足、清气不升之药。古方妇人无子,是日夫妇各饮一杯,还房有孕,亦取其资始发育万物之义也。

梅雨水

【主治】洗疮疥,灭瘢痕,入酱易熟(藏器)。

【发明】藏器曰:江淮以南,地气卑湿,五月上旬连下旬尤甚。《月令》土润溽暑,是五月中气。过此节以后,皆须曝书画。梅雨沾衣,便腐黑。浣垢如灰汁,有异他水。但以梅叶汤洗之乃脱,余并不脱。

时珍曰:梅雨或作霉雨,言其沾衣及物,皆生黑霉也。芒种后逢壬为入梅,小暑后逢壬为出梅。又以三月为迎梅雨,五月为送梅雨。此皆湿热之气,郁遏熏蒸,酿为霏雨。人受其气则生病,物受其气则生霉,故此水不可造酒醋。其土润溽暑,乃六月中气,陈氏之说误矣。

液雨水

【主治】杀百虫,宜煎杀虫消积之药(时珍)。

【发明】时珍曰:立冬后十日为入液,至小雪为出液,得雨谓之液雨,亦曰药雨。百虫饮此皆伏蛰,至来春雷鸣起蛰乃出也。

潦水(《纲目》)

【释名】时珍曰:降注雨水谓之潦,又淫雨为潦。韩退之诗云,潢潦无根源,朝灌夕已除,是矣。

【气味】甘,平,无毒。

【主治】煎调脾胃、去湿热之药(时珍)。

【发明】成无己曰:仲景治伤寒瘀热在里,身发黄,麻黄连轺赤小豆汤,煎用潦水者,取其味薄则不助湿气。

露水(《拾遗》)

【释名】时珍曰:露者,阴气之液也,夜气着物而润泽于道傍也。

【气味】甘,平,无毒。

【主治】秋露繁时,以盘收取,煎如饴,令人延年不饥(藏器)。禀肃杀之气,宜煎润肺杀祟之药,及调疥癣虫癞诸散(虞抟)。百草头上秋露,未晞时收取,愈百疾,止消渴,令人身轻不饥,肥肉悦泽。别有化云母作粉服法(藏器)。八月朔日收取,摩墨点太阳穴,止头痛;点膏肓穴,治劳瘵,谓之天灸(时珍)。百花上露,令人好颜色(藏器)。柏叶上露,菖蒲上露,并能明目,旦旦洗之(时珍)。韭叶上露,去白癜风,旦旦涂之(时珍)。凌霄花上露,入目损目(时珍)。

露水

【发明】藏器曰:薛用弱《续齐谐记》云:司农邓绍,八月朝入华山,见一童子,以五采囊盛取柏叶下露珠满囊。绍问之。答云:赤松先生取以明目也。今人八月朝作露华囊,象此也。又郭宪《洞冥记》云:汉武帝时,有吉云国,出吉云草,食之不死。日照之,露皆五色。东方朔得玄、青、黄三露,各盛五合,以献于帝。赐群臣服之,病皆愈。朔曰:日初出处,露皆如饴。今人煎露如饴,久服不饥。《吕氏春秋》云,水之美者,有三危之露,为水即重于水也。

时珍曰:秋露造酒最清冽。姑射神人吸风饮露。汉武帝作金盘承露,和玉屑服食。杨贵妃每晨吸花上露,以止渴解酲。番国有蔷薇露,甚芬香,云是花上露水,未知是否?

藏器曰:凡秋露春雨着草,人素有疮及破伤者触犯之,疮顿不痒痛,乃中风及毒水，身必反张似角弓之状。急以盐豉和面作碗子，于疮上灸一百壮，出恶水数升，乃知痛痒而瘥也。

甘露(《拾遗》)

【释名】膏露(《纲目》)、瑞露(《纲目》)、天酒(《纲目》)、神浆。

时珍曰：按《瑞应图》云：甘露，美露也。神灵之精，仁瑞之泽，其凝如脂，其甘如饴，故有甘、膏、酒、浆之名。《晋中兴书》云：王者敬养耆老，则降于松柏；尊贤容众，则降于竹苇。《列星图》云：天乳一星明润，则甘露降。以上诸说，皆瑞气所感者也。《吕氏春秋》云：水之美者，三危之露。和之美者，揭雩之露，其色紫。《拾遗记》云：昆仑之山有甘露，望之如丹，着草木则皎莹如雪。《山海经》云：诸沃之野，摇山之民，甘露是饮不寿者八百岁。《一统志》云：雅州蒙山常有甘露。以上诸说，皆方域常产者也。杜镐言：甘露，非瑞也，乃草木将枯，精华顿发于外，谓之雀饧，于理甚通。

【气味】甘，大寒，无毒。

【主治】食之润五脏，长年，不饥，神仙(藏器)。

【主治】食之润五脏，长年，不饥，神仙(藏器)。

甘露蜜(《拾遗》)

【集解】藏器曰：生巴西绝域中，状如饧也。

时珍曰：按《方国志》云：大食国秋时收露，朝阳曝之，即成糖霜，盖此物也。又《一统志》云：撒马儿罕地在西番，有小草丛生，叶细如蓝，秋露凝其上，味如蜜，可熬为饧，夷人呼为达即古宾，盖甘露也。此与刺蜜相近，又见果部。

【气味】甘，平，无毒。

【主治】胸膈诸热，明目止渴(藏器)。

明水(《拾遗》)

【释名】方诸水。

藏器曰：方诸，大蚌也。熟摩令热，向月取之，得水二三合，亦如朝露。阳燧向日，方诸向月，皆能致水火也。《周礼》明诸承水于月，陈馔为玄酒是也。

时珍曰：明水者，取其清明纯洁，敬之至也。《周礼》：司烜氏，以夫燧取明火于日，鉴取明水于月，以恭祭祀。魏伯阳《参同契》云：阳燧以取火，非日不生光；方诸非星月，安能得水浆。《淮南子》云：方诸见月，则津而为水。注者或以方诸为石，或以为大蚌,或以为五石炼成,皆非也。按《考工记》云,铜锡相半,谓之鉴燧之剂,是火为燧、水为鉴也。高堂隆云:阳燧一名阳符,取火于日。阴燧一名阴符,取水于月。并以铜作之,谓之水火之镜。此说是矣。干宝《搜神记》云:金锡之性,一也。五月丙午日午时铸,为阳燧;十一月壬子日子时铸,为阴燧。

【气味】甘,寒,无毒。

【主治】明目定心,去小儿烦热,止渴(藏器)。

冬霜(《拾遗》)

【释名】时珍曰:阴盛则露凝为霜,霜能杀物而露能滋物,性随时异也。乾象占云:天气下降而为露,清风薄之而成霜。霜所以杀万物,消祲沴。当降而不降,当杀物而不杀物,皆政弛而慢也。不当降而降,不当杀物而杀物,皆政急而残也。许慎《说文》云:早霜,曰霰;白霜,曰皑。又有玄霜。

承曰:凡取霜,以鸡羽扫之,瓶中密封阴处,久亦不坏。

【气味】甘,寒,无毒。

【主治】食之解酒热,伤寒鼻塞,酒后诸热面赤者(藏器)。和蚌粉,敷暑月痱疮,及腋下赤肿,立瘥(陈承)。

【附方】新一。寒热疟疾:秋后霜一钱半,热酒服之。(《集玄方》)

腊雪(宋《嘉祐》)

【释名】时珍曰:按刘熙《释名》云:雪,洗也。洗除瘴疠虫蝗也。凡花五出,雪花六出,阴之成数也。冬至后第三戊为腊。腊前三雪,大宜菜麦,又杀虫蝗。腊雪密封阴处,数十年亦不坏;用水浸五谷种,则耐旱不生虫;洒几席间,则蝇自去;淹藏一切果食,不蛀蠹,岂非除虫蝗之验乎。

藏器曰:春雪有虫,水亦易败,所以不收。

【气味】甘,冷,无毒。

【主治】解一切毒,治天行时气温疫,小儿热痫狂啼,大人丹石发动,酒后暴热,黄疸,仍小温服之(藏器)。洗目,退赤(张从正)。煎茶煮粥,解热止渴(吴瑞)。宜煎伤寒火喝之药,抹痱亦良(时珍)。

【发明】宗奭曰:腊雪水,大寒之水也,故治以上诸病。

雹(音驳。《拾遗》)

【释名】时珍曰:程子云,雹者阴阳相搏之气,盖沴气也。或云:雹者,炮也,中物如炮也。曾子云:阳之专气为雹,阴之专气为霰。陆农师云:阴包阳为雹,阳包阴为霰。雪六出而成花,雹三出而成实。阴阳之辨也。《五雷经》云:雹乃阴阳不顺之气结成。亦有懒龙鳞甲之内,寒冻生冰,为雷所发,飞走堕落,大者如斗升,小者如弹丸。又蜥蜴含水,亦能作雹,未审果否?

【气味】咸,冷,有毒。

时珍曰:按《五雷经》云:人食雹,患疫疾大风颠邪之证。

藏器曰:酱味不正者,当时取一、二升纳入瓮中,即还本味也。

夏冰(《拾遗》)

【释名】凌(去声)。

时珍曰:冰者,太阴之精,水极似土,变柔为刚,所谓物极反兼化也。故字从水,从仌。《周礼》:凌人掌冰,以供祭祀宾客。《左传》:古者日在北陆而藏冰,西陆朝觌而出之。其藏之也,深山穹谷,涸阴沍寒;其用之也,录位宾客丧祭。

郎颢曰:藏冰以时,则雷出不震;弃冰不用,则雷不发而震。今人冬月藏冰于窖,登之以盐,是也。《淮南万毕术》,有凝水石作冰法,非真也。

【气味】甘,冷,无毒。

【主治】去热烦,熨人乳石发热肿(藏器)。解烦渴,消暑毒(吴瑞)。伤寒阳毒,热盛昏迷者,以冰一块置于膻中良,亦解烧酒毒(时珍)。

【发明】藏器曰:夏暑盛热食冰,应与气候相反,便非宜人,诚恐入腹冷热相激,却致诸疾也。《食谱》云:凡夏用水,只可隐映饮食,令气凉尔,不可食之。虽当时暂快,久皆成疾也。

时珍曰:宋徽宗食冰太过,病脾疾。国医不效,召杨介诊之。介用大理中丸。上曰:服之屡矣。介曰:疾因食冰,臣因以冰煎此药,是治受病之原也。服之果愈。若此,可谓舌机之士矣。

【附方】新一。灭瘢痕:以冻凌频熨之,良。(《千金方》)

神水(《纲目》)

【集解】时珍曰:《金门记》云:五月五日午时有雨,急伐竹竿,中必有神水,沥取为药。

【气味】甘,寒,无毒。

【主治】心腹积聚及虫病,和獭肝为丸服。又饮之,清热化痰,定惊安神(时珍)。

半天河(《别录》下品)

【释名】上池水。

弘景曰:此竹篱头水,及空树穴中水也。

时珍曰:《战国策》云:长桑君饮扁鹊以上池之水,能洞见脏腑。注云:上池水,半天河也。然别有法。

【气味】甘,微寒,无毒。

【主治】鬼疰,狂,邪气,恶毒(《别录》)。洗诸疮(弘景)。主蛊毒(《日华》)。杀鬼精,恍惚妄语,与饮之,勿令知之(甄权)。槐树间者,主诸风及恶疮风瘙疥痒(藏器)。

【发明】宗奭曰:半天河水,在上天泽之水也,故治心病鬼疰狂邪恶毒。

【附方】旧一,新一。辟禳时疫:半天河水,饮之。(《医林集要》)身体白驳:取树木孔中水洗之,捣桂末唾和敷之,日再上。(张文仲《备急方》)

屋漏水(《拾遗》)

【气味】辛、苦,有毒。

李廷飞曰:水滴脯肉,食之,成癥瘕,生恶疮。又檐下雨滴菜,亦有毒,不可食之。

【主治】洗犬咬疮,更以水浇屋檐,取滴下土敷之,效(藏器)。涂疣目,敷丹毒(时珍)。

流水(《拾遗》)

【集解】时珍曰:流水者,大而江河,小而溪涧,皆流水也。其外动而性静,其质柔而气刚,与湖泽陂塘之止水不同。然江河之水浊,而溪涧之水清,复有不同焉。观浊水流水之鱼,与清水止水之鱼,性色迥别;淬剑染帛,各色不同;煮粥烹茶,味亦有异。则其入药,岂可无辨乎。

千里水、东流水、甘澜水(一名劳水)

【气味】甘,平,无毒。

【主治】病后虚弱,扬之万遍,煮药禁神最验(藏器)。主五劳七伤,肾虚脾弱,阳盛阴虚,目不能瞑,及霍乱吐利,伤寒后欲作奔豚(时珍)。

逆流水

【主治】中风、卒厥、头风、疟疾、咽喉诸病,宣吐痰饮(时珍)。

【发明】藏器曰:千里水、东流水二水,皆堪荡涤邪秽,煎煮汤药,禁咒神鬼。潢污行潦,尚可荐之王公,况其灵长者哉。《本经》云,东流水为云母石所畏。炼云母用之,与诸水不同,即其效也。

思邈曰:江水,流泉远涉,顺势归海,不逆上流,用以治头,必归于下。故治五劳七伤羸弱之病,煎药宜以陈芦、劳水,取其水不强、火不盛也。无江水,则以千里东流水代之,如泾、渭之类。

时珍曰:劳水即扬泛水,张仲景谓之甘澜水。用流水二斗,置大盆中,以杓高扬之千遍,有沸珠相逐,乃取煎药。盖水性本咸而体重,劳之则甘而轻,取其不助肾气而益脾胃也。虞抟《医学正传》云:甘澜水甘温而性柔,故烹伤寒阴证等药用之。顺流水性顺而下流,故治下焦腰膝之证,及通利大小便之药用之。急流水湍上峻急之水,其性急速而下达,故通二便风痹之药用之。逆流水,洄澜之水,其性逆而倒上,故发吐痰饮之药用之也。

宗奭曰:东流水取其性顺疾速,通膈下关也。倒流水取其回旋流止,上而不下也。

张从正曰:昔有患小便闷者,众工不能治,令取长川急流之水煎前药,一饮立溲,则水可不择乎。

【附方】新三。目不得瞑:乃阳气盛不得入于阴,阴气虚,故目不得瞑。治法饮以半夏汤,用流水千里外者八升,扬之万遍,取其清五升煮之,炊苇薪火,置秫米一升,半夏五合,徐炊令竭为一升半,去滓饮汁一小杯,日三饮,以知为度。详半夏下。(《灵枢经》)汗后奔豚:茯苓桂枝甘草大枣汤,治发汗后脐下悸,欲作奔豚者。茯苓一两,炙甘草二钱半,桂枝三钱,大枣二枚。以甘澜水二升,先煮茯苓,纳诸药煮服之,日三。(张仲景《金匮要略》)服药过剂烦闷:东流水饮一、二升。(《肘后方》)

井泉水(宋《嘉祐》)

【释名】时珍曰:井字象井形,泉字象水流穴中之形。

【集解】颖曰:井水新汲,疗病利人。平旦第一汲,为井华水,其功极广,又与诸水不同。凡井水有远从地脉来者,为上;有从近处江湖渗来者,次之;其城市近沟渠污水杂入者,成硷,用须煎滚,停一时,候硷澄乃用之,否则气味俱恶,不堪入药、食、茶、酒也。雨后水浑,须擂入桃、杏仁澄之。

时珍曰:凡井以黑铅为底,能清水散结,人饮之无疾。入丹砂镇之,令人多寿。

按麻知几《水解》云：九畴昔访灵台太史，见铜壶之漏水焉。太史召司水者曰：此水已三周环，水滑则漏迅，漏迅则刻差，当易新水。子因悟曰：天下之水，用之灭火则同，濡槁则同，至于性从地变，质与物迁，未尝同也。故蜀江濯锦则鲜，济源烹楮则皛。南阳之潭渐于菊，其人多寿；辽东之涧通于参，其人多发。晋之山产矾石，泉可愈疽；戎之麓伏硫黄，汤可浴疠。扬子宜荈，淮莱宜醪；沧卤能盐，阿井能胶。澡垢以污，茂田以苦。瘿消于藻带之波，痰破于半夏之洳。冰水咽而霍乱息，流水饮而癃闷通。雪水洗目而赤退，咸水濯肌而疮干。菜之为齑，铁之为浆，曲之为酒，蘖之为醋，千派万种，言不可尽。至于井之水一也，尚数名焉，况其他者乎。反酌而倾曰倒流，出甃未放曰无根，无时初出曰新汲，将旦首汲曰井华。夫一井之水，而功用不同，岂可烹煮之间，将行药势，独不择夫水哉？昔有患小溲闷者，众不能瘥。张子和易之以长川之急流，煎前药，一饮立溲。此正与《灵枢经》治不瞑半夏汤，用千里流水同意味。后之用水者，当以子和之法为制。予于是作《水解》。

井华水

【气味】甘，平，无毒。

【主治】酒后热痢，洗目中肤翳，治人大惊九窍四肢指歧皆出血，以水噀面。和朱砂服，令人好颜色，镇心安神。治口臭，堪炼诸药石。投酒醋，令不腐(《嘉祐》)。宜煎补阴之药(虞抟)。宜煎一切痰火气血药(时珍)。

新汲水

【主治】消渴反胃，热痢热淋，小便赤涩，却邪调中，下热气，并宜饮之。射痈肿令散，洗漆疮。治坠损肠出，冷喷其身面，则肠自入也。又解闭口椒毒，下鱼骨哽(《嘉祐》)。解马刀毒(之才)。解砒石、乌喙、烧酒、煤炭毒。治热闷昏瞀烦渴(时珍)。

【发明】禹锡曰：凡饮水疗疾，皆取新汲清泉，不用停污浊暖，非直无效，亦且损人。

虞抟曰：新汲井华水，取天一真气，浮于水面，用以煎补阴之剂，及炼丹煮茗，性味同于雪水也。

时珍曰：井泉地脉也，人之经血象之，须取其土厚水深，源远而质洁者，食用可也。《易》曰：井泥不食，井洌寒泉食，是矣。人乃地产，资禀与山川之气相为流通，而美恶寿夭，亦相关涉。金石草木，尚随水土之性，而况万物之灵者乎。贪淫有泉，仙寿有井，载在往牒，必不我欺。《淮南子》云：土地各以类生人。是故山气多男，泽气多女，水气多瘖，风气多聋，林气多癃，木气多伛，岸下气多尰，石气多力，险阻气多瘿，暑气多夭，寒气多寿，谷气多痹，丘气多狂，广气多仁，陵气多贪。坚土人刚，弱土人脆，垆土人大，沙土人细，息土人美，耗土人丑，轻土多利，重土多迟。清水音小,浊水音大,湍水人轻,迟水人重。皆应其类也。又《河图括地象》云:九州殊题,水泉刚柔各异。青州角征会,其气慓轻,人声急,其泉酸以苦。梁州商征接,其气刚勇,人声塞,其泉苦以辛。兖豫宫征会,其气平静,人声端,其泉甘以苦。雍冀商羽合,其气快烈,人声捷,其泉咸以辛。观此二说,则人赖水土以养生,可不慎所择乎。

时珍曰:按《后汉书》云:有妇人病经年,世谓寒热注病。十一月,华佗令坐石槽中,平旦用冷水灌,云当至百。始灌七十,冷颤欲死,灌者惧欲止,佗不许。灌至八十,热气乃蒸出,嚣嚣然高二三尺。满百灌,乃使燃火温床,厚覆而卧,良久冷汗出,以粉扑之而愈。又《南史》云:将军房伯玉,服五石散十许剂,更患冷疾,夏月常复衣。徐嗣伯诊之,曰:乃伏热也,须以水发之,非冬月不可。十一月冰雪大盛时,令伯玉解衣坐石上,取新汲冷水,从头浇之,尽二十斛,口噤气绝。家人啼哭请止,嗣伯执挝谏者。又尽水百斛,伯玉始能动,背上彭彭有气。俄而起坐,云热不可忍,乞冷饮。嗣伯以水一升饮之,疾遂愈。自尔常发热,冬月犹单衫,体更肥壮。时珍窃谓二人所病,皆伏火之证,《素问》所谓诸噤鼓栗,皆属于火也。治法火郁则发之,而二子乃于冬月平旦浇以冷水者,冬至后阳气在内也,平旦亦阳气方盛时也,折之以寒,使热气郁遏至极,激发而汗解,乃物不极不反,是亦发之之意。《素问》所谓逆者正治,从者反治,逆而从之,从而逆之,疏通道路,令气调和者也。春月则阳气已泄,夏秋则阴气在内,故必于十一月至后,乃可行之。二子之医,可谓神矣。

【附方】旧八,新二十一。九窍出血:方见主治下。衄血不止:叶氏用新汲水,随左右洗足即止,累用有效。一方:用冷水噀面。一方:冷水浸纸贴囟上,以熨斗熨之,立止。一方:用冷水一瓶,淋射顶上及哑门上。或以湿纸贴之。金疮血出不止:冷水浸之即止。(《延寿方》)犬咬血出:以水洗,至血止,绵裹之。(《千金方》)蝎虿螫伤:以水浸故布拓之,暖即易。(《千金方》)马汗入疮或马毛入疮,肿入腹,杀人。以冷水浸之,频易水,仍饮好酒,立瘥。(《千金方》)鱼骨哽咽:取水一杯,合口向水,张口取水气,哽当自下。(《肘后方》)中砒石毒:多饮新汲井水,得吐利佳。(《集简方》)中乌喙毒:方同上。中蒙汗毒:饮冷水即安。(《济急方》)中煤炭毒:一时晕倒,不救杀人。急以清水灌之。(唐瑶《经验方》)服药过剂,卒呕不已:饮新汲水一升。(《肘后方》)烧酒醉死:急以新汲水浸其发,外以故帛浸湿,贴其胸膈,仍细细灌之,至苏乃已。(《濒湖集简方》)饮酒齿痛:井水频含漱之。(《直指方》)破伤风病:用火命妇人取无根水一盏,入百草霜调捏作饼,放患处。三、五换如神,此蒋亚香方也。(《谈野翁试验方》)坠损肠出:方见主治下。眼睛突出一二寸者:以新汲水灌渍睛中,数易之,自入。(《梅师方》)时行火眼:患人每日于井上。视井旋匝三遍,能泄火气。(《集玄方》)心闷汗出不识人:新汲水和蜜饮之,甚效。(《千金方》)呕吐阳厥卒死者:饮新汲水三升佳。(《千金方》)霍乱吐泻:勿食热物,饮冷水一碗,仍以水一盆浸两足,立止。(《急救良方》)厌禳瘟疫:腊旦除夜,以小豆、川椒各七七粒投井中,勿令人知,能却瘟疫。又法:元旦以大麻子三七粒,投井中。口气臭恶:正旦含井华水吐弃厕下,数度即瘥也。(《肘后方》)心腹冷痛:男子病,令女人取水一杯饮之;女人病,令男子取水一杯饮之。(《肘后方》)寒热注病:方见发明下。火病恶寒:方见发明下。疔毒疽疮:凡手指及诸处有疮起,发痒,身热恶寒,或麻木,此极毒之疮也。急用针刺破,挤去恶血,候血尽,口噙凉水吮之,水温再换,吮至痛痒皆住即愈,此妙法也。(《保寿堂方》)妇人将产:井华水服半升,不作运。(《千金方》)初生不啼:取冷水灌之,外以葱白茎细鞭之,即啼。(《全幼心鉴》)

节气水(《纲目》)

【集解】时珍曰:一年二十四节气,一节主半月,水之气味,随之变迁,此乃天地之气候相感,又非疆域之限也。《月令通纂》云:正月初一至十二日止,一日主一月。每旦以瓦瓶秤水,视其轻重,重则雨多,轻则雨少。观此,虽一日之内,尚且不同,况一月乎。

立春、清明二节贮水,谓之神水。

【主治】宜浸造诸风脾胃虚损诸丹丸散及药酒,久留不坏。

寒露、冬至、小寒、大寒四节,及腊日水。

【主治】宜浸造滋补五脏及痰火、积聚、虫毒诸丹丸,并煮酿药酒,与雪水同功。

立秋日五更井华水

【主治】长幼各饮一杯,能却疟痢百病。

重午日午时水

【主治】宜造疟痢疮疡金疮、百虫蛊毒诸丹丸。

小满、芒种、白露三节内水

【主治】并有毒。造药,酿酒、醋一应食物,皆易败坏。人饮之,亦生脾胃疾(并时珍)。

醴泉(《拾遗》)

【释名】甘泉。

时珍曰:醴,薄酒也,泉味如之,故名。出无常处,王者德至渊泉,时代升平,则醴泉出,可以养老。《瑞应图》云:醴泉,水之精也,味甘如醴,流之所及,草木皆茂;饮之令人多寿。《东观记》云:光武中元元年,醴泉出京师,人饮之者,痼疾皆除。

【气味】甘,平,无毒。

【主治】心腹痛,疰忤鬼气邪秽之属,并就泉空腹饮之。又上热消渴及反胃霍乱为上,亦以新汲者为佳(藏器)。

玉井水(《拾遗》)

【集解】藏器曰:诸有玉处山谷水泉皆是也。山有玉而草木润,身有玉而毛发黑。玉既重宝,水又灵长,故有延生之望。今人近山多寿者,岂非玉石津液之功乎。太华山有玉水溜下,土人得服之,多长生。

【气味】甘,平,无毒。

【主治】久服神仙,令人体润,毛发不白(藏器)。

乳穴水(《拾遗》)

【集解】藏器曰:近乳穴处流出之泉也。人多取水作饮酿酒,大有益。其水浓者,秤之重于他水。煎之上有盐花,此真乳液也。

【气味】甘,温,无毒。

【主治】久服肥健人,能食,体润不老,与钟乳同功(藏器)。

温汤(《拾遗》)

【释名】温泉(《纲目》)、沸泉。

藏器曰:下有硫黄,即令水热,犹有硫黄臭。硫黄主诸疮,故水亦宜然。当其热处,可燖猪羊、熟鸡子也。

时珍曰:温泉有处甚多。按胡仔《渔隐丛话》云:汤泉多作硫黄气,浴之则袭人肌肤。唯新安黄山是朱砂泉,春时水即微红色,可煮茗。长安骊山是礜石泉,不甚作气也。朱砂泉虽红而不热,当是雄黄尔。有砒石处亦有汤泉,浴之有毒。

【气味】辛,热,微毒。

【主治】诸风筋骨挛缩,及肌皮顽痹,手足不遂,无眉发,疥癣诸疾,在皮肤骨节者,入浴。浴讫,当大虚惫,可随病与药,及饮食补养。非有病人,不宜轻入(藏器)。

【发明】颖曰:庐山有温泉,方士往往教患疥癣、风癞、杨梅疮者,饱食入池,久浴得汗出乃止,旬日自愈也。

碧海水(《拾遗》)

【集解】藏器曰:东方朔《十洲记》云:夜行海中,拨之有火星者,咸水也。色既碧,故曰碧海。

时珍曰:海乃百川之会。天地四方,皆海水相通,而地在其中。其味咸,其色黑，水行之正也。

【气味】咸，小温，有小毒。

【主治】煮浴，去风瘙疥癣。饮一合，吐下宿食胪胀（藏器）。

盐胆水（《拾遗》）

【释名】卤水。

藏器曰：此乃盐初熟，槽中沥下黑汁也。

时珍曰：盐下沥水，则味苦不堪食。今人用此水，收豆腐。独孤滔云：盐胆煮四黄，焊物。

【气味】咸，苦，有大毒。

【主治】䘌蚀疥癣，瘘疾虫咬，及马牛为虫蚀，毒虫入肉生子。六畜饮一合，当时死，人亦然。凡疮有血者，不可涂之（藏器）。痰厥不省，灌之取吐良（时珍）。

阿井水（《纲目》）

【气味】甘、咸，平，无毒。

【主治】下膈，疏痰，止吐（时珍）。

【发明】时珍曰：阿井在今兖州阳谷县，即古东阿县也。沈括《笔谈》云：古说济水伏流地中，今历下凡发地下皆是流水。东阿亦济水所经，取井水煮胶谓之阿胶。其性趣下，清而且重，用搅浊水则清，故以治淤浊及逆上之痰也。又青州范公泉，亦济水所注，其水用造白丸子，利膈化痰。《管子》云：齐之水，其泉青白，其人坚劲，寡有疥瘙，终无痟酲。水性之不同如此。陆羽烹茶，辨天下之水性美恶，烹药者反不知辨此，岂不戾哉！

山岩泉水（《拾遗》）

【释名】时珍曰：此山岩土石间所出泉，流为溪涧者也。《尔雅》云：水正出，曰滥泉；悬出，曰沃泉；仄出曰氿泉。其泉源远清冷，或山有玉石美草木者为良；其山有黑土毒石恶革者不可用。陆羽云：凡瀑涌漱湍之水，饮之令人有颈疾。

颖曰：昔在浔阳，忽一日城中马死数百。询之，云：数日前雨，洗出山谷中蛇虫之毒，马饮其水然也。

水泉岩山

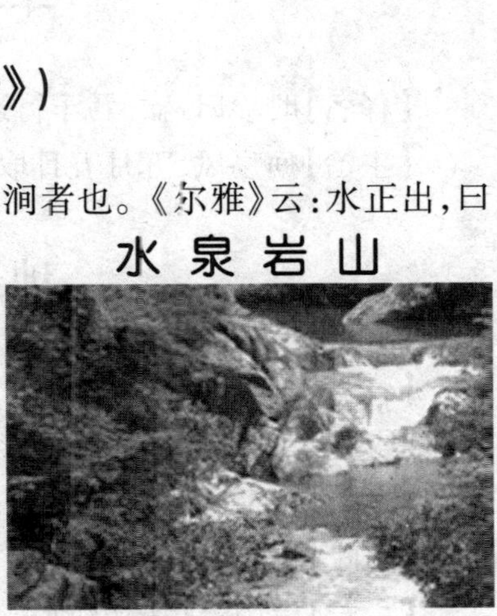

【气味】甘，平，无毒。

【主治】霍乱烦闷，呕吐腹空，转筋恐入腹，宜多服之，名曰洗肠，勿令腹空，空则更服。人皆惧此，然尝试有效。但身冷力弱者，防致脏寒，当以意消息之（藏器）。

古冢中水（《拾遗》）

【主治】有毒，杀人。洗诸疮皆瘥（藏器）。

粮罂中水（《拾遗》）

【集解】藏器曰：乃古冢中食罂中水也，取清澄久远者佳。古文曰：蔗留余节，瓜表遗犀。言二物不烂，余皆成水也。

【气味】辛，平，有小毒。

【主治】鬼气中恶疰忤，心腹痛，恶梦鬼神，杀蛔虫。进一合，不可多饮，令人心闷。又云，洗眼见鬼，未试（藏器）。

【附方】新一。噎疾：古冢内罐罂中水，但得饮方即俞，极有神效。（《寿域方》）

赤龙浴水（《拾遗》）

【集解】藏器曰：此泽间小泉有赤蛇在中者，人或遇之，经雨取水服。

【气味】有小毒。

【主治】瘕结气，诸瘕，恶虫入腹，及咬人生疮者（藏器）。

车辙中水（《纲目》）

【释名】时珍曰：辙，乃车行迹也。

【主治】疬疡风，五月五日取洗之，甚良。牛蹄中水亦可（时珍）。

地浆（《别录》下品）

【释名】土浆。

弘景曰：此掘黄土地作坎，深三尺，以新汲水沃入搅浊，少顷取清用之，故曰地浆，亦曰土浆。

【气味】甘，寒，无毒。

【主治】解中毒烦闷（《别录》）。解一切鱼肉、果菜、药物、诸菌毒，疗霍乱及中暍卒死者,饮一升妙(时珍)。

【发明】弘景曰:枫上菌,食之令人笑不休,饮此即解。

时珍曰:按罗天益《卫生宝鉴》云:中暑霍乱,乃暑热内伤,七神迷乱所致。阴气静则神脏,躁则消亡,非至阴之气不愈。坤为地,地属阴,土平曰静顺。地浆作于墙阴坎中,为阴中之阴,能泻阳中之阳也。

【附方】旧一,新六。热渴烦闷:地浆一盏,饮之。(《圣惠方》)千霍乱病:不吐不利,胀痛欲死。地浆三、五盏服即愈。大忌米汤。(《千金方》)服药过剂闷乱者:地浆饮之。(《肘后方》)闭口椒毒吐白沫:身冷欲死者。地浆饮之。(张仲景《金匮方》)中野芋毒:土浆饮之。(《集简方》)黄鲿鱼毒:食此鱼,犯荆芥,能害人。服地浆解之。(《集简方》)中砒霜毒:地浆调铅粉服之,立解。(《集玄方》)

热汤(宋《嘉祐》)

【释名】百沸汤(《纲目》)、麻沸汤(仲景)、太和汤。

【气味】甘,平,无毒。

时珍曰:按汪颖云:热汤须百沸者佳。若半沸者,饮之反伤元气,作胀。或云:热汤漱口损齿。病目人勿以热汤洗浴。冻僵人勿以热汤灌之,能脱指甲。铜瓶煎汤服,损人之声。

【主治】助阳气,行经络(宗奭)。熨霍乱转筋入腹及客忤死(《嘉祐》)。

【发明】宗奭曰:热汤能通经络,患风冷气痹人,以汤渫脚至膝上,厚覆取汗周身,然别有药,亦假汤气而行尔。四时暴泄痢,四肢冷,脐腹疼,深汤中坐,浸至腹上,频频作之,生阳佐药,无速于此。虚寒人始坐汤中必颤。仍常令人伺守之。

张从正曰:凡伤寒、伤风、伤食、伤酒,初起无药,便饮太和汤碗许,或酸齑汁亦可,以手揉肚,觉恍惚,再饮再揉,至无所容,探吐,汗出则已。

时珍曰:张仲景治心下痞,按之濡,关上脉浮,大黄黄连泻心汤,用麻沸汤煎之,取其气薄而泄虚热也。《朱真人灵验篇》云:有人患风疾数年,掘坑令坐坑内,解衣,以热汤淋之,良久,以簟盖之,汗出而愈,此亦通经络之法也。时珍常推此意,治寒湿,加艾煎汤;治风虚,加五枝或五加煎汤淋洗,觉效更速也。

【附方】旧四,新九。伤寒初起:取热汤饮之,候吐则止。(陈藏器《本草》)初感风寒,头痛憎寒者:用水七碗,烧锅令赤,投水于内,取起再烧再投,如此七次,名沸汤,乘热饮一碗,以衣被覆头取汗,神效。(《伤寒蕴要》)忤恶卒死:铜器或瓦器盛热汤,隔衣熨其腹上,冷即易,立愈。(陈藏器《本草》)霍乱转筋:以器盛汤熨之,仍令蹋器,使足底热彻,冷则易。(《嘉祐本草》)暑月暍死:以热汤徐徐灌之,小举其头,令汤入腹,即苏。(《千金方》)火眼赤烂紧闭目:以热汤沃之,汤冷即止,频沃取安,妙在闭目。或加薄荷、防风、荆芥煎汤沃之,亦妙。(赵原阳《济急方》)金疮血出不止:以故布蘸热汤盦之。(《延寿书》)代指肿痛:麻沸汤渍之,即安。(《千金方》)痈肿初起:以热汤频沃之,即散也。(《集简方》)冻疮不瘥:热汤洗之。(陈藏器)马汗入疮,肿痛欲死:沸汤温洗,即瘥。(《千金方》)蝎虿螫伤:温汤渍之,数易,至旦愈。(华佗治彭城夫人方)蛇绕不解:热汤淋之,即脱。(《千金方》)

生熟汤(《拾遗》)

【释名】阴阳水。

时珍曰:以新汲水百沸汤合一盏和匀,故曰生熟,今人谓之阴阳水。

【气味】甘,咸,无毒。

【主治】调中消食。凡痰疟,及宿食毒恶之物,胪胀欲作霍乱者,即以盐投中,进一二升,令吐尽痰食,便愈(藏器)。凡霍乱及呕吐,不能纳食及药,危甚者,先饮数口即定(时珍)。

【发明】时珍曰:上焦主纳,中焦腐化,下焦主出。三焦通利,阴阳调和,升降周流,则脏腑畅达。一失其道,二气淆乱,浊阴不降,清阳不升,故发为霍乱呕吐之病。饮此汤辄定者,分其阴阳,使得其平也。

藏器曰:凡人大醉,及食瓜果过度者,以生熟汤浸身,则汤皆为酒及瓜味。《博物志》云:浸至腰,食瓜可五十枚,至颈则无限也。未试。

齑水(《纲目》)

【集解】时珍曰:此乃作黄齑菜水也。

【气味】酸,咸,无毒。

【主治】吐诸痰饮宿食,酸苦涌泄为阴也(时珍)。

浆水(宋《嘉祐》)

【释名】酸浆。

嘉谟曰:浆,酢也。炊粟米热,投冷水中,浸五六日,味酢,生白花,色类浆,故名。若浸至败者,害人。

【气味】甘、酸,微温,无毒。

宗奭曰:不可同李食,令人霍乱吐利。妊妇勿食,令儿骨瘦。水浆尤不可饮,令绝产。醉后饮之,失音。

【主治】调中引气,宣和强力,通关开胃止渴,霍乱泄利,消宿食。宜作粥薄暮啜之,解烦去睡,调理腑脏。煎令酸,止呕哕,白人肤,体如缯帛(《嘉祐》)。利小便

(时珍)。

水 浆

【发明】震亨曰:浆水性凉善走,故解烦渴而化滞物。

【附方】旧五,新一。霍乱吐下:酸浆水,煎干姜屑,呷之。(《兵部手集》)过食脯腊:筋痛闷绝。浆水煮粥,人少鹰屎,和食。(孙真人方)滑胎易产:酸浆水和水少许,顿服。(《产宝》)手指肿痛:浆水入少盐,热渍之,冷即易之。(孙真人方)面上黑子:每夜以暖浆水洗面,以布揩赤,用白檀香磨汁涂之。(《外台秘要》)骨哽在咽:磁石(火煅醋淬)、陈橘红(焙)、多年浆水脚(炒),等分为末,别以浆水脚和丸芡子大,每含咽一丸。(《圣济录》)

甑气水(《拾遗》)

【主治】以器承取,沭头,长毛发,令黑润;朝朝用梳摩小儿头,久觉有益也(藏器)。

【附方】新一。小儿诸疮,遍身或面上生疮,烂成孔臼,如大人杨梅疮:用蒸糯米时甑蓬四边滴下气水,以盘承取,扫疮上,不数日即效。百药不效者,用之神妙。(《集简方》)

铜壶滴漏水(《纲目》)

【主治】性滑,上可至颠,下可至泉,宜煎四末之药(虞抟)。

三家洗碗水(《拾遗》)

【主治】恶疮久不瘥,煎沸入盐洗之,不过三五度,立效(藏器)。

磨刀水(《纲目》)

【气味】咸,寒,无毒。

时珍曰:洗手则生癣。

【主治】利小便,消热肿(时珍)。

【附方】新五。小便不通:磨刀交股水一盏,服之效。(《集简方》)肛门肿痛,欲作痔疮:急取屠刀磨水服,甚效。(《集简方》)盘肠生产,肠干不上者:以磨刀水少润肠,煎好磁石二杯,温服,自然收上,乃扁鹊方也。蛇咬毒攻入腹:以两刀于水中

相摩,饮其汁。(《救急方》)耳中卒痛:磨刀铁浆,滴入即愈。(《活人心统》)

浸蓝水(《纲目》)

【气味】辛、苦,寒,无毒。

【主治】除热,解毒,杀虫。治误吞水蛭成积,胀痛黄瘦,饮之,取下则愈(时珍)。染布水,疗咽喉病及噎疾,温服一钟,良(时珍)。

【发明】时珍曰:蓝水、染布水,皆取蓝及石灰能杀虫解毒之义。昔有人因醉饮田中水,误吞水蛭,胸腹胀痛,面黄,遍医不效。因宿店中渴甚,误饮此水,大泻数行,平明视之,水蛭无数,其病顿愈也。

猪槽中水(《拾遗》)

【气味】无毒。

【主治】蛊毒,服一盏。又疗蛇咬疮,浸之效(藏器)。

市门溺坑水(《拾遗》)

【气味】无毒。

【主治】止消渴,重者服一小盏,勿令知之,三度瘥(藏器)。

洗手足水(《纲目》)

【主治】病后劳复,或因梳头,或食物复发,取一合饮之,效(《圣惠》)。

洗儿汤(《纲目》)

【主治】胎衣不下,服一盏,勿令知之(《延年秘录》)。

诸水有毒(《拾遗》)

水府龙宫,不可触犯。藏器曰:水之怪魍魉,温峤然犀照水,为神所怒是也。水中有赤脉,不可断之。井水沸溢,不可饮。时珍曰:但于三十步内取青石一块投之,即止。古井眢井不可入,有毒杀人。时珍曰:夏月阴气在下,尤忌之。但以鸡毛投之,盘旋而舞不下者,必有毒也。以热醋数斗投之,则可入矣。古冢亦然。古井不可塞，令人盲聋。阴地流泉有毒，二、八月行人饮之，成瘴疟，损脚力。泽中停水，五、六月有鱼鳖精，人饮之，成瘕病。沙河中水，饮之，令人喑。两山夹水，其人多瘿。流水有声，其人多瘿。花瓶水，饮之杀人。腊梅尤甚。炊汤洗面，令人无颜色；洗体，令人成癣；洗脚，令人疼痛生疮。铜器上汗入食中，令人生疽，发恶疮。冷水沐头，热泔沐头，并成头风，女人尤忌之。水经宿，面上有五色者，有毒，不可洗手。时病后浴冷水，损心胞。盛暑浴冷水，成伤寒。汗后入冷水，成骨痹。时珍曰：顾闵远行，汗后渡水，遂成骨痹痿蹶，数年而死也。产后洗浴，成痉风，多死。酒中饮冷水，成手颤。酒后饮茶水，成酒癖。饮水便睡，成水癖。小儿就瓢及瓶饮水，令语讷。夏月远行，勿以冷水濯足。冬月远行，勿以热汤濯足。

本草纲目火部第六卷

桑柴火

炭火

序例

阳火阴火纲目
燧火纲目
桑柴火纲目
炭火纲目
芦火竹火纲目
艾火纲目
阳燧、火珠附
神针火纲目
火针纲目
灯火纲目
灯花拾遗
烛烬纲目

本草纲目火部第六卷

阳火、阴火(《纲目》)

【集解】李时珍曰:火者五行之一,有气而无质,造化两间,生杀万物,显仁藏用,神妙无穷,火之用其至矣哉。愚尝绎而思之,五行皆一,唯火有二。二者,阴火、阳火也。其纲凡三,其目凡十有二。所谓三者,天火也,地火也,人火也。所谓十有二者,天之火四,地之火五,人之火三也。试申言之,天之阳火二:太阳,真火也;星精,飞火也(赤物暾暾,降则有灾,俗呼火殃)。天之阴火二:龙火也,雷火也(龙口有火光,霹雳之火,神火也)。地之阳火三:钻木之火也,击石之火也,戛金之火也。地之阴火二:石油之火也(见石部石脑油),水中之火也(江湖河海,夜动有火。或云:水神夜出,则有火光)。人之阳火一,丙丁君火也(心、小肠,离火也)。人之阴火二:命门相火也(起于北海,坎火也,游行三焦,寄位肝胆),三昧之火也(纯阳,干火也)。合而言之,阳火六,阴火亦六,共十二焉。诸阳火遇草而焫,得木而燔,可以湿伏,可以水灭。诸阴火不焚草木而流金石,得湿愈焰,遇水益炽。以水折之,则光焰诣天,物穷方止;以火逐之,以灰扑之,则灼性自消,光焰自灭。故人之善反于身者,上体于天而下验于物,则君火相火、正治从治之理,思过半矣。此外又有萧丘之寒火(萧丘在南海中,上有自然之火,春生秋灭。生一种木,但小焦黑。出《抱朴子外篇》。又陆游云:火山军,其地锄耘深入,则有烈焰,不妨种植。亦寒火也),泽中之阳焰(状如火焰,起于水面。出《素问王冰注》),野外之鬼磷(其火色青,其状如炬,或聚或散,俗呼鬼火。或云:诸血之磷光也),金银之精气(凡金银玉宝,皆夜有火光),此皆似火而不能焚物者也。至于樟脑、猾髓,皆能水中发火(樟脑见木部,猾髓见兽部);浓酒、积油。得热气则火自生(烧酒、醇酒,得火气则自焚。油满百石,则火自生。油纸、油衣、油铁,得热蒸激,皆自生火也)。南荒有厌火之民(国近黑昆仑,人能食火炭),食火之兽(《原化记》云:祸斗兽,状如犬而食火,粪复为火,能烧人屋);西戎有食火之鸟(驼鸟,见禽部)。火鸦蝙蝠,能食焰烟;火龟火鼠,生于火地。(火龟见介部龟下,火鼠见兽部鼠下)。此皆五行物理之常,而乍闻者目为怪异,盖未深诣乎此理故尔。复有至人,入水不溺,人火不焚,入金石无碍,步日月无影。斯人也,与道合真,不知其名,谓之至人。蔡九峰只言木火、石火、雷火、水火、虫火、磷火，似未尽该也。

燧火(《纲目》)

【集解】时珍曰：周官司爟氏四时变国火以救时疾，季春出火，季秋纳火，民咸从之。盖人之资于火食者，疾病寿夭生焉。四时钻燧，取新火以为饮食之用，依岁气而使无亢不及，所以救民之时疾也。榆柳先百木而青，故春取之，其火色青。杏枣之木心赤，故夏取之，其火色赤。柞楢之木理白，故秋取之，其火色白。槐檀之木心黑，故冬取之，其火色黑。桑柘之木肌黄，故季夏取之，其火色黄。天文大火之次，于星为心。季春龙见于辰而出火，于时为暑。季秋龙伏于戌而纳火，于时为寒。顺天道而百工之作息皆因之，以免水旱灾祥之流行也。后世寒食禁火，乃季春改火遗意，而俗作介推事，谬矣。《道书》云：灶下灰火谓之伏龙屎，不可爇香事神。

桑柴火(《纲目》)

【主治】痈疽发背不起，瘀肉不腐，及阴疮瘰疬流注，臁疮顽疮，然火吹灭，日灸二次，未溃拔毒止痛，已溃补接阳气，去腐生肌。凡一切补药诸膏，宜此火煎之。但不可点艾，伤肌(时珍)。

火桑柴

【发明】震亨曰：火以畅达拔引郁毒，此从治之法也。

时珍曰：桑木能利关节，养津液。得火则拔引毒气，而祛逐风寒，所以能去腐生新。《抱朴子》云：一切仙药，不得桑煎不服。桑乃箕星之精，能助药力，除风寒痹诸痛，久服终身不患风疾故也。

藏器曰：桑柴火灸蛇，则足见。

炭火(《纲目》)

【集解】时珍曰：烧木为炭。木久则腐，而炭入土不腐者，木有生性，炭无生性也。葬家用炭，能使虫蚁不入，竹木之根自回，亦缘其无生性耳。古者冬至、夏至前二日，垂土炭于衡两端，轻重令匀，阴气至则土重，阳气至则炭重也。

【主治】栎炭火，宜锻炼一切金石药。桴炭火，宜烹煎焙炙百药丸散(时珍)。

火 炭

白炭

［主治］误吞金银铜铁在腹，烧红，急为末，煎汤呷之；甚者，刮末三钱，井水调服，未效再服。又解水银、轻粉毒。带火炭纳水底，能取水银出也。上立炭带之，辟邪恶鬼气。除夜立之户内，亦辟邪恶（时珍）。

【附方】新六。卒然咽噎：炭末蜜丸，含咽。（《千金方》）白虎风痛，日夜走注，百节如啮：炭灰五升，蚯蚓屎一升，红花七捻，和熬。以醋拌之，用故布包二包，更互熨痛处，取效。（《圣惠方》）久近肠风：（下血）。用紧炭三钱，枳壳（烧存性）五钱。为末。每服三钱，五更米饮下一服，天明再服，当日见效。忌油腻毒物。（《普济方》）汤火灼疮：炭末，香油调涂。（《济急方》）白癞头疮：白炭烧红，投沸汤中，温洗之取效。（《百一方》）阴囊湿痒：桴炭、紫苏叶末，扑之。（《经验方》）

芦火、竹火（《纲目》）

【主治】宜煎一切滋补药（时珍）。

【发明】时珍曰：凡服汤药，虽品物专精，修治如法，而煎药者卤莽造次，水火不良，火候失度，则药亦无功。观夫茶味之美恶，饭味之甘餲，皆系于水火烹饪之得失，即可推矣。是以煎药须用小心老成人，以深罐密封，新水活火，先武后文，如法服之，未有不效者。火用陈芦、枯竹，取其不强，不损药力也；桑柴火取其能助药力；桴炭，取其力慢；栎炭，取其力紧；温养用糠及马屎、牛屎者，取其缓而能使药力匀遍也。

艾火（《纲目》）

【主治】灸百病。若灸诸风冷疾，入硫黄末少许，尤良（时珍）。

【发明】时珍曰：凡灸艾火者，宜用阳燧、火珠承日，取太阳真火。其次则钻槐取火，为良。若急卒难备，即用真麻油灯，或蜡烛火，以艾茎烧点于炷，滋润灸疮，至愈不痛也。其戛金、击石、钻燧入木之火，皆不可用。邵子云：火无体，因物以为体，金石之火，烈于草木之火，是矣。八木者，松火，难瘥；柏火，伤神多汗；桑火，伤肌肉；柘火，伤气脉；枣火，伤内吐血；橘火，伤营卫经络；榆火，伤骨失志；竹火，伤筋损目也。《南齐书》载武帝时，有沙门从北齐赍赤火来，其火赤于常火而小，云以疗疾，贵贱争取之,灸至七炷,多得其验。吴兴杨道庆虚疾二十年,灸之即瘥。咸称为圣火,诏禁之不止。不知此火,何物之火也。

【附录】阳燧

时珍曰:火镜也。以铜铸成,其面凹,摩热向日,以艾承之,则得火。《周礼》司烜氏以火燧取明火于日,是矣。

火珠

见石部水精下。

神针火(《纲目》)

【主治】心腹冷痛,风寒湿痹,附骨阴疽,凡在筋骨隐痛者,针之,火气直达病所,甚效(时珍)。

【发明】时珍曰:神针火者,五月五日取东引桃枝,削为木针,如鸡子大,长五六寸,干之。用时以绵纸三五层衬于患处,将针蘸麻油点着,吹灭,乘热针之。又有雷火神针法,用熟蕲艾末一两,乳香、没药、穿山甲、硫黄、雄黄、草乌头、川乌头、桃树皮末各一钱,麝香五分,为末,拌艾,以厚纸裁成条,铺药艾于内,紧卷如指大,长三四寸,收贮瓶内,埋地中七七日,取出。用时,于灯上点着,吹灭,隔纸十层,乘热针于患处,热气直入病处,其效更速。并忌冷水。

火针(《纲目》)

【释名】燔针(《素问》)、淬针(《素问》)、烧针(《伤寒论》)、煨针。

时珍曰:火针者,《素问》所谓燔针、淬针也,张仲景谓之烧针,川蜀人谓之煨针。其法:麻油满盏,以灯草二七茎点灯,将针频涂麻油,灯上烧令通赤用之。不赤或冷,则反损人,且不能去病也。其针须用火箸铁造之为佳。点穴墨记要明白,差则无功。

【主治】风寒筋急挛引痹痛,或瘫痪不仁者,针下疾出,急按孔穴则疼止,不按则疼甚。症块结积冷病者,针下慢出,仍转动,以发出污浊。痈疽发背有脓无头者,针令脓溃,勿按孔穴。凡用火针,太深则伤经络,太浅则不能去病,要在消息得中。针后发热恶寒,此为中病。凡面上及夏月湿热在两脚时,皆不可用此(时珍)。

【发明】时珍曰:《素问》云:病在筋,调之筋,燔针劫刺其下,及筋急者。病在骨,调之骨,淬针药熨之。又《灵枢经》叙十二经筋所发者痹痛,皆云治在燔针劫刺,以知为度,以痛为输。又云:经筋之病,寒则反折筋急,热则纵弛不收,阴痿不用。

淬刺者，淬寒急也。纵缓不收者，无用燔针。观此，则燔针乃为筋寒而急者设，以热治寒，正治之法也。而后世以针积块，亦假火气以散寒涸，而发出污浊也。或又以治痈疽者，则是以从治之法，溃泄其毒气也。而昧者以治伤寒热病，则非矣。张仲景云：太阳伤寒，加温针必发惊。营气微者，加烧针则血流不行，更发热而烦躁。太阳病，下之，心下痞，表里俱虚，阴阳俱竭，复加烧针，胸烦、面色青黄、肤润者，难治。此皆用针者不知往哲设针之理，而谬用以致害人也。又凡肝虚目昏多泪，或风赤，及生翳膜顽厚，或病后生白膜失明，或五脏虚劳风热，上冲于目生翳，并宜熨烙之法。盖气血得温则宣流，得寒则凝涩故也。其法用平头针如翳大小，烧赤，轻轻当翳中烙之，烙后翳破，即用除翳药敷点。

灯火(《纲目》)

【主治】小儿惊风、昏迷、搐搦、窜视诸病。又治头风胀痛，视头额太阳络脉盛处，以灯心蘸麻油点灯淬之，良。外痔肿痛者，亦淬之。油能去风解毒，火能通经也。小儿初生，因冒寒气欲绝者，勿断脐，急烘絮包之，将胎衣烘热，用灯炷于脐下，往来燎之，暖气入腹内，气回自苏。又烧铜匙柄熨烙眼弦内，去风退赤，甚妙(时珍)。

【发明】时珍曰：凡灯唯胡麻油、苏子油然者，能明目治病。其诸鱼油、诸禽兽油、诸菜子油、棉花子油、桐油、豆油、石脑油诸灯烟，皆能损目，亦不治病也。

【附方】新七。搅肠沙痛：阴阳腹痛，手足冷，但身上有红点。以灯草蘸油点火，淬于点上(《济急方》)。小儿诸惊：仰向后者，灯火淬其囟门、两眉际之上下。眼翻不下者，淬其脐之上下。不省人事者，淬其手心、足心之上下。手拳不开、目往上者，淬其顶心、两手心。撮口出白沫者，淬其口上下、手足心。(《小儿惊风秘诀》)百虫咬伤：以灯火熏之，出水妙。(《济急方》)杨梅毒疮：方广《心法附余》：用铅汞结砂、银朱各二钱，白花蛇一钱。为末，作纸捻七条。初日用三条，自后日用一条，香油点灯于烘炉中，放被内盖卧，勿透风。须食饱口含椒茶，热则吐去，再含。神灯熏法：用银朱二钱，孩儿茶、龙挂香、皂角子各一钱，为末，以纸卷作灯心大，长三寸。每用一条，安灯盏内，香油浸点，置水桶中，以被围坐，用鼻吸烟咽之，口含冷茶，热则吐去。日熏二次。三日后口中破皮，以陈酱水漱之。神灯照法：治杨梅疮，年久破烂坑陷者。用银朱、水粉、线香各三钱，乳香、没药各五分，片脑二分。为末，以纸卷作捻，浸油点灯照疮，日三次，七日见效。须先服通圣散数帖，临时口含椒茶，以防毒气入齿也。年深疥癣，遍身延蔓者：硫黄、艾叶研匀作捻，浸油点灯，于被中熏之。以油涂口鼻耳目，露之。(《集玄方》)

灯花(《拾遗》)

【气味】缺。

【主治】敷金疮,止血生肉(藏器)。小儿邪热在心,夜啼不止.以二三颗灯心汤调,抹乳吮之(时珍)。

【发明】时珍曰:昔陆贾言灯花爆而百事喜,《汉书·艺文志》有占灯花术,则灯花固灵物也。钱乙用治夜啼,其亦取此义乎?我明宗室富顺王一孙,嗜灯花,但闻其气,即哭索不已。时珍诊之,曰:此癖也。以杀虫治癖之药丸服,一料而愈。

烛烬(《纲目》)

【集解】时珍曰:烛有蜜蜡烛、虫蜡烛、柏油烛、牛脂烛,唯蜜蜡、柏油者,烬可入药。

【气味】缺。

【主治】疔肿,同胡麻、针砂等分,为末,和醋敷之。治九漏,同阴干马齿苋等分,为末,以泔水洗净,和腊猪脂敷之。日三上(时珍)。

本草纲目土部第七卷

序例

白垩(《本经》下品)
甘土(《拾遗》)
赤土(《纲目》)
黄土(《拾遗》)
东壁土(《别录》下品)
太阳土(《纲目》)
天子藉田三推犁下土(《拾遗》)
道中热土(《拾遗》)
车辇土(《拾遗》)
市门土(《拾遗》)
户限下土(《拾遗》)
千步峰(《纲目》)
鞋底下土(《拾遗》)
柱下土(《拾遗》)
床脚下土(《拾遗》)
烧尸场上土(《纲目》)
冢上土(《拾遗》)
桑根下土(《拾遗》)
胡燕窠土(《拾遗》)
百舌窠中土(《拾遗》)
土蜂窠(《拾遗》)
蜣螂转丸(《拾遗》)
鬼屎(《拾遗》)
鼠壤土(《拾遗》)
鼢鼠壤土(《拾遗》)
屋内墉下虫尘土(《拾遗》)
蚁垤土(《拾遗》)
白蚁泥(《纲目》)
蚯蚓泥(《纲目》)
螺蛳泥(《纲目》)
白鳝泥(《纲目》)
猪槽上垢土(《拾遗》)
犬尿泥(《纲目》)
驴尿泥(《拾遗》)
尿坑泥(《纲目》)
粪坑底泥(《纲目》)
檐溜下泥(《纲目》)
田中泥(《纲目》)
井底泥(《证类》)
乌爹泥(《纲目》)
弹丸土(《拾遗》)
自然灰(《拾遗》)
伏龙肝(《别录》下品)
土墼(《纲目》)
甘锅(《纲目》)
砂锅(《纲目》)
白瓷器(《唐本草》)
乌古瓦(《唐本草》)
古砖(《拾遗》)
烟胶(《纲目》)
墨(宋《开宝》)
釜脐墨(《四声》)
百草霜(《纲目》)
梁上尘(《唐本草》)
门臼尘(《纲目》)
寡妇床头尘土(《拾遗》)
瓷瓯中白灰(《拾遗》)
香炉灰(《纲目》)
锻灶灰(《别录》下品)
冬灰(《本经》下品)
石硷(《补遗》)

本草纲目土部第七卷

白垩(《本经》下品)

【释名】白善土(《别录》)、白土粉(《衍义》)、画粉。

时珍曰:土以黄为正色,则白者为恶色,故名垩。后人讳之,呼为白善。

【集解】《别录》曰:白垩,生邯郸山谷。采无时。

弘景曰:即今画家用者,甚多而贱,俗方稀用。

颂曰:胡居士云:始兴小桂县晋阳乡有白善,而今处处皆有之,人家往往用以浣衣。《西山经》云:大次之山,其阳多垩。《中山经》云:葱聋之山,其中有大谷,多白、黑、青、黄、垩。垩有五色,入药唯白者耳。

宗奭曰:白善土,京师谓之白土子,切成方块,卖于人浣衣。

时珍曰:白土处处有之,用烧白瓷器坯者。

【修治】敩曰:凡使,勿用色青并底白者,捣筛末,以盐汤飞过,曝干用,则免结涩人肠也。每垩二两,用盐一分。

大明曰:入药烧用,不入汤饮。

【气味】苦,温,无毒。

《别录》曰:辛,无毒。不可久服。伤五脏,令人羸瘦。

权曰:甘,平,温暖。

【主治】女子寒热癥瘕,月闭积聚(《本经》)。阴肿痛,漏下,无子,泄痢(《别录》)。疗女子血结,涩肠止痢(甄权)。治鼻洪吐血,痔瘘泄精,男子水脏冷,女子子宫冷(大明)。合王瓜等分,为末,汤点二钱服,治头痛(宗奭)。

【发明】时珍曰:诸土皆能胜湿补脾,而白垩土,则兼入气分也。

【附方】新九。衄血不止:白土末五钱,井华水调服,二服除根。(《瑞竹堂方》)水泄不化,日夜不止:白垩(煅)、干姜(炮)各一两,楮叶(生研二两)。为末,糊丸绿豆大。每米饮下二十丸。(《普济方》)翻胃吐食,男妇皆治:白善土(煅赤,以米醋一升淬之,再煅再淬,醋干为度),取一两(研),干姜二钱半(炮)。为末。每服一钱,调下。服至一斤以上为妙。(《千金翼》)卒暴咳嗽:白善土粉、白矾各一两。为末,姜汁糊丸梧子大。临卧姜汤服二十丸。(《普济方》)风赤烂眼,倒睫拳毛。华佗方:用白土一两,铜青一钱。为末。每以半钱泡汤洗。《乾坤生意》:加焰硝半两。为末,汤泡杏仁杵,和丸皂子大。每用凉水浸一丸,洗眼。(《乾坤秘韫》)小儿热丹:白土一分,寒水石半两。为末。新水调涂。(钱乙《小儿方》)痱子瘙痒:旧屋梁上刮赤白垩末,敷之。(《普济方》)代指肿痛:猪膏和白善土,敷之。(《肘后方》)臁疮不干:白善土煅研末,生油调搽。(《集玄方》)

甘土(《拾遗》)

【集解】藏器曰:甘土,出安西及东京龙门。土底澄取之,洗腻服如灰,水和涂衣,去油垢。

【气味】无毒。

【主治】草药及诸菌毒,热汤调末服之(藏器)。

赤土(《纲目》)

【气味】甘,温,无毒。

【主治】主汤火伤,研末涂之(时珍)。

【附方】新三。牙宣疳䘌:赤土、荆芥叶同研,揩之,日三次。(《普济方》)风疹瘙痒甚不能忍者:赤土研末,空心温酒服一钱。(《御药院方》)身面印文刺破:以醋调赤土敷之,干又易,以黑灭为度。(《千金方》)

土　赤

黄土(《拾遗》)

【释名】藏器曰:张司空言:三尺以上,曰粪;三尺以下,曰土。凡用,当去上恶物,勿令入客水。

【气味】甘,平,无毒。

藏器曰:土气久触,令人面黄。掘土犯地脉,令人上气身肿。掘土犯神杀,令人生肿毒。

【主治】泄痢冷热赤白,腹内热毒绞结痛。下血。取干土,水煮三、五沸,绞去滓,暖服一、二升。又解诸药毒,中肉毒,合口椒毒,野菌毒(藏器)。

【发明】时珍曰:按刘跂《钱乙传》云:元丰中,皇子仪国公病瘛疭,国医未能治,长公主举乙入,进黄土汤而愈。神宗召见,问黄土愈疾之状。乙对曰:以土胜水,木得其平,则风自退尔。上悦,擢太医丞。又《夷坚志》云:吴少师得疾,数月消瘦,每日饮食入咽，如万虫攒攻，且痒且病，皆以为劳瘵，迎明医张锐诊之。锐令明旦勿食，遣卒诣十里外，取行路黄土至，以温酒二升搅之，投药百粒饮之。觉痛几不堪，及登溷，下马蝗千余，宛转，其半已困死，吴亦惫甚，调理三日乃安。因言夏月出师，燥渴，饮涧水一杯，似有物入咽，遂得此病。锐曰：虫入人脏，势必孳生，饥则聚咂精血，饱则散处脏腑。苟知杀之而不能扫取，终无益也。是以请公枵腹以诱之，虫久不得土味，又喜酒，故乘饥毕集，一洗而空之。公大喜，厚赂谢之，以礼送归。

【附方】旧二，新十。小儿吃土：用干黄土一块，研末，浓煎黄连汤调下。《救急方》乌纱惊风：小儿惊风，遍身都乌者。急推向下，将黄土一碗，捣末，入久醋一钟，炒热包定熨之，引下至足，刺破为妙。（《小儿秘诀》）卒患心痛：画地作王字，撮取中央土，水和一升服，良。（陈藏器《本草》）目卒无见：黄土搅水中，澄清洗之。（《肘后方》）牛马肉毒及肝毒：取好土三升，水煮，清一升服，即愈。一方：入头发寸截和之，发皆贯肝而出也。（《肘后方》）内痔痛肿：朝阳黄土、黄连末、皮硝各一两。用猪胆汁同研如泥，每日旋丸枣大，纳入肛内，过一夜，随大便去之。内服乌梅、黄连二味丸药。（孙氏《集效方》）颠扑欲死，一切伤损，从高坠下，及木石所迮，落马扑车，淤血凝滞，气绝欲死者，亦活：用净土五升蒸热，以故布重裹作二包，更互熨之。勿大热，恐破肉，取痛止则已，神效之方。（孙真人《千金方》）杖疮未破：干黄土末，童尿入鸡子清调涂刷上，干即上，随以热水洗去，复刷复洗，数十次，以紫转红为度。仍刷两胯，以防血攻阴也。（《摄生方》）汤火伤灼：醋调黄土，涂之。（《谈野翁方》）蜈蚣螫伤：画地作王字，内取土掺之，即愈。（《集简方》）蜂蚁叮螫：反手取地上土敷之，或入醋调。（《千金方》）蠼螋尿疮：画地作蠼螋形，以刀细取腹中土，唾和涂之，再涂即愈。孙真人云：予得此疾，经五、六日不愈，或教此法，遂瘳。乃知万物相感，莫晓其由也。（《千金方》）

铸钟黄土（《拾遗》）

【主治】卒心痛，疰忤恶气，温酒服一钱（藏器）。

铸铧鉏孔中黄土（《拾遗》）

【主治】丈夫阴囊湿痒，及阴汗，细末扑之（藏器）。

东壁土（《别录》下品）

【气味】甘，温，无毒。

【主治】下部疮，脱肛（《别录》）。止泄痢霍乱烦闷（藏器）。温疟，点目去翳。同蚬壳为末，敷豌豆疮（甄权）。疗小儿风脐（弘景）。摩干、湿二癣，极效（苏恭）。

【发明】弘景曰：此屋之东壁上土也，常先见日故尔。又可除油垢衣，胜石灰、滑石。

藏器曰:取其向阳久干也。

宗奭曰:久干之说不然。盖东壁先得太阳真火烘炙,故治瘟疫。初出少火之气壮,及当午则壮火之气衰,故不用南壁而用东壁。

时珍曰:昔一女,忽嗜河中污泥,日食数碗。玉田隐者以壁间败土调水饮之,遂愈。又凡脾胃湿多,吐泻霍乱者,以东壁土,新汲水搅化,澄清服之,即止。盖脾主土,喜燥而恶湿,故取太阳真火所照之土,引真火生发之气,补土而胜湿,则吐泻自止也。《岭南方》治瘴疟香椿散内用南壁土,近方治反胃呕吐用西壁土者,或取太阳离火所照之气,或取西方收敛之气,然皆不过借气补脾胃也。

【附方】旧三,新九。急心痛:五十年陈壁土、枯矾各二钱。为末,蜜丸,艾汤服。(《集玄方》)霍乱烦闷:向阳壁土,煮汁服。(《圣济录》)药毒烦闷欲死者。东壁土调水三升,顿饮之。(《肘后方》)解乌头毒:不拘川乌、草乌毒。用多年陈壁土,泡汤服之。冷水亦可。(《通变要法》)六畜肉毒:东壁土末,水服一钱,即安。(《集玄方》)目中翳膜:东壁土细末,日点之,泪出佳。(《肘后方》)肛门凸出:故屋东壁上土一升,研末,以长皂荚挹末粉之,仍炙皂荚,更互熨之。(《外台秘要》)痱子瘙痒:干壁土末敷之,随手愈。(《普济方》)耳疮唇疮:东壁土和胡粉敷之。(《救急方》)疬破经年,脓水不绝:用百年茅屋厨中壁土为末,入轻粉调敷,半月即干愈。(《永类方》)诸般恶疮:拔毒散:东墙上土、大黄等分。为末,用无根井华水调搽,干再上。(《瑞竹堂方》)发背痈疖:多年烟熏壁土、黄檗等分,为末。姜汁拌调摊贴之,更以茅香汤调服一钱匕。(《经验方》)

太阳土(《纲目》)

【主治】人家动土犯禁,主小儿病气喘,但按九宫,看太阳在何宫,取其土煎汤饮之,喘即定(时珍。出《正传》)。

【附录】执日天星上土

藏器曰:取和薰草、柏叶以涂门户,方一尺,令盗贼不来。

执日六癸上土

时珍曰:《抱朴子》云:常以执日取六癸上土、市南门土、岁破土、月建土,合作人,着朱鸟地上,辟盗。

二月上壬日土

藏器曰:泥屋之四角,宜蚕。

清明日戌上土

时珍曰:同狗毛作泥,涂房户内孔穴,蛇鼠诸虫永不入。

神后土

时珍曰:逐月旦日取泥屋之四角,及塞鼠穴,一年鼠皆绝迹,此李处士禁鼠法也。神后,正月起申,顺行十二辰。

天子藉田三推犁下土(《拾遗》)

【释名】时珍曰:《月令》:天子以元日祈谷于上帝,亲载耒耜,率三公、九卿、诸侯、大夫躬耕。天子三推,三公五推,卿、诸侯九推。反执爵于太寝,命曰劳酒。

【气味】无毒。

【主治】水服,主惊悸癫邪,安神定魄强志。藏之,入官不惧,利见大官,宜婚市。王者封禅五色土次之(藏器)。

【附录】社稷坛土

藏器曰:牧宰临官,自取涂门户,令盗贼不入境也。

春牛土

藏器曰:收角上土置户上,令人宜田。

时珍曰:宋时立春日进春牛,御药院取牛睛以充眼药。今人鞭春时,庶民争取牛土,云宜蚕;取土撒檐下,云辟蚰蜒。

富家土

藏器曰:七月丑日,取中庭土泥灶,令人富。勿令人知。

时珍曰:除日取富家田中土泥灶,招吉。

亭部中土

时珍曰:取作泥涂灶,水火盗贼不经;涂屋四角,鼠不食蚕;涂仓囷,鼠不食稻;塞穴百日,鼠皆绝去。出《阴阳杂书》云。

道中热土(《拾遗》)

【主治】夏月暍死,以土积心口,少冷即易,气通则苏(藏器)。亦可以热土围脐旁，令人尿脐中；仍用热土、大蒜等分，捣水去滓灌之，即活（时珍）。

十字道上土

【主治】主头面黄烂疮，同灶下土等分敷之（时珍）。

车辇土（《拾遗》）

【主治】恶疮出黄汁，取盐车边脂角上土涂之（藏器）。行人暍死，取车轮土五钱，水调澄清服，一碗即苏。又小儿初生。无肤色赤，因受胎未得土气也。取车辇土碾敷之，三日后生肤（时珍）。

市门土（《拾遗》）

【释名】时珍曰：日中为市之处门栅也。

【气味】无毒。

【主治】妇人易产，入月带之。产时，酒服一钱（藏器）。

户限下土（《拾遗》）

【释名】时珍曰：限，即门阈也。

【气味】无毒。

【主治】产后腹痛，热酒服一钱。又治吹奶，和雄雀粪，暖酒服方寸匕（藏器）。

千步峰（《纲目》）

【集解】时珍曰：此人家行步地上高起土也，乃人往来鞋履沾积而成者。技家言人宅有此，主兴旺。

【主治】便毒初发，用生姜蘸醋，磨泥涂之（时珍）。

鞋底下土（《拾遗》）

【主治】适他方不伏水土，刮下，和水服，即止（藏器）。

柱下土（《拾遗》）

【气味】无毒。

【主治】腹痛暴卒，水服方寸匕（藏器）。胎衣不下，取宅中柱下土，研末，鸡子清和服之（思邈）。

床脚下土（《拾遗》）

【主治】猘犬咬，和水敷之，灸七壮（藏器）。

烧尸场上土（《纲目》）

【主治】邪疟，取带黑土同葱捣作丸，塞耳，或系膊上，即止。男左女右（时珍）。

【附方】新四。好魇多梦：烧人灰，置枕中、履中，自止。（《本草拾遗》）尸厥猝死，不知人者：烧尸场土二、三钱，擂细，汤泡灌之，即活。如无，以灶心土代之。（何氏方），小儿夜啼：烧尸场土，置枕边。（《集简方》）脚底多汗：烧人场上土，铺于鞋底内蹉之。灰亦可。（《集玄方》）

冢上土（《拾遗》）

【主治】瘟疫。五月一日，取土或砖石，入瓦器中，埋着门外阶下，合家不患时气。又正旦取古冢砖，咒悬大门上，一年无疫疾（藏器）。

【附方】新一。肠痈：死人冢上土，作泥涂之，良。（《千金方》）

桑根下土（《拾遗》）

【主治】中恶风、恶水而肉肿者，水和敷上，灸二三十壮，热气透入，即平（藏器）。

胡燕窠土（《拾遗》）

【气味】无毒。

【主治】同屎。作汤，浴小儿，去惊邪（弘景）。主风瘙瘾疹，及恶刺疮，浸淫瘑疮绕身至心者死，并水和敷之，三两日瘥（藏器）。治口吻白秃诸疮（时珍）。

【附方】旧三，新八。湿瘑疥疮：胡燕窠大者，用抱子处土，为末。以淡盐汤洗拭，干敷之，日一上。（《小品方》）黄水肥疮：燕窠土一分，麝香半分。研敷之。（《善济方》）浸淫湿疮：发于心下者，不早治杀人。用胡燕窠中土，研末，水和敷。（葛氏）口角烂疮：燕窠泥敷之，良。（《救急方》）白秃头疮：百年屋下燕窠泥、蠮螉窠。研末，剃后麻油调搽。(《圣济录》)蠼螋尿疮绕身汁出：以燕窠中土和猪脂、苦酒敷之。(《外台秘要》)瘭疽恶疮，着手足肩背，累累如赤豆，出汁：剥痂，以温醋、米泔洗净，用胡燕窠土和百日男儿屎，敷之。(《千金方》)皮肤中毒：名症疰。用醋和燕窠土敷之。(《千金方》)风瘙瘾疹：胡燕窠土，水和敷之。(《千金方》)小儿丹毒：向阳燕窠土，为末，鸡子白和敷。(《卫生易简方》)一切恶疮：燕窠内外泥粪，研细，油调搽。一加黄檗末。(《瑞竹堂方》)

百舌窠中土(《拾遗》)

【主治】蚯蚓及诸恶虫咬疮，醋调敷之(藏器)。

土蜂窠(《拾遗》)

【释名】蠮螉窠。

时珍曰：即细腰蜂也。

【气味】甘，平，无毒。

【主治】痈肿风头(《别录》)。小儿霍乱吐泻，炙研，乳汁服一钱(《圣惠》)。醋调涂肿毒，及蜘蛛咬(藏器)。醋调涂蜂虿毒(宗奭)。治疔肿乳蛾，妇人难产(时珍)。

【附方】新六。女人难产：土蜂儿窠，水泡汤饮之。取时逢单是男，双是女，最验。(《妇人良方》)肿毒焮痛：陈藏器《本草》：用醋和泥蜂窠，涂之。《直指》：加川乌头等分，云未结则散，已结则破也。疔疮肿痛：土蜂窠(煅)、蛇皮(烧)等分。酒服一钱。(《直指方》)咽喉乳蛾：土蜂窠一个。为末。先用楮叶擦破病人舌，令血出。以醋和末，用翎点之。令痰涎出为效。后用扁竹根擂水服数口，取利。(《瑞竹堂方》)手足发指毒痛不可忍：用壁间泥蜂窠为末，入乳香少许研匀，以醋调涂，干即以醋润之。(《奇效方》)蠼螋尿疮：螟蛉窠，水调敷之。(《集玄方》)

蜣螂转丸(《拾遗》)

【释名】土硝。

藏器曰：此蜣螂所推丸也。藏在土中，掘地得之，正圆如人捻作，弥久者佳。

【气味】咸、苦，大寒，无毒。

【主治】汤淋绞汁服，疗伤寒时气，黄疸烦热，及霍乱吐泻。烧存性酒服，治项瘿。涂一切瘘疮(藏器)。

鬼屎(《拾遗》)

【集解】藏器曰:生阴湿地,如屎,亦如地钱,黄白色。

【主治】人马反花疮,刮取,和油涂之(藏器)。

鼠壤土(《拾遗》)

【释名】时珍曰:柔而无块曰壤。

【主治】中风筋骨不随,冷痹骨节疼,手足拘急,风掣痛,偏枯死肌,多收曝干,蒸热袋盛,更互熨之(藏器)。小儿尿和,涂疗肿(思邈)。

鼢鼠壤土(《拾遗》)

土壤鼠鼢

【集解】藏器曰:此是田中尖嘴小鼠也。阴穿地中,不能见日。

【主治】鬼疰气痛,秫米泔汁和作饼。烧热绵裹熨之。又主肿毒,和醋敷之,极效(藏器)。孕妇腹内钟鸣,研末二钱,麝香汤下,立愈(时珍)。

屋内壖下虫尘土(《拾遗》)

【释名】时珍曰:壖音软平声。河边地及垣下地,皆谓之壖。

【主治】恶疮久不干,油调敷之(藏器)。

蚁垤土(《拾遗》)

【释名】蚁封。

时珍曰:垤,音迭,高起也。封,聚土也。

【主治】狐刺疮,取七粒和醋搽。又死胎在腹,及胞衣不下,炒三升,囊盛,拓心下,自出也(藏器)。

白蚁泥(《纲目》)

【主治】恶疮肿毒，用松木上者，同黄丹各炒黑，研和香油涂之，取愈乃止(时珍)。

蚯蚓泥(《纲目》)

【释名】蚓蝼(音娄)、六一泥。

【气味】甘、酸，寒，无毒。

【主治】赤白久热痢，取一升炒烟尽，沃汁半升，滤净饮之(藏器)。小儿阴囊忽虚热肿痛，以生甘草汁入轻粉末调涂之。以盐研敷疮，去热毒，及蛇犬伤(《日华》)。敷狂犬伤，出犬毛，神效(苏恭)。

【附方】旧五，新十七。断截热疟：邵氏《青囊方》：用五月五日午时取蚯蚓粪，以面和丸梧子大，朱砂为衣。每服三丸，无根水下。忌生冷，即止。皆效。或加菖蒲末、独蒜头同丸。伤寒谵语：蚯蚓屎，凉水调服。(《简便方》)小便不通：蚯蚓粪、朴硝等分。水和敷脐下，即通。(《皆效方》)小儿吐乳：取田中地龙粪一两，研末，空心以米汤服半钱，不过二、三服效。(《圣惠方》)小儿卵肿：地龙粪，以薄荷汁和涂之。(危氏《得效方》)妇人吹乳：用韭地中蚯蚓屎，研细筛过，米醋调，厚敷，干则换，三次即愈。凉水调亦可。(蔺氏《经验方》)时行腮肿：柏叶汁，调蚯蚓泥涂之。(丹溪方)一切丹毒：水和蛐蟮泥敷之。(《外台》)脚心肿痛，因久行久立致者：以水和蚯蚓粪厚敷，一夕即愈。(《永类钤方》)耳后月蚀：烧蚯蚓粪，猪脂和敷。(《子母秘录》)聤耳出水成疮：蚯蚓粪，为末敷之，并吹入。(《千金方》)齿龈宣露：蚯蚓泥，水和成团，煅赤，研末，腊猪脂调敷之，日三。(《千金方》)咽喉骨哽：五月五日午时韭畦中，面东勿语，取蚯蚓泥收之，每用少许，搽喉外，其骨自消，名六一泥。蜈蚣螫伤：蚯蚓泥敷之，效。(《集效方》)金疮困顿：蚯蚓屎末，水服方寸匕，日三服。(《千金方》)解射罔毒：蚯蚓屎末，井水服二方寸匕。(《千金方》)吐血不止：石榴根下地龙粪，研末，新汲水服三钱。(《圣惠》)反胃转食：地龙粪一两，木香三钱，大黄七钱。为末。每服五钱，无根水调服。忌煎煿酒醋椒姜热物。一二服，其效如神。(邵真人《经验方》)燕窝生疮：韭地蛐蟮屎，米泔水和，煅过，入百草霜等分。研末，香油调涂之。(《摘玄方》)小儿头热，鼻塞不通：湿地龙粪研饼，贴囟上，日数易之。(《圣惠方》)足臁烂疮：韭地蚯蚓泥，干研，入轻粉，清油调敷。(《便民图纂》)外肾生疮：蚯蚓屎二分，绿豆粉一分。水研涂之，干又上之。(《便民图纂》)

螺蛳泥(《纲目》)

【气味】性凉。

【主治】反胃吐食,取螺蛳一斗,水浸,取泥晒干,每服一钱,火酒调下(时珍)。

白鳝泥(《纲目》)

【主治】火带疮,水洗取泥炒研,香油调敷(时珍)。

猪槽上垢土(《拾遗》)

【主治】难产,取一合和面半升,乌豆二十颗,煮汁服(藏器)。火焰丹毒,赤黑色,取槽下泥敷之,干又上(时珍)。

犬尿泥(《纲目》)

【主治】妊娠伤寒,令子不落,涂腹上,干即易(时珍)。

驴尿泥(《拾遗》)

【主治】蜘蛛咬敷之(藏器)。

尿坑泥(《纲目》)

【主治】主蜂蝎诸虫咬,取涂之(时珍)。

粪坑底泥(《纲目》)

【主治】发背诸恶疮,阴干为末,新水调敷,其痛立止(时珍)。

【附方】新一。疔肿:粪下土、蝉蜕、全蝎等分。捣作钱大饼,香油煎滚,温服。以滓敷疮四围,疔自出也。(《圣济总录》)

檐溜下泥(《纲目》)

【主治】猪咬,蜂螫、蚁叮、蛇伤毒,并取涂之。又和羊脂,涂肿毒、丹毒(时珍)。

【附方】新一。蝎虿螫叮：蝎有雌雄：雄者痛在一处，以井底泥封之，干则易；雌者痛牵诸处，以瓦沟下泥封之。若无雨，以新汲水，从屋上淋下取泥。（《肘后方》）

田中泥（《纲目》）

【主治】马蝗入人耳，取一盆枕耳边，闻气自出。人误吞马蝗入腹者，酒和一、二升服，当利出（时珍）。

井底泥（《证类》）

【气味】至冷。

【主治】涂汤火疮（《证类》）。疗妊娠热病，取敷心下及丹田，可护胎气（时珍）。

【附方】新五。头风热痛：井底泥和大黄、芒硝末，敷之。（《千金方》）胎衣不下：井底泥，以鸡子大，井华水服，即下。（《集玄方》）卧忽不寤：勿以火照，但痛啮其踵及足拇趾甲际，而多唾其面，以井底泥涂其目，令人垂头入井中，呼其姓名，便苏也。（《肘后方》）小儿热疖：井底泥敷其四围。（《谈野翁方》）蜈蚣螫人：井底泥频敷之。（《千金方》）

乌爹泥（《纲目》）

【释名】乌叠泥（《纲目》）、孩儿茶。时珍曰：乌爹，或作乌丁，皆番语，无正字。

【集解】时珍曰：乌爹泥，出南番爪哇、暹罗、老挝诸国，今云南等地造之。云是细茶末入竹筒中，坚塞两头，埋污泥沟中，日久取出，捣汁熬制而成。其块小而润泽者，为上；块大而焦枯者，次之。

【气味】苦、涩，平，无毒。

【主治】清上膈热，化痰生津。涂金疮、一切诸疮，生肌定痛，止血收湿（时珍）。

【附方】新八。鼻渊流水：孩儿茶末，吹之，良。（《本草权度》）牙疳口疮：孩儿茶、硼砂等分。为末搽之。《积德堂方》：治走马牙疳，用孩儿茶、雄黄、贝母等分。为末，米泔漱净搽之。下疳阴疮：外科用孩儿茶末，米泔洗净，敷之神效。或加胡黄连等分。《纂奇方》：孩儿茶一钱，珍珠一分，片脑半分，为末敷之。唐氏用孩儿茶一钱，轻粉一分，片脑一字。为末搽之。痔疮肿痛：孩儿茶、麝香为末，唾津调敷。（孙氏《集效方》）脱肛气热：孩儿茶二分，熊胆五分，片脑一分。为末，人乳搽肛上，热汁自下而肛收也。。亦治痔疮。（董炳方）

弹丸土(《拾遗》)

【主治】妇人难产,热酒服一钱(藏器)。

自然灰(《拾遗》)

【集解】藏器曰:生南海畔,状如黄土,灰可浣衣。琉璃、玛瑙、玉石,以此灰埋之,即烂如泥,至易雕刻。

【主治】白癜风、疬疡风,重淋取汁,和醋敷之。以布揩破乃敷之,为疮勿怪(藏器)。

伏龙肝(《别录》下品)

【释名】灶心土。

弘景曰:此灶中对釜月下黄土也。以灶有神,故号为伏龙肝,并以迂隐其名尔。今人又用广州盐城屑,以疗漏血瘀血,亦是近月之土,盖得火烧之义也。

敩曰:凡使,勿误用灶下土。其伏龙肝,是十年以来,灶额内火气积久自结,如赤色石,中黄,其形貌八棱,取得研细,以水飞过用。

时珍曰:按《广济历》作灶忌日云:伏龙在不可移作。则伏龙者,乃灶神也。《后汉书》言:阴子方腊日晨炊而灶神见形。注云:宜市买猪肝泥灶,令妇孝。则伏龙肝之名义,又取此也。临安陈舆言:砌灶时,纳猪肝一具于土,俟其日久,与土为一,乃用之,始与名符。盖本于此。

《独孤滔丹书》言:伏龙肝取经十年灶下,掘深一尺,有色如紫瓷者是真,可缩贺,伏丹砂。盖亦不知猪肝之义,而用灶下土以为之也。

【气味】辛,微温,无毒。

权曰:咸。

大明曰:热,微毒。

【主治】妇人崩中吐血,止咳逆血。醋调,涂痈肿毒气(《别录》)。止鼻洪,肠风带下,尿血泄精,催生下胞,及小儿夜啼(大明)。治心痛狂癫,风邪蛊毒,妊娠护胎,小儿脐疮重舌,风噤反胃,中恶猝魇,诸疮(时珍)。

【附方】旧十六,新十七。猝中恶气:伏龙肝末,一鸡子大,水服取吐。(《千金方》)魇寐暴绝:灶心对锅底土,研末,水服二钱,更吹入鼻。(《千金方》)中风口噤不语,心烦恍惚,手足不随,或腹中痛满,或时绝而复苏:伏龙肝末五升。水八升,搅,澄清濯之。(《千金方》)狂癫谬乱不识人:伏龙肝末,水服方寸匕，日三服。（《千金方》）小儿夜啼：伏龙肝末二钱，朱砂一钱，麝香少许。为末，蜜丸绿豆大。每服五丸，桃符汤下。（《普济方》）小儿重舌：釜下土，和苦酒涂之。（《千金方》）重舌肿木：伏龙肝末，牛蒡汁调涂之。（《圣惠方》）冷热心痛：伏龙肝末，方寸匕，热以水温，冷以酒服。（《外台秘要》）反胃吐食：灶中土年久者，为末，米饮服三钱，经验。（《百一选方》）猝然咳嗽：釜月土一分，豉七分，捣丸梧桐子大。每饮下四十丸。（《肘后方》）吐血衄血：伏龙肝末半升。新汲水一升，淘汁，和蜜服。（《广利方》）吐血泻血心腹痛：伏龙肝、地垆土、多年烟壁土，等分，每服五钱，水二碗，煎一碗，澄清，空心服，白粥补之。（《普济方》）妇人血漏：伏龙肝半两，阿胶、蚕砂（炒）各一两。为末。每空肚酒服二、三钱，以知为度。（寇氏《衍义》）赤白带下，日久黄瘁，六脉微涩：伏龙肝。（炒令烟尽）、棕榈灰、屋梁上尘。（炒烟尽）等分。为末，入龙脑、麝香各少许，每服三钱，温酒或淡醋汤下。一年者，半月可安。（《大全方》）产后血气攻心痛，恶物不下：用灶中心土研末，酒服二钱，泻出恶物，立效。（《救急方》）妊娠热病：伏龙肝末一鸡子许，水调服之，仍以水和涂脐方寸，干又上。（《伤寒类要》）子死腹中，母气欲绝：伏龙肝末三钱，水调下。（《十全博救方》）横生逆产：灶中心对锅底土，细研。每服一钱，酒调，仍搽母脐中。（《救急方》）胞衣不下：灶下土一寸，醋调，纳脐中，续服甘草汤三、四合。（《产宝》）中诸蛊毒：伏龙肝末一鸡子大，水服取吐。（《千金方》）六畜肉毒：方同上。阴冷发闷，冷气入腹，肿满杀人：釜月下土，和鸡子白敷之。（《千金方》）男阴猝肿：方同上。诸腋狐臭：伏龙肝末，频敷之。（《千金方》）聤耳出汁：绵裹伏龙肝末塞之，日三易。（《圣济录》）小儿脐疮：伏龙肝末敷之。（《圣惠方》）小儿丹毒：多年灶下黄土末，和屋漏水敷之，新汲水亦可，鸡子白或油亦可，干即易。（《肘后方》）小儿热疖：釜下土、生椒末等分。醋和涂之。（《千金方》）臁疮久烂：灶内黄土（年久者，研细）、入黄檗、黄丹、赤石脂、轻粉（末）等分。清油调入，油绢中贴之。勿动，数日愈。纵痒，忍之良。（《济急方》）发背欲死：伏龙肝末，酒调，厚敷之。干即易，平乃止。（《千金》）一切痈肿：伏龙肝，以蒜和作泥，贴之，干再易。或鸡子黄和亦可。（《外台秘要》）杖疮肿痛：釜月下土为末，油和涂之，卧羊皮上，频涂。（《千金方》）灸疮肿痛：灶中黄土末，煮汁淋之。（《千金方》）

土墼（音急。《纲目》）

【释名】煤赭。

时珍曰：此是烧石灰窑中流结土渣也，轻虚而色赭。

【主治】妇人鳖瘕，及头上诸疮。凡人生痰核如指大红肿者，为末，以菜子油调搽，其肿即消；或出脓，以膏药贴之(时珍)。

【附方】新一。白秃腊梨：灰窑内烧过红土墼四两，百草霜一两，雄黄一两，胆矾六钱，榆皮三钱，轻粉一钱。为末，猪胆汁调，剃头后搽之，百发百中，神方也。(《陆氏积德堂方》)

坩锅(《纲目》)

【释名】销金银锅。

吴人收瓷器屑，碓舂为末，筛澄取粉，呼为滓粉，用胶水和剂作锅，以销金银者。

【主治】偏坠疝气，研末，热酒调服二钱。又主炼眉疮、汤火疮，研末，入轻粉少许敷之。锅上黝，烂肉(时珍)。

砂锅(《纲目》)

【集解】时珍曰：沙土埏埴烧成者。

【主治】消积块黄肿，用年久者，研末，水飞过，作丸，每酒服五钱(时珍)。

白瓷器(《唐本草》)

【集解】恭曰：定州者良，余皆不如。

时珍曰：此以白土为坯，坯烧成者，古人以代白垩用。今饶州者，亦良。

【气味】平，无毒。

【主治】妇人带下白崩，止呕吐，破血止血。水磨，涂疮灭瘢(《唐本》)。研末，敷痈肿，可代针。又点目，去翳(时珍)。

【附方】旧二，新七。鼻衄不止：定州白瓷细末，吹少许，立止。(《经验方》)吐血不止：上色白瓷器末二钱，皂荚子仁煎汤下，连服三服，即愈。(《圣济录》)小便淋痛：真定瓷器(煅研)二两，生熟地黄末各一两。每用二钱，木通煎汤服。(《传信适用方》)一切齁齁：处州瓷器为末。发时用二钱，以手指点津液蘸药，点舌下咽之，即效。(《普济方》)目生翳膜：用细料白瓷钟一个，大火煅过，研末，纸筛，加雄黄二分，为末。早晚各点少许，不可多用，牛角簪拨出翳膜为妙。若红，用人退末点四角，即愈。(孙天仁《集效方》)身面白丹：白瓷瓦末，和猪脂涂之。(《梅师方》)赤黑丹疥，或痒或燥，不急治，遍身即死：白瓷末，猪脂和涂之。(《圣济录》)汤火伤灼：《多能鄙事》：用青瓷碗片为末，水飞过，和桐油敷，数次瘥。《活幼口议》：用景德镇瓷器打碎，埋灶内，炭火铺上，一夜取出，去火毒，为末，入黄丹少许敷之，立愈。

乌古瓦(《唐本草》)

【集解】时珍曰:夏桀始以泥坯烧作瓦。

【气味】甘,寒,无毒。

【主治】以水煮及渍汁饮,止消渴,取屋上年深者良(《唐本》)。煎汤服,解人心中大热(甄权)。止小便,煎汁服(大明)。研末,涂汤火伤(藏器)。治折伤,接骨(时珍)。

瓦古烏

【附方】旧一,新六。暑月暍死:屋上两畔瓦,热熨心头,冷即易之。(《千金方》)折伤筋骨:秘传神效散:治跌扑伤损,骨折骨碎,筋断,痛不可忍。此药极能理伤续断,累用累验。用路上墙脚下,往来人便溺处,久碎瓦片一块,洗净火煅,米醋淬五次,黄色为度,刀刮细末。每服三钱,好酒调下。在上食前,在下食后。不可以轻易而贱之,诚神方也。(邵以正真人经验方)汤火伤灼:取多年屋上吻兽为末,油和涂之,立效。(《儒门事亲方》)灸牙痛法:取土底年深,既古且润,三角瓦一块。令三姓童子,候星初出时,指第一星,下火于瓦上灸之。(《本草拾遗》)唇吻生疮:新瓦为末,生油调涂。(《集玄方》)瘢痕凸起:热瓦频熨之。(《千金方》)蜂虿螫伤:瓦摩其上,唾二七遍,置瓦于故处。(《千金》)

古砖(《拾遗》)

【主治】哕气,水煮汁服之。久下白痢虚寒者,秋月小腹多冷者,并烧热,布裹坐之,令热气入腹,良。又治妇人五色带下,以面作煎饼七个,安于烧赤黄砖上,以黄栝蒌敷面上,安布两重,令患者坐之,令药气入腹熏之,当有虫出如蚕子,不过三、五度瘥(藏器)。

【附方】新三。寒湿脚气:砖烧红,以陈臭米泔水淬之,乘热布包三块,用膝夹住,绵被覆之,三、五次愈。(《扶寿方》)赤眼肿痛:新砖浸粪池中,年久取放阴处,生花刷下,入脑子和点之。(《普济方》)臀生湿疮:日以新砖坐之,能去湿气。(《集玄方》)

烟胶(《纲目》)

【集解】时珍曰:此乃熏消牛皮灶上,及烧瓦窑上黑土也。

【主治】头疮白秃,疥疮风癣,痒痛流水,取牛皮灶岸为末,麻油调涂。或和轻粉少许(时珍)。

【附方】新三。牛皮血癣:烟胶三钱,寒水石三钱,白矾二钱,花椒一钱半。为末,腊猪脂调搽。(《积德堂方》)消渴引饮:瓦窑突上黑煤,干似铁屎者,半斤。为末,入生姜四两,同捣,绢袋盛,水五升浸汁,每饮五合。(《圣济录》)胞衣不下:灶突后黑土三指撮,五更酒下。(陈藏器)

墨(宋《开宝》)

【释名】乌金(《纲目》)、陈玄(《纲目》)、玄香(《纲目》)、乌玉块。

时珍曰:古者以黑土为墨,故字从黑土。许慎《说文》云:墨,烟煤所成,土之类也,故从黑土。刘熙《释名》云:墨者,晦也。

【集解】宗奭曰:墨,松之烟也。世有以粟草灰伪为者,不可用;须松烟墨方可入药,唯远烟细者为佳,粗者不可用。今高丽国所魄墨于中国,不知何物合,不宜入药。鄜延有石油,其烟甚浓,其煤可为墨,黑光如漆,不可入药。

时珍曰:上墨,以松烟用梣皮汁解胶和造,或加香药等物。今人多以窑突中墨烟,再三以麻油入内,用火烧过造墨,谓之墨烟;墨光虽黑,而非松烟矣,用者详之。石墨见石炭下。乌贼鱼腹中有墨,马之宝墨,各见本条。

【气味】辛,温,无毒。

【主治】止血,生肌肤,合金疮,治产后血运,崩中猝下血,醋磨服之。又止血痢,及小儿客忤,捣筛温水服之。又眯目物芒入目,点摩瞳子上(《开宝》)。利小便,通月经,治痈肿(时珍)。

【发明】震亨曰:墨属金而有火,入药甚健,性又能止血。

【附方】旧十,新六。吐血不止:金墨磨汁,同莱菔汁饮。或生地黄汁亦可。(《集简方》)衄血不止,眩冒欲死:浓墨汁滴入鼻中。(《梅师方》)热病衄血:出数升者。取好墨为末,鸡子白丸梧子大。用生地黄汁下一、二十丸,少顷再服,仍以葱汁磨墨,滴入鼻内,即止。外台秘要。大小便血:好墨细未二钱,阿胶化汤调服。热多者尤相宜。(寇氏《本草衍义》)卒淋不通:好墨烧一两,为末。每服一字,温水服之。(《普济方》)赤白下痢:姜墨丸:用干姜、好墨各五两,为末,醋浆和丸梧子大。每服三、四十丸,米饮下,日夜六、七服愈。肘后方。崩中漏下青黄赤白,使人无子:好墨一钱,水服,日二服。肘后方。堕胎血溢:不止。墨三两,火烧醋淬三次,出火毒,没药一两,为末。每服二钱,醋汤下。(《普济方》)妇人难产:墨一寸,末之,水服立产。(《肘后方》)胎死腹中:新汲水磨金服之。(《普济方》)胞衣不出痛引腰脊:好墨,温酒服二钱。(《肘后方》)痈肿发背:醋磨浓墨涂四围,中以猪胆汁涂之,干又上,一夜即消。(《赵氏方》)客忤中恶多于道间、门外得之,令人心腹绞痛,胀满,气冲心胸,不即治杀人:捣墨,水和服二钱。(《肘后方》)飞丝入目:磨浓墨点之,即出。(《千金方》)尘物入目:方同上。产后血运心闷气绝:以丈夫小便研浓墨一升服。(《子母秘录》)

釜脐墨(《四声》)

【释名】釜月中墨(《四声》)、铛墨(《开宝》)、釜煤(《纲目》)、釜炲(《纲目》),锅底墨。

时珍曰:大者曰釜、曰锅,小者曰铛。

【气味】辛,温,无毒。

【主治】中恶蛊毒,吐血血运,以酒或水温服二钱。亦涂金疮,止血生肌(《开宝》)。消食积,舌肿喉痹口疮,阳毒发狂(时珍)。

【发明】颂曰:古方治伤寒黑奴丸,用釜底墨、灶突墨、梁上尘三物同合诸药,为其功用相近耳。

【附方】旧七,新六。猝心气痛:铛墨二钱,热小便调下。(《千金方》)中恶心痛:铛墨五钱,盐一钱。研匀,热水一盏调下。(《千金方》)转筋入腹:釜底墨末,和酒服一钱。(《肘后方》)霍乱吐下:锅底墨煤半钱,灶额上墨半钱,百沸汤一盏,急搅数千下,以碗覆之,通口服,一二口立止。(《经验方》)吐血咯血:锅底墨炒过,研细,井华水服二钱,连进三服。(《济急方》)妇人逆产:以手中指取釜下墨,交画儿足下,即顺。(《千金方》)产血不下:锅底墨烟,热酒服二钱。(《生生编》)舌猝肿大:如猪脬状,满口,不治杀人。釜墨和酒涂之。(《千金方》)鼻气壅塞:水服釜墨一钱。(《千金方》)鼻中息肉:方同上,三五日愈。(《普济方》)聤耳脓血:月下灰吹满耳,深入无苦,即自出。(《肘后方》)小儿口疮:釜底墨,时时搽之。(《普济方》)手搔疮肿作脓:用锅脐墨研细,清油调搽。(《简便方》)

百草霜(《纲目》)

【释名】灶突墨(《纲目》)、灶额墨。

时珍曰:此乃灶额及烟炉中墨烟也。其质轻细,故谓之霜。

【气味】辛,温,无毒。

【主治】消化积滞,入下食药中用(苏颂)。止上下诸血,妇人崩中带下、胎前产后诸病，伤寒阳毒发狂，黄疸，疟痢，噎膈，咽喉口舌一切诸疮(时珍)。

【发明】时珍曰：百草霜、釜底墨、梁上倒挂尘，皆是烟气结成，但其体质有轻虚结实之异。重者归中下二焦，轻者入心肺之分。古方治阳毒发狂，黑奴丸，三者并用，而内有麻黄、大黄，亦是攻解三焦结热，兼取火化从治之义。其消积滞，亦是取其从化，故疸、膈、疟、痢诸病多用之。其治失血胎产诸病，虽是血见黑则止，亦不离从化之理。

【附方】新二十。衄血不止：百草霜末吹之，立止也。衄血吐血：《刘长春经验方》：治吐血，及伤酒食醉饱，低头掬损肺脏，吐血汗血，口鼻妄行，但声未失者。用乡外人家百草霜末，糯米汤服二钱。一方：百草霜五钱，槐花末二两。每服二钱，茅根汤下。齿缝出血：百草霜末掺之，立止。(《集简方》)妇人崩中：百草霜二钱，狗胆汁拌匀，分作二服，当归酒下。(《经验方》)胎动下血，或胎已死：百草霜二钱，棕灰一钱，伏龙肝五钱。为末。每服一二钱，白汤入酒及童尿调下。(笔峰《杂兴方》)胎前产后，逆生横生，瘦胎，产前产后虚损，月候不调，崩中：百草霜、白芷等分。为末。每服二钱，童子小便、醋各少许调匀，热汤化服，不过二服。(《杜壬方》)妇人白带：百草霜一两，香金墨半两。研末。每服三钱，猪肝一叶，批开入药在内，纸裹煨熟，细嚼，温酒送之。(《永类方》)脏毒下血：百草霜五钱，以米汤调，露一夜，次早空心服。(邵真人《经验方》)暴作泻痢：百草霜末，米饮调下二钱。(《续十全方》)一切痢下：初起一服如神，名铁刷丸。百草霜三钱，金墨一钱，半夏七分，巴豆(煮)十四粒。研匀，黄蜡三钱，同香油化开，和成剂。量大小，每服三五丸，或四五十丸，姜汤下。(《灊江方》)小儿积痢：驻车丸：用百草霜二钱，巴豆(煨去油)一钱。研匀，以飞罗面糊和丸绿豆大。每服三五丸，赤痢，甘草汤下；白痢，米饮下；红白，姜汤下。(《全幼心鉴》)挟热下痢脓血：灶突中墨、黄连各一两。为末。每酒下二钱，日二服。(《圣惠方》)寒热疟疾：方见铅丹下。魇寐猝死：锅底墨，水灌二钱，并吹鼻。(《医说》)尸厥不醒，脉动如故：灶突墨弹丸，浆水和饮，仍针百会、足大趾、中趾甲侧。(《千金方》)咽中结块，不通水食，危困欲死：百草霜，蜜和丸芡子大。每新汲水化一丸灌下。甚者不过二丸，名百灵丸。(《普济方》)鼻疮脓臭：百草霜末，冷水服二钱。(《三因方》)白秃头疮：百草霜和猪脂涂之。(《简便方》)头疮诸疮：以醋汤洗净，百草霜入腻粉少许，生油调涂，立愈。(《证类本草》)瘭疽出汁，着手足肩背，累累如米：用灶突墨、灶屋尘、釜下土研匀。水一斗，煮三沸，取汁洗，日三四度。(《外台秘要》)

梁上尘(《唐本草》)

【释名】倒挂尘名乌龙尾(《纲目》)、烟珠。

【修治】敩曰：凡梁上尘，须去烟火大远，高堂殿上者，拂下，筛净末用。

时珍曰：凡用倒挂尘，烧令烟尽，筛取末入药，雷氏所说，似是梁上灰尘，今人不见用。

【气味】辛、苦，微寒，无毒。

大明曰：平。

【主治】腹痛，噎膈，中恶，鼻衄，小儿软疮（《唐本》）。食积，止金疮血出，齿龈出血（时珍）。

塵上梁

【附方】旧七，新十二。翻胃吐食：梁上尘，黑驴尿调服之。（《集简方》）霍乱吐利：屋下倒挂尘，滚汤泡，澄清服，即止。（《卫生易简方》）小便不通：梁上尘二指撮，水服之。（《外台秘要》）大肠脱肛：乌龙尾即梁上尘，同鼠屎烧烟于桶内，坐上熏之。数次即不脱也。（《济急》）喉痹乳蛾：乌龙尾、枯矾、猪牙皂荚（以盐炒黄）等分。为末。或吹或点皆妙。（《孙氏集效方》）牙疼嗃鼻：壁上扫土，用盐炒过，为末。随左右嗃鼻。（《普济方》）鼻中息肉：梁尘吹之。（《普济方》）夜卧魇死：勿用火照，急取梁尘纳鼻中，即话。（《琐碎录》）猝自缢死：梁上尘如豆大，各纳一筒中，四人同时极力吹两耳及鼻中，即活。（《外台秘要》）经血不止：乌龙尾（炒烟尽）、荆芥穗各半两。为末。每服二钱，茶下。（《圣济录》）妇人胎动，日月未足欲产：梁上尘、灶突墨等分，酒服方寸匕。（《千金方》）横生逆产：梁上尘，酒服方寸匕。（《子母秘录》）妇人妒乳：醋和梁上尘涂之。（《千金方》）石痈不脓：梁上尘灰、葵根茎灰等分。用醋和敷之。（《千金翼》）发背肿痛：厨内倒吊尘，为末。以生葱极嫩心同捣膏敷之，留顶，一日一换，干则以水润之。（《濒湖集简方》）无名恶疮：梁上倒挂尘二条，韭地蚯蚓泥少许。生蜜和捻作饼如钱大，阴干，用蜜水调，频敷之。（杨起《简便方》）小儿头疮，浸淫成片：梁上尘和油瓶下滓，以皂荚汤洗后涂之。（《子母秘录》）小儿赤丹：屋尘和腊猪脂敷之。（《千金方》）老嗽不止：故茅屋上尘，年久着烟火者，和石黄、款冬花、妇人月经衣带为末，水和涂茅上待干，入竹筒中烧烟吸咽，无不瘥也。（陈藏器《本草》）

门臼尘（《纲目》）

【主治】止金疮出血。又诸般毒疮，切蒜蘸擦，至出汗即消（时珍）。

寡妇床头尘土（《拾遗》）

【主治】耳上月割疮，和油涂之（藏器）。

瓷瓯中白灰(《拾遗》)

【集解】藏器曰:瓷器物初烧时,相隔皆以灰为泥,然后烧之。但看瓷里有灰,即收之备用。

【主治】游肿,醋磨敷之(藏器)。

香炉灰(《纲目》)

【主治】跌扑金刃伤损,罨之,止血生肌。香炉岸,主疥疮(时珍)。

锻灶灰(《别录》下品)

【集解】弘景曰:此锻铁灶中灰尔,兼得铁力故也。

【主治】癥瘕坚积,去邪恶气(《别录》)。恭曰:疗暴症有效,古方贰车丸中用之。

【附方】新一。产后阴脱:铁炉中紫尘、羊脂,二味和匀,布裹炙热,熨推纳上。(《徐氏胎产方》)

冬灰(《本经》下品)

【释名】宗奭曰:诸灰一爇而成,其体轻力劣;唯冬灰则经三、四月方撤炉,其灰既晓夕烧灼,其力全燥烈,而体益重故也。

【集解】《别录》曰:冬灰,生方谷川泽。

弘景曰:此即今浣衣黄灰尔,烧诸蒿藜积聚炼作之,性亦烈,荻灰尤烈。

恭曰:冬灰本是藜灰,余草不真。又有青蒿灰、柃灰(一作苓字),乃烧木叶作。并入染家用,亦蚀恶肉。

时珍曰:冬灰,乃冬月灶中所烧薪柴之灰也。专指作蒿藜之灰,亦未必然。原本一名藜灰,生方谷川泽,殊为不通。此灰既不当言川泽,又岂独方谷乃有耶?今人以灰淋汁,取硷浣衣,发面令皙,治疮蚀恶肉,浸蓝靛染青色。

【气味】辛,微温,有毒。

【主治】去黑子、疣、息肉、疽,蚀疥瘙(《本经》)。煮豆食,大下水肿(苏恭)。醋和热灰,熨心腹冷气痛,及血气绞痛,冷即易(藏器)。治犬咬,热灰敷之。又治溺死、冻死,蚀诸痈疽恶肉(时珍)。

【发明】时珍曰:古方治人溺水死,用灶中灰一石埋之,从头至足,唯露七孔,良久即苏。凡蝇溺水死，试以灰埋之，少顷即便活，甚验。盖灰性暖而能拔水也。

【附方】新五。人溺水死：方见上。堕水冻死，只有微气者：勿以火炙，用布袋盛热灰，放在心头，冷即换，待眼开，以温酒与之。（《普济方》）阴冷疼闷，冷气入腹，肿满杀人：醋和热灰，频熨之。（《千金方》）汤火伤灼：饼炉中灰，麻油调敷。不得着水。仍避风（寇氏《衍义》）。犬咬伤人：苦酒和灰敷之，或热汤和之。（《千会方》）

石硷（《补遗》）

【释名】灰硷、花硷。

时珍曰：状如石类硷，故亦得硷名。

【集解】时珍曰：石硷，出山东济宁诸处。彼人采蒿蓼之属，开窖浸水，漉起，晒干烧灰，以原水淋汁，每百引入粉面二、三斤，久则凝淀如石，连汁货之四方，浣衣发面，甚获利也。他处以灶灰淋浓汁，亦去垢发面。

【气味】辛、苦，温，微毒。

【主治】去湿热，止心痛，消痰，磨积块，去食滞，洗涤垢腻，量虚实用，过服损人（震亨）。杀齿虫，去目翳，治噎膈反胃，同石灰烂肌肉，溃痈疽瘰疬，去瘀血，点痣黡疣赘痔核，神效（时珍）。

【附方】新五。多年反胃：方见铅下。消积破气：石硷三钱，山楂三两，阿魏五钱，半夏（皂荚水制过）一两，为末，以阿魏化醋煮糊丸服。（《摘玄方》）一切目疾：石硷拣去黑碎者，厚纸七层，包挂风处，四十九日取，研极细，E日点之。（《普济方》）拳毛倒睫：用刀微划动，以药泥眼胞上，睫自起也。石硷一钱，石灰一钱。醋调涂之。（《摘玄方》）虫牙疼痛：花硷填孔内，立止。（《儒门事亲》）痣黡疣赘：花硷、矿灰（以小麦秆灰汁煎二味令干）等分。为末。以针刺破，水调点之，三日三上，即去，须新合乃效。（《圣济录》）

本草纲目金石部第八卷

本草纲目金石部第八卷

金(《别录》中品)

【校正】并入《拾遗》金浆。

【释名】黄牙(《镜源》)、太真。

金 水

时珍曰:按许慎《说文》云:五金黄为之长,久埋不生衣,百炼不轻,从革不违,生于土,故字左右注,象金在土中之形。《尔雅》云:黄金,谓之璗,美者谓之镠,饼金,谓之钣;绝泽谓之铣。独孤滔云:天生牙谓之黄牙。梵书谓之苏伐罗。

弘景曰:仙方名金为太真。

【集解】《别录》曰:金屑生益州,采无时。

时珍曰:金有山金、沙金二种。其色七青、八黄、九紫、十赤,以赤为足色。和银者性柔,试石则色青;和铜者性硬,试石则有声。《宝货辨疑》云:马蹄金象马蹄,难得。橄榄金出荆湖岭南;胯子金象带胯,出湖南北;瓜子金大如瓜子。麸金如麸片,出湖南等地;沙金细如沙屑,出蜀中;叶子金出云南。《地镜图》云:黄金之气赤,夜有火光及白鼠。或云:山有薤,下有金。凡金曾在冢墓间及为钗钏溲器者,陶隐居谓之辱金,不可合炼。《宝藏论》云:金有二十种。又外国五种。还丹金,出丹穴中,体含丹砂,色尤赤,合丹服之,稀世之宝也。麸金出五溪、汉江,大者如瓜子,小者如麦,性平无毒。山金出交广南韶诸山,衔石而生。马蹄金乃最精者,二蹄一斤。毒金即生金,出交广山石内,赤而有大毒,杀人,炼十余次,毒乃已。此五种皆真金也。水银金、丹砂金、雄黄金、雌黄金、硫黄金、曾青金、石绿

金 山

金、石胆金、母砂金、白锡金、黑铅金，并药制成者。铜金、生铁金、熟铁金、鍮石金，并药点成者。以上十五种，皆假金也，性顽滞有毒。外有五种，乃波斯紫磨金、东夷青金、林邑赤金、西戎金、占城金也。

金屑

【气味】辛，平，有毒。

时珍曰：洗金以盐。骆驼、驴、马脂，皆能柔金。金遇铅则碎，翡翠石能屑金，亦物性相制也。金蛇能解生金毒。晋贾后饮金屑酒而死，则生金有毒可知矣。凡用金箔，须辨出铜箔。

【主治】镇精神，坚骨髓，通利五脏邪气，服之神仙（《别录》）。疗小儿惊伤五脏，风痫失志，镇心安魂魄（甄权）。癫痫风热，上气咳嗽，伤寒肺损吐血，骨蒸劳极作渴，并以箔入丸散服（李珣）。破冷气，除风（青霞子）。

金浆（《拾遗》）

【气味】同金。

【主治】长生神仙。久服，肠中尽为金色（藏器）。

【发明】弘景曰：生金辟恶而有毒，不炼，服之杀人。仙经以醯、蜜及猪肪、牡荆、酒辈炼至柔软，服之成仙，亦以合水银作丹砂。医方都无用者，当是虑其有毒尔。

損之曰：生者杀人，百炼者乃堪服，水银合膏饮即不炼。

颂曰：金屑，古方不见用者，唯作金箔，入药甚便。又古方金石凌、红雪、紫雪辈，皆取金银煮汁，此通用经炼者，假其气尔。

时珍曰：金乃西方之行，性能制木，故疗惊痫风热肝胆之病，而古方罕用，唯服食家言之。

【附方】新五。风眼烂弦：金环烧红，掠上下睑肉，日数次，甚妙。（《集简方》）牙齿风痛：火烧金钗针之，立止。（《集简方》）轻粉破口：凡水肿及疮病，服轻粉后口疮龈烂。金器煮汁频频含漱，能杀粉毒，以愈为度。（《外台秘要》）水银入耳，能蚀人脑：以金枕耳边，自出也。（张仲景方）水银入肉，令人筋挛：唯以金物熨之，水银当出蚀金，候金白色是也，频用取效，此北齐徐王方也。（《本草拾遗》）

银（《别录》中品）

【校正】并入《开宝》生银。

【释名】白金(《纲目》)、鋈。

时珍曰:《尔雅》:白金谓之银,其美者曰镠。《说文》云:鋈,白金也。梵书谓之阿路巴。

银

【集解】《别录》曰:银屑生永昌,采无时。

弘景曰:银之所出处,亦与金同,但是生土中也。炼饵法亦似金。永昌属益州,今属宁州。

恭曰:银与金,生不同处,所在皆有,而以虢州者为胜,此外多铅秽为劣。高丽作帖者,云非银矿所出,然色青不如虢州者。

时珍曰:闽、浙、荆、湖、饶、信、广、滇、贵州诸处,山中皆产银,有矿中炼出者,有沙土中炼出者。其生银,俗称银笋、银牙者也,亦曰出山银。独孤滔《丹房镜源》所谓铅坑中出褐色石,形如笋,打破即白,名曰自然牙,曰自然铅,亦曰生铅,此有变化之道,不堪服食者,是也。《管子》云:上有铅,下有银。《地镜图》云:山有葱,下有银。银之气,入夜正白,流散在地,其精变为白雄鸡。《宝藏论》云:银有十七种,又外国四种。天生牙,生银坑内石缝中,状如乱丝,色红者上,入火紫白如草根者次之,衔黑石者最奇,生乐平、鄱阳产铅之山,一名龙牙,一名龙须,是正生银,无毒,为至药根本也。生银生石矿中,成片块、大小不定,状如硬锡。母砂银,生五溪丹砂穴中,色理红光。黑铅银,得子母之气。此四种为真银。有水银银、草砂银、曾青银、石绿银、雄黄银、雌黄银、硫黄银、胆矾银、灵草银,皆是以药制成者;丹阳银、铜银、铁银、白锡银,皆以药点化者,十三种皆假银也。外有四种:新罗银、波斯银、林邑银、云南银,并精好。

银屑

【修治】弘景曰:医方镇心丸用之,不可正服。为屑,当以水银研,令消也。

恭曰:方家用银屑,取见成银箔,以水银消之为泥,合硝石及盐研为粉,烧出水银,淘去盐石,为粉极细,用之乃佳,不得只磨取屑耳。

时珍曰:入药只用银箔易细,若用水银盐硝制者,反有毒矣。《龙木论》谓之银液。又有锡箔可伪,宜辨之。

【气味】辛,平。有毒。

珣曰:大寒,无毒。详生银下。

【主治】安五脏,定心神,止惊悸,除邪气,久服轻身长年(《别录》)。定志,去惊痫,小儿癫疾狂走(甄权)。破冷除风(青霞子)。银箔:坚骨,镇心明目,去风热癫痫。入丸散用(李珣)。

生银

【气味】辛,寒,无毒。

独孤滔云:铅内银:有毒。

【主治】热狂惊悸,发病恍惚,夜卧不安谵语,邪气鬼祟。服之明目镇心,安神定志。小儿诸热丹毒,并以水磨服之,功胜紫雪(《开宝》)。小儿中恶,热毒烦闷,水磨服之(大明)。煮水,入葱白、粳米作粥食,治胎动不安,漏血(时珍)。

【发明】好古曰:白银属肺。略漏不言。盖生银已发于外,无蕴郁之气,故无毒;矿银蕴于石中,郁结之气全未敷畅,故有毒也。

时珍曰:此说非矣。生银初煎出如缦理,乃其天真,故无毒。熔者投以少铜,则成丝纹金花,铜多则反败银,去铜则复还银。而初入少铜终不能出,作伪者又制以药石铅锡。且古法用水银煎消,制银箔成泥入药,所以银屑有毒。银本无毒,其毒则诸物之毒也。今人用银器饮食,遇毒则变黑;中毒死者,亦以银物探试之,则银之无毒可征矣。其入药,亦是平肝镇怯之义。故《太清服炼书》言:银禀西方辛阴之神,结精为质,性刚戾,服之能伤肝,是也。《抱朴子》言银化水服,可成地仙者,亦方士谬言也,不足信。

【附方】旧二,新四。妊娠腰痛如折者:银一两,水三升,煎二升,服之。(《子母秘录》)胎动欲堕,痛不可忍:银五两,苎根二两。清酒一盏,水一大盏,煎一盏,温服。(《妇人良方》)胎热横闷:生银五两,葱白三寸,阿胶(炒)半两。水一盏,煎服。亦可入糯米,作粥食。(《圣惠方》)风牙疼痛:文银一两,烧红淬烧酒一盏,热漱饮之,立止。(《集简方》)口鼻疳蚀,穿唇透颊:银屑一两,水三升,铜器煎一升,日洗三四次。(《圣济录》)身面赤疵:常以银揩,令热,久久自消。(《千金翼》)

【附录】黄银(《拾遗》)

恭曰:黄银,本草不载,俗云为器辟恶,乃为瑞物。

藏器曰:黄银载在《瑞物图经》,既堪为器,明非瑞物。

时珍曰:按《方勺泊宅编》云:黄银出蜀中,色与金无异,但上石则白色。《熊太古冀越集》云:黄银绝少,道家言鬼神畏之。《六帖》载唐太宗赐房玄龄带云:世传黄银鬼神畏之。《春秋运斗枢》云:人君秉金德而生,则黄银见世。人以输石为黄银,非也。输石,即药成黄铜也。

乌银

藏器曰:今人用硫黄熏银,再宿泻之,则色黑矣。工人用为器。养生者以器煮药,兼于庭中高一、二丈处,夜承露醴饮之,长年辟恶。

矿银脂吝锡

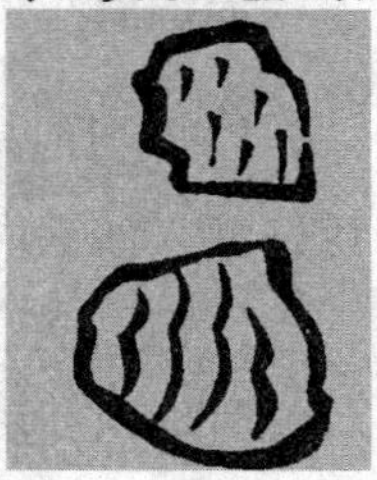

锡吝脂(《纲目》)

【集解】时珍曰:此乃波斯国银矿也,一作悉蔺脂。

【主治】目生翳膜,用火烧铜针轻点,乃敷之,不痛。又主一切风气,及三焦消渴饮水,并入丸药用(时珍)。

【附方】新一。小儿天吊多涎,搐搦不定:锡吝脂一两(水淘黑汁令尽),水银一分(以少枣肉研,不见星),牛黄半分,麝香半分,研匀,粳米饭丸黍米大。每服三十二丸,新汲水下,名保命丹。(《普济方》)

银膏(《唐本草》)

【集解】恭曰:其法用白锡和银薄及水银合成之,凝硬如银,合炼有法。

时珍曰:今方士家有银脆,恐即此物也。

【气味】辛,大寒,有毒。

【主治】热风,心虚惊悸,恍惚狂走,膈上热,头面热,风冲心上下,安神定志,镇心明目,利水道,治人心风健忘,亦补牙齿缺落(苏恭)。

朱砂银(《日华》)

【集解】时珍曰:此乃方士用诸药合朱砂炼制而成者。《鹤顶新书》云:丹砂受青阳之气,始生矿石,二百年成丹砂而青女孕,三百年而成铅,又二百年而成银,又二百年复得太和之气,化而为金。又曰:金公以丹砂为子,是阴中之阳,阳死阴凝,乃成至宝。

【气味】冷,无毒。

大明曰:畏石亭脂、磁石、铁,忌一切血。

【主治】延年益色,镇心安神,止惊悸,辟邪,治中恶蛊毒,心热煎烦,忧忘虚劣(大明)。

赤铜(《唐本草》)

【释名】红铜(《纲目》)、赤金(弘景)、屑名铜落、铜末、铜花、铜粉、铜砂。

时珍曰:铜与金同,故字从金、同也。

赤铜屑

【修治】时珍曰:即打铜落下屑也。或以红铜火煅水淬,亦自落下。以水淘净,用好酒入沙锅内炒见火星,取研末用。

【气味】苦,平,微毒。

时珍曰:苍术粉铜,巴豆、牛脂软铜,慈菇、乳香哑铜,物性然也。

【主治】贼风反折,熬使极热,投酒中,服五合,日三。或以五斤烧赤,纳二斗酒中百遍,如上服之。又治腋臭,以醋和如麦饭,袋盛,先刺腋下脉去血,封之,神效(《唐本》)。明目,治风眼,接骨焊齿,疗女人血气及心痛(大明)。同五倍子,能染须发(时珍)。

【发明】时珍曰:《太清服炼法》云:铜禀东方乙阴之气结成,性利,服之伤肾。既云伤肾,而又能接骨,何哉?

藏器曰:赤铜屑主折伤,能焊人骨,及六畜有损者,细研酒服,直入骨损处,六畜死后,取骨视之,犹有焊痕,可验。打熟铜不堪用。

慎微曰:《朝野佥载》云:定州崔务坠马折足,医者取铜末和酒服之,遂瘥,及亡后十年改葬,视其胫骨折处,犹有铜束之也。

【附方】旧一。腋下狐臭:崔氏方:用清水洗净,又用清酢浆洗净,微揩破,取铜屑和酢热揩之,甚验。(《外台》)

自然铜(宋《开宝》)

【释名】石髓铅。

志曰:其色青黄如铜,不从矿炼,故号自然铜。

【集解】志曰:自然铜生邕州山岩间出铜处,于坑中及石间采得,方圆不定,其色青黄如铜。

自然铜

时珍曰:按《宝藏论》云:自然铜生曾青、石绿穴中,状如寒林草根,色红腻,亦有墙壁。又一类似丹砂,光明坚硬有棱,中含铜脉,尤佳。又一种似木根,不红腻,随手碎为粉,至为精明,近铜之山则有之。今俗中所用自然铜,皆非也。

【修治】敩曰:采得石髓铅捶碎,同甘草汤煮一伏时,至明漉出,摊令干,入臼中捣了,重筛过,以醋浸一宿,至明,用六一泥泥瓷盒子,盛二升,文武火中养三日夜,才干用盖盖了,火煅两伏时,去土研如粉用。凡修事五两,以醋两镒为度。

时珍曰：今人只以火煅醋淬七次，研细水飞过用。

【气味】辛，平，无毒。

大明曰：凉。

【主治】折伤，散血止痛，破积聚(《开宝》)。消瘀血，排脓，续筋骨，治产后血邪，安心，止惊悸，以酒磨服(大明)。

【附方】新三。心气刺痛：自然铜，火煅醋淬九次，研末，醋调一字服，即止。(《卫生易简方》)项下气瘿：自然铜贮水瓮中，逐日饮食，皆用此水，其瘿自消。或火烧烟气，久久吸之，亦可。(杨仁斋《直指方》)暑湿瘫痪，四肢不能动：自然铜(烧红，酒浸一夜)、川乌头(炮)、五灵脂、苍术(酒浸)各一两，当归二钱(酒浸)。为末，酒糊丸梧子大。每服七丸，酒下，觉四肢麻木即止。(陆氏《积德堂方》)

铜矿石(矿音古猛切，亦作铆。《唐本草》)

【释名】时珍曰：矿，粗恶也。五金皆有粗石衔之，故名。麦之粗者，曰䴬；犬之恶者，亦曰犷。

【集解】恭曰：铜矿石，状如姜石而有铜星，熔之取铜也。出铜山中。许慎《说文》云：矿，铜铁朴石也。

【气味】酸，寒，有小毒。

【主治】疔肿恶疮，为末敷之。驴马脊疮，臭腋，磨汁涂之《唐本》)。

铜青(宋《嘉祐》)

【释名】铜绿。

【集解】藏器曰：生熟铜皆有青，即是铜之精华，大者即空绿，以次空青也。铜青则是铜器上绿色者，淘洗用之。

时珍曰：近时人以醋制铜生绿，取收晒干货之。

【气味】酸，平，微毒。

【主治】妇人血气心痛，合金疮止血，明目，去肤赤息肉(藏器)。主风烂眼泪出(之才)。治恶疮、疳疮，吐风痰。杀虫(时珍)。

【发明】时珍曰：铜青乃铜之液气所结，酸而有小毒，能入肝胆，故吐利风痰，明目杀疳，皆肝胆之病也。《抱朴子》云：铜青涂木，入水不腐。

【附方】旧二，新十一。风痰猝中：碧琳丹：治痰涎潮盛，卒中不语，及一切风瘫。用生绿二两，乳细，水化去石，慢火熬干，取辰日、辰时、辰位上修合，再研入麝香一分，糯米粉糊和丸弹子大，阴干。猝中者，每丸作二服，薄荷酒研下；余风，朱砂酒化下。吐出青碧涎，泻下恶物，大效。治小儿，用绿云丹：铜绿不计多少，研粉，醋面糊丸芡子大。每薄荷酒化服一丸，须臾吐涎如胶，神效。（《经验方》）烂弦风眼：铜青，水调涂碗底，以艾熏干，刮下，涂烂处。（《卫生易简方》）赤发秃落：油磨铜钱衣，涂之即生。（《普济方》）面黡黑痣：以草划破，铜绿末敷之，三日勿洗水，自落。厚者，再上之。（《圣济录》）走马牙疳：铜青、滑石、杏仁等分，为末，擦之立愈。（邵真人《经验方》）口鼻疳疮：铜青、枯矾等分。研敷之。又方：人中白一钱，铜绿三分。研敷之。杨梅毒疮：铜绿醋煮研末，烧酒调搽，极痛出水，次日即干。或加白矾等分，研掺。（《简便方》）臁疮顽癣：铜绿七分（研），黄蜡一两化熬，以厚纸拖过，表里别以纸隔贴之。出水妙。亦治杨梅疮及虫咬。（笔峰《杂兴》）肠风痔瘘：方见密陀僧下。诸蛇螫毒：铜青敷之。（《千金方》）百虫入耳：生油调铜绿滴入。（《卫生家宝方》）头上生虱：铜青、明矾末，掺之。（《摘玄方》）

铅（《日华》）

铅

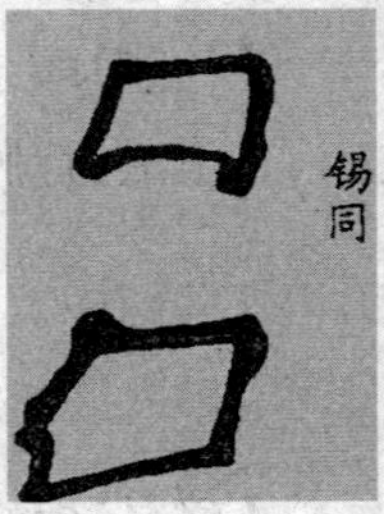

【释名】青金（《说文》）、黑锡、金公（《纲目》）、水中金。

时珍曰：铅易沿流，故谓之铅。锡为白锡，故此为黑锡。而神仙家拆其字为金公，隐其名为水中金。

【修治】时珍曰：凡用以铁铫熔化泻瓦上，滤去渣脚，如此数次收用。其黑锡灰，则以铅沙取黑灰。白锡灰，不入药。

【气味】甘，寒，无毒。

藏器曰：小毒。

【主治】镇心安神，治伤寒毒气，反胃呕哕，蛇蜴所咬，炙熨之（大明）。疗瘿瘤，鬼气疰忤。错为末，和青木香，敷疮肿恶毒（藏器）。消瘰疬痈肿，明目固牙，乌须发，治实女，杀虫坠痰，治噎膈消渴风痫，解金石药毒（时珍）。

黑锡灰

【主治】积聚，杀虫，同槟榔末等分，五更米饮服（震亨）。

【附方】旧四，新十七。乌须明目：黑铅半斤，锅内熔汁，旋入桑条灰，柳木搅成沙，筛末。每早揩牙，以水漱口洗目，能固牙明目，黑须发。（《胜金方》）揩牙乌髭：黑铅消化，以不蛀皂荚寸切投入，炒成炭，入盐少许，研匀。日用揩牙。摘去白髭，黑者更不白也。又方：黑锡一斤，炒灰埋地中五日，入升麻、细辛、诃子同炒黑。日用揩牙，百日效。（《普济》）牙齿动摇：方同上。乌须铅梳：铅十两，锡三两，婆罗得三个，针砂、熟地黄半两，茜根、胡桃皮一两，没石子、诃黎勒皮、硫黄、石榴皮、磁石、皂矾、乌麻油各二钱半，为末。先化铅锡，入末一半，柳木搅匀，倾入梳模子，印成修齿。余末同水煮梳，三日三夜，水耗加之，取出故帛重包五日。每以熟皮衬手梳一百下，须先以皂荚水洗净拭干。（《普济》）肾脏气发攻心，面黑欲死，及诸气奔豚喘急：铅二两，石亭脂二两，丁香一两，木香一两，麝香一钱。先化铅炒干，入亭脂急炒，焰起以醋喷之，倾入地坑内覆住，待冷取研，粟饭丸芡子大。每用二丸，热酒化服，取汗或下或通气即愈。如大便不通，再用一丸，入玄明粉五分服。（《圣济录》）妇人血气，冷痛攻心：方同上。风痫吐沫，反目抽掣，久患者：黑铅、水银（结砂）、南星（炮）各一两。为末，糯饭丸绿豆大。一岁一丸，乳汁下。（《普济方》）反胃哕逆：黑铅化汁，入纸灰以柳木槌研成粉，一两，入米醋一升，砂锅熬膏，入蒸饼末少许，捣丸小豆大。每服一丸，姜汤下。（《圣济录》）多年反胃不止：紫背铅二两，石亭脂二两，盐卤汁五两，烧铅以卤汁淬尽，与亭脂同炒，或焰起，铫子盖上焰即止，研匀，蒸饼和丸梧子大。每服二十丸，煎石莲、干柿汤下。（《圣济录》）消渴烦闷：黑铅、水银等分。结如泥，常含豆许，吞津。（《圣惠方》）寸白虫病：先食猪肉一片，乃以沙糖水调黑铅灰四钱，五更服之，虫尽下，食白粥一日。许学士病嘈杂，服此下二虫，一寸断，一长二尺五寸，节节有斑纹也。（《本事方》）水肿浮满：乌锡五两，皂荚一挺（炙）。酒二斗，煮六沸。频服，至小便出二、三升，即消。（《千金翼》）小便不通：黑铅锉末一两，生姜半两，灯心一握，井水煎服，先以炒葱贴脐。（《圣惠方》）猝然咳嗽：炉中铅屑、桂心、皂荚等分。为末，蜜丸如梧子大。每饮下十五丸，忌葱。（《备急方》）瘰疬结核：铅三两，铁器炒取黑灰，醋和涂上，故帛贴之，频换，去恶汁。如此半月，不痛不破，内消为水而愈。（刘禹锡《传信方》）痈疽发背：黑铅一斤，甘草三两（微炙）。瓶盛酒一斗浸甘草，乃熔铅投酒中，如此九度，云滓。饮酒醉卧即愈。（《经验方》）金石药毒：黑铅一斤，熔化，投酒一升，如此十余次，待酒至半升，顿饮。（《胜金方》）取轻粉毒：出山黑铅五斤，打壶一把，盛烧酒十五斤，纳土茯苓半斤，乳香三钱，封固，重汤煮一日夜，埋土中，出火毒。每日早晚任性饮数杯，后用瓦盆接小便，自有粉出为验。服至筋骨不痛，乃止。（《医方摘要》）解砒霜毒，烦躁如狂，心腹疼痛，四肢厥冷，命在须臾：黑铅四两，磨水一碗灌之。（《华佗危病方》）解硫黄毒：黑锡煎汤服，即解。（《集简方》）

铅霜（《日华》）

【释名】铅白霜。

【修治】颂曰：铅霜，用铅杂水银十五分之一合炼作片，置醋瓮中密封，经久成霜。

时珍曰:以铅打成钱,穿成串,瓦盆盛生醋,以串横盆中,离醋三寸,仍以瓦盆覆之,置阴处,候生霜刷下,仍合住。

【气味】甘、酸,冷,无毒。

宗奭曰:铅霜涂木瓜,即失酸味,金克木也。

【主治】消痰,止惊悸,解酒毒,去胸膈烦闷,中风痰实,止渴(大明)。去膈热涎塞(宗奭)。治吐逆,镇惊去怯,黑须发(时珍)。

【发明】颂曰:铅霜性极冷,治风痰及婴孺惊滞药,今医家用之尤多。

时珍曰:铅霜乃铅汞之气交感英华所结,道家谓之神符白雪,其坠痰去热,定惊止泻,盖有奇效,但非久服常用之物尔。病在上焦者,宜此清镇。

【附方】旧二,新九。小儿惊热,心肺积热,夜卧多惊:铅霜、牛黄各半分,铁粉一分。研匀。每服一字,竹沥调下。(《圣济录》)惊风痫疾,喉闭牙紧:铅白霜一字,蟾酥少许。为末,乌梅肉蘸药于龈上揩之,仍吹通关药,良久便开。(《普济方》)消渴烦热:铅白霜、枯白矾等分。为末,蜜丸芡子大。绵裹,含化咽汁。又方:铅白霜一两,根黄、硝石各一两。为末。每冷水服一钱。(《圣济录》)喉痹肿痛:铅白霜、甘草半两,青黛一两,为末,醋糊丸芡子大。每含咽一丸,立效。(《圣济录》)悬痈肿痛:铅白霜一分,甘草(半生半炙)一分。为末。绵裹含咽。(《圣惠方》)口疳龈烂,气臭血出,不拘大人小儿:铅白霜、铜绿各二钱,白矾豆许。为末扫之。(《宣明方》)鼻衄不止:铅白霜末。新汲水服一字。(《十全博救方》)痔疮肿痛:铅白霜、白片脑各半字。酒凋涂之,随手见效。(《婴童百问》)室女经闭,恍惚烦热:铅霜半两,生地黄汁一合。调下,日三服。(《圣惠方》)梳发令黑:铅霜包梳,日日梳之,胜于染者。(《普济方》)

粉锡(《本经》下品)

【释名】解锡(《本经》),铅粉(《纲目》)、铅华(《纲目》)、胡粉(弘景)、定粉(《药性》)、瓦粉(《汤液》)、光粉(《日华》)、白粉(《汤液》)、水粉(《纲目》)、官粉。

弘景曰:即今化铅所作胡粉也,而谓之粉锡,以与今乖。

时珍曰:铅、锡一类也,古人名铅为黑锡,故名粉锡。《释名》曰:胡者,糊也,和脂以糊面也。

定、瓦言其形,光、白言其色。俗呼吴越者,为官粉;韶州者,为韶粉;辰州者,为辰粉。

【正误】恭曰:铅丹、胡粉,实用炒锡造,陶言化铅误矣。

震亨曰：胡粉是锡粉，非铅粉也。古人以锡为粉，妇人用以附面者，其色类肌肉，不可入药。

志曰：粉锡、黄丹二物，俱是化铅为之。英公李勣序云铅锡莫辨者，谓此也。按李含光《音义》云：黄丹、胡粉皆是化铅，未闻用锡者。《参同契》云：胡粉投炭中，色坏，还为铅。《抱朴子·内篇》云：愚人不信黄丹、胡粉是化铅所作。苏恭以二物俱炒锡作，大误矣。

时珍曰：锡炒则成黑灰，岂有白粉。苏恭已误，而朱震亨复踵其误，何哉？

【气味】辛，寒，无毒。

权曰：甘、辛，凉。

时珍曰：胡粉能制硫黄。又雌黄得胡粉而失色，胡粉得雌黄而色黑，盖相恶也。又入酒中去酸味，收蟹不沙。

【主治】伏尸毒螫，杀三虫(《本经》)。去鳖瘕，疗恶疮，止小便利，堕胎(《别录》)。治积聚不消。炒焦，止小儿疳痢(甄权)。治痈肿瘘烂，呕逆，疗癥瘕，小儿疳气(大明)。止泄痢、久积痢(宗奭)。治食复劳复，坠痰消胀，治疥癣狐臭，黑须发(时珍)。

【附方】旧十四，新三十。劳复食复欲死者：水服胡粉少许。(《肘后方》)小儿脾泄不止：红枣二十个去核，将官粉入内，以阴阳瓦焙干，去枣研粉。每服三分，米汤下。(孙真人《集效方》)赤白痢下频数，肠痛：定粉一两，鸡子清和，炙焦为末。冷水服一钱。(《肘后方》)小儿无辜疳，下痢赤白：胡粉熟蒸，熬令色变，以饮服半钱。(《子母秘录》)小儿腹胀：胡粉、盐熬色变，以摩腹上。(《子母秘录》)腹皮青色，不速治，须臾死：方同上。小儿夜啼：水服胡粉三豆大，日三服。(《子母秘录》)身热多汗：胡粉半斤，雷丸四两，为末粉身。(《千金方》)妇人心痛急者：好官粉为末，葱汁和丸小豆大。每服七丸，黄酒送下即止。粉能杀虫，葱能透气故也。(邵真人方)寸白蛔虫：胡粉炒燥，方寸匕，入肉臛中，空心服，大效。(张文仲《备急方》)服药过剂闷乱者：水和胡粉服之。(《千金方》)鼻衄不止：胡粉炒黑，醋服一钱，即止。(《圣惠方》)齿缝出血：胡粉半两，麝香半钱，为末。卧时揩牙。(《圣济录》)坠扑瘀血，从高落下，瘀血抢心，面青气短欲死：胡粉一钱，和水服即安。(《肘后方》)折伤接骨：官粉、硼砂等分，为末。每服一钱，苏木汤调下，仍频饮苏木汤，大效。(《接骨方》)杖疮肿痛：水粉一两，赤石脂(生)一钱，水银一分，以麻油杵成膏，摊油纸贴之。肉消者，填满紧缚。(《救急方》)抓伤面皮：香油调铅粉搽之，一夕愈。(《集简方》)食梅牙齼：韶粉揩之。(《相感志》)染白须发：胡粉、石灰等分，水和涂之，以油纸包，烘令温暖，候未燥间洗去，以油润之，黑如漆也。(《博物志》)腋下胡臭：胡粉常粉之。或以胡粉三合，和牛脂煎稠涂之。(《千金方》)阴股常湿：胡粉粉之。(《备急方》)干湿癣疮:方同上。黄水脓疮:官粉(煅黄)、松香各三钱,黄丹一钱,飞矾二钱。为末,香油二两,熬膏敷之。(邵真人方)小儿耳疮月蚀:胡粉,和土涂之。(《子母秘录》)小儿疳疮:熬胡粉,猪脂和涂。(张文仲方)小儿舌疮:胡粉,和猪䏺骨中髓,日三敷之。(《食医心镜》)燕口吻疮:胡粉(炒)一分,黄连半两,为末,敷之。(《普济方》)痘疮瘢痕,或凸或凹:韶粉一两,轻粉一定,和研,猪脂调敷。(陈文中小儿方)妒精阴疮:铅粉二钱,银杏仁七个,铜铫内炒至杏黄,去杏取粉,出火毒,研搽效。(《集简方》)反花恶疮:胡粉一两,胭脂一两。为末。盐汤洗净敷之,日五次。(《圣惠方》)疮似蜂窠,愈而复发:胡粉、朱砂等分。为末,蜜和涂之。(《圣济录》)血风臁疮:《孙氏集效方》:用官粉四两,水调入碗内,以蕲州艾叶烧烟熏干,入乳香少许同研,香油调作隔纸膏,反复贴之。《杨氏简便方》:用官粉炒过,桐油调作隔纸贴之。小儿丹毒:唾和胡粉,从外至内敷之良。(《千金方》)汤火烧疮:胡粉,羊髓和,涂之。(孙真人方)疮伤水湿:胡粉、炭灰等分,脂和涂孔上,水即出也。(《千金方》)蠼螋尿疮:酢和胡粉涂之。(《千金方》)诸蛇螫伤:胡粉和大蒜捣涂。(《千金方》)误吞金银及钱:胡粉一两,猪脂调,分再服,令消烊出也。(《外台秘要》)三年目翳:胡粉涂之。(《圣惠方》)口中干燥,烦渴无津:雄猪胆五枚,酒煮皮烂,入定粉一两研匀,丸芡子大,每含化一丸咽汁。(《太平圣惠方》)腹中鳖症:胡粉、黍米,淋汁温服,大效。(《卫生易简方》)接骨续筋,止痛活血:定粉、当归各一钱,硼砂一钱半。为末。每服一钱,苏木煎汤调下,仍频饮汤。(同上)发背恶疮,诸痈疽:好光粉二两,真麻油三两。慢火熬,以柳枝急搅,至滴水成珠,入白胶末少许,入器,水浸两日,油纸摊贴,名神应膏。(《直指方》)

铅丹(《本经》下品)

【释名】黄丹(弘景)、丹粉(《唐本》)、朱粉(《纲目》)、铅华。

【气味】辛,微寒,无毒。

大明曰:微咸,凉,无毒。伏砒,制硇、硫。

震亨曰:一妇因多子,月内服铅丹二两,四肢冰冷,食不入口。时正仲冬,急服理中汤加附子数十帖乃安。谓之凉无毒可乎?

时珍曰:铅丹本无甚毒,此妇产后冬月服之过剂,其病宜矣。

【主治】吐逆胃反,惊痫癫疾,除热下气,炼化还成九光,久服通神明(《本经》)。止小便,除毒热脐挛,金疮血溢(《别录》)。惊悸狂走,消渴。煎膏用,止痛生肌(甄权)。镇心安神,止吐血及嗽,敷疮长肉,及汤火疮,染须(大明)。治疟及久积(宗奭)。坠痰杀虫,去怯除忤恶,止痢明目(时珍)。

【发明】成无己曰：仲景龙骨牡蛎汤中用铅丹，乃收敛神气以镇惊也。

好古曰：涩可去脱而固气。

时珍曰：铅丹体重而性沉，味兼盐、矾，走血分，能坠痰去怯，故治惊痫癫狂、吐逆反胃有奇功。能消积杀虫，故治疳疾下痢疟疾有实绩。能解热拔毒，长肉去瘀，故治恶疮肿毒，及入膏药，为外科必用之物也。

【附方】旧八，新二十五。消渴烦乱：黄丹，新汲水服一钱，以荞麦粥压之。（《圣惠方》）吐逆不止：碧霞丹：用北黄丹四两，米醋半升，煎干，炭火三秤，就铫内煅红，冷定为末，粟米饭丸梧子大。每服七丸，醋汤下。（《集验方》）伏暑霍乱：水浸丹，见木部巴豆下。小儿吐逆不止：宜此清镇。烧针丸：用黄丹研末，小枣肉和丸芡子大。每以一丸，针签于灯上烧过，研细，乳汁调下。一加朱砂、枯矾等分。（谢氏《小儿方》）反胃气逆胃虚：铅丹二两，白矾二两，生石亭脂半两。以丹、矾研匀，入坩锅内，以炭半秤煅赤，更养一夜，出毒两日，入亭脂同研，粟米饭和丸绿豆大。每日米饮下十五丸。（《圣济录》）泄泻下痢赤白：用枣肉捣烂，入黄丹、白矾各皂子大，粳米饭一团，和丸弹子大，铁线穿，于灯上烧过，为末。米饮服之。（《摘玄方》）赤白痢下：黄丹（炒紫）、黄连（炒）等分。为末，以糊丸麻子大。每服五十丸，生姜、甘草汤下。（《普济方》）妊娠下痢疼痛：用乌鸡卵一个，开孔去白留黄，入铅丹五钱搅匀，泥裹煨干研末。每服二钱，米饮下。一服愈，是男；二服愈，是女。（《三因方》）吐血咯血咳血：黄丹，新汲水服一钱。（《经验方》）寒热疟疾，体虚汗多者：黄丹、百草霜等分，为末。发日，空心米饮服三钱，不过二服愈。或糊丸，或蒜丸，皆效。《肘后方》：用飞炒黄丹一两，恒山末三两，蜜丸梧子大。每服五十丸，温酒下。平旦及未发、将发时，各一服，无不效。《普济方》：端午日，用黄丹（炒）二两，独蒜一百个，捣丸梧子大。每服九丸，空心长流水面东下。二、三发后乃用，神效。亦治痢疾。《三因方》：用黄丹（炒）、建茶等分。为末。温酒服二钱。又黄丹飞焙，面糊丸芡子大。每枣子一枚，去核，包一丸，纸裹煨熟食之。温疟不止：黄丹（炒）半两，青蒿（童尿浸）二两，为末。每服二钱，寒多酒服，热多茶服。（《仁存堂方》）小儿瘴疟，壮热不寒：黄丹二钱，蜜水和服，冷者酒服，名鬼哭丹。（《刘涓子鬼遗方》）风痫发止，驱风散：用铅丹二两，白矾二两，为末。用三角砖相斗，以七层纸铺砖上，铺丹于纸上，矾铺丹上，以十斤柳木柴烧过为度，取研。每服二钱，温酒下。（王氏《博济方》）客忤中恶，道间门外得之，令人心腹刺痛，气冲心胸胀满，不治害人：真丹方寸匕，蜜三合，和灌之。（《肘后方》）一切目疾：昏障，治；只障，不治。蜂蜜半斤，铜锅熬起紫色块，入飞过真黄丹二两，水一碗，再炼，至水气尽，以细生绢铺薄纸一层，滤净，瓶封埋地内三七。每日点眼七次，药粘则洗之。一方：入诃子肉四个。（《保寿堂方》）赤眼痛：黄丹，蜂蜜调贴太阳穴，立效。（《明目经验方》）赤目及翳：铅丹、白矾等分，为末点之。又方：铅丹、乌贼骨等分，合研，白蜜蒸点之。（《千金方》）眼生珠管：铅丹半两，鲤鱼胆汁和如膏。日点三、五次。（《圣惠方》）痘疹生翳：黄丹、轻粉等分，为末。吹少许入耳内，左患吹右，右患吹左。（《疹痘方》）小儿重舌：黄丹一豆大，安舌下。（《子母秘录》）小儿口疮糜烂：黄丹一钱，生蜜一两，相和蒸黑。每以鸡毛蘸搽，甚效。（《普济方》）腋下胡臭：黄丹入轻粉，唾调，频掺之。（《普济方》）妇人逆产：真丹涂儿足下。（《集验方》）蚰蜒入耳：黄丹、酥、蜜、杏仁等分，熬膏。绵裹包塞之，闻香即出，抽取。（《圣惠方》）蝎虿螫人：醋调黄丹涂之。（《肘后方》）金疮出血：不可以药速合，则内溃伤肉。只以黄丹、滑石等分，为末敷之。（《集玄方》）外痔肿痛：黄丹、滑石等分，为末。新汲水调，日五上之。（《婴童百问》）血风臁疮：黄丹一两，黄蜡一两，香油五钱，熬膏。先以葱、椒汤洗，贴之。（陆氏《积德堂方》）远近臁疮：黄丹（飞炒）、黄檗（酒浸七日，焙）各一两，轻粉半两。研细。以苦茶洗净，轻粉填满，次用黄丹护之，外以柏末摊膏贴之，勿揭动，一七见效。（孙氏《集效方》）

密陀僧（《唐本草》）

僧陀密

【释名】没多僧（《唐本》）、炉底。

恭曰：密陀、没多，并胡言也。

【气味】咸、辛，平，有小毒。

大明曰：甘，平，无毒。

时珍曰：制狼毒。

【主治】久痢，五痔，金疮，面上瘢䵟，面膏药用之（《唐本》。）保升曰：五痔，谓牡、酒、肠、血、气也。镇心，补五脏，治惊痫咳嗽，呕逆吐痰（大明）。疗反胃消渴，疟疾下痢。止血，杀虫，消积。治诸疮，消肿毒，除狐臭，染髭发（时珍）。

【附方】旧三，新一十五。痰结胸中不散：密陀僧一两。醋、水各一盏，煎干为末。每服二钱，以酒、水各一小盏，煎一盏，温服，少顷当吐出痰涎为妙。（《圣惠方》）消渴饮水：神效丸：用密陀僧二两。研末，汤浸蒸饼丸梧子大。浓煎蚕茧、盐汤，或茄根汤，或酒下，一日五丸，日增五丸，至三十丸止，不可多服，五、六服后，以见水恶心为度。恶心时，以干物压之，日后自定，甚奇。（《选奇方》）赤白下痢：密陀僧三两，烧黄色研粉。每服一钱，醋、茶下，日三服。（《圣惠方》）肠风痔瘘：铜青、密陀僧各一钱，麝香少许，为末，津和涂之。（《济急方》）小儿初生，遍身如鱼脬，又如水晶，破则成水，流渗又生者：密陀僧生研撅之，仍服苏合香丸。（《救急方》）惊气失音：方见发明。腋下狐臭：浆水洗净，油调密陀僧涂之。以一钱，用热蒸饼一个，切开掺末夹之。(《集简方》)香口去臭：密陀僧一钱，醋调漱口。(《普济方》)大人口疮：密陀僧煅研，掺之。(《圣济方》)小儿口疮，不能吮乳：密陀僧末，醋调涂足心，疮愈洗去。蔡医博方也。(黎居士《简易方》)鼻内生疮：密陀僧、香白芷等分。为末。蜡烛油调涂之。(《简便方》)鼻齄赤疱：密陀僧二两，细研，人乳调，夜涂旦洗。(《圣惠方》)痘疮瘢黡：方同上。(谭氏)皯黯斑点：方同上。(《外台》)夏月汗斑如疹：用密陀僧八钱，雄黄四钱，先以姜片擦热，仍以姜片蘸末擦之，次日即焦。(《活人心统》)骨疽出骨：一名多骨疮，不时出细骨，乃母受胎未及一月，与六亲骨肉交合，感其精气，故有多骨之名。以密陀僧末，桐油调匀，摊贴之，即愈。(《寿域方》)血风臁疮：密陀僧，香油入粗碗内磨化，油纸摊膏，反覆贴之。(孙氏《集效方》)阴汗湿痒：密陀僧末敷之。戴氏，加蛇床子末。

锡(《拾遗》)

【释名】白镴(音腊)、钖(音引)、贺。

时珍曰：《尔雅》：锡，谓之钖。郭璞注云：白镴也。方术家谓之贺，盖锡以临贺出者为美也。

【集解】《别录》曰：锡，生桂阳山谷。

弘景曰：今出临贺，犹是桂阳地界。铅与锡相似，而入用大异。

时珍曰：锡出云南、衡州。许慎《说文》云：锡者，银铅之间也。《土宿本草》云：锡受太阴之气而生，二百年不动成砒，砒二百年而锡始生。锡禀阴气，故其质柔。二百年不动，遇太阳之气乃成银。今人置酒于新锡器内，浸渍日久或杀人者，以砒能化锡，岁月尚近，便被采取，其中蕴毒故也。又曰：砒乃锡根。银色而铅质，五金之中独锡易制，失其药则为五金之贼，得其药则为五金之媒。《星槎胜览》言：满剌加国，于山溪中淘沙取锡，不假煎炼成块，名曰斗锡也。

【正误】恭曰：临贺采者名铅，一名白镴，惟此一处资天下用。其锡，出银处皆有之。体相似，而入用大异。

时珍曰：苏恭不识铅、锡，以锡为铅，以铅为锡。其谓黄丹、胡粉为炒锡，皆由其不识故也。今正之。

【气味】甘，寒，微毒。

独孤滔曰：羖羊角、五灵脂、伏龙肝、马鞭草皆能缩贺。硇、砒能硬锡。巴豆、蓖麻、姜汁、地黄能制锡。松脂焊锡。锡矿缩银。

【主治】恶毒风疮(大明)。

【发明】时珍曰：洪迈《夷坚志》云：汝人多病瘿。地饶风沙，沙入井中，饮其水则生瘿。故金房间人家，以锡为井阑，皆夹锡钱镇之，或沉锡井中，乃免此患。

【附方】新二。解砒霜毒：锡器，于粗石上磨水服之。（《济急方》）杨梅毒疮：黑铅、广锡各二钱半（结砂），蜈蚣二条，为末，纸卷作小捻，油浸一夜，点灯日照疮二次，七日见效。（《集玄方》）

古镜（《拾遗》）

【校正】并入《本经》锡铜镜鼻。

【释名】鉴，照子。

时珍曰：镜者，景也，有光景也。鉴者，监也，监于前也。《轩辕内传》言：帝会王母，铸镜十二，随月用之。此镜之始也.或云始于尧臣尹寿。

【气味】辛，无毒。

大明曰：平，微毒。

【主治】惊痫邪气，小儿诸恶，煮汁和诸药煮服，文字弥古者佳（藏器）。辟一切邪魅，女人鬼交，飞尸蛊毒，催生，及治暴心痛，并火烧淬酒服。百虫入耳鼻中，将镜就敲之，即出（大明）。小儿疝气肿硬，煮汁服（时珍）。

【附方】新一。小儿夜啼：明鉴挂床脚上。（《圣惠方》）

锡铜镜鼻（《本经》下品）

【释名】弘景曰：此物与胡粉异类而共条者，古无纯铜作镜，皆用锡杂之，即今破古铜镜鼻尔。用之当烧赤纳酒中。若醯中出入百遍，乃可捣也。

志曰：凡铸镜皆用锡，不尔即不明白，故言锡铜镜鼻，今广陵者为胜。

时珍曰：锡铜相和，得水浇之极硬，故铸镜用之。《考工记》云：金锡相半，谓之鉴燧之剂，是也。

【气味】酸，平，无毒。

权曰：微寒。

《药诀》曰：冷，无毒。

【主治】女子血闭癥瘕，伏肠绝孕（《本经》）。伏尸邪气（《别录》）。产后余疹刺痛，三十六候，取七枚投醋中熬，呷之。亦可入当归、芍药煎服（甄权）。

【附方】新一。小儿客忤，面青惊痛：铜照子鼻烧赤，少酒淬过，与儿饮。（《圣惠方》）

镜锈：（即镜上绿也。俗名杨妃垢）

【主治】腋臭，又疗下疳疮，同五倍子末等分，米泔洗后敷之(时珍)。

古文钱(《日华》)

【释名】泉、孔方兄、上清童子(《纲目》)、青蚨。

时珍曰:《管子》言:禹以历山之金铸币，以救人困，此钱之始也。至周太公立九府泉法，泉体圆含方，轻重以铢，周流四方，有泉之象，故曰泉。后转为钱。鲁褒《钱神论》云:为世神宝，亲爱如兄，字曰孔方。又昔有钱精，自称上清童子。青蚨血涂子母钱，见虫部。

【气味】辛，平，有毒。

时珍曰:同胡桃嚼即碎，相制也。

【主治】翳障，明目，疗风赤眼，盐卤浸用。妇人生产横逆，心腹痛，月膈五淋，烧以醋淬用(大明)。大青钱煮汁服，通五淋;磨入目，主盲障肤赤;和薏苡根煮服，止心腹痛(藏器)。

【附方】旧一，新二十一。时气欲死:大钱百文，水一斗煮八升，入麝香末兰分，稍饮至尽，或吐或下愈。(《肘后方》)时气温病，头痛壮热脉大，始得一日者:比轮钱一百五十七文，水一斗，煮取七升，服汁。须臾复以水五升，更煮一升，以水二升投中，合得三升，出钱饮汁，当吐毒出也。(《肘后方》)心腹烦满及胸胁痛欲死者:比轮钱二十枚，水五升，煮三升，分三服。(《肘后方》)急心气痛:古文钱一个(打碎)，大核桃三个，同炒热，入醋一碗冲服。(《杨诚经验方》)霍乱转筋:青铜钱四十九枚，木瓜一两，乌梅(炒)五枚。水二盏，煎分温服。(《圣济录》)慢脾惊风，利痰奇效:用开元通宝钱背后上下有两月痕者，其色淡黑，颇小。以一个放铁匙上，炭火烧四围上下，各出珠子，取出候冷，倾入盏中，作一服，以南木香汤送下，或人参汤亦可。钱虽利痰，非胃家所好，须以木香佐之。(《杨仁斋直指方》)下血不止:大古钱四百文，酒三升，煮二升，分三服。(《普济方》)赤白带下:铜钱四十文。酒四升，煮取二升，分三服。(《千金方》)小便气淋:比轮钱三百文。水一斗，煮取三升，温服。(《千金方》)沙石淋痛:古文钱，煮汁服。(《普济方》)伤水喘急，因年少饮冷水惊恐所致者:古文钱七枚(洗净)，白梅七个，水一钟，同浸三宿，空心一呷，良久得吐效。(《仁存方》)唇肿黑痛，痒不可忍:四文大钱于石上磨猪脂汁涂之，不过数遍愈。(《幼幼新书》)口内热疮:青钱二十文，烧赤投酒中服之，立瘥。(陈藏器《本草》)眼赤生疮，连年不愈:古钱一文，青江石一个，洗净，以钱于石上磨蜜，取浓汁三、四滴在盏，覆瓦上，以艾灸瓦内七壮熏蜜，取点之，效。(《普济方》)赤目浮翳:古钱一文，盐方寸匕，治筛点之。(《千金方》)目猝不见:钱于石上磨汁，注眦中。(《普济方》)目生珠管及肤翳:铜钱青一两，细墨半两，为末，醋丸白豆大。每以一丸，乳汁、新汲水各少许，浸化点之。（《圣惠方》）腋下狐臭：古文钱十文，铁线串烧，醋淬十次，入麝香研末，调涂。（《应急良方》）跌扑伤损：半两钱五个（火煅醋淬四十九次），甜瓜子百钱，珍珠二钱。研末。每服一字，好酒调，随上下，食前后。（《青囊》）误吞铁钱：古文铜钱十个，白梅肉十个，淹过即烂，捣丸绿豆大。每服一丸，流水吞下，即吐出。（《圣济录》）百虫入耳：青钱十四文，煎猪膏二合，少少滴之。（《圣济录》）

铜弩牙（《别录》下品）

【释名】时珍曰：黄帝始作弩。刘熙《释名》云：弩，怒也，有怒势也。其柄曰臂，似人臂也。钩弦者曰牙，似人牙也。牙外曰郭。下曰悬刀。合名之曰机。

颂曰：药用铜弩牙，以其有锡也。

【气味】平，微毒。

【主治】妇人难产，血闭，月水不通，阴阳隔塞（《别录》）。

【发明】弘景曰：铜弩牙治诸病，烧赤纳酒中饮汁，古者弥胜。

刘完素曰：弩牙速产，以机发而不括，因其用而为使也。

【附方】旧一。误吞珠钱，哽在咽者：铜弩牙烧赤，纳水中，冷饮汁，立愈。（《圣惠方》）

诸铜器（《纲目》）

【气味】有毒。

时珍曰：铜器盛饮食茶酒，经夜有毒。煎汤饮，损人声。

藏器曰：铜器上汗有毒，令人发恶疮内疽。

【主治】霍乱转筋，肾堂及脐下疰痛，并炙器隔衣熨其脐腹肾堂（大明）。古铜器畜之，辟邪祟（时珍）。

【发明】时珍曰：赵希鹄《洞天录》云：山精水魅多历年代，故能为邪祟。三代钟鼎彝器，历年又过之，所以能辟祟也。

铜钴鉧（一作钴𬭁，熨斗也）

【主治】折伤接骨，捣末研飞，和少酒服，不过二方寸匕。又盛灰火，熨脐腹冷痛（时珍）。

铜秤锤

【主治】产难横生，烧赤淬酒服（大明）。

铜匙柄

【主治】风眼赤烂，及风热赤眼翳膜，烧热烙之，频用妙（时珍）。

铁（《本经》中品）

铁

【校正】并入《别录》生铁、《拾遗》劳铁。

【释名】黑金（《说文》）、乌金。

时珍曰：铁，截也，刚可截物也。于五金属水，故曰黑金。

【集解】《别录》曰：铁出牧羊平泽及祊城，或析城，采无时。

弘景曰：生铁是不破鑐，枪、釜之类。钢铁是杂炼生鑐，作刀、镰者。鑐音柔。

时珍曰：铁皆取矿土炼成。秦、晋、淮、楚、湖南、闽、广诸山中皆产铁，以广铁为良。甘肃土锭铁，色黑性坚，宜作刀剑。西番出宾铁尤胜。《宝藏论》云：铁有五种：荆铁出当阳，色紫而坚利；上饶铁次之；宾铁出波斯，坚利可切金玉；太原、蜀山之铁顽滞；刚铁生西南瘴海中山石上，状如紫石英，水火不能坏，穿珠切玉如土也。《土宿本草》云：铁受太阳之气。始生之初，卤石产焉。一百五十年而成磁石，二百年孕而成铁，又二百年不经采炼而成铜，铜复化为白金，白金化为黄金，是铁与金银同一根源也。今取磁石碎之，内有铁片，可验矣。铁禀太阳之气，而阴气不交，故燥而不洁。性与锡相得。《管子》云：上有赭，下有铁。

铁（《本经》）

恭曰：此柔铁也，即熟铁。

藏器曰：经用辛苦者，曰劳铁。

【气味】辛，平，有毒。

大明曰：畏磁石、灰炭，能制石亭脂毒。

时珍曰：铁畏皂荚、猪犬脂、乳香、朴硝、硇砂、盐卤、荔枝。貘食铁而蛟龙畏铁。凡诸草木药皆忌铁器，而补肾药尤忌之，否则反消肝肾，盖肝伤则母气愈虚矣。

【主治】坚肌耐痛（《本经》）。劳铁疗贼风，烧赤投酒中饮（藏器）。

生铁(《别录》中品)

【气味】辛,微寒,微毒。(见铁下)

【主治】下部及脱肛(《别录》)。镇心安五脏,治痫疾,黑鬓发。治癣及恶疮疥,蜘蛛咬,蒜磨,生油调敷(大明)。散瘀血,消丹毒(时珍)。

【附方】旧五,新一。脱肛历年不入者:生铁二斤。水一斗,煮汁五升,洗之,日再。(《集验方》)热甚耳聋:烧铁投酒中饮之,仍以磁石塞耳,日易,夜去之。(《千金方》)小儿丹毒:烧铁淬水,饮一合。(陈氏《本草》)小儿熛疮,一名烂疮:烧铁淬水中二七遍,浴之二、三遍,起作浆。(《子母秘录》)打扑瘀血,在骨节及胁外不去:以生铁一斤,酒三升,煮一升服。(《肘后方》)熊虎伤毒:生铁煮令有味,洗之。(《肘后方》)

钢铁(《别录》中品)

钢铁

【校正】并入《开宝》铁粉、《拾遗》针砂。

【释名】跳铁(音条)。

【气味】甘,平,无毒。

【主治】金疮,烦满热中,胸膈气塞,食不化(《别录》)。

铁粉(宋《开宝》)

恭曰:乃钢铁飞炼而成者。人多取杂铁作屑飞之,其体重,真钢者不尔也。

【气味】咸,平,无毒

【主治】安心神,坚骨髓,除百病,变黑,润肌肤,令人不老,体健能食。久服令人身重肥黑。合和诸药,各有所主(《开宝》)。化痰镇心,抑肝邪,特异(许叔微)。

【发明】见铁落下。

【附方】新六。惊痫发热:铁粉,水调少许服之。(《圣惠方》)急惊涎潮,壮热闷乱:铁粉二钱,朱砂一钱。为末。每服一字,薄荷汤调下。(《杨氏家藏方》)伤寒阳毒,狂言妄语乱走,毒气在脏也:铁粉二两,龙胆草一两。为末。磨刀水调服一钱,小儿五分。(《全幼心鉴》)头痛鼻塞:铁粉二两,龙脑半分。研匀。每新汲水服一钱。(《圣惠方》)雌雄疔疮:铁粉一两,蔓菁根三两,捣如泥封之,日二换。(《集玄方》)风热脱肛:铁粉研,同白蔹末敷上,按入。(《直指方》)

针砂(《拾遗》)

藏器曰:此是作针家磨鑢细末也。须真钢砂乃堪用,人多以柔铁砂杂和之,飞为粉,人莫能辨也。亦堪染皂。

【主治】功同铁粉。和没食子染须,至黑(藏器)。消积聚肿满黄疸,平肝气,散瘿(时珍)。

【附方】新十。风湿脚痛:针砂、川乌头为末,和匀炒热,绵包熨之。(《摘玄方》)风痹暖手:针砂四两,硇砂三钱,黑脚白矾六钱,研末,以热醋或水拌湿,油纸裹置袋内,任意执之,冷再拌。(《圣济录》)脾劳黄病:针砂四两(醋炒七次),干漆(烧存性)二钱,香附三钱,平胃散五钱,为末,蒸饼丸梧子大。任汤使下。(《摘玄方》)湿热黄疸,助脾去湿:针砂丸:用针砂不拘多少,擂尽锈,淘洗白色,以米醋于铁铫内浸过一指,炒干,再炒三、五次,候通红取出。用陈粳米半升,水浸一夜,捣粉作块,煮半熟,杵烂,入针砂二两半,百草霜(炒)一两半,捣千下,丸梧子大。每服五十丸,用五加皮、牛膝根、木瓜浸酒下。初服若泄泻,其病源去也。(《乾坤生意》)水肿尿少:针砂(醋煮炒干)、猪苓、生地龙各三钱。为末,葱涎研和,敷脐中约一寸厚,缚之,待小便多为度,日二易之。入甘遂更妙。(《德生堂方》)泄泻无度,诸药不效:方同上,不用甘遂。(《医学正传》)虚寒下痢,肠滑不禁:针砂七钱半,官桂一钱,枯矾一钱。为末,以凉水调摊脐上下,缚之。当觉大热,以水润之。可用三四次,名玉胞肚。(《仁存方》)项下气瘿:针砂入水缸中浸之,饮食皆用此水,十日一换砂,半年自消散。(杨仁斋《直指方》)染白须发:针砂(醋炒七次)一两,诃子、白芨各四钱,百药煎六钱,绿矾二钱,为末,用热醋调刷须发,菜叶包住,次早酸浆洗去。此不坏须,亦不作红。又方:针砂、荞面各一两。百药煎为末,茶调,夜涂旦洗。再以诃子五钱,没石子(醋炒)一个,百药煎少许,水和涂一夜,温浆洗去,黑而且光。(《圣惠方》)

铁落(《本经》中品)

【释名】铁液(《别录》)、铁屑(《拾遗》)、铁蛾。

弘景曰:铁落,是染皂铁浆也。

恭曰:是锻家烧铁赤沸,砧上锻之,皮甲落者。若以浆为铁落,则钢浸之汁,复谓何等?落是铁皮,滋液黑于余铁,故又名铁液。

时珍曰:生铁打铸,皆有花出,如兰如蛾,故俗谓之铁蛾,今烟火家用之。铁末浸醋书字于纸,背后涂墨,如碑字也。

【气味】辛,平,无毒。

《别录》曰:甘。

【主治】风热恶疮,疡疽疮痂,疥气在皮肤中(《本经》)。除胸膈中热气,食不下,止烦,去黑子,可以染皂(《别录》)。治惊邪癫痫,小儿客忤,消食及冷气,并煎汁服之(大明)。主鬼打鬼疰邪气,水渍沫出,澄清,暖饮一二杯(藏器)。炒热投酒中饮,疗贼风痉。又裹以熨腋下,疗狐臭,有验(苏恭)。平肝去怯,治善怒发狂(时珍)。

【附方】新一。小儿丹毒:煅铁屎研末,猪脂和敷之。(《千金方》)

铁精(《本经》中品)

【释名】铁花。

弘景曰:铁精,铁之精华也。出煅灶中,如尘紫色,轻为佳,亦以磨莹铜器用之。

【气味】平,微温。

【主治】明目,化铜(《本经》)。疗惊悸,定心气,小儿风痫,阴溃脱肛(《别录》)。

【发明】见铁落。

【附方】旧五,新一。下痢脱肛:铁精粉敷之。(《至宝方》)女人阴脱:铁精、羊脂,布裹炙热,熨推之。(《圣惠方》)男子阴肿:铁精粉敷之。(《子母秘录》)疗肿拔根:铁渣一两,轻粉一钱,麝香少许,为末。针画十字口,点药入内,醋调面糊敷之,神效。(《普济方》)食中有蛊,腹内坚痛,面目青黄,淋露骨立,病变无常:用炉中铁精研末,鸡肝和丸梧子大。食前酒下五丸,不过十日愈。(《肘后》)蛇骨刺人毒痛:铁精粉豆许,吹入疮内。(《肘后方》)

铁华粉(宋《开宝》)

【释名】铁胤粉(《日华》)、铁艳粉、铁霜。

【修治】志曰:作铁华粉法:取钢煅作叶,如笏或团,平面磨错,令光净,以盐水洒之,于醋瓮中,阴处埋之,一百日铁上衣生,即成粉矣。刮取细捣筛,入乳钵研如面,和合诸药为丸散,此铁之精华,功用强于铁粉也。

大明曰:悬于酱瓿上生霜者,名铁胤粉。淘去粗滓咸味,烘干用。

【气味】咸,平,无毒。

【主治】安心神,坚骨髓,强志力,除风邪,养血气,延年变白,去百病,随所冷热,和诸药用,枣膏为丸(《开宝》)。止惊悸虚痫,镇五脏,去邪气,治健忘,冷气心痛,痃癖癥结,脱肛痔瘘,宿食等,及敷竹木刺入肉(大明)。

【发明】见铁落。

【附方】新一。妇人阴挺:铁胤粉一钱,龙脑半钱,研,水调刷产门。(危氏《得效方》)

铁锈(《拾遗》)

【释名】铁衣。

藏器曰:此铁上赤衣也,刮下用。

【主治】恶疮疥癣,和油涂之。蜘蛛虫咬,蒜磨涂之(藏器)。平肝坠热,消疮肿、口舌疮。醋磨,涂蜈蚣咬(时珍)。

【附方】新八。风瘙瘾疹:锈铁磨水涂之。(《集简方》)汤火伤疮:青竹烧油,同铁锈搽之。(《积德堂方》)疔肿初起:多年土内锈钉,火煅醋淬,刮下锈末,不论遍次,煅取收之。每用少许,人乳和,挑破敷之。仍炒研二钱,以齑水煎滚,待冷调服。(《普济方》)脚腿红肿,热如火炙,俗名赤游风:用铁锈水涂解之。(《惠济方》)重舌肿胀:铁锈锁烧红,打下锈,研末。水调一钱,噙咽。(《生生编》)小儿口疮:铁锈末,水调敷之。(《集简方》)内热遗精:铁锈末,冷水服一钱,三服止。(《活人心统》)妇人难产:杂草烧镬锈、白芷等分。为末。每服一钱,童尿、米醋各半,和服见效。(《救急方》)

铁爇(《拾遗》)

【释名】刀烟(《拾遗》)、刀油。

藏器曰:以竹木爇火,于刀斧刃上烧之,津出如漆者,是也。江东人多用之。

【主治】恶疮蚀䘌,金疮毒物伤皮肉,止风水不入,入水不烂,手足皲坼,疮根结筋,瘰疬毒肿,染髭发,令永黑,及热未凝时涂之,少顷当干硬。用之须防水。又杀虫立效(藏器)。

【附方】新一。项边疬子:以桃核于刀上烧烟熏之。(陈氏《本草》)

铁浆(《拾遗》)

【集解】藏器曰:陶氏谓铁落为铁浆,非也。此乃取诸铁于器中,以水浸之,经久色青沫出,即堪染皂者。

承曰:铁浆,是以生铁渍水服饵者。旋入新水,日久铁上生黄膏,则力愈胜。唐太妃所服者,乃此也。若以染皂者为浆,其酸苦臭涩不可近,矧服食乎?

【气味】咸,寒,无毒。

【主治】镇心明目。主癫痫发热,急黄狂走,六畜癫狂,人为蛇、犬、虎、狼、毒恶虫等啮,服之毒不入内也。兼解诸毒入腹(藏器)。

【附方】旧二,新三。时气生疮胸中热:铁浆饮之。(《梅师方》)一切疔疮:铁浆,日饮一升。(《千金方》)发背初起:铁浆饮二升,取利。(《外台秘要》)蛇皮恶疮:铁浆,频涂之。(《谈野翁方》)漆疮作痒:铁浆,频洗,愈。(《外台》)

诸铁器(《纲目》)

铁杵(《拾遗》。即药杵也)

【气味】无毒。

【主治】妇人横产,胞衣不下,烧赤淬酒饮,自顺(藏器)。

铁秤锤(宋《开宝》)

【气味】辛,温,无毒。

【主治】贼风。止产后血瘕腹痛,及喉痹热塞,烧赤淬酒,热饮(《开宝》)。治男子疝痛,女子心腹妊娠胀满,漏胎,猝下血(《时珍》)。

【附方】新四。喉痹肿痛:菖蒲根嚼汁,烧秤锤淬一杯,饮之。(《普济方》)舌肿咽痛,咽生息肉,舌肿:秤锤烧赤,淬醋一盏,咽之。(《圣惠方》)误吞竹木:秤锤烧红,淬酒饮之。(《集玄方》)便毒初起,极力提起,令有声:以铁秤锤摩压一夜,即散。(《集简方》)

铁铳(《纲目》)

【主治】催生,烧赤,淋酒入内,孔中流出,乘热饮之,即产。旧铳尤良(时珍)。

铁斧(《纲目》)

【主治】妇人产难横逆,胞衣不出,烧赤淬酒服。亦治产后血瘕,腰腹痛(时珍)。

铁刀(《拾遗》)

【气味】辛,平,无毒。

【主治】蛇咬毒入腹,取两刀于水中相磨,饮其汁。百虫入耳,以两刀于耳门上摩敲作声,自出(藏器)。磨刀水,服,利小便。涂脱肛痔核,产肠不上,耳中猝痛(时珍)。

大刀环(《纲目》)

【主治】产难数日不出,烧赤淬酒一杯。顿服(时珍)。

剪刀股(《纲目》)

【主治】小儿惊风。钱氏有剪刀股丸,用剪刀环头研破,煎汤服药(时珍)。

故锯(《拾遗》)

【气味】无毒。

【主治】误吞竹木入咽,烧故锯令赤,渍酒热饮(藏器)。

布针(《拾遗》)

【主治】妇人横产,取二七枚烧赤淬酒七遍,服(藏器)。

【附方】新一。眼生偷针:布针一个,对井睨视,已而折为两段,投井中,勿令人见。(张杲《医说》)

铁镞(《纲目》)

【主治】胃热呃逆,用七十二个,煎汤啜之(时珍)。

铁甲(《纲目》)

【主治】忧郁结滞,善怒狂易,入药煎服(时珍)。

铁锁(《纲目》)

【主治】齆鼻不闻香臭,磨石上取末,和猪脂绵裹塞之,经日肉出,瘥(《普济》)。

钥匙(《日华》)

【主治】妇人血噤,失音冲恶,以生姜、醋、小便同煎服。弱房人亦可煎服(大明)。

铁钉(《拾遗》)

【主治】酒醉齿漏出血不止,烧赤注孔中即止(时珍)。

藏器曰:有犯罪者,遇恩赦免,取枷上铁及钉等收之。后入官带之,得除免。

铁铧(即锸也。《纲目》)

【主治】心虚风邪,精神恍惚健忘,以久使者四斤,烧赤投醋中七次,打成块,水二斗，浸二七日，每食后服一小盏。（时珍）。

【附方】新三。小儿伤寒，百日内患壮热：用铁铧一斤，烧赤，水二斗，淬三七次，煎一半，入柳叶七片，浴之。（《圣济录》）积年齿䘌：旧铁铧头一枚，炭火烧赤，捻硫黄一分，猪脂一分，于上熬沸。以绵包柳枝揾药，热烙齿缝，数次愈。（《普济方》）灌顶油法：治脑中热毒风，除目中翳障，镇心明目。生油二斤，故铁铧五两（打碎），硝石半两，寒水石一两，马牙硝半两，曾青一两，绵裹入油中浸七日。每以一钱顶上摩之，及滴少许入鼻内，甚妙。此大食国胡商方。（《圣惠方》）

铁犁镵尖（《日华》）

【主治】得水，制朱砂、水银、石亭脂毒（大明）。

车辖（即车轴铁辖头，一名车缸。宋《开宝》）

【气味】无毒。

【主治】喉痹及喉中热塞，烧赤，投酒中热饮（《开宝》）。主小儿大便下血，烧赤，淬水服（外台）。

【附方】旧二，新一。小儿下血：方见上。妊娠咳嗽：车缸一枚，烧赤投酒中，冷饮。（《圣惠方》）走注气痛：车缸烧赤，湿布裹熨病上。（《千金方》）

马衔（即马勒口铁也。大明曰：古旧者好，亦可作医工针也。《开宝》）

【气味】平，无毒。

【主治】小儿痫，妇人难产，临时持之，并煮汁服一盏（《开宝》）。治马喉痹，肿连颊，壮热，吐气数，煎水服之（《圣惠》）。

马镫（《纲目》）

【主治】田野磷火，人血所化，或出或没，来逼夺人精气，但以马镫相戛作声即灭。故张华云：金叶一振，游光敛色（时珍）。

玉（《别录》上品）

【校正】并入《别录》玉屑。

【释名】玄真。

时珍曰：按许慎《说文》云：玉乃石之美者。有五德：润泽以温，仁也；鳃理自外可以知中，义也；其声舒扬远闻，智也；不挠而折，勇也；锐廉而不技，洁也。其字象三玉连贯之形。葛洪《抱朴子》云：玄真者，玉之别名也，服之令人身飞轻举。故曰：服玄真者，其命不极。

玉屑(《别录》)

【修治】弘景曰:玉屑是以玉为屑,非别一物也。《仙经》服瑴玉,有捣如米粒,乃以苦酒辈,消令如泥,亦有合为浆者。凡服玉皆不得用已成器物,及冢中玉璞。

恭曰:饵玉当以消作水者为佳。屑如麻豆服者,取其精润脏腑,滓秽当完出也。又为粉服者,即使人淋壅。屑如麻豆,其义殊深。化水法,在《淮南三十六水法》中。

【气味】甘,平,无毒。

珣曰:咸,寒,无毒。

时珍曰:恶鹿角,养丹砂。

【主治】除胃中热,喘息烦满,止渴,屑如麻豆服之,久服轻身长年(《别录》)。润心肺,助声喉,滋毛发(大明)。滋养五脏,止烦躁,宜共金、银、麦门冬等同煎服,有益(李珣)。

【附方】新三。小儿惊啼:白玉二钱半,寒水石半两,为末,水调涂心下。(《圣惠方》)痃癖鬼气,往来疼痛,及心下不可忍者,不拘大人小儿:白玉、赤玉等分,为末,糊丸梧子大。每服三十丸,姜汤下。(《圣惠方》)面身瘢痕:真玉日日磨之,久则自灭。(《圣济录》)

玉泉(《本经》)

【释名】玉札(《本经》)、玉浆(《开宝》)、琼浆。

【气味】甘,平,无毒。

普曰:神农、岐伯、雷公:甘。李当之:平。畏款冬花、青竹。

【主治】五脏百病,柔筋强骨,安魂魄,长肌肉,益气,利血脉,久服耐寒暑,不饥渴,不老神仙。人临死服五斤,三年色不变(《本经》)。疗妇人带下十二病,除气癃,明耳目,久服轻身长年(《别录》)。治血块(大明)。

白玉髓(《别录》有名未用)

【校正】并入《拾遗》玉膏。

【释名】玉脂(《纲目》)、玉膏(《拾遗》)、玉液。

【气味】甘,平,无毒。

【主治】妇人无子，不老延年(《别录》)。

青玉(《别录》有名未用)

【释名】谷玉。

时珍曰：谷，一作瑴，又作珏，谷、角二音。二玉相合曰瑴，此玉常合生故也。

【气味】甘，平，无毒。

【主治】妇人无子，轻身不老长年(《别录》)。

【附录】璧玉。

《别录》曰：味甘，无毒。主明目益气，使人多精生子。

时珍曰：璧，瑞玉圜也。此玉可为璧，故曰璧玉。璧外圆象天，内方象地。《尔雅》云：璧大六寸谓之瑄；肉倍好谓之璧；好倍肉谓之瑗。

玉英

《别录》曰：味甘，主风瘙皮肤痒，生山窍中，明白可作镜，一名石镜，十二月采。

合玉石

《别录》曰：味甘，无毒。主益气，疗消渴，轻身辟谷。生常山中丘，如彘肪。

时珍曰：此即碾玉砂也，玉须此石碾之乃光。

青琅玕(《本经》下品)

【校正】并入《拾遗》石阑干。

【释名】石阑干(《拾遗》)、石珠(《本经》)、青珠(《别录》)。

时珍曰：琅玕，象其声也。可碾为珠，故得珠名。

【气味】辛，平，无毒。

之才曰：杀锡毒，得水银良，畏鸡骨。

【主治】身痒，火疮痈疡，疥瘙死肌(《本经》)。白秃，浸淫在皮肤中，煮炼服之，起阴气，可化为丹(《别录》)。疗手足逆胪(弘景)。石阑干：主石淋，破血，产后恶血，磨服，或煮服，亦火烧投酒中服(藏器)。

青琅玕

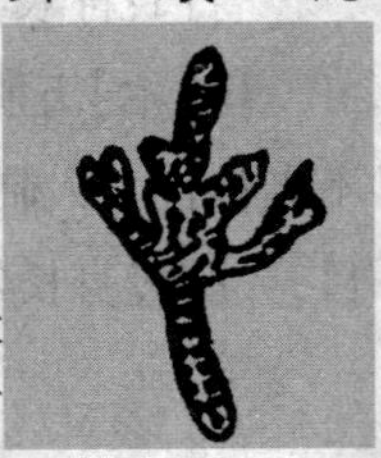

珊瑚(《唐本草》)

【释名】钵摆娑福罗(《梵书》)。

【气味】甘,平,无毒。

珊瑚

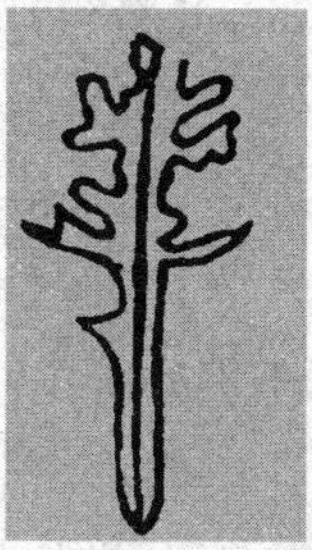

【主治】去目中翳,消宿血。为末吹鼻,止鼻衄(《唐本》)。明目镇心,止惊痫(大明)。点眼,去飞丝(时珍)。

【发明】珣曰:珊瑚主治与金相似。

宗奭曰:今人用为点眼箸,治目翳。

藏器曰:珊瑚刺之汁流如血,以金投之为丸名金浆,以玉投之为玉髓,久服长生。

【附方】旧一。小儿麸翳未坚:不可乱药。宜以珊瑚研如粉,日少少点之,三日愈。(钱相公《箧中方》)

马脑(宋《嘉祐》)

【释名】玛瑙、文石、摩罗迦隶(佛书)。

藏器曰:赤烂红色,似马之脑,故名,亦云马脑珠。胡人云是马口吐出者,谬言也。

时珍曰:按《增韵》云:玉属也。纹理交错,有似马脑,因以名之。《拾遗记》云是鬼血所化,更谬。

马脑

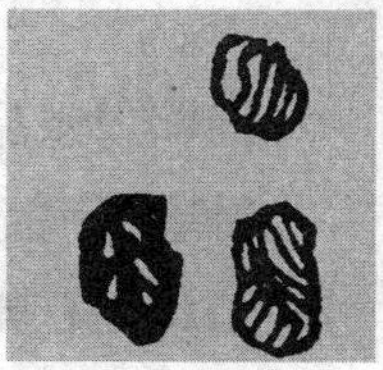

【气味】辛,寒,无毒。

【主治】辟恶,熨目赤烂(藏器)。主目生障翳,为末日点(时珍)。

宝石(《纲目》)

【集解】时珍曰:宝石出西番、回鹘地方诸坑井内,云南、辽东亦有之。有红、绿、碧、紫数色:红者名刺子;碧者名靛子;翠者,名马价珠;黄者,名木难珠;紫者,名蜡子;又有鸦鹘石、猫精石、石榴子、红扁豆等名色,皆其类也。《山海经》言骒山多玉,凄水出焉,西注于海,中多采石。采石,即宝石也。碧者,唐人谓之瑟瑟。红者,宋人谓之靺鞨。今通呼为宝石。以镶首饰器物,大者如指头,小者如豆粒,皆碾成珠状。《张勃吴录》云:越巂、云南河中出碧珠,须祭而取之,有缥碧、绿碧。

宝石

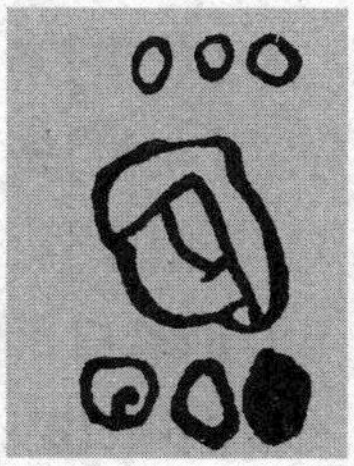

此即碧色宝石也。

【主治】去翳明目,入点药用之。灰尘入目,以珠拭拂即去(时珍)。

玻璃(《拾遗》)

【释名】颇黎(《纲目》)、水玉(《拾遗》)。

时珍曰:本作颇黎。颇黎,国名也。其莹如水,其坚如玉,故名水玉,与水精同名。

玻璃

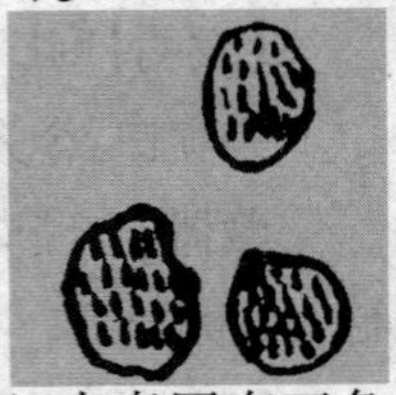

【集解】藏器曰:玻璃,西国之宝也。玉石之类,生土中。或云千岁冰所化,亦未必然。

时珍曰:出南番。有酒色、紫色、白色,莹澈与水精相似,碾开有雨点花者为真。外丹家亦用之。药烧者有气眼而轻。《玄中记》云:大秦国有五色颇黎,以红色为贵。《梁四公子记》云:扶南人来卖碧颇黎镜,广一尺半,重四十斤,内外皎洁,向明视之,不见其质。蔡绦云:御库有玻璃母,乃大食所产,状如铁滓,煅之但作珂子状,青、红、黄、白数色。

【气味】辛,寒,无毒。

【主治】惊悸心热,能安心明目,去赤眼,熨热肿(藏器)。摩翳障(大明)。

水精(《拾遗》)

【释名】水晶(《纲目》)、水玉(《纲目》)、石英。

时珍曰:莹澈晶光,如水之精英,会意也。《山海经》谓之水玉,《广雅》谓之石英。

水精

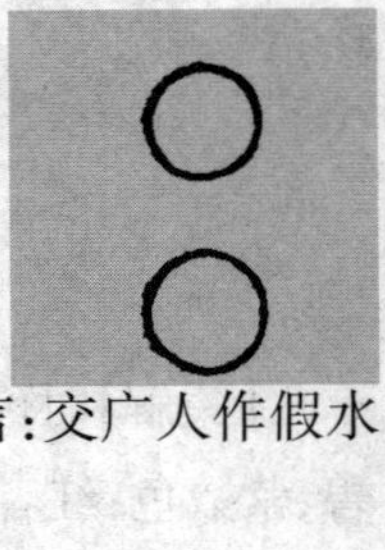

【集解】时珍曰:水精,亦颇黎之属,有黑、白二色。倭国多水精,第一。南水精白,北水精黑,信州、武昌水精浊。性坚而脆,刀刮不动,色澈如泉,清明而莹,置水中无瑕、不见珠者佳。古语云水化,谬言也。药烧成者,有气眼,谓之硝子,一名海水精。《抱朴子》言:交广人作假水精碗,是此。

【气味】辛,寒,无毒。

【主治】熨目,除热泪(藏器)。亦入点目药。穿串吞咽中,推引诸哽物(时珍)。

【附录】火珠

时珍曰:《说文》谓之火齐珠。《汉书》谓之玫瑰(音枚回)。《唐书》云:东南海中有罗刹国,出火齐珠,大者如鸡卵,状类水精,圆白,照数尺。日中以艾承之则得火,用炙艾炷不伤人。今占城国有之,名朝霞大火珠。又《续汉书》云:哀牢夷出火精、琉璃,则火齐乃火精之讹,正与水精对。

碝石(音软)

时珍曰:出雁门。石次于玉,白色如冰,亦有赤者。《山海经》云:北山多碝石。《礼》云:士佩碝玫,是也。

琉璃(《拾遗》)

【释名】火齐。

时珍曰:《汉书》作流离,言其流光陆离也。火齐,与火珠同名。

琉璃

【集解】藏器曰:《集韵》云:琉璃,火齐珠也。《南州异物志》云:琉璃,本质是石,以自然灰治之可为器,石不得此则不可释。佛经所谓七宝者,琉璃、车渠、马脑、玻璃、真珠是也。

时珍曰:按:《魏略》云:大秦国出金银琉璃,有赤、白、黄、黑、青、绿、缥、绀、红、紫十种。此乃自然之物,泽润光采,逾于众玉。今俗所用,皆销冶石汁,以众药灌而为之,虚脆不贞。《格古论》云:石琉璃出高丽,刀刮不动,色白,厚半寸许,可点灯,明于牛角者。《异物志》云:南天竺诸国出火齐,状如云母,色如紫金,重沓可开,析之则薄如蝉翼,积之乃如纱縠,亦琉璃、云母之类也。按:此石今人以作灯球,明莹而坚耐久。苏颂言亦可入药,未见用者。

【主治】身热目赤,以水浸冷熨之(藏器)。

云母(《本经》上品)

【释名】云华、云珠、云英、云液、云砂、磷石(《本经》)。

时珍曰:云母以五色立名,详见下文。按《荆南志》云:华容方台山出云母,土人候云所出之处,于下掘取,无不大获,有长五、六尺可为屏风者,但掘时忌作声也。据此,则此石乃云之根,故得云母之名,而云母之根,则阳起石也。《抱朴子》有云:服云母十年,云气常覆其上。服其母以致其子,理自然也。

云母

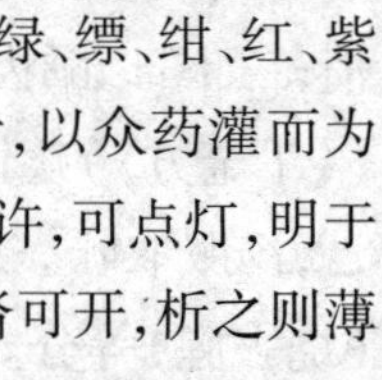

【气味】甘,平,无毒。

权曰:有小毒。恶徐长卿,忌羊血、粉。

弘景曰:炼之用矾则柔烂,亦是相畏也。百草上露乃胜东流水,亦有用五月茅屋溜水者。

独孤滔曰：制汞，伏丹砂。

【主治】身皮死肌，中风寒热，如在车船上，除邪气，安五脏，益子精，明目，久服轻身延年(《本经》)。下气坚肌，续绝补中，疗五劳七伤，虚损少气，止痢，久服悦泽不老，耐寒暑，志高神仙(《别录》)。主下痢肠澼，补肾冷(甄权)。

【发明】保升曰：云母属金，故色白而主肺。

时珍曰：昔人言云母壅尸，亡人不朽。盗发冯贵人冢，形貌如生，因共奸之；发晋幽公冢，百尸纵横。及衣服皆如生人，中并有云母壅之故也。

【附方】旧七，新七。服食云母：上白云母二十斤薄擘，以露水八斗作汤，分半淘洗二次。又取二斗作汤，纳芒硝十斤，木器中渍二十日，取出绢袋盛，悬屋上，勿见风日，令燥。以鹿皮为囊揉之，从旦至午，筛滓复揉，得好粉五斗，余者弃之。以粉一斗纳崖蜜二斤，搅糊，入竹筒中，薄削封口漆固，埋北垣南崖下，入地六尺，覆土。春夏四十日、秋冬三十日出之，当成水。若洞洞不消，更埋三十日。此水能治万病，及劳气风疹。每以温水一合和服之，日三服。十日，小便当变黄；二十日，腹中寒澼消；三十日，龋齿更生；四十日，不畏风寒；五十日，诸病皆愈，颜色日少，长生神仙。(《千金方》)痰饮头痛、往来寒热：云母粉二两(炼过)，恒山一两。为末。每服方寸匕，汤服取吐。忌生葱、生菜。(《深师方》)牝疟多寒：云母(烧二日夜)、龙骨、蜀漆(烧去腥)等分。为散。未发前，浆水服半钱。(仲景《金匮方》)小儿下痢赤白及水痢：云母粉半两，煮白粥调食之。(《食医心镜》)赤白久痢、积年不愈：饮调云母粉方寸匕服。二服，立见神效。(《千金方》)妇人带下：水和云母粉方寸匕服，立见神效。(《千金方》)小便淋疾：温水和云母粉服三钱。(《千金方》)妇人难产，经日不生：云母粉半两，温酒调服，入口即产，不顺者即顺，万不失一。陆氏云：此是何德扬方也，已救三、五十人。(《积德堂方》)粉滓面䵟：云母粉、杏仁等分。为末。黄牛乳拌，略蒸，夜涂旦洗。(《圣济录》)风疹遍身，百计不愈：煅云母粉，清水调服二钱，良。(《千金方》)一切恶疮：云母粉敷之。(《千金方》)火疮败坏：云母粉和生羊髓涂之。(《圣惠方》)金疮出血：云母粉敷之，绝妙。(《事林广记》)风热汗出：水和云母粉，服三钱，不过再服，立愈。(《千金翼》)

白石英(《本经》上品)

【释名】时珍曰：徐锴云：英，亦作瑛，玉光也。今五种石英，皆石之似玉而有光莹者。

【集解】《别录》曰：白石英，生华阴山谷及泰山，大如指，长二、三寸，六面如削，

白石英

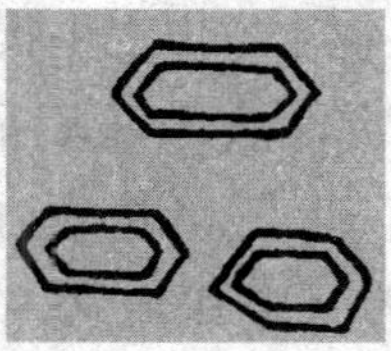

白澈有光，长五、六寸者，弥佳。其黄端白棱，名黄石英；赤端白棱，名赤石英；青端赤棱，名青石英，黑泽有光，名黑石英。二月采，亦无时。

弘景曰：今医家用新安所出，极细长白澈者，寿阳八公山多大者，不正用之。《仙经》大小并有用，惟须精白无瑕杂者。如此说，则大者为佳。其四色英，今不复用。

时珍曰：泽州有英鸡，食石英，性最补。见禽部。

【气味】甘，微温，无毒。

《别录》曰：辛。

普曰：神农：甘，岐伯、黄帝、雷公、扁鹊：无毒。之才曰：恶马目毒公。

【主治】消渴，阴痿不足，咳逆，胸膈间久寒，益气，除风湿痹，久服轻身长年（《本经》）。疗肺痿，下气，利小便，补五脏，通日月光，耐寒热（《别录》）。治肺痈吐脓，咳逆上气，疸黄（甄权）。实大肠（好古）。

五色石英

【主治】心腹邪气，女人心腹痛，镇心，胃中冷气，益毛发，悦颜色，治惊悸，安魂定魄，壮阳道，下乳。随脏而治：青治肝，赤治心，黄治脾，白治肺，黑治肾（大明）。

【发明】藏器曰：湿可去枯，白石英、紫石英之属是也。

时珍曰：白石英，手太阴、阳明气分药也，治痿痹肺痈枯燥之病。但系石类，只可暂用，不宜久服。

【附方】旧二，新八。服石英法：白石英一斤，打成豆大，于砂盆中和粗砂，着水挼二三千下，洗净又挼，仍安柳箕中，入蒿叶少许，同水熟挼至光净，即以绵袋盛，悬门上。每日未梳前，以水或酒吞七粒，用饭二匙压下小腹。一切秽恶、白酒、牛肉，石家所忌者，皆不忌。久则新石推出陈石，石常在小腹内温暖，则气息调和，经脉通达，腰肾坚强，百病自除。石若得力，一斤即止；若不得力，十斤亦须服。此物光滑，既无浮碎着人肠胃作疮，又无石气发作诸病也。又法：泽州白石英，光净无点翳者，打小豆大，去细者，水淘净，袋盛，悬铛内，清水五大升，煮汁一升，澄清，平早服。以汁煮粥更佳。服后饮酒三、二杯，可行百步。一袋可煮二十度。如无力，以布裹埋南墙下三尺土内，百日又堪用也。石煮猪肉法：白石英一两，袋盛，水三斗，煮四升；猪肉一斤，同葱、椒、盐、豉煮，以汁作羹食。石蒸羊肉法：白石英三两，打作小块，精羊肉一斤包之，荷叶裹之，于一石米饭中蒸熟，取出去石，切肉，和葱、椒作小馄饨，煮熟。每旦空腹冷浆水吞一百个，后以冷饭压之。百无所忌，永不发动。石煮牛乳法：白石英五两，捣碎密绢盛，以牛乳三升，酒三升，同煎至四升，去石，以瓶收之。

每食前暖服三合。治虚损劳瘦，皮燥阴痿，脚弱烦疼。石饲牸牛法：白石英三斤，捣筛。取十岁以上生犊牸牛一只，每日和豆与食，经七日，即可收乳。每旦热服一升，余者作粥食。百无所忌。润养脏腑，悦泽肌肉，令人体健。凡服石并忌芥菜、蔓菁、芜荑、葵菜、荠苨，宜食冬瓜、龙葵，压石气。（孙真人《千金翼》）风虚冷痹，诸阳不足，及肾虚耳聋，益精保神：白石英三两，坩锅内火煅酒淬三次，入瓶中密封，勿泄气。每早温服一钟，以少饭压之。一法：磁石（火煅醋淬五次）、白石英各五两，绢袋盛，浸一升酒中五六日，温服。将尽，更添酒。（《千金翼》）

紫石英（《本经》上品）

【集解】《别录》曰：紫石英生泰山山谷，采无时。

普曰：生泰山或会稽，欲令如削，紫色达头如樗蒲者。

时珍曰：按《太平御览》云：自大岘至泰山，皆有紫石英。泰山所出，甚瑰玮。平氏阳山县所出，色深特好。乌程县北垄山所出，甚光明，但小黑，东莞县爆山所出，旧以贡献。江夏矾山亦出之。永嘉固陶村小山所出，芒角甚好，但色小薄尔。

紫石英

【修治】时珍曰：凡入丸散，用火煅醋淬七次，碾末水飞过，晒干入药。

【气味】甘，温，无毒。

《别录》曰：辛。

时珍曰：服食紫石英，乍寒乍热者，饮酒良。

【主治】心腹咳逆邪气，补不足，女子风寒在子宫，绝孕十年无子。久服温中，轻身延年（《本经》）。疗上气心腹痛，寒热邪气结气，补心气不足，定惊悸，安魂魄。填下焦，止消渴，除胃中久寒。散痈肿，令人悦泽（《别录》）。养肺气，治惊痫，蚀脓（甄权）。

【附方】旧三。虚劳惊悸，补虚止惊，令人能食：紫石英五两，打如豆大，水淘一遍，以水一斗，煮取二升，细细服，或煮粥食，水尽可再煎之。（张文仲方）风热瘛疭：风引汤：治风热瘛疭，及惊痫瘛疭。紫石英、赤石脂、白石脂、寒水石、石膏、干姜、大黄、龙齿、桂枝、牡蛎、甘草、滑石等分。㕮咀。水一升，煎去三分，食后温呷，无不效者。（仲景《金匮方》）痈肿毒气：紫石英火烧醋淬，为末。生姜、米醋煎敷之，磨亦得。（《日华本草》）

菩萨石(《日华》)

【释名】放光石、阴精石(《纲目》。义见下)。

【集解】宗奭曰:嘉州峨眉山出菩萨石,色莹白明澈,若泰山狼牙石、上饶水精之类,日中照之有五色,如佛顶圆光,因以名之。

石 萨 菩

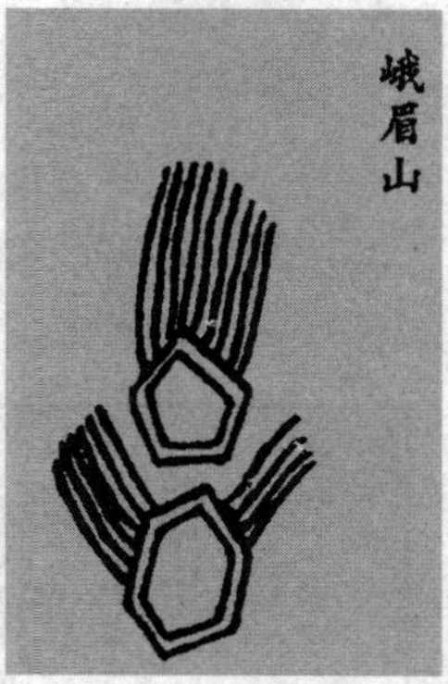

时珍曰:出峨眉、五台、匡庐岩窦间。其质六棱,或大如枣栗,其色莹洁,映日则光采微芒,有小如樱珠,则五色粲然可喜,亦石英之类也。丹炉家煅制,作五金三黄匮。

【气味】甘,平,无毒。

【主治】解药毒蛊毒,及金石药发动作痈疽渴疾,消扑损瘀血,止热狂惊痫,通月经,解风肿,除淋,并水磨服。蛇、虫、蜂、蝎、狼、犬、毒箭等伤,并末敷之(大明)。明目去翳(时珍)。

本草纲目石部第九卷

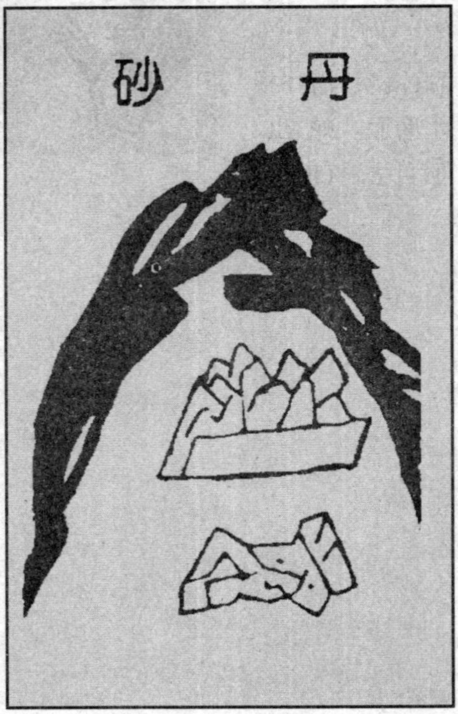

本草纲目石部第九卷

丹砂(《本经》上品)

【释名】朱砂。

时珍曰:丹乃石名,其字从井中一点,象丹在井中之形,义出许慎《说文》。后人以丹为朱色之名,故呼朱砂。

丹砂

【集解】弘景曰:即今朱砂也。俗医别取武都仇池雄黄夹雌黄者,名为丹砂用之,谬矣。符陵是涪州接巴郡南,今无复采者。乃出武陵、西川诸蛮夷中,皆通属巴地,故谓之巴砂。《仙经》亦用越砂,即出广州临漳者。此二处并好,惟须光明莹澈为佳。如云母片者,谓之云母砂。如樗蒲子、紫石英形者,谓之马齿砂,亦好。如大小豆及大块圆滑者,谓之豆砂。细末碎者,谓之末砂。此二种粗,不入药用,但可画用尔。采砂皆凿坎入数丈许。虽同出一郡县,亦有好恶。地有水井,胜火井也。仙方炼饵,最为长生之宝。

时珍曰:丹砂以辰、锦者为最。麻阳即古锦州地。佳者为箭镞砂,结不实者为肺砂,细者为末砂。色紫不染纸者,为旧坑砂,为上品;色鲜染纸者,为新坑砂,次之。苏颂、陈承所谓阶州、金、商州砂者,乃陶弘景所谓武都雄黄,非丹砂也。范成大《桂海志》云:本草以辰砂为上,宜砂次之。然宜州出砂处,与湖北大牙山相连。北为辰砂,南为宜砂,地脉不殊,无甚分别,老者亦出白石床上。苏颂乃云:宜砂出土石间,非石床所生,是未识此也。别有一种色红质嫩者,名土坑砂,乃土石间者,不甚耐火。邕州亦有砂,大者数十、百两,作块黑暗,少墙壁,不堪入药,惟以烧取水银。颂云:融州亦有,今融州无砂,乃邕州之讹也。臞仙《庚辛玉册》云:丹砂石以五溪山峒中产者,得正南之气为上。麻阳诸山与五溪相接者,次之。云南、波斯、西胡砂,并光洁可用。柳州一种砂,全似辰砂,惟块圆如皂角子,不入药用。商州、黔州土丹砂,宣、信州砂,皆内含毒气及金、银、铜、铅气,不可服。张果《丹砂要诀》云:丹砂者,万灵之主,居之南方。或赤龙以建号,或朱鸟以为名。上品生于辰、锦二州石穴,中品生于交、桂,下品生于衡、邵。名有数种,清浊体异,真伪不同。辰、锦上品砂,生白石床之上,十二枚为一座,色如未开莲花,光明耀日。亦有九枚为一座。七枚、五枚者次之。每座中有大者为主,四围小者为臣朝护,四面杂砂一二斗抱之。中有芙蓉头成颗者,亦入上品。又有如马牙光明者,为上品;白光若云母,为中品。又有紫灵砂,圆长似笋而红紫,为上品;石片棱角生青光,为下品。交、桂所出,但是座上及打石得,形似芙蓉头面光明者,亦入上品;颗粒而通明者,为中品;片段不明澈者,为下品。衡、邵所出,虽是紫砂,得之砂石中者,亦下品也。有溪砂,生溪州砂石之中;土砂,生土穴之中,土石相杂,故不入上品,不可服饵。唐李德裕《黄冶论》云:光明砂者,天地自然之宝,在石室之间,生雪床之上。如初生芙蓉,红芭未拆。细者环拱,大者处中,有辰居之象,有君臣之位。光明外澈,采之者,寻石脉而求,此造化之所铸也。

土宿真君曰:丹砂受青阳之气,始生矿石,二百年成丹砂而青女孕,又二百年而成铅,又二百年成银,又二百年复得太和之气,化而为金,故诸金皆不若丹砂金为上也。

【修治】敩曰:凡修事朱砂,静室焚香斋沐后,取砂以香水浴过,拭干,碎捣之,钵中更研三伏时。取一瓷锅子,每朱砂五两,用甘草二两,紫背天葵一镒,五方草一镒,著砂上下,以东流水煮三伏时,勿令水火阙。去药,以东流水淘净干晒,又研如粉。用小瓷瓶入青芝草、山须草半两盖之,下十斤火煅,从巳至子方歇,候冷取出,细研用。如要服,则以熬蜜丸细麻子大,空腹服一丸。

时珍曰:今法惟取好砂研末,以流水飞三次用。其末砂多杂石末、铁屑,不堪入药。又法:以绢袋盛砂,用荞麦灰淋汁,煮三伏时取出,流水浸洗过,研粉飞晒用。又丹砂以石胆、硝石和埋土中,可化为水。

【气味】甘,微寒,无毒。

时珍曰:丹砂,《别录》云无毒,岐伯、甄权言有毒,似相矛盾。按《何孟春余冬录》云:丹砂性寒而无毒,入火则热而有毒,能杀人,物性逐火而变。此说是也。丹砂之畏磁石、碱水者,水克火也。

敩曰:铁遇神砂,如泥似粉。

【主治】身体五脏百病,养精神,安魂魄,益气明目,杀精魅邪恶鬼。久服通神明不老。能化为汞(《本经》)。通血脉,止烦满消渴,益精神,悦泽人面,除中恶腹痛,毒气疥瘘诸疮。轻身神仙(《别录》)。镇心,主尸疰抽风(甄权)。润心肺,治疮痂息肉,并涂之(大明)。治惊痫,解胎毒痘毒,驱邪疟,能发汗(时珍)。

【发明】保升曰:朱砂法火色赤而主心。

时珍曰:丹砂生于炎方,禀离火之气而成,体阳而性阴,故外显丹色而内含真汞。其气不热而寒,离中有阴也。其味不苦而甘,火中有土也。是以同远志、龙骨之类，则养心气；同当归、丹参之类，则养心血；同枸杞、地黄之类，则养肾；同厚朴、川椒之类，则养脾；同南星、川乌之类，则祛风。可以明目，可以安胎，可以解毒，可以发汗，随佐使而见功，无所往而不可。夏子益《奇疾方》云：凡人自觉本形作两人，并行并卧，不辨真假者，离魂病也。用辰砂、人参、茯苓，浓煎日饮，真者气爽，假者化也。《类编》云：钱丕少卿夜多恶梦，通宵不寐，自虑非吉。遇邓州推官胡用之曰：昔常如此。有道士教戴辰砂如箭镞者，涉旬即验，四五年不复有梦。因解髻中一绛囊遗之。即夕无梦，神魂安静。道书谓丹砂辟恶安魂，观此二事可证矣。

【附方】旧八，新二十七。服食丹砂：三皇真人炼丹方：丹砂一斤，研末重筛，以醇酒沃之如泥状。盛以铜盘，置高阁上，勿令妇人见。燥则复以酒沃，令如泥，阴雨疾风则藏之。尽酒三斗，乃曝之，三百日当紫色。斋戒沐浴七日，静室饭丸麻子大，常以平旦，向日吞三丸。一月，三虫出；半年，诸病瘥；一年，须发黑；三年，神人至。(《太上玄变经》)小神丹方：真丹末三斤，白蜜六斤。搅合日曝，至可丸，丸麻子大。每旦服十丸。一年，白发反黑，齿落更生，身体润泽，老翁成少。(《抱朴子内编》)明目轻身，去三尸，除疮癞：美酒五升，浸朱砂五两，五宿，日干研末，蜜丸小豆大。每服二十丸，白汤下，久服见效。(《卫生易简方》)神注丹方：白茯苓四两(糯米酒煮，软竹刀切片，阴干为末)，入朱砂末二钱。以乳香水打糊丸梧子大，朱砂末二钱为衣。阳日，二丸；阴日，一丸。要秘精，新汲水下；要逆气过精，温酒下。并空心。(王好古《医垒元戎》)乌髭变白：小雌鸡二只，只与乌油麻一件同水饲之。放卵时，收取。先放者打窍，以朱砂末填入糊定，同众卵抱出鸡取出，其药自然结实，研粉，蒸饼和丸绿豆大。每酒下五、七丸。不惟变白，亦且愈疾。(张潞方)小儿初生六日，解胎毒，温肠胃，壮气血：朱砂豆大，细研，蜜一枣大，调与吮之，一日令尽。(姚和众《至宝方》)预解痘毒，初发时或未出时：以朱砂末半钱，蜜水调服。多者，可少；少者，可无；重者，可轻也。(丹溪方)初生儿惊，月内惊风欲死：朱砂磨新汲水涂五心，最验。(《斗门方》)

水银(《本经》中品)

【释名】汞(《别录》)、澒(汞同)、灵液(《纲目》)、姹女(《药性》)。

时珍曰：其状如水似银，故名水银。澒者，流动貌。方术家以水银和牛、羊、豕三脂杵成膏，以通草为炷，照于有金宝处，即知金、银、铜、铁、铅、玉、龟、蛇、妖怪，故谓之灵液。

颂曰：《广雅》：水银谓之澒。丹灶家名汞，其字亦通用尔。

【集解】《别录》曰：水银生符陵平土，出于丹砂。

水银

时珍曰：汞出于砂为真汞。雷敩言有草汞。陶弘景言有沙地汞。《淮南子》言弱土之气生白礜石，礜石生白澒。苏颂言陶说者不闻有之。按《陈霆墨谈》云。拂林国当日没之处，地有水银海，周围四五十里。国人取之，近海十里许掘坑井数十，乃使健夫骏马，皆贴金箔，行近海边。日照金光晃耀，则水银滚沸如潮而来，其势若粘裹。其人即回马疾驰，水银随赶。若行缓，则人马俱扑灭也。人马行速，则水银势远力微，遇坑堑而溜积于中。然后取之，用香草同煎，则成花银，此与中国所产不同。按：此说似与陶氏沙地所出相合；又与陈藏器言人服水银病拘挛，但炙金物熨之，则水银必出蚀金之说相符。盖外番多丹砂，其液自流为水银，不独炼砂取出，信矣。胡演《丹药秘诀》云：取砂汞法：用瓷瓶盛朱砂，不拘多少，以纸封口，香汤煮一伏时，取入水火鼎内，炭塞口，铁盘盖定。凿地一孔，放碗一个盛水，连盘覆鼎于碗上，盐泥固缝，周围加火煅之，待冷取出，汞自流人碗矣。邕州溪峒烧取极易，以百两为一铫，铫之制似猪脬，外糊厚纸数重，贮之即不走漏。若撒失在地，但以川椒末或茶末收之，或以真金及鍮石引之即上。

嘉谟曰：取去汞之砂壳，名天流，可点化。

【修治】敩曰：凡使勿用草汞并旧朱漆中者，经别药制过者，在尸中过者，半生半死者。其朱砂中水银色微红，收得后用葫芦贮之，免遗失。若先以紫背天葵并夜交藤自然汁二味同煮一伏时，其毒自退。若修十两，二汁各七镒。

【气味】辛，寒，有毒。

权曰：有大毒。

大明曰：无毒。

土宿真君曰：荷叶、松叶、松脂、谷精草、萱草、金星草、瓦松、夏枯草、忍冬、莨菪子、雁来红、马蹄香、独脚莲、水慈菇，皆能制汞。

【主治】疥瘘痂疡白秃，杀皮肤中虱，堕胎除热，杀金银铜锡毒。熔化还复为丹，久服神仙不死(《本经》)。以敷男子阴，阴消无气(《别录》)。利水道，去热毒(藏器)。主天行热疾，除风，安神镇心，治恶疮瘑疥，杀虫，催生，下死胎(大明)。治小儿惊热涎潮(宗奭)。镇坠痰逆，呕吐反胃(时珍)。

【附方】旧五，新二十四。初生不乳，咽中有噤物如麻豆许：用水银米粒大与之，下咽即愈。(《圣惠方》)小儿痫疾，能压一切热：水银小豆许，安盏中，沉汤内煮一食顷，与服。勿仰儿头，恐入脑也。(《圣济方》)急惊坠涎：水银半两，生南星一两，麝香半分，为末，入石脑油同捣，和丸绿豆大。每服一丸，薄荷汤下。失心风疾：水银一两，藕节八个。研成砂子，丸如芡子大。每服二丸，磨刀水下，一二服。（《经验方》）精魅鬼病：水银一两，浆水一升，炭火煎减三分。取水银一豆许，神符裹吞之，晚又服，一二日止。（《广济方》）反胃吐食，水不能停：黑铅、水银各一钱半（结砂），舶硫黄五钱，官桂一钱，为末。每服六钱，一半米汤，一半自然姜汁，调作一处服。（《圣济录》）消渴烦热：水银一两，铅一两（结砂），皂荚一挺（酥炙），麝香一钱。为末。每服半钱，白汤下。（《圣济录》）胆热衄蔑，血上妄行：水银、朱砂、麝香等分。为末。每服半钱，新汲水下。（《宣明方》）血汗不止：方同上。妊妇胎动，母欲死，子尚在，以此下之：水银、朱砂各半两。研膏。以牛膝半两，水五大盏。煎汁，入蜜调服半匙。（《圣惠方》）妇人难产：水银二两，先煮后服，立出。（《梅师方》）胎死腹中，其母欲死：水银二两吞之，立出。（《梅师方》）妇人断产：水银以麻油煎一日，空心服枣大一丸，永断，不损人。（《妇人良方》）解金银毒：水银一两，服之即出。（《千金方》）误吞金银及环子钗子：以汞半两吞之，再服即出。（《圣惠方》）百虫入耳：水银豆许，倾入耳中，以耳向下，击铜物数声即出。能食人脑，非急切勿用。（《圣济录》）头上生虱：水银和蜡烛油揩之，一夜皆死。（《摘玄方》）腋下狐臭：水银、胡粉等分，以面脂和，频掺之。（《千金方》）少年面疱：水银、胡粉等分。研，腊猪脂和。夜涂旦拭，勿见水，三度瘥。（《肘后方》）老小口疮：水银一分，黄连六分，水二升，煮五合。含之，日十次。（《普济方》）白癜风痒：水银数拭之，即消。（《千金方》）虫癣瘙痒：水银、胡粉等分。研敷。又水银、芜荑，和酥敷之。（《外台秘要》）痔虫作痒：水银、枣膏各二两同研，绵裹纳下部，明日虫出。（《梅师方》）恶肉毒疮：一女年十四，腕软处生物如黄豆大，半在肉中，红紫色，痛甚，诸药不效。一方士以水银四两，白纸二张揉熟，蘸银擦之，三日自落而愈。（李楼《怪证方》）一切恶疮：水银、黄连、胡粉（熬黄），各一两，研匀敷之，干则以唾调。（《肘后方》）杨梅毒疮：水银、黑铅各一钱（结砂），黄丹一钱，乳香、没药各五分。为末。以纸卷作小捻，染油点灯，日照疮三次，七日见效。方广《附余》：用水银、黑铅（结砂）、银朱各二钱，白花蛇一钱。为末，作纸捻七条。头日用三条，自后日用一条，香油点灯于炉中，放被内熏之，勿透风。头上有疮，连头盖之。一方：水银一钱二分，黑铅、白锡各八分，（共结砂），黄丹四分，朱砂六分。为末，分作十二纸捻，以香油浸灯盏内，点于小桶中。以被围病人坐之，以鼻细细吸烟，三日后口出恶物为效。痘后生翳：水银一钱，虢丹五钱。研作六丸，坩锅糊定，火煅一日取出，薄绵裹之。左翳塞右耳，右翳塞左耳，自然坠下。（危氏方）

水银粉（宋《嘉祐》）

【释名】汞粉、轻粉（《拾遗》）、峭粉（《日华》）、腻粉。

时珍曰：轻，言其质；峭，言其状，腻，言其性。昔萧史与秦穆公炼飞云丹，第一转乃轻粉，即此。

【修治】时珍曰：升炼轻粉法：用水银一两，白矾二两，食盐一两，同研不见星，铺于铁器内，以小乌盆覆之。筛灶灰，盐水和，封固盆口。以炭打二炷香取开，则粉升于盆上矣。其白如雪，轻盈可爱。一两汞，可升粉八钱。又法：水银一两，皂矾七钱，白盐五钱，同研，如上升炼。又法：先以皂矾四两，盐一两，焰硝五钱，共炒黄为曲。水银一两，又曲二两，白矾二钱。研匀，如上升炼。《海客论》云：诸矾不与水银相合，而绿矾和盐能制水银成粉，何也？盖水银者，金之魂魄；绿矾者铁之精华，二气同根，是以暂制成粉。无盐则色不白。

【气味】辛，冷，无毒。

大明曰：畏磁石、石黄，忌一切血，本出于丹砂故也。

时珍曰：温燥有毒，升也，浮也。黄连、土茯苓、陈酱、黑铅、铁浆，可制其毒。

【主治】通大肠，转小儿疳并瘰疬，杀疮疥癣虫，及鼻上酒齇，风疮瘙痒（藏器）。治痰涎积滞，水肿鼓胀，毒疮（时珍）。

【发明】宗奭曰：水银粉下膈涎，并小儿涎潮瘛疭药多用。然不可常服及过多，多则损人。若兼惊则危，须审之。盖惊为心气不足，不可下。下之里虚，惊气入心，不可治。其人本虚，更须禁此，慎之至也。

刘完素曰：银粉能伤牙齿。盖上下齿龈属手足阳明之经，毒气感于肠胃，而精神气血水谷既不胜其毒，则毒即循经上行，而至齿龈嫩薄之分为害也。

时珍曰：水银乃至阴毒物，因火煅丹砂而出，加以盐、矾炼而为轻粉，以硫黄升而为银朱，轻飞灵变，化纯阴为燥烈。其性走而不守，善劫痰涎，消积滞。故水肿风痰湿热毒疮被劫，涎从齿龈而出，邪郁为之暂开，而疾因之亦愈。若服之过剂，或不得法，则毒气被蒸，窜入经络筋骨，莫之能出。痰涎既去，血液耗亡，筋失所养，营卫不从。变为筋挛骨痛，发为痈肿疳漏，或手足皲裂，虫癣顽痹，经年累月，遂成废痼，其害无穷。观丹客升炼水银轻粉，鼎器稍失固济，铁石撼透，况人之筋骨皮肉乎？陈文中言轻粉下痰而损心气，小儿不可轻用，伤脾败阳，必变他证，初生尤宜慎之；而演山氏谓小儿在胎，受母饮食热毒之气，畜在胸膈，故生下个个发惊，宜三日之内与黄连去热，腻粉散毒，又与人参、朱砂、蜜汤解清心肺，积毒既化，儿可免此患。二说不同，各有所见：一谓无胎毒者，不可轻服；一谓有胎毒者，宜预解之。用者宜审。

【附方】旧三，新三十一。小儿初生：浴汤中入盐少许，拭干，以腻粉少许摩其身，既不畏风，又散诸气。（《全幼心鉴》）初生锁肚：证由胎中热毒，结于肛门，儿生之后，闭而不通三日者。急令妇人咂儿前后心手足心并脐七处，四五次。以轻粉半钱，蜜少许，温水化开，时时与少许，以通为度。（《全幼心鉴》）小儿涎喘，服药不退者：用无雄鸡子一个取清，入轻粉（炒）十钱拌和，银器盛，置汤瓶上蒸熟。三岁儿尽食，当吐痰或泄而愈。气实者乃可用。（演山《活幼口议》）幼儿哯乳不止，服此立效：腻粉一钱，盐豉七粒（去皮）。研匀，丸麻子大。每服三丸，藿香汤下。（《活幼口议》）小儿吃泥及腫肚：用腻粉一分，沙糖和丸麻子大。空心米饮下一丸，良久泄出泥土，瘥。（《经验方》）大小便闭，胀闷欲死，二三日则杀人：腻粉一钱，生麻油一合，相和，空心服。（《圣惠方》）大便壅结：腻粉半钱，沙糖一弹丸。研丸梧子大。每服五丸，临卧温水下。又方：腻粉二钱，黄丹一钱。为末。每米饮服一钱。（《普济方》）血痢腹痛：腻粉五钱，定粉三钱。同研，水浸蒸饼心少许，和丸绿豆大。每服七丸或十丸，艾一枚，水一盏，煎汤下。（《秘宝方》）消中嗜食，多因外伤瘅热，内积忧思，啖食咸物及面，致脾胃干燥，饮食倍常，不生肌肉，大便反坚，小便无度：轻粉一钱为末，姜汁拌匀，长流水下，齿浮是效，后服猪肚丸补之。（危氏《得效方》）一切虚风：不二散：用腻粉一两（汤煎五度如麻脚，慢火焙干），麝香半两。细研。每服一字，温水调下。（孙用和《秘宝方》）水气肿满：汞粉一钱（乌鸡子去黄，盛粉，蒸饼包，蒸熟取出），苦葶苈（炒）一钱，同蒸饼杵丸绿豆大。每车前汤下三五丸，日三服，神效。（《医垒元戎》）痘疮生翳：轻粉、黄丹等分。为末。左目患吹右耳，右目吹左耳，即退。（王氏《痘疹方》）女人面脂：太真红玉膏：轻粉、滑石、杏仁（去皮）等分。为末。蒸过，入脑、麝少许，以鸡子清调匀，洗面毕敷之。旬日后，色如红玉。（《闺阁事宜》）抓破面皮：生姜自然汁调轻粉末搽之。更无痕迹。（《救急方》）牙齿疼痛：轻粉一钱，大蒜一瓣，杵饼，安膈骨前陷中。先以铜钱隔了，用蚬壳盖定扎住，一宿愈。左疼安右，右疼安左。（《摘玄方》）风虫牙疳，脓血有虫：轻粉一钱，黄连一两，为末掺之。（《普济方》）小儿耳烂：轻粉、枣子灰等分，研，油调敷。（《摘玄方》）底耳肿痛，汁水不绝：轻粉一钱，麝香一分，为末掺之。（《简便方》）烂弦风眼：腻粉末，口津和，点大眦，日二、三次。（《圣惠方》）小儿头疮：葱汁调腻粉涂之。又方：鸡子黄炒出油，入麻油及腻粉末，敷之。（《集简方》）小儿生癣：猪脂和轻粉抹之。（《直指方》）牛皮恶癣：五更食炙牛肉一片，少刻以轻粉半钱，温酒调下。（《直指方》）杨梅疮癣：《岭南卫生方》：用汞粉、大风子肉等分，为末，涂之即愈。《医方摘玄》：用轻粉二钱，杏仁四十二个（去皮）。洗疮拭干，搽之。不过三次，即愈。干，则以鹅胆汁调。杨梅毒疮：《医学统旨》：用轻粉一钱，雄黄、丹砂各二钱半，槐花（炒）、龟板（炙）各一两。为末，糊丸梧子大。每服一钱，冷茶下，日二服，七日愈。《杨诚经验方》：用轻粉、胡桃仁、槐花（炒研）、红枣肉各二钱。捣丸。分作三服，初日鸡汤下，二日酒下，三日茶下，三日服尽，五日疮干，七日痂落。一方：用猿猪肾一对，去膜批开，各掺轻粉一钱扎定，麻油二两炸熟。顿食，不破口肿牙。仍服金银花药。一方：用大鸡卵一个，去黄留白，入轻粉一钱搅匀，纸糊饭上蒸熟食。下疳阴疮:轻粉末,干掺之,即结靥而愈。(万表《积善堂方》)臁疮不合:以齑汁温洗拭干,用葱汁调轻粉,敷之。一方:轻粉五分,黄蜡一两。以粉掺纸上,以蜡铺之。缚在疮上,黄水出即愈。(《永类方》)

粉霜(《纲目》)

【释名】水银霜、白雪(《纲目》)、白灵砂。

时珍曰:以汞粉转升成霜,故曰粉霜。《抱朴子》云:白雪,粉霜也。以海卤为匮,盖以土鼎。勿泄精华,七日乃成。要足阳气,不为阴侵。惟姜、藕、地丁、河车,可以炼之点化。在仙,为玄壶;在人,为精原;在丹为木精;在造化为白雪;在天为甘露。

【修治】时珍曰:升炼法:用真汞粉一两,入瓦罐内令匀。以灯盏仰盖罐口,盐泥涂缝。先以小炭火铺罐底四围,以水湿纸不住手在灯盏内擦,勿令间断。逐渐加火,至罐颈住火。冷定取出,即成霜如白蜡。按《外台秘要》载古方崔氏造水银霜法云:用水银十两,石硫黄十两,各以一铛熬之。良久银热黄硝,急倾入一铛,少缓即不相入,仍急搅之。良久硫成灰,银不见,乃下伏龙肝末十两,盐末一两,搅之。别以盐末铺铛底一分,入药在上,又以盐末盖面一分,以瓦盆覆之,盐土和泥涂缝,炭火煅一伏时,先文后武,开盆刷下,凡一转。后分旧土为四分,以一分和霜,入盐末二两,如前法飞之讫。又以土一分,盐末二两,和飞如前,凡四转。土尽更用新土,如此七转,乃成霜用之。此法后人罕知,故附于此云。

【气味】辛,温,有毒。

时珍曰:畏荞麦秆灰、硫黄。

【主治】下痰涎,消积滞,利水,与轻粉同功(时珍)。

【发明】元素曰:粉霜、轻粉,亦能洁净腑,去膀胱中垢腻,既毒而损齿,宜少用之。

时珍曰:其功过与轻粉同。

【附方】新六。小儿急惊,搐搦涎盛:粉霜二钱,白牵牛(炒)、轻粉各一钱。为末。每服一字,薄荷汤下,吐涎为效。(《全婴方》)小儿躁渴:粉霜一字,大儿半钱,莲花汤调下。冬月用莲肉。(《保幼大全》)风热惊狂:神白丹:治伤寒积热,及风生惊搐,或如狂病,诸药不效。粉霜一两(以白面六钱,和作饼子,炙熟同研),轻粉半两,铅白霜二钱半。为末,滴水丸梧子大。每服十丸至十五丸,米饮下。(《宣明方》)瘢疹生翳:粉霜八分,朱砂一钱。为末。水调少许,倾入耳内。(《鸿飞集》)腋下狐臭:粉霜、水银等分,以面脂和涂之。(《圣济录》)杨梅恶疮:粉霜一味搽之。

（《集简方》）

银朱（《纲目》）

【释名】猩红、紫粉霜。

时珍曰：昔人谓水银出于丹砂，熔化还复为朱者，即此也。名亦由此。

【集解】时珍曰：胡演《丹药秘诀》云：升炼银朱，用石亭脂二斤，新锅内熔化，次下水银一斤，炒作青砂头，炒不见星。研末罐盛，石板盖住，铁线缚定，盐泥固济，大火煅之。待冷取出，贴罐者为银朱，贴口者为丹砂。今人多以黄丹及矾红杂之，其色黄黯，宜辨之。真者谓之水华朱。每水银一斤，烧朱一十四两八分，次朱三两五钱。

【气味】辛，温，有毒。

【主治】破积滞，劫痰涎，散结胸，疗疥癣恶疮，杀虫及虱，功同粉霜（时珍）。

【发明】时珍曰：银朱乃硫黄同汞升炼而成，其性燥烈，亦能烂龈挛筋，其功过与轻粉同也。今厨人往往以之染色供馔，宜去之。

【附方】新二十。小儿内钓多啼：银朱半钱，乳香、煨蒜各一钱，为末，研丸黍米大。半岁五丸，薄荷汤下。（《心鉴》）男女阴毒：银朱、轻粉各一线。用五日独蒜一枚，捣和作饼。贴手心，男左女右，两手合定，放阴下，顷间气回、汗出即愈。但口中微有气，即活。（唐瑶《经验方》）痰气结胸：鹤顶丹：不问阴阳虚实，炒过陷胸、泻心等药。用银朱半两，明矾一两，同碾。以熨斗盛火，瓦盏盛药，熔化，急刮搓丸。每服一钱，真茶入姜汁少许服之。心上隐隐有声，结胸自散。不动脏腑，不伤真气，明矾化痰，银朱破积，故也。（曾世荣《活幼全书》）正水肿病，大便利者：银朱半两，硫黄（煅）四两。为末，面糊丸梧子大。每饮下三十丸。（《普济方》）咽喉疼痛：银朱、海螵蛸末等分。吹之取涎。（《急救方》）火焰丹毒：银朱调鸡子清涂之。（李楼《怪症方》）汤火灼伤：银朱研细，菜油调敷，二次愈。（《多能鄙事》）疽疮发背：银朱、白矾等分，煎汤温洗，却用桑柴火远远炙之，日三次，甚效。（《救急方》）鱼脐疔疮，四面赤，中央黑：银朱，水和丸。每服一丸，温酒下，名走马丹。（《普济方》）杨梅毒疮：银朱、官香等分。为末，以纸卷作捻，点灯置桶中。以鼻吸烟，一日一作，七日愈。又方：银朱二钱，孩儿茶一钱，龙挂香一钱，皂角子一钱，为末。如上法用。又方：银朱、轻粉各一钱，黄蜡、清油各一两，化开和收。以油纸摊贴，疮痂自脱也。筋骨疼痛：猩红三钱，枯矾四钱。为末，作三纸捻。每旦以一捻蘸油点火熏脐，被覆卧之，取汗。（《纂要奇方》）日久顽疮不收者：银朱一钱，千年地下石灰五分，松香五钱，香油一两。为末。化摊纸上贴之。（《应急良方》）臁疮不敛：方同上。血风臁疮生脚股上,乃湿毒成风也:黄蜡一两溶化,入银朱一两,搅摊纸上,刺孔贴之。(《简便方》)黄水湿疮:银朱、盐梅和捣敷之。(《集玄方》)癣疮有虫:银朱、牛骨髓,桐油调搽。(《医方摘要》)头上生虱:银朱浸醋,日日梳头。包银朱纸,以碗覆烧之,茶清洗下烟子揉之。包头一夜,至旦虱尽死。(《积德堂方》)

灵砂(《证类》)

【释名】二气砂。

慎微曰:《茅亭客话》载:以灵砂饵胡孙、鹦鹉、鼠、犬等,变其心,辄会人言,丹之通为灵者。

时珍曰:此以至阳勾至阴,脱阴反阳,故曰灵砂。

【修治】慎微曰:灵砂,用水银一两,硫黄六铢,细研炒作青砂头,后入水火既济炉,抽之如束针纹者,成就也。

时珍曰:按胡演《丹药秘诀》云:升灵砂法:用新锅安逍遥炉上,蜜揩锅底,文火下烧,入硫黄二两熔化,投水银半斤,以铁匙急搅,作青砂头。如有焰起,喷醋解之。待汞不见星,取出细研,盛入水火鼎内,盐泥固济,下以自然火升之,干水十二盏为度,取出如束针纹者,成矣。《庚辛玉册》云:灵砂者,至神之物也。硫汞制而成形,谓之丹基。夺天地造化之功,窃阴阳不测之妙。可以变化五行,炼成九还。其未升鼎者,谓之青金丹头;已升鼎者,乃曰灵砂。灵砂有三:以一伏时周天火而成者,谓之金鼎灵砂;以九度抽添用周天火而成者,谓之九转灵砂;以地数三十日炒炼而成者,谓之医家老火灵砂。并宜桑灰淋醋煮伏过用,乃良。

【气味】甘,温,无毒。

【主治】五脏百病,养神安魂魄,益气明目,通血脉,止烦满,益精神,杀精魅恶鬼气。久服通神明不老,轻身神仙,令人心灵(慎微)。主上盛下虚,痰涎壅盛,头旋吐逆,霍乱反胃,心腹冷痛,升降阴阳,既济水火,调和五脏,辅助元气。研末,糯糊为丸,枣汤服,最能镇坠,神丹也(时珍)。

【发明】时珍曰:硫黄,阳精也;水银,阴精也。以之相配夫妇之道,纯阴纯阳二体合璧。故能夺造化之妙,而升降阴阳,既济水火,为扶危拯急之神丹,但不可久服尔。苏东坡言:此药治久患反胃,及一切吐逆,小儿惊吐,其效如神,有配合阴阳之妙故也。时珍常以阴阳水送之,尤妙。

【附方】新七。伏热吐泻:阴阳丸:用硫黄半两,水银一钱,研黑,姜汁糊丸小豆大。三岁三丸,冷水下;大人三四十丸。(郑氏《小儿方》)诸般吐逆:方同上。霍乱吐逆:不问虚实冷热。二气散,一名青金丹:用水银、硫黄等分。研不见星。每服一字至半钱，生姜汤调下。（钱氏《小儿方》）脾疼反胃：灵砂一两，蚌粉一两（同炒赤），丁香、胡椒各四十九粒。为末，自然姜汁煮，半夏粉糊丸梧子大。每姜汤下二十丸。（《普济方》）冷气心痛：灵砂三分，五灵脂一分。为末，稀糊丸麻子大。每服二十丸，食前石菖蒲、生姜汤下。（《直指方》）九窍出血，因暴惊而得，其脉虚者：灵砂三十粒，人参汤下，三服愈。此证不可错认作血得热则流，妄用凉药误事。（杨仁斋《直指方》）养正丹：又名交泰丹，乃宝林真人谷伯阳方也。却邪辅正，助阳接真。治元气亏虚，阴邪交荡，上盛下虚，气不升降，呼吸不足，头旋气短，心怯惊悸，虚烦狂言，盗汗，腹痛腰痛，反胃吐食，霍乱转筋，咳逆。又治中风涎潮，不省人事，阳气欲脱，四肢厥冷。伤寒阴盛自汗，唇青脉沉。妇人产后月候不匀，带下腹痛。用黑盏一只，入黑铅熔汁，次下水银，次下朱砂末，炒不见星，少顷乃下硫黄末，急搅。有焰，酒醋解之。取出研末，糯粉煮糊丸绿豆大。每服二十丸，盐汤下。四味皆等分。此药升降阴阳，既济心肾，神效。不可具述。（《和济局方》）

雄黄（《本经》中品）

【释名】黄金石（《本经》）、石黄（《唐本》）、熏黄。

普曰：雄黄生山之阳，是丹之雄，所以名雄黄也。

雄黄

恭曰：出石门者，名石黄，亦是雄黄，而通名黄金石，石门者为劣尔。恶者，名熏黄，只用熏疮疥，故名之。

藏器曰：今人敲取石黄中精明者，为雄黄；外黑者，为熏黄。雄黄烧之不臭，熏黄烧之则臭，以此分别。

权曰：雄黄，金之苗也。故南方近金坑冶处时有之，但不及西来者真好尔。

宗奭曰：非金苗也。有金窟处无雄黄。

时珍曰：雄黄入点化黄金用，故名黄金石，非金苗也。

【集解】《别录》曰：雄黄生武都山谷、敦煌山之阳，采无时。

弘景曰：武都，氐羌也，是为仇池。宕昌亦有之，小劣。敦煌在凉州西数千里，近来纷扰，皆用石门、始兴石黄之好者耳。凉州黄，好者作鸡冠色，不臭而坚实。其黯黑及虚软者，不好也。

恭曰：宕昌、武都者为佳，块方数寸，明澈如鸡冠，或以为枕，服之辟恶。其青黑坚者，不入药用。贞观年中，以宕州新出有得方数尺者，但重脆不可全致之耳。

时珍曰：武都水窟雄黄，北人以充丹砂，但研细色带黄耳。《丹房镜源》云：雄黄千年化为黄金。武都者上，西番次之。铁色者上，鸡冠次之。以沉水银脚铁末上拭了，旋有黄衣生者为真。一云：验之可以熁虫死者为真，细嚼口中含汤不臭辣者次之。

【修治】敩曰：每雄黄三两，以甘草、紫背天葵、地胆、碧棱花各五两，细锉，东流水入坩锅中，煮三伏时，漉出，捣如粉，水飞澄去黑者，晒干再研用。其内有劫铁石，又号赴矢黄，能劫于铁，并不入药用。

思邈曰：凡服食用武都雄黄，须油煎九日九夜，乃可入药；不尔有毒，慎勿生用。

时珍曰：一法：用米醋入萝卜汁，煮干用，良。

《抱朴子》曰：饵法：或以蒸煮，或以硝石化为水，或以猪脂裹蒸之于赤土下，或以松脂和之，或以三物炼之，引之如布，白如冰。服之令人长生，除百病，杀三虫。伏火者，可点铜成金，变银成金。

【气味】苦，平、寒，有毒。

《别录》曰：甘，大温。

权曰：辛，有大毒。

大明曰：微毒。

土宿真君曰：南星、地黄、莴苣、五加皮、紫河车、地榆、五叶藤、黄芩、白芷、当归、地锦、鹅肠草、鸡肠草、苦参、鹅不食草、圆桑、猬脂，皆可制雄黄。

【主治】寒热，鼠瘘恶疮，疽痔死肌，杀精物恶鬼邪气百虫毒，胜五兵。炼食之，轻身神仙(《本经》)。疗疥虫䘌疮，目痛，鼻中息肉，及绝筋破骨，百节中大风，积聚癖气，中恶腹痛鬼疰，杀诸蛇虺毒，解藜芦毒，悦泽人面。饵服之者，皆飞人脑中，胜鬼神，延年益寿，保中不饥。得铜可作金(《别录》)。主疥癣风邪，癫痫岚瘴，一切虫兽伤(大明)。搜肝气，泻肝风，消涎积(好古)。治疟疾寒热，伏暑泄痢，酒饮成癖，惊痫，头风眩晕，化腹中瘀血，杀劳虫疳虫(时珍)。

时珍曰：五毒药，《范汪东阳方》变为飞黄散，治缓疽恶疮，蚀恶肉。其法取瓦盆一个，安雌黄于中，丹砂居南，磁石居北，曾青居东，白石英居西，礜石居上，石膏次之，钟乳居下，雄黄覆之，云母布于下，各二两末。以一盆盖之，羊毛泥固济，作三隅灶，以陈苇烧一日，取其飞黄用之。夫雄黄乃治疮杀毒要药也。而入肝经气分，故肝风肝气、惊痫痰涎、头痛眩晕、暑疟泄痢、积聚诸病，用之有殊功。又能化血为水。而方士乃炼治服饵，神异其说，被其毒者多矣。按洪迈《夷坚志》云：虞雍公允文感暑痢，连月不瘥。忽梦至一处，见一人如仙官，延之坐。壁间有药方，其辞云：暑毒在脾，湿气连脚；不泄则痢，不痢则疟。独炼雄黄，蒸饼和药；别作治疗，医家大错。公依方，用雄黄水飞九度，竹筒盛，蒸七次，研末，蒸饼和丸梧子大。每甘草汤下七丸，日三服，果愈。《太平广记》载成都刘无名服雄黄长生之说，方士言尔，不可信。

【附方】旧十四，新三十八。猝中邪魔：雄黄末，吹鼻中。(《集验方》)鬼击成病，血漏腹中，烦满欲绝：雄黄粉酒服一刀圭，日三服，化血为水也。（孙真人《千金方》）辟禳魇魔；以雄黄带头上，或以枣许系左腋下，终身不魇。（张文仲方）家有邪气：用真雄黄三钱，水一碗，以东南桃枝咒洒满屋，则绝迹。勿令妇女见知。（《集简方》）女人病邪，女人与邪物交通，独言独笑，悲思恍惚者：雄黄一两，松脂二两，溶化，以虎爪搅之，丸如弹子。夜烧于笼中，令女坐其上，以被蒙之，露头在外，不过三剂自断。仍以雄黄、人参、防风、五味子等分为末，每旦井水服方寸匕，取愈。（《肘后方》）小丹服法：雄黄、柏子仁各二斤，松脂（炼过）十斤。合捣为丸。每旦北向服五丸。百日后，拘魂制魄，与神人交见。（《太上玄变经》）转女为男，妇人觉有妊：以雄黄一两，绛囊盛之，养胎转女成男，取阳精之全于地产也。（《千金方》）小儿诸痫：雄黄、朱砂等分。为末。每服一钱，猪心血入齑水调下。（《直指方》）骨蒸发热：雄黄末一两，入小便一升，研如粉。乃取黄理石一枚（方圆一尺者），炭火烧之三食顷，浓淋汁于石上。置薄毡于上，患人脱衣坐之，衣被围住，勿令泄气，三、五度瘥。（《外台秘要》）伤寒咳逆，服药无效：雄黄二钱。酒一盏，煎七分，乘热嗅其气，即止。（《活人》书）伤寒狐惑，虫蚀下部，痛痒不止：雄黄半两，烧于瓶中，熏其下部。（《圣惠方》）偏头风病：至灵散：用雄黄、细辛等分。为末。每以一字吹鼻，左痛吹右，右痛吹左。（《博济方》）五尸注病，发则痛变无常，昏恍沉重，缠结脏腑，上冲心胁，即身中尸鬼接引为害也：雄黄、大蒜各一两，杵丸弹子大。每热酒服一丸。（《肘后方》）腹胁痞块：雄黄一两，白矾一两，为末，面糊调膏摊贴，即见功效。未效，再贴，待大便数百斤之状乃愈，秘方也。（《集玄方》）胁下痃癖及伤饮食：煮黄丸：用雄黄一两，巴豆五钱。同研，入白面二两，滴水为丸梧子大。每服二十四丸，浆水煮三十沸，入冷浆水沉冷吞下，以利为度，如神。（《保命集》）饮酒成癖：酒症丸：治饮酒过度，头旋恶心呕吐，及酒积停于胃间，遇饮即吐，久而成癖。雄黄（皂角子大）六个，巴豆（连皮油）十五个，蝎梢十五个。同研，入白面五两半，滴水丸豌豆大，将干，入麸内炒香。将一粒放水试之，浮则取起收之。每服二丸，温酒下。（《和剂局方》）发症饮油，有饮油五升以来方快者，不尔则病，此是发入于胃，气血裹之，化为虫也：雄黄半两为末，水调服之，虫自出。（夏子益《奇疾方》）癥瘕积聚，去三尸，益气延年却老：雄黄二两为末，水飞九度，入新竹筒内，以蒸饼一块塞口，蒸七度，用好粉脂一两，和丸绿豆大。每服七丸，酒下，日三服。（《千金方》）小腹痛满，不得小便：雄黄末，蜜丸，塞阴孔中。（《伤寒类要》）阴肿如斗，痛不可忍：雄黄、矾石各二两，甘草一尺。水五升，煮二升，浸之。（《肘后方》）

熏黄

【主治】恶疮疥癣，杀虫虱，和诸药熏嗽（藏器）。

【附方】新五。小便不通：熏黄末豆许，纳孔中，良。（崔氏方）卅年呷嗽：熏黄、木香、莨菪子等分。为末。羊脂涂青纸上，以末铺之，竹筒烧烟，吸之。（崔氏方）咳嗽熏法：熏黄一两。以蜡纸调卷作筒十枚，烧烟吸咽，取吐止。一日一熏，惟食白粥，七日后以羊肉羹补之。（《千金方》）水肿上气，咳嗽腹胀：熏黄一两，款冬花二分，熟艾一分。以蜡纸铺艾，洒二末于上，苇管卷成筒，烧烟吸咽三十口则瘥。三日尽一剂，百日断盐、醋。（《外台秘要》）手足甲疽：熏黄、蛇皮等分为末。以泔洗净，割去甲，入肉处敷之，一顷痛定，神效。（《近效方》）

雌黄（《本经》中品）

【释名】坐，七火切。

时珍曰：生山之阴，故日雌黄。《土宿本草》云：阳石气未足者，为雌；已足者，为雄，相距五百年而结为石。造化有夫妇之道，故日雌、雄。

【集解】《别录》曰：雌黄，生武都山谷，与雄黄同山生。其阴山有金，金精熏则生雌黄。采无时。

弘景曰：今雌黄出武都仇池者，谓之武都仇池黄，色小赤。出扶南林邑者，谓之昆仑黄，色如金，而似云母甲错，画家所重。既有雌雄之名，又同山之阴阳，合药便当以武都为胜。《仙经》无单服法，惟以合丹砂、雄黄飞炼为丹尔。金精是雌黄，铜精是空青，而服空青反胜于雌黄，其义难了。

雌黄

敩曰：雌黄一块重四两，拆开得千重，软如烂金者，佳；其夹石及黑如铁色者，不可用。

时珍曰：按独孤滔《丹房镜源》云：背阴者，雌黄也。淄成者，即黑色轻干，如焦锡块。臭黄作者，硬而无衣。试法：但于甲上磨之，上色者好。又烧熨斗底，以雌划之，如赤黄线一道者好。舶上来如噀血者上，湘南者次之，青者尤佳。叶子者为上，造化黄金非此不成。亦能柔五金，干汞，转硫黄，伏粉霜。又云：雄黄变铁，雌黄变锡。

【修治】敩曰：凡修事，勿令妇人、鸡、犬、新犯淫人、有患人、不男人、非形人，及曾是刑狱臭秽之地；犯之则雌黄黑如铁色，不堪用也，反损人寿。每四两，用天碧枝、和阳草、粟遂子草各五两，入瓷锅中煮三伏时，其色如金汁，一垛在锅底下。用东流水猛投于中，如此淘三度，去水拭干，臼中捣筛，研如尘用。又曰：雌得芹花，立便成庾。芹花，一名立起草，形如芍药，煮雌能住火也。

【气味】辛，平，有毒。

《别录》曰：大寒。不入汤用。

土宿真君曰：芎䓖、地黄、独帚、益母、羊不食草、地榆、五加皮、瓦松、冬瓜汁，皆可制伏。又雌见铅及胡粉则黑。

【主治】恶疮头秃痂疥，杀毒虫虱身痒邪气诸毒。炼之久服，轻身增年不老（《本经》）。蚀鼻内息肉，下部䘌疮，身面白驳，散皮肤死肌，及恍惚邪气，杀蜂蛇毒。久服令人脑满（《别录》）。治冷痰劳嗽，血气虫积，心腹痛，癫痫，解毒（时珍）。

【发明】保升曰：雌黄法土，故色黄而主脾。

时珍曰：雌黄、雄黄同产，但以山阳、山阴受气不同分别。故服食家重雄黄，取其得纯阳之精也；雌黄则兼有阴气故尔。若夫治病，则二黄之功亦仿佛，大要皆取其温中、搜肝杀虫、解毒祛邪焉尔。

【附方】旧七，新五。反胃吐食：雌黄一分，甘草（生）半分。为末，饭丸梧子大。以五叶草、糯米煎汤，每服四丸。（《圣济录》）停痰在胃，喘息不通，呼吸欲绝：雌黄一两，雄黄一钱。为末，化蜡丸弹子大。每服一丸，半夜时投热糯米粥中食之。（《济生方》）心痛吐水，不下饮食，发止不定：雌黄二两，醋二斤，慢火煎成膏，用干蒸饼和丸梧子大。每服七丸，姜汤下。（《圣惠方》）妇人久冷，血气攻心，痛不止：以叶子雌黄二两。细研，醋一升，煎浓，和丸小豆大。每服十五丸，醋汤下。（《圣惠方》）小腹痛满，天行病，小腹满，不得小便：雌黄末，蜜丸，纳尿孔中，入半寸。（《肘后方》）癫痫瘛疭，眼暗嚼舌：雌黄、黄丹（炒）各一两。为末，入麝香少许，以牛乳汁半升熬成膏，和杵千下，丸麻子大。每温水服三、五丸。（《直指方》）肺劳咳嗽：雌黄一两，入瓦合内，不固济，坐地上，以灰培之，厚二寸；以炭一斤簇定顶，火煅三分去一，退火出毒，为末，蟾酥和丸粟米大。每日空心杏仁汤下三丸。（《斗门方》）

石膏（《本经》中品）

【释名】细理石（《别录》）、寒水石（《纲目》）。

震亨曰：火煅细研醋调，封丹灶，其固密甚于脂膏。此盖兼质与能而得名，正与石脂同意。

时珍曰：其纹理细密，故名细理石。其性大寒如水，故名寒水石，与凝水石同名异物。

【修治】敩曰：凡使，石臼中捣成粉，罗过，生甘草水飞过，澄晒筛研用。

时珍曰：古法惟打碎如豆大，绢包入汤煮之。近人因其性寒，火煅过用，或糖拌炒过，则不妨脾胃。

【气味】辛，微寒，无毒。

《别录》曰：甘，大寒。

好古曰：入足阳明、手太阴、少阳经气分。

之才曰：鸡子为之使。恶莽草、巴豆、马目毒公。畏铁。

【主治】中风寒热，心下逆气惊喘，口干舌焦，不能息，腹中坚痛，除邪鬼，产乳金疮（《本经》）。除时气头痛身热，三焦大热，皮肤热，肠胃中结气，解肌发汗，止消渴烦逆，腹胀暴气，喘息咽热，亦可作浴汤（《别录》）。治伤寒头痛如裂，壮热皮如火燥。和葱煎茶，去头痛（甄权）。治天行热狂，头风旋，下乳，揩齿益齿（大明）。除胃热肺热，散阴邪，缓脾益气（李杲）。止阳明经头痛，发热恶寒，日晡潮热，大渴引饮，中暑潮热，牙痛（元素）。

【附方】旧四，新二十五。伤寒发狂，逾垣上屋：寒水石二钱，黄连一钱。为末。煎甘草冷服，名鹊石散。（《本事方》）风热心躁，口干狂言。浑身壮热：寒水石半斤，烧半日。净地坑内盆合，四面湿土拥起，经宿取出。入甘草末、天竺黄各二两，龙脑二分，糯米糕丸弹子大。蜜水磨下。（《集验方》）解中诸毒：方同上。乳石发渴：寒水石一块含之，以瘥为度。（《圣济录》）男女阴毒：寒水石不拘多少为末，用两馏饭捣丸栗子大，日干。每用一丸，炭火煅红烧研，以滚酒调服，饮葱醋汤投之，得汗愈。（蔡氏《经验必用方》）小儿丹毒：寒水石末一两，和水涂之。（《集玄方》）小儿身热：石膏一两，青黛一钱。为末，糕糊丸龙眼大。每服一丸，灯心汤化下。（《普济方》）骨蒸劳病，外寒内热，附骨而蒸也。其根在五脏六腑之中，必因患后得之。骨肉日消，饮食无味，或皮燥而无光。蒸盛之时，四肢渐细，足趺肿起：石膏十两，研如乳粉法，水和服方寸匕，日再，以身凉为度。（《外台秘要》）热盛喘嗽：石膏二两，甘草（炙）半两，为末。每服三钱，生姜、蜜调下。（《普济方》）痰热喘嗽，痰涌如泉：石膏、寒水石各五钱。为末。每入参汤服三钱。（《保命集》）食积痰火，泻肺火、胃火：白石膏（火煅，出火毒）半斤。为末，醋糊丸梧子大。每服四五十丸，白汤下。（丹溪方）胃火牙疼：好软石膏一两火煅，淡酒淬过，为末，入防风、荆芥、细辛、白芷五分。为末。日用揩牙，甚效。（《保寿堂方》）老人风热内热，目赤头痛，视不见物：石膏三两，竹叶五十片，沙糖一两，粳米三合，水三大盏，煎石膏、竹叶，去滓，取二盏煮粥，入糖食。（《养老方》）风邪眼寒，乃风入头系，败血凝滞，不能上下流通，故风寒客之而眼寒也：石膏（煅）二两，川芎二两，甘草（炙）半两。为末。每服一钱，葱白、茶汤调下，日二服。（《宣明方》）头风涕泪，疼痛不已：方同上。鼻衄头痛，心烦：石膏、牡蛎各一两。为末。每新汲水服二钱，并滴鼻内。（《普济方》）筋骨疼痛因风热者：石膏三钱，飞罗面七钱。为末，水和煅红，冷定。滚酒化服，被盖取汗。连服三日,即除根。(笔峰《杂兴》)雀目夜昏,百治不效:石膏末,每服一钱,猪肝一片薄批,掺药在上缠定,沙瓶煮熟,切食之,一日一服。(《明目方》)湿温多汗,妄言烦渴:石膏、炙甘草等分为末。每服二钱匕,浆水调下。(庞安时《伤寒论》)小便猝数,非淋,令人瘦。石膏半斤捣碎,水一斗,煮五升,每服五合。(《肘后方》)小儿吐泻黄色者,伤热也:玉露散:用石膏、水石各五钱,生甘草二钱半,为末。滚汤调服一钱。(钱乙小儿方)水泻腹鸣如雷,有火者:石膏火煅,仓米饭和丸梧子大,黄丹为衣。米饮下二十丸。不二服,效。(李楼《奇方》)乳汁不下:石膏三两,水二升,煮三沸。三日饮尽,妙。(《子母秘录》)妇人乳痈:一醉膏:用石膏煅红,出火毒,研。每服三钱,温酒下,添酒尽醉。睡觉,再进一服。(陈日华《经验方》)油伤火灼,痛不可忍:石膏末敷之,良。(《梅师方》)金疮出血:寒水石、沥青等分。为末。干掺,勿经水。(《积德堂方》)刀疮伤湿,溃烂不生肌:寒水石(煅)一两,黄丹二钱。为末。洗敷。甚者,加龙骨一钱,孩儿茶一钱。(《积德堂方》)疮口不敛,生肌肉,止疼痛,去恶水:寒水石(烧赤,研)二两,黄丹半两。为末.掺之。名红玉散。(《和剂局方》)口疮咽痛,上膈有热:寒水石(煅)三两,朱砂三钱半,脑子半字。为末,掺之。(《三因方》)

【附录】玉火石

颂曰:密州九仙山东南隅地中,出一种石,青白而脆,击之内有火,谓之玉火石。彼医用之。其味甘、微辛,温。疗伤寒发汗,止头目昏眩痛,功与石膏等,土人以当石膏用之。

龙石膏

《别录》曰:有名未用,无毒,主消渴益寿。生杜陵,如铁脂中黄。

理石(《本经》中品)

【释名】肌石(《别录》)、立制石(《本经》)。

时珍曰:理石即石膏之顺理而微硬有肌者,故日理石、肌石。

石　理

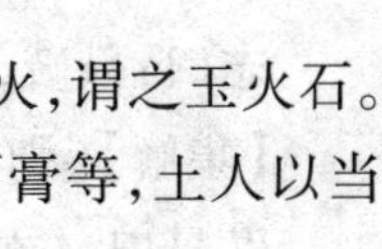

弘景曰:《仙经》时须,呼为长理石。石胆,一名立制,此今又名立制,疑必相类。

【主治】身热,利胃解烦,益精明目,破积聚,去三虫(《本经》)。除营卫中去来大热结热,解烦毒,止消渴,及中风痿痹(《别录》)。渍酒服,疗癖,令人肥悦(苏恭)。

【附录】白肌石

《别录》有名未用曰:味辛,无毒。主强筋骨,止渴不饥,阴热不足。一名肌石,一名洞石。生广焦国卷山青石间。

时珍曰:按:此即理石也,其形、名、气味、主疗皆同。

长石(《本经》中品)

长石

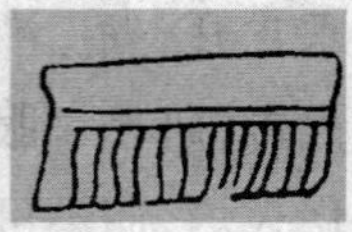

【释名】方石(《本经》)、直石(《别录》)、土石(《别录》)、硬石膏(《纲目》)。

【气味】辛、苦,寒,无毒。

【主治】身热,胃中结气,四肢寒厥,利小便,通血脉,明目去翳眇,下三虫,杀蛊毒。久服不饥(《本经》)。止消渴,下气,除胁肋肺问邪气(《别录》)。

方解石(《别录》下品)

方解石

【释名】黄石。

志曰:敲破,块块方解,故以为名。

【集解】《别录》曰:方解石生方山,采无时。

弘景曰:《本经》长石一名方石,疗体相似,疑即此也。

恭曰:此物大体与石膏相似,不附石而生,端然独处。大者如升,小者如拳,甚大者方尺,或在土中,或生溪水,其上皮随土及水苔色,破之方解。今人以为石膏,用疗风去热虽同,而解肌发汗不及也。

志曰:今沙州大鸟山出者,佳。

颂曰:方解石,本草言生方山,陶隐居疑与长石为一物,苏恭云疗热不减石膏。若然,似可通用,但主头风不及石膏也。其肌理、形段刚柔皆同,但以附石不附石为言,岂得功力顿异?如雌黄、雄黄亦有端然独处者,亦有附石生者,不闻别有名号,功力相异也。

时珍曰:方解石与硬石膏相似,皆光洁如白石英,但以敲之段段片碎者,为硬石膏;块块方棱者,为方解石,盖一类二种,亦可通用。唐宋诸方皆以此为石膏,今人又以为寒水石,虽俱不是,而其性寒治热之功,大抵不相远,惟解肌发汗不能如硬石膏为异尔。

【气味】苦、辛,大寒,无毒。

之才曰:恶巴豆。

【主治】胸中留热结气，黄疸，通血脉，去蛊毒（《别录》）。

滑石（《本经》上品）

【释名】画石（《衍义》）、液石（《别录》）、脊石（音辽）、脱石（音夺）、冷石（弘景）、番石（《别录》）、共石。

宗奭曰：滑石，今谓之画石，因其软滑可写画也。

滑石

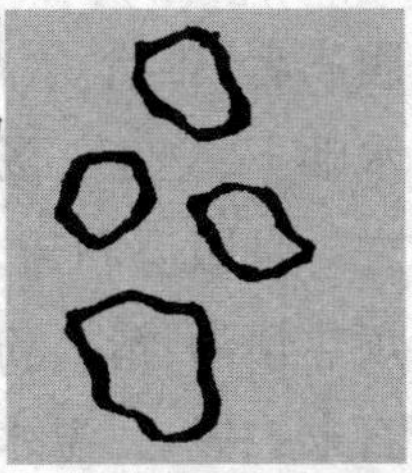

时珍曰：滑石性滑利窍，其质又滑腻，故以名之。表画家用刷纸代粉，最白腻。脊，乃脂膏也，因以名县。脱乃肉无骨也。此物最滑腻，无硬者为良，故有诸名。

【集解】《别录》曰：滑石生赭阳山谷，及泰山之阴，或掖北白山，或卷山，采无时。

弘景曰：滑石色正白，《仙经》用之为泥。今出湘州、始安郡诸处，初取软如泥，久渐坚强，人多以作冢中明器物。赭阳属南阳，掖县属青州东莱，卷县属司州荥阳。又有冷石，小青黄，并冷利，能熨油污衣物。

时珍曰：滑石，广之桂林各邑及瑶峒中皆出之，即古之始安也。白、黑二种，功皆相似。山东蓬莱县桂府村所出者亦佳，故医方有桂府滑石，与桂林者同称也。今人亦以刻图书，不甚坚牢。滑石之根，为不灰木。滑石中有光明黄子，为石脑芝。

【修治】敩曰：凡用白滑石，先以刀刮净研粉，以牡丹皮同煮一伏时。去牡丹皮，取滑石，以东流水淘过，晒干用。

【气味】甘，寒，无毒。

《别录》曰：大寒。

之才曰：石苇为之使，恶曾青，制雄黄。

【主治】身热泄游，女子乳难癃闭，利小便，荡胃中积聚寒热，益精气，久服轻身耐饥长年（《本经》）。通九窍六腑津液，去留结，止渴，令人利中（《别录》）。燥湿，分水道，实大肠，化食毒，行积滞，逐凝血，解燥渴，补脾胃，降心火，偏主石淋为要药（震亨）。疗黄疸水肿脚气。吐血衄血，金疮血出，诸疮肿毒（时珍）。

【附方】旧六，新一十三。益元散：又名天水散、太白散、六一散。解中暑伤寒疫疠，饥饱劳损，忧愁思虑，惊恐悲怒，传染并汗后遗热劳复诸疾。兼解两感伤寒，百药酒食邪热毒。治五劳七伤，一切虚损，内伤阴痿，惊悸健忘，痫瘛烦满，短气痰嗽，肌肉疼痛，腹胀闷痛，淋闷涩痛，服石石淋。疗身热呕吐泄泻，肠澼下痢赤白。除烦热，胸中积聚，寒热。止渴，消畜水。妇人产后损液，血虚阴虚热甚，催生下乳。治吹乳乳痛，牙疮齿疳。此药大养脾肾之气，通九窍六腑，去留结，益精气，壮筋骨，和气，通经脉，消水谷，保真元，明耳目，安魂定魄，强志轻身，驻颜益寿，耐劳役饥渴，乃神验之仙药也。白滑石（水飞过）六两，粉甘草一两。为末。每服三钱，蜜少许，温水调下。实热，用新汲水下；解利用葱豉汤下；通乳，用猪肉面汤调下；催生，用香油浆下。凡难产或死胎不下，皆由风热燥涩，结滞紧敛，不能舒缓故也。此药力至，则结滞顿开而瘥矣。（刘河间《伤寒直格》）膈上烦热多渴，利九窍：滑石二两（捣）。水三大盏，煎二盏，去滓，入粳米煮粥食。（《圣惠》）女劳黄疸，日晡发热恶寒，小腹急，大便溏黑，额黑：滑石、石膏等分。研末。大麦汁服方寸匕，日三，小便大利愈。腹满者，难治。（《千金方》）伤寒衄血：滑石末，饭丸梧子大。每服十丸，微嚼破，新水咽下，立止。汤晦叔云：鼻衄，乃当汗不汗所致。其血紫黑时，不以多少，不可止之。且服温和药，调其营卫；待血鲜时，急服此药止之也。（《本事方》）乳石发动，烦热烦渴：滑石粉半两，水一盏，绞白汁，顿服。（《圣惠方》）暴得吐逆不下食：生滑石末二钱匕，温水服，仍以细面半盏押定。（寇氏《衍义》）气壅关格不通，小便淋结，脐下烦闷兼痛：滑石粉一两，水调服。（《广利方》）小便不通：滑石末一升，以车前汁和，涂脐之四畔，方四寸，干即易之。冬月水和。（杨氏《产乳》）妇人转脬，因过忍小便而致：滑石末，葱汤服二钱。（《圣惠方》）妊娠子淋，不得小便：滑石末水和，泥脐下二寸。（《外台秘要》）伏暑水泄：白龙丸：滑石（火煅过）一两，硫黄四钱。为末，面糊丸绿豆大。每用淡姜汤随大小服。（《普济方》）伏暑吐泄，或吐，或泄，或疟，小便赤，烦渴：玉液散：用桂府滑石（烧）四两，藿香一钱，丁香一钱。为末，米汤服二钱。（《普济方》）霍乱及疟：方同上。痘疮狂乱，循衣摸床，大热引饮：用益元散，加朱砂二钱，冰片三分，麝香一分。每灯草汤下，二、三服。（王氏《痘疹方》）风毒热疮，遍身出黄水：桂府滑石末敷之，次日愈。先以虎杖、豌豆、甘草等分。煎汤洗后，乃搽。（《普济方》）阴下湿汗：滑石一两，石膏（煅）半两，枯白矾少许，研掺之。（《集简方》）脚指缝烂：方同上。杖疮肿痛：滑石、赤石脂、大黄等分，为末。茶汤洗净，贴。（赵氏《经验方》）热毒怪病，目赤鼻胀，大喘，浑身出斑，毛发如铁，乃因中热，毒气结于下焦：用滑石、白矾各一两。为末，作一服。水三碗，煎减半，冷，不住饮之。（夏子益《奇疾方》）

不灰木（宋《开宝》）

【释名】无灰木（见下）。

【集解】颂曰：不灰木出上党，今泽、潞山中皆有之，盖石类也。其色白，如烂木，烧之不燃，以此得名。或云滑石之根也，出滑石处皆有之。采无时。

藏器曰：要烧成灰，但斫破，以牛乳煮了，黄牛粪烧之，即成灰。

时珍曰:不灰木有木、石二种:石类者,其体坚重,或以纸裹,蘸石脑油燃灯,彻夜不成灰,人多用作小刀靶。《开山图》云:徐无山出不灰之木,生火之石。山在今顺天府玉田县东北。《庚辛玉册》云:不灰木,阴石也。生西南蛮夷中,黎州、茂州者好,形如针,文全若木,烧之无烟。此皆言石者也。《伏深齐地记》云:东武城有胜火木,其木经野火烧之不灭,谓之不灰木。杨慎《丹铅录》云:《太平寰宇记》云:不灰木俗多为铤子,烧之成炭而不灰,出胶州。其叶如蒲草,今人束以为燎,谓之万年火把。此皆言木者也。时珍常得此火把,乃草叶束成,而中夹松脂之类,一夜仅烧一二寸尔。

【气味】甘,大寒,无毒。

独孤滔曰:煮汞,结草砂,煅三黄,匮五金。

【主治】热痱疮,和枣叶、石灰为粉,敷之(《开宝》)。除烦热阳厥(时珍)。

【发明】时珍曰:不灰木性寒,而同诸热药治阴毒。刘河间《宣明方》,治阳绝心腹痞痛,金针丸中亦用服之。盖寒热并用,所以调停阴阳也。

【附方】新四。肺热咳嗽,卧时盛者:不灰木一两半,太阴玄精石二两,甘草(炙)半两,贝母一两半,天南星(白矾水煮过)半两。为末。每服半钱,姜汤下。(《圣济录》)咽喉肿痛,五心烦热:不灰木(以牛粪烧赤)四两,太阴玄精石(煅赤)四两,真珠一钱。为末,糯米粥丸芡子大。每服一丸,以生地黄汁、粟米泔研化服,日二次。(《圣济录》)霍乱烦满,气逆腹胀,手足厥冷:不灰木、阳起石(煅)、阿魏各半两,巴豆(去心)、杏仁(去皮)各二十五个。为末,粟饭丸樱桃大,穿一孔。每服一丸,灯上烧烟尽,研末,米姜汤下,以利为度。(《圣济录》)阴毒腹痛:回阳丹:用不灰木(煅)、牡蛎(煅)、高良姜(炒)、川乌头(炮)、白芍药各一钱。为末,入麝香少许。每用一钱,男,用女唾调涂外肾;女,用男唾调涂乳上,得汗即愈。(《玉机微义》)

【附录】松石

颂曰:今处州出一种松石,如松干,而实石也。或云松久化为石。人多取饰山亭及琢为枕。虽不入药,与不灰相类,故附之。

五色石脂(《本经》上品)

【校正】并入五种石脂。

【释名】时珍曰:膏之凝者,曰脂。此物性粘,固济炉鼎甚良,盖兼体用而言也。

【集解】《别录》曰:五色石脂,生南山之阳山谷中。又曰:青石脂,生齐区山及海涯。黄石脂,生嵩高山,色如莺雏。黑石脂,生颍川阳城。白石脂,生泰山之阴。

赤石脂，生济南、射阳，又泰山之阴。并采无时。

五色石脂

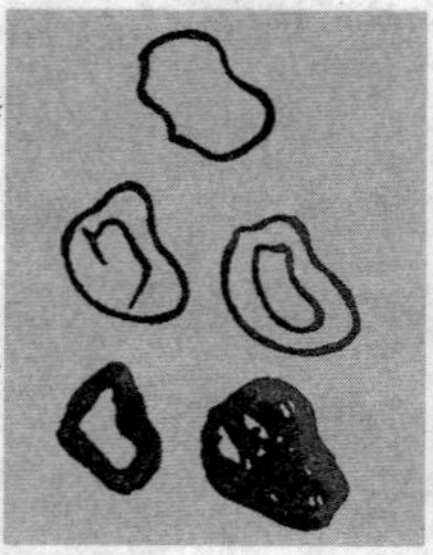

普曰：五色石脂，一名五色符。青符，生南山或海涯。黄符，生嵩山，色如㹠脑、雁雏。黑符生洛西山空地。白符，生少室天娄山或泰山。赤符，生少室或泰山，色绛滑如脂。

弘景曰：今俗惟用赤石、白石二脂。好者出吴郡，亦出武陵、建平、义阳。义阳者，出鄳县界东八十里，状如㹠脑，赤者鲜红可爱，随采复生。余三色石脂无正用，但黑石脂入画用尔。

恭曰：义阳即申州，所出乃桃花石，非石脂也。白石脂，今出慈州诸山，胜于余处者。赤石脂今出虢州卢氏县，泽州陵川县，又慈州吕乡县，宜州诸山亦有，并色理鲜腻为佳。二脂泰山不闻有之，旧出苏州、余杭山，今不收采。

承曰：今苏州见贡赤、白二石脂，但入药不甚佳。惟延州山中所出最良，揭两石中取之。

颂曰：白石脂、赤石脂，今惟潞州出之，潞与慈州相近也。

宗奭曰：赤、白石脂，四方皆有，以理腻粘舌缀唇者为上。

【修治】敩曰：凡使赤脂，研如粉，新汲水飞过三度，晒干用。

时珍曰：亦有火煅水飞者。

【气味】五种石脂，并甘、平。

大明曰：并温，无毒。畏黄芩、大黄、官桂。

【主治】黄疸，泄痢肠游脓血，阴蚀下血赤白，邪气痈肿，疽痔恶疮，头疡疥瘙。久服补髓益气，肥健不饥，轻身延年。五石脂各随五色，补五脏（《本经》）。治泄痢，血崩带下，吐血衄血，涩精淋沥，除烦，疗惊悸，壮筋骨，补虚损。久服悦色。治疮疖痔漏，排脓（大明）。

青石脂

【气味】酸，平，无毒。

普曰：青符：神农：甘。雷公：酸，无毒。桐君：辛，无毒。李当之：小寒。

【主治】养肝胆气，明目，疗黄疸泄痢肠澼，女子带下百病，及疽痔恶疮。久服补髓益气，不饥延年（《别录》）。

黄石脂

【气味】苦，平，无毒。

普曰：黄符：雷公：苦；李当之：小寒。之才曰：曾青为之使，恶细辛，畏蜚蠊、黄连、甘草。

敩曰:服之忌卵味。

【主治】养脾气,安五脏,调中,大人小儿泄痢肠澼下脓血,去白虫,除黄疸痈疽虫。久服轻身延年(《别录》)。

黑石脂

《别录》曰:一名石墨,一名石涅。

时珍曰:此乃石脂之黑者,亦可为墨,其性粘舌,与石炭不同,南人谓之画眉石。许氏《说文》云:黛,画眉石也。

【气味】成,平,无毒。

普曰:黑符:桐君:甘,无毒。

【主治】养肾气,强阴,主阴蚀疮,止肠澼泄痢,疗口疮咽痛。久服益气不饥延年(《别录》)。

白石脂

【气味】甘、酸,平,无毒。

普曰:白符,一名随。岐伯、雷公:酸,无毒;桐君:甘,无毒;扁鹊:辛;李当之:小寒。

权曰:甘、辛。

杲曰:温。

之才曰:得厚朴、米汁饮,止便脓。燕屎为之使,恶松脂,畏黄芩。

颂曰:畏黄连、甘草、飞廉、马目毒公。

【主治】养肺气,厚肠,补骨髓,疗五脏惊悸不足,心下烦,止腹痛下水,小肠澼热溏,便脓血,女子崩中漏下赤白沃,排痈疽疮痔。久服安心不饥,轻身延年(《别录》)。涩大肠(甄权)。

【附方】旧四,新二。小儿水痢形羸,不胜汤药:白石脂半两研粉,和白粥空肚食之。(《子母秘录》)小儿滑泄:白龙丸:白石脂、白龙骨等分。为末,水丸黍米大。每量大小,木瓜、紫苏汤下。(《全幼心鉴》)久泄久痢:白石脂、干姜等分。研,百沸汤和面为稀糊搜之,并手丸梧子大。每米饮下三十丸。(《斗门方》)儿脐汁出赤肿:白石脂末熬温,扑之,日三度,勿揭动。(韦宙《独行方》)儿脐血出,多啼:方同上。(寇氏《衍义》)粉滓面皯:白石脂六两,白蔹十二两。为末。鸡子白和,夜涂旦洗。(《圣济录》)

赤石脂

【气味】甘、酸、辛,大温,无毒。

普曰:赤符:神农、雷公:甘;黄帝、扁鹊:无毒;李当之:小寒。

之才曰:畏芫花,恶大黄、松脂。

颂曰:古人亦单服食,云发则心痛,饮热酒不解。用绵裹葱、豉,煮水饮之。

【主治】养心气,明目益精,疗腹痛肠澼,下痢赤白,小便利,及痈疽疮痔,女子崩中漏下,产难胞衣不出。久服补髓好颜色,益智不饥,轻身延年(《别录》)。补五脏虚乏(甄权)。补心血,生肌肉,厚肠胃,除水湿,收脱肛(时珍)。

【发明】弘景曰:五色石脂,《本经》疗体亦相似,《别录》分条具载,今俗惟用赤、白二脂断下痢耳。

元素曰:赤、白石脂俱甘、酸,阳中之阴,固脱。

杲曰:降也。阳中阴也。其用有二:固肠胃有收敛之能,下胎衣无推荡之峻。

好古曰:涩可去脱,石脂为收敛之剂,赤入丙,白入庚。

时珍曰:五石脂皆手足阳明药也。其味甘,其气温,其体重,其性涩。涩而重,故能收湿止血而固下;甘而温,故能益气生肌而调中。中者,肠胃肌肉惊悸黄疸是也;下者,肠澼泄痢、崩带失精是也。五种主疗,大抵相同。故《本经》不分条目,但云各随五色补五脏。《别录》虽分五种,而性味、主治亦不甚相远,但以五味配五色为异,亦是强分尔。赤白二种,一入气分,一入血分,故时用尚之。张仲景用桃花汤治下痢便脓血。取赤石脂之重涩,入下焦血分而固脱;干姜之辛温,暖下焦气分而补虚;粳米之甘温,佐石脂、干姜而润肠胃也。

【附方】旧五,新七。小儿疳泻:赤石脂末,米饮调服半钱,立瘥。加京芎等分,更妙。(《斗门方》)大肠寒滑,小便精出:赤石脂、干姜各一两,胡椒半两。为末,醋糊丸梧子大。每空心米饮下五、七十丸。有人病此,热药服至一斗二升,不效;或教服此,终四剂而愈。(寇氏《衍义》)赤白下痢:赤石脂末,饮服一钱。(《普济方》)冷痢腹痛,下白冻如鱼脑:桃花丸:赤石脂(煅)、干姜(炮)等分。为末,蒸饼和丸。量大小服,日三服。(《和剂局方》)老人气痢虚冷:赤石脂五两(水飞),白面六两。水煮熟,人葱酱作腥,空心食三四次,即愈。(《养老方》)伤寒下痢,便脓血不止,桃花汤主之:赤石脂一斤(一半全用,一半末用),干姜一两,粳米半升。水七升,煮米熟去滓。每服七合,纳末方寸匕,日三服,愈乃止。(仲景方)痢后脱肛:赤石脂、伏龙肝为末,敷之。一加白矾。(钱氏小儿方)反胃吐食:绝好赤石脂为末,蜜丸梧子大。每空腹姜汤下一二十丸。先以巴豆仁一枚,勿令破,以津吞之。后乃服药。(《圣惠方》)痰饮吐水无时节者,其原因冷饮过度,遂令脾胃气弱,不能消化饮食,饮食人胃,皆变成冷水,反吐不停,赤石脂散主之:赤石脂一斤,捣筛,服方寸匕,酒饮自任,稍加至三匕。服尽一斤,则终身不吐痰水,又不下痢,补五脏,令人肥健。有人痰饮,服诸药不效,用此遂愈。(《千金翼方》)心痛彻背:赤石脂、干姜、蜀椒各四分，附子（炮）二分，乌头（炮）一分。为末，蜜丸梧子大。先食服一九。不知，稍增之。（张仲景《金匮方》）经水过多：赤石脂、破故纸一两。为末。每服二钱，米饮下。（《普济方》）小便不禁：赤石脂（煅）、牡蛎（煅）各三两，盐一两。为末，糊丸梧子大。每盐汤下十五丸。（《普济方》）

桃花石（《唐本草》）

【集解】恭曰：桃花石，出申州钟山县，似赤石脂，但舐之不着舌者是也。

珣曰：其状亦似紫石英，色若桃花，光润而重，目之可爱。

颂曰：今信州有之，形块似赤石脂、紫石英辈，采无时。陶弘景言：赤石脂出义阳者，状如豘脑，鲜红可爱。苏恭非之，云是桃花石，久服肥人，今土人以疗痢。功用亦不相远。

宗奭曰：桃花石有赤、白二种：有赤地、淡白点如桃花片者，有淡白地、赤点如桃花片者。人往往镌磨为器用，人亦罕服之。

时珍曰：此即赤白石脂之不粘舌、坚而有花点者，非别一物也。故其气味功用皆同石脂。

昔张仲景治痢用赤石脂名桃花汤，《和剂局方》治冷痢有桃花丸，皆即此物耳。

【气味】甘，温，无毒。

【主治】大肠中冷脓血痢。久服令人肥悦能食（《唐本》）。

炉甘石（《纲目》）

【释名】炉先生。

土宿真君曰：此物点化为神药绝妙，九天三清俱尊之日炉先生，非小药也。

时珍曰：炉火所重，其味甘，故名。

【集解】时珍曰：炉甘石所在坑冶处皆有，川蜀、湘东最多，而太原、泽州、阳城、高平、灵丘、融县及云南者为胜，金银之苗也。其块大小不一，状似羊脑，松如石脂，亦粘舌。产于金坑者，其色微黄，为上。产于银坑者，其色白，或带青，或带绿，或粉红。赤铜得之，即变为黄。今之黄铜，皆此物点化也。《造化指南》云：炉甘石受黄金、白银之气熏陶，三十年方能结成。以大秽浸及砒煮过，皆可点化，不减三黄。崔防《外丹本草》云：用铜一斤，炉甘石一斤，炼之即成鍮石一斤半。非石中物取出乎？真鍮石生波斯，如黄金，烧之赤而不黑。

【修治】时珍曰：凡用炉甘石，以炭火煅红，童子小便淬七次，水洗净，研粉，水飞过，晒用。

【气味】甘，温，无毒。

【主治】止血，消肿毒，生肌，明目去翳退赤，收湿除烂。同龙脑点，治目中一切诸病（时珍）。

【发明】时珍曰：炉甘石，阳明经药也。受金银之气，故治目病为要药。时珍常用炉甘石（煅淬）、海螵蛸、硼砂各一两。为细末，以点诸目病，甚妙。入朱砂五钱，则性不粘也。

【附方】新十五。目暴赤肿：炉甘石（火煅尿淬）、风化硝等分。为末。新水化一粟点之。（《御药院方》）诸般翳膜：炉甘石、青矾、朴硝等分。为末。每用一字，沸汤化开，温洗，日三次。（《宣明方》）一切目疾：真炉甘石半斤，用黄连四两。锉豆大，银石器内，水二碗，煮二伏时，去黄连为末，入片脑二钱半，研匀罐收。每点少许，频用取效。又方：炉甘石（煅）一钱，盆硝一钱。为末。热汤泡洗。目中诸病：石连光明散：治眼中五轮八廓诸证，神效。炉甘石半斤，取如羊脑、鸭头色者，以桑柴灰一斗，火煅赤研末，用雅州黄连各四两，切片，煎水浸石，澄取粉，晒干。用铅粉二定，以二连水浸过，炒之。雄黄研末。每用甘石、铅粉各三分，雄黄一分，片脑半分。研匀，点眼甚妙。（张氏方）目暗昏花：炉甘石（火煅，童尿淬七次）、代赭石（火煅，醋淬七次）、黄丹（水飞）各四两。为末；白沙蜜半斤，以铜铛炼去白沫，更添清水五、六碗，熬沸下药，文武火熬至一碗，滴水不散，以夹纸滤入瓷器收之。频点日用。（《卫生易简方》）烂弦风眼：刘长春方：治风眼流泪，烂弦。白炉甘石四两，火煅童尿淬七次，地上出毒三日，细研。每用椒汤洗目后，临卧点三四次，次早以茶汤洗去，甚妙。又方：炉甘石一斤（火煅），黄连四两，煎水淬七次，为末，入片脑。每用点目。《宣明眼科方》：用炉甘石、石膏各一钱，海螵蛸三分。为末。入片脑、麝香各少许，收点。《卫生易简方》：用炉甘石二两。以黄连一两煎水，入童尿半盏再熬，下朴硝一两又熬成。以火煅石淬七次，洗净为末，入蜜陀僧末一两研匀，收点之。聍耳出汁：炉甘石、矾石各二钱，胭脂半钱，麝香少许，为末，缴净吹之。（《普济方》）齿疏陷物：炉甘石（煅）、寒水石等分。为末。每用少许擦牙，忌用刷牙，久久自密。（《集玄方》）漏疮不合：（童尿制）炉甘石、牡蛎粉，外塞之，内服滋补药。（《杂病治例》）下疳阴疮：炉甘石（火煅醋淬五次）一两，孩儿茶三钱，为末。麻油调敷，立愈。（通妙邵真人方）阴汗湿痒：炉甘石一分，真蚌粉半分。研粉扑之。（《直指方》）

井泉石（宋《嘉祐》）

【释名】时珍曰：性寒如井泉，故名。

石泉井

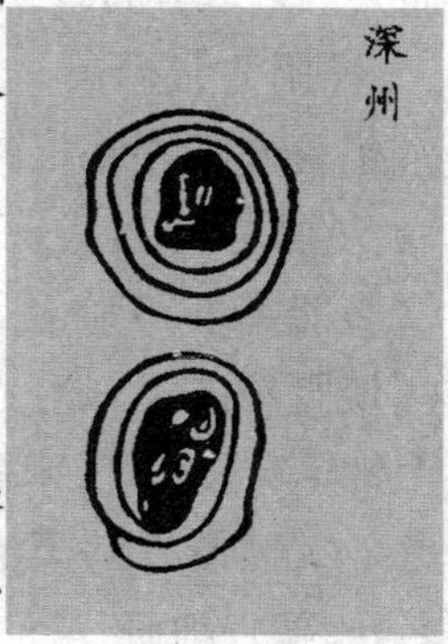

【集解】禹锡曰:井泉石,近道处处有之,以出饶阳郡者为胜。生田野中间,穿地深丈余得之。形如土色,圆方长短大小不等,内实而外圆,重重相叠,采无时。又一种如姜石者,时人多指为井泉石,非是。

颂曰:深州城西二十里,剧家村出之。

【修治】禹锡曰:凡用,细研水飞过。不尔,令人淋。

【气味】甘,大寒,无毒。

【主治】诸热,解心脏热结,热嗽,小儿热疳,雀目青盲,眼赤肿痛,消肿毒。得决明、菊花,疗小儿眼疳生翳膜。得大黄、栀子,治眼睑肿赤(《嘉祐》)。

【附方】新四。膀胱热闭,小便不快:井泉石、海金沙、车前子、滑石各一两。为末。每服一钱,蜜汤下。(《圣济录》)风毒赤目:井泉石半两,井中苔(焙)、谷精草一两,豉(焙)一合。为末。每服二钱,空心井华水服。(《圣济录》)产后搐搦,俗名鸡爪风:舒筋散:用井泉石四两(另研),天麻(酒浸)、木香各一两,人参、川芎、官桂、丁香各半两。为末。每服二钱,大豆淋酒调下,出汗即愈。(《宣明方》)痤疿瘙痒:井泉石(生)三两,寒水石(煅)四两,脑子半钱。为末扑之。(《圣济录》)

无名异(宋《开宝》)

【释名】时珍曰:无名异,廋词也。

异名无

【集解】志曰:无名异出大食国,生于石上,状如黑石炭。番人以油炼如瑿石,嚼之如饧。

颂曰:今广州山石中及宜州南八里龙济山中亦有之。黑褐色,大者如弹丸,小者如黑石子,采无时。

炖曰:无名异形似石炭,味别。

时珍曰:生川、广深山中,而桂林极多,一包数百枚,小黑石子也,似蛇黄而色黑,近处山中亦时有之。用以煮蟹,杀腥气;煎炼桐油,收水气;涂剪剪灯,则灯自断也。

【气味】甘,平,无毒。

颂曰:咸,寒。伏硫黄。

【主治】金疮折伤内损,止痛,生肌肉(《开宝》)。消肿毒痈疽,醋磨敷之(苏颂)。收湿气(时珍)。

【发明】时珍曰:按《雷敩炮炙论》序云:无名止楚,截指而似去甲毛。崔昉《外丹本草》云:无名异,阳石也。昔人见山鸡被网损其足,脱去,衔一石摩其损处,遂愈而去。乃取其石理伤折,大效,人因傅之。

【附方】新十一。打伤肿痛:无名异为末,酒服,赶下四肢之末,血皆散矣。(《集验方》)损伤接骨:无名异、甜瓜子各一两,乳香、没药各一钱。为末。每服五钱,热酒调服,小儿三钱。服毕,以黄米粥涂纸上,掺左顾牡蛎末裹之,竹篦夹住。(《多能鄙事》)临杖预服:无名异末,临时温服三五钱,则杖不甚痛,亦不甚伤。(《谈野翁试效方》)赤瘤丹毒:无名异末,葱汁调涂,立消。(《简便方》)痔漏肿痛:无名异炭火煅红,米醋淬七次,为细末。以温水洗疮,绵裹箸头填末入疮口,数次愈。(《简便方》)天泡湿疮:无名异末,井华水调服之。(《普济方》)臁疮溃烂:无名异、虢丹细研,清油调搽。湿则干搽之。(《济急方》)股阴痔病:无名异二钱,麝香一字,研。酒半碗,午后空腹服,立效。(《多能鄙事》)拳毛倒睫:无名异末,纸卷作捻,点灯吹杀熏之,睫自起。(《保命集》)消渴引饮:无名异一两,黄连二两。为末,蒸饼丸绿豆大。每服百丸,以茄根、蚕茧煎汤送下。(《圣济录》)脚气痛楚:无名异末,化牛皮胶调涂之,频换。(《卫生易简方》)

蜜栗子(《纲目》)

蜜栗子

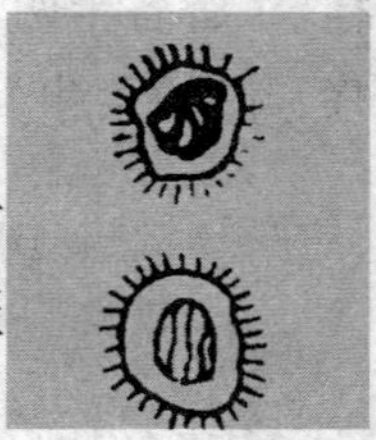

【集解】时珍曰:蜜栗子生川、广、江、浙金坑中,状如蛇黄而有刺,上有金线缠之,色紫褐,亦无名异之类也。丹炉家采作五金匮药,制三黄。

【主治】金疮折伤,有效(时珍)。

石钟乳(《本经》上品)

【释名】公乳(《别录》)、虚中(《吴普》)、芦石《别录》)、鹅管石(《纲目》)、夏石(《别录》)、黄石砂(《药性》)。

时珍曰:石之津气,钟聚成乳,滴溜成石,故名石钟乳。芦与鹅管,象其空中之状也。

【集解】《别录》曰:石钟乳生少室山谷及泰山,采无时。

普曰:生泰山山谷阴处岸下,溜汁所成,如乳汁,黄白色,空中相通。二月、三月采,阴干。

弘景曰:第一出始兴,而江陵及东境名山石洞亦皆有。惟通中轻薄如鹅翎管,碎之如爪甲,中无雁齿,光明者为善。长挺乃有一、二尺者,色黄,以苦酒洗刷则白。《仙经》少用,而俗方所重。

时珍曰:按:范成大《桂海志》所说甚详明。云桂林接宜、融山洞穴中,钟乳甚多。仰视石脉涌起处,即有乳床,白如玉雪,石液融结成者。乳床下垂,如倒数峰小山,峰端渐锐,且长如冰柱,柱端轻薄中空如鹅翎。乳水滴沥不已,且滴且凝,此乳之最精者,以竹管仰承取之。炼治家又以鹅管之端,尤轻明如云母爪甲者为胜。

乳钟石

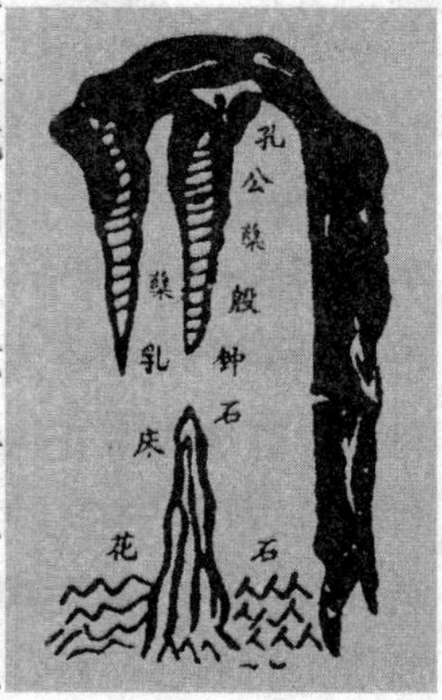

【修治】敩曰:凡使勿用头粗厚并尾大者,为孔公石,不用。色黑及经大火惊过,并久在地上收者,曾经药物制者,并不得用。须要鲜明、薄而有光润者,似鹅翎筒子为上,有长五、六寸者。凡修事法:钟乳八两,用沉香、零陵香、藿香、甘松、白茅各一两,水煮过,再煮汁,方用煮乳,一伏时漉出。以甘草、紫背天葵各二两同煮,漉出拭干,缓火焙之,入臼杵粉,筛过入钵中。令有力少壮者二三人不住研,三日三夜勿歇。然后以水飞澄,过绢笼,于日中晒干,入钵再研二万遍,乃以瓷盒收之。

慎微曰:《太清经》炼钟乳法:取好细末置金银器中,瓦一片密盖,勿令泄气,蒸之,自然化作水也。李补阙炼乳法见后。

【气味】甘,温,无毒。

普曰:神农:辛;桐君、黄帝、医和:甘;扁鹊:甘,无毒。

权曰:有大毒。

之才曰:蛇床为之使。恶牡丹、玄石、牡蒙。畏紫石英、蘘草。忌羊血。

时珍曰:《相感志》云:服乳石,忌参、术,犯者多死。

土宿真君曰:钟乳产于阳洞之内,阳气所结,伏之可柔五金。麦门冬、独蒜、韭实、胡葱、胡荽、猫儿眼草,皆可伏之。

【主治】咳逆上气,明目益精,安五脏,通百节,利九窍,下乳汁(《本经》)。益气,补虚损,疗脚弱疼冷,下焦伤竭,强阴。久服延年益寿,好颜色,不老,令人有子。不炼服之,令人淋(《别录》)。主泄精寒嗽,壮元气,益阳事,通声(甄权)。补五劳七伤(大明)。补髓,治消渴引饮(青霞子)。

【附方】新十一。李补阙服乳法:主五劳七伤,咳逆上气,治寒嗽,通音声,明目益精,安五脏,通百节,利九窍,下乳汁,益气补虚损,疗脚弱疼冷,下焦伤竭,强阴,久服延年益寿不老,令人有子。取韶州钟乳,无问厚薄,但颜色明净光泽者,即堪入炼;惟黄、赤二色,不任用。置于金、银器中,大铛着水,沉器煮之,令如鱼眼沸,水减即添。乳少,三日三夜;乳多,七日七夜。候干,色变黄白即熟。如疑生,更煮满十日最佳。取出去水,更以清水煮半日,其水色清不变即止,乳无毒矣。入瓷钵中,玉槌着水研之。觉干涩,即添水,常令如稀米泔状。研至四、五日,揩之光腻,如书中白鱼，便以水洗之，不随水落者即熟，落者更研，乃澄取曝干。每用一钱半，温酒空腹调下，兼和丸散用。其煮乳黄浊水，切勿服。服之损人咽喉，伤肺，令人头痛，或下利不止。其有犯者，但食猪肉解之。（孙真人《千金方》）钟乳煎：治风虚劳损，腰脚无力，补益强壮。用钟乳粉炼成者三两，以夹练袋盛之，牛乳一大升，煎减三之一，去袋饮乳，分二服，日一作。不吐不利，虚冷人微溏无苦。一袋可煮三十度，即力尽，别作袋。每煎讫，须濯净，令通气。其滓和面喂鸡，生子食之。此崔尚书方也。（孙真人《千金翼》）钟乳酒：安五脏，通百节，利九窍，主风虚，补下焦，益精明目。钟乳炼成粉五两，以夹练袋盛之，清酒六升，瓶封，汤内煮减三之二，取出添满，封七日，日饮三合。忌房事、葱、豉、生食、硬食。（《外台秘要》）钟乳丸：治丈夫衰老，阳绝肢冷，少气减食，腰疼脚痹，下气消食，和中长肌。钟乳粉二两，菟丝子（酒浸焙）、石斛各一两，吴茱萸（汤泡七次，炒）半两。为末，炼蜜和丸梧子大。每服七丸，空心温酒或米汤下，日二服。服讫行数百步，觉胸口热，稍定即食干饭豆酱。忌食粗臭恶食，及闻尸秽等气。初服七日，勿为阳事，过七日乃可行，不宜伤多。服过半剂，觉有功，乃续服。此曹公卓方也。（《和剂局方》）元气虚寒：方见阳起石下。一切劳嗽，胸膈痞满：焚香透膈散：用鹅管石、雄黄、佛耳草、款冬花等分。为末。每用一钱，安香炉上焚之，以筒吹烟入喉中，日二次。（《宣明》）肺虚喘急，连绵不息：生钟乳粉（光明者）五钱，蜡三两（化和）。饭甑内蒸熟，研丸梧子大。每温水下一丸。

孔公蘖（《本经》中品）

【释名】孔公石（《纲目》）、通石。

时珍曰：孔窍空通，附垂于石，如木之芽蘖，故曰孔空蘖，而俗讹为孔公尔。

恭曰：此蘖次于钟乳，状如牛羊角，中有孔通，故名通石。《别录》误以此为殷蘖之根，而俗犹呼为孔公蘖是也。

【气味】辛，温，无毒。

普曰：神农：辛；岐伯：咸；扁鹊：酸，无毒。

大明曰：甘，暖。

权曰：甘，有小毒。

之才曰：木兰为之使，恶细辛、术，忌羊血。

【主治】伤食不化，邪结气恶，疮疽瘘痔，利九窍，下乳汁（《本经》）。男子阴疮，女子阴蚀，及伤食病，常欲眠睡（《别录》）。主腰冷膝痹毒气，能使喉声圆亮（甄权）。轻身充肌（青霞子）。

【发明】弘景曰：二蘖不堪丸散，只可水煮汤，并酒浸饮之，甚疗脚弱脚气。

【附方】新一。风气脚弱：孔公蘖二斤，石斛五两，酒二斗，浸服。（《肘后方》）

殷蘖（《本经》中品）

石花（《唐本草》）

恭曰：味甘，温，无毒。主腰脚风冷，渍酒服，与殷蘖同功。一名乳花。生乳穴堂中，乳水滴石上，散如霜雪者。三月、九月采之。

大明曰：壮筋骨，助阳道。

宗奭曰：石花白色，圆如覆大马杓，上有百十枝，每枝各搓牙分歧如鹿角。上有细纹起，以指撩之，铮铮然有声。其体甚脆，不禁触击。多生海中石上，世方难得，家中曾得一本。本条所注皆非是。

时珍曰：石花是钟乳滴于石上进散，日久积成如花者。苏恭所说甚明。寇宗奭所说，乃是海中石梅石柏之类，亦名石花，不入药用，非本草石花，正自误矣。

石骨

恭曰：石骨，服之力胜钟乳，似骨，如玉坚润，生五石脂中。

土殷蘖（《别录》下品）

【释名】土乳（《唐本》）。

志曰：此则土脂液也，生于土穴，状如殷蘖，故名。

土殷蘖

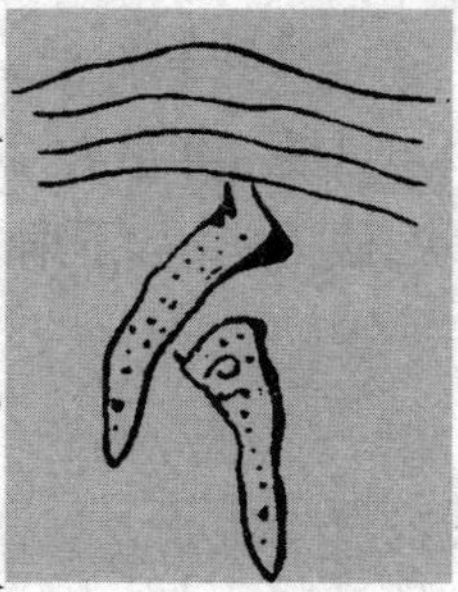

【集解】《别录》曰：生高山崖上之阴，色白如脂，采无时。

弘景曰：此犹似钟乳、孔公蘖之类，故亦有蘖名，但在崖上尔，今不知用。

恭曰：此即土乳也。出渭州鄣县三交驿西北坡平地土窟中，见有六十余坎，昔人采处。土人云：服之亦同钟乳，而不发热。陶及本草云，生崖上，非也。

时珍曰：此即钟乳之生于山崖土中者，南方名山多有之。人亦掘为石山，货之充玩，不知其为土钟乳也。

【气味】咸，平，无毒。

【主治】妇人阴蚀，大热，干痂（《别录》）。

石脑(《别录》中品)

【释名】石饴饼(《别录》)、石芝(《纲目》)、化公石。

时珍曰:其状如结脑,故名。昔有化公服此,又名化公石。

石脑

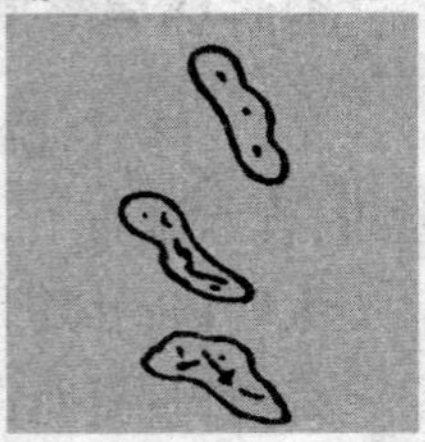

【气味】甘,温,无毒。

【主治】风寒虚损,腰脚疼痹,安五脏,益气(《别录》)。

【发明】弘景曰:俗方不见用,《仙经》有刘君导仙散用之。又《真诰》云:李整采服,疗风痹虚损,而得长生。

恭曰:隋时化公所服,亦名石脑。

时珍曰:《真诰》载姜伯真在大横山服石脑,时时使人身热而不渴,即此。

石髓(《拾遗》)

【集解】藏器曰:石髓,生临海华盖山石窟。土人采取澄淘如泥,作丸如弹子,有白有黄弥佳。

时珍曰:按《列仙传》言:印疏煮石髓服,即钟乳也。《仙经》云:神山五百年一开,石髓出,服之长生。王列入山见石裂,得髓食之,因撮少许与嵇康,化为青石。《北史》云:龟兹北大山中,有如膏者,流出成川,行数里入地,状如醍醐,服之齿发更生,病人服之皆愈。《方镇编年录》云:高展为并州判官,一日见砌间沫出,以手撮涂老吏面,皱皮顿改,如少年色。展以为神药,问承天道士。道士曰:此名地脂,食之不死。乃发砌,无所见。此数说皆近石髓也。

【气味】甘,温,无毒。

【主治】寒热,羸瘦无颜色,积聚,心腹胀满,食饮不消,皮肤枯槁,小便数疾,癖块,腹内肠鸣,下痢,腰脚疼冷性壅,宜寒瘦人(藏器)。

石脑油(宋《嘉祐》)

【校正】并入《拾遗》石漆。

【释名】石油(《纲目》)、石漆(《拾遗》)、猛火油、雄黄油,硫黄油(《纲目》)。

【集解】禹锡曰:石脑油宜以瓷器贮之。不可近金银器,虽至完密,直尔透过。道家多用,俗方不甚须。

宗奭曰:真者难收,多渗蚀器物。入药最少。烧炼家研生砒入油,再研如膏,入坩锅内,瓦盖置火上,俟油泣尽出之,又研又入油,又上火炼之,砒即伏矣。

油脑石

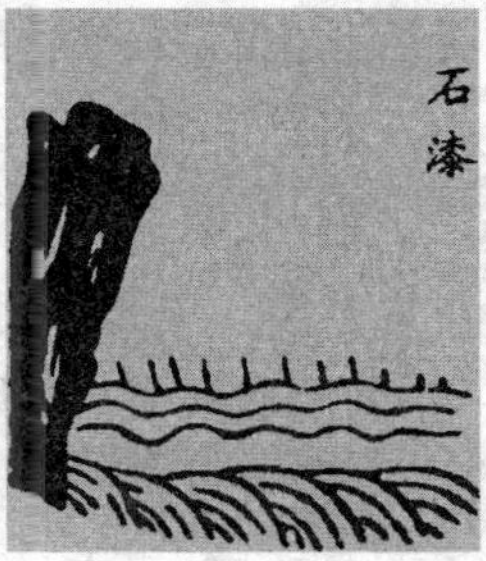

时珍曰：石油所出不一，出陕之肃州、鄜州、延州、延长，广之南雄，以及缅甸者，自石岩流出，与泉水相杂，汪汪而出，肥如肉汁。土人以草挹入缶中，黑色颇似淳漆，作雄硫气。土人多以燃灯甚明，得水愈炽，不可入食。其烟甚浓，沈存中宦西时，扫其煤作墨，光黑如漆，胜于松烟。张华《博物志》载：延寿县南山石泉注为沟，其水有脂，挹取着器中，始黄后黑如凝膏，燃之极明，谓之石漆。段成式《酉阳杂俎》载：高奴县有石脂水，腻浮水上如漆，采以膏车及燃灯。康誉之《昨梦录》载：猛火油出高丽东，日烘石热所出液也，惟真琉璃器可贮之。入水涓滴，烈焰遽发；余力入水，鱼鳖皆死。边人用以御敌。此数说，皆石脑油也。国朝正德末年，嘉州开盐井，偶得油水，可以照夜，其光加倍。沃之以水则焰弥甚，扑之以灰则灭。作雄硫气，土人呼为雄黄油，亦曰硫黄油。近复开出数井，官司主之。此亦石油，但出于井尔。盖皆地产雄、硫、石脂诸石，源脉相通，故有此物。王冰谓龙火得湿而焰，遇水而燔，光焰诣天，物穷方止，正是此类，皆阴火也。

【气味】辛，苦，有毒。

独孤滔曰：化铜，制砒。

【主治】小儿惊风，化涎，可和诸药作丸散（《嘉祐》）。涂疮癣虫癞，治针、箭入肉药中用之（时珍）。

【发明】时珍曰：石油气味与雄、硫同，故杀虫治疮。其性走窜，诸器皆渗，惟瓷器、琉璃不漏。故钱乙治小儿惊热膈实，呕吐痰涎，银液丸中，用和水银、轻粉、龙脑、蝎尾、白附子诸药为丸，不但取其化痰，亦取其能透经络、走关窍也。

【附录】地溲

时珍曰：沟涧流水，及引水灌田之次，多有之。形状如油，又如泥，色如黄金，甚腥烈。冬月收取，以柔铁烧赤投之二、三次，刚可切玉。

石炭（《纲目》）

【释名】煤炭、石墨、铁炭、乌金石（《纲目》）、焦石。

时珍曰：石炭即乌金石，上古以书字，谓之石墨，今俗呼为煤炭，煤、墨音相近也。《拾遗记》言焦石如炭，《岭表录》言康州有焦石穴，即此也。

【集解】时珍曰：石炭南北诸山产处亦多，昔人不用，故识之者少。今则人以代薪炊爨，煅炼铁石，大为民利。土人皆凿山为穴，横入十余丈取之。有大块如石而光者，有疏散如炭末者，俱作硫黄气，以酒喷之则解。入药用坚块如石者。昔人言夷陵黑土为劫灰者，即此疏散者也。《孝经·援神契》云：王者德至山陵，则出黑丹。

《水经》言：石炭可书，燃之难尽，烟气中人。《酉阳杂俎》云：无劳县出石墨，爨之弥年不消。《夷坚志》云：彰德南郭村井中产石墨。宜阳县有石墨山，汧阳县有石墨洞。燕之西山，楚之荆州、兴国州，江西之庐山、袁州、丰城、赣州，皆产石炭，可以炊爨。并此石也。又有一种石墨，舐之粘舌，可书字画眉，名画眉石者，即黑石脂也。见石脂下。

炭石

【气味】甘、辛，温，有毒。

时珍曰：人有中煤气毒者，昏瞀至死，惟饮冷水即解。

独孤滔曰：去锡晕，制三黄、硇砂、硝石。

【主治】妇人血气痛，及诸疮毒，金疮出血，小儿痰痫（时珍）。

【附方】新五。金疮出血：急以石炭末厚敷之。疮深不宜速合者，加滑石。（《医学集成》）误吞金银及钱，在腹中不下者：光明石炭一杏核大，硫黄一皂子大。为末，酒下。（《普济方》）腹中积滞：乌金石（即铁炭也）三两，自然铜（为末醋熬）一两，当归一两，大黄（童尿浸晒）一两。为末。每服二钱，红花酒一盏，童尿半盏，同调，食前服，日二服。（张子和《儒门事亲》）月经不通：巴豆去油，如绿豆大三丸，以乌金石末一钱，调汤送下，即通。（《卫生易简方》）产后儿枕刺痛：黑白散：用乌金石（烧酒淬七次）、寒水石（煅为末）等分。每用粥饮服一钱半，即止，未止再服。（洁古《保命集》）

【附录】然石

时珍曰：曹叔雅《异物志》云：豫章有石，黄色，如理疏，以水灌之便热，可以烹鼎，冷则再灌。张华谓之然石。高安亦有之。

石灰（《本经》下品）

【释名】石垩（弘景）、垩灰（《本经》）、希灰（《别录》）、锻石（《日华》）、白虎（《纲目》）、矿灰（《纲目》）。

【集解】《别录》曰：石灰生中山川谷。

弘景曰：近山生石，青白色，作灶烧竟，以水沃之，即热蒸而解。俗名石垩。

颂曰：所在近山处皆有之，烧青石为灰也。又名石锻。有风化、水化二种：风化者，取锻了石置风中自解，此为有力；水化者，以水沃之，热蒸而解，其力差劣。

时珍曰：今人作窑烧之，一层柴或煤炭一层在下，上累青石，自下发火，层层自焚而散。入药惟用风化、不夹石者良。

【气味】辛，温，有毒。

大明曰：甘，无毒。

独狐滔曰：伏雄黄、硫黄、硇砂，去锡晕。

【主治】疽疡疥瘙，热气，恶疮癞疾，死肌堕眉，杀痔虫，去黑子息肉（《本经》）。疗髓骨疽（《别录》）。治病疥，蚀恶肉。止金疮血，甚良（甄权）。生肌长肉，止血，自癜疬疡，瘢疵痔瘘，瘿赘疣子。妇人粉刺，产后阴不能合。解酒酸，治酒毒，暖水脏，治气（大明）。堕胎（保升）。散血定痛，止水泻血痢，白带白淫，收脱肛阴挺，消积聚结核。贴口㖞，黑须发（时珍）。

【发明】弘景曰：石灰性至烈，人以度酒饮之，则腹痛下利。古今多以构冢，用捍水而辟虫。故古冢中水洗诸疮，皆即瘥。

时珍曰：石灰，止血神品也。但不可着水，着水即烂肉。

【附方】旧十四，新三十二。人落水死：裹石灰纳下部中，水出尽即活。（《千金方》）痰厥气绝，心头尚温者：千年石灰一合。水一盏，煎滚去清水，再用一盏煎极滚，澄清灌之。少顷痰下自愈。（《集玄方》）中风口㖞：新石灰醋炒，调如泥，涂之。左涂右，右涂左，立便牵正。（寇氏《衍义》）风牙肿痛：二年石灰、细辛等分。研。搽即止。（《普济方》）虫牙作痛：矿灰，沙糖和，塞孔中。（《普济方》）风虫牙痛：百年陈石灰（为末）四两，蜂蜜三两。拌匀，盐泥固济，火煅一日，研末。擦牙神效。名神仙失笑散。（张三丰方）干霍乱病：千年石灰，沙糖水调服二钱，或淡醋汤亦可。名落盏汤。（《摘玄方》）偏坠气痛：陈石灰（炒）、五倍子、山栀子等分。为末。面和醋调，敷之，一夜即消。（《医方摘要》）妇人血气：方见兽部猪血下。产后血渴不烦者：新石灰一两，黄丹半钱。渴时浆水调服一钱。名桃花散。（张洁古《活法机要》）白带白淫：风化石灰一两，白茯苓三两。为末。糊丸梧子大。每服二三十丸，空心米饮下，绝妙。（《集玄方》）水泻不止：方同上。酒积下痢：石灰五两，水和作团，黄泥包，煅一日夜，去泥为末，醋糊丸梧子大。每服三十丸，姜汤空心下。（《摘玄方》）血痢十年：石灰三升熬黄，水一斗投之，澄清。一服一升，日三服。（崔知悌方）

古墓中石灰，名地龙骨。

【主治】顽疮瘘疮，脓水淋漓，敛诸疮口。棺下者尤佳（时珍）。

舱船油石灰，名水龙骨。

【主治】金疮跌扑伤损，破皮出血，及诸疮瘘，止血杀虫（时珍）。

【附方】新三。软疖不愈：烂船底油石灰，研末。油调敷之。（胡氏方）下体癣疮：舱船灰、牛粪，烧烟熏之，一日一次，即安。（《医方摘玄》）血风臁疮：船上旧油灰，将泥作釜，火煅过研末，入轻粉少许，苦茶洗净，敷之。忌食发物。（邓真人《经验方》）

石面(《纲目》)

【集解】时珍曰:石面不常生,亦瑞物也。或曰:饥荒则生之。唐玄宗天宝三载,武威番禾县醴泉涌出,石化为面,贫民取食之。宪宗元和四年,山西云、蔚、代三州山谷间,石化为面,人取食之。宋真宗祥符五年四月,慈州民饥,乡宁县山生石脂如面,可作饼饵。仁宗嘉祐七年三月,彭城地生面;五月,钟离县地生面。哲宗元丰三年五月,青州临朐、益都石皆化面,人取食之。搜橥于此,以备食者考求云。

【气味】甘,平,无毒。

【主治】益气调中,食之止饥(时珍)。

浮石(《日华》)

【校正】并入《拾遗》水花。

【释名】海石(《纲目》)、水花。

【集解】时珍曰:浮石,乃江海间细沙、水沫凝聚,日久结成者。状如水沫及钟乳石,有细孔如蛀窠,白色,体虚而轻。今皮作家用磨皮垢甚妙。海中者,味咸,入药更良。

《抱朴子》云:烧泥为瓦,燔木为炭,水沫为浮石,此皆去其柔脆,变为坚刚也。《交州记》云:海中有浮石,轻虚可以磨脚,煮水饮之止渴。即此也。

【气味】咸,平,无毒。

时珍曰:小寒。

【主治】煮汁饮,止渴,治淋,杀野兽毒(大明)。止咳(弘景)。去目翳(宗奭)。清金降火,消积块,化老痰(震亨)。消瘤瘿结核疝气,下气,消疮肿(时珍)。

【发明】藏器曰:水花主远行无水止渴,和苦栝蒌为丸,每旦服二十丸,永无渴也。

震亨曰:海石治老痰积块,咸能软坚也。

时珍曰:浮石乃水沫结成,色白而体轻,其质玲珑,肺之象也。气味咸寒,润下之用也。故人肺除上焦痰热,止咳嗽而软坚。清其上源,故又治诸淋。按余琰《席上腐谈》云:肝属木,当浮而反沉;肺属金,当沉而反浮,何也?肝实而肺虚也。故石入水则沉,而南海有浮水之石;木入水则浮,而南海有沉水之香。虚实之反如此。

【附方】新十二。咳嗽不止:浮石末汤服,或蜜丸服。(《肘后方》)消渴引饮:《本事方》:浮石、舶上青黛等分,麝香少许,为末。温汤服一钱。又方:白浮石、蛤粉、蝉壳等分,为末。鲫鱼胆汁七个,调服三钱,神效。血淋砂淋,小便涩痛:用黄烂浮石为末。每服二钱,生甘草煎汤调服。(《直指方》)石淋破血:浮石满一手,为末,以水三升,酢一升,和煮二升,澄清,每服一升。(《传信适用方》)小肠疝气,茎缩囊肿者:《直指方》:用浮石为末。每服二钱,木通、赤茯苓、麦门冬煎汤调下。丹溪方:用海石、香附等分,为末。每服二钱,姜汁调下。头核脑痹,头枕后生痰核,正者为脑,侧者为痹:用轻虚白浮石烧存性,为末,入轻粉少许,麻油调,扫涂之。勿用手按,即涨。或加焙干黄牛粪尤好。亦治头疾。(《直指方》)底耳有脓:海浮石一两,没药一钱,麝香一字。为末。缴净吹之。(《普济方》)疳疮不愈:海浮石(烧红,醋淬数次)二两,金银花一两,为末。每服二钱半,水煎服。病在上,食后;在下,食前。一年者,半年愈。(《儒门事亲》)疔疮发背:白浮石半两,没药二钱半。为末,醋糊丸梧子大。每服六七丸,临卧,冷酒下。(《普济方》)诸般恶疮:方同上。

【附录】晕石(《拾遗》)

藏器曰:生海底,状如姜石,紫褐色,极紧似石,是咸水结成,自然生晕。味咸,寒,无毒。主石淋,磨汁饮之,亦烧赤投酒中饮。

石芝(《纲目》)

【集解】葛洪曰:芝有石、木、草、菌、肉五类,各近百种。道家有《石芝图》。石芝者,石象芝也。生于海隅名山岛屿之涯,有积石处。其状如肉,有头尾四足如生物,附于大石。赤者如珊瑚,白者如截肪,黑者如泽漆,青者如翠羽,黄者如紫金,皆光明洞彻。大者十余斤,小者三四斤,须斋祭取之,捣末服。其类有七明九光芝,生临水高山石崖之间。状如盘碗,不过径尺,有茎连缀之,起三四寸。有七孔者名七明,九孔者名九光,光皆如星,百步内夜见其光。常以秋分伺之,捣服方寸匕,入口则翕然身热,五味甘美。得尽一斤,长生不老,可以夜视也。玉脂芝,生于有玉之山。玉膏流出,千百年凝而成芝。有鸟兽之形,色无常彩,多似玄玉、苍玉及水精。得而末之,以无心草汁和之,须臾成水。服至一升,长生也。石蜜芝生少室石户中。有深谷不可过,但望见石蜜从石户上入石偃盖中,良久辄有一滴。得服一升,长生不老也。石桂芝生石穴中,有枝条似桂树,而实石也。高尺许,光明而味辛。

时珍曰:神仙之说,渺茫不知有无;然其所述之物,则非无也。贵州普定分司署内有假山,山间有树,根干枝条皆石,而中有叶如榴,袅袅茂翠,开花似桂微黄。嘉靖丁巳,佥事焦希程赋诗纪之,以比康于断松化石之事,而不知其名。时珍按《图》及《抱朴子》之说,此乃石桂芝也。海边有石梅,枝干横斜,石柏,叶如侧柏,亦是石桂之类云。

【主治】诸芝捣末,或化水服,令人轻身长生不老(葛洪)。

本草纲目石部第十卷

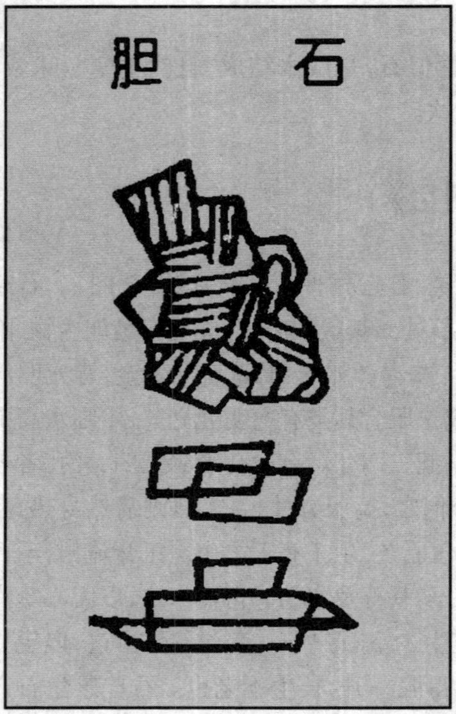

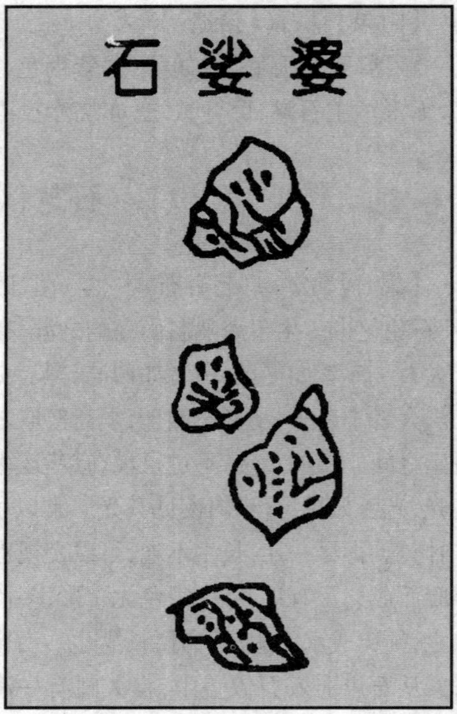

本草纲目石部第十卷

阳起石(《本经》中品)

【释名】羊起石(《别录》)、白石(《本经》)、石生《别录》。

时珍曰:以能命名。

石　起　阳

【修治】大明曰:凡入药烧后水煅用之,凝白者佳。

时珍曰:凡用火中煅赤,酒淬七次,研细水飞过,日干。亦有用烧酒浸过,同樟脑入罐升炼,取粉用者。

【气味】咸,微温,无毒。

普曰:神农、扁鹊:酸,无毒;桐君、雷公、岐伯:咸,无毒;李当之:小寒。

权曰:甘,平。

之才曰:桑螵蛸为之使,恶泽泻、菌桂、雷丸、石葵、蛇蜕皮,畏菟丝子,忌羊血,不入汤。

【主治】崩中漏下,破子脏中血,癥瘕结气,寒热腹痛,无子,阴痿不起,补不足(《本经》)。疗男子茎头寒,阴下湿痒,去臭汗,消水肿。久服不饥,令人有子(《别录》)。补肾气精乏,腰疼膝冷湿痹,子宫久冷,冷癥寒瘕,止月水不定(甄权)。治带下温疫冷气,补五劳七伤(大明)。补命门不足(好古)。散诸热肿(时珍)。

【发明】宗奭曰:男子妇人下部虚冷,肾气乏绝,子脏久寒者,须水飞用之。凡石药冷热皆有毒,亦宜斟酌。

时珍曰:阳起石,右肾命门气分药也,下焦虚寒者宜用之,然亦非久服之物。张子和《儒门事亲》云:喉痹,相火急速之病也。相火,龙火也,宜以火逐之。一男子病缠喉风肿,表里皆作,药不能下。以凉药灌入鼻中,下十余行。外以阳起石(烧赤)、伏龙肝等分细末,日以新汲水调扫百遍。三日热始退,肿始消。此亦从治之道也。

【附方】新三。丹毒肿痒:阳起石煅研,新水调涂。(《儒门事亲》)元气虚寒,精滑不禁,大腑溏泄,手足厥冷:阳起石(煅研)、钟乳粉各等分,酒煮附子末同面糊丸梧子大,每空心米饮服五十丸,以愈为度。(《济生方》)阴痿阴汗:阳起石煅为末,

每服二钱，盐酒下。（《普济方》）

磁石（《本经》中品）

【释名】玄石（《本经》）、处石（《别录》）、熁铁石（《衍义》）、吸针石。藏器曰：磁石取铁，如慈母之招子，故名。时珍曰：石之不磁者，不能引铁，谓之玄石，而《别录》复出玄石于后。

【集解】《别录》曰：磁石，生泰山川谷及慈山山阴，有铁处则生其阳。采无时。

弘景曰：今南方亦有好者。能悬吸针，虚连三四为佳。《仙经》丹房黄白术中多用之。

藏器曰：出相州北山。

颂曰：今磁州、徐州及南海傍山中皆有之，磁州者岁贡最佳，能吸铁虚连十数针，或一二斤刀器，回转不落者，尤良。采无时。其石中有孔，孔中黄赤色，其上有细毛，功用更胜。按《南州异物志》云：涨海崎头水浅而多磁石，徼外大舟以铁叶固之者，至此皆不得过。以此言之，海南所出尤多也。

敩曰：凡使，勿误用玄中石并中麻石。此二石俱似磁石，只是吸铁不得。而中麻石心有赤，皮粗，是铁山石也。误服，令人生恶疮，不可疗。真磁石一片，四面吸铁一斤者，此名延年沙；四面只吸铁八两者，名续采石；四面吸五两者，名磁石。

宗奭曰：磁石其毛轻紫，石上颇涩，可吸连针铁，俗谓之熁铁石。其玄石，即磁石之黑色者。磁磨针锋，则能指南，然常偏东，不全南也。其法取新纩中独缕，以半芥子许蜡，缀于针腰，无风处垂之，则针常指南。以针横贯灯心，浮水上，亦指南。然常偏丙位，盖丙为大火，庚辛受其制，物理相感尔。

土宿真君曰：铁受太阳之气，始生之初，石产焉。一百五十年而成磁石，又二百年孕而成铁。

【修治】敩曰：凡修事一斤，用五花皮一镒，地榆一镒，故绵十五两。三件并剉。于石上捶，碎作二三十块。将石入瓷瓶中，下草药，以东流水煮三日夜，漉出拭干，布裹再捶细，乃碾如尘，水飞过再碾用。

宗奭曰：入药须火烧醋淬，研末水飞。或醋煮三日夜。

【气味】辛，寒，无毒。

权曰：咸，有小毒。

大明曰：甘、涩，平。

藏器曰：性温，云寒误也。

之才曰：柴胡为之使，杀铁毒，硝金，恶牡丹、莽草，畏黄石脂。

独孤滔曰：伏丹砂，养汞，去铜晕。

【主治】周痹风湿，肢节中痛，不可持物，洗洗酸痟，除大热烦满及耳聋（《本经》）。养肾脏，强骨气，益精除烦。通关节，消痈肿鼠瘘，颈核喉痛，小儿惊痫，炼水饮之。亦令人有子（《别录》）。补男子肾虚风虚。身弨，腰中不利，加而用之（甄权）。治筋骨羸弱，补五劳七伤，眼昏，除烦躁。小儿误吞针铁等，即研细末，以筋肉莫令断，与末同吞，下之（大明）。明目聪耳，止金疮血（时珍）。

【附方】旧三，新一十二。耳猝聋闭：熁铁石半钱，入病耳内，铁砂末入不病耳内，自然通透。（《直指方》）肾虚耳聋：真磁石一豆大，穿山甲（烧存性研）一字。新绵裹塞耳内，口含生铁一块，觉耳中如风雨声即通。（《济生方》）老人耳聋：磁石一斤捣末，水淘去赤汁，绵裹之。猪肾一具，细切。以水五斤煮石，取二斤，入肾，下盐豉作羹食之。米煮粥食亦可。（《养老方》）老人虚损，风湿，腰肢痹痛：磁石三十两，白石英二十两，捶碎瓮盛，水二斗浸于露地。每日取水作粥食，经年气力强盛，颜如童子。（《养老方》）阳事不起：磁石五斤研，清酒渍二七日。每服三合，日三夜一。（《千金》）眼昏内障：磁朱丸：治神水宽大渐散，昏如雾露中行，渐睹空花，物成二体，久则光不收，及内障神水淡绿、淡白色者。真磁石（火煅、醋淬七次）二两，朱砂一两，神曲（生用）三两，为末。更以神曲末一两煮糊，加蜜丸梧子大。每服二十丸，空心饭汤下。服后俯视不见，仰视微见星月，此其效也。亦治心火乘金、水衰反制之病。久病累发者服之，永不更作。（倪维德《原机启微集》）小儿惊痫：磁石炼水饮之。（《圣济录》）

磁石毛

【气味】咸，温，无毒。

【主治】补绝伤，益阳道，止小便白数，治腰脚，去疮瘘，长肌肤，令人有子，宜入酒。

藏器曰：《本经》言石不言毛，毛、石功状殊也。

玄石（《别录》中品）

【释名】玄水石（《别录》）、处石。

时珍曰：玄以色名。

【集解】《别录》曰：玄石生泰山之阳，山阴有铜。铜者雌，铁者雄。

弘景曰：《本经》磁石一名玄石。《别录》又出玄石，一名处石。名既同，疗体又相似，而寒温铜铁畏恶有异。俗方不用，亦无识者，不知与磁石相类否？

恭曰：此物，铁液也。磁石中有细孔，孔中黄赤色，初破好者能拾针吸铁。其无孔而光泽纯黑者，玄石也。不能拾，疗体亦劣于磁石。

颂曰：今北番以磁石作礼物，其块多光泽，吸针无力，疑即此玄石也。医方罕用。

时珍曰：磁石生山之阴有铁处，玄石生山之阳有铜处，虽形相似，性则不同，故玄石不能吸铁。

【气味】咸，温，无毒。

之才曰：恶松脂、柏实、菌桂。

【主治】大人小儿惊痫，女子绝孕，小腹冷痛，少精身重。服之令人有子（《别录》）。

代赭石（《本经》下品）

【释名】须丸（《本经》）、血师（《别录》）、土朱（《纲目》）、铁朱。

《别录》曰：出代郡者名代赭；出姑幕者，名须丸。

石赭代

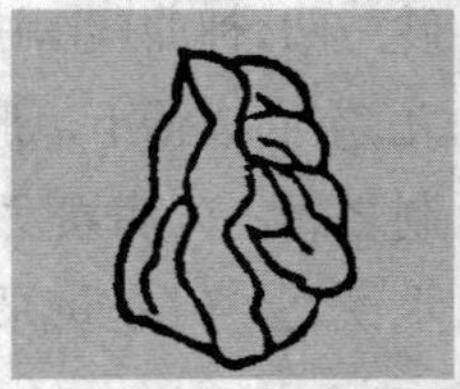

时珍曰：赭，赤色也。代，即雁门也。今俗呼为土朱、铁朱。《管子》云：山上有赭，其下有铁。铁朱之名或缘此，不独因其形色也。

【集解】《别录》曰：代赭生齐国山谷，赤红青色如鸡冠，有泽染爪甲不渝者良。采无时。

时珍曰：赭石处处山中有之，以西北出者为良。宋时虔州岁贡万斤。崔昉《外丹本草》云：代赭，阳石也，与太一余粮并生山峡中。研之作朱色，可点书，又可罨金益色赤。张华以赤土拭宝剑，倍益精明，即此也。

【修治】敩曰：凡使研细，以腊水重重飞过，水面上有赤色如薄云者去之。乃用细茶脚汤煮一伏时，取出又研一万匝。以净铁铛烧赤，下白蜜蜡一两，待化投新汲水冲之，再煮一二十沸，取出晒干用。

时珍曰：今人惟煅赤，以醋淬三次或七次，研，水飞过用，取其相制，并为肝经血分引用也。《相感志》云：代赭以酒醋煮之，插铁钉于内，扇之成汁。

【气味】苦，寒，无毒。

别录曰：甘。

之才曰：畏天雄、附子。干姜为之使。

【主治】鬼疰贼风蛊毒，杀精物恶鬼，腹中毒邪气，女子赤沃漏下（《本经》）。带下百病，产难胞不出。堕胎，养血气，除五脏血脉中热，血痹血瘀。大人小儿惊气入腹,及阴痿不起(《别录》)。安胎健脾,止反胃吐血鼻衄,月经不止,肠风痔瘘,泻痢脱精,尿血遗溺,夜多小便,小儿惊痫疳疾,金疮长肉(大明)。辟鬼魅(甄权)。

【发明】好古曰:代赭入手少阴、足缺阴经。怯则气浮,重所以镇之。代赭之重,以镇虚逆。故张仲景治伤寒汗吐下后心下痞硬,噫气不除者,旋覆代赭汤主之。用旋覆花三两,代赭石一两,人参二两,生姜五两,甘草三两,半夏半斤,大枣十二枚。水一斗,煮六升,去滓,再煎三升,温服一升,日三服。

时珍曰:代赭乃肝与包络二经血分药也,故所主治皆二经血分之病。昔有小儿泻后眼上,三日不乳,目黄如金,气将绝。有名医曰:此慢惊风也,宜治肝。用水飞代赭石末,每服半钱,冬瓜仁煎汤调下,果愈。

【附方】旧二,新一十四。哮呷有声,卧睡不得:土朱末,米醋调,时时进一、二服。(《普济方》)伤寒无汗:代赭石、干姜等分为末。热醋调涂两手心,合掌握定,夹于大腿内侧,温覆汗出,乃愈。(《伤寒蕴要》)婴儿疟疾,无计可施:代赭石五枚(煅红,醋淬),朱砂五分,砒霜一豆大,同以纸包七重,打湿煨干,入麝香少许为末。香油调一字,涂鼻尖上及眉心、四肢,神应。(《保幼大全》)急慢惊风,吊眼撮口,搐搦不定:代赭石火烧醋淬十次,细研水飞,日干。每服一钱,或半钱,煎真金汤调下,连进三服。儿脚胫上有赤斑,即是惊气已出,病当安也。无斑点者,不可治。(《直指方》)慢肝惊风:方见发明。小肠疝气:代赭石火煅醋淬,为末。每白汤服二钱。(《寿域方》)肠风下血:血师一两,火煅,米醋淬,尽醋一升,捣罗如面。每服一钱,白汤下。(《斗门》)吐血衄血:方同。堕胎下血不止:代赭石末一钱,生地黄汁半盏调。日三五服,以瘥为度。(《圣济录》)妇人血崩:赭石火煅醋淬七次,为末。白汤服二钱。(《普济方》)赤眼肿闭:土朱二分,石膏一分。为末。新汲水调敷眼头尾及太阳穴。(《直指方》)喉痹肿痛:紫朱煮汁饮。(《普济方》)牙宣有䘌:土朱、荆芥同研,揩之,三日。(《普济方》)

【附录】玄黄石

藏器曰:出淄川、北海山谷土石中,如赤土、代赭之类,土人以当朱,呼为赤石,一名零陵,恐是代赭之类。味甘,平、温,无毒。主惊恐,身热邪气,镇心。久服令人眼明悦泽。

时珍曰:此亦他方代赭耳,故其功效不甚相远也。

禹余粮(《本经》上品)

【释名】白余粮《别录》。

时珍曰:石中有细粉如面,故日余粮,俗呼为太一禹余粮。见太一下。

禹余粮

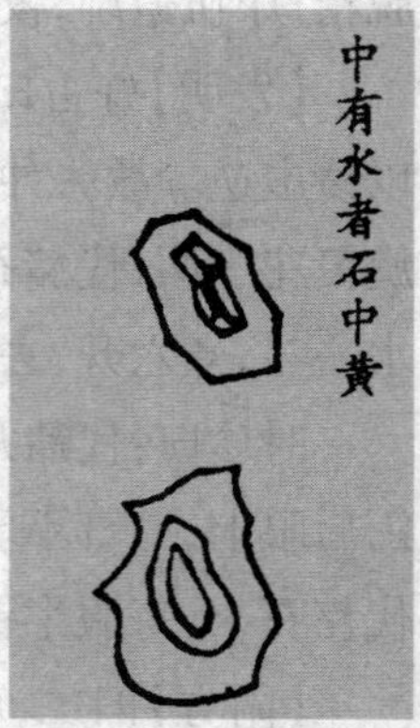

承曰:会稽山中出者甚多。彼人云:昔大禹会稽于此,余粮者,本为此尔。

【修治】弘景曰:凡用,细研水洮,取汁澄之,勿令有沙土也。

敩曰:见太一下。

【气味】甘,寒,无毒。

《别录》曰:平。

权曰:咸。

之才曰:牡丹为之使。伏五金,制三黄。

【主治】咳逆寒热烦满,下赤白,血闭癥瘕,大热。炼饵服之,不饥轻身延年(《本经》)。疗小腹痛结烦疼(《别录》)。主崩中(甄权)。治邪气及骨节疼,四肢不仁,痔瘘等疾。久服耐寒暑(大明)。催生,固大肠(时珍)。

【发明】成无己曰:重可去怯,禹余粮之重,为镇固之剂。

时珍曰:禹余粮,手足阳明血分重剂也。其性涩,故主下焦前后诸病。李知先诗曰:下焦有病人难会,须用余粮、赤石脂。《抱朴子》云:禹余粮丸日再服,三日后令人多气力,负担远行,身轻不极。其方药多不录。

【附方】旧三,新六。大肠咳嗽,咳则遗矢者:赤石脂禹余粮汤主之。方同下。(《洁古家珍》)冷劳肠泄不止:神效太一丹:禹余粮四两(火煅醋淬),乌头一两(冷水浸一夜,去皮、脐,焙)。为末,醋糊丸梧子大。每食前温水下五丸。(《圣惠方》)伤寒下痢不止,心下痞硬,利在下焦者,赤石脂禹余粮汤主之:赤石脂、禹余粮各一斤。并碎之,水六升,煮取二升,去滓,分再服。(仲景《伤寒论》)赤白带下:禹余粮(火煅醋淬)、干姜等分,赤下干姜减半。为末。空心服二钱匕。(《胜金方》)崩中漏下,青黄赤白,使人无子:禹余粮(煅研)、赤石脂(煅研)、牡砺(煅研)、乌贼骨、伏龙肝(炒)、桂心等分。为末。温酒服方寸匕,日二服。忌葱、蒜。(张文仲《备急方》)育肠气痛,妇人小腹痛:禹余粮为末。每米饮服二钱,日二服,极效。(《卫生易简方》)产后烦躁:禹余粮一枚,状如酸馅者,入地埋一半紧筑,炭灰一斤煅之。湿土罨一宿,打破,去外面石,取里面细者研,水淘五、七度,日干,再研万遍。用甘草汤服二钱,一服立效。(《经验方》)身面瘢痕:禹余粮、半夏等分。为末,鸡子黄和敷。先以布拭干,勿见风,日三。十日,十年者亦灭。(《圣济录》)大风疠疾,眉发堕落,遍身顽痹:禹余粮二斤,白矾一斤,青盐一斤。为末。罐子固济,炭火一秤煅之,从辰至戌。候冷研粉,埋土中,三日取出。每一两,入九蒸九曝炒熟胡麻末三两。每服二钱,荆芥茶下,日二服。(《圣惠方》)

太一余粮(《本经》上品)

【释名】石脑(《本经》)、禹哀(《吴普》)。

藏器曰:太一者,道之宗源。太者大也,一者道也。大道之师,即理化神君,禹之师也。师尝服之,故有太一之名。张司空云:还魂石中黄子,鬼物禽兽守之,不可妄得。会稽有地名蓼,出余粮。土人掘之,以物请买,所请有数,依数必得。此犹有神,岂非太一乎?

【修治】敩曰:凡修事,用黑豆五合,黄精五合,水二斗,煮取五升,置瓷锅中,下余粮四两煮之,旋添,汁尽为度,其药气自然香如新米,捣了,又研一万杵,方用。

【气味】甘,平,无毒。

普曰:神农、岐伯、雷公:甘,平;李当之:小寒;扁鹊:甘,无毒。

之才曰:杜仲为之使。畏贝母、菖蒲、铁落。

【主治】咳逆上气,癥瘕血闭漏下,除邪气,肢节不利。久服耐寒暑不饥,轻身飞行千里,神仙(《本经》)。治大饱绝力身重(《别录》)。益脾,安脏气(雷敩)。定六腑,镇五脏(弘景)。

【发明】时珍曰:禹余粮、太一余粮、石中黄水,性味功用皆同,但入药有精粗之等尔。故服食家以黄水为上,太一次之,禹余粮又次之。《列仙传》言:巴戎赤斧上华山,饵禹余粮,即此。

石中黄子(《唐本草》)

【释名】宗奭曰:子当作水。既云黄浊水,焉得名子?

【集解】恭曰:此禹余粮壳中,未成余粮黄浊水也。出余粮处有之。

颂曰:今惟河中府中条山谷出之。其石形如面剂,紫黑色。石皮内黄色者,谓之中黄。葛洪《抱朴子》云:石中黄子所在有之,沁水山尤多。在大石中,其石常润湿不燥。打其石有数十重,见之赤黄溶溶,如鸡子之在壳中也。即当未坚时饮之。不尔,便渐坚凝如石,不中服也。破一石中,多者有一升,少者数合,可顿服之。

机曰:石中干者及细末者,当名余粮,不当名石中黄,详本文未成余粮四字可见。

时珍曰:余粮乃石中已凝细粉也,石中黄则坚凝如石者也,石中黄水则未凝者也。故雷敩云:用余粮勿用石中黄,是矣。

【气味】甘,平,无毒。

【主治】久服,轻身、延年、不老(《唐本》)。

空青(《本经》上品)

【释名】杨梅青。

时珍曰:空言质,青言色,杨梅言似也。

空青

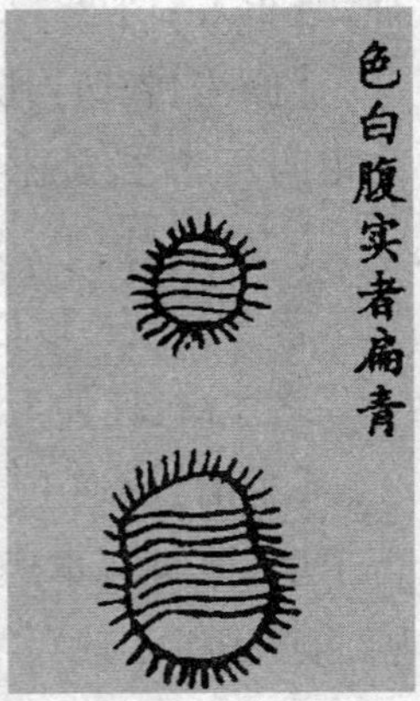

【集解】时珍曰:张果《玉洞要诀》云:空青似杨梅,受赤金之精,甲乙阴灵之气,近泉而生,久而含润。新从坎中出,钻破中有水,久即干,如珠,金星灿灿。《庚辛玉册》云:空青,阴石也。产上饶,似钟乳者佳,大片含紫色,有光采。次出蜀严道及北代山,生金坎中,生生不已,故青为之丹。有如拳大及卵形者,中空有水如油,治盲立效。出铜坑者亦佳,堪画。又有杨梅青、石青,皆是一体,而气有精粗。点化以曾青为上,空青次之,杨梅青又次之。《造化指南》云:铜得紫阳之气而生绿,绿二百年而生石绿,铜始生其中焉。曾、空二青,则石绿之得道者,均谓之矿。又二百年得青阳之气,化为输石。观此诸说,则空青有金坑、铜坑二种,或大如拳卵,小如豆粒,或成片块,或若杨梅,虽有精粗之异,皆以有浆为上,不空无浆者为下也。方家以药涂铜物生青,刮下伪作空青者,终是铜青,非石绿之得道者也。

【气味】甘、酸,寒,无毒。

《别录》曰:大寒。

权曰:畏菟丝子。酒浸醋拌制过,乃可变化。

【主治】青盲耳聋,明目,利九窍,通血脉,养精神,益肝气。久服轻身延年(《本经》)。疗目赤痛,去肤翳,止泪出,利水道,下乳汁,通关节,破坚积。令人不忘,志高神仙(《别录》)。治头风,镇肝。瞳人破者,得再见物(甄权)。钻孔取浆,点多年青盲内障翳膜,养精气。其壳摩翳(大明)。中风口喎不正,以豆许含咽,甚效(时珍,出(《范汪方》)。

【发明】保升曰:空青法木,故色青而主肝。

颂曰:治眼翳障,为最要之药。

时珍曰:东方甲乙,是生肝胆,其气之清者为肝血,其精英为胆汁。开窍于目,血,五脏之英,皆因而注之,为神。胆汁充则目明,汁减则目昏。铜亦青阳之气所生,其气之清者为绿,犹肝血也;其精英为空青之浆,犹胆汁也。其为治目神药,盖亦以类相感应耳。石中空者,埋土中三、五日,自有浆水。

【附方】旧二,新三。眼目䀮䀮不明:空青少许,渍露一宿,点之。(《千金方》)黑翳覆瞳:空青、矾石(烧)各一两,贝子四枚。研细,日点。(《圣济录》)肤翳昏暗:空青二钱,蕤仁(去皮)一两,片脑三钱。细研,日点。(《圣济录》)一切目疾:雀目、赤目、青盲、内外障翳、风眼用此,觉目中凉冷为验。杨梅青(洗净)、胡黄连(洗)各二钱半,槐芽(日未出时勿语采之,入青竹筒内,垂于天、月二德方,候干,勿见鸡犬,为末)一钱半。共末,入龙脑一字密收。每卧时,漱口仰头,吹一字入两鼻内便睡,隔夜便明。(《圣济录》)中风口喎:见主治。

曾青(《本经》上品)

【释名】时珍曰:曾,音层。其青层层而生,故名。或云其生从实至空,从空至层,故曰曾青也。

【集解】《别录》曰:曾青,生蜀中山谷及越巂,采无时。能化金铜。

普曰:生蜀郡石山。其山有铜处,曾青出其阳。青者,铜之精。

弘景曰:旧说与空青同山,疗体亦相似。今铜官更无曾青,惟出始兴。形累累如黄连相缀,色理小类空青,甚难得而贵,《仙经》少用之。化金之事,法同空青。

恭曰:出蔚州者好,鄂州者次之,余州并不任用。

时珍曰:但出铜处,年古即生。形如黄连相缀,又如蚯蚓屎,方棱,色深如波斯青黛,层层而生,打之如金声者为真。《造化指南》云:层青生铜矿中,乃石绿之得道者。肌肤得东方正色,可以合炼大丹,点化与三黄齐驱。《衡山记》云:山有层青冈,出层青,可合仙药。

【修治】敩曰:凡使,勿用夹石及铜青。每一两,要紫背天葵、甘草、青芝草三件,干湿各一镒,细剉,放瓷锅内,安青于中。东流水二镒,缓缓煮之,五昼夜,勿令水火失时。取出以东流水浴过,研乳如粉用。

【气味】酸,小寒,无毒。

之才曰:畏菟丝子。

独孤滔曰:曾青住火成膏,可结汞,制丹砂,盖含金气所生也。须酒醋渍煮用。

葛洪曰:曾青涂铁,色赤如铜。

【主治】目痛,止泪出,风痹,利关节,通九窍,破癥坚积聚。久服轻身不老(《本经》)。养肝胆,除寒热,杀白虫,疗头风脑中寒,止烦渴,补不足,盛阴气(《别录》)。

【发明】时珍曰:曾青治目,义同空青。古方辟邪太乙神精丹用之,扁鹊治积聚留饮有层青丸,并见《古今录验》方,药多不录。

【附方】新三。斑疮入目不退者:曾青一钱,丹砂二钱。为末。蛴螬五枚,捣汁和点。(《圣济录》)风热目病:曾青散:治一切风热毒气上攻,目赤或烂,怕日羞明,隐涩眵泪,或痒或痛。曾青四两,蔓荆子二两,白姜(炮)、防风各一两。为末。每以少许嗃鼻中,立有功效。(《和剂局方》)耳内恶疮:曾青五钱,雄黄七钱半,黄芩二钱五分。为末,敷之。(《卫生宝鉴》)

绿青(《别录》上品)

【释名】石绿(《唐本》)、大绿(《纲目》)。

【集解】《别录》曰:绿青,生山之阴穴中,色青白。

青　绿

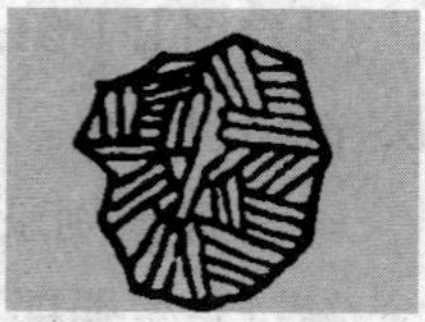

弘景曰:此即用画绿色者,亦出空青中,相挟带。今画工呼为碧青,而呼空青作绿青,正相反矣。

恭曰:绿青即扁青也,画工呼为石绿。其碧青即白青也,不入画用。

颂曰:旧不著所出州土,但云生山之阴穴中。次空青条上云:生益州山谷及越巂山有铜处,此物当是生其山之阴尔。今出韶州、信州。其色青白,画工用为绿色者,极有大块,其中青白花纹可爱。信州人琢为腰带器物,及妇人服饰。其人药,当用颗块如乳香者佳。

宗奭曰:其色黑绿色者佳。

时珍曰:石绿,阴石也。生铜坑中,乃铜之祖气也。铜得紫阳之气而生绿,绿久则成石。谓之石绿,而铜生于中,与空青、曾青同一根源也。今人呼为大绿。范成大《桂海志》云:石绿,铜之苗也,出广西右江有铜处。生石中,质如石者,名石绿。一种脆烂如碎土者,名泥绿,品最下。《大明会典》云:青绿石矿一斤,淘净绿一十一两四钱。暗色绿石矿一斤,淘净绿一十两八钱。硇砂一斤,烧造硇砂绿一十五两五钱。

【气味】酸、寒,无毒。

时珍曰:有小毒。

【主治】益气,止泄痢,疗鼽鼻(《别录》)。吐风痰甚效(苏颂)。

【发明】颂曰:今医家多用吐风痰。其法拣上色精好者研筛,水飞再研。如风痰眩闷,取二三钱同生龙脑三四豆许研匀,以生薄荷汁合酒温调服之。偃卧须臾,涎自口角流出乃愈。不呕吐,其功速于他药,今人用之比比皆效,故著之。

宗奭曰:同硇砂作吐上涎药,验则验矣,亦能损心。

时珍曰:痰在上宜吐之,在下宜利之,亦须观人之虚实强弱而察其脉,乃可投之。初虞世有金虎、碧霞之戒,正此意也。金虎丹治风痰,用天雄、腻粉诸药者。

【附方】新四。急惊昏迷,不省人事:石绿四两,轻粉一钱。为末。薄荷汁入酒调一字服,取吐。(《全婴方》)风痰迷闷:碧霞丹:用石绿十两,乌头尖、附子尖、蝎梢各七十个。为末,糊丸芡子大。每服一丸,薄荷汁入酒半合化下,须臾吐出痰涎。(《和剂局方》)小儿疳疮,肾疳鼻疳、头疮耳疮、久不瘥者:石绿、白芷等分。为末。先以甘草水洗疮,拭净敷之,一日愈。(《集玄方》)腋下狐臭:石绿三钱,轻粉一钱。浓醋调涂。五次断根。(《集玄方》)

扁青(《本经》上品)

【释名】石青(《纲目》)、大青。

时珍曰:扁以形名。

扁青

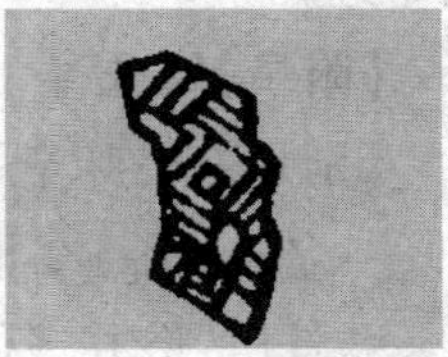

【集解】《别录》曰:扁青,生朱崖山谷、武都、朱提,采无时。

弘景曰:朱提音殊匙,在南海中。《仙经》、俗方都无用者。

普曰:生蜀郡。

恭曰:此即绿青也。朱崖以南及林邑、扶南舶上来者,形块大如拳,其色又青,腹中亦时有空者。武昌者,片块小而色更佳。简州、梓州者,形扁作片而色浅。

时珍曰:苏恭言即绿青者非也,今之石青是矣。绘画家用之,其色青翠不渝,俗呼为大青,楚、蜀诸处亦有之。而今货石青者,有天青、大青、西夷回回青、佛头青,种种不同,而回青尤贵。本草所载扁青、层青、碧青,白青,皆其类耳。

【气味】甘,平,无毒。

普曰:神农、雷公:小寒,无毒。

【主治】目痛明目,折跌痈肿,金疮不瘳,破积聚,解毒气,利精神。久服轻身不老(《本经》)。去寒热风痹,及丈夫茎中百病,益精(《别录》)。治丈夫内绝,令人有子(《吴普》)。吐风痰癫痫,平肝(时珍)。

【附方】新一。顽痰不化:石青一两,石绿半两,并水飞为末,面糊丸绿豆大。每服十丸,温水下。吐去痰一二碗,不损人。(《瑞竹堂方》)

白青(《本经》上品)

【释名】碧青(《唐本》)、鱼目青。

【集解】《别录》曰:白青生豫章山谷,采无时。可消为铜剑,辟五兵。

弘景曰：医方不用，市无卖者。《仙经》三十六水方中时有须处。铜剑之法，在九元子术中。

恭曰：此即陶氏所云空青，圆如铁珠，色白而腹不空者，是也。研之色白如碧，亦谓之碧青，不入画用。无空青时亦用之，名鱼目青，以形似鱼目故也。今出简州、梓州者好。

时珍曰：此即石青之属，色深者为石青，淡者为碧青也。今绘彩家亦用。《范子计然》云：白青出弘农、豫章、新淦，青色者善。《淮南万毕术》云：白青得铁，即化为铜也。

【气味】甘、酸、咸，平，无毒。

普曰：神农：甘，平：雷公：咸，无毒。

【主治】明目，利九窍，耳聋，心下邪气，令人吐，杀诸毒三虫。久服通神明轻身（《本经》）。

【附录】绿肤青

《别录》曰：味辛、咸，平，无毒。主蛊毒及蛇、菜、肉诸毒，恶疮。不可久服，令人瘦。一名推青，一名推石。生益州山谷。

弘景曰：俗方、《仙经》无用，人亦不识。

碧石青

《别录》曰：味甘，无毒。主明目益精，去白癣，延年。

石胆（《本经》上品）

【释名】胆矾（《纲目》）、黑石（《吴普》）、毕石（《本经》）、君石（当之）、铜勒（《吴普》）、立制石。

时珍曰：胆以色味命名，俗因其似矾，呼为胆矾。

胆　石

【气味】酸、辛，寒，有毒。

普曰：神农：酸，小寒；李当之：大寒；桐君：辛，有毒；扁鹊：苦，无毒。

大明曰：酸、涩，无毒。

权曰：有大毒。

之才曰：水英为之使。畏牡桂、菌桂、芫花、辛夷、白薇。

【主治】明目目痛，金疮诸痫痉，女子阴蚀痛，石淋寒热，崩中下血，诸邪毒气，令人有子。炼饵服之，不老。久服，增寿神仙（《本经》）。散癥积，咳逆上气，及鼠瘘恶疮(《别录》)。治虫牙,鼻内息肉(大明)。带下赤白,面黄,女子脏急(苏恭)。入吐风痰药最快(苏颂)。

【发明】时珍曰:石胆气寒,味酸而辛,入少阳胆经。其性收敛上行,能涌风热痰涎,发散风木相火,又能杀虫,故治咽喉口齿疮毒,有奇功也。周密《齐东野语》云:密过南浦,有老医授治喉痹极速垂死方,用真鸭嘴胆矾末,醋调灌之,大吐胶痰数升,即瘥。临汀一老兵妻苦此,绝水粒三日矣,如法用之即瘥。屡用无不立验,神方也。又周必大《阴德录》云:治蛊胀及水肿秘方,有用蒲州、信州胆矾明亮如翠琉璃似鸭嘴者,米醋煮以君臣之药,服之,胜于铁砂、铁蛾。盖胆矾乃铜之精液,味辛酸,入肝胆制脾鬼故也。安城魏清臣肿科黑丸子,消肿甚妙,不传,即用此者。

【附方】旧五,新一十五。老小风痰:胆矾末一钱。小儿一字,温醋汤调下,立吐出涎,便醒。(谭氏《小儿方》)女人头晕,天地转动,名曰心眩,非血风也:胆子矾一两。细研,用胡饼剂子一个,按平一指厚,以篦子勒成骰子,大块勿界断,于瓦上焙干。每服一骰子,为末,灯心竹茹汤调下。(许学士《本事方》)喉痹喉风:二圣散:用鸭嘴胆矾二钱半,白僵蚕(炒)五钱。研。每以少许吹之,吐涎。(《济生方》)齿痛及落:研细石胆,以人乳和膏擦之,日三四次。止痛,复生齿,百日后复故乃止。每日以新汲水漱净。(王焘《外台秘要》)口舌生疮,众疗不瘥:胆矾半两,入银锅内火煅赤,出毒一夜,细研。每以少许敷之,吐出酸涎水,二三次瘥。(《胜金方》)走马牙疳:北枣一枚(去核),入鸭嘴胆矾。纸包煅赤,出火毒,研末敷之,追涎。(杨起《简便方》)小儿齿疳:鸭嘴胆矾一钱(匙上煅红),麝香少许。研匀。敷齿上,立效。(《活幼口议》)小儿鼻疳蚀烂:胆矾烧烟尽,研末。掺之,一二日愈。(《集简方》)风眼赤烂:胆矾三钱。烧研。泡汤日洗。(《明目经验方》)百虫入耳:胆矾末,和醋灌之,即出。(《千金方》)疯犬咬毒:胆矾末敷之,立愈。(《济急方》)一切诸毒:胆子矾末,糯米糊丸如鸡头子大,以朱砂为衣,仍以朱砂养之。冷水化一丸服,立愈。(《胜金方》)挑生蛊毒,胸口痛者:胆矾二钱,茶清泡服,即吐出。(《岭南卫生方》)腋下狐臭:胆矾半生半熟,入腻粉少许,为末。每用半钱,以自然姜汁调涂,十分热痛乃止。数日一用,以愈为度。(黎居士《简易方》)赤白癜风:胆矾、牡蛎粉各半两。生研,醋调,摩之。(《圣济录》)甲疽肿痛:石胆一两。烧烟尽,研末。敷之,不过四五度瘥。(《梅师方》)痔疮热肿:鸭嘴青胆矾煅研,蜜水调敷,可以消脱。(《直指方》)肿毒不破:胆矾、雀屎各少许。点之。(《直指方》)杨梅毒疮:醋调胆矾末搽之。痛甚者,加乳香、没药。出恶水,一二上即干。又方:胆矾、白矾、水银各三钱半。研不见星,人香油、津唾各少许,和匀。坐帐内,取药涂两足心,以两手心对足心摩擦,良久再涂再擦,尽即卧。汗出,或大便去垢,口出秽涎为验。每一次,强者用四钱,弱者二钱,连用三日。外服疏风散,并澡洗。(《刘氏经验方》)

礜石(《本经》下品)

【释名】白礜石；太白石(《别录》)、立制石(《本经》)、青分石、固羊石(《本经》)、食盐(《别录》)、泽乳(《吴普》)、鼠乡(《吴普》)。

礜石

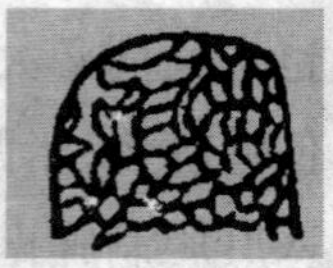

时珍曰：礜义不解。许氏《说文》云：礜，毒石也。《西山经》云：皋涂之山，有白石，其名曰礜，可以毒鼠。郭璞注云：鼠食则死，蚕食而肥。则鼠乡之意以此。

【主治】寒热鼠瘘，蚀疮死肌风痹，腹中坚癖邪气(《本经》)。除热明目，下气，除膈中热，止消渴，益肝气，破积聚，痼冷腹痛，去鼻中息肉。久服令人筋挛。火炼百日，服一刀圭。不炼服，则杀人及百兽(《别录》)。除胸膈问积气，去冷湿风痹瘙痒积年者(甄权)。

【附方】新一。风冷脚气：白礜石(煅)二斤，酒三斗，渍三日，稍稍饮之。(《肘后方》)

特生礜石(《别录》下品)

【释名】苍礜石、苍石(《别录》)、鼠毒。

恭曰：特生礜石，一名苍礜石。梁州礜石亦有青者，汉中人亦以毒鼠，不入方用。

特生礜石

宗奭曰：礜石、特生礜石，只是一物，但以特生、不特生为异耳。所谓特生者，不附著他石为特尔。今用者绝少。

时珍曰：礜石有苍、白二种，而苍者多特生，故此云一名苍礜石，则《别录》苍石系重出矣。其功疗皆相同，今并为一。

【气味】甘，温，有毒。

之才曰：火炼之良，畏水。

【主治】明目利耳，腹内绝寒，破坚结及鼠瘘，杀百虫恶兽。久服延年(《别录》)。苍石：主寒热下气瘘蚀，杀禽兽(《别录》)。

【发明】时珍曰：《别录》言：礜石久服令人筋挛，特生礜石久服延年。丹书亦云：礜石化为水，能伏水银，炼入长生药。此皆方士谬说也，与服砒石、汞长生之义同，其死而无悔者乎？

握雪礜石(《唐本草》)

【集解】恭曰:握雪礜石出徐州宋里山。入土丈余,于烂土石间得之。细散如面,黄白色。土人号为握雪礜石,一名化公石,一名石脑,云服之长生。

时珍曰:谨按独孤滔《丹房镜源》云:握雪礜石出曲滩泽。盛寒时有髓生于石上,可采。一分结汞十两。又按南宫从《岣嵝神书》云:石液,即丹矾之脂液也。此石出襄阳曲滩泽中,或在山,或在水,色白而粗糯。至冬月有脂液出其上,旦则见日而伏。当于日未出时,以铜刀刮置器内,火煅通赤,取出,楮汁为丸,其液沾处便如铁色。以液一铢,制水银四两,器中火之立干。但此液亦不多有,乃神理所惜,采时须用白鸡、清酒祭之。此石华山、嵩山皆出,而有脂液者,惟此曲滩。又熊太古《冀越集》亦言:丹山矾十两,可干汞十两。此乃人格物之精,发天地之秘也。据三书所引,则握雪礜石乃石之液,非土中石脑也。苏恭所说,自是石脑。其说与《别录》及陶弘景所注石脑相合,不当复注于此。又按诸书或作礜石,或作矾石,未知孰是?古书二字每每讹混。以理推之,似是矾石。礜石有毒,矾石无毒故也。

【气味】甘,温,无毒。

【主治】痼冷积聚,轻身延年。多食令人热(《唐本》)。治大风疮(时珍)。

砒石(宋《开宝》)

【释名】信石、人言(《纲目》),生者名砒黄,炼者名砒霜。时珍曰:砒,性猛如貔,故名。惟出信州,故人呼为信石,而又隐信字为人言。

砒石

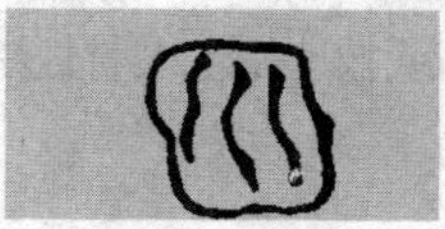

【气味】苦、酸,暖,有毒。

时珍曰:辛、酸,大热,有大毒。

大明曰:畏绿豆、冷水、醋。入药,醋煮杀毒用。

土宿真君曰:砒石用草制,炼出金花,成汁化铜干汞。青盐、鹤顶草、硝石、蒜、水蓼、常山、益母、独帚、木律、菖蒲、三角酸、鹅不食草、菠菱、莴苣,皆能伏砒。

【主治】砒黄:治疟疾肾气,带之辟蚤虱(大明)。冷水磨服,解热毒,治痰壅(陈承)。磨服,治癖积气(宗奭)。除齁喘积痢,烂肉,蚀瘀腐瘰疬(时珍)。砒霜:疗诸疟,风痰在胸膈,可作吐药。不可久服,伤人(《开宝》)。治妇人血气冲心痛,落胎(大明)。蚀痈疽败肉,枯痔杀虫,杀人及禽兽(时珍)。

【附方】旧五,新十。中风痰壅,四肢不收,昏愦若醉:砒霜如绿豆大,研。新汲水调下少许,以热水投之,大吐即愈。未吐再服。(《圣惠方》)寒热痁疾:孙真宗

《秘宝方》;用信砒二两(研粉),寒水石三两(别捣末)。用生铁铫一个,铺石末,后铺砒在上,又以石末盖之。厚盏覆定,醋糊纸条密封十余重,炭火一斤煅之。待纸条黑时取出,候冷,刮盏上砒末乳细,粟米饭丸绿豆大,辰砂为衣。每用三四丸,小儿一二丸,发日早以腊茶清下,一日不得食热物。男人患,女人着药入口中;女人患,男人着药入口中。《本事方》:用人言一钱,绿豆末一两,为末,无根井水丸绿豆大,黄丹为衣,阴干。发日五更冷水下五七丸。《卫生宝鉴》一剪金:用人言(醋煮)、硫黄、绿豆等分。为末。每一豆许,用红绢包之,采丝扎定。每剪下一粒,新汲水空心吞下,治疟圣药也。《医垒元戎》九转灵砂丹:用砒霜、黄丹、紫河车各一钱。为末。雄黑豆一百粒,水浸一夜,研泥,和丸梧子、绿豆、黍米三样大,量虚实老幼大小服之。每服一二丸或三丸,不发日五更向东无根水下。紫河车、绿豆、黑豆,皆解砒毒也。《本草权度》不二散:用砒一钱,面二两,和匀,香油一斤煎黄色,以草纸压去油,入茶三两,为末。每服一钱,发日早冷茶下。一切积痢:砒霜、黄丹等分。蜡和收,旋丸绿豆大。每米饮下三丸。(《普济方》)休息下痢,经一二年不瘥,羸瘦衰弱:砒霜(成块者为末)、黄蜡各半两。化蜡入砒,以柳条搅,焦则换,至七条,取起收之。每旋丸梧子大,冷水送下。小儿,黍米大。(《和剂局方》)脾疼腰痛:即上方,用冷水下。妇人血气心痛:方见发明下。走马牙疳恶疮:砒石、铜绿等分。为末。摊纸上贴之,其效如神。又方:砒霜半两。醋调如糊,碗内盛,待干刮下。用粟米大,绵裹安齿缝,来日取出,有虫自死。久患者,不过三日即愈。(《普济方》)项上瘰疬:信州砒黄研末,浓墨汁丸梧子大,铫内炒干,竹筒盛之。每用针破,将药半丸贴之,自落,蚀尽为度。(《灵苑方》)痰喘齁船:方见谷部,豉下。一切漏疮有孔:用信石,新瓦火煅,研末。以津调少许于纸捻上,插入,蚀去恶管,漏多,勿齐上。最妙。(《急救良方》)

砒霜

土黄(《纲目》)

【修治】时珍曰:用砒石二两,木鳖子仁、巴豆仁各半两,硇砂二钱。为末,用木鳖子油、石脑油和成一块,油裹,埋土坑内,四十九日取出,劈作小块,瓷器收用。

【气味】辛、酸,热,有毒。

独孤滔曰:土黄制雄黄。

【主治】枯瘤赘痔乳,食瘘疬并诸疮恶肉(时珍)。

金星石(宋《嘉祐》)、附银星石

【气味】甘,寒,无毒。

【主治】脾肺壅毒,及肺损吐血嗽血,下热涎,解众毒(嘉祐)。水磨少许服,镇心神不宁,亦治骨哽(时珍)。

金星石

【附方】新二。吐血嗽血肺损者:金星石、银星石、玄精石、不灰木、阳起石、云母石等分。用坩锅一个,铺冬月水牛粪一二寸,铺药一层,铺灰二寸,又药一层,重重如此,以灰盖之,盐泥固济。用炭一秤,火煅一日夜,埋土中一夜,取出药块,去灰为末。每一两,入龙脑、麝香各半钱,阿胶二钱半(炒)。每服一钱,糯米汤下,日三服。(《圣惠方》)大风虫疮,有五色虫取下:诸石丸:用金星礜石、银星礜石、云母石、禹余粮石、滑石、阳起石、磁石、凝水石、密陀僧、自然铜、龙涎石等分。捣碎瓶盛,盐泥固济之。炭火十斤,煅过为末,醋糊丸小豆大。每服十五丸,白花蛇酒下,一日三服,以愈为度。(《太平圣惠方》)

银星石

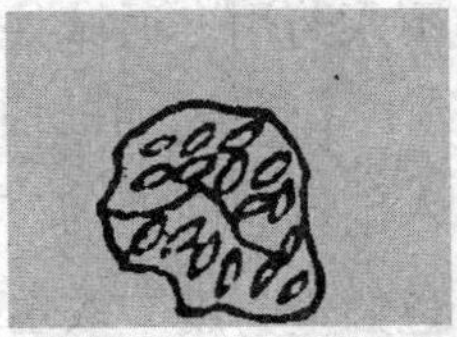

【附录】金石(《拾遗》)

藏器曰:味甘,温,无毒。主久羸瘦,不能食,无颜色,补腰脚冷,令人健壮,益阳,有暴热脱发,飞炼服之。生五台山清凉寺石中,金屑作赤褐色也。

婆娑石(宋《开宝》)

【释名】摩挲石。

时珍曰:姚宽《西溪丛话》云:舶船过产石山下,爱其石,以手扪之,故曰摩挲。不知然否?

【集解】志曰:婆娑石生南海,胡人采得之。其石绿色,无斑点,有金星,磨成乳汁者为上。又有豆斑石,虽亦解毒,而功力不及。复有鄂绿,有纹理,磨铁成铜色,人多以此为之,非真也。验法:以水磨点鸡冠热血,当化成水是也。

婆娑石

宗奭曰:石如淡色石绿,间微有金星者佳。又有豆斑石,亦如此石,但有黑斑点,无金星。

颂曰:胡人尤珍贵之,以金装饰作指驱带之。每欲食及食罢,辄含吮数次以防毒。今人有得指面许块,则价直百金也。

时珍曰:《庚辛玉册》云:摩挲石,阳石也。出三佛齐。海南有山,五色耸峙,其石有光焰。其水下滚如箭,船过其下,人以刀斧击取。烧之作硫黄气。以形如黄龙齿而坚重者为佳。匮五金,伏三黄,制铅汞。

【气味】甘、淡,寒,无毒。

【主治】解一切药毒,瘴疫热闷头痛(《开宝》)。

礞石(宋《嘉祐》)

【释名】青礞石

时珍曰:其色濛濛然,故名。

石礞青

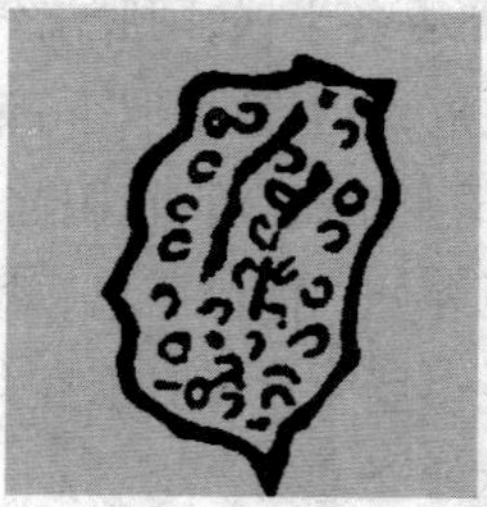

【集解】时珍曰:礞石,江北诸山往往有之,以盱山出者为佳。有青、白二种,以青者为佳。坚细而青黑,打开中有白星点,煅后则星黄如麸金。其无星点者,不入药用。通城县一山产之,工人以为器物。

【修治】时珍曰:用大坩锅一个,以礞石四两打碎,入硝石四两拌匀。炭火十五斤簇定,煅至硝尽,其石色如金为度。取出研末,水飞去消毒,晒干用。

【气味】甘、咸,平,无毒。

【主治】食积不消,留滞脏腑,宿食癥块久不瘥。小儿食积羸瘦,妇人积年食癥,攻刺心腹。得巴豆、硇砂、大黄、荆三棱作丸服,良(《嘉祐》)。治积痰惊痫。咳嗽喘急(时珍)。

【附方】新四。滚痰丸:通治痰为百病,惟水泻双娠者不可服。礞石、焰硝各二两(煅过研飞晒干,一两),大黄(酒蒸)八两,黄芩(酒洗)八两,沉香五钱。为末,水丸梧子大。常服一二十丸,欲利大便则服一二百丸,温水下。(王隐君《养生主论》)一切积病:金宝神丹:治一切虚冷久积,滑泄久痢,癖块,血刺心腹,下痢,及妇人崩中漏下。青礞石半斤(为末),硝石(末)二两。坩锅内铺头盖底,按实。炭火二十斤,煅过取出,入赤石脂末二两,滴水丸芡子大;候干,入坩锅内,小火煅红,收之。每服一丸至二三丸,空心温水下,以少食压之。久病泻痢,加至五七丸。(《杨氏家藏方》)急慢惊风:夺命散:治急慢惊风,痰涎壅塞咽喉,命在须臾,服此坠下风痰,乃治惊利痰之圣药也。真礞石一两,焰硝一两。同煅过为末。每服半钱或一钱。急惊痰热者,薄荷自然汁入生蜜调下;慢惊脾虚者,木香汤人熟蜜调下。亦或雪糕丸绿豆大,每服二三丸。(汤氏《婴孩宝书》)小儿急惊:青礞石,磨水服。(《卫生方》)

花乳石(宋《嘉佑》)

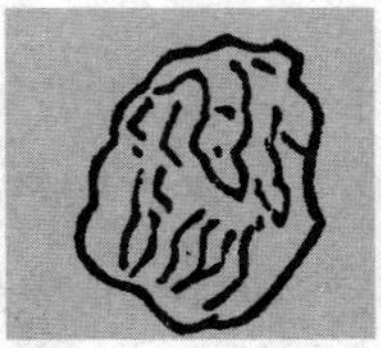

【释名】花蕊石。

宗奭曰:黄石中间有淡自点,以此得花之名。《图经》作花蕊石,是取其色黄。

【气味】酸、涩,平,无毒。

【主治】金疮出血,刮末敷之即合,仍不作脓。又疗妇人血晕恶血(《嘉祐》)。治一切失血伤损,内漏目翳(时珍)。

【发明】颂曰:花乳石古方未有用者。近世以合硫黄同煅研末,敷金疮,其效如神。人有仓猝中金刃不及煅合者,但刮末敷之,亦效。

时珍曰:花蕊石,旧无气味。今尝试之,其气平,其味涩而酸,盖缺阴经血分药也。其功专于止血,能使血化为水,酸以收之也。而又能下死胎,落胞衣,去恶血,恶血化则胎与胞无阻滞之患矣。东垣所谓胞衣不出,涩剂可以下之,故赤石脂亦能下胞胎,与此同义。葛可久治吐血出升斗,有花蕊石散;《和剂局方》治诸血及损伤金疮胎产,有花蕊石散,皆云能化血为水。则此石之功,盖非寻常草木之比也。

【附方】新五。花蕊石散:治五内崩损,喷血出斗升,用此治之。花蕊石煅存性,研如粉。以童子小便一钟,男,入酒一半;女,入醋一半,煎温,食后调服二钱,甚者五钱。能使瘀血化为黄水,后以独参汤补之。(葛可久《十药神书》)花蕊石散:治一切金刃箭镞伤,及打扑伤损,狗咬至死者。急以药掺伤处,其血化为黄水,再掺便活,更不疼痛。如内损血入脏腑,煎童子小便,入酒少许,热调一钱服,立效。畜生抵伤,肠出不损者,急纳入,桑白皮线缝之,掺药,血止立活。妇人产后败血不尽,血晕,恶血奔心,胎死腹中,胎衣不下,至死,但心头温暖者。急以童子小便调服一钱,取下恶物如猪肝,终身不患血风血气。若膈上有血,化为黄水,即时吐出,或随小便出,甚效。硫黄四两,花蕊石一两。并为粗末拌匀,以胶泥固济,日干,瓦罐一个盛之,泥封口,焙干,安在四方砖上,砖上书八卦五行字。用炭一秤簇匝,从巳午时自下生火,煅至炭消冷定,取出为细末,瓶收用。(《和剂局方》)金疮出血:方见主治。多年障翳:花蕊石(水飞焙)、防风、川芎䓖、甘菊花、白附子、牛蒡子各一两,甘草(炙)半两。为末。每服半钱,腊茶下。(《卫生家宝方》)脚缝出水:好黄丹,入花蕊石末,掺之。(谈野翁《试效方》)

白羊石(宋《图经》)

【集解】颂曰:生兖州白羊山,春中掘地采之,以白莹者为良。又有黑羊石,生兖州宫山之西，亦春中掘地采之，以黑色、有墙壁、光莹者为上。

石羊白

石羊黑

【气味】淡，生凉、熟热，无毒。

【主治】解药毒。黑羊石同（苏颂）。

金牙石（《别录》下品）

【释名】黄牙石。

时珍曰：象形。

【集解】《别录》曰：金牙生蜀郡，如金色者良。

弘景曰：今出蜀汉，似粗金，大如棋子而方。又有铜牙亦相似，但外黑、内色小浅，不入药用。

石牙金

颂曰：今雍州亦有之。

时珍曰：崔防《本草》云：金牙石，阳石也。生川、陕山中，似蜜栗子，有金点形者妙。《圣济经》治疠风大方中，用金牙石、银牙石。银牙，恐即金牙石之白色者尔，方书并无言及者，姑阙。

【修治】大明曰：入药烧赤，去粗乃用。

【气味】咸，平，无毒。

大明曰：甘，平。

【主治】鬼疰毒蛊诸疰（《别录》）。治一切冷风气，筋骨挛急，腰脚不遂，烧浸酒服（甄权）。暖腰膝，补水脏，惊悸，小儿惊痫（大明）。

【发明】弘景曰：金牙惟酒、散及五疰丸用之，余方少用。

颂曰：葛洪《肘后方》，治风毒厥，有大小金牙酒，但浸其汁饮之。孙思邈《千金方》：治风毒及鬼疰、南方瘴气、传尸等，各有大小金牙散之类是也。小金牙酒主风疰百病，虚劳湿冷，缓弱不仁，不能行步，近人用之多效，故著其法云。金牙、细辛、莽草、防风、地肤子、地黄、附子、茵蓣、续断、蜀椒、蒴藋根各四两，独活一斤。十二物，金牙捣末，别盛练囊，余皆薄切，同入一大囊，以清酒四两渍之，密器泥口，四宿酒成。温服二合，日二次取效。

金刚石

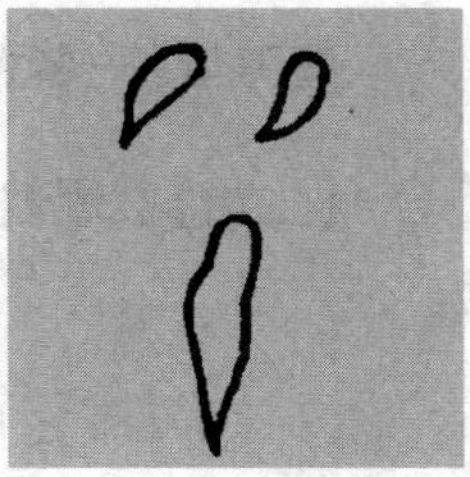

金刚石(《纲目》)

【释名】金刚钻。

时珍曰:其砂可以钻玉补瓷,故谓之钻。

【主治】磨水涂汤火伤。作钗镮服佩,辟邪恶毒气(时珍)。

砭石(音边。《纲目》)

【释名】针石。

越砥

砺石

【集解】时珍曰:按《东山经》云:高氏之山,凫丽之山,皆多针石。郭璞注云:可为砭针也。《素问·异法方宜论》云:东方之域,鱼盐之地,海滨傍水。其病为痈疡,其治宜砭石,故砭石亦从东方来。王冰注云:砭石如玉,可以为针。盖古者以石为针,季世以针代石,今人又以瓷针刺病,亦砭之遗意也。但砭石无识者,岂即石砮之属为之欤?

【主治】刺百病痈肿。

【附录】石砮

时珍曰:石砮出肃慎。国人以枯木为矢,青石为镞,施毒,中人即死。石生山中。禹贡荆州、梁州皆贡砮,即此石也。又南方藤州,以青石为刀剑,如铜铁,妇人用作环块。琉璃国人垦田,以石为刀,长尺余。皆此类也。

越砥(宋《嘉祐》)

【释名】磨刀石(藏器)、羊肝石(《纲目》)、砺石。

时珍曰:《尚书》:荆州厥贡砥砺。注云:砥以细密为名,砺以粗粝为称。俗称者为羊肝石,因形色也。

弘景曰:越砥,今细砺石也。出临平。

【气味】甘,无毒。

【主治】目盲,止痛,除热瘙(《别录》)。磨汁点目,除障翳。烧赤投酒饮,破血瘕痛切(藏器)。

砺石

【主治】破宿血,下石淋,除结瘕,伏鬼物恶气,烧赤投酒中饮之。人言:踏之患带下,未知所由(藏器)。

磨刀垽(一名龙白泉粉)

【主治】敷蠼螋尿疮,有效(藏器)。涂瘰疬结核(时珍)。

姜石(《唐本草》)

【释名】礓砺石。

时珍曰:姜石以形名。或作礓砾,邵伯温云:天有至戾,地有至幽,石类得之则为礓砾是也。俗作礓砺。

石姜

【集解】恭曰:姜石所在有之,生土石间,状如姜。有五种,以色白而烂不碜者良,齐州历城东者好。采无时。

宗奭曰:所在皆有,须不见日色旋取,微白者佳。

【气味】咸,寒,无毒。

【主治】热豌豆疮,疔毒等肿(唐本)。

【附方】旧二,新二。疔疮肿痛:白姜石末,和鸡子清敷之,干即易,疔自出,神效。(崔氏方)乳痈肿大如碗肿痛:方同上。(《外台秘要》)产后胀冲气噎:礓砺石、代赭石等分,为末,醋糊丸梧子大。每服三五十丸,醋汤下。(洁古《保命集》)通身水肿:姜石烧赤,纳黑牛尿中,热服,日饮一升。(《千金方》)

麦饭石(宋《图经》)

【释名】时珍曰:象形。

石 饭 麦

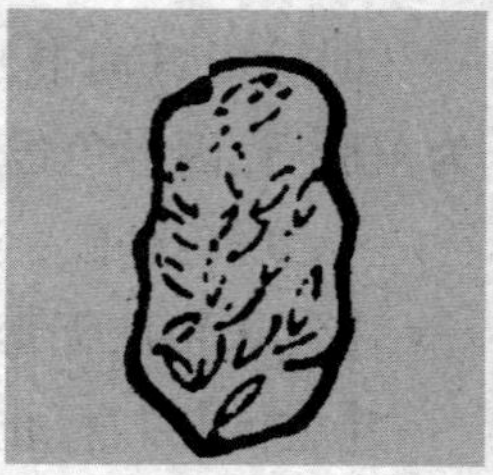

【集解】时珍曰:李迅云:麦饭石处处山溪中有之。其石大小不等,或如拳,或如鹅卵,或如盏,或如饼,大略状如握聚一团麦饭,有粒点如豆如米,其色黄白,但于溪间麻石中寻有此状者即是。古方云:曾作磨者佳,误矣。此石不可作磨。若无此石,但以旧面磨近齿处石代之,取其有麦性故耳。

【气味】甘,温,无毒。

【主治】一切痈疽发背(时珍)。

水中白石(《拾遗》)

【集解】时珍曰:此石处处溪涧中有之。大者如鸡子,小者如指头,有黑、白二色,入药用白小者。

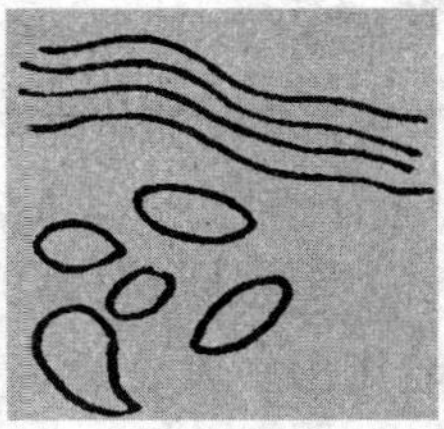

【主治】食鱼鲙多,胀满成瘕,痛闷,日渐羸弱。取数十枚烧赤,投五升水中七遍,热饮。如此三五度,当利出瘕也。又烧淬水中,纳盐三合,洗风瘙瘾疹(藏器)。治背上忽肿如盘,不识名者。取一二碗,烧热投水中,频洗之,立瘥(苏颂)。

【发明】时珍曰:昔人有煮石为粮法,即用此石也。其法用胡葱汁或地榆根等煮之,即熟如芋,谓之石羹。《抱朴子》云:洛阳道士董威辟谷方:用防风、苋子、甘草之属十许种为散,先服三方寸匕,乃吞石子如雀卵十二枚。足百日,不食,气力颜色如故。欲食,则饮葵汤,下去石子。又有赤龙血、青龙膏,皆可煮石。又有引石散,投方寸匕,可煮白石子一斗,立熟如芋,可食。

河砂(《拾遗》)

【释名】砂,小石也。字从少石,会意。

【主治】石淋,取细白沙三升炒热,以酒三升淋汁,服一合,日再服。又主绞肠痧痛,炒赤,冷水淬之,澄清服一二合(时珍)。风湿顽痹不仁,筋骨挛缩,冷风瘫痪。血脉断绝。六月取河砂,烈日曝令极热,伏坐其中,冷即易之。取热彻通汗,随病用药。切忌风冷劳役(藏器)。

【附方】新一。人溺水死:白沙(炒),覆死人面上下,惟露七孔,冷湿即易。(《千金》)

杓上砂(《纲目》)

【集解】时珍曰:此淘米杓也。有木杓、瓢杓,皆可用。

【主治】面上风粟,或青或黄赤,隐暗涩痛,及人唇上生疮者,本家杓上刮去唇砂一二粒,即安。又妇人吹乳,取砂七枚,温酒送下,更以炊帚枝通乳孔。此皆莫解其理(时珍)。

石燕(《唐本草》)

【集解】李勣曰:石燕出零陵。

恭曰:永州祁阳县西北一十五里土冈上,掘深丈余取之。形似蚶而小,坚重如石也。俗云:因雷雨则自石穴中出,随雨飞堕者,妄也。

颂曰:祁阳县江畔沙滩上有之。或云:生洞中,凝僵似石者佳,采无时。

宗奭曰:石燕如蚬蛤之状,色如土,坚重如石。既无羽翼,焉能飞出?其言近妄。

时珍曰:石燕有二:一种是此,乃石类也,状类燕而有纹,圆大者为雄,长小者为雌;一种是钟乳穴中石燕,似蝙蝠者,食乳汁能飞,乃禽类也,见禽部。禽石燕食乳,食之补助,与钟乳同功,故方书助阳药多用之。俗人不知,往往用此石为助阳药,刊于方册,误矣。

【气味】甘,凉,无毒。

【主治】淋疾,煮汁饮之。妇人难产,两手各把一枚,立验(《唐本》)。疗眼目障翳,诸般淋沥,久患消渴,脏腑频泻,肠风痔瘘,年久不瘥,面色虚黄,饮食无味,妇人月水湛浊,赤白带下多年者,每日磨汁饮之。一枚用三日,以此为准。亦可为末,水飞过,每日服半钱至一钱,米饮服。至一月,诸疾悉平(时珍)。

【发明】时珍曰:石燕性凉,乃利窍行湿热之物。宋人修本草,以食钟乳、禽石燕,混收入此石燕下。故世俗误传此石能助阳,不知其正相反也。

【附方】旧三,新八。伤寒尿涩,小腹胀满:石燕为末。葱白汤调下半钱,频服,胀通为度。(《圣惠方》)小便淋痛:石燕子七枚(捣黍米大),新桑根白皮三两(剉)。拌匀,分作七贴。每贴用水一盏,煎七分,空心、午前各一服,(《简要济众》)血淋心烦:石燕子,商陆、赤小豆、红花等分,为末。每服一钱,葱白汤调下。(《圣惠方》)久年肠风:石燕磨水,常服勿歇。(《灵苑方》)赤白带下,多年不止:石燕一枚,磨水服,立效。(《徐氏家传方》)襁褓吐乳,咳嗽,久不愈:石燕子为末。蜜调少许,涂唇上,日三、五次。(《卫生宝鉴》)拳毛倒睫:石燕子(一雌一雄)。磨水点搽眼。先以镊子摘去拳毛,乃点药,后以黄连水洗之。(《乾坤生意》)牢牙止痛:石燕三对(火煅醋淬七次),青盐、乳香各一两,细辛半两。为末。揩之,荆芥汤漱口。一方:去乳香、细辛,加麝香。齿疏不坚:石燕子五对(火煅、米醋淬七次,为末),青盐、麝香各少许。研匀。日用揩牙后,以温酒漱咽之(元遗山方) 服石发动:石燕子七个

(打碎)。水三升,煮二升,频频淋洗,以瘥为度(《圣济》)

石蟹(宋《开宝》)

【集解】颂曰:近海州郡皆有之。体质石也,而都与蟹相似,但有泥与粗石相著尔。

时珍曰:按顾玠《海槎录》云:崖州榆林港内半里许,土极细腻,最寒,但蟹入则不能运动,片时成石矣。人获之名石蟹,置之几案,云能明目也。复有石虾似虾,出海边;石鱼似鱼,出湘山县。石鱼、虾并不入药用。《一统志》言;凤翔汧阳县西有山鱼陇,掘地破石得之,云可辟蠹。

【气味】咸,寒,无毒。

【主治】青盲目淫,肤翳疔翳,漆疮(《开宝》)。解一切药毒并蛊毒,天行热疾,催生落胎,疗血晕,并熟水磨服(大明)。醋摩敷痈肿。热水磨服,解金石毒(苏颂)。

【附方】新一。喉痹肿痛:石蟹,磨水饮,并涂喉外。(《圣济录》)

石蛇(宋《图经》)

【集解】颂曰:石蛇,出南海水旁山石间,其形盘屈如蛇,无首尾,内空,红紫色,以左盘者良。又似车螺,不知何物所化?大抵与石蟹同类,功用亦相近。

石蛇

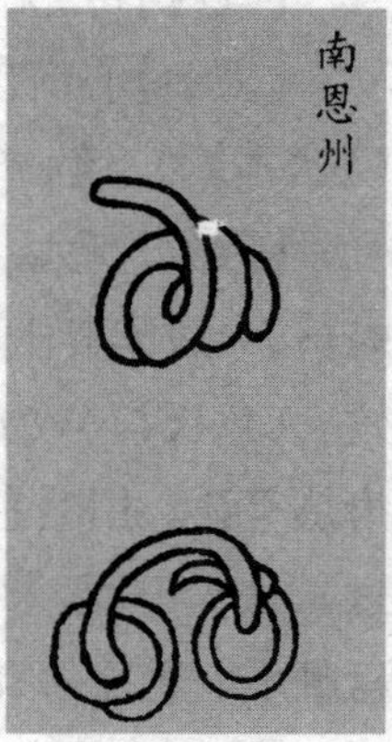

宗奭曰:石蛇,色如古墙上土,盘结如查梨大,空中,两头巨细一等。不与石蟹同类,蟹则真蟹所化,蛇非真蛇。今人用之绝少。

时珍曰:按姚宽《西溪丛话》云:南恩州海边有石山嘴,每蟹过之则化为石,蛇过亦然。此说不知果否?若然,则石蛇亦真蛇所化。

【气味】咸,平,无毒。

【主治】解金石毒(苏颂)。

石蚕(宋《开宝》)

石蚕

【释名】石僵蚕(《纲目》)。

【集解】志曰:石蚕生海岸石旁,状如蚕,其实石也。

【气味】苦,热,无毒。

《药诀》曰:苦,热,有毒。

独孤滔曰:制丹砂。

【主治】金疮止血生肌,破石淋血结,磨服,当下碎石(《开宝》)。

石鳖(《纲目》)

石鳖

【集解】时珍曰:石鳖生海边,形状大小俨如䗪虫,盖亦化成者。䗪虫,俗名土鳖。

【气味】甘,凉,无毒。

【主治】淋疾血病,磨水服(时珍)。

蛇黄(《唐本草》)

【气味】冷,无毒。

蛇黄

【主治】心痛疰忤,石淋,小儿惊痫,妇人产难,以水煮研服汁(《唐本》)。镇心(大明)。磨汁,涂肿毒(时珍)。

【附方】新六。暗风痫疾,忽然仆地。不知人事。良久方醒:蛇黄,火煅醋淬七次,为末。每调酒服二钱,数服愈。年深者亦效。(危氏《得效方》)惊风痫疳:神穴丹:治急惊风、痫疾、天吊、疳热等证。用紫色蛇黄四两(煅过),豮猪屎二两(小者泥固煅过),铁粉一两,朱砂半两,麝香一钱。为末,糯粉糊丸芡子大,漆盘晒干。看之每丸有一小穴,故名神穴丹。每服一丸,薄荷酒化下,立苏。疳热,冷水化下。(《灵苑方》)小儿项软因风虚者:蛇含石一块(煅七次,醋淬七次研),郁金等分。为末,入麝香少许,白米饭丸龙眼大。每服一丸,薄荷汤化服,一日一服。(《活幼全书》)瘴疟鬼疟食疟:蛇含石末一两,信石(末)一两。研匀,入水火鼎内,上以盏盖,六一泥固济,煅至药升在盏,刮下为末,米糕糊丸绿豆大。雄黄为衣。每服一丸，黑豆研水，五更送下。(《摘玄方》)血痢不止：蛇含石二枚。火煅醋淬，研末。每服三钱，米饮下。(《普济方》)肠风下血脱肛：蛇黄二颗。火煅醋淬七次，为末。每服三钱，陈米饮下。(《普济方》)

霹雳砧(《拾遗》)

【释名】雷楔。

时珍曰：旧作针及屑，误矣。

【集解】藏器曰：此物伺候震处，掘地三尺得之。其形非一，有似斧刀者，剉刀者，有安二孔者。一云出雷州，并河东山泽间，因雷震后得者。多似斧色，青黑斑纹，至硬如玉。或言是人间石造，纳与天曹，不知事实。

时珍曰：按《雷书》云：雷斧如斧，铜铁为之。雷磋似碪，乃石也，紫黑色。雷锤重数斤，雷钻长尺余，皆如钢铁，雷神以劈物击物者。雷环如玉环，乃雷神所珮遗落者。雷珠乃神龙所含遗下者，夜光满室。又《博物志》云：人间往往见细石形如小斧，名霹雳斧，一名霹雳楔。《玄中记》云：玉门之西有一国，山上立庙，国人年年出钻，以给雷用。此谬言也。雷虽阴阳二气激薄有声，实有神物司之，故亦随万物启蛰，斧、钻、碪、锤皆实物也。若日在天成象，在地成形，如星陨为石。则雨金石、雨粟麦、雨毛血及诸异物者，亦在地成形者乎？必太虚中有神物使然也。陈时苏绍雷锤重九斤。宋时沈括于震木之下得雷楔，似斧而无孔。鬼神之道幽微，诚不可究极。

【气味】无毒。

【主治】大惊失心，恍惚不识人，并石淋，磨汁服，亦煮服。作枕，除魔梦不祥(藏器)。刮末服，主瘵疾，杀劳虫，下蛊毒，止泄泻。置箱笥间，不生蛀虫。诸雷物佩之，安神定志，治惊邪之疾(时珍。出《雷书》)。

雷墨(《纲目》)

【集解】时珍曰：按《雷书》云：凡《雷书》木石，谓木札，入二三分，青黄色。或云：雄黄、青黛、丹砂合成，以雷楔书之。或云：蓬莱山石脂所书。雷州每雷雨大作，飞下如沙石，大者如块，小者如指，坚硬如石，黑色光艳至重。刘恂《岭表录异》云：雷州骤雨后，人于野中得石如黳石，谓之雷公墨，扣之铮然，光莹可爱。又李肇《国史补》云：雷州多雷，秋则伏蛰，状如人，掘取食之。观此，则雷果有物矣。

【主治】小儿惊痫邪魅诸病，以桃符汤磨服即安(时珍)。

本草纲目石部第十一卷

本草纲目石部第十一卷

食盐(《别录》中品)

【校正】志曰:元在米部,今移入此。

时珍曰:并入《本经》大盐。

【释名】鹾(音醝)。

时珍曰:盐字,象器中煎卤之形。《礼记》:盐,曰咸鹾。《尔雅》云:天生曰卤,人生曰盐。许慎《说文》云:盐,咸也。东方谓之斥,西方谓之卤,河东谓之咸。黄帝之臣宿沙氏,初煮海水为盐。《本经》大盐,即今解池颗盐也。《别录》重出食盐,今并为一。方士呼盐为海砂。

【修治】时珍曰:凡盐,人多以矾、硝、灰、石之类杂之。入药须以水化,澄去脚滓,煎炼白色,乃良。

大盐

【气味】甘、咸,寒,无毒。

《别录》曰:食盐:咸,温,无毒。多食伤肺,喜咳。

权曰:有小毒。

时珍曰:咸、微辛,寒,无毒。

保升曰:多食令人失色肤黑,损筋力。

之才曰:漏芦为之使。

敩曰:敝箅淡卤,乌贼骨亦淡卤。

【主治】肠胃结热喘逆,胸中病,令人吐(《本经》)。伤寒寒热,吐胸中痰癖,止心腹猝痛,杀鬼蛊邪疰毒气,下部䘌疮,坚肌骨(《别录》)。除风邪,吐下恶物,杀虫,去皮肤风毒,调和脏腑,消宿物,令人壮健(藏器)。助水脏,及霍乱心痛,金疮,明目,止风泪邪气,一切虫伤疮肿火灼疮,长肉补皮肤,通大小便,疗疝气,滋五味(大明)。空心揩齿,吐水洗目,夜见小字(甄权)。解毒,凉血润燥,定痛止痒,吐一切时气风热、痰饮关格诸病(时珍)。

【发明】弘景曰:五味之中,惟此不可缺。西北方人食不耐咸,而多寿少病好颜色;东南方人食绝欲咸。而少寿多病,便是损人伤肺之效。然以浸鱼肉,则能经久不败;以沾布帛,则易致朽烂,所施各有所宜也。

宗奭曰:《素问》云:咸走血。故东方食鱼盐之人多黑色,走血之验可知。病喘嗽人及水肿者,宜全禁之。北狄用以淹尸,取其不坏也。其烧剥金银熔汁作药,仍须解州大盐为佳。

时珍曰:《洪范》:水曰润下作咸。《素问》曰:水生咸。此盐之根源也。夫水周流于天地之间,润下之性无所不在,其味作成凝结为盐亦无所不在。在人则血脉应之。盐之气味咸腥,人之血亦咸腥。咸走血,血病无多食咸,多食则脉凝泣而变色,从其类也。煎盐者用皂角收之,故盐之味微辛。辛走肺,咸走肾。喘嗽水肿消渴者,盐为大忌。或引痰吐,或泣血脉,或助水邪故也。然盐为百病之主,百病无不用之。故服补肾药用盐汤者,咸归肾,引药气入本脏也。补心药用炒盐者,心苦虚,以咸补之也。补脾药用炒盐者,虚则补其母,脾乃心之子也。治积聚结核用之者,咸能软坚也。诸痈疽眼目及血病用之者,咸走血也。诸风热病用之者,寒胜热也。大小便病用之者,咸能润下也。骨病齿病用之者,肾主骨,咸入骨也。吐药用之者,咸引水聚也。能收豆腐与此同义。诸蛊及虫伤用之者,取其解毒也。

颂曰:唐柳柳州纂《救三死方》云:元和十一年十月,得霍乱,上不可吐,下不可利,出冷汗三大斗许,气即绝。河南房伟传此方,入口即吐,绝气复通。其法用盐一大匙,熬令黄,童子小便一升,合和温服,少顷吐下,即愈也。

【附方】旧四十二,新二十七。炼盐黑丸:崔中丞炼盐黑丸方:盐末一升(纳粗瓷瓶中,实筑泥头。初以塘火烧,渐渐加炭火,勿令瓶破,候赤彻,盐如水汁,即去火,待凝,破瓶取出),豉一升(熬煎),桃仁一两(和麸炒熟),巴豆二两(去心膜,纸中炒令油出,须生熟得所,熟即少力,生又损人)。四物捣匀,入蜜和丸梧子大。每服三丸,平旦时服。天行时气,豉汁及茶下;心痛,酒下,入口便止;血痢,饮下,初变水痢,后便止;鬼疟,茶饮下;骨蒸,蜜汤下。忌久冷浆水。合药久则稍加之。凡服药后吐利,勿怪。吐利若多,服黄连汁止之。或遇杀药人药久不动者,更服一两丸。药后忌口二三日。其药腊月合之,瓷瓶密封,勿令泄气。一剂可救百人。或在道途,或在村落,无药可求,但用此药一刀圭,即敌大黄、朴硝数两,曾用有效。小儿、女子不可服,被搅作也。(刘禹锡《传信方》)猝中尸遁,其状腹胀,气急冲心,或块起,或牵腰脊者是:服盐汤取吐。(孙真人方)尸疰鬼疰,下部蚀疮:炒盐布裹,坐熨之。(《药性论》)鬼击中恶:盐一盏,水二盏,和服,以冷水噗之,即苏。(《救急方》)中恶心痛,或连腰脐:盐如鸡子大,青布裹,烧赤,纳酒中,顿服。当吐恶物,愈。(甄权《药性论》)中风腹痛:盐半斤,熬水干,着口中,饮热汤二升,得吐愈。(《肘后方》)脱阳虚证:四肢厥冷,不省人事,或小腹紧痛,冷汗气喘。炒盐熨脐下气海,取暖。(《救急方》)心腹胀坚.痛闷欲死:盐五合,水一升,煎服。吐下即定,不吐更服。(《梅师方》)腹胀气满:黑盐,酒服六铢。(《后魏书》)酒肉过多,胀满不快:用盐花搽牙,温水漱下二、三次,即如汤沃雪也。(《简便方》)干霍乱病,上不得吐,下不得利:方见发明。霍乱腹痛:炒盐一包,熨其心腹,令气透,又以一包熨其背。(《救急方》)霍乱转筋:欲死气绝,腹有暖气者。以盐填脐中,灸盐上七壮,即苏。(《救急方》)肝虚转筋:肝脏气虚,风冷抟于筋,遍体转筋,入腹不可忍。热汤三斗,入盐半斤,稍热渍之。(《圣惠方》)一切脚气:盐三升,蒸热分裹,近壁,以脚踏之,令脚心热。又和槐白皮蒸之,尤良。夜夜用之。(《食疗本草》)脚气疼痛:每夜用盐擦腿膝至足甲,淹少时,以热汤泡洗。有一人病此,曾用验。(《救急方》)胸中痰饮:伤寒热病疟疾须吐者,并以盐汤吐之。(《外台秘要》)病后胁胀:天行病后,两胁胀满,熬盐熨之。(《外台秘要方》)妊娠心痛不可忍:盐烧赤,酒服一撮。(《产宝》)妊妇逆生:盐摩产妇腹,并涂儿足底,仍急爪搔之。(《千金方》)妇人阴痛:青布裹盐,熨之。(《药性论》)小儿疝气,并内吊肾气:以葛袋盛盐,于户口悬之,父母用手捻抖尽即愈。(《日华子本草》)小儿不尿:安盐于脐中,以艾灸之。(《药性论》)小便不通:湿纸包白盐,烧过,吹少许入尿孔中,立通。(《普济方》)气淋脐痛:盐和醋服之。(《广利方》)二便不通:盐和苦酒敷脐中,干即易。仍以盐汁灌肛内;并内用纸裹盐投水中饮之。(《家藏方》)漏精自浊:雪白盐一两(并筑紧固济,煅一日,出火毒),白茯苓、山药各一两。为末,枣肉和蜜丸梧子大。每枣汤下三十丸。盖甘以济咸,脾肾两得也。(《直指方》)

戎盐(《本经》下品)

【释名】胡盐(《别录》)、羌盐(《日华》)、青盐(《纲目》)、秃登盐(《唐本》)、阴土盐。

大明曰:西番所食者,故号戎盐、羌盐。

恭曰:戎盐,即胡盐也。沙州名秃登盐,廓州名为阴土盐,生河岸山坂之阴土石间,故名。

【集解】《别录》曰:戎盐生胡盐山,及西羌北地、酒泉福禄城东南角。北海青,南海赤。十月采。

时珍曰:本草戎盐云:北海青,南海赤。而诸注乃用白盐,似与本文不合。按《凉州异物志》云:姜赖之墟,今称龙城。刚卤千里,蒺藜之形。其下有盐,累棋而生。出于胡国,故名戎盐。赞云:盐山二岳,二色为质。赤者如丹,黑者如漆。小大从意，镂之为物。作兽辟恶，佩之为吉。或称戎盐，可以疗疾。此说与本草本文相合，亦惟赤、黑二色，不言白者。盖白者乃光明盐，而青盐、赤盐则戎盐也。故《西凉记》云：青盐池出盐，正方半寸，其形如石，甚甜美。《真腊记》云：山间有石，味胜于盐，可琢为器。《梁杰公传》言：交河之间，掘碛下数尺，有紫盐，如红如紫，色鲜而甘。其下丈许，有瑿珀。《北户录》亦言：张掖池中出桃花盐，色如桃花，随月盈缩。今宁夏近凉州地，盐井所出青盐，四方皎洁如石。山丹卫，即张掖地，有池产红盐，红色。此二盐，即戎盐之青、赤二色者。医方但用青盐，而不用红盐，不知二盐皆名戎盐也。所谓南海、北海者，指西海之南北而言，非炎方之南海也。张果《玉洞要诀》云：赤戎盐出西戎，禀自然水土之气，结而成质。其地水土之气黄赤，故盐亦随土气而生。味淡于石盐，力能伏阳精。但于火中烧汁红赤，凝定色转益者，即真也。亦名绛盐。《抱朴子》书有作赤盐法。又岭南一种红盐，乃染成者，皆非真红盐也。又《丹房镜源》云：蛮盐可伏雌雄，作金用红盐为上。

【气味】咸，寒，无毒。

宗奭曰：甘、咸。

大明曰：平。

独孤滔曰：戎盐，赤、黑二色，能累卵，干汞，制丹砂。

【主治】明目目痛，益气，坚肌骨，去毒蛊（《本经》）。心腹痛，溺血吐血，齿舌血出（《别录》）。助水脏，益精气，除五脏癥结，心腹积聚，痛疮疥癣（大明）。解芫青、斑蝥毒（时珍）。

【发明】宗奭曰：戎盐甘咸，功在却血、入肾，治目中瘀赤涩昏。

时珍曰：戎盐功同食盐，不经煎炼，而味咸带甘，入药似胜。《周礼注》云：饴盐味甜，即戎盐，不知果否？或云以饴拌盐也。

【附方】新五。小便不通：戎盐汤：用戎盐（弹丸大）一枚，茯苓半斤，白术二两。水煎，服之。（仲景《金匮方》）风热牙痛：青盐一斤，槐枝半斤。水四碗，煎汁二碗，煮盐至干，炒研。日用揩牙、洗目。（唐氏《经验方》）牢牙明目：青盐二两，白盐四两，川椒四两。煎汁拌盐炒干。日用揩牙洗目，永无齿疾、目疾。（《通变要法》）风眼烂弦：戎盐化水，点之。（《普济方》）痔疮漏疮：白矾四两，青盐四两。为末，猪尿脬一个盛之，阴干。每服五钱，空心温水下。（赵氏《经验方》）

光明盐（《唐本草》）

【释名】石盐（《唐本》）、圣石（《蜀本》）、水晶盐（《纲目》）。

时珍曰：雷敩《炮炙论》序云：圣石开盲，明目而如云离日。则光明者，乃兼形色与功而名也。

【气味】咸、甘,平,无毒。

【主治】头痛诸风,目赤痛,多眵泪(《唐本》)。

【发明】时珍曰:光明盐得清明之气,盐之至精者也,故入头风眼目诸药尤良。其他功同戎盐,而力差次之。

光明盐

卤碱(《本经》下品)

【释名】卤盐、寒石(《吴普》)、石碱(《补遗》)。

时珍曰:碱音有二:音咸者,润下之味;音减者,盐土之名.后人作硷,作碱,是矣。许慎《说文》云:卤,西方碱地也。故字从西省文,象盐形。东方谓之斥,西方谓之卤,河东谓之碱。《传》云:兑为泽,其于地也为刚卤,亦西方之义。

【集解】《别录》曰:卤碱生河东池泽。

弘景曰:今俗不复见卤碱,疑是黑盐。又云:是煎盐釜下凝滓。二说未详。

恭曰:卤碱生河东,河东盐不釜煎,明非凝滓。又疑是黑盐,皆不然。此是碱土也,今人熟皮用之,于碱地掘取。

颂曰:并州人刮碱煎炼,不甚佳,即卤碱也。

机曰:卤碱,即卤水也。

时珍曰:《说文》既言卤碱皆斥地之名,则谓凝滓及卤水之说皆非矣。卤盐与卤碱不同。山西诸州平野,及太谷、榆次高亢处,秋间皆生卤,望之如水,近之如积雪。土人刮而熬之为盐,微有苍黄色者,即卤盐也。《尔雅》所谓天生曰卤、人生曰盐者是矣。凡盐未经滴去苦水,则不堪食,苦水即卤水也。卤水之下,澄盐凝结如石者,即卤碱也。丹溪所谓石碱者,乃灰碱也,见土类。《吴普本草》谓卤碱一名卤盐者,指卤水之盐,非卤地之盐也,不妨同名。

【气味】苦,寒,无毒。

《别录》:苦、咸,寒。

独狐滔曰:卤盐制四黄,作焊药。同硇砂罨铁,一时即软。

【主治】大热消渴狂烦,除邪,及下蛊毒,柔肌肤(《本经》)。去五脏肠胃留热结气,心下坚,食已呕逆喘满,明目目痛(《别录》)。

【附方】新二。风热赤眼,虚肿涩痛:卤碱一升,青梅二十七个,古钱二十一文。新瓶盛,密封,汤中煮一炊时。三日后取点,日三五度。(《圣惠方》)齿腐龈烂,不拘大人小儿:用上好碱土,热汤淋取汁,石器熬干刮下,入麝香少许研,掺之。(《宣

明方》)

凝水石(《本经》中品)

【释名】白水石(《本经》)、寒水石、凌水石(《别录》)、盐精石、泥精、盐枕(《纲目》)、盐根。

时珍曰:拆片投水中,与水同色,其水凝动;又可夏月研末,煮汤入瓶,倒悬井底,即成凌冰,故有凝水、白水、寒水、凌水诸名。生于积盐之下,故有盐精以下诸名。石膏亦有寒水之名,与此不同。

【气味】辛,寒,无毒。

凝水石

《别录》曰:甘,大寒。

普曰:神农:辛;岐伯、医和、扁鹊:甘,无毒;李当之:大寒。

时珍曰:辛、咸。

之才曰:解巴豆毒,畏地榆。

独孤滔曰:制丹砂,伏玄精。

【主治】身热,腹中积聚邪气,皮中如火烧,烦满,水饮之。久服不饥(《本经》)。除时气热盛,五脏伏热,胃中热,止渴,水肿,小腹痹(《别录》)。压丹石毒风,解伤寒劳复(甄权)。治小便白,内痹,凉血降火,止牙疼,坚牙明目(时珍)。

【发明】时珍曰:凝水石禀积阴之气而成,其气大寒,其味辛咸,入肾走血除热之功,同于诸盐。古方所用寒水石是此石,唐宋诸方寒水石是石膏,近方寒水石则是长石、方解石,俱附各条之下,用者详之。

【附方】旧二,新二。男女转脬,不得小便:寒水石二两,滑石一两,葵子一合。为末。水一斗,煮五升,时服一升,即利。(《永类方》)牙龈出血有窍:寒水石粉三两,朱砂二钱,甘草脑子一字。为末。干掺。(《普济方》)汤火伤灼:寒水石,烧研敷之。(《卫生易简方》)小儿丹毒,皮肤热赤:寒水石半两,白土一分。为末。米醋调涂之。(《经验方》)

玄精石(宋《开宝》)

【释名】太阴玄精石、阴精石(《纲目》)、玄英石。

时珍曰:此石,乃碱卤至阴之精凝结而成,故有诸名。

【气味】咸,温,无毒。

石精玄

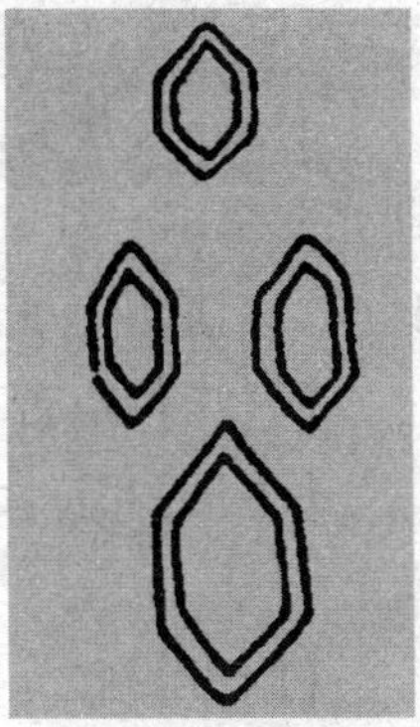

时珍曰：甘、咸，寒。

独孤滔曰：制硫黄、丹砂。

【主治】除风冷邪气湿痹，益精气，妇人痼冷漏下，心腹积聚冷气，止头痛，解肌（《开宝》）。主阴证伤寒，指甲面色青黑，心下胀满结硬，烦渴，虚汗不止，或时狂言，四肢逆冷，咽喉不利肿痛，脉沉细而疾，宜佐他药服之。又合他药，涂大风疮（宗奭）。

【发明】颂曰：古方不见用，近世补药及伤寒多用之。其著者，治伤寒正阳丹出汗也。

时珍曰：玄精石禀太阴之精，与盐同性，其气寒而不温，其味甘咸而降，同硫黄、硝石治上盛下虚，救阴助阳，有扶危拯逆之功。故铁瓮申先生来复丹用之，正取其寒，以配硝、硫之热也。《开宝本草》言其性温，误矣。

【附方】旧一，新八。正阳丹：治伤寒三日，头痛壮热，四肢不利。太阴玄精石、硝石、硫黄各二两，硇砂一两。细研，入瓷瓶固济。以火半斤，周一寸熁之，约近半日，候药青紫色，住火。待冷取出，用腊月雪水拌匀，入罐子中，屋后北阴下阴干。又入地埋二七日，取出细研，面糊和丸鸡头子大。先用热水浴后，以艾汤研下一丸。以衣盖汗出为瘥。（《图经本草》）小儿风热，挟风蕴热，体热：太阴玄精石一两，石膏七钱半，龙脑半两，为末。每服半钱，新汲水下。（《普济方》）肺热咳嗽：方见不灰木下。冷热霍乱，分利阴阳：玄精石、半夏各一两，硫黄三钱，为末，面糊丸梧子大。每米饮服三十丸。（《指南方》）头风脑痛：玄精石末，入羊胆中阴干。水调一字，吹鼻中，立止。（《千金方》）目赤涩痛：玄精石半两，黄柏（炙）一两。为末。点之，良。（《普济方》）赤目失明。内外障翳：太阴玄精石（阴阳火煅）、石决明各一两，蕤仁、黄连各二两，羊子肝七个（竹刀切晒）。为末，粟米饭丸梧子大。每卧时茶服二十丸。服至七日，烙顶心以助药力，一月见效。宋丞相言：黄典史病此，梦神传此方，愈。（《朱氏集验方》）目生赤脉：玄精石一两，甘草半两。为末。每服一钱，小儿半钱，竹叶煎汤调下。（《总微论》）重舌涎出，水浆不入：太阴玄精石二两，牛黄、朱砂、龙脑各一分。为末。以铍针舌上去血，盐汤漱口，掺末咽津，神效。（《圣惠方》）

绿盐（《唐本草》）

【释名】盐绿、石绿（《纲目》）。

【集解】恭曰：绿盐出焉耆。水中石下取之，状若扁青、空青，为眼药之要。今人以光明盐、硇砂、赤铜屑，酿之为块，绿色，以充之。

殉曰：出波斯国，生石上，舶上将来，谓之石绿，装色久而不变。中国以铜、醋者，不堪入药，色亦不久。

时珍曰：方家言波斯绿盐色青，阴雨中干而不湿者为真。又造盐绿法：用熟铜器盛取浆水一升，投青盐一两在内，浸七日取出，即绿色。以物刮末，入浆水再浸七日或二七取出。此非真绿盐也。

【气味】咸、苦、辛，平，无毒。

【主治】目赤泪出，肤翳眵暗（《唐本》）。点目，明目消翳。疗小儿无辜疳气（李珣）。

【附方】新二。眙赤眼痛：盐绿一分，蜜半两。于蚌蛤壳内相和。每夜卧时浆水洗目，炙热点之，能断根。（《圣济录》）目暗赤涩多泪：盐绿一钱，蕤仁（去皮）一钱。研热，入好酥一钱，研匀。每夜点一麻子。（《圣惠方》）

盐药（《拾遗》）

【集解】藏器曰：生海西南雷、罗诸州山谷。似芒硝，末细，入口极冷。南人少有服者，恐极冷入腹伤人，宜慎之。

【气味】咸，冷，无毒。

【主治】眼赤眦烂风赤，细研水和点之。又水研服，去热烦痰满头痛，明目镇心。又主蛇虺恶虫毒，药箭镞毒，疥癣痈肿瘰疬，并摩敷之，甚者水化服之。又解独自草箭毒（藏器）。

【附录】悬石

保升曰：人若常服炼石者，至殁，冢中生悬石，若芒硝，其冷如雪，杀火毒。

朴硝（《本经》上品）

【校正】并入《别录》芒硝、《嘉祐》马牙硝。

【释名】硝石朴（《别录》）、盐硝（《纲目》），皮硝。

志曰：硝是本体之名，石乃坚白之号，朴者未化之义也。以其芒硝、英硝皆从此出，故曰硝石朴也。

时珍曰：此物见水即消，又能消诸物，故谓之消。生于盐卤之地，状似末盐，凡牛、马诸皮须此治熟，故今俗有盐硝、皮硝之称。煎炼入盆，凝结在下，粗朴者为朴硝，在上有芒者为芒硝，有牙者为马牙硝。《神农本经》只有朴硝、硝石，《名医别录》复出芒硝，宋《嘉祐本草》又出马牙硝。盖不知硝石即是火硝，朴硝即是芒硝、马牙硝,一物有精粗之异尔。诸说不识此,遂致纷纭也。今并芒硝、牙硝于一云。

【集解】《别录》曰:朴硝生益州山谷有咸水之阳。采无时。色青白者佳,黄者伤人,赤者杀人。又曰:芒硝,生于朴硝。

敩曰:朴硝中炼出,形似麦芒,号曰芒硝。

志曰:以暖水淋朴硝,取汁炼之,令减半,投于盆中,经宿乃有细芒生,故谓之芒硝也。又有英硝者,其状若白石英,作四、五棱,莹澈可爱,主疗与芒硝同,亦出于朴硝,其煎炼自别有法,亦呼为马牙硝。

宗奭曰:朴硝是初采得一煎而成者,未经再炼,故日朴硝。可以熟生牛马皮,及治金银有伪。芒硝是朴硝淋汁再炼者。

朴硝(《本经》)

【气味】苦,寒,无毒。

《别录》曰:苦、辛,大寒,无毒。炼白如银,能寒能热,能滑能涩,能辛能苦,能咸能酸,入地千年不变。

权曰:苦、咸,有小毒。

时珍曰:《别录》所列神化之说,乃硝石之功。详见硝石下。

之才曰:大黄、石苇为之使,恶麦句姜。

张从正曰:畏三棱。

【主治】百病,除寒热邪气,逐六腑积聚,结固留癖。能化七十二种石。炼饵服之,轻身神仙(《本经》)。胃中食饮热结,破留血闭绝,停痰痞满,推陈致新(《别录》)。疗热胀,养胃消谷(皇甫谧)。治腹胀,大小便不通。女子月候不通(甄权)。通泄五脏百病及癥结,治天行热疾,头痛,消肿毒,排脓,润毛发(大明)。

芒硝(《别录》)

【气味】辛、苦,大寒,无毒。

权曰:咸,有小毒。

【主治】五脏积聚,久热胃闭,除邪气,破留血,腹中痰实结搏,通经脉,利大小便及月水,破五淋,推陈致新(《别录》)。下瘰疬黄疸病,时疾壅热,能散恶血,堕胎,敷漆疮(甄权)。

马牙硝(宋《嘉祐》)

【气味】甘,大寒,无毒。

时珍曰:咸、微甘。即英硝也。

【主治】除五脏积热伏气(甄权)。末筛点眼赤,去赤肿障翳涩泪痛,亦入点眼药中用(大明)。功同芒硝(时珍)。

【发明】成无己曰:《内经》云:咸味下泄为阴。又云:咸以软之。热淫于内,治以咸寒。气坚者以咸软之;热盛者,以寒消之。故张仲景大陷胸汤、大承气汤、调胃承气汤皆用芒硝,以软坚去实热,结不至坚者不可用也。

宗奭曰:朴硝是初得一煎而成者,其味酷涩,所以力紧急而不和,治食鲙不消,以此荡逐之。芒硝是朴硝淋过炼成,故其性和缓,故今多用治伤寒。

时珍曰:朴硝澄下,硝之粗者也,其质重浊。芒硝、牙硝结于上,硝之精者也,其质清明。甜硝、风化硝,则又芒硝、牙硝之去气味而甘缓轻爽者也。故朴硝只可施于卤莽之人,及敷涂之药;若汤散服饵,必须芒硝、牙硝为佳。张仲景《伤寒论》只用芒硝,不用朴硝,正此义也。硝,禀太阴之精,水之子也。气寒味咸,走血而润下,荡涤三焦肠胃实热阳强之病,乃折治火邪药也。唐时,腊月赐群臣紫雪、红雪、碧雪,皆用此硝炼成者,通治积热诸病有神效,贵在用者中的尔。

【附方】旧十七,新一十五。紫雪:疗伤寒温疟,一切积热烦热,狂易叫走,瘴疫毒疠,猝死脚气,五尸五疰,心腹诸疾,疠刺切痛,解诸热毒,邪热发黄,蛊毒鬼魅,野道热毒,小儿惊痫百病。黄金一百两,石膏、寒水石、滑石、磁石各三斤。捣碎,水一斛,煮四斗,去滓;入犀角屑、羚羊角、青木香、沉香各五两,玄参(洗焙)、升麻各一斤,甘草(炒)八两,丁香一两,入前汁中煮取一斗五升,去滓;入炼朴硝十斤,硝石三十二两,于药汁中,微火煎之,柳木不住搅,至水气欲尽,倾木盆中。待欲凝,入麝香一两二钱半,朱砂末三两,搅匀,收之。每服一、二钱,凉水服。临时加减,甚者一两。(《和剂局方》)红雪:治烦热,消宿食,解酒毒,开三焦,利五脏,除毒热,破积滞。治伤寒狂躁,胃烂发斑,温瘴脚气,黄疸头痛,目昏鼻塞,口疮喉痹,重舌肠痈等病。用川朴硝十斤(炼去滓),羚羊角(屑)、黄芩、升麻各三两,人参、赤芍药、槟榔、枳壳(麸炒)、生甘草、淡竹叶、木香各二两,木通、栀子、葛根、桑白皮、大青、蓝叶各一两半,苏方木六两。并剉剉。水二斗五升,煎至九升,去滓,滤过煎沸;下硝不住手搅,待水气将尽,倾入器中;欲凝,下朱砂一两,麝香半两,经宿成雪。每服一、二钱,新汲水调下。欲行,则热汤化服一两。(《和剂局方》)

风化硝

【修治】时珍曰:以芒硝于风日中消尽水气,自成轻飘白粉也。或以瓷瓶盛,挂檐下,待硝渗出瓶外,刮下收之。别有甜瓜盛硝渗出刮收者。或黄牯牛胆收硝刮取,皆非甜硝也。

【主治】上焦风热，小儿惊热膈痰，清肺解暑。以人乳和涂，去眼睑赤肿，及头面暴热肿痛。煎黄连，点赤目（时珍）。

【发明】时珍曰：风化硝甘缓轻浮，故治上焦心肺痰热，而不泄利。

玄明粉（《药性》）

【释名】白龙粉。

时珍曰：玄，水之色也。明，莹澈也。《御药院方》谓之白龙粉。

【修治】时珍曰：制法：用白净朴硝十斤，长流水一石，煎化去滓，星月下露一夜，去水取硝。每一斗，用萝卜一斤切片，同煮熟滤净，再露一夜取出。每硝一斤，用甘草一两，同煎去滓，再露一夜取出。以大沙罐一个，筑实盛之，盐泥固济厚半寸，不盖口，置炉中，以炭火十斤，从文至武煅之。待沸定，以瓦一片盖口，仍前固济，再以十五斤顶火煅之。放冷一伏时，取出，隔纸安地上，盆覆三日出火毒，研末。每一斤，入生甘草末一两，炙甘草末一两，和匀，瓶收用。

【气味】辛、甘，冷，无毒。

【主治】心热烦躁，并五脏宿滞癥结（甄权）。明目，退膈上虚热，消肿毒（大明）。

【发明】杲曰：玄明粉，沉也，阴也。其用有二：去胃中之实热，荡肠中之宿垢。大抵用此以代盆硝耳。

好古曰：玄明粉治阴毒一句，非伏阳在内不可用。若用治真阴毒，杀人甚速。

震亨曰：玄明粉火煅而成，其性当温。日长服久服，轻身固胎，驻颜益寿，大能补益，岂理也哉？予亲见一二朋友，不信予言而亡，故书以为戒。

时珍曰：《神农本草》言朴硝炼饵服之，轻身神仙，盖方士窜人之言。后人因此制为玄明粉，煅炼多遍，佐以甘草，去其咸寒之毒。遇有三焦肠胃实热积滞，少年气壮者，量与服之，亦有速效；若脾胃虚冷，及阴虚火动者服之，是速其咎矣。

【附方】新三。热厥气痛：玄明粉三钱，热童尿调下。（《集简方》）伤寒发狂：玄明粉二钱，朱砂一钱。末之。冷水服。（《伤寒蕴要》）鼻血不上：玄明粉二钱，水服。（《圣济》）

硝石（《本经》上品）

【释名】芒硝（《别录》）、苦硝（甄权）、焰硝（《土宿》）、火硝（《纲目》）、地霜（《蜀本》）、生硝（宋本）、北帝玄珠。

石 硝

志曰：以其消化诸石，故名消石。初煎炼时有细芒，而状若朴硝，故有芒硝之号。不与朴硝及《别录》芒硝同类。

宗奭曰：硝石是再煎炼时，取去芒硝凝结在下者，精英既去，但余滓如石而已。入药功力亦缓，惟能发烟火。

权曰：芒硝，一作苦硝，言其味苦也。

时珍曰：硝石，丹炉家用制五金八石，银工家用化金银，兵家用作烽燧火药，得火即焰起，故有诸名。狐刚子《粉图》谓之北帝玄珠。《开宝本草》重出生硝、芒硝，今并为一，并详下文。

【集解】《别录》曰：硝石，生益州山谷及武都、陇西、西羌。采无时。

弘景曰：硝石疗病与朴硝相似，《仙经》用此消化诸石，今无真识此者。或云与朴硝同出，所以朴硝一名硝石朴也。又云一名芒硝，今芒硝乃是炼朴硝作之。并未核研其验。有人得一种物，色与朴硝大同小异，朏朏如握盐雪不冰，烧之紫青烟起，云是真硝石也。今宕昌以北诸山有碱土处皆有之。

志曰：此即地霜也。所在山泽，冬月地上有霜，扫取以水淋汁，后乃煎炼而成，状如钗脚，好者长五分以来。陶说多端，盖由不的识之故也。

又曰：生硝生茂州西山岩石间，形块大小不定，色青白，采无时。

时珍曰：硝石，诸卤地皆产之，而河北庆阳诸县及蜀中尤多。秋冬间遍地生白，扫取煎炼而成。货者苟且，多不洁净，须再以水煎化，倾盆中，一夜结成。澄在下者，状如朴硝，又名生硝，谓炼过生出之硝也。结在上者，或有锋芒如芒硝，或有圭棱如马牙硝，故硝石亦有芒硝、牙硝之名，与朴硝之芒、牙同称，而水火之性则异也。崔昉《外丹本草》云：硝石，阴石也。此非石类，乃碱卤煎成，今呼焰硝。河北商城及怀、卫界，沿河人家，刮卤淋汁炼就，与朴硝小异，南地不产也。升玄子《伏汞图》云；硝石生乌场，其色青白，用白石英炙热点上，便消入石中者为真。其石出处，气极秽恶，飞鸟不能过其上。人或单衣过之，身上诸虫悉化为水。能消金石，为水服之长生，以形若鹅管者佳。谨按升玄子所说，似与今之硝石不同，而姚宽《西溪丛语》以其说为真正硝石，岂外国所产与中国异耶？抑别一种耶？当俟博物者订正。

【修治】大明曰：真硝石，柳枝汤煎三周时，如汤少，即加热者，伏火即止。

敩曰：凡使硝石，先研如粉，用鸡肠菜、柏子仁共二十五个，和作一处，丸如小帝珠子，以瓷瓶子于五斤火中煅赤，投硝石四两于瓶内，连投药丸入瓶，自然伏火也。

《抱朴子》曰：能消柔五金，化七十二石为水。制之须用地莲子、猪牙皂角、苦参、南星、巴豆、汉防已、晚蚕砂。

时珍曰：熔化，投甘草入内，即伏火。

硝石

【气味】苦，寒，无毒。

《别录》曰：辛，大寒，无毒。

普曰：神农：苦；扁鹊：甘。

权曰：咸，有小毒。

时珍曰：辛、苦、微咸，有小毒，阴中之阳也。得陈皮，性疏爽。

之才曰：火为之使，恶苦参、苦菜，畏女菀、杏仁、竹叶。

【主治】五脏积热，胃胀闭，涤去蓄结饮食，推陈致新，除邪气。炼之如膏，久服轻身（《本经》）。疗五脏十二经脉中百二十疾，暴伤寒，腹中大热，止烦满消渴，利小便，及瘘蚀疮。天地至神之物，能化七十二种石（《别录》）。破积散坚，治腹胀，破血，下瘰疬，泻得根出（甄权）。含咽，治喉闭（大明）。治伏暑伤冷，霍乱吐利，五种淋疾，女劳黑疸，心肠㽲痛，赤眼，头痛，牙痛（时珍）。

生硝

【气味】苦，大寒，无毒。

时珍曰：辛、苦，大温，无毒。

【主治】风热癫痫，小儿惊邪瘛疭，风眩头痛，肺壅耳聋，口疮喉痹咽塞，牙颔肿痛，目赤热痛，多眵泪（《开宝》）。

【附方】旧四，新十。头痛欲死：硝石末吹鼻内，即愈。（《炮炙论》）诸心腹痛：焰硝、雄黄各一钱。研细末。每点少许入眦内。名火龙丹。（《集玄方》）腰腹诸痛：方同上。赤眼肿痛：硝石末，卧时，以铜箸点黍米大入目眦。至旦，以盐水洗去之。（《圣惠方》）眼目障翳：男女内外障翳，或三、五个月不见效者，一点复明。好焰硝一两，铜器熔化，入飞过黄丹二分，片脑二分，铜匙急抄入罐内，收之。每点少许，其效如神。兖州朱秀才忽不见物，朝夕拜天，因梦神传此方，点之而愈。（《张三丰仙方》）风热喉痹及缠喉风病：玉钥匙：用焰硝一两半，白僵蚕一钱，硼砂半两，脑子一字。为末。吹之。（《三因方》）重舌鹅口：竹沥，同焰硝点之。（《普济》）伏暑泻痢及肠风下血，或酒毒下血，一服见效，远年者不过三服：硝石、舶上硫黄各一两，白矾、滑石半两，飞面四两，为末，滴水丸梧子大。每新汲水下三五十丸。名甘露丸。（《普济方》）五种淋疾：劳淋、血淋、热淋、气淋、石淋及小便不通至甚者。透格散：用硝石一两，不夹泥土雪白者，生研为末。每服二钱，各依汤使。劳淋，劳倦虚损，小便不出，小腹急痛，葵子末煎汤下，通后便须服补虚丸散。血淋，小便不出时，下血疼痛满急；热淋，小便热，赤色，脐下急痛，并用冷水调下。气淋，小腹满急，尿后常有余沥，木通煎汤下。石淋，茎内痛，尿不能出，内引小腹膨胀急痛，尿下砂石，令人闷绝，将药末先入铫内，隔纸炒至纸焦为度，再研，用温水调下。小便不通，小麦汤下。猝患诸淋，只以冷水下。并空心，调药使硝如水，乃服之。（沈存中《灵苑方》）蛟龙癥病：方见雄黄发明下。服石发疮疼不可忍：用纸圈围之，中心填硝石令满，以匙抄水淋之。觉不热痛，即止。（《兵部手集》）发背初起：恶寒啬啬，或已生疮肿瘾疹。硝石三两，暖水一升，泡化，待冷，青布折三重，湿拓赤处，热即换，频易取瘥。（《外台秘要》）女劳黑疸：仲景曰：黄家日晡发热，反恶寒，此为女劳得之。膀胱急，小腹满，身尽黄，额上黑，足下热，因作黑疸。腹胀如水，大便黑，时溏，非水也。腹满者难治。硝石、矾石（烧）等分。为末。以大麦粥汁和服方寸匕，日三。病随大小便去，小便黄，大便黑，是其候也。（《金匮》）手足不遂大风，及丹石热风不遂：用硝石一两，生乌麻油二斤。置铛中，以土堑盖口，纸泥固济，火煎。初时气腥，熟则气香。更以生麻油二升，合煎得所，收不津器中。服时坐室中，重作小纸屋，燃火于内，服一大合，发汗，力壮者日二服。三七日，头面疱疮皆减也，然必以火为使。（波罗门僧方）

硇砂（硇，音铙。《唐本草》）

【释名】硇砂（音硇）、狄盐（《日华》）、北庭砂（《四声》）、气砂（《图经》）、透骨将军（《土宿》）。

时珍曰：硇砂性毒。服之使人硇乱，故日硇砂。狄人以当盐食。土宿本草云：硇性透物，五金借之以为先锋，故号为透骨将军。

炳曰：生北庭者为上，人呼为北庭砂。

【气味】咸、苦、辛，温，有毒。

恭曰：不宜多服。柔金银，可为焊药。

权曰：酸、咸，有大毒。能消五金八石，腐坏人肠胃。生食之，化人心为血。中其毒者，生绿豆研汁，饮一二升解之。畏浆水，忌羊血。

大明曰：辛、酸，暖，无毒。畏一切酸。凡修治，用黄丹、石灰作柜，煅赤使用，并无毒。世人自疑烂肉，而人被刀刃所伤，以之罨敷，当时生痂。

藏器曰：其性大热，服之有暴热损发，云温者误也。

《抱朴子》曰：伏硇药甚多：牡蛎、海螵蛸、晚蚕砂、羊䯒骨、河豚鱼胶、鱼腥草、萝卜、独帚、卷柏、羊蹄、商陆、冬瓜、羊踯躅、苍耳、乌梅。

敩曰：硇遇赤须，汞留金鼎。

【主治】积聚。破结血，止痛下气，疗咳嗽宿冷，去恶肉，生好肌，烂胎。亦入驴马药用(《唐本》)。主妇人丈夫羸瘦积病,血气不调,肠鸣,食饮不消,腰脚痛冷,痃癖痰饮,喉中结气,反胃吐水。令人能食肥健(藏器)。除冷病,大益阳事(甄权)。补水脏,暖子宫,消瘀血,宿食不消,食肉饱胀,夜多小便,丈夫腰胯酸重,四肢不任,妇人血气心疼,气块痃癖,及血崩带下.恶疮息肉。敷金疮生肉(大明)。去目翳胬肉(宗奭)。消内积(好古)。治噎膈癥瘕,积痢骨哽,除痣黡疣赘(时珍)。

【附方】旧四,新二十三。服食法:硇砂丸:硇砂不计多少,入罐子内,上面更坐罐子一个,纸筋白土上下通泥了,晒干。上面罐子内盛水,以苍耳干叶为末,铺头盖底,以火烧之。火尽旋添火,水尽旋添水,从辰初起至戌一伏时,住火勿动。次日取出研,米醋面糊和丸梧子大。每服四五丸,温酒或米饮下,并无忌。久服进食无痰。(《经验方》)元脏虚冷,气攻脐腹疼痛:用硇砂一两,以纤霞草末二两和匀,用小砂罐不固济,慢火烧赤,乃入硇在罐内,不盖口,加顶火一秤,待火尽炉寒取出。用川乌头(去皮脐,生研末)二两,和匀,汤浸蒸饼丸梧子大。每服三丸,木香汤、醋汤任下,日一服。(陈巽方)肾脏积冷,气攻心腹疼痛,面青足冷:硇砂二两,桃仁一两(去皮)。酒一小盏,煎硇十余沸,去砂石,入桃仁泥,旋旋煎成膏.蒸饼和丸梧子大。每热酒下二十丸。(《圣惠方》)积年气块,脐腹痛疼:硇砂(醋煮)二两,木瓜三枚(切,须去瓤)。入硇在内,碗盛,于日中晒至瓜烂,研匀,以米醋五升,煎如稀饧,密收。用时旋以附子末和丸梧子大。热酒化下一丸。(《圣惠方》)痃癖癥块:硇砂丸:治痃癖癥块,暖水脏,杀三虫,妇人血气,子宫冷。腊月收桑条灰,淋去苦汁,日干。每硇砂一两,用灰三两,以水化硇,拌灰干湿得所。以瓶盛灰半寸,入硇于内,以灰填盖固济,文武火煅赤,冷定取出,研。以箕铺纸三重,安药于上,以热水淋之,直待硇味尽即止。以钵盛汁,于热灰火中养之,常令鱼眼沸,待汁干入瓶,再煅一食顷,取出重研,以粟饭和丸绿豆大。每空心。酒下五丸,病去即止。(《圣惠方》)噎膈反胃邓才清兴:用北庭砂二钱,水和荞麦面包之,煅焦,待冷,取中间湿者,焙干一钱,入槟榔二钱,丁香二个,研匀。每服七厘,烧酒送下,日三服,愈即止。后吃白粥半月,仍服助胃丸药。《孙天仁集效方》:用北庭砂二两(一两,用人言末一两,同入罐内,文武火升三炷香,取出,灯盏上末;一两,以黄丹末一两,同人罐内,如上法升过,取末),用桑灰霜一两。研匀。每服三分,烧酒下,愈即止。又方:平胃散各一钱,入硇砂、生姜各五分.为末。沸汤点服二钱,当吐出黑物如石,屡验。一切积痢:灵砂丹:用硇砂、朱砂各二钱半。为末。用黄蜡半两,巴豆仁三七粒(去膜),同入石器内,重汤煮一伏时,候豆紫色为度。去二七粒,只将一七粒同二砂研匀,溶蜡和收。每旋丸绿豆大。或三丸、五丸,淡姜汤下。(《本事方》)月水不通:脐腹积聚疼痛。硇砂一两,皂角五挺(去皮子)。剉为末,以头醋一大盏,熬膏,入陈橘皮末三两,捣三百杵,丸梧子大。每温酒下五丸。

【附录】石药(拾遗。)

藏器曰:味苦,寒,无毒。主折伤内损瘀血烦闷欲死者,酒消服之。南人毒箭中人,及深山大蝮伤人,速将病者顶上十字厘之,出血水,药末敷之,并敷伤处,当上下出黄水数升,则闷解。俚人重之,以竹筒盛,带于腰,以防毒箭;亦主恶疮、热毒痈肿、赤白游风、瘘蚀等疮,并水和敷之。出贺州出内石上,似碎石、硇砂之类。

硼砂(《日华》)

【释名】鹏砂(《日华》)、盆砂。

时珍曰:名义未解。一作硼砂。或云:炼出盆中结成,谓之盆砂,如盆硝之义也。

【气味】苦、辛,暖,无毒。

颂曰:温、平。

时珍曰:甘、微咸,凉,无毒。

独孤滔曰:制汞,哑铜,结砂子。

土宿真君曰:知母、鹅不食草、芸薹、紫苏、甑带、何首乌,皆能伏硼砂。同砒石煅过,有变化。

【主治】消痰止嗽,破癥结喉痹(大明)。上焦痰热,生津液,去口气,消障翳,除噎膈反胃,积块结瘀肉,阴溃骨哽,恶疮及口齿诸病(时珍)。

【发明】颂曰:今医家用硼砂治咽喉,最为要切。

宗奭曰:含化咽津,治喉中肿痛,膈上痰热。初觉便治,不能成喉痹,亦缓取效可也。

【附方】新十二。鼻血不止:硼砂一钱,水服立止。(《集简方》)劳瘵有虫:硼砂、硇砂、兔屎等分为末,蜜丸梧子大。每服七丸,生甘草一分,新水一钟,揉汁送下。自朔至望,五更时,令病人勿言,服之。(《乾坤秘韫》)木舌肿强:硼砂末,生姜片蘸揩,少时即消。(《普济方》)咽喉谷贼肿痛:硼砂、牙硝等分为末。蜜和半钱,含咽。(《直指方》)咽喉肿痛:破棺丹:用硼砂、白梅等分。捣丸芡子大。每噙化一丸。(《经验方》)喉痹牙疳:盆砂末,吹,并擦之。(《集简方》)骨哽在咽:方见发明。小儿阴溃,肿大不消:硼砂一分。水研涂之。大有效。(《集玄方》)饮酒不醉:先服盆砂二钱,妙。(《相感志》)饮食毒物:硼砂四两,甘草四两,真香油一斤。瓶内浸之。遇有毒者,服油一小盏。久浸尤佳。

(《瑞竹堂经验方》)一切恶疮:方同上。弩肉瘀突:南鹏砂(黄色者)一钱,片脑少许。研末。灯草蘸点之。(《直指方》)

【附录】特蓬杀(《拾遗》)

藏器曰:味辛、苦,温,小毒。主飞金石用之,炼丹亦须用。生西国,似石脂、蛎粉之类,能透金、石、铁无碍下通出。

石硫黄(《本经》中品)

【释名】石留黄(《吴普》)、黄硇砂(《海药》)、黄牙、阳侯(《纲目》)、将军。

黃硫石

时珍曰:硫黄,秉纯阳火石之精气而结成,性质通流,色赋中黄,故名硫黄。含其猛毒,为七十二石之将,故药品中号为将军。外家谓之阳侯,亦曰黄牙,又曰黄硇砂。

【修治】敩曰:凡使,勿用青赤色及半白半青、半赤半黑者。自有黄色,内莹净似物命者,贵也。凡用四两。先以龙尾蒿自然汁一镒,东流水三镒,紫背天葵汁一镒,粟逐子茎汁一镒,四件合之搅令匀。一坩锅,用六乙泥固济底下,将硫黄碎之,入锅中,以前汁旋旋添入,火煮汁尽为度。再以百部末十两,柳虫中末二斤,一簇草二斤,细剉,以东流水同硫黄煮二伏时。取出,去诸药,用熟甘草汤洗了,入钵研二万匝用。

时珍曰:凡用硫黄,入丸散用,须以萝卜剜空,入硫在内,合定,稻糠火煨熟,去其臭气;以紫背浮萍同煮过,消其火毒;以皂荚汤淘之,去其黑浆。一法:打碎,以绢袋盛,用无灰酒煮三伏时用。又硝石能化硫为水,以竹筒盛硫埋马粪中一月亦成水,名硫黄液。

【气味】酸,温,有毒。

《别录》曰:大热。

普曰:神农、黄帝、雷公:咸,有毒;医和、扁鹊:苦,无毒。

权曰:有大毒,以黑锡煎汤解之,及食冷猪血。

珣曰:人能制伏归本色,服之能除百病。如有发动,宜猪肉、鸭羹、余甘子汤并解之。

葛洪曰:四黄惟阳侯为尊,金石煅炼者不可用,惟草木制伏者堪入药用。桑灰、益母、紫荷、菠薐、天盐、桑白皮、地骨皮、车前、马鞭草、黄柏、何首乌、石苇、荞麦、独帚、地榆、蛇床、菟丝、蓖麻、蚕砂,或灰或汁,皆可伏之。

之才曰:曾青为之使,畏细辛、飞廉、朴硝、铁、醋。

独孤滔曰:硫能干汞,见五金而黑,得水银则色赤也。

【主治】妇人阴蚀疽痔恶血,坚筋骨,除头秃。能化金银铜铁奇物(《本经》)。疗心腹积聚,邪气冷癖在胁,咳逆上气,脚冷疼弱无力,及鼻衄恶疮,下部䘌疮,止血,杀疥虫(《别录》)。治妇人血结(吴普)。下气,治腰肾久冷,除冷风顽痹,寒热。生用治疥癣,炼服主虚损泄精(甄权)。壮阳道,补筋骨劳损,风劳气,止嗽,杀脏虫邪魅(大明)。长肌肤,益气力,老人风秘,并宜炼服(李珣)。主虚寒久痢,滑泄霍乱,补命门不足,阳气暴绝,阴毒伤寒,小儿慢惊(时珍)。

【附方】旧八,新四十一。硫黄杯:此杯配合造化,调理阴阳,夺天地冲和之气,乃水火既济之方。不冷不热,不缓不急,有延年却老之功,脱胎换骨之妙。大能清上实下,升降阴阳。通九窍,杀九虫,除梦泄,悦容颜,解头风,开胸膈,化痰涎,明耳目,润肌肤,添精髓,蠲疝坠。又治妇人血海枯寒,赤白带下。其法用瓷碗以胡桃擦过,用无砂石硫黄生熔成汁,入明矾少许,则尘垢悉浮,以杖掠去,绵滤过,再入碗熔化,倾入杯内,荡成杯,取出,埋土中一夜,木贼打光用之。欲红入朱砂,欲青则入葡萄,研匀同煮成。每用热酒二杯,清早空心温服,则百病皆除,无出此方也。紫霞杯:叶石林《水云录》云:用硫黄袋盛,悬罐内,以紫背浮萍同水煮之,数十沸取出,候干研末十两。用珍珠、琥珀、乳香、雄黄、朱砂、羊起石、赤石脂、片脑、紫粉、白芷、甘松、山柰、木香、血竭、没药、韶脑、安息香各一钱,麝香七分,金箔二十片,为末,入铜杓中,慢火熔化。以好样酒杯一个,周围以粉纸包裹,中开一孔,倾硫入内,旋转令匀,投冷水中取出。每旦盛酒饮二三杯,功同上方。昔中书刘景辉因遘劳瘵,于太白山中遇一老仙,亲授是方,服之果愈。人能清心寡欲而服此,仙缘可到也。金液丹:固真气,暖丹田,坚筋骨,壮阳道。除久寒痼冷,补劳伤虚损。治男子腰肾久冷,心腹积聚,胁下冷痛,腹中诸虫,失精遗尿,形羸力劣,腰膝痛弱,冷风顽痹,上气衄血,咳逆寒热,霍乱转筋,虚滑下利。又治痔瘘湿䘌生疮,下血不止,及妇人血结寒热,阴蚀疽痔等。用石硫黄十两研末,用瓷盒盛,以水和赤石脂封口,盐泥固济,日干。地内先埋一小罐,盛水令满,安盒在内,用泥固济。慢火养七日七夜,候足加顶火一斤煅,俟冷取出研末。每一两,用蒸饼一两,水浸为丸,如梧子大。每服三十丸至百丸,空心米饮服。又治伤寒身冷脉微,或吐或利,或自汗不止,或小便不禁,并宜服之,得身热脉出为度。(《惠民和剂局方》)

石硫赤(《别录》有名未用)

【释名】石亭脂(《图经》)、石硫丹(弘景)、石硫芝。

【集解】《别录》曰:理如石耆,生山石间。

时珍曰:此即硫黄之多赤者,名石亭脂,而近世通呼硫黄为石亭脂,亦未考此也。按《抱朴子》云:石硫丹,石之赤精,石硫黄之类也。浸溢于涯岸之间,其濡湿者可丸服;坚结可散服。五岳皆有,而箕山为多,许由、巢父服之,即石硫芝是矣。

【气味】苦,温,无毒。

【主治】妇人带下,止血。轻身长年(《别录》)。壮阳除冷,治疮杀虫,功同硫黄(时珍)。

【附方】新二。赤鼻作痛:紫色石亭脂,红色次之,黄色勿用。研末,冷水调搽,半月绝根。(《圣济录》)风湿脚气:石亭脂(生用)一两,川乌头(生)一两,无名异二两。为末,葱白自然汁和丸梧子大。每服一钱,空心淡茶、生葱吞下,日一服。(《瑞竹堂方》)

石硫青(《别录》有名未用)

【释名】冬结石。

《别录》曰:生武都山石间,青白色,故名。

时珍曰:此硫黄之多青色者。苏颂《图经》言石亭脂、冬结石并不堪入药,未深考此也。

【气味】酸,温,无毒。

【主治】疗泄,益肝气,明目。轻身长年(《别录》)。治疮杀虫,功同硫黄(时珍)。

【附录】硫黄香(《拾遗》)

藏器曰:味辛,温,无毒。去恶气,除冷杀虫。似硫黄而香。

云出昆南国,在扶南南三千里。

矾石(《本经》上品)

【校正】并入《海药》波斯矾、《嘉祐》柳絮矾。

【释名】涅石(《纲目》)、羽涅(《本经》)、羽泽(《别录》),煅枯者名巴石,轻白者名柳絮矾。

时珍曰：矾者，燔也，燔石而成也。《山海经》云：女床之山，其阴多涅石。郭璞注云：矾石也。楚人名涅石，秦人名为羽涅。

石　矾

【集解】《别录》曰：矾石生河西山谷，及陇西武都、石门，采无时。能使铁为铜。

时珍曰：矾石折而辨之，不只于五种也。白矾，方士谓之白君，出晋地者上，青州、吴中者次之。洁白者为雪矾；光明者为明矾，亦名云母矾；纹如束针，状如粉扑者，为波斯白矾，并入药为良。黑矾，铅矾也，出晋地；其状如黑泥者，为昆仑矾；其状如赤石脂有金星者，为铁矾；其状如紫石英，火引之成金线，画刀上即紫赤色者，为波斯紫矾，并不入服饵药，惟丹灶及疮家用之。绿矾、绛矾、黄矾俱见本条。其杂色者，则有鸡屎矾、鸭屎矾、鸡毛矾、粥矾，皆下品，亦入外丹家用。

【修治】敩曰：凡使白矾石，以瓷瓶盛，于火中煅令内外通赤，用钳揭起盖，旋安石蜂巢入内烧之。每十两用巢六两，烧尽为度。取出放冷，研粉，以纸裹，安五寸深土坑中一宿，取用。又法：取光明如水晶，酸、咸、涩味全者，研粉。以瓷瓶用六一泥泥之，待干，入粉三升在内，旋旋入五方草、紫背天葵各自然汁一镒，下火逼令药汁干，盖了瓶口，更泥上下，用火一百斤煅之。从巳至未，去火取出，其色如银，研如轻粉用之。

时珍曰：今人但煅干汁用，谓之枯矾，不煅者为生矾。若人服食，须循法度。按《九鼎神丹秘诀》，炼矾石入服食法：用新桑合槃一具。于密室净扫，以火烧地令热，洒水于上，或洒苦酒于上，乃布白矾于地上，以槃覆之，四面以灰拥定。一日夜，其石精皆飞于槃上，扫取收之。未尽者，更如前法，数遍乃止，此为矾精。若欲作水，即以扫下矾精一斤，纳三年苦酒一斗中清之，号曰矾华，百日弥佳。若急用之，七日亦可。

【气味】酸，寒，无毒；

普曰：神农、岐伯：酸，久服伤人骨；扁鹊：咸；雷公：酸，无毒。

权曰：涩，凉，有小毒。

之才曰：甘草为之使，恶牡蛎，畏麻黄。

独孤滔曰：红心灰藋制矾。

【主治】寒热，泄痢白沃，阴蚀恶疮，目痛，坚骨齿。炼饵服之，轻身不老增年（《本经》）。除固热在骨髓，去鼻中息肉（《别录》）。除风去热，消痰止渴，暖水脏，治中风失音。和桃仁、葱汤浴,可出汗(大明)。生含咽津,治急喉痹。疗鼻衄齆鼻,鼠漏瘰疬疥癣(甄权)。枯矾贴嵌甲,牙缝中血出如衄(宗奭)。吐下痰涎饮澼,燥湿解毒追涎,止血定痛,食恶肉,生好肉,治痈疽疔肿恶疮,癫痫疸疾,通大小便,口齿眼目诸病,虎犬蛇蝎百虫伤(时珍)。

波斯白矾(《海药》)

【气味】酸、涩,温,无毒。

【主治】赤白漏下阴蚀,泄痢疮疥,解一切虫蛇等毒,去目赤暴肿齿痛,火炼之良(李珣)。

柳絮矾(《嘉祐》)

【气味】同矾石。

【主治】消痰止渴,润心肝(大明)。

【发明】弘景曰:俗中合药,火熬令燥,以疗齿痛,多则坏齿,即伤骨之证也。而《经》云坚骨齿,诚为可疑。

宗奭曰:不可多服,损心肺,却水故也。水化书纸上,才干则水不能濡,故知其性却水也。治膈下涎药多用者,此意尔。

时珍曰:矾石之用有四:吐利风热之痰涎,取其酸苦涌泄也;治诸血痛脱肛阴挺疮疡,取其酸涩而收也;治痰饮泄痢崩带风眼,取其收而燥湿也;治喉痹痈疽中蛊蛇虫伤螫,取其解毒也。按《李迅痈疽方》云:凡人病痈疽发背,不问老少,皆宜服黄矾丸。服至一两以上,无不作效,最止疼痛,不动脏腑,活人不可胜数。用明亮白矾一两生研,以好黄蜡七钱熔化,和丸梧子大。每服十丸,渐加至二十丸,熟水送下。如未破则内消,已破即便合。如服金石发疮者,引以白矾末一二匙,温酒调下,亦三五服见效。有人遍身生疮,状如蛇头,服此亦效。诸方俱称奇效,但一日中服近百粒,则有力。此药不惟止痛生肌,能防毒气内攻,护膜止泻,托里化脓之功甚大,服至半斤尤佳,不可欺其浅近,要知白矾大能解毒也。今人名为蜡矾丸,用之委有效验。

【附方】旧二十五,新六十四。中风痰厥,四肢不收,气闭膈塞者:白矾一两,牙皂角五钱。为末。每服一钱,温水调下,吐痰为度。(陈师古方)胸中痰游,头痛不欲食:矾石一两,水二升,煮一升,纳蜜半合,顿服。须臾大吐,未吐,饮少热汤引之。(《外台秘要》)风痰痫病:化痰丸:生白矾一两,细茶五钱,为末,炼蜜丸如梧子大。一岁十丸,茶汤下;大人,五十丸。久服,痰自大便中出,断病根。(邓笔峰《杂兴》)小儿胎寒,躯啼发痫:白矾煅半日,枣肉丸黍米大。每乳下一丸,愈乃止,去痰良。(《保幼大全》)产后不语:胡氏孤凤散:用生白矾末一钱,熟水调下。(《妇人良方》)牙关紧急不开者:白矾、盐花等分。搽之,涎出自开。(《集简方》)走马喉痹:用生白矾末涂于绵针上,按于喉中,立破。绵针者,用榆条,上以绵缠作枣大也。(《儒门事亲》方)喉痈乳蛾:《济生》帐带散:用矾三钱,铁铫内熔化,入劈开巴豆三粒。煎干去豆,研矾用之,入喉立愈。甚者,以醋调灌之。亦名通关散。法制乌龙胆:用白矾末盛入猪胆中,风干研末。每吹一钱入喉,取涎出妙。咽喉谷贼肿痛:生矾石末少少点肿处,吐涎,以痒为度。(《圣惠方》)风热喉痛:白矾半斤,研末化水,新砖一片,浸透取晒,又浸又晒,至水干,入粪厕中浸一月,取洗,安阴处,待霜出扫收。每服半钱,水下。(《普济方》)悬痈垂长咽中妨闷:白矾(烧灰)、盐花等分。为末。箸头频点药在上。去涎。(孙用和《秘宝方》)小儿舌膜:初生小儿有白膜皮裹舌,或遍舌根。可以指甲刮破令血出,以烧矾末半绿豆许,敷之。若不摘去,其儿必哑。(姚和众《至宝方》)牙齿肿痛:白矾一两(烧灰),大露蜂房一两(微炙)为散。每用二钱,水煎含漱去涎。(《简要济众方》)患齿碎坏欲尽者:常以绵裹矾石含嚼,吐去汁。(《肘后方》)齿龈血出不止:矾石一两(烧)。水三升,煮一升,含漱。(《千金方》)木舌肿强:白矾、桂心等分,为末。安舌下。(《圣惠方》)太阴口疮:生甘草二寸,白矾一粟大。噙之,咽津。(《活法机要》)口舌生疮,下虚上壅:定斋方:用白矾泡汤濯足。张子和方:用白矾(末)、黄丹(水飞炒)等分研,擦之。小儿鹅口,满口白烂:枯矾一钱,朱砂二分。为末。每以少许敷之,日三次,神验。(《普济方》)小儿舌疮,饮乳不得:白矾和鸡子置醋中,涂儿足底,二七日愈。(《千金方》)

绿矾(《日华》)

【释名】皂矾(《纲目》)、青矾,煅赤者名绛矾(《唐本》)、矾红。

时珍曰:绿矾可以染皂色,故谓之皂矾。又黑矾亦名皂矾,不堪服食,惟疮家用之。煅赤者俗名矾红,以别朱红。

绿矾

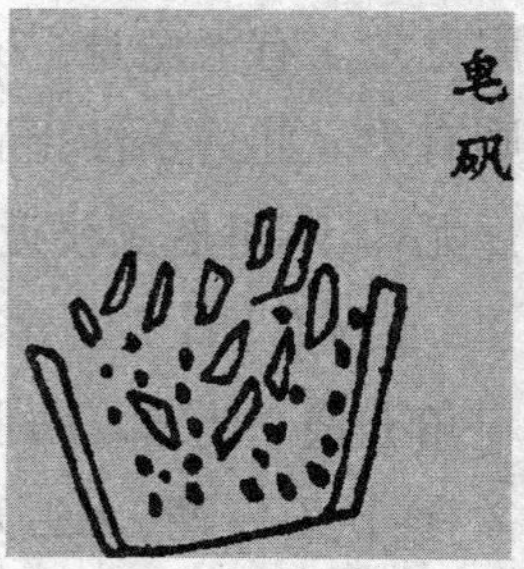

【气味】酸,凉,无毒。

【主治】疳及诸疮(苏恭)。喉痹虫牙口疮,恶疮疥癣。酿鲫鱼烧灰服,疗肠风泻血(大明)。消积滞,燥脾湿,化痰涎,除胀满黄肿疟利,风眼口齿诸病(时珍)。

【发明】时珍曰:绿矾酸涌涩收,燥湿解毒化涎之功与白矾同,而力差缓。按《张三丰仙传方》载伐木丸云:此方乃上清金蓬头祖师所传。治脾土衰弱,肝木气盛,木来克土,病心腹中满,或黄肿如土色,服此能助土益元。用苍术二斤(米泔水浸二宿,同黄酒面曲四两炒赤色),皂矾一斤(醋拌晒干,入瓶火煅),为末,醋糊丸梧子大。每服三四十丸,好酒、米汤任下，日二三服。时珍常以此方加平胃散，治一贱役中满腹胀，果有效验。盖此矾色绿味酸，烧之则赤，既能入血分伐木，又能燥湿化涎，利小便，消食积，故胀满黄肿疟痢疳疾方往往用之，其源则自张仲景用矾石硝石治女劳黄疸方中变化而来。

颂曰：刘禹锡《传信方》治喉痹，用皂荚矾，入好米醋同研含之，咽汁立瘥。此方出于李谟，甚奇妙。皂荚矾，即绿矾也。

【附方】旧一，新三十四。重舌木舌：皂矾二钱，铁上烧红，研，掺之。（陆氏《积德堂方》）喉风肿闭：皂矾一斤，米醋三斤拌，晒干末，吹之。痰涎出尽，用良姜末少许，入茶内漱口，咽之即愈。（孙氏《集效方》）眼暴赤烂：红枣五斤，入绿矾在内，火煨熟，以河水、井水各一碗，桃、柳心各七个，煎稠。每点少许入眦上。（《摘玄方》）烂弦风眼：青矾火煅出毒，细研。泡汤澄清，点洗。（《永类方》）到睫拳毛：方同上。疟疾寒热：矾红、独蒜头（煨）等分。捣丸芡子大。每白汤嚼下一丸，端午日合之。（《普济方》）少阴疟疾呕吐：绿矾一钱，干姜（泡）、半夏（姜制），各半两。为末。每服半钱，发日早以醋汤下。（《圣济录》）翻胃吐食：白面二斤半，蒸作大馒头一个，头上开口，剜空，将皂矾填满，以新瓦围住，盐泥封固，挖土窑安放。文武火烧一日夜，取出研末，枣肉为丸梧子大。每服二十丸，空心酒、汤任下。忌酒色。（《医方摘要》）大便不通：皂矾一钱，巴霜二个，同研，入鸡子内搅匀，封头，湿纸裹，煨熟食之，酒下，即通。（《集玄方》）肠风下血：积年不止，虚弱甚者，一服取效。绿矾四两，入砂锅内，新瓦盖定，盐泥固济，煅赤取出，入青盐、生硫黄各一两，研匀。再入锅中固济，煅赤取出，去火毒，研。入熟附子末一两，粟米粥糊丸梧子大。每空心米饮、温酒任下三十丸。（《永类方》）妇人血崩：青矾二两，轻粉一钱，为末，水丸梧子大。每服二三十丸，新汲水下。（《摘玄方》）血证黄肿：绿矾四两，百草霜一升，炒面半升，为末，沙糖和丸梧子大。每服三四十丸，食后姜汤下。郑时举所传。又方：小麦淘净一斤，皂矾半斤，同炒黄为末，黑枣肉半斤捣匀，米醋打糊丸梧子大。每姜汤下八九十丸，一日三服。（《简便方》）脾病黄肿：青矾四两（煅成赤珠子），当归四两（酒醅浸七日，焙），百草霜三两。为末，以浸药酒打糊丸梧子大。每服五丸至七丸，温水下。一月后黄去立效，此方祖传七世。又方：绿矾四两，百草霜、五倍子各一两，木香一钱。为末，酒煎，飞面丸梧子大。每空心酒下五丸。又方：平胃散四两、青矾二两。为末，醋糊丸，米饮下。或加乌沉汤四两，酒糊丸亦可。（洁古《活法机要》）酒黄水肿：黄肿积病。青矾半斤（醋一大盏，和匀，瓦盆内煅干为度）、平胃散、乌药顺气散各半两。为末，醋煮糊丸梧子大。每酒或姜汤下二三十丸。不忌口，加锅灰。（赵原杨真人《济急方》）食劳黄病，身目俱黄：青矾锅内安，炭煅赤，米醋拌为末，枣肉和丸梧子大。每服二三十丸，食后姜汤下。（《救急方》）腹中食积：绿矾二两，研，米醋一大碗，瓷器煎之，柳条搅成膏，入赤脚乌一两（研），丸绿豆大。每空心温酒下五丸。(《圣惠方》)疳虫食土及生物:研绿矾末,猪胆汁丸绿豆大。每米饮下五七丸。(《保幼大全》)小儿疳气不可疗者:绿矾煅赤、醋淬三次,为末,枣肉和丸绿豆大。每服十丸,温水下,日三。(《集验方》)走马疳疮:绿矾入锅内,炭火煅红,以醋拌匀,如此三次,为末,入麝香少许。温浆水漱净,掺之。(谈野翁《试效方》)白秃头疮:皂矾、楝树子,烧研,搽之。(《普济方》)小儿头疮:绛矾一两,淡豉一两(炒黑),腻粉二钱。研匀。以桑灰汤洗净,掺之良。小儿甜疮:大枣去核,填入绿矾,烧存性研,贴之。(《拔萃方》)耳生烂疮:枣子去核,包青矾煅研,香油调敷之。(《摘玄方》)

黄矾(《纲目》)

【集解】恭曰:黄矾,丹灶家所须,亦入染皮用。

时珍曰:黄矾,出陕西瓜州、沙州及舶上来者为上,黄色,状如胡桐泪。人于绿矾中拣出黄色者充之,非真也。波斯出者,打破中有金丝纹,谓之金线矾,磨刀剑显花纹。《丹房镜源》云:五色山脂,吴黄矾也。

【气味】酸、涩,咸,有毒。

矾　黄

【主治】疗疮生肉(苏恭)。野鸡瘘痔,恶疮疥癣(李珣)。治阳明风热牙疼(李杲)。

【附方】新五。聤耳出汁:黄矾二两烧枯,绵裹二钱塞之。(《圣惠方》)妇人颊疮,每年频发:水银一两半,以猪脂揉擦,令消尽。入黄矾石末二两,胡粉一两,再加猪脂和令如泥。洗疮净,涂之。别以胡粉涂膏上。此甘家秘方也。(《肘后方》)身上瘢痕:黄矾石(烧令汁尽)、胡粉(炒令黄)各八分。细研,以腊月猪脂和研如泥。以生布揩令痛,乃涂药五度。取鹰粪、白燕窠中草(烧灰)等分,和人乳涂之。其瘢自灭,肉平如故。(崔元亮《海上集验方》)急疳蚀齿:黄矾、青矾半钱,白矾(烧)一钱,麝香一分,为末。敷之,吐涎。(《圣惠方》)妒精阴疮:黄矾、青矾、麝香等分。为末,敷之,不过三度。(《千金方》)

汤瓶内硷(《纲目》)

【集解】时珍曰:此煎汤瓶内,澄结成水碱,如细砂者也。

【主治】止消渴,以一两为末,粟米烧饭丸梧子大,每人参汤下二十丸。又小儿口疮,卧时以醋调末书十字两足心,验(时珍)。

【附方】新二。消渴引饮:汤瓶内碱、葛根、水萍(焙)等分。每服五钱,水煎服。又方:汤瓶内碱、菝葜根(炒)各一两,乌梅(连核)二两(焙)。为散。每服二钱,水一盏,石器煎七分,温呷,日一服。(《圣济录》)

附录诸石(二十七种)

时珍曰:《别录》有名未用诸石,及诸家所列而不详,难以类附者,通附于此云。

石脾

《别录》有名未用曰:味甘,无毒。主胃中寒热,益气,令人有子。一名胃石,一名膏石,一名硝石。生隐蕃山谷石间,黑如大豆,有赤纹,色微黄,而轻薄如棋子,采无时。

弘景曰:皇甫士安言硝石,取石脾与硝石以水煮之,一斛得三斗,正自如雪,以水投中即消,故名消石。按此说,是取硝石合煮成为真硝石,不知石脾是何物?本草有石脾、石肺,人无识者。

藏器曰:石脾生西戎卤地,碱水结成者。

时珍曰:石脾乃生成者,陶氏所说是造成者。按《九鼎神丹经》云:石脾乃阴阳结气,五盐之精,因矾而成,峨嵋山多有之。俗无识者,故古人作成代用。其法用白矾、戎盐各一斤为末,取苦参水二升,铛中煮五沸,下二物煎减半,去滓熬干,色自如雪,此为石脾也。用石脾、朴硝、芒硝各一斤为末,苦参水二斗,铜铛煎十沸,入三物煮减半,去滓煎,着器中,冷水渍一夜,即成硝石。可化诸石为水,此与焰硝之硝石不同,皆非真也。

石肺

《别录》曰:味辛,无毒。主疠咳寒久痿,益气明目。生水中,状如覆肺,黑泽有赤纹,出水即干。

弘景曰:今浮石亦疗咳,似肺而不黑泽,非此也。

石肝

《别录》曰:味酸,无毒。主身痒,令人色美。生常山,色如肝。

石肾

《别录》曰:味咸,无毒。主泄痢,色白如珠。

紫石华

《别录》曰:味甘,平,无毒。主渴,去小肠热。一名茈石华。生中牟山阴,采无时。

白石华

《别录》曰:味辛,无毒。主瘅消渴,膀胱热。生腋北乡北邑山,采无时。

黄石华

《别录》曰:味甘,无毒。主阴痿消渴,膈中热,去百毒。生腋北山,黄色,采无时。

黑石华

《别录》曰:味甘,无毒。主阴痿消渴,去热,疗月水不利。生弗其劳山阴石间,采无时。

陵石

《别录》曰:味甘,无毒。主益气耐寒,轻身长年。生华山,其形薄泽。

时珍曰:按《圣济录》云:汗后耳聋。用陵石,有窍如银眼者,为末。每服一钱,冷水下。

终石

《别录》曰:味辛,无毒。主阴痿痹,小便难,益精气。生陵阴,采无时。

封石

《别录》曰:味甘,无毒。主消渴热中,女子疽蚀。生常山及少室,采无时。

时珍曰:虎尾之山、游戏之山、婴侯之山、丰山、服山,多封石,即此。

遂石

《别录》曰:味甘,无毒。主消渴伤中,益气。生泰山阴,采无时。

五羽石

《别录》曰:主轻身长年。一名金黄,生海水中蓬葭山中,黄如金。

紫佳石

《别录》曰：味酸，无毒。主痹血气。一名赤英，一名石血。生邯郸，石如爵茈，二月采。

弘景曰：《三十六水方》呼为紫贺石。

火药（《纲目》）

时珍曰：味辛、酸，有小毒。主疮癣，杀虫，辟湿气温疫。乃焰硝、硫黄、杉木炭所合，以为烽燧铳机诸药者。

石耆

《别录》曰：味甘，无毒。主咳逆气。生石间，色赤如铁脂，四月采。

马肝石（《纲目》）

时珍曰：按郭宪《洞冥记》云：郅支国进马肝石百片，青黑如马肝，以金函盛水银养之。用拭白发，应手皆黑。云和九转丹吞一粒，弥年不饥。亦可作砚。

猪牙石（《纲目》）

时珍曰：明日去翳。出西番，纹理如象牙。枣红色。

碧霞石（《纲目》）

时珍曰：明目、去翳障。

龙涎石（《纲目》）

时珍曰：主大风疠疮。出齐州。一名龙仙石。

铅光石（《纲目》）

时珍曰：主哽骨。

太阳石（《纲目》）

时珍曰：刘守真《宣明方》：治远年近日一切目疾方：用太阳石、太阴石、碧霞石、猪牙石、河洛石、寒水石、紫石英、代赭石、菩萨石、金精石、银精石、禹余石、矾矿石、云母石、炉甘石、井泉石、阳起石、滑石、乌贼骨、青盐、铜青各一两，硇砂半两，密陀僧一两，鹏砂三钱，乳香二钱，麝香、脑子一钱，轻粉一钱半，黄丹四两，各为末，熊胆一斤，白砂蜜二斤，井华水九碗，同熬至四碗，点水内不散为度，滤净收点。此方所用太阳石、太阴石等，多无考证，姑附于此。

朵梯牙(《纲目》)

时珍曰：周定王《普济方》：眼科去翳，用水飞朵梯牙、火煅大海螺、碗糖霜，为末，日点。又方：用可铁刺一钱，阿飞勇一钱，李子树胶四钱，白雪粉八钱，为末，鸡子白调作锭，每以乳女儿汁磨点之。又方：安咱芦(出回回地面)，黑丁香(即蜡粪)、海螵蛸，各为末，日点。所谓朵梯牙、碗糖霜、安咱芦、可铁刺、阿飞勇，皆不知何物也？附录于此以俟。

白狮子石(《拾遗》)

藏器曰：主白虎病，江东人呼为历节风是也。置此于病者前自愈，亦厌伏之意也。白虎，粪神名，状如猫。扫粪置门下，令人病此。疗法：以鸡子揩病人痛处，咒愿，送于粪堆之头上，勿反顾。

镇宅大石(《拾遗》)

藏器曰：主灾异不起。《荆楚岁时记》：十二月暮日，掘宅四角，各埋一大石为镇宅。又《鸿宝万毕术》云：埋丸石于宅四隅，捶桃核七枚，则鬼无能殃也。

神丹(《拾遗》)

藏器曰：味辛，温，有小毒。主万病，有寒温。飞金石及诸药合成，服之长生神仙。

烟药(《拾遗》)

藏器曰：味辛，温，有毒。主瘰疬五痔瘘瘿瘤，疮根恶肿。乃石黄、空青、桂心并四两，干姜一两。为末，置铁片上烧之。以猪脂涂碗覆之，待药飞上，如此五度。随疮大小，以鼠屎大纳孔中，面封之，三度根出也。无孔，针破纳之。